伊能図大全

第7巻

地名索引

渡辺一郎 監修

河出書房新社

本書では、収載した伊能大図236図、伊能中図８図、伊能小図３図に記載されている約４万項目以上の総地名を整理し、大図の号数順に分けた「各図地名索引」とすべてを五十音順に並べた「地名総索引」を掲載した。ページごとに検索でき、例えば「3-33」は「第３巻33ページ」を表す。

各図地名索引

第1号
色丹島

【島】

シコタン島　1-12, 5-14, 5-268

第2号
国後島北部

【地名】

シアヌンベツ　1-13, 5-16, 5-268, 5-270
チカツフナイ　1-13, 5-16, 5-268, 5-270
チトカヌシ　1-13, 5-16, 5-268, 5-270
チフカルベツ○　1-13, 5-16, 5-268, 5-270
チヤシヽ　1-13, 5-16, 5-268, 5-270
ニキショロ　1-13, 5-16, 5-268, 5-270
フルカエツフ○〔フルカエツフ川〕　1-13, 5-16, 5-268, 5-270

【山・峠】

イチヤヽ山　5-15
ホンノホリ　1-13
ラウシ山　1-13, 5-16, 5-17

【河川・湖沼】

ニキショロ川　5-16
ワツカウンベツ　1-13, 5-16, 5-268, 5-270

【岬・海岸】

イリヤマベツ〔イリヤマベツ川〕　1-13, 5-16, 5-268, 5-270
イワヤマベツ　1-13, 5-16, 5-268, 5-270
インカルシ　1-13, 5-16, 5-268, 5-270
ウイヌシ　1-13, 5-16, 5-268, 5-270
チカツフナイワタラ　1-13, 5-16
トワタフシ　1-13, 5-16, 5-268, 5-270
ニチセウンベツ　1-13, 5-16, 5-268, 5-270
ハラツ〔ハフツ〕　1-13, 5-16, 5-268, 5-270
フーニ岬　1-13, 5-16, 5-268, 5-270
フトワタラシベツ　1-13, 5-16, 5-268, 5-270
モシリノシケ　1-13, 1-15, 5-16
ラタヽシワタラ　1-13, 5-16, 5-268, 5-270

【島】

ヲン子イシ　1-13, 5-16, 5-268, 5-270
クサリ子　1-13, 5-16, 5-268, 5-270

第3号
国後島南部

【地名】

ウヱナイ　1-16, 5-18, 5-268, 5-270
ウル子　1-16, 5-18, 5-268, 5-270
ヲタトム（コマイベツ）〔ヲタトム川〕　1-15, 5-16, 5-268, 5-270
サカマツフ〔サルカマツフ〕　1-15, 1-16, 5-268, 5-270
シロマベツ　1-16, 5-18, 5-268, 5-270
セヽキ○　1-15, 5-18, 5-268, 5-270
センペコタン　1-16, 5-18, 5-268, 5-270
チマイカルー　1-16, 5-18, 5-268, 5-270
チヤシコツ　1-14, 5-18, 5-268, 5-270
トー　1-16, 5-18, 5-268, 5-270
トーブツ○　1-14, 5-18, 5-268, 5-270
ノテト○　1-16, 5-18, 5-268, 5-270
ハーナアンベツ　1-14, 5-16
フンコタン　1-14, 5-16, 5-268, 5-270
ヘイナウンベツ〔ヘーナウンベツ〕　1-14, 5-16, 5-268, 5-270
ベトカ○　1-15, 1-16, 5-18, 5-268, 5-270
リーシリボク　1-14, 5-16, 5-268, 5-270

【山・峠】

クル子山　1-15, 1-16, 5-18, 5-268, 5-270

【河川・湖沼】

ウヱコタン川　5-185-268, 5-270
ウヱナイ川　1-16
ヲシヨシ川　1-14, 5-18, 5-268, 5-270
サルカマフ　5-18
シヨーシベツ　1-15
シロマベツ川　1-16
チホヤンベツ　5-18
トー沼　1-16
ホンタラシベツ〔ホンタラシベツ川〕　1-16, 5-18, 5-268, 5-270

【岬・海岸】

アシチヤシ　1-15, 1-16, 5-18, 5-268, 5-270
ウヱミリシ岬　1-15, 5-16, 5-268, 5-270
ウラリクシベツ　1-14, 5-18, 5 268, 5-270
ヲン子セヽキ〔ヲン子セヽキ川〕　1-15, 5-16
カハリイシヨモイ〔カハルイシヨモイ〕　1-15, 5-18, 5-268, 5-270
ケラムイ　1-16, 5-18, 5-268, 5-270
ケラムイ岬　1-16, 5-18, 5-268, 5-270
チフトマリ〔チプトマリ川〕　1-14, 5-18, 5-268, 5-270
チヤシコツ岬　1-14, 5-18
チルニイシヨ　1-15, 5-18, 5-268, 5-270
トカルンワタラ　1-14, 5-16, 5-268, 5-270
トワタラシ　1-15, 5-16, 5-268, 5-270
ノテト岬　1-16, 5-18, 5-268, 5-270
ヒラヲロ　1-15, 1-16, 5-18, 5-268, 5-270
ヒラノシケヲマフ　1-15, 1-16, 5-18, 5-268, 5-270
フブシ　1-16, 5-18, 5-268, 5-270
ホロイチヒシナイ　1-15, 5-18, 5-268, 5-270
ホロクシナイ〔ホロクシナイ川〕　1-15, 1-16, 5-18
ホンサキウシベツ　1-14, 5-18, 5-268, 5-270
モシリノシケ　1-13, 1-15, 5-268, 5-270
モセカルベツ　1-14, 5-18, 5-268, 5-270
ラウシ岬　1-14, 5-18, 5-268, 5-270

【島】

カヤニシマ岩　1-15, 5-18, 5-268, 5-270
クナシリ岩　1-14, 5-18, 5-268, 5-270
クナシリ島　1-15, 5-15, 5-268
フレワタラ岩　1-15

第4号
羅臼

【地名】

ルシヤ　1-17

【河川・湖沼】

セフシヤクベツ川　1-17, 5-17, 5-270
チフタシベツ川　1-17, 5-17, 5-270
ニヤシルイ川〔シヤシルイ川〕　1-17, 5-17, 5-270
ラウシ川　1-17, 5-17
ルシヤ川　1-17, 5-17, 5-270

【岬・海岸】

ウエンチカフコイキシ　1-17, 5-17, 5-270
ヲシヨロコツ　1-17, 5-17, 5-270
シヨケー　1-17, 5-17, 5-270
モセカルベツ　1-17, 5-17, 5-270

第5号
標津

【地名】

イチヤヌル○　1-19, 5-19, 5-270
ウヱンベツ　1-18, 5-19, 5-270
ヲタイト　1-20, 5-19, 5-270
カイヘヤ〔カヒヘヤ〕　1-19, 5-19, 5-270
クン子ベツ○　1-18, 5-19, 5-270
コイトイ　1-19, 1-20, 5-19, 5-270
コタンケシ　1-18, 5-19, 5-270
コタンヌカ○　1-19, 5-19, 5-270
シベツ○　1-19, 5-19, 5-270
シマウツカ（サンホンスキ）　1-19, 5-19, 5-270
シユムカルコタン　1-18
シユンベツ　1-20, 5-19, 5-270
チールイ○　1-19, 5-19, 5-270
トビカラ　1-19, 1-20, 5-19, 5-270
トホロ　1-19, 1-20, 5-19, 5-270
フツケ○〔ノツケ〕　1-20, 5-19, 5-270
ホロハラサ〔ホロハフサン〕　1-20, 5-19, 5-270
ムイ○　1-18, 5-19, 5-270

【河川・湖沼】

ウヱンベツ川　1-18, 5-19, 5-270
クン子ベツ川　5-19, 5-270
コタンヌカ川　5-19, 5-270
コムシ川　1-20, 5-19
サキムイ川　1-18, 5-19, 5-270
シベツ川　1-19, 5-19, 5-270
シユムカルコタン川　1-18, 5-17, 5-19, 5-270
タルカルシナイ川〔タツカルシナイ川〕　1-18, 5-17, 5-270
チウルイ川〔チールイ川〕　5-19, 5-270
トコタン川　1-20, 5-19, 5-270
トシユンベツ川　1-20, 5-19, 5-270
ルークシベツ川　1-18, 5-19, 5-270

【岬・海岸】

イキタラシ　1-20, 5-19, 5-270
ヲニヲイ〔ヲニヲナイ〕　1-18, 5-19, 5-270
シエウシ〔シユウシ〕　1-20, 5-19, 5-270
シシヤムシンブイ　1-20, 5-19, 5-268, 5-270
セツフヲタ〔セツプオタ〕　1-20, 5-19, 5-270
ホンシヨシベツ　1-18, 5-19, 5-270
リウンゲー　1-20, 5-19, 5-270

第6号
根室

【地名】

アツケシ　1-22, 1-24, 5-26
アン子ベツ　5-27, 5-270
ヲツチシ○　1-24, 5-26, 5-270
ヲホナイ　1-22, 1-24, 5-26
キナトイシ　1-22, 1-24, 5-26, 5-270
コイトイ　1-22, 5-26, 5-270
シヤムコタン　1-21, 5-26, 5-268, 5-270
チヨーフシ　1-22, 1-24, 5-26
ニシベツ○☆　1-23, 5-27, 5-270
子モロ○　1-22, 5-26, 5-270
ノツカマツフ　1-21, 1-22
ノツシヤム　1-21, 5-26, 5-268, 5-270
ハツタラ　1-22, 1-24, 5-26, 5-270
ハナサキ○　1-22, 1-24, 5-26, 5-270
ハブタウシ　1-25
ベロキカルモイ　1-22, 1-24, 5-26, 5-270
ボロモシユイ　1-22, 1-24, 5-26, 5-270

【河川・湖沼】

イタヽウシ川　1-21, 1-22, 1-24, 5-26, 5-270
ヲワタラウシ川　1-21, 1-22, 1-24, 5-26, 5-270
ヲン子トー　1-22, 1-24, 5-26, 5-270
シヤムコタン川　1-21, 5-268, 5-270
トーバイ川　1-22, 1-24, 5-26, 5-270
ナヽヤセラウツフ川　5-270
ニシベツ川　1-23, 5-26, 5-270
ノツカマツフ川　1-21, 1-22, 5-26, 5-268, 5-270
バラベヲマイ川　1-24, 5-26, 5-270
フーレントー　1-23, 1-25, 5-26, 5-27, 5-270
ボロモシユイ川　1-22, 1-24

ホンシナハシ川 1-22, 5-26, 5-268, 5-270

【岬・海岸】

アカー岩岬 1-24, 5-270
イチヤシト 5-27, 5-270
ウシヨシンベツ 1-25, 5-27, 5-270
カー子シトタル 1-21, 5-26, 5-268, 5-270
コンフカルシ 1-21, 5-26
コンブムイ 1-22, 1-24, 5-26, 5-270
シエルクカルシ 1-21, 5-26, 5-268, 5-270
シキモイ 1-21, 1-22, 5-26, 5-268, 5-270
シムヽシ 1-24, 5-26, 5-270
タラクル 1-23, 1-25, 5-26, 5-270
チフカルシ 1-23, 5-26, 5-270
チリコイキシ小山岬 1-24, 5-26, 5-270
トーシヤム 1-21, 5-26, 5-268, 5-270
トームイ東岩岬〔トームイ岬〕 1-24, 5-26, 5-270
トフケナイ 1-22, 1-24, 5-26, 5-270
ナカリイシヨ岬 1-25, 5-27, 5-270
ノツシヤム岬 1-21, 5-26, 5-268, 5-270
ノテト 1-22, 5-26, 5-270
ハナサキ岬 1-22, 1-24, 5-26, 5-270
ハブタウシ岬〔ハツタウシ岬〕 1-25, 5-26, 5-270
ビランベツ 1-25, 5-27, 5-270
フーレンハロ 1-23, 1-24, 5-26, 5-270
ホロモイレアトイ 1-25, 5-27, 5-270
ホロモフシ
モシリウシ岬 5-27

【島】

イシヨシラヽ 1-22, 1-24, 5-26, 5-270
イタシコベル礒 1-21, 1-22, 1-24, 5-26
ヲン子クルリ島 1-24, 5-26
カサルイカ 1-21, 1-22, 5-26, 5-268, 5-270
キナウシトマツフ岩 1-22, 1-24, 5-26
白岩 1-24
立岩 1-24, 5-26, 5-270
辨天 1-22, 5-26
モイルリ北大丸岩 1-22, 1-24, 5-26
ルイカ 1-21, 1-22, 5-26, 5-268, 5-270

第7号 網走

【地名】

アバシリ○ 1-28, 5-21, 5-271
イヲロトー 1-26, 5-20, 5-270
イヤンベツ 1-28, 5-21, 5-271
ウカヲフ 1-26, 5-20, 5-270
ウトロ子クシ 1-26, 5-20, 5-270
ウナベツ 1-26, 5-20, 5-270
ウワシリシ〔ウハシリシ〕 1-28, 5-21, 5-271
ヲシユンクシ 1-26, 5-20, 5-270
ヲリスヽシ〔ヲクスヽシ〕 1-26, 5-20, 5-270
シマドマリ 1-26, 5-20, 5-270
シヤリ○ 1-27, 5-20, 5-271
シヤリキシ 1-26, 5-20, 5-270
シヨツフ〔シヨツプ〕 1-28, 5-21, 5-271
シレト 1-28, 5-21, 5-271
チフトマリ 1-26, 5-20, 5-270
チヤシコツルウイサン 1-27, 5-20, 5-271
ニリレハキ〔ニリレバキ〕 1-28, 5-21, 5-271
バイラケ 1-28, 5-21, 5-271
フレトイ 1-28, 5-21, 5-271
ヘンゲ 1-26, 5-20, 5-270
ホロトマリ 1-26, 5-20, 5-270
ホンモイ 1-28, 5-21, 5-271
ホンモイ〔ホンモー〕 1-28, 5-21, 5-271
モイヲロ 1-28, 5-21, 5-271
モコトー 1-28, 5-21, 5-271

【河川・湖沼】

アバシリ川 5-20, 5-271
ヲヘケフ川〔ヲヘケフ川〕 1-26, 5-20, 5-270
ヲン子ヘツ川 1-26, 5-20, 5-270
シマトマリ川 1-26
シヤリ川 5-20, 5-271
チカベワキ川 1-26, 5-20, 5-270
トーブツ川 1-28, 5-21, 5-271
ノツカマフ川 1-26, 5-20, 5-270
ホロヘツ川 1-26, 5-20, 5-270
モコトー川 1-28, 5-21, 5-271
モコトー湖 1-28

【岬・海岸】

アヲシマイ 1-28, 5-21, 5-271
ヲシヨコマナイ 5-270
カヲフ岬 1-26, 5-20
タン子シラヽ 1-28, 5-21, 5-271
トコタン 1-27, 5-21, 5-271
ノトロ岬 1-28, 5-21, 5-271
フンベヲマイ 1-28, 5-21, 5-271
ヘシユイ 5-21
ホビリイシヨ〔ホビリイシヨ〕 1-28, 5-21, 5-271
マクヨマイ〔マクヨマイ川〕 1-26, 5-20, 5-270
ヨウコウシ〔ヨウコウシ岬〕 1-26, 5-20, 5-270

【島】

アバシリ 1-28, 5-21

第8号 常呂

【地名】

ウハラヽイ 1-29, 5-21, 5-271
ヲン子ナイ○ 1-29
シ子ウシトマリ 1-29, 5-271
トイルイカ 1-29, 1-30, 5-24, 5-271
トコロ○ 1-29, 5-21, 5-24, 5-271
フルカ 1-29, 1-30, 5-24, 5-271
メチヤコマナイ 1-29, 5-21, 5-271
ユウベツ○ 1-31, 5-24, 5-271

【河川・湖沼】

ウハラヽイ川 1-29, 5-21, 5-271
コムケ湖〔コムケトー〕 1-31, 5-25, 5-271
シフントー 5-25, 5-271
シフントー川 1-31, 5-25
セタンウシ 5-24, 5-271
トーフツ川 1-29, 5-24, 5-271
トキセー湖〔トキセートー〕 1-30, 5-24, 5-271
トコロ川 5-21, 5-24, 5-271
ユウベツ川 1-31, 5-24, 5-271
レワツカヲイ 5-24

【岬・海岸】

アレ子ケシコツ〔アン子クシユツ〕 1-30, 5-24, 5-271
シレト 1-29
チフカルシ 1-30, 5-24, 5-271
トキセー 1-31
ニケレバキ 1-30, 5-24, 5-271
フトウエンナイ 1-29, 5-21, 5-271
レハコタン 1-30, 5-24, 5-271

第9号 紋別

【地名】

ヲコツペ 1-33, 5-25, 5-272
サルヽ○ 1-33, 5-25, 5-272
サワキ 1-33, 5-25, 5-272
シヨコツ 1-32, 5-25, 5-272
チカツノツ〔チカフノツ〕 1-32, 5-25, 5-272
ニコルトイ 1-33, 5-25, 5-272
ヌシヤ 1-32, 5-25, 5-272
ヌシヤ 1-33, 5-25, 5-272
モンベツ○ 1-32, 5-25, 5-272
ヤシウシ 1-32, 5-272

【河川・湖沼】

ヲコツペ川 5-25, 5-272
ヲシカリシヤロ川〔ヲシカリサルヽ川〕 1-32, 5-25, 5-272
ヲタノシケヲマナイ川 1-33, 5-25, 5-272
ヲタフコウシベツ川〔ヲタフコムシヘ川〕 1-33, 5-272
ヲニウシ川 1-33, 5-25, 5-272
ヲン子ナイ川 1-32, 5-25, 5-272
シケトシナイ川 5-25, 5-272
シヨコツ川 1-32, 5-25, 5-272
モヲコツヘ川〔モウコツベ川〕 1-33, 5-25, 5-272
ヤシウシ川 1-32, 5-25, 5-272

【岬・海岸】

ヲタノシケヲマナイ 1-33
サルヽ岬 1-33, 5-25, 5-272
シケトシナイ 1-33, 5-25, 5-272
チカツノツ岬 5-25
ルウサンナイ 1-32, 5-25, 5-272

第10号 枝幸

【地名】

エサシ○ 1-36, 5-34, 5-272
ヲコツナイ 1-34, 5-34, 5-272
ヲタノツカ 1-36, 5-34, 5-272
ヲタフコウシベツ 1-34
ヲチチユンベ 1-35, 5-34, 5-272
ヲムウ 1-34
ヲレタンラツフ〔ヲレタン子ツプ〕 1-35, 5-34, 5-272
ヲン子ナイ 1-35, 1-36, 5-34, 5-272
カワルシラ〔カワウシヽ〕 1-36, 5-34, 5-272
サレウシ 1-36, 5-34, 5-272
シヤキベヲツナイ 1-35, 5-34, 5-272
チカフトムシ 1-35, 5-34, 5-272
ナヨロ 1-34, 5-34, 5-272
ベライウシナイ 1-35, 1-36, 5-34, 5-272
ホロナイ 1-34, 5-34, 5-272
ホロナイ 1-36, 5-34, 5-272
ホロベツ 1-36, 5-34, 5-272
ワツカクシナイ 1-36, 5-34

【河川・湖沼】

ヲコツナイ川 1-34, 5-34, 5-272
ヲチシベ川 1-35, 5-34, 5-272
ヲトイ子ツプ川 1-34, 5-34, 5-272
ヲムウ川 1-34, 5-34, 5-272
シヤキベヲツナイ川 5-272
シルクヲマナイ川 1-35, 5-34, 5-272
トフシベツ川 1-36, 5-34, 5-272
ホロナイ川 1-34, 5-34, 5-272
ホロベツ川 5-34, 5-272
モウツ川 1-36, 5-34, 5-272
モウトイ子プ川 1-34, 5-34, 5-272

【岬・海岸】

イタエサシ 1-34, 1-35, 5-34, 5-272
イヌシコタン 1-34, 5-34, 5-272
ウヱレノツ〔ウヱレノツ岬〕 1-34, 5-34, 5-272
ウチタイヘ岬 1-36, 5-34, 5-272
ヲシヨロコツ 1-36, 5-34, 5-272
カムイウシ 1-36, 5-34, 5-272
チセトコマナイ 1-35, 5-34, 5-272
トイナイ 1-35, 5-34, 5-272
ノツカシトマリ 1-36, 5-34, 5-272
フンベヲマナイ 1-34, 5-34, 5-272
モシラヽ 1-36, 5-34,

5-272
【島】
ヲチシベ島 1-35, 5-34, 5-272

第11号 頓別

【地名】
ヲケンタンベ 5-34, 5-35, 5-272
ヲチキリ 5-34, 5-272
ヲニシベツ○ 1-39, 5-35, 5-269, 5-273
北蝦夷 5-35
サルブツ 1-39, 5-35, 5-269, 5-273
シヤリウコツ 1-39, 5-35, 5-269, 5-273
シヨナイ 1-37, 5-35, 5-272
トイカンベツ 1-37, 1-38, 5-35, 5-272
トンベツ 1-38, 5-35, 5-272
【山・峠】
シラヌカ山 5-35, 5-272
【河川・湖沼】
ヲチキリ川 1-37, 5-34, 5-35, 5-272
ヲニシベツ川 1-39, 5-35, 5-269, 5-273
サルブツ川 1-39, 5-35, 5-269, 5-273
トイマキ川 1-37, 5-34, 5-272
トマケシヲマナイ川 1-37, 5-35, 5-272
トンベツ川 1-38, 5-35
【岬・海岸】
アシリイウシナイ〔アシリイウナシ〕 1-39, 5-35, 5-272
カムイ井ト岬 1-37, 5-272
キトシナイ 1-37, 5-35, 5-272
クトイシナイ 1-37, 5-35, 5-272
ホロト丶 1-38, 5-35, 5-272
ヤムワツカ 1-38, 5-35, 5-272
ワツカクシ 1-37, 5-35
【島】
ホロエサシヘ 1-39, 5-35, 5-269, 5-273
ホンエサシヘ 1-39, 5-35, 5-269, 5-273
モシリポ 1-37, 5-35, 5-272

第12号 稚内

【地名】
イナシセントモ〔イナシエントモ〕 5-36, 5-269, 5-273
インテクト〔インテトク〕 1-40, 5-269, 5-273
ヲフカルシナイ 1-40, 5-36, 5-269, 5-273
ヲンコロマナイ 1-40, 5-36, 5-269, 5-273
カムシヤハ 1-41, 5-36, 5-269, 5-273
北蝦夷 5-269
クチヤツフ〔クチヤブツ〕 1-41, 5-36, 5-269, 5-273
シヤーナイ 1-40, 5-36, 5-269, 5-273
シユルシユツ〔シルシツ〕 1-40, 5-36
シリクルユトモ 1-41, 5-36, 5-269, 5-273
シルクヲマナイ 5-36
ソーヤ○ 1-40, 5-36, 5-269, 5-273
タナシヘ 1-41, 5-36, 5-269, 5-273
タモイ 1-40, 5-36, 5-269, 5-273
チセトマイ○ 5-36, 5-269, 5-273
チミフマナイ〔チシヤヲマナイ〕 1-40, 5-36, 5-269, 5-273
トマリヲロ 1-40, 5-36, 5-269, 5-273
ナイボブツ 1-41, 5-36, 5-269, 5-273
バツカイベ○ 1-41, 5-36, 5-269, 5-273
ヒリカクイ 1-40, 5-36
ヘウレフチセウシトマリ 1-41, 5-36, 5-269, 5-273
モイキシヨマ〔ナ〕イ 1-40, 5-36, 5-269, 5-273
ヤムワツカナイ 5-36
リヤコタン 1-40, 5-36, 5-269, 5-273
【山・峠】
シラヌカ山 5-269
【河川・湖沼】
ヲンコロマ〔ナ〕イ川 1-40, 5-36, 5-269, 5-273
カムイトー湖〔カムイトー〕 1-41, 5-36, 5-269, 5-273
クトニヘツ川 1-41, 5-36, 5-269, 5-273
シヤーナイ川 5-36, 5-269, 5-273
タン子トー湖〔タン子トー〕 1-41, 5-36, 5-269, 5-273
トマリヲロ川 1-40, 5-269, 5-273
ナイボブツ川 1-41, 5-36, 5-269, 5-273
ニシクシナイ川 1-41, 5-36, 5-269, 5-273
ニノケ川 1-41
ノナラヲツペ川〔子ラヲツベ〕 5-36, 5-269, 5-273
ホロイキシヨマナイ川 1-40, 1-41, 5-36, 5-269, 5-273
マスボボ川〔マスホ丶川〕 1-41, 5-36, 5-269, 5-273
メクマトー湖〔メクマトー〕 1-41, 5-36, 5-269, 5-273
メ丶ナイ川 1-41
モナイ川〔モナイ〕 1-40, 5-36, 5-269, 5-273
リヤコタン川 1-40
【岬・海岸】
ウヱンノツ岬 1-41, 5-36, 5-269, 5-273
ヱンチモカ岬〔ヱントモカ岬〕 1-40, 5-36, 5-269, 5-273
クチヤンルー 1-41, 5-36, 5-269, 5-273
シマトマリ 1-41, 5-36, 5-269, 5-273
シユルシユツ岬〔シルシツ岬、シルシユツ岬〕 1-40, 5-36, 5-269, 5-273
セモシユツ 1-40, 5-36, 5-269, 5-273
チカツフカルシ 1-41, 5-36, 5-269, 5-273
トキマイ 1-40, 5-36, 5-269, 5-273
トマリケシ 5-269, 5-273
ノツコンケウ 1-40, 5-36, 5-269, 5-273
ノツシヤム岬 1-41, 5-36, 5-269, 5-273
ホロケトモ 1-41, 5-36, 5-269, 5-273
ボロトマリ 1-41, 5-36, 5-269, 5-273
ルーサントマリ 1-41, 5-36, 5-269, 5-273
【島】
シヨーヤ 1-40, 5-36
チシヤ 1-40
ホロシユイ 1-40, 5-36, 5-269, 5-273

第13号 天塩

【地名】
キヒトタンナイ 1-44, 5-37, 5-273
テセウ 1-43, 1-44, 5-37, 5-273
ハルカルー 1-44, 5-37, 5-273
ホロウツ丶〔ウロウツ丶〕 1-44, 5-37, 5-273
ホロコイトイ 1-43, 5-37, 5-273
モコイト〔モコイトイ〕 1-43, 1-44, 5-37, 5-273
ワツカシヤクナイ○ 1-42, 5-36
【河川・湖沼】
イヤコマナイ 1-42, 5-37, 5-269, 5-273
ウヱベツ川 1-44, 5-37, 5-273
ウフイニシヤ 1-42, 5-37, 5-273
ヲトチセフニ 1-42
ヲ子トマプ川 1-42, 5-37, 5-269, 5-273
ヲフケマウシベツ川 1-44, 5-37, 5-273
ヲン子ウツ川 1-44, 5-37, 5-273
キヒトタンナイ川 1-44, 5-37, 5-273
テセウ川 1-43, 1-44, 5-37, 5-273
ベフレナイ 1-42, 5-37, 5-269, 5-273
モウツ川 1-44, 5-37, 5-273
ユーチ川 5-37, 5-269
【岬・海岸】
エサシヲマナイ 1-42, 5-37, 5-269, 5-273
ヲタビラ 1-43, 5-37, 5-273
サル丶 1-43, 5-36, 5-273
テートイ 5-37

第14号 利尻・礼文

【島】
リーシリ島 1-46, 5-37, 5-273
レフンシリ島 1-45, 5-37, 5-273

第15号 天売・焼尻

【地名】
ウヱベツ 1-48, 5-38, 5-273
シマチヤシ 1-47
シロケシ☆ 1-47
チヨシヤナイ〔チヨシヤーナイ〕 1-49, 5-38, 5-273
フレツプ○ 1-48, 5-38, 5-273
ホロシユサンベ〔ツ〕〔ホロシユサンベツ川〕 1-49, 5-38, 5-273
ホロチヤクベツ 1-49, 5-39, 5-273
ヤウトロ 1-47
レブトロ 1-47
ワカクシナイ☆ 1-47
【河川・湖沼】
シユサンベツ川〔ホンシユサンベツ川〕 1-49, 5-38
チヨシヤナイ川 1-49, 5-273
トコヲ子イ川 1-48, 5-38, 5-273
トマタシナイ川 1-48, 5-38, 5-273
フマシナイ川〔クマシナイ川〕 1-48, 5-38, 5-273
ホロヲタフユウシベ川 1-48, 5-38, 5-273
ホロセタキナイ川〔ホロセタキナイ〕 1-49, 5-39, 5-273
ホロチヤクベツ川 5-38, 5-273
ホンシユサンベツ川 5-38
モシユサンベツ川 1-49, 5-38, 5-273
モチヤクベツ川 1-49, 5-39, 5-273
ヤラコツナイ川 1-48, 5-38, 5-273
【岬・海岸】
イシヤヲマ 1-47
イナウシモイ 1-47
ウヱンナイ 1-47
ウフイナイ〔ウフイナイ川〕 1-48, 5-38, 5-273
ヲン子トマリ 1-47
ク子ニベシ 1-47
ケムカヲマナイ 1-49, 5-38, 5-273
タン子シラ丶 1-47
チウニマイ 1-47
トカリシヨツケ 1-47
トマリアサマー 1-47
ヒリカビンナイ 1-47
ブイタシナイ 1-48, 5-38, 5-273
ホロシヨ 1-47
モシリケシ 1-47
ヤラカルシナイ 1-48
ヤラゲブシナイ 1-48, 5-38, 5-273
【島】
テウレ島 1-47, 5-39, 5-273
ヤンゲシリ島 1-47, 5-39, 5-273

第16号 留萌

【地名】
ウーシヤ 1-51, 5-39, 5-274
ヱントモカ 1-51, 5-42, 5-274
ヲ子トマフ 1-51, 5-39, 5-274
ヲヒラシベツ 1-51, 5-39, 5-274
カムイイト 1-50, 5-39, 5-273
サントマリ 1-51, 5-42, 5-274
シマトマリ 1-51, 5-39, 5-274
セモシユツ 1-51, 5-42, 5-274
トママイ○ 1-50, 5-39, 5-273
ハボロ 1-50, 5-39, 5-273

ホロト、コ 1-51, 5-39, 5-274
ホンヲニシカ○ 1-51, 5-39, 5-274
メムトマリ 1-50, 5-39, 5-274
ル、モツヘ○☆ 1-51, 5-42, 5-274

【河川・湖沼】

ヲヒラシベツ川 1-51, 5-39
コタンウンベツ川〔コタンヘツ川〕 1-50, 5-39, 5-273
セタベツ川 1-51, 5-42
ホロヲタニコル川 1-50, 5-39, 5-274
ホロト、コ川 1-51, 5-39, 5-274
ホロナイ川 1-50, 5-39, 5-273
ホロヲニシカ川 5-39, 5-274
ホンヲタニコル川 1-50, 5-274
ホン子ムトカリ川〔ホンテムトカリ川〕 1-51, 5-39, 5-274
リーキビリ川 1-50, 5-39, 5-274

【岬・海岸】

ウヱビラ 1-50, 5-39, 5-273
ヲコツナイ 1-50, 5-39, 5-273
ヲチヤコナイ 1-50, 5-273
ヲチヤセナイ 1-50, 5-39, 5-273
タヲマセタベツ 1-51, 5-42, 5-274
チカルシナイ 1-50, 5-39, 5-273, 5-274
チヤシウシナイ 1-50, 5-39
チライベ 1-51
トイラツケ 1-51, 5-39, 5-274
トマリケシヲマナイ 1-50, 5-39, 5-274
ブトウヱンナイ 1-51, 5-39, 5-274
ホント、コ〔ホント、コ川〕 1-51, 5-39, 5-274
ホンナイホ 1-50, 5-39, 5-273
ムルクタ 1-51
ヤムワツカナイ 1-51, 5-39, 5-274
ルイサンナイ 1-51, 5-39, 5-274

【島】

チシヤ岩 1-50, 5-39, 5-273

第17号 増毛

【地名】

アイカフ 1-57, 5-42, 5-275
アフニ 1-52, 5-42, 5-274
アーラ 1-57, 5-43, 5-275
ヲーベツカリ〔ヘツカリ〕 1-53, 5-42
ヲクリキ 1-57, 5-42, 5-275
ヲクロマナイ 1-55, 5-42, 5-275
ヲヒヨマツフ〔ヲイヨマツフ〕 1-53, 5-42, 5-275
ヲマンルハラ 1-53
ヲン子ナイ 1-52, 5-42
カムイアハ 1-53, 1-55, 5-42, 5-275
コツチヤナイ 1-53, 5-42, 5-275
シコンヘ 1-52, 5-42, 5-274
シツテキシヤム 1-55, 5-42, 5-275
シフヌベツ 1-52, 5-42, 5-274
シユウンナイ 1-52, 5-42, 5-274
シリマ 1-52, 5-42
タバキ 1-53, 1-55, 5-42, 5-275
チセシヨシベ 1-55, 5-42, 5-275
トコタン 1-55, 5-42
トフラシナイ 1-53, 5-42, 5-275
トレフシ 1-53, 5-42, 5-275
ナイフツ 1-52, 5-42, 5-274
ナカヲタ 1-52, 5-42
ヌブシヤ 1-52, 5-42, 5-274
ハシベツ 1-52, 5-42, 5-274, 5-275
ハマ、シケ 1-55, 5-42, 5-275
ヒカタトマリ 1-53, 5-42, 5-275
ビシヤンヘツ 1-55, 1-57, 5-42, 5-275
ビラ 1-52, 5-42, 5-274
ベシトカリ 1-53, 5-42, 5-275
ベシトカリ 1-57, 5-43, 5-275
ヘシノシケタウレナイ 1-55, 5-42, 5-275
ホキンヒル 1-57, 5-42, 5-275
ホロクンベツ 1-55, 5-42, 5-275
ホロトマリ 1-53, 5-42, 5-274
ホロナイ 1-57, 5-43, 5-275
ホンクンベツ〔ホンクンベツ川〕 1-55, 5-42
ホンコツチヤナイ 1-53
ホンチヤシコツ 1-55, 5-42, 5-275
ホントマリ 1-52, 5-42, 5-274
ホンマシケ○ 1-53, 5-42
マタホ 1-55, 5-42, 5-275
モイヲロ 1-53, 5-42, 5-275
ヤシヨツケ 1-57, 5-43, 5-275
ヤーヤシリヒイカフシ 1-57, 5-42, 5-275
ユワヲイ 1-53, 5-42, 5-275
レウレ 1-52, 5-42, 5-274
ワツカクシナイ 1-52, 5-42

【山・峠】

シベツ山 1-56, 5-43, 5-274

【河川・湖沼】

アフニ川 1-52
アーラ川 1-57, 5-43, 5-275
イキミ子ルベシ川 1-57, 5-43
イベツ川 1-53
ヱントモ□マナイ川 1-53, 5-42, 5-275
小川 1-57
ヲン子ナイ川 1-52
シフヌベツ川 1-52, 5-42
シヨカンベツ川 1-53, 5-42, 5-275
ヌブシヤ川 1-52, 5-42
ハシベツ川 1-52, 5-42
二ツ滝 1-53, 5-42
古川 1-55, 5-42, 5-275
ベシトカリ川 1-53
ホキンヒル川
ホロナイ川 1-57, 5-43, 5-275
ユワヲイ川 1-53, 5-42

【岬・海岸】

アイベ 1-53
アユクシ 1-53, 5-42, 5-275
ウライヒ 1-57, 5-42, 5-43, 5-275
ヲン子ナイ 1-53, 5-42
キサラウシ 1-53, 5-42, 5-275
クシナチバトイ〔クシナシハトイ〕 1-53, 5-42, 5-275
シレナイ 1-57, 5-42, 5-275
シワ、シ〔シワ、シナイ〕 1-57, 5-43, 5-275
タントシナイ 1-52, 5-42, 5-274
フトウヱンナイ 1-53, 5-42, 5-275
フトシナイ 1-57, 5-43, 5-275
ベシイハキ 1-57, 5-43, 5-275
ホロシラチセ 1-57, 5-42, 5-275
ホロヒイオ井ナヲ 1-53, 5-42, 5-275

第18号 石狩

【地名】

アル 1-58, 1-60
イシカリフト○〔イシカリ〕 1-58, 1-60, 5-43, 5-275
イベツフト 1-59, 5-43, 5-275
ウヱンシレト 1-58, 5-43, 5-275
ヲシヨロコツ○ 1-58, 5-43, 5-275
ヲタシユツ 1-61, 5-44
ヲタビク 1-60, 5-43, 5-275
ヲタルンナイ 1-61, 5-44, 5-275
ヲ子トマフ 1-58, 5-43, 5-275
ヲヤウル 1-58, 1-60, 5-43, 5-275
カムイウライウシ 1-59
シブシウシ〔シフシフシ〕 1-58, 1-60, 5-43, 5-275
シヤイノイヘ 1-59
シヨツブ 1-58, 5-43, 5-275
シヨナイ〔シユナイ〕 1-60, 5-43
シラトカリ 1-58, 5-43, 5-275
タフカルチクニ 1-59, 5-43
チシ子ヌタブ 1-59, 5-43
チヨマヲタ〔チヨマキタ〕 1-60, 5-43, 5-275
トーベツト 1-60, 5-43, 5-275
トマヲマタイ 1-59, 5-43, 5-275
ナクビタ〔トリヒタ〕 1-58, 1-60, 5-43, 5-275
ハーナアンヤシヨツケ 1-60, 5-43
ハルシ 1-61, 5-44, 5-275
バンケシヨーカ 1-59, 5-43, 5-274
ハンケヨシヘ〔ハンケシヨヘ〕 1-59, 5-43, 5-274
ビトイ 1-58, 1-60, 5-43, 5-275
ヘンゲシヨーカ 1-59, 5-43, 5-274
ヘンケヨシベ 1-59, 5-43, 5-274
ホロトヤウシ 1-58, 1-60, 5-43, 5-275
ホロマクンベツ〔ホロニクンベツ〕 1-58, 1-60, 5-43
ホロモイ 1-59, 5-43, 5-274
ホントヤウシ 1-58, 1-60, 5-43, 5-275
ムライ 1-58, 5-43, 5-275
ヤウシノツカ 1-61, 5-44, 5-275

【山・峠】

カムイヘロキ山〔カムイヘロキ〕 1-61, 5-275

【河川・湖沼】

イシカリ川〔トイシカリ川〕 1-59, 5-43, 5-275
イベツ川 1-59
ヲタルンナイ川 1-61, 5-44, 5-275
ヲ子トマフ川 1-58, 5-43, 5-275
コタンベツ川 1-58, 5-43, 5-275
シフヌツナイ 1-59
シヨツブ川 1-58, 5-43, 5-275
シラトカリ川 1-58, 5-43, 5-275
トーベツ川 1-60, 5-43, 5-275
ハサミ川〔ハサミ〕 1-60, 5-43, 5-275
ハルシ川 5-44, 5-275
ビトイ川 1-58, 1-60, 5-43, 5-275
フシユサツホロ川〔フシヱサツホロ川、フシヱサツホロ〕 1-60, 5-43, 5-275
ムライ川 1-58, 5-43, 5-275
モシリヲマナイ 1-59, 5-43, 5-275
ヤウシノツカ川 1-61, 5-44, 5-275
リ川 1-58, 1-60
レブンノツカ川 1-61, 5-44, 5-275

【岬・海岸】

ヲタノシケ 1-58, 5-43, 5-275
ヲタヒラキ 1-58, 5-275
カムイコタン 1-61, 5-44, 5-275
シエシ、ナイ 1-61
フンベヲマイ 1-58, 1-60, 5-43, 5-275
ホンナイ 1-61, 5-44, 5-275

第19号 夕張岳

【山・峠】

ユーハリ山 1-62, 5-48, 5-274

第20号 積丹

【地名】

アトマイ 1-64, 5-45
イヌ、シ 1-66
ウシヨロ○ 1-63, 5-44, 5-275
ウタミクシ 5-44, 5-275
ヲタルナイ○ 1-63, 5-44, 5-275
カバシラ〔カハシラ、〕 1-63, 5-44, 5-275
上ヨイチ○ 1-64, 5-44, 5-275
クマウシ 1-63, 5-44, 5-275
サン子ナイ 1-65, 1-66, 5-45, 5-275
シマトマリ 1-64, 5-

44, 5-275
下ヨイチ○　1-64, 5-44, 5-275
シヤコタン○　1-65, 5-45, 5-275
シヨーヤ　1-63, 5-44, 5-275
タカシマ○　1-63, 5-44, 5-275
チヤシナイ　1-64, 5-45, 5-275
テミヤ　1-63, 5-44, 5-275
ヌーナイ〔ヌウナイ〕　1-64, 5-45, 5-275
ヒクニ○　5-45, 5-275
ヒリムシヤム〔ヒリムシヤ〕　1-63, 5-44, 5-275
フイタウシ　1-65, 1-66, 5-45, 5-275
フユチ　1-64, 5-45, 5-275
フルヒラ○　1-64, 5-45, 5-275
フロー○　1-65, 1-66, 5-45, 5-275
フンコンヘ〔フンコンベ〕　1-63, 5-44, 5-275
ヘロキカルシ　1-64, 5-45, 5-275
ヘンゲルー　1-64, 5-44, 5-275
ホロキナウシ〔ホロキウシ〕　1-64, 5-45
ホロトコタン　1-63, 5-44, 5-275
ホンイヌヽシ　1-66, 5-45, 5-275
モアサリ　1-63, 5-44, 5-275
モイシヤム　1-64, 5-45, 5-275
ヤマーシ〔ヤーマシ〕　1-64, 5-44, 5-275
ラルマキ　1-64, 5-45, 5-275
レタルヒラ　1-64, 5-44, 5-275

【河川・湖沼】

イルンナイ川　1-63, 5-44, 5-275
ヲフカルシ川　1-65, 1-66, 5-45, 5-275
ヲン子アサリ川　1-63, 5-44, 5-275
ヲン子ナイ川　1-65, 1-66, 5-45
ヲン子ナイ川〔ナン子ナイ川〕　1-65, 1-66, 5-45, 5-275
カチンナイ川　1-63, 5-44
クチヤウンナイ川〔クチヤウンナイ〕　1-65, 5-45, 5-275
サン子ナイ川　1-65, 1-66, 5-45, 5-275
シマトマリ川　1-64
シヤコタン川　1-65, 5-45, 5-275
チヤラセフミルイ川　1-65, 1-66, 5-45, 5-275
ヌツチー川〔ヌプチー〕　1-64, 5-44, 5-275
ヌーナイ川　1-64
ヌンベ川　5-45, 5-275
ノフルヨイチ川　1-64, 5-44, 5-275
ビクニ川　1-64, 5-45, 5-275
フミルイ川〔フシルイ川〕　1-65, 1-66, 5-45, 5-275
フユチ川　1-64, 5-45, 5-275
フルヒラ川　1-64
フロー川　1-66, 5-45, 5-275
ホロナホ川　1-65, 5-275
ホンナイ川　1-63
モイレ川　5-45
ヨイチ川　1-64, 5-44, 5-275
ラルマキ川　1-64
レタルヒラ川　1-64
レホナイ川　1-65, 5-45, 5-275
ヲタシユツ川　5-45

【岬・海岸】

アイカイフ　1-63, 5-44, 5-275
アサマタントマリ　5-45
アサリ　1-63
アツホロシ　1-64, 5-45, 5-275
アワトマリ　5-44, 5-275
イアン子シリハ　1-64, 5-44, 5-275
ウヱンナイ　1-63
ウカラフ〔ウカヲフ〕　1-65, 1-66, 5-45
ヲウタラウシ　1-63, 5-44, 5-275
ヲカムイ岬〔カムイ岬〕　1-65, 5-45, 5-275
ヲキシナイ　1-66, 5-45
ヲロウヱントマリ　1-65, 5-45, 5-275
ヲン子ナイ　1-66
カハルシラー〔カハルシラヽ〕　1-65, 1-66, 5-45, 5-275
カフト岬　1-66, 5-45, 5-275
カムイノカ　1-64
カヤニシマ　1-63
カヤノマイ　1-65, 5-45
キムンクワトマリ　5-44, 5-275
シクトル岬　1-63, 5-44, 5-275
シシヤムナイ　1-65, 1-66, 5-45
シツテキシヤマ　1-65, 5-45, 5-275
シヘビー〔シベヒー〕　1-64, 5-45, 5-275
タン子カバルシ　1-65, 1-66
タン子カハルシモイ　1-63, 5-44, 5-275
チカフシウシ　1-65, 5-45, 5-275
チハトイ〔チバトイ〕　1-63, 5-44, 5-275
チバトイ　1-63, 5-44, 5-275
チバトイ　1-64, 5-45
チフカイ岬　1-65, 1-66, 5-45, 5-275
チヤシコツ　1-64, 5-45
チヤラセナイ　1-63, 5-44, 5-275
チロヌフ〔チロヌプ〕　1-64, 5-45
トーマイ　1-65, 1-66, 5-45, 5-275
トシヤ子ブ　1-64, 5-44
トヽシマチヤ　1-65
トヨイ　1-63, 5-44
ナイシヤム　1-63, 5-44, 5-275
ニテトマリ　1-66, 5-45, 5-275
ヒリカキナウシ〔ピリカキナウシ〕　1-65, 1-66, 5-45, 5-275
フナマイ岬〔ノナマイ岬〕　1-65, 1-66, 5-45, 5-275
フユマシラヽ　1-63, 5-44, 5-275
フレシマ　1-63, 5-44, 5-275
フレチシ　1-63
フンコンヘ岬〔フンコンベ岬〕　1-63, 5-44, 5-275
ヘモウントマリ　1-65, 1-66
ヘレチビー〔ベレチビー〕　1-65, 5-45, 5-275
ホレトマリ〔ホントマリ〕　1-63, 5-44
ホロイーカシ　1-65, 1-66, 5-45
ホロウヱントマリ　1-65, 5-45, 5-275
ホロヲタ　1-65, 5-45, 5-275
ホロモイ〔モロモイ〕　1-65, 5-45, 5-275
ホロモイ岬　1-65, 5-45, 5-275
ホロモユワ〔ホロモイワ〕　1-66, 5-45
ホロヤムワツカヲイ　1-65, 1-66, 5-45, 5-275
ホンイーカシ　1-65, 1-66
ホンイカシ〔ホシイカシ〕　1-64, 5-45, 5-275
ホンイシヨ　1-64, 5-44, 5-275
ホンウシヨロ　1-63
ホンモユワ　1-66, 5-275
マキナウトマリ　1-65, 1-66, 5-45, 5-275
ムルクタウシ　1-63
メナシトマリ　1-63, 5-44
モヽナイ　1-63, 5-44
ヨトマリ〔シヨトマリ〕　1-65, 5-45, 5-275
ライケシ　1-65, 5-45, 5-275
ラヲヘ〔ラヲベ〕　1-65, 5-45, 5-275

【島】

ヒーヤ〔ビーヤ〕　1-64, 5-45, 5-275
フレシマ　1-64, 5-45
ヘモイシマ　1-64, 5-45

第21号
岩内

【地名】

アン子トマリ　1-69, 5-47
イシヤマニナイ　1-69, 5-46
イソヤ　1-68, 5-46, 5-279
ウヱンベツ　1-69, 5-46, 5-279
ウマトヱー　1-69, 5-46
ヲタシユツ○　1-68, 1-69, 5-46, 5-279
クルマツナイ○　1-69, 5-46, 5-279
シクシマイ〔シクシマナイ〕　1-67, 5-45, 5-275
シツヽ○　1-68, 1-69, 5-47, 5-279
シマコタン　1-68, 5-46, 5-279
シリベツ○　1-68, 5-46, 5-279
シルンカ　1-67, 5-45, 5-275
シロツミ　1-69, 5-46, 5-279
シンブイ〔シンフー〕　1-67, 5-45, 5-275
チトキ　1-69, 5-46, 5-279
チヤシライ　1-67, 5-45, 5-275
トシリヲマナイ　1-69, 5-47, 5-279
トートイシ〔トウトイシ〕　1-68, 1-69, 5-46
トレコンナイ　1-68, 1-69, 5-279
ニベシナイ　1-67, 5-45, 5-275
ノツカ　1-67, 5-45
ビーヤ　1-68, 1-69, 5-46, 5-279
フシコクルマツナイ　1-69, 5-46, 5-279
フムヽナナイ　1-68, 1-69
ホロメナ　1-69, 5-46
ホンタホイ〔ホンホロイ〕　1-69, 5-46
メツフ　1-69, 5-46, 5-279
モイレトマリ　1-67, 5-45, 5-275
ユワナイ○　1-67, 5-45, 5-275
リヽコヲマナイ　1-68, 1-69, 5-46, 5-279
ルーチシ　1-69, 5-46, 5-279
ロクジヤー　1-69, 5-47, 5-279

【河川・湖沼】

カムイウンナイ川　1-68, 5-45, 5-46, 5-279
カヤーマイ川〔カヤノマイ川〕　1-67, 5-45, 5-275
シツヽ川　1-68, 1-69
シユブト川　1-68, 1-69, 5-46, 5-279
シリベツ川　1-68, 5-46, 5-279
シルンカ川　1-67, 5-45, 5-275
シンブイ川　1-67
トシリヲマナイ川　1-68, 1-69
トレフシナイ川〔トレフシナイ〕　1-68, 1-69, 5-46
子チンナイ川　1-67, 5-45, 5-275
ノツカ川　1-67, 5-45, 5-275
ホロナイ川　1-67, 5-45, 5-275
ホロベツ川　1-68, 5-46, 5-279
モイレ川　5-275
ユワナイ川〔イワナイ川〕　1-67, 5-45, 5-275
ライニ川　1-67, 1-68, 5-45, 5-275

【岬・海岸】

アイベクシナイ　1-68, 1-69, 5-46, 5-279
アツヲロシ　1-68, 1-69
アブシタ　1-68, 5-45, 5-275
アン子トー　1-67
イカイチシ〔イカヒチシ〕　1-68, 1-69, 5-46, 5-279
イーカシ　1-67
ウヱンモイ　1-67, 1-68
ウカヲフ〔ウカヲプ〕　1-67, 1-68, 5-45, 5-275
ヲタノシケ　1-67, 5-45, 5-275
ヲタノシケ　1-68, 1-69, 5-46, 5-279
ヲナイ　1-67, 1-68
ヲフシ　1-67, 5-45
カム井ルーヲマイ　1-67, 1-68
クシナブイ　1-67
コンブカルシ　1-67
サメトマリ　1-69, 5-47, 5-279
シシヤムヲカイシ　1-68, 1-69
シフイウニ　1-68, 1-69, 5-46
シヤツテキナイ　1-68, 1-69, 5-46
シヨイトマリ　1-69, 5-47, 5-279
シヨチクナイ　1-69, 5-47, 5-279
シレトナイ　1-68, 1-69
タキノマ　1-69, 5-47
タライキリシ　1-68, 1-69, 5-46, 5-279
タンテシナイ〔メンテシナイ〕　1-67, 1-68, 5-45, 5-275
チセシリマイ　1-67, 1-68
チバトイ　1-68, 5-46
チヤシボク　1-69, 5-47
チヤラセナイ　1-68, 1-69
ナイフツ　1-68, 5-46
ナカヲタ　1-68, 1-69, 5-47
子ウコツトマリ　1-67, 1-68, 5-45, 5-46, 5-279
ハシイナウシ　1-67, 5-45, 5-275
ハシイナシ　1-68, 1-69, 5-46

フンベヲマイ　1-67
ベシイハキトマリ　1-68, 5-45, 5-275, 5-279
ヘシノシケヲマナイ　1-67, 5-45, 5-275
ヘニケウ岬〔ヘニケフ岬〕　1-69, 5-47, 5-279
ホリカヒー　1-67, 5-45, 5-275
ホロトマリ　1-69, 5-47, 5-279
ホンライニ　1-67, 5-45
ヤヲイ　1-68, 1-69
ライテン岬　1-67, 1-68, 5-45, 5-275
ライルム　1-68, 5-46, 5-279
ルーヲシベナイ〔ルークシベナイ〕　1-68, 5-46, 5-279
レーサン〔ルーサン〕　1-69, 5-47, 5-279

【島】

アン子シマ　1-68, 1-69
イナヲシマ　1-68, 1-69
ベンザイシマ　1-69

第22号 厚岸

【地名】

アツケシ○☆　1-71, 1-72, 5-27, 5-270
アトヲカ　1-73, 5-30, 5-270, 5-276
イヲロト〔イヲロトー〕　1-71, 1-72, 5-27, 5-28, 5-270
ヲクトシベ　1-72, 5-27, 5-30, 5-270
ヲタクハシ　1-72, 5-30, 5-270
ヲチヨツチヨウシ　1-71, 1-72, 5-27
カムイハシ　1-73, 5-30, 5-270, 5-276
コンブムイ○☆　1-73, 5-30, 5-270, 5-276
シヤツクシウシ　5-27, 5-30
シユマシユンベ　1-71, 1-72, 5-27, 5-28
シユンレウコル　1-71, 1-72, 5-27
シヨンデケ　1-73, 5-30, 5-270, 5-276
シレベツ　1-72, 5-30
セーカシラ　1-72, 5-30
タンタカコトヱイ　1-71, 1-72, 5-27, 5-270
チクシコイ　1-71, 1-72, 5-27
チロベツ　1-73, 5-30, 5-270, 5-276
トキサラヘ　5-27
トキサラベツ　1-70
トコタン　1-71, 1-72, 5-27, 5-270
トマタルー　1-71, 1-72, 5-28, 5-30, 5-270
ヌシヤコタン　1-71, 1-72, 5-27, 5-270
ノコベリベツ○　5-27
ヒツジ　1-73, 5-30, 5-271, 5-276
ビハセイ○　1-70, 5-27, 5-270
ピリカヲタ　1-71, 1-72, 5-27, 5-270
フツテキコタン　1-72, 5-28, 5-30, 5-270
ヘツシヤム　1-73, 5-30, 5-271, 5-276
ベツフツ　1-72, 5-30, 5-270
ベトヱイ　1-71, 1-72, 5-27, 5-270
ホイナルヲイ〔ホイナルヲ〕　1-70, 5-27, 5-270
ホニコー　1-71, 1-72, 5-27, 5-270
ホロトー　1-70, 5-27, 5-270
ホンセンホウシ○　1-72, 5-27, 5-30, 5-270
ホンヘシ〔ヲチョツフ〕　1-71, 1-72, 5-27
モイシユツ　1-71, 1-72, 5-27, 5-28, 5-30, 5-270
ライサン　5-27
リミセシユマ　1-71, 1-72, 5-27, 5-270
リールイ〔リイルイ〕　1-71, 1-72, 5-27, 5-270

【社寺】

國泰寺　1-71, 1-72, 5-27, 5-270

【山・峠】

ヲアカン　5-29, 5-271
メアカン　5-29, 5-271

【河川・湖沼】

アツケシトー　1-71, 1-72, 5-27, 5-270
ヲタノシケマツプ川　1-70, 5-27, 5-270
シチロツフ川〔モ子ロツフ川〕　1-70, 5-27, 5-270
チヨベツ川　1-73
ノツカトイヲマナイ川　1-70

【岬・海岸】

アイカツフ岬　1-71, 1-72, 5-27, 5-28, 5-270
アイニイカツフ岬　1-71, 1-72, 5-27, 5-28, 5-270
アフニヽウシモイ岬〔アフニウシモイ岬〕　1-70, 5-27, 5-270
イシヨチセンベ　1-71, 5-27, 5-270
ヲヤシヤウシ岬　1-70
ヲラウ子コタン　1-70, 5-270
シユルシユツ岬　1-70, 5-27, 5-270
シリバ岬　1-72, 5-27, 5-30
トウブツ　1-72, 5-30, 5-270, 5-276
ノテト　1-71, 1-72, 5-27, 5-270
フイカシ岬　1-70
ホンホロトー　1-70, 5-27, 5-270
マビロヽ　1-71, 5-27, 5-270
モチロツフ　1-70
ヤンケシレナイ〔ヤンケシナイ〕　1-70, 5-27
リールウヱラニ　1-70, 5-27, 5-270

【島】

イウトロンヘ岩〔モイウトロンヘ岩〕　1-70, 5-27
岩壁　1-70, 5-27
キリタツプ島〔キータツフ島〕　1-70, 5-27, 5-270
ケ子ホク島　1-70, 5-270
バイケシユイ岩　1-70
フシワタラ岩　1-70, 5-27, 5-270
丸岩　1-70
メヲクル岩　1-70, 5-27, 5-270
モヲモシリ島〔モヨモシリ北岩〕　1-71, 1-72, 5-27, 5-270
モシリカ島　1-72, 5-27, 5-270
ワタラウシチロツプ岩　1-70, 5-27, 5-270

第23号 釧路

【地名】

ヲクシヨマナイ　1-77, 5-271, 5-276
ヲタウニ　1-74, 5-30, 5-271, 5-276
ヲタノシケ　1-75
カツラコイ　1-74, 5-30, 5-271, 5-276
クスリ○☆　1-74, 5-30, 5-271, 5-276
シヤクベツ○　1-77, 5-276
シヤリキウシ　1-75, 5-271, 5-276
ジヤロ　1-75
ショロヽ　1-75
シラヌカ○　1-75, 5-271, 5-276
チカヨフ〔チカヨツフ〕　1-75, 5-271, 5-276
ベトマイ　1-74, 5-30, 5-271, 5-276

【河川・湖沼】

アフナイ川　1-77, 5-276
アルトルトー　1-74, 5-30, 5-271, 5-276
ヲタノシケ川　1-75, 5-30, 5-271, 5-276
ヲンベツ川　1-77, 5-276
クスリ川　1-74, 5-30, 5-271, 5-276
シヤリキウシ川　5-271
ジヤロ川　1-75, 1-76, 5-271, 5-276
シヨロヽ川　1-75, 5-271, 5-276
チカヨツフ川　5-271
パシクル川〔ハシタル川〕　1-76, 5-271, 5-276
ベトマイ川　5-30, 5-271
モヲコツペ川　1-77, 5-276

【岬・海岸】

ヲコツナイ　1-74, 5-30, 5-271, 5-276
ヲツペ岬〔ヲコツヘ岬〕　1-77, 5-276
モトウンベツ〔モヲトンベツ〕　1-77, 5-276

第24号 十勝川河口

【地名】

ヲコツナイ○☆　1-78, 5-32, 5-276
コヽイ　1-79, 5-32, 5-276
トーフイ○〔トーブイ〕　1-80, 5-32, 5-276

【河川・湖沼】

オイカマイトー〔ヲイカマイトー〕　1-79, 1-80, 5-32, 5-276
ヲコツナイ川　1-78, 5-32, 5-276
チフラフシトー　1-79, 5-32, 5-276
チヨーブシ川〔チョフシ川〕　1-79, 5-32, 5-276
チヨーブシトー　1-79, 5-32, 5-276
トーブイ川　1-80, 5-32, 5-276
トカチ川　1-78, 5-32, 5-276
ヘルツブ子ー川　1-80, 5-32, 5-276
モンベツ川　1-80, 5-32, 5-276
ユートー　1-79, 5-32, 5-276
ユート川〔ユートー川〕　1-79, 5-32, 5-276

【岬・海岸】

ヲン子ナイ　1-79, 1-80, 5-32, 5-276
コンフカルシ岬　1-78, 5-276
ベシチシ子ー　1-79, 5-32, 5-276
ホンアイヌマ〔ホンアイプヌマ〕　1-80, 5-32, 5-276

第25号 広尾

【地名】

アベヤニ　1-83, 5-33, 5-277
イワヲイ　1-83, 5-33, 5-277
ヲクシ　1-84, 5-33, 5-277
カムヨマナイ　1-84, 5-33, 5-277
コルフル　1-84, 5-33, 5-277
サルヽ○☆　1-82, 5-33, 5-277
シヨーヤ○　1-82, 1-84, 5-33, 5-277
ニケブシ　1-83, 1-84, 5-33, 5-277
ヒロー○〔ビロー〕　1-81, 5-32, 5-33, 5-277
フツフペルイ〔フツフルイ〕　1-84, 5-33, 5-277
ホロイツ○〔ホロイツミ〕　1-83, 1-84, 5-33, 5-277
ホロモイ　1-83, 5-33, 5-277
ホンモヨロ　1-84, 5-33, 5-277
リーマサラ　1-83, 1-84, 5-33, 5-277

【河川・湖沼】

アベヤニ川　1-83, 5-33, 5-277
ヲタヘツ川　1-84, 5-33, 5-277
サルヽ川　1-82, 5-33, 5-277
トイベツ川〔トアベツ川〕　1-84, 5-33, 5-277
ニカンベツ川　1-83, 5-33, 5-277
ノツカ川　1-81, 5-32, 5-33, 5-276
ビホロ川　1-81, 5-33
ヒロー川　1-81, 5-32, 5-33, 5-277
ホロベツ川　1-83, 5-33, 5-277
モンベツ川　1-83, 5-277
ラシラルンベ川　1-81, 5-33, 5-277
ラツコ川　1-81, 5-32, 5-33, 5-277
ラトンヤ川　1-84, 5-33, 5-277

【岬・海岸】

アフラコマイウコシ　1-84, 5-33, 5-277
イワヲイ岬　1-83, 5-33
ウヱンベツ　1-82, 1-84, 5-33, 5-277
ヱリモ岬　1-84, 5-33, 5-277
シ子トマリ　1-82, 1-84, 5-33, 5-277
シマウシ　1-81, 5-32, 5-33, 5-276
シヤクコタン　1-83, 5-33, 5-277
シヤツグハイ　1-82,

1-84, 5-33, 5-277
シラサヤイト〔シラリヤイト〕 1-83, 5-277
タニ子イシヨ 1-82, 5-33, 5-277
トヨイ〔トヨイ川〕 1-81, 5-32, 5-276
フユマシマ 1-82, 1-84, 5-33, 5-277
ホルマイ 1-84, 5-33, 5-277
ホンヲレベツ 1-84, 5-33, 5-277
ホンヒタ子シゲ 1-82, 5-33, 5-277
メナシトマリ 1-83, 5-33, 5-277
モントモヲロ〔ヱントモヲロ〕 1-84, 5-33, 5-277
ヨウコシ 1-84, 5-33, 5-277
ライクレ子アイ〔ラークレ子アイ〕 1-83, 5-33, 5-277
ワンベヲマナイ〔フンヘヲマモイ〕 1-81, 5-32, 5-33, 5-277

第26号 浦河

【地名】

イカヌシ 1-86, 5-48, 5-277
イリヽフシ 1-87, 5-49
ウセナイ○ 1-87, 5-49, 5-277
ウトマンベツ 1-85, 5-48, 5-277
ウラカワ○〔ウラカハ〕 1-86, 5-48, 5-277
ケレマツフ 1-86, 5-48, 5-277
コイトイ 1-86, 5-48, 5-277
シツナイ○ 1-87, 5-49, 5-277
シヤマニ○ 1-85, 5-48, 5-277
トヤイ 1-86, 5-48, 5-277
ハサミ 1-87
ヒラウトロ 1-85, 5-277
ベシトカリ 1-87, 5-49, 5-277
ホロヲラリ 1-87, 5-48, 5-277
ミツイシ○☆ 1-87, 5-48, 5-277
ムク子☆〔ムクチ〕 1-85, 5-48, 5-277
ルーモコマフ〔ルウモコマフ〕 1-87, 5-49, 5-277

【河川・湖沼】

ケレマツフ川 1-86, 5-48, 5-277
ルーモコマフ川 1-87

【岬・海岸】

イカンライ 1-86, 5-48, 5-277
イプイ 1-85, 5-48, 5-277
ヱカンラン 1-85, 5-48, 5-277
ヲシユムシベツ〔ヲシコムシヘツ〕 1-87, 5-49, 5-277
ヲタクシベシ〔ヲタクツベシ〕 1-87, 5-49, 5-277
ヲマウシ 1-86, 5-48, 5-277
シロイツミ 1-85, 5-48, 5-277
ニノイブシ 1-87, 5-48, 5-277
ホトイシ 1-87, 5-49, 5-277
ホンヲニウシ 1-86, 5-48, 5-277
ホンヲラリ 1-87, 5-49, 5-277
ホントマリ〔ホンヲラリ〕 1-86, 5-48, 5-277
ホンマウタシヤブ 1-87, 5-49, 5-277
モムヘツ〔モンヘツ川〕 1-87, 5-49, 5-277
モロフチ 1-86, 5-48, 5-277
レフヌレカルベ〔レフヌンカルヘ〕 1-85, 5-48, 5-277

第27号 門別

【地名】

アツベツ 1-88, 5-49, 5-277
ヲイシヨマコ 1-89, 5-49, 5-278
ヲコタラヌシヤラ 1-89
シカイベツ 1-88, 5-49, 5-277
シノダイ 1-89, 5-278
チヤラセナイ 1-89, 5-49, 5-278
ニイカツプ○☆ 1-88, 5-49, 5-277
ヒポク 1-88, 5-49
フイバツフ 1-89, 1-90, 5-49, 5-278
フプモム 1-88, 1-89, 5-49, 5-277
ホロノツカ 1-88, 5-49, 5-277
ムカワ 1-90, 5-50, 5-278
モンベツ○☆ 1-89, 5-49, 5-278

【河川・湖沼】

ヲイシヨマコ川 1-89, 5-49
ヲコタラヌシヤラ川 1-89
サル川〔サル〕 1-89, 1-90, 5-278
フイバツフ川 1-90, 5-50
ムカワ川 1-90, 5-50, 5-278

【岬・海岸】

ウヱニナチヤブ 1-89, 5-278
カハリー 1-89, 5-49, 5-277
ケノマイ 1-89, 5-49, 5-277
シンノノツ 1-88, 5-49, 5-277
セウリウシ 1-89
セフー〔セブー〕 1-88, 5-49, 5-277
チツフルイカ 1-88, 5-49, 5-277
ホンシユフシベツ 1-88, 5-49, 5-277
ユルシカヘツ 1-90, 5-50, 5-278

第28号 苫小牧

【地名】

イチヤリフト 1-91, 5-43, 5-274, 5-275
ウヱンナイ 1-92, 1-94, 5-50
ウカトイヌタプ 1-91, 5-43
ヱリモツナイ 1-92, 1-94, 5-50, 5-278
ヲサツ 1-91, 1-92, 5-278
ヲタケシ 1-94, 5-50, 5-278
ヲホコツ 1-92, 5-50
カマカ 1-91, 5-50, 5-278
カムイノシウシ 1-92, 1-94
キサラコツ 1-92, 5-50, 5-278
キナチヤウシ 1-91, 5-43, 5-274
クツタルウシ 1-91, 1-92, 5-50, 5-278
クツタルシ 1-92, 1-94, 5-50, 5-278
コイトイ 1-95, 5-50, 5-278
シヤタイ 1-95, 5-51, 5-278
シラヲイ○ 1-95, 5-51, 5-278
セタン子ン〔セタン子シ〕 1-92, 5-50
タフコフ〔タフコツ〕 1-92, 1-94, 5-50, 5-278
千年川○〔千歳川〕 1-92, 5-50, 5-278
トキサラヲマフ〔トキサフヲマフ〕 1-92, 1-94, 5-50, 5-278
トヽムノシククンベツ 1-94, 5-50, 5-278
ヌツフノシケ 1-92, 5-50, 5-278
ビヽイムコ○ 1-92, 5-50, 5-278
ビンナイ 1-91, 5-43, 5-274
フシコアヒラ 1-94, 5-50, 5-278
フツタトシ 1-92, 1-94, 5-50, 5-278
ベシベシ谷〔ヘシヘシタニ〕 1-95, 5-51, 5-278
ホロタルマイ 1-95, 5-50, 5-278
ホロビク 1-91, 5-43, 5-274, 5-275
ホンヱリモツナイ 1-92, 1-94, 5-50
マウシチヤシコツ 1-91, 5-43
マコマイ 1-94, 5-50, 5-278
ママツ 1-92, 5-50, 5-278
ユウブツ○☆ 1-94, 5-50, 5-278
リーヲタトシカ 1-94, 5-50, 5-278
ルイカヲマユツ 1-92, 5-50, 5-278
レウケ子ウシ 1-92

【山・峠】

タルマイ山 1-93, 1-95, 5-51, 5-278
モンベツ山 1-93, 5-51, 5-278

【河川・湖沼】

アヒラ川 1-94
イチヤリ川 1-91, 5-43, 5-278
ヲサツ川 1-91, 1-92, 5-50, 5-278
カリシハ川〔カリンハ川〕 1-91, 5-50
シコツ湖（ヲサツ）〔シコツトー〕 1-91, 1-92, 5-50, 5-278
シフンベツ川〔シフンヘツ〕 1-91, 5-43, 5-274
シママツフ川〔シマツフ〕 1-91, 5-43, 5-275
シヤクタツフ川 1-94, 5-50, 5-278
シヤタイ川 1-95, 5-50, 5-278
ゼイトヨイ川 1-91, 5-43
チフクシホンベツ川 1-91, 1-92
トマンハヲマナイ川 1-91, 5-43, 5-275
トメム川 1-91, 1-92, 5-50, 5-278
ニシタツプ川 1-95, 5-50, 5-278
ビヽ川 1-92, 5-50, 5-278
ベンケナイ川 1-92, 5-50
ベンベツ川 1-95
マコマイ川 1-94, 5-50, 5-278
ママツ川〔マヽツ川〕 1-92, 5-278
ユーハリ川 1-91, 5-43, 5-274

【岬・海岸】

アツマ丘 1-94, 5-50, 5-278
ヲモツナイ 1-95, 5-51, 5-278
ホントー〔ホレトー〕 1-95, 5-51, 5-278

第29号 室蘭

【地名】

アイロ 1-97, 1-98, 5-51, 5-278
イシヨホシ 1-99
ヱントモ〔ヱトモ〕 1-99, 5-52, 5-278
セタワキ 1-99, 5-52, 5-278
チリヘツ 1-99, 5-52, 5-278
トーブツ 1-99, 5-52, 5-278
トウボケ〔トウホケシ〕 1-97, 5-51, 5-278
ホロイ〔ホコイ〕 1-99, 5-52
ホロベツ○☆ 1-98, 5-51, 5-52, 5-278
ホロモイ 1-99, 5-52, 5-278
マクンヌシ 1-99
メツフ〔メツプ〕 1-97, 5-51
モロラン○☆ 1-99, 5-52, 5-278
ライハ 1-98, 5-52
ワシベツ 1-99, 5-52, 5-278

【山・峠】

シリベツ山 1-96, 5-51, 5-52, 5-278

【河川・湖沼】

シキ川 1-97, 5-51, 5-278
シラヲイ川 1-97, 5-51, 5-278
シレトコ川 1-97, 5-51, 5-278
トフシナイ川 1-99, 5-52, 5-278
ホロベツ川 1-98, 5-52, 5-278

【岬・海岸】

ヲイナウシ 1-99
ヲムヘ 1-98, 5-51, 5-52, 5-278
ヲムンヘ 1-97, 1-98, 5-51, 5-278
クタルシ 1-97, 5-51, 5-278
サトヲカチシヘ 1-98, 5-51, 5-52, 5-278
シユブキ 1-99, 5-52
スホリベツ〔ヌホリベツ〕 1-98, 5-51, 5-278
セシナイ 1-98, 5-51, 5-278
チフタラシナイ〔チフタ〕 1-99, 5-52, 5-278
トホニケシ 1-98
バラキナイ 1-99, 5-52, 5-278
フシコベツ 1-97, 1-98, 5-51
フトテ子ナイ 1-99, 5-52
ベシホク 1-99, 5-52, 5-278
ホロシヨシケー 1-99, 5-52
ホロナイ 1-97, 5-51, 5-278

ホンワヌーシ　1-99, 5-52, 5-278
モセウシナイ　1-98, 5-51

【島】

チケレフ島〔チケレフシマ〕　1-99, 5-52
ベンサイシマ　1-99
ムイ岩　1-99, 5-52, 5-278
モシリカ島　1-99, 5-52, 5-278

第30号 長万部

【地名】

アブタ○☆　1-100, 5-46, 5-52, 5-278
イヌヽシ　1-103, 5-46, 5-279
ウス○　1-100, 5-46, 5-52, 5-278
ウタシヤイ　1-103, 5-46
ヲサルベツ〔ヲサベツ〕　1-100, 1-104, 5-52, 5-278
ヲシヤマンヘ○☆　1-102, 1-103, 5-46, 5-279
ヲツフケシ〔ヲツプケシ〕　1-101, 5-46, 5-52, 5-279
ヲムー　1-100, 5-46, 5-52, 5-278
クンヌイ　1-105, 5-46, 5-54, 5-279
タン子ニナラ　1-103, 5-46, 5-279
チマイベツ　1-104, 5-52, 5-278
チヤイブツ　1-103, 5-46, 5-279
ツーチヤシシ〔ルーチヤシン〕　1-105, 5-54
トイタコタン　1-103, 5-46, 5-279
トツタナイ　1-103, 5-46, 5-279
ブイタウシナイ　1-105, 5-54, 5-279
フレナイ　1-100, 5-46, 5-52, 5-278
べヽ　1-101, 5-46, 5-52
ホロシラヌカ　1-105, 5-54, 5-279
ホロチフタナイ　1-103, 5-46
ホロナイ○　1-105, 5-46, 5-54, 5-279
ホンチフタナイ　1-103, 5-46, 5-279
ホントツタナイ　1-103, 5-46
ホンメム　1-103, 5-46, 5-279
モンベツ　1-100, 1-104, 5-52, 5-278
モンベツ　1-103, 5-46, 5-279
ヤマサキ　1-105, 5-54, 5-279
ライハ　1-102, 5-46
ルツプ子シマヲイ　1-103
ルヨナイ　1-101, 5-46, 5-279
レブンゲ○　1-101, 5-46, 5-279
ワルイ　1-103, 1-105, 5-46, 5-279

【山・峠】

ウス山〔ウスヤマ〕　1-100, 5-278
クルマツナイ山　1-103, 5-47, 5-279

【河川・湖沼】

アキベツ川〔ヌフキベツ川〕　1-101, 5-46, 5-52, 5-279
イマリマリ川　1-104, 5-52, 5-278
ヲコルマツプ川　1-104, 5-278
ヲコンブシベ川　1-104, 5-52, 5-278
ヲサルベツ川　1-100, 1-104, 5-52, 5-278
ヲヒルンチプ川〔ヲヒルン子フ川〕　1-104, 5-52, 5-278
クンヌイ川　1-105, 5-46, 5-54, 5-279
シツカリ川　1-102, 5-46, 5-279
タハルシヘツ川　1-102, 5-46
ブイタウシナイ川　1-105, 5-54, 5-279
フラヌヘツ川〔フラヌベツ川〕　1-103, 5-46, 5-279
べヽ川　5-46, 5-279
ベラ川　1-103, 1-105
ヘヲツワルイ川　5-46, 5-54
ホロシラヌカ川　1-105, 5-54, 5-279
ホロナイ川　1-100, 5-46, 5-52
ホロナイ川　1-105, 5-46, 5-54, 5-279
ホンシラヌカ川　1-105
ホンワルイ川　1-103, 1-105, 5-46, 5-54
メナシユンモンベツ川　1-100, 1-104
モンヘツ川　1-103
モンベツ川　1-100, 1-104, 5-52, 5-278
ルコチ川〔ルコチ〕　1-105, 5-46, 5-54, 5-279
レブンゲ川　1-101, 5-46, 5-279
ワルイ川　1-103, 1-105, 5-279

【岬・海岸】

ウシヨ子ミ　1-105, 5-54, 5-279
ウトロチクシ　1-101, 5-46
ヲコシヨシコイシ﨑　1-100
ヲサルベツヱントモ　1-100
ヲツフケシ﨑〔ヲツフケシ岬、ヲツフケシサキ〕　1-101, 5-46, 5-52, 5-279
コレシヤマ　1-100
シマシレト　1-100, 5-46, 5-52
タプコプ　1-101, 5-46, 5-52
チヤシ〔チヤン〕　1-101, 5-46, 5-52, 5-279
チリンナイ　1-105, 5-46, 5-54
子プヌシヤ　1-102, 5-46, 5-279
フイタシナイ　1-105, 5-46, 5-54
フイタルウイサン　1-102, 5-46, 5-279
フクシヤタンモシリ　1-100
ヘホンケー　1-105
ホロシレト　1-104, 5-52, 5-278
ホロノト　1-100, 5-46, 5-52, 5-278
ホロルーサン　1-100, 5-46, 5-52
マリコタン　1-100

【島】

イシヨキソキ〔イシヨキソリ〕　1-100, 5-46, 5-52, 5-278
サカツキヲイ岩　1-101
立岩　1-101
ホロノツト　1-105, 5-46, 5-54
ホロビ岩　1-101
ホンノツト　1-105, 5-279

第31号 森

【地名】

アサイヤチ　1-108, 5-56, 5-279
イシクラ　1-106, 5-54, 5-279
ウマタテハ　1-108, 5-56, 5-279
ヱヒヤコタン　1-106, 5-54, 5-279
ヲコツナイ　1-107, 5-54, 5-279
落部○　1-107, 5-54, 5-279
シクノツペ　1-108, 5-56, 5-279
トクサキ　1-106, 1-108, 5-56, 5-279
野田追○　1-107, 5-54, 5-279
ノマシリ　1-107
ハマナカ　1-107, 5-54
ハマナカ　1-107, 5-54
フカイヤチ　1-108, 5-56, 5-279
ホロモイ　1-107, 5-54, 5-279
本カヤヘ〔カヤヘ〕　1-106, 5-54, 5-279
ホンユヲイ　1-107
マンタローサワ　1-106, 1-108, 5-56, 5-279
メツタマチ　1-106, 5-54, 5-56
モナシベ　1-107, 5-54, 5-279
モノタイ　1-107, 5-54
ヤケヤマ　1-108, 5-56
ヤナキハラ〔ヤナキワラ〕　1-106, 1-108, 5-56, 5-279
ヤマセトマリ　1-106, 5-54
ヤムクシナイ　1-107, 5-54, 5-279
ユウラツプ　1-107, 5-54, 5-279
ユクタリ　1-108, 5-56, 5-279
ユノサキ　1-106, 1-108, 5-54, 5-56, 5-279
ユノタイ　1-108, 5-56, 5-279
ユノノマ　1-108
鷲木○☆　1-106, 1-108, 5-54, 5-56, 5-279

【山・峠】

内浦岳（ヲシラナイノホリ）　1-108, 5-56, 5-279

【河川・湖沼】

アカイ川　1-108, 5-56, 5-279
ヲシラナイ川〔ヲシラナイ〕　1-108, 5-56, 5-279
ヲトシヘ川　1-107, 5-54, 5-279
小沼　1-108, 5-56, 5-279
シクノツヘ川　1-108
トクサキ川　1-106, 1-108
ナカノ川　1-108, 5-56, 5-279
ニゴリ川　1-106, 5-54, 5-279
ノタヲイ川　1-107, 5-279
ノマシリ川　1-107, 5-54, 5-279
ホービ川　1-106, 5-54, 5-56, 5-279
ホンヲコツナイ川　1-107, 5-54, 5-279
ホンベツ川　1-106, 1-108
モク川〔モク〕　1-106, 1-108, 5-56
モナシベ川　1-106, 5-54, 5-279
ヤマノ川　1-106, 5-54
ヤムクシナイ川　1-107, 5-54
ユウラツプ川　1-107, 5-54, 5-279
ユヲイ川　1-107, 5-54, 5-279

【岬・海岸】

ユノ﨑　1-106, 1-108

第32号 函館

【地名】

赤川○　1-109, 1-110, 5-53, 5-56, 5-279
有川○　1-109, 1-110, 5-56, 5-279
泉澤○　1-111, 5-56, 5-279
一ノ渡○　1-109, 5-56, 5-279
ヱサン　5-53, 5-278
大野○　1-109, 5-56, 5-279
尾澤部○　1-110, 5-53, 5-56, 5-279
カジサクーシヨ　1-109, 5-56
釜谷○　1-111, 5-56, 5-279
上山○　1-109, 1-110, 5-53, 5-56, 5-278
カミヨコセキ　1-109
亀田○　1-109, 1-110, 5-53, 5-56, 5-278
木古内○　1-111, 5-56, 5-279
クン子ベツ　1-109, 5-56
コノマ　1-109
サヽナカレサワ　1-109, 1-110, 5-53, 5-56, 5-278
札苅○　1-111, 5-56, 5-279
シモヨコセキ　1-109
シヲクヒ　5-53, 5-278
スナサカ　5-56, 5-279
タキノサワ　1-111, 5-56
千代田　1-109, 1-110, 5-56, 5-279
當別○　1-111, 5-56, 5-279
トチノキサワ　1-109
冨川○　1-109, 1-110, 5-56, 5-279
中之郷〔中郷〕　1-109, 1-110, 5-56
ナヽイハマ　1-109, 1-110, 5-56, 5-279
野嵜○〔野﨑〕　1-109, 1-110, 5-56, 5-279
箱舘☆⛵　1-110, 5-53, 5-56, 5-279
邉切地○　1-109, 1-110, 5-56, 5-279
ホケトクサワ　1-109
マツクラ岩　1-109, 5-53
三谷○　1-109, 1-110, 5-56, 5-279
三石○　1-111, 5-56, 5-279
嶺山　1-109, 5-56
ムヂナサワ　1-109, 5-56, 5-279
本馬　1-109, 1-110, 5-56, 5-279
茂邉地○　1-111, 5-56, 5-279
ヤケナイ〔ヤケナイ〕　1-109, 1-111, 5-56

【山・峠】

カヤベ峠　1-109, 5-56, 5-279
マツクラ岩　5-53, 5-278
丸山　1-111, 5-56
薬師山　1-110, 5-56

【河川・湖沼】

アラヒ川　1-111
アリ川　1-109, 1-110, 5-56
イツミサワ川　1-111, 5-56

イタワタリ 1-111, 5-56
ヲーカマヤ川 1-111, 5-56, 5-279
ヲートベツ川 1-111, 5-56, 5-279
大沼 1-109, 5-56, 5-279
カミカミ川 1-109, 1-110, 5-53, 5-56
カメタ川 1-109, 1-110, 5-53, 5-56
クン子ベツ川 1-109
コーレン川 1-111, 5-56, 5-279
サカイ川 1-111, 5-56, 5-279
サメカワ〔サメ川〕 1-111, 5-56, 5-279
サメ川〔サメカワ〕 1-111, 5-56, 5-279
ツクミ川 1-111
トミ川 1-109, 1-110
ナカイ川 1-109
ナカイ川〔ナカイカワ〕 1-109, 5-56
ナヽイ川 1-109, 1-110, 5-53, 5-56, 5-279
ニヤマ川 1-109
ハシクル川 1-111, 5-56, 5-279
ヒコマ 1-111, 5-56
ヘキリチ川 1-109, 1-110, 5-56
ヘヒナイ川 1-111
モヘチ川 1-111, 5-56, 5-279
ヤケナイ川 1-109, 1-110, 5-56, 5-279
ヤナミ川 1-109, 1-110, 5-56, 5-279

【岬・海岸】

ヲーアナマ 1-110, 5-56
ヲーバナ 1-110, 5-279
オー岬 5-53, 5-56
カミロクジャー 1-111, 5-56
クラカケ〔タラカケ〕 1-110, 5-53, 5-56, 5-279
サフサワ 1-110, 5-56, 5-279
サラキ 1-111, 5-56, 5-279
シモロクジャー 1-111, 5-56
ソヤマ 1-109, 1-110
タチマチ岬 1-110, 5-53, 5-56, 5-279
トーソリ 1-109, 1-110, 5-56, 5-279
ハシクル 1-111
フナカクシ 1-110
辨天 1-109, 1-110, 5-56, 5-279
ヤセトマリ 1-110, 5-56
ワカメ 1-110, 5-56, 5-279

【島】

エビス岩〔エヒスユワ〕 1-109, 1-110, 5-56, 5-279
簗島〔ツクシマ、ツキシマ〕 1-110, 5-53, 5-56, 5-279

第33号
瀬棚

【地名】

カイチシ 1-112, 5-47
キカルシ 1-112, 5-47, 5-279
サメクシナイ 1-112, 5-47, 5-279
シクムナイ 1-112, 5-47, 5-279
シシヤムライケ〔シシヤムライケシ〕 1-112, 5-47, 5-279
シツテキシヤム 1-112, 5-47, 5-279
シマコマキ○ 5-47, 5-279
スツキ○ 1-114, 5-47, 5-279
セタナイ○ 1-114, 5-47, 5-55, 5-279
ツシヤクナイ〔フツンヤクナイ〕 1-112, 5-47, 5-279
トマリ 1-112, 5-47, 5-279
ニヨモイ 1-112
ニロモイ〔ニヨモイ〕 1-112, 5-47, 5-279
バラヲタ 1-112, 5-47
ビトロ 1-115, 5-47, 5-55, 5-279
フツチヤクナイ 1-112, 5-47, 5-279
フトロ○ 1-115, 5-47, 5-55, 5-279
マキナウトマリ〔マキナヲトマリ〕 1-115, 5-47, 5-55, 5-279

【山・峠】

太田山 1-115

【河川・湖沼】

アヒテ川〔アビテ川〕 1-112, 5-47, 5-279
ヲコツナイ川 1-113, 5-47, 5-279
ヲタシマナイ川 1-112, 5-47, 5-279
ヲムナイ川 1-114, 5-47, 5-55, 5-279
ヲリカ川 1-112
キリカチ川 1-114, 5-47, 5-279
コタヌシ川 1-113, 5-47, 5-279
コベチヤナイ川 1-112, 5-47, 5-279
シマコマキ川 1-112
シモヲタ川 1-114, 5-47, 5-279
シヤムワツカナイ川 1-112, 5-47, 5-279
スツキ川 1-114, 5-47, 5-279
チクナイ川 1-114, 5-47
チフタベレケ川 1-113, 5-47, 5-279
トシベツ川 1-114, 1-115, 5-47, 5-55, 5-279
ビトロ川 1-115
フミルナイ川 1-112, 5-47, 5-279
フルシ川〔ラフシ川〕 1-115, 5-47, 5-55, 5-279
フンベラマナイ川 1-112

【岬・海岸】

アツチヤシ 1-112, 5-47
アフラ 1-114, 5-47, 5-279
イトツベ岬 1-112, 5-47, 5-279
イルヲマシリバ 1-113, 5-47
ウエンクルマイ 1-113, 5-47, 5-279
ヲホトマリ〔ヲートマリ〕 1-114, 5-47, 5-55, 5-279
ヲホトマリ 1-114, 5-47, 5-279
ヲンハヌツプ〔ヲンヘヌツフ〕 1-115, 5-55, 5-279
カニホリルーカ 1-115, 5-55, 5-279
カリンバ 1-113, 5-47, 5-279
コタヌシ 1-113
シヨチクナイ 1-112
シヨンケランバヌツフ〔シヨンケヲンバヌツフ〕 1-115, 5-55, 5-279
シレトコ〔シレトロ〕 1-113, 5-47, 5-279
チセトマリ 1-114, 5-47
チヤシウシ 1-114, 5-47, 5-279
トコマイ 1-113, 5-47, 5-279
ナカヲタ 1-114, 5-47, 5-279
ナカホクシ 1-115, 5-55, 5-279
バイカイチシ 1-114, 5-47, 5-279
ホツコクマ 1-112
ホロヲタ 1-115, 5-55, 5-279
マキナヲトマリ 1-112, 5-47, 5-279
ミタレ岬 1-115, 5-55, 5-279
ラシヨシナイ 1-112
ラルシ 1-112

【島】

セタワキ 1-114, 5-47, 5-55, 5-279
ヒカタトマリ 1-115, 5-55, 5-279
ホロシマ 1-115, 5-55, 5-279
ユマシマ〔フユマシマ〕 1-115, 5-47, 5-55, 5-279

第34号
江差

【地名】

アイトマリ 1-119
アイトマリ 1-118, 5-54, 5-57, 5-279
アイトマリ 1-116, 5-54, 5-57, 5-279
相沼ノ内○〔相沼内〕 1-116, 5-54, 5-57, 5-279
イシカリカイトリマ 1-117, 5-55, 5-279
石﨑○ 1-119, 5-57, 5-279
ウエンコタン 1-117, 5-55, 5-279
ウグイカワ○ 1-118, 5-54, 5-57, 5-279
姥神 1-118
江指☆⛵ 1-118, 1-119, 5-57, 5-279
ヲーキシ〔オーシキ〕 1-119, 5-57, 5-279
大茂内○ 1-118, 5-54, 5-57, 5-279
乙部○ 1-118, 5-54, 5-57, 5-279
尾山 1-118, 5-57, 5-279
片原町 1-118, 5-57
蚊柱○ 1-116, 1-118, 5-54, 5-57, 5-279
上ノ國○ 1-119, 5-57, 5-279
北狩○〔北村〕 1-119, 5-57, 5-279
木野子○ 1-119, 5-57, 5-279
クドー○ 1-117, 5-55, 5-279
熊石○ 1-116, 5-54, 5-57, 5-279
クロユワ 1-116, 5-54, 5-57, 5-279
ケンニチ 1-116, 5-54, 5-57, 5-279
五勝手○ 1-119, 5-57, 5-279
小茂内○ 1-118, 5-54, 5-57, 5-279
ゴリンサワ 1-118, 5-54, 5-57, 5-279
サンサーマ 1-117, 5-55, 5-279
塩吹○ 1-119, 5-57, 5-279
シヨモナイ 1-118, 5-54, 5-57
タキノマ 1-118, 5-54, 5-57, 5-279
田澤○ 1-118, 5-57, 5-279
小砂子○ 1-119, 5-57, 5-279
ツマノユ〔ツマノコ〕 1-118, 5-54, 5-57, 5-279
詰木石 1-118
テケマ〔デケマ〕 1-117, 5-55, 5-57, 5-279
寺子屋 1-118, 1-119, 5-57
トイトマリ 1-119, 5-57, 5-279
突符○〔突府〕 1-118, 5-54, 5-57, 5-279
泊り○ 1-118, 5-57, 5-279
泊川○〔泊リ川〕 1-116, 5-54, 5-57, 5-279
豊部内 1-118, 1-119
中哥 1-118
ナツカサワ 1-116, 5-54, 5-57, 5-279
ハ子サシ 1-119, 5-57, 5-279
濱茂尻 1-118, 1-119, 5-57
ヒラタナイ 1-117, 5-55, 5-279
伏木戸○ 1-118, 5-57, 5-279
細町 1-118, 1-119
ホロモイ 1-117, 5-54, 5-57, 5-279
三ツ谷○〔三谷〕 1-118, 5-54, 5-57, 5-279

【河川・湖沼】

アツシヤブ川 1-118, 5-57, 5-279
アフミサワ 1-119, 5-57
イシサキ川 1-119, 5-57, 5-279
ウスベツ川 1-117, 5-55, 5-279
ヲーアンサイ川 1-119, 5-57, 5-279
ヲータキ 1-119, 5-57
ヲータキ 1-119, 5-57, 5-279
ヲヽマサワ 1-116, 5-54, 5-57, 5-279
ヲカシナイ川 1-118, 5-54, 5-57, 5-279
ヲサナイ川 1-119, 5-57, 5-279
ヲトヘ川 1-118, 5-54, 5-57, 5-279
カイトリマ川 1-117, 5-55, 5-279
カミクニ川 1-119, 5-57
ケンニチ川 1-116
コアンサイ川 1-119, 5-57, 5-279
ゴカツテ川 1-119, 5-57, 5-279
シビ川 1-116, 1-118, 5-54, 5-57, 5-279
セツキナイ川 1-117, 5-55, 5-57, 5-279
タサワ川 1-118, 5-57, 5-279
テヘチ川 1-116, 5-54, 5-57, 5-279
トヽカワ川 1-119, 5-57, 5-279
トマリ川 1-118, 5-57, 5-279
トヨヘナイ川 1-118
ニヘシナイ川 1-117, 5-55, 5-57, 5-279
ハチカミサワ 1-119, 5-57, 5-279
フソー川 1-118
ホンウスベツ川 1-117
ヤタテサワ 1-119, 5-57
ヨシカサワ 1-119, 5-57, 5-279

【岬・海岸】

クルワシリ 1-117, 5-55, 5-57, 5-279
シ子コ岬 1-119, 5-57, 5-279
セツキナイ岬 1-117, 5-55, 5-57, 5-279
ハラウタ 1-119, 5-57
モツナシ〔ミツナシ〕 1-117, 5-55, 5-279
ラシタツベ岬〔ラシタツヘサキ〕 1-119, 5-57, 5-279

【島】

ヲー岩 1-116, 1-118, 5-54, 5-57, 5-279
カナシキ岩 1-118, 5-54, 5-57

カラスカヲタ 1-118, 5-57
サワダラ岩 1-119
タチマチ 1-116, 5-54, 5-57, 5-279
タテ岩 1-118
タテシタ 1-118, 5-54, 5-57, 5-279
タンス岩〔タンスイワ〕 1-119, 5-57, 5-279
チカイソ 1-116, 1-118
ツハクラ 1-119, 5-57, 5-279
トツハイマ 1-119, 5-57, 5-279
ノコロフ 1-118
ヒラ島 1-119
辨天島 1-118, 5-57
ホバシラ石 1-118
マト岩 1-118
モツタテイシ 1-119, 5-57
モンゾー 1-119, 5-57
ヨシカ島 1-118

第35号
奥尻島

【島】

ヲコシリ島 1-120, 5-55, 5-279

第36号
松前

【地名】

赤神○ 1-123, 1-124, 5-60, 5-281
雨垂石○ 1-123, 1-124, 5-60, 5-281
荒谷○ 1-123, 5-60, 5-281
夷下風 1-123
イチノワタリ 1-122, 5-60
枝ケ嵜 1-123
江郎町○ 1-124, 5-60, 5-281
大澤○〔大沢〕 1-123, 5-60, 5-281
ヲムナイ 1-121, 5-56, 5-279
カキカケ 1-124, 5-57
上及部 1-123, 5-281
唐津内 1-123
清部○ 1-124, 5-60, 5-281
札前○ 1-123, 1-124, 5-60, 5-281
下及部○〔及部〕 1-123, 5-60, 5-281
白府○ 1-122, 5-60, 5-281
シリウチ○☆〔知内〕 1-121, 5-60, 5-63, 5-279
炭焼澤○〔炭焼沢〕 1-123, 5-60, 5-281
惣社堂 1-123
トチマツ 1-122, 5-60, 5-281
泊川 1-123
戸良目木 1-123
根部田 1-123, 5-60, 5-281
根森○ 1-123, 5-60, 5-281
博奕石 1-123
原口○☆ 1-124, 5-60, 5-281
福島○☆ 1-122, 5-60, 5-281
福山 1-123
馬形 1-123
松前☆ 1-123, 5-60, 5-281
宮野歌○ 1-122, 5-60, 5-281
茂草○ 1-123, 1-124, 5-60, 5-281
ヤマサキ 1-122, 5-60, 5-281
湯殿沢 1-123
ユノサワ 1-123, 5-60, 5-281
吉岡○ 1-122, 5-60, 5-281
禮髭〔礼髭〕 1-122, 5-60, 5-281
ワキモト 1-121, 5-63, 5-281

【山・峠】

コバンサカ 1-121, 1-122, 5-60, 5-281
地蔵山 1-123
七面山 1-123
センケン山 1-123, 5-60, 5-281
七ツ岳 5-57

【河川・湖沼】

アカヽミ川 1-123, 1-124, 5-60
アマダレ石川 1-124
アラヤ川 1-123
井タハシ川〔イタハシ川〕 1-121, 1-122, 5-60, 5-281
イテヂ川 1-121, 5-60, 5-281
ウマバシ川 1-121, 5-60, 5-281
ヲーサワ川〔大沢川〕 1-123, 5-60
ヲードツチイ川 1-123
ヲーノマ〔大沼〕 1-121, 5-63, 5-281
ヲービチ川 1-121, 1-122, 5-60, 5-281
ヲーカモチ川 1-124, 5-60
ヲコシイ川 1-124
ヲチカサワ 1-122, 5-60
ヲーツクシナイ川〔ヲヽツクシナイ川〕 1-123, 5-60, 5-281
ヲマツマイ川 1-123, 5-60
ヲヨヘ川 1-123
ヲリト川 1-122, 5-60, 5-281
ヲンコノキサワ 1-124, 5-57, 5-279
カマヤ川 1-121, 1-122
カラツナイ川 5-60
キメサワ 1-121, 1-122
コカモチ川 1-124, 5-281
コツクシナイ川〔小ツクシナイ川〕 1-123, 5-60, 5-281
コドツチイ川 1-123
小ノマ〔小沼〕 1-121, 5-63, 5-281
コロナイ川 1-121, 5-60, 5-63
シラフ川 1-122, 5-60
シリウチ川 1-121, 5-63, 5-281
スヾキ川 1-123, 5-60
ツマナイ川 1-123, 1-124, 5-281
ツラヽ川〔ツヽラ川〕 1-121, 5-60
トカサワ 1-124, 5-57, 5-279
ナカノカワ川〔ナカノカワ〕 1-121, 5-279
ナハイ川〔ツナハイ川〕 1-121, 1-122, 5-60, 5-281
ノシノシタ川 1-124, 5-60, 5-281
ハキチヤリ川 1-121, 5-60, 5-281
ハラクチ川 1-124, 5-57, 5-279
ヒウノシタ川〔ヒツノシタ川〕 1-123, 5-60
フクシマ川 1-121, 1-122, 5-60, 5-281
フタイコ川 1-124, 5-60, 5-281
モロコシ川 1-121, 5-56
ユノカツ川〔ユノカワ〕 1-121, 5-60, 5-281
ヨシヲカ川 1-122, 5-60
レヒゲ川 1-122, 5-60, 5-281

【岬・海岸】

イヌクヽリ岬 1-122, 5-60, 5-281
ウマコシ 1-121, 1-122, 5-60
ヲーマ 1-124, 5-60, 5-281
サワジリ 1-121, 1-122, 5-60, 5-281
シヲカマヲタ 1-124, 5-60
シラカミ 1-123, 5-60, 5-281
シラカミ岬 1-123, 5-60
シロート 1-124, 5-60, 5-281
ソコー濱〔ソコーハマ〕 1-122, 5-60
ソマルヘ 1-124, 5-60
タチマチ 1-124, 5-57
タテイシノ 1-123, 5-60
チヤヽー岬〔シヤー岬〕 5-63, 5-281
ツキノサワ 5-60
トヽカワ〔トヽカヲ〕 1-121, 1-122, 5-60
トノマ 5-60
ヒカクトマリ 1-121, 1-122
ヒカタトマリ 1-124, 5-60, 5-281
ヒカタトマリ 5-60
ユワベ岬 1-121, 1-122, 5-60, 5-281

【島】

アカ石〔アカイシ〕 1-124, 5-60, 5-281
ヲー岩〔ヲヽユワ〕 1-124, 5-60, 5-281
カサイシ 1-124, 5-60, 5-281
クロ岩〔クロユワ〕 1-121, 1-122, 5-60, 5-281
タチマチ 1-122, 5-60
トノ岩 1-123, 1-124
辨天 1-123, 5-60
マト岩〔マトユワ〕 1-124, 5-60, 5-281
ミツ岩 1-123
ヨシカ島 1-123, 5-60

第37号
渡島大島

【島】

大嶋〔大島〕 1-125, 5-61, 5-281
小島 1-126, 5-61, 5-281

第38号
鯵ヶ沢

【地名】

相内村 1-130, 5-82
鰺澤○☆⚠ 1-127, 5-83, 5-281
磯松村 1-130, 5-82, 5-281
一本木村 1-128, 5-63, 5-281
今別○ 1-128, 5-63, 5-281
牛潟村 1-127, 5-82, 5-281
大泊村 1-128, 5-63, 5-281
釜澤村〔釜野沢村〕 1-128, 5-60
上宇鉄村〔宇鉄村〕 1-128, 5-60, 5-281
北浮田村〔浮田〕 1-127, 5-82, 5-281
小泊○☆ 1-129, 1-130, 5-82, 5-281
下宇鉄村 1-128
車力村 1-127, 1-130, 5-82, 5-281
十三町☆⚠ 1-130, 5-82, 5-281
砂ケ森村 1-128, 5-63, 5-281
舘岡村 1-127, 5-82, 5-281
出来島村 1-127, 5-82, 5-281
筒木坂村 1-127, 5-82, 5-281
冨萢村 1-130, 5-82, 5-281
濵中村 1-127, 5-82, 5-281
濵名村 1-128, 5-63, 5-281
濵名村藤島村〔濵名村〕 1-128, 5-60, 5-281
藤島村六町間〔藤島村〕 1-128, 5-60, 5-63, 5-281
母衣月村☆ 1-128, 5-63, 5-281
前戸村 1-127, 5-82, 5-281
三厩○☆⚠ 1-128, 5-60, 5-63, 5-281
三厩増川 1-128, 5-60, 5-63
山﨑村 1-128, 5-63, 5-281
脇本村 1-129, 1-130, 5-82, 5-281

【山・峠】

算用師峠 5-60, 5-281

【河川・湖沼】

十三潟 1-130, 5-82, 5-281

【岬・海岸】

権現岬〔小泊権現岬〕 1-129, 1-130, 5-82
竜飛岬〔竜飛崎〕 1-129, 5-60, 5-281

【島】

オヨ島〔ヲヨ島〕 1-129, 5-60

第39号
青森

【地名】

青森○⚠ 1-135, 5-67, 5-280
浅所村 1-134, 5-280
淺虫村〔浅虫村〕 1-134, 5-67
飛鳥村 1-135, 5-67, 5-82, 5-280
油川☆ 1-135, 5-67, 5-82, 5-280
油川村十三森〔十三森〕 1-135, 5-280
阿弥陀川村 1-133, 1-135, 5-67, 5-82
石﨑村 1-133, 5-63
石﨑村宇田〔石﨑村宇タタ〕 5-63, 5-280
石﨑村コロコロ川〔石﨑村コロヽ川〕 5-63
石濱村 1-133, 5-67, 5-82, 5-281
板橋村 1-134, 5-67
稲生村 1-132, 1-134, 5-67, 5-280
今津村 1-133, 5-63, 5-67, 5-82, 5-280
牛滝村 1-131, 5-63, 5-280
後潟村〔後方村〕 1-135, 5-67, 5-82, 5-281

内真部村 1-135, 5-67, 5-82, 5-280
岡町村 1-135, 5-67, 5-82, 5-280, 5-281
沖舘村 1-135, 5-67, 5-82, 5-280
奥平部村 5-63, 5-281
奥内村 1-135, 5-67, 5-82, 5-281
奥内村前田村 1-135
蠣﨑村 1-131, 5-63, 5-280
蟹田○☆ 1-133, 5-67, 5-82, 5-281
蒲浦村 1-134, 5-67, 5-280
川崎村 1-135, 5-67, 5-82
久栗坂村 1-134, 5-67, 5-280
郷澤村 1-133, 5-67, 5-82, 5-280
小澤村 1-131, 1-132, 5-63, 5-280
小橋村 1-135, 5-67, 5-82, 5-281
小湊○ 1-134, 5-67, 5-280
四戸橋村〔四斗橋村〕 1-135, 5-67, 5-82
清水村 1-135, 5-67, 5-82
宿野部村 1-131, 5-63, 5-280
白砂村 1-132, 1-134, 5-67, 5-280
白畑村 1-135, 5-67, 5-82
新城○ 1-135, 5-67, 5-82, 5-281
杦村 1-133, 5-67, 5-82, 5-281
瀬戸子村 1-135, 5-67, 5-82
瀬部地村〔瀬部津村〕 1-133, 5-67, 5-82, 5-281
平舘○ 1-133, 5-63, 5-67, 5-82, 5-281
滝村 1-132, 1-134, 5-280
滝村間木 1-134
田沢村〔田澤村〕 1-135, 5-67, 5-82, 5-280
田澤村 1-132, 5-67, 5-280
中師村 1-133, 5-67, 5-82, 5-280
津軽坂村 1-135, 5-67, 5-82, 5-281
作道村 1-135, 5-67, 5-280
土屋村 1-134, 5-67, 5-280
戸門村 1-135, 5-67, 5-82, 5-281
中澤村〔中沢村〕 1-135, 5-67, 5-82, 5-281
中沢村長科村〔長科村〕 1-133, 1-135, 5-67, 5-82, 5-281
中野村 1-134, 5-67
新田村 1-135, 5-67, 5-82, 5-280
根岸村 1-133, 5-63, 5-67, 5-82, 5-281
野田村 1-133, 5-63, 5-67, 5-82, 5-281
野内村○ 1-134, 5-67, 5-280
濱松村 1-135, 5-67, 5-82, 5-281
原別村 1-134, 5-67, 5-280
左堰村 1-135, 5-67, 5-82
檜川村 1-131, 5-63
廣瀬村 1-133, 5-67, 5-82, 5-281
深泊村 1-133, 5-67, 5-82, 5-281
藤澤村〔藤沢村〕 1-134, 5-67
二ツ家村 1-133, 5-67, 5-82, 5-281
古川村 1-135, 5-67, 5-82, 5-280
焼山 1-131, 5-280
山口村 1-134, 5-67
蓬田○ 1-133, 1-135, 5-67, 5-82, 5-281
六枚橋村 1-135, 5-67, 5-82
脇澤村 1-131, 1-132, 5-63, 5-280
脇沢村片貝 1-131
脇沢村寄浪 1-131, 1-132, 5-63
脇沢村九艘泊 1-131, 1-132, 5-63
脇沢村源藤城 1-131
脇沢村滝山 1-131, 1-132
脇沢村蛸田〔蛸田〕 1-131, 1-132, 5-63, 5-280
脇沢村新井田 1-131, 1-132, 5-63

【河川・湖沼】

小アラ川 5-280

【岬・海岸】

夏泊岬 1-132, 5-67, 5-280

【島】

化島 1-132
ゴミ島 1-134
生子島 1-134, 5-280
辨天島 1-131, 1-132
湯ノ島〔湯島〕 1-134, 5-280

第40号 野辺地

【郡名】

北郡 1-137, 5-66, 5-280
三戸郡 1-137, 5-280
津軽郡 1-137, 5-280

【地名】

有戸村 1-136, 1-140, 5-66, 5-280
有畑村 1-138, 1-140, 5-62, 5-66, 5-280
安渡村○ 1-139, 5-62, 5-280
安渡村宇田〔宇田〕 1-139, 5-62, 5-280
安渡村川守 1-139
安渡村長井 1-139, 5-62
石碑村 1-137, 5-66, 5-280
大平村 1-139, 5-62, 5-280
奥内村 1-138, 5-62, 5-280
小田野澤村〔小田野沢村、小田澤〕 1-138, 5-62, 5-280
尾駮村 1-136, 1-140, 5-66, 5-280
蒲山村 1-139, 5-62
苅場澤村〔狩場沢村〕 1-137, 5-66, 5-280
川内村○ 1-139, 5-62
川内村葛沢〔川内村葛澤〕 1-139, 5-62
川内村田之沢 1-139, 5-62
川内村戸澤〔川内村戸沢、川内、戸沢〕 1-139, 5-62, 5-280
口廣村 1-137, 5-66, 5-280
猿ケ森村 1-138, 5-62, 5-280
清水川村 1-137, 5-66, 5-280
城下澤村〔城下沢村〕 1-139, 5-62, 5-280
城下沢村イキリコシ 1-139, 5-62
城下沢村角違 1-139, 5-62
白糠村 1-138, 1-140, 5-62, 5-66, 5-280
白糠村老部 1-138, 5-62
田名部○ 1-139, 5-62, 5-280
田名部町金谷〔田名部金谷〕 1-139, 5-62, 5-280
長者窪 1-137, 5-66, 5-280
出戸村 1-140, 5-66, 5-280
泊村☆ 1-140, 5-66, 5-280
百目木村 1-140, 5-66, 5-280
中澤村 1-138, 5-62, 5-280
鶏澤村 1-138, 1-140, 5-62, 5-66, 5-280
野邉地○☆ 1-137, 5-66, 5-280
檜村 1-140, 5-66
平沼村 1-136, 5-66, 5-280
引越村 1-140, 5-66, 5-280
馬門村 1-137, 5-66
大豆田村 1-138, 1-140, 5-66, 5-280
横濱村○ 1-140, 5-66, 5-280

【山・峠】

釜臥山 1-139, 5-62

【河川・湖沼】

倉内沼 1-136, 5-66, 5-280

第41号 大間

【地名】

赤川村 1-142, 5-62, 5-280
異國間村 1-143, 5-62, 5-280
異國間村来畑 1-142, 1-143, 5-62
岩舎村〔岩谷村〕 1-141, 5-62, 5-280
大畑○☆ 1-142, 5-62, 5-280
大間村 1-143, 5-63, 5-280
大利村 1-142, 5-62, 5-280
奥戸村 1-143, 5-63, 5-280
奥戸村赤石〔赤石〕 1-143, 5-63, 5-280
奥戸村材木 1-143, 5-63
蒲野沢村 1-141, 5-62, 5-280
木野部村 1-142, 5-62, 5-280
佐井○ 1-143, 5-63, 5-280
佐井村イソヤ〔佐井礒屋〕 1-143, 5-63
佐井村原田〔佐井原田、佐井、原田〕 1-143, 5-63, 5-280
佐井村矢越〔佐井矢越〕 1-143, 5-63
尻労村 1-141, 5-62, 5-280
下風呂村 1-142, 5-62, 5-280
正津川村 1-142, 5-62
尻谷村☆ 1-141, 5-62, 5-280
関根村 1-142, 5-62, 5-280
長後村 1-143, 5-280
二枚橋村 1-142, 5-62, 5-280
野牛村 1-141, 5-62, 5-280
福浦村 1-143, 5-63, 5-280
蛇浦村 1-143, 5-62

【岬・海岸】

藤石崎 5-62

【島】

ヲヨ島 1-143
辨天 1-143

第42号 八甲田山

【山・峠】

八甲田山 1-144, 5-67, 5-280

第43号 弘前

【国名】

出羽国 1-145
陸奥国 1-145

【郡名】

秋田郡 1-145
津軽郡 1-145, 5-67, 5-82, 5-84

【地名】

碇関○ 1-145, 5-84, 5-281
石川村 1-145, 1-146, 5-84, 5-281
大久保村 1-146, 5-67, 5-82, 5-84
大澤村〔大沢村〕 1-145, 1-146, 5-84, 5-281
大鰐村 1-145, 5-84
堅田村 1-146, 5-67, 5-82, 5-84, 5-281
唐牛村 1-145, 5-84, 5-281
葛野村 1-146, 5-67, 5-82, 5-281
藏舘村 1-145, 5-84, 5-281
小栗山村 1-145, 1-146, 5-84, 5-281
小畑村 1-146, 5-67, 5-82
榊村 1-146, 5-67, 5-82
下十川村 1-146, 5-67, 5-82, 5-281
宿河原村 1-145, 5-84, 5-281
白金村 1-146, 5-67, 5-82, 5-281
杦澤村〔杦沢村〕 1-146, 5-67, 5-82, 5-281
大釈迦村 1-146, 5-67, 5-82, 5-281
大釈迦村柳久保 1-146
髙屋敷村 1-146, 5-67, 5-82, 5-281
津軽野村 1-146, 5-67, 5-82, 5-84, 5-281
徳才子村 1-146, 5-67, 5-82, 5-281
取上村 1-145, 1-146, 5-84, 5-281
撫牛子村 1-146, 5-67, 5-82, 5-84, 5-281
中島村 1-146, 5-67, 5-82, 5-281
長走村 1-145, 5-84, 5-281
長走村陳場平 1-145, 5-84, 5-281
長峯村 1-145, 5-84, 5-281
浪岡○ 1-146, 5-67, 5-82, 5-281
八幡舘村 1-145, 5-84, 5-281
原ケ平村 1-146, 5-84, 5-281
弘前(津軽越中守居城)☆ 1-146, 5-84, 5-281
藤﨑○ 1-146, 5-67, 5-82, 5-281
増舘村 1-146, 5-67, 5-82, 5-281
松木平村 1-145, 1-146, 5-84, 5-281
水木村 1-146, 5-67, 5-82, 5-281
水沼村 1-146, 5-67, 5-82
女鹿澤宿松井田村〔松井田村〕 1-146, 5-67, 5-82, 5-281
女鹿沢村○〔女鹿沢〕

1-146, 5-67, 5-82, 5-281
柀木村　1-145, 5-84, 5-281
百田村○　1-146, 5-67, 5-82, 5-281
矢澤村〔矢沢村〕　1-146, 5-67, 5-82

【山・峠】

岩城山　1-147, 5-82, 5-281
矢立峠　1-145, 5-84, 5-281

【河川・湖沼】

藤﨑川　1-146

第44号 八戸

【郡名】

北郡　1-148
三戸郡　1-148, 5-69, 5-280

【地名】

淺水○　1-151, 5-69, 5-280
市川村　1-148, 5-66, 5-68, 5-280
一本松〔一本松村〕　1-149, 5-69, 5-280
相坂村　1-149, 5-66, 5-69, 5-280
河原木村八太郎村　1-150, 5-68, 5-280
五戸○　1-151, 5-69, 5-280
小向村　1-151, 5-69
鮫村☆　1-150, 5-68, 5-280
三戸○　1-151, 5-69, 5-280
三本木村　1-149, 5-66, 5-280
七戸○☆　1-149, 5-66, 5-280
所王壽寺村　1-151, 5-69, 5-280
白銀村　1-150, 5-68, 5-280
傳法寺○　1-149, 5-69, 5-280
天満舘村　1-149, 5-66, 5-280
八戸○　5-68
濵三澤村　1-148, 5-66, 5-280
藤島○　1-149, 5-69, 5-280
古町村　1-151, 5-69
湊村○　1-150, 5-68, 5-280

【山・峠】

名久井岳　1-151, 5-69, 5-280

【河川・湖沼】

五戸川　1-151, 5-69
ニダイ川　1-150, 5-68
六戸川　1-149, 5-69, 5-280

第45号 久慈

【郡名】

九戸郡　1-152, 1-153, 1-154, 5-68, 5-282
三戸郡　1-152, 1-153, 5-280
閇伊郡　1-154, 5-70

【地名】

有家村　1-152, 1-153, 5-68
大久喜村　1-152, 5-68, 5-280
大蛇村　1-152, 5-68
大尻村　1-153, 1-154, 5-68
大田名部村　1-154, 5-70
小子内村　1-152, 1-153, 5-68
追越村　1-152, 5-68
鹿糠村〔カスカ〕　1-152, 5-68, 5-280
金濵村　1-152, 5-68, 5-280
川尻村　1-152, 5-68
久慈湊☆⛵〔久慈〕　1-153, 5-68, 5-282
黒﨑村☆　1-154, 5-70, 5-282
酒木村〔榊村〕　1-152, 5-68, 5-280
侍濵村　1-153, 5-68, 5-282
宿ノ戸村〔宿戸〕　1-152, 5-68, 5-280
種市郷角濵村〔角濵〕　1-152, 5-68, 5-280
種市郷八木村〔八木〕　1-152, 1-153, 5-68, 5-280
種差村　1-152, 5-68
玉川村　1-152, 5-68, 5-280
中野村　1-153, 5-68, 5-282
野田村☆　1-153, 1-154, 5-68, 5-70, 5-282
野田村久喜浦　1-153, 1-154, 5-68
野田村玉川　1-154, 5-70
平内村　1-152, 5-68
深久保村　1-152, 5-68
普代村　1-154, 5-70, 5-282
二子村　1-153, 5-68, 5-282
戸類家村　1-152, 5-68
法師濵村　1-152, 5-68
堀内村　1-154, 5-70, 5-282
本浪村　1-153, 5-68, 5-282
前濵小舟渡村〔小舟渡〕　1-152, 5-68, 5-280
前濵白濵村　1-152, 5-68
麥生村　1-153, 5-68, 5-282
横手村〔ヨコテ〕　1-152, 5-68, 5-280

【山・峠】

種市山　1-152, 5-68, 5-280

【岬・海岸】

羅賀岬　1-154, 5-70

第46号 宮古

【地名】

赤﨑村　1-156
飯岡村　1-157, 5-72, 5-282
石﨑村　1-157, 5-72
大沢村大沢濵〔大沢村〕　1-157, 5-72, 5-282
乙部村☆　1-156, 5-70, 5-282
重茂村　1-156
小本村小成〔小本〕　1-155, 5-282
小本村中野☆〔小本〕　1-155, 5-70, 5-282
織笠村〔折笠〕　1-157, 5-72, 5-282
金ケ濵　1-156, 5-70, 5-72
鍬ケ﨑大沢　1-156, 5-282
﨑山村　1-156, 5-70, 5-282
﨑山村女遊〔部〕〔嵜山村女遊〕　1-156, 5-70
摂待村〔セッタイ〕　1-155, 5-70, 5-282
礒鶏村　1-156, 5-70, 5-282
高濵　1-156, 5-70, 5-72, 5-282
田野畑村☆　1-155, 5-70, 5-282
田老村　1-156, 5-70, 5-282
津軽石村　1-156, 5-72, 5-282
豊間根村　1-157, 5-72, 5-282
豊間根村新田　1-157, 5-72
濵岩泉村　1-155, 5-70
舩越村〔舟越村〕　1-157, 5-72, 5-282
宮古　1-156, 5-70, 5-282
宮古鍬ケ﨑湊☆⛵〔鍬ヶ﨑〕　1-156, 5-70, 5-282
山田町○☆　1-157, 5-72, 5-282
山田村　1-157, 5-72
羅賀村　1-155, 5-70, 5-282

【山・峠】

鯨山　1-157
早池峯山　1-158, 5-70, 5-72, 5-282
フナ峠　1-157

【岬・海岸】

ヲサキ　1-156

第47号 釜石

【郡名】

氣仙郡　1-159, 1-161, 5-72, 5-76, 5-282
閇伊郡　1-159, 5-282
本吉郡　1-161, 5-76

【地名】

赤岩村　1-161, 5-76, 5-284
赤嵜村〔赤﨑村〕　1-160, 1-161, 5-76, 5-282
赤嵜村赤嵜濵〔赤﨑村赤﨑濵〕　1-160, 1-161, 5-76
赤嵜村合足濵〔赤﨑村合足濵〕　1-160, 1-161, 5-76
赤嵜村米浦〔赤﨑村米浦〕　1-160, 1-161, 5-76
赤嵜村鮹浦〔赤﨑村鮹浦〕　1-160, 1-161, 5-76
赤嵜村永嵜濵〔赤﨑村永﨑濵〕　1-160, 1-161, 5-76
赤嵜村永濵〔赤﨑村永濵〕　1-160, 1-161, 5-76
今泉村　1-161, 5-76
岩月村　1-161, 5-76, 5-284
大島村　1-161, 5-76, 5-284
大槌町○☆　1-159, 5-72, 5-282
大槌村安渡濵　1-159, 5-72
大野濵〔大野〕　1-160, 1-161, 5-76, 5-284
大舟渡村上濵〔大舩渡村上濵、大舟渡〕　1-160, 1-161, 5-76, 5-282
大舟渡村下濵〔大舩渡村下濵、大舟渡〕　1-160, 1-161, 5-76, 5-282
越喜来村鬼澤濵　1-160
越喜来村舘泊濵　1-160, 5-72, 5-76
越喜来村松嵜濵☆〔越喜來村松﨑濵〕　1-160, 5-72, 5-76, 5-282
長部村　1-161, 5-76
長部村小谷濵　1-161, 5-76
長部村双六濵　1-161, 5-76
長部村福伏濵　1-161
長部村湊濵〔湊濵〕　1-161, 5-76, 5-282
長部村要害濵　1-161, 5-76
小友村只出濵　1-160, 1-161, 5-76
小友村中野　1-160, 1-161, 5-76
小友村矢浦濵　1-160, 1-161, 5-76
梶ケ浦　1-161
片岸村　1-159, 5-72, 5-282
片岸村鵜住居　1-159
片岸村濵根濵　1-159
勝木田村　1-160, 1-161, 5-76, 5-282
釜石村○　1-159, 5-72, 5-282
釜石村嬉石濵〔嬉石濵〕　1-159, 5-72
唐桒村　1-161, 5-76, 5-284
唐桒村石濵　1-161, 5-76
唐桒村神止浦　1-161, 5-76
唐桒村小鯖浦　1-161, 5-76
唐桒村小舘浦　1-161, 5-76
唐桒村多田越濵　1-161, 5-76
唐桒村馬場濵　1-161, 5-76
唐桒村舞根村　1-161, 5-76
吉里々村　1-159, 5-72, 5-282
氣仙沼⛵〔氣仙〕　1-161, 5-76, 5-284
棋〔碁〕石　1-160, 1-161
小槌村　1-159, 5-72, 5-282
小原木村大沢濵☆〔小原木〕　1-161, 5-76, 5-284
小原木村載鈎濵〔小原木〕　1-161, 5-76, 5-284
小細浦　1-160, 1-161
最知村　1-161, 5-76
鹿折村　1-161, 5-76, 5-284
鹿折村大浦濵　1-161, 5-76
鹿折村小々塩　1-161, 5-76
鹿折村靏ケ浦〔鹿折村ツルガ浦〕　1-161, 5-76
鹿折村浪板濵　1-161, 5-76
高田村　1-161, 5-76, 5-282
唐船番処　1-160, 1-161
唐丹村☆　1-159, 5-72, 5-282
唐丹村大石濵　1-159, 1-160, 5-72
長礒村　1-161, 5-76, 5-284
中澤濵　1-160, 1-161
箱嵜村　1-159
箱嵜村苅宿　1-159
箱嵜村桒野濵　1-159
箱嵜村白濵　1-159
波路上村　1-161, 5-76, 5-284
濵田村　1-161, 5-76, 5-282
濵田村脇澤　1-160, 1-161
廣田村大用濵　1-160, 1-161
廣田村泊濵〔廣田村〕　1-160, 1-161, 5-76
平田村　1-159, 5-72
辨天　1-161
松﨑村　1-161, 5-76, 5-284
末﨑村門濵〔末﨑〕　1-160, 1-161, 5-76, 5-282
末嵜村泊濵〔末﨑〕　1-160, 1-161, 5-282
末﨑村細浦　1-160, 1-161, 5-76
六浦　1-160, 1-161, 5-

76
吉濵村 1-159, 1-160, 5-72, 5-76, 5-282
吉濵村根白濵 1-159, 1-160, 5-72
吉濵村千歳濵 1-159, 1-160, 5-72
両石村 1-159, 5-72, 5-282
綾里村石濵 1-160, 5-76
綾里村白濵 1-160, 5-76
綾里村砂子濵 1-160, 5-282
綾里村湊濵 1-160, 1-161, 5-76
【山・峠】
菊坂峠 1-159, 5-72
【岬・海岸】
岩井岬〔岩井﨑〕 1-161, 5-76, 5-284
御嵜〔御﨑〕 1-161, 5-76, 5-284
【島】
サンクワン島 1-159
タシカシ 1-161

第48号 石巻

【郡名】
牡鹿郡 1-163, 1-165, 5-78, 5-284
本吉郡 1-163, 5-76
桃生郡 1-163, 1-165, 5-78
【地名】
相川濵〔相川〕 1-162, 1-163, 5-78, 5-284
細〔網〕地濵〔細地濵〕 1-164, 5-78, 5-284
鮎川濵☆〔鮎川〕 1-164, 5-78, 5-284
荒戸濵〔荒戸〕 1-162, 5-76, 5-284
荒戸濵平磯 1-162
飯子濵 1-163, 1-164, 5-78
伊里米町 1-162, 5-76, 5-284
石巻村○ 5-78, 5-284
石巻村門脇村☆ 1-165, 5-78
石巻村湊村○⛵ 1-165, 5-78
石濵 1-162, 5-76
石濵 1-163, 5-78
祝田濵〔祝田〕 1-163, 1-165, 5-78, 5-284
岩尻村 1-162, 5-76, 5-284
歌津村稲淵 1-162, 5-76
歌津村韮濵〔歌津〕 1-162, 5-76, 5-284
尾浦 1-163, 5-78, 5-284
大石原濵〔大石ヶ原濵〕 1-163, 1-164, 5-78
大指濵 1-162, 5-76, 5-78
大須濵☆〔大須〕 1-163, 5-78, 5-284
大濵 1-163, 5-78, 5-284
大原濵〔大原〕 1-164, 5-78, 5-284
大曲村 1-165, 5-78, 5-284
大室濵〔室濵〕 1-163, 5-78, 5-284
雄勝濵〔雄勝〕 1-163, 5-78, 5-284
荻濵 1-164, 5-78
小島濵 1-163, 5-78
追波濵〔追波〕 1-163, 5-78, 5-284
女川濵〔女川〕 1-163, 5-78, 5-284
尾嵜濵〔尾﨑濵〕 1-163, 5-78
折立村 1-162, 5-76, 5-78, 5-284
折濵 1-163, 1-164, 5-78, 5-284
御前濵 1-163, 5-78
狐崎濵〔狐﨑〕 1-164, 5-78, 5-284
給分濵 1-164, 5-78
桐ヶ嵜〔桐ヶ﨑〕 1-163, 5-78
十八成濵〔十八成〕 1-164, 5-78, 5-284
熊澤濵〔熊澤〕 1-163, 5-78, 5-284
桒濵 1-163, 5-78, 5-284
小細〔網〕倉濵〔小細倉濵〕 1-164, 5-78
小泉村赤嵜〔小泉村赤﨑、小泉〕 1-162, 5-76, 5-284
小泉村蔵内濵〔小泉〕 1-162, 5-76, 5-284
小泉村小泉町〔小泉〕 1-162, 5-76, 5-284
小泉村廿一濵〔小泉〕 1-162, 5-76, 5-284
小指濵 1-162, 5-78
小滝濵〔小滝〕 1-162, 5-76, 5-78, 5-284
小竹濵 1-163, 1-165, 5-78
小積濵 1-164, 5-78
小泊濵 1-162, 1-163, 5-78
小乗濵 1-163, 1-164, 5-78
小淵浦☆⛵〔小淵〕 1-164, 5-78, 5-284
小室濵〔室濵〕 1-163, 5-78, 5-284
指ケ濵〔指濵〕 1-163, 5-78, 5-284
佐須濵〔佐ス濵、佐須〕 1-163, 1-165, 5-78, 5-284
侍濵〔侍ヶ濵〕 1-164, 5-78
鮫浦☆ 1-164, 5-78, 5-284
清水濵〔清水〕 1-162, 5-76, 5-284
清水濵細浦 1-162
志津川村 1-162, 5-76, 5-284
志津川村大久保 1-162, 5-76
十三濵（自追波濵至小滝濵） 1-162, 1-163, 5-78
白濵 1-163, 5-78
高白濵 1-163, 1-164, 5-78, 5-284
滝濵 1-162, 5-76, 5-78, 5-284
竹浦 1-163, 5-78, 5-284
竹濵 1-164, 5-78, 5-284
田代濵 1-164
立濵 1-163, 5-78
立神濵〔立神〕 1-163, 5-78, 5-284
田浦濵 1-162, 5-76
塚濵 1-163, 1-164, 5-78, 5-284
月浦 1-164, 5-78, 5-284
月濵 1-163, 5-78, 5-284
津谷村 1-162, 5-76, 5-284
津谷村登米澤 1-162, 5-76
寺濵 1-162, 5-76, 5-78
泊濵 1-162, 5-76
泊濵 1-164, 5-78, 5-284
長塩屋濵〔長シホヤハマ〕 1-163, 5-78
長清水苗代田 1-162
長清水濵 1-162, 5-76, 5-78
長面濵〔長面〕 1-163, 5-78, 5-284
中山〔中山濵〕 1-162, 5-76
名足〔ナタル濵〕 1-162, 5-76
名振濵 1-163, 5-78
新山濵〔新山〕 1-164, 5-78, 5-284
根岸村渡波町○〔渡波〕 1-163, 1-165, 5-78, 5-284
野々濵 1-163, 1-164, 5-78
平磯村 1-162, 5-76, 5-284
平磯村日門濵〔日門濵〕 1-162, 5-76, 5-284
福貴浦〔冨貴浦、福貴〕 1-164, 5-78, 5-284
長渡濵 1-164, 5-78
船越濵〔舟越〕 1-163, 5-78, 5-284
前濵 1-163, 1-164, 5-78
牧濵 1-164, 5-78
水濵 1-163, 5-78, 5-284
水戸邉村〔水戸辺村〕 1-162, 5-76, 5-78, 5-284
水戸邉村波傳谷〔水戸辺村波傳谷〕 1-162, 5-76, 5-78
湊濵 1-162, 5-76
宮ケ崎 1-163, 5-78
明神濵 1-163, 5-78
桃浦 1-163, 1-164, 5-78
谷川濵 1-164, 5-78, 5-284
谷川濵祝井濵 1-164, 5-78
谷川濵大谷川濵 1-164, 5-78
横浦 1-163, 1-164, 5-78
吉濵 1-163, 5-78
寄磯濵 1-163, 1-164, 5-78
寄木 1-162
分濵☆ 1-163, 5-78, 5-284
鷲神濵 1-163, 1-164, 5-78
【山・峠】
金花山 1-164, 5-78, 5-284
【河川・湖沼】
北上川 1-163, 5-78, 5-284
定川 1-165, 5-78
【岬・海岸】
寄磯嵜 1-163, 1-164
【島】
アシ島 5-78
アレ島 1-162
石峯山 1-162
出島 1-163, 5-78, 5-284
兎島 1-164
馬脊島 1-165
江島〔エノ島〕 5-78
沖山王 1-164
カサカイ島 5-78
桂島 1-164, 5-78
カラシマ 1-162
岸山王 1-164
クシラ 1-163
小出島 1-164, 5-78
コトマリ 1-163
サキケシマ 1-163, 1-164, 5-78
サルハシリ 1-163
滝島 1-162
田代島 5-78, 5-284
椿島 1-162, 5-76
トツラ島 1-164, 5-78
中ノ島 1-163, 1-164
ヒラ島 5-78
二又島 1-163, 1-164, 5-78
松島 1-162
八景島 1-163, 5-78

第49号 二戸

【郡名】
磐手郡 1-167, 5-71
九戸郡 1-166, 1-167
三戸郡 1-166, 5-69
二戸郡 1-166, 5-69
【地名】
穴窪村 1-166, 1-167, 5-69
一戸○☆ 1-166, 5-69, 5-282
大〔犬〕袋村〔犬袋村〕 1-168, 5-71, 5-74, 5-282
芋田村 1-168, 5-71, 5-74
小野村 1-166, 5-69
柏木平村 1-168, 5-71, 5-74, 5-282
釜澤村 1-166, 5-69
川口村 1-166, 5-69
川口村 1-168, 5-71, 5-74, 5-282
川股村 1-166, 1-167, 5-69
川原木村 1-167, 5-71, 5-282
金田市○ 1-166, 5-69, 5-282
光松堂村 1-166, 5-69
小鳥谷村 1-166, 1-167, 5-69, 5-282
小繋村〔コツナキ〕 1-167, 5-69, 5-282
堺田村 1-168, 5-71, 5-74
笹平村 1-168, 5-71, 5-74, 5-282
笹目子村〔サメコ〕 1-167, 5-69, 5-282
枝垂松 1-168
澁民○〔渋民〕 1-168, 5-71, 5-74, 5-282
下﨑村 1-166, 5-69
下山井村 1-166, 5-69
状小屋村 1-168, 5-71, 5-74
摺糠村 1-167, 5-71
草桁村〔草下駄〕 1-168, 5-71, 5-74, 5-282
高屋敷村 1-167, 5-69, 5-282
丹藤村 1-168, 5-71, 5-74, 5-282
丹藤村雪浦 1-168
中山村 1-167, 5-71, 5-282
沼宮内○☆ 1-167, 1-168, 5-71, 5-74, 5-282
沼尻村 1-166, 5-69
野田村 1-166, 5-69
野中村 1-166, 1-167, 5-69
馬場村 1-168, 5-71, 5-74, 5-282
火行村 1-167, 5-69, 5-71
火金村 1-167, 5-71, 5-282
福岡○ 1-166, 5-69, 5-282
武道村 1-168, 5-71, 5-74, 5-282
堀野村 1-166, 5-69, 5-282
巻堀村 1-168, 5-71, 5-74, 5-282
馬羽松村 1-167, 5-71, 5-282
水堀村 1-167, 5-71
御堂村 1-167, 5-71, 5-282
村松村 1-166, 5-69, 5-282
女鹿口村 1-166, 5-69
鴰市村 1-168, 5-71, 5-74, 5-282
柳平村 1-168, 5-71, 5-74
【山・峠】
岩鷲山 1-169, 5-74, 5-282
末松山（名所） 1-166, 5-69
浪打峠 1-166, 5-69, 5-282

第50号 盛岡

【郡名】
膽澤郡 1-172, 5-73, 5-282
磐手郡 1-170, 5-71, 5-

74, 5-282
紫波郡　1-170, 1-171, 5-71, 5-74, 5-282
稗貫郡　1-171, 1-172, 5-73, 5-282
和賀郡　1-172, 1-173, 5-73, 5-282
【地名】
相去村　1-172, 5-73, 5-282
赤坂村　1-172, 5-73, 5-282
石鳥谷○　1-171, 5-73, 5-74, 5-282
犬淵村　1-171, 5-73, 5-74, 5-282
上田村　1-170, 5-71, 5-74, 5-282
賣家村　1-170, 5-71, 5-74, 5-282
大畑村　1-170, 5-71, 5-74, 5-282
鬼柳○　1-172, 5-73, 5-282
小野松村　1-170, 5-71, 5-74, 5-282
影沼村　1-171, 5-73, 5-74, 5-282
川又村　1-170, 5-71, 5-74, 5-282
黒石野村　1-170, 5-71, 5-74, 5-282
黒沢尻村　1-172, 5-73, 5-282
黒沼村　1-171, 5-73, 5-282
好地村　1-171, 5-73, 5-74
郡山○　1-171, 5-71, 5-73, 5-74, 5-282
小鳥沢　1-170, 5-71, 5-74
櫻町村　1-171, 5-73, 5-74
玉〔三〕本柳村〔三本柳村〕　1-170, 5-71, 5-74, 5-282
十二町目村　1-172, 5-73, 5-282
仙北町　1-170, 5-71, 5-74, 5-282
津志田村　1-170, 5-71, 5-74
十日市村　1-171, 5-71, 5-73, 5-74, 5-282
徳田村　1-170, 5-71, 5-74, 5-282
成田村　1-172, 5-73, 5-282
八幡村　1-171, 5-73
花巻○☆　1-172, 5-73, 5-282
日詰町○　1-171, 5-71, 5-73, 5-74, 5-282
古沼村　1-171, 5-73
南日詰村　1-171, 5-73, 5-74, 5-282
見前村　1-170, 5-71, 5-74, 5-282
向小路　1-172, 5-73, 5-282
向中野村　1-170, 5-71, 5-74, 5-282
盛岡（南部大膳太夫居城）☆　1-170, 5-71, 5-74, 5-282
山ノ目村　1-171, 5-73, 5-282
和野村　1-170, 5-71, 5-74
【河川・湖沼】
葛村川　1-171, 5-73, 5-74
滝名川　1-171, 5-73, 5-74
和賀川　1-172, 5-73

第51号 一関

【郡名】
磐井郡　1-176, 5-77
膽澤郡　1-176, 5-77
栗原郡　1-176, 5-77, 5-284
【地名】
姉歯村　1-178, 5-77
有壁○　1-176, 5-77, 5-284
一関（田村左京太夫在所）☆　1-176, 5-77, 5-284
鬼死骸村　1-176, 5-77, 5-284
小山村　1-174, 5-77
折江村　1-174, 5-73, 5-77
金ケ崎○　1-174, 5-73, 5-282
川屋敷村　1-176, 5-77, 5-284
金成村○〔金成〕　1-178, 5-77, 5-284
枋木村〔杤木村〕　1-174, 5-73, 5-282
櫻ノ関　1-176
澤邊○　1-178, 5-77, 5-284
下河原村　1-174, 5-73, 5-282
下衣川村　1-176, 5-77, 5-282
城野村　1-178, 5-77
白鳥村　1-176, 5-77, 5-282
末野村　1-178, 5-77, 5-284
須江村　1-174, 5-73, 5-77
関村　1-174, 5-77, 5-282
大佛村　1-178, 5-77, 5-284
髙舘　1-176
髙舘村　1-176, 5-77, 5-282, 5-284
中尊寺村　1-176, 5-77
築舘○☆　1-178, 5-77, 5-284
堤尻村　1-174, 5-73, 5-77, 5-282
照越村　1-178, 5-77, 5-284
富村　1-178, 5-77, 5-284
留場村　1-178, 5-77, 5-284
中里村　1-176, 5-77
中野村　1-174, 5-73, 5-77, 5-282
中畑村　1-174, 5-77
西村　1-178, 5-77, 5-284
畑村　1-178, 5-77
平泉村　1-176, 5-77, 5-284
前角村　1-178, 5-77
前澤　1-174, 1-176, 5-77, 5-282
三ケ尻村　1-174, 5-73
水澤○☆　1-174, 5-73, 5-282
宮野○　1-178, 5-77, 5-284
山ノ目○　1-176, 5-77, 5-284
山ノ目宿鍛冶町〔鍛冶町〕　1-176, 5-77
八幡村　1-174, 5-73, 5-282
【社寺】
中尊寺　1-176
鎮守府八幡宮　1-174, 5-73
【山・峠】
駒ヶ岳〔南部駒ヶ嶽〕　1-175, 5-75, 5-283
駒ヶ岳〔仙臺駒ヶ嶽〕　1-177, 5-77, 5-284
【河川・湖沼】
伊沢川　1-174
磐井川　1-176, 5-77
衣川　1-176, 5-77
留場川　1-178

第52号 仙台

【郡名】
栗原郡　1-179, 5-284
黒川郡　1-179, 1-181, 5-79, 5-284
志田郡　1-179, 5-79, 5-284
藤田郡　1-179, 5-77, 5-79, 5-284
名取郡　1-181, 1-182, 5-79, 5-284
宮城郡　1-181, 1-182, 5-79
桃生郡　1-180, 5-284
【地名】
荒濱○　1-181, 1-182, 5-79
荒谷○　1-179, 5-77, 5-79, 5-284
飯野坂村　1-182, 5-79, 5-284
伊賀村　1-179, 5-79, 5-284
石濱　1-180
礒崎村　1-180, 5-79, 5-284
井土濱〔井上〕　1-182, 5-79, 5-284
稲葉村　1-179, 5-79
岩沼○　1-182, 5-80, 5-284
植松村　1-182, 5-79, 5-80, 5-284
丑網村〔丑細村〕　1-180, 5-78, 5-284
江合村　1-179, 5-79
大柹村　1-179, 5-79, 5-284
大澤村　1-181, 5-79, 5-284
大塚濱〔大塚〕　1-180, 5-284
大塚濱東名　1-180, 5-78
大野田村　1-182, 5-79, 5-284
大濱　1-180
大衡村　1-179, 5-79, 5-284
小野村　1-179, 5-77, 5-79, 5-284
上依田村　1-182, 5-79
蒲生村☆　1-180, 1-181, 1-182, 5-79, 5-284
北釜濱〔北釜〕　1-182, 5-79, 5-80, 5-284
狐塚村　1-179, 5-77, 5-79
黒濱　1-180
駒場村　1-179, 5-79
寒風沢　1-180, 5-284
澤田村〔沢田村〕　1-179, 5-77, 5-79, 5-284
三本木○　1-179, 5-79, 5-284
塩竈村　1-180, 5-79, 5-284
四斗田村　1-181, 5-79, 5-284
下ノ郷村相野釜濱〔下野郷〕　1-182, 5-79, 5-80, 5-284
菖蒲田濱〔菖蒲田〕　1-180, 5-79, 5-284
新田　1-181, 5-79
新濱　1-181, 1-182, 5-79, 5-284
仙臺（松平政千代居城）☆　1-181, 1-182, 5-79, 5-284
高城村　1-180, 5-79, 5-284
高清水○　1-179, 5-77
月濱　1-180
手樽村　1-180, 5-79
手樽村三浦〔三浦〕　1-180, 5-79, 5-284
東宮濱〔東宮〕　1-180, 5-79, 5-284
冨谷新町○　1-181, 5-79
冨谷村　1-181, 5-79, 5-284
中田○　1-182, 5-79, 5-284
長町　1-181, 1-182, 5-79, 5-284
七北田○　1-181, 5-79, 5-284
野蒜村亀岡〔野蒜村〕　1-180, 5-78
花淵村　1-180, 5-79, 5-284
濱市村　1-180, 5-78, 5-284
藤塚濱〔藤塚〕　1-182, 5-79, 5-284
古川○　1-179, 5-79, 5-284
本郷村　1-182, 5-79, 5-80, 5-284
前田村　1-182, 5-79, 5-284
増田○　1-182, 5-79, 5-284
松ケ濱　1-180, 5-79, 5-284
松島村　1-180, 5-79, 5-284
湊濱　1-180, 5-79
宮戸四ヶ濱　5-78, 5-284
室濱　1-180
休塚村　1-179, 5-284
矢本村　1-180, 5-78, 5-284
閖上濱〔閖下濱、閖上〕　1-182, 5-79, 5-284
代ケ崎濱　1-180, 5-79
吉岡○☆　1-179, 1-181, 5-79, 5-284
吉田濱　1-180, 5-79
米袋村　1-179, 5-79, 5-284
【社寺】
赤崎明神　1-179
五大堂　1-180
コモリ堂　1-180
塩竈社　1-180, 5-79
瑞岸寺　1-180
法蓮寺　1-180
【山・峠】
大高森　1-180
冨山　1-180, 5-284
薬師山　1-180
【河川・湖沼】
江合川　1-179
大廣川　1-180
蒲生川　1-181, 1-182, 5-79
中田川　5-79
名取川　1-182, 5-79
名取川　1-182, 5-284
廣瀬川　1-181, 1-182, 5-79
前野川　1-181, 5-79
【岬・海岸】
尾嶋ノ岬　1-180
久冶岬　1-180
初島岬　1-180
丸山岬　1-180
モカミ岬　1-180
【島】
青カイ　1-180
朝日島　1-180
烏帽子岐　1-180
翁島　1-180
御島　1-180
桂島　1-180, 5-79, 5-284
経島　1-180
鯨カタ　1-180
九ノ島　1-180, 5-284
白濱島　1-180
白濱岐　1-180
大里〔黒〕岐　1-180
舘島　1-180
月星島　1-180
野々島　1-180, 5-79
葉島　1-180
初島　1-180
ヒシャモン　1-180
福浦島　1-180
蛇島　1-180
蛇島　1-180
朴島　1-180
マカキ島　1-180
松ケ島　1-180
松島　1-180, 5-79
馬放島　1-180, 5-79
都島　1-180
焼嶌　1-180

第53号
白石

【郡名】
宇多郡　1-183, 1-184, 5-80, 5-284
刈田郡　1-185, 1-186
信夫郡　1-186, 5-81, 5-285
柴田郡　1-184, 1-185, 5-80
伊達郡　1-185, 1-186, 5-81, 5-285
名取郡　1-184
亘理郡　1-183, 1-184, 5-80, 5-284
【地名】
荒濱　1-184, 5-80
今泉村　1-183, 5-80
今神濱　1-183, 5-80
入間野村　1-184, 5-80, 5-284
大河原○☆　1-185, 5-80, 5-284
大久保村原町　1-185, 1-186, 5-81
大戸濱　1-183, 5-80
大畑濱　1-184, 5-80
岡村　1-185, 1-186, 5-80, 5-284
岡村　1-186, 5-81, 5-285
貝田○　1-185, 1-186, 5-81, 5-284
笠野濱　1-183, 1-184, 5-80
刈田宮○　1-185, 5-80, 5-284
金ケ瀬○　1-185, 5-80, 5-284
蒲崎濱　1-184, 5-80
釜田村〔金田村〕　1-186, 5-81
北半田村〔半田〕　1-186, 5-81, 5-285
桒折○　1-186, 5-81, 5-285
越河○☆　1-185, 1-186, 5-80, 5-81, 5-284
齊川○　1-185, 1-186, 5-80, 5-284
下野郷村藤曽根　1-184, 5-80
白石(松平政千代持城)　1-185, 5-81, 5-284
新濱　1-183, 1-184, 5-80
瀬上○　1-186, 5-81, 5-285
平村　1-185, 1-186, 5-80, 5-284
槻木○　1-184, 5-80, 5-284
釣師濱　1-183, 5-80
長艸村　1-186, 5-81
長倉村　1-186, 5-81, 5-285
長倉村尾町〔長倉村〕　1-186, 5-81
中齊川村　1-185, 1-186, 5-80
中ノ目村　1-185, 5-80
中濱　1-183, 1-184, 5-80
中濱 磯濱　1-183, 1-184, 5-80
中村(相馬因幡守居城)　1-183
二ノ倉濱　1-184, 5-80
箱根田濱　1-184, 5-80
長谷釜濱　1-184, 5-80
花釜濱　1-183, 1-184, 5-80
原釜村　1-183, 5-80
原釜村松川浦　1-183, 5-80
藤田○　1-186, 5-81, 5-284
舟迫○　1-184, 5-80, 5-284
丸子村　1-186, 5-81
南長谷村　1-184, 5-80, 5-284
南半田村〔半田〕　1-186, 5-81, 5-285
本内村（木下肥後守領分）〔本内村〕　1-186, 5-81, 5-285
吉田濱　1-184, 5-80
四日市場村　1-184, 5-80, 5-284
埒〔埒〕木崎村〔埒木崎村〕　1-183, 5-80
【河川・湖沼】
阿武隈川〔アフクマ川〕　1-184, 5-80
白石川　1-184, 5-80
摺上川　1-186
鳥ノ海　1-184
松川　1-183

第54号
原町

【郡名】
宇多郡　1-187, 5-80, 5-284
標葉郡　1-188, 1-189, 5-102, 5-288
行方郡　1-187, 1-188, 5-102, 5-288
楢葉郡　1-189, 5-102, 5-288
【地名】
泉村　1-187, 5-102, 5-288
磯部村　1-187, 5-80, 5-284
受戸村　1-188, 5-102, 5-288
浦尻村　1-188, 5-102, 5-288
夫沢村〔夫澤村〕　1-189, 5-102, 5-288
小濱村　1-188, 5-102, 5-288
尾濱村　1-187, 5-80, 5-284
小良ケ濱村〔小良ケ濱、小良濱〕　1-189, 5-102, 5-288
萱濱村　1-187, 1-188, 5-102, 5-288
蒲庭村立切〔蒲庭村〕　1-187, 5-80, 5-284
烏崎村☆　1-187, 5-102, 5-288
北泉村　1-187, 5-102, 5-288
熊川村　1-189, 5-102, 5-288
毛萱村　1-189, 5-102, 5-288
郡山村　1-189, 5-102, 5-288
小濱村☆　1-189, 5-102, 5-288
雫村　1-188, 5-102, 5-288
下海老村　1-187, 5-80, 5-288
下澁佐村　1-187, 5-102, 5-288
棚塩村〔棚ノ塩〕　1-188, 5-102, 5-288
塚原村　1-188, 5-102, 5-288
堤谷村　1-188, 5-102, 5-288
角部内村　1-188, 5-102, 5-288
中濱村　1-188, 1-189, 5-102, 5-288
佛濱村　1-189, 5-102, 5-288
村上村　1-188, 5-102, 5-288
【河川・湖沼】
海老沢浦　1-188
カラス川　5-288
サヤ川　1-187

第55号
いわき

【国名】
常陸　1-192
陸奥　1-191
【郡名】
磐城郡　1-190, 1-191, 5-104, 5-288
磐前郡　1-191, 1-192, 5-104, 5-288
菊田郡　1-191, 1-192, 5-104, 5-288
多珂郡　1-192, 5-104, 5-288
楢葉郡　1-190, 1-191, 5-288
【地名】
赤濱村　1-192, 5-104, 5-288
足洗村○　1-192, 5-104, 5-288
磯原村（水戸殿領分）　1-192, 5-104, 5-288
井出村（溝口駒之助領分）　1-190, 5-102, 5-288
岩間村　1-192, 5-104, 5-288
薄磯村（安藤對馬守領分）　1-191, 5-104, 5-288
江奈村（内藤春之亟領分）〔江名〕　1-191, 5-104, 5-288
大津村（水戸殿領分）　1-192, 5-104, 5-288
小名濱中島村(御料所)○〔小名濱〕　1-191, 5-104, 5-288
小名濱中町村(御料所)○〔小名濱〕　1-191, 1-192, 5-104, 5-288
小名濱西町村(御料所)○〔小名濱〕　1-191, 1-192, 5-104, 5-288
小名濱米野村(御料所)○〔小名濱〕　1-191, 5-104, 5-288
小野矢指村　1-192, 5-104, 5-288
小濱村　1-191, 1-192, 5-104, 5-288
折木村（御料所）　1-190, 5-102, 5-104, 5-288
金ケ澤村〔金ヶ沢村〕　1-190, 5-104, 5-288
神岡上村（稲垣八十五郎知行所）〔神岡〕　1-192, 5-104, 5-288
神岡下村（小笠原佐渡守領分）○〔神岡〕　1-192, 5-104, 5-288
上仁井田村〔仁井田〕　1-190, 1-191, 5-104, 5-288
北田村（御料所）　1-190, 5-102, 5-288
九田村（小笠原佐渡守領分）〔九面村〕　1-192, 5-104, 5-288
米倉村　1-192, 5-104
佐糠村　1-192, 5-104, 5-288
下浅見川村　1-190, 5-102, 5-288
下大越村　1-191, 5-104, 5-288
下神谷村　1-191, 5-104
下川村　1-191, 1-192, 5-104, 5-288
下北定村（御料所）○〔下北迫村〕　1-190, 5-102, 5-288
下〔神〕白村三崎　1-191, 5-104
下櫻井村　1-192, 5-104, 5-288
下繁岡村（御料所）　1-190, 5-102, 5-288
下仁井田村〔仁井田〕　1-190, 1-191, 5-104, 5-288
末續村（御料所）　1-190, 5-104
關田(安藤對馬守領分)○　1-192, 5-104, 5-288
滝尻村（本多越中守領分）　1-191, 1-192, 5-104
田之網村　1-190, 1-191, 5-104, 5-288
豊間村（御料所）　1-191, 5-104, 5-288
永﨑村(御料所)〔永﨑村〕　1-191, 5-104, 5-288
中田村（本多越中守領分）　1-192, 5-104
中之作村（安藤對馬守領分）〔中作〕　1-191, 5-104, 5-288
ナコソノ関〔ナコソ関〕　1-192, 5-104
波倉村　1-190, 5-102, 5-288
仁井田村（小笠原佐渡守領分）　1-192, 5-104, 5-288
沼之内村（安藤對馬守領分）　1-191, 5-104, 5-288
久之濱村○　1-190, 1-191, 5-104, 5-288
平潟湊（小笠原佐渡守領分）⛵　1-192, 5-104, 5-288
藤間村（御料所）　1-191, 5-104, 5-288
前原村（溝口駒之助領分）　1-190, 5-102, 5-288
山田濱村（御料所）　1-190, 5-102, 5-288
夕筋村（溝口駒之助領分）　1-190, 5-102, 5-104, 5-288
四倉村○　1-190, 1-191, 5-104, 5-288
【山・峠】
赤井岳　1-191, 5-104, 5-288
湯岳　1-191, 5-104, 5-288
【島】
キツシマ　1-192

第56号
福島

【郡名】
安積郡　1-194, 1-195, 5-103, 5-288
安達郡　1-193, 1-194, 5-103, 5-288
石川郡　1-195, 5-103, 5-288
岩瀬郡　1-195, 5-103, 5-288
信夫郡　1-193, 5-285
【地名】
浅川村齊藤〔齋藤〕　1-193, 5-103, 5-288
浅川村ツノモリ（久世大和守領分）　1-193
浅川村八田（久世大和守領分）〔八田〕　1-193, 5-103, 5-288
五十邊村（板倉内膳正領分）　1-193, 5-81, 5-285
一軒茶屋　1-194, 5-103
大壇　1-193, 1-194, 5-103
鏡沼村　1-195, 5-103
笠石○　1-195, 5-103, 5-288
北杉田○〔北杦田、杦田〕　1-194, 5-103, 5-288
久保田村　1-194, 1-195, 5-103, 5-288
郷ノ目村　1-193, 5-81, 5-285
郡山○　1-194, 1-195, 5-103, 5-288
小原田○　1-195, 5-103, 5-288
笹川（丹羽左京大夫領分）○　1-195, 5-103, 5-288
十貫地村（松平播磨守領分）　1-195, 5-103, 5-288
清水町○　1-193, 5-81, 5-285, 5-288
下宿村（榊原式部大輔

領分)〔宿村〕 1-195, 5-103, 5-288
須賀川(松平越中守領分)○ 1-195, 5-103, 5-288
大平寺村 1-193, 5-81, 5-285
高久田村 1-195, 5-103, 5-288
高倉○ 1-194, 5-103, 5-288
高倉 横森 1-194, 5-103
高越村 1-193, 1-194, 5-103, 5-288
中宿村(榊原式部大輔領分)〔宿村〕 1-195, 5-103, 5-288
滑川村(松平播磨守領分) 1-195, 5-103, 5-288
新田村 1-194, 5-103, 5-288
二本松(丹羽左京大夫居城) 1-193, 5-103, 5-288
二本柳○ 1-193, 5-103, 5-288
根子町(御料所)○ 1-193, 5-81, 5-285
八丁目(御料所)○ 1-193, 5-103, 5-288
日出山○ 1-195, 5-103, 5-288
日和田○ 1-194, 5-103, 5-288
福岡村 1-193, 5-103
福島(板倉内膳正居城)☆ 1-193, 5-81, 5-285
福原○ 1-194, 5-103, 5-288
伏拝村(板倉内膳正領分) 1-193, 5-81, 5-285
南杉田○〔南杦田、杦田〕 1-194, 5-103, 5-288
本宮○ 1-194, 5-103, 5-288
油井○ 1-193, 5-103, 5-288
油井八軒茶屋〔八軒茶屋〕 1-193, 5-103, 5-288
吉倉村(丹羽左京大夫領分) 1-193, 5-103, 5-288
若宮(御料所)○ 1-193, 5-81, 5-288

【河川・湖沼】

釈迦堂川 1-195
須川 1-193

第57号 日立

【郡名】

鹿島郡 1-198, 5-108, 5-290
久慈郡 1-197, 5-108, 5-288
多珂郡 1-197, 5-288
那珂郡 1-197, 5-108, 5-288

【地名】

安良川村○ 1-196, 5-104, 5-288
荒地村 1-198, 5-108, 5-290
石神白方村 1-197, 5-108, 5-288
石神豊岡村〔豊岡〕 1-197, 5-108, 5-288
伊志濱村 1-196, 5-104, 5-108
伊志町村 1-196, 5-104, 5-288
礒濱○ 1-198, 5-108, 5-290
會瀬村 1-196, 5-108, 5-288
大貫村(水戸殿領分) 1-198, 5-108, 5-290
小木津村○ 1-196, 5-108, 5-288
折笠村 1-196, 5-108, 5-288
柏熊村(御料所、稲葉伊織知行所) 1-198, 5-108, 5-290
勝下村(須田与左エ門、青木長九郎、内田帯刀、佐野豊前守知行所) 1-198, 5-108, 5-290
上釜村(御料所) 1-198, 5-108, 5-290
上山村(夏海)(松平大学頭領分)○〔夏海〕 1-198, 5-108, 5-290
川尻村 1-196, 5-104, 5-108, 5-288
河原子村 1-196, 5-108, 5-288
久慈村○ 1-197, 5-108, 5-288
澤尻村 1-198, 5-108, 5-290
白塚村(松平大学頭領分、大井半之助知行所) 1-198, 5-108, 5-110, 5-290
助川村○ 1-196, 5-108, 5-288
高戸村 1-196, 5-104, 5-288
高萩村○ 1-196, 5-104, 5-288
瀧濱村(佐野豊前守知行所)〔滝濱村、滝湊〕 1-198, 5-108, 5-290
田尻村 1-196
玉田村(御料所) 1-198, 5-108, 5-290
照沼村 1-197, 5-108, 5-288
長砂村 1-197, 5-108, 5-288
那珂港○⛵〔那珂湊〕 1-198, 5-108, 5-290
滑川村 1-196, 5-108, 5-288
成田村(夏海)(松平大学頭領分)○☆〔夏海〕 1-198, 5-108, 5-290
平礒村 1-197, 5-108, 5-290
前濱村 1-197, 5-108, 5-290
馬渡村 1-197, 5-108, 5-288, 5-290
水木村 1-197, 5-108, 5-288
宮田村 1-196, 5-108
村松村○ 1-197, 5-108, 5-288

【山・峠】

カミ子山 1-196, 5-108, 5-288
高鈴山 1-196, 5-108, 5-288

【河川・湖沼】

久慈川 1-197, 1-198
那珂川 1-198, 5-108

第58号 銚子

【国名】

下總國 1-200, 1-201, 5-290
常陸國 1-200, 1-201, 5-108, 5-290

【郡名】

海上郡 1-200, 1-201, 5-110, 5-290
鹿島郡 1-200, 1-201, 5-110, 5-290
匝瑳郡 1-200, 1-201, 5-110, 5-290

【地名】

粟生村(小野斧吉、阿部右門、丸毛長門守、戸田寅吉、伏見右京、長谷川五郎三郎、山岡五郎作知行所) 1-199, 5-110, 5-290
青塚村(松平大学頭領分、岩瀬市兵衛知行所) 1-199, 5-110, 5-290
明石村(正木大之亟知行所) 1-199, 5-110
足河村(御留守居与力給地、御先手組与力給地) 1-200, 1-201, 5-110, 5-290
荒井村(岩瀬市兵衛知行所) 1-199, 5-110
新生村 1-200, 5-110
飯岡村(永井五右エ門知行所、御書院番与力給地)○ 1-200, 1-201, 5-110, 5-290
飯沼村☆ 1-200, 5-110
飯沼村伊具根 1-200
居切村(松平大学頭領分、國領淺五郎知行所) 1-199, 1-200, 5-110, 5-290
泉川村(松平大学頭領分、國領淺五郎知行所) 1-199, 1-200, 5-110
井戸野村(御料所) 1-200, 1-201, 5-110, 5-290
今泉村(御料所、菅沼下野守知行所) 1-201, 5-110, 5-111, 5-290
今宮村(松平右京亮領分) 1-200, 5-110
大竹村(松平大学頭領分) 1-199, 5-108, 5-110
大田新田(御料所)〔太田新田〕 1-200, 5-110, 5-290
奥野谷村(御料所、飯高七左エ門知行所) 1-199, 1-200, 5-110, 5-290
小濱村(松平與次右エ門知行所) 1-200, 1-201, 5-110
下津村(御料所、松平鉄三郎知行所) 1-199, 5-110, 5-290
上澤村(大久保鉄藏知行所) 1-199, 5-110, 5-290
上長井村(御書院番与力給地) 1-200, 1-201, 5-110
上幡木村下澤村(坂本小大夫、大井半之助、坂本幸次郎知行所)〔上幡木村〕 1-199, 5-110, 5-290
栢田村(御料所、大久保豊前守、松平藤九郎知行所) 1-201, 5-110, 5-111, 5-290
川部村(御料所、松平藤九郎知行所) 1-201, 5-110, 5-111, 5-290
行内村(御書院番與力給地、久貝又三郎知行所) 1-200, 1-201, 5-110, 5-290
京地釜村(大久保鉄藏知行所) 1-199, 5-110
國末村(松平大学頭領分、丸毛長門守、松平鉄三郎、小野斧吉、戸田寅吉知行所) 1-199, 5-110, 5-290
汲上村(内田帯刀、大久保鉄藏知行所) 1-199, 5-110, 5-290
荒野村 1-200, 5-110, 5-290
荒野村(松平大学頭領分) 1-199, 5-110, 5-290
小河戸村(松平右京亮領分)〔小川戸村〕 1-200, 5-110
小志崎村〔志崎〕 1-199, 5-110, 5-290
小畑
駒込村(御料所) 1-201, 5-110
小宮作村(御料所) 1-199, 5-110
小山村(御料所) 1-199, 5-110, 5-290
三河村(高力式部知行所) 1-200, 1-201, 5-110, 5-290
椎名内村(大村藤右エ門知行所、御先手組与力給地) 1-200, 1-201, 5-110
知手村(御料所) 1-200, 5-110, 5-290
清水村(松平大学頭領分、正木大之亟知行所) 1-199, 5-110, 5-290
下永井村(高井新十郎知行地)〔永井〕 1-200, 1-201, 5-110, 5-290
神宮寺村(高井新十郎、佐々木乙次郎知行所) 1-201, 5-110, 5-290
神向寺村(松平大学頭領分) 1-199, 5-110
惣領村(御料所、森川兵部少輔領分) 5-110, 5-111
大志崎村(岩瀬市兵衛知行所)〔志崎〕 1-199, 5-110, 5-290
臺濁沢村(内田帯刀、松平鉄三郎知行所) 1-199, 5-108, 5-110
高神村 1-200, 5-110
高神村笠上 1-200
高神村外川浦 1-200
武井釜村 1-199, 5-110
銚子湊⛵〔銚子〕 1-200, 5-110, 5-290
津賀村 1-199, 5-110
角折村(正木大之亟、岩瀬市兵衛知行所) 1-199, 5-110, 5-290
東下村高野〔東下村〕 1-200, 1-201, 5-110, 5-290
東下村舎利(松下河内守知行所)〔東下村〕 1-200, 1-201, 5-110, 5-290
東下村波崎(松下河内守知行所)〔東下村〕 1-200, 5-110, 5-290
十日市場村(飯河善左エ門知行所、御留守居与力給地、御先手組与力給地) 1-200, 1-201, 5-110
長谷村(御料所、犬塚覚之亟知行所) 1-201, 5-110
中谷里村(堀又十郎、高力式部知行所) 1-200, 1-201, 5-110, 5-290
新堀村(御料所、犬塚平右エ門知行所) 1-201, 5-110, 5-111
西足洗村(大河内丹下、堀又十郎知行所) 1-200, 1-201, 5-110
日川村 1-200, 5-110, 5-290
仁玉村(高力式部知行所) 1-200, 1-201, 5-110, 5-290
野手村(小林吉之助、木村伊右エ門、瀬名源太郎、松平安房守知行所) 1-201, 5-110, 5-290
野中村(高力式部知行所) 1-200, 1-201, 5-110, 5-290
萩園村(御書院番與力給地、久貝又三郎知行所) 1-200, 1-201, 5-110
東足洗村(土屋源太郎、長田三右エ門知行所) 1-200, 1-201, 5-110
東小笹村(高力式部知行所) 1-201, 5-110, 5-290
常陸原 1-200, 1-201, 5-110
平井村(松平大学頭領分、戸田寅吉、丸茂長門守、小野斧吉知行所) 1-199, 5-110,

5-290
平松村（御書院番與力給地） 1-200, 1-201, 5-110, 5-290
深芝村（御料所、朝比奈権左エ衛門知行所） 1-199, 1-200, 5-110, 5-290
邊田村（板倉伊豫守領分兼松又四郎、服部式部知行所） 1-200, 1-201, 5-110, 5-290
堀川村（本多修理知行所） 1-201, 5-110, 5-111, 5-290
三﨑村（松平右京亮領分） 1-200, 1-201, 5-110, 5-290
矢田部村（御料所、松下河内守知行所）☆〔矢部田〕 1-200, 1-201, 5-110, 5-290
横根村（御書院番與力給地、久貝又三郎知行所） 1-200, 1-201, 5-110
吉﨑村（天野三郎兵衛知行所） 1-201, 5-110, 5-290

【河川・湖沼】

利根川 1-200, 1-201, 5-110, 5-290

【岬・海岸】

犬吠﨑〔犬吠岬〕 1-200, 5-110, 5-290
永井岬 5-110
長﨑 1-200

【島】

アシカ島 1-200, 5-110, 5-290
一ノ島 1-200
黒ハエ 1-200
三ノ島 1-200
千カ岩 1-200, 5-110
二ノ島 1-200

第59号 深浦

【国名】

出羽國 1-204
陸奥國 1-204

【郡名】

津軽郡 1-204
山本郡 1-204

【地名】

赤石村 1-202, 5-83, 5-281
岩崎村☆〔岩﨑村〕 1-203, 5-85, 5-281
岩舘村☆ 1-204, 5-85, 5-281
馬駒村 5-83
追良瀬村 1-203, 5-83, 5-281
大間越村☆ 1-204, 5-85, 5-281
風合瀬村 1-202, 5-83, 5-281
金井澤村〔金井沢村〕 1-202, 5-83, 5-281
黒﨑村 1-203, 1-204, 5-85, 5-281
小福浦村〔福浦村〕 1-203, 5-83, 5-85
櫻澤 1-202, 5-83
澤部村〔沢部村〕 1-203, 5-85
正道尻村 1-203, 5-85, 5-281
關村〔関村〕 1-202, 5-83, 5-281
田澤村〔田沢村、田野沢〕 1-202, 5-83, 5-281
轟村 1-202, 1-203, 5-281
八森村☆ 1-204, 5-85, 5-281
八森村滝ノ間〔八森村滝間〕 1-204, 5-85
八森田〔村〕椿 1-204
八森村濵田〔濵田〕 1-204, 5-85, 5-281
八森村茂浦〔茂浦〕 1-204, 5-85, 5-281
晴山村 1-202, 5-83, 5-281
久田村 1-203, 5-85, 5-281
廣戸村 1-202, 1-203, 5-83, 5-281
深浦☆⚓ 1-203, 5-83, 5-85, 5-281
艫作村 1-203, 5-83, 5-85, 5-281
松神村 1-203, 5-85, 5-281
森山村 1-203, 5-85, 5-281
柳田村 1-202, 5-83, 5-281
横礒村 1-203, 5-83, 5-281

【山・峠】

猪ノ森 1-202
舛形山 1-202

【岬・海岸】

鳥居岬 1-202
艫作岬 1-203

【島】

沖島 1-202
貝島 1-203
風シロ島 1-203
小島 1-202
汐島 1-203

第60号 能代

【郡名】

秋田郡 1-206, 1-208, 5-283
山本郡 1-206, 1-208, 5-85

【地名】

淺内村〔浅内村〕 1-207, 1-208, 5-85, 5-87, 5-283
芦﨑村 1-208, 5-87, 5-283
板越 1-205
今泉○ 1-206, 5-84, 5-283
岩瀬村 1-205, 5-84, 5-283
薄井村比井野村〔薄野村比井野村〕 1-206, 5-84, 5-283
大内田村出戸〔大内田村〕 1-207, 1-208, 5-85
大内田村棒ケ崎 1-207, 1-208
大口村 1-208, 5-85, 5-283
大口村釜谷〔大口村〕 1-208, 5-87
大舘（佐竹持城）○佐竹持城 1-205, 5-84, 5-283
大舘 餅田〔餅田〕 1-205, 5-84, 5-283
大森村 1-207, 1-208, 5-85
落合村 1-207, 1-208, 5-85
鹿渡○ 1-208, 5-87, 5-283
川口○ 1-205, 5-84, 5-283
川戸川村 1-207, 1-208, 5-85, 5-283
切石村 1-206, 5-84, 5-283
金光寺村 1-207, 1-208, 5-85, 5-87, 5-283
髙屋野村 1-207, 5-85
小繫○ 1-206, 5-84, 5-283
志戸橋村 1-207, 1-208, 5-85
釈迦内○〔釋迦内〕 1-205, 5-84, 5-281
白澤村 1-205, 5-84, 5-281
新屋敷 1-208, 5-87
須田村 1-207, 5-85, 5-283
外岡村 1-207, 1-208, 5-85, 5-87, 5-283
竹生村 1-207, 5-85, 5-283
楯鼻村 1-205, 5-84, 5-283
田床内村 1-207, 1-208, 5-85
田中村 1-207, 5-85
綴子○☆ 1-205, 1-206, 5-84, 5-283
靍形○〔鶴形〕 1-207, 5-85, 5-283
飛根○☆ 1-206, 1-207, 5-85, 5-283
飛根宿翌〔羽立〕村〔飛根羽立村〕 1-207, 5-85
豊岡 1-207, 1-208, 5-85, 5-87, 5-283
長坂村 1-205, 5-84, 5-283
荷揚場○ 1-206, 5-84, 5-283
沼田村 1-207, 5-85, 5-283
野石村 1-208, 5-87
野石村宮澤☆〔野石村宮沢〕 1-208, 5-87
能代☆⚓ 1-207, 1-208, 5-85, 5-283
橋桁村 1-205, 5-84, 5-281
濵田村 1-207, 1-208, 5-87
早口村 1-205, 5-84, 5-283
檜山○ 1-207, 5-85, 5-283
坊ケ澤村 1-206, 5-84, 5-283
前山○ 1-206, 5-84, 5-283
水澤村 1-207, 5-85, 5-281, 5-283
向野代村 1-207, 1-208, 5-85
目名形村〔目名潟村〕 1-207, 5-85, 5-281
森岡○☆ 1-208, 5-87, 5-283

【山・峠】

七倉山 1-206

【河川・湖沼】

米代川 1-206, 5-85
米代川〔米城川〕 1-206, 5-283

第61号 森吉山

【山・峠】

大平山 1-209, 5-86, 5-283
森吉山 1-210, 5-86, 5-283

第62号 秋田

【郡名】

秋田郡 1-212, 1-213, 5-86
河部郡 1-213, 5-86
山本郡 1-212

【地名】

相川村 1-211, 5-87, 5-283
相染村 1-213, 5-87, 5-283
青砂村加茂村〔青砂村〕 1-211, 5-87, 5-283
天瀬川村 1-212, 5-87, 5-283
新谷村 1-213, 5-87, 5-283
飯島村 1-212, 1-213, 5-87, 5-283
飯塚村 1-212, 1-213, 5-87, 5-283
石神村 1-211, 5-87, 5-283
今戸村 1-212, 5-87, 5-283
妹川村 1-212, 1-213, 5-87
牛島村 1-213, 5-87
鵜木村道村☆〔鵜木村〕 1-211, 5-87, 5-283
大川○ 1-212, 5-87, 5-283
大久保○☆ 1-212, 1-213, 5-87, 5-283
大久保宿新敷村〔新敷〕 1-212, 1-213, 5-283
大﨑村 1-212, 1-213, 5-87
女川村 1-211, 5-87, 5-283
角間崎村 1-211, 5-87, 5-283
金川村 1-211, 5-87, 5-283
北浦村 1-211, 5-87, 5-283
北川尻村 1-212, 5-87, 5-283
久保田（佐竹右京太夫居城）☆ 1-213, 5-87, 5-283
黒﨑村 1-211, 5-87, 5-283
鯉川村 1-212, 5-87, 5-283
穀町村 1-212, 1-213, 5-87, 5-283
琴川村 1-211, 5-87
小濱村 1-211, 5-87, 5-283
塩戸村 1-211, 5-87, 5-283
下刈村 1-212, 1-213, 5-87, 5-283
下虻川村○ 1-212, 1-213, 5-87, 5-283
双六村 1-211, 5-87
臺島村 1-211, 5-87, 5-283
中石村 1-211, 5-87
土﨑○⚓ 1-213, 5-87, 5-283
椿村 1-211, 5-87, 5-283
寺内村 1-213, 5-87, 5-283
天王村 1-212, 1-213, 5-87, 5-283
戸賀村 1-211, 5-87
中野村 1-212, 1-213, 5-87, 5-283
野村 1-211, 5-87, 5-283
箱井村 1-211, 5-87
畑村 1-211, 5-87, 5-283
八町目村 1-212, 1-213, 5-87, 5-283
濱井川村 1-212, 1-213, 5-87
濱塩屋村 1-211, 5-87
濱田新谷（百三端） 1-213, 5-87
濱間口村 1-211, 5-87, 5-283
比結〔詰〕村〔北結村〕 1-211, 5-87, 5-283
一日市○ 1-212, 5-87, 5-283
福川村 1-211, 5-87, 5-283
福米沢村 1-212, 5-87, 5-283
拂戸村 1-212, 5-87, 5-283
舟川村 1-211, 5-87, 5-283
舟越村☆ 1-212, 5-87, 5-283
木内村〔本内村〕 1-212, 5-87, 5-283
真坂村 1-212, 5-87, 5-283
増川村 1-211, 5-87, 5-283
松木澤村〔松木沢村〕

1-211, 1-212, 5-87
南平澤村〔南平沢村、平沢〕 1-211, 5-87, 5-283
夜叉袋村 1-212, 5-87, 5-283
谷地中村 1-211, 5-87
谷橋村 1-213, 5-87
山田村 1-211, 5-87, 5-283
湯尻 1-211
湯本村 1-211, 5-87, 5-283
脇本村 1-211, 5-87, 5-283

【山・峠】

寒風山 1-211, 5-87, 5-283
新山 1-211, 5-87
本山 1-211, 5-87, 5-283

【河川・湖沼】

一ノ目潟 1-211, 5-87, 5-283
三ノ目潟 1-211
二ノ目潟 1-211
八郎潟 1-212, 5-87, 5-283

【岬・海岸】

三倉岬〔ミクラ岬〕 1-212, 5-87

【島】

子ブト 1-211
マナイタ 1-211
宮島 1-211

第63号 本荘・大曲

【国名】

出羽 5-88

【郡名】

秋田郡 1-215, 5-86
桂根村 1-215, 5-87, 5-283
河部郡 1-214, 5-86, 5-283
仙北郡 1-214, 5-283
由利郡 1-215, 5-88, 5-283

【地名】

芦川村 1-218, 5-88, 5-283
飯田村 1-216, 5-88, 5-283
石脇村 1-218, 5-89, 5-283
大曲○ 1-216, 5-88, 5-283
親川村 1-218, 5-88, 5-283
親川村今泉 1-218, 5-88
勝手村 1-215, 5-88, 5-283
金澤○ 1-216, 5-75, 5-283
上淀川村○ 1-214, 5-88, 5-283
刈和野○ 1-214, 5-88, 5-283
川目村 1-216, 5-75, 5-88, 5-283
北楢岡○〔楢岡〕 1-217, 5-88, 5-283
御所野村 1-215, 5-87
堺○☆ 1-214, 5-86, 5-88, 5-283
下深井村 1-216, 5-75, 5-88
神宮寺○ 1-217, 5-88, 5-283
神内村 1-214, 5-86, 5-283
神澤村 1-218, 5-88
出戸村中小屋〔出戸〕 1-218, 5-283
戸島○ 1-215, 5-86, 5-283
豊成村 1-215, 5-87, 5-283
長濱村○☆ 1-215, 5-87, 5-88, 5-283
仁井田村 1-215, 5-87, 5-283
野荒町村 1-216, 5-75, 5-88
花舘○☆ 1-216, 5-88, 5-283
羽川村 1-215, 5-87, 5-88, 5-283
濵田村 1-215, 5-87, 5-283
東根村 1-216, 5-75, 5-88
二古村 1-215, 1-218, 5-88, 5-283
舟岡村 1-214, 5-86, 5-88, 5-283
舟ケ澤村〔舟沢村〕 1-214, 5-86, 5-283
本庄（六郷佐渡守居城） 1-218, 5-88, 5-283
松ケ﨑村○〔松﨑〕 1-218, 5-88, 5-283
道川村○ 1-215, 5-88, 5-283
峯吉川村 1-214, 5-88, 5-283
藥師堂村 1-218, 5-89, 5-283
六郷○ 1-216, 5-75, 5-88, 5-283
六郷宿西根村〔六郷西根村、西根〕 1-216, 5-75, 5-88, 5-283
和田○ 1-214, 5-86, 5-283
和田宿石川 1-214

【山・峠】

神宮寺山 1-216

【河川・湖沼】

海老沼 1-215, 5-87
亀田川〔亀田〕 1-218, 5-88, 5-283
厨川 1-216, 5-75
玉川 1-216, 5-283
戸島川 1-214
丸子川 1-216

第64号 横手・湯沢

【郡名】

雄勝郡 1-221, 1-222, 5-88, 5-283
仙北郡 1-221, 5-75
平鹿郡 1-221, 1-222, 5-75

【地名】

相川村 1-222, 5-75, 5-88, 5-90, 5-283
赤石村 1-219, 5-89, 5-283, 5-286
洗釜村 1-220, 5-89, 5-283, 5-286
新所村 1-222, 5-75, 5-88, 5-283
石成村 1-221, 5-75, 5-283
岩﨑村〔岩ヶ﨑〕 1-221, 1-222, 5-75, 5-88, 5-283
大砂川村 1-220, 5-89, 5-283, 5-286
大次郷村 5-89, 5-91, 5-285
大屋新田村 1-221, 5-75, 5-283
小野村 1-222, 5-75, 5-90, 5-283
上院内村 1-222, 5-90, 5-283
上関村 1-222, 5-88, 5-90, 5-283
川袋村 1-220, 5-89, 5-91, 5-283, 5-286
黒川村 1-219, 5-89, 5-283, 5-286
来ケ﨑村 1-222, 5-75, 5-90, 5-283
琴浦村○ 1-219, 5-89, 5-283
金浦村○ 1-219, 5-89, 5-283, 5-286
汐越村☆ 1-219, 1-220, 5-89, 5-283, 5-286
下院内○☆ 1-222, 5-90, 5-283
下院内 馬場 1-222
下関村 1-222, 5-88, 5-90, 5-283
新藤柳田村 1-221, 5-75, 5-283
杦澤村〔杦沢村〕 1-221, 1-222, 5-75, 5-88
鈴村 1-219, 5-89, 5-283
關口村 1-222, 5-75, 5-88, 5-90, 5-283
關村 1-219, 1-220, 5-89, 5-283, 5-286
芹田村○ 1-219, 5-89, 5-283, 5-286
外目村 1-221, 5-75, 5-88
出戸村○ 1-219, 5-283
出戸村上小屋 1-219
樋野新田 1-221, 5-75, 5-88, 5-283
中野沢村 1-219, 1-220, 5-89, 5-283, 5-286
梨木羽場村 1-221, 5-75, 5-88, 5-283
成澤村〔成沢村〕 1-221, 1-222, 5-75, 5-88, 5-283
平澤村○ 1-219, 5-89, 5-283, 5-286
婦氣大堤村 1-221, 5-75
古内村 1-221, 1-222, 5-75, 5-88, 5-283
前郷村 1-221, 5-75, 5-88
前野村 1-221, 5-75, 5-283
馬倉村 1-221, 5-75, 5-88
三森村 1-219, 5-89, 5-283, 5-286
ムヤヽヽノ関 1-219, 1-220, 5-89
安田村〔安田〕 1-221, 5-75, 5-283
湯澤○ 1-222, 5-75, 5-88, 5-283
横手（佐竹右京大夫持城）○☆ 1-221, 5-75, 5-88, 5-283
横堀村 1-222, 5-90, 5-283

【山・峠】

稲村岳 1-220
鳥海山 1-220, 5-88, 5-90, 5-283

【河川・湖沼】

象潟 1-219, 1-220, 5-89, 5-283, 5-286
蛇先川 1-221
高松川 1-222
皆瀬川 1-221, 1-222, 5-75, 5-88
役内川 1-222, 5-90, 5-283

第65号 新庄

【郡名】

雄勝郡 1-223, 5-90
村山郡 1-224, 1-225, 5-285
最上郡 1-224, 1-225, 5-90, 5-285

【地名】

芦沢村〔芦澤村〕 1-225, 5-90, 5-285
五十沢村横内 1-225
泉田村 1-224, 5-285
今宿村 1-225, 5-285
太田村 1-224, 5-90
荻袋村 1-225, 5-90, 5-285
尾花沢○ 1-225, 5-285
朧氣村 1-225, 5-285
金沢町〔金沢〕 1-224, 5-90, 5-285
金山○☆ 1-223, 5-90, 5-285
上臺村 1-223, 5-90, 5-285
新庄（戸沢富壽居城）☆ 1-224, 5-90, 5-285
新庄 荒小屋村〔荒小屋〕 1-224, 5-285
鋳鉋町 1-224
土生田○ 1-225, 5-285
鳥越村 1-224, 5-90, 5-285
中田村 1-223, 5-90, 5-285
名木沢（御料所）○ 1-225, 5-90, 5-285
野黒沢村 1-225, 5-90, 5-285
及位○☆ 1-223, 5-90, 5-285
及位朴沢（戸沢富壽領分）〔朴大沢〕 1-223, 5-283, 5-285
萩村赤坂〔萩村、赤坂〕 1-223, 5-90, 5-285
舟形（戸沢富壽領分）○ 1-224, 1-225, 5-90, 5-285
舟形 四ツ谷 1-224, 1-225
元飯田○ 1-225, 5-285
山﨑村 1-223, 5-90, 5-285

【山・峠】

雄勝峠 1-223, 5-90, 5-283
月山 1-226, 5-285
猿刎峠〔猿羽根峠〕 1-224, 1-225, 5-90
主寝峠 1-223, 5-90
葉山 1-226, 5-285

【河川・湖沼】

有屋川〔アリヤ川〕 1-223, 5-90
朧氣川 1-225
コマイ川 1-224
瀬見川 1-224, 1-225, 5-90
丹生川 1-225

第66号 山形

【郡名】

置賜郡 1-231
村山郡 1-231, 5-92, 5-285

【地名】

赤湯○ 1-231, 5-80, 5-94, 5-285
赤湯ツキノ木〔赤湯槻木〕 1-231, 5-80
漆山村 1-228, 5-92, 5-285
老ノ森村（土屋相模守領分） 1-227, 5-92, 5-285
大橋○ 1-231, 5-80, 5-94, 5-285
落合村（堀田相模守領分） 1-228, 5-92, 5-285
片谷地村（御料所） 1-228, 1-229, 1-230, 1-231 , 5-92, 5-285
金谷村（堀田相模守領分） 1-229, 1-231, 1-231, 5-92, 5-285
蟹沢村四ツ谷〔蟹沢村〕 1-227, 5-92, 5-285
上ノ山（松平山城守居城）☆ 1-229, 1-231, 5-80, 5-92, 5-285
上ノ山四ツ谷（松平山城守領分）〔四ツ谷〕 1-229, 1-231, 1-231, 5-92, 5-285
川口（松平山城守領分）○ 1-231, 5-80, 5-92, 5-285
川樋○ 1-231, 5-80, 5-

285
川樋新田　1-231, 5-80
久之木〔本〕村（御料所）〔久之本村〕　1-227, 5-92, 5-285
蔵増門傳村（織田左近将監領分）　1-227, 1-228, 5-92
黒沢村（御料所）　1-228, 1-229, 1-230, 1-231 , 5-92, 5-285
小岩沢村○〔小岩沢〕　1-231, 5-80, 5-285
清地村（御料所）　1-227, 1-228, 5-92, 5-285
新町新田（御料所）　1-227, 5-92, 5-285
楯岡（御料所）○　1-227, 5-92, 5-285
天童（織田左近将監領分）○　1-227, 5-92, 5-285
藤五村　1-231, 5-80, 5-92
長岡村　1-231, 5-80, 5-94, 5-285
長清水村　1-231, 5-80, 5-92, 5-285
長瀞（米津播磨守在所）〔長泥〕　1-227, 5-92, 5-285
長町村（御料所）　1-228, 5-92, 5-285
中山○（上杉弾正大弼領分）　1-231, 5-80, 5-92, 5-285
土〔七〕浦村〔土浦村〕　1-228, 5-92, 5-285
鍋田村　1-231, 5-80, 5-94
芳賀村　1-227, 5-92, 5-285
林崎村　1-227, 5-92, 5-285
本郷村　1-231, 5-80, 5-92, 5-285
松原（秋元左エ門佐領分）○　1-228, 1-229, 1-230, 1-231 , 5-92
俎板柳村　1-231, 5-80
亂川村（土屋相模守領分）〔乱川村〕　1-227, 5-92, 5-285
南舘村（秋元左エ門佐領分）　1-228, 1-229, 5-92, 5-285
宮崎（御料所）○☆　1-227, 5-92, 5-285
山形（秋元左エ門佐居城）　1-228, 1-229, 5-92, 5-285
湯沢村大深〔湯澤村〕　1-227, 5-92, 5-285
吉原村（堀田相模守領分）　1-228, 1-229, 5-92, 5-285
六田○　1-227, 5-92, 5-285

【山・峠】

朝日山　5-93
月山　5-93
虚空蔵山　1-229, 5-92, 5-285
蔵王山　1-228, 1-230, 5-81, 5-92
笹谷峠　1-228, 1-230, 5-92, 5-285
二口越　1-228, 5-92
竜山　1-228, 1-230, 5-92

【河川・湖沼】

須川　1-228, 5-92
立ヤ川　5-92
古川　5-92
馬宮嵜川　1-228

第67号 会津若松・米沢

【国名】

出羽國　1-233, 5-81
陸奥國　1-233, 5-81

【郡名】

會津郡　1-235, 5-105
置賜郡　1-233, 5-81, 5-94, 5-285
川治郡〔川沼郡〕　1-235, 5-105
耶麻郡　1-233, 1-235, 5-81, 5-94, 5-285

【地名】

赤井○　1-235, 5-105, 5-288
笈川村　1-235, 5-105, 5-288
大塩○　1-233, 5-105, 5-288
笠ノ目村　1-235, 5-105, 5-289
金堀村　1-235, 5-105, 5-288
上高野村〔高野〕　1-235, 5-105, 5-288
上利根川村〔利根川〕　1-235, 5-105, 5-289
上馬渡村〔馬渡〕　1-235, 5-105, 5-288
樟村　1-233, 5-105, 5-288
久保田村〔窪田〕　1-232, 5-81, 5-94, 5-285
熊倉○　1-235, 5-105
笹野村　1-232, 5-81, 5-94, 5-285
塩川○　1-235, 5-105, 5-289
下久保村　1-235
下小出村　1-235, 5-105, 5-289
下高野村〔高野〕　1-235, 5-105, 5-288
下利根川村〔利根川〕　1-235, 5-105, 5-289
下馬渡村〔馬渡〕　1-235, 5-105, 5-288
李山村坂下〔李山村〕　1-232, 5-81, 5-94, 5-285
關○〔関町〕　1-232, 5-81, 5-94, 5-285
關屋村〔関谷村〕　1-233, 1-235, 5-105, 5-288
高柳村　1-233, 1-235, 5-105
滝沢村　1-235, 5-105, 5-288
竹内村　1-235, 5-105
立石村　1-232, 5-81, 5-94
舘村　1-233, 1-235, 5-105
筑茂村〔筑戊村〕　1-232, 5-81, 5-285
綱木（上杉弾正大弼領分）○　1-233, 5-81, 5-94, 5-285
中田村　1-232, 5-81, 5-94, 5-285
中ノ目村　1-235, 5-105, 5-288
中森臺村〔森臺〕　1-235, 5-105, 5-288
西田面村　1-235, 5-105, 5-288
糠ノ目○〔糠目〕　1-232, 5-81, 5-285
沼ノ上村〔沼上村〕　1-235, 5-105, 5-289
濱ケ崎村〔濱崎村〕　1-235, 5-105, 5-288
原　1-235, 5-105, 5-288
東別府村　1-235, 5-105, 5-288
檜原（松平肥後守領分）○　1-233, 5-81, 5-94, 5-285
福沢村　1-232, 5-81, 5-285
宮ノ目村　1-235, 5-105, 5-288
谷ケ下村　1-232, 5-81, 5-94, 5-285
米澤（上杉弾正大弼居城）☆　1-232, 5-81, 5-94, 5-285
若松（松平肥後守居城）☆　1-235, 5-105, 5-288

【山・峠】

アラヽキ峠　1-233
厩岳　1-235, 5-103, 5-105
茅峠　1-233
ナラ坂峠　1-232, 1-233, 5-81, 5-94, 5-285
盤梯山　1-234, 5-103, 5-105, 5-288
檜原大峠〔檜原峠〕　1-233, 5-81, 5-94

【河川・湖沼】

猪苗代湖　1-234, 5-103, 5-105, 5-288
大塩川〔塩川〕　1-235, 5-105
堂島川　1-235

第68号 白河

【国名】

下野國　1-240
陸奥國　1-240

【郡名】

會津郡　1-237, 5-105
安積郡　1-237, 5-103
石川郡　1-238, 5-103, 5-288
岩瀬郡　1-237, 1-238, 5-103
白川郡　1-238, 1-240, 5-106
那須郡　1-240, 5-106

【地名】

赤津　1-237, 5-103, 5-105, 5-288
秋山村　1-237, 5-103, 5-105, 5-288
芦野（芦野中務在所）○　1-240, 5-106, 5-288
安養寺新田〔安養寺〕　1-236, 1-238, 5-103, 5-288
飯土用○　1-238, 5-103, 5-106, 5-288
石田坂村　1-240, 1-241, 5-106, 5-288
泉田村（松平越中守領分）　1-238, 1-240, 5-106, 5-288
板谷村　1-240, 5-106, 5-288
大田川○　1-238, 5-106, 5-288
大谷地村　1-238, 1-240, 5-106
大和久（榊原式部大輔領分）○　1-238, 5-103, 5-106, 5-288
上江花村〔江花〕　1-236, 1-238, 5-103, 5-288
下江花村久保〔江花〕　1-236, 1-238, 5-103, 5-288
上小屋○☆　1-238, 5-103, 5-288
皮篭村　1-238, 1-240, 5-106, 5-288
久来石○　1-238, 5-103, 5-288
黒川村（大関伊豫守領分）　1-240, 5-106, 5-288
小田川（榊原式部大輔領分）○　1-238, 5-106, 5-288
下江花村〔江花〕　1-236, 1-238, 5-288
白川（松平越中守居城）☆　1-238, 1-240, 5-106, 5-288
白坂（松平越中守領分）○☆　1-240, 5-106, 5-288
杉渡戸村〔杦渡戸村〕　1-241, 5-106, 5-288
勢至堂（松平播磨守領分）○　1-236, 1-237, 5-103, 5-288
高瀬村　1-240, 5-106, 5-288
寺子村　1-241, 5-106, 5-288
長沼（松平播磨守領分）○　1-236, 1-238, 5-103, 5-288
中畑新田（松平越中守領分）○　1-238, 5-103, 5-106, 5-288
滑川村　1-238, 5-103, 5-288
原 高坂　1-237, 5-103, 5-105
東田面村關塲　1-237, 5-103, 5-105
福良○　1-237, 5-103, 5-105, 5-288
踏瀬○　1-238, 5-103, 5-288
蛇澤村〔蛇沢村〕　1-240, 5-106, 5-288
牧野内（松平越中守領分）○　1-236, 1-238, 5-103, 5-288
南根田○　1-238, 1-240, 5-106, 5-288
峯岸村（大関伊豫守領分）　1-240, 5-106, 5-288
三代○☆　1-237, 5-103, 5-105, 5-288
三代 唐澤（松平肥後守領分）　1-237, 5-103, 5-105
夫婦居村（芦野中務領分）〔女夫石〕　1-240, 5-106, 5-288
矢吹○　1-238, 5-103, 5-288
寄居村大久保　1-240, 5-106, 5-288
寄居村小林〔寄居村〕　1-240, 5-106, 5-288
寄居村山中（大関伊豫守領分）　1-240, 5-106, 5-288

【社寺】

境明神〔堺明神〕　1-240, 5-106

【山・峠】

板橋峠　1-237, 5-103, 5-288
月山　1-239, 1-241, 5-106, 5-288
鬼面山　1-239, 1-241
黒森峠　1-237, 5-103, 5-105
笹ケ森山　1-236
那須山　1-239, 1-241, 5-105, 5-106, 5-288
八幡岳　1-236

【河川・湖沼】

大隈川　1-238, 1-240, 5-106

第69号 宇都宮

【国名】

下野　1-244, 5-107, 5-289

【郡名】

河内郡　1-244, 1-245, 5-109, 5-289
鹽谷郡　1-244, 5-106
都賀郡　1-245, 5-109, 5-289
那須郡　1-244, 5-106, 5-288

【地名】

阿久津村　1-244, 5-106, 5-109, 5-288
石橋（御料所）○　1-245, 5-109, 5-289
市野澤村（御料所）〔市野沢村〕　1-242, 5-106, 5-288
上ノ臺村　1-242, 5-106
上ノ臺村　1-242, 5-106, 5-288
氏家○　1-244, 5-106, 5-288
宇都宮（戸田能登守居城）○　1-245, 5-109, 5-288
太田原（太田原飛騨守居城）○　1-242, 5-106, 5-288

街道新田　1-244, 5-109
鍛冶久保村（太田原飛騨守領分）　1-242, 5-106, 5-288
上深田村　1-242, 5-106
北原新田（御料所）　1-245, 5-109, 5-289
喜連川（喜連川左兵衛督在所）○☆　1-244, 5-106, 5-288
越堀☆　1-242, 5-106, 5-288
小金井（堀田相模守領分）○　1-245, 5-109, 5-290
小滝村（太田原飛騨守領分）　1-242, 5-106, 5-288
古小山村（小坂金次郎、打越左太夫、中條大和守、堀田主税、水野清藏知行所）　1-245, 5-109, 5-289
佐久山（福原内匠在所）○　1-242, 5-106, 5-288
櫻野村　1-244, 5-106
笹原新田　1-245, 5-109, 5-289, 5-290
鞘堂新田（久世大和守領分）　1-245, 5-109
下石橋村（堀田相模守領分）　1-245, 5-109
下松山村　1-244, 5-106
白澤○　1-244, 5-109, 5-288
雀宮（御料所）○　1-245, 5-109, 5-289
早乙女村羽黒（喜連川左兵衛督領分）〔羽黒〕　1-244, 5-106, 5-288
曾根田村（福原内匠領分）　1-242, 5-106, 5-288
臺新田（戸田能登守領分）　1-245, 5-109
髙橋村　1-242, 5-106, 5-288
滝澤村（福原内匠領分）〔滝沢村〕　1-242, 5-106, 5-288
竹林村　1-244, 1-245, 5-109, 5-288
鍋掛（御料所）○　1-242, 5-106, 5-288
練貫村（御料所）　1-242, 5-106, 5-288
野間村（大関伊豫守領分）　1-242, 5-106, 5-288
挟間田村（戸田能登守領分）　1-244, 5-106, 5-288
樋澤村（大関伊豫守領分）〔樋沢村〕　1-242, 5-106, 5-288
堀込村　1-242, 5-106, 5-288
明宿村　1-242, 5-106, 5-288
茂原新田（久世大和守領分）　1-245, 5-109, 5-289
八木澤村（御料所）〔八木沢村、中居八木沢〕　1-242, 5-106, 5-288
吉澤村（中居八木沢村）（御料所）〔吉沢村〕　1-242, 5-106
若林村　1-242, 5-106, 5-288

【山・峠】
金鶏山　5-107
中禪寺山　5-107
日光山　5-107
野刈山　5-107
高原峠　1-243, 5-107

【河川・湖沼】
ウキ川　1-242
鬼怒川　1-244, 5-109, 5-288
斉川　1-242
那珂川　1-242, 5-106

第70号
酒田

【郡名】
飽海郡　1-247, 1-248, 5-91, 5-285, 5-286
田川郡　1-248, 5-91, 5-285, 5-286
由利郡　1-247

【地名】
青塚村　1-247, 5-91, 5-283, 5-286
油戸村　1-248, 5-91, 5-285, 5-286
今泉村　1-248, 5-91, 5-285, 5-286
金沢村〔金澤村〕　1-248, 5-91, 5-285, 5-286
加茂村○　1-248, 5-91, 5-285, 5-286
上林興屋村　1-247, 5-91, 5-285
小砂川村○　1-247, 5-89, 5-91, 5-283, 5-286
小湊村　1-247, 5-91, 5-285, 5-286
酒田○⛵　1-248, 5-91, 5-285, 5-286
十里塚村　1-247, 5-91, 5-283, 5-286
白木村　1-247, 5-91, 5-283, 5-286
滝浦村　1-247, 5-89, 5-91, 5-283, 5-286
鳥﨑〔島﨑村〕　1-247, 5-91, 5-283, 5-286
服部興屋村　1-247, 5-91
濱中村（酒井左衛門尉領分）○　1-248, 5-91, 5-285, 5-286
吹浦村○☆　1-247, 5-91, 5-283, 5-286
本興屋村　1-247, 5-91
宮海村　1-247, 5-91, 5-285, 5-286
宮沢村（酒井左衛門尉領分）〔宮澤村〕　1-248, 5-91
宮野浦　1-248, 5-91
宮野浦枝上十里塚〔宮野浦 上十里塚、十里塚〕　1-248, 5-91, 5-285, 5-286
女鹿村（酒井左衛門尉領分）○　1-247, 5-89, 5-91, 5-283, 5-286
湯濱村（御料所）○　1-248, 5-91, 5-285, 5-286
由良村　1-248, 5-91, 5-96, 5-285, 5-286

【山・峠】
大師峠　1-247, 5-89, 5-91

【河川・湖沼】
最上川　1-248, 5-91

【島】
赤石　1-248
男神島〔男神〕　1-246, 5-89, 5-286
飛島　1-246, 5-89, 5-286
由良シマ　1-248

第71号
温海

【国名】
越後國　1-249, 1-250
出羽國　1-249, 1-250

【郡名】
岩船郡　1-249, 1-250, 5-285, 5-286
田川郡　1-249, 1-250, 5-285, 5-286

【地名】
芦谷村（御料所）　1-250, 5-96, 5-97, 5-285, 5-286
板貝村　1-250, 5-96, 5-97, 5-285, 5-286
今川村　1-250, 5-96, 5-97, 5-285, 5-286
五十川村　1-249, 5-91, 5-93, 5-96
五十川村鈴村〔鈴村〕　1-249, 5-91, 5-93, 5-96, 5-285, 5-286
岩川村〔小岩川村〕　1-249, 5-93, 5-96, 5-285, 5-286
岩崎村　1-250, 5-96, 5-97, 5-285, 5-286
鵜泊村（内藤豊前守領分）　1-250, 5-96, 5-97, 5-285, 5-286
大岩川村　1-249, 5-93, 5-96, 5-285, 5-286
大波渡村　1-249, 5-91, 5-96, 5-285, 5-286
寒川村☆　1-250, 5-96, 5-97, 5-285, 5-286
碁石村（御料所）　1-250, 5-96, 5-97, 5-285, 5-286
小波渡村　1-249, 5-91, 5-96, 5-285, 5-286
笹川村　1-250, 5-96, 5-97, 5-285, 5-286
三瀬村○　1-249, 5-91, 5-96, 5-285, 5-286
中濱村（御料所）　1-249, 1-250, 5-96, 5-97, 5-285, 5-286
鼠関（酒井左衛門尉領分）○〔鼠ヶ關〕　1-249, 1-250, 5-96, 5-97, 5-285, 5-286
根屋村（内藤豊前守領分）　1-250, 5-96, 5-97, 5-285, 5-286
苔沢村〔堅苔沢村〕　1-249, 5-91, 5-96, 5-285, 5-286
濱温海村　1-249, 5-93, 5-96, 5-285, 5-286
濱温海村釜屋坂　1-249, 5-93, 5-96
濱温海村暮坪　1-249
濱温海村米子　1-249
府屋町（大川）○〔大川〕　1-250, 5-96, 5-97, 5-285, 5-286
脇川村　1-250, 5-96, 5-97, 5-285, 5-286
早田村　1-249, 1-250, 5-93, 5-96, 5-285, 5-286

【島】
粟島　1-251, 5-96, 5-97, 5-285, 5-286
タニシマ　1-249, 1-250
ヒラシマ　1-249, 1-250
弁天　1-249, 1-250

第72号
村上

【郡名】
岩船郡　2-13, 5-97, 5-285, 5-286
浦〔蒲〕原郡　2-13, 5-96, 5-97, 5-285, 5-286

【地名】
岩ケ﨑村（内藤豊前守領分）　2-12, 5-97, 5-285, 5-286
岩舟○　2-13, 5-97, 5-285, 5-286
大月村（御料所）　2-12, 5-97, 5-285, 5-286
柏尾村（内藤豊前守領分）　2-12, 5-97, 5-285, 5-286
桑川村　2-12, 5-97, 5-285, 5-286
塩谷町○　2-13, 5-97, 5-285, 5-286
新保村　2-12, 5-97, 5-285, 5-286
瀬波○　2-12, 2-13, 5-97, 5-285, 5-286
野潟村（御料所）　2-12
早川村　2-12, 5-97, 5-285, 5-286
馬下村　2-12, 5-95, 5-97, 5-285, 5-286
間島村（内藤豊前守領分）　2-12, 5-97, 5-285, 5-286
村上（内藤豊前守居城）　2-13, 5-97, 5-285, 5-286
吉浦村（御料所）　2-12, 5-97, 5-285, 5-286

【山・峠】
朝日山　5-97, 5-285, 5-286
飯豊山　2-14, 5-93, 5-94, 5-285
鴻鷺山　2-14, 5-93, 5-94, 5-97, 5-285, 5-286
鷲巣山　2-14

第73号
新潟

【国名】
越後　5-95, 5-287

【郡名】
蒲原郡　5-95, 5-287

【地名】
網代濱〔網代〕　2-16, 5-95, 5-285, 287
荒井濱〔荒井〕　2-15, 5-95, 5-97, 5-285
亀井塚濱〔亀井塚〕　2-16, 5-95, 5-287
河渡村（大佛）　2-17, 5-98, 5-287
笹口濱〔笹口〕　2-15, 5-95, 5-97, 5-285
次弟濱〔次弟〕　2-15, 2-16, 5-95, 5-285, 287
嶌見濱〔嶋見濱〕　2-16, 5-95, 5-287
関屋濱　2-17, 5-98, 5-287
大夫濱〔太夫濱〕　2-16, 5-95, 5-98, 5-287
太郎代濱☆〔太郎代〕　2-16, 5-95, 5-287
中村濱〔中村〕　2-15, 5-95, 5-97, 5-285
新潟（牧野備前守）〔新潟湊〕　2-17, 5-98, 5-287
沼垂町（溝口駒之助）　2-17, 5-98, 5-287
藤塚濱（溝口駒之助領分）〔藤塚〕　2-15, 5-95, 5-285
松ケ﨑濱〔松ケ﨑〕　2-17, 5-95, 5-98, 5-287
村松濱〔村松〕　2-15, 5-95, 5-97, 5-285
桃﨑濱（内藤豊前守）　2-15, 5-95, 5-97, 5-285, 5-286
山下新田（溝口駒之助）　2-17, 5-98

【山・峠】
馬下山　2-18, 5-95, 5-287

【河川・湖沼】
阿賀野川　2-17, 5-95, 5-98, 5-287
荒川　2-15
信濃川　2-17, 5-98, 5-287

第74号 出雲崎

【郡名】

蒲原郡　2-19, 2-20
古志郡　2-20, 5-112, 5-113
三島郡　2-19, 2-20, 5-112

【地名】

青山濵　2-19, 5-98, 5-287
尼瀬○　2-21, 5-112, 5-113
五十嵐濵　2-19, 5-98, 5-287, 5-289
泉新村（内藤豊前守）　2-20, 5-112
出雲﨑○　2-21, 5-112, 5-113
井鼻村　2-21, 5-112, 5-113
岩方村　2-20, 5-112, 5-287
越前濵　2-19, 5-98
大川津村　2-20, 5-112, 5-287, 5-289
大和田村　2-21, 5-112, 5-287, 5-289
角田濵　2-19, 5-98
角海村（牧野備前守）　2-19, 5-98
勝見村　2-21, 5-112
久田村（井伊兵部少輔領分）　2-21, 5-112, 5-113
郷本村（松平越中守）　2-21, 5-112, 5-287, 5-289
五ケ濵（牧野八十右エ門）　2-19, 5-98
五千石村（松平越中守）　2-20, 5-112, 5-287
地蔵堂（内藤豊前守）○☆　2-20, 5-112
李﨑村（牧野備前守）　2-20, 5-112, 5-113
田尻村（牧野備前守）　2-20, 5-112, 5-287, 5-289
蔦都新田（井伊兵部少輔領分）　2-20, 5-112, 5-113
寺泊○☆　2-21, 5-112, 5-287, 5-289
中島○　2-20, 5-112, 5-287
新堀村　2-20, 5-112
野積村　2-21, 5-98
野中才村（松平越中守）　2-20, 5-112
馬越村　2-20, 5-112, 5-287, 5-289
間瀬村（松平越中守）　2-21, 5-98, 5-287
町軽井村（松平越中守）　2-20, 5-112
本与板村（牧野備前守）　2-20, 5-112, 5-113
山田（内藤豊前守）○　2-21, 5-112, 5-287, 5-289, 5-294
與板（井伊兵部少輔居城）　5-112, 5-113, 5-287, 5-289
四ツ興屋村（牧野備前守）　2-19, 5-98
渡部（内藤豊前守）○　2-20, 5-112

【山・峠】

角田山　2-19, 5-98
國上山　2-20, 5-112, 5-287
彌彦山　2-20, 5-98

第75号 佐渡

【国名】

佐渡國　2-25, 5-99

【郡名】

加茂郡　2-24, 2-26, 5-99
雑太郡　2-23, 2-25, 2-27
羽茂郡　2-26, 2-27, 5-99

【地名】

相川○　2-25, 5-99, 5-287
青木村　2-24, 5-99, 5-287
赤岩村☆　2-27, 5-99, 5-287
赤玉村　2-24, 5-99
赤泊湊☆⛵〔赤泊〕　2-26, 5-99, 5-287
阿仏房村　2-25, 2-27, 5-99, 5-287
蚫村　2-24, 5-99
五十浦村　2-22, 5-99, 5-287
五十里篭町　2-25, 5-99
五十里炭屋町○　2-25, 5-99
五十里本郷　2-25, 5-99
五十里村〔北五十里村〕　2-24, 5-99
石花村　2-23, 2-25, 5-99
石名村　2-23, 5-99, 5-287
井坪村　2-27, 5-99, 5-287
稲鯨村　2-25, 2-27, 5-99
犬神平村　2-27, 5-99
岩首村　2-26, 5-99, 5-287
岩谷口村　2-22, 5-99, 5-287
後尾村　2-23, 2-25, 5-99
後山村　2-25, 2-27, 5-99
哥見村　2-22, 5-99, 5-287
馬首村　2-22, 5-99
梅津村　2-24, 5-99, 5-287
浦川村　2-22, 5-99, 5-287
瓜生屋村　2-24, 5-99, 5-287
江積村　2-24, 2-27, 5-99, 5-287
夷町○☆　2-24, 5-99
大石村　2-27, 5-99, 5-287
大浦村　2-27, 5-99, 5-287
大川村　2-25, 2-27, 5-99, 5-287
大川村　2-24, 5-99
大倉村　2-23, 5-99, 5-287
大島　2-25
大杦村　2-27, 5-99
大須村　2-27, 5-99
大立村　2-27, 5-99, 5-287
多田村　2-26, 5-99, 5-287
大泊村　2-27, 5-99, 5-287
大野村　2-24, 5-99, 5-287
大浦村　2-25, 5-99
小川村　2-25, 5-99
小木湊☆⛵〔小木港、小木〕　2-27, 5-99, 5-287
小木村ムシヤ浦　2-27
小木村元小木　2-27, 5-99
尾戸村　2-24, 2-26, 5-99
小野見村　2-23, 5-99, 5-287
下戸村　2-25, 5-99
柿野浦村　2-24, 2-26, 5-99
潟上村上組　2-24, 5-99
潟上村下組　2-24, 5-99
片野尾村　2-24, 5-99
鹿伏村　2-25, 5-99
上新穂村　2-24, 5-99
上八幡村　2-25, 5-99
亀脇村　2-27, 5-99, 5-287
加茂村　2-24, 5-99
川崎村　2-24, 5-99
河原田○　2-25, 5-99, 5-287
河原田諏訪町○　2-25, 5-99
北鵜島村　2-22, 5-99
北狄村　2-25, 5-99
北片邉村〔片邉〕　2-25, 5-99, 5-287
北河内村　2-23, 5-99
北小浦村　2-22, 5-99
北立島村　2-23, 5-99, 5-287
北松ケ崎村　2-22, 5-99
窪田村　2-25, 5-99, 5-287
倉谷村　2-27, 5-99, 5-287
栗野江村　2-24, 5-99, 5-287
黒姫村　2-22, 5-99, 5-287
高下村　2-23, 5-99, 5-287
國分寺村　2-25, 2-27, 5-99
腰細村　2-26, 5-99, 5-287
小立村　2-27, 5-99, 5-287
小田村　2-23, 5-99, 5-287
小泊村　2-27, 5-99, 5-287
木流村　2-27, 5-99, 5-287
小松村　2-22, 2-24, 5-99
強清水浦〔強清水〕　2-27, 5-99, 5-287
強清水村　2-24, 5-99, 5-287
澤崎村〔沢崎村〕　2-27, 5-99, 5-287
澤根町○☆〔沢根町〕　2-25, 5-99
澤根村〔沢根村〕　2-25, 5-99
三宮村　2-25, 2-27, 5-99, 5-287
三十二貫村　2-24, 5-99
椎泊村　2-24, 5-99
澁手村　2-27, 5-99
下相川村☆　2-25, 5-99
下久知村　2-24, 5-99
下新穂村　2-24, 5-99
下八幡村　2-25, 5-99
宿根木村　2-27, 5-99, 5-287
城腰村　2-24, 5-99
正明寺村　2-24, 5-99, 5-287
白木村　2-27, 5-99
白瀬村　2-24, 5-99
新保村　2-27, 5-99, 5-287
新町○☆　2-27, 5-99
水津湊☆⛵　2-24, 5-99
杦野浦村　2-27, 5-99
住吉村　2-24, 5-99
清士岡村　2-27, 5-99, 5-287
関村　2-22, 5-99, 5-287
背合村　2-27, 5-99
善光寺村　2-24, 5-99
千本村　2-23, 5-99, 5-287
高崎村　2-27, 5-99
田切須村　2-27, 5-99, 5-287
滝脇村　2-27, 5-99
竹田村　2-25, 2-27, 5-99
高瀬村　2-25, 5-99
橘村☆　2-25, 2-27, 5-99
立島村　2-24, 5-99
達者村　2-25, 5-99
立間村　2-24, 2-26, 5-99
辰巳村　2-25, 5-99
田中村　2-25, 5-99, 5-287
田野浦村　2-23, 5-99, 5-287
田野浦村　2-27, 5-99, 5-287
玉河村　2-22, 2-24, 5-99, 5-287
月布施村　2-24, 5-99
椿尾村　2-27, 5-99, 5-287
椿村　2-24, 5-99
寺地村　2-27, 5-99, 5-287
堂釜村　2-27, 5-99, 5-287
徳和村　2-26, 5-99, 5-287
戸地村　2-25, 5-99, 5-287
戸中村　2-25, 5-99, 5-287
長石村　2-25, 5-99
名古屋村　2-25, 2-27, 5-99
新穂町○　2-24, 5-99, 5-287
西五十里村　2-25, 5-99
西方村　2-27, 5-99, 5-287
西三川村　2-27, 5-99, 5-287
二十五貫村　2-24, 5-99, 5-287
入川村　2-23, 5-99, 5-287
願村　2-22, 5-99, 5-287
野浦村　2-24, 5-99
野崎村　2-27, 5-99, 5-287
羽黒村　2-24, 5-99, 5-287
畑方村　2-24, 2-26, 5-99, 5-287
畑本郷村　2-24, 2-26, 5-99, 5-287
羽丹生村　2-24, 5-99, 5-287
原黒村　2-24, 5-99
東鵜島村　2-26, 5-99
東小浦村　2-24, 2-26, 5-99, 5-287
姫津村　2-25, 5-99
平松村　2-22, 5-99, 5-287
深浦村　2-27, 5-99, 5-287
二見村　2-25, 2-27, 5-99
坊ケ崎村　2-22, 5-99, 5-287
真浦村　2-26, 5-99, 5-287
真更川村　2-22, 5-99, 5-287
松ヶ崎湊☆⛵〔松ヶ崎港〕　2-26, 5-99
見立村　2-22, 5-99
湊町○⛵　2-24, 5-99
南片邉村〔片邉〕　2-25, 5-99, 5-287
宮浦村　2-25, 2-27, 5-99, 5-287
虫崎村　2-22, 5-99, 5-287
莚場村　2-26, 5-99, 5-287
両尾村　2-24, 5-99
矢柄村　2-22, 5-99, 5-287
柳沢村　2-26, 5-99
八幡新町○　2-25, 5-99
八幡町○　2-25, 5-99
吉岡村　2-25, 2-27, 5-99
吉住村　2-24, 5-99
四日町村　2-25, 5-99
米郷村　2-25, 2-27, 5-99
和木村　2-22, 5-99
鷲崎村　2-22, 5-99, 5-287

【社寺】

午頭天王八王子権現　2-24
根本寺　2-24
順徳院陵　2-27

【山・峠】

大島　2-25
金北山　2-25, 5-99, 5-287
立島山　2-23

【河川・湖沼】

國府川　2-25

【岬・海岸】

城山岬　2-27
平磯岬　2-25
矢崎　2-22

【島】

大野亀　2-22
沖瀬　2-22
カモメ島　2-22
二ツ亀　2-22

第76号 長岡・柏崎

【郡名】

魚沼郡　2-28, 2-32, 5-113, 5-114
苅羽郡　2-29, 5-112, 5-113, 5-294
頸城郡　2-30, 5-294
古志郡　2-28, 2-32, 5-113
三島郡　2-28, 5-112

【地名】

相川村　2-32, 5-112, 5-113
悪田村（松平越中守領分）　2-30, 5-112
上和村〔上和新田〕　2-30, 5-112, 5-287, 5-294
荒濱村（井伊兵部少輔領分）　2-29, 5-112
新町村　2-28, 5-112, 5-113, 5-287, 5-289
新町村　2-28, 5-112, 5-113
石地（御料所）○　2-29, 5-112, 5-113, 5-287, 5-294
牛ケ島村〔牛島村〕　2-32, 5-112, 5-113
浦柄村　2-28, 2-32, 5-112, 5-113
夷濱　2-31, 5-138, 5-287, 5-294
青海川村（榊原式部大輔領分）　2-30, 5-112, 5-287, 5-294
大窪村　2-30, 5-112
大﨑村（堀近江守領分）　2-29, 5-112, 5-113
大清水村（御料所）　2-31, 5-112
小千谷　2-32, 2-33
柹﨑○〔柹崎〕　2-31, 5-112, 5-287, 5-294
笠島村　2-30, 5-112, 5-287, 5-294
柏﨑○☆　2-30, 5-112, 5-287, 5-294
片貝村　2-32, 5-112, 5-113
片田村　2-28, 2-32, 5-112, 5-113, 5-287, 5-289
潟町○　2-31, 5-138
上小舟戸濱〔小舟戸〕　2-31, 5-138, 5-287, 5-294
上土底濱　2-31, 5-138
上村福田村入會〔上村、福田村〕　2-28, 5-112, 5-113, 5-287
苅羽村（御料所）　2-29, 5-112, 5-287, 5-294
川口○☆　2-32, 5-112, 5-113
川袋村（牧野備前守領分）〔河袋〕　2-28, 5-112, 5-113, 5-287, 5-289
鴈子濱　2-31, 5-138
行野濱　2-31, 5-138, 5-287, 5-294
鯨波（松平越中守領分）○　2-30, 5-112, 5-287, 5-294
鯨波　塔輪　2-30, 5-112
九戸濱〔九戸〕　2-31, 5-138, 5-287, 5-294
黒津村　2-28, 5-112, 5-113, 5-287, 5-289
下条村　2-28, 5-112, 5-113
才濱（自上荒濱至直海濱）　2-31, 5-138
椎谷（堀近江守在所）　2-29, 5-112
渋柹濱〔澁柹濱、渋柹〕　2-31, 5-138, 5-287, 5-294
下荒濱　2-31, 5-138
下小舟戸濱〔小舟戸〕　2-31, 5-138, 5-287, 5-294
下島村　2-32, 5-112, 5-113
下島村南原　2-32
下宿村　2-30, 5-112, 5-287, 5-294
下条村　2-28, 5-112, 5-113, 5-287, 5-289
下土底濱〔下土底〕　2-31, 5-138, 5-287, 5-294
城岡新田　2-28, 5-112, 5-113
上下濱〔上下〕　2-31, 5-138, 5-287, 5-294
定明村　2-28, 5-112, 5-113, 5-287, 5-289
新道島村　2-32, 5-112, 5-113, 5-287
摂田屋村　2-28, 5-112, 5-113
千手町村　2-28, 5-112, 5-113
田川村　2-32, 5-113
滝谷村　2-28, 2-32, 5-112, 5-113
天神小屋村　2-28, 5-112, 5-113
十日市村大湊（堀近江守領分）　2-29, 5-112
十日町村　2-28, 2-32, 5-112, 5-113, 5-287, 5-289
徳田村　2-32, 5-113
長岡（牧野備前守居城）☆　2-28, 5-112, 5-113, 5-287, 5-289
中片村　2-28, 2-32, 5-112, 5-113, 5-287, 5-289
中土底濱　2-31, 5-138
中山村　2-32, 5-112, 5-113
新保村　2-28, 5-112, 5-113, 5-287, 5-289
西ケ窪濱〔西ケ窪〕　2-31, 5-138, 5-287, 5-294
根小屋村　2-32, 5-113
直海濱〔直海〕　2-31, 5-112, 5-287, 5-294
中濱村　2-30, 5-112
鉢﨑（榊原式部大輔領分）（御関所）○☆　2-31, 5-112, 5-287, 5-294
薭生村（御料所）　2-32, 5-112, 5-113, 5-287, 5-289
薭生村木津　2-32, 5-112, 5-113
薭生村山寺　2-32, 5-112, 5-113
蛇山村　2-28, 2-32, 5-112, 5-113, 5-287, 5-289
堀之内○　2-32, 5-113
曲方村　2-28, 5-112, 5-113
溝村　2-28, 5-112, 5-113
三屋濱　2-31, 5-138
宮内村　2-28, 5-112, 5-113, 5-287
宮川（井伊兵部少輔領分）○　2-29, 5-112
宮原村　2-28, 5-112, 5-113, 5-287, 5-289
妙見○　2-28, 2-32, 5-112, 5-113, 5-287, 5-289
六日市○〔六日市〕　2-28, 2-32, 5-112, 5-113, 5-287, 5-289
遊光寺濱〔遊光寺〕　2-31, 5-138, 5-287, 5-294
横渡村（牧野備前守領分）　2-28, 2-32, 5-112, 5-113, 5-287, 5-289
四ツ屋濱〔四ツ屋〕　2-31, 5-138, 5-287, 5-294
和長島村　2-32, 5-113
和南津村　2-32, 5-112, 5-113
城岡新田村（井伊兵部少輔領分）　2-28

【山・峠】

榎峠　2-28, 2-32
男神山　2-30, 5-112
荻城　2-29, 5-112, 5-113, 5-287, 5-289
高津屋城〔高津屋山〕　2-28, 5-113, 5-287, 5-289
時水山　2-33, 5-112, 5-113
杤原峠　2-32, 5-113
飛坂　2-32
鋸藏山　2-28, 2-32
鋸山　2-28, 5-113, 5-287, 5-289
旗持山　2-31
米山　2-30, 5-112, 5-287, 5-294

【河川・湖沼】

アリタ川　5-112
信濃川　2-32, 5-112, 5-113
米山川　2-31

第77号 湯沢

【地名】

青木新田　2-35, 5-113, 5-115
市野江村　2-35, 5-113, 5-289
五日町○　2-35, 5-113, 5-115, 5-289
今町村　2-35, 5-113, 5-115
宇津野新田〔宇都野新田〕　2-35, 5-113, 5-115
浦佐○　2-35, 5-113, 5-289
大杉新田〔大杦新田〕　2-35, 5-113, 5-115, 5-289
奥村新田　2-35, 5-113, 5-114
上一日市村〔一日市〕　2-37, 5-115, 5-289
神立村　2-37, 5-115, 5-289
君沢村　2-35, 2-37, 5-115, 5-289
五ケ村　2-35, 5-113
九日町村　2-35, 5-113, 5-289
塩澤○　2-35, 5-113, 5-115, 5-289
下一日市村〔一日市〕　2-37, 5-115, 5-289
関○　2-37, 5-115, 5-289
関山村　2-37, 5-115, 5-289
竹又新田　2-35, 5-113, 5-115
竹又村　2-35, 5-113, 5-115, 5-289
田中村　2-35, 2-37, 5-115, 5-289
寺尾村　2-35, 5-113, 5-115
中村　2-35, 5-113, 5-115, 5-289
一村尾村　2-35, 5-113
二居○　2-37, 5-115, 5-289
美佐島村　2-35, 5-113, 5-115
三股○〔三俣〕　2-37, 5-115, 5-289
蓑和島村　2-35, 5-113, 5-115
六日町○　2-35, 5-113, 5-115, 5-289
目来田村　2-35, 5-113, 5-115
八幡村　2-35, 5-113, 5-115, 5-289
湯澤○　2-37, 5-115, 5-289

【山・峠】

荒戸峠　2-37, 5-115
飯土〔士〕山　2-37, 5-289
牛岳　2-36, 5-114, 5-289
金城山　2-35, 2-36, 5-114, 5-289
駒ケ岳　2-34, 5-113, 5-114, 5-289
板〔坂〕戸山　2-35
八海山　2-34, 5-113, 5-114, 5-289
二居峠　2-37, 5-115

第78号 渋川

【郡名】

吾妻郡　2-41, 5-119
群馬郡　2-41, 5-289
利根郡　2-41, 5-114, 5-289

【地名】

新光○〔新巻〕　2-41, 5-114
小野子村（御料所、成瀬弥五郎、本多源右エ門知行所）　2-41, 5-119
金井村（御料所）　2-41, 5-119, 5-289
上津村塚原（御料所）○☆〔塚原〕　2-41, 5-114, 5-289
北牧村〔牧〕　2-41, 5-119, 5-289
澁川（御料所、小笠原政之助知行所）○　2-41, 5-119, 5-289
中山（御料所、本多源右エ門、成瀬弥五郎、向井喜八郎知行所）○　2-41, 5-114, 5-119, 5-289
南牧村（御関所）　2-41, 5-119
羽場村○　2-41, 5-114
羽場村下新田　2-41, 5-114
布施○　2-41, 5-114
横堀（御料所）○☆　2-41, 5-119, 5-289

【山・峠】

赤城山　2-40, 5-118, 5-119, 5-289
淺間山　2-41
子持山　2-41
中禪寺山　2-38, 5-289
中山峠　2-41, 5-119, 5-289
日光山　2-38, 5-289
不動峠　2-41, 5-114, 5-119
野刕山　2-39, 5-114, 5-289

【河川・湖沼】

赤石川　2-41
吾妻川　2-41, 5-119
利根川　2-41

第79号 三国峠

【国名】

越後國〔越後〕　2-42, 5-95
上野國〔上野〕　2-42, 5-289

【郡名】

吾妻郡　2-42, 5-115, 5-116

魚沼郡　2-42
利根郡　2-42

【地名】

相俣○　2-42, 5-289
浅貝○〔淺貝〕　2-42, 5-115, 5-289
宇木村　2-43
猿ケ京村（御関所）　2-42, 5-115, 5-116, 5-289
須川○　2-42
永井○　2-42, 5-115, 5-116
吹路村　2-42, 5-115, 5-116
横倉村　2-43

【社寺】

三坂権現　2-42

【山・峠】

笠山　2-43, 2-44, 5-115, 5-116, 5-294
高社山　2-43
白峯山　2-44, 5-116, 5-294
菅平山　2-43, 2-44, 5-115, 5-116, 5-294
三國峠　2-42, 5-115, 5-289

第80号

糸魚川

【地名】

荒井町○　2-45, 2-48, 5-138, 5-287
荒町村　2-45, 2-48, 5-138
有馬川　2-45, 2-46, 5-138, 5-287, 5-294
安国寺村（榊原式部大輔領分）〔安國寺村〕　2-45, 5-138
石沢村　2-45, 2-48, 5-138
石塚村（御料所）　2-45, 2-48, 5-138
石橋村（榊原式部大輔領分）　2-45, 5-138, 5-287, 5-294
板橋新田　2-45, 2-48, 5-138
居多村（居多神領）〔衣田〕　2-45, 5-138, 5-287, 5-294
市谷村（御料所）　2-45, 2-48, 5-138, 5-287
糸魚川（松平日向守在所）　2-47, 5-139, 5-294
稲塚新田（御料所）　2-45, 2-48, 5-138
稲荷山村　2-48, 5-138, 5-287
今泉村　2-45, 2-48, 5-138, 5-287
今町（榊原式部大輔領分）　2-45, 5-138, 5-287
哥○☆　2-47, 5-139, 5-294
小出雲村　2-45, 2-48, 5-138, 5-287
青海（御料所）〔青海村〕　2-47, 5-139, 5-294
大町村（名立駅）（御料所）○〔名立〕　2-46, 5-138, 5-287
押上村　2-47, 2-49, 5-138, 5-294
鬼伏村　2-46, 2-49, 5-138, 5-294
小野沢村（榊原式部大輔領分）　2-48, 5-138, 5-287
梶屋敷（御料所）○　2-47, 2-49, 5-138, 5-294
片貝村（榊原式部大輔領分）　2-48, 5-138, 5-287
上荒濱　2-45, 5-138
木田○　2-45, 5-138, 5-287, 5-294
木田新田　2-45, 5-138
鬼舞村　2-46, 2-49, 5-138, 5-294
栗原村（榊原式部大輔領分）　2-45, 2-48, 5-138, 5-287
黒井（御料所）○☆⛵　2-45, 5-138, 5-294
毛祝坂村　2-48, 5-138, 5-287
國分寺村（國分寺領）　2-45, 5-138, 5-287, 5-294
小泊村（御料所）○　2-46, 5-138, 5-287, 5-294
木浦村〔木ノ浦〕　2-46, 2-49, 5-138, 5-294
駒返　2-47
坂口新田（御料所）　2-48, 5-138, 5-287
坂本新田　2-45, 2-48, 5-138
塩屋新田〔塩屋新田村〕　2-45, 5-138, 5-294
七ケ所村　2-45, 2-48, 5-138
下荒　2-45
須澤村〔須沢村〕　2-47, 5-139, 5-294
薄袋村　2-45, 5-138
砂山村（榊原式部大輔領分）　2-45, 5-138
關山○☆〔関山〕　2-48, 5-138, 5-287
高田（榊原式部大輔居城）☆　2-45, 5-138, 5-287
高田新田　2-45, 2-48, 5-138
田切○　2-48, 5-138, 5-287
田口村　2-48, 5-138
竹ケ花村　2-47, 2-49, 5-138, 5-294
田中村　2-45, 2-48, 5-138
田伏村（松平日向守領分）　2-47, 2-49, 5-138, 5-294
陀羅尼新田　2-45, 5-138, 5-287
丹原村　2-45, 2-46, 5-138, 5-287, 5-294
茶屋市村（榊原式部大輔領分）〔茶屋ケ原村〕　2-46, 5-138, 5-287, 5-294
茶屋町村　2-45, 2-48, 5-138
土橋村　2-45, 5-138
筒石村（御料所）　2-46, 5-138, 5-294
寺島村　2-47, 5-139
寺地村（松平日向守領分）　2-47, 5-139, 5-294
土合村　2-45, 2-48, 5-138
藤崎村　2-46, 2-49, 5-138, 5-294
田海村　2-47, 5-139, 5-294
徳合村（榊原式部大輔領分）　2-46, 5-138, 5-294
外波○　2-47, 5-139, 5-294
中川村（榊原式部大輔領分）　2-45, 2-48, 5-138, 5-287
中宿村　2-46, 2-49, 5-138, 5-294
長濱○　2-45, 5-138, 5-287, 5-294
中濱村　2-46, 2-49, 5-138, 5-294
鍋浦村　2-45, 2-46, 5-138
二本木○　2-45, 2-48, 5-138, 5-287
能生○　2-46, 2-49, 5-138, 5-294
能生小泊村　2-46, 2-49, 5-138
福崎新田　2-48, 5-138
藤沢村　2-45, 2-48, 5-138, 5-287
藤巻村　2-45, 5-138
二又新田（榊原式部大輔領分）　2-48, 5-138
二又村　2-48, 5-138, 5-287
松ケ崎○〔松崎〕　2-45, 2-48, 5-138, 5-287
間脇村　2-46, 2-49, 5-138, 5-294
虫生岩戸村（榊原式部大輔領分）　2-45, 5-138, 5-287, 5-294
百川村　2-46, 2-49, 5-138, 5-294
柳井田村　2-45, 2-48, 5-138
八幡村（寺社領）　2-45, 5-138, 5-287, 5-294
大和川村　2-47, 2-49, 5-138, 5-294
吉浦村　2-45, 2-46, 5-138, 5-287, 5-294
林泉寺村（寺社領）　2-45, 5-138, 5-287, 5-294
脇野田村　2-45, 2-48, 5-138

【山・峠】

妙高山　2-48, 5-138, 5-294
焼山　5-138
焼山　2-49, 5-138, 5-294

【河川・湖沼】

青海川　2-47, 5-139
姫川　2-47, 5-139

第81号

長野

【国名】

越後國〔越後〕　2-50, 5-95
信濃國〔信濃〕　2-50, 5-146, 5-150, 5-294

【郡名】

頸城郡　2-50, 5-138, 5-294
更科郡　2-52, 2-53, 5-146, 5-294
高井郡　2-50, 2-52, 5-115, 5-116, 5-294
筑摩郡　2-53, 5-152
埴科郡　2-52, 2-53, 5-146, 5-294
水内郡　2-50, 2-52, 5-138, 5-294

【地名】

赤岩村　2-50, 5-138
赤沼村　2-50
赤野田村　2-52
浅野村（本多豊後守）○　2-50, 5-146, 5-294
浅野村上浅野　2-50
厚貝　2-50
穴田村（本多豊後守）　2-50, 5-138, 5-146, 5-294
穴田村枝毛ノ川　2-50
穴田村下穴田　2-50
雨宮村　2-53, 5-146
新井村　2-50, 5-146
荒木村（松平周防守）　2-52, 5-146
粟佐村（真田弾正大弼）　2-53
安源寺村　2-50
飯山（本多豊後守居城）○　2-50, 5-138, 5-294
生萱村　2-53
石堂町（真田弾正大弼）　2-53, 5-146
石村　2-50, 5-146, 5-294
石村狐山　2-50
石村早稲平　2-50
市村（真田弾正大弼）　2-52, 5-146, 5-294
一本木村　2-50
稲積村○　2-50, 2-52, 5-146
稲荷山村（松平伊賀守）○　2-53, 5-146, 5-294
井上村　2-52, 5-146, 5-294
今井村北原（松平伊賀守）〔今井村、今井〕　2-53, 5-146, 5-294
今里村（松平伊賀守）　2-53, 5-146
鑄物師屋村　2-53, 5-146
岩井村　2-50, 5-138, 5-294
岩野村新村〔岩野村〕　2-53, 5-146
岩船村〔江部〕　2-50, 5-146, 5-294
岩船村新田　2-50
宇木村上組〔宇木村〕　2-50, 2-52, 5-146
宇木村下組　2-50, 2-52
牛島村（真田弾正大弼）　2-52, 5-146
牛嶋村西　2-52
牛出村　2-50
内川村（真田弾正大弼）　2-53, 5-146
内沢村　2-53, 5-146
姥石　2-53
上野村（真田弾正大弼）　2-50, 2-52, 5-146, 5-294
大熊村　2-50
大倉村（本多豊後守）　2-50, 5-146, 5-294
大倉村土手新田　2-50
大倉村向原　2-50
大又村　2-50
大室村　2-52, 5-146, 5-294
小河原村（真田弾正大弼）　2-50, 2-52, 5-146, 5-294
小河原村枝新田　2-50, 2-52
押鐘村　2-50, 2-52, 5-146
押切村　2-50, 5-146
小嶋村〔小島村〕　2-53, 5-146
落影村　2-50, 5-138, 5-146, 5-294
小布施村（真田弾正大弼）○　2-50, 2-52, 5-146, 5-294
御幣川村（真田弾正大弼）　2-53, 5-146, 5-294
替佐村（本多豊後守）○　2-50, 5-138, 5-146, 5-294
替佐村赤阪　2-50
替佐村川窪　2-50
替佐村新田　2-50
加賀井村　2-52
笠原村　2-50
神代村○　2-50, 5-146, 5 294
神代村小瀬　2-50
神代村田中　2-50
柏原☆　2-50, 5-138, 5-294
柏原新田奈良本　2-50
片塩村　2-50
金井村　2-50, 5-138, 5-146, 5-294
蟹沢村（本多豊後守）　2-50, 5-146, 5-294
蟹沢村板橋　2-50
蟹沢村枝二ツ石　2-50
蟹澤村大倉村入會橋場　2-50
上石川村（真田弾正大弼）　2-53
上今井村　2-50, 5-146, 5-294
上今井村荒山　2-50
上氷鉋村（松平伊賀守）〔氷鉋〕　2-53, 5-146, 5-294
真島村　2-52
川田村下和田　2-52
川田村関崎　2-52
川田村塚本　2-52
川田村領家　2-52
北岡村　2-50
北平林村　2-50, 2-52
清野村　2-53, 5-146, 5-294
清野村越　2-52
桐原村　2-50, 2-52, 5-146
杭瀬下村　2-53
草間村　2-50
九反田村　2-50, 2-52
倉科村　2-53
栗林村　2-50
桒原村（真田弾正大弼）

2-53, 5-146, 5-294
来原村枝小坂　2-53
来原村枝佐野　2-53
小出村　2-52
幸高村　2-50, 2-52, 5-146
郡村中原　2-53
郡村峯村　2-53
小島村　2-50, 2-52
越村　2-50, 5-138, 5-294
小玉村　2-50, 5-146, 5-294
小石〔古〕間村　2-50, 5-138
駒沢村　2-50, 2-52
小森村　2-53
小山村（堀淡路守）　2-50, 2-52, 5-146, 5-294
小山村枝北原村　2-50, 2-52
小山村枝八幡村　2-50, 2-52
権堂村　2-50, 5-146, 5-294
櫻澤村　2-50
三才村（本多豊後守）　2-50, 2-52, 5-146, 5-294
塩川村　2-50, 2-52
塩﨑村　2-53, 5-146, 5-294
塩﨑村枝篠野井　2-53
塩﨑村枝四宮（松平主計頭）　2-53
塩﨑村枝長谷　2-53
塩﨑村平久保　2-53
志河村北堀　2-53
静間村上組〔静間村、静間〕　2-50, 5-138, 5-294
静間村下組〔静間〕　2-50, 5-294
柴村　2-52
清水村（堀近江守）　2-50, 5-146
下石川村（真田弾正大弼）　2-53
下徳間村稲積村東條村合田〔下徳間村〕　2-50, 2-52, 5-146
下戸倉○☆　2-53, 5-146
下山田村（真田弾正大弼）　2-50, 2-52, 5-146
寂時〔蒔〕村　2-53, 5-146
新田村　2-53
新田村　2-50
新保村　2-50
新町　2-50, 2-52, 5-146
須坂（堀淡路守在所）　2-50, 2-52, 5-146, 5-294
関川（榊原式部大輔領分）（御関所）○　2-50, 5-138, 5-294
返目村　2-50, 2-52, 5-146
高田村　2-50, 2-52
田上村　2-50, 5-138, 5-294
田毎月　2-53
田子村（本多豊後守）　2-50, 5-146
立花村　2-50
田麦村　2-50
丹波島（真田弾正大弼）○　2-53, 5-146, 5-294
妻梨〔科〕村（真田弾正大弼）　2-53, 5-146
寺田村　2-50, 2-52
問御所村（堀近江守）　2-50, 5-146, 5-294
東福寺村　2-53
東福寺村中澤　2-53
土口村　2-53, 5-146, 5-294
徳間稲倉村　2-50, 2-52, 5-146
徳間村（真田弾正大弼）○　2-50, 2-52, 5-294
戸部村　2-53, 5-146
永江村枝三ツ俣新田〔永江〕　2-50, 5-294
永江村北永江〔永江村〕　2-50, 5-138
永江村南永江　2-50
中御所村（堀近江守、真田弾正大弼）　2-50, 5-146
中嶋村　2-50, 2-52
長沼村　2-50, 2-52
中野村　2-50
長野村善光寺宿（善光寺領）○☆〔善光寺〕　2-53, 5-146, 5-294
中氷鉋村（松平伊賀守、松平信濃守）〔氷鉋〕　2-53, 5-146, 5-294
西江部村〔江部〕　2-50, 5-146, 5-294
西江部村北江部〔江部〕　2-50, 5-294
西寺尾村　2-52
西間村　2-50
野尻○　2-50, 5-138, 5-294
蓮村（本多豊後守）　2-50, 5-138, 5-294
蓮村飯澤新田　2-50
蓮村枝茂右エ門新田　2-50
蓮村五右エ門新田　2-50
蓮村界澤　2-50
蓮村深沢　2-50
八町村　2-52
羽場村（堀近江守）　2-50, 5-146
東江部村〔江部〕　2-50, 5-146, 5-294
川田村（真田弾正大弼）○　2-52, 5-146, 5-294
東條村　2-52
東條村（真田弾正大弼）　2-50, 2-52, 5-146
東寺尾村　2-52, 5-146, 5-294
日滝村枝相森新田（堀淡路守）〔日滝村、日滝〕　2-50, 2-52, 5-146, 5-294
平出新田　2-50, 5-146
平出村（本多豊後守）　2-50, 5-146, 5-294
深沢村　2-50
福島村（真田弾正大弼）　2-50, 2-52
福原新田　2-50, 2-52, 5-146
布施高田村（真田弾正大弼）　2-53, 5-146
二柳村枝方田　2-53
二柳村作見　2-53
古間○　2-50, 5-138, 5-294
壁田村　2-50
壁田村腰巻　2-50
本八幡村（真田弾正大弼）　2-53, 5-146
本八幡村小郷郡村　2-53
本八幡村小郷志河村　2-53
牧島村　2-52
槙松村　2-50, 2-52
松代（真田弾正大弼）○　2-52, 5-146, 5-294
豆島村　2-50, 2-52
南郷村（本多豊後守）　2-50, 2-52, 5-146, 5-294
南原村（真田弾正大弼）　2-53, 5-146, 5-294
宮村枝荒屋　2-50, 2-52
三輪村（真田弾正大弼）　2-50, 2-52, 5-146, 5-294
三輪村桐之木組　2-50, 2-52
三輪村横山組　2-50, 2-52
牟禮○〔牟礼〕　2-50, 5-146, 5-294
森村　2-53
失〔矢〕島村（松平周防守）　2-50, 5-146
屋代（真田弾正大弼）○　2-53, 5-146, 5-294
安田村　2-50, 5-138, 5-294
柳澤村〔柳沢村〕　2-50, 5-138, 5-294
横田村　2-53
吉田村　5-146
吉田村　2-50, 5-146, 5-294
吉田村新田　2-50
吉村（本多豊後守）　2-50, 5-146, 5-294
米持村　2-52, 5-146, 5-294
六川村（堀近江守）　2-50, 5-146
若宮村　2-50, 5-138, 5-146, 5-294
綿内村（堀淡路守）　2-52, 5-146, 5-294
綿内村岩﨑　2-52
綿内村牛池　2-52
綿内村枝根守　2-52
綿内村枝古屋　2-52
綿内村大橋　2-52
綿内村清水　2-52
綿内村田中　2-52
綿内村土屋坊　2-52
綿内村春山　2-52
綿内村菱田　2-52
綿内村町田　2-52
綿内村萬年嶋　2-52
綿内村葦町　2-52

【社寺】

伊豆毛神社　2-50
栗野神社　2-50
須々妓水神社　2-53
墨阪神社　2-50, 2-52
善光寺　2-50, 5-146
大休寺　2-52
武水別神社　2-53
長國寺　2-52
月見堂〔姥捨山月見堂〕　2-53, 5-146
八幡宮　2-53
治田神社　2-53, 5-146
祝神社　2-52
法花寺　2-53
三輪社　2-50, 2-52
竜洞院　2-53, 5-146

【山・峠】

赤田山　2-53
飯綱山　2-51, 5-146, 5-294
姥ケ沢峠　2-50
大熊山　2-50
大戸山　2-50, 2-52
姨捨山　2-53, 5-146
替佐峠　2-50, 5-138, 5-146
笠山　5-116
黒姫山　2-51, 5-138, 5-294
来原城山　2-53
高社山　2-50
古城　2-50
古城山　2-50, 5-146
古城山　2-50
猿ケ馬場峠〔馬場峠〕　2-53, 5-146, 5-294
白峰山　5-116
白ハケ山　2-53
菅平山　5-116
田麦山　2-50
鳥打峠　5-146
莔山　2-50
八町山　2-52
馬場峠　5-146
東谷山　2-53
平出古城　2-50
壁田山　2-50
斑尾山　2-50, 5-138
竜洞院山　2-53

【河川・湖沼】

鮎川　5-146
伊沢川　5-138
市川　5-146
御幣川　2-53
上總川　5-138, 5-146
越川　2-50
犀川　2-53, 5-146
佐野川　5-146
更科川　5-146
沢川　5-146
篠木川　5-146
関屋川　5-146
千曲川　2-50, 2-53, 5-138, 5-146, 5-294
鳥居川　2-50, 5-146
聖川　2-53, 5-146
芙蓉湖　2-50

第82号
魚津

【国名】

越後國〔越後〕　2-54, 5-95
越中國〔越中〕　2-54, 5-140, 5-147, 5-295

【郡名】

頸城郡　2-54, 5-138
新川郡　2-54, 5-139

【地名】

青島村　2-55, 2-56, 5-139, 5-140, 5-295
赤川村　2-54, 5-139
芦﨑村　2-55, 2-56, 5-139, 5-140
荒俣村　2-55, 2-56, 5-139
荒俣村　2-56, 5-140, 5-295
生地○☆　2-55, 2-56, 5-139
生地新村　2-55, 2-56, 5-139, 5-140, 5-295
石田新村　2-55, 2-56
石田新村　2-55, 2-56, 5-139, 5-140
石田村　2-55, 2-56, 5-139, 5-295
市振（御関所）○　2-54, 5-139, 5-294
魚津○　2-55, 2-56, 5-139, 5-295
魚躬村　2-56, 5-140, 5-295
岡経田村〔経田〕　2-55, 2-56, 5-139, 5-295
親不知　2-54
笠木村　2-56, 5-139, 5-140, 5-147, 5-295
春日村　2-54, 5-139, 5-294
北鬼江村〔鬼江〕　2-55, 2-56, 5-139, 5-140, 5-295
北中村　2-55, 2-56, 5-139, 5-295
木ノ根村　2-55, 5-139
境町○　2-54, 5-139, 5-294
三ケ村　2-56, 5-140
下飯野新村　2-55, 5-139
下飯野村　2-55, 5-139
下村木村　2-55, 2-56, 5-139, 5-140
釈迦堂新村　2-55, 2-56, 5-139, 5-140, 5-295
住吉村　2-55, 2-56, 5-139, 5-140, 5-295
大屋村　2-54, 5-139, 5-294
高塚村　2-56, 5-140, 5-295
高月村　2-56, 5-140, 5-295
立野新村　2-55, 2-56, 5-139
坪川新村　2-56, 5-140
泊町○☆　2-54, 5-139, 5-294
中川原村〔中河原村〕　2-56, 5-140, 5-295
滑川○　2-56, 5-140, 5-295
濵石田新村　2-55, 2-56, 5-139, 5-140
濵石田村　2-55, 2-56, 5-139, 5-140
濵経田村〔経田〕　2-55, 2-56, 5-139, 5-140, 5-295
濵四家村　2-56, 5-139, 5-140, 5-147
東草野村　2-54, 5-139, 5-294
東水橋○〔水橋〕　2-56, 5-140, 5-295
佛田村　2-55, 2-56, 5-139, 5-140, 5-295
堀切村　2-55, 2-56, 5-139, 5-140, 5-295
神子澤村〔神子沢村〕　2-55, 5-139
水橋舘村　2-56, 5-140
水橋中村　2-56, 5-140
宮﨑村　2-54, 5-139, 5-294
目川村　2-55, 5-139
本新村　2-55, 2-56, 5-139, 5-140
八幡村　2-55, 5-139, 5-294
横尾村　2-54, 5-139, 5-

294
横山村　2-55, 5-139
吉浦村　2-56, 5-140
吉田村　2-55, 2-56, 5-139, 5-140, 5-295
吉原村　2-55, 5-139

【山・峠】

信刕山　5-147, 5-294
立山　5-147, 5-294
劒岳　5-147, 5-294

【河川・湖沼】

片貝川　2-55, 2-56
加茂宮川　2-56, 5-140
黒部川　2-55, 2-56, 5-139
境川　2-54, 5-139
常願寺川　2-56, 5-140
早月川　5-139, 5-140

第83号
富山

【国名】

加賀國〔加賀〕　2-57, 5-144, 5-295
能登國〔能登〕　2-57, 5-143, 5-295

【郡名】

射水郡　2-58, 5-140, 5-295
鹿島郡　2-61, 5-140, 5-142, 5-295
河北郡　2-57, 5-141, 5-295
新川郡　2-58, 5-139
婦負郡　2-58, 5-140, 5-295
羽咋郡　2-57, 2-61, 5-141, 5-143, 5-295

【地名】

阿尾村　2-60, 5-140
粟生村　2-61, 5-141, 5-295
秋濵村　2-57, 5-141, 5-295
荒屋村〔荒谷村、荒谷〕　2-57, 5-141, 5-295
粟島村　2-58, 5-140
一宮村　2-61, 5-141, 5-295
稲積村枝間島〔稲積村〕　2-60, 5-140
飯山○　2-61, 5-141, 5-295
今濵○　2-61, 5-141, 5-295
打出本郷村　2-58, 5-140, 5-295
打出村　2-58, 5-140, 5-295
宇波村　2-60, 5-140, 5-295
上野新村〔上野〕　2-58, 5-140, 5-295
海老江村　2-58, 5-140, 5-295
大境村〔境〕　2-60, 5-140, 5-295
大崎村　2-57, 5-141, 5-295
大田村　2-59, 2-60, 5-140, 5-295
大牧村　2-58, 5-140
大町村　2-61, 5-141, 5-295
大村　2-58, 5-140, 5-295
荻市村　2-61, 5-141, 5-295
荻島村　2-61, 5-141
奥田上新村　2-58, 5-140
奥田下新村　2-58, 5-140
奥田村　2-58, 5-140, 5-295
小竹村　2-60, 5-141
加納村池田新田〔加納村、加納〕　2-60, 5-140, 5-295
北川尻村　2-57, 2-61, 5-141, 5-295
北村　2-57, 5-141, 5-295
木津村　2-57, 5-141, 5-295
久江村　2-61, 5-141
草島村　2-58, 5-140
窪村　2-59, 2-60, 5-140, 5-295
黒崎〔黒﨑村〕　2-58, 5-140, 5-295
小金森村　2-61, 5-141
國分村〔國分寺〕　2-59, 2-60, 5-140, 5-295
小境村〔境〕　2-60, 5-140, 5-295
小杁村　2-60, 5-140, 5-295
小田中村　2-61, 5-141, 5-295
米出村　2-61, 5-141
酒井村　2-61, 5-141, 5-295
子浦☆　2-61, 5-141, 5-295
鋪浪村〔敷浪村〕　2-61, 5-141
柴垣村　2-61, 5-14, 5-295
島村　2-59, 2-60, 5-140, 5-295
宿村　2-61, 5-141, 5-295
城川原村　2-58, 5-140
白尾村　2-57, 5-141, 5-295
白瀬村　2-61, 5-141, 5-295
新保村　2-61, 5-141, 5-295
姿村　2-60, 5-140, 5-295
管原村　2-61, 5-141, 5-295
杁野屋村　2-61, 5-141
外日角村　2-57, 5-141, 5-295
髙畑○〔高畠〕　2-61, 5-141, 5-295
髙松村○☆　2-57, 5-141, 5-295
滝村　2-61, 5-141, 5-295
田畑村　2-58, 5-140
千原崎〔千原崎村〕　2-58, 5-140
塵濵村〔塵ヶ濵〕　2-61, 5-141, 5-295
辻ケ堂村　2-58, 5-140
遠塚村　2-57, 5-141, 5-295
泊村　2-60, 5-140, 5-295
冨山（松平出雲守居城）☆　2-58, 5-140, 5-295
中川村　2-61, 5-141, 5-295
中島村　2-58, 5-140, 5-295
中田村　2-60, 5-140, 5-295
中波村　2-57, 2-61, 5-140, 5-295
中沼村　2-57, 2-61, 5-141
西岩瀬村　2-58, 5-140, 5-295
西水橋村　2-58, 5-140
練合村　2-58, 5-140, 5-295
羽咋村　2-61, 5-141
濱横越村　2-58, 5-140
東岩瀬○⛵　2-58, 5-140, 5-295
東田地方〔東田地方村〕　2-58, 5-140, 5-295
日方江村　2-58, 5-140, 5-295
氷見○☆　2-60, 5-140, 5-295
藤井村　2-61, 5-141, 5-295
伏木湊⛵　2-59, 2-60, 5-140, 5-295
二ツ屋村　2-57, 2-61, 5-141, 5-295
古明神村堀岡〔古明神村、古明神〕　2-59, 5-140, 5-295
放生津○☆　2-59, 5-140, 5-295
本郷村　2-61, 5-141, 5-295
真木村　2-58, 5-140
松濱村　2-57, 5-141, 5-295
水白村　2-61, 5-141, 5-295
宮坂村　2-57, 5-141, 5-295
室村　2-57, 5-141, 5-295
免田村　2-57, 2-61, 5-141, 5-295
柳田村　2-59, 2-60, 5-140, 5-295
柳瀬村　2-61, 5-141, 5-295
薪〔藪〕田村　2-60, 5-140, 5-295
四方村○　2-58, 5-140, 5-295
吉野屋村　2-61, 5-141, 5-295
四ツ柳村　2-61, 5-141, 5-295
六渡寺村　2-59, 5-140, 5-295
脇方村　2-60, 5-140, 5-295

【社寺】

氣多社　2-61

【山・峠】

二上山　2-59, 2-60
寶達山　2-61, 5-141, 5-295

【河川・湖沼】

射水川　2-59, 5-140
神通川　2-58, 5-140
羽咋川　2-61
蓮潟〔蓮沔〕　2-57, 5-141
放生津潟〔放生津沔〕　2-59, 5-140

【島】

辨天　2-61, 5-141

第84号
七尾

【国名】

越中國〔越中〕　2-62, 5-140, 5-295
能登國〔能登〕　2-62, 5-143, 5-295

【郡名】

射水郡　2-62, 5-140, 5-295
鹿島郡　2-62, 2-63, 2-65, 5-140, 5-142, 5-295
羽咋郡　2-63, 2-65, 5-143, 5-295
鳳至郡　2-63, 2-65, 5-143, 5-295

【地名】

相神村　2-63, 2-65, 5-143, 5-295
赤神村　2-65, 5-143, 5-295
赤崎村　2-63, 2-65, 5-143, 5-295
赤住村　2-63, 2-65, 5-143, 5-295
安部屋村　2-63, 5-141, 5-143
菴村　2-62, 5-142, 5-295
菴村白鳥　2-62, 2-64
菴村百海　2-62, 2-64
飯川村　2-62, 5-140, 5-143, 5-295
池田村　2-65, 5-143
石崎村　2-62, 2-64, 5-143, 5-295
井田村　2-62, 5-140, 141
岩車村　2-64, 5-143
宇加川村　2-64, 5-142, 5-295
鵜川村　2-64, 5-142, 5-295
牛下村　2-63, 2-65, 5-143, 5-295
鵜島村　2-64, 5-143
大田川村　2-64, 5-142, 5-295
内浦村　2-64, 5-143, 5-295
鵜浦村　2-62, 2-64, 5-142, 5-295
生神村　2-63, 2-65, 5-143, 5-295
上野村　2-63, 5-141, 5-143, 5-295
江泊村　2-62, 2-64, 5-142
江泊村白鳥　2-62, 2-64
小浦村　2-62, 2-64, 5-142, 5-295
大崎村　2-63, 5-141, 5-295
太田村〔大田〕　2-62, 2-64, 5-142, 5-295
大津村　2-63, 2-65, 5-143, 5-295
大津村　2-63, 5-141, 5-143
大泊村　2-62, 5-140
大泊村　2-65, 5-143
大野木村　2-62, 2-64, 5-142, 5-295
大町村○　2-64, 5-143, 5-295
沖波村　2-64, 5-142, 5-295
奥ヶ原村　2-62, 2-64, 5-143
奥吉田村　2-63, 2-65, 5-143
乙ケ崎村☆　2-64, 5-143
小牧村　2-63, 2-65, 5-143
鹿磯村　5-143, 5-295
笠師村　2-63, 2-65, 5-143
風無村　2-63, 2-65, 5-143, 5-295
鹿島村　2-62, 2-64, 5-143, 5-295
鹿波村　2-64, 5-142, 5-143, 5-295
甲村　2-64, 5-142, 5-295
川崎村　2-63, 2-65, 5-143, 5-295
川島村○☆　2-64, 5-143, 5-295
川尻村　2-63, 5-141
川尻村　2-64, 5-143, 5-295
川尻村　2-62, 2-64, 5-143, 5-295
鰀目村　2-62, 2-64, 5-142, 5-295
北川村　2-65, 5-143, 5-295
給分村　2-63, 2 65, 5 143
久木村　2-62, 2-64, 5-143, 5-295
人ノ木村〔久ノ木〕　2-62, 5-140, 5-143, 5-295
杭谷村　2-63, 5-141, 5-295
黒崎村　2-62, 5-140, 5-295
黒島村○　2-65, 5-143
向田村　2-62, 2-64, 5-142, 5-295
小浦村　2-63, 5-141, 5-143
小窪村　2-63, 2-65, 5-143
腰細村　2-65, 5-143, 5-295
小島村　2-62, 2-64, 5-143, 5-295
酒見村　2-63, 2-65, 5-143, 5-295
笹波村　2-63, 2-65, 5-143, 5-295
佐々波村　2-62, 5-140, 5-142, 5-295
里本郷村　2-63, 2-65, 5-143
佐波村　2-62, 2-64, 5-142, 5-295
佐味村　2-62, 2-64, 5-142
塩津村　2-63, 2-65, 5-143, 5-295
志ケ浦村　2-64, 5-143, 5-295
鹿頭村　2-63, 2-65, 5-143, 5-295
七海村☆　2-64, 5-142,

5-295
七海村 2-63, 2-65, 5-143, 5-295
地頭町○ 2-63, 2-65, 5-143, 5-295
下村 2-62, 5-140, 5-143, 5-295
白濱村 2-63, 2-65, 5-143, 5-295
新保村 2-61, 2-62, 2-64, 5-143, 5-295
須曽村☆ 2-62, 2-64, 5-143, 5-295
瀬嵐村 2-62, 2-63, 2-64, 5-143, 5-295
芹川村 2-62, 5-140, 141, 5-295
千代村 2-65, 5-143, 5-295
外村 2-63, 2-65, 5-143, 5-295
祖濱村 2-62, 2-64, 5-143
曽福村 2-64, 2-65, 5-143, 5-295
曽良村 2-62, 2-64, 5-142, 5-295
大恩〔念〕寺新村 2-63, 5-141
大恩〔念〕寺村 2-63, 5-141, 5-295
田岸村 2-63, 2-65, 5-143
武部村 2-62, 5-140, 5-295
田鶴濱村 2-62, 2-64, 5-143, 5-295
千浦村 2-63, 2-65, 5-143, 5-295
津田〔向〕村 2-62, 2-64, 5-143
釼地村 2-65, 5-143, 5-295
道下村 2-65, 5-143
通村 2-62, 2-64, 5-143, 5-295
冨木（地頭町・領家町） 2-63, 2-65
所口○☆⛵ 2-62, 2-64, 5-143, 5-295
豊田村 2-63, 2-65
中居南村 2-64, 5-143, 5-295
中居村 2-64, 5-143
長浦村 2-62, 2-64, 5-143
長﨑村 2-62, 2-64, 5-142
長澤村〔長沢村〕 2-63, 5-141, 5-295
中島村☆ 2-63, 2-65, 5-143, 5-295
中濱村 2-63, 2-65, 5-143
二宮○☆ 2-62, 5-140, 141, 5-295
新嵜村〔新﨑村〕 2-64, 5-143, 5-295
根木村 2-62, 2-64, 5-143
閨村 2-62, 2-64, 5-143, 5-295
野﨑村☆ 2-62, 2-64, 5-142, 5-295
祖母浦村 2-62, 2-64, 5-142, 5-295
八﨑村 2-62, 2-64, 5-142, 5-295
花園村東濱村〔東濱村、東濵〕 2-62, 5-140, 5-295
濱田村 2-63, 2-65, 5-143, 5-295
半ノ浦村 2-62, 2-64, 5-143, 5-295
日出島村 2-62, 2-64, 5-142
比良村 2-64, 5-143, 5-295
深浦村 2-63, 2-65, 5-143, 5-295
深谷村 2-65, 5-143, 5-295
福浦湊⛵ 2-63, 2-65, 5-143, 5-295
藤濱村 2-65, 5-143, 5-295
二穴村 2-62, 2-64, 5-142
府中村 2-62, 2-64, 5-143, 5-295
筆染村 2-63, 2-65, 5-143, 5-295
風戸村 2-63, 2-65, 5-143
舟尾村 2-62, 2-64, 5-143, 5-295
古君村☆ 2-64, 5-142, 5-295
古府村 2-62, 5-143, 5-295
前波村 2-64, 5-142, 5-295
前濱村 2-63, 2-65, 5-143, 5-295
曲村 2-62, 2-64, 5-142, 5-295
町村 2-63, 5-141, 5-295
松百村 2-62, 2-64, 5-143
万行村 2-62, 2-64, 5-142, 5-295
南村 2-62, 2-64, 5-143
三室村☆ 2-62, 2-64, 5-142, 5-295
麥浦村〔麦ケ浦村〕 2-64, 5-143, 5-295
無関村 2-62, 2-64, 5-143
百浦村 2-63, 5-143, 5-295
矢田村 2-62, 2-64, 5-142, 5-143, 5-295
矢浪村 2-64, 5-142, 5-295
八幡村 2-62, 5-140, 5-143, 5-295
横見村 2-63, 2-65, 5-143, 5-295
領家町○ 2-63, 2-65, 5-143, 5-295
脇村 2-62, 5-140, 5-295
和倉村 2-62, 2-64, 5-143

【山・峠】

石動山 2-62, 5-140, 5-295

【河川・湖沼】

冨木川 2-63, 2-65, 5-143

【岬・海岸】

海士岬 2-63, 2-65, 5-143
鳶巣岬 2-62, 2-64
屛風岬 2-62, 2-64

【島】

青島 2-62, 2-64
一ケシマ 2-62, 2-64
夷島 2-64
大島 2-62, 2-64
沖黒島 2-65
男島〔オシマ〕 2-62, 2-64, 5-142
カラ島 2-63, 2-65
観音島 2-62, 2-64, 5-142
コシキ島 2-62, 2-64
小島 2-62, 2-64
上シヤ島 2-62, 2-64
種ヶ島 2-62, 2-64
タラシマ 2-62, 2-64
竹生島 2-62, 2-64
寺島 2-62, 2-64
トウシマ 2-62, 2-64
中シマ 2-62, 2-64
能登島 2-62, 2-64, 5-140, 5-143, 5-295
辨天島 2-62, 2-64
松島 2-62, 2-64
女島〔ヲシマ〕 2-62, 2-64, 5-142
湯島 2-62, 2-64

第85号 輪島

【郡名】

珠洲郡〔珠洌郡〕 2-66, 5-142, 5-295
鳳至郡 2-66, 5-143, 5-295

【地名】

赤﨑村 2-66, 5-143, 5-295
粟津村 2-68, 5-142, 5-295
飯田村○ 2-68, 5-142, 5-295
五十洲村〔五十洌村〕 2-66, 5-143, 5-295
市瀬村 2-68, 5-142
鵜飼村 2-68, 5-142, 5-295
宇出津☆⛵〔宇出津湊〕 2-66, 5-142, 5-295
鵜島村 2-68, 5-142
宇治村 2-68, 5-142, 5-295
鵜入村 2-66, 5-143, 5-295
鵜山村 2-66, 5-143, 5-295
小浦村 2-66, 2-68, 5-142, 5-295
大川村 2-66, 5-142, 5-295
大澤村 2-66, 5-143, 5-295
大谷村 2-66, 2-68, 5-142, 5-295
大野村 2-66, 5-142
大野村 2-66, 5-143, 5-295
小木湊☆⛵ 2-68, 5-142, 5-295
小田屋村 2-66, 5-142
越坂村 2-68, 5-142, 5-295
折戸村 2-68, 5-142, 5-295
片岩村 2-66, 5-142, 5-295
鹿野村 2-68, 5-142, 5-295
上大澤村〔上大沢村〕 2-66, 5-143
川浦村 2-68, 5-142, 5-295
川尻村 2-68, 5-142, 5-295
川尻村 2-68, 5-142, 5-295
木江寺村熊谷村入會〔木江寺村、熊谷村〕 2-68, 5-142
北方村 2-68, 5-142, 5-295
黒丸村 2-68, 5-142, 5-295
戀路村 2-68, 5-142, 5-295
髙波村 2-68, 5-142, 5-295
小泊村 2-68, 5-142, 5-295
笹波村 2-68, 5-142
里村 2-66, 5-142, 5-295
寺家村 2-68, 5-142, 5-295
寺社村 2-68, 5-142
清水村 2-66, 5-142
正院村 2-68, 5-142, 5-295
白丸村 2-68, 5-142, 5-295
白米村 2-66, 5-142, 5-295
新保村 2-68, 5-142, 5-295
宗玄村 2-68, 5-142, 5-295
惣領村 2-66, 5-142, 5-295
髙屋村 2-68, 5-142, 5-295
髙屋村德保 2-68
蛸島○ 2-68, 5-142, 5-295
立壁村 2-68, 5-142
塚田村 2-66, 5-143, 5-295
時國村 2-66, 5-142, 5-295
長尾村 2-68, 5-142, 5-295
長橋村 2-66, 2-68, 5-142, 5-295
名舟村 2-66, 5-142, 5-295
仁江村 2-66, 5-142, 5-295
布浦村 2-68, 5-142, 5-295
狼煙村 2-68, 5-142, 5-295
波並村 2-66, 5-142, 5-295
羽根村 2-66, 2-68, 5-142, 5-295
光浦村 2-66, 5-143, 5-295
引砂村 2-68, 5-142
深見村 2-66, 5-143, 5-295
藤波村 2-66, 5-142, 5-295
伏見村 2-68, 5-142, 5-295
伏戸村 2-66, 5-142
真浦村 2-66, 5-142, 5-295
馬緤村 2-68, 5-142, 5-295
松波村☆ 2-68, 5-142
真脇村 2-68, 5-142, 5-295
皆月村 2-66, 5-143, 5-295
南方村 2-68, 5-142, 5-295
雲津村 2-68, 5-142, 5-295
森腰村 2-68, 5-142
谷内村 2-66, 5-142
吉浦村 2-66, 5-143, 5-295
四方山村 2-68, 5-142, 5-295
輪島河井町○〔輪島〕 2-66, 5-143, 5-295
輪島﨑村 2-66, 5-143
輪島鳳至町○⛵〔輪島〕 2-66, 5-143, 5-295

【山・峠】

法竜山 2-66, 2-68, 5-142, 5-295
山伏山 2-68
鷲巣山〔鷲鳥巣山〕 2-66, 5-142, 5-295

【河川・湖沼】

鵜飼川 2-68
熊谷川 2-68
逆川 5-142
町野川 2-66, 5-142

【岬・海岸】

金剛岬 2-68, 5-142
猿山岬 2-66, 5-143
白岬 2-66, 5-142

【島】

七島 5-143, 5-295
辨天 2-68

第86号 金沢

【郡名】

石川郡 2-69, 2-70, 5-144, 5-295
江沼郡 2-71, 5-144, 5-300
河北郡 2-69, 5-141, 5-295
能美郡 2-70, 2-71, 5-144, 5-300, 5-295

【地名】

安宅○ 2-71, 5-144, 5-295
伊切村 2-71, 5-145, 5-297, 5-300, 5-295
石立村 2-70, 5-141
打木村 2-69, 5-141, 5-295
大野村 2-69, 5-141, 5-295
小川新田 2-69, 2-70, 5-141, 5-295
小塩村☆ 2-71, 5-145, 5-297, 5-300
鹿島村 2-70, 5-144
片野村☆ 2-71, 5-145, 5-297, 5-300
金澤（松平加賀守居城）☆ 2-69, 5-141, 5-295
倉部村 2-69, 5-141, 5-295
黒﨑村 2-71, 5-145, 5-297, 5-300, 5-295
鷺森村 2-69, 5-141, 5-

295
塩濱村　2-71, 5-145, 5-295
笹原村　2-71, 5-145, 5-297, 5-300, 5-295
下安原村　2-69, 5-141
新保村　2-71, 5-144, 5-145, 5-295
専光寺村　2-69, 5-141
相川村　2-69, 5-141, 5-295
竹松村　2-69, 5-141, 5-295
田尻村　2-71, 5-145
千﨑村　2-71, 5-145
徳光村　2-69, 2-70, 5-141, 5-295
子正路村　2-69, 5-141
橋粟﨑村〔橋粟ヶ﨑〕2-69, 5-141, 5-295
橋立村　2-71, 5-145, 5-297, 5-300, 5-295
蓮池村　2-70, 5-141, 5-144, 5-295
八田村　2-69, 5-141
濱佐美村　2-71, 5-144, 5-297, 5-300, 5-295
濱村　2-70, 5-144
日末村　2-71, 5-144, 5-297, 5-295
平加村　2-70, 5-141, 5-144, 5-295
普正寺村　2-69, 5-141, 5-295
松本村　2-69, 2-70, 5-141
湊浦　2-70, 5-144, 5-295
宮腰☆⚓〔宮腰町〕2-69, 5-141, 5-295
向粟﨑村〔向粟ヶ﨑〕2-69, 5-141, 5-295
本吉☆　2-70, 5-144, 5-295
山口釜屋村〔山口釜谷村〕2-70, 5-144, 5-295
吉原釜屋村〔吉原釜谷村〕2-70, 5-144, 5-295

【河川・湖沼】

大野川　2-69, 5-141
倉部川　2-69, 5-141
才川　2-69, 5-141
手取川　2-70, 5-144
蓮池川　2-70, 5-144

第87号
草加・古河・小山

【国名】

下總國〔下総〕2-73, 5-122
下野國〔下野〕2-72, 2-73, 5-107
武藏國〔武蔵〕2-73, 5-120

【郡名】

足立郡　2-75, 5-120
葛飾郡（下總國）2-72, 2-73, 5-109, 5-120, 5-290
葛飾郡（武藏國）2-73, 2-75, 5-120, 5-290
埼玉郡　2-75, 5-120
都賀郡　2-72, 2-73, 5-109, 5-291

【地名】

粟宮村（水野日向守領分）2-72, 5-109
石神村　2-75, 5-120
石神村新町　2-75, 5-120
市野割村（御料所）2-75, 5-120, 5-290
稲葉郷（遠山三郎右エ門知行所）2-72, 5-109, 5-290
内國府間村（大久保加賀守領分）2-73, 5-120, 5-291
浦寺村　2-75, 5-120
大枝村　2-75, 5-120
大岡主膳正居城　2-75
大﨑村（御料所）2-75, 5-120
大里村　2-75, 5-120
大澤○　2-75, 5-120, 5-290
大堤村　2-72, 2-73, 5-109, 5-291
大畑村（御料所）2-75, 5-120
大林村　2-75, 5-120, 5-290
大房村〔大居村〕2-75, 5-120
大町新田（御料所）2-72, 5-109, 5-290
乙女村（御料所）2-72, 5-109, 5-291
小淵村　2-75, 5-120
小山（戸田能登守領分）○　2-72, 5-109, 5-290
粕壁○☆　2-75, 5-120
上高野村（大久保加賀守領分）〔高野〕2-73, 5-120, 5-291
上間久里村〔間久里〕2-75, 5-120, 5-290
蒲生村　2-75, 5-120, 5-290
川中子村（鳥居丹波守領分）2-72, 5-109, 5-290
瓦曽根村〔尾曽根村〕2-75, 5-120
喜澤村（御料所）〔喜沢村〕2-72, 5-109, 5-290
北原村行衛〔北原村〕2-75, 5-120
金右衛門新田　2-75, 5-120
九左衛門新田〔金右エ門新田〕2-75, 5-120
栗橋（御料所）2-73, 5-118, 5-120, 5-291
玄番〔蕃〕新田（御料所、加藤勝之助知行所）〔玄番新田〕2-75, 5-120
小右エ門村（御料所）〔小右衛門村〕2-73, 5-120, 5-291
古河（土井大炊頭居城）2-72, 2-73, 5-109, 5-291
越谷　2-75, 5-120, 5-290
小淵村　2-75, 5-120, 5-290
榺戸村　2-75, 5-120, 5-290
幸手（御料所）○　2-73, 5-120, 5-291
下高野村（天野傳兵衛、前島式部、青沼又兵衛知行所）〔高野〕2-73, 2-75, 5-120, 5-291
下間久里村〔間久里〕2-75, 5-120, 5-290
杦戸（御料所）○　2-73, 2-75, 5-120, 5-291
清地村（酒井玄蕃、三宅源左エ門、高田忠右エ門、能勢弥之助知行所）2-73, 2-75, 5-120
千駄塚村（久世大和守領分）2-72, 5-109, 5-290
草加○☆　2-75, 5-120, 5-290
外國府間村（一橋殿領分）2-73, 5-120, 5-291
大門○　2-75, 5-120, 5-291
代山村（御料所、島田愛之助知行所）2-75, 5-120
高須賀村（御料所）2-73, 5-120, 5-291
茶屋新田　2-72, 2-73, 5-109, 5-291
辻村　2-75, 5-120
辻村（御料所）2-75, 5-120
堤根村（御料所、松平大和守領分）2-73, 2-75, 5-120, 5-290
寺山村（御料所）2-75, 5-120, 5-291
戸塚村　2-75, 5-120
友沼村（土井大炊頭領分）2-72, 2-73, 5-109, 5-291
中居村（御料所）2-75, 5-120
中曽根村〔九左エ門新田〕2-75, 5-120, 5-290
中田（土井大炊頭領分）2-72, 2-73, 5-109, 5-120, 5-291
中野田村（春日保太郎知行所）2-75, 5-120
西新井宿村　2-75, 5-120
西方村　2-75, 5-120
野木○　2-72, 2-73, 5-109, 5-291
登戸村　2-75, 5-120, 5-290
八町目村　2-75, 5-120
鳩ケ谷○〔鳩谷〕2-75, 5-120
茨島村（大久保権之助知行所）2-73, 5-120
原町　2-72, 2-73, 5-109, 5-291
東新井宿村　2-75, 5-120
備後村（森川□□守、□□主膳知行所）2-75, 5-120, 5-290
二日市村（水野日向守領分）2-72, 5-109, 5-290
本郷村（御料所）2-75, 5-120
間々田（戸田能登守領分）2-72, 5-109, 5-290
谷古宇村　2-75, 5-120
與右衛門新田〔与右エ門新田〕2-75, 5-120
葭笹原村　2-75, 5-120, 5-290

【山・峠】

筑波山　2-74, 5-109, 5-290

【河川・湖沼】

綾瀬川〔綾セ川〕2-75, 5-120
房川　2-73, 5-118, 5-120
古利根川　2-75, 5-120

第88号
熊谷・浦和・川越

【郡名】

足立郡　2-77, 2-78, 5-120, 5-291
入間郡　2-78, 2-79, 5-120, 5-291
大里郡　2-77, 5-118, 5-291
高麗郡　2-79, 5-121, 5-291
埼玉郡　2-77, 2-78, 5-120, 5-291
新座郡　2-78, 2-79, 5-120, 5-291
播羅郡　2-77, 5-118, 5-291
比企郡　2-77, 2-78, 2-79, 5-121, 5-291
横見郡　2-77, 2-79

【地名】

相上村　2-77
安比奈村　2-79
粟生田村（松平大和守領分）2-79, 5-120, 5-121, 5-291
赤尾村　2-79
赤城村（林大學頭知行所）2-76, 5-118, 5-120, 5-291
上尾（御料所）○　2-78, 5-120, 5-291
上尾下村（松下鐵太郎知行所）2-78, 5-120
蘆苅場村　2-79
網代村（松平大和守領分）2-79, 5-120, 5-291
遊馬村（御料所、木目信濃守、丸毛五郎兵衛、西山兵衛知行所）2-78, 5-120, 5-291
東間村（松平大和守領分）2-76, 5-120, 5-291
畔吉村（御料所）2-78, 5-120, 5-291
荒井村（牧野藤五郎知行所）2-76, 2-78, 5-120, 5-291
荒井村枝北袋　2-77, 2-78
新久村　2-79
荒宿村　2-79
飯島新田　2-79
飯島村　2-79
飯田新田（御料所、伊奈兵庫知行所）〔飯田新田〕2-78, 5-120
井草宿（秋元左衛門佐領分）○　2-79, 5-120, 5-291
池邉村　2-79
石井村（御料所、松平大和守領分）2-79, 5-120, 5-291
石田村　2-79
石戸村（牧野左近知行所）2-76, 2-78, 5-120, 5-291
石戸村横田市場　2-76, 2-78
石橋村（松平大和守領分）2-77, 2-79, 5-121, 5-291
石原村（阿部鋳丸領分）2-77
石原村植木　2-77
石原村下石原〔石原村、石原〕2-77, 5-118, 5-291
市川村〔市川〕2-77
一本木村鳥羽井新田鳥羽井村上小見野村下小見野村虫塚村入會　2-79
出丸下郷村　2-78
出丸中郷村　2-78
出丸本郷村　2-78
今泉新田　2-79
今泉村　2-79
今泉村（竹田直五郎、冨田、渡辺、鈴木頼母知行所）2-79, 5-120, 5-291
今泉村加藤　2-79
今成村　2-79, 5-120, 5-291
芋莖村（秋元左衛門佐領分、安藤織部知行所）2-76, 5-120, 5-291
入間川村（御料所、松平大和守領分、村越伯耆守、小笠原政次郎、田村庄三郎、日野直次郎知行所）2-79, 5-120, 5-291
入間川村枝　2-79
入間川村枝鵜ノ木　2-79
入間川村枝田中　2-79
入間川村枝峯　2-79
岩槻（大岡主膳正居城）○　2-78, 5-120, 5-291
植田谷本村新田〔植田谷本村、植田谷〕2-78, 5-120, 5-291
上野村　2-78
牛ケ谷戸村　2-79
内田ケ谷村（正木左近、會田伊右エ門、小笠原彦九郎、久世忠右衛門知行所）〔田ケ

谷〕 2-76, 5-118, 5-120, 5-291
内谷村（御料所、大岡伊織知行所） 2-78, 5-120, 5-291
内谷村大野新田 2-78
内谷村曲本村新田 2-78
梅木村 2-79
浦和◯ 2-78, 5-120, 5-291
江川下久下村 2-79
江川村 2-77
榎戸村 2-77, 5-291
扇町屋宿（田安殿領分）〔扇町谷〕 2-79, 5-120, 5-121, 5-291
大蘆村〔大芦〕 2-79, 5-291
大蘆村本目 2-79
大麻生村（松平大和守領分、大久保備中守、戸田数馬知行所） 2-77, 5-121, 5-118
大麻生村新田 2-77
大麻生村西河原 2-77
大井町（阿部銕丸領分）◯ 2-78, 5-120, 5-291
大井村 2-77
大久保村 2-78
大仙波新田 2-79, 5-120
大仙波村（松平大和守領分） 2-78, 2-79, 5-120, 5-291
大竹村 2-79
大塚新田 2-79
大袋新田枝原新田 2-79
大塚村 2-79
大塚村 2-79
大成村（小栗仁右エ門知行所） 2-78, 5-120, 5-291
大袋新田（松平大和守領分）◯ 2-79, 5-120, 5-291
大袋新田枝髙橋 2-79
大袋村 2-79
大間村（林大學頭、西尾伊兵エ知行所） 2-77, 5-120
大宮（御料所）◯ 2-78, 5-120, 5-291
大谷別所村（春日佐次郎知行所）〔別所〕 2-78, 5-120, 5-291
大谷村（森川金右エ門知行所） 2-77, 5-120, 5-291
大谷村神光谷 2-77
大和田町枝中野〔大和田町、大和田〕 2-77, 5-120, 5-291
大和田村 2-77, 2-79
岡郷（松平大和守領分） 2-77, 5-120
岡郷上岡 2-77
岡村 5-291
小ケ谷村 2-79
小久保村石原 2-79
桶川（御料所）◯ 2-76, 2-78, 5-120, 5-291
忍（阿部銕丸居城） 2-77, 5-118, 5-120, 5-291
女影村 2-79
表村 2-79
表村飛地（秋元左衛門佐領分）〔比企郡表村、表村〕 2-78, 5-120, 5-291
大谷澤村（酒井加賀守知行所） 2-79, 5-120, 5-291
貝塚村 2-78
角泉村 2-79
加倉村（大岡主膳正領分） 2-78, 5-120
掛新田 2-78
加佐志村 2-79
笠幡村（松平大和守領分） 2-79, 5-120
鍛冶村（御料所） 2-78, 5-120
柏﨑村（松平大和守領分） 2-77, 2-79, 5-120, 5-291
柏﨑村馬場 2-77, 2-79
栢座村（御料所） 2-78, 5-120
柏原新田 2-79
片柳村 2-79
片柳村下吉田 2-79
勝瀬村 2-78, 5-120, 5-291
門井村 2-77
金重村（御料所） 2-78, 5-120
金谷村（丸毛一學知行所） 2-77, 2-79
蚊計谷村 2-77, 2-79
甲山村 2-77, 5-120, 5-291
鎌塚村 2-77
上青柳村 2-79
上淺羽村 2-79
上井草村 2-79
上内間木村 2-78
上老袋村 2-78
上大久保村（御料所） 2-78, 5-120, 5-291
上大久保村神田村領家村下大久保村入會 2-78
上大久保村砂場 2-78
上奥冨村（松平大和守領分）〔奥富〕 2-79, 5-120, 5-291
上押切村 2-77
上押垂村 2-79, 5-120
上恩田村 2-77, 5-120
上加茂村 2-78, 5-120
上唐子村（松平大和守領分）〔唐子〕 2-77, 2-79, 5-121, 5-291
上唐子村車口 2-77, 2-79
上唐子村原屋敷 2-77, 2-79
上川田谷村（牧野大和守、牧野釆女、牧野左近知行所）〔川田谷〕 2-78, 5-120, 5-291
上木﨑村 2-78, 5-120, 5-291
上寺山村〔寺山〕 2-79, 5-291
上南畑村 2-78
上新堀村 2-79
上野田村（御料所、伏見源次郎知行所）〔野田〕 2-78, 5-120, 5-291
上蓬萊村 2-78
上村（松平大和守領分） 2-78, 5-120, 5-291
上谷新田（藤堂駒五郎知行所） 2-76, 5-120
上吉田村（大屋右京知行所）〔吉田〕 2-79, 5-291
亀窪村 2-78, 5-120, 5-291
鴨田村 2-78
加茂宮村（御料所） 2-78, 5-120, 5-291
川越（松平大和守居城）◯☆ 2-79, 5-120, 5-291
川越通町〔通町〕 2-79, 5-120
川崎村 2-79
川島村（一橋殿領分） 2-78, 5-120, 5-291
河原明戸村（井上内膳正領分） 2-77
河原明戸村大ケ島〔河原明戸村、河原明戸〕 2-77, 5-121, 5-118, 5-291
河原明戸村上組〔河原明戸〕 2-77, 5-291
河原井村（一橋殿領分） 2-76, 2-78, 5-120, 5-291
騎西町場◯ 2-76, 5-120, 5-291
岸村 2-79, 5-120, 5-291
岸村（御料所） 2-78, 5-120
北藺部村 2-79
北長井村 2-78
北根村（御料所、夏目内膳、人見高榮知行所） 2-76, 5-118, 5-120, 5-291
北原村 2-78, 5-120
行田〔行田町〕 2-77, 5-118, 5-120, 5-291
久下戸村 2-78
久下村 2-77, 5-120
久下村今原 2-79
久下村中新田 2-77
鯨井村 2-79
葛袋村（御料所、三枝大學、久貝忠左エ門知行所） 2-79, 5-120, 5-121, 5-291
久保島村（大久保豊前守、土屋主水、土屋甚之丞知行所） 2-77, 5-118
久保村（御料所） 2-78, 5-120
熊谷（阿部銕丸領分）◯ 2-77, 5-118, 5-120, 5-291
熊ケ谷宿大原 2-77
黒須村（稲冨久兵衛知行所） 2-79, 5-120, 5-121, 5-291
黒濱村（大岡主膳正領分） 2-78, 5-120, 5-291
毛塚村（横田甚右エ門、横田源太郎、有馬千之助、内藤主膳知行所） 2-79, 5-120
毛塚村宮鼻村入會大黒部〔宮鼻〕 2-79, 5-291
小泉村 2-79
鴻莖村（秋元左衛門佐領分） 2-76, 5-120, 5-291
鴻巣（御料所）◯ 2-76, 5-120, 5-291
鴻巣宿飛地 2-79
紺屋村 2-79
小島村 2-77
五關村（御料所、小笠原大次郎知行所） 2-78, 5-120, 5-291
小仙波村（喜多院領） 2-78, 2-79
小手差原 2-79, 5-120
小中居村 2-78
小沼村 2-79
古名村 2-79
小室村 2-79
小谷田村（御料所、田安殿領分、長野佐左エ門、神田数馬知行所） 2-79, 5-121, 5-291
小谷田村根岸〔根岸〕 2-79, 5-291
小八ツ林村 2-77
小谷村（山本鐐之丞、下山弥八郎、酒依清十郎、太田松庵知行所） 2-79
小谷村御代地 2-79
小谷村五反田 2-79
在家村 5-120
西蓮寺村（御料所、佐々監物知行所） 2-78, 5-120
西蓮寺村新田 2-78
坂戸村（松平大和守領分）◯〔板戸〕 2-79, 5-120, 5-291
﨑玉村（阿部銕丸、松平大和守領分） 2-77, 5-118, 5-120, 5-291
篠井村（秋元左エ門佐領分、土屋千之助、酒井加賀守、土屋伊賀守、山本万之助、有賀吉次郎知行所） 2-79, 5-120, 5-121, 5-291
差扇領十九ケ村秣場〔十九ケ村秣場〕 2-78, 5-120
佐間村（阿部銕丸領分） 2-77, 5-118, 5-120, 5-291
佐谷田村 2-77, 5-118, 5-120
佐谷田村八町 2-77
三箇村（内藤外記知行所） 2-76, 5-120, 5-291
三条町村新田〔三条町村〕 2-78, 5-120
三町免村（酒依清十郎知行所） 2-79, 5-291
志賀村（秋元左エ門佐領分） 2-77, 5-121
志垂村 2-79, 5-120, 5-291
地頭方村 2-77
篠津村（徳永小膳知行所）☆ 2-76, 2-78, 5-120, 5-291
新開村 2-78
澁井村 2-78
嶋田村（松平大和守領分） 2-79, 5-120, 5-291
島根村新田〔島根村〕 2-78, 5-120, 5-291
下青柳村 2-79
下淺羽村（深津弥八郎知行所） 2-79, 5-120, 5-121, 5-291
下井草村（秋元左エ門佐領分）〔井草〕 2-79, 5-291
下石戸下村（牧野大内藏知行所） 2-76, 2-78, 5-120, 5-291
下内間木村 2-78
下老袋村 2-78
下大久保村（御料所、人見七藏知行所） 2-78, 5-120
下青鳥新田 2-79
下大谷村 2-79
下奥冨村（田安殿領分）〔奥富〕 2-79, 5-120, 5-291
下小坂村（松平大和守領分）〔小坂〕 2-79, 5-120, 5-291
下押切村 2-77
下押垂村（御料所） 2-79, 5-120
下加納村（松平大和守領分、數原通玄知行所） 2-76, 2-78, 5-120
下加茂村 2-78, 5-120
下唐子村（御料所、松平大和守領分）〔唐子〕 2-77, 2-79, 5-121, 5-291
下唐子村大平 2-79
下川田谷村（牧野大和守、牧野釆女、牧野左近知行所）〔川田谷〕 2-78, 5-120, 5-291
下久下村 2-77
下笹目村 2-78, 5-120, 5-123, 5-291
下砂村 2-77, 2-79
下寺山村〔寺山〕 2-79, 5-120, 5-291
下中丸村（多門一次郎、日下部権左エ門知行所）〔下中丸山村〕 2-76, 2-78, 5-120, 5-291
下南畑村下南畑村新田入會 2-78
下新堀村 2-79
下廣谷村（松平大和守領分） 2-79, 5-120, 5-291
下廣谷村中村 2-79
下蓬萊村 2-78
宿村新田〔宿村〕 2-78, 5-120
宿粒村 2-79, 5-120
上下川田谷村樋ノ詰 2-78
正直村（松平大和守領分） 2-79, 5-120, 5-291
正代村 2-79
正能村（秋元左衛門佐領分） 2-76, 5-120, 5-291
菖蒲戸ケ﨑村（内藤外記知行所） 2-76, 5-120
白岡村（川副勝三郎知行所） 2-76, 2-78, 5-120, 5-291
白鍬村八王子村丹〔円〕阿弥村入會〔白鍬村、八王子村、円阿弥村〕 2-78, 5-120
白幡村（御料所、藤堂肥後守知行所） 2-78, 5-120
新宿村 2-77
新宿村（宇都野金右エ門、石谷隼人、野間金三郎、山本庄兵衛、八木数馬、佐橋兵三郎知行所） 2-78, 5-120, 5-291
神田村（御料所） 2-

78, 5-120
神田村新田 2-78
菅間村 2-79
菅谷村（猪子英太郎知行所） 2-77, 2-79, 5-121, 5-291
須戸野谷新田 2-79
砂久保村 2-79
砂新田 2-79, 5-120, 5-291
砂村 2-78, 2-79
脚折村（田安殿領分、坪内源五郎知行所）〔胸折〕 2-79, 5-120, 5-121, 5-291
春ノ原村 2-77
関間新田 2-79
千駄村（御料所） 2-78, 5-120
千駄村新田 2-78
外田ケ谷村（松平大和守領分、大岡土佐守、神田数馬、宮崎甚右エ門、數原玄英知行所）〔田ケ谷〕 2-76, 5-118, 5-120, 5-291
染谷村（御料所、伏見源次郎知行所） 2-78, 5-120
臺村（一橋殿領分、土岐肥前守、能勢甚四郎、目賀田幸助、南條権五郎、太田吉藏知行所） 2-76, 5-120, 5-291
平村（松平大和守領分、岡野荘兵衛知行所） 2-77, 5-120, 5-291
平村枝平新田 2-77
髙尾村（牧野大和守知行所） 2-76, 2-78, 5-120, 5-291
萬〔高〕尾村上沼新田入會地〔高尾村上沼新田〕 2-77, 2-79, 5-120
髙倉新田 2-79, 5-121
髙倉村 2-79
髙倉村 2-79
高坂村（松平大和守領分、渥美九郎兵エ知行所） 2-79, 5-120, 5-291
髙萩村（御料所、田安殿領分）○ 2-79, 5-120, 5-291
高萩村咎〔谷〕津 2-79
高本村 2-77
髙柳村（奥村鎮次郎知行所） 2-77, 5-118
滝馬室村（御料所） 2-77, 5-120
滝馬室村御成河岸 2-77
田木村（横田源太郎、鈴木左門、渡邉八三郎知行所） 2-79, 5-120
田木村（加賀金右エ門、山本万之助知行所） 2-79, 5-120, 5-291
田甲村 2-77
田島村（御料所） 2-78, 5-120
田島村新田平野原 2-78
棚田村 2-77
玉井村（長田六左衛門、阿部新右衛門、數原宗得、戸田數馬知行所） 2-77, 5-118
玉井村茶屋 2-77
太郎丸村（猪子佐太夫知行所） 2-77
竹間澤村（松平大和守領分） 2-78, 5-120, 5-291
塚越村 2-78
塚越村（松平大和守領分、松平千之丞、本多甲次郎、小幡又兵エ知行所） 2-79, 5-120, 5-291
塚本村（御料所） 2-78
辻村（御料所、安西彦五郎知行所） 2-78, 5-120
津田村 2-77
鶴ケ岡村 2-79, 5-120, 5-291
鶴馬村 2-78
手島村 2-79
寺尾村 2-78
道場村（御料所） 2-78, 5-120, 5-291
道場村新田〔道場村〕 2-78
道地村（前田半右衛門、彦坂九兵衛、菅沼越前守知行所） 2-76, 5-120, 5-291
戸口村 2-79
戸崎村 2-76
土手宿村（疋田庄左エ門知行所） 2-78, 5-120
戸出村 2-77, 5-118, 5-120, 5-291
鳥羽井新田 2-79
鳥羽井村 2-79
戸宮村（秋元左衛門佐領分） 2-79, 5-120, 5-291
戸守村（松平大和守領分） 2-79, 5-120, 5-291
豊田新田〔豊田〕 2-79, 5-291
豊田本村〔豊田〕 2-79, 5-120, 5-291
苗間村 2-78, 5-120, 5-291
苗間村街道 2-78
中居村（岡八郎兵衛知行所） 2-77, 5-120
中小坂村〔小坂〕 2-79, 5-120, 5-291
中澤村 2-79
中島村（御料所） 2-78, 5-120
中島村新田 2-78
中下恩田村入會（松平大和守領分）〔中恩田村、下恩田村〕 2-79, 5-120, 5-121
中曽根村 2-77
中曽根村 2-77
中妻村沖上村入會（御料所、松平大和守領分）〔中妻村、中上村〕 2-78, 5-120
中寺山村〔寺山〕 2-79, 5-120, 5-291
中ノ林村（御料所、加藤寅之助知行所）〔中野林村〕 2-78, 5-120
中ノ林村新田 2-78
中野村 2-79, 5-120, 5-291
中野村（日下部金三郎知行所） 2-77, 5-120
長谷村 2-77
中山村（秋元左衛門佐領分） 2-79, 5-120, 5-291
長樂村 2-79
流川村 2-77, 2-79
成澤村 2-77
新島村原（戸田數馬知行所）〔新島村、新島〕 2-77, 5-118, 5-291
新堀村（黒田豊前守領分、櫻井庄之助、數原玄英、大草吉左エ門知行所） 2-77, 5-118
西堀村新田〔西堀村〕 2-78, 5-120
糠田村（御料所） 2-79
沼影村（御料所） 2-78
沼黒村 2-77
根岸村（御料所、大木才兵エ、西山八兵衛知行所） 2-79, 5-120, 5-121
根岸村（御料所） 2-78, 5-120, 5-291
根小屋村 2-77, 2-79
野田新田 2-79
野田村 2-77
野田村 2-79, 5-120, 5-291
野田村ハケノマ 2-79
野原村 2-77
登戸村 2-77
野本村（御料所） 2-79, 5-120
野本村馬塲〔野本村〕 2-79, 5-120
蓮沼新田 2-77, 2-79
蓮沼新田高尾新田須野子新田江川新田大和屋新田荒井新田久保田新田入會 2-77, 2-79
八幡田村（戸田土佐守、中山吉次郎知行所） 2-76, 2-78, 5-120, 5-291
八幡田村飛地 2-79
原馬室村（御料所） 2-76, 5-291
原馬室村下新田 2-77
原村（松平大和守領分） 2-76, 5-120, 5-291
針ケ谷村 2-78, 5-120, 5-291
針無村 2-79
神戸村 2-79
東方村（御料所、大久保筑後守、依田平左エ門、久田孫太郎、大久保荒之助江原留次郎知行所） 2-77, 5-118, 5-291
東別府村（彦坂外之助、神尾豊後守、小栗五太夫、伊達庄兵衛、遠山忠兵衛、内藤伊兵衛、杉浦孫之丞、鉢屋左門、久田孫太郎、河村善兵衛知行所）〔別府〕 2-77, 5-118, 5-291
引野 2-77, 2-79
膝折 5-291
膝子村（御料所） 2-78, 5-120, 5-291
美女木村（御料所） 2-78, 5-120
一ツ木村 2-77
一ツ木村飛地 2-79
樋口村 2-77
樋口村（御料所、平岡美濃守、徳永小膳知行所） 2-76, 5-120, 5-291
平方村（御料所、松平十藏、金森六左エ門知行所） 2-78, 5-120, 5-291
平方村新田 2-78
平塚新田（田付大五郎知行所） 2-79, 5-120, 5-121, 5-291
平塚村（秋元左エ門佐領分） 2-79, 5-120
平戸村 2-77, 5-118
平戸村八町 2-77
廣瀬郷（依田豊前守、加藤駒五郎知行所） 2-77, 5-121, 5-118
廣瀬郷枇杷原 2-77
廣瀬村（秋元左エ門佐領分） 2-79
深井村（日下部権左エ門、日下部金三郎知行所） 2-76, 5-120, 5-291
府川村 2-79
吹上村 2-77, 5-120, 5-291
吹塚村 2-79, 5-120, 5-291
吹塚村枝大宮 2-79
福田村（松平大和守領分） 2-79, 5-120, 5-291
藤久保村 2-78, 5-120, 5-291
藤倉村 2-79
藤澤村 2-79
藤馬村 2-79, 5-291
藤馬村伊勢ケ原 2-79
武躰村（平井九右エ門知行所） 2-77
古凍村（御料所、有馬千之助、内藤主膳、渥美九郎兵エ知行所） 2-77, 2-79, 5-120
古凍村枝根岸 2-79
古谷上村（松平大和守領分） 2-78, 5-120
古谷上村飛地野新田 2-78
古谷本郷飛地 2-78
古谷本郷古谷上村入會（松平大和守領分）〔古谷本郷、古谷〕 2-78, 5-120, 5-291
平林寺村（御料所） 2-78, 5-120, 5-291
別所新田 2-78, 5-120
堀金村 2-79
本澤村 2-77
本宿村（大岡主膳正領分） 2-78, 5-120, 5-291
前砂村（阿部鋳丸領分） 2-77, 5-120, 5-291
前谷村 2-77
曲本村（御料所） 2-78, 5-120, 5-291
曲司村 2-79
万吉村 2-77
増形村 2-79
町郷分小久保村東明寺村寺井三ケ村入會〔町郷分、東明寺村、寺井三ヶ村〕 2-79, 5-120
町谷村（御料所） 2-78, 5-120
町谷村新田 2-78
松郷（松平大和守領分） 2-79, 5-120
松郷分枝六軒町 2-79
松永村 2-79
松本新田（御料所） 2-78
松山町（松平大和守領分） 2-77, 2-79, 5-120
松山町山王 2-77
松山町下新田〔松山町、松山〕 2-77, 2-79, 5-120, 5-291
丸貫村 2-79
三ケ尻村 2-77
御正村 2-77
水判土村（御料所、多門勇之助知行所） 2-78, 5-120
水判土村新田〔水判土村〕 2-78, 5-120
溝沼 5-291
箕田郷（大岡主膳正領分、大岡伊織、梶川主税、松波平右エ門、牛奥新五左エ門、數原玄英知行所） 2-77, 5-120, 5-291
箕田郷入會 2-79
三ツ木村（御料所）〔三木村、三木〕 2-79, 5-120, 5-291
三木村 2-79
南薗部村 2-79
峯岸村 2-78
箕輪村（井上内膳正領分） 2-77, 5-120, 5-291
三保ノ谷村 2-79
三保ノ谷村山ケ谷戸村入會 2-78
宮ケ谷塔村（御料所） 2-78, 5-120
宮下村（遠山小左エ門、宮崎甚右エ門、菅沼藤一郎知行所） 2-78, 5-120, 5-291
宮鼻村（松平大和守領分） 2-79, 5-120, 5-291
宮前村（下山冨五郎知行所、光徳寺領） 2-77, 5-120
明用村（阿部鋳丸領分） 2-79
向小久保村 2-79, 5-120
宗岡村 2-78
村岡村（松平大和守領分） 2-77, 5-121, 5-291
持田村 2-77, 5-118, 5-120, 5-291
元宿村 2-79
元宿村（御料所） 2-78, 5-120
本宿村 2-78
本宿村（三上因幡守知行所） 2-76, 2-78, 5-120, 5-291
本宿村（酒井但馬守、日比野七太郎、渥美九郎兵エ知行所） 2-79, 5-120
本宿村枝悪戸 2-79
元宿村新田 2-78
本太村 2-78, 5-120
森戸新田（御料所） 2-79, 5-121
門前村（御料所） 2-78, 5-120, 5-291
谷中村 2-79
山田村（御料所） 2-

77
山野下村　2-77
除堀村（一橋殿領分）　2-76, 5-120, 5-291
横沼村　2-79
吉野原村（戸田土佐守知行所）　2-78, 5-120, 5-291
四日市場村新田（御料所）　2-79, 5-121, 5-291
領家村（御料所）　2-78, 5-120
領家村（松平大和守領分）　2-78, 5-120, 5-291
領家村砂場　2-78
脇田村西町　2-79
和田村（松平大和守領分）　2-77, 5-120
蕨（御料所）○☆　2-78, 5-120

【社寺】

岩殿観音　2-79
円藏寺　2-78
円通寺　2-78
觀音寺　2-77, 2-79
喜多院　2-78
高済寺　2-79
廣徳寺　2-79
光福寺　2-77
金光院　2-79
玆眼寺　2-79
淨国寺　2-78, 5-120
正八幡　2-78
住吉社　2-79
泉福寺　2-78
宗福寺　2-79
大智寺　2-79
高城神社　2-77
東竹院　2-77
八幡宮　2-79
馬蹄寺　2-78
氷川社　2-78
廣瀬神社　2-79
普門寺　2-78
無量壽寺　2-79
箭弓稲荷　2-79
熊谷寺　2-77
養竹院　2-79
連聲寺　2-79

【山・峠】

松山古城　2-77, 2-79

【河川・湖沼】

綾瀬川〔綾セ川〕　2-78, 5-120
荒川　5-120
入間川　2-79
越邊川　2-79
高麗川　2-79, 5-291
都幾川　2-77, 2-79
柳瀬川　5-120
和田川　2-79

第89号
船橋

【国名】

上總國〔上總〕　2-82, 5-111, 5-122, 5-290
下總國〔下總〕　2-82, 5-122, 5-290

【郡名】

市原郡　2-82, 5-111, 5-122, 5-290
葛飾郡　2-81, 2-83, 5-122, 5-290
匝瑳郡　2-83, 5-110, 5-290
千葉郡　2-81, 2-83, 5-122, 5-290
武射郡　2-83, 5-111, 5-290
山邊郡　2-80, 5-111, 5-122, 5-290

【地名】

粟生村（御料所、町奉行組与力給地）　2-80, 5-111, 5-290
新井村　2-81, 2-83, 5-122
稲毛村（御料所、朝倉小左エ門、石河甚太郎知行所）　2-81, 2-82, 2-83, 5-111, 5-122, 5-290
井之内村（保科越前守領分、仙石弥兵エ知行所）　2-80, 5-111, 5-290
今井村　2-82, 5-111, 5-122
岩前新田（有馬備後守領分）　2-82, 5-290
押切村　2-81, 2-83, 5-122, 5-290
生實　5-122
生實新田（森川兵部少輔領分）　2-82, 5-111, 5-122, 5-290
貝塚村　2-80, 5-111
欠間々村　2-81, 2-83, 5-122, 5-290
片貝村（御料所、松平中務少輔領分、本間佐渡守、長谷川平藏知行所、町奉行組與力給地）　2-80, 5-111, 5-290
加藤新田　2-81, 2-83, 5-122
金杉濱村（御料所）〔金杦濱村、金杦〕　2-82, 5-111, 5-122, 5-290
上妙典村〔妙典〕　2-81, 2-83, 5-122, 5-290
木戸村（御料所、安藤長次郎知行所）　2-83, 5-111, 5-290
木戸村（御料所、森山源五郎知行所）　2-80, 5-111, 5-290
儀兵エ新田〔儀兵衛新田〕　2-81, 2-83, 5-122
君塚村（川口久助知行所）　2-82, 5-111, 5-122
久々田村（御料所、金田友八郎知行所）　2-81, 2-83, 5-122, 5-290
黒砂村（堀田相模守領分）　2-81, 2-82, 2-83, 5-111, 5-122, 5-290
検見川（御料所、金田助八郎、清野半右エ門、小林金十郎、吉田周悦知行所）○　2-81, 2-82, 2-83, 5-122, 5-290
五井（有馬備後守在所）○☆　2-82, 5-111, 5-122, 5-290
高谷村　2-81, 2-83, 5-122, 5-290
五所村（有馬備後守領分、南條太兵衛、森七左エ門知行所）　2-82, 5-111, 5-122
小関村（御料所、町奉行組與力給地）　2-80, 5-111, 5-290
後田方　2-82, 2-83, 5-111, 5-122, 5-290
小松村（御料所、中川飛驒守、河野善十郎、権田竜次郎、杉田金之丞知行所）　2-80, 5-111, 5-290
鷺沼村（大久保八兵衛知行所）　2-81, 2-83, 5-122, 5-290
作田村（御料所、筧助兵衛知行所）　2-80, 5-111, 5-290
寒川○　2-82, 5-111, 5-122, 5-290
下妙典村〔妙典〕　2-81, 2-83, 5-122, 5-290
泉水村（堀田相模守領分）○　2-82, 5-111, 5-122, 5-290
曽我野（御料所、矢部卯之吉、河野善十郎、山﨑新次郎知行所）　2-82, 5-111, 5-122, 5-290
田中新生村（御料所、町奉行組與力給地）　2-80, 5-111, 5-290
玉前新田（御料所、榊原末次郎知行所）　2-82, 5-122, 5-290
千葉新田　2-81, 2-82, 2-83, 5-111, 5-122
當代島村　2-81, 2-83, 5-122
西海神村　2-83, 5-122, 5-290
西野村　2-80, 5-111
猫実村〔猫實村〕　2-81, 2-83, 5-122, 5-290
登戸○　2-81, 2-82, 2-83, 5-111, 5-122, 5-290
蓮沼村（御料所、保科越前守領分、津田山城守、松平備後守、三枝甚四郎知行所）　2-80, 5-111, 5-290
濱野○　2-82, 5-111, 5-122, 5-290
原木村　2-83, 5-122, 5-290
藤下村　2-80, 5-111
二俣村　2-83, 5-122, 5-290
不動堂村（御料所、町奉行組與力給地）　2-80, 5-111, 5-290
舟橋五日市（御料所）○〔舟橋〕　2-81, 2-83, 5-122, 5-290
舟橋海神〔舟橋〕　2-83, 5-122, 5-290
舟橋九日市○〔舟橋〕　2-81, 2-83, 5-122, 5-290
細屋敷村　2-80, 5-111
本行徳○　2-81, 2-83, 5-122, 5-290
真亀村（御料所、妻木多門知行所）　2-80, 5-111, 5-290
馬加（御料所、町奉行組與力給地）○　2-81, 2-83, 5-122, 5-290
松ケ島村（御料所、榊原末次郎知行所）　2-82, 2-83, 5-122, 5-290
松ケ谷村（天野権十郎、阿部四郎兵衛、曲淵叔五郎、森山源五郎、天野新右エ門、酒井玄蕃知行所）　2-80, 5-111, 5-290
湊新田　2-81, 2-83, 5-122
湊村　2-81, 2-83, 5-122, 5-290
村田村（森川兵部少輔領分）　2-82, 5-111, 5-122
本須賀村（新庄与惣右エ門、権田竜次郎、小野治郎右エ門、中山勘解由、酒井玄蕃知行所）〔元須賀村〕　2-80, 5-111, 5-290
屋形村（森川兵部少輔領分）☆　2-83, 5-111, 5-290
谷津村（大久保八兵衛知行所）　2-81, 2-83, 5-122, 5-290
八幡（御料所、岩本内膳正、松本彌門、水野石見守、村上三十郎、河野善十郎、佐野九右エ門、永井十左エ門知行所、八幡宮領）○　2-82, 5-111, 5-122, 5-290

【河川・湖沼】

栗山川　2-80

第90号
東京

【国名】

相模國〔相模〕　2-89, 2-90, 2-91, 5-126
下總國〔下總〕　2-84, 2-86, 5-122
武蔵國〔武蔵〕　2-84, 2-86, 2-89, 2-90, 2-91, 5-120, 5-123

【郡名】

愛甲郡　2-91, 5-291
足立郡　2-84, 2-85, 5-120, 5-291
入間郡　2-89, 5-120, 5-291
荏原郡　2-84, 2-85, 2-87, 5-123, 5-291
葛飾郡（下總國）　2-84, 2-86, 5-122, 5-290
葛飾郡（武藏國）　2-84, 5-122, 5-290
鎌倉郡　2-90, 5-123, 5-291
高座郡　2-90, 2-91, 5-123, 5-291
橘樹郡　2-87, 2-90, 5-123, 5-291
多摩郡　2-85, 2-87, 2-89, 2-90, 2-91, 5-120, 5-123, 5-291
津久井縣　2-89, 2-91, 5-121, 5-291
都築郡　2-87, 2-90, 5-123, 5-291
豊島郡　2-84, 2-85, 2-87, 5-120, 5-123, 5-291
新座郡　2-85, 5-120, 5-123, 5-291

【地名】

相原村（建部六右エ門、高井但馬守、久松志次郎知行所）　2-91, 5-121, 5-126, 5-291
青戸村　2-84, 5-120, 5-123, 5-290
青山　2-85, 2-87, 5-120, 5-123, 5-291
赤坂　2-84, 2-86, 5-120, 5-123, 5-291
赤坂御門　2-84
赤堤村代田橋　2-85, 2-87
赤羽村（東叡山、傳通院領）　2-85, 5-120, 5-123
浅草　2-84, 5-120, 5-123
浅草御門　2-84
小豆澤村（御料所、富田庄右エ門知行所）　2-85, 5-120, 5-123
有馬村（御料所、遠山政之助、曽根主税知行所）〔有間村〕　2-87, 2-90, 5-123, 5-291
淡野須村　2-84, 5-120, 5-123
飯塚村（御料所、根津権現社領）　2-85, 5-120, 5-123
池上新田　2-86, 5-123
池尻村池澤村入會〔池沢村、池尻村〕　2-85, 2-87, 5-120, 5-123
石川村　2-87, 2-90
石川村　2-89, 2-91
石田新田青柳村入會〔石田新田、青柳村〕　2-88, 2-90, 5-120, 5-123
石畑村（御料所、田安殿領分）　2-89, 5-121, 5-291
和泉村（内田主計知行所）　2-85, 2-87, 5-120, 5-123
礒部村　2-91
板橋（御料所）○　2-85, 5-120, 5-123
板橋宿大山　2-85
板橋宿平尾　2-85
市ケ尾村（甲斐庄五郎知行所）〔市毛〕　2-87, 2-90, 5-123, 5-291
市ケ谷〔市谷〕　2-84, 5-120
市ケ谷御門　2-84
一ノ宮村（柴島助右エ門、中山勘解由、曽我七兵衛知行所）　2-88, 2-90, 5-120, 5-123, 5-291
市場村　2-87, 5-123, 5-291
稲付村（東叡山領）　2-84, 2-85, 5-120, 5-123, 5-291
稲荷新田　2-86, 5-123
入間村（石谷主水知行所）　2-85, 2-87, 2-88, 5-120, 5-123, 5-

291
入間村滝坂　2-85, 2-87, 2-88
不入斗村　2-86, 2-87, 5-123
岩淵（御料所）○　2-85, 5-120, 5-123, 5-291
浮間村　2-85, 5-291
浮間村飛地〔浮間村〕　2-85, 5-120, 5-123
浮間村飛地　2-84
潮田村　2-87, 5-123, 5-291
牛久保村（御料所、安藤一學、久志本主水知行所）　2-87, 5-123, 5-291
牛込　2-84, 5-120, 5-123
牛込御門　2-84
宇津木村（細井佐次右エ門、前田信濃守、川村外記知行所）　2-89, 2-91, 5-121
宇津貫村　2-91, 5-121
鵜野森村　2-90
梅田村　2-84, 2-86, 5-120, 5-123
梅坪村　2-89
荏田村（増上寺領）○　2-87, 2-90, 5-123, 5-291
荏田村小黒　2-87, 2-90
荏田村關根　2-87, 2-90
江戸　2-84
王子村（金輪寺、圓福寺、幸隆寺領）☆　2-84, 5-120, 5-123
青梅道　2-89
大井村　2-86, 5-123
大井村濱川　2-86
大神村　2-89
大木戸　2-84, 2-86
大木戸　2-85
大蔵村鎌田村入會　2-87
大澤村　2-91
大島村　2-87, 5-123
大棚下山田村大棚村（御料所、萩原信太郎、窪田辨次郎、窪田忠兵衛、原半左エ門、中村万吉、窪田与左エ門、山本摘次郎、志村内藏助知行所）〔大棚下山田村、大棚村〕　2-87, 2-90, 5-123, 5-291
大野新田夏濱　2-85
大場村　2-90
大森村　2-89
大谷村　2-90
大谷村（御料所、松下河内守、前田八郎左エ門、久保田忠兵エ、萩原頼母知行所）
2-89, 2-91, 5-121
大和田町（松平右京亮領分）○　2-85, 2-88, 5-120, 5-123, 5-291
大和田村（御料所、久松忠次郎、前田繁之助知行所）　2-89, 2-91, 5-120, 5-121, 5-291
岡村（御料所）　2-85, 5-120, 5-123
岡本村　2-87
小川村　2-89
小川村（大久保矢九郎、井戸信八郎知行所）　2-90, 5-123, 5-291
小川村辻　2-90
荻新田　2-84, 5-120, 5-123
荻原村　2-89
奥戸村　2-84
御米蔵　2-84
小臺村　2-84, 5-120, 5-123
小臺村熊ノ木　2-84
小田村　2-87, 5-123
小山田村（柳澤佐渡守、神保喜内、沼間千次郎、松平次郎兵衛、松平内膳知行所）　2-90, 5-123, 5-291
小山田村常盤　2-90
小山村　2-91
小山村（神保喜内、高井但馬守、松平次郎兵衛知行所）　2-91, 5-123, 5-291
小山村馬場　2-90, 2-91
小山村三ツ見　2-91
恩田村（柳澤佐渡守、朝岡靭肩、井戸信八郎、岡本玄冶、星合鍋五郎、舩橋宗迪知行所）　2-90, 5-123, 5-291
恩田村石塔坂　2-90
海晏寺門前　2-86
海雲寺門前　2-86
葛西川村　2-84, 5-120, 5-123
梶原堀之内村　2-84
片倉村（前田繁之助、藤沢宮内）　2-89, 2-91, 5-121, 5-126, 5-291
片倉村釜　2-89, 2-91
片倉村川久保　2-89, 2-91
片倉村時田　2-89, 2-91
片山村（羽田鋳太郎知行所）　2-85, 2-88, 5-120, 5-123, 5-291
金井窪村（御料所、木村徳五郎、木村市五郎、水野藤右エ門、斉藤亀五郎知行所）　2-85, 5-120, 5-123
金森村（御料所、町野恒太郎、細井佐次右エ門知行所）　2-90, 5-123, 5-291
金森村西田　2-90
神谷村　2-84
金子村（御料所）　2-85, 2-87, 2-88, 5-120, 5-123, 5-291
上赤塚村（御料所、大屋春次郎知行所）〔赤塚〕　2-85, 5-120, 5-123, 5-291
上赤塚村成増　2-85
上石原村○〔石原〕　2-88, 2-90, 5-120, 5-123, 5-291
上板橋村（御料所）○　2-85, 5-120, 5-123, 5-291
上板橋村大宿　2-85
上板橋村七軒屋　2-85
上板橋村中折　2-85
上馬引澤村（大久保兵庫知行所）　2-85, 2-87, 5-120, 5-123
上依智村（長谷川民之助、小宮山儀三郎、大久保筑後守知行所）　2-91, 5-126, 5-291
上大島村　2-84
上尾久村　2-84
上落川村（大久保矢九郎知行所）〔落川〕　2-88, 2-90, 5-120, 5-123, 5-291
上木下川村　2-84, 5-120, 5-123
上北澤村（増上寺御屋料）　2-85, 2-87, 5-120, 5-123
上九澤村　2-91
上椚田村落合〔上椚田〕　2-89, 2-91, 5-291
上椚田村河原宿〔上椚田〕　2-89, 2-91, 5-291
上椚田村新地〔上椚田〕　2-89, 2-91, 5-291
上椚田村原宿（御料所）〔上椚田村、上椚田〕　2-89, 2-91, 5-121, 5-291
上駒込村（傳通院、麟昌院領）　2-84, 5-120, 5-123
上作延村　2-87
上染屋村〔染屋〕　2-88, 2-90, 5-120, 5-123, 5-291
上高井戸（御料所）○〔高井戸〕　2-85, 2-87, 5-120, 5-123, 5-291
上田村（御料所）　2-88, 2-89, 2-90, 2-91, 5-120, 5-123, 5-291
上霞間村　2-90
上戸田村　2-85, 5-120
上飛田給村〔飛田給〕　2-88, 2-90, 5-120, 5-123, 5-291
上中里村（山川宇兵衛知行所）　2-84, 5-120, 5-123
上長房村新井村　2-89, 2-91
上長房村小名宇村　2-89, 2-91
上長房村小佛○〔小佛〕　2-89, 2-91, 5-121, 5-291
上長房村駒木野（御関所）　2-89, 2-91, 5-121, 5-291
上長房村摺差村　2-89, 2-91
上新倉村（御料所）〔新倉〕　2-85, 5-120, 5-123, 5-291
上新倉村原新田　2-85
上沼田村　2-84
上煉馬村田柄〔上煉馬村〕　2-85, 5-120, 5-123
上野毛村　5-120
上八右エ門新田　2-84, 5-120, 5-123
上平井村　2-84
上布田村〔上布田、布田〕　2-85, 2-87, 2-88, 2-90, 5-120, 5-123, 5-291
上溝村（大久保佐渡守領分、石野新左エ門、高木政次郎、佐野肥前守、森川右京、戸田八五郎知行所）　2-91, 5-126, 5-291
上溝村久保　2-91
上溝村山谷〔上溝〕　2-91, 5-291
上溝村番田　2-91
上目黒村　2-85, 2-87, 5-120, 5-123, 5-291
上矢部村　2-91
上谷保村〔谷保〕　2-88, 2-90, 5-120, 5-123, 5-291
上谷本村（渡邉玄蕃、倉橋作次郎知行所）〔谷本〕　2-90, 5-123, 5-291
亀有村（御料所）　2-84, 5-120, 5-123, 5-290
亀戸村　2-84, 5-120, 5-123, 5-290
亀高村　2-84, 2-86, 5-120, 5-123
鳥山村（御料所、窪田小兵衛、志村内藏助、松下河内守知行所）〔烏山村、烏山〕　2-85, 2-87, 5-120, 5-123, 5-291
河井村　2-90
川入村（御料所、大久保佐渡守、長沢直次郎、前田繁之助、建部六右エ門知行所）　2-91, 5-126
川口（御料所）○　2-84, 2-85, 5-120, 5-123
川崎○☆　2-87, 5-123, 5-291
川崎村（御料所、武田國之丞、蒔田八郎左エ門知行所）　2-89, 5-121, 5-291
川中島村　2-87, 5-123
川端村　2-84, 5-120, 5-123
神田　2-84, 5-120, 5-123
木曽村（御料所、倉橋内匠知行所）　2-90, 5-123, 5-291
木曽村界川　2-90
木曽村下矢部　2-90
木曽村三谷　2-90
北大森村　2-86, 2-87, 5-123
北蒲田村（護國寺領）　2-87, 5-123, 5-291
北野村（御料所）　2-85, 2-87, 2-88, 2-90, 5-291
北本所出村　2-84
久左エ門新田　2-84, 5-120, 5-123
給田村（御料所、三浦久五郎、三浦五郎三郎知行所）　2-85, 2-87, 5-120, 5-123, 5-291
久地村川邊　2-87
久地村溝口村（御料所）○〔溝口村〕　2-87, 5-123, 5-291
熊川村（御料所、田澤七右エ門、長塩長五郎知行所）　2-89, 5-121, 5-291
熊坂村大塚　2-91
熊坂村六倉〔熊坂村〕　2-91, 5-126
栗須新田日野本郷新田入會（御料所）　2-89, 2-91
車返村　2-88, 2-90, 5-120, 5-123, 5-291
鎌村　2-90
桒川新田　2-84, 2-86, 5-120, 5-123
小石川　2-84, 5-120, 5-123
小石川御門　2-84
高ケ坂村　2-90
糀谷村　2-86, 5-123
小梅村（御料所）　2-84, 5-120, 5-123, 5-290
小右エ門新田　2-84, 5-120, 5-123
小ケ谷戸村　2-89
國領村（御料所）○〔國領〕　2-85, 2-87, 2-88, 5-120, 5-123, 5-291
小奈木村〔小名木村〕　2-84, 5-120, 5-123
五神村　2-89
御番処　2-84
小比企村（長沢直次郎知行所）　2-89, 2-91, 5-121, 5-291
小比企村山田　2-89, 2-91
駒込　2-84, 5-120, 5-123, 5-291
駒場野　2-85, 2-87
子安村（建部六右エ門、高井但馬守知行所）　2-89, 2-91, 5-121
是政村（御料所）　2-88, 2-90, 5-120
是政村關屋塚　2-88, 2-90
幸橋御門　2-84, 2-86
逆井村　2-84, 2-86, 5-120, 5-123
坂下村（山田常之亟知行所）　2-88
坂戸村　2-87
作目村（高橋又一郎知行所）　2-89, 5-121, 5-291
左入村（西山兵橘知行所）　2-89, 5-121
左入村中丸　2-89, 2-91
左入村馬場谷戸　2-89, 2-91
猿ケ島村　2-91
散田村（田安殿領分、長沢直次郎知行所）　2-89, 2-91, 5-121, 5-291
三田村才戸〔三田村〕　2-91, 5-126
散田村新地　2-89, 2-91
鹿濱新田（御料所）　2-84, 5-120, 5-123
鹿濱村（東叡山領）　2-84, 5-120, 5-123
下谷　2-84, 5-120, 5-123
下谷本村（松波五郎右エ門知行所）〔谷本〕　2-87, 2-90, 5-123, 5-291
品川（御料所）○　2-86, 2-87, 5-120, 5-123, 5-291
芝　2-84, 2-86, 5-120, 5-123
柴崎村　2-88, 2-90, 5-120, 5-123, 5-291
柴崎村（佐橋兵三郎知行所）　2-85, 2-87, 2-88, 5-120, 5-123
柴崎村下和田　2-88, 2-90

澁谷　2-85, 2-87, 5-120, 5-123, 5-291
治兵エ新田　2-84, 5-120, 5-123
島根村　2-84, 5-120, 5-123, 5-290
志村（東叡山領）　2-85, 5-120, 5-123
下赤塚村（御料所）〔赤塚〕　2-85, 5-120, 5-123, 5-291
下赤塚村新町　2-85
下石原村〇〔石原〕　2-88, 2-90, 5-120, 5-123, 5-291
下今井新田〔下今井新田入會〕　2-84, 2-86, 5-120, 5-123
下馬引澤村　2-85, 2-87
下大島村　2-84
下尾久村　2-84
下落川村（松平圖書知行所）〔落川〕　2-88, 2-90, 5-120, 5-123, 5-291
下木下川村　2-84, 5-120, 5-123
下北澤村　2-85, 2-87
下九澤村（佐野鉄之進、加藤三左エ門知行所）　2-91
下九沢澤作ノ口〔下九沢村、下九澤〕　2-91, 5-126, 5-291
下作延村（御料所、戸田六郎右エ門知行所）　2-87, 5-123
下笹目村早瀬　2-85, 5-291
下澁谷村野崎組　2-85, 2-87, 5-120, 5-123
下新田村　2-87, 5-123, 5-291
下菅生村　2-87, 2-90
下仙川村（飯高彌五兵衛知行所）　2-85, 2-87, 2-88, 5-120, 5-123
下染屋村〔染屋〕　2-88, 2-90, 5-120, 5-123, 5-291
下高井戸（御料所）　2-85, 2-87, 5-120, 5-123
下靏間村（江原孫三郎、都築又兵衛、松平金次知行所）〇　2-90, 5-123, 5-291
下靏間村公所　2-90
下戸田村（御料所）　2-85, 5-120, 5-123
下戸田村渡舟場　2-85
下新倉村（酒井伊豫守知行所）〔新倉〕　2-85, 5-120, 5-123, 5-291
下新倉村新田足〔芝〕宮　2-85
下沼田村　2-84
下煉馬村（御料所）〔煉馬〕　2-85, 5-291
下煉馬村上宿　2-85
下煉馬村中宿〇〔下煉馬村〕　2-85, 5-120, 5-123
下野毛村　2-87
下八右エ門新田　2-84, 5-120, 5-123
下平井村　2-84
下布田村〇〔下布田、布田〕　2-85, 2-87, 2-88, 5-120, 5-123, 5-291
下溝村　2-91
下村　2-84
下村岩淵宿飛地〔下村〕　2-84, 5-120, 5-123
下谷保村上谷保村入會〔下谷保村、谷保〕　2-88, 2-90, 5-120, 5-123, 5-291
十條村（東叡山、幸隆寺領、西村藏之助知行所）　2-84, 5-120, 5-123, 5-291
上河原村　2-89
白子村（御料所、伊賀之者給地）〇　2-85, 5-120, 5-123, 5-291
十二月田村（東叡山、根津社領）　2-84, 5-120, 5-123
十二月田村坂口　2-84
新宿村（護國寺領）　2-87, 5-123, 5-291
深大寺村地先（村越茂助知行所）〔深大寺村〕　2-85, 2-87, 2-88, 5-120, 5-123
新横山村（御料所、水谷弥之助知行所）〔横山〕　2-89, 2-91, 5-121, 5-291
末長村（松波梶平、国領半兵衛、浅井道之亟知行所）　2-87, 5-123, 5-291
菅澤村　2-87, 5-123
巣鴨　2-84, 5-120, 5-123
巣鴨村（増上寺領）　2-84, 5-120, 5-123
洲﨑〔洲﨑村〕　2-84, 5-120, 5-123
筋違御門　2-84
圖師村　2-90
鈴ケ森　2-86
砂村新田　2-84, 5-120, 5-123, 5-290
洲﨑　2-84, 2-86
角田村（大久保佐渡守領分、川勝権之助知行所）　2-91, 5-126, 5-291
隅田村　2-84, 5-120, 5-290
角田村枝小澤　2-91
諏訪河原村（御料所）　2-87, 5-123, 5-291
瀬﨑村〔東瀬﨑〕　2-84, 5-120, 5-123, 5-290
世田ケ谷村（井伊掃部頭領分）〔世田谷村〕　2-85, 2-87, 5-120, 5-123, 5-291
世田ケ谷村新町　2-85, 2-87
世田ケ谷村地先（井伊掃部頭領分）　2-85, 2-87
瀬田村（井伊掃部頭領分）　2-85, 2-87, 5-123, 5-291
瀬谷村五貫目〔瀬谷村〕　2-90, 5-123, 5-291
千住（御料所）〇　2-84, 5-120, 5-123, 5-290
千住掃部宿　2-84
千住河原町　2-84
千住小塚原町〔千住小塚原〕　2-84, 5-120, 5-123
千住中村町　2-84
千住橋戸町　2-84
千駄ヶ谷村（御料所、西福寺、吉祥寺、霊山寺、根生院領）　2-85, 5-120, 5-123, 5-291
惣右衛門村　2-85
雑色村（御料所）　2-87, 5-123, 5-291
大師河原　2-86, 5-123
大師河原　西村　2-87
太子堂村　2-85, 2-87, 5-120, 5-123, 5-291
太子堂村三軒茶屋（内藤次左エ門、内藤岩五郎知行所）　2-85, 2-87
代田村（御料所）　2-85, 2-87
代田村萩久保(御料所)〔代田村〕　2-85, 2-87, 5-120, 5-123, 5-291
當麻村（大久保江七兵衛、千葉左エ門知行所）〇　2-91, 5-126, 5-291
當麻村枝市場　2-91
當麻村枝芹沢　2-91
當麻村枝原當麻　2-91
臺村（御料所）　2-85, 5-120, 5-123
平村　2-87, 2-90
平村　2-89
高月村　2-89
高輪　2-84, 2-86, 5-120, 5-123
高根村　2-89
高幡村（松平亀五郎知行所）　2-88, 2-90, 5-120, 5-123, 5-291
高畑村　2-87, 5-123
滝野川村（野間忠五郎、佐々与右エ門知行所）　2-84, 5-120, 5-123
滝野田〔川〕村平尾〔滝野川村〕　2-85, 5-120, 5-123
滝山村尾﨑（前田信濃守、川村外記知行所）〔滝山村〕　2-89, 2-91, 5-121
竹ノ塚村〔竹塚村〕　2-84, 5-120, 5-123, 5-290
立石村　2-84, 5-120, 5-123
田中村　2-89
棚沢村枝市島〔棚沢村〕　2-91, 5-126
棚沢村才戸　2-91
田名村（大久保佐渡守領分）　2-91, 5-126, 5-291
田名村枝九澤　2-91
田名村枝越水　2-91
田名村枝四ツ谷　2-91
田名村新宿　2-91
田名村堀内　2-91
田名村望地　2-91
溜池　5-120
太郎兵エ新田　2-84, 5-120, 5-123
千木良村中峠〔千木良村〕　2-89, 2-91, 5-121
築地　2-84, 2-86, 5-120, 5-123
土橋村（長坂血鎗九郎、戸田六郎右エ門知行所）　2-87, 2-90, 5-123, 5-291
常久村　2-88, 2-90, 5-120, 5-123
角筈村（御料所）　2-85, 2-87, 5-120, 5-123, 5-291
弦巻村　2-85, 2-87
鶴間村（御料所、須藤若之助、神谷縫殿之助知行所）〇　2-90, 5-123, 5-291
靏間村町屋　2-90
靏見村　2-87, 5-123, 5-291
鉄炮洲　2-84, 2-86
寺島村　2-84, 5-120, 5-123, 5-290
土支田村　2-85
豊島村　2-84
虎御門　2-84, 2-86
内藤新宿（御料所）〇　2-85, 5-120, 5-123, 5-291
中馬引澤村　2-85, 2-87, 5-120, 5-123, 5-291
中馬引沢村三軒茶屋　2-85, 2-87
長尾村　2-87, 2-90
中神村　2-89
中里新田　2-89
中澁谷村（吉田丑次郎、野間忠五郎、三浦五郎左エ門知行所）　2-85, 2-87, 5-120, 5-123
中澁谷村大和田　2-85, 2-87
中仙川村滝坂(御料所)〔中仙川村〕　2-85, 2-87, 5-120, 5-123
中田新田　2-84, 5-120, 5-123
長津田村（岡野内藏允知行所）〇　2-90, 5-123, 5-291
長津田村岡部谷戸　2-90
長津田村下長津田　2-90
長津田村臺　2-90
長津田村辻　2-90
中豊沢村（御料所）　2-85, 2-87, 5-120, 5-123
中野村（御料所、土屋甚助知行所）　2-89, 5-120
中野村（大沢修理大夫知行所）　2-89, 2-91, 5-121
中野村原中野　2-89, 2-91
中平井村　2-84
七ケ村入會相模野〔七ケ村入會、相模野〕　2-91, 5-126
生麥村　2-87, 5-123, 5-291
楢原村　2-89, 2-91
新宿　2-84
新宿新田諏訪野　2-84
新宿新田諏訪野立石村細田村奥戸新田入會　2-84
新曽村　2-85, 5-120, 5-123
二軒在家村（御料所）　2-84, 5-120, 5-123
西浮田村〔浮田〕　2-84, 2-86, 5-120, 5-122, 5-123, 5-290
西大森村（御料所）　2-87, 5-123
西ケ原村（御料所、山川宇兵衛、野間忠五郎知行所、雲光院、法思寺、平塚社領）　2-84, 5-120, 5-123
西小松川新田　2-84, 5-120, 5-123
西小松川村　2-84, 5-120, 5-123
二ノ江新田　2-84, 5-120, 5-123
二本木村（御料所、長田右エ門尉、伊達庄兵エ、坂部左京、山田市郎右エ門知行所）〇　2-89, 5-121, 5-291
二本木村枝山際　2-89
根岸村（御料所、倉橋内匠知行所）　2-90, 5-123
根岸村（御料所）　2-85, 5-120, 5-123
根葉村（東叡山領）　2-85, 5-120, 5-123
野澤村　2-85, 2-87
野火止村（松平右京亮領分）　2-85, 2-88, 5-120, 5-123, 5-291
野火止村枝東屋敷　2-85, 2-88
野良田村　2-87
拝島村（御料所、太田志摩守、岡部五郎兵エ知行所）　2-89, 5-121, 5-291
箱根ケ﨑村(御料所)〇　2-89, 5-121, 5-291
橋本村（藤沢宮内、別所小二郎、石野新左エ門、高木甚太郎知行所）〇　2-91, 5-126, 5-291
蓮沼村（東叡山領）　2-85, 5-120, 5-123
幡ケ谷村（御料所、神谷縫殿之助知行所）　2-85, 2-87, 5-120, 5-123, 5-291
幡ケ谷村笹塚　2-85
八王子横山宿(御料所)〇〔八王子〕　2-89, 2-91, 5-121, 5-291
八幡宿（六所宮領）〔八幡〕　2-88, 2-90, 5-120, 5-123, 5-291
八幡塚村　2-87, 5-123
八郎右エ門新田　2-84, 2-86, 5-120, 5-123, 5-290
羽田村　2-86, 5-123
濱御殿　2-84, 2-86
葉山島村　2-91
原町田村（田中主計知行所）〇　2-90, 5-123, 5-291
原村　2-84, 5-120, 5-123
半縄村八菅村熊坂村入會（御料所、大久保佐渡守領分、大久保江七兵衛、久松忠次郎、久留金之助、太田志摩守、鈴木主膳、川勝権之助知行所）〔半縄村、八菅村〕　2-91, 5-126
半縄村八菅村熊坂村入會坂本　2-91
東浮田村〔浮田〕　2-84, 2-86, 5-120, 5-122, 5-123, 5-290
東大森村　2-86, 2-87,

5-123
東小松川新田　2-84, 5-120, 5-123
膝折村（御料所）○　2-85, 2-88, 5-120, 5-123
膝折村新田　2-85
膝折村廣澤原　2-85
久本村（長坂血鎗九郎、川勝主税知行所）　2-87, 5-123
日野（御料所）○　2-88, 2-90, 5-120, 5-123, 5-291
日野宿下河原　2-88, 2-90
日野宿仲井　2-88, 2-90
樋爪村（御料所、大保福寺領）　2-84, 5-120, 5-123
平方村　2-84
廣尾町　2-85, 2-87
深川　2-84, 2-86, 5-120, 5-123, 5-290
袋村　2-85
袋村大袋（御料所）　2-85
冨士山村（太田三郎兵衛知行所）　2-89, 5-121, 5-291
冨士山村駒形　2-89
衾村　2-87
布田小島分村　2-88, 2-90, 5-120, 5-123
二子村○　2-87, 5-123, 5-291
淵野邉村　2-90
府中（御料所）○　2-88, 2-90, 5-120, 5-123, 5-291
福生村（御料所）　2-89, 5-121, 5-291
舩方村　2-84
坊村（御料所）　2-89, 5-121
保木間村　2-84, 5-120, 5-123, 5-290
堀江村　2-84, 2-86, 5-120, 5-122, 5-123
堀之内村（東叡山領）　2-84, 5-120, 5-123
本郷　2-84, 5-120, 5-123
本宿村小野宮（御料所）〔本宿村〕　2-88, 2-90, 5-120, 5-123, 5-291
本所　2-84, 5-120, 5-123, 5-290
品川寺門前　2-86
本町田村　2-90
前田村（東叡山領）　2-84, 2-85, 5-120
前野村（御料所、富田庄右エ門知行所）　2-85, 5-120, 5-123
曲金村　2-84
馬絹村（御料所、川勝主税、遠山政之助知行所）　2-87, 5-123, 5-291
馬絹村辻　2-87
又兵エ新田　2-84, 5-120, 5-123
町屋村（御料所）　2-87, 5-123
町家村　2-84
松原村赤堤村入會（御料所）〔松原村、赤堤村〕　2-85, 2-87, 5-120, 5-123
三河島村　2-84
三澤村（神保喜内知行所）　2-88, 2-90, 5-120, 5-123, 5-291
三宿村（御料所）　2-85, 2-87, 5-120, 5-123
溝沼村　2-85, 5-120, 5-123
三ツ木村　2-89
南本所出村　2-84
宮城村（御料所）　2-84, 5-120, 5-123
宮澤村　2-89
宮村（御料所、志羽内藏助知行所）　2-88, 2-89, 2-90, 2-91, 5-120, 5-123
妙國寺門前　2-86
本木村　2-84, 5-120, 5-123
元郷村（御料所）　2-84, 5-120, 5-123
森野村（御料所、須藤岩之助知行所）　2-90, 5-123, 5-291
森野村上　2-90
師岡新田　2-89
屋敷分村　2-88, 2-90, 5-120, 5-123
谷塚村　2-84, 5-120, 5-123
矢部新田村　2-91
山際村（御料所、鈴木大膳、大久保筑後守、小幡久兵衛知行所）　2-91, 5-126, 5-291
山際村原　2-91
山崎村　2-90
鑓水村　2-91
湯島　2-84, 5-120, 5-123
八日市村（波多野杢之助知行所）　2-89, 5-121, 5-291
八日市村枝宇津木　2-89
用賀村　2-87, 5-120, 5-123, 5-291
横曽根村（御料所）　2-85
横根村　2-85, 2-87
横山村（大沢修理大夫知行所）〔元横山村〕　2-89, 2-91, 5-121
寄場　2-84, 2-86
四谷　2-85, 5-120, 5-123, 5-291
四ツ谷御門　2-84
四ツ谷村（御料所）　2-88, 2-90, 5-120, 5-123, 5-291
四谷村　2-91
代々木村（御料所、氷川社、山王社、神明社、無量院、根生院領）　2-85, 5-120, 5-123, 5-291
領家村　2-84
靈岸島　2-84, 2-86
六月村　2-84, 5-120, 5-123, 5-290
若林村　2-85, 2-87
和田村和泉村萩久保（内田主計知行所）〔和田村〕　2-85, 2-87, 5-120, 5-123, 5-291
渡田村　2-87, 5-123, 5-291
蕨宿飛地　2-85

【社寺】

醫王寺　2-88, 2-90
易行院　2-84
稲荷社　2-84
牛御前　2-84
永久寺　2-84
英信寺　2-84
永福寺　2-84
回向院　2-84
円成寺　2-90
円通寺　2-89
円通寺　2-84
円通寺　2-84
円徳寺　2-84
円福寺　2-89
円満寺　2-84
延命寺　2-84
小野神社　2-88, 2-90
小野照崎社　2-84
靇林寺　2-90
花徳院　2-84
神田明神　2-84
観音寺　2-89, 2-91
観音堂〔観音〕　2-84, 5-120, 5-123
吉祥寺　2-84
吉祥寺　2-84
喜福寺　2-89, 2-91
喜福寺　2-84
教雲寺　2-84
教覚寺　2-85, 2-87
教元寺　2-84
玉相寺　2-84, 2-86
金龍寺　2-85, 2-87, 2-88
恵明寺　2-84
高安寺　2-88, 2-90
廣園寺　2-89, 2-91
江岸寺　2-84
高岩寺　2-84
光春寺　2-84
光照院　2-84
光勝寺　2-91
光徳寺　2-84
光明寺　2-84
光明寺　5-120
極樂寺　2-89, 2-91
五条天神　2-84
駒形堂　2-84
金剛寺　2-88, 2-90
金乗院　2-85
金毘羅　2-84
西應寺　2-84, 2-86
西光寺　2-84
西方寺　2-84
藏王権現　2-91
笹寺　2-85
三十三間堂　2-84, 2-86
山王社　2-84, 2-86
春慶院　2-84
性翁寺　2-84
正覚寺　2-84
成覚寺　2-84, 2-86
松月院　2-85
常光寺　5-120
浄心寺　2-84
浄心寺　2-84
聖天　2-84
聖天　2-84
正法寺　2-84
勝林寺　2-84
乗蓮寺　2-85
白髭社　2-84
真岩寺　2-84
斟珠庵　2-89, 2-91
真照寺　2-88, 2-90
真性寺　2-84
神明社　2-84, 2-86
神明社　2-84
瑞泉寺　2-84
住吉社　2-89, 2-91
諏訪社　2-85
青原寺　2-85, 2-87
聖堂　2-84
成満寺　5-120
世尊寺　2-84
浅間社　2-84
善光寺　2-85, 2-87
善光寺　2-85
浅草寺　2-84
専念寺　2-84
善明寺　2-89
増上寺　2-84, 2-86, 5-120, 5-123
總泉寺　2-84
宗保院　2-90
宗祐寺　2-91
大護院　2-84
大善寺　2-89, 2-91
大日堂　2-89
大林寺　5-120
長源寺　2-84
長泉寺　2-91
長命寺　2-84
長明寺　2-85
天神　2-84
天神社　2-88, 2-90
天念寺　2-84
天王　2-84
天竜寺　2-85, 2-87
東叡山中堂〔東叡山〕　2-84, 5-120, 5-123
東光寺　2-84, 2-85, 2-87
東光寺　2-90
東光寺　2-84
東禅寺　2-84
道林寺　2-84
徳恩寺　2-90
七社権現　2-91
南光寺　2-91
南養寺　2-88, 2-90
西本願寺　2-84, 2-86
日慶寺　2-84
梅寓〔窓〕院　2-85, 2-87
八幡宮　2-88, 2-90
八幡宮　2-84
八幡宮　2-84
八幡社　2-84, 2-86
八幡社　2-91
頒暦所　2-84
東本願寺　2-84
福壽院　2-84
福生寺　2-91
福泉寺　2-90
普賢寺　2-84
平間寺　2-87
平林寺　2-85, 2-88
辨天〔羽田辨天〕　2-86, 5-123
弁天宮　2-84, 2-86
寶永寺　2-91
鳳覚寺　2-85, 2-87
宝光寺　5-120
法真寺　2-84
宝泉寺　2-91
法泉寺　2-84
法輪寺　2-84
宝蓮寺　2-89
万徳寺　2-84
万福寺　2-89, 2-91
御獄権現　2-85, 2-87
三囲稲荷　2-84
妙得寺　2-91
妙藥寺　2-89, 2-91
妙祐寺　2-85, 2-87
無量光寺　2-91
木母寺　2-84
藥王院　2-89, 2-91
藥王寺　2-84
祐天寺　2-85, 2-87
養玉院　2-84
来元寺　2-89, 2-91
羅漢寺　2-84, 2-86
竜津寺　2-89
瑠璃光寺　2-91
蓮乗院　2-91
六所宮〔六所明神〕　2-88, 2-90, 5-120, 5-123

【山・峠】

小倉山　2-91
恩田八郎古城跡　2-90
古城跡　2-89, 2-91
小佛峠　2-89, 2-91, 5-121
山王山　2-91
杁山峠　2-91
千木良山　2-91
鳶尾山　2-91
根古屋城山　2-91
三栗山　2-91

【河川・湖沼】

浅川　2-89, 2-91, 5-121
綾瀬川　2-84
荒川　2-84, 5-120
永代橋　2-84
江戸川　2-84
大川橋　2-84
扇橋　2-84, 2-86
大橋　2-84
大橋　2-84
小奈木川　2-84
新河岸川　2-85
立川　2-84, 5-120, 5-123
玉川　2-87, 5-120, 5-123
玉川　2-88, 2-90, 5-120, 5-123, 5-291
玉川　2-89, 5-120, 5-123
ツルセ川　5-123
鶴見川　2-87
利根川　2-84, 2-86, 5-122, 5-290
中川　2-84, 5-120, 5-123, 5-290
中津川　2-91
日本橋　5-120, 5-123
舟渡　2-85
舟渡　2-85
舟渡　2-84
舟渡　2-84
舟渡　2-84
舟渡　2-84
舟渡（逆井渡）　2-84
宮益橋　2-85, 2-87
目黒川　2-85, 2-87
柳瀬川　5-120, 5-123
四ツ谷上水　2-89
両国橋　2-84
六郷川　2-87, 5-123, 5-291

【島】

佃島△　2-84, 2-86, 5-120, 5-123, 5-290

第91号 木更津

【国名】

上總國〔上総〕　2-96, 5-122, 5-290

【郡名】

天羽郡　2-96, 5-124, 5-290
夷隅郡　2-93, 5-111, 5-290

市原郡　2-94, 5-122, 5-290
周准郡　2-95, 2-96, 5-122, 5-124, 5-290
長柄郡　2-92, 2-93, 5-111, 5-290
望陀郡　2-94, 2-95, 5-122, 5-290
山邉郡　2-92, 5-111, 5-290

【地名】

青木村（保科越前守領分）　2-95, 2-96, 5-123, 5-124, 5-290
青柳村（阿部駿河守領分、鈴木兵庫知行所）　2-94, 5-122, 5-290
吾妻村（森宗真、曽根内匠知行所）　2-95, 5-122, 5-290
姉﨑（水野壱岐守領分）〇　2-94, 5-122, 5-290
新井村　2-95, 2-96, 5-123, 5-124, 5-290
和泉村（御料所、吉良式部、竹田友之亟、小長谷三左エ門、森宗真、多田三八、多田十郎左エ門、川井治郎兵衛、斉藤久右エ門、加藤傳兵衛知行所）　2-93, 5-111, 5-290
市宮（加納大和守領分）〇　2-92, 5-111, 5-290
伊野滝村　2-93, 5-111
今泉村（御料所、水野伯耆守知行所）　2-92, 5-111, 5-290
今津朝山村（御料所、小出式部、窪田喜左エ門知行所）　2-94, 5-122, 5-290
入山津村（土屋相模守、加納大和守領分、大道寺内藏之助知行所）　2-92, 5-111, 5-290
岩瀬村（大久保宗三郎知行所）　2-96, 5-123, 5-124, 5-290
岩船村　2-93, 5-111, 5-290
岩和田村（松平備前守領分）☆　2-93, 5-111, 5-290
牛込村（御書院番與力給地）　2-95, 5-122, 5-290
牛込村（御料所、加藤三左エ門知行所）　2-92, 5-111
内野郷（阿部志摩守、阿部越前守、阿部伊織知行所）〔内野〕　2-93, 5-111, 5-290
江川村（土屋弥三郎、間宮造酒之丞知行所）　2-95, 5-122
江場土村（御料所）〔江場上村〕　2-93, 5-111, 5-290
大井谷村　2-93, 5-111, 5-290
大坪村（阿部駿河守領分）　2-96, 5-124, 5-290
大堀村（御料所、保科越前守領分、安藤大和守、黒川左京、大久保主膳、酒井内記知行所）　2-95, 2-96, 5-123, 5-124, 5-290
大和田村（御料所、福島此七郎知行所）　2-95, 2-96, 5-123, 5-124, 5-290
大和田村（赤松式部知行所）　2-96, 5-123, 5-124
驚村（御料所、筑紫主水知行所）　2-92, 5-111
小濱村☆　2-93, 5-111, 5-290
御宿村（阿部伊織、阿部志摩守、阿部越前守知行所）〇　2-93, 5-111, 5-290
貝淵村（御料所）　2-95, 5-122, 5-290
金谷村（白須甲斐守知行所）☆　2-96, 5-124, 5-290
川名村（保科越前守領分）　2-96, 5-123, 5-124, 5-290
木更津（御料所、稲葉播磨守領分）〇☆　2-95, 5-122, 5-290
久津間新田（御料所）　2-95, 5-122, 5-123
久津間村（御料所、中山信濃守知行所）　2-95, 5-122, 5-123, 5-290
久保田村（御料所、高尾伊賀守、黒川左京知行所）　2-94, 5-122, 5-290
藏波村（御書院番與力給地）　2-94, 5-122, 5-290
五井村（御料所、建部十郎左エ門知行所）　2-92, 5-111
幸治村（御料所、筑紫主水、加藤傳兵エ知行所）　2-92, 5-111, 5-290
小久保村（小笠原若狭守、天野吉三郎、大久保八五郎、小倉相模守、安藤大和守知行所）　2-96, 5-124, 5-290
小濱村（三枝豊前守知行所）　2-95, 5-122, 5-124
坂田村（御料所、小笠原兵庫知行所）　2-95, 2-96, 5-123, 5-124, 5-290
櫻井村（依田長次郎、太田助之亟知行所）　2-95, 5-122, 5-290
笹毛村　2-96, 5-124, 5-290
椎津村（水野壱岐守領分、榊原末次郎、丸毛五郎兵衛、南條太兵エ知行所）　2-94, 5-122, 5-290
四天寄村（御料所、新庄斧七、赤井主水知行所）　2-92, 5-111, 5-290
篠部村（保科越前守領分）　2-96, 5-123, 5-124, 5-290
新笈村（加納大和守領分）　2-92, 5-111, 5-290
舩頭給村（御料所、神尾五郎三郎、飯田惣左エ門知行所）　2-92, 5-111, 5-290
刺金村（御料所、飯田惣左エ門、筑紫主水知行所）　2-92, 5-111, 5-290
代宿村（小笠原安房守知行所、御書院番與力、近藤粂三郎給地）　2-94, 5-122, 5-290
東浪見村（御料所、土方八十郎、奥津内記、服部式部、高林弥十郎知行所）　2-92, 2-93, 5-111, 5-290
中里村（御料所、松平中務少輔領分）☆　2-92, 5-111, 5-290
中里村（中山五平治知行所）　2-95, 5-122, 5-290
中島村（稲垣藤五郎、豊島左兵エ、浅井次郎吉知行所、御書院番與力給地）☆　2-95, 5-122, 5-290
中原村（加藤伯耆守、脇坂甚兵衛、曲淵源兵衛知行所）　2-92, 2-93, 5-111, 5-290
奈良輪（御料所、三浦鍈次郎、上原惣左エ門、杦原小左エ門知行所）〇　2-95, 5-122, 5-290
西川村（小笠原兵庫知行所）　2-95, 5-123, 5-124, 5-290
萩生村（白須甲斐守知行所）　2-96, 5-124, 5-290
畑沢村（御料所、白須甲斐守、本多修理、曽根内匠知行所）　2-95, 5-122, 5-123, 5-124, 5-290
八斗村（御料所、加藤三左エ門知行所）　2-92, 5-111, 5-290
濱宿村（御料所、新庄斧七知行所）　2-92, 5-111, 5-290
日在村（松平備前守領分）　2-93, 5-111
一ツ松郷（御料所、神尾五郎三郎、飯田惣左エ門、坪内半三郎、服部式部、大井新右エ門知行所）　2-92, 5-111
人見村（御料所、黒川左京、小笠原兵庫知行所）　2-95, 2-96, 5-123, 5-124, 5-290
百首村（飯田惣左エ門、高尾伊賀守、大久保八五郎、金田八郎右エ門、本多金之助、渡邉勇五郎、白須甲斐守、森本松次郎、神谷与七郎知行所）　2-96, 5-124, 5-290
冨津洲〔冨津崎、冨津﨑〕　2-96, 5-123, 5-124, 5-290, 5-291
冨津村（小笠原兵庫知行所）☆　2-95, 2-96, 5-123, 5-124, 5-290
古所村（御料所、松下嘉兵エ知行所）　2-92, 5-111, 5-290
部原村（大岡主膳正領分）　2-93, 5-111, 5-290
湊村（天神山）（阿部駿河守領分）☆　2-96, 5-124, 5-290
八幡村　2-96, 5-124, 5-290
寄瀬村　2-93, 5-111, 5-290

【山・峠】

鹿野山　5-124, 5-290

【河川・湖沼】

小田喜川　2-93, 5-111

【岬・海岸】

大東岬〔大東﨑〕　2-92, 2-93, 5-111, 5-290

第92号 館山

【国名】

安房國〔安房〕　2-97, 5-124, 5-290
上總國〔上總〕　2-97, 5-111, 5-122, 5-290

【郡名】

朝夷郡　2-98, 2-100, 5-124, 5-292
安房郡　2-99, 2-100, 5-124, 5-292
夷隅郡　2-97, 5-111, 5-290
長狭郡　2-97, 2-98, 5-111, 5-124, 5-290
平郡　2-99, 2-100, 5-124, 5-290, 5-292

【地名】

相濱村（酒井内記知行所）〔相ノ濵〕　2-99, 2-100, 5-124, 5-292
青木村（大島雲平知行所）　2-98, 5-124, 5-292
天津村（大岡主膳正領分）〇☆　2-97, 2-98, 5-111, 5-290
天面村（大岡主膳正領分）　2-98, 5-124, 5-292
新井浦　2-99, 2-100, 5-124
磯村（大岡主膳正領分、松平織部知行所）　2-98, 5-124, 5-290
伊戸村（本多修理知行所）　2-99, 2-100, 5-124, 5-292
不入斗村（酒井大和守領分）　2-99, 2-100, 5-124, 5-292
岩井袋村（酒井大和守領分）　2-99, 2-100, 5-124, 5-290
内浦村（大岡主膳正領分）〇　2-97, 5-111, 5-290
内遠野村（本多駒之助知行所）　2-98, 5-124, 5-290, 5-292
鵜原村（大岡主膳正領分）　2-97, 5-111, 5-290
江見村（水野壹岐守領分、浅野大學、瓦林助次郎知行所）☆　2-98, 5-124, 5-290, 5-292
大帷子村（森本松次郎、小笠原若狭守知行所）　2-99, 5-124, 5-290
大賀村（酒井内記知行所）　2-99, 2-100, 5-124, 5-292
大川村（大久保宗三郎知行所）　2-99, 2-100, 5-124, 5-292
大澤村（御料所）　2-97, 5-111, 5-290
岡浪太村（御料所）　2-98, 5-124
岡本村（小濱吉之亟、萩原主水、杉岡弥四郎知行所）　2-99, 2-100, 5-124, 5-292
奥津村（御料所）　2-97, 5-111, 5-290
乙濱村（大久保冨太郎知行所）　2-100, 5-124, 5-292
海発村（大久保主膳知行所）　2-98, 5-124, 5-292
笠名村（稲葉播磨守領分）　2-99, 2-100, 5-124
勝浦村（大岡主膳正領分）〇　2-97, 5-111, 5-290
勝山（酒井大和守在所）☆　2-99, 2-100, 5-124, 5-290
川名村（石川六三郎知行所）　2-99, 2-100, 5-124, 5-292
川口村（津田山城守知行所）　2-99, 2-100, 5-124, 5-292
川津村（板橋右近知行所）　2-97, 5-111, 5-290
川奈村（本多修理知行所）〔川名〕　2-99, 2-100, 5-124, 5-292
北朝夷村（水野壹岐守領分）☆〔朝夷〕　2-99, 2-100, 5-124, 5-292
串濱村　2-97, 5-111, 5-290
久枝村（酒井近江守知行所）　2-99, 2-100, 5-124, 5-290, 5-292
見物村（稲葉播磨守領分）　2-99, 2-100, 5-124, 5-292
香村（稲葉播磨守領分）　2-99, 2-100, 5-124
小浦村（酒井大和守領分）　2-99, 2-100, 5-124
忽戸村（大岡主膳正領分）　2-99, 2-100, 5-124
小湊村（誕生寺領）　2-97, 5-111, 5-290
坂之下村（小濱吉之亟知行所）　2-99, 2-100, 5-124

真倉村舘山（稲葉播磨守在所）〔舘山〕 2-99, 2-100, 5-124, 5-292
沢倉村（大岡主膳正領分） 2-97, 5-111, 5-290
塩見村（前田安房守知行所） 2-99, 2-100, 5-124, 5-292
柴村 2-98, 5-124, 5-292
白子村（大久保主膳知行所） 2-99, 2-100, 5-124, 5-292
白渚村（前田安房守、大久保主膳知行所） 2-98, 5-124
白濱村（大久保宗三郎、大久保冨太郎知行所） 2-100, 5-124, 5-292
白間津村（大久保宗三郎知行所） 2-100, 5-124, 5-292
新宮村〔新宮村〕 2-97, 5-111
洲崎村（小笠原若狭守知行所）☆〔洲﨑村〕 2-99, 2-100, 5-124, 5-292
瀬戸村（松平織部、大久保主膳、大久保冨太郎、山川外記知行所） 2-99, 2-100, 5-124, 5-292
千田村（津田山城守知行所） 2-99, 2-100, 5-124, 5-292
大六村（小笠原若狭守知行所） 2-99, 5-124
滝口村（尾林三郎兵エ知行所） 2-100, 5-124, 5-292
滝口村川下浦〔川下〕 2-100, 5-124, 5-292
滝口村砂取浦〔砂取〕 2-100, 5-124, 5-292
多田良村（三枝修理知行所）〔多太良村〕 2-99, 2-100, 5-124, 5-292
大夫崎村（三枝修理知行所）〔太夫﨑村〕 2-98, 5-124
東條村（水野壹岐守、稲葉播磨守領分） 2-98, 5-111, 5-290, 5-292
墨名村 2-97, 5-111, 5-290
長須賀村（小笠原若狭守知行所） 2-99, 2-100, 5-124
那古村（石川六三郎知行所、那古寺領）☆ 2-99, 2-100, 5-124, 5-292
南〔無〕谷村（小濱吉之亟知行所）〔南無谷〕 2-99, 2-100, 5-124, 5-292
行川村（御料所、板橋右近知行所） 2-97, 5-111, 5-290
仁我浦村（本多駒之助知行所） 2-98, 5-124, 5-292
沼村栢﨑浦（稲葉播磨守領分）〔沼村柏﨑浦〕 2-99, 2-100, 5-124
根本村（稲葉播磨守領分） 2-100, 5-124, 5-292
波左間村（酒井内記知行所） 2-99, 2-100, 5-124, 5-292
花園村（本多駒之助知行所） 2-98, 5-124, 5-292
濱荻村（大岡主膳正領分） 2-97, 2-98, 5-111, 5-290, 5-292
濱田村（小笠原若狭守、川口源右エ門、川口久助知行所） 2-99, 2-100, 5-124, 5-292
濱浪太村（大岡主膳正領分） 2-98, 5-124
坂田村（小笠原若狭守知行所） 2-99, 2-100, 5-124, 5-292
平磯村（根岸肥前守知行所） 2-99, 2-100, 5-124, 5-292
舩形村（田沼市右エ門知行所） 2-99, 2-100, 5-124, 5-292
平舘村 2-99, 2-100, 5-124, 5-292
北条（水野壹岐守在所） 2-99, 2-100, 5-124, 5-292
本郷村保田町（酒井内記、小笠原若狭守知行所）〔本郷村、本郷〕 2-99, 5-124, 5-290
真門村（織田大膳、大島雲平知行所） 2-98, 5-124, 5-292
正木村（小笠原若狭守、白須甲斐守知行所） 2-99, 2-100, 5-124, 5-292
松部村 2-97, 5-111, 5-290
湊村（水野壱岐守領分）⚓ 2-99, 2-100, 5-124, 5-292
南朝夷村（大岡主膳正領分）〔朝夷〕 2-99, 2-100, 5-124, 5-292
宮城村（石川八十郎知行所） 2-99, 2-100, 5-124, 5-292
布良村（稲葉播磨守領分） 2-99, 2-100, 5-124, 5-292
真浦村（松平織部知行所） 2-98, 5-124, 5-292
元名村（神谷与七郎知行所、日本寺領） 2-99, 5-124, 5-290
守谷村（御料所） 2-97, 5-111, 5-290
八幡村（御料所、鶴谷八幡神領） 2-99, 2-100, 5-124, 5-292
横渚村前原町（大岡主膳正領分）〔横渚村前原、前原〕 2-98, 5-111, 5-124, 5-290
吉浦村（京極兵庫助知行所） 2-98, 5-124, 5-292
吉濱村（酒井内記知行所、妙本寺領）☆ 2-99, 5-124, 5-290
餘瀬町（大岡主膳正領分）〔貝渚村余瀬〕 2-98, 5-124
竜島村（酒井近江守知行所） 2-99, 2-100, 5-124, 5-290
和田村（大岡主膳正領分） 2-98, 5-124, 5-292

【社寺】

大房不動 2-99, 2-100
那古寺 2-99, 2-100, 5-124

【山・峠】

鋸山 5-124

【岬・海岸】

野島岬〔野島﨑〕 2-100, 5-124
岬〔大房岬〕 2-99, 2-100, 5-124
明金岬 2-99

【島】

アンハ山 2-97
浮島 2-99, 2-100
沖島 2-99, 2-100
スヽメシマ 2-99, 2-100
スヽメシマ 2-97
タカノ島 2-99, 2-100
弁天シマ 2-97
辨天シマ 2-98

第93号
横浜・横須賀

【国名】

相模國〔相模〕 2-101, 2-102, 2-103, 5-126, 5-291
武藏國〔武藏〕 2-101, 2-102, 2-103, 5-123, 5-291

【郡名】

愛甲郡 2-103, 5-126, 5-291
大住郡 2-103, 5-126, 5-291
鎌倉郡 2-101, 2-102, 2-103, 5-123, 5-125, 5-291
久良岐郡 2-102, 5-123, 5-291
高座郡 2-103, 5-123, 5-291
橘樹郡 2-102, 2-103, 5-123, 5-291
三浦郡 2-101, 2-102, 5-124, 5-125, 5-291

【地名】

愛甲村枝片平〔愛甲〕 2-103, 5-291
赤井村（釜利谷）（米倉丹後守領分）〔釜利谷〕 2-102, 5-123, 5-291
赤坂 2-103
赤羽根村（御料所、蜂屋七兵衛、木原恒三郎、神尾三吉、安藤次右エ門、内藤佐七知行所） 2-103, 5-123
秋谷村（御料所） 2-101, 5-125, 5-291
芦名村（稲垣八十五郎知行所） 2-101, 5-125, 5-291
網代村（松平縫殿之助知行所） 2-101, 5-125, 5-291
厚木町（御料所、大久保佐渡守領分） 2-103, 5-126, 5-291
厚木町松原村 2-103
石田 5-291
磯子村（星合鍋五郎知行所） 2-102, 5-123
〔一〕宮村（御料所、松平斧吉、森昌盖知行所）○〔一之宮村、一宮〕 2-103, 5-126, 5-291
一覧亭 2-102
一色村（松平大和守領分） 2-101, 5-125, 5-291
稲荷村（金田八郎右エ門知行所） 2-103, 5-123
今泉村亀島 2-103
今宿村（御料所、馬場太郎兵エ知行所） 2-103, 5-125, 5-126, 5-291
入谷村 2-103
内川村（御料所） 2-101, 5-124
浦郷村（松平大和守領分） 2-101, 2-102, 5-123, 5-125, 5-291
榎戸 2-101, 2-102, 5-123
圓蔵村（大田善太夫、横山半左エ門、辻勇次郎知行所） 2-103, 5-123, 5-125
大神村（御料所、永見伊豫守、伊沢吉次郎、榊原甲斐守、筧通次郎、服部六右エ門、速見織之助知行所） 2-103, 5-126, 5-291
大田和村（有馬図書知行所） 2-101, 5-125
大津村（向井将監、間宮竹之亟知行所） 2-101, 5-124, 5-291
大庭村（諏訪部宗右エ門、諏訪部反次郎、飯河茂助知行所） 2-103, 5-123, 5-125
大庭村稲荷村入會四谷 2-103
大庭村折戸（御料所） 2-103
大西〔曲〕村（大岡越前守領分、本間熊太郎知行所） 2-103, 5-126
大谷村 2-103
岡田村 2-103
折戸 小糸 2-103
折戸 六間 2-103
恩名村 2-103
香川村間門（本間熊太郎知行所）〔香川村、香川〕 2-103, 5-123, 5-291
柏ケ谷村（鈴木大膳知行所） 2-103, 5-123, 5-291
柏ケ谷村赤坂 2-103
柏ケ谷村大塚 2-103
片瀬村（大久保山城守領分、江島岩本院上ノ坊寺領） 2-103, 5-123, 5-125, 5-291
門澤橋村（長谷川民之助知行所） 2-103
神奈川○ 2-102, 5-123, 5-291
神奈川宿臺町〔神奈川臺町〕 2-102, 5-123
金沢 5-123
金田村（奥津兵左エ門、小川兼太郎知行所） 2-103, 5-126, 5-291
金田村（大津新右エ門知行所） 2-101, 5-124, 5-291
鎌倉 2-103
上今泉村 2-103
上栢尾村（本多甚次郎知行所）〔上柏尾村、栢尾〕 2-103, 5-123, 5-291
上下岡田村入會（大久保佐渡守領分、川勝権之助、中條鉄太郎、木村孫八郎、竹本千之助、大塚覚之亟知行所）〔下岡田村、上岡田村、岡田〕 2-103, 5-126, 5-291
上郷村（秋元忠右エ門、高木政次郎、森川与兵エ、戸田靭負知行所） 2-103, 5-123
上深谷村 2-103
上宮田村（御料所、鈴木兵庫知行所） 2-101, 5-124, 5-291
鴨居村（松平大和守領分） 2-101, 5-124, 5-291
河原口村（永田備後守、松平八十郎、三枝雲平、辻忠兵エ知行所） 2-103, 5-123, 5-291
菊名村（松平大和守領分） 2-101, 5-124, 5-291
北方村（倉橋内匠知行所） 2-102, 5-123, 5-291
鵠沼村（御料所、布施孫兵エ知行所） 2-103, 5-123
鵠沼村車田 2-103
鵠沼村引地 2-103
公郷村（松平大和守領分） 2-101, 5-124, 5-291
沢〔汲〕澤村（戸田五助知行所）〔汲沢〕 2-103, 5-123, 5-291
倉見村（佐野肥前守、高木甚太郎知行所） 2-103
久里濱村（松平大和守領分）〔栗濵〕 2-101, 5-124, 5-291
栗原村（大田志摩守、増田壽巻、山田立長知行所） 2-103, 5-123, 5-291
國分村（堀田相模守領分） 2-103, 5-123, 5-291
国分村枡本 2-103
腰越村（大久保山城守領分） 2-103, 5-123, 5-125, 5-291

小柴村（荒川新右エ門知行所） 2-102, 5-123, 5-291
小園村（堀田相模守領分） 2-103, 5-123, 5-291
小坪村（御料所） 2-101, 2-102, 5-125, 5-291
御番所 2-101, 5-124
小和田村（御料所） 2-103, 5-123, 5-125, 5-291
材木坐村（御料所、光明寺領）〔材木座〕 2-103, 5-125, 5-291
酒井村（御料所、山角六左エ門、山角藤太郎、細井金之亟、渥美九郎兵エ、曽谷長順、堀弾正知行所） 2-103, 5-126
酒井村枝新宿 2-103
坂下村（御料所） 2-103, 5-125
櫻山村 2-101, 5-125
佐島村（松平大和守領分） 2-101, 5-125, 5-291
山谷新田（御料所） 2-103, 5-123
地蔵松 2-102
品野村（新見吉次郎知行所） 2-103, 5-123, 5-291
四宮村（御料所、服部六右エ門、杦浦若狭守、竹尾善助、服部金吾知行所）〔四之宮村〕 2-103, 5-126
芝生村 2-102, 5-123, 5-291
下今泉村 2-103
下依知村（御料所、犬塚平右エ門、近藤登之助、蜂屋七兵エ、森川數馬知行所）〔下依智村〕 2-103, 5-126
下栢尾村（村上主殿、村上壽之助知行所）〔下柏尾村、栢尾〕 2-103, 5-123, 5-291
下津古久村 2-103
下深谷村 2-103
下町屋村（御料所、馬塲太郎兵エ知行所） 2-103, 5-125, 5-126
下宮田村（水野右近、稲垣八十五郎、鈴木兵庫知行所） 2-101, 5-125
下山口村（松平縫殿之助、水野右近知行所） 2-101, 5-125
社家村 2-103
宿村（釜利谷）（米倉丹後守領分）〔釜利谷〕 2-102, 5-123, 5-291
城村（間宮造酒之亟知行所） 2-101, 5-125
新宿村 2-102, 5-123
新田宿村 2-103
新〔戸〕村 2-103
須賀村（御料所） 2-103, 5-125, 5-126, 5-291
杉田村（御料所）〔杦田〕 2-102, 5-123, 5-291
洲崎村（倉橋内匠知行所） 2-102, 5-123, 5-124, 5-291
関口村（御料所、加藤寅之助、小幡又兵衛知行所） 2-103, 5-126, 5-291
関口村長坂 2-103
瀬谷村（御料所、後藤定之亟、本多大之亟、長田清右エ門、長田喜左エ門知行所） 2-103, 5-123
芹澤村 2-103
澤柳村 2-103
田浦村 2-101, 2-102, 5-123, 5-125, 5-291
高田村（御料所、大岡亀之亟、長田喜左エ門知行所） 2-103, 5-123
滝頭村（小濱孫佐エ門知行所） 2-102, 5-123
蓼川村 2-103
田端村 2-103
田村（高井但馬守、大久保筑後頭、間部主殿頭、竹尾善助、細井金之亟、渥美九郎兵エ、石川大三郎、鵜殿熊太郎知行所）☆ 2-103, 5-126, 5-291
茅ケ崎村（御料所） 2-103, 5-123, 5-125, 5-291
茅ケ崎村南湖 2-103, 5-123, 5-125, 5-126
津久井村（御料所、久世平九郎知行所） 2-101, 5-124
辻堂村（御料所） 2-103, 5-123, 5-291
妻田村 2-103
鶴間野 2-103
泥亀新田（御料所） 2-102, 5-123, 5-125
寺尾村 2-103
寺前村（米倉丹後守領分） 2-102, 5-123, 5-291
戸田村（御料所、武田左京太夫、岡部半之助、安藤小膳、牧助右エ門、小河栄太郎、槙田与左エ門知行） 2-103, 5-126, 5-291
戸塚（御料所）○ 2-103, 5-123, 5-291
戸邊村（御料所） 2-102, 5-123, 5-291
戸邊村野毛 2-102
冨岡村（稲葉主水、杦浦八郎五郎知行所）☆ 2-102, 5-123, 5-291
長井村（松平大和守領分、堀求馬知行所） 2-101, 5-125
長浦村 2-101, 2-102, 5-123, 5-125
中依知村（御料所、岡部五郎兵エ、小幡又兵衛知行所）〔中依智村〕 2-103, 5-126, 5-291
中依知村古川 2-103
長坂村（間宮造酒之亟知行所） 2-101, 5-125
長澤村（久世平九郎知行所） 2-101, 5-124, 5-291
中島村（山内傳右エ門知行所）〔中宿村〕 2-103, 5-125, 5-126
中新田村（秋元忠右エ門知行所） 2-103
中新田村山王原 2-103
中瀬村久保田（春田助太郎知行所）〔中瀬村、中瀬〕 2-103, 5-126, 5-291
長沼村 2-103
中野村（大久保佐渡守領分、天野伊織、木門市左エ門知行所） 2-103
鉞切 2-102, 5-123
西浦賀（御料所）⛵〔浦賀〕 2-101, 5-124, 5-291
西浦賀久比里 2-101, 5-124
西久保村（細井新之亟、石川与次右エ門、丸山兵左エ門、堀縫殿知行所） 2-103, 5-123, 5-125, 5-126
西久保村間門（御料所） 2-103
西子安村〔子安〕 2-102, 5-123, 5-291
根岸村（松浦市太郎知行所） 2-102, 5-123, 5-291
能見堂 2-102, 5-123
野比村（鈴木兵庫知行所） 2-101, 5-124, 5-291
走水村（松平大和守領分）○ 2-101, 5-124, 5-291
羽鳥村（御料所） 2-103, 5-123
羽鳥村四谷 2-103
羽鳥村六間 2-103
馬入村（御料所） 2-103, 5-125, 5-126, 5-291
早川村 2-103
林村 2-103
林村（本多主税、鈴木兵庫知行所） 2-101, 5-125, 5-291
原宿村（村上主殿、村上壽之助知行所） 2-103, 5-123, 5-291
東浦賀（御料所）〔浦賀〕 2-101, 5-124, 5-291
東子安村〔子安〕 2-102, 5-123, 5-291
東俣野村陰取（永井平八郎知行所）〔東俣野村、東俣野〕 2-103, 5-123, 5-291
菱沼村 2-103, 5-123, 5-125
毘沙門村（水野右近知行所） 2-101, 5-124
日向 2-101, 2-102, 5-123, 5-125
平戸村（杉浦丹波守知行所） 2-102, 5-123
深浦 2-102, 5-123, 5-125, 5-291
深田村 2-101, 5-124, 5-291
深谷村（土屋勝右エ門知行所） 2-103, 5-123
藤澤（御料所）○ 2-103, 5-123, 5-291
二町谷村（上原新三郎知行所） 2-101, 5-125, 5-291
舟子村 2-103
逸見村 2-101, 2-102, 5-124, 5-291
保土ヶ谷（御料所）○☆〔程ヶ谷〕 2-102, 5-123, 5-291
保土ケ谷宿境木 2-102
堀之内村三ケ浦（松平大和守領分） 2-101, 5-125
本牧本郷村（大久保大隅守、藤木主計、松浦市太郎知行所）☆〔本郷〕 2-102, 5-123, 5-291
舞岡村（御料所、蜂屋七兵エ、内藤佐七、大草半次郎知行所） 2-103, 5-123
前山田村（新見吉次郎知行所） 2-103, 5-123, 5-291
町屋村（倉橋内匠、杦浦八郎五郎知行所） 2-102, 5-123, 5-124
松輪村（松平大和守領分） 2-101, 5-124, 5-291
三崎（御料所）⛵ 2-101, 5-125, 5-291
三戸村（水野右近知行所） 2-101, 5-125, 5-291
宮川村（松平大和守領分） 2-101, 5-125
宮山村 2-103
向ケ崎村（上原新三郎知行所） 2-101, 5-125
六浦（米倉丹後守在所） 2-102, 5-123, 5-125, 5-291
室田村（宅間与右エ門知行所） 2-103, 5-123
望地村（石川六三郎知行所） 2-103, 5-123
森村公田村（大久保大隅守知行所）〔森村〕 2-102, 5-123, 5-291
森村雑色村（大久保大隅守知行所）〔森村〕 2-102, 5-123, 5-291
森村中原村（大久保大隅守知行所）〔森村〕 2-102, 5-123, 5-291
諸礒村（御料所、大津新右エ門知行所） 2-101, 5-125
柳島村（戸田五助知行所） 2-103, 5-125, 5-126, 5-291
八幡村（松平大和守領分） 2-101, 5-124
八幡村上町〔八幡村〕 2-103, 5-125, 5-126
山際村小平〔山際〕 5-291
由井ケ濱 2-103, 5-123, 5-125
横須賀村☆ 2-101, 2-102, 5-123, 5-124
横濱村（荒川新右エ門知行所） 2-102, 5-123, 5-291
吉際村 2-103
新〔和〕田村（御料所、上原新三郎、本多主税知行所）〔和田〕 2-101, 5-125, 5-291

【社寺】

有鹿神社 2-103
海源寺 2-103
鴨居村観音堂〔観音堂〕 2-101, 5-124
建徳寺 2-103
光明寺 2-102, 5-123, 5-125
國分寺 2-103
前取神社 2-103
寒川神社 2-103
真芳寺 2-103
智音寺 2-103
鶴岡八幡宮 2-101, 2-102, 5-123, 5-125, 5-291
藤澤山清浄光寺 2-103
三島明神 2-102
妙純寺 2-103
妙樂寺 2-103

【山・峠】

ゴンタ坂 5-123

【河川・湖沼】

新井川 2-103
小鮎川 2-103
相模川 2-103
中津川 2-103
馬入川 2-103, 5-291
待合川 2-103

【岬・海岸】

稲村岬〔稲村ケ崎〕 2-103, 5-125
仙堂岬 2-101, 5-124
冨丘岬 2-102
ハコ崎 5-123

【島】

江島（下之坊寺領）〔江ノ島〕 2-103, 5-125, 5-291
烏帽子岩 2-102, 5-123, 5-125
中〔甲〕島 2-101, 2-102, 5-123, 5-124
城ケ島（御料所）〔城島〕 2-101, 5-125, 5-291
天神島 2-101, 5-125
夏島 2-102, 5-123, 5-124
野島 2-102, 5-123, 5-124

第94号 高崎・秩父

【国名】

上野國〔上野〕 2-106, 2-107, 5-119, 5-289
武藏國〔武藏〕 2-106, 2-107, 5-120, 5-123

【郡名】

碓氷郡 2-105, 5-119
賀美郡 2-106, 2-107, 5-119, 5-291
甘樂郡 2-107, 5-119, 5-291
群馬郡 2-105, 2-107, 5-119
児〔兒〕玉郡〔兒玉郡〕 2-106, 5-118, 5-291
多胡郡 2-107, 5-119, 5-291

秩父郡　2-106, 2-108, 5-121, 5-291
旛羅郡　2-106, 5-118, 5-291
榛沢郡　2-106, 5-118, 5-291
比企郡　2-108, 5-121, 5-291
緑埜郡　2-105, 2-106, 2-107, 5-119, 5-291

【地名】

青梨村（土岐山城守領分）　2-105, 5-119, 5-289
青山村　2-108
赤坂村　2-105, 5-119
明戸村（御料所）　2-106, 5-121
足門村（土岐山城守領分）　2-105, 5-119, 5-289
安保町（鈴木亀五郎知行所）　2-106, 5-119
天引村　2-107
天引村下平　2-107
鮎川村　2-107
荒川村（小宮山八五郎、内藤久三郎、須田治郎太郎、大久保萬吉、大久保十五郎、大久保筑前守知行所）　2-106, 5-121, 5-291
有馬村（御料所、村越茂助、川勝登之助知行所）　2-105, 5-119
飯塚村（御料所）　2-106
池端村（御料所、大久保三五郎、大久保兵九郎、内藤内藏五郎、大久保三十郎、杦山藤之助知行所）　2-105, 5-119, 5-289
池村（御料所、牧村仁十郎、大久保甚太郎、長崎半左エ門知行所）　2-107
石神村（御料所、黒田豊前守領分、中根主水、石丸五左エ門、伏見金八郎、須田安之進知行所）　2-106, 5-119, 5-291
石神村（御料所、松平出雲守、大久保盤五郎、山村甚十郎知行所）　2-107, 5-119
石原村（御料所）　2-105, 5-119, 5-289
板鼻（御料所）○　2-105, 5-119
井戸村(阿部鉄丸領分)　2-106, 2-108
岩井村（川田吉兵エ知行所）　2-107
岩﨑村　2-107
岩田村(阿部鉄丸領分)　2-106, 2-108
岩鼻村（御料所）　2-105, 2-107, 5-119, 5-291
上野村　2-107
多井戸村　2-107
大新田村　2-105
大塚村（金田主殿知行所）　2-108, 5-121, 5-291
大野原村（阿部鉄丸領分）○　2-109, 5-121, 5-291
大野原村枝宮﨑　2-109
大野原村下小川　2-109
大野原村原　2-109
大御堂村　2-106
大宮郷　2-109, 5-121, 5-291
大宮郷大宮町　2-109
大宮郷齊渡　2-109
大宮郷宮川○　2-109
大宮郷宮地　2-109
大八木村（松平右京亮領分）　2-105, 5-119, 5-291
岡下村（安部信濃守知行所）　2-106, 5-118
岡部村（安部摂津守在所）　2-106, 5-118, 5-291
岡村（黒田豊前守領分、曲淵市太夫、數原通玄、小西助右エ門知行所）　2-106, 5-118
小川村（大島讃岐守知行所）○　2-108, 5-121, 5-291
小川村下分　2-108
奥澤村（深津弥七郎知行所）　2-108, 5-121
奥沢村青木下　2-108
奥沢村向堀　2-108
小串村（御料所、筒井次左エ門、大久保甚太郎、牧村仁十郎知行所）　2-107, 5-119
小串村枝松原　2-107
小倉村（長谷川藤左エ門、山田清太夫、京極傳之助知行所）　2-105, 5-119, 5-289
小島村（酒井大内記知行所）　2-106, 5-119, 5-291
小野村枝坂口（前田大和守領分）　2-107
小幡（松平宮内少輔在所）　2-107, 5-119, 5-291
小幡町赤城　2-107
小幡町佐久間　2-107
小幡町町屋　2-107
小前田新田村（黒田豊前守領分）○　2-106, 5-121, 5-291
小前田新田村西皆戸　2-106
折原村（御料所）　2-106, 2-108
皆谷村（御料所、嶋田次郎太郎知行所）　2-108
角山村　2-108
片山村　2-107
金井村　2-107, 5-119, 5-291
金尾村(阿部鉄丸領分)　2-106, 2-108
金尾村久保　2-106, 2-108
金窪村（御料所、伊東長兵エ、筧門三郎、吉良左馬四郎、古田金次郎、長堀長五郎知行所）　2-106, 5-119, 5-291
金﨑村（御料所）○☆　2-109, 5-121, 5-291
金古（松田八九郎、萩原鐐太郎、本多金左エ門知行所）○　2-105, 5-119, 5-289
上飯塚村　2-105, 5-119, 5-291
上大塚村（弓削多金之進、三島清左エ門、近藤八十郎、小泉官兵エ、川村季之助知行所）　2-107, 5-119, 5-291
上郷村（黒田豊前守領分）　2-107
上佐野村　2-105, 2-107, 5-119, 5-291
上戸塚村（水上織部、加藤源四郎知行所）　2-107
上豊岡村（松平右京亮領分）〔豊岡〕　2-105, 5-119, 5-291
上中長根村入會　2-107, 5-119
上中長根村植野塲　2-107
上野田村（有馬久米之亟、大久保三五郎、大久保兵九郎、内藤内藏五郎知行所）〔野田〕　2-105, 5-119, 5-289
萱場村（御料所）　2-106, 5-118
川内村（溝口八十郎知行所）　2-107, 5-119
北下村（川田六郎左エ門、勝田登之助、大久保三五郎、大久保幸之助、内藤内藏五郎、大久保兵五郎知行所）〔下村〕　2-105, 5-119, 5-289
君川村　2-107
久城村　2-106
久保村（黒田豊前守領分）　2-107
倉賀野（松平右京亮領分）○〔倉ヶ野〕　2-105, 2-107, 5-119, 5-291
倉賀野宿正六　2-105, 2-107
倉賀野宿大王子　2-105, 2-107
黒熊村（御料所、杉山権右エ門知行所）　2-107, 5-119, 5-291
黒田村（御料所、黒田豊前守領分、永島藤五郎、神谷鉄之助、大草吉左エ門知行所）　2-106, 2-108, 5-121, 5-291
黒谷村　2-109, 5-121, 5-291
黒谷村小川端　2-109
黒谷村下小川　2-109
黒谷村殿地　2-109
黒谷村簑山　2-109
國濟寺村（御料所）　2-106, 5-118
小暮村（川勝権之助知行所）　2-107
腰越村（細井藤左エ門、本目久之丞、河野長重郎知行所）　2-108, 5-121, 5-291
腰越村悪戸　2-108
腰越村東　2-108
腰越村北根　2-108
腰越村島﨑　2-108
腰越村峯　2-108
腰越村矢岸　2-108
小棚村　2-107
小林村（御料所、川田一学、松前監物知行所）　2-107, 5-119, 5-291
五明村　2-106
坂本村（菅谷平八郎、森本寛次郎知行所）　2-108, 5-121, 5-291
坂本村新井　2-108
坂本村栗和田　2-108
坂本村下田中　2-108
坂本村中ノソリ　2-108
坂本村長谷田○　2-108
櫻澤村（秋元左エ門佐領分、木下求馬、徳永小膳、谷邉泰安、伴道興知行所）　2-106, 5-121, 5-291
櫻澤村岩﨑　2-106, 2-108
櫻澤村山根　2-106
塩川村　2-107
七本木村（松平大和守領分、伏見金八郎、筧門三郎、吉良鋭次郎、古田鎌次郎知行所）　2-106, 5-119, 5-291
七本木村京塚　2-106
七本木村小新田　2-106
七本木村三間新田　2-106
下小島〔鳥〕村〔下小島村〕　2-105, 5-119
下里村（金田主殿知行所）　2-108, 5-121, 5-291
下里村金谷戸　2-108
下里村白根　2-108
下里村森谷戸　2-108
下田野村（阿部銕丸領分）　2-108
下豊岡村〔豊岡〕　2-105, 5-119, 5-291
下並榎村　2-105, 5-119, 5-291
下ノ城村　2-105
下野田村（御料所、杦山藤之助知行所）〔野田〕　2-105, 5-119, 5-289
下野堂村（蔭山岩之亟知行所）　2-106, 5-119
下原村（間宮七郎知行所）　2-106
下和田村　2-105, 5-119, 5-291
宿根村（御料所、谷部道堂、伴道興知行所）　2-106, 5-118, 5-291
白倉村　2-107, 5-119
白倉村枝大山　2-107
白石村（御料所、松平直之亟領分、川村季之助、山川宇兵エ知行所）　2-107, 5-119, 5-291
新後閑村　2-105, 5-119
新町（御料所、加藤七五郎知行所）○〔新町宿〕　2-106, 5-119, 5-291
末野村（御料所）　2-106, 2-108, 5-119, 5-121, 5-291
末野村女沢　2-106, 2-108
菅沼村（御料所）　2-106, 5-121, 5-291
菅沼村下菅　2-106
杦山村　5-119
瀬山村（松平大和守領分）　2-106, 5-121, 5-291
曽木村（前田大和守領分）　2-107, 5-119
曽木村郷戸　2-107
髙﨑(松平右京亮居城)○☆　2-105, 5-119, 5-291
滝瀬村（黒田豊前守領分、遠山忠兵衛知行所）　2-106, 5-118, 5-291
多胡碑　2-107
田篠村下組〔田篠村〕　2-107, 5-119, 5-291
立石新田（御料所）　2-105, 2-107, 5-119
立石村（御料所）　2-107, 5-119, 5-291
田中村（御料所、津金新重郎知行所）　2-106, 5-121
田中村新田〔田中〕　2-106, 5-291
造石村（筒井治左エ門知行所）　2-107
土原村（間宮七郎知行所）　2-106
堤村田中　2-106
勅使河原村（津金新十郎、三島清左エ門、近藤小十郎、小泉官兵衛知行所）　2-106, 5-119, 5-291
寺尾村（牧野式部知行所）　2-109
寺尾村萩平　2-109
栃谷村　2-108
中泉新田　2-105, 5-119
中泉村（松平右京亮領分）　2-105, 5-119, 5-289, 5-291
中大塚村（弓削多金之進、鳥居久五郎知行所）　2-107
長在家村（日根野長左エ門知行所）　2-106
中里村（酒井與左エ門、久松忠次郎知行所）　2-105, 5-119, 5-289
中嶋村（松平直之亟領分）　2-107
中島村（川田六郎左エ門、加藤七五郎知行所）　2-105, 2-107, 5-119, 5-291
中宿村（板倉伊豫守領分）　2-105, 5-119, 5-291
永田村（松平大和守領分、間宮喜七郎、吉田金次郎、佐久間吉五郎知行所）　2-106, 5-121, 5-291
永田村滝　2-106
中豊岡村〔豊岡〕　2-105, 5-119, 5-291
長根村（松平宮内少輔領分）〔下長根村〕　2-107, 5-119, 5-291
中野上村（御料所）　2-106, 2-108, 5-121
長濱町（御料所、鈴木主税知行所）　2-106, 5-119
長濱村（室賀山城守、鈴木主税、田中主計知行所）　2-107, 5-119, 5-291
西田村　2-106
庭屋村（筒井治左エ門知行所）　2-107

野上下郷小坂〔野上下郷〕 2-106, 5-119
野上下郷杁郷 2-107, 2-109, 5-291
野上下郷滝ノ上〔野上下郷〕 2-106, 5-119
野上下郷辻河内〔野上下郷〕 2-107, 2-109, 5-119
野上下郷宮沢(御料所)〔野上下郷〕 2-107, 2-109, 5-119
野良犬村(御料所) 2-105, 5-119
原ノ郷村(御料所、内藤金十郎、中野吉兵衛知行所)〔原郷村〕 2-106, 5-118, 5-291
東大沼村(大久保一郎、中野左兵衛、内藤金十郎知行所) 2-106, 5-118
平澤村(金田主殿知行所) 2-108, 5-121, 5-291
深谷(御料所)○☆ 2-106, 5-118, 5-291
福嶋町(松平宮内少輔領分)○〔福島町〕 2-107, 5-119, 5-291
福嶋町後 2-107
福島村(御料所、中沢主税知行所)〔福嶋〕 2-105, 5-119, 5-289, 5-291
普濟寺村(安部摂津守領分) 2-106, 5-118, 5-291
藤岡町(水上織部知行所)○ 2-107, 5-119, 5-291
藤岡町山﨑 2-107
藤木戸村(松平大和守領分、朝倉孫之丞知行所) 2-106, 5-119, 5-291
藤塚村(高井山城守知行所) 2-105, 5-119, 5-291
藤谷淵村犬川戸〔藤谷淵〕 2-107, 2-109, 5-291
藤谷淵村馬内〔藤谷淵〕 2-107, 2-109, 5-291
藤谷淵村久保〔藤谷淵〕 2-109, 5-291
藤谷淵村高野〔藤谷淵村、藤谷淵〕 2-107, 2-109, 5-121, 5-291
藤谷淵村根岸〔藤谷淵〕 2-109, 5-291
藤谷淵村矢名瀬〔藤谷淵〕 2-109, 5-291
藤谷淵村山根〔藤谷淵〕 2-107, 2-109, 5-291
二日町村 2-107
傍示堂村(御料所、永島藤五郎、佐久間吉五郎知行所) 2-106, 5-118, 5-291
星田村 2-107
保田原村 2-106, 2-108
本郷村 2-107
本庄(御料所)○☆ 2-106, 5-119, 5-291
本田村 2-106, 2-108
本野上村○〔野上〕 2-107, 2-109, 5-121, 5-291
本野上村石原 2-107, 2-109
本野上村根岸 2-107, 2-109
本野上村袋江 2-106, 2-108
増尾村(御料所) 2-108, 5-121, 5-291
馬庭村 2-107
三澤村(阿部鉄丸領分)○ 2-108, 5-121, 5-291
三沢村峯 2-108
三ツ寺村 2-105, 5-119, 5-289, 5-291
御堂村(亀井輿十郎、雨宮宇右エ門知行所) 2-108, 5-121, 5-291
御堂村宮地 2-108
緑埜村 2-107
皆野村(阿部銕丸領分)○ 2-109, 5-121, 5-291
皆野村荒井 2-109
皆野村大濱 2-109
皆野村小坂 2-109
皆野村越 2-109
皆野村根岸 2-109
南下村(御料所、戸川筑前守、松平幸吉、沢主税助知行所)〔下村〕 2-105, 5-119, 5-289
棟高村(松平右京亮領分) 2-105, 5-119
牧西村(御料所、丸毛長門守、興津勝吉、横田十郎兵衛、水野右近、山本新右エ門、雨宮権左エ門知行所) 2-106, 5-118, 5-291
安戸村(御料所、亀井輿十郎知行所)○ 2-108, 5-121, 5-291
安戸村都澤 2-108
矢田村(松平直之亟領分) 2-107, 5-119
矢那瀬村○〔矢名瀬〕 2-106, 5-119, 5-291
山川村(吉田輿右エ門、牛奥新五右エ門知行所)〔山河〕 2-106, 5-118, 5-291
八幡村(八幡社領、岡部土左エ門、品川内膳、高井山城守知行所) 2-105, 5-119
湯上村(松平直之亟領分) 2-105, 5-119, 5-289
動堂村 2-107
横町村(美濃部主水知行所) 2-106, 5-119
吉井宿(松平直之亟在所)(松平直之亟領分)○ 2-107, 5-119, 5-291
寄居村(朝比奈河内守、石川榮吉、植村久五郎、大久保金之亟、内藤千之助、中野鉄太郎知行所)○ 2-106, 2-108, 5-119, 5-121, 5-291
寄居村谷 2-106, 2-108
寄居村常木 2-106, 2-108
和田多中村 2-105, 2-107, 5-119
和田多中村宿多中 2-105

【社寺】

稲荷社 2-107
延命院 2-107
恩行寺 2-107
金井村権現堂 2-107
吉祥院 2-106
廣見寺 2-109
光徳寺 2-107
神門寺 2-109
虚空藏堂 2-107
國濟寺 2-106
権現堂 2-107
金剛院 2-109
西光寺 2-108
慈眼寺 2-109
常行院 2-107
聖天宮 2-106, 2-108
上品寺 2-108
常楽寺 2-109
正竜寺 2-106
少林寺 2-106
〔定〕林寺 2-109
浄蓮寺 2-108
白石村竜泉寺 2-107
聖岩寺 2-108
崇福寺 2-107
藏福寺 2-109
大梅寺 2-108
秩父神社 2-109
長巌寺 2-107
長端神社 2-107
八幡宮 2-108
八幡宮 2-107
八幡宮 2-105
八幡社 2-108
不動堂 2-108
宝勝寺 2-107
寶泉寺 2-106

【山・峠】

天引山 2-107, 5-291
大沢山 2-108
小幡山 5-119
カイニタ峠 2-108
金ケ岳 2-108, 5-121
釜伏山 2-106, 108, 5-121
古城山 2-106
櫻沢山 2-106
三波山 2-107, 5-119
曽根坂峠 5-121, 5-291
髙篠山 2-108, 5-121
根古屋山 2-105, 2-107
榛名山 5-119, 5-289
武甲山 2-109, 5-121, 5-291
二株山 2-107, 5-119
簑山 2-109

【河川・湖沼】

碓氷川 2-105
小山川 2-106
鏑川 2-107, 5-119
烏川 2-105, 2-107
神滝川〔神流川〕 2-107, 5-119, 5-291
槻川 2-108
三沢川 2-108
横瀬川 2-109, 5-121

第95号
軽井沢・富岡

【国名】

上野國〔上野〕 2-111, 5-119
信濃國〔信濃〕 2-111, 5-146, 5-150, 5-294

【郡名】

碓氷郡 2-110, 2-111, 5-116, 5-119
甘楽郡 2-110, 5-116, 5-119, 5-291
佐久郡 2-111, 2-112, 2-113, 5-116, 5-291
小縣郡 2-112, 2-113, 5-146

【地名】

青倉村 2-110
赤岩新田 2-112, 5-146
赤岩村 2-112, 5-146, 5-294, 5-296
赤木村 2-110
秋和村 2-112, 5-146, 5-294
芦田(牧野大藏領分)○ 2-112, 2-113, 5-146, 5-296
芦田宿枝古町 2-112, 2-113
安中(板倉伊豫守居城)○☆ 2-110, 5-116, 5-119, 5-291
一ノ宮町(竹田法印、仁賀保大膳、恒(岡)長藏、渡邉榮之亟知行所、一宮社領)○〔一宮〕 2-110, 5-116, 5-119, 5-291
一ノ宮町枝坂井 2-110
井戸沢村 2-110
岩下村 2-112, 5-146, 5-294, 5-296
岩村田(内藤叔之亟在所)○☆ 2-111, 5-116, 5-296
上田(松平伊賀守居城)☆ 2-112, 5-146, 5-294
碓氷峠町(御料所) 2-111, 5-116
碓氷峠村(板倉伊豫守領分) 2-111, 5-116
生塚村 2-112, 5-146, 5-294
海野○ 2-112, 5-146, 5-294, 5-296
追分(御料所)○☆ 2-111, 5-116, 5-291, 5-294, 5-296
大石村(牧野大藏領分) 2-112, 5-146, 5-294, 5-296
大島村 2-110
大平村(御料所) 2-110, 5-116, 5-119, 5-291
大屋村 2-112, 5-146, 5-294
行田村(河田吉藏知行所) 2-110, 5-116, 5-119, 5-291
行田村梨子木 2-110
小坂村上小坂〔小坂〕 2-110, 5-291
小坂村下小坂〔小坂〕 2-110, 5-291
小坂村中小坂(松平宮内少輔領分)〔小坂〕 2-110, 5-291
小田井(内藤叔之亟領分)○ 2-111, 5-116, 5-291, 5-294, 5-296
加沢村(松平伊賀守領分) 2-112, 5-146, 5-294, 5-296
柏木村 2-111, 2-112, 2-113, 5-116
片羽村 2-112, 5-146, 5-294, 5-296
神原村(中澤主税之介、松平所左衛門、岩手藤左エ門知行所) 2-110, 5-116, 5-119, 5-291
神原村枝根際 2-110
加増村〔加曽村〕 2-111, 2-112, 2-113, 5-116, 5-294, 5-296
鎌原村 2-112, 5-146
上小林村 2-110, 5-116, 5-119, 5-291
上塚原村 2-111, 2-112, 2-113
上野尻村 2-110, 5-116, 5-119
借宿村 2-111, 5-116, 5-294, 5-296
借宿村塩沢村〔借宿村〕 2-111, 5-116, 5-296
軽井澤☆〔軽井沢〕 2-111, 5-116
神成村(松前若狭守領分、竹川兵十郎、竹田法印、宮崎七三郎、三枝金弥知行所) 2-110, 5-116, 5-119, 5-291
沓掛○ 2-111, 5-116, 5-291, 5-296
沓掛宿離山新田 2-111
沓掛宿古宿新田 2-111
沓掛宿前沢新田 2-111
黒川村 2-110
郷原村 2-110, 5-116, 5-119, 5-291
郷原村琵琶窪 2-110
高別當村 2-110, 5-116, 5-119, 5-291
高別當村一里山 2-110
小諸(牧野大藏居城)☆ 2-112, 2-113, 5-116, 5-294, 5-296
五料村 2-110, 5-116, 5-119, 5-291
五料村梨子木 2-110
五郎兵衛新田下原(御料所)〔五郎兵衛新田〕 2-112, 2-113, 5-116
坂詰村 2-110, 5-116, 5-119, 5-291
坂詰村小河原 2-110
坂詰村六瀬田 2-110
坂本○ 2-110, 5-116, 5-119, 5-291, 5-294
坂本宿羽根石 2-110
坂本宿山中 2-110
櫻井村(牧野大藏領分) 2-112, 5-146, 5-294, 5-296
塩名田(牧野大藏領分) 2-112, 2-113, 5-116, 5-296
芝生田村 2-112, 5-146, 5-294, 5-296
下小坂安道寺 2-110
下小坂関口〔小坂村〕 2-110, 5-116, 5-119
下小坂中里 2-110
下塚原村(御料所、水

野牛之助知行所） 2-111, 2-112, 2-113, 5-116
下仁田町（御料所、小笠原若狭守知行所）○ 2-110, 5-116, 5-119, 5-291
下野尻村 2-110, 5-119
下深井村 2-112, 5-146
下吉田村 2-112, 5-146, 5-294
諏訪部村 2-112, 5-146
大門村落合〔大門村、大門〕 2-112, 2-113, 5-150, 5-296
大門村四泊〔大門〕 2-112, 2-113, 5-296
高瀬村（松平宮内少輔領分） 2-110
高瀬村桐淵 2-110
内〔匠〕村 2-110
田篠村（松平宮内少輔領分） 2-110, 5-119
田島村 2-110
田中○ 2-112, 5-146, 5-294, 5-296
時田村 2-112, 5-146, 5-294
冨岡町（竹田法印、筧源左衛門、恒岡長蔵知行所）○ 2-110, 5-119, 5-291
冨岡町須瀬 2-110
冨岡町宮山 2-110
冨岡町屋敷村 2-110
長窪（御料所）○☆ 2-112, 2-113, 5-150, 5-296
七日市村（前田大和守在所）（前田大和守領分） 2-110, 5-116, 5-119, 5-291
南蛇井村（松前若狭守領分） 2-110, 5-116, 5-119
南蛇井村枝梅沢 2-110
南蛇井村枝小倉 2-110
南蛇井村久保田 2-110
南蛇井村原村 2-110
南蛇井村西〔四〕日市 2-110
新堀村 2-110, 5-116, 5-119, 5-291
西原村 2-112, 2-113, 5-116, 5-294, 5-296
西牧御關所 5-116, 5-119
西脇村新町〔西脇村〕 2-112, 5-146
根小屋村〔根古屋〕 2-110, 5-116, 5-119, 5-291
根小屋村枝小出屋 2-110
根小屋村枝小屋野平 2-110
根々井塚原村（牧野大藏領分） 2-111, 2-112, 2-113, 5-116, 5-296
原市村 2-110, 5-116, 5-119, 5-291
原市村八本木 2-110
原村 2-110, 5-116, 5-119
平塚村（内藤主水知行所） 2-111, 2-112, 2-113, 5-116, 5-296
平原村 2-111, 2-112, 2-113, 5-116, 5-294, 5-296
藤井村 2-110
藤井村村枝横間 2-110
踏入村 2-112, 5-146, 5-294
房山村枝下紺屋町〔房山村、紺屋〕 2-112, 5-146, 5-294
發地村 2-111, 5-116, 5-296
發地村馬越 2-111
發地村菅有里 2-111
堀村 2-112, 5-146, 5-294, 5-296
前田原村（御料所） 2-111, 5-116
前田原村枝荒町 2-111
牧布施村（御料所） 2-112, 2-113, 5-146, 5-150, 5-296
牧布施村枝百沢 2-112, 2-113
馬脊口村〔馬瀬口村〕 2-111, 5-116, 5-294, 5-296
松井田（板倉伊豫守領分）○☆ 2-110, 5-116, 5-119
馬取萱村 2-111, 5-116, 5-291
馬取萱村枝狐山 2-111
馬山村（松前若狭守領分） 2-110
三ツ屋新田（牧野大藏領分） 2-111, 5-116
御馬寄村（牧野大藏領分） 2-112, 2-113, 5-116, 5-296
宮崎村（長谷川主膳正知行所） 2-110, 5-116, 5-119, 5-291
宮嵜村枝鐘打 2-110
妙義町 2-110, 5-116, 5-119
茂田井村（牧野大藏領分） 2-112, 2-113, 5-146, 5-150, 5-296
望月（牧野大藏領分）○☆ 2-112, 2-113, 5-146, 5-150, 5-296
本宿村○ 2-110, 5-116, 5-119, 5-291
森平村 2-110
矢川村枝赤岩〔矢川村〕 2-110, 5-116, 5-291
矢川村枝荒屋 2-111
矢川村枝大粟 2-110
矢川村枝茅倉 2-111
矢川村枝清水ノ沢 2-110
矢川村枝為岩 2-110
矢川村枝横引 2-110
矢川村柴澤 2-111
矢川村初鳥屋○ 2-111
八城村（松平宮内少輔領分）〔八城行田〕 2-110, 5-116, 5-119, 5-291
谷津村 2-110, 5-119
簗瀬村 2-110, 5-116, 5-119
山邊村 2-112, 2-113
八幡（牧野大藏領分）○ 2-112, 2-113, 5-146, 5-296
油井村 2-111, 5-116
横川村（御関所） 2-110, 5-116, 5-119, 5-291, 5-294
横根村 2-111
吉嵜村（御料所） 2-110
蓬田村八幡村桑山村入會 2-112, 2-113
和田宿青原〔和田〕 2-112, 2-113, 5-150, 5-296
和田宿下和田〔和田〕 2-112, 2-113, 5-296

【社寺】

宇藝神社 2-110
熊野社 2-111
光巖寺 2-110, 5-119
光明院 2-110
小舩社 2-110
常住寺 2-110
諏訪社 2-110
清泉寺 2-110
長楽寺 2-110
貫前社 2-110, 5-116, 5-119
八大竜王 2-110
八幡宮 2-112
萬福寺 2-110
妙義社 2-110
竜光寺 2-110
龍栖寺 2-110

【山・峠】

浅間嶽〔浅間山〕 2-111, 5-116, 5-294
吾妻山 2-111, 5-116
荒船山 2-111
大桁山 2-110, 5-116, 5-119
大星山 2-110, 5-116, 5-119
押立山 2-111
押立山 2-111
小幡山 2-110, 5-116, 5-119
風越山 5-116
竃岩山 2-111
雁坂峠 2-112, 2-113, 5-146, 5-150
神成山 2-110
神原山 2-110, 5-116, 5-119
君川山 2-110
劔峯 2-111
虚空蔵山 2-112, 2-113
古城山 2-110
古城山 2-110
柴山（古城跡） 2-110
城山 2-110
陣場山 2-112
石尊山 2-110, 5-116, 5-119
外山古城 2-112
立科山 2-113, 5-150, 5-296
中城山 2-110, 5-116, 5-119
中窪山 2-111
八封山 2-111
離山 2-111, 5-116
冨士山 2-112, 2-113
馬出〔山〕 2-110
妙義山 2-110, 5-116, 5-119, 5-291
八ヶ岳 5-296
山ノ神 2-110
鍔坂峠 2-111

【河川・湖沼】

赤水川 2-111
碓氷川 2-110
鹿曲川 2-112, 2-113, 5-146
千曲川 2-112, 2-113
依田川 2-112, 2-113

第96号 松本

【郡名】

伊奈郡 2-119, 5-154
諏訪郡 2-116, 2-118, 2-119, 5-150, 5-296
小縣郡 2-114, 2-116, 2-118, 5-146, 5-296
筑摩郡 2-119, 5-152, 5-296
垣〔埴〕科郡 2-114, 5-146, 5-294

【地名】

鮎澤村 2-118, 5-150
會田町村（會田宿）○☆〔會田〕 2-115, 5-146, 5-294, 5-296
會田町村岩井堂 2-115
青柳宿○〔青柳〕 2-114, 5-146, 5-294
赤沼村 2-118, 5-150
赤羽村 2-119, 5-150, 5-296
赤羽村柳下 2-119
赤怒田村 2-115
安坂村 2-114
安坂村越 2-114
新倉村 2-119, 5-150, 5-296
新倉村丸山 2-119
有賀村 2-118, 5-150, 5-296
飯島村 2-118, 5-150
板場村 2-115, 5-146
市野川村（御料所） 2-114, 5-146, 5-294
市野川村上平 2-114
出川町村 2-117, 5-150, 5-296
伊深村 2-115, 2-117, 5-146, 5-296
伊深村新田 2-115, 2-117
伊深村問屋原 2-115, 2-117
伊深村矢作 2-115, 2-117
今井村（諏訪因幡守領分） 2-118, 5-150, 5-296
今村（松平丹波守領分） 2-117, 2-119
上原村 2-118, 5-150, 5-296
埋橋村 2-117
内田村（諏訪社領） 2-117, 2-119
姥捨 5-294
小井川村 2-118, 5-150
小井川村四谷〔小井川〕 2-118, 5-296
大小屋村 2-119, 5-150, 5-296
岡田町村（岡田宿）○ 2-117, 5-146, 5-296
岡谷村○ 2-118, 5-150, 5-296
岡谷村下濱村 2-118
岡谷村新屋敷 2-118
岡谷村間下 2-118
荻新田 2-115
小口村 2-118, 5-150, 5-296
小坂村 2-118, 5-150, 5-296
小仁熊 中ノ峠 2-115
麻績宿○〔麻績〕 2-114, 5-146, 5-294
麻績宿枝梶浦 2-114
麻績宿叶里 2-114
麻績宿髙畑 2-114
麻績宿宮本 2-114
大和村 2-118, 5-150, 5-296
大和村湯ノ脇 2-118
柿澤村（御料所） 2-119
柿沢村峠茶屋〔柿沢〕 2-119, 5-296
柿沢村氷〔永〕井坂〔柿沢村、柿沢〕 2-119, 5-150, 5-296
垣原村 2-117
堅石町村 2-117, 2-119, 5-150, 5-296
金井村 2-119
金井村（御料所） 2-114, 5-146, 5-294
上浅間村 2-117
上金子村〔金子〕 2-118, 5-150, 5-296
上桑原村〔桒原〕 2-118, 5-150, 5-296
上桒原村武津 2-118
上塩尻村〔塩尻〕 2-114, 5-146, 5-294
上諏訪（温泉）○ 2-118, 5-150, 5-296
上戸倉○ 2-114, 5-146, 5-294
上西条村 2-119
苅谷沢村 2-115, 5-146, 5-294
苅谷沢村日影 2-114
刈谷原町村（刈谷原宿）（御料所）○〔刈谷原〕 2-115, 2-117, 5-146, 5-294, 5-296
刈谷原町村枝矢室 2-115, 2-117
神田村 2-117
桔梗ヶ原 2-119
北洞 2-115, 2-117
木舩新田村 2-118, 5-150, 5-296
桐原分 2-117, 5-150
桐原分中原 2-117
桐原分松本分入會地 2-117
桐原村 2-117
久保村（諏訪社領） 2-118, 5-150
熊井村（諏訪社領） 2-117, 2-119
桒山村和子 2-115
小池村（諏訪社領） 2-117, 2-119
小岩井村 2-115
神戸村 2-118, 5-150, 5-296
郷原町村（松平丹波守領分）○ 2-117, 2-119, 5-150, 5-296
小島村 2-117, 5-150, 5-296
駒沢村（諏訪因幡守領分） 2-119, 5-150, 5-296
駒沢村萩山新田 2-119

駒沢村的場　2-119
小俣村　2-117, 2-119
小松村　2-117
小屋村　2-117
小和田村　2-118, 5-150
坂室新田村　2-118, 5-150, 5-296
坂本〔坂木〕　2-114, 5-146, 5-294
栈敷村（御料所）　2-119, 5-150
塩尻○　2-119, 5-150, 5-296
稲倉村（松平丹波守領分）　2-115, 2-117, 5-146, 5-296
下浅間村　2-117
下井堀村　2-114, 5-146, 5-294
下井堀村枝西村　2-115
下岡田村　2-117, 5-146, 5-150
下岡田村枝神澤村　2-117
下岡田村枝治郎丸　2-117
下桒原村〔桒原〕　2-118, 5-150, 5-296
下桒原村湯ノ脇　2-118
下塩尻村（松平伊賀守領分）〔塩尻〕　2-114, 5-146, 5-294
下諏訪（温泉）☆　2-118, 5-150
下瀬〔黒〕村　2-117
下戸倉　5-294
下西条村　2-119
下原村（諏訪因幡守領分）　2-118, 5-150, 5-296
下原村樋橋　2-116, 2-118
下原村餅屋（諏訪餅屋）☆〔下原村〕　2-116, 2-118, 5-150
庄内村　2-117, 5-150
庄内村枝中條　2-117
神宮寺村　2-118, 5-150, 5-296
新地村（真田彈正大弼領分）　2-114, 5-146
洗馬○　2-119, 5-150, 5-296
反町村　2-115, 2-117, 5-146, 5-294, 5-296
反町村枝青木在家　2-115, 2-117
大門村　2-119, 5-150, 5-296
髙出村（松平丹波守領分）　2-117, 2-119, 5-150, 5-296
髙出村芝茶屋　2-117, 2-119
髙木村　2-118, 5-150
髙嶋（諏訪因幡守居城）　2-118, 5-150, 5-296
髙宮村　2-117
竹塲村　2-115
竹淵村（諏訪社領）　2-117
辰野村　2-119
茅野村　2-118, 5-150
茅野村西茅野　2-118
筑摩村　2-117
床尾村　2-119, 5-150, 5-296
友之町　2-118, 5-150
取出村　2-115, 5-146, 5-294, 5-296
取出村二叉　2-115
冨部村　2-118, 5-150
長畔村　2-119
中金子村〔金子〕　2-118, 5-150, 5-296
中河原村　2-118, 5-150
中之条村　2-114, 5-146, 5-294
中村　2-115, 5-146
中村枝六句　2-115
中村山寺〔中村〕　2-114, 5-294
七嵐村　2-115, 2-117
並柳村　2-117
奈良井宿平澤〔奈良井〕　2-119, 5-152
贄川（尾張殿領分）○　2-119, 5-150, 5-152, 5-296
贄川宿押込　2-119
贄川宿片平　2-119
贄川宿櫻澤　2-119
贄川宿長瀬　2-119
贄川宿若神子　2-119
西條村　2-115, 5-146, 5-294
西條村枝小仁熊　2-115
西堀村　2-118, 5-150
西山田村　2-118, 5-150
鼠宿村（真田彈正大弼領分）　2-114, 5-146, 5-294
野口村　2-114, 5-146
野口村女淵　2-114
野口村狐屋敷　2-114
野口村砂原　2-115
野溝村　2-117
野村　2-117, 2-119, 5-150, 5-296
橋原村　2-118, 5-150
橋原村志平　2-118
花岡村　2-118, 5-150, 5-296
原新田村　2-117, 2-119, 5-150, 5-296
原村　2-117
東條村　2-114, 5-146, 5-294
東條村大明神　2-115
東堀村〔堀〕　2-118, 5-150, 5-296
日出塩村（御料所）　2-119, 5-150, 5-296
平出村〔平山〕　2-119, 5-150, 5-296
平出村（内藤大和守領分）○　2-119, 5-150, 5-296
平出村上平出　2-119
平出村桔梗ケ原　2-119
平田村　2-117, 5-150, 5-296
平田村枝茶屋村　2-117
平田村新茶屋　2-117
福井村　2-114, 5-146, 5-294
藤池村　2-115
藤井村　2-117
文出村　2-118, 5-150
洞村　2-117, 5-146, 5-296
洞村山城　2-117
堀ノ内村　2-119, 5-150
牧野村　2-119, 5-150, 5-296
松岡村　2-117, 5-146, 5-150
松岡村反目　2-117
松本（松平丹波守居城）○☆　2-117, 5-150, 5-296
三澤村　2-119, 5-150, 5-296
乱橋村　2-115, 5-146, 5-294, 5-296
乱橋村枝西村　2-115
乱橋村東村　2-115
南洞　2-117
宮木村　2-119
宮本村　2-115
村井町村（村井宿）○　2-117, 2-119, 5-150, 5-296
本洗馬村蘆ノ田　2-119
本洗馬村上町（内藤大和守領分）○〔本洗馬村、本洗馬〕　2-119, 5-150, 5-152, 5-296
本洗馬村下平　2-119
本洗馬村中町　2-119
本山☆　2-119, 5-150, 5-296
本山宿新田　2-119
本山宿梨子木　2-119
百瀬村（諏訪社領）　2-117
矢ケ崎村　2-118, 5-150
矢ケ崎村塚原村　2-118
矢〔倉〕村　2-114
横内村（諏訪因幡守領分）　2-118, 5-150, 5-296
横尾村　2-114, 5-146
横田村　2-117
吉田村　2-117, 2-119, 5-150
吉田村新田　2-117, 2-119
和田（御料所）○☆　2-116, 5-150
和田宿大出　2-116
和田宿鍛冶足　2-116
和田宿唐沢　2-116
和田宿久保　2-116
和田宿峠茶屋（和田餅屋）〔茶屋〕　2-116, 2-118, 5-296
和田宿原　2-116

【社寺】

岡田神社〔岡田社〕　2-117, 5-146, 5-150
上諏訪宮〔上諏訪社、諏訪社〕　2-118, 5-150, 5-296
諏訪秋宮　2-118
諏訪春宮　2-118
長興寺　2-119
法善寺　2-114, 5-146

【山・峠】

四阿屋山　2-114, 5-146
雨トヤ古城山　2-115
王城山　2-119
大洞山　2-114, 5-146
岡田山　2-117
冠着山　2-114
黒瀬山　2-117
虚空藏山　2-115, 5-146
小沢水村　2-119
古城跡　2-114
古城山　2-114, 5-146
西條山　2-115
塩尻峠　2-118, 5-150
神宮寺山　2-118
神宮寺山　2-118, 5-150
諏訪山　2-114
碩水寺山　2-114
髙部山　2-118, 5-150
立峠　2-115, 5-146
中峠　5-146
鳴神山　2-119
濡沢山　2-119
鼻曲山　2-114
原山　2-114
東條山　2-114, 5-146
東條山續　2-114
洞大城　2-119
鷲□山　2-115, 2-117
和田峠　2-116, 2-118, 5-150

【河川・湖沼】

相添川〔相染川〕　2-117, 5-150
薄川　2-117
諏訪湖　2-118, 5-150, 5-296
長沢川　2-117
保福川　5-146
女鳥羽川　2-117, 5-150

第97号
大月

【国名】

甲斐國〔甲斐〕　2-120, 5-117, 5-291
相模國〔相模〕　2-120, 5-126, 5-291

【郡名】

津久井縣　2-120, 5-121, 5-291
都留郡　2-120, 2-122, 2-123, 5-126, 5-291
八代郡　2-122, 2-123, 5-117, 5-127, 5-291
山梨郡　2-122, 2-123, 5-117, 5-291

【地名】

浅利一本松　2-121
蘆垣村　2-120
阿弥陀海道○　2-121, 2-123, 5-117, 5-127, 5-291
阿弥陀海道宿橋爪　2-121, 2-123
井倉村　2-121, 5-126, 5-291
井倉村九鬼　2-121
井倉村前ケ窪　2-121
一倉村　2-122, 2-123
一之宮村　2-122, 2-123, 5-117
市部村石和（御料所）○〔石和〕　2-122, 2-123, 5-117, 5-291
一町田中村（田安殿領分）　2-122, 2-123, 5-117
犬目○　2-120, 5-121, 5-291
犬目宿安立野　2-120
犬目宿ヘヒキ新田　2-120
井上村　2-122, 2-123
上野原 神戸　2-121
上野原村○〔上野原〕　2-120, 5-121, 5-291
上野原村大向　2-120
上野原村沓掛　2-120
上野原村諏訪　2-120
上野原村塚場　2-120
歌田村（田安殿領分）　2-122, 2-123, 5-117
歌田村北組　2-122, 2-123
大椚村　2-120, 5-121
大椚村大濵　2-120
大椚村日野　2-120
大月○　2-121, 5-121, 5-126, 5-291
小形山村　2-121
小沼村○　2-121, 5-117, 5-127, 5-291
小原宿板橋〔小原〕　2-120, 5-291
小淵村關野○　2-120, 5-121, 5-126
柏尾村（大善寺領）　2-122, 2-123, 5-117, 5-291
勝沼（御料所）○　2-122, 2-123, 5-117, 5-291
勝沼宿夏秋　2-122, 2-123
金井村　2-121
上浅川村〔淺川〕　2-123, 5-117, 5-127, 5-291
上岩崎村　2-122, 2-123
上大野村　2-120, 5-121
上大野村戀塚　2-120
上大野村新田〔上大野〕　2-120, 5-291
上大野村矢坪〔上大野〕　2-120, 5-291
金川原村上宿　2-122, 2-123
金川原村下宿〔金川原村〕　2-122, 2-123, 5-117, 5-127, 5-291
上栗原村（田安殿領分）　2-122, 2-123
上暮地村　2-121, 2-123
上黒駒村○〔黒駒〕　2-122, 2-123, 5-117, 5-127, 5-291
上黒駒村十郎　2-122, 2-123
上黒駒村新宿　2-122, 2-123
上黒駒村戸倉　2-122, 2-123
上黒駒村若宮　2-122, 2-123
上花咲村○〔上花咲、花咲〕　2-121, 5-126, 5-291
上矢作村　2-122, 2-123
上谷村○☆　2-121, 5-126, 5-291
上谷村久保田　2-121
上谷村原　2-121
川口村○　2-123, 5-117, 5-127, 5-291
川中島村　2-122, 2-123, 5-117, 5-291
川中島村新屋　2-122, 2-123
北都塚村（御料所）　2-122, 2-123, 5-117
倉見村　2-121
栗原（御料所）○　2-122, 2-123, 5-117, 5-

291
黒野田○　2-121, 2-122, 2-123, 5-117, 5-127, 5-291
黒野田村追分　2-121, 2-122, 2-123
桒窪村　2-120
小明見　5-291
國府村　2-122, 2-123
木立村　2-123
駒飼宿筬柿　2-122, 2-123
駒飼宿三軒茶屋　2-122, 2-123
駒橋村○　2-121, 5-121, 5-126, 5-291
駒橋村横尾　2-121
境村　2-121
猿橋村○　2-121, 5-121, 5-126, 5-291
鹿留村　2-121
下大野村日向組　2-120
下黒駒村　2-122, 2-123, 5-117, 5-127
下黒駒村八反田　2-122, 2-123
下鳥沢宿中野　2-120
下鳥沢宿三谷　2-120
下初狩○〔初狩〕　2-121, 5-117, 5-127, 5-291
下花咲村○〔下花咲、花咲〕　2-121, 5-126, 5-291
下平井村（田安殿領分）　2-122, 2-123, 5-117
下八作村　2-122, 2-123
下谷村○　2-121, 5-126, 5-291
下谷村枝新井　2-121
下谷村深田　2-121
下吉田村　2-121, 2-123, 5-127, 5-291
下和田村　2-121
白野○　2-121, 5-117, 5-127
白野宿枝原　2-121
末木村　2-122, 2-123, 5-117
関野宿藤野〔関野〕　2-120, 5-291
竹原田村（田安殿領分）　2-122, 2-123, 5-117
田野倉村〔田倉〕　2-121, 5-126, 5-291
千木良村　2-120, 5-121, 5-291
千木良村橋場　2-120
坪井村（御料所）　2-122, 2-123, 5-117
鶴川村○〔鶴川〕　2-120, 5-121, 5-291
鶴嶋村　2-120
鶴瀬（御料所）○　2-122, 2-123, 5-117, 5-291
十日市場村　2-121, 5-126, 5-127, 5-291
等々力村（御料所）　2-122, 2-123, 5-117
殿上村　2-121, 5-121, 5-126, 5-291
鳥沢村上鳥澤○〔鳥沢〕　2-121, 5-291
鳥沢村下鳥澤○〔鳥澤、鳥沢〕　2-121, 5-121, 5-126, 5-291
中川村（御料所）　2-122, 2-123, 5-117, 5-291
中沢村　2-122, 2-123
中初狩○☆〔初狩〕　2-121, 5-117, 5-127, 5-291
中初狩宿上野原　2-121
中初狩宿立河原　2-121
中初狩宿丸山〔初狩〕　2-121, 5-291
名倉村　2-120
名倉村大立　2-120
夏狩村　2-121, 5-117, 5-127, 5-291
成田村（御料所）　2-122, 2-123, 5-117, 5-291
野田尻○　2-120, 5-121, 5-291
袴着村　2-121, 5-121, 5-126, 5-291
初鹿野村　2-122, 2-123, 5-117, 5-291
初鹿野村横吹　2-122, 2-123
橋立村（御料所）　2-122, 2-123, 5-117
八田村　2-122, 2-123, 5-117, 5-291
八田村新屋　2-122, 2-123
日影村駒飼○　2-122, 2-123, 5-117
東田中村　2-122, 2-123
東原村　2-122, 2-123, 5-117
東原村鷲堂　2-122, 2-123
東原村林部　2-122, 2-123
日連村　2-120
日連村勝瀬　2-120
藤﨑村　2-121
藤寄村久保　2-121
藤野木村○　2-122, 2-123, 5-117, 5-127, 5-291
藤野木村枝駒木戸　2-122, 2-123
藤野木村枝新田　2-122, 2-123
舩津村　2-123, 5-117, 5-127, 5-291
古川戸村　2-121, 5-126, 5-291
真木村　2-121, 5-126, 5-291
真木村前沢　2-121
南田中村（御料所）　2-122, 2-123, 5-117
宮谷村　2-121, 5-121, 5-126
宮谷村精進場　2-121
八米村　2-120
吉野○　2-120, 5-121, 5-291
吉野宿楢本　2-120
吉野宿谷邊　2-120
與瀬村小原○〔與瀬小原、與瀬〕　2-120, 5-121, 5-291
與瀬村遠道〔與瀬〕　2-120, 5-291
與瀬村橋澤〔與瀬〕　2-120, 5-291
與瀬村横道〔與瀬〕　2-120, 5-291
與瀬村與瀬○〔與瀬〕　2-120, 5-121, 5-291
四日市場村　2-121, 5-126, 5-291
四日市場村枝瀬中　2-121

【社寺】

一之宮浅間社　2-122, 2-123
遠妙寺　2-122, 2-123
称願寺　2-122, 2-123
冨士浅間社　2-123
山神　2-120

【山・峠】

芦垣山　2-120
明見山　2-121, 5-117, 5-127
岩殿山　2-121
恵林寺山　2-122, 5-117
塩山　2-122, 5-117
扇山　2-121
大倉山　2-120
尾房山　2-120
花鳥山　2-122, 2-123
甲山　2-122, 2-123, 5-117
甲山　2-122, 2-123
桒窪山　2-120
軍駄利山　2-120, 5-121
郷士山　2-120
御前山　2-121
御前山　2-120
駒ケ岳〔駒岳〕　2-122, 5-117, 5-127
笹子峠〔笹ケ峠〕　2-122, 2-123, 5-117, 5-127
汐瀬山　2-120
四方津山　2-120
四方津山　2-120
十二嶽　2-123
相州山　2-120
相州山　2-120
高尾山　2-121, 5-126, 5-291
竜子山　2-121, 5-117, 5-127
鶴島山　2-120
手取山　2-123
虎丸山　2-120, 5-121
名倉山　2-120
日蓮山　2-120
日蓮山　2-120, 5-126
八幡山　2-122, 5-117
檜原山　2-120, 5-121
御坂峠　2-123, 5-117, 5-127
三坂峠續　2-123
三峠　2-121, 2-123
持出磯　2-122
森沢山　2-121, 5-117, 5-127
八城天神山〔天神山〕　2-122, 2-123, 5-117, 5-127
山越山　2-120
輪坊山　2-121

【河川・湖沼】

桂川　2-121, 5-126
猿橋　2-121, 5-126
仙湖　2-123, 5-117, 5-127, 5-291
田原滝　2-121
笛吹川　2-122, 2-123
御先〔手〕洗川　2-122, 2-123

【島】

鵜島　2-123, 5-117, 5-127

第98号
甲府

【国名】

甲斐國〔甲斐〕　2-125, 5-117, 5-291
信濃國〔信濃〕　2-125, 5-146, 5-150, 5-296

【郡名】

巨摩郡　2-125, 2-126, 5-151, 5-296
諏訪郡　2-125, 5-150, 5-296
八代郡　2-126, 5-117, 5-127, 5-291
山梨郡　2-126, 5-117, 5-291, 5-296

【地名】

青木村　2-125, 5-117, 5-296
青柳村　2-126, 5-117, 5-127
浅原村　2-126, 5-117, 5-127, 5-296
穴山村　2-125, 5-117, 5-296
鮎沢村　2-126, 5-117, 5-127
飯野村　2-126, 5-117, 5-296
和泉村　2-126, 5-117
板垣村　2-126, 5-117
市川大門村○　2-126, 5-117, 5-127, 5-296
市川大門村落合　2-126
一町畑村　2-126
井口村　2-126
今福村　2-126
岩森村　2-124, 2-126
上野村　2-126, 5-117, 5-127, 5-296
臼井阿原村　2-126, 5-117, 5-127
宇津谷村　2-124, 2-126, 5-117, 5-296
宇津谷村金剛寺　2-124, 2-126
祖母石村西岩下村入會〔祖母石村、西岩下村〕　2-125, 5-117, 5-296
祖母石村樋口村南下條村入會一ツ屋〔南下條村〕　2-124, 5-117, 5-296
江原村　2-126
大椚村　5-117, 5-127
大下條村　2-126, 5-117
大下條村町田　2-126
大田和村　2-126, 5-117, 5-127, 5-291, 5-296
大武川村　2-125
小笠原村　2-126, 5-117, 5-127, 5-296
小笠原村琵琶池　2-126
押越村　2-126, 5-117, 5-127, 5-291, 5-296
河西村　2-126, 5-117, 5-127
鰍沢村○☆　2-126, 5-117, 5-127, 5-296
鰍澤村枝鬼島　2-126
鰍沢村新田　2-126
鰍沢村二軒屋　2-126
河東中島村　2-126, 5-117, 5-127, 5-291, 5-296
金竹新田　2-126
上阿原村　2-126
上飯田村　2-126, 5-117
上石田村　2-126, 5-117
上河東村　2-126, 5-117, 5-127, 5-296
上教来石村（御料所）　2-125, 5-150
上條新居村　2-126, 5-117
上圓井村〔上円井村、円井〕　2-125, 5-117, 5-296
上宮地村　2-126, 5-117
川田村　2-126, 5-117
河原部村韮﨑〔韮崎〕　2-124, 5-117, 5-296
教來石　2-125, 5-150, 5-296
楠甫村　2-126, 5-117, 5-127
國玉村　2-126
黒沢村〔黒澤村〕　2-126, 5-117, 5-127, 5-296
黒沢村枝法師倉　2-126
在家塚村　2-126, 5-117
最勝寺村　2-126
西條村　2-126, 5-117
坂折村　2-126, 5-117
坂折村山﨑　2-126
櫻井村　2-126
沢登新田　2-126
志田村　2-124, 2-126, 5-117
清水新居村〔清水新井〕　2-126, 5-117, 5-291, 5-296
下石田村　2-126, 5-117
下市ノ瀬村　2-126
下今井村　2-124, 2-126, 5-117, 5-296
下大鳥居村　2-126, 5-117, 5-127
下條中割村　2-126, 5-117
下條東割村　2-126, 5-117
下條南割村石宮　2-126
下蔦木村（諏訪因幡守領分）　2-125, 5-150
下圓井村〔下円井村、円井〕　2-125, 5-117, 5-296
下宮地村　2-126, 5-117, 5-127
白須村　2-125, 5-150, 5-296
白須村新屋敷　2-125
白須村門前　2-125
神代村　2-125, 5-150, 5-296
瀬沢村　2-125, 5-150, 5-296
臺ケ原　2-125, 5-150, 5-296
高田村　2-126, 5-117, 5-127
高畑村　2-126, 5-117, 5-291
竹田村　2-125, 2-127, 5-117

築地新居村　2-126
春米村　2-126, 5-117
机村　2-125, 5-150
築山村　2-126
蔦木○☆　2-125, 5-150
藤田村　2-126, 5-117, 5-127
百々村　2-126, 5-117, 5-296
茅木村　2-125, 5-150, 5-296
冨竹新田　2-126, 5-117
冨竹村　2-126, 5-117
冨竹村三軒屋　2-126
鳥原村　2-125, 5-150, 5-296
鳥原村枝新田　2-125
長沢村　2-126, 5-117, 5-127, 5-296
長沢村新町　2-126
長塚村　2-126, 5-117, 5-291, 5-296
西青沼村　2-126, 5-117
西島村　2-126, 5-117, 5-127, 5-296
西南胡村〔南胡〕　2-126, 5-117, 5-127, 5-296
西花輪村　2-126, 5-117, 5-127
入戸野村　2-125
箱原村　2-126, 5-117, 5-127, 5-296
羽鹿島村　2-126, 5-117, 5-127, 5-296
八ノ尻村　2-126
荊沢村○　2-126, 5-117, 5-127, 5-296
東南胡村〔南胡〕　2-126, 5-117, 5-127, 5-296
東花輪村　2-126, 5-117, 5-127
樋口村　2-125, 5-117
平岡村　2-125, 5-150
布施村　2-126, 5-117, 5-127, 5-291, 5-296
府中（御城）☆　2-126, 5-117
古市場村　2-126, 5-117, 5-127, 5-296
牧原村　2-125, 5-150, 5-296
馬籠村　2-126, 5-117, 5-127, 5-291, 5-296
三吹村　2-125, 5-150, 5-296
三吹村下組　2-125
宮脇村　2-125, 5-150, 5-296
向村　2-126
六科村門脇〔六科村〕　2-126, 5-117, 5-296
桃園村　2-126, 5-117, 5-127, 5-296
桃園村新田　2-126
山之神村　2-126, 5-117, 5-127
横根村　2-126, 5-117
吉田村枝沢登〔吉田村〕　2-126, 5-117
竜王下河原村　2-126, 5-117
竜王新町　2-126, 5-117
竜王村　2-126, 5-117, 5-291, 5-296
竜地村　2-124, 2-126, 5-117, 5-291, 5-296
竜地村新田　2-126
若尾新田　2-124, 2-126, 5-117, 5-296
和戸村　2-126, 5-117

【社寺】

一連寺　2-126
光沢寺　2-126
善光寺　2-126, 5-117
長善寺　2-126
傳嗣院　2-126
東光寺　2-126

【山・峠】

雨戸山　2-126
新居山　2-126
荒倉山　2-125
市川山　2-126, 5-117, 5-127
上野村山　2-126
老形山　2-126
押出山　2-126
釜無山　2-125
観音岳　2-125, 2-127, 5-151
衣笠山　2-126, 5-117
金峯山　2-124, 5-116, 5-117, 5-291, 5-296
黒川入山〔足川入山〕　2-126, 5-117, 5-127
黒沢山　2-126
黒尊續〔黒尊山〕　2-127, 5-151
黒尊御林　2-127
虚空蔵山　2-127, 5-117
小室山　2-126
地蔵岳　2-127, 5-151, 5-296
シヒレ山　2-126, 5-117
十谷前山　2-127
白根岳　2-127, 5-151
城山　2-126, 5-117, 5-127
城山　2-126, 5-117, 5-127
善光寺山　2-124, 2-126, 5-117
善光寺山　2-126
曽根山　2-126
太刀岳　2-124, 5-116, 5-117, 5-291, 5-296
長善寺山　2-126, 5-117
築山　2-127, 5-117
円井山　2-125
天神山　5-117, 5-127
中山勘解由城跡　2-125
八王子権現山　2-124, 2-126
平林山　2-127
平林山　2-127
鳳凰岳〔鳳凰山〕　2-125, 5-151, 5-296
峯山　2-126, 5-117, 5-127
目伊山　2-125
竜王山（上宮地村）　2-127, 5-117, 5-127

【河川・湖沼】

荒川　2-126
釜無川　2-126, 5-117, 5-150
塩川　2-124, 2-126
坪川　2-126
笛吹川　2-126

第99号 小田原

【国名】

伊豆國〔伊豆〕　2-131, 5-128
相模國〔相模〕　2-131, 5-126, 5-291
駿河國　2-129, 2-131

【郡名】

愛甲郡　2-128, 5-126, 5-291
足柄上郡　2-129, 2-131, 5-126, 5-291
足柄下郡　2-128, 2-129, 2-131, 5-125, 5-126, 5-291
大住郡　2-128, 2-130, 5-126, 5-291
君澤郡　2-131, 5-129
駿東郡　2-129, 2-131, 5-127, 5-291
陶綾郡　2-128, 2-130, 5-125, 5-126, 5-291

【地名】

愛甲村（若林主税、島帯刀、石川八兵エ知行所）　2-128, 5-126
愛甲村枝上愛甲　2-128
愛名村（跡部茂右エ門、大久保江七兵エ、佐野肥前守知行所）　2-128, 5-126
蘆ノ湯温泉〔芦湯〕　2-131, 5-126
穴部新田　2-129, 2-131, 5-125, 5-126
穴部村　2-129, 2-131, 5-125, 5-126
雨坪村　2-129, 2-131, 5-126
網一色村　2-130, 5-125, 5-126, 5-291
新芝村市場　2-129, 2-131
新屋村　2-129, 2-131
粟久保村　2-128
飯澤村　2-129, 2-131, 5-126
飯住〔泉〕村　2-128, 2-130
飯田岡村　2-129, 2-131
飯山村（大久保佐渡守領分、堀篤之亟、山田立長、蒔田繁之助、建部六右エ門、藤沢大學、長沢直次郎知行所）　2-128, 5-126, 5-291
飯山村千頭　2-128
飯山村山屋　2-128
池上村　2-130, 5-125, 5-126
井細田村　2-130, 5-125, 5-126, 5-291
石田村（甲斐庄五郎、松平金次郎、本間熊太郎知行所）　2-128, 5-126
石橋村　2-131, 5-125, 5-126
伊勢原村（飯河茂藏知行所）○　2-128, 5-126, 5-291
板戸村（守原小膳、大岡雲八、戸田四郎左エ門知行所）　2-128, 5-126
板橋村　2-131, 5-125, 5-126, 5-291
入生田村　2-131, 5-125, 5-126
岩原村　2-129, 2-131, 5-126, 5-291
岩原村坂下　2-129, 2-131
岩村　2-131, 5-125, 5-126, 5-291
牛島村下牛島　2-129, 2-131
江浦村　2-131, 5-125, 5-126, 5-291
及川村（高井但馬守、大久保江七兵エ、沼間千次郎知行所）　2-128, 5-126
及川村表及川　2-128
大磯（御料所）☆　2-128, 2-130, 5-125, 5-126, 5-291
大島村（保々監物知行所）　2-128, 5-126
大竹村（堀田雄之亟、揖斐榮五郎知行所）　2-128, 5-126, 5-291
大平臺村　2-131, 5-126, 5-291
大山町（大山寺領）☆　2-128, 5-126, 5-291
岡津古久村（高井但馬守、若林主税、川勝権之助知行所）　2-128, 5-126
荻窪村吉〔寺〕町〔荻窪村〕　2-130, 5-125, 5-126
荻野山中〔荻野〕　2-128, 5-126, 5-291
押切村　2-128, 2-130, 5-125, 5-126
小田原（大久保加賀守居城）○☆　2-130, 2-131, 5-125, 5-126, 5-291
小野村（御料所、妻木彦右エ門知行所）　2-128, 5-126, 5-291
小野村並木　2-128
風祭村　2-131, 5-125, 5-126, 5-291
鹿子村　2-129, 2-131
狩野村　2-129, 2-131
上糟屋村（間部主殿頭、中川三十郎、中川市右エ門、飯河茂藏、中根主税知行所）　2-128, 5-126
上糟屋村枝秋山〔上糟屋〕　2-128, 5-291
上糟屋村子易〔子易〕　2-128, 5-291
上糟屋村シメ引　2-128
上糟屋村峯岸　2-128
上子安村下子安村入會（御料所、竹尾善助知行所）〔上子易村、下子易村〕　2-128, 5-126
上古沢村　2-128
神山村（大久保加賀守領分）　2-129, 2-131, 5-126, 5-291
神山村清水　2-129
栢山村　2-129, 2-131
苅野一色村　2-129, 2-131, 5-126
苅野岩村○　2-129, 2-131, 5-126, 5-291
苅野岩村上平　2-129, 2-131
川匂村（大久保加賀守領分）　2-128, 2-130, 5-125, 5-126
観音　2-131
北久保村　2-129, 2-131, 5-125, 5-126
城所村　2-128
金時礫石　2-129, 2-131
小磯村（御料所）　2-128, 2-130, 5-125, 5-126, 5-291
弘西寺村　2-129, 2-131, 5-126
弘西寺村枝向田　2-129, 2-131
國府津村　2-128, 2-130, 5-125, 5-126, 5-291
高麗寺村（高麗寺領）　2-128, 2-130, 5-125, 5-126
國府新宿村（御料所）〔国府〕　2-128, 2-130, 5-125, 5-126, 5-291
國府本郷村（松平大和守領分）〔国府〕　2-128, 2-130, 5-125, 5-126, 5-291
小臺村　2-129, 2-131
小鍋島村（勝田帯刀、鈴木源五右エ門、曽谷長順、高麗雲祥、中條鍈太郎、篠山吉之助、加藤源左エ門、舟橋宗迫知行所）〔小鍋〕　2-128, 5-126, 5-291
駒形新宿　2-129, 2-131, 5-126
小簑毛村（大山寺領）　2-128, 5-126
小八幡村　2-128, 2-130, 5-125, 5-126
酒匂村　2-128, 2-130, 5-125, 5-126, 5-291
佐奈多与市　2-131
猿山村　2-129, 2-131
三田村　2-128, 5-126, 5-291
山王原村　2-130, 5-125, 5-126, 5-291
四ノ宮村下郷〔四之宮村〕　2-128, 2-130, 5-126
渋澤村（米倉丹後守、土屋伊賀守領分、米倉頼母、大久保藤右エ門知行所）　2-128, 2-130, 5-126, 5-291
清水新田　2-129, 2-131
下荻野村（大久保出雲守領分）○〔荻野〕　2-128, 5-126, 5-291
下糟屋村（大久保佐渡守領分、中川市右エ門、若林主税、岡部造酒之助、宇都野金右エ門知行所）　2-128, 5-126, 5-291
下島村　2-128, 2-130
下古沢村　2-128
下谷村（大久保佐渡守領分、石川衛官、近藤八十エ門知行所）　2-128, 5-126
菖蒲村（御料所）　2-129, 5-126, 5-291
白根村（守原小膳、大

岡雲八、戸田四郎左エ門知行所） 2-128
新土村 2-128, 2-130
須雲川村 2-131, 5-126
炭焼所村 2-129, 2-131, 5-126
関本村○☆ 2-129, 2-131, 5-126, 5-291
仙石原村（御関所）○ 2-129, 5-126, 5-291
底倉村（温泉） 2-131, 5-126, 5-291
底倉村堂ケ島（温泉） 2-131
底倉村宮ノ下 2-131
曽比村 2-129, 2-131
曽屋村（御料所、高井但馬守、村越茂助、岡部造酒之助、日向次郎、朝比奈政之助、伊勢萬助、布施孫兵エ知行所） 2-128, 5-126
髙森村（酒井弥門、妻木彦右エ門、小笠原榮次郎、町野恒太郎知行所） 2-128, 5-126
竹之下村〔竹下〕 2-129, 2-131, 5-291
竹ノ下村瀬戸 2-129, 2-131
竹之下村八日市場 2-129, 2-131
竹松村 2-129, 5-125, 5-126
多古村 2-131, 5-125, 5-126
多古村内多古 2-131
田中村（安藤厳、飯河茂助知行所） 2-128, 5-126
棚澤村（鈴木主膳知行所） 2-128, 5-126
田村枝横内〔田村〕 2-128, 5-126, 5-291
田原村（米倉頼母知行所） 2-128, 5-126, 5-291
田原村金山 2-128
田原村蔵ケ谷戸 2-128
田原村水上 2-128
田原村谷戸 2-128
千村（辻勇次郎、鵜殿熊太郎知行所） 2-128, 2-130, 5-126, 5-291
千村沓掛尻 2-128, 2-130
塚原村 2-129, 2-131, 5-126, 5-291
塚原村河原茶屋○〔塚原村〕 2-129, 2-131, 5-126
堂ヶ島 2-131
塔ノ澤（温泉）〔塔ノ沢〕 2-131, 5-126, 5-291
戸室村 2-128
豊田村（近藤登之助知行所） 2-128, 2-130
虎御前石 2-129, 2-131
中荻野村（大久保出雲守在所）〔荻野〕 2-128, 5-126, 5-291
中曽我村 2-128, 2-130
中沼村 2-129, 2-131, 5-126
中沼村押切 2-129, 2-131
中野妙村牛島村〔牛島村〕 2-129, 2-131, 5-126
中原村（御料所） 2-128, 2-130
一〔七〕沢村 2-128
西富岡村（水野長門守、戸田四郎右エ門知行所） 2-128, 5-126
二宮村塩海（御料所、米倉丹後守領分、曽我伊賀守知行所）〔二ノ宮村、二宮〕 2-128, 2-130, 5-125, 5-126, 5-291
沼田村 2-129, 2-131, 5-126
沼目村（堀田雄之亟、近藤久兵衛、近藤常吉、小川義兵衛知行所） 2-128, 5-126, 5-291
沼目村原宿 2-128
温水村 2-128
根府川村（御関所）☆ 2-131, 5-125, 5-126
延澤村 2-129, 2-131
箱根（御料所、大久保加賀守領分）（御関所）○ 2-131, 5-126, 5-291
箱根宿新屋町 2-131
長谷村（堀田相模守領分、長谷川駒之助、堀篤之亟、石川八兵エ、川勝権之助、大久保筑後守知行所） 2-128, 5-126, 5-291
畑宿（大久保加賀守領分）〔畑〕 2-131, 5-126, 5-291
羽根尾村 2-128, 2-130, 5-125, 5-126
羽根村 2-128
早川村 2-131, 5-125, 5-126, 5-291
早川村廣池 2-131
東富岡村 2-128
日向村（小林亀五郎、中條鉄太郎、舩橋宗迫、曽谷長順知行所） 2-128, 5-126
日向村新田 2-128
平沢村（土屋丹後守、竹屋善助知行所） 2-128, 2-130, 5-126, 5-291
平塚（御料所）○☆ 2-128, 2-130, 5-125, 5-126, 5-291
平塚新宿 2-128, 2-130, 5-125, 5-126
平間村（宇都野金右エ門、佐橋兵三郎知行所） 2-128, 5-126
府川村 2-129, 2-131, 5-125, 5-126, 5-291
福泉村 2-129, 2-131, 5-126, 5-291
堀川村（新見勘左エ門、辻勇次郎知行所） 2-128, 5-126, 5-291
堀沼城村堀齋藤村入會（御料所、阿部駿河守領分、酒井弥門、須田与左エ門知行所）〔堀沼城村、堀斎藤村〕 2-128, 5-126
堀内村 2-129, 2-131
堀山下村（米倉丹後守領分） 2-128, 5-126
前川村 2-128, 2-130, 5-125, 5-126, 5-291
町屋村〔町尾村〕 2-128, 2-130, 5-125, 5-126
松田惣領（大久保加賀守領分）○ 2-129, 2-131, 5-126
松田惣領上茶屋〔松田〕 2-129, 2-131, 5-291
松田惣領町屋 2-129, 2-131
見附島村 2-128
簔毛村（揖斐與右エ門知行所） 2-128, 5-126, 5-291
簔毛村小林 2-128
簔毛村元宿 2-128
宮城野村 2-131, 5-126, 5-291
宮城野村木賀（温泉） 2-131
宮城野村二ノ平 2-131
宮地村 2-129, 2-131
宮ノ臺村小河原〔宮ノ臺村〕 2-129, 2-131, 5-126
元箱根（箱根神領） 2-131, 5-126
矢倉澤村 2-129, 2-131, 5-291
矢倉澤村地蔵堂 2-129, 2-131
矢倉沢村関場（御関所）☆〔矢倉沢〕 2-129, 2-131, 5-126
八幡村（御料所、山角藤太郎、山角六郎左エ門、岡野左門知行所） 2-128, 2-130, 5-125, 5-126
山西村梅沢（松平大和守領分）〔山西〕 2-128, 2-130, 5-125, 5-126, 5-291
湯本茶屋 2-131, 5-126
湯本村（温泉） 2-131, 5-126, 5-291
湯本村三枚橋 2-131
湯本村下宿 2-131
吉田島村 2-129, 2-131, 5-126, 5-291
米神村 2-131, 5-125, 5-126, 5-291
蓮正寺村 2-129
和田河原村 2-129, 2-131, 5-126, 5-291
和田河原村押切 2-129, 2-131
和田河原村下和田 2-129, 2-131

【社寺】

阿夫利神社 2-128
阿弥陀寺 2-131
大山寺 2-128
小野神社 2-128
玉宝寺 2-131
子易観音 2-128
最乗寺 2-129, 2-131, 5-126, 5-291
高部屋神社 2-128
道了権現 2-129, 2-131, 5-126, 5-291
箱根権現〔権現〕 2-131, 5-126
長谷寺 2-128
八幡社 2-128, 2-130, 5-291
坂東六番観音堂 2-128
比比多神社 2-128
不動堂 2-128
聞修寺 2-128
竜藏院 2-128

【山・峠】

足柄峠 2-129, 2-131
足柄山 2-129, 2-131, 5-126
石垣山 2-131
石橋山 2-131
ウトウ峠〔ウトウ坂峠〕 2-129, 2-131, 5-126
大山 5-126, 5-291
金ケ岳 2-128
上二子山 2-131
神山 2-131
冠ケ岳〔冠岳〕 2-131, 5-126
金時山 2-129, 2-131
鞍掛山 2-131
駒ケ岳 2-131, 5-126, 5-291
権現山 2-128, 5-126
下二子山 2-131
銭場山 2-128, 5-126
臺ケ岳 2-131
白山 2-128
聖岳 2-131
本弘法山 2-128
幕山 2-131
三國山 2-131
御輿山 2-128
薬師山 2-128
山伏峠 2-131
吉濱山 2-131

【河川・湖沼】

蘆湖 2-131, 5-126
大滝 2-128
車川 2-131
酒匂川 2-129, 2-130, 2-131, 5-125, 5-126
早川 2-131

【岬・海岸】

赤濱崎 2-131
松崎 2-131

【島】

ウキ根 2-131
大根 2-131, 5-125, 5-126
シトヽ子 2-131
長子 2-131
百貫根 2-131

第100号 富士山

【国名】

甲斐國〔甲斐〕 2-132, 2-138, 5-117, 5-291
駿河國 2-132, 2-138, 5-296

【郡名】

庵原郡 2-138, 5-127, 5-291
巨摩郡 2-138, 5-151, 5-296
駿東郡 2-132, 2-134, 5-127, 5-291
都留郡 2-132, 5-126, 5-291
冨士郡 2-134, 2-138, 5-127, 5-291

【地名】

相又村 2-137, 2-139, 5-127, 5-296
相又村栢木峠〔栢木峠〕 2-137, 2-139, 5-127
相又村針山 2-137, 2-139
青木村 2-135, 2-138
青木寄合組村 2-135, 2-138
青見村（牧野若狭守） 2-135, 2-138, 5-127, 5-291
上ケ田村（松平斧太郎、安藤傳左エ門） 2-134, 5-126
阿幸地村（浅間社領） 2-135, 2-138, 5-127, 5-291
阿居山村 2-135, 2-138
厚原村（松平斧太郎陣屋）（松平斧太郎） 2-135, 2-138, 5-127, 5-291
厚原村片宿 2-135, 2-138
厚原村長沢 2-135, 2-138
厚原村樋詰 2-135, 2-138
後宿村（浅間社領） 2-135, 2-138, 5-127
新屋村 2-132, 5-127
粟倉村（松平斧太郎） 2-135, 2-138, 5-127, 5-291
粟倉村枝石原 2-135, 2-138
飯富村 2-137, 5-127, 5-296
石井村 2-135
石橋村 2-135, 2 138
石脇村（大久保加賀守） 2-134, 5-127, 5-291
板妻村 2-132, 2-134
一色村（冨士浅間社領） 2-135, 5-127
一色村萩原 2-135
井出村 2-138
稲荷村 2-134
伊沼村鍛冶屋 2-137
伊沼村原〔伊沼村〕 2-137, 5-127
猪頭村（松平圖書、岡野内藏允）〔猪ノ頭村〕 2-133, 2-135, 2-136, 2-138, 5-127, 5-291, 5-296
今里村（大久保加賀守） 2-134, 5-127, 5-291
今里村新田 2-134
今宮村（冨〔士〕浅間社領） 2-135, 5-127, 5-291
入山瀬村（水野出羽守、松平斧太郎） 2-135, 2-138, 5-127
岩波村（大久保加賀守） 2-134, 5-126, 5-291
岩本村 2-135, 2-138, 5-127, 5-291
岩本村滝戸 2-135, 2-138
岩本村万野 2-135, 2-138
印野村○ 2-132, 2-134, 5-127, 5-291
印野村枝北畑 2-132, 2-134
印野村枝鷹巣 2-132, 2-134
印野村枝萩原 2-132,

2-134
内野村　2-132
内野村（岡野内藏允）　2-133, 2-135, 2-136, 2-138, 5-127, 5-291, 5-296
内野村枝足方　2-133, 2-135, 2-136, 2-138
内野村横手沢　2-133, 2-135, 2-136, 2-138
内房村　2-138, 5-127, 5-291, 5-296
内房村相沼　2-138
内房村塩手　2-138
内房村廻沢　2-138
内舩村栢ノ木　2-137, 2-139
内舩村小内舩　2-137, 2-139
内舩村島尻　2-137, 2-139
内舩村寄畑　2-136, 2-138
鵜無淵村　2-135
馬見塚村　2-135, 2-138
大明見村　2-132
大岩村（松平斧太郎、大森八右エ門、玉虫八右エ門）　2-135, 2-138, 5-127, 5-291
大岩村枝出水　2-135, 2-138
大久保村（秋山修理）　2-138, 5-127, 5-291, 5-296
大坂村　2-134, 5-126
大鹿村　2-135, 2-138
大島村當別當　2-137, 2-139
大島村ヲモレ沢　2-137, 2-139
大島村馬篭　2-137, 2-139
大畑村　2-134
大淵村　2-135, 2-138
大淵村枝穴ツ原　2-135, 2-138
大淵村枝新田　2-135, 2-138
大淵村枝沼水　2-135
大宮郷（浅間社領）○☆〔大宮〕　2-135, 5-127
大和村　2-137, 2-139, 5-127, 5-296
小田舩原村　2-137, 2-139, 5-127, 5-296
帯金村　2-137
桒﨑村　2-135
葛山村（松平斧太郎）　2-134, 5-127
楮根村　2-139, 5-127, 5-296
門川村　2-135
金澤村（松平斧太郎）　2-134, 5-127
竃新田　2-132, 2-134, 5-126
上井出宿（枕浦冨之助）○☆　2-133, 2-135, 2-136, 2-138, 5-127
上井出宿枝新田　2-133, 2-135, 2-136, 2-138
上小泉村（高木左京、玉虫重四郎）　2-135, 2-138, 5-127
上下山本村（山口内匠、高木左京、枕浦冨之助）〔上山本村、下山本村〕　2-135, 2-138, 5-127
上條村（松平圖書、渡辺六郎左エ門、永田茂太郎）　2-133, 2-135, 2-136, 2-138, 5-127, 5-291, 5-296
上條村市場　2-133, 2-135, 2-136, 2-138
上中里村（秋山修理、大森八郎左エ門、渡辺六良エ門）　2-135, 2-138, 5-127
上山本村高原（枕浦冨之助陣屋）　2-135, 2-138
上柚野村（枕浦冨之助）〔柚野〕　2-138, 5-127, 5-291, 5-296
上柚野村瀬古　2-133, 2-135, 2-136, 2-138
上柚野村中西　2-136, 2-138
上吉田村○☆　2-132, 5-127, 5-291
狩宿村（枕浦冨之助）　2-133, 2-135, 2-136, 2-138, 5-127
狩宿村上ノ原　2-133, 2-135, 2-136, 2-138
川嶋田村〔川島田村〕　2-132, 2-134, 5-126
川島田村森腰　2-132, 2-134
川柳新田　2-132, 2-134, 5-127
木伐山村　2-135, 2-138
木島村　2-135, 2-138, 5-127
木島村小山　2-135, 2-138
北松野村（曽我伊賀守）　2-135, 2-138, 5-127
北松野村北村　2-135, 2-138
北松野村清水　2-135, 2-138
北松野村山田　2-135, 2-138
北山村（松平斧太郎）　2-133, 2-135, 2-136, 2-138, 5-127, 5-291
北山村比〔此〕田　2-133, 2-135, 2-136, 2-138
北山村中井出　2-133, 2-135, 2-136, 2-138
北山村馬場　2-133, 2-135, 2-136, 2-138
北山村堀之内　2-133, 2-135, 2-136, 2-138
北山村溝之尾　2-133, 2-135, 2-136, 2-138
北山村和平　2-133, 2-135, 2-136, 2-138
切石村○　2-137, 5-127, 5-296
久遠寺門前　2-135
久澤村（水野出羽守）　2-135, 2-138, 5-127, 5-291
久沢村枝厚原村北久保　2-135, 2-138
久沢村枝新田　2-135, 2-138
久根村　2-134
久保　2-133, 2-135, 2-136, 2-138
茱萸村　2-132, 2-134
公文名村　2-134
黒田村（渡辺六郎左エ門陣屋）（渡辺六郎左エ門）　2-135, 2-138, 5-127, 5-291
黒田村田中　2-135, 2-138
桒木村地先〔桒木村〕　2-132, 2-134, 5-126
源道寺村（牧野若狭守、浅間社領）　2-135, 2-138, 5-127
小明見村　2-132, 5-127
神戸村　2-135, 5-127, 5-291
神戸村枝萬樽　2-135
神山村○　2-134, 5-126, 5-291
神山村尾尻　2-134
小滝村　2-135
御殿場村○☆　2-132, 2-134, 5-126, 5-291
駒門村新田　2-134
佐折村（岡野内藏允、蒔田八良左エ門）　2-136, 2-138
佐野村（大久保加賀守）○　2-134, 5-126, 5-291
佐野村西原〔佐野〕　2-134, 5-291
佐野村二本松新田　2-134
塩澤村　2-137, 2-139, 5-127, 5-296
宍原郷枝古住田　2-138
宍原郷町屋　2-138
芝怒田村　2-132, 2-134, 5-291
芝怒田村小返山　2-132, 2-134
芝怒田村新田　2-132, 2-134
下小泉村〔小泉〕　2-135, 2-138, 5-127, 5-291
下條村（松平斧太郎）　2-135, 2-138, 5-127, 5-291, 5-296
下條村堂平　2-133, 2-135, 2-136, 2-138
下條村町屋　2-135, 2-138
下田原村　2-137
下中里村（本郷丹後守、永田茂太郎）　2-135, 2-138, 5-127
下山村○☆　2-137, 5-127, 5-296
下山村枕山　2-137
下山本村久保　2-135, 2-138
下柚野村大畑〔柚野〕　2-138, 5-291, 5-296
下柚野村押出〔柚野〕　2-138, 5-291, 5-296
下柚野村下村（石川大隅守）〔下柚野村、柚野〕　2-138, 5-127, 5-291, 5-296
下和田村　2-134, 5-127, 5-291
下和田村大故山　2-134
十九ケ村入會冨士野　2-135, 5-127
精進川村　2-133, 2-135, 2-136, 2-138, 5-127
精進川村大倉〔精進川〕　2-136, 2-138, 5-291, 5-296
精進川村角ケ谷戸〔精進川〕　2-133, 2-135, 5-291, 5-296
精進川村渡瀬〔精進川〕　2-136, 2-138, 5-291, 5-296
神塲村　2-132, 2-134
菅沼村　2-132, 2-134
杉田村　2-135, 2-138
杉奈沢村　2-132, 2-134
須走村（大久保加賀守）○☆　2-132, 2-134, 5-127, 5-291
深山村（旧名須山村）　2-134, 5-127, 5-291
深山村枝十里木新田○〔十里木新田〕　2-134, 5-127, 5-291
深山村他向　2-134
清後村　2-132, 2-134
千福村（内藤駒之丞）　2-134, 5-127
千福村八ツ　2-134
曽比奈村　2-135, 2-138
竹ノ下村○　5-126
手打沢村　2-137, 5-127, 5-296
手打沢村町屋　2-137
寺沢村　2-137, 5-127
傳法村　2-135, 2-138, 5-127, 5-291
傳法村枝田端　2-135, 2-138
傳法村枝中桁　2-135, 2-138
傳法村枝中村　2-135, 2-138
傳法村枝三日市場　2-135, 2-138
傳法村岡久保　2-135, 2-138
傳法村傘木　2-135, 2-138
傳法村宮上　2-135, 2-138
天間村（水野出羽守）　2-135, 2-138, 5-127, 5-291
十嶋村　2-138
外神村　2-135, 2-138
冨沢村　2-134
鳥並村上村（枕浦冨之助）〔鳥並村、鳥並〕　2-138, 5-127, 5-291, 5-296
長池村　2-132
中小泉村（高木左京）〔小泉〕　2-135, 2-138, 5-127, 5-291
中里村長澤（戸田督三郎）　2-135
中清水村　2-134
永塚村　2-132, 2-134, 5-127, 5-291
永塚村笹塚　2-132, 2-134
長通村　2-135, 2-138
長貫村　2-138, 5-127
長貫村川間　2-135, 2-138
長貫村楠金　2-138
長貫村橋場　2-138
中野村　2-137, 2-139, 5-127, 5-296
中畑村　2-132, 2-134, 5-127, 5-291
中畑村飯塚新田　2-132, 2-134
中畑村萩原新田〔萩原新田〕　2-132, 2-134, 5-291
中畑村南原　2-132, 2-134
中村　2-137, 2-139, 5-127, 5-296
中山村　2-134, 5-126, 5-291
南部宿○〔南部〕　2-137, 2-139, 5-127, 5-296
新橋村　2-132, 2-134, 5-126
新橋村枝野中　2-132, 2-134
西田中村　2-132, 2-134, 5-126
西田中村　2-132, 2-134
西田中村カヤノキ　2-132, 2-134
西山村上條〔西山〕　2-135, 2-138, 5-291, 5-296
西山村久保〔西山〕　2-135, 2-138, 5-291, 5-296
西山村下條（枕浦冨之助）〔西山村、西山〕　2-135, 2-138, 5-127, 5-291, 5-296
西山村新垣外〔西山〕　2-135, 2-138, 5-291, 5-296
二枚橋村　2-132, 2-134, 5-126
二枚橋村カヤノキ　2-132, 2-134
二枚橋村登畑　2-132, 2-134
貫井村　2-135, 2-138
貫戸村　2-135, 2-138
沼久保村　2-135, 2-138
沼田村　2-132, 2-134
猫沢村　2-135, 2-138
野中村　2-135, 2-138
野中村和泉　2-135, 2-138
波木井村地先〔波木井村、波木井〕　2-137, 2-139, 5-127, 5-296
萩蕪村　2-134, 5-291
萩原村　2-132, 2-134, 5-126
萩原村茱萸沢入　2-132, 2-134
波高嶋村　2-137
羽鮒村　2-135, 2-138
羽鮒村月臺　2-135, 2-138
原田村宇東川〔原田村〕　2-135, 5-127
原村　2-133, 2-135, 2-136, 2-138, 5-127, 5-291, 5-296
原村大畑　2-133, 2-135, 2-136, 2-138
半野村　2-133, 2-135, 2-136, 2-138
半野村熊窪　2-133, 2-135, 2-136, 2-138
東田中村　2-132, 2-134, 5-126
東山新田　2-132, 2-134, 5-126
東山新田塩澤　2-132, 2-134
人穴村○　2-133, 2-135, 2-136, 2-138, 5-127, 5-291, 5-296
仁杁村　2-132, 2-134, 5-291
比奈村（内藤駒之丞陣屋）（秋山修理、日向傳右エ門、内藤駒之丞）☆　2-135, 5-127
平松新田（大久保加賀

守） 2-134, 5-126, 5-291
平松新田座頭塚 2-134
深沢村 2-132, 2-134, 5-126, 5-291
深沢村小倉 2-132, 2-134
深沢村繋小田 2-132, 2-134
深沢村宮沢 2-132, 2-134
深沢村蓮華寺 2-132, 2-134
深良村上原〔深良〕 2-134, 5-291
深良村遠道原〔深良〕 2-134, 5-291
深良村切久保〔深良〕 2-134, 5-291
深良村上丹（稲葉紀伊守）〔深良村、深良〕 2-134, 5-126, 5-291
深良村須釜 2-134
深良村原〔深良〕 2-134, 5-291
深良村町田 2-134
深良寺〔村〕南堀 2-134
深良村ユルキ橋〔深良〕 2-134, 5-291
深良村和田〔深良〕 2-134, 5-291
福士村切窪〔福士〕 2-139, 5-296
福士村下島 2-138
福士村中村〔福士村〕 2-139, 5-127
福士村町屋 2-139
福士村宮脇 2-139
福士村八島 2-139
冨士人穴 2-133, 2-135, 2-136, 2-138, 5-127, 5-291, 5-296
二子村 2-134
二子村枝新田 2-134
二ノ家新田（大久保加賀守）〔二ツ屋新田〕 2-134, 5-127
北久原村 2-132, 2-134, 5-126, 5-291
保土澤新田 2-132, 2-134, 5-127
保土沢新田大石 2-132, 2-134
本郷村 2-137, 2-139
本郷村原間平 2-137, 2-139
又野南僚兵エ七良次郎墓 2-135, 2-138
松岡村（大久保加賀守、枚浦冨之助、日向傳左エ門） 2-135, 2-138
松本村枝平井島 2-135, 2-138
松山村 2-132, 5-127, 5-291
間遠之原 2-133, 2-135, 2-136, 2-138
万澤村 2-138, 5-127
万沢村梅沢 2-139
万沢村越戸 2-138
万沢村西行 2-138
万沢村山口 2-138
御宿村（大久保出雲守） 2-134, 5-127
御宿村櫃新田 2-134
光子沢村地先〔光子沢村〕 2-137, 2-139, 5-127
三ツ沢村 2-135
水土野新田 2-132, 2-134, 5-126, 5-127
南松野村市場（曽我伊賀守） 2-135, 2-138, 5-127
南松野村柳田 2-135, 2-138
身延塩沢 2-137, 2-139
身延町☆ 2-137, 2-139, 5-127, 5-296
宮木村 2-137
宮原村 2-135, 2-138
村山郷（浅間社領）☆ 2-135, 2-138
八木沢村 2-137
山中村○ 2-132, 5-127, 5-291
山口尻村 2-132, 2-134
山宮村（石川大隅守、内藤駒之丞） 2-133, 2-135, 2-136, 2-138, 5-127, 5-291
山宮村蒲沢 2-133, 2-135, 2-136, 2-138
山宮村宮内 2-133, 2-135, 2-136, 2-138, 5-127
八日市場村○ 2-137, 5-127, 5-296
夜子沢村 2-137, 5-127
横根村 2-137, 2-139, 5-127, 5-296
若宮村（玉虫重四郎） 2-135, 2-138, 5-127

【社寺】

今宮浅間社 2-135
永源寺 2-135, 2-138
延命寺 2-138
玉泉寺 2-135
久遠寺奥ノ院〔身延山奥院〕 2-137, 5-127
光照寺 2-135, 2-138
興善寺 2-134
西安寺 2-134
三沢寺 2-135, 2-138
実相寺 2-135, 2-138
倭文神社 2-135, 2-138
定輪寺 2-134
浅間社 2-135
仙年寺 2-134
曽我八幡 2-135, 2-138
大悟庵 2-135, 2-138
大頂寺 2-135, 2-138
哲運寺 2-135, 2-138
東光寺 2-135
平等寺 2-135, 2-138
冨士山久遠寺〔久遠寺〕 2-135, 2-138, 5-127, 5-291
冨士山大石寺 2-135
冨士山東泉院 2-135, 2-138
冨士山本門寺 2-138
冨士山本門寺 2-133, 2-135, 2-136, 2-138
冨士山妙蓮寺 2-133, 2-135, 2-136
冨士浅間社 2-135, 2-138
冨士浅間社〔冨士浅間〕 2-134, 5-127
冨士浅間社 2-132, 2-134
冨士浅間社 2-132
富知神社〔冨士神社〕 2-135, 2-138, 5-127
普門寺 2-134
法雲寺 2-135
宝樹院 2-132, 2-134
本成寺 2-138
身延山久遠寺 2-137, 5-127
妙延寺 2-135
村山冨士浅間社〔冨士浅間〕 2-135, 2-138, 5-127
永明寺 2-135
六所浅間社 2-135, 2-138
若宮八幡 2-135, 2-138

【山・峠】

愛鷹山 2-134, 5-127, 5-291
安部峠續 2-137, 2-139
石窪山 2-132
石割山 2-132
一ノ山 2-132
稲子山 2-138
大嵐山 2-133
狼返り山 2-136, 2-138
大河内岳 5-127
篭阪峠 2-132
春日森 2-139
鴨狩山 2-137
北山 2-132
北山 2-132, 5-126
小切山 5-126
五ノ山 2-132
獅子留山 2-132
十谷山 2-137, 5-151
島森山 2-137
白鳥山 2-138
城山 2-137
大助山 2-133, 2-135, 2-136, 2-138
天守嶽〔天守岳〕 2-136, 2-138, 5-127
天神鼻 2-132, 5-126, 5-127
堂山 2-138
十島山 2-138
八幡山 2-137, 2-139
初坂 5-127
棺山 5-127
屏風山 2-137
平山 2-135, 2-138
冨士山 2-133, 2-135, 5-127, 5-291
寳永山〔宝永山〕 2-133, 2-135, 5-127, 5-291
本間沢山 2-136, 2-138
三國峠 5-126
身延七面山〔七面山〕 2-137, 2-139, 5-151, 5-296
深山 2-139
明神嶽〔明神岳〕 2-134, 5-126
山伏峠 5-126
雪窪山 2-136, 2-138
吉田阪山 2-132
寄畑山 2-138

【河川・湖沼】

赤淵川 2-135
稲瀬川 5-127
閏井川 2-135, 2-138
芝川 2-133, 2-135, 2-136, 2-138
白糸滝 2-133, 2-135
滝川 2-135
綱沢川 2-132, 2-134
綱橋 2-138
早川 2-137
冨士川 2-135, 2-138, 5-127
無間谷 2-133, 2-135, 2-138
山中湖 2-132

第101号 熱海・三島

【国名】

伊豆國〔伊豆〕 2-140, 2-141, 2-143, 5-128, 5-292, 5-298
相模國〔相模〕 2-140, 5-126, 5-291
駿河國 2-141, 2-143

【郡名】

足柄下郡 2-140, 5-126, 5-291
庵原郡 2-144, 5-127, 5-291
賀茂郡〔加茂〕 2-140, 2-142, 5-128, 5-292
君沢郡〔君澤郡〕 2-141, 2-143, 5-129, 5-298
駿東郡 2-141, 2-144, 5-127
田方郡 2-140, 2-141, 2-142, 2-143, 5-128, 5-292, 5-298
那賀郡 2-143, 5-129
冨士郡 2-141, 2-144, 5-127, 5-291

【地名】

青木村 2-141
青島村 2-144, 5-127, 5-291
青羽根村（間部源十郎知行所） 2-141, 2-143, 5-128
赤澤村 2-142, 5-128, 5-292
足保村（大久保加賀守領分）〔芦保村〕 2-141, 2-143, 2-144, 5-129
網代村（御料所、酒井作次郎知行所）☆⚓ 2-140, 2-142, 5-128, 5-292
熱海村（御料所）（温泉）○☆ 2-140, 5-126, 5-128, 5-291, 5-292
熱海村枝水口 2-140
熱海村枝和田 2-140
天野村 2-141, 2-143
新井村（御料所） 2-140, 2-142, 5-125, 5-128
新井村平島 2-140, 2-142
荒屋村 2-141
安良里村（真鍋式部知行所）〔安良利村、安良利〕 2-143, 5-129, 5-298
池村（鈴木大膳知行所） 2-142, 5-128
石川村（久世安藝守知行所） 2-141, 2-144, 5-127
石川村荒久 2-141, 2-144
伊豆佐野村（大久保出雲守領分、新庄織部、井出太左エ門、須田助十郎、三宅市右エ門知行所） 2-141, 5-126, 5-291
伊豆山（伊豆権現神領）☆ 2-140, 5-126, 5-291
伊豆山赤井谷 2-140
伊豆島田（水野出羽守領分） 2-141, 5-126, 5-291
伊豆島田堰原新田〔伊豆島田〕 2-141, 5-291
井田村 2-141, 2-143, 2-144, 5-129, 5-298
市ノ山新田〔市山新田〕 2-141, 5-126, 5-291
市山村（御料所） 2-143, 5-128, 5-298
一色村 2-141, 5-127
一町田村 2-141
一本松新田 5-127, 5-291, 5-298
井出村西組 2-141, 2-144, 5-127
井出村東組（御料所） 2-141, 2-144, 5-127
伊東○☆ 2-140, 2-142
今泉村地先（水野出羽守領分）〔今泉村〕 2-144, 5-127
今井村（御料所） 2-144, 5-127, 5-291, 5-298
今沢村（御料所） 2-141, 2-144, 5-127, 5-129, 5-291, 5-298
植田新田 2-141, 2-144, 5-127, 5-291, 5-298
宇久須村（太田摂津守領分） 2-143, 5-129, 5-298
宇佐美村（御料所、水野右近、小笠原兵庫、向井将監知行所）☆ 2-140, 2-142, 5-128, 5-292
宇佐美村枝阿原田 2-140, 2-142
宇佐美村枝乗原 2-140, 2-142
宇佐美村枝嵯峨野 2-140, 2-142
宇佐美村枝塩木道 2-140, 2-142
宇佐美村枝中里 2-140, 2-142
宇佐美村枝峯 2-140, 2-142
内中村 2-141
馬啼石 2-142
梅木村（大久保出雲守領、柳生主膳正、鳥居久五郎知行所） 2-140, 2-142, 5-128, 5-292
瓜生野村（御料所） 2-141, 2-143, 5-128, 5-298
爪島村（日向傳右エ門知行所） 2-144
江梨村（御料所） 2-141, 2-143, 2-144, 5-129, 5-298
江浦村〔江ノ浦〕 2-141, 2-143, 5-128, 5-291, 5-298
江ノ尾村（枚浦冨之助） 2-141, 5-127

アフム石　2-140
大川村　2-142, 5-128, 5-292
大川村大川濵　2-142
大諏訪村（御料所）〔諏訪〕 2-141, 5-129, 5-291, 5-298
大平柿木村〔太平〕 2-141, 2-143, 5-298
大平村（御料所、小堀下総守、牛込鑛吉、嶋田徳三郎知行所） 2-141, 2-143, 5-128
大竹村　2-141
大坪新田（御料所） 2-144, 5-127
大土肥村（井出甚右エ門知行所） 2-141, 5-126, 5-128
大野新田（御料所、大久保加賀守領分） 2-144, 5-127
青野村（内藤駒之亟知行所） 2-141, 2-144, 5-127
大仁村（大久保加賀守、大久保出雲守領分）○ 2-141, 2-143, 5-128, 5-298
岡一色村　2-141, 5-127
岡ノ宮村　2-141, 5-127
岡村（間宮釆女知行所） 2-140, 2-142, 5-128, 5-292
岡村枝小川　2-140, 2-142
岡村廣野　2-140, 2-142
荻村　2-140, 2-142
小坂村　2-141, 2-143
小土肥村　2-141, 2-143, 2-144, 5-129
男塚　2-141, 2-144
重洲村（御料所） 2-141, 2-143, 5-128
女塚　2-141, 2-144
鍛冶屋村　2-140
柏久保村（松下嘉兵衛知行所） 2-141, 2-143, 5-128, 5-298
柏久保村枝古川　2-140
門野原村（大久保出雲守領分）☆ 2-143, 5-128
加殿村　2-141, 2-143
金谷村　2-141, 5-128
我入道〔我入道村〕 2-141, 5-129, 5-291, 5-298
鎌田村　2-140, 2-142
鎌田村八城田　2-140, 2-142
上石田村　2-141
上小林村　2-141, 5-127
上澤村　2-141
上修善寺村　2-141, 2-143
上白岩村（大久保出雲守領分、岡野平三郎、猪子英太郎、小出又五郎、松波五左エ門、鳥井一学知行所）〔白岩〕 2-140, 2-142, 5-128, 5-292, 5-298
上白岩村小川〔白岩〕 2-140, 2-142, 5-292, 5-298
上多賀村（鈴木大膳知行所）〔多賀〕 2-140, 2-142, 5-128, 5-291, 5-292
上土狩村（水野出羽守領分） 2-141, 5-127
上長久保村　2-141
上船原村　2-141, 2-143
神谷村(大久保出雲守) 5-127
神谷村川尻　2-144
軽井沢村（御料所） 2-140, 5-126, 5-291
川尻村（玉虫重四郎、大久保江七兵エ知行所） 2-144, 5-127
川津三郎古墳　2-142
川奈村（御料所）☆⛵ 2-140, 2-142, 5-125, 5-128, 5-292
川奈村枝小浦　2-140, 2-142
川成島村（本郷大和守知行所） 2-144, 5-127
川原谷村（大久保出雲守領分） 2-141, 5-126
木負村（真鍋主水知行所） 2-141, 2-143, 5-129
木瀬川村（御料所、大久保出雲守領分） 2-141, 5-128, 5-129, 5-291
北江間村　2-141, 2-143
北沢村　2-141
北名護屋村　2-140
口野村（水野出羽守領分） 2-141, 2-143, 5-128, 5-291, 5-298
久連村（大久保加賀守領分）☆ 2-141, 2-143, 5-129, 5-298
熊坂村　2-141, 2-143
雲金村　2-141, 2-143
久料村（進喜太郎知行所） 2-141, 2-143, 2-144, 5-129
栗原村　2-140
栗原村川　2-140
幸原村（大久保出雲守領分、酒井作次郎、牛込鑛吉、嶋田徳五郎知行所） 2-141, 5-126
幸原村耳石　2-141
小海村（大久保加賀守領分） 2-141, 2-143, 5-129, 5-298
古宇村（大久保加賀守領分） 2-141, 2-143, 5-129, 5-298
五貫島村（御料所、大久保加賀守領分） 2-144, 5-127, 5-129, 5-291, 5-298
小下田村（御料所、真鍋式部知行所） 2-143, 5-129, 5-298
小諏訪村（大久保加賀守領分）〔諏訪〕 2-141, 5-129, 5-291, 5-298
小立野村（大久保出雲守領分） 2-141, 2-143, 5-128
古奈村（温泉） 2-141, 2-143
小林村〔下小林村〕 2-141, 5-127, 5-291
境村(本多豊前守領分) ☆ 2-141, 2-144, 5-127
笹原新田　2-140, 5-126
佐野村　2-141, 2-143
鮫島村（内藤駒之亟知行所） 2-144, 5-291, 5-298
沢地村　2-141
沢田新田（大久保加賀守領分） 2-141
椎木　2-142
重寺村（御料所） 2-141, 2-143, 5-128
志下村　2-141, 5-129
獅子濱村　2-141, 2-143, 5-129, 5-298
下石田村(水野出羽守) 2-141, 5-129, 5-291, 5-298
下香貫村　2-141, 5-129
下修善寺村（大久保出雲守領分）〔修善寺〕 2-141, 2-143, 5-128, 5-298
下修善寺村湯場(温泉) 2-141, 2-143
下白岩村（水野出羽守領分、大久保大隅守、中野十郎至人知行所）〔白岩〕 2-140, 2-142, 5-128, 5-292, 5-298
下多賀村（鈴木大膳知行所）〔多賀〕 2-140, 2-142, 5-128, 5-291, 5-292
下多賀村枝小山　2-140, 2-142
下多賀村枝中野　2-140, 2-142
下多賀村枝和田木　2-140, 2-142
下土狩村　2-141
下長久保村　2-141, 5-127, 5-291
下畑村　2-141, 2-143
下船原村（大久保出雲守領分） 2-141, 2-143, 5-128, 5-298
城村（大久保出雲守領分、小出又五郎、松波五左エ門、岡野平三郎、猪子英太郎知行所） 2-140, 2-142, 5-292, 5-298
城村横山　2-140, 2-142
白山堂村（水野出羽守領分） 2-141, 2-143, 5-128
白山堂村枝原　2-141, 2-143
新宿村（安藤監物知行所） 2-141, 5-126, 5-128
新田　2-141, 2-144
助兵エ新田　2-141, 2-144, 5-127
鈴川村　2-144, 5-127, 5-291, 5-298
関野村（溝口摂津守領分） 2-140, 2-142, 5-128, 5-292, 5-298
関野村八田　2-140, 2-142
宗光寺村（徳永小膳知行所） 2-141, 2-143, 5-128, 5-292, 5-298
大塲村（大久保出雲守領分） 2-141, 5-128
高島村　2-144, 5-127, 5-291
高田村　2-141
田京村（御料所、大久保加賀守領分） 2-141, 2-143, 5-128, 5-298
竹之内村（鈴木大膳知行所） 2-140, 2-142, 5-128
田子村（永田幾太郎知行所）☆ 2-144, 5-127, 5-291, 5-298
田澤村　2-143
田代村　2-140, 2-142
田代村　2-140
多田村　2-141
立野村（大久保出雲守領分）○☆〔本立野村〕 2-141, 2-143, 5-128
立保村（進喜太郎知行所） 2-141, 2-143, 5-129, 5-298
蓼原村（久世安藝守知行所） 2-144, 5-127
田中新田（御料所、内藤駒之亟知行所） 2-144, 5-127, 5-291, 5-298
多比村　2-141, 2-143, 5-128, 5-291, 5-298
田村　2-141
丹那村　2-140
塚原新田（御料所） 2-141, 5-126, 5-291, 5-298
塚本村　2-141
月ケ瀬村（大久保出雲守領分） 2-143, 5-128, 5-298
津田村（御料所） 2-144
靏喰村　2-141
土肥村（御料所）☆ 2-143, 5-129, 5-298
十足村　2-140, 2-142
徳永村（松平隼人正知行所） 2-140, 2-142, 5-128
徳永村唐羽村　2-140, 2-142
戸藏郷戸藏村（飯田大次郎、阿倍楢之助、永井彦兵エ、秋山兵八郎知行所）〔戸藏村〕 2-141, 5-126
年川村（小堀下総守知行所） 2-140, 2-142, 5-128
土手和田村（御料所） 2-141, 2-143, 5-128
鳥谷村（御料所） 2-141, 2-144, 5-127
中石田村　2-141
長岡村　2-141, 2-143
中柏原新田　2-141, 2-144, 5-127
長﨑村　2-141
中里村大坪（戸田督三郎陣屋）〔中里村、中里〕 2-144, 5-127, 5-291
中里村枝川尻〔中里〕 2-144, 5-291
中澤田村（本多豊前守領分）〔沢田〕 2-141, 5-127, 5-291
長沢村（安藤監物、大河内彦四郎、福岡多郎八知行所） 2-141, 5-126, 5-128
中島村　2-144
中島村（大久保出雲守領分） 2-141, 5-126, 5-128
中土狩村　2-141
長濵村　2-141, 2-143, 5-128, 5-298
中丸村（駒木根大内記知行所） 2-144, 5-127, 5-291, 5-298
中村　2-141, 2-143
中村(水野出羽守領分) 2-141, 5-126
中村鳴滝　2-141, 2-143
中村向原　2-141
中村山田　2-140, 2-142
納米里村　2-141, 5-127
南條村（大久保出雲守領分） 2-141, 2-143, 5-128
南條村田中　2-141, 2-143
西柏原新田（御料所）〔柏原〕 2-141, 2-144, 5-127, 5-291, 5-298
西熊堂村（水野出羽守領分） 2-141, 5-127
西沢田村〔沢田〕 2-141, 5-127, 5-291
西椎路村（大久保出雲守領分）〔椎路〕 2-141, 2-144, 5-127, 5-291
西平沼村　5-127
西船津村（御料所） 2-141, 2-144, 5-127
西間門村（水野出羽守領分）〔間門〕 2-141, 5-129, 5-291, 5-298
西増川村（蒔田八郎右エ門）〔増川〕 5-127, 5-291
西宮島村（杉浦冨之助知行所）〔宮島〕 2-144, 5-127, 5-129, 5-291, 5-298
仁田村（戸田市郎兵エ、佐久間吉五郎、大沢仁十郎、松前八之亟、宮﨑甚右エ門、金田市郎兵エ、藤方鍬五郎、西尾藤四郎知行所） 2-141, 5-126, 5-128
韮山　2-141, 5-128, 5-291, 5-292, 5-298
沼田新田　2-141, 2-144, 5-127
沼津(水野出羽守居城) ☆ 2-141, 5-127, 5-129
根右〔古〕屋村（大久保江七兵エ知行所） 2-141, 2-144, 5-127
走湯（温泉） 2-140
畑村　2-140
八幡村（溝口摂津守領分） 2-140, 2-142, 5-128
花守村（戸田督三郎、玉虫重四郎、永田幾太郎知行所） 2-144, 5-127
原○ 2-141, 2-144, 5-127, 5-291, 5-298
原木村（大久保出雲守領分）○ 2-141, 5-128
原木村枝一色〔原木〕 2-141, 5-291, 5-298

原田村（水野出羽守領分） 2-144
冷川村（大久保出雲守領分、松平隼人正知行所） 2-140, 2-142, 5-128, 5-292, 5-298
冷川村枝モチコシ 2-140, 2-142
東柏原新田 2-141, 2-144, 5-127
東熊堂村 2-141, 5-127
東沢田村（大久保加賀守、本多豊前守領分）〔沢田〕 2-141, 5-127, 5-291
東椎路村（本多豊前守領分）〔椎路〕 2-141, 5-127, 5-291
東原村（久世安藝守知行所） 2-141, 2-144, 5-127, 5-291
東平沼村西平沼村入會（御料所） 2-141, 2-144, 5-127
東間門村〔間門〕 2-141, 5-129, 5-291, 5-298
東増川村（諏訪松次郎）〔増川〕 5-127, 5-291
東宮島村（秋山十右エ門知行所）〔宮島〕 2-144, 5-127, 5-129, 5-291, 5-298
肥田村（大久保出雲守領分） 2-141, 5-128, 5-291, 5-298
肥田村日守新田 2-141
肥田村八ツ橋 2-141
日向村 2-141, 2-143
檜新田（御料所、大久保加賀守領分） 2-144, 5-127
日守村 2-141
日吉村 2-141, 5-129
平井村（水野出羽守領分、永井彦兵衛知行所） 2-141, 5-128, 5-291
平井村枝松沢 2-140
平井村柿沢 2-140
平井村鬢ノ沢 2-140
平沢村（御料所） 2-141, 2-143, 5-129
福浦村 2-140, 5-125, 5-126, 5-291
伏見村（酒井大内記、山岡五郎作知行所） 2-141, 5-126, 5-128, 5-291, 5-298
冨戸村☆ 2-142, 5-125, 5-128
冨戸村大井濱 2-142
舩津村（本多豊前守領分） 2-141, 2-144, 5-127
平垣村（日向傳右エ門知行所） 2-144, 5-127
戸田村 2-141, 2-143, 2-144, 5-129, 5-298
北条寺家村（大久保出雲守領分、河野藤左エ門、大久保金之亟、内藤千之助、中野鉄太郎知行所）〔寺家村〕 2-141, 2-143, 5-128
北条中條村（大久保出雲守領分）〔中ノ條村〕 2-141, 2-143, 5-128
北條四日町村（水野出羽守領分、原田芳次郎知行所）〔四日町村、四日町〕 2-141, 2-143, 5-128, 5-298
堀切村 2-141, 2-143
堀内村 2-140
本柿木村（御料所、大久保出雲守領分、大久保大隅守、松平甲之助、中根十郎太夫知行所） 2-141, 2-143, 5-128
本宿村 2-141
前田村（酒井大内記、本郷大和守、曽我伊賀守知行所） 2-144
牧野郷（松下嘉兵衛知行所）〔牧之郷〕 2-141, 2-143, 5-128
牧野郷枝馬場 2-141, 2-143
馬込村 2-141, 5-129, 5-291, 5-298
俣野投石 2-142
松ケ瀬村（大久保出雲守領分） 2-141, 2-143, 5-128, 5-298
松田村 5-127
松永村（大久保出雲守領分）〔松長村〕 2-141, 2-144, 5-127, 5-129
松原村（鈴木大膳知行所） 2-140, 2-142, 5-128, 5-292
真靏村☆⛵ 2-140, 5-125, 5-126, 5-291
間々上村 2-141, 2-143
間宮村（井出甚右エ門、高田兵庫、久野金之亟、三宅傳左エ門、武島四郎左エ門、熊勢栄太郎、能勢新五郎、酒井作次郎知行所） 2-141, 5-128, 5-291, 5-298
御門村（水野出羽守領分） 2-141, 2-143, 5-128, 5-298
三島（御料所）○☆ 2-141, 5-126, 5-291, 5-298
水窪村（水野出羽守領分）○ 2-141, 5-127, 5-291
三ツ谷新田〔三谷新田〕 2-140, 2-141, 5-126, 5-291
三津村（御料所） 2-141, 2-143, 5-128
南江間村 2-141, 2-143
南名護屋村 2-140
三福村（能勢栄太郎、能勢新五郎、三宅傳左エ門、高田兵庫、武島四郎左エ門、久野金之亟知行所） 2-141, 2-143, 5-128
三福村山口 2-141, 2-143
宮上村（天野三郎兵エ知行所）〔宮ノ上村、宮上〕 2-140, 2-142, 5-128, 5-298
宮上村 2-140, 5-126
宮上村泉 2-140
宮上村枝稲村 2-140
宮上村湯ケ原（温泉）〔湯ケ原〕 2-140, 5-126, 5-291
宮下村 2-140, 5-126
葵〔麥〕塚村 2-141
宗高村（戸田督三郎、玉虫重四郎、永田幾太郎知行所） 2-144, 5-127, 5-291
本市場村（秋山重右エ門、山口勝次郎、松平斧太郎、久世安藝守知行所） 2-144, 5-127
守木村（御料所） 2-141, 2-143
門川村（大久保加賀守領分） 2-140, 5-126, 5-291
八木沢村（大久保加賀守領分） 2-143, 5-129, 5-298
矢熊村 2-141, 2-143
谷田村（水野出羽守領分、井出市五郎、本多大学、新庄安太郎、井出藤右エ門、大久保益五四郎、三宅市右エ門知行所） 2-141, 5-126
柳沢村（内藤駒之亟知行所） 2-141, 2-144, 5-127, 5-291
柳瀬村（柳生主膳正知行所） 2-140, 2-142, 5-128, 5-292, 5-298
八幡村（久世安藝守知行所） 2-141, 5-127
山木村 2-141, 2-143, 5-128
山中新田（御料所） 2-140, 5-126, 5-291
八幡野村☆ 2-142, 5-128, 5-292
八幡野村岡 2-142
湯ケ島村（御料所）○ 2-143, 5-128, 5-298
湯ケ島村茅野新田☆〔茅野新田〕 2-143, 5-298
湯ケ島村上連新田 2-143
湯島村長野新田 2-143
湯ケ島村西平 2-143
湯ケ島村与市坂新田 2-143
湯川村（大久保飛騨守知行所） 2-140, 2-142, 5-128, 5-292
柚木村（久世安藝守知行所） 2-144, 5-127, 5-291
吉田村（水野出羽守領分） 2-140, 2-142, 5-128, 5-292
吉田村（大沢仁十郎、松前八之亟、藤方鍬五郎、戸田市郎兵エ、西尾藤四郎、宮﨑甚右エ門、金田市郎兵エ知行所） 2-141, 2-143, 5-128, 5-298
吉奈村（温泉） 2-143
吉濱村○☆ 2-140, 5-126, 5-291
吉濱村枝川堀 2-140
吉原○☆ 2-144, 5-127
依田橋村（御料所） 2-144, 5-127
依田原新田（久世安藝守知行所） 2-144, 5-127
依田原村地先（大久保七兵エ知行所）〔依田原村〕 2-144, 5-127
和田村（本多一之助、大久保久米之助知行所） 2-140, 2-142, 5-128, 5-292

【社寺】

阿立〔豆〕佐和気命神社 2-140
荒木神社 2-141, 2-143
伊豆権現社〔伊豆権現〕 2-140, 5-126
伊豆八幡宮 2-142
大瀬明神 5-129
小川泉神社 2-140, 2-142
加理波夜須多神社 2-140, 2-142
久須美神社 2-140, 2-142
光嚴寺 2-141, 2-144
光長寺 2-141
最勝院 2-140, 2-142
地藏堂 2-140
修禅寺 2-141, 2-143, 5-298
藏春院 2-141, 2-143
大運寺 2-144
大泉寺 2-141, 2-144
日蓮﨑 5-128
日蓮聖人旧跡 2-142
八幡宮 2-144
廣瀬社 2-141
火牟須比命神社 2-142
三嶌明神社 2-141
妙祥寺 2-144
頼家卿墓 2-141, 2-143
波姫命神社 2-140, 2-142

【山・峠】

赤沢山 2-142
天城山（惣名） 2-142, 5-128, 5-292, 5-298
天城峠 5-298
伊尾山 2-142
池ノ山 2-140
大川山 2-142
大原峠 2-143, 5-129
大平山 2-141
大幕山 2-142
大室山 2 142, 5-128, 5-292
小川沢山 2-140, 2-142
小坂山 2-143
柏峠 2-140, 2-142
香貫山 2-141
上ノ山 2-140
黒嶽〔黒岳〕 2-140, 5-128
古城山 2-140, 2-142
小室山 2-140, 2-142, 5-125, 5-128
界山 2-140, 2-142
界山 2-140, 2-142
城山 2-143
城山 2-141
城山 2-140, 2-141
天神岡 2-142
トウカサ野山〔遠笠野山〕 2-142, 5-128
徳倉山 2-141
中島山 2-141, 2-143
念佛山 2-140
日金山 2-140
開山 2-140, 2-142
古坂 2-143
マシ山 2-141, 2-143
松ケ坂 2-143
万城岳 2-142
矢筈山 2-142, 5-128, 5-292
鷲巣山 2-141, 2-143

【河川・湖沼】

大池 2-140, 2-142, 5-128, 5-292
カシヤ川 2-140
狩野川 2-141, 5-128
喜瀬川 2-141
小池 5-128, 5-292
澁川 2-140
廣沼 2-141, 2-144, 5-127, 5-291
冨士川 2-144, 5-127, 5-129, 5-291, 5-298
門川 2-140
吉原川 2-144
和田川 5-127

【岬・海岸】

大クロ﨑 2-140
大﨑 2-140, 2-142
小濱﨑 2-140
カトワキ﨑 2-142
川奈﨑 2-140, 2-142, 5-125, 5-128
碁石濱 2-142
小地鼻 2-140
汐吹鼻〔汐吹﨑〕 2-140, 2-142, 5-125, 5-128
長草鼻 2-140, 2-142
長トロ鼻 2-140
前濱 2-140
真霍﨑 2-140, 5-125, 5-126, 5-291
竜神﨑 2-140

【島】

鵜根 2-140, 2-142
エホシ根 2-140
猿猴岩 2-140
沖ノ礒 2-140
沖島 2-142
尾根 2-140, 2-142
笠島 2-140, 5-125, 5-126
カツラ岩 2-140
クロ子 2-140, 2-142
腰細石 2-140, 2-142
鯖根 2-142
尺シマ 2-141, 2-143
女郎岩 2-140, 2-142
スヽシマ 2-140
雀島 2-140
立島 2-140, 2-142
タンゴ子 2-142
手石島 2-140, 2-142
トコ石 2-140, 2-142
長根 2-140
浪立根 2-140, 2-142
錦岩屋 2-140
西島 2-140, 2-142
二町根 2-142
ハシケ根 2-142
初島（御料所） 2-140, 5-125, 5-128, 5-292
ヒエ島 2-142
平シマ 2-142
平床根 2-140
二ツ根 2-140, 2-142
二ツ根 2-140
辨天根 2-140
間通り島 2-140, 2-142
弥二郎根 2-140, 2-142

第102号 下田・大島

【郡名】

賀茂郡　2-147, 5-128
田方郡　2-147, 5-128, 5-298
那賀郡　2-147, 5-129, 5-298

【地名】

藍玉村　2-147
筏場村（太田摂津守領分）　2-146, 5-128
筏場村枝佐野　2-146
一色村　2-147, 5-129, 5-298
石部村　2-147, 5-129
井田子村☆　2-147, 5-129, 5-298
稲取村（水野出羽守領分）　2-146, 5-128, 5-132, 5-292
稲取村大久保　2-146
稲取村溝下　2-146
稲取村山田　2-146
伊濱村（太田摂津守領分）　2-147, 5-129, 5-298
入間村　2-147, 5-129, 5-298
入間村絹田　2-147
入間村中木　2-147, 5-129
岩地村（御料所）　2-147, 5-129
宇士金村　2-147
江奈村（太田摂津守領分）　2-147, 5-129, 5-298
大浦村（御料所）〔子浦村〕　2-147
大加茂村　2-147
大沢村　2-147
大瀬村　2-147, 5-129, 5-298
太田子村（太田摂津守領分）〔大田子〕　2-147, 5-129, 5-298
大鍋村（太田摂津守領分）〔鍋村〕　2-147, 5-128, 5-298
岡方村（御料所）○　2-147, 5-128, 5-298
岡方村鍋田　2-147
岡田村　2-145, 5-132, 5-292
落合村（蜂屋七兵エ知行所）　2-147, 5-128
落合村長瀬　2-147
柿﨑村（御料所）　2-146, 2-147, 5-128, 5-298
柿﨑村枝外浦⛵　2-146
柿﨑村腰越　2-146
柿﨑村間戸濱　2-147
加増野村　2-147
片瀬村（向井将監知行所）☆　2-146, 5-128, 5-132, 5-292
片瀬村河内　2-146
茅原野村（太田摂津守領分）○　2-147, 5-128, 5-298
茅原野村枝坂戸新須郷村入會八木山　2-147
茅原野村本須郷村新須郷村入會〔本須郷村、新須郷村〕　2-147, 5-128
吉佐美村（向井将監知行所）　2-147, 5-128, 5-298
吉佐美村多田戸　2-147
北野澤村　2-147, 5-128, 5-298
北ノ原　2-145
北湯ケ野村　2-147
雲見村（御料所）　2-147, 5-129, 5-298
河内村（御料所、大原平治郎知行所）〔川内〕　2-147, 5-128, 5-298
河内村入沢　2-147
河内村志戸　2-147
子浦　5-298
小鍋村〔鍋村〕　2-147, 5-128, 5-298
逆川村　2-147
笹原村（太田摂津守領分）　2-146, 5-128, 5-132
差木地〔差木地村〕　2-145, 2-148, 5-132, 5-292
沢田村（太田摂津守領分）　2-146, 5-128, 5-292, 5-298
椎原村　2-147
下流村　2-147, 5-129, 5-298
下佐ケ野村（太田摂津守領分）　2-147, 5-128
中〔下〕田町（御料所）⛵〔下田町〕　2-147, 5-128, 5-298
下田町太浦〔下田町〕　2-147, 5-298
白田村（大久保飛驒守知行所）　2-146, 5-128, 5-132, 5-292
白田村河内　2-146
白濱村板戸〔白濱〕　2-146, 5-292, 5-298
白濱村長田村（御料所、小笠原兵庫知行所）〔白濱村、白濱〕　2-146, 5-128, 5-292, 5-298
白濱村原田村〔白濱〕　2-146, 5-292, 5-298
須﨑村（御料所）⛵　2-146, 5-128, 5-292
須﨑村小白濱　2-146
泉津村　2-145, 5-132, 5-292
立野村（御料所）　2-147, 5-128, 5-298
立野村中野瀬　2-147
田中村（太田摂津守領分）　2-146, 5-128, 5-132, 5-292, 5-298
手石村☆　2-147, 5-129, 5-298
手石村小福浦　2-147, 5-129
田牛村（御料所）　2-147, 5-128, 5-298
長津呂村⛵　2-147, 5-129
中村　2-147
梨本村（御料所）○　2-147, 5-128, 5-298
梨本村枝荻苔　2-147
梨本村枝奥原　2-147
奈良本村（御料所）　2-146, 5-128, 5-292
奈良本村熱川（温泉）　2-146
奈良本村堀川　2-146
縄地村（太田摂津守領分）　2-146, 5-128, 5-292, 5-298
新島村☆　2-145, 2-148, 5-128, 5-132, 5-292
野増村　2-145, 2-148, 5-128, 5-132, 5-292
波浮湊　2-145, 5-132, 5-292
濱村　2-147, 5-129
濱村（御料所、鈴木大膳知行所）　2-146, 5-128, 5-132, 5-292, 5-298
濱村庄部沢　2-146
分郷筏場村（溝口摂津守領分）　2-146
堀之内村　2-147
本郷村　2-147, 5-128
松﨑村（御料所）　2-147, 5-129
見高村（御料所、間宮采女知行所）　2-146, 5-128, 5-132, 5-292
見高村枝山家　2-146
道部村（太田摂津守領分）〔直部村〕　2-147, 5-129, 5-298
箕作村（御料所）○　2-147, 5-128, 5-298
湊村　2-147, 5-129
峯村　2-146
妻良村⛵　2-147, 5-129, 5-298
妻良村立岩　2-147
谷津村（太田摂津守領分）　2-146, 5-128, 5-292, 5-298
谷津村河原（温泉）　2-146
矢野村（太田摂津守領分）　2-146, 5-128, 5-292, 5-298
矢野村筏場村分郷筏場村入會　2-146
湯ケ野村（御料所）（温泉）　2-147, 5-128, 5-298
横川村　2-147
蓮臺寺村（三枝主計知行所）（温泉）　2-147, 5-128, 5-298

【社寺】

預明神　2-148
伊古奈比咩命神社　2-146
海岸寺　2-148
海中寺　2-145, 2-148
川津社　2-146
金光寺　2-145, 2-148
佐々原姫命神社　2-146
長久寺　2-148
竹麻神社　2-147
八幡社　2-147
波夜志命神社　2-147

【山・峠】

愛宕山　2-145
天城峠　2-147, 5-128, 5-129
荒島山　2-145, 2-148
イコノ山　2-145, 5-132
大宮上ノ山　2-145, 2-148
黒妬山　2-145, 2-148
サイムシロ〔サイムシロ山〕　2-145, 2-148, 5-132
地藏山　2-147
城山　2-147
墨木山〔黒木山〕　2-145, 2-148, 5-132
二子山　2-145, 5-132
三峯山　2-145
三原山　2-145, 2-148, 5-132

【河川・湖沼】

稲生沢川　2-147
大カモ川　2-147
川津川　2-146, 5-128
ゴセ川　2-145
田尻川　2-146
ニコリ川　2-146
日野川　2-147, 5-129

【岬・海岸】

□□ツホク﨑　2-146
赤根﨑〔赤﨑〕　2-146, 5-128
イタコ﨑　2-146
稲取﨑　5-128, 5-132
カキ原﨑〔柿原﨑〕　2-145, 5-132
風早﨑　2-145, 5-128, 5-132
カス﨑　2-145
熊野﨑　5-129, 5-298
黒濱﨑　2-145
コウト﨑　2-145
小山﨑　2-146
汐吹鼻　2-145
スサク岬　2-147
センケン　2-147
センバ﨑　2-145, 2-148, 5-128, 5-132
千賀﨑　2-145, 5-128, 5-132
ツメキ嵜〔ツメキ﨑、爪木﨑〕　2-146, 5-128, 5-132, 5-292
トウヒキ﨑　2-145
トモロ﨑　2-146
長根鼻　2-145
子ナイ鼻　2-145, 2-148
ハッチョ﨑　2-146
竜宮﨑　2-146
竜宮﨑　2-146

【島】

赤子　2-146
赤根島　2-147, 5-128
足根　2-146
石トリ〔石取根〕　2-147, 5-128, 5-129
犬走島　2-147
鵜糞根　2-146
鵜糞根　2-145
ウ子島　2-147
ウルイ　2-147
エヒス嶌　2-146
大嶋（御料所）〔大島〕　2-145, 2-148, 5-132, 5-292
大根　2-148
ヲクイ根　2-145
ヲタイ根　2-145
神根　2-145
行者窟　2-145
草八分洞　2-145
黒根　2-145
コミタケ　2-147
サヲクツナ　2-146
サク子〔サク根〕　2-147, 5-128
サク根　2-146
サク子　2-146
サヽイ島　2-145
佐野濱　2-145, 2-148
島分根　2-145
雀シマ　2-146
雀島〔スヽメシマ〕　2-147, 5-128
雀島　2-146
センクワンモン　2-147
千束根　2-146
ソウマノ山〔ソ子ノ山〕　2-147, 5-129
臺根　2-148
田浦嶋　2-146
田子島　2-147
田戸根　2-148
ツムキ根　2-148
ツメキ島　2-146
トイギ〔トイキ岩〕　2-147, 5-128, 5-129
利嶋（御料所）☆〔利島〕　2-148, 5-132, 5-292
鳶島　2-147
ナカ子　2-145, 2-148
ナマカタ　2-148
荷積根　2-145, 2-148
根シマ　2-146
ハイハク子　2-145
土方根　2-145, 2-148
平根　2-147, 5-128
平根　2-146
平根　2-146
平根　2-146
平濱根　2-145, 2-148
二ツ根　2-145, 2-148
フテシマ　2-146
舩井根　2-145, 2-148
ヘンケイ島　2-147
前濱　2-145, 2-148
前濱　2-145
前濱　2-145
前濱　2-148
間伏シ濱　2-145, 2-148
マン根　2-145
ミコモト島〔御子本島〕　2-147, 5-128, 5-298
ミサコ嶌　2-147
弥陀窟　2-147
簑掛島　2-147
湯濱　2-145, 2-148
横石　2-148
横根〔横根島〕　2-147, 5-128, 5-298
篭宮島　2-146

第103号 新島・神津島・式根島

【地名】

タコ濱　2-150
新島☆　2-149
新島枝若郷☆〔若郷〕　2-149, 5-132, 5-133

【社寺】

定明神　2-150
十二社明神　2-149
大三明神　2-149
長濱明神　2-150

【山・峠】

黒嶋山　2-150
櫻ケ森　2-149
白島山　2-150

タコトウ山　2-150
丹後山〔タンゴ山〕　2-149, 5-132, 5-133
ノウカ山　2-150
丸島山　2-149
宮塚山　2-149
向山　2-150, 5-133

【河川・湖沼】

フーラ川　2-150

【岬・海岸】

赤磯﨑　5-132, 5-133
赤﨑　2-150
淡井浦　2-149
一ノ首　2-150
牛鼻　2-150
大浦　2-149
大和田鼻　2-149
御釜浦　2-149
神着潟　2-150
神立鼻　2-149
カン引浦　2-149
キンナガ鼻　2-150
ココノ江　2-150
小濱　2-149
サスカ﨑　2-150
サブサキ　2-150
シホイ﨑　2-150
シカ立鼻　2-149
高マヽ鼻　2-150
チノ崎　2-149
ツナシ鼻　2-149, 2-150
堂丸鼻　2-149
泊浦⏃　2-149
中河原　2-149
長スサキ　2-150
中ノ浦　2-149
長ホソ鼻　2-149
西ノ浦　2-149
沼ノ江　2-150
子ブ﨑　5-132, 5-133
野伏浦　2-149
袴﨑　2-149
ハタシロ﨑　2-149
羽伏浦〔羽伏〕　2-149, 5-292
平床鼻　2-149
フキノ江　2-149
前ハマ　2-150
前濱　2-149, 5-292
松山鼻　2-150
間々下浦　2-149
横瀬鼻　2-150

【島】

アオ子　2-149
アカ子　2-150
浅根　2-149
伊豆神津嶋（御料所）☆〔神津島〕　2-150, 5-133, 5-292
伊豆新島（御料所）〔新島〕　2-149, 5-132, 5-133, 5-292
ウシ子　2-150
鵜渡根〔宇土根〕　2-149, 5-292
ウトマ島　5-132, 5-133
鵜ノ根　2-149
浦根　2-150
エヒ穴　2-150
エロ子　2-149
大アサ子　2-150
大クマ根　2-150
大根　2-149
大根　2-149
大根　2-150
ヲタイ子〔ヲタイ根〕　2-149, 5-132
御根　2-149
ヲン子　2-149
ラ〔ヲ〕ンハセ〔恩馳島、ヲンハセ〕　2-150, 5-133, 5-292
カト根　2-150
カナシキ根　2-150
北カタ根　2-149
キタ高シマ　2-149
黒﨑根　2-149
クロ子　2-149
黒根　2-149
黒根　2-150
小クマ根　2-150
コシタンバラ　2-149
子ダキ子　2-149
コンクイ子　2-149
サク根　2-150
ササカリ根　2-150
サメ子　2-150
式根島（新島属）　2-149, 5-132, 5-133, 5-292
地内島　2-149, 5-132, 5-133, 5-292
白子　2-150
白子　2-150
白子　2-150
セイ子　2-149
タイフロ根　2-149
高根　2-149
鷹ノ巣　2-150
タタキ根　2-150
タヽナヘ島〔只内島〕　2-150, 5-133, 5-292
タタミ根　2-149
タンハシラ　2-149
鳥ケ嶋　2-149
鳥子シマ　2-149
長根　2-149
長子　2-150
中ノ根　2-150
ナタラ﨑　2-149
ナツハタ子　2-149
ノロ江　2-150
ハタカ子　2-149
早嶋〔早島〕　2-149, 5-132, 5-133, 5-292
半二郎根　2-150
左子　2-150
平根　2-149
平根　2-149, 5-132, 5-133
冨士根　2-150
フツシ子〔フツシ島〕　2-149, 5-132, 5-292
ヘミツク子　2-149
マコ平根　2-150
マサク根　2-150
丸島　2-150
丸根　2-150
御子根　2-150
御正躰　2-150
ミツグ子　2-150
六ツ子　2-150
ムラツカ子　2-149
モツヤ子　2-149
湯ハシラ子　2-150
横根　2-150

第104号 三宅島・御蔵島

【地名】

阿古村☆　2-151, 5-133, 5-134, 5-292
伊谷村☆〔伊ヶ谷村〕　2-151, 5-133, 5-134, 5-292
伊豆村　2-151, 5-133, 5-134, 5-292
神着村　2-151, 5-133, 5-134, 5-292
神着村枝東郷　2-151
坪田村☆　2-151, 5-134, 5-292
南郷　2-152, 5-134
御蔵島　2-151, 2-152

【社寺】

冨賀明神　2-151

【山・峠】

赤沢山　2-151, 2-152, 5-134
大川岳　5-134
尾山　2-151, 2-152
雄山　2-151, 5-133, 5-134
桒ノ木平　2-151
水ノ段山　2-151
山ノキサ山　2-151
山二ツ山　2-151

【河川・湖沼】

大島分ノ沢　2-152
川口池　2-151, 2-152
新ミヨ池〔新ミヨ〕　2-151, 5-133, 5-134
平清水ノ滝　2-151, 2-152
山ミヨ池〔山ミヨ〕　2-151, 5-133, 5-134
与一ケ沢　2-151

【岬・海岸】

アゴン嵜　2-151
アノウ﨑　2-151
イヅン﨑　2-151
今﨑　2-151
大舟戸濱　2-151
河内濱　2-151, 2-152
サダト﨑　2-151
白﨑　2-151, 2-152
ツル子﨑　2-151
トウカイ濱　2-151
ニイツ鼻　2-151
ハシヤ﨑　2-151
舟戸濱　2-151
前濱　2-151, 2-152
マカト﨑　2-151
三池濱　2-151
ユウケイ濱　2-151
若宮鼻　2-151

【島】

赤ハツキヤウ　2-151
姉ケ潟　2-151
伊豆御蔵島（御料所）〔御蔵島〕　2-151, 2-152, 5-134, 5-292, 5-293
伊豆三宅嶋〔三宅島〕　2-151, 5-133, 5-134, 5-292
藺灘波島〔イナンバ〕　2-153, 5-134, 5-293
浦ノ根　2-151, 2-152
大久保濱　2-151
大ノ原（三本岳）〔大野原（三本岳）、大野原〕　2-151, 5-133, 5-134, 5-292
大丸島　2-151
黒﨑根　2-151, 2-152
黒濱根　2-151
小長根　2-151
サビノ濱　2-151
障子根　2-151, 2-152
ダイブサ　2-152
虎政根　2-152
長石　2-152
平子　2-151, 2-152
ベンケイ根　2-151
細水根　2-151, 2-152
マン子　2-151
ミナ子　2-151, 2-152
元根　2-151, 2-152
横塚子　2-151, 2-152
横根　2-151
六双根　2-151

第105号 八丈島

【地名】

宇津木村　2-154, 5-135
大賀郷神場〔大賀郷〕　2-154, 5-135, 5-293
大賀郷千鳥ケカヤト　2-154
大賀郷東里　2-154
大賀郷向里　2-154
大賀郷楊梅ケ原　2-154
樫立村　2-154, 5-135, 5-293
樫立村枝伊御夕〔名〕　2-154
神ノ湊　5-135
末吉村　2-154, 5-135, 5-293
鳥打村　2-154, 5-135
中ノ郷〔中之郷〕　2-154, 5-135, 5-293
三根村　2-154, 5-135, 5-293
三根村外道　2-154

【社寺】

優波茅神社　2-154
八郎明神　2-154

【山・峠】

赤羽根山　2-154
黒山　2-154
小石川山　2-154
七九峠　2-154
タラノ坂　2-154
堂ケ峯　2-154
東臺石山　2-154
西山　2-154, 5-135, 5-293
御止休〔正体〕山　2-154
三原山　2-154, 5-135

【河川・湖沼】

カシウ川　2-154

【岬・海岸】

赤﨑　2-154
大越鼻　2-154
鯨濱　2-154
黒﨑　2-154
小縄鼻　2-154
コヤワト﨑〔コヤト﨑〕　2-154, 5-135
トヨヲカ鼻　2-154
舩戸﨑　2-154
御子﨑　2-154

【島】

相ケ江　2-154
伊豆八丈島（御料所）〔八丈島〕　2-154, 5-135, 5-293
一ノ根　2-154
一ノ根　2-154, 5-135
今根　2-154
イルカ根　2-154
浦ノ根　2-154
大アサ根　5-135
大浦　2-154
大汐根　2-154
大根　2-154
沖ヅシロ　2-154
ヲタカ子　2-154
カテイ根　2-154, 5-135
神　2-154
亀トヽ　2-154
川尻潟　2-154
カンナキ根　2-154
黒根　2-154
カフラハド　2-154
小地根　2-154, 5-135, 5-293
小島（八丈島属）　2-154, 5-135, 5-293
三十根　2-154
象ノ鼻　2-154
底戸ケ越　2-154
髙根　2-154
立根　2-154
タレト濱　2-154
トタチ根　2-154
長石　2-154
ナカツチヨケ江　2-154
中根　2-154
長根　2-154
御止休〔正体〕根　2-154
ハンソウ根　2-154
ヒナキリ根　2-154
平根　2-154, 5-135
平子　2-154
フノイケ　2-154
前﨑濱　2-154
馬鞍石　2-154
八重根〔ヤヘ根〕　2-154, 5-135
横瀬　2-154
横瀬　2-154
横根　2-154
穴□根　5-135

第106号 青ヶ島

【島】

青島〔青ヶ島〕　2-155, 5-135, 5-293

第107号 静岡

【国名】

駿河國　2-159
遠江國〔遠江〕　2-159, 5-161, 5-298

【郡名】

安倍郡　2-156, 2-158,

2-159, 5-160, 5-298
庵原郡　2-156, 2-158, 5-127, 5-291
有渡郡　2-156, 2-157, 2-158, 2-159, 5-129, 5-298
志太郡　2-157, 2-159, 5-160, 5-298
榛原郡　2-156, 5-160, 5-298
益津郡　2-159, 5-160, 5-298

【地名】

青池村　2-160, 5-160
青木村　2-159, 5-160
青澤村　2-156, 2-158, 5-129, 5-298
安居村（榊原越中守在所）（榊原越中守領分）　2-156, 2-158, 5-129
安倍川村　2-157, 2-159, 5-160, 5-298
安倍川村地先　2-157, 2-159
新屋村（御料所）　2-159, 5-160, 5-298
石津村（本多豊前守領分）　2-159, 5-160, 5-298
一里山新田（酒井大内記知行所）　2-156, 2-158, 5-129
一色村（御料所）　2-159, 5-160, 5-298
稲川村　2-159, 5-160
今宿村　2-156, 5-127, 5-129, 5-291, 5-296, 5-298
入江町問場〔入江町〕　2-156, 2-158, 5-129
鰯ケ島村　2-159, 5-160
岩淵村（御料所）　2-156, 5-127, 5-291
上野原村　2-156, 2-158, 5-129
植松村　2-160, 5-160
内谷町（御料所）　2-159, 5-160
宇津谷村　2-157, 2-159, 5-160, 5-298
有東坂村（御料所）　2-156, 2-158, 5-129
上原村（水野猪之助知行所）　2-156, 2-158, 5-129, 5-298
江尻○　2-156, 5-129, 5-298
大谷村（久能山御神領）☆　2-156, 2-158, 5-129, 5-298
岡部○　2-159, 5-160, 5-298
岡部 坂下　2-157, 2-159
奥津（御料所）○☆　2-156, 5-129, 5-298
小島村（松平丹後守領分）☆　2-156, 5-129, 5-296, 5-298
小島村栗原（松平丹後守在所）　2-156
小島村藤本　2-156
小田村（御料所）　2-156, 2-158, 5-129, 5-298
鬼島村　2-159, 5-160, 5-298
折戸村（三保神領）　2-156, 2-158, 5-129, 5-298
柏原村　2-160, 5-160, 5-298
柏原町〔柏原村〕　2-160, 5-160
上青島村（本多豊前守領分）　2-159, 5-160
上清水村　2-156, 2-158, 5-129
鴨嵜村　2-156, 2-158, 5-129
川嵜町〔川﨑村〕　2-160, 5-160
川尻村（御料所、鍋島雄之助知行所）☆　2-160, 5-160, 5-298
川邊村　2-157, 2-159, 5-160
神澤村　2-156, 5-127, 5-129, 5-291, 5-296, 5-298
蒲原○　2-156, 5-127
北新田村　2-159, 5-160
北田村　2-156, 5-127, 5-129
北長沼村（御料所）〔長沼〕　2-156, 2-158, 5-129, 5-298
艸薙村（酒井大内記知行所）　2-156, 2-158, 5-129
國吉田村（御料所、櫻井庄之助知行所）　2-156, 2-158, 5-129, 5-298
栗原村（水野猪之助、岡野淡路守知行所）　2-156, 2-158, 5-129, 5-298
小金村　2-156, 5-127, 5-129, 5-291
小川村五郎右エ門新田（御料所）〔小川村〕　2-159, 5-160
小河内村（松平丹後守領分）　2-156, 5-127, 5-296
小河内村上ケ藏　2-156
小河内村小葉瀬津　2-156
小河内村坂本　2-156
小河内村屋敷　2-156
小河内村和田　2-156
駒越村（榊原越中守領分）　2-156, 2-158, 5-129, 5-298
薩埵村　2-156
宍原郷（石川大隅守知行所）○〔宍子原郷〕　2-156, 5-127
宍原郷入村　2-156
宍原郷枝後山　2-156
宍原郷枝逢坂　2-156
宍原郷枝平山　2-156
志太村　2-159, 5-160
地頭方村御前﨑☆　2-160
四宮村　2-160, 5-160, 5-298
清水町（御料所）○⛵　2-156, 2-158, 5-129, 5-298
下青島村（西尾隠岐守領分）　2-159, 5-160
下小杉村（一ツ橋殿領分）　2-159, 5-160
下島村（松平丹後守領分）　2-156, 2-158, 5-129, 5-298
下清水村　2-156, 2-158, 5-129
下吉田村（一橋殿領分）　2-160, 5-160, 5-298
承元寺村　2-156
庄内村〔下庄内村、下庄内〕　2-160, 5-160, 5-298
城之腰村☆　2-159, 5-160, 5-298
清見寺門前　2-156, 5-129
堰澤村〔関沢村〕　2-156, 5-127, 5-129
石部村（松平能登守領分）☆　2-159, 5-160, 5-298
瀬戸新屋村（本多豊前守、太田摂津守領分）〔瀬戸〕　2-159, 5-160, 5-298
惣右エ門新田（本多豊前守領分）　2-159, 5-160
増村　2-156, 2-158, 5-129, 5-298
高新田（御料所）　2-159, 5-160, 5-298
高松村（御料所、久能御神領、建穂寺領）　2-156, 2-158, 5-129
田尻北村　2-159, 5-160
田尻村（本多豊前守領分）　2-159, 5-160, 5-298
但沼村（長嵜半左エ門知行所）　2-156, 5-129, 5-296, 5-298
橘村　2-156
田中　2-159, 5-160
辻村（御料所）　2-156, 5-129
蔦細道（名所）　2-157, 2-159
手越原村（落合鉄吉知行所）　2-157, 2-159, 5-160
手越村（御料所）　2-157, 2-159, 5-160, 5-298
寺尾村　2-156, 5-129
中島村（松平丹後守領分）　2-157, 2-159, 5-129, 5-298
中之郷村　2-156, 5-127
中之郷村（御料所、酒井大内記知行所）　2-156, 2-158, 5-129
中平松村〔平松〕　2-156, 2-158, 5-129, 5-298
中村　2-156, 5-127, 5-129
中吉田村（曽我伊賀守知行所）　2-156, 2-158, 5-129
七ツ新屋村（櫻井庄之助知行所）　2-156, 2-158, 5-129
濁澤村（秋山十右エ門知行所）　2-156, 5-129
西久保新田（曽我伊賀守知行所）　2-156, 5-129
西倉澤村〔倉沢〕　2-156, 5-129, 5-291, 5-296, 5-298
西島村　2-157, 2-158, 5-129, 5-298
西平松村（榊原越中守領分）〔平松〕　2-156, 2-158, 5-129, 5-298
根古屋村（久能山御神領）〔根小屋〕　2-156, 2-158, 5-129, 5-298
飯淵新田（御料所）　2-159, 2-160, 5-160
飯淵村（御料所）　2-159, 2-160, 5-160, 5-298
濵當目村（本多豊前守領分）　2-159, 5-160, 5-298
東倉澤村〔倉沢〕　2-156, 5-129, 5-291, 5-296, 5-298
廣野村（松平能登守領分）　2-157, 2-159, 5-160, 5-298
藤枝（本多豊前守居城）○☆　2-159, 5-160, 5-298
藤守村（前田伊豆守、本多大学知行所）　2-159, 5-160
府中（有渡郡安倍郡入會）（御城）○☆　2-157, 2-159, 5-160, 5-298
古庄村（御料所）　2-156, 5-129
古宿村　2-156, 2-158, 5-129, 5-298
蛇塚村（榊原越中守領分）　2-156, 2-158, 5-129
洞村　2-156, 5-129, 5-291, 5-296, 5-298
曲金村　2-157, 2-159, 5-129
町屋原村　2-156, 5-129
馬走村（御料所）　2-156, 2-158, 5-129
丸子（御料所）○〔鞠子〕　2-157, 2-159, 5-160, 5-298
丸子 赤目ケ谷　2-157, 2-159
三澤村　2-156, 2-158, 5-129, 5-298
水之上村（本多豊前守、太田摂津守領分）　2-159, 5-160
水守村　2-159, 5-160
南新屋村（本多豊前守領分）　2-159
南安東村　2-157, 2-159, 5-129, 5-298
南長沼村（岡野淡路守、櫻井庄之助知行所）〔長沼〕　2-156, 2-158, 5-129, 5-298
峯村　5-298
嶺村（曽我伊賀守陣屋）　2-156, 5-129, 5-298
三保松原　2-156, 2-158
三保村（神領）　2-156, 2-158, 5-129, 5-298
宮一色村　2-156, 2-158, 5-129
弥勒町　2-157, 2-159, 5-160
村松村（榊原越中守領分）　2-156, 2-158, 5-129
用宗村（御料所）　2-159, 5-160, 5-298
元追分村　2-156, 5-129, 5-298
八木間村（御料所）　2-156, 5-129, 5-296, 5-298
谷田村（酒井大内記知行所）　2-156, 2-158, 5-129
谷津村（松平丹後守領分）　2-156, 5-129
八幡村（本多豊前守領分）　2-159, 5-160
由比○☆　2-156, 5-127, 5-291, 5-296, 5-298
柚木村（御料所）　2-157, 2-158, 5-129
横内村（松平能登守領分）　2-159, 5-160, 5-298
横砂村（曽我伊賀守知行所）　2-156, 5-129, 5-298
横山村（石川大隅守知行所）　2-156, 5-129, 5-296, 5-298
吉永村（太田摂津守領分、宮城三左エ門、高木九助知行所）　2-159, 2-160, 5-160, 5-298

【社寺】

清見寺　2-156
羽衣明社　2-156, 2-158
寶臺院　2-157, 2-159
三保社　2-156, 2-158

【山・峠】

宇津谷峠　2-157, 2-159
久能山　2-156, 2-158, 5-129
薩埵峠　2-156
地蔵峠　5-160
高草山　2-159, 5-160
冨士見峠　2-156, 5-127

【河川・湖沼】

安倍川　2-157, 2-159, 5-160
大井川　2-159, 2-160, 5-160
小河原川　5-127, 5-129
奥津川　2-156
四十八瀬川　5-127
瀬戸川〔セト川〕　2-159, 5-160
道成寺川　2-156, 2-158
由比川　5-129

【岬・海岸】

御前﨑　2-160, 5-160
出島岬　2-156, 2-158
辨天岬　2-156, 2-158

【島】

沖御前　2-160, 5-160

第108号 飯田・伊那

【郡名】

伊奈郡　2-164, 5-154
諏訪郡　2-164, 5-150, 5-296

【地名】
赤須村赤須町○〔赤須村〕 2-163, 5-151, 5-296
赤須村小町屋(御料所) 2-163
蘆沢村〔芦沢〕 2-165, 5-150, 5-296
荒井村室大足〔荒井〕 2-165, 5-150, 5-296
荒町村 2-164, 5-150, 5-296
荒町村宮下 2-164
飯島町赤坂〔飯島〕 2-163, 5-296
飯島町與田切 2-163
飯田(堀大和守居城)○ 2-161, 5-154, 5-296
石曽根村 2-163, 5-151
石曽根村飯島町○ 2-163
出原村(堀大和守領分) 2-161, 5-154
板町村 2-164, 5-150, 5-296
板山村 2-164, 5-150, 5-296
市田村〔上市田村〕 2-161, 5-154
市田村○ 2-161, 5-154, 5-296
伊那部村枝小室 2-165
上平村(座光寺忠之助領分) 2-161, 5-151, 154, 5-296
牛牧村 2-161, 5-154
上穂村(御料所、近藤左京知行所) 2-163, 5-151
上穂村上穂町○ 2-163, 5-296
大泉村 2-165
大出村 2-165, 5-150
大沢新田村 2-164
大嶋山村〔大島山村、大島山〕 2-161, 5-154, 5-296
大島山村吉田村新川 2-161
大島村 2-165, 5-150, 5-296
大平新田村 2-164, 5-150, 5-296
小原村 2-165
表木村 2-163, 2-165, 5-150
表木村枝赤木村 2-163, 2-165
表木村枝下小出 2-163, 2-165
笠原村一日市場〔笠原村、笠原〕 2-165, 5-150, 5-296
笠原村辻〔笠原〕 2-165, 5-296
片桐郷片桐町(御料所)○〔片桐郷、片桐〕 2-161, 2-163, 5-151, 5-296
片桐郷上片桐 2-161
片桐郷七久保 2-163
片桐町大澤 2-161, 2-163
金沢(諏訪因幡守領分)○ 2-164, 5-150, 5-296
金沢村大池新田 2-164
上飯田村 2-161, 5-154
上黒田村〔黒田〕 2-161, 5-154, 5-296
川手村 2-165, 5-150, 5-296
北小河内村(御料所)〔小河内〕 2-165, 5-150, 5-296
北小河内村宮下〔小河内〕 2-165, 5-296
北駒場村(座光寺忠之助領分) 2-161, 5-151, 5-154
北駒場村越田 2-161
北駒場村新田 2-161
北駒場村新田増野 2-161
北殿村○ 2-165, 5-150, 5-296
北原村 2-164, 5-150
狐島村 2-165
木下村○ 2-165, 5-150, 5-296
久保村 2-165, 5-150
久保村塩野井 2-165
栗田村○ 2-164, 5-150
栗田村殿垣外 2-164
小出村枝島村〔小出村、小出〕 2-163, 2-165, 5-150, 5-296
木之間村 2-164, 5-150
小町屋 筒澤 2-163
座光寺村 2-161, 5-154, 5-296
沢村 2-165, 5-150, 5-296
下黒田村〔黒田〕 2-161, 5-154, 5-296
下牧村 2-163, 2-165
新町村 2-165
諏訪形村 2-163, 2-165, 5-150, 5-296
臺村 2-164, 5-150
高遠(内藤大和守居城) 2-164, 5-150, 5-296
田切村北河原〔田切村〕 2-163, 5-151
田切村南割 2-163
竜口村(座光寺忠之助領分、座光寺勘兵衛知行所) 2-161, 5-151, 5-154, 5-296
田畑村 2-165, 5-150, 5-296
田原村 2-163, 2-165
殿島村 2-163, 2-165, 5-150, 5-296
殿島村沢度 2-163, 2-165
殿島村服田 2-163, 2-165
長岡村 2-165
中越村 2-163, 5-150, 5-151, 5-296
中越村枝太田切 2-163
中條村 2-164, 5-150, 5-296
中村 2-164, 5-150
中村塩久 2-164
名子村(御料所) 2-161, 5-151
名子村大島町○〔大島〕 2-161, 5-296
名子村桑園耕地 2-161
七久保高遠原 2-163
西伊那部村○〔伊那部〕 2-165, 5-150, 5-296
野笹村 2-164, 5-150
羽場村(内藤大和守領分) 2-165
東伊那村〔東伊那部村〕 2-165, 5-150
樋口村(内藤大和守領分) 2-165, 5-150, 5-296
樋口村下田 2-165
福島村 2-165
別府村 2-161, 5-154
鉾持村 2-164, 5-150
本郷村沓掛〔本郷村〕 2-163, 5-151, 5-154
松島村○ 2-165, 5-150, 5-296
松島村北村(下松島) 2-165
松島村坂井 2-165
的場村 2-164, 5-150, 5-296
神子柴村(御料所) 2-165, 5-150
御射山神〔戸〕村 2-164, 5-150
水上村 2-164, 5-150, 5-296
御薗村(内藤大和守領分) 2-165, 5-150, 5-296
三日町村 2-165
御堂垣外村(内藤大和守領分)○ 2-164, 5-150, 5-296
御堂垣外村松倉 2-164
南小河内村(御料所)〔小河内〕 2-165, 5-150, 5-296
南殿村 2-165, 5-150
南割追引 2-163
宮田村(内藤大和守領分) 2-163, 5-150
宮田村太田切 2-163
宮田村宮田町○ 2-163, 5-296
弥勒村 2-164, 5-150, 5-296
彌勒村栗羽場 2-164
山寺村 2-165, 5-150
山寺村御舞瀬 2-165
山吹村(座光寺忠之助在所) 2-161, 5-151, 5-154, 5-296
山吹村追分 2-161
吉田村 2-161, 5-154
四日市場村○ 2-164, 5-150, 5-296
若宮新田村 2-164, 5-150

【社寺】
妙光寺 2-165

【山・峠】
伊熊山 2-161
烏帽子岳 2-163
大草山 2-164
金沢峠 2-164, 5-150
神峯 2-161
越木ケ城 2-165
駒ケ嶽 5-151
地藏岳 2-164
高鳥屋山 2-162, 2-165
田原竜王山 2-163, 2-165
千良山 2-164
千良山 2-164
霾根岳 2-161
手良山 2-164, 5-150
戸倉山 2-162
戸倉山 2-164
日曽利山 2-163
福光寺山 5-150
福與山 2-165
冨士塚 2-165
南小河内山 2-165
向山 2-162
向山 2-162

【河川・湖沼】
太田切川 2-163
天竜川 2-165, 5-150
藤沢川 5-150
與田切川 2-163, 5-151

第109号 木曽福島

【国名】
信濃國〔信濃〕 2-167, 5-146, 5-150, 5-296
飛騨國〔飛騨〕 2-167, 5-153

【郡名】
筑摩郡 2-167, 5-152, 5-154, 5-296
益田郡 2-167, 5-152, 5-296

【地名】
上松○☆ 2-168, 5-154, 5-296
上松宿池島 2-168
上松宿北野 2-168
上松宿沓掛 2-168
上松宿新茶屋 2-168
上松宿木賊 2-168
上松宿寐覺 2-168
上松宿松原 2-168
上松宿見帰 2-168
阿田野郷村〔阿多野郷村〕 2-167, 5-152, 5-296
岩郷村下万郷 2-168
岩郷村〔岩野郷〕 2-168, 5-152, 5-154, 5-296
岩郷村板敷野 2-168
岩郷村川合 2-168
岩郷村神戸 2-168
岩郷村西光寺 2-168
岩郷村塩淵 2-168
岩郷村中平 2-168
上田村 2-168, 5-152, 5-154, 5-296
上田村出尻 2-168
上田村上野 2-168
上田村熊沢 2-168
上田村栗本 2-168
上田村新町 2-168
大古井村 2-167
萩〔荻〕曽村 2-166, 5-152
萩〔荻〕曽村大久保 2-166
萩〔荻〕曽村塩沢 2-166
萩〔荻〕曽村柴原○〔萩曽〕 2-166, 5-296
萩〔荻〕曽村田ノ上 2-166
萩〔荻〕曽村寺平 2-166
萩〔荻〕曽村長谷 2-166
萩〔荻〕曽村鍋割平 2-166
萩〔荻〕曽村深畑堂 2-166
萩〔荻〕曽村細島 2-166
萩〔荻〕曽村向吉田 2-166, 2-168
萩〔荻〕曽村斧澤 2-166
萩〔荻〕曽村吉田 2-166, 2-168
萩原村〔萩原〕 2-168, 5-154, 5-296
萩〔荻〕原村小野 2-168
萩〔荻〕原村倉本 2-168, 2-170
萩〔荻〕原村立町 2-168
萩〔荻〕原村宮戸 2-168
桟原 2-168
上ケ洞村 2-167, 5-152, 5-296
神谷保平 2-166
下在郷新茶屋 2-170, 2-171
下ノ向村 2-167, 5-152
下野村 2-171, 5-154, 5-296
須原○☆ 2-170, 5-154, 5-296
須原宿大島 2-170
須原宿大淵 2-170
須原宿徳下 2-170
須原宿橋場 2-170
須原宿松淵 2-170
田瀬村上田瀬○〔田瀬村、田瀬〕 2-171, 5-154, 5-296
田瀬村狩宿 2-171
田瀬村下田瀬 2-171
田瀬村新田 2-171
付知村川東 2-171
付知村藏柱〔付知村〕 2-171, 5-154, 5-155
付知村芝瀬 2-171
妻籠○ 2-171, 5-154, 5-296
妻籠宿一石栃 2-171
妻籠宿大妻籠 2-171
妻籠宿戀野 2-171
妻籠宿橋場 2-171
妻籠宿渡島 2-171
殿村 2-170
中之宿村○☆ 2-167, 5-152, 5-296
長野村 2-170, 5-154, 5-296
長野村新町 2-170
長野村平沢 2-170
長野村弓屋 2-170
奈川村神谷 2-166
奈川村川浦 2-166
奈川村曽倉 2-166
奈川村寄合渡○〔奈川村、奈川〕 2-166, 5-152, 5-296
奈良井○☆ 2-166, 5-152, 5-296
梛野村 2-171
野尻○☆ 2-170, 5-154, 5-296
野尻宿上在郷 2-170
野尻宿下在郷 2-170
野尻宿向野尻 2-170
野麥川栃木橋 5-152
野麥村○ 2-167, 5-152, 5-296
原野村 2-168, 5-152, 5-154, 5-296
原野村小澤 2-168

原野村長渡　2-168
原野村松沢　2-168
日影村　2-167, 5-152, 5-296
福岡村○☆　2-171, 5-154, 5-296
福岡村枝夏焼　2-171
福岡村枝八伏　2-171
福岡村枝細榧　2-171
福島（山村甚兵衛陣屋）（御関所）○☆　2-168, 5-152, 5-154, 5-296
福島宿中畑　2-168
馬篭宿峠茶屋　2-171
馬篭峠　2-171, 5-154
三冨野○☆　2-171, 5-154, 5-296
三冨野宿金知屋　2-171
三冨野宿神戸　2-171
三冨野宿在家　2-171
三冨野宿十二兼　2-171
三冨野宿中津原　2-171
三冨野宿和合　2-171
宮腰○☆〔宮越〕　2-168, 5-152, 5-154
宮腰宿小澤原　2-168
宮腰宿徳音峠　2-168
藪原○☆　2-166, 5-152, 5-296
藪原宿翁象　2-166
藪原宿塩澤　2-166
藪原宿下河原　2-166
藪原宿峠茶屋　2-166
藪原宿藁原　2-166
藪原宿割橋　2-166, 2-168
寄合渡丁子　2-166
和村　2-170

【社寺】

徳音寺　2-168
臨川寺　2-168

【山・峠】

石佛峠　5-152
烏帽子岳　2-170
御嶽　2-167, 5-152, 5-154, 5-296
兼平古城　2-170
虚空藏山（岳）　2-170
古城山　2-171
駒ケ嶽　2-168, 5-154, 5-296
髙峰山〔髙峰〕　2-171, 5-154
寺坂峠　2-167, 5-152
トウ別當山〔トウ別山〕　2-171, 5-154
鳥居峠　2-166, 5-152
奈木曽岳　2-170
野麥岬〔峠〕　2-167, 5-152
乗鞍岳　2-167, 5-152
白山　2-170
日枯山　2-171, 5-154
蛭ケ滝　2-167
明星山　2-168, 5-152

【河川・湖沼】

相川　2-167
蘭川　2-171
伊奈川橋　2-170
大尾沢川　5-152
雄滝　2-171
小野滝　2-168
木曽川　2-171
巣山川　5-152
月夜沢川　5-152
栃洞川　5-152
濁川　2-167, 5-152
深沢川　5-152
本谷川　2-166, 5-152
羅天橋　2-171

第110号 中津川

【国名】

信濃國〔信濃〕　2-173, 2-175, 5-146, 5-150, 5-296
三河國〔参河〕　2-175, 5-158
美濃國〔美濃〕　2-173, 5-155

【郡名】

伊奈郡　2-175, 5-154
恵那郡　2-173, 5-155
加茂郡　2-175, 5-158
設樂郡　2-175, 5-158, 5-161, 5-296
筑摩郡　2-173, 5-152, 5-296

【地名】

阿木村　2-173, 5-158, 5-296
飯沼村　2-173, 5-154, 5-158
稲橋村　2-175, 5-158
岩廣村　2-176, 5-161
岩村（松平能登守居城）　2-173, 5-158, 5-296
上地村　2-173, 5-154
大石村　2-176, 5-158, 5-161, 5-299
大瀬木村　2-172, 5-154, 5-296
大坪村　2-176, 5-158, 5-161
大海村　2-176, 5-158, 5-161, 5-299
小田木村　2-175, 5-158, 5-296
落合○　2-173, 5-154, 5-296
落合宿山中　2-173
落合宿與板〔坂〕　2-173
小野川村　2-172, 5-154, 5-296
小野川村大澤　2-172
小野川村藤野　2-172
小野村　2-176, 5-158, 5-161
葛村　2-176, 5-158, 5-161
門谷町○　2-176, 5-158, 5-161, 5-299
上飯田村枝美濃瀬町　2-172
上津具村○　2-175, 5-158, 5-296
上津具村湯戸　2-175
上中関村　2-172, 5-154
川路村　2-176, 5-158, 5-161, 5-299
北方村　2-172, 5-154, 5-296
清井田村　2-176, 5-158, 5-161
黒田村　2-175, 5-158, 5-296
桑原村　2-175, 5-158
毛呂久保村　2-173
御所貝津村　2-175, 5-158, 5-296
駒場村○☆　2-172, 5-154, 5-296
駒場村大野分　2-172
駒場村曽山　2-172
駒場村中野　2-172
駒場村　2-173, 5-154
塩平村　2-176, 5-158, 5-161
塩平村門谷ケ辻　2-176
塩平村萩平　2-176
塩谷村　2-176, 5-158, 5-161
設樂村　2-176, 5-161, 5-299
下飯場間村　2-173
下下村　2-176, 5-158, 5-161
下津具村大桑〔下津具村〕　2-175, 5-158
下平井村　2-176, 5-158, 5-161
下平井村沖野　2-176
新城町（菅沼新八郎在所）○　2-176, 5-158, 5-161, 5-299
新間下郷村　2-176, 5-158, 5-161
新町　2-176, 5-158, 5-161
杦山村　2-176, 5-161, 5-299
杉山村石田村枝間之町　2-176
出澤村　2-176, 5-158, 5-161, 5-299
千旦林村　2-173, 5-154, 5-296
千旦林村小石塚　2-173
千旦林村坂本　2-173
髙山村　2-173
田枯村　2-175, 5-158, 5-296
田枯村滝瀬　2-175
滝川村　2-176, 5-158, 5-161, 5-299
田口柿平村　2-175, 2-176
田口小松野村〔田口十ケ村〕　2-175, 2-176, 5-158, 5-161
田口永江澤村　2-175
田口中島村　2-175, 2-176
田口西路村　2-175, 2-176
田口怒田輪村　2-175, 2-176
田口東路村　2-176
田口町村　2-176, 5-296
田口向林村　2-175
竹佐村　2-172, 5-154
竹廣村　2-176, 5-158, 5-161
竹廣村大坪　2-176
田島檜原　2-175
田代村　2-176, 5-158, 5-161
月瀬村小枌〔月瀬村、月瀬〕　2-175, 5-158, 5-296
手金野村　2-173, 5-154, 5-296
手金野村小石塚　2-173
杤下村　2-176, 5-158, 5-161
富田村　2-173, 5-158
富田村大圓寺　2-173
苗木（遠山刑部少輔居城）　2-173, 5-154, 5-296
苗木 アケヤ　2-173
苗木 北谷　2-173
中関村　2-172, 5-154, 5-296
中津川○　2-173, 5-154, 5-296
中津川宿上金　2-173
中津川宿北野　2-173
中津川宿子野　2-173
中村　2-172, 5-154
茄子川村　2-173, 5-154, 5-296
茄子川村坂本　2-173
夏焼村　2-175, 5-158, 5-296
浪合村○　2-172, 5-158, 5-296
浪合村新屋　2-172
浪合村一ノ又　2-172
浪合村河原　2-172
浪合村治部坂　2-172
浪合村峠　2-172
浪合村七曲リ　2-172
浪合村深沢（御関所）　2-172
双瀬村　2-176, 5-158, 5-161, 5-299
双瀬村室具（貝）津　2-176
西海老村東海老村入會○〔西海老村、東海老村、海老〕　2-176, 5-158, 5-161, 5-296, 5-299
西海老村向田　2-176
西田内村　2-176
根羽村○　2-175, 5-158, 5-296
根羽村枝田嶋　2-175
根羽村黒地　2-175
根羽村横畑洞　2-175
野入村　2-175, 5-158
野入村カイタ　2-175
萩平村　2-175, 2-176, 5-158, 5-161, 5-296, 5-299
東田内村○　2-176, 5-158, 5-161, 5-296, 5-299
東田内村五道　2-176
東野村　2-173, 5-154, 5-158, 5-296
東野村小野川　2-173
日比野村○　2-173, 5-154
日比野村大牧　2-173
日比野村野間　2-173
平谷村○　2-172, 2-174, 5-158, 5-296
平谷村一本梅　2-174
平谷村柳平　2-172, 2-174
武節町村○　2-175, 5-158, 5-296
方瀬村　2-176, 5-158, 5-161, 5-296, 5-299
馬篭☆　2-173, 5-154, 5-296
馬篭宿新茶屋　2-173
真菰村　2-176, 5-158, 5-161
身平橋村　2-176, 5-158, 5-161
峯村　2-176, 5-158, 5-161
向林村知生〔向林〕　2-175, 5-296
宗髙村　2-176, 5-161
山村　2-172, 5-154
山本村（近藤左京陣屋）　2-172, 5-154, 5-296
山本村二ツ山　2-172
横山村　2-176, 5-158, 5-161
横山村地先　2-176

【社寺】

煙嚴山鳳來寺〔鳳來寺〕　2-176, 5-158, 5-161, 5-299

【山・峠】

網掛山　2-172, 5-154
市古ノ畑山　2-175
伊月山　2-172, 5-154
鷂坪山　2-172
恵那岳〔恵那山〕　2-173, 5-154, 5-158, 5-296
大川入山　2-172
折本峠　5-158
笠山　2-172, 5-154
久米村古城山　2-172
御所貝津山　2-175
蛇峠　2-172, 5-296
杣路峠　2-175
鷹鳥屋山　2-172, 5-154
髙根　2-172
立石山　2-172
立石山　2-172
知生峠　5-158
十曲峠　2-173, 5-154
那須野山　2-172, 5-154
浪合山　2-172, 5-158
白山　5-154
花無山　2-173
本宮山　5-158, 5-161
俎板山　2-172
萬歳樂山〔萬歳寺山〕　2-172, 5-154
横山　2-176
ヨラキ峠　2-176

【河川・湖沼】

落合川　2-173
木曽川　2-173, 5-154
塩沢川　2-173
段戸川　2-175
道具川　2-176
中津川　2-173
浪合川　2-172
松川　5-154

第111号 浜松

【国名】

駿河國　2-177
遠江國〔遠江〕　2-177, 2-181, 5-161, 5-298
三河國〔参河〕　2-181, 5-158, 5-162, 5-299

【郡名】

渥美郡　2-181, 5-162, 5-299
引佐郡　2-180, 2-181, 5-161, 5-299
磐田郡　2-179, 2-180, 5-161, 5-298

城東郡　2-178, 2-179, 5-160, 5-298
佐野郡　2-177, 2-178, 2-179, 5-160, 5-298
志太郡　2-177, 5-160, 5-298
豊田郡　2-179, 2-180, 5-161, 5-298
長上郡　2-179, 2-180, 5-161, 5-298
榛原郡　2-177, 2-178, 5-160
濱名郡　2-181, 5-161, 5-299
敷知郡　2-180, 2-181, 5-161, 5-299
八名郡　2-181, 5-161, 5-299
山名郡　2-179, 2-180, 5-160, 1-161, 5-298

【地名】

上張村　2-177, 2-178, 5-160
淺田村　2-180, 5-161
海老名村（室賀兵庫知行所）　2-177, 2-178, 5-160
新居（御関所）○　2-181, 5-161, 5-299
安間新田（御料所）　2-180, 5-161
安間村（御料所）　2-180, 5-161, 5-298
池下村（西尾隠岐守領分）　2-177, 2-178, 5-160
池新田（西尾隠岐守領分）　2-177, 2-178, 5-160, 5-298
池田村　2-179, 2-180, 5-161, 5-298
伊佐地村（服部中知行所）　2-181, 5-161, 5-299
石田村（菅沼新八郎知行所）　5-161
一色村（御料所）　2-179, 2-180, 5-161
一本杉村　2-180, 5-161
伊場村　2-180, 5-161, 5-299
今沢新田　2-179, 5-160
入出村　2-181, 5-161, 5-299
入野村（井上河内守領分）☆　2-181, 5-161, 5-299
岩井村（鍋島雄之助知行所）　2-179, 2-180, 5-161, 5-298
印内村　2-177, 2-178, 5-160
植松村　2-180, 5-161, 5-299
宇志村　2-181, 5-161
雨垂村　2-178, 5-160, 5-298
内山村　5-161
内山村　2-181, 5-161
宇布見村（御料所、松平伊豆守、井上河内守領分）　2-181, 5-161
梅橋村（太田摂津守領分）　2-179, 5-160
江ノ島村〔江之島村、江之島〕　2-180, 5-161, 5-299
海老塚村（松平美作守知行所）　2-179, 2-180, 5-161
追分村　2-180, 5-161
大新井村〔新井〕　2-177, 2-178, 5-160, 5-298
大池村　2-179, 5-160
大礒村　2-177, 2-178, 5-160
大倉戸新田（松平伊豆守領分）　2-181, 5-161, 5-299
大﨑村（井上河内守領分）☆　2-181, 5-161, 5-299
大鹿村（松平美作守知行所）　2-177, 2-178, 5-160
大島村（太田摂津守領分）　2-179, 2-180, 5-160, 1-161
太田村（井上河内守領分）　2-181, 5-161
大知波村　2-181, 5-161
大中瀬村〔中ノ瀬〕　2-179, 2-180, 5-161, 5-298
大人見村（松平岩之助知行所）〔人見〕　2-181, 5-161, 5-299
大向村　2-177, 2-178, 5-160
大谷村（近藤豊太郎陣屋）（近藤豊太郎知行所）　2-181, 5-161, 5-299
岡崎村（松平伊豆守領分）　2-181, 5-161
岡沢〔津〕村（西尾隠岐守領分、窪田左近、細井留之助知行所）　2-179, 5-160
岡本村（近藤豊太郎知行所）　2-181, 5-161
沖ノ須村　2-179, 5-160, 5-298
刑部村（井上河内守領分）　2-181, 5-161
落居村（一橋殿領分）　2-177, 2-178, 5-160, 5-298
御前﨑　5-298
各和村（西尾隠岐守領分、窪田左近知行所）　2-179, 5-160
掛川（太田攝津守居城）○☆　2-177, 2-178, 5-160, 5-298
影森村（室賀兵庫知行所）　2-177, 2-178, 5-160
片草村（井上河内守領分、大沢右京太夫知行所）　2-181, 5-161
金谷（御料所）　2-177, 2-178, 5-160, 5-298
上菊川村（太田摂津守領分）〔菊川〕　2-177, 2-178, 5-160, 5-298
上島村（井上河内守領分）　2-180, 5-161, 5-299
上田村　2-181, 5-161
上中島村　2-180, 5-161
上貫名村（西尾隠岐守領分、室賀兵庫、米津周防守、鍋島雄之助知行所）　2-179, 5-160
鴨方村（太田信濃守知行所、八幡社領）〔鴨形〕　2-177, 2-178, 5-160, 5-298
萱場村（高木九助知行所）〔茅場〕　2-179, 2-180, 5-161, 5-298
川井村（太田摂津守領分、米津周防守知行所）　2-179, 2-180, 5-160, 5-298
川原町　2-177, 2-178
鳫代村（太田摂津守領分）△　2-179, 2-180, 5-160
氣賀伊目村〔伊目村〕　2-181, 5-161
氣賀老ヶ谷　2-181, 5-161
氣賀上村（御関所）　2-181
氣賀呉石村〔呉石村、呉石〕　2-181, 5-161, 5-299
氣賀小森村〔小森村、小森〕　2-181, 5-161, 5-299
氣賀下村〔下村〕　2-181, 5-161, 5-299
氣賀町（近藤縫殿助在所）○☆　2-181, 5-161, 5-299
氣賀油田村〔油田村、油田〕　2-181, 5-161, 5-299
氣賀葭本村〔葭本村〕　2-181, 5-161
岸村（太田摂津守領分）　2-177, 5-160
北原川村（松平美作守知行所）　2-179, 5-160
若美村（御料所、井上河内守、松平伊豆守領分、土屋勝右エ門地行所）〔吉美〕　2-181, 5-161, 5-299
木原村（太田摂津守領分、花房仙次郎知行所）　2-179, 2-180, 5-160, 5-298
久津邊村（松平美作守知行所）〔久津部〕　2-179, 5-160, 5-298
國安村☆　2-177, 2-178, 5-160, 5-298
久保村（秋鹿右馬之助知行所、八幡社領）　2-179, 2-180, 5-161
倉松村（大沢右京太夫知行所）　2-181, 5-161
掛下村枝宇藤〔掛下村、掛下〕　2-180, 5-161, 5-299
高御所村（西尾隠岐守領分、城織部、近藤主殿頭知行所）　2-179, 5-160, 5-298
牛頭村　2-177, 2-178, 5-160
合戸村　2-177, 2-178, 5-160, 5-298
小沢渡村（井上河内守領分）　2-181, 5-161
小立野村（御料所）　2-179, 2-180, 5-161
小中瀬村〔中小瀬村、中ノ瀬〕　2-179, 2-180, 5-161, 5-298
小人見村（服部中知行所）〔人見〕　2-181, 5-161, 5-299
呉松〔服〕村（大沢右京太夫知行所）　2-181, 5-161
駒場村（井上河内守領分）　2-181, 5-161
駒場村（御料所）△　2-179, 2-180, 5-161
古見村（松平岩之助知行所）　2-181, 5-161, 5-299
小藪村　2-181, 5-161
犀ケ崖　2-180
細田村（太田摂津守領分）　2-179, 5-160
境宿新田　2-181, 5-161
坂井村　2-177, 2-178, 5-160, 5-298
相良町○☆　2-177, 2-178, 5-160, 5-298
佐久米村（井上河内守領分）　2-181, 5-161, 5-299
佐倉村（宮城三左エ門知行所）　2-178, 5-160, 5-298
佐藤一色村　2-180, 5-161
佐野新田（御料所）　2-177, 2-178, 5-160, 5-298
佐濱村（井上河内守領分）　2-181, 5-161
鮫島村（高木九助知行所）　2-179, 2-180, 5-161, 5-298
小夜中山村（久延寺領）　2-177, 2-178, 5-160, 5-298
沢田村（太田摂津守領分）　2-179, 5-160, 5-298
塩新田村（井上河内守領分）　2-179, 2-180, 5-161
塩濱　5-299
塩原新田（西尾隠岐守領分）　2-177, 2-178, 5-160, 5-298
地頭方村（御料所）　2-178, 5-160, 5-298
志都呂村（松平岩之助知行所）　2-181, 5-161, 5-299
篠原村（御料所）　2-181, 5-161, 5-299
島田（御料所）○　2-177, 5-160, 5-298
島田宿甚兵エ島　2-177
島田宿向島　2-177
下尾奈村　2-181, 5-161, 5-299
下菊川村〔菊川〕　2-177, 2-178, 5-160, 5-298
下貫名村（室賀兵庫知行所）　2-179, 5-160, 5-298
下又村　2-179, 5-160, 5-298
下万能村（髙木九助、長谷川久五郎知行所）　2-179, 2-180, 5-161
下村　2-180, 5-161
白須賀（御料所）○☆　2-181, 5-161, 5-299
白須賀元白須賀　2-181
白洲村　2-181, 5-161
白羽村　2-180, 5-161, 5-299
白羽村（高木九助知行所、白羽明神領、増船寺領）　2-178, 5-160, 5-298
新庄村（一橋殿領分）　2-178, 5-160, 5-298
新所東方村（松平岩之助知行所）　2-181, 5-161
新村　2-179, 5-160
須々木村　2-177, 2-178, 5-160, 5-298
善右エ門新田　2-177, 2-178, 5-160
千羽村（太田摂津守領分）　2-177, 2-178, 5-160
増楽村（井上河内守領分）　2-181, 5-161
薗谷村（太田摂津守領分）　2-177, 2-178, 5-160
大福寺村　2-181
高塚村（大沢右京太夫知行所）　2-181, 5-161
高林村　2-180, 5-161
田尻村　2-180, 5-161
伊達方村（太田摂津守領分）　2-177, 2-178, 5-160
立野村（長谷川長三郎知行所）　2-179, 2-180, 5-161, 5-298
太郎助村（西尾隠岐守領分）　2-179, 5-160
段子川村　2-180, 5-161, 5-299
反所村（太田摂津守領分、鍋島雄之助知行所）　2-179, 5-160
都筑村（井上河内守、近藤縫殿助領分、大沢右京太夫知行所）　2-181, 5-161, 5-299
津々崎村（井上河内守領分）　2-181, 5-161
堤村（井上河内守領分）　2-181, 5-161
坪井村　2-181, 5-161, 5-299
釣村（井上河内守領分）　2-181, 5-161, 5-299
天神町　2-180, 5-161
道説〔悦〕島村（御料所、大草織部知行所）　2-177, 5-160, 5-298
同笠新田村　2-179, 5-160
道脇村　2-177, 2-178, 5-160
富田村（御料所）　2-179, 2-180, 5-161
富塚村（井上河内守領分）〔冨塚村〕　2-181, 5-161, 5-299
中新井村〔新井〕　2-177, 2-178, 5-160, 5-298
中泉村（御料所）　2-179, 2-180, 5-161, 5-298
中島村（太田摂津守領分）　2-179, 2-180, 5-161
中新田村　2-179, 5-160, 5-298
中田島村　2-180, 5-161
永田村　2-180, 5-161, 5-298
中之郷村（松平伊豆守領分）〔中ノ郷村〕　2-181, 5-161

仲野町村（御料所） 2-179, 2-180, 5-161
中平松村 2-179, 2-180, 5-161
長谷村（太田摂津守領分） 2-179, 5-160
成行村 2-177, 2-178, 5-160, 5-298
成滝村 2-177, 2-178, 5-160
両〔西〕大山村（井上河内守領分）〔大山〕 2-181, 5-161, 5-299
西貝塚村（長谷川久三郎知行所） 2-179, 2-180, 5-161
西鴨江村（井上河内守領分） 2-181, 5-161
西島村 2-180, 5-161, 5-298
西島村（菅谷紀八郎知行所） 2-179, 2-180, 5-160, 5-161
西同笠村 2-179, 5-160, 5-298
西ノ島村（皆川森之助知行所）〔西之島〕 2-179, 2-180, 5-161, 5-298
西平松村（井上河内守領分） 2-179, 2-180, 5-161, 5-298
西村 2-181, 5-161
日坂（御料所）○ 2-177, 2-178, 5-160, 5-298
新橋村 2-180, 5-161, 5-299
仁藤村 2-177, 2-178, 5-160
庭野村
鵜代村 2-181, 5-161
野地村（松平伊豆守領分） 2-181, 5-161
法枝村 2-180, 5-161, 5-299
馬喰村 2-177, 2-178, 5-160, 5-298
橋本村 2-181, 5-161, 5-299
馬生村 2-180, 5-161, 5-299
橋羽村 2-180, 5-161, 5-298
波津村 2-177, 2-178, 5-160, 5-298
濱川新田村 2-177, 2-178, 5-160
濱野村 2-177, 2-178, 5-160
濱部村（西尾隠岐守領分）〔濱邉〕 2-179, 2-180, 5-161, 5-298
濱松（井上河内守居城）○☆ 2-180, 5-161, 5-299
濱村 2-177, 2-178, 5-160
原川町（太田摂津守領分） 2-179, 5-160
稗原村 2-179, 2-180, 5-161
東鴨江村 2-180, 5-161
東同笠村 2-179, 5-160, 5-298
東平松村（井上河内守領分） 2-179, 2-180, 5-161, 5-298
東若林村 2-180, 5-161
一言村（皆川森之助知行所） 2-179, 2-180, 5-161
日比澤村（井上河内守領分） 2-181, 5-161, 5-299
日比澤村枝花藏寺村（近藤豊太郎知行所） 2-181
日比村（井上河内守） 2-181, 5-161
平田村 2-177, 2-178, 5-160
平松村（大沢右京太夫知行所） 2-181, 5-161
福島村 2-180, 5-161, 5-299
福田村（西尾隠岐守領分） 2-179, 2-180, 5-161, 5-298
袋井（御料所）○ 2-179, 2-180, 5-160, 5-298
袋井村（太田摂津守領分） 2-179, 2-180, 5-160
藤塚村 2-177, 2-178, 5-160
祝田村（近藤常吉知行所） 2-180, 5-161, 5-299
細田村 2-181, 5-161
法京村 2-177, 2-178, 5-160, 5-298
堀江村 2-181, 5-161
堀切村 5-160, 5-298
本坂村（井上河内守領分） 2-181, 5-161, 5-299
本所村 2-177, 2-178, 5-160
舞坂○☆ 2-181, 5-161, 5-299
前山村（井上河内守領分） 2-181, 5-161, 5-299
牧野原村（太田摂津守領分） 2-177, 2-178, 5-160
馬郡村 2-181, 5-161, 5-299
馬込村 2-180, 5-161
増田村 2-177, 2-178, 5-160
松小池村（井上河内守領分） 2-179, 2-180, 5-161
松島村（井上河内守領分）☆ 2-180, 5-161, 5-298
松田新田〔松山新田、松山新田〕 2-181, 5-161, 5-299
三方ケ原 2-180
三ケ野村（御料所） 2-179, 2-180, 5-161, 5-298
三ケ日村（井上河内守領分）○☆ 2-181, 5-161, 5-299
見附（御料所）○☆ 2-179, 2-180, 5-161, 5-298
三俣村 2-177, 2-178, 5-160, 5-298
湊村（江川湊）（花房仙次郎知行所） 2-179, 5-160, 5-298
南脇村 2-181, 5-161
宮竹村 2-180, 5-161, 5-299
宮一色村（秋本隼人正陣屋）（秋本隼人正、渡邉圖書頭知行所） 2-179, 2-180, 5-161, 5-298
宮村（太田信濃守知行所） 2-177, 2-178, 5-160, 5-298
宮脇村 2-177, 2-178, 5-160
明神野村 2-180, 5-161
向島村 5-161
向宿村 2-180, 5-161, 5-299
村櫛村 2-181, 5-161
森下村（花房仙次郎知行所） 2-179, 2-180, 5-161
薬師新田村（井上河内守領分） 2-180, 5-161
薬師村 5-161
山崎村（服部中知行所） 2-181, 5-161, 5-299
横須賀（西尾隠岐守居城）☆ 2-179, 5-160, 5-298
横山村 2-181, 5-161, 5-299
葭本岩根 2-181
米津村 2-180, 5-161
来福村 2-177, 2-178
利木村 2-181, 5-161
領家村（太田摂津守領分） 2-179, 5-160, 5-298
若林村〔若松〕 2-180, 5-161, 5-299
鷲津村（松平岩之助知行所） 2-181, 5-161, 5-299
和地村（井上河内守領分）〔和知〕 2-181, 5-161, 5-299
和田村 2-181, 5-161, 5-299

【山・峠】

秋葉山 5-161, 5-296, 5-298
引佐峠 2-181, 5-161
稲荷山 2-181, 5-161
王山 5-161
帯ケ岳 5-160
観音山 2-180
栗目本観音 5-161
界山 2-181
三合山 2-181, 5-161
城ケ岳 2-181
仙人峯 2-181
田沢當山 2-181
田沢淺間山 2-181
布引原 5-160
平山 2-181
本坂峠 2-181, 5-161
牧野原 5-160
三笠山 2-181
三岳 5-161
ミヤコ巣山 2-181
無間山（粟ケ嶽）〔粟ケ岳〕 2-177, 5-160, 5-298
女岳 2-181

【河川・湖沼】

猪鼻浦 2-181, 5-161, 5-299
大井川 2-177, 2-178, 5-160
太田川 2-179, 2-180, 5-161
落合川 2-181
菊川 2-177, 2-178
左鳴湖 2-181, 5-161, 5-299
田尻川 2-180
天竜川 2-179, 2-180, 5-161, 5-298
天竜古川〔天竜川古川〕 2-180, 5-161
杤山川〔トチヤマ川〕 2-177, 5-160
濱名湖 2-181, 5-161, 5-299

【岬・海岸】

洲鼻〔洲崎〕 2-181, 5-161

【島】

礫岩 2-181, 5-161
二本杭 2-181
弁天シマ 2-181, 5-161

第112号 高山

【郡名】

大野郡 2-182, 2-184, 2-185, 5-153
益田郡 2-182, 2-185, 5-152, 5-153
吉城郡 2-184, 5-153, 5-297

【地名】

上見村 2-182, 5-153
淺井村 2-182
阿多粕村 2-182, 2-185
石浦村 2-183, 2-184, 5-153, 5-297
石浦村飯山 2-183, 2-184
石浦村寶田 2-183, 2-184
猪鼻村 2-182, 5-152
岩崎村 2-185
打江村 2-184
漆坂〔垣〕内村 2-182
江名子村 2-182, 2-184, 5-153, 5-297
江名子村下江名子 2-183, 2-184
大ケ洞村 2-185, 5-153, 5-155, 5-297
大島村 2-185
大島村郷下〔石〕原 2-185
大廣村 2-182, 5-153, 5-296
大村 2-184
奥田洞村 2-185, 5-153, 5-155, 5-297
小坂町村○☆ 2-185, 5-153, 5-297
小坂町村矢ケ野 2-185
尾崎奥村 2-185
尾崎口村 2-185
小瀬ケ洞村 2-182, 5-152, 5-296
片野村 2-183, 2-184
門坂村 2-185, 5-153, 5-297
門坂村柏原 2-185
金桶村 2-184
甲村○☆ 2-182, 5-153
甲村漆塚 2-182
上岡本村 2-183, 2-184
上北村 2-184
上廣瀬村 2-184, 5-153
一〔上〕廣瀬村安城村 2-184
上廣瀬村流 2-184
上廣瀬村和田 2-184
木噌垣内村 2-184
黍生谷村○ 2-182, 5-152, 5-296
桐生村 2-183, 2-184, 5-153
久々野村 2-182, 2-185, 5-153, 5-297
黒川村 2-182, 5-153, 5-296
小谷村 2-182
小坊村 2-182, 2-185
小坊村大坊 2-182, 2-185
是重村 2-184, 5-153, 5-297
坂口 2-183, 2-184
櫻洞村 2-185, 5-153, 5-155
坂下村 2-185, 5-153, 5-155, 5-297
三川村 2-184, 5-153, 5-297
三福寺村 2-183, 2-184, 5-153
塩屋村 2-182
四美村 2-185
下岡本村 2-183, 2-184
下北村 2-184
下切村 2-183, 2-184, 5-153, 5-297
下切村新田 2-184
下切村田淵 2-183, 2-184
下切村保木 2-183, 2-184
上呂村 2-185, 5-153, 5-155, 5-297
上呂村葛ケ原 2-185
上呂村筒井 2-185
上呂村長水 2-185
高野村 2-184
高山町（御郡代陣屋）○☆ 2-183, 2-184, 5-153, 5-297
三〔立〕岩村 2-182
千島村 2-183, 2-184, 5-153, 5-297
辻村 2-182, 5-153, 5-297
鶴巣村 2-184
寺沢村 2-182
木賊洞村 2-182, 2-185, 5-153, 5-297
中切村 2-183, 2-184
長淀村 2-182, 2-185, 5-153, 5-297
渚村 2-183, 2-185, 5-153, 5-297
渚村枝片篭 2-182, 2-185
七日町村 2-183, 2-184, 5-153
名張村 2-184
西一色村 2-183, 2-184
野上村 2-185
花里村 2-183, 2-184, 5-153

花里村町方　2-183, 2-184
羽根村　2-185
引下村　2-182, 2-185, 5-153, 5-297
引下村舩渡　2-182, 2-185
廣瀬町村　2-184, 5-153, 5-297
冬頭村　2-183, 2-184
古川町方村○　2-184, 5-153
古川町方村大野村　2-184
古川町方村上町方〔古川町方〕　2-184, 5-297
本母村　2-183, 2-184, 5-153
松本村　2-183, 2-184, 5-153, 5-297
松本村山本　2-183, 2-184
万石村　2-182, 5-153
万石村薬師堂　2-182
見座村　2-182, 5-153
三日町村　2-184
宮田村　2-185, 5-153, 5-155, 5-297
宮村　2-183, 5-153, 5-297
宮村一宮　2-183, 2-184
宮村鳥坂　2-183
宮村山ノ下　2-183, 2-184
無數河村（久々野宿）○☆　2-182, 2-185, 5-153, 5-297
無數原村　2-185
村山村　2-184
山口村○　2-182, 2-184, 5-153, 5-297
山梨村　2-183, 5-153, 5-297
山本村　2-184
行真村　2-184

【社寺】

一宮水無神社〔水無社〕　2-183, 5-153
荏名神社　2-183, 2-184
國分寺　2-183, 2-184, 5-153
照蓮寺　2-183, 2-184
八幡社　2-183, 2-184

【山・峠】

赤坂峠　2-182, 5-152
猪鼻峠　2-182, 5-152
尾上峠　5-153
門坂峠　2-185, 5-153
金桶山　5-153
位山　2-183, 2-185, 5-153
白髙山　2-185, 5-153
飛谷山　2-185, 5-153, 1-155
舟木山　2-183, 2-185
松倉山　2-183, 2-184, 5-153
御墓山　2-183, 2-184, 5-153
宮峠　2-183

【河川・湖沼】

阿多野川　5-153
阿多野川　5-153
猪鼻川　2-182, 5-152
小八賀川　5-153
神通川　5-153
宮川　2-183, 2-184, 5-153
吉城川　2-184, 5-153

第113号
郡上八幡

【国名】

飛彈国〔飛彈〕　2-186, 2-187, 2-188, 5-153, 5-297
美濃國〔美濃〕　2-186, 2-187, 2-188, 5-155, 5-297

【郡名】

恵那郡　2-186, 2-187, 5-155
郡上郡　2-188, 2-189, 5-155, 5-156, 5-297
益田郡　2-186, 2-187, 2-188, 5-152, 5-153, 5-296
武儀郡　2-188, 2-189, 5-155, 5-156, 5-297

【地名】

相戸村　2-189, 5-155, 5-156, 5-297
相原村　2-188
赤池村　2-189
赤谷村　2-189, 5-155, 5-156, 5-297
安久田村　2-189, 5-155, 5-156, 5-297
安郷野新田〔野新田〕　2-188, 5-155
安毛村　2-189
跡津村　2-186
入津村　2-189, 5-155, 5-156
梅原村○　2-189, 5-155, 5-156, 5-297
上村　2-186, 5-153, 5-155
上村出見世　2-186
大矢村　2-189
小川村　2-186, 5-155
小川村大淵〔小川〕　2-186, 2-188, 5-297
奥金山田淵　2-188
小野村　2-189
鬼谷村　2-189
鹿倉村　2-189
加子母村小郷　2-186, 2-187
加子母村小和地　2-186, 2-187
加子母村乗原　2-186, 2-187
加子母村中切○〔加子母村、加子母〕　2-186, 2-187, 5-155, 5-296
加子母村二渡　2-186, 2-187
加子母村マンカ　2-186, 2-187
勝原村　2-189
勝原村黒地　2-189
勝原村向母野　2-189
門原村　2-186, 2-188, 5-155, 5-297
門原村荒田　2-186, 2-188
門原村坂下　2-186, 2-188
金山村枝奥金山　2-188
金山村金山町○〔金山村、金山〕　2-188, 5-155, 5-297
上苅安村　2-189, 5-155, 5-156
上苅安村野首　2-189
上河和村川毛　2-189
上沢村　2-189, 5-155
沓部村　2-188, 5-155
沓部村上沓部　2-188
沓部村川東　2-188
沓部村舩野　2-188
沓部村御舩　2-188
貢間村　2-189, 5-155, 5-156, 5-297
貢間村井川　2-189
貢間村枝大洞　2-189
貢間村上屋組　2-189
髙原村　2-189
穀見村　2-189, 5-155, 5-156
五町村　2-189
木尾村　2-189, 5-155, 5-156, 5-297
木尾村野口　2-189
木尾村母野　2-189
三原村　2-186, 5-155, 5-297
三原村梅ケ平　2-186, 2-188
三原村釣鐘　2-186, 2-188
三原村茂谷　2-186
下苅安村　2-189, 5-155, 5-156
下河和村　2-189
下沢村　2-188, 5-155, 5-297
下田村　2-189, 5-155, 5-156, 5-297
下原町村○　2-188, 5-155, 5-297
下原町村大舩渡村　2-188
下洞村　2-188, 5-155, 5-297
下洞村枝向下洞　2-188
少ケ野村　2-186, 5-155, 5-297
少ケ野村舩渡　2-186
杉原村　2-189
鈴原村　2-189
洲原村　2-189, 5-155, 5-156, 5-297
瀬戸村　2-186, 2-188, 5-155, 5-297
祖師野村　2-188, 5-155, 5-297
曽代村　2-189, 5-155, 5-156, 5-297
曽代村九郷　2-189
曽代村出町　2-189
田尻村　2-189, 5-155, 5-156, 5-297
田尻村寺畑　2-189
立花村　2-189, 5-155, 5-156, 5-297
立花村枝左ト坂　2-189
千虎村○　2-189, 5-155, 5-156, 5-297
中呂村　2-186, 5-153, 5-155
付知村川西〔付知〕　2-187, 5-155, 5-296
戸川村　2-188, 5-155, 5-297
中切村　2-188, 5-155, 5-297
長瀬村　2-189
中津原村　2-188
中保村〔中ノ保村、中ノ保〕　2-189, 5-155, 5-156, 5-297
中保村山本　2-189
中野村　2-189, 5-155, 5-156, 5-297
中原村　2-188
名津佐村　2-189, 5-155, 5-156, 5-297
西上田村　2-186
西上田村釜ケ野　2-186
西乙原村　2-189
西乙原村門原村　2-189
根村　2-189, 5-155, 5-156, 5-297
野尻村　2-186, 2-187, 5-155, 5-297
野尻村　2-189, 5-155, 5-156, 5-297
野尻村兎山島　2-189
乗政村○　2-186, 2-188, 5-155, 5-297
萩原町村○　2-186, 5-153, 5-155, 5-297
八幡（青山居城）　2-189, 5-155, 5-156, 5-297
花池村　2-186, 5-153, 5-155
繁在村　2-189, 5-155, 5-156, 5-297
東上田村　2-186, 5-153, 5-155, 5-297
東乙原村　2-189, 5-155, 5-156
廣瀬村　2-188
深戸村　2-189, 5-155, 5-156
福野村　2-189, 5-155, 5-156
福来村　2-188
藤本村　2-189
保井戸村○　2-186, 2-188, 5-155, 5-297
保井戸村新田　2-186, 2-188
方須村　2-188, 5-155, 5-297
方須村下屋　2-188
方須村宮ノ越　2-188
保木脇村　2-189
保木脇村身部　2-189
保木脇村横持　2-189
法師丸村　2-188
三日市村　2-189, 5-155, 5-156, 5-297
三淵村　2-186, 2-188, 5-155, 5-297
御厩野村　2-186, 2-187, 5-155, 5-297
宮地村　2-189, 5-155, 5-297
宮地村　2-186, 2-187, 5-155, 5-297
森村　2-186, 5-155, 5-297
森村砂場　2-186
湯之島村（下呂）（温泉）○☆　2-186, 5-155, 5-297
湯之島村西川　2-186
和佐村焼石　2-186, 2-188
渡村　2-188

【社寺】

白山大神社〔白山太神宮〕　2-189, 5-155, 5-156

【山・峠】

兔山峠〔鬼山峠〕　2-189, 5-155, 5-156
樫原山　2-187, 5-153
門原峠　5-155
カラシホ山　5-155
苅安峠　2-189, 5-155, 5-156
地藏峠　2-189
鉢尾山　2-189
白草山　2-186
杉ケ峠　2-189, 5-155, 5-156
誕生山　2-189, 5-156
妻神峠　5-155
東殿山　2-189
西上田山　2-186
二ノ森山　2-187
初屋峠　2-186, 2-188, 5-155
舞臺峠　2-186, 2-187
美濃一山　2-189, 5-156
矢柄峠　5-155

【河川・湖沼】

麻生川　5-155
加子母川　5-155
上ノ保川　2-189
郡上川　5-155, 5-156
竹原川　2-186, 2-188
砥谷川　5-155, 5-156
裸谷川　5-155, 5-156
乗政川　2-186, 2-188, 5-155
飛彈川　2-188
御厩野川　2-186, 2-187
湯谷川　5-155, 5-156

第114号
犬山

【国名】

尾張國〔尾張〕　2-193, 2-194, 5-159
美濃國〔美濃〕　2-193, 2-194, 5-155

【郡名】

厚見郡　2-193, 2-194, 5-159
恵那郡　2-190, 5-155
各務郡　2-193, 2-194, 5-159, 5-297
春日井郡　2-194, 5-159, 5-297
可兒郡　2-191, 2-192, 5-155, 5-297
加茂郡　2-191, 2-192, 2-193, 2-194, 5-155, 5-156, 5-297
土岐郡　2-190, 2-191, 5-155, 5-297
丹羽郡　2-193, 2-194, 5-159, 5-297
武儀郡　2-193, 5-155, 5-156, 5-297

【地名】

赤池村　2-194, 5-159, 5-297
赤池村下赤池　2-194
芥見村芥見町○☆〔芥見村、茶見〕　2-193, 5-156, 5-297
芥見村大貫木　2-193

芥見村長山　2-193
芥見村野村　2-193
味鋺原新田　2-194, 5-159, 5-297
井尻村　2-191, 2-192, 5-155, 5-159, 5-297
和泉式部塚　2-191, 2-192
市野久田村　2-194
一宮村　2-194, 5-159, 5-297
一宮村手野　2-194
市橋村　2-193, 5-155, 5-156, 5-297
市平賀村　2-193, 5-155
犬山（成瀬居城）☆　2-193, 2-194, 5-159, 5-297
井之口村　2-194, 5-159
井之口村四ノ家　2-194
今泉村　2-193, 5-155, 5-156, 5-297
今渡　5-297
鑄物師屋村枝宮地　2-193
鑄物師屋村　2-193, 5-155, 5-156, 5-297
岩﨑村　2-194, 5-159, 5-297
岩﨑村西生　2-194
岩田村　2-193, 2-194, 5-156, 5-159, 5-297
岩田村北野郷　2-193, 2-194
内田村　2-193, 2-194, 5-159, 5-297
謡坂　2-193, 2-194
謡坂村　2-191, 2-192, 5-155, 5-297
謡坂村十本木　2-191, 2-192
鵜沼○☆　2-193, 2-194, 5-155, 5-159, 5-297
鵜沼宿枝三ツ池　2-193, 2-194
鵜沼宿羽場町　2-193, 2-194
鵜沼宿南鵜沼　2-193, 2-194
大井○☆　2-190, 5-154, 5-155, 5-296
大井宿岡瀬沢　2-190
大井宿石塔　2-190
大久後　2-190
大湫○☆　2-190, 5-155, 5-158, 5-297
大湫宿神田　2-190
大湫宿八瀬沢　2-190
太田○　2-192, 5-155, 5-156, 5-159, 5-297
太田宿波之上　2-192
太田村太田新田　2-192
大針村　2-193
奥田村　2-194, 5-159
小瀬村　2-193, 5-156, 5-297
小瀬村十三塚　2-193
小原村　2-191, 2-192, 5-155, 5-297
小屋名村　2-193, 5-156, 5-297
下津村〔下リ津〕　2-194, 5-159, 5-297
下津村下下津　2-194
各務村　2-193, 2-194, 5-159, 5-297
樂田村　2-194, 5-159, 5-297
樂田村浦ノ門　2-194
樂田村追分　2-194
樂田村勝部　2-194
春日井原新田〔春日井原〕　2-194, 5-159, 5-297
勝山村　2-193, 2-194, 5-155, 5-159, 5-297
門間村　2-193, 2-194, 5-159, 5-297
金屋村　2-191, 2-192
釜戸村　2-190, 5-155, 5-158, 5-297
釜戸村細山（炭焼）　2-190
上有知村○〔上有地〕　2-193, 5-156, 5-297
上白金村〔白金〕　2-193, 5-156, 5-297
加茂野村　2-193, 2-194, 5-155, 5-156, 5-297
川合村　2-191, 2-192
北一色村　2-193, 2-194, 5-156, 5-159, 5-297
北外山村〔外山〕　2-194, 5-159, 5-297
北外山村櫻井　2-194
北野村　2-190, 5-155, 5-158, 5-297
北野村一ツ家　2-190
吉田村　2-193, 5-155, 5-156
切通村　2-193, 2-194, 5-159
桐野村　2-193, 2-194, 5-156, 5-159, 5-297
陸田村　2-194, 5-159
陸田村出屋敷　2-194
久須見村四辻〔久須見村、久須見〕　2-190, 5-155, 5-296
沓井村　2-191, 2-192, 5-155, 5-159, 5-297
久保一色村　2-194, 5-159, 5-297
久保一色村久保　2-194
倉地村　2-193
藏前村　2-193, 2-194, 5-159
栗須村　2-193, 2-194
小池正明寺村　2-194, 5-159
顔戸村　2-191, 2-192, 5-155, 5-159, 5-297
子生和村　2-194
木野村　2-193
小牧原新田　2-194, 5-159
小牧村○☆　2-194, 5-159, 5-297
小牧村元小牧　2-194
西行塚　2-190
西洞村　2-191, 2-192, 5-155, 5-297
酒倉村　2-192, 2-193, 5-155, 5-159, 5-297
佐兵エ新田　2-193, 2-194, 5-159
下有知村〔下有地〕　2-193, 5-156, 5-297
下有知村今宮　2-193
下有知村新屋敷　2-193
下有知村辻　2-193, 5-156
下古井村　2-192, 5-155, 5-156, 5-159
下白金村〔白金〕　2-193, 5-156, 5-297
下白金村保明　2-193
正家村宮ノ前〔正家〕　2-190, 5-154, 5-296
新加納村　2-193, 2-194, 5-159
新村　2-191, 2-192, 5-155, 5-159
関村○☆　2-193, 5-156, 5-297
関村枝市　2-193
関村日吉　2-193
大本町村　2-193, 2-194, 5-159
大門町　2-193
多加木村　2-194, 5-159, 5-297
多加木村出町　2-194
髙田村　2-193, 2-194, 5-159, 5-297
髙田村北島　2-193, 2-194
鷹之巣村　2-193, 5-155, 5-156
髙畑村　2-193, 5-155, 5-156
髙御堂村　2-194, 5-159
竹折村　2-190, 5-155, 5-296
津橋村　2-191, 2-192, 5-155, 5-297
津橋村藤上　2-191, 2-192
土田村　2-192, 5-155, 5-156, 5-159, 5-297
取組村　2-193, 2-194, 5-155, 5-159, 5-297
中桐村　2-191, 2-192
長塚村　2-193, 2-194
中野村　2-190, 5-155, 5-296
中野村新田　2-190
中野村竹折村槙ケ根　2-190
中村　2-191, 2-192, 5-155, 5-297
中村新木野　2-191, 2-192
中村長瀬　2-191, 2-192
長束村　2-194, 5-159, 5-297
西市場村桐野村岩地村枝六軒茶屋〔西市場村、桐野村、岩地村〕　2-193, 2-194, 5-159
西市場村桐野村岩地村山後村北洞村前野村入會地〔山後村、北洞村〕　2-193, 2-194, 5-159
西田原村　2-193
根儀屋村　2-194
野一色村　2-193, 2-194, 5-156, 5-159
町〔野〕市場村　2-191, 2-192
羽黒村　2-193, 2-194, 5-159, 5-297
羽黒村稲葉　2-193, 2-194
羽黒村菊川　2-193, 2-194
橋爪村　2-193, 2-194, 5-159, 5-297
橋爪村五郎丸　2-193, 2-194
羽生村　2-193
比え〔元〕村　2-191, 2-192, 5-155, 5-159
東田原村　2-193, 5-155, 5-156, 5-297
肥田瀬村　2-193, 5-155, 5-156, 5-297
肥田瀬村枝島組　2-193
肥田瀬村月森　2-193
日野村　2-193, 2-194, 5-156, 5-159, 5-297
平岩村　2-191, 5-155, 5-297
深田村　2-192, 5-155, 5-156, 5-159
伏見○　2-191, 2-192, 5-155, 5-159, 5-297
藤村　2-190, 5-155, 5-158, 5-297
藤村深萱　2-190
細久テ○☆〔細久手〕　2-191, 5-155, 5-158, 5-297
細久手宿白倉　2-190
細久手宿深沢　2-190
本神戸村名栗〔本神戸村〕　2-194, 5-159
本神戸村宮山　2-194
本神戸村目久井　2-194
本郷村　2-191, 2-192, 5-155, 5-159, 5-297
前一色村　2-193, 2-194
前波村　2-191, 2-192, 5-155, 5-159, 5-297
前野村　2-193, 2-194, 5-159, 5-297
前野村　2-193
前野村持東〔更〕木新田（五軒茶屋、伊呂波茶屋）　2-193, 2-194
松森村　2-193, 5-156, 5-297
水海道村　2-193, 2-194
御嵩○　2-191, 2-192, 5-155, 5-297
御嵩宿栢森　2-191, 2-192
南外山村〔外山〕　2-194, 5-159, 5-297
宮地花池村新屋敷〔宮地花池村〕　2-194, 5-159
妙興寺村　2-194, 5-159
山後村　2-193, 2-194
山田村　2-193
餘坂村　2-193, 2-194

【社寺】

伊波之西神社　2-193, 5-156
可児大寺　2-191, 2-192
新長谷寺　2-193
大佛殿　2-193
真清田神社　2-194, 5-159

【山・峠】

伊木山　2-193, 2-194, 5-159
笠木山〔笠置山〕　2-190, 5-155
倉地山　2-193
虚空藏山　2-191, 2-192, 5-155, 5-159
小牧山　2-194, 5-159, 5-297
権現山　2-193
藏王山　2-193, 2-194
東〔更〕木山　2-193, 2-194
十三峠　2-190, 5-155, 5-158
十六ケ所山　2-193
百々山　2-193
迫間山　2-193, 2-194
藤山（尾張冨士）　2-193, 2-194
二森山　2-190, 5-155
本宮山　2-194, 5-158
三井山　2-193, 2-194
諸木峠　5-155, 5-159

【河川・湖沼】

大井川　2-190
太田川　2-191, 2-192, 5-155, 5-156
西池川　5-155, 5-159

第115号 名古屋

【国名】

尾張國〔尾張〕　2-196, 2-198, 2-199, 5-159, 5-297
三河國〔三河〕　2-196, 2-198, 2-199, 5-158

【郡名】

愛知郡　2-196, 2-197, 2-199, 5-159, 5-297, 5-299
海西郡　2-197, 2-199, 5-159, 5-297
海東郡　2-197, 2-199, 5-159, 5-297
春日井郡　2-197, 5-159, 5-297
加茂郡　2-195, 2-196, 2-198, 2-200, 5-155, 5-297
設楽郡　2-195, 5-158, 5-161, 5-296
知多郡　2-196, 2-197, 2-198, 2-199, 5-159
中島郡　2-197, 5-159, 5-297
額田郡　2-198, 2-200, 5-158
碧海郡　2-196, 2-198, 2-199, 2-200, 5-159, 5-162

【地名】

糸〔赤〕池村〔赤池〕　2-196, 5-159, 5-297
赤原村　2-200, 5-159
秋竹村　2-197, 5-159, 5-297
朝倉村　2-199, 5-159
淺田村　2-196, 5-159, 5-297, 5-299
浅山新田　2-197, 2-199, 5-159, 5-297, 5-299
足原村　2-195, 5-158
明川村○　2-195, 5-158, 5-296
明川村杤平　2-195
足助村（本多主馬陣屋）○☆　2-195, 5-158, 5-297
足助村岩嵜　2-195
足助村成瀬　2-195
足助村宮平　2-195
熱田○☆　2-197, 5-159, 5-297
熱田新田　2-197, 5-159

熱田前新田　2-197, 5-159
阿弥陀堂村　2-196, 2-198, 2-200, 5-159
阿弥陀堂村新田　2-196, 2-198, 2-200
荒尾加家村　2-197, 2-199, 5-159, 5-299
新屋村中西野村入會○〔新屋村、西野〕　2-200, 5-159, 5-297, 5-299
有松村　2-197, 2-199, 5-159, 5-297, 5-299
有脇村　2-199, 5-159, 5-299
粟寺村　2-198, 2-200, 5-159, 5-299
伊勝村　2-197
伊賀村　2-198, 2-200, 5-159
生路村　2-199, 5-159, 5-299
石濱村　2-199, 5-159, 5-299
泉田村　2-196, 2-198, 5-159, 5-299
礒部村　2-198, 2-200, 5-159, 5-299
井田村　2-198, 2-200, 5-159, 5-299
市場村　2-200, 5-162, 5-299
市場村口芝　2-200
井ノ口村　2-198, 2-200
伊保堂村　2-196, 5-159
今岡村　2-196, 2-198, 5-159
今川村　2-196, 2-198, 5-159
今村　2-198, 5-159, 5-299
今村　2-196, 2-198, 2-200, 5-159, 5-297, 5-299
岩倉村　2-200, 5-159
岩塚○　2-197, 5-159, 5-297
岩津村　2-198, 2-200, 5-159
岩津村於御所　2-196, 2-198, 2-200
植田村　2-196, 5-159, 5-297
牛立村　2-197
牛田村　2-196, 2-198, 5-159, 5-299
宇頭茶屋村〔宇頭〕　2-198, 5-159, 5-299
宇頭村　2-198, 2-200, 5-159
梅ケ坪村　2-196, 2-198, 2-200, 5-159, 5-297, 5-299
梅ケ坪村白芝　2-196, 2-198, 2-200
江松村　2-197, 5-159
大草村　2-199, 5-159, 5-299
大里村　2-197, 2-199, 5-159, 5-299
大島村(石川靭肩陣屋)　2-195, 2-200, 5-158, 5-297, 5-299
大曽根村　2-197, 5-159, 5-297
大野○☆　2-199, 5-159, 5-163, 5-299
大濱茶屋村　2-198, 5-159, 5-299
大濱 松江〔大濱〕　2-198, 5-162
大平村（大岡越前守在所）　2-200, 5-159, 5-162, 5-299
大脇村　2-196, 2-198, 5-159
小垣江村　2-198, 5-159, 5-299
岡崎（本多中務大輔居城）○☆　2-198, 2-200, 5-159, 5-299
岡村　2-200, 5-162, 5-299
緒川村　2-199, 5-159, 5-299
小川村　2-198, 5-162, 5-299
小川村枝姫小川村　2-198
沖島村　2-197
大給村　2-200, 5-159, 5-299
奥殿(松平縫殿頭在所)　2-200, 5-159
尾崎村　2-198, 5-159
押切村　2-197, 5-159, 5-297
落合村　2-196, 2-198, 5-159, 5-297, 5-299
乙川村　2-199, 5-162, 5-299
小幡村　2-197
柿崎村　2-198, 2-200, 5-159
欠村　2-198, 2-200, 5-159, 5-299
篭林村　2-195
笠寺村　2-197, 2-199, 5-159, 5-297
笠寺村新田　2-197, 2-199, 5-159, 5-297
勝川村○　2-197, 5-159, 5-297
桂村　2-197, 5-159
金谷村　2-196, 2-198, 2-200, 5-159, 5-297, 5-299
加納村　2-196, 5-159, 5-297
上伊保村○☆〔伊保〕　2-196, 5-159, 5-297
上伊保村枝徳田　2-196
上伊保村枝横山　2-196
上貝戸村　2-195, 5-158
上佐々木村〔佐々木〕　2-198, 5-159, 5-162, 5-299
亀首村　2-196, 5-159, 5-297
亀崎村　2-199, 5-159, 5-162, 5-299
鴨田村（大樹寺領）　2-198, 2-200, 5-159
鳫森村〔烏森〕　2-197, 5-159, 5-297
刈谷（土井伊豫守居城）〔苅谷〕　2-198, 2-199, 5-159, 5-299
川島村　2-198, 5-162, 5-299
川名村　2-197, 5-159, 5-297
川名村山新田　2-197
川野村　2-198, 5-159, 5-162, 5-299
川辺村　2-197
紀左エ門新田　2-197, 2-199, 5-159, 5-297, 5-299
北市場村　2-197, 5-159, 5-297
北野村　2-198, 2-200, 5-159
清須○　2-197, 5-159, 5-297
清須枝北市場村　2-197
霧山村　2-200, 5-158, 5-297, 5-299
九久平村☆　2-200, 5-159, 5-297, 5-299
日下部村　5-159
國江村　2-196, 2-198, 2-200
暮戸村　2-198, 2-200, 5-159
桒田和村　2-195, 5-158, 5-297
桒田和村萩野　2-195
桒原村　2-196, 2-198, 2-200, 5-159, 5-299
今朝平村　2-195, 5-158, 5-297
源兵エ新田　2-197, 2-199, 5-159
古井村　2-197, 5-159, 5-297
御器新田　2-197
五軒屋新田　2-196, 2-198, 5-159
古瀬間村　2-200, 5-159
五女子村　2-197, 5-159, 5-297
五兵エ新田　2-197, 2-199, 5-159
古見村　2-199, 5-159, 5-299
米野木村　2-196, 5-159, 5-297
米野木村枝三本木　2-196
米野木村小原　2-196
米野木村柿ノ木　2-196
米野村　2-197
擧母(内藤摂津守居城)☆　2-196, 2-198, 2-200, 5-159, 5-297, 5-299
栄村　2-197, 5-159
櫻井村　2-198, 5-162, 5-299
里村　2-198, 5-159, 5-299
猿投村（猿投社領）　2-196, 5-159, 5-297
重田和村　2-200, 5-159, 5-297, 5-299
四郷村　2-196, 5-159, 5-297
四郷村枝上原　2-196
四郷村唐津　2-196
四女子村　2-197
柴田新田北曲輪〔柴田新田〕　2-197, 2-199, 5-297, 5-299
柴田新田南曲輪〔柴田新田〕　2-197, 2-199, 5-159, 5-297, 5-299
下飯田村　2-197
下市場村　2-196, 2-198, 2-200
下伊保村　2-196, 5-159
下小田井村　2-197, 5-159, 5-297
下河内村　2-200, 5-158, 5-299
下佐々木村〔佐々木〕　2-198, 5-159, 5-162, 5-299
下佐々木村新田　2-198
下之一色村　2-197, 5-159
下林村　2-196, 2-198, 2-200, 5-159, 5-297, 5-299
酒呑村　2-200, 5-159, 5-297, 5-299
生田村　2-200, 5-162, 5-299
甚兵エ後新田　2-197, 2-199, 5-159, 5-297
甚兵エ新田　2-197, 5-159
須賀口村　2-197, 5-159, 5-297
圖書新田　2-197, 5-159
鈴木城跡　5-158, 5-159
須田村　2-195, 5-158
須中村　2-197
砂子村　2-197, 5-159, 5-297
瀬古村　2-197, 5-159, 5-297
千田村　2-195, 5-158
千音寺村　2-197, 5-159
髙須賀村　2-197
髙濵村　2-198, 5-159, 5-162, 5-299
滝村（滝山寺領）　2-200, 5-159, 5-299
田振村　2-195, 5-158
玉ケ瀬村　2-195, 5-158, 5-297
田籾村　2-196, 5-159, 5-297
多屋村　2-199, 5-163, 5-299
丹後郷新田　2-197, 2-199, 5-159
丹波村　2-195, 5-158
近岡村　2-195, 5-158, 5-297
近岡村追分　2-195
千野村　2-195, 5-158, 5-297
茶屋新田　2-197, 5-159
長興寺村　2-196, 2-198, 2-200, 5-159, 5-297, 5-299
池鯉鮒○☆　2-196, 2-198, 5-159, 5-299
筒針村寺前　2-198, 2-200
筒針村中屋敷〔筒針村〕　2-198, 2-200, 5-159
寺沢村　2-195, 5-158
寺本村　2-199, 5-159, 5-299
百々村　2-198, 2-200, 5-159, 5-299
遠島村　2-197
渡苅村　2-196, 2-198, 2-200, 5-159, 5-299
渡苅村枝上渡苅　2-196, 2-198, 2-200
土器野新田　2-197, 5-159
土古山新田　2-197, 5-159
殿貝津村　2-196, 5-159
飛島新田　2-197, 2-199, 5-159, 5-297, 5-299
戸部村　2-197, 2-199, 5-159
戸部村新田　2-197, 2-199, 5-159
鳥ヶ地新田　5-297
中垣内村○☆　2-200, 5-159, 5-299
中垣内村園川　2-196, 2-198, 2-200
中切村　2-196, 2-198, 2-200
中郷村　2-197
中島村　2-196, 2-198, 2-200
中園村　2-198, 2-200, 5-159, 5-299
中西村　5-159
中ノ御所村〔中御所村〕　2-195, 5-158
中野村　2-197
中村　2-200, 5-159, 5-297, 5-299
中村　2-197
長良村　2-197, 5-159, 5-297
名護屋（尾州居城）☆〔名古屋〕　2-197, 5-159, 5-297
七島新田　2-197, 2-199, 5-159, 5-297
鳴海○　2-197, 2-199, 5-159, 5-297, 5-299
新家村　2-197
新居屋村　2-197
西市場村　2-197, 5-159
西大友村　2-198, 5-159
西大平村　2-198, 2-200, 5-159, 5-162
西條村〔西条村〕　2-197, 5-159
西之口村　2-199, 5-159, 5-163, 5-299
西堀江村　2-197, 5-159
西牧内村　2-198, 2-200
仁木村　2-196, 2-198, 2-200, 5-159, 5-299
二女子村　2-197, 5-159, 5-297
二本木村　2-200, 5-158, 5-159, 5-297, 5-299
野方村　2-196, 5-159, 5-297
野田村　2-197
能見村　2-198, 2-200, 5-159, 5-299
則定村　2-195, 2-200, 5-158
配津村　2-196, 2-198, 2-200, 5-159, 5-299
八田村　2-197
八町村　2-198, 2-200, 5-159
服部村　2-197
東阿野村　2-196, 2-198, 5-159, 5-299
東大友村　2-198, 2-200, 5-159
東藏前村　2-198, 2-200, 5-159
東牧内村〔東牧〕　2-198, 5-159, 5-162, 5-299
東牧内村荒井　2-198, 2-200
一木村一里山〔一ツ木村、一ツ木〕　2-196, 2-198, 5-159, 5-299
日名村　2-198, 2-200
平沢村　2-195, 5-158
平針村○☆　2-196, 5-159, 5-297, 5-299

枇杷島村　2-197, 5-159
福田村　2-197, 5-159
藤井村　2-198, 5-162, 5-299
藤枝村　2-196, 5-159, 5-297
藤枝村蟹ノ甲　2-196
藤江村　2-199, 5-159, 5-299
藤川○　2-200, 5-162, 5-299
藤髙新田　2-197, 2-199, 5-159, 5-297
古渡村　2-197, 5-159, 5-297
舟〔舳〕越村　2-198, 2-200, 5-159
細川村　2-196, 2-198, 2-200, 5-159, 5-299
本井土田村〔本井戸田村〕　2-197, 5-159, 5-297
本郷村　2-197
本地村新田　2-197, 2-199, 5-159
舞木村　2-196, 5-159
前田村　2-197
松川村　2-196
松下村　2-197
松平郷林添村（松平太郎左エ門領分）〔林添村、林添〕　2-195, 2-200, 5-158, 5-299
松平本郷（松平太郎左エ門屋敷）（松平太郎左エ門領分、髙月院領）　2-195, 2-200, 5-158, 5-299
松原村　2-199, 5-159, 5-299
丸米〔野〕村　2-197
丸山村　2-197
万町村　2-197
万場○　2-197, 5-159, 5-297
三重村　2-198, 2-200
三ツ家　2-198, 2-200
南野村　2-197, 2-199, 5-159, 5-297, 5-299
六木村　2-200, 5-159
宗貞村　2-198, 2-200
元刈谷村　2-198, 5-159
森越村（八幡社領）　2-198, 2-200, 5-159, 5-299
森村　2-199, 5-159, 5-299
門前村（大樹寺領）　2-198, 2-200, 5-159
岩神村　2-195
八事村　2-197, 5-159, 5-297
八事村石塚　2-197
安松村　2-197, 5-159
八ツ木村　2-196, 2-198, 2-200
矢作村　2-198, 2-200, 5-159, 5-299
藪村　2-199, 5-159, 5-299
山崎村　2-197, 5-159, 5-297
山田村　2-197, 5-159, 5-297
横須賀町　2-197, 2-199, 5-159
横須賀村　2-199, 5-159, 5-299
吉濱村　2-198, 5-159, 5-299
来迎寺村　2-196, 2-198, 5-159, 5-299
連谷村石亀〔連谷村〕　2-195, 5-158, 5-296
六角堂村　5-159
渡村市場〔渡村〕　2-198, 2-200, 5-299
渡村下切　2-198, 2-200
渡村諏訪　2-198, 2-200
渡村能光〔渡村〕　2-198, 2-200, 5-159, 5-299

【社寺】

熱田社　2-197, 5-159
伊賀八幡社〔八幡宮〕　2-198, 2-200, 5-159
髙月院　2-195, 2-200, 5-299
興正寺　2-197
西林院　2-196, 2-198, 2-200
猿投社〔猿投明神〕　2-196, 5-159
松應寺　2-198, 2-200
信光明寺　2-198, 2-200
大樹寺　2-198, 2-200, 5-159
滝山寺　2-200, 5-299
長瀬八幡社　2-198, 2-200
妙心寺　2-198, 2-200, 5-159
竜渓院　2-196, 2-198, 2-200

【山・峠】

飯盛山　2-195, 5-158
観音寺山〔観音山〕　2-195, 2-200, 5-158
郷式城山　2-195, 2-200
駒飛山　2-195, 5-158
猿投山　2-196, 5-159, 5-297
下河内山　2-200, 5-158
茶臼山　2-195, 5-158
佛ケ根山　5-159
本宮山　5-158, 5-161, 5-299
真弓山　2-195, 5-158
丸山　2-195, 2-200, 5-158
万亀峠　5-158
両宮山　5-158
六所山　2-195, 2-200

【河川・湖沼】

大平川　2-198, 2-200, 5-159
五條川〔五条川〕　2-197, 5-159
庄内川　2-197, 2-199, 5-159
天白川　2-197
天白川　2-196, 5-159
トヽメキ川　2-197, 2-199
枇杷島川　2-197
福田川　2-197
万場川　2-197, 5-159
矢作川　2-198, 2-200, 5-162

第116号
豊橋

【国名】

三河国〔参河〕　2-202, 5-158, 5-299

【郡名】

渥美郡　2-202, 2-204, 5-162, 5-299
設楽郡　2-202, 2-204, 5-161, 5-299
知多郡　2-201, 2-207, 5-159, 5-299
額田郡　2-203, 5-158, 5-299
幡豆郡　2-201, 2-203, 2-206, 2-207, 5-162, 5-299
碧海郡　2-206, 2-207, 5-159, 5-162, 5-299
宝飯郡　2-202, 2-203, 2-204, 2-206, 5-162
八名郡　2-202, 2-204, 5-161, 5-299

【地名】

赤坂○　2-202, 2-204, 5-162, 5-299
赤沢村　5-162, 5-299
赤根村　2-202, 2-204, 5-162, 5-299
赤羽根村　2-205, 5-162, 5-299
飯村　2-202, 2-204, 5-161, 5-162, 5-299
伊川津村　2-205, 5-162, 5-299
生田村　2-201, 2-206, 5-162, 5-299
伊古部村☆　5-162, 5-299
石神村　2-205, 5-162, 5-299
市田村枝諏訪〔市田村、市田〕　2-202, 2-204, 5-162, 5-299
一宮村　2-202, 2-204, 5-161
市場村〔中市場村〕　2-202, 2-204, 5-161
一色村　2-207, 5-162, 5-299
一色村　2-207, 5-163, 5-299
伊奈村　2-202, 2-204, 5-162
伊良湖村☆　2-201, 5-162, 5-299
鵜飼島村　2-202, 2-204
牛久保村　2-202, 2-204, 5-162
宇津江村　2-205, 5-162, 5-299
梅藪村　2-202, 2-204, 5-162, 5-299
雨屋村〔雨谷村〕　2-202, 2-204, 5-161
浦村　2-203, 2-205, 5-162
江比間村　2-205, 5-162, 5-299
江村　2-202, 2-204
大足村　2-207, 5-163, 5-299
大井村☆　2-201, 2-207, 5-162, 5-299
大岩町　2-202, 2-204, 5-161
大木村○　2-202, 2-204, 5-162, 5-299
大草村　2-205, 5-162, 5-299
大草村　2-202, 2-204, 5-162
大崎村〔大﨑村〕　2-202, 2-204, 5-162, 5-299
大島村　2-201, 2-206, 5-162, 5-299
大谷村　2-207, 5-163, 5-299
大塚村　2-203, 5-162, 5-299
大津村　2-202, 2-204, 5-162, 5-299
大泊村　2-207, 5-163, 5-299
大戸村　2-207, 5-162
大野田村　2-202, 2-204, 5-161
大濱○　2-207, 5-162, 5-299
小田淵村　2-202, 2-204, 5-162, 5-299
乙方村　2-201, 2-207, 5-162, 5-299
乙川村　2-201, 2-206, 5-162, 5-299
越戸村　2-205, 5-162, 5-299
小野浦村〔小野〕　2-207, 5-163, 5-299
御馬湊⛵　2-202, 2-204, 5-162, 5-299
柿並村　2-207, 5-163, 5-299
鹿島村　2-203, 2-206, 5-162, 5-299
鍛冶村　2-202, 2-204, 5-161, 5-162
片名村　2-201, 2-207, 5-162, 5-299
片濱村　2-203, 2-205, 5-162, 5-299
形原村　2-203, 2-206, 5-162, 5-299
蒲形村　2-203, 2-206, 5-162, 5-299
上野間村　2-207, 5-163, 5-299
上細谷村〔上細屋村、細谷〕　5-161, 5-299
川〔苅〕谷村〔刈谷〕　2-207, 5-163, 5-299
川田村　2-202, 2-204, 5-161, 5-299
瓦町　2-202, 2-204, 5-162
北岡新田　2-202, 2-204, 5-161
北奥田村〔奥田〕　2-207, 5-163, 5-299
北方村　2-207, 5-163, 5-299
北金屋村☆　2-202, 2-204, 5-162
北条村　2-207, 5-163, 5-299
北濱村　2-207, 5-162, 5-299
草間村　2-202, 2-204, 5-162, 5-299
楠村　2-207, 5-162
久保村　2-202, 2-204, 5-162
熊野村　2-207, 5-163
久美原村　5-162
國府村　2-202, 2-204, 5-162
古布村　2-207, 5-163, 5-299
河和村　2-207, 5-163, 5-299
小坂井村　2-202, 2-204, 5-162, 5-299
小塩津村　2-201, 5-162, 5-299
小島村　5-161, 5-299
小鈴ケ谷村☆　2-207, 5-163, 5-299
古田村　2-201, 2-205, 5-162, 5-299
古場村　2-207, 5-163, 5-299
小松原村　5-161, 5-299
巨海村　2-207, 5-162
久村　2-207, 5-163, 5-299
小藪新田　2-207, 5-162, 5-299
御油○☆　2-202, 2-204, 5-162, 5-299
坂井村　2-207, 5-163, 5-299
酒手島村　2-206, 5-162
定池村　2-202, 2-204, 5-161
三蔵子村　2-202, 2-204, 5-162
篠田村　2-202, 2-204, 5-162, 5-299
下五井村　2-202, 2-204, 5-162, 5-299
下佐脇村　2-202, 2-204, 5-162, 5-299
下地村　2-202, 2-204, 5-162, 5-299
下細谷村〔下細屋村〕　2-202, 2-204, 5-161
宿村　2-202, 2-204, 5-162, 5-299
白鳥村　2-202, 2-204, 5-162, 5-299
城下村　5-162, 5-299
白谷村　2-205, 5-162, 5-299
新渡場村　2-206, 5-162, 5-299
杉山村〔枕山〕　5-162, 5-299
須佐村　2-201, 2-207, 5-162, 5-299
嵩山村○☆　2-202, 2-204, 5-161
住﨑村　2-206, 5-162
瀬ノ木村　2-207, 5-163
千間村　2-201, 2-206, 5-162, 5-299
髙木村　2-205, 5-162, 5-299
高足村　2-202, 2-204, 5-161, 5-162, 5-299
髙須新田　2-202, 2-204, 5-162, 5-299
髙塚村　5-161, 5-162, 5-299
髙松村☆　2-205, 5-162, 5-299
竹谷村　2-203, 2-206, 5-162, 5-299
棚尾村　2-207, 5-162, 5-299
田原（三宅居城）☆　2-205, 5-162
樽水村　2-207, 5-163, 5-299
寺沢村　5-161, 5-299
寺津村　2-207, 5-162, 5-299
東ヶ谷村　5-162, 5-299
當古村　2-202, 2-204, 5-161, 5-299

東上村　2-202, 2-204, 5-161, 5-299
百々村　5-162, 5-299
戸ヶ崎村　2-206, 5-162, 5-299
時志村　2-207, 5-163, 5-299
常滑村　2-207, 5-299
鳥羽村　2-203, 2-206, 5-162
冨尾〔山〕村　2-207
冨好新田〔富吉新田〕　2-201, 2-206, 5-162
豊川村　2-202, 2-204, 5-162
長尾村　2-207, 5-163, 5-299
長沢村　2-202, 2-204, 5-162
中根村　2-207, 5-162
中村　2-202, 2-204
中山村　2-201, 5-162, 5-299
長山村　2-202, 2-204, 5-161, 5-299
長樂村　2-202, 2-204, 5-161, 5-299
平〔汗〕野村　2-202, 2-204, 5-162
七根村　5-161, 5-299
成岩村　2-207, 5-162, 5-163, 5-299
仁崎村　2-205, 5-162, 5-299
西河野村〔西阿野〕　2-207, 5-163, 5-299
西浦村　2-203, 2-205, 2-206, 5-162, 5-299
西浦村橋田〔橋田〕　2-203, 2-205, 2-206, 5-299
西尾(松平和泉守居城)　2-206, 5-162, 5-299
西方村　2-202, 2-204, 5-162, 5-299
西小栁新田　2-207, 5-162
西戸城村　2-203, 2-206, 5-162, 5-299
西七根村　5-161, 5-162
西幡豆村〔幡豆〕　2-203, 2-205, 2-206, 5-162, 5-299
西端村〔端村〕　2-207, 5-163, 5-299
西堀切村☆〔堀切〕　2-201, 5-162, 5-299
仁連木村　2-202, 2-204, 5-162, 5-299
根古屋村　2-202, 2-204, 5-161, 5-299
根田村　2-205, 5-162
野口村　2-202, 2-204, 5-162
野田村　2-202, 2-204, 5-162, 5-299
野田村　2-202, 5-161
野田村間草☆〔野田村、野田〕　2-205, 5-162, 5-299
波瀬村　2-203, 2-205, 5-162, 5-299
畠村☆〔白田村〕　2-201, 2-205, 5-162
羽塚村　2-207, 5-162, 5-299
馬場村　2-202, 2-204, 5-162
濱田村　5-162, 5-299
半田村　2-207, 5-162, 5-299
日出村　2-201, 5-162, 5-299
東大髙村　2-207, 5-163, 5-299
東幡豆村〔幡豆〕　2-203, 2-205, 2-206, 5-162, 5-299
東端村☆〔端村〕　2-207, 5-163, 5-299
東堀切村〔堀切〕　2-201, 5-162, 5-299
拾石村　2-203, 2-206, 5-162
富貴村　2-207, 5-163, 5-299
藤江村　2-207, 5-162, 5-299
伏見屋新田　2-207, 5-162
伏見屋外新田　2-207, 5-162
不相小江村　2-203, 5-162, 5-299
二川○　2-202, 2-204, 5-161, 5-299
吹越村〔吹村〕　2-207, 5-163, 5-299
布土村　2-207, 5-163, 5-299
古宿村　2-202, 2-204, 5-162
平坂湊☆⚓〔平坂〕　2-207, 5-162, 5-299
平七村　2-207, 5-162, 5-299
平島村　2-207, 5-162, 5-299
宝蔵寺門前　2-203, 5-162
細川新田　2-207, 5-162
堀内村　2-202, 2-204
本野村　2-202, 2-204, 5-162, 5-299
舞木村　2-203, 5-162, 5-299
前芝村　2-202, 2-204, 5-162
前芝村茅野新田　2-202, 2-204
牧野村　2-202, 2-204, 5-161, 5-162, 5-299
松木島村　2-201, 2-206, 5-162
馬見塚村　2-202, 2-204, 5-162, 5-299
水川村　2-205, 5-162, 5-299
三相村　2-202, 2-204, 5-162
三橋村　2-202, 2-204, 5-161, 5-162
南奥田村〔奥田〕　2-207, 5-163, 5-299
宮崎村☆〔宮﨑村〕　2-201, 2-206, 5-162, 5-299
三谷村　2-203, 5-162, 5-299
牟呂村☆　2-202, 2-204, 5-162, 5-299
本宿村　2-203, 5-162, 5-299
本前村　2-205, 5-162
師崎村☆　2-201, 2-207, 5-162, 5-299
谷熊村　5-162
八名井村　2-202, 2-204
矢梨村　2-207, 5-162
谷口村　2-205, 5-162, 5-299
山田村　2-201, 2-207, 5-162, 5-299
山綱村中芝〔山綱村、山綱〕　2-203, 5-162, 5-299
八幡村　2-202, 2-204, 5-162, 5-299
八幡村枝弥五郎　2-202, 2-204
横須賀村　2-202, 2-204, 5-162
吉湖村　2-203, 2-205, 5-162
吉田○☆　2-202, 2-204, 5-162, 5-299
吉田村　2-201, 2-206, 5-162
米津村　2-206, 5-162, 5-299
若見村　2-205, 5-162, 5-299
和地村　2-201, 2-205, 5-162, 5-299
和田村　2-202, 2-204, 5-161, 5-299
月ヶ谷村　2-202, 2-204, 5-161

【社寺】

岩屋観音　2-202, 2-204
宇佐八幡社　2-202, 2-204
二宮砥鹿大明神　2-202, 2-204
宝藏寺　2-203

【山・峠】

阿々良山　2-202, 2-204
石巻山　2-202, 2-204, 5-161
遠州境山　2-202, 2-204
大山　2-205, 5-299
大山　5-162
嵩山　5-161
門松峠　2-202, 2-204
吉祥山　2-202, 2-204
花生山　2-202, 2-204
根年寺山　2-206
財賀観音山　2-202, 2-204
千両山　2-202, 2-204
立岩　2-202, 2-204, 5-161
茶臼山　2-203, 2-206, 5-162, 5-299
幡頭山〔幡豆山〕　2-203, 2-206, 5-162
辨天山　5-162

【河川・湖沼】

音羽川　5-162
髙足川　2-202, 2-204
十足川　5-162
豊川　2-202, 2-204, 5-161, 5-299
矢作川　2-207, 5-162

【岬・海岸】

伊良湖崎〔伊良湖﨑〕　2-201, 5-162, 5-299
鳶ケ崎　2-201, 2-207
水中洲　2-202, 2-204
師崎　5-162

【島】

小礒島　2-201, 5-162
小磯島　2-201
大島　2-203, 5-162
梶島　2-201, 2-203, 2-205, 2-206, 5-162, 5-299
亀岩　2-203, 2-206
佐久島　2-201, 2-206, 5-162, 5-299
篠島　2-201, 5-162
ツクミ島　2-201, 5-162, 5-299
トカメシマ　2-201
中手島　2-201, 5-162
鼠島〔子ツミ島〕　2-201, 2-207, 5-162
野島　2-201, 5-162, 5-299
日間賀島　2-201, 2-207, 5-162, 5-299
姫島　2-203, 2-205, 5-162
平島　2-201
琵琶島　2-203, 2-205, 2-206, 5-162, 5-299
弁天　2-201, 2-206, 5-162, 5-299
辨天島　2-203, 5-162
松島　2-201, 5-162, 5-299

第117号

鳥羽

【国名】

伊勢國〔伊勢〕　3-13, 3-15, 5-167
志摩國〔志摩〕　3-13, 3-15, 5-168

【郡名】

英虞郡　3-14, 3-15, 5-168, 5-299
答志郡　3-13, 3-14, 5-163, 5-168, 5-299
度會郡　3-13, 3-15, 5-168, 5-299

【地名】

朝熊村　3-13, 5-163
畔名村　3-14, 5-168, 5-299
阿竹村　3-13
畔蛸村　3-12, 3-14, 5-168, 5-299
穴川村　3-15, 5-168, 5-299
安乗村⚓　3-14, 5-168, 5-299
安樂島村〔安樂嶋村〕　3-12, 5-163, 5-299
安樂島村二地浦　3-12
有滝村　3-13, 5-163
飯濱村　3-14, 5-168
石鏡村☆　3-12, 5-163, 5-168, 5-299
泉村　3-15, 5-168, 5-299
一宇田村　3-13, 5-163, 5-299
一馬瀬村　3-13, 5-163
一色村　3-13, 5-163
今一色村　3-13, 5-163, 5-299
鵜方村☆　3-15, 5-168, 5-299
宇治○☆　3-13, 5-163, 5-299
浦村　3-12, 5-163, 5-168, 5-299
江村　3-13, 5-163
恵利原村　3-13, 3-15, 5-168, 5-299
相差村　3-12, 3-14, 5-168, 5-299
王中島村　3-13, 5-163, 5-299
鸚鵡石　3-13, 3-15
大湊⚓　3-13, 5-163, 5-299
小俣村　3-13, 5-163, 5-299
小濱村　3-12, 3-13, 5-163
小林村　3-13, 5-163, 5-299
竪神村　3-13, 5-163
堅子村　3-12, 3-14, 5-168, 5-299
片田村　3-14, 5-168, 5-299
上之郷村〔上ノ郷〕　3-13, 3-15, 5-168, 5-299
神社村　3-13, 5-163
北蔵　5-299
木谷村　3-15, 5-168, 5-299
國﨑村　3-12, 5-163, 5-168, 5-299
楠部村　3-13, 5-163
黒瀬村　3-13, 5-163
甲賀村　3-14, 5-168, 5-299
國府村☆　3-14, 5-168, 5-299
五ケ所浦〔五ケ所〕　3-15, 5-168, 5-299
御座石　3-13
御座村　3-15, 5-168, 5-299
越賀村☆　3-15, 5-168, 5-299
神津佐村　3-15, 5-168
坂﨑村　3-14, 5-168
三ケ所村　3-14, 5-168
塩屋　5-299
志島村　3-14, 5-168, 5-299
下津浦　3-15, 5-168
下之郷村☆〔下ノ郷〕　3-15, 5-168, 5-299
下野村　3-13, 5-163
宿浦　3-15, 5-168
庄村　3-13, 5-163, 5-299
神明浦村　3-14, 3-15, 5-168
管島村　3-12
千賀村　3-12, 3-14, 5-168
竹鼻村　3-13, 5-163
田尻村　3-13
田曽浦〔田曽〕　3-15, 5-168, 5-299
立神村☆〔建神村〕　3-14, 5-168
答志村　3-12, 5-163, 5-299
答志村和具　3-12
通村　3-13, 5-163
鳥羽(稲垣信濃守居城)☆⚓　3-12, 5-163, 5-299
土路村　3-13, 5-163, 5-299
中津濱浦　3-15, 5-168
波切村　3-14, 5-168, 5-299
名田村　3-14, 5-168, 5-299
南張村☆　3-15, 5-168, 5-299
西条村〔西條〕　3-13, 5-163, 5-299

西村　3-13, 5-163
迫子村　3-15, 5-168, 5-299
濵島村☆　3-15, 5-168, 5-299
飯満村　3-15, 5-168
檜山路村　3-15, 5-168
布施田村　3-15, 5-168
二見　5-299
二見浦　3-13, 5-163
船越村☆　3-14, 5-168, 5-299
船津村　3-12, 3-13, 5-163
古市　5-299
松下村　3-13, 5-163, 5-299
的屋村☆⏃　3-12, 3-14, 5-168, 5-299
溝口村　3-13, 5-163
村松村　3-13, 5-163, 5-299
桃取村　3-12, 5-163, 5-299
山田○☆　3-13, 5-163, 5-299
山田原村　3-13, 5-163
山田村　3-12, 3-14, 5-168, 5-299
和具村　3-15, 5-168

【社寺】

伊雑宮　3-13, 3-15, 5-168
奥院　3-13, 5-163, 5-299
外宮　3-13, 5-163, 5-299
虚空藏　3-13
内宮　3-13, 5-163, 5-168, 5-299

【山・峠】

青峯〔青ケ峯〕　3-13, 5-163, 5-168
朝熊嶽〔朝熊山、朝熊岳〕　3-13, 5-163, 5-299
浅間山〔廣瀬浅間山〕　3-12, 3-14, 5-163, 5-167
淺間山　3-15
淺間山　3-15
恵利原淺間山　3-13, 3-15
逢坂峠　3-13, 5-163, 5-168
杉坂　3-13
スハル山　3-15
築地山　3-13
山伏峠　3-13, 5-163, 5-168, 5-299

【河川・湖沼】

五十鈴川　3-13, 5-163
江川　3-13
小田ハシ　3-13
三枚ハシ　3-13, 5-163
汐合川　3-13
相合川　3-13, 5-163
檜川　3-13
宮川　3-13, 5-163, 5-299

【岬・海岸】

岩井岬　3-15
カフラコ岬　3-12
御座岬　3-15, 5-168, 5-299
白﨑　3-12
菅﨑　3-14, 5-168
大王﨑　3-14, 5-168
田曽岬　3-15, 5-168
千尋濵　3-13
燈明堂岬　3-14
長﨑鼻　3-12
中西ハナ　3-15
鍋釜落岬　3-12
ホノサキ　3-15
蒔繪ノ松原　3-13
麦嵜〔麦﨑〕　3-14, 5-168, 5-299

【島】

石鏡岩　3-12, 5-162, 5-163
市場　3-15
猪子島　3-15
浮島　3-12, 5-163, 5-299
兎島　3-15, 5-168
牛島〔ウシ島〕　3-12, 5-163, 5-299
大島　3-12
大島　3-15, 5-168, 5-299
大高島〔大タカシマ〕　3-15, 5-168
大築海島　3-12, 5-163, 5-299
大マトリ　3-15, 5-168
大莚　3-14, 5-168
苧村島　3-12, 5-163, 5-299
麻生〔倉〕シマ〔麻生島〕　3-12, 5-163
ヲムラシマ〔村島〕　3-15, 5-168, 5-299
カシコ山　3-15, 5-168
神島　3-12, 5-162, 5-299
カラ松島　3-15
枯島　3-15
小品島　3-15
小島　3-15, 5-168, 5-299
御所島　3-15
小高島　3-15
小築海島　3-12, 5-163
小天童　3-15
琴島　3-15
小マトリ　3-15, 5-168
小莚〔小ムシロ〕　3-14, 5-168
坂手嶋〔坂手島〕　3-12, 5-163
サカ山島〔サカ山シマ〕　3-15, 5-168
獅子島　3-15
城ケ島〔城ケシマ〕　3-15, 5-168
白島　3-12, 5-168
菅島　3-12, 5-163, 5-299
杉島　3-15
雀島　3-15
雀島〔スヽメシマ〕　3-15, 5-168
大王岩〔大王島〕　3-14, 5-168, 5-299
大明神　3-15
立岩　3-15
田徳島　3-15, 5-168
茶臼島　3-15, 5-168
ツナヘ島　3-14
天童山　3-15, 5-168
答志桃取島　3-12, 5-163
飛島　3-13, 5-163, 5-299
中島　3-13, 5-163
中通　3-15, 5-168
名島　3-14
七日山　3-15, 5-168
ナメ島〔ナメシマ〕　3-15, 5-168
鳴神岩　5-168
花川シマ　3-15
ハナレ兎島　3-15
日向山　3-12, 5-163
弁天　3-15
弁天シマ〔弁天島〕　3-12, 5-163
間﨑島　3-15, 5-168
松島　3-15
俎板石　5-299
宮島　3-15
向島　3-15
横山島　3-15
渡鹿野島　3-14, 5-168

第118号 岐阜・大垣

【国名】

伊勢國〔伊勢〕　3-19, 3-20, 3-21, 5-167
近江國〔近江〕　3-17, 3-19, 5-166, 5-297, 5-300
尾張國〔尾張〕　3-16, 3-18, 3-20, 5-159, 5-297
美濃國〔美濃〕　3-16, 3-17, 3-18, 3-19, 3-20, 3-21, 5-155, 5-297

【郡名】

厚見郡　3-16, 3-18, 5-159
安八郡　3-16, 3-17, 3-18, 3-19, 3-20, 5-166, 5-297
池田郡　3-17, 3-19, 5-157, 5-297, 5-300
石津郡　3-17, 3-18, 3-19, 3-20, 3-21, 5-166, 5-297
員辨郡　3-19, 3-21, 5-166, 5-297, 5-300
大野郡　3-16, 3-17, 3-18, 5-156, 5-297
海西郡　3-18, 3-20, 5-159, 5-297
海東郡　3-20, 5-159, 5-297
方縣郡　3-16, 3-18, 5-156, 5-297
桑名郡　3-20, 5-297, 5-300
桒名郡　3-20, 5-166
坂田郡　3-17, 3-19, 5-166, 5-297, 5-300
多藝郡　3-19, 3-21, 5-166, 5-297, 5-300
中島郡（美濃國）　3-18, 3-20, 5-166, 5-297
中島郡（尾張國）　3-18, 3-20, 5-159, 5-297
羽栗郡　3-16, 3-18, 5-159
葉栗郡　3-18, 5-159, 5-297
不破郡　3-16, 3-17, 3-19, 5-157, 5-166, 5-297, 5-300
莚田郡　3-16, 5-156
本巣郡　3-16, 3-18, 5-156, 5-297
山縣郡　3-16, 5-156, 5-297

【地名】

青木村　3-16, 3-18, 5-166
青木村枝郷　3-16, 3-18
青野村　3-17, 3-19, 5-166, 5-297, 5-300
青墓村　3-17, 3-19, 5-166
赤石村　3-16
赤坂○☆　3-17, 3-19, 5-166, 5-297, 5-300
茜部村　3-16, 3-18
阿下喜村　3-21, 5-166
朝宮村　3-18, 3-20
芦敷村　3-16, 5-156
綾戸村　3-17, 3-19, 5-166, 5-297, 5-300
新井村　3-18, 5-166, 5-297
荒川村　3-17, 3-19, 5-166, 5-297, 5-300
有尾新田　3-19, 3-21
有尾村　3-19, 3-21
池尻村　3-16, 3-18, 5-166
池尻村枝郷　3-16, 3-18
池尻村新町　3-17, 3-19
池田野新田　3-17, 5-156, 5-166
石神村　3-16
石川村　3-21
石榑郷北村〔北村〕　3-21, 5-166, 5-297, 5-300, 5-301
石榑郷東村　3-21, 5-166
石榑郷南村〔南村〕　3-21, 5-166, 5-297, 5-300, 5-301
石橋村　3-18, 3-20, 5-159
石畑村　5-166
市之瀬村井手口郷〔市之瀬村〕　3-19, 5-166
市之瀬村久手郷　3-19
市之瀬村殿垣内郷　3-19
市之瀬村町屋郷〔市之瀬〕　3-19, 5-297
市橋村　3-17, 3-19, 5-166, 5-297, 5-300
市橋村中島　3-17, 3-19
市場村　3-21, 5-166, 5-297, 5-300, 5-301
五日市村　3-19, 5-166
稲葉○　3-18, 3-20, 5-159, 5-297
稲葉村　3-20
揖斐町　3-17, 5-297, 5-300
伊吹村大高　3-17, 3-19
今尾村（竹腰在所）　3-18, 3-20, 5-166, 5-297
今島村　3-20, 5-166, 5-297, 5-299
今島村町　3-20
今宿村　3-16, 3-18, 5-166
今須○　3-19, 5-166, 5-297, 5-300
今須寢物語　3-17, 3-19
今福村　3-18, 5-166, 5-297
今村　3-18, 3-20, 5-159
岩﨑村　3-16, 5-156, 5-297
岩﨑村上岩﨑　3-16
岩戸村　3-16, 3-18, 5-159
岩道村　3-19, 3-21, 5-166, 5-297, 5-300
岩里村　3-16
上田村　3-17, 5-156, 5-297, 5-300
上野河戸村　5-166
宇賀村　3-21, 5-166, 5-297, 5-299, 5-300, 5-301
鯏浦村　3-20, 5-166
牛田村　3-20
宇治村　3-20
宇治村　3-20, 5-159
鵜多須村　3-18, 3-20, 5-166
宇田村　3-19, 5-166
内佐屋村　3-20, 5-159
馬寄村　3-18
上方村　3-19, 5-166
江﨑村　3-16, 3-18, 5-166
大跡村　3-19, 3-21
大浦村　3-18, 5-166
大貝戸村　3-21
大垣（戸田采女正居城）○　3-16, 3-18, 5-166, 5-297, 5-300
大里村外新田〔大里、外新田〕　3-20, 5-166, 5-297, 5-300
大島村　3-16, 3-18, 5-166, 5-297
大島村河原屋敷　3-16, 3-18
大清水村　3-17, 3-19, 5-166, 5-297, 5-300
太田新田　3-20
大墳村　3-19, 5-166
大月村　3-16, 3-18, 5-166
大坪村　3-20
大鳥居村　3-20, 5-166, 5-297
大野村　3-18, 3-20
大洞村　3-16
大牧村　3-18, 3-20, 5-166
大森村　3-20, 5-166
大吉新田　3-18, 3-20, 5-166, 5-297
奥條村　3-21
小熊村　3-16, 3-18, 5-156, 5-159, 5-297
奥村　3-18
小倉村　3-19, 3-21, 5-166, 5-297, 5-300
起○　3-18, 5-159, 5-297
表佐村　3-17, 3-19
押越村　5-166
押付村　3-20, 5-166
小島村　3-16, 3-18, 5-156, 5-166
落合村　3-20
御茶屋新田　3-16, 3-18, 5-166
音坂村　3-19
乙子村　3-20
鏡島村　3-16, 3-18, 5-166, 5-297
加賀野村　3-16, 3-18, 5-166
柿内村　3-18, 3-20
樂田村　3-16, 3-18, 5-166, 5-297, 5-300
樂田村赤鼻　3-16, 3-18
笠松村徳田新田入會○〔笠松、徳田新田〕

3-16, 3-18, 5-159, 5-297
梶島新田　3-20, 5-166, 5-297
柏尾村　3-19, 3-21, 5-166
柏原○　3-19, 5-166, 5-297, 5-300
加須河原野新田　3-17, 5-156
片山村中村〔片山村、片山〕　3-17, 3-19, 5-156, 5-166, 5-297, 5-300
片山村南村〔片山〕　3-17, 3-19, 5-297, 5-300
門間村福塚〔門間〕　3-18, 5-159, 5-297
香取村☆　3-20
加納（永井出羽守居城）○☆　3-16, 3-18, 5-159, 5-297
上加納村　3-16, 3-18, 5-159
上加納村才脇　3-16, 3-18
上川手村〔川手〕　3-16, 3-18, 5-159, 5-297
上西郷村　3-16, 5-156
上西郷村犬塚　3-16
上西郷村明音寺　3-16
上坂手村　3-20
上尻毛村〔尻毛〕　3-16, 5-156, 5-166, 5-297
上曽我屋村〔曽我屋〕　3-16, 3-18, 5-156, 5-159, 5-297
上長瀬村☆〔長瀬〕　3-16, 5-156, 5-297
上ノ郷村　3-19, 3-21, 5-166
上之郷村　3-20
上深谷部村　3-20
上深谷部村三砂　3-20
上古川村〔古川〕　3-20, 5-166, 5-297
上本田村〔上太田〕　3-16, 3-18, 5-166, 5-297
上牧村　3-18, 3-20, 5-166
神守○　3-20, 5-159, 5-297
唐ウス村　3-20
苅安賀村　3-18, 3-20
川合村　3-21
川部村　3-16, 5-156, 5-166
北一色村　3-20
北一色村北島　3-16, 3-18
北一色村沓掛　3-16, 3-18
北方村　3-18, 5-159
北方村　3-16, 3-18, 5-166, 5-297, 5-300
北方村三ツ屋　3-16, 3-18
北野村　3-16, 5-156, 5-297
北野村河原　3-16
喜多村　3-19, 5-166
木田村　3-20
岐阜町○　3-16, 3-18, 5-156, 5-159, 5-297
木全村　3-18, 3-20, 5-159
久徳村　3-17, 3-19, 5-166
清水村　3-16
切石村　3-18, 5-166
草平新田　3-20, 5-159, 5-166, 5-297
串作村　3-18, 3-20, 5-159
口ケ島村　3-19, 3-21, 5-166
栗笠村　3-18, 3-19, 3-21, 5-166, 5-297, 5-300
栗原村　3-19, 5-166, 5-297, 5-300
栗原村宮代村境野　3-19
黒田村　3-18, 5-159, 5-297
郡府村　3-16
髙臺〔寺〕村　3-20
河田村　3-20
河渡○　3-16, 3-18, 5-166, 5-297
興福地村　3-16, 3-18, 5-166
興福地村出町　3-16, 3-18
小西郷村　3-16, 5-156, 5-297
小西郷村新屋敷　3-16
越津村　3-20, 5-159
小島村　3-20, 5-166, 5-297
古瀬村　3-20
小谷村　3-17, 5-156, 5-297, 5-300
木知原村　3-16, 5-156, 5-297
木知原村岩崎　3-16
小坪新田　3-18, 3-20
五之三村　3-20, 5-166
小野村　3-16, 3-18, 5-166, 5-297
小野村　3-16
小橋方村　3-20
駒野村下組〔駒野村、駒野〕　3-18, 3-20, 5-166, 5-297, 5-300
駒野村中組〔駒野〕　3-18, 3-20, 3-21, 5-297, 5-300
駒野村藤沢〔駒野〕　3-19, 3-21, 5-297, 5-300
五明村　3-20
御望村　3-16, 5-156
西郷村☆　3-16, 5-297
坂井村　3-18, 5-166, 5-297
坂丸村　3-18, 5-159
佐賀村　3-16, 5-156
坂本村　3-21
櫻井村　3-19, 5-166, 5-297, 5-300
佐古木村　3-20
里小牧村　3-18, 5-159
佐屋○☆　3-20, 5-166, 5-297
佐屋宿六條新田〔六条新田〕　3-20, 5-159
更地村　3-16
猿橋　5-297
澤田村　3-19, 5-166, 5-297, 5-300
佐渡村　3-16, 3-18, 5-166, 5-297
三十町村　3-18, 3-20, 5-166
塩田村　3-17, 3-19, 5-166, 5-297, 5-300
志津新田　3-19, 3-21
志津村　3-19, 3-21, 5-166, 5-297, 5-300
志津山村　3-16, 3-17, 5-156
志津山村出屋敷　3-17
篠立村　3-19, 3-21, 5-166, 5-297, 5-300
篠橋新田　3-20, 5-166, 5-297
島田村高田町○☆〔島田村〕　3-19, 5-166
島村　3-18
島村☆　3-16, 5-156, 5-297, 5-300
下一色村　3-20, 5-166, 5-297
下印食新田川手畑　3-16, 3-18
下加納村　3-16, 3-18, 5-159
下川手村〔川手〕　3-16, 3-18, 5-159, 5-297
下切村　3-20, 5-159, 5-297
下西郷村　3-16
下堺村　3-20
下坂手村　3-20
下尻毛村〔尻毛〕　3-16, 5-156, 5-159, 5-297
下曽我屋村〔曽我屋〕　3-16, 3-18, 5-156, 5-159, 5-297
下祖父江村　3-18, 3-20, 5-166
下田村　3-20, 5-159, 5-297
下長瀬村　3-16, 5-156
下長瀬村越釜　3-16
下長瀬村山田　3-16
下野尻村　3-21, 5-166, 5-297, 5-300, 5-301
下深谷部村　3-20, 5-166, 5-297, 5-299
下深谷部村大口新田　3-20
下古川村〔古川〕　3-20, 5-166, 5-297
下本田村　3-16, 3-18
十七條村　3-16, 3-18, 5-166
正夫池村　3-17, 3-19
白石村　3-19, 3-21, 5-166, 5-297, 5-300
白瀬郷本郷村〔本郷〕　3-21, 5-297, 5-300
白濱村　3-20
新開　3-18
新開村　3-20
新神戸村　3-18, 5-159, 5-297
新所村　3-20
真福寺村北町　3-16
真福寺村天神　3-16
真福寺村南町　3-16
須賀村　3-18, 5-166
杉野村　3-16, 5-156
墨俣○　3-16, 3-18, 5-166, 5-297
勢至村　3-19, 3-21, 5-166
清村　3-16, 3-18, 5-159
関ケ原○☆　3-17, 3-19, 5-166, 5-297, 5-300
関ケ原宿小關　3-17, 3-19
関ケ原宿芝井　3-17, 3-19, 5-166
瀬木村　3-21, 5-166
千引村　3-20
曽井中島村　3-16, 5-156
曽根村　3-18
大木村　3-20
高木村　3-18, 3-20, 5-159, 5-297
高須☆　3-18, 3-20, 5-166, 5-297
高須村　3-20, 5-166
髙富〔高富〕　3-16, 5-156, 5-297
高富村枝天王町　3-16
高淵村　3-18
高柳村　3-18, 3-20
高屋村　3-16, 3-18, 5-166
高屋村　3-16, 3-18
滝村　3-18, 3-20
多度村　3-20, 5-166, 5-297, 5-300
多度村宮川　3-20, 5-166
田中村東前村人形村入會　3-18
谷汲村　3-16, 5-297, 5-300
田ノ上村　3-16, 3-18, 5-166
田ノ上村枝新月　3-16, 3-18
玉村　5-297, 5-300
多良村上原郷〔多良〕　3-19, 3-21, 5-297, 5-300
多良村鍛冶屋郷〔多良村〕　3-19, 3-21, 5-166
多良村小山瀬郷　3-19, 3-21
多良村二十四ケ郷入會　3-19, 3-21
多良村延坂郷　3-19, 3-21
多良村宮郷　3-19, 3-21
垂井○　3-17, 3-19, 5-166, 5-297, 5-300
垂井宿一里山　3-17, 3-19
段村　3-17
千倉村　3-20
長久寺村　3-17, 3-19, 5-166, 5-297, 5-300
長久寺村寢物語　3-19
築捨村　3-18
津島村　3-20, 5-159
土倉村　3-18, 3-20, 5-166, 5-297
鍔市村　3-20, 5-159
椿洞村　3-16, 5-156, 5-297
津屋村〔津谷〕　3-19, 3-21, 5-166, 5-297, 5-300
津屋村一色　3-19, 3-21
梯木島村　3-18, 3-20, 5-166
田代村　3-16, 3-18, 5-159
藤下村　3-17, 3-19, 5-166
東前寺村　3-21
堂ノ上村　3-19, 3-21
時郷打上村　3-19, 3-21
時郷上村〔時郷、持郷〕　3-19, 3-21, 5-166, 5-297, 5-300
時郷下村　3-19, 3-21
時郷細野村　3-19, 3-21
徳田新田　3-19, 3-21, 5-166
徳田村　3-19, 3-21, 5-166, 5-297, 5-300
徳田村段　3-19, 3-21
徳光村　3-17, 3-19, 5-166
戸津村　3-20, 5-166
鳥羽村　3-16
冨田村　3-18, 3-20, 5-159
豊喰新田　3-18, 3-20, 5-166, 5-297
豊村〔豊田〕　3-19, 5-297, 5-300
鳥江村　5-166
鳥ケ地前新田☆　3-20, 5-159
鳥ケ地村　3-20, 5-159
中一色村　3-20, 5-159, 5-297
長尾村　3-21
中河原　3-16, 3-18, 5-156, 5-159
中西郷村阿弥陀寺〔中西郷村〕　3-16, 5-156
中澤村〔中ノ沢〕　3-16, 3-18, 5-166, 5-297, 5-300
長島　5-297
中島村　3-18, 3-20, 5-159
中島村　3-18, 5-159, 5-297
中島村　3-20, 5-166, 5-297
中島村下出　3-18
中地村　3-20
中地村権石〔右〕　3-20
中津村　3-20, 5-166
中曽根村　3-17, 3-19, 5-166
中野村　3-18, 3-20, 5-166
中福光村太田村　3-16
中福光村北町　3-16
中福光村天神　3-16
中福光村南町　3-16
中牧村　3-18, 3-20, 5-166
長松村　3-17, 3-19, 5-166, 5-297, 5-300
中村　3-16
中村　3-19, 5-166, 5-297, 5-300
長良郷上福光村〔上福光村〕　3-16, 5-156, 5-159
長良郷真福寺村〔真福寺村〕　3-16, 5-156
長良郷中福光村〔中福光村、福光〕　3-16, 5-156, 5-297
長良村　3-16, 5-156
長良村四軒屋　3-17
生津村　3-16, 3-18, 5-166
名禮村　3-16, 5-156
名禮村高橋　3-16
難波野村　3-18, 5-166, 5-297
南波村　3-18, 5-166
丹生川郷上村〔上村〕　3-21, 5-166, 5-297, 5-300, 5-301
丹生川郷久保村　3-21
丹生川郷下村　3-21
丹生川郷中村　3-21
西秋澤村　3-16
西粟野村〔粟野〕　3-16, 5-156, 5-297
西岩道村　3-19, 3-21, 5-166
西小熊村〔小熊〕　3-16, 3-18, 5-166, 5-297
西改田村　3-16, 5-156
西改田村堀之内　3-16
西改田村若房　3-16

西條村　3-20
西野尻村　3-21
西萩原村　3-18, 3-20, 5-159
西保村　3-20, 5-166
西御堂村　3-18, 3-20, 5-159, 5-297
西結村　3-16, 3-18, 5-166
庭田村　3-19, 3-21, 5-166
沼村　3-20
根古地新田　3-18, 3-20
根古地村　3-18, 3-20
根高村　3-20
野上村　3-17, 3-19, 5-166, 5-297, 5-300
禾森村　3-18, 5-166
禾森村奈木場　3-18
野田村　3-18, 3-20, 5-166
野村〔小野村〕　3-17, 5-156
則松村　3-16, 5-156, 5-297
萩原村　3-20, 5-159
葉苅村　3-20
脛永村　3-17
萩原○　3-18, 3-20, 5-159, 5-297
萩原村　3-17, 5-156, 5-297, 5-300
橋爪村　3-19, 5-166
橋爪村別所　3-19
蓮池村　3-18, 3-20, 5-297
治田郷垣内村　3-21
治田郷中山村　3-21
治田郷東村　3-21, 5-166
治田郷麓村〔麓村〕　3-21, 5-166, 5-297, 5-300, 5-301
治田郷別名村〔別名〕　3-21, 5-166, 5-297, 5-300, 5-301
羽根村　3-20
馬場村　3-16, 3-18, 5-166
林東村　3-16, 3-18, 5-166
林本郷村　3-16, 3-18, 5-166, 5-297, 5-300
林本郷村出屋敷　3-16, 3-18
東粟野村　3-16, 5-156
東小熊村〔小熊〕　3-18, 5-166, 5-297
東小島村　3-20
東改田村　3-16
東鏡島村　3-16, 3-18, 5-166
東加々野井村〔東加賀野井村〕　3-18, 3-20, 5-166
東木田村　3-16
東殿名村　3-20, 5-166
東野村　3-16, 3-17, 5-156, 5-157, 5-166
東結村　3-16, 3-18, 5-166
日置村　3-20, 5-159, 5-297
彦坂村　3-16, 5-156, 5-297
一日市場村　3-16, 3-18, 5-156, 5-166
日内村　3-21
檜村　3-17, 3-19, 5-166
百町村　3-20
昼飯村　3-17, 3-19, 5-166
蛭間村　3-20
風穴　5-166
深池村　3-18, 5-166, 5-297
深坂村　3-17, 5-156
深坂村枝肥田村　3-16
深瀬村　3-16
福岡〔福岡村〕　3-18, 3-20, 5-166, 5-297
福岡村枝日下丸村　3-20
福田新田　3-18
福束村　3-18, 3-20, 5-166, 5-297
福束村下町　3-18, 3-20
藤江村　3-16, 3-18, 5-166, 5-297
藤川○　3-17, 3-19, 5-166, 5-297, 5-300
二子村　3-20, 5-166
舩小村　3-17
舩付村　3-18, 3-20, 5-166, 5-297, 5-300
舩見村　3-19, 3-21, 5-166
古川村　3-20, 5-159
古田村　3-19, 3-21, 5-166, 5-297, 5-300
古宮村　3-18, 5-166, 5-297
不破一色村　3-18, 5-166
不破関跡　3-17, 3-19
平島新田　3-20, 5-159
室〔宝〕江村〔室江〕　3-16, 3-18, 5-166, 5-297
法林寺村　3-16
細畑村　3-16, 3-18, 5-159, 5-297
本神戸村無量寺　3-18
本郷村　3-17, 5-156, 5-157, 5-297, 5-300
本郷村枝替米　3-17
本郷村溝上〔本郷村〕　3-21, 5-166
本庄村　3-16, 3-18, 5-159
本庄村清村六條村久保見　3-16, 3-18
本庄村多羅　3-16, 3-18
本阿弥村　3-20
前ケ須村　3-20, 5-166
牧新田村　3-18, 5-166
牧田村○　3-19, 5-166, 5-297, 5-300
牧田村上野郷　3-19
牧田村萩原郷　3-19
牧田村門前　3-19
牧田村山村　3-19
牧田村和田郷　3-19
牧村　3-18, 5-166
真乗〔桒〕村　3-16
又丸〔丸〕村　3-16
町方新田　3-20, 5-159, 5-166, 5-297
松尾村　3-17, 3-19, 5-297, 5-300
松山村　3-20
美江寺○☆　3-16, 3-18, 5-166, 5-297
御園町○　3-16, 3-18, 5-156, 5-159, 5-297
三田洞村　3-16, 5-156, 5-297
三塚村　3-16, 3-18, 5-166
三柳村　3-18, 5-166, 5-297
南宮村〔南宿〕　3-18, 5-166, 5-297
南頬村　3-18, 5-166
南之郷村　3-20, 5-166, 5-297
宮地花池村　3-18, 3-20
宮地村　3-20
宮代村　3-17, 3-19, 5-166, 5-297, 5-300
宮田村　3-16, 3-18, 5-166, 5-297
海松村　3-18, 3-20, 5-166
三輪村　3-17, 5-156, 5-157
村山村　3-16, 5-297
村山村枝西山　3-16, 5-156
桃島村　3-20
森津村　3-20
森村　3-18, 5-159
諸桑村　3-20, 5-159
文殊村　3-16, 5-156, 5-297
文殊村新村　3-16
安江村　3-20, 5-166, 5-297, 5-300
安田新田　3-20
安田村　3-20
安久村　3-19, 5-166
弥高村　3-17, 3-19, 5-166, 5-297, 5-300
柳湊村　3-20
柳瀬村　3-16, 3-18, 5-166
柳瀬村柳原　3-16, 3-18
山口村　3-16, 5-156, 5-297
山口村　3-21, 5-166, 5-297, 5-300, 5-301
山口村平野　3-21
山口村舩原　3-21
山崎村〔山﨑村〕　3-20, 5-166, 5-297
山路村　3-20, 5-166
山中村　3-17, 3-19, 5-166, 5-297, 5-300
八幡村　3-17, 3-19, 5-156, 5-157, 5-166, 5-297, 5-300
八幡村西江渡　3-17, 3-19
柚井村　3-20, 5-166
結城村　3-16, 5-156, 5-297
祐久村　3-18, 3-20, 5-166
柚木村　3-20, 5-159, 5-297
横屋村　3-19, 3-21
吉藤〔吉藤村〕　3-18, 3-20, 5-159
竜泉寺村　3-19, 5-166, 5-297, 5-300
領家村　3-16, 3-18, 5-166
領下村　3-16, 3-18, 5-159
領家村三ツ屋　3-16, 3-18
六條村　3-16, 3-18, 5-159
六之井村　3-17, 3-19, 5-156, 5-157, 5-166
呂久村　3-16, 3-18
若宮村　3-19, 3-21
若森村〔若林村〕　3-16, 3-18, 5-166, 5-297, 5-300
脇野村　3-18, 3-20, 5-166
鷲巣村　3-19, 3-21, 5-166

【社寺】
石部神社　3-21, 5-166
岡幡社　3-16, 3-18
乙津寺　3-16, 3-18
尾津神社　3-20
方縣津神社　3-16, 3-18
鴨神社　3-21, 5-166
行基寺　3-20
見性寺　3-21
牛頭天王　3-16
牛頭天皇　3-20
山王社　3-20
崇福寺　3-16, 5-156, 5-159
多度神社　3-20, 5-166
谷汲山華厳寺　3-16, 5-156
天満社　3-18, 3-20
菟上神社　3-21
南宮社　3-17, 3-19, 5-166
花長下神社　3-17
花長神社　3-17
深江神社　3-20, 5-166
法泉寺　3-20
薬師堂　3-19, 3-21

【山・峠】
愛宕山　3-20
雨乞山　3-19
飯盛山　3-20
池田山　3-17
池山　5-297, 5-300, 5-301
伊自良ケ岳　3-16
伊吹山　3-17, 3-19, 5-157, 5-166, 5-297, 5-300
岩里山　3-16
宇田坂峠　5-156
エクリ岳　3-19, 3-21, 5-166
御勝山　5-166
小島山　3-17, 5-157
御林山　3-21
来振山　3-16
金華山　3-16, 3-18, 5-156, 5-159
熊坂山　3-19, 3-21
古城山　3-17
庄ノ嶽　3-19, 3-21
タカツコ山　3-19
多藝山〔タキ山〕　3-19, 3-21, 5-166
多度山　3-20
鶴山　3-16
中山　5-166
彦坂峠　3-16, 5-156
深沢峠〔深坂峠〕　3-19, 5-166
藤原山　3-21, 5-166
舩乗山　3-16
松尾山　3-19
養老山　3-19, 3-21
竜ケ岳　3-21, 5-166

【河川・湖沼】
筏川　3-20
伊自良川　3-16, 5-156
員辨川　3-21, 5-166
伊尾川　3-17
伊尾川　3-20, 5-166
宇賀川　3-21
大榑川　3-18, 3-20
大乗川　3-16
加沈谷川　3-19, 3-21
株瀬川　3-17, 3-19
鎌田川　3-21
木曽川　3-18, 5-159, 5-297
久瀬川　3-18
河渡川　3-16, 3-18
佐屋川　3-20
下池　3-19, 3-21, 5-166, 5-297, 5-300
墨俣川　3-16, 3-18
髙橋川　5-156
十九夜池　3-17, 3-19
道本川　5-166
時川　3-19, 3-21
戸津川　3-20
長良川　3-16, 5-166
根尾川　3-16, 5-156
八幡川　3-16
原川　5-156
肱江川　3-20, 5-166
舩路川　3-16
南谷川　3-19, 3-21
養老滝　3-19, 3-21, 5-166, 5-297, 5-300
吉谷川　3-19
呂久川　3-16, 3-18, 5-166

第119号 白山

【山・峠】

白山　3-22, 5-144, 5-297
富士社山〔冨士社山〕　3-23, 5-144, 5-145, 5-297, 5-300

第120号 福井

【国名】

越前國〔越前〕　3-24, 5-157, 5-300
加賀國〔加賀〕　3-24, 5-144, 5-297

【郡名】

足羽郡　3-26, 5-145, 5-297, 5-300
江沼郡　3-24, 5-144, 5-297, 5-300
坂井郡　3-24, 3-26, 3-27, 5-145, 5-297, 5-300
敦賀郡　3-28, 5-157, 5-172, 5-297, 5-300
南條郡　3-28, 5-157, 5-172, 5-297, 5-300
丹生郡　3-27, 3-28, 5-172, 5-297, 5-300
吉田郡　3-26, 5-145, 5-297, 5-300

【地名】

天菅生村　3-24, 3-26, 5-145
鮎川浦☆　3-27, 5-145, 5-300
安島浦　3-24, 3-25, 5-145, 5-297, 5-300
居倉浦　3-27, 5-145, 5-300
池太郎浦　3-28, 5-157, 5-172, 5-297, 5-300

石新保村　3-25, 5-145
石橋村☆　3-25, 5-145
糸﨑浦　3-25, 3-27, 5-145, 5-300
今泉浦　3-28, 5-157, 5-172, 5-300
上伏村　3-26, 5-145
上木村　3-24, 5-145
江上村　3-24, 3-26, 5-145, 5-297, 5-300
海老助村　3-26, 5-145
圓納村　3-24, 5-145
大窪村〔大久保村〕　3-25, 3-27, 5-145
大谷村　3-28, 5-157, 5-172, 5-297, 5-300
大丹生浦〔丹生〕　3-27, 5-145, 5-300
大味浦　3-27, 5-145
奥谷村　3-24, 5-145, 5-297, 5-300
大橦浦〔橦浦〕　3-27, 3-28, 5-172, 5-300
梶浦☆　3-24, 5-145, 5-297, 5-300
甲樂城浦　3-28, 5-157, 5-172, 5-300
上海浦☆　3-27, 5-172, 5-300
蒲生浦蒲生☆〔蒲生浦、蒲生〕　3-27, 5-145, 5-300
川尻村　3-25, 5-145, 5-300
祇王三郎丸村　3-26, 5-145
岸水村　3-24, 3-26, 5-145, 5-297, 5-300
北方浦〔北方〕　3-24, 5-145, 5-297, 5-300
北菅生浦〔菅生〕　3-27, 5-145, 5-300
北楢原村　3-26, 5-145
熊坂村　3-24, 5-145, 5-297, 5-300
茱﨑浦〔茱﨑浦、芙﨑〕　3-27, 5-145, 5-300
厨浦☆　3-28, 5-172, 5-300
黒目村　3-25, 5-145, 5-297, 5-300
河野浦☆　3-28, 5-157, 5-172, 5-300
小橦浦〔橦浦〕　3-27, 3-28, 5-172, 5-300
小尉村　3-24, 5-145
御所垣内村　3-24, 3-26, 5-145, 5-297, 5-300
小丹生浦〔丹生〕　3-27, 5-145, 5-300
米ケ脇浦　3-24, 5-145, 5-297, 5-300
米浦☆　3-28, 5-172, 5-300
境村　3-26, 5-145
嵜浦　3-24, 5-145, 5-297, 5-300
塩谷村　3-24, 5-145, 5-297, 5-300
四十谷村　3-26, 5-145, 5-297, 5-300
地蔵堂村　3-26, 5-145, 5-297, 5-300
島山梨子村　3-24, 3-26, 5-145
下海浦　3-27, 5-172, 5-300
下野村　3-24, 5-145
宿浦　3-24, 5-145
宿浦　3-27, 5-172
城村　3-24, 5-145, 5-297, 5-300
白方村　3-25, 5-145, 5-300
新家　3-24, 5-145
新保浦　3-27, 5-172
砂子田村　3-24, 5-145
瀬越村　3-24, 5-145
左右浦　3-27, 5-145, 5-172, 5-300
大聖寺（松平飛彈守居城）　3-24, 5-145, 5-297, 5-300
高佐浦　3-28, 5-172, 5-300
滝谷村　3-24, 5-145, 5-297, 5-300
立石浦　3-28, 5-172
玉川浦　3-27, 5-172, 5-300
劔大谷村　3-24, 3-26, 5-145, 5-297, 5-300
泥原新保浦○　3-24, 5-145, 5-297, 5-300
永井村　3-24, 5-145, 5-297, 5-300
長橋浦　3-25, 3-27, 5-145
浪松浦〔浪松〕　3-24, 5-145, 5-297, 5-300
楢原村　3-26, 5-145, 5-297, 5-300
西野中村　3-24, 5-145
西畑村　3-25, 3-27, 5-145
糠之浦〔糠之〕　3-28, 5-172, 5-300
橋村　3-24, 5-145
濱坂浦　3-24, 5-145
濱地浦〔濱地〕　3-24, 5-145, 5-297, 5-300
濱住村　3-25, 3-27, 5-145
福井（松平伊豫守居城）☆　3-26, 5-145, 5-297, 5-300
藤瀬村　3-24, 5-145
布施田村　3-24, 5-145, 5-297, 5-300
二ツ屋村　3-25, 3-27, 5-145, 5-300
堀宮村　3-26, 5-145, 5-297, 5-300
松蔭浦　3-25, 3-27, 5-145
右村　3-24, 5-145
三國湊☆⛵〔三国〕　3-24, 5-145, 5-297, 5-300
道口浦　3-27, 3-28, 5-172, 5-300
三橋地方〔三橋〕　3-26, 5-145, 5-297, 5-300
三ツ屋村〔三ツ谷村〕　3-26, 5-145
南菅生浦〔菅生〕　3-27, 5-145, 5-300
蓑浦☆　3-25, 3-27, 5-145
三宅村　3-24, 5-145
和布浦〔和布〕　3-25, 3-27, 5-145, 5-300
免鳥村　3-25, 3-27, 5-145, 5-300
元比田村〔比田〕　3-28, 5-157, 5-172, 5-297, 5-300
茂原浦　3-28, 5-172
山岸村　3-24, 5-145
横越村　3-24, 5-145, 5-297, 5-300
吉﨑浦☆〔吉﨑〕　3-24, 5-145, 5-297, 5-300
吉﨑村　3-24, 5-145
米納津村　3-25, 5-145
両橋屋村〔西橋屋村〕　3-25, 5-145

【河川・湖沼】

大聖寺川　3-24

【島】

安島　3-25
鹿島　3-24

第121号 敦賀・小浜

【国名】

越前國〔越前〕　3-29, 3-31, 3-32, 5-157, 5-297, 5-300
近江國〔近江〕　3-29, 3-30, 3-31, 3-32, 5-166, 5-297, 5-300
若狭國〔若狭〕　3-29, 3-31, 5-174, 5-300

【郡名】

浅井郡　3-30, 3-31, 3-32, 5-157, 5-297, 5-300
伊香郡　3-30, 3-31, 5-157, 5-297, 5-300
大飯郡　3-33, 5-175, 5-300
遠敷郡　3-32, 3-33, 5-174, 5-300
髙島郡　3-29, 3-31, 3-32, 5-174, 5-300
敦賀郡　3-29, 3-31, 3-32, 5-157, 5-172, 5-297, 5-300
三方郡　3-29, 3-31, 3-32, 3-33, 5-172, 5-300

【地名】

相田村　3-32, 5-172, 5-300
青井村　3-33, 5-172
青名村　3-30, 5-157
赤嵜浦〔赤﨑浦〕　3-29, 5-157, 5-172, 5-300
安賀里村　3-33, 5-172, 5-174, 5-300
舉野浦　3-29, 5-157, 5-172, 5-300
麻生口村　3-29, 3-31, 5-157, 5-297, 5-300
阿曽浦　3-29, 5-157, 5-172
阿納浦　3-33, 5-172
阿納尻村　3-33, 5-172
雨森村　3-30, 5-157, 5-297, 5-300
有田村　3-33, 5-172, 5-174, 5-300
安養寺村　3-30, 5-157, 5-174
池原村　3-30, 5-157, 5-297, 5-300
泉村　3-29, 5-172
市橋村　3-29, 3-31, 3-32, 5-157, 5-172
五幡浦☆　3-29, 5-157, 5-172
井口村　3-30, 5-157
犬熊浦　3-33, 5-172, 5-300
伊部（小谷）○☆　3-30, 5-157, 5-297, 5-300
今市村　3-30, 5-157, 5-297, 5-300
今西村　3-30, 5-157, 5-174, 5-297, 5-300
今濱浦　3-29, 5-172, 5-300
今屋敷村　3-29, 3-31, 3-32, 5-172
色濱浦　3-29, 5-172, 5-300
上野村　3-32, 5-172, 5-300
宇久浦　3-33, 5-172, 5-300
内保村　3-30, 5-157, 5-297, 5-300
宇根村　3-30, 5-157, 5-297, 5-300
海山村　3-33, 5-172
海山村五十鉢　3-33
浦底浦　3-29, 5-172, 5-300
海老江村　3-30, 5-157, 5-174
江良浦　3-29, 5-172, 5-300
延勝寺村〔円勝寺〕　3-30, 5-157, 5-174, 5-297, 5-300
追分村　3-29, 3-31, 3-32, 5-157, 5-172, 5-300
大浦村☆　3-31, 5-157, 5-172, 5-297, 5-300
小谷村　3-30, 5-157
大音村　3-30, 5-157, 5-172
大沼村　3-31, 3-32, 5-174
大比田浦〔比田〕　3-29, 5-157, 5-172, 5-297, 5-300
大藪村　3-32, 5-172
小川浦　3-33, 5-172
奥野村　3-29, 3-31, 3-32, 5-157
小倉村　3-30, 5-157, 5-166, 5-297, 5-300
小河口村〔小川口〕　3-29, 3-31, 3-32, 5-157, 5-172, 5-300
小河村　3-29, 3-31, 3-32, 5-157, 5-172
遠敷村　3-33, 5-172, 5-174, 5-300
尾上村　3-30, 5-157, 5-174, 5-297, 5-300
小濱（酒井靭負佐居城）☆　3-33, 5-172, 5-300
海津○　3-31, 3-32, 5-172, 5-174, 5-300
加尾浦　3-33, 5-172
柏原村　3-30, 5-157, 5-297, 5-300
片山村　3-30, 5-157, 5-172, 5-174, 5-297, 5-300
堅海浦　3-33, 5-172, 5-300
桂村　3-31, 3-32, 5-174, 5-300
金山村　3-29, 3-32, 5-172, 5-300
金山村　3-29, 3-31, 3-32, 5-172, 5-300
金山村市野々〔市野々〕　3-29, 3-31, 3-32, 5-300
金山村枝関　3-29, 3-31, 3-32
兼田村　3-33, 5-172, 5-174
加福六村　3-33, 5-172, 5-174, 5-300
構村　3-31, 3-32, 5-174, 5-300
唐川村　3-30, 5-157, 5-297, 5-300
唐國村　3-30, 5-157, 5-166
川並村　3-31, 5-157, 5-174, 5-297, 5-300
河原市村　3-29, 3-32, 5-172
北新保村〔新保〕　3-31, 3-32, 5-172, 5-174, 5-300
北田村　3-29, 3-31, 3-32, 5-172, 5-300
北前川村〔前川〕　3-32, 5-172, 5-300
北仰村　3-31, 3-32, 5-174
木本○☆　3-30, 5-157, 5-297, 5-300
氣山村　3-32, 5-172
久々子村　3-32, 5-172
櫛川村　3-29, 5-172
櫛林村　3-29, 3-31, 3-32, 5-172, 5-300
郡上（小谷）○　3-30, 5-157, 5-297, 5-300
沓浦　3-29, 5-172, 5-300
公文名村　3-31, 3-32, 5-172
倉見村☆　3-32, 5-172, 5-300
黒田村　3-30, 5-157
小荒路村　3-31, 3-32, 5 172, 5-300
小今村　3-30, 5-157, 5-166
郷市村　3-29, 3-32, 5-172, 5-300
甲ケ嵜村〔甲ヶ﨑〕　3-33, 5-172, 5-300
國分村　3-33, 5-172, 5-174, 5-300
御名村　3-31, 3-32, 5-172
佐柿村　3-29, 3-31, 3-32, 5-172, 5-300
坂口村　3-30, 5-157, 5-297, 5-300
坂尻村　3-29, 3-31, 3-32, 5-172, 5-300
佐田村　3-29, 3-31, 3-32, 5-172, 5-300
澤村　3-31, 3-32, 5-172, 5-174, 5-300
塩津濱村☆〔塩津〕　3-31, 5-157, 5-172, 5-297, 5-300
志積浦　3-33, 5-172, 5-300
下山田村〔山田〕　3-30, 5-157, 5-297, 5-300
下餘吾村　3-30, 5-157, 5-297, 5-300
下吉田村　3-33, 5-172, 5-174
塩坂越浦　3-33, 5-172, 5-300
成願寺村　3-32, 5-172
常宮浦　3-29, 5-172, 5-300
白木浦　3-29, 5-172, 5-300
新田村　3-29, 3-31, 3-

32, 5-172
新田村田島村（幸若助九郎給地） 3-29, 3-31, 3-32
杉津浦 3-29, 5-157, 5-172, 5-297, 5-300
末野村 3-33, 5-172, 5-174, 5-300
菅浦村〔菅浦〕 3-31, 5-157, 5-174, 5-297, 5-300
菅濱村 3-29, 5-172, 5-300
世久見浦 3-33, 5-172, 5-300
世久見浦岡靏 3-33
世久見浦食見 3-33
千田村 3-30, 5-157
曽々木村 3-29, 3-31, 3-32, 5-157, 5-297, 5-300
尊勝寺村 3-30, 5-157, 5-297, 5-300
田結浦 3-29, 5-172, 5-300
太興寺村 3-33, 5-172, 5-174
田井村 3-33, 5-300
田井村成出 3-33
高田村 3-30, 5-157
高月村 3-30, 5-157, 5-297, 5-300
田烏浦 3-33, 5-172, 5-300
田烏浦須ノ浦 3-33
田烏浦谷及 3-33
田烏浦釣姫 3-33
田川村 3-30, 5-157
駄口村 3-29, 3-31, 3-32, 5-157, 5-172, 5-300
竹波村 3-29, 5-172, 5-300
多田村 3-33, 5-172, 5-300
田部村 3-30, 5-157, 5-297, 5-300
智内村 3-31, 3-32, 5-174
月ケ瀬村 3-30, 5-157, 5-166
月出村 3-31, 5-157, 5-172, 5-297, 5-300
堤村 3-33, 5-172, 5-174, 5-300
津内村 3-29, 3-31, 3-32, 5-157, 5-172, 5-300
常神浦 3-33, 5-172, 5-300
津之里村 3-30, 5-157, 5-174
津之里村枝東尾上☆ 3-30
敦賀○☆⛵ 3-29, 3-31, 5-172, 5-300
手浦 3-29, 5-172, 5-300
東市場村 3-33, 5-172, 5-174
渡岸寺村 3-30, 5-157
堂村 3-31, 3-32, 5-157, 5-172
徳市村 3-29, 3-31, 3-32, 5-172
留目村 3-30, 5-157
刀根杉箸村○〔刀根〕 3-29, 3-31, 5-157, 5-297, 5-300
泊浦 3-33, 5-173
中之庄村〔中ノ庄村〕 3-31, 3-32, 5-174
長澤村 3-29, 3-31, 3-32, 5-157, 5-172, 5-300
中之郷村 3-30, 5-157, 5-297, 5-300
名子〔名子浦〕 3-29, 5-172, 5-300
丹生浦 3-29, 5-172, 5-300
西小川浦 3-33, 5-172, 5-300
西主計村 3-30, 5-157, 5-166, 5-297, 5-300
西路村 3-32, 5-172, 5-300
西勢村 3-33, 5-173, 5-300
西津村 3-33, 5-172, 5-300
西野村 3-30, 5-157, 5-172, 5-174, 5-297, 5-300
西濱村 3-31, 3-32, 5-174, 5-300
縄間浦 3-29, 5-172, 5-300
野神村 3-29, 3-31, 3-32, 5-172, 5-300
野口村（剣熊御関所） 3-31, 3-32, 5-157, 5-172, 5-300
野口村枝路原 3-29, 3-31, 3-32
野口村國境 3-29, 3-31, 3-32
能登野村 3-32, 5-172, 5-300
野村 3-30, 5-157, 5-166
鳩原村 3-29, 3-31, 3-32, 5-157, 5-172
早瀬浦 3-32, 5-172, 5-300
速見村 3-30, 5-157, 5-297, 5-300
飯盛村 3-33, 5-173, 5-300
飯之浦☆〔飯浦〕 3-31, 5-157, 5-172, 5-297, 5-300
日笠村☆ 3-33, 5-172, 5-174, 5-300
東勢村 3-33, 5-172, 5-300
東野村 3-30, 5-157
東物部村 3-30, 5-157, 5-297, 5-300
疋田○☆ 3-29, 3-31, 3-32, 5-157, 5-172, 5-300
平野村 3-33, 5-172, 5-174, 5-300
日向浦 3-33, 5-172, 5-300
日向浦早瀬浦笹田 3-32
蛭口村 3-31, 3-32, 5-172, 5-174, 5-300
深清水村 3-31, 3-32, 5-174, 5-300
藤井村 3-32, 5-172, 5-300
伏原村 3-33, 5-172
二俣村 3-30, 5-157
二村浦 3-29, 5-172, 5-300
平ケ嵜村〔平ケ崎村〕 3-31, 3-32, 5-174
佛谷浦 3-33, 5-172, 5-173
洞戸村 3-30, 5-157
馬上村 3-30, 5-157
増田村 3-30, 5-174, 5-297, 5-300
松原村 3-29, 3-32, 5-172, 5-300
鞠山浦 3-29, 5-157, 5-172, 5-300
三方村 3-32, 5-172, 5-300
神子浦 3-33, 5-172
三田村 3-30, 5-157
道口村 3-29, 3-31, 3-32, 5-157, 5-172, 5-300
南前川村〔前川〕 3-32, 5-172, 5-300
武生村 3-33, 5-172, 5-174, 5-300
馬渡村 3-30, 5-157, 5-166, 5-297, 5-300
持寺村 3-30, 5-157, 5-297, 5-300
八島村 3-30, 5-157, 5-297, 5-300
矢代浦 3-33, 5-172, 5-300
柳ケ瀬（御関所）○☆〔柳瀬〕 3-30, 5-157, 5-297, 5-300
岩熊村 3-29, 3-31, 5-157, 5-172, 5-297, 5-300
山上村 3-29, 3-31, 3-32, 5-172
山泉村 3-31, 3-32, 5-157, 5-172
山中村 3-29, 3-31, 3-32, 5-157, 5-172
山梨子村〔山梨村〕 3-30, 5-157, 5-172
山前村 3-30, 5-157
遊子浦 3-33, 5-172, 5-300
湯岡村 3-33, 5-172, 5-300
八日市村 3-30, 5-157
下〔丁〕野村 3-30, 5-157
横濱浦 3-29, 5-157, 5-172, 5-297, 5-300
横山村 3-30, 5-157
横渡村 3-32, 5-172
若狭浦 3-33, 5-172, 5-300
和久野村 3-29, 3-31, 3-32, 5-172
和久里村 3-33, 5-172
和田村 3-29, 3-32, 5-172

【社寺】

一宮氣比社 3-29, 3-31
遠敷宮 3-33
菅山寺 3-30
常宮社 3-29

【山・峠】

朝日山
岩コモリ山 3-29, 3-30, 3-32
牛草山 3-29, 3-31, 3-32, 5-172
大嵜山 3-31, 3-32
大菅山 3-30, 5-157, 5-172
小倉本山 3-33, 5-172
御嶽〔御岳〕 3-29, 3-31, 3-32, 5-172
小谷山 3-30
久ケ坂峠 3-31, 5-157
腰越坂峠 5-172
西方山〔西方岳〕 3-29, 5-172
螺岳 3-29
サナミ山 3-31, 3-32
三十三間堂山 3-32
志津岳〔志津ケ岳〕 3-30, 5-157, 5-172
白谷山 3-29, 3-31, 3-32
水晶山 3-29
スヽカ岳 3-33, 5-172
高草山 3-29, 3-31, 5-157, 5-172
ツヽラ尾山 5-157, 5-172
椿峠 3-29, 3-32
堂木〔堂木山〕 3-30, 5-157
七尾山 3-33
野坂山 3-29, 3-31, 3-32, 5-172
箱ケ岳 3-33, 5-172
蜂ケ岳〔蜂ケ峯〕 3-30, 5-157, 5-172
吹上峠 3-33, 5-172
三星山 3-32
矢筈山 3-29, 3-32
横山岳 5-157, 5-297, 5-300

【河川・湖沼】

上湖 3-33, 5-172
下湖 3-32, 5-172
高時川 3-30, 5-157
中湖 3-33, 5-172
日向湖 3-33, 5-172
馬渡川 3-30, 5-157
百瀬川 3-31, 3-32
餘吾湖 3-30, 5-157, 5-174, 5-297, 5-300

【岬・海岸】

青井崎 5-172, 5-173
アコノ嵜〔アコ崎〕 3-33, 5-172
黒嵜〔黒崎〕 3-29, 3-32, 5-172, 5-300
黒嵜 3-33
黒嵜〔黒崎〕 3-33, 5-172
コツテ崎 5-172
獅子嵜〔獅子崎〕 3-33, 5-172
ソテ崎〔ソテ崎〕 3-33, 5-173
チカ嵜 3-33
舟通鼻 3-29
松ケ崎 5-173
神子嵜〔神子崎〕 3-33, 5-172
輪里嵜 3-33

【島】

青島 3-33, 5-173
宇テ島〔ウテ島〕 3-33, 5-172
御神島 3-33, 5-172, 5-300
冠岩 3-29
小島 3-33, 5-172
サカイトノ岩 3-33
田井嶋〔田井島〕 3-33, 5-172
竹生島（神領） 3-31, 5-157, 5-174, 5-297
千島 3-33, 5-172
二子島 3-33, 5-173
辨天 3-29
水島 3-29

第122号 舞鶴

【国名】

丹後國〔丹後〕 3-34, 3-35, 3-36, 3-37, 5-180, 5-304
若狭國〔若狭〕 3-34, 3-35, 3-36, 3-37, 5-174, 5-300

【郡名】

大飯郡 3-34, 3-36, 5-175, 5-300
加佐郡 3-34, 3-36, 5-173, 5-175, 5-304

【地名】

青井村 3-37, 5-173
餘部下村 3-37, 5-173
伊佐津村 3-37
石浦村 3-37, 5-173, 5-304
石浦村下石浦 3-37
市場村 3-36, 5-173, 5-175
犬見村 3-36, 5-173, 5-300
岩神村 3-36, 5-173, 5-300
上下村☆ 3-36, 5-173, 5-175, 5-300
上瀬村 3-34, 3-36, 5-173
大君村 3-37, 5-173
大島村 3-34, 3-36, 5-173, 5-300
大丹生村 3-35, 3-37, 5-173
大波村 3-37, 5-173
大波村森ケ谷 3-37
大原村 3-35, 5-173, 5-304
〔大〕山村 3-35, 3-37, 5-173
岡津村 3-36, 5-173, 5-175, 5-300
小黒飯村 3-36, 5-173, 5-300
音海村 3-34, 3-36, 5-173
尾内村 3-36, 5-173, 5-175, 5-300
小橋村 3-35, 3-37, 5-173, 5-300
鐘寄村 3-36, 5-173
蒲江村 3-37, 5-173
上車持村〔車持〕 3-36, 5-173, 5-300
上東村 3-37, 5-175
上福井村 3-37, 5-175
亀島村 3-35, 5-173, 5-304
亀島村立石 3-35
亀島村耳鼻 3-35
河邉中村 3-35, 3-37, 5-173
神崎村 3-37, 5-173, 5-304
北吸村 3-37, 5-173, 5-175, 5-304
喜多村 3-37, 5-173, 5-175
京田村 3-37, 5-175, 5-304
公文名村 3-37, 5-175
鯉川村 3-36, 5-173, 5-175
神野浦 3-34, 3-36, 5-

173
神野村 3-34, 3-36, 5-173, 5-300
小堀村 3-36, 5-173, 5-175, 5-300
堺谷村 3-37
佐波賀村 3-35, 3-37, 5-173
下安久村〔安久〕 3-37, 5-175, 5-304
下車持村〔車持〕 3-36, 5-173, 5-300
下園村 3-36, 5-173, 5-175
下東村 3-37, 5-173, 5-175
下福井村 3-37, 5-175
白杉村〔白杦〕 3-37, 5-173, 5-304
瀬崎村 3-35, 3-37, 5-173, 5-304
泉源寺村 3-37, 5-173, 5-175
泉源寺村市場☆ 3-37
園部村 3-36, 5-173
田井村☆ 3-35, 3-37, 5-173, 5-300
田井村水浦 3-34, 3-35, 3-37
平村☆ 3-35, 3-37, 5-173
髙野谷村野村 3-37
髙濵村 3-36, 5-173, 5-300
立石村 3-36, 5-173, 5-300
田邉(牧野豊前守居城)☆ 3-37, 5-175, 5-304
千歳村 3-37, 5-173, 5-304
津母村 3-35, 5-173, 5-304
十倉村 5-175
杤尾村 3-35, 3-37, 5-173
泊村 3-35, 5-173, 5-304
長井村 3-36, 5-173, 5-175, 5-300
中田村 3-37, 5-173
中津海村 3-36, 5-173
長濵村 3-37, 5-173, 5-304
長濵村五森 3-37
中山村 3-37, 5-173, 5-175, 5-304
七日市村 3-37, 5-175
難波江村☆ 3-36, 5-173, 5-300
成生村 3-35, 3-37, 5-173, 5-300
新井村 3-35, 5-173
西屋村 3-35, 3-37, 5-173, 5-300
野原村 3-35, 3-37, 5-173, 5-300
野室村 3-35
畑村 3-36, 5-173
八田村 3-37
濵村 3-37, 5-173, 5-175
原村 3-35, 3-37, 5-173, 5-300
引土村 3-37, 5-175
日出村 3-35, 5-173, 5-304
日引村 3-34, 3-36, 5-173, 5-300
平田村 3-35, 5-173
本所村 3-36, 5-173, 5-300
馬居寺村 3-36, 5-173
水間村 3-37, 5-173
溝尻村 3-37, 5-173, 5-175
三松村 3-36, 5-173, 5-300
三松村細工 3-36
三濵村 3-35, 3-37, 5-173, 5-304
宮尾村 3-34, 3-36, 5-173, 5-300
山中村 3-34, 3-36, 5-173, 5-300
油江村 3-37
由良村☆⛵ 3-37, 5-173, 5-304
油里村 3-37
由里村 3-35, 3-37, 5-173, 5-300
吉田村 3-37, 5-173
和江村 3-37, 5-173
和田村 3-36, 5-173, 5-300
和田村 3-37, 5-173, 5-175

【山・峠】

青葉山 3-36, 5-173, 5-300
秋葉山 3-37
大山 5-300
古城跡〔古城〕 3-36, 5-173, 5-300
古城山 3-36
建部山 3-37
逸見古城 3-36
三ケ岳 3-37
養老山 3-37
和田山 3-36, 5-173, 5-300

【河川・湖沼】

伊佐津川 3-37
稲浦 3-35
大川 3-37, 5-173

【岬・海岸】

赤クリ岬〔赤クリ﨑〕 3-34, 3-36, 5-173, 5-300
今戸鼻 3-34, 3-36
押廻鼻〔押廻岬〕 3-34, 3-36, 5-173, 5-300
甲﨑 3-34, 3-36
刈又岬 3-37
タンノ鼻 3-34, 3-36
津﨑 3-36, 5-173
新井﨑 3-35
捻松岬 3-37
鋸﨑 3-34, 3-36
野原岬 3-35, 3-37, 5-173, 5-300
博奕岬〔博奕﨑〕 3-35, 3-37, 5-173
廣瀬﨑 3-34, 3-36, 5-173
松﨑〔松ヶ﨑〕 3-37, 5-300
無雙鼻〔無雙岬〕 3-35, 3-37, 5-173
鷲﨑 3-35, 5-173

【島】

青島 3-35, 5-173
アシヤ島 3-35, 3-37, 5-173
イ子シマ〔稲島〕 3-36, 5-173
馬立シマ〔馬立島〕 3-34, 3-36, 5-173, 5-300
烏帽子岩 3-35, 3-37
大根島 3-34, 3-36
沖桂島 3-35, 3-37, 5-173
沖島 3-35, 5-173, 5-300
乙島 3-37, 5-173
片シマ〔片島〕 3-35, 3-37, 5-173, 5-300
桂島〔地桂島〕 3-35, 3-37, 5-173
カツラシマ〔桂島〕 3-34, 3-36, 5-173, 5-300
毛島（田井村屬） 3-34, 3-36, 5-173, 5-300
小島 3-35, 5-173, 5-300
シヤ島〔シヤシマ〕 3-37, 5-173
髙島 3-35, 3-37, 5-173, 5-300
トキシマ〔トキ島〕 3-35, 5-173
戸島 3-37, 5-173
鳥シマ〔鳥島〕 3-37, 5-173
鳥島 3-36, 5-173, 5-300
中クリ 3-36, 5-173
名シマ 3-34, 3-36
ハシカシマ 3-34, 3-36, 5-173
ハセキクリ 3-36, 5-173, 5-300
ハセキ小クリ 3-36, 5-173
モトヽリシマ〔モトヽリ島〕 3-34, 3-36, 5-173, 5-300

第123号
宮津

【国名】

但馬國〔但馬〕 3-41, 5-181, 5-304
丹後國〔丹後〕 3-41, 5-180, 5-304

【郡名】

出石郡 3-41, 5-180, 5-304
加佐郡 3-40, 5-173, 5-304
熊野郡 3-39, 3-41, 5-180, 5-304
竹野郡 3-38, 3-39, 5-180, 5-304
中郡 3-38, 3-39, 3-40, 3-41, 5-180, 5-304
與謝郡 3-38, 3-40, 5-180, 5-304

【地名】

相田村 3-41
上村 3-38, 3-40
淺茂川村 3-39, 5-180, 5-304
蘆原村 3-39, 3-41
天橋立 3-38, 3-40, 5-180
海士村 3-39, 3-41
細〔網〕野村☆〔細野〕 3-39, 5-180, 5-304
荒山村 3-38, 3-40
荒山村枝中野 3-38, 3-40
有田村 3-40
安養寺村 3-39, 3-41, 5-180
安養寺村端郷 3-39, 3-41
出石町唐津屋谷〔出石〕 3-41, 5-304
出角村 3-39, 3-41
市野々村 3-41, 5-180, 5-304
市場村 3-39, 3-41
市場村 3-41, 5-180, 5-304
井邊村 3-38
芋野村 3-38, 5-180, 5-304
芋野村舟岡 3-38, 5-180
岩ケ鼻村〔岩鼻村〕 3-38, 5-173
岩木村 3-38, 5-180, 5-304
岩滝村 3-38, 3-40, 5-180, 5-304
上野村 3-38, 5-180
上野村 3-39
上野村中野 3-41
宇治村 3-38, 5-173, 5-304
浦明村 3-39, 5-180
江尻村 3-38, 3-40, 5-173, 5-304
大川村 3-40
大河内村 3-41, 5-180
大河内村口河野部 3-41
大河内村西門 3-41
大河内村熊〔能〕谷 3-41
大島村 3-38, 5-173, 5-304
大向村 3-39, 5-180
大山村 3-38
大山村枝大下 3-38
大山村平井 3-38
小谷村○ 3-41, 5-180, 5-304
小谷村奥小谷 3-41
小田村 3-40, 5-173, 5-304
小田村 3-40, 5-180, 5-304
小田村枝關ケ淵 3-40
小田村岩洞 3-40
小田村清水 3-40
小田村枝中茶屋 3-40
小田村平石 3-40
男山村 3-38, 3-40, 5-180, 5-304
尾和村 3-38, 5-180, 5-304
柿ケ成村 3-40
掛津村 3-39, 5-180
掛津村遊浦 3-38, 3-39
葛野村 3-39, 5-180, 5-304
金谷村〔金山村〕 3-39, 3-41, 5-180
金谷村西谷 3-39, 3-41
鹿野村 3-39, 5-180
蒲井村 3-39, 5-180, 5-304
蒲井村旭湊⛵ 3-39
蒲入村 3-38, 5-173, 5-304
唐川村 3-40
唐川村○ 3-41, 5-180, 5-304
願興寺村 3-38, 5-180
神﨑村 3-39, 5-180, 5-304
北村○ 3-40, 5-180, 5-304
北村今福 3-40
木津庄濵分塩江〔木津庄濵分、木津庄〕 3-39, 5-180, 5-304
木橋村 3-38, 3-39
久僧村 3-38, 5-180, 5-304
桐野村 3-41
久田見村〔久田美村〕 3-40, 5-175, 5-304
口大野村○ 3-38, 3-40, 5-180, 5-304
口矢根村○ 3-41, 5-180
口矢根村野尻 3-41
國久村 3-38
久畑村○ 3-41, 5-180
久畑村三才原 3-41
久美濱村(御代官陣屋)○ 3-39, 3-41, 5-180, 5-304
久美濱村枝松ケ﨑 3-39, 3-41
栗尾村 3-41, 5-180
栗尾村貝田 3-41
車野村 3-38, 5-180
黒部村 3-38, 5-180, 5-304
乗飼下村〔乗飼〕 3-40, 5-175, 5-304
乗飼下村原 3-40
毛原村 3-40, 5-180
河部村 3-38, 3-40
甲山村 3-39, 3-41, 5-180
五箇村 3-39, 3-41, 5-180
五箇村枝大ケ谷 3-39, 3-41
國分村 3-38, 3-40, 5-180, 5-304
小乗村 3-39, 3-41
小田村 3-38, 5-180, 5-304
小寺村 3-40, 5-173
此代村 3-38, 5-180, 5-304
此代村乗原 3-38
小濵村 3-39, 5-180, 5-304
是安村 3-38
坂井村 3-39, 3-41, 5-180
坂井村下坂井 3-39, 3-41
佐田村 3-41, 5-180
佐田村石原在 3-41
佐田村大貝 3-41
佐田村平地 3-41
里波見村 3-38, 5-173, 5-304
佐野村○ 3-39, 3-41, 5-180, 5-304
佐野村端郷 3-39, 3-41
獅子﨑村 3-40, 5-173, 5-304
志髙村 3-40
地藤村 3-40
島陰村 3-38, 3-40, 5-173, 5-304
下岡村 3-39, 5-180, 5-304
成願寺村 3-38, 5-180, 5-304
上司町☆ 3-40, 5-173, 5-304
正法寺村 3-41, 5-180, 5-304
新庄村 3-39, 3-41, 5-180, 5-304

新町村　3-38, 3-40
菅村　3-38, 3-40, 5-180
菅村枝上菅　3-39, 3-41
杉谷村　3-39, 5-180, 5-304
杉谷村枝九艘　3-38, 3-40
周枳村　3-38, 3-40
須田村　3-39, 3-41, 5-180, 5-304
須津村　3-40, 5-180, 5-304
善王寺村　3-38, 3-40, 5-180, 5-304
惣村　3-40, 5-180
袖志村　3-38, 5-173, 5-304
間人村　3-38, 5-180, 5-304
間人村大間　3-38
間人村砂方　3-38
髙津江村　3-40
竹野村　3-38, 5-180, 5-304
田中村〔田井村、田井〕 3-38, 3-40, 5-173, 5-304
田中村　3-40
谷内村　3-40
谷村　3-39, 3-41, 5-180
俵野村　3-39
丹波村　3-38, 5-180, 5-304
丹波村枝櫻内　3-38
獅子村　3-40, 5-173
長延寺村　3-38, 5-173, 5-304
堤村　3-38, 5-180
出合村　3-41, 5-180
寺坂村○　3-41, 5-180, 5-304
寺坂村上寺坂　3-41
時光村　3-38
徳光村　3-38
枒谷村　3-39, 3-41, 5-180, 5-304
鳥取村　3-38
友重村　3-39, 3-41, 5-180, 5-304
内記村　3-38, 3-40
内宮村（元伊勢） 3-40, 5-180
長江村　3-38, 5-173, 5-304
長岡村　3-38, 3-40, 5-180
長岡村枝當槌　3-38, 3-39, 3-40
長岡村枝金田　3-39, 3-41
長岡村姫御前　3-38, 3-40
中津村　3-40, 5-173
永富村　3-39, 3-41, 5-180
永富村茶屋　3-39, 3-41
中野村　3-38, 3-40, 5-173, 5-180
中野村大垣　3-38, 3-40
中濱村　3-38, 5-180, 5-304
中村　3-40, 5-173
新谷村　3-39, 3-41
二箇村　3-39, 3-41, 5-180, 5-304
二箇村枝苗代　3-39, 3-41
新治村　3-39, 3-41, 5-180, 5-304
新治村三軒屋　3-39, 3-41
野中村　3-39, 3-41, 5-180
橋爪村　3-39, 3-41, 5-180, 5-304
波路村　3-40, 5-173
畑村　3-41, 5-180
畑村　3-41, 5-180
畑村枝西畑　3-41
濱詰村　3-39, 5-180
濱分礒　3-39
日置濱村☆　3-38, 3-40, 5-173, 5-304
久治〔次〕村　3-39, 3-41
平田村　3-41, 5-180, 5-304
平田村淀　3-41
二俣村　3-40, 5-180
佛性寺村　3-40, 5-180, 5-304
佛性寺村二瀬川　3-40
佛性寺村真井野　3-40
筆石村　3-38, 5-180
平村　3-38, 5-180, 5-304
布袋野村　3-41, 5-180, 5-304
本庄上村〔本庄〕 3-38, 5-173, 5-304
本庄濱村〔本庄〕 3-38, 5-173, 5-304
品田村　3-39, 3-41, 5-180
鱒留村　3-39, 3-41, 5-180, 5-304
鱒留村夏焼　3-39, 3-41
三重村　3-38, 3-40, 5-180, 5-304
三坂村　3-38, 3-40, 5-180
水石村　3-41, 5-180, 5-304
溝尻村　3-38, 3-40
溝谷村　3-38, 5-180, 5-304
三日市村　3-40, 5-175, 5-304
三津村　3-38, 5-180
湊宮村☆　3-39, 5-180
湊宮村河内　3-39
湊宮村山内　3-39
峯山（京極周防守在所）○　3-39, 5-180, 5-304
南尾村　3-41, 5-180
三原村　3-41, 5-180, 5-304
三原村下三原　3-41
三宅村　3-38
宮津（松平伯耆守居城）☆　3-40, 5-180, 5-304
宮村　3-40, 5-180
宮村　3-38, 5-180
森本村　3-38, 3-40
文殊門前町　3-40, 5-180
薬王寺村　3-41
安村　3-39, 5-180
矢田村　3-38, 5-180
矢原村　3-38, 3-40, 5-173
夕日湊⚓　3-39
弓木村　3-38, 3-40, 5-180, 5-304
弓木村石田　3-40
吉永村　3-38
吉澤村　3-38, 5-180, 5-304
脇村　3-40, 5-173, 5-304
和田野村　3-38

【社寺】

伊豆志弥神社　3-39, 3-41
石部神社　3-41
板列神社　3-38, 3-40
伊知布西神社　3-40
稲代神社　3-39, 3-41
岩戸明神〔岩戸大明神〕 3-40, 5-180
浦島社　3-38
大川神社　3-40
大宮賣神社　3-38, 3-40
神谷神社　3-39, 3-41, 5-180
聞部神社　3-39, 3-41, 5-180
桐野神社　3-41
久世渡文殊　3-38, 3-40
熊野神社　3-39, 3-41
國分寺〔護國山國分寺〕 3-38, 3-40, 5-180
篭神社　3-38, 3-40
杉末神社　3-40
宗鏡寺　3-41
衆良神社　3-39, 3-41
竹野神社　3-38, 5-180
多久神社　3-38
中禪寺　3-39
名木神社　3-38
成相寺　3-38, 3-40, 5-180, 5-304
橋立明神　3-38, 3-40
比沼麻奈為神社　3-39, 3-41
三島田神社〔三島田社〕 3-39, 3-41, 5-180
矢田神社　3-38
矢田神社　3-39, 3-41
與謝宮内宮　3-40, 5-180

【山・峠】

アタコ山　3-40, 5-180
愛宕山　3-39
碇山　3-38
イチカヲ山　3-38
圓成寺坂峠　3-41, 5-180
大内峠　5-180
大江山　3-40, 5-180
小笠山　5-180
鐘引山　3-40
甲山　3-39, 3-41
木積山　3-38, 3-40, 5-180
キリキセ山　3-39, 3-41
桐畑権現山　3-39, 3-41
鞍ムシ　5-180
高連寺山　5-304
小金　3-38
小佐ケ岳〔小佐岳〕 3-40, 5-175
古城山　3-41
小玉ケ岳　3-40
五万騎山　3-40
金剛童子山　3-38
杉山　3-40
世谷山　3-38, 3-40
善王寺山　3-39, 3-41, 5-180
鷹落山　3-41
東里岳　3-41
新谷山　3-39, 3-41
菱山峠　3-39, 3-41, 5-180, 5-304
普甲峠〔普田峠〕 3-40, 5-180, 5-304
孫谷尾山　3-38, 3-40
三坂峠　5-180
宮内山　3-41
妙見山　3-41
賣布山　3-39, 3-41
六社山　3-38

【河川・湖沼】

天□川　3-38
久田美川　5-175
セヤ川　3-38, 3-40
原川　5-175
三重川　5-180

【岬・海岸】

犬ケ島岬　3-38
片島鼻　3-38, 3-40
カタナシ鼻　3-39
經岬〔經﨑〕 3-38, 5-173, 5-304
黒﨑　3-38, 3-40, 5-173
泗渡鼻　3-39
鳶嘴　3-38, 5-180

【島】

赤島〔アカシマ〕 3-38, 5-180
アタゴシマ　3-39, 5-180
犬ケ島〔犬ケシマ〕 3-38, 5-180
大島　3-39
大千シマ　3-38
沖ノシマ〔沖シマ〕 3-39, 5-180
カケ岩　3-39
小シマ　3-39
スヽシマ　3-38, 3-40, 5-173
角シマ　3-39, 5-180
千疊岩　3-38
出シマ　3-39
屛風岩　3-38
ヒンクシ島　3-38
福島　3-39
ニシマ　3-39
フナクリ岩　3-38, 5-173
弁天シマ　3-40
弁天島　3-38, 5-173
蓬萊岩　3-38, 3-40
ホマツ岩　3-40
三島〔ミシマ〕 3-38, 5-180
メフト岩　3-39
モロコシ　3-39
文殊穴　3-38
八ケ頭　3-39

第124号
豊岡

【国名】

因幡國〔因幡〕 3-47, 5-181, 5-304
但馬國〔但馬〕 3-42, 3-47, 5-181, 5-304
丹後國〔丹後〕 3-42, 5-180, 5-304

【郡名】

出石郡　3-42, 3-44, 5-180, 5-304
岩井郡　3-47, 5-181, 5-304
邑美郡　3-47, 5-181, 5-304
城崎郡　3-42, 5-180, 5-304
城寄郡　3-42, 3-44
熊野郡　3-42, 5-180, 5-304
氣多郡　3-42, 3-44, 5-180, 5-181, 5-304
二方郡　3-43, 3-47, 5-181, 5-304
法美郡　3-47, 5-181, 5-304
美含郡　3-42, 3-43, 5-180, 5-304
養父郡　3-44, 5-180, 5-304

【地名】

相谷村　3-42, 5-180, 5-304
赤石村　3-42, 3-44
赤崎村　3-43, 5-181, 5-304
赤崎村　3-44
赤崎村三尾〔三尾、三尾〕 3-43, 5-181, 5-304
上石村　3-42, 3-44, 5-180
上石村枝水王〔上石〕 3-42, 3-44, 5-304
上村　3-43, 5-181
淺倉村　3-44, 5-180, 5-304
淺間村　3-44
蘆屋村〔芦屋村、芦屋〕 3-46, 5-181, 5-304
網代村　3-47, 5-181
天田内村　5-180
餘部御崎〔御崎、御﨑〕 3-43, 5-181, 5-304
餘部村☆　3-43, 5-181, 5-304
海士村　3-47, 5-181, 5-304
居組村　3-47, 5-181, 5-304
池土村　3-42, 3-44, 5-180
伊佐村　3-44
石立村　3-42, 3-44, 5-180
出石○　3-44, 5-180, 5-304
出石町櫻尾　3-44
伊豆村　3-42, 3-44, 5-180, 5-304
伊豆村枝北ノ裏　3-42, 3-44
市原村　3-45, 3-46, 5-180
伊府村　3-44, 5-180, 5-181, 5-304
今在家村　3-47
今津村　3-42, 3-44, 5-180, 5-304
今森村　3-42, 3-44
入江村　3-43, 3-45, 3-46, 5-181, 5-304
岩倉村　3-47, 5-181, 5-304
岩戸村　3-47, 5-181, 5-304
岩中村　3-44, 5-180
岩本村　3-47, 5-181, 5-304
宇日村　3-42, 5-180, 5-304
上山村　3-42, 3-44, 5-180, 5-304
上山村二見　3-42, 3-44
浦上村　3-43, 5-181, 5-

304
江原村 3-44, 5-180
江本村 3-42, 3-44, 5-180
大杭村 3-47
大礒村 3-42, 3-44, 5-180, 5-304
大谷村 3-44, 5-180, 5-304
大糠村 3-45, 3-46, 5-180
大羽尾村 3-47, 5-181
沖浦村〔沖濱〕 3-43, 5-181, 5-304
奥谷村 3-47, 5-181, 5-304
尾崎村 3-44, 5-180
小佐村 3-44, 5-180
小佐村馬瀬 3-44
耀山村 3-45, 3-46
鍛冶屋村 3-44, 5-180
香住村 3-43, 5-181, 5-304
片間村 3-42, 3-44, 5-304
釜屋村 3-47, 5-181, 5-304
上小田村○〔小田〕 3-44, 5-180, 5-304
上陰村 3-42, 3-44
上郷村 3-44
上鉢山村 3-42, 3-44
上村 3-44, 5-180, 5-304
上村坪口 3-44
上村和屋 3-44
加陽村 3-42, 3-44
観音寺村 3-44
木内村 3-42, 3-44
清富村 3-43, 3-46, 5-181, 5-304
切濱〔切濱村〕 3-42, 5-180, 5-304
陸上村 3-47, 5-181, 5-304
久田谷村 3-44, 5-180, 5-304
久田谷村邊坂 3-44
久斗村 3-44, 5-180, 5-304
倉見村 3-42, 3-44
栗山村 3-44
來日村 3-42, 3-44, 5-180
九鹿村 3-44, 5-180, 5-304
九鹿村枝岡 3-44
九鹿村馬瀬 3-44
黒田村 3-45, 3-46, 5-180
訓谷村☆ 3-42, 5-181, 5-304
氣比村 3-42, 3-44, 5-180, 5-304
河谷村 3-42, 3-44
國分寺村 3-47
国分寺村 3-42, 3-44, 5-180, 5-304
九日上ノ町村〔九日町〕 3-42, 3-44, 5-180, 5-304
九日下ノ町村〔九日町〕 3-42, 3-44, 5-180, 5-304
九日中ノ町村〔九日町〕 3-42, 3-44, 5-180, 5-304
小島村 5-180
小羽尾村 3-47, 5-181, 5-304
境村 3-43, 5-181
坂本村 3-44
坂本村枝與垣 3-44
楽々浦村 3-42, 3-44, 5-180, 5-304
指杭村 3-43, 3-45, 3-46, 5-181, 5-304
佐田村 3-44
佐野村 3-42, 3-44, 5-304
佐野村 3-42, 3-44, 5-180
佐野村枝納屋 3-42, 3-44
佐野村千本 3-42, 3-44
三ケ村入會（手邉） 3-42, 3-44
塩津村 3-42, 3-44, 5-180
鹿田村 3-45, 3-46, 5-180, 5-304
篠岡村 3-42, 3-44
篠垣村 3-44, 5-180, 5-181
芝村 3-42, 3-44, 5-180
島村 3-42, 3-44, 5-180
下小田村○〔小田〕 3-44, 5-180, 5-304
下陰村 3-42, 3-44
下鶴井村 3-42, 3-44
下濱村 3-43, 5-181
下鉢山村 3-42, 3-44
下村 3-44
十二所村 5-180
宿南村 3-44, 5-180, 5-304
宿南村上町 3-44
宿南村下町 3-44
清冷寺村 3-42, 3-44, 5-180, 5-304
清冷寺村白上（五条） 3-42, 3-44
新堂村 3-42, 3-44
関宮 5-304
瀬戸村 3-42, 5-180, 5-304
田井村 3-43, 3-45, 3-46, 5-181, 5-304
田結村 3-42, 5-180, 5-304
高井村 3-45, 3-46, 5-180
竹貫村 3-42, 3-44, 5-180, 5-304
高屋村 3-42, 3-44
滝山村 3-47
田久日村 3-42, 5-180, 5-304
竹野村 3-42, 5-180, 5-304
駄坂村 3-42, 3-44
田後村 3-47, 5-181
多々地村 3-42, 3-44
多田屋村 5-180
立川村 3-47, 5-181
立野村 3-42, 3-44
谷村 3-42, 3-44
知見村 3-44, 5-180, 5-181, 5-304
津居山村〔津居山嶋、津居山島〕 3-42, 5-180, 5-304
土田村 5-180
土村 5-180
坪井村 3-42, 3-44, 5-180
寺河内村 3-45, 3-46, 5-304
土居村 3-42, 3-44
道場村 3-44, 5-180
道場村枝伊原 3-44
戸島村 3-42, 3-44
杤江村 3-42, 3-44
鳥取城 3-47
豊岡○☆ 3-42, 3-44, 5-180, 5-304
鳥井村〔鳥居〕 3-42, 3-44, 5-180, 5-304
長砂村 3-44
中谷村 3-44, 5-180
長谷村 3-42, 3-44
中郷村 3-42, 3-44, 5-180, 5-304
中郷村枝市谷 3-44
中谷村 3-42, 3-44
中村 3-44, 5-180, 5-304
奈佐路村 3-42, 3-44
夏栗村 3-42, 3-44, 5-180
七日市村 3-43, 5-181, 5-304
祢布村 3-44, 5-180
野上村 3-42, 3-44
野々庄村 3-42, 3-44, 5-180
八社宮村 3-42, 3-44, 5-180
八社宮村江本〔江本村〕 3-42, 3-44, 5-180
橋本村 3-47
濱大谷村 3-47, 5-181, 5-304
濱坂村☆ 3-46, 5-181, 5-304
濱須井村 3-42, 5-180, 5-304
濱安木村 3-42, 5-181, 5-304
飯谷村 3-42, 3-44, 5-180, 5-304
日置村 3-44, 5-180
日影村 3-45, 3-46, 5-180
引野村 3-42, 3-44
久松村 3-47, 5-181
土淵村 3-42, 3-44
一日市村 3-43, 5-181, 5-304
一日市村 3-42, 3-44, 5-180, 5-304
簸礒村 3-42, 3-44, 5-180, 5-304
平野村 3-47, 5-181
國府市場村新村○〔新村〕 3-42, 3-44, 5-180, 5-304
福居村〔福井村、福井〕 3-42, 3-44, 5-180, 5-304
福岡村○ 3-45, 3-46, 5-180, 5-304
福田村 3-42, 3-44
福西村 3-45, 3-46, 5-304
藤井村 3-42, 3-44, 5-180, 5-304
伏村 3-42, 3-44, 5-304
船町村 3-42, 3-44
卯垣村 3-47, 5-181, 5-304
細川村 3-47, 5-181, 5-304
堀村 3-42, 3-44
堀村中野 3-42, 3-44
本浦富村☆〔捕富〕 3-47, 5-181, 5-304
本庄村 3-47, 5-181
牧谷村 3-47, 5-181, 5-304
町浦富村 3-47, 5-181
松岡村 3-42, 3-44
松田村 5-180
九谷村 3-44, 5-180
三木村 3-42, 3-44, 5-180
水上村 3-42, 3-44, 5-180
宮内村 3-42, 3-44, 5-180, 5-304
宮島村 3-42, 3-44
宮下村 3-47, 5-181, 5-304
妙楽寺村 3-42, 3-44
結村 3-42, 3-44
水上村 3-44, 5-180, 5-304
無南垣村 3-42, 5-181, 5-304
村岡（山名氏在所） 3-43, 3-45, 3-46, 5-180, 5-304
桃島村 3-42, 5-180
森井村 3-44, 5-180, 5-304
森津村 3-42, 3-44, 5-180, 5-304
森津村平石 3-42, 3-44
森山村 3-44, 5-180, 5-181, 5-304
諸寄〔寄〕村〔諸崎村〕 3-46, 5-181, 5-304
安良村 3-42, 3-44
矢田村 3-43, 5-181, 5-304
宿村 3-45, 3-46
山本村 3-42, 3-44, 5-180, 5-304
伊福村 3-44, 5-180, 5-304
湯島村（城崎）（温泉）☆ 3-42, 3-44, 5-180, 5-304
湯山村 3-47, 5-181, 5-304
百合地村 3-42, 3-44
宵田村○ 3-44, 5-180, 5-304
八鹿村枝大森〔八鹿村、八鹿〕 3-44, 5-180, 5-304
用野村 3-43, 3-45, 3-46
鎧村 3-43, 5-181, 5-304
六地蔵村 3-42, 3-44, 5-180, 5-304
若松村 3-43, 5-181

【社寺】

雷神社 3-42, 3-44, 5-180
伊豆志坐神社 3-42, 3-44, 5-180
一宮宇都神社〔一宮宇部神社、宇倍神社〕 3-47, 5-181, 5-304
大生都兵主神社 3-44
小田井神社 3-42, 3-44, 5-180
葛神社 3-44
久刀寸兵主神社 3-44
久流比神社 3-42, 3-44, 5-180
黒野神社 3-43, 3-45, 3-46, 5-180
氣多神社 3-44
志都美神社 3-43, 3-45, 3-46
鷹貫神社 3-42, 3-44
髙負神社 3-44
八幡社 3-45, 3-46, 5-180
日置神社 3-44
女代神社 3-42, 3-44
賣布神社 3-44

【山・峠】

愛宕山
岩田峠 5-180
岩常山 3-47, 5-181
鬼ケ城 5-180
観音倉山 3-43
鞍掛山 3-42, 3-44
來日山 3-42, 3-44
高運寺山 5-180
古城山 3-44
古城山 3-44
柵坂峠 5-180
進美山 3-44
髙城山 3-42, 3-44
滝山 5-181
立石山 3-47, 5-181
七曲峠 3-47
白山 3-42
比丘尼古城 3-44
久松古城 3-47
藤井山 3-42, 3-44
三木古城山 3-44
宮内古城 3-42, 3-44
米地峠 5-180
八代古城山 3-42, 3-44
矢根峠 5-180
矢水山 3-44
頼光古城 3-44
連〔蓮〕臺山 5-304
連臺山 5-181

【河川・湖沼】

北谷川 5-180
木ツ川 5-180
久畑川 5-180
佐次川 5-180
堂佛川 5-180
豊岡川 3-42, 3-44, 5-304
丹生港⚓ 3-43
三谷川 5-180

【岬・海岸】

井佐々岬 3-43
魚見崎 3-43, 5-181
大崎 3-43
黒崎 3-42
七山岬 3-47
スケカ岬 3-42
丸山鼻 3-47
向磯鼻 3-47, 5-181

【島】

赤シマ 3-47
赤シマ 3-47, 5-181
鰯島〔イワシシマ〕 3-42, 5-180
臼浦島〔ウスガウラシマ〕 3-43, 5-181
大シマ 3-43, 5-181
大島 3-43
大島〔大シマ〕 3-47, 5-181
大振シマ 3-47, 5-181
竜島〔カコシマ〕 3-42, 5-180
鹿島 3-42, 5-180
鹿島ハ島〔鹿島小シマ〕 3-42, 5-180
カテ岩 5-180
冠島〔カムリシマ〕 3-42, 5-180
菊屋嶋 3-42
鬼門崎岩〔キモンサキ岩〕 3-46, 5-181
黒島〔クロシマ〕 3-43, 5-181
幸シマ 3-47
小シマ〔小島〕 5-304
小島 3-42, 5-180
小振 3-46, 5-181
小振シマ 3-47, 5-181
四十八ハナ 3-47
シヤウノ下シマ 3-

43, 5-181
白岩〔白石〕 3-43, 5-181
白シマ 3-47
仙コリ山 3-46
ソヨトシマ〔メオトシマ〕 3-42, 5-180
タテカシマ 3-43, 5-181
天神シマ 3-47
塔シマ 3-42, 5-180
燈明 3-47
トホシ岩 3-43, 5-181
鍋焚島 3-42
猫崎岩 3-42
比丘シマ 3-47
日振島 3-47
弁天 3-42
弁天〔辨天、辨天島〕 3-43, 5-181, 5-304
弁天シマ 3-42, 3-44
弁天島〔弁天シマ〕 3-42, 5-181
松シマ〔松山シマ〕 3-42, 5-180
松島〔松シマ〕 3-47, 5-181
三ツ子 3-42, 5-180
宮島〔宮シマ〕 3-47, 5-181

第125号
彦根

【郡名】

浅井郡 3-48, 3-50
淺井郡 3-48, 5-157, 5-297, 5-300
犬上郡 3-48, 3-49, 3-50, 5-166, 5-297, 5-300, 5-301
愛知郡 3-48, 3-49, 3-50, 5-166, 5-297, 5-300
蒲生郡 3-50, 3-51, 5-166, 5-297, 5-301
神崎郡 3-48, 3-49, 3-50, 5-166, 5-297, 5-300, 5-301
坂田郡 3-48, 5-166, 5-297, 5-300
滋賀郡 3-49, 3-51, 5-174, 5-300, 5-301
髙島郡 3-49, 3-51, 5-174, 5-300
野洲郡 3-51, 5-174, 5-300, 5-301

【地名】

朝妻村 3-48, 5-166, 5-297, 5-300
尼子村 3-48, 3-50, 5-166, 5-297, 5-300
安治村 3-51, 5-174, 5-300, 5-301
梓河内村南梓〔梓河内村〕 3-48, 5-166
安喰西村 3-48, 3-50, 5-166
安喰西村出郷 3-48, 3-50
安喰南村 3-48, 3-50, 5-166
安喰南村出町 3-48, 3-50
安養寺村 3-49, 5-174
岩脇村 3-48, 5-166
五十川村 3-49, 5-174, 5-300
石塚村 3-50, 5-174
石寺村 3-49, 3-50, 5-174, 5-297, 5-300
石寺村 3-50, 5-174, 5-297, 5-300, 5-301
石寺村柏尾 3-50
石畑村 3-48, 3-50, 5-166, 5-297, 5-300
泉村 3-48, 3-50, 5-166
磯村 3-48, 3-50, 5-166, 5-297, 5-300
市田村北野〔町〕屋 3-50
市田村出屋敷〔市田村、市田〕 3-50, 5-174, 5-297, 5-300, 5-301
一色村 3-48, 5-166, 5-297, 5-300
稲葉村 3-49, 3-50, 5-174, 5-297, 5-300
戌亥村 3-48, 5-166, 5-297, 5-300
井口村〔井ノ口村〕 3-49, 5-174
猪之子村 3-50, 5-174
伊庭村 3-50, 5-174
伊庭村枝能登川☆〔能登川〕 3-50, 5-174, 5-297, 5-300, 5-301
伊庭村須田〔伊庭村〕 3-50, 5-174
伊吹村 3-48, 5-157, 5-166, 5-297, 5-300
今市村 3-49, 5-174, 5-300
今在家村 3-50, 5-174
今在家村 3-49, 3-51, 5-174, 5-300
今里村 3-50, 5-174, 5-297, 5-300, 5-301
今庄村〔今荘〕 3-48, 5-157, 5-166, 5-297, 5-300
今津〇 3-49, 5-174, 5-300
今濱村 3-51, 5-174, 5-300, 5-301
今堀村 3-50, 5-174, 5-297, 5-300, 5-301
今村 3-50, 5-174, 5-297, 5-300
飯村 3-48, 5-166, 5-297, 5-300
位田村 3-50, 5-174
位田村出町 3-50
上田村 3-51, 5-174, 5-300, 5-301
上野村 3-48, 5-166
宇尾村 3-48, 3-50, 5-166
宇賀野村 3-48, 5-166, 5-297, 5-300
鴨〔鵜〕川村 3-49, 3-51, 5-174, 5-300
牛内村 3-48
打下村 3-49, 3-51, 5-174, 5-300
内野村 3-50
梅ケ原村 3-48, 3-50, 5-166
江頭村☆ 3-51, 5-174, 5-300, 5-301
枝村 3-48, 3-50, 5-166
愛知川〇 3-50, 5-166, 5-174, 5-297, 5-300, 5-301
大尼子村 3-48, 3-50, 5-166
大田村〔太田〕 3-49, 5-174, 5-300
大濱村 3-48, 5-174
大房村 3-51, 5-174, 5-300, 5-301
大堀村 3-48, 3-50, 5-166
大溝☆ 3-49, 3-51, 5-174, 5-300
大藪村 3-48, 3-50, 5-174, 5-297, 5-300
岡村 3-49, 5-174
小川 5-300
奥之島村 3-51, 5-174
長田村 3-51, 5-174
小田村 3-51, 5-174, 5-300, 5-301
乙女濱村 3-50, 5-174
玉〔王〕之濱村 3-51, 5-174
小野村 3-48, 3-50, 5-166, 5-297, 5-300
小幡村 3-50, 5-174
垣見村 3-50, 5-174, 5-297, 5-300, 5-301
柏原宿長沢 3-48
門根村 3-48, 5-166
金屋村 3-50, 5-174
金田村 3-48, 3-49, 3-50, 5-174, 5-297, 5-300
上多良村 3-48, 5-166
上平木村下平木村三ツ屋村内野村西古保志塚村蒲生野〔蒲生野、蒲生野〕 3-50, 5-174, 5-297, 5-300, 5-301
上平流村 3-48, 3-50, 5-174
上矢倉村 3-48, 3-50, 5-166
鴨村 3-49, 5-174, 5-300
河瀬村 3-48, 3-50, 5-166
河内村 3-48
川道村 3-48, 5-166, 5-297, 5-300
川原方〔市〕村〔川原〕 3-49, 5-174, 5-300
甘呂村☆ 3-48, 3-50, 5-166, 5-297, 5-300
祇園村 3-48, 5-166
北小松村〔小松〕 3-51, 5-174, 5-300
北津田村 3-51, 5-174
北庄村 3-51, 5-174
北之庄村 3-50, 5-174
北之庄村三軒町〔北ノ庄〕 3-50, 5-297, 5-300, 5-301
北比良村〔比良〕 3-51, 5-174, 5-300
北村 3-51, 5-174
北山崎村 3-48, 3-50, 5-174
沓掛村 3-50, 5-166, 5-297, 5-300
久保村 3-50
栗見新田 3-49, 3-51, 5-174, 5-300
久礼村 3-48, 5-166, 5-297, 5-300
甲崎村 3-49, 3-50, 5-174, 5-297, 5-300
甲田村 3-48, 3-50, 5-166
木津村 3-49, 5-174
香之庄村 3-51, 5-174
後三条村 3-48, 3-50, 5-166
御所内村 3-51, 5-174, 5-300, 5-301
五條村 3-51, 5-174
五僧田村 3-48, 3-50, 5-174
小西村 3-51, 5-174
木濱村☆〔木濱〕 3-51, 5-174, 5-301
小濱村 3-51, 5-174, 5-300, 5-301
小舟木村 3-51, 5-300, 5-301
小南村 3-51, 5-174, 5-300, 5-301
紺屋村 5-174
西法寺村 3-48, 3-50, 5-166, 5-297, 5-300
幸津川村 3-51, 5-174, 5-300, 5-301
薩摩村☆ 3-49, 3-50, 5-174, 5-297, 5-300
佐野村 3-48, 5-157, 5-166, 5-297, 5-300
醒井〇〔醒ヶ井〕 3-48, 5-297, 5-300
澤村 3-48, 3-50, 5-166
沢村四ツ屋 3-48, 3-50
枝柳〔折〕村 3-48
慈恩寺村 3-51, 5-174
四十九村 3-48, 3-50, 5-166
地蔵村 3-48, 3-50, 5-166
島村 3-48, 3-50, 5-166
清水鼻村 3-50, 5-174
清水村 3-48, 3-50, 5-174
下枝村 3-50, 5-166, 5-297, 5-300
下小川村 5-174
下坂中村 3-48, 5-166
下坂濱村 3-48, 5-166, 5-297, 5-300
下多良村 3-48, 5-166
下平流村 3-48, 3-50, 5-174
下八木濱村 3-48, 5-174
下矢倉村 3-48, 3-50, 5-166
下吉武村 3-49, 5-174
十王町 3-51, 5-174
宿村 3-50, 5-174, 5-297, 5-300, 5-301
正法寺村 3-48, 3-50, 5-166
正法寺村天上 3-48, 3-50
常楽寺村☆ 3-51, 5-174
白部村 3-51, 5-174
新海村 3-49, 3-51, 5-174, 5-300
新庄村 3-49, 5-174
春照〇 3-48, 5-166, 5-297, 5-300
須越村 3-48, 3-50, 5-174, 5-297, 5-300
相撲庭村 3-48, 5-157, 5-166
相撲村 3-48, 5-166, 5-297, 5-300
酢村 3-48, 5-166, 5-297, 5-300
摺針村摺針崎〔摺針村、摺針〕 3-48, 3-50, 5-166, 5-297, 5-300
須原村 3-51, 5-174
瀬田村 3-48, 5-166, 5-297, 5-300
千僧供村 3-51, 5-174, 5-300, 5-301
曽根村東福寺 3-48, 5-166
大門村 3-50
髙木村 3-51, 5-174
髙野瀬村 3-48, 3-50, 5-166, 5-297, 5-300
髙橋村 3-48, 5-166, 5-297, 5-300
髙宮〇☆ 3-48, 3-50, 5-166, 5-297, 5-300
多賀村 3-51, 5-174
多賀村 3-48, 3-50, 5-166
田付村 3-49, 3-51, 5-174, 5-300
田中江村 3-51, 5-174
田中江村十林寺村 3-51
田村 3-48, 5-166, 5-297, 5-300
樽水村 3-48, 5-166
筑摩村 3-48, 5-166, 5-297, 5-300
長福寺村 3-51, 5-174
長命寺村 3-51, 5-174, 5-300, 5-301
辻沢村 3-49, 5-174
辻村 3-50, 5-174, 5-297, 5-300, 5-301
土田村 3-51, 5-174
土橋村 3-50, 5-166
筒井村 3-48, 3-50, 5-166, 5-297, 5-300
堤村 3-51, 5-174
葛篭町村 3-48, 3-50, 5-166, 5-297, 5-300
手打村 5-166
出町 3-48, 3-50
寺内村 3-51, 5-174
寺田村 3-48, 5-166
寺村 3-48, 3-50, 5-174
戸賀村 3-48, 3-50, 5-166
百々村 3-48, 3-50, 5-166
友定村 3-51, 5-174
豊浦村 3-51, 5-174
豊浦村須田 3-50
鳥井本〇〔鳥居本〕 3-48, 3-50, 5-166, 5-297, 5-300
中沢村 3-48, 3-50, 5-174
永澤村 3-48, 5-166
中下村 3-48, 3-50, 5-174
中宿村 3-50, 5-166, 5-297, 5-300, 5-301
永田村 3-49, 3-51, 5-174, 5-300
中多良村 3-48, 5-166
中庄村 3-51, 5-174
中ノ町村 3-49, 5-174
中野村 3-50, 5-174
長濱〇☆ 3-48, 5-166, 5-297, 5-300
中村出屋敷〔中村〕 3-50, 5-174, 5-297, 5-300, 5-301
中藪村 3-48, 3-50, 5-166, 5-297, 5-300
中山村 5-166
西今村 3-48, 3-50, 5-166
西老蘇村 3-50, 5-174, 5-297, 5-300, 5-301
西生來村 3-50, 3-51, 5-174, 5-297, 5-300, 5-301
西鍛冶屋村 3-51, 5-174
西川村 5-174
西宿村 3-51, 5-174
西出村 3-51, 5-174
西中小路村 3-51, 5-174

西之庄村　3-51, 5-174
西畑中村　3-51, 5-174
西万木村〔万木〕　3-49, 5-174, 5-300
西横関村　3-51, 5-174
ヌカ塚村　3-50
野口村　3-48, 3-50, 5-166
野田村　3-51, 5-174
野部村　3-48, 3-50, 5-174
野村　3-51, 5-174, 5-300, 5-301
間田村　3-48, 5-166
濱野村　3-50, 5-174
濱方〔分〕村　3-49, 5-174
早崎村　3-48, 5-174, 5-297, 5-300
林村　3-50, 5-174
林村　3-51, 5-174
原村　3-48, 3-50, 5-166, 5-297, 5-300
針江村　3-49, 5-174, 5-300
番場○　3-48, 3-50, 5-166, 5-297, 5-300
番場宿元番場　3-48, 3-50
馬場村　3-48, 3-50, 5-166
東老蘇村　3-50, 5-174
東鍛冶屋村　3-51, 5-174
東河原村　3-51
東中小路村　3-51, 5-174
東畑中村　3-51, 5-174
東万木島村入會〔東万木島〕　3-49, 5-174
東横関村　3-51, 5-174, 5-300, 5-301
樋口村　3-48, 5-166, 5-297, 5-300
彦留村　3-48, 3-50, 5-174
彦根☆　3-48, 3-50, 5-166
平井村　3-49, 5-174
平方村　3-48, 5-166, 5-297, 5-300
平田村　3-48, 3-50, 5-166
弘川村　3-49, 5-174
敏満寺村　3-48, 3-50, 5-166
風穴　5-166
深溝村　3-49, 5-174, 5-300
福堂村　3-51, 5-174
普光寺村　3-49, 3-50, 5-174
藤江村　3-49, 5-174, 5-300
舟木北濱村　3-49, 5-174
舟木南濱村☆　3-49, 5-174
舟木南濱村枝横江濱〔南濱〕　3-49, 3-51, 5-300
舩木村　3-51, 5-174
古西法寺村　3-48, 3-50, 5-166
古津　5-300
法士村　3-48, 3-50, 5-166, 5-297, 5-300
細江村　3-48, 5-166, 5-297, 5-300
堀村　3-48, 3-50, 5-166, 5-297, 5-300
本郷村　3-48, 5-166, 5-297, 5-300
米原○☆　3-48, 5-166, 5-297, 5-300
牧村　3-51, 5-174
松寺村　3-48, 3-50, 5-166
松原村　3-48, 3-50, 5-166, 5-297, 5-300
馬淵村　3-51, 5-174
丸山☆〔丸山村〕　3-51, 5-174
水保村　3-51, 5-174, 5-300, 5-301
三ツ俣村〔三俣村〕　3-50, 5-174
三ツ家村　3-48, 3-50, 5-174, 5-297, 5-300, 5-301
三津屋村　3-48, 5-166
三津屋村　3-49, 3-50, 5-174, 5-297, 5-300
三津屋村西古保志塚村入會　3-50
南小松村☆〔小松〕　3-51, 5-174, 5-300
南新保村　3-49, 5-174
南津田村　3-51, 5-174
南濱村　3-48, 5-166, 5-297, 5-300
妙楽寺村　3-48, 3-50, 5-166
武佐○☆　3-51, 5-174, 5-297, 5-300, 5-301
森村　3-48, 5-166
森村　3-49, 5-174
八木濱村☆　3-48, 5-174, 5-297, 5-300
八木村　3-51, 5-174
八坂村　3-48, 3-50, 5-174, 5-297, 5-300
八島村　3-49, 3-50, 5-174
矢島村　3-51, 5-174
安田村　3-48, 3-50, 5-166
八目村　3-48, 3-50, 5-166
小田村　3-48, 5-166
柳川村　3-49, 3-50, 5-174
山崎南町村〔山崎〕　3-48, 3-50, 5-174, 5-297, 5-300
山路村　3-50, 5-174, 5-297, 5-300
山塚村　3-50, 5-166
山本村出町〔山本村〕　3-50, 5-174
八幡町○☆　3-51, 5-174, 5-300, 5-301
八日市村〔八日市〕　3-50, 5-174, 5-297, 5-300, 5-301
横関村　3-51
吉川村☆　3-51, 5-174, 5-300, 5-301
四木村　3-48, 5-166
米内村　3-49, 5-174
蓮臺寺村　5-166
脇村　3-50, 5-174, 5-297, 5-300, 5-301
藁園村　3-49, 5-174, 5-300

【社寺】

石馬寺　3-50
白髭　3-49, 3-51
多賀大社　3-48, 3-50, 5-166
長命寺☆　3-51, 5-174

【山・峠】

荒倉山　3-48
在嶽　3-51
伊崎山〔伊崎〕　3-49, 3-51, 5-174
岡山　3-51
小畑山　3-48, 5-166
願ケ山　3-48
観音寺山　3-50
衣笠山　3-50, 5-174
小池山　5-166
小池山　5-297
荒神山　3-48, 3-50
佐和山　3-48, 3-50
杉坂峠　3-48, 3-50
摺針峠　5-166
臺山　3-48
髙取山　3-50, 5-166
高野山　3-48, 5-166
多賀山　3-48, 3-50, 5-166, 5-297, 5-300
長光寺山　3-51
鍋尻山　3-48, 5-166
百濟寺山　3-50, 5-166
松尾山　3-50, 5-166
三國峠　3-48, 5-166
箕作山　5-174
八尾山　3-50, 5-166
霊山　5-166
霊山　5-297, 5-300

【河川・湖沼】

安曇川　3-49
姉川　3-48
姉川　3-48, 5-166
天ノ川　3-48, 5-166
犬上川　3-48, 3-50
愛知川　3-49, 3-50, 5-174
滝川　3-51
永沢川　5-174, 5-176
仁保川　3-51, 5-174
琵琶湖　3-49, 3-51, 5-174, 5-300
南川　5-166
南川　5-174
野洲川　3-51, 5-174

【岬・海岸】

大浦葭　3-51, 5-174, 5-300, 5-301
行者岬　3-49, 3-51
獅子鼻　3-51

【島】

沖島（伊崎寺領）　3-49, 3-51, 5-174, 5-297, 5-300
白石〔沖白石〕　3-49, 5-174, 5-300
多景島　3-49, 3-50, 5-174, 5-297, 5-300

第126号 堅田・園部

【国名】

丹波国〔丹波〕　3-54, 5-175
山城国〔山城〕　3-54, 5-174, 5-300

【郡名】

葛野郡　3-54, 5-175, 5-300, 5-301
桑田郡　3-54, 5-175, 5-301
舩井郡　3-54, 5-175, 5-300, 5-301

【地名】

粟生谷村　3-54, 5-175, 5-300, 5-301
荒川村　3-52, 3-53, 5-174, 5-300
今堅田村　3-53, 5-174
今宿村　3-53, 5-174, 5-300, 5-301
印内村　3-55, 5-175
上野村　3-55
浮井村　3-54, 5-175, 5-300, 5-301
大戸村　3-55, 5-175, 5-300, 5-301
雄琴村（東叡山滋賀院領）　3-53
越方村　3-55
小野郷上村〔上村〕　3-54, 5-175
小野郷下村〔下村〕　3-54, 5-175
小野郷杉坂村〔杉坂村、枚坂〕　3-54, 5-175, 5-300, 5-301
小野村　3-53, 5-174, 5-300, 5-301
小山村　3-55, 5-175
小山村三軒茶屋　3-55
小山村新田　3-55, 5-300, 5-301
垣内村　3-55
上河内村宇屋〔上河内〕　3-55, 5-300, 5-301
上世木村　3-55, 5-175, 5-300, 5-301
上世木村枝楽河　3-55
上世木村澤田　3-55
木崎村　3-55, 5-175, 5-300, 5-301
木崎村枝市場　3-55
北濱村　3-53, 5-174
北舟路村〔舩路〕　3-53, 5-174, 5-300
木戸村　3-52, 3-53, 5-174, 5-300
衣川村○　3-53, 5-174, 5-300, 5-301
木原村新宅〔木原村〕　3-55, 5-175
熊原村　3-55, 5-175
紅井村　3-55, 5-175
紅井村新宮村新出〔田〕　3-55
紅井村曽谷　3-55
神田村〔神田三ケ村〕　3-55, 5-175, 5-300, 5-301
蒲生村　3-55
佐切村　3-55
雀部村　3-55
須知村　3-55, 5-175, 5-300, 5-301
新町村　3-55, 5-175, 5-300, 5-301
新水戸村　3-55, 5-175
新水戸村井賀ケ谷　3-55
新水戸村峠　3-55
世木中村　3-55, 5-175
世木林村　3-55
世木宮村　3-55, 5-175
曽根村　3-55, 5-175, 5-300, 5-301
園部　3-55, 5-175, 5-300, 5-301
大物村　3-52, 3-53, 5-174, 5-300
髙屋村　3-55, 5-175, 5-300, 5-301
中地村　3-54, 5-175, 5-300, 5-301
中地村平野　3-54
中臺村　3-55, 5-175
杤本村〔柿木〕　3-54, 5-175, 5-300, 5-301
殿田村　3-55, 5-175, 5-300, 5-301
中村　3-53, 5-174, 5-300, 5-301
中濱村　3-53, 5-174, 5-300, 5-301
橋爪村　3-55, 5-175
橋爪村枝檜山　3-55
濱村　3-53, 5-174, 5-300, 5-301
廣垣内村　3-55
舩枝村　3-55
細川上村〔上村〕　3-54, 5-175, 5-300, 5-301
細川下村〔下村〕　3-54, 5-175, 5-300, 5-301
細川滝村　3-54, 5-175
細川中村〔細川〕　3-54, 5-175, 5-300, 5-301
本堅田☆　3-53, 5-174, 5-300, 5-301
本水戸村〔水戸〕　3-55, 5-175, 5-300, 5-301
南濱村　3-53, 5-174
南比良村〔比良〕　3-52, 3-53, 5-174, 5-300
南舟路村〔舩路〕　3-53, 5-174, 5-300, 5-301
室河原村　3-55, 5-175
室河原村宇佐野　3-55
守山村　3-53, 5-174, 5-300
山室村　3-55
弓槻村　3-54, 5-175, 5-300, 5 301
藁無村松尾村上河内村入會〔上河内三ケ村〕　3-55, 5-175

【社寺】

浮見堂　3-53
落葉社　3-54, 5-175
冷泉帝陵　3-54

【山・峠】

供越峠　3-54
朽木山　3-52, 5-174, 5-300, 5-301
貞住〔任〕峠　3-54, 5-175
實勢山　3-55
多田山　5-174
田原山　5-174
比良岳　3-52, 3-53, 5-174, 5-300, 5-301
水戸峠　3-55, 5-175
横川山　3-53, 5-174
竜王山　3-54

【河川・湖沼】

園部川　3-55
八田川　3-55
安井川　3-55, 5-175

第127号 福知山

【国名】

但馬國〔但馬〕　3-57,

3-60, 5-181, 5-304
丹後國〔丹後〕 3-56, 3-57, 5-180, 5-304
丹波國〔丹波〕 3-56, 3-57, 3-60, 5-175, 5-304

【郡名】

朝来郡 3-60, 5-182, 5-304
天田郡 3-56, 3-57, 3-58, 3-60, 5-180, 5-304
何鹿郡 3-56, 3-58, 5-175
出石郡 3-57, 3-60, 5-180, 5-304
加佐郡 3-56, 3-57, 5-173, 5-304
多紀郡 3-59, 5-175, 5-304
氷上郡 3-57, 3-59, 3-60, 5-182, 5-304
舩井郡 3-56, 3-58, 5-175

【地名】

青野村 3-56
舉田村 3-59, 5-182, 5-304
朝坂村 3-61, 5-182, 5-304
朝坂村邉田 3-61
朝日村 3-59, 5-182
蘆淵村〔芦淵〕 3-56, 3-58, 5-175, 5-304
蘆淵村岡部 3-56, 3-58
蘆淵村琴ケ瀬 3-56, 3-58
厚村 3-57
厚村枝安尾 3-57
天田内村 3-57
天田内村平 3-57
綾部（九鬼在所） 3-56, 5-175, 5-304
綾部村枝井倉村 3-56
綾部村枝神宮寺村 3-56
綾部村枝新宮村 3-56
綾部村枝味方村 3-56
荒河村 3-57, 5-180
荒河村下荒河○ 3-57, 5-304
有田村 3-57
粟鹿村 3-60, 5-180, 5-304
粟鹿村枝田中 3-60
粟野村 3-58, 5-175
安國寺村 3-56, 5-175, 5-304
安國寺村枝梅迫○〔安國寺〕 3-56, 5-304
安國寺村枝中村 3-56
生野村 3-56, 3-58, 5-182, 5-304
池田村 3-56, 3-58, 5-182, 5-304
池田村向池田 3-57, 3-59
池部村 3-57
池部村観音寺 3-57
伊佐口村 3-59, 5-182, 5-304
伊佐口村方町 3-59, 3-61
石原村 3-57, 5-180, 5-304
石王子村 3-56
石才村 3-59, 5-182
井尻村 3-58, 5-175, 5-304
井尻村枝出口 3-58
石原村 3-56
石濵〔肩〕村 3-59, 5-182, 5-304
石肩村石肩町 3-59
板井村 3-59, 5-182
市原村 3-60, 3-61, 5-180, 5-182, 5-304
市原村岩本 3-60, 3-61
市部村 3-59, 5-182
〔一〕品村 3-60, 5-180
位田村 3-56
井中村 3-59, 3-61, 5-182
稲塚村 3-59
稲継村 3-59, 3-61
稲畑村 3-59, 3-61, 5-182
稲畑村岡田 3-59, 3-61
井倉村新町 3-56
今田村 3-56
岩井村 3-57
井脇村 3-58, 5-175
井脇村川西 3-58
井脇村別所 3-58
岩﨑村上岩崎 3-56, 3-57, 3-58
岩間村 3-57, 5-180, 5-182, 5-304
岩間村峠下 3-57
縜山村 3-59, 5-182, 5-304
縜山村枝柳町 3-59
上垣村 3-59, 5-182, 5-304
上垣村市島 3-59
上杉村〔上枚〕 3-56, 5-175, 5-304
上杉村大石 3-56
上杉村門 3-56
上野村 3-57, 5-180
上野村 3-56, 3-58
牛河内村 3-59
後村 3-60
打坂村 3-59
哥道谷村 3-59, 5-182
菟原下村○〔菟原〕 3-58, 5-175, 5-304
菟原下村柏戸 3-58
菟原中村 3-58, 5-175
漆端村 3-57, 5-180
夷村 3-57, 5-180, 5-304
追入村○☆ 3-59, 5-304
應地村 3-61
大垣村枝下大垣〔大垣村〕 3-60, 5-180
大﨑村 3-59
大島村 3-56, 5-175
大島村枝岡村〔大島〕 3-56, 5-304
大島村枝延村〔大島〕 3-56, 5-304
大多利村○ 3-59, 5-182
大多利村カナツキ 3-59
大多利村新地 3-59
大内村 3-57, 3-59
大新屋村 3-59, 3-61, 5-182
大野村矢代〔大野村〕 3-59, 5-182
大原村御供田 3-56, 3-58
大原村中津川 3-56, 3-58
大身村 3-58
大山上村 3-59, 5-182
大山上村宮村 3-59
大山中村一印谷村 3-59
大山中村新村 3-59
大山中村長安寺村 3-59, 5-182
小貝村 3-56
岡村 3-57
岡村坂井 3-56
岡本村○ 3-59, 5-182, 5-304
興村 3-57, 5-180, 5-304
小倉村 3-60, 3-61
小倉村森 3-60, 3-61
小坂村 3-59, 5-182, 5-304
小坂村東谷 3-59
長田村 3-57, 5-180, 5-182, 5-304
長田村島村 3-57, 3-59
長田村段 3-57
小野尻村富田〔小野尻〕 3-61, 5-304
小野尻村若林〔小野尻村、小野尻〕 3-61, 5-182, 5-304
小野村 3-61, 5-182
〔大〕朴村 3-58, 5-175
栢原○☆ 3-59, 5-182, 5-304
栢原町下村 3-59
梶原村 3-59, 5-182, 5-304
金屋村 3-57, 5-180
釜谷村 3-58
釜輪村 3-56
上天津村 3-57, 5-180
上天津村石本 3-57
上天津村波江 3-57
上大久保村〔大久保〕 3-58, 5-175, 5-304
上大久保村下地ケ市 3-58
上小倉村〔小倉〕 3-59, 5-182, 5-304
上小倉村鹿田 3-59
上佐々木村（小野原）○ 3-57, 3-60, 5-180
上佐々木村野際 3-57
上竹田村〔竹田〕 3-57, 3-59, 5-182, 5-304
上竹田村今中 3-57, 3-59
上竹田村倉﨑 3-57, 3-59
上竹田村宮下 3-57, 3-59
上田村 3-59, 5-182, 5-304
上田村市島 3-59
上田村縄手 3-59
鴨内村 3-57, 3-59, 3-61
鴨野村 3-59, 3-61, 5-182
川合村 3-56, 3-58, 5-175, 5-304
川合村枝海〔梅〕ケ原 3-58
川合村枝大原村 3-56, 3-58
川合村枝臺頭村髙橋 3-56, 3-58
川北村 3-57
観音寺村 3-56, 5-180
上原村打杭〔上原〕 3-56, 5-304
北有路村 3-57, 5-180, 5-304
北有地村三ケ村 3-57
北田井村 3-59, 3-61
北野村 3-59, 5-182
北山村 3-59, 3-61
北和田村〔和田〕 3-61, 5-182, 5-304
木之部村 3-59
木村 3-57, 5-180
草部村 3-61, 5-182, 5-304
草山村寺尾村〔草山村、草山〕 3-58, 5-175, 5-304
公庄村 3-57, 5-180, 5-304
口塩奥村 3-57, 3-59, 3-60, 3-61
口日尾村 3-57, 5-180, 5-304
口日尾村枝常願寺村 3-57
熊谷村 3-58
栗住野村 3-60, 3-61, 5-182, 5-304
栗住野村岸上 3-60, 3-61
栗村 3-56
黒江村○〔黒井〕 3-59, 5-182, 5-304
黒谷村 3-56, 5-175, 5-304
乗飼上村 3-56, 5-175
乗飼上村宇谷 3-56
河守町○ 3-57, 5-180
河守町枝関 3-57
香良村 3-59, 5-182
國科〔料〕村奥長谷 3-59
国科〔料〕村長谷☆〔国科村〕 3-59, 5-182
国科〔料〕村西長谷 3-59
小谷村 3-57, 3-59, 3-61
小多利村○☆〔多利〕 3-59, 5-182, 5-304
小南村 3-59
御油村 3-59, 3-61, 5-182, 5-304
御油村北御油 3-59, 3-61
小和田村 3-60, 3-61
小和田村寺内 3-60, 3-61
小和田村矢内 3-57, 3-59, 3-60, 3-61
才原村 3-56
坂井村 3-58, 5-175, 5-304
坂村 3-59, 5-182
私市村 3-56
佐倉村 3-58
笹尾村 3-57
栈敷村 3-59, 5-182, 5-304
佐治町○ 3-60, 3-61, 5-182
里村 3-56
佐野村 3-61, 5-182, 5-304
三宮村 3-58, 5-175, 5-304
質志村 3-56, 3-58, 5-175
質志村アヲイ谷 3-58
柴村 3-60, 5-180, 5-304
柴村王子 3-60
下天津村 3-57, 5-180
下天津村茶屋地 3-57
下天津村天王 3-57
下大久保村 3-58, 5-175
下大久保村ダンケ市 3-58
下小倉村〔小倉〕 3-59, 5-182, 5-304
下小倉村茶屋元 3-59
下小田村 3-57
下佐々木村 3-57, 3-60, 5-180
下竹田村下友政〔下竹田村、下竹田〕 3-57, 3-59, 5-182, 5-304
下竹田村前木戸 3-57, 3-59
十二村 3-57
地油良村〔南油良村〕 3-59, 5-182
正後寺村 3-56, 3-58
新郷村石ケ鼻 3-61
新郷村谷村 3-61
新細村 3-59
新庄村 3-57
杉谷村〔枕谷〕 3-60, 3-61, 5-180, 5-182, 5-304
千束村○ 3-58, 5-175, 5-304
千原村 3-57
臺頭村茶屋段 3-56, 3-58
田井縄村 3-57, 3-59, 3-60, 3-61
髙杉村 3-58
髙津村 3-56, 5-180
髙津村西ノ坪 3-56
鷹栖村上田〔鷹栖〕 3-56, 5-304
鷹栖村橋ノ上 3-56, 5-175
鷹栖村山家 3-56
髙見村 3-59, 3-61
滝田村 3-60, 5-180, 5-304
竹田村○ 3-57, 3-59
多田村 3-59, 5-182
多田村 3-59, 5-304
多田村枝久原 3-59
多田村尾髭 3-59
立原村○ 3-57, 5-180, 5-304
蓼原村 3-57, 5-180
棚原村國科〔料〕村○〔國科〕 3-59, 5-304
田野村 3-57, 3-59
勅使島村 3-59
勅使村 3-59
常津村 3-57
天王村 3-59
遠坂村○☆ 3-60, 5-180, 5-304
遠坂村枝今出 3-60
遠坂村枝徳畑村 3-60
遠坂村枝和田 3-60
十倉村 3-56, 5-175
戸田村 3-57
杤川村 3-56, 3-58, 5-175, 5-304
戸奈瀬村 3-56
戸奈瀬村鑄坪 3-56
中佐々木村 3-57, 3-60, 5-180
中佐々木村佛坂 3-57, 3-60
中佐治村 3-60, 3-61, 5-180, 5-182
中佐治村中河内平野 3-60, 3-61
中竹田村 3-57, 3-59, 5-182
中竹田村上友政 3-57, 3-59
中竹田村水上〔西〕 3-57, 3-59
長見村 3-59
中村 3-57
中村 3-60

中村　3-59, 5-182, 5-304
中村　3-59, 5-182
中村嵜谷　3-59
夏間村　3-57
七日市村　3-59
七日市村島村　3-59
二箇村　3-56
二箇村中村　3-56
西蘆田村　3-60, 5-182
西中村　3-59, 3-61
沼村　3-61, 5-182, 5-304
野上野村　3-59, 5-182, 5-304
野上野村塩ケ谷　3-59
野花村○　3-57, 5-180, 5-304
延村新上　3-56
延村菅　3-56
野村　3-59
野村下野村　3-59
野山村　3-59
桒竹村　3-59
萩原村　3-56, 3-58, 5-175
筈巻村　3-57
土師村　3-57, 5-180, 5-304
土師村枝新町○　3-57
波美村　3-57
東蘆田村〔東芦田〕　3-57, 3-59, 3-61, 5-182, 5-304
東芦田村芝添　3-57, 3-59, 3-60, 3-61
氷上村　3-59, 5-182, 5-304
氷上村上　3-59
日藤村　3-57, 5-180, 5-304
尾藤村　3-57
日比宇村　3-59, 3-61, 5-182
氷間下村　3-59, 5-182, 5-304
平松村　3-59, 5-182, 5-304
廣瀬村　3-56
廣野村　3-56, 3-58, 5-175, 5-304
廣野村枝立木　3-56, 3-58
廣野村草尾　3-56, 3-58
福知山（朽木土佐守居城）☆　3-57, 5-180, 5-304
二俣村岡ノ段　3-57
二俣村向山　3-57
淵垣村　3-56
古河村　3-59
保井谷村　3-58, 5-175, 5-304
〔細〕見辻村〔細見辻〕　3-58, 5-175, 5-304
細見辻村菖蒲ケ越　3-58
母坪村　3-59, 3-61
堀越村　3-56, 3-58, 5-182
堀村　3-57, 5-180
堀村蛇ケ端○　3-57
堀村髙畑〔堀村、堀村〕　3-57, 5-180, 5-182, 5-304
堀村森垣〔堀村〕　3-57, 5-304
本郷村　3-59, 3-61
前田村　3-57, 5-180, 5-304
牧村　3-57, 5-180
真倉村　3-56, 5-175, 5-304
真倉村大森　3-56
真倉村下近　3-56
末歳村　3-60, 5-180
水呑村　3-56, 3-58, 5-175, 5-304
見長村　3-59, 5-182, 5-304
南有路村　3-57
南田井村　3-59, 3-61
南村　3-59
南由良村　3-59
三俣村　3-56, 3-58, 5-182
三俣村上安場　3-56, 3-58
宮村　3-57, 3-59, 5-180, 5-182
宮村○　3-57, 5-180
宮村枝岩崎村○〔岩﨑〕　3-56, 3-57, 3-59, 5-304
妙樂寺村　3-58, 5-175, 5-304
水原村　3-58, 5-175, 5-304
水原村才元　3-58
水原村横谷　3-58
室村　3-57
安井村　3-57
矢名瀬村矢名瀬町○☆〔矢名瀬村〕　3-60, 5-180, 5-304
山垣村　3-60, 3-61, 5-180
山垣村枝平地　3-60, 3-61
山家村上原村〔山家〕　3-56, 5-175, 5-304
山家村鷹栖村塩谷　3-56
山田村　3-59
柚津村　3-59
油利村　3-61
油利村小原　3-61
横田村　3-59, 5-182, 5-304
和賀村　3-60, 5-180
和久市村　3-57, 5-180
早田村　3-60, 5-180, 5-304
和田村　3-58, 5-175, 5-304

【社寺】

阿陀岡神社　3-59
菴我神社　3-57
阿良須神社　3-57
粟鹿神社　3-60
安國寺　3-56
生野神社　3-56, 3-58
伊都伎神社　3-57, 3-59
伊也神社　3-56
圓通寺〔円通寺〕　3-59, 3-61, 5-182, 5-304
大原明神〔大原大明神〕　3-56, 3-58, 5-175
神田神社　3-59
苅野神社　3-59
川〔内〕田多奴比神社　3-59
観音寺　3-56
佐地神社　3-60, 3-61
高坐神社　3-57, 3-59, 3-60, 3-61, 5-182
奴々岐神社　3-60, 3-61, 5-182
八幡宮　3-59
兵主神社　3-59, 5-182
御手槻神社　3-56
與謝外宮　3-57, 5-180

【山・峠】

朝来山　3-60
愛宕山　3-56
愛宕山　3-59
愛宕山　3-57
愛宕山　3-59, 5-180
愛宕山　3-59, 5-175
醫王寺山　3-59
位田古城山　3-56
位田山　3-56, 5-175
上野山　3-57
延命寺山　3-61, 5-182
大野　3-59
小貝山　3-56
質志峠　5-175
小倉山　3-59
葛尾山　3-57, 5-180
金坂峠　3-59, 5-182
椢谷山　3-61
烏岳　3-57, 5-180
金山　3-59
須地山峠　5-175
黒瀬山　3-59, 5-182
小川山　5-175
桒原山　3-60
高谷山　3-57, 3-59, 5-182
光竜寺山　3-57
古城山　3-59, 3-61
古城山　3-59
権現山　3-61
権現山　3-59
盃山　3-58
私市山　3-56
佐中峠　3-59, 5-182
塩津峠　3-57, 3-59, 5-180, 5-182
草尾峠　5-175
常楽寺村　3-59, 3-61
神地寺山　3-59
神南山　3-57, 3-59
横峠　5-175
醍醐寺山　3-57
田中村　3-59, 3-61
茶臼山　3-59
長安寺山　3-57
遠坂峠　3-60
杤川峠　3-56, 3-58, 5-175
殿山　3-57, 3-59
夏栗山　3-59
登尾峠　5-180
畑山　3-58, 5-175
舩山　3-56
舩山　3-56
三國山　3-57
三岳　3-58
御岳　3-57
三森古城山　3-59
室山　3-57, 3-59
矢織山　3-58
山名古城　3-59
横峯山　3-59

【河川・湖沼】

黒谷川　5-175
大川　3-57
大原川　3-56, 3-58
上杁川　5-175
小田川　3-57, 5-180
河守川　3-57
竹田川　3-57
大簾川　5-175
宮田川　3-59, 5-182

第128号 和田山

【国名】

因幡國〔因幡〕　3-65, 5-181, 5-304
但馬國〔但馬〕　3-64, 5-181, 5-304
播磨國〔播磨〕　3-64, 5-183, 5-304
美作國〔美作〕　3-65, 5-188

【郡名】

朝来郡　3-62, 3-64, 5-182, 5-304
出石郡　3-62, 5-180, 5-304
七味郡　3-63, 5-181, 5-304
神西郡　3-64, 5-182
神東郡　3-64, 5-182, 5-304
多可郡　3-64, 5-182
智頭郡　3-65, 5-188
養父郡　3-62, 3-63, 5-180, 5-304
吉野郡　3-65, 5-183

【地名】

上箇村　3-62, 5-180
朝倉村　3-62, 5-180
筏津村　3-65, 5-183, 5-304
生野銀山町〔銀山町〕　3-64, 5-182, 5-304
猪篠村追上町○〔猪篠〕　3-64, 5-304
猪篠村河原町〔猪篠村〕　3-64, 5-182
猪篠村中才　3-64
石田村　3-62, 3-64
市場村　3-62, 3-64
市場村　3-62, 3-64
一御堂村　3-62
今岡村　3-65, 5-183
岩屋谷村　3-62, 3-64, 5-182, 5-304
上野村　3-62, 5-180, 5-304
上野村枝谷間地　3-62
江ノ原村　3-65, 5-183, 5-304
江ノ原村真木山　3-65
大茅村　3-65
矢〔人〕谷村　3-62, 5-181
大内村　3-65, 5-181, 5-183, 5-304
大塚村　3-62
大月村　3-62, 3-64
大月村枝諏訪　3-62, 3-64
大月村細工　3-62
大藪村　3-62
大山下村〔大山〕　3-64, 5-182, 5-304
大山中村〔大山〕　3-64, 5-182, 5-304
大山中村毛谷〔大山〕　3-64, 5-304
岡田村　3-62
奥村　3-62
奥米地村　3-62, 5-180
奥米地村高中　3-62
奥米地村山中　3-62
尾崎村　3-63, 5-181
尾崎村　3-65
尾崎村枝和多田　3-63
尾見村　3-65, 5-183, 5-304
柿坪村　3-62, 3-64
樂音寺村　3-62
影石村　3-65, 5-183, 5-304
影石村猪ノ部　3-65
鍍屋米地村　3-62, 5-180
上庄村　3-65, 5-183
上中下八木村入會（八木町）　3-62
上八木村〔八木〕　3-62, 5-181, 5-304
川上村　3-62, 3-64
河尻村　3-64
木下村　3-65
銀山廻〔生野銀山廻〕　3-64, 5-182
銀山廻生野峠　3-64
久世田村　3-62, 3-64, 5-180, 5-304
口米地村　3-62
國木村　3-62
久留引村　3-62, 5-180, 5-304
桒市村　3-62, 3-64, 5-180, 5-182, 5-304
桒原村　3-62, 5-180
毛谷村　3-65, 5-181, 5-183, 5-304
毛谷村坂清水　3-65
郷原村　3-65
郷原村米原　3-65
小城村　3-62
小城村上小城　3-62
駒歸村○　3-65, 5-183, 5-304
小山村　3-62
坂根村○　3-65, 5-183, 5-304
篠坂村　3-65, 5-181, 5-183, 5-304
下庄村大當　3-65
下町村　3-65, 5-183, 5-304
下八木村〔八木〕　3-62, 5-180, 5-304
下八木村畑中　3-62
十二所　5-304
關ノ宮村　3-63, 5-181
關ノ宮村枝片岡　3-63
關ノ宮村相地　3-63
關ノ宮村八木谷　3-63
關ノ宮村四反田　3-63
髙瀬村　3-62
髙田村　3-62, 5-180, 5-304
髙柳村　3-62, 5-180, 5-304
髙柳村万々谷　3-62
竹田町○　3-62, 3-64, 5-180, 5-304
多々良木村　3-62, 3-64
立脇村　3-62, 3-64, 5-180, 5-182, 5-304
立畑〔野〕村　3-62, 3-64
玉木村　3-62, 5-180
辻堂村（長根）○　3-65, 5-183, 5-304
津村子村上村〔津村子村、津村子〕　3-62, 3-64, 5-182, 5-304
津村子村下村〔津村子〕　3-62, 3-64, 5-304
寺内村　3-62, 3-64
寺内村　3-62
寺谷村　3-62
田路村　3-62, 3-64
多保市村　5-182
殿村　3-62
長尾村　3-65, 5-183, 5-304
中原村　3-65, 5-183, 5-

304
中米地村　3-62, 5-180
中八木村〔八木〕　3-62, 5-180, 5-304
網場村　3-62, 5-180
網場村上岡　3-62
網場村六本松　3-62
新井村　3-62, 3-64, 5-182
西牧〔枚〕田村　3-62, 5-180, 5-304
入道原村　3-65, 5-183, 5-304
入道原村福原　3-65
納座村　3-62, 3-64
羽淵村　3-62, 3-64
林垣村　3-62
土田村　3-62, 5-180, 5-304
東谷村　3-62, 5-180, 5-304
東谷村枝中市場村　3-62
平野村　3-62
廣谷村　3-62, 5-180
舞狂村　3-62
福岡村枝八井谷　3-63
古町村（小原）○　3-65, 5-183
古町村阿方〔古町〕　3-65, 5-304
古町村庄田〔古町〕　3-65, 5-304
古町村八幡〔古町〕　3-65, 5-304
法道寺村　3-62
法光寺村　3-62
堀畑村　3-62, 5-180, 5-304
万久里村　3-62, 3-63, 5-181
真弓村（真弓宿）○　3-64, 5-182, 5-304
圓山村〔円山〕　3-64, 5-182, 5-304
圓山村小田和　3-64
溝黒村　3-62, 3-64
宮内村　3-62
三宅村　3-62, 5-181
宮田村　3-62, 5-180, 5-304
宮水〔本〕村　3-65, 5-183
米里村　3-62, 5-180, 5-304
物部村　3-62, 3-64, 5-180, 5-304
森村〔森垣〕　3-64, 5-182, 5-304
安井庄下村〔下村〕　3-62, 5-180, 5-304
柳原村　3-62
養父市場村○☆　3-62, 5-180
藪﨑村　3-62, 5-180
藪﨑村アシヲ谷　3-62
山口村○　3-62, 3-64, 5-182, 5-304
勇細工村　3-62, 3-64
和田村　3-62, 5-304
和田山村○　3-62, 5-180

【社寺】

一宮伊和生〔坐〕大名持御魂神社〔一宮〕　5-183
水谷神社　3-62
夜夫坐神社　3-62

【山・峠】

愛宕山　3-62, 3-64
高照坊山　3-65
古城山　3-62
人坂峠　3-65
智頭山　3-65
南方山　3-65
三宅山　3-62
矢井谷峠　3-63
竜王山　3-65

【河川・湖沼】

大屋川　3-62, 5-180
神楽川　5-182
国科川　5-182
高橋川　5-182
八木川　3-62
山口川　5-182
吉ノ川　5-183
万町川　5-182

第129号 桑名

【国名】

伊賀國〔伊賀〕　3-72, 5-167, 5-301
伊勢國〔伊勢〕　3-66, 3-70, 3-72, 5-167, 5-301
近江國〔近江〕　3-70, 3-72, 5-166, 5-300, 5-301
尾張國〔尾張〕　3-66, 5-159

【郡名】

阿拝郡　3-72, 5-167, 5-301
朝明郡　3-66, 3-67, 5-166, 5-299
庵藝郡　3-69, 3-72, 5-163, 5-301
員辨郡　3-67, 5-166, 5-300, 5-301
海西郡　3-66, 5-159
蒲生郡　3-71, 3-73, 5-166, 5-301
河曲郡〔川曲郡〕　3-66, 3-67, 3-68, 3-69, 5-163
桑名郡　3-66, 5-166, 5-299, 5-300
甲賀郡　3-70, 3-71, 3-72, 3-73, 5-167, 5-301
鈴鹿郡　3-67, 3-69, 3-70, 3-72, 5-163, 5-166, 5-167, 5-301
三重郡　3-66, 3-67, 3-68, 3-69, 5-166, 5-299

【地名】

赤地新田　3-66, 5-166
赤須賀新田　3-66, 5-166
赤堀村　3-67, 3-69, 5-166
麻生村　3-71
天ケ須賀新田　3-66, 5-166
伊倉村　3-67, 3-69, 5-166, 5-299
生桒村　3-67, 5-166
生桒村東生桒　3-67
石原○　3-71, 5-174, 5-301
石薬師○☆　3-67, 3-69, 5-163, 5-166, 5-299, 5-301
印代村　3-73, 5-167
和泉新田　3-66, 5-159, 5-297
泉村　3-71, 5-174
和泉村　3-69, 5-163
磯山村　3-69, 5-163, 5-299, 5-301
市之瀬村〔市ノ瀬〕　3-72, 5-167, 5-301
市之瀬村　3-70, 3-72, 5-166, 5-167
一宮村　3-73, 5-301
市場村　3-71, 3-73, 5-167, 5-301
稲狐新田村　3-66, 5-159
稲荷崎起返新田　3-66, 5-159
稲荷新田村　3-66, 5-159
猪鼻村　3-70, 3-72, 5-167, 5-301
伊舩野田村　3-67, 3-69
伊舩村☆　3-67, 3-69, 5-163, 5-166, 5-167, 5-301
今在家村　3-71, 3-73, 5-167, 5-301
今宿村　3-71, 3-73, 5-167, 5-301
今堀村今在家村中野村金屋村蛇溝村東古保志塚村小今村入會布引山原〔布引山原〕　3-71, 5-174
鑄物師村　3-71, 5-174, 5-301
岩森村　3-69, 5-163, 5-167, 5-301
上田村　3-67, 3-69, 5-163, 5-299, 5-301
上田村　3-71, 3-73
上野村　3-69, 5-163, 5-299, 5-301
上野村　3-69, 5-163, 5-299
上村　3-73, 5-167
内池村　3-71, 5-174, 5-301
釆女村　3-67, 3-69, 5-163, 5-166, 5-299
釆女村清水　3-67, 3-69
釆女村杖突　3-67, 3-69
閏田村　3-67, 5-166, 5-299, 5-301
江島村　3-69, 5-163, 5-299
愛田村　3-73, 5-167, 5-301
江場村　3-66, 5-166
圓徳院村　3-73, 5-167
圓徳院村枝里出小場　3-73
圓徳院村枝新田小場　3-73
小井口村　3-71, 5-166
青土村　3-70, 3-72
近江島　3-66
大井手村　3-67, 3-69, 5-166
大貝須新田　3-66, 5-166, 5-299
大久保村　3-67, 5-166, 5-301
大島村　3-66, 5-166, 5-297
大宝新田　3-66, 5-159, 5-297, 5-299
大宝附新田　3-66, 5-159
大谷村　3-73
大田村　3-69
大塚村　3-71, 5-174, 5-297, 5-300, 5-301
大野錦屋村〔錦屋新田〕　3-66, 5-159, 5-297, 5-299
大野村　3-71, 3-73, 5-167, 5-301
大別保村　3-69, 5-163, 5-299, 5-301
大森村　3-71
岡本○☆　3-71, 5-174, 5-297, 5-301
小倉村　3-66, 3-68, 5-163, 5-166, 5-299
小古曽村　3-67, 3-69, 5-163, 5-166
小島村　3-67, 5-166, 5-297, 5-299, 5-300, 5-301
小田村　3-69, 5-163
落針村　3-72, 5-163, 5-167, 5-301
音羽野村　3-70, 3-72
音羽村　3-67, 5-166, 5-297, 5-299, 5-301
小野村　3-72, 5-167, 5-301
大治田村　3-67, 3-69, 5-163, 5-166
尾平村　3-67, 3-69, 5-166
尾平村枝長井　3-67
尾平村枝中村　3-67
小向村　3-66, 5-166
鎌掛○☆　3-71, 5-166, 5-301
海善寺村　3-69, 5-163, 5-301
加稲山新田　3-66, 5-159
蛎塚新田　3-66
柿村　3-66, 5-166, 5-299
相〔柏〕野村　3-73, 5-167
柏野村中河原　3-73
蟹河坂村　3-70, 3-72, 5-166, 5-167, 5-301
加太宿○　3-72, 5-167
加太宿市場○〔加太〕　3-72, 5-301
加太宿牛谷　3-72
加太宿枝鐘鑄場　3-72
加太宿越河　3-72
加太宿梶ケ坂　3-72
加太宿北在家　3-72
加太宿中在家　3-72
加太宿平地　3-72
加太宿向井　3-72
釜島新田　3-66
上小房村〔小房〕　3-71, 5-174, 5-297, 5-300, 5-301
上柘植宿○☆〔上柘植〕　3-73, 5-167, 5-301
上柘植宿枝山手小場　3-73
上柘植宿岡鼻小場　3-73
上柘植宿倉部小場　3-73
上柘植宿小林小場　3-73
上野田村　3-71, 5-166, 5-301
上ノ輪新田〔上之輪新田〕　3-66, 5-166, 5-297, 5-299
上ノ輪新田飯塚　3-66
亀須新田　3-66, 5-166, 5-299
亀山（石川主殿頭居城）○☆　3-69, 3-72, 5-163, 5-167, 5-301
加路戸村　3-66
河井村　3-71, 5-174, 5-297, 5-300, 5-301
川合村　3-69, 5-163, 5-301
川崎村　3-69, 5-163, 5-167, 5-301
川崎村一色組　3-67, 3-69
川崎村枝徳原組　3-69
川島村　3-67, 3-69, 5-166
川西村　3-73
川東村　3-73
川原田村　3-67, 3-69, 5-163, 5-166, 5-299
河原村　3-67
雁ケ地附新田　3-66, 5-159
雁ケ地脇附新田　3-66, 5-159
神戸（本多説三郎居城）○☆　3-69, 5-163, 5-299
岸岡村枝打越〔岸岡村〕　3-69, 5-163
北五味塚村〔五味塚〕　3-66, 3-68, 5-163, 5-166, 5-299
北長太村〔長太〕　3-66, 3-68, 5-163, 5-299
北福崎村　3-66, 5-166
北村　3-66, 5-166, 5-299
木田村大谷〔木田村〕　3-67, 3-69, 5-163
北若松村〔若松〕　3-68, 5-163, 5-299
北脇村　3-71, 5-174
狐地新田村　3-66, 5-159
切畑村　3-67
楠原○　3-72, 5-167, 5-301
沓掛村　3-72, 5-167, 5-301
久保田村　3-67, 3-69, 5-166
汲河原村　3-69, 5-163, 5-299, 5-301
桑名（松平下總守居城）○☆　3-66, 5-166, 5-297, 5-299
小貝須新田　3-66, 5-166, 5-299
國分村小谷〔國分村、國分、小谷〕　3-67, 3-69, 5-163, 5-166, 5-299, 5-301
小里村　3-71, 3-73, 5-167, 5-174
小谷村　3-71, 5-174
駒江村　3-66, 5-166
小生村　3-67, 3-69, 5-166, 5-299
小社村　3-67, 3-69, 3-70, 3-72
坂下○　3-72, 5-167, 5-301
坂之下村　3-73, 5-167, 5-301
櫻一色村　3-67, 5-166, 5-301
佐倉村　3-67, 5-166
佐倉村櫻一色村枝平子　3-67
佐那具宿○☆　3-73, 5-167, 5-301
塩濱村　3-66, 3-68, 5-166, 5-299

寺家村　3-69, 5-163, 5-299, 5-301
地子町村　3-69, 5-163
〆切新田　3-66, 5-159
下大久保村小谷〔下大久保村〕　3-67, 3-69, 5-163, 5-166
下小房村〔小房〕　3-71, 5-174, 5-297, 5-300, 5-301
下柘植村〔柘植〕　3-73, 5-167, 5-301
下柘植村中手小場　3-73
下箕田村　3-68, 5-163, 5-299
十方〔万〕山　3-66, 5-166
宿野村　3-67, 5-166, 5-301
庄野○　3-69, 5-163, 5-299, 5-301
白子村○　3-69, 5-163, 5-299, 5-301
新城村　3-71, 3-73, 5-167, 5-174, 5-301
新堂村　3-73
新堂村物堂　3-73
水澤村　3-67, 5-166, 5-301
水沢村枝青木川　3-67
水沢村枝下河内　3-67, 3-69
末永村　3-66, 5-166, 5-299
須賀村　3-69, 5-163
關○　3-72, 5-167, 5-301
千歳村　3-73, 5-167
千歳村枝松原小場　3-73
千戸村北山　3-73
曽井村　3-67
太岡寺村　3-72, 5-167
大福村　3-66, 5-166, 5-297, 5-299
高岡村　3-69, 5-163, 5-299
高角村　3-67, 5-166, 5-299
高野尾村　3-69, 3-72, 5-163, 5-167, 5-301
高野尾村新出　3-69, 3-72
高松村　3-66, 5-166, 5-299
高宮村　3-69, 5-163
田口村　3-67
竹成村　3-67, 5-166, 5-297, 5-299, 5-301
田代新田　3-66, 5-159, 5-166
辰巳新田　3-66, 3-68, 5-166, 5-299
楯岡村　3-73
田光村　3-67
玉垣村　3-69, 5-163, 5-299
千草村　3-67, 5-166, 5-297, 5-299, 5-301
千草村枝福松　3-67
千草村岡　3-67
千草村奥郷　3-67
智積村　3-67, 5-166, 5-299, 5-301
土橋村　3-73, 5-167
土橋村百町　3-73
土山○☆　3-70, 3-72, 5-166, 5-167, 5-301
土山宿水付　3-70, 3-72
椿世村　3-69, 5-163, 5-167, 5-301
出口村　3-66, 5-166
寺尻村　3-71, 5-166, 5-301
堂ケ山村　3-67, 3-69, 5-166, 5-301
十日市場村　3-69, 5-163
徳原村　3-71, 3-73, 5-167, 5-301
殿名村　3-66, 5-166
泊村　3-67, 3-69, 5-163, 5-166, 5-299
泊村新出郷　3-67, 3-69
富崎新田　3-66, 5-159, 5-297, 5-299
冨田一色村　3-66, 5-166, 5-299
富田子新田　3-66, 5-159
十宮村　3-69, 5-163, 5-299
外山村　3-73
豊崎新田　3-66, 5-159, 5-297, 5-299
豊松新田　3-66, 5-166
都羅新田　3-66, 5-166
頓宮村　3-71, 3-73, 5-166, 5-167, 5-301
縄生村　3-66, 5-166
中河原村赤堀新田〔赤堀新田〕　3-67, 3-69, 5-166
中在家大杉　3-72
長澤村　3-67, 3-69, 5-166, 5-167, 5-301
長地附新田　3-66, 5-166
中柘植村〔柘植〕　3-73, 5-167, 5-301
中柘植村宮谷　3-73
中富田村〔富田〕　3-69, 5-163, 5-299, 5-301
中縄村　3-72, 5-167, 5-301
中別保村　3-69, 5-163, 5-299, 5-301
中若松村〔若松〕　3-69, 5-163, 5-299
西川村　3-71, 5-300, 5-301
西條村　3-73, 5-167, 5-301
西條村百町　3-73
西富田村〔富田〕　3-66, 5-166, 5-299
西富田村〔富田〕　3-69, 5-163, 5-299, 5-301
西之沢村　3-73, 5-167, 5-301
西村　3-73, 5-167
西山村　3-73
西法〔汰〕上村　3-66
野上野村　3-71, 3-73, 5-166, 5-167, 5-301
野口村　3-71, 5-174
野尻村　3-72, 5-163, 5-167, 5-301
野田村　3-69
野田村　3-67
野村　3-69, 3-72, 5-163, 5-167
野村　3-73, 5-167, 5-301
白鷺脇附新田　3-66, 5-159
馳出村　3-66, 3-68, 5-166
八幡村　3-66, 5-166, 5-299
羽津村　3-66, 5-166
濵一色村　3-66, 5-166
濵田村　3-67, 3-69, 5-166, 5-299
濵田村枝堀木　3-67, 3-69
林口村　3-71, 5-174, 5-301
林村　3-72, 5-167
原村　3-67, 3-69, 5-163, 5-166, 5-167, 5-301
東阿倉川村　3-66, 5-166
東方村　3-66
東薦野村（土方大和守在所）☆　3-67, 5-166, 5-299, 5-301
東條村　3-73, 5-167
東富田村〔富田〕　3-66, 5-166, 5-299
東法〔汰〕上村　3-66
肥田村　3-69, 5-163, 5-299
日永村　3-67, 3-69, 5-166, 5-299
日永村枝追分　3-67, 3-69
日野大窪町○〔日野〕　3-71, 5-301
日野松尾町　3-71
日野村井町（市橋下總守在所）〔日野町〕　3-70, 3-71, 5-166
平尾村　3-67
平子村　3-70, 3-72
福井新田　3-66, 5-166
福崎新田　3-66, 5-159
福島村　3-66, 5-166, 5-297, 5-299
福島村澤崎　3-66
福村　3-67
福吉新田　3-66, 5-166
筆捨茶屋　3-72
古馬屋村　3-72, 5-167, 5-301
前野村　3-71, 3-73, 5-166, 5-167, 5-301
蒔田村　3-66, 5-166
増田村　3-71, 5-174
又木村（増山備中守居城）　3-66, 5-166
松尾村〔松之尾村〕　3-71, 3-73, 5-166, 5-167
松ケ島村　3-66, 5-166
松島村姫御前　3-66
松寺村　3-66, 5-166, 5-299
松永新田　3-66, 5-159
三雲村田川〔三雲村、三雲〕　3-71, 5-174, 5-301
三﨑新田　3-66, 5-166
三十坪村　3-71, 5-174
御代村　3-73, 5-167, 5-301
御代村枝市場小場　3-73
三田村　3-73
水口（加藤能登守居城）○　3-71, 3-73, 5-174, 5-301
南五味塚村〔五味塚〕　3-66, 3-68, 5-163, 5-166, 5-299
南長太村〔長太〕　3-68, 5-163, 5-299
南福崎村　3-66, 5-166, 5-299
南若松村〔若松〕　3-69, 5-163, 5-299
妙感寺地先〔妙感寺村、妙感寺〕　3-71, 5-174, 5-301
椋本○　3-72, 5-163, 5-167, 5-301
茂福村　3-66, 5-166, 5-299
森村　3-67, 5-166, 5-299, 5-301
山神村　3-73, 5-167
山神村梨木　3-73
八島附新田　3-66, 5-159
安長村〔安永村〕　3-66, 5-166
矢橋村　3-69, 5-163
山田村　3-67, 3-69
山中村　3-70, 3-72, 5-167, 5-301
山本村　3-71
山本村　3-67, 3-69, 3-72, 5-166, 5-301
横満藏新田　3-66, 5-159, 5-299
吉永村　3-71, 5-174, 5-301
四日市○☆　3-66, 3-68, 5-166, 5-299
六呂見村　3-66, 3-68, 5-166
和田村　3-69, 5-163, 5-301

【社寺】

敢國神社　3-73
縣主神社　3-69
一宮椿太神社〔椿太神社〕　3-67, 3-69, 3-70, 3-72, 5-166
石神社　3-70, 3-72
宇都可神社　3-73
神前神社　3-67, 5-166
観音堂　3-69
国分〔寺〕　3-73
志波加支神社　3-69
鈴鹿神社〔鈴鹿社〕　3-72, 5-167
武備神社〔武備社〕　3-67, 3-69, 5-166
田村明神　3-72
椿岸神社　3-67
長瀬神社　3-67, 3-69
仁正寺　3-71, 5-166, 5-301
耳常神社〔耳常社〕　3-67, 5-166
薬師堂　3-69

【山・峠】

淺子山　3-72
尼ケ岳　3-72, 5-167
雨乞山　3-73
岩根山　3-71, 5-174
雲林院山　3-72
大沢山　3-72
大杣山　3-72
釜嶽〔釜ヶ岳〕　3-70, 5-166, 5-301
烏山　3-71, 3-73
冠岳　3-70, 5-166
蝙蝠山　3-67, 3-70, 5-166
御在所山　3-70, 5-166
笹尾峠　3-70
釈迦岳　3-67, 3-70, 5-166
雀頭山　3-72, 5-167, 5-301
城山　3-69
水澤山　3-67, 3-70, 5-166
鈴鹿峠　3-72
仙ケ岳　3-70, 3-72, 5-166, 5-167, 5-301
高野尾山　3-72
宝子山　3-72
滝山　3-72, 5-167
茄子売山　3-72
南宮山　3-73, 5-167
西村山　3-73
入道岳　3-70, 5-166
野登山　3-70, 3-72
飯道寺山　3-71, 3-73
福王山　3-67, 5-166
布施山　3-71
三國界山　3-72
三雲岳　3-71
明星山　3-70, 3-72, 5-167
武名尾山　3-72
竜王山　3-72
霊山　3-73
六方岳〔大方岳〕　3-67, 5-166
錦向山　3-70, 5-166

【河川・湖沼】

青木川　3-67, 3-69
朝明川　3-67
朝明川　3-66, 5-166
足見川　3-67
安楽川　3-69
市野瀬川　3-70, 3-72
御幣川　3-67, 3-69, 5-163, 5-166
海倉川　3-66
加路戸川　3-66
櫻川　3-71
笹尾川　3-67, 5-166
杉谷川　3-67
鈴鹿川　3-66, 3-68
田口川　3-67
鍋田川　3-66
西ノ川　5-167
町屋川　3-66
松尾川　3-70, 3-72
三重川　3 67, 3-69
三滝川　3-67, 5-166
御滝川　3-66, 3-68
横田川　3-71

第130号 津・松坂

【国名】

伊賀國〔伊賀〕　3-75, 5-167, 5-301
伊勢國〔伊勢〕　3-75, 5-167, 5-301

【郡名】

阿拝郡　3-75, 5-167
安濃郡　3-74, 3-75, 5-163, 5-167, 5-301
奄藝郡　3-74, 5-163, 5-301
飯高郡　3-74, 3-76, 5-163, 5-167, 5-301
飯野郡　3-76, 5-163, 5-299
伊賀郡　3-75, 5-167, 5-301
一志郡　3-74, 3-75, 3-76, 5-167, 5-301
多氣郡　3-76, 5-163, 5-299
山田郡　3-75, 5-167, 5-301
度會郡　3-76, 5-168, 5-299

【地名】
阿保　5-301
明野ケ原　3-76
足坂村　3-74, 5-167, 5-301
足坂村白樫　3-74
荒木村中河原〔荒木村〕　3-75, 5-167, 5-301
伊生村　3-74, 3-77
五百野村　3-74, 5-167, 5-301
五百野村枝外山　3-74
伊賀羽根　5-301
伊賀町村陰陽村豊原村入會串田〔伊賀町村、陰陽村、伊賀〕　3-76, 5-163, 5-299, 5-301
石川村　3-76, 5-163
石田垣内　3-74
石津村　3-74, 3-76, 5-163, 5-301
出後村　3-75
井関村　3-74, 3-77, 5-167, 5-301
井関村谷戸　3-74, 3-77
井関村東山　3-74, 3-77
伊勢地村○　3-75, 5-167, 5-301
伊勢地村伊賀茶屋〔伊賀茶屋〕　3-75, 5-301
伊勢地村真土　3-75
市場庄村〔市場生村〕　3-74, 3-76, 5-163, 5-301
稲木村　3-76, 5-163, 5-299
岩田村　3-74, 5-163, 5-301
上川村　3-76, 5-163, 5-299, 5-301
上野村本明星（神領）〔上野村、上野〕　3-76, 5-163, 5-299
大口村　3-74, 3-76, 5-163, 5-299, 5-301
大仰村　3-74, 3-77, 5-167, 5-301
大仰村上ノ村　3-74, 3-77
大仰村向河原　3-74, 3-77
大仰村村出　3-74, 3-77
大部田村　3-74, 5-163, 5-301
大村田子　3-74, 3-75, 3-77
大村並木　3-75
大村二本木○〔大村〕　3-74, 5-167, 5-301
大村濵城　3-74
大村向出　3-74, 3-77
岡田村　3-75, 5-167, 5-301
岡村　3-75, 5-167
小川村　3-74, 5-163, 5-301
小川村　3-74, 3-77, 5-163, 5-167
大古曽村　3-74, 5-163
形〔刑〕部村　3-74, 5-163
小津村　3-74, 3-76, 5-163, 5-299, 5-301
乙部村　3-74, 5-163, 5-299, 5-301
垣鼻村　3-76, 5-163, 5-301
笠松村　3-74, 3-76, 5-163
柏尾村　3-75
炊村　3-75
片野村須ケ瀬村入會〔片野村、須ケ瀬村〕　3-74, 3-77, 5-163, 5-167
鎌田村　3-74, 3-76, 5-163, 5-301
上炊村　3-75
上ノ村　3-75, 5-167, 5-301
上ノ村辻　3-75
河北村　3-75, 5-167, 5-301
北藤原村　3-76, 5-163, 5-299
窪田○　3-74, 5-163, 5-301
久米村　3-74, 3-76, 5-163
雲出○　3-74, 3-76, 5-163, 5-301
雲出池田村　3-74
栗原村　3-74, 5-167
江津村　3-74, 3-76, 5-163, 5-299, 5-301
甲野村　3-75
小村　3-74, 3-76, 5-163
小森上野村高茶屋〔小森上野村〕　3-74, 5-163
小森村　3-74, 5-163
権現前村　3-74, 3-77, 5-163, 5-167, 5-301
金剛坂村　3-76, 5-163
齊宮村　3-76, 5-163
定村　3-75
篠田　5-299
下阿波村　3-75, 5-167, 5-301
下阿波村大橋　3-75
下阿波村観音寺　3-75
下阿波村牧ノ口　3-75
下有尓村中明星〔下有尓村、下有尓〕　3-76, 5-163, 5-299
下河原村　3-75, 5-167, 5-301
下部田村　3-74, 5-163, 5-301
下村　3-76, 5-163, 5-299, 5-301
白塚村　3-74, 5-163, 5-299, 5-301
新開村　3-74
新茶屋村新明星〔新茶屋村、新茶屋〕　3-76, 5-163, 5-299
新松ケ島村　3-74, 3-76, 5-163
須川村　3-74, 3-76, 5-163, 5-301
千戸村奥　3-75
曽原村　3-74, 3-76, 5-301
曽原村茶屋〔曽原村〕　3-74, 3-76, 5-163
高田村出在家〔高田村〕　3-76, 5-163
髙野村　3-74
高野村谷戸　3-74, 3-77
竹川村（神領）　3-76, 5-163, 5-299
田尻村○　3-74, 3-77, 5-167, 5-301
多野田村　3-74, 5-167, 5-301
多野田村南側　3-74
垂水村　3-74, 5-163, 5-301
津（藤堂和泉守居城）○　3-74, 5-163, 5-301
津屋城村　3-74, 3-76, 5-163, 5-301
寺脇村　3-75, 5-167
塔世村　3-74, 5-163
富岡村　3-75
富永村　3-75, 5-167
富永村枝大佛小場　3-75
豊久野松原〔豊久ノ松原〕　3-74, 5-163
豊原村　3-76, 5-163, 5-299, 5-301
中大淀村　3-76, 5-163, 5-299
中河原村　3-74, 5-163, 5-299, 5-301
中瀬村　3-74, 5-163, 5-301
長野宿○〔長野〕　3-74, 5-167, 5-301
長野宿殿畠　3-75
中ノ村　3-75, 5-167, 5-301
中野村　3-74, 5-163
中林村〔中村〕　3-74, 3-76, 5-163, 5-301
中道村　3-74, 3-76, 5-163
中村　3-75, 5-167
中山村　3-74, 5-163, 5-301
西黒部村高洌〔西黒部村、西黒部〕　3-76, 5-163, 5-299
入道垣内村　3-75, 5-167
入道垣内村伊勢茶屋○☆〔入道垣内〕　3-75, 5-301
野崎村　3-74, 5-163, 5-167, 5-301
蝿田村　3-74, 5-167, 5-301
蝿田村枝北出　3-74
蝿田村枝三軒茶屋　3-74
蝿田村清水　3-74
八太村○〔八田〕　3-74, 3-77, 5-163, 5-167, 5-301
畑村上畑〔畑村〕　3-75, 5-167
畑村河原　3-75
畑村下畑　3-75
八對野村　3-75, 3-77
早馬瀬村　3-76, 5-163
半田村　3-74, 5-163, 5-301
東大淀村　3-76, 5-163, 5-299
東黒部村　3-76, 5-163
久居（藤堂佐渡守居城）○　3-74, 5-163, 5-167, 5-301
平木村　3-74, 5-167
平木村犬塚　3-75
平田宿○　3-75, 5-167
平田宿枝中島小場〔平田〕　3-75, 5-301
平野村　3-74, 5-163
平野村三軒茶屋　3-74
平松宿○〔平松〕　3-75, 5-167, 5-301
平松宿阿波峠　3-75
平松宿枝汁付小場　3-75
平松宿枝子延小場　3-75
平松宿枝元町小場　3-75
肥留村　3-74, 3-76, 5-163
廣瀬村〔竜瀬村〕　3-75, 5-167, 5-301
廣瀬村橋本　3-75
廣瀬村三谷　3-75
平生村　3-74, 3-77, 5-163, 5-167
藤方村　3-74, 5-163, 5-299, 5-301
舩江村〔舟江〕　3-74, 3-76, 5-163, 5-301
古川村　3-74, 5-163, 5-299, 5-301
戸木村　3-74, 5-163, 5-167, 5-301
戸木村枝羽野　3-74
戸木村狐塚　3-74
別府村　3-75, 5-167, 5-301
鳳凰寺村　3-75
星合村　3-74, 3-76, 5-163, 5-299, 5-301
本村　3-74, 5-163, 5-301
本村枝相川　3-74
本村枝小野部　3-74
本村野村　3-74
猿野村　3-75, 5-167, 5-301
町平尾村　3-74, 3-76, 5-163
町屋村　3-74, 5-163
松ケ崎村〔松崎浦〕　3-74, 3-76, 5-163
松ケ島村　3-74, 3-76, 5-163
松坂○☆　3-74, 3-76, 5-163, 5-301
松名瀬村　3-76, 5-163, 5-299
真泥村　3-75, 5-167, 5-301
真泥村河原　3-75
真泥村小上野　3-75
南出村　3-75, 3-77
南長野村　3-74, 5-167
南長野村観音寺垣内　3-74
南長野村枝豊後垣内　3-74
宮古村　3-74, 3-77, 5-163, 5-167, 5-301
森村　3-74, 5-167, 5-301
森村枝加村　3-74
八木戸村　3-76, 5-163, 5-299
柳谷村　3-74, 5-167, 5-301
矢野村　3-74, 3-76, 5-163, 5-299, 5-301
山田井村　3-74
獵師村　3-74, 3-76, 5-163, 5-301

【社寺】
葦神社　3-75
阿波神社　3-75, 5-167
一身田專修寺　3-74
須智荒木神社　3-75
大佛堂　3-75
鳥坂神社　3-75

【山・峠】
井堰山　3-75
北山　5-167
經ケ峯　3-74, 5-167, 5-301
甲野山　3-75
古城山　3-75
淺間山　5-301
高見峠　3-77
中ノ峠　5-167
長野峠　3-75
堀坂山　3-77, 5-167, 5-301
矢頭山　3-77, 5-167, 5-301

【河川・湖沼】
相川　3-74, 5-163
阿漕浦　3-74, 5-299, 5-301
岩田川⚓　3-74, 5-163
串田川　3-76, 5-163
雲出川　3-74, 3-76
金剛川　3-76
坂内川　3-74, 3-76
塔世川　3-74
畑川　5-167
服部川　3-75
祓川　3-76, 5-163
祓川　3-76, 5-163

第131号
尾鷲

【国名】
伊勢國〔伊勢〕　3-79, 5-167, 5-301
紀伊國〔紀伊〕　3-79, 5-179, 5-301, 5-302

【郡名】
牟婁郡　3-79, 3-80, 5-170, 5-301, 5-302
度會郡　3-79, 3-80, 5-168

【地名】
赤崎竃　3-79, 5-168
阿曽里　3-78, 5-168
阿曽里阿曽浦　3-78
相賀浦　3-78, 5-168
相賀竃　3-78, 5-168
大江村　3-78, 5-168, 5-299, 5-301
大方竃　3-78, 5-168, 5-299
大曽根浦　3-81, 5-169
小方竃〔小方釜〕　3-79, 5-169, 5-301
小山浦　3-81, 5-169, 5-301, 5-302
尾鷲○☆⚓　3-81, 5-169, 5-301, 5-302
海野浦　3-80, 5-169, 5-301, 5-302
海野浦古里濵　3-80
神前浦　3-79, 5-169, 5-301
河内村　3-78, 5-168, 5-301
粉本　3-81
古和浦　3-79, 5-169, 5-301, 5-302
礫浦　3-78, 5-168
新桑竃　3-79, 5-169, 5-301, 5-302
島勝浦　3-80, 5-169, 5-301, 5-302
白浦　3-80, 5-169
水地浦　3-81, 5-169, 5-301, 5-302
須賀利浦☆⚓　3-80, 5-169, 5-301, 5-302
慥柄浦　3-78, 5-168
棚橋竃　3-79, 5-301, 5-302

天満浦　3-81, 5-169, 5-301, 5-302
東宮村　3-78, 5-168
道瀬浦　3-80, 5-169
杤木竃☆〔杤木釜〕　3-79, 5-169, 5-301, 5-302
内瀬村　3-78, 5-168, 5-299
長島浦○☆⛵　3-80, 5-169, 5-301, 5-302
奈屋浦　3-78, 5-168
贄津⛵〔贄浦〕　3-78, 5-168, 5-301
二郷村〔二ノ郷〕　3-79, 3-80, 5-169, 5-301, 5-302
錦浦☆　3-79, 3-80, 5-169, 5-301, 5-302
錦浦鷲濱　3-79, 3-80
迫間浦〔迫間〕　3-78, 5-168, 5-299
引本浦　3-81, 5-169, 5-301, 5-302
船越村〔舟越〕　3-78, 5-168, 5-299
方座浦　3-79, 5-169
三浦☆　3-80, 5-169, 5-301, 5-302
道方村　3-78, 5-168, 5-299, 5-301
道行竃　3-78, 5-168, 5-299
向井村　3-81, 5-169, 5-301, 5-302
村山村　3-79, 5-168
矢口浦　3-80, 3-81, 5-169, 5-301, 5-302
矢濱村　3-81, 5-169, 5-301, 5-302
行野浦　3-81, 5-169, 5-301, 5-302
渡村　3-81

【山・峠】

大臺山　3-81, 5-169, 5-301, 5-302
鬼ケ城　3-78
キヤクロ山　3-78
東宮山　3-78, 5-168, 5-301
鋸山　3-78
舟津山　3-81, 5-169
三浦峠　3-78, 5-168
竜セン山　3-78

【河川・湖沼】

大池　3-78

【岬・海岸】

カケ崎　3-79, 5-169
黒﨑　3-78
里□岬　3-78
シホケ鼻　3-79
瀬本鼻　3-80, 3-81
千鳥濱　3-79, 3-80
渡鹿岬　3-81
長崎　3-79
宮崎　3-79, 3-80
モモノキ崎　3-79, 3-80

【島】

アカノ島　3-80, 5-169
アマシマ　3-78, 5-168
木生シマ〔木生島〕　3-80, 5-169
氏神　3-81, 5-169
エホシ　3-78
大石　3-81, 5-169
大イツキ　3-80, 5-169
大島〔大シマ〕　3-78, 5-168
大島　3-79, 5-168
大島　3-80, 5-169
ヲカ島〔ヲカシマ〕　3-78, 5-168
ヲシマ　3-78
ヲト島　3-80, 5-169
思ヒ島　3-78
黒岩〔黒島〕　3-80, 5-169
ケナシ　3-81
小イツキ　3-80, 5-169
米シマ　3-79, 3-80, 5-169
小山〔小山崎〕　3-78, 5-168
サマルシマ　3-81, 5-169
蚫島〔蛇島〕　3-79, 3-80, 5-169
鈴島　3-80, 5-169
雀島　3-78
雀島　3-80
雀島　3-81, 5-169
夕岩　3-80, 5-169
立サキ島〔立島崎〕　3-78, 5-168
ツヽキ島〔ツヽキシマ〕　3-79, 3-80, 5-169
寺島　3-80
桃頭島　3-80, 5-169, 5-301, 5-302
中礒〔中ノイソ〕　3-78, 5-168
投石　3-81, 5-169
ナラシノ島　3-78, 5-168
贄島〔ニエ島〕　3-78, 5-168, 5-299, 5-301
柱島　3-78, 5-168
平瀬山〔平セ山〕　3-79, 3-80, 5-169
二又島〔二又シマ〕　3-80, 5-169
筆島　3-78, 5-168
弁天シマ　3-78
槙木島〔マキシマ〕　3-78, 5-168
丸シマ　3-78
丸島　3-78
丸山　3-81, 5-169
丸山島〔丸山〕　3-80, 5-169
ミサコシマ〔ミサコ島〕　3-79, 5-169
村島　3-78
村島　3-78
渡島　3-78
ワレカミ島〔ワレカミ〕　3-81, 5-169

第132号 新宮

【地名】

新鹿村　3-82, 5-169, 5-301, 5-302
阿田和村　3-84, 1-170, 5-302
有馬村　3-83, 3-84, 1-170, 5-301, 5-302
井関村　3-85, 1-170, 5-302
井田浦　3-84, 1-170, 5-302
市木村　3-84, 1-170, 5-302
市野々村　3-85, 1-170, 5-302
井土村（水野飛騨守領分）　3-83, 1-170, 5-301, 5-302
宇久井浦　3-85, 1-170, 5-302
宇久井浦湊⛵　3-85
鵜殿浦〔宇殿〕　3-84, 1-170, 5-302
浦神浦（水野飛騨守領分）☆⛵　3-85, 1-170, 5-302
大泊村　3-83, 1-170, 5-301, 5-302
梶賀浦　3-82, 5-169
賀田村　3-82, 5-169, 5-301, 5-302
勝浦⛵　3-85, 1-170, 5-302
上熊野地村　3-84, 1-170
川関村　3-85, 1-170
木之本浦（紀州殿領分）○☆〔本木〕　3-83, 1-170, 5-301, 5-302
九木浦☆⛵　3-82, 5-169, 5-301, 5-302
狗子川村茶屋〔狗子川村、狗子川〕　3-85, 1-170, 5-302
古泊村　3-83, 1-170
粉白浦　3-85, 1-170, 5-302
小脇村　3-82, 5-169
盛松浦　3-82, 5-169
佐野村　3-85, 1-170, 5-302
下熊野地村　3-84, 1-170, 5-302
下里浦　3-85, 1-170
下里浦髙芝　3-85
下里浦天満　3-85
新宮（水野飛騨守居城）☆　3-84, 1-170, 5-302
須野浦　3-82, 5-169
曽根浦　3-82, 5-169
太地浦☆　3-85, 1-170, 5-302
天満村☆　3-85, 1-170, 5-302
名柄村　3-82, 5-169
成川村⛵　3-84, 1-170
二木嶋浦小向☆⛵　3-82
二木嶋里〔二木島〕　3-82, 5-169, 5-301, 5-302
二河村⛵　3-85, 1-170
早田浦⛵　3-82, 5-169, 5-301, 5-302
波田須村　3-83, 5-169, 1-170, 5-301, 5-302
花屈　3-83, 3-84
濵宮村　3-85, 1-170, 5-302
古江浦　3-82, 5-169, 5-301, 5-302
甫母浦　3-82, 5-169
二木浦　3-82, 5-169, 5-301, 5-302
三木里浦☆　3-82, 5-169, 5-301, 5-302
水浦　3-85, 1-170, 5-302
三輪崎浦　3-85, 1-170, 5-302
森之浦　3-85, 1-170, 5-302
湯川村（温泉）　3-85, 1-170, 5-302
遊木浦　3-82, 5-169, 5-301, 5-302

【社寺】

新宮〔新宮社〕　3-84, 1-170
那知山〔那智山、那智権現〕　3-85, 1-170, 5-302

【山・峠】

曽根郎坂峠　3-82
如法山　3-85, 1-170
八鬼山　3-83, 1-169, 5-301, 5-302
八木山　3-82

【河川・湖沼】

市木川　3-84
音無川　3-84, 1-170
瀑布〔滝〕　3-85, 1-170, 5-302

【岬・海岸】

大コマ嵜　3-85
九木﨑　3-82, 5-169
太地﨑　3-85, 1-170
橋掛岬　3-82
三木﨑　3-82

【島】

アカ島　5-301, 5-302
イシマ　3-83
ウノタツ　3-85, 1-170
姥シマ　3-85
海老シマ　3-85, 1-170
大石　3-85
大礒岩　3-85, 1-170
男床シマ　3-85
乙島　3-85, 1-170
鬼ケ城　3-83
大平石　3-85, 1-170
カカリカツキ　3-82
笠島　3-85
カシトリ島　3-85, 1-170
カツヲ島　3-85
久石　3-85
久島　3-85, 1-170
小平石　3-85, 1-170
サコ平岩　3-85, 1-170
笹野島　3-82
座ノ島　3-85, 1-170
獅子島　3-82
鈴シマ〔鈴島〕　3-85, 1-170, 5-301, 5-302
雀島　3-85, 1-170
ソホコ　3-82, 5-169
タコイシ　3-85
立石　3-85, 1-170
立シマ　3-85, 1-170
千鳥シマ　3-85, 1-170
ツカシマ　3-85, 1-170
霍シマ　3-85, 1-170
寺シマ（山成）　3-85, 1-170
トヘラシマ　3-85
鳥シマ　3-85
長シマ　3-85, 1-170
中島　3-85, 1-170
中山シマ　3-85
ナヘシマ　3-85, 1-170
ハコ島　3-83
ハトカシマ　3-82, 5-169
ヒサコ　3-85
ホタテ岩　3-85
マミルカ島　3-83
丸シマ　3-85, 1-170
丸戸シマ　3-85
向シマ　3-85, 1-170
メサメシマ　3-85
元太シマ　3-85, 1-170
大和島　3-85

第133号 京都

【国名】

近江國　3-86, 3-88, 5-166, 5-301
攝津國　3-88, 3-90, 3-92, 5-178
丹波國　3-88, 3-91, 5-175
山城國　3-87, 3-88, 3-90, 3-92, 5-174

【郡名】

阿拝郡　3-88, 5-167, 5-301
宇治郡　3-87, 3-89, 5-176, 5-301
愛宕郡　3-87, 5-174, 5-176
乙訓郡　3-90, 3-92, 5-176, 5-178, 5-301
交野郡　3-92, 5-176, 5-301
葛野郡　3-90, 5-175, 5-176, 5-301
川邊部　3-93, 5-178, 5-301
紀伊郡　3-87, 3-89, 3-90, 3-91, 3-92, 5-176, 5-301
久世郡　3-89, 5-176, 5-301
栗太郡　3-86, 5-167, 5-176, 5-301
桒田郡　3-91, 5-175, 5-301
甲賀郡　3-86, 3-88, 5-167, 5-301
滋賀郡　3-87, 5-174, 5-301
島上郡　3-92, 5-176, 5-178, 5-301
島下郡　3-93, 5-178, 5-301
相樂郡　3-89, 5-176, 5-301
綴喜郡　3-89, 5-176, 5-301
豊島郡〔豊嶋郡〕　3-93, 5-178, 5-301
能勢郡　3-91, 3-93, 5-178, 5-301
船井郡　3-91, 5-175, 5-301
茨田郡　3-92, 5-176, 5-301
野洲郡　3-86, 5-174, 5-300, 5-301

【地名】

安威村　3-93, 5-178
安威村枝衆原〔安威〕　3-93, 5-301
粟生村　3-93, 5-178, 5-301
粟生村枝新家村　3-93
赤大路村　3-92, 5-178
赤熊村　3-91, 5-175
赤野井村　3-86 , 5-174
芥川宿○〔芥川〕　3-92, 5-176, 5-178, 5-301
芥川宿枝清福寺　3-92
芥川宿ノ内川西　3-92
麻田村　3-93, 5-178, 5-

301
蘆山村〔芦山〕 3-91, 5-175, 5-301
穴太村 3-91, 5-175
穴川村 3-91, 5-175
穴村 3-86 , 5-174, 5-176
安満村 3-92, 5-176, 5-178
安満村ノ内新町 3-92
安朱村 3-87, 5-174, 5-176, 5-301
行燈町之内大塚村〔行燈町、大塚村〕 3-87, 5-174, 5-176
伊加賀村 3-92, 5-176, 5-178
井口堂村 3-93, 5-178
池尻村 3-91
池田村○ 3-93, 5-178, 5-301
池田村ノ内宇保元 3-93
池内村 3-91
池尾村☆ 3-87, 3-89, 5-176, 5-301
石垣村 3-89
石橋村 3-93, 5-178, 5-301
石原村 3-90, 3-92, 5-175, 5-176, 5-301
石原村往還 3-90, 3-92
石部○☆ 3-86 , 5-174, 5-176, 5-301
石部宿茶屋 3-86
井尻村 3-92, 5-176, 5-178, 5-301
泉原村 3-93, 5-178, 5-301
出雲村 3-91, 5-175, 5-300, 5-301
伊勢落村 3-86 , 5-174, 5-176
伊勢田村 5-176
磯島村 3-92, 5-176, 5-178, 5-301
伊丹郷之内大廣〔寺〕村 3-93, 5-178
市川原村 3-86 , 5-174, 5-176
一条通 3-87, 3-90
市田村 5-176
市邊村 3-89, 5-176
五日市村 3-93, 5-178, 5-301
井手村 3-89
稲荷村 3-87, 3-89, 5-174, 5-176
犬飼村 3-91, 5-175
稲津村 3-87, 3-89, 5-174, 5-176
飯岡村 3-89
猪倉村 3-91, 5-175, 5-301
猪倉村米塚 3-91
茨木村○ 3-93, 5-178, 5-301
今在家村 3-93, 5-178
今里村 3-90, 3-92, 5-176, 5-178, 5-301
今宿村 3-86 , 5-174, 5-176
今津村 3-91, 5-175
今宮村 3-93, 5-178, 5-301
入町村 3-86 , 5-174
上野村 3-87, 5-174, 5-176
上野村 3-87, 3-90
上野村 3-93, 5-178, 5-301
宇治郷○☆ 3-89, 5-176
宇治郷之内羽拍子町 3-89
宇津根村 3-91, 5-175
鵜殿村 3-92, 5-176, 5-178
馬路村☆ 3-91, 5-175
馬路村ノ内三軒屋 3-91
馬路村ノ内土手下 3-91
馬路村ノ内三日市〔馬路〕 3-91, 5-300, 5-301
馬堀村 3-90, 5-175, 5-176
守山村〔宇山〕 3-92, 5-176, 5-178, 5-301
雲林院村 3-87, 3-90
江島田〔里〕村 3-91, 5-175
江津村 3-89
閻魔堂村 3-86 , 5-174, 5-176
円明寺村 3-90, 3-92, 5-176, 5-178, 5-301
円明寺村之内山寺 3-90, 3-92
逢坂 3-87
王子村 3-90, 5-175, 5-176, 5-301
王子村ノ内老ノ坂☆ 3-90
大石中村〔大石〕 3-87, 3-89, 5-176, 5-301
大石東村〔大石〕 3-87, 3-89, 5-176, 5-301
大石淀村〔大石〕 3-87, 3-89, 5-176, 5-301
大井村 3-91, 5-175, 5-301
大岩村 3-93, 5-178, 5-301
大岩村ノ内國見 3-93
大江村 3-86, 3-87, 5-174, 5-176
大萱村 3-87, 5-174, 5-176
大亀谷村 3-87, 3-89, 5-174, 5-176, 5-301
大亀谷村ノ内谷口 3-87, 3-89
大亀谷村之内鶴ケ町 3-87, 3-89
大萱村 3-86 , 5-174, 5-176, 5-301
大北山村 3-90, 5-175, 5-176, 5-300
大北山村之内石塔〔拾〕 3-90
大北〔山〕村之内千束 3-90
大北山村之内堂之庭 3-90
大久保村 3-89
大鹿村 3-93
大篠原村 3-86 , 5-174, 5-176, 5-300, 5-301
下大〔大下〕津村 3-90, 3-92, 5-176
大谷村 3-91, 5-175, 5-301
大谷村之内有馬町 3-91
大谷村之内中ノ町 3-91
太田村 3-91
太田村 3-93, 5-178, 5-301
太田村枝夙 3-92
大津○☆ 3-87, 5-174, 5-176, 5-301
大塚町 3-92, 5-176, 5-178
大塚村 3-92, 5-176, 5-178
大津走井 3-87
大宮郷 3-87, 3-90, 5-174, 5-176
大宅村 3-87, 3-89, 5-174, 5-176, 5-301
大藪村 3-90, 3-92, 5-175, 5-176
大藪村八木島村入會〔大藪村、八木島村〕 3-91, 5-175
大〔山〕嵜宿○〔大山崎、大山﨑〕 3-92, 5-176, 5-178, 5-301
小柿村枝新屋敷〔小柿村〕 3-86 , 5-174, 5-176
岡嵜村 3-87
岡村 3-86 , 5-174, 5-176, 5-301
岡村（櫟木原村）○☆ 3-90, 3-92, 5-175, 5-176, 5-301
小川村 3-91, 5-175
小北山村 5-175, 5-176
小口村 3-91, 5-175
小倉村 3-89, 5-176
小倉村 3-92, 5-176, 5-178, 5-301
大路井村 3-86 , 5-174, 5-176
大路井村枝新屋敷 3-86
音羽村 3-87, 5-174, 5-176
小野原村 3-93, 5-178, 5-301
小野村 3-86 , 5-174, 5-176
小野村 3-87, 3-89, 5-174, 5-176, 5-301
小林村 3-91, 5-175, 5-301
下物村 3-86 , 5-174, 5-176
雞冠井村 3-90, 3-92, 5-176
開田村 3-90, 3-92, 5-176, 5-178
開田村之内神足村 3-90, 3-92
開發村之内大曲〔開發村〕 3-86 , 5-174
鏡村☆ 3-86 , 5-174, 5-300, 5-301
笠川村 3-86 , 5-174, 5-176, 5-301
梶原村 3-92, 5-176, 5-178
春日部村 3-91
金木村 3-91
兼平塚 3-87
綺田村 3-89, 5-176
綺田村枝鳥居 3-89
上植野村 3-90, 3-92, 5-176, 5-178
上植野村 3-90, 3-92
上音羽村 3-91, 3-93, 5-178, 5-301
上桂村 3-90
上賀茂村 3-87, 3-90, 5-174, 5-176, 5-300
上賀茂村枝深泥池村 3-87
上賀茂村之内河原町 3-87, 3-90
上久世村 3-90, 3-92, 5-175, 5-176
上久世村之内川端 3-90, 3-92
上嵯峨池裏村〔池ノ裏村〕 3-90, 5-175, 5-176
上嵯峨村 3-90, 5-175, 5-176
上嵯峨村北嵯峨 3-90
上島 3-87, 3-89
上島村 3-92, 5-176, 5-178, 5-301
上田邊村 3-92, 5-176, 5-178
上田邊村ノ内天神馬場 3-92
上鳥羽村〔鳥羽〕 3-87, 3-89, 3-90, 3-92, 5-174, 5-176, 5-301
上中野村 3-91
上野村 3-90
上山田村 3-90, 5-175, 5-176, 5-301
亀山○☆ 3-90, 5-175, 5-301
亀山 風ノ口 3-91
鴨川 3-87, 5-174, 5-176
唐﨑村 3-92, 5-176, 5-178
唐橋村 3-87, 3-90, 5-174, 5-176
川島村 3-90, 5-175, 5-176, 5-301
川島村之内寺内 3-90
川関村 3-91, 5-175, 5-300, 5-301
川関村ノ内上川関 3-91
川邊村之内坊袋村〔川邊村、坊袋村〕 3-86 , 5-174, 5-176
河原町 3-90
勧修寺村 3-87, 3-89, 5-174, 5-176
勧修寺村之内中之茶屋 3-87, 3-89
観音堂村〔観音寺村〕 3-89, 5-176
上牧村 3-92, 5-176, 5-178, 5-301
冠村 3-92
祇園 3-87
木代村 3-91, 3-93, 5-178, 5-301
木代村ノ内崩尻 3-91, 3-93
北川顔村 3-92, 5-176
北小路村 3-93, 5-178
北真經寺 3-90, 3-92
北荘村 3-91
北野村 3-87, 3-90, 5-174, 5-176
北廣瀬村 3-91
北村 3-93, 5-178
北山田村 3-87, 5-174, 5-176
北山村 3-87, 3-90
吉祥院村 3-90, 3-92, 5-174, 5-176
吉祥院村ノ内小島 3-90, 3-92
吉祥院村ノ内西ノ茶屋 3-90
吉祥院村ノ内北条 3-90
木下村〔木ノ下〕 3-87, 5-174, 5-176, 5-301
木原村 3-91, 5-300, 5-301
木部村 3-93, 5-178
木部村之内新宅 3-93
木屋村 3-92, 5-176, 5-178, 5-301
京 5-174, 5-176
切畑村 3-91, 3-93
禁野村 3-92, 5-176, 5-178, 5-301
草津○☆ 3-86 , 5-174, 5-176, 5-301
九条村 3-87, 3-90, 5-174, 5-176
楠葉村 3-92, 5-176, 5-178, 5-301
久世村 3-89, 5-176, 5-301
久世村枝宮前 3-89
沓掛村 3-90, 5-175, 5-176, 5-301
久野邊村 3-86 , 5-174, 5-300, 5-301
鉄門 3-87, 3-89
黒谷門前 3-87
黒津村 3-87, 3-89, 5-174, 5-176, 5-301
郡家村 3-92, 5-176, 5-178
郡家村ノ内新町 3-92
柑子袋村 3-86 , 5-174, 5-176
神地村 3-91, 3-93, 5-175, 5-178, 5-301
神足村 3-90, 3-92, 5-176, 5-178
神津谷村 3-89, 3-92
神内村 3-92, 5-176, 5-178
郡村 3-90
郡村下井〔郡村〕 3-93, 5-178
郡山宿（道祖本村）○〔郡山〕 3-93, 5-178, 5-301
五ケ荘之内上村〔上村〕 3-87, 3-89, 5-176
五ケ荘之内岡本村〔岡本村〕 3-87, 3-89, 5-176
五ケ荘之内大和田村〔大和田村〕 3-87, 3-89, 5-176, 5-301
五ケ荘之内廣芝村〔廣芝村〕 3-87, 3-89, 5-176, 5-301
国分村 3-87, 3-89
小篠原村 3-86 , 5-174, 5-176
御所 3-87, 3-90, 5-174, 5-176
五条通 3-87, 3-90
古曽部村 3-92, 5-176, 5-178, 5-301
古曽部村ノ内真砂 3-92
小堤村 3-86 , 5-174, 5-176
木幡村 3-87, 3-89, 5-176, 5-301
小山村 3-87, 5-174, 5-176
御霊廻村田中村入會〔上御霊廻村、田中村〕 3-87, 5-174, 5-176
西院村 3-90
西京 3-87, 3-90
西行櫻 3-90
佐伯村天川 3-91
佐伯村ノ内出山 3-91
佐伯村之内上佐伯〔佐伯〕 3-91, 5-301
佐伯村之内下佐伯〔佐伯村、佐伯〕 3-91, 5-175, 5-301
坂清滝村清滝分〔坂清滝〕 3-90, 5-300, 5-

301
坂清滝村坂分〔坂清滝村、坂清滝〕 3-90, 5-175, 5-176, 5-300, 5-301
坂清滝村之内上茶屋 3-90
坂清滝村之内下茶屋 3-90
坂村 3-92, 5-176, 5-178
坂本村☆ 3-87
櫻井村 3-92, 5-176, 5-178
櫻生村 3-86 , 5-174, 5-176, 5-301
櫻村 3-93
三条聚樂臺廻☆ 3-87, 3-90, 5-174, 5-176
三条通〔三条〕 3-87, 5-174, 5-176
産所村 3-93, 5-178
地黄村 3-91, 3-93
重利村 3-91, 5-175
獅子飛 3-87, 5-176
四条通 3-87, 3-90
紫竹大門村 3-87, 3-90, 5-174, 5-176
紫竹大門村之内石塔〔拾〕 3-90
紫竹大門村之内一之坂 3-87, 3-90
紫竹大門村之内千束 3-87, 3-90
紫竹大門村之内鷹ケ峯 3-87, 3-90
紫竹街村 3-87, 3-90
紫竹村 3-87, 3-90, 5-300
志津川村 3-89, 5-176
科手町 3-92, 5-176
品中村 3-86 , 5-174, 5-176, 5-301
志那村 3-86 , 5-174, 5-176
篠村 3-90, 5-175, 5-176, 5-301
篠村ノ内野条 3-90
篠村ノ内廣道 3-90
芝村 3-93, 5-178, 5-301
柴山村 3-91
渋川村 3-86 , 5-174, 5-176, 5-301
渋谷村 3-93, 5-178
島ヶ原宿大道小塲 3-88
島が原宿奥村小塲 3-88
島ヶ原宿中屋小塲 3-88
島坂 3-90, 3-92
下天引村 3-91, 5-175
下天引村之内八坂 3-91
下植野村 3-90, 3-92, 5-176, 5-178
下笠村 3-86, 3-87, 5-174, 5-176
下桂村 3-90, 5-175, 5-176
下鴨村 3-87, 3-90, 5-174, 5-176, 5-301
下河原村 3-93, 5-178, 5-301
下久世村〔久世〕 3-90, 3-92, 5-176, 5-301
下嵯峨 3-90
下嵯峨川端村〔川端村〕 3-90, 5-175, 5-176
下坂本村之内唐﨑〔下坂本村、唐﨑、下坂本、唐﨑〕 3-87, 5-174, 5-176, 5-300, 5-301
下嵯峨山本村〔山本村〕 3-90, 5-175, 5-176
下三栖村 5-176
下島 3-87, 3-89
下島村 3-92, 5-176, 5-178, 5-301
下宿村 3-91
下寺村 3-86 , 5-174, 5-176
下鳥羽村〔鳥羽〕 3-87, 3-89, 3-90, 3-92, 5-176, 5-301
下鈎村 3-86 , 5-174, 5-176
下村 3-92, 5-176, 5-178
下山田村 3-90, 5-175, 5-176, 5-301
修學院村 3-87
宿村（夙村） 3-90, 5-175, 5-176
淳和帝 3-90, 3-92
松慶院門前 3-90
聖護院村 3-87, 5-174, 5-176, 5-301
浄法寺村 3-90
荘村〔庄村〕 3-93, 5-178, 5-301
白川村 3-89, 5-176, 5-301
新田村 3-86 , 5-174, 5-176
新田村 3-93, 5-178
真如寺門前 3-90, 5-174, 5-176
新門前村 3-87, 3-90
神領村 3-87, 3-89, 5-174, 5-176, 5-301
杉江村 3-86 , 5-174
朱雀村 3-87, 3-90, 5-174, 5-176
関津村 3-86, 3-88, 5-176, 5-301
膳所 3-87, 5-174, 5-176, 5-301
千石岩 3-87, 5-174, 5-176
川勝寺村 3-90, 5-175, 5-176
禅定寺村 3-89, 5-176, 5-301
〔千〕僧村 3-93, 5-178
千提地村 3-93, 5-178
千提地村ノ内赤才 3-93
千町村 3-87, 3-89, 5-176
惣持寺村 3-93, 5-178, 5-301
曽束村 3-87, 3-89, 5-176, 5-301
外畑村 3-87, 3-89, 5-176
尊鉢村 3-93, 5-178
太支村 3-86, 3-88, 5-174, 5-176
大鳳寺村 3-87, 3-89, 5-176
大門街村 3-87, 3-90
大門村 3-87, 3-90, 5-300
高尾村 3-89, 5-176, 5-301
髙槻 3-92, 5-176, 5-178, 5-301
髙野林村 3-91, 5-175, 5-301
髙野林村新在家 3-91
高濵村 3-92
多賀村 3-89, 5-176, 5-301
多賀村ノ内多賀茶屋 3-89
竹鼻村 3-87, 5-174, 5-176
竹田村 3-87, 3-89, 3-90, 3-92, 5-174, 5-176
多田院村 3-93, 5-178
糺森 3-87
田中村 3-93, 5-178
谷口村 3-90, 5-175, 5-176
谷村 3-90, 5-175, 5-176, 5-301
谷村西代 3-90
玉坂村 3-93, 5-178
玉ノ井村 3-91
千原村（高卒都婆） 3-91, 5-175, 5-300, 5-301
中堂寺村 3-87, 3-90, 5-174, 5-176
調子村 3-90, 3-92, 5-176, 5-178
千代原村 3-90
塚原村 3-93
塚原村 3-93
塚原村 3-90, 3-92, 5-175, 5-176, 5-301
塚原村之内中山 3-90, 3-92
築山村 3-90, 3-92
辻町村 3-86 , 5-174, 5-176, 5-300, 5-301
辻村 3-93, 5-178
土田村 3-91, 5-175
出口村 3-92, 5-176, 5-178, 5-301
手習 3-89
手原村 3-86 , 5-174, 5-176
寺内村之内上鈎村〔寺内村、上鈎村、上鈎〕 3-86 , 5-174, 5-176, 5-301
寺田村 3-89, 5-176, 5-301
寺田村枝久世前 3-89
寺田村ノ内觀音前 3-89
寺戸村 3-90, 3-92, 5-175, 5-176, 5-178, 5-301
寺邉村 3-87, 3-89, 5-174, 5-176, 5-301
寺村 3-91
天竜寺門前 5-175, 5-176
天竜寺門前 3-90, 5-175, 5-176
等持院門前 3-90, 5-174, 5-176
東寺廻 3-87, 3-90
東大寺村 3-92, 5-176, 5-178
塔森村 3-87, 3-89, 3-90, 3-92, 5-174, 5-176, 5-301
東福寺村 3-87, 5-174, 5-176, 5-301
十日市村 3-93
徳大寺村 3-90, 5-175, 5-176
徳大寺村 3-90, 5-175, 5-176
土砂村 3-89
轟村 3-93, 5-178
富野村枝長池町○☆〔富野村、長池〕 3-89, 5-176, 5-301
富野村ノ内西富野〔富野〕 3-89, 5-301
富野村ノ内東富野〔富野〕 3-89, 5-301
富波澤村 3-86 , 5-174, 5-300, 5-301
富波新町村 3-86 , 5-174
鳥羽村 3-91, 5-175, 5-300, 5-301
戸伏村 3-93, 5-178
富森村 3-87, 3-90, 3-92, 5-176
友岡村 3-90, 3-92, 5-176, 5-178, 5-301
友岡村ノ内横山 3-90, 3-92
鳥居川村 3-87, 3-89, 5-174, 5-176, 5-301
鳥居本町 3-90, 5-175, 5-176
鳥養〔鳥養中村〕 3-92, 5-178
鳥養上之村 3-92, 5-178
泥町村三矢村岡村岡新町村入會〔新町〕 3-92, 5-301
富田村○ 3-92, 5-176, 5-178, 5-301
中川原村☆ 3-93, 5-178
中河原村 3-90
中久世村 3-90, 3-92
中島村 3-87, 3-89, 3-90, 3-92, 5-176
中之荘村 3-87, 5-174, 5-176
中野村 3-91, 5-175, 5-301
中畑村 3-86 , 5-174, 5-176
永原村 3-86 , 5-174
中村 3-89, 5-176
中村 3-91
中村 3-90, 5-175, 5-300, 5-301
中村枝百度 3-89
流木森 3-87
中城村 3-92, 5-178
渚村 3-92, 5-176, 5-178
奈島村 3-89, 5-176
奈島村枝十六 3-89
夏見村之内里夏見村〔夏見〕 3-86 , 5-301
夏見村之内山夏見村〔夏見村、夏見〕 3-86 , 5-174, 5-301
並河村 3-91, 5-175
鳴滝村 3-90, 5-175, 5-176, 5-301
南郷村 3-87, 3-89, 5-176
南條村 3-91, 5-175, 5-301
西稲村〔稲村〕 3-93, 5-178, 5-301
西一口村〔一口〕 3-92, 5-176, 5-301
西梅津村 3-90, 5-175, 5-176
西賀茂村之内田尻村〔西賀茂村〕 3-87, 3-90, 5-174, 5-176
西河原村 3-93, 5-178
錦織村 3-87, 5-174, 5-176
西七條村 3-87, 3-90, 5-174, 5-176
西宿村 3-93, 5-178
西小路村 3-93, 5-178
西條村 3-91, 5-175
西土川村 3-90, 3-92
田〔西〕之荘村 3-87, 5-174, 5-176
西ノ庄村 3-90
西山村 3-87, 3-89
二條（御城） 3-87, 3-90
二条通 3-87
西五百住村 5-176, 5-178
二尊 3-90
二尾村 3-87, 3-89, 5-176
女瀬村 3-92
苗鹿村 3-87, 5-174, 5-300, 5-301
納所村 3-90, 3-92, 5-176
野路村 3-86 , 5-174, 5-176, 5-301
野間口村 3-91, 3-93, 5-178
野間村 3-91, 3-93, 5-178, 5-301
野村 3-93
萩荘村〔萩生〕 3-92, 5-301
萩荘村ノ内出郷 3-92
橋本町○ 3-92, 5-176, 5-178, 5-301
橋本村 3-87, 3-89, 5-174, 5-176, 5-301
柱木〔本〕村 3-92, 5-176, 5-178
畑田村 3-93, 5-178
畑中町 3-90, 5-175, 5-176
畑村 3-93
八軒町之内追分髭茶屋町 3-87
八田村 3-91, 5-175, 5-301
八田村之内下八田 3-91
馬塲村 3-87, 5-174, 5-176
馬塲村 3-90, 3-92, 5-176
馬塲村 3-92
埴生村 3-91, 5-175, 5-301
土室村 3-92
林村 3-86 , 5-174, 5-176, 5-301
原村 3-90, 5-175, 5-300, 5-301
針村 3-86 , 5-174, 5-176
半町瀬川入會宿○〔瀬川〕 3-93, 5-178, 5-301
番田村 3-92, 5-176, 5-178
火打村 3-93
比老辻村 3-87, 5-174, 5-176, 5-300, 5-301
東稲村〔稲村〕 3-93, 5-178, 5-301
東一口村〔一口〕 3-89, 3-92, 5-176, 5-301
東多田村 3-93, 5-178, 5-301
東多田村之内横山 3-93
東山村 3-93
日岡村 3-87, 5-174, 5-176, 5-301
日岡村之内蹴上六軒町〔蹴上六軒町〕 3-87, 5-174, 5-176
氷室村 3-92, 5-176, 5-178, 5-301
平尾村 5-178
枚方宿○〔枚方〕 3-92, 5-176, 5-178, 5-

301
平川村 3-89, 5-176
平川村之内大亀茶屋 3-89
平津村 3-87, 3-89, 5-174, 5-176, 5-301
平野村 3-93, 5-178, 5-301
平松村 3-86 , 5-174, 5-176, 5-301
平松村 3-91
廣瀬村 3-92, 5-176, 5-178, 5-301
廣野村之内十軒屋〔廣野村〕 3-89, 5-176
廣野村之内廣野新田 3-89
枇杷荘 3-89
深草村 3-87, 3-89, 5-174, 5-176, 5-301
福井村 3-93, 5-178, 5-301
福王子村 3-90, 5-175, 5-176
藤尾村 5-174, 5-176
藤森 3-87, 3-89
伏見（御役所）☆ 3-87, 3-89, 3-90, 3-92, 5-176
二町村 3-86 , 5-174, 5-176, 5-301
舩水 3-90, 5-174, 5-175
古市村 3-90, 3-92, 5-176
古江村 3-93, 5-178, 5-301
綣村 3-86 , 5-174, 5-176, 5-301
別所村 3-87, 5-174, 5-176, 5-301
別所村 3-92, 5-176, 5-178, 5-301
別保村枝宮町〔別保村〕 3-87, 5-174, 5-176
法貴村 3-91, 5-175, 5-301
宝筺院門前 3-90
法輪寺門前 3-90, 5-175, 5-176
戈田村 5-178
保津村 3-90
保津村之内北分 3-90
堀内村 3-87, 3-89, 5-176
堀内村之内最上町 3-87, 3-89
真上村 3-92
牧落村之内西牧 3-93, 5-178
槇島村之内三軒屋〔槇島村〕 3-89, 5-176
槇島村之内西目川 3-89
牧村☆ 3-91, 3-93, 5-178, 5-301
松﨑村 3-87
松熊村 3-91
松原村 3-90, 5-174, 5-176
松室村 3-90, 5-175, 5-176
松本村 3-87, 5-174, 5-176, 5-301
三上 3-86 , 5-174, 5-176, 5-301
三上村之内前田 3-86
御倉村 3-87, 5-174, 5-176
御陵村 3-87, 5-174, 5-176, 5-301
御陵村 3-90, 5-175, 5-176
三島江村 3-92, 5-176, 5-178
水ノ尾村 3-90
水主村 3-89, 3-92
水垂村 3-90, 3-92, 5-176
水無村 3-89, 5-176
水無村ノ内玉水宿 3-89
三栖村 3-87, 3-90, 3-92
美豆村 3-92, 5-176, 5-301
光秀古城〔明智古城〕 3-87, 5-174, 5-176
深泥池 3-87
南笠村 3-86 , 5-174, 5-176, 5-301
南志賀村 3-87, 5-174, 5-176
南廣瀬村 3-91, 5-175, 5-300, 5-301
南山田村 3-87, 5-174, 5-176, 5-301
箕面山之内滝安寺 3-93
耳原村 3-93, 5-178, 5-301
御原 3-87
壬生村 3-87, 3-90, 5-174, 5-176
三室村 3-89, 5-176
御室門前〔御室〕 3-90, 5-175, 5-176, 5-301
宮川村 3-91, 5-175
宮田村 3-92, 5-178, 5-301
宮口村 3-89
宮前村 3-93, 5-178
妙光寺村 3-86 , 5-174, 5-176
妙心寺門前〔妙心寺北門前〕 3-90, 5-175, 5-176
向島村 3-87, 3-89, 5-176
向日町 3-90, 3-92, 5-175, 5-176, 5-178
牟禮村 3-92, 3-93
女夫岩 3-87, 3-89
目川村 3-86 , 5-174, 5-176, 5-301
物集女村 3-90, 3-92, 5-175, 5-176, 5-178, 5-301
森河原村 3-86 , 5-174, 5-176
守山○ 3-86 , 5-174, 5-176, 5-300, 5-301
門前村 3-87, 3-90
八木村 3-91, 5-175, 5-300, 5-301
八木村之内八木町 3-91
矢倉村 3-86 , 5-174, 5-176, 5-301
八坂 3-87
野洲村 3-86 , 5-174, 5-176, 5-300, 5-301
矢間〔問〕村 3-93, 5-178
柳谷ノ内四宮村〔四宮村、四之宮〕 3-87, 5-174, 5-176, 5-301
柳原荘 3-87
矢橋村 3-87, 5-174, 5-176, 5-301
養父村 3-92, 5-176, 5-178
山川〔内〕村 3-91, 5-175
山内村之内茶屋 3-91
山上村 3-87, 5-174, 5-176
山賀村 3-86 , 5-174
山越村 3-90, 5-175, 5-176, 5-301
山本村 3-89
山本村 3-93
山本村 3-90
湯井村 3-91
行合村 3-86 , 5-174, 5-176, 5-300, 5-301
柚原村 3-91, 3-93, 5-175, 5-178, 5-301
横大路村 3-87, 3-89, 3-90, 3-92, 5-176
横木村（聖護院宮三井寺領） 3-87
吉川村 3-91, 3-93, 5-178
吉田村 3-86 , 5-174, 5-176
吉田村 3-91, 5-175, 5-301
吉身村 3-86 , 5-174, 5-176
四ツ塚村〔四塚村〕 3-87, 3-90, 5-174, 5-176
淀○ 3-90, 3-92, 5-176, 5-301
餘野村〔余野〕 3-91, 3-93, 5-178, 5-301
竜安寺門前 3-90
蓮臺寺境内〔蓮臺寺〕 3-87, 3-90, 5-300, 5-301
六地藏村之内梅木〔六地蔵〕 3-86 , 5-301
鹿王院境内 3-90
六蔵村之内六地藏町〔六地藏村、六地蔵〕 3-87, 3-89, 5-176, 5-301
鹿谷村 3-91
若森村 3-91
笑路村 3-91, 3-93, 5-175, 5-301

【社寺】

粟生光明寺 3-90, 3-92
愛宕山白雲寺 3-90
愛宕社〔愛宕山〕 3-90, 5-301
穴太寺〔菩提山穴太寺〕 3-91, 5-175
石山寺〔石山〕 3-87, 3-89, 5-174, 5-176
伊達神社 3-91
一宮出雲神社 3-90
稲荷三社〔稲荷社〕 3-87, 3-89, 5-174, 5-176
茨木社〔茨木大明神〕 3-93, 5-178
今宮 3-87, 3-90
宇治神社 3-89, 5-176, 5-301
梅宮坐神社 3-90
雲林院 3-87, 3-90
恵心院 3-89
黄檗山萬福寺〔黄檗山〕 3-87, 3-89, 5-176
大井神社 3-91, 5-175
太田神社 3-87, 3-90
小倉神社 3-90, 3-92
男山八幡宮〔男山八幡〕 3-92, 5-176, 5-178
葛野坐月讀神社 3-90
賀茂別雷神社 3-87, 3-90
賀茂御祖神社 3-87
願行寺 3-87, 3-89
妓王寺 3-90
北山鹿苑寺（金閣寺） 3-90
清水寺 3-87
吟松寺 3-90
久遠寺 3-90
車折明神 3-90
黒谷寺〔黒谷〕 3-87, 5-174, 5-176
継體帝陵 3-92
建仁寺 3-87, 5-174, 5-176, 5-301
孝光帝陵 3-90
神足神社 3-90, 3-92, 5-176
御香宮 3-87, 3-89
榊明神 3-87, 3-89
三寶院 3-87, 3-89
淳和帝陵 3-90, 3-92
成願寺 3-90
聖護院宮 3-87
神泉苑☆ 3-87, 3-90
真如寺 3-90
清涼寺 3-90
関明神 3-87
惣持寺 3-93
大覺寺宮 3-90
大善寺 3-87, 3-89
大徳寺 3-87, 3-90
大佛殿 3-87, 5-174, 5-176
宝寺 3-92
多田社 3-93
天智帝陵 3-87
天満宮 3-87, 3-90
天竜寺 3-90
東寺 3-87, 3-90
等持院 3-90
等泉寺 3-87, 3-89
道風社〔小野道風社〕 3-90, 5-175
東福寺 3-87, 3-89, 5-174, 5-176
二井神社 3-87
新屋王〔坐〕天照御魂神社 3-93
西岩倉寺 3-90, 3-92
西本願寺 3-87, 3-90
仁和寺宮 3-90
能勢妙見社〔妙見社〕 3-91, 3-93, 5-178
野々宮 3-90
梅林寺 3-93, 5-178
橋姫社 3-89
走田神社 3-91, 5-175
花寺 3-90, 3-92
東本願寺 3-87, 3-90
百万遍寺 3-87
平等院 3-89, 5-176
平野神社 3-90
佛国寺 3-87, 3-89
普門寺 3-92
宝倉寺 3-90
宝塔寺 3-87, 3-89
法輪寺 3-90
墨染寺 3-87, 3-89, 3-92
本國寺 3-87, 3-90
本照寺 3-92
松尾社祓所 3-87, 3-90
松尾神社 3-90, 5-175, 5-176
水度神社 3-89
壬生寺 3-87, 3-90
三室戸寺 3-87, 3-89
妙見社 3-90
妙光寺 3-90
妙心寺 3-90
明魔堂 3-87, 3-90
向日神社 3-90, 3-92
文徳帝陵 3-90
山﨑八幡宮 3-92
竜安寺 3-90, 5-301
鹿王院 3-90
若宮八幡 3-87, 3-90, 5-174, 5-176

【山・峠】

愛宕山 5-175, 5-176
河〔阿〕星山 3-86
阿弥陀峯 3-87
筏森 3-91
稲荷山 3-87
猪倉山 3-91
岩倉山 3-90, 3-92, 5-175, 5-176
黄檗山 3-87, 3-89
狼坂 3-91
大仙津山 3-87, 3-89
御齊峠 3-88, 5-167
尾山 3-91
鏡山 3-86
樂音寺山 3-91
笠峠 5-175
片山 3-93
喜撰法師山 3-89
北山 3-90
行者山 3-91, 5-175
桐生山 3-86, 3-88, 5-167, 5-175, 5-176
国境山 3-91, 3-93
國見山 3-93
雞冠山 3-86, 5-174, 5-176
小仙津山 3-87, 3-89
金勝山 3-86, 5-176
金毘羅山 3-90
笹葉山 3-86, 3-88
笹間岳 5-176
定峠 3-91, 3-93, 5-178
四客山 3-87, 3-89
地藏嶽〔地藏岳〕 3-90, 5-176
篠原山 3-86
治部山 3-89
鷲峯山 5-176
将軍地藏山 3-87, 5-174, 5-176
浄土寺山 3-87, 5-174, 5-176
シヤウリン山 3-93
新田山 3-93
神南山 3-89, 3-92
醍醐山 3-87, 3-89
髙畑山 3-88, 5-167, 5-176
試阪 3-90
千年山 3-90
長法寺山 3-90, 3-92, 5-176, 5-178
月峯 3-93
槻木峠 3-90
壺山 3-86
天主〔王〕山 3-90, 3-92
鳥ケハシ山 3-87
トリカ山 3-86, 3-88
長尾山 3-93
長坂峠 5-175
双岡 3-90
忍頂寺山 3-91, 3-93
袴腰山 3-87, 3-89
比叡山四明嶽〔叡山、比叡山〕 3-87, 5-174, 5-176, 5-300, 5-301
不動山〔田上不動山〕 3-86, 3-88, 5-176
法貴山 3-91
菩提寺山 3-86, 3-87, 5-174
本山寺山 3-90, 3-92
三井寺山 3-87, 5-174, 5-176

三上山　3-86, 5-174, 5-176, 5-301
峯堂山　3-90
箕面山　3-93
桃山　5-174, 5-176
八木古城　3-91
八木山　3-91
矢間〔間〕山　3-93
柳谷山　3-90, 3-92
山本山　3-90
ユルキ山　3-88, 5-167, 5-176
横川山　3-87
横山峠　3-93
良峯山　3-90, 3-92, 5-176, 5-178
和田山　3-87, 3-90

【河川・湖沼】

井出玉川　5-176
猪名川　3-93
馬堀川　5-175, 5-176
大池　3-89, 5-176, 5-301
桂川　3-90, 3-92, 5-176
上川　3-86
鏡容池　3-90
清滝川　5-175, 5-176
小橋　3-87, 3-89
才田川　3-93
杉坂川　5-175
筋違橋　3-87, 3-89
瀬田川　5-174, 5-176
善光寺川　3-86
廣沢池　3-90
堀川　3-87, 3-90
南谷川　5-176
箕面瀧　3-93, 5-178, 5-301
野洲川　3-86
家棟川　3-86 , 5-174
吉川　3-86

第134号
奈良

【国名】

伊賀國〔伊賀〕　3-94, 5-167, 5-301
山城國〔山城〕　3-94, 5-174
大和國〔大和〕　3-95, 5-177, 5-301

【郡名】

阿拝郡　3-94, 5-167, 5-301
伊賀郡　3-94, 3-96, 5-167, 5-301
宇陀郡　3-97, 3-98, 5-177, 5-301
式上郡　3-97, 5-177, 5-301
相楽郡　3-94, 5-176, 5-301
添上郡　3-95, 5-176, 5-301
添下郡　3-95, 5-176, 5-301
高市郡　3-97, 3-98, 5-177, 5-301
十市郡　3-97, 3-98, 5-177, 5-301
名張郡　3-94, 3-96, 5-167, 5-167, 5-177, 5-301
山邉郡　3-95, 3-97, 5-176, 5-177, 5-301
吉野郡　3-98, 5-177, 5-301

【地名】

青野村　3-95, 3-100, 5-176
赤世村　3-97
浅古村　3-97, 3-98
蘆原村〔芦原〕　3-98, 5-177, 5-301
飛鳥路村　3-95, 5-176, 5-301
飛鳥村　3-97, 3-98, 5-177, 5-301
安倍田村〔安田部〕　3-94, 3-96, 5-167, 5-167, 5-177, 5-301
安倍田村鹿高　3-94, 3-96
阿部村〔安部〕　3-97, 3-98, 5-177, 5-301
何保宿　5-167
荒木村　3-94, 5-167, 5-301
荒木村大鎌　3-94
飯貝村　3-98, 5-177, 5-301
伊賀羽根村　3-94, 3-96, 5-167
石川村　3-97, 3-98, 5-177, 5-301
石原田村　3-97, 3-98, 5-177
出雲村　3-97, 3-98, 5-177, 5-301
礒上村　3-95, 3-97, 5-301
市坂村〔市ノ坂村、市ノ坂〕　3-95, 5-176, 5-301
櫟本村　3-95, 3-97, 5-176, 5-177, 5-301
井手村　3-94, 3-96, 5-167, 5-167, 5-177, 5-301
稲葉村　5-176, 5-177
稲淵村　3-97, 3-98, 5-177, 5-301
今市村　3-95, 3-97, 5-176, 5-177, 5-301
今井町　3-97, 3-98, 5-177, 5-301
祝戸村　3-97, 3-98, 5-177
上田村　3-95
上野　3-94, 5-167, 5-301
上宮村　3-97, 3-98, 5-177
兎並村　3-95
兎並村枝南村　3-95
畝傍村　3-97, 3-98, 5-177
梅谷村　3-95, 5-176, 5-301
追分　3-97, 3-98
粟殿村　3-97, 3-98, 5-177
大軽村　3-97, 3-98, 5-177
大久保村　3-97, 3-98, 5-177, 5-301
太田村　3-97, 5-176, 5-177
大野村　3-95
大野村　3-94, 3-96, 5-177, 5-301
大野村枝大野上村　3-96
大野村枝緑川村　3-94, 3-96
大橋村　5-177, 5-178
岡村　3-97, 3-98, 5-177, 5-301
小田村　3-94, 5-167, 5-301
小波田村　3-94, 3-96, 5-167, 5-301
小波田村枝新田村　3-94, 3-96
大宿村　3-94, 3-96
下居村　3-97, 3-98, 5-177, 5-301
戒重村　3-97, 3-98, 5-177
肘塚村　3-95, 5-176, 5-301
飼葉村　3-97
膳夫村西堂　3-97, 3-98
鹿脊山村　3-95, 5-176, 5-301
綺田村綾杉〔綺田〕　3-95, 5-301
上有市村〔有市〕　3-95, 5-176, 5-301
上有市村新田　3-94
上市村廣田〔上市村、上市〕　3-98, 5-177, 5-301
上神戸庄田　3-94, 3-96
上神戸村　3-94, 5-167, 5-301
上狛村大里村〔上狛村、上狛〕　3-95, 5-176, 5-301
上狛村新在家村〔上狛〕　3-95, 5-301
上狛村林村〔上狛〕　3-95, 5-301
上津村千童子村小寺村枝村大路村入會　3-95
加茂郷　5-176
栢ノ森村〔栢森〕　3-97, 3-98, 5-177, 5-301
萱生村　3-95, 3-97, 5-176, 5-177
川原城村　3-95, 3-97, 5-176, 5-177
川村勘定　3-96
観覺寺村　3-98, 5-177
観音寺村　3-95, 5-176, 5-301
木興村　3-94
岸田村　3-95, 3-97, 5-176, 5-177
北大河原村　3-94, 5-167, 5-301
北大河原村今山　3-94
北大河原村中山　3-94
北音羽村　3-97, 3-98, 5-177
北笠置村〔笠置〕　3-95, 5-176, 5-301
北河原村　3-95, 5-176, 5-301
北河原村埋口　3-95
北永井村〔永井〕　3-95, 3-97, 5-176, 5-301
北永井村登リ坂　3-95, 3-97
北六田村　3-98, 5-177
北村里村兎並村入會〔北村〕　3-95, 5-301
北八木村　3-97, 3-98, 5-177, 5-301
木津宿〔木津〕　3-95, 5-176, 5-301
木原村　3-97, 3-98, 5-177
切山村　3-95, 5-301
切山村枝草畑　3-95, 5-176
草川村　3-97, 5-176, 5-177, 5-301
九條村〔九条〕　3-95, 3-97, 5-176, 5-177, 5-301
久米村　3-97, 3-98, 5-177
藏之庄村〔藏ノ庄〕　3-95, 3-97, 5-176, 5-177, 5-301
倉橋村　3-97, 3-98, 5-177
藏持村　3-94, 3-96, 5-167, 5-301
黒崎村　3-97, 3-98, 5-177, 5-301
黒田村　3-94, 3-96, 5-167, 5-167, 5-177, 5-301
結馬村　3-94, 3-96, 5-167, 5-167, 5-177, 5-301
郡山　3-95, 3-97, 5-176, 5-177, 5-301
越部村　3-98, 5-177, 5-301
五條野村〔五条野〕　3-97, 3-98, 5-177, 5-301
五條村〔五条〕　3-95, 5-176, 5-301
小田中村　3-95, 3-97
高殿村　3-95, 3-97
小柳生村　3-95, 5-176, 5-301
小柳生村下村　3-95
小柳生村油田　3-95
木屋村　3-95
興福院村　3-95, 5-176
斎音寺村尼ケ辻　3-95
斎音寺村出屋敷〔斎音寺村〕　3-95, 5-176
西明寺村伊尻〔西明寺〕　3-94, 5-301
西明寺村中河原〔西明寺村、西明寺〕　3-94, 5-167, 5-301
坂田村　3-97, 3-98, 5-177
櫻井村　3-97, 3-98, 5-177
櫻井村枝河西村　3-97, 3-98
櫻井村枝谷村〔櫻井〕　3-97, 3-98, 5-301
佐曽村　3-98, 5-177
定村　3-94, 3-96
里村　3-95, 5-176, 5-301
里村山﨑　3-95
佐保庄村　3-95, 3-97, 5-176, 5-177, 5-301
三條村〔三条〕　3-95, 5-176, 5-301
西大寺村　3-95, 3-100, 5-176, 5-301
三昧田村　3-95, 3-97, 5-176, 5-177
慈恩寺村　3-97, 3-98, 5-177
四條村〔四条〕　3-97, 3-98, 5-177, 5-301
七條村　3-95, 3-97, 5-176, 5-177
芝村　3-95, 3-100, 5-176
芝村　3-97, 5-177, 5-301
柴屋村　3-95, 3-97, 5-176, 5-177, 5-301
島ケ原宿〔島ケ原〕　3-94, 5-167, 5-176, 5-301
島ケ原宿川南小場　3-94
島ヶ原村枝山菅小場　3-94
島之庄村　3-97, 3-98, 5-177
清水谷村　3-98, 5-177, 5-301
清水谷村天ケ谷　3-98
清水谷村靈鷲寺　3-98
下有市村〔有市〕　3-95, 5-176, 5-301
下子島村　3-98
下村　3-97, 3-98, 5-177
成願寺村　3-95, 3-97, 5-176, 5-177, 5-301
成願寺村出屋敷　3-95, 3-97
新堂村　3-97, 3-98, 5-177
新町村　3-97, 3-98
菅原村　3-95, 3-100, 5-176, 5-301
砂村　5-176
瀬野井村　3-98
曽防村　3-95
大福村　3-97, 3-98, 5-177
大福村笠神村　3-97, 3-98
大福村横内村　3-97, 3-98
当麻村　5-177, 5-178
高田村　3-95, 5-176, 5-301
高取　3-98, 5-177
高畑村　3-94, 5-167
田中村　3-95, 3-97, 5-176, 5-177
谷村仁王堂　3-97, 3-98
田部村　3-95, 3-97, 5-176, 5-177
田村　3-95, 3-97, 5-176, 5-177
丹治村　3-98, 5-177
丹波市村　3-95, 3-97, 5-176, 5-177, 5-301
茀原村　3-97, 5-177
千股口　3-98, 5-301
千股村　3-98, 5-177, 5-301
辻村　3-97
土田村　3-98, 5-177, 5-301
角柄村　3-97, 3-98, 5-177, 5-301
椿井村　3-95, 5-176, 5-301
出屋鋪村〔出屋敷村〕　3-95, 3-97, 5-176
寺田村　3-94, 5-301
土佐町　3-98, 5-177
土佐村　3-98, 5-177, 5-301
外山村　3-97, 3-98, 5-177
長瀬上村　3-94, 3-96, 5-167, 5-167, 5-177
長瀬上村出屋敷　3-94, 3-96
長瀬中村　3-94, 3-96, 5-167, 5-167, 5-177
長瀬村　3-94, 3-96, 5-167, 5-167, 5-177, 5-301
長田村　3-94, 5-167
長田村市場　3-94
長田村三軒家　3-94
永原村　3-95, 3-97, 5-176, 5-177
中増村　3-98, 5-177, 5-

301
長峯村　3-97, 5-177, 5-301
中村　5-177, 5-178
中山村　5-176, 5-177
夏秋村　3-94, 3-96
奈良　3-95, 5-176, 5-301
奈良坂村　3-95, 5-176
楢村　3-95, 3-97, 5-176, 5-177
新木村　3-95, 3-97, 5-176, 5-177
新泉村　3-95, 3-97, 5-176, 5-177
西口町　3-97, 3-98, 5-177
西田原村　3-94, 3-96
西峠村　3-97, 3-98, 5-177, 5-301
西之宮村〔西宮〕　3-97, 3-98, 5-177, 5-301
新野村　3-98, 5-177
（入）谷村　3-98
額井村　3-97
野々熊村　3-98
萩原村　3-97, 3-98, 5-177
箸中村　3-97, 5-177
橋屋村　3-98, 5-177, 5-301
初瀬村　3-97, 3-98, 5-177, 5-301
土師村　3-95
初瀬村與喜浦　3-97
服部村　3-94, 5-167, 5-301
羽根村　3-94, 5-167
馬場村　3-97, 3-98, 5-177
檜垣本村　3-98, 5-177, 5-301
東田原村　3-94, 5-167, 5-301
東田原村追分　3-94, 3-96
髭無村出屋敷（三本松）〔髭無村〕　3-96, 5-167, 5-167, 5-177, 5-301
菱田村　3-95
比土村　3-94, 5-167, 5-301
比土村七見　3-94, 3-96
兵庫村　3-95, 3-97, 5-176, 5-177
平尾村　3-95, 5-176
平尾村枝有地マキ　3-95
平尾村榎戸　3-95
平田村　3-97, 3-98, 5-177, 5-301
備後村　3-97, 5-177
備後村初利村　3-97
福知堂村〔福智堂〕　3-95, 3-97, 5-176, 5-177, 5-301
福知村　3-97, 3-98, 5-177, 5-301
舩屋町加茂宿〔加茂宿、加茂〕　3-95, 5-176, 5-301
舩屋町山田　3-95
別所村　3-95, 3-97, 5-176, 5-177, 5-301
祝園村　3-95
宝来村　3-95, 3-100, 5-176
細川村　3-97, 3-98, 5-177
細川村枝上村　3-97, 3-98
細川村枝上居村　3-97, 3-98
勾田村　3-95, 3-97, 5-176, 5-177
増口村　3-98
真弓村　3-97, 3-98, 5-177, 5-301
見瀬村　3-97, 3-98, 5-177
御園村　3-97, 3-98, 5-177
緑川村白坂村〔緑川〕　3-97, 5-301
南大河原村　3-94, 5-167, 5-301
南音羽村〔南音羽村〕　3-97, 3-98, 5-177
南笠置村〔笠置〕　3-95, 5-176, 5-301
南笠置村笠置新田　3-95
南笠置村五軒屋　3-95
南永井村〔永井〕　3-95, 3-97, 5-176, 5-177, 5-301
南八木村　3-97, 3-98, 5-177, 5-301
一（三）輪村　3-97, 5-177
向島　5-301
六田村　3-98, 5-177, 5-301
百市村　3-97, 3-98, 5-177, 5-301
森本村　3-95, 3-97, 5-176, 5-177
八井内町　3-97, 3-98, 5-177, 5-301
柳本村　3-97, 5-176, 5-177, 5-301
柳本村別所　3-97
簗瀬村名張町〔名張〕　3-94, 3-96, 5-167, 5-301
山口村　3-95, 3-97, 5-176, 5-177
山ノ坊村　3-97, 3-98, 5-177, 5-301
山邊西村　3-97, 5-177
山邊村　3-97, 5-177, 5-301
山村　3-95, 3-97, 5-176, 5-177
山本村　5-177
横井村　3-95, 3-97
横領村　3-95, 5-176, 5-301
吉野　3-98, 5-177
吉隱村　3-97, 3-98, 5-177
六條村　3-95, 5-301
六條村砂村　3-95
脇本村　3-97, 3-98, 5-177

【社寺】

飛鳥社〔飛鳥〕　3-97, 3-98, 5-177
愛宕社〔愛宕山〕　3-94, 5-167
在原寺　3-95, 3-97
安康帝陵　3-95, 3-100
安寧帝陵　3-97, 3-98
懿徳帝陵　3-97, 3-98
内山永久寺〔内山〕　3-95, 3-97, 5-176, 5-177, 5-301
岡田加茂神社　3-95, 5-176
岡寺　3-97, 3-98
帯解寺　3-95, 3-97
海住寺　3-95
笠置寺　3-95, 5-176
春日大宮〔春日社〕　3-95, 5-176
春日若宮　3-95
元興寺　3-95
喜光寺　3-95, 3-100
吉水院　3-98
金峯山寺〔吉野山〕　3-98, 5-177
久米寺　3-97, 3-98
興福寺　3-95
後醍醐帝陵　3-98
西大寺　3-95, 3-100
藏王堂　3-98, 5-177
サナケ社　3-98
神功皇后陵　3-95
推仁帝陵　3-95
成務帝陵　3-95
大佛殿〔大佛〕　3-95, 5-176
橘寺　3-97, 3-98
竹林院　3-98
長岳寺　3-97
壺坂山南法華寺〔壺阪〕　3-98, 5-177
天武帝陵　3-97, 3-98
唐招提寺　3-95, 5-176
東大寺　3-95
多武峯妙楽寺〔多武峰〕　3-97, 3-98, 5-177, 5-301
二月堂　3-95
長谷寺〔観音〕　3-97, 5-177, 5-301
八幡社　3-95
盤若寺　3-95
人丸社　3-95, 3-97
平等寺　3-97, 3-98
布留社〔布留〕　3-95, 3-97, 5-176, 5-177
寶城寺　3-98
法徳寺　3-95
満願寺　3-97, 3-98
三輪社　3-97
文武帝陵　3-97, 3-98
薬師寺　3-95, 5-176
夜支布神社　3-95
大和明神　3-95, 3-97

【山・峠】

芋ケ峠　3-98
妹山　3-98
畝傍山　3-97, 5-177
音羽山　5-177
香久山　3-97, 5-177
笠置峠　5-176
鹿脊山峠　5-176
古城山　3-95, 3-97
鷲峯山　5-301
高竈山　3-97
田山　3-94
千股山　3-98, 5-177
鳶ケ城山　3-95
耳無山　3-97
大和冨士山〔大和冨士〕　3-97, 5-177
竜門山　5-177

【河川・湖沼】

牛谷川　5-176
木津川　3-95, 5-176, 5-301
左保川　5-176
島ヶ原川　3-94
天王橋　3-98
服部川　3-94, 5-167
吉野川　3-98, 5-177, 5-301

第135号 大阪

【国名】

和泉國〔和泉〕　3-101, 5-179, 5-301
河内國〔河内〕　3-101, 5-178, 5-301
摂津國〔摂津〕　3-101, 5-178
大和國　3-100, 5-177, 5-301

【郡名】

泉郡　3-103, 5-178, 5-301
大鳥郡　3-103, 5-178, 5-301
葛下郡　3-100, 5-176, 5-177
河内郡　3-100, 5-176, 5-177, 5-178, 5-301
川邊郡　3-101, 5-178, 5-301
渋川郡〔澁川郡〕　3-101, 5-178, 5-301
島下郡　3-101, 5-301
住吉郡　3-101, 5-178, 5-301
添下郡　3-100, 5-176, 5-177, 5-301
高安郡　3-100, 5-176, 5-177, 5-178, 5-301
豊島郡　3-101, 5-178, 5-301
西成郡　3-101, 5-178, 5-301
東成郡　3-101, 5-178, 5-301
平群郡　3-100, 5-176, 5-178, 5-301
茨田郡　3-101, 5-178, 5-301
若江郡　3-101, 5-176, 5-177, 5-178, 5-301

【地名】

青木村　5-178
赤川村　3-101, 5-178, 5-301
赤坂　5-301
尼崎（松平興一居城）〔尼ケ崎〕　3-101, 5-178
荒川村　3-101, 5-178, 5-301
荒川村枝長堂　3-101
荒川村横沼　3-101
安立町（住吉社領）〔安立町〕　3-101, 5-178, 5-301
池島村（御料所）〔池ノ島〕　3-100, 5-176, 5-177, 5-178, 5-301
池内村（片桐主膳正領分）　3-100, 5-176, 5-177
石田新田　3-101, 5-178, 5-301
泉尾新田　3-101, 5-178, 5-301
伊丹郷（近衛殿領分）　3-101
伊丹町○　3-101, 5-178
市岡新田　3-101, 5-178, 5-301
市場村（石河甚太郎知行所）　3-100
一番村（永井出羽守領分）　3-101, 5-176, 5-178, 5-301
猪名寺村（田安殿領分）　3-101, 5-178
稲葉車瀬村（御料所）　3-100
今市村（御料所）　3-101, 5-178, 5-301
今木新田　3-101
今在家村（御料所）　3-101, 5-178
今在家村（松平甲斐守領分）　3-102, 5-177, 5-301
今在家村（田安殿領分）　3-103, 5-178, 5-301
今里村（御料所）　3-101, 5-178, 5-301
今福村　5-178
今宮村　3-101, 5-178, 5-301
植松村　3-101, 5-178
内代村　3-101, 5-178, 5-301
江口村（御料所）　3-101, 5-178, 5-301
榎坂村（御料所、森治郎兵エ、森亀十郎、森太郎助知行所）　3-101
圓正寺村　3-101, 5-178
王寺村（御料所）〔王子村〕　3-100, 5-176, 5-177, 5-178, 5-301
王寺村枝船渡　3-100, 5-301
大今里村　3-101, 5-178
大坂　3-101, 5-178, 5-301
大竹村（稲葉丹後守領分、加藤勝兵衛知行所）　3-100, 5-176, 5-177, 5-178, 5-301
大和田村　3-101
小曽根村（保科能登守領分）　3-101
貝脇村（御料所）　3-101, 5-178
加賀屋新田（御料所）　3-101, 5-178, 5-301
樂音寺村（稲葉丹後守領分）　3-100, 5-176, 5-177, 5-178, 5-301
加島村（御料所）　3-101, 5-178, 5-301
沢上江村　3-101, 5-178, 5-301
勝間村　5-178
蒲田村井有〔蒲田〕　3-101, 5-301
蒲田村砂村　3-101
蒲田村高須（田安殿領分）☆〔蒲田村、蒲田〕　3-101, 5-178, 5-301
上小坂村（松平孫太夫知行所）〔小坂〕　3-101, 5-176, 5-178, 5-301
上里村　3-102, 5-176, 5-177, 5-178, 5-301
上里村枝今泉村　3-102
上里村枝今市村　3-102
上里村枝高村　3-102
上里村枝中筋村　3-102
上新庄村（御料所）　3-101, 5-178
上辻村（御料所）　3-101, 5-178

上若江村若江村入會（御料所、永井大和守知行所）〔若江〕 3-100, 5-176, 5-178, 5-301
カモリ村（加守村） 3-102
川﨑村 3-101, 5-178
瓦宮村(阿部銕丸領分) 3-101, 5-178
神﨑村(松平与一領分) ○〔神﨑〕 3-101, 5-178, 5-301
岸姫松 3-101, 5-178
吉志部村（稲葉丹後守、永井飛騨守領分） 3-101, 5-178
北島新田 3-101, 5-178
北大道村（土井大炊頭領分） 3-101, 5-178
北西島新田 3-101, 5-178
北野村 3-101, 5-178
狐井村 3-102, 5-177
木寺村（小笠原源右エ門知行所） 3-101, 5-178
金楽寺村 5-178
杭瀬村 5-178
国〔柴〕島村 3-101
毛馬村 3-101, 5-178, 5-301
小泉村（片桐主膳正在所）☆ 3-100, 5-176, 5-177, 5-301
幸前村（御料所、松平甲斐守領分） 3-100, 5-176, 5-177
神立村（稲葉丹後守領分）☆ 3-100, 5-176, 5-177, 5-178, 5-301
鴻池村 5-178
光立寺村枝新家〔光立寺村、光立時〕 3-101, 5-178, 5-301
越木塚村（御料所） 3-100, 5-176, 5-177, 5-178, 5-301
小島新田 3-101
御城 5-178
小中島村（御料所） 3-101, 5-178, 5-301
五番村（永井友三郎知行所） 3-101, 5-178, 5-301
小南村（片桐主膳正領分） 3-100, 5-176, 5-177, 5-301
崑陽口村 3-101, 5-178
木屋新田 3-101, 5-178
小吉田村（御料所） 3-100, 5-176, 5-177, 5-301
堺☆ 3-103, 5-178, 5-301
申村 3-101, 5-178
三軒屋町 3-101, 5-178
三軒屋村 3-101, 5-178
三番村（永井友三郎知行所） 3-101, 5-176, 5-178
七道村（住吉社領） 3-101, 5-178
寺内村 3-101
四番村 3-101, 5-176, 5-178
島村（住吉社領） 3-101, 5-178
島屋新田 3-101, 5-178, 5-301
清水村（青山下野守領分） 3-101, 5-178
點野村（永井大和守知行所） 3-100, 5-176, 5-178, 5-301
下石津村（御料所） 3-103, 5-178, 5-301
下食満村（御料所、安部外記知行所） 3-101, 5-178
下三番村 3-101, 5-178
下三番村枝新家 3-101
下新庄村（御料所） 3-101, 5-178
下田村 3-102, 5-177, 5-178, 5-301
十八條村（御料所） 3-101, 5-178
常光寺村 5-178
新在家村（御料所） 3-101, 5-178, 5-301
新田中野村 5-178
神南村（京都御樂人知行所） 3-100, 5-176, 5-177
新野田村 3-101, 5-178
吹田村（□院御料、御料所、稲葉丹後守領分、竹中鎌吉、柘植三藏知行所） 3-101, 5-178
助松村（御料所、蓮正寺領） 3-99, 3-103, 5-178
炭屋新田 3-101, 5-178
世木村（永井飛騨守領分） 3-101
関目村 3-101, 5-178, 5-301
善源寺村 3-101, 5-178, 5-301
惣持寺村（京都御樂人知行所） 3-100, 5-176, 5-177, 5-178
太間村（永井出羽守領分） 3-100, 5-176, 5-178
大物村 5-178
高石北村（御料所）〔高石〕 3-103, 5-178, 5-301
高石南村（御料所）〔高石〕 3-103, 5-178, 5-301
高須新地 3-101, 5-178
高田村 3-101
高畑村 3-101, 5-178
高畑村（田安殿領分） 3-101, 5-178, 5-301
竜田町☆ 3-100, 5-301
竜田村 3-100, 5-176, 5-177
立野村坂下 3-100
立野村鳥塲 3-100
立野村山上〔立野村〕 3-100, 5-176, 5-177, 5-178
田中新田 3-101, 5-178
田中村（御料所） 3-101, 5-178
田中村（片桐主膳正領分） 3-100, 5-176, 5-177
垂水村（御料所、保科能登守領分、竹中鎌吉知行所） 3-101
千島新田 3-101, 5-178
次屋村 5-178
佃村（御料所） 3-101, 5-178, 5-301
椿井村（京都御樂人知行所） 3-100, 5-176, 5-177, 5-178, 5-301
津守新田 3-101, 5-178
天王寺村天下茶屋〔天王寺村、天王寺〕 3-101, 5-178, 5-301
土居村（御料所） 3-101, 5-178, 5-301
外川村（松平甲斐守領分） 3-100, 5-176, 5-177, 5-301
外城村 3-101, 5-178
富田 5-301
友淵村 3-101, 5-178
鳥養下之村〔鳥養〕 3-101, 5-178, 5-301
鳥川新田 5-178
中食満村（御料所、大橋與左エ門知行所） 3-101, 5-178
中小坂村〔小坂〕 3-101, 5-301
中在家村 3-101, 5-178, 5-301
中島新田（御料所） 3-101, 5-178
中野村 3-101, 5-178
中道村 3-101, 5-178, 5-301
中村 3-101, 5-178, 5-301
長柄村 3-101
荒生村 3-101, 5-178
成小路村（御料所） 3-101, 5-178, 5-301
難波町 3-101
西川村 5-178
西郡村（御料所） 3-100, 5-176, 5-178, 5-301
西島新田 3-101, 5-178
西下村 3-103, 5-178
西大道村（仙石大和守知行所） 3-101, 5-178
西長洲村 5-178
西宮村（御料所） 3-100, 5-176, 5-177, 5-178
西之村（永井飛騨守領分） 3-101, 5-178
二番村（青山下野守領分） 3-101, 5-176, 5-178
仁和寺村（御料所） 3-100, 5-176, 5-178, 5-301
野江村〔野田〕 3-101, 5-178, 5-301
野田村 3-101, 5-178
橋寺村（御料所） 3-101, 5-178
畠田村（松平甲斐守領分） 3-102, 5-176, 5-177, 5-178
畠田村尼寺 3-102
畠田村小黒 3-102
畠田村山上 3-100, 3-102
初島新田（松平与一領分） 3-101, 5-178
馬場村（御料所） 3-101, 5-178
濵口村（住吉社領） 3-101, 5-178
濵村 5-178
東足代村 3-101, 5-178
東下村 3-103, 5-178
東長洲村 5-178
東西勢野村（御料所） 3-100, 5-176, 5-177, 5-178
菱屋西新田（御料所） 3-101, 5-178
七番村（青山下野守領分） 3-101, 5-178
秀野新田 3-101, 5-178
一津屋村（御料所） 3-101, 5-178, 5-301
平田新田 3-101, 5-178
深江村☆ 3-101, 5-178, 5-301
福貴畑村（松平甲斐守領分） 3-100, 5-176, 5-177, 5-178, 5-301
福貴村（御料所） 3-100, 5-176, 5-177, 5-178
福万寺村（北條相模守領分、曽我文左エ門知行所） 3-100, 5-176, 5-178
舩尾村（田安殿領分） 3-103, 5-178
舟渡 3-101
別所村 3-101, 5-178, 5-301
別府村（御料所、仙石大和守知行所） 3-101, 5-178
法隆寺村新町 3-100
法隆寺村本町（御料所、中宮寺領）〔法隆寺村〕 3-100, 5-176, 5-177, 5-301
堀上村（閑院宮領） 3-101, 5-178, 5-301
堀村(土井大炊頭領分) 3-101, 5-178, 5-301
本庄村 3-101, 5-178
本西島新田 3-101, 5-178
増島村（田安殿領分） 3-101, 5-178, 5-301
松屋新田（御料所） 3-101, 5-178, 5-301
万多羅寺村（近衛殿領分、青山下野守領分） 3-101, 5-178
三津屋村 3-101, 5-178
湊村 3-103, 5-178, 5-301
南島村 3-101, 5-178
南十番村下島村北十番村八番村入會（御料所）〔十番〕 3-101, 5-178, 5-301
南新田 3-101, 5-178
南大道村（仙石大和守知行所） 3-101, 5-178
南西島新田 3-101, 5-178
南畑村 3-100, 5-176, 5-177, 5-178
南濵村 3-101, 5-178
本野田村 3-101, 5-178
守口（御料所）○ 3-101, 5-178, 5-301
森小路村 3-101, 5-178
矢倉新田 3-101, 5-178
矢田村（松平甲斐守領分） 3-100, 5-176, 5-177, 5-301
山内下村 3-103, 5-178
山本新田 3-101, 3-103, 5-178
山本新田北新田（御料所）〔山本新田〕 3-100, 5-176, 5-178
良福寺村 3-102, 5-177, 5-178, 5-301
六番村（青山下野守領分） 3-101, 5-178
六軒屋 3-101
若井村 3-100, 5-176, 5-177, 5-178

【社寺】

佐田天神社 3-100
信貴山朝護孫子寺〔信貴山〕 3-100, 5-176, 5-177, 5-178, 5-301
住吉社 3-101, 5-178
當麻寺☆〔當麻〕 3-102, 5-177, 5-178, 5-301
竜田新宮〔新宮〕 3-100, 5-301
竜田本宮 3-100, 5-176, 5-177, 5-178, 5-301
達磨寺 3-100
天王寺 3-101
天満天神宮 3-101
天満宮 3-101
東福寺 3-100, 5-176, 5-177
西本願寺 3-101
東本願寺 3-101
法起寺 3-100, 5-176, 5-177
法隆寺☆ 3-100
法輪寺 3-100, 5-176, 5-177
矢田山金剛山寺〔矢田山〕 3-100, 5-176, 5-177
蓮正寺 3-99, 3-103

【山・峠】

尼上山 3-102, 5-177, 5-178, 5-301
生駒山 3-100, 5-176, 5-178, 5-301
雲門寺山 3-102, 5-176, 5-177, 5-178
葛城山 3-99, 3-102
葛城山 3-102, 5-177, 5-178
金剛山 3-102, 5-177, 5-179, 5-301
十三峠 3-100
槇尾山 3-99, 3-103, 5-179
松尾山 3-100

【河川・湖沼】

安治川 3-101, 5-178
石津川 3-103
今川 3-103, 5-178
王子川 3-103, 5-178
神崎川 3-101
木津川 3-101, 5-178
尻無川 3-101, 5-178
瀬川 5-178
竜田川 3-100
天神橋 3-101
天満橋 3-101
中津川 3-101, 5-178

難波橋　3-101, 5-178
古大和川　3-100
大和川　3-101, 5-178, 5-301
大和橋　3-101
淀川　5-301

【島】

岸姫松　3-101, 5-178
月正島　3-101
出来島　3-101

第136号
篠山・三田

【国名】

攝津國〔攝津〕　3-105, 3-107, 3-108, 5-178, 5-306
丹波國〔丹波〕　3-105, 3-108, 5-175
播磨國〔播磨〕　3-105, 3-107, 3-108, 5-183, 5-304

【郡名】

有馬郡　3-105, 3-106, 3-107, 3-108, 5-182, 6-306
印南郡　3-111, 5-184, 6-306
加古郡　3-111, 5-184, 6-306
加西郡　3-109, 3-111, 5-182, 6-306
加東郡　3-105, 3-108, 3-109, 3-111, 5-182, 6-306
川邊郡　3-106, 5-178
多可郡　3-109, 5-182
多紀郡　3-104, 3-105, 3-108, 5-175, 5-304, 5-306
氷上郡　3-109, 5-182, 5-304
船井郡　3-104, 5-175
美嚢郡　3-107, 3-111, 5-182, 6-306
武庫郡　3-106, 5-178, 6-306

【地名】

藍波田村〔波田〕　3-105, 5-182, 5-306
藍日出坂村　3-105, 5-182
藍本庄村　3-105, 3-108, 5-182
藍本庄村藍新田○　3-105
藍本庄村片原町　3-105, 3-108
青野原新田　3-111, 5-182, 5-306
網掛村　3-105
安倉村　3-106, 5-178, 5-306
安倉村姥茶屋　3-106
安倉村鳥島　3-106
明野村　3-105
安坂村　3-109, 5-182, 5-304, 5-306
味間村北村〔味間〕　3-105, 3-108, 5-304
味間村新村〔味間村、味間〕　3-105, 5-182, 5-304
味間村南村〔味間〕　3-105, 5-304
女〔安〕福田村　3-110, 5-182
油井村　3-105, 5-182, 5-304, 5-306
油井村枝草野村　3-105
油井村枝古森　3-105
天田村　3-109
安樂多町　3-109
池上村　3-105, 5-175, 5-304
池上村松木島　3-105
池尻村　3-111, 5-182, 5-306
井澤村　3-105, 3-107, 5-182
泉村　3-104
市原村☆　3-105, 3-108, 5-182
市原村枝今田〔市原〕　3-105, 3-108, 5-304, 5-306
市原村新田　3-105, 3-108
一本松新村　3-111, 5-182, 5-306
犬飼村　3-105, 5-182
犬飼村牛ケ瀬　3-105
犬飼村枝初田村　3-105
井ノ上村〔井上村、井上〕　3-110, 5-182, 5-306
井上村　3-104, 5-175
井草村　3-105, 5-182, 5-306
井草村枝長坂村　3-105
岩倉村　3-105
岩崎村　3-105
上野村　3-109, 5-182, 5-306
魚崎新村　5-182
鶉野新家村　3-111, 5-182
越水村　3-109
宇土村　3-105, 5-182, 5-304
馬瀬村　3-108, 5-182, 5-306
淡河町○　3-107, 3-110, 5-182, 5-306
大澤村　3-111, 5-182
大澤村新村〔大澤村〕　3-105, 5-182
大澤村杉村　3-105
大澤村中野〔大沢〕　3-105, 5-304, 5-306
大鹿村玉田　3-106
大内村　3-109
大戸田村　3-110, 5-182, 5-306
大野村　5-182, 5-304
大原村　3-107, 5-182
大山上村アモチ〔大山〕　3-105, 3-108, 5-304
大山下村〔大山〕　3-105, 3-108, 5-182, 5-304
大山下村北野新村　3-105, 3-108
大山下村北野村　3-105
大山下村出合　3-105, 3-108
岡村　3-111, 5-182, 5-306
奥谷村　3-104
奥中村　3-109
小多田村　3-105
落合村　3-109
小野（一柳土佐守在所）　3-111, 5-182, 5-306
小野尻村　3-109
小野尻村奥小野尻　3-109
小野奥谷村　3-104, 5-175, 5-304, 5-306
小野奥谷村新村　3-104
小野原村　3-105, 3-108, 5-182, 5-304, 5-306
小野村　3-111, 5-182, 5-306
貝田村　3-104
貝原村　3-109, 3-111, 5-182, 5-306
柏尾村　3-111, 5-182
柏尾村枝中才　3-111
樫村　3-111, 5-182, 5-306
鍛冶屋村　3-109, 5-182, 5-304
春日江村　3-104
上相野村☆〔相野〕　3-105, 3-108, 5-182, 5-306
上天引村　3-104, 5-175, 5-304, 5-306
上大市村　3-106, 5-178
上鴨川村☆〔鴨川〕　3-108, 5-182, 5-304, 5-306
上宿村平田〔上宿村〕　3-104, 5-175
上三草村（丹羽式部少輔在所）　3-108, 3-109, 3-110, 5-182, 5-306
上宮木村　3-111, 5-182
上村　3-110, 5-182, 5-306
上山口村〔山口〕　3-107, 5-178, 5-306
鴨谷村　3-109, 5-182, 5-306
鴨谷村大道筋　3-109
加茂村　3-105, 3-107, 5-182, 5-306
唐櫃村　3-107, 5-178, 5-306
川北村　3-105, 5-182
川北村新田　3-105
川除村　3-107, 5-178
川原村　3-104, 5-175, 5-304
河原村　3-109
岸上村　3-109, 5-182, 5-304
北澤村　3-105
北島村　3-104
北野皮多村　3-109, 5-182
北萩原村〔萩原〕　3-107, 3-110, 5-182, 5-306
木梨村　3-111, 5-182, 5-306
木之部村　5-182
行原村　3-107, 3-110, 5-182, 5-306
清水寺境内西坂本　3-108
清水寺境内東坂本　3-105
切畑村　3-107, 5-178
草下部村　3-107, 5-178, 5-306
藥栗村　3-111, 5-182
口曽地村　3-104
國包村　3-111, 5-182, 5-306
倉谷村　3-111, 5-182, 5-306
栗栖野村　3-105
栗田村　3-109, 5-182, 5-306
郡家村　3-105
神木村　3-111, 5-182, 5-306
糀屋村　3-109, 5-182
河髙村　3-109, 5-182, 5-306
河内村　3-109, 5-182
鴻池　5-306
古佐村　3-105, 5-182
木津村　3-105, 3-108, 5-182
不来坂村　3-105, 3-108, 5-182, 5-304, 5-306
小畠村　3-111, 5-182, 5-306
小枕村　3-105
昆陽宿○〔昆陽〕　3-106, 5-178
昆陽宿小井ノ内　3-106
細工所村　3-111, 5-182, 5-306
坂本村　3-105
坂本村西分〔坂本〕　3-109, 5-182, 5-304, 5-306
坂本村東分〔坂本〕　3-109, 5-304, 5-306
笹山（青山下野守居城）○☆　3-105, 5-175, 5-304
三田（九鬼和泉守居城）　3-107, 5-178
塩田村　3-107, 5-178, 5-306
茂利村　3-109
仕出原村　3-109, 5-182, 5-304, 5-306
濱谷村　3-105
島村　3-111, 5-182, 5-306
下相野村　3-105, 3-107, 5-182
下宅原村　3-107, 5-178
下鴨川村〔鴨川〕　3-108, 5-304, 5-306
下曽我井村　3-109
下野間村　3-109, 5-182, 5-304, 5-306
下野間村ホウキ　3-109
下三草村〔三草〕　3-109, 3-111, 5-182, 5-306
下宮木村　3-111, 5-182
下山口村〔山口〕　3-106, 5-178, 5-306
宿原村　3-110, 5-182, 5-306
正法寺村　3-111, 5-182, 5-306
新庄村　3-105
住山村　3-105, 3-108
宗佐村　3-111, 5-182, 5-306
髙岸皮多村　3-109, 5-182
髙木村（一柳順之助陣屋）　3-111, 5-182, 5-306
髙屋村　3-105
立杭村　3-105, 3-108, 5-182, 5-306
田口村　3-109
太郎太夫村　3-111, 5-182
太郎太夫村今郷市場　3-111, 5-182
段上村　3-106, 5-178
附物村　3-107, 5-182, 5-306
都染村　3-111, 5-182, 5-306
寺本村　3-106, 5-178
道場河原村○　3-107, 5-178
當野村　3-105
殿原村　3-109, 5-182
殿原村溝口　3-109
鳥居村　3-111, 5-182, 5-306
鳥町村　3-111, 5-182, 5-306
中筋村　3-106, 5-178, 5-306
中筋村小池　3-106
中富村　3-109, 3-111
中富村舟岡　3-109, 3-111
中野間村　3-109
中野村　3-111, 5-182, 5-306
中野村　3-107, 5-178, 5-306
中村　3-110, 5-182, 5-306
中村町☆　3-109, 5-182, 5-304, 5-306
中山寺村☆　3-106, 5-178, 5-306
中山村　3-107, 3-110, 5-182
生瀬村　3-106, 5-178, 5-306
名来村　3-106, 5-178, 5-306
西岡屋村　3-105, 5-182
西岡屋村有居島　3-105
西尾村　3-107, 5-182, 5-306
西尾村五社　3-107
西笠原村〔笠原〕　3-111, 5-182, 5-306
西昆陽村　3-106, 5-178
西昆陽村鬘茶屋　3-106
西下村〔下村〕　3-110, 5-182, 5-306
西宿村　5-182
西多田村　3-106, 5-178
西谷村　3-105, 5-182, 5-304
西野々村　3-104, 5-175, 5-304
西野々村岩坂　3-104
西本庄村　3-104
西山村　3-111, 5-182
二坪村　3-104
野瀬村　3-107, 3-110, 5-182
野中村谷山　3-105
野々垣村　3-104
野々倉本庄村〔野々倉〕　3-105, 5-182, 5-306
野間村　3-104
野村　3-111, 5-182
波賀野村　3-105, 5-182
波賀野村新田　3-105
波賀野村見内村　3-105
安口村○　3-104, 5-

175, 5-304
幡路村 3-104
濱町○〔小濱町、小濱〕 3-106, 5-178, 5-306
原山村 3-104
繁昌村☆ 3-111, 5-182, 5-306
般若寺村 3-104
東岡屋村〔岡屋〕 3-105, 5-182, 5-304
東笠原村〔笠原〕 3-111, 5-182, 5-306
東下村〔下村〕 3-107, 3-110, 5-182, 5-306
東野上村 3-107, 5-182
東畑村〔東富〕 3-107, 3-110, 5-182, 5-306
東吹村 3-105, 5-182, 5-304
東吹村下吹 3-105
東這田村 3-111, 5-182, 5-306
東山皮多村 3-109
屏風村 3-107, 5-182, 5-306
平井村 3-106, 5-178
平田村 3-106, 3-107, 5-178, 5-306
廣野村 3-105, 3-107, 5-182, 5-306
深谷村 3-107, 5-182
福島村 3-107, 5-182
福住村○ 3-104, 5-175
舩坂村〔舟坂〕 3-106, 5-178, 5-306
古市村○ 3-105, 5-182, 5-304, 5-306
古坂村 3-109, 3-111, 5-182
別所村 3-109, 5-182, 5-306
波々伯部村 3-104
波々伯部村上宿村 3-104
波々伯部村小中村〔小中村〕 3-104, 5-175
波々伯部村辻村〔辻村、辻村〕 3-104, 5-175, 5-304
波々伯部村畑市村 3-104
波々伯部村畑井村 3-104
波々伯部村宮ノ前村〔宮前村、宮前〕 3-104, 5-175, 5-304
堀越村 3-107, 5-182, 5-306
本庄村 3-105, 3-108, 5-304, 5-306
本庄村勝谷新田 3-105
本明谷村 3-104
米谷村 3-106, 5-178, 5-306
米谷村北米谷 3-106
米谷村東米谷 3-106
米谷村六軒茶屋 3-106
曲村 3-105
曲村大川瀬村入會 3-105, 3-108, 5-182
牧野新町 3-109, 5-182, 5-304
満久村 3-109
間子村 3-109
真南條村下 3-105
真南條村中 3-105
満願寺村 3-106, 5-178
三木町○ 3-111, 5-182, 5-306
三口村 3-111, 5-182, 5-306
水尾村 3-109
溝ノ口村 3-111
見土呂村〔見堂村〕 3-111, 5-182, 5-306
南殿原村 3-109, 5-182
南萩原村〔萩原〕 3-107, 3-110, 5-182, 5-306
宮田村 3-105, 5-182
宮脇村 3-111, 5-182
明樂寺村○ 3-109, 5-182, 5-306
三輪村 3-107, 5-178
室山村 3-111, 5-182, 5-306
森本村 3-109, 5-182
門前村 3-111, 5-182
門戸村 3-106, 5-178
八上上村〔八上〕 3-104, 5-175, 5-304
八上上村堂ノ下 3-104
八上上村西庄村 3-104
八上上村西八上 3-104
八上上村八上新村 3-104
八上下村内村〔八上下村〕 3-104, 5-175
八上下村善左エ門島 3-104
矢代村 3-105, 5-182, 5-304, 5-306
社村（淺野中務少輔陣屋）○ 3-109, 3-111, 5-182, 5-306
矢代村新村 3-105
安田村 3-104, 5-175, 5-304
安田村 3-109
安田村上野山 3-104
安場村川面村入會〔川面〕 3-106, 5-178, 5-306
柳谷村 3-107, 5-182, 5-306
山角村 3-111, 5-182
山田村 3-106, 5-178
山本村 3-106, 5-178
湯山町（温泉）○ 3-106, 5-178, 5-306
横尾村 3-109, 3-111, 5-182
吉田村 3-110, 5-182, 5-306
吉廣村 3-111, 5-182, 5-306
四辻村 3-105, 5-182
和田村 3-104, 3-108
和田村 3-109, 5-182

【社寺】

荒田神社 3-109
石部神社 3-109, 5-182
五十宮八幡 3-104
稲荷社 3-109, 5-182
古清水寺 3-108
昆陽寺 3-106
佐保社 3-109, 3-111
中山寺 3-106
普光寺 3-109
二村神社 3-105
満願寺 3-106
御嶽山清水寺〔清水寺〕 3-105, 3-108, 5-182

【山・峠】

淺野山 3-109
愛宕山 3-109
愛宕山 3-111
愛宕山 3-111
愛宕山 3-105
飯谷山 3-107
家峯山 3-108
石場山 3-106
井ノ口ノ山 3-111
猪ノ子山 3-108, 5-182
岩山 3-111
馬瀬ケ丸 3-108
追入峠 5-182
大野宮山 3-111
奥山 3-105, 3-108
笠頭山 3-111
霞城 3-109
勝山 3-107
甲山 3-106
河内山 3-109
黍田宮山 3-111
行者山 5-175
行者山 5-182
久下山 3-105, 3-108
國作リ山 3-110
栗栖山 3-105
鯉巣山 3-111
荒神山 3-106
高仙寺山 3-105, 3-108
古城 3-105
古城山 3-109
古城山 3-109
西光寺山 3-109, 5-182
西条城山 3-111, 5-182
シコロキ山 3-108
周遍寺山 3-111
城ケ原 3-106
正蓮寺山 3-107
白岳 3-105, 3-108
城山 3-109
摂州播州界山 3-107, 3-110
摂州播州界山 3-107, 3-110
高城古城山 3-104
高岳 3-106
岳山 3-111
トウノ山 3-105
飛曽山 3-104, 5-175
長尾山 3-106, 5-178
長尾山 3-106
中山 3-109
中山 3-106
西帝釈山 3-107, 3-110
ヌカツカ山 3-111
野間山 3-109
波賀尾山 3-105
畑山 5-175
八王子 3-111
東帝釈山 3-107, 3-110
東畠山 3-107, 3-110
平井山 3-110
ホウカ山 3-107, 5-178
波々伯部山 3-104, 5-175
増田山 3-111
松山 3-105, 3-108
丸山
三国山 3-105
妙見山 3-109
妙見山 3-109
向山 3-111
武庫山 3-106, 5-178, 5-306
湯船山 3-107

【河川・湖沼】

飯ケ滝〔皷ケ滝〕 3-106, 5-178, 5-306
猪篠川 5-182
大池 3-106
大橋 5-175
杉原川 3-109
田川 5-175
滝瀬寺川 3-111
滝野川 3-111, 5-182
谷川 5-182
殿原川 3-109
冨田川 5-182
中臺川 5-175
八田川 5-175
皆川 3-105
武庫川 3-106, 6-306

第137号 神戸・明石

【国名】

摂津國〔摂津〕 3-113, 5-178
播磨國〔播磨〕 3-113, 5-183

【郡名】

明石郡 3-113, 5-184, 6-306
泉郡 3-116, 5-178
兎原郡 3-112, 5-178, 6-306
加古郡 3-114, 5-184, 6-306
川邊郡 3-112, 5-178
南郡 3-116, 5-178
武庫郡 3-112, 5-178, 6-306
八部郡 3-113, 5-184, 6-306

【地名】

明石（松平左兵衛佐居城） 3-114, 5-184, 5-306
芦屋村 3-112, 5-178, 5-306
芦屋村茶屋新田 3-112
敦盛墓 3-113
生田村 3-113, 5-184, 5-306
生田村小野坂 3-113
育波浦 3-115, 5-184, 5-306
生穂浦 3-115, 5-184, 5-306
池田村 3-113, 5-184
石屋村 3-112, 5-178, 5-306
礒上村 3-116, 5-178, 6-306
板宿村 3-113, 5-184, 5-306
今津村 3-112, 5-178, 5-306
岩屋浦☆⛵ 3-114, 3-115, 5-184, 5-306
岩屋村 3-112, 5-178
上野村 3-113
魚崎村 3-112, 5-178, 5-306
宇治野村蓼原 3-113, 5-184
宇多大津村 3-116, 5-178, 6-306
打出村 3-112, 5-178
浦村 3-115, 5-184, 5-306
江嵜村 3-114, 3-115, 5-184, 5-306
王子村 3-114, 5-184, 5-306
王子村 3-115, 5-184
大石村☆ 3-112, 5-178, 5-306
大川村 3-114, 3-115, 5-184, 5-306
大久保町☆ 3-114, 5-184, 5-306
大窪村 3-114
大藏谷村○☆ 3-114, 5-184, 5-306
大谷村 3-115, 5-184, 5-306
大手村 3-113, 5-184, 5-306
岡本村 3-112, 5-178
尾嵜村 3-115, 5-184, 5-306
尾嵜村枯木 3-115
小野新田 3-113, 5-306
貝塚村 3-116, 5-178, 5-179, 6-306
金崎村 3-114, 5-184, 5-306
和坂村 3-114, 5-184, 5-306
釜口浦 3-115, 5-184
釜口村 3-115, 5-184, 5-306
上川井村 3-115, 5-184
上西二見村 3-114, 5-184
假屋浦☆ 3-115, 5-184, 5-306
河原村出茶屋 3-112
岸和田（岡部左膳居城）☆ 3-116, 5-178, 6-306
北野村 3-113, 5-184
北野村 3-114
北畑村 3-112, 5-178
楠本村 3-114, 3-115, 5-184, 5-306
熊内村 3-113, 5-184, 5-306
来馬村 3-115, 5-184, 5-306
郡家浦 3-115, 5-184, 5-306
郡家中村 3-115, 5-184
郡家濱村 3-115, 5-184
郡家村 3-112
神戸村☆ 3-113, 5-184, 5-306
小久保村 3-114, 5-184, 5-306
小久保村枝中谷 3-114
越水村 3-112, 5-178
小曽根村 3-112, 5-178
駒ケ林村 3-113, 5-184, 5-306
小松村 3-112, 5-178
古宮村 3-114, 5-184,

5-306
坂元村〔坂本村〕 3-114, 5-182
佐野浦 3-115, 5-184
佐野村 3-115, 5-184, 5-306
三條村 3-112, 5-178, 5-306
塩屋村 3-113, 5-184, 5-306
寺家村（野口村） 3-114, 5-182, 5-306
志筑濱村○〔志筑〕 3-115, 5-184, 5-306
新野辺村 3-114
芝村 3-112
清水新田村 3-114, 5-184
清水村 3-114, 5-184, 5-306
下大市村 3-112, 5-178
下川井村 3-115, 5-184
下条大津村 3-116, 5-178, 6-306
下田浦 3-115, 5-184, 5-306
下西二見村 3-114, 5-184
小跡〔路〕村〔小路〕 3-112, 5-178, 5-306
新在家村 3-112, 5-178, 5-306
新在家村 3-114, 5-182, 5-306
新在家村枝野辻新村 3-114
住吉村 3-112, 5-178
住吉村御田 3-112
髙木村 3-112
髙畑村 3-114, 5-182, 5-184, 5-306
髙畑村枝西谷新村 3-114
竹屋新田 3-112, 5-178
忠岡村 3-116, 5-178, 6-306
田中村 3-112, 5-178
田邉村 3-112, 5-178
田辺村田井 3-112
谷村 3-115, 5-184
谷八木村 3-114, 5-184
手枕松 3-114
田村 3-112, 5-178
杁浦☆ 3-115, 5-184, 5-306
杁南村 3-115, 5-184
津知村 3-112, 5-178
津田村 3-116, 5-178, 6-306
土山村 3-114, 5-182, 5-184, 5-306
筒井村 3-113, 5-184
津間村〔津門〕 3-112, 5-178, 5-306
常松村 3-112, 5-178, 5-306
常吉村 3-112
道意新田 3-112, 5-178
東明村 3-112, 5-178, 5-306
徳井村 3-112, 5-178
轟木村 3-114, 3-115, 5-184, 5-306
斗内浦〔斗ノ内〕 3-115, 5-184, 5-306
鳥羽村 3-114
長池村 3-114, 5-184, 5-306
中尾村 3-114, 5-184, 5-306
長田村 3-113, 5-184, 5-306
長田村糸木 3-113
長田村山嵜 3-113
中之内村 3-115, 5-184, 5-306
中野村〔中ノ〕 3-112, 5-178, 5-306
中野村〔中尾村〕 3-113, 5-184
中濱新田 3-112
中村 3-112, 5-178
中村 3-113, 5-184
鳴屋〔尾〕村 3-112, 5-178
西江井村〔江井〕 3-114, 5-184, 5-306
西青木村〔青木村〕 3-112, 5-178
西島村 3-114, 5-184
西尻江〔池〕村 3-113, 5-184, 5-306
西新田 3-112, 5-178
西須磨村☆〔須磨〕 3-113, 5-184, 5-306
西代村 3-113, 5-184, 5-306
西垂水村〔垂水〕 3-113, 5-184, 5-306
西中野村 3-114
西難波村 3-112, 5-178
西岡村 3-114, 5-184
西宮宿○☆ 3-112, 5-178, 5-306
西宮宿夙村〔夙村〕 3-112, 5-178, 5-306
西宮宿濱方 3-112
西宮町
西本庄村〔本庄〕 3-114, 5-184, 5-306
西松江村 3-114
西脇村 3-114
西脇村 3-114, 5-184, 5-306
野田村 3-113, 5-184, 5-306
野嵜〔寄〕村 3-112, 5-178, 5-306
走水村 3-113, 5-184, 5-306
濱谷村 3-114, 5-184, 5-306
濱田村 3-112, 5-178, 5-306
濱西村西長池 3-114, 5-184
林村 3-114, 5-184, 5-306
原田村 3-113, 5-184, 5-306
春木村 3-116, 5-178, 6-306
稗田村 3-112
東江井村〔江井〕 3-114, 5-184, 5-306
東青木村〔青木〕 3-112, 5-178, 5-306
東島村 3-114, 5-184
東尻江〔池〕村 3-113, 5-184
東新田 3-112, 5-178
東須磨村羽篭〔東須磨村〕 3-113, 5-184
東垂水村〔垂水〕 3-113, 5-184, 5-306
東垂水村灘 3-113
東二見村〔二見〕 3-114, 5-184, 5-306
東本庄村〔本庄〕 3-114, 5-184, 5-306
蟇浦村 3-114, 3-115, 5-184, 5-306
兵庫津○☆⚓ 3-113, 5-184, 5-306
平林村 3-114, 3-115, 5-184, 5-306
廣田村 3-112, 5-178, 5-306
深江村 3-112, 5-178, 5-306
福田村三軒屋〔福田〕 3-114, 5-184, 5-306
藤江村 3-114, 5-184, 5-306
二茶屋村 3-113, 5-184
二又村 3-114
舩上村 3-114, 5-184, 5-306
古大内村 3-114
別府村 3-114, 5-184, 5-306
又兵エ新田大濱〔又兵エ新田〕 3-112, 5-178, 5-306
又兵エ新田鳥州新田入會〔又兵エ新田〕 3-112, 5-306
松影新田 3-114
御影村 3-112, 5-178, 5-306
御嵜村 3-113, 5-184
味泥村 3-112, 5-178
宮西村 3-114, 5-184
室津浦 3-115, 5-184, 5-306
森田村 3-114, 5-184
森友村 3-114
森村 3-112, 5-178, 5-306
森村 3-112, 5-306
森村 3-114
門戸村岡田〔門戸村、門戸〕 3-112, 5-178, 5-306
八木村 3-114, 5-184, 5-306
八幡村 3-112, 5-178, 5-306
八幡村走出 3-112
山川村 3-114
山田村 3-113, 5-184, 5-306
山田村舞子濱〔舞子濱〕 3-113, 5-184
山上村 3-114
吉田村 3-114
脇濱村 3-112, 5-184, 5-306
脇濱村寺内 3-113
脇濱村 3-116, 5-178, 5-179, 6-306

【社寺】

生田神社 3-113
真教院 3-116
須磨寺 3-113, 5-184
住吉社 3-112
長田神社 3-113
西宮大神宮 3-112
人丸社 3-114, 5-184

【山・峠】

愛宕山 3-115
女子山〔雌子山〕 3-114, 5-182, 5-306
男子山〔雄子山〕 3-114, 5-182, 5-306
再度山 3-113, 5-184, 5-306
丹生山 3-113, 5-182
月之山 3-115
鉄拐嶺 3-113
鼻髙山 3-112, 5-178
摩耶山 3-113, 5-184
厄神山 3-113

【河川・湖沼】

明石川 3-114
芥川 3-112
芦屋川 3-112
生田川 3-113, 5-184, 5-306
沢川 3-116, 5-178
宿川 3-112
住吉川 3-112
高砂川 5-184
津田川 3-116, 5-178
布引滝 3-113, 5-184, 5-306
廣田川 3-112, 5-178
湊川 3-113, 5-184
武庫川 3-112, 5-178, 5-306
女滝 3-113

【岬・海岸】

松尾岬 3-114, 3-115, 5-184
和田岬 3-113, 5-184, 5-306

【島】

赤石 3-114
ヱシマ 3-114, 3-115, 5-184
屛風岩 3-114
大和シマ〔大和島〕 3-114, 3-115, 5-184, 5-306

第138号 和歌山・洲本

【国名】

淡路國〔淡路〕 3-119, 5-184, 6-306
和泉國〔和泉〕 3-118, 3-120, 5-179
紀伊國〔紀伊〕 3-118, 3-120, 5-179

【郡名】

海士郡 3-118, 3-120, 5-179, 5-303, 6-306
津名郡 3-119, 5-184, 6-306
名艸郡 3-118, 3-120, 5-179, 5-303, 5-306
日根郡 3-118, 3-120, 5-179, 5-303, 6-306
三原郡 3-119, 5-184, 5-303, 6-306

【地名】

安乎下村 3-119, 5-184
安乎中田村 3-119, 5-184
相川村☆ 3-119, 5-184, 5-303, 5-306
厚濱村 3-119, 5-184, 6-306
礒脇村 3-118, 3-120, 5-184, 5-303, 5-306
内田村 3-119, 5-184, 6-306
大川浦 3-118, 3-120, 5-184
大﨑浦⚓ 3-120, 5-186, 5-303, 5-306
岡田村 3-117, 5-179
尾﨑村 3-117, 5-179, 6-306
尾﨑村福島 3-117
納村 3-119, 5-184
小路谷村 3-119, 5-184
貝掛浦 3-117, 5-184
嘉祥寺村 3-117, 5-179, 6-306
加太浦☆ 3-118, 3-120, 5-184, 5-303, 5-306
河内 5-303, 5-306
北谷村 3-119, 5-184, 6-306
紀三井寺村 3-120, 5-186
下司村 3-119, 5-184, 6-306
毛見浦 3-120, 5-186
小島浦 3-118, 3-120, 5-184, 5-306
小尾〔屋〕村〔小尾〕 3-118, 3-120, 5-184, 5-303, 5-306
来川村 3-119, 5-184
雑賀﨑浦 3-120, 5-186, 5-303, 5-306
佐野村 3-117, 5-179, 6-306
塩尾浦 3-119, 5-184
塩田里村 3-119, 5-184, 6-306
塩津浦☆⚓ 3-120, 5-186, 5-303, 5-306
塩津浦津井峯 3-120
塩尾村 3-119, 5-184, 6-306
志筑浦☆ 5-184
冷水浦⚓ 3-120, 5-186, 5-303, 5-306
下内膳村 5-184
白﨑村 3-119, 5-184, 5-186, 5-303, 5-306
新村 3-117, 5-179
洲本（松平阿波守持城）○☆ 3-119, 5-184, 6-306
炬口浦 3-119, 5-184, 6-306
谷川浦☆⚓ 3-118, 5-184, 6-306
谷川村東谷川 3-118, 3-120
樽井村 3-117, 5-179, 6-306
淡輪村 3-118, 5-184, 6-306
鶴原村 3-117, 5-179, 6-306
鳥居浦 3-120, 5-186
中河原村 3-119, 5-184, 6-306
中津川村 3-119, 5-184, 5-303, 5-306
中庄村〔中ノ庄〕 3-117, 5-179, 6-306
中庄村湊浦 3-117
中松江村〔松江〕 3-118, 3-120, 5-186, 5-303, 5-306
名髙浦 3-120, 5-186
西庄村 3-118, 3-120, 5-184
西濱村 3-120, 5-186, 5-303, 5-306
西松江村〔松江〕 3-118, 3-120, 5-184, 5-186, 5-303, 5-306
西吉見村〔吉見〕 3-

117, 5-179, 6-306
布引村　3-120, 5-186, 5-303, 5-306
波有手村　3-117, 5-184
箱作村　3-117, 3-118, 5-184
畑田村　3-119, 5-184, 5-303, 5-306
東松江村〔松江〕　3-118, 3-120, 5-186, 5-303, 5-306
東吉見村〔吉見〕　3-117, 5-179, 6-306
日方浦☆　3-120, 5-186, 5-303, 5-306
深日浦　3-118, 5-184, 6-306
藤白浦　3-120, 5-186, 5-303, 5-306
二ツ石村　3-119, 5-184, 6-306
船尾浦　3-120, 5-186
舞村　3-117, 5-184
丸田村戸坂　3-120, 5-186
三木田村　3-119, 5-184
湊町　3-120, 5-186, 5-303, 5-306
深山村　3-118, 3-120, 5-184, 5-303, 5-306
木〔本〕脇村〔本脇〕　3-118, 3-120, 5-184, 5-303, 5-306
安坂村　3-119, 5-184, 6-306
山中新田村　3-118, 5-184, 6-306
和歌浦　3-120, 5-186, 5-303, 5-306
和歌浦出島　3-120
和歌山(紀伊殿居城)☆　3-120, 5-186, 5-303, 5-306
由良浦☆⚓　3-119, 5-184, 5-303, 5-306

【社寺】

粟島社　3-118, 3-120
紀三井寺　3-120, 5-186, 5-303, 5-306
玉津島社　3-120, 5-303, 5-306

【山・峠】

雨森山　3-117, 5-179, 5-303, 5-306
飯盛山　3-118, 3-120, 5-184, 5-303, 5-306
犬吠山　3-117, 5-179
柏原山　5-184
千光寺山　5-184
伯原山　5-303, 5-306
辨天山　3-119, 5-303, 5-306

【河川・湖沼】

閼伽井　3-119
岡田川　3-117, 5-179
紀ノ川　3-120, 5-186, 5-303, 5-306
小ノ里川　5-179
住吉川　5-179
劒池　3-119
深蛇池　3-119
見出川　3-117

【岬・海岸】

サイカ崎　3-120
城ケ﨑　3-118, 3-120
田倉﨑　3-118, 3-120, 5-184, 5-303, 5-306

【島】

生牛濵　3-119
神島〔カミシマ〕　3-119, 5-186
観念窟　3-119
序品窟　3-119
太サ島　3-120
友島沖ノ嶋〔沖島〕　3-119, 5-186
友島地之島〔地島〕　3-118, 5-186
成山島　3-119, 5-184, 6-306
野島　3-120
野島　3-120
畑シマ　5-186
二子島　3-120, 5-186
辨天島　3-120

第139号 有田

【郡名】

海士郡　3-121, 5-179, 5-303
有田郡　3-121, 5-179, 5-303, 5-306
日高郡　3-121, 3-122, 5-179, 5-303, 5-306
牟婁郡　3-122, 5-170

【地名】

阿尾浦　3-123, 5-186
阿尾浦田杭浦　3-123
網代浦　3-121, 5-186
小豆島村　3-121, 5-186, 5-303, 5-306
小豆島村逢井浦　3-121
小豆島村矢櫃浦　3-121
阿戸村　3-121, 3-123, 5-186, 5-303, 5-306
池上村　3-121, 5-186
印南浦光川村(紀伊殿領分)〔印南浦、印南〕　3-123, 5-186, 5-303, 5-306
上野村　3-123, 5-186
産湯浦　3-123, 5-186
衣奈浦　3-121, 5-186
江駒浦　3-121, 5-186
小浦⚓　3-121, 3-123, 5-186
大引浦　3-121, 5-186, 5-303, 5-306
柏村　3-121, 3-123, 5-186, 5-303, 5-306
方杭浦　3-121, 3-123, 5-186
方村　3-121, 5-179
上志賀浦小杭〔上志賀浦、上志賀〕　3-121, 3-123, 5-186, 5-303, 5-306
神谷浦　3-121, 5-186, 5-303, 5-306
唐尾浦☆　3-121, 5-186, 5-303, 5-306
唐子浦　3-123, 5-186
氣佐藤村　3-122, 5-171, 5-303, 5-306
北塩屋浦　3-123, 5-186
北道村〔道村〕　3-122, 5-171, 5-303, 5-306
北湊浦☆　3-121, 5-186, 5-303, 5-306
楠井村　3-123, 5-186, 5-303, 5-306
小引浦　3-121, 5-186, 5-303, 5-306
堺村　3-122, 5-171, 5-303, 5-306
芝村　3-122, 5-171, 5-303, 5-306
島田村(紀伊殿領分)　3-122, 5-171, 5-303, 5-306
下津浦☆⚓　3-121, 5-179, 5-303, 5-306
下津浦新田浦⚓　3-121
下村　3-122, 5-171, 5-303, 5-306
栖原浦☆　3-121, 5-186, 5-303, 5-306
田井浦　3-123, 5-186
田井村園浦濵之瀬⚓〔田井村濵ノ瀬、濵瀬〕　3-123, 5-186, 5-303, 5-306
田村浦　3-121, 5-186, 5-303, 5-306
千田村髙田浦〔千田村、千田〕　3-121, 5-186, 5-303, 5-306
津井村　3-123, 5-186, 5-303, 5-306
津久野浦　3-121, 3-123, 5-186, 5-303, 5-306
西岩代村(安東順輔領分)〔岩代〕　3-122, 5-171, 5-303, 5-306
西之地村(安東順輔領分)　3-122, 3-123, 5-171, 5-186, 5-303, 5-306
西廣浦　3-121, 5-186, 5-303, 5-306
野島村　3-123, 5-186
野島村祓井　3-123
桝濵浦　3-121, 5-179, 5-303, 5-306
埴田村　3-122, 5-171
比井浦⚓　3-123, 5-186
東岩代村〔岩代〕　3-122, 5-171, 5-303, 5-306
小引浦戸津井⚓　3-121
廣浦○⚓　3-121, 5-186
吹井浦　3-121, 5-186
吹井浦糸谷　3-121
三尾浦☆　3-123, 5-186
三尾川浦　3-121, 5-186, 5-303, 5-306
南塩屋浦　3-123, 5-186
南道村☆〔道村〕　3-122, 5-171, 5-303, 5-306
箕島浦　3-121, 5-186
山内村目津〔山内村、山内〕　3-122, 5-171, 5-303, 5-306
山本村　3-121, 5-186, 5-303, 5-306
湯淺浦○　3-121, 5-186, 5-303, 5-306
横濵浦　3-121, 5-186
吉原浦　3-123, 5-186, 5-303, 5-306
和田浦　3-123, 5-186
和田村　3-121, 5-186, 5-303, 5-306

【山・峠】

有田明神森　3-121
飯盛山　3-122, 5-171
汐見峠　5-171
高尾山　3-122, 5-171
田尻山　3-123
田尻山　3-122
道成寺山　3-123
戸妻山　3-122, 5-171
日向山　3-123
矢笘山　3-122, 5-171
竜神山　3-122, 5-171
和佐山　5-171

【河川・湖沼】

有田川　3-121, 5-186
王子川　5-186
日高川　3-123, 5-186, 5-303, 5-306

【岬・海岸】

唐子崎　3-123
切目﨑　3-123
籏ノ﨑　3-123
日御﨑〔日岬〕　3-123, 5-186
宮﨑　3-121, 5-186, 5-303, 5-306
由良湊⚓　3-121, 5-186

【島】

海獺島〔アシカシマ〕　3-121, 5-186
海士取島〔アマトリシマ〕　3-123, 5-186
霰石〔アラレ石〕　3-122, 5-171
有島　3-121, 3-123, 5-186
大刈藻島〔大カルモシマ〕　3-121, 5-179
沖ノ島〔沖ノシマ、沖島〕　3-121, 5-179, 5-303, 5-306
小ノ津鼻　3-121, 3-123
鹿島　3-122, 5-171
鰹島〔カツヲシマ〕　3-123, 5-186
カムリシマ　3-121
カルモ島〔カルモシマ〕　3-121, 5-186
カントン岩
黒島　3-121, 5-186, 5-303, 5-306
毛ナシ島〔ケナシ島〕　3-121, 5-179, 5-303, 5-306
毛ナシ島〔ケナシシマ〕　3-121, 5-186
烟島〔ケムリシマ〕　3-121, 5-186
小刈藻島〔小カルモシマ〕　3-121, 5-179
地ノ島(浦初島)〔地ノシマ、地島〕　3-121, 5-179, 5-303, 5-306
千里濵　3-122
髙島　3-121, 5-186
ツヽキ島〔ツヽキシマ〕　3-121, 5-186
中ノ礒岩　3-123, 5-186
畑シマ　5-186
ヒシキ島〔ヒシキシマ〕　3-121, 5-186

第140号 田辺

【地名】

朝来帰村　3-126, 5-171, 5-303
朝来帰村見草　3-126
東雨村　3-124, 5-170
有田浦☆⚓　3-124, 5-170, 5-302
伊串村　3-124, 5-170, 5-302
出雲浦　3-124, 5-170
上野浦　3-124, 5-170, 5-302
江川〔江川村〕　3-126, 5-171
江川中濵⚓　3-126
江住浦☆　3-125, 5-171, 5-302
江住浦枝江須川　3-125
江田浦⚓　3-124, 5-171, 5-302
大島浦⚓　3-124
樫野浦　3-124, 5-170
堅田村(安東順輔領分)　3-126, 5-171
堅田村池田　3-126
堅田村端山　3-126
鉛山村(温泉)　3-126, 5-171, 5-303
鬮野川村橋杭⚓〔鬮野川村、鬮野川〕　3-124, 5-170, 5-302
串本浦☆　3-124, 5-170, 5-302
口和深村　3-125, 5-171, 5-302
古座浦○　3-124, 5-170, 5-302
才野村(紀伊殿領分)　3-126, 5-171, 5-303
才野村鴨居　3-126
里野浦〔里之浦〕　3-125, 5-171, 5-302
芝村　3-126, 5-171, 5-303
下田原浦(紀伊殿領分)　3-124, 5-170, 5-302
新庄村　3-126, 5-171, 5-303, 5-306
新庄村跡之浦⚓　3-126
新庄村内浦　3-126
新庄村鳥巣　3-126
須江浦　3-124, 5-170
周参見浦☆⚓　3-126, 5-171
周参見浦伊古記　3-126
瀬戸村(紀伊殿領分)　3-126, 5-171, 5-303, 5-306
瀬戸村綱シラス⚓　3-126
高瀬村對浦　3-126, 5-171
高瀬村袋浦⚓〔高瀬〕　3-126, 5-303
田子浦　3-124, 5-171, 5-302
田邉(安東順輔在所)☆　3-126, 5-171, 5-303, 5-306
田並浦　3-124, 5-171, 5-302
津荷浦　3-124, 5-170, 5-302

中村　3-126, 5-171
二色村袋△　3-124, 5-170
西谷村〔西ヶ谷村、西ヶ谷〕　3-126, 5-171, 5-303, 5-306
西谷村目良　3-126, 5-171
西向浦　3-124, 5-170
二部村　3-124, 5-170, 5-302
畑﨑　3-126
日置浦　3-126, 5-171, 5-302
日置浦市江　3-126
日置浦笠甫　3-126
日置浦志原　3-126
姫村　3-124, 5-170
神子濱村湊村敷浦〔神子濱村、湊村〕　3-126, 5-171, 5-303, 5-306
見老津浦　3-125, 5-171, 5-302
和深浦　3-125, 5-171, 5-302
和深川村　3-125, 5-171, 5-302

【社寺】

御﨑明神　3-124
明神社　3-125

【山・峠】

カサ子山　3-124
地藏峠　3-126

【岬・海岸】

朝﨑　3-125, 5-171
安宅﨑　3-126
出雲岬〔出雲﨑、出雲﨑〕　3-124, 5-170, 5-302
市江﨑〔市江岬〕　3-126, 5-171, 5-303
江洲﨑〔エス﨑〕　3-125, 5-171
鉛山岬　3-126, 5-171
汐御﨑　3-124, 5-170, 5-302
タナ﨑　3-124, 5-171
長ハヘ鼻　3-124
二色﨑　3-124

【島】

赤島　3-126, 5-171
稲積島〔イナスミ島〕　3-126, 5-171
馬見シマ〔馬見〕　3-126, 5-171
戎シマ〔夷島〕　3-125, 5-171
エホシ岩　3-124, 5-170
大島　3-124, 5-170, 5-302
沖黒シマ〔沖黒島〕　3-125, 5-171
沖島　3-126, 5-171
神楽島〔カクラ島〕　3-126, 5-171
神島〔カミ島〕　3-126, 5-171
鰹島〔カツヲ島〕　3-126, 5-171
鰹島〔カツオ島〕　3-124, 5-170
黒シマ〔クロ島〕　3-126, 5-171
黒島〔クロ島〕　3-124, 5-170
黒岬　3-124
シソウ島〔シソウシマ〕　3-126, 5-171
地黒島　3-125, 5-171
双シマ〔双島〕　3-124, 5-171
高シマ〔タカシマ〕　3-126, 5-171
田所島　3-126, 5-171
ツヤシマ〔ツヤ島〕　3-124, 5-170
テスシマ〔テス島〕　3-124, 5-170
堂島　3-124
内座岩　3-126, 5-171
箱島　3-124, 5-170
橋杭岩　3-124
畑島〔畑嶋〕　3-126, 5-171
琵琶島〔ビハ島〕　3-124, 5-170
弁天島　5-170
丸山島〔丸山〕　3-126, 5-171
メト岩　3-126, 5-171
本島　3-126
ヤマ島〔ハヤマシマ〕　3-125, 5-171
横島　3-125, 5-171

第141号
姫路

【郡名】

赤穂郡　3-131, 5-183, 5-306
揖西郡　3-129, 3-131, 5-183, 5-306
揖東郡　3-129, 3-131, 5-183, 5-306
印南郡　3-130, 5-182, 5-306
加古郡　3-130, 5-184, 5-306
加西郡　3-128, 3-130, 5-182, 5-306
佐用郡　3-129, 5-183, 5-304, 5-306
飾西郡　3-128, 3-129, 3-130, 5-183, 5-306
飾東郡　3-130, 5-183, 5-306
宍粟郡　3-129, 5-183, 5-304
神西郡　3-128, 5-183, 5-306
神東郡　3-128, 3-130, 5-182, 5-304, 5-306

【地名】

相生浦☆　3-131, 5-183
相生浦鰯浦〔相生〕　3-127, 3-131, 5-306
相生浦壺根　3-127, 3-131
相生浦古池ノ内　3-131
相野村　3-131, 5-183, 5-306
青木村　3-129, 5-183, 5-304, 5-306
青森〔木〕村枝三田　3-129
青木村比地町　3-129
青山村　3-130, 5-183, 5-306
青山村出屋敷　3-131
英加村　3-130, 5-183, 5-306
安黒村　3-129, 5-183
浅野村　3-128, 5-182, 5-304, 5-306
阿曽村塚本〔阿曽村〕　3-131, 5-183
阿曽村出屋敷　3-131
阿成村　3-130, 5-183
甘地村　3-128
甘地村千束　3-128
安室郷九ケ村入會　3-130, 5-183
荒井村　3-130, 5-182, 5-306
粟賀町村〇〔粟賀〕　3-128, 5-182, 5-304
安志（小笠原信濃守在所）〇　3-129, 5-183, 5-304, 5-306
五十波村　3-129, 5-183, 5-304, 5-306
鵤村　3-131, 5-183, 5-306
池田村　3-130
池之内村　3-131, 5-183
池之内村出茶屋　3-131
砂部村　3-130
石倉村　3-129, 3-131, 5-183, 5-306
井田村　3-130
市郷村　3-130, 5-182
市ノ保村　3-129
一ノ宮　5-304
市場村　3-131
市場村　3-129, 5-183, 5-304, 5-306
市場村　3-128, 5-182, 5-306
市村　3-128, 5-182
一本松村　3-130, 5-182, 5-183, 5-306
伊津村　3-131, 5-183
伊傳居村　3-130, 5-183
稲富村　3-131, 5-183, 5-306
犬飼村　3-128, 5-182
犬飼村市場　3-128
井口村　3-130
井ノ口村　3-128, 5-182
井原村　3-129, 5-183, 5-306
揖保中村上村〔揖保中村〕　3-131, 5-183
今市村　3-131, 5-183
今市村出茶屋　3-131
今在家村　3-130, 5-183, 5-306
入野村入鹿淵〔入野村〕　3-131, 5-183
岩部村　3-128, 5-182, 5-306
岩部村馬橋　3-128
伊和村　3-129, 5-183
植木野村　3-129, 5-183, 5-306
上田中村〔田中〕　3-128, 5-304, 5-306
上野村　3-128
魚﨑村　3-130, 5-182, 5-184, 5-306
魚橋村　3-130, 5-182, 5-306
宇佐﨑村　3-130, 5-183, 5-306
牛谷村　3-130
打越村　3-129, 3-131, 5-183, 5-306
馬立村　3-129
馬田村　3-128
馬場村　3-131, 5-183, 5-306
浦部村　3-131, 5-183, 5-306
江鮒村　3-128, 5-182
追分村　3-129, 5-183, 5-306
生石村　3-130, 5-182, 5-306
大江島村　3-131, 5-183, 5-306
大釜村　3-130, 5-182
大釜村枝新村　3-130
大國村　3-130
大﨑村　3-130
大澤村投町　3-130
大塩村　3-130, 5-182, 5-306
大田原村　3-131, 5-183, 5-306
大田原村北山　3-131
大田原村坂　3-131
太田山田村　3-131, 5-183, 5-306
大野村　3-128, 3-130, 5-183, 5-306
大屋村　3-129, 5-183, 5-306
緒方村　5-183
小神村　3-131, 5-183
小川村　3-130, 5-182, 5-306
奥濱村〔奥ノ濱〕　3-131, 5-183, 5-306
奥佐見村　3-129
奥佐見村千古　3-129
奥村　3-129, 5-183
奥村　3-128
小原村　3-130
加家村　3-131
加古川驛〇〔加古川〕　3-130, 5-182, 5-306
加古川村　3-130, 5-182
鍛冶内村　3-128, 5-182
柏尾村　3-128, 5-182, 5-304, 5-306
柏尾村枝初鹿野新田　3-128
鍛冶屋村　3-129, 5-183, 5-306
鍛冶屋村相坂　3-129
鍛冶屋村矢ノ原　3-129
加生村　3-129, 5-183, 5-304, 5-306
葛森〔根〕村　3-129, 5-183
葛根村畑尻〔葛根〕　3-129, 5-304
片島原村〇　3-131, 5-183
片島村　3-128, 5-306
刀出村　3-129
片吹村　3-131, 5-183, 5-306
片村　3-131, 5-183, 5-306
神爪村　3-130, 5-182, 5-306
金屋村　3-129
蟹澤村〔蟹ケ沢村、蟹ヶ沢〕　3-129, 5-183, 5-304, 5-306
加納原田村　3-130
加納村　3-128
構村　3-130, 5-183
構村　3-129, 5-183
釜屋村　3-131
上笹村　3-129
上砥堀村〔砥堀〕　3-128, 3-130, 5-182, 5-306
上砥堀村中垣内　3-128, 3-130
上砥堀村東村　3-128, 3-130
上原田村　3-130
上比地村　3-129
上山下村　3-129, 5-183, 5-306
上横内村　3-129, 5-183
上吉富村〔吉富〕　3-128, 5-182, 5-304
加里屋　5-183
苅屋村　3-127, 3-131, 5-183, 5-306
神戸皮多村　3-129, 5-183
岸田村（本多肥後守領分）　3-129
岸村　3-130
岸村　3-128, 5-182
北池村　3-130, 5-182, 5-306
北宿村　3-130, 5-306
北宿村新宿　3-130
北竜野村坂　3-129, 3-131, 5-183
北田中村　3-128
木谷村　3-129, 5-183
木ノ谷村　3-129, 5-183, 5-304
北野村　3-128, 5-182
北村　3-129, 5-183
北山田村〔山田〕　3-128, 5-306
北横内村　3-129, 5-183
木場村　3-130, 5-183
吉美村〔吉見村〕　3-131, 5-183
経縁〔塚〕　3-130
清住村　3-130
陸村　3-131, 5-183
口佐見村　3-129
久畑村　3-128, 5-183, 5-306
久畑村枝東谷　3-128
窪田村　3-128
栗田村　3-129
栗田村井ノ岡　3-128
栗橋村　3-128, 3-130
黒駒皮多村　3-128, 5-182
黒﨑村　3-127, 3-131, 5-183, 5-306
髙下村　3-129, 5-183, 5-304, 5-306
髙下村皆森　3-129
髙下村谷　3-129
髙下村廣岡　3-129
髙下村保工　3-129
髙下村吉藤　3-129
髙所村　3-129
神谷村　3-129
国府寺村　3-130, 5-182, 5-183
香呂村　3-128
芝田村　3-129
小坂村　3-131
小谷村　3-128
御着村　3-130, 5-182, 5-306
神種村　3-128, 5-183, 5-304, 5-306
神種村峠　3-128
小林村　3-130
小室村　3-128
金剛山村　3-131, 5-183
西治村　3-128, 5-182, 5-306

西治村枝數叶野　3-128
才村　3-131
榮村　3-131, 5-183
佐方浦　3-131, 5-183
坂戸村　3-128
坂元村　3-128, 5-182
坂本村（法花山領）☆　3-128, 3-130, 5-182
坂越浦小島　3-127, 3-131
佐土村　3-130, 5-182, 5-306
佐野村　3-129, 3-131, 5-183, 5-306
澤田村　3-129, 3-131
塩崎村　3-130, 5-182, 5-306
塩崎村春日野　3-130
飾万津○☆⛵　3-130, 5-183, 5-306
飾〔餝〕西村○☆　3-131, 5-306
飾西村　5-183
重國村　3-128, 3-130, 5-182
寺家村　3-130, 5-182
實法寺村　3-129, 3-131
島村　3-130
下芥原村　3-129, 5-183, 5-306
下伊勢村　3-129, 3-131, 5-183, 5-306
下伊勢村伊勢茶屋　3-129
下市郷村　3-130, 5-183
下沖村　3-131, 5-183
下垣内村　3-128
下皮多村　3-129
下笹村　3-129
下澤村　3-128
下手野村　3-130, 5-183, 5-306
下砥堀村〔砥堀〕　3-128, 3-130, 5-182, 5-306
下野田村　3-129, 3-131
下野村　3-129
下村　3-131
下山下村　3-129, 5-183
下吉富村（池田筑前守陣屋）〔吉富〕　3-128, 5-182, 5-304
正条村○　3-131, 5-183, 5-306
常禅村　3-131
袮田村
庄能村　3-129, 5-183, 5-304, 5-306
庄村　3-130, 5-182, 5-306
白国村　3-130, 5-183
白國村奥白国　3-130
新宮村新宮町〔新宮村、新宮〕　3-129, 5-183, 5-306
新在家村　3-127, 3-131, 5-183, 5-306
新在家村　3-131, 5-183
新田村　5-183
須加院村　3-128, 5-182, 5-183
須加院村保喜　3-128
須賀村　3-129, 5-183
杉ケ瀬村　3-129, 5-183
須行名村　3-129, 5-183, 5-304
砂川村　3-128, 3-130
清野村　3-129
狭戸村　3-129, 5-183, 5-306
舩頭村　3-130, 5-182
舩頭村平津村土橋　3-130
千本下村　3-129, 5-183
千本下村枝茶屋　3-129
千本村○☆　3-129, 5-183, 5-306
曽根村枝松村〔曽根村、曽根〕　3-130, 5-182, 5-306
大住寺村　3-129, 3-131, 5-183
田井村　3-129, 5-183, 5-304, 5-306
大門　3-130
髙砂町○☆　3-130, 5-184, 5-306
髙橋村　3-128, 5-182, 5-306
髙橋村山城　3-128
髙畑村　3-130
田中村　3-129, 3-131, 5-183
田中村（池田采女知行所）　3-128
谷口村　3-128
谷村　3-128
谷村　3-128
田野村　3-128
玉田村　3-128, 3-130
玉手村　3-130
段上村　3-129
段村　3-129
近平村　3-128
千原村　3-128
町田村　3-130, 5-183, 5-306
勅使村　3-130
津熊村　3-128, 3-130
辻川村　3-128, 5-182
辻村　3-130
土山村　3-130
筒井村　3-129
鶴本〔木〕村　3-129
出屋敷村　3-131, 5-183, 5-306
出屋敷村平岩　3-131
寺内村○☆　3-128, 5-182, 5-306
寺内村市場村（酒見北条）　3-128
天満村　3-131, 5-183
東南村　3-131
東保村　3-131, 5-183
東保村中出屋敷　3-131
東保村間野茶屋　3-131
戸岡村　3-129, 3-131
時重村　3-129
戸谷村　3-129, 5-183, 5-304, 5-306
戸谷村毛野　3-129
戸谷村谷　3-128
豊國村　3-130, 5-182
豊國村春日野　3-130
中市郷村　3-130, 5-182
中井村　3-129
中太田村　3-131, 5-183
中大田村山本　3-131
長尾村　3-130
中嶌村　3-130
中島村　3-130, 5-306
中島村　3-128
中筋村　3-130
長田村尾上　3-130
長野皮多村　3-129, 5-183
中ノ庄村　3-129
中野村　3-128, 5-182
中濱村　3-130, 5-183
中比地村　3-129
中廣瀬村　3-129, 5-183
長松村　3-131, 5-183
中村　3-130, 5-183
中村　3-128, 5-182, 5-304
中村石塲　3-128
中村上野　3-128
長目村　3-128
中山下村〔中山〕　3-129, 5-304
中屋村　3-128, 5-182, 5-306
那波浦　3-131, 5-183
那波野村　3-131, 5-183
那波野村出茶屋　3-131
西阿弥陀村〔阿弥陀〕　3-130, 5-182, 5-306
西阿弥陀村豆崎　3-130
西今福〔宿〕村〔今宿〕　3-130, 5-183, 5-306
西構村　3-131, 5-183, 5-306
西構村出屋敷　3-131
西川邉村　3-128, 5-182, 5-304, 5-306
西川邉村出屋敷　3-128
二色村　3-128
西田中村　3-128, 5-182
西田中村ツヽシ　3-128
西谷村　3-128
西谷村　3-128, 5-182, 5-306
西土井村　3-131
西鳥井村　3-129, 3-131, 5-183
西中島　3-130, 5-183
西野々村　3-128, 5-182
西濱村　3-130
西山田村〔山田〕　3-128, 5-182, 5-306
仁豊野村（神西郡）○　3-128, 3-130, 5-182, 5-183, 5-306
仁豊野村（神東郡）○　3-128, 3-130, 5-182, 5-183, 5-306
能地村　3-129, 5-183, 5-306
能地村枝横松　3-129
野里　5-306
野瀬村　3-127, 3-131, 5-183, 5-306
野田村　3-130
野田村　3-128
野田村　3-131, 5-183, 5-306
野々上村　3-129
野畑村　3-129, 5-183
野畑村枝葛畑　3-129
野部村　3-129, 3-131, 5-183
則直村　3-131
觜崎宿村○　3-129, 3-131, 5-183, 5-306
觜崎村　3-129, 5-183
橋爪村　3-128, 3-130
土師村　3-128
畑村　3-130, 5-182
畑村野深　3-130
畑村横山　3-130
八反田村　3-128
濵田村　3-130
濵田村　3-127, 3-131, 5-183, 5-306
林田（建部内匠頭在所）　3-129, 5-183, 5-306
林谷村　5-183
春安村　3-129
半田村　3-131, 5-183, 5-306
半田村町屋　3-131
東阿弥陀村〔阿弥陀〕　3-130, 5-182, 5-306
東市郷村　3-130, 5-183
東今福〔宿〕村〔今宿〕　3-130, 5-183, 5-306
東今宿村車崎　3-130
東川邉村　3-128
東坂本村☆　3-128, 3-130, 5-183, 5-306
東塩野村　3-129, 5-183, 5-306
東多田村　3-128
東島〔鳥〕井村　3-129, 3-131
東中島　3-130
東中島村　3-130, 5-183
東山村　3-130
姫路☆　3-130, 5-183, 5-306
日山村龍野☆〔龍野、竜野〕　3-131, 5-183, 5-306
日山村山下〔日山村〕　3-131, 5-183
平津村　3-130, 5-182, 5-306
平野村　3-130, 5-182
平野村　3-128, 3-130, 5-183
平野村　3-129, 5-183, 5-306
平野村枝茶屋　3-129
平松村　3-131
廣瀬村　3-128, 5-182
廣瀬村大清　3-128
廣瀬村東村　3-128
廣畑村　3-131, 5-183, 5-306
福居新村　3-130, 5-182
福居村　3-130, 5-182, 5-306
福崎新村　3-128, 5-182, 5-306
福田村　3-128
福泊村　3-130, 5-182, 5-306
福本村（松平久五郎在所）　3-128, 5-182, 5-304
福本村落口　3-128
袋尻村　3-131, 5-183
袋尻村大久保　3-131
袋尻村堀上　3-131
福渡村　3-128
太尾村　3-128, 3-130, 5-182, 5-306
舟渡村　3-129
舩元村〔舟元〕　3-129, 5-183, 5-304, 5-306
別名村　3-128
保喜村　3-128
真浦　3-127, 3-131, 5-185
前之庄村岡〔前之庄〕　3-128, 5-306
前之庄村三枝草〔前之庄〕　3-128, 5-183, 5-306
前之庄村豊岡〔前之庄〕　3-128, 5-306
前之庄村本條〔前之庄〕　3-128, 5-306
前之庄村松之本〔前之庄〕　3-128, 5-306
牧野村　3-128, 3-130, 5-182, 5-306
牧村　3-129
的形村沖☆〔的形村、的形〕　3-130, 5-182, 5-306
的形村麓　3-130
町屋村　3-129, 5-183, 5-306
町屋村田幸　3-129
松原村　3-130
松原村　3-130, 5-183, 5-306
松山村　3-129, 5-183
松山村枝井ノ口　3-129
三ケ月村○　3-129, 5-183, 5-306
美佐村　3-128
溝口村〔溝〕　3-128, 5-182, 5-306
溝ノ口村新宿〔溝口〕　3-130, 5-182, 5-306
御立村　3-128, 3-130, 5-183
御立村　3-128
御立村北山　3-128, 3-130
御立村横関　3-128, 3-130
三津村　3-129, 5-183, 5-304, 5-306
三津村下三津　3-129
三森村　3-129, 5-183, 5-304, 5-306
三森村春　3-129
南池村　3-130
南村　3-128
南山田村〔山田〕　3-128, 5-182, 5-306
三又村　3-128
宮内村（池田主水知行所）　3-129
宮浦☆⛵　3-127, 5-185
宮脇村　3-128
六九谷村　3-129, 5-183
宗行村　5-183
室津　3-127, 3-131, 5-183, 5-306
室津大浦　3-127, 3-131
妻鹿村　3-130, 5-183
門前村　3-131
門前村　3-131, 5-183
門前村　3-129, 5-183
八重畑村　3-130, 5-182, 5-306
八重畑村雉子ケ端　3-130
屋形村（池田釆女陣屋）○　3-128, 5-182, 5-304, 5-306
矢原村　3-129
藪田村　3-128, 3-130
山﨑（宍粟）（本多肥後守在所）　3-129, 5-183, 5-304, 5-306
山﨑村　3-130, 3-131
山﨑村　3-128
山﨑村　3-130, 5-182
山﨑村枝清水村　3-130
山下村○　3-128, 5-

182, 5-306
山田村　3-131
山田村　3-129
山田村　3-129, 5-183
山津屋村　3-131, 5-183
山脇村　3-130, 5-183
山脇村新村　3-130
山脇村　5-183
與井村　3-129
養田村　3-130
横内村　3-129, 3-131, 5-183, 5-306
横手村山根〔横手村、横手〕　3-130, 5-182, 5-306
餘子濱村☆　3-131, 5-183, 5-306
吉野村　3-128, 5-182, 5-306
吉間　3-129
四ケ町村　3-131
米田村　3-130
寄井村　3-129, 3-131

【社寺】

石宝殿　3-130
春日社　3-128
酒見寺　3-128
書寫山圓教寺　3-128, 5-183
白国神社　3-130
住吉神社　3-128
大子寺　3-131
天満宮〔天神〕　3-130, 5-182
八幡宮　3-130
濱宮天神社　3-130
廣嶺山牛頭天王社〔廣峯〕　3-128, 3-130, 5-306
法楽寺　3-128, 5-182
法花山一乗寺〔法花山〕　3-130, 5-182
増住〔位〕山随願寺〔増位〕　3-128, 3-130, 5-306
與比神社　3-129

【山・峠】

相坂峠　5-183
赤松本丸　3-128, 5-183
浅尾山　3-130
朝日山　3-131
網干山　3-131
今泉山　3-130
入會山　3-130
入野山　3-129, 3-131
鑪山　3-130
御一ケ峯　3-128
大倉山　3-128
大汐山　3-130
大呼山　3-129
置汐山　3-128
桶助山　3-130
笠松山　3-129, 3-131
梶山　3-131
古城山　3-128
古城山　3-128, 5-183
古城山　3-128
雑吾山　3-130
塩﨑山　3-130
志方庄山　3-130
志方城山　3-130
書写山　5-306
白幡山　5-183
城山　3-128, 3-130
善防山　3-128, 3-130
曽坂山　3-130
曽根山　3-130
髙御位山　3-130, 5-182, 5-306
棚原山　3-128, 5-183
檀持山　3-131
天神山（古城跡）　3-128
笘〔苫〕網山　3-130
名草山　3-128
梨谷山　3-130
西剣坂山　3-128
日光山　3-128
則直山　3-131
蛤山　3-130
廣嶺山　5-183
丸ケ山　3-130
丸山　3-127, 3-131
南山　3-128
明神山　3-128
向山　3-131
明子山　3-128
山﨑山　3-130

【河川・湖沼】

安志川　5-183
五十波川　3-129, 5-183
伊沢川　3-129
市川　3-130
イヒ川　5-306
伊佛川　5-183
揖保川　3-131
大畠川　5-183
岡田川　5-183
加古川　3-130, 5-182
金近川　5-183
手野川　3-130
西川　3-131

【岬・海岸】

井首岬　3-127
エノム子岬　3-127
尾崎鼻　3-127, 3-131
カタコシ岬　3-127, 3-131
金崎　3-127, 3-131
桐木岬　3-127
黒崎　3-127
天神鼻　3-127, 3-131

【島】

家島（姫路領）　3-127, 5-185, 5-306
宇和島　3-127, 3-131, 5-185, 5-306
大シマ　3-131
大シマ　3-127, 3-131
大ツフラ　3-127, 5-185
沖唐荷〔唐荷〕　3-127, 3-131, 5-183, 5-185, 5-306
ヲコシマ　3-127, 5-185
加島　3-127, 5-185, 5-306
桂嶌　3-127, 5-185
鬘島〔葛島〕　3-127, 3-131, 5-306
カツラシマ　5-183, 5-185
上島　3-130, 5-185, 5-306
カモメシマ　5-185
君嶌〔君島〕　3-127, 3-131, 5-183, 5-185, 5-306
鞍掛嶌　3-130, 5-185, 5-306
黒島〔クロ島〕　3-127, 5-185, 5-306
小ツフラ　3-127, 5-185
地唐荷〔唐荷〕　3-127, 3-131, 5-183, 5-185, 5-306
髙島　3-127, 5-185, 5-306
男鹿島（家島屬）　3-127, 5-185, 5-306
ナヘシマ　5-183
長嶌〔長島〕　3-127, 5-185, 5-306
中唐荷〔唐荷〕　3-127, 3-131, 5-183, 5-185, 5-306
西島（家島屬）　3-127, 5-185, 5-306
ノシマ　3-131
ハクカシ　3-127
二子シマ　3-131
大島〔太島〕　3-127, 5-185, 5-306
坊瀬嶌（家島屬）〔坊勢島〕　3-127, 5-185, 5-306
松島（家島屬）　3-127, 5-185, 5-306
三ツ頭　3-127, 5-185
ミヤケシマ　3-127
ヤケシマ　3-127, 5-185
屋ケ島　3-127
ヤケシマ　5-185
矢箆島　3-127, 5-185

第142号 徳島

【郡名】

板野郡　3-133, 5-187, 5-303, 5-306
勝浦郡　3-133, 5-187, 5-303, 5-306
津名郡　3-134, 5-184, 5-306
三原郡　3-132, 3-134, 5-184, 5-303, 5-306
名東郡　3-133, 5-187, 5-303, 5-306

【地名】

明神村　3-133, 5-187, 5-303, 5-306
阿那賀浦　3-134, 5-185, 5-303, 5-306
阿那賀浦伊比　3-132, 3-134
阿那賀浦草下　3-134
阿那賀浦木場　3-134
阿那賀浦櫻谷　3-134
阿那賀浦丸山　3-134
阿万西村〔阿万〕　3-132, 5-186, 5-303, 5-306
阿万東村〔阿万〕　3-132, 5-186, 5-303, 5-306
粟田村　3-133, 5-187, 5-303, 5-306
市村　3-134, 5-184
江井浦　3-134, 5-184, 5-306
圓行寺村　3-134, 5-184
圓實村　3-132, 5-186
小井村　3-134, 5-184
大浦村　3-133, 5-187, 5-303, 5-306
大久保村　3-134, 5-184
大桒島村　3-133, 5-187
大島田村　3-133, 5-185, 5-303, 5-306
大須村　3-133, 5-187, 5-303, 5-306
大原浦枝大神子〔大原浦、大原〕　3-133, 5-187, 5-303, 5-306
大原浦枝小神子　3-133
岡﨑村☆　3-133, 5-187, 5-303, 5-306
ヲカメノタヲ　3-133
沖ノ洲浦　3-133, 5-187
折野村☆　3-133, 5-187, 5-303, 5-306
折野村美津　3-133
上内膳村　3-134, 5-184
上八木村　3-134, 5-184
北泊浦⛵〔北泊村〕　3-133, 5-185
北泊浦枝小海〔北泊〕　3-133, 5-303, 5-306
北泊浦廣谷　3-133
喜来浦　3-133
草加北村〔草加〕　3-134, 5-184, 5-306
草加中村〔草加〕　3-134, 5-184, 5-306
草加南村〔草加〕　3-134, 5-184, 5-306
櫛木村☆　3-133, 5-187, 5-303, 5-306
黒岩村　3-132, 5-186, 5-303, 5-306
黒﨑村　3-133, 5-187, 5-303, 5-306
慶野村　3-134, 5-184, 5-185, 5-306
國ケ村　3-134, 5-184
小島田村　3-133, 5-185
古津路村　3-134, 5-184, 5-185, 5-306
小松島浦根井　3-133
里浦　3-133, 5-187, 5-303, 5-306
三条村　3-134, 5-184, 5-303, 5-306
塩屋村　3-132, 5-184
志知川浦西山　3-134
地頭方村　3-134, 5-184, 5-303, 5-306
寺内村　3-134, 5-184, 5-303, 5-306
城方村　3-132, 5-186, 5-303, 5-306
宿毛谷山　3-133, 5-187, 5-303, 5-306
惣川村　3-132, 5-186
多賀村☆　3-134, 5-184
立石村　3-134, 5-184
立川瀬村　3-134, 5-184
津井村　3-134, 5-185
津井村中津浦　3-134
津井村西濱 雁来　3-134
都志浦大濱〔都志浦、都志〕　3-134, 5-184, 5-306
都志浦新在家　3-134
津田浦⛵　3-133, 5-187, 5-303, 5-306
角川村　3-134, 5-184, 5-306
鶴島浦　3-133, 5-187, 5-303, 5-306
堂ノ浦☆⛵　3-133, 5-185, 5-187
堂ノ浦枝阿波井榜尓　3-133
堂浦枝日出⛵　3-133
徳島（松平阿波守居城）☆　3-133, 5-187, 5-303, 5-306
徳末〔長〕村　3-133
土佐泊浦⛵　3-133, 5-187, 5-303, 5-306
土佐泊甑浦　3-133
鳥井村　3-134, 5-184
鳥飼下村　3-134, 5-306
鳥飼下村奥内　3-134
鳥飼下村舩瀬　3-134, 5-184, 5-185
鳥ケ丸村　3-133, 5-187, 5-303, 5-306
中筋村　5-184
長原浦　3-133, 5-187, 5-303, 5-306
仁頃村　3-132, 5-186, 5-303, 5-306
西路浦西山　3-134
土生村　3-132, 5-186, 5-303, 5-306
拂川村　3-132, 5-186
平石村　3-133
廣田宮村　3-134, 5-184
深草村　3-134, 5-184, 5-306
吹上村　3-132, 5-184, 5-185, 5-303, 5-306
福良浦○☆⛵　3-134, 5-185, 5-303, 5-306
福良浦刈茂　3-132, 3-134
福良浦鳥取　3-132, 3-134
別宮浦　3-133, 5-187, 5-303, 5-306
三ツ石村　3-133, 5-187
湊浦☆　3-134, 5-185, 5-306
湊浦登立　3-134
湊谷村　3-133, 5-185, 5-303, 5-306
南齊田村〔齊田〕　3-133, 5-187, 5-303, 5-306
宮島浦☆　3-133, 5-187, 5-303, 5-306
撫佐村　3-133, 5-185
室村　3-133, 5-185, 5-303, 5-306
八幡村　3-134, 5-184, 5-303, 5-306
山添村　3-134, 5-184
山本村　3-132, 5-186
油谷村　3-132, 5-186, 5-303, 5-306
吉野村　3-132, 5-186, 5-303, 5-306
吉野村飛地元吉野　3-132, 3-134

【山・峠】

大麻山　3-133, 5-187
櫛木山　3-133
千光寺山　3-134
中山　3-133
南邊寺山　3-134
論鶴羽山　5-184

【河川・湖沼】

粟津川　3-133
今切口〔今切川口、今切川〕　3-133, 5-187, 5-303, 5-306
篭口〔竜川口、カゴ川〕

3-133, 5-187, 5-303, 5-306
勝浦川　3-133
津田口　3-133, 5-187
鳴門　3-133, 3-134, 5-185, 5-303, 5-306
廣戸口〔廣戸川〕　3-133, 5-187, 5-303, 5-306
別宮口　3-133
吉野川　3-133, 5-187, 5-303, 5-306

【岬・海岸】

大磯岬　3-133, 5-187
押登岬　3-132, 5-187
雁來崎　3-134, 5-185
潮崎　3-132, 5-186, 5-187
鳴門崎　3-132, 3-134
佛崎　3-134, 5-184
孫嵜　3-133, 3-134
鎧嵜　3-134

【島】

伊毘沖島　3-134, 5-185
夷島　3-133, 5-185, 5-187
大毛山　3-133, 5-303, 5-306
大巫　3-133, 5-187
沖川藻〔沖刈モ〕　3-132, 3-134, 5-185
鏡島　3-133
烟島　3-132, 3-134
島田山　3-133, 5-185, 5-303, 5-306
洲嵜　3-132, 3-134
高島　3-133
飛島　3-133, 3-134, 5-185, 5-187
ナヘシマ　3-133
沼島☆　3-132, 5-186, 5-303, 5-306
裸島　3-133, 3-134, 5-185
丸山沖島　3-134, 5-185
ミチタテ岩　3-132, 5-186

第143号
鳥取

【国名】

因幡國〔因幡〕　3-136, 3-137, 3-138, 5-181, 5-304
伯耆國〔伯耆〕　3-136, 5-189, 5-305
美作國〔美作〕　3-138, 5-188, 5-305

【郡名】

邑美郡　3-135, 5-181, 5-188, 5-304
河村郡　3-136, 5-188, 5-305
久米郡　3-136, 5-188, 5-305
氣多郡　3-135, 3-136, 5-188
勝北郡　3-138, 5-188, 5-305
高草郡　3-135, 5-188, 5-305
智頭郡　3-135, 3-137, 3-138, 5-305
八上郡　3-135, 3-137, 5-181, 5-304

【地名】

青屋村　3-136, 5-188
赤池村　3-136, 5-188
秋里村　3-135, 5-188
上井村　3-136, 5-188, 5-305
赤子田村　3-135, 3-137
蘆﨑村☆〔芦﨑〕　3-136, 5-188, 5-305
安藏村　3-137
姉泊村　3-135, 3-136, 5-188, 5-305
荒田村　3-135, 5-188
家奥村　3-137
石脇村　3-136, 5-188, 5-305
市瀬村〔市ノ瀬〕　3-137, 5-181, 5-188, 5-304
市瀬村新田湯屋　3-137, 3-138
井手村　3-136, 5-188, 5-305
稲田村　3-135, 5-188
稲常村　3-135, 5-188
井上村　3-137, 3-138
今泉村　3-136
今泉村茶屋　3-136
今市村　3-135
今在家村　3-135, 3-137
岩神村　3-137, 3-138, 5-188
岩本村　3-135, 5-188
潮津村　3-136, 5-188, 5-305
宇谷村　3-136, 5-188, 5-305
内海村　3-135, 5-188, 5-305
宇野村　3-136, 5-188, 5-305
江北村　3-136, 5-188, 5-305
江津村　3-135, 5-188, 5-304
圓谷村　3-136, 5-188
圓通寺村〔円通寺〕　3-135, 5-188, 5-304
圓通寺村芝村　3-135
大瀬村　3-136, 5-188, 5-305
大塚村　3-135
大塚村　3-136
大坪村　3-137, 3-138, 5-183, 5-304
奥澤見村　3-135, 5-188
奥早野村　3-137, 3-138, 5-188
小坂村　3-138, 5-183, 5-188, 5-304
小鹿谷村　3-136
小田村　3-136
大原村　3-136, 5-188
海田村　3-136, 5-188, 5-305
片柴村　3-136, 5-188, 5-305
片柴村増野　3-136
勝部村　3-139
門田村　3-136, 5-188, 5-305
金屋村　3-137, 5-304
叶村　3-135, 5-181, 5-188
釜口村　3-135, 3-137, 5-188, 5-304
釜口村新田六日市村　3-135, 3-137
上味野村　3-135
上淺津村　3-136, 5-188
上河原村　3-139
上鷹狩村〔鷹狩〕　3-135, 3-137, 5-188, 5-304
上段村　3-135
上橋津村☆　3-136, 5-188
上町川村　3-138, 5-188, 5-192, 5-305
加路村△　3-135, 5-188, 5-304
川戸村　3-137, 3-138, 5-183, 5-304
川中村　3-137, 5-188, 5-304
川中村鳥居野　3-137
岩水　5-305
上原村　3-135, 3-136
北野村　3-138, 5-188, 5-192, 5-305
木原村　3-137, 3-138
行徳村　3-135, 5-188, 5-304
行方村　3-138
口早野村　3-137, 3-138, 5-304
國安村　3-135, 5-188, 5-304
樟原村　3-137, 5-188, 5-304
倉見村　3-135, 5-188
慶所村　3-137, 3-138, 5-183, 5-188
高圓村〔高田〕　3-138, 5-188, 5-304
香音寺村　3-137, 3-138
河内村　3-135, 3-136, 5-188
河内村矢原　3-136
小澤見村　3-135, 5-188, 5-305
小濱村　3-136, 5-188
湖山村　3-135, 5-188, 5-304
坂本村　3-136, 5-188, 5-305
坂本村市條　3-136
坂本村坪谷　3-136
坂本村馬場　3-136
坂原村　3-137, 3-138
酒ノ津村　3-135, 5-188
散岐村　3-135, 3-137
澤村　3-138, 5-188
志加奴村☆　3-135, 5-188, 5-305
志加奴村水口谷　3-135
島村　3-135, 5-188
下味野村　3-135
下淺津村　3-136, 5-188
下鷹狩村〔鷹狩〕　3-135, 3-137, 5-188, 5-304
下田中村　3-136
下段村　3-135
鷲峯村　3-135, 3-136, 5-188, 5-305
宿村　3-135
勝加茂西村〔勝加茂〕　3-138, 5-192, 5-305
勝加茂東村〔勝加茂〕　3-138, 5-188, 5-305
勝加茂東村坂上分　3-138
少林寺村　3-136, 5-188
新田村　3-136
新町村　3-135, 5-188, 5-305
末用村　3-135, 5-188, 5-305
砂原村　3-136
清谷村　3-136, 5-188, 5-305
關本村　3-138, 5-188, 5-304
瀬田藏村　3-135, 5-188, 5-305
瀬田藏村下瀬田藏　3-135
園村　3-136, 5-188, 5-305
田内村　3-136, 5-188
高倉村　3-138
高住村　3-135, 5-188
高津原村　3-135, 3-137, 5-188, 5-304
駄經寺村　3-136, 5-188
竹内村　3-137, 3-138, 5-183, 5-188
田島村　3-135, 5-181, 5-188, 5-304
田後村　3-136, 5-188
谷一ツ木村新田川原村☆〔谷一ツ木村〕　3-135, 3-137, 5-188
田畑村　3-136
俵原村　3-136, 5-188
知頭宿○☆　3-137, 3-138, 5-181, 5-183, 5-304
天神原村　3-135, 3-137
徳尾村　3-135, 5-188
徳吉村　3-135, 3-137, 5-188
閉野村　3-135
杤本村　3-137, 3-138, 5-188
鳥取　3-135, 5-181, 5-304
殿村　3-135, 3-136
泊村　3-136, 5-188, 5-305
富安村〔冨地村〕　3-135, 5-181, 5-188, 5-304
長江村　3-136, 5-305
中奥寺村　5-188
中尾村　5-189
長瀬村　3-135, 3-137, 5-188
長瀬村　3-137, 3-138, 5-183, 5-304
長瀬村　3-136, 5-188, 5-305
中村　3-137, 3-138
長柄村　3-135, 5-188, 5-305
長和瀬村　3-136, 5-188, 5-305
長和田村　3-136, 5-188, 5-305
楢村　3-138, 5-192, 5-305
成松村　3-138
新野西村〔新野〕　3-138, 5-192, 5-305
新野西村下分　3-138
新野東村〔新野〕　3-138, 5-192, 5-305
新野東村丸山　3-138
西一宮村〔西一ノ宮村〕　3-139, 5-188, 5-192
野花村　3-136, 5-188
野坂村　3-135, 5-188
野原村○☆　3-137, 3-138, 5-183, 5-188, 5-304
野村　3-138, 5-192
波伯山村　3-136
長谷村　3-135
八坂村　3-135
服部村　3-135
埴見村　3-136, 5-188, 5-305
埴見村佐美　3-136
濵坂村　3-135, 5-188
濵村　3-135, 5-188, 5-305
早瀬村　3-137, 3-138
東一宮村　3-139
東一宮村里方　3-139
引地村　3-136, 5-188
曳田村諏訪村〔曳田村〕　3-135, 3-137, 5-188
久常村　3-138
姫路村　3-135, 3-136, 5-188, 5-305
姫路村舟礒　3-135, 3-136
廣岡村　3-138, 5-188, 5-192, 5-304
廣木村　3-135
廣戸村市場分日本野☆〔廣戸村、廣戸〕　3-138, 5-188, 5-305
福井村　3-135, 5-188, 5-305
福庭村　3-136, 5-188
袋河原村　3-135, 3-137, 5-188
福和田村　3-135, 3-137
布河村　3-136, 5-188
藤津村　3-136, 5-188
伏野村　3-135, 5-188, 5-305
古市村　3-135, 5-181, 5-188, 5-304
古海村　3-135, 5-188
古用瀬村　3-135, 3-137
別所村　3-136
別府村　3-135, 3-137
母木村　3-135
布袋村　3-135, 5-188, 5-304
洞谷村　3-135, 5-188
洞谷村一ツ橋　3-135
本郷村東分〔本郷村、本郷〕　3-138, 5-192, 5-305
真賀野村　3-137, 3-138
馬桒村☆　3-138, 5-188, 5-304
松﨑村　3-136, 5-188, 5-305
松原村　3-135, 5-188
丸山村　3-135, 5-181, 5-188
水島村　3-137, 3-138
水下村　3-136
三津村　3-135, 5-188
湊村（橋津）　3-136, 5-188, 5-305
南熊村　3-135, 5-188
南方村　3-137, 3-138
南谷村　3-136, 5-188, 5-305
美成村　3-135, 3-137
宮内村　3-136, 5-188, 5-305
宮谷村　3-135
宮原村　3-137
三山口村　3-135, 5-188, 5-305

用瀬村○☆　3-135, 3-137, 5-188, 5-304
本泉村　3-136
森村　3-136
門前村　3-136, 5-188, 5-305
門前村吉原　3-136
安長村　3-135
山田村　3-137, 3-138
山田村　3-136, 5-188, 5-305
山手村　3-135, 3-137
山西村　3-138
山根村　3-137, 3-138, 5-183, 5-304
山根村　3-136, 5-188, 5-305
湯村（温泉）　3-136, 5-188
湯村（吉岡）（温泉）　3-135, 5-188, 5-305
湯村湯谷　3-135
湯屋村鳥巣〔湯屋〕　3-137, 3-138, 5-304
湯屋村中島〔湯屋村、湯屋〕　3-137, 5-181, 5-304
横手村　3-136
吉成村　3-135, 5-181, 5-188, 5-304
淀村　3-136
餘戸村　3-136
渡一木村　3-135, 3-137, 5-188

【社寺】

一宮倭文神社　3-136
一宮中山神社〔中山神社〕　3-139, 5-188
大野見宿祢命神社　3-135
三佛寺　3-136, 5-305
志加奴神社　3-136, 5-188
中興寺　3-136, 5-305
都波只知上神社　3-135, 3-137
都波奈弥神社　3-135, 3-137
波々伎神社　3-136
賣沼神社　3-135, 3-137, 5-188

【山・峠】

多沖山　3-135
ヲドロメ古城跡　3-135
神楽尾山　3-139
駕篭山　3-137, 3-138
釜谷古城跡　3-135
荒神山　3-136
古城跡妙見山　3-135
古佛谷山　3-135, 3-136
鷲峯山　3-135, 5-188, 5-305
菖蒲山　3-135
城山　3-136
神塲山　3-138
杉坂峠　5-188
高尾山　3-135
瀧山　3-138, 5-181
糖山　3-135
長雄峠　3-136
中山　3-138
諸山　3-138
服部山　3-135
三國山　3-135, 3-137
水ノ尾山　3-135, 3-137
三角山　3-137
向山　3-136
矢山　3-135

【河川・湖沼】

青屋川　3-136
加茂川　3-138, 5-192
加茂川　3-136
湖山池　3-135, 5-188
鷲峯川　3-135, 5-188
瑞泉寺川　5-188
千代川　3-135, 5-188, 5-304
竹田川　3-136
坪谷川　5-188
天神川　3-136
東郷湖　3-136, 5-188, 5-305

【岬・海岸】

イホ﨑　3-136
コケカ鼻　3-136
長雄鼻〔長尾鼻〕　3-136, 5-188

【島】

青島　3-135, 5-188
赤島　3-135, 5-188
飯島　3-135, 5-188
岩　3-136
烏帽子島　3-135, 5-188
沖島　3-135
團子島　3-135, 5-188
鳥ケシマ　3-136
平島　3-135, 5-188
弁天島　3-135

第144号 津山

【国名】

播磨國〔播磨〕　3-140, 3-141, 3-142, 5-183, 5-304
備前國〔備前〕　3-142, 3-144, 3-146, 3-147, 5-192, 5-307
美作國〔美作〕　3-140, 3-141, 3-146, 3-147, 5-188, 5-305

【郡名】

英田郡　3-141, 3-144, 3-146, 5-192, 5-306
赤坂郡　3-144, 3-146, 3-147, 5-192, 5-307
赤穂郡　3-140, 3-142, 5-183, 5-306
盤〔磐〕梨郡〔磐梨郡〕　3-143, 3-146, 5-192, 5-307
久米南條郡　3-144, 3-147, 5-192, 5-305, 5-307
久米北條郡　3-145, 5-188, 5-305
西西條郡　3-145, 5-188, 5-305
西北條郡　3-144, 3-145, 5-188
佐用郡　3-140, 3-141, 5-183, 5-304, 5-306
宍粟郡　3-140, 5-183, 5-304
勝南郡　3-141, 3-143, 3-144, 3-146, 5-192, 5-305, 5-307
津髙郡　3-147, 5-192, 5-307
東南條郡　3-144, 5-188, 5-305
吉野郡　3-140, 3-141, 5-183, 5-304
和氣郡　3-141, 3-142, 3-143, 3-144, 3-146, 5-192, 5-306

【地名】

青野村　3-144
青野村谷口　3-141, 3-144
赤田村　3-141, 5-183, 5-304
赤松村　3-140, 3-142, 5-183, 5-306
安蘓村　3-144
天瀬村　3-146, 5-192, 5-307
粟井中村　3-141, 5-183, 5-192, 5-304, 5-306
粟原村　3-141, 5-183
池ヶ原村〔池原〕　3-144, 5-305, 5-307
池ヶ原村梶原　3-144
池ヶ原村義経　3-144, 5-192
石村　3-146, 5-192, 5-307
石村二軒屋　3-146
一宮村　5-192
市場村　3-147, 5-192
市場村　3-146
五日市村　3-146
一方村　3-145, 5-192, 5-305
出屋村　3-146, 5-192
位田村　3-144, 5-306
位田村平田　3-144
稲坪村　3-143, 3-146
稲穂村　3-144
稲蒔村　3-146, 5-192, 5-307
稲蒔村枝髙田　3-144, 3-146
稲蒔村上田　3-146
井野上村　3-142
井口村　3-145
今井村　3-146
伊里中村　3-143, 5-192, 5-306
伊里中村四軒屋　3-143
入野村　3-142, 5-183, 5-306
院庄村　3-145, 5-192, 5-305
上松村　3-142, 5-183
宇甘上村枝九谷　3-147
宇甘上村下畠〔宇甘上〕　3-147, 5-307
宇甘上村中泉〔宇甘上〕　3-147, 5-192, 5-307
宇甘上村中島新田〔宇甘上〕　3-147, 5-307
宇那提森　3-145
有年驛○☆　3-142, 5-183
有年宿片山　3-142
有年宿上菅生　3-142
馬屋村　5-192
梅保木村　3-146, 5-192
梅保木村保木　3-146
瓜生原村　3-144
瓜生原村見内原　3-144
圓光寺村　3-146
圓光寺村〔円光寺〕　3-140, 5-183, 5-306
圓應寺村　3-140, 5-183
王子村　3-141, 3-143, 3-144, 3-146
大村〔枝〕新村　3-142, 5-183
大枝新村紅石　3-142
大枝村　3-142, 5-183, 5-306
大苅田村　3-146
大酒村　3-140, 3-142, 5-183, 5-306
大鹿村　3-147, 5-192, 5-307
大鹿村田戸　3-147
太田村白石　3-147
大畑　3-141, 3-144
大畠平谷淀豊福四ヶ村入會地所　3-140, 5-183
大畠村　3-140, 5-183, 5-304
大町村　3-141
岡村　3-144, 5-192, 5-305
奥長谷村　3-140, 5-183
奥長谷村田坪　3-140
奥長谷村中村　3-140
奥野山村　3-142, 5-183
奥野山村皿池茶屋　3-142
奥村　3-141, 3-143, 3-144, 3-146, 5-192, 5-307
奥村枝天神　3-143, 3-144, 3-146
小桁村　3-144, 5-192, 5-305, 5-307
押入村　3-144, 5-192, 5-305
押淵村　3-144, 5-192, 5-305, 5-307
小瀬木村　3-146
小田中村　3-145, 5-192
尾谷村　3-141, 3-144, 5-192, 5-307
小原村　3-144, 5-192, 5-305
小原両村　3-145, 5-192
小矢田村　3-144
織方村　3-142
笠寺山村　3-147
鍛冶屋村　3-146
柏野村　3-140, 3-142
勝尾村　5-192
勝原村　3-141
勝間田村（勝間田宿）○☆　3-144, 5-192, 5-305
金井村　3-144, 5-192
金川村○☆　3-147, 5-192, 5-307
金屋村　3-144, 5-192, 5-305, 5-307
釜島村　3-142, 5-183
上神目村　3-145, 3-147
上郡村☆　3-142, 5-183, 5-306
上二ヶ村〔二ヶ村〕　3-145, 3-147, 5-192, 5-307
上仁保村　3-147
上福原村　3-141, 5-192, 5-304, 5-306
上福原村升田　3-141
上福原村脇田　3-141
上保木村　3-144, 3-146
上三河村　3-140, 5-304
上相村　3-141, 3-144, 5-192, 5-305
上弓削村〔弓削〕　3-145, 5-192, 5-307
川北村　3-141, 5-192, 5-304, 5-306
川北村枝今在家　3-141
河嵜村　5-192
川﨑村　3-141, 5-192, 5-304, 5-306
川﨑村江見　3-141
川髙村　3-147
河田原村　3-146, 5-192, 5-307
川戸村　3-141, 5-183, 5-304
河邊村　3-144, 5-192
河邊村尾鼻　3-144
川原村　3-146
元恩寺村　3-146, 5-192, 5-307
木生村　3-142
北庄里方村　3-145, 5-192
〔北〕庄里方江戸ヶ峠　3-145
木谷村　3-143, 5-192, 5-306
北村　3-145, 5-192
北山村　3-141, 5-192, 5-305, 5-307
吉ヶ原村　3-144, 5-192, 5-307
久﨑村　3-140, 5-183, 5-306
楠木村　3-140, 3-142, 5-183, 5-306
草生村　3-144, 3-146
口金近村　3-140, 5-183, 5-304, 5-306
口金近村梨子河内　3-140
口長谷村（松平主馬陣屋）〔奥長谷〕　3-140, 5-183, 5-304
口長谷村中島　3-140
國ヶ原村　3-147
國見村　3-140, 3-142, 5-183
久保村　3-140
久米上村〔久米〕　3-145, 5-192, 5-305
久米上村領家村三軒茶屋　3-145
久米中村　3-145, 5-192
倉敷村　3-141, 3-144, 5-192
栗子村　3-144, 5-192, 5-307
黒坂村　3-144, 5-192, 5-305, 5-307
黒坂村押田　3-144
家内村　3-140
小赤松村　3-140, 5-183, 5-306
髙下村　3-144, 3-146, 5-192, 5-307
河﨑村　3-140, 5-305
上月村　3-140, 5-183
上月村枝上在所　3-140
河内村　3-147, 5-192
河内村富谷　3-147
河野原村　3-140, 3-142
髙野村　3-142, 5-183, 5-306
髙野村タナハタ　3-

142
神目中村　3-145, 3-147, 5-192, 5-307
河本村　3-146, 5-192, 5-307
河面村　3-144
國分寺村　3-144
苔縄村　3-142, 5-183, 5-306
小瀬村　3-144, 5-192, 5-307
小原村　3-147, 5-192
小原村奥小原　3-147
五名村　3-141, 5-183
小山村　3-147, 5-192
越尾村　3-145
越尾村登尾　3-145
是里村河原屋　3-144, 3-146
西幸村　3-145, 5-192, 5-305, 5-307
坂邊村　3-147
鷺巣村　3-141, 5-183, 5-304, 5-306
坂越浦⛵　3-142, 5-183, 5-306
坂越浦下高　3-142
真盛村　3-140, 5-183, 5-304, 5-306
佐用村佐用宿◯☆〔佐用村〕　3-140, 5-183, 5-304, 5-306
佐用村宮木　3-140
皿村　3-145, 5-192
澤田村　3-141
澤原村　3-146
澤村　3-141
塩田村　3-144, 3-146, 5-192, 5-307
塩屋村　3-142
閑谷新田村廣高下　3-143
島脇村　3-140
下打穴中村　3-145, 5-192, 5-305, 5-307
下倉敷　3-144, 5-192, 5-305, 5-307
下倉敷樫村　3-141, 3-144
下倉敷畑沖　3-144
下神目村　3-145, 3-147, 5-192, 5-307
下神目村前田　3-147
下塩木村　3-146
下庄村淀〔下庄村、下庄〕　3-140, 5-183, 5-304
下谷村　3-144
下田村　3-147, 5-192, 5-307
下徳久村北山　3-140
下徳久村　3-140, 5-183, 5-306
下徳久村枝大田井　3-140
下徳久村上宿　3-140
下二ケ村〔二ケ村〕　3-145, 3-147, 5-192, 5-307
下仁保村西仁保村〔下仁保〕　3-147, 5-192, 5-307
下福原村　3-141, 5-192, 5-304, 5-306
下三河村　3-140, 5-183
下三河村上岡　3-140
下弓削村〔弓削〕　3-145, 5-192, 5-307
宿村枝上宿　3-142
正崎村　3-146
神戸村　3-145, 5-192
新宿村　3-140, 5-183, 5-306
新田村　3-142
末村　3-144
菅村　3-147, 5-192, 5-307
周匝村◯　3-144, 3-146, 5-192, 5-307
周佐村　3-144
須安村　3-140, 5-183, 5-304, 5-306
須安村下三谷　3-140
勢力村　3-146
勢力村段　3-146
善應寺村　3-147, 5-192
惣社村　3-145, 5-192
惣分村　3-146, 5-192, 5-307
惣分村河原　3-146
惣分村持行　3-146
足山村　3-145
曽根村　3-143, 3-146
曽根村南曽根　3-143, 3-146
大戸下村☆　3-144, 5-192, 5-305, 5-307
大戸下村原　3-144
田井村　3-142, 5-183
大井村　3-146
大持村　3-142
平村　3-144
髙尾村　3-145, 5-192, 5-305, 5-307
髙尾村供成　3-145
髙尾村安廣　3-145
高田中野村　3-142
高野須村〔高ノ須〕　3-142, 5-183, 5-306
高野須村宮野尾茶屋　3-142
多賀村　3-147, 5-192, 5-307
多賀村大地毛　3-147
髙屋村　3-146
竹田村　3-141, 5-183, 5-192, 5-304, 5-306
竹田村岩戸　3-141
竹田村快長　3-141
竹田村野部　3-141
建部上村　3-147, 5-192
多田原村　3-146
龍ケ鼻村　3-143, 3-146, 5-192
立石村　3-140, 5-183, 5-304
田殿村　3-141, 5-192, 5-304
田殿村一色分　3-141
田殿村四ノ谷分　3-141
田殿村廣山分　3-141
為本村　3-144
田原上村　3-146
田原下村　3-146
近長村　3-144
竹万村　3-142
竹万村山田　3-142
塚角村　3-144, 5-192, 5-305, 5-307
津崎村　3-146
津瀬村　3-146
坪井下村（坪井宿）◯　3-145, 5-192, 5-305, 5-307
坪井下村土井分　3-145
津山（松平越後守居城）☆　3-144, 3-145, 5-192, 5-305
釣井村　3-146, 5-192
鶴谷村　3-140
出村　3-142, 5-183
出村出屋敷　3-142
斗有村　3-147
土居村枝片狀　3-141
土居村土居町◯　3-141, 5-183, 5-304, 5-306
峠村　3-141, 5-192
徳富村　3-146, 5-192, 5-307
戸島村　3-145
富澤村　3-147
友延村　3-140, 5-183, 5-304
豊福村　3-140, 5-183, 5-304, 5-306
鳥淵村　3-144
中尾村　3-141, 3-144, 5-192, 5-305, 5-307
長尾村　3-140
中北上村長谷　3-145
中北下村〔中北〕　3-145, 5-192, 5-305
中田村　3-147, 5-192, 5-307
中田村建部新町　3-147
中原村　3-144, 5-192
中牧村　3-147
中牧村十谷　3-147
中三河村　3-140, 5-183
中三河村筋皆　3-140
中山村　3-147, 5-192
中山村　3-144, 3-146
中山村　3-140
梨ケ原宿村〔宿村〕　3-142, 5-183, 5-306
梨ケ原舩坂村　3-142, 5-183
鍋谷村　3-147, 5-192
楢原上村☆〔楢原〕　3-141, 5-192, 5-305, 5-307
楢原上村上宿　3-141
楢原上村久保　3-141
楢原上村日ノ神　3-141
楢原下村　3-141, 5-192
楢原中村　3-141, 5-192
楢原村　3-142
新田村　3-144, 5-192
仁位村　3-140, 5-183, 5-306
苦木村　3-143, 3-146, 5-192, 5-307
苦木村三門　3-143, 3-146
西一宮　5-305
西有年村　3-142, 5-183, 5-306
西有年村枝中野　3-142
西大畠村〔西大畑〕　3-140, 5-183, 5-306
西大畠村奥稗田　3-141
西大畠村口稗田　3-141
西大畠村判官　3-140
西軽部村　3-147, 5-192, 5-307
西軽部村保志田　3-147
西窪田村　3-147, 5-192
西中村　3-147, 5-192
西中村井尻　3-146, 5-307
西野山村　3-142
西原村　3-147, 5-192, 5-307
西山寺村　3-145
西吉田村　3-144, 5-192, 5-305
二宮村　3-145, 5-192, 5-305
二宮村櫻町　3-145
入田村　3-143, 3-146
入田村　3-141, 3-144, 5-192
沼村　3-144
乃井野村　3-140, 5-183, 5-306
野介代村　3-144, 5-192, 5-305
野介代村太田分　3-144
野時村　3-141, 5-183, 5-304
野々口村　3-147, 5-192, 5-307
林田村　3-144, 5-192, 5-305
畑屋村　3-141, 3-144, 5-192
八洞村　3-142, 5-183
羽仁村　3-144
濱市村　3-142
林﨑村　3-140, 5-183, 5-306
早瀬村　3-140, 5-183, 5-304, 5-306
羽山　3-142
原田三ケ村笠尾〔原田三ヶ村〕　3-145, 5-305, 5-307
原田三ケ村亀ノ甲〔原田三ヶ村〕　3-145, 5-305, 5-307
原田三ケ村關屋〔原田三ケ村、原田三ヶ村〕　3-145, 5-192, 5-305, 5-307
原田三ケ村土山〔原田三ヶ村〕　3-145, 5-305, 5-307
原村　3-146, 5-192
原村　3-141
原村　3-142, 5-183
原村西川　3-142
東片上村一本松　3-143
東軽部村　3-146
東窪田村　3-147, 5-192
東吉田村　3-144
日上村　3-144
久木村　3-144, 5-192
土万村〔土方〕　3-140, 5-183, 5-304
日野　5-306
平福◯　3-140, 5-183, 5-304
平福村　3-140
平山村☆　3-146, 5-192
平山村小野地　3-146
廣山村　3-140
福田村　3-145, 5-192, 5-305, 5-307
福田村◯　3-144, 3-146, 5-192, 5-307
福田村木野　3-145
福田村河内田　3-145
福本村　3-143, 3-144, 3-146, 5-192, 5-307
福本村小原　3-144
福力村　3-144, 5-192, 5-305
福渡村　3-147, 5-192, 5-307
藤原村　3-144, 5-192, 5-307
二日市村　3-146, 5-192
二日市村下村　3-146
古川村　3-145
本郷村西分　3-144
本村　3-143, 3-146, 5-192
本村芝下　3-143, 3-146
馬形村　3-141, 5-192, 5-304
正吉村　3-140, 5-183, 5-304
益原村　3-143, 3-146, 5-192, 5-307
益原村門前　3-143, 3-146
町苅田村◯☆　3-146, 5-192, 5-307
松木村　3-146
万能ケ原　3-141
三海田村　3-141, 5-192, 5-305, 5-307
三日月村折口　3-140
三日月村西村　3-140
三倉〔田〕村　3-141, 3-144
三倉〔田〕村佐瀬　3-141, 3-144
三石村◯☆　3-143, 5-183, 5-306
三石村三軒茶屋　3-143
三石村關川　3-143
三石村舩坂　3-143
南方中村　3-145, 5-192, 5-305, 5-307
南方中村小迫　3-145
南庄両村　3-145, 5-192
南庄両村今岡　3-145
南庄両村縄手　3-145
南野中村　3-142, 5 183
壬生村　3-141
宮尾村　3-145, 5-192, 5-305
宮尾村中須賀　3-145
宮地村　3-145, 3-147, 5-192
宮地村　3-147, 5-192
宮野尾村　3-142, 5-183
牟佐村　5-192
牟禮東村　3-142, 5-183
牟禮東村中島　3-142
盛上村　3-146
森村　3-143, 3-146
八木山村　3-143, 5-183, 5-306
八島田村　3-146, 5-192, 5-307
矢田村　3-143, 3-146, 5-192
柵原村　3-144
柵原村小﨑　3-144
柵原村高木　3-144
矢原村　3-147
矢原村大園　3-147
山北村　3-145, 5-192
山口村　3-147
山城村竜野　3-141
山手村　3-146, 5-192, 5-307
山手村堀切　3-146
山野上村　3-144
山里村　3-142
山城村　3-145
飯岡村　3-144, 3-146, 5-192, 5-307
行實　3-145
由津里村　3-147

由津里村原　3-147
湯郷村（温泉）　3-144, 5-192, 5-305, 5-307
與井新村　3-142, 5-183
與井新村土ノ子　3-142
與井村　3-142, 5-183
横尾村　3-142, 5-183, 5-306
横尾村谷口　3-142
横尾村畑　3-142
横坂村　3-140, 5-183
横山村　3-144, 5-192
横山村塚原　3-144
吉田村　3-147
吉田村　3-141
吉原村　3-146, 5-192, 5-307
吉村　3-141
米澤村　3-146
頼元村　3-145
来光寺村　3-146, 5-192, 5-307
力萬村　3-140, 5-183, 5-304, 5-306
領家村　3-145, 5-192, 5-305
連石村　3-144
若狭野村　3-142, 5-183, 5-306
和氣村（和氣町）○☆　3-143, 3-146, 5-192, 5-307
和田村　3-141

【社寺】

光善寺　3-147
後醍醐帝行宮跡碑〔後醍醐帝行宮跡〕　3-145, 5-192
佐用都比賣神社　3-140
成就寺　3-147
惣社　3-144
高野神社〔一ノ宮高野神社〕　3-145, 5-192
誕生寺　3-145, 5-192, 5-307
佛教寺　3-145, 3-147

【山・峠】

安蘓山　3-144
愛宕山　3-142
愛宕山　3-140, 3-142
愛宕山　3-145
愛宕山　3-145
硫黄山　3-146
名〔石〕引峠　3-147, 5-192
稲荷山　3-146
有年坂　3-142
宇根山　3-147
大平山　3-140
笠松山　3-145
休治山　3-142
楠山　3-140, 3-142
黒澤山　3-142
駒山　3-142
櫻ケ峠　3-140
猿屋山　3-147
三本松山　3-141
白籏山（本丸、二ノ丸、三ノ丸）　3-140, 3-142
城山　3-142
新宮山　3-144
神明寺山　3-142
大王山　3-146
髙尾山　3-147
高倉山　3-140
高戸山　3-140
高山（古城跡）　3-141
竜城山　3-147
筒宮山　3-145
椿山　3-140
天王山　3-142
戸島笠山　3-145
取上山　3-143, 3-146
鳥淵山　3-144
長尾山　3-143, 3-146
撫山　3-140
間山　3-141, 3-144
母谷山　3-147
豊楽寺山　3-147
保木山　3-146
本村山　3-143, 3-146
目木峠　5-192
米山　3-147
竜王山　3-141

【河川・湖沼】

生島　3-142, 5-183
大井川　5-192
梶並川　3-141
川曾川　5-192
吉備川　3-144, 3-146, 5-192, 5-307
佐用川　3-140
塩田川　3-144, 3-146
スクヒ川　3-140
滝川　3-141, 3-144, 5-192
千種川〔チグサ川〕　3-142, 5-183, 5-306
坪井川大渡　5-192
中川　3-145
中川　3-144, 3-146
二間屋川　3-146
西川　3-147
西谷川　5-192
能見川　3-140
東川　3-144, 3-146
宮川　3-144
吉野川　5-192
吉野川　3-141

【島】

子ツミシマ　5-192

第145号 岡山

【国名】

讃岐國　3-151, 5-307
播磨國〔播磨〕　3-148, 5-183
備前國〔備前〕　3-148, 3-153, 5-192, 5-307
備中國　3-153

【郡名】

赤坂郡　3-153, 5-192, 5-307
赤穂郡　3-148, 5-183, 5-306
磐梨郡　3-152, 5-192, 5-307
邑久郡　3-149, 3-152, 5-192, 5-307
上道郡　3-152, 3-153, 5-192, 5-307
加陽郡　3-153, 5-192, 5-193, 5-307
兒島郡　3-154, 5-194, 5-307
都宇郡　3-153, 5-307
津高郡　3-153, 5-192, 5-307
御野郡　3-153, 5-192, 5-307
和氣郡　3-148, 3-149, 3-153, 5-192, 5-306

【地名】

飽浦村　3-153, 3-155, 5-192, 5-194
淺川村　3-152
淺越村　3-152
淺越村東山　3-152
阿津村　3-152, 3-154, 5-192, 5-194, 5-307
網濱村　3-153, 5-192
池田村☆　3-151, 5-306
池田村枝蒲野村　3-151
池田村枝二面村〔池田村〕　3-151, 5-185, 5-194
池田村枝室生村　3-151
池田村枝吉野村〔池田村吉野、吉野〕　3-151, 5-185, 5-194, 5-306
井田村　3-149, 5-183, 192, 5-306
一ノ宮　5-307
稲荷山　3-153
今岡村　3-153
今在家村　3-153
今村　3-153, 5-192
岩田村　3-152
岩田村山ノ上　3-153
伊部村　3-149, 3-152, 5-192, 5-307
伊部村下り松　3-149, 3-152
牛窓村☆⛵　3-149, 3-151, 3-152, 3-154, 5-192, 5-307
牛窓村綾浦　3-149, 3-152
牛窓村紺浦　3-149, 3-152
牛窓村師楽　3-149, 3-152
牛窓村中浦　3-149, 3-152
宇多見村　3-155, 5-194
内ケ原村　3-152, 5-192, 5-307
宇藤木村　3-155, 5-194
宇野村　3-155, 5-194, 5-307
浦伊部村　3-149, 3-152, 5-192, 5-307
大内村　3-152, 5-192
大内村鵜居　3-152
大内村内山　3-152
大内村中村　3-152
大内村正木　3-152
大内村　3-149, 3-152, 5-192, 5-307
大内村池灘　3-149, 3-152
大﨑村　3-155, 5-194, 5-307
大多羅村　3-153
大部村　3-151, 5-185, 5-306
大部村枝小部村　3-150
大部村琴塚　3-151
大部村田井　3-151
大藪村　3-155, 5-194, 5-307
岡山（松平上總介居城）☆　3-153, 5-192, 5-307
沖新田一番☆〔一番〕　3-153, 5-192, 5-307
沖新田倉田村　3-153
沖新田倉益村　3-153
沖新田三番〔三番〕　3-153, 3-155, 5-192, 5-307
沖新田四番　3-153, 5-192
奥浦村　3-152, 5-192, 5-307
尾﨑村　3-148, 5-183, 5-306
長船村　3-152, 5-192, 5-307
長船村天王　3-152
長船村船山　3-152
小津村　3-149, 3-152, 5-192, 5-307
小津村栗〔粟〕里　3-152
利生村　3-155, 5-194
乙子村　3-152, 5-192, 5-307
尾上村　3-153
小海村☆　3-151, 5-194, 5-306
小海村枝馬越村　3-151
小海村枝小江村　3-151, 3-154
小海村枝長濱村　3-151, 3-154
小海村枝見目村　3-151
小海村枝屋形﨑村〔屋形﨑〕　3-151, 5-194
栢谷村　3-153, 5-192, 5-307
栢谷村小坂　3-153
栢谷村二軒茶屋　3-153
海面村　3-153, 5-192
香登西村　3-152, 5-192
香登本村　3-152, 5-192
笠下村下分　3-152
風土浦　3-155, 5-194
梶岡村　3-155, 5-194, 5-307
鹿忍村　3-152, 5-192, 5-307
鹿忍村子父鷹〔雁〕　3-152, 3-154
鹿忍村西脇　3-152, 3-154
片岡村　3-155, 5-194, 5-307
門田村　3-153, 5-192, 5-307
門田村峠　3-153
金岡新田川北　3-152
金岡村　3-152, 5-192, 5-307
蒲野村小蒲野　3-151
上出石村　3-153
上伊福村〔伊福〕　3-153, 5-192, 5-307
上伊福村別所　3-153
上笠村　3-152
上山坂村　3-155
蒲生村　3-151, 5-194
蒲生村入部　3-151
辛川市場村　3-153, 5-192
辛川市場村新町　3-153
辛香村　3-153, 5-192
川口村　3-152, 5-192
河原村濱村　3-153
祇園村　3-153
祇園村山浦　3-153
北浦村　3-153, 3-155, 5-192, 5-194, 5-307
北方村　3-152, 5-192, 5-307
北方村　3-153, 5-192, 5-307
北方村中井　3-153
北方村四日市　3-153
北幸田村　3-152
北地村　3-152
北長瀬村〔長瀬〕　3-153, 5-307
木谷村山田原　3-149
京橋　5-192
久々井村　3-149, 3-152, 5-192, 5-307
久々井村　3-152, 3-154, 5-192, 5-307
草加部村☆　3-150, 5-185
草加部村枝當濱村〔草加部〕　3-150, 5-185, 5-306
草加部村枝岩谷村〔草加部〕　3-150, 5-306
草加部村枝坂手村☆　3-150, 5-185, 5-306
草加部村枝橘村〔草加部〕　3-150, 5-306
草加部村枝田浦村　3-151
草加部村枝田浦村切谷　3-151
草加部村枝西村　3-151
草加部村枝苗羽村　3-150
草加部村枝安田村　3-150
草加部村古江村　3-150
草加部村堀越村　3-151
草ケ部村　3-152
久志良村　3-152
國富村　3-153, 5-192, 5-307
國富村新畠　3-153
九番村　3-152, 5-192, 5-307
久保村　3-152, 5-192, 5-307
久保村岡ノ下　3-152
久保村佐古　3-152
久米村（松平上總介領分）　3-153, 5-192, 5-307
鋳村〔鉄村〕　3-153, 5-192, 5-307
碁石村　3-155, 5-194, 5-307
神浦冨士　3-151
河本村　3-153, 5-192
河本村平瀬　3-153
河本村宮本　3-153
郡村　3-153, 3-155, 5-192, 5-194, 5-307
後閑村　3-155, 5-194, 5-307
小串村　3-152, 3-154, 5-192, 5-194, 5-307
小串村粟﨑　3-152, 3-154
五明村　3-152
才﨑村　3-152
西大寺村☆　3-152, 5-

192, 5-307
西大寺村新町 3-152
西隆寺村 3-152, 5-192
坂手村瀬戸⛵〔坂手〕 3-150, 5-306
坂手村德本 3-150
板〔坂〕根村〔板根〕 3-152, 5-192, 5-307
坂根村枝宇治 3-152
板〔坂〕根村福井 3-152
笹岡村 3-152
佐山村 3-153
三軒屋 3-152, 3-154
塩屋 5-306
宍甘村 3-153, 5-192, 5-307
宍甘村水内 3-153
渋川村 3-155, 5-194, 5-307
島撫村 3-148, 5-183
下市村 3-152
下伊福村 3-153
下伊福村國守 3-153
下伊福村西﨑 3-153
下伊福村三門〔下伊福村、三門〕 3-153, 5-192, 5-307
下牧村 3-153
下牧村大戸 3-153
下山坂村 3-155
宿村 3-153, 5-192
宿村 3-153, 5-192
尻海村☆ 3-149, 3-152, 5-192, 5-307
尻海村敷居 3-149, 3-152
尻海村西濵 3-149, 3-152
新地村 3-152
新濵浦☆ 3-148, 5-183, 5-185, 5-306
新村 3-152, 5-192
新屋敷村 3-153
菅野村 3-153, 5-192
西祖村 3-152, 5-192
西祖村枝新田町 3-152
關村 3-153, 5-192
關村追分 3-153
妹尾村（戸川大學知行所） 3-153, 5-192, 5-307
寒河村〔寒川村〕 3-149, 5-183, 5-306
寒河村中日生 3-149
寒河村東村 3-148
寒河村深谷 3-148
宗津村 3-155, 5-194, 5-307
宗堂村 3-152
外七番村 3-153, 5-192
大安寺村矢坂 3-153, 5-192
大供村 3-153, 5-192
田井村 3-155, 5-194, 5-307
田井村小池 3-155
田井村野々濵 3-155
田井村福浦〔福浦〕 3-155, 5-194
田井村福原 3-155
田井村美野 3-155
田井村ミノヲ 3-155
大山村 3-152
高田浦☆ 3-155, 5-194
高屋村 3-153, 5-192, 5-307
財村乙多見村 3-153
竹田村 3-153
竹原村 3-152
玉村 3-155, 5-194, 5-307
勅旨村 3-153, 5-192, 5-307
勅旨村追分 3-153
槌ケ原村 3-155, 5-194, 5-307
積浦 3-155
鶴海村 3-149, 3-152, 5-192
霍海村坂田 3-149
寺山村 3-152, 5-192
當新田村 3-153, 5-192
土庄村☆ 3-151, 5-194, 5-307
土庄村家ノ浦〔家浦村〕 3-154, 5-194
土庄村枝大木戸村 3-151, 3-154
土庄村枝鹿島村 3-151, 3-154
土庄村枝唐櫃村〔唐櫃村〕 3-154, 5-194
土庄村枝北山村 3-151
土庄村枝甲生村☆〔甲生村〕 3-154, 5-194
土庄村木香浦 3-151, 3-154
土庄村小瀬浦 3-151, 3-154
土庄村千軒浦 3-151, 3-154
柳浦 3-151, 3-154
友延村 3-149
中井村 3-153
中尾村 3-152, 5-192, 5-307
長尾村 3-152
中尾村出屋敷 3-152
中川村 3-153, 5-192, 5-307
中川村益野 3-153
中島村 3-153, 5-307
中仙道村 3-153, 5-192
中田村（板倉右近領分） 3-153, 5-192
長沼村園城寺村 3-152
中野村新橋〔中野村〕 3-152, 5-192
長濵村宇豆江 3-151
中原村 3-153, 5-192
中原村 3-153
長原村 3-153, 5-192, 5-307
長原村茶屋筋 3-153
中村（森和泉守居城）☆ 3-148, 5-183, 5-306
難田村 3-149, 5-192, 5-306
難田村木生 3-149
鍋谷村河瀬〔鍋谷〕 3-153, 5-307
楢原村 3-152, 5-192, 5-307
楢原村枝舩橋〔楢原〕 3-152, 5-307
西片岡村正儀〔西片岡村、西片岡〕 3-152, 3-154, 5-192, 5-307
西片上村○☆〔片上〕 3-149, 5-192, 5-307
西辛川村北之内 3-153
西辛川村五軒屋山際（松平上總介領分） 3-153, 5-192, 5-307
西幸西村 3-152, 5-192, 5-307
西幸西村鍋島 3-152, 3-154
西幸﨑村 3-152, 3-154, 5-192
日〔西〕庄村 3-152
西田井地村 3-155, 5-194
西長瀬村〔長瀬〕 3-153, 5-192, 5-307
西村竹生 3-151
西村水木 3-151
沼村 3-152, 5-192, 5-307
沼村 3-155, 5-194
沼村赤坂 3-152, 5-307
沼村沖益 3-152
沼村小坂 3-152
沼村楢部 3-152
沼村八塚 3-152
苗羽村葦浦 3-150
野田村 3-153, 5-192, 5-307
延友村（板倉右近領分、蒔田權佐知行所） 3-153, 5-192
迫川村 3-155, 5-194, 5-307
土師村 3-152
畠田村〔畑田村〕 3-152, 5-192
八濵村☆ 3-155, 5-194, 5-307
濵田新田 3-153
濵村 3-152, 5-192, 5-307
原尾島村 3-153, 5-192
原尾島村二本松 3-153
原村 3-153, 5-192
原村河本 3-152
原村舩山 3-153
番田村 3-154, 5-194
東片岡村 3-152, 3-154, 5-192, 5-307
東片岡村東原 3-152, 3-154
東片岡村法田 3-152, 3-154
東片上村 3-149, 5-192
東片上村大東 3-149
東片上村大洲〔淵〕 3-149
東片上村立石 3-149
東幸西村 3-152, 3-154, 5-192
東田井地村 3-155, 5-194
東楢津村 3-153, 5-192
東楢津村枝中楢津 3-153
東楢津村西楢津 3-153
一日市村 3-152, 5-192, 5-307
日生村☆ 3-149, 5-183, 5-306
日野 5-306
日比村☆ 3-155, 5-194, 5-307
平井村 3-153, 5-192
平島村 3-152
平野村（板倉右近領分、蒔田權佐知行所） 3-153, 5-192, 5-307
廣谷村 3-152, 5-192, 5-307
廣谷村川井 3-152
福浦 5-306
福浦古池 3-148
福浦村☆ 3-148, 5-183, 5-306
福浦村八軒屋 3-148
福岡村 3-152
福島村 3-153, 5-192, 5-307
福谷村 3-149, 5-192, 5-307
福谷村知尾 3-149, 3-152
福谷村前泊 3-149
福谷村間口 3-149
福田村 3-153
福田村 3-153, 5-192
福田村☆ 3-150, 5-185, 5-306
福田村枝吉田村⛵ 3-150
福泊村 3-153, 5-192, 5-307
福成村 3-153, 5-192, 5-307
福元村 3-152
福山村 3-152
福吉村 3-153
藤井村○☆ 3-153, 5-192, 5-307
藤原村 3-153, 5-192
藤原村枝二本松 3-153
二面村石塲 3-151
二面村牛ケ浦 3-151
二面村長﨑 3-151
淵﨑村 3-151, 5-194
淵﨑村赤穂屋村 3-151
淵﨑村枝伊喜末村☆ 3-151, 3-154
淵﨑村大谷 3-151, 3-154
淵﨑村田浦 3-154
別所 津倉 3-153
穂嵜村 3-152, 3-153
真木村 3-148, 5-183, 5-306
正儀大川 3-152, 3-154
正儀ツグリ 3-152, 3-154
正儀東向 3-152, 3-154
益田村 3-153, 5-192, 5-307
益田村大谷 3-153
松﨑新田村 3-153, 5-192
松﨑新田村小林 3-152
松﨑村 3-152
豆田村四軒屋 3-152
馬屋村 3-153, 5-307
円山村四軒屋〔円山〕 3-153, 5-192, 5-307
万成村 3-153, 5-192, 5-307
万成村谷 3-153
湊村 3-153, 5-192
湊村池之内 3-153
南方村 3-152, 5-192, 5-307
南方村 3-153, 5-192
南幸田村 3-152, 3-154, 5-192
南幸田村ツキワタリ☆〔幸田〕 3-152, 3-154, 5-307
南古都村 3-152, 5-192
南野中 5-306
三野村 3-153, 5-192, 5-307
箕輪村 3-152
宮内村 3-153, 5-192
宮之浦 3-155, 5-194
宮浦村 3-153, 3-155, 5-192, 5-194, 5-307
向日比村 3-155, 5-194
牟佐村☆ 3-153, 5-307
牟佐村枝大久保 3-153
牟佐村地蔵谷 3-153
虫明村☆ 3-149, 5-192, 5-307
虫明村野口濵 3-149
胸上村 3-155, 5-194, 5-307
目黒村 3-153
用吉村 3-155, 5-194, 5-307
百枝月村〔石枝月村〕 3-152, 5-192, 5-307
百枝月村中 3-152
森下分 3-153
門前村 3-152
屋井村 3-152
八幡村 3-153, 5-192
山﨑村 3-153, 5-192
山﨑村 3-153
山田村 3-155, 5-194, 5-307
弓削村金山 3-152
弓削村倉地 3-152
八日市村 3-152, 5-192, 5-307
横井上村 3-153, 5-192
横井上村八反田 3-153
吉井村 3-152, 5-307
吉原村 3-152
米倉村（松平上總介領分）☆ 3-153, 5-192, 5-307
和田村 3-153, 5-192, 5-307
和田村口和田 3-153

【社寺】

石津宮 3-152, 5-192
吉備津彦神社 3-153, 5-192
熊山権現 5-192
國分寺跡 3-153
善教寺 3-153
八幡宮 3-153
八幡宮 3-153

【山・峠】

飽浦山 3-153, 3-155
醫王山 3-149, 3-152
海歌城 3-153, 3-154
桂山 3-152, 5-192
金山 3-152, 3-153, 5-192, 5-307
鳥山 3-153
観音 5-194
金光山 3-155
ケシ山 3-153
古城 3-149
金比羅山 3-153
山王山 3-155
地蔵谷 3-153
正面山 3-153
城之段 3-152
城山 3-155
正城山 3-153
竜ノ口山 3-153
立石 5-194
立石山 3-154, 5-307
築地山 3-152
常山 3-155
野山 3-153

星ケ城　3-150, 5-185
麥飯山　3-155
ヤイテ山　3-155, 5-194
八坂山　3-153
寄宮山　3-153

【河川・湖沼】

浅川　5-307
旭川　3-153, 5-192
吉備川　3-152, 5-192
熊見川　3-148
西大寺川　3-152
笹瀬川　3-153
用吉川　3-155
吉井川　3-152, 5-192

【岬・海岸】

雨浦鼻　3-150
荒﨑　3-155
犬鼻　3-148, 5-185
獺越　3-155
ウ子キ﨑　3-151, 3-154
エボシ岬　3-149
大角鼻〔大角岬〕　3-150, 5-185, 5-306
鬼石面鼻　3-149
ヲマツハナ　3-151
貝掛鼻　3-155
笠鼻　3-150
金ケ﨑　3-150, 5-185, 5-306
蕪﨑　3-149, 3-152
蕪﨑　3-151, 3-154, 5-194
行者岬　5-185
黒岩鼻　3-151, 3-154
クロトリ岬　3-155
米﨑　3-152, 3-154, 5-194
権現﨑　3-151, 5-185
権現山鼻　3-155
釈迦鼻　5-194
外波鼻　3-152, 3-154
鷹巣　3-149
高部鼻　3-155
高山鼻　3-149
立石鼻　3-151
立ケ﨑　3-149, 5-185
長者鼻　3-151
ツフロ鼻　3-149
長﨑　3-151, 3-154
長﨑鼻　3-155
西ノ鼻　3-149
乏﨑　3-154
藤﨑　3-150
鉾島鼻　3-154
前鼻　3-151
丸山岬　3-148, 5-183, 5-185
道越鼻　3-154
宮﨑　3-151, 3-154
宮﨑　3-154
妙見鼻　3-151
桃木鼻　3-149
門ケ﨑山　3-151, 3-154

【島】

上ケ島　3-155, 5-185
小豆島　3-151
アハラ島　3-154, 5-194
飯盛山〔イモリ山〕　3-152, 3-154, 5-194
石筏　3-154, 5-185
井島（直島屬）　3-154, 3-155, 5-185, 5-307
石島（胸上村屬）　3-154, 3-155, 5-185
犬島（地犬島）　3-154, 5-194, 5-307
犬島〔小犬シマ〕　3-154, 5-194
院下島（家島屬）　3-148, 5-185, 5-306
牛ケ首島（直島屬）〔牛首島〕　3-155, 5-185, 5-307
臼シマ　3-152, 3-154
家島　3-155, 5-185
大島　3-149, 3-152, 5-192
大島　3-149, 3-151, 5-192, 5-194, 5-306
大島　3-151, 5-185
大多府島　3-149, 5-185, 5-306
大羽島　3-152, 3-154
大蛭　3-154, 5-185
大四島　3-151
沖鼓島　3-154, 5-194, 5-307
沖喜島　3-149, 5-192, 5-306
沖島（小海村屬）　3-151, 3-154, 5-194, 5-307
沖竹子島〔竹子島〕　3-154, 5-194, 5-307
尾鷹島　3-154, 5-185, 5-307
小豊島（小豆島属）　3-154, 5-194, 5-307
鹿久居島（福浦村寒川村日生村屬）　3-149, 5-185, 5-306
カサ子岩　3-155
カシラシマ　5-194
頭島（日生村屬）　3-149, 5-185, 5-306
柏島（直島屬）　3-155, 5-185
葛島　3-155, 5-185, 5-307
桂島（澀﨑村屬）　3-151, 3-154, 5-194, 5-307
金子シマ　3-148, 5-185
上筏島　3-149, 5-192
上烏島　3-155, 5-185
上ハタコ　3-155, 5-185
唐島〔カツラシマ〕　3-149, 5-183, 5-183
木島　3-149, 3-151, 5-192, 5-194, 5-306
絹シマ　5-185
喜平島　3-155, 5-185
京上臈島　3-155, 5-185
梔島（雖田村屬）　3-149, 5-192
黒島　3-149, 3-151, 3-152, 3-154, 5-192, 5-194, 5-307
黒ソハエ　3-154
クロフコ　3-148, 5-185
源太夫瀬　3-155, 5-185
香島（鴻島）（日生村屬）　3-149, 5-185, 5-306
荒神シマ　3-149
荒神島（直島屬）　3-155, 5-185, 5-307
小シマ　3-149
小シマ　3-155
小島　3-151, 3-154
小島　3-151, 5-185
小島　3-151, 5-185
小島（坂手村）　3-150, 5-185
小鶴島　3-148, 5-185
小羽島　3-152, 3-154
小蛭　3-155, 5-185
小松シマ　3-148, 5-185
小四島〔四島〕　3-151, 5-306
地喜島　3-149, 5-192, 5-306
地竹子島〔竹子島〕　3-154, 5-194, 5-307
下筏島　3-149, 5-192
下烏島　3-155, 5-185
下ハタコ　3-155, 5-185
城島（橘村）　3-150, 5-185, 5-306
小豆島（御料所）　3-151, 5-185, 5-306
神馬岩　3-154
銭島　3-148
曽島（日生村屬）　3-149, 5-185, 5-306
高島（宮浦村屬）　3-153, 3-155, 5-192
高山　3-148, 5-185
團島　3-149
チフリ島（小海村屬）〔千振島〕　3-151, 3-154, 5-194, 5-307
辻ケ影シマ　3-155, 5-185
局島　3-155
鶴島（日生村屬）〔ツル島〕　3-148, 5-185, 5-306
豊島（小豆島屬）　3-154, 5-194, 5-307
寺島　3-155, 5-185
取上島　3-148, 5-185
直島（御料所）　3-155, 5-194, 5-307
長島（虫明村屬）　3-149, 5-185, 5-306
長ソハエ　3-151, 3-154
中ノ小シマ　3-149, 3-151, 3-152, 3-154, 5-192, 5-194
中島　3-151, 5-185
中羽島　3-152, 3-154
中四島　3-151
投石　3-155
鍋島　3-151, 5-185
ナベシマ　5-183
ナベシマ　3-149, 5-185
鼠島　3-149
野小島（宇野村）　3-155, 5-185
筥島　3-155, 5-185
ハシノ小島　3-149, 3-151, 3-152, 3-154, 5-192, 5-194
鳩島（阿津村）　3-152, 3-154, 5-192
屛風島　3-155, 5-185
福部島　5-306
フノコ島（坂手村）〔フノ子島〕　3-150, 5-185, 5-306
辨天　3-149
弁天島　3-150, 5-185
辨天島　3-153, 3-155, 5-192, 5-194
辨天島　3-151, 5-194
辨天島　3-149, 3-152
辨天島　3-151, 5-185
辨天島（福田村）　3-150, 5-306
坊主島　3-154
帆掛瀞　3-155, 5-185
鉾島（番田村）　3-154, 5-194
前島（牛窓村屬）　3-149, 3-151, 3-152, 3-154, 5-192, 5-194, 5-307
丸山シマ　3-155
向島　3-155, 5-185, 5-307
安野シマ　3-155, 5-185
横島　3-149
四島　3-151, 5-194
六郎シマ　3-155, 5-185
和島　3-151, 3-154, 5-194

第146号
高松

【国名】

阿波國〔阿波〕　3-156, 5-187, 5-306
讃岐國〔讃岐〕　3-156, 3-159, 5-194, 5-307
備前國〔備前〕　3-159, 5-192, 5-307

【郡名】

阿野郡　3-159, 5-194, 5-307
板野郡　3-156, 5-187, 5-306
大内郡　3-156, 5-187, 5-306
香川郡　3-157, 3-158, 3-159, 5-194, 5-307
児島郡　3-159, 5-194, 5-307
寒川郡　3-156, 3-157, 3-158, 5-194, 5-306
三木郡　3-157, 3-158, 5-194, 5-307
山田郡　3-157, 3-158, 5-194, 5-307

【地名】

庵治濵村☆　3-158, 5-194
庵治濵村鎌野　3-158
庵治濵村髙尻　3-157, 3-158
庵治濵村竹居　3-158
庵治濵村番浦　3-158
庵治濵村平谷　3-157, 3-158
庵治濵村丸山〔庵治濵〕　3-157, 3-158, 5-307
池田村枝神浦村　3-156
馬篠村　3-156, 5-185, 5-303, 5-306
馬篠村北山　3-156
馬宿村　3-156, 5-187, 5-303, 5-306
江尻村　3-159, 5-194, 5-307
青海村　3-159, 5-194
青海村枝大藪☆　3-159, 5-307
大須村長濵　3-156
大町村　3-157, 3-158, 5-194, 5-307
小田村☆　3-157, 3-158, 5-194
小田村奥津　3-157, 3-158
小田村表小田　3-157, 3-158
小田村釜居谷　3-156
小田村笘張　3-157, 3-158
笠居村（香西）◯　3-159, 5-194, 5-307
笠居村枝生島☆〔笠居村生島〕　3-159, 5-194
笠居村枝亀水　3-159
春日村　3-157, 3-158, 5-194, 5-307
潟元村　3-157, 3-158, 5-194, 5-307
潟元村生浦〔浦生〕　3-157, 3-158
潟元村西潟元　3-157, 3-158
潟元村東潟元　3-157, 3-158
潟元村宮久保　3-157, 3-158
鴨部下庄村　3-157, 5-194
鴨部下庄村小方　3-157, 3-158
鴨部下庄村泊　3-157, 3-158
鴨部下庄村室木　3-157, 3-158
蒲野村市神子　3-156
蒲野村谷尻　3-156
蒲野村吉浦　3-156
木澤村　3-159, 5-194, 5-307
木太村　3-157, 3-158, 5-194, 5-307
北山 江泊　3-156, 3-157
北山 平畑　3-157, 3-158
北山 吉見　3-157, 3-158
小礒村　3-156, 5-185
郷東村　3-159, 5-194, 5-307
碁浦村　3-156, 5-187
坂出村枝横津　3-159
坂元村〔坂本村、坂本〕　3-156, 5-187, 5-303, 5-306
三本松村◯☆　3-156, 5-185, 5-303, 5-306
志度村◯☆　3-157, 3-158, 5-194
白方　3-157, 3-158
高松（松平讃岐守居城）☆⚓　3-158, 3-159, 5-194, 5-307
髙屋村　3-159, 5-194, 5-307
壇ノ浦石塲　3-157, 3-158
津田村◯　3-157, 3-158, 5-194
津田村枝北山 曽根　3-156, 3-157
鶴羽村　3-156, 5-185, 5-303, 5-306
鶴羽村大山　3-156
鶴羽村岡ノ鼻　3-156
西浦　3-159, 5-307
西濵村　3-159, 5-194,

5-307
西村　3-156, 5-185, 5-303, 5-306
乃生村　3-159, 5-194, 5-307
林田村　3-159, 5-194, 5-307
原村　3-157, 3-158, 5-194, 5-307
東濱村　3-157, 3-158, 5-194, 5-307
東濱村下福岡　3-157, 3-158
引田村○☆　3-156, 5-187, 5-303, 5-306
引田村安戸浦　3-156
古髙松村　3-157, 3-158, 5-194
松原村　3-156, 5-185, 5-303, 5-306
湊村　3-156, 5-185, 5-303, 5-306
南野村　3-156, 5-187, 5-303, 5-306
牟禮村〔牟礼〕　3-157, 3-158, 5-194, 5-307
牟禮村久通　3-157, 3-158
女木島　3-158
屋島〔八島〕　3-157, 3-158, 5-194, 5-307
屋島村　3-157, 3-158
屋島村壇ノ浦　3-157, 3-158
横内村　3-156, 5-185, 5-303, 5-306

【社寺】

志度寺　3-157, 3-158, 5-194
白鳥社　3-156, 5-185
八栗寺　3-157, 3-158, 5-194
屋島寺　3-157, 3-158

【山・峠】

雨滝山　3-157, 3-158
大山　5-307
奥河津山　3-157, 3-159
花生山　3-156
香西山　3-159
五劍山　3-157, 3-158, 5-194, 5-307
白峯山　3-159
髙保山　3-157
遠見山　3-158
八幡山　3-157, 3-158
袋山　3-159, 5-194
古髙松竜王山〔竜王山〕　3-157, 3-158, 5-194
六ツ目山　3-159

【河川・湖沼】

安戸池　3-156, 5-185, 5-303, 5-306
綾川　3-159
鴨部川　3-157, 3-158
津田川　3-157, 3-158

【岬・海岸】

大串﨑　3-157, 3-158, 5-194
大コシ　3-159
鴻ケ峯　3-159
小串﨑　3-157, 3-158, 5-194
神在鼻　3-159, 5-194
長﨑　3-158, 5-194
乃生﨑　3-159, 5-194
舟返　3-156

【島】

新珠島　3-157, 3-158
稲木島　3-158, 5-194, 5-307
大島（庵治濱村屬）　3-158, 5-194, 5-307
大槌シマ（笠居村日比村）　3-159, 5-194, 5-307
大福部島〔福部島〕　3-156, 5-185
男木島　3-158, 5-194, 5-307
沖之島　3-156, 5-185, 5-303, 5-306
沖松シマ　3-157, 3-158
兜島　3-158, 5-194, 5-307
絹島　3-156, 5-185
ロシマ　3-158
小シマ　3-158
小槌島（笠居村屬）　3-159, 5-194, 5-307
小福部島　3-156, 5-185
サルコシマ　3-156, 5-185
猿小島　3-157, 3-158
女郎シマ　3-156
白岩　3-156
髙島（庵治濱村）　3-158, 5-194
鷹島（津田村屬）　3-156, 5-185
通念島　3-156, 5-185, 5-303, 5-306
名子島　3-156, 5-185
一ツ島　3-156, 5-185
二子島　3-156, 5-185
馬立石　3-157, 3-158
丸神島　3-156, 5-185
ミナシマ　3-157, 3-158
女木島　3-158, 5-194, 5-307
女島　3-156, 5-185
ユルフタシマ　3-158
鎧島（庵治濱村屬）　3-158, 5-194, 5-307

第147号 小松島

【郡名】

海部郡　3-162, 5-187, 5-303, 5-306
勝浦郡　3-161, 5-187, 5-303, 5-306
那賀郡　3-161, 3-162, 5-187, 5-303, 5-306

【地名】

阿部浦☆　3-162, 5-187, 5-303, 5-306
伊座利浦　3-162, 5-187, 5-303, 5-306
今津浦　3-161, 5-187, 5-303, 5-306
色ケ島村　3-161, 5-187
江野島村〔江ノ島村〕　3-161, 5-187
金礒新田　3-161, 5-187, 5-303, 5-306
上福井村　3-161, 5-187, 5-303, 5-306
苅屋村　3-161, 5-187, 5-303, 5-306
木岐浦　3-163, 5-187, 5-303, 5-306
木岐浦枝田井　3-163
木岐浦白濱　3-163
苔島村⚓　3-161, 5-187, 5-303, 5-306
苔島村夷山　3-161
小松島浦○　3-161, 5-187, 5-303, 5-306
西路見村　3-160, 3-161, 5-187, 5-303, 5-306
西路見村福村　3-160
下福井村恵金〔下福井村、下福井〕　3-161, 3-162, 5-187, 5-303, 5-306
志和岐浦　3-162, 5-187, 5-303, 5-306
工地村　3-161, 5-187
橘浦⚓　3-161, 5-187, 5-303, 5-306
橘浦鵜　3-161, 3-162
立江村　3-161, 5-187, 5-303, 5-306
立江村赤石　3-161
椿地村　3-161, 3-162, 5-187, 5-303, 5-306
椿泊浦☆⚓　3-160, 3-162, 5-187
椿村　3-161, 3-162, 5-187, 5-303, 5-306
椿村上地　3-161, 3-162
椿村蒲生田　3-160, 3-162
椿村寺内　3-161, 3-162
椿村東道谷　3-162
椿村横尾　3-161, 3-162
中島村　3-161, 5-187, 5-303, 5-306
中林村　3-160, 3-161, 5-187, 5-303, 5-306
中林村南林　3-160, 3-161
灘村　3-163, 5-187, 5-303, 5-306
西由岐浦　3-163, 5-187
東由岐浦☆⚓〔由岐〕　3-162, 5-187, 5-303, 5-306
日和佐浦　3-163, 5-187, 5-303, 5-306
日和佐浦恵比須濱⚓　3-163
日和佐浦奥河内　3-163
芳崎村　3-161, 5-187
和田島村⚓　3-161, 5-187, 5-303, 5-306
和田津新田〔和多津新田〕　3-161, 5-187, 5-303, 5-306

【山・峠】

焼山寺山　5-187, 5-303, 5-306
玉津志山　5-187
津峯　5-187, 5-303, 5-306
中津峯　5-187, 5-303, 5-306
薬王寺山　3-163

【河川・湖沼】

根井川　3-161
日和佐川　3-163
福村川〔フクムラ川〕　3-160, 5-187, 5-303, 5-306

【岬・海岸】

アセヒノ鼻　3-163
蒲生田岬〔蒲生田﨑〕　3-160, 3-162, 5-186, 5-303, 5-306
刈又岬　3-160, 3-162
弁天﨑　3-163
松尾崎　3-160, 3-162
岬山　3-162, 5-187
竜宮﨑　3-161
和田岬　3-161

【島】

青島　3-160, 5-186
赤ハエ　3-160, 3-162, 5-186, 5-187
伊島（椿泊浦屬）　3-160, 5-186, 5-303, 5-306
鵜渡島　3-161, 5-187
姥島　3-161, 3-162, 5-187
ウルメ島　3-160, 3-162, 5-187
エホシ岩　3-160, 5-187
大辰巳シマ　3-163, 5-187
大ハエ　3-162, 5-187
大眠〔子ムリシマ〕　3-163, 5-187
小勝島　3-161, 3-162, 5-187, 5-303, 5-306
小金イソ　3-161
小シマ　3-160, 5-187
小シマ　3-160, 3-162
小辰巳シマ　3-163, 5-187
小ハエ　3-162, 5-187
女郎岩　3-162, 5-187
高島　3-161, 3-162, 5-187, 5-303, 5-306
立シマ　3-163, 5-187
立岩　3-160, 3-162
タナコ山　3-160
トウシマ　3-163, 5-187
飛島　3-160, 3-162, 5-186, 5-187
中小シマ　3-163, 5-187
長島　3-161, 5-187
仲津島　3-160, 5-186, 5-187
布掛ハエ　3-163, 5-187
箆野島〔野々シマ〕　3-163, 5-187
野々島〔野島〕　3-160, 3-162, 5-186, 5-187, 5-303, 5-306
裸島　3-160, 5-186, 5-187
弁天シマ　3-161
弁天シマ　3-161, 5-187
舞子島　3-160, 3-162, 5-186, 5-303, 5-306
丸シマ　3-160, 5-186
三石　3-160, 5-186
室山　3-161

第148号 安芸

【郡名】

安喜郡　3-169, 5-198, 5-310
香我美郡　3-169, 5-199, 5-310

【地名】

安喜浦○☆　3-168, 5-199, 5-310
伊尾喜浦　3-168, 5-199, 5-310
吉良川浦　3-167, 5-198, 5-310
吉良川浦枝黒耳浦　3-167
下山村　3-168, 5-199, 5-310
下山村河野　3-168
下山村西ノ濱　3-168
田野浦○☆　3-167, 3-168, 5-199, 5-310
手結浦　3-169, 5-199, 5-310
唐ノ濱浦〔唐濵〕　3-168, 5-199, 5-310
奈半利浦　3-167, 5-199, 5-310
奈半利浦枝加領郷浦　3-167
羽根浦☆　3-167, 5-310
羽根浦枝尾僧村　3-167
松田島浦　3-168, 5-199, 5-310
元浦　3-167, 5-198, 5-310
元浦枝行當村　3-167
安田浦　3-168, 5-199, 5-310
安田浦不動浦　3-167, 3-168
夜須村　3-169, 5-199, 5-310
和食浦　3-169, 5-199, 5-310

【社寺】

西寺　3-167, 5-198

【河川・湖沼】

安喜川　3-168
奈半利川　3-167, 5-199
名村川　5-199
安田川　5-199

【岬・海岸】

行當﨑　3-167, 5-198

第149号 室戸

【国名】

阿波國〔阿波〕　3-165, 5-187, 5-303
土佐國〔土佐〕　3-165, 5-200, 5-310

【郡名】

安喜郡　3-165, 5-198, 5-310
海部郡　3-165, 5-187,

5-303

【地名】

淺川浦⛵ 3-164, 5-198, 5-303
淺川村 3-164, 5-198
浅川村枝粟ノ浦伊勢田 3-164
淺川村枝鯖瀬 3-164
生見村 3-165, 5-198, 5-303
浮津浦 3-166, 5-198, 5-310
内妻村 3-164, 5-198, 5-303, 5-306
大里村 3-164, 5-198, 5-303
河内村〔川内〕 3-165, 5-198, 5-303
甲浦 3-165, 5-198, 5-303
佐喜ノ濱浦☆〔佐喜濱〕 3-166, 5-198, 5-310
佐喜ノ濱浦枝入木村 3-165
佐喜ノ濱浦枝尾﨑村 3-166
宍喰浦☆⛵〔完喰〕 3-165, 5-198, 5-303
宍喰浦那佐湊 3-165
白濱浦 3-165, 5-198, 5-303
髙岡村坂本 3-166
津寺 3-166
津呂浦 3-166, 5-198, 5-310
津呂浦枝椎名村 3-166
津呂浦枝三津浦☆〔三津〕 3-166, 5-198, 5-303
津呂浦髙岡村 3-166
鞆浦 3-164, 5-198, 5-303
野根浦☆ 3-165, 5-198, 5-303
野根浦枝相間村 3-165
東股 3-165
牟岐浦⛵ 3-164, 5-198, 5-303, 5-306
室津浦⛵ 3-166, 5-198, 5-310

【社寺】

東寺 3-166, 5-198

【山・峠】

請ケ峯 5-187
鈴ケ峯 3-165, 5-198
野根山 5-198
狼煙臺 3-166
鷲谷山 3-166

【河川・湖沼】

那佐湊⛵ 3-164, 3-165, 5-198
野根川 3-165

【岬・海岸】

網代﨑 3-164, 5-198
乳之﨑 3-164, 3-165, 5-198, 5-303
室戸﨑 3-166, 5-198, 5-303, 5-310

【島】

赤葉島 3-165, 5-198, 5-303
ウバヘシマ 3-165
大島（牟岐浦屬）⛵ 3-164, 5-198, 5-303
カヒシマ 5-198
鹿子居島 3-165
加島 3-164, 5-303
葛島（甲ノ浦）〔クスジマ〕 3-165, 5-198, 5-303
カブカハナ岩 3-166
小島 3-164
小島 3-164, 3-165
シマ 3-165
サビ島 3-165
シヽカハエ 3-165
小津島 3-164, 5-198
鈴ハエ 3-165
竹島（宍喰浦） 3-165, 5-198, 5-303
棚ハエ 3-165
津島 3-164, 5-198, 5-303
出羽島（牟岐浦屬） 3-164, 5-198, 5-303
二子シマ 3-164, 3-165
二子島 3-165, 5-198
辨天島 3-164, 5-198
四シマ 3-165

第150号 倉吉・新見

【国名】

備中國〔備中〕 3-174, 3-175, 5-193, 5-307
伯耆國 3-170, 3-172, 3-173, 5-189, 5-305
美作國 3-170, 3-172, 3-173, 3-174, 5-188, 5-305

【郡名】

會見郡 3-171, 5-189, 5-305
阿賀郡 3-174, 3-175, 5-193, 5-305, 5-307
汗入郡 3-171, 5-189, 5-305
大庭郡 3-170, 3-172, 5-188, 5-305
久米郡 3-170, 3-172, 5-188, 5-305
久米北條郡 3-174, 5-188, 5-305
上房郡 3-174, 3-175, 5-193, 5-307
哲多郡 3-175, 5-193, 5-307
日野郡 3-173, 5-189, 5-305
日野郡會見郡汗入郡八橋郡入會 3-171
真島郡 3-172, 3-173, 3-174, 3-175, 5-189, 5-305
八橋郡 3-170, 3-171, 5-189, 5-305

【地名】

赤﨑村○☆ 3-170, 5-189, 5-305
赤﨑村三軒屋 3-171
赤﨑村福富 3-171
赤松村（大山寺領） 3-171, 5-189, 5-305
阿口村 3-175, 5-193, 5-305, 5-307
赤馬村西尾〔赤馬村、赤馬〕 3-175, 5-193, 5-305, 5-307
赤馬村三尾寺村〔赤馬〕 3-175, 5-305, 5-307
穴窪村 3-170
安部村 3-170
生田村 3-170, 5-188
井倉村 3-175, 5-193, 5-307
井倉村幸田 3-175
石蟹村 3-175, 5-193, 5-307
一色村 3-174, 5-193
石塚村 3-170, 5-188, 5-305
板井原宿○ 3-173, 5-189, 5-305
市塲村 3-170, 5-188, 5-305
井手村 3-171
井戸鍾乳穴 3-174, 5-193
井尾村 3-174, 5-193, 5-307
井尾村井殿 3-174
井尾村野々倉 3-174
今在家村 3-170, 5-188, 5-305
今津村 3-171, 5-189
岩井谷村 3-175, 5-193, 5-305, 5-307
岩坪村 3-170, 5-189, 5-305
有漢上村川西〔有漢上村、有漢〕 3-174, 5-193, 5-307
有漢上村茶堂〔有漢〕 3-174, 5-307
有漢長代村〔長代〕 3-174, 5-193, 5-307
宇代 5-305
大谷村 3-170, 5-188, 5-305
大塚村 3-171, 5-189, 5-305
大塚村 3-170, 5-189, 5-305
大鳥居新田 3-170
大鳥居村 3-170, 5-188, 5-189
大鳥居村山隠 3-170
大庭村 3-174, 5-192, 5-305
大宮村 3-170
岡田村 3-170, 5-188, 5-305
岡村 3-171, 5-189, 5-305
岡村 3-174, 5-193
小坂部村奥谷 3-175
小坂部村小坂部市（水谷氏屋敷）○〔小坂部村〕 3-175, 5-193, 5-305
鬼住村 3-171
尾張村 3-171
開田村〔関田〕 3-174, 5-192, 5-305, 5-307
開田村野白 3-174
植〔垣〕村 3-174
鹿田村鹿田宿○〔鹿田村、鹿田〕 3-174, 5-193, 5-305, 5-307
鹿田村郡山 3-174
金市村 3-170, 5-189, 5-305
金屋村 3-170
金谷村 3-170, 5-188, 5-305
金谷村 3-175
上呰部村〔呰部〕 3-175, 5-193, 5-305, 5-307
上伊勢村 3-170, 5-189, 5-305
上市瀬村〔市瀬〕 3-174, 5-192, 5-305, 5-307
上熊谷村○☆ 3-175, 5-193, 5-305, 5-307
上河内村 3-174, 5-192, 5-305, 5-307
上河内村西谷分 3-174
上河内村東谷上分 3-174
上河内村東谷下分 3-174
上種村 3-170
上長田村 3-172, 5-305
上中津井村 3-175, 5-193
上中津井村清常 3-175
上福田村〔福田〕 3-170, 5-188, 5-305
上古川村 3-170, 5-188
上細見村 5-189
上松神村 3-170, 5-188, 5-305
上村 3-175, 5-193, 5-305, 5-307
金持村 3-173, 5-189, 5-305
神坂村 3-170, 5-188, 5-305
神庭村 3-174, 5-193
菊里村 3-170, 5-189
北野村 3-170, 5-188
木料村 3-171, 5-189, 5-305
釘貫小川村 3-172, 5-188, 5-305
草加部村 3-174
早〔草〕間村 3-175
久世村黒尾 3-174
久世村原方(久世町)○〔久世〕 3-174, 5-192, 5-305
久世村山依 3-174
國坂村 3-170, 5-188, 5-305
國信村 3-171, 5-189, 5-305
組村 3-174
倉吉町○ 3-170, 5-188
栗原村 3-174, 5-193, 5-307
栗原村樵山 3-174
栗原村古市場 3-174
栗原村和田 3-174
郊家村 3-170, 5-188, 5-189
神代村 3-174, 5-193, 5-305
神代村枝支冨田 3-174
國分村〔國府村〕 3-170, 5-188
國分寺村 3-170, 5-188, 5-305
古見村 3-174
三〔五〕名村 3-174
細工所村 3-170
三明寺村 3-170, 5-188
塩津村 3-171, 5-189, 5-305
柴原村 3-174, 5-193, 5-305
下呰部村〔呰部〕 3-175, 5-193, 5-305
下呰部村植木 3-175
下呰部村三〔上〕合地 3-175
下市瀬村〔市瀬〕 3-174, 5-193, 5-305, 5-307
下市村 3-171, 5-189
下岩村 3-175, 5-193, 5-305
下大江村 3-170
下方村 3-174, 5-193, 5-305, 5-307
下方村横部 3-174
下唐松村 3-175
下甲村 3-171, 5-189, 5-305
下熊谷村 3-175, 5-193, 5-305, 5-307
下熊谷村上代六 3-175
下熊谷村下代六 3-175
下種村 3-170, 5-188
下神村 3-170, 5-188, 5-305
下長田村○ 3-172, 5-189
下長田村峠茶屋 3-170, 3-172
下長田村栃木 3-172
下長田村西原 3-172
下長田村野田 3-172
下中津井村○〔中津井〕 3-175, 5-193, 5-307
下中津井村虬 3-175
下福田村〔福田〕 3-170, 5-188, 5-305
下見村 3-172
下湯原村 3-172, 5-189
下米積村 3-170, 5-188
秋喜村 3-170, 5-188
定光寺村 3-170
正田村 3-175, 5-193, 5-307
上万村 3-171, 5-189
新庄村（新庄宿） 3-173, 5-189, 5-305
新庄村大所 3-173
新庄村鍛冶屋 3-173
新庄村田井村 3-173
新庄村戸島 3-173
新庄村梨子瀬 3-173
新庄村二ツ橋 3-173
末吉村 3-171, 5-189
杉樽村 3-172
清谷村 3-175, 5-193, 5-305
關村 3-174, 5-193
惣村 3-174, 5-193
臺金屋村 3-174
太市垣村 3-171
田井村 3-170, 5-188
高尾村 3-173, 5-189
高田村勝山(勝山城)○〔勝山〕 3-174, 5-193, 5-305
高田村原方〔高田村〕 3-174, 5-193
高田山上村 3-175, 5-193, 5-305
高松村 3-170
高屋村 3-174
田口村 3-173, 3-175, 5-189, 5-305
田越村 3-170
田治部村 3-175, 5-193, 5-305
田治部村金藤 3-175
多田村 3-174
田中村 3-170, 5-188, 5-305
谷川村 3-171, 3-173

田羽根村　3-172, 5-189, 5-305
田羽根村古屋　3-172
足見村　3-175
垂水村落合町〔垂水村、垂水〕 3-174, 5-192, 5-305, 5-307
槻下村　3-170, 5-189, 5-305
槻下村才尾　3-170
津々村　3-175, 5-193
坪井上村　3-174, 5-192
坪井上村楽満　3-174
妻波村　3-170, 5-188, 5-305
竈田村　3-171, 5-189
土居村　3-172, 5-189, 5-305
徳万村　3-170, 5-189, 5-305
富尾村　3-174, 5-193
富長村　3-171, 5-189, 5-305
留口村鯛坂　3-173, 3-175
中尾村　3-170, 5-189
中河原村　3-170, 5-188, 5-305
中北上村　3-174, 5-192
中北上村楽満　3-174
長坂村　3-170
中島村　3-174, 5-192, 5-305
中田村　3-170, 5-188, 5-305
長田村野下　3-172
中原村　3-170
仲間村上分〔仲間〕 3-172, 5-305
仲間村牧分〔仲間村、仲間〕 3-172, 5-189, 5-305
仲間村湯眞賀温泉　3-172
中村　3-174, 5-193, 5-305
長屋村　3-175, 5-193, 5-307
新見町(關但馬守在所)○〔新見〕 3-175, 5-193, 5-307
新見村　3-175
新見村　3-175
新見村廣瀬　3-175
西方　5-305
西園村〔園村〕 3-170, 5-188, 5-305
西坪村〔坪村〕 3-171, 5-189, 5-305
西原村　3-174
西原村段　3-174
二ノ内村　3-172, 3-174
根雨宿○　3-173, 5-189, 5-305
箆津村　3-171, 5-189, 5-305
延風村　3-173, 3-175, 5-189, 5-193, 5-305
野村　3-175, 5-193
羽田井村〔波田井〕 3-171, 5-189, 5-305
初和村田中〔初和村、初和〕 3-172, 5-189, 5-305
晩田村　3-170
東園村〔園村〕 3-170, 5-188, 5-305
東坪村〔坪村〕 3-171, 5-189, 5-305
久見村　3-172, 5-189
日名村　3-174
平田村　3-171, 5-189, 5-305
福岡村　3-170
福尾村　3-171, 5-189
福田村　3-174, 5-192
布瀬村　3-175, 5-193, 5-305, 5-307
布瀬村上布瀬　3-175
布瀬村辨天淵　3-175
船場村　3-173, 5-189, 5-305
不入岡村　3-170
別所村　3-170, 5-189, 5-305
別所村　3-171, 5-189
細見村　3-171, 5-189
發坂村　3-170
本郷村　3-174, 5-193, 5-305
前谷村　3-171, 5-189
前村川床〔前村〕 3-171, 5-189
眞賀村　3-172, 3-174, 5-189, 5-193, 5-305
正吉村　3-172, 3-174, 5-193, 5-305
松神村　3-170, 5-188
松河原村　3-171, 5-189
松河原村　3-170
丸尾村　3-170, 5-189
見尾村　3-172, 3-174, 5-189
美甘村○　3-173, 5-189, 5-305
美甘村河田　3-173
美甘村谷　3-173
美甘村長田　3-173
美甘村平島　3-173
美甘村麓村　3-173
美甘村松末　3-173
美甘村山根　3-173
御來屋村　3-171, 5-189, 5-305
三﨑河原村　3-174, 5-192
三﨑河原村中原分　3-174
御﨑村　3-171, 5-189, 5-305
溝口村○　3-171, 5-189, 5-305
三家村　3-172
光村　3-171, 5-189, 5-305
水口村　3-170
宮地村　3-174, 5-193, 5-307
宮地村水田新田○　3-174
宮地村湯川　3-174
宮原村　3-171, 3-173
向三保村　3-172, 3-174
向湯原村　3-172
目木村　3-174, 5-192, 5-305
目木村大内原　3-174
目地村　3-172
社村　3-172, 5-188, 5-305
社村枝本谷　3-172
八橋　3-170, 5-189, 5-305
八橋松ケ谷　3-170
山久世村　3-174
山口村　3-170, 5-188, 5-305
山口村大河原　3-170
山村矢櫃　3-170, 3-172
山﨑村　3-170
山田村　3-174, 5-193
山田村　3-174, 5-193
湯坂村　3-171
湯關村　3-170, 5-188
弓原村　3-170, 5-188
湯本村（温泉）○　3-172, 5-189, 5-305
由良村　3-170, 5-188, 5-305
横田村　3-170, 5-188, 5-305
横部村　3-174, 5-193
淀江村　3-171, 5-189
若代村　3-175, 5-193
若代村福井　3-175
若代村向側　3-175
若土村　3-170

【社寺】

井戸鍾乳穴神社　3-174
角盤(磐)山大山寺〔大山寺〕 3-171, 5-189
刑部神社　3-172
久刀大笹壹粟〔粟〕兔上長田神社　3-172
國分寺　3-170
佐波良神社　3-172
惣社　3-170
比賣坂鍾乳穴神社　3-175
三尾寺　3-175
横見神社　3-172

【山・峠】

赤岳　3-175
嵐ケ峠　5-189
石蟹山　3-175
一色山　3-174
犬挟峠　3-170, 3-172
大佐山　3-175
大田山　3-175
勝田山　3-171
久保井山　3-175
熊居坂峠　3-172, 5-188
蔵ノ助山　3-172
黒髪山　3-175
剣峰　3-171
豪円山　3-171
光□山　3-171
佐井田山　3-175
笹原山　3-174
塩ケ城山　3-175
四十曲峠〔四十曲坂〕 3-173, 5-189, 5-305
陣屋山　3-175
清谷山　3-175
舩上山　3-171
大山　3-171, 5-189, 5-305
髙尾山　3-175
髙鶴部山　3-175
竹田山　3-170
段山　3-175
千山　3-175
寺床山　3-175
天皇山　3-174
砥石山　3-174
鳶巣山　3-175
長尾山　3-175
鍋山　3-171
鍋山　3-174
西山　3-175
蛭山　3-170
本清寺山　3-175
間地坂峠　5-189
丸山　3-175
向原山　3-172
四蜂〔峰〕城　3-174

【河川・湖沼】

阿弥陀川　3-171
洗川　3-170
大庭川　3-174
加勢市川　3-170
甲川　3-171, 5-189
久世川　3-174
小鴨川　3-170
精進川　3-171, 5-189
新庄川　3-173
種川　3-170
戸島川　3-173, 5-189
西川　3-171
野上川　5-189
東川　3-174
日野川〔日ノ川〕 3-173, 5-189
船ハ川　5-189
別所川　3-172, 5-188
馬橋川　3-172, 5-188

第151号 倉敷

【国名】

讃岐國〔讃岐〕 3-180, 5-194, 5-307
備前國〔備前〕 3-176, 3-178, 5-192, 5-307
備中國〔備中〕 3-176, 3-178, 3-180, 5-193, 5-307

【郡名】

浅口郡　3-178, 3-179, 3-180, 3-181, 5-195, 5-307
阿野郡　3-180, 5-194, 5-307
鵜足郡　3-180, 5-194, 5-307
小田郡　3-179, 3-181, 5-195, 5-307
加陽郡　3-176, 3-177, 3-178, 5-192, 5-193, 5-307
川上郡　3-177, 5-193, 5-307
窪屋郡　3-178, 5-192, 5-193, 5-307
兒島郡　3-178, 5-194, 5-307
後月郡　3-179, 5-193, 5-307
下道郡　3-177, 3-178, 3-179, 5-193, 5-307
上房郡　3-177, 5-193, 5-307
都宇郡　3-178, 5-192, 5-307
津高郡　3-176, 5-192, 5-307
哲多郡　3-177, 5-193, 5-307
那珂郡　3-180, 5-194, 5-307
沼隈郡　3-181, 5-195, 5-307

【地名】

青木浦　3-180, 5-195
阿賀﨑新田〔阿賀﨑〕 3-178, 3-179, 5-195, 5-307
赤﨑村　3-180, 5-194, 5-307
味野村　3-180
足守(木下肥後守在所)○☆　3-176, 5-192, 5-307
淺海村　3-179, 5-193
阿部村　3-177, 5-193, 5-307
阿部村藤倉　3-177
天城村　3-178, 5-194
有井小山　3-178
飯部村　3-177, 5-193
生坂村　3-178
生之濵浦　3-180, 5-195
生之濵浦立石浦尻濵浦入會　3-180
井尻野村　3-176, 5-193, 5-307
井尻野村井山　3-176, 3-178
井尻野村湛井　3-176, 3-178
板倉村○☆　3-178, 5-192, 5-307
板持　3-180
市井浦　3-180, 5-195
井手村市塲○〔井手村〕 3-178, 5-193
井原村　3-179
今津村　3-177, 5-193, 5-307
今津村地久　3-177
今津村辻巻　3-177
入江新☆〔入江新田〕 3-181, 5-195, 5-307
植松村　3-178, 5-194, 5-307
有漢下村〔有漢〕 3-177, 5 193, 5 307
有漢中村〔有漢〕 3-177, 5-193, 5-307
宇足津村○☆　3-180, 5-194, 5-307
宇足津村平山　3-180
内浦　3-181, 5-195
宇野津村　3-178, 5-194
埋川村　3-178, 5-193, 5-195, 5-307
浦田村　3-178, 5-194
浦田村枝八軒屋　3-178
江之浦　3-180, 5-195
江良村　3-179, 5-193, 5-307
生江濵村〔生江〕 3-179, 5-195, 5-307
大井村〔太井〕 3-176, 5-192, 5-307
大浦　3-180, 5-194
大江村☆　3-178, 5-195
大島中村〔大島〕 3-181, 5-195, 5-307
大竹村　3-177, 5-193, 5-307
大橋町　3-178
大畠村　3-180, 5-194, 5-307
岡谷 三軒屋　3-178
小川村　3-180, 5-194, 5-307
沖村　3-178, 5-193, 5-195, 5-307
尾﨑村石田〔尾﨑〕 3-178, 5-307
尾﨑村畑岡〔尾﨑村、尾﨑〕 3-178, 5-193, 5-307

押山濱 3-179, 5-195
小田村 3-179, 5-193, 5-195, 5-307
小田村有木 3-179
小田村堀越 3-179
乙島村 3-178, 5-307
乙島村養父 3-178, 5-195
鬼穴 5-193
小林村 3-179, 5-193, 5-307
小林村多町 3-179
帯江有城村〔帯江〕 3-178, 5-192, 5-194, 5-307
帯江沖新田 3-178, 5-192, 5-194
帯江高沼村〔帯江〕 3-178, 5-192, 5-194, 5-307
帯江前潟村早島前潟村入會〔帯江前潟村、早島前潟村〕 3-178, 5-192
笠岡村○☆ 3-179, 5-195, 5-307
笠島浦 3-180, 5-194
笠島浦新在家 3-180
笠島浦屋釜 3-180
柏島村 3-179, 5-195, 5-307
加須山村下灘田 3-178
片岡村長尾鼻〔片岡〕 3-177, 5-307
片岡村町組〔片岡〕 3-177, 5-307
片岡村向惣田〔片岡村、片岡〕 3-177, 5-193, 5-307
勝尾 5-307
金井戸村 3-176, 3-178, 5-192, 5-307
上足守村 3-176, 5-192
上出部村〔出部〕 3-179, 5-195, 5-307
上高田村〔高田〕 3-176, 5-192, 5-307
上土田村 3-176, 5-192, 5-307
上秦村 3-176, 3-178
上村下村入會有漢市場 3-177
亀島新田 3-178, 5-195, 5-307
加茂村 3-178, 5-192
加茂村高畑 3-178
加茂村橋向 3-178
通生村 3-180, 5-194, 5-307
軽部村枝柿木〔軽部村、軽部〕 3-178, 5-193, 5-307
軽部村枝中島〔軽部〕 3-178, 5-307
川張村 3-178, 5-194, 5-307
川邊村○☆ 3-178, 5-307
川面小林村 3-179, 5-193
川面村 3-177, 5-193, 5-307
川面村 3-179, 5-193
北木村 3-181, 5-195
北山村 3-179
木之子村 3-179
楠木 3-181, 5-195
窪木村 3-178, 5-192
窪木村大文字 3-176, 3-178
倉敷新田 3-178, 5-192, 5-194
倉敷村○ 3-178, 5-192, 5-193, 5-307
栗坂村 3-178
黒崎村☆ 3-179, 5-195, 5-307
黒崎村岩屋 3-179
黒崎村小原 3-179
黒崎村佐見 3-179
黒崎村天神川 3-179
小位庄村 3-178, 5-192
豪渓 5-307
甲生浦 3-180, 5-194
神代村 3-179, 5-193, 5-307
神代村押延 3-179
郷谷 3-176
甲怒村 3-179
小子位村 3-178, 5-192, 5-307
御供所村 3-180, 5-194, 5-307
小山村 3-176, 5-192, 5-307
小屋村 5-193
坂出村 3-180, 5-194
笹沖村 3-178
佐々木村 3-177, 5-193, 5-307
里山田村 3-179
塩生村 3-180, 5-194, 5-307
塩生村金濱 3-178, 3-180
塩屋村 3-180, 5-194, 5-307
宍粟村 3-176, 5-193, 5-307
四十瀬新田 3-178, 5-193, 5-195
四十瀬村 3-178, 5-193, 5-195
下倉村 3-176
下倉村草田 3-176
地頭片山 三軒屋 3-178
地頭村 3-177, 5-193, 5-307
紙工村 3-176, 5-192, 5-307
紙工村天満 3-176
渋江村枝田上〔渋江村〕 3-178, 5-193
清水村 3-178, 5-192, 5-193, 5-307
下足守村 3-176, 5-192
下庄村 3-178, 5-192, 5-307
下高田村〔高田〕 3-176, 5-192, 5-307
下津井村☆⛵ 3-180, 5-194, 5-307
下土居村 3-180
下撫川村 3-178, 5-192
下仁間村坪田 3-178
下林村葛山〔下林村〕 3-178, 5-192
下原村下原町（山崎主税助在所）〔下原村、下原〕 3-177, 5-193, 5-307
下日名村 3-177
下村 3-180, 5-194, 5-307
尻濱浦 3-180, 5-195
尻濱江之浦入會釜越 3-180
汁方 3-181
福地村 3-177, 5-193, 5-307
福地村鍋坂 3-177
臘數村星原 3-177
新庄上村 3-178, 5-192
新庄上村枝大山 3-178
新庄上村新地〔池〕 3-178
新庄下村江田 3-178
新庄下村千足 3-178
新庄下村作山〔新庄下村〕 3-178, 5-192
妹村 3-179, 5-193, 5-307
妹村井ノ口 3-178
妹村猿掛 3-179
惣爪村 3-178, 5-192
外浦中村 3-181, 5-195
園村有井 3-178
園村岡田（伊東播磨守在所）〔岡田〕 3-178, 5-193, 5-307
園村辻田〔園村〕 3-178, 5-193
田井村 3-177, 5-193
田井村秋町 3-177
田井村肉谷 3-177
高塚村 3-178, 5-192
高畑 3-178
竹浦 3-180
立田村 3-178, 5-192
立石浦 3-180, 5-195
田中村長田村入會〔田中村、長田村〕 3-176, 5-192
種井村 3-177, 5-193, 5-307
田之浦村 3-180, 5-194
田之口村☆ 3-178, 3-180, 5-194, 5-307
玉島村⛵ 3-178, 5-195, 5-307
玉島村上成 3-178
玉村 3-177
近似村大瀬 3-177
辻田森 3-178
粒江村 3-178, 5-194, 5-307
粒江村粒浦 3-178
連島江長〔連島〕 3-178, 5-195, 5-307
連島西之浦〔西之浦〕 3-178, 5-195, 5-307
天柱 5-193
土器村 3-180, 5-194, 5-307
鳥羽村 3-178
泊浦☆ 3-180, 5-194
泊浦小坂 3-180
泊浦宮濱 3-180
冨岡村 3-179, 5-195, 5-307
豊浦 3-181, 5-195
長崎 3-181
中島村 3-178, 5-192
中洲 3-180
中田村 3-178, 5-192, 5-307
長良村 3-176, 3-178, 5-192, 5-307
撫川村（戸川万蔵在所） 3-178, 5-307
七日市驛○☆ 3-179, 5-193, 5-195, 5-307
七日市村篠井 3-179
成羽村 3-177, 5-193, 5-307
西浦 3-180
西江原村今市〔西江原村、江原〕 3-179, 5-193, 5-307
西江原村加山 3-179
西江原村神戸 3-179
西江原村小角 3-179
西江原村新町 3-179
西江原村戸倉 3-179
西大島新田 3-181, 5-195
西大島村 3-181, 5-195
西郡村（蒔田権佐陣屋） 3-178, 5-192, 5-307
西郡村枝宿〔宿〕 3-178, 5-307
西郡村岡谷〔岡谷〕 3-178, 5-307
西郡村地頭片山 3-178
庭瀬（板倉右近在所） 3-178, 5-192, 5-307
白樂市村 3-178, 5-192, 5-193, 5-307
橋向 3-178
走出村 3-179
馬場 3-178
濱村 3-178, 5-192, 5-307
早島沖新田☆ 3-178, 5-194
早島高沼村〔早島〕 3-178, 5-192, 5-194, 5-307
原古才村高松〔原古才村、原小才〕 3-176, 3-178, 5-192, 5-307
原津村 3-178
東江原村田苅屋 3-179
東江原村土器屋 3-179
東江原村祝部〔東江原村〕 3-179, 5-193
東大島村 3-179, 3-181, 5-195
東栗坂村 3-178
東三成村市場〔東三成村、東三成〕 3-179, 5-193, 5-307
東三成村沖 3-179
東三成村下リ坂 3-179
東三成村谷川内 3-179
東三成村藤店 3-179
東三成村行部 3-179
東三成村吉野 3-179
引網村 3-180, 5-194, 5-307
彦崎☆〔彦崎村〕 3-178, 5-194, 5-307
日近村 3-176, 5-192, 5-307
平田村 3-178, 5-192
廣江村 3-178, 5-194, 5-195, 5-307
日羽村 3-176, 5-193
日羽村枝作原 3-176
吹上村 3-180, 5-194
福井村 3-178, 5-193, 5-195
福浦 3-181, 5-195
福崎村 3-176, 5-192
福田浦 3-180, 5-195
福田浦 3-180, 5-195
福田新田 3-178, 5-195
福谷村（岡山領） 3-176
福田村 3-178, 5-195, 5-307
藤戸村☆ 3-178, 5-194, 5-307
別府村 3-178, 5-192
法曽村 3-177, 5-193
槇谷村 3-176, 5-193
槇谷村市場 3-176
槇谷村山下 3-176
松島村 3-178, 5-192, 5-307
松山（板倉充之進居城）☆ 3-177, 5-193
松山西村松山東村入會〔松山西村、松山東村〕 3-177, 5-193
松山東村〔松山〕 3-177, 5-307
松山東村廣瀬 3-177
御崎 3-181
箕島村 3-178, 5-192, 5-307
溝手村 3-178, 5-192
溝手村槙〔植〕木 3-176, 3-178
三ツ田村 3-178, 5-192
美袋村○ 3-177, 5-193, 5-307
水内村 3-177
見延 3-176, 5-193
宮内村（吉備津社領） 3-178, 5-192
宮内村向畑 3-178
三輪村 3-178, 5-192, 5-193
三和村 3-178, 5-193, 5-307
廻り岩 3-176, 5-193
茂浦 3-180, 5-195
本堀村 3-179, 5-193, 5-307
本堀村大井 3-179
本堀村六反 3-179
茂平村 3-179, 5-195, 5-307
門前村 3-176, 5-192
門田村 3-178, 5-193, 5-307
矢掛町○☆ 3-179, 5-193, 5-307
矢掛村 3-179, 5-193
八川村 3-177, 5-193
八川村兼岡 3-177
八田部村 3-178, 5-193, 5-307
矢田村八田村入會〔矢田村、八田村、八田〕 3-178, 5-193, 5-307
柳分村 3-177, 5-193, 5-307
矢部村 3-178, 5-192, 5-307
山上村 3-176, 5-192, 5-307
山路村 3-178
勇崎村 3-179, 5-195, 5-307
西濱村 3-179, 5-195
横島村 3-179, 3-181, 5-195
吉岡村 3-178, 5-192, 5-194, 5-307
吉濱村 3-179, 5-195, 5-307
呼松村〔呼野村〕 3-178, 5-194, 5-195, 5-307
領家村 3-177, 5-193, 5-307
六條院西村 3-179, 5-195, 5-307

【社寺】

足次山神社 3-179
吉備社 3-178
吉備神社 5-192
吉備津彦神社〔吉備津

社〕 3-178, 5-192
藤戸寺 3-178
宝福寺 3-176, 3-178

【山・峠】

青野山 3-180
青穂山 3-179, 5-193
愛宕山 3-177
阿部山 3-179
稲木竜王 5-195
伊与部山（馬入山） 3-178, 5-193
鬼ケ城 5-192
甲山 3-178
小坂峠 5-193
古城跡 3-178
小屋峠 5-193
権現山 3-176
金比羅山 3-178
猿掛山 3-179
城山 3-177
城山 3-177
城山 3-176
末政山 3-178, 5-193
杉ケ峠 5-193
高竜王峠 3-177
多和山峠 5-193
トウヅレ（古城跡） 3-178
長尾山 3-177
南珠山 3-179
西方山 3-177
八幡山 3-177
日サシ山 3-178
聖坊山 3-176
福南山 3-178
福南山 3-178, 5-194
福山 3-178
二子山 3-178
二子山 3-178
傍尓峠 5-193
正木山 3-176, 3-178
水砂竜王 3-179, 5-193
武坂峠 5-193
ヤケ峠 5-193
社廻山 3-177
山上村山 3-179
山之上山 3-177
瑜伽山 3-178, 5-194
要害山 3-177
陽生山 3-179, 5-195
竜王山 3-176
鷲羽山 3-180

【河川・湖沼】

石蟹川 5-193
河邉川 3-177
サヽセ川 5-307
新市川 5-193
高橋川 3-177
寺河内川 5-193
撫川 3-178
松山川 3-178, 5-192, 5-307
与河内川 5-193
吉井川 5-307

【岬・海岸】

アシロ岩 3-181
大子岩 3-181
頭コシ 3-180
カフラ崎 3-180
亀島岬 3-178
神崎鼻 3-178
琴ノ鼻 3-180
下り松 3-181
山王鼻 3-180
獅子鼻 3-181
野島鼻 3-181
鳩崎 3-178
振鼻 3-180
ホ太岬 3-178
佛崎 3-181
宮崎 3-181

【島】

揖子島 5-307
イサロ濃地島 3-180, 5-195
イツキ山島 3-181
稲積島 3-181, 5-195
宇治島 3-181, 5-195, 5-307
ウワメシマ 3-178
烏帽子岩 3-180
大島 3-181, 5-195, 5-307
大島（呼松村屬） 3-178, 5-194, 5-307
大高島（神島屬） 3-181, 5-195, 5-307
大戸洌島〔大トス〕 3-181, 5-195
大濃地島 3-180, 5-195
大飛島（神島屬） 3-181, 5-195, 5-307
大無衣 3-180
沖白石 3-181
カシ島 3-181, 5-195
片島 3-179, 3-181, 5-195, 5-307
葛島 3-180, 5-194
カトリ島 3-181
釜島（下津井村屬） 3-180, 5-194
上濃地島 3-180, 5-195
上真島 3-180
上水島（下津井村屬） 3-180, 5-195, 5-307
北木島 3-181, 5-195, 5-307
木ノ子シマ 3-179, 3-181, 5-195
神島 3-181, 5-195, 5-307
小コチシマ 3-181
小高島 3-181, 5-195
小手島（手島屬） 3-181, 5-195, 5-307
小飛島（神島屬） 3-181, 5-195
小戸洌島 3-181
小無衣 3-180
小与島（与島屬） 3-180, 5-194, 5-307
サステ島 3-181, 5-195
三郎島 3-181, 5-195
塩飽岩黒島〔岩クロシマ〕 3-180, 5-194
塩飽牛島〔牛島〕 3-180, 5-194, 5-307
塩飽牛島 5-195
塩飽上二面島 3-180
塩飽小島〔小島〕 3-181, 5-195
塩飽小瀬居島〔小瀬居島〕 3-180, 5-194
塩飽佐柳島☆〔佐柳島〕 3-181, 5-195, 5-307
塩飽下二面島〔塩飽牛島〕 3-181
塩飽沙弥島〔沙弥島〕 3-180, 5-194, 5-307
塩飽高見島〔高見島〕 3-180, 5-195, 5-307
塩飽手嶋〔手島〕 3-180, 5-307
塩飽長島〔長島〕 3-180, 5-194
塩飽羽佐島〔羽佐シマ〕 3-180, 5-194
塩飽櫃石島〔櫃石島〕 3-180, 5-194, 5-307
塩飽廣島〔廣島〕 3-180, 5-195, 5-307
塩飽本島 3-180, 5-194, 5-307
塩飽室木島〔室木島〕 3-180, 5-194, 5-307
塩飽與島⛵〔與島〕 3-180, 5-194, 5-307
下真島 3-180
下水島 3-180, 5-195, 5-307
杓子〔杓子島〕 3-180, 5-195
杓子 3-180
杓子 3-180
杓子 3-180
白石島☆ 3-181, 5-195, 5-307
スヾメ小島 3-180
瀬居島 3-180, 5-194, 5-307
タイ岩 3-181
高シマ 3-181
高島（塩生村屬） 3-178, 3-180, 5-195, 5-307
建石 3-181
竪場島（田之口村屬）〔立場島〕 3-180, 5-194, 5-307
トイノシマ 3-181, 5-195
鳥小島 3-180
島〔鳥〕山 3-181, 5-195
長島 3-178
長ソハエ 3-181
ナヘシマ 3-180
袴島 3-181, 5-195, 5-307
鼻クリシマ 3-178
ハフシ岩 3-180
ハフシマ 3-181
歩渡島 3-180
辨天島 3-180, 5-194
細濃地島 3-180, 5-195
松島（下津井村屬） 3-180, 5-194
真鍋島☆ 3-181, 5-195, 5-307
丸山島 3-178, 5-195
名字島 3-181, 5-195
向笠島（笠島浦屬） 3-180, 5-194
六口島（下津井村屬） 3-180, 5-195, 5-307
六島（真鍋島屬） 3-181, 5-195
元小島 3-181, 5-195
寄島（東大島村屬） 3-181, 5-195, 5-307

第152号 観音寺

【国名】

伊豫國〔伊豫〕 3-184, 3-185, 5-214
讃岐國〔讃岐〕 3-184, 5-194, 5-307
土佐國〔土佐〕 3-184, 3-185, 5-200, 5-310

【郡名】

宇摩郡 3-184, 3-185, 5-196, 5-307
多度郡 3-182, 5-194, 5-307
豊田郡 3-183, 3-184, 5-195, 5-196, 5-307
長岡郡 3-184, 3-185, 5-196, 5-307, 5-310
那珂郡 3-182, 5-194, 5-307
三野郡 3-182, 3-183, 5-195, 5-307

【地名】

家之浦 3-183, 5-195, 5-307
牛ノ洲 3-183
馬立村 3-184, 3-185, 5-196, 5-307
馬立村市中 3-184
馬立村大影 3-184
馬立村惣野 3-184, 3-185
馬立村撞鐘 3-184, 3-185
馬立村長瀬 3-184, 3-185
馬立村茗荷 3-184, 3-185
榎井村 3-182, 5-194, 5-307
榎井村枝横瀬 3-182
江ノ浦 3-182, 5-195
大石村 3-185, 5-196, 5-307, 5-310
大浦 3-183
大濱浦 3-183, 5-195
大濱浦枝船越 3-183
大濱浦鴨ノ越 3-183
大濱浦名部戸 3-183
大濱浦ヒシキ 3-183
大町村 3-184, 5-196, 5-307
大見村 3-182, 5-195
大見村久保谷 3-182
長田村 3-184, 5-196
葛原村 3-185, 5-196, 5-307
金川村 3-184, 5-196, 5-307
上關村 3-185, 5-196
上分村 3-184, 5-196, 5-307
上山村 3-184, 5-196, 5-307
鴨村 3-182
川口村 3-185, 5-196
川口村矢柱 3-185
川之江村○☆ 3-184, 5-196, 5-307
川之江村長礒 3-184
川之江村馬塲 3-184
観音寺假屋浦○〔観音寺〕 3-183, 5-307
観音寺琴弾八幡 3-183
観音寺中洲浦○〔観音寺〕 3-183, 5-195, 5-307
木能津村〔能津〕 3-185, 5-196, 5-307, 5-310
京濱 3-183, 5-195
櫛梨村 3-182, 5-194
具定村 3-184, 5-196, 5-307
柞原村 3-182, 5-194
公文村 3-182, 5-194, 5-307
郡家村 3-182, 5-194, 5-307
香田浦 3-183, 5-195, 5-307
香田浦綿内 3-183
東風濱 3-183, 5-195
笹ケ峰 3-184, 3-185, 5-196, 5-307
三條村 3-182, 5-194, 5-307
塩屋 3-183
下金倉村 3-182, 5-194, 5-307
下關村 3-185, 5-196
下高瀬村 3-182, 5-195, 5-307
下高瀬村汐木 3-182
下津野村 3-185, 5-196, 5-307, 5-310
下分村 3-184, 5-196, 5-307
新宮村 3-184, 5-196, 5-307
新瀬川村 3-184, 5-196
新瀬川村窪ケ内 3-184, 3-185
新町村 3-182, 5-195, 5-307
助藤村 3-185
髙屋村 3-183
詫間村枝蟻ノ首 3-182
詫間村枝高谷 3-182, 3-183
詫間村枝須田濱 3-183
詫間村汐木〔詫間村、詫間〕 3-182, 5-195, 5-307
詫間村新濱 3-183
詫間村塩生〔詫間〕 3-183, 5-307
竹之浦 3-183, 5-195
立川村 3-185, 5-196
立川村今屋 3-185
立川村千本 3-185
多度津（京極壹岐守在所） 3-182, 5-195, 5-307
垂水村 3-182, 5-194
津家村 3-185
積浦☆ 3-183, 5-195, 5-307
積浦枝小久保新田 3-183
豊田村 3-184, 5-196, 5-307
長須村 3-184, 5-196, 5-307
中之庄村 3-184, 5-196, 5-307
中府村 3-182, 5-194, 5-307
生里浦 3-183, 5-195, 5-307
生里浦枝仁老濱 3-183
仁尾村☆ 3-183, 5-195, 5-307
仁尾村枝曽保原 3-183
西寒川村〔寒川〕 3-184, 5-196, 5-307
西白方浦〔白方〕 3-182, 5-195, 5-307
西白方浦屛風ケ浦 3-182
西髙篠村 3-182, 5-194
苗田村 3-182, 5-194, 5-307
野田村 3-184, 5-196, 5-307
箱浦 3-183, 5-195, 5-

307
箱浦枝室濵　3-183
花稲村　3-183, 3-184, 5-195, 5-196, 5-307
原田村　3-182
半田村　3-184, 5-196, 5-307
東寒川村〔寒川〕　3-184, 5-196, 5-307
東寒川村江之元　3-184
東白方浦〔白方〕　3-182, 5-195, 5-307
東白方浦枝見立　3-182
姫路　3-183, 5-195
姫濵村　3-183, 3-184, 5-195, 5-196, 5-307
姫濵村枝大平木　3-183, 3-184
筆洲　3-183
古田村　3-185, 5-196, 5-307, 5-310
堀江村　3-182, 5-194
松尾町☆　3-182, 5-194, 5-307
松﨑村☆　3-182, 5-195, 5-307
松﨑村北浦　3-182
松﨑村水出　3-182
丸亀　5-194, 5-307
二島村○〔三島〕　3-184, 5-196, 5-307
水ケ峰　3-184, 5-196
水ノ浦　3-182, 5-195
蓑浦村〔蓑浦〕　3-184, 5-196, 5-307
蓑浦村關屋　3-184
宮ノ浦　3-182, 5-195
村松村　3-184, 5-196, 5-307
室本浦　3-183, 5-195, 5-307
妻島〔鳥〕村　3-184, 5-196, 5-307
妻島〔鳥〕村新濵　3-184
本山村　3-185, 5-196, 5-307, 5-310
山田尻村　3-183, 5-195, 5-196, 5-307
山北村　3-182, 5-194, 5-307
與北村〔与北〕　3-182, 5-194, 5-307
與北村茶堂　3-182
餘木村　3-184, 5-196, 5-307
吉津村　3-182, 5-195
吉津村枝汐木　3-182
吉延村　3-185, 5-196, 5-307, 5-310
和田濵☆　3-183, 3-184, 5-195, 5-196, 5-307
和田村　3-184

【社寺】

金毘羅社　3-182, 5-194, 5-307

【山・峠】

雨霧山　3-182, 5-194
飯野山　3-182, 5-194, 5-307
稲積山　3-183
弥谷山　3-182
雲邉寺山　5-196, 5-307, 5-310
大山権現〔大山〕　3-184, 3-185, 5-194
三角寺山　5-196
三足山　3-184
紫雲天　3-183
塩塚山　3-185
出釈迦山　3-182, 5-194
象頭山　3-182, 5-194, 5-307
髙門山　3-184

【河川・湖沼】

椎田川　3-183
松﨑川　3-182

【岬・海岸】

一宮﨑　3-183
髙谷鼻　3-182, 5-195
古三﨑　3-183
ツクモ﨑　3-183
箱﨑　3-183, 5-195

【島】

粟島☆　3-183, 5-195, 5-307
伊吹島　3-183, 5-195, 5-307
岩島　3-182, 5-195
大蔦島（仁尾村屬）　3-183, 5-195, 5-307
亀笠島（見立屬）　3-182, 5-195, 5-307
唐島　3-182, 5-195
小蔦島　3-183, 5-195, 5-307
小股島　5-195, 5-196
志々島　3-183, 5-195, 5-307
津島　3-182, 5-195
天神山〔天神シマ〕　3-183, 5-195
辨天山　3-183
股島　5-195, 5-196
丸山島　3-183, 5-195, 5-307

第153号 隠岐島後

【国名】

隠岐國〔隠岐島後、隠岐島前、隠岐嶋後〕　3-186, 5-191, 5-305

【郡名】

越智郡　3-186, 3-187, 5-191, 5-305
周吉郡　3-186, 3-187, 5-191, 5-305

【地名】

飯田村　3-186, 5-191
飯美村　3-186, 5-191, 5-305
伊後村　3-186, 5-191, 5-305
犬来村　3-186, 5-191, 5-305
今津村　3-186, 5-191, 5-305
卯敷村　3-186, 5-191, 5-305
大久村　3-186, 5-191, 5-305
釜村　3-186, 5-191, 5-305
加茂村　3-186, 5-191, 5-305
元屋村　3-186, 5-191
岸濵村☆　3-186, 5-191
地〔北〕方村長尾田　3-187
北方村福浦〔北方村、北方〕　3-187, 5-191, 5-305
久見村　3-187, 5-191, 5-305
下西村　3-186, 5-191
代村　3-187, 5-191, 5-305
惣社村　3-186, 5-191
蛸木村☆　3-187, 5-191, 5-305
津井村　3-186, 5-191, 5-305
津戸村　3-187, 5-191, 5-305
都万村　3-187, 5-191, 5-305
都万村大津久　3-187
島後　3-186
東郷村　3-186, 5-191
東郷村宇屋町　3-186
東郷村小田　3-186
中村☆　3-186, 5-191, 5-305
那久村〔奈久〕　3-187, 5-191, 5-305
西田村　3-186, 5-191, 5-305
西村　3-186, 5-191, 5-305
布施村　3-186, 5-191, 5-305
湊村　3-186, 5-191
南方村　3-187, 5-191
南方村藏田〔南方〕　3-187, 5-305
南方村福浦　3-187
箕浦村〔箕〕　3-186, 5-191, 5-305
目貫村☆⛵　3-186, 5-191, 5-305
矢尾村　3-186, 5-191, 5-305
油井村　3-187, 5-191, 5-305

【山・峠】

飯野山　3-186, 5-191
大満寺山　3-186, 5-191
髙田山　3-187
トキハリ山　3-186

【河川・湖沼】

男池　3-186, 5-191
女池　3-186, 5-191

【岬・海岸】

鵜糞鼻　3-187
鵜代ノ鼻　3-187
サイコヲノ岬　3-186, 5-191
白﨑　3-186
那久﨑　3-187, 5-191
福浦岬　3-187

【島】

赤シマ　3-186, 5-191
赤シマ　3-186
アツキシマ　3-186
烏帽子島　3-187, 5-191
大ウツシマ　3-187, 5-191
大黒島　3-186, 5-191
大シマ　3-186, 5-191
大森島（津戸村屬）　3-187, 5-191
男カメ　3-186
沖ツノメ　3-186
沖島　3-186, 5-191
沖ノヒラ　3-186
音部島　3-187, 5-191
桂島　5-191
カヒシマ　3-186, 5-191
釜島　3-186, 5-191, 5-305
経ケ島　3-186
クルシマ　3-186, 5-191
黒島　3-187, 5-191
黒島　3-186, 5-191
小ウツシマ　3-187, 5-191
小島　3-186, 5-191
小白島　3-186, 5-191
琴島　3-186, 5-191, 5-305
四敷島　3-187, 5-191
シブ島　3-186, 5-191
雀シマ　3-186, 5-191
雀島　3-186, 5-191
セツシマ　3-186
甲〔田〕島　3-186, 5-191
立石　3-186
立石　3-186
立島　3-187
ツクシマ　3-186, 5-191
ツタシマ　5-191
長島　3-186, 5-191
西柱シマ　3-187, 5-191
鼠シマ　3-186
東柱シマ　3-187, 5-191
ヒシキシマ　3-186
平シマ　3-186, 5-191
舟島　3-186
弁天シマ　3-187
弁天シマ　3-186
前ツノメ　3-186
松シマ〔松島〕　3-186, 5-305
松シマ〔松島〕　3-187, 5-191, 5-305
松シマ　3-186, 5-191
松島　3-187, 5-191
松島　3-186, 5-191
松島（豊田村屬）　3-187, 5-191, 5-305
女カメ　3-186

第154号 隠岐島前

【国名】

隠岐国〔隠岐島後、隠岐島前、隠岐嶋前〕　3-188, 3-189, 5-191, 5-305

【郡名】

海士郡　3-188, 5-191, 5-305
知夫里郡　3-189, 5-191, 5-305

【地名】

海士村　3-188, 5-191, 5-305
海士村北分　3-188
宇賀村☆　3-189, 5-191, 5-305
宇賀村大宇賀　3-188
宇賀村藏ノ谷　3-188
宇賀村知當　3-189
宇津賀村　3-188, 5-191
薄毛　3-189
浦之郷村☆〔浦郷〕　3-189, 5-191, 5-305
浦之郷村赤之江　3-189
浦之郷村珍﨑　3-189
浦之郷村〔三〕度　3-189
古海　3-189
太井村　3-188, 5-191
大江　3-189
来居　3-189
﨑村☆　3-188, 5-191, 5-305
﨑村多井　3-188
多沢　3-189
知々井村☆　3-188, 5-191, 5-305
知々井村保々美　3-188
知夫里村⛵　3-189, 5-191, 5-305
島前　3-189
豊田村　3-188, 5-191
豊田村野田　3-188
福井村菱浦〔福井村、福井〕　3-188, 5-191, 5-305
布施村　3-188, 5-191, 5-305
布施村日須賀　3-188
別府村　3-189, 5-191
美田村　3-189, 5-191
美田村大津〔大津〕　3-189, 5-305
美田村大山明　3-189
美田村橋津　3-189
美田村船越　3-189

【社寺】

後醍醐天皇旧跡　3-189
文学〔覚〕上人旧跡　3-189

【山・峠】

跡砥山　3-188
カラカミ山　3-189
髙平山　3-189, 5-191
焼火山　3-189, 5-191, 5-305
茶筌山　3-189

【岬・海岸】

赤灘鼻　3-189, 5-191
馬﨑　3-189, 5-191
上ツヤ岬　3-188
キロヲ﨑　3-188, 5-191
獅子鼻　3-189
瀬戸鼻　3-189
知々井岬　5-191
長尾鼻　5-191
ノタ岬　5-191
菱屋岬　3-188
辨天岬　3-189

【島】

淺島　3-189, 5-191, 5-305
イシマ　3-188, 5-191
ウス毛　3-189
腕島　3-189, 5-191
大桂島〔桂島〕　3-189, 5-191, 5-305
大シマ　3-188, 5-191
大森島　5-305
ヲトリカケ　3-189, 5-

191
桂島　3-188, 5-191
カン島　3-189, 5-191, 5-305
冠島　3-188, 5-191, 5-305
小桂島〔桂島〕　3-189, 5-305
小波嘉島　3-188, 5-191
小森島　3-188, 5-191, 5-305
自島〔白シマ〕　3-188, 5-191
島津島　3-189, 5-191, 5-305
竹島　3-188, 5-191
立島　3-189
立島　3-189, 5-191
俵シマ　3-189, 5-191
知夫里島　3-189, 5-191, 5-305
中島〔中ノ島〕　3-188, 5-191, 5-305
西島〔西ノ島〕　3-189, 5-191, 5-305
波嘉島　3-188, 5-191, 5-305
ハナレシマ　3-189
ヒイコ島　3-188, 5-191
二又島　3-188, 5-191, 5-305
弁天シマ　3-189, 5-191
黒〔星〕神島〔星上島〕　3-188, 5-191, 5-305
見附シマ　3-189
渡カミ　3-189

第155号
松江・米子

【国名】

出雲国〔出雲〕　3-192, 5-190, 5-204, 5-305
伯耆国〔伯耆〕　3-192, 5-189, 5-305

【郡名】

會見郡　3-190, 3-192, 5-189, 5-305
汙入郡　3-190, 3-192, 5-189, 5-305
意宇郡　3-191, 3-193, 5-190, 5-204, 5-305
島根郡　3-191, 5-190, 5-305
能義郡　3-190, 3-191, 3-193, 5-189, 5-190, 5-305

【地名】

赤井手村　3-190, 3-192, 5-189
赤江村西分〔赤江村、赤江〕　3-191, 3-193, 5-190, 5-305
赤江村東分〔赤江〕　3-191, 3-193, 5-305
上リ道村〔上道〕　3-190, 5-189, 5-190, 5-305
朝酌村　3-191, 5-190
出雲郷村下分出雲郷町○〔出雲郷村〕　3-191, 5-190, 5-305
荒島村荒島町〔荒島〕　3-191, 3-193, 5-190, 5-305
粟島村〔粟島〕　3-192, 5-189, 5-190, 5-305
石原村　3-193, 5-190, 5-305
井尻村川尻輪　3-190, 3-192
意東村下分〔意東村、意東〕　3-191, 3-193, 5-190, 5-305
意東村下分羽入　3-191, 3-193
飯生村　3-190, 3-192, 5-189, 5-190, 5-305
今在家村　3-190, 3-192, 5-189
今津村上分〔今津村〕　3-191, 3-193, 5-189, 5-190
今津村下分　3-191, 3-193
今村　3-190, 3-192, 5-189
揖屋村揖屋町〔揖屋村〕　3-191, 3-193, 5-190, 5-305
揖屋村西揖屋　3-191, 3-193
入江　3-191, 5-190
陰田村〔隠田〕　3-190, 3-192, 5-189, 5-190, 5-305
植田村　3-193, 5-190
宇内村〔宇代村〕　3-192, 5-189
宇内村中曽　3-192
遠藤村　3-192, 5-189
邑生村　3-191, 5-190, 5-305
大井村　3-191, 5-190
大草村　3-191, 3-193, 5-190, 5-305
大﨑村　5-189, 5-190
大篠津村　3-190, 5-189, 5-190
大塚村　3-192
大寺村　3-192
大庭村〔大場村〕　3-191, 3-193, 5-190, 5-305
大海崎村　3-191, 5-190, 5-305
岡成村　3-190, 3-192
祖父谷村　3-193, 5-190, 5-305
尾髙村　3-190, 3-192, 5-189, 5-305
小野村　3-192
折坂村　3-192, 5-189, 5-190, 5-305
大葦浦　3-191, 5-190
海池村　3-190, 3-192, 5-189, 5-190
加賀浦☆⛛　3-191, 5-190, 5-305
加賀浦佐波　3-191
笠浦　3-191, 5-190, 5-305
片江浦　3-191, 5-190
門生村　3-190, 3-192, 5-189, 5-190, 5-305
上宇部尾村　3-191, 5-190
上福原村〔福原〕　3-190, 3-192, 5-189, 5-190, 5-305
亀尻　3-191, 5-190
蚊屋村　3-190, 3-192, 5-189, 5-305
川岡村　3-190, 3-192
河﨑村　3-190, 5-189, 5-190, 5-305
勝田村　3-190, 3-192, 5-189, 5-190, 5-305
神庭村　3-191, 3-193
吉佐村　3-192, 5-189, 5-190, 5-305
岸本村日野郷別所村〔岸本村〕　3-192, 5-189
北浦　3-191, 5-190, 5-305
北浦菅分　3-191
北安田村　3-192, 5-189, 5-190, 5-305
清井村　3-192, 5-189, 5-190
清瀬村　3-192, 5-189, 5-190
清水村　3-190, 3-192, 5-189, 5-190
切川村　3-190, 3-193
車尾村　3-190, 3-192, 5-189, 5-190, 5-305
九重村　3-190, 3-192, 5-189, 5-190
熊野村☆　3-193, 5-190, 5-305
熊野村大石　3-191, 3-193
熊野村大田　3-193
熊堂村　3-190, 3-192, 5-189, 5-190, 5-305
雲津浦⛛　3-190, 5-189, 5-190, 5-305
国屋村〔國谷〕　3-191, 5-190, 5-305
黒島〔鳥〕村　3-190, 3-192, 5-189, 5-190
小篠津村　3-190, 5-189, 5-190, 5-305
小曽井　3-191, 5-190
小浪村　3-190, 3-192, 5-189
佐斐神村　3-190, 5-189, 5-190, 5-305
境村⛛　3-191, 5-189, 5-190, 5-305
坂田村上分〔坂田村〕　3-191, 3-193, 5-189, 5-190
佐草村　3-191, 3-193, 5-190
佐草村三反田　3-191, 3-193
佐草村立石　3-191, 3-193
佐久保村　3-190, 3-192, 5-189, 5-190
佐陀村　3-190, 3-192, 5-189
實松村　3-191, 3-193, 5-189, 5-190
澤村　3-193, 5-189, 5-190
三部村　3-190, 3-192
三部村　3-192, 5-189
七類浦☆　3-190, 5-189, 5-190, 5-305
七類浦法田　3-190
島田村　3-190, 3-192, 5-189, 5-190
下宇部尾村　3-191, 5-190, 5-305
下ノ郷村　3-190, 3-192
下福原村〔福原〕　3-190, 3-192, 5-189, 5-190, 5-305
新庄村　3-192
新庄村　3-191, 5-190
石列分村　3-192
瀬﨑　5-305
大根島〔大根嶋〕　3-191, 5-190, 5-305
髙田村　3-190, 3-192, 5-189, 5-190, 5-305
竹内村　3-190, 5-189, 5-190
多古浦　3-191, 5-190
手角村　3-191, 5-190, 5-305
立岩村　3-192
千酌村　3-191, 5-190, 5-305
竹矢村　3-191, 3-193, 5-190
竹矢村大門　3-191, 3-193
父原村　3-192, 5-189
月坂村山部　3-190, 3-193
津田村西分〔津田村、津田〕　3-191, 5-190, 5-305
津田村東分〔津田〕　3-191, 5-305
寺津　5-190
外構村　3-192
利弘村　3-193, 5-189, 5-190
外江村　3-191, 5-189, 5-190, 5-305
富益村　3-190, 5-189, 5-190, 5-305
鳥木村　3-193, 5-189, 5-190
中島村　3-191, 3-193, 5-189, 5-190, 5-305
中野村　3-190, 5-189, 5-190, 5-305
中間村　3-190, 3-192, 5-189
長海村　3-191, 5-190, 5-305
灘新田　3-190, 3-192, 5-305
新屋村　3-190, 5-189, 5-190, 5-305
西岩坂村　3-191, 3-193, 5-190
西岩坂村青木　3-191, 3-193
西岩坂村来次　3-193
西岩坂村元田　3-191, 3-193
西尾村　3-191, 5-190, 5-305
西川津村　3-191, 5-190, 5-305
二部宿○　3-192, 5-189
二部宿間地　3-192
二本木村箕村〔二本木村、二本木〕　3-190, 3-192, 5-189, 5-305
野井浦　3-191, 5-190, 5-305
乃木村　3-191, 3-193, 5-190, 5-204
野田村　3-192
野外村　3-190, 3-192, 5-189, 5-190
野波浦　3-191, 5-190, 5-305
野波浦瀬﨑　3-191
野原村　3-191, 5-190
飯島村　3-191, 3-193, 5-189, 5-190, 5-305
服部村　3-192, 5-189, 5-190, 5-305
羽根尾　3-191, 5-190
馬場村　3-190, 3-192, 5-189, 5-190, 5-305
日吉津村　3-190, 3-192, 5-189, 5-305
東岩坂村　3-191, 3-193, 5-190
東岩坂村駒返　3-193
東岩坂村別所　3-193
日吉村　3-191, 3-193, 5-190, 5-305
廣瀬村廣瀬町〔廣瀬、廣瀬村〕　3-193, 5-190, 5-305
福浦　3-190, 5-189, 5-190, 5-305
福定村　3-190, 5-189, 5-190
福富村　3-191, 3-193, 5-190, 5-204
福富村　3-191, 5-190, 5-305
福万村下河原　3-192
二見　3-191, 5-190
古市村　3-192, 5-189
古川村　3-193
別所村　3-192
細井村　3-190, 3-192, 5-189, 5-190, 5-305
細見村　3-192, 5-189, 5-305
細見村清山　3-192
本庄村　3-191, 5-190, 5-305
馬潟村　3-191, 3-193, 5-190
馬心村　3-192, 5-189
馬心村新田押口村〔押口〕　3-192, 5-305
間地山銕山所　3-192
町大谷村〔大谷〕　3-190, 3-192, 5-189, 5-190, 5-305
松江白潟　3-191, 5-190
松江末次☆〔松江〕　3-191, 5-190, 5-305
松江分　3-191, 5-190
馬渡　3-191
水浦　3-191, 5-190, 5-204, 5-305
水濱村　3-190, 3-192, 5-189
三柳村　3-190, 5-189, 5-190, 5-305
三保関☆⛛　3-190, 5-189, 5-190, 5-305
三保ノ関佐井野　3-190
宮内村　3-190, 3-192, 5-189, 5-190
目大谷村　3-190, 3-192, 5-189, 5-190
母里村　3-192, 5-189, 5-190
母里村枝井戸　3-192
母里村枝西市　3-192
母里村枝原代　3-192
母里村母里町☆〔母里〕　3-192, 5-189, 5-190, 5-305
森山村　3-191, 5-190, 5-305
森山村宇井　3-190, 3-191
森山村小中　3-191
森山村日向　3-190
諸喰浦　3-190, 5-189, 5-190, 5-305
安来村安來町○☆〔安来村〕　3-190, 3-192, 5-189, 5-190, 5-305
矢田村　3-193, 5-189, 5-190
山形村　3-193
山草村　3-191, 3-193

山代村　3-191, 3-193, 5-190, 5-305
山代村古志原　3-191, 3-193
八幡村　3-192
八幡村安国寺〔八幡村、八幡〕　3-191, 3-193, 5-190, 5-305
吉岡村　3-190, 3-192, 5-189, 5-190, 5-305
葭津村　5-189, 5-190
四日市村新田豊田村〔四日市村、豊田〕　3-190, 3-192, 5-189, 5-190, 5-305
米子　3-190, 3-192, 5-189, 5-190, 5-305
夜見村　3-190, 5-189, 5-190, 5-305
和田村　3-190, 3-192, 5-189, 5-190, 5-305
和田村　3-190, 5-189, 5-190, 5-305
渡村〔渡リ〕　3-191, 5-189, 5-190, 5-305

【社寺】

市原神社　3-191, 3-193
市原神社　3-191, 3-193
揖夜神社　3-191, 3-193
上ノ宮熊野在〔坐〕神社　3-193
大神山神社　3-190, 3-192, 5-189
勝日神社　3-193
神魂神社　3-191, 3-193
勝田明神　3-190, 3-192
清水寺　3-190, 3-192
熊野下宮大出初神社　3-193
久米神社　5-305
国分寺跡　3-191, 3-193
前神社　3-193
佐久佐神社　3-191, 3-193
須多神社　3-191, 3-193
鷹日神社　3-191
田面神社　3-192, 5-189, 5-190
筑陽神社　3-191, 3-193
都辨志呂神社　3-193
天神社　3-191
野城神社　3-191, 3-193
野白神社　3-191, 3-193
詔門神社　3-191, 3-193
平濱八幡　3-191, 3-193
真名井神社　3-191, 3-193
賣豆紀神社　3-191
山代神社　3-191, 3-193
山代神社　3-191, 3-193

【山・峠】

月山　3-193
勝山　3-193
境良城山　3-193
境良城山　3-193
澄水山　3-191
関城山　3-192
岳山　3-191
獨岳　3-193
日和山　5-189, 5-190
福浦山　3-190
要害山　3-192
羽倉古城山　3-191

【河川・湖沼】

赤川　3-191, 3-193
出雲郷川　3-191, 3-193
伊勢宮川　3-191
大橋　3-191
クマノ川　5-190
田頼川　3-191, 3-193
天神川　3-191
冨田川　3-191, 5-305
日野川〔日ノ川〕　3-190, 3-192, 5-189, 5-190, 5-305

【岬・海岸】

アイロ鼻　3-190, 3-192
桂鼻　3-191, 5-190
亀ケ崎　3-190
クケト鼻〔潜戸鼻〕　3-191, 5-190
地蔵崎〔地蔵岬〕　3-190, 5-305
白クキ鼻　3-191
タコ鼻　3-191, 5-190
ナクヤ鼻　3-191
マノセ岬　3-190, 3-192
和田多鼻　3-191

【島】

青シマ　3-190
赤シマ　3-190, 5-189, 5-190
馬シマ　3-191, 5-190
江島（大根島屬）　3-191, 5-190, 5-305
エホシシマ　3-191
烏帽子島　3-191, 5-190
烏帽子島　3-191, 5-190, 5-204
ヲヽツシマ　3-191, 5-190
沖市目　3-190
沖ヲトシマ　3-190, 5-189, 5-190
沖御前　3-190, 5-189, 5-190, 5-305
桂島　3-191, 5-190
カテシマ　3-191
カマシマ　3-190, 3-192, 5-189, 5-190
亀シマ　3-192, 5-189, 5-190
カヤシマ　3-191, 5-190, 5-204
観音岩　3-191
クシシマ　3-191
久島　3-191, 5-190
鯨シマ　3-190
クニトリシマ　3-191
黒カミシマ　3-191, 5-190
クロシマ　3-190
クロシマ　3-191, 5-189, 5-190
黒シマ　3-191, 5-190
クロシマ　3-191, 5-190
猿渡島　3-191, 5-190, 5-204
白カミシマ　3-191, 5-190
髙塲島　3-190, 5-189, 5-190
竹シマ　3-190, 5-189, 5-190
太島　3-191, 5-190
立石シマ　3-190, 5-189, 5-190
地市目〔市メ〕　3-190, 5-189, 5-190
地御前　3-190, 5-189, 5-190, 5-305
簗島　3-191, 5-190, 5-305
ツヽキシマ　3-191, 5-190
中シマ　3-191, 5-190
長シマ　3-191, 5-190
入道クリ　3-191, 5-189, 5-190
野シマ　3-191
ハシマ　3-190, 5-189, 5-190
ハチスシマ　3-191, 5-190
ハテシマ　3-191
ハナヲシマ　3-191, 5-190
ヒシヤコシマ　3-190
ニツシマ　3-191
辨天シマ　3-191
弁天シマ　3-191
弁天シマ　3-190
弁天シマ　3-190
弁天シマ　3-191
弁天シマ　3-191, 5-190
弁天シマ　3-191, 5-190
弁天シマ　3-191, 5-190
佛岩　3-190, 3-192, 5-189, 5-190
馬シマ　3-191, 5-190, 5-204
松シマ　3-190, 3-192, 5-189, 5-190
松シマ　3-191, 5-190
俎島　3-190, 3-192, 5-189, 5-190
ヤシマ　3-191
娵シマ　3-191, 5-190, 5-204
和久王島　3-190, 5-189, 5-190
鷲鳥シマ　3-191
ワタリシマ　3-191, 5-190

第156号 東城

【国名】

備中國〔備中〕　3-194, 3-196, 5-193, 5-307
備後國〔備後〕　3-194, 3-196, 5-210, 5-307

【郡名】

蘆田郡〔芦田郡〕　3-196, 5-208, 5-307
川上郡　3-196, 5-193, 5-307
甲怒郡　3-197, 5-208, 5-307
後月郡　3-196, 5-193, 5-307
神石郡　3-194, 3-196, 5-193, 5-307
哲多郡　3-194, 5-193, 5-307
奴可郡　3-194, 3-195, 3-196, 5-208, 5-307
三上郡　3-195, 3-197, 5-208, 5-307

【地名】

赤川古城跡　3-195, 3-197
井關村　3-196, 5-307
井關村下井關☆〔井關村〕　3-196, 5-193
井永村　3-197, 5-208, 5-307
井永村柳原　3-197
稲草村大谷　3-197
稲草村郷原　3-197
稲草村田房上市　3-197
稲草村森藤　3-197
宇山村　3-195, 5-208, 5-307
宇山村有頭　3-195
宇山村為平　3-195
大竹村　3-194, 5-193, 5-307
小用村　3-195, 3-197, 5-208, 5-307
梶田村　3-197, 5-208, 5-307
上神代村　3-194, 5-193, 5-307
上神代村市岡　3-194
上神代村西江　3-194
下〔上〕豊松村　3-196
川西村　3-194
川西村東城町○〔川西村東城、東城〕　3-194, 5-193, 5-208, 5-307
川東村　3-194, 5-193, 5-208
久代村　3-194, 5-193, 5-208, 5-307
久代村上野　3-194
髙山市村　3-196, 5-193, 5-307
髙山村（井手髙山）　3-196, 5-193
坂瀬川村犬塚　3-196, 5-193
笹尾村　3-196, 5-193, 5-307
下神代村　3-194, 5-193, 5-307
下神代村岩屋　3-194
下神代村門瀬　3-194
下神代村河原　3-194
下豊松村　3-196, 5-193, 5-307
始終村雨連〔始終村、始終〕　3-195, 5-208, 5-307
上下村植木　3-197
上下村下野　3-197
上下町上下村○〔上下村、上下〕　3-197, 5-208, 5-307
新免村　3-194, 3-196, 5-193, 5-208, 5-307
新免村藤谷　3-194, 3-196
髙尾　3-194
近田村　3-196, 5-193, 5-208, 5-307
長末村　3-195, 3-197, 5-208
長末村八幡田　3-195, 3-197
中平村　3-196, 5-193, 5-307
西方村　3-194, 5-193, 5-307
西方村金子　3-194
西油木村　3-196, 5-193, 5-208
西油木村古市　3-196
畑木村　3-194, 5-193
花濟村　3-196, 5-193, 5-307
東三原村　3-196, 5-193
東油木村☆〔油木〕　3-196, 5-193, 5-208, 5-307
東油木村岩見谷　3-196
東油木村宗兼谷　3-196
平川村　3-196, 5-193
深家村（松平安藝守領分）　3-197
布賀村枝芋原〔布賀村、布賀〕　3-196, 5-193, 5-307
福代村　3-194, 5-193, 5-208
藤尾村　3-196, 5-193, 5-208, 5-307
藤尾村犬塚　3-196
本郷村　3-197, 5-208, 5-307
本村　3-195, 3-197, 5-208, 5-307
水永村　3-197, 5-208, 5-307
見登村　3-195, 5-208, 5-307
見登村帝釋　3-195
見登村竹渡リ　3-195
宮内村　3-195, 3-197
安田村　3-196, 5-193, 5-208, 5-307
矢田村　3-194, 5-193, 5-307
矢田村小屋峠　3-194
矢田村馬塲　3-194

【社寺】

穴門山神社　3-196, 5-307
大岳明神　3-194

【山・峠】

青掛山　3-197
荒戸山　3-194, 5-193
岩付山　3-195, 3-197
大風呂山　3-194
翁山（古城跡）　3-197
鬼神山　3-195, 3-197, 5-208
行者山　3-197
串木峠　3-195, 5-208
苦坂峠〔武坂峠〕　3-194, 5-307
界山　3-194
佐賀山　3-197
三光山　3-194, 5-193
須子山　3-195, 3-197
惣水山　3-195, 3-197
大醫寺山　3-194
大行山　3-195, 3-197, 5-208
高尾山　3-194
高兀山　3-195
茶臼山　3-194
トケ山　3-197
長末山　3-195, 3-197
中山　3-194
深家山　3-197, 5-208
二子山　5-208
星ノ子山　3-197
佛峠　3-195
見本山　3-194
向山　3-197, 5-208

武坂山（古城跡） 3-194
虫原山 3-194, 5-193
要害山 3-195
竜雲寺山 3-195, 3-197
蓮臺寺山 3-194
【河川・湖沼】
田川瀬川〔田ノセ川〕 3-194, 3-196, 5-193, 5-208
鍋谷川 5-193, 5-208

第157号 福山・尾道

【国名】
備後 5-210
【郡名】
越知郡〔越智郡〕 3-201, 5-197, 5-214, 5-307
沼隈郡 3-200, 5-195, 5-307
沼隈郡 5-195
深津郡 5-195
品治郡 5-193
御調郡 3-201, 5-210, 5-307
安那郡 5-193, 5-195
【地名】
赤坂村 5-195, 5-307
荒谷村 5-208, 5-210, 5-307
有津村 3-203, 5-210
今津村○ 5-210, 5-307
岩城村 3-203
岩城村貝原 3-201, 3-203
岩成村〔上岩成〕 5-195, 5-307
内常石村 3-200, 5-195, 5-307
内常石村小糸浦 3-200
浦崎村 3-200, 5-195
浦崎村海老名 3-200
大浦 5-195
大濱浦☆ 5-210
大町 5-210
萩浦 5-210
沖友村 3-203, 5-210
尾道浦○☆ 5-210, 5-307
尾道村 5-210
金見村 5-195
叶浦村 3-203, 5-210
上加茂村 5-195
上御領村〔御領〕 5-195, 5-307
上弓削浦 5-210
神村 5-195, 5-210, 5-307
加屋村 5-195, 5-307
川北村☆ 5-195
川口村 5-195, 5-307
川南村 5-195
神邊駅○ 5-195, 5-307
北ノ浦村〔北浦村〕 3-203, 5-210
木浦村 3-203, 5-210
木野山村〔木之山〕 5-208, 5-307
木原村 5-210, 5-307
草深村〔深草村〕 3-200, 5-195, 5-307
栗原村 5-210, 5-307
郷分村 5-195, 5-307
沢浦 5-210
鹿田原浦 5-210
重井浦 5-210
下出部村 5-195
下加茂村 5-195
下御領村〔御領〕 5-195, 5-307
下弓削浦 3-201, 3-203, 5-210
新市村 5-195, 5-307
洲江浦 5-210
瀬戸田浦☆ 5-210
千田村 5-195, 5-307
外浦 5-210
外常石村 3-200, 5-195, 5-307
高須村 5-210, 5-307
高屋村○ 5-195, 5-307
田熊村 5-210
田島村☆ 5-195
田尻村 5-195, 5-307
田野浦村〔田浦〕 5-210, 5-307
垂水浦 5-210
檀浦 5-210
中條村〔西中條〕 5-195, 5-307
津之郷村〔津野郷〕 5-195, 5-307
津ノ下村〔津之下〕 5-195, 5-307
出口村 5-210, 5-307
手城村 5-195
徳田村 5-195
戸手村 5-195, 5-307
斗升村 5-208, 5-307
泊浦 3-200, 5-195, 5-210
鞆 5-195, 5-307
中島村 5-210, 5-307
中須村 5-195, 5-307
長瀬村 5-195
中津原村 5-195
中野浦 5-210, 5-307
中之庄村 5-210
中野村 5-195, 5-307
梨子崎村 5-195
奈良津村 5-195
仁江村 3-203, 5-210
西野村 5-210
西村☆ 5-210
西村 5-210, 5-307
能登原村 3-200, 5-195, 5-307
野ノ濱村〔野々濱〕 5-195, 5-307
箱田村 5-195, 5-307
服部永谷村〔永谷〕 5-193, 5-307
服部本郷村 5-193
土生村☆ 5-210
林浦 5-210
原浦 5-210
原村 5-195, 5-307
東野村 5-210, 5-307
東村 5-210
引野村 5-195, 5-307
平野村 5-195
廣谷村 5-195, 5-210, 5-307
平村 3-200, 5-195, 5-307
深津村 5-195
福浦 5-195, 5-210
福田浦 5-210, 5-307, 5-308
福山☆ 5-195, 5-307
藤江村 5-195, 5-307
府中市村○☆ 5-195, 5-210, 5-307
町村 5-195, 5-210, 5-307
松永村 5-195, 5-210, 5-307
万能倉村 5-195, 5-307
水谷村〔水呑〕 5-195, 5-307
道上村 5-195
三ノ庄村 5-210
御寺浦☆ 5-210
三原○☆ 5-210, 5-307
宮内村 5-195, 5-307
宮原浦 5-210
名荷浦 5-210
向田野浦 5-210
行縢村 5-208, 5-307
百谷村 5-193, 5-307
柳津村 5-195
山手村 5-195
山波村 5-210, 5-307
湯野村 5-195, 5-307
吉津村 5-195, 5-307
吉和村 5-210, 5-307
【社寺】
阿武観音〔阿武兎観音〕 3-200, 5-195
浦崎島観音 3-200
【山・峠】
板根峠 5-208, 5-210
下原山 5-193, 5-195
橘山 3-201
妙光寺山 5-210
【河川・湖沼】
芦田川 5-195, 5-307
鬼山ハシ 5-208
加茂川 5-195
沼田川〔ヌタ川〕 5-210, 5-307
【岬・海岸】
地蔵鼻 5-210
城ケ鼻 5-210
城鼻 3-201
蛸埼 3-203
長磯崎 3-203
六ツケ鼻 3-203
【島】
赤穂根島 3-203, 5-210, 5-307
アテキ島 3-200, 5-195, 5-210
生名島 5-210, 5-307
生口島 5-210, 5-307
イツクシマ 5-210
岩城島 3-201, 3-203, 5-210, 5-307
鰯島 5-210
院島 5-210, 5-307
宇島（宮窪村属） 3-203, 5-210, 5-307
ウメ小島 3-203
江島(沖島属)〔江之島〕 3-202, 5-195, 5-307
大細島〔細島〕 5-210, 5-307
沖島 3-202, 5-195, 5-307
カシシマ 5-195
梶島 3-203, 5-197, 5-210, 5-307
鍛冶島 3-200
加島 5-210, 5-307
カマキ島 3-203, 5-210
上エフ島 5-210
木ノ子シマ 5-210
クシラ島 5-210
化粧島 3-203, 5-197, 5-210
皇后島 3-200
小佐木島 5-210, 5-307
小シマ 3-200
小島 3-203, 5-210
小島 3-202
小シマ 3-200
小細島〔細島〕 5-210, 5-307
小屋島 3-203, 5-197, 5-210
佐木島 5-210, 5-307
佐島 3-203, 5-210, 5-307
四坂(沖友村属)〔四坂〕 3-203, 5-197, 5-210
下エフ島 5-210
下小佐木シマ 5-210
スカル島 3-200, 5-195
仙酔島（平村属） 3-200, 5-195, 5-307
ソシ島 3-201, 3-203
高井神島（沖島属） 3-202, 5-195, 5-210, 5-307
高根島 5-210, 5-307
田島 5-195, 5-307
玉島 3-200
ツクモ島 3-203, 5-210
躑躅島 3-200, 5-195
ツハ島（岩城島属）〔ツバ島〕 3-203, 5-210, 5-307
ツホケシマ 5-210
ツルシマ 5-210
唐人島 3-200
豊島 5-195, 5-307
鶏小島 3-203
野島 3-203, 5-210
伯方島☆ 3-203, 5-210, 5-307
走島 5-195, 5-307
百貫島 3-200, 5-195, 5-307
百貫島 5-195
瓢箪小島〔瓢箪島〕 3-202, 5-195, 5-307
ヘナイシマ 5-210
圓上島（伊吹島属） 3-202, 5-195
見近島 3-203, 5-210
箕島〔蓑島〕 5-195, 5-307
美濃島 3-203, 5-197, 5-210
向島☆ 3-201, 5-210, 5-307
元島 3-203, 5-197, 5-210, 5-307
モミ小シマ 5-195
モミノ小島 3-200
百島 3-200, 5-195, 5-210, 5-307
ヤノシマ 5-195
矢篦島 3-200
弓削島☆ 3-201, 3-203, 5-210, 5-307
横島 3-200, 5-195, 5-210, 5-307
横島 3-203, 5-210
割石島 5-210

第158号 新居浜

【郡名】
宇摩郡 3-204, 5-196, 5-307
桑村郡 3-205, 5-197, 5-214, 5-307
周布郡 3-205, 5-197, 5-214, 5-307, 5-310
新居郡 3-204, 3-205, 5-197, 5-307, 5-310
【地名】
阿島村 3-204, 5-197, 5-307
阿島村荷内 3-204
今在家村 3-205, 5-197, 5-307
宇高村 3-204, 5-197, 5-307
蕪崎村 3-204, 5-196, 5-307
喜多濱分 3-205, 5-197, 5-307
郷村枝筒崎 3-204, 5-197
小松(一柳因幡守在所) 3-205, 5-197
西條☆ 3-205, 5-197, 5-307
澤津村 3-204, 5-197, 5-307
新須賀村〔新居濱村〕 3-204, 5-197, 5-307
高田村 3-205, 5-197, 5-214, 5-307, 5-311
多喜濱 3-204, 5-197
玉之江村☆ 3-205, 5-197
朔日市村 3-205
津根村 3-204, 5-196, 5-307
天満村 3-204, 5-196, 5-307
永易村 3-205, 5-197, 5-307
永易村市塚 3-205
新居濱浦枝礒浦〔新居〕 3-205, 5-307
新居濱峠 3-204
壬生川村○ 3-205, 5-197, 5-214, 5-307
壬生川村新田 3-205
西泉村 3-205, 5-197, 5-307
西泉村下分 3-205
野田村上市 3-204
垣生村☆ 3-204, 5-197, 5-307
氷見村 3-205, 5-197, 5-307
氷見村枝宮ノ下 3-205
廣江村 3-205, 5-197, 5-214, 5-307
藤原村 3-204, 5-196
舩屋村 3-205, 5-197, 5-307
古川分上場〔古川分〕 3-205, 5-197
北條村 3-205, 5-197, 5-214, 5-307, 5-311
北條村新田 3-205
松神子村 3-204, 5-197, 5-307
三津屋村 3-205, 5-214

【山・峠】
石槌山　5-197
馬伏山　3-205, 5-197
坂本山　3-205, 5-197
福武山　3-205, 5-197
布留権現山　5-197

【河川・湖沼】
有田川　3-205, 5-197
加茂川〔カモ川〕 3-205, 5-197, 5-307
大明神川　3-205, 5-197, 5-214
立川　3-204, 5-197
西江ノ川　3-205, 5-197
廣江川　3-205
藤原川〔フシハラ川〕 3-204, 5-196, 5-307
本陣川　3-205, 5-197
万福川　3-204
宮ノ下川　3-205

【岬・海岸】
唐崎　3-204
唐猫　3-204
垣生崎　3-204
佛崎　3-205
佛崎　3-204
宮崎　3-204

【島】
大島☆　3-204, 5-197, 5-307
黒島（大島屬） 3-204, 5-197, 5-307
小比岐島　3-205, 5-197, 5-307
小平市〔小平市シマ〕 3-205, 5-197
地島　3-205
白壁礒　3-205, 5-197
粒嶋　3-205
端島　3-205, 5-197
比岐島（今治村屬） 3-205, 5-197, 5-307
平市島（櫻井村屬） 3-205, 5-197, 5-307
松島　3-205
御代島（新居濱浦） 3-205, 5-197, 5-307

第159号 高知

【郡名】
吾川郡　3-206, 3-207, 3-208, 5-200, 5-310
香我美郡　3-206, 3-208, 5-199, 5-310
高岡郡　3-207, 5-200, 5-310
土佐郡　3-206, 3-208, 5-196, 5-200, 5-310
長岡郡　3-206, 3-208, 5-196, 5-310

【地名】
赤岡浦○　3-206, 5-199, 5-310
節野村　3-206, 3-208, 5-200, 5-310
穴内村　3-208, 5-196, 5-199, 5-307, 5-310
一宮村　3-206, 3-208, 5-200
井ノ尻浦⛵　3-207, 5-200
井ノ尻浦童浦　3-207
植野村　3-208, 5-196, 5-199
宇佐浦　3-207, 5-200, 5-310
潮江村　3-207, 3-208, 5-200, 5-310
浦戸⛵　3-206, 5-200, 5-310
浦戸勝浦濱　3-206
浦之内村出見☆〔浦之内村、浦ノ内〕 3-207, 5-200, 5-310
浦之内村枝池ノ浦　3-207
浦之内村大添　3-207
浦之内村今川内　3-207
浦之内村汐問〔間〕 3-207
浦之内村須ノ浦　3-207
浦之内村摺木　3-207
浦之内村立目　3-207
浦之内村鍋ウト　3-207
浦之内村入戸　3-207
浦之内村灰方　3-207
浦之内村深浦　3-207
浦之内村福良　3-207
江ノ口村　3-206, 3-208, 5-200, 5-310
奥浦西分村中之浦〔奥浦西分村、奥浦〕 3-207, 5-200, 5-310
奥浦東分鳴無〔奥浦〕 3-207, 5-310
奥浦東分村横並〔奥浦東分村、奥浦〕 3-207, 5-200, 5-310
亀岩村　3-208, 5-196, 5-199, 5-310
岸本浦　3-206, 5-199, 5-310
吸江村　3-206, 3-208, 5-200, 5-310
介良村葛島〔介良村、介良〕 3-206, 3-208, 5-200, 5-310
高知（松平土佐守居城）☆　3-207, 3-208, 5-200, 5-310
甲殿村　3-207, 5-200, 5-310
國分村　3-206, 3-208, 5-199, 5-310
五臺山村　3-206, 3-208, 5-200
宍崎村　3-208, 5-196, 5-199, 5-310
下知村　3-206, 3-208, 5-200
常通寺島村〔常通寺〕 3-206, 3-208, 5-199, 5-310
種﨑浦　3-206, 3-208, 5-200, 5-310
十市村　3-206, 3-208, 5-199, 5-310
豊岡古城　3-206, 3-208
中島村　3-206, 3-208, 5-196, 5-199, 5-200
長濱村　3-206, 3-207, 3-208, 5-200, 5-310
新居浦　3-207, 5-200, 5-310
仁井田村　3-206, 3-208, 5-200, 5-310
仁野村　3-207, 5-200, 5-310
布師田村　3-206, 3-208, 5-199, 5-200, 5-310
布師田村石淵　3-206, 3-208
濵改田村　3-206, 3-208, 5-199, 5-310
比江村　3-208, 5-196, 5-199
東諸木村　3-207, 5-200, 5-310
久枝村　3-206, 3-208, 5-199, 5-310
福島浦渭濱浦入會〔福島浦、渭濱浦〕 3-207, 5-200
前濱村　3-206, 3-208, 5-199, 5-310
御疊瀬浦　3-206, 3-207, 3-208, 5-200
横濱村　3-207, 3-208, 5-200
横濱村瀬戸　3-207, 3-208
吉原村　3-206, 3-208, 5-199, 5-310
龍村　3-207, 5-200
領石村　3-208, 5-196, 5-199

【社寺】
吸江寺　3-206, 3-208
国分寺　3-206, 3-208, 5-196, 5-199
五臺山　3-206, 3-208
都佐坐神社　3-206, 3-208

【山・峠】
石淵峯　3-206, 3-208
植野山　3-208
カシ山　5-196
カシ山　5-307, 5-310
国見峠〔国見崎〕 3-208, 5-196
久禮田山　3-208
介良山　3-206, 3-208
金剛童子山　3-206
椎若峠　3-208, 5-196, 5-199
常林寺山　3-208
城山　3-206, 3-208
神宮寺　5-196, 5-200
雪光山　5-196
高加茂　5-196, 5-200
高ノ森山〔高森山〕 3-207, 5-200
茶臼森　3-207
ニロウ山　5-196
東谷峯　3-206, 3-208, 5-196, 5-200

【河川・湖沼】
大黒川　3-206
二淀川　3-207, 5-200, 5-310
物部川　3-206, 3-208, 5-199

【岬・海岸】
大崎　3-207
荻崎　3-207, 5-200
カタヒラ崎　3-207, 5-200
神崎　3-207
小シマ岬　3-207, 5-200
地鼻　3-207
ツヽラ崎　3-207
竜奥院　3-207

【島】
岩　3-207
栈シマ　3-206, 3-208
玄武シマ　3-206, 3-208, 5-200
小シマ　3-207
小松葉島　3-207
玉シマ　3-206, 3-208
續シマ　3-206, 3-208, 5-200
呑海亭　3-206, 3-208
ノウシマ　3-206, 3-208
裸シマ　3-206, 3-208
弁天シマ　3-207
弁天シマ　3-207

第160号 須崎

【郡名】
高岡郡　3-210, 5-200, 5-310
幡多郡　3-210, 5-202, 5-311

【地名】
有井川村　3-210, 5-202, 5-310, 5-311
安和浦　3-209, 5-200, 5-310
安和浦田ノ浦　3-209
伊田浦　3-210, 5-202, 5-310, 5-311
伊田浦枝白濱村　3-210
入野村　3-210, 5-202, 5-310, 5-311
入野村枝鞭村　3-210
大谷村　3-209, 5-200, 5-310
大谷村枝勢井村　3-209
多野郷村　3-209, 5-200, 5-310
多野郷村串之浦　3-209
押岡村　3-209, 5-200, 5-310
上川口浦☆　3-210, 5-202, 5-310, 5-311
上川口浦枝浮津浦　3-210
上ノ加江浦☆〔上加江〕 3-209, 3-210, 5-200, 5-310
上加江浦枝押岡村　3-209
上ノ加江浦枝小艸村　3-209
上加江浦枝篠葉村　3-209
久禮浦⛵　3-209, 5-200, 5-310
久礼浦枝大野村　3-209
久礼浦枝鎌田村　3-209
神田村　3-209, 5-200, 5-310
佐賀浦☆　3-210, 3-211, 5-202, 5-310, 5-311
志和浦☆　3-210, 5-200, 5-310
志和浦枝大弦津　3-210
志和浦枝大矢井賀浦　3-210
志和浦枝小弦津　3-210
志和浦枝小矢井賀村　3-210
須﨑浦○☆　3-209, 5-200, 5-310
須﨑浦古倉　3-209
鈴浦　3-210, 5-202, 5-310
鈴浦枝熊野浦　3-210
野見浦　3-209, 5-200, 5-310
野見浦枝久通浦　3-209, 5-200
與津浦☆　3-210, 5-200, 5-202
與津村　3-210, 5-310

【社寺】
松山寺　3-210, 5-202

【山・峠】
門屋山　3-209
上加江山　3-209
御在所森　5-200, 5-310
桑田山　3-209
火打山　5-200, 5-310
佛坂峠　3-209, 5-200

【河川・湖沼】
カキセ川　3-210, 5-202
新上川　3-209
湊川　3-209

【岬・海岸】
榎﨑〔榎岬〕 3-210, 5-202
大津﨑　3-209
大津﨑　3-209
大長﨑　3-209
加江﨑　3-209, 3-210
門屋鼻　3-209
冠﨑　3-210, 5-200
久通﨑　3-209
小長﨑　3-209
城岬　3-211
志和﨑　3-210
中﨑　3-210
向山﨑　3-209
矢田部﨑　3-210
與津﨑　3-210, 5-200, 5-202, 5-310

【島】
大ハエ　3-209
鹿島　3-210, 5-202
神島（野見浦） 3-209, 5-200
衣掛渚　3-210, 5-202
小島　3-210
小島　3-210, 5-202
小バエ　3-209
雀渚　3-209, 5-200
戸島（大谷村） 3-209, 5-200, 5-310
中ノ島（大谷村） 3-209, 5-200
双児島　3-209, 5-200
二ツ岩　3-210
弁天島　3-210, 5-202
辨天島　3-209, 5-200
松ハエ　3-209, 5-200
本ノ島　3-209, 5-200

第161号 宿毛

【国名】

伊豫國〔伊豫〕 3-213, 3-217, 5-214
土佐國〔土佐〕 3-213, 3-217, 5-200, 5-310

【郡名】

宇和郡 3-213, 3-217
幡多郡 3-213, 3-215, 3-217, 5-202

【地名】

天地浦⛵ 3-213, 3-215, 5-203, 5-311
一切浦〔一切神〕 3-213, 3-215, 5-203, 5-311
以布利浦 3-212, 3-214, 5-202, 5-311
伊與野村 3-213, 3-215, 5-202, 5-203, 5-311
入野村枝出口村〔出口〕 3-212, 5-310, 5-311
入野村枝伊屋村〔伊屋〕 3-212, 5-311
入野村枝田ノ浦村〔田浦〕 3-212, 5-311
内海浦 5-203
内海浦赤水浦〔赤水浦〕 3-216, 5-203
内海浦中浦☆〔中浦、内海浦〕 3-216, 5-203, 5-311
内海浦成川村〔成川村、成川〕 3-216, 5-203, 5-311
内海浦坊城村〔坊城村〕 3-216, 5-203
内海浦本郷平山浦☆〔平山浦、平山〕 3-216, 5-203, 5-311
内海浦深泥浦〔深泥浦〕 3-216, 5-203
浦尻村 3-212, 3-214
尾浦 3-213, 3-215, 5-202, 5-311
大岐村〔大岐浦〕 3-212, 3-214, 5-202, 5-311
大岐村枝久百村 3-212, 3-214
大島浦⛵ 3-213, 3-215, 5-203
大津浦☆ 3-213, 3-215, 5-202, 5-311
大濱浦 3-212, 3-214, 5-202, 5-311
大海浦 3-213, 3-215, 5-203
貝ノ川浦 3-212, 3-214, 5-202, 5-311
加久見村 3-212, 3-214
樫ノ浦 3-213, 3-215, 5-203
頭集村枝浦尻村 3-213, 3-215
柏島浦☆⛵〔柏島〕 3-213, 3-215, 5-203, 5-311
窪津浦☆ 3-212, 3-214, 5-202, 5-310, 5-311
窪津浦枝大谷村 3-212, 3-214
窪津浦枝津呂浦 3-212, 3-214
小浦 3-213, 3-215, 5-202, 5-203
小浦枝外ノ浦〔外浦〕 3-213, 3-215, 5-311
小浦枝内ノ浦〔内浦〕 3-213, 3-215, 5-311
小才角浦 3-213, 3-215, 5-202, 5-311
越浦 3-212, 3-214, 5-202, 5-311
越浦枝養老浦 3-212, 3-214
小盡浦☆⛵ 3-213, 3-215, 5-202, 5-203, 5-311
小盡浦枝榊浦 3-213, 3-215
小深 5-311
古間目浦☆⛵ 3-213, 3-215, 5-203, 5-311
清水浦☆⛵ 3-212, 3-214, 5-202, 5-311
清水浦本清水 3-212, 3-214
下川口浦 3-212, 3-214, 5-202
下川口浦枝片賀須村 3-212, 3-214
下川口浦窪津⛵〔下川口〕 3-212, 3-214, 5-311
下田浦⛵ 3-212, 5-202, 5-311
下田浦青砂島 3-212
下茅浦☆⛵ 3-212, 3-214, 5-202, 5-311
下茅浦枝鍵懸村 3-212, 3-214
周防形浦⛵ 3-213, 3-215, 5-203, 5-311
宿毛村☆ 3-213, 5-203, 5-311
宿毛村枝宇須々木村 3-213
宿毛村枝大深浦村〔大深〕 3-213, 3-215, 5-311
宿毛村枝加波村 3-213
宿毛村枝坂下村〔坂下〕 3-213, 5-311
宿毛村枝錦村 3-213
宿毛村枝深浦村 3-213
宿毛村枝藻津村☆〔宿毛村藻津、藻津〕 3-213, 5-203, 5-311
摺木村 3-216, 5-203, 5-311
摺木村室手 3-216
外海浦 5-203
外海浦岩水浦〔岩水浦、外海浦〕 3-213, 3-216, 5-203, 5-311
外海浦内泊浦〔内泊浦〕 3-216, 3-217, 5-203
外海浦垣内浦〔垣内浦〕 3-213, 3-216, 5-203
外海浦久良浦〔久良浦〕 3-216, 5-203
外海浦提浦〔提浦〕 3-216, 5-203
外海浦中泊浦☆〔中泊浦、中泊〕 3-216, 3-217, 5-203, 5-311
外海浦福浦☆〔福浦、福浦〕 3-216, 3-217, 5-203, 5-311
外海浦舟越浦〔舟越浦、舟越〕 3-216, 5-203, 5-311
外海浦本郷深浦宮山☆⛵〔深浦宮山〕 3-213, 3-216, 5-203, 5-311
外海浦脇本浦〔脇本浦、外海浦〕 3-213, 5-203, 5-311
橘浦 3-213, 3-215, 5-203, 5-311
提浦小枝田 3-216
泊浦⛵ 3-213, 3-215, 5-203, 5-311
長洲村 3-216, 5-203, 5-311
中濱浦 3-212, 3-214, 5-202, 5-311
名鹿村 3-212, 3-214, 5-202, 5-310, 5-311
鍋島村 3-212, 5-202, 5-310, 5-311
鍋島村枝平野村 3-212
西泊浦 3-213, 3-215, 5-202, 5-203, 5-311
布浦 3-212, 3-214, 5-202, 5-311
布浦枝立石村 3-212, 3-214
初崎村 3-212, 5-202, 5-311
平城村 3-216, 5-203
平城村貝塚 3-216
廣瀬浦☆ 3-217, 5-203
福良村 3-213, 3-215, 5-202, 5-203, 5-311
松尾浦 3-214, 5-202, 5-311
松尾浦枝伊佐浦〔伊佐〕 3-214, 5-310
三崎浦☆⛵ 3-212, 3-214, 5-202, 5-311
三崎浦枝爪白村 3-212, 3-214
三崎浦枝猿野濱浦 3-212, 3-214
満倉村 3-213, 5-203, 5-311
湊浦⛵ 3-213, 3-215, 5-202, 5-203, 5-311
母島浦 3-217, 5-203
母島浦古矢浦 3-217

【山・峠】

一切山 3-213, 3-215
カタヒラ山 3-216
鞍掛山 3-212, 3-214
篠角峠 3-213, 3-215
蹉跎山☆ 3-214, 5-202, 5-311
左馬頭古城跡 3-213, 3-216
シウキ峯 3-212, 3-214
白岡山 3-212, 3-214, 5-202
成川山 3-216
錦峯 3-213
鼻面山 5-203
福良山 3-213, 3-215
洞峠 3-213, 3-215
本城山 3-213

【河川・湖沼】

牛背川 3-213, 3-215
落川 3-216
四万十川 3-212
下茅川 3-212, 3-214
本川 3-212
緑川 3-216

【岬・海岸】

足摺岬 5-202
伊屋﨑 3-212
エホシハエハナ 3-216, 3-217
大海﨑 3-213, 3-215
叶﨑 3-215, 5-202
観音﨑 3-216
黒﨑鼻 3-213, 3-215, 3-216, 3-217
古間目﨑 3-213, 3-215
下リ松鼻 3-212
蹉跎岬 3-214
島ケ鼻 3-216
城ケ鼻 3-213, 3-215
白石ハナ 3-217
白﨑 3-213, 3-215
タルミ鼻 3-216, 3-217
礫﨑 3-216, 5-203
天萃ハナ 5-203
戸﨑 3-212, 3-214, 5-202
長﨑 3-216
中﨑鼻 3-217
布﨑 3-212, 3-214
子ノ首 3-212
鼻クリハナ 3-216
鼻面岬 3-216, 3-217, 5-203
ヒシヤコ鼻 3-216
朴﨑 3-215, 5-202
松﨑 3-212, 3-214

【島】

當木島 3-216, 3-217, 5-203, 5-311
穴碆 3-212, 3-214
池浦島 3-213, 3-215, 5-203
市島 3-213, 3-215, 5-203
卯来島（外海浦屬） 3-216, 3-217, 5-203, 5-311
臼碆 3-214
烏帽子碆 3-213, 3-215, 5-203
大地島 3-216, 3-217, 5-203
大島 3-213, 3-215, 5-203, 5-311
大島 3-216, 5-203
大藤島（大島浦屬） 3-213, 3-215, 5-203, 5-311
沖ノ島〔沖島〕 3-217, 5-203, 5-311
沖ノソフ 3-216, 3-217, 5-203
鹿島 3-212, 3-214, 5-311
鹿島（外海浦屬） 3-216, 5-203
片島 3-213, 3-215, 5-203
感〔咸〕陽島 3-213, 3-215, 5-203
桐島 3-213, 3-215, 5-203
黒ハエ 3-216, 5-203
黒碆 3-216, 3-217, 5-203
黒碆 3-216
幸島（柏島屬） 3-215, 5-203, 5-311
小貝ハエ 3-216
小地島 3-216, 3-217, 5-203
小シマ 3-216
小島 3-213, 3-215, 5-203
小島 3-213, 3-215, 5-203
左ノ瀬 3-217, 5-203
シヽハエ 3-212, 3-214
菅島 3-213, 3-215, 5-203
高碆 3-213, 3-215, 5-203
竜串 3-212, 3-214
立石 3-212, 3-214
ナイタノソフ 3-216, 3-217, 5-203
長ハエ 3-216, 3-217, 5-203
七日島 3-213, 3-215
能地島 3-216, 3-217, 5-203
裸島 3-216, 3-217, 5-203
一ツ畑田 3-216, 5-203
雲雀小島 3-213, 3-215, 5-203
姫島（卯来島屬） 3-217, 5-203, 5-311
蒲葵島（柏島屬） 3-215, 3-217, 5-203
二ツ並 3-216, 3-217, 5-203
辨天島 3-212, 5-202
辨天島 3-212, 3-214, 5-202
辨天島 3-213, 3-215, 5-203
ホシノマハエ 3-216
松島 3-213, 3-215, 5-203
松島 3-216
松島 3-216, 5-203
松ハエ 3-213, 3-215, 5-203
松碆 3-213, 3-215, 5-203
丸島 3-213, 3-215
ミサコシマ 3-216
水島 3-212, 3-214, 5-202
水島 3-216, 3-217, 5-203
水ノ子島 3-216, 3-217, 5-203
三ツ畑田 3-216, 5-203
耳毛〔耳毛シマ〕 3-216, 5-203
横島（外海浦屬） 3-216, 5-203, 5-311
渡小島 3-213, 3-215, 5-203

第162号 出雲

【郡名】

秋鹿郡 3-218, 5-190, 5-204, 5-305, 5-308
飯石郡 3-220, 5-204, 5-308
意宇郡 3-218, 3-220, 5-190, 5-204, 5-305, 5-308
出雲郡 3-218, 3-219, 3-221, 5-204, 5-308
大原郡 3-220, 5-204, 5-308
神門郡 3-219, 3-220, 3-221, 5-204, 5-308

島根郡　3-218, 5-190, 5-305
楯縫郡　3-218, 3-219, 5-204, 5-308
仁多郡　3-220, 5-204, 5-308

【地名】

秋鹿村　3-218, 5-190, 5-204, 5-305, 5-308
葦渡村　3-219, 3-221, 5-204
荒木村　3-219, 3-221, 5-204
荒木村北荒木〔荒木〕　3-219, 3-221, 5-308
荒木村中荒木〔荒木〕　3-219, 3-221, 5-308
粟津村　3-219, 5-204
伊萱村　3-220, 5-204, 5-308
石塚村　3-219, 3-221, 5-204, 5-308
石塚村三谷　3-219, 3-221
伊志見村　3-218, 3-220, 5-190, 5-204
板津村板津濱〔板津村、板津〕　3-221, 5-204, 5-308
稲岡村　3-219, 5-204
伊野浦　3-218, 5-190, 5-204, 5-308
伊野村　3-218, 5-190, 5-204
猪目村　3-219, 5-204
今市村今市町○☆〔今市村〕　3-219, 3-221, 5-204, 5-308
十六島浦　3-219, 5-204, 5-308
十六島浦多　3-219
江角浦　3-218, 5-190, 5-204
江田村　3-219, 3-221
塩冶村塩冶町〔塩冶村〕　3-219, 3-221, 5-204, 5-308
大池村　3-221, 5-204
大垣村　3-218, 5-190, 5-204, 5-305, 5-308
大津村大津町〔大津村〕　3-219, 3-221, 5-204, 5-308
大野村　3-218, 5-190, 5-204, 5-305, 5-308
岡本村　3-218, 5-190, 5-204, 5-305, 5-308
奥宇賀村　3-219, 5-204
魚瀬鎌田浦☆　3-218, 5-190, 5-204, 5-305, 5-308
尾原村　3-220
北原村　3-220, 5-190, 5-204, 5-305, 5-308
面白村　3-218, 5-190, 5-204, 5-305
學頭村　3-218, 3-220, 5-204, 5-308
片句浦　3-218
堅田村　5-190, 5-204, 5-305
堅田村釜ケ谷
上鴨倉村　3-220, 5-190, 5-204, 5-305, 5-308
上佐田村〔佐田〕　3-218, 5-190, 5-204, 5-305
上之郷村☆〔上ノ郷〕　3-221, 5-204, 5-308
上之郷村枝船津　3-221
上之郷村森坂　3-220
上之郷村和田　3-220
河下村　3-219, 5-204, 5-308
神立村　3-219, 3-221, 5-204
神守村　3-219, 3-221
木次村　3-220
木次村枝寺領村　3-220
木次村木次町○〔木次村〕　3-220, 5-190, 5-204, 5-308
杵築☆〔杵築町〕　3-219, 5-204
杵築宮内村〔宮内村〕　3-219, 5-204, 5-308
杵築矢野村〔矢野村〕　3-219, 3-221, 5-204
給下村　3-220, 5-204, 5-305, 5-308
求院村　3-219, 3-221, 5-204, 5-308
日下村　3-219
久村　3-221, 5-204
久村中立　3-221
鞍掛村　3-220, 5-190, 5-204, 5-305, 5-308
郡髙村　3-219, 3-221
小伊津浦　3-218, 5-204, 5-308
古浦　3-218, 5-190, 5-204, 5-305, 5-308
古浦六坊〔六坊〕　3-218, 5-305, 5-308
小境村　3-218, 5-190, 5-204, 5-308
古志村古志町〔古志村〕　3-219, 3-221, 5-204, 5-308
古曽志村　3-218, 5-190, 5-204, 5-305
古曽志村濱佐院　3-218
小津浦　3-219, 5-204
薦津村　3-218
坂田村　3-218, 5-204
鷺浦△　3-219, 5-204, 5-308
鷺浦宇島　3-219
佐々布村　3-218, 3-220, 5-190, 5-204, 5-305, 5-308
三部村　3-221, 5-204
塩津浦　3-219, 5-204, 5-308
下阿宮村　3-219, 3-221
下來海村西分〔下來海村、下來海〕　3-218, 5-190, 5-204, 5-305, 5-308
下來海村東分枝弘長寺〔下來海〕　3-218, 5-305, 5-308
下來海村東分鏡〔下來海〕　3-218, 5-305, 5-308
下熊谷村　3-220
下佐田村〔佐田〕　3-218, 5-305
下布施村　3-220, 5-190, 5-204, 5-305, 5-308
出西村　3-219, 3-221
出西村伊保　3-219, 3-221
庄原村下分〔三分市村〕　3-218, 3-220, 5-204
庄原村下分庄原町〔庄原村、庄原〕　3-218, 5-204, 5-308
白枝村　3-219, 3-221, 5-204
神西村枝大島〔神西村〕　3-219, 3-221, 5-204
神西村枝沖　3-219, 3-221
神西村指海　3-219, 3-221
神西村西分　3-221
宍道村　3-218, 3-220, 5-190, 5-204
宍道村宍道町☆　3-218, 5-308
千家村　3-219, 3-221, 5-204
園村　3-218, 5-204, 5-308
園村　3-219, 3-221, 5-204, 5-308
手結浦　3-218, 5-190, 5-204
髙岡村　3-219, 5-204, 5-308
髙濱村　5-204
高濱村里方〔高濱村〕　3-219, 5-204
武志村　3-219, 5-204, 5-308
武代村　3-218, 5-190, 5-204, 5-305, 5-308
只浦　3-219, 5-204, 5-308
玉造村　3-218, 5-190, 5-204
玉造村湯村　3-218
知井宮村　3-219, 3-221, 5-204
知井宮村沖　3-221
常松村　3-219, 5-204
天神村　3-219, 3-221, 5-204, 5-308
朽島村　3-219, 5-204
富村　3-219, 3-221, 5-204
直江村岩野原〔直江〕　3-219, 3-221, 5-308
直江村上分〔直江村、直江〕　3-219, 3-221, 5-204, 5-308
直江村下分〔直江〕　3-219, 3-221, 5-308
直江村下分直江町　3-219, 3-221
長江村西分〔長江〕　3-218, 5-305, 5-308
長江村東分〔長江村、長江〕　3-218, 5-190, 5-204, 5-305, 5-308
中町輪　3-219, 3-221
西代村　3-219, 5-204, 5-308
西林木村　3-219, 5-204
二部村　3-221, 5-204
入南村　3-219, 5-204
白石村　3-218, 5-190, 5-204, 5-305, 5-308
畑浦　3-218, 5-190, 5-204
濱佐田村　3-218, 5-190, 5-204, 5-305
濱村　3-219, 3-221
濱村　3-219, 3-221
林村　3-218, 5-190, 5-204, 5-305, 5-308
林村根尾　3-218
林村柳井　3-218
原田村　3-220
原田村三澤町○☆〔原田村、原田〕　3-220, 5-190, 5-204, 5-305, 5-308
原村上分　3-219, 3-221
半分　3-219, 3-221
日井郷村　3-220, 5-190, 5-204, 5-305, 5-308
東林木村　3-219, 5-204
東日登村　3-220, 5-190, 5-204, 5-305, 5-308
東日登村一ノ段　3-220
東日登村兎畑　3-220
東日登村角迫　3-220
久木村沖須〔久木〕　3-219, 5-308
久木村中ノ須〔久木村、久木〕　3-219, 5-204, 5-308
菱根村　3-219, 5-204
平田村☆　3-219, 5-204, 5-308
平田村枝島村　3-218
平田村枝出来洲村〔出来洲、出来須〕　3-218, 5-204, 5-308
廣田古城跡　5-190, 5-204
分市村　3-218
布志名村　3-218, 5-190, 5-204, 5-305
堀江村〔塩江〕　3-219, 5-204, 5-308
本郷村　3-218, 5-190, 5-204
牧村　3-219, 3-221
松寄下村〔松寄〕　3-219, 3-221, 5-204, 5-308
三代村　3-220
美談村　3-219, 5-204, 5-308
三浦　3-219, 5-204, 5-308
宮内村　3-218, 5-190, 5-204, 5-305
名分村　3-218, 5-190, 5-204, 5-305
矢野村　3-219, 3-221
湯町村○　3-218, 5-190, 5-204, 5-305, 5-308
遥堪村　3-219, 5-204
鹿園寺村　3-218, 5-204, 5-308
鹿園寺村菖蒲坂浦〔菖蒲坂〕　3-218, 5-308
渡橋村　3-219, 3-221, 5-204

【社寺】

阿吾神社　3-218, 3-220
朝山八幡宮〔八幡宮〕　3-219, 3-221, 5-308
阿須伎神社　3-219
阿須理神社　3-219, 3-221
阿利神社　3-219, 3-221
伊甚神社　3-218, 3-220
出雲神社　3-219, 3-221, 5-204
出雲神社　3-219, 3-221
一宮三刀屋神社〔三刀屋神社〕　3-220, 5-308
伊努神社　3-219
伊努神魂神社　3-219
伊布伎神社　3-219
宇佐八幡宮　3-219, 3-221
神代神社　3-219, 3-221
神門寺　3-219, 3-221
来次神社　3-220
文〔久〕武神社　3-219, 3-221, 5-204
國村神社　3-221, 5-204
雲根神社　3-219, 3-221
弘法寺　3-219, 3-221
佐為高守神社〔佐為社〕　3-218, 3-220, 5-305, 5-308
佐伯神社　3-221
佐志武神社　3-221
佐田社　3-218
山王社　3-219, 3-221
宍道神〔社〕　3-218
大社　3-219, 5-308
玉造八幡　3-218
玉造湯神社　3-218, 5-190, 5-204
知伊神社　3-219, 3-221, 5-204
都我利神社　3-219
奈為神社　3-221
八幡宮　3-220
斐伊神社　3-220, 5-190, 5-204
比布智神社　3-221, 5-204, 5-308
布自奈大穴持神社　3-218
浮根〔浪〕山鰐淵寺☆〔鰐淵寺、鰐淵寺〕　3-219, 5-204, 5-308
御井神社　3-219, 3-221, 5-204, 5-308
弥久賀神社　3-221, 5-204
三澤神社　3-220, 5-190, 5-204
八口神社　3-218, 3-220, 5-204
屋代神社　3-220, 5-204
塩冶神社　3-219, 3-221

【山・峠】

朝日山　5-190, 5-204
朝日山　3-218
イタクシ　3-218
宇比多氣山　3-221
宇竜山　3-219
岡守山　3-221, 5-204
鱸城　3-221
來海山　3-218, 3-220
經塚　3-218
鞍掛山　3-219, 3-221
古城山　3-218, 3-220
三瓶山　5-204
篆坂峠　5-190, 5-204
城ケ谷山　3-221
城ケ平　3-218, 3-220
大黒山　3-218, 3-220, 5-204
高城山　3-221
高津山　3-219, 3-221, 5-204
建部山　3-218, 3-220
花田山　3-219
二ツ丸山　3-221, 5-204
佛經山　3-219, 3-221, 5-204
本宮山　3-218
万ケ丸山　3-219
彌山〔弥山〕　3-219, 5-308

三谷権現山　3-219, 3-221
三輪山　3-218, 3-220, 5-204
ヤケカ西山　3-219
【河川・湖沼】
久野川　3-220, 5-190, 5-204
古志川　3-219, 3-221, 5-204
佐田川　3-218
神西湖　3-221, 5-204
宍道湖　3-218, 5-190, 5-204, 5-305, 5-308
堂土川　3-218
鳥屋川　5-204
斐伊川　3-220
日野川〔日ノ川〕　3-220, 5-190, 5-204, 5-308
日野川　3-219, 3-221, 5-204
【岬・海岸】
御経島岬　5-204
【島】
赤シマ　3-219
岩シマ　3-218, 5-190, 5-204
大シマ　3-218, 5-190, 5-204
御徑〔經〕島　3-219
ヲシマ　3-219, 5-204
柏シマ　3-219
黒シマ　3-219
小島　3-218, 5-190, 5-204
霍シマ　3-219
寺島　3-218
中ノ島　3-218
鼻クリ　3-218
松シマ　3-218, 5-190, 5-204
ミシマ　3-218

第163号
三次

【国名】
安藝國〔安藝〕　3-227, 5-211, 5-308
出雲國〔出雲〕　3-222, 3-223, 3-225, 5-190, 5-204, 5-305
石見國〔石見〕　3-223, 5-212, 5-308
備後國〔備後〕　3-222, 3-223, 3-225, 3-227, 5-210, 5-307
【郡名】
飯石郡　3-223, 3-225, 5-204, 5-308
恵蘇郡　3-222, 3-224, 5-208, 5-307, 5-308
邑智郡　3-223, 5-212, 5-308
甲怒郡　3-226, 5-208, 5-307
世羅郡　3-226, 5-208, 5-307, 5-308
髙田郡　3-227, 5-209, 5-308
仁多郡　3-222, 5-204
三上郡　3-224, 5-208, 5-307
三谿郡　3-224, 3-226, 5-208, 5-308
三次郡　3-223, 3-224, 3-225, 3-226, 3-227, 5-209, 5-308
【地名】
青河村　3-227, 5-208, 5-308
赤名驛○　3-223, 5-209, 5-308
秋町村　3-227, 5-209, 5-308
板橋村　3-224
市分村枝上市分谷〔市分〕　3-226, 5-308
市分村枝矢原谷〔市分村、市分〕　3-227, 5-208, 5-308
市村掛田〔市村〕　3-224, 5-208
稲草村　3-226, 5-208
稲草村田房市☆〔稲草〕　3-224, 3-226, 5-307
稲草村彦ノ宮　3-224, 3-226
鵜賀村☆　3-226, 5-208, 5-307
江田庄川内村〔川内〕　3-226, 5-208, 5-308
太田郷村　3-226, 5-208, 5-307, 5-308
太田郷村小川　3-226
岡田村　3-226, 5-208
尾白村　3-222
加板原村　3-226, 5-208, 5-307, 5-308
片山村　3-223, 5-209
上阿井村　3-222, 5-190, 5-204
上阿井村一里松　3-222
上阿井村ウツウヤ谷　3-222
上阿井村上阿井町○☆〔阿井〕　3-222, 5-305, 5-308
上阿井村木地谷　3-222
上阿井村小迫　3-222
上阿井村平　3-222
上阿井村銕山所　3-222
上阿井村米原　3-222
上赤名村　3-223, 3-225, 5-209
上甲立村　3-227, 5-209, 5-308
上甲立村上甲立本町　3-227
上布野村○　3-225, 5-209, 5-308
上石〔布野〕村新殿谷　3-225
上村　3-224, 5-208, 5-307, 5-308
上山村枝岩上谷　3-227
川北村アキクニ谷　3-224
川北村伊勢町○☆〔川北村、川北〕　3-224, 5-208, 5-307
川北村市場　3-224
川北村才田谷　3-224
川北村田ノ平　3-224
川手村　3-224, 5-208
川手村小坂谷　3-224, 5-307
川内村　3-226
木戸村　3-224, 5-208
木乗村　3-226, 5-208, 5-307, 5-308
木屋村　3-226, 5-208, 5-307
木屋村樽谷　3-226
清綱村　3-226, 5-208
清綱村唐樋　3-226
黒川村　3-226, 5-208, 5-308
河内村〔戸河内〕　3-225, 5-308
九日市村○☆　3-223, 5-209, 5-308
九日市村西ノ原　3-223
木屋原村　3-222, 3-224, 5-208, 5-305, 5-307
木屋原村飛地　3-224
木屋原村元常谷　3-222, 3-224
是松村　3-224, 5-208, 5-307
是松村内井原　3-224
是松村常守谷　3-224
是松村万福　3-224
酒谷村○　3-223, 5-209, 5-308
酒谷村大平　3-223
酒谷村ヒカ　3-223
敷地村　3-226, 5-208, 5-307, 5-308
敷地村塩野　3-226
志幸村　3-226, 5-208
下阿井村　3-222, 5-190, 5-204
下阿井村井戸　3-222
下赤名村　3-223, 5-209
下赤名村福田　3-223
下小原村　3-227, 5-209, 5-308
下甲立村池ノ尻　3-227
下甲立村今沖〔下甲立〕　3-227, 5-308
下甲立村道末〔木〕　3-227
下甲立村平沖〔下甲立村〕　3-227, 5-209
下原村　3-224, 5-208, 5-307, 5-308
下原村上原　3-224
下原村三日市　3-224
下布野村　3-225, 5-208, 5-308
下村　3-224, 5-208
下村尾引市　3-224
春田村　3-224, 5-208
春田村枝山津田　3-224, 3-226
春田村新田谷　3-224
正原村☆　3-224, 5-208
正原村正原町○〔庄原〕　3-224, 5-307
志和知村　3-227, 5-209, 5-308
新市在分上市　3-222
新庄村　3-224, 5-208, 5-307
高山村　3-222, 5-208
高山村岡大内　3-222
高山村新市○〔高山〕　3-222, 5-305, 5-308
高山村隣組　3-222
高山村和南原　3-222
知和村　3-226, 5-208, 5-307
知和村下村　3-226
知和村千田屋　3-226
辻村　3-226, 5-208, 5-307, 5-308
辻村枝切田谷元廣　3-226
辻村榎ケ市　3-226
辻村大谷　3-226
辻村重迫　3-226
津田上村〔津田〕　3-226, 5-208, 5-307, 5-308
津田上村櫻場　3-226
津田下村　3-226, 5-208
津田下村石堂　3-226
津田下村市　3-226
常友村　3-227, 5-209, 5-308
十日市村　3-227, 5-209, 5-308
戸河内村　5-208
徳市村　3-226, 5-208
長田下村　3-226, 5-208, 5-307, 5-308
西河内村大坪谷　3-225
西河内村三反田〔西河内村〕　3-225, 5-208
西河内村藤地〔西河内〕　3-225, 5-308
西酒屋村　3-225, 3-227, 5-208, 5-308
西酒屋村末元谷　3-225, 3-227
灰塚村　3-226
畠敷村　3-224, 5-208
畠敷村大迫　3-224
原村　3-225, 3-227, 5-208
原村三次町○〔原〕　3-225, 5-208, 5-308
檜村　3-226
比和村枝那奈美谷　3-222, 3-224
比和村比和町○〔比和村、比和〕　3-222, 3-224, 5-208, 5-305
深瀬村　3-227, 5-209, 5-308
本村吉舎宿○〔本村吉舎、吉舎〕　3-226, 5-208, 5-307, 5-308
丸田村　3-226, 5-208, 5-307, 5-308
三玉村　3-226, 5-208
三玉村金山谷　3-226
三玉村胡麻谷　3-226
三河内村　3-224, 5-208, 5-307
南畠敷村　3-224, 3-226, 5-208
南畠敷村掛原　3-224, 3-226
南畠敷村鳥居ケ瀬　3-224, 3-226
峯村赤川〔峯村〕　3-224, 5-208, 5-307
三次五日市町〔三次〕　3-225, 5-308
三次十日市町〔三次〕　3-223, 5-308
見羅坂村　3-226
見羅坂村見羅坂町○☆〔見羅坂村〕　3-226, 5-208, 5-307, 5-308
森脇村　3-222, 5-208, 5-305, 5-307
森脇村上組　3-222
森脇村長原　3-222, 3-224
門田村　3-224
安田村　3-226, 5-208
安田村　3-226, 5-208, 5-307
矢野地村　3-226, 5-208
山手村　3-227, 5-209, 5-308
湯川村　3-222, 5-208, 5-305, 5-308
湯川村上湯川　3-222
湯川村土井　3-222
湯川村中原　3-222
横坂谷　3-226
横谷村室市☆〔横谷〕　3-223, 3-225, 5-209, 5-308
吉田村○　3-227, 5-209, 5-308
吉田村十日市村入會大畠〔吉田〕　3-227, 5-308
吉原本郷下リ松谷〔吉原本郷〕　3-227, 5-208, 5-210, 5-308
吉原本郷引地〔吉原本郷〕　3-227, 5-308
吉原中村　3-226, 5-208
両村入會大濵　3-227
両村入會四軒家　3-227
和知村　3-224, 5-208, 5-307, 5-308
和南原奥見澤　3-222
【社寺】
功徳寺　3-222, 5-208
鶴岡八幡　3-222
【山・峠】
天ケ高山　3-226
粟石峠　5-208
市場奥山　3-224
岩脇山　3-225
上野山　3-226
雲崎山　3-222
ヌケ山　3-227
大井峠　5-208
大雁田山　3-224
大佐跡山　3-222
大城山　3-225
大谷山　3-225
大槌山　3-227
緒掛山　3-223
緒掛山　3-223
尾関山　3-225
鬼ケ城〔鬼ケ城山〕　3-227, 5-208
小原山　3-227
掛田山　3-224
葛城山　3-224
甲山　3-224
甲山　3-226
川立山　3-227
木口山　3-222
木原屋峠　5-208
清ケ平山　3-224
鞍谷峠　3-226, 5-208
黒﨑峠　5-208
箍山　3-224
郡山　3-227
小迫奥山　3-222
古城　3-224
竿ケ平山　3-224
境山　3-227
三勝寺山　3-225
十石山　3-223
蔀山　3-222
勝光山　3-224
城越山　3-222, 3-224
住吉峰　3-227
青光井山　3-227
善逝寺山　3-226
大仙山　3-224
鯛巣山　3-222
高倉山　3-225, 3-227

高谷山　3-225, 3-227
高丸山　3-226
土井城　3-222
トカフ山　3-225
鳥越坂峠　3-227
七曲坂峠　5-208
南ツ木山　3-226
白山　3-224
箱作リ山　3-227
長谷段山　3-224
比惠尾山　3-224
比熊山　3-225
福田山　3-227
フツ山　3-223
佛ケ峠　3-225, 5-209
溝山（古城跡）　3-226
明神山　3-226
女鳥巣山　3-226
持呑山　3-222
森高山　3-224
要害山　3-226
竜王山　3-227
両亀山　3-223, 3-225

【河川・湖沼】

阿井川　3-222
奥見沢川〔魚見沢川〕　5-208
神セ川　5-208
神瀬川　3-225
吉備前川　3-224
笹屋谷川　3-222
庄原川　3-224
尻無川　3-222
新庄川　5-208
深渡川　5-208
森脇川　5-208
吉田川　3-225, 3-227, 5-208

第164号 今治

【国名】

安藝國〔安藝〕　3-228, 3-231, 5-211, 5-213, 5-308
伊豫國〔伊豫〕　3-228, 5-214, 5-311
備後國〔備後〕　5-210, 5-307

【郡名】

安藝郡　3-231, 5-211, 5-308
越智郡　3-228, 3-230, 3-231, 5-214, 5-197, 5-307, 5-311
風早郡　3-231, 5-214, 5-311
加茂郡　3-228, 5-211, 5-308
豊田郡　3-228, 3-229, 3-231, 5-210, 5-308
野間郡　3-230, 3-231, 5-197, 5-214, 5-307, 5-311
御調郡　5-210, 5-307

【地名】

縣村　5-197, 5-214
明日村　5-210
淺海原村　3-231, 5-214, 5-311
淺海本谷村　5-214
阿戸村塩屋〔阿戸村〕　3-229, 5-211
井〔甘〕崎村　3-228, 5-210
飯田村　5-211, 5-308
伊方村　5-210
石井村　5-197, 5-210, 5-214, 5-307, 5-311
井ツ口村〔井ノ口村〕　3-228, 5-210
今治　3-230, 5-197, 5-210, 5-214, 5-307, 5-311
今治村　5-197, 5-214, 5-307, 5-311
内海〔内海村〕　3-229, 5-211, 5-308
浦戸村　3-228, 5-210
江川　3-229
延喜村　5-197, 5-214, 5-307, 5-311
大井濱村　5-197, 5-210, 5-214
大浦　3-231, 5-211
大浦　3-231
大串浦　3-229, 5-210
大長浦　3-231, 5-210
大濱浦　3-231, 5-210
大濱村　3-230, 5-197, 5-210, 5-214, 5-307, 5-311
大見村　5-210
沖浦　3-228, 5-210
沖浦村　3-230, 5-210
鍛冶屋村　5-210, 5-308
風早村　3-229, 5-211, 5-308
上北方村〔北方〕　5-210, 5-307, 5-308
上竹仁村　5-211, 5-308
上三永村　5-210, 5-308
川尻村　3-229, 5-211, 5-308
河原津　5-307
木谷村　3-229, 5-210, 5-308
清武村　5-210, 5-308
九王村　3-230, 5-197, 5-210, 5-214, 5-307, 5-311
楠村　5-307
口惣村　5-210
久羽村　5-210, 5-308
久比浦　3-231, 5-210
蔵鋪村〔藏敷〕　5-197, 5-214, 5-307, 5-311
國分村　5-197, 5-214, 5-307, 5-311
小松原〔小松原村〕　3-229, 5-211, 5-308
紺原村　5-197, 5-214
西条四日市○☆〔四日市〕　5-211, 5-308
佐方村　3-231, 5-214, 5-311
盛村　3-228, 5-210
先宮島　3-230
櫻井村　3-230, 5-197, 5-214, 5-307, 5-311
三瀬町　3-231, 5-211
下市村　3-228, 5-210
下北方村〔北方〕　5-210, 5-307, 5-308
下竹仁村　5-211, 5-308
下村　3-228, 5-210, 5-308
正味村　5-197, 5-210
新町村　3-230, 5-197, 5-214, 5-307, 5-311
瀬戸村　3-228, 5-210
臺村　5-210
高崎村　3-228, 5-210, 5-307, 5-308
宅万村　5-197, 5-214
宅方〔万〕村〔宅万〕　3-230, 5-197, 5-214, 5-307, 5-311
竹原新庄村〔新庄〕　5-210, 5-308
竹原西ノ村〔竹原〕　5-210, 5-308
忠海村　3-228, 5-210, 5-307, 5-308
忠海村能地浦葛　3-228
田戸浦　3-231, 5-211
種村　3-231, 5-214
田ノ浦村　3-230, 5-210
田万里村☆　5-210, 5-308
寺家村　5-211, 5-308
寺河原村〔寺川原〕　3-230, 5-197, 5-214, 5-307, 5-311
寺町村　5-211, 5-308
泊村　3-230, 5-210
豊島浦　3-231
鳥生村　5-197, 5-214
中野浦　3-228, 5-210
波方村　3-230, 5-210, 5-307, 5-311
野ヽ江村　3-228, 5-210
野間村　5-197, 5-214
乃美村　5-210, 5-308
拝志村　3-230, 5-197, 5-214, 5-307, 5-311
萩路村　5-210, 5-307, 5-308
波止濱　3-230, 5-197, 5-210, 5-214, 5-307, 5-311
濱村　3-231, 5-214, 5-311
早川村　3-230, 5-210
原飯田村　5-211
原田浦　3-229, 5-210
肥海村　3-228, 5-210
東野浦　3-228, 5-210
東野村　5-211
日吉村　5-197, 5-214, 5-307, 5-311
福田村　3-230, 5-210
臥間村　5-197, 5-210
拂津　5-307
別府村　3-230, 5-197, 5-210, 5-214
星浦村　3-230, 5-197, 5-214
星浦村　5-197, 5-214
本郷村○☆　5-210, 5-307, 5-308
本庄村　3-230, 5-210
御手洗浦　3-231, 5-210
三津口村〔三ツ口〕　3-229, 5-211, 5-308
三津口村水尻　3-229
三津村　3-229, 5-210, 5-211, 5-308
南方村　5-210, 5-307, 5-308
宮浦村　3-228, 5-210
宮窪村　5-210
宮盛浦　3-231, 5-211
宮崎村　5-210, 5-307, 5-311
名村　3-230, 5-210
名村　3-230, 5-210
向浦　3-231, 5-211
椋名村　5-210
宗方村　3-228, 3-230, 5-210
宗吉村　5-211, 5-308
矢田村　5-197, 5-214, 5-307, 5-311
奴竹村　5-210, 5-307
山路村　5-197, 5-214
吉奈村　3-229, 5-210
余所国村　5-210
脇村　5-197, 5-214

【社寺】

吉備宮　5-307

【山・峠】

硫礦山　5-211
石鎚山　5-307, 5-310
大山峠　5-211
叶城山　5-211
河原坂峠　5-210
清滝山　5-211
三角寺山　5-307, 5-310
鷹巣山　5-211
妻神坂峠　5-210
野呂山　5-211, 5-308
蝿ケ峯　5-211
古石山　3-231, 5-214
布留権現山　5-307, 5-310
無天山　3-230
夢見山　5-211
竜王山　5-210

【河川・湖沼】

大乗川　3-228
惣社川　3-230
田ノ川　3-230
本郷川　5-210

【岬・海岸】

大角鼻　3-230
ヲロカ鼻　3-229
梶取鼻〔梶取岬〕　3-230, 5-210, 5-311
串埼　3-231
雲毛鼻　3-229
花山鼻　3-229
サクラ鼻　3-229
地藏鼻　3-230
塚埼　3-229
天神鼻　3-231
長埼　3-231
西黒埼　3-228
ハナクリ　3-228, 3-230
三埼　3-231
見戸城埼　3-229, 3-231
宮埼　3-231
明神鼻　3-230
明神鼻　3-230
明數鼻　3-229
彌左エ門埼　3-228
ハツ埼　3-231

【島】

藍崎島〔藍島〕　3-229, 5-210, 5-308
阿波島　3-228, 5-210
阿波島　5-307, 5-308
生野島　5-307, 5-308
齊宮島（大崎下島）　3-231, 5-311
犬頭シマ　5-214
今島　3-231
浮礒　3-230, 5-210
臼島　3-228, 5-210, 5-308
馬シマ　5-211
馬島　5-197, 5-210, 5-214, 5-307, 5-308
大アイカ島　3-229, 5-210
大アイシマ　5-214
大藍島　3-231
大カクシマ　5-210
大キリシマ　5-210
大久野島　3-228, 5-210, 5-307, 5-308
大黒島　3-231, 5-211, 5-311
大下島　3-230, 5-210, 5-307, 5-311
大子島　3-231, 5-211
大毎シマ　5-210
大崎上島　3-228, 5-210, 5-308
大崎下島　3-231, 5-210, 5-311
大崎下島豊島〔豊島〕　3-231, 5-211, 5-311
大芝島　3-229, 5-210, 5-308
大松島〔松島〕　3-231, 5-211
大三島　3-228, 5-210, 5-307, 5-308
大横島　3-228, 5-210
岡村島　3-231, 5-210, 5-311
オクヒ島（豊島属）　3-231, 5-211, 5-311
小毎島　3-228, 5-210
女子島　3-229, 5-210
朧島　5-210
折目島　3-228, 5-210
柏島　3-229, 5-211
柏島　3-229, 5-211, 5-307
柏島　3-229, 5-211, 5-307, 5-308
粕〔柏〕島　3-228, 3-230, 5-210
蒲刈上島〔蒲苅上島〕　3-231, 5-211, 5-308
上島　3-228
亀シマ　5-210
唐シマ　5-210
唐船島　5-210
木臼島　3-228, 5-210
吉良崎島　3-228
来島　3-230, 5-210, 5-307, 5-311
黒島　5-210
黒島　5-210, 5-308
黒島　3-229, 5-210
怪島　3-231, 5-311
小アイカ島　3-229, 5-210
小アイシマ　5-214
小藍島　3-231
幸殿島　3-228, 5-210
小大下島　5-210, 5-307
小久野島　3-228, 5-210, 5-307, 5-308
小熊島　5-308
小クマ島　5-211
小芝島　3-229, 5-211, 5-308
小島　5-197, 5-210
小シマ　5-211
小シマ　5-210
小シマ　5-197, 5-210, 5-214
故城シマ　5-210
小ツクマシマ　5-210
小ツクマ島　3-230, 5-210
小松島　3-231
小虫島　3-230
小横島　3-228, 5-210
斉宮島　5-210, 5-214
佐組島　5-210
四十シマ　5-210

白石　5-210
高根島　5-307
タナハシシマ　5-210
棚林島　3-228, 5-210
棚林島　3-228, 5-210
ツクカ島　3-229, 5-210
津島　3-230, 5-210, 5-307, 5-311
長島　3-229, 5-210, 5-308
中渡島　3-230, 5-197, 5-210
中島　3-231, 5-210
鍋島　3-228
荷シマ　5-211
荷島　3-231, 5-211
箱島　3-228, 5-210
ハナクリシマ　5-210
東野浦王〔生〕野島〔生野島〕　3-228, 5-210
比岐島　5-307, 5-311
ヒクエ　5-211
肥島　3-228, 3-230, 5-210, 5-307
福島　3-228, 5-210
舩島　3-228
臍島　3-231, 5-214
ヘラ島　5-210
弁天島　3-230
股島　5-307
松島　5-210
松シマ　5-211
松島　3-228, 5-210, 5-307, 5-308
俎石　5-211
三日田島　5-210, 5-308
三角島　3-229, 3-231
三ツ子島　3-230, 5-210
御堂小シマ　5-210
美島　3-229
向山島　3-228, 5-210
虫島　3-230, 5-197, 5-210
女猫島　5-211
弓杖島　3-230, 5-311
横シマ　5-211
横島　3-229, 5-211, 5-308
龍王島　3-229, 5-210, 5-308

第165号 大田

【国名】
出雲國〔出雲〕　3-232, 5-204
石見國〔石見〕　3-232, 5-212, 5-308

【郡名】
安濃郡　3-232, 3-233, 5-204, 5-205, 5-308
神門郡　3-232, 5-204, 5-308
迩摩郡　3-232, 3-233, 5-205, 5-308

【地名】
朝倉村　3-232, 5-204, 5-308
礒竹村　3-233, 5-205, 5-308
礒竹村大浦☆〔大浦〕　3-233, 5-308
稲用村　3-233
今市原村　3-233, 5-205, 5-308
今市原村枝亀谷　3-233
宇竜浦⛵　3-233, 5-204, 5-308
大田北村〔大田〕　3-232, 5-205, 5-308
大田北村大田町　3-232
大田北村加土　3-232
大田南村枝山﨑　3-232
大田南村大田町〇〔大田南村、大田〕　3-232, 5-205, 5-308
大田南村木田　3-232
小田村　3-232, 5-204, 5-308
小田村青野　3-232
小田村餘草　3-232
川合村　3-232, 5-205, 5-308
川合村高瀬新田　3-232
神原村　3-232
口田儀村田儀町　3-232
口田儀村竹ノ内　3-232
口田儀村鈩　3-232
口田儀村中郷〔口田儀村、口田儀〕　3-232, 5-204, 5-308
口田儀村中田儀　3-232
久利村〇　3-233, 5-205, 5-308
久利村畑中　3-233
刺賀村　3-232, 5-205, 5-308
刺賀村枝一井谷　3-232
刺賀村江谷　3-232
刺賀村竹原　3-232
刺賀村西川浦　3-232
佐摩村大森町（陣屋）〇☆〔大森〕　3-233, 5-205, 5-308
佐摩村小林〔佐摩〕　3-233, 5-308
佐摩村下組〔佐摩村〕　3-233, 5-205
静間村魚津浦〔静間村、静間、魚津〕　3-233, 5-205, 5-308
先市原村　3-233, 5-205, 5-308
先市原村細田　3-233
仙山村　3-232, 5-204, 5-308
仙山村島津屋敷　3-232
高瀬野田　3-232
多岐村　3-232, 5-204, 5-308
多岐村大西　3-232
宅野村　3-233, 5-205, 5-308
鳥井村　3-233, 5-205, 5-308
鳥越村新田〔鳥越村、鳥越〕　3-232, 5-205, 5-308
仁万村　3-233, 5-205, 5-308
波根西村　3-232, 5-205
波根西村枝大津　3-232
波根西村久手浦　3-232
波根東村☆〔波根〕　3-232, 5-205, 5-308
波根東村上川内　3-232
波根東村田ノ長　3-232
波根東村溜福　3-232
波根東村波根町　3-232
波根東村前谷　3-232
日御﨑　3-233, 5-308
馬路村　3-233, 5-205, 5-308
馬路村神子路村　3-233
松代村　3-233, 5-205, 5-308
用田村　3-233
行恒村　3-232, 5-205, 5-308
行恒村平　3-232
吉永村大坪　3-233
吉永村町塲〔吉永村〕　3-232, 5-205, 5-308
吉永村向古〔吉〕永　3-232

【社寺】
朝倉神社　3-232
一宮物部神社〔物部神社〕　3-232, 5-205, 5-308
大田八幡　3-232, 5-205
苅田神社　3-232, 5-205
城上神社　3-233
刺賀神社　3-232, 5-205
多岐藝神社　3-232, 5-204, 5-308
多岐神社　3-232, 5-204
新具蕤姫命神社　3-232
八幡社　3-233
山邊八代姫神社　3-233

【山・峠】
伊勢山　3-232
古城山　3-232
権現山　3-232
城山　3-232
空越山　3-232
堀切山　3-232
山邊山　3-232

【河川・湖沼】
三瓶川　3-232, 5-205
指海川　5-204
修現免川　5-204

【岬・海岸】
大浦鼻　3-233
笠ケ鼻　3-233
カンハクノ尾サキ　3-233
北方鼻　3-233, 5-205
日御﨑　3-233, 5-204

【島】
赤シマ〔赤島〕　3-233, 5-308
鵜島　3-233, 5-205
大タテ　3-233, 5-205
神岩　3-232
神島　3-233, 5-205
辛島　3-233, 5-205
経ケ島　3-233, 5-204
黒シマ　3-233, 5-204
小神シマ　3-233, 5-205
小タテ　3-233, 5-205
権現島　3-233, 5-204
雀シマ　3-233, 5-205
ソハエ　3-233
トタイシマ　3-233
友島　3-233, 5-204, 5-308
ヒラシマ　3-233, 5-204

第166号 温泉津

【国名】
安藝国〔安藝〕　3-236, 3-237, 5-211, 5-213, 5-308
石見国〔石見〕　3-236, 3-237, 5-212, 5-308

【郡名】
邑智郡　3-234, 3-235, 3-236, 3-237, 5-209, 5-212, 5-308
高田郡　3-238, 5-209, 5-308
高宮郡　3-238, 5-211, 5-213, 5-308
那賀郡　3-235, 3-237, 5-212, 5-308
迩摩郡　3-234, 3-235, 5-204, 5-205, 5-308
山縣郡　3-236, 3-237, 3-238, 5-209, 5-212, 5-308

【地名】
淺利村　3-235, 5-209, 5-212, 5-308
有田村　3-238, 5-209, 5-212, 5-308
有間村　3-238, 5-209, 5-212
井澤村　3-235, 3-237, 5-209, 5-212, 5-308
石井谷村　3-238, 5-209, 5-212, 5-308
石原村　3-234, 5-209, 5-308
出羽村　3-236, 5-209, 5-212, 5-308
出羽村出羽市〇　3-236
出羽村山田谷　3-236
市木村　3-237, 5-209, 5-212, 5-308
市木村貝﨑　3-237
市木村観音寺原　3-237
市木村越木　3-237
市木村中郡　3-237
市木村早水　3-237
市木村原田　3-237
市木村的塲　3-237
市木村麦尾　3-237
市山村　3-235, 3-237, 5-209, 5-212, 5-308
今市村　3-237, 5-212, 5-308
今田村　3-238, 5-209, 5-212, 5-308
今田村　3-235, 3-237, 5-209, 5-212, 5-308
入江村　3-238, 5-209, 5-308
岩戸村　3-236, 3-238, 5-209, 5-212, 5-308
岩戸村鏃穴原　3-236, 3-238
岩戸村清水　3-236
岩戸村平田　3-236, 3-238
後有田村　3-238, 5-209, 5-212, 5-308
後地村　3-235, 5-209, 5-212, 5-308
鶉木 勝草　3-239
鶉木 坂森　3-239
大朝村　3-237, 3-239, 5-308
大朝村枝ノ宮　3-237
大朝村境　3-236, 3-238
大家本郷　3-235, 5-209, 5-212, 5-308
大塚村　3-237, 5-209, 5-212, 5-308
大林村　3-238, 5-211, 5-213, 5-308
大林村五反田　3-238
大林村臺　3-238
大林村根ノ谷　3-238
荻原村　3-234, 5-205, 5-308
小田村　3-235, 5-209, 5-212, 5-308
海應寺村　3-238
加計村香草　3-239
加計村加計市〔加計村〕　3-239, 5-209, 5-212, 5-308
加計村川登　3-239
加計村田ノ原　3-239
加計村丁　3-239
粕淵村小原驛〇〔粕淵村、粕淵〕　3-234, 5-209, 5 308
勝田村　3-238, 5-209, 5-308
桂村　3-238, 5-209, 5-308
上根村　3-238, 5-209, 5-211, 5-212, 5-308
上根村上根市　3-238
上町屋村〔町屋〕　3-238, 5-211, 5-213, 5-308
亀谷村　3-236, 5-209, 5-212, 5-308
亀谷村下亀谷　3-236
川下村　3-234, 5-209, 5-212, 5-308
川下村谷戸　3-234
川戸村　3-235, 5-209, 5-212, 5-308
川戸村　3-234, 5-209, 5-308
川戸村乙原　3-234
河本村　3-238, 5-209, 5-308
川本村枝矢谷　3-234
川本村川本市〇〔川本村〕　3-234, 5-209, 5-212, 5-308
川本村皆口　3-234
北佐木村〔佐木〕　3-235, 5-209, 5-212, 5-308
久保村　3-234, 5-209, 5-308
蔵迫村　3-238, 5-209, 5-212
黒松村　3-235, 5-209, 5-212, 5-308
小濱村　3-235, 5-209, 5-212
小松地村　3-234, 5-

205, 5-308
小松地村中間☆　3-234
佐西村　3-238, 5-209
佐西村本慶寺谷　3-238
佐摩村銀山町〔銀山町〕　3-235, 5-205, 5-209, 5-212
志君村　3-234, 5-209, 5-212, 5-308
志君村角石　3-234
重富村　3-237, 5-209, 5-212, 5-308
重富村萩原　3-237
重富村湯舟　3-237
志路原村　3-239, 5-209, 5-212, 5-308
志路原村下ケ原　3-239
下田所村　3-236
下根村　3-238, 5-209, 5-308
下根村楢原　3-238
下根村八幡原　3-238
白坏村　3-234, 5-209, 5-212, 5-308
白坏村枝髙津　3-234
新庄村　3-236, 5-209, 5-212, 5-308
新庄村伊關　3-236, 3-238
新庄村七間光　3-236
新庄村宮ノ庄　3-236, 3-238
新庄村横路田　3-236, 3-238
清見村　3-235, 3-237, 5-212, 5-308
惣森村　3-234, 5-205, 5-209, 5-212, 5-308
祖式村　3-234, 5-209, 5-212
祖式村枝猪目　3-234
祖式村枝瀬戸　3-234
祖式村祖式市○　3-235, 5-308
高野村　3-238, 5-209
高畑村　3-234, 5-209
髙見村入野　3-234, 3-236
髙見村荻原　3-234, 3-236
髙見村高見町○〔高見村〕　3-236, 5-209, 5-308
髙見村馬場　3-236
髙見村安田　3-236
滝原村　3-234
田窪村　3-235, 5-209, 5-212, 5-308
谷住郷村　3-235, 5-209, 5-212, 5-308
谷住郷村入野組　3-235
谷住郷村住郷組　3-235
谷住郷村谷組　3-235
田ノ原迫　3-239
千原村　3-234, 5-209, 5-308
都川村　3-237, 5-209, 5-212, 5-308
都川村赤谷　3-237
都川村峠　3-237
寺原村　3-238, 5-209, 5-212
寺原村水﨑〔寺原〕　3-238, 5-308
戸河内村　3-239, 5-212, 5-308
戸河内村鵜渡瀬　3-239
戸河内村滝本　3-239
戸河内村堀　3-239
戸谷村　3-239, 5-209, 5-212, 5-308
戸谷村鶉木　3-239
戸谷村小戸谷　3-239
中原村　3-239, 5-209, 5-212, 5-308
中原村峠谷　3-239
中山村○　3-236, 238, 5-209, 5-212, 5-308
長屋村　3-238, 5-209, 5-308
南原村　3-238, 5-211, 5-213, 5-308
西田村　3-235, 5-209, 5-212, 5-308
西田村大上　3-235
西田村西田町　3-235
濵原村○☆　3-234, 5-209, 5-308
原村　3-236, 5-209, 5-212, 5-308
春木村　3-238, 5-209, 5-212
福原村　3-234, 5-205, 5-308
福原村三久須村〔三久須村〕　3-234, 5-209, 5-212
福光下村　3-235, 5-209, 5-212
福光本領　3-235, 5-209, 5-212, 5-308
福光本領今浦　3-235
布施村　3-234, 3-236
別府村　3-234, 5-205, 5-209, 5-212, 5-308
本地村○　3-238, 5-209, 5-212, 5-308
鱒淵村　3-236
馬野原村　3-234, 5-209, 5-212, 5-308
馬野原村大部屋　3-234
三日市○　3-236, 5-209, 5-212, 5-308
南佐木村〔佐木〕　3-235, 5-209, 5-212, 5-308
三原村☆　3-235, 5-209, 5-212, 5-308
宮迫村　3-236, 5-209, 5-212, 5-308
宮迫村奥岩戸　3-236
向山村　3-238, 5-209, 5-308
八色石村　3-234, 3-236, 5-209, 5-308
八色石村上市　3-234
矢谷市井原　3-234
矢谷下長原　3-234
湯抱村　3-234, 5-209, 5-308
温里村　3-235, 5-209, 5-212, 5-308
温里村温湊　3-235
温泉津村（温泉）☆⛵　3-235, 5-209, 5-212, 5-308
温泉津村日祖浦　3-235
横道　3-235
吉浦村　3-235, 5-209, 5-212, 5-308
淀原村　3-236, 5-209, 5-212, 5-308
和田村　3-237, 5-212, 5-308
和田村　3-236
和田村大石谷　3-237
和田村ヲカイ谷　3-237
和田村下和田　3-236
和田村土井谷　3-237

【社寺】

霹靂神社　3-235, 5-209, 5-212
水上神社　3-235
三滝八幡　3-235, 5-209, 5-212

【山・峠】

青杉城山　3-234
赤城　3-238
アテヒラ山　3-239
石浦峠　3-237
出羽山　3-236
猪山　3-237
鶉木峠　5-209, 5-212
大家山　3-235
大江山　3-235
大掛山　3-238
大掛山　3-235
大坂峠　5-209, 5-212
大谷山　3-238
海見山　3-238
海見山　3-238, 5-209, 5-211, 5-212
鏡平山　3-239
掛山　3-237, 3-239
柏城　3-238
可部坂峠　3-238
栢ケ城　3-238
鳫ケ丸　3-238
叚山　3-235
カロウト山　3-238
川上峠　3-235, 5-209, 5-212
観音山　3-238
カン引山　3-237
冠山　3-238, 5-209, 5-212
木地面山　3-236
木地面山　3-236
菊ケ峠　5-209
木ノ實山　3-234
草田山　3-238
九屋山　3-234
黒□山　3-236
ケントウシ山　3-239
蝙蝠山　3-236
極樂峠　3-234
腰林　3-238
古城山　3-238
コモフチ山　3-235
材木峠　3-234, 5-209, 5-212
猿喰山　3-238
時雨峠　3-236
清水峠　3-235
下野古城　3-238
住郷山　3-235
城山　3-235
鈴尾山　3-238
ス子ヲリ山　3-238
住吉ケ峯　5-209
石塔山　3-236
高前山　3-235
高山　3-235
中禅寺山　3-238
鼓城山　3-234
葛篭掛　3-238
燕岩山　3-239
鳥子峠　3-235
長尾山　3-238
長尾山　3-235, 3-237
長屋山　3-238
西山　3-235, 5-209, 5-212
二千石山　3-235, 3-237
ヒカミ山　3-238, 5-209
火野山　3-236, 3-238
二ツ城　3-238
二ツ山　3-236
平家丸　3-238
別所山　3-237
ホウホ山　3-236
本城山　3-236
前谷山　3-235
松尾山　3-234
丸山　3-238
丸山　3-235
水ケ峠山　3-239
御田山　3-235
三子ケ丸　3-238
三子山　3-235
向坂峠　5-209, 5-212
矢滝古城　3-235
矢筈山　3-238
矢筈山　3-235
山吹山　3-235
湯ノ舟峠　3-237
弓張峠　3-235
要害山　3-235
和田古城　3-236

【河川・湖沼】

出羽川　5-209, 5-212
大田川　3-239, 5-209, 5-211, 5-212
郷川　3-234, 5-209, 5-212
郷川　3-234, 5-209, 5-212
高見川　5-209, 5-212
福原川　5-209, 5-212
矢滝　3-235
矢谷川　5-209, 5-212
八戸川　3-235
温里川　3-235

【島】

エヒスシマ　3-235
エホシシマ　3-235
ヲ嶋　3-235, 5-209, 5-212
黒シマ　3-235, 5-209, 5-212
タカシマ〔髙島〕　3-235, 5-212
唐人シマ　3-235, 5-209, 5-212
ヒテクリ　3-235
平シマ　3-235, 5-209, 5-212
蛇シマ　3-235, 5-209, 5-212
松シマ　3-235, 5-209, 5-212
女嶋　3-235, 5-209, 5-212
ヤヱシマ　3-235, 5-209, 5-212

第167号 広島

【国名】

安藝国　3-245
周防国　3-245

【郡名】

安藝郡　3-240, 3-242, 3-243, 3-244, 5-211, 5-213, 5-308
加茂郡　3-240, 3-242, 5-211, 5-308
玖珂郡　3-245
佐伯郡　3-241, 3-243, 3-245, 5-213, 5-308
髙宮郡　3-240, 5-211, 5-213, 5-308
沼田郡　3-240, 3-241, 3-243, 5-211, 5-213, 5-308

【地名】

青海苔浦　3-243
阿賀村　3-242, 5-211, 5-308
阿賀村大入　3-242
秋付　3-242, 5-211, 5-213
有清　3-242, 3-244, 5-211, 5-213
粟井村　3-244
粟井村大泊　3-244, 5-214
五日市村　3-241, 5-211, 5-213, 5-308
五日市村塩濱　3-241, 3-243
五日市村三進〔筋〕　3-241, 3-243
井口村　3-241, 5-211, 5-213
井口村阿瀬　3-241
打越村　3-241, 5-211, 5-213, 5-308
打越村小河内　3-241, 5-211, 5-213
馬木村　3-240, 5-211, 5-213, 5-308
馬木村今庄　3-240
馬木村西地　3-240
馬木村羅漢谷　3-240
宇和木　3-244, 5-211, 5-213
追田川　3-242, 5-211, 5-213
大君　3-243, 3-245, 5-211, 5-213
大洲新開　3-240, 5-211, 5-213
大野村赤﨑〔大野村〕　3-243, 5-213, 5-308
大野村枝中山　3-243
大野村上組　3-243
大野村髙見　3-243
大野村深江　3-243
岡　3-243, 5-211, 5-213
小河原村　3-240, 5-211, 5-213, 5-308
小河原村氏名原　3-240
小河原村馬毛　3-240
奥海田村　3-240, 5-211, 5-213, 5-308
奥海田村石原　3-240
奥海田村畝　3-240
奥海田村枝砂走　3-240
奥海田村成木〔本〕　3-240
奥海田村西谷　3-240
奥海田村東谷　3-240
尾立　3-244, 5-211, 5-213, 5-215
尾長村　3-240, 5-211, 5-213
尾長村片河町　3-240
小古江　3-243, 5-211, 5-213
隠渡〔隠戸〕　3-242, 5-211, 5-213
海越　3-244, 5-211, 5-213, 5-215
海田市○　3-240, 5-211, 5-213, 5-308
柿浦　3-243, 5-211, 5-213

鹿川 3-243, 5-211, 5-213
可部町屋村○〔可部〕 3-240, 5-211, 5-213, 5-308
上瀬野村一貫田〔上瀬野〕 3-240, 5-308
上瀬野村枝久井原 3-240
上瀬野村寺分 3-240
上瀬野村中原〔上瀬野村、上瀬野〕 3-240, 5-211, 5-308
上町屋村 3-240, 5-211, 5-213
冠村 3-240
狩留家村中山〔狩留家村、狩留家〕 3-240, 5-211, 5-308
狩留家村湯坂〔狩留家〕 3-240, 5-308
鹿老渡☆⛵ 3-244, 5-211, 5-213, 5-215, 5-311
川田村 3-241, 5-211, 5-213, 5-308
観音新開 3-241, 5-211, 5-213
北之庄村〔北庄〕 3-240, 5-211, 5-213, 5-308
北之庄村古市 3-240
清盛墓 3-242
切串 3-242, 5-211, 5-213
草津後田村 3-241, 5-211, 5-213
ケコヤ村 3-242, 5-211, 5-213
ケコヤ村鍋村鳥平村入會〔鳥平村〕 3-242, 5-211, 5-213
己斐村 3-241, 5-211, 5-213, 5-308
髙祖 3-243, 5-211, 5-213
幸ノ浦 3-243, 5-211, 5-213
國泰寺新開 3-241, 5-211, 5-213
腰細浦 3-243
小用 3-242, 5-211, 5-213
是長 3-243, 5-211, 5-213
坂田村 3-241, 5-211, 5-213, 5-308
坂村 3-242, 5-211, 5-213, 5-308
坂村小屋 3-242
坂村横濵 3-240, 3-242
先奥 3-242, 3-244, 5-211, 5-213
重生 3-245, 5-211, 5-213
地御前村 3-241, 3-243, 5-211, 5-213, 5-308
地御前村阿品 3-243
下町屋村在原 3-240
下島浦 5-211
下瀬野村〔下瀬野村〕 3-240, 5-211, 5-308
下瀬野村枝大藤 3-240
下瀬野村落合 3-240
下瀬野村伏付 3-240
下中野村 3-240, 5-211, 5-213
下町屋村 3-240, 5-211, 5-213
下町屋村横川 3-240
下安村 3-241, 5-211, 5-213, 5-308
下安村青原 3-241
下安村祇園 3-241
下安村堀立 3-241
庄村 3-242, 5-211, 5-213
志和西村 3-240, 5-308
志和西村馬宿〔志和西村〕 3-240, 5-211
志和堀村大谷 3-240
志和堀村後休市 3-240
志和堀村真保 3-240
志和堀村出口 3-240
志和堀村中村☆〔志和堀村、志和堀〕 3-240, 5-211, 5-308
新庄村 3-241, 5-211, 5-213, 5-308
新庄村中原 3-241
新庄村松原 3-241
新田 5-308
須川 3-244, 5-211, 5-213, 5-215
杉ノ浦 3-243
瀬戸町 3-242, 5-211, 5-213
大王 3-243, 5-211, 5-213
髙須 3-242, 5-211, 5-213
髙田 3-243, 5-211, 5-213
鷹巣浦 3-243
竹屋新開 3-241, 5-211, 5-213
田原 3-242, 3-244, 5-211, 5-213
津久茂（西能美島屬） 3-243, 5-211, 5-213
坪井村 3-241
渡ノ子 3-242, 5-211, 5-213
中須村 3-241, 5-211, 5-213, 5-308
長谷 3-244, 5-211, 5-213
長束村 3-241, 5-211, 5-213
中野村 3-240, 5-211, 5-213, 5-308
中野村井原 3-240
中野村枝平原 3-240
中野村押手 3-240
中野村権現 3-240
中野村三王 3-240
中野村新野 3-240
中原〔野〕村長者原 3-240
中野村津村 3-240
長濵 3-243
中山村廣原 3-240
鍋村 3-242, 5-211, 5-213, 5-308
仁方村 3-242, 5-211
西新開 3-241, 5-211, 5-213
西原村 5-211, 5-213, 5-308
仁保島村〔仁保〕 3-240, 5-211, 5-213, 5-308
仁保島村大河 3-240
仁保島村丹那 3-240
仁保島村日宇那 3-240
仁保島村向灘 3-240
温品村 3-240, 5-211, 5-213, 5-308
温品村アソヒ 3-240
温品村板屋組 3-240
温品村小出組 3-240
温品村矢可部組 3-240
畑 3-243, 5-211, 5-213
畑 3-242, 3-244, 5-211, 5-213
畑賀村 3-240
波多見 3-242, 5-211, 5-213
廿日市○☆ 3-241, 3-243, 5-211, 5-213, 5-308
早瀬 3-242, 3-244, 5-211, 5-213
原村 3-240
東新開 3-240, 5-211, 5-213
飛渡瀬 3-242, 5-211, 5-213
飛渡瀬 3-243
廣島☆〔廣嶋〕 3-241, 5-211, 5-213, 5-308
廣瀬新開 3-241, 5-211, 5-213, 5-308
廣村 3-242, 5-211, 5-308
廣村小坪 3-242
廣村長濵 3-242
深江 3-243, 3-245, 5-211, 5-213
福田村☆ 3-240, 5-211, 5-213, 5-308
福田村大石屋 3-240
福田村大杁 3-240
福田村新福庵 3-240
福田村寺分 3-240
福田村西山 3-240
藤野脇 3-244, 5-211, 5-213
府中村鹿篭 3-240
府中村三軒屋 3-240
府中村中郷〔府中村、府中〕 3-240, 5-211, 5-213, 5-308
府中村南郷 3-240
府中村矢賀 3-240
舩入新開 3-241, 5-211, 5-213
舩越村 3-240, 5-211, 5-213
舩越村西舩越 3-240
舩越村引地 3-240
古江村 3-241, 5-211, 5-213, 5-308
古江村髙須 3-241
古江村四軒屋 3-241
別府楠木村 3-241, 5-211, 5-213
別府楠木村柳河内 3-241
別府村 3-240, 5-211, 5-308
別府村枝乗本 3-240
別府村下別府 3-240
平良村 3-241, 3-243, 5-211, 5-213, 5-308
網浦☆ 3-243
堀越村 3-240
本浦 3-244, 5-211, 5-213, 5-215
本郷 3-243, 5-211, 5-213
本郷☆ 3-243, 3-245, 5-211, 5-213
三笠濵 3-243
水落村 3-240, 5-211, 5-213
緑井村 3-241, 5-211, 5-213, 5-308
緑井村植竹 3-240
緑井村松原 3-240
皆賀村 3-241, 5-211, 5-213, 5-308
宮内村 3-241, 3-243, 5-211, 5-213, 5-308
宮内村串戸 3-241, 3-243
宮内村佐原田 3-241, 3-243
宮内村新屋敷 3-241, 3-243
宮内村砂原 3-241, 3-243
宮内村畑口組 3-241, 3-243
宮ノ前 3-240
宮原村 3-242, 5-211, 5-213
宮原村呉町☆〔宮原〕 3-242, 5-308
三吉 3-243, 5-211, 5-213
室尾 3-244, 5-211, 5-213, 5-215
本浦 3-242, 5-211, 5-213
八木村 3-240, 5-211, 5-213, 5-308
八木村笹原 3-240
八木村間鴨 3-240
矢野村 3-240, 3-242, 5-211, 5-213, 5-308
矢野村大屋 3-242
山白浦 3-243
山田 3-242, 5-211, 5-213
山田村 3-242, 5-211, 5-213, 5-308
山本村 3-241
吉浦村 3-242, 5-211, 5-213, 5-308
吉浦村落走 3-242
吉浦村川原石 3-242
吉島新開 3-241, 5-211, 5-213
釣士田 3-244, 5-211, 5-213
鷲部 3-242, 5-211, 5-213
和庄村 3-242, 5-211, 5-213

【社寺】

嚴島社 3-243, 5-211, 5-213
國分八幡 3-240
地御前社 3-243
多家神社 3-240
包岩明神 3-243
養父﨑明神 3-243

【山・峠】

揚倉古城 3-240
跡山 3-240
一ノ丸 3-240
岩真香山 3-240
岩屋山 3-240
炎山 5-211, 5-213
生城山 3-240
大火山 3-244
鬼ケ城 3-240
上髙鉢山 3-240
河内山 5-211, 5-213
木宗山 3-240
国狩〔侍〕山 3-240
極楽寺山 3-241, 5-211, 5-213
古寺 3-240
越峠 3-240
西明山 3-240
椎村山 3-240
下髙鉢山 3-240
白滝山 3-242
陣ケ丸 3-240, 5-211, 5-213
神宮寺山 3-240, 5-211, 5-213
髙城 3-240
髙幡山 3-240
武田山 3-241, 5-211, 5-213
茶臼山 3-240
長者原山 3-240
長﨑山 3-240
蠅ヶ峯 5-308
花打場 3-240
花莖山 3-240
比治山 3-240
檜山 3-240
福王寺山 3-240, 5-211, 5-213
二ツ城 3-240
枕山 3-240
松笠城 5-211, 5-213
弥山 3-243, 5-211, 5-213
モツコク山 3-240
モノミ岩 3-240
山田山 3-240
湯坂山 3-240

【河川・湖沼】

太田川 3-240
隠渡迫門 3-242
海田川 3-240
川田川 3-241
神奈川 3-244
京橋川 3-241
己斐〔川〕 3-241, 5-211, 5-213
小臺川 3-241
猿股川 3-240
西川 3-242
東川 3-242
平田屋川 3-241
府中川 3-240
本川 3-241
八幡川 3-241

【岬・海岸】

足﨑 3-245
石ケ鼻 3-242
牛首 3-242, 3-244
哥﨑 3-244
大浦鼻 3-242, 3-244, 5-211, 5-213
ヲヽノ鼻 3-242, 3-244
大屋岬 3-243, 3-245
親休鼻 3-245, 5-211, 5-213
風切鼻 3-244
亀ケ首岬〔亀首﨑、亀首岬〕 3-244, 5-211, 5-311
カモス﨑 3-245
唐越 3-244
カラス島岬 3-245
観音﨑 3-242
源太郎岬 3-245
下猫﨑 3-242
常ケ石鼻 3-244
鳶ケ巣岬 3-244
長串鼻 3-244
ハエノサキ 3-242
聖﨑 3-243, 5-211, 5-213
ヒラレ 3-244
松ケ鼻 3-243, 5-311
三ツ石鼻 3-242
物見岩 5-211, 5-213
舘石〔タテ石〕 3-242, 5-211, 5-213

【島】

阿多田島（小方波田村屬） 3-243, 5-213
アンドウシマ 3-243,

5-211, 5-213
伊勢小島（柱島屬） 3-245, 5-215, 5-311
嚴島 3-243, 5-211, 5-213, 5-308
猪子島 3-243, 5-211, 5-213, 5-308
宇品島（仁保島村屬） 3-241, 3-243, 5-211, 5-213, 5-308
ウルメ島 3-242, 5-211, 5-213
江田島 3-243, 5-211, 5-213, 5-308
江波島☆ 3-241, 3-243, 5-211, 5-213, 5-308
大カクマ島 3-243, 5-211, 5-213, 5-308
大黒神島（西能美島屬） 3-243, 3-245, 5-211, 5-213, 5-311
大舘場島 3-244, 5-215, 5-311
大那砂美島〔大ナサヒ島〕 3-243, 5-211, 5-213, 5-308
鹿島（麥島）（倉橋島屬） 3-244, 5-215, 5-311
片島（東能美島屬） 3-245, 5-211, 5-213, 5-311
金輪島（仁保島村屬） 3-240, 3-242, 5-211, 5-213, 5-308
甲島（小方波田村錦見村屬） 3-245, 5-211, 5-213, 5-215, 5-311
蒲川下島〔蒲苅下島〕 3-242, 5-211, 5-311
カン子島 3-243
カンノコ 3-244, 5-215
崩礒 3-244, 5-214
鞍掛島（柱島屬） 3-245, 5-215, 5-311
倉橋島 3-244, 5-211, 5-213, 5-308, 5-311
黒島 3-245, 5-215, 5-311
黒島（柱島屬） 3-245, 5-215, 5-311
小カクマ島 3-243, 5-211, 5-213
小黒神島 3-243, 5-211, 5-213, 5-308
小黒島 3-242, 3-244, 5-211, 5-311
小島 3-243, 5-211, 5-213
小島 3-245, 5-211, 5-213, 5-215
小島 3-244
小島 3-244
兒島 3-244
小舘場島 3-244, 5-215, 5-311
小情島〔小ナサケ島〕 3-242, 3-244, 5-211, 5-213, 5-311
小那砂美島〔小ナサヒ島〕 3-243, 5-211, 5-213, 5-308
笹小島 3-244, 5-211, 5-213, 5-215
白石 3-243, 3-245, 5-211, 5-213
ススカシマ 3-244, 5-211, 5-213
瀬戸島 3-242, 3-244, 5-211, 5-213, 5-311
辰島 3-242, 5-211, 5-213
ツク子シマ 3-243, 5-211, 5-213
ツツキシマ 3-244, 5-215
續島 3-245, 5-215
手島 3-245, 5-215, 5-311
峠島 3-243, 5-211, 5-213, 5-308
鳥小島 3-242, 5-211, 5-213
中島 3-242, 5-211, 5-213
長島 3-245, 5-211, 5-213
長島 3-245, 5-215, 5-311
中ノ小島 3-245, 5-215
中ノ島 3-242, 5-211, 5-213
流小島 3-244
情島（阿賀村屬）〔大ナサケ島〕 3-242, 3-244, 5-211, 5-213, 5-311
鍋小島 3-242, 5-211, 5-213
西能美島〔能美島〕 3-243, 5-211, 5-213, 5-308, 5-311
似ノ島（仁保島村屬） 3-243, 5-211, 5-213, 5-308
端島 3-242, 5-211, 5-213
端島（柱島屬） 3-245, 5-215, 5-311
柱島（岩国領）〔桂島〕 3-245, 5-215, 5-311
ハナレ岩 3-245
羽山島 3-244, 5-215, 5-311
東能美島（安藝領）〔能美島〕 3-243, 3-245, 5-211, 5-213, 5-308, 5-311
引島 3-242, 3-244, 5-211, 5-213
姫小島 3-245, 5-213, 5-311
辨天島 3-242, 3-244, 5-211, 5-213
帆掛島 3-245, 5-215, 5-311
保高島 3-245, 5-215, 5-311
前島 5-311
横島 3-244, 5-215, 5-311

第168号 松山

【郡名】

伊豫郡 3-247, 3-249, 5-214, 5-311
浮穴郡 3-249, 5-214, 5-311
越智郡 3-248, 5-197, 5-214, 5-307, 5-311
温泉郡 3-246, 3-247, 3-249, 5-214, 5-311
風早郡 3-246, 3-247, 5-214, 5-311
桒村郡 3-248, 5-197, 5-214, 5-311
和氣郡 3-246, 3-247, 5-214, 5-311

【地名】

吾川村吾川町○〔吾川、吾川〕 3-249, 5-214, 5-311
厚濱〔湊〕 3-247
礒河内村 3-246, 5-214
壹万村 3-247, 5-214
稲荷村 3-249, 5-214
祝谷村 3-247
宇和間村 3-247, 5-215
大内平田村 3-247, 5-214, 5-311
大蒲〔浦〕村☆⛵ 3-247, 5-214
小川村 3-246, 5-214, 5-311
尾崎村 3-249, 5-214, 5-311
小濱村 3-247, 5-197, 5-214
片山村 3-246, 5-214
門田浦☆ 3-247, 5-214
鹿峯村 3-246, 5-214
上灘村☆ 3-249, 5-214, 5-311
上灘村小網 3-249
河原津村 3-248, 5-197, 5-214, 5-311
河原村 3-246, 5-214
北河原村 3-247, 3-249, 5-214, 5-311
北河原村塩屋 3-247, 3-249
北吉田村〔吉田〕 3-247, 3-249, 5-214, 5-311
衣山村 3-247, 5-214, 5-311
楠村 3-248, 5-197, 5-214, 5-311
久保村 3-246, 5-214, 5-311
熊田村 3-247, 5-215
黒田村 3-249, 5-214, 5-311
神浦村 3-247, 5-215
高ノ川村〔高川村〕 3-249, 5-214, 5-311
河野古城 3-247
米湊村米湊町○〔米湊〕 3-249, 5-214, 5-311
澤村 3-247, 3-249, 5-214, 5-311
下難波村 3-246, 5-214, 5-311
苞木村 3-246, 5-214
高岸村 3-249, 5-214, 5-311
高岸村唐嵜 3-249
高濱上ノ店 3-247
高濱新仮屋 3-247
谷村 3-247, 5-214, 5-311
辻村 3-246
辻村 3-247, 5-214, 5-311
辻村辻町○〔辻村〕 3-246, 5-214, 5-311
筒井村 3-249, 5-214, 5-311
道後村（温泉） 3-247, 5-214, 5-311
土手内村 3-246, 5-214, 5-311
泊浦 3-247
長師村 3-247, 5-214
中須加村 3-246, 5-214, 5-311
長戸村 3-247, 5-214, 5-311
中村黒本村入會 3-248, 5-197, 5-214
新濱村 3-247, 5-214
新濱村枝高濱⛵〔新濱〕 3-247, 5-311
饒村 3-247, 5-215
垣生村 3-247, 3-249, 5-214
濱村○ 3-249, 5-214, 5-311
姫原村 3-247, 5-214
古三津村三津町○☆ 3-247, 5-214, 5-311
別府村 3-246, 5-214, 5-311
別府村柳原町 3-246
別府村 3-247, 3-249, 5-214, 5-311
北条村北条町○☆⛵〔北条村〕 3-246, 5-214, 5-311
堀江村 3-246, 5-214, 5-311
本郡村 3-249, 5-214, 5-311
松山☆ 3-247, 5-214, 5-311
味酒村 3-247, 5-214
御手洗 3-247
南吉田村〔吉田〕 3-247, 3-249, 5-214, 5-311
宮野村 3-247, 5-214, 5-215
森村 3-249, 5-214, 5-311
森村下十町 3-249
山越村 3-247, 5-214, 5-311
小〔山〕西村 3-247, 5-214
由良浦⛵ 3-247
吉木村☆ 3-247, 5-215
和氣濱村 3-247, 5-214, 5-311
和氣濱村片岡 3-247
和田村 3-246, 5-214

【山・峠】

高輪山 5-214, 5-311
垣生山 3-247, 3-249
本尊山 3-249

【河川・湖沼】

重信川 3-247, 3-249, 5-311
壬生川 5-311
柾川 3-249

【岬・海岸】

赤嵜 3-247
アツノハナ 3-247
イモコシマ 3-247, 5-214
梅ノ子鼻 3-247, 5-214
頭崎 3-247
木嵜 3-247
クツワ崎 3-247, 3-249
黒嵜 3-247
神嵜 3-247
殿浦鼻 3-247

【島】

犬頭島 3-247, 5-214
小市島 3-247, 5-215
大チキリ島 3-247
鹿島 3-246, 5-214, 5-311
カモシマ 3-247, 5-214
忽那島（中島） 3-247, 5-214, 5-215, 5-311
小鹿島 3-246
興居島 3-247, 5-214, 5-311
小島 3-247, 5-215
小チキリシマ 3-246
四十島 3-247, 5-214
スクモ島 3-247, 5-214
高島 3-247, 5-214
田ノ島 3-247, 5-214
釣島（興居島） 3-247, 5-214, 5-311
殿島 3-247, 5-214
ノウソ島 3-247, 5-215
野忽那島 3-247, 5-214, 5-311
無須喜島 3-247, 5-214, 5-311

第169号 柳井

【郡名】

大嶋郡 3-251, 3-253, 3-254, 3-256, 3-257, 5-215, 5-311
風早郡 3-250, 5-214
喜多郡 3-252, 5-201, 5-311
玖珂郡 3-254, 5-218
熊毛郡 3-254, 3-255, 5-218, 5-311
都濃郡 3-255, 5-218, 5-311

【地名】

相浦 3-254
安下庄内安高 3-251
安下庄内鹿家 3-251
安下庄村 3-251, 5-215, 5-311
浅江村 3-255, 5-218, 5-311
出井村 3-251, 3-253, 3-254, 5-215, 5-311
出井村秋 3-251
出井村家房 3-251
伊保田村 3-250, 5-215, 5-311
伊保庄村 3-254, 5-215, 5-311
伊保庄村阿月 3-254
伊保庄村小野 3-254
伊保庄村上八 3-254
伊保庄村田布路木 3-254
伊保庄村中村 3-254
宇佐木村（萩領） 3-254, 5-218
内入 3-250
胡浦 3-256, 5-215
大田 3-254
大津 3-254, 3-256
大泊 3-251, 3-253
大畠村〔大畑〕 3-254, 5-215, 5-311
麻郷村（萩領） 3-255, 5-218, 5-311
蒲井 5-224
上殿 3-254

上怒和　3-250, 5-215
上関　5-224
久賀村　3-251, 5-215, 5-311
久賀村内白石　3-251
久賀村大嶋　3-251
黒刎　3-254
小伊保田　3-250
神代村　3-254, 5-215, 5-311
神代村鍋屋城　3-254
神浦村〔神浦〕　3-250, 5-215, 5-311
古開作村（岩國領）　3-254, 5-218, 5-311
小泊村　3-250, 5-215
佐賀村　3-254, 5-218, 5-224, 5-311
佐賀村内秋森　3-254
志佐村　3-254, 5-215
嶋田村〔島田〕　3-255, 5-218, 5-311
向〔白〕井田　3-254, 3-256, 2-224
曽根村　3-254, 5-218, 5-224, 5-311
竪ケ濱（岩國領）　3-254, 5-218
田名　3-254
遠崎村　3-254, 5-215
中浦　3-254, 3-256
西浦　3-254, 3-256, 5-215
西方村　3-251, 3-253, 5-215
西方村伊﨑　3-251, 3-253
西方村大積　3-251, 3-253
西方村小積　3-250, 3-253
西方村佐連　3-251, 3-253
西方村地家室〔地家室〕　3-251, 3-253, 5-215, 5-311
西方村外入　3-251, 3-253
西方村舟越　3-251
濱田　3-254
東浦　5-215
日前村　3-251, 5-215, 5-311
日前村内土居　3-251
日前村内長濱　3-251
日見村　3-254, 5-215, 5-311
平生　3-254
戸田村　3-253, 3-254, 5-215, 5-311
戸田村内津海木　3-251, 3-254
戸田村横見　3-254
戸津　3-254, 3-256, 2-224
別府村　3-255, 5-218, 5-224, 5-311
三蒲村　3-251, 3-254, 5-215
水上　3-251
光井村　3-255, 5-218
三ツ松　3-251
港　3-254, 3-256
宮本　3-254
椋野村　3-251, 5-215, 5-311
室積港　3-255
室積村伊保木〔室積村、室積〕　3-255, 5-218, 5-224, 5-311
室積村五軒屋〔室積〕　3-255, 5-311
室津村　3-254, 3-256, 5-224, 5-311
室津村内尾國　3-254
元怒和　3-250, 5-215
森村　3-251, 5-311
屋代庄村〔八代庄〕　3-254, 5-215, 5-311
屋代庄村内小松開作　3-254
屋代庄村内古小松　3-254
柳井村（岩國領）　3-254, 5-218, 5-311
油宇村　3-250, 5-215
油宇村馬ケ原　3-250
油良村　3-251, 5-215
吉浦　3-251, 3-253, 3-254
四代　3-257, 2-224
和佐浦〔和佐村〕　3-250, 5-215, 5-311
和田村　3-250, 5-215, 5-311

【河川・湖沼】

嶋田川　3-255

【岬・海岸】

赤石岬　5-311
安下﨑　3-251, 3-253, 5-215
牛首鼻　3-250, 3-252
伊豫﨑　3-252
大鼻　3-250
梶取岬　3-255
串ケ鼻　3-251
串ケ鼻　3-250, 5-215
串﨑　3-256
黒﨑　3-250
コシキ鼻　3-250
洲岬　5-215
ツルキ﨑　3-250
泊岬　3-255
ノウ﨑　3-250
ハマン﨑　3-251
ハヽキ鼻　3-250
平根岬　3-256, 5-215
法師﨑〔法師岩〕　3-250, 3-251, 3-253, 3-254, 3-256, 5-215
盛岬〔盛﨑〕　3-253, 5-215

【島】

青島（黒ノ田村屬）　3-252, 5-215, 5-311
阿多田嶋　3-255, 5-218, 5-224
天田嶋（上関嶋屬）　3-257, 2-224, 5-311
岩見嶋〔祝島〕　3-257, 2-224, 5-311
浮嶋（森村屬）　3-251, 5-215, 5-311
牛嶋　3-255, 2-224, 5-311
馬嶋（佐郷嶋屬）　3-255, 2-218, 2-224, 5-311
宇和嶋（上関嶋屬）　3-257, 2-224, 5-311
大磯　3-254, 5-215
大タツハエ　3-251
大水無瀬嶋（光井村屬）　3-255, 5-218, 5-224, 5-311
沖家室（西方村屬）〔沖家室シマ、沖家室島〕　3-251, 3-253, 5-215, 5-311
尾嶋（牛嶋屬）　3-255, 2-224, 5-311
乙小嶋　3-251, 5-215
カケス嶋（平郡嶋屬）　3-251, 3-253, 5-215
笠佐嶋（八代島屬）　3-254, 5-215, 5-311
頭嶋（森村屬）〔カシラ島〕　3-251, 5-215, 5-311
片山嶋　3-250, 5-215, 5-311
金丸嶋　3-250, 5-215
叶嶋　3-255, 3-257, 2-224
上荷内嶋（木津嶋）（戸田村屬）　3-254, 3-256, 5-215, 5-311
上關嶋　3-254, 3-256, 2-224, 5-311
上二子シマ〔二子シマ〕　3-250, 5-215
鴨脊島　3-250, 5-215
烏嶋　3-254
カワヅセ　3-254
桐小島　3-250, 3-252
クダコ島　3-250, 5-215, 5-311
黒岩　3-254
小岩見嶋〔小祝島〕　3-257, 2-224, 5-311
小嶋　3-257, 2-224
小白磯〔小白石〕　3-251, 5-215
小水無瀬嶋　3-255, 5-218, 5-311
小水無〔瀬〕島（西方村屬）　3-253, 5-215, 5-311
小山　5-224
佐郷嶋　3-254, 2-224, 5-311
笹嶋（小泊村屬）　3-250
下荷内嶋（箱嶋）（戸田村屬）　3-254, 3-256, 5-215, 5-311
下二子シマ〔二子シマ〕　3-250, 5-215
新宮鼻　3-251, 5-215
雀磯　3-251, 3-253, 5-215
雑石　3-254, 2-224
竹コシマ　3-250, 5-215
立嶋（安下庄村）　3-251, 3-253, 5-215
津和地島☆⛵　5-215, 5-311
飛瀬嶋　3-251, 5-215
ナヘシマ　5-224
中小嶋　3-251, 5-215
中島　3-250, 5-215
長塚　3-250
情嶋（伊保田村屬）　3-250, 5-215, 5-311
鍋嶋　3-251, 5-215
怒和島　3-250, 5-215, 5-311
野嶋　3-254, 5-215, 5-311
ハケシマ　3-250
裸嶋　3-251, 5-215
裸嶋　3-254, 5-215
ハナクリシマ　5-224
ハントウ岩〔ハントウ島〕　3-256, 5-311
二神島　3-250, 5-215, 5-311
平郡嶋〔平群島〕　3-253, 3-256, 5-215, 5-311
ヘフリシマ　3-251, 5-215
弁天　5-224
弁天　3-254, 3-256, 5-224
ホウシロ嶋　3-257, 2-224
前小シマ　3-250, 5-215
前小嶋　3-251, 5-215
三嶋　3-253
道嶋（和田村屬）　3-250, 5-215, 5-311
諸嶋（伊保田村屬）　3-250, 5-215, 5-311
屋嶋　3-256, 5-215, 5-311
八代嶋（大嶋）　3-251, 5-215, 5-311
八伏嶋（西方村屬）　3-252
油利島（二神島屬）　3-250, 3-252, 5-215, 5-311
横島　3-250, 5-215, 5-311
横嶋（上関嶋屬）　3-254, 3-256, 2-224, 5-311
四ツ子シマ　3-250
竜神嶋　3-254
我嶋（西方村屬）　3-251, 5-215, 5-311

第170号 八幡浜・大洲

【郡名】

浮穴郡　3-258, 5-214
宇和郡　3-259
喜多郡　3-258, 3-259, 5-215

【地名】

朝立浦　3-261, 5-201, 5-311
安土浦　3-261, 5-201
穴井浦　3-261, 5-201, 5-311
有網代浦　3-261, 5-201
有太刀浦　3-261, 5-201, 5-311
伊方浦　5-201
伊方浦枝方越浦〔伊方越ノ浦、伊方越〕　3-259, 3-261, 5-201, 5-311
伊方浦枝茅浦〔茅浦〕　3-259, 3-261, 5-201
伊方浦枝佐瀬部浦〔佐瀬部浦〕　3-259, 3-261, 5-201
伊方浦枝宿名浦〔宿名浦〕　3-259, 3-261, 3-262, 5-201
伊方浦枝中之濱浦〔中之濱浦〕　3-259, 3-261, 5-201
伊方浦大濱浦〔大濱浦〕　3-259, 3-261, 5-201
伊方浦中浦〔中浦〕　3-259, 3-261, 5-201
伊方浦伊〔仁〕田之濱浦〔仁田之濱浦〕　3-259, 3-261, 5-201
伊方浦本郷川永田浦☆〔川永田浦、伊方〕　3-259, 3-261, 5-201, 5-311
礒崎村☆〔礒﨑浦〕　3-259, 5-201, 5-311
礒崎村枝夢永浦　3-259
出海村　3-259, 5-201, 5-311
内浦　5-311
大久保村　3-258, 5-201, 5-215, 5-311
大越村　3-258, 5-201, 5-215, 5-311
大越村二牛　3-258
大洲（加藤遠江守居城）☆　3-258, 3-260, 5-201, 5-311
大平村　3-261
上泊浦　3-261, 5-201, 5-311
加室浦　5-201
加室浦枝神子浦　3-261
加屋村　3-258, 5-201, 5-215, 5-311
加屋村カ瀬　3-258
加屋村加屋町　3-258
川名津浦☆　3-261, 5-201, 5-311
川之石浦☆　3-259, 3-261, 5-201, 5-311
川之石浦枝赤網代浦　3-259, 3-261
川之石浦枝雨井浦　3-259, 3-261
川之石浦枝内之浦　3-259, 3-261
川之石浦枝楠濱浦　3-261
川之石浦枝鯛ケ浦　3-259, 3-261
喜木津浦☆　3-259, 5-201, 5-311
櫛生村　3-259, 5-201, 5-311
櫛生村枝沖浦　3-258,
櫛生村枝須澤　3-259
串村　3-258, 5-201, 5-215, 5-311
串村冨喜　3-258
串村豊田　3-258
串村松尾　3-258
九町浦☆　3-259, 3-261, 3-262, 5-201, 5-311
藏貫浦　3-261, 5-201, 5-311
栗野浦　3-261, 5-201
黒ノ田村　3-258, 5-201, 5-215, 5-311
黒ノ田村白谷　3-258
合田浦　3-261, 5-201, 5-311
小中浦　3-259, 3-261, 5-201
五郎村ハタ〔五郎村、五郎〕　3-258, 5-201, 5-311
今坊村　3-258, 5-201, 5-215, 5-311
舌間浦　3-261, 5-201, 5-311
柴村　3-258
下須貝村　3-258
周木浦☆　3-261, 5-201, 5-311
上老松村　3-258, 5-201, 5-215, 5-311
白石浦　3-261
髙山村　3-258
多田村　3-258
津布理浦　3-261, 5-201, 5-311
長濱〇☆⛵　3-258, 5-201, 5-215, 5-311
永碆浦　3-261

中村　3-258, 3-260, 5-201, 5-311
二及浦　3-261, 5-201
八多喜村〔八多木〕　3-258, 5-201, 5-311
埴生浦　3-261, 5-201, 5-311
春ケ村　3-258, 5-201, 5-311
廣早浦　3-259, 3-261, 5-201, 5-311
二見浦　3-262, 5-201
二見浦枝加周浦　3-262
馬目網代浦　3-261, 5-201, 5-311
馬目網代浦小網代浦　3-261
松浦ヨホコリ　3-263
三崎浦　3-263, 5-226
三崎浦枝井野浦〔井野浦、井ノ浦〕　3-263, 5-226, 5-311
三崎浦枝大久浦〔大久浦、大久〕　3-262, 5-201, 5-311
三崎浦枝大佐田浦⛵〔大佐田浦、佐田〕　3-263, 5-226, 5-311
三崎浦枝串浦〔串浦、串浦〕　3-263, 5-226, 5-311
三崎浦枝佐田浦〔佐田浦〕　3-263, 5-226
三崎浦枝田部浦〔田部浦、田部〕　3-262, 5-201, 5-311
三崎浦枝名洌浦☆⛵　3-263, 5-311
三崎浦枝名取浦〔名取浦、名取〕　3-263, 5-201, 5-311
三崎浦枝平礒浦〔平礒浦〕　3-263, 5-201
三崎浦枝松浦〔松浦、松浦〕　3-263, 5-226, 5-311
三崎浦枝明神浦〔明神浦、明神〕　3-263, 5-226, 5-311
三崎浦髙浦〔髙浦〕　3-263, 5-226
三机浦　5-201
三机浦☆⛵　3-262, 5-201, 5-311
三机浦枝足成浦〔足成浦、足成〕　3-262, 5-201, 5-311
三机浦枝釜木浦〔釜木浦、釜木〕　3-263, 5-201, 5-311
三机浦枝川之濱浦〔川之濱浦〕　3-262, 5-201
三机浦枝神崎浦〔神崎浦、神崎〕　3-262, 5-201, 5-311
三机浦枝小島浦〔小島浦、小島〕　3-262, 5-201, 5-311
三机浦枝塩成浦〔塩成浦〕　3-262, 5-201
三机浦大江浦〔大江浦〕　3-262, 5-201
三机浦志津浦〔志津浦〕　3-262, 5-201
皆江浦☆　3-261, 5-201, 5-311
皆江浦枝カレイ浦　3-261
向灘浦　3-261, 5-201, 5-311
八幡濱浦◯☆⛵　3-261, 5-201, 5-311
米津村　3-258, 5-201, 5-311
若宮村　3-258, 5-201, 5-311

【山・峠】

カラン山　3-263
神南山　3-258
讃岐峯　3-261
新谷山　3-258
鼻欠山　3-258

【河川・湖沼】

比地川　3-258, 5-311

【岬・海岸】

青石鼻　3-262
赤崎　3-262
恵美須鼻　3-261
大崎　5-226
大槌屋崎　5-201
押ヌキ鼻　3-262
梶谷崎　3-263
小梶谷崎〔小梶屋崎〕　3-263, 5-226
権現崎　3-261, 5-201
諏訪崎　3-261, 5-201
竜崎　3-261, 5-201
長崎　3-263
二枚崎　3-263
走手鼻　3-262
番匠鼻　3-262
フスマ岬　3-262
三崎鼻（佐田御崎）〔佐田御崎、御崎〕　3-263, 5-226, 5-311
女子崎　3-261, 3-262, 5-201

【島】

粟小島　3-261, 5-201
馬礒　3-261, 5-201
大金礒　3-263, 5-311
大礒　3-263
御駕島　3-263
沖大島（穴井浦屬）☆　3-261, 5-201
沖カブシマ　3-261
沖ノ島　3-261
兜シマ　5-201
烏島（伊方浦）　3-261, 5-201
黒島（伊方浦）　3-261, 5-201
小島　3-261
小髙島　3-261, 5-201
左島（八幡濱浦）　3-261, 5-201
山王島　3-261, 5-201
地大島（穴井浦屬）　3-261, 5-201
地カブシマ　3-261
スヽメ礒　3-262
髙島　3-261, 5-201
立神岩〔立神〕　3-261, 5-201
太良島　5-201
地ノ島　3-261, 5-201
童子礒　3-263
長礒　3-263
子ツミシマ　3-261
平礒　3-259, 3-261, 3-262
ヒリ島　3-261, 5-201
福島　3-261, 5-201
水作島　3-261, 5-201

第171号 宇和島

【郡名】

宇和郡　3-265, 3-267

【地名】

明海浦☆　3-265, 3-267, 5-203
朝川浦　3-264, 5-201
岩松村　3-266, 5-203, 5-311
内海浦家串浦☆〔家串浦、家串〕　3-266, 5-203, 5-311
内海浦柏崎浦〔柏崎浦、柏崎〕　3-266, 5-203, 5-311
内海浦須之川村〔須之川村、須野川〕　3-266, 5-203, 5-311
内海浦魚神浦☆〔魚神浦〕　3-267, 5-203
内海浦平礒浦〔平礒浦〕　3-266, 5-203
宇和島（伊達遠江守居城）☆　3-264, 5-201, 5-311
上波浦　5-201, 5-203
上波浦明越浦　3-264, 3-266
上波浦甘崎浦〔甘崎浦〕　3-264, 3-266, 5-201, 5-203
上波浦柿浦　3-265, 3-266
上波浦小矢野浦〔矢野〕　3-264, 3-266, 5-311
上波浦塩屋浦〔塩屋浦〕　3-264, 5-201, 5-203
上波浦津野浦〔津野浦、津浦〕　3-265, 5-201, 5-311
上波浦萬匠浦　3-264, 3-266
上波浦本郷矢野村　3-264, 3-266
上波浦水荷浦〔水荷浦〕　3-264, 5-201, 5-203
大浦　3-264, 5-201, 5-311
大浦赤松浦　3-264
奥浦☆　3-264, 5-201, 5-311
奥浦内大良　3-264
柏村　3-266, 5-203, 5-311
加室浦　3-265
加室浦枝下泊〔加室〕　3-265, 5-311
狩濱浦☆　3-264, 5-201, 5-311
狩濱浦網代浦　3-264
狩濱浦廉ノ脇浦　3-264
神崎浦　5-201, 5-203
北灘浦　5-203
北灘浦家次浦〔家次浦〕　3-264, 3-266, 5-203
北灘浦牛ノ浦〔牛ノ浦〕　3-264, 3-266, 5-203
北灘浦大提浦〔大提浦〕　3-266, 5-203
北灘浦掛網代浦〔掛網代浦、掛網〕　3-266, 5-203, 5-311
北灘浦喜浦松浦〔喜浦松浦、松浦〕　3-264, 3-266, 5-203, 5-311
北灘浦國永浦〔國永浦〕　3-264, 3-266, 5-203
九〔北〕灘浦國延浦〔國延浦〕　3-264, 3-266, 5-203
北灘浦小提浦〔小提浦〕　3-266, 5-203
北灘浦尻貝浦〔尻貝浦〕　3-265, 3-266, 5-203
北灘浦玉ケ月浦〔玉ケ月浦〕　3-266, 5-203
北灘浦福浦〔福浦〕　3-265, 3-266, 5-203
北灘浦本郷鵜濱浦☆〔鵜濱浦、鵜濱〕　3-264, 3-266, 5-203, 5-311
北灘浦宗清浦〔宗清浦〕　3-264, 3-266, 5-203
北灘浦元浦〔元浦、北灘〕　3-266, 5-203, 5-311
喜路浦　3-265, 3-267, 5-203
九島浦小濱浦〔小濱浦、小濱〕　3-264, 5-201, 5-203, 5-311
九島浦小池浦〔小池浦〕　3-264, 5-201, 5-203
九島浦石應浦〔石應浦〕　3-264, 5-201, 5-203
九島浦坂下津浦〔坂下津浦〕　3-264, 5-201, 5-203
九島浦白濱浦〔白濱浦〕　3-264, 5-201, 5-203
九島浦平浦〔平浦〕　3-264, 3-266, 5-201, 5-203
九島浦本郷百浦　3-264
九島浦本九島〔九島浦〕　3-264, 5-201
九島浦蕨浦〔蕨浦〕　3-264, 3-266, 5-201, 5-203
來ノ村本郷寄松村〔來ノ〕　3-264, 5-311
來ノ村宮下村〔來村〕　3-264, 5-201, 5-203
毛山村南組〔毛山村〕　3-264, 5-201
小内浦　3-265, 5-201, 5-203
蒋淵浦宿浦〔蒋淵浦、蒋淵〕　3-265, 3-267, 5-201, 5-203, 5-311
蒋淵大島浦〔大島浦、蒋淵〕　3-265, 3-267, 5-201, 5-203, 5-311
蒋淵高助浦〔蒋淵〕　3-265, 5-311
蒋淵本郷横浦〔横浦、蒋淵〕　3-265, 5-201, 5-203, 5-311
下波浦　5-203
下波浦大地〔池〕浦　3-265
下波浦狩津浦　3-265, 3-266
下波浦神崎　3-265, 3-266
下波浦繁浦〔繁浦〕　3-264, 3-266, 5-203
下波浦島津浦〔島津浦〕　3-265, 3-266, 5-203
下波浦西浦〔西浦〕　3-264, 3-266, 5-203
下波浦東浦〔東浦〕　3-264, 3-266, 5-203
下波浦本郷結出浦☆〔結出浦〕　3-264, 3-266, 5-203
下灘嵐浦〔嵐浦〕　3-266, 5-203, 5-311
下灘浦　5-203
下灘浦知浦〔浦知浦〕　3-266, 5-203
下灘塩定浦〔塩定浦〕　3-266, 5-203
下灘柿ノ浦〔柿ノ浦、柿浦〕　3-266, 5-203, 5-311
下灘須下浦☆〔須下浦、須下〕　3-267, 5-203, 5-311
下灘曽根浦〔曽根浦、下灘〕　3-266, 5-203, 5-311
下灘田下浦〔田下浦〕　3-266, 5-203
下灘坪井浦〔坪井浦〕　3-266, 5-203
下灘泥目水浦〔泥目水浦〕　3-266, 5-203
下灘成浦〔成浦〕　3-266, 5-203, 5-311
下灘針木浦〔針木浦〕　3-266, 5-203
下灘平井浦〔平井浦、平井〕　3-266, 5-203, 5-311
下灘本郷鼠鳴浦☆〔鼠鳴浦、鼠鳴〕　3-266, 5-203, 5-311
下灘弓立浦〔弓立浦〕　3-266, 5-203
下灘横浦〔横浦〕　3-266, 5-203
下灘脇浦〔脇浦〕　3-266, 5-203, 5-311
下村須賀浦〔下村〕　3-264, 5-201
白浦　3-264, 5-201, 5-311
白浦畔谷浦　3-264
白浦三尾浦　3-264
須賀浦灘浦　3-264
筋浦　3-264, 5-201
高串村知永組〔高串浦、高串〕　3-264, 5-201, 5-311
高田村枝礒新田〔高田村、高田〕　3-266, 5-203, 5-311
高山浦　3-265, 5-201, 5-311
高山浦岩井　3-265
高山浦枝田之濱浦☆〔田之濱〕　3-265, 5-201, 5-311
高山浦枝宮ノ浦　3-265
立間尻浦　3-264, 5-201
立間尻村　3-264
俵津浦　3-264, 5-201, 5-311
俵津浦枝大浦　3-264
俵津浦枝新田浦　3-264
近家村　3-266, 5-203
鶴間浦　3-264, 5-201
渡江浦　3-264, 5-201
南君浦　3-264, 5-201, 5-311
南君浦枝牛川浦　3-264
南君浦枝立目浦　3-264
南君浦恵美須浦　3-264
能登浦　3-267, 5-203
花組浦　3-264, 5-201
深浦　3-264, 5-201, 5-311
深浦池ノ浦　3-264
法花津浦　3-264, 5-

201, 5-311
法花津浦枝與村井浦〔與村井浦〕 3-264, 5-201
法花津浦小深浦〔小深浦〕 3-264, 5-201
法花津浦宮野浦〔宮野浦〕 3-264, 5-201
芳原村 3-266
三浦阿米浦〔三浦〕 3-264, 3-266, 5-203
三浦夏秋浦〔夏秋浦、夏秋〕 3-264, 3-266, 5-203, 5-311
三浦舩隠浦〔舩隠浦〕 3-264, 3-266, 5-201, 5-203
三浦本郷大内浦☆〔大内浦、大内〕 3-264, 3-266, 5-203, 5-311
三浦結出浦〔結出浦〕 3-264, 3-266, 5-203
三浦弓立浦 3-264, 3-266
吉田(伊達若狭守在所)☆ 3-264, 5-201, 5-311

【社寺】

和霊社 3-264

【山・峠】

祝井森 3-264, 5-203
鬼ケ城 5-203
権現山 3-265, 5-201
釈迦森 3-266
城山 3-264
トヤケ森 3-264, 5-311
魚神山 5-311
三浦権現山 3-264, 3-266
元山 5-311

【河川・湖沼】

須賀川 3-264

【岬・海岸】

赤﨑 3-265
アコメ﨑 3-264, 3-266
雨﨑 3-267, 5-203
ウケカラス鼻 3-264
大﨑 3-265, 5-201
尾﨑 3-264, 3-266
尾﨑鼻 3-265, 3-267
ヲトシ鼻 3-265
貝﨑 3-265
柏﨑 3-266
観音﨑 3-266
権現﨑 3-266
島ケ原 3-264, 3-266
セノシタ鼻 3-266
大明﨑 3-266
鷹巣 3-264
長﨑 3-265, 5-201, 5-203
蜂巣 3-265, 3-266
聖﨑 3-266
ホトケ崎 3-266
馬口鼻 3-266
松ケ鼻 3-266
マノ下鼻 3-265, 3-267
武蔵鼻 3-266
山崎鼻 3-266
由良岬 3-267, 5-203, 5-311
槖崎 3-267

【島】

赤ハエ 3-265, 3-267
雨ヤトリ 3-264
ウノハエ 3-265, 3-266
馬立 3-264
ウルシ島 3-265, 3-267
エホシハエ 3-266
御五神島（日振島屬） 3-267, 5-203, 5-311
大小島 3-265
大小島 3-265, 5-201, 5-203
大猿島 3-267, 5-203, 5-311
大島 3-265, 3-267
沖ウルシ島 3-265, 3-267
沖中ハエ 3-265, 5-201
沖ノ島〔沖島〕 5-203, 5-311
ヲシマ 3-264
嘉島（戸島屬） 3-265, 5-201, 5-311
観音碆 3-266, 5-203
九島 3-264, 5-201, 5-311
黒嶋 3-265, 3-267, 5-203, 5-311
クハハエ 3-267, 5-203
小猿島 3-267, 5-203
小シマ 3-264
小島 3-264
小島 3-264, 3-266
小島 3-264, 3-266
小島 3-265
小島 3-264, 3-266
小高島 3-264, 5-201
坂ケハエ 3-264
サステハエ 3-267, 5-203
サル島 3-265, 3-267, 5-203
シラゴウ島〔汐コウ島〕 3-266, 5-203
セウコウ島 5-311
高島 3-267, 5-203, 5-311
高島（上波浦） 3-264, 5-201, 5-311
高ハエ 3-265, 3-267
竹ケ島 3-267, 5-203
竹ケ島（下灘）〔竹島〕 3-267, 5-203, 5-311
立岩 3-264
太良島 5-311
俵ハエ 3-264
契島 3-265, 3-267, 5-203, 5-311
寺崎ハエ 3-266
トウキリハエ 3-265, 3-267
遠渡島（戸島屬） 3-265, 3-267, 5-203, 5-311
戸島☆ 3-265, 5-201, 5-203, 5-311
鳥ケ首島 3-264, 5-201, 5-203
中戸明神 3-267, 5-203
中島 3-265, 5-201
中島 3-267
長ハエ 3-267
長ハエ 3-267
鍋島 3-264, 5-201
子トコハエ 3-267, 5-203
野島（南君浦） 3-264, 5-311
裸島 3-266, 5-203
八町碆 3-265, 3-266
一ツハエ 3-266
日振島 3-265, 3-267, 5-203, 5-311
ビヤケ島 3-264, 5-201, 5-203
二並 3-264, 5-201, 5-203
前島 3-266, 5-203
水ノ子シマ〔水子、水ノ子碆〕 3-264, 5-201, 5-311
ミチイ島 3-265
三ツ岩 3-265, 5-201
耳毛島 3-266, 5-203
ムロハエ 3-267
ムロハエ 3-265, 3-267
モシハエ 3-265, 5-201
横島（日振島屬） 3-265, 3-267, 5-203, 5-311
竜王礒 3-264
竜王シマ 3-264, 3-266
竜王島 3-264
竜王碆 3-265, 3-266

第172号 浜田

【郡名】

那賀郡 3-270, 5-212, 5-308
美濃郡 3-270, 5-216, 5-308

【地名】

浅井村 3-268, 5-212
浅井村外浦 3-268
浅井村松原浦⛵ 3-268
熱田村 3-268, 5-216, 5-308
熱田村福井 3-268
跡市村 3-268, 5-212, 5-308
跡市村舞立 3-268
荒相村 3-268, 5-212, 5-308
荒相村帯ケ石 3-268
今市村森谷村〔今市〕 3-268, 5-308
今福村 3-268, 5-212
今福村岩塚〔今福〕 3-268, 5-308
今福村越家原〔今福〕 3-268, 5-308
今福村中倉〔今福〕 3-268, 5-308
今福村長屋〔今福〕 3-268, 5-308
今福村早稲田〔今福〕 3-268, 5-308
後野村 3-268, 5-212, 5-308
後野村臼木谷 3-268
後野村金口 3-268
後野村辻堂 3-268
宇津井村 3-268, 5-212
宇屋川村 3-268, 5-212, 5-308
大津村 3-268, 5-212, 5-308
岡崎村 3-270
岡崎村上市町(三隅駅)○〔岡崎村〕 3-270, 5-216, 5-308
岡見村☆ 3-270, 5-216, 5-308
折居村 3-270, 5-216, 5-308
折居村今浦 3-270
折居村吉浦 3-270
嘉久志村 3-268, 5-212, 5-308
金山村 3-270
上有福村 3-268, 5-212
上有福村湯谷☆〔有福〕 3-268, 5-308
上府村 3-268, 5-212, 5-308
上本郷村 3-270, 5-216
神主村 3-268, 5-212, 5-308
木部村 3-270, 5-216, 5-308
木部村原 3-270
久代村 3-268, 5-212, 5-308
来原村 3-268, 5-212, 5-308
黒川村上黒川〔黒川村〕 3-268, 5-212
黒川村下黒川 3-268
郷田村☆ 3-268, 5-212, 5-308
國分村〔國府〕 3-268, 5-212, 5-308
西河内村 3-270, 5-216, 5-308
西河内村湊☆〔湊〕 3-270, 5-308
佐野村 3-268, 5-212, 5-308
下有福村 3-268, 5-212
下府村 3-268, 5-212, 5-308
周布村 3-269, 5-216
津田村 3-270, 5-216, 5-308
土田村 3-270, 5-216, 5-308
土田村坂ノ辻 3-270
土田村茶屋ケ原 3-270
筒賀村 3-271, 5-213, 5-308
筒賀村馬越 3-271
筒賀村大井 3-271
筒賀村天井 3-271
筒賀村中筒賀 3-271
筒賀村布原 3-271
筒賀村萩原 3-271
筒賀村松原 3-271
都濃津村 3-268, 5-212, 5-308
都濃津村和木村〔和木村、和木〕 3-268, 5-212, 5-308
津摩村〔妻村〕 3-269, 5-216, 5-308
遠田村 3-270, 5-216, 5-308
戸河内村殿河内 3-271
殿河内上殿 3-271
長澤村 3-268, 5-212, 5-308
長澤村産湯〔長沢〕 3-268, 5-308
長濱村 3-269, 5-216, 5-308
西原井村 3-269, 5-216
西平原村〔平原〕 3-270, 5-216, 5-308
西村 3-270, 5-216, 5-308
西村力石 3-269, 3-270
波子村 3-268, 5-212
濱田(松平周防守居城)☆ 3-268, 5-212, 5-308
原井村 3-268, 5-216
東平原村 3-270, 5-216
日脚村 3-269, 5-216
古市場村 3-270, 5-216
丸原村 3-268, 5-212, 5-308
丸原村黒石川 3-268
丸原村大宮司 3-268
丸原村野田縄手 3-268
丸原村馬塲ケ原 3-268
三宅村 3-269, 5-216
向野田村 3-270, 5-216, 5-308
門田村 3-269, 5-216, 5-308
渡津村 3-268, 5-212, 5-308
渡津村塩田浦 3-268

【社寺】

滝蔵権現〔権現〕 3-270, 5-216

【山・峠】

江坂峠 5-212
大麻山 5-308
神尾山 3-270
雲井山 3-268
古城山 3-270
坂山 3-268
島星山 3-268
城平山 3-268
當麻山 3-270
髙手山 3-268
高平山 5-212
竜ケ尾山 3-268
太郎津山 3-268
天井山 3-271
砥石山 3-271
道床山 3-268
嘶山 3-268, 5-212
鰭降峠 3-270
宝附山 3-269, 3-270
星上山 3-268
發坂山 3-271
深山 3-268
焼土峠 5-212
竜山 3-268

【河川・湖沼】

有福川 5-212
宇屋川 3-268
木部川 3-270
郷川 3-268, 5-212
坂原川 3-271

【岬・海岸】

赤島鼻 3-269
大崎鼻 3-269
権現鼻 3-270
白島鼻 3-269

【島】

アコシマ 3-269
馬島 3-269, 5-216, 5-308
大シマ 3-268, 5-212
大島 3-270, 5-216
沖桂シマ 3-268
男シマ 3-268, 5-212

男島　3-270, 5-216
加島　3-270, 5-216
桂シマ　3-268, 5-216
クラシマ　3-269, 3-270, 5-216
黒シマ　3-269, 3-270, 5-216
黒島　3-268, 5-212
幸シマ　3-268
小島　3-269, 5-216
瀬戸島〔セト島〕　3-268, 5-216, 5-308
ソハヱ　3-270, 5-216
髙九岩　3-268, 5-212
霍島　3-268, 5-216
天神島　3-269, 5-216
二ツシマ　3-270, 5-216
松シマ　3-269, 3-270, 5-216
松島　3-270, 5-216
松島　3-270, 5-216
女シマ　3-268, 5-212
女島　3-270, 5-216
矢野島　3-269, 5-216, 5-308

第173号 岩国

【国名】

安藝國〔安藝〕　3-272, 3-274, 5-213, 5-308
石見國〔石見〕　3-273, 5-212, 5-308
周防國〔周防〕　3-272, 3-273, 3-274, 5-218

【郡名】

大嶋郡　3-276, 5-215
鹿足郡　3-273, 5-216, 5-308
玖珂郡　3-272, 3-273, 3-274, 3-275, 3-276, 3-277, 5-218, 5-308
熊毛郡　3-277, 5-218
佐伯郡　3-272, 3-274, 5-213, 5-308
都濃郡　3-275, 3-277, 5-218
山縣郡　3-272, 5-212, 5-308

【地名】

大竹村　5-213
青木村　3-276, 5-213, 5-215, 5-311
秋掛村　3-272, 5-218, 5-308
秋掛村枝中大田原村　3-273, 3-275
秋掛村枝下大田原村　3-272, 3-274
朝倉村　3-273, 5-218, 5-308
浅原村郷組〔浅原村〕　3-272, 5-213, 5-308
池ケ迫　3-274, 3-276
一ノ組　3-272
一ノ瀬　3-274, 3-276
今津村　3-274, 3-276, 5-213, 5-311
岩國（吉川監物在所）　3-274, 3-276, 5-213, 5-311
岩倉　3-272
宇塚村　3-273, 3-275
大内迫　3-274, 3-276
大野原桟敷　3-273
大野原中村　3-273
大野原村　3-273, 5-216, 5-308
大原村　3-273, 5-218, 5-308
小方波田村　3-274, 5-213, 5-308
小方波田村内三ツ石　3-274
小方波田村防鹿　3-274
小瀬村（岩国領）　3-274, 5-213
尾津村　3-274, 3-276, 5-213, 5-311
小野　3-273
柿木村向月瀬〔柿ノ木〕　3-273, 5-308
勝間　3-277
釜ヶ原　3-275
河津原村　3-272, 5-213, 5-308
北方　3-277
北山　3-275
亀尾川　3-272
木部谷村　3-273, 5-216, 5-308
切山村（萩領）　3-277, 5-218
錦帯橋　3-274, 3-276, 5-213
欽明路　3-274, 3-276
玖珂村　3-276, 5-218, 5-311
久數子　3-273
玖波村　3-274, 5-213, 5-308
藏木　3-273
栗栖村　3-272, 5-213, 5-308
来巻村（毛利大和守領分）　3-277, 5-218
来巻村峠市　3-277
来巻村地先　3-277
車村　5-311
車村　5-213
黒礒村　3-276, 5-213, 5-215
九郎原村　3-273, 5-218, 5-308
黒川村　3-274, 5-213, 5-308
小今津村　3-274, 3-276, 5-213
向峠尾　3-273
河内枝久保市〔久保〕　3-277, 5-311
河内村（徳山領）〔大河内〕　3-277, 5-218, 5-311
河津　3-273
上地　3-274, 3-276
木野村　3-274, 5-213, 5-308
木野村内ハセザコ　3-274
木野村中津原　3-274
小原　3-272
指川村　3-277, 5-218
沢田下組　3-273
澤田村　3-273, 3-275, 5-218
嶋谷　3-273
下市　3-273
下指川〔指川〕　3-277, 5-311
下長谷　3-275
將衣束村　3-274, 5-213
暑氣谷　3-273
椙杜枝高森宿〔高森〕　3-277, 5-311
椙杜村　3-277, 5-218
須万村　3-275, 5-218, 5-308
須万村上長谷　3-275
須万村丹後蕪　3-275, 3-277
須万村朴木　3-275
須万村宮原市　3-275
須万村芦谷　3-275
關戸村　3-274, 5-213, 5-308
千束　3-276
僧津　3-277
峠　3-277, 5-308
高田　3-276
多田村　3-274, 5-213
立河内村　3-273, 3-275
立戸村　3-273, 5-218
蓼野村　3-273, 3-275
田ノ原　3-273
駄荷石原　3-272
田原　3-274, 3-276
田丸村　3-273, 5-216
茶屋ケ原　3-275
月和田村　3-273
津田琵琶谷　3-272
津田村　3-272, 5-213, 5-308
筒賀村坂原　3-272
通津村　3-276, 5-215, 5-311
峠村　5-213
遠見　3-277
殿名　3-273
友田村　3-272, 5-213, 5-308
戸谷原組　3-272
中津村　3-274, 3-276, 5-213
中津村開作　3-274, 3-276
長野村　3-276, 5-215, 5-311
中原　3-275
中道村　3-272, 5-218, 5-308
中村　3-273
中村　3-277, 5-218, 5-311
成ケ原　3-272
七日市村　3-273, 5-216, 5-218, 5-308
二軒屋　3-274, 3-276
錦見村　3-274, 3-276, 5-213
抜舞村　3-273
野口　3-276
野谷村〔野ケ谷村〕　3-275, 5-218, 5-308
野中　3-273
橋本　3-272
柱野村　3-274, 3-276, 5-218, 5-311
畑　3-274, 3-276
廿木村　3-274, 3-276, 5-218, 5-311
初見　3-273
花上組　3-272
濱子　3-273
原　3-276
原村　3-277, 5-218, 5-311
冷川組　3-272
樋口枝今市　3-277
樋口村　3-273, 5-218, 5-308
樋口村　3-277, 5-218, 5-311
平田村　3-274, 3-276
廣石村　3-273, 5-218, 5-308
廣嶋道　3-272
廣瀬村　3-275, 5-218, 5-308
廣瀬村枝原村　3-275
廣瀬村須万地村　3-275
藤生村　3-274, 3-276, 5-213, 5-215, 5-311
府谷村枝渋谷村　3-275
府谷村西谷村〔府谷〕　3-273, 3-275, 5-308
府谷村西村〔府谷村、府谷〕　3-273, 3-275, 5-218, 5-308
古市　3-274, 3-276
古市　3-277
部府組　3-272
保曽原組　3-272
保津村　3-276, 5-213, 5-215, 5-311
星坂村　3-273, 5-218, 5-308
本郷市（山代本郷）　3-273, 3-275
本郷村　3-273, 3-275, 5-218, 5-308
本郷村枝助光村小栗須　3-275
本郷村枝野尻村　3-275
御庄村　3-274, 3-276, 5-213
水尻　3-276
三ツ森　3-275
海土路村　3-274, 3-276, 5-213, 5-215
六日市有飯　3-273
六日市村　3-273, 3-275, 5-218, 5-308
室木村　3-274, 3-276, 5-213, 5-308
森河内　3-273
門前村　3-274, 3-276, 5-213
八代島　5-215
山田村（徳山領）　3-277, 5-218
夕見村　5-213
由宇村　3-276, 5-215, 5-311
由宇村有家浦　3-276
横畑　3-272
吉和村熊﨑〔吉和〕　3-272, 5-308
吉和村小福〔吉和〕　3-272, 5-308
吉和村下熊﨑〔吉和〕　3-272, 5-308
吉和村駄荷〔吉和〕　3-272, 5-308
吉和村トン原〔吉和〕　3-272, 5-308
吉和村中津屋〔吉和〕　3-272, 5-308
吉和村花原〔吉和村、吉和〕　3-272, 5-213, 5-308
吉和村半坂〔吉和〕　3-272, 5-308
呼坂村　3-277, 5-218, 5-311
脇ケ峠　3-272
和木村　3-274, 5-213, 5-308
渡シ場　3-274

【山・峠】

石堂峠　5-213
イロハ坂　5-213
岩倉山　3-273, 3-275, 5-218
馬越峠　5-213
鬼ケ城　3-272
金坂峠　3-274, 3-276
上シヤウ山　3-273, 3-275, 5-218
清滝山　5-213
権現山　5-213
櫻峠　5-213, 5-213
白石山　3-277
鷹巣山　5-213
高鉢山　3-272, 5-213
椿峠　5-213
峠　3-272
長野山　5-215
西ノ尾峠　3-272, 5-213
八場山　3-273, 3-275, 5-218
深川村大小丸　3-273, 3-275
虫所山　5-308
室山　3-277
焼山峠　3-272, 5-213

【河川・湖沼】

市川　5-213
小瀬川　3-274
里地川　5-213
高屋川　5-213
錦川　3-274, 3-276
畑川　5-213
御手洗川　5-213
向セ川　5-213
由宇川　3-276
吉賀川　3-273
吉和川　5-213
呼坂川　3-277

【島】

壁島　5-213
粟津郎路　3-274, 3-276
大水無瀬島　5-215
流小シマ　5-215
福嶋（小馬シマ）　3-276, 5-215, 5-311
福良島　5-215
丸嶋　3-274, 5-215
与三郎路　3-274, 3-276, 5-213

第174号 益田

【国名】

石見國〔石見〕　3-278, 5-212
長門國〔長門〕　3-278, 3-281, 5-219, 5-309

【郡名】

阿武郡　3-278, 3-280, 3-281, 5-217, 5-309
鹿足郡　3-278, 5-216
見嶋郡　3-281, 5-217, 5-309
美濃郡　3-278, 5-216

【地名】

青原村◯　3-278, 5-216, 5-308
飯田村　3-278, 5-216, 5-308
飯浦村　3-278, 5-309
宇田村　3-279, 5-217, 5-309
宇田村田部　3-279, 3-

280
宇津　3-281
宇生　3-278
江﨑村　3-278, 5-216, 5-309
江津　3-279
上本郷　5-308
川成村　3-278
喜阿彌村　3-278, 5-216, 5-308
木與村　3-279, 3-280, 5-217, 5-309
久城村　3-278, 5-216, 5-308
樟　3-278
小瀬村　3-278, 5-216, 5-308
小濱村　3-278, 5-216, 5-309
道担〔祖〕カケ　3-278
下吉田村　3-278, 5-216
宿谷村　3-278, 5-216, 5-308
須子村　3-278, 5-216
須佐村　3-279, 5-216, 5-309
須佐村内大浦　3-279
惣郷村　3-279, 5-217
添谷村　3-278, 5-216, 5-308
高津村☆　3-278, 5-216, 5-308
田万村　3-278, 5-216
地原村　3-278, 5-216, 5-309
地原村岩瀬　3-278
筒尾　3-279, 3-280
角井村　3-278, 5-216, 5-308
寺垣内村　3-278, 5-216
寺田村　5-216
戸田村　3-278, 5-216, 5-308
中須村　3-278, 5-216, 5-308
中島村　3-278, 5-216, 5-308
奈古村（徳山領）　3-279, 3-280, 5-217, 5-309
奈古村土村　3-279, 3-280
野地四ケ所村　3-278, 5-216
袴田　3-278
二見　3-278, 5-216
益田村○　3-278, 5-216, 5-308
松ケ崎　3-278
マテ潟　3-279
湊浦　3-278
三原　3-279
三星村　3-278, 5-216, 5-308
三星村大滝　3-278
持石村　3-278, 5-216, 5-308
本浦　3-281
森村　5-216
安冨村　3-278, 5-216, 5-308
安冨村奥田　3-278
柳村　3-278, 5-216, 5-308
横田村○　3-278, 5-216, 5-308
横田村家下　3-278
横田村大境　3-278
横田村十郷　3-278
吉田村　3-278, 5-216, 5-308

【社寺】

人丸社　3-278, 5-216

【山・峠】

大麻山　5-216
鬼ケ城山　5-216
柿本峠　5-216
樫実峠　3-278
片子峠　5-216
小五郎山　5-216
城峠　5-216
髙山　5-216
高山　5-309
遠尾峠　5-216
徳佐嶺　5-216
林ケ峠　5-216
佛坂峠　3-278
水戸山　5-216

【河川・湖沼】

姉ヶ市川　3-278
髙津川　3-278, 5-216
日アシ川　5-216
横田川　5-216

【岬・海岸】

魚待鼻　5-216
鵜ノ鼻　3-278
宇生﨑　3-278
大櫛鼻　3-279, 3-280
金﨑岬〔金岬〕　3-279, 5-217
観音﨑　3-281
大黒﨑　3-279
タヽラ﨑　3-278
通岬　3-279
ヘサキ鼻　3-281
モトロ岬　3-279, 3-280

【島】

相嶋（大井郷村屬）（萩領）　3-281, 5-217, 5-309
赤瀬岩　3-279, 5-217
板付岩　3-279
宇田嶋　3-279, 3-280, 5-217, 5-309
大嶋（川嶋村屬）（萩領）　3-280, 5-217, 5-309
尾嶋（大井郷村屬）　3-281, 5-217, 5-309
男鹿嶋　3-279, 3-280, 5-217
女鹿嶋　3-279, 3-280, 5-217
金高〔島〕　3-281
黒嶋　3-282, 5-217
小嶋　3-279, 3-280, 5-217, 5-309
小平瀬　3-279
山椒嶋（見ル嶋）　3-278, 5-216, 5-309
汐瀬　3-279
高島　5-308
髙島　5-216
朝鮮岩　5-216
天神嶋　3-279, 5-217
中嶋　3-279
名嶋　3-279
野嶋　3-279, 3-280, 5-217, 5-309
ヒシヤコ瀬　3-279, 3-280
櫃嶋（大井郷村屬）（萩領）　3-280, 5-217, 5-309
姫嶋　3-279, 3-280, 5-217, 5-309
平嶋　3-279
平瀬　3-278
松ケ嶋　3-279, 5-217
見嶋（萩領）　3-281, 5-217, 5-309

第175号 徳山

【国名】

石見國〔石見〕　3-282, 5-212
周防國〔周防〕　3-282, 3-285, 5-218
長門國〔長門〕　3-282, 3-285, 5-219, 5-309

【郡名】

阿武郡　3-282, 3-285, 5-217, 5-309
鹿足郡　3-282, 5-216
佐波郡　3-282, 3-284, 3-285, 3-287, 5-218, 5-309, 5-312
都濃郡　3-282, 3-284, 3-286, 5-218, 5-312
吉敷郡　3-285, 3-287, 5-219

【地名】

天浦　3-286
居合　3-287
伊賀地村　3-285, 5-219, 5-312
伊賀地村西大津村　3-285
生野屋村（徳山領）　3-286, 5-218, 5-311, 5-312
生雲村生雲市　3-283, 5-219, 5-309
生雲村枝岡草村　3-283, 3-285
生雲村榎谷〔榎谷〕　3-283, 5-218, 5-219, 5-309
生雲村地頭　3-283, 3-285
生雲村古市　3-283
生雲村三谷山　3-283
生雲村持坂　3-283
一井原村小山　3-283
一井原村段ノ原　3-283
一町田　3-287
犬返　3-286
今宿　3-286
今宿　3-287
鋳物師　3-287
居守　3-286
ウルシ　3-287
榎口開作　3-286
江泊　3-287
追分　3-283
大浦濱　3-286
大久保浦　3-287
大河内村　5-218
大崎村　3-287, 5-219, 5-312
大崎村臺ケ原　3-287
大崎村古祖原　3-287
大潮峠　3-284
大潮村　3-284, 5-218, 5-312
大潮村枝桶山村　3-284
大潮村枝西河内村〔大潮〕　3-284, 5-308
大潮村小潮　3-284
大潮村新原　3-284
大嶋村　3-286, 5-311
大濱　3-287
大原　3-286
大平　3-284
大平　3-285
大フミ浦　3-286
沖ノ原　3-284
桶山村倉谷　3-284
尾崎　3-284
小鯖村　3-285, 5-219, 5-312
小鯖村石畑村　3-285
小鯖村枝鯖山村　3-285
小俣村岩渕〔小俣村〕　3-287, 5-219
開出　3-287
柿木村　3-282, 5-216
笠戸浦　3-286, 5-218
鹿野上村鹿野市〔鹿野上村〕　3-284, 5-218
鹿野上村堤村　3-284
鹿野下村大町村山免〔鹿野〕　3-284, 5-308
鹿野下村郷川村〔鹿野下村、鹿野〕　3-284, 5-218, 5-312
鹿野下村細野村天子　3-284
鹿野中村今井村　3-284
鹿野中村柏原村〔鹿野中村〕　3-284, 5-218
鹿野中村狐原　3-284
鹿野中村田原村〔鹿野〕　3-284, 5-308
上河原　3-287
上畑　3-285
上右田村〔右田〕　3-287, 5-219, 5-312
上右田村和田　3-285, 3-287
上村浦山（徳山領）〔上村〕　3-286, 5-218, 5-312
刈尾　3-286
川口　3-285
川﨑　3-286
岸津　3-287
岸見村　3-285, 5-218, 5-312
岸見村和田　3-285
北野原　3-284
北山　3-286
吉部村　3-283, 5-219, 5-309
櫛濱　3-286
串鯖河内安養寺村　3-284
串鯖河内村（串）　3-284, 5-218, 5-312
串鯖河内村枝上角村　3-284
久保市　5-218
久米卿村　5-218
久米村（萩領）　3-286, 5-218, 5-311, 5-312
藏田　3-282
栗屋村（徳山領）　3-286, 5-218
黒岩　3-285
来原　3-287
小深浦　3-286
坂本　3-285
櫻　3-286
篠山村　3-282, 5-216, 5-308
篠山村木野　3-282
篠山村沼原　3-282
佐野村　3-287, 5-219
三ノ瀬　3-282
三本松　3-282, 5-216
篠目村　3-285, 5-219, 5-309, 5-312
篠目村枝細ノ村　3-285
芝生　3-287
地福市　3-283
地福村　3-283, 5-218, 5-309
地福村枝一井原村　3-283
地福村枝大土路村　3-283
嶋地村枝下津屋　3-285
下窪山　3-283, 3-285
下畑　3-285
下原　3-285
下右田村　3-287, 5-219
下右田村高井原　3-287
四郎谷　3-287
新田村　3-287, 5-219
新町　3-286
末武下村（萩領）　3-286, 5-218
末武村高橋〔末武〕　3-286, 5-311
末武村花岡宿〔末武村、末武〕　3-286, 5-218, 5-311, 5-312
鈴屋村多以羅村　3-285, 3-287
鈴屋村萩原〔鈴屋〕　3-285, 3-287, 5-312
巣山村赤山村　3-284
巣山村栗ノ木　3-284
巣山村杁ノ河内　3-284
巣山村仁保津〔巣山村、巣山〕　3-284, 5-218, 5-312
藏目喜村二〔赤〕釜〔藏目喜〕　3-283, 5-309
藏目喜村大山村〔藏目木村、藏目喜〕　3-283, 5-219, 5-309
曽根　3-283
鷹巣　3-283
高野原　3-285
滝ノ口浦　3-285
田嶋村　3-287, 5-219, 5-312
谷口　3-285
田野浦　3-286
田ノ口村　3-287
迫〔近〕江　3-286
杖坂　3-285
塚原　3-287
壺ノ内　3-282
剣神社　3-287, 5-219
津和野（亀井隠岐守居城）　3-282, 5-216, 5-309
出合　3-283, 3-284
土井　3-286
道玄開作　3-286
徳佐市　3-282, 5-218
徳佐村　3-282, 5-309
徳佐村枝領家村　3-282
徳佐村野坂　3-282
徳佐村畠田村　3-282
徳山（毛利大和守在所）　3-286, 5-218, 5-311, 5-312
徳山村内遠石〔徳山村〕　3-286, 5-218
戸根　3-284
戸根　3-282
富海村（徳山領）　3-

287, 5-218, 5-312
豊井村（徳山領） 3-286, 5-218, 5-311, 5-312
豊井村大嶋〔大嶋、大島〕 3-286, 5-218, 5-312
冨田新田 3-286
冨田村（徳山領） 3-286, 5-218, 5-312
冨田村内平野 3-286
中浦 3-287
中座村 3-282, 5-216
中塚村 3-285, 3-287
中関町 3-287, 5-219, 5-312
中ノ原 3-282
中村 3-286
中村 3-287
中村 3-285
中村 3-282
中山村経納村〔中山〕 3-285, 5-312
ナキリ濱 3-286
七房村内仁保路 3-285
奈美村枝十七村〔奈美村、奈美〕 3-285, 5-219, 5-312
奈美村枝鈴屋村 3-285, 3-287
奈美村枝中山村中村 3-285
奈美村上村 3-285
鳴竜〔滝〕 3-285
西市 3-286, 5-311, 5-312
西河内村神津此 3-284
西佐波令地方村〔西佐波令〕 3-287, 5-219
西佐波令中河原村 3-287
西佐波令松本村 3-287
西ノ浦 3-287, 5-219
仁保市 3-285
仁保村 3-285, 5-219, 5-309, 5-312
仁保村浅地村 3-285
仁保村井開田村 3-285
野谷向村 3-285
野谷村 3-285, 5-218, 5-309, 5-312
野谷村笹ケ滝 3-282, 3-284
野谷村下野谷 3-285
野谷村中寉山 3-283, 3-285
野村開作 3-286
長谷 3-283
八反田 3-285
葉ノ内 3-282, 3-284
濱方村 3-287, 5-219
柊 3-285
東佐波令國衙〔東佐波令〕 3-287, 5-219
東佐波令松川 3-287
東佐波令宮市町〔宮市町〕 3-287, 5-219
引谷村 3-285, 5-219, 5-309, 5-312
引谷村中村 3-285
日ノ迫 3-284
廣石 3-286
深浦 3-286, 5-218
深瀬 3-285
福井郷上村 3-283, 5-217
福井郷下村 3-283, 5-217
福川村 3-282, 5-216, 5-308
福川村（徳山領） 3-286, 5-218, 5-312
福川村伊豆原 3-282
福川村折橋 3-282
福川村亀田 3-282
福川村唐人屋 3-282
舟越 3-286
舩路下庄 3-285
舩路村 3-285, 5-218, 5-309, 5-312
舩路村上河内 3-285
舩路村御馬 3-285
舩路村間方 3-285
古市 3-286
戸田市 3-287
戸田村 3-287, 5-218, 5-312
戸田村津木 3-286
戸田村椿峠 3-287
戸田山 3-287
堀村 3-285, 5-218, 5-312
堀村庄方村 3-285
堀村須路村 3-285
堀村二宮村 3-285
堀村伏野村 3-285
升谷 3-285
政所 3-286
真尾村 3-287
金峯村郷〔金峯村、金峯〕 3-284, 5-218, 5-308, 5-312
金峯村松枝〔金峯〕 3-284, 5-308
金峯谷 3-284
三田尻野崎 3-287
三田尻町 3-287, 5-219, 5-312
三田尻町枝岡村 3-287
御堀村枝長野村 3-285
宮野村 3-285, 5-219, 5-309, 5-312
宮野村 3-285
宮野村枝七房村 3-285
宮野村中村 3-285
宮原 3-285, 3-287
妙尊寺前 3-283
向畑 3-287
牟禮村〔牟礼村〕 3-287, 5-219
牟礼村枝浮野市 3-287
牟礼村勝間 3-287
牟礼村末田 3-287
牟礼村多々良 3-287
八坂村 3-285
夜市町 3-286
夜市村（徳山領） 3-286, 5-218, 5-312
山畑村 3-284, 5-218, 5-309, 5-312
山畑村河原 3-285
柚木村 3-282, 5-218, 5-309
柚木村飯迫 3-282
柚木村河内 3-282
柚木村高河内 3-282
渡村 3-287

【社寺】

出雲神社 3-287, 5-219
惣社 3-287
天満宮 3-287
二宮出雲神社 3-285
御坂神社 3-285, 5-218
御坂神社 3-285, 5-218

【山・峠】

赤坂峠 3-287, 5-218
粟ケ嶽 3-285
石坂峠 3-285, 5-219
妹山 3-282
漆尾峠 3-285
大月山 3-285
大峯山 5-218
柿木峠 5-218
梶原山 5-218
霧峠 3-285, 5-218, 5-312
熊ケ瀬山 5-218
黒獅子山 3-283
来坂峠 5-218
古城山 3-282
木引峠 3-284, 5-218
佐野山 3-287
鯖峠 3-287
四熊嶺〔四熊岳〕 3-284, 3-286, 5-218
成君寺山 5-218
杦ノ峠〔杉ケ峠〕 3-282, 5-216
積山 5-218
添尾峠 5-219
鷹巣山 3-283
妻峠 5-218
峠 3-283
生山峠 5-218
二井寺山 5-218
仁保峠 3-285
野坂峠 3-282
畠山 5-218
平野山 3-286, 5-218
二瀬山 5-218, 5-210
廻り峠 5-218
金峯峠 3-284, 5-218
文殊山 3-282
焼尾山 3-283, 3-285

【河川・湖沼】

朝早川 5-218
魚谷川 5-218
宇佐川 5-218
下指川 5-218
末武川 3-286
須万川 5-218
東川 5-218
夜市川 3-286

【岬・海岸】

赤石岬 5-218, 224
大城鼻 3-286
翁崎 3-287
カツ子崎 3-286
鎌石岬 3-286
瀬戸岬 3-286
竜口岬 3-287, 5-219
タツ崎 3-287, 5-219
西泊〔西泊岬〕 3-287, 5-219
八崎 3-287, 5-218, 5-312
鼻グリ 3-286
火振崎 3-286

【島】

五ツ嶋 3-287, 5-218
岩嶋 3-286, 5-218
馬嶋 3-286, 5-218, 5-312
大津嶋（夜市村持）（徳山領） 3-286, 5-218, 5-312
沖嶋 3-286, 5-218
沖ノ筏 3-286, 5-218
沖ノソバヘ 3-287
蛙嶋 3-286
笠戸嶋 3-286, 5-218, 5-311, 5-312
蒲嶋（冨田村） 3-286, 5-218
カハ島 5-312
黒神嶋（冨田村属） 3-286, 5-218, 5-312
カウヅセ 3-286, 5-218
小嶋 3-286, 5-218
小嶋 3-287, 5-218
小嶋 3-287, 5-219
鯖嶋（田嶋村） 3-287, 5-219, 5-312
地筏 3-286, 5-218
拾〔粭〕嶋（豊井村屬） 3-286, 5-218, 5-312
洲嶋 3-286, 5-218
雀シマ 3-287
仙嶋（冨田村屬） 3-286, 5-218, 5-311, 5-312
竹嶋 3-286, 5-218, 5-312
ツク子岩 3-286, 5-218
中之嶋〔中島〕 3-286, 5-218, 5-312
鍋嶋 3-286, 5-218
西嶋 3-286
西嶋 3-286, 5-218, 5-312
野嶋（冨海村屬） 3-287, 5-218, 5-312
東嶋 3-286
平嶋 3-286, 5-218
古嶋（笠戸嶋屬） 3-286, 5-218, 5-311, 5-312
蛇嶋（徳山村屬） 3-286, 5-218
向嶋（萩領） 3-287, 5-219
ムメカサ子 3-286
横嶋 3-286, 5-218

第176号 山口

【国名】

周防國〔周防〕 3-290, 3-292, 3-293, 5-218
長門國〔長門〕 3-290, 3-292, 3-293, 5-219, 5-309

【郡名】

厚狭郡 3-291, 3-292, 3-293, 5-219
阿武郡 3-288, 3-290, 5-217, 5-309
大津郡 3-288, 5-219, 5-220, 5-309
豊浦郡 3-291, 5-220
美禰郡 3-288, 3-290, 3-291, 3-293, 5-219
吉敷郡 3-290, 3-292, 3-293, 5-219

【地名】

秋穂貳嶋村 3-292, 5-219
秋穂貳嶋村内上ケ田 3-292
秋穂貳嶋村舩越 3-292
秋穂本郷青江 3-292
秋穂本郷村〔秋穂〕 3-292, 5-219, 5-312
赤郷村枝繪堂村〔赤郷村、繪堂〕 3-290, 5-219, 5-309, 5-312
赤郷村枝小野村 3-288, 3-290
赤郷村枝銭屋村 3-288, 3-290
秋吉宿 3-291
秋吉村 3-290, 5-219, 5-309, 5-312
明木村 3-288, 5-309
明木村枝新切〔明木村〕 3-288, 3-290, 5-219
明木村権現原 3-288
明木村雲雀山 3-288, 3-290
明木村横瀬 3-288, 3-290
宇宮ノ馬場 3-289
阿知須村 3-292, 5-219
阿知須村岩倉 3-292
厚保村枝柳井 3-291
厚保村枝柳井川村 3-291
厚保村江ノ河原村〔厚保村、厚保〕 3-291, 5-219, 5-220, 5-312
有帆村 3-293, 5-219
石ケ坪 3-288
板持 3-289
今出村大河内（徳山領）〔今出村、今出〕 3-291, 5-220, 5-309, 5-312
岩永郷村 3-291, 5-219, 5-309, 5-312
岩永郷且 3-291
宇野令天花村 3-290
宇野令畑村〔宮野令〕 3-290, 5-219
宇部郷内見崎 3-293
宇部郷草江 3-293
宇部郷村 3-293, 5-219, 5-312
江崎村 3-292, 5-219, 5-312
江崎村枝岡屋 3-292
江崎村枝高根 3-292
江崎村枝能樂 3-292
江崎村深溝〔江崎村〕 3-292, 5-219
江良 3-289
青海村 3-289
大井郷村〔大井〕 3-288, 5-217, 5-309
大井郷村大井浦 3-288
大井郷村黒川 3-288
大井村（徳山領） 3-288, 5-217
大河内 戸谷 3-291
大田郷村〔太田郷〕 3-290, 5-219, 5-309, 5-312
大田郷大久保村 3-290
大泊 3-289
大日比浦 3-289, 5-217, 5-219
大嶺村枝祖父ケ瀬村 3-291
大嶺村枝河原宿〔大嶺〕 3-291, 5-309
大嶺村枝国行村 3-291
大嶺村枝渋倉村 3-291
大嶺村枝利宗 3-291
大嶺村枝中村〔大嶺村、大嶺〕 3-291, 5-219, 5-312
大嶺村枝山﨑村 3-

291
大嶺村枝吉則　3-291
大嶺村枝曽根　3-291
大嶺村枝宮ノ尾　3-291
大海村　3-292, 5-219, 5-312
奥檀村　3-293, 5-219, 5-312
小郡宿〔小郡村、小郡〕　3-290, 3-292, 5-219, 5-312
小郡村枝柏﨑　3-290, 3-292
小郡村枝新開　3-292
小郡村枝柳井田　3-290, 3-292
小郡村枝山手　3-290, 3-292
小郡村川向　3-290, 3-292
小野村北河内　3-288, 3-290
小俣村　3-292, 5-219, 5-312
小俣村枝臺道　3-292
嘉川村枝赤坂　3-292
嘉川村枝稽古屋　3-292
嘉川村枝宮ケ原　3-292
嘉川村中野〔嘉川〕　3-292, 5-312
嘉川村福岡　3-292
片山　3-289, 3-291
上中郷　3-290, 5-219, 5-312
上中郷新町村　3-290, 3-292
鴨庄村　3-292, 5-219, 5-312
鴨庄村枝厚狭市　3-292
鴨庄村枝原村　3-292
通浦　3-289, 5-217
川嶋村　3-288, 5-219
川嶋村中津江　3-288
河原　3-289
木田村　3-292, 5-219, 5-312
木田村枝瓜生野　3-292
際波村　3-293, 5-219
岐波村　3-292, 5-219, 5-312
岐波村内丸尾　3-292
串山　3-293
車地村　3-292, 5-219, 5-312
小串村　3-293, 5-219, 5-312
佐々並市　3-288, 3-290, 5-219, 5-309
佐々並村枝長瀬　3-290
佐々並村落合　3-288, 3-290
三見村明石　3-288
三見村飯井　3-289
三見村藏本　3-288
三見村三見市〔三見村、三見〕　3-288, 5-219, 5-309
三見村三見浦〔三見〕　3-288, 5-309
三見村床並　3-288
地藏峠　3-290
市中　3-288
下郷　3-289
下讃井町（湯田町）　3-290
地吉村枝大石村〔地吉〕　3-291, 5-309
地吉村深堀〔地吉〕　3-291, 5-309, 5-312
地吉村法ケ原〔地吉村、地吉〕　3-291, 5-220, 5-309
神田　3-293
末益下津　3-293
末益村　3-293, 5-219, 5-220, 5-312
末益村　3-293
末益村石丸〔末益村〕　3-292, 5-219, 5-220
末益村枝山川　3-292
末益村梶浦　3-293
須恵村　3-293, 5-219, 5-312
陶村　3-290, 3-292
須恵村内原　3-293
須恵村内目出　3-293
須恵村刈屋　3-293
須恵村濱河内　3-293
須恵村本山　3-293
鑄銭司村　3-290, 3-292, 5-219, 5-312
鑄銭司村今宿　3-292
鑄銭司村加村﨑　3-290, 3-292
瀬戸﨑村　3-289, 5-219, 5-309
銭ケ原　3-292
鷹須　3-293
高泊村　3-293, 5-219, 5-220, 5-312
田浦　3-289
俵山村枝小野村〔俵山〕　3-289, 3-291, 5-309
俵山村枝小目谷村　3-289, 3-291
俵山村枝金ケ口村　3-289, 3-291
俵山村枝上正村　3-289, 3-291
俵山村枝黒川村　3-289, 3-291
俵山村枝小原村　3-289
俵山村枝西山八幡臺　3-289, 3-291
俵山村湯町〔俵山村、俵山〕　3-289, 3-291, 5-220, 5-312
千﨑村　3-293, 5-219, 5-220, 5-312
杖横瀬村　5-219
椿郷西分〔椿郷西〕　3-288, 5-219, 5-309
椿郷西分大屋　3-288
椿郷東分今浦〔椿郷東〕　3-288, 5-309
椿郷東分後小畑〔椿郷東〕　3-288, 5-309
椿郷東分越ケ濱浦〔越ヶ濵〕　3-288, 5-217, 5-309
椿郷東分霍江浦〔椿郷東〕　3-288, 5-309
椿郷東分松本〔椿郷東〕　3-288, 5-309
妻﨑　3-293, 5-219
問田村　3-290
土井本　3-288
遠波村　3-292, 5-219, 5-312
床波村　3-292, 5-219, 5-312
床波村吉田　3-292
兎渡谷　3-289
殿鋪村添ケ迫〔殿鋪村、殿敷〕　3-291, 5-220, 5-309
長瀬夏木原　3-290
長登村　3-290, 5-219, 5-309, 5-312
中山　3-288
名田嶋村　3-292
根石　3-289, 3-291
野波瀬ノ内飯井　3-289
萩　3-288, 5-217, 5-219, 5-309
馬場　3-292
濵﨑町　3-288
東小屋　3-289, 3-291
雲雀峠　3-288, 3-290, 5-219
深川庄村小河内〔深川庄〕　3-289, 5-309
深川庄村河西〔深川庄〕　3-289, 5-309
深川庄村正明市〔深川庄村、正明市〕　3-289, 5-219, 5-309
深川庄村原門前〔深川庄〕　3-289, 5-309
福井郷下村福井市　3-288, 5-309
福田村（萩領、長府領）　3-292, 5-220, 5-312
伏付　3-292
藤曲村　3-293, 5-219
藤原　3-289, 3-291
舩木村　3-292, 5-219, 5-312
舩木村内ケ小野　3-292
舩木村相坂　3-292
舩木村下田　3-292
舩木村櫃﨑　3-292
舟越　3-289
日置庄村内黄波戸浦〔日置〕　3-289, 5-309
三隅庄村枝椴ノ木　3-289
三隅庄村小嶋　3-289
三隅庄村澤江浦　3-289
三隅庄村澤江村　3-289
三隅庄村白潟　3-289
三隅庄村豊原　3-289
三隅庄村中小野　3-289
三隅庄村野波瀬　3-289
三隅庄村廣田　3-289
三隅庄村麓　3-289
三隅庄村三隅市〔三隅庄村、三隅〕　3-289, 5-219, 5-309
御堀村　3-290, 5-219, 5-312
御堀村枝矢田村　3-290
宮野村枝櫻畠村　3-290
麦小野村枝七田村　3-291
麦小野村四郎ケ原宿〔麦小野村、麦小野〕　3-291, 5-219, 5-312
宗頭　3-289
免坂〔地〕　3-292
役神　3-288
矢原村　3-290, 5-219, 5-312
矢原村枝朝田村　3-290
矢原村枝黒川村　3-290
矢原村湯田村　3-290
山口町　3-290, 5-219, 5-309, 5-312
山田村枝玉江村　3-288
山田村小原〔山田村、山田〕　3-288, 5-219, 5-309
山田村玉江浦〔山田〕　3-288, 5-309
山中村　3-292
山中村上山中〔山中村、山中〕　3-292, 5-219, 5-312
山中村下山中　3-292
山中村割小松　3-292
山野井村（萩領、長府領）　3-292, 5-219, 5-220, 5-312
山野井村石炭　3-292
山野井村七日町　3-292
吉見村枝春日　3-292
吉見村枝持世寺　3-292
吉見村枝関口　3-292
吉見村枝立熊　3-292
吉見村中村〔吉見村〕　3-292, 5-219, 5-312
六軒茶屋　3-290

【社寺】

興立寺　3-290
大寧寺　3-289, 5-219, 5-220
東照宮　3-290
仁壁神社　3-290
八幡宮　3-290

【山・峠】

赤石山　3-292
赤﨑山　3-292
秋葉山　5-219
朝田山　5-219
雨乞山　3-292
新滝山　3-291
伊勢山　3-292
一ノ坂峠　5-219
岩尾山　3-292
江舟山　3-291
大久保峠　3-290
大峯山　3-293
鬼山　5-219
神田山　5-219
鎖坂峠　3-288, 5-219
沓ケ嶽　3-293, 5-219, 5-220
嚴尾寺山　3-292
子持峠　3-288, 3-290
権現山　3-290, 5-219
地蔵峠　5-219
霜降岳〔霧降岳〕　3-293, 5-219, 5-220
新滝山　5-219
タヒラ堂山　5-219
鷹子山　3-292
髙葉山　5-219
高嶺　3-290
新切峠　3-288, 5-219
中峠　3-288, 3-290, 5-219
長登山　3-290
長野山　5-219
七曲山　5-219
筈倉山　3-292
長谷坂峠　3-291, 5-219, 5-220
花香山　3-292, 5-219
日ノ岳　3-291
火峯　5-219, 5-220
姫岳　5-219
平沢山　5-219
平野山　5-219
平原山　3-290, 3-292
笛太郎山　5-219
福西山　3-292
二日山　5-219
松嶽〔松岳山〕　3-293, 5-219, 5-220
水□山　3-292
夫婦岳　3-291
彌ケ浦山　3-289

【河川・湖沼】

厚狭川〔アサ川〕　3-293, 5-219, 5-220, 5-312
有帆川〔アリホ川〕　5-219, 5-312
板待川　5-219
宇部川　3-293
大山川　5-219
小郡川　3-292, 5-312
河上川　5-219
河上川　5-309
佐波川　5-219
長池　3-292
南若川　3-292
二俣セ川　5-219
二俣瀬川　3-292
吉田川　5-219

【岬・海岸】

御﨑　5-219
今岬　3-289
宇山鼻　3-288
大瀬鼻　3-288
牛轉岬　3-292
黒﨑　3-293, 5-219
小礒岬　3-292
大黒﨑　3-288
月岬　3-292, 5-219
友付岬　3-292, 5-219
ナハチ岬　3-293
藤尾岬　3-292
佛岬　3-292
丸尾﨑　3-292, 5-219
丸山岬　3-292, 5-219
明神　3-293
本山﨑〔元山岬〕　3-293, 5-219, 5-312

【島】

イツク嶋　3-289, 5-217, 5-219
イツク嶋　3-289
臼石　3-292, 5-219
ウツ瀬　3-288, 5-217
戎嶋　3-289
青海嶋　3-289, 5-217, 5-219, 5-309
大嶋（青海嶋屬）　3-289, 5-217, 5-309
男柱　5-217
女柱　5-217
鹿嶋　3-289, 5-217, 5-219
壁岩　3-289, 5-217
哈ケ瀬　3-292
狐嶋　3-288, 5-217
幸嶋　3-289, 5-217, 5-219, 5-309
小嶋　3-292, 5-219
小丸嶋　3-289
笹嶋　3-289, 5-217, 5-219, 5-309
鯖島（三見浦屬）　3-288, 5-217, 5-309
竹嶋　3-292, 5-219, 5-312
竹子嶋　3-289
竹子嶋〔筍島〕　3-293, 5-219
立石　3-292, 5-219
砥石嶋　3-292, 5-219
鍋嶋　3-293, 5-219
入道岩　3-293
端瀬　3-292, 5-219
羽嶋（大井郷村屬）　3-288, 5-217, 5-309
ヒウリ瀬　3-292

干嶋（羽嶋屬） 3-288, 5-217, 5-309
ヒラメセ 5-219
松嶋 3-289
丸嶋 3-288, 5-217
丸山嶋 3-288, 5-217
龍王岩 3-293

第177号 川棚

【国名】

豊前國 3-298

【郡名】

厚狭郡 3-296, 3-298, 5-219
大津郡 3-294, 5-119, 5-220, 5-309
企救郡 3-299
豊浦郡 3-294, 3-295, 3-298, 3-299, 5-220, 5-312
美禰郡 3-296, 5-219

【地名】

垢田村（長府領） 3-299, 5-220
赤間関○☆⚓ 3-299
赤間関後地檀浦 3-298
阿川村（萩領） 3-294, 5-220, 5-309
阿川村阿川浦 3-295
綾古 3-294
綾羅木村（長府領） 3-299, 5-220
粟野村（長府領） 3-294, 5-220, 5-309
伊上浦 3-294
伊上村大長村〔伊上〕 3-294, 5-309
伊上村貝川村 3-294
伊上村小久保村〔伊上村、伊上〕 3-294, 5-220, 5-309
伊上村白潟村〔伊上〕 3-294, 5-309
伊崎浦（清水領） 3-299
一宮村（長府領） 3-298, 5-220, 5-312
稲光村高山 3-296
稲光村東長野 3-296
今浦（長府領） 3-299
宇賀掛地村（長府領） 3-296, 3-297, 5-220
宇賀二見村（長府領）〔二見〕 3-297, 5-220, 5-309, 5-312
宇賀本郷（長府領）〔宇賀本郷村〕 3-296, 5-220, 5-309, 5-312
宇賀湯玉（長府領）〔湯玉〕 3-296, 5-220, 5-309, 5-312
宇津井村 3-298, 5-220, 5-312
宇部村（長府領） 3-298, 5-220
大浦 3-294
大浦 3-294
大坪村（長府領） 3-299
小月宿（清末領）〔小月〕 3-296, 3-298, 5-312
小月村上小月〔小月村〕 3-296, 3-298, 5-220
形山村（長府領） 3-298
上岡枝村 3-296
川棚北村（長府領）〔河棚〕 3-297, 5-312
川棚下村（長府領）〔川棚村〕 3-297, 5-220
川棚松屋鋪（長府領） 3-297
河原村 3-294, 5-220, 5-309
河原村河原浦 3-294
神田郷肥中浦（萩領） 3-295
神田郷村荒田村（萩領）〔神田郷〕 3-295, 5-309
神田郷村内岡林村（萩領） 3-295
神田郷村内津波敷村（萩領）〔神田郷〕 3-295, 3-297, 5-312
神田郷村特牛浦（萩領）〔神田郷村特牛、特牛〕 3-295, 5-220, 5-309
神田郷村嶋戸村（萩領） 3-295
神田郷村涌浦（萩領） 3-295
神田村（長府領） 3-298, 5-220, 5-312
城戸村 3-296, 5-220, 5-312
城戸村枝江良 3-296
城戸村西長野 3-296
清末（毛利讃岐守在所）毛利讃岐守在所 3-298, 5-220, 5-312
藏小田村掛淵〔藏小田村、藏小田〕 3-294, 5-220, 5-309
黒井村（長府領） 3-297, 5-220, 5-312
小串浦（長府領）〔小串村〕 3-296, 5-220, 5-309, 5-312
小瀬戸 3-299
才川村（長府領） 3-298, 5-220, 5-312
嶋戸後地嶋戸浦（長府領）〔嶋戸後地〕 3-295, 5-220
下岡枝村（清末領） 3-296, 5-220, 5-312
勝谷村（長府領） 3-298
新地（萩領） 3-299
新茶屋 3-298
新別名村 3-294, 5-220, 5-309
千房 3-298
竹崎浦（清水領） 3-299
武久村（長府領） 3-299, 5-220
田首 3-299
田部市 3-296
田部村（長府領） 3-296, 5-220, 5-312
田部村上田部 3-296
長府（毛利甲斐守居城）居城 3-298, 5-220, 5-312
津黄村内立石浦 3-294
津黄村内津黄浦〔津黄村〕 3-294, 5-220, 5-309
津黄村小田村 3-294
津原村（長府領） 3-298
津布田村 3-298, 5-220, 5-312
手洗 3-296
出屋敷 3-298
東法 3-295
殿鋪〔敷〕村 3-296, 5-220, 5-312
殿敷村枝岩神 3-296
殿敷村高隈村 3-296
冨任村（長府領） 3-299, 5-220, 5-312
中村 3-296, 5-220, 5-309, 5-312
中山村（長府領） 3-296, 5-220, 5-312
中山村枝湯原 3-296
埴生村 3-298, 5-220, 5-312
久冨村〔冨久〕 3-294, 5-220, 5-309
肥田村 3-296
肥田村木屋 3-296
福浦 3-299
福江村（長府領） 3-299, 5-220, 5-312
日置庄村古市〔日置庄村〕 3-294, 5-220
保木村 3-296
本浦 3-299
前田村 3-298
正吉村（長府領） 3-297, 5-220, 5-312
小松〔松小〕田村（長府領） 3-298, 5-220, 5-312
松屋村 3-298, 5-220, 5-312
向津具村川尻浦〔向津具村〕 3-294, 5-220
向津具村久津浦 3-294
向津具村久原村 3-294
向津具村白木村 3-294
向津具村御崎 3-294
向津具村油谷〔向津具〕 3-294, 5-309
向津具村油谷嶋 3-294
室津下村（長府領）〔室津〕 3-297, 5-220, 5-312
室津村内正月不知 3-297
和布刈ノ瀬戸 3-298
門跡院 3-298
八重村 3-296
安岡村（長府領） 3-299, 5-220
矢玉後地矢玉浦（長府領）〔矢玉後地〕 3-295, 5-220
矢田村（長府領） 3-296, 5-220, 5-309, 5-312
矢田村枝阿座上 3-296
矢田村枝楢原 3-296
矢田村西市 3-296
横野村（長府領） 3-299, 5-220, 5-312
吉田村 3-296, 5-220, 5-312
吉田村今山 3-296, 3-298
吉田村枝貞恒村 3-296
吉田村埴生口 3-296
吉永村（長府領） 3-297, 5-220, 5-312
吉見村（長府領） 3-297, 3-299, 5-220, 5-312
吉母村（長府領） 3-297, 5-220, 5-312
涌田村（長府領） 3-297, 5-220
渡場 3-294

【社寺】

人丸社 3-294

【山・峠】

雨乞山 3-294, 5-220
粟野山 5-220, 5-312
粟野山 5-309
大峠 5-220, 5-222
大宮山 3-297
鬼ケ城山 3-297
勝山 5-220
熊野嶽 3-294, 5-220
黒山 5-220
小峠 5-220, 5-222
四王司山 3-298
塩見峠 3-296, 5-220
田部峠 3-296
月山 3-296, 5-220
天井山 5-220
豊浦山 3-296, 5-220, 5-309, 5-312
平畑山 5-220
福王寺峠 5-220
二ツ岳 5-220
連臺寺峠 3-298, 5-220

【河川・湖沼】

吉田川 3-296, 5-220, 5-312

【岬・海岸】

網代鼻 3-299
笠松岬 3-297
観音崎〔観音岬〕 3-297, 5-220
串ケ崎 3-298
櫛山鼻 3-299
泉水岬 3-297
泊崎 3-297
ハヤトモ崎 3-298
洞ケ崎 3-299
牧崎 3-295
マナケ崎 3-297
御崎〔川尻岬〕 3-294, 5-220
御崎 3-295, 5-220, 5-309, 5-312
村崎鼻 3-299
鷲石鼻 3-294

【島】

藍島 5-220, 5-312
厚島 5-220
厚島 5-309
イサヤゼ 3-297, 5-220
イセ嶋ゼ 3-295, 5-220
馬嶋（小倉領） 3-299
江嶋 3-294, 5-220
大嶋 3-294, 5-220
男島 5-220
男嶋 3-297
貝シマ〔貝島〕 5-220, 5-312
金子嶋 3-295, 5-220
壁シマ 3-297, 5-220
壁嶋 3-295
壁嶋 3-297, 5-220
鴨嶋 3-299
行堂嶋 3-294
国セ 3-297, 5-220
黒嶋 3-297, 5-220
甑セ 5-220
小嶋 3-294
小瀬 3-294
櫻瀬 3-297, 5-220
千珠嶋（長府屬）〔千珠〕 3-298, 5-220, 5-312
高原瀬 3-294
竹嶋 3-294, 5-220
竹子島（引嶋附） 3-299
タルミ瀬 3-299, 5-220
俵嶋 3-294
角嶋（長府領） 3-295, 5-220, 5-309
手長嶋 3-294
中セトシマ 5-220
鍋嶋 3-295, 5-220
鼠嶋 3-295, 5-220
畑嶋 3-294, 5-220
鳩嶋 3-295, 5-220
引嶋（長府領） 3-299
姫シマ 5-220
ヒルコ嶋 3-294
蓋井島 5-220
蓋井嶋（長府領） 3-297, 5-312
双子嶋〔二子シマ〕 3-295, 5-220
舩島（引嶋属） 3-299
舟瀬 3-294, 5-220
舞子嶋 3-299
満珠嶋（長府屬）〔満珠〕 3-298, 5-220, 5-312
水島瀬 5-220
水嶋瀬 3-297
ミタレ瀬 3-294
六連嶋（長府領） 3-299
女島 5-220
女嶋（川棚村屬） 3-297
与次兵衛瀬 3-299
和合良島（小倉領） 3-299
金ヶ崎嶋（小倉領） 3-299
城子嶋 3-299

第178号 小倉

【国名】

筑前國 4-13, 4-15
長門 4-13, 5-219
豊前國 4-13, 4-15, 5-312

【郡名】

遠賀郡 4-13, 4-15, 5-222, 5-312
企救郡 4-13, 4-15, 5-222, 5-312
上毛郡 4-16, 5-222, 5-312
田川郡 4-15, 4-17
築城郡 4-14, 4-16, 5-222, 5-312
豊浦郡 4-13, 5-220
仲津郡 4-14, 4-16, 5-222, 5-312
京都郡 4-13, 4-14, 4-15, 4-16, 5-222, 5-312

【地名】

赤熊村 4-16, 5-225, 5-312
赤坂村 4-13, 5-222, 5-

312
赤間関○☆⛴ 4-13, 5-220, 5-312
赤間関後地 4-13, 5-220
赤間関後地今浦 4-13
赤間関後地園田〔園田村〕 4-13, 5-220
赤間関後地檀浦 4-13
上ノ松村〔上松村〕 4-16, 5-222, 5-312
上ノ松村出屋敷 4-16
秋永村 4-17, 5-222, 5-312
秋永村梅田 4-17
秋永村西秋永 4-17
集村 4-15, 4-17, 5-222, 5-312
海士浦 4-13
雨窪村 4-13, 4-15, 5-222, 5-312
新津村 4-15, 4-17, 5-222
有安村 4-16, 5-222, 5-312
有安村枝福間 4-16
有安村枝横濱 4-16
荒生田村 4-13, 4-15, 5-222, 5-312
荒生田村中畑 4-13
伊川村 4-12, 5-222
池尻村 4-17, 5-222, 5-312
池尻村小倉畔 4-17
池尻村盛安 4-17
伊﨑浦〔伊嵜浦〕 4-13, 5-220
伊﨑村〔伊嵜村〕 4-13, 5-220
石堂村 4-16, 5-222, 5-312
石原町村〔石原〕 4-13, 4-15, 5-222, 5-312
市丸村 4-15, 4-17, 5-222, 5-312
市丸村梅本 4-15
市丸村原 4-15, 4-17
到津村 4-13
糸村宮尾〔糸村〕 4-17, 5-222, 5-312
稲童村 4-14, 4-16, 5-222, 5-312
猪膝町○ 4-17, 5-222, 5-312
猪膝村田尻〔猪膝村〕 4-17, 5-222
伊原村 4-17, 5-222
今市村 4-16, 5-312
今井村 4-14, 4-16, 5-222, 5-312
今津村 4-12, 5-222, 5-312
宇留津村 4-14, 4-16, 5-222, 5-312
枝光村 4-13, 5-222, 5-312
枝光村犬川 4-13
枝光村堂山 4-13
大蔵村 4-13, 4-15, 5-222, 5-312
大蔵村清水 4-13, 4-15
大坪村 4-13, 5-220, 5-312
大積村 4-12, 5-222, 5-312
大橋村 4-15, 4-17, 5-222, 5-312
大橋村中新地 4-14, 4-16
尾倉村 4-13, 4-15, 5-222, 5-312
尾倉村 4-15, 4-17, 5-222, 5-312
尾倉村神願地 4-13, 4-15
鬼木村 4-16
鏡山村 4-15, 4-17, 5-222, 5-312
鏡山村岩原 4-15, 4-17
柿原村 4-17, 5-222
梶屋村 4-16
斤野村 4-13, 4-15, 5-222, 5-312
方野村苅畠 4-13, 4-15
金國村 4-17, 5-222, 5-312
金田村 4-13, 5-222
金屋村 4-14, 4-16, 5-222
上伊田村 4-17, 5-222
上伊田村番田 4-17
上今任村 4-17, 5-222, 5-312
上今任村道原 4-17
上採銅所村 4-15, 4-17, 5-222
上採銅所村鈴麦 4-15, 4-17
上採銅所村古高原 4-15, 4-17
上城野村重富〔上城野村〕 4-13, 4-15, 5-222
上曽根村 4-13, 4-15, 5-222, 5-312
上曽根村勝圓 4-13, 4-15
上曽根村出屋敷 4-13, 4-15
蒲生村 4-13, 4-15
蒲生村衣裏 4-13, 4-15
蒲生村中河原 4-13, 4-15
香春町○☆ 4-15, 4-17, 5-222, 5-312
河原弓削田村 4-17
苅田村○☆ 4-12, 4-14, 5-222, 5-312
岸井村 4-16, 5-312
北方村 4-13, 4-15, 5-222, 5-312
北方村金重 4-13, 4-15
北方村新町 4-13, 4-15
北方村原 4-13, 4-15
喜多久村 4-12, 5-222, 5-312
木下村 4-15, 5-222
木下村西 4-13, 4-15
行事村 4-15, 4-17, 5-222, 5-312
朽網村 4-13, 4-15, 5-222, 5-312
朽網村狸山 4-13, 4-15
葛原村 4-13, 4-15, 5-222, 5-312
葛原村足立 4-13, 4-15
葛原村新町 4-13, 4-15
楠原村 4-12, 5-222, 5-312
楠原村枝清滝 4-12
楠原村枝白木﨑 4-13
楠原村大久保 4-12
楠原村畑田 4-12
沓尾村 4-14, 4-16, 5-222, 5-312
沓川村 4-16, 5-225, 5-312
久路土村 4-16
来原村 4-17
小石村 4-13, 5-222, 5-312
子犬丸村〔小犬丸村、小犬丸〕 4-14, 4-17, 5-222, 5-312
小倉（小笠原大膳大夫居城）○☆ 4-13, 4-15, 5-222, 5-312
後藤寺村 4-17, 5-222, 5-312
小森江村 4-13, 5-222, 5-312
小森村 4-15, 4-17, 5-222, 5-312
小森村向 4-15, 4-17
採銅所町○ 4-15, 4-17, 5-222, 5-312
﨑野村 4-15, 4-17, 5-222, 5-312
三郎丸村 4-13, 4-15
猿喰村 4-12, 5-222, 5-312
椎田村☆ 4-16, 5-222, 5-312
椎村茶屋 4-13, 4-15
椎村蓑田 4-13, 4-15
清水町 4-13, 4-15, 5-222
下伊田村〔伊田〕 4-17, 5-222, 5-312
上伊田村新町 4-17
下伊田村鉄炮町 4-17
下伊田村橋本 4-17
下今任村 4-17, 5-222, 5-312
下片島村 4-15, 4-17
下香春村五徳〔下香春村〕 4-15, 4-17, 5-222
下香春村新町 4-15, 4-17
下香春村殿町〔下香春〕 4-15, 4-17, 5-312
下香春村畠田 4-15, 4-17
下採銅所村 4-15, 4-17, 5-222
下採銅所村大熊 4-15, 4-17
下採銅所村大手原 4-15, 4-17
下採銅所村宮原 4-15, 4-17
下曽根村☆ 4-13, 4-15, 5-222, 5-312
松江村 4-16, 5-222, 5-312
城野村 4-13, 4-15, 5-222, 5-312
庄村 4-17
白土村 4-17
四郎丸村 4-16, 5-222, 5-312
四郎丸村今町 4-16
白野江村 4-12, 5-222, 5-312
白野江村枝青濱 4-12
新所 4-17
新庄村萩原 4-17
新所村 4-17, 5-222, 5-312
新道寺村 4-13, 4-15, 5-222, 5-312
新道寺村末本 4-13, 4-15
新道寺村山ケ坂 4-13, 4-15
新町村 4-13, 5-222
新村 4-13, 4-15, 5-222
修多羅村 4-13, 5-222, 5-312
添田町○ 4-17, 5-222, 5-312
添田村 4-17, 5-222
大瀬村 4-16, 5-225, 5-312
大瀬村姫熊 4-16
大里村☆ 4-13, 5-222, 5-312
高瀬村 4-14, 4-16, 5-222, 5-312
高田村 4-16, 5-225, 5-312
高津尾村 4-13, 4-15, 5-222, 5-312
高塚村濱宮〔高塚村、高塚〕 4-14, 4-16, 5-222, 5-312
高槻村 4-13, 4-15
高槻村小山田 4-13, 4-15
高槻村藤月 4-13, 4-15
高野村 4-17, 5-222, 5-312
高村 4-13, 4-15
竹﨑浦〔竹嵜浦〕 4-13, 5-220, 5-222, 5-312
武久村 4-13, 5-220, 5-312
田野浦村〔田浦村？〕 4-12, 5-220, 5-222, 5-312
田野浦村太刀浦 4-12
田首 4-13
田原村 4-17
田原村井尻 4-17
築城村 4-16
辻垣村 4-14, 4-16, 5-222, 5-312
恒見村☆ 4-13, 4-14, 5-222, 5-312
道成寺村 4-14, 4-16
塔田村 4-16, 5-312
塔田村原田 4-16
德光村 4-13, 4-15, 5-222, 5-312
德光村古川 4-13, 4-15
德力村○ 4-13, 4-15, 5-222, 5-312
德力村草塲 4-13, 4-15
戸畑村 4-13, 5-312
戸畑村枝天頼寺 4-13
冨野村 4-13, 4-15, 5-222, 5-312
直江村境木 4-16
長尾村 4-13, 4-15
中曽根村 4-13, 4-15, 5-222, 5-312
中津原村 4-17, 5-222, 5-312
中津原村紫竹原 4-17
中津原村宮尾 4-17
長濱浦 4-13, 5-222
中原村 4-13, 5-222, 5-312
夏吉村 4-15, 4-17
納屋濱 4-13
成光村 4-17, 5-222, 5-312
沼村 4-13, 4-15, 5-222, 5-312
沼村長迫 4-13, 4-15
能行村 4-13, 4-15
萩﨑村 4-13, 4-15
畑村 5-222
畑村 4-13, 5-222, 5-312
八屋村☆ 4-16, 5-222, 5-312
八田村 4-14, 4-16, 5-222, 5-312
八田村沓抜 4-14, 4-16
八田村樋口 4-14, 4-16
八田村馬淵 4-14, 4-16
羽根木村 4-14, 4-16, 5-222, 5-312
馬場村 4-13, 4-15, 5-222, 5-312
馬場村 4-14, 4-16
濱町村 4-12, 4-14, 5-222
原町村〔原〕 4-13, 5-222, 5-312
原町村 4-13, 5-222, 5-312
干上村 4-13, 5-222, 5-312
柄扨田村 4-12, 5-222, 5-312
平島村 4-14, 4-16, 5-222, 5-312
平島村米山 4-14, 4-17
平松浦 4-13, 5-222, 5-312
福浦 4-13
藤木村 4-13, 5-222
藤木村古前 4-13
藤木村松尾 4-13
二﨑村 4-14, 4-16, 5-222, 5-312
二島村 5-222
別府村 4-14, 4-16, 5-222, 5-312
糒村 4-15, 4-17
堀立村 4-16
前田村 4-13, 5-220, 5-312
前田村 4-13, 4-15
前田村枝和井田 4-13, 4-15
松原村 4-14, 4-16, 5-222, 5-312
松山村 4-12, 4-14, 5-222, 5-312
三毛門村 4-16, 5-225, 5-312
三毛門村塔之本 4-16
三毛門村ホノ丸 4-16
水町村 4-13, 4-15, 5-222
湊村☆ 4-16, 5-222, 5-312
南方村 4-13, 4-15
南方村舩原 4-13, 4-15
南原村 4-15, 5-222, 5-312
宮尾村 4-17, 5-222, 5-312
椋野村 4-13, 5-220, 5-312
和布苅迫門〔和布刈セト〕 4-13, 5-220
門司村 4-12, 5-220, 5-222, 5-312
元永村 4-14, 4-16, 5-222, 5-312
元永村枝長井 4-14, 4-16
元松村 4-17
守恒村 4-13, 4-15, 5-222, 5-312
守恒村植松 4-13, 4-15
八並村 4-16, 5-225, 5-312
山本村 4-13, 4-15
湯川村 4-13, 4-15, 5-

222, 5-312
吉金村　4-13, 4-15
吉木村　4-16
吉田村　4-13, 4-15, 5-222, 5-312
吉田村下吉田　4-13, 4-15
與原村〔与原村、与原〕　4-14, 4-17, 5-222, 5-312
呼野村○　4-15, 4-17, 5-222, 5-312
六郎村　4-16
若松村若松浦☆〔若松村、若松〕　4-13, 5-222, 5-312

【社寺】

鏡山神社　4-15, 4-17
田川神社〔田川玉神社〕　4-15, 4-17, 5-222
和布苅社　4-13

【山・峠】

愛岩山　4-17
飯野山　4-17
伊加利山（古城跡）　4-17
内田山　4-17
鏡山　4-15, 4-17
香春山（古城跡）　4-15, 4-17
岩屈　4-15, 4-17
金邉峠　4-15, 4-17, 5-222, 5-312
霧岳　4-13, 4-15, 5-222
倉持山　4-17, 5-222
権現山　4-15, 4-17
迫山　4-17
皿藏山　4-13, 4-15
獅子岳　4-15, 4-17
障子岳（古城跡）　4-15, 4-17
大比岳　4-15, 4-17
高遠山　4-13
高野山　4-15, 4-17
堂ケ峯　4-13
特止山　4-15, 4-17
戸城（古城跡）　4-17
戸上山　4-13, 5-222
長野古城山〔長野古城〕　4-13, 4-15, 5-222
貫山　4-13, 4-15, 5-222
花尾山　4-13, 4-15
福知山　4-15, 4-17, 5-222, 5-312
丸ケ口古城山〔丸ケ口古城〕　4-13, 4-15, 5-222
元松山　4-17
矢筈山　4-13

【河川・湖沼】

伊田川　4-17, 5-222
到津川　4-13
今井川　4-14, 4-16
今川　4-14, 4-16
小波瀬川　4-14, 4-16
唐戸川　4-13, 4-15
香春川　4-15, 4-17, 5-222
椎田川　4-16
紫川　4-13

【岬・海岸】

荒﨑　4-12, 4-14
鎌﨑　4-13
白石﨑　4-14, 4-16
白木﨑　4-13
名古屋﨑　4-13, 5-222, 5-312
練﨑　4-12, 4-14
部﨑　4-12
牧山岬　4-13
明神﨑　4-16, 5-312

【島】

天子島　4-13
鵜島　4-16, 5-312
馬島　4-13, 5-220, 5-312
笠縫島〔笠ヌイシマ〕　4-12, 4-14, 5-222
片島　4-13, 5-220
カツラ島　4-13
鐘嵜島　4-13, 5-220, 5-222
軽子島〔カルコ島〕　4-12, 5-222, 5-312
葛シマ　5-222
毛無島〔毛無シマ〕　4-12, 4-14, 5-222
神ノ島〔神島〕　4-12, 4-14, 5-222, 5-312
篠瀬（与次兵衛瀬）〔篠セ〕　4-13, 5-222
竹子島〔竹子シマ〕　4-13, 5-220, 5-222, 5-312
津村島　4-12, 4-14, 5-222, 5-312
天神嶋　4-14, 4-16
中島　4-13, 5-222
中瀬　4-13
子ツミシマ　4-13
引島　4-13, 5-222, 5-312
舩島〔舟島〕　4-13, 5-220, 5-222
舞子島〔舞子シマ〕　4-13, 5-222
間島〔間シマ〕　4-12, 4-14, 5-222, 5-312
松瀬　4-13
簑嶋　4-14, 4-16, 5-222, 5-312
六座島〔六連島〕　4-13, 5-220, 5-312
六郎島　4-13
和合良島〔和合良シマ〕　4-13, 5-220, 5-222

第179号
中津

【国名】

豊前國　4-18, 4-20, 4-21
豊後國　4-18, 4-20, 4-21

【郡名】

宇佐郡　4-18, 4-19, 5-225, 5-312
国東郡　4-18, 4-20, 4-21
國東郡　4-18, 4-20, 4-21, 5-224
上毛郡　4-19
下毛郡　4-19, 5-225, 5-312
速見郡　4-18, 4-20, 4-21

【地名】

相原村　4-19, 5-225, 5-312
赤尾村　4-19, 5-225, 5-312
跡田村　4-19, 5-225, 5-312
跡田村小河内　4-19
跡田村乙平　4-19
跡田村古羅漢　4-19
跡田村保牟礼嵜　4-19
池ノ内村〔池内村〕　4-20, 5-224, 5-312
出光村　4-18, 4-21, 5-225, 5-312
伊藤田村　4-19, 5-225, 5-312
糸原村　4-20, 5-224, 5-312
糸原村大海田　4-20
稲積　4-22
犬田村　4-18, 4-21, 5-225, 5-312
今在家村　4-20, 4-22, 5-224, 5-312
今津村☆　4-19, 5-225, 5-312
伊美三ケ村〔伊美村、伊美〕　4-22, 5-225, 5-312
岩崎村　4-18, 4-21, 5-225, 5-312
上田村　4-18, 5-225, 5-312
上野村　4-19
宇佐村（宇佐神領）○　4-18, 5-225, 5-312
宇佐村小畑　4-18
後河内村　4-18, 4-21, 5-225, 5-227, 5-312
後河内村上市　4-18, 4-21
後河内村下市　4-18, 4-21
後河内村又井　4-18, 4-21
臼木村　4-19, 5-225, 5-312
臼木村鮎歸　4-19
臼野村　4-18, 4-21, 4-23, 5-225, 5-312
臼野村尾鷲　4-18, 4-21, 4-23
臼野村小林　4-23
内田村　4-20, 5-224, 5-312
浦井　5-224
江熊村　4-18, 4-21
大熊毛村　4-22, 5-224, 5-312
大熊毛村内迫　4-22
大熊毛村島田　4-22
大貞村　4-19, 5-225, 5-312
大塚村　4-19, 5-225, 5-312
大根川村　4-19, 5-225, 5-312
大海　4-22
大村　4-18, 4-21, 4-23, 5-225, 5-312
冲須村　4-18, 5-225
落合村下野　4-19
落合村長野〔落合村〕　4-19, 5-225
落合村宮ノ代　4-19
落合村輿瀬　4-19
乙女村　4-19, 5-225, 5-312
乙女村枝野地　4-19
折元村（道祖ノ原）○　4-19, 5-225
小原村　4-20, 5-224, 5-312
香々地村　4-23, 5-225, 5-312
蛎瀬村　4-19, 5-225, 5-312
陰　4-22
堅來村　4-20, 4-22, 5-224, 5-312
堅來村☆　4-23, 5-225, 5-312
堅來村塩屋　4-20, 4-22
金丸村　4-18, 4-21, 5-225, 5-312
金屋村　4-18, 4-21, 4-23, 5-225, 5-312
金　4-22
冠石野村　5-225
上関　5-224
鬼篭村　4-23, 5-225, 5-312
木部村　4-19, 5-225
草地村　4-18, 4-21, 4-23, 5-225, 5-312
草地村芝塲　4-18, 4-21, 4-23
草地村猫石　4-18, 4-21, 4-23
櫛来村　4-22, 5-225, 5-312
櫛来村古江　4-22
櫛海村　4-22, 5-225, 5-312
來浦村　4-22, 5-224, 5-312
來浦村奈良原　4-20, 4-22
黒崎　5-225
小池村　4-23, 5-225, 5-312
小祝浦⚓　4-19, 5-225, 5-312
小祝浦若山　4-19
興道寺村　4-20, 4-22, 5-224, 5-312
閤村　4-18, 5-225, 5-312
小熊毛村☆⚓　4-22, 5-224, 5-312
小山　5-224
佐賀村　5-224
佐々禮村〔佐々礼村、佐々礼〕　4-18, 5-225, 5-312
定留村　4-19, 5-225, 5-312
佐知村　4-19, 5-225
佐野村　4-19, 5-225, 5-312
佐野村飛永　4-19
佐野村西村　4-19
猿渡村　4-19, 5-225, 5-312
山彩村　5-225
塩屋村　4-20, 5-224, 5-226, 5-312
鋪田村〔敷田〕　4-19, 5-312
敷田村　5-225
鋪田村樋田　4-19
重藤村　4-20, 5-224, 5-312
志手村　4-18, 4-21, 4-23, 5-225, 5-312
志手村礒町　4-18, 4-21, 4-23
芝崎村　4-18, 4-21, 4-23, 5-225, 5-312
下岐部村　4-22, 5-224, 5-312
下岐部村長瀬　4-22
下來縄村　4-18, 4-21
下小路浦　4-19, 5-225
下原村　4-20, 5-224, 5-226, 5-312
下原村浦下原☆　4-20
庄村　4-19, 5-225, 5-312
庄村布津郡　4-19
次郎丸村〔治郎丸村〕　4-20, 5-224, 5-312
住江村☆　4-18, 5-225, 5-312
住江村廣末　4-18
曾木村青村〔曾木村、曾木〕　4-19, 5-225, 5-312
曾木村小屋出〔曾木〕　4-19, 5-312
曽根村　5-224
大悟法村　4-19
高瀬村　4-19, 5-225, 5-312
髙田村○☆　4-18, 4-21, 5-225, 5-312
高村　4-19, 5-225, 5-312
高家村　4-19, 5-225, 5-312
竹田津村☆⚓　4-23, 5-225, 5-312
田尻村　4-19, 5-225, 5-312
立石（木下辰五郎在所）〔立石〕　4-18, 4-21, 5-225, 5-312
田深村　4-20, 4-22, 5-224, 5-312
田深村北江　4-20, 4-22
玉木村　5-224
垂水村　4-19, 5-225
二〔土〕田村　4-19, 5-312
土田村井首　4-19
土田村白地〔土田村〕　4-19, 5-225
綱井村　4-20, 5-224, 5-312
恒道村　4-18, 4-21, 5-225, 5-312
恒道村舟木　4-18, 4-21
唐原村　4-19
時枝村（小笠原大和守陣屋）　4-19
戸津　5-224
冨來村　4-20, 4-22, 5-224, 5-312
冨來村浦手☆　4-20, 4-22
直江村　4-19, 5-225
中須賀村　4-18, 5-225, 5-312
長洲村西濵⚓〔長洲村、長洲〕　4-18, 5-225, 5-312
永添村　4-19, 5-225, 5-312
永添村上尾　4-19
中津（奥平大膳大夫居城）☆〔中津〕　4-19, 5-225, 5-312
中伏村　4-18, 4-21, 4-23, 5-225, 5-312
中村徳清多〔中村〕　4-18, 4-21, 5-225, 5-312
中村竜顔〔中村〕　4-18, 4-21, 5-312
奈多村　4-20, 5-224, 5-226, 5-312
鍋島村　4-19, 5-225, 5-312
西谷村☆　4-19, 5-225, 5-312
西谷村井出脇　4-19

西中村 4-22, 5-225, 5-312
西屋敷村 4-18, 4-21, 5-225, 5-312
入津原村 4-18, 4-21, 4-23, 5-225
貫井村 4-18, 4-21, 5-225, 5-312
野依村 4-19, 5-225, 5-312
野依村原 4-19
橋津村 4-18, 4-21, 5-225, 5-312
羽根村 4-23, 5-225, 5-312
羽根村正津 4-23
濵村 4-18, 4-21, 4-23, 5-225, 5-312
原井村有野〔原井村〕 4-19, 5-225
日足村 4-18
東栗川 5-225
東濵村 4-19, 5-225, 5-312
東濵村枝大新田 4-19
樋田村 4-18, 5-225, 5-312
桶田村☆ 4-19, 5-225, 5-312
平田村 5-225
平山村 4-18, 4-21, 5-225, 5-312
平山村八丸 4-18, 4-21
平山村日野地 4-18, 4-21
廣津村 4-19, 5-225
深江村 4-20, 4-22, 5-224, 5-312
福島村☆ 4-19, 5-225, 5-312
古市村 4-20, 5-224, 5-312
古川 4-19
古城村 4-20, 5-224
別府村 5-224
法鏡寺村 4-18, 5-225, 5-312
法鏡寺村山下 4-18
万田村 4-19, 5-225, 5-312
松崎村 4-18, 4-21, 5-225, 5-312
御崎 5-225
水崎村 4-18, 4-21, 5-225
見目村 4-23, 5-225, 5-312
見目村高島〔高島〕 4-23, 5-312
宮熊村 4-19, 5-225, 5-312
向井田 5-224
向田村 4-22, 5-224, 5-312
室積村 5-224
諸田村 4-19, 5-225
山口村 4-18, 4-21, 5-225, 5-312
山口村景平 4-18, 4-21
山口村舩 4-18, 4-21
山口村松ケ尾 4-18, 4-21
山下村 4-19, 5-225, 5-312
山下村久々姥 4-19
山村 4-18, 4-21
湯屋村 4-19, 5-225, 5-312
吉岡村 4-19
吉松村 4-19
四日市村○ 4-19, 5-225, 5-312
米子瀬村〔八木子瀬村〕 4-18, 4-21, 5-225, 5-227, 5-312
米子瀬村牛屋敷 4-18, 4-21
米子瀬村下坂水 4-18, 4-21
米子瀬村棚田 4-18, 4-21
米子瀬村生（玉）虫 4-18, 4-21
両戒村 4-18, 4-21
六太郎村 4-18, 4-21, 5-225, 5-227, 5-312
六太郎村野添 4-18, 4-21
六太郎村藤田 4-18, 4-21

【社寺】

八幡宇佐社〔宇佐宮〕 4-18, 5-312
八幡社 4-19
羅漢寺 4-19, 5-225, 5-312

【山・峠】

石井山 5-225
稲積山 4-19, 5-225
猪群山 4-21, 4-23, 5-225
應利山 4-18, 4-21, 5-225
大岳 5-224
御許山 4-18, 4-21, 5-225, 5-312
御曹司山 4-18, 4-21
小嶽〔小岳〕 4-19, 5-225
尻付山 4-21, 4-23, 5-225
千度山 5-225
八面山 4-21, 4-23, 5-225
花ケ岳〔花岳〕 4-18, 4-21, 5-225
妙見山 4-18, 5-225
文珠山 5-225
山村山 4-18, 4-21
輿瀬山 4-19

【河川・湖沼】

桂川 4-18, 4-21, 4-23
黒川 4-19
佐井川 5-225
庄川 4-19
高瀬川 4-19, 5-225, 5-312
冨來川 4-20, 4-22
驛舘川〔ヤツクワン川〕 4-18, 5-225

【岬・海岸】

赤石岬 5-224
亀崎 4-22
観音崎 4-22
コヒヨフ崎 4-18, 4-21, 4-23
金比羅 4-19
長崎 4-23, 5-225, 5-312
間々岬 4-19, 5-225
元山岬 5-225

【島】

アタヘシマ 5-224
犬田島 5-224
祝島 5-224
牛島 5-224
馬島 5-224
宇和島 5-224
大水無瀬島 5-224
尾島 5-224
叶シマ 5-224
上関島 5-224
小祝島 5-224
小シマ 5-224
佐榔島 5-224
四代 5-224
島脊 4-23
十ヘシマ 5-224, 5-225
中洌 4-18
野島 5-224
ハナクリシマ 5-224
姫島 4-22, 5-224, 5-312
ホウンコシマ 5-224
横島 5-224
竜宮島 4-19, 5-225

第180号 日田

【国名】

筑後國 4-27, 5-312
筑前國 4-25, 4-27
肥後國 4-26, 4-28
豊前國 4-24, 4- 4-25, 4- 4-26, 5-222
豊後國 4-24, 4-25, 4-26, 4-27, 4-28

【郡名】

阿蘇郡 4-26, 4-28
生葉郡 4-27, 5-230, 5-312
玖珠郡 4-24, 4-26, 4-28, 5-312
下毛郡 4-24, 4-25, 4-26
上座郡 4-25, 4-27, 5-230
田川郡 4-25, 5-222
日田郡 4-24, 4-25, 4-26, 4-27, 4-28, 5-230, 5-312

【地名】

秋原村 4-25, 4-27, 5-230
池田村 4-25, 4-27, 5-230, 5-312
池田村抱木 4-25, 4-27
石井村 4-27, 5-230
石井村津辻 4-27
石井村長谷 4-27
市瀬村 4-25, 4-27, 5-230, 5-312
市瀬村小鶴 4-25, 4-27
市原村 4-28, 5-230, 5-312
五馬市村 4-26, 4-28, 5-230, 5-312
五馬市村山口 4-26, 4-28
出口村☆ 4-26, 4-28, 5-230, 5-312
出口村枝見取 4-26, 4-28
出口村北平 4-26, 4-28
出口村小林 4-26, 4-28
出口村玉ノ木 4-26, 4-28
出口村藤ノ木 4-26, 4-28
芋作村 4-26, 4-28, 5-230, 5-312
入江村 4-27
祝原村 4-27, 5-230
祝原村川崎 4-27
上野村 4-27, 5-230, 5-312
宇曽村 4-24, 5-230, 5-312
宇曽村大勢 4-24, 4-26
大石村 4-27
太田村 4-26, 5-312
太田村内匠 4-26
太田村島〔鳥〕屋 4-26
太田村馬勢 4-26
魚返村 4-26, 5-230, 5-312
魚返村枝内河野 4-26, 4-28
魚返村奥畑 4-26
小田村 4-26
女子畑村 4-27, 4-28, 5-230, 5-312
女子畑村藪 4-27, 4-28
柿坂村 4-24, 5-222, 5-230, 5-312
冠石野村 4-24, 5-230, 5-312
上井手村〔井手〕 4-27, 5-230, 5-312
上井手村小ケ瀬 4-27
上落合村〔落合〕 4-25, 5-312
上落合村瓜ケ野〔落合〕 4-25, 5-312
上落合村合瀬〔上落合村、落合〕 4-25, 5-222, 5-312
上落合村仙道〔落合〕 4-25, 5-312
上落合村高畑〔落合〕 4-25, 5-312
上落合村竹ノ森〔落合〕 4-25, 5-312
上落合村王〔玉〕屋川内〔落合〕 4-25, 5-312
上落合村徳淵〔落合〕 4-25, 5-312
上落合村長谷〔落合〕 4-25, 5-312
上落合村祓川〔落合〕 4-25, 5-312
川下村 4-27, 5-230, 5-312
川下村筏場 4-27
月出山村 4-26, 5-230, 5-312
月出山村岩戸 4-26
月出山村大石峠 4-26
月出山村鹿倉 4-26
月出山村藪村 4-26
北高瀬村 4-27, 5-230, 5-312
求來里村 4-27, 5-230, 5-312
求來里村坂ノ下 4-27
求來里村下林 4-27
求來里村名里 4-27
求來里村室迫 4-27
草場村 4-27, 5-230
草場村片島 4-27
草本村 4-24, 5-222, 5-230, 5-312
草本村枝竜ケ鼻 4-24
草本村枝田良川 4-24
栗林村 4-27, 4-28, 5-230, 5-312
栗林村花平 4-26, 4-28
小石原村○ 4-25, 5-222, 5-230, 5-312
古賀村 4-27
古賀村溪川 4-25, 4-27
小屋川村屋田川 4-24
財津村 4-25, 4-27, 5-230, 5-312
坂下村 4-28, 5-230, 5-312
島村 4-24, 5-222, 5-230, 5-312
島村沓掛 4-24
島村鶴 4-24
島村柳ケ平 4-24
下井手村〔井手〕 4-27, 5-230, 5-312
下井手村溝口 4-27
下落合村〔落合〕 4-25, 5-222, 5-312
下落合村井手口〔落合〕 4-25, 5-312
下落合村下田〔落合〕 4-25, 5-312
下落合村屋形原〔落合〕 4-25, 5-312
下城村 4-28, 5-230, 5-312
下城村湯平 4-28
下城村弓田 4-28
庄手村 4-27, 5-312
城内村 4-27, 5-230
新城村 4-26, 4-28, 5-230, 5-312
新城村山田 4-26, 4-28
陣屋廻村（日田） 4-27, 5-230, 5-312
關田村〔関田村〕 4-28, 5-230, 5-312
関田村上井手 4-28
関田村鳥越 4-28
関田村日向 4-28
関田村矢津田 4-28
關村 4-27, 5-230, 5-312
寒水村 4-25, 4-27, 5-230, 5-312
曽木村 4-24, 5-230, 5-312
代太郎村 4-26, 5-230, 5-312
代太郎村 5-230
高取村 4-27, 5-230
髙野村☆ 4-27, 5-230, 5-312
髙野村萩山 4-27
宝木村 5-230
竹田村 4-27, 5-230, 5-312
竹田村隈町○☆〔隈町〕 4-27, 5-230
多志田村 4-24
田島村 5-230
塚脇村 4-26
槻木村 4-25, 5-222, 5-230, 5-312
槻木村枝川内 榎鶴 4-24
槻木村枝川内 假屋 4-24
槻木村枝川内 高内 4-25
槻木村枝川内 名荷野 4-25
槻木村新開 4-24
續木村☆ 4-27, 4-28, 5-230, 5-312
鼓村釜床 4-25
鼓村上鶴 4-25
鼓村鶴〔鼓村〕 4-25,

5-312
鶴河内村　4-25, 4-27, 5-230, 5-312
寺内村　4-27, 5-230, 5-312
戸畑村　4-26, 5-230, 5-312
戸畑村石櫃　4-26
戸畑村上ケ原田　4-26
戸畑村下山筋 柿木　4-26, 4-28
戸畑村下山筋 下泊　4-26, 4-28
戸畑村下山筋 杤木　4-26, 4-28
戸畑村下山筋平島（平川）○　4-26
戸原村　4-24, 5-230, 5-312
戸原村口ノ林　4-24
友田村　4-27, 5-230, 5-312
友田村今泉　4-27
友田村大内田　4-27
友田村片山　4-27
友田村三郎丸　4-27
中島村　4-27
中島村三郎丸〔中島村、中島〕　4-25, 4-27, 5-230, 5-312
中城村　5-230
中城村豆田町○〔豆田町〕　4-27, 5-230
中摩村〔中麻〕　4-24, 5-230, 5-312
中摩村神谷　4-24
中摩村庄屋村　4-24
中摩村白地　4-24
中村　4-25, 4-27, 5-230, 5-312
名倉坂　5-230
二串村　4-27, 5-230, 5-312
苗代部村　4-27, 5-230, 5-312
苗代部村門　4-27, 4-28
野田村　4-25, 5-222, 5-312
野田村久木　4-25
野田村見地　4-25
上手村　4-27, 5-230
萩原村　4-28, 5-230, 5-312
羽野村　4-27, 5-230, 5-312
馬場村陣内〔馬場村、馬場〕　4-28, 5-230, 5-312
林田村　4-25, 4-27, 5-230, 5-312
林田村川口　4-25, 4-27
原口村　4-27, 5-230, 5-312
原口村袋野　4-27
土田村　4-28, 5-230, 5-312
英彦山小貳川　4-25
樋山路村　4-24, 5-222, 5-230, 5-312
平小野村　4-24, 5-230, 5-312
平小野村小竹林　4-24
平小野村田ノ中　4-24
平小野村野間　4-24
平田村☆　4-24, 5-230, 5-312
平田村中村　4-24
吹灰坂　5-230
福井村　4-25, 4-27, 5-230, 5-312
福井村上福井　4-25
福井村向福井　4-25, 4-27
伏木村　4-24, 4-26, 5-230, 5-312
伏木村小川内　4-24, 4-26
伏木村杉山　4-24, 4-26
藤山村　4-25, 4-27, 5-230, 5-312
帆足村　4-26, 5-230, 5-312
帆足村上ノ市　4-26
帆足村平　4-26
帆足村戸苅　4-26
宝珠山村　4-25, 5-230
宝珠山村大行事　4-25
宝珠山村鼓村　4-25
穂坂村　4-25, 4-27, 5-230
堀田村　4-27, 5-230
升田村　4-25, 5-222, 5-312
升田村黒﨑　4-25
馬原村　4-26, 5-230, 5-312
馬原村北平　4-26, 4-28
南高瀬村　4-27
宮園村☆　4-24, 5-222, 5-230, 5-312
宮園村枝江淵　4-24
宮園村枝一ツ戸　4-24
宮原村　4-28, 5-230, 5-312
宮原村仁瀬　4-28
宮原村宮原町○☆　4-28, 5-230
用松村　4-27, 5-230
用松村住吉　4-27
森（久留島伊豫守在所）☆　4-26, 5-230, 5-312
守實村　4-24, 5-230, 5-312
守実村出羽　4-24, 4-26
守実村大坪　4-24, 4-26
守実村狩宿　4-24
守実村葺木　4-24
守実村山下　4-24, 4-26
守実村和田　4-24, 4-26
森村　4-26
森村片平田　4-26
森村大九郎　4-26
森村八重垣　4-26
山移村　4-24, 5-230, 5-312
山移村上ノ畑　4-24
山移村竹ノ弦　4-24
山移村原井　4-24
山移村原小迫　4-24
山移村廣口　4-24
山移村百谷　4-24, 4-26
山移村若林　4-24
山浦村中泊　4-26
山北村　4-27, 5-230, 5-312
山北村荒瀬　4-27
山北村國元　4-27
山田村　4-25, 4-27, 5-230, 5-312
柚野木村　4-26, 4-28, 5-230
吉野村　4-24, 5-222, 5-230, 5-312
吉野村立岩　4-24
四日市村　4-26, 5-230, 5-312
四日市村十ノ釣　4-26
若宮村　4-28
若宮村片田　4-28
渡里村　4-27, 5-230

【社寺】

岳林寺　4-27
上宮社　5-312
豊前坊　4-25, 5-222, 5-230, 5-312

【山・峠】

畝倉山　4-25, 4-27
阿ノセ山　5-230
岩戸山　4-24
ウタウチ坂　4-24
大岳　5-222
落合山　4-25
御前山　5-230
鹿熊山　4-24
亀房山　4-26, 4-28
経読山　5-222
久善提山　5-222
五条山　5-230
コツホウホキ山　4-25
権現山　5-230
釈迦ケ嶽　4-25
修行者山　4-28
障子岳　4-25
城尾山　4-28
ソケ山　4-27, 4-28
臺山　4-25
高井岳　4-25, 4-27
津江山　4-28, 5-230
突岳　4-25, 4-27
鼓原峠　4-26
堂所山　4-25, 4-27
度神山　4-28
土子山　4-25, 4-27, 5-230
鳥屋山　4-25, 5-230
鳥岳　4-25
鳥岳　4-25
鳥嶽　4-25
鳥水山　5-230
撫石山　4-24
萩尾峠　4-27
鼻繰峠　4-24
英彦山　5-222, 5-230, 5-312
英彦山女体岳　4-25
檜原山　5-222, 5-230
升田山　4-25
松尾山　4-24
松ケ平山　4-25, 4-27
三ケ月古城　4-25, 4-27
三脊原山　4-27, 4-28, 5-230
女体岳　5-222, 5-230
薬師峠　4-25, 5-222, 5-230
タケ山　5-230
矢筈山　5-230
八方岳　5-230
雪山　4-28, 5-230
緑青山　4-24

【河川・湖沼】

綾川　5-222
宇土川　5-230
馬マ川　5-222
浦野川　5-230
大肥川　4-27
大肥川　5-230
魚返滝　4-26
小川　5-230
小川　5-230
小園川　5-230
小野川　5-230
小野川　4-27
花月川　5-230
桂川　5-230
隈川　5-230
白木川　5-230
高セ川　5-230
千年川　5-230
殿上川　5-230
長島川　5-230
中町川　5-230
野鳥川　5-222
野鳥川　5-230
馬場川　5-230
二串川　5-230
二俣川　5-230
乱橋　4-24, 4-26
山移川　5-230
大池川　5-230
山手川　5-230
玲珠川　5-230

第181号 大分

【郡名】

海部郡　4-30, 4-33, 5-226
大分郡　4-29, 4-30, 4-31, 4-33
大分郡　4-29, 4-30, 4-31, 4-33
速見郡　4-29, 4-31, 5-227, 5-312

【地名】

粟野村　4-29, 5-227
生石村　4-29, 4-31, 5-227, 5-312
池上村　4-33
市村　4-30, 4-33, 5-226
（一）尺屋村　4-32, 5-226, 5-311, 5-312
一尺屋村下浦　4-32
井野浦　5-226
今津留村　4-29, 4-30, 4-33, 5-227, 5-312
上野村　4-30, 4-33, 5-226, 5-312
上野村枝久原　4-30, 4-33
上浦⚓　4-32
大内村枝澤〔深迫〕〔大内村、大内〕　4-33, 5-226, 5-312
大神村⚓　4-31, 5-312
大神村秋貞　4-31
大神村軒井　4-31
大神村日比浦　4-29, 4-31
大神村深江〔深江〕　4-31, 5-227, 5-312
大黒浦　4-32
大志生木村　4-32, 5-226, 5-311, 5-312
太田村　5-227
大山村　4-29, 4-31
雄城村　4-29, 5-227
小坂村　4-29, 4-31, 5-227, 5-312
落合村　5-227
大内山村　4-30, 5-225, 5-227, 5-312
尾津留村　4-33, 5-226, 5-312
乙津村　4-30, 4-33, 5-226, 5-312
海原　4-30, 4-33
片嶋村　4-29, 4-33, 5-227
片野村　4-30, 5-227, 5-312
加貫村　4-30, 5-226, 5-312
上徳丸村　5-226
上徳丸村　4-33
亀川村　4-29, 4-31, 5-227, 5-312
狩宿村　4-30, 5-226, 5-312
狩宿村美濃崎　4-30
川崎村　4-31, 5-227, 5-312
川崎村内野　4-31
川崎村枝小深（江）　4-31
川崎村則次　4-31
川崎村橋爪　4-31
川床村　4-33
神崎村☆　4-30, 4-33, 5-226, 5-311, 5-312
北石垣村〔石垣〕　4-29, 4-31, 5-227, 5-312
北村　4-30, 4-33, 5-226, 5-312
杵築☆　4-31, 5-227, 5-312
木上村　4-29, 5-227
草場村　4-30, 5-225, 5-227, 5-312
串浦　5-226
楠木生村　4-33, 5-226, 5-312
口戸村　4-29, 5-227
口戸村田島　4-29
国宗村　4-30, 4-33, 5-226
黒岩村⚓　4-32, 5-226
下司村　4-31, 5-227, 5-312
幸浦　4-32
小浦村　4-29, 4-31, 5-227, 5-312
小黒浦　4-32
小志生木村　4-32, 5-226, 5-311, 5-312
比一村海部郡毛井村　4-33
□□村海部郡宮河内村〔宮河内村、宮河内〕　4-33, 5-226, 5-312
胡麻鶴村　4-29, 5-227, 5-312
胡麻鶴村三道　4-29
胡麻鶴村廻洌　4-29
佐賀郡〔郷〕関村☆〔関村〕　4-32, 5-311
迫村　4-30, 4-33, 5-226, 5-312
佐忠〔志〕生村　4-32, 5-226, 5-311, 5-312
佐田浦　5-226
里村枝玉〔王〕ノ瀬〔里村〕　4-30, 4-33, 5-226
下浦　4-32
下ノ江村　4-32, 5-226, 5-311, 5-312
下ノ江村姥ケ浦　4-32
志村　4-30, 4-33, 5-226, 5-312
下郡村　4-29, 4-33, 5-226
下徳丸村　4-33, 5-226
下宗方村　4-29, 5-227
（下）宗方村八幡田

4-29
白木村　4-29, 4-31, 5-227, 5-312
白木村　4-32, 5-226, 5-311, 5-312
白木村秋ノ江　4-32
白木村玉井　4-32
白木村室生浦　4-32
新貝村　4-30, 4-33, 5-226, 5-312
勢家町　4-29, 4-31, 4-33, 5-227
関門村　4-33, 5-226
関門村中ノ瀬〔関門〕　4-33, 5-312
関門村百堂〔関門〕　4-33, 5-312
関村　5-226, 5-312
大平村　4-32, 5-226, 5-311, 5-312
高須村　4-30, 5-227, 5-312
高松村　4-30, 4-33, 5-226, 5-312
高松村鼻高松　4-30, 4-33
竹ノ下村〔竹下村〕　4-30, 4-33, 5-226
田尻村　4-29
田浦村　4-29, 4-31, 5-227, 5-312
田浦村　4-32, 5-226, 5-311, 5-312
田野口村濱脇村入會〔濱脇村田ノ口村入會、田ノ口〕　4-29, 4-31, 5-227, 5-312
駄原村　4-29, 4-31, 5-227, 5-312
津嶋村　4-31, 5-227, 5-312
辻間村　4-31, 5-227, 5-312
津島村大田　4-31
辻間村頭成町○　4-31
津嶋村馬場　4-31
垣道村小野尾〔恒道村〕　4-31, 5-227
津守村　4-29, 4-33, 5-226, 5-312
靍嵜町○　4-30, 4-33
靍﨑村⛵　4-30, 4-33
靍見村　4-29, 4-31, 5-227, 5-312
靍見村下森山　4-29, 4-31
靍村　4-33, 5-226, 5-312
寺司村　4-30, 4-33
堂園村　4-33, 5-226
藤田村☆　4-32, 5-226, 5-311, 5-312
堂尾　4-31
年田村　4-30, 5-227, 5-312
中石垣村〔石垣〕　4-29, 4-31, 5-227, 5-312
中津留村　4-29, 4-30, 4-33, 5-227
中村　4-31, 5-227, 5-312
灘手村　4-30, 5-224, 5-226, 5-312
成松村　4-33
鳴川　4-29, 4-31
西谷村　5-227
貫井村竹ノ下〔貫井村〕　4-31, 5-227
野津原村☆　4-29, 5-227, 5-312
野津原村惠良　4-29
野邊村〔野辺村〕　4-30, 5-224, 5-226, 5-312
萩原村　4-29, 4-30, 4-33, 5-226, 5-312
羽田村　4-29, 4-33, 5-226, 5-312
花津留村　4-29, 4-30, 4-33, 5-226, 5-312
濱村　4-30, 4-33, 5-226
濱脇村枝赤松〔濱脇〕　4-29, 4-31, 5-312
原村　4-30, 5-226
原村　4-29, 5-227
原村　4-30, 4-33, 5-226, 5-312
原村枝向原　4-30, 4-33
日出☆　4-31, 5-227, 5-312
日出村　4-31, 5-227, 5-312
平田村　4-29, 4-31, 5-227, 5-312
備後村　4-33
福水浦　4-32
府内☆　4-29, 4-31, 4-33, 5-227, 5-312
古市村　4-29, 4-31, 5-227, 5-312
古宮村　4-32, 5-226, 5-311, 5-312
戸次市村○　4-33, 5-226, 5-312
〔戸次〕市村中村　4-33
別府村○☆　4-29, 4-31, 5-227, 5-312
別府村仲間　4-29, 4-31
別府村野口　4-29, 4-31
帆足村　5-227
細村　4-30, 4-33, 5-226, 5-311, 5-312
細村枝馬場村　4-30, 4-33
牧村　4-29, 4-30, 4-33, 5-226, 5-312
松浦　5-226
松岡村　4-33
政所村　4-30, 4-33, 5-226, 5-312
真那井村　4-31, 5-227, 5-312
三﨑浦　5-226
三佐村　4-30, 4-33, 5-226, 5-312
三佐村薬師堂　4-30, 4-33
三佐村八阪　4-30, 4-33
三ツ川村　4-30, 4-33, 5-226
光長村　4-33
光吉村☆　4-29, 4-33, 5-227
南石垣村〔石垣〕　4-29, 4-31, 5-227, 5-312
宮河内村金屋　4-33
宮河内村毛井新田　4-33
宮河内村大〔火〕振　4-33
宮河内村宮谷　4-33
宮河内村山嵜　4-33
宮﨑村　4-29, 4-33, 5-226, 5-312
森　5-227
守江村⛵　4-30, 5-224, 5-226, 5-312
守末村　4-31, 5-225, 5-227, 5-312
森村　5-227
門前村　4-33
門田村中島村入會　4-30, 4-33, 5-226
八代村　4-31, 5-227, 5-312
矢野原村太田〔矢野原〕　4-29, 5-312
矢野原村竹内〔矢野原村、矢野原〕　4-29, 5-227, 5-312
矢野原村宮脇〔矢野原〕　4-29, 5-312
山津村　4-30, 4-33, 5-226
由原村　4-29, 5-227, 5-312
横田村　4-30, 4-33, 5-226, 5-312
両曲村　4-29, 4-33, 5-226
穐田市村　4-29, 5-227

【社寺】

八幡社　4-30
八幡社　4-29, 4-31, 5-227, 5-312

【山・峠】

池上山　4-33
池ノ上山　5-226
大類原峠　5-227
四徳山　4-29, 4-31
浄雲寺山　5-226
白滝山　4-29, 4-33, 5-226
城山　5-226
鶴見嶽〔鶴見岳〕　4-31, 5-227, 5-312
遠見山　4-32
猫山　4-33, 5-226
白山〔白岳〕　5-226, 5-312
鼻繰峠　5-227
椴木峠　5-226
由原山　4-29
湯布岳　5-227, 5-312
夜明城　4-33, 5-226
竜王山　5-312
六郎城山　4-33
鹿鳴越山　4-33

【河川・湖沼】

玉〔王〕ノ瀬川　4-30, 4-33, 5-226
海原川　4-30, 4-33
白嵩川　4-33
普門瀬川　5-227
湊川　4-30, 4-32
柚布川〔油布川〕　4-29, 4-33, 5-312

【岬・海岸】

大崎　5-226
大﨑亀〔鼻〕　4-29, 4-31
加貫﨑　4-30
小梶屋﨑　5-226
佐田御﨑　5-226
地藏﨑(関﨑)〔地蔵﨑〕　4-32, 5-226, 5-311
長﨑　4-32, 5-226
美濃﨑〔ミノ﨑〕　4-30, 5-226, 5-312

【島】

アシカハエ　4-32, 5-226
家島〔イエシマ〕　4-30, 4-33, 5-226
筏碆〔筏島〕　4-32, 5-226
牛島　4-32, 5-226
沖向島　4-32, 5-226, 5-311
小中嶋〔小中シマ〕　4-30, 4-33, 5-226
黒シマ〔黒島〕　4-32, 5-226
地向島　4-32, 5-226, 5-311
高島（関村屬）　4-32, 5-226, 5-311
立岩　4-30
蔦島　4-32, 5-226, 5-311
徳島〔トクシマ〕　4-30, 4-33, 5-226
殿碆〔殿ハエ〕　4-32, 5-226
中洲　5-226
三子シマ〔三ツ子島〕　4-32, 5-226

第182号 豊後竹田

【国名】

肥後國　4-36, 4-37, 5-314
豊後國　4-36, 4-37, 5-314

【郡名】

阿蘇郡　4-36, 4-37, 5-312, 5-314
大分郡　4-34, 4-35, 5-312
大野郡　4-34, 4-35, 5-227, 5-312
直入郡　4-35, 4-36, 4-37, 5-227, 5-229, 5-312, 5-314

【地名】

赤根村　4-34
上リ尾村　4-34
石合村（御料所）〔石合村〕　4-35, 5-227, 5-312
石合村小無田〔石合村〕　4-35, 5-227
石田村　4-34, 5-227, 5-312
石田村入小野　4-34
市村　4-35
犬山村　4-34, 5-227, 5-312, 5-314
今市村　5-227
今市村　4-35, 5-227, 5-312
伊與床村　4-34, 5-312
伊与床村鳥巣　4-34, 5-227
伊与床村花香　4-34
岩上村　4-34, 5-227, 5-312
上野村　4-35, 4-36, 5-227, 5-229, 5-312, 5-314
上野村追分　4-35, 4-36
上野村小野　4-35
上野村通山　4-35
上野村用作　4-35
宇片村　5-227
産山村　4-36, 4-37, 5-227, 5-229
老野村　4-35, 4-36, 5-227, 5-312, 5-314
大迫村　4-34, 5-227, 5-312
大迫村高添　4-34
太田村　4-35
大塚村　4-35, 5-227, 5-229, 5-312, 5-314
大塚村枝柴栗村　4-35
大塔村　4-34, 5-226
大鳥村　4-35, 5-227, 5-312, 5-314
大鳥村横井　4-35
大利村　4-36, 4-37, 5-227, 5-229, 5-312, 5-314
岡（中川修理大夫居城）　4-35, 5-227, 5-229, 5-312, 5-314
岡村　4-34
尾長坂　5-232
鏡村　4-34
陰木村　4-34
上色見前野原☆〔前野原〕　4-37, 5-232, 5-314
川原村　4-34
川南村幸土町　4-34
北泉村　4-35
久住村○　4-36, 5-227, 5-312, 5-314
久住村一里山　4-36
久住村枝阿藏野　4-36
久住村神馬　4-36
久住村德ノ尾　4-36
熊地村　4-36, 5-227, 5-229, 5-312, 5-314
小原村　4-35, 5-227, 5-312, 5-314
坂梨馬場　4-37
坂梨村○☆〔阿蘇〕　4-37, 5-232, 5-312, 5-314
坂梨村古閑　4-37
坂梨村堀山　4-37
佐代村　4-34, 5-227, 5-312, 5-314
佐代村大野原　4-34
佐代村横枕　4-34
色見村　4-37, 5-232
色見村小倉原　4-37
色見村上色見　4-37
下木村　4-35, 5-227
下木村赤坂　4-35
七里村　5-227
柴北村　4-34
下津尾村　4-34, 5-227, 5-312
下津尾村犬飼町○〔犬飼町、犬飼〕　4-34, 5-227, 5-312
小地野村枝篠倉〔小地野村、小地野〕　4-36, 4-37, 5-227, 5-229, 5-312, 5-314
白丹村　4-36, 5-227, 5-312, 5-314
白丹村米賀　4-36
白丹村宮原　4-36
神田村　4-35, 4-36, 5-227, 5-229, 5-312, 5-314
杉園村　4-34, 5-227
添ケ津留村　4-36, 4-37, 5-227, 5-229, 5-312, 5-314
添ケ津留村三本松　4-36, 4-37
髙伏村　4-35, 4-36
髙森村小原　4-37

高森村高森町○☆　4-37, 5-232, 5-314
田口村　4-34, 5-227, 5-312, 5-314
田口村中村　4-34
竹田町☆　4-35, 5-227, 5-229, 5-312, 5-314
竹中村　4-34, 5-227, 5-312
竹中村小屋　4-34
田平村　4-35, 5-227, 5-312, 5-314
田平村枝小髙野村〔小髙野〕　4-35, 4-36, 5-227
堤村　4-35, 5-227, 5-312, 5-314
利光村　4-34, 5-226
轟木村　4-35, 4-36, 5-227, 5-229, 5-312, 5-314
長迫村　4-35, 4-36
長峯村　4-34
梨原村　4-35, 5-227, 5-312, 5-314
梨原村小無田　4-35
萩尾村　4-34, 5-227, 5-312, 5-314
萩尾村白萩尾　4-34
挟田村　4-35, 5-227, 5-229, 5-312, 5-314
挟田村枝田尾村　4-35
挟田村谷　4-35
挟田村峠　4-35
挟田村ハヱ　4-35
原村　4-34, 5-312
原村芝尾　4-35
原村湛水　4-35
平井村　4-35
平田村　4-35, 4-36, 5-227, 5-229
平村　4-35, 5-227, 5-229, 5-312
平村鹿口〔平村〕　4-35, 4-36, 5-314
深迫村　4-35, 4-36
福原村　4-35, 4-36, 5-227, 5-229, 5-312, 5-314
藤北村　4-34
古園村　4-36
戸次市村　4-34, 5-226
戸次市村中津留　4-34
法泉庵村　4-35, 4-36
堀家村　4-35, 5-227, 5-312, 5-314
牧ノ原村〔牧原村、牧原〕　4-34, 5-227, 5-312, 5-314
牧ノ原村枝髙無礼　4-34
牧ノ原村小枝　4-34
政所村　4-35, 5-312, 5-314
政所村枝鬼田村　4-35
政所村枝髙尾村　4-35
政所村栗本〔政所村〕　4-35, 5-227
三木村　4-34, 5-227, 5-312, 5-314
三木村香伏　4-34
峯越村　4-35, 4-36, 5-227, 5-312, 5-314
峯越村小倉　4-35, 4-36
峯越村古屋敷　4-35, 4-36
宮迫村　4-35, 5-227, 5-312, 5-314
宮迫村　4-34
宮迫村尾平　4-35
宮迫村若宮　4-35
宮地村　4-37, 5-232, 5-312, 5-314
宮地村塩塚　4-37
村山村　4-37, 5-232, 5-314
山路村　4-35, 4-36, 5-227, 5-312, 5-314
山路村上四ツ口　4-35, 4-36
山路村下四ツ口　4-35, 4-36
米納村　4-35, 4-36, 5-227, 5-229, 5-312, 5-314
米納村紙漉　4-35, 4-36
米納村新町　4-35, 4-36
早楢村旅草〔早楢〕　4-37, 5-314
和田村　4-35, 5-227, 5-312, 5-314

【社寺】

阿蘇宮　4-37, 5-232, 5-312, 5-314

【山・峠】

梓峠　5-314
天城山　4-34
雨乞山　5-226
家山　4-34, 5-227
岩上山　4-34, 5-227, 5-229
ウケ山　4-37
王子峠　4-34, 5-227
上平山　4-37
久原森　4-34, 5-226
黒岳　5-227, 5-312
小倉木山　4-34, 5-227, 5-229
神角寺山　4-35
神集寺山　5-227
祖母岳　5-314
タカシヤウチ山　4-37
高岳　5-314
髙嶽　4-37
髙粒呂山　4-34, 5-226
竜（滝）室峠　4-37
鶴ケ城　4-34
天狗山　4-37
根古岳　4-37
把尾峠　5-232
領山　5-314
涌蓋山　5-227, 5-312

【河川・湖沼】

福川　5-227
大和川　4-36, 4-37

第183号 佐伯

【国名】

日向國　4-43, 5-314
豊後國　4-43, 5-228, 5-314

【郡名】

海部郡　4-43, 5-226, 5-312, 5-314
臼杵郡　4-43, 5-314

【地名】

浅海井浦　4-39, 5-226, 5-311, 5-314
浅海井浦波太　4-39
荒網代浦〔荒網代〕　4-38, 5-226, 5-228
石間浦　4-39, 4-41, 5-226, 5-228
市濱村　4-39, 5-226, 5-312, 5-311
市振村　4-43, 5-228, 5-311, 5-314
市振村枝直海　4-43
猪串浦　4-41, 5-228, 5-311, 5-314
色利浦☆　4-40, 5-228, 5-311
臼杵☆　4-39, 5-226, 5-312, 5-311
内野浦　4-39, 5-226, 5-228
浦尻村　4-43, 5-228, 5-304
浦代浦〔浦白浦〕　4-40, 5-228, 5-311
浦代浦尋　4-40
大江灘東風〔陰〕　4-39, 4-41
大江灘屋敷　4-41
大坂濱　5-228
大泊村　4-39, 5-226
大濱村　4-39, 5-226, 5-312, 5-311
大舩〔繋〕〔大江灘〕　4-41, 5-311, 5-314
沖松浦　4-40, 5-226, 5-228
落野浦　4-38, 5-226, 5-311
落野浦久保泊　4-38
落野浦獅子津　4-38
落野浦田野浦　4-38
落野浦深浪津　4-38
海崎村　4-39, 5-226, 5-228, 5-312, 5-311, 5-314
海崎村枝中河原〔中ノ河原〕　4-39, 5-226, 5-228
海崎村枝百枝　4-39
海添村　4-39, 5-226, 5-312, 5-311
海添村板知屋　4-39
海添村枝内畑村〔内畑村〕　4-39, 5-226
硴江村　4-39, 5-226, 5-312, 5-311
硴江村枝津留　4-39
風無浦⛵　4-39, 5-226
風成村　4-39, 5-226, 5-312, 5-311
梶奇〔寄〕浦　4-40, 5-226, 5-228
柏江村　5-228, 5-311, 5-314
葛原浦　4-43, 5-228
堅浦内名　4-39
堅浦村　4-39, 5-226, 5-312, 5-311
堅浦村浦代　4-39
片神浦〔片神〕　4-39, 5-226, 5-228
片神浦〔竹ケ〕谷〔片神〕　4-39, 5-226, 5-228
堅田村枝城村〔堅田村〕　4-41, 5-226, 5-228
蒲戸浦　4-38, 5-226, 5-311
蒲江浦（総号）　4-41, 4-43, 5-228, 5-311, 5-314
狩生村　4-39, 5-226
河内浦　4-41, 5-228, 5-311, 5-314
河内浦小蒲江　4-41
木立村　4-41, 5-228, 5-311, 5-314
木立村須留木　4-41
楠本浦　4-41, 5-228, 5-311, 5-314
久部村　4-41, 5-226, 5-228
久部村蛇崎　4-41
久保浦〔久保〕　4-39, 5-226, 5-228
熊野江村　4-43, 5-228, 5-304
蔵冨村　4-39, 5-226, 5-312, 5-311, 5-314
来野浦　4-40, 5-228
警固屋村　4-39, 5-226
小浦⛵　4-40, 5-228
佐伯　4-39, 4-41, 5-226, 5-228, 5-312, 5-311, 5-314
篠良〔目浦〕　4-39, 5-226, 5-228
三九郎谷〔大江灘〕　4-41, 5-226, 5-228
塩内浦〔塩内〕　4-38, 5-226, 5-228
塩屋村　4-39, 4-41, 5-226, 5-228
塩屋村臼〔杵〕村　4-39, 4-41
塩屋村蟹田　4-39, 4-41
塩屋村分郷大江灘⛵　4-41
鮨浦⛵　4-40, 5-226, 5-228
地松浦☆　4-40, 5-226, 5-228, 5-311
嶋野浦☆　4-43, 5-228, 5-304
下野村坂野浦〔下野村枝坂野浦、板野〕　4-39, 4-41, 5-226, 5-228, 5-312, 5-311, 5-314
須怒江村　4-43, 5-228, 5-304
鯛網代　4-38, 4-40
代後浦　4-39, 5-226, 5-228
高濱　4-38, 5-311
高松浦☆〔高松〕　4-39, 5-226, 5-228
竹野浦　4-40, 5-228
竹野浦河内　4-40, 5-228
丹賀浦☆　4-40, 5-226, 5-228, 5-311
千怒崎　4-39
地松浦内〔二〕股　4-40
津井浦☆　4-39, 5-226, 5-311, 5-314
津久見裏枝千奴村　4-39
津久見浦☆　4-39, 5-226, 5-312, 5-311, 5-314
津久見〔浦赤崎〕　4-38
津久見浦網代〔網代〕　4-39, 5-311
津久見浦江野浦　4-39
津久見浦日見浦　4-39
津久見福良　4-39
津志河内村　4-41, 5-228
津志河内村小嶋　4-41
坪　4-41
坪江村　4-39, 5-226
靏屋☆　4-39, 4-41, 5-226, 5-228
徳浦村　4-39, 5-226, 5-312, 5-311
泊浦☆⛵　4-41, 4-42, 5-228
中越浦　4-40, 5-226, 5-228, 5-311
中越浦嶋江　4-40
長瀬村　4-39, 4-41, 5-226, 5-228, 5-312, 5-311, 5-314
中津浦村〔中津〕　4-39, 5-226, 5-312, 5-311
長渚　4-41
長目村　4-39, 5-226
長目村釜戸〔釜戸〕　5-226
長目村楠屋〔楠屋〕　4-39, 5-226
長目村廣浦⛵　4-39
夏井浦　4-38, 5-226, 5-311, 5-314
西野浦　4-40, 5-228
入津浦（総号）　4-40, 5-228
野々河内浦　4-41, 5-228
羽出浦　4-40, 5-226, 5-228
間越　4-39
間越　4-40
畑野浦☆　4-40, 5-228, 5-311, 5-314
畑野浦小浦〔小浦〕　4-40, 5-311
畑野浦小浦濱　4-40
畑野浦松郷　4-40
波當津　4-43, 5-228
鳩浦☆　4-38, 5-226, 5-311
戸穴村　4-39, 5-226, 5-228
日野浦⛵　4-40, 5-228
日向泊浦〔日向浦〕　4-39, 5-226, 5-228
平岡村　4-39, 5-226, 5-312, 5-311
平清水〔福良村、福良〕　4-39, 5-226, 5-312, 5-311
晞ヶ〔干〕浦　4-39, 5-311
廣浦　4-39
深江村　4-39, 5-226, 5-311
深江村芝〔苙〕塲　4-39
深江村〔柹〕ノ浦　4-39
深江村久保浦　4-39
深江村枝泊ケ内　4-39
深江村渡〔破礒〕　4-39
吹浦　4-41, 5-226, 5-228, 5-311
吹浦大河原　4-40
福　4-39
福泊浦　4-38, 5-226, 5-311
古江浦　4-39, 5-226
古江浦枝長田浦〔古江〕　4-38, 5-311
古江村☆〔古根村〕　4-43, 5-228, 5-304
古江村阿蘇　4-43
帆波浦　4-40, 5-228
松崎村　4-39, 5-226, 5-312, 5-311, 5-314
丸市尾　4-41, 4-43, 5-228
丸市尾浦野迫　4-41, 4-43
道尾村　4-39, 5-226, 5-312, 5-311, 5-314

宮野内〔浦〕 4-39, 5-226
宮野浦 4-40, 5-228
宮野浦 4-43, 5-228, 5-311, 5-314
森﨑浦 4-41, 5-228, 5-311, 5-314
森﨑浦〔越〕田尾〔越田尾〕 4-41, 4-43, 5-311, 5-314
米水津浦（惣号） 4-40, 5-228

【山・峠】

海﨑竜〔王〕 4-39
柏江竜王 4-41
胡麻売山 4-39
釈間岳 4-39
陣峠 4-43
トヤ〔小〕山 4-43
虎尾山 4-39
彦嶽〔彦岳〕 4-39, 5-226, 5-228, 5-312

【河川・湖沼】

大江灘川 4-41
中江川 4-39, 4-41

【岬・海岸】

赤鼻 5-226, 5-228
飛鳥ハナ 5-226
宇土崎 5-228
蒲戸﨑〔蒲戸岬〕 4-38, 5-226
観音岬〔観音サキ〕 4-38, 5-226, 5-311
黒山鼻 4-40, 4-42
白嵜 4-38, 4-40
芹﨑 4-40, 5-228, 5-311
千奴嵜 4-39
霞岬 4-40, 5-228, 5-311
飛湖〔潮〕﨑 4-39
斗升﨑〔斗升ハエ〕 4-43, 5-228
鳥サキ 5-226, 5-228
名古屋﨑 4-43, 5-228
野﨑 4-38, 4-40
福﨑 4-43, 5-228
和田鼻〔和田ハナ〕 4-43, 5-228

【島】

赤小シマ 4-41, 4-42
カ〔ア〕マトリハエ 4-43, 5-228
海部郡深島 4-42, 5-228
伊賀ハエ〔伊カハエ〕 4-38, 4-40, 5-226, 5-228
岩宮ハヘ 4-43, 5-228, 5-304
牛島 5-226
宇戸嶋〔宇土島〕 4-38, 4-40, 5-226, 5-228
エヒスシマ 4-38, 4-39
烏帽子礒 4-43, 5-228
大嶋 4-38, 4-40, 5-226, 5-228, 5-311
大入島 4-39, 5-226, 5-228, 5-311
沖方嶋〔沖方シマ〕 4-39, 4-41, 5-226, 5-228
沖黒嶋 4-40, 5-228
沖〔洲〕新田 4-39, 4-41
沖千島 4-39
沖小シマ 4-43, 5-228
沖ノシマ〔沖シマ〕 4-42, 5-228
沖ノフシシマ 4-38, 4-40
沖吉シマ 4-39, 5-226
沖吉シマ 4-38, 5-226
拕取ハエ〔カジトリハエ〕 4-38, 5-226
片白島 4-38, 5-311
片白シマ 5-226, 5-228
鴨ハエ〔カモハエ〕 4-38, 5-226
カリハエ 4-43
カリハエ〔仮ハエ〕 4-43, 5-228
観音 4-40, 4-42, 5-228
木舩シマ〔キフネスマ〕 4-38, 5-226
黒石 4-39, 5-226
黒島 4-39, 5-226, 5-311
小貝ハエ 4-40
小島〔小シマ〕 4-39, 5-226
小シマ 4-39
小シマ 4-39
小シマ 4-40
小シマ 4-43
五条ハエ 4-43, 5-228
小間島 4-38, 4-40, 5-226, 5-228, 5-311
先小シマ 4-38
サキシマ 5-226
サキ島 4-41
先瀬〔先セ〕 4-38, 4-40, 5-226, 5-228
汐ヤリハエ 4-38
地黒島 4-40, 5-228
地濱 4-38, 4-40
シハエ 4-43, 5-228
魚〔鮪〕突島 4-39, 5-226
島毛ハヘ 4-43, 5-228
嶋﨑 4-40
白石 4-38, 5-226, 5-311
鈴ハエ〔スズハエ〕 4-38, 5-226
千畳敷 4-40
〔ソ〕ウノハエ 4-42, 5-228
高井シマ〔高井シマ〕 4-38, 5-226
高甲シマ〔高甲シマ〕 4-38, 5-226, 5-311
高シマ 4-43, 5-228
高手島 4-38, 4-40, 5-226, 5-228, 5-311
竹ヶ嶋〔竹シマ〕 4-38, 5-226, 5-228
竹シマ〔タケシマ〕 4-39, 5-226, 5-228, 5-311
竜ハエ 4-39
タツハエ 5-226
玉角島 4-39, 4-41
千島〔千シマ〕 4-39, 5-226
地瀬〔地セ〕 4-38, 4-40, 5-226, 5-228, 5-311
津久見島 4-39, 5-226, 5-312, 5-311
續ハヘ〔ツヅキハエ〕 4-43, 5-228
粒シマ 4-42, 5-228
東嶌 4-38
唐舩碆 4-38
トヤ島 4-41
中方嶋 4-39, 4-41
中シマ 4-39
長嶋〔長シマ〕 4-39, 4-41, 5-226, 5-228
中島 4-38
中ノフシシマ 4-38, 4-40
濃地島〔濃地シマ〕 4-38, 4-40, 5-226, 5-228
ノシマ 5-226
箆嶋 4-39
博〔奕〕碆〔バクチハエ〕 4-43, 5-228
彦シマ 5-226
彦島 4-39
聖嶋 4-39
二見島〔二見シマ〕 4-38, 5-226
舩島 4-39
弁天シマ 4-41, 4-43
辨天シマ〔弁天シマ〕 4-39, 5-226
保戸島 4-38, 5-226
前シマ〔前シマ〕 4-38, 5-226
松ハエ 4-38, 4-40
松ハエ〔松ハエハナ〕 4-42, 5-228
的ハエ 4-42, 5-228
的碆〔的ハエ〕 4-43, 5-228
ミサコバヘ〔ミサコシマ〕 4-43, 5-228
箕作シマ〔ミツクリシマ〕 4-38, 4-40, 5-226, 5-228
三ツ子 4-40, 4-42, 5-228, 5-311
耳ホケシマ 4-43
〔ム〕シ子島 4-38
村碆 4-38, 5-226
女島 4-39, 4-41
〔屋〕形島 4-42, 5-228, 5-311, 5-314
小〔八〕島 4-38, 4-40, 5-226, 5-228, 5-311
ヤマシマ 5-226
横島 4-43, 5-228
横嶌 4-40, 5-228

第184号 延岡

【郡名】

臼杵郡 4-46, 5-229, 5-314
兒湯郡 4-46, 5-314

【地名】

赤水村⛵ 4-44, 4-46, 5-244, 5-314
栗野名村 4-44, 5-228
栗野名村牧 4-44
一野水門八瀬川 4-45
出北村 4-44, 5-228, 5-314
出北村 5-228
伊福形村 4-44, 4-46, 5-228, 5-314
伊福形村踏上 4-44, 4-46
庵川村 4-44, 4-46, 5-244, 5-314
岩井川村 4-45
岩井川村大楠 4-45
岩井川村大人門 4-45
岩井川村小﨑 4-45
大武町 4-44, 5-228, 5-314
岡冨村☆ 4-44, 5-228, 5-314
岡冨村延岡〔延岡、延岡〕 4-44, 5-228, 5-314
岡冨村古川門 4-44
落子村 4-46, 5-244
落子村髙松 4-46
落子村田久保 4-46
小野田門猪野 4-47
加草村 4-44, 4-46, 5-244, 5-314
加草村大迫 4-44, 4-46
門川村 4-46, 5-244
門川村今別府村 4-46
門川村尾末浦☆〔門川〕 4-46, 5-314
門川村仮屋迫 4-46
門川村小原 4-46
門川村古川門 4-46
上別府村 4-46
上別府村美々津町○☆⛵ 4-46, 5-244
上別府村餘瀬 4-46
川島村 4-44, 5-228, 5-314
川島村寺島 4-44
川島村東海 4-44
北方村 4-45, 5-229
北方村藏田門 4-45
北方村黒原 4-45
北方村椎畑門 4-45
北方村曽木門☆〔北方〕 4-45, 5-314
北方村曽木門菅原 4-45
北方村林〔北方村〕 4-45, 5-229
櫛津村 4-44, 4-46
藏田門渡守 4-45
黒松 4-47
財光寺村 4-46, 5-244, 5-314
財光寺村秋冨 4-46
才脇村 4-46, 5-244, 5-314
才脇村飯谷 4-46
三ケ村門八峡川☆〔北方八峡川〕 4-45, 5-314
下三ケ村子洗〔下三ケ村、下三ケ〕 4-47, 5-244, 5-314
下三ケ村田口原〔下三ケ〕 4-47, 5-314
下三ケ村中鶴〔下三ケ〕 4-47, 5-314
下三ケ村八ツ山〔下三ケ〕 4-47, 5-314
鯛名村☆ 4-44, 4-46, 5-244, 5-314
坪屋村 4-47, 5-244, 5-314
坪屋村赤笠 4-47
坪屋村市谷原 4-47
坪屋村枝上原 4-47
坪屋村枝中﨑 4-47
坪屋村蒲口谷 4-47
坪屋村小ケ倉 4-47
坪屋村下原 4-47
坪屋村瀬戸 4-47
坪屋村田ノ原 4-47
坪屋村深谷 4-47
恒冨村 4-44, 5-228, 5-314
恒冨村 5-228
恒冨村濱門 4-44
恒冨村平原門 4-44
土々呂村 4-44, 4-46, 5-228, 5-314
冨髙村 4-46
冨髙村冨髙新町☆〔冨高村新町、冨高〕 4-46, 5-244, 5-314
仲瀬久井原 4-47
仲瀬野々崎 4-47
七折村下顔門〔七折村〕 4-45, 5-229
七折村中村門 4-45
七折村波瀬門 4-45
七折村舩尾門☆〔七折〕 4-45, 5-314
七折村宮水門 4-45
日知屋村 4-46, 5-244, 5-314
日知屋村枝梶木 4-46
日知屋村永良 4-46
日知屋村柿迫 4-46
日知屋村亀嵜 4-46
日知屋村曽根 4-46
日知屋村枝庄手 4-46
日知屋村幡浦 4-46
日知屋村濵 4-46
日知屋村深野 4-46
日知屋村深溝村 4-46
日知屋村細島町⛵〔細島〕 4-46, 5-244, 5-314
平岩村 4-46, 5-244, 5-314
平岩村金ケ濵 4-46
平岩村笹野 4-46
別府村 5-228
神門村 4-47, 5-244
神門村才五郎 4-47
神門村渡場 4-47
水清谷村 4-47, 5-244
水清谷村田ノ原 4-47
南方村 4-44, 5-229, 5-314
南方村岡本門 4-44
南方村小峯門 4-44
南方村高野門 4-44
南方村細見門 4-44
南方村舞野門 4-44
宮水門袴谷 4-45
山陰村 4-46, 5-244, 5-314
山陰村小野田門 4-47
山陰村谷仲瀬 4-47
山陰村霞野内門 4-47
山陰村島（鳥）川 4-46
山陰村仲瀬門 4-47
山陰村中ノ原 4-46
山陰村羽坂門 4-47
山陰村廣瀬 4-47
山陰村福瀬門 4-47

【山・峠】

愛宕山 4-44
愛宕山 4-44
荒谷山 4-44, 4-46
飯谷山 4-46
飯森山〔飯盛山〕 4-46, 5-244
内ノ口山 4-47
ウワカメ山 4-47
可愛嶽〔可愛山、可愛岳〕 4-44, 5-228, 5-314
烏帽子山 4-46
老田山 4-44, 5-228
大平山 4-47
加子山 4-47
傘山 4-47
加須次郎山 4-46
傾山 5-229
蒲口峠〔蒲口越峠〕 4-47, 5-244
冠岳 4-47
キリコ山 4-44
黒仁田山 4-47
毛無峠 4-45, 5-229

古城山　4-44
小牧山　4-47
白仁田山　4-47
杉峠　5-229
西林山　4-47
鷹巣塚山　4-47
高平山　4-44
葛篭山　5-229
遠見山　5-244
遠江〔見〕山　4-44, 4-46
橋場山　4-47
腹巻山　4-46
古田山　4-47
マコセ山　5-244
行騰山　5-229
行縢山　4-44, 5-314
屋敷塚　4-47
矢筈山　4-44, 4-46
【河川・湖沼】
石並川　4-46, 5-244
大セ川　5-228
小川　5-244
小川　5-229
小川庄手川　5-244
神門川　5-244
五ケセ川　5-314
塩見川　4-46, 5-244
尻無川　4-46, 5-244
瀬戸川　5-244
坪屋川　4-47, 5-244
ハセ川　5-229
古川　4-46, 5-244
細見川　5-229
水清谷川　5-244
美々津川　5-244
渡場瀬川　5-244
【岬・海岸】
観音崎　5-244
鞍掛岬〔鞍掛鼻〕　4-44, 4-46, 5-228, 5-314
摺崎　4-46
鳶須摩鼻　4-46
長崎　5-244
野嵜　4-44, 4-46, 5-244
【島】
筏島〔筏礒〕　4-46, 5-244, 5-314
居首ハエ　4-46, 5-244, 5-314
兎ハエ　4-46, 5-244
大武島〔大武シマ〕　4-44, 5-228
沖トベシマ〔沖苫島、沖蔦島〕　4-46, 5-244, 5-314
乙島　4-46, 5-244, 5-314
神礒　4-46, 5-244, 5-314
黒シマ〔黒ハヘ〕　4-46, 5-314
黒シマ　4-46
黒シマ　4-46
助兵ヱ島〔助兵エシマ〕　4-44, 5-228
竹島〔竹シマ〕　4-46, 5-244, 5-314
唐船ハエ　4-46, 5-244
中シマ　4-46
中島〔中シマ〕　4-44, 5-228
枇榔島　4-46, 5-244, 5-314
方財島　5-228
松濤〔松ハエ〕　4-46, 5-244, 5-314
向島〔向シマ〕　4-44, 5-228
元方財島〔元方財〕　4-44, 5-228, 5-314
餘島　4-46

第185号
宮崎

【国名】
肥後國　4-49, 5-314
日向國　4-49, 5-314, 5-316
【郡名】
球麻郡　4-49, 5-314
兒湯郡　4-49, 4-50, 4-51, 5-244, 5-314
那珂郡　4-50, 4-51, 4-52, 5-316
宮崎郡　4-50, 4-52, 5-314, 5-316
諸縣郡　4-51, 5-316
【地名】
荒武村　4-51, 5-244, 5-314
檍ケ原　4-50, 4-52
石﨑村　4-50, 5-244, 5-246, 5-314
猪窪村　4-48, 5-244, 5-314
猪窪村塩付　4-48
猪窪村孫谷　4-48
今島〔今シマ〕　4-50, 5-244
入野村　4-51, 5-244, 5-314
入野村崎ノ田　4-51
入野村中坪　4-51
入野村八日町　4-51
岩山村　4-48, 5-244, 5-314
苽生村　4-48, 5-244, 5-314
苽生村新田　4-48
苽生村都濃町○☆〔都濃〕　4-48, 5-244, 5-314
苽生村福原尻〔尾〕　4-48
苽生村明田　4-48
江田村☆　4-50, 4-52, 5-246, 5-314, 5-316
江田村江田原　4-50, 4-52
江梅瀬　4-50
小池村　4-48, 5-244, 5-314
小池村垂門　4-48
大島村　4-50, 4-52, 5-246
太田村中村町○〔太田〕　4-52, 5-246, 5-314, 5-316
岡冨延命寺　4-51
岡冨村　4-51, 5-314
岡冨村舩藏〔岡冨村〕　4-50, 5-244
岡冨村向岡冨　4-50
小川谷村別府谷　4-49
落合〔子〕村宮ノ下　4-48
小戸橋　5-246, 5-314
小戸橋青木ヶ原　5-244, 5-246
加江田村　4-52, 5-246
加江田村内海☆〔加江田〕　4-52, 5-314, 5-316
加江田村折生迫　4-52
蚊口浦⛵　4-48, 4-50, 5-244, 5-314
鹿野田村　4-51
鹿野田村黒貫寺村〔鹿野田村、鹿野田〕　4-51, 5-244, 5-314
鹿野田村都於郡町〔鹿野田〕　4-51, 5-314
下〔上〕田島村仲間原〔上田島村、上田島〕　4-50, 5-244, 5-314
上別府村上野町〔上別府村〕　4-52, 5-246
隈野村　4-52, 5-246, 5-314, 5-316
黒生野村　4-50, 5-244
黒生野村長池　4-50
黒生野村花下　4-50
黒生野村別府　4-50
郡司分村　4-52, 5-246, 5-314, 5-316
現王島村　4-50, 5-244, 5-314
佐土原☆　4-50, 5-244, 5-314
三名村　4-51, 5-244, 5-314
三名村六ツ野　4-51
塩地村〔塩路村〕　4-50, 5-246, 5-314
下北方村　4-50, 4-52, 5-246
下田島村　4-50, 5-244, 5-314
下田島村大炊田　4-50
下田島村佐賀村〔利〕　4-50
下田島村天神　4-50
下田島村徳之淵　4-50
下田島村平松　4-50
下田島村福島⛵　4-50
下別府村⛵　4-52, 5-246, 5-314
菖蒲池村　4-48, 4-50
新別府村　4-52, 5-246, 5-314, 5-316
髙鍋☆　4-48, 4-50, 5-244, 5-314
髙鍋村小丸〔髙鍋村〕　4-48, 4-50, 5-244
髙鍋村道具小洛〔路〕　4-48, 4-50
髙鍋村中鶴　4-48, 4-50
髙鍋村萩原　4-48, 4-50
髙鍋村水谷原　4-48, 4-50
竹田村　4-51, 5-244, 5-314
田尻村　4-51
田吉村　4-52, 5-246, 5-314, 5-316
調殿村　4-49, 4-51, 5-244, 5-314
恒久村枝瀬頭　4-52
恒久村城ケ﨑○☆⛵〔恒久村城先﨑、恒久〕　4-52, 5-246, 5-314, 5-316
妻万町○　4-48, 4-50, 5-244
妻万村　4-49, 4-51, 5-244
妻万村下妻万　4-48, 4-50
寺迫村　4-48, 5-244, 5-314
寺迫村心見　4-48
童子丸村　4-49, 4-51, 5-244, 5-314
富田村　4-50, 5-244, 5-314
冨田村王子　4-50
富田村大淵　4-50
冨田村五反田　4-50
新田井倉村　4-50, 5-244
新田井倉村伊倉村　4-50
新田井倉村城本　4-50
新田井倉村末永村　4-50
新田井倉村舩津村　4-50
新田村　4-50, 5-244, 5-314
花ケ嶋町○〔花島町〕　4-50, 4-52, 5-246, 5-314, 5-316
日置村　4-50, 5-244, 5-314
別府村〔谷〕ナ〔サ〕レ村〔別府〕　4-49, 5-314
福嶋宮本　4-50
福島村　4-52, 5-246
袋廣瀬村　4-50, 5-244, 5-314
二立　4-50
平田村　4-48, 5-244, 5-314
平田村伊倉　4-48
本庄村　4-51, 5-244
本庄村大脇　4-51
本庄村神原　4-51
本庄村仮屋原　4-51
本庄村十日町　4-51
本庄村新堀　4-51
本庄村馬場　4-51
本庄村六日町☆〔本庄〕　4-51, 5-246, 5-314
本庄村横峯　4-51
右松村　4-49, 4-51, 5-244, 5-314
右松村園元　4-48, 4-50
右松村右松町　4-48, 4-50
三納代村平伊倉村〔三納代村、三納代〕　4-50, 5-244, 5-314
南方村　4-49, 4-51, 5-244, 5-314
南方村楊村（綾）☆　4-51
南方村五ケ所村　4-51
南方村下水流　4-48, 4-50
南方村新屋敷　4-51
南方村杉安　4-49, 4-51
南方村立野　4-49
南方村元町村〔南方村〕　4-51, 5-244
三納村　4-49, 4-51
三納山ノ内 尾泊〔尾泊〕　4-49, 5-244, 5-314
三宅村（御料所）　4-49, 4-51, 5-244, 5-314
三宅村赤池　4-51
三宅村枝笹元　4-49
持田村　4-48, 4-50, 5-244, 5-314
持田村坂本剝　4-48, 4-50
森永村　4-51, 5-244, 5-314
森永村平城　4-51
山﨑村　4-50, 4-52, 5-246, 5-314, 5-316
山田村内田村　4-51
山田村河原村　4-51
横江　4-50
吉村　4-52, 5-246, 5-314, 5-316
吉村蟹町　4-52
田吉村津屋原　4-52
【社寺】
神武社　4-50, 4-52, 5-246
住吉社　4-50
都濃神社〔一ノ宮都濃神社〕　4-48, 5-244
八幡社〔八幡宮〕　4-51, 5-244, 5-314
【山・峠】
イノ河内山〔伊ノ河内山〕　4-52, 5-246
内海山　4-52, 5-246
御鈴山　5-244
尾八重山　4-49
尾八重山　4-49
加江田山　4-52, 5-246
川平山　5-244
観音山　4-50
黒岩山　4-48, 5-244
倉鉢山　5-246
古城　4-51
上面木山　4-48, 5-244
新納山　4-48
杉本峠　4-49
千田山　4-48, 4-50
ツツチ山　4-49
平ケ八重山　4-49
藤見山　4-48
不動山　4-48
穂北山　4-48, 4-50
法華山〔法花山〕　4-49, 4-51, 5-245
水株山　4-48
南方山　5-245
都郡古城　5-244
本付女山　4-50
【河川・湖沼】
赤江川　4-52, 5-246, 5-314, 5-316
赤江川　4-51
綾川　4-51
石﨑川　4-50, 5-244
蚊口川　4-48, 4-50, 5-244
心見川　4-48, 5-244
三名川　4-51, 5-244
尻無川　4-48
曽山寺川　4-52
高城川　5-244
垂門川　4-48, 5-244
都濃川　4-48
田福寺川　5-244
名貫川　4-48, 5-244
一瀬川〔石瀬川〕　4-50, 5-314
【島】
淡島　4-52, 5-246, 5-314, 5-316
鼠嶋〔鼠シマ〕　4-50, 5-244
二立島　4-50

第186号
宗像

【郡名】
遠賀郡　4-54, 4-55, 5-222

糟屋郡　4-53, 4-55, 5-223
鞍手郡　4-54, 5-222, 5-312
宗像郡　4-53, 4-54, 4-55, 5-223, 5-313

【地名】

藍浦⛵　4-53
青柳村〔青柳〕　4-53, 4-55, 5-223, 5-313
青柳村枝青柳町○　4-53, 4-55
青柳村神田　4-53, 4-55
赤地村　4-54
赤間村○〔赤間〕　4-54, 5-223, 5-313
淺川村　4-54, 5-222, 5-312
朝町村　4-55
芦屋浦　4-54, 5-222
芦屋村　4-54, 5-312
芦屋村芦屋町○☆　4-54, 5-222
芦屋村枝栗〔粟〕屋　4-54
畝町村○〔畝町〕　4-53, 4-55, 5-223, 5-313
穴生村　4-54, 5-222, 5-312
穴生村枝陣原　4-54
穴生村枝瀬板　4-54
蟹住村　4-54
蟹住村枝拂川村　4-54
有自村　4-53, 4-55
有毛村　4-53, 4-54, 5-222, 5-312
安屋村　4-53, 4-54, 5-222, 5-312
石丸村〔石丸〕　4-54, 5-222, 5-313
市瀬村三軒屋〔市ノ瀬村、市瀬〕　4-54, 5-222, 5-312
猪熊村　4-54, 5-222, 5-312
今在家村〔今在家〕　4-53, 4-55, 5-223, 5-313
岩瀬村　4-54
岩屋浦　4-53, 4-54, 5-222, 5-312
植木村　4-54, 5-222, 5-312
植木村一本松　4-54
植木村辻　4-54
植木村平　4-54
内殿村〔内殿〕　4-53, 4-55, 5-223, 5-313
内殿村段原　4-53, 4-55
内殿村楢木　4-53, 4-55
内浦村〔内浦〕　4-55, 5-223, 5-313
江口浦　4-55, 5-223
海老津村〔海老津〕　4-54, 5-222, 5-313
杁村　4-54
王丸村　4-53, 4-55
大島浦　4-55
太田　4-55
大鳥居村　4-54, 5-312
大鳥居村汐合　4-54
大穂村〔大穂〕　4-55, 5-223, 5-313
大穂村枝大穂町　4-55
尾崎村蟹食〔尾崎〕　4-54, 5-312
小竹村　4-54, 5-223, 5-312
乙丸村　4-54, 5-222, 5-312
鬼津村枝尾崎村〔鬼津〕　4-54, 5-312
鬼津村枝小鳥掛村〔鬼津〕　4-54, 5-312
小牧村〔水牧村〕　4-54, 5-222, 5-312
小牧村今村　4-54
小牧村枝猪倉　4-54
遠賀松原　4-54
柏原浦後浦〔柏原浦、柏原〕　4-54, 5-222, 5-312
勝浦濱浦　5-223
勝浦村☆〔勝浦〕　4-55, 5-223, 5-313
勝浦村塩江　4-53, 4-55
勝浦村松原　4-55
香月村　4-54, 5-222, 5-312
香月村上石坂　4-54
川東村　4-53, 4-55
鐘ケ﨑　5-223
鐘ケ﨑浦☆　4-55, 5-223
鐘ケ﨑浦拂川　4-55
上上津役村〔上津役〕　4-54, 5-222, 5-312
上上津役村上上津役町　4-54
上西郷村〔上西郷〕　4-53, 4-55, 5-223, 5-313
上西郷村旦原　4-53, 4-55
上府村〔上府〕　4-53, 4-55, 5-223, 5-313
川原村〔川原〕　4-53, 4-55, 5-223, 5-313
感田村　4-54, 5-222, 5-312
木守村　4-54
木守村作出　4-54
楠橋村　4-54, 5-222, 5-312
楠橋村直名子　4-54
熊手村枝定元〔熊手村、熊手〕　4-54, 5-222, 5-312
熊手村山寺〔熊手〕　4-54, 5-312
黒山村〔黒山〕　4-54, 5-222, 5-313
上八村〔上八〕　4-55, 5-223, 5-313
神湊浦〔神湊〕　4-55, 5-223, 5-313
古賀村〔古賀〕　4-53, 4-55, 5-223, 5-313
古賀村　4-54, 5-222, 5-312
古賀村足谷　4-54
小敷村　4-54, 5-222
小敷村大閣〔閤〕水　4-54
小竹浦　5-222
御徳村　4-54
小嶺村　4-54, 5-222, 5-312
薦野村〔薦野〕　4-53, 4-55, 5-223, 5-313
薦野村清滝　4-53, 4-55
木屋瀬村○　4-54, 5-222, 5-312
猿田峠　5-222
塩屋村天屋〔塩屋村〕　4-54, 5-222
鹿部村　4-53, 4-55, 5-223
島津村　4-54
下石坂　4-54
下大隈村　4-54, 5-222
下上津役村　4-54, 5-222
下上津役村一ノ原　4-54
下西郷村〔下西郷〕　4-53, 4-55, 5-223, 5-313
下新入村　4-54
下新入村野尻〔下新入村〕　4-54, 5-222
下底井野村　4-54
下築村　4-54
下府村〔下府〕　4-53, 4-55, 5-223, 5-313
上畑村〔上畑〕　4-54, 5-223, 5-313
上畑村笠松　4-54
庄村　4-53, 4-55
白濱　4-55
新宮浦☆　4-53, 4-55, 5-223
新原村〔新原〕　4-53, 4-55, 5-223, 5-313
新山崎村　4-54, 5-222, 5-312
高須村　4-54, 5-312
田久村　4-55, 5-223
竹並村　4-54
武丸村〔武丸〕　4-54, 5-222, 5-313
武丸村久戸　4-54
武丸村土師上　4-54
田島村〔田島〕　4-55, 5-223, 5-313
田野村〔田野〕　4-55, 5-223, 5-313
知古村　4-54
土穴村　4-55
津屋﨑浦☆　4-53, 4-55, 5-223
津屋﨑村　4-53, 4-55, 5-223
鶴田村　4-54, 5-222
手野村〔手野〕　4-54, 5-223, 5-313
徳重村〔徳重〕　4-54, 5-223, 5-313
徳重村兔渡　4-55
鳥巣村〔鳥巣〕　4-53, 4-55, 5-223, 5-313
頓田村　4-53, 4-54, 5-222, 5-312
頓田村初日　4-54
頓野村　4-54, 5-222
中底井野村　4-54
中西　4-55
中間村　4-54
中間村枝蓮華寺　4-54
中間村大辻　4-54
中間村片峯　4-54
中山村　4-54, 5-222, 5-312
中山村松尾　4-54
南良津村〔奈良津〕　4-54, 5-222, 5-312
鳴水村　4-54
新北村　4-54, 5-222, 5-312
新北村枝長谷村　4-54
新北村新町　4-54
新北村高木　4-54
新北村田頭　4-54
新北村長家　4-54
新延村　4-54, 5-222, 5-312
新延村枝長谷村〔長谷〕　4-54, 5-312
新延村島村　4-54
新延村城越　4-54
糠塚村　4-54, 5-222, 5-312
野坂村〔野坂〕　4-55, 5-223, 5-313
野坂村大井　4-55
野坂村二郎丸　4-55
野坂村原町　4-55
野夫村　4-54
波津浦〔波津〕　4-55, 5-223, 5-313
波津浦大波津　4-55
馬塲山村　4-54, 5-222, 5-312
馬塲山村茶屋原　4-54
埴生村　4-54, 5-222, 5-312
埴生村砂山　4-54
原村　4-55, 5-223, 5-313
原村枝原野　4-55
引野村　4-54, 5-222
廣渡村〔唐渡村〕　4-54, 5-222, 5-312
廣渡村枝今古賀村　4-54
廣渡村枝松本村　4-54
廣渡村老良　4-54
廣渡村立屋敷　4-54
福間浦　4-53, 4-55, 5-223
藤田村熊手村黒﨑○〔黒﨑宿、黒﨑〕　4-54, 5-222, 5-312
藤田村田町☆〔藤田村〕　4-54, 5-222
藤木村赤島〔藤木〕　4-54, 5-312
藤原村　4-54
藤原村枝神屋　4-54
二島村　4-54, 5-312
二島村鴨生田　4-54
二島村道岸　4-54
二村枝伊佐坐村　4-54
二村枝下二ケ村　4-54
古門村枝神﨑　4-54
本城村　4-54, 5-222, 5-312
本城村新田　4-54
本城村立石　4-54
本城村戸下田　4-54
曲村〔曲〕　4-55, 5-223, 5-313
曲村枝下曲　4-55
曲村宮田　4-55
光岡村　4-55, 5-223
光岡村原町　4-55
三苫村〔三苫〕　4-53, 4-55, 5-223, 5-313
湊村　4-53, 4-55, 5-223, 5-313
宮司村〔宮司〕　4-53, 4-55, 5-223, 5-313
宮田峠　5-223
莚内村　4-53, 4-55, 5-223
莚内村瓜木屋　4-53, 4-55
牟田尻村　5-223
牟田尻村勝浦濱〔牟田尻〕　4-55, 5-313
本木村〔本木〕　4-53, 4-55, 5-223, 5-313
八並村〔八並〕　4-53, 4-55, 5-223, 5-313
八並村許斐町　4-53, 4-55
八尋村　4-54, 5-222, 5-312
八尋村太郎丸　4-54
八尋村古江　4-54
山鹿浦山鹿村〔山鹿浦、山鹿〕　4-54, 5-222, 5-312
山鹿村大君　4-54
山鹿村田屋〔山鹿村〕　4-54, 5-222
山田村　4-54, 5-222, 5-312
山邊村　4-54, 5-222, 5-312
山邊村直方町○〔直方〕　4-54, 5-222, 5-312
山邊村外新町　4-54
吉木村〔吉木〕　4-54, 5-222, 5-313
吉木村枝松原村　4-54
吉田村　4-55
吉田村　4-54
吉留村　4-54, 5-222, 5-312
吉留村安倉　4-54
吉留村猿田　4-54
吉留村高六　4-54
吉留村松丸　4-54
陵嚴寺村〔陵嚴寺〕　4-55, 5-223, 5-313
若松村　4-54
脇田浦　4-53, 4-54, 5-222
脇ノ浦〔脇浦〕　4-53, 4-54, 5-222
渡村　4-53, 4-55, 5-223, 5-313
渡村海津　4-53, 4-55
渡村京泊　4-53, 4-55

【社寺】

織幡神社　4-55
宗像神社〔宗像社〕　4-55, 5-223

【山・峠】

飯盛山　4-54
石峯山　4-54, 5-222
犬啼山　5-223
孔大寺山　4-55, 5-223
竹常山　4-54
武丸山　4-54
對馬見山　4-53, 4-55
蔦山（赤間古城）　4-55
遠見　4-55
戸田山　4-54
帆柱山　4-54, 5-312
宮司山（古城跡）　4-53, 4-55
六ツ岳〔六ツヶ山〕　4-54, 5-222
本木山　4-55
湯川山　4-55

【河川・湖沼】

石坂川　4-54
遠賀川　4-54, 5-222
遠賀湊⛵　4-54
鴨生田川　4-54
木屋瀬川　4-54
西郷川　4-53, 4-55
釣川　4-55
中川　4-53, 4-55
則松川　4-54, 5-222
花鶴川〔鶴川〕　4-53, 4-55, 5-223
佛川　5-312
宮田川　4-55
本川　4-53, 4-55
矢作川　4-54
吉木川　4-54
若宮川　4-54, 5-312

【岬・海岸】

潟ノ岬　4-55
鐘岬〔鐘ケ岬〕　4-55, 5-313
神岬　4-53
黒﨑　4-55
楯﨑　4-53, 4-55
津屋崎　5-313

見請鼻　4-53, 4-55, 5-223
四ツ塚岬〔四ツツカ岬〕　4-55, 5-223

【島】

藍島　4-53, 5-223, 5-313
鵜糞岩　4-55
大島　4-55, 5-223, 5-313
大瀬〔大セ〕　4-55, 5-223
笠瀬　4-55
勝島　4-55, 5-223, 5-313
倉良瀬〔倉シマ〕　4-55, 5-223
サヤ山　4-55
地島　4-55, 5-223, 5-313
白島男島〔白島〕　4-53, 5-312
白島女島〔白島〕　4-53, 5-312
千石島　4-53
立神岩　4-55
千草岩　4-55
鼓島〔ツヅミ島〕　4-55, 5-223
洞島〔洞シマ〕　4-55, 5-223
洞山　4-53, 4-54
洞山島　4-53
洞山島　4-54, 5-222
中島　4-54
花栗瀬〔ハナクリセ〕　4-53, 5-223, 5-313
二子島　4-54
二俣瀬〔二俣セ〕　4-55, 5-223
前瀬　4-53, 4-54, 5-222
丸山　4-55
三ツ瀬　4-55
耳カ子鼻　4-55

第187号 福岡

【国名】

筑後國　4-59, 4-62
筑前國　4-56, 4-59, 4-62, 4-63
肥前國　4-59, 4-62, 4-63
豊前國　4-56

【郡名】

怡土郡　4-61, 4-63, 5-223
糟屋郡　4-57, 4-60, 5-313
嘉麻郡　4-56, 4-58, 5-222, 5-312
神崎郡　4-62, 4-63, 5-223, 5-231
基肄郡　4-59, 4-62, 5-313
鞍手郡　4-56, 5-222
下座郡　4-58, 5-222, 5-230, 5-312
佐嘉郡　4-63
志摩郡　4-61, 5-223, 5-313
上座郡　4-58, 5-312
田川郡　4-56, 5-222, 5-312
那珂郡　4-57, 4-60, 4-62, 5-313
穂波郡　4-56, 4-58, 4-59, 5-222, 5-312
御笠郡　4-57, 4-59, 4-60, 4-62, 5-313
御原郡　4-59, 4-62
席田郡　4-57, 4-60, 5-313
夜須郡　4-58, 4-59, 5-222, 5-312
養父郡　4-59, 4-62

【地名】

相窪村　4-58, 5-222, 5-231
阿恵村　4-56, 5-222, 5-312
阿恵村　4-60
阿恵村猪浦　4-56, 4-58
青木村　4-60
青木村　4-61, 5-223, 5-313
青木村枝菰田村　4-60
青木村松原☆　4-61
秋月（黒田甲斐守在所）○☆〔秋月〕　4-58, 5-222, 5-230, 5-312
秋松村　4-56, 5-222
秋松村下村　4-56
朝日村　4-59, 5-223, 5-231
朝日村二村町〔朝日〕　4-59, 5-313
阿志岐村　4-59
甘木村　4-58, 5-222, 5-231, 5-312
甘木村甘木町○　4-58, 5-231
天山村　4-59, 5-223, 5-231, 5-313
天山村鞭掛　4-59
甘水村　4-58, 5-222, 5-231, 5-312
甘水村白川〔耳水村〕　4-58, 5-222, 5-231
荒江村　4-60
有田村　4-61, 5-223, 5-313
飯藏村　4-60
飯氏村　4-61
飯塚村○　4-56, 5-222, 5-312
飯場村　4-63, 5-223, 5-313
飯場村田頭○　4-63
生ノ松原　4-61
池田村　4-61, 5-223, 5-313
池田村中上　4-61, 4-63
伊﨑浦　4-60, 5-223, 5-313
石崎　5-313
石成村　4-58, 5-230, 5-312
井尻村　4-60, 4-62
泉河内村　4-58, 5-222, 5-312
井相田村　4-57, 4-60, 5-223
井相田村雑餉隈町　4-60, 4-62
板附村　4-60, 5-223, 5-313
板附村板附町　4-60
板持村　4-61
板屋村　4-58
市瀬村　4-62, 5-223, 5-231, 5-313
市瀬村猿山　4-62
稲吉村　4-59, 5-231
犬飼村　4-60, 5-223
犬馬場村　4-60
井上村　4-59, 5-223, 5-231, 5-313
猪膝村堂ヶ原　4-56
井野村　4-57, 4-60
今津浦　4-61, 5-233, 5-313
今津村　4-61, 5-233
今津村大原　4-61
弥永村　4-58, 5-222, 5-231, 5-312
入地村中町〔入地村〕　4-58, 5-230
牛隈村　4-56
牛島村　4-59, 5-223, 5-231
牛鶴村　4-58, 5-230
後野村　4-62, 5-223, 5-313
内野村○　4-56, 4-58, 5-222, 5-313
内野村古深田　4-57, 4-59
内野村横山　4-57, 4-58
内橋村　4-60
内山村　4-57, 4-59, 5-223, 5-313
鴉木村　4-59, 5-223, 5-231
海中道　4-60, 5-223
宇美村　4-57, 4-60, 5-223, 5-313
宇美村早見　4-57, 4-60
埋金村　4-62, 5-223, 5-231, 5-313
梅林村　4-61, 4-63
宇山村　5-223
潤村　4-61, 5-223
漆生村　4-56
大石村　5-223, 5-313
大板井村　4-59, 5-223, 5-231
大隈村大隈町○〔大隈村枝大隈町、大隈〕　4-56, 4-58, 5-222, 5-312
大﨑村　4-59, 5-231
大瀬村　4-63
大塚村　4-58
大庭村　4-58, 5-230, 5-312
大庭村枝下大庭村六本松　4-58
大保村　4-59, 5-223, 5-231
大曲坂　5-222
岡田村　4-59
小郡町　4-59, 5-231, 5-313
小島村　4-59, 5-231
小竹村　4-57, 4-60
小田村　4-58
乙隈村　4-59, 5-223, 5-231, 5-313
柿原村　4-58, 5-222, 5-231, 5-312
香椎村　4-60, 5-223, 5-313
風早　4-62
堅粕村　4-60, 5-223
堅粕村辻　4-60
堅粕村西堅粕　4-60
堅粕村馬出村〔馬出〕　4-60, 5-313
片島村　4-56, 5-222, 5-312
片縄村　4-60, 4-62, 5-223, 5-313
片縄村内田　4-60, 4-62
片縄村谷口　4-62
勝野村　4-56, 5-222, 5-312
勝野村枝小竹　4-56
勝馬村　4-61
金國村畑　4-56
金武村　4-61, 4-63, 5-223, 5-313
金武村都地　4-61, 4-63
金武村西山　4-63
金武村妙見﨑　4-61, 4-63
金隈村　4-57, 4-60
鎌﨑村　4-58
上秋月村　4-58, 5-222, 5-230
上秋月村　4-58
上秋月村日向石　4-58
上秋月村松丸　4-58
上岩田村枝松﨑町○　4-59, 5-231
上浦村　4-58, 5-231
上浦村葛原　4-59
上小副川村　4-63
上謦固村　4-60, 4-62
上下村　4-56
上高橋村　4-59
上高場村〔高場〕　4-59, 5-313
上高場村大刀洗　4-59
上高場村山隈村〔上高場村〕　4-59, 5-223, 5-231
上月隈村　4-57, 4-60
上月隈村七島〔上月隈村〕　4-60, 5-223
上山田村　4-56, 4-58, 5-222, 5-312
上山田村猪ノ鼻　4-56
上杠山村薊佐古　4-63
上杠山村中村　4-63
上杠山村原〔上杠山村、上杠山〕　4-63, 5-223, 5-231, 5-313
上杠山村宮口　4-63
上和白村　4-60, 5-223
唐泊浦　4-61, 5-233, 5-313
苅萱関跡　4-59, 4-62
川島村　4-56
川津村　4-56, 5-222, 5-312
瓦田村　4-57, 4-59, 4-60, 4-62, 5-223
瓦田村釜蓋原　4-57, 4-59, 4-60, 4-62
観世音寺村　4-59, 4-62, 5-233
北浦　4-61
地谷村〔北谷村〕　4-57, 4-59, 5-223
北谷村只越　4-57, 4-59, 4-62
城戸村　4-59, 4-62, 5-223, 5-231, 5-313
城戸村白坂　4-59, 4-62
久保畑　4-58
隈江村　4-58, 5-222, 5-231, 5-312
栗田村　4-59, 5-222, 5-231, 5-313
栗田村阿弥陀峯　4-59
栗田村當所村　4-59
栗田村森山　4-59
車道村　4-59, 4-62
九郎丸村　4-56, 5-222
桒原村　4-58, 5-231, 5-312
小石原道　5-222, 5-230
小板井村　4-59, 5-231, 5-313
幸袋村　4-56, 5-222, 5-312
古賀村　4-58, 5-231
五箇山村　4-62, 5-223, 5-231, 5-313
五箇山村大野　4-62
五箇山村桒河内村　4-62
五箇山村東小河内村　4-62
五箇山村道十里村　4-62
国分村　4-57, 4-59, 4-60, 4-62
国分村国分町〔国分村、國分〕　4-59, 4-62, 5-223, 5-313
国分寺　4-57, 4-59, 4-60, 4-62
五十川村　4-60
小田村　4-61, 5-233, 5-313
才田村　4-56, 4-58
坂本村関屋〔坂本〕　4-59, 4-62, 5-313
早良郡　4-60, 4-63
塩濱　4-60
塩原村　4-60, 5-223, 5-313
塩原村潮煮塚　4-60
志賀島村☆　4-61, 5-223
四箇村　4-61, 4-63, 5-223, 5-313
重留村　4-63
下淵村　4-58, 5-222, 5-231, 5-312
下見村　4-59, 5-223, 5-231, 5-313
志登村　4-61, 5-233
篠熊村〔篠隈村〕　4-59, 5-223, 5-231
清水村　4-60
下秋月村　4-58, 5-222, 5-230
下秋月村河内　4-58
下岩田村　4-59, 5-231
下浦村　4-59, 5-231, 5-312
下浦村石原　4-58
下大利村　4-59, 4-62, 5-223, 5-313
下日佐村　4-60, 4-62
下原村　4-57, 4-60, 5-313
下原村枝秋山町　4-60
下原村枝唐原　4-60
下原村平山　4-57, 4-60
下原村馬立　4-57, 4-60
下益村　4-56, 4-58, 5-222, 5-312
下山門村　4-61, 5-223, 5-313
下和白村　4-60, 5-223
下和白村三笘村　4-60
目尾村　4-56, 5-222, 5-312
目尾村奈木野　4-56
宿村　4-59, 4-62
寿命村新茶屋〔寿命村〕　4-56, 5-222
庄村　4-61, 5-223
白木原村　4-57, 4-59, 4-60, 4-62, 5-223
次郎丸村　4-61, 4-63, 5-223, 5-313
次郎丸村川原　4-61
新田村　4-56
須川村　4-58

周舩寺村　4-61, 5-223, 5-313
炭焼村　4-57, 4-60, 5-223, 5-313
炭焼村原田　4-57, 4-62
住吉村　4-60, 5-223
関門跡　4-59, 4-62
關屋村　4-63
瀬戸村　4-56, 5-222, 5-312
千手村　4-58, 5-222, 5-231, 5-312
千手村夫婦石　4-58
千里村　4-61
俗名院村　4-59, 4-62
曽根田村　4-59, 5-223, 5-231, 5-313
曽根田村大膳松　4-59
麁原村西新田〔麁原村、麁原〕　4-60, 5-223, 5-313
大力村井出ノ上　4-56, 4-58
大力村北迫　4-58
大力村笹原〔大力村、大力〕　4-58, 5-222, 5-312
大力村柴原　4-58
大力村野鳥　4-58
髙田村　4-61, 5-223, 5-313
髙宮村清水村大木　4-60
髙宮村樋口〔髙宮村〕　4-60, 5-223
宰府村○☆　4-59, 4-62, 5-233
宰府村松川　4-57, 4-59, 4-62
田尻村　4-61, 5-233
田尻村枝今出村〔今出〕　4-61, 5-313
田代宿○　4-59, 4-62, 5-231
田代村　4-58, 5-222, 5-230, 5-312
田代村☆　4-59, 4-62, 5-231, 5-313
忠隈村　4-56, 5-222
多田羅村　4-60, 5-223, 5-313
多田羅村須崎　4-60
立岩村　4-56
谷村　4-61, 5-313
谷村今宿○　4-61, 5-223
田村　4-61, 4-63, 5-223, 5-313
田村貞島☆　4-61, 4-63
太郎丸村　4-56, 5-222, 5-312
太郎丸村天道　4-56
筑紫村　4-59, 5-223, 5-231, 5-313
長者町村　4-59, 5-223, 5-231
千代松原　4-60
千代丸村　4-58, 5-222, 5-231, 5-312
津島村　4-56
筒井村　4-60, 4-62, 5-223, 5-313
筒井村雑餉隈　4-57, 4-59, 4-60, 4-62
堤村　4-58, 5-222, 5-231
天神　5-313
土居村　4-56, 5-222, 5-312
土居村浦原　4-56
東光寺村　4-60, 5-223, 5-313
東光寺村長沼　4-60
道善村　4-62, 5-223, 5-313
道善村惠子　4-62
通古賀村　4-59, 4-62, 5-223
砥上村　4-59
徳前村　4-56, 5-222, 5-312
徳永村　4-61, 5-223, 5-313
徳永村北原　4-61
徳淵村　4-58
鳥栖村　4-59, 4-62, 5-231
都府樓旧跡　4-59, 4-62, 5-233
泊り村　4-61
鳥飼村　4-60, 5-223, 5-313
頓田村　4-58, 5-222, 5-231
永岡村　4-59, 4-62, 5-223, 5-231, 5-313
長尾村　4-56, 5-222, 5-312
中島　4-60
中島田村　4-58, 5-231, 5-312
仲島村　4-57, 4-59, 4-60, 4-62, 5-223, 5-313
中園村鎌頭　4-63
中園村　4-63, 5-223, 5-231, 5-313
中園村今原　4-63
長野村　4-59, 4-62, 5-223, 5-231
長野村今町　4-59, 4-62
長野村久保田　4-59, 4-62
中原村　4-60
中牟田村　4-59, 5-223, 5-231
中牟田村枝石櫃村　4-59
中村　4-56, 5-222, 5-312
仲村　4-62
那珂村　4-60, 5-223, 5-313
永吉村　4-59, 4-62, 5-231, 5-313
永吉村赤坂　4-59, 4-62
名島村　4-60, 5-223
名島村内堀　4-60
奈多浦　4-60, 5-223, 5-313
鯰田村　4-56
南面里村　4-62
南面里村上面里　4-62
奈良田村　4-59, 4-62, 5-231, 5-313
楢原村　4-58, 5-222, 5-231
竹成〔成竹〕村　4-62
竹成〔成竹〕村寺倉　4-62
西油山村　4-61, 4-63
西入部村　4-63
西浦　4-61, 5-233, 5-313
西浦村　4-61, 5-233
西小河内村大野〔西小河内村〕　4-62, 5-223, 5-231
西小田村馬市〔西小田村〕　4-59, 5-223, 5-231
西隈村　4-62, 5-223, 5-313
西隈村立花木　4-62
西新村　5-223
西津留村　4-58, 5-222, 5-230, 5-312
西郷村　4-56, 5-222, 5-312
西郷村枝上西郷　4-56, 4-58
西郷村光代　4-56
西郷村作出　4-56
残島　4-61, 5-233
残島浦　4-61
野多目村　4-60, 4-62, 5-223, 5-313
野中新田　5-222, 5-231
野間村　4-60, 5-223, 5-313
博多津○　4-60, 5-223, 5-313
箱崎村　5-223
箱崎村箱崎宿○☆〔箱崎〕　4-60, 5-313
箱崎村原田　4-60
土師村　4-56, 5-222, 5-312
土師村取平　4-56
長谷山川　5-222, 5-231
長谷山村　4-58, 5-222, 5-231
波多江村　4-61, 4-63, 5-223, 5-313
波多江村西沖　4-61, 4-63
幡崎村　4-59, 4-62, 5-231, 5-313
畑島村　4-59, 5-222, 5-231, 5-313
羽根戸村　4-61, 4-63
濱男村☆　4-60, 5-223, 5-313
濱崎浦　4-61, 5-233
原村　4-59
原村　4-61, 5-223, 5-313
原村着牟田　4-61
原村登縄　4-61
原村水町　4-61
針摺村　4-59, 4-62, 5-313
針摺村枝石嵜村〔針摺村〕　4-59, 4-62, 5-223
針摺村針摺町　4-59, 4-62
原上村　4-60, 5-223
原田村○☆　4-59, 4-62, 5-223, 5-231, 5-313
原田村上原田　4-59, 4-62
原村　4-59, 4-62, 5-231
春吉村　4-60, 5-223
日池山村　4-63, 5-231, 5-313
比恵村　4-60, 5-313
北〔比〕恵村作出　4-60
東入部村　4-63
東小田村　5-223, 5-231, 5-313
東隈村　4-62
東千手村　4-58, 5-222
東千手村芥田　4-56, 4-58
東千手村千手新町○〔千手〕　4-56, 4-58, 5-222, 5-312
東松瀬村柚木　4-63
干潟村　4-59, 5-223, 5-231, 5-313
久光村　4-59, 5-222, 5-231
久光村阿弥陀峯　4-59
姫方村　4-59, 4-62, 5-231
平尾村　4-60
平尾村　4-60, 5-223
平尾村枝雀居　4-60
平尾村向田　4-60
平塚村　4-56, 5-222, 5-312
平塚村堪竹　4-56
平常村　4-56
比良松村　4-58, 5-230
弘浦　4-61, 5-223
吹上村　4-59, 5-223, 5-231, 5-313
福岡（松平備前守居城）☆⏃〔福岡〕　4-60, 5-223, 5-313
二日市村○　4-59, 4-62, 5-223, 5-313
不入道村　4-62, 5-223, 5-231, 5-313
古飯村　4-59, 5-231, 5-313
古江村　4-58
別所村　4-62, 5-223, 5-313
別所村井尻村　4-62
別府村　4-60
佛坂　5-222, 5-231
堀池村　4-56, 5-222, 5-312
本郷村本郷町○　4-59, 5-231
曲淵村☆　4-63, 5-223, 5-313
馬田村　4-59, 5-231, 5-312
馬田村三軒屋　4-58
松尾村　4-63
松崎町薬師町〔松崎〕　4-59, 5-313
松崎村　4-60, 5-223, 5-313
松嵜村今屋敷　4-60
松延村　4-59, 5-223, 5-231, 5-313
松延村西　4-59
豆田村　4-56, 5-222, 5-312
三代村　4-60, 5-223, 5-313
水城村　4-57, 4-59, 4-62, 5-223
水城村水城町　4-57, 4-59, 4-60, 4-62
三瀬山村○☆　4-63, 5-223, 5-231, 5-313
三瀬山村峠新村　4-63
三奈木村　4-58, 5-230
三奈木村河原　4-58
三奈木村長畑　4-58
三並村　4-59
三花寺村　5-223
三牟田村　4-59
宮浦　4-61, 5-233, 5-313
宮浦村　4-59, 4-62, 5-223, 5-231
宮浦村　4-61, 5-233
宮浦村秋光　4-59, 4-62
宮浦村木山口　4-59, 4-62
宮浦村深底　4-59, 4-62
三宅村　4-60, 4-62, 5-223
三宅村堂原　4-60, 4-62
宮野村下比良松〔宮野村、宮野〕　4-58, 5-230, 5-312
女原村　4-61, 5-233
麦野村　4-60, 4-62, 5-223, 5-313
麦野村捻藤町　4-60, 4-62
武蔵村（温泉）　4-59, 4-62
紫村　4-59, 4-62, 5-223
姪濱浦　4-61, 5-223, 5-313
姪濱村○　4-61, 5-223
姪濱村愛宕下　4-61
免村　4-61, 4-63
持丸村　4-58, 5-222, 5-231, 5-312
持丸村三本松　4-58
元岡村　4-61, 5-233
諸田村　4-59, 4-62, 5-223, 5-231
尾形原村　4-58, 5-222, 5-230
尾形原村城原　4-58
藥院村　4-60, 5-223
柳橋村　4-56, 5-222, 5-312
八幡　5-223
山家村○　4-59, 5-223, 5-231, 5-313
山家村浦野下　4-59
山家村茶屋ヶ原　4-59
山隈村　4-59, 5-223, 5-231
山田村　4-57, 4-59, 4-60, 4-62, 5-223
山田村　4-62, 5-223, 5-231, 5-313
山田村寺山田　4-62
山中村　4-63
山見村　4-58, 5-222, 5-230, 5-312
彌山村〔弥山村、弥山〕　4-56, 4-58, 5-222, 5-312
弥山村名〔君〕ヶ畠　4-56, 4-58
弥山村割石　4-56, 4-58
柚比村　4-59, 4-62, 5-223, 5-231
柚比村今町　4-59, 4-62
弓坂峠　5-222
横田村　4-56
横手村　4-60, 4-62
横濱浦　4-61, 5-233
吉隈村　4-56
依井村　4-58, 5-222, 5-231, 5-313
依井村枝野中新田○〔依井村〕　4-59, 5-222, 5-231
来春村　4-58, 5-231
樂市村　4-56, 5-222, 5-312
立花寺村　4-57, 4-60, 5-313
老司村　4-60, 4-62, 5-223, 5-313
老司村古屋敷　4-60, 4-62
六本松村　4-60
若江村　4-59
和田村　4-60, 4-62
和田村新家　4-60, 4-62

【社寺】

荒穂神社　4-59, 4-62, 5-223, 5-231, 5-313
生神社　4-61
延寿王院　4-59, 4-62

於保奈牟智神社　4-58
香椎宮　4-60, 5-223
観世音寺　4-59, 4-62
櫛田宮☆　4-60
産宮　4-57, 4-60
志賀神社　4-61
志度神社〔志登神社〕　4-61, 5-233, 5-313
住吉社　4-60
千手寺　4-58
筑紫神社　4-59, 4-62
天満宮　4-59, 4-62
宝満宮竈門神社　4-57, 4-59
御勢大昊石神社〔大霊石神社〕　4-59, 5-223, 5-231
妙楽寺　5-222
八幡社　5-223

【山・峠】

赤藪山　5-222, 5-230
愛宕山　4-57, 4-59
油山　4-63
天山　4-59
荒平古城山　4-63
飯盛山古城　4-61, 4-63
石谷山　4-62
一ノ岳（古城跡）　4-62
猪膝山　4-56
岩戸山　5-223, 5-231
岩屋城　4-57, 4-59, 4-60, 4-62
牛首山　4-62
牛原山　4-59, 4-62
後野山　4-62
馬見山　4-58, 5-222
大瀬山　4-63
大太子山　4-57, 4-60
乙金山　4-57, 4-59, 4-60, 4-62
笠木山　4-56
笠城山　5-222
香椎山　4-57, 4-60
片山古城　4-58
金國山　4-56
金里山　5-222
加納山　4-61, 4-63
竈門山　4-57, 4-59
上ノ原山　4-61, 4-63
亀尾峠　4-62
烏尾山　4-56
唐泊山　4-61
唐山　4-57, 4-59, 4-60, 4-62
基肄山　4-59, 4-62
木生山　4-59, 4-62
木丸山　4-57, 4-60
九千部山　4-62
草場山　4-61
国見山　4-57, 4-59, 4-60, 4-62
車地山　4-59, 4-62
河内山　4-62
古城　4-56
古所山　4-58, 5-222, 5-312
四王子山　4-57, 4-59, 4-60, 4-62
十石山　4-58
冷水峠　4-59, 5-222
障子嶽　4-57
白坂峠　4-58, 5-222
白岳　4-57, 4-60
新谷山　4-63
炭焼山　4-57, 4-59, 4-60, 4-62
背振越峠　4-62, 5-231
背振山　5-223, 5-231, 5-313
大ノ尾山　4-59, 4-62
大方山　5-223
髙鳥居山　4-57, 4-60
田代山　4-62
多田山　4-56
鳥宝山　5-222
杖立峠　4-63
天判山　4-59, 4-62
戸石山　5-222, 5-230
鳥尾山　4-59, 4-62
鳥水山　4-58
茄子松古城　4-58
根地岳　4-59
萩原山　4-59, 4-62
畑瀬山　4-63
蛤岳　4-63
毘沙門山　4-61
屏風山　4-58, 5-222
普賢山　4-57, 4-59, 4-60, 4-62
分銅山　4-61
宝満山　5-223, 5-313
本陣草山　4-59, 4-62
益留古城　4-56, 4-58
妙楽寺山　4-57
目配山　4-58
持丸山　4-58
矢岳　4-58
雪山　5-231
柚比山　4-59, 4-62
横山峠　5-222
米ノ山　4-59
竜神山　4-62
若杉山　5-223

【河川・湖沼】

逢染川（思川）　4-57, 4-59, 4-62
芥川　5-222
當方川　4-61
甘水川　4-58, 5-222, 5-231
今川　4-60
内野川〔内ノ川〕　4-56, 5-222
潤川〔潤〕　4-61, 5-313
小川　4-59
小川　4-62
小田川　5-223, 5-231
嘉麻川　4-56, 4-58, 5-222
早良川　4-61, 5-223
篠隈川〔シノクマ川〕　4-59, 5-231
柴田川　4-59
下見川　4-57, 4-59
十郎川　4-61
四郎五郎川　4-62
周舩寺川　4-61
瀬戸川　4-56
千手川　5-222
大根川　5-222, 5-230
多田羅川　4-60, 5-223
太刀洗川　4-59
太郎丸川　4-61
ツメタ川　4-60
砥上川　4-59, 5-223, 5-231
那珂川　4-60
七寺川　4-61
箱﨑川　4-60
原田川　4-57, 4-60
原田川　4-60
比恵川　4-60
藤﨑川　4-61
前川　4-57, 4-59, 4-60, 4-62
山口川　5-222
山田川　4-56, 5-222
米出川　4-60

【岬・海岸】

荒﨑　4-61
荒津﨑　4-60
荒戸波止　4-60, 5-223
大﨑　4-61
黒﨑　4-61
城ケ﨑　4-61
タヲサ鼻　4-60, 5-223
長垂岬　4-61
西浦岬　4-61, 5-233
白鳥岬　4-61
帆柱石　4-60, 5-223
道﨑　4-60
妙見岬　4-61

【島】

鵜来嵜　4-60
沖津島〔沖ツシマ〕　4-61, 5-223, 5-313
黒セ〔クロセ〕　4-61, 5-233
玄海島〔玄界島〕　4-61, 5-233, 5-313
サクシマ　5-223
志賀島　4-61, 5-223, 5-313
釈迦牟尼島〔シヤカムニシマ〕　4-61, 5-223, 5-313
宝島（アンケン島）〔宝シマ〕　4-61, 5-233
立岩　4-61, 5-233
机島〔机シマ〕　4-61, 5-223
虎島〔トラシマ〕　4-61, 5-223
中瀬〔中ノセ〕　4-61, 5-223
名島　5-313
柱島〔柱シマ〕　4-61, 5-233, 5-313
三ツ濱〔ミツセ〕　4-60, 5-223
妙見島　4-60, 5-223

第188号 佐賀・久留米

【国名】

筑後國　4-65, 4-66, 4-69
肥前國　4-65, 4-66, 4-67, 4-69

【郡名】

生葉郡　4-64, 5-230
小城郡　4-67, 4-69
上妻郡　4-65, 4-66, 4-68, 5-231, 5-313
神嵜郡　4-66, 4-67, 4-69, 5-231, 5-313
神埼郡
基肄郡　4-65, 4-66, 5-231
佐嘉郡　4-67, 4-69, 5-231, 5-313
下妻郡　4-65, 4-66, 4-68, 5-231, 5-313
竹野郡　4-64, 5-230, 5-312
御井郡　4-64, 4-65, 4-66, 5-313
三池郡　4-68, 5-231
三（御）瀦郡　4-65, 4-66, 4-67, 4-68, 4-69, 5-231, 5-313
三根郡　4-65, 4-66, 5-231, 5-313
御原郡　4-64, 4-65, 4-66
養父郡　4-65, 4-66, 5-231, 5-313
山門郡　4-68, 4-69, 5-231, 5-313
山本郡　4-64, 4-65, 5-231

【地名】

明石田村　4-64, 5-230, 5-312
秋松村〔秋松〕　4-65, 4-66, 4-68, 5-313
秋松村秋松新町　4-65, 4-66, 4-68
秋松村原〔秋松村〕　4-65, 4-66, 4-68, 5-231
朝田村　4-64, 5-230, 5-312
朝田村池田　4-64
朝田村折敷町　4-64
朝田村楠　4-64
朝田村中河原　4-64
朝日村　4-68, 5-231
阿志岐村　4-65, 4-66, 5-231
阿志岐村母〔安〕居野　4-65, 4-66
阿志岐村栗林　4-65, 4-66
阿志岐村野口　4-65, 4-66
姉川村　4-67
姉村　4-67, 5-231, 5-313
網干村　4-67, 4-69, 5-231
荒瀬村　4-65, 4-66, 5-231
有重村〔有重〕　4-67, 4-69, 5-231, 5-313
飯田村　4-65, 5-231
飯田村　4-65, 4-66
飯田村善導寺門前　4-65
石浦村〔石浦〕　4-64, 5-231, 5-313
石貝村〔石貝〕　4-65, 4-66, 5-231, 5-313
石崎村　4-65, 4-66, 5-231, 5-313
石嵜村渡　4-65, 4-66
石塚村　4-67, 4-69, 5-231
石人形　4-65, 4-66, 4-68, 5-231
一条村〔一条〕　4-65, 4-66, 4-68, 5-231, 5-313
一条村枝盛徳村　4-65, 4-66, 4-68
市上村　4-65, 4-66, 5-231
井手上村　4-68, 5-231
稲嵜村　4-64
稲冨村　4-65, 4-66, 4-68, 5-231
犬井堂村〔犬井堂〕　4-69, 5-231, 5-313
今古賀村　4-67, 5-231
今古賀村　4-68, 5-231
今寺村〔今寺〕　4-68, 5-231, 5-313
今福村　4-68, 5-231, 5-313
今村　4-64, 5-231
今山村　4-65, 5-231
今山村　4-67
入地村　4-64
岩古賀村　4-65, 4-66, 4-68, 5-231
岩津村　4-68, 5-231
岩津村田代　4-68
岩光村　4-64, 5-230
上野町○〔上野〕　4-65, 4-66, 5-231, 5-313
鵜池村　4-65, 4-66, 4-68, 5-231
瓜生野町　4-65, 4-66
瓜生野村轟木町○〔瓜生野〕　4-65, 4-66, 5-231, 5-313
江上村　4-67, 4-69
江口村　4-64, 5-231
江熊野村〔江熊野〕　4-67, 5-231, 5-313
繪下古賀村　4-68, 5-231
枝光村　4-65, 4-66, 5-231, 5-313
枝光村　4-69, 5-231
江戸村　4-65, 5-231
江浦町村　4-68, 5-231
江浦村　4-68, 5-231
江浦村北分　4-68
榎津村○〔榎津町〕　4-67, 4-69, 5-231
榎津村枝向島村若津町⚓〔若津町、向島〕　4-67, 4-69, 5-231, 5-313
江向村　4-65, 4-66
恵理村　4-64
小江村　4-64
大石村　4-65, 4-66, 5-231
大石村〔大石〕　4-67, 5-231, 5-313
大犬塚村〔犬塚〕　4-65, 4-66, 4-68, 5-231, 5-313
大犬塚村下町　4-65, 4-66, 4-68
大城村　4-65, 5-231
大城村舩場　4-65
大久保村　4-67
大隈村　4-65, 4-66, 5-231
大坂井村　4-69, 5-231
大角町　4-65, 4-66, 4-68, 5-231
大角村〔大角〕　4-65, 4-66, 4-68, 5-231, 5-313
大多久間村　4-69, 5-231, 5-313
大竹村　4-68, 5-231
大塚村　4-68, 5-231
大堂村　4-67, 4-69
大野シマ　5-231
大野島　4-67, 4-69, 5-231, 5-313
大野村〔大野〕　4-67, 4-69, 5-231, 5-313
大村　4-64, 5-230, 5-312
大村　4-67
大依村〔大依〕　4-67, 5-231, 5-313
岡本ケ里村〔岡本ケ里〕　4-67, 5-231, 5-313
小坂村〔小坂〕　4-64, 5-313
長島村　4-68, 5-231
尾島村　4-68, 5-231
小田村　4-68, 5-231, 5-313
小田村唐尾　4-68
乙南里村〔乙南里〕　4-67, 5-231, 5-313
織嶋ケ里村〔織嶋ケ里〕　4-67, 5-313
織嶋ケ里村今市〔織嶋ヶ里村〕　4-67, 5-

231
織島ケ里村西古賀　4-67
織島ケ里村東古賀　4-67
快万村〔快万〕　4-67, 4-69, 5-231, 5-234, 5-313
快万村久富☆　4-67, 4-69
鏡村　4-65, 5-231
鏡村宮司　4-64
掛赤村　4-65, 4-66, 5-231
片延村　4-64
門上村　4-64, 5-231, 5-312
門上村田主丸町　4-64
金丸村〔金丸〕　4-67, 4-69, 5-231, 5-234, 5-313
金本村　4-64
兼木村　4-69, 5-231
蒲田江村　4-67, 4-69, 5-231
蒲田江村材木町　4-67, 4-69
蒲原村　4-65, 4-66, 4-68, 5-231
蒲船津村　4-68, 5-231
上小川村　4-68, 5-313
上小川村築廻〔上小川村〕　4-68, 5-231
上木佐木村〔上木佐木〕　4-68, 5-231, 5-313
上古賀村　4-64
上塩塚村　4-68, 5-231
上高橋村〔高橋〕　4-65, 5-231, 5-313
上里外村　4-67, 4-69, 5-231
亀山村　4-64
蒲生村〔蒲生〕　4-68, 5-231, 5-313
蒲生村下田　4-68
唐嶋村　4-64
川上村☆〔川上〕　4-67, 5-231, 5-313
川崎村　4-67, 4-69
神崎町○☆〔神崎〕　4-67, 5-231, 5-313
金納村　4-68, 5-231
上八院村〔上八院〕　4-66, 4-68, 5-231, 5-313
北島村　4-67, 4-69
北新開村　4-68, 5-231
北田村　4-68, 5-231, 5-313
北田村山下町　4-68
北ノ關村〔北関村、北関〕　4-68, 5-231, 5-313
北廣田村　4-68, 5-231
北村　4-67, 5-313
北村駄市河原○　4-67, 5-231
木塚村　4-65
久郎原村〔久郎原〕　4-68, 5-231, 5-313
行徳村　4-64
京隈村　4-65, 4-66, 5-231, 5-313
清宗村　4-64, 5-230
久々原村　4-69, 5-231
久々原村八家　4-69
久喜宮村　4-64
草葉村　4-68, 5-231, 5-313
草場村〔草場〕　4-67, 4-69, 5-231, 5-313
櫛原村　4-65, 4-66, 5-231, 5-313
櫛原村枝淵上　4-65, 4-66
楠田村　4-68, 5-231
楠田村渡瀬　4-68
口高村　4-64, 5-231, 5-312
窪田村〔窪田〕　4-67, 4-69, 5-231, 5-234, 5-313
神代村　4-65, 4-66, 5-231, 5-313
隈上村　4-64, 5-230, 5-312
隈村　4-68, 5-231
藏數村〔藏數〕　4-65, 4-66, 4-68, 5-231, 5-313
倉永村山下〔倉永村、倉永〕　4-68, 5-231, 5-313
藏成村　4-64, 5-230
藏上村〔藏上〕　4-65, 4-66, 5-231, 5-313
藏八村　4-64, 5-230, 5-312
久留米（有馬玄蕃頭居城）☆　4-65, 4-66, 5-231, 5-313
久留米瀬下町〔瀬下〕　4-65, 4-66, 5-313
黒土村〔黒土〕　4-65, 4-66, 4-68, 5-231, 5-313
小犬塚村　4-65, 4-66, 4-68, 5-231
小犬塚村茶屋　4-65, 4-66, 4-68
戀ノ段村　4-65, 4-66, 5-231
戀ノ段村冨安　4-65, 4-66
光勝寺村〔光勝寺〕　4-65, 4-66, 5-231, 5-313
上津荒木村〔上津荒木〕　4-65, 4-66, 5-231, 5-313
上津荒木村二軒茶屋　4-65, 4-66
神野村　4-67
高良内村〔高良内〕　4-65, 4-66, 5-231, 5-313
高良内村下川原　4-65, 4-66
高良村　4-65, 4-66
古賀村　4-64, 5-230
古賀村　4-69, 5-231, 5-313
古賀村　4-68, 5-231
古賀村古賀茶屋〔古賀村〕　4-65, 4-66, 5-231
國分村　4-65, 4-66, 5-231
國分寺村　4-65, 4-66, 5-231, 5-313
小篭村〔小篭〕　4-69, 5-231, 5-313
小坂井村　4-69, 5-231
五拾町村〔五十町村〕　4-68, 5-231
小保村○☆　4-67, 4-69, 5-231
小保村住吉　4-67, 4-69
古毛村　4-64, 5-230
古毛村三島　4-64
五郎丸村　4-65, 4-66
幸津村〔幸津〕　4-65, 4-66, 5-231, 5-313
西野ケ里村〔西野ケ里〕　4-67, 5-231, 5-313
在力村　4-68, 5-231, 5-313
佐嘉（松平肥前守居城）○☆　4-67, 4-69, 5-231, 5-313
酒井田村　4-68, 5-231, 5-313
境原町○〔境原〕　4-67, 5-231, 5-313
坂井村　4-64, 5-313
酒井村　4-65, 4-66, 5-231
坂本村〔坂本〕　4-66, 5-231, 5-313
坂本村中尾　4-66
崎ケ江村〔崎ケ江〕　4-69, 5-231, 5-313
指出村　4-64, 5-231
四拾町村〔四十町村〕　4-68, 5-231, 5-313
志床村　4-64, 5-231
島堀切村　4-68, 5-231
嶋村　4-64
下飯盛村〔下飯盛〕　4-67, 4-69, 5-231, 5-313
下飯盛村住吉村☆　4-67, 4-69
下梅野山村井手原　4-67
下梅野山村下田　4-67
下梅野山村原☆〔下梅野山村、下梅野山〕　4-67, 5-231, 5-313
下小川村　4-68, 5-231
下小川村鬼木　4-68
下嘉瀬村〔下嘉瀬〕　4-67, 4-69, 5-231, 5-313
下嘉瀬村中原　4-67, 4-69
下熊川村井手野　4-67
下熊川村内野　4-67
下熊川村中原　4-67
下熊川村八田原　4-67
下古賀村　4-64
下古賀村　4-67, 4-69, 5-231
下塩塚村〔塩塚〕　4-68, 5-231, 5-313
下高橋村〔高橋〕　4-65, 5-231, 5-313
下津毛村〔下津毛〕　4-66, 5-231, 5-313
下久末村　4-68, 5-231
下百町村　4-68
下弓削村　4-65, 4-66, 5-231
十條村〔十條〕　4-67, 5-231, 5-313
十郎丸村　4-65, 4-66, 5-231, 5-313
修理田村　4-67
松門寺村　4-64
城力村　4-64
白壁村〔白壁〕　4-65, 4-66, 5-231, 5-313
白壁村座主野　4-65, 4-66
四郎丸村　4-64, 5-231
志波村　4-64, 5-312
志波村志波町○　4-64, 5-230
新田村　4-64, 5-231
陣内村　4-64, 5-230, 5-312
末永村　4-64, 5-230, 5-312
須川村來光寺〔須川村、須川〕　4-64, 5-230, 5-312
菅村　4-64, 5-230, 5-312
諏訪村　4-64
瀬高上庄町村　4-68
瀬高上庄町村三軒屋　4-68
瀬高上庄町村瀬髙○☆〔瀬高〕　4-68, 5-313
瀬高下庄村　4-68
瀬高町　5-231
千光寺村　4-65
惣座村惣座宿○〔惣座村、惣座〕　4-67, 5-231, 5-313
寒水村〔寒水〕　4-65, 4-66, 5-231, 5-313
曽根﨑村　4-65, 4-66, 5-231
染村　4-64, 5-231, 5-313
大慶寺村　4-64
大善寺村　4-65, 4-66, 5-231
大善寺村橋口　4-65, 4-66
太郎原村〔太郎原〕　4-65, 5-231, 5-313
高保村〔高保〕　4-67, 4-69, 5-231, 5-313
高木村〔高木〕　4-67, 5-231, 5-313
高木村上高木　4-67
高木村河原　4-67
高木村下高木　4-67
高島村　4-65, 5-231
高田村　4-65, 4-66, 5-231, 5-313
高田村北古賀　4-65, 4-66
高太郎村　4-67, 4-69, 5-231
高塚村　4-65, 4-66, 4-68, 5-231
鷹尾村　4-68, 5-231
鷹尾村芝原〔鷹尾村〕　4-68, 5-231
鷹尾村辨天開　4-68
高畠村　4-68, 5-231
高畑村〔高畑〕　4-65, 5-231, 5-313
高平村　4-67, 4-69
田ケ里村　4-67
田川村〔田川〕　4-65, 4-66, 4-68, 5-231, 5-313
田口村　4-69, 5-231
竹井村　4-68, 5-231, 5-313
竹井村野町　4-68
多々連村　4-64
立山村　4-68, 5-231
立山村日當　4-68
竜野村　4-68
田手村〔田手〕　4-66, 5-231, 5-313
田手村吉野ケ里　4-67
田中村〔田中〕　4-67, 4-69, 5-231, 5-313
田主丸村田主丸町○〔田主丸〕　4-64, 5-230, 5-312
垂見村〔垂見〕　4-68, 5-231, 5-313
中徳村　4-64, 5-230
千栗村　4-65, 4-66, 5-231
堤村　4-66, 5-231
常持村　4-64, 5-231
恒安村〔恒安〕　4-67, 4-69, 5-231, 5-234, 5-313
津福村〔津福〕　4-65, 4-66, 5-231, 5-313
坪上村〔坪上〕　4-67, 5-231, 5-313
津村　4-67, 4-69, 5-231
津遊村　4-65
鶴田ケ里村〔鶴田ケ里〕　4-67, 5-231, 5-313
鶴田村〔鶴田〕　4-68, 5-231, 5-313
鶴田村植松　4-68
寺井村○　4-67, 4-69, 5-231
道海嶋　4-67, 4-69
東野ケ里村　4-67, 4-69, 5-231
東野ケ里村大橋　4-67, 4-69
徳童村　4-64, 5-230
徳冨村〔徳冨〕　4-67, 4-69, 5-231, 5-313
徳久村〔徳久〕　4-65, 4-66, 4-68, 5-313
德益村　4-68, 5-231
德萬村〔徳万村、徳万〕　4-67, 4-69, 5-231, 5-234, 5-313
德万村枝快万村　4-67
土甲呂町　4-65, 4-66, 4-68, 5-231
土甲呂村〔土甲呂〕　4-65, 4-66, 4-68, 5-231, 5-313
戸田村〔戸田〕　4-67, 5-231, 5-313
鳥巣村　4-65
中古賀村〔中古賀〕　4-66, 4-69, 5-231, 5-313
中嶋村　4-68, 5-231
長瀬村〔長瀬〕　4-67, 5-231, 5-313
長瀬村五領　4-67
長瀬村三本松　4-67
長瀬村福田　4-67
中津江村　4-66, 5-231
中津隈村　4-65, 4-66, 5-231
中原村〔中原〕　4-67, 4-69, 5-231, 5-313
中原村　4-68, 5-231, 5-313
中原村新村　4-67, 4-69
中原村南松　4-68
中村　4-65, 4-66, 5-231
中矢加部村　4-68, 5-231
中山村〔中山〕　4-68, 5-231, 5-313
名乗関　4-64
西石動村〔西石動〕　4-66, 5-231, 5-313
西尾村〔西尾〕　4-65, 4-66, 5-231, 5-313
南金納村　4-69, 5-231
西久留米　4-65, 4-66, 5-231, 5-313
西濃施村〔濃施〕　4-68, 5-231, 5-313
西牧村〔牧村〕　4-64, 5-231, 5-312
西松瀬山村井手　4-67
西松瀬山村三反田○〔西松瀬山〕　4-67, 5-313
蜷川村　4-64, 5-230, 5-312
怒田村　4-64, 5-230
野田村　4-68, 5-231, 5-313
野中村東久留米〔東久留米野中村〕　4-65, 4-66, 5-231
野町村　4-65, 4-66, 4-68, 5-231, 5-313

野町村二本松　4-65, 4-66, 4-68
灰塚村　4-64
羽犬塚村○〔羽犬塚〕　4-65, 4-66, 4-68, 5-231, 5-313
間村　4-69, 5-231
蓮池(鍋島甲斐守在所)　4-67, 4-69, 5-231, 5-313
幡保村　4-69, 5-231
八田原村　4-67
八町島村　4-65, 4-66, 5-231
八町牟田村　4-65, 4-66, 4-68, 5-231
濱武村　4-69, 5-231
林田村　4-64, 5-231, 5-312
早津江村☆　4-67, 4-69, 5-231
早津崎村〔早津崎〕　4-65, 4-66, 5-231, 5-313
早津崎村吹上町　4-65, 4-66
原町村○　4-68, 5-231
坂東寺村〔坂東寺〕　4-65, 4-66, 4-68, 5-231, 5-313
坂東寺村原々　4-65, 4-66, 4-68
東尾村〔東尾〕　4-65, 4-66, 5-231, 5-313
東尾村上ケ地　4-65, 4-66
東下古賀村　4-67, 4-69, 5-231, 5-234
東濃施村〔濃施〕　4-68, 5-231, 5-313
東牧村〔牧村〕　4-64, 5-231, 5-312
東山田村〔東山田〕　4-67, 5-231, 5-313
東山田村立石　4-67
菱野村　4-64, 5-230, 5-312
菱野村久保畑　4-64
菱野村通リ堂　4-64
一木村　4-69, 5-231
一木村新田　4-69
一木村土井外　4-69
一木村紅粉屋　4-69
姫方村〔姫方〕　4-65, 4-66, 5-231, 5-313
姫方村中原○☆〔中原〕　4-65, 4-66, 5-231
平尾村　4-67
平方村　4-65, 4-66, 5-231, 5-313
平田村　4-65, 5-231, 5-313
平野村〔平野〕　4-67, 5-231, 5-313
深川ケ里村　4-67
福嶋町○　4-65, 4-66, 4-68, 5-231
福島村　4-65, 4-66, 4-68, 5-231, 5-313
福光村〔福光〕　4-65, 4-66, 4-68, 5-231, 5-313
福光村高築町　4-65, 4-66, 4-68
藤島村　4-65, 4-66, 4-68, 5-231
藤田浦村相川〔藤田浦村〕　4-65, 4-66, 5-231
藤田村〔藤田〕　4-65, 4-66, 5-231, 5-313
藤尾村　4-68, 5-231
藤木村〔藤木〕　4-65, 4-66, 5-231, 5-313
藤吉村　4-68, 5-231
府中町○〔府中〕　4-65, 4-66, 5-231, 5-313
放光寺村　4-65, 5-231
坊所村〔坊所〕　4-66, 5-231, 5-313
坊所村栗ノ内　4-66
本郷村　4-68, 5-231
本郷村中端〔本郷〕　4-64, 5-313
前津村　4-65, 4-66, 4-68, 5-231, 5-313
前津村枝林村　4-65, 4-66, 4-68
前津村西原村　4-65, 4-66, 4-68
真木村　4-68, 5-231
正行村〔正行〕　4-68, 5-231, 5-313
松延村　4-68, 5-231, 5-313
松延村吉井町　4-68
大豆津村　4-65, 4-66, 5-231
馬渡村　4-64, 5-231, 5-312
三角村　4-64
水屋村　4-65, 4-66, 5-231
溝尻村千足〔溝尻〕　4-64, 5-312
溝尻村土取〔溝尻村、溝尻〕　4-64, 5-230, 5-312
溝尻村畑田〔溝尻〕　4-64, 5-312
三溝村〔三溝〕　4-67, 5-231, 5-313
三峯村　4-68, 5-231, 5-313
三峯村茶屋　4-68
三津村〔三津〕　4-67, 5-231, 5-313
三津村上　4-66
三津村山田　4-67
光行村　4-65, 5-231, 5-313
南新開村　4-68, 5-231
南新開村黒崎　4-68
南矢加部村　4-68, 5-231
宮永村　4-69
宮永村西分〔宮永村〕　4-69, 5-231
宮永村東分　4-69
宮地村　4-65, 4-66, 5-231
牟田口村〔牟田口〕　4-66, 4-68, 5-231, 5-313
牟田口村金屋町　4-68
牟田寄村　4-67
村田村〔村田〕　4-65, 4-66, 5-231, 5-313
村田村小林　4-65, 4-66
室岡村　4-65, 4-66, 4-68, 5-231, 5-313
目達原村　4-66, 5-231
勿体嶋村〔勿体島〕　4-65, 5-231, 5-313
本町村〔本町〕　4-67, 4-69, 5-231, 5-313
本吉村　4-68, 5-231
森村　4-65, 4-66, 5-231, 5-313
諸冨村☆　4-67, 4-69, 5-231
諸冨村枝大中島　4-67, 4-69
八重龜村　4-65, 5-231, 5-313
八重津村　4-64
八戸村　4-67, 4-69, 5-231
矢加部村〔矢加部〕　4-68, 5-231, 5-313
益ケ里村　4-67
彌四郎村　4-69, 5-231, 5-313
彌四郎村十町　4-69
安武本村〔安武本〕　4-65, 4-66, 5-231, 5-313
安武本村追分　4-65, 4-66
安武本村目安町　4-65, 4-66
安永村　4-64, 5-231
矢留村　4-69, 5-231, 5-313
柳河(立花左近將監居城)　4-68, 5-231, 5-313
柳河村　4-69, 5-231
柳瀬村　4-68, 5-231, 5-313
矢作村〔矢作〕　4-64, 5-231, 5-313
山田村　4-64, 5-230, 5-312
山田村恵蘇宿☆　4-64
山田村金場　4-64
山田村通リ堂　4-64
山中村　4-68, 5-231, 5-313
山中村廣瀬　4-68
横竹村　4-67
横田村〔横田〕　4-66, 5-231, 5-313
横田村川原　4-66
横田村島ノ隈　4-66
横田村道師　4-67
横溝村　4-66, 4-68, 5-231
横溝村五反田　4-66, 4-68
吉井町○　4-64, 5-230, 5-312
吉田町〔吉田村〕　4-64, 5-230, 5-312
吉田村　4-64, 5-230
吉田村諌里　4-66
吉田村今屋敷　4-64
吉田村苔野〔吉田村、吉田〕　4-66, 5-231, 5-313
吉留村☆　4-69, 5-231, 5-313
吉冨村　4-67
吉本村　4-64, 5-230
興田村〔興田〕　4-65, 5-231, 5-313
力常村　4-64
竜泉寺村　4-64
若市村　4-64, 5-312
若市村久喜宮村久喜宮町○☆〔久喜宮村枝久喜宮町〕　4-64, 5-230
若宮村　4-64, 5-230, 5-312
和嵜村〔和崎〕　4-69, 5-231, 5-313

【社寺】

清水寺　4-68, 5-231, 5-313
櫛田社　4-67
高良王岳宮　4-65, 4-66, 5-231, 5-313
高良宮〔高良社〕　4-65, 4-66, 5-231
齋明帝陵　4-64, 5-230
善導寺　4-65
豊比咩神社　4-64
八幡社〔千栗正八幡〕　4-65, 4-66, 5-231
麻底良布神社　4-64
美奈宜神社　4-64, 5-231
淀姫神社　4-67
若宮八幡社　4-64, 5-230

【山・峠】

綾部山　4-66
裏山　4-67
織嶋ケ里山　4-67
甲塚　4-68
観音山　4-67
金立山　4-67
國見山　4-68
隈村山　4-64
倉谷山　4-67
高良山　4-65, 4-66
古城山　4-68
小原山　4-67
清水山　4-68
障子山　4-68
須田山　4-67
千光寺山　4-65
大生寺山　4-64
大正寺山古城　4-64
大明神　4-68
高取山古城　4-64
飛形山　4-68
中原山　4-67
ハエ山　4-68
八田原山　4-67
日隈山　4-67
舞鶴山　4-68
三津山　4-67
廻逢坂　4-67
森部山　4-64
矢作山　4-64
八方岳　5-312
山中山　4-68
横尾山　4-68
鷲巣山　4-68

【河川・湖沼】

綾部川　4-65, 4-66
小城川　4-67
沖端川　4-69, 5-231
神楽川　4-65, 4-66
嘉瀬川　4-67, 4-69
嘉瀬川〔カセ川〕　4-67, 4-69, 5-231
加利川　4-65, 4-66
川上川　4-67
黒土川　4-65, 4-66, 4-68
小瀬川　4-64
界川　4-68
塩入川　5-231
塩塚川　4-69
城原川　4-67
多那川　4-67, 4-69
筑後川　4-65
筑後川　4-67, 4-69, 5-313
堤川　4-66
中島川　4-68
長島川　4-64
入院川　4-65
本庄川　4-67, 4-69

第189号 唐津

【国名】

筑前國　4-70, 4-72
肥前國　4-70, 4-72

【郡名】

怡土郡　4-70, 4-72, 5-313
志摩郡　4-70
松浦郡　4-70, 4-72

【地名】

阿翁浦☆　4-73, 5-234, 5-238, 5-241
赤坂村　4-73
上ケ倉村　4-73, 5-234, 5-238, 5-241
伊岐佐村　4-72
石田村〔石田〕　4-71, 4-73, 5-234, 5-238, 5-241, 5-313
石原村〔石原〕　4-71, 4-73, 5-234, 5-238, 5-241, 5-313
石室村〔石室〕　4-71, 4-73, 5-234, 5-238, 5-241, 5-313
今福浦　4-73, 4-74, 5-235, 5-241
今福村　4-73, 4-74, 5-234, 5-241, 5-313
今福村土井浦　4-73, 4-74
今福村滑栄浦　4-73, 4-74
今福村濱脇　4-73, 4-74
今福村佛坂　4-73, 4-74
今村☆　4-71, 4-73, 5-234, 5-238, 5-241, 5-313
入野村　4-73, 5-234, 5-238, 5-241
岩野村　4-71, 4-72, 5-234, 5-238, 5-241
岩本村　4-70, 5-223, 5-241
打上村〔打上〕　4-71, 4-73, 5-234, 5-238, 5-241, 5-313
梅崎村　4-73, 5-234, 5-238, 5-241
宇山村　5-234, 5-241
浦志村〔浦志〕　4-70, 5-223, 5-234, 5-241, 5-313
浦崎村〔浦崎〕　4-73, 4-74, 5-234, 5-241, 5-313
浦村　4-71, 4-72, 5-234, 5-238, 5-241, 5-313
瓜ケ坂村　4-73, 5-234, 5-238, 5-241
枝片嶋⛵　4-71, 4-74
江迎村根引〔江迎村、江迎〕　4-74, 5-235, 5-241, 5-313
相賀村〔相賀〕　4-71, 4-72, 5-234, 5-238, 5-241, 5-313
大浦村　4-73, 5-238, 5-241
大浦村大浦濱　4-73
大嵜村上大﨑　4-74
大嵜村下大﨑　4-74
大薗村　4-71, 4-73, 5-234, 5-238, 5-241
大友村　4-71, 5-238, 5-241
大曲村〔大曲〕　4-72, 5-234, 5-241, 5-313
岡口村　4-70, 4-72

荻浦村〔荻浦〕 4-70, 5-223, 5-234, 5-241, 5-313
荻浦村神ノ松 4-70
鏡村 4-72, 5-234, 5-241, 5-241, 5-313
加倉村〔加倉〕 4-71, 4-73, 5-234, 5-238, 5-241, 5-313
梶山村〔梶山〕 4-72, 5-234, 5-241, 5-313
梶原村 4-72
片嶺村 4-70
片山村 4-70
加布里村 4-70, 5-223, 5-241
加部島 4-71, 4-74, 5-313
神在村〔神在〕 4-70, 5-223, 5-234, 5-241, 5-313
神在村赤坂 4-70
神在村牧 4-70
唐津☆ 4-72, 5-234, 5-238, 5-241, 5-313
唐津村二子〔唐津村〕 4-71, 4-72, 5-234, 5-238, 5-241
唐津村妙見浦 4-71, 4-72
假屋浦☆〔假屋〕 4-71, 4-73, 5-234, 5-238, 5-241, 5-313
川尻 5-238, 5-241
河原辺田浦 4-74, 5-235, 5-241
河原村 4-70
岐志浦 5-233, 5-241
岐志村 4-70, 5-233, 5-241
岐志村山﨑 4-70
久家浦☆ 4-70, 5-233, 5-241
久家村寺山〔久家村、久家〕 4-70, 5-233, 5-241, 5-313
串村 4-71, 4-73, 5-234, 5-238, 5-241, 5-313
久保村〔久保〕 4-72, 5-234, 5-241, 5-313
栗場 4-74
久里村〔久里〕 4-72, 5-234, 5-241, 5-313
久里村徳竹村 4-72
黒岩村 4-72
芥屋村☆〔芥屋〕 4-70, 5-233, 5-241, 5-313
芥屋村福浦 4-70
皇后石 4-72
神田村〔神田〕 4-72, 5-234, 5-238, 5-241, 5-313
神田村井飯田 4-72
神田村山口 4-72
高野村 4-71, 4-73, 5-234, 5-238, 5-241
小金丸村〔小金丸〕 4-70, 5-233, 5-241, 5-313
五反田村 4-72
小友浦 4-71, 5-238, 5-241
木場村〔木場〕 4-73, 5-234, 5-238, 5-241, 5-313
櫻井村〔櫻井〕 4-70, 5-233, 5-241, 5-313
佐志村〔佐志〕 4-71, 4-72, 5-234, 5-238, 5-241, 5-313
佐志村濱田 4-71, 4-72
塩濱浦福﨑濱 4-73
塩濱浦舩橋濱〔塩濱浦〕 4-73, 5-234, 5-241
塩屋村〔塩屋〕 4-73, 5-234, 5-241, 5-313
鹿家村〔鹿家〕 4-70, 4-72, 5-234, 5-238, 5-241, 5-313
志氣村〔志氣〕 4-72, 5-234, 5-241, 5-313
志佐浦 4-74, 5-235, 5-241
志佐村〔志佐〕 4-74, 5-235, 5-241, 5-313
志佐村里 4-74
志佐村正野 4-74
志佐村白濱 4-74
菖蒲村〔菖蒲〕 4-71, 4-72, 5-234, 5-238, 5-241, 5-313
新町浦岐志浦〔新町浦、新町〕 4-70, 5-233, 5-241, 5-313
杉野浦 4-73, 5-234, 5-238, 5-241, 5-313
煤屋村〔煤屋〕 4-73, 5-234, 5-241, 5-313
砂子村〔砂子〕 4-72, 5-234, 5-238, 5-241, 5-313
千束村 4-72
双水村 4-72
大入村〔大入〕 4-70, 4-72, 5-223, 5-234, 5-241, 5-313
大入村枝佐波村 4-70, 4-72
鷹島 阿翁 4-73
鷹島 神﨑 4-73, 4-74
鷹島 里 4-73, 4-74
鷹島 原 4-73, 4-74
鷹島 舩人津 4-73, 4-74
田之頭村 4-72
鷹取村〔鷹取〕 4-72, 5-234, 5-241, 5-313
竹有村〔竹在〕 4-72, 5-234, 5-241, 5-313
竹木場村〔竹木場〕 4-72, 5-234, 5-238, 5-241, 5-313
武村 4-70
田中村 4-70, 5-223, 5-234, 5-241
田中村 4-72, 5-234, 5-241
谷口村〔谷口〕 4-70, 4-72, 5-313
田野村〔田野〕 4-73, 5-234, 5-238, 5-241, 5-313
田野村高串浦 4-73
千々賀村〔千々賀〕 4-72, 5-234, 5-241, 5-313
千々賀村卯ノ木 4-72
調川村〔調川〕 4-73, 4-74, 5-235, 5-241, 5-313
調川村枝白井村松山田 4-73, 4-74
調川村上觸〔上觸〕 4-73, 4-74, 5-235, 5-241
調川村下觸 4-73, 4-74
調川村中觸〔中觸〕 4-73, 4-74, 5-235, 5-241
辻村☆ 4-73, 5-234, 5-241, 5-313
辻村枝辨賀 4-73
辻村畑津浦 4-73, 5-234, 5-241
辻村平串 4-73
水留村〔水留〕 4-72, 5-234, 5-241, 5-313
釣石 4-72
鶴牧村菖津浦〔鶴牧村、鶴牧〕 4-71, 4-73, 5-234, 5-238, 5-241, 5-313
寺浦村〔寺浦〕 4-73, 5-234, 5-238, 5-241, 5-313
峠 4-70, 4-72
唐川村〔唐川〕 4-73, 5-234, 5-238, 5-241, 5-313
唐房村 4-71, 4-72, 5-234, 5-238, 5-241
徳末村○〔徳末〕 4-72, 5-234, 5-241, 5-313
殿野浦 4-73, 4-74, 5-235, 5-238, 5-241
中浦村 4-73, 5-234, 5-238, 5-241
中野村〔中野〕 4-71, 5-234, 5-241, 5-313
中原村〔中原〕 4-72, 5-234, 5-238, 5-313
長部田村〔長部田〕 4-72, 5-234, 5-241, 5-313
中山村 4-72
名古屋浦⛵ 4-71, 5-234, 5-238, 5-241
名古屋村☆〔名護屋〕 4-71, 5-234, 5-238, 5-241, 5-313
名古屋村野本 4-71, 4-73
鍋串浦 4-73, 5-234, 5-241
新木場村 4-73, 5-234, 5-238, 5-241
虹ノ松原 4-72, 5-234, 5-239, 5-241
納所村〔納所〕 4-73, 5-313
納所村京泊浦〔納所村〕 4-73, 5-234, 5-238, 5-241
納所村駄竹浦 4-73
野北浦 4-70, 5-233, 5-241
野北村〔野北〕 4-70, 5-233, 5-241, 5-313
野北村枝間小路 4-70
橋本村〔橋本〕 4-72, 5-234, 5-241, 5-313
畑島村〔畑島〕 4-72, 5-234, 5-241, 5-313
畑島村上畑島 4-72
鳩川村 4-71, 4-72, 5-234, 5-238, 5-241
鳩川村大立 4-71, 4-72
波戸村〔波戸〕 4-71, 4-74, 5-238, 5-241, 5-313
馬場村○〔馬場〕 4-72, 5-234, 5-241, 5-313
濱窪村〔濱窪〕 4-70, 5-223, 5-234, 5-241, 5-313
濱﨑浦☆ 4-70, 4-72, 5-234, 5-238, 5-241
濱嵜村〔濱﨑〕 4-72, 5-234, 5-238, 5-241, 5-313
濱嵜村橋口町〔橋口町〕 4-72, 5-234, 5-238, 5-241
濱野浦村 4-71, 4-73, 5-234, 5-238, 5-241
原村 4-72, 5-234, 5-238, 5-241
波品（呂）村 4-70
薭田村〔薭田〕 4-72, 5-234, 5-241, 5-313
薭田村鮎歸 4-72
平尾村〔平尾〕 4-71, 4-73, 5-234, 5-238, 5-241, 5-313
平原村 4-72
普恩寺村〔普恩寺〕 4-71, 4-73, 5-234, 5-238, 5-241, 5-313
深江町 5-223, 5-234, 5-241
福井浦☆ 4-70, 4-72, 5-234, 5-238, 5-241
福井村〔福井〕 4-70, 4-72, 5-223, 5-234, 5-241, 5-313
福島浅谷 4-73
福島 岩井﨑 4-73
福島 小田 4-73
福島久保 4-73
福島 里 4-73
福島 春 4-73
福島櫃浦 4-73
福田村〔福田〕 4-73, 5-234, 5-241, 5-313
福田村浦潟 4-73
淵上村 4-70, 4-72, 5-234, 5-238, 5-241
淵上村横田村入會枝大江村 4-72
舩越浦〔舩越〕 4-70, 5-233, 5-234, 5-241, 5-313
古里村 4-72
邉田村〔邉田〕 4-70, 5-233, 5-241, 5-313
邉田村邉田浦〔邉田浦〕 4-70, 5-233, 5-241
外津村⛵ 4-71, 4-73, 5-234, 5-238, 5-241
星鹿浦 4-74, 5-235, 5-241
星鹿村〔星鹿〕 4-74, 5-235, 5-241, 5-313
星賀村☆〔星賀〕 4-73, 5-234, 5-238, 5-241, 5-313
星鹿村大石 4-74
星鹿村下田 4-74
星賀村星賀浦 4-73
本陣跡 4-71, 4-73
前原村〔前原〕 4-70, 5-223, 5-234, 5-241, 5-313
前原村枝尾頭 4-70
前原村筒井原 4-70
前原村前原町○☆ 4-70
松末村〔松末〕 4-70, 5-223, 5-234, 5-241, 5-313
松末村下松末 4-70
馬渡浦 4-74
松岡（國）村 4-70
馬部村 4-71, 4-73, 5-234, 5-238, 5-241
丸田村〔丸田〕 4-71, 5-238, 5-241, 5-313
御厨浦☆ 4-74, 5-235, 5-241
御厨村〔御厨〕 4-74, 5-235, 5-241, 5-313
御厨村池田 4-74
御厨村枝大嵜村 4-74
御厨村寺尾 4-74
御厨村前田 4-74
満島 4-71, 4-72, 5-234, 5-240, 5-241
乱橋 5-235, 5-241
満越村 4-73, 5-234, 5-238, 5-241
御床村 4-70, 5-233, 5-241
湊村〔湊〕 4-71, 4-72, 5-234, 5-238, 5-241, 5-313
南山村 4-72, 5-234, 5-238, 5-241, 5-313
南山村玉島 4-72
牟形村〔牟形〕 4-71, 4-73, 5-234, 5-238, 5-241, 5-313
牟田部村〔牟田部〕 4-72, 5-234, 5-241, 5-313
本山村 4-72, 5-234, 5-241
諸浦村〔諸浦〕 4-71, 4-73, 5-234, 5-238, 5-241, 5-313
屋形石村 4-71, 5-234, 5-238, 5-241
屋形石村﨑部 4-71
養母田村 4-72
山本村 4-72, 5-234, 5-241
夕日村 4-72
行合野村〔行合野〕 4-72, 5-234, 5-241, 5-313
湯野浦村〔湯野浦〕 4-73, 5-234, 5-241, 5-313
油比村 4-70
湯屋村 4-72
横竹村 4-71, 4-73, 5-234, 5-238, 5-241
横竹村釜益 4-71, 4-73
横竹村高石 4-71, 4-73
横竹村殿浦 4-71, 5-234, 5-238, 5-241
横野村〔横野〕 4-71, 5-234, 5-238, 5-241, 5-313
吉井浦 4-70, 4-72, 5-234, 5-238, 5-241
吉井村〔吉井〕 4-70, 4-72, 5-234, 5-238, 5-241, 5-313
淀川村 4-70, 5-223, 5-234, 5-241
淀川村深江村深江町入會〔深江村、深江〕 4-70, 5-223, 5-234, 5-241, 5-313
呼子浦○☆⛵〔呼子〕 4-71, 5-234, 5-238, 5-241, 5-313
和多田村〔和多田〕 4-72, 5-234, 5-238, 5-241, 5-313
和多田村海士町 4-72
和多田村大石 4-72
和多田村大曲 4-72
和多田村鬼塚 4-72

【社寺】

鏡明神 4-72
鎮懐八幡宮 4-70
神功皇后社〔神功皇后〕 4-72, 5-313

【山・峠】

天ケ岳 4-70
飯盛山 4-73
石志山 4-72

岩屋山　4-72
浮嶽〔浮岳〕　4-70, 4-72, 5-234, 5-241, 5-313
榎山　4-73, 4-74
大嶽　4-74
鶴城山　4-72
門石ケ尾山　4-70, 5-233, 5-234, 5-241
兜山　4-72
鎌倉山　4-72
可也山　4-70
唐津岳　4-72
祇園山　4-72
岸岳　4-72
草野山　4-70, 4-72
雲吸岳　4-71, 4-72
黒岩山　4-72
神田岳　4-72
小佐禮山　4-72
古城跡　4-73
駒鳴峠　4-72, 5-234, 5-241
佐禮山〔佐礼山〕　4-72, 5-234, 5-241
島山　5-234, 5-241
白岩　4-72
不知火山　4-70
城腰山　4-73
城山　4-73, 4-74
城山　4-74
双水山　4-72
高尾山　4-72
蜻蛉嶽　4-70, 4-72
二重岳　4-70
野北山　4-70
領巾振山　4-72
三嶽　4-73, 4-74
牟田部山　4-72
女岳　4-70
山瀬山　4-72
山本山　4-72
夕日山　4-72
行合野山　4-72
雷山　5-233, 5-234, 5-241

【河川・湖沼】

悪太郎川　4-74
泉川　4-70
大坪川　4-73, 4-74
大野川　4-72, 5-234, 5-241
神在川　4-70
小黒川　5-313
志佐川　4-74
多久川　4-70
立尾川　4-74
玉島川　4-70, 4-72, 5-234, 5-238, 5-241
松浦川　4-72, 5-234, 5-238, 5-241, 5-313
吉井川　4-70, 4-72

【岬・海岸】

綾嵜　4-73
池嵜　4-71, 4-73
礒﨑〔礒サキ〕　4-70, 4-72, 5-234, 5-238, 5-241
犬﨑　4-73, 4-74
エヒス﨑　4-74, 5-235, 5-241
大嵜　4-73
大﨑　4-70
大戸鼻〔大戸ハナ〕　4-70, 5-238, 5-241
御手石﨑　4-73, 4-74
柏嵜　4-74
雷﨑　4-73, 4-74
川﨑　5-234, 5-241
串嵜　4-71, 4-73
黒水鼻〔黒水ハナ〕　4-71, 4-74, 5-238, 5-241
碣石嵜　4-70, 5-233, 5-241
小網代岬　4-74
小友サキ　5-238, 5-241
逆網嵜　4-74
鷲首〔サキノクビ〕　4-70, 5-234, 5-241
鹿家岬〔鹿家﨑〕　4-70, 4-72, 5-234, 5-241
白潴﨑　4-73
臺﨑　4-71, 4-73
臺嵜　4-73, 4-74
大入嵜　4-70, 4-72
立石﨑　4-70
立石﨑　4-71, 4-74
立神嵜　4-73
値賀﨑〔チカザキ〕　4-71, 4-73, 5-234, 5-238, 5-241
地嵜　4-74
土器﨑　4-71
野﨑　4-73, 4-74
野島﨑　4-70, 4-72
野部嵜〔ノベサキ〕　4-70, 5-238, 5-241
八幡山　4-74
初嵜　4-73, 4-74, 5-234, 5-241
波戸﨑　4-73
波戸岬　4-71, 4-74
干上り鼻　4-73, 4-74
平野﨑　4-73
坊ヶ嵜　4-73
帆立鼻　4-73
佛嵜　4-70, 5-238, 5-241
宮嵜　4-74
宮﨑〔宮サキ〕　4-71, 5-234, 5-238, 5-241
女瀬嵜　4-74
茂島岬　4-71, 4-74
横宇津岬　4-74
呼子﨑　4-71

【島】

青嶋　4-74, 5-235, 5-238, 5-241, 5-313
赤岩　4-73
赤セ　4-73
赤瀬〔赤セ〕　4-73, 5-234, 5-238, 5-241
伊豆島〔伊豆シマ〕　4-74, 5-235, 5-238, 5-241, 5-313
一ノ瀬〔一ノセ〕　4-70, 4-72, 5-234, 5-238, 5-241, 5-313
岩シマ　4-74
牛島　4-73, 5-234, 5-238, 5-241
臼島　4-71
牛ノ島　4-73
獺ケセ　4-73
鵜瀬　4-73
ヱヽノ尾瀬　4-71, 4-74
エヒス岩　4-71, 4-72
烏帽子岩　5-238, 5-241
烏帽子島　4-70, 5-233, 5-241
烏帽子瀬〔エホシセ〕　4-73, 5-234, 5-238, 5-241
大小島〔大小シマ〕　4-73, 5-235, 5-238, 5-241
大島　4-71, 4-72, 5-234, 5-238, 5-241, 5-313
大島　4-73
大瀬　4-74, 5-238, 5-241
大瀬シマ〔大シマ〕　4-73, 5-234, 5-241
大飛島　4-73, 4-74, 5-234, 5-241, 5-313
大松島〔松シマ〕　4-73, 5-234, 5-238, 5-241
小川島　4-71, 5-238, 5-241, 5-313
沖赤瀬　4-73
沖ノ小島　4-73
沖島　4-73
沖ヒシヤ〔コ〕セ　4-73
ヲコノ島〔ヲコノシマ〕　4-74, 5-235, 5-238, 5-241, 5-313
男島　4-73
音ケセ　4-73
於呂島　5-238, 5-241
貝セ　4-73
加唐嶋　4-71, 4-74, 5-238, 5-241, 5-313
カキセ　4-71, 4-74
笠瀬〔カサセ〕　4-73, 5-234, 5-241
神集島△　4-71, 5-234, 5-238, 5-241, 5-313
カツラ島〔桂島〕　4-73, 5-313
葛島　5-234, 5-241
兜岩　4-71, 4-72
加部嶋　4-71, 4-74, 5-238, 5-241
釜蓋セ　4-73
雷瀬　4-74, 5-238, 5-241
カヤ島　4-73
木瀬〔木セ〕　4-73, 5-234, 5-238, 5-241
九枚島〔九マイシマ〕　4-71, 4-73, 5-234, 5-238, 5-241
兄弟島　4-73
車瀬〔車セ〕　4-74, 5-235, 5-241
黒島（鷹島屬）　4-73, 5-235, 5-238, 5-241, 5-313
黒瀬〔クロセ〕　4-71, 4-74, 5-238, 5-241
ケサシマ　4-71, 4-73
ケヤシマ　4-71, 4-73
幸福島　4-71, 4-73
小シマ　4-73
小シマ　4-73
小シマ　4-73, 5-234, 5-241
小シマ　4-74
小島　4-73
小島　4-73
小島　4-73, 5-234, 5-241
小島　4-73, 4-74
小セ　4-73
コタキセ　4-73
小竹シマ　4-71, 4-73
小飛島　4-73, 4-74, 5-234, 5-241, 5-313
小鼻瀬　4-73
コフ島〔コブシマ〕　4-70, 5-233, 5-241
小松シマ〔小松島〕　4-71, 4-74, 5-238, 5-241
小松島　4-73
小ミナセ　4-73
五郎島　4-73, 4-74
金剛嶋　4-73, 5-234, 5-241
金剛セ　4-73
塩井崎島　4-73
地小シマ　4-73
地ヒシヤコセ　4-73
島山　4-73
十郎島　4-73
白岳島　4-73
新島　5-234, 5-241
新次郎ヶ島　4-73
杁子シマ　4-74
雀シマ　4-73
雀島〔スズメシマ〕　4-70, 5-233, 5-241
セ瀬　4-71, 4-74
千裳島　4-73
高島　4-71, 4-72, 5-234, 5-238, 5-241, 5-313
鷹嶋　4-73, 4-74, 5-234, 5-238, 5-241, 5-313
鷹嶋　4-71
タケクラヘ島　4-73
竹島〔竹シマ〕　4-73, 5-234, 5-241
竹子シマ　4-71, 4-73, 5-234, 5-238, 5-241
竹子嶋〔タケノコシマ〕　4-73, 5-235, 5-238, 5-241
竹ノ子島　4-73
立木島　4-73
玉子シマ　4-71, 4-73, 5-234, 5-238, 5-241
千切シマ　4-74
ツシマセ　4-71, 4-74
包石　4-70, 4-72
テウスシマ　4-74
トウノセ　4-73
所島　4-73
鳥島　4-71, 4-72, 5-234, 5-238, 5-241
鳥瀬　4-73
鳥巣　4-71, 4-73
長﨑島〔長サキシマ〕　4-74, 5-235, 5-241
仲島　4-71, 4-73
長島　4-74
中ノ坊　4-73
中鼻　4-71, 4-73
七ツ島　4-73, 5-234, 5-241, 5-313
西坊　4-73
野島　4-73
野島　4-73
ハケシマ　4-74
箱島　4-70
羽島　4-70, 4-72, 5-234, 5-238, 5-241, 5-313
裸セ　4-71, 4-73
離臺　4-71, 4-73
濱野小島〔ハマノコシマ〕　4-73, 5-235, 5-238, 5-241
東坊　4-73
ヒサコセ　4-71, 4-73
姫嶋　4-70, 5-238, 5-241, 5-313
平嶋　4-71
平セ　4-74, 5-238, 5-241
平瀬　4-71, 4-73
日割セ　4-73
福島　4-73, 5-234, 5-241, 5-313
藤島〔藤シマ〕　4-71, 4-73, 5-234, 5-238, 5-241
二子島　4-71
二嶋〔二島〕　4-73, 4-74, 5-234, 5-241
ヘコ島　4-73
辺田赤セ　4-73
蛇島　4-73, 4-74
弁天島　4-71
辨天瀬　4-73
ホケシマ　4-74
帆立瀬〔ホタテセ〕　4-73, 5-234, 5-238, 5-241
帆立山　4-73
佛シマ　4-73, 5-234, 5-241
佛シマ　5-234, 5-238, 5-241
牧島　5-234, 5-241
馬渡島　4-74, 5-238, 5-241, 5-313
松浦岩　4-72
松嵜シマ〔松サキシマ〕　4-74, 5-235, 5-241
松島　4-71, 4-74, 5-238, 5-241, 5-313
松島　4-73
松島　4-74, 5-235, 5-238, 5-241
松島　4-73
松瀬　4-73, 4-74
マ子キセ　4-73
三島　4-71, 4-73
ミチキレ島　4-73
ミナ島　4-73
ミナセ　4-73
向嶋　4-73, 5-234, 5-238, 5-241, 5-313
無名セ　4-73
夫婦岩　4-71
女瀬〔女セ〕　4-70, 5-233, 5-234
女瀬　4-71
屋形瀬　4-71
焼シマ　5-234, 5-241
山姥瀬　4-71, 4-72
弓張岩　4-71, 5-234, 5-238, 5-241
横島〔横シマ〕　4-73, 5-234, 5-241
ヨホセ　4-73
鎧岩　4-71
ワクトウセ　4-71, 4-73
渡り礒　4-70, 5-233, 5-241
ワナシ島〔ワナシシマ〕　4-71, 4-73, 5-234, 5-238, 5-241

第190号 佐世保

【郡名】

小城郡　4-75, 5-313
杵島郡　4-75, 4-76, 5-313
彼杵郡　4-76, 4-77
藤津郡　4-75, 4-76
松浦郡　4-75, 4-76, 4-77, 5-313

【地名】

相浦村　4-75
相神浦村〔相神浦〕　4-77, 5-235, 5-313
相神浦村枝大野村　4-77
相神浦村枝皆瀬　4-77
相神浦村枝新田村　4-77

相神浦村枝山口村　4-77
相神浦村枝吉岡　4-77
相神浦村中里　4-77
相神浦村本山　4-77
相神浦村柚木村　4-77
芦原村　4-75, 5-234
芦原村枝新橋☆　4-75
芦原村枝冨永　4-75
伊王寺村　4-75, 5-234
伊王寺村西袋　4-75
伊王寺村七田　4-75
伊王寺村皆良木　4-75
池ノ上ケ里村〔池ノ上ケ里〕　4-75, 5-313
石木ケ里村　4-75, 5-231
石原村〔石原〕　4-75, 5-313
市野瀬村江里　4-77
市野瀬村神田　4-77
井手方村　4-75, 5-234
井手野村〔井手野〕　4-76, 5-234, 5-313
犬走村　4-76
今岳村　4-76, 5-234
今岳村枝白野　4-76
今岳村千北　4-76
今岳村戸次郎　4-76
今岳村平尾　4-76
伊万里町○☆〔伊万里〕　4-76, 5-234, 5-313
岩屋川内村（皿山）○〔岩屋河内〕　4-76, 5-234, 5-313
岩屋村　4-75, 4-76, 5-234
牛津町○☆〔牛津〕　4-75, 5-231, 5-234, 5-313
牛津町牛津新町　4-75
牛屋村〔牛屋〕　4-75, 5-234, 5-313
内田村〔内田〕　4-76, 5-234, 5-313
内田村大野原　4-76
内田村大山路　4-76
内田村西覺寺　4-76
内砥川村　4-75, 5-234
内砥川村西谷　4-75
内砥川村東谷　4-75
簗木村　4-75, 5-234
宇土手村〔宇土手〕　4-76, 5-234, 5-313
宇土手村姥子原　4-76
宇土手村釜江　4-76
宇土手村天竜滝　4-76
宇土手村二反田　4-76
宇土手村弓野山　4-76
浦河内村　4-75
江上村枝有福　4-77
江越村　4-75, 5-234
江越村皿屋敷　4-75
江迎村　4-77
江迎村枝猪調　4-77
江迎村小川内　4-77
江迎村中尾　4-77
江迎村長坂　4-77
大江ケ里村　4-75
大川野村○〔大川野〕　4-76, 5-234, 5-313
大木村〔大木〕　4-76, 5-234, 5-313
大木村廣瀬　4-76
大里村〔大里〕　4-76, 5-234, 5-313
大里村川東　4-76
大里村白幡　4-76
大棚方浦　4-77
大戸ケ里村　4-75
大戸村〔大戸〕　4-75, 5-234, 5-313
大戸村福吉　4-75
大野村原分　4-77
大牟田村　4-75, 5-234
大渡村　4-75
岡崎村　4-75
岡村　4-75, 5-231
小城（鍋島捨若在所）　4-75, 5-313
小城村牛ノ尾　4-75
小野原村北楢崎　4-75
小野原村郷ノ木〔小野原村、小野原〕　4-75, 4-76, 5-234, 5-313
小野原村楢崎　4-75
小野原村南楢崎　4-75
折尾瀬村今福　4-76
折尾瀬村江永　4-76
折尾瀬村木原　4-76
折尾瀬村口野尾　4-77
折尾瀬村新替　4-76
折尾瀬村三河内　4-76
折川内 山ノ上　4-76
折敷瀬 内羽　4-76
鹿島　4-75, 5-234, 5-313
片白村〔片白〕　4-75, 5-234, 5-313
片白村今山　4-75
片白村釈迦寺　4-75
蒲島村　4-75
上大町村〔上大町〕　4-75, 5-234, 5-313
上大町村畑田　4-75
上小田町○☆〔上小田〕　4-75, 5-234, 5-313
上小田町古賀　4-75
上小田町栖〔楢〕原　4-75
上野村　4-75
川上村〔川上〕　4-75, 4-76, 5-234, 5-313
川古村○〔川古〕　4-76, 5-234, 5-313
川古村上川古　4-76
川古村下川古　4-76
川原村〔川原〕　4-76, 5-234, 5-313
川原村長野　4-76
河良村　4-75, 4-76, 5-234
河良村久保　4-75, 4-76
河良村田久　4-75, 4-76
河良村山上　4-76
岸川村　4-75
喜須村〔喜須〕　4-76, 5-234, 5-313
喜須村瀬戸　4-76
喜須村早利新田　4-76
北大草野村〔北大草野〕　4-76, 5-234, 5-313
北大草野村一ノ坂　4-76
北大草野村長谷　4-76
北方町○〔北方〕　4-75, 5-234, 5-313
北方村久津具　4-75
北方町宮裾　4-75
嚴木村○〔厳木〕　4-75, 5-234, 5-313
嚴木村鶴　4-75
楠ケ里村〔楠ケ里〕　4-75, 5-231, 5-313
楠ケ里村下楠　4-75
楠久村　4-77, 5-234
楠久村木ケ岩　4-77
楠久村牧島　4-76
楠村椴木　4-75
久蕪ケ里村　4-75, 5-231
久原村〔久原〕　4-77, 5-234, 5-313
久原村破瀬　4-77
久米ケ里村　4-75, 5-231
黒塩村　4-76, 5-234
郷司給村〔郷司給〕　4-75, 5-234, 5-313
郷司給村住ノ江　4-75
古賀村　4-75, 5-234
小黒川村☆　4-76, 5-234
小黒川村小黒川沖　4-76
小佐々村下触呉石　4-77
小侍村〔小侍〕　4-75, 5-234, 5-313
小侍村上ノ原　4-75
小侍村上橋　4-75
小侍村茶屋原　4-75
小田志村　4-76
五町田村〔五町田〕　4-75, 5-234, 5-313
駒鳴村〔駒鳴〕　4-76, 5-234, 5-313
古麦原村〔小麦原村〕　4-76, 5-234
戝津浦☆⚓〔財津〕　4-77, 5-235, 5-313
財津浦舩越浦　4-77
提河内村　4-76
佐々小浦　4-77, 5-235
佐々村〔佐々〕　4-77, 5-235, 5-313
佐々村枝市瀬村〔市瀬村〕　4-77, 5-235
佐々村口石　4-77
佐々村栗林　4-77
佐々村木塲　4-77
佐々村里　4-77
佐々村野寄　4-77
佐々村古川　4-77
佐世保村☆〔佐世保〕　4-77, 5-235, 5-313
佐世保村赤﨑　4-77
佐世保村庵浦　4-77
佐世保村白形浦　4-77, 5-235
佐世保村山中　4-77
佐世保村横尾　4-77
里村　4-77, 5-234, 5-313
里村大久保　4-76
佐留志鹿〔庶〕子分　4-75, 5-234
佐留志鹿〔庶〕子分島尾　4-75
佐留志村〔佐留志〕　4-75, 5-234, 5-313
佐留志村角田　4-75
佐留志村野口　4-75
塩田町○〔塩田〕　4-75, 5-234, 5-313
塩吹村　4-75, 4-76
式波村　4-76, 5-234
志久村　4-75, 5-234
志久村邉田　4-75
志田村志田原　4-75
志田村銭亀〔志田村、志田〕　4-75, 5-234, 5-313
志田村堤浦　4-75
志田村馬場村　4-75
志田村平ケ倉　4-75
渋木村　4-75
下大町村　4-75, 5-234
下小田村　4-75, 5-234
下小田村下村　4-75
下久間村〔久間〕　4-75, 5-234, 5-313
下久間村北古賀　4-75
下砥川村永田〔下砥川村〕　4-75, 5-234
下砥川村八幡宿　4-75
下塲　4-77
下簑貝村　4-75
上田村〔上田〕　4-75, 5-234, 5-313
城村　4-77, 5-234, 5-313
白紙ケ里村　4-75
新田村川下　4-77
大日村　4-75, 4-76
大日村茂手木　4-75, 4-76
太原村　4-75, 5-234
高瀬村〔高瀬〕　4-76, 5-234, 5-313
髙橋村　4-75, 5-234
高原ケ里村小物成　4-75
高原ケ里村吉田〔高原ヶ里村、高原ケ里〕　4-75, 5-231, 5-313
高町　4-75, 5-234, 5-313
多久原村〔多久原〕　4-75, 5-234, 5-313
武雄村〔武雄〕　4-75, 4-76, 5-234, 5-313
武雄村湯町（温泉）○　4-76
立岩村　4-77, 5-234
立石　4-75
立野河内村〔立野川内村、立野河内〕　4-76, 5-234, 5-313
立野川内村狩立　4-76
立野河内村樋口　4-76
立野河内村平野　4-76
立野川内村宮ノ上　4-76
田ノ頭太郎丸　4-76
田ノ頭米山　4-76
町切村　4-75, 5-234
築切村　4-75, 5-234
常廣村　4-75, 5-234
出茶屋　4-75
土井丸村　4-75, 5-234
遠江村〔遠江〕　4-75, 5-234, 5-313
堂免村　4-75, 5-231, 5-234
戸ケ里村〔戸ケ里〕　4-75, 5-234, 5-313
鳥海村〔鳥海〕　4-76, 5-234, 5-313
鳥海村宿　4-76
飛田ケ里村　4-75
冨岡村　4-75, 4-76, 5-234
永尾村〔永尾〕　4-76, 5-234, 5-313
永尾村田谷峠　4-76
中久間村　4-75, 5-234
中郷村　4-75, 5-313
中里村〔中里〕　4-76, 5-234, 5-313
中里村古子　4-76
中島村〔中島〕　4-75, 5-234, 5-313
永田ケ里村〔永田ケ里〕　4-75, 5-234, 5-313
長野今熊野　4-76
中原村　4-76
中野村〔中野〕　4-75, 4-76, 5-234, 5-313
中野村原口　4-75, 4-76
中野村森園　4-75, 4-76
中村　4-75, 5-234
成瀬村○〔成瀬〕　4-75, 5-234, 5-313
西山村〔西山〕　4-76, 5-234, 5-313
西山村岡　4-76
西山村枯木田尾　4-76
西山村下分　4-76
西山村塔ノ原　4-76
西山村西谷口　4-76
納所村　4-75
早岐浦○☆　4-77, 5-234
早岐村〔早岐〕　4-77, 5-234, 5-313
早岐村枝折尾瀬村乗木塲　4-77
早岐村枝廣田村　4-77
早岐村椎常寺　4-77
早岐村財津　4-77
袴野村〔袴野〕　4-76, 5-234, 5-313
袴野村浦川　4-76
袴野村上矢　4-76
波佐見村〔波佐見〕　4-76, 5-234, 5-313
波佐見村枝井石　4-76
波佐見村枝折川内　4-76
波佐見村枝折敷瀬　4-76
波佐見村枝金谷　4-76
波佐見村枝田ノ頭　4-76
波佐見村枝長野　4-76
波佐見村枝波佐見河内　4-76
波佐見村枝稗木場山　4-76
波佐見村枝面長原　4-76
波佐見村狩立　4-76
廿路村〔廿路〕　4-75, 5-234, 5-313
花島村　4-75, 4-76
馬場下村〔馬場下〕　4-75, 4-76, 5-234, 5-313
馬場下村川端　4-75, 4-76
土生ケ里村　4-75, 5-231
針尾村大﨑浦　4-77
原田村　4-75, 5-234
日宇村〔日宇〕　4-77, 5-313
日宇村木塲　4-77
日宇村崎邊　4-77
日宇村田ノ浦　4-77
日宇村福石　4-77
稗木場山八島　4-76
秀村　4-75, 5-234
平瀬岳ノ部田　4-76
廣瀬村　4-75
廣田村浦川内　4-77
廣田村市〔重〕尾　4-77
廣田村宮崎　4-77
深浦村〔深浦〕　4-75, 5-234, 5-313
福母村　4-75, 5-234
福母村大谷口　4-75
福母村嶋　4-75
福呂村〔福呂〕　4-75, 5-234, 5-313
二俣村永田　4-75, 4-76
淵尾峠　4-76, 5-234
府招村〔府招〕　4-76, 5-234, 5-313
府招村大原　4-76
府招村竈土新屋敷　4-76
邉田村　4-75, 5-234
別府村○〔別府〕　4-75, 5-234, 5-313
別府村古賀　4-75
別府村破佐間　4-75
別府村寶藏寺　4-75

外尾村〔外尾〕 4-76, 5-234, 5-313
外見〔尾〕村大野 4-76
外見〔尾〕村鳥屋 4-76
曲川村黒郷 4-76
曲川村藏敷〔曲川〕 4-76, 5-234, 5-313
曲川村枝原明 4-76
曲川村乱橋〔乱橋〕 4-76, 5-234
曲川村山 4-76
巻瀬村〔巻瀬〕 4-75, 5-234, 5-313
満江村 4-75
南大草野村〔南大草野〕 4-76, 5-234, 5-313
美濃村 4-75, 4-76, 5-234
美濃村立海 4-75, 4-76
三間坂村〔三間坂〕 4-76, 5-234, 5-313
三間坂村泉原 4-76
三間坂村津々良 4-76
三間坂村鶴原 4-76
三間坂村山浦 4-76
室島村☆〔室島〕 4-75, 5-234, 5-313
廻里村 4-75, 5-234
本部村〇〔本部〕 4-76, 5-234, 5-313
桃川村☆〔桃川〕 4-76, 5-234, 5-313
桃川村亀山 4-76
桃川村下平 4-76
森村 4-75, 5-234
焼米村〔焼米〕 4-75, 5-234, 5-313
八ツ枝村 4-75
八並村〔八並〕 4-75, 4-76, 5-234, 5-313
山方村〔山方〕 4-76, 5-234, 5-313
山方村金石原 4-76
山方村鍋ノ原 4-76
山方村波瀬峠 4-76
山方村山方峠 4-76
山口村〔山口〕 4-75, 5-234, 5-313
山口村郷松 4-75
山口村俵浦 4-77
山口村土本 4-75
山口村舩越 4-77
山谷村〔山谷〕 4-76, 5-234, 5-313
山谷村二瀬 4-76
横手村〔横手〕 4-75, 5-234, 5-313
吉村 4-75, 5-234
六角中郷村☆ 4-75, 5-234
脇野村〔脇野〕 4-76, 5-234, 5-313
脇野村天神 4-76
脇野村長濵 4-76
脇野村日尾 4-76
上滝村 4-75, 4-76, 5-234
上滝村枝坂本 4-75, 4-76

【社寺】

稲佐宮〔稲佐社〕 4-75, 5-234
三岳寺 4-75

【山・峠】

愛宕山（古城跡） 4-77
今岳 4-76, 5-313
岩峠 4-76
岩屋山 4-75, 4-76
烏帽子岳 4-77
烏帽子嶽 4-77
大河内岳 4-76
押川山 4-75, 4-76
金井岳 4-76
国見岳 4-76, 5-234, 5-313
國見岳 4-77
黒髪山 4-76
毛風山 4-77
神田山 4-77
古今山 4-77
越岳 4-76
小田志山 4-76
木場山 4-77
駒鳴峠 5-234
猿谷山 4-76
塩吹山 4-75, 4-76
枝折山 4-76
島尾山 4-76
島泊山 4-76
正覩岳 4-77
上戸山 4-76
白木山 4-76
城跡 4-76
白仁田山 4-75
陳辻山 4-75
杉ノ山 4-75, 4-76
瀬戸木場山 4-75
多久山 4-75
田島岳 4-77
田代山 4-76
立川山 4-76
知見岳 4-77
天山 5-234, 5-313
唐泉山 4-75, 4-76
無山 4-75, 4-76
鍋野山 4-75, 4-76
西岳 4-77
櫨河内岳 4-76
八番目山 4-76
八幡岳 4-75, 4-76
針明山 4-77
東山 4-75
彦山 4-76
姫御前山 4-75
二子山 4-75
佛坊山 4-75
牧ノ地山 4-77
牧山 4-76
松ノ平山 4-75, 4-76
眉山 4-76
矢筈山 4-76
山口山 4-76
山中山 4-77
弓鎗岳 4-77
吉岡岳 4-77
竜王山 4-76

【河川・湖沼】

相神浦川 4-77
有田川 4-76
伊万里川 4-76
牛津川 4-75
大里川 4-76
佐々川 4-77
佐世保川 4-77
塩田川〔シヲタ川〕 4-75, 5-234
杉尾川 4-77
住吉川 5-313
高橋川 4-75, 4-76
鳥海川 4-76
波佐見川 4-76
毘沙門川 4-76
廻里川 4-75
六角川 4-75

【岬・海岸】

アランラミサキ 4-77
庵﨑 4-77
大﨑 4-76
大﨑 4-77, 5-313
甲﨑 4-77, 5-235, 5-313
検校﨑 4-77
猿﨑 4-77
白﨑 4-77
立石﨑 5-235
立神﨑 4-77
目干瀉岬 4-77

【島】

アトウケシマ 4-77
犬セ 4-77
ウケ島（三島總名）〔ウケシマ〕 4-77, 5-235
エイノ鼻 4-77
エイリシマ 5-235
エヒスシマ 4-77
エヒスシマ 4-77
大深シマ 4-77
大舩島〔大舟シマ〕 4-77, 5-235
大森シマ〔大モリシマ〕 4-77, 5-235
ヲキツシマ 4-77
ヲシキシマ 4-77, 5-234
ヲチカシマ 4-77
鬼シマ 4-77
斧落シマ 4-77
カツラシマ 4-77
カナシケシマ 5-235
金重島〔カナシケシマ、カナシゲ島〕 4-77, 5-235, 5-313
カンテキシマ 5-235
釘シマ 4-77, 5-235
釘島 4-76
鯨シマ 4-77
鞍掛シマ 4-77
クラシマ 4-77
黒小シマ 4-77, 5-235
小シマ 4-77
小シマ 4-77
小シマ 4-77, 5-235
小シマ 4-77
小シマ 4-77
小シマ 4-77
小シマ 4-77
小シマ 4-77
小シマ 4-77
小シマ 4-77
小高シマ 5-235
シヤウノ島 4-77, 5-235
白セ 4-77
高岩シマ 4-77
高島 4-77
高島 5-235
竹子シマ〔竹子シマ〕 4-77, 5-235
タケノコシマ 4-77
團子シマ 4-76
ツイデシマ 4-77
鶴小島〔ツルコシマ〕 4-77, 5-235
天目シマ 4-77
トヲノコシマ 5-235
トコイシマ 5-235
トシヤクシマ 4-77
鳥巣島 4-77
中瀬戸シマ〔中セトシマ〕 4-77, 5-235
長瀣シマ〔長ハエシマ〕 4-77, 5-235
鼠嶋 4-77
子タキシマ 4-77
子ダキシマ 4-77
鉢島 4-77
針尾嶋 4-77
日原鼻〔日原サキ〕 4-77, 5-235
平セ 4-77
深代シマ 4-77
福石山 4-77
蛇シマ 4-77, 5-235
蛇島〔蛇シマ〕 4-77, 5-235
べタ島 4-77
辨天シマ 4-77
苞島 4-77
帆セ 4-77
牧島 5-235
牧島 4-77, 5-313
マグラシマ 4-77
マシキ島 4-76
マノカシマ〔アノノラシマ〕 4-77, 5-235
ミチキレ 4-77
宮子シマ 4-77
ミヤシマ 5-235
元栗島〔元クリシマ〕 4-77, 5-235
元島〔元シマ〕 4-77, 5-235
焼シマ 4-77, 5-235
ヤスカシマ 4-77
割石シマ 4-77

第191号 壱岐

【国名】

壹岐國 4-79, 5-238, 5-241

【郡名】

壹岐郡 4-78, 4-79, 5-238, 5-241, 5-313
石田郡 4-78, 4-79, 5-238, 5-241, 5-313

【地名】

芦邊浦⚓ 4-78, 5-238, 5-241
池田村〔池田〕 4-79, 5-238, 5-241, 5-313
石田村〔石田〕 4-78, 5-238, 5-241, 5-313
石田村踊川 4-78
岩屋 4-79
印通寺浦 4-78
印通寺浦久喜浦 4-79
牛方 4-79
大平 4-79
可須村〔可須〕 4-79, 5-238, 5-241, 5-313
勝本浦⚓〔勝本〕 4-79, 5-313
亀石 4-79
川北村 4-78, 5-238, 5-241
黒﨑村 4-79, 5-238, 5-241
郷野浦 4-79, 5-238, 5-241
國分村 4-79, 5-238, 5-241
国分村當田 4-79
城辻 4-79
志原村〔志原〕 4-79, 5-238, 5-241, 5-313
新城村西方谷〔新城村〕 4-79, 5-238, 5-241
新城村前原〔新城〕 4-79, 5-313
住吉村 4-79, 5-238, 5-241
瀬戸浦⚓ 4-78, 5-238, 5-241
武末城大手口 4-79
嶽辻〔岳ノ辻〕 4-79, 5-238, 5-241, 5-313
立石村 4-79, 5-238, 5-241
田ノ浦 4-79, 5-238, 5-241
筒城村 4-78, 5-238, 5-241
筒城村筒城濵 4-78
筒城村宮濵 4-78
津甫村 4-79, 5-238, 5-241
津甫村津甫浦 4-79
遠見 4-79
遠見 4-79
徳目 4-79
中郷村〔中郷〕 4-79, 5-313
長峯村 4-79, 5-238, 5-241
長峯村森浦 4-79, 5-238, 5-241
箱﨑村〔箱﨑〕 4-78, 5-238, 5-241, 5-313
箱﨑村大久保 4-78
箱﨑村大左右 4-78
箱﨑村谷江 4-79
箱﨑村針尾 4-79
箱﨑村諸津 4-78
初山村〔初山〕 4-79, 5-238, 5-241, 5-313
初山村初瀬浦 4-79
半城村 4-79, 5-238, 5-241
半城村大浦 4-79
深江村 4-78, 5-238, 5-241
布氣村 4-79, 5-238, 5-241
本宮村〔本宮〕 4-79, 5-238, 5-241, 5-313
御手洗 4-79
ミルメウラ 4-79
武生水村〔武生水〕 4-79, 5-313
武生水村庄觸 4-79
武生水村菜切 4-79
本居 4-79
物部村 4-79
諸吉村〔諸吉〕 4-78, 5-238, 5-241, 5-313
諸吉村石垣 4-78
諸吉村今里 4-78
諸吉村大石 4-78
諸吉村東 4-78
諸吉村二又 4-78
八幡浦⚓ 4-78, 5-238, 5-241
八幡浦山崎浦 4-78
湯岳村 4-79, 5-238, 5-241
湯岳村射手吉 4-79
湯野本浦 4-79, 5-238, 5-241
湯野本浦湯野浦 4-79
渡良浦⚓ 4-79, 5-238, 5-241
渡良村〔渡良〕 4-79, 5-238, 5-241, 5-313
渡良村東觸 4-79
渡良村麦屋 4-79

【社寺】

愛見神社 4-79
天手長男神社 4-79
天手長姫神社 4-79
大国魂神社 4-79
海神社 4-78
国片王〔片主〕神社 4-79
国津意賀美神社 4-79
國津神社 4-79

興神社　4-79
國分寺　4-79
佐肆布都神社　4-79
佐肆布都神社　4-78
住吉神社〔住吉社〕 4-79, 5-238, 5-241
髙御祖神社　4-78
手長姫神社　4-79
月讀神社　4-79
角上神社　4-79
津神社　4-79
中津神社　4-79
尓自神社　4-79
八幡社　4-78
八幡社　4-79
兵王〔主〕神社　4-78
布都神社　4-79
見上神社　4-79
弥佐支刀神社　4-79
水神社　4-79
若宮社　4-79

【山・峠】

五百鳥山　4-78, 5-238, 5-241
男嶽　4-78
女嶽　4-78

【河川・湖沼】

椎ノ木川　4-78
谷江川　4-79
入道川　4-79
旗鉾川　4-78

【岬・海岸】

赤瀬崎　4-78
阿母崎　4-79
海豚崎　4-79
魚釣崎〔魚釣サキ〕 4-78, 5-238, 5-241, 5-313
烏帽子崎　4-79
ヱントウ鼻〔エントウハナ〕 4-78, 5-238, 5-241
大サキ　5-238, 5-241
海曲　4-79
カマ崎　4-79
カワラキ崎　4-79
黒崎　5-313
小岬　4-79
鹿山崎　4-78
白滝岬〔白滝ハナ〕 4-79, 5-238, 5-241
銭亀崎　4-78
長者原崎〔長者原ハナ〕 4-78, 5-238, 5-241
筒城崎　4-78
唐舩岬　4-79
戸ヤサキ　5-238, 5-241
奈良崎〔奈良サキ〕 4-79, 5-238, 5-241
柄杓崎　4-79
辨天崎　4-79
ホコ崎　4-79
細崎〔細サキ〕 4-79, 5-238, 5-241
松崎　4-79
女瀬崎　4-79
モクサリ岬〔モクサリサキ〕 4-79, 5-238, 5-241
矢臺崎　4-78
呼子崎　4-79
竜神崎〔竜神サキ〕 4-78, 5-238, 5-241
若ノ岬　4-79
若宮崎〔若宮サキ〕 4-78, 5-238, 5-241

【島】

青島〔青シマ〕 4-78, 5-238, 5-241
赤島　4-79
赤島〔赤シマ〕 4-78, 5-238, 5-241
赤瀬　4-79
アセ島　4-79
イサ島　4-78
牛島　4-79
後小嶋　4-79, 5-238, 5-241
ウセ　4-78
大島　4-79, 5-238, 5-241, 5-313
大瀬　4-79
乙島　4-78, 5-238, 5-241
折柱〔折柱セ〕 4-79, 5-238, 5-241
折柱　4-79
カセシマ　5-238, 5-241
金白瀬〔金白セ〕 4-78, 5-238, 5-241, 5-313
金白瀬　4-79
釜蓋瀬〔釜フタセ〕 4-79, 5-238, 5-241
上折柱〔上折柱セ〕 4-79, 5-238, 5-241
カモメセ　4-78
カラウ瀬〔カラウセ〕 5-238, 5-241
巾着瀬　4-78
鯨瀬〔鯨セ〕 4-78, 5-238, 5-241
黒島〔クロシマ〕 4-79, 5-238, 5-241
クロセ　4-79, 5-238, 5-241
黒瀬〔クロセ〕 4-79, 5-238, 5-241
クロセ　4-78
黒瀬〔クロセ〕 4-79, 5-238, 5-241
郷瀬　4-79
小シキ島　4-79
小島　4-78
小島　4-79
コツ子瀬　4-78
小平島　4-79
小二神島〔フタガミジマ〕 5-238, 5-241
先小島　4-78
シヤキヤウ瀬　4-78
嫦娥島　4-79
白瀬　4-79
高瀬　4-79
髙瀬　4-79
竹子島　4-78
タコ島　4-79
辰島　4-79, 5-238, 5-241, 5-313
田道幸浦　5-238, 5-241
机島　4-79
妻島　4-78, 5-313
手長島〔手長シマ〕 4-79, 5-238, 5-241, 5-313
トシヤク瀬　4-78
飛島　4-79
鳥島　4-79
長島　4-79, 5-238, 5-241, 5-313
ナカセ　4-78
名烏島　4-79, 5-238, 5-241, 5-313
名島　4-78, 5-238, 5-241
西ソ子　4-79
根島　4-79
ノウ瀬　4-78
ノフ瀬　4-79
ノフ瀬　4-79
ノシマ　5-238, 5-241
野島　4-79
箱島　4-78
柱セ　4-79
春島　4-79, 5-313
引瀬　4-78
火島　4-79, 5-238, 5-241
平島　4-79, 5-238, 5-241, 5-313
二神島（大島屬）
蛇島　4-79
星島〔ホシシマ〕 4-78, 5-238, 5-241
前小島　4-79, 5-238, 5-241
前セ　4-79
前セ　4-79
短瀬　4-79
妾島　5-238, 5-241
元小島　4-78
雪島　4-79
若島　5-313
若宮島　4-79, 5-238, 5-241, 5-313
和布セ　4-78

第192号 対馬

【国名】

朝鮮　5-241, 5-320
對馬國　4-80, 4-81, 5-320

【郡名】

上縣郡　4-81
下縣郡　4-81

【地名】

安神村　4-82, 5-240, 5-241, 5-320
葦見村　4-80, 5-239, 5-241, 5-320
網代村　4-80, 5-239, 5-241, 5-320
阿連村　4-81, 4-82, 5-239, 5-240, 5-241, 5-320
井口村　4-80, 5-239, 5-241, 5-320
泉村　4-80, 5-239, 5-241, 5-320
以町庵　4-82
糸瀬村　4-81, 5-239, 5-240, 5-241
伊奈村　4-80, 5-239, 5-241, 5-320
犬ヶ浦村〔犬ヶ浦〕 4-80, 5-239, 5-241
犬吠村　4-81, 4-82, 5-239, 5-241
今里村　4-81, 4-82, 5-239, 5-240, 5-241, 5-320
イリシ濵　4-81
内ノ浦　4-81, 4-82
内山村　4-82, 5-240, 5-241, 5-320
女連村　4-80, 4-81, 5-239, 5-241, 5-320
卯麦村　4-81, 5-239, 5-240, 5-241
恵古村　4-80, 5-239, 5-241
青海村　4-81, 5-239, 5-241, 5-320
尾浦村　4-82, 5-240, 5-241, 5-320
大阿津　4-82
大浦村　4-80, 5-239, 5-241, 5-320
大綱村　4-81, 5-239, 5-240, 5-241
大舩越村　4-81, 4-82, 5-320
大舩越村　4-81, 4-82, 5-320
大増村　4-80, 5-239, 5-241
緒方村　4-81, 4-82, 5-239, 5-240, 5-241, 5-320
尾崎村　4-81, 4-82, 5-239, 5-240, 5-241, 5-320
小鹿村　4-80, 5-239, 5-241, 5-320
音浦　4-80
大山村　4-81, 4-82, 5-239, 5-240, 5-241
於呂津　4-81
貝口村　4-81, 5-239, 5-240, 5-241, 5-320
飼所村　4-80, 5-239, 5-241
貝鮒村　4-81, 5-239, 5-240, 5-241
加佐村　4-81, 5-239, 5-240, 5-241
樫滝村　4-80, 5-239, 5-241, 5-320
樫滝村下里　4-80
樫根村　4-82, 5-240, 5-241
樫根村蓜　4-82
加志村　4-81, 4-82, 5-239, 5-240, 5-241
上槻村　4-82, 5-240, 5-241, 5-320
鴨居瀬村　4-81, 5-239, 5-240, 5-241, 5-320
賀谷村　4-81, 5-239, 5-240, 5-241
唐洲村　4-81, 5-239, 5-240, 5-241, 5-320
狩尾村　4-81, 5-239, 5-241
河内村　4-80, 5-239, 5-241, 5-320
木坂村　4-81, 5-239, 5-240, 5-241, 5-320
北瀬村〔瀬村〕 4-82, 5-240, 5-241, 5-320
木下濵　4-81, 4-82
金石館　4-82
琴村　4-80, 5-239, 5-241, 5-320
櫛村　4-81, 5-239, 5-240, 5-241
久須浦　4-81, 4-82
久須保村　4-81, 4-82, 5-239, 5-240, 5-241
久須村　4-80, 5-239, 5-241
久田村　4-82, 5-240, 5-241, 5-320
久根田舎村　4-82, 5-240, 5-241, 5-320
久根濵村　4-82, 5-240, 5-241, 5-320
久原村　4-80, 4-81, 5-239, 5-241, 5-320
黒瀬村　4-81, 4-82, 5-239, 5-240, 5-241
久和村　4-82, 5-240, 5-241, 5-320
鶏知村　4-81, 4-82, 5-239, 5-240, 5-241, 5-320
小浦村〔小浦〕 4-82, 5-240, 5-241, 5-320
越高村　4-80, 5-239, 5-241, 5-320
小綱村　4-81, 5-239, 5-240, 5-241
五根緒村　4-80, 5-239, 5-241
小舩越村　4-81, 4-82, 5-239, 5-240, 5-241
小茂田村　4-82, 5-240, 5-241, 5-320
坂無濵　4-81, 4-82
佐賀村　4-81, 5-239, 5-240, 5-241, 5-320
嵯峨村　4-81, 5-239, 5-240, 5-241
佐河内　4-80
佐志賀村　4-81, 5-239, 5-240, 5-241
佐志賀村笹葉浦　4-81
佐須奈村　4-80, 5-239, 5-241, 5-320
佐保村　4-81, 5-239, 5-240, 5-241, 5-320
椎根村　4-82, 5-240, 5-241, 5-320
鹿見村　4-80, 4-81, 5-239, 5-241
鹿焼浦　4-81, 4-82
地蔵坂　4-80
志多賀村　4-80, 4-81, 5-239, 5-241, 5-320
志多浦村　4-81, 5-239, 5-240, 5-241, 5-320
志多留村　4-80, 5-239, 5-241, 5-320
志多留村枝苅生　4-80
志多留村枝田ノ濵　4-80
志上路浦　4-81
シナイ浦　4-81
島浦　4-80
島山村〔島山島〕 4-81, 4-82, 5-240, 5-241, 5-320
下原村　4-82, 5-240, 5-241
下原村若田　4-82
舟志村　4-80, 5-239, 5-241, 5-320
城　4-82
城八幡　4-81, 4-82
城山　4-81, 4-82
洌藻村　4-81, 4-82, 5-239, 5-240, 5-241
瀬田村　4-80, 5-239, 5-241, 5-320
瀬田村枝中栗栖　4-80
瀬田村枝宮原　4-80
瀬戸口　4-81, 4-82
瀬戸口小田山　4-81, 4-82
卒土濵　4-82
曽村　4-81, 5-239, 5-240, 5-241, 5-320
高濵　4-81, 4-82
竹敷村　4-81, 4-82, 5-239, 5-240, 5-241
玉調浦　4-81, 4-82
田村　4-81, 5-239, 5-240, 5-241
樽濵　4-81, 4-82
朝鮮館　4-82
千尋藻村　4-81, 5-239, 5-240, 5-241
豆酘村　4-82, 5-240, 5-241, 5-320
網濵浦　4-80
椿ヶ浦　4-80
津柳村　4-80, 4-81, 5-

239, 5-241, 5-320
鶴野　4-82, 5-240, 5-241
唐舟志村　4-80, 5-239, 5-241, 5-320
殿浦　4-81
冨浦村　4-80, 5-239, 5-241, 5-320
友谷村　4-80, 5-239, 5-241, 5-320
豊村　4-80, 5-239, 5-241, 5-320
中原村　4-80, 5-239, 5-241
七曲坂　4-82
南室村　4-82, 5-240, 5-241
仁位村　4-81, 5-239, 5-240, 5-241, 5-320
仁位村枝和板　4-81
仁位村橋口　4-81
西津屋村　4-80, 5-239, 5-241, 5-320
西泊村　4-80, 5-239, 5-241, 5-320
西内院村　4-82, 5-240, 5-241, 5-320
仁田内村　4-80, 5-239, 5-241
入道浦　4-80
根緒村　4-82, 5-240, 5-241, 5-320
濃部村　4-81, 5-239, 5-240, 5-241, 5-320
鉢割坂　4-81
濵久須村　4-80, 5-239, 5-241
東内院村　4-82, 5-240, 5-241, 5-320
比田勝村　4-80, 5-239, 5-241
一重村　4-80, 5-239, 5-241, 5-320
晝浦村　4-81, 4-82, 5-239, 5-240, 5-241
深浦　4-80
吹崎村　4-81, 4-82
吹崎村　5-240, 5-241
府中　4-82, 5-240, 5-241, 5-320
古里村　4-80, 5-239, 5-241
曲浦　4-82, 5-240, 5-241
廻村　4-81, 5-239, 5-240, 5-241, 5-320
見世越　4-81
御園村　4-80, 5-239, 5-241
湊村　4-80, 5-239, 5-241, 5-320
南瀬村〔瀬村〕　4-82, 5-240, 5-241, 5-320
三根村　4-81, 5-239, 5-241, 5-320
箕形村　4-81, 4-82, 5-239, 5-240, 5-241
深山村　4-80, 5-239, 5-241
銘村　4-81, 5-239, 5-240, 5-241, 5-320
薬師堂濵　4-80
柳ヶ浦　4-81
鑓川村　4-81, 5-239, 5-240, 5-241, 5-320
弓ノ原　4-80, 4-81
ユリシ　4-81
横浦村　4-81, 5-239, 5-240, 5-241
蘆浦村　4-81, 5-239, 5-240, 5-241
吉田村　4-81, 5-239, 5-240, 5-241, 5-320
鰐浦村　4-80, 5-239, 5-241, 5-320

【社寺】

阿麻□□神社　4-81
天神多久須命神社　4-80
天諸羽命神社　4-80
雷命神社　4-81, 4-82
伊奈久地（比）神社　4-80
宇努神社　4-82
大鳥神社　4-81
銀山神社　4-82
観音堂　4-82
小牧宿祢神社　4-80, 4-81
胡録御子神社　4-80
舘（敷）島神社　4-81, 4-82
島大国魂神社　4-80
島大國魂御子神社　4-80
白木社　4-82
銀山上神社　4-82, 5-320
須賀美乃金子神社　4-80
高御魂神社　4-82
都々智神社　4-81, 4-82
波良波神社　4-81
太祝詞神社（加志大明神）　4-81, 4-82
行相神社　4-81
和多都美神社　4-82
和多都美神社　4-81, 4-82
和多都美神社　4-82
和多部（都）美御子神社　4-81

【山・峠】

赤坂峠　4-80
鳴呼難儀坂茶屋隈峠　4-82
有明峯〔有明山〕　4-82, 5-239, 5-241, 5-320
怒熊山　4-82
石井山　4-80
板置山　4-82, 5-239, 5-241
伊奈坂峠　4-80
ウナハミ山　4-82
大岳　4-81
大平山　4-81, 4-82
大星山　4-80, 4-81, 5-239, 5-241
御嶽〔御岳〕　4-80, 5-239, 5-241, 5-320
男岳　5-240, 5-241
蛎瀬峠　4-80
カフカ山　4-80
加穂山　5-241, 5-320
神山　4-80, 4-81
カンシヤウ山　4-80
北平山　4-80
九的山　5-241, 5-320
玉浦山　5-241
郷崎山　4-81, 4-82
神山　5-240, 5-241
権現山　4-80
紺青山　4-81, 4-82
佐須峠　4-82
椎坂峠　4-81, 4-82
白岳　5-240, 5-241
白嶽〔白岳〕　4-81, 4-82, 5-239, 5-241, 5-320
白嶽〔白岳〕　4-80, 4-81, 5-320
水登山　5-241, 5-320
杉山　4-82
タキハマ山　4-80
竜良山　4-82
知世浦山　5-241
鶴嶽　4-82
盗賊浦山　5-241, 5-320
堂本山　4-82
遠見　4-80
遠見山　4-80
遠見山　4-81, 4-82
豊坂峠　4-80
沼田坂峠　4-80
根緒峠　4-82
雌鳩岳　4-81
冷水山　4-80
晝神峠　4-81
枇杷峠　4-80
ホウシ岳　4-80
ホウシ山　4-80
佛坂峠　4-80, 4-81
松原峠　4-82
万積峠　4-81, 4-82
明星山　4-82
明神山　4-81, 4-82
女岳　5-240, 5-241, 5-320
本越坂　4-80
矢立山　4-82, 5-320
矢筈山　5-240, 5-241
矢筈山　5-241
山神山　4-80
弓坂峠　4-80, 4-81

【河川・湖沼】

アサモ川　4-82
内山川　4-82
江川　4-82
大地石川　4-81
小鹿川　4-80, 4-81
佐護川　4-80
佐須川　4-82
スモ川　4-81, 4-82
仁田川　4-80
針川　4-80
久田川　4-82

【岬・海岸】

赤崎　4-80
赤崎　4-81
アツ崎〔アツサキ〕　4-80, 5-239, 5-241
イケサキ　5-240, 5-241
伊奈崎　4-80, 5-239, 5-241
芋崎　4-81, 4-82, 5-239, 5-240, 5-241
ウケホン崎　4-81
氏神鼻　4-81, 4-82
牛首鼻　4-80
エホシハナ　5-239, 5-240, 5-241
大尾（梶）崎〔大梶サキ〕　4-82, 5-240, 5-241
大首崎〔大首サキ〕　4-81, 4-82, 5-239, 5-240, 5-241
大崎　4-82, 5-240, 5-241
大瀬戸口鼻　4-81
大田サキ　5-239, 5-240, 5-241
岡崎岬　4-81, 4-82
鬼崎　4-80
鬼崎〔鬼サキ〕　4-80, 5-239, 5-241
御前崎〔御前サキ〕　4-81, 5-239, 5-241
折瀬鼻　4-81
笠瀬崎　4-81, 4-82
観音崎　4-80
琴崎　4-80, 5-239, 5-241
九崎　4-80
黒島崎　4-81
神崎〔神サキ〕　4-82, 5-240, 5-241, 5-320
郷崎〔郷サキ〕　4-81, 4-82, 5-239, 5-240, 5-241
東風坊崎　4-80
棹尾崎　4-80, 5-239, 5-241
舌崎〔舌サキ〕　4-80, 5-239, 5-241
舟志坂峠　4-80
尉殿崎〔尉殿サキ〕　4-80, 5-239, 5-241
シン崎〔神サキ〕　4-81, 5-239, 5-240, 5-241
菅崎　4-81
関坊崎　4-81, 4-82
竹崎　4-81
只越岬　4-81
タツ崎　4-81, 4-82
タツノ崎〔竜ノ崎〕　4-82, 5-240, 5-241
タントウサキ　5-239, 5-240, 5-241
千崎〔千サキ〕　4-81, 5-239, 5-240, 5-241
豆酘崎〔豆酘サキ〕　4-82, 5-240, 5-241
綱掛崎〔ツナカケサキ〕　4-81, 4-82, 5-239, 5-240, 5-241
剱崎　4-80
トウノ崎　4-81
塔崎　4-80, 4-81, 5-239, 5-241
虎崎〔虎サキ〕　4-82, 5-240, 5-241
長崎〔長サキ〕　4-80, 5-239, 5-241
長崎〔長サキ〕　4-81, 5-239, 5-241
長瀬鼻〔長セサキ〕　4-82, 5-240, 5-241
波石崎　4-81, 4-82
畑崎　4-81, 4-82
初ヶ浦鼻　4-81
初崎〔初サキ〕　4-80, 5-239, 5-241
ハナクリ岬〔ハナクリ鼻〕　4-80, 5-239, 5-241
二俣サキ　5-239, 5-240, 5-241
凡倉ハナ　5-240, 5-241
松ナシ　4-82
苗字崎　4-81, 4-82
女瀬崎　4-80
也良崎〔也良サキ〕　4-82, 5-240, 5-241
ユウラン鼻　4-81, 4-82

【島】

相島〔相シマ〕　4-82, 5-240, 5-241
赤子セ　4-80, 5-239, 5-241
赤シマ　5-239, 5-240, 5-241
赤島　4-81
赤瀬〔赤セ〕　4-80, 5-239, 5-241
浅黄瀬〔浅黄セ〕　4-80, 5-239, 5-241
鯵崎島　4-81, 4-82
泉島　4-81
一ノ島　4-81
猪島　4-81
イヤシマ　4-81, 4-82
魚瀬　4-80
浮セ　4-81
浮瀬　4-81, 4-82
牛島〔牛シマ〕　4-81, 5-239, 5-240, 5-241
臼石〔臼サキ〕　4-80, 5-239, 5-241
ウセ　4-80
鵜瀬　4-81, 4-82
ウニシマ　4-81
ウニ島　4-80, 5-239, 5-241
鵜瀬　4-80
鵜瀬　4-82
鵜瀬　4-82
榎島（總名網島）〔榎シマ〕　4-81, 5-239, 5-240, 5-241
エヒスシマ　4-81
エホシセ　4-80
エホシマ　4-81, 4-82
大シマ　4-81, 4-82, 5-239, 5-240, 5-241
大島　4-80
大千鳥セ　4-80, 4-81
大干切シマ　4-81
大佛シマ　4-81, 4-82
沖海老シマ　4-80
沖カノシマ（總名網島）　4-81
沖椎根島　4-80
沖京シマ　4-81
沖島　4-81, 5-239, 5-240, 5-241
沖島　4-81, 4-82, 5-239, 5-240, 5-241
萩（荻）島　4-80, 5-239, 5-241
沖島（總名三宝島）　4-81
沖セ　4-80, 4-81
沖廻島　4-81, 4-82
ヲタイシマ　4-81, 4-82
折瀬〔ヲリセ〕　4-82, 5-240, 5-241
海賊シマ　4-81, 4-82
鏡島　4-81, 4-82
カサワシマ　4-81, 4-82
梶カキ瀬　4-80
カノシマ（總名網島）　4-81, 5-239, 5-240, 5-241
釜蓋瀬〔カマフタセ〕　4-80, 5-239, 5-241
釜蓋瀬　4-82
釜蓋瀬　4-81
上根緒島　4-82, 5-240, 5-241
カヤリシマ　4-81, 4-82
唐洌岩　4-81
唐松シマ　4-81, 4-82, 5-239, 5-240, 5-241
カランコシマ　4-81
北隠島〔北隠シマ〕　4-81, 4-82, 5-239, 5-240, 5-241
北瀬〔北セ〕　4-80, 5-239, 5-241
京シマ　4-80
経シマ　4-81
経シマ　4-81, 4-82
京シマ　4-81, 5-239, 5-240, 5-241
霧坊瀬　4-82
金吾瀬　4-81
草シマ　4-81, 5-239, 5-240, 5-241

鯨瀬　4-80
口瀬　4-82
車島〔車シマ〕　4-81, 4-82, 5-240, 5-241
黒﨑島　4-81, 4-82
黒シマ　4-80, 4-81, 5-239, 5-241
黒島　4-81, 5-239, 5-240, 5-241
黒島　4-81
九郎太郎島〔九郎太郎シマ〕　4-81, 4-82, 5-239, 5-240, 5-241
コフノセ　4-82, 5-240, 5-241
郷瀬　4-82
カウノセ（總名網島）　4-81
小浦シマ　4-82
小エホシ　4-80
五合シマ　4-81, 4-82
小シマ　4-80
小シマ　4-80, 5-239, 5-241
小島　4-81
小島瀬　4-82
小姓島〔小姓シマ〕　4-81, 5-239, 5-240, 5-241
呼瀬　4-81
小太郎島　4-80
東風泊島〔東風泊シマ〕　4-81, 5-239, 5-240, 5-241
琴瀬　4-82
コトリセ　4-81
小ヒキレシマ　4-81
小佛シマ　4-81, 4-82
駒シマ　4-81, 4-82
鷺島〔鷺シマ〕　4-81, 5-239, 5-240, 5-241
鷺首島〔サキ首シマ〕　4-80, 5-239, 5-241
サキノシマ　4-81, 4-82
三郎シマ　4-81, 4-82
地海老シマ　4-80
志賀島　4-81, 4-82
志古シマ〔志古島〕　4-80, 5-239, 5-241, 5-320
地椎根島　4-80
鹿ヶ小シマ　4-81, 4-82
鹿ヶ島　4-81, 4-82
品木島　4-80, 5-239, 5-241
地廻島　4-81, 4-82
下セ　4-80
下根緒島　4-82, 5-240, 5-241
白銀島　4-81
鋤瀬　4-81, 4-82
スンキリ島　4-81, 4-82
セニシマ　4-80
銭島　4-80, 5-239, 5-241
銭島　4-80
銭島　4-81
大小裸シマ　4-81
高島〔タカシマ〕　4-80, 5-239, 5-241
タコシマ　4-81, 4-82
多田島　4-81
立セ　4-80, 4-81
立瀬〔立セ〕　4-81, 5-239, 5-240, 5-241
立岩　4-80
立場シマ　4-81
千切島〔千切シマ〕　4-81, 5-239, 5-240, 5-241
チトリシマ　4-81
千トリシマ　4-81, 4-82
千鳥シマ　4-80
千鳥シマ　4-81
千鳥シマ　4-81, 4-82
千鳥セ　4-82
チトリセ（總名網島）　4-81
茶木島　4-81, 4-82
ツワツイセ　4-80
寺﨑島〔寺サキシマ〕　4-81, 5-239, 5-240, 5-241
塔ヶ﨑島　4-81
唐平ハエ　4-80
トクケセ　4-81
轟シマ　4-80
鳥瀬　4-80
トロクセ　4-80
内院島　4-82, 5-240, 5-241, 5-320
長﨑　4-81
中シマ（總名網島）　4-81, 5-239, 5-240, 5-241
中セ　4-80
中島　4-80
中島〔中シマ〕　4-81, 5-239, 5-240, 5-241
中島（總名三宝島）　4-81
南室シマ　4-82
新島瀬　4-81
仁兵ヱシマ　4-81, 4-82
盗人島　4-81, 4-82
鼠シマ　4-81, 4-82, 5-240, 5-241, 5-320
鼠島　4-81, 5-320
子ミツシマ　5-239, 5-240, 5-241
ハイノハセ　4-80
裸シマ　4-80, 4-81
裸シマ　4-81, 4-82
八兵ヱシマ　4-81
八点島　4-81
離シマ　4-81
ハントウシマ　4-81, 4-82
ヒシケシマ　4-81
雎鳩瀬　4-80
平セ　4-81
平瀬〔平セ〕　4-80, 5-239, 5-241
琵琶島〔ヒハシマ〕　4-81, 4-82, 5-239, 5-240, 5-241
フシキセ（總名網島）　4-81
二子島　4-81
二ツセ　4-82
舟瀬　4-80
邉田島　4-81, 4-82, 5-239, 5-240, 5-241
蛇シマ　4-81, 4-82
弁天シマ　4-81, 4-82
辨天島　4-81, 4-82
ホケシマ　4-81
星小シマ　4-82
牧島　5-241, 5-320
馬把島〔馬把シマ〕　4-81, 4-82, 5-239, 5-240, 5-241
馬子シマ〔八点シマ〕　4-81, 5-239, 5-240, 5-241
松島〔松シマ〕　4-80, 5-239, 5-241
的シマ（松シマ）　4-81, 5-239, 5-240, 5-241
丸島〔丸シマ〕　4-81, 5-239, 5-240, 5-241
丸島（總名三宝島）　4-81
御嵜シマ　4-81
ミサコセ　4-80
三宝シマ　5-239, 5-240, 5-241
三ツシマ　4-81, 5-239, 5-240, 5-241
三ツ島　5-239, 5-241
妙見シマ　4-80
麦島　4-81, 5-239, 5-240, 5-241
メウセ（總名網島）　4-81
女瀬　4-80
元シマ　4-81
本瀬　4-80
本ノ島（ヒシヤコセ）　4-81, 5-239, 5-240, 5-241
ユルキセ　4-81, 4-82, 5-320
横島　4-81, 5-239, 5-240, 5-241
横瀬　4-80
ヨコセ　4-81
六郎シマ　4-81, 4-82
六郎瀬　4-81, 4-82
輪島　4-82, 5-240, 5-241

第193号 熊本

【国名】

筑後国　4-87
肥後国　4-87, 5-314

【郡名】

飽田郡　4-84, 4-85, 4-86, 4-87, 5-233, 5-315
阿蘇郡　4-83, 4-84, 5-230, 5-314
菊池郡　4-84, 4-85, 4-86, 5-230, 5-312, 5-314
合志郡　4-83, 4-84, 4-86, 5-232, 5-314
詫摩郡　4-85, 5-232, 5-314
玉名郡　4-85, 4-86, 4-87, 5-233, 5-313, 5-315
三池郡　4-87, 5-313, 5-315
山鹿郡　4-85, 4-86, 4-87, 5-230, 5-312
山本郡　4-85, 4-86, 4-87, 5-232, 5-314

【地名】

赤坂村　4-87
赤坂村安原　4-87
赤坂村庄寺〔赤坂村、赤坂〕　4-87, 5-231, 5-313
赤坂村高久野　4-87
赤星村　4-84, 4-86, 5-232, 5-312, 5-314
荒尾村　4-87, 5-233, 5-313, 5-315
安樂寺村　4-85, 4-87, 5-223, 5-313, 5-315
安樂寺村下村　4-85, 4-87
安樂寺村津留　4-85, 4-87
伊倉北方村　4-85, 4-87, 5-223, 5-313
伊倉南方村〔南方〕　4-85, 4-87, 5-233, 5-315
伊倉南方村枝立花　4-85, 4-87
伊倉南方村部田見　4-85, 4-87
池亀村　4-85, 4-86, 5-232
池亀村徳王　4-85, 4-86
池亀村長迫　4-85
伊坂村　4-84, 4-86, 5-232
石村　4-85, 4-86, 5-231, 5-312, 5-315
櫟野村　4-87, 5-231, 5-313
櫟野村峠　4-87
一部村　4-87, 5-233
一部村　4-87
出田村　4-84, 4-86, 5-232
出仲間村　4-85, 5-232
井手村　4-87, 5-231, 5-223, 5-313
井手村上井手　4-87
井手村下井手　4-87
糸山村　4-85, 4-86, 5-232
稲佐村　4-85, 4-87, 5-223
稲佐村山口　4-85, 4-87
今藤村　4-85, 4-86, 5-232, 5-315
今村　4-87, 5-231, 5-313, 5-315
今村山口　4-87
今山村　4-87, 5-231, 5-313
今山村米山　4-87
岩立村　4-85
岩野村　4-85, 4-86, 5-232, 5-315
岩原村　4-85, 4-86, 5-232, 5-312, 5-315
岩原村郷原　4-85, 4-86
岩村　4-87, 5-231, 5-313, 5-315
内牧村○☆　4-83, 5-232, 5-312, 5-314
内村　4-85, 4-86, 5-312, 5-315
内村正院　4-85, 4-86
内村味取　4-85, 4-86
小天村　4-85, 4-87, 5-233, 5-315
大窪村　4-85, 4-86, 5-232, 5-314
大島村　4-87, 5-231, 5-223, 5-313
大清水村　4-85, 4-86, 5-223, 5-312, 5-315
太田黒村〔大田黒村〕　4-87, 5-231, 5-313, 5-315
大津村　4-83, 4-84, 4-86
大津村大津町☆　4-83, 4-84, 4-86, 5-232, 5-314
大牟田村　4-87, 5-231
岡田村　4-84, 4-86, 5-230, 5-232
小倉村　4-83, 5-232, 5-312, 5-314
小倉村今町　4-83
小倉村黒流　4-83
小里村　4-83, 5-232, 5-312, 5-314
小島村　4-85, 4-87, 5-223, 5-315
小嶋村小島町〔小島村〕　4-85, 5-233
折戸村　4-83, 5-232, 5-312, 5-314
片平村水尾〔片平村〕　4-87, 5-231
方保田村〔御宇田〕　4-85, 4-86, 5-230, 5-312, 5-314
方保田村日置　4-85, 4-86
金山村　4-87, 5-223, 5-313, 5-315
加納開村　4-87, 5-231
鹿子木村　4-85, 4-86, 5-232
椛村　4-87, 5-231, 5-223, 5-313, 5-315
上立田村　4-85, 4-86, 5-232, 5-314
上立田村弓削　4-84, 4-86
上津久禮村　4-84, 4-86, 5-232
上津久禮村新町　4-84, 4-86
上津久禮村鉄炮町　4-84, 4-86
上長田村　4-87
上御宇田村新町〔上御宇田村、御宇田〕　4-85, 4-86, 5-230, 5-312, 5-314
上御宇田村原部〔御宇田〕　4-85, 4-86, 5-312
狩尾村　4-83, 5-232, 5-312, 5-314
河内村　4-85, 4-87, 5-315
河内村枝鹽屋　4-85
河内村枝舟津☆〔舟津〕　4-85, 4-87, 5-233, 5-315
河内村白濵　4-85, 4-87
河東村　4-85, 4-86, 5-232
河東村上野　4-85, 4-86
河東村坂下〔坂下〕　4-85, 4-86, 5-314
川邉村　4-84, 4-86, 5-232, 5-312, 5-314
北宮村（菊城）　4-84, 4-86, 5-232, 5-312, 5-314
教樂来村　4-87
楠原村　4-85, 4-86, 5-232
楠原村楠古閑　4-85, 4-86
宮内村　4-87, 5-231, 5-223, 5-313, 5-315
久原村　4-85, 4-86
久福木村　4-87, 5-231, 5-313
熊入村　4-86
熊本（細川越中守居城）☆　4-85, 5-232, 5-315

鞍掛村 4-85, 4-86, 5-223
鞍掛村萩尾 4-85, 4-86
倉永村 4-87
藏満村 4-87, 5-233, 5-313, 5-315
車帰村 4-83, 4-84, 5-232, 5-312, 5-314
車帰村坂ノ下 4-83, 4-84
黒﨑村 4-87, 5-231
肥猪村 4-87, 5-231, 5-313, 5-315
肥猪村相谷 4-87
肥猪村肥猪町 4-87
肥猪村小原 4-87
古閑村 4-85, 4-86, 5-230, 5-312, 5-314
古閑村白石 4-85, 4-86
小池村 4-83, 5-230, 5-232, 5-312, 5-314
木葉村 4-85, 4-87, 5-223, 5-315
木葉村枝上木葉 4-85, 4-87
木葉村木葉町 4-85, 4-87
菰田村 4-85, 4-87
小吉松村 4-85, 4-86, 5-223, 5-315
小吉松村七本 4-85, 4-86
坂上村 4-87, 5-231, 5-313, 5-315
四箇村〔四ヶ村〕 4-87, 5-231, 5-313
色出村 4-85, 4-86, 5-232
下立田村 4-85, 5-232, 5-314
下立田村宇留毛 4-85
下立田村陣内 4-85
下津久禮村 4-84, 4-86, 5-232
下長田村 4-87, 5-231, 5-313, 5-315
下長田村宮尾 4-87
下仁部村 4-87, 5-231, 5-313
下仁部村下里村 4-87
下御宇田村〔御宇田〕 4-85, 4-86, 5-230, 5-312, 5-314
下村 4-87, 5-233, 5-315
下村枝鍋 4-87
十禅寺村 4-85, 5-233, 5-315
十禅寺村平田 4-85
正観寺村 4-84, 4-86, 5-232, 5-312, 5-314
正観寺村枝隈府町○☆〔隈府〕 4-84, 4-86, 5-230, 5-232, 5-312, 5-314
上村 4-87, 5-223, 5-313
上村枝西照寺 4-87
上村枝庄山 4-87
杉水村 4-84, 4-86, 5-232, 5-314
鈴麥村 4-85, 4-87, 5-223, 5-315
住吉村 4-84, 4-86, 5-232, 5-312, 5-314
關村〔関村〕 4-87, 5-231, 5-313
関村関下〔関村〕 4-87, 5-315
関村関東 4-87
関村関外目 4-87
關村關町（南関）○☆ 4-87
千田河原村 4-85, 4-87, 5-223, 5-315
早米木村 4-87, 5-231, 5-223
高泉村 4-87, 5-231
高瀬町○☆ 4-85, 4-87, 5-223, 5-313, 5-315
高橋町○ 4-85, 5-233, 5-315
高橋村 4-85, 4-86, 5-230, 5-232, 5-312, 5-314
高橋村下高橋 4-85, 4-86
高平村 4-85, 4-86, 5-232, 5-314
高道村 4-87, 5-233, 5-315
高道村枝滑石（晒） 4-87
竹原村 4-83, 5-232, 5-312, 5-314
竹原村 4-83
田隈村 4-87, 5-231
田﨑村 4-87, 5-231
田原村 4-85, 4-86, 5-223, 5-315
田原村宿 4-85, 4-86
田迎村 4-85, 5-232
滴水村 4-85, 4-86, 5-315
滴水村植木○☆ 4-85, 4-86, 5-232
千田村 4-85, 4-86, 5-232, 5-312, 5-315
千田村廣町 4-85, 4-86
中代村大堀木 4-84, 4-86
築地村 4-85, 4-87, 5-223, 5-313
築地村枝菊尾 4-87
築地村萩尾 4-85, 4-87
津浦村 4-85, 5-232, 5-314
坪井村 4-85, 5-232, 5-314
手鎌村 4-87, 5-231
稲荷村 4-87, 5-231
塔迫村 4-84, 4-86, 5-232, 5-314
頭波下村 4-87, 5-233, 5-315
豊永村 4-87, 5-231, 5-313
豊永村内山 4-87
渡鹿村 4-85
長洲村☆ 4-87, 5-233, 5-313, 5-315
長洲村牛水 4-87
中富村〔中留村〕 4-85, 4-86, 5-230, 5-232, 5-312, 5-314
長溝村 4-85
中村 4-85, 4-86, 5-230, 5-312
中村 4-85, 4-87, 5-223, 5-313
中村枝小濱 4-85, 4-87
中村亀甲村〔亀甲村、中村、亀甲〕 4-85, 4-87, 5-223, 5-313, 5-315
中村繁根木 4-85, 4-87
流川村 4-85, 4-86, 5-230, 5-232, 5-312, 5-314
鍋田村 4-85, 4-86, 5-231, 5-312, 5-315
鍋田村東鍋田 4-85, 4-86
南部村下南部 4-85
南部村新南部 4-85
西山村 4-85, 4-86, 5-223, 5-315
入道水村 4-84, 4-86, 5-232, 5-314
入道水村中尾 4-84, 4-86
入道水村南方 4-84, 4-86
野原村 4-87, 5-223, 5-313
野間口村 4-84, 4-86, 5-230, 5-232, 5-312, 5-314
野間口村神来 4-84, 4-86
八王寺村 4-85
濱村 4-85, 4-87, 5-223
腹赤村 4-87, 5-233, 5-313, 5-315
腹赤村上沖洲 4-87
腹赤村下沖洲 4-87
腹赤村清原寺 4-87
腹赤村平原 4-87
春竹村 4-85, 5-232
飛田村 4-85, 4-86, 5-232, 5-314
〔一〕木村 4-85, 4-86, 5-223
平川村高尾野〔平川村、平川〕 4-83, 4-84, 5-232, 5-314
平野村 4-87
平野村 4-87, 5-231, 5-313, 5-315
平山村 4-85, 5-233, 5-315
平山村☆ 4-87, 5-231, 5-223, 5-313, 5-315
平山村枝近津 4-85
深浦村 4-87, 5-231
深川村 4-84, 4-86, 5-232
深倉村 4-87, 5-231
藤田村 4-87, 5-231, 5-223, 5-313
舩津村 4-87, 5-231, 5-313
府本村 4-87, 5-231, 5-223, 5-313
古城村 4-83, 4-84, 5-232, 5-314
古城村方里ケ谷 4-83, 4-84
邉田村 4-85, 4-86, 5-230, 5-232
方近村 4-85, 5-233
真木村新小屋〔真木村、真木〕 4-83, 4-84, 5-232, 5-314
増永村 4-87, 5-233, 5-313, 5-315
町村 4-84, 4-86, 5-232, 5-314
町村若竹 4-83, 4-84, 4-86
松尾村竹洞〔松尾村〕 4-85, 5-233
松尾村中松尾〔松尾〕 4-85, 5-315
的石村 4-83, 4-84, 5-232, 5-312, 5-314
的石村跡ケ瀬 4-83
万田村 4-87, 5-231, 5-223
三池新町〔三池新村〕 4-87, 5-231
三池町村○☆〔三池〕 4-87, 5-231, 5-313, 5-315
水島村 4-85, 4-86, 5-232, 5-312, 5-314
水次村 4-84, 4-86, 5-232, 5-312, 5-314
南島村 4-85, 4-86, 5-232, 5-312, 5-315
南島村内曲 4-85, 4-86
南島村北畑 4-85, 4-86
御馬下村馬出〔御馬下村、馬場〕 4-85, 4-86, 5-232, 5-314
妙見村 4-84, 4-86, 5-232, 5-312, 5-314
ムステノ小屋 4-85, 4-86
宗方村 4-85, 4-86
舞尾村 4-85, 4-86, 5-223
持松村 4-85, 4-86, 5-232, 5-312, 5-315
元村 4-87, 5-231, 5-313
元村神屋原 4-87
本山村 4-85, 5-233, 5-315
桃田村 4-85, 4-87, 5-313, 5-315
桃田村向津留〔桃田村、桃田〕 4-85, 4-87, 5-223, 5-315
柳水村 4-84, 4-86, 5-232, 5-314
山田村地先〔山田村、山田〕 4-83, 5-230, 5-312, 5-314
山室村 4-85, 4-86, 5-232
弓削大久保 4-84, 4-86
湯浦村 4-83, 5-230, 5-232, 5-312, 5-314
湯浦村枝宮原 4-83
湯町（山家）○ 4-85, 4-86, 5-312, 5-315
横島村 4-85, 4-87, 5-233, 5-315
横島村枝大園 4-85, 4-87
横島村粟〔栗〕ノ尾 4-85, 4-87
横洲村 4-87, 5-231
吉松村 4-85, 4-86
世安村 4-85, 5-233

【社寺】

女石社 4-87

【山・峠】

阿瀬山 4-83
阿蘓山（總名） 4-83
荒尾山 4-85
荒山 4-83
今山 4-87, 5-315
烏帽子山 4-83
大津山 4-87
上木葉山 4-85
鬼島山 4-83
鬼島山 4-83
北田代山 4-84
金峰山〔金峯山〕 4-85, 5-233
倉嶽〔鞍ケ岳〕 4-83, 4-84, 5-312
倉永山 4-87
古城 4-87
小代山 4-87
木葉山 4-85, 4-87
小山ノ山 4-84, 4-86
三嶽 4-85, 4-87
俵山 4-83, 4-84
砥石山 4-85, 4-86
戸嶋山 4-84
獨鈷山 4-85
長倉坂峠 5-230
奈良山 4-83
二岳 4-85, 4-87
二部塚 4-83
八角馬山 4-87
二重峠 4-83, 4-84
松尾山 4-85
万田山 4-87
三尾峠 5-231
三塚山 4-87
宮部権現山 4-87
米ノ山〔米岳〕 4-85, 4-86, 5-233

【河川・湖沼】

菊江川 5-232
菊池川 4-85, 4-86
菊池川 4-84, 4-86
白川 4-85, 5-233, 5-315
白金川 4-87
諏訪川 4-87
高瀬川 5-231
高瀬川〔タカセ川〕 4-85, 4-87, 5-315
高橋川 4-85
鍋田川 4-85, 4-86
迫間川 4-84, 4-86
平田川 4-85, 4-86
平野川 4-87
前瀬川 4-86

【岬・海岸】

黒﨑鼻 4-87
長嵜 4-85, 4-87, 5-233

【島】

離島 4-85, 5-315

第194号
椎葉

【国名】

肥後國 4-88, 4-89, 4-90, 5-314
日向國 4-88, 4-89, 4-90, 5-314

【郡名】

阿蘇郡 4-88, 4-89, 4-90, 5-314
益城郡 4-89, 4-90, 5-232
臼杵郡 4-88, 4-89, 4-90, 5-314

【地名】

稲生原村 4-89, 5-232, 5-314
今村 4-89
岩戸村 4-88, 5-229, 5-314
岩戸村上村門 4-88
岩戸村五ケ村門 4-88
岩戸村野形野門 4-88
岩屋戸村 4-91, 5-245, 5-314
岩屋戸村長野 4-90, 4-91
上松尾村 4-91, 5-245, 5-314
内八重村 4-90

大窪村　4-90, 4-91, 5-314
大野村　4-89, 4-90, 5-232
大野村市原　4-89, 4-90
大野村小嶺　4-89, 4-90
大野村神前　4-89, 4-90
大野村假屋　4-89, 4-90
大野村川ノ口　4-89, 4-90
大野村杤原　4-89, 4-90
大野村貫原　4-89, 4-90
大野村馬見原○　4-89, 4-90, 5-232, 5-314
男成村　4-89, 5-232, 5-314
小野尻村　4-89, 5-232, 5-314
片平村福王寺　4-89
上河井野村　4-89, 4-90, 5-232, 5-314
上野村　4-88, 5-229, 5-314
上野村西組門　4-88
上村門寺尾野　4-88
河内村　4-89, 4-90, 5-232, 5-314
河内村☆　4-88, 5-229, 5-314
河内村田鹽野　4-88
河内村中村　4-88
木浦村　4-90
鬼神野村　4-91, 5-245, 5-314
鬼神野村河上迫　4-91
鬼神野村河原　4-91
草ケ部村　4-88, 5-229, 5-314
草ケ部村岩神　4-88
草ケ部村大中野　4-88
草ケ部村社倉　4-88
草ケ部村永野原　4-88
草ケ部村馬塲☆　4-88
鞍岡村萩（荻）原〔鞍岡〕　4-89, 4-90, 5-314
鞍岡村原小野〔鞍岡〕　4-89, 4-90, 5-314
鞍岡村日漆門折立〔鞍岡〕　4-89, 4-90, 5-314
鞍岡村日漆門下〔丁〕司〔鞍岡〕　4-89, 4-90, 5-314
鞍岡村日漆門中園〔鞍岡〕　4-89, 4-90, 5-314
鞍岡村日漆門原〔鞍岡〕　4-89, 4-90, 5-314
鞍岡村日向門芋ノ八重〔鞍岡〕　4-89, 4-90, 5-314
鞍岡村日向門小切畠〔鞍岡〕　4-89, 4-90, 5-314
鞍岡村日向門清水寺村〔鞍岡〕　4-89, 4-90, 5-314
鞍岡村日向門元屋鋪〔鞍岡村、鞍岡〕　4-90, 5-229, 5-314
鞍岡村日向門弥惣園〔鞍岡〕　4-89, 4-90, 5-314
鞍岡村道上門〔鞍岡〕　4-89, 4-90, 5-314
下馬尾村　4-89, 5-232, 5-314
胡麻山村　4-90, 5-232, 5-314
笹原村　4-89
椎葉山（自笹ノ峠至胡桃峠）　4-90, 4-91
下市村　4-89
下大川村　4-89, 5-232, 5-314
下野村☆　4-88, 5-229, 5-314
下野村上組門　4-88
下野村下組門門原　4-88
下野村下組門八幡　4-88
下松尾村　4-91, 5-245, 5-314
田原村　4-88, 5-229, 5-314
寺川口村　4-89
轟村　4-89, 5-232
十根川村　4-90, 4-91, 5-229, 5-314
中塔村　4-90, 4-91, 5-229, 5-314
七折村一野水門　4-88
七折村深角門　4-88
成君村菖蒲　4-89, 4-90
畑村　4-89, 5-232, 5-314
濵村濵町（矢部）○〔濱村〕　4-89, 5-232, 5-314
日向門木合屋　4-89, 4-90
松尾村小塲　4-91
神門村　4-91, 5-314
神門村黒岩門　4-91
神門村米嚙　4-91
神門村田爪　4-91
神門村名木　4-91
南田村　4-89, 5-232, 5-314
矢部村上月　4-89
轆轤尾村　4-90, 4-91, 5-245, 5-314
轆轤尾村石原　4-90, 4-91
脇ノ平　4-91
早楠村　4-88, 5-229
早楠村西竹原　4-88
早楠村東竹原　4-88
早楠村柳　4-88

【山・峠】

赤杭山　4-91
荒落山　4-91
稲積山　4-89, 4-90, 5-232
岩戸坂峠〔岩戸峠〕　4-88, 5-229
江代山　5-245, 5-314
大矢山　4-89
大轆轤尾地山　4-91, 5-245
鏡山　4-88, 4-90
笠部山　4-88, 4-90
笠部山　4-88, 4-90, 5-229
葛峠　4-90, 4-91
神前山　4-89, 4-90
冠岳　4-89, 4-90
冠山　4-89
祇園山　4-88, 4-90, 5-229
胡桃峠　4-90, 5-232
黒峰山　4-89, 4-90
桑木原山　4-91, 5-245
ケシ山　4-89, 4-90
小河内山　5-232
小原権現山　4-91, 5-245
笹ノ峠　4-91
三十山　4-90, 4-91
城ケ岳　4-89
石塔山　4-89, 4-90
祖母岳　5-229
宝木山　4-90, 4-91
宝木山　4-90, 4-91, 5-229
滝口山　4-90, 4-91
チヤク山　4-89, 4-90
長峯山　4-89, 4-90, 5-232
七折峠　5-229
七ツ廻山　4-89, 4-90
野路山　4-89, 4-90
二神山　4-88, 5-229
丸山古城　4-88, 5-229
三方山　4-89, 4-90

【河川・湖沼】

岩戸川　4-88, 5-229
内八重川　5-245
小川　5-229
男成川　4-89
河内川　4-89, 4-90
川走川　5-229
五ヶ瀬川　4-90
五ヶセ川　5-229, 5-232
轟川　4-89
十根川　5-232
刎木橋　4-91
美々津川　4-91, 5-245

第195号 八代

【郡名】

飽田郡　4-93, 5-315
宇土郡　4-93, 4-94, 5-315
詫摩郡　4-93
益城郡　4-93, 4-94
八代郡　4-93, 4-94

【地名】

芦屋田村　4-92, 5-232
甘木村　4-92
池畑村　4-93, 5-232, 5-315
石瀬村　4-93, 4-94, 5-233, 5-315
石橋村　4-93, 4-94, 5-233
出仲間村八反田〔出仲間〕　4-93, 5-315
今村　4-93, 5-233, 5-315
今村　4-93, 4-94, 5-232, 5-315
上嶋村　4-93, 5-232
牛ケ瀬村　4-92, 5-232
牛が瀬村今城　4-92
内田新開村　4-93, 5-233
鵜森村　4-93, 5-233
植柳村　4-94
植柳村苦竹洌〔苦竹洌〕　4-94, 5-250
永尾村濵〔永尾村〕　4-93, 4-94, 5-233
江頭村　4-93, 4-94, 5-232, 5-315
江頭村南新田　4-93, 4-94
恵里村　4-93, 4-94
網田村　4-93, 4-94, 5-315
網田村塩屋　4-93, 4-94
網田村田平　4-93, 4-94
網田村戸口浦☆　4-93, 4-94, 5-233
大口村　4-93, 4-94, 5-233, 5-315
大野村　4-93, 4-94, 5-232, 5-315
大野村　4-93, 4-94, 5-232, 5-315
大見村　4-93, 4-94, 5-233, 5-315
岡小路村　4-93, 4-94, 5-233
岡谷川村　4-94, 5-233, 5-315
岡中村☆　4-93, 4-94, 5-233
奥古閑村　4-93, 5-233, 5-315
小坂村　4-92, 5-232
小坂村向小坂　4-92
海民村　4-93, 5-233
鏡村〔鏡町〕　4-93, 4-94, 5-233, 5-315
鏡村枝鏡町☆　4-93, 4-94
拵村　4-93, 4-94, 5-232, 5-315
笠岩村　4-93, 5-233
笠岩村猿嶋　4-93
笠岩村新荇〔村〕　4-93
鹿島村　4-93, 4-94, 5-233, 5-315
金内村　4-92, 5-232
金内村下村　4-92
上有佐村　4-93, 4-94
上片野川村〔片野川〕　4-94, 5-250, 5-315
上仲間村　4-93
上六ケ村　4-92, 5-232
刈草村　4-93, 5-233, 5-315
河尻町○☆　4-93, 5-233, 5-315
北小川村　4-93, 4-94, 5-232, 5-315
北小川村小川町○　4-93, 4-94
北木倉村　4-92
北木倉村足水　4-92
北木倉村東木倉　4-92
北田代村上田代　4-92
北田尻村　4-93, 5-233, 5-315
北走潟村　4-93, 5-233
北走潟村東走潟　4-93
北村　4-93, 4-94, 5-233
木部村　4-93
清藤廻江村　4-93
久具村　4-93, 4-94, 5-232, 5-315
小岩瀬村　4-93, 5-233, 5-315
高下村　4-94, 5-250
高子原村　4-94, 5-233
莎崎村　4-93
上野村　4-94, 5-233, 5-315
上野村枝海士江　4-94
興善寺村　4-94, 5-233, 5-315
河江村　4-93, 4-94, 5-232, 5-315
河江村北新田　4-93, 4-94
古閑村　4-93, 5-233
古閑村　4-93, 4-94, 5-233
國町村　4-93, 5-233
小曽村　4-92
五町村　4-93, 5-233, 5-315
御領村柏原〔御領村〕　4-93, 4-94, 5-233
御領村高良村〔高良村〕　4-93, 4-94, 5-233
惟重村　4-93, 5-233, 5-315
里浦村御舩　4-93, 4-94
篠原村　4-93, 5-233
篠原村築篭　4-93
里浦村　4-93, 4-94, 5-233
三十町村　4-93, 5-233
椎田村　4-93
椎田村　4-93, 5-232
椎田村北椎田　4-93
重冨村　4-93
重冨村中ノ瀬　4-93
志々水村　4-93, 5-233
渋江村　4-93, 5-233, 5-315
島村　4-93, 5-233
下有佐村枝内田〔下有佐村、下有佐〕　4-93, 4-94, 5-233, 5-315
下片野川村　4-94, 5-250
下中間村　4-93, 4-94, 5-232
下仲間村　4-93
下松球麻村今泉　4-94
下松球麻村小川　4-94
下松球麻村段　4-94
下松球麻村古田　4-94
下松球麻村横石〔下松球麻〕　4-94, 5-315
下村　4-93, 4-94, 5-233, 5-315
白石村　4-93, 5-233
新開村　4-93, 5-233
新開村枝下新開　4-93
新地　4-94
新田村　4-93, 4-94, 5-315
新田村　4-93, 4-94, 5-233
枤嶋　4-93
錢塘村　4-93, 5-233
錢塘村道古閑　4-93
錢塘村ミカン　4-93
曽畑村　4-93, 4-94
田井島村　4-93, 5-232, 5-315
大保村　4-93, 5-233
高江村　4-93, 5-232
竹崎村　4-93, 4-94, 5-232, 5-315
段原村宇土（細川和泉守在所）○　4-93, 4-94, 5-233
近見村　4-93, 5-232, 5-315
築地村　4-93
椿原村　4-93, 4-94
鶴見村　4-93, 4-94
手塲村　4-93, 4-94, 5-233
手塲村底江　4-93, 4-94
徳淵村　4-94, 5-250
豊福村　4-93, 4-94, 5-232
長崎村　4-93, 4-94, 5-

233, 5-315
長崎村桂原　4-93, 4-94
長嵜村鴨篭　4-93, 4-94
長嵜村紫波浦　4-93, 4-94
中島村　4-92, 5-232
中島村　4-93, 5-233, 5-315
中島村小鶴　4-92
中島村スノコ　4-92
中島村水田尾　4-92
長田村　4-92, 5-232
中野村　4-93, 4-94
長濱村　4-93, 5-233, 5-315
長濱村浦　4-93, 4-94
中無田村　4-93, 5-233, 5-315
鯰村　4-93, 5-232
奈良木村　4-94, 5-250, 5-315
西上野村　4-92, 5-232
西上野村天倉　4-92
西河田村　4-94, 5-233
二拾町村　4-93
廿町村　5-233
二町村　4-93, 5-233, 5-315
野田村　4-93, 5-233
野津村　4-93, 4-94, 5-232
萩原村　4-94, 5-250
八町村　4-93, 5-233
濱口村　4-93, 5-233, 5-315
早尾村　4-93, 4-94, 5-232
原村　4-92, 5-232
原村尾崎　4-92
原村突角　4-92
東河田村〔河田〕　4-94, 5-233, 5-315
一ツ塩屋洲　4-94, 5-250
平木村　4-93, 5-233
豊原村　4-94, 5-250, 5-315
豊原村平山　4-94
笛田村　4-93, 5-232
笛田村矢山　4-93
古麓村　4-94, 5-250, 5-315
日置村　4-94, 5-233
邉田見村　4-92
方丈村　4-93, 5-233
外牟田村　4-93, 4-94, 5-233, 5-315
本野村　4-94, 5-250
曲野村　4-93, 4-94, 5-232, 5-315
松合村　4-93, 4-94, 5-233
松崎村　4-94, 5-233
松橋村☆　4-93, 4-94, 5-315
松原村　4-93, 4-94, 5-233, 5-315
松原村小松原　4-93
松原村城ノ村　4-93, 4-94
松山村　4-93, 4-94, 5-233, 5-315
松山村下松山　4-93, 4-94, 5-233
松山村畑中　4-93, 4-94
松山村山内　4-93, 4-94
南木倉村　4-92, 5-232
南木倉村西木倉　4-92
南田代村　4-92, 5-232
南田代村八勢　4-92
南走潟村　4-93, 5-233
御船町村　4-92
宮地村　4-94
宮原村宮原町○〔宮原村〕　4-93, 4-94, 5-232
麥島村　4-94, 5-250
牟田口村　4-93, 5-233
八代（細川越中守持城）☆　4-94, 5-233, 5-315
横手村　4-94, 5-233, 5-315
吉王丸村　4-93, 4-94, 5-233
吉王丸村新牟田　4-93, 4-94
吉本村　4-93, 4-94, 5-232, 5-315
吉本村吉本町　4-93, 4-94

【山・峠】

雨呼山　4-93, 4-94, 5-232
上宮山　4-94
宇岳　4-93, 4-94
宇土山　5-233
大矢岳　5-232
男岳　4-93, 4-94
上尾山　4-92
上田代山　4-92
雁田山〔雁廻山〕　4-93, 4-94, 5-232
冠山　5-232
鞍岳　5-232
鞍谷山　4-94
香佐嶽　4-92
古城山　4-93, 4-94, 5-232
柴尾山　4-93, 4-94
城ヶ岳　5-232
城塚山　4-93, 4-94
高岳　5-232
長田山　4-92, 5-232
糖塚山　4-93
根子岳　5-232
萩尾山　4-93, 4-94, 5-232
白山　4-93, 4-94, 5-233
早川山　4-92, 5-232
船山　4-92
馬谷山　4-92
万坂峠　4-92
三室山　4-92, 5-232
女岳　4-93, 4-94
矢山　5-232
吉野山　4-93
竜峯山　4-94

【河川・湖沼】

浅川　4-93, 4-94
大野川　4-93, 4-94
加勢川　4-93
金内川　4-92
汐入川　4-93
ナメウ川　4-92
二江峠　5-232
前川　4-94
水無川　4-94
線（緑）川　4-93
緑川　4-93
御舟川　4-92

【岬・海岸】

小松崎　4-93, 4-94

【島】

産島　4-93, 4-94, 5-315
大島　4-93, 5-233
大島　4-93, 4-94, 5-315
大島　4-93, 4-94, 5-315
大鼠蔵島　4-94, 5-250
加賀島　4-94, 5-315
カウコシマ　4-94, 5-250
小鼠蔵島　4-94, 5-250
白島　4-94
高島　4-94
滝川尻　5-233
風流シマ〔風流島〕　4-93, 5-233
水島〔水シマ〕　4-94, 5-250

第196号 島原

【郡名】

天草郡　4-96, 4-97, 4-98, 4-99, 5-315
宇土郡　4-96, 4-98, 5-233, 5-315

【地名】

合津村　4-98, 5-250
合津村西浦　4-98
赤崎村　4-99, 5-233, 5-315
阿村　4-98, 5-233
阿村釜　4-98
有家町村小川名〔有家町村、有家〕　4-97, 5-233, 5-315
有家町村中須川名〔有家〕　4-97, 5-315
有田村蒲河名〔有田〕　4-97, 5-315
有田村山川名〔有田村、有田〕　4-97, 5-233, 5-315
安徳村　4-95, 5-233, 5-315
井浦　4-96, 4-98
筏村　4-95, 5-233
井尻村　4-95, 5-233, 5-315
今泉村　4-98, 5-250
岩谷　5-233
魚洗河内　4-95
内潟　4-96, 4-98
内野河内村　4-98, 5-250
網田村枝赤瀬　4-96
大浦村　4-99, 5-233, 5-315
大浦村新地　4-99
大島子村鷲口〔大島子〕　4-99, 5-315
大野村　4-95, 5-233, 5-315
大野村耳〔甘〕木名　4-95
温泉湯壺　4-95, 4-97
上津浦村　4-99, 5-233, 5-315
上村　4-96, 4-98, 5-233
上村江樋戸　4-98
上村串　4-96, 4-98
上村賎女　4-96, 4-98
上村七ノ割　4-96, 4-98
上村波戸釜　4-96, 4-98
北有馬村谷川名〔北有馬〕　4-97, 5-315
北有馬村田平名〔北有馬村、北有馬〕　4-97, 5-233, 5-315
教良木村　4-99, 5-250
教良木村大平　4-99
教良木村小野川　4-99
教良木村ソノフ　4-99
教良木村千平　4-99
楠甫村☆　4-99, 5-250
楠甫村江ノ浦　4-99
楠甫村釜　4-99
楠甫村蛤　4-99
隈田村里坊名〔隈田村、隅田〕　4-97, 5-233, 5-315
隈田村須川名〔隅田〕　4-97, 5-315
隈田村龍石名〔隅田〕　4-97, 5-315
隈田村引無田名〔隅田〕　4-97, 5-315
郡浦村☆　4-96, 5-233
郡浦村小田良　4-96
郡浦村金桁　4-96
郡浦村前越　4-96
小嶋子村　4-99, 5-251
西郷村☆　4-95, 5-233, 5-315
三之澤村松嵜名〔三之沢村、三之沢〕　4-95, 5-233, 5-315
地獄　4-95, 4-97
嶋原☆〔島原〕　4-95, 5-233, 5-315
島原村今村名〔島原村〕　4-95, 5-233
島原村柏野名　4-95
下津浦村　4-99, 5-251, 5-315
上津浦村下津江　4-99
下津浦村李厚〔原〕　4-99
杉谷村杉山名　4-95
杉谷村馬場名〔杉谷村、杦谷〕　4-95, 5-233, 5-315
杉谷村山寺名〔杦谷〕　4-95, 5-315
須子村　4-99, 5-233
千束浦　4-98
藏々浦　4-98
多比良村　4-95, 5-233, 5-315
多比良村馬場名　4-95
多比良村舩津名　4-95
堂嵜村石田名〔堂嵜村、堂崎〕　4-97, 5-233, 5-315
堂嵜村大苑名〔堂崎〕　4-97, 5-315
轟木名　4-95
中木場村　4-95, 5-233, 5-315
中村　4-98, 5-233
中村池ノ迫　4-98
中村亀ノ迫　4-98
中村越之浦　4-98
中村鮗ケ浦　4-98
中村長砂連　4-98
中村満越浦　4-98
中村宮津　4-98
中村柳浦〔柳浦〕　4-98, 5-233
西神代村〔神代〕　4-95, 5-233, 5-315
西神代村神代町〔神代〕　4-95, 5-315
登立村大潟　4-96, 4-98
登立村尾越崎　4-96, 4-98
登立村　4-96, 4-98, 5-233
登立村岩谷　4-96
登立村尾上　4-96, 4-98
登立村白多尾　4-96, 4-98
登立村双原　4-96, 4-98
登立村成合津　4-96, 4-98
登立村四郎丸　4-96, 4-98
波多村　4-96, 5-233, 5-315
波多村枝三角浦〔三角浦〕　4-96, 5-233
波多村大田尾　4-96
波多村際嵜　4-96
波多村塩屋　4-96
八斗木名鍋ケ倉　4-95
八斗木名平石峠　4-95
馬場名舟津　4-97
濵口名一本松　4-95
東神代村〔神代〕　4-95, 5-233, 5-315
東空閑村　4-95, 5-233, 5-315
東空閑村濵口名　4-95
土黒村　4-95, 5-233, 5-315
土黒村枝今出名　4-95
土黒村枝八斗木名　4-95
土黒村尾茂名　4-95
土黒村下原名　4-95
姫浦村永目〔姫浦〕　4-98, 5-315
姫浦村牟田〔姫浦〕　4-98, 5-315
深江村諏訪名〔深江村、深江〕　4-95, 4-97, 5-233, 5-315
深江村馬場名〔深江〕　4-95, 4-97, 5-315
布津村枝坂下名〔布津〕　4-97, 5-315
布津村大崎名〔布津〕　4-97, 5-315
布津村貝崎名〔布津村、布津〕　4-97, 5-233, 5-315
三會村枝寺中名〔三會〕　4-95, 5-315
三會村木崎名〔三會村、三會〕　4-95, 5-233, 5-315
三會村中原名〔三會〕　4-95, 5-315
湯江村　4-95
湯江村釘嵜名〔湯江〕　4-95, 5-315
湯江村久原名〔湯江〕　4-95, 5-315
湯江村戸田名〔湯江村、湯江〕　4-95, 5-233, 5-315

【社寺】

満明寺　4-95, 4-97

【山・峠】

吾妻山　4-95
温泉嶽〔温泉岳〕　4-95, 4-97, 5-233
老岳　4-99, 5-251, 5-315
大岳　5-233
草積峠　4-99, 5-251
九千部岳　4-95
粂山　5-233
古城　5-233
古城山　5-233
次郎丸山　4-98
城山　4-95, 5-233
高岩嶽〔高岩岳〕　4-95, 4-97, 5-233

波多山　4-96
日岳　4-96, 5-233
普賢岳　4-95
前嶽〔前岳〕　4-95, 5-233, 5-315
眉嶽　4-95
三角山　4-96, 5-315
妙見嶽　4-95
【河川・湖沼】
洗切川　4-95
今出川　4-95
大津川　4-95
栗谷川　4-95
里坊川　4-97
中須川　4-97
濵ノ田川　4-95
松尾川　4-95
柳ノ迫門　4-98
湯江川　4-95
【岬・海岸】
大戸崎　4-98
上〔大〕ト嵜　4-98
権現嵜　4-96
洲鼻　4-98
鳶岩鼻　4-99
蛭子崎　4-99, 5-233
竜宮嶋鼻　4-95
【島】
□ヲクセ　4-95
□シマ　4-95
□兵エ島　4-95
赤シマ　4-99
天ツサノシマ　4-95
天津南シマ　4-95
有馬セ　4-95
池島　4-98
池シマ〔イケシマ〕　4-98, 5-233
石嶋　4-95
石瀬　4-95
イシマ　5-233
礒高島　4-95
ウシマ　4-95
宇シマ礒　4-98
鵜セ　5-233
ウソ島　4-98
馬島　4-95
恵比須島　4-95
ヱヒスシマ　4-99
大串シマ　4-95
大シマ　4-95, 5-233
大シマ　5-233
大マツ島　4-98
大矢野嶋　4-96, 4-98, 5-233, 5-315
岡高島　4-95
沖石島　4-95
沖島　4-95
沖高島　4-95
沖杵島　4-95
勝九郎嶋　4-96, 4-98
兜シマ　4-95
甲シマ　4-96, 4-98
甲島　4-95
上嶋〔上島〕　4-99, 5-315
木嶋　4-96, 4-98
北シマ　4-95
杵島　4-95
クウロキシマ　4-99
釘嶋〔釘シマ〕　4-99, 5-233
草島　4-95
黒シマ　5-233
黒島〔黒シマ〕　4-97, 4-99, 5-233
クロシマ　4-98
黒嶋　4-99, 5-233, 5-315
源藏島　4-98
見當シマ　4-98
小シマ　4-98, 5-233
小シマ　4-98
コシマ　4-99
小島　4-98
小寺シマ　4-96, 4-98
木場シマ　4-95
小坊シマ　4-98
小ヨコシマ　4-98
界セ　4-95
笹シマ　4-98
島津セ　4-95
下ノシマ　4-95
新島（寛政四年湧出）　4-95, 5-233, 5-315
鈴島　4-96, 5-233
瀬島　4-98, 5-233
藏々千束島　4-98, 5-233, 5-315
髙目嶋〔高目シマ〕　4-98, 5-233
髙目島　4-99, 5-233, 5-315
竹島〔竹シマ〕　4-99, 5-233
太郎島　4-98
茶臼島　4-96, 4-98
築島　4-98, 5-250
辻シマ　5-233
ツルソ島　4-98
出□シマ　4-95
出口石島　4-95
出口島　4-95
手取島〔手取シマ〕　4-98, 5-233
寺嶋　4-96, 4-98
塔ケ嵜島　4-96
堂嵜島　4-95
堂島〔堂シマ〕　4-98, 5-233
唐舩島〔唐舟シマ〕　4-97, 4-99, 5-233
戸馳島　4-96, 4-98, 5-233, 5-315
長浦島〔長浦〕　4-98, 5-233, 5-315
中神島　4-96, 5-233
中小島　4-95
中シマ　4-95
中島〔中シマ〕　4-98, 5-233
長島　4-95
中シマ口ノセ　4-95
中セ　4-95
中西島　4-95
中ノシマ　4-95
中ノセ　4-95
南天シマ　4-95
荷島　4-96, 4-98
根嶋　4-96, 4-98
子ツミシマ　4-98, 5-233
子ツミシマ　4-98
野釜島　4-97, 4-99, 5-233, 5-315
ノシマ　4-98, 5-233
裸嶋　4-98
鳩セ　4-95
羽干島〔羽干シマ〕　4-97, 4-99, 5-233
樋合島　4-98, 5-233
舟揚島　4-98
平島　4-95
ヒリヤウ島　4-99
フカシマ　4-95
二ツ島セ　4-95
ヘタ山　4-95
辨天島　4-98
佛シマ　4-98
前嶋〔前シマ〕　4-98, 5-233
三島　4-98
水島　4-98, 5-233
水島　4-95
湊島　4-95
湊島　4-95
南シマ　4-95
南シマ　4-95
宮山シマ　4-98
目ハルシマ　4-98
茂セ　4-95
茂セシマ　4-95
八木島〔八木シマ〕　4-98, 5-233
八千古嶋　4-99
山島　4-95
山セ　4-95
湯島　4-97, 4-99, 5-233, 5-315
横シマ　4-95
横島〔ヨコシマ〕　4-98, 5-233
横島　4-95
横シマ〔ヨコシマ〕　4-98, 5-233
若バ山セ　4-95
和田島　4-98

第197号 小林

【国名】
大隅國　4-103, 5-316
日向國　4-103, 5-246, 5-314, 5-316
【郡名】
囎唹郡　4-103, 5-314, 5-316
諸縣郡　4-103, 5-316
【地名】
一武村　4-101, 5-245, 5-314
一武村野里　4-101
上村　4-101
浦之名村　4-102, 5-245, 5-246, 5-314
漆野村　4-102, 5-245, 5-246, 5-314
漆野村新村　4-102
大川平村　4-104, 5-245, 5-314
岡本村　4-101
小川谷村（米良主膳在所）〔小河谷川〕　4-100, 5-245, 5-314
蒲牟田村狹野〔蒲生田〕　4-103, 5-314, 5-316
蒲牟田村祓川〔蒲牟田村、蒲生田〕　4-103, 5-247, 5-314, 5-316
蒲牟田村飛村〔蒲生田〕　4-103, 5-314, 5-316
紙屋村☆　4-102, 5-245, 5-246, 5-314
紙屋村今別府　4-102
北方村　4-103, 4-104, 5-245, 5-314
北方村入佐　4-103, 4-104
木ノ上村　4-101
坂本村　4-104, 5-245, 5-314
須惠村　4-101
杉水流村　4-104, 5-245, 5-314
大明司村　4-104, 5-245, 5-314
髙原村　4-103, 5-247, 5-314, 5-316
髙原村鹿兒山　4-102
髙原村越　4-102
髙原村花堂村　4-103
田口村　4-103, 5-314, 5-316
田口村梅北　4-103
田口村枝祓谷　4-103
竹原村　4-100
多良木村　4-101, 5-245, 5-314
多良木村里　4-101
堤分村　4-103, 4-104, 5-247, 5-314, 5-316
堤分村岩瀬　4-103, 4-104
水流迫村　4-103, 4-104, 5-245, 5-247
津留谷村　4-100, 5-245, 5-314
津留谷村板屋谷　4-100
津留谷村米良谷〔米良谷村、米良谷〕　4-100, 5-245, 5-314
津留谷村横谷　4-100
西方村　4-103, 4-104, 5-245, 5-314
西方村黒澤津　4-103, 4-104
原田村　4-104, 5-245
原田村飯野(飯野驛)○　4-104, 5-314
深田村　4-101
麓村　4-102, 5-246
麓村天ケ谷〔麓〕　4-102, 5-314
麓村枝野尻　4-102
麓村猿瀬　4-102
細野村　4-103, 4-104, 5-245, 5-314
細野村野町(小林驛)○〔野町〕　4-103, 4-104, 5-245, 5-314
前田村　4-104, 5-245, 5-314
真方村　4-103, 4-104
三箇山村　4-102, 5-245, 5-246, 5-314
三箇山村大脇　4-102
三箇山村栗須　4-102
三箇山村佐土原　4-102
三箇山村西原　4-102
三箇山村八所　4-102
宮原村　4-101
免田村　4-101, 5-245, 5-314
免田村久鹿　4-101
免田村築地　4-101
免田村永池　4-101
免田村二子　4-101
免田村吉井　4-101
安永村　4-103, 5-247, 5-261, 5-314, 5-316
安永村荒添　4-103
安永村猪子石　4-103
湯前村　4-101, 5-245, 5-314
湯前村浅鹿野　4-101
湯前村猪鹿食〔倉〕　4-101
湯前村野路口　4-100
湯前村植木　4-101
【社寺】
霧嶋神社　4-103
霧島山神徳院☆〔霧島神社〕　4-103, 5-314, 5-316
【山・峠】
阿久曽山　4-101
天包越山　5-245
天包峠〔天包越峠〕　4-100, 5-314
天包山　4-100
石堂山　4-100
市房山〔一房山〕　4-100, 5-314
一里山峠　4-100, 5-245, 5-314
梅木山　4-104
烏帽子山　4-103, 5-247
大白髪山〔白髪山〕　4-101, 4-104, 5-245
大平山　4-104
尾牟禮山〔尾牟礼山〕　4-102, 5-246
風早山　4-101
唐國山　4-103
韓國山　4-103
河邊奥山　4-101, 5-245
河邊山　4-101, 5-245
草山　4-102, 5-246
久留孫山　4-104
黒原山　4-101
校屋谷川　5-245
甑山　4-103
小白髪山　4-101, 4-104
三箇山　5-245
杉本峠　5-245
高原山　4-102
徳光山　4-101, 5-245
トケノ下山　4-102, 5-246
長尾山　4-101, 5-245
中岳　4-103
鳴尾山　4-101, 5-245
西霧嶋山　4-103, 5-247, 5-314, 5-316
稗畑山　4-101, 4-104, 5-245
東霧嶋山　4-103, 5-247, 5-314, 5-316
雛守山　4-103
麓山　4-102, 5-245, 5-246
麓山　4-102
牧良山　4-100, 5-245
南方山　4-102
宮原山　4-101, 5-245
米良口山　4-101
米良山　4-100
矢筈山　4-103, 5-247
【河川・湖沼】
猪鹿倉川　5-245
井口川　4-101, 5-245
石氷川　4-103, 4-104, 5-245, 5-247
岩瀬川　4-103, 4-104, 5-245, 5-247, 5-314, 5-316
小川　5-247, 5-314
小河谷川　5-245
尾畑谷川　5-245
霧島川　4-103
久留孫川　4-104, 5-245
小溝川　5-245
猿瀬川　4-102, 5-246, 5-314, 5-316
サレ谷川　5-245
鈴原谷川　5-245
大明司川　5-245
谷川　5-247
濁川　4-103, 5-247, 5-314, 5-316
仁原川　5-245
祓川　4-103
二子川　4-101, 5-245

三池　4-103
水無川　5-245
米良川　4-100, 5-245
柳葉瀬川　4-101

第198号 飫肥

【地名】

油津　5-246
市木村　4-106, 5-248, 5-316
市木村石浪　4-106
市木村濵町　4-106
市木村藤　4-106
伊比井村　4-105, 5-246, 5-314, 5-316
伊比井村鶯巣　4-105
鵜戸山　4-105
海北村（秋月佐渡守領分）　4-106, 5-248
梅ケ濵　4-105
大迫　4-106
大納村　4-106, 5-248, 5-316
大納村越ケ浦　4-106
大納村中河内　4-106
大納村名谷　4-106
大納村宮ノ浦　4-106
飫肥（伊東修理大夫居城）☆　4-105, 4-107, 5-246, 5-316
加江田村小内海　4-105
加江田村野島〔野島〕　4-105, 5-314, 5-316
風田村　4-105, 5-246, 5-316
潟上村　4-106
潟上村外浦⛵〔潟上〕　4-106, 5-246, 5-316
楠原村　4-105, 4-107, 5-246, 5-316
楠原村走込　4-105, 4-107
隈谷村　4-105, 5-246
隈谷村山王　4-105, 4-106
酒谷村（伊東修理大夫領分）　4-105, 4-107, 5-246, 5-316
酒谷村秋山　4-107
酒谷村栗峠〔峰〕　4-105, 4-107
酒谷村白木俣　4-107
酒谷村陣之尾　4-107
酒谷村長野　4-105, 4-107
崎田村　4-107, 5-248, 5-316
崎田村永田　4-107
崎田村湊浦　4-107
下方村大堂津☆〔下方村〕　4-105, 4-106, 5-246
都井村　4-106, 5-248, 5-316
都井村黒井　4-106, 4-107
都井村毛久保　4-106
都井村立宇津　4-106, 4-107
戸高村　4-105, 5-246, 5-316
中村　4-106, 5-246
中村下リ松　4-106
中村目井津　4-106
贄浪村江河（伊東修理大夫領分）　4-106
贄浪村夫婦浦〔贄浪村〕　4-106, 5-248
平野村　4-105, 5-246, 5-316
平野村油津☆⛵〔油津〕　4-105, 5-316
平山村　4-105, 5-246, 5-316
冨士村　4-105, 5-246, 5-316
冨士村小目井　4-105
星倉村　4-105, 5-246, 5-316
星倉村釋迦尾野　4-105
御嵜村（古名野々杵）〔御﨑〕　4-106, 5-248, 5-316
南方村　4-107, 5-248, 5-316
南方村金谷　4-107
南方村下井牟田　4-107
南方村下千野　4-107
宮野浦大吹井☆　4-105, 5-246
宮野浦小浦　4-105
宮野浦小吹井　4-105
宮之浦村　4-105, 5-316
脇本村　4-106, 5-246, 5-316

【山・峠】

池ケ山　4-105
大山　4-105, 5-246
鬼城　4-105, 5-246
小松山　4-107, 5-246, 5-316
神宮寺山　4-105, 5-246
鈴岳〔鈴峯、鈴ヶ峯〕　4-107, 5-246, 5-316
田野妙見山　5-246
鳶峰　4-105, 5-246
鳥居峠〔鳥居岳〕　4-105, 5-246
亂杭山〔乱杭山〕　4-105, 4-107, 5-246

【河川・湖沼】

廣戸川　4-105
法瀬川　4-106
港川　4-107

【岬・海岸】

飯嵜　4-105, 4-106
大伏鼻　4-105
唐船ハエ　5-248
観音岬　4-106
都井岬　4-106, 5-248, 5-316
銅島鼻〔銅島ハナ〕　4-106, 5-248
戸越鼻　5-248
長田岬　5-248, 5-316
屋形崎　5-248, 5-316

【島】

腕島〔腕シマ〕　4-106, 5-246
鵜戸山窟〔鵜戸山〕　4-105, 5-246, 5-316
鵜石〔ウ石〕　4-105, 5-246
大嶋　4-106, 5-246, 5-316
大瀬〔大セ〕　4-105, 4-106, 5-246
沖松ハヘ〔松ハエ〕　4-105, 5-246
冠ハヘ〔冠ハエ〕　4-105, 4-106, 5-246
黒嶋　4-106
幸嶋　4-106, 5-248, 5-316
鴻ノ嶋〔コウシマ〕　4-106, 5-246
幸碆　4-105
兒島〔兒シマ〕　4-106, 5-246
木場島〔木場シマ〕　4-105, 4-106, 5-246
地松ハヘ　4-105
雀碆　4-105
瀬タラヘ礒〔セタラヘ礒〕　4-106, 5-246
タキトハヘ　4-106, 5-246
立岩　4-106
築嶋　4-106, 5-248, 5-316
頭似島〔頭似シマ〕　4-106, 5-246
鳥島　4-106, 5-248, 5-316
名シマ　5-246, 5-248
七ツ碆〔七ツハエ〕　4-105, 4-106, 5-246
野嶋　4-105, 5-246
裸島　4-105, 4-106, 5-246, 5-316
フキトハヘ　4-106
松嶋〔松シマ〕　4-106, 5-246
水島　4-106, 5-246, 5-316

第199号 都城

【国名】

大隅國　4-109, 4-111, 4-112, 5-247, 5-261, 5-316
日向國　4-108, 4-109, 4-111, 4-112, 5-316

【郡名】

肝屬郡　4-111, 4-112, 5-316
囎唹郡　4-109, 5-247, 5-261, 5-316
那珂郡　4-110, 5-246, 5-261, 5-316
諸縣郡　4-108, 4-109, 4-110, 4-111, 4-112, 5-246, 5-261, 5-316

【地名】

有里村　4-111, 5-248, 5-261, 5-316
安樂村　4-110, 5-246, 5-248, 5-261, 5-316
井藏田村　4-108, 5-246, 5-261, 5-316
上之村　4-109, 5-247, 5-261, 5-316
上之村枝通山村　4-109
上原村　4-111, 5-249, 5-261, 5-316
上原村中山　4-111
内之浦町☆⛵　4-110, 4-112, 5-248, 5-261, 5-316
岡嵜村　4-111, 4-112, 5-248, 5-261, 5-316
岡崎村池之原村　4-111, 4-112
小原村　4-111, 5-249, 5-261, 5-316
柏原村柏原浦〔柏原村〕　4-111, 4-112, 5-248, 5-261, 5-316
佳例川村　4-109, 5-247, 5-261, 5-316
佳例川村柴立　4-109
藏町村光神山〔蔵町村〕　4-109, 5-247, 5-261, 5-316
小串村　4-110, 4-112, 5-248, 5-261
小串村海ソウ　4-110, 4-112
小串村丸尾　4-110, 4-112
五拾町分村〔五十町分村、五十町分〕　4-108, 5-246, 5-261, 5-316
五拾町分村見返　4-109
鷲巣村　4-108, 5-246, 5-261, 5-316
志布志村浦町○〔志布志〕　4-110, 5-246, 5-248, 5-261, 5-316
高松村　4-110, 5-246, 5-248, 5-261, 5-316
鶴木村　4-109, 5-247, 5-261, 5-316
鶴木村小倉　4-109
靍木村通山　4-109
寺柱村　4-108, 5-246, 5-261, 5-316
冨山村　4-111, 5-249, 5-261, 5-316
中之村笠野原　4-111
中別府村　4-111, 4-112, 5-248, 5-261, 5-316
中別府村笹原　4-111, 4-112
夏井村　4-110, 5-248, 5-261, 5-316
西方村今町〔西方村、西方〕　4-110, 5-246, 5-348, 5-316
野井倉村　4-110, 5-248, 5-261, 5-316
波見村波見浦☆⛵〔波見村〕　4-111, 4-112, 5-248, 5-261, 5-316
原口村　4-108, 5-246, 5-261, 5-316
邉田村　4-110, 4-112, 5-316
邉田村飯ケ谷　4-110, 4-112
邉田村泊　4-110, 4-112
邉田村一リ松　4-111, 4-112
邉田村柳谷　4-111, 4-112
益丸村　4-111, 4-112, 5-248, 5-261, 5-316
益丸村菱田村　4-110
南浦村　4-112, 5-248, 5-261, 5-316
南浦村枝内之浦村　4-110, 4-112
宮丸村（都ノ城）○〔宮丸村（都城）○〕　4-108, 5-246, 5-261, 5-314, 5-316
横瀬村　4-111, 4-112, 5-248, 5-261, 5-316

【山・峠】

飯盛山　4-110
牛峠〔牛嶺峠、牛嶺〕　4-108, 5-246, 5-261, 5-316
梅北山　4-108, 5-246, 5-261
角取山　4-109
佳例川山　4-109, 5-247, 5-261
國見山　4-111, 4-112
中峠　5-246, 5-261
野岡山　4-111
梯ノ岡　4-109, 5-247, 5-261
藤山　5-248, 5-261
横尾山　4-111

【河川・湖沼】

安樂川　4-110, 5-248, 5-261
今町川　4-110
カミセ川　5-248, 5-261
志布志川　4-110
高隈川　4-111, 4-112, 5-248, 5-261
菱田川　4-110

【岬・海岸】

犬カエリ　5-248, 5-261
大嵜　5-248, 5-261, 5-316
ケイサキ　5-248, 5-261
高嵜　4-110, 4-112, 5-248, 5-261, 5-316
ナクリ嵜　4-110
日岬　4-110, 4-112

【島】

烏帽子嶋〔烏帽子シマ〕　4-110, 5-248, 5-261
沖岩　5-248, 5-261
沖鬢垂島　4-110
権現島　4-110, 5-248, 5-261
地鬢垂島〔鬢垂島〕　4-110, 5-248
中嶋　4-111, 4-112
枇榔島　4-110, 4-112, 5-248, 5-261, 5-316
辨天〔弁天シマ〕　4-110, 5-248, 5-261
ミサゴハエ　4-110, 4-112, 5-248, 5-261

第200号 人吉

【国名】

薩摩郡〔國〕　4-118
肥後國　4-118

【郡名】

葦北郡　4-113, 4-115, 4-116, 4-118, 5-250, 5-315
天草郡　4-117, 4-118
出水郡　4-118
球麻郡　4-113, 4-115, 4-116, 5-250
八代郡　4-113, 4-116, 5-250

【地名】

間村　4-114, 5-250, 5-314
間村七地村　4-114, 5-250
赤崎　4-117
嵐口　4-117, 4-118
市野瀬村　4-113, 4-115, 4-116, 5-250, 5-315
市野瀬村祝坂　4-113, 4-115, 4-116
市野瀬村漆河内　4-113, 4-115, 4-116
市野瀬村鎌瀬　4-113, 4-115, 4-116
市野瀬村栗沢見　4-113, 4-115, 4-116
市野瀬村塩浸　4-113, 4-115, 4-116
市野瀬村告☆　4-113, 4-115, 4-116, 5-250
市野瀬村古里　4-113, 4-115, 4-116
一勝地谷村　4-114, 5-250, 5-315
一勝地谷村池下　4-115
一勝地谷村大坂間　4-113, 4-115, 4-116
一勝地谷村淋　4-113, 4-115
一勝地谷村告　4-113, 4-115, 4-116
一勝地谷村鞆尻　4-114
打田村〔内田村〕　4-117, 5-251
打田村所宮　4-117
浦村　4-117, 5-250
浦村荒平　4-117
浦村小河内　4-117
浦村中浦　4-117
浦村松尾　4-117
大浦　4-117, 4-118
大河内村上蔀〔大河内〕　4-113, 4-115, 4-116, 5-315
大河内村箙瀬　4-113, 4-115, 4-116
大河内村海路　4-113, 4-116
大河内村高田邊　4-113
大河内村白石〔大河内村〕　4-113, 4-115, 4-116, 5-250
大瀬谷村　4-113, 4-115, 4-116, 5-250, 5-315
大瀬谷村黒瀬〔稲〕子　4-113, 4-115, 4-116
大瀬谷村松本　4-113, 4-115, 4-116
大道村　4-117, 5-250
大道村池浦　4-117
大道村葛﨑☆　4-117
大道村東浦　4-117
大村　4-114, 5-250
大村城元　4-114
岡村　4-115, 4-116, 4-118, 5-250, 5-315
岡村藏谷　4-115, 4-116, 4-118
岡村野角　4-115, 4-116, 4-118
岡村馬出野　4-115, 4-116, 4-118
大畑村　4-114, 5-250, 5-314
椛木　4-117
上門村　4-115, 4-118, 5-250, 5-315
上葉木　4-113
上松球麻村　4-113, 5-250, 5-315
上松球麻村荒瀬　4-113
上松球麻村合志野　4-113
上松球麻村坂本　4-113
上松球麻村佐瀬野　4-113
上松球麻村中津道　4-113
上松球麻村松崎　4-113
唐網代　4-117
河内村　4-117, 5-251
久木野村☆　4-115, 5-250, 5-315
久木野村岩屋河内　4-115
久木野村越小場　4-115
久木野村日當野　4-115
久木野村茂手木　4-115, 4-118
久多良木村鎌瀬　4-113
久多良木村瀬戸石　4-113
久多良木村破木〔久多良木村〕　4-113, 5-250
久多良木村與奈久〔久多良木〕　4-113, 5-315
神瀬谷村〔神文瀬谷〕　4-113, 4-115, 4-116, 5-250, 5-315
神瀬谷村伊高瀬　4-113, 4-115, 4-116
神瀬谷村岩戸〔岩戸〕　4-113, 4-115, 4-116, 5-250
神瀬谷村上蔀　4-113, 4-115, 4-116
神瀬谷村椿木　4-113
神瀬谷村木屋角　4-113, 4-115, 4-116
神瀬谷村蔀　4-113, 4-115, 4-116
神瀬谷村多武除　4-113, 4-115, 4-116
神瀬谷村包　4-113, 4-115, 4-116
御所浦村☆　4-117, 4-118
小田浦村　4-115, 4-116, 4-118, 5-250, 5-315
小田浦村海浦　4-115, 4-116, 4-118
小田浦村志水　4-115, 4-116, 4-118
小津奈木村　4-118, 5-250, 5-315
小津奈木村大迫　4-118
小津奈木村下初野　4-118
小津奈木村町原　4-118
宮田村境目　4-117
佐敷町○☆　4-115, 4-116, 4-118, 5-250, 5-315
佐敷村　4-115, 4-116, 4-118
佐敷村井手向　4-115, 4-116, 4-118
佐敷村乙千屋　4-115, 4-116, 4-118
佐敷村兼丸　4-115, 4-116, 4-118
佐敷村椛島〔佐敷村〕　4-115, 4-116, 4-118, 5-250
佐敷村桑原川内　4-115, 4-116
佐敷村菅生村　4-113, 4-115, 4-116
佐敷村道川内　4-115, 4-116, 4-118
薩摩瀬村　4-114, 5-250, 5-315
鯖淵村坂〔切〕通村　4-118
三十町坂　5-250
鋪河内村　4-113, 4-116, 5-250
七地村赤池〔七地〕　4-114, 5-314
七地村漆田村〔七地〕　4-114, 5-314
下松球麻村生名子　4-113
下松球麻村下代瀬　4-113
下松球麻村瀬高　4-113
下松球麻村辻〔下松球麻村〕　4-113, 5-250
下松球麻村原女木　4-113
陣内村（水股）○　4-118, 5-250, 5-315
陣内村馬場　4-118
高戸村　4-117, 5-250
高戸村東風泊　4-117
高戸村小屋河内　4-117
高戸村下貫　4-117
高戸村瀬戸　4-117
高戸村高串　4-117
棚底村☆　4-117, 5-251
棚底村小崎　4-117
棚底村舟津　4-117
棚底村南平　4-117
田浦村　4-116, 5-250, 5-315
田浦村波多島　4-116
田浦村濵町　4-116
田浦村宮ノ浦　4-115, 4-116, 4-118
津奈木村　4-115, 4-118, 5-250, 5-315
津奈木村櫻戸　4-118
津奈木村泊　4-118
津奈木村中村　4-115, 4-118
鶴木山村　4-115, 4-116, 4-118, 5-250, 5-315
寺川内村　4-115, 4-116, 4-118
寺川内村小鷺浦〔小鷺浦寺河内村〕　4-115, 4-116, 4-118, 5-250
寺川内村半生　4-115, 4-116, 4-118
寺川内村福浦　4-115, 4-116, 4-118
中神村　4-114, 5-250, 5-315
中神村大柿　4-114
夏網代　4-117
西ノ村〔西村〕　4-114, 5-250, 5-314
西ノ村市丸　4-114
西ノ村井手ノ口　4-114
斗石村　4-115, 4-116, 4-118, 5-250
斗石村白岩　4-115, 4-116, 4-118
馬塲村　4-117
濵村洗切〔濵村、濵村〕　4-118, 5-250, 5-315
濵村古賀〔濵村〕　4-118, 5-315
濵村丸島〔濵村〕　4-118, 5-315
林村　4-114, 5-250, 5-315
人吉（人吉城）☆　4-114, 5-250, 5-314
日奈久村小川内　4-113, 4-116
日奈久村田野河内　4-113, 4-116
日奈久村千代永　4-113, 4-116
日奈久村日奈久町○〔日奈久村〕　4-113, 4-116, 5-250, 5-315
日奈久村馬越　4-113, 4-116
樋島村☆　4-117
姫浦村☆　4-117, 5-250
平國赤﨑村　4-116, 4-118, 5-315
平國赤﨑村赤﨑　4-117, 4-118
平國赤﨑村福浦　4-115, 4-116, 4-118, 5-250
袋村　4-118, 5-250, 5-315
袋村神川　4-118
袋村月浦　4-118
藤川　4-117
二間戸村　4-117, 5-250
二間戸村神代　4-117
二見村　4-113, 4-116, 5-250, 5-315
二見村赤松　4-113, 4-116
二見村井牟畑〔田〕　4-113, 4-116
二見村大平　4-113, 4-116
二見村下大野　4-113, 4-116
二見村白島　4-113, 4-116, 5-315
二見村洲口　4-113, 4-116, 5-315
二見村舩津　4-113, 4-116
古江村　4-117, 5-251
牧侍峠　5-250
宮田村大宮田　4-117
富〔宮〕田村鏡　4-117
宮田村才津原　4-117
宮田村舟津☆〔宮田村〕　4-117, 5-251
元浦　4-117, 5-250
湯浦本村〔湯浦〕　4-115, 4-116, 4-118, 5-250, 5-315
湯浦本村上小塲　4-115
湯浦本村大川内　4-115, 4-118
湯浦本村上内野　4-115, 4-118
湯浦本村下内野　4-115, 4-118
湯浦本村鳥屋尾　4-115, 4-118
湯浦本村中屋敷　4-115, 4-118
湯浦本村古田　4-115, 4-118
湯浦本村古道　4-115
湯舩原村☆　4-117, 5-251
湯舩原村中野　4-117
湯舩原村舩津　4-117
與一ケ浦　4-117
横浦　4-117
渡リ村〔渡村〕　4-114, 5-250, 5-315
渡リ村小川　4-114
渡リ村地下　4-114
渡リ村舟渡　4-114

【社寺】

青井社　4-114, 5-250

【山・峠】

赤松太郎峠　4-113, 4-116, 5-250
雨引山　4-114, 5-250
海浦山　5-250
大崎山　4-118
尾﨑山　4-117
櫛山　4-113
倉岳　5-251
小群山　4-114
佐敷太郎峠　4-116, 4-118, 5-250
辰山　4-118, 5-250
西浦山　4-114, 5-250
萩山　4-114
紅取山　4-114, 5-250
ミサシコ山　5-250
山田萩山　4-114, 5-250
竜岳　4-117

【河川・湖沼】

芋川　5-250
大川　4-117
球麻川　4-114, 5-250, 5-315
小滝川　5-250
佐敷川　4-115, 4-116, 4-118
谷川　5-250
ナラ川　5-250
鳩胸川　4-114, 5-250
二見川　4-113, 4-116, 5-250
本川　4-118, 5-250
南川　4-118, 5-250

【岬・海岸】

飯出﨑　4-115, 4-116, 4-118
インセ﨑〔インセサキ〕　4-117, 4-118, 5-250
雨竜嵜　4-117, 5-250
大﨑〔大﨑ハナ〕　4-118, 5-250
串﨑〔串サキ〕　4-117, 5-251
品﨑〔品サキ〕　4-116, 5-250
大門﨑　4-117, 4-118, 5-250, 5-315
ノヲサハ尻　4-117, 5-251
琵琶首　4-117
帆柱﨑　4-117, 4-118, 5-250
松ケ﨑　4-117
明神鼻　4-118

【島】

赤島〔赤シマ〕　4-117, 4-118, 5-250
赤島　4-117, 5-250
赤島〔赤シマ〕　4-117, 5-251

赤嶋　4-117
イシ瀬〔イシセ〕　4-117, 5-251
荻島〔荻シマ〕　4-117, 5-251
男嶋　4-118, 5-250
カシマ　5-250
木島〔木シマ〕　4-117, 4-118, 5-250
柳〔椚〕島　4-117, 5-250
葛籠島〔葛篭シマ〕　4-117, 5-251
クス島〔クスシマ〕　4-117, 5-250
楠盛島　4-117, 5-251
黒島〔クロシマ〕　4-117, 4-118, 5-250
黒島　4-117
黒島　4-117, 5-251
クロシマ　5-250
クン瀬〔クンセシマ〕　4-117, 5-251
小路島　4-118, 5-251, 5-315
小島　4-117
小島　4-117
御所浦島　4-117, 4-118, 5-251
五百島〔五百シマ〕　4-117, 5-251
コンキヤウ嶋〔コンキヤウシマ〕　4-117, 5-251
猿子島　4-117
柴島　4-117, 4-118, 5-250
柴島　4-116
白樫イソ　5-250
竹島〔竹シマ〕　4-116, 4-118, 5-250, 5-315
竹島　4-117, 5-250
竹島〔竹シマ〕　4-117, 5-251
ダテク島　5-251
唐舩渚　4-116, 4-118
戸ノ島　4-115, 4-116, 4-118
鳥瀬　4-117
野々島〔野々シマ〕　4-116, 4-118, 5-250
裸島　4-117
樋島　4-117, 5-250
瓢箪島〔瓢箪シマ〕　4-117, 5-251
瓢箪嶋　4-117, 5-251
平瀬島　4-117, 5-251
二子島〔二子セ〕　4-117, 5-251
二子島〔二子シマ〕　4-118, 5-250
帆柱岩　4-116, 4-118
牧島　4-117, 5-251
松嵜小島　4-117, 4-118
眉島〔眉シマ〕　4-117, 5-251
見切鼻　4-117
湯ノ子嶋〔湯小シマ〕　4-118, 5-250
與一ケ浦島〔子一ケ浦島〕　4-117, 5-250
横島　4-117, 5-251
ヨシカ島〔ヨシカシマ〕　4-117, 5-251

第201号
大村

【郡名】

彼杵郡　4-120, 5-313, 5-315
高来郡　4-119, 5-315
藤津郡　4-119, 4-120, 5-313, 5-315

【地名】

天窪村〔天窪〕　4-121, 4-122, 5-235, 5-313, 5-315
天窪村黒口　4-121, 4-122
飯田村〔飯田〕　4-119, 5-234, 5-313, 5-315
飯田村枝江福　4-119
井崎村〔井崎〕　4-119, 5-236, 5-313, 5-315
井崎村簗切　4-119
犬木村　4-119, 5-236
犬木村小舩津　4-119
伊福村〔伊福〕　4-119, 5-234, 5-313, 5-315
岩屋河内村　4-120
岩屋河内村枝清水　4-120
宇良村　4-119, 5-236
嬉野村☆〔嬉野〕　4-120, 5-234, 5-313
嬉野村枝野畠　4-120
江上村　4-121, 5-234
江串村〔江串〕　4-120, 5-236, 5-313, 5-315
江串村枝才貫田　4-120
江串村枝無留路　4-120
小江村〔小江〕　4-119, 5-236, 5-313
小江村内越　4-119
小江村星久保　4-119
大浦　4-121
大浦村〔大浦〕　4-119, 5-236, 5-313, 5-315
大浦村野上　4-119
大串村〔大串〕　4-121, 4-122, 5-236, 5-313, 5-315
大串村枝亀之浦　4-121
大串村枝鳥加　4-121, 4-122
大串村三町分　4-121, 4-122
大串村下竹　4-121
大串村宮浦　4-121
天〔大〕嶋⛵　4-122
太田尾村　4-119, 5-236
大多和村〔大多和〕　4-121, 4-122, 5-235, 5-313, 5-315
大多和村池﨑　4-121, 4-122
大村　4-120, 5-315
大村○☆　4-120, 5-236, 5-313
大村池田分松山　4-120
大村池田分森園　4-120
大村寶庫野新村　4-120
小川原浦村〔小河原浦村、小川原浦〕　4-119, 5-236, 5-313, 5-315
尾戸 内浦越　4-121
音成浦村〔音成〕　4-119, 5-234, 5-313
尾戸 松尾　4-121
面高村⛵〔面高〕　4-121, 4-122, 5-235, 5-313, 5-315
加喜浦☆⛵　4-122
加瀬浦村　4-119, 5-234
形上村〔形上〕　4-121, 5-236, 5-313, 5-315
形上村猪越　4-121
形上村枝小口　4-121
形上村枝元越 山伏浦　4-121
形上村大江　4-121
形上村大子　4-121
形上村小浦　4-121
形上村引地　4-121
金﨑村〔金崎〕　4-119, 5-236, 5-313, 5-315
金﨑村水浦　4-119
釜浦⛵　4-122
亀浦村〔亀浦〕　4-119, 5-236, 5-313, 5-315
亀之浦風早　4-121
亀之浦霧﨑　4-121
亀之浦小干　4-121
亀浦白濱　4-121
川棚村枝大久保〔川棚村〕　4-121, 5-234
川棚村枝小串　4-121
川棚村枝白石　4-121
川棚村川棚浦〔川棚〕　4-121, 5-313
川棚村川棚町☆〔川棚〕　4-121, 5-315
川内浦村〔川内浦〕　4-121, 4-122, 5-235, 5-313, 5-315
川内浦村枝伊ノ浦　4-121
川内浦村高地　4-121, 4-122
川内浦村畑下　4-121, 4-122
北糸岐村〔糸岐〕　4-119, 5-236, 5-313, 5-315
北多良村○☆〔多良〕　4-119, 5-234, 5-313, 5-315
北多良村谷分　4-119
久シマ　4-120, 5-236
黒瀬　4-122
神浦村☆〔神浦〕　4-121, 4-122, 5-315
郡村　4-120, 5-236, 5-313, 5-315
郡村枝今冨　4-120
郡村枝皆同　4-120
郡村枝黒丸　4-120
郡村枝原口　4-120
郡村枝福重　4-120
郡村枝松原○☆　4-120, 5-236
舩津村〔小舟津〕　4-119, 5-234, 5-313
西葉浦村〔西葉〕　4-119, 5-234, 5-313
坂本 釜内　4-120
櫻馬塲　4-120
塩屋浦村〔塩屋浦〕　4-119, 5-234, 5-313, 5-315
下鈴田岩松　4-120
下彼杵貝川内　4-120
下彼杵樋口　4-120
下彼杵三根　4-120
下竹白﨑　4-121
下村　4-120, 5-234, 5-313
下村枝今寺　4-120
下村枝内〔野〕　4-120
白石 平谷　4-121
白石 三越☆〔川棚村三越、三越〕　4-121, 5-234, 5-313, 5-315
新篭村　4-119, 5-234
鈴田村小河内〔鈴田〕　4-120, 5-315
瀬戸村板ノ浦〔瀬戸村、瀬戸〕　4-122, 5-237, 5-313, 5-315
瀬戸村瀬戸浦⛵〔瀬戸浦、瀬戸〕　4-122, 5-237, 5-315
外平　4-122
彼杵村上杉　4-120
彼木村枝口木田　4-120
彼杵村枝惠美須丸　4-120
彼木村枝大音琴　4-120
彼杵村枝小音琴　4-120
彼杵村坂本　4-120
彼杵村四郎丸　4-120
彼杵村菅無田　4-120
彼杵村彼杵町○☆〔彼杵〕　4-120, 5-234, 5-313, 5-315
彼杵村谷口　4-120
彼杵村枝俵坂　4-120
多井良村〔多井良〕　4-122, 5-237, 5-313, 5-315
多井良村枝七ツ釜浦　4-122
多井良村島〔鳥〕サキ⛵　4-122
多井良村子〔平〕藏　4-122
多井良村柳浦　4-122
田古里村〔多古里村、田古里〕　4-119, 5-236, 5-313, 5-315
田古里村今里　4-119
田古里村津ノ浦　4-119
丹生川村　4-120, 5-234, 5-315
丹生川村枝俵坂　4-120
千綿村〔千綿〕　4-120, 5-234, 5-313, 5-315
千綿村枝平原　4-120
千綿村枝峯原〔平〕　4-120
千綿浦〔村〕千綿浦　4-120
遠武村〔遠武〕　4-119, 5-233, 5-236, 5-313, 5-315
遠武村釜分　4-119
中浦村〔中浦〕　4-122, 5-235, 5-237, 5-313, 5-315
長浦村〔長浦〕　4-121, 5-236, 5-313, 5-315
長浦村大石　4-121
長浦村平〔手〕﨑　4-121
長浦村戸根　4-121
長浦村脇嵜　4-121
長里村〔長里〕　4-119, 5-313, 5-315
長里村大久保　4-119
長里村川内　4-119
長里村谷角　4-119
中牟田村☆〔中牟田〕　4-119, 5-234, 5-313
中山 平野　4-121
西牟田村　4-119, 5-234
波佐見村枝中山　4-121
波佐見村枝平瀬　4-120
八本木村〔八本木〕　4-119, 5-234, 5-313, 5-315
八本木村舩津村〔町〕　4-119
蛤　4-122
濵町　4-119, 5-234, 5-313
原口今津　4-120
針尾浦〔鯛ノウラ〕　4-121
針尾浦柿野嵜〔浦〕　4-121
針尾村江下☆〔針尾村〕　4-121, 5-234
針尾浦名倉浦　4-121
東川棚刎田　4-121
平瀬丸尾　4-120
平野村枝出河内　4-120
深海村　4-119, 5-236
福重下川原　4-120
藤田尾村　4-119, 5-236, 5-315
不動山村　5-234
不動山村枝大舩　4-120
不動山村尾上〔不動山〕　4-120, 5-313
不動山村原口　4-120
不動山村平野　4-120
母ケ浦村　4-119, 5-234
松嶋村☆　4-122, 5-237
南糸岐村〔糸岐〕　4-119, 5-236, 5-315
南糸岐村陣内　4-119
南糸岐村破瀬浦　4-119
南多良村〔多良〕　4-119, 5-234, 5-315
宮浦小宮浦　4-121
宮田尾浦村　4-119, 5-234
宮之村〔宮村〕　4-121, 5-234, 5-313
宮之村枝久津　4-121
宮之村枝小島　4-121
宮之村枝瀬道　4-121
宮之村釜浦　4-121
馬渡分村　4-119, 5-234
八木原村〔八木原〕　4-121, 4-122, 5-235, 5-313, 5-315
八木原村鍬サキ　4-121
八木原村小迎　4-121
八木原村深江　4-121
矢ノ浦村〔矢浦〕　4-119, 5-313, 5-315
湯江村釜分〔湯江〕　4-119, 5-315
湯江村黒嵜〔湯江〕　4-119, 5-315
湯江村小峯〔湯江〕　4-119, 5-315
湯江村湯江町〔湯江村、湯江〕　4-119, 5-236, 5-315
雪ノ浦村〔雪浦〕　4-121, 4-122, 5-237, 5-313
雪ノ浦村上ノ瀬　4-121, 4-122
雪ノ浦村河辺〔通〕　4-122
雪ノ浦村小松　4-121, 4-122
湯野田村〔湯野田〕

4-120, 5-234, 5-313
横瀬浦村〔横瀬浦〕 4-121, 4-122, 5-235, 5-313, 5-315
横瀬浦村小郡 4-121, 4-122
横瀬浦村錢亀浦 4-121, 4-122
横瀬浦村寄舩 4-121, 4-122

【社寺】

普明寺 4-119

【山・峠】

麻生岳 4-120
岩屋観音 4-121
岩屋観音山 4-119
大崎山 4-121
奥河内山 4-121
樫井嶽 4-121
金山 5-234
神松岳 4-121
萱瀬〔山〕 4-120
虚空蔵山 4-120, 5-234, 5-235, 5-313
虚空蔵山 4-121, 4-122, 5-313
御用山 4-121, 4-122, 5-237
白岳 4-121
城山 4-119
多良嶽（惣名）〔多良岳、多良山〕 4-120, 5-236, 5-313, 5-315
丹生川山 4-120
唐泉山 4-120
鳥加山 4-121, 4-122, 5-237
八人岳 4-121, 4-122, 5-237
八巻山 4-120
濵松山 4-119
針岳 4-121
屛風岩山 4-120
不動山 4-120
舩藏山 4-120
本城山 4-119, 4-120
前山 4-119, 4-120
松岳 4-121
御嶽 4-119, 4-120
室路山 4-120

【河川・湖沼】

相ノ川 4-121, 4-122
川棚川 4-121
神浦川 4-121, 4-122
郡川 4-120
小松川 4-121, 4-122
食場川 4-121
鈴田川 4-120
彼杵川 4-120
丹之川 5-313
濵川 4-119
山田川 4-119, 5-315
雪ノ浦川 4-122
横澤川 4-119

【岬・海岸】

魚釣嵜 4-121
牛ノ首嵜 4-122
恵美須嵜 4-121
恵美須嶌 4-121
エヒスハナ 4-121
大崎 5-234
大瀬嵜 4-121
亀崎 4-119
鴨崎 4-122
霧崎 5-236
朽木嵜 4-121, 4-122
向後崎 4-121, 4-122
小鴨崎 4-122
権現崎 4-121
セザキ 5-236
瀬嵜〔大セザキ〕 4-121, 5-236
竹崎 5-313
靏嵜 4-122
天神崎 4-119
名串 4-121
名串崎 4-122
番処崎 4-122
引掛崎 4-122
平瀬嵜 4-119
母衣崎 4-121
御サキ 5-234
水切嵜 4-121
明星崎 4-121
呼崎 4-122

【島】

赤シマ 4-121
赤島〔赤シマ〕 4-120, 5-236
赤島 4-121
赤瀬 4-121
赤瀬 4-122
赤セ 4-121
行シマ 4-122
イケシマ〔池シマ〕 4-121, 5-236
居シマ〔居島〕 4-121, 5-236, 5-313, 5-315
苺ノシマ〔イチコシマ〕 4-122, 5-235
妹瀬 4-122
浮瀬 4-122
有毛シマ 4-121
兎シマ 4-121
鬼〔兎〕島 4-119, 5-233, 5-236
鵜島 4-121
臼島 4-120, 5-236
鵜瀬島〔鵜セ島〕 4-121, 5-236, 5-313, 5-315
ウセ 4-121
姥嶌〔姥シマ〕 4-122, 5-237
恵美須シマ 4-121
大窪島 4-121
大子シマ 4-122, 5-235
大小シマ 4-121, 5-236
大島 4-121, 5-234
大嶌〔大島〕 4-122, 5-235, 5-313
大日シマ〔大田島〕 4-121, 5-236, 5-313, 5-315
大立島 5-313
大筈シマ 5-234
大蓑〔嶌〕〔大蓑シマ、蓑島〕 4-122, 5-237, 5-315
沖安甫シマ〔安浦シマ〕 4-121, 5-235
沖小シマ 4-122
沖裸シマ 4-121
親シマ 4-122
加喜ノ浦島 4-122, 5-237, 5-313, 5-315, 5-321
頭ノ島 4-122
片島 5-235, 5-313, 5-315, 5-321
片島 5-234
カニ瀬 4-122
蟹瀬〔カニセ〕 4-122, 5-235
兜瀬 4-122
上塩垂島 4-121
カラシマ 4-122
赤〔唐〕松シマ 4-121
カロウシマ〔ガロウシマ〕 4-120, 5-236
神辺シマ 4-121
櫛嶌〔櫛島〕 4-122, 5-237, 5-313, 5-315
鯨瀬 4-122
崩シマ 4-122
黒嶋〔黒シマ〕 4-121, 5-236, 5-315
黒セ 4-122
神ノ浦村池島 4-122, 5-237, 5-315, 5-321
〔小〕シマ 4-122
小シマ 4-122
小島 4-121
小シマ 4-121
小シマ 4-121
小シマ 4-122
日〔小〕島〔小シマ〕 4-122, 5-237
小日〔田〕シマ〔小田シマ〕 4-121, 5-236
小立島
小蓑嶌〔小蓑シマ、蓑島〕 4-122, 5-237, 5-315
五郎シマ〔五郎シマ〕 4-122, 5-237
サウケシマ〔ウケシマ〕 4-120, 5-236
埼戸島 4-122, 5-313
笹シマ 4-121
地安甫シマ 4-121
鹿島 5-236
地小シマ 4-122
地裸シマ 4-121
下塩垂島 4-121
浄土シマ〔浄土シマ〕 4-121, 4-122, 5-235
簾島 4-122
相撲嶌〔相撲シマ〕 4-122, 5-237
瀬戸シマ 4-121, 5-234
瀬戸村福島 4-122, 5-237
高シマ〔高シマ、高島〕 4-121, 5-236, 5-313, 5-315
竹シマ 4-121, 4-122
鮹シマ 4-122
橘島 4-121
玉子シマ 4-121
築鑵シマ 4-121
チドリシマ 4-121
角頭〔瀬〕〔角セ〕 4-122, 5-237
寺嶋 4-121
寺嶌〔寺シマ、寺島〕 4-122, 5-235, 5-313
天狗島 4-121
塔シマ〔塔シマ〕 4-121, 5-235
戸尺ハナ〔戸尺鼻〕 4-121, 5-234
長島〔長シマ〕 4-121, 5-235
中測〔洲〕 4-121
中島〔中ノ島〕 4-122, 5-235
七百シマ 4-121
布セ 4-121
野シマ 4-122
ハケシマ 4-121
端シマ〔ハシ島〕 4-122, 5-235
羽シマ〔羽シマ〕 4-121, 5-234
裸シマ 4-121
裸シマ 4-122
裸シマ 5-234
鉢小島 4-121, 4-122
蜂振セ 4-122
母子嶋〔母子シマ〕 4-122, 5-237
針尾島 5-234, 5-313
満切島 4-121
平セ 5-237
鬢嶌〔鬢シマ〕 4-122, 5-237
藤津郡竹嵜島〔竹嵜〕 4-119, 5-233, 5-315
二嶋〔二シマ〕 4-121, 5-236, 5-313, 5-315
二子嶌 4-122
弁天シマ 4-121
弁天シマ 4-121
弁天島 4-121
辨天島 4-120
蓬莱シマ 4-122
前島 4-121
前島 4-121
前シマ 4-122
前シマ 4-121
松島 4-122, 5-237, 5-313, 5-315
ミカメシマ 4-122
三島 4-121, 5-313, 5-315
乱セ 4-121
御床島 4-122, 5-313
箕嶋 4-120, 5-236, 5-313
宮小シマ 4-122
無田シマ 4-122, 5-235
女嶌〔女シマ〕 4-122, 5-237
日〔目〕嶌 4-119
ヤキシマ 4-121
焼シマ〔焼シマ〕 4-121, 5-235
焼島〔焼シマ〕 4-122, 5-237
矢筈島 4-121
横シマ 4-121
横シマ 4-122
横島〔横シマ〕 4-121, 5-234

第202号 長崎

【郡名】

彼杵郡 4-125, 4-126, 4-127, 4-128, 5-315
高來郡 4-125, 4-126, 4-127, 4-128, 5-233, 5-315

【地名】

愛津村☆ 4-124, 5-236
愛津村枝中野〔愛津〕 4-124, 5-315
飽ノ浦郷 4-127, 4-128
網代浦 4-127, 4-128
小豆崎村 4-124, 4-126, 5-236
陌刈平村 4-127, 5-236, 5-315
陌刈平村遠ノ木場 4-127
伊岐力村 4-125, 4-126, 5-236, 5-315
壹岐力村 4-125, 4-126, 5-236
伊岐力村下ノ谷 4-125, 4-126
伊岐力村手〔寺〕畑 4-125, 4-126
壹岐力村野河内 4-125, 4-126
伊古村 4-124, 5-233, 5-315
諫早町○☆ 4-125, 4-126, 5-236, 5-315
稲佐郷 4-125, 4-127, 4-128
井樋尾村 4-125, 4-126, 5-236
伊福村 4-124, 5-233, 5-315
井牟田村〔伊牟田村〕 4-124, 5-236, 5-315
岩瀬道郷 4-127, 4-128
有喜村 4-124, 4-126, 5-236, 5-315
有喜村枝里分 4-124, 4-126
浦上北村 4-127, 5-236, 5-315
浦上北村枝岩屋 4-125, 4-127
浦上北村 西〔浦上西村〕 4-127, 5-236
浦上北村平宗 4-125, 4-127
浦上村淵 4-127, 4-128, 5-236
浦上村淵 小瀬戸浦〔小瀬戸浦〕 4-127, 4-128, 5-236
浦上村淵 寺野郷〔浦上淵〕 4-127, 4-128, 5-315
浦上村山里 4-125, 4-127, 4-128, 5-315
浦上村山里 家ノ郷〔浦上村山里〕 4-125, 4-127, 5-236
浦上村山里 馬込郷 4-125, 4-127, 4-128
榮田村 4-124, 4-125, 4-126, 5-315
榮田村永昌○ 4-125, 4-126, 5-236
江浦村 4-125, 4-126, 5-236, 5-315
江浦村舩津 4-125, 4-126
大川名 4-124
大草村 4-125, 4-126, 5-236, 5-315
大草村枝野副 4-125, 4-126
大篭村 4-127, 4-128, 5-236, 5-315
大田尾臺場 4-127, 4-128
大波戸 4-125, 4-127, 4-128, 5-236
大屋名信米 4-123
大渡野村 4-125, 4-126, 5-236, 5-315
大渡野村藤之内 4-125, 4-126
岡 一本松 4-125, 4-126
岡 塩床 4-125, 4-126
岡 下岡 4-125, 4-127
岡 馬込 4-125, 4-127
小野村 4-124, 5-236, 5-315
小野村小野嶋 4-124
小濵村（温泉湯臺） 4-123, 4-124, 5-233,

5-236, 5-315
小濱村木指名　4-123, 4-124
小濱村北野名　4-123, 4-124
小濱村冨津名　4-123, 4-124
小船越村☆　4-125, 4-126, 5-236, 5-315
貝津村　4-125, 4-126, 5-236, 5-315
貝津村宿　4-125, 4-126
加津佐 水月名〔加津佐〕 4-123, 5-315
加津佐村野田名〔加津佐村、加津佐〕 4-123, 5-236, 5-315
加津佐村津波見名〔加津佐〕 4-123, 5-315
釜床　4-124
神崎臺場　4-127, 4-128
蚊焼村　4-128, 5-236, 5-315
唐頃村　4-124, 5-236, 5-315
川内町村　4-124, 4-126, 5-236, 5-315
河床村　4-124, 4-126, 5-236, 5-315
川原村　4-128, 5-236, 5-315
喜々津村　4-125, 4-126, 5-236, 5-315
北串山村金濱名　4-123, 4-124
北串山村　4-123, 4-124, 5-236, 5-315
北串山村飛子名　4-123, 4-124
木鉢郷　4-127, 4-128
京泊名浦分　4-123, 4-124
京泊名水ノ浦　4-123, 4-124
口之津町☆　4-123, 5-236, 5-315
口之津村　4-123, 5-236
口之津村大屋名　4-123
口之津村早嶋〔崎〕名　4-123
久山村　4-125, 4-126, 5-236, 5-315
久山村茶屋　4-125, 4-126
栗面村　4-125, 4-126, 5-236, 5-315
黒崎村　4-127, 5-237, 5-315
黒崎村出津　4-127
黒嵜村永田　4-127
黒崎村牧野　4-127
神ノ浦村大野〔神ノ浦村、神浦〕 4-127, 5-237, 5-315
小嘉倉村　4-125, 4-127, 4-128, 5-236
小嘉倉村塩屋　4-125, 4-127, 4-128
小嘉倉村白嵜　4-125, 4-127, 4-128
小嘉倉村中久保　4-125, 4-127, 4-128
小嘉倉村柳浦　4-125, 4-127, 4-128
古賀村　4-125, 4-126, 5-236, 5-315
古賀村長里　4-125, 4-126
古賀村平松　4-125, 4-126
御番処　4-125, 4-127, 4-128
古部村　4-124, 5-233, 5-236
小牟田名　4-124
西郷村船津名　4-124
竿浦村　4-127, 4-128, 5-236
佐瀬村　4-125, 4-126, 5-236, 5-315
佐瀬村大浦　4-125, 4-126
佐底 久留里　4-127
里郷　4-125, 4-127
式見村　4-127, 5-236, 5-315
式見村相川　4-127
式見村木場　4-127
鹿川 トロフク　4-127
島村　4-127, 4-128, 5-236
島村香焼嶋　4-127, 4-128, 5-315
下鈴田釜河内　4-125, 4-126
庄屋内　4-125, 4-127
白濱　4-123
白濱村　4-124, 5-236, 5-315
新地唐人荷物藏　4-125, 4-127, 4-128
鈴田村　4-125, 4-126, 5-236, 5-315
鈴田村枝下鈴田　4-125, 4-126
鈴田村小松　4-125, 4-126
瀬ノ脇浦　4-127, 4-128
臺場　4-127, 4-128
高濱村　4-128, 5-236, 5-315
高濱村以下宿　4-128
高濱村黒濱　4-128
高濱村古里　4-128
竹窪郷　4-127, 4-128
立神郷　4-127, 4-128
田内川名　4-124
爲石村☆　4-128, 5-236, 5-315
田結村　4-125, 4-126, 5-236, 5-315
田結村川下　4-125, 4-126
千々石村小倉名〔千々石〕 4-124, 5-315
千々石村木場名〔千々石村、千々石〕 4-123, 4-124, 5-236, 5-315
千々石村下峯名〔千々石〕 4-124, 5-315
千々石村野田名〔千々石〕 4-124, 5-315
千々石村船津名〔千々石〕 4-124, 5-315
津水村　4-125, 4-126, 5-236
戸石村　4-125, 4-126, 5-236, 5-315
戸石村船津　4-125, 4-126
土井頭村　4-125, 4-127, 4-128, 5-236, 5-315
遠見　4-128
遠見番処　4-127, 4-128
時津村☆　4-125, 4-127, 5-236, 5-315
時津村市場○　4-127, 5-236
時津村枝佐底　4-127
時津村西時津　4-125, 4-127
時津村濱田　4-125, 4-127
戸町村　4-125, 4-127, 4-128, 5-236, 5-315
戸町村枝大浦⛬　4-125, 4-127, 4-128
長崎（西役所）☆⛬　4-125, 4-127, 4-128
長崎村　4-125, 4-126, 4-128, 5-315
長嵜村十善寺郷　4-125, 4-127, 4-128
長嵜村高野平郷〔長崎村〕 4-125, 4-126, 5-236
長嵜村中川郷　4-125, 4-126
中野郷　4-125, 4-127
長野村　4-124, 5-236, 5-315
中波戸　4-125, 4-127, 4-128
長与村枝岡〔長与〕 4-125, 4-127, 5-315
長与村解屋〔長与〕 4-125, 5-315
長与村皿山〔長与〕 4-125, 4-127, 5-315
長与村白津〔長与〕 4-125, 4-127, 5-315
長与村船津〔長與村、長与〕 4-125, 4-127, 5-236, 5-315
夏嶺村　4-124, 5-233, 5-236
西海村　4-127, 5-236, 5-315
西海村鹿川　4-127
西海村村松　4-127
西泊郷〔西泊〕 4-127, 4-128, 5-236
西長田村〔長田〕 4-124, 4-126, 5-236, 5-315
西長田村宿〔長田〕 4-124, 4-126, 5-315
野井村　4-124, 5-236, 5-315
野井村船津　4-124
野母村☆⛬　4-128, 5-237, 5-315
野母村出口　4-128
八町分村　4-125, 4-126, 5-236, 5-315
早見村　4-124, 4-126, 5-236, 5-315
東長田村〔長田〕 4-124, 4-126, 5-236, 5-315
東長田村原木場〔長田〕 4-124, 4-126, 5-315
日並村　4-127, 5-236, 5-315
日並村木場　4-127
日見村○☆　4-125, 4-126, 5-236, 5-315
日見村網場名⛬　4-125, 4-126
日見村枝河内坂下　4-125, 4-126
平戸小屋郷　4-125, 4-127, 4-128
平野郷　4-125, 4-127, 4-128
平山村　4-125, 4-126, 5-236, 5-315
深堀村☆　4-127, 4-128, 5-236, 5-315
深堀村有海　4-127, 4-128
福田村　4-124, 4-126, 5-236
福田村　4-127, 4-128, 5-236, 5-315
福田村大浦　4-127, 4-128
福田村小江　4-127, 4-128
福田村手熊　4-127
福田村船津⛬　4-127, 4-128
伏尾村　4-124, 5-233, 5-236, 5-315
船越村　4-124, 4-126, 5-236, 5-315
船越村梅津　4-124, 4-126
船津　4-124
舟津浦　4-125, 4-127, 4-128
本明村　4-124, 4-125, 4-126, 5-236
真崎村　4-125, 4-126, 5-236
真嵜村中井原　4-125, 4-126
三浦村枝日泊　4-125, 4-126
三浦村溝陸　4-125, 4-126, 5-236
三重村　4-127, 5-237, 5-315
三重村枝三重田　4-127
三重村樫山　4-127
三重村京泊⛬　4-127, 5-236
三重村黒崎　4-127
水ノ浦郷　4-127, 4-128
南有馬村浦田名〔南有馬村、南有馬〕 4-123, 5-233, 5-236, 5-315
南有馬村大江〔南有馬〕 4-123, 5-315
南有馬村北岡名〔南有馬〕 4-123, 5-315
南有馬村白木野名〔南有馬〕 4-123, 5-315
南有馬村古薗名〔南有馬〕 4-123, 5-315
南有馬村吉川名〔南有馬〕 4-123, 5-315
南串山村荒牧名〔南串山村、南串山〕 4-123, 4-124, 5-236, 5-315
南串山村尾登名〔南串山〕 4-123, 4-124, 5-315
南串山村京泊名 岡分〔南串山〕 4-123, 4-124, 5-315
三室村　4-124, 5-236
茂木村☆⛬　4-125, 4-126, 5-236, 5-315
茂木村飯香浦名☆〔茂木村飯香浦、飯香〕 4-125, 4-126, 5-236, 5-315
茂木村大嵜名　4-125, 4-127, 4-128
茂木村木場名　4-125, 4-126
茂木村田上名　4-125, 4-126
茂木村千々名　4-125, 4-127, 4-128
茂木村宮摺名　4-125, 4-127, 4-128
本原郷　4-125, 4-127
守山村　4-124, 5-236, 5-315
森山村　4-124, 5-236, 5-315
森山村唐津　4-124
森山村杉谷　4-124
森山村田尻　4-124
矢上町○　4-125, 4-126, 5-236
矢上町蠣道〔矢上〕 4-125, 4-126, 5-315
矢上町田ノ浦〔矢上〕 4-125, 4-126, 5-315
矢上町東房　4-125, 4-126
矢上町藤尾　4-125, 4-126
山田村　4-124, 5-236, 5-315
山田村阿母名　4-124
山田村牛口名　4-124
山田村永中名　4-124
脇御崎村（脇津）☆　4-128, 5-236, 5-315
鷲崎村　4-124, 4-126, 5-236, 5-315
破篭井村　4-125, 4-126, 5-236

【社寺】

秋葉社　4-125, 4-126
愛宕社　4-125, 4-126, 4-128
岩原　4-125, 4-128
皓臺寺　4-125, 4-127, 4-128
諏訪社　4-125, 4-127, 4-128
崇福寺　4-125, 4-127, 4-128
大音寺　4-125, 4-127, 4-128
大徳寺　4-125, 4-127, 4-128
立山　4-125, 4-128
天神　4-125, 4-127, 4-128

【山・峠】

愛宕山　4-123
愛宕山　4-125, 4-126, 4-128, 5-236
愛宕山（古城跡）　4-124
有馬山　5-236
飯盛山　4-125, 4-126
稲佐山　4-127, 4-128
井樋尾峠　4-125, 4-126
伊牟田山　4-124
岩屋岳　4-127
江代山　4-124
大貝山　4-123, 4-124
大平嶽　4-124
小野岳　4-124
綿笠山　4-123, 4-124
釘頭山　4-125, 4-126
郷頭山　4-125, 4-126
虚空藏山　4-125, 4-126
甑岩　4-125, 4-126, 5-236
古城山　4-123, 4-124, 5-315
琴ノ緒山　4-125, 4-126
木場山　4-125, 4-126
金比羅山　4-125, 4-126, 4-128
上宮山　4-125, 4-126
城ノ岩山　4-123, 4-124
城山　4-127, 4-128

鈴田山 4-125, 4-126
大使山 4-125, 4-126
大門ケ峯 4-127, 4-128
タリ門山 4-127
戸石山 5-236
八郎岳 4-125, 4-127, 4-128
八天岳 4-124, 4-126
原古城 4-123, 5-233
彦山 4-125, 4-126, 5-236
日見峠 4-125, 4-126, 5-236
屏風木場山 4-125, 4-126
深堀山 5-236
冨士山 4-123
放火山 4-125, 4-126
水道平山 4-123, 4-124
森山 4-124

【河川・湖沼】

家ノ川 4-125, 4-127
板引川 4-123, 4-124
浦上川 4-125, 4-127, 4-128
大池 4-128
小川 4-123, 4-124
尾登川 4-123, 4-124
貝津川 4-125, 4-126
金濱川 4-123, 4-124
喜々津川 4-125, 4-126
木指川 4-123, 4-124
久山川 4-125, 4-126
小池 4-128
小津波見川 4-123, 4-124
小松川 4-123
権現川 4-124
島川 4-124, 5-236
杉谷川 4-124
玉井川 4-124
田町川 4-123
田結川 4-125, 4-126
津波見川 4-123
露田川 4-123
峠川 4-125, 4-126
轟川 4-123
轟川 4-125, 4-126
中ノ川 4-125, 4-127
早見川 4-124, 4-126
日並川 5-236
二股川 4-125, 4-126, 4-128
舩津川 4-124
本明川 4-124, 4-126
又手川 4-127
矢竹川 4-123
湯田川 4-124
脇川 4-123, 4-124

【岬・海岸】

稲佐崎 4-125, 4-127, 4-128
岩吼庵崎〔岩吼庵鼻〕 4-123, 5-236
男神 4-127, 4-128
押通鼻 4-127, 4-128
乙宮崎 4-127
笠瀬嵜 4-125, 4-126
カンタイ鼻 4-127, 4-128
観音嵜 4-127, 4-128, 5-236
國崎 4-123, 4-124, 5-236
ケンキウ鼻 4-127, 4-128
小城嵜〔小シロサキ〕 4-127, 5-237
小早崎 4-123
崎野岬 4-125, 4-127
スゝレ崎 4-127, 4-128
岳ノ尾崎 4-128
立嵜 4-123, 4-124
土平嵜 4-123
遠見嵜 4-125, 4-127, 4-128
遠見崎 4-125, 4-127, 4-128
長刀崎 4-127, 4-128
野井サキ 5-236
野母嵜〔野母崎〕 4-128, 5-237, 5-315
福田崎 4-127, 4-128, 5-236
二岳崎 4-128
坊ケ崎 4-125, 4-127, 4-128
鯔見崎 4-123, 4-124
三重崎 4-127, 5-237
南崎 4-127, 4-128
宮崎 4-127, 4-128
女嶋鼻 4-123
竜崎 4-127, 4-128

【島】

伊王嶋（嶋村） 4-127, 4-128, 5-237, 5-315
一ノ瀬 4-128
犬セ 4-127, 4-128
牛先嶋〔牛先シマ〕 4-125, 4-126, 5-236
大セ 4-127, 4-128
大立神 4-128, 5-237
沖嶋（嶋村） 4-127, 4-128, 5-236, 5-315
鬼塚 4-127, 4-128
ヲラヒ瀬〔ヲラヒセ〕 4-127, 5-237
貝瀬 4-128
神樂島 4-127, 5-236, 5-315
蔭ノ尾嶋 4-127, 4-128, 5-236, 5-315
笠セ 4-127, 4-128
加島 4-125, 4-126, 5-236
鹿子嶋 4-128
椛嶋⛵ 4-128, 5-236, 5-315
甲岩 4-125, 4-126
上島 4-125, 4-126, 5-236, 5-315
神島（小喜〔嘉〕倉村）〔神ノ島〕 4-127, 4-128, 5-236, 5-315
上二子島 4-128, 5-237
亀甲嶋 4-127
カンキウシマ 4-127, 4-128
カンタイ嶋〔カンタイシマ〕 4-127, 4-128, 5-236
観音嶋 4-124
北ノシマ 4-125, 4-126
黒島 4-127, 4-128, 5-236, 5-315
黒瀬 4-127
甲瀬〔甲セ〕 4-128, 5-236
香焼嶋 4-127, 4-128, 5-236, 5-315
甑瀬 4-128
小ジマ 4-127, 4-128
小島〔小シマ〕 4-123, 4-124, 5-236
小島 4-127
小四郎島 4-127, 4-128
小立神 4-128
五太夫瀬 4-128
五郎江島 4-127, 4-128
佐世婦島 4-127, 4-128
塩瀬〔シホセ〕 4-123, 4-124, 5-236
塩屋嶋 4-125, 4-126
清水島〔清水シマ〕 4-125, 4-127, 5-236
下二子島 4-128
四郎ケ島 4-127, 4-128, 5-236
白瀬 4-127, 5-236
雀嶋 4-128
鷹島 4-127, 4-128, 5-237
髙嶋〔高島〕 4-127, 5-236, 5-315
高鉾島 4-127, 4-128, 5-236
タキク嶋〔タキクシマ〕 4-127, 5-236
竹島〔竹シマ〕 4-125, 4-126, 5-236
辰嶋〔辰シマ〕 4-127, 5-236
立瀬〔立セ〕 4-125, 4-126, 5-236
田子嶋〔田子シマ〕 4-128, 5-237
千鳥セ 4-127, 4-128
津島 4-125, 4-126, 5-236
出島（阿蘭陀屋敷） 4-125, 4-127, 4-128, 5-236
寺シマ 5-236
トウノ瀬〔トウノセ〕 4-127, 5-236
唐舩瀬 4-128
獨空島 4-127, 4-128
飛島 4-127, 4-128, 5-237
朋岩 4-127, 4-128
中嶋〔中シマ〕 4-128, 5-236
中嶋〔中ノ島〕 4-128, 5-237
中ノシマ 4-125, 4-126
中ノ嶋〔中ノシマ〕 4-127, 4-128, 5-236
西大瀬 4-127
仁兵ヱ瀬 4-128
鼠島 4-127, 4-128
子ミツシマ 5-236
野島 4-127, 4-128, 5-236
野島 4-128, 5-236
端島 4-128, 5-237
葉嶋 4-125, 4-126
裸島 4-125, 4-127, 4-128
裸セ 4-127, 4-128
離瀬 4-128
ヒサコシマ 4-127, 4-128
ヒシヤコシマ 4-127, 4-128
平セ 4-127, 4-128
辨天島 4-127, 4-128
辨天島 4-127, 4-128
辨天島 4-128
ホケ島 4-127, 4-128, 5-236
前島 4-127, 5-236, 5-315
前嶋〔前島〕 4-125, 4-126, 5-236, 5-315
牧島（戸石村） 4-125, 4-126, 5-236, 5-315
松島 4-127, 5-236
松島〔松シマ〕 4-127, 4-128, 5-236
松島 4-127, 4-128
眉嶋 4-127, 4-128
三島 5-236, 5-315
満切鼻 4-125, 4-126
三ツ島 4-124
三ツ島 4-124
三ツ島 4-124
三ツ瀬〔三ツセ〕 4-128, 5-237
身投石 4-125, 4-127, 4-128
女神シマ 4-127, 4-128
桃瀬 4-128
野牛嶋〔野牛シマ〕 4-127, 4-128, 5-236
焼島〔ヤケシマ〕 4-127, 5-236
山神島〔山神シマ〕 4-127, 4-128, 5-236
横島 4-127, 4-128, 5-236
ワナレ礒 4-124

長崎〔参考図〕

【郡名】

彼木郡 4-129
彼杵郡 4-130, 4-132
髙來郡 4-129, 4-130, 4-132

【地名】

飽ノ浦郷 4-131, 4-133
網代浦 4-131
稲佐郷 4-131, 4-133
岩瀬道郷 4-131, 4-133
浦上北村 4-133
浦上北村枝岩屋 4-133
浦上北村西 4-133
浦上北村平宗 4-133
浦上村淵 4-131, 4-133
浦上村淵 小瀬戸浦 4-131, 4-133
浦上村淵 寺野郷 4-131, 4-133
浦上村山里 4-131, 4-133
浦上村山里 家ノ郷 4-133
浦上村山里 馬込郷 4-131, 4-133
大篭村 4-129, 4-131
大田尾臺場 4-131, 4-133
大波戸 4-131, 4-133
神崎臺場 4-131, 4-133
蚊焼村 4-129, 4-131
川原村 4-129, 4-131
木鉢郷 4-131, 4-133
小嘉倉村 4-131
小嘉倉村塩屋 4-131
小嘉倉村白崎 4-131, 4-133
小嘉倉村柳浦 4-131
御番処 4-131, 4-133
竿浦村 4-131
佐底 久留里 4-133
里郷 4-133
式見村 4-133
式見村相川 4-133
式見村木場 4-133
島村 4-131
島村香焼島 4-131
庄屋内 4-133
新地唐人荷物藏 4-131, 4-133
瀬ノ脇浦 4-131, 4-133
臺場 4-131, 4-133
髙濱村 4-129, 4-131
髙濱村以下宿 4-129, 4-131
髙濱村黒濱 4-129, 4-131
髙濱村古里 4-129
竹窪郷 4-131, 4-133
立神郷 4-131, 4-133
爲石村 4-129, 4-131
土井頭村 4-131
遠見 4-129
時津村 4-133
時津村市場○ 4-133
時津村枝佐底 4-133
時津村西時津 4-133
時津村濱田 4-133
戸町村 4-131, 4-133
戸町村枝大浦⛵ 4-131, 4-133
長﨑（西役所）⛵ 4-131, 4-133
長﨑村 4-130, 4-132
長﨑村十善寺郷 4-130, 4-132
長﨑村髙野平郷 4-130, 4-132
長﨑村中川郷 4-130, 4-132
長﨑村本河内郷 4-130, 4-132
中野郷 4-133
中波戸 4-131, 4-133
西泊郷 4-131, 4-133
野母村⛵ 4-129
野母村出口 4-129
日並村 4-133
日並村木場 4-133
日見村○ 4-130, 4-132
日見村網場名⛵ 4-130, 4-132
日見村枝河内坂下 4-130, 4-132
平戸小屋郷 4-131, 4-133
平野郷 4-133
深堀村 4-131
深堀村有海 4-131
福田村 4-131, 4-133
福田村枝舩津⛵ 4-131, 4-133
福田村大浦 4-131, 4-133
福田村小江 4-131, 4-133
福田村手熊 4-133
舟津浦 4-131, 4-133
水ノ浦郷 4-131, 4-133
茂木村⛵ 4-130
茂木村飯香浦名 4-130, 4-132
茂木村大崎名 4-130
茂木村木場名 4-130, 4-132
茂木村田上名 4-130, 4-132
茂木村千々名 4-131
茂木村宮摺名 4-130
本原郷 4-132
矢上町○ 4-132
矢上町東房 4-130, 4-132

脇御崎村（脇津） 4-129

【社寺】

秋葉社 4-130, 4-132
愛宕社 4-130, 4-132
岩原 4-130, 4-132
皓臺寺 4-130, 4-132
諏訪社 4-130, 4-132
崇福寺 4-130, 4-132
大音寺 4-130, 4-132
大徳寺 4-130
立山 4-130, 4-132
天神 4-130, 4-132

【山・峠】

愛宕山 4-130, 4-132
稲佐山 4-131
甑岩 4-130, 4-132
金毘羅山 4-132
城山 4-129, 4-131
大使山 4-130, 4-132
八郎岳 4-131
彦山 4-130
日見峠 4-130, 4-132
屛風木場山 4-132
放火山 4-130, 4-132

【河川・湖沼】

家ノ川 4-133
浦上川 4-131, 4-133
大池 4-129, 4-131
楠川 4-132
小池 4-129, 4-131
峠川 4-130
中ノ川 4-133
二股川 4-130, 4-132

【岬・海岸】

稲佐崎 4-131, 4-133
男神 4-131, 4-133
押通岬 4-131
乙宮崎 4-133
カンタイ崎 4-131
観音岬 4-131, 4-133
ケンキウ岬 4-131
スゝレ崎 4-131, 4-133
岳ノ尾崎 4-130
遠見崎 4-131, 4-133
長刀崎 4-131
野母崎 4-129
福田崎 4-131, 4-133
二岳崎 4-131
防ケ崎 4-131, 4-133
南崎 4-131
宮崎 4-129, 4-131
竜崎 4-131, 4-133

【島】

伊王島（島村） 4-131
一ツ瀬 4-129
犬セ 4-131
大セ 4-131
大立神 4-129
沖島（島村） 4-131
鬼塚 4-131
神楽島 4-133
蔭ノ尾島 4-131
笠瀬 4-131
加島（大村領） 4-132
鹿子島 4-129, 4-131
椛島⛵ 4-129
神島（小喜〔嘉〕倉村） 4-131, 4-133
上二子島 4-129, 4-131
カンタイ島 4-131
黒島 4-129, 4-131
黒瀬 4-133
ケンキウ島 4-131
甲瀬 4-129
香焼島 4-131
甑瀬 4-129
小島 4-131, 4-133
小四郎島 4-131, 4-133
小立神 4-129
五太夫瀬 4-129
五郎江島 4-131
佐世婦島 4-131
清水島 4-133
下二子島 4-129, 4-131
四郎島 4-131, 4-133
白瀬 4-133
雀島 4-129, 4-131
高島 4-133
鷹島 4-129, 4-131
髙鉾島 4-131, 4-133
ダキリ嶋 4-133
辰島 4-133
立瀬 4-130, 4-132
田子島 4-129, 4-131
千鳥瀬 4-131, 4-133
津島 4-130, 4-132
出島（阿蘭陀屋敷） 4-131, 4-133
寺嶋 4-133
唐船瀬 4-129
獨空島 4-131, 4-133
飛島 4-129, 4-131
朋岩島 4-131
中嶋 4-129
中ノ島 4-131, 4-133
中ノ島 4-129, 4-131
鼠島 4-131, 4-133
野島 4-131, 4-133
野島 4-129, 4-131
端島 4-129, 4-131
裸島 4-131, 4-133
裸瀬 4-131
離瀬 4-129, 4-131
ヒサコ島 4-131, 4-133
ヒシヤコ島 4-131
平セ 4-131
辨天島 4-131
辨天島 4-131
辨天島 4-129
ホケ島 4-129, 4-131
前島 4-133
牧島（佐嘉領） 4-130, 4-132
松島 4-133
松島 4-131, 4-133
松島 4-131
眉島 4-131
満切鼻（大村領） 4-132
三ツ瀬 4-129
身投石 4-131, 4-133
女神島 4-131, 4-133
桃島 4-129
野牛島 4-131
山神島 4-131
横島 4-129, 4-131

第203号 天草下島

【郡名】

天草郡 4-134, 4-136, 4-138, 4-139, 5-251, 5-315
出水郡 4-136, 4-138

【地名】

赤崎村 4-138, 5-251
天付 4-139
荒河内村 4-134
市瀬村〔市之瀬村〕 4-137, 5-251
一町田村 4-137, 5-251, 5-315
一町田村志戸 4-137
井手村 4-134, 5-236, 5-315
井手村平 4-134
今釜 4-134
今冨村 4-137, 5-251, 5-315
今冨村枝小嶋 4-137
今冨村立花 4-137
今冨村聖返 4-137
今村 4-137, 5-251, 5-315
今村板河内 4-135, 4-137
牛深村☆⛵ 4-139, 5-251, 5-315
牛深村枝茂串⛵ 4-139
臼井村 4-138, 5-251
内田村 4-135, 5-251, 5-315
浦底村 4-138, 5-251
大江村 4-137, 5-251, 5-315
大江村枝軍浦 4-137
大江村里 4-137
大嶋子村 4-134, 5-251
大多尾村☆ 4-136, 5-251
大多尾村枝下大多尾 4-136
大多尾村下大多尾 小峰 4-136
大宮地村 4-134, 4-136, 5-251
小田床村 4-135, 4-137, 5-251, 5-315
小田床村鬼海浦 4-135, 4-137
落戸 4-137
鬼池村 4-134, 5-236, 5-315
鬼池村枝引坂 4-134
魚貫村☆ 4-137, 4-139, 5-251
魚貫村魚貫嵜⛵ 4-137, 4-139
魚貫村福津 4-137, 4-139
小濵 4-138
カセトウ〔カセ堂〕 4-138, 5-251
片ソハ 4-136, 4-138
上野原村 4-134, 5-251, 5-315
上野原村大野 4-134
亀浦村 4-137, 4-139, 5-251, 5-315
亀浦村カフリ 4-137, 4-139
亀浦村椎葉 4-137, 4-139
亀川村 4-134, 5-251
亀川村日渡 4-134
カラクマ村 5-251
北高根 赤崎 4-136
北高根 口高根 4-136
北高根 二本木 4-136
楠浦村☆ 4-134, 4-136, 5-251, 5-315
楠浦村観音 4-134, 4-136
楠浦村新田 4-134
楠浦村立ノ浦 4-134, 4-136
楠浦村中村 4-134, 4-136
楠浦村船津 4-134, 4-136
久玉村☆ 4-139, 5-251, 5-315
久玉村大野浦 4-139
久玉村山之浦 4-139
久玉村吉田 4-139
藏本村☆⛵ 4-138, 5-251, 5-315
上津深江村 4-135, 5-236, 5-315
古右里 4-137
御所之浦 4-136, 4-138, 5-251
小高 4-137
五太郎峠 5-251
小宮地村 4-136, 5-251
小宮地村内澤 4-136
小宮地村枝北髙根 4-136, 5-251
小宮地村枝北高根 建 4-136
小宮地村枝諏訪崎 4-134, 4-136
小宮地村上ノ平 4-136
御領村☆ 4-134, 5-236, 5-315
御領村壹尾 4-134
御領村枝小串 4-134
御領村大島 4-134
御領村釘原 4-134
御領村濱田 4-134
佐伊津村 4-134, 5-251, 5-315
佐伊津村明瀬 4-134
坂瀬川村 4-135, 5-236, 5-315
坂瀬川村和田ノ前 4-135
嵜津村☆⛵〔﨑津〕 4-137, 5-251, 5-315
塩追浦⛵〔塩追〕 4-138, 5-251, 5-315
志柿村 4-134, 5-251, 5-315
志柿村瀬戸 4-134
志柿村中塩屋 4-134
志柿村中ノ浦 4-134
志柿村畑尻 4-134
志岐村 4-135, 5-236, 5-315
下内野村 4-134, 5-236, 5-315
下内野村木塲 4-134
下内野村小峰 4-134
下内野村松尾 4-134
下浦村☆ 4-134, 4-136, 5-251, 5-315
下浦村垣塚 4-134, 4-136
下浦村金焼 4-134, 4-136
下浦村船塲 4-134, 4-136
下河内村 4-134, 5-251
下河内村懸水 4-134
下田☆ 4-137, 5-315
下田 鎌 4-137
下田 丸山 4-137
下津深江村 4-135, 4-137, 5-251, 5-315
城河内村☆ 4-138, 5-251, 5-315
城木塲村 4-134, 5-251, 5-315
白木河内村 4-137, 5-251, 5-315
白木河内村大友 4-137
白木河内村宗崎 4-137
新休村 4-134, 5-251, 5-315
新休村下ノ尾 4-134
高濵村☆ 4-137, 5-251, 5-315
高濵村大ソウツ 4-137
高濵村嵜山 4-137
高濵村諏訪通 4-135, 4-137
高濵村松葉 4-137
立原村 4-136, 5-251
立原村久々平 4-136
津留村 4-136, 5-251
テンサマ 4-137
年柄村（國照寺領） 4-135, 5-251, 5-315
戸袋 5-236
冨岡町☆⛵〔冨岡〕 4-135, 5-236, 5-315
都呂々村 4-135, 5-251, 5-315
都呂々村上萱木 4-135
都呂々村木場 4-135
都呂々村小松川 4-135
都呂々村下萱木 4-135
中田村☆ 4-136, 5-251
中田村木場 4-136
中ノ迫 4-137
登尾峠 5-251
馬塲村梅津〔馬場〕 4-134, 4-136, 5-315
馬塲村上久保〔馬塲〕 4-134, 4-136, 5-315
馬塲村白トウ〔馬塲村、馬場〕 4-134, 4-136, 5-251, 5-315
馬塲村白須〔馬塲〕 4-134, 4-136, 5-315
馬塲村鳥越〔馬塲〕 4-134, 4-136, 5-315
早ノ浦村〔早浦村、早浦〕 4-137, 4-139, 5-251, 5-315
早ノ浦村枝路木 4-137, 4-139
久留村枝三留〔久留村、久留〕 4-137, 4-139, 5-251, 5-315
久留村圓中 4-137
久留村友新田〔久留〕 4-137, 5-315
平尾 4-138, 5-251
平床村 4-137, 5-251
廣瀬村 4-134, 5-251, 5-315
廣瀬村枝茂木根 4-134
廣瀬村大屋 4-134
深海村 4-137, 4-139, 5-251, 5-315
深海村淺海 4-137, 4-139
深海村浦河内 4-137, 4-139
深海村下平 4-137
深海村中ノ坂 4-137, 4-139
福浦 4-138
福連木村 4-135, 4-137, 5-251, 5-315
福連木村小野 4-135
二江村 4-134, 5-236, 5-315
二江村古賀原 4-134
二江村田向 4-134
舟津 4-136, 4-138

ヘイノクシ　4-136, 4-138
螢目　4-137
程屋　4-137
本戸馬場村　4-134, 5-251
本戸馬場村法泉寺　4-134
本戸馬場村山仁田　4-134
本村　4-134
益田村　4-137, 5-251, 5-315
益田村倉谷　4-137
町山口村☆　4-134, 5-251, 5-315
二〔三〕森　4-137
三船村☆　4-138, 5-251
宮野河内村　4-136, 4-138, 5-251
宮野河内村上平　4-136, 4-138
宮野河内村高根　4-136
宮野河内村松嵜　4-136
本臯村　4-134, 5-251
元下須　4-139
本須口　4-139
湯ノ口　4-136, 4-138
横濱　4-137
和仁之浦☆　4-138, 5-251

【山・峠】

荒尾岳　4-137, 5-251
伊勢宮山　4-137, 4-138, 5-251
銀杏山　4-138, 5-251
薄木山　4-135, 4-137, 5-251
尾嵜山　4-137, 5-251
頭岳　4-136
角山〔門山〕　4-135, 4-137, 5-251
行人岳　4-136, 5-251
五太郎峠　4-135, 4-136
権現山　4-138, 5-251, 5-315
猿越峠　4-135
下多山　4-134
城山　4-135, 4-136, 5-251
水仙岳　4-135, 4-137, 5-251
染岳　4-134
高尾山　4-137
髙尾山　4-134, 4-136
茶屋峠　4-135, 5-251
津々シ原山　4-134
天満岳　4-134
鍋割山　4-136
狼烟臺　4-135
柱野山　4-135, 5-251
母子岳　5-251
矢筈山　4-135, 5-251

【河川・湖沼】

一町田川　4-137
大宮地川　5-251

【岬・海岸】

壱岐嵜　4-135, 5-236
市來嵜　4-138, 5-251
大瀬崎　5-251
尾嵜　4-139, 5-251
魚貫嵜〔魚貫﨑〕　4-137, 4-139, 5-251, 5-315
親サキ　5-251
桂嵜　4-139
苐場鼻〔苐場ハナ〕　4-137, 5-251
九木サキ　5-251
串嵜〔串山﨑〕　4-136, 4-138, 5-251
クツワ﨑　4-136, 4-138
蔵本ハナ　5-251
黒サキ　5-251
黒瀬嵜　4-137
小濱ハナ　5-251
白岩﨑　4-135
鷹ノ串〔鷹串〕　4-136, 4-138, 5-251
タクイ﨑　4-136, 4-138, 5-251
立石サキ　5-251
立野崎　5-251
霍﨑　4-139
塔ケ嵜　4-134, 4-136
堂﨑　5-251
トクホウハナ　5-251
濱漉ハナ　5-251
平石鼻　4-137
琵琶首〔ヒワ首〕　4-138, 5-251
曲嵜〔曲サキ〕　4-135, 5-236
丸セハナ　5-251
宮嵜　4-139
目吹鼻　5-251

【島】

青島　4-136, 4-138
赤シマ　5-251
赤シマ　5-251
赤島〔赤シマ〕　4-137, 4-139, 5-251
赤島〔赤シマ〕　4-139, 5-251
伊唐嶋〔イカラ島〕　4-138, 5-251, 5-315
牛島　4-139, 5-251, 5-315
産嶋　4-136, 4-138, 5-251, 5-315
夷島　4-138
烏帽子セ　4-135, 4-137, 5-251
大ケ瀬　4-137, 5-251
大島　4-139, 5-251, 5-315
大嶋〔大島〕　4-134, 5-236, 5-315
大柱島　4-138
沖瀬〔沖セ〕　4-139, 5-251
ヲトロシ岩　5-251
ヲヨ島　4-139
笠松ハナ　5-251
片島〔片シマ〕　4-139, 5-251
上チヽカ島　4-134, 4-136, 5-251
上マテ島〔上マテシマ〕　4-136, 4-138, 5-251
鴨瀬〔カモセ〕　4-139, 5-251
カリ瀬〔カリセ〕　4-139, 5-251
木島　4-138
轡嶋〔クツワ島〕　4-138, 5-251, 5-315
黒島〔黒シマ〕　4-136, 4-138, 5-251
黒島　4-139, 5-251, 5-315
桑島〔クワ島〕　4-139, 5-251, 5-315
下須島　4-139, 5-251, 5-315
コイカラサキ　5-251
小伊唐島〔小イカラシマ、小イカラ島〕　4-138, 5-251, 5-315
カフラ島〔カフラシマ〕　4-136, 4-138, 5-251
小ケ瀬　4-137, 5-251
五色嶋〔五色シマ〕　4-134, 4-136, 5-251
島〔小シマ〕　4-138, 5-251
小シマ　4-134, 4-136
小シマ　4-137
小シマ　4-136, 4-138, 5-251
小柱島　4-138
サタカ島　4-138
サツキ嶋〔サツキセ〕　4-139, 5-251
サンシマ　5-251
獅子嶋　4-136, 4-138, 5-251, 5-315
下嶋（御料所）〔下島〕　4-134, 4-136, 5-315
下チヽカ島　4-134, 4-136, 5-251
下マテ島〔下マテシマ〕　4-136, 4-138, 5-251
舟穿窟　4-135, 4-137, 5-251
白セ　5-251
相津島　4-136, 5-251
タケ島　4-134, 4-136
竹島〔竹シマ〕　4-138, 5-251
通詞島（二江村枝）　4-134, 5-236, 5-315
築島　4-139
所島　4-136, 4-138, 5-251, 5-315
戸嶋〔戸島〕　4-139, 5-251, 5-315
トン宮　4-139, 5-251
長嶋〔長島〕　4-138, 5-251, 5-315
中瀬〔中セ〕　4-139, 5-251
長ハエ〔ナカハエ〕　4-135, 4-137, 5-251
七尾島　4-138
二色島〔二色シマ〕　4-134, 4-136, 5-251
ノウセ　4-135, 5-236
野島　4-138, 5-251
ヒレ島　4-137, 4-139
二子嶋〔二子シマ〕　4-139, 5-251
寶ケ島〔宝ヶ島〕　4-139, 5-251, 5-315
的島〔的シマ〕　4-136, 4-138, 5-251
宮小島　4-137, 4-139
宮島　4-136
無名島　4-136, 4-138
目吹島　4-136, 4-138
モツトウ島　4-134, 4-136
山ノ瀬　4-136
横島　4-136, 5-251

第204号
平戸

【郡名】

松浦郡　4-142

【地名】

飯盛　4-142
生屬浦枝一部〔生屬浦〕　4-142, 5-235
生屬浦舘浦　4-141, 4-142
生屬村　4-141, 4-142, 5-235
生屬村壹部　4-142
生屬村枝山田村　4-141, 4-142
生屬村里　4-141, 4-142
糸屋村枝古田村　4-141
糸屋村小野〔糸屋〕　4-140, 5-321
糸屋村堤〔糸屋村、糸屋〕　4-141, 4-142, 5-235, 5-313
糸屋村頭無浦　4-141
糸屋村中津浦　4-141, 4-142
伊牟田　4-142
薄香浦⛢　4-140, 4-142
浦志自岐村大志自岐　4-141
浦志自岐村岡〔津吉村浦志自岐村〕　4-141, 5-235
浦志自岐村肥　4-141
浦志自岐村野子　4-141
浦志自岐村早福　4-141
浦志自岐村舩越　4-141
大石　4-140
大島浦枝的山浦　4-142
大島浦神ノ浦〔大島浦〕　4-142, 5-235
大島村　4-142, 5-235
大島村枝的山村板野浦　4-142
大島村大根坂　4-142
大島村西宇戸　4-142
カセイカ浦　4-140, 4-142
釜田浦　4-140, 4-142, 5-235
上亀村〔上亀〕　4-140, 4-142, 5-235, 5-313
上亀村小﨑　4-140, 4-142
上亀村下亀　4-140, 4-142
上亀村福﨑　4-140, 4-142
川内浦⛢　4-140, 4-142, 5-235, 5-321
川内浦木ケ津　4-140, 4-142
川内浦寶亀　4-140, 4-142
黒島村　4-140
小佐々村〔小佐々〕　4-140, 5-235, 5-313
小佐々村上觸 古里　4-140
小佐々村九艘泊　4-140
小佐々村呉石　4-140
小佐々村下觸 臼ノ浦　4-140
小佐々村矢岳　4-140
古田村神舩　4-141
古田村田代　4-141
古田村舩木　4-140
小引村　4-140, 4-142, 5-235
鹿町村〔鹿町〕　4-140, 4-142, 5-235, 5-313
鹿町村歌ノ浦　4-140, 4-142
鹿町村口ノ里　4-140, 4-142
鹿町村長串浦　4-140, 4-142
鹿町村深江　4-140, 4-142
獅子村〔獅子〕　4-140, 4-142, 5-235, 5-313, 5-321
獅子村春日　4-140, 4-142
獅子村髙越　4-140, 4-142
獅子村西ノ平　4-140, 4-142
賎津浦枝九艘泊　4-140
賎津浦 矢岳浦　4-140
下寺村伊吉　4-140, 4-142
下寺村末橘　4-140, 4-142
白濵浦　4-140, 4-142, 5-235
度島浦　5-235
度島村　5-235
田助浦⛢　4-140, 4-142, 5-235
田平村〔田平〕　4-140, 4-142, 5-235, 5-313, 5-321
田平村生向浦　4-140, 4-142
田平村枝下寺村　4-140, 4-142
田平村大塔平　4-140, 4-142
田平村梶浦　4-140, 4-142
田平村小手田　4-140, 4-142
田平村米ノ内　4-140, 4-142
津吉浦　4-140, 5-235, 5-321
津吉浦 志自岐浦⛢〔津吉村志自岐浦、志自岐〕　4-141, 5-235, 5-313, 5-321
津吉村〔津吉〕　4-140, 5-235, 5-313
津吉浦池之内　4-141
津吉村枝浦志自岐村　4-141
津吉村指　4-141
津吉村辻　4-141
津吉村西　4-141
土井ノ本　4-140
長久保　4-140, 4-142
中野村〔中野〕　4-140, 4-142, 5-235, 5-313, 5-321
中野村主師　4-140, 4-142
中野村白濵（千里ケ濵）　4-140, 4-142
中野村濵本　4-140, 4-142
中野村古江　4-140, 4-142
根獅子村　4-140, 4-142, 5-235
根獅子村飯良　4-141, 4-142
日野浦〔日野〕　4-140, 4-142, 5-235, 5-313, 5-321
紐指村〔紐指〕　4-140, 4-142, 5-235, 5-313, 5-321
紐指村枝寶亀村　4-

140, 4-142
紐指村大河原　4-140, 4-142
紐指村木ケ津　4-140, 4-142
紐指村草積　4-140, 4-142
紐指村深川　4-140, 4-142
平戸⚓　4-140, 4-142, 5-313, 5-321
平戸村明川内　4-140, 4-142
平戸村梅崎　4-140, 4-142
平戸村大久保　4-140, 4-142
平戸村大野村　4-140, 4-142
平戸村鏡川　4-140, 4-142
平戸村皿川〔平戸村〕　4-140, 4-142, 5-235
平戸村田ノ浦　4-142
平戸村曲田助　4-140, 4-142
深月浦　4-140, 4-142, 5-235
深月浦枝大屋浦　4-140, 4-142
堀田坂　4-140, 4-142
牧　4-142
宮野浦　4-141
矢岳 冷水　4-140
呂立浦　4-140, 4-142

【社寺】

円満寺　4-141
志自岐神社　4-141

【山・峠】

荒平岳　4-140, 4-142
飯森山　4-140, 4-142
岩屋岳　4-140
上野辻　4-140
宇戸岳〔宇土岳〕　4-142, 5-235
大鹿山
大野岳　4-140
蛎岳　4-140, 4-142
風宇土山　4-141
米ノ岳　4-141
笹振岳　4-140, 4-142
指岳〔佐志岳〕　4-141, 5-235
志自岐山　4-141, 5-235
白岳　4-140, 4-142, 5-235, 5-313, 5-321
白嶽　4-142
城ノ辻　4-142
瀬戸ノ辻　4-140
天狗岳　4-140, 4-142
土井浦山　4-140, 4-142
早福岳　4-141
蜂子ノ辻　4-140
濵岳　4-141
番処ノ辻　4-140
番嶽〔番岳〕　4-141, 4-142, 5-235
屏風岳　4-141, 5-235
古江ノ辻　4-140, 4-142
女夫岩　4-141, 4-142
安満嶽〔安満岳、安満岳〕　4-140, 4-142, 5-235, 5-313, 5-321
矢岳　4-140
ユリ岳　4-142

【河川・湖沼】

川曽根川　4-140, 4-142
轟川　4-141
平川　4-140, 4-142

【岬・海岸】

青佐崎　4-140, 4-142
赤崎　4-142
赤瀞岬　4-142
雨崎　4-141, 4-142
荒崎　4-141, 4-142
荒崎　4-142
一之木岬　4-141, 4-142
魚釣岬　4-141
魚見崎　4-140, 4-142
牛首　4-140, 4-142
馬頭岬　4-142
エヒス崎　4-140, 4-142
大鹿岬　4-142
大崎　4-140, 4-142
大崎　4-141, 4-142
大瀬崎　4-140, 4-142
大田崎　4-142
春日岬　4-141, 4-142
相塲岬　4-141
観音崎　4-142
鯨見　4-142
ケト崎　4-142
小崎　4-140
小島岬　4-140
崎瀬岬〔サキセハナ〕　4-142, 5-235
崎山岬　4-140, 4-142
塩見岬　4-141
獅子ノ内岬　4-141, 4-142
獅子駒崎　4-140, 4-142
下神崎　4-140
白崎　4-140, 4-142
白頭岬　4-140, 4-142
城ノ下　4-142
髙鉾岬〔タカホコザキ〕　4-140, 4-142, 5-235
立石崎　4-140
立石崎　4-141, 4-142
鍔崎〔ツハサキ〕　4-142, 5-235
鳥瀬岬　4-142, 5-235
長江岬　4-141, 4-142
中崎　4-140, 4-142
長崎〔長サキ〕　4-140, 4-142, 5-235
長戸崎　4-140, 4-142
長濵岬　4-141, 4-142
南竜崎　4-140, 4-142
子屋之岬　4-140
野子崎　4-141
早福崎　4-141
波戸崎　4-140, 4-142
ハナツラ　4-142
日草崎　4-141, 4-142
古里岬　4-140
坊ケ崎　4-140
曲り崎　4-140, 4-142
曲崎〔曲サキ〕　4-142, 5-235
曲崎　4-142
馬篭崎〔マコメサキ〕　4-142, 5-235
マナカ岬　4-140
水浦岬　4-142
御山之岬　4-141
女鹿岬　4-141

【島】

赤島〔赤シマ〕　4-140, 5-235
汗島　5-235
海士泊島〔アマ泊シマ〕　4-140, 4-142, 5-235, 5-313, 5-321
飯盛島　4-142
生属島　4-141, 4-142, 5-235, 5-313, 5-321
イ嶋〔居島〕　4-140, 5-235, 5-313
一杯シマ　4-140
色島　5-235
岩　4-141, 4-142
石白瀬　4-140
魚セ　5-235
臼島　4-140, 5-313, 5-321
内セ　4-140
鵜瀬　4-140, 4-142
エイノ島　4-140
江ノ小島〔江ノ小シマ〕　4-140, 4-142, 5-235
烏帽子小島　4-140
ヱホシ瀬　4-140
ヱホ島　4-140
ヲイトリ島　4-141
大浅島〔大アサシマ、大アサ島〕　4-140, 5-235, 5-313, 5-321
大鹿島　4-140, 5-235, 5-313, 5-321
大小島　4-142, 5-235
大島　4-142, 5-235, 5-313, 5-321
大島　4-140
大島〔犬シマ〕　4-140, 5-235
大瀬　4-140, 4-142
大田助島　4-140, 4-142
大立島　5-235
御神島〔オンカミ島〕　4-141, 5-235
沖頭島　5-321
沖瀬〔沖瀬島〕　4-141, 4-142, 5-313
沖中瀬　4-140
躍岩　4-142
鬼子島　4-140, 4-142
小野島　4-140, 4-142
貝瀬　4-142, 5-235, 5-313, 5-321
海賊島　4-140
カキ島〔カキシマ〕　4-140, 5-235
頭島　4-141, 5-235, 5-321
樫木島　4-140
潟瀬　4-140
葛島　5-235
加戸島〔カトシマ〕　4-142, 5-235
金頭セ　5-235
上アジカ島　4-141
上皆島　4-140
上枯木島　4-140, 5-235, 5-313, 5-321
上小髙島　4-140
カラウ瀬〔カラウセ〕　4-140, 5-235
唐子島〔唐子シマ〕　4-140, 4-142, 5-235
キヲン瀬　4-140, 4-142
杵島　4-142
杵島　4-140, 5-235
鯨石　4-140, 4-142
鯨瀬　4-140, 4-142, 5-235
鯨瀬小島　4-140
クセシマ　5-235
口之平瀬　4-141, 4-142
クツ島　4-140, 4-142
黒子嶋　4-140, 4-142
黒小シマ　5-235
黒島　4-140, 4-142, 5-235, 5-313, 5-321
黒島　4-140, 5-235, 5-313, 5-321
黒瀞　4-141
ケイ島　4-142
源五郎島　4-140, 5-235
小赤島　4-140
小浅島〔小アサシマ、小アサ島〕　4-140, 5-235, 5-313, 5-321
小アシカ島　4-141, 5-235
コウゴ瀬　4-140
カフシハエ　4-141, 4-142
神之小島〔神子島〕　4-140, 5-235, 5-313, 5-321
氷島　4-140, 4-142, 5-235
五貫島　4-140, 4-142
小シマ　5-235
小島　4-140, 4-142
小島　4-140, 4-142
小島　4-140, 4-142
小島　4-140
小島　4-140
小島〔小シマ〕　4-140, 5-235
小島〔小シマ〕　4-140, 5-235
小島　4-140
小島　4-140
小島瀬　4-142
小セ　5-235
小田助島　4-140, 4-142
小柱岩　4-140
小二神島　4-140, 5-235, 5-313, 5-321
盃岩　4-140, 4-142
笹瀬　4-140
三躰島　4-140
獅子小島　4-141, 4-142, 5-235
地中瀬　4-140
島頭島　4-140, 4-142
島頭島　4-140, 4-142, 5-235
下アシカ島　4-141, 5-235
下皆島　4-140
下上ケ瀬　4-140
下枯木島　4-140, 5-235, 5-313, 5-321
下小髙島　4-140
障子島　4-140
白瀬　4-140, 4-142
白水小島　4-140
セコシマ　4-141, 4-142
大次郎島　4-140, 4-142
鯛子瀬　4-141
タカクリ島　4-142
高島　4-140, 5-313, 5-321
髙島　4-141, 5-235, 5-321
髙島　4-140
度島　4-142, 5-235, 5-313, 5-321
竹島〔竹シマ〕　4-140, 5-235
竹子島　4-141, 5-235
タケノ小島〔タケノコジマ〕　4-141, 4-142, 5-235
タコ頭瀬　4-140
田子島〔タコシマ〕　4-140, 4-142, 5-235
立瀬〔立セ〕　4-142, 5-235
立場島　4-141, 4-142, 5-235, 5-313, 5-321
田原島〔田原シマ〕　4-140, 4-142, 5-235
千鳥島　4-140
千鳥瀬　4-141
千鳥瀬　4-140
忠六小島　4-140
忠六島　4-140, 5-235
九十九島（従甲崎至日野浦總曰）　5-321
ツフラ岩　4-141, 4-142
ツラレ島〔ツラレシマ〕　4-140, 4-142, 5-235
トウノ小島　4-140
トコイ島　4-140
トコイ瀬　4-140
トマリ島　5-235
トヤク島　4-141, 5-321
長江岩〔長岩〕　4-141, 4-142, 5-235
中江野島　4-140, 4-142, 5-235
中高瀬　4-140, 4-142
中之島　4-141, 5-235, 5-321
西柱岩　4-140
ノウ黒島　4-140
野島　4-140, 4-142, 5-235, 5-313, 5-321
野島〔野シマ〕　4-140, 5-235
ノンテ島　4-140
早福瀬　4-141
ハクチ瀬　4-140
ハケ島　4-140, 4-142
裸瀬〔裸セ〕　4-140, 4-142, 5-235
裸瀬　4-140, 4-142
ハナレ小島　4-140, 4-142
羽島　4-142
母島　4-140
半蔵島〔半藏シマ〕　4-140, 5-235
ヒクニセ　4-140
ヒトニ島　4-140
平小島〔平小シマ〕　4-140, 4-142, 5-235
平瀬〔平セ〕　4-140, 4-142, 5-235
平瀬〔平セ〕　4-140, 5-235
平瀬　4-140
平戸島　4-140, 4-142, 5-235, 5-313, 5-321
廣瀬　4-140, 4-142
琵琶瀬　4-140
二神嶋（大島属）　4-140, 5-235, 5-313, 5-321
舟隂岩　4-140
フナトウ島　4-140
舟頭島　4-140
坊主岩島　4-140, 4-142
前島〔前シマ〕　4-140, 5-235
前島〔前シマ〕　4-140, 5-235, 5-313, 5-321
牧島〔牧シマ〕　4-140, 5-235, 5-313, 5-321
真立島　4-141, 4-142, 5-235
松瀬　4-140, 4-142
マルコシマ　4-141, 4-142
丸子島　4-140
丸シマ　5-235
三島　4-141, 5-235

ミスコ島　4-140
麥島　4-140, 5-235, 5-313, 5-321
六ツ瀬　4-140
目ノ瀬　4-140, 4-142
メハル島　4-140
弥太郎島　4-140
ユルキ瀬　4-141, 4-142
横島　4-140, 4-142, 5-235, 5-313
横島　4-142, 5-313, 5-321
横島　5-235
横島〔横シマ〕　4-140, 5-235
与五シマ　5-235
横瀬ケ島　4-140
ヨシマ　5-235
若宮嶋　4-140, 4-142, 5-235

第205号
崎戸

【郡名】

彼杵郡　4-143, 4-144, 4-145

【岬・海岸】

足上ケ鼻　4-145
龍崎　4-145
立岩崎　4-144

【島】

妹瀬　4-143
色瀬　4-143, 4-144
魚瀬　4-145
江ノ島　4-144, 5-321
恵美須島　4-144
大立島　4-143, 4-144, 5-321
大蓑島〔蓑島〕　5-321
金頭瀬　4-144
カニ瀬　4-143
鎌嵜　4-145
燗鍋島　4-145
黒島　4-144
黒島　4-145
小島　4-145
小瀬　4-145
小立嶋　4-143, 4-144
崎戸島⛵　4-143, 5-321
崎瀬　4-145
岳小嶋　4-144
名乗瀬　4-145
西小島　4-144
箱崎　4-145
番岳　4-144
平島☆⛵　4-145, 5-321
相〔舩〕瀬　4-144
丸瀬　4-144
御床島　4-143, 5-321
南瀬　4-144
與吾島　4-144

第206号
小値賀

【地名】

相河村　4-148, 4-149, 5-242, 5-321
青方村　4-148, 4-149, 5-242, 5-321
荒川村　4-149, 5-242, 5-243
有川村☆⛵　4-148, 4-149, 5-242, 5-321
有川村枝赤尾村　4-148, 4-149
有川村枝江之濱村　4-148, 4-149
有川村枝小川原村　4-148, 4-149
有川村枝奥ノ浦村　4-149
有川村枝七目村　4-148, 4-149
有川村友栖村☆〔友栖〕　4-148, 4-149, 5-242, 5-321
飯野瀬戸村　4-150, 5-242, 5-243
今里村　4-148, 4-149, 5-242, 5-243, 5-321
岩瀬浦村　4-149, 5-242
岩瀬浦村枝太田村　4-149
岩瀬浦村枝神浦村　4-149
岩瀬浦村枝太之浦村⛵〔岩瀬浦〕　4-149, 5-242, 5-321
岩瀬村枝奈良尾村　4-149
浦之内村石司浦〔浦之内村〕　4-150, 5-242, 5-243
浦之内村滝川原　4-150
浦之内村土之浦　4-150
浦村　4-148, 4-149, 5-242
浦村枝桒村　4-148, 4-149
榎津村　4-148, 4-149, 5-242, 5-321
榎津村枝丸尾　4-148, 4-149
大串村　4-150, 5-242, 5-243
小値賀浦枝斑島浦〔小値賀浦〕　4-146, 5-242
小値賀村枝前方村　4-146
小値賀村枝柳村　4-146
小値賀村大浦〔大浦〕　4-146, 5-321
小値賀村笛吹〔小値賀村〕　4-146, 5-242
小値賀村笛吹浦☆　4-146
小濱村　4-146, 5-242
小濱村芋畑　4-146
小濱村蒲浦　4-146
小濱村下山　4-146
小濱村福浦　4-146
神嶋村　4-146
神浦村☆⛵　4-146, 5-242, 5-321
小串村　4-148, 5-242, 5-321
木場村大久保　4-146
宿野浦村〔宿ノ浦村〕　4-149, 5-242, 5-243
白濱　4-150
平村　4-146, 5-242, 5-321
平村枝飯良村　4-146
平村枝大田江村　4-146
平村枝木場村　4-146
立串村　4-148, 5-242, 5-321
立串村小瀬良　4-148
津和崎村　4-146, 4-148, 5-242, 5-321
夏井村(古名相之浦)⛵　4-150, 5-242, 5-243
奈摩村（五島領）　4-148, 4-149, 5-242, 5-243
奈摩村枝網揚村　4-148, 4-149
奈摩村枝曽根村〔奈摩〕　4-148, 5-321
奈留村⛵　4-150, 5-242, 5-243
似首村　4-148, 4-149, 5-242, 5-321
野首　4-146
濱野浦　4-148, 4-149, 5-242, 5-243
久賀村深浦〔久賀村〕　4-150, 5-242, 5-243
日之島村枝貝木浦　4-150
日之島村枝榊浦　4-150
日之島村枝間伏浦　4-150
舩崎村　4-148, 4-149, 5-242, 5-243
舩廻村　4-150, 5-242, 5-243
前方村唐見嵜　4-146
三ケ浦村　4-148, 4-149, 5-242
道土肥村　4-149, 5-242, 5-243
柳村濱津　4-146
若松村　4-149, 5-242, 5-243
若松村枝神ノ浦（古名土井浦）　4-149, 4-150
蕨村　4-150, 5-242, 5-243

【山・峠】

アタゴ山　4-146, 4-149
有川山　4-148, 4-149
飯盛山　4-150
大久保山　4-146
大鹿山　4-150
大星山　4-149
小倉山　4-149
木垂山　4-149
山王山　4-149, 5-242, 5-243, 5-321
番嶽〔番岳〕　4-146, 5-242
番岳　4-146
本城山　4-146
女岳　4-149, 5-242

【岬・海岸】

相サキ　5-242
赤嵜　4-150
赤嵜　4-149
アクシリ鼻　4-148
網代嵜　4-149
アホ崎　4-146
アマコロ岬〔アマコロサキ〕　4-148, 5-242
食〔飯〕良嵜　4-146
錠鼻〔碇ハナ〕　4-148, 5-242
鵜崎〔鶴サキ〕　4-150, 5-242, 5-243
大崎〔大サキ〕　4-148, 4-149, 5-242, 5-243
大長崎〔大長サキ〕　4-146, 5-242
大一ツ瀬嵜　4-146, 4-148
大串崎　4-149
大鹿崎　4-149
ヲヒヤ鼻　4-146
折紙鼻〔折紙崎〕　4-150, 5-242, 5-243
カホセ鼻　4-146
篝火崎　4-150
竃崎〔竃サキ〕　4-149, 5-242
笠瀬〔鼻〕　4-150
笠鼻　4-150
カツノ鼻　4-146
カマサキ　5-242
釜田崎　4-146
神崎〔神サキ〕　4-150, 5-242, 5-243
観音崎〔観音サキ〕　4-150, 5-242, 5-243
藏嵜　4-146
黒岩嵜〔黒岩サキ〕　4-150, 5-242, 5-243
黒サキ〔黒サキ〕　4-146, 5-242
黒サキ　5-242
黒崎〔クロサキ〕　4-149, 4-150, 4-151, 5-242, 5-243
黒瀬崎〔黒セサキ〕　4-150, 5-242, 5-243
小嵜　4-148, 4-149
小長崎　4-146
鷺瀬鼻　4-149
サシハラ鼻　4-146
潮合崎〔潮合サキ〕　4-148, 4-149, 5-242
宿輪崎〔宿輪サキ〕　4-150, 5-242, 5-243
白崎　4-149
スケ崎〔ヤケサキ〕　4-150, 5-242, 5-243
スンキリ鼻　4-149
瀬嵜　4-146, 4-148
銭亀崎　4-148, 4-149
外小コモリ鼻　4-149
曽根崎〔曽根サキ〕　4-148, 5-242
高クホ嵜　4-150
高嵜〔高サキ〕　4-150, 5-242, 5-243
高セハナ　5-242
立神崎　4-146
立串崎　4-148, 5-242
玉石嵜　4-146
ツノラ崎〔ツブラサキ〕　4-146, 5-242
塔崎　4-149
トヤ崎　4-146
戸樂崎〔戸楽サキ〕　4-146, 4-148, 5-242
中串崎　4-148, 4-149
長サキ　5-242, 5-243
長嵜　4-146
奈木崎　4-150
ヌカツカ嵜　4-146
野縊崎　4-148, 4-149, 5-242
能瀬崎　4-150
濱嵜　4-146
干切鼻〔千切ハナ〕　4-149, 5-242
雎鳩崎〔雎鳩サキ〕　4-150, 5-242, 5-243
雎鳩崎〔雎鳩サキ〕　5-242
ヒシヤコハナ　5-242
平串崎〔平串サキ〕　4-148, 4-149, 5-242
平瀬鼻〔平セハナ〕　4-146, 4-148, 5-242
平瀬鼻〔平セハナ〕　4-148, 4-149, 5-242
福崎　4-150
福崎〔福サキ〕　4-149, 4-150, 5-242, 5-243
福見嵜〔福見サキ〕　4-149, 5-242
藤首ハナ　5-242
舩見鼻　4-146
帆上嵜〔帆上サキ〕　4-149, 5-242
佛崎　4-148, 4-149
牧サキ　4-146
松隠ハナ　5-242
松ケ鼻
松嵜　4-149
松崎　4-146
松崎　4-148, 4-149
丸セハナ　5-242
丸瀬鼻〔丸セハナ〕　4-150, 5-242, 5-243
御神楽嵜　4-146
三笠嶋〔崎〕　4-146
森崎　4-146, 4-148
ヤカタメ嵜〔ヤカタメサキ〕　4-148, 5-242
百合崎　4-150
和布崎　4-146

【島】

相島　5-242
相瀬〔相セ〕　4-146, 5-242
相之島〔相之島、相島〕　4-150, 5-242, 5-243, 5-321
赤島　4-147, 5-242, 5-321
アケ丸島〔アケ丸シマ〕　4-149, 5-242, 5-243
荒島　4-149
有川村頭島　4-148, 4-149, 5-242, 5-321
錠瀬〔碇セ〕　4-148, 5-242
ウヘ島　4-146, 4-148, 5-242, 5-321
上中シマ　5-242, 5-243
宇久島　4-146, 5-242, 5-321
ウケヤ島〔ウケヤシマ〕　5-242
ウセ
ウセ〔ウセ〕　4-149, 5-242
鵜ノ小島　4-150
烏帽子セ　4-150, 5-242, 5-243
大古志岐セ　4-146
大島　4-146, 4-148, 5-242, 5-321
沖小島　4-148, 4-149
沖小シマ　4-150
沖ノ瀬　4-150
男セ　4-149
小値賀島　4-146, 5-242, 5-321
大鹿島　4-149
乙子シマ〔乙子シマ〕　4-146, 5-242
重石　4-149
折島　4-148, 4-149, 5-242, 5-243, 5-321
貝瀬　4-146, 4-148
鏡島　4-148, 4-149
柏島　4-148, 4-149, 5-242, 5-243, 5-321
葛島　4-150, 5-242, 5-243, 5-321

カツラ島〔桂島〕 4-149, 5-242, 5-243
カナワセ〔カナワセ〕 4-150, 5-242, 5-243
壁ヶ瀬〔壁ヶセ〕 4-148, 5-242
釜フタセ 4-149
上神島〔上神シマ〕 4-148, 4-149, 5-242
上ケシヨク島 4-149
カミセ 5-242
上下〔中〕島 4-149
神山島 4-149
鴨セ〔鴨セ〕 4-146, 5-242
関カケセ 4-149
上子シマ〔上子シマ〕 4-149, 5-242, 5-321
燗ナヘシマ 5-242
北小シマ 4-146
キリ小シマ 4-149
串嶋 4-150, 5-242, 5-243, 5-321
藏島 4-147, 5-242, 5-321
藏小シマ〔藏小シマ〕 4-149, 5-242, 5-243
黒島 4-146, 4-148, 5-242
黒瀬〔クロセ〕 4-148, 4-149, 5-242
黒瀬〔黒サキ〕 4-150, 5-242
黒ハエ〔クロハエ〕 4-146, 5-242
黒母瀬〔黒藻瀬〕 4-146, 5-242
ケフタ瀬〔ケフタセ〕 4-146, 5-242
ケフタ瀬〔毛フタセ〕 4-150, 5-242, 5-243
ケンキヨ鼻〔ケンギヤウハナ〕 4-150, 5-242, 5-243
源五郎島〔源五郎シマ〕 4-148, 4-149, 5-242
コウフツ小島 4-149
小黒島〔子黒シマ〕 5-242
小黒シマ 4-146, 4-148
小古志岐セ 4-146
古志岐島 5-242
小シマ 5-242
小シマ 5-242
小島 4-146, 4-148
小島〔小シマ〕 4-148, 5-242
小島 4-150
小セ〔小セ〕 4-148, 4-149, 5-242
小瀬戸岩 4-149, 4-150, 4-151
昆布瀬 4-150
コロシマ〔コロシマ〕 4-146, 5-242
コンテイ島 4-149
サキノセ 5-242
里セ 4-150
鹿セ 4-149
地小シマ 4-150
地ノ裸瀬 4-150
下神島〔下神シマ〕 4-148, 4-149, 5-242
下〔ケシヨク島〕 4-149
下中島〔下中シマ〕 4-149, 5-242, 5-243
下六島 4-146, 4-148, 5-242, 5-321
祝言島 4-148, 4-149, 4-150, 4-151, 5-242, 5-243, 5-321
白瀬〔白セ〕 4-148, 4-149, 5-242
セ尻セ 4-150
外コモリ 4-149
祖父君セ 4-148, 4-149
高瀬〔高セ〕 4-149, 5-242
竹子嶋〔竹子シマ〕 4-148, 4-149, 5-242
立瀬〔立セ〕 4-149, 5-242
田之子島〔田之子シマ、田ノ子島〕 4-150, 5-242, 5-243, 5-321
タノムセ〔タノムセ〕 4-148, 4-149, 5-242, 5-243
丹瀬〔丹セ〕 4-146, 4-148, 5-242
對馬瀬〔ツシマセ〕 4-146, 5-242
ツホケ島〔ツホケセ〕 4-148, 5-242
手羅島⛵〔テラ島〕 4-146, 5-242, 5-321
天神島 4-150
鳥ノ子島 4-149
中古志岐セ 4-146
中小シマ 4-148, 4-149
中セ〔中セ〕 4-148, 4-149, 5-242
中セ 5-242, 5-243
長瀬〔長セ〕 4-148, 4-149, 5-242
中通嶋 4-149, 5-242, 5-321
七ツ山小島 4-149
名ノリセ 5-242
奈留島⛵ 4-150, 5-242, 5-243, 5-321
錦島〔錦シマ〕 4-148, 4-149, 4-150, 4-151, 5-242, 5-243
荷島 4-149
野安中島〔野安中シマ、沖安中島〕 4-148, 4-149, 5-242, 5-321
納島 4-146, 5-242, 5-321
ノウ瀬〔ノウセ〕 4-150, 5-242, 5-243
野首﨑 4-150
野首セ 4-149
鋸﨑〔鋸サキ〕 4-150, 5-242, 5-243
野﨑島 4-146, 5-242, 5-321
ノリ瀬〔ノロセ〕 4-146, 5-242
裸島 4-149
裸島 4-146
裸島 4-146, 4-148
裸島 5-242, 5-243
畑島 4-149, 5-242, 5-321
離小島 5-242, 5-243
針ノ目 4-149, 4-150, 4-151
東小島〔東小シマ〕 4-146, 5-242
干切小シマ 4-149
ヒツロセ 4-150
一ツセ 4-148, 4-149
一ツ瀬 4-150
日之島属有福島 4-150, 5-242, 5-243, 5-321
日之島漁生島 4-150
百貫島 4-149
百貫瀬〔百貫セ〕 4-148, 4-149, 5-242, 5-243
平島 4-147, 5-242, 5-321
平島 5-242
平セ〔平セ〕 4-148, 4-149, 4-150, 4-151, 5-242, 5-243
平瀬〔平セ〕 4-149, 5-242
ヒリヤウ島 4-147, 5-242
蛭セ〔蛭セ〕 4-149, 5-242
廣瀬〔廣セ〕 4-146, 5-242
深瀬 4-146
二ツセ〔二ツセ〕 4-146, 5-242
ヘホ島〔ヘホシマ〕 4-150, 5-242, 5-243, 5-321
弁天小島〔弁天小シマ〕 4-150, 5-242, 5-243
弁天島〔弁天シマ〕 5-242, 5-243
帆アケ瀬 4-147, 5-321
ホケ島〔ホケシマ〕 4-147, 5-242
本久シマ 4-149
前〔小〕シマ 4-148, 4-149
前小嶋〔前島〕 4-146, 5-242, 5-321
斑島 4-146, 5-242, 5-321
マゝコセ 4-148, 4-149, 5-242
ミサコセ 4-150
ミサマセ 4-148
見附嶌〔見附シマ〕 4-149, 5-242
三ツセ 4-149
三ツセ〔三ツセ〕 4-146, 4-148, 5-242
六島 4-146, 5-242, 5-321
女セ 4-149
女瀬〔女セ〕 4-148, 4-149, 5-242, 5-243
ヤク丸島〔ヤク丸シマ〕 4-149, 5-242, 5-243
矢ノ小島〔矢ノ小シマ〕 4-150, 5-242, 5-243
藪路木島 4-146, 4-148, 5-242, 5-321
山安中島〔山安中シマ〕 4-148, 4-149, 5-242, 5-321
竜宮島〔竜宮シマ〕 4-150, 5-242, 5-243
轆轤島 4-148, 4-149, 5-242, 5-321
若松島 4-149, 4-150, 5-242, 5-243, 5-321
若松村日之島 4-150, 5-242, 5-243, 5-321
蕨小島〔蕨島〕 4-150, 5-242, 5-243, 5-321

第207号 福江

【地名】

荒川村小川村 4-155
荒川村丹奈村〔丹奈村〕 4-151, 4-155, 5-243
荒川村中須村 4-151, 4-155
牛浦村 4-151, 5-243
太田村 4-155, 5-243, 5-321
大濱村☆ 4-153, 4-154, 5-243, 5-321
大濱村枝増田村 4-153, 4-154
奥浦村 4-153, 5-243, 5-321
奥浦村樫之浦 4-153
奥浦村戸岐浦⛵〔土岐浦〕 4-153, 5-243
貝津村 4-151, 5-243, 5-321
柏村 4-151, 5-243, 5-321
川原村 4-151, 5-243, 5-321
川原村大川原村 4-151
川原村淵元 4-151
岐宿村⛵ 4-151, 4-153, 5-243, 5-321
岐宿村枝楠原村 4-151, 4-153
岐宿村枝川霧村 4-153
岐宿村姫島〔姫島〕 4-151, 5-243, 5-321
北椛島村☆ 4-152, 5-243
琴石村 4-155, 5-243, 5-321
籠淵〔淵〕村〔篭淵村、篭淵〕 4-153, 5-243, 5-321
﨑山村 4-153, 4-154, 5-243, 5-321
﨑山村枝長手村 4-153, 4-154
白石村⛵ 4-151, 5-243
田尾村 4-151, 4-153, 5-243, 5-321
田尾村枝平村 4-151, 4-153
玉之浦⛵ 4-151, 4-155, 5-243, 5-321
玉之浦荒川村☆〔荒川〕 4-151, 4-155, 5-243, 5-321
玉之浦井持浦 4-155
玉之浦枝大寶村☆〔玉之浦枝大宝村、大寶〕 4-155, 5-243, 5-321
寺山村木場 4-153
唐船浦村 5-243, 5-321
唐船浦村戸岐首村 4-153
泊村 5-242, 5-243
冨江町☆⛵ 4-154, 5-243, 5-321
冨江村 4-155, 5-243
冨江村枝黒瀬村〔黒瀬〕 4-155, 5-243, 5-321
冨江村枝岳村 4-154
冨江村枝松尾村 4-155
冨江村枝山下村 4-155
冨江村枝山手村 4-155
冨江村田野江村 4-151, 4-153
濱畔村 4-151, 5-243, 5-321
濱畔村枝破砂間村 4-151
濱畔村枝濱坂村 4-151
濱畔村枝淵之元村 4-151
久賀村⛵ 4-153, 5-242, 5-243
久賀村市小木 4-153
久賀村大平木 4-153
久賀村田ノ浦☆⛵〔田之浦〕 4-153, 5-243
深浦☆ 4-151, 4-155
福江☆〔福江村〕 4-153, 5-243, 5-321
福江村枝大津村 4-153, 4-154
福江村寺山村 4-153
福江村二番町 4-153
福江村三尾野村 4-153
丸子村 4-155, 5-243, 5-321
三井樂（惣名） 4-151, 5-243, 5-321
南椛島村枝伊福貴村〔南椛島村〕 4-152, 5-243
六方村 4-153, 5-243, 5-321
六方村平藏 4-153
本山村 4-153, 4-154, 5-243, 5-321
本山村枝高田村 4-153, 4-154
本山村枝鷹巣村 4-153, 4-154
本山村枝堤村 4-153, 4-154
本山村枝野中村 4-153, 4-154
本山村枝野々切村 4-153, 4-154
弥兵エ浦 5-243
山内村 4-151, 5-243, 5-321
山内村枝坂上村 4-151
山内村枝寺脇村 4-151
山内村枝二本楠村 4-151, 4-155
山内山〔村〕中嶽村 4-151

【山・峠】

飯盛山 4-151
石間淵山 4-151
大岳 4-155
大塔山 4-153, 4-154
奥浦山 4-153
小田尾山 4-153
鬼岳 4-153, 4-154, 5-243
桐木山 4-151, 5-243
笹山 4-153
白岳 4-151, 4-153
大通寺山 4-153, 5-243
高佛宮山 4-151
竹平山 4-151, 4-155, 5-243
只狩山 4-154
徳上山 4-153, 5-242, 5-243
七ツ岳 4-151
七岳峠 4-151
番岳 4-152
平野山 4-153
笛吹山 4-151
福ノ岳〔福岳〕 4-153, 4-154, 5-243
松尾山 4-153
丸尾山 4-151
山内山 4-151
吉見山 4-153

脇山　4-151, 5-243

【河川・湖沼】

浦川　4-151, 4-153
一ノ川　4-153
鰐川　4-151, 4-153
九ノ川　4-151, 4-155
五ノ川　4-151, 4-153, 4-154
三ノ川　4-151, 4-153, 4-154
志多野尾川　5-243
七ノ川　4-151, 4-153, 4-155
四ノ川　4-151, 4-153, 4-154
十二川　5-243
二ノ川　4-153
八ノ川　4-151, 4-153, 4-155
六ノ川　4-151, 4-153, 4-155

【岬・海岸】

赤碆﨑　4-153
イクロ鼻　4-155
池ノ下鼻　4-152
イコサキ　5-243
糸串﨑〔糸串サキ〕　4-153, 5-242, 5-243
イルカ嵜　4-152, 5-242, 5-243
鵜サキ　5-243
鵜瀬﨑　4-153
夷﨑　4-151, 4-155
大サキ　5-243
大瀬嵜〔大セサキ〕　4-155, 5-243, 5-321
小田﨑〔小田サキ〕　4-153, 5-243
小長サキ　5-243
笠山﨑〔笠山サキ〕　4-154, 5-243, 5-321
柏嵜〔柏サキ〕　4-151, 5-243
葛﨑　4-155
金平〔手〕鼻　4-155
蟹セハナ　5-243
釜益﨑　4-152
観音﨑〔観音サキ〕　4-151, 5-243
経ケサキ　5-243
桐嵜　4-151, 4-155
黒﨑〔黒サキ〕　4-153, 5-243
黒嵜〔黒サキ〕　4-153, 5-243
棹﨑〔棹サキ〕　4-152, 5-242
﨑保嵜〔﨑保サキ〕　4-153, 5-243
﨑山嵜　4-153, 4-154
銭亀﨑〔銭亀サキ〕　4-151, 4-155, 5-243
膳棚瀬〔膳タナサキ〕　4-151, 4-155, 5-243
高﨑　4-151
鷹ノ巣〔鷹巣ハナ〕　5 243
多附嵜〔多附サキ〕　4-153, 5-242, 5-243
力﨑〔力サキ〕　4-155, 5-243
葛篭サキ　5-243
天神﨑　4-153
塔越嵜　4-153
戸樂﨑〔戸楽サキ〕　4-153, 5-243
長﨑〔長サキ〕　4-151, 5-243
鳴神嵜　4-152
根瀬嵜　4-154, 5-243
八﨑〔八サキ〕　5-243
早嵜〔早サキ〕　4-153, 5-243
千切鼻　4-153
福見嵜〔福見サキ〕　4-153, 5-243
佛嵜〔佛サキ〕　4-152, 5-243
宮﨑　4-154
明神嵜　4-153, 5-243
六御サキ　5-243
モンノ鼻　4-151, 4-155
山浦崎〔山浦サキ〕　4-151, 4-155, 5-243
和布嵜〔和布サキ〕　4-153, 5-243

【島】

赤小シマ　4-153
赤碆〔赤ハエ〕　4-153, 5-243
池ノ小島　4-152
ウセ〔リ〕　4-153
エイノ小島　4-152
大板部島〔板部島〕　4-154, 5-243, 5-321
大小島〔大小シマ〕　4-153, 5-243
大小島（椎木島）　4-152, 5-243, 5-321
大白瀬　4-153, 4-154
大濱村黄島〔黄島〕　4-154, 5-243, 5-321
大毛通セ　4-153, 4-154, 5-243
沖瀬　4-152
沖焚小島〔焚小シマ〕　4-151, 5-243
押通小島　4-152
椛島　4-152, 5-243, 5-321
鴨瀬　4-153, 5-242, 5-243
観音小島〔観音小シマ〕　4-153, 5-243, 5-321
切瀬〔切セ〕　4-153, 4-154, 5-243
草嶋　4-152
鯨瀬〔クジラセ〕　4-155, 5-243
倉コ島〔島小島〕　4-155, 5-243
黒小島　4-151
黒島　4-154, 5-243, 5-321
黒瀬　4-151, 4-155
クロセ　5-243
小板部島　4-154
小島〔小シマ〕　4-153, 5 243
小島〔小シマ〕　4-153, 5-243
小島　4-151, 4-155, 5-243, 5-321
小シマ　4-153
小白瀬〔白セ〕　4-153, 4-154, 5-243
権現島　4-151, 4-155
嵯峨島　4-151, 5-243, 5-321
先末津島　4-152, 5-243
﨑山村赤島〔赤島〕　4-154, 5-243, 5-321
榮螺島　4-153, 5-243, 5-321
地焚小島　4-151, 4-153
島原瀬〔島原セ〕　4-153, 4-154, 5-243
舅島　4-152, 5-242, 5-243
瀬ノ頭　4-153, 4-154
竹子シマ　5-243
竹子島　4-154
竹ノ子島　4-153
多々羅島〔タ□ラ島、多々良島〕　4-153, 5-243, 5-321
立セ　5-243
立瀬　4-151, 4-155
立神瀬〔立神セ〕　4-155, 5-243
立瀬〔立セ〕　4-154, 5-243
舘瀬〔舘セ〕　4-153, 4-154, 5-243
玉之浦嶋山島　4-151, 4-155, 5-321
太郎島　4-154, 5-243, 5-321
タハミセ　4-151, 4-155
津多良島　4-155, 5-243, 5-321
津婦羅島〔ツブラ島、ツフラ島〕　4-152, 5-243, 5-321
釣セ　4-152
寺小島　4-151
トノモセ　4-154
トイ岩　4-154
鳶小島　4-153
飛小島　4-153
飛小島〔トヒ小シマ〕　4-153, 5-243
苫瀬〔苫セ〕　4-155, 5-243
島〔鳥〕小島　4-153
中ヲコ瀬　4-152
中小島　4-152, 5-243, 5-321
長嵜瀬〔長﨑セ〕　4-154, 5-243
長瀬〔長セ〕　4-152, 5-242
中ノ瀬　4-152
二合半島　4-151, 4-155
布瀬〔布セ〕　4-155, 5-243
鼻クリ礒　4-153
久賀島　4-153, 5-242, 5-243, 5-321
雎鳩瀬　4-154
平瀬　4-152
平瀬〔平セ〕　4-153, 4-154, 5-243
平瀬　4-151, 4-155
美良﨑〔嶋〕　4-155
ヒロフ島〔ヒロウシマ〕　4-154, 5-243
福江島　4-153, 5-321
二子島　4-152, 5-243, 5-321
二子瀬〔二子セ〕　4-155, 5-243
辨天小シマ　4-153
辨天島　4-152
辨天島〔弁天シマ〕　4-155, 5-243
庖丁島　4-153, 5-243
本能瀬〔本能セ〕　4-153, 5-243
前小島　4-152, 5-242, 5-243, 5-321
前小島　4-153
ミウシマ　5-243
三ツセ　4-152
宮小ジマ　4-151, 4-153
元小島　4-154
本末津島　4-152, 5-243
屋根尾島　4-153, 5-243, 5-321
山見瀬〔山見セ〕　4-155, 5-243
和島　4-153, 4-154, 5-243, 5-321

第208号 阿久根

【国名】

大隅國　4-156, 5-316
薩摩国　4-157
薩摩國　4-157, 5-252, 5-315, 5-317
肥後國　4-156
日向國　4-156, 5-316

【郡名】

姶羅郡　4-158, 5-316
葦北郡　4-157, 5-315
伊佐郡　4-157, 5-250, 5-315
出水郡　4-159, 4-161, 5-251, 5-252, 5-315
求麻郡　4-156
桑原郡　4-156, 4-158, 5-316
薩摩郡　4-159, 5-252, 5-261, 5-315, 5-317
高城郡　4-159, 5-252, 5-315, 5-317
菱刈郡　4-156, 4-157, 4-158, 5-247, 5-315
諸縣郡　4-156, 4-158, 5-316

【地名】

阿久根村赤瀬川　4-161
阿久根村浦町☆⛵〔浦町〕　4-161, 5-251, 5-252, 5-315
阿久根村大川　4-159, 4-161
阿久根村折口　4-161
阿久根村西目〔西方〕　4-159, 4-161, 5-315, 5-317
阿久根村波留　4-159, 4-161, 5-315
有川村枝石原村○〔有川村石原、有川〕　4-158, 5-247, 5-261, 5-315, 5-316
有川村十文字　4-158
一山村　4-157, 5-250
浦町○☆　4-160
江内 尾野島　4-161
榎田村　4-156, 5-250
榎田村　4-157, 5-250, 5-314
網津村　4-159, 5-315, 5-317
網津村京泊浦☆〔網津村京泊、京泊〕　4-159, 5-252, 5-315, 5-317
大内田村　4-157, 5-250, 5-315
大小路村　4-159
大小路村浦町○〔浦町〕　4-159, 5-252, 5-261, 5-315, 5-317
岡村〔松〕村　4-156
大田〔畑〕村上屋敷　4-156
亀沢村　4-156, 5-250, 5-314
亀沢村池島　4-156
亀沢村山﨑　4-156
カラクマ村　4-161
川北村　4-156
北榎原村　4-157, 5-250
北名村　4-156, 4-158, 5-247
草道村　4-159
久見﨑村　4-159, 5-252, 5-261, 5-315, 5-317
栗野村　4-156, 4-158
栗野村會田　4-156, 4-158, 5-247
栗野村坂元〔サカモト〕　4-156, 4-158, 5-247
高田村　4-158, 5-247, 5-315, 5-316
小木原村　4-157, 5-250, 5-315
小羽村○　4-156, 4-158, 5-247, 5-316
鯖淵村　4-160, 5-250
鯖淵村米之津〔米之津〕　4-160, 5-250, 5-315
鯖淵村下鯖淵　4-160
鯖淵村六月田　4-160
重留村　4-157, 5-250, 5-315
重留村馬場　4-157
嶋中村〔島中〕　4-156, 5-250, 5-314
嶋中村別府　4-156
下之村〔下之〕　4-158, 5-247, 5-315, 5-316
下之村　4-159, 5-252, 5-315, 5-317
下之村野町　4-159
下之村姪床　4-158
大儀寺村　4-157, 5-250, 5-315
高尾野村　4-160, 5-251
高尾野村下水流　4-160
高尾野村野町○〔高尾野〕　4-160, 5-251, 5-315
竹子村　4-158, 5-247, 5-315, 5-316
武本村　4-160, 5-250, 5-315
武本村野町　4-160
知識村　4-160, 5-251, 5-315
知識村江内　4-161
知識村名護浦　4-160
知識村西目 黒☆〔知識村西目〕　4-161, 5-251
知識村西目 小瀧　4-161
知識村西目 八郷　4-161
知識村福之江濱　4-160
知識村脇本村☆〔脇本〕　4-161, 5-251, 5-315
鶴丸村　4-156, 5-250, 5-314
中津川村　4-156, 4-158, 5-250
中之村〔中之〕　4-158, 5-315, 5-316
中之村深川〔中之村〕　4-158, 5-247
中之村横川○☆　4-158, 5-247
中福良村（加久藤驛）○　4-156, 5-250, 5-314
中福良村枝久加藤村○

4-156, 5-250
長山村　4-156, 5-250, 5-314
新田郡〔新田村〕　4-159, 5-252, 5-261
西目 佐潟〔西目〕　4-159, 4-161, 5-315
野田村　4-161, 5-315
野田村野町○　4-161, 5-251
野田村別府　4-161
灰塚村　4-156, 5-250, 5-314
灰塚村横頭　4-156
花北村　4-157, 5-250, 5-315
羽根田村　4-157, 5-250, 5-315
般若寺村　4-156
前田〔目〕村　4-157, 4-158, 5-250, 5-315
南浦村　4-156, 4-158, 5-247, 5-315
南浦村永池　4-156, 4-158
南榎原村（大口駅）○☆　4-157, 5-250, 5-315
三縄村　4-158, 5-247, 5-315, 5-316
三縄村胡桃川　4-158
向名村　4-156, 5-250, 5-314
麥之浦村　4-159, 5-252
麥之浦村浦町○　4-159, 5-252, 5-315, 5-317
麥之浦村枝西方村　5-252
麥之浦村湯田　4-159
目丸村　4-157, 5-250, 5-315
目丸村大口　4-157
目丸村小河内〔小河内〕　4-157, 5-250, 5-315
柳津村　4-156
山添村　4-156, 4-158
山野村　4-157, 5-250, 5-315
山野村尾上　4-157
湯尾村○　4-156, 4-158, 5-250, 5-315
湯尾村舩津田　4-157, 4-158
湯尾村豆田　4-157, 4-158
寄田村　4-159, 5-252, 5-261, 5-315, 5-317
吉村〔松〕村　4-156, 4-158, 5-247, 5-250
吉松村池島　4-156, 4-158
吉松村二反田　4-156, 4-158
渡田村原〔渡田村、渡田〕　4-157, 5-250, 5-315

【社寺】
新田八幡宮〔八幡社〕　4-159, 5-252, 5-261, 5-315, 5-317
般若寺　5-250

【山・峠】
愛宕山　4-160, 5-250
荒嶺〔荒ノ峯〕　4-158, 5-247, 5-261
飯盛山　4-156, 4-158
鬼岳　5-250
垣次山　4-156, 4-158
笠山　4-161, 5-251, 5-315
熊峰峠　4-156, 4-158
界山　4-156
軸屋山　4-160, 5-250
紫尾山　4-160, 5-250, 5-252, 5-315
裾山　4-158, 5-247
大明司山　4-156
武本山　4-160
月屋山　5-252
常宮前山　4-160
鳥上岡　4-157
七ツ谷山〔七谷山〕　4-156, 4-158, 5-247, 5-250
西山　4-156, 4-158, 5-250
平佐山　4-159
丸山　4-159, 5-252
麥浦山　4-159
安良山〔安良岳〕　4-158, 5-247
矢筈山　4-160, 5-250, 5-315
寄田山　4-159, 5-252, 5-261

【河川・湖沼】
阿久根川　4-159, 4-161
大明日川　5-250
大川　4-157, 4-158
大川　5-252
胡桃川　5-247
小河内川　4-157
鯖淵川　4-160, 5-251
川内川　4-156, 4-158, 5-316
川内川　4-159, 5-252, 5-315, 5-317
隼人迫門　4-161, 5-251, 5-315

【岬・海岸】
大柄ハナ　5-252
佐潟崎　4-159, 4-161, 5-251, 5-252
瀬嵜　4-161, 5-251
平瀬鼻　4-159

【島】
鵜瀬　5-252, 5-261
大島　4-161, 5-251
沖小島〔沖小シマ〕　4-161, 5-251
桂島　5-251
黒瀬〔黒セ〕　4-159, 4-161, 5-251, 5-252
桒島　4-161, 5-251
地小島〔地小シマ〕　4-161, 5-251
タヽラ島〔タヽラシマ〕　4-161, 5-251
立花瀬〔立花セ〕　4-159, 5-252
飛礒〔飛イソ〕　4-159, 4-161, 5-251, 5-252
舩間島〔舟マシマ〕　4-159, 5-252
無名島　4-161
蕨島☆　4-161, 5-251, 5-315

第209号 鹿児島

【国名】
大隅國　4-163, 5-316
薩摩國　4-163

【郡名】
揖宿郡　4-167, 5-316
大隅郡　4-164, 4-166, 5-247, 5-261, 5-316
肝屬郡　4-164, 4-166, 5-316
給黎郡　4-165, 4-167
桒原郡　4-162, 5-247, 5-261, 5-316
囎唹郡　4-162, 4-164, 5-316
始羅郡　4-162, 4-163, 5-247, 5-261, 5-315, 5-316
鹿児嶋郡　4-163, 4-165, 5-316
谿山郡　4-165, 4-167, 5-252, 5-254, 5-261

【地名】
赤水村　4-165, 5-247, 5-261, 5-316
赤尾原村　4-165, 5-247, 5-261, 5-316
有川村　4-162, 5-315, 5-316
有川村瀬丸　4-162
有村　4-164, 5-247, 5-261, 5-316
犬迫村　4-163, 4-165, 5-317
犬迫村枝横井村　4-163, 4-165
岩本村　4-167, 5-249, 5-261, 5-316
岩本村高月〔日〕　4-167
牛根村　4-164, 5-247, 5-261, 5-316
牛根村中濵　4-164
牛根村邉田　4-164
宇宿村　4-165, 5-252, 5-261, 5-316
宇宿村脇田　4-165
内村河原〔内村〕　4-162, 5-314, 5-316
内村辻〔内村〕　4-162, 5-247, 5-261, 5-314, 5-316
内山田村　4-162, 5-247, 5-261
大姶良村　4-166, 5-249, 5-261, 5-316
大窪村　4-162, 5-247, 5-261, 5-314, 5-316
小野村　4-165, 5-317
小濱村　4-162, 5-247, 5-261, 5-315, 5-316
小濱村永濱　4-162
海潟村　4-164, 5-247, 5-261, 5-316
海潟村小濱　4-164
海潟村飛岡　4-164
鹿兒嶋（松平豊後守屋形）☆　4-165, 5-252, 5-261, 5-316
神之川村　4-166, 5-249, 5-261, 5-316
神之川村枝鳥濱村　4-166
神之川村皆倉　4-166
上之村　4-167, 5-249, 5-261, 5-316
上之村小田尻　4-165, 4-167
上之村宮坂〔宮坂〕　4-167, 5-249, 5-261, 5-316
木田村　4-163, 5-247, 5-261, 5-315, 5-316
木田村浦町　4-162
木田村洲先　4-163
柊原村　4-164, 5-247, 5-249, 5-261, 5-316
柊原村輕佐　4-164
里〔黒〕上村　4-164, 5-247, 5-261, 5-316
向面村〔河面村〕　4-164, 5-247, 5-261, 5-316
郡本村　4-165, 5-252, 5-261, 5-316
小濱村　4-166, 5-249, 5-261, 5-316
小牧村　4-167, 5-249, 5-261, 5-316
小牧村瀬嵜浦　4-167
小村☆　4-162, 5-247, 5-261, 5-316
小山田村　4-162, 5-247, 5-261, 5-315, 5-316
小山田村猪目　4-162
小山田村蹴上　4-162
御領村　4-167
西道村　4-165, 5-247, 5-261, 5-316
境村　4-164, 5-247, 5-261, 5-316
敷根村　4-162, 5-247, 5-261, 5-314, 5-316
敷根村脇本　4-162
重久村　4-162, 5-247, 5-261, 5-314, 5-316
重久村春山　4-162
下井村　4-162, 5-247, 5-261, 5-314, 5-316
下之村　4-167, 5-249, 5-261, 5-316
下之村鈴　4-167
下之村田貫　4-167
下之村生見　4-167
拾九町村〔十九町〕　4-167, 5-316
拾九町村尾掛　4-167
拾九町村田良浦　4-167, 5-249, 5-261
拾九町村宮ケ濱　4-167
白濱村　4-164, 5-247, 5-261, 5-316
新城村　4-164, 4-166, 5-249, 5-261
住吉村　5-247, 5-261, 5-316
住吉村新川尻　4-162
瀬戸　4-164
髙井田村　4-162, 5-247, 5-261, 5-315, 5-316
髙洲村　4-166, 5-249, 5-261, 5-316
髙洲村枝野里村　4-166
髙洲村白水　4-166
田上村　4-164, 5-247, 5-249, 5-261, 5-316
田上村濵平　4-164
嶽村　4-165, 5-247, 5-261
垂水村　4-164, 5-247, 5-261, 5-316
垂水村中俣　4-164
段土村浦町☆〔段土村、段土〕　4-162, 5-247, 5-261, 5-315, 5-316
段土村枝加治木村〔段土〕　4-162, 5-315
中之村　4-166
中之村鹿屋村〔中之村鹿屋村、鹿屋〕　4-166, 5-249, 5-261, 5-316
中村　4-165, 5-252, 5-261, 5-316
西田村水上坂〔西田村、西田〕　4-165, 5-252, 5-261, 5-316
野久美田村　4-162, 5-247, 5-261, 5-315, 5-316
野尻村　4-165, 5-247, 5-261, 5-316
畠中村　4-162, 5-247, 5-261, 5-315
畑中村　5-247, 5-261
畠中村西濵　4-162
濵市村　4-162, 5-247, 5-261, 5-316
濵田村　4-166, 5-249, 5-261, 5-316
原良村　4-163, 4-165, 5-252, 5-261, 5-316
東別府村　4-163, 4-165, 5-247, 5-261, 5-316
東別府村花倉　4-163, 4-165
東別府村塩ケ水　4-163
日木山村　4-162, 5-247, 5-261, 5-315, 5-316
姫木村　4-162, 5-247, 5-261, 5-314, 5-316
姫木村石躍　4-162
福本村　4-165
福本村草野　4-165
福本村笹貫　4-165
福本村谷山浦町☆〔福本〕　5-252, 5-261, 5-316
福本村中塩屋　4-165
福本村東塩屋　4-165
藤野村　4-165, 5-247, 5-261, 5-316
二川村☆　4-164, 5-247, 5-261, 5-316
二川村上之原　4-164
二川村浮津　4-164
二川村大平〔坪〕　4-164
二川村深湊　4-164
古江村　4-166, 5-249, 5-261, 5-316
古江村小嶋　4-166
古江村舩ノ間　4-166
牧之内村　4-167, 5-249, 5-261
牧之内村髙取　4-167
松浦村　5-247, 5-261, 5-316
松浦村枝二俣村　4-165
松永村　4-162, 5-247, 5-261, 5-314, 5-316
松永村剣ノ宇都　4-162
松永村土田　4-162
見次村　4-162, 5-247, 5-261, 5-314, 5-316
湊村　4-162, 5-247, 5-261
宮之浦村　4-163, 5-247, 5-252, 5-261, 5-316
宮之浦村枝谷之村　4-163
廻村○☆　4-162, 5-247, 5-261, 5-316
廻村枝福山村〔福山村〕　4-162, 5-247, 5-261
餅田村　4-163, 5-247, 5-261, 5-315, 5-316

餅田村十日町　4-163
餅田村原　4-163
餅田村松原浦　4-163
湯之村　4-165, 5-247, 5-261, 5-316
湯之村古里（温泉）　4-165
横山村　4-166, 5-249, 5-261, 5-316
横山村　4-165, 5-247, 5-261
吉野枝〔牧〕　4-163
吉野村　4-163, 4-165, 5-252, 5-261, 5-316
吉野村實方　4-163, 4-165
脇村　4-164, 5-247, 5-261, 5-316
脇本村浦町☆〔脇元村、脇本〕　4-163, 5-247, 5-261, 5-315, 5-316
脇本村白濵　4-163
脇本村椿山　4-163
和田村　4-165, 5-252, 5-261, 5-316
和田村枝平川村　4-165
和田村和田濵　4-165

【社寺】

鹿児島神社　5-247, 5-261
八幡社　4-162

【山・峠】

一盃嶌　4-162
岩野岳　4-163
大野岳　4-167
沖小嶌　4-162, 5-247, 5-261
小田山　4-162
御岳　4-164
小島　4-166, 5-249, 5-261, 5-316
高隈山　4-164, 4-166
知林嶌　4-166, 5-249, 5-261, 5-316
天神山　4-162
七ツジマ　4-165
八幡山　4-162
ビシヤコ岳　4-164, 5-247, 5-261
辺田小島〔小島〕　4-162, 5-247, 5-261, 5-316
松永山　4-162
横尾山　4-166, 5-249, 5-261

【河川・湖沼】

青木川　5-249, 5-261
大鼓橋　4-163, 4-165, 5-252, 5-261
柏原川　4-165
神之川　4-166
甲白〔突〕川　4-165, 5-247, 5-261
鈴川　5-249, 5-261
髙洲川〔タカス川〕　4-166, 5-249, 5-261
名貫川　4-162, 5-247, 5-261
西田橋　4-165
二反川　4-167, 5-249, 5-261
八幡川　4-167, 5-249, 5-261
鳩脇川　4-162, 5-247, 5-261
廣瀬川〔ヒロセ川〕　4-162, 5-247, 5-261, 5-316
別府川　4-163, 5-247, 5-261
本城川
町下川　5-252, 5-261
湊川　4-167, 5-249, 5-261
米倉川　5-249, 5-261
龍門滝　4-162
脇田川　5-252, 5-261
綿瀬川　4-163, 5-247, 5-261

【岬・海岸】

田良崎　5-249, 5-261
戸柱嵜　4-164
方﨑　4-165
辨天岬　4-162
明神崎　5-247, 5-261
若神子嵜　4-162

【島】

江ノシマ〔江島〕　4-164, 5-247, 5-261
沖矢筈　4-166
櫻嶌　4-164, 5-247, 5-261, 5-316
地矢筈〔矢筈島〕　4-166, 5-249, 5-261
新嶌（安永八年湧出）　4-162, 4-164, 5-247, 5-261, 5-316
天神シマ　4-166
鳥嶌　4-165, 5-247, 5-261
前瀬　5-249, 5-261

第210号 串木野・枕崎

【郡名】

阿多郡　4-170, 4-172, 5-254, 5-261, 5-317
頴娃郡　4-170, 5-317
鹿児嶋郡　4-168, 4-172, 5-252, 5-261
河邉郡　4-170, 5-254, 5-261, 5-317
給黎郡　4-170, 5-254, 5-261, 5-317
薩摩郡　4-169, 5-252, 5-261, 5-317
日置郡　4-168, 4-169, 4-172, 5-252, 5-261, 5-315, 5-317

【地名】

秋目村秋目浦☆〔秋目浦〕　4-171, 5-254, 5-261, 5-317
赤生木村　4-171, 5-254, 5-261
赤生木村黒瀬　4-171
荒川村　4-169, 5-252, 5-261, 5-315, 5-317
猪鹿倉村　4-168, 4-172, 5-252, 5-261, 5-317
池邉村　4-172, 5-254, 5-261, 5-317
伊作田村　4-168, 4-172, 5-252, 5-261, 5-317
伊作田村江口浦　4-168
石谷村　4-168, 4-172, 5-252, 5-261, 5-317
石谷村新村　4-168, 4-172
今田村　4-172, 5-252, 5-254, 5-261
入木村入木濵☆〔入木村〕　4-172, 5-252, 5-254, 5-261, 5-317
大浦村　4-171, 5-254, 5-261, 5-317
大浦村小濵　4-171
大浦村越路　4-171
大浦村榊　4-171
大迫村　5-252, 5-261
大里村　4-168, 5-252, 5-261, 5-317
太田村　4-168, 4-172, 5-317
太田村坂元〔太田村〕　4-168, 4-172, 5-252, 5-261
大野村　4-172, 5-254, 5-261, 5-317
小野村　4-172, 5-252, 5-254, 5-261, 5-317
鹿籠村　4-170, 5-254, 5-261, 5-317
鹿籠村小湊　4-171
鹿籠村白澤津浦　4-170
鹿籠村枕﨑浦　4-170
片浦村☆⛵　4-171, 5-317
片浦村大當　4-171
片浦村野間屋敷　4-171
片浦村平八重　4-171
神川橋　5-252, 5-261
神之川村〔神ノ川〕　4-168, 4-172, 5-252, 5-261, 5-317
神之川村二ツ石　4-168, 4-172
清藤村　4-168, 4-172, 5-252, 5-261, 5-317
清藤村大迫　4-168, 4-172
串木野村○　4-169, 5-252, 5-261, 5-315, 5-317
串木野村串木野濵☆　4-169, 5-252, 5-261
串木野村嶋平濵　4-169
串木野村芹ケ野　4-168
串木野村所﨑　4-168
串木野村野元　4-169
久志村　4-171, 5-254, 5-261, 5-317
久志村今村濵　4-171
久志村塩屋　4-171
久志村末柏　4-171
久志村博多浦　4-171
久志村平﨑　4-171
花熟里村　4-172, 5-252, 5-254, 5-261
小湊村　4-171, 5-254, 5-261, 5-317
小湊村小松原　4-170
御領村石垣浦　4-170
御領村大迫　4-170
御領村大越〔御領村〕　4-170, 5-254, 5-261
高橋村　4-170, 4-172, 5-254, 5-261, 5-317
竹之山村　4-168, 4-172, 5-252, 5-261, 5-317
谷口村野町（伊集院）○〔谷口〕　4-168, 4-172, 5-252, 5-261, 5-317
土橋村　4-168, 4-172, 5-252, 5-261, 5-317
土橋村町田　4-168, 4-172
寺脇村　4-168, 4-172, 5-252, 5-261, 5-317
寺脇村枝苗代川村　4-168, 4-172
泊村　4-171, 5-254, 5-261, 5-317
長里村　4-168, 5-252, 5-261, 5-317
長里村枝市來村　4-168
中原村　4-172, 5-252, 5-254, 5-261, 5-317
永吉村　4-172, 5-252, 5-254, 5-261, 5-317
西手村　4-168, 5-252, 5-261, 5-315, 5-317
西手村木場　4-168
西別府村塩屋浦☆〔西別府村、西別府〕　4-170, 5-254, 5-261, 5-317
博多　5-254, 5-261
羽島村　4-169, 5-252, 5-261
羽嶋村光瀬　4-169
羽島村白濵　4-169
羽島村土川　4-169
羽島村羽島浦☆　4-169, 5-315, 5-317
羽島村横瀬　4-169
日置村　4-172, 5-317
日置村折口　4-172
日置村帆湊浦☆〔帆湊〕　4-172, 5-252, 5-261, 5-317
東手村　4-168, 5-252, 5-261, 5-315, 5-317
東手村枝向田町○〔向田〕　4-168, 5-252, 5-261, 5-315, 5-317
東別府村　4-170, 5-254, 5-261, 5-317
東別府村門之浦　4-170
東別府村松ケ浦　4-170
坊津村坊津浦☆⛵〔坊津〕　4-171, 5-254, 5-261, 5-317
湊村湊浦⛵　4-168, 5-252, 5-261, 5-315, 5-317
湯田村　4-168, 5-252, 5-261, 5-317
湯田村赤﨑　4-168
吉利村　4-172, 5-252, 5-261, 5-317
脇沢津　5-254, 5-261

【社寺】

一乗院　4-171

【山・峠】

相星山　4-170, 5-254, 5-261
飯群山　4-168, 4-172
今岳　4-171
岩戸山　4-170
大里山　4-168
春日山　4-171
冠岳　4-168, 5-252, 5-261
牛角山　4-172
金峰山〔金峯山〕　4-172, 5-254, 5-261, 5-317
國見山　4-171, 5-254, 5-261
國見山　4-170
隈之城山〔隈城山〕　4-169, 5-252, 5-261
車岳〔車ヶ岳〕　4-171, 5-254, 5-261
白岳　4-171, 5-254, 5-261
白戈岡〔白戈岳〕　4-169, 5-252, 5-261
陣山　4-171, 5-254, 5-261
高江山　4-169, 5-252, 5-261
鷹野山　4-168
鳥岳　4-171, 5-254, 5-261
長江山　4-171, 5-254, 5-261
野間嶽〔野間岳〕　4-171, 5-317
原野山　4-172
大〔火〕立尾山　4-168, 5-252, 5-261
藤山　4-171
フセキ山　4-169, 5-252, 5-261, 5-315, 5-317
辨天山　4-171
堀越山　4-172
宮原山　4-170, 5-254, 5-261
百次山　4-168

【河川・湖沼】

入木川　5-252, 5-254, 5-261
江口川　4-168
大里川　4-168
小野川　4-172, 5-252, 5-254, 5-261
神之川　4-168, 4-172
神之川　4-168, 4-172
五反川　4-169, 5-252, 5-261
小湊川〔小原川〕　4-171, 5-254, 5-261
白沢津川　5-254, 5-261
新川　4-170, 4-172, 5-254, 5-261, 5-317
苗代川　5-252, 5-261
長沢津川　5-254, 5-261
長澤津川　4-170
永吉川　4-172, 5-252, 5-254, 5-261
馬渡川　4-170
万瀬川　4-171, 5-254, 5-261, 5-317
三成川　4-170
湊川　4-168
三成川　5-254, 5-261

【岬・海岸】

犬辻鼻　4-169
幸﨑　4-171
幸崎　5-254, 5-261
附崎　5-254, 5-261
鶴喰﨑　4-171, 5-254, 5-261, 5-317
天神鼻　4-171
戸﨑　4-168, 5-252, 5-261
長崎　5-252, 5-261
長瀬﨑〔長瀬﨑岩〕　4-171, 5-254, 5-261
長手崎　5-254, 5-261
野間岬〔野間﨑、野間﨑〕　4-171, 5-254, 5-261, 5-317
羽島﨑　4-169, 5-252, 5-261
聖サキ　5-254, 5-261
御崎　5-254, 5-261
岑ノ﨑〔峯ヶ崎、御﨑〕　4-171, 5-254, 5-261,

5-317
宮﨑〔宮サキ〕 4-171, 5-254, 5-261
山立神 4-171, 5-254, 5-261

【島】

赤馬礒 4-171
赤喰礒 4-170, 5-254, 5-261
秋月洞 4-171, 5-254, 5-261
鵜來瀬〔ウクルセ、ウクル瀬〕 4-171, 5-254, 5-261, 5-317
鵜來瀬 4-171, 5-254, 5-261
大瀬〔大セ〕 4-171, 5-254, 5-261
大瀬 4-171
大瀬〔大セ〕 4-171, 5-254, 5-261
鵜瀬〔ウセ〕 4-171, 5-254, 5-261
烏帽子瀬〔エホシセ〕 4-171, 5-254, 5-261
大瀬 5-254, 5-261
沖秋目島 4-171, 5-254, 5-261, 5-317
沖立神 4-171, 5-254, 5-261
沖羽島〔羽島〕 4-169, 5-252, 5-261, 5-315, 5-317
桂瀬 4-171, 5-254, 5-261
神石 5-254, 5-261
カモソシマ 5-254, 5-261
鴨瀬 4-169
草瀬〔草セ〕 4-171, 5-254, 5-261
久多島 5-252, 5-254, 5-261, 5-317
クヒ島〔クヒシマ〕 4-171, 5-254, 5-261
恋島〔恋シマ〕 4-171, 5-254, 5-261
五島礒〔五島イソ〕 4-171, 5-254, 5-261
鷗嶋〔カモメ瀬〕 4-171, 5-317
サシキ島〔サシキシマ〕 4-171, 5-254, 5-261
雀島〔雀シマ〕 4-171, 5-254, 5-261
双剣岩 4-171
高立神 4-171, 5-254, 5-261
鷹巣〔鷹ノ巣、鷹瀬〕 4-171, 5-254, 5-261, 5-317
竹島 4-171, 5-254, 5-261, 5-317
橘島 4-171, 5-254, 5-261
立神 4-171, 5-254, 5-261
燕シマ 5-254, 5-261
飛瀬 4-171, 5-254, 5-261
蜂瀬 4-171, 5-254, 5-261
ヒシヤコ瀬〔ヒヤシコセ〕 4-171, 5-254, 5-261
ヒシヤコ瀬〔ヒシヤコセ〕 4-171, 5-254, 5-261
一ツ瀬 4-171
一ツ瀬〔一ツセ〕 4-170, 5-254, 5-261
二子瀬〔二子シマ〕 4-171, 5-254, 5-261
松尾明神島（寺島） 4-169, 5-252, 5-261, 5-317
松島〔松シマ〕 4-171, 5-254, 5-261
松瀬〔マツセ〕 4-171, 5-254, 5-261
松生瀬〔松生セ〕 4-171, 5-254, 5-261
水越瀬 4-171
ムコ嶋 4-171

第211号 山川

【郡名】

揖宿郡 4-173, 4-176, 5-249, 5-261, 5-316
頴娃郡 4-173, 4-176, 5-249, 5-261, 5-316, 5-317
大隅郡 4-174, 5-249, 5-256, 5-261, 5-316
肝屬郡 4-174, 4-175, 5-249, 5-261, 5-316

【地名】

伊座敷村☆ 4-173, 4-175, 5-249, 5-256, 5-261, 5-316
伊座敷村嶋泊浦 4-173
大泊 田尻〔大泊〕 4-173, 5-316, 5-318
大根占村☆ 4-175, 5-249, 5-261, 5-316
大山村 4-173, 4-176, 5-249, 5-256, 5-261, 5-316
上坂本村竹之浦〔上坂本村、上坂本〕 4-173, 4-175, 5-249, 5-256, 5-261, 5-316, 5-318
上坂本村間泊〔上坂本〕 4-173, 4-175, 5-316, 5-318
假屋之村塩屋〔仮屋之村、假屋之〕 4-175, 5-249, 5-261, 5-316
岸良村☆ 4-174, 5-248, 5-261, 5-316
岸良村大浦 4-174
岸良村船間 4-174
岸良村邉塚 4-174
郡村 4-176, 5-249, 5-261, 5-317
郡村☆ 4-173, 4-175, 5-249, 5-256, 5-261, 5-316
郡村濱尻 4-173, 4-175
小根占村 4-175, 5-249, 5-261, 5-316
小根占村濱町 4-173, 4-175
拾二町村摺之濱 4-176, 5-249, 5-261
拾二町村湊浦○☆〔十二町村湊浦、十二町〕 4-176, 5-249, 5-261, 5-316
仙田村 4-176, 5-249, 5-256, 5-261, 5-316
仙田村枝川尻浦☆〔仙田村川尻、川尻〕 4-176, 5-249, 5-261, 5-316
仙田村枝脇村 4-176
立神 5-249, 5-256, 5-261
永坪 4-174
鳴川村 4-176, 5-249, 5-261, 5-316
鳴川村兒ケ水浦 4-173, 4-176, 5-249, 5-261
邉津加村 4-174, 5-249, 5-256, 5-261, 5-316
邉津加村打詰 4-174
邉津加村枝大泊浦☆⛵〔邉津加村枝大泊〕 4-173, 5-249, 5-256, 5-261
汀野迫村 4-173, 4-175, 5-249, 5-256, 5-261, 5-316
宮拾町村 4-176, 5-249, 5-261
宮拾町村入野 4-176
宮拾町村物袋☆〔宮拾町〕 4-176, 5-317
山川浦町☆⛵〔山川〕 4-173, 4-176, 5-316
山川村 4-173, 4-176, 5-249, 5-261
山崎村 4-173, 4-175, 5-249, 5-256, 5-261, 5-316, 5-318
山崎村尾波瀬 4-173
山崎村外之浦 4-173, 4-175
山本村 4-173, 4-175, 5-249, 5-256, 5-261, 5-316
山本村石走 4-173, 4-175
山本村大川 4-173, 4-175
山本村邉田 4-173, 4-175
脇浦 5-249, 5-261

【社寺】

御崎社〔御崎権現〕 4-173, 5-249, 5-256, 5-261

【山・峠】

大根占山 4-175, 5-249, 5-256, 5-261
開聞嶽〔開聞岳〕 4-176, 5-249, 5-261, 5-316
前平山 4-176
矢筈山 4-176

【河川・湖沼】

久保田川 5-248, 5-261, 5-316

【岬・海岸】

大瀬嵜 4-173, 4-175, 5-249, 5-256, 5-261
大瀬鼻 4-173, 5-249, 5-256, 5-261
大山﨑 4-176, 5-249, 5-261
開聞嵜 4-176, 5-249, 5-261
観音岬 4-174, 5-248, 5-261, 5-316
佐多岬〔佐田岬〕 4-173, 5-249, 5-256, 5-261, 5-316
シノフ崎 4-173, 4-176, 5-249, 5-256, 5-261
立目岬〔立目崎〕 4-173, 4-176, 5-249, 5-256, 5-261, 5-316
戸﨑〔戸サキ〕 4-174, 5-248, 5-261
戸﨑 4-174, 5-249, 5-256, 5-261
長嵜 4-173, 4-176, 5-249, 5-256, 5-261, 5-316
早崎 4-173, 5-249, 5-256, 5-261
ミ子サキ 4-173, 4-176

【島】

硫黄島 5-257, 5-261, 5-317, 5-319
鵜瀬〔鵜セ〕 4-176, 5-249, 5-261
大瀬 5-249, 5-256, 5-261
大輪島 4-173, 5-249, 5-256, 5-261, 5-316
口之島 5-260, 5-261, 5-319
黒島 5-257, 5-261, 5-317, 5-319
シマセ 4-173, 4-175
諏訪瀬島 5-260, 5-261, 5-319
竹島 5-256, 5-261, 5-317, 5-319
中之島 5-260, 5-261, 5-319
枇榔島 4-173, 5-249, 5-256, 5-261, 5-316, 5-318
船木礒〔舟木礒、舟木礒〕 4-174, 5-248, 5-261, 5-316
馬毛島 5-256, 5-261
俣河洌〔マタガウス〕 4-173, 5-249, 5-256, 5-261
俣河洌 4-173, 4-176, 5-249, 5-261

第212号 甑島

【国名】

薩摩國 4-177, 4-178, 5-317

【郡名】

甑島郡 4-177, 4-178, 5-253, 5-261, 5-315, 5-317

【地名】

青瀬村☆ 4-178, 5-255, 5-261, 5-317
伊牟田村☆ 4-178, 5-253, 5-261, 5-315, 5-317
内ノ河内 4-178
宇之ヶ浦 5-253, 5-261
江石 4-177, 5-253, 5-261
小島☆ 4-177, 5-253, 5-315, 5-317
片野浦村 4-178, 5-253, 5-255, 5-261, 5-317
上甑村 4-177, 5-253, 5-261, 5-315, 5-317
桑浦村 4-177, 5-253
里村☆ 4-177, 5-253, 5-315, 5-317
里村薗山 4-177
佐野浦〔宇佐野〕 4-178, 5-317
下甑村⛵ 4-178, 5-253, 5-255, 5-261, 5-317
瀬上村 4-177, 5-253, 5-315, 5-317
瀬々ノ浦村☆〔瀬丶〕 4-178, 5-253, 5-261, 5-315, 5-317
瀬尾 4-178, 5-253, 5-255, 5-261
平村☆ 4-177, 5-253, 5-261, 5-315, 5-317
手打村 4-178, 5-253, 5-255, 5-261, 5-317
中甑村 4-177, 5-253, 5-261, 5-315, 5-317
長濱村 4-178, 5-253, 5-261, 5-315, 5-317
長目濱 4-177
濱之市浦 4-178, 5-253, 5-255, 5-261, 5-317

【山・峠】

葵山 4-177
赤山 4-177
市山 5-253
大セ山 5-253, 5-261
小田山 4-178
金山 4-177, 5-253, 5-261, 5-315, 5-317
カリ水山 4-178
小地山〔小池山〕 4-177, 5-253, 5-261
遠見山〔遠見〕 4-177, 5-253
苗山 5-253, 5-261
長濱山 4-178, 5-253, 5-261
牟禮山〔牟礼山〕 4-177, 5-253, 5-261

【岬・海岸】

芦崎 4-178, 5-253, 5-261
射手崎〔イテサキ〕 4-177, 5-253
馬乗岬 4-177, 4-178, 5-253, 5-261
江崎 5-253, 5-261
茅牟田崎 4-177, 5-253, 5-261
熊ケ瀬鼻 4-177, 4-178, 5-253, 5-261
倉妻岬〔クラツマサキ〕 4-177, 5-253, 5-261
瀬尾﨑 4-178, 5-253, 5-255, 5-261
ツブラ崎 4-178, 5-253, 5-261
釣懸嵜〔釣掛崎〕 4-178, 5-253, 5-255, 5-261
手打崎 4-178, 5-253, 5-255, 5-261
長濱崎 5-253, 5-261
野嵜〔野崎〕 4-178, 5-253, 5-255, 5-261, 5-317
早崎 4-178, 5-253, 5-255, 5-261, 5-317
平瀬崎 5-253
前平鼻〔前セ崎〕 4-178, 5-253, 5-261
松島岬 4-177

矢サキ　5-253, 5-261

【島】

岩嶋〔岩島〕　4-178, 5-253, 5-261, 5-315, 5-317
宇治瀬　5-255, 5-261, 5-317
小田濱　5-253, 5-261
尾橋河原岩　4-177, 5-253, 5-261
上甑嶋　4-177, 5-253, 5-261
唐船ケトモ　5-253
下ヲサセ　4-178, 5-253, 5-255, 5-261
下甑嶋　4-178, 5-253, 5-261
下津々　5-253, 5-261
鷹島　5-255, 5-261, 5-317
近島　4-177, 5-253, 5-261, 5-315, 5-317
中嶋〔中島〕　4-177, 5-253, 5-261, 5-315, 5-317
ナフ瀬〔ナフセ〕　4-178, 5-253, 5-261
野島〔野シマ〕　4-177, 5-253, 5-315, 5-317
二子島〔二子シマ〕　4-177, 5-253, 5-315, 5-317
辨慶島〔弁天シマ〕　4-177, 5-253, 5-261, 5-315, 5-317
前瀬　4-178, 5-253, 5-261
松生岩〔松ハエ〕　4-177, 5-253

第213号 種子島

【国名】

大隅國　4-179

【郡名】

熊毛郡　4-179, 5-258, 5-261, 5-318

【地名】

〔赤〕尾〔木〕　4-180, 5-258, 5-261, 5-316, 5-318
茎永村　4-182, 5-258, 5-261, 5-318
茎永村竹﨑　4-182
茎永村濱田　4-182
茎永村平山　4-182
茎永村廣田　4-182
國上村　4-180, 5-258, 5-261
國上村津〔浦〕田⛵〔國上〕　4-180, 5-258, 5-261, 5-316, 5-318
國上村枝安納村　4-180
國上村沖ケ濱田　4-180
國上村濱脇☆〔濱脇〕　4-180, 5-258, 5-261, 5-316, 5-318
國上村湊　4-180
嶋間村　4-182, 5-258, 5-261
島間村稲子泊　4-182
嶌間村古川〔島間〕　4-182, 5-318
住吉村　4-179, 5-258, 5-261
住吉村枝安城村〔住吉〕　4-179, 5-316, 5-318
住吉村川脇〔住吉〕　4-179, 5-316, 5-318
住吉村深川　4-179
住吉村熊〔能〕野　4-179, 4-180
田ノ脇 現和　4-180
中ノ村〔中村〕　4-182, 5-258, 5-261, 5-318
中ノ村大川　4-182
中ノ村砂坂　4-182
中ノ村立石　4-182
中ノ村中塩屋　4-182
中ノ村西之村　4-182
中ノ村西目　4-182
西面村⛵　4-180, 5-258, 5-261
西面村石〔寺〕　4-180
西面村枝種子島村　4-180
西面村大﨑　4-180
西面村花里　4-180
西面村現和　4-180
西面村庄司　4-180
西面村田ノ脇　4-179, 4-180
納官村　4-179, 5-258, 5-261, 5-318
納官村岩屋口　4-179
納官村枝益田村　4-179
納官村郡原　4-179
納官村濱〔津〕脇　4-179
納官村牧川　4-179
野間村　4-179, 5-258, 5-261, 5-318
野間村〔竹〕屋野　4-179
由久村　4-182, 5-258, 5-261, 5-318
由久村阿高礒　4-179
由久村女洲　4-179, 4-182
由久村梶潟　4-182
由久村熊野　4-182
由久村屋久津　4-182

【河川・湖沼】

大浦川　4-182
〔小〕川　4-179, 5-258, 5-261
小川　5-258, 5-261
熊川　4-182
甲女川　4-180
昼小川　5-258, 5-261
牧川　5-258, 5-261

【岬・海岸】

アブ〔ツコ〕鼻〔アフツコハナ岩〕　4-179, 5-258, 5-261
大崎　4-180, 5-258, 5-261
大嵜　4-182
門倉岬〔門倉崎、門倉﨑〕　4-182, 5-258, 5-261, 5-318
嶋間嵜　4-182, 5-258, 5-261
箱﨑　4-180, 5-258, 5-261
濱田鼻　5-258, 5-261
御嵜　4-180, 5-258, 5-261, 5-316, 5-318
ヨチカ嵜　5-258, 5-261

【島】

大瀬　5-258, 5-261
大島〔鳥巣〕〔大島巣瀬〕　4-182, 5-258, 5-261
岡大瀬　4-182
岡島〔鳥〕巣　4-182
沖大瀬　4-182
沖大瀬　4-182
沖セ　5-258, 5-261
沖島〔鳥〕巣　4-182
沖ノ瀬〔沖瀬〕　4-179, 5-258, 5-261
沖山瀬　4-182
〔小〕瀬〔小セ〕　4-182, 5-258, 5-261
瀬　5-258, 5-261
瀬　5-258, 5-261
竹瀬〔竹セ〕　4-182, 5-258, 5-261
竹瀬　4-179
種子島　4-179, 4-180, 5-258, 5-261, 5-316, 5-318
中山瀬　4-182
一ツ瀬　4-182, 5-258, 5-261
フキト瀬〔アキトセ〕　5-258, 5-261
馬毛島〔種子嶋西面村〕　4-181, 5-258, 5-261, 5-316
山瀬　4-182
山瀬　4-179, 5-258, 5-261, 5-318
蠟燭瀬　4-179, 5-258, 5-261

第214号 屋久島

【国名】

大隅國　4-183, 4-184, 4-185, 4-186, 4-187

【郡名】

馭謨郡　4-184, 4-185, 4-186, 4-187, 5-259, 5-261, 5-319

【地名】

楠川村椨川　4-184, 4-186
栗生村⛵　4-187, 5-259, 5-261, 5-319
栗生村尾野間村　4-186
栗生村小嶋村　4-186
栗生村中間村　4-187
栗生村原村　4-186
栗生村平内村　4-187
栗生村麦生村　4-186
栗生村湯泊村　4-187
長田村☆　4-185, 4-187, 5-259, 5-261, 5-319
長田村脇本　4-185, 4-187
吉田村　4-185, 5-259, 5-261, 5-319
吉田村安房村☆〔安房〕　4-184, 4-186, 5-258, 5-259, 5-261, 5-319
吉田村一湊村　4-185
吉田村楠川村　4-184, 4-186
吉田村小瀬田村☆〔小瀬田〕　4-184, 4-186, 5-258, 5-259, 5-261, 5-319
吉田村志戸子村　4-185
吉田村船行村　4-184, 4-186
吉田村宮之浦村☆⛵〔宮之浦〕　4-184, 5-259, 5-261, 5-319

【山・峠】

荒井山〔荒井岳〕　4-184, 4-186, 5-259, 5-261, 5-319
ウエ山　5-259, 5-261
後タケ　4-187
ヲトス山　4-184, 4-186
権現嶽　4-185, 4-187, 5-259, 5-261, 5-319
高平タケ〔高平山〕　4-186, 5-259, 5-261
長田山　4-185, 4-187, 5-259, 5-261
ナタ切山　4-184
野山　4-187
ハカメ山　5-259, 5-261, 5-319
原村タケ　4-186
平内タケ　4-187, 5-259, 5-261
舩行山　4-184, 4-186
前タケ　4-186
前タケ　4-187, 5-259, 5-261
前岳　4-186
前嶽　4-185, 4-187
明星後岳　4-184, 4-186
明星岳　4-184, 4-186
元組岳　4-187, 5-259, 5-261
湯泊岳　4-187

【岬・海岸】

浦﨑　4-187
観音崎　5-259, 5-261
栗生﨑　4-187
長田崎　5-259, 5-261
早崎　4-184, 4-186, 5-258, 5-259, 5-261
御﨑　4-185, 4-187
矢筈﨑　4-185, 5-259, 5-261, 5-319

【島】

沖岩　4-184, 4-186
口之永良部嶋屋久島属〔口永良部島〕　4-183, 5-259, 5-261, 5-319
七瀬　4-187
屋久嶌　4-184, 4-185, 4-186, 4-187, 5-259, 5-261, 5-319

九州沿海図 第1 小倉・下関

【国名】

筑前國　4-191
豊前國　4-189, 4-191

【郡名】

厚狭郡　4-188
企救郡　4-189, 4-193
上毛郡　4-193
築城郡　4-193
豊浦郡　4-188
仲津郡　4-192, 4-193
京都郡　4-193

【地名】

青濱　4-188, 4-190
赤坂村　4-191
垢田村　4-189
赤間関〔長府領〕○☆⛵　4-189, 4-191
上松村　4-193
足立　4-191
集村　4-193
海士浦　4-191
雨窪村　4-193
綾羅木村　4-189
新津村　4-193
有安村　4-193
伊川村　4-191
伊崎浦（清末領）　4-189, 4-191
伊崎村（萩領）　4-189, 4-191
石炭　4-188
石堂村　4-193
一宮村　4-189
稲童村　4-192
今井村　4-192
今浦（長府領）　4-189, 4-191
今津村　4-191
宇津井村（萩領）　4-188
宇部村　4-188
宇留津村　4-192, 4-193
大河原　4-189
大久保　4-191
大坪村（長府領）　4-189
大積村　4-190
大橋村　4-193
尾倉村　4-193
小月村（清末領）○　4-188
堅田　4-189
形山村　4-189
片野村　4-191
金屋村　4-192
上城野村　4-191
上曽根村　4-191
苅畑　4-191
苅田村○☆　4-193
神田村（長府領）　4-188
喜多久村　4-190
行事村　4-193
清末（毛利讃岐守在所）　4-188
清瀧　4-191
朽網村　4-191, 4-193
葛原村　4-191
楠原村　4-189, 4-191
楠原村枝白木﨑　4-191
沓尾村　4-192
沓抜　4-192, 4-193
鞍馬　4-188
小犬丸村　4-193
小倉（小笠原大膳大夫居城）☆　4-191
小埴生　4-188
五毛　4-188
小森江村　4-191
木屋　4-188
才川村　4-188
﨑野村　4-193

三郎丸村　4-191
猿喰村　4-191
椎田村○☆　4-192, 4-193
下片嶋村　4-193
下曽根村☆　4-191
下吉田　4-191
松江村　4-193
勝圓　4-191
勝谷村　4-189
白野江村　4-190
新開　4-192
新茶屋　4-188
新田　4-192, 4-193
新町　4-191
新町村　4-191
新村　4-191
千房　4-188
園田　4-189
大里村○☆　4-191
高瀬村　4-192
髙塚村　4-192, 4-193
竹崎浦（清末領）　4-189, 4-191
武久村　4-189
太刀浦　4-188, 4-190
田野浦村　4-188, 4-190
田首　4-191
檀浦　4-189
長府（毛利甲斐守在所）○　4-188
築城村　4-192, 4-193
辻垣村　4-192
恒見村☆　4-191
津原村　4-188
津布田村（萩領）　4-188
出屋敷　4-188
出屋敷　4-191
出屋敷　4-193
道成寺村　4-192
冨住村　4-189
冨野村　4-191
長迫　4-191
中新地　4-193
中曽根村　4-191
中塚　4-188
長濵浦　4-191
沼村　4-191
萩崎村　4-191
畑田　4-189, 4-191
畑村　4-191
八田村　4-192, 4-193
羽根木村　4-192
馬場村　4-191, 4-193
馬場村　4-193
埴生村　4-188
濵町村　4-191, 4-193
濵宮　4-192, 4-193
原町村　4-191
樋口　4-192, 4-193
柄扨田村　4-190
肥田村　4-188
樋ノ口　4-191
平嶋村　4-193
福浦⚓　4-191
福江村　4-189
福田村（萩領）　4-188
福間　4-193
二崎村　4-192
別府村　4-192
前田村　4-189
正吉村　4-189
松小田村　4-188
松原村　4-192
松山村　4-193
松屋村　4-188
馬淵　4-192, 4-193
狸山　4-193
水町村　4-191
湊村☆　4-192, 4-193
南原村　4-191, 4-193
椋野村　4-189
門司村　4-191
元永村　4-192
元永村枝長井　4-192
八重村　4-188
安岡村　4-189
湯川村　4-191
横野村　4-189
横濵　4-193
吉田村　4-191
吉田村（萩領）○☆　4-188
吉田村枝貞恒村　4-188
吉見村　4-189
吉母村（長府領）　4-189
与原村　4-193
蓮臺寺峠　4-188

【社寺】
住吉社　4-189
和布苅社　4-189, 4-191

【山・峠】
笠山　4-188
勝山　4-188
霧岳　4-191
特牛山　4-193
権現山　4-188
四王司山　4-189
塩見峠　4-188
大光寺山　4-191
戸上山　4-191
長野山　4-191, 4-193
貫山　4-193
丸口山　4-191
竜王山　4-188, 4-189

【河川・湖沼】
今井川　4-192
今川　4-192
小波瀬川　4-192
神田川　4-188
紫川　4-191
吉田川　4-188

【岬・海岸】
観音崎　4-189
串崎　4-188
小瀬戸　4-191
練崎　4-191
部崎　4-188, 4-193
ムラ崎　4-189
和布苅迫門　4-189, 4-191

【島】
天子嶋　4-189
イセイソ　4-189
馬島（小倉領）　4-189
笠縫嶋　4-190
片嶋　4-189
金﨑嶋　4-189, 4-191
鴨瀬　4-189
軽子嶋　4-190
クルミ瀬　4-189
黒嶋　4-189
毛無嶋　4-190
神ノ嶋　4-192
篠瀬　4-191
千珠嶋　4-188
竹子嶋　4-191
津村嶋　4-190
天神嶋　4-192
引嶋（長府領）⚓　4-191
舩嶋　4-191
舞子嶋　4-191
間嶋　4-191
満珠嶋　4-188
簑嶋　4-192
六連嶋（長府領）　4-189
和合良嶋　4-189, 4-191

九州沿海図 第2 中津

【国名】
豊前國　4-194, 4-197
豊後國　4-194, 4-197

【郡名】
宇佐郡　4-194, 4-197
国東郡　4-197
上毛郡　4-195
下毛郡　4-194
速見郡　4-197

【地名】
相原村　4-195
青村　4-195
赤尾村（中津領）　4-194
赤熊村　4-195
跡田村（御料）　4-195
鮎帰　4-195
有野　4-195
磯町　4-197
出光村　4-194, 4-197
伊藤田村　4-195
稲積　4-198
犬田村　4-197
今市村（小笠原近江守領）　4-195
今津村☆　4-194
今町　4-195
伊美三ケ村（松平政之助知行）　4-198
岩﨑村　4-194, 4-197
上田村（御料）　4-194
上野村　4-194
宇佐村（神領、嶋原領）☆　4-194
牛首　4-195
臼木村　4-195
臼野村　4-197, 4-199
内迫　4-198
江熊村　4-197
小江　4-204
大熊毛村　4-198
大貞村　4-195
大瀬村（中津領）　4-195
大塚村　4-195
大根川村　4-194
大海　4-198
大村　4-197, 4-199
沖須村　4-194
雄熊　4-195
乙女村　4-194
鬼木村　4-195
小野田　4-198
小畑　4-194
尾鷲　4-197, 4-199
香々地村　4-199
蛎瀬村　4-195
陰　4-198
景平　4-197
梶屋村　4-195
堅来村☆　4-197, 4-199
堅来村（御料）　4-196, 4-198
金丸村　4-194, 4-197
金屋村（延岡領）　4-197, 4-199
金　4-198
上尾　4-195
喜久森　4-198
鬼籠村（御料）　4-198
岸井村　4-195
木之丸　4-195
久々姥　4-194
草地村（嶋原領）　4-197
櫛来村（松平政之助知行）　4-198, 4-204
櫛海村（杵築領）　4-198
沓川村　4-195
来浦村（杵築領）　4-196, 4-198
久路土村　4-195
小池村　4-199
小祝浦（小倉領）　4-195
閣村　4-194
小熊毛村☆　4-198, 4-204
小林　4-197, 4-199
佐々禮村　4-194, 4-197
定留村　4-195
佐知村　4-195
佐野　4-194
佐野村　4-194
猿渡村（小笠原大和守知行）　4-194
塩屋　4-196, 4-198
敷田村（中津領）　4-194
志手村　4-197
芝﨑村　4-197
芝場　4-197
嶋田　4-198
下岐部村（御料）　4-198, 4-204
下来縄村　4-197
下小路浦　4-195
下坂水　4-197
正津　4-199
庄村（中津領）　4-194
四郎丸村　4-195
住江村☆　4-194
曽木村（中津領）　4-195
大悟法村　4-195
髙嶋　4-199
髙瀬村　4-195
高田村（小笠原近江守領）　4-195
高田村○☆　4-197
髙濵　4-195
高村（中津領）　4-194
高家村（御料）　4-194
竹田津村（杵築領）☆⚓　4-198
田尻村　4-195
立石（木下辰五郎在所）　4-197
明〔棚〕田　4-197
玉虫　4-197
垂水村　4-195
杖ケ迫　4-197
土田村　4-195
塔田村　4-195
塔之本　4-195
唐原村　4-195
時枝村　4-194
飛永　4-194
冨来村（杵築領）　4-196, 4-198
直江村（中津領）　4-195
直江村境木　4-195
中須賀村　4-194
長洌村西濵（嶋原領）⚓　4-194
長瀬　4-198
永添村　4-195
中津（奥平大膳大夫居城）☆　4-195
中伏村　4-197
中村徳清多　4-197
鍋島村　4-194
奈良原　4-196, 4-198
西中村（御料）　4-198
西村　4-194
西屋敷村（嶋原領）　4-197
入津原村　4-197
猫石　4-197, 4-199
野地　4-194
野添　4-197
野依村　4-194
白地　4-195
橋津村（嶋原領）　4-194, 4-197
八丸　4-197
八屋村（小倉領）☆　4-195
羽戸　4-199
羽根村　4-199
濵松　4-196, 4-198
濵村　4-197, 4-199
原井村　4-195
原　4-194
原田　4-195
日足村　4-194
東濵村　4-195
東濵村枝大新田　4-195
樋田　4-194
樋田村　4-194
樋田村☆　4-195
日野地　4-197
姫熊　4-195
平山村　4-197
廣末　4-194
廣津村（中津領）　4-195
ヒンデ　4-198
深江村（御料）　4-196, 4-198
福嶋村　4-195
藤田　4-197
布都部　4-194
船　4-197
古江　4-198, 4-204
法鏡寺村　4-194
堀立村　4-195
万田村　4-195
松﨑村　4-194, 4-197
三毛門村（小倉領）　4-195
水崎村　4-197
水ノ江　4-194, 4-197
見目村（延岡領）　4-199
宮熊村　4-194
向田村（松平政之助知行）　4-196, 4-198
向野　4-194
諸田村　4-195
八並村　4-195
山口村　4-197
山下　4-194
山下村（中津領、小笠原大和守知行）　4-194
山志手　4-197
山村　4-197
湯屋村　4-195
吉岡村　4-195
吉木村　4-195
吉松村　4-194
四日市村（御料）○　4-194
龍顔　4-197
両戒村　4-197
六太郎村　4-197

六郎村　4-195

【社寺】

耆闍崛山羅漢寺　4-195
八幡宇佐宮　4-194
八幡社　4-195

【山・峠】

稲積山　4-194
猪群山　4-197, 4-199
應利山　4-197
御許山　4-194, 4-197
御曽子山　4-197
小岳　4-194
権現山　4-195
白木山　4-195
尻附山　4-197, 4-199
八面山　4-197
妙見山　4-194

【河川・湖沼】

桂川　4-197
黒川　4-194
才川　4-195
髙瀬川　4-195
驛舘川　4-194

【岬・海岸】

長崎　4-199
間々岬　4-195
明神崎　4-195

【島】

鵜嶋　4-195
姫嶋（杵築領）　4-198
馬脊　4-199
竜宮嶋　4-194

九州沿海図　第3　大分

【郡名】

海部郡　4-202
大分郡　4-202, 4-203
國東郡　4-200
速見郡　4-200, 4-203

【地名】

秋貞　4-200
粟野村（延岡領）　4-202
生石村　4-203
池上村　4-202
池ノ内村　4-204
糸原村　4-200, 4-204
今在家村　4-204
今津留村　4-202
植田市村（臼杵領）　4-203
牛屋敷　4-201
後河内村（日出領）　4-201
内迫　4-198, 4-204
内田村　4-204
内野　4-201
浦下原☆　4-200
恵良　4-203
小江　4-204
大内　4-202
大内村枝深迫　4-202
大神村（日出領）　4-201
大熊毛村　4-198, 4-204
大海田　4-200
大柳　4-203
大山村　4-203
雄城村（延岡領）　4-203
小坂村　4-201
大内山村　4-200
尾津留村　4-202
乙津村（御料）　4-202
小鳥　4-201
小野尾　4-201
小原村　4-204
海原　4-202
陰　4-198, 4-204
景平　4-197, 4-201
頭成町○　4-201
堅来村（御料）　4-196, 4-198, 4-204
片嶋村（延岡領）　4-202
片野村　4-200
勝ケ平家　4-202
金屋　4-202
加貫村　4-200
上市　4-201
上徳丸村（熊本領）　4-202
亀川村　4-201, 4-203
狩宿村　4-200
川崎村枝小深江　4-201
川床村（臼杵領）　4-202
北石垣村　4-201, 4-203
北江　4-204
北村　4-202
杵築（松平備中守居城）　4-200
木上村（延岡領）　4-203
草場村　4-200
櫛来村（松平政之助知行）　4-198, 4-204
楠木生村　4-202
口戸村　4-203
国宗村　4-202
來浦村（杵築領）　4-196, 4-198, 4-204
毛井新田　4-202
毛井村（臼杵領）　4-202
下司村　4-200
興道寺村　4-204
小浦村（御料）　4-201
小熊毛村☆　4-198, 4-204
胡麻鶴村（熊本領）　4-203
迫村　4-202
里村枝王ノ瀬（臼杵領）　4-202
塩屋　4-196, 4-198, 4-204
塩屋村　4-200
重藤村　4-204
嶋田　4-198, 4-204
志村　4-202
下市　4-201
下岐部村（御料）　4-198, 4-204
下郡村　4-202
下坂水　4-197, 4-201
下徳丸村　4-202
下原村　4-200
下宗方村（臼杵領）　4-202
下森山　4-203
白木村　4-203
次郎丸村　4-204
新界　4-203
新貝村（延岡領）　4-202
勢屋町　4-202
関門村　4-202
関門村百堂　4-202
髙須村　4-200
高松村（御料）　4-202
竹ノ下　4-201
竹下村（熊本領）　4-202
田尻村　4-202
田鶴　4-203
立石（木下辰五郎在所）　4-197, 4-201
明〔棚〕田　4-197, 4-201
田浦村（府内領）　4-203
田野口村濱脇村入會（御料）　4-203
駄原村　4-202
田深村　4-204
玉虫　4-197, 4-201
杖ケ迫　4-197, 4-201
津嶋村（日出領）　4-201
辻間村（森領）　4-201
津島村枝太田　4-201
綱井村　4-204
恒道村　4-201
津守村　4-202
鶴崎町○　4-202
鶴崎村　4-202
鶴見村　4-203
鶴村　4-202
寺司村（熊本領）　4-202
堂園村（熊本領）　4-202
堂尾　4-200
徳田　4-201
年田村（杵築領）　4-200
冨来村（杵築領）　4-196, 4-198, 4-204
冨来村枝浦手☆　4-204
中石垣村　4-203
長瀬　4-198, 4-204
中津留村　4-202
中ノ瀬　4-202
仲間　4-203
中村　4-200
中村徳清多　4-197, 4-201
灘手村　4-200
奈多村　4-200
奈良原　4-196, 4-198, 4-204
成松村（延岡領）　4-202
鳴川　4-203
貫井村　4-201
軒井　4-201
野口　4-203
野添　4-197, 4-201
野津原村（熊本領）　4-203
野邉村　4-200
則次　4-201
萩原村（府内領）　4-202
橋爪　4-201
羽田村（府内領）　4-202
八丸　4-197, 4-201
八幡田　4-202
鼻高松　4-202
花津留村（府内領）　4-202
馬場　4-201
濱松　4-196, 4-198, 4-204
濱村　4-202
濱脇村枝赤松　4-203
原村枝向原　4-202
原村　4-200
原村（御料）　4-202
備後村（臼杵領）　4-202
日出（木下主計頭居城）☆　4-201
日野地　4-197, 4-201
日出村　4-201
日比浦　4-201
火振　4-202
平田村　4-201, 4-203
深江⛵　4-201
深江村（御料）　4-196, 4-198, 4-204
藤田　4-197, 4-201
府内（松平起之助居城）☆　4-202
舟木　4-201
船　4-197, 4-201
古市村　4-204
古市村　4-201, 4-203
古江　4-198, 4-204
古城村　4-200
戸次市村（臼杵領）○　4-202
別府村○☆　4-203
牧村　4-202
又井　4-201
松岡村（御料）　4-202
政所村　4-202
真那井村（御料、杵築領）　4-200
三佐村（竹田領）　4-202
三ツ川村（御料、延岡領）　4-202
光永村（延岡領）　4-202
光吉村（御料）　4-202
三道　4-203
南石垣村　4-203
宮河内村　4-202
宮﨑村（延岡領）　4-202
宮谷　4-202
向田村（松平政之助知行）　4-196, 4-198, 4-204
廻洲　4-203
守江村⛵　4-200
守末村　4-200
門田村中嶋村入會（延岡領）　4-202
薬師堂　4-202
八坂　4-202
八代村（日出領）　4-200
山口村　4-197, 4-201
山﨑　4-202
山志手　4-197, 4-201
山津村（延岡領）　4-202
由原村　4-203
横田村　4-202
米子瀬村（立石領）　4-201
龍顔　4-197, 4-201
両曲村　4-202
六太郎村　4-197, 4-201

【社寺】

八幡宮　4-203

【山・峠】

四極山　4-203
白嵩山　4-202
靏見嶽　4-203
夜明城　4-202

【河川・湖沼】

安岐川　4-200
白嵩川　4-202
八坂川　4-200
柚布川　4-202

【岬・海岸】

加貫岬　4-200
美濃崎　4-200

【島】

家嶋（臼杵領）　4-202
小中嶋（熊本領）　4-202
立岩　4-200
徳嶋（熊本領）　4-202

九州沿海図　第4　臼杵

【地名】

秋ノ江　4-206
市濱村　4-209
市村（熊本領）　4-207
一尺屋村（熊本領）　4-207
上野村　4-207
臼杵（稲葉伊豫守居城）☆　4-209
内畑村　4-209
姥ケ浦　4-209
上浦⛵　4-206
大黒浦　4-206
大志生木村　4-207
大泊村　4-209
大濱村　4-209
笠塲　4-208, 4-211
海添村　4-209
海添村枝板知屋　4-209
硴江村　4-209
杮浦　4-208, 4-211
風成村　4-209
堅浦村　4-209
堅浦村内浦代　4-208, 4-211
釜戸　4-208, 4-211
神崎村☆　4-207
楠屋　4-205, 4-208, 4-211
久原　4-207
久保浦　4-208, 4-211
藏冨村　4-209
黒岩村　4-209
警固屋村（臼杵領）　4-209
幸浦　4-206
小黒浦　4-206
小志生木村　4-207
佐賀郷関村☆　4-206
佐志生村（臼杵領）　4-207
鯖網代　4-209
下浦⛵　4-206
下ノ江村　4-209
清水　4-205, 4-208, 4-211
白木村　4-206
大平村　4-207
田浦村　4-206
玉井　4-206
千怒崎　4-208, 4-211
千怒村　4-208, 4-211
津久見浦岩屋（佐伯領）☆　4-209
坪江村　4-209
藤田村☆　4-207
徳浦村　4-209
泊ケ内　4-205, 4-208, 4-211
内名　4-209
中津浦村　4-209

長目村　4-208, 4-211
長目村内廣浦　4-208, 4-211
破礒　4-208, 4-211
日見浦　4-208, 4-211
平岡村　4-209
平清水　4-209
深江村　4-209
福　4-208, 4-211
福水　4-206
福良村　4-209
古宮村　4-206
細村　4-207
細村枝馬場村　4-207
松﨑村☆　4-209
道尾村　4-209
室生　4-206

【山・峠】

胡麻売山　4-209
虎尾山　4-209
猫山　4-207
白山　4-207
椴木峠　4-207

【河川・湖沼】

王ノ瀬川　4-207

【岬・海岸】

伊﨑　4-205, 4-208, 4-211
勘九𥔎岬　4-205, 4-208, 4-211
地藏﨑（関﨑）　4-206
飛潮岬　4-205, 4-208
長﨑　4-209

【島】

筏嶋　4-207
ウサイシマ　4-208, 4-211
牛嶋　4-206
沖向嶋　4-205
黒石　4-205, 4-208, 4-211
黒嶋　4-207
黒嶋　4-205, 4-208, 4-211
小嶋　4-208, 4-211
小シマ　4-208, 4-211
地向嶋　4-205, 4-208
白嶋　4-205, 4-208, 4-211
髙嶋　4-206
竜ハヘ　4-208, 4-211
津久見嶋　4-209
蔦嶋　4-206
野蔦　4-208, 4-211
聖嶋　4-208, 4-211
舟シマ　4-209
三ツ子　4-207, 4-209

九州沿海図
第5 佐伯

【国名】

日向國　4-215
豊後國　4-215

【郡名】

海部郡　4-215
臼杵郡　4-215

【地名】

赤﨑　4-211
浅海井浦　4-211
網代　4-211
荒網代　4-211
荒網代浦　4-211, 4-213
石間浦　4-213
猪串浦　4-215
色利浦☆　4-212
臼坪村　4-213
内野浦　4-211
浦代浦　4-213
浦野迫　4-215
江野浦　4-211
大河原　4-213
大船繋　4-213
大本　4-210
小蒲江　4-215
沖洲新田　4-213
沖松浦　4-213
落野浦　4-210
小福良　4-211
海﨑村　4-211, 4-213
海﨑村枝中河原　4-211
風無浦⛵　4-211
梶寄浦　4-211
柏江村　4-213
葛原浦　4-215
片神浦　4-211
片神村内竹ケ谷　4-211
堅田村枝城村　4-213
蒲戸浦　4-210
蒲江浦　4-215
狩生村　4-211
河内浦　4-215
蟹田　4-213
木立村　4-213
楠本浦　4-215
久部村　4-213
久保浦　4-211
久保泊　4-211
来野浦　4-213
小浦　4-213
小浦⛵　4-211
小浦濵　4-213, 4-215
越田尾　4-215
小倉　4-211
小嶋　4-213
東風隠　4-213
佐伯 鶴屋（毛利美濃守居城）☆　4-213
篠良目浦　4-211
猿戸　4-211
三九郎谷　4-213
塩内浦　4-211
塩屋村　4-213
塩屋村分郷大江灘　4-213
獅子浦　4-210
鯆浦⛵　4-211
嶋江　4-211
地松浦☆　4-213
地松浦内二俣　4-213
下野村内坂野浦　4-213
洲野本　4-214
須留木　4-213
代後浦　4-211
髙濵　4-210
髙松浦☆　4-211
竹之浦　4-211
竹野浦河内　4-215
鯛網代　4-213
尋　4-211
田野浦　4-210
田野浦　4-211
丹賀浦☆　4-211
津井浦☆　4-211
志津〔津志〕河内村　4-213
坪　4-215
泊浦☆⛵　4-215
中越浦　4-211
長瀬村　4-213
中村　4-213
夏井浦　4-211
波太　4-211
西泊　4-210
西野浦　4-214
入津浦　4-213, 4-215
野々河内浦　4-215
羽出浦　4-211
間越　4-211
間越　4-211
畑野浦　4-213
波當津　4-215
鳩浦☆　4-211
戸穴村　4-211
日野浦　4-211
日向泊浦　4-211
晞干浦　4-211
廣浦　4-211
深浪津　4-211
吹浦　4-213
福泊浦　4-210
福良　4-211
古江浦　4-211
古江村内長田浦　4-211
蛇﨑　4-213
帆波浦　4-211
間浦　4-213
丸市尾　4-215
間脇　4-210
水ケ浦　4-215
宮野内浦　4-211
宮之浦　4-211
百枝　4-211, 4-213
守後浦　4-211, 4-213
森﨑浦　4-215
屋敷　4-213
米水津浦　4-211

【山・峠】

釋間岳　4-211
彦嶽　4-211

【河川・湖沼】

大江灘川⛵　4-213

【岬・海岸】

蒲戸﨑　4-210
黒山﨑　4-215
白﨑　4-211
芹﨑　4-214
霞岬　4-211
名護屋﨑　4-215
野﨑　4-213

【島】

赤小シマ　4-215
赤ハヘ　4-215
伊賀ハヘ　4-211
宇戸嶋　4-211
エヒスシマ　4-211
大嶋　4-211
大入嶋　4-211, 4-213
沖方嶋　4-213
沖黒嶋　4-211
沖千嶋　4-211
沖濃地嶋　4-213
沖シマ　4-215
沖吉嶋　4-210
沖吉嶋　4-211
梶取ハヘ　4-210
方嶋　4-213
片白嶋　4-211, 4-213
カモハヘ　4-210
観音𥔎　4-215
木舩嶋　4-211
小シマ　4-211
小シマ　4-211
小間嶋　4-211
先小シマ　4-210
鷺嶋　4-213
先瀬　4-211
汐取ハヘ　4-211
地黒島　4-211
地千嶋　4-211
地濃地シマ　4-213
鯆突嶋　4-211
白子シマ　4-211
鈴ハヘ　4-210
千畳岩　4-211
ソウノハヘ　4-215
高井嶋　4-210
髙甲嶋　4-210
高手嶋　4-211
竹ケ嶋　4-211
竹シマ　4-211, 4-213
玉角嶋　4-213
地瀬　4-211
粒シマ　4-215
東嶋　4-211, 4-213
唐舟ハヘ　4-211
鳥屋嶋　4-213
中シマ　4-211
長嶋　4-213
中濃地シマ　4-213
中嶋　4-210
長𥔎　4-213
彦嶋　4-211
深嶋　4-215
二見シマ　4-210
辨天シマ　4-211
弁天嶋　4-215
保戸嶋　4-210
前嶋　4-211
松ハヘ　4-211
松ハヘ　4-215
的ハヘ　4-215
箕作嶋　4-213
三ツ子　4-215
三ツ子シマ　4-211
村𥔎　4-211
女嶋　4-213
屋形嶋　4-215
八嶋　4-213
横島　4-211

九州沿海図
第6 延岡

【国名】

日向國　4-215, 4-216
豊後國　4-215, 4-216

【郡名】

海部郡　4-215, 4-216
臼杵郡　4-215, 4-216

【地名】

赤水村　4-218
阿蘓　4-216
粟野名村　4-217, 4-218
市振村　4-216
市振村枝直海　4-215, 4-216
出北村　4-218
伊福形村　4-218
庵川村　4-218, 4-219
浦尻村　4-217
大武町　4-217, 4-218
岡冨村☆　4-217, 4-218
尾末　4-219
加草村　4-218, 4-219
門川村（延岡領）　4-218, 4-219
亀﨑　4-219
川嶋村　4-217, 4-218
櫛津村　4-218, 4-219
熊野江村　4-216
財光寺村　4-219
笹野　4-219
嶋野浦☆　4-216
須怒江村　4-216
鯛名村☆　4-218
恒冨村　4-218
寺嶋　4-217, 4-218
東海　4-217, 4-218
土々呂村　4-218
延岡（内藤亀之進居城）　4-218
幡浦　4-219
日知屋村（御料所）　4-219
平岩村（御料所）　4-219
古江村☆　4-216
細嶋町◯⛵　4-219
牧　4-217, 4-218
宮野浦　4-216

【山・峠】

愛宕山　4-218
飯塚山　4-216
可愛岳　4-217
老田山　4-217
古城山　4-218
髙平山　4-217, 4-218

【河川・湖沼】

五ケ瀬川　4-218
塩見川　4-219
古川　4-219

【岬・海岸】

鞍掛鼻　4-218
計枡﨑　4-216
福﨑　4-216

【島】

アマトリ嶋　4-216
筏嶋　4-219
居首ハヘ　4-219
岩宮ハヘ　4-216
兎ハヘ　4-219
烏帽子礒　4-216
大武嶋　4-217, 4-218
沖小嶋　4-216
乙嶋　4-219
カリハヘ　4-215, 4-216
小シマ　4-216
五条ハヘ　4-216
シハヘ　4-215, 4-216
助兵衛嶋　4-217, 4-218
高嶋　4-216
竹嶋　4-219
續ハヘ　4-216
唐舩𥔎　4-218, 4-219
トベシマ　4-219
中嶌　4-218
博奕ハヘ　4-216
枇榔嶋　4-219
方財嶋　4-218
松𥔎　4-218, 4-219
的𥔎　4-216
ミサコハヘ　4-216
耳ホゲシマ　4-216
向嶋　4-217, 4-218
元方財嶋　4-218
横嶋　4-215, 4-216
餘島　4-219

九州沿海図 第7 宮崎・高鍋

【郡名】

兒湯郡 4-221, 4-222
那珂郡 4-221, 4-222
宮﨑郡 4-222

【地名】

飯谷 4-220
伊倉 4-220, 4-221
石﨑村（佐土原領） 4-222
猪窪村 4-220
今嶋 4-222
岩山村 4-220
江田原 4-222
江田村（御料）☆ 4-222
江梅瀬 4-221, 4-222
干子 4-221, 4-222
大嶋村（延岡領） 4-222
太田村中村町（延岡領） 4-222
大渕 4-221, 4-222
大炊田 4-222
落子村 4-220
蚊口浦 4-221
上野町 4-222
上別府村 4-220
上別府村（延岡領） 4-222
心見 4-220
五反田 4-221, 4-222
才脇村（高鍋領） 4-220
佐賀利 4-222
佐土原（嶋津淡路守居城）☆ 4-221, 4-222
塩地村（嶋津式部知行） 4-222
下北方村 4-222
下田嶋村 4-222
下別府村（御料） 4-222
新田 4-220
新別府村 4-222
髙鍋（秋月佐渡守居城）☆ 4-221
高鍋村 4-221
恒久村枝瀬頭（飫肥領） 4-222
恒久村城ケ﨑（飫肥領）☆ 4-222
都濃町○☆ 4-220
寺迫村 4-220
天神 4-222
道具小路 4-221
徳之渕 4-221, 4-222
冨田村（佐土原領） 4-221, 4-222
萩原 4-221
花ケ嶋町 4-222
日置村（髙鍋領） 4-221
平松 4-222
福原尾 4-220
福嶋 4-222
福嶌村（御料） 4-222
袋廣瀬村 4-222
二立 4-222
平田村 4-220, 4-221
孫谷 4-220, 4-221
美々津町○ 4-220
宮本 4-222
明田 4-220
持田村 4-221
山﨑村（嶋津式部知行） 4-222
横江 4-221, 4-222
吉村 4-222

【社寺】

神武社 4-222
都濃社 4-220

【河川・湖沼】

赤江川 4-222
石﨑川 4-222
石並川 4-220
心見川 4-220
髙城川 4-221
都濃川 4-220
名貫川 4-220
一瀬川 4-221, 4-222
美々津川 4-220

【島】

黒嶋 4-220
中嶋 4-220
鼠嶋 4-221, 4-222
二立嶋 4-222

九州沿海図 第8 飫肥

【地名】

秋山 4-225
油津☆⛵ 4-224
石浪 4-226
市木村 4-226
伊比井村 4-223, 4-224
今町 4-227
内海☆ 4-223
鵜戸山 4-224
海北村（髙鍋領） 4-226
梅ケ濵 4-224
鴬巣 4-223, 4-224
大迫 4-227
大納村 4-226
大吹井☆ 4-224
飫肥（伊東修理大夫居城）☆ 4-224
折生迫 4-223
加江田村 4-223
風田村 4-224
潟上村 4-226
金谷 4-227
楠原村 4-224
隈野村 4-223
隈谷村 4-224
栗峰 4-225
黒井 4-227
郡司分村 4-223
毛久保 4-227
越ケ浦 4-226
小内海 4-223
小浦 4-224
小吹井 4-224
小目井 4-224
酒谷村 4-225
下り松 4-226
﨑田村 4-227
猿田 4-227
下井牟田 4-227
下方村大堂津☆ 4-224
下千野 4-227
釈迦尾野 4-224
白木俣 4-225
陳之尾 4-225
髙松村（髙鍋領） 4-227
立宇津 4-227
田吉村津屋原（飫肥領） 4-233
都井村 4-227
戸髙村 4-224
外浦⛵ 4-226
鳥羽 4-226
中河内 4-226
永田 4-227
長野 4-225
中村 4-224, 4-226
名谷 4-226
贄浪村江川（飫肥領） 4-226
野嶋 4-223
走込 4-224
濵町 4-226
平野村 4-224
平野村 4-224
平山村 4-224
藤 4-226
冨土村 4-224
星倉村 4-224
御﨑村野々杵 4-226
湊浦 4-227
宮ノ浦 4-227
宮之浦村 4-224
夫婦浦 4-226
目井津 4-224, 4-226
脇本村 4-226

【山・峠】

飯盛山 4-227
池ケ山 4-224
内海山 4-223
大山 4-223
鬼城 4-225
加江田山 4-223
鈴峯 4-224
鳶峰 4-224
鳥居峠 4-224
乱杭山 4-224

【河川・湖沼】

曽山寺川 4-223
廣戸川 4-224
湊川 4-227

【岬・海岸】

都井岬 4-226

【島】

アキトハヘ 4-224, 4-226
淡嶋 4-223
腕シマ 4-226
鵜石 4-224
烏帽子嶋 4-227
大嶋 4-226
大瀬 4-224
沖鬢垂島 4-227
沖松碆 4-224
冠ハヘ 4-224
黒嶋 4-226
幸嶋 4-226
鴻嶋 4-226
幸ハヘ 4-224
兒嶋 4-224, 4-226
木場嶋 4-224
地鬢垂島 4-227
地松ハヘ 4-224
雀ハヘ 4-224
セタラヘイソ 4-224, 4-226
立岩 4-226
築島 4-226
銅嶋 4-226
頭似嶋 4-226
鳥嶋 4-226
七ツハヘ 4-224
野嶋 4-223
裸嶋 4-224
松嶋 4-226
水嶋 4-226

九州沿海図 第9 志布志

【国名】

大隅國 4-228
日向國 4-228, 4-229

【郡名】

大隅郡 4-229, 4-231
肝屬郡 4-228, 4-231
那珂郡 4-228
諸縣郡 4-228, 4-229

【地名】

有里村 4-229
安樂村 4-228
飯ケ谷 4-228
一リ松 4-228
上原村 4-229
打詰 4-231
大始良村☆ 4-229
大浦 4-231
岡﨑村 4-229
岡﨑村枝池之原村 4-229
小原村 4-229
海藏 4-228
笠野原 4-229
柏原村 4-228
鹿屋村野町☆ 4-229
川下 4-230
岸良村☆ 4-231
小串村 4-228, 4-230
志布志村○ 4-228
白木 4-230
泊 4-228
冨山村 4-229
永坪 4-230
中野村 4-229
中別府村 4-229
中山 4-229
夏井村（鹿児嶋領） 4-228
野井倉村 4-228
野里村 4-229
波見村☆ 4-228
船木 4-231
船間 4-231
邉田村 4-228
邉塚 4-231
邉津加村 4-231
益丸村 4-228
益丸村枝菱田村 4-228
丸尾 4-228
南浦村 4-230
南浦村枝内之浦村☆ 4-230
宮原 4-230
柳谷 4-228
横瀬村 4-228
横山村 4-229

【山・峠】

國見山 4-229
髙隈山 4-229
野岡山 4-229
横尾山 4-229, 4-231

【河川・湖沼】

安樂川 4-228
久保田川 4-230
志布志川 4-228
髙隈川 4-228

【岬・海岸】

髙﨑 4-228
日岬 4-230

【島】

権現嶋 4-228
中嶌 4-228
枇榔嶋 4-228
船木礒 4-230
弁天シマ 4-228

九州沿海図 第10 鹿児島

【国名】

大隅國 4-232, 4-233, 4-239
薩摩國 4-233, 4-239

【郡名】

始羅郡 4-233
揖宿郡 4-237
頴娃郡 4-237
大隅郡 4-232, 4-234, 4-236
鹿兒嶋郡 4-233, 4-235, 4-239
給黎郡 4-237
肝屬郡 4-234, 4-236
桒原郡 4-232
囎唹郡 4-232
谿山郡 4-233, 4-235, 4-239
日置郡 4-239

【地名】

赤水村 4-233
赤尾原村 4-233
有村 4-233
犬迫村 4-239
犬迫村枝横井村 4-239
伊座敷村☆ 4-238
石垣浦 4-237
石谷村 4-239
石走 4-238
入野 4-237
岩本村 4-237
上之原 4-232
浮津 4-232
牛根村 4-232, 4-234
宇宿村 4-233, 4-239
大川 4-238
大坪 4-232
大根占村☆ 4-236
大山村 4-237
尾掛 4-237
小田尻 4-235
小野村 4-233, 4-239
尾波瀬 4-238
小濵 4-234
小濵村 4-232
海潟村 4-234
鹿兒嶋（松平豊後守居城）☆⛵ 4-233, 4-239
神之川村枝鳥濱村 4-236
上之村 4-235
假屋之村 4-236
軽佐 4-234
川尻 4-237
川尻 4-232
木田村 4-233
草野 4-235
柊原村 4-234

黒上村　4-232
花倉　4-233, 4-239
皆倉　4-236
五位野々　4-235
向面村　4-232
郡村☆　4-237, 4-238
郡本村　4-233, 4-235, 4-239
小嶋　4-234
小根占村　4-236
小濱村　4-236
小牧村　4-237
小村☆　4-232
御領村　4-237
西道村　4-233
境村　4-232
坂本村竹之浦　4-238
笹貫　4-235
塩ケ水　4-233, 4-239
塩屋　4-236
敷根村　4-232
下井村　4-232
嶋泊浦　4-238
下之村　4-235, 4-237
拾九町村　4-236
拾二町村湊浦☆　4-236
白濱　4-233, 4-239
白濱村　4-233
白水　4-234
新郷　4-239
新城村☆　4-234
洲先　4-233
鈴　4-237
住吉村　4-232
摺之濱　4-236
瀬﨑浦　4-237
瀬戸　4-232
仙田村　4-237
仙田村枝川尻浦☆　4-237
仙田村枝脇村　4-237
高井田村　4-233
高洲村　4-236
高洲村枝野里村　4-234, 4-236
髙取　4-237
田上村☆　4-234
髙目　4-237
竹之山村　4-239
嶽村　4-233
田尻　4-238
谷山浦町☆　4-235
田貫　4-237
田良　4-236
垂水村　4-234
段土村　4-233
児ケ水浦　4-237
土橋村　4-239
椿山　4-233, 4-239
外之浦　4-238
飛岡　4-234
中塩屋　4-235
中濱　4-232, 4-234
永濱　4-232
中股　4-234
中村　4-233, 4-239
鳴川村　4-237
西田村水上坂　4-233, 4-239
西濱　4-232
生見　4-237
野久美田村　4-232
野尻村　4-233
畠中村　4-232
濱市村　4-232
濱尻　4-238
濱田村　4-236
濱平　4-234
原良村　4-233, 4-239
東塩屋　4-235
東別府村　4-233, 4-239
日木山村　4-233
樋口　4-235
深湊　4-232
福本村　4-235
藤野村　4-233
二川村☆　4-232
二俣　4-233
船間　4-234
古江村　4-234
古里　4-233, 4-234
古屋敷　4-235
邉田　4-232, 4-234, 4-236, 4-238
邉津加村枝大泊浦☆　4-238
牧之内村　4-237
町田　4-239
松浦村　4-233
松原村　4-233
間泊　4-238
汀野迫村　4-238
湊村　4-232
宮ケ濱　4-237
宮坂☆　4-235
宮拾町村　4-237
廻村☆　4-232
廻村枝福山　4-232
餅田村　4-233
物袋　4-237
矢越　4-237
山川浦町☆⛵　4-236
山川村　4-237
山崎村　4-238
山本村　4-236, 4-238
湯之村　4-233
横山村　4-233
脇田　4-233, 4-239
脇村　4-232
脇元村☆　4-233
和田濱　4-235
和田村　4-235
和田村枝平川村　4-235

【山・峠】

大野山　4-237
開聞嶽　4-237
前平山　4-237
矢筈山　4-237

【河川・湖沼】

柏原川　4-235
甲付川　4-233, 4-239
高洌川　4-234, 4-236
名貫川　4-232
二反川　4-237
八幡川　4-235
鳩脇川　4-232
廣瀬川　4-232
別府川　4-233
本城川　4-234
馬渡川　4-237
綿瀬川　4-233

【岬・海岸】

大﨑　4-233
大瀬﨑　4-238
佐田岬　4-238
立目﨑　4-238
田良﨑　4-236
戸柱﨑　4-232, 4-234
長﨑　4-237
早﨑　4-238
辨天岬　4-232
若神子﨑　4-232

【島】

鵜瀬　4-236
江嶋　4-234
大輪嶋　4-238
沖小嶋　4-232
ヲゴ島　4-235
小嶋　4-236
櫻嶋　4-233
新嶋（安永八年己亥十月湧出）　4-232
知林嶋　4-236
天神シマ　4-234
鳥嶋　4-233, 4-239
七ツ嶋　4-235
枇榔嶋　4-238
邉田小嶋　4-232
マタコウズ　4-238
俣河洌　4-236
矢筈礒　4-236

九州沿海図 第11 都城

【国名】

大隅國　4-240
日向國　4-240

【郡名】

囎唹郡　4-240
諸縣郡　4-240

【地名】

井藏田村　4-240
上之村　4-241
小倉　4-241
佳例川村　4-241
藏町村　4-241
五拾町分村　4-240
鷺巣村　4-240
柴立　4-241
鶴木村　4-240
寺柱村　4-240
通山　4-241
原口村　4-240
福山牧　4-241
宮丸村（都城）（嶋津筑後屋敷）○　4-240

【山・峠】

牛峠　4-240
梅北山　4-240
佳例川山　4-241
角取山　4-241
梯岡　4-241

【河川・湖沼】

竹下川　4-240

九州沿海図 第12 枕崎・串木野

【郡名】

阿多郡　4-242, 4-244, 4-246
頴娃郡　4-242
河邉郡　4-242, 4-244
給黎郡　4-242
日置郡　4-244, 4-246

【地名】

赤﨑　4-246
秋目浦☆　4-243
赤生木村　4-243, 4-245
猪鹿倉村　4-246
池邉村　4-244
伊作田村　4-246
今田村　4-244
今村濱　4-243
入木村入木濱☆　4-244
江口浦　4-246
大浦村　4-243
大迫　4-246
大迫　4-242
大里村　4-246
太田村　4-246
大當　4-243, 4-245
大野村　4-244
小野村　4-244, 4-246
小濱　4-243, 4-245
折口　4-246
鹿篭村　4-242
片浦村☆⛵　4-243, 4-245
門之浦　4-242
神之川村　4-246
清藤村　4-246
久志村　4-243
黒瀬　4-243, 4-245
花熟里村　4-244, 4-246
越路　4-243, 4-245
小松原村　4-242, 4-244
小湊　4-242
小湊村　4-243, 4-245
小浦　4-243, 4-245
榊　4-243, 4-245
坂元　4-246
塩屋　4-243
嶋平濱　4-246
白澤津浦　4-242
末柏　4-243
高橋村　4-242, 4-244
谷口村野町○　4-246
谷尻　4-243, 4-245
寺脇村　4-246
寺脇村枝苗代川　4-246
所﨑　4-246
泊村　4-243
長里村　4-246
長里村枝市木村　4-246
中塩屋　4-243, 4-245
中原村　4-244, 4-246
永吉村　4-244, 4-246
鍋山　4-243, 4-245
西別府村塩屋☆　4-242
野間屋敷　4-243, 4-245
博多浦　4-243
日置村　4-244, 4-246
東別府村　4-242
平﨑　4-243
平八重　4-243, 4-245
二ツ石　4-246
坊津浦☆　4-243
帆湊浦☆　4-244, 4-246
枕﨑浦　4-242
松ケ浦　4-242
湊村○☆　4-246
湯田村　4-246
吉利村　4-244, 4-246

【山・峠】

相星山　4-242, 4-243
飯群山　4-246
今岳　4-243
大里山　4-246
春日山　4-243
鳫岳　4-243
牛角山　4-243, 4-246
金峰山一　4-243
金峰山二　4-243
国見山　4-243
国見山　4-242
車ケ岳　4-243
白岳　4-243
陣山　4-243
長江山　4-243
野間嶽　4-243, 4-245
藤山　4-243
札屋松　4-243
辨天山　4-243, 4-245
堀越山　4-243, 4-246
宮原山　4-242, 4-243

【河川・湖沼】

入木川　4-244, 4-246
江口川　4-246
小野川　4-244, 4-246
神之川　4-246
小湊川　4-242
新川　4-244
長沢津川　4-242
永吉川　4-244, 4-246
万瀬川　4-243, 4-245
三成川　4-242
湊川　4-246

【岬・海岸】

幸﨑　4-245
靏喰﨑　4-243
天神鼻　4-243
戸﨑　4-246
長﨑　4-246
野間岬　4-243, 4-245
聖﨑　4-243, 4-245
御﨑　4-243
水﨑　4-243, 4-245
峯ケ﨑　4-243
宮﨑　4-243

【島】

赤馬礒　4-243
赤喰礒　4-242
鵜來瀬　4-243, 4-245
鵜來瀬　4-243, 4-245
大瀬　4-243
大瀬　4-243
鵜瀬　4-243
エホシセ　4-243, 4-245
大瀬　4-243, 4-245
沖秋目嶋　4-243
沖立神　4-242
桂瀬　4-243, 4-245
カモメセ　4-245
草瀬　4-243
久多嶋　4-245
クヒ嶋　4-243
戀嶋　4-243, 4-245
五嶋礒　4-243
桟敷嶋　4-243, 4-245
雀シマ　4-243
双劔石　4-243
高立神　4-243
鷹巣　4-243
竹嶋　4-245
橘嶋　4-243, 4-245
立神　4-243, 4-245
飛瀬　4-245
蜂瀬　4-243
ヒシヤコセ　4-243
ビシヤコ瀬　4-243
一ツ瀬　4-243
一ツ瀬　4-242
二子瀬　4-243, 4-245
松尾明神嶋　4-246
松シマ　4-243
松瀬　4-243, 4-245
松生瀬　4-243
水越瀬　4-243

九州沿海図 第13 川内・阿久根

【国名】
薩摩國　4-250
肥後國　4-250

【郡名】
蘆北郡　4-250
出水郡　4-249, 4-250, 4-251
薩摩郡　4-247
高城郡　4-247, 4-249
日置郡　4-247

【地名】
赤崎村　4-251
赤瀬川　4-251
阿久根村　4-249, 4-251
荒川村　4-247
浦町○☆　4-249, 4-251
江内　4-251
江内 尾野嶋　4-251
網津村　4-247, 4-249
大川　4-249
折口　4-251
カセドウ　4-251
カラクマ村　4-251
切通村　4-250
京泊浦☆　4-247
草道村　4-247
串木野濱☆　4-247
串木野村○　4-247
久見崎村　4-247
光瀬　4-247
米之津村○☆　4-250
鯖淵村　4-250
塩追浦　4-251
下水流　4-250
白濱　4-247
高尾野村　4-250
知識村　4-250
知識村枝脇本村☆　4-251
土川　4-247
名護浦　4-250
西目　4-249
西目☆　4-251
西目 小瀧　4-251
西目 佐潟　4-249
西目 八郷　4-251
野元　4-247
羽嶋浦☆　4-247
羽嶋村　4-247
波留　4-249, 4-251
福之江濱　4-250
麥之浦村　4-247, 4-249
麥之浦村枝西方村　4-249
湯田　4-247, 4-249
横瀬　4-247
寄田村　4-247

【山・峠】
市來山　4-251
笠山　4-251
紫尾山　4-248
火立尾山　4-247
フセギ山　4-247
寄田山　4-247

【河川・湖沼】
五反川　4-247
鯖洲川　4-250
川内川　4-247

【岬・海岸】
市來崎　4-251
大柄鼻　4-247, 4-249
佐潟崎　4-249
瀬嵜　4-251
西目崎　4-249
羽嶋崎　4-247

【島】
大桂嶋　4-251
大嶋　4-249, 4-251
沖小嶋　4-249, 4-251
沖羽嶋　4-247
鴨瀬　4-247
黒瀬　4-249
桒嶋　4-251
小桂嶋　4-251
地小嶋　4-249, 4-251
タタラ嶋　4-251
橘瀬　4-247, 4-249
飛礒　4-249
長嶋　4-251
舩間嶋　4-247
蕨嶋☆　4-251

九州沿海図 第14 長島

【国名】
薩摩國　4-253

【郡名】
出水郡　4-253

【地名】
赤崎村　4-252, 4-253
臼井村　4-252, 4-253
浦底村　4-252, 4-253
小濱　4-253
カセドウ　4-253
片ソバ　4-252
カラクマ村　4-253
藏本村☆　4-253
御所之浦　4-252
塩追浦　4-253
城河内村☆　4-253
平尾　4-253
ヘイノクシ　4-252
三船村☆　4-252, 4-253
湯ノ口　4-252
和仁之浦☆　4-252, 4-253

【岬・海岸】
市來崎　4-253
キイサキ　4-252
串サキ　4-252
轡崎　4-252
鷹串　4-252
タクイ崎　4-252
立石ハナ　4-252

【島】
青嶋　4-252
伊唐嶋　4-252, 4-253
轡嶋　4-252
黒嶋　4-252
小イカラシマ　4-252, 4-253
カフラシマ　4-252
小シマ　4-252
サダカシマ　4-252, 4-253
獅子嶋　4-252
嶋　4-252
末ノ島　4-252, 4-253
竹島　4-252, 4-253
タヽラ嶋　4-253
所嶋　4-252
長嶋　4-253
七尾嶋　4-252
野嶋　4-252
的嶋　4-252

九州沿海図 第15 甑島

【国名】
薩摩國　4-254, 4-255

【郡名】
甑嶋郡　4-254, 4-255

【地名】
青瀬村☆　4-255
伊牟田村☆　4-254, 4-255
内ノ河内　4-255
江石　4-254
片野浦村　4-255
上甑村　4-254
桒浦村　4-254
里村☆　4-254
佐野浦　4-255
下甑村　4-255
瀬上村　4-254
瀬々ノ浦村　4-255
瀬尾　4-255
平村☆　4-254, 4-255
手打村　4-255
寺ケ濱　4-254, 4-255
中甑村　4-254, 4-255
長濱村　4-255
長目濱　4-254
濱之市浦☆　4-255

【山・峠】
葵山　4-254, 4-255
赤圓山　4-254, 4-255
市山　4-254
大越山　4-254, 4-255
小田山　4-254, 4-255
金山　4-254
小池山　4-254, 4-255
遠見山　4-254, 4-255
長濱山　4-255
牟礼山　4-254

【岬・海岸】
芦崎　4-254, 4-255
射手崎　4-254
茅牟田崎　4-254, 4-255
倉妻崎　4-254, 4-255
瀬崎　4-254, 4-255
瀬尾崎　4-255
ツフラ崎　4-254, 4-255
釣掛崎　4-255
手打崎　4-255
野崎　4-255
早崎　4-255
前平鼻　4-255
松島崎　4-254

【島】
岩嶋　4-255
上甑嶋　4-254
下ヲサ瀬　4-255
下甑嶋　4-255
近嶋　4-254
中嶋　4-254, 4-255
ナフセ　4-255
野嶋　4-254
二子嶋　4-254
辨慶嶋　4-254, 4-255
前瀬　4-255
松生瀬　4-254

九州沿海図 第16 八代

【国名】
薩摩國　4-257
肥後國　4-257

【郡名】
葦北郡　4-257
芦北郡　4-256, 4-258, 4-260
出水郡　4-257
球麻郡　4-256, 4-258
八代郡　4-258

【地名】
赤崎　4-257
洗切　4-257
荒瀬　4-258, 4-260
池下　4-256
伊髙瀬　4-256, 4-258
市野瀬村　4-256
市野瀬村内鎌瀬　4-256
一勝地谷村　4-256
井手向　4-256
井樋口　4-256
今泉　4-258, 4-260
井牟田　4-259, 4-260
祝坂　4-256
岩戸　4-256
海浦　4-257, 4-259
植柳村　4-258, 4-260
漆河内　4-256
上蔀　4-256, 4-258
生名子　4-258, 4-260
合志野　4-258, 4-260
大門　4-258, 4-260
大河内村内簸瀬　4-256, 4-258
大坂間　4-256
大嵜　4-259
大迫　4-257
大瀬谷村（人吉領）　4-256
乙千屋　4-257, 4-259
海路　4-258
楮木　4-258
兼丸　4-256
椛島　4-257
鎌瀬　4-258, 4-260
上松求麻村（熊本領）　4-258, 4-260
北村　4-260
木屋角　4-256, 4-258
久多羅木村内瀬戸石　4-258
黒稲子　4-256
桒澤見　4-256
桑原川内　4-256
下代瀬　4-258, 4-260
髙子原村　4-260
上野村　4-260
上野村枝海士江　4-260
髙田邉　4-258
神瀬谷村（人吉領）　4-256, 4-258
古賀　4-257
古閑村　4-260
小川　4-258, 4-260
小川内　4-258, 4-260
小鶯浦　4-257
小田浦村　4-256, 4-259
小津奈木村　4-257
坂本　4-258, 4-260
櫻戸　4-257
佐敷町○☆　4-257, 4-259
佐敷村　4-256
佐瀬野　4-258, 4-260
塩浸　4-256
塩屋　4-259
敷河内村　4-258, 4-260
蔀　4-256
下有佐村枝内田　4-260
下松求麻村　4-258, 4-260
下村　4-260
白岩　4-257, 4-259
白石　4-256
白嶋　4-258, 4-260
新地　4-258, 4-260
陣内村　4-257
菅牟田　4-256
洲口　4-258, 4-260
瀬髙　4-258, 4-260
淋　4-256
谷　4-256
田浦村　4-259
田野河内　4-258, 4-260
多武除　4-256, 4-258
千代永　4-258, 4-260
月浦　4-257
告☆　4-256
辻　4-258, 4-260
包　4-256
津奈木村　4-257
鶴木山村　4-257, 4-259
寺川内村　4-256
徳淵村　4-260
泊　4-257
中津道　4-258
苦竹洌　4-258, 4-260
計石村　4-257, 4-259
破木　4-258, 4-260
葉木　4-258, 4-260
萩原村　4-260
波多嶋　4-259
濱村　4-257
原女木　4-258, 4-260
日奈久町○　4-258, 4-260
平國赤崎村　4-257
平谷　4-258
平生　4-257
豊原村　4-258, 4-260
福浦　4-257
袋村　4-257
二見村　4-258, 4-260
舟津　4-257, 4-259
舩津　4-259, 4-260
古里　4-256
古田　4-258, 4-260
古麓村　4-258, 4-260
外牟田村　4-260
馬越　4-258, 4-260
町原　4-257
松崎　4-258, 4-260
松崎村　4-260
松本　4-256
宮地村　4-260
宮浦　4-256, 4-259
麥嶋村　4-260
八代（熊本臣 長岡帯刀持城）☆　4-260

山下　4-256
湯浦本村　4-256
横石　4-258, 4-260
横手村　4-260
吉王丸村　4-260
吉王丸村枝新牟田　4-260
与奈久　4-258, 4-260

【山・峠】

櫛山　4-258, 4-260
辰山　4-257

【河川・湖沼】

球麻川　4-260

【岬・海岸】

飯山（出）崎　4-257, 4-259
大崎　4-257
黒崎　4-257
品崎　4-259
大門崎　4-257
明神鼻　4-257

【島】

赤シマ　4-257
犬嶋　4-260
産嶋　4-260
大嶋　4-260
大鼠藏嶋　4-258, 4-260
男シマ　4-257
カウコシマ　4-258, 4-260
加賀嶋　4-260
木嶋　4-257
黒シマ　4-257
小路嶋　4-257
小鼠藏嶋　4-258, 4-260
柴嶋　4-259
白嶋　4-260
髙嶋　4-260
竹嶋　4-257
唐船瀬　4-257
戸嶋　4-259
野々嶋　4-257
ハタカシマ　4-257
二子嶋　4-257
辨天嶋　4-260
松崎小シマ　4-257
丸嶋　4-257
三嶋　4-260
水シマ　4-258, 4-260
湯子シマ　4-257

九州沿海図 第17 人吉

【国名】

大隅國　4-262
肥後國　4-262, 4-263
日向國　4-262, 4-263

【郡名】

姶羅郡　4-261
球磨郡　4-262, 4-263
来原郡　4-261, 4-262
諸縣郡　4-262, 4-263

【地名】

會田　4-261
間村　4-263
赤池村　4-263
有川村　4-261
有川村枝石原村○　4-261
池嶋　4-262
池嶋　4-262
猪目　4-261
榎田村　4-262
大杮　4-263
大村　4-263
岡松村　4-262
大畑村　4-262, 4-263
小野山　4-261
上ノ屋敷　4-262, 4-263
亀澤村　4-262
川北村　4-262
川添　4-261, 4-262
北名村　4-261, 4-262
熊峯　4-261, 4-262
粟〔栗〕野村　4-261, 4-262
蹴上　4-261
小羽村○　4-261, 4-262
小山田村　4-261
坂元　4-261, 4-262
薩摩瀬村　4-263
地下　4-263
七地村　4-263
七地村内漆田村　4-263
嶋中村　4-262
下之村　4-261
十文字　4-261
城元　4-263
水流　4-262
瀬丸　4-261
竹子村　4-261
田頭　4-263
鶴丸村　4-262
鞆尻　4-263
中神村　4-263
中園　4-263
中津川村　4-262
中之村○　4-261
中福良村　4-262
中福良村○　4-262
中福良村枝加久藤村　4-262
長山村　4-262
二反田　4-261, 4-262
灰塚村横頭　4-262
馬場　4-263
林村　4-263
般若寺村　4-262
東野木　4-261
人吉（相良志摩守居城）　4-263
深川　4-261
舟渡　4-263
別府　4-262
三縄村　4-261
三縄村枝胡桃川　4-261
向名村　4-262
姪床　4-261
柳津村　4-262
山崎　4-262
山添村　4-261, 4-262
吉松村　4-262
渡リ村　4-263

【山・峠】

恒次山　4-261, 4-262
七ツ谷山　4-261, 4-262
西山　4-262
安良岳　4-261

【河川・湖沼】

球麻川　4-263
川内川　4-261, 4-262

九州沿海図 第18 熊本

【国名】

筑後國　4-269
肥後國　4-269

【郡名】

飽田郡　4-264, 4-266
天草郡　4-265
宇土郡　4-264
宇戸郡　4-264
詫間郡　4-266
玉名郡　4-266, 4-268, 4-269
益城郡　4-264, 4-266
三池郡　4-269
八代郡　4-264
山鹿郡　4-268
山本郡　4-268

【地名】

相谷　4-268
赤坂村　4-269
荒尾村　4-269
安原　4-269
伊倉南方村　4-266
伊倉南方村枝立花　4-266
池亀村　4-266
池畑村　4-266
石瀬村　4-264
石橋村　4-264
石村　4-268
一部村　4-269
一部村　4-269
井手村　4-269
糸山村　4-266
今藤村　4-268
今村　4-269
今村　4-266
岩立村　4-266
岩野村　4-266, 4-268
岩原村　4-268
岩村　4-268
植木☆　4-266, 4-268
上野　4-266
牛水　4-269
内潟　4-265
内田　4-268
内田新開村　4-266
内村　4-268
宇土（細川和泉守在所）　4-264
鵜森村　4-266
浦　4-265
宇留毛　4-266
永尾村濱　4-264
江頭村　4-264
惠里村　4-264
小天村　4-266
網田村　4-265
網田村赤瀬　4-265
網田村枝戸口浦☆　4-265
大口村　4-265
大窪村　4-266
大嶋村　4-269
大清水村　4-268
大田尾　4-265
太田黒村　4-268
大野村　4-264
大見村　4-264
奥古閑村　4-264, 4-266
小嶋村　4-266
小嶋村　4-269
小田良　4-265
海氏村　4-264, 4-266
鏡村　4-264
鏡村枝鏡町☆　4-264
柿木原　4-264
笠岩村　4-264
鹿嶋村　4-264
桂原　4-264
金桁　4-265
鹿子木村　4-266
上井手　4-269
上沖洌　4-269
上長田村　4-269
鴨籠　4-264
刈草村　4-266
河尻町○☆　4-264, 4-266
河内村　4-266
河内村枝舟津☆　4-266
河東村　4-266
北椎田　4-266
北田尻村　4-264
北走潟村　4-264
北畑　4-268
京良木村　4-269
清藤廻江村　4-264
際崎　4-265
久具村　4-264
楠古閑　4-266
楠原村　4-266
宮内村　4-269
熊入村　4-268
熊本（細川越中守居城）☆　4-266
藏満村　4-269
栗ノ尾　4-267, 4-269
小岩瀬村　4-264, 4-266
莎崎村　4-264
郷原　4-268
髙良村　4-264
肥猪町　4-268
肥猪村　4-268
郡浦村☆　4-265
古閑村　4-264
國町村　4-264
五町村　4-264
小原　4-269
小松原　4-264
菰田村　4-268
御領村　4-264
御領村枝柏原　4-264
惟重村　4-264, 4-266
財間　4-264
坂上村　4-269
坂下　4-266
篠原村　4-264
里〔浦〕村　4-265
猿崎　4-264
三十町村　4-264
椎田町　4-266
塩屋　4-266
塩屋　4-265
塩屋　4-265
色出村　4-268
志々水村　4-264
紫波浦　4-264
渋江村　4-266
嶋村　4-266
下井手　4-269
下江　4-264
下沖洌　4-269
下立田村　4-266
下長田村　4-269
下松山　4-264
下村　4-269
下村枝鍋　4-269
十禅寺村　4-266
正院　4-268
庄寺　4-269
城ノ村　4-264
白濱　4-266
白石村　4-266
新開村△　4-264
新開村枝下新開　4-264
新田村　4-264
新田村　4-264
新田村枝川尻　4-264
新村　4-264
枚嶋　4-264, 4-266
枚木　4-264
清原寺　4-269
関下　4-269
関東　4-269
関村　4-269
関村関町（南関）○☆　4-269
千田河原村　4-269
錢塘村　4-264, 4-266
底江　4-265
曽畑村　4-264
田井浦　4-265
大保村　4-266
高江村　4-266
高久野　4-269
髙瀬町○☆　4-269
髙橋町○　4-266
髙平村　4-266
高道村　4-269
高道村枝滑石（晒）　4-267, 4-269
竹洞　4-266
田平　4-265
滴水村　4-266
段原村　4-264
近見村　4-266
千田村　4-268
築籠　4-264
塚原　4-264
津浦村　4-266
椿原村　4-264
坪井村　4-266
霞見村　4-264
手場村　4-265
道古閑　4-264, 4-266
頭波下村　4-269
徳王　4-266
飛田村　4-266
豊福村　4-264
渡鹿村　4-266
長崎村　4-264
長迫　4-266
中嶋村　4-266
長洲村○☆　4-269
長濱村　4-265
中松尾　4-266
中無田村　4-266
中村　4-269
中村枝小濱　4-269
鍋田村　4-268
貳拾町村　4-264, 4-266
二町村　4-264
野田村　4-264, 4-266
波多村　4-265
波多村枝三角浦　4-265
八町村　4-264
濱口村　4-266
濱村　4-267, 4-269
腹赤村　4-269
春竹村　4-266
東鍋田　4-268
東走潟　4-264
一木村　4-266, 4-268
平木村　4-264
平田　4-266
平野村　4-268
平原　4-269
平山村　4-266
平山村☆　4-269
平山村枝近津　4-266
廣　4-268
藤田村　4-269
船津村　4-269

部田見　4-266
方近村　4-266
方丈村　4-264
外目　4-269
馬出　4-266
前越　4-265
増永村　4-269
松合村　4-264
松尾村　4-266
松橋村☆　4-264
松原村　4-264
松山村　4-264
万田村　4-269
ミカン　4-264, 4-266
味取　4-268
南嶋村　4-268
南走潟村　4-264
御舩　4-265
御馬下村　4-266
宮尾　4-269
ムステノ小屋　4-268
牟田口村　4-266
宗方村　4-268
舞尾村　4-266, 4-268
持松村　4-268
本山村　4-266
桃田村　4-268
桃田村向津留　4-268
山内　4-264
山口　4-269
山室村　4-266
湯町○☆　4-268
横嶋村　4-267
横嶋村枝大園　4-267
吉松村　4-268
世安村　4-266

【社寺】

祇園社　4-266

【山・峠】

雨呼山　4-264
荒尾山　4-266
今山　4-269
大津山　4-269
雁回山　4-264
金峰山　4-266
古城山　4-264
木葉岳　4-268
三岳　4-266
鹿塚山　4-269
城塚山　4-264
砥石山　4-268
獨鈷山　4-266
二岳　4-266
糖塚山　4-264
萩尾山　4-264
松尾山　4-266
三角岳　4-265
三塚山　4-269
米岳　4-268

【河川・湖沼】

淺川　4-264
大野川　4-264
白川　4-266
髙瀬川　4-267, 4-269
髙橋川　4-266
氷川　4-264
緑川　4-264, 4-266

【岬・海岸】

権現﨑　4-265

【島】

大嶋　4-264
大矢野嶋　4-265
甲嶋　4-265
小寺シマ　4-265
鈴嶋　4-265
藏々千束島　4-265
寺嶋　4-265
戸馳嶋　4-265
中神嶋　4-265
荷シマ　4-265
根シマ　4-265
離嶋　4-266
風流嶋　4-264

九州沿海図
第19
天草諸島

【国名】

肥後國　4-272, 4-274, 4-275

【郡名】

天草郡　4-272, 4-274, 4-275
宇土郡　4-275

【地名】

合津村　4-275
赤﨑　4-274
赤﨑　4-270
赤﨑村　4-272, 4-275
淺海　4-271
天付　4-272
天付　4-271
阿村　4-275
荒河内村　4-273
嵐口　4-270, 4-274
荒平　4-272, 4-274, 4-275
イカ□ト　4-273
池浦　4-274
池ノ迫　4-275
板ノ河内　4-273
壹尾　4-272
市ノ瀬　4-272
市瀬村　4-271
一町田村　4-271
井手村　4-273
今泉村　4-274, 4-275
今浦　4-270
今釜　4-272
今冨村　4-271, 4-273
今冨村枝小嶋　4-271
今村　4-271, 4-273
岩谷　4-275
牛深村☆⚓　4-271
牛深村枝茂串　4-271
内潟　4-275
内澤　4-270
打田村　4-272
内田村　4-273
内野河内村　4-274, 4-275
梅津　4-272
梅木　4-275
浦河内　4-271
浦村　4-274, 4-275
江河　4-272
江後　4-275
江ノ浦　4-274, 4-275
江樋戸　4-275
圓中　4-271
網田村枝赤瀬　4-275
大浦村　4-275
大江村　4-271, 4-273
大江村枝軍浦　4-271
大潟　4-275
大櫻　4-275
大嶋　4-272
大嶋子村　4-272
大ソウツ　4-271, 4-273
大田尾　4-275
大多尾村☆　4-270, 4-272
大多尾村枝下大多尾　4-270, 4-272
大道村　4-274
大友　4-271
大野　4-272
大野浦　4-271
大平　4-274, 4-275
大宮地村　4-272
大宮田　4-272
大屋　4-272
奥師　4-274
尾越﨑　4-275
小田床村　4-273
小田良　4-275
落戸　4-271
鬼池村　4-272
鬼池村枝引坂　4-272
魚貫﨑　4-271
魚貫村☆　4-271
鬼塚　4-275
尾上　4-275
小野川　4-274, 4-275
鏡　4-272
垣塚　4-272
掛水　4-272
葛﨑☆　4-274
金桁　4-275
金焼　4-272
椛ノ木　4-270
鎌　4-271
釜　4-275
上萱木　4-273
上久保　4-272
上津浦村　4-272
上野原村　4-272
上ノ平　4-270, 4-272
上平　4-271
上村　4-275
亀浦村　4-271
亀川村　4-272
亀ノ迫　4-275
唐網代　4-274
川ケ迫　4-271
河内村　4-272
観音　4-272
教良木村　4-274, 4-275
際﨑　4-275
釘原　4-272
久々平　4-271, 4-273
串　4-275
楠浦村☆　4-272
楠甫村　4-275
久玉村☆　4-271
口高根　4-270
倉田 織尾　4-271, 4-273
倉谷　4-271, 4-273
小路　4-274, 4-275
神代　4-274
上津深江村　4-273
高根　4-271
カフリ　4-271
越之浦　4-275
古賀原　4-273
小河内　4-274, 4-275
小﨑　4-272, 4-274
小嶋子村　4-272
御所浦村（下□嶋）☆　4-270, 4-274
小高　4-271
東風泊　4-274
鮗ケ浦　4-275
木場　4-272
木場　4-270
木場　4-273
古古里　4-271
小松川　4-273
小峯　4-270
小峯　4-272
小宮地村　4-270, 4-272
小宮路村枝北高根　4-270
小宮地村枝諏訪﨑　4-270, 4-272
小屋河内　4-274
御領村☆　4-272
御領村枝小串　4-272
才津原　4-272, 4-274
佐伊津村　4-272
境目　4-272
坂瀬川村　4-273
﨑津村☆⚓　4-271
﨑山　4-271, 4-273
サツキ濵　4-271
里　4-271, 4-273
椎葉　4-271
塩屋　4-275
志柿村　4-272
志柿村枝瀬戸　4-272
志岐村　4-273
賤女　4-275
下貫　4-274
下内野村　4-272
下浦村☆　4-272
下萱木　4-273
下河内村　4-272
下田☆　4-271
下津浦村　4-272
下津江　4-272
下津深江村　4-273
下ノ尾　4-272
下平　4-271
城木場村　4-272
白木河内村　4-271
白須　4-272
白多尾　4-275
白トウ　4-272
治郎田　4-275
四郎丸　4-275
新休村　4-272
新地　4-275
新田　4-272
淵ケ浦　4-275
須子村　4-272, 4-275
李原　4-272
諏訪通　4-273
瀬高浦　4-275
瀬戸　4-274
千束浦　4-275
舩塲　4-272
藏々浦　4-275
双原　4-275
ソノフ　4-274, 4-275
出井浦　4-275
高串　4-274
高戸村　4-274
髙濵村☆　4-273
立ノ浦　4-272
立花　4-271
立原村　4-271, 4-273
棚底村☆　4-272, 4-274
田向　4-272
津留村　4-271, 4-273
テンサマ　4-271, 4-273
所宮　4-272
年柄村（國照寺領）　4-273
冨岡町☆⚓　4-273
友新田　4-271
鳥越　4-272
都呂々村　4-273
中浦　4-272, 4-274, 4-275
長砂連　4-275
中塩屋　4-272
中田村☆　4-270, 4-272
中野　4-272
中ノ浦　4-272
中坂　4-271
中ノ迫　4-271
中村　4-275
中村　4-272
永目　4-274, 4-275
夏網代　4-274
七ノ割　4-275
成合津　4-275
成川　4-274
西浦　4-275
二本木　4-270
登立村　4-275
畑尻　4-272
波多村　4-275
波多村枝三角浦　4-275
波戸釜　4-275
馬場村　4-272
蛤　4-275
濵田　4-272
早ノ浦村　4-271
早ノ浦村枝路木　4-271
東浦　4-274
久留村　4-271
久留村枝主留　4-271
聖返　4-271
樋嶋村（上□嶋）☆　4-274
姫浦村☆　4-274, 4-275
平　4-272
平床村　4-271, 4-273
廣瀬村枝茂木根　4-272
廣瀬村　4-272
日渡　4-272
深海村　4-271
福津　4-271
福連木村　4-273
藤川　4-274, 4-275
二江村　4-273
二間戸村　4-274, 4-275
舩津　4-272
舟津　4-271
舩津　4-272, 4-274
舩津　4-272
舩津　4-272
古江村　4-272
干平　4-274, 4-275
螢目　4-271
程屋　4-271
本戸馬塲村　4-272
本村　4-273
前越　4-275
益田村　4-271, 4-273
町山口村☆　4-272
松尾　4-272, 4-274, 4-275
松尾　4-273
松﨑　4-271
松葉　4-271, 4-273
丸山　4-271
満越浦　4-275
三森　4-271
南平　4-272, 4-274
宮田村☆　4-272
宮津　4-275
宮野河内村　4-271
明瀬　4-272
牟田　4-274, 4-275
宗﨑　4-271
本泉村　4-272
元浦　4-270, 4-274
元下須　4-271
本須口　4-271
柳浦　4-275
山仁田　4-272
山之浦　4-271
湯舩原村☆　4-272
與一ケ浦　4-270, 4-

272, 4-274
除石　4-272
横浦　4-270, 4-272, 4-274
横瀬（濵）　4-271
吉田　4-271
四□　4-272
鷲口　4-272
和田ノ前　4-273

【山・峠】

伊勢宮山　4-271
銀杏山　4-271
薄木山　4-273
老嶽　4-272, 4-274, 4-275
帯山　4-273
頭岳　4-271, 4-273
角山　4-273
草積峠　4-272
五太郎峠　4-273
權現山　4-271
下多山　4-273
水仙山　4-273
染岳　4-272
高尾山　4-272
茶屋峠　4-273
津々シ原山　4-273
天満岳　4-272
鍋割山　4-270, 4-272
登尾峠　4-273
柱野岳　4-273
三角岳　4-275
矢筈山　4-273
竜岳　4-274

【河川・湖沼】

大川　4-272
廣瀬川　4-272
本戸迫門　4-272
三角迫門　4-275

【岬・海岸】

穴瀬鼻　4-270
雨竜﨑　4-274, 4-275
大戸﨑　4-275
尾﨑　4-271
魚貫﨑　4-271
桂﨑　4-271
上ウト﨑　4-275
串﨑　4-270
黒瀬鼻　4-271
權現﨑　4-275
志岐﨑　4-273
洌鼻　4-275
鶴﨑　4-271
塔ケ﨑　4-272
ノヲサハ尻　4-270
早﨑　4-271
蛭子﨑　4-275
曲﨑　4-273
松ケ﨑　4-274
松ケ﨑　4-274
宮﨑　4-271

【島】

赤シマ　4-270, 4-274
赤シマ　4-275
赤島　4-271
赤嶋　4-274
赤嶋　4-274
赤嶋　4-271
上嶋　4-272, 4-274, 4-275
池シマ　4-275
イシ瀬　4-270
牛シマ　4-271
ウソシマ　4-275
産嶋　4-271
海老シマ　4-271
エヒスシマ　4-275
大カ瀬　4-271, 4-273
大嶋　4-272
大嶋　4-271
大マツシマ　4-275
大矢野嶋　4-275
荻嶌　4-270, 4-272
沖瀬　4-271
沖二子シマ　4-271
ヲゴシマ　4-271
片嶋　4-271
勝九郎嶋　4-275
甲シマ　4-275
上チヽカ嶋　4-272
鴨瀬　4-271
カリセ　4-271
木嶋　4-275
釘嶋　4-275
椚嶋　4-274
楠島　4-274
楠盛嶋　4-270, 4-272, 4-274
クロキシマ　4-275
黒嶋　4-275
クロシマ　4-275
黒嶋　4-274
黒嶋　4-270
黒嶋　4-272, 4-275
黒嶋　4-271
桒嶋　4-271
クンセ　4-270
下須島　4-271
源藏嶋　4-275
小カ瀬　4-271
五色シマ　4-272
小シマ　4-275
小シマ　4-275
小シマ　4-274
小シマ　4-272
小嶋　4-271
小シマ　4-274
小シマ　4-272, 4-274
小高目シマ　4-275
小寺シマ　4-275
五百シマ　4-270
小坊シマ　4-275
小横シマ　4-275
コンキウシマ　4-270, 4-272
笹シマ　4-275
猿子嶋　4-270, 4-272, 4-274
地二子シマ　4-271
下チヽカ嶋　4-272
下マテシマ　4-271
舟穿窟　4-273
瀬嶋　4-275
藏々千束島　4-275
相津嶋　4-270
ソウヤクシマ　4-275
高目嶋　4-275
竹嶋　4-274
竹嶋　4-270
竹嶋　4-275
タケシマ　4-272
茶臼シマ　4-275
通詞嶌　4-273
築島　4-271
葛篭嶋　4-270
手取シマ　4-275
寺嶋　4-275
塔ケ﨑嶋　4-275
堂シマ　4-275
唐船嶋　4-275
戸嶋　4-271
戸馳嶋　4-275
トン宮　4-271
長浦嶋　4-275
中神嶋　4-275
中嶋　4-275
中瀬　4-271
長渚　4-273
二色嶋　4-272
荷シマ　4-275
根シマ　4-275
子ツミシマ　4-275
子ツミシマ　4-275
野釜嶋　4-275
ノシマ　4-275
ハタカシマ　4-274
裸シマ　4-275
羽干嶋　4-275
早シマ　4-275
樋合嶋　4-275
船揚嶋　4-274, 4-275
瓢箪シマ　4-270
瓢箪嶋　4-270, 4-272
平瀬嶋　4-272, 4-274
ヒリヤウシマ　4-275
ヒレ嶋　4-271
二子嶋　4-270
寶ケ嶋　4-271
佛嶋　4-275
前嶋　4-275
牧嶋　4-270, 4-272
眉嶋　4-270, 4-274
水嶋　4-275
宮小シマ　4-271
宮シマ　4-275
宮シマ　4-270
ムロハルシマ　4-275
モツトウシマ　4-272
八木嶋　4-275
八千古シマ　4-275
山ノ瀬　4-270, 4-272
湯嶋　4-275
与市ケ浦嶋　4-270, 4-272, 4-274
横嶋　4-275
横嶋　4-272, 4-274
横嶋　4-270, 4-272
横嶌　4-275
ヨシカ　4-270
和田シマ　4-275

九州沿海図
第20　阿蘇

【国名】

肥後國　4-278
豊後國　4-278

【郡名】

飽田郡　4-277
阿蘇郡　4-276, 4-278
合志郡　4-276, 4-277
直入郡　4-278

【地名】

跡ケ瀬　4-276
今町　4-276
内牧村○☆　4-276
産山村　4-278
大久保　4-277
大津町○　4-277
大利村　4-278
小倉村　4-276, 4-278
小里村　4-276
小野田　4-276, 4-278
折戸村　4-276
上立田村　4-277
上津久禮村　4-277
狩尾村　4-276
車帰村　4-276
黒流　4-276
古閑　4-278
小池村　4-276
坂梨村○☆　4-278
坂ノ下　4-276
篠倉　4-278
三本松　4-278
塩塚　4-276, 4-278
下津久禮村　4-277
下南部　4-277
新小屋　4-276
陳内　4-277
新町　4-277
添津留村　4-278
髙尾野　4-277
竹原村　4-276
中代村内大堀木　4-277
鉄炮町　4-277
塔迫村　4-277
中尾　4-277
南部村内新南部　4-277
入道水村　4-277
馬場　4-278
平川村　4-277
古城村　4-276
方里ケ谷　4-276
真木村　4-277
町村　4-277
的石村　4-276
南方　4-277
宮地村　4-278
役犬原　4-276
柳水村　4-277
弓削　4-277
若竹　4-277

【社寺】

阿蘇宮　4-276, 4-278

【山・峠】

鬼嶋山　4-276
髙岳　4-276, 4-278
根子岳　4-278
二江峠　4-276

九州沿海図
第21
豊後竹田

【郡名】

大野郡　4-279, 4-281
直入郡　4-279, 4-281

【地名】

赤坂　4-279
赤根村　4-281
赤道　4-279
上リ尾村　4-280
阿藏野　4-279
石合村（御料）　4-281
石田村　4-280
市村　4-281
一里山　4-279
犬飼町○　4-280
犬山村　4-281
今市村（岡領）　4-281
伊与床村（熊本領）　4-280
入小野　4-280
入草　4-279
岩上村　4-280
岩屋金　4-280
上野村　4-279
上野村　4-279
浦久保　4-279
老野村（岡領）　4-279
追分　4-279
追分　4-281
大迫村　4-280
大田　4-281
大塚村　4-279, 4-281
大塔村　4-280
大鳥村　4-281
大野原　4-281
大無田　4-279, 4-281
岡（中川修理大夫居城）　4-279
岡村　4-280
小倉　4-279
小野　4-281
尾平　4-281
鏡村　4-281
鹿口　4-279
陰木村　4-280
鍛冶屋　4-279
片草　4-281
香伏　4-281
釜割　4-279, 4-281
上四ツ口　4-279
鹿矢　4-279
栢木　4-281
川原村（臼杵領）　4-280
川南村内幸土町　4-281
神馬　4-279
北泉村　4-279, 4-281
久住村（熊本領）○　4-279
熊地村（岡領）　4-279
栗本　4-279, 4-281
黒都里　4-281
小原村　4-281
小牧　4-280
小無田　4-279, 4-281
米賀　4-279
小屋　4-280
境川　4-279
笹川　4-279
佐代村　4-281
三本松　4-279, 4-281
下木村　4-279
芝尾　4-281
柴北村　4-280
下津尾村（岡領）　4-280
下原　4-280
下四ツ口　4-279
白丹村（熊本領）　4-279
白萩尾　4-281
神田村　4-279
新町　4-279
杁園村　4-281
鈴ケ山　4-281
染原　4-279
髙添　4-280
髙伏村　4-279
田口村　4-280
田口村枝中村　4-280
竹内　4-281
竹田町☆　4-279
竹中村　4-280
谷　4-279
田原　4-280
田平村　4-279
田平村枝小髙野村　4-279
田舛　4-281
湛水　4-281
土取　4-281
堤村　4-279, 4-281
津留　4-280
峠　4-279
通山　4-281
徳ノ尾　4-279
利光村　4-280
轟木村　4-279
鳥巣　4-280
長迫村　4-279
中津留　4-280
長峯村　4-280
中村　4-280
梨原村（岡領）　4-279, 4-281

七里村　4-279
野津原村○☆　4-281
萩尾村　4-281
挟田村　4-279, 4-281
挟田村枝柴栗村　4-279, 4-281
挟田村枝田尾村　4-279
花香　4-280
原村（熊本領）　4-281
日向　4-281
平井村　4-281
平田村　4-279
平村　4-279
深迫村　4-279
福川　4-279
福原村　4-279
藤北村　4-281
古園村　4-279
古屋敷　4-279
法泉庵村　4-279
堀家村　4-281
牧原村　4-281
牧原村枝高牟禮　4-280
政所村　4-279
政所村枝鬼田村　4-279, 4 281
政所村枝髙尾村　4-279
三木村　4-281
峯越村　4-279
宮迫村　4-281
宮迫村　4-281
宮ノ脇　4-281
宮原　4-279
門前村　4-280
矢野原村　4-281
山路村　4-279
用作　4-279, 4-281
横井　4-281
横枕　4-281
米納村　4-279
米納村枝紙漉　4-279
若宮　4-281
和田村　4-281

【山・峠】

天城山　4-280
家山　4-280
王子峠　4-281
小倉木山　4-281
神角寺山　4-281
髙粒呂山　4-280
霤城　4-280

地名総索引

【あ】

阿々良山　ああらやま　第116号　2-202, 2-204
相上村　あいあげむら　第88号　2-77
相内村　あいうちむら　第38号　1-130, 5-82
相生浦☆　あいおいうら　第141号　3-131, 5-183
相生浦鰯浦〔相生〕　あいおいうらいわしうら　第141号　3-127, 3-131, 5-306
相生浦壺根　あいおいうらつぼね　第141号　3-127, 3-131
相生浦古池ノ内　あいおいうらふるいけのうち　第141号　3-131
秋穂貳嶋村　あいおふたじまむら　第176号　3-292, 5-219
秋穂貳嶋村内上ケ田　あいおふたじまむらうちあげた　第176号　3-292
秋穂貳嶋村舩越　あいおふたじまむらふなこし　第176号　3-292
秋穂本郷青江　あいおほんごうあおえ　第176号　3-292
秋穂本郷村〔秋穂〕　あいおほんごうむら　第176号　3-292, 5-219, 5-312
アイカイフ　第20号　1-63, 5-44, 5-275
相ケ江　あいがえ　第105号　2-154
秋鹿郡　あいかぐん　第162号　3-218, 5-190, 5-204, 5-305, 5-308
安乎下村　あいがしもむら　第138号　3-119, 5-184
アイカツフ岬　第22号　1-71, 1-72, 5-27, 5-28, 5-270
安乎中田村　あいがなかだむら　第138号　3-119, 5-184
アイカフ　第17号　1-57, 5-42, 5-275
相神村　あいかみむら　第84号　2-63, 2-65, 5-143, 5-295
秋鹿村　あいかむら　第162号　3-218, 5-190, 5-204, 5-305, 5-308
相川◯　あいかわ　第75号　2-25, 5-99, 5-287
相川　あいかわ　第109号　2-167
相川　あいかわ　第130号　3-74, 5-163
阿井川　あいがわ　第163号　3-222
相川濵〔相川〕　あいかわはま　第48号　1-162, 1-163, 5-78, 5-284
相川村　あいかわむら　第62号　1-211, 5-87, 5-283
相川村　あいかわむら　第64号　1-222, 5-75, 5-88, 5-90, 5-283
相川村　あいかわむら　第76号　2-32, 5-112, 5-113
相川村☆　あいかわむら　第138号　3-119, 5-184, 5-303, 5-306
愛甲郡　あいこうぐん　第90号　2-91, 5-291
愛甲郡　あいこうぐん　第93号　2-103, 5-126, 5-291
愛甲郡　あいこうぐん　第99号　2-128, 5-126, 5-291
愛甲村（若林主税、島帯刀、石川八兵エ知行所）　あいこうむら　第99号　2-128, 5-126
愛甲村枝片平〔愛甲〕　あいこうむらえだかたひら　第93号　2-103, 5-291
愛甲村枝上愛甲　あいこうむらえだかみあいこう　第99号　2-128
相河村　あいこむら　第206号　4-148, 4-149, 5-242, 5-321
相坂峠　あいざかとうげ　第141号　5-183
相サキ　あいさき　第206号　5-242
藍﨑島〔藍島〕　あいさきじま　第164号　3-229, 5-210, 5-308
相去村　あいさりむら　第50号　1-172, 5-73, 5-282
鮎澤村　あいざわむら　第96号　2-118, 5-150
相島　あいじま　第206号　5-242
相嶋（大井郷村屬）（萩領）　あいしま（おおいごうむらぞく）　第174号　3-281, 5-217, 5-309
相瀬〔相セ〕　あいせ　第206号　4-146, 5-242
相添川〔相染川〕　あいそえがわ　第96号　2-117, 5-150
逢染川（思川）　あいそめがわ（おもいがわ）　第187号　4-57, 4-59, 4-62
相染村　あいそめむら　第62号　1-213, 5-87, 5-283
會田　あいだ　九州沿海図第17　4-261
英田郡　あいたぐん　第144号　3-141, 3-144, 3-146, 5-192, 5-306
相谷村　あいだにむら　第124号　3-42, 5-180, 5-304
會田町村（會田宿）◯☆〔會田〕　あいだまちむら（あいだしゅく）　第96号　2-115, 5-146, 5-294, 5-296
會田町村岩井堂　あいだまちむらいわいどう　第96号　2-115
藍玉村　あいたまむら　第102号　2-147
相田村　あいだむら　第121号　3-32, 5-172, 5-300
相田村　あいだむら　第123号　3-41
間村　あいだむら　第200号　4-114, 5-250, 5-314
間村　あいだむら　九州沿海図第17　4-263
間村七地村　あいだむらしちちむら　第200号　4-114, 5-250
愛知郡　あいちぐん　第115号　2-196, 2-197, 2-199, 5-159, 5-297, 5-299
會津郡　あいづぐん　第67号　1-235, 5-105
會津郡　あいづぐん　第68号　1-237, 5-105
愛津村☆　あいつむら　第202号　4-124, 5-236
合津村　あいづむら　第196号　4-98, 5-250
合津村　あいづむら　九州沿海図第19　4-275
愛津村枝中野〔愛津〕　あいつむらえだなかの　第202号　4-124, 5-315
合津村西浦　あいづむらにしのうら　第196号　4-98
アイトマリ　第34号　1-119
アイトマリ　第34号　1-116, 5-54, 5-57, 5-279
アイトマリ　第34号　1-118, 5-54, 5-57, 5-279
相戸村　あいどむら　第113号　2-189, 5-155, 5-156, 5-297
藍波田村〔波田〕　あいなみたむら　第136号　3-105, 5-182, 5-306
安比奈村　あいなむら　第88号　2-79
愛名村（跡部茂右エ門、大久保江七兵エ、佐野肥前守知行所）　あいなむら　第99号　2-128, 5-126
アイニイカツフ岬　第22号　1-71, 1-72, 5-27, 5-28, 5-270
相沼ノ内◯〔相沼内〕　あいぬまのない　第34号　1-116, 5-54, 5-57, 5-279
相浦　あいのうら　第169号　3-254
藍浦⏃　あいのうら　第186号　4-53
相神浦川　あいのうらがわ　第190号　4-77
相神浦村〔相神浦〕　あいのうらむら　第190号　4-77, 5-235, 5-313
相浦村　あいのうらむら　第190号　4-75
相神浦村枝大野村　あいのうらむらえだおおのむら　第190号　4-77
相神浦村枝皆瀬　あいのうらむらえだかいぜ　第190号　4-77
相神浦村枝新田村　あいのうらむらえだしんでんむら　第190号　4-77
相神浦村枝山口村　あいのうらむらえだやまぐちむら　第190号　4-77
相神浦村枝吉岡　あいのうらむらえだよしおか　第190号　4-77
相神浦村中里　あいのうらむらなかざと　第190号　4-77
相神浦村本山　あいのうらむらもとやま　第190号　4-77
相神浦村柚木村　あいのうらむらゆのきむら　第190号　4-77
相ノ川　あいのかわ　第201号　4-121, 4-122
相窪村　あいのくぼむら　第187号　4-58, 5-222, 5-231
藍島　あいのしま　第177号　5-220, 5-312
藍島　あいのしま　第186号　4-53, 5-223, 5-313
相島〔相シマ〕　あいのしま　第192号　4-82, 5-240, 5-241
相之島〔相之島、相島〕　あいのしま　第206号　4-150, 5-242, 5-243, 5-321
相谷　あいのたに　九州沿海図第18　4-268
相野村　あいのむら　第141号　3-131, 5-183, 5-306
相濵村（酒井内記知行所）〔相ノ濵〕　あいはまむら　第92号　2-99, 2-100, 5-124, 5-292
相原村（建部六右エ門、高井但馬守、久松志次郎知行所）　あいはらむら　第90号　2-91, 5-121, 5-126, 5-291
相原村　あいはらむら　第113号　2-188
相原村　あいはらむら　第179号　4-19, 5-225, 5-312
相原村　あいはらむら　九州沿海図第2　4-195
藍日出坂村　あいひでさかむら　第136号　3-105, 5-182
アイベ　第17号　1-53
アイベクシナイ　第21号　1-68, 1-69, 5-46, 5-279
相星山　あいほしやま　第210号　4-170, 5-254, 5-261
相星山　あいぼしやま　九州沿海図第12　4-242, 4-243
相俣◯　あいまた　第78号　2-42, 5-289
相又村　あいまたむら　第100号　2-137, 2-139, 5-127, 5-296
相又村栢木峠〔栢木峠〕　あいまたむらかやのきとうげ　第100号　2-137, 2-139, 5-127
相又村針山　あいまたむらはりやま　第100号　2-137, 2-139
安威村　あいむら　第133号　3-93, 5-178
安威村枝乗原〔安威〕　あいむらえだくわのはら　第133号　3-93, 5-301
藍本庄村　あいもとしょうむら　第136号　3-105, 3-108, 5-182
藍本庄村藍新田◯　あいもとしょうむらあいしんでん　第136号　3-105
藍本庄村片原町　あいもとしょうむらかたはらまち　第136号　3-105, 3-108
始羅郡　あいらぐん　第208号　4-158, 5-316
始羅郡　あいらぐん　第209号　4-162, 4-163, 5-247, 5-261, 5-315, 5-316
始羅郡　あいらぐん　九州沿海図第10　4-233
始羅郡　あいらぐん　九州沿海図第17　4-261
アイロ　第29号　1-97, 1-98, 5-51, 5-278
アイロ鼻　あいろはな　第155号　3-190, 3-192
會見郡　あうみぐん　第150号　3-171, 5-189, 5-305
會見郡　あうみぐん　第155号　3-190, 3-192, 5-189, 5-305
敢國神社　あえくにじんじゃ　第129号　3-73
阿拝郡　あえぐん　第129号　3-72, 5-167, 5-301
阿拝郡　あえぐん　第130号　3-75, 5-167
阿拝郡　あえぐん　第133号　3-88, 5-167, 5-301
阿拝郡　あえぐん　第134号　3-94, 5-167, 5-301

阿惠村　あえむら　第187号　4-56, 5-222, 5-312
阿惠村　あえむら　第187号　4-60
阿惠村猪浦　あえむらいのうら　第187号　4-56, 4-58
阿保　あお　第130号　5-301
青池村　あおいけむら　第107号　2-160, 5-160
青井﨑　あおいさき　第121号　5-172, 5-173
青石鼻　あおいしばな　第170号　3-262
青井社　あおいしゃ　第200号　4-114, 5-250
青井村　あおいむら　第121号　3-33, 5-172
青井村　あおいむら　第122号　3-37, 5-173
葵山　あおいやま　第212号　4-177
葵山　あおいやま　九州沿海図第15　4-254, 4-255
阿翁浦☆　あおううら　第189号　4-73, 5-234, 5-238, 5-241
粟生田村（松平大和守領分）　あおうだむら　第88号　2-79, 5-120, 5-121, 5-291
粟生村（小野斧吉、阿部右門、丸毛長門守、戸田寅吉、伏見右京、長谷川五郎三郎、山岡五郎作知行所）　あおうむら　第58号　1-199, 5-110, 5-290
阿尾浦　あおうら　第139号　3-123, 5-186
阿尾浦田杭浦　あおうらたくいうら　第139号　3-123
青カイ　あおかい　第52号　1-180
青掛山　あおかけやま　第156号　3-197
青島〔青ヶ島〕　あおがしま　第106号　2-155, 5-135, 5-293
青方村　あおかたむら　第206号　4-148, 4-149, 5-242, 5-321
青河村　あおがむら　第163号　3-227, 5-208, 5-308
青木浦　あおきうら　第151号　3-180, 5-195
青木川　あおきがわ　第129号　3-67, 3-69
青木川　あおきがわ　第209号　5-249, 5-261
青木新田　あおきしんでん　第77号　2-35, 5-113, 5-115
青木村　あおきむら　第75号　2-24, 5-99, 5-287
青木村（保科越前守領分）　あおきむら　第91号　2-95, 2-96, 5-123, 5-124, 5-290
青木村（大島雲平知行所）　あおきむら　第92号　2-98, 5-124, 5-292
青木村　あおきむら　第98号　2-125, 5-117, 5-296
青木村　あおきむら　第100号　2-135, 2-138
青木村　あおきむら　第101号　2-141
青木村　あおきむら　第107号　2-159, 5-160
青木村　あおきむら　第118号　3-16, 3-18, 5-166
青木村　あおきむら　第135号　5-178
青木村　あおきむら　第141号　3-129, 5-183, 5-304, 5-306
青木村　あおきむら　第173号　3-276, 5-213, 5-215, 5-311
青木村　あおきむら　第187号　4-61, 5-223, 5-313
青木村　あおきむら　第187号　4-60
青木村枝郷　あおきむらえだごう　第118号　3-16, 3-18
青木村枝菰田村　あおきむらえだこもたむら　第187号　4-60
青森〔木〕村枝三田　あおきむらえださんだ　第141号　3-129
青木村比地町　あおきむらひじまち　第141号　3-129
青木村松原☆　あおきむらまつばら　第187号　4-61
青木寄合組村　あおきよりあいくみむら　第100号　2-135, 2-138
青倉村　あおくらむら　第95号　2-110
粟生光明寺　あおこうみょうじ　第133号　3-90, 3-92
青佐﨑　あおさざき　第204号　4-140, 4-142
青砂村加茂村〔青砂村〕　あおさむらかもむら　第62号　1-211, 5-87, 5-283
青澤村　あおさわむら　第107号　2-156, 2-158, 5-129, 5-298
青島　あおしま　第84号　2-62, 2-64
青島　あおしま　第121号　3-33, 5-173
青島　あおしま　第122号　3-35, 5-173
青島　あおしま　第143号　3-135, 5-188
青島　あおしま　第147号　3-160, 5-186
青シマ　あおしま　第155号　3-190
青嶋　あおしま　第189号　4-74, 5-235, 5-238, 5-241, 5-313
青島〔青シマ〕　あおしま　第191号　4-78, 5-238, 5-241
青島　あおしま　第203号　4-136, 4-138
青嶋　あおしま　九州沿海図第14　4-252
青島（黒ノ田村屬）　あおしま（くろのたむらぞく）　第169号　3-252, 5-215, 5-311
アヲシマイ　第7号　1-28, 5-21, 5-271
青島村　あおしまむら　第101号　2-144, 5-127, 5-291
青島村　あおじまむら　第82号　2-55, 2-56, 5-139, 5-140, 5-295
青杉城山　あおすぎじょうやま　第166号　3-234
青瀬村☆　あおせむら　第212号　4-178, 5-255, 5-261, 5-317
青瀬村☆　あおせむら　九州沿海図第15　4-255
粟生谷村　あおだにむら　第126号　3-54, 5-175, 5-300, 5-301
青塚村（松平大学頭領分、岩瀬市兵衛知行所）　あおつかむら　第58号　1-199, 5-110, 5-290
青塚村　あおづかむら　第70号　1-247, 5-91, 5-283, 5-286
青戸村　あおとむら　第90号　2-84, 5-120, 5-123, 5-290
青梨村（土岐山城守領分）　あおなしむら　第94号　2-105, 5-119, 5-289
青名村　あおなむら　第121号　3-30, 5-157
アオ子　あおね　第103号　2-149
青野原新田　あおのがはらしんでん　第136号　3-111, 5-182, 5-306
青野村　あおのむら　第118号　3-17, 3-19, 5-166, 5-297, 5-300
青野村　あおのむら　第127号　3-56
青野村　あおのむら　第134号　3-95, 3-100, 5-176
青野村　あおのむら　第144号　3-144
青野村谷口　あおのむらたにぐち　第144号　3-141, 3-144
青野山　あおのやま　第151号　3-180
青海苔浦　あおのりうら　第167号　3-243
青墓村　あおはかむら　第118号　3-17, 3-19, 5-166
青羽根村（間部源十郎知行所）　あおはねむら　第101号　2-141, 2-143, 5-128
青濱　あおはま　九州沿海図第1　4-188, 4-190
青葉山　あおばやま　第122号　3-36, 5-173, 5-300
青原村◯　あおばらむら　第174号　3-278, 5-216, 5-308
青穂山　あおほやま　第151号　3-179, 5-193
青峯〔青ケ峯〕　あおみね　第117号　3-13, 5-163, 5-168
青見村（牧野若狭守）　あおみむら　第100号　2-135, 2-138, 5-127, 5-291
阿尾村　あおむら　第83号　2-60, 5-140
粟生村　あおむら　第83号　2-61, 5-141, 5-295
粟生村（御料所、町奉行組与力給地）　あおむら　第89号　2-80, 5-111, 5-290
粟生村　あおむら　第133号　3-93, 5-178, 5-301
青村　あおむら　九州沿海図第2　4-195
粟生村枝新家村　あおむらえだしんけむら　第133号　3-93
青森◯⚠　あおもり　第39号　1-135, 5-67, 5-280
青屋川　あおやがわ　第143号　3-136
青柳宿◯〔青柳〕　あおやぎじゅく　第96号　2-114, 5-146, 5-294
青柳村（阿部駿河守領分、鈴木兵庫知行所）　あおやぎむら　第91号　2-94, 5-122, 5-290
青柳村　あおやぎむら　第98号　2-126, 5-117, 5-127
青柳村〔青柳〕　あおやぎむら　第186号　4-53, 4-55, 5-223, 5-313
青柳村枝青柳町◯　あおやぎむらえだあおやぎまち　第186号　4-53, 4-55
青柳村神田　あおやぎむらかんた　第186号　4-53, 4-55
青山　あおやま　第90号　2-85, 2-87, 5-120, 5-123, 5-291
青山濱　あおやまはま　第74号　2-19, 5-98, 5-287
青山村　あおやまむら　第94号　2-108
青山村　あおやまむら　第141号　3-130, 5-183, 5-306
青山村出屋敷　あおやまむらでやしき　第141号　3-131
青屋村　あおやむら　第143号　3-136, 5-188
赤井◯　あかい　第67号　1-235, 5-105, 5-288
閼伽井　あかい　第138号　3-119
アカイ川　第31号　1-108, 5-56, 5-279
赤池村　あかいけむら　第113号　2-189
赤池村　あかいけむら　第114号　2-194, 5-159, 5-297
糸〔赤〕池村〔赤池〕　あかいけむら　第115号　2-196, 5-159, 5-297
赤池村　あかいけむら　第143号　3-136, 5-188
赤池村　あかいけむら　九州沿海図第17　4-263
赤池村下赤池　あかいけむらしもあかいけ　第114号　2-194
アカ石〔アカイシ〕　第36号　1-124, 5-60, 5-281
赤石　あかいし　第70号　1-248
赤石川　あかいしがわ　第78号　2-41
赤石岬　あかいしみさき　第169号　5-311
赤石岬　あかいしみさき　第175号　5-218, 5-224
赤石岬　あかいしみさき　第179号　5-224
赤石村　あかいしむら　第59号　1-202, 5-83, 5-281
赤石村　あかいしむら　第64号　1-219, 5-89, 5-283, 5-286
赤石村　あかいしむら　第118号　3-16
赤石村　あかいしむら　第124号　3-42, 3-44
赤石山　あかいしやま　第176号　3-292
赤磯﨑　あかいそざき　第103号　5-132, 5-133
赤井岳　あかいだけ　第55号　1-191, 5-104, 5-288
赤井手村　あかいでむら　第155号　3-190, 3-192, 5-189
赤井村（釜利谷）（米倉丹後守領分）〔釜利谷〕　あかいむら（かまりや）　第93号　2-102, 5-123, 5-291
赤岩　あかいわ　第189号　4-73
赤岩新田　あかいわしんでん　第95号　2-112, 5-146
アカー岩岬　第6号　1-24, 5-270
赤岩村　あかいわむら　第47号　1-161, 5-76, 5-284
赤岩村☆　あかいわむら　第75号　2-27, 5-99, 5-287
赤岩村　あかいわむら　第81号　2-50, 5-138
赤岩村　あかいわむら　第95号　2-112, 5-146, 5-294, 5-296
赤馬礒　あかうまいそ　第210号　4-171
赤馬礒　あかうまいそ　九州沿海図第12　4-243

赤江川　あかえがわ　第185号　4-52, 5-246, 5-314, 5-316
赤江川　あかえがわ　第185号　4-51
赤江川　あかえがわ　九州沿海図第7　4-222
赤江村西分〔赤江村、赤江〕　あかえむらにしぶん　第155号　3-191, 3-193, 5-190, 5-305
赤江村東分〔赤江〕　あかえむらひがしぶん　第155号　3-191, 3-193, 5-305
赤大路村　あかおおじむら　第133号　3-92, 5-178
赤岡浦○　あかおかうら　第159号　3-206, 5-199, 5-310
〔赤〕尾〔木〕　あかおぎ　第213号　4-180, 5-258, 5-261, 5-316, 5-318
赤尾村　あかおむら　第88号　2-79
赤尾村　あかおむら　第179号　4-19, 5-225, 5-312
赤尾村（中津領）　あかおむら　九州沿海図第2　4-194
赤神○　あかかみ　第36号　1-123, 1-124, 5-60, 5-281
アカヽミ川　第36号　1-123, 1-124, 5-60
赤神村　あかかみむら　第84号　2-65, 5-143, 5-295
赤川○　あかがわ　第32号　1-109, 1-110, 5-53, 5-56, 5-279
赤川　あかがわ　第155号　3-191, 3-193
浦川　あかがわ　第207号　4-151, 4-153
赤川古城跡　あかがわこじょうあと　第156号　3-195, 3-197
赤川村　あかがわむら　第41号　1-142, 5-62, 5-280
赤川村　あかがわむら　第82号　2-54, 5-139
赤川村　あかがわむら　第135号　3-101, 5-178, 5-301
赤城村（林大學頭知行所）　あかぎむら　第88号　2-76, 5-118, 5-120, 5-291
赤木村　あかぎむら　第95号　2-110
赤城山　あかぎやま　第78号　2-40, 5-118, 5-119, 5-289
赤喰礒　あかくいいそ　第210号　4-170, 5-254, 5-261
赤杭山　あかくいやま　第194号　4-91
赤喰礒　あかくえいそ　九州沿海図第12　4-242
赤熊村　あかくまむら　第133号　3-91, 5-175
赤熊村　あかぐまむら　第178号　4-16, 5-225, 5-312
赤熊村　あかぐまむら　九州沿海図第2　4-195
赤クリ岬〔赤クリ﨑〕　あかぐりざき　第122号　3-34, 3-36, 5-173, 5-300
阿賀郡　あかぐん　第150号　3-174, 3-175, 5-193, 5-305, 5-307
網掛村　あがけむら　第136号　3-105
赤郷村枝繪堂村〔赤郷村、繪堂〕　あかごうむらえだえどうむら　第176号　3-290, 5-219, 5-309, 5-312
赤郷村枝小野村　あかごうむらえだおのむら　第176号　3-288, 3-290
赤郷村枝銭屋村　あかごうむらえだぜにやむら　第176号　3-288, 3-290
赤小シマ　あかこじま　第183号　4-41, 4-42
赤小シマ　あかこじま　第207号　4-153
赤小シマ　あかこじま　九州沿海図第5　4-215
赤子セ　あかごせ　第192号　4-80, 5-239, 5-241
赤坂　あかさか　第90号　2-84, 2-86, 5-120, 5-123, 5-291
赤坂　あかさか　第93号　2-103
赤坂○　あかさか　第116号　2-202, 2-204, 5-162, 5-299
赤坂○☆　あかさか　第118号　3-17, 3-19, 5-166, 5-297, 5-300
赤坂　あかさか　第135号　5-301
赤坂　あかさか　九州沿海図第21　4-279
赤坂郡　あかさかぐん　第144号　3-144, 3-146, 3-147, 5-192, 5-307
赤坂郡　あかさかぐん　第145号　3-153, 5-192, 5-307
赤坂御門　あかさかごもん　第90号　2-84
赤坂峠　あかさかとうげ　第112号　2-182, 5-152
赤坂峠　あかさかとうげ　第175号　3-287, 5-218
赤坂峠　あかさかとうげ　第192号　4-80
赤坂村　あかさかむら　第50号　1-172, 5-73, 5-282
赤坂村　あかさかむら　第94号　2-105, 5-119
赤坂村　あかさかむら　第157号　5-195, 5-307
赤坂村　あかさかむら　第178号　4-13, 5-222, 5-312
赤坂村　あかさかむら　第189号　4-73
赤坂村　あかさかむら　第193号　4-87
赤坂村　あかさかむら　九州沿海図第1　4-191
赤坂村　あかさかむら　九州沿海図第18　4-269
赤坂村安原　あかさかむらあんのはる　第193号　4-87
赤坂村庄寺〔赤坂村、赤坂〕　あかさかむらしょうでら　第193号　4-87, 5-231, 5-313
赤坂村高久野　あかさかむらたかくの　第193号　4-87
赤﨑　あかさき　第103号　2-150
赤﨑　あかさき　第105号　2-154
赤﨑　あかさき　第170号　3-262
赤﨑　あかさき　第192号　4-80
赤﨑　あかさき　第200号　4-117
赤嵜　あかさき　第206号　4-150
赤﨑　あかさき　九州沿海図第12　4-246
赤﨑　あかさき　九州沿海図第19　4-274
赤嵜　あかざき　第168号　3-247
赤﨑　あかざき　第171号　3-265
赤﨑　あかざき　第192号　4-81
赤﨑　あかざき　第204号　4-142
赤嵜　あかざき　第206号　4-149
赤﨑　あかざき　九州沿海図第5　4-211
赤﨑　あかざき　九州沿海図第16　4-257
赤﨑　あかざき　九州沿海図第19　4-270
赤嵜浦〔赤﨑浦〕　あかさきうら　第121号　3-29, 5-157, 5-172, 5-300
赤崎竃　あかさきがま　第131号　3-79, 5-168
阿賀﨑新田〔阿賀﨑〕　あがさきしんでん　第151号　3-178, 3-179, 5-195, 5-307
赤崎明神　あかざきみょうじん　第52号　1-179
赤﨑村　あかさきむら　第46号　1-156
赤嵜村〔赤﨑村〕　あかさきむら　第47号　1-160, 1-161, 5-76, 5-282
赤﨑村　あかさきむら　第84号　2-63, 2-65, 5-143, 5-295
赤﨑村　あかさきむら　第85号　2-66, 5-143, 5-295
赤﨑村　あかさきむら　第124号　3-43, 5-181, 5-304
赤﨑村　あかさきむら　第124号　3-44
赤﨑村○☆　あかさきむら　第150号　3-170, 5-189, 5-305
赤﨑村　あかさきむら　第151号　3-180, 5-194, 5-307
赤﨑村　あかさきむら　第196号　4-99, 5-233, 5-315
赤﨑村　あかさきむら　九州沿海図第19　4-272, 4-275
赤﨑村　あかざきむら　第203号　4-138, 5-251
赤﨑村　あかざきむら　九州沿海図第13　4-251
赤﨑村　あかざきむら　九州沿海図第14　4-252, 4-253
赤嵜村赤嵜濵〔赤﨑村赤﨑濵〕　あかさきむらあかさきはま　第47号　1-160, 1-161, 5-76
赤嵜村合足濵〔赤﨑村合足濵〕　あかさきむらあったりはま　第47号　1-160, 1-161, 5-76
赤嵜村米浦〔赤﨑村米浦〕　あかさきむらこうら　第47号　1-160, 1-161, 5-76
赤﨑村三軒屋　あかさきむらさんげんや　第150号　3-171
赤嵜村鮹浦〔赤﨑村鮹浦〕　あかさきむらたこのうら　第47号　1-160, 1-161, 5-76
赤嵜村永嵜濵〔赤﨑村永﨑濵〕　あかさきむらながさきはま　第47号　1-160, 1-161, 5-76
赤嵜村永濵〔赤﨑村永濵〕　あかさきむらながはま　第47号　1-160, 1-161, 5-76
赤﨑村福富　あかさきむらふくとみ　第150号　3-171
赤﨑村三尾〔三尾、三尾〕　あかさきむらみお　第124号　3-43, 5-181, 5-304
赤﨑山　あかさきやま　第176号　3-292
赤沢村　あかさわむら　第116号　5-162, 5-299
赤澤村　あかざわむら　第101号　2-142, 5-128, 5-292
赤沢山　あかざわやま　第101号　2-142
赤沢山　あかざわやま　第104号　2-151, 2-152, 5-134
明石（松平左兵衛佐居城）　あかし　第137号　3-114, 5-184, 5-306
赤石　あかし　第137号　3-114
明石川　あかしがわ　第137号　3-114
明石郡　あかしぐん　第137号　3-113, 5-184, 6-306
赤地新田　あかじしんでん　第129号　3 66, 5 166
明石田村　あかしだむら　第188号　4-64, 5-230, 5-312
赤シマ　あかしま　第124号　3-47
赤シマ　あかしま　第124号　3-47, 5-181
アカ島　あかしま　第132号　5-301, 5-302
赤島　あかしま　第140号　3-126, 5-171
赤島　あかしま　第143号　3-135, 5-188
赤シマ　あかしま　第153号　3-186, 5-191
赤シマ　あかしま　第155号　3-190, 5-189, 5-190
赤シマ　あかしま　第162号　3-219
赤シマ〔赤島〕　あかしま　第165号　3-233, 5-308
赤島　あかしま　第191号　4-79
赤シマ　あかしま　第192号　5-239, 5-240, 5-241
赤島　あかしま　第192号　4-81
赤シマ　あかしま　第196号　4-99
赤嶋　あかしま　第200号　4-117
赤島　あかしま　第200号　4-117, 5-250
赤島〔赤シマ〕　あかしま　第200号　4-117, 4-118, 5-250
赤島〔赤シマ〕　あかしま　第200号　4-117, 5-251
赤島〔赤シマ〕　あかしま　第201号　4-120, 5-236
赤シマ　あかしま　第201号　4-121
赤島　あかしま　第201号　4-121
赤島〔赤シマ〕　あかしま　第203号　4-137, 4-139, 5-251
赤島〔赤シマ〕　あかしま　第203号　4-139, 5-251
赤シマ　あかしま　第203号　5-251
赤シマ　あかしま　第203号　5-251
赤島〔赤シマ〕　あかしま　第204号　4-140, 5-235
赤島　あかしま　第206号　4-147, 5-242, 5-321
赤シマ　あかしま　九州沿海図第16　4-257
赤島　あかしま　九州沿海図第19　4-271
赤嶋　あかしま　九州沿海図第19　4-271
赤シマ　あかしま　九州沿海図第19　4-270, 4-274
赤嶋　あかしま　九州沿海図第19　4-274
赤嶋　あかしま　九州沿海図第19　4-274
赤シマ　あかしま　九州沿海図第19　4-275
赤島〔アカシマ〕　あかじま　第123号　3-38, 5-180
赤シマ　あかじま　第153号　3-186

赤島〔赤シマ〕 あかじま 第191号 4-78, 5-238, 5-241
赤島鼻 あかじまはな 第172号 3-269
明石村（正木大之亟知行所） あかしむら 第58号 1-199, 5-110
赤地村 あかじむら 第186号 4-54
赤城 あかじょう 第166号 3-238
赤須賀新田 あかすかしんでん 第129号 3-66, 5-166
赤住村 あかすみむら 第84号 2-63, 2-65, 5-143, 5-295
赤須村赤須町○〔赤須村〕 あかずむらあかずまち 第108号 2-163, 5-151, 5-296
赤須村小町屋（御料所） あかずむらこまちや 第108号 2-163
赤瀬〔赤セ〕 あかせ 第189号 4-73, 5-234, 5-238, 5-241
赤セ あかせ 第189号 4-73
赤瀬 あかせ 第191号 4-79
赤瀬〔赤セ〕 あかせ 第192号 4-80, 5-239, 5-241
赤瀬 あかせ 第201号 4-121
赤セ あかせ 第201号 4-121
赤瀬 あかせ 第201号 4-122
赤瀬岩 あかせいわ 第174号 3-279, 5-217
赤瀬川 あかせがわ 九州沿海図第13 4-251
赤瀬﨑 あかせざき 第191号 4-78
赤世村 あかぜむら 第134号 3-97
赤岳 あかだけ 第150号 3-175
赤谷村 あかたにむら 第113号 2-189, 5-155, 5-156, 5-297
縣主神社 あがたぬしじんじゃ 第129号 3-69
赤玉村 あかだまむら 第75号 2-24, 5-99
赤田村 あかだむら 第144号 3-141, 5-183, 5-304
垢田村（長府領） あかだむら 第177号 3-299, 5-220
垢田村 あかだむら 九州沿海図第1 4-189
縣村 あがたむら 第164号 5-197, 5-214
赤田山 あかだやま 第81号 2-53
赤津 あかつ 第68号 1-237, 5-103, 5-105, 5-288
赤堤村代田橋 あかつつみむらだいたばし 第90号 2-85, 2-87
吾妻郡 あがつまぐん 第78号 2-42, 5-115, 5-116
吾妻郡 あがつまぐん 第78号 2-41, 5-119
赤泊湊☆⚓〔赤泊〕 あかどまりみなと 第75号 2-26, 5-99, 5-287
赤名驛○ あかなえき 第163号 3-223, 5-209, 5-308
赤灘鼻 あかなだはな 第154号 3-189, 5-191
茜部村 あかなべむら 第118号 3-16, 3-18
赤沼村 あかぬまむら 第81号 2-50
赤沼村 あかぬまむら 第96号 2-118, 5-150
赤子 あかね 第102号 2-146
アカ子 あかね 第103号 2-150
赤根﨑〔赤﨑〕 あかねざき 第102号 2-146, 5-128
赤根島 あかねじま 第102号 2-147, 5-128
赤根村 あかねむら 第116号 2-202, 2-204, 5-162, 5-299
赤根村 あかねむら 第182号 4-34
赤根村 あかねむら 九州沿海図第21 4-281
赤野井村 あかのいむら 第133号 3-86, 5-174
阿賀野川 あがのがわ 第73号 2-17, 5-95, 5-98, 5-287
アカノ島 あかのじま 第131号 3-80, 5-169
赤野田村 あかのだむら 第81号 2-52
赤ハエ あかはえ 第147号 3-160, 3-162, 5-186, 5-187
赤ハエ あかはえ 第171号 3-265, 3-267
赤碆〔赤ハエ〕 あかはえ 第207号 4-153, 5-243
赤ハヘ あかはえ 九州沿海図第5 4-215
赤碆﨑 あかはえざき 第207号 4-153
赤碆岬 あかばえみさき 第204号 4-142
赤葉島 あかばじま 第149号 3-165, 5-198, 5-303
赤ハツキヤウ あかばっきょう 第104号 2-151
赤鼻 あかはな 第183号 5-226, 5-228
赤羽村（東叡山、傳通院領） あかばねむら 第90号 2-85, 5-120, 5-123
赤羽根村（御料所、蜂屋七兵衛、木原恒三郎、神尾三吉、安藤次右エ門、内藤佐七知行所） あかばねむら 第93号 2-103, 5-123
赤羽村 あかばねむら 第96号 2-119, 5-150, 5-296
赤羽根村 あかばねむら 第116号 2-205, 5-162, 5-299
赤羽村柳下 あかばねむらやなぎした 第96号 2-119
赤羽根山 あかばねやま 第105号 2-154
赤濵﨑 あかはまざき 第99号 2-131
赤濵村 あかはまむら 第55号 1-192, 5-104, 5-288
赤原村 あかばらむら 第115号 2-200, 5-159
赤淵川 あかふちがわ 第100号 2-135
赤星村 あかほしむら 第193号 4-84, 4-86, 5-232, 5-312, 5-314
赤穂根島 あかほねじま 第157号 3-203, 5-210, 5-307
赤堀村 あかほりむら 第129号 3-67, 3-69, 5-166
赤間関○☆⚓ あかまがせき 第177号 3-299
赤間関○☆⚓ あかまがせき 第178号 4-13, 5-220, 5-312
赤間関（長府領）○☆⚓ あかまがせき 九州沿海図第1 4-189, 4-191
赤間関後地檀浦 あかまがせきあとちだんのうら 第177号 3-298
赤間関後地 あかまがせきうしろじ 第178号 4-13, 5-220
赤間関後地今浦 あかまがせきうしろじいまうら 第178号 4-13
赤間関後地園田〔園田村〕 あかまがせきうしろじそのだ 第178号 4-13, 5-220
赤間関後地檀浦 あかまがせきうしろじだんのうら 第178号 4-13
赤松太郎峠 あかまつたろうとうげ 第200号 4-113, 4-116, 5-250
赤松本丸 あかまつほんまる 第141号 3-128, 5-183
赤松村 あかまつむら 第144号 3-140, 3-142, 5-183, 5-306
赤松村（大山寺領） あかまつむら 第150号 3-171, 5-189, 5-305
赤間村○〔赤間〕 あかまむら 第186号 4-54, 5-223, 5-313
赤圓山 あかまるやま 九州沿海図第15 4-254, 4-255
赤水川 あかみずがわ 第95号 2-111
赤水村⚓ あかみずむら 第184号 4-44, 4-46, 5-244, 5-314
赤水村 あかみずむら 第209号 4-165, 5-247, 5-261, 5-316
赤水村 あかみずむら 九州沿海図第6 4-218
赤水村 あかみずむら 九州沿海図第10 4-233
赤道 あかみち 九州沿海図第21 4-279
安神村 あがみむら 第192号 4-82, 5-240, 5-241, 5-320
英加村 あがむら 第141号 3-130, 5-183, 5-306
阿賀村 あがむら 第167号 3-242, 5-211, 5-308
阿賀村大入 あがむらだいにゅう 第167号 3-242
赤藪山 あかやぶやま 第187号 5-222, 5-230
赤山 あかやま 第212号 4-177
赤湯○ あかゆ 第66号 1-231, 5-80, 5-94, 5-285
赤湯ツキノ木〔赤湯槻木〕 あかゆつきのき 第66号 1-231, 5-80
上リ尾村 あがりおむら 第182号 4-34
上リ尾村 あがりおむら 九州沿海図第21 4-280
上ノ松村〔上松村〕 あがりまつむら 第178号 4-16, 5-222, 5-312
上松村 あがりまつむら 九州沿海図第1 4-193
上ノ松村出屋敷 あがりまつむらでやしき 第178号 4-16
上リ道村〔上道〕 あがりみちむら 第155号 3-190, 5-189, 5-190, 5-305
安賀里村 あがりむら 第121号 3-33, 5-172, 5-174, 5-300
吾川郡 あがわぐん 第159号 3-206, 3-207, 3-208, 5-200, 5-310
阿川村（萩領） あがわむら 第177号 3-294, 5-220, 5-309
阿川村阿川浦 あがわむらあがわうら 第177号 3-295
吾川村吾川町○〔吾川、吾川〕 あがわむらあがわまち 第168号 3-249, 5-214, 5-311
赤怒田村 あかんたむら 第96号 2-115
安喜浦○☆ あきうら 第148号 3-168, 5-199, 5-310
秋掛村 あきがけむら 第173号 3-272, 5-218, 5-308
秋掛村枝中大田原村 あきがけむらえだなかおおたばらむら 第173号 3-273, 3-275
秋掛村枝下大田原村 あきがけむらしもおおたばらむら 第173号 3-272, 3-274
安喜川 あきがわ 第148号 3-168
安岐川 あきがわ 九州沿海図第3 4-200
安喜郡 あきぐん 第148号 3-169, 5-198, 5-310
安喜郡 あきぐん 第149号 3-165, 5-198, 5-310
安藝郡 あきぐん 第164号 3-231, 5-211, 5-308
安藝郡 あきぐん 第167号 3-240, 3-242, 3-243, 3-244, 5-211, 5-213, 5-308
秋貞 あきさだ 九州沿海図第3 4-200
秋里村 あきさとむら 第143号 3-135, 5-188
秋田郡 あきたぐん 第43号 1-145
秋田郡 あきたぐん 第60号 1-206, 1-208, 5-283
秋田郡 あきたぐん 第62号 1-212, 1-213, 5-86
秋田郡 あきたぐん 第63号 1-215, 5-86
飽田郡 あきたぐん 第193号 4-84, 4-85, 4-86, 4-87, 5-233, 5-315
飽田郡 あきたぐん 第195号 4-93, 5-315
飽田郡 あきたぐん 九州沿海図第18 4-264, 4-266
飽田郡 あきたぐん 九州沿海図第20 4-277
秋竹村 あきたけむら 第115号 2-197, 5-159, 5-297
秋付 あきづき 第167号 3-242, 5-211, 5-213
秋月（黒田甲斐守在所）○☆〔秋月〕 あきづき 第187号 4-58, 5-222, 5-230, 5-312
秋月洞 あきつきどう 第210号 4-171, 5-254, 5-261
アキトハヘ あきとはえ 九州沿海図第8 4-226, 4-224
秋永村 あきながむら 第178号 4-17, 5-222, 5-312
秋永村梅田 あきながむらうめだ 第178号 4-17

秋永村西秋永　あきながむらにしあきなが　第178号　4-17
秋ノ江　あきのえ　九州沿海図第4　4-206
明神村　あきのかみむら　第142号　3-133, 5-187, 5-303, 5-306
安藝國〔安藝〕　あきのくに　第163号　3-227, 5-211, 5-308
安藝國〔安藝〕　あきのくに　第164号　3-228, 3-231, 5-211, 5-213, 5-308
安藝国〔安藝〕　あきのくに　第166号　3-236, 3-237, 5-211, 5-213, 5-308
安藝国　あきのくに　第167号　3-245
安藝國〔安藝〕　あきのくに　第173号　3-272, 3-274, 5-213, 5-308
秋葉山　あきばさん　第111号　5-161, 5-296, 5-298
秋葉社　あきばしゃ　第202号　4-125, 4-126
秋葉社　あきばしゃ　長崎〔参考図〕　4-130, 4-132
秋濱村　あきはまむら　第83号　2-57, 5-141, 5-295
秋葉山　あきはやま　第176号　5-219
秋葉山　あきばやま　第122号　3-37
秋原村　あきばるむら　第180号　4-25, 4-27, 5-230
アキベツ川〔ヌフキベツ川〕　第30号　1-101, 5-46, 5-52, 5-279
秋町村　あきまちむら　第163号　3-227, 5-209, 5-308
秋松村　あきまつむら　第187号　4-56, 5-222
秋松村〔秋松〕　あきまつむら　第188号　4-65, 4-66, 4-68, 5-313
秋松村秋松新町　あきまつむらあきまつしんまち　第188号　4-65, 4-66, 4-68
秋松村下村　あきまつむらしもむら　第187号　4-56
秋松村原〔秋松村〕　あきまつむらはる　第188号　4-65, 4-66, 4-68, 5-231
阿木村　あぎむら　第110号　2-173, 5-158, 5-296
秋目浦☆　あきめうら　九州沿海図第12　4-243
秋目村秋目浦☆〔秋目浦〕　あきめむらあきめうら　第210号　4-171, 5-254, 5-261, 5-317
秋山　あきやま　九州沿海図第8　4-225
秋山村　あきやまむら　第68号　1-237, 5-103, 5-105, 5-288
秋谷村（御料所）　あきやむら　第93号　2-101, 5-125, 5-291
秋吉宿　あきよしじゅく　第176号　3-291
秋吉村　あきよしむら　第176号　3-290, 5-219, 5-309, 5-312
明木村　あきらぎむら　第176号　3-288, 5-309
明木村枝釿切〔明木村〕　あきらぎむらえだちょうのぎり　第176号　3-288, 3-290, 5-219
明木村権現原　あきらぎむらごんげんばら　第176号　3-288
明木村雲雀山　あきらぎむらひばりやま　第176号　3-288, 3-290
明木村横瀬　あきらぎむらよこせ　第176号　3-288, 3-290
秋和村　あきわむら　第95号　2-112, 5-146, 5-294
アクシリ鼻　あくしりばな　第206号　4-148
阿吾神社　あぐじんじゃ　第162号　3-218, 3-220
阿久曽山　あくそやま　第197号　4-101
芥川　あくたがわ　第137号　3-112
芥川　あくたがわ　第187号　5-222
芥川宿○〔芥川〕　あくたがわしゅく　第133号　3-92, 5-176, 5-178, 5-301
芥川宿枝清福寺　あくたがわしゅくえだせいふくじ　第133号　3-92
芥川宿ノ内川西　あくたがわしゅくのうちかわにし　第133号　3-92
芥見村芥見町○☆〔芥見村、茶見〕　あくたみむらあくたみまち　第114号　2-193, 5-156, 5-297
芥見村大貫木　あくたみむらおおのぎ　第114号　2-193
芥見村長山　あくたみむらながやま　第114号　2-193
芥見村野村　あくたみむらのむら　第114号　2-193
安久田村　あくたむら　第113号　2-189, 5-155, 5-156, 5-297
悪田村（松平越中守領分）　あくだむら　第76号　2-30, 5-112
擧田村　あぐたむら　第127号　3-59, 5-182, 5-304
悪太郎川　あくたろうがわ　第189号　4-74
阿口村　あくちむら　第150号　3-175, 5-193, 5-305, 5-307
阿久津村　あくつむら　第69号　1-244, 5-106, 5-109, 5-288
阿久根川　あくねがわ　第208号　4-159, 4-161
阿久根村　あくねむら　九州沿海図第13　4-249, 4-251
阿久根村赤瀬川　あくねむらあかせがわ　第208号　4-161
阿久根村浦町☆⛵〔浦町〕　あくねむらうらまち　第208号　4-161, 5-251, 5-252, 5-315
阿久根村大川　あくねむらおおかわ　第208号　4-159, 4-161
阿久根村折口　あくねむらおりぐち　第208号　4-161
阿久根村西目〔西方〕　あくねむらにしめ　第208号　4-159, 4-161, 5-315, 5-317
阿久根村波留　あくねむらはる　第208号　4-159, 4-161, 5-315
飽ノ浦郷　あくのうらごう　第202号　4-127, 4-128
飽ノ浦郷　あくのうらごう　長崎〔参考図〕　4-131, 4-133
飽海郡　あくみぐん　第70号　1-247, 1-248, 5-91, 5-285, 5-286
安倉村　あくらむら　第136号　3-106, 5-178, 5-306
飽浦村　あくらむら　第145号　3-153, 3-155, 5-192, 5-194
安倉村姥茶屋　あくらむらうばちゃや　第136号　3-106
安倉村鳥島　あくらむらとりしま　第136号　3-106
飽浦山　あくらやま　第145号　3-153, 3-155
安黒村　あぐろむら　第141号　3-129, 5-183
上井村　あげいむら　第143号　3-136, 5-188, 5-305
上尾（御料所）○　あげお　第88号　2-78, 5-120, 5-291
上尾下村（松下鐵太郎知行所）　あげおしもむら　第88号　2-78, 5-120
阿下喜村　あげきむら　第118号　3-21, 5-166
揚倉古城　あげくらこじょう　第167号　3-240
上ケ倉村　あげくらむら　第189号　4-73, 5-234, 5-238, 5-241
安下﨑　あげさき　第169号　3-251, 3-253, 5-215
上ケ島　あげしま　第145号　3-155, 5-185
上石村　あげしむら　第124号　3-42, 3-44, 5-180
上石村枝水王〔上石〕　あげしむらえだみずのお　第124号　3-42, 3-44, 5-304
上ケ田村（松平斧太郎、安藤傳左エ門）　あげたむら　第100号　2-134, 5-126
明戸村（御料所）　あけとむら　第94号　2-106, 5-121
擧野浦　あげのうら　第121号　3-29, 5-157, 5-172, 5-300
明野ケ原　あけのがはら　第130号　3-76
安下庄内安高　あげのしょううちあたか　第169号　3-251
安下庄内鹿家　あげのしょううちししのえ　第169号　3-251
安下庄村　あげのしょうむら　第169号　3-251, 5-215, 5-311
明野村　あけのむら　第136号　3-105
上張村　あげはりむら　第111号　2-177, 2-178, 5-160
明日村　あけびむら　第164号　5-210
上松○☆　あげまつ　第109号　2-168, 5-154, 5-296
上松宿池島　あげまつじゅくいけじま　第109号　2-168
上松宿北野　あげまつじゅくきたの　第109号　2-168
上松宿沓掛　あげまつじゅくくつかけ　第109号　2-168
上松宿新茶屋　あげまつじゅくしんちゃや　第109号　2-168
上松宿木賊　あげまつじゅくとくさ　第109号　2-168
上松宿寐覺　あげまつじゅくねざめ　第109号　2-168
上松宿松原　あげまつじゅくまつばら　第109号　2-168
上松宿見帰　あげまつじゅくみかり　第109号　2-168
アケ丸島〔アケ丸シマ〕　あけまるじま　第206号　4-149, 5-242, 5-243
上見村　あげみむら　第112号　2-182, 5-153
上村　あげむら　第123号　3-38, 3-40
上村　あげむら　第124号　3-43, 5-181
上箇村　あげむら　第128号　3-62, 5-180
上和村〔上和新田〕　あげわむら　第76号　2-30, 5-112, 5-287, 5-294
赤生木村　あこうぎむら　第210号　4-171, 5-254, 5-261
赤生木村　あこうぎむら　九州沿海図第12　4-243, 4-245
赤生木村黒瀬　あこうぎむらくろせ　第210号　4-171
赤穂郡　あこうぐん　第141号　3-131, 5-183, 5-306
赤穂郡　あこうぐん　第144号　3-140, 3-142, 5-183, 5-306
赤穂郡　あこうぐん　第145号　3-148, 5-183, 5-306
阿幸地村（浅間社領）　あこうじむら　第100号　2-135, 2-138, 5-127, 5-291
赤尾原村　あこうばるむら　第209号　4-165, 5-247, 5-261, 5-316
赤尾原村　あこうばるむら　九州沿海図第10　4-233
赤馬村西尾〔赤馬村、赤馬〕　あこうまむらにしお　第150号　3-175, 5-193, 5-305, 5-307
赤馬村三尾寺村〔赤馬〕　あこうまむらみおうじむら　第150号　3-175, 5-305, 5-307
明海浦☆　あこうら　第171号　3-265, 3-267, 5-203
阿漕浦　あこぎうら　第130号　3-74, 5-299, 5-301
英虞郡　あごぐん　第117号　3-14, 3-15, 5-168, 5-299
アコシマ　あごしま　第172号　3-269
赤子田村　あこだむら　第143号　3-135, 3-137
アコノ嵜〔アコ﨑〕　あこのさき　第121号　3-33, 5-172
安郷野新田〔野新田〕　あごのしんでん　第113号　2-188, 5-155
阿古村☆　あこむら　第104号　2-151, 5-133, 5-134, 5-292
安居村（榊原越中守在所）（榊原越中守領分）　あごむら　第107号　2-156, 2-158, 5-129
アコメ﨑　あこめざき　第171号　3-264, 3-266
阿居山村　あごやまむら　第100号　2-135, 2-138
アゴン嵜　あごんざき　第104号　2-151
朝夷郡　あさいぐん　第92号　2-98, 2-100, 5-124, 5-292
浅井郡　あさいぐん　第121号　3-30, 3-31, 3-32, 5-157, 5-297, 5-300

淺井郡　あさいぐん　第125号　3-48, 5-157, 5-297, 5-300
浅井郡　あさいぐん　第125号　3-48, 3-50
浅井村　あさいむら　第112号　2-182
浅井村　あさいむら　第172号　3-268, 5-212
浅井村外浦　あさいむらとのうら　第172号　3-268
浅井村松原浦⚓　あさいむらまつばらうら　第172号　3-268
アサイヤチ　第31号　1-108, 5-56, 5-279
浅江村　あさえむら　第169号　3-255, 5-218, 5-311
浅尾山　あさおやま　第141号　3-130
浅貝○〔淺貝〕　あさかい　第78号　2-42, 5-115, 5-289
安積郡　あさかぐん　第56号　1-194, 1-195, 5-103, 5-288
安積郡　あさかぐん　第68号　1-237, 5-103
朝坂村　あさかむら　第127号　3-61, 5-182, 5-304
安坂村　あさかむら　第136号　3-109, 5-182, 5-304, 5-306
安坂村　あざかむら　第96号　2-114
安坂村越　あざかむらこし　第96号　2-114
朝坂村邉田　あさかむらへだ　第127号　3-61
浅川　あさかわ　第90号　2-89, 2-91, 5-121
浅川　あさかわ　第145号　5-307
浅川　あさかわ　第195号　4-93, 4-94
淺川　あさかわ　九州沿海図第18　4-264
厚狭川〔アサ川〕　あさがわ　第176号　3-293, 5-219, 5-220, 5-312
淺川浦⚓　あさかわうら　第149号　3-164, 5-198, 5-303
朝川浦　あさかわうら　第171号　3-264, 5-201
淺川村　あさかわむら　第145号　3-152
淺川村　あさかわむら　第149号　3-164, 5-198
淺川村　あさかわむら　第186号　4-54, 5-222, 5-312
浅川村枝粟ノ浦伊勢田　あさかわむらえだあわのうらいせだ　第149号　3-164
淺川村枝鯖瀬　あさかわむらえださばせ　第149号　3-164
浅川村齊藤〔齋藤〕　あさかわむらさいとう　第56号　1-193, 5-103, 5-288
浅川村ツノモリ（久世大和守領分）　あさかわむらつのもり　第56号　1-193
浅川村八田（久世大和守領分）〔八田〕　あさかわむらはった　第56号　1-193, 5-103, 5-288
浅黄瀬〔浅黄セ〕　あさぎせ　第192号　4-80, 5-239, 5-241
浅草　あさくさ　第90号　2-84, 5-120, 5-123
浅草御門　あさくさごもん　第90号　2-84
浅口郡　あさくちぐん　第151号　3-178, 3-179, 3-180, 3-181, 5-195, 5-307
朝酌村　あさくみむら　第155号　3-191, 5-190
朝倉神社　あさくらじんじゃ　第165号　3-232
朝倉村　あさくらむら　第115号　2-199, 5-159
淺倉村　あさくらむら　第124号　3-44, 5-180, 5-304
朝倉村　あさくらむら　第128号　3-62, 5-180
朝倉村　あさくらむら　第165号　3-232, 5-204, 5-308
朝倉村　あさくらむら　第173号　3-273, 5-218, 5-308
厚狭郡　あさぐん　第176号　3-291, 3-292, 3-293, 5-219
厚狭郡　あさぐん　第177号　3-296, 3-298, 5-219
厚狭郡　あさぐん　九州沿海図第1　4-188
朝明川　あさけがわ　第129号　3-66, 5-166
朝明川　あさけがわ　第129号　3-67
朝明郡　あさけぐん　第129号　3-66, 3-67, 5-166, 5-299
淺越村　あさごえむら　第145号　3-152
淺越村東山　あさごえむらひがしやま　第145号　3-152
朝来郡　あさごぐん　第127号　3-60, 5-182, 5-304
朝来郡　あさごぐん　第128号　3-62, 3-64, 5-182, 5-304
浅古村　あさごむら　第134号　3-97, 3-98
淺子山　あさこやま　第129号　3-72
朝來山　あさごやま　第127号　3-60
朝﨑　あさざき　第140号　3-125, 5-171
淺島　あさじま　第154号　3-189, 5-191, 5-305
朝立浦　あさだつうら　第170号　3-261, 5-201, 5-311
淺田村　あさだむら　第111号　2-180, 5-161
淺田村　あさだむら　第115号　2-196, 5-159, 5-297, 5-299
麻田村　あさだむら　第133号　3-93, 5-178, 5-301
朝田村　あさだむら　第188号　4-64, 5-230, 5-312
朝田村池田　あさだむらいけだ　第188号　4-64
朝田村折敷町　あさだむらおしきまち　第188号　4-64
朝田村楠　あさだむらくすのき　第188号　4-64
朝田村中河原　あさだむらなかがわら　第188号　4-64
朝田山　あさだやま　第176号　5-219
朝妻村　あさづまむら　第125号　3-48, 5-166, 5-297, 5-300
浅所村　あさどころむら　第39号　1-134, 5-280
淺内村〔浅内村〕　あさないむら　第60号　1-207, 1-208, 5-85, 5-87, 5-283
淺海原村　あさなみはらむら　第164号　3-231, 5-214, 5-311
淺海本谷村　あさなみほんだにむら　第164号　5-214
浅根　あさね　第103号　2-149
浅野村（本多豊後守）○　あさのむら　第81号　2-50, 5-146, 5-294
浅野村　あさのむら　第141号　3-128, 5-182, 5-304, 5-306
浅野村上浅野　あさのむらかみあさの　第81号　2-50
淺野山　あさのやま　第136号　3-109
朝早川　あさはやかわ　第175号　5-218
浅原村　あさばらむら　第98号　2-126, 5-117, 5-127, 5-296
浅原村郷組〔浅原村〕　あさはらむらごうぐみ　第173号　3-272, 5-213, 5-308
旭川　あさひがわ　第145号　3-153, 5-192
朝日島　あさひじま　第52号　1-180
朝日村　あさひむら　第127号　3-59, 5-182
朝日村　あさひむら　第187号　4-59, 5-223, 5-231
朝日村　あさひむら　第188号　4-68, 5-231
朝日村二村町〔朝日〕　あさひむらふたむらまち　第187号　4-59, 5-313
朝日山　あさひやま　第66号　5-93
朝日山　あさひやま　第72号　5-97, 5-285, 5-286
朝日山　あさひやま　第141号　3-131
朝日山　あさひやま　第162号　5-190, 5-204
朝日山　あさひやま　第162号　3-218
朝熊嶽〔朝熊山、朝熊岳〕　あさまがたけ　第117号　3-13, 5-163, 5-299
浅間嶽〔浅間山〕　あさまだけ　第95号　2-111, 5-116, 5-294
アサマタントマリ　第20号　5-45
朝町村　あさまちむら　第186号　4-55
朝熊村　あさまむら　第117号　3-13, 5-163
淺間村　あさまむら　第124号　3-44
淺間山　あさまやま　第78号　2-41
淺間山　あさまやま　第117号　3-15
淺間山　あさまやま　第117号　3-15
浅間山〔廣瀬浅間山〕　あさまやま　第117号　3-12, 3-14, 5-163, 5-167
淺海　あさみ　九州沿海図第19　4-271
淺水○　あさみず　第44号　1-151, 5-69, 5-280
字宮ノ馬場　あざみやのばば　第176号　3-289
朝宮村　あさみやむら　第118号　3-18, 3-20
浅海井浦　あさむいうら　第183号　4-39, 5-226, 5-311, 5-314
浅海井浦　あさむいうら　九州沿海図第5　4-211
浅海井浦波太　あさむいうらなぶと　第183号　4-39
淺虫村〔浅虫村〕　あさむしむら　第39号　1-134, 5-67
アサモ川　あざもがわ　第192号　4-82
淺茂川村　あさもがわむら　第123号　3-39, 5-180, 5-304
浅山新田　あさやましんでん　第115号　2-197, 2-199, 5-159, 5-297, 5-299
朝山八幡宮〔八幡宮〕　あさやまはちまんぐう　第162号　3-219, 3-221, 5-308
朝来帰村　あさらぎむら　第140号　3-126, 5-171, 5-303
朝来帰村見草　あさらぎむらみぐさ　第140号　3-126
アサリ　第20号　1-63
浅利一本松　あさりいっぽんまつ　第97号　2-121
淺利村　あさりむら　第166号　3-235, 5-209, 5-212, 5-308
足上ケ鼻　あしあげはな　第205号　4-145
足洗村○　あしあらいむら　第55号　1-192, 5-104, 5-288
蘆垣村　あしがきむら　第97号　2-120
芦垣山　あしがきやま　第97号　2-120
鰺澤○☆⚓　あじがさわ　第38号　1-127, 5-83, 5-281
海獺島〔アシカシマ〕　あしかしま　第139号　3-121, 5-186
アシカ島　あしかじま　第58号　1-200, 5-110, 5-290
足門村（土岐山城守領分）　あしかどむら　第94号　2-105, 5-119, 5-289
アシカハエ　あしかはえ　第181号　4-32, 5-226
足柄上郡　あしがらかみぐん　第99号　2-129, 2-131, 5-126, 5-291
足柄下郡　あしがらしもぐん　第99号　2-128, 2-129, 2-131, 5-125, 5-126, 5-291
足柄下郡　あしがらしもぐん　第101号　2-140, 5-126, 5-291
足柄峠　あしがらとうげ　第99号　2-129, 2-131
足柄山　あしがらやま　第99号　2-129, 2-131, 5-126
蘆苅場村　あしかりばむら　第88号　2-79
安治川　あじがわ　第135号　3-101, 5-178
足河村（御留守居与力給地、御先手組与力給地）　あしかわむら　第58号　1-200, 1-201, 5-110, 5-290
芦川村　あしかわむら　第63号　1-218, 5-88, 5-283
葦北郡　あしきたぐん　第200号　4-113, 4-115, 4-116, 4-118, 5-250, 5-315
葦北郡　あしきたぐん　第208号　4-157, 5-315
蘆北郡　あしきたぐん　九州沿海図第13　4-250
葦北郡　あしきたぐん　九州沿海図第16　4-257
芦北郡　あしきたぐん　九州沿海図第16　4-256, 4-258, 4-260
阿志岐村　あしきむら　第187号　4-59
阿志岐村　あしきむら　第188号　4-65, 4-66, 5-231
芦敷村　あじきむら　第118号　3-16, 5-156
阿志岐村母〔安〕居野　あしきむらあいの　第188号　4-65, 4-66
阿志岐村栗林　あしきむらくりばやし　第188号　4-

65, 4-66
阿志岐村野口　あしきむらのぐち　第188号　4-65, 4-66
足坂村　あしざかむら　第130号　3-74, 5-167, 5-301
足坂村白樫　あしざかむらしらかし　第130号　3-74
足﨑　あしざき　第167号　3-245
芦﨑　あしざき　第212号　4-178, 5-253, 5-261
芦﨑　あしざき　九州沿海図第15　4-254, 4-255
鰺﨑島　あじさきじま　第192号　4-81, 4-82
芦﨑村　あしざきむら　第60号　1-208, 5-87, 5-283
芦﨑村　あしざきむら　第82号　2-55, 2-56, 5-139, 5-140
蘆﨑村☆〔芦﨑〕　あしざきむら　第143号　3-136, 5-188, 5-305
芦沢村〔芦澤村〕　あしざわむら　第65号　1-225, 5-90, 5-285
蘆沢村〔芦沢〕　あしざわむら　第108号　2-165, 5-150, 5-296
アシ島　あしじま　第48号　5-78
葦神社　あしじんじゃ　第130号　3-75
足摺岬　あしずりみさき　第161号　5-202
芦田（牧野大藏領分）○　あしだ　第95号　2-112, 2-113, 5-146, 5-296
愛鷹山　あしたかやま　第100号　2-134, 5-127, 5-291
芦田川　あしだがわ　第157号　5-195, 5-307
蘆田郡〔芦田郡〕　あしたぐん　第156号　3-196, 5-208, 5-307
芦田宿枝古町　あしだじゅくえだふるまち　第95号　2-112, 2-113
芦谷村（御料所）　あしだにむら　第71号　1-250, 5-96, 5-97, 5-285, 5-286
アシチヤシ　第3号　1-15, 1-16, 5-18, 5-268, 5-270
芦名村（稲垣八十五郎知行所）　あしなむら　第93号　2-101, 5-125, 5-291
足根　あしね　第102号　2-146
芦野(芦野中務在所)○　あしの　第68号　1-240, 5-106, 5-288
蘆湖　あしのこ　第99号　2-131, 5-126
味野村　あじのむら　第151号　3-180
蘆山村〔芦山〕　あしのやまむら　第133号　3-91, 5-175, 5-301
蘆ノ湯温泉〔芦湯〕　あしのゆおんせん　第99号　2-131, 5-126
細〔網〕地濵〔細地濵〕　あじはま　第48号　1-164, 5-78, 5-284
庵治濵村☆　あじはまむら　第146号　3-158, 5-194
庵治濵村鎌野　あじはまむらかまの　第146号　3-158
庵治濵村髙尻　あじはまむらこうじり　第146号　3-157, 3-158
庵治濵村竹居　あじはまむらたけい　第146号　3-158
庵治濵村番浦　あじはまむらばんのうら　第146号　3-158
庵治濵村平谷　あじはまむらひらたに　第146号　3-157, 3-158
庵治濵村丸山〔庵治濵〕　あじはまむらまるやま　第146号　3-157, 3-158, 5-307
蘆原村〔芦原〕　あしはらむら　第134号　3-98, 5-177, 5-301
芦原村　あしはらむら　第190号　4-75, 5-234
足原村　あしばらむら　第115号　2-195, 5-158
芦原村枝新橋☆　あしはらむらえだしんばし　第190号　4-75
芦原村枝冨永　あしはらむらえだとみなが　第190号　4-75
蘆淵村〔芦淵〕　あしぶちむら　第127号　3-56, 3-58, 5-175, 5-304
蘆淵村岡部　あしぶちむらおかべ　第127号　3-56, 3-58
蘆淵村琴ケ瀬　あしぶちむらことがせ　第127号　3-56, 3-58
芦邉浦⚠　あしべうら　第191号　4-78, 5-238, 5-241
足保村（大久保加賀守領分）〔芦保村〕　あしぼむら　第101号　2-141, 2-143, 2-144, 5-129
味鋺原新田　あじまはらしんでん　第114号　2-194, 5-159, 5-297
阿島村　あしまむら　第158号　3-204, 5-197, 5-307
味間村北村〔味間〕　あじまむらきたむら　第136号　3-105, 3-108, 5-304
味間村新村〔味間村、味間〕　あじまむらしんむら　第136号　3-105, 5-182, 5-304
阿島村荷内　あしまむらにない　第158号　3-204
味間村南村〔味間〕　あじまむらみなみむら　第136号　3-105, 5-304
足見川　あしみがわ　第129号　3-67
葦見村　あしみむら　第192号　4-80, 5-239, 5-241, 5-320
足守（木下肥後守在所）○☆　あしもり　第151号　3-176, 5-192, 5-307
芦屋浦　あしやうら　第186号　4-54, 5-222
芦屋川　あしやがわ　第137号　3-112
芦屋田村　あしやだむら　第195号　4-92, 5-232
アシヤ島　あじゃとう　第122号　3-35, 3-37, 5-173
蘆屋村〔芦屋村、芦屋〕　あしやむら　第124号　3-46, 5-181, 5-304
芦屋村　あしやむら　第137号　3-112, 5-178, 5-306
芦屋村　あしやむら　第186号　4-54, 5-312
芦屋村芦屋町○☆　あしやむらあしやまち　第186号　4-54, 5-222
芦屋村枝栗〔粟〕屋　あしやむらえだあわや　第186号　4-54
芦屋村茶屋新田　あしやむらちゃやしんでん　第137号　3-112
アシリイウシナイ〔アシリイウナシ〕　第11号　1-39, 5-35, 5-272
網代　あじろ　九州沿海図第5　4-211
アシロ岩　あしろいわ　第151号　3-181
網代浦　あじろうら　第139号　3-121, 5-186
網代浦　あじろうら　第202号　4-127, 4-128
網代浦　あじろうら　長崎〔参考図〕　4-131
網代﨑　あじろざき　第149号　3-164, 5-198
網代嵜　あじろざき　第206号　4-149
網代鼻　あじろはな　第177号　3-299
網代濵〔網代〕　あじろはま　第73号　2-16, 5-95, 5-285, 287
網代村（松平大和守領分）　あじろむら　第88号　2-79, 5-120, 5-291
網代村（松平縫殿之助知行所）　あじろむら　第93号　2-101, 5-125, 5-291
網代村（御料所、酒井作次郎知行所）☆⚠　あじろむら　第101号　2-140, 2-142, 5-128, 5-292
網代村　あじろむら　第124号　3-47, 5-181
網代村　あじろむら　第192号　4-80, 5-239, 5-241, 5-320
葦渡村　あしわたむら　第162号　3-219, 3-221, 5-204
蘆原村　あしわらむら　第123号　3-39, 3-41
飛鳥路村　あすかじむら　第134号　3-95, 5-176, 5-301
飛鳥社〔飛鳥〕　あすかしゃ　第134号　3-97, 3-98, 5-177
飛鳥ハナ　あすかはな　第183号　5-226
飛鳥村　あすかむら　第39号　1-135, 5-67, 5-82, 5-280
飛鳥村　あすかむら　第134号　3-97, 3-98, 5-177, 5-301
明川村○　あすがわむら　第115号　2-195, 5-158, 5-296
明川村栃平　あすがわむらとちだいら　第115号　2-195
小豆﨑村　あずきざきむら　第202号　4-124, 4-126, 5-236
小豆島　あずきじま　第145号　3-151
阿須伎神社　あずきじんじゃ　第162号　3-219
預明神　あずけみょうじん　第102号　2-148
足助村（本多主馬陣屋）○☆　あすけむら　第115号　2-195, 5-158, 5-297
足助村岩嵜　あすけむらいわさき　第115号　2-195
足助村成瀬　あすけむらなるせ　第115号　2-195
足助村宮平　あすけむらみやひら　第115号　2-195
梓峠　あずさとうげ　第182号　5-314
小豆澤村（御料所、富田庄右エ門知行所）　あずさわむら　第90号　2-85, 5-120, 5-123
小豆島村　あずしまむら　第139号　3-121, 5-186, 5-303, 5-306
小豆島村逢井浦　あずしまむらおおいうら　第139号　3-121
小豆島村矢櫃浦　あずしまむらやびつうら　第139号　3-121
吾妻川　あずまがわ　第78号　2-41, 5-119
遊馬村（御料所、木目信濃守、九毛五郎兵衛，西山兵衛知行所）　あずまむら　第88号　2-78, 5-120, 5-291
東間村（松平大和守領分）　あずまむら　第88号　2-76, 5-120, 5-291
吾妻村（森宗真、曽根内匠知行所）　あずまむら　第91号　2-95, 5-122, 5-290
東雨村　あずまめむら　第140号　3-124, 5-170
四阿屋山　あずまやさん　第96号　2-114, 5-146
吾妻山　あずまやま　第95号　2-111, 5-116
吾妻山　あずまやま　第196号　4-95
淺海村　あすみむら　第151号　3-179, 5-193
明見山　あすみやま　第97号　2-121, 5-117, 5-127
阿須理神社　あすりじんじゃ　第162号　3-219, 3-221
足羽郡　あすわぐん　第120号　3-26, 5-145, 5-297, 5-300
足次山神社　あすわやまじんじゃ　第151号　3-179
陌刈平村　あぜかりたいらむら　第202号　4-127, 5-236, 5-315
陌刈平村遠ノ木場　あぜかりたいらむらとおのこば　第202号　4-127
畝倉山　あぜくらやま　第180号　4-25, 4-27
アセ島　あせじま　第191号　4-79
汗島　あせじま　第204号　5-235
畔名村　あぜなむら　第117号　3-14, 5-168, 5-299
アセヒノ鼻　あせびのはな　第147号　3-163
畆町村○〔畆町〕　あぜまちむら　第186号　4-53, 4-55, 5-223, 5-313
阿瀬山　あせやま　第193号　4-83
畔吉村（御料所）　あぜよしむら　第88号　2-78, 5-120, 5-291
汗入郡　あせりぐん　第150号　3-171, 5-189, 5-305
汗入郡　あせりぐん　第155号　3-190, 3-192, 5-189, 5-305
阿蘓　あそ　九州沿海図第6　4-216
麻生川　あそうがわ　第113号　5-155
麻生口村　あそうぐちむら　第121号　3-29, 3-31, 5-157, 5-297, 5-300
麻生岳　あそうだけ　第201号　4-120
阿蔵野　あぞうの　九州沿海図第21　4-279

筋野村　あぞうのむら　第159号　3-206, 3-208, 5-200, 5-310
麻生村　あそうむら　第129号　3-71
安藏村　あぞうむら　第143号　3-137
阿曽浦　あそうら　第121号　3-29, 5-157, 5-172
阿蘇郡　あそぐん　第180号　4-26, 4-28
阿蘇郡　あそぐん　第182号　4-36, 4-37, 5-312, 5-314
阿蘇郡　あそぐん　第193号　4-83, 4-84, 5-230, 5-314
阿蘇郡　あそぐん　第194号　4-88, 4-89, 4-90, 5-314
阿蘇郡　あそぐん　九州沿海図第20　4-276, 4-278
阿曽里　あそさと　第131号　3-78, 5-168
阿曽里阿曽浦　あそさとあそうら　第131号　3-78
阿蘇山（總名）　あそざん　第193号　4-83
阿蘇宮　あそのみや　第182号　4-37, 5-232, 5-312, 5-314
阿蘇宮　あそのみや　九州沿海図第20　4-276, 4-278
安蘇村　あそむら　第144号　3-144
阿曽村塚本〔阿曽村〕　あそむらつかもと　第141号　3-131, 5-183
阿曽村出屋敷　あそむらでやしき　第141号　3-131
安蘇山　あそやま　第144号　3-144
阿陀岡神社　あたおかじんじゃ　第127号　3-59
安宅○　あたか　第86号　2-71, 5-144, 5-295
出雲郷川　あだかえがわ　第155号　3-191, 3-193
出雲郷村下分出雲郷町○〔出雲郷村〕　あだかえむらしもぶんあだかえちょう　第155号　3-191, 5-190, 5-305
阿多粕村　あたがすむら　第112号　2-182, 2-185
安宅﨑　あたぎざき　第140号　3-126
阿多郡　あたぐん　第210号　4-170, 4-172, 5-254, 5-261, 5-317
阿多郡　あたぐん　九州沿海図第12　4-242, 4-244, 4-246
阿竹村　あたけむら　第117号　3-13
安毛村　あたげむら　第113号　2-189
愛宕山白雲寺　あたごさんはくうんじ　第133号　3-90
アタゴシマ　あたごじま　第123号　3-39, 5-180
愛宕社〔愛宕山〕　あたごしゃ　第133号　3-90, 5-301
愛宕社〔愛宕山〕　あたごしゃ　第134号　3-94, 5-167
愛宕社　あたごしゃ　第202号　4-125, 4-126, 4-128
愛宕社　あたごしゃ　長崎〔参考図〕　4-130, 4-132
畔蛸村　あだこむら　第117号　3-12, 3-14, 5-168, 5-299
愛宕山　あたごやま　第102号　2-145
愛宕山　あたごやま　第118号　3-20
愛宕山　あたごやま　第123号　3-39
アタコ山　あたごやま　第123号　3-40, 5-180
愛宕山　あたごやま　第127号　3-56
愛宕山　あたごやま　第127号　3-57
愛宕山　あたごやま　第127号　3-59
愛宕山　あたごやま　第127号　3-59, 5-175
愛宕山　あたごやま　第127号　3-59, 5-180
愛宕山　あたごやま　第128号　3-62, 3-64
愛宕山　あたごやま　第133号　5-175, 5-176
愛宕山　あたごやま　第136号　3-105
愛宕山　あたごやま　第136号　3-109
愛宕山　あたごやま　第136号　3-111
愛宕山　あたごやま　第136号　3-111
愛宕山　あたごやま　第137号　3-115
愛宕山　あたごやま　第144号　3-140, 3-142
愛宕山　あたごやま　第144号　3-142
愛宕山　あたごやま　第144号　3-145
愛宕山　あたごやま　第144号　3-145
愛宕山　あたごやま　第151号　3-177
愛岩山　あたごやま　第178号　4-17
愛宕山　あたごやま　第184号　4-44
愛宕山　あたごやま　第184号　4-44
愛宕山　あたごやま　第187号　4-57, 4-59
愛宕山（古城跡）　あたごやま　第190号　4-77
愛宕山　あたごやま　第202号　4-123
愛宕山（古城跡）　あたごやま　第202号　4-124
愛宕山　あたごやま　第202号　4-125, 4-126, 4-128, 5-236
アタゴ山　あたごやま　第206号　4-146, 4-149
愛宕山　あたごやま　第208号　4-160, 5-250
愛宕山　あたごやま　九州沿海図第6　4-218
愛宕山　あたごやま　長崎〔参考図〕　4-130, 4-132
新鹿村　あたしかむら　第132号　3-82, 5-169, 5-301, 5-302
阿多田嶋　あたたじま　第169号　3-255, 5-218, 5-224
阿多田島（小方波田村屬）　あたたじま（おかたはたむらぞく）　第167号　3-243, 5-213
足立　あだち　九州沿海図第1　4-191
安達郡　あたちぐん　第56号　1-193, 1-194, 5-103, 5-288
足立郡　あだちぐん　第87号　2-75, 5-120
足立郡　あだちぐん　第88号　2-77, 2-78, 5-120, 5-291
足立郡　あだちぐん　第90号　2-84, 2-85, 5-120, 5-291
阿多野川　あたのがわ　第112号　5-153
阿多野川　あたのがわ　第112号　5-153
阿田野郷村〔阿多野郷村〕　あだのごうむら　第109号　2-167, 5-152, 5-296
アタヘシマ　あたべしま　第179号　5-224
愛見神社　あたみじんじゃ　第191号　4-79
熱海村（御料所）（温泉）○☆　あたみむら　第101号　2-140, 5-126, 5-128, 5-291, 5-292
熱海村枝水口　あたみむらえだみのくち　第101号　2-140
熱海村枝和田　あたみむらえだわだ　第101号　2-140
當方川　あたりかたがわ　第187号　4-61
阿田和村　あたわむら　第132号　3-84, 1-170, 5-302
阿知須村　あちすむら　第176号　3-292, 5-219
阿知須村岩倉　あちすむらいわくら　第176号　3-292
アツヲロシ　第21号　1-68, 1-69
厚貝　あつかい　第81号　2-50
アツキシマ　あづきじま　第153号　3-186
厚木町（御料所、大久保佐渡守領分）　あつぎまち　第93号　2-103, 5-126, 5-291
厚木町松原村　あつぎまちまつばらむら　第93号　2-103
アツケシ　第6号　1-22, 1-24, 5-26
アツケシ○☆　第22号　1-71, 1-72, 5-27, 5-270
アツケシトー　第22号　1-71, 1-72, 5-27, 5-270
アツ﨑〔アツサキ〕　あつさき　第192号　4-80, 5-239, 5-241
阿立〔豆〕佐和気命神社　あづさわけのみことじんじゃ　第101号　2-140
厚島　あつしま　第177号　5-220
厚島　あづしま　第177号　5-309
アツシヤブ川　第34号　1-118, 5-57, 5-279
熱田○☆　あつた　第115号　2-197, 5-159, 5-297
熱田社　あつたしゃ　第115号　2-197, 5-159
熱田新田　あつたしんでん　第115号　2-197, 5-159
熱田前新田　あつたまえしんでん　第115号　2-197, 5-159
熱田村　あつたむら　第172号　3-268, 5-216, 5-308
熱田村福井　あつたむらふくい　第172号　3-268
安土浦　あづちうら　第170号　3-261, 5-201
アツチヤシ　第33号　1-112, 5-47
アツノハナ　あつのはな　第168号　3-247
厚濱村　あつはまむら　第138号　3-119, 5-184, 6-306
厚原村（松平斧太郎陣屋）（松平斧太郎）　あつはらむら　第100号　2-135, 2-138, 5-127, 5-291
厚原村片宿　あつはらむらかたしゅく　第100号　2-135, 2-138
厚原村長沢　あつはらむらながさわ　第100号　2-135, 2-138
厚原村樋詰　あつはらむらひずめ　第100号　2-135, 2-138
アツベツ　第27号　1-88, 5-49, 5-277
アツホロシ　第20号　1-64, 5-45, 5-275
アツマ丘　第28号　1-94, 5-50, 5-278
集村　あつまりむら　第178号　4-15, 4-17, 5-222, 5-312
集村　あつまりむら　九州沿海図第1　4-193
渥美郡　あつみぐん　第111号　2-181, 5-162, 5-299
厚見郡　あつみぐん　第114号　2-193, 2-194, 5-159
渥美郡　あつみぐん　第116号　2-202, 2-204, 5-162, 5-299
厚見郡　あつみぐん　第118号　3-16, 3-18, 5-159
厚濱〔湊〕　あつみなと　第168号　3-247
厚村　あつむら　第127号　3-57
阿津村　あつむら　第145号　3-152, 3-154, 5-192, 5-194, 5-307
厚村枝安尾　あつむらえだやすお　第127号　3-57
厚保村枝柳井　あつむらえだやない　第176号　3-291
厚保村枝柳井川村　あつむらえだやないがわむら　第176号　3-291
厚保村江ノ河原村〔厚保村、厚保〕　あつむらえのかわらむら　第176号　3-291, 5-219, 5-220, 5-312
敦盛墓　あつもりのはか　第137号　3-113
當木島　あてきじま　第161号　3-216, 3-217, 5-203, 5-311
アテキ島　あてぎじま　第157号　3-200, 5-195, 5-210
アテヒラ山　あてひらやま　第166号　3-239
安戸池　あどいけ　第146号　3-156, 5-185, 5-303, 5-306
跡市村　あといちむら　第172号　3-268, 5-212, 5-308
跡市村舞立　あといちむらまいだち　第172号　3-268
アトウケシマ　あとうけじま　第190号　4-77
アトヲカ　第22号　1-73, 5-30, 5-270, 5-276
跡ケ瀬　あとがせ　九州沿海図第20　4-276
安曇川　あどがわ　第125号　3-49
後宿村（浅間社領）　あとじゅくむら　第100号　2-135, 2-138, 5-127
跡田村　あとだむら　第179号　4-19, 5-225, 5-312
跡田村（御料）　あとだむら　九州沿海図第2　4-195
跡田村小河内　あとだむらおがわち　第179号　4-19
跡田村乙平　あとだむらおとひら　第179号　4-19
跡田村古羅漢　あとだむらこらかん　第179号　4-19
跡田村保牟礼嵜　あとだむらほむれざき　第179号　4-19
跡津村　あとつむら　第113号　2-186

跡砥山　あとどやま　第154号　3-188
アトマイ　第20号　1-64, 5-45
阿戸村　あとむら　第139号　3-121, 3-123, 5-186, 5-303, 5-306
阿戸村塩屋〔阿戸村〕　あとむらしおや　第164号　3-229, 5-211
跡山　あとやま　第167号　3-240
穴井浦　あないうら　第170号　3-261, 5-201, 5-311
穴太寺〔菩提山穴太寺〕　あなおじ　第133号　3-91, 5-175
穴太村　あなおむら　第133号　3-91, 5-175
阿那賀浦　あながうら　第142号　3-134, 5-185, 5-303, 5-306
阿那賀浦伊比　あながうらういび　第142号　3-132, 3-134
阿那賀浦草下　あながうらくさか　第142号　3-134
阿那賀浦木場　あながうらこば　第142号　3-134
阿那賀浦櫻谷　あながうらさくらだに　第142号　3-134
阿那賀浦丸山　あながうらまるやま　第142号　3-134
穴川村　あながわむら　第117号　3-15, 5-168, 5-299
穴川村　あながわむら　第133号　3-91, 5-175
鳴呼難儀坂茶屋隈峠　あなぎざかちゃやくまとうげ　第192号　4-82
穴窪村　あなくぼむら　第49号　1-166, 1-167, 5-69
穴窪村　あなくぼむら　第150号　3-170
穴瀬鼻　あなせばな　九州沿海図第19　4-270
阿成村　あなせむら　第141号　3-130, 5-183
穴田村（本多豊後守）　あなだむら　第81号　2-50, 5-138, 5-146, 5-294
穴田村枝毛ノ川　あなだむらえだけのがわ　第81号　2-50
穴田村下穴田　あなだむらしもあなだ　第81号　2-50
穴門山神社　あなとやまじんじゃ　第156号　3-196, 5-307
穴内村　あなないむら　第159号　3-208, 5-196, 5-199, 5-307, 5-310
穴濱　あなばえ　第161号　3-212, 3-214
穴部新田　あなべしんでん　第99号　2-129, 2-131, 5-125, 5-126
穴部村　あなべむら　第99号　2-129, 2-131, 5-125, 5-126
穴村　あなむら　第133号　3-86, 5-174, 5-176
穴山村　あなやまむら　第98号　2-125, 5-117, 5-296
姉ヶ市川　あねがいちかわ　第174号　3-278
姉ケ潟　あねががた　第104号　2-151
姉川　あねがわ　第125号　3-48
姉川　あねがわ　第125号　3-48, 5-166
姉川村　あねがわむら　第188号　4-67
姉﨑（水野壱岐守領分）○　あねさき　第91号　2-94, 5-122, 5-290
姉泊村　あねどまりむら　第143号　3-135, 3-136, 5-188, 5-305
姉村　あねむら　第188号　4-67, 5-231, 5-313
姉歯村　あねわむら　第51号　1-178, 5-77
アノウ﨑　あのうざき　第104号　2-151
阿納浦　あのうら　第121号　3-33, 5-172
穴生村　あのおむら　第186号　4-54, 5-222, 5-312
穴生村枝陣原　あのおむらえだじんのはる　第186号　4-54
穴生村枝瀬板　あのおむらえだせいた　第186号　4-54
安濃郡　あのぐん　第130号　3-74, 3-75, 5-163, 5-167, 5-301
安濃郡　あのぐん　第165号　3-232, 3-233, 5-204, 5-205, 5-308
阿納尻村　あのじりむら　第121号　3-33, 5-172
阿ノセ山　あのせやま　第180号　5-230
安乗村⛵　あのりむら　第117号　3-14, 5-168, 5-299
阿波島　あばしま　第164号　3-228, 5-210
アバシリ　第7号　1-28, 5-21
アバシリ○　第7号　1-28, 5-21, 5-271
アバシリ川　第7号　5-20, 5-271
アヒテ川〔アビテ川〕　第33号　1-112, 5-47, 5-279
海老名村（室賀兵庫知行所）　あびなむら　第111号　2-177, 2-178, 5-160
アヒラ川　第28号　1-94
阿部浦☆　あぶうら　第147号　3-162, 5-187, 5-303, 5-306
阿武観音〔阿武兎観音〕　あぶかんのん　第157号　3-200, 5-195
阿武隈川〔アフクマ川〕　あぶくまがわ　第53号　1-184, 5-80
阿武郡　あぶぐん　第174号　3-278, 3-280, 3-281, 5-217, 5-309
阿武郡　あぶぐん　第175号　3-282, 3-285, 5-217, 5-309
阿武郡　あぶぐん　第176号　3-288, 3-290, 5-217, 5-309
アブシタ　第21号　1-68, 5-45, 5-275
アブタ○☆　第30号　1-100, 5-46, 5-52, 5-278
女〔安〕福田村　あぶたむら　第136号　3-110, 5-182
アブ〔ツコ〕鼻〔アフツコハナ岩〕　あぶつこはな　第213号　4-179, 5-258, 5-261
阿仏房村　あぶつぼうむら　第75号　2-25, 2-27, 5-99, 5-287
アフナイ川　第23号　1-77, 5-276
アフニ　第17号　1-52, 5-42, 5-274
アフニ川　第17号　1-52
アフニヽウシモイ岬〔アフニウシモイ岬〕　第22号　1-70, 5-27, 5-270
アフミサワ　第34号　1-119, 5-57
安部村　あぶむら　第150号　3-170
安部屋村　あぶやむら　第84号　2-63, 5-141, 5-143
アフラ　第33号　1-114, 5-47, 5-279
油井村　あぶらいむら　第136号　3-105, 5-182, 5-304, 5-306
油井村枝草野村　あぶらいむらえだくさのむら　第136号　3-105
油井村枝古森　あぶらいむらえだこおもり　第136号　3-105
油川☆　あぶらかわ　第39号　1-135, 5-67, 5-82, 5-280
油川村十三森〔十三森〕　あぶらかわむらじゅうさんもり　第39号　1-135, 5-280
アフラコマイウコシ　第25号　1-84, 5-33, 5-277
油津　あぶらつ　第198号　5-246
油津☆⛵　あぶらつ　九州沿海図第8　4-224
油戸村　あぶらとむら　第70号　1-248, 5-91, 5-285, 5-286
油山　あぶらやま　第187号　4-63
阿夫利神社　あふりじんじゃ　第99号　2-128
安倍川　あべかわ　第107号　2-157, 2-159, 5-160
安倍川村　あべかわむら　第107号　2-157, 2-159, 5-160, 5-298
安倍川村地先　あべかわむらちさき　第107号　2-157, 2-159
安倍郡　あべぐん　第107号　2-156, 2-158, 2-159, 5-160, 5-298
安倍田村〔安田部〕　あべたむら　第134号　3-94, 3-96, 5-167, 5-167, 5-177, 5-301
安倍田村鹿高　あべたむらかたか　第134号　3-94, 3-96
安部峠續　あべとうげ　第100号　2-137, 2-139
阿部村〔安部〕　あべむら　第134号　3-97, 3-98, 5-177, 5-301
阿部村　あべむら　第151号　3-177, 5-193, 5-307
阿部村藤倉　あべむらふじくら　第151号　3-177
アベヤニ　第25号　1-83, 5-33, 5-277
アベヤニ川　第25号　1-83, 5-33, 5-277
阿部山　あべやま　第151号　3-179
アホ﨑　あほざき　第206号　4-146
阿母﨑　あぼざき　第191号　4-79
河〔阿〕星山　あぼしやま　第133号　3-86
網干山　あぼしやま　第141号　3-131
何保宿　あぼしゅく　第134号　5-167
安保町（鈴木亀五郎知行所）　あぼまち　第94号　2-106, 5-119
阿麻□□神社　あま□□じんじゃ　第192号　4-81
天□川　あま□がわ　第123号　3-38
海士浦　あまうら　第178号　4-13
海士浦　あまうら　九州沿海図第1　4-191
天浦　あまがうら　第175号　3-286
尼崎（松平輿一居城）〔尼ケ崎〕　あまがさき　第135号　3-101, 5-178
天ケ須賀新田　あまがすかしんでん　第129号　3-66, 5-166
天ケ高山　あまがたかやま　第163号　3-226
尼ヶ岳　あまがたけ　第129号　3-72, 5 167
天ケ岳　あまがたけ　第189号　4-70
尼上山　あまがみやま　第135号　3-102, 5-177, 5-178, 5-301
天城山（惣名）　あまぎさん　第101号　2-142, 5-128, 5-292, 5-298
天城山　あまぎさん　第182号　4-34
天城山　あまぎさん　九州沿海図第21　4-280
天城峠　あまぎとうげ　第101号　5-298
天城峠　あまぎとうげ　第102号　2-147, 5-128, 5-129
天城村　あまきむら　第151号　3-178, 5-194
甘木村　あまきむら　第187号　4-58, 5-222, 5-231, 5-312
甘木村　あまぎむら　第195号　4-92
甘木村甘木町○　あまぎむらあまぎまち　第187号　4-58, 5-231
雨霧山　あまぎりやま　第152号　3-182, 5-194
天草郡　あまくさぐん　第196号　4-96, 4-97, 4-98, 4-99, 5-315
天草郡　あまくさぐん　第200号　4-117, 4-118
天草郡　あまくさぐん　第203号　4-134, 4-136, 4-138, 4-139, 5-251, 5-315
天草郡　あまくさぐん　九州沿海図第18　4-265
天草郡　あまくさぐん　九州沿海図第19　4-272, 4-274, 4-275
上嶋　あまくさぐんかみしま　九州沿海図第19　4-272, 4-274, 4-275
雨窪村　あまくぼむら　第178号　4-13, 4-15, 5-222, 5-312
天窪村〔天窪〕　あまくぼむら　第201号　4-121, 4-122, 5-235, 5-313, 5-315
雨窪村　あまくぼむら　九州沿海図第1　4-193
天窪村黒口　あまくぼむらくろくち　第201号　4-121, 4-122
海士郡　あまぐん　第138号　3-118, 3-120, 5-179, 5-303, 6-306
海士郡　あまぐん　第139号　3-121, 5-179, 5-303
海士郡　あまぐん　第154号　3-188, 5-191, 5-305
雨乞山　あまごいやま　第118号　3-19
雨乞山　あまごいやま　第129号　3-73

雨乞山　あまごいやま　第176号　3-292
雨乞山　あまごいやま　第177号　3-294, 5-220
雨乞山　あまごいやま　第182号　5-226
天子島　あまこじま　第178号　4-13
天子嶋　あまこじま　九州沿海図第1　4-189
尼子村　あまこむら　第125号　3-48, 3-50, 5-166, 5-297, 5-300
アマコロ岬〔アマコロサキ〕　あまころみさき　第206号　4-148, 5-242
井〔甘〕崎村　あまざきむら　第164号　3-228, 5-210
天地浦⏃　あまじうら　第161号　3-213, 3-215, 5-203, 5-311
アマシマ　あまじま　第131号　3-78, 5-168
甘地村　あまじむら　第141号　3-128
甘地村千束　あまじむらせんぞく　第141号　3-128
天菅生村　あますごうむら　第120号　3-24, 3-26, 5-145
蜑住村　あますみむら　第186号　4-54
蜑住村枝拂川村　あますみむらえだはらいがわむら　第186号　4-54
尼瀬○　あまぜ　第74号　2-21, 5-112, 5-113
天瀬川村　あませがわむら　第62号　1-212, 5-87, 5-283
天瀬村　あませむら　第144号　3-146, 5-192, 5-307
天田内村　あまだうちむら　第124号　5-180
天田内村　あまだうちむら　第127号　3-57
天田内村平　あまだうちむらたいら　第127号　3-57
天田郡　あまたぐん　第127号　3-56, 3-57, 3-58, 3-60, 5-180, 5-304
天田嶋（上関嶋屬）　あまたじま（かみのせきじまぞく）　第169号　3-257, 2-224, 5-311
天田村　あまだむら　第136号　3-109
雨垂石○　あまだれいし　第36号　1-123, 1-124, 5-60, 5-281
アマダレ石川　第36号　1-124
天付　あまつけ　第203号　4-139
天付　あまつけ　九州沿海図第19　4-271
天付　あまつけ　九州沿海図第19　4-272
天ツサノシマ　あまつさのじま　第196号　4-95
天包越山　あまつつみこえさん　第197号　5-245
天包峠〔天包越峠〕　あまつつみとうげ　第197号　4-100, 3-314
天包山　あまつつみやま　第197号　4-100
雨坪村　あまつぼむら　第99号　2-129, 2-131, 5-126
天津南シマ　あまつみなみじま　第196号　4-95
天津村（大岡主膳正領分）○☆　あまつむら　第92号　2-97, 2-98, 5-111, 5-290
天面村（大岡主膳正領分）　あまつらむら　第92号　2-98, 5-124, 5-292
海士泊島〔アマ泊シマ〕　あまどまりじま　第204号　4-140, 4-142, 5-235, 5-313, 5-321
雨戸山　あまどやま　第98号　2-126
海士取島〔アマトリシマ〕　あまとりじま　第139号　3-123, 5-186
アマトリ嶋　あまとりじま　九州沿海図第6　4-216
カ〔ア〕マトリハエ　あまどりはえ　第183号　4-43, 5-228
阿万西村〔阿万〕　あまにしむら　第142号　3-132, 5-186, 5-303, 5-306
天神多久須命神社　あまのかみたくすのみことじんじゃ　第192号　4-80
天ノ川　あまのがわ　第125号　3-48, 5-166
天手長男神社　あまのたながおじんじゃ　第191号　4-79
天手長姫神社　あまのたながひめじんじゃ　第191号　4-79
天橋立　あまのはしだて　第123号　3-38, 3-40, 5-180
天野村　あまのむら　第101号　2-141, 2-143
天諸羽命神社　あまのもろはのみことじんじゃ　第192号　4-80
天羽郡　あまはぐん　第91号　2-96, 5-124, 5-290
阿万東村〔阿万〕　あまひがしむら　第142号　3-132, 5-186, 5-303, 5-306
天引村　あまびきむら　第94号　2-107
天引村下平　あまびきむらしもだいら　第94号　2-107
天引山　あまびきやま　第94号　2-107, 5-291
雨引山　あまびきやま　第200号　4-114, 5-250
海部郡　あまべぐん　第181号　4-30, 4-33, 5-226
海部郡　あまべぐん　第183号　4-43, 5-226, 5-312, 5-314
海部郡　あまべぐん　九州沿海図第3　4-202
海部郡　あまべぐん　九州沿海図第5　4-215
海部郡　あまべぐん　九州沿海図第6　4-215, 4-216
海部郡深島　あまべぐんふかしま　第183号　4-42, 5-228
海士岬　あまみさき　第84号　2-63, 2-65, 5-143
海士村　あまむら　第123号　3-39, 3-41
安満村　あまむら　第133号　3-92, 5-176, 5-178
海士村　あまむら　第154号　3-188, 5-191, 5-305
海士村北分　あまむらきたぶ　第154号　3-188
安満村ノ内新町　あまむらのうちしんまち　第133号　3-92
雨ヤトリ　あまやどり　第171号　3-264
天山　あまやま　第187号　4-59
天山村　あまやまむら　第187号　4-59, 5-223, 5-231, 5-313
天山村鞭掛　あまやまむらむちかけ　第187号　4-59
餘部下村　あまるべしもむら　第122号　3-37, 5-173
餘部御崎〔御崎、御﨑〕　あまるべみさき　第124号　3-43, 5-181, 5-304
餘部村☆　あまるべむら　第124号　3-43, 5-181, 5-304
網一色村　あみいつしきむら　第99号　2-130, 5-125, 5-126, 5-291
網掛山　あみかけやま　第110号　2-172, 5-154
阿弥陀海道○　あみだかいどう　第97号　2-121, 2-123, 5-117, 5-127, 5-291
阿弥陀海道宿橋爪　あみだかいどうじゅくはしづめ　第97号　2-121, 2-123
阿弥陀川　あみだがわ　第150号　3-171
阿弥陀川村　あみだがわむら　第39号　1-133, 1-135, 5-67, 5-82
阿弥陀寺　あみだじ　第99号　2-131
阿弥陀堂村　あみだどうむら　第115号　2-196, 2-198, 2-200, 5-159
阿弥陀堂村新田　あみだどうむらしんでん　第115号　2-196, 2-198, 2-200
阿弥陀峯　あみだみね　第133号　3-87
網濱村　あみのはまむら　第145号　3-153, 5-192
細〔網〕野村☆〔細野〕　あみのむら　第123号　3-39, 5-180, 5-304
網干村　あみほしむら　第188号　4-67, 4-69, 5-231
菴我神社　あむかじんじゃ　第127号　3-57
阿村　あむら　第196号　4-98, 5-233
阿村　あむら　九州沿海図第19　4-275
阿村釜　あむらかま　第196号　4-98
安室郷九ケ村入會　あむろごうきゅうかそんいりあい　第141号　3-130, 5-183
雨浦鼻　あめうらはな　第145号　3-150
雨﨑　あめざき　第171号　3-267, 5-203
雨﨑　あめざき　第204号　4-141, 4-142
雨滝山　あめたきやま　第146号　3-157, 3-158
雨トヤ古城山　あめとやこじょうやま　第96号　2-115
雨宮村　あめのみやむら　第81号　2-53, 5-146
雨森村　あめのもりむら　第121号　3-30, 5-157, 5-297, 5-300
雨森山　あめもりやま　第138号　3-117, 5-179, 5-303, 5-306
雨呼山　あめよびやま　第195号　4-93, 4-94, 5-232
雨呼山　あめよびやま　九州沿海図第18　4-264
甘水川　あもうずがわ　第187号　4-58, 5-222, 5-231
甘水村　あもうずむら　第187号　4-58, 5-222, 5-231, 5-312
甘水村白川〔耳水村〕　あもうずむらしらかわ　第187号　4-58, 5-222, 5-231
海士村　あもうむら　第124号　3-47, 5-181, 5-304
綾川　あやかわ　第146号　3-159
綾川　あやかわ　第185号　4-51
綾川　あやがわ　第180号　5-222
阿野郡　あやぐん　第146号　3-159, 5-194, 5-307
阿野郡　あやぐん　第151号　3-180, 5-194, 5-307
綾古　あやご　第177号　3-294
綾嵜　あやざき　第189号　4-73
綾瀬川〔綾セ川〕　あやせがわ　第87号　2-75, 5-120
綾瀬川〔綾セ川〕　あやせがわ　第88号　2-78, 5-120
綾瀬川　あやせがわ　第90号　2-84
綾戸村　あやどむら　第118号　3-17, 3-19, 5-166, 5-297, 5-300
綾部（九鬼在所）　あやべ　第127号　3-56, 5-175, 5-304
綾部川　あやべがわ　第188号　4-65, 4-66
綾部村枝井倉村　あやべむらえだいのくらむら　第127号　3-56
綾部村枝神宮寺村　あやべむらえだじんぐうじむら　第127号　3-56
綾部村枝新宮村　あやべむらえだしんぐうむら　第127号　3-56
綾部村枝味方村　あやべむらえだみかたむら　第127号　3-56
綾部山　あやべやま　第188号　4-66
綾羅木村（長府領）　あやらぎむら　第177号　3-299, 5-220
綾羅木村　あやらぎむら　九州沿海図第1　4-189
鮎帰　あゆがえり　九州沿海図第2　4-195
鮎川　あゆかわ　第81号　5-146
鮎川浦☆　あゆかわうら　第120号　3-27, 5-145, 5-300
鮎川濱☆〔鮎川〕　あゆかわはま　第48号　1-164, 5-78, 5-284
鮎川村　あゆがわむら　第94号　2-107
アユクシ　第17号　1-53, 5-42, 5-275
鮎沢村　あゆざわむら　第98号　2-126, 5-117, 5-127
アーラ　第17号　1-57, 5-43, 5-275
荒網代　あらあじろ　九州沿海図第5　4-211
新居（御関所）○　あらい　第111号　2-181, 5-161, 5-299
新井浦　あらいうら　第92号　2-99, 2-100, 5-124
洗釜村　あらいがまむら　第64号　1-220, 5-89, 5-283, 5-286
アラヒ川　第32号　1-111
新井川　あらいがわ　第93号　2-103
洗川　あらいがわ　第150号　3-170
洗切　あらいきり　九州沿海図第16　4-257
洗切川　あらいきりがわ　第196号　4-95
荒井濱〔荒井〕　あらいはま　第73号　2-15, 5-95, 5-97, 5-285

荒井町○　あらいまち　第80号　2-45, 2-48, 5-138, 5-287
荒井村（岩瀬市兵衛知行所）　あらいむら　第58号　1-199, 5-110
新井村　あらいむら　第81号　2-50, 5-146
荒井村（牧野藤五郎知行所）　あらいむら　第88号　2-76, 2-78, 5-120, 5-291
新井村　あらいむら　第89号　2-81, 2-83, 5-122
新井村　あらいむら　第91号　2-95, 2-96, 5-123, 5-124, 5-290
新井村（御料所）　あらいむら　第101号　2-140, 2-142, 5-125, 5-128
新井村　あらいむら　第118号　3-18, 5-166, 5-297
荒井村　あらいむら　第141号　3-130, 5-182, 5-306
荒井村枝北袋　あらいむらえだきたぶくろ　第88号　2-77, 2-78
新井村平島　あらいむらひらしま　第101号　2-140, 2-142
荒井村室大足〔荒井〕　あらいむらむろおおあし　第108号　2-165, 5-150, 5-296
新居山　あらいやま　第98号　2-126
荒井山〔荒井岳〕　あらいやま　第214号　4-184, 4-186, 5-259, 5-261, 5-319
荒江村　あらえむら　第187号　4-60
新生村　あらおいむら　第58号　1-200, 5-110
荒尾加家村　あらおかけむら　第115号　2-197, 2-199, 5-159, 5-299
荒尾岳　あらおだけ　第203号　4-137, 5-251
荒落山　あらおとしやま　第194号　4-91
荒尾村　あらおむら　第193号　4-87, 5-233, 5-313, 5-315
荒尾村　あらおむら　九州沿海図第18　4-269
荒尾山　あらおやま　第193号　4-85
荒尾山　あらおやま　九州沿海図第18　4-266
荒河村　あらがむら　第127号　3-57, 5-180
荒河村下荒河○　あらがむらしもあらが　第127号　3-57, 5-304
荒川　あらかわ　第73号　2-15
荒川　あらかわ　第88号　5-120
荒川　あらかわ　第90号　2-84, 5-120
荒川　あらかわ　第98号　2-126
アーラ川　第17号　1-57, 5-43, 5-275
荒河内村　あらがわちむら　第203号　4-134
荒河内村　あらがわちむら　九州沿海図第19　4-273
安良川村○　あらかわむら　第57号　1-196, 5-104, 5-288
荒川村（小宮山八五郎、内藤久三郎、須田治郎太郎、大久保萬吉、大久保十五郎、大久保筑前守知行所）　あらかわむら　第94号　2-106, 5-121, 5-291
荒川村　あらかわむら　第118号　3-17, 3-19, 5-166, 5-297, 5-300
荒川村　あらかわむら　第126号　3-52, 3-53, 5-174, 5-300
荒川村　あらかわむら　第135号　3-101, 5-178, 5-301
荒川村　あらかわむら　第206号　4-149, 5-242, 5-243
荒川村　あらかわむら　第210号　4-169, 5-252, 5-261, 5-315, 5-317
荒川村　あらかわむら　九州沿海図第13　4-247
荒川村枝長堂　あらかわむらえだちょうどう　第135号　3-101
荒川村小川村　あらかわむらおがわむら　第207号　4-155
荒川村丹奈村〔丹奈村〕　あらかわむらたんなむら　第207号　4-151, 4-155, 5-243
荒川村中須村　あらかわむらなかすむら　第207号　4-151, 4-155
荒川村横沼　あらかわむらよこぬま　第135号　3-101
荒木神社　あらきじんじゃ　第101号　2-141, 2-143
荒木村（松平周防守）　あらきむら　第81号　2-52, 5-146
荒木村　あらきむら　第134号　3-94, 5-167, 5-301
荒木村　あらきむら　第162号　3-219, 3-221, 5-204
荒木村大鎌　あらきむらおおかま　第134号　3-94
荒木村北荒木〔荒木〕　あらきむらきたあらき　第162号　3-219, 3-221, 5-308
荒木村中荒木〔荒木〕　あらきむらなかあらき　第162号　3-219, 3-221, 5-308
荒木村中河原〔荒木村〕　あらきむらなかがわら　第130号　3-75, 5-167, 5-301
嵐口　あらぐち　第200号　4-117, 4-118
嵐口　あらぐち　九州沿海図第19　4-270, 4-274
新久村　あらくむら　第88号　2-79
新倉村　あらくらむら　第96号　2-119, 5-150, 5-296
新倉村丸山　あらくらむらまるやま　第96号　2-119
荒倉山　あらくらやま　第98号　2-125
荒倉山　あらくらやま　第125号　3-48
荒﨑　あらさき　第145号　3-155
荒﨑　あらさき　第178号　4-12, 4-14
荒﨑　あらさき　第187号　4-61
荒﨑　あらさき　第204号　4-141, 4-142
荒﨑　あらさき　第204号　4-142
嵐ケ峠　あらしがとうげ　第150号　5-189
新芝村市場　あらしばむらいちば　第99号　2-129, 2-131
荒島　あらしま　第206号　4-149
安樂島村〔安樂嶋村〕　あらしまむら　第117号　3-12, 5-163, 5-299
荒島村荒島町〔荒島〕　あらしまむらあらしまちょう　第155号　3-191, 3-193, 5-190, 5-305
安樂島村二地浦　あらしまむらふたじうら　第117号　3-12
荒島山　あらしまやま　第102号　2-145, 2-148
荒地村　あらじむら　第57号　1-198, 5-108, 5-290
有自村　あらじむら　第186号　4-53, 4-55
荒宿村　あらじゅくむら　第88号　2-79
有網代浦　あらじろうら　第170号　3-261, 5-201
荒網代浦〔荒網代〕　あらじろうら　第183号　4-38, 5-226, 5-228
荒網代浦　あらじろうら　九州沿海図第5　4-211, 4-213
阿良須神社　あらすじんじゃ　第127号　3-57
荒瀬　あらせ　九州沿海図第16　4-258, 4-260
荒瀬村　あらせむら　第188号　4-65, 4-66, 5-231
新滝山　あらたきやま　第176号　3-291
荒武村　あらたけむら　第185号　4-51, 5-244, 5-314
荒田神社　あらたじんじゃ　第136号　3-109
有太刀浦　あらたちうら　第170号　3-261, 5-201, 5-311
荒谷山　あらたにやま　第184号　4-44, 4-46
新珠島　あらたまじま　第146号　3-157, 3-158
安樂多町　あらたまち　第136号　3-109
荒田村　あらたむら　第143号　3-135, 5-188
荒津﨑　あらつざき　第187号　4-60
新津村　あらつむら　第178号　4-15, 4-17, 5-222
新津村　あらつむら　九州沿海図第1　4-193
新所村　あらところむら　第64号　1-222, 5-75, 5-88, 5-283
荒戸峠　あらととうげ　第77号　2-37, 5-115
荒戸波止　あらとはと　第187号　4-60, 5-223
荒戸濵〔荒戸〕　あらとはま　第48号　1-162, 5-76, 5-284
荒戸濵平磯　あらとはまひらいそ　第48号　1-162
荒戸山　あらとやま　第156号　3-194, 5-193
荒濵○　あらはま　第52号　1-181, 1-182, 5-79
荒濵　あらはま　第53号　1-184, 5-80
荒濱村（井伊兵部少輔領分）　あらはまむら　第76号　2-29, 5-112
荒平　あらひら　九州沿海図第19　4-272, 4-274, 4-275
荒平古城山　あらひらこじょうやま　第187号　4-63
荒平岳　あらひらだけ　第204号　4-140, 4-142
荒舩山　あらふねやま　第95号　2-111
荒穂神社　あらほじんじゃ　第187号　4-59, 4-62, 5-223, 5-231, 5-313
新光○〔新巻〕　あらまき　第78号　2-41, 5-114
荒俣村　あらまたむら　第82号　2-55, 2-56, 5-139
荒俣村　あらまたむら　第82号　2-56, 5-140, 5-295
新町村　あらまちむら　第76号　2-28, 5-112, 5-113
新町村　あらまちむら　第76号　2-28, 5-112, 5-113, 5-287, 5-289
荒町村　あらまちむら　第80号　2-45, 2-48, 5-138
荒町村　あらまちむら　第108号　2-164, 5-150, 5-296
荒町村宮下　あらまちむらみやした　第108号　2-164
荒嶺〔荒ノ峯〕　あらみね　第208号　4-158, 5-247, 5-261
荒谷○　あらや　第36号　1-123, 5-60, 5-281
荒谷○　あらや　第52号　1-179, 5-77, 5-79, 5-284
ノラヤ川　第36号　1-123
荒山　あらやま　第193号　4-83
荒山村　あらやまむら　第123号　3-38, 3-40
荒山村枝中野　あらやまむらえだなかの　第123号　3-38, 3-40
新谷村　あらやむら　第62号　1-213, 5-87, 5-283
荒屋村〔荒谷村、荒谷〕　あらやむら　第83号　2-57, 5-141, 5-295
新屋村　あらやむら　第99号　2-129, 2-131
新屋村　あらやむら　第100号　2-132, 5-127
荒屋村　あらやむら　第101号　2-141
新屋村（御料所）　あらやむら　第107号　2-159, 5-160, 5-298
荒谷村　あらやむら　第157号　5-208, 5-210, 5-307
新屋村中西野村入會○〔新屋村、西野〕　あらやむらなかにしのむらいりあい　第115号　2-200, 5-159, 5-297, 5-299
蘭川　あららぎがわ　第109号　2-171
アラヽキ峠　あららぎとうげ　第67号　1-233
安良里村（真鍋式部知行所）〔安良利村、安良利〕　あらりむら　第101号　2-143, 5-129, 5-298
霰石〔アラレ石〕　あられいし　第139号　3-122, 5-171
荒相村　あらわむら　第172号　3-268, 5-212, 5-308
荒相村帯ケ石　あらわむらおびがいし　第172号　3-268
アランラミサキ　あらんらみさき　第190号　4-77
有明峯〔有明山〕　ありあけみね　第192号　4-82, 5-239, 5-241, 5-320
有井川村　ありいがわむら　第160号　3-210, 5-202, 5-310, 5-311
有井小山　ありいこやま　第151号　3-178
有家町村小川名〔有家町村、有家〕　ありえまちむらこがわみょう　第196号　4-97, 5-233, 5-315
有家町村中須川名〔有家〕　ありえまちむらなかすかわみょう　第196号　4-97, 5-315
有尾新田　ありおしんでん　第118号　3-19, 3-21
有尾村　ありおむら　第118号　3-19, 3-21
有壁○　ありかべ　第51号　1-176, 5-77, 5-284

アリ川　第32号　1-109, 1-110, 5-56
有川○　ありかわ　第32号　1-109, 1-110, 5-56, 5-279
有川村☆⚓　ありかわむら　第206号　4-148, 4-149, 5-242, 5-321
有川村　ありかわむら　第209号　4-162, 5-315, 5-316
有川村　ありかわむら　九州沿海図第17　4-261
有川村枝赤尾村　ありかわむらえだあかおむら　第206号　4-148, 4-149
有川村枝石原村○〔有川村石原、有川〕　ありかわむらえだいしはらむら　第208号　4-158, 5-247, 5-261, 5-315, 5-316
有川村枝石原村○　ありかわむらえだいしはらむら　九州沿海図第17　4-261
有川村枝江之濱村　ありかわむらえだえのはまむら　第206号　4-148, 4-149
有川村枝小川原村　ありかわむらえだおがわらむら　第206号　4-148, 4-149
有川村枝奥ノ浦村　ありかわむらえだおくのうらむら　第206号　4-149
有川村枝七目村　ありかわむらえだななめむら　第206号　4-148, 4-149
有川村頭島　ありかわむらかしらがしま　第206号　4-148, 4-149, 5-242, 5-321
有川村十文字　ありかわむらじゅうもんじ　第208号　4-158
有川村瀬丸　ありかわむらせまる　第209号　4-162
有川村友栖村☆〔友栖〕　ありかわむらともすみむら　第206号　4-148, 4-149, 5-242, 5-321
有川山　ありかわやま　第206号　4-148, 4-149
有清　ありきよ　第167号　3-242, 3-244, 5-211, 5-213
有毛村　ありげむら　第186号　4-53, 4-54, 5-222, 5-312
有里村　ありさとむら　第199号　4-111, 5-248, 5-261, 5-316
有里村　ありさとむら　九州沿海図第9　4-229
有重村〔有重〕　ありしげむら　第188号　4-67, 4-69, 5-231, 5-313
有島　ありしま　第139号　3-121, 3-123, 5-186
阿利神社　ありじんじゃ　第162号　3-219, 3-221
有田浦☆⚓　ありたうら　第140号　3-124, 5-170, 5-302
アリタ川　ありたがわ　第76号　5-112
有田川　ありたがわ　第139号　3-121, 5-186
有田川　ありたがわ　第158号　3-205, 5-197
有田川　ありたがわ　第190号　4-76
有滝村　ありたきむら　第117号　3-13, 5-163
有田郡　ありたぐん　第139号　3-121, 5-179, 5-303, 5-306
在嶽　ありだけ　第125号　3-51
有田明神森　ありたみょうじんもり　第139号　3-121
有田村　ありたむら　第127号　3-57
有田村　ありたむら　第187号　4-61, 5-223, 5-313
有田村　ありだむら　第121号　3-33, 5-172, 5-174, 5-300
有田村　ありだむら　第166号　3-238, 5-209, 5-212, 5-308
有田村蒲河名〔有田〕　ありたむらかまがみょう　第196号　4-97, 5-315
有田村山川名〔有田村、有田〕　ありたむらやまがわみょう　第196号　4-97, 5-233, 5-315
有戸村　ありとむら　第40号　1-136, 1-140, 5-66, 5-280
有野　ありの　九州沿海図第2　4-195
有畑村　ありはたむら　第40号　1-138, 1-140, 5-62, 5-66, 5-280
在原寺　ありはらでら　第134号　3-95, 3-97
有福川　ありふくがわ　第172号　5-212
有帆川〔アリホ川〕　ありほがわ　第176号　5-219, 5-312
有帆村　ありほむら　第176号　3-293, 5-219
有馬川　ありまがわ　第80号　2-45, 2-46, 5-138, 5-287, 5-294
有馬郡　ありまぐん　第136号　3-105, 3-106, 3-107, 3-108, 5-182, 6-306
有馬セ　ありませ　第196号　4-95
有松村　ありまつむら　第115号　2-197, 2-199, 5-159, 5-297, 5-299
有馬村（御料所、遠山政之助、曽根主税知行所）〔有間村〕　ありまむら　第90号　2-87, 2-90, 5-123, 5-291
有馬村（御料所、村越茂助、川勝登之助知行所）　ありまむら　第94号　2-105, 5-119
有馬村　ありまむら　第132号　3-83, 3-84, 1-170, 5-301, 5-302
有間村　ありまむら　第166号　3-238, 5-209, 5-212
有馬山　ありまやま　第202号　5-236
有村　ありむら　第209号　4-164, 5-247, 5-261, 5-316
有村　ありむら　九州沿海図第10　4-233
有屋川〔アリヤ川〕　ありやがわ　第65号　1-223, 5-90
有安村　ありやすむら　第178号　4-16, 5-222, 5-312
有安村　ありやすむら　九州沿海図第1　4-193
有安村枝福間　ありやすむらえだふくま　第178号　4-16
有安村枝横濵　ありやすむらえだよこはま　第178号　4-16
有脇村　ありわきむら　第115号　2-199, 5-159, 5-299
アル　第18号　1-58, 1-60
有鹿神社　あるかじんじゃ　第93号　2-103
有賀村　あるがむら　第96号　2-118, 5-150, 5-296
アルトルトー　第23号　1-74, 5-30, 5-271, 5-276
アレ島　あれしま　第48号　1-162
アレ子ケシコツ〔アン子クシユツ〕　第8号　1-30, 5-24, 5-271
阿連村　あれんむら　第192号　4-81, 4-82, 5-239, 5-240, 5-241, 5-320
荒生田村　あろうだむら　第178号　4-13, 4-15, 5-222, 5-312
荒生田村中畑　あろうだむらなかはた　第178号　4-13
有津村　あろうづむら　第157号　3-203, 5-210
淡井浦　あわいうら　第103号　2-149
粟石峠　あわいしとうげ　第163号　5-208
粟井中村　あわいなかむら　第144号　3-141, 5-183, 5-192, 5-304, 5-306
粟井村　あわいむら　第167号　3-244
粟井村大泊　あわいむらおおとまり　第167号　3-244, 5-214
安和浦　あわうら　第160号　3-209, 5-200, 5-310
安和浦田ノ浦　あわうらたのうら　第160号　3-209
粟鹿神社　あわがじんじゃ　第127号　3-60
粟ケ嶽　あわがだけ　第175号　3-285
粟賀町村○〔粟賀〕　あわがのまちむら　第141号　3-128, 5-182, 5-304
粟鹿村　あわがむら　第127号　3-60, 5-180, 5-304
粟鹿村枝田中　あわがむらえだたなか　第127号　3-60
檍ケ原　あわぎがはら　第185号　4-50, 4-52
粟久保村　あわくぼむら　第99号　2-128
粟倉村（松平斧太郎）　あわくらむら　第100号　2-135, 2-138, 5-127, 5-291
粟倉村枝石原　あわくらむらえだいしはら　第100号　2-135, 2-138
安房郡　あわぐん　第92号　2-99, 2-100, 5-124, 5-292
粟佐村（真田弾正大弼）　あわさむら　第81号　2-53
淡路國〔淡路〕　あわじのくに　第138号　3-119, 5-184, 6-306
粟島　あわしま　第71号　1-251, 5-96, 5-97, 5-285, 5-286
粟島☆　あわしま　第152号　3-183, 5-195, 5-307
阿波島　あわしま　第164号　5-307, 5-308
淡島　あわしま　第185号　4-52, 5-246, 5-314, 5-316
淡嶋　あわしま　九州沿海図第8　4-223
粟島社　あわしましゃ　第138号　3-118, 3-120
粟島村〔粟島〕　あわしまむら　第155号　3-192, 5-189, 5-190, 5-305
粟島村　あわじまむら　第83号　2-58, 5-140
安治村　あわじむら　第125号　3-51, 5-174, 5-300, 5-301
阿波神社　あわじんじゃ　第130号　3-75, 5-167
粟田村　あわたむら　第142号　3-133, 5-187, 5-303, 5-306
粟津川　あわづがわ　第142号　3-133
粟津郎路　あわづのじ　第173号　3-274, 3-276
粟津村　あわづむら　第85号　2-68, 5-142, 5-295
粟津村　あわづむら　第162号　3-219, 5-204
粟寺村　あわでらむら　第115号　2-198, 2-200, 5-159, 5-299
アワトマリ　第20号　5-44, 5-275
粟野山　あわの　第177号　5-220, 5-312
安房國〔安房〕　あわのくに　第92号　2-97, 5-124, 5-290
阿波國〔阿波〕　あわのくに　第146号　3-156, 5-187, 5-306
阿波國〔阿波〕　あわのくに　第149号　3-165, 5-187, 5-303
粟小島　あわのこじま　第170号　3-261, 5-201
淡野須村　あわのすむら　第90号　2-84, 5-120, 5-123
粟宮村（水野日向守領分）　あわのみやむら　第87号　2-72, 5-109
粟野名村　あわのみょうむら　第184号　4-44, 5-228
粟野名村　あわのみょうむら　九州沿海図第6　4-217, 4-218
粟野名村牧　あわのみょうむらまき　第184号　4-44
粟野村　あわのむら　第127号　3-58, 5-175
粟野村（長府領）　あわのむら　第177号　3-294, 5-220, 5-309
粟野村　あわのむら　第181号　4-29, 5-227
粟野村（延岡領）　あわのむら　九州沿海図第3　4-202
粟野山　あわのやま　第177号　5-309
鮑村　あわびむら　第75号　2-24, 5-99
アハラ島　あわらじま　第145号　3-154, 5-194
粟原村　あわらむら　第144号　3-141, 5-183
庵藝郡　あんきぐん　第129号　3-69, 3-72, 5-163, 5-301
菴藝郡　あんきぐん　第130号　3-74, 5-163, 5-301
安源寺村　あんげんじむら　第81号　2-50
安康帝陵　あんこうていりょう　第134号　3-95, 3-100
安國寺　あんこくじ　第127号　3-56
安国寺村（榊原式部大輔領分）〔安國寺村〕　あんこくじむら　第80号　2-45, 5-138
安國寺村　あんこくじむら　第127号　3-56, 5-175, 5-304
安國寺村枝梅迫○〔安國寺〕　あんこくじむらえだうめざこ　第127号　3-56, 5-304

安國寺村枝中村　あんこくじむらえだなかむら　第127号　3-56
アン子ベツ　第6号　5-27, 5-270
梓河内村南梓〔梓河内村〕　あんさかわちむらみなみあんさ　第125号　3-48, 5-166
安志（小笠原信濃守在所）○　あんじ　第141号　3-129, 5-183, 5-304, 5-306
安志川　あんじがわ　第141号　5-183
安喰西村　あんじきにしむら　第125号　3-48, 3-50, 5-166
安喰西村出郷　あんじきにしむらでごう　第125号　3-48, 3-50
安喰南村　あんじきみなみむら　第125号　3-48, 3-50, 5-166
安喰南村出町　あんじきみなみむらでまち　第125号　3-48, 3-50
安朱村　あんしゅむら　第133号　3-87, 5-174, 5-176, 5-301
有田村　あんだむら　第123号　3-40
安島　あんとう　第120号　3-25
安島浦　あんとううら　第120号　3-24, 3-25, 5-145, 5-297, 5-300
アンドウシマ　あんどうじま　第167号　3-243, 5-211, 5-213
行燈町之内大塚村〔行燈町、大塚村〕　あんどうちょうのうちおおつかむら　第133号　3-87, 5-174, 5-176
安徳村　あんとくむら　第196号　4-95, 5-233, 5-315
安渡村○　あんどむら　第40号　1-139, 5-62, 5-280
安渡村宇田〔宇田〕　あんどむらうだ　第40号　1-139, 5-62, 5-280
安渡村川守　あんどむらかわもり　第40号　1-139
安渡村長井　あんどむらながい　第40号　1-139, 5-62
安中（板倉伊豫守居城）○☆　あんなか　第95号　2-110, 5-116, 5-119, 5-291
安寧帝陵　あんねいていりょう　第134号　3-97, 3-98
アン子シマ　あんねしま　第21号　1-68, 1-69
アン子トー　あんねとう　第21号　1-67
アン子トマリ　あんねとまり　第21号　1-69, 5-47
安原　あんのたに　九州沿海図第18　4-269
安八郡　あんはちぐん　第118号　3-16, 3-17, 3-18, 3-19, 3-20, 5-166, 5-297
アンハ山　あんはやま　第92号　2-97
安間新田（御料所）　あんましんでん　第111号　2-180, 5-161
安間村（御料所）　あんまむら　第111号　2-180, 5-161, 5-298
安屋村　あんやむら　第186号　4-53, 4-54, 5-222, 5-312
安養寺新田〔安養寺〕　あんようじしんでん　第68号　1-236, 1-238, 5-103, 5-288
安養寺村　あんようじむら　第121号　3-30, 5-157, 5-174
安養寺村　あんようじむら　第123号　3-39, 3-41, 5-180
安養寺村　あんようじむら　第125号　3-49, 5-174
安養寺村端郷　あんようじむらはしごう　第123号　3-39, 3-41
安楽川　あんらくがわ　第129号　3-69
安樂川　あんらくがわ　第199号　4-110, 5-248, 5-261
安樂川　あんらくがわ　九州沿海図第9　4-228
安樂寺村　あんらくじむら　第193号　4-85, 4-87, 5-223, 5-313, 5-315
安樂寺村下村　あんらくじむらしもむら　第193号　4-85, 4-87
安樂寺村津留　あんらくじむらつる　第193号　4-85, 4-87
安樂村　あんらくむら　第199号　4-110, 5-246, 5-248, 5-261, 5-316
安樂村　あんらくむら　九州沿海図第9　4-228
安立町（住吉社領）〔安立町〕　あんりゅうむら　第135号　3-101, 5-178, 5-301

【い】

居合　いあい　第175号　3-287
イアン子シリハ　第20号　1-64, 5-44, 5-275
飯岡村　いいおかむら　第46号　1-157, 5-72, 5-282
飯岡村（永井五右エ門知行所、御書院番与力給地）○　いいおかむら　第58号　1-200, 1-201, 5-110, 5-290
飯貝村　いいがいむら　第134号　3-98, 5-177, 5-301
飯ケ滝〔鈹ケ滝〕　いいがたき　第136号　3-106, 5-178, 5-306
飯藏村　いいくらむら　第187号　4-60
飯子濱　いいごはま　第48号　1-163, 1-164, 5-78
飯嵜　いいざき　第198号　4-105, 4-106
飯澤村　いいざわむら　第99号　2-129, 2-131, 5-126
飯石郡　いいしぐん　第162号　3-220, 5-204, 5-308
飯石郡　いいしぐん　第163号　3-223, 3-225, 5-204, 5-308
飯土〔士〕山　いいじさん　第77号　2-37, 5-289
飯島　いいじま　第143号　3-135, 5-188
飯島新田　いいじましんでん　第88号　2-79
飯島町赤坂〔飯島〕　いいじままちあかさか　第108号　2-163, 5-296
飯島町與田切　いいじままちよたぎり　第108号　2-163
飯島村　いいじまむら　第62号　1-212, 1-213, 5-87, 5-283
飯島村　いいじまむら　第88号　2-79
飯島村　いいじまむら　第96号　2-118, 5-150
飯氏村　いいじむら　第187号　4-61
飯住〔泉〕村　いいずみむら　第99号　2-128, 2-130
飯田（堀大和守居城）○　いいだ　第108号　2-161, 5-154, 5-296
飯田岡村　いいだおかむら　第99号　2-129, 2-131
飯高郡　いいたかぐん　第130号　3-74, 3-76, 5-163, 5-167, 5-301
飯田新田（御料所、伊奈兵庫知行所）〔飯田新田〕　いいだしんでん　第88号　2-78, 5-120
飯谷　いいたに　九州沿海図第7　4-220
飯谷山　いいだにやま　第136号　3-107
飯谷山　いいだにやま　第184号　4-46
飯田村　いいだむら　第63号　1-216, 5-88, 5-283
飯田村○　いいだむら　第85号　2-68, 5-142, 5-295
飯田村　いいだむら　第153号　3-186, 5-191
飯田村　いいだむら　第164号　5-211, 5-308
飯田村　いいだむら　第174号　3-278, 5-216, 5-308
飯田村　いいだむら　第188号　4-65, 5-231
飯田村　いいだむら　第188号　4-65, 4-66
飯田村〔飯田〕　いいだむら　第201号　4-119, 5-234, 5-313, 5-315
飯田村枝江福　いいだむらえだえふく　第201号　4-119
飯田村善導寺門前　いいだむらぜんどうじもんぜん　第188号　4-65
飯塚村　いいづかむら　第62号　1-212, 1-213, 5-87, 5-283
飯塚村（御料所、根津権現社領）　いいづかむら　第90号　2-85, 5-120, 5-123
飯塚村（御料所）　いいづかむら　第94号　2-106
飯塚村○　いいづかむら　第187号　4-56, 5-222, 5-312
飯塚山　いいづかやま　九州沿海図第6　4-216
飯綱山　いいづなやま　第81号　2-51, 5-146, 5-294
飯豊山　いいでさん　第72号　2-14, 5-93, 5-94, 5-285
飯富村　いいとみむら　第100号　2-137, 5-127, 5-296
飯土用○　いいとよ　第68号　1-238, 5-103, 5-106, 5-288
飯沼村☆　いいぬまむら　第58号　1-200, 5-110
飯沼村　いいぬまむら　第110号　2-173, 5-154, 5-158
飯沼村伊具根　いいぬまむらいくね　第58号　1-200
飯浦村　いいのうらむら　第174号　3-278, 5-309
飯野郡　いいのぐん　第130号　3-76, 5-163, 5-299
飯野坂村　いいのざかむら　第52号　1-182, 5-79, 5-284
飯野瀬戸村　いいのせとむら　第206号　4-150, 5-242, 5-243
飯野村　いいのむら　第98号　2-126, 5-117, 5-296
飯野山　いいのやま　第152号　3-182, 5-194, 5-307
飯野山　いいのやま　第153号　3-186, 5-191
飯野山　いいのやま　第178号　4-17
飯濱村　いいはまむら　第117号　3-14, 5-168
飯塲村　いいばむら　第187号　4-63, 5-223, 5-313
飯塲村田頭○　いいばむらたがしら　第187号　4-63
飯美村　いいびむら　第153号　3-186, 5-191, 5-305
飯部村　いいべむら　第151号　3-177, 5-193
飯村　いいむら　第116号　2-202, 2-204, 5-161, 5-162, 5-299
飯群山　いいむれやま　第210号　4-168, 4-172
飯群山　いいむれやま　九州沿海図第12　4-246
飯盛　いいもり　第204号　4-142
飯盛島　いいもりじま　第204号　4-142
飯盛山　いいもりやま　第115号　2-195, 5-158
飯盛山　いいもりやま　第118号　3-20
飯盛山　いいもりやま　第138号　3-118, 3-120, 5-184, 5-303, 5-306
飯盛山　いいもりやま　第139号　3-122, 5-171
飯盛山〔イモリ山〕　いいもりやま　第145号　3-152, 3-154, 5-194
飯森山〔飯盛山〕　いいもりやま　第184号　4-46, 5-244
飯盛山　いいもりやま　第186号　4-54
飯盛山　いいもりやま　第189号　4-73
飯盛山　いいもりやま　第199号　4-110
飯盛山　いいもりやま　第202号　4-125, 4-126
飯森山　いいもりやま　第204号　4-140, 4-142
飯盛山　いいもりやま　第206号　4-150
飯盛山　いいもりやま　第207号　4-151
飯盛山　いいもりやま　第208号　4-156, 4-158
飯盛山　いいもりやま　九州沿海図第8　4-227
飯盛山古城　いいもりやまこじょう　第187号　4-61, 4-63
飯山（本多豊後守居城）○　いいやま　第81号　2-50, 5-138, 5-294
飯山村（大久保佐渡守領分、堀篤之亟、山田立長、蒔田繁之助、建部六右エ門、藤沢大學、長沢直次郎知行所）　いいやまむら　第99号　2-

128, 5-126, 5-291
飯山村千頭　いいやまむらせんず　第99号　2-128
飯山村山屋　いいやまむらやまや　第99号　2-128
食〔飯〕良嵜　いいらざき　第206号　4-146
意宇郡　いうぐん　第155号　3-191, 3-193, 5-190, 5-204, 5-305
意宇郡　いうぐん　第162号　3-218, 3-220, 5-190, 5-204, 5-305, 5-308
イウトロンへ岩〔モイウトロンへ岩〕　第22号　1-70, 5-27
伊生村　いうむら　第130号　3-74, 3-77
井浦　いうら　第196号　4-96, 4-98
家奥村　いえおくむら　第143号　3-137
家島（姫路領）　いえしま　第141号　3-127, 5-185, 5-306
家島〔イエシマ〕　いえじま　第181号　4-30, 4-33, 5-226
家嶋（臼杵領）　いえじま　九州沿海図第3　4-202
家之浦　いえのうら　第152号　3-183, 5-195, 5-307
家ノ川　いえのかわ　第202号　4-125, 4-127
家ノ川　いえのかわ　長崎〔参考図〕　4-133
家峯山　いえみねやま　第136号　3-108
家山　いえやま　第182号　4-34, 5-227
家山　いえやま　九州沿海図第21　4-280
醫王山　いおうざん　第145号　3-149, 3-152
醫王寺　いおうじ　第90号　2-88, 2-90
硫黄島　いおうじま　第211号　5-257, 5-261, 5-317, 5-319
伊王嶋（嶋村）　いおうじま（しまむら）　第202号　4-127, 4-128, 5-237, 5-315
伊王島（島村）　いおうじま（しまむら）　長崎〔参考図〕　4-131
伊王寺村　いおうじむら　第190号　4-75, 5-234
伊王寺村西袋　いおうじむらにしぶくろ　第190号　4-75
伊王寺村七田　いおうじむらひちだ　第190号　4-75
伊王寺村皆良木　いおうじむらみならぎ　第190号　4-75
醫王寺山　いおうじやま　第127号　3-59
硫黄山　いおうやま　第144号　3-146
硫礦山　いおうやま　第164号　5-211
伊尾喜浦　いおきうら　第148号　3-168, 5-199, 5-310
岩脇村　いおぎむら　第125号　3-48, 5-166
イホ﨑　いおざき　第143号　3-136
五百鳥山　いおつりやま　第191号　4-78, 5-238, 5-241
庵﨑　いおのざき　第190号　4-77
五百野村　いおのむら　第130号　3-74, 5-167, 5-301
五百野村枝外山　いおのむらえだとやま　第130号　3-74
伊尾山　いおやま　第101号　2-142
菴村　いおりむら　第84号　2-62, 5-142, 5-295
菴村白鳥　いおりむらしらとり　第84号　2-62, 2-64
菴村百海　いおりむらとうみ　第84号　2-62, 2-64
イヲロト〔イヲロトー〕　第22号　1-71, 1-72, 5-27, 5-28, 5-270
イヲロトー　第7号　1-26, 5-20, 5-270
イカ□ト　いか□と　九州沿海図第19　4-273
イカイチシ〔イカヒチシ〕　第21号　1-68, 1-69, 5-46, 5-279
五十浦村　いかうらむら　第75号　2-22, 5-99, 5-287
伊加賀村　いかがむら　第133号　3-92, 5-176, 5-178
五十川村　いかがわむら　第125号　3-49, 5-174, 5-300
猪鹿倉川　いがくらがわ　第197号　5-245
猪鹿倉村　いがくらむら　第210号　4-168, 4-172, 5-252, 5-261, 5-317
猪鹿倉村　いがくらむら　九州沿海図第12　4-246
伊賀郡　いがぐん　第130号　3-75, 5-167, 5-301
伊賀郡　いがぐん　第134号　3-94, 3-96, 5-167, 5-301
伊香郡　いかこぐん　第121号　3-30, 3-31, 5-157, 5-297, 5-300
イーカシ　第21号　1-67
雷神社　いかずちじんじゃ　第124号　3-42, 3-44, 5-180
雷命神社　いかずちじんじゃ　第192号　4-81, 4-82
伊方浦　いかたうら　第170号　5-201
伊方浦枝方越浦〔伊方越ノ浦、伊方越〕　いかたうらえだかたごしうら　第170号　3-259, 3-261, 5-201, 5-311
伊方浦枝茅浦〔茅浦〕　いかたうらえだかやうら　第170号　3-259, 3-261, 5-201
伊方浦枝佐瀬部浦〔佐瀬部浦〕　いかたうらえださせぶうら　第170号　3-259, 3-261, 5-201
伊方浦枝宿名浦〔宿名浦〕　いかたうらえだしゅくなうら　第170号　3-259, 3-261, 3-262, 5-201
伊方浦枝中之濱浦〔中之濱浦〕　いかたうらえだなかのはまうら　第170号　3-259, 3-261, 5-201
伊方浦大濱浦〔大濱浦〕　いかたうらおおはまうら　第170号　3-259, 3-261, 5-201
伊方浦中浦〔中浦〕　いかたうらなかうら　第170号　3-259, 3-261, 5-201
伊方浦伊〔仁〕田之濱浦〔仁田之濱浦〕　いかたうらにたのはまうら　第170号　3-259, 3-261, 5-201
伊方浦本郷川永田浦☆〔川永田浦、伊方〕　いかたうらほんごうかわながたうら　第170号　3-259, 3-261, 5-201, 5-311
筏川　いかだがわ　第118号　3-20
筏島〔筏礒〕　いかだじま　第184号　4-46, 5-244, 5-314
筏嶋　いかだじま　九州沿海図第4　4-207
筏嶋　いかだじま　九州沿海図第6　4-219
筏津村　いかだつむら　第128号　3-65, 5-183, 5-304
飯ケ谷　いがたに　九州沿海図第9　4-228
筏碆〔筏島〕　いかだばえ　第181号　4-32, 5-226
筏場村（太田摂津守領分）　いかだばむら　第102号　2-146, 5-128
筏場村枝佐野　いかだばむらえださの　第102号　2-146
伊方村　いかたむら　第164号　5-210
筏村　いかだむら　第196号　4-95, 5-233
筏森　いかだもり　第133号　3-91
伊賀地村　いがちむら　第175号　3-285, 5-219, 5-312
伊賀地村西大津村　いがちむらにしおおつむら　第175号　3-285
伊勝村　いかつむら　第115号　2-197
イカヌシ　第26号　1-86, 5-48, 5-277
伊賀國〔伊賀〕　いがのくに　第129号　3-72, 5-167, 5-301
伊賀國〔伊賀〕　いがのくに　第130号　3-75, 5-167, 5-301
伊賀國〔伊賀〕　いがのくに　第134号　3-94, 5-167, 5-301
伊賀ハエ〔伊カハエ〕　いがはえ　第183号　4-38, 4-40, 5-226, 5-228
伊賀ハヘ　いがはえ　九州沿海図第5　4-211
五十波川　いかばがわ　第141号　3-129, 5-183
伊賀八幡社〔八幡宮〕　いがはちまんしゃ　第115号　2-198, 2-200, 5-159
伊賀羽根　いがはね　第130号　5-301
伊賀羽根村　いがはねむら　第134号　3-94, 3-96, 5-167
五十波村　いかばむら　第141号　3-129, 5-183, 5-304, 5-306
伊賀町村陰陽村豊原村入會串田〔伊賀町村、陰陽村、伊賀〕　いがまちむらいんにょうむらとよはらむらいりあいくしだ　第130号　3-76, 5-163, 5-299, 5-301
伊上浦　いがみうら　第177号　3-294
伊上村大長村〔伊上〕　いがみむらおおながむら　第177号　3-294, 5-309
伊上村貝川村　いがみむらかいがわむら　第177号　3-294
伊上村小久保村〔伊上村、伊上〕　いがみむらこくぼむら　第177号　3-294, 5-220, 5-309
伊上村白潟村〔伊上〕　いがみむらしらかたむら　第177号　3-294, 5-309
伊賀村　いがむら　第52号　1-179, 5-79, 5-284
伊賀村　いがむら　第115号　2-198, 2-200, 5-159
伊谷村☆〔伊ケ谷村〕　いがやむら　第104号　2-151, 5-133, 5-134, 5-292
伊萱村　いがやむら　第162号　3-220, 5-204, 5-308
五十嵐濱　いがらしはま　第74号　2-19, 5-98, 5-287, 5-289
伊唐嶋〔イカラ島〕　いからじま　第203号　4-138, 5-251, 5-315
伊唐嶋　いからじま　九州沿海図第14　4-252, 4-253
五十邉村（板倉内膳正領分）　いがらべむら　第56号　1-193, 5-81, 5-285
五十里篭町　いかりかごまち　第75号　2-25, 5-99
碇関◯　いかりがせき　第43号　1-145, 5-84, 5-281
怒熊山　いかりくまやま　第192号　4-82
五十里炭屋町◯　いかりすみやまち　第75号　2-25, 5-99
錠瀬〔碇セ〕　いかりぜ　第206号　4-148, 5-242
錠鼻〔碇ハナ〕　いかりばな　第206号　4-148, 5-242
五十里本郷　いかりほんごう　第75号　2-25, 5-99
五十里村〔北五十里村〕　いかりむら　第75号　2-24, 5-99
碇山　いかりやま　第123号　3-38
伊加利山（古城跡）　いかりやま　第178号　4-17
何鹿郡　いかるがぐん　第127号　3-56, 3-58, 5-175
鵤村　いかるがむら　第141号　3-131, 5-183, 5-306
伊川津村　いかわづむら　第116号　2-205, 5-162, 5-299
伊川村　いかわむら　第178号　4-12, 5-222
伊川村　いかわむら　九州沿海図第1　4-191
飯川村　いがわむら　第84号　2-62, 5-140, 5-143, 5-295
イカンライ　第26号　1-86, 5-48, 5-277
生茅村　いきがやむら　第81号　2-53
壹岐郡　いきぐん　第191号　4-78, 4-79, 5-238, 5-241, 5-313
壱岐嵜　いきざき　第203号　4-135, 5-236
伊岐佐村　いきさむら　第189号　4-72
生島　いきしま　第144号　3-142, 5-183
生神社　いきじんじゃ　第187号　4-61
五十洲村〔五十洌村〕　いぎすむら　第85号　2-66, 5-143, 5-295
イキタラシ　第5号　1-20, 5-19, 5-270
生屬浦枝一部〔生屬浦〕　いきつきうらえだいちぶ　第204号　4-142, 5-235
生屬浦舘浦　いきつきうらたちうら　第204号　4-141, 4-142
生屬島　いきつきじま　第204号　4-141, 4-142, 5-

235, 5-313, 5-321
生屬村　いきつきむら　第204号　4-141, 4-142, 5-235
生屬村壹部　いきつきむらいちぶ　第204号　4-142
生屬村枝山田村　いきつきむらえだやまだむら　第204号　4-141, 4-142
生屬村里　いきつきむらさと　第204号　4-141, 4-142
生名島　いきなじま　第157号　5-210, 5-307
壹岐國　いきのくに　第191号　4-79, 5-238, 5-241
生ノ松原　いきのまつばら　第187号　4-61
イキミ子ルベシ川　第17号　1-57, 5-43
伊木山　いきやま　第114号　2-193, 2-194, 5-159
易行院　いぎょういん　第90号　2-84
伊岐力村　いきりきむら　第202号　4-125, 4-126, 5-236, 5-315
壹岐力村　いきりきむら　第202号　4-125, 4-126, 5-236
伊岐力村下ノ谷　いきりきむらしものたに　第202号　4-125, 4-126
伊岐力村手〔寺〕畑　いきりきむらてらばたけ　第202号　4-125, 4-126
壹岐力村野河内　いきりきむらのがわうち　第202号　4-125, 4-126
伊切村　いきりむら　第86号　2-71, 5-145, 5-297, 5-300, 5-295
居切村（松平大学頭領分、國領淺五郎知行所）　いぎりむら　第58号　1-199, 1-200, 5-110, 5-290
生牛濱　いくうしはま　第138号　3-119
生坂村　いくさかむら　第151号　3-178
井草宿（秋元左衛門佐領分）○　いぐさしゅく　第88号　2-79, 5-120, 5-291
生地○☆　いくじ　第82号　2-55, 2-56, 5-139
生地新村　いくじしんむら　第82号　2-55, 2-56, 5-139, 5-140, 5-295
行シマ　いくしま　第201号　4-122
伊串村　いくしむら　第140号　3-124, 5-170, 5-302
生石村　いくしむら　第181号　4-29, 4-31, 5-227, 5-312
生石村　いくしむら　九州沿海図第3　4-203
生路村　いくじむら　第115号　2-199, 5-159, 5-299
生田川　いくたがわ　第137号　3-113, 5-184, 5-306
生田神社　いくたじんじゃ　第137号　3-113
生田村　いくたむら　第116号　2-201, 2-206, 5-162, 5-299
生田村　いくたむら　第137号　3-113, 5-184, 5-306
生田村　いくたむら　第150号　3-170, 5-188
生田村小野坂　いくたむらおのざか　第137号　3-113
井口川　いくちがわ　第197号　4-101, 5-245
生口島　いくちじま　第157号　5-210, 5-307
井口堂村　いぐちどうむら　第133号　3-93, 5-178
井口村　いくちむら　第192号　4-80, 5-239, 5-241, 5-320
生野銀山町〔銀山町〕　いくのぎんざんまち　第128号　3-64, 5-182, 5-304
生野島　いくのしま　第164号　5-307, 5-308
生野神社　いくのじんじゃ　第127号　3-56, 3-58
生之濱浦　いくのはまうら　第151号　3-180, 5-195
生之濱浦立石浦尻濱浦入會　いくのはまうらたていしうらしりはまうらいりあい　第151号　3-180
生野村　いくのむら　第127号　3-56, 3-58, 5-182, 5-304
生野屋村（徳山領）　いくのやむら　第175号　3-286, 5-218, 5-311, 5-312
育波浦　いくはうら　第137号　3-115, 5-184, 5-306
生葉郡　いくはぐん　第180号　4-27, 5-230, 5-312
生葉郡　いくはぐん　第188号　4-64, 5-230
居首ハエ　いくびはえ　第184号　4-46, 5-244, 5-314
居首ハヘ　いくびはえ　九州沿海図第6　4-219
井首岬　いくびみさき　第141号　3-127
生穂浦　いくほうら　第137号　3-115, 5-184, 5-306
伊熊山　いくまやま　第108号　2-161
生見村　いくみむら　第149号　3-165, 5-198, 5-303
居組村　いぐみむら　第124号　3-47, 5-181, 5-304
生雲村生雲市　いくもむらいくもいち　第175号　3-283, 5-219, 5-309
生雲村枝岡草村　いくもむらえだおかくさむら　第175号　3-283, 3-285
生雲村榎谷〔榎谷〕　いくもむらえのきだに　第175号　3-283, 5-218, 5-219, 5-309
生雲村地頭　いくもむらちかしら　第175号　3-283, 3-285
生雲村古市　いくもむらふるいち　第175号　3-283
生雲村三谷山　いくもむらみたにやま　第175号　3-283
生雲村持坂　いくもむらもちざか　第175号　3-283
伊倉　いくら　九州沿海図第7　4-220, 4-221
居倉浦　いくらうら　第120号　3-27, 5-145, 5-300
伊倉北方村　いくらきたがたむら　第193号　4-85, 4-87, 5-223, 5-313
井蔵田村　いくらたむら　第199号　4-108, 5-246, 5-261, 5-316
井蔵田村　いくらたむら　九州沿海図第11　4-240
伊倉南方村〔南方〕　いくらみなみがたむら　第193号　4-85, 4-87, 5-233, 5-315
伊倉南方村　いくらみなみがたむら　九州沿海図第18　4-266
伊倉南方村枝立花　いくらみなみがたむらえだたちばな　第193号　4-85, 4-87
伊倉南方村枝立花　いくらみなみがたむらえだたちばな　九州沿海図第18　4-266
伊倉南方村部田見　いくらみなみがたむらへたみ　第193号　4-85, 4-87
井倉村　いくらむら　第150号　3-175, 5-193, 5-307
井倉村　いぐらむら　第97号　2-121, 5-126, 5-291
伊倉村　いぐらむら　第129号　3-67, 3-69, 5-166, 5-299
井倉村九鬼　いぐらむらくき　第97号　2-121
井倉村幸田　いくらむらこうだ　第150号　3-175
井倉村前ケ窪　いぐらむらまえがくぼ　第97号　2-121
イクロ鼻　いくろばな　第207号　4-155
生桒村　いくわむら　第129号　3-67, 5-166
生桒村東生桒　いくわむらひがしいくわ　第129号　3-67
池浦島　いけうらじま　第161号　3-213, 3-215, 5-203
池ケ迫　いけがさこ　第173号　3-274, 3-276
池ケ原村〔池原〕　いけがはらむら　第144号　3-144, 5-305, 5-307
池ケ原村梶原　いけがはらむらかじわら　第144号　3-144
池ケ原村義経　いけがはらむらよしつね　第144号　3-144, 5-192
池上新田　いけがみしんでん　第90号　2-86, 5-123
池上村　いけがみむら　第99号　2-130, 5-125, 5-126
池上村　いけがみむら　第136号　3-105, 5-175, 5-304
池上村　いけがみむら　第139号　3-121, 5-186
池上村松木島　いけがみむらまつきじま　第136号　3-105
池亀村　いけがめむら　第193号　4-85, 4-86, 5-232
池亀村　いけがめむら　九州沿海図第18　4-266
池亀村徳王　いけがめむらとくおう　第193号　4-85, 4-86
池亀村長迫　いけがめむらながさこ　第193号　4-85
池ケ山　いけがやま　第198号　4-105
池ケ山　いけがやま　九州沿海図第8　4-224
イケサキ　いけさき　第192号　5-240, 5-241
池嵜　いけざき　第189号　4-71, 4-73
池下村（西尾隠岐守領分）　いけしたむら　第111号　2-177, 2-178, 5-160
池シマ〔イケシマ〕　いけじま　第196号　4-98, 5-233
池島　いけじま　第196号　4-98
池嶋　いけじま　九州沿海図第17　4-262
池嶋　いけじま　九州沿海図第17　4-262
池シマ　いけじま　九州沿海図第19　4-275
イケシマ〔池シマ〕　いけしま　第201号　4-121, 5-236
池島村（御料所）〔池ノ島〕　いけしまむら　第135号　3-100, 5-176, 5-177, 5-178, 5-301
池尻村　いけじりむら　第118号　3-16, 3-18, 5-166
池尻村　いけじりむら　第133号　3-91
池尻村　いけじりむら　第136号　3-111, 5-182, 5-306
池尻村　いけじりむら　第178号　4-17, 5-222, 5-312
池尻村池澤村入會〔池沢村、池尻村〕　いけじりむらいけざわむらいりあい　第90号　2-85, 2-87, 5-120, 5-123
池尻村枝郷　いけじりむらえだごう　第118号　3 16, 3-18
池尻村小倉畔　いけじりむらこくらのて　第178号　4-17
池尻村新町　いけじりむらしんまち　第118号　3-17, 3-19
池尻村盛安　いけじりむらもりやす　第178号　4-17
池新田（西尾隠岐守領分）　いけしんでん　第111号　2-177, 2-178, 5-160, 5-298
池田郡　いけだぐん　第118号　3-17, 3-19, 5-157, 5-297, 5-300
池田野新田　いけだのしんでん　第118号　3-17, 5-156, 5-166
池田村　いけだむら　第84号　2-65, 5-143
池田村　いけだむら　第111号　2-179, 2-180, 5-161, 5-298
池田村　いけだむら　第127号　3-56, 3-58, 5-182, 5-304
池田村○　いけだむら　第133号　3-93, 5-178, 5-301
池田村　いけだむら　第137号　3-113, 5-184
池田村　いけだむら　第141号　3-130
池田村☆　いけだむら　第145号　3-151, 5-306
池田村　いけだむら　第180号　4-25, 4-27, 5-230, 5-312
池田村　いけだむら　第187号　4-61, 5-223, 5-313
池田村〔池田〕　いけだむら　第191号　4-79, 5-238, 5-241, 5-313
池田村枝蒲野村　いけだむらえだかまのむら　第145号　3-151
池田村枝神浦村　いけだむらえだこうのうらむら　第146号　3-156
池田村枝二面村〔池田村〕　いけだむらえだふたおもてむら　第145号　3-151, 5-185, 5-194
池田村枝室生村　いけだむらえだむろうむら　第145号　3-151
池田村枝吉野村〔池田村吉野、吉野〕　いけだむらえだよしのむら　第145号　3-151, 5-185, 5-194, 5-306
池田村中上　いけだむらなかがみ　第187号　4-61, 4-63

池田村ノ内宇保元　いけだむらのうちうほもと　第133号　3-93
池田村抱木　いけだむらほうき　第180号　4-25, 4-27
池田村向池田　いけだむらむこういけだ　第127号　3-57, 3-59
池田山　いけだやま　第118号　3-17
池土村　いけつちむら　第124号　3-42, 3-44, 5-180
夷下風　いげっぷ　第36号　1-123
池ノ上ケ里村〔池ノ上ケ里〕　いけのうえがりむら　第190号　4-75, 5-313
池上村　いけのうえむら　第181号　4-33
池上村　いけのうえむら　九州沿海図第3　4-202
池上山　いけのうえやま　第181号　4-33
池ノ上山　いけのうえやま　第181号　5-226
池内村　いけのうちむら　第133号　3-91
池内村（片桐主膳正領分）　いけのうちむら　第135号　3-100, 5-176, 5-177
池之内村　いけのうちむら　第141号　3-131, 5-183
池ノ内村〔池内村〕　いけのうちむら　第179号　4-20, 5-224, 5-312
池ノ内村　いけのうちむら　九州沿海図第3　4-204
池之内村出茶屋　いけのうちむらでちゃや　第141号　3-131
池浦　いけのうら　九州沿海図第19　4-274
池尾村☆　いけのおむら　第133号　3-87, 3-89, 5-176, 5-301
池ノ小島　いけのこじま　第207号　4-152
池ノ迫　いけのさこ　九州沿海図第19　4-275
池ノ下鼻　いけのしたはな　第207号　4-152
池下　いけのしも　九州沿海図第16　4-256
池太郎浦　いけのたろううら　第120号　3-28, 5-157, 5-172, 5-297, 5-300
池邊村　いけのべむら　第88号　2-79
池ノ山　いけのやま　第101号　2-140
池端村（御料所、大久保三五郎、大久保兵九郎、内藤内藏五郎、大久保三十郎、杦山藤之助知行所）　いけはたむら　第94号　2-105, 5-119, 5-289
池畑村　いけはたむら　第195号　4-93, 5-232, 5-315
池畑村　いけはたむら　九州沿海図第18　4-266
池原村　いけはらむら　第121号　3-30, 5-157, 5-297, 5-300
池部村　いけべむら　第127号　3-57
池邊村　いけべむら　第210号　4-172, 5-254, 5-261, 5-317
池邊村　いけべむら　九州沿海図第12　4-244
池部村観音寺　いけべむらかんのんじ　第127号　3-57
池村（御料所、牧村仁十郎、大久保甚太郎、長崎半左エ門知行所）　いけむら　第94号　2-107
池村（鈴木大膳知行所）　いけむら　第101号　2-142, 5-128
池山　いけやま　第118号　5-297, 5-300, 5-301
異國間村　いこくまむら　第41号　1-143, 5-62, 5-280
異國間村桒畑　いこくまむらくわはた　第41号　1-142, 1-143, 5-62
イコサキ　いこさき　第207号　5-243
揖子島　いこじま　第151号　5-307
伊古奈比咩命神社　いこなひめのみことじんじゃ　第102号　2-146
イコノ山　いこのやま　第102号　2-145, 5-132
伊古部村☆　いこべむら　第116号　5-162, 5-299
生駒山　いこまやま　第135号　3-100, 5-176, 5-178, 5-301
伊古村　いこむら　第202号　4-124, 5-233, 5-315
伊後村　いごむら　第153号　3-186, 5-191, 5-305
井細田村　いさいだむら　第99号　2-130, 5-125, 5-126, 5-291
石合村（御料所）〔石合村〕　いさいむら　第182号　4-35, 5-227, 5-312
石合村（御料）　いさいむら　九州沿海図第21　4-281
石合村小無田〔石合村〕　いさいむらこむた　第182号　4-35, 5-227
伊坂村　いさかむら　第193号　4-84, 4-86, 5-232
伊﨑　いさき　九州沿海図第4　4-205, 4-208, 4-211
伊﨑浦（清水領）　いざきうら　第177号　3-299
伊﨑浦〔伊嵜浦〕　いざきうら　第178号　4-13, 5-220
伊﨑浦　いざきうら　第187号　4-60, 5-223, 5-313
伊﨑浦（清末領）　いざきうら　九州沿海図第1　4-189, 4-191
礒﨑村☆〔礒﨑浦〕　いさきむら　第170号　3-259, 5-201, 5-311
伊﨑村〔伊嵜村〕　いざきむら　第178号　4-13, 5-220
井﨑村〔井﨑〕　いざきむら　第201号　4-119, 5-236, 5-313, 5-315
伊﨑村（萩領）　いざきむら　九州沿海図第1　4-189, 4-191
礒﨑村枝夢永浦　いさきむらえだむえうら　第170号　3-259
井﨑村簗切　いざきむらつっきり　第201号　4-119
伊﨑山〔伊﨑〕　いさきやま　第125号　3-49, 3-51, 5-174
伊作田村　いざくだむら　第210号　4-168, 4-172, 5-252, 5-261, 5-317
伊作田村　いざくだむら　九州沿海図第12　4-246
伊作田村江口浦　いざくだむらえぐちうら　第210号　4-168
伊佐口村　いさくちむら　第127号　3-59, 5-182, 5-304
伊佐口村方町　いさくちむらかたまち　第127号　3-59, 3-61
伊佐郡　いさぐん　第208号　4-157, 5-250, 5-315
岩郷村下万郷　いさごうむらしもまんごう　第109号　2-168
犬迫村　いざこむら　第209号　4-163, 4-165, 5-317
犬迫村　いざこむら　九州沿海図第10　4-239
犬迫村枝横井村　いざこむらえだよこいむら　第209号　4-163, 4-165
犬迫村枝横井村　いざこむらえだよこいむら　九州沿海図第10　4-239
猪篠川　いざさがわ　第136号　5-182
井佐々岬　いざさみさき　第124号　3-43
猪篠村追上町○〔猪篠〕　いざさむらおいあげまち　第128号　3-64, 5-304
猪篠村河原町〔猪篠村〕　いざさむらかわらまち　第128号　3-64, 5-182
猪篠村中才　いざさむらなかさい　第128号　3-64
五十沢村横内　いさざわむらよこうち　第65号　1-225
伊座敷村☆　いざしきむら　第211号　4-173, 4-175, 5-249, 5-256, 5-261, 5-316
伊座敷村☆　いざしきむら　九州沿海図第10　4-238
伊座敷村嶋泊浦　いざしきむらしまとまりうら　第211号　4-173
イサ島　いさじま　第191号　4-78
伊佐地村（服部中知行所）　いさじむら　第111号　2-181, 5-161, 5-299
伊佐津川　いさづがわ　第122号　3-37
伊佐津村　いさづむら　第122号　3-37
伊里米町　いさとまえまち　第48号　1-162, 5-76, 5-284
諫早町○☆　いさはやまち　第202号　4-125, 4-126, 5-236, 5-315
砂部村　いさべむら　第141号　3-130
伊佐村　いさむら　第124号　3-44
石原村　いさむら　第127号　3-57, 5-180, 5-304
イサヤゼ　いさやぜ　第177号　3-297, 5-220
伊座利浦　いざりうら　第147号　3-162, 5-187, 5-303, 5-306
イサロ濃地島　いさろのじしま　第151号　3-180, 5-195
伊沢川　いさわがわ　第51号　1-174
伊沢川　いさわがわ　第81号　5-138
伊沢川　いさわがわ　第141号　3-129
膽澤郡　いさわぐん　第50号　1-172, 5-73, 5-282
伊雑宮　いざわのみや　第117号　3-13, 3-15, 5-168
井澤村　いさわむら　第136号　3-105, 3-107, 5-182
井澤村　いざわむら　第166号　3-235, 3-237, 5-209, 5-212, 5-308
石筏　いしいかだ　第145号　3-154, 5-185
石井谷村　いしいだにむら　第166号　3-238, 5-209, 5-212, 5-308
石井村（御料所、松平大和守領分）　いしいむら　第88号　2-79, 5-120, 5-291
石井村　いしいむら　第100号　2-135
石井村　いしいむら　第164号　5-197, 5-210, 5-214, 5-307, 5-311
石井村　いしいむら　第180号　4-27, 5-230
石井村津辻　いしいむらつつじ　第180号　4-27
石井村長谷　いしいむらながたに　第180号　4-27
石井山　いしいやま　第179号　5-225
石井山　いしいやま　第192号　4-80
石浦峠　いしうらとうげ　第166号　3-237
石浦村　いしうらむら　第112号　2-183, 2-184, 5-153, 5-297
石浦村　いしうらむら　第122号　3-37, 5-173, 5-304
石浦村〔石浦〕　いしうらむら　第188号　4-64, 5-231, 5-313
石浦村飯山　いしうらむらいいやま　第112号　2-183, 2-184
石浦村下石浦　いしうらむらしもいしうら　第122号　3-37
石浦村寶田　いしうらむらほうでん　第112号　2-183, 2-184
石王子村　いしおうじむら　第127号　3-56
石貝村〔石貝〕　いしかいむら　第188号　4-65, 4-66, 5-231, 5-313
石鏡岩　いじかいわ　第117号　3-12, 5-162, 5-163
石蟹川　いしがかわ　第151号　5-193
石垣浦　いしかきうら　九州沿海図第10　4-237
石垣村　いしがきむら　第133号　3-89
石垣山　いしがきやま　第99号　2-131
石ケ坪　いしがつぼ　第176号　3-288
石ケ鼻　いしがはな　第167号　3-242
石神白方村　いしがみしらかたむら　第57号　1-197, 5-108, 5-288
石神豊岡村〔豊岡〕　いしがみとよおかむら　第57号　1-197, 5-108, 5-288
石神村　いしがみむら　第62号　1-211, 5-87, 5-283
石神村　いしがみむら　第87号　2-75, 5-120
石神村（御料所、松平出雲守、大久保盤五郎、山村甚十郎知行所）　いしがみむら　第94号　2-107, 5-119

石神村（御料所、黒田豊前守領分、中根主水、石丸五左エ門、伏見金八郎、須田安之進知行所） いしがみむら 第94号 2-106, 5-119, 5-291
石神村 いしがみむら 第116号 2-205, 5-162, 5-299
石神村 いしがみむら 第118号 3-16
石神村新町 いしがみむらしんまち 第87号 2-75, 5-120
石蟹村 いしがむら 第150号 3-175, 5-193, 5-307
石鏡村☆ いじかむら 第117号 3-12, 5-163, 5-168, 5-299
石蟹山 いしがやま 第150号 3-175
イシカリカイトリマ 第34号 1-117, 5-55, 5-279
イシカリ川〔トイシカリ川〕 第18号 1-59, 5-43, 5-275
イシカリフト○〔イシカリ〕 第18号 1-58, 1-60, 5-43, 5-275
石川郡 いしかわぐん 第56号 1-195, 5-103, 5-288
石川郡 いしかわぐん 第68号 1-238, 5-103, 5-288
石川郡 いしかわぐん 第86号 2-69, 2-70, 5-144, 5-295
石川村 いしかわむら 第43号 1-145, 1-146, 5-84, 5-281
石川村 いしかわむら 第90号 2-87, 2-90
石川村 いしかわむら 第90号 2-89, 2-91
石川村（久世安藝守知行所） いしかわむら 第101号 2-141, 2-144, 5-127
石川村 いしかわむら 第118号 3-21
石川村 いしかわむら 第130号 3-76, 5-163
石川村 いしかわむら 第134号 3-97, 3-98, 5-177, 5-301
石川村荒久 いしかわむらあらく 第101号 2-141, 2-144
石木ケ里村 いしきがりむら 第190号 4-75, 5-231
一色村 いしきむら 第102号 2-147, 5-129, 5-298
一色村 いしきむら 第150号 3-174, 5-193
一色山 いしきやま 第150号 3-174
石窪山 いしくぼやま 第100号 2-132
イシクラ 第31号 1-106, 5-54, 5-279
石倉村 いしくらむら 第141号 3-129, 3-131, 5-183, 5-306
石榑郷北村〔北村〕 いしぐれごうきたむら 第118号 3-21, 5-166, 5-297, 5-300, 5-301
石榑郷東村 いしぐれごうひがしむら 第118号 3-21, 5-166
石榑郷南村〔南村〕 いしぐれごうみなみむら 第118号 3-21, 5-166, 5-297, 5-300, 5-301
石花村 いしげむら 第75号 2-23, 2-25, 5-99
石氷川 いしごおりがわ 第197号 4-103, 4-104, 5-245, 5-247
石才村 いしざいむら 第127号 3-59, 5-182
石坂川 いしざかがわ 第186号 4-54
石坂峠 いしざかとうげ 第175号 3-285, 5-219
石﨑○ いしざき 第34号 1-119, 5-57, 5-279
石崎 いしざき 第187号 5-313
イシサキ川 第34号 1-119, 5-57, 5-279
石﨑川 いしざきがわ 第185号 4-50, 5-244
石﨑川 いしざきがわ 九州沿海図第7 4-222
石﨑村 いしざきむら 第39号 1-133, 5-63
石崎村 いしざきむら 第46号 1-157, 5-72
石﨑村 いしざきむら 第84号 2-62, 2-64, 5-143, 5-295
石﨑村 いしざきむら 第185号 4-50, 5-244, 5-246, 5-314
石崎村 いしざきむら 第188号 4-65, 4-66, 5-231, 5-313
石﨑村（佐土原領） いしざきむら 九州沿海図第7 4-222
石﨑村宇田〔石﨑村字タタ〕 いしざきむらうた 第39号 5-63, 5-280
石﨑村コロコロ川〔石﨑村コロ々川〕 いしざきむらころころがわ 第39号 5-63
石嵜村渡 いしざきむらわたり 第188号 4-65, 4-66
石沢村 いしざわむら 第80号 2-45, 2-48, 5-138
石地（御料所）○ いしじ 第76号 2-29, 5-112, 5-113, 5-287, 5-294
石嶋 いしじま 第196号 4-95
石志山 いししやま 第189号 4-72
石新保村 いししんぼむら 第120号 3-25, 5-145
石炭 いしずみ 九州沿海図第1 4-188
石瀬 いしせ 第196号 4-95
イシ瀬〔イシセ〕 いしせ 第200号 4-117, 5-251
イシ瀬 いしせ 九州沿海図第19 4-270
石曽根村 いしぞねむら 第108号 2-163, 5-151
石曽根村飯島町○ いしぞねむらいいじままち 第108号 2-163
石田 いしだ 第93号 5-291
石田垣内 いしだかいと 第130号 3-74
石田郡 いしだぐん 第191号 4-78, 4-79, 5-238, 5-241, 5-313
石田坂村 いしだざかむら 第68号 1-240, 1-241, 5-106, 5-288
石田新田 いしだしんでん 第135号 3-101, 5-178, 5-301
石田新田青柳村入會〔石田新田、青柳村〕 いしだしんでんあおやぎむらいりあい 第90号 2-88, 2-90, 5-120, 5-123
石田新村 いしだしんむら 第82号 2-55, 2-56, 5-139, 5-140
石田新村 いしだしんむら 第82号 2-55, 2-56
石立村 いしだちむら 第124号 3-42, 3-44, 5-180
石立村 いしたてむら 第86号 2-70, 5-141
石谷村 いしだにむら 第210号 4-168, 4-172, 5-252, 5-261, 5-317
石谷村 いしだにむら 九州沿海図第10 4-239
石谷村新村 いしだにむらしんむら 第210号 4-168, 4-172
石谷山 いしたにやま 第187号 4-62
石田村 いしだむら 第82号 2-55, 2-56, 5-139, 5-295
石田村 いしだむら 第88号 2-79
石田村（甲斐庄五郎、松平金次郎、本間熊太郎知行所） いしだむら 第99号 2-128, 5-126
石田村（菅沼新八郎知行所） いしだむら 第111号 5-161
石田村 いしだむら 第128号 3-62, 3-64
石田村 いしだむら 第182号 4-34, 5-227, 5-312
石田村〔石田〕 いしだむら 第189号 4-71, 4-73, 5-234, 5-238, 5-241, 5-313
石田村〔石田〕 いしだむら 第191号 4-78, 5-238, 5-241, 5-313
石田村 いしだむら 九州沿海図第21 4-280
石田村入小野 いしだむらいりおの 第182号 4-34
石田村踊川 いしだむらおどりかわ 第191号 4-78
石塚村（御料所） いしづかむら 第80号 2-45, 2-48, 5-138
石塚村 いしづかむら 第125号 3-50, 5-174
石塚村 いしづかむら 第150号 3-170, 5-188, 5-305
石塚村 いしづかむら 第162号 3-219, 3-221, 5-204, 5-308
石塚村 いしづかむら 第188号 4-67, 4-69, 5-231
石塚村三谷 いしづかむらみつたに 第162号 3-219, 3-221
石津川 いしづがわ 第135号 3-103
石津郡 いしづぐん 第118号 3-17, 3-18, 3-19, 3-20, 3-21, 5-166, 5-297
石槌山 いしづちやま 第158号 5-197
石鎚山 いしづちやま 第164号 5-307, 5-310
石津宮 いしづみや 第145号 3-152, 5-192
石津村（本多豊前守領分） いしづむら 第107号 2-159, 5-160, 5-298
石津村 いしづむら 第130号 3-74, 3-76, 5-163, 5-301
石寺村 いしでらむら 第125号 3-49, 3-50, 5-174, 5-297, 5-300
石寺村 いしでらむら 第125号 3-50, 5-174, 5-297, 5-300, 5-301
石寺村柏尾 いしでらむらかやお 第125号 3-50
石堂峠 いしどうとうげ 第173号 5-213
石堂町（真田弾正大弼） いしどうまち 第81号 2-53, 5-146
石堂村 いしどうむら 第178号 4-16, 5-222, 5-312
石堂村 いしどうむら 九州沿海図第1 4-193
石堂山 いしどうやま 第197号 4-100
石戸村（牧野左近知行所） いしどむら 第88号 2-76, 2-78, 5-120, 5-291
石戸村横田市場 いしどむらよこたいちば 第88号 2-76, 2-78
石トリ〔石取根〕 いしとり 第102号 2-147, 5-128, 5-129
石鳥谷○ いしどりや 第50号 1-171, 5-73, 5-74, 5-282
石浪 いしなみ 九州沿海図第8 4-226
石並川 いしなみがわ 第184号 4-46, 5-244
石並川 いしなみがわ 九州沿海図第7 4-220
石名村 いしなむら 第75号 2-23, 5-99, 5-287
石成村 いしなりむら 第64号 1-221, 5-75, 5-283
石成村 いしなりむら 第187号 4-58, 5-230, 5-312
石人形 いしにんぎょう 第188号 4-65, 4-66, 4-68, 5-231
石瀬村 いしのせむら 第195号 4-93, 4-94, 5-233, 5-315
石瀬村 いしのせむら 九州沿海図第18 4-264
石宝殿 いしのほうでん 第141号 3-130
石巻村○ いしのまきむら 第48号 5-78, 5-284
石巻村門脇村☆ いしのまきむらかどのわきむら 第48号 1-165, 5-78
石巻村湊村○⚓ いしのまきむらみなとむら 第48号 1-165, 5-78
石間淵山 いしのまぶちやま 第207号 4-151
石橋（御料所）○ いしばし 第69号 1-245, 5-109, 5-289
石馬寺 いしばじ 第125号 3-50
石走 いしばしい 九州沿海図第10 4-238
石橋村（榊原式部大輔領分） いしばしむら 第80号 2-45, 5-138, 5-287, 5-294
石橋村（松平大和守領分） いしばしむら 第88号 2-77, 2-79, 5-121, 5-291
石橋村 いしばしむら 第99号 2-131, 5-125, 5-126
石橋村 いしばしむら 第100号 2-135, 2-138
石橋村 いしばしむら 第118号 3-18, 3-20, 5-159
石橋村☆ いしばしむら 第120号 3-25, 5-145
石橋村 いしばしむら 第133号 3-93, 5-178, 5-301
石橋村 いしばしむら 第195号 4-93, 4-94, 5-233
石橋村 いしばしむら 九州沿海図第18 4-264
石橋山 いしばしやま 第99号 2-131
石畑村（御料所、田安殿領分） いしはたむら

第90号　2-89, 5-121, 5-291
石畑村　いしはたむら　第118号　5-166
石畑村　いしはたむら　第125号　3-48, 3-50, 5-166, 5-297, 5-300
石濵　いしはま　第48号　1-162, 5-76
石濵　いしはま　第48号　1-163, 5-78
石濵　いしはま　第52号　1-180
石濵村　いしはまむら　第39号　1-133, 5-67, 5-82, 5-281
伊志濵村　いしはまむら　第57号　1-196, 5-104, 5-108
石濵村　いしはまむら　第115号　2-199, 5-159, 5-299
石塲山　いしばやま　第136号　3-106
石原○　いしはら　第129号　3-71, 5-174, 5-301
石原田村　いしはらだむら　第134号　3-97, 3-98, 5-177
石原町村〔石原〕　いしはらまちむら　第178号　4-13, 4-15, 5-222, 5-312
石原村（阿部鋨丸領分）　いしはらむら　第88号　2-77
石原村（御料所）　いしはらむら　第94号　2-105, 5-119, 5-289
石原村　いしはらむら　第133号　3-90, 3-92, 5-175, 5-176, 5-301
石原村　いしはらむら　第155号　3-193, 5-190, 5-305
石原村　いしはらむら　第166号　3-234, 5-209, 5-308
石原村〔石原〕　いしはらむら　第189号　4-71, 4-73, 5-234, 5-238, 5-241, 5-313
石原村〔石原〕　いしはらむら　第190号　4-75, 5-313
石原村植木　いしはらむらうえき　第88号　2-77
石原村往還　いしはらむらおうかん　第133号　3-90, 3-92
石原村下石原〔石原村、石原〕　いしはらむらしもいしはら　第88号　2-77, 5-118, 5-291
名〔石〕引峠　いしびきとうげ　第144号　3-147, 5-192
石淵峯　いしぶちみね　第159号　3-206, 3-208
石碑村　いしぶみむら　第40号　1-137, 5-66, 5-280
石部村　いしぶむら　第102号　2-147, 5-129
石部○☆　いしべ　第133号　3-86, 5-174, 5-176, 5-301
石部宿茶屋　いしべしゅくちゃや　第133号　3-86
石佛峠　いしぼとけとうげ　第109号　5-152
イシマ　いしま　第132号　3-83
イシマ　いしま　第154号　3-188, 5-191
イシマ　いしま　第196号　5-233
居シマ〔居島〕　いしま　第201号　4-121, 5-236, 5-313, 5-315
イ嶋〔居島〕　いしま　第204号　4-140, 5-235, 5-313
伊島（椿泊浦屬）　いしま（つばきどまりうらぞく）　第147号　3-160, 5-186, 5-303, 5-306
井島（直島屬）　いしま（なおしまぞく）　第145号　3-154, 3-155, 5-185, 5-307
石島（胸上村屬）　いしま（むねあげむらぞく）　第145号　3-154, 3-155, 5-185
石間浦　いしまうら　第183号　4-39, 4-41, 5-226, 5-228
石間浦　いしまうら　九州沿海図第5　4-213
石巻山　いしまきやま　第116号　2-202, 2-204, 5-161
伊志町村　いしまちむら　第57号　1-196, 5-104, 5-288
石丸村〔石丸〕　いしまるむら　第186号　4-54, 5-222, 5-313
夷隅郡　いしみぐん　第91号　2-93, 5-111, 5-290
夷隅郡　いしみぐん　第92号　2-97, 5-111, 5-290
伊甚神社　いじみじんじゃ　第162号　3-218, 3-220
石峯山　いしみねやま　第48号　1-162
石峯山　いしみねやま　第186号　4-54, 5-222
伊志見村　いしみむら　第162号　3-218, 3-220, 5-190, 5-204
石村　いしむら　第81号　2-50, 5-146, 5-294
石村　いしむら　第144号　3-146, 5-192, 5-307
石村　いしむら　第193号　4-85, 4-86, 5-231, 5-312, 5-315
石村　いしむら　九州沿海図第18　4-268
石村狐山　いしむらきつねやま　第81号　2-50
石村二軒屋　いしむらにけんや　第144号　3-146
石村早稲平　いしむらわせだいら　第81号　2-50
石室村〔石室〕　いしむろむら　第189号　4-71, 4-73, 5-234, 5-238, 5-241, 5-313
イシヤヲマ　第15号　1-47
石藥師○☆　いしやくし　第129号　3-67, 3-69, 5-163, 5-166, 5-299, 5-301
石山寺〔石山〕　いしやまでら　第133号　3-87, 3-89, 5-174, 5-176
イシヤマニナイ　第21号　1-69, 5-46
石屋村　いしやむら　第137号　3-112, 5-178, 5-306
イシヨキソキ〔イシヨキソリ〕　第30号　1-100, 5-46, 5-52, 5-278
イシヨシラヽ　第6号　1-22, 1-24, 5-26, 5-270
イシヨチセンベ　第22号　1-71, 5-27, 5-270
イシヨホシ　第29号　1-99
伊自良ケ岳　いじらがたけ　第118号　3-16
伊自良川　いじらがわ　第118号　3-16, 5-156
井尻野村　いじりのむら　第151号　3-176, 5-193, 5-307
井尻野村井山　いじりのむらいやま　第151号　3-176, 3-178
井尻野村湛井　いじりのむらたたい　第151号　3-176, 3-178
井尻村　いじりむら　第114号　2-191, 2-192, 5-155, 5-159, 5-297
井尻村　いじりむら　第127号　3-58, 5-175, 5-304
井尻村　いじりむら　第133号　3-92, 5-176, 5-178, 5-301
井尻村　いじりむら　第187号　4-60, 4-63
井尻村　いじりむら　第196号　4-95, 5-233, 5-315
井尻村枝出口　いじりむらえだでぐち　第127号　3-58
井尻村川尻輪　いじりむらかわじりわ　第155号　3-190, 3-192
印代村　いじろむら　第129号　3-73, 5-167
石脇村　いしわきむら　第63号　1-218, 5-89, 5-283
石脇村（大久保加賀守）　いしわきむら　第100号　2-134, 5-127, 5-291
石脇村　いしわきむら　第143号　3-136, 5-188, 5-305
石原村　いしわらむら　第127号　3-56
石割山　いしわりやま　第100号　2-132
一身田專修寺　いしんでんせんしゅうじ　第130号　3-74
出井村　いずいむら　第169号　3-251, 3-253, 3-254, 5-215, 5-311
出井村秋　いずいむらあき　第169号　3-251
出井村家房　いずいむらかぼう　第169号　3-251
伊豆神津嶋（御料所）☆〔神津島〕　いずこうづしま　第103号　2-150, 5-133, 5-292
出後村　いずごむら　第130号　3-75
伊豆権現社〔伊豆権現〕　いずごんげんしゃ　第101号　2-140, 5-126
伊豆佐野村（大久保出雲守領分、新庄織部、井出太左エ門、須田助十郎、三宅市右エ門知行所）　いずさのむら　第101号　2-141, 5-126, 5-291
伊豆山（伊豆権現神領）☆　いずさん　第101号　2-140, 5-126, 5-291
伊豆山赤井谷　いずさんあかいだに　第101号　2-140
出石○　いずし　第124号　3-44, 5-180, 5-304
出石郡　いずしぐん　第123号　3-41, 5-180, 5-304
出石郡　いずしぐん　第124号　3-42, 3-44, 5-180, 5-304
出石郡　いずしぐん　第127号　3-57, 3-60, 5-180, 5-304
出石郡　いずしぐん　第128号　3-62, 5-180, 5-304
伊豆志坐神社　いずしにますじんじゃ　第124号　3-42, 3-44, 5-180
出島　いずしま　第48号　1-163, 5-78, 5-284
伊豆島〔伊豆シマ〕　いずしま　第189号　4-74, 5-235, 5-238, 5-241, 5-313
伊豆島田（水野出羽守領分）　いずしまた　第101号　2-141, 5-126, 5-291
伊豆島田堰原新田〔伊豆島田〕　いずしまたせぎばらしんでん　第101号　2-141, 5-291
出石町唐津屋谷〔出石〕　いずしまちからつやだに　第123号　3-41, 5-304
出石町櫻尾　いずしまちさくらお　第124号　3-44
伊豆志弥神社　いずしみじんじゃ　第123号　3-39, 3-41
五十鈴川　いすずがわ　第117号　3-13, 5-163
出角村　いずすみむら　第123号　3-39, 3-41
伊豆新島（御料所）〔新島〕　いずにいじま　第103号　2-149, 5-132, 5-133, 5-292
伊豆國〔伊豆〕　いずのくに　第99号　2-131, 5-128
伊豆國〔伊豆〕　いずのくに　第101号　2-140, 2-141, 2-143, 5-128, 5-292, 5-298
伊豆八丈島（御料所）〔八丈島〕　いずはちじょうじま　第105号　2-154, 5-135, 5-293
伊豆八幡宮　いずはちまんぐう　第101号　2-142
出羽山　いずはやま　第166号　3-236
出原村（堀大和守領分）　いずはらむら　第108号　2-161, 5-154
泉原村　いずはらむら　第133号　3-93, 5-178, 5-301
泉尾新田　いずみおしんでん　第135号　3-101, 5-178, 5-301
泉川　いずみかわ　第189号　4-70
泉川村（松平大学頭領分、國領淺五郎知行所）　いずみがわむら　第58号　1-199, 1-200, 5-110
伊豆御藏島（御料所）〔御藏島〕　いずみくらじま　第104号　2-151, 2-152, 5-134, 5-292, 5-293
出水郡　いずみぐん　第200号　4-118
出水郡　いずみぐん　第203号　4-136, 4-138
出水郡　いずみぐん　第208号　4-159, 4-161, 5-251, 5-252, 5-315
出水郡　いずみぐん　九州沿海図第13　4-249, 4-250, 4-251
出水郡　いずみぐん　九州沿海図第14　4-253
出水郡　いずみぐん　九州沿海図第16　4-257
泉河内村　いずみごうちむら　第187号　4-58, 5-222, 5-312
泉澤○　いずみさわ　第32号　1-111, 5-56, 5-279
イツミサワ川　第32号　1-111, 5-56
和泉式部塚　いずみしきぶつか　第114号　2-191, 2-192
泉島　いずみしま　第192号　4-81
和泉新田　いずみしんでん　第129号　3-66, 5-159, 5-297
泉新村（内藤豊前守）　いずみしんむら　第74号　2-20, 5-112

泉田村　いずみだむら　第65号　1-224, 5-285
泉田村（松平越中守領分）　いずみだむら　第68号　1-238, 1-240, 5-106, 5-288
泉田村　いずみだむら　第115号　2-196, 2-198, 5-159, 5-299
和泉國〔和泉〕　いずみのくに　第135号　3-101, 5-179, 5-301
和泉國〔和泉〕　いずみのくに　第138号　3-118, 3-120, 5-179
泉村　いずみむら　第54号　1-187, 5-102, 5-288
和泉村（内田主計知行所）　いずみむら　第90号　2-85, 2-87, 5-120, 5-123
和泉村（御料所、吉良式部、竹田友之亟、小長谷三左エ門、森宗真、多田三八、多田十郎左エ門、川井治郎兵衛、斉藤久右エ門、加藤傳兵衛知行所）　いずみむら　第91号　2-93, 5-111, 5-290
和泉村　いずみむら　第98号　2-126, 5-117
泉村　いずみむら　第117号　3-15, 5-168, 5-299
泉村　いずみむら　第121号　3-29, 5-172
泉村　いずみむら　第125号　3-48, 3-50, 5-166
和泉村　いずみむら　第129号　3-69, 5-163
泉村　いずみむら　第129号　3-71, 5-174
泉村　いずみむら　第136号　3-104
出海村　いずみむら　第170号　3-259, 5-201, 5-311
泉村　いずみむら　第192号　4-80, 5-239, 5-241, 5-320
伊豆三宅嶋〔三宅島〕　いずみやけじま　第104号　2-151, 5-133, 5-134, 5-292
伊豆村　いずむら　第104号　2-151, 5-133, 5-134, 5-292
伊豆村　いずむら　第124号　3-42, 3-44, 5-180, 5-304
伊豆村枝北ノ裏　いずむらえだきたのうら　第124号　3-42, 3-44
出雲浦　いずもうら　第140号　3-124, 5-170
出雲郡　いずもぐん　第162号　3-218, 3-219, 3-221, 5-204, 5-308
出雲﨑○　いずもざき　第74号　2-21, 5-112, 5-113
伊豆毛神社　いずもじんじゃ　第81号　2-50
出雲神社　いずもじんじゃ　第162号　3-219, 3-221, 5-204
出雲神社　いずもじんじゃ　第162号　3-219, 3-221
出雲神社　いずもじんじゃ　第175号　3-287, 5-219
出雲国〔出雲〕　いずものくに　第155号　3-192, 5-190, 5-204, 5-305
出雲國〔出雲〕　いずものくに　第163号　3-222, 3-223, 3-225, 5-190, 5-204, 5-305
出雲國〔出雲〕　いずものくに　第165号　3-232, 5-204
出雲岬〔出雲崎〕　いずもみさき　第140号　3-124, 5-170, 5-302
出雲村　いずもむら　第133号　3-91, 5-175, 5-300, 5-301
出雲村　いずもむら　第134号　3-97, 3-98, 5-177, 5-301
石動山　いするぎやま　第84号　2-62, 5-140, 5-295
出羽川　いずわがわ　第166号　5-209, 5-212
出羽村　いずわむら　第166号　3-236, 5-209, 5-212, 5-308
出羽村出羽市○　いずわむらいずわいち　第166号　3-236
出羽村山田谷　いずわむらやまだだに　第166号　3-236
イセイソ　いせいそ　九州沿海図第1　4-189
伊勢落村　いせおちむら　第133号　3-86, 5-174, 5-176
井関村　いせきむら　第132号　3-85, 1-170, 5-302
井關村　いせきむら　第156号　3-196, 5-307
井関村　いせぎむら　第130号　3-74, 3-77, 5-167, 5-301
井關村下井關☆〔井關村〕　いせきむらしもいせき　第156号　3-196, 5-193
井関村谷戸　いせぎむらたんど　第130号　3-74, 3-77
井関村東山　いせぎむらひがしやま　第130号　3-74, 3-77
井堰山　いぜきやま　第130号　3-75
伊勢小島（柱島屬）　いせこじま（はしらじまぞく）　第167号　3-245, 5-215, 5-311
イセ嶋ゼ　いせしまぜ　第177号　3-295, 5-220
伊勢地村○　いせじむら　第130号　3-75, 5-167, 5-301
伊勢地村伊賀茶屋〔伊賀茶屋〕　いせじむらいがのちゃや　第130号　3-75, 5-301
伊勢地村真土　いせじむらまつじ　第130号　3-75
伊勢田村　いせだむら　第133号　5-176
伊勢國〔伊勢〕　いせのくに　第117号　3-13, 3-15, 5-167
伊勢國〔伊勢〕　いせのくに　第118号　3-19, 3-20, 3-21, 5-167
伊勢國〔伊勢〕　いせのくに　第129号　3-66, 3-70, 3-72, 5-167, 5-301
伊勢國〔伊勢〕　いせのくに　第130号　3-75, 5-167, 5-301
伊勢國〔伊勢〕　いせのくに　第131号　3-79, 5-167, 5-301
伊勢宮山　いせのみややま　第203号　4-137, 4-138, 5-251
伊勢宮山　いせのみややま　九州沿海図第19　4-271
伊勢原村（飯河茂藏知行所）○　いせはらむら　第99号　2-128, 5-126, 5-291
伊勢宮川　いせみやかわ　第155号　3-191
伊勢山　いせやま　第165号　3-232
伊勢山　いせやま　第176号　3-292
井相田村　いそうだむら　第187号　4-57, 4-60, 5-223
井相田村雑餉隈町　いそうだむらざっしょのくままち　第187号　4-60, 4-62
石濵〔肩〕村　いそうむら　第127号　3-59, 5-182, 5-304
石肩村石肩町　いそうむらいそうまち　第127号　3-59
礒河内村　いそこうちむら　第168号　3-246, 5-214
磯子村（星合鍋五郎知行所）　いそごむら　第93号　2-102, 5-123
礒﨑〔磯サキ〕　いそざき　第189号　4-70, 4-72, 5-234, 5-238, 5-241
礒﨑村　いそざきむら　第52号　1-180, 5-79, 5-284
小礒島　いそじま　第116号　2-201
小礒島　いそじま　第116号　2-201, 5-162
磯島村　いそしまむら　第133号　3-92, 5-176, 5-178, 5-301
礒高島　いそたかじま　第196号　4-95
礒竹村　いそたけむら　第165号　3-233, 5-205, 5-308
礒竹村大浦☆〔大浦〕　いそたけむらおおうら　第165号　3-233, 5-308
礒上村　いそのかみむら　第134号　3-95, 3-97, 5-301
礒上村　いそのかみむら　第137号　3-116, 5-178, 6-306
礒濵○　いそはま　第57号　1-198, 5-108, 5-290
礒原村（水戸殿領分）　いそはらむら　第55号　1-192, 5-104, 5-288
石部神社　いそべじんじゃ　第118号　3-21, 5-166
石部神社　いそべじんじゃ　第123号　3-41
石部神社　いそべじんじゃ　第136号　3-109, 5-182
礒部村　いそべむら　第54号　1-187, 5-80, 5-284
礒部村　いそべむら　第90号　2-91
礒部村　いそべむら　第115号　2-198, 2-200, 5-159, 5-299
礒町　いそまち　九州沿海図第2　4-197
礒松村　いそまつむら　第38号　1-130, 5-82, 5-281
五十宮八幡　いそみやはちまん　第136号　3-104
礒村（大岡主膳正領分、松平織部知行所）　いそむら　第92号　2-98, 5-124, 5-290
礒村　いそむら　第125号　3-48, 3-50, 5-166, 5-297, 5-300
イソヤ　第21号　1-68, 5-46, 5-279
礒山村　いそやまむら　第129号　3-69, 5-163, 5-299, 5-301
礒脇村　いそわきむら　第138号　3-118, 3-120, 5-184, 5-303, 5-306
板井原宿○　いたいばらしゅく　第150号　3-173, 5-189, 5-305
板井村　いたいむら　第127号　3-59, 5-182
井田浦　いだうら　第132号　3-84, 1-170, 5-302
伊田浦　いだうら　第160号　3-210, 5-202, 5-310, 5-311
伊田浦枝白濵村　いだうらえだしらはまむら　第160号　3-210
イタエサシ　第10号　1-34, 1-35, 5-34, 5-272
板置山　いたおきやま　第192号　4-82, 5-239, 5-241
板貝村　いたがいむら　第71号　1-250, 5-96, 5-97, 5-285, 5-286
板垣村　いたがきむら　第98号　2-126, 5-117
伊髙瀬　いたかせ　九州沿海図第16　4-256, 4-258
伊田川　いたがわ　第178号　4-17, 5-222
イタクシ　いたくし　第162号　3-218
板倉村○☆　いたくらむら　第151号　3-178, 5-192, 5-307
イタコ﨑　いたこざき　第102号　2-146
板越　いたこし　第60号　1-205
井田子村☆　いたごむら　第102号　2-147, 5-129, 5-298
イタシコベル礒　第6号　1-21, 1-22, 1-24, 5-26
イタヽウシ川　第6号　1-21, 1-22, 1-24, 5-26, 5-270
板付岩　いたつけいわ　第174号　3-279
板附村　いたづけむら　第187号　4-60, 5-223, 5-313
板附村板附町　いたづけむらいたづけまち　第187号　4-60
板妻村　いたづまむら　第100号　2-132, 2-134
板津村板津濵〔板津村、板津〕　いたづむらいたづはま　第162号　3-221, 5-204, 5-308
伊達神社　いだてじんじゃ　第133号　3-91
板戸村（守原小膳、大岡雲八、戸田四郎左エ門知行所）　いたどむら　第99号　2-128, 5-126
板列神社　いたなみじんじゃ　第123号　3-38, 3-40
板根峠　いたねとうげ　第157号　5-208, 5-210
板ノ河内　いたのかわち　九州沿海図第19　4-273
板野郡　いたのぐん　第142号　3-133, 5-187, 5-303, 5-306
板野郡　いたのぐん　第146号　3-156, 5-187, 5-306
板橋（御料所）○　いたばし　第90号　2-85, 5-120, 5-123
井タハシ川〔イタハシ川〕　第36号　1-121, 1-122, 5-60, 5-281
板橋宿大山　いたばしじゅくおおやま　第90号　2-85

板橋宿平尾　いたばしじゅくひらお　第90号　2-85
板橋新田　いたばししんでん　第80号　2-45, 2-48, 5-138
板橋峠　いたばしとうげ　第68号　1-237, 5-103, 5-288
板橋村　いたばしむら　第39号　1-134, 5-67
板橋村　いたばしむら　第99号　2-131, 5-125, 5-126, 5-291
板橋村　いたばしむら　第163号　3-224
板鼻（御料所）○　いたはな　第94号　2-105, 5-119
板塲村　いたばむら　第96号　2-115, 5-146
板引川　いたびきがわ　第202号　4-123, 4-124
板待川　いたまちがわ　第176号　5-219
御崎　いたまちがわ　第176号　5-219
板町村　いたまちむら　第108号　2-164, 5-150, 5-296
伊丹郷（近衛殿領分）　いたみごう　第135号　3-101
伊丹郷之内大廣〔寺〕村　いたみごうのうちだいこうじむら　第133号　3-93, 5-178
伊丹町○　いたみまち　第135号　3-101, 5-178
居多村（居多神領）〔衣田〕　いたむら　第80号　2-45, 5-138, 5-287, 5-294
井田村　いたむら　第101号　2-141, 2-143, 2-144, 5-129, 5-298
井田村　いたむら　第145号　3-149, 5-183, 192, 5-306
井田村　いだむら　第84号　2-62, 5-140, 141
井田村　いだむら　第115号　2-198, 2-200, 5-159, 5-299
井田村　いだむら　第141号　3-130
板持　いたもち　第151号　3-180
板持　いたもち　第176号　3-289
板持村　いたもちむら　第187号　4-61
板宿村　いたやどむら　第137号　3-113, 5-184, 5-306
板山村　いたやまむら　第108号　2-164, 5-150, 5-296
板谷村　いたやむら　第68号　1-240, 5-106, 5-288
板屋村　いたやむら　第187号　4-58
イタワタリ　第32号　1-111, 5-56
市井浦　いちいうら　第151号　3-180, 5-195
一井原村小山　いちいはらむらこやま　第175号　3-283
一井原村段ノ原　いちいはらむらだんのはら　第175号　3-283
一宇田村　いちうだむら　第117号　3-13, 5-163, 5-299
市江﨑〔市江岬〕　いちえざき　第140号　3-126, 5-171, 5-303
壹尾　いちお　九州沿海図第19　4-272
市岡新田　いちおかしんでん　第135号　3-101, 5-178, 5-301
市ケ尾村（甲斐庄五郎知行所）〔市毛〕　いちがおむら　第90号　2-87, 2-90, 5-123, 5-291
イチカヲ山　いちがおやま　第123号　3-38
一ケシマ　いちがしま　第84号　2-62, 2-64
市ケ谷〔市谷〕　いちがや　第90号　2-84, 5-120
市ケ谷御門　いちがやごもん　第90号　2-84
市川　いちかわ　第81号　5-146
市川　いちかわ　第141号　3-130
市川　いちかわ　第173号　5-213
市川大門村○　いちかわだいもんむら　第98号　2-126, 5-117, 5-127, 5-296
市川大門村落合　いちかわだいもんむらおちあい　第98号　2-126
市川村　いちかわむら　第44号　1-148, 5-66, 5-68, 5-280
市川山　いちかわやま　第98号　2-126, 5-117, 5-127
市川原村　いちがわらむら　第133号　3-86, 5-174, 5-176
市木川　いちぎがわ　第132号　3-84
市來嵜　いちきざき　第203号　4-138, 5-251
市來﨑　いちきざき　九州沿海図第13　4-251
市來﨑　いちきざき　九州沿海図第14　4-253
市木村　いちきむら　第198号　4-106, 5-248, 5-316
市木村　いちきむら　九州沿海図第8　4-226
市木村　いちぎむら　第132号　3-84, 1-170, 5-302
市木村　いちぎむら　第166号　3-237, 5-209, 5-212, 5-308
市木村石浪　いちきむらいしなみ　第198号　4-106
市木村貝﨑　いちぎむらかいざき　第166号　3-237
市木村観音寺原　いちぎむらかんのんじはら　第166号　3-237
市木村越木　いちぎむらこしき　第166号　3-237
市木村中郡　いちぎむらなかごおり　第166号　3-237
市木村濵町　いちきむらはままち　第198号　4-106
市木村早水　いちぎむらはやみず　第166号　3-237
市木村原田　いちぎむらはらだ　第166号　3-237
市木村藤　いちきむらふじ　第198号　4-106
市木村的塲　いちぎむらまとば　第166号　3-237
市木村麦尾　いちぎむらむぎお　第166号　3-237
市來山　いちきやま　九州沿海図第13　4-251
苺ノシマ〔イチコシマ〕　いちごのしま　第201号　4-122, 5-235
市古ノ畑山　いちこのはたやま　第110号　2-175
市坂村〔市ノ坂村、市ノ坂〕　いちさかむら　第134号　3-95, 5-176, 5-301
一志郡　いちしぐん　第130号　3-74, 3-75, 3-76, 5-167, 5-301
市島　いちしま　第161号　3-213, 3-215, 5-203
一乗院　いちじょういん　第210号　4-171
一条通　いちじょうどおり　第133号　3-87, 3-90
一条村〔一条〕　いちじょうむら　第188号　4-65, 4-66, 4-68, 5-231, 5-313
一条村枝盛徳村　いちじょうむらえだせいとくむら　第188号　4-65, 4-66, 4-68
市田村〔上市田村〕　いちだむら　第108号　2-161, 5-154
市田村○　いちだむら　第108号　2-161, 5-154, 5-296
市田村　いちだむら　第133号　5-176
市田村枝諏訪〔市田村、市田〕　いちだむらえだすわ　第116号　2-202, 2-204, 5-162, 5-299
市田村北野〔町〕屋　いちたむらきたまちや　第125号　3-50
市田村出屋敷〔市田村、市田〕　いちたむらでやしき　第125号　3-50, 5-174, 5-297, 5-300, 5-301
市上村　いちのうえむら　第188号　4-65, 4-66, 5-231
市野江村　いちのえむら　第77号　2-35, 5-113, 5-289
一ノ川　いちのかわ　第207号　4-153
市川村〔市川〕　いちのかわむら　第88号　2-77
市野川村（御料所）　いちのかわむら　第96号　2-114, 5-146, 5-294
市野川村上平　いちのかわむらうわだいら　第96号　2-114
一之木岬　いちのきみさき　第204号　4-141, 4-142
市野久田村　いちのくたむら　第114号　2-194
一ノ首　いちのくび　第103号　2-150
一ノ組　いちのくみ　第173号　3-272
一倉村　いちのくらむら　第97号　2-122, 2-123
市郷村　いちのごうむら　第141号　3-130, 5-182
一ノ坂峠　いちのさかとうげ　第176号　5-219
市野澤村（御料所）〔市野沢村〕　いちのさわむら　第69号　1-242, 5-106, 5-288
一ノ島　いちのしま　第58号　1-200
一ノ島　いちのしま　第192号　4-81
一ノ瀬　いちのせ　第173号　3-274, 3-276
一ノ瀬〔一ノセ〕　いちのせ　第189号　4-70, 4-72, 5-234, 5-238, 5-241, 5-313
一ノ瀬　いちのせ　第202号　4-128
市ノ瀬　いちのせ　九州沿海図第19　4-272
一ツ瀬　いちのせ　長崎〔参考図〕　4-129
市野瀬川　いちのせがわ　第129号　3-70, 3-72
一関（田村左京太夫在所）☆　いちのせき　第51号　1-176, 5-77, 5-284
市瀬村　いちのせむら　第85号　2-68, 5-142
市之瀬村〔市ノ瀬〕　いちのせむら　第129号　3-72, 5-167, 5-301
市之瀬村　いちのせむら　第129号　3-70, 3-72, 5-166, 5-167
市瀬村〔市ノ瀬〕　いちのせむら　第143号　3-137, 5-181, 5-188, 5-304
市瀬村　いちのせむら　第180号　4-25, 4-27, 5-230, 5-312
市瀬村　いちのせむら　第187号　4-62, 5-223, 5-231, 5-313
市野瀬村　いちのせむら　第200号　4-113, 4-115, 4-116, 5-250, 5-315
市瀬村〔市之瀬村〕　いちのせむら　第203号　4-137, 5-251
市野瀬村　いちのせむら　九州沿海図第16　4-256
市瀬村　いちのせむら　九州沿海図第19　4-271
市之瀬村井手口郷〔市之瀬村〕　いちのせむらいでぐちごう　第118号　3-19, 5-166
市野瀬村祝坂　いちのせむらいわいざか　第200号　4-113, 4-115, 4-116
市野瀬村漆河内　いちのせむらうるしがわうち　第200号　4-113, 4-115, 4-116
市野瀬村内鎌瀬　いちのせむらえだかませ　九州沿海図第16　4-256
市野瀬村江里　いちのせむらえり　第190号　4-77
市野瀬村鎌瀬　いちのせむらかませ　第200号　4-113, 4-115, 4-116
市之瀬村久手郷　いちのせむらくてごう　第118号　3-19
市野瀬村桒沢見　いちのせむらくわさわみ　第200号　4-113, 4-115, 4-116
市野瀬村神田　いちのせむらこうだ　第190号　4-77
市瀬村小鶴　いちのせむらこづる　第180号　4-25, 4-27
市瀬村猿山　いちのせむらさるやま　第187号　4-62
市瀬村三軒屋〔市ノ瀬村、市瀬〕　いちのせむらさんげんや　第186号　4-54, 5-222, 5-312
市野瀬村塩浸　いちのせむらしおひたし　第200号　4-113, 4-115, 4-116
市瀬村新田湯屋　いちのせむらしんでんゆや　第143号　3-137, 3-138
市野瀬村告☆　いちのせむらつげ　第200号　4-113, 4-115, 4-116, 5-250
市之瀬村殿垣内郷　いちのせむらとのがいとごう　第118号　3-19
市野瀬村古里　いちのせむらふるさと　第200号　4-113, 4-115, 4-116
市之瀬村町屋郷〔市之瀬〕　いちのせむらまちやごう　第118号　3-19, 5-297
一ノ岳（古城跡）　いちのたけ　第187号　4-62
一ノ根　いちのね　第105号　2-154, 5-135
一ノ根　いちのね　第105号　2-154
市野々村　いちののむら　第123号　3-41, 5-180,

5-304
市野々村　いちののむら　第132号　3-85, 1-170, 5-302
一戸○☆　いちのへ　第49号　1-166, 5-69, 5-282
市邊村　いちのべむら　第133号　3-89, 5-176
市ノ保村　いちのほむら　第141号　3-129
一ノ丸　いちのまる　第167号　3-240
一野水門八瀬川　いちのみずかどはせがわ　第184号　4-45
市宮（加納大和守領分）○　いちのみや　第91号　2-92, 5-111, 5-290
一ノ宮　いちのみや　第141号　5-304
一ノ宮　いちのみや　第145号　5-307
一之宮浅間社　いちのみやあさましゃ　第97号　2-122, 2-123
一宮出雲神社　いちのみやいずもじんじゃ　第133号　3-90
一宮伊和生〔坐〕大名持御魂神社〔一宮〕　いちのみやいわにいますおおなもちみたまじんじゃ　第128号　5-183
一宮宇都神社〔一宮宇部神社、宇倍神社〕　いちのみやうつじんじゃ　第124号　3-47, 5-181, 5-304
一宮氣比社　いちのみやけひしゃ　第121号　3-29, 3-31
一宮﨑　いちのみやざき　第152号　3-183
一宮倭文神社　いちのみやしどりじんじゃ　第143号　3-136
一宮中山神社〔中山神祚〕　いちのみやちうさんじんじゃ　第143号　3-139, 5-188
一宮椿太神社〔椿太神社〕　いちのみやつばきおおかみやしろ　第129号　3-67, 3-69, 3-70, 3-72, 5-166
一ノ宮町（竹田法印、仁賀保大膳、恒（岡）長藏、渡邉榮之亟知行所、一宮社領）○〔一宮〕　いちのみやまち　第95号　2-110, 5-116, 5-119, 5-291
一ノ宮町枝坂井　いちのみやまちえださかい　第95号　2-110
一宮三刀屋神社〔三刀屋神社〕　いちのみやみとやじんじゃ　第162号　3-220, 5-308
一宮水無神社〔水無社〕　いちのみやみなしじんじゃ　第112号　2-183, 5-153
一宮村　いちのみやむら　第83号　2-61, 5-141, 5-295
一ノ宮村（柴島助右エ門、中山勘解由、曽我七兵衛知行所）　いちのみやむら　第90号　2-88, 2-90, 5-120, 5-123, 5-291
〔一〕宮村（御料所、松平斧吉、森昌盖知行所）○〔一之宮村、一宮〕　いちのみやむら　第93号　2-103, 5-126, 5-291
一之宮村　いちのみやむら　第97号　2-122, 2-123, 5-117
一宮村　いちのみやむら　第114号　2-194, 5-159, 5-297
一宮村　いちのみやむら　第116号　2-202, 2-204, 5-161
一宮村　いちのみやむら　第129号　3-73, 5-301
一宮村　いちのみやむら　第144号　5-192
一宮村（長府領）　いちのみやむら　第177号　3-298, 5-220, 5-312
一宮村　いちのみやむら　九州沿海図第1　4-189
一宮村手野　いちのみやむらての　第114号　2-194
一宮物部神社〔物部神社〕　いちのみやもののべじんじゃ　第165号　3-232, 5-205, 5-308
櫟野村　いちのむら　第193号　4-87, 5-231, 5-313
櫟野村峠　いちのむらとうげ　第193号　4-87
一ノ目潟　いちのめがた　第62号　1-211, 5-87, 5-283
櫟本村　いちのもとむら　第134号　3-95, 3-97, 5-176, 5-177, 5-301
一ノ山　いちのやま　第100号　2-132
市ノ山新田〔市山新田〕　いちのやましんでん　第101号　2-141, 5-126, 5-291
一ノ渡○　いちのわたり　第32号　1-109, 5-56, 5-279
イチノワタリ　第36号　1-122, 5-60
市野割村（御料所）　いちのわりむら　第87号　2-75, 5-120, 5-290
市場　いちば　第117号　3-15
市塲奥山　いちばおくやま　第163号　3-224
市橋村　いちはしむら　第114号　2-193, 5-155, 5-156, 5-297
市橋村　いちはしむら　第118号　3-17, 3-19, 5-166, 5-297, 5-300
市橋村　いちはしむら　第121号　3-29, 3-31, 3-32, 5-157, 5-172
市橋村中島　いちはしむらなかじま　第118号　3-17, 3-19
市塲庄村〔市塲生村〕　いちばしょうむら　第130号　3-74, 3-76, 5-163, 5-301
市濱村　いちはまむら　第183号　4-39, 5-226, 5-312, 5-311
市濱村　いちはまむら　九州沿海図第4　4-209
市場村　いちばむら　第90号　2-87, 5-123, 5-291
市場村　いちばむら　第115号　2-200, 5-162, 5-299
市場村〔中市場村〕　いちばむら　第116号　2-202, 2-204, 5-161
市塲村　いちばむら　第118号　3-21, 5-166, 5-297, 5-300, 5-301
市場村　いちばむら　第122号　3-36, 5-173, 5-175
市塲村　いちばむら　第123号　3-41, 5-180, 5-304
市場村　いちばむら　第123号　3-39, 3-41
市場村　いちばむら　第128号　3-62, 3-64
市場村　いちばむら　第128号　3-62, 3-64
市場村　いちばむら　第129号　3-71, 3-73, 5-167, 5-301
市塲村（石河甚太郎知行所）　いちばむら　第135号　3-100
市塲村　いちばむら　第141号　3-128, 5-182, 5-306
市塲村　いちばむら　第141号　3-129, 5-183, 5-304, 5-306
市場村　いちばむら　第141号　3-131
市塲村　いちばむら　第144号　3-146
市塲村　いちばむら　第144号　3-147, 5-192
市塲村　いちばむら　第150号　3-170, 5-188, 5-305
市場村口芝　いちばむらくちしば　第115号　2-200
市原郡　いちはらぐん　第89号　2-82, 5-111, 5-122, 5-290
市原郡　いちはらぐん　第91号　2-94, 5-122, 5-290
市原神社　いちはらじんじゃ　第155号　3-191, 3-193
市原神社　いちはらじんじゃ　第155号　3-191, 3-193
市原村　いちはらむら　第127号　3-60, 3-61, 5-180, 5-182, 5-304
市原村☆　いちはらむら　第136号　3-105, 3-108, 5-182
市原村　いちはらむら　第180号　4-28, 5-230, 5-312
市原村　いちばらむら　第124号　3-45, 3-46, 5-180
市原村岩本　いちばらむらいわもと　第127号　3-60, 3-61
市原村枝今田〔市原〕　いちはらむらえだこんだ　第136号　3-105, 3-108, 5-304, 5-306
市原村新田　いちはらむらしんでん　第136号　3-105, 3-108
一番村（永井出羽守領分）　いちばんむら　第135号　3-101, 5-176, 5-178, 5-301
市平賀村　いちひらがむら　第114号　2-193, 5-155
市房山〔一房山〕　いちぶさやま　第197号　4-100, 3-314
伊知布西神社　いちふせじんじゃ　第123号　3-40
一部村　いちぶむら　第193号　4-87
一部村　いちぶむら　第193号　4-87, 5-233
一武村　いちぶむら　第197号　4-101, 5-245, 3-314
一部村　いちぶむら　九州沿海図第18　4-269
一部村　いちぶむら　九州沿海図第18　4-269
市分村枝上市分谷〔市分〕　いちぶむらえだかみいちぶだに　第163号　3-226, 5-308
市分村枝矢原谷〔市分村、市分〕　いちぶむらえだやはらだに　第163号　3-227, 5-208, 5-308
一武村野里　いちぶむらのさと　第197号　4-101
市振（御関所）○　いちぶり　第82号　2-54, 5-139, 5-294
市振村　いちぶりむら　第183号　4-43, 5-228, 5-311, 5-314
市振村　いちぶりむら　九州沿海図第6　4-216
市振村枝直海　いちぶりむらえだのうみ　第183号　4-43
市振村枝直海　いちぶりむらえだのうみ　九州沿海図第6　4-215, 4-216
市部村　いちべむら　第127号　3-59, 5-182
市部村石和（御料所）○〔石和〕　いちべむらいさわ　第97号　2-122, 2-123, 5-117, 5-291
〔一〕品村　いちぼうむら　第127号　3-60, 5-180
一馬瀬村　いちまぜむら　第117号　3-13, 5-163
市丸村　いちまるむら　第178号　4-15, 4-17, 5-222, 5-312
市丸村梅本　いちまるむらうめもと　第178号　4-15
市丸村原　いちまるむらはる　第178号　4-15, 4-17
壹万村　いちまんむら　第168号　3-247, 5-214
一御堂村　いちみどうむら　第128号　3-62
市村（真田弾正大弼）　いちむら　第81号　2-52, 5-146, 5-294
市村　いちむら　第141号　3-128, 5-182
市村　いちむら　第142号　3-134, 5-184
市村　いちむら　第181号　4-30, 4-33, 5-226
市村　いちむら　第182号　4-35
市村（熊本領）　いちむら　九州沿海図第4　4-207
市村　いちむら　九州沿海図第21　4-281
市村掛田〔市村〕　いちむらかけだ　第163号　3-224, 5-208
イチヤシト　第6号　5-27, 5-270
イチヤヌル○　第5号　1-19, 5-19, 5-270
市山　いちやま　第212号　5-253
市山　いちやま　九州沿海図第15　4-254
市山村（御料所）　いちやまむら　第101号　2-143, 5-128, 5-298
市山村　いちやまむら　第166号　3-235, 3-237, 5-209, 5-212, 5-308
一山村　いちやまむら　第208号　4-157, 5-250
市谷村（御料所）　いちやむら　第80号　2-45, 2-48, 5-138, 5-287
イチヤヽ山　第2号　5-15
イチヤリ川　第28号　1-91, 5-43, 5-278
イチヤリフト　第28号　1-91, 5-43, 5-274, 5-275
以町庵　いちょうあん　第192号　4-82
銀杏山　いちょうやま　第203号　4-138, 5-251
銀杏山　いちょうやま　九州沿海図第19　4-271
一覧亭　いちらんてい　第93号　2-102
一リ松　いちりまつ　九州沿海図第9　4-228
一里山　いちりやま　九州沿海図第21　4-279
一里山新田（酒井大内記知行所）　いちりやましんで

ん　第107号　2-156, 2-158, 5-129
一里山峠　いちりやまとうげ　第197号　4-100, 5-245, 3-314
一連寺　いちれんじ　第98号　2-126
五日市村　いつかいちむら　第118号　3-19, 5-166
五日市村　いつかいちむら　第133号　3-93, 5-178, 5-301
五日市村　いつかいちむら　第144号　3-146
五日市村　いつかいちむら　第167号　3-241, 5-211, 5-213, 5-308
五日市村塩濱　いつかいちむらしおはま　第167号　3-241, 3-243
五日市村三進〔筋〕　いつかいちむらみすじ　第167号　3-241, 3-243
木生シマ〔木生島〕　いづかじま　第131号　3-80, 5-169
五日町○　いつかまち　第77号　2-35, 5-113, 5-115, 5-289
齊宮島（大﨑下島）　いつきしま（おおさきしもじま）　第164号　3-231, 5-311
伊都伎神社　いつきじんじゃ　第127号　3-57, 3-59
伊月山　いづきやま　第110号　2-172, 5-154
イツキ山島　いつきやまじま　第151号　3-181
イツクシマ　いつくしま　第157号　5-210
嚴島　いつくしま　第167号　3-243, 5-211, 5-213, 5-308
イツク嶋　いつくしま　第176号　3-289
イツク嶋　いつくしま　第176号　3-289, 5-217, 5-219
嚴島社　いつくしましゃ　第167号　3-243, 5-211, 5-213
一宮村　いつくむら　第159号　3-206, 3-208, 5-200
一軒茶屋　いっけんちゃや　第56号　1-194, 5-103
一切浦〔一切神〕　いつさいうら　第161号　3-213, 3-215, 5-203, 5-311
揖西郡　いつさいぐん　第141号　3-129, 3-131, 5-183, 5-306
一切山　いつさいやま　第161号　3-213, 3-215
一色村（松平大和守領分）　いっしきむら　第93号　2-101, 5-125, 5-291
一色村（冨士浅間社領）　いっしきむら　第100号　2-135, 5-127
一色村　いっしきむら　第101号　2-141, 5-127
一色村（御料所）　いっしきむら　第107号　2-159, 5-160, 5-298
一色村（御料所）　いつしきむら　第111号　2-179, 2-180, 5-161
一色村　いっしきむら　第116号　2-207, 5-162, 5-299
一色村　いっしきむら　第116号　2-207, 5-163, 5-299
一色村　いっしきむら　第117号　3-13, 5-163
一色村　いっしきむら　第125号　3-48, 5-166, 5-297, 5-300
一色村萩原　いっしきむらはぎわら　第100号　2-135
（一）尺屋村　いっしゃくやむら　第181号　4-32, 5-226, 5-311, 5-312
一尺屋村（熊本領）　いっしゃくやむら　九州沿海図第4　4-207
一尺屋村下浦　いっしゃくやむらしたうら　第181号　4-32
一勝地谷村　いっしょうちだにむら　第200号　4-114, 5-250, 5-315
一勝地谷村　いっしょうちだにむら　九州沿海図第16　4-256
一勝地谷村池下　いっしょうちだにむらいけのしも　第200号　4-115
一勝地谷村大坂間　いっしょうちだにむらおおさかま　第200号　4-113, 4-115, 4-116
一勝地谷村淋　いっしょうちだにむらそそぎ　第200号　4-113, 4-115
一勝地谷村告　いっしょうちだにむらつげ　第200号　4-113, 4-115, 4-116
一勝地谷村鞆尻　いっしょうちだにむらともじり　第200号　4-114
一町田　いっちょうだ　第175号　3-287
一町田川　いっちょうだがわ　第203号　4-137
一町田中村（田安殿領分）　いっちょうたなかむら　第97号　2-122, 2-123, 5-117
一町田村　いっちょうだむら　第101号　2-141
一町田村　いっちょうだむら　第203号　4-137, 5-251, 5-315
一町田村　いっちょうだむら　九州沿海図第19　4-271
一町田村志戸　いっちょうだむらしと　第203号　4-137
一町畑村　いっちょうはたむら　第98号　2-126
五ツ嶋　いつつしま　第175号　3-287, 5-218
揖東郡　いつとうぐん　第141号　3-129, 3-131, 5-183, 5-306
一杯シマ　いっぱいじま　第204号　4-140
一盃嶌　いっぱいじま　第209号　4-162
五幡浦☆　いつはたうら　第121号　3-29, 5-157, 5-172
一方村　いっぽうむら　第144号　3-145, 5-192, 5-305
井坪村　いつぼむら　第75号　2-27, 5-99, 5-287
一本木村　いっぽんぎむら　第38号　1-128, 5-63, 5-281
一本木村　いっぽんぎむら　第81号　2-50
一本木村鳥羽井新田鳥羽井村上小見野村下小見野村虫塚村入會　いっぽんぎむらとばいしんでんとばいむらかみおみのむらしもおみのむらむしづかむらいりあい　第88号　2-79
一本杉村　いっぽんすぎむら　第111号　2-180, 5-161
一本松〔一本松村〕　いっぽんまつ　第44号　1-149, 5-69, 5-280
一本松新田　いっぽんまつしんでん　第101号　5-127, 5-291, 5-298
一本松新村　いっぽんまつしんむら　第136号　3-111, 5-182, 5-306
一本松村　いっぽんまつむら　第141号　3-130, 5-182, 5-183, 5-306
五馬市村　いつまいちむら　第180号　4-26, 4-28, 5-230, 5-312
五馬市村山口　いつまいちむらやまぐち　第180号　4-26, 4-28
泉郡　いつみぐん　第135号　3-103, 5-178, 5-301
泉郡　いつみぐん　第137号　3-116, 5-178
伊津村　いつむら　第141号　3-131, 5-183
イヅン﨑　いづんざき　第104号　2-151
伊傳居村　いでいむら　第141号　3-130, 5-183
井手方村　いでかたむら　第190号　4-75, 5-234
出川町村　いでがわまちむら　第96号　2-117, 5-150, 5-296
出北村　いできたむら　第184号　4-44, 5-228, 5-314
出北村　いできたむら　第184号　5-228
出北村　いできたむら　九州沿海図第6　4-218
出口村☆　いでぐちむら　第180号　4-26, 4-28, 5-230, 5-312
出口村枝見取　いでぐちむらえだみどり　第180号　4-26, 4-28
出口村北平　いでぐちむらきたびら　第180号　4-26, 4-28
出口村小林　いでぐちむらこばやし　第180号　4-26, 4-28
出口村玉ノ木　いでぐちむらたまのき　第180号　4-26, 4-28
出口村藤ノ木　いでぐちむらふじのき　第180号　4-26, 4-28
射手﨑〔イテサキ〕　いてざき　第212号　4-177, 5-253
射手﨑　いてざき　九州沿海図第15　4-254
イテヂ川　第36号　1-121, 5-60, 5-281
出田村　いでたむら　第193号　4-84, 4-86, 5-232
出仲間村　いでなかまむら　第193号　4-85, 5-232
出仲間村八反田〔出仲間〕　いでなかまむらはったんだ　第195号　4-93, 5-315
井手上村　いでのうえむら　第188号　4-68, 5-231
飯出﨑　いでのさき　第200号　4-115, 4-116, 4-118
飯山（出）﨑　いでのさき　九州沿海図第16　4-257, 4-259
井出玉川　いでのたまがわ　第133号　5-176
井手野村〔井手野〕　いでのむら　第190号　4-76, 5-234, 5-313
出丸下郷村　いでまるしもごうむら　第88号　2-78
出丸中郷村　いでまるなかごうむら　第88号　2-78
出丸本郷村　いでまるほんごうむら　第88号　2-78
出光村　いでみつむら　第179号　4-18, 4-21, 5-225, 5-312
出光村　いでみつむら　九州沿海図第2　4-194, 4-197
井手向　いでむけ　九州沿海図第16　4-256
井出村（溝口駒之助領分）　いでむら　第55号　1-190, 5-102, 5-288
井出村　いでむら　第100号　2-138
井手村　いでむら　第133号　3-89
井手村　いでむら　第134号　3-94, 3-96, 5-167, 5-167, 5-177, 5-301
井手村　いでむら　第143号　3-136, 5-188, 5-305
井手村　いでむら　第150号　3-171
井手村　いでむら　第193号　4-87, 5-231, 5-223, 5-313
井手村　いでむら　第203号　4-134, 5-236, 5-315
井手村　いでむら　九州沿海図第18　4-269
井手村　いでむら　九州沿海図第19　4-273
井手村市場○〔井手村〕　いでむらいちば　第151号　3-178, 5-193
井手村上井手　いでむらかみいで　第193号　4-87
井手村下井手　いでむらしもいで　第193号　4-87
井出村西組　いでむらにしぐみ　第101号　2-141, 2-144, 5-127
井出村東組（御料所）　いでむらひがしぐみ　第101号　2-141, 2-144, 5-127
井手村平　いでむらひら　第203号　4-134
出屋村　いでやむら　第144号　3-146, 5-192
位田古城山　いでんこじょうやま　第127号　3-56
位田村　いでんむら　第127号　3-56
位田村　いでんむら　第144号　3-144, 5-306
位田村平田　いでんむらひらた　第144号　3-144
位田山　いでんやま　第127号　3-56, 5-175
糸魚川（松平日向守在所）　いといがわ　第80号　2-47, 5-139, 5-294
伊東○☆　いとう　第101号　2-140, 2-142
伊藤田村　いとうだむら　第179号　4-19, 5-225, 5-312
伊藤田村　いとうだむら　九州沿海図第2　4-195
到津川　いとうづがわ　第178号　4-13
到津村　いとうづむら　第178号　4-13
意東村下分〔意東村、意東〕　いとうむらしもぶん　第155号　3-191, 3-193, 5-190, 5-305
意東村下分羽入　いとうむらしもぶんはにゅう　第155号　3-191, 3-193
糸串﨑〔糸串サキ〕　いとくしざき　第207号　4-

153, 5-242, 5-243
懿徳帝陵　いとくていりょう　第134号　3-97, 3-98
怡土郡　いとぐん　第187号　4-61, 4-63, 5-223
怡土郡　いとぐん　第189号　4-70, 4-72, 5-313
糸﨑浦　いとさきうら　第120号　3-25, 3-27, 5-145, 5-300
井戸沢村　いどざわむら　第95号　2-110
糸瀬村　いとせむら　第192号　4-81, 5-239, 5-240, 5-241
イトツベ岬　第33号　1-112, 5-47, 5-279
井戸鍾乳穴　いどのかなちあな　第150号　3-174, 5-193
井戸鍾乳穴神社　いどのかなちあなじんじゃ　第150号　3-174
井戸野村（御料所）　いどのむら　第58号　1-200, 1-201, 5-110, 5-290
井土濱〔井上〕　いどはま　第52号　1-182, 5-79, 5-284
糸原村　いとはるむら　第179号　4-20, 5-224, 5-312
糸原村　いとはるむら　九州沿海図第3　4-200, 4-204
糸原村大海田　いとはるむらおおみだ　第179号　4-20
伊戸村（本多修理知行所）　いとむら　第92号　2-99, 2-100, 5-124, 5-292
井戸村（阿部鉄丸領分）　いどむら　第94号　2-106, 2-108
井土村（水野飛騨守領分）　いどむら　第132号　3-83, 1-170, 5-301, 5-302
糸村宮尾〔糸村〕　いとむらみやお　第178号　4-17, 5-222, 5-312
糸山村　いとやまむら　第193号　4-85, 4-86, 5-232
糸山村　いとやまむら　九州沿海図第18　4-266
糸屋村枝古田村　いとやむらえだこたむら　第204号　4-141
糸屋村小野〔糸屋〕　いとやむらおの　第204号　4-140, 5-321
糸屋村堤〔糸屋村、糸屋〕　いとやむらつつみ　第204号　4-141, 4-142, 5-235, 5-313
糸屋村頭無浦　いとやむらつむうら　第204号　4-141
糸屋村中津浦　いとやむらなかつうら　第204号　4-141, 4-142
イナウシモイ　第15号　1-47
稲岡村　いなおかむら　第162号　3-219, 5-204
イナヲシマ　第21号　1-68, 1-69
稲生原村　いなおばるむら　第194号　4-89, 5-232, 3-314
井中村　いなかむら　第127号　3-59, 3-61, 5-182
井永村　いながむら　第156号　3-197, 5-208, 5-307
井永村柳原　いながむらやなぎはら　第156号　3-197
猪名川　いながわ　第133号　3-93
伊奈川橋　いながわばし　第109号　2-170
稲川村　いながわむら　第107号　2-159, 5-160
稲木島　いなぎじま　第146号　3-158, 5-194, 5-307
稲木村　いなぎむら　第130号　3-76, 5-163, 5-299
稲木竜王　いなぎりゅうおう　第151号　5-195
稲草村　いなくさむら　第163号　3-226, 5-208
稲草村大谷　いなくさむらおおたに　第156号　3-197
稲草村郷原　いなくさむらごうはら　第156号　3-197
稲草村田房市☆〔稲草〕　いなくさむらたぶさいち　第163号　3-224, 3-226, 5-307
稲草村田房上市　いなくさむらたぶさかみいち　第156号　3-197
稲草村彦ノ宮　いなくさむらひこのみや　第163号　3-224, 3-226
稲草村森藤　いなくさむらもりふじ　第156号　3-197
稲鯨村　いなくじらむら　第75号　2-25, 2-27, 5-99
伊奈久地（比）神社　いなくひじんじゃ　第192号　4-80
伊奈郡　いなぐん　第96号　2-119, 5-154
伊奈郡　いなぐん　第108号　2-164, 5-154
伊奈郡　いなぐん　第110号　2-175, 5-154
稲毛村（御料所、朝倉小左エ門、石河甚太郎知行所）　いなげむら　第89号　2-81, 2-82, 2-83, 5-111, 5-122, 5-290
稲狐新田村　いなこしんでんむら　第129号　3-66, 5-159
稲子山　いなごやま　第100号　2-138
伊奈坂峠　いなざかとうげ　第192号　4-80
伊奈﨑　いなざき　第192号　4-80, 5-239, 5-241
稲嵜村　いなさきむら　第188号　4-64
稲佐宮〔稲佐社〕　いなさぐう　第190号　4-75, 5-234
引佐郡　いなさぐん　第111号　2-180, 2-181, 5-161, 5-299
稲佐郷　いなさごう　第202号　4-125, 4-127, 4-128
稲佐郷　いなさごう　長崎〔参考図〕　4-131, 4-133
稲佐﨑　いなさざき　第202号　4-125, 4-127, 4-128
稲佐﨑　いなさざき　長崎〔参考図〕　4-131, 4-133
引佐峠　いなさとうげ　第111号　2-181, 5-161
稲佐村　いなさむら　第193号　4-85, 4-87, 5-223
稲佐村山口　いなさむらやまぐち　第193号　4-85, 4-87
稲佐山　いなさやま　第202号　4-127, 4-128
稲佐山　いなさやま　長崎〔参考図〕　4-131
イナシセントモ〔イナシエントモ〕　第12号　5-36, 5-269, 5-273
稲代神社　いなしろじんじゃ　第123号　3-39, 3-41
稲瀬川　いなせがわ　第100号　5-127
稲田村　いなだむら　第143号　3-135, 5-188
稲塚新田（御料所）　いなづかしんでん　第80号　2-45, 2-48, 5-138
稲塚村　いなづかむら　第127号　3-59
稲継村　いなつぎむら　第127号　3-59, 3-61
稲付村（東叡山領）　いなつけむら　第90号　2-84, 2-85, 5-120, 5-123, 5-291
稲常村　いなつねむら　第143号　3-135, 5-188
稲坪村　いなつぼむら　第144号　3-143, 3-146
稲積　いなづみ　第179号　4-22
稲積　いなづみ　九州沿海図第2　4-198
稲積島　いなづみしま　第151号　3-181, 5-195
稲積島〔イナスミ島〕　いなづみじま　第140号　3-126, 5-171
稲積村○　いなづみむら　第81号　2-50, 2-52, 5-146
稲積村枝間島〔稲積村〕　いなづみむらえだましま　第83号　2-60, 5-140
稲積山　いなづみやま　第152号　3-183
稲積山　いなづみやま　第179号　4-19, 5-225
稲積山　いなづみやま　第194号　4-89, 4-90, 5-232
稲積山　いなづみやま　九州沿海図第2　4-194
猪名寺村（田安殿領分）　いなでらむら　第135号　3-101, 5-178
稲童村　いなどうむら　第178号　4-14, 4-16, 5-222, 5-312
稲童村　いなどうむら　九州沿海図第1　4-192
稲冨村　いなどみむら　第188号　4-65, 4-66, 4-68, 5-231
稲富村　いなどめむら　第141号　3-131, 5-183, 5-306
稲取﨑　いなとりざき　第102号　5-128, 5-132
稲取村（水野出羽守領分）　いなとりむら　第102号　2-146, 5-128, 5-132, 5-292
稲取村大久保　いなとりむらおおくぼ　第102号　2-146
稲取村溝下　いなとりむらみぞした　第102号　2-146
稲取村山田　いなとりむらやまだ　第102号　2-146
稲葉○　いなば　第118号　3-18, 3-20, 5-159, 5-297
稲葉車瀬村（御料所）　いなばくるませむら　第135号　3-100
稲葉郷（遠山三郎右エ門知行所）　いなばごう　第87号　2-72, 5-109, 5-290
稲橋村　いなはしむら　第110号　2-175, 5-158
稲畑村　いなはたむら　第127号　3-59, 3-61, 5-182
稲畑村岡田　いなはたむらおかだ　第127号　3-59, 3-61
因幡國〔因幡〕　いなばのくに　第124号　3-47, 5-181, 5-304
因幡國〔因幡〕　いなばのくに　第128号　3-65, 5-181, 5-304
因幡國〔因幡〕　いなばのくに　第143号　3-136, 3-137, 3-138, 5-181, 5-304
稲葉村　いなばむら　第52号　1-179, 5-79
稲葉村　いなばむら　第118号　3-20
稲葉村　いなばむら　第125号　3-49, 3-50, 5-174, 5-297, 5-300
稲葉村　いなばむら　第134号　5-176, 5-177
稲淵村　いなぶちむら　第134号　3-97, 3-98, 5-177, 5-301
員辨川　いなべがわ　第118号　3-21, 5-166
員辨郡　いなべぐん　第118号　3-19, 3-21, 5-166, 5-297, 5-300
員辨郡　いなべぐん　第129号　3-67, 5-166, 5-300, 5-301
伊那部村枝小室　いなべむらえだおむろ　第108号　2-165
稲穂村　いなほむら　第144号　3-144
稲蒔村　いなまきむら　第144号　3-146, 5-192, 5-307
稲蒔村枝髙田　いなまきむらえだたかだ　第144号　3-144, 3-146
稲蒔村上田　いなまきむらじょうだ　第144号　3-146
稲蒔山　いなまきやま　第144号　3-146
印南浦光川村（紀伊殿領分）〔印南浦、印南〕　いなみうらひかりがわむら　第139号　3-123, 5-186, 5-303, 5-306
印南郡　いなみぐん　第136号　3-111, 5-184, 6-306
印南郡　いなみぐん　第141号　3-130, 5-182, 5-306
稲光村高山　いなみつむらたかやま　第177号　3-296
稲光村東長野　いなみつむらひがしながの　第177号　3-296
伊奈村　いなむら　第116号　2-202, 2-204, 5-162
伊奈村　いなむら　第192号　4-80, 5-239, 5-241, 5-320
稲村岳　いなむらだけ　第64号　1-220
稲村岬〔稲村ケ﨑〕　いなむらみさき　第93号　2-103, 5-125
稲用村　いなもちむら　第165号　3-233
稲吉村　いなよしむら　第187号　4-59, 5-231
稲荷崎起返新田　いなりざきおきかえししんでん　第129号　3-66, 5-159
稲荷三社〔稲荷社〕　いなりさんしゃ　第133号　3-87, 3-89, 5-174, 5-176
稲荷社　いなりしゃ　第90号　2-84
稲荷社　いなりしゃ　第94号　2-107
稲荷社　いなりしゃ　第136号　3-109, 5-182

稲荷新田　いなりしんでん　第90号　2-86, 5-123
稲荷新田村　いなりしんでんむら　第129号　3-66, 5-159
稲荷村（金田八郎右エ門知行所）　いなりむら　第93号　2-103, 5-123
稲荷村　いなりむら　第100号　2-134
稲荷村　いなりむら　第133号　3-87, 3-89, 5-174, 5-176
飯生村　いなりむら　第155号　3-190, 3-192, 5-189, 5-190, 5-305
稲荷村　いなりむら　第168号　3-249, 5-214
稲荷山　いなりやま　第111号　2-181, 5-161
稲荷山　いなりやま　第133号　3-87
稲荷山　いなりやま　第145号　3-153
稲荷山村　いなりやまむら　第80号　2-48, 5-138, 5-287
稲荷山村（松平伊賀守）〇　いなりやまむら　第81号　2-53, 5-146, 5-294
猪苗代湖　いなわしろこ　第67号　1-234, 5-103, 5-105, 5-288
藺灘波島〔イナンバ〕　いなんばじま　第104号　2-153, 5-134, 5-293
犬井堂村〔犬井堂〕　いぬいどうむら　第188号　4-69, 5-231, 5-313
戌亥村　いぬいむら　第125号　3-48, 5-166, 5-297, 5-300
犬飼町〇　いぬかいまち　九州沿海図第21　4-280
犬飼村　いぬかいむら　第133号　3-91, 5-175
犬飼村　いぬかいむら　第136号　3-105, 5-182
犬飼村　いぬかいむら　第141号　3-128, 5-182
犬飼村　いぬかいむら　第187号　4-60, 5-223
犬飼村市場　いぬかいむらいちば　第141号　3-128
犬飼村牛ケ瀬　いぬかいむらうしがせ　第136号　3-105
犬飼村枝初田村　いぬかいむらえだはつだむら　第136号　3-105
犬ヶ浦村〔犬ヶ浦〕　いぬがうらむら　第192号　4-80, 5-239, 5-241
犬返　いぬかえし　第175号　3-286
犬カエリ　いぬかえり　第199号　5-248, 5-261
犬ケ島〔犬ケシマ〕　いぬがしま　第123号　3-38, 5-180
犬ケ島岬　いぬがしまみさき　第123号　3-38
犬頭シマ　いぬがしらじま　第164号　5-214
犬上川　いぬかみがわ　第125号　3-48, 3-50
犬上郡　いぬかみぐん　第125号　3-48, 3-49, 3-50, 5-166, 5-297, 5-300, 5-301
犬神平村　いぬがみだいらむら　第75号　2-27, 5-99
犬木村　いぬきむら　第201号　4-119, 5-236
犬木村小船津　いぬきむらこふなつ　第201号　4-119
イヌクヽリ岬　第36号　1-122, 5-60, 5-281
犬来村　いぬぐむら　第153号　3-186, 5-191, 5-305
犬﨑　いぬざき　第189号　4-73, 4-74
イヌシコタン　第10号　1-34, 5-34, 5-272
犬嶋　いぬじま　九州沿海図第16　4-260
犬島（地犬島）　いぬじま（じのいぬじま）　第145号　3-154, 5-194, 5-307
伊努神社　いぬじんじゃ　第162号　3-219
犬セ　いぬせ　第190号　4-77
犬セ　いぬせ　第202号　4-127, 4-128
犬セ　いぬせ　長崎〔参考図〕　4-131
犬田島　いぬたしま　第179号　5-224
犬田村　いぬだむら　第179号　4-18, 4-21, 5-225, 5-312
犬田村　いぬだむら　九州沿海図第2　4-197
犬辻鼻　いぬつじはな　第210号　4-169
犬啼山　いぬなきやま　第186号　5-223
イヌヽシ　第20号　1-66
イヌヽシ　第30号　1-103, 5-46, 5-279
犬頭島　いぬのかしらじま　第168号　3-247, 5-214
犬島〔小犬シマ〕　いぬのしま　第145号　3-154, 5-194
犬挟峠　いぬばさりとうげ　第150号　3-170, 3-172
犬走島　いぬばしりじま　第102号　2-147
犬走村　いぬばしりむら　第190号　4-76
犬鼻　いぬはな　第145号　3-148, 5-185
犬馬場村　いぬばばむら　第187号　4-60
大〔犬〕袋村〔犬袋村〕　いぬぶくろむら　第49号　1-168, 5-71, 5-74, 5-282
犬淵村　いぬぶちむら　第50号　1-171, 5-73, 5-74, 5-282
犬吠﨑〔犬吠岬〕　いぬぼうざき　第58号　1-200, 5-110, 5-290
犬吠村　いぬぼえむら　第192号　4-81, 4-82, 5-239, 5-241
犬吠山　いぬぼえやま　第138号　3-117, 5-179
伊沼村鍛冶屋　いぬまむらかじや　第100号　2-137
伊沼村原〔伊沼村〕　いぬまむらはら　第100号　2-137, 5-127
伊努神魂神社　いぬみたまじんじゃ　第162号　3-219
犬見村　いぬみむら　第122号　3-36, 5-173, 5-300
犬目〇　いぬめ　第97号　2-120, 5-121, 5-291
犬目宿安立野　いぬめじゅくあだちの　第97号　2-120
犬目宿ヘヒキ新田　いぬめじゅくへひきしんでん　第97号　2-120
犬山（成瀬居城）☆　いぬやま　第114号　2-193, 2-194, 5-159, 5-297
犬山村　いぬやまむら　第182号　4-34, 5-227, 5-312, 5-314
犬山村　いぬやまむら　九州沿海図第21　4-281
稲浦　いねうら　第122号　3-35
イ子シマ〔稲島〕　いねじま　第122号　3-36, 5-173
稲津村　いねづむら　第133号　3-87, 3-89, 5-174, 5-176
井上村　いのうえむら　第81号　2-52, 5-146, 5-294
井上村　いのうえむら　第97号　2-122, 2-123
井ノ上村〔井上村、井上〕　いのうえむら　第136号　3-110, 5-182, 5-306
井上村　いのうえむら　第136号　3-104, 5-175
井上村　いのうえむら　第143号　3-137, 3-138
井上村　いのうえむら　第187号　4-59, 5-223, 5-231, 5-313
稲生沢川　いのうざわがわ　第102号　2-147
井之内村（保科越前守領分、仙石弥兵エ知行所）　いのうちむら　第89号　2-80, 5-111, 5-290
稲生村　いのうむら　第39号　1-132, 1-134, 5-67, 5-280
伊野浦　いのうら　第162号　3-218, 5-190, 5-204, 5-308
井野浦　いのうら　第181号　5-226
飯岡村　いのおかむら　第133号　3-89
井尾村　いのおむら　第150号　3-174, 5-193, 5-307
井尾村井殿　いのおむらいどの　第150号　3-174
猪頭村（松平圖書、岡野内藏允）〔猪ノ頭村〕　いのかしらむら　第100号　2-133, 2-135, 2-136, 2-138, 5-127, 5-291, 5-296
井野上村　いのかみむら　第144号　3-142
井草村　いのくさむら　第136号　3-105, 5-182, 5-306
井草村枝長坂村　いのくさむらながさかむら　第136号　3-105
猪串浦　いのくしうら　第183号　4-41, 5-228, 5-311, 5-314
猪串浦　いのくしうら　九州沿海図第5　4-215
井ノ口ノ山　いのくちのやま　第136号　3-111
井口村　いのくちむら　第98号　2-126
井之口村　いのくちむら　第114号　2-194, 5-159
井ノ口村　いのくちむら　第115号　2-198, 2-200
井口村　いのくちむら　第121号　3-30, 5-157
井口村〔井ノ口村〕　いのくちむら　第125号　3-49, 5-174
井口村　いのくちむら　第141号　3-130
井口村　いのくちむら　第144号　3-145
井ツ口村〔井ノ口村〕　いのくちむら　第164号　3-228, 5-210
井口村　いのくちむら　第167号　3-241, 5-211, 5-213
井ノ口村　いのぐちむら　第141号　3-128, 5-182
井口村阿瀬　いのくちむらあせ　第167号　3-241
井之口村四ノ家　いのくちむらよつや　第114号　2-194
猪窪村　いのくぼむら　第185号　4-48, 5-244, 5-314
猪窪村　いのくぼむら　九州沿海図第7　4-220
猪窪村塩付　いのくぼむらしおつけ　第185号　4-48
猪窪村孫谷　いのくぼむらまごたに　第185号　4-48
犬熊浦　いのくまうら　第121号　3-33, 5-172, 5-300
猪熊村　いのくまむら　第186号　4-54, 5-222, 5-312
猪倉村　いのくらむら　第133号　3-91, 5-175, 5-301
井倉村新町　いのくらむらしんまち　第127号　3-56
猪倉村米塚　いのくらむらよねづか　第133号　3-91
猪倉山　いのくらやま　第133号　3-91
イノ河内山〔伊ノ河内山〕　いのこうちやま　第185号　4-52, 5-246
猪子島　いのこじま　第117号　3-15
猪子島　いのこじま　第167号　3-243, 5-211, 5-213, 5-308
猪之子村　いのこむら　第125号　3-50, 5-174
猪ノ子山　いのこやま　第136号　3-108, 5-182
猪山　いのこやま　第166号　3-237
猪島　いのしま　第192号　4-81
井ノ尻浦⛶　いのしりうら　第159号　3-207, 5-200
井ノ尻浦童浦　いのしりうらわらべうら　第159号　3-207
伊野滝村　いのだきむら　第91号　2-93, 5-111
猪鼻浦　いのはなうら　第111号　2-181, 5-161, 5-299
猪鼻川　いのはながわ　第112号　2-182, 5-152
猪鼻峠　いのはなとうげ　第112号　2-182, 5-152
井鼻村　いのはなむら　第74号　2-21, 5-112, 5-113
猪鼻村　いのはなむら　第112号　2-182, 5-152
猪鼻村　いのはなむら　第129号　3-70, 3-72, 5-167, 5-301
井原村　いのはらむら　第141号　3-129, 5-183, 5-306
猪膝町〇　いのひざまち　第178号　4-17, 5-222, 5-312
猪膝村田尻〔猪膝村〕　いのひざむらたじり　第178号　4-17, 5-222
猪膝村堂ヶ原　いのひざむらどうがはる　第187号　4-56
猪膝山　いのひざやま　第187号　4-56
井邉村　いのべむら　第123号　3-38
伊野村　いのむら　第162号　3-218, 5-190, 5-204
井野村　いのむら　第187号　4-57, 4-60
井尾村野々倉　いのむらののくら　第150号　3-174
猪群山　いのむれやま　九州沿海図第2　4-197, 4-199

猪目　いのめ　九州沿海図第17　4-261
猪目村　いのめむら　第162号　3-219, 5-204
猪ノ森　いのもり　第59号　1-202
飯山○　いのやま　第83号　2-61, 5-141, 5-295
伊濱村（太田摂津守領分）　いはまむら　第102号　2-147, 5-129, 5-298
伊場村　いばむら　第111号　2-180, 5-161, 5-299
伊庭村　いばむら　第125号　3-50, 5-174
伊庭村枝能登川☆〔能登川〕　いばむらえだのとがわ　第125号　3-50, 5-174, 5-297, 5-300, 5-301
伊庭村須田〔伊庭村〕　いばむらすだ　第125号　3-50, 5-174
茨木社〔茨木大明神〕　いばらきしゃ　第133号　3-93, 5-178
茨木村○　いばらぎむら　第133号　3-93, 5-178, 5-301
庵原郡　いはらぐん　第100号　2-138, 5-127, 5-291
庵原郡　いはらぐん　第101号　2-144, 5-127, 5-291
庵原郡　いはらぐん　第107号　2-156, 2-158, 5-127, 5-291
井原村　いばらむら　第151号　3-179
伊原村　いばるむら　第178号　4-17, 5-222
伊比井村　いびいむら　第198号　4-105, 5-246, 5-314, 5-316
伊比井村　いびいむら　九州沿海図第8　4-223, 4-224
伊比井村鶯巣　いびいむらおうさ　第198号　4-105
伊昆沖島　いびおきのしま　第142号　3-134, 5-185
イヒ川　いひがわ　第141号　5-306
伊尾川　いびがわ　第118号　3-17
伊尾川　いびがわ　第118号　3-20, 5-166
揖斐町　いびちょう　第118号　3-17, 5-297, 5-300
井樋尾峠　いびのおとうげ　第202号　4-125, 4-126
井樋尾村　いびのおむら　第202号　4-125, 4-126, 5-236
井樋口　いびのぐち　九州沿海図第16　4-256
イプイ　第26号　1-85, 5-48, 5-277
伊深村　いぶかむら　第96号　2-115, 2-117, 5-146, 5-296
伊深村新田　いぶかむらしんでん　第96号　2-115, 2-117
伊深村問屋原　いぶかむらといやはら　第96号　2-115, 2-117
伊深村矢作　いぶかむらやはぎ　第96号　2-115, 2-117
伊吹島　いぶきじま　第152号　3-183, 5-195, 5-307
伊布伎神社　いぶきじんじゃ　第162号　3-219
伊吹村　いぶきむら　第125号　3-48, 5-157, 5-166, 5-297, 5-300
伊吹村大高　いぶきむらおだか　第118号　3-17, 3-19
伊吹山　いぶきやま　第118号　3-17, 3-19, 5-157, 5-166, 5-297, 5-300
伊福形村　いふくがたむら　第184号　4-44, 4-46, 5-228, 5-314
伊福形村　いふくがたむら　九州沿海図第6　4-218
伊福形村踏上　いふくがたむらふみあげ　第184号　4-44, 4-46
伊福村〔伊福〕　いふくむら　第201号　4-119, 5-234, 5-313, 5-315
伊福村　いふくむら　第202号　4-124, 5-233, 5-315
揖宿郡　いぶすきぐん　第209号　4-167, 5-316
揖宿郡　いぶすきぐん　第211号　4-173, 4-176, 5-249, 5-261, 5-316
揖宿郡　いぶすきぐん　九州沿海図第10　4-237
伊佛川　いぶつがわ　第141号　5-183
伊舩野田村　いふなのだむら　第129号　3-67, 3-69
伊舩村☆　いふなむら　第129号　3-67, 3-69, 5-163, 5-166, 5-167, 5-301
伊府村　いぶむら　第124号　3-44, 5-180, 5-181, 5-304
以布利浦　いぶりうら　第161号　3-212, 3-214, 5-202, 5-311
伊部（小谷）○☆　いべ（おだに）　第121号　3-30, 5-157, 5-297, 5-300
イベツ川　第17号　1-53
イベツ川　第18号　1-59
イベツフト　第18号　1-59, 5-43, 5-275
揖保川　いぼがわ　第141号　3-131
伊保田村　いほたむら　第169号　3-250, 5-215, 5-311
伊保堂村　いほどうむら　第115号　2-196, 5-159
揖保中村上村〔揖保中村〕　いぼなかむらかみむら　第141号　3-131, 5-183
伊保庄村　いほのしょうむら　第169号　3-254, 5-215, 5-311
伊保庄村阿月　いほのしょうむらあつき　第169号　3-254
伊保庄村小野　いほのしょうむらおの　第169号　3-254
伊保庄村上八　いほのしょうむらこうじょう　第169号　3-254
伊保庄村田布路木　いほのしょうむらたふろぎ　第169号　3-254
伊保庄村中村　いほのしょうむらなかむら　第169号　3-254
今井川　いまいがわ　第178号　4-14, 4-16
今井川　いまいがわ　九州沿海図第1　4-192
今泉○　いまいずみ　第60号　1-206, 5-84, 5-283
今泉　いまいずみ　九州沿海図第16　4-258, 4-260
今泉浦　いまいずみうら　第120号　3-28, 5-157, 5-172, 5-300
今泉新田　いまいずみしんでん　第88号　2-79
今泉村　いまいずみむら　第47号　1-161, 5-76
今泉村　いまいずみむら　第53号　1-183, 5-80
今泉村（御料所、菅沼下野守知行所）　いまいずみむら　第58号　1-201, 5-110, 5-111, 5-290
今泉村　いまいずみむら　第70号　1-248, 5-91, 5-285, 5-286
今泉村　いまいずみむら　第80号　2-45, 2-48, 5-138, 5-287
今泉村　いまいずみむら　第88号　2-79
今泉村（竹田直五郎、冨田、渡辺、鈴木頼母知行所）　いまいずみむら　第88号　2-79, 5-120, 5-291
今泉村（御料所、水野伯耆守知行所）　いまいずみむら　第91号　2-92, 5-111, 5-290
今泉村　いまいずみむら　第114号　2-193, 5-155, 5-156, 5-297
今泉村　いまいずみむら　第143号　3-136
今泉村　いまいずみむら　第196号　4-98, 5-250
今泉村　いまいずみむら　九州沿海図第19　4-274, 4-275
今泉村加藤　いまいずみむらかとう　第88号　2-79
今泉村亀島　いまいずみむらかめしま　第93号　2-103
今泉村地先（水野出羽守領分）〔今泉村〕　いまいずみむらちさき　第101号　2-144, 5-127
今泉村茶屋　いまいずみむらちゃや　第143号　3-136
今泉山　いまいずみやま　第141号　3-130
今市原村　いまいちはらむら　第165号　3-233, 5-205, 5-308
今市原村枝亀谷　いまいちはらむらえだかめたに　第165号　3-233
今市村　いまいちむら　第121号　3-30, 5-157, 5-297, 5-300
今市村　いまいちむら　第125号　3-49, 5-174, 5-300
今市村　いまいちむら　第134号　3-95, 3-97, 5-176, 5-177, 5-301
今市村（御料所）　いまいちむら　第135号　3-101, 5-178, 5-301
今市村　いまいちむら　第141号　3-131, 5-183
今市村　いまいちむら　第143号　3-135
今市村　いまいちむら　第166号　3-237, 5-212, 5-308
今市村　いまいちむら　第178号　4-16, 5-312
今市村　いまいちむら　第182号　5-227
今市村　いまいちむら　第182号　4-35, 5-227, 5-312
今市村（小笠原近江守領）　いまいちむら　九州沿海図第2　4-195
今市村（岡領）　いまいちむら　九州沿海図第21　4-281
今市村今市町○☆〔今市村〕　いまいちむらいまいちまち　第162号　3-219, 3-221, 5-204, 5-308
今市村出茶屋　いまいちむらでちゃや　第141号　3-131
今市村森谷村〔今市〕　いまいちむらもりたにむら　第172号　3-268, 5-308
今一色村　いまいっしきむら　第117号　3-13, 5-163, 5-299
今出川　いまいでがわ　第196号　4-95
今井町　いまいまち　第134号　3-97, 3-98, 5-177, 5-301
今井村　いまいむら　第89号　2-82, 5-111, 5-122
今井村（諏訪因幡守領分）　いまいむら　第96号　2-118, 5-150, 5-296
今井村（御料所）　いまいむら　第101号　2-144, 5-127, 5-291, 5-298
今井村　いまいむら　第144号　3-146
今井村　いまいむら　第178号　4-14, 4-16, 5-222, 5-312
今井村　いまいむら　九州沿海図第1　4-192
今井村北原（松平伊賀守）〔今井村、今井〕　いまいむらきたはら　第81号　2-53, 5-146, 5-294
今浦（長府領）　いまうら　第177号　3-299
今浦（長府領）　いまうら　九州沿海図第1　4-189, 4-191
今浦　いまうら　九州沿海図第19　4-270
今岡村　いまおかむら　第115号　2-196, 2-198, 5-159
今岡村　いまおかむら　第128号　3-65, 5-183
今岡村　いまおかむら　第145号　3-153
今尾村（竹腰在所）　いまおむら　第118号　3-18, 3-20, 5-166, 5-297
今堅田村　いまかたたむら　第126号　3-53, 5-174
今釜　いまがま　第203号　4-134
今釜　いまがま　九州沿海図第19　4-272
今神濱　いまかみはま　第53号　1-183, 5-80
今川　いまがわ　第135号　3-103, 5-178
今川　いまがわ　第178号　4-14, 4-16
今川　いまがわ　第187号　4-60
今川　いまがわ　九州沿海図第1　4-192
今川村　いまがわむら　第71号　1-250, 5-96, 5-97, 5-285, 5-286
今川村　いまがわむら　第115号　2-196, 2-198, 5-159
今木新田　いまきしんでん　第135号　3-101
今切口〔今切川口、今切川〕　いまきりぐち　第142号　3-133, 5-187, 5-303, 5-306
今古賀村　いまこがむら　第188号　4-67, 5-231
今古賀村　いまこがむら　第188号　4-68, 5-231
今在家村　いまざいけむら　第124号　3-47

今在家村　いまざいけむら　第125号　3-49, 3-51, 5-174, 5-300
今在家村　いまざいけむら　第125号　3-50, 5-174
今在家村　いまざいけむら　第129号　3-71, 3-73, 5-167, 5-301
今在家村　いまざいけむら　第133号　3-93, 5-178
今在家村（松平甲斐守領分）　いまざいけむら　第135号　3-102, 5-177, 5-301
今在家村（田安殿領分）　いまざいけむら　第135号　3-103, 5-178, 5-301
今在家村（御料所）　いまざいけむら　第135号　3-101, 5-178
今在家村　いまざいけむら　第141号　3-130, 5-183, 5-306
今在家村　いまざいけむら　第143号　3-135, 3-137
今在家村　いまざいけむら　第145号　3-153
今在家村　いまざいけむら　第150号　3-170, 5-188, 5-305
今在家村　いまざいけむら　第155号　3-190, 3-192, 5-189
今在家村　いまざいけむら　第158号　3-205, 5-197, 5-307
今在家村　いまざいけむら　第179号　4-20, 4-22, 5-224, 5-312
今在家村〔今在家〕　いまざいけむら　第186号　4-53, 4-55, 5-223, 5-313
今在家村　いまざいけむら　九州沿海図第3　4-204
今﨑　いまざき　第104号　2-151
今里村　いまさとむら　第192号　4-81, 4-82, 5-239, 5-240, 5-241, 5-320
今里村（松平伊賀守）　いまざとむら　第81号　2-53, 5-146
今里村（大久保加賀守）　いまざとむら　第100号　2-134, 5-127, 5-291
今里村　いまざとむら　第125号　3-50, 5-174, 5-297, 5-300, 5-301
今里村　いまざとむら　第133号　3-90, 3-92, 5-176, 5-178, 5-301
今里村（御料所）　いまざとむら　第135号　3-101, 5-178, 5-301
今里村　いまざとむら　第206号　4-148, 4-149, 5-242, 5-243, 5-321
今里村新田　いまざとむらしんでん　第100号　2-134
今沢新田　いまさわしんでん　第111号　2-179, 5-160
今沢村（御料所）　いまざわむら　第101号　2-141, 2-144, 5-127, 5-129, 5-291, 5-298
今島　いましま　第164号　3-231
今島〔今シマ〕　いましま　第185号　4-50, 5-244
今嶋　いましま　九州沿海図第7　4-222
今島村　いまじまむら　第118号　3-20, 5-166, 5-297, 5-299
今島村町　いまじまむらまち　第118号　3-20
今宿　いまじゅく　第175号　3-286
今宿　いまじゅく　第175号　3-287
今宿村　いましゅくむら　第65号　1-225, 5-285
今宿村（御料所、馬場太郎兵エ知行所）　いまじゅくむら　第93号　2-103, 5-125, 5-126, 5-291
今宿村　いまじゅくむら　第107号　2-156, 5-127, 5-129, 5-291, 5-296, 5-298
今宿村　いまじゅくむら　第118号　3-16, 3-18, 5-166
今宿村　いまじゅくむら　第126号　3-53, 5-174, 5-300, 5-301
今宿村　いまじゅくむら　第129号　3-71, 3-73, 5-167, 5-301
今宿村　いまじゅくむら　第133号　3-86, 5-174, 5-176
今庄村〔今荘〕　いまじょうむら　第125号　3-48, 5-157, 5-166, 5-297, 5-300
今須○　います　第118号　3-19, 5-166, 5-297, 5-300
今須寝物語　いますねものがたり　第118号　3-17, 3-19
今岳　いまだけ　第190号　4-76, 5-313
今岳　いまだけ　第210号　4-171
今岳　いまだけ　九州沿海図第12　4-243
今岳村　いまだけむら　第190号　4-76, 5-234
今岳村枝白野　いまだけむらえだしろの　第190号　4-76
今岳村千北　いまだけむらちきた　第190号　4-76
今岳村戸次郎　いまだけむらとじろう　第190号　4-76
今岳村平尾　いまだけむらひらお　第190号　4-76
今田村　いまだむら　第127号　3-56
今田村　いまだむら　第166号　3-235, 3-237, 5-209, 5-212, 5-308
今田村　いまだむら　第166号　3-238, 5-209, 5-212, 5-308
今田村　いまだむら　第210号　4-172, 5-252, 5-254, 5-261
今田村　いまだむら　九州沿海図第12　4-244
今津○　いまづ　第125号　3-49, 5-174, 5-300
今津朝山村（御料所、小出式部、窪田喜左エ門知行所）　いまづあさやまむら　第91号　2-94, 5-122, 5-290
今津浦　いまづうら　第147号　3-161, 5-187, 5-303, 5-306
今津浦　いまづうら　第187号　4-61, 5-233, 5-313
今津村　いまづむら　第39号　1-133, 5-63, 5-67, 5-82, 5-280
今津村　いまづむら　第124号　3-42, 3-44, 5-180, 5-304
今津村　いまづむら　第133号　3-91, 5-175
今津村　いまづむら　第137号　3-112, 5-178, 5-306
今津村　いまづむら　第150号　3-171, 5-189
今津村　いまづむら　第151号　3-177, 5-193, 5-307
今津村　いまづむら　第153号　3-186, 5-191, 5-305
今津村○　いまづむら　第157号　5-210, 5-307
今津村　いまづむら　第173号　3-274, 3-276, 5-213, 5-311
今津村　いまづむら　第178号　4-12, 5-222, 5-312
今津村☆　いまづむら　第179号　4-19, 5-225, 5-312
今津村　いまづむら　第187号　4-61, 5-233
今津村　いまづむら　九州沿海図第1　4-191
今津村☆　いまづむら　九州沿海図第2　4-194
今津村大原　いまづむらおおばる　第187号　4-61
今津村上分〔今津村〕　いまづむらかみぶん　第155号　3-191, 3-193, 5-189, 5-190
今津村下分　いまづむらしもぶん　第155号　3-191, 3-193
今津村地久　いまづむらちく　第151号　3-177
今津村辻巻　いまづむらつじまき　第151号　3-177
今津留村　いまづるむら　第181号　4-29, 4-30, 4-33, 5-227, 5-312
今津留村　いまづるむら　九州沿海図第3　4-202
今出村大河内（徳山領）〔今出村、今出〕　いまでむらおおかわち　第176号　3-291, 5-220, 5-309, 5-312
今寺村〔今寺〕　いまでらむら　第188号　4-68, 5-231, 5-313
今戸鼻　いまどばな　第122号　3-34, 3-36
今冨村　いまとみむら　第203号　4-137, 5-251, 5-315
今冨村　いまとみむら　九州沿海図第19　4-271, 4-273
今冨村枝小嶋　いまとみむらえだこじま　第203号　4-137
今冨村枝小嶋　いまとみむらえだこじま　九州沿海図第19　4-271
今冨村立花　いまとみむらたちばな　第203号　4-137
今冨村聖返　いまとみむらひじりがえし　第203号　4-137
今戸村　いまどむら　第62号　1-212, 5-87, 5-283
今成村　いまなりむら　第88号　2-79, 5-120, 5-291
今西村　いまにしむら　第121号　3-30, 5-157, 5-174, 5-297, 5-300
今根　いまね　第105号　2-154
今濵○　いまはま　第83号　2-61, 5-141, 5-295
今濵浦　いまはまうら　第121号　3-29, 5-172, 5-300
今濵村　いまはまむら　第125号　3-51, 5-174, 5-300, 5-301
今治　いまばり　第164号　3-230, 5-197, 5-210, 5-214, 5-307, 5-311
今治村　いまばりむら　第164号　5-197, 5-214, 5-307, 5-311
今福浦　いまふくうら　第189号　4-73, 4-74, 5-235, 5-241
今福村　いまふくむら　第98号　2-126
今福村　いまふくむら　第118号　3-18, 5-166, 5-297
今福村　いまふくむら　第135号　5-178
今福村　いまふくむら　第172号　3-268, 5-212
今福村　いまふくむら　第189号　4-73, 4-74, 5-234, 5-241, 5-313
今福村　いまぶくむら　第188号　4-68, 5-231, 5-313
今福村岩塚〔今福〕　いまふくむらいわづか　第172号　3-268, 5-308
今福村越家原〔今福〕　いまふくむらこせばら　第172号　3-268, 5-308
今福村土井浦　いまふくむらどいうら　第189号　4-73, 4-74
今福村中倉〔今福〕　いまふくむらなかくら　第172号　3-268, 5-308
今福村長屋〔今福〕　いまふくむらながや　第172号　3-268, 5-308
今福村滑栄浦　いまふくむらなべるばえうら　第189号　4-73, 4-74
今福村濵脇　いまふくむらはまわき　第189号　4-73, 4-74
今福村佛坂　いまふくむらほとけざか　第189号　4-73, 4-74
今福村早稲田〔今福〕　いまふくむらわせだ　第172号　3-268, 5-308
今藤村　いまふじむら　第193号　4-85, 4-86, 5-232, 5-315
今藤村　いまふじむら　九州沿海図第18　4-268
今別○　いまべつ　第38号　1-128, 5-63, 5-281
今堀村　いまぼりむら　第125号　3-50, 5-174, 5-297, 5-300, 5-301
今堀村今在家村中野村金屋村蛇溝村東古保志塚村小今村入會布引山原〔布引山原〕　いまぼりむらいまざいけむらなかのむらかなやむらへびみぞむらひがしこぼしづかむらこいまむらいりあいぬのびきやまはら　第129号　3-71, 5-174
今町（榊原式部大輔領分）　いままち　第80号　2-45, 5-138, 5-287
今町　いままち　九州沿海図第2　4-195
今町　いままち　九州沿海図第8　4-227

今町　いままち　九州沿海図第20　4-276
今町川　いままちがわ　第199号　4-110
今町村　いままちむら　第77号　2-35, 5-113, 5-115
今岬　いまみさき　第176号　3-289
今宮　いまみや　第133号　3-87, 3-90
今宮浅間社　いまみやせんげんしゃ　第100号　2-135
今宮村（松平右京亮領分）　いまみやむら　第58号　1-200, 5-110
今宮村（冨〔士〕浅間社領）　いまみやむら　第100号　2-135, 5-127, 5-291
今宮村　いまみやむら　第133号　3-93, 5-178, 5-301
今宮村　いまみやむら　第135号　3-101, 5-178, 5-301
今村（松平丹波守領分）　いまむら　第96号　2-117, 2-119
今村　いまむら　第115号　2-196, 2-198, 2-200, 5-159, 5-297, 5-299
今村　いまむら　第115号　2-198, 5-159, 5-299
今村　いまむら　第118号　3-18, 3-20, 5-159
今村　いまむら　第125号　3-50, 5-174, 5-297, 5-300
今村　いまむら　第145号　3-153, 5-192
今村　いまむら　第155号　3-190, 3-192, 5-189
今村　いまむら　第188号　4-64, 5-231
今村☆　いまむら　第189号　4-71, 4-73, 5-234, 5-238, 5-241, 5-313
今村　いまむら　第193号　4-87, 5-231, 5-313, 5-315
今村　いまむら　第194号　4-89
今村　いまむら　第195号　4-93, 4-94, 5-232, 5-315
今村　いまむら　第195号　4-93, 5-233, 5-315
今村　いまむら　第203号　4-137, 5-251, 5-315
今村　いまむら　九州沿海図第18　4-266
今村　いまむら　九州沿海図第18　4-269
今村　いまむら　九州沿海図第19　4-271, 4-273
今村板河内　いまむらいたのがわち　第203号　4-135, 4-137
今村濵　いまむらはま　九州沿海図第12　4-243
今村山口　いまむらやまぐち　第193号　4-87
今森村　いまもりむら　第124号　3-42, 3-44
今屋敷村　いまやしきむら　第121号　3-29, 3-31, 3-32, 5-172
今山　いまやま　第193号　4-87, 5-315
今山　いまやま　九州沿海図第18　4-269
今山村　いまやまむら　第188号　4-65, 5-231
今山村　いまやまむら　第188号　4-67
今山村　いまやまむら　第193号　4-87, 5-231, 5-313
今山村米山　いまやまむらよねやま　第193号　4-87
伊万里川　いまりがわ　第190号　4-76
伊万里町○☆〔伊万里〕　いまりまち　第190号　4-76, 5-234, 5-313
イマリマリ川　第30号　1-104, 5-52, 5-278
今渡　いまわたり　第114号　5-297
伊美三ケ村〔伊美村、伊美〕　いみさんかそん　第179号　4-22, 5-225, 5-312
伊美三ケ村（松平政之助知行）　いみさんかそん　九州沿海図第2　4-198
鑄物師屋村枝宮地　いみじやむらえだみやじ　第114号　2-193
射水川　いみずがわ　第83号　2-59, 5-140
射水郡　いみずぐん　第83号　2-58, 5-140, 5-295
射水郡　いみずぐん　第84号　2-62, 5-140, 5-295
伊牟田　いむた　第204号　4-142
井牟田　いむた　九州沿海図第16　4-259, 4-260
井牟田村〔伊牟田村〕　いむたむら　第202号　4-124, 5-236, 5-315
伊牟田村☆　いむたむら　第212号　4-178, 5-253, 5-261, 5-315, 5-317
伊牟田村☆　いむたむら　九州沿海図第15　4-254, 4-255
伊牟田山　いむたやま　第202号　4-124
飯村　いむら　第125号　3-48, 5-166, 5-297, 5-300
猪群山　いむれやま　第179号　4-21, 4-23, 5-225
芋ケ峠　いもがとうげ　第134号　3-98
芋川　いもがわ　第200号　5-250
妹川村　いもかわむら　第62号　1-212, 1-213, 5-87
芋莖村（秋元左衞門佐領分、安藤織部知行所）　いもぐきむら　第88号　2-76, 5-120, 5-291
イモコシマ　いもこじま　第168号　3-247, 5-214
芋﨑　いもざき　第192号　4-81, 4-82, 5-239, 5-240, 5-241
鑄物師屋村　いもじやむら　第81号　2-53, 5-146
鑄物師屋村　いもじやむら　第114号　2-193, 5-155, 5-156, 5-297
妹瀬　いもせ　第201号　4-122
妹瀬　いもせ　第205号　4-143
芋田村　いもだむら　第49号　1-168, 5-71, 5-74
芋作村　いもつくりむら　第180号　4-26, 4-28, 5-230, 5-312
鋳物師　いものじ　第175号　3-287
鑄物師村　いものしむら　第129号　3-71, 5-174, 5-301
芋野村　いものむら　第123号　3-38, 5-180, 5-304
芋野村舟岡　いものむらふなおか　第123号　3-38, 5-180
妹山　いもやま　第134号　3-98
妹山　いもやま　第175号　3-282
居守　いもり　第175号　3-286
イヤコマナイ　第13号　1-42, 5-37, 5-269, 5-273
伊屋﨑　いやざき　第161号　3-212
イヤシマ　いやしま　第192号　4-81, 4-82
伊也神社　いやじんじゃ　第127号　3-56
揖夜神社　いやじんじゃ　第155号　3-191, 3-193
弥谷山　いやだにやま　第152号　3-182
弥永村　いやながむら　第187号　4-58, 5-222, 5-231, 5-312
揖屋村揖屋町〔揖屋村〕　いやむらいやちょう　第155号　3-191, 3-193, 5-190, 5-305
揖屋村西揖屋　いやむらにしいや　第155号　3-191, 3-193
イヤンベツ　第7号　1-28, 5-21, 5-271
伊豫郡　いよぐん　第168号　3-247, 3-249, 5-214, 5-311
伊豫﨑　いよざき　第169号　3-252
伊與床村　いよとこむら　第182号　4-34, 5-312
伊与床村（熊本領）　いよとこむら　九州沿海図第21　4-280
伊与床村鳥巣　いよとこむらとりす　第182号　4-34, 5-227
伊与床村花香　いよとこむらはなが　第182号　4-34
伊豫國〔伊豫〕　いよのくに　第152号　3-184, 3-185, 5-214
伊豫國〔伊豫〕　いよのくに　第161号　3-213, 3-217, 5-214
伊豫國〔伊豫〕　いよのくに　第164号　3-228, 5-214, 5-311
伊與野村　いよのむら　第161号　3-213, 3-215, 5-202, 5-203, 5-311
伊与部山（馬入山）　いよべやま（うまいりやま）　第151号　3-178, 5-193
五十川村　いらがわむら　第71号　1-249, 5-91, 5-93, 5-96
五十川村鈴村〔鈴村〕　いらがわむらすずむら　第71号　1-249, 5-91, 5-93, 5-96, 5-285, 5-286
伊良湖﨑〔伊良湖﨑〕　いらござき　第116号　2-201, 5-162, 5-299
伊良湖村☆　いらごむら　第116号　2-201, 5-162, 5-299
入會山　いりあいやま　第141号　3-130
入生田村　いりうだむら　第99号　2-131, 5-125, 5-126
入江　いりえ　第155号　3-191, 5-190
入江新☆〔入江新田〕　いりえしんでん　第151号　3-181, 5-195, 5-307
入江町問場〔入江町〕　いりえまちといば　第107号　2-156, 2-158, 5-129
入江村　いりえむら　第124号　3-43, 3-45, 3-46, 5-181, 5-304
入江村　いりえむら　第166号　3-238, 5-209, 5-308
入江村　いりえむら　第180号　4-27
入小野　いりおの　九州沿海図第21　4-280
入木川　いりきがわ　第210号　5-252, 5-254, 5-261
入木川　いりきがわ　九州沿海図第12　4-244, 4-246
入木村入木濵☆〔入木村〕　いりきむらいりきはま　第210号　4-172, 5-252, 5-254, 5-261, 5-317
入木村入木濵☆　いりきむらいりきはま　九州沿海図第12　4-244
入草　いりくさ　九州沿海図第21　4-279
イリシ濵　いりしはま　第192号　4-81
入地村　いりじむら　第188号　4-64
入地村中町〔入地村〕　いりじむらなかまち　第187号　4-58, 5-230
入津村　いりづむら　第113号　2-189, 5-155, 5-156
入出村　いりでむら　第111号　2-181, 5-161, 5-299
伊里中村　いりなかむら　第144号　3-143, 5-192, 5-306
伊里中村四軒屋　いりなかむらよんけんや　第144号　3-143
入野　いりの　九州沿海図第10　4-237
入野村（井上河内守領分）☆　いりのむら　第111号　2-181, 5-161, 5-299
入野村　いりのむら　第144号　3-142, 5-183, 5-306
入野村　いりのむら　第160号　3-210, 5-202, 5-310, 5-311
入野村　いりのむら　第185号　4-51, 5-244, 5-314
入野村　いりのむら　第189号　4-73, 5-234, 5-238, 5-241
入野村入鹿淵〔入野村〕　いりのむらいるかぶち　第141号　3-131, 5-183
入野村枝出口村〔出口〕　いりのむらえだいでぐちむら　第161号　3-212, 5-310, 5-311
入野村枝伊屋村〔伊屋〕　いりのむらえだいやむら　第161号　3-212, 5-311
入野村枝田ノ浦村〔田浦〕　いりのむらえだたのうらむら　第161号　3-212, 5-311
入野村枝鞭村　いりのむらえだぶちむら　第160号　3-210
入野村﨑ノ田　いりのむらさきのた　第185号　4-51
入野村中坪　いりのむらなかつぼ　第185号　4-51
入野村八日町　いりのむらようかまち　第185号　4-51
入野山　いりのやま　第141号　3-129, 3-131
入町村　いりまちむら　第133号　3-86, 5-174
入間村（石谷主水知行所）　いりまむら　第90号　2-85, 2-87, 2-88, 5-120, 5-123, 5-291
入間村滝坂　いりまむらたきざか　第90号　2-85, 2-87, 2-88
不入斗村　いりやまずむら　第90号　2-86, 2-87, 5-123
不入斗村（酒井大和守領分）　いりやまずむら　第92号　2-99, 2-100, 5-124, 5-292
入山瀬村（水野出羽守、松平斧太郎）　いりやませ

むら　第100号　2-135, 2-138, 5-127
入山津村（土屋相模守、加納大和守領分、大道寺内藏之助知行所）　いりやまづむら　第91号　2-92, 5-111, 5-290
イリヤマベツ〔イリヤマベツ川〕　第2号　1-13, 5-16, 5-268, 5-270
入谷村　いりやむら　第93号　2-103
イリヽフシ　第26号　1-87, 5-49
イルヲマシリバ　第33号　1-113, 5-47
海豚崎　いるかざき　第191号　4-79
イルカ嵜　いるかざき　第207号　4-152, 5-242, 5-243
イルカ根　いるかね　第105号　2-154
入間川　いるまがわ　第88号　2-79
入間川村（御料所、松平大和守領分、村越伯耆守、小笠原政次郎、田村庄三郎、日野直次郎知行所）　いるまがわむら　第88号　2-79, 5-120, 5-291
入間川村枝　いるまがわむらえだ　第88号　2-79
入間川村枝鵜ノ木　いるまがわむらえだうのき　第88号　2-79
入間川村枝田中　いるまがわむらえだたなか　第88号　2-79
入間川村枝峯　いるまがわむらえだみね　第88号　2-79
入間郡　いるまぐん　第88号　2-78, 2-79, 5-120, 5-291
入間郡　いるまぐん　第90号　2-89, 5-120, 5-291
入間野村　いるまのむら　第53号　1-184, 5-80, 5-284
入間村　いるまむら　第102号　2-147, 5-129, 5-298
入間村絹田　いるまむらきぬた　第102号　2-147
入間村中木　いるまむらなかぎ　第102号　2-147, 5-129
イルンナイ川　第20号　1-63, 5-44, 5-275
色ケ島村　いろがしまむら　第147号　3-161, 5-187
色島　いろしま　第204号　5-235
色瀬　いろせ　第205号　4-143, 4-144
イロハ坂　いろはざか　第173号　5-213
色濱浦　いろはまうら　第121号　3-29, 5-172, 5-300
色利浦☆　いろりうら　第183号　4-40, 5-228, 5-311
色利浦☆　いろりうら　九州沿海図第5　4-212
庵川村　いろりがわむら　第184号　4-44, 4-46, 5-244, 5-314
庵川村　いろりがわむら　九州沿海図第6　4-218, 4-219
鑪山　いろりやま　第141号　3-130
岩　いわ　第143号　3-136
岩　いわ　第159号　3-207
岩　いわ　第204号　4-141, 4-142
磐井川　いわいがわ　第51号　1-176, 5-77
岩井川村　いわいがわむら　第184号　4-45
岩井川村大楠　いわいがわむらおおぐす　第184号　4-45
岩井川村大人門　いわいがわむらおおひとかど　第184号　4-45
岩井川村小﨑　いわいがわむらこざき　第184号　4-45
磐井郡　いわいぐん　第51号　1-176, 5-77
岩井郡　いわいぐん　第124号　3-47, 5-181, 5-304
祝坂　いわいざか　九州沿海図第16　4-256
祝島　いわいじま　第179号　5-224
祝谷村　いわいたにむら　第168号　3-247
岩井谷村　いわいだにむら　第150号　3-175, 5-193, 5-305, 5-307
祝田濵〔祝田〕　いわいだはま　第48号　1-163, 1-165, 5-78, 5-284
祝戸村　いわいどむら　第134号　3-97, 3-98, 5-177
祝原村　いわいばるむら　第180号　4-27, 5-230
祝原村川﨑　いわいばるむらかわさき　第180号　4-27
岩井袋村（酒井大和守領分）　いわいぶくろむら　第92号　2-99, 2-100, 5-124, 5-290
岩井岬〔岩井﨑〕　いわいみさき　第47号　1-161, 5-76, 5-284
岩井岬　いわいみさき　第117号　3-15
岩井村　いわいむら　第81号　2-50, 5-138, 5-294
岩井村（川田吉兵エ知行所）　いわいむら　第94号　2-107
岩井村（鍋島雄之助知行所）　いわいむら　第111号　2-179, 2-180, 5-161, 5-298
岩井村　いわいむら　第127号　3-57
祝井森　いわいもり　第171号　3-264, 5-203
イワヲイ　第25号　1-83, 5-33, 5-277
イワヲイ岬　第25号　1-83, 5-33
岩尾山　いわおやま　第176号　3-292
岩ケ﨑村（内藤豊前守領分）　いわがさきむら　第72号　2-12, 5-97, 5-285, 5-286
岩方村　いわかたむら　第74号　2-20, 5-112, 5-287
岩ケ鼻村〔岩鼻村〕　いわがはなむら　第123号　3-38, 5-173
岩壁　いわかべ　第22号　1-70, 5-27
岩神村　いわがみむら　第122号　3-36, 5-173, 5-300
岩神村　いわがみむら　第143号　3-137, 3-138, 5-188
岩上村　いわがみむら　第182号　4-34, 5-227, 5-312
岩上村　いわがみむら　九州沿海図第21　4-280
岩上山　いわがみやま　第182号　4-34, 5-227, 5-229
岩川村〔小岩川村〕　いわかわむら　第71号　1-249, 5-93, 5-96, 5-285, 5-286
磐城郡　いわきぐん　第55号　1-190, 1-191, 5-104, 5-288
岩城山　いわきさん　第43号　1-147, 5-82, 5-281
岩城島　いわぎじま　第157号　3-201, 3-203, 5-210, 5-307
岩木村　いわきむら　第123号　3-38, 5-180, 5-304
井脇村　いわきむら　第127号　3-58, 5-175
岩城村　いわぎむら　第157号　3-203
岩城村貝原　いわぎむらかいはら　第157号　3-201, 3-203
井脇村川西　いわきむらかわにし　第127号　3-58
井脇村別所　いわきむらべっしょ　第127号　3-58
岩國(吉川監物在所)　いわくに　第173号　3-274, 3-276, 5-213, 5-311
岩首村　いわくびむら　第75号　2-26, 5-99, 5-287
岩倉　いわくら　第173号　3-272
岩倉村　いわくらむら　第115号　2-200, 5-159
岩倉村　いわくらむら　第124号　3-47, 5-181, 5-304
岩倉村　いわくらむら　第136号　3-105
岩倉山　いわくらやま　第133号　3-90, 3-92, 5-175, 5-176
岩倉山　いわくらやま　第173号　3-273, 3-275, 5-218
岩車村　いわぐるまむら　第84号　2-64, 5-143
岩郷村〔岩野郷〕　いわごうむら　第109号　2-168, 5-152, 5-154, 5-296
岩郷村板敷野　いわごうむらいたじきの　第109号　2-168
岩郷村川合　いわごうむらかあい　第109号　2-168
岩郷村神戸　いわごうむらごうど　第109号　2-168
岩郷村西光寺　いわごうむらさいこうじ　第109号　2-168
岩郷村塩淵　いわごうむらしおぶち　第109号　2-168
岩郷村中平　いわごうむらなかだいら　第109号　2-168
岩古賀村　いわこがむら　第188号　4-65, 4-66, 4-68, 5-231
岩コモリ山　いわこもりやま　第121号　3-29, 3-30, 3-32
磐前郡　いわさきぐん　第55号　1-191, 1-192, 5-104, 5-288
岩﨑村☆〔岩﨑村〕　いわさきむら　第59号　1-203, 5-85, 5-281
岩﨑村〔岩ヶ﨑〕　いわさきむら　第64号　1-221, 1-222, 5-75, 5-88, 5-283
岩﨑村　いわさきむら　第71号　1-250, 5-96, 5-97, 5-285, 5-286
岩﨑村　いわさきむら　第112号　2-185
岩﨑村　いわさきむら　第114号　2-194, 5-159, 5-297
岩﨑村　いわさきむら　第118号　3-16, 5-156, 5-297
岩﨑村　いわさきむら　第136号　3-105
岩﨑村　いわさきむら　第179号　4-18, 4-21, 5-225, 5-312
岩﨑村　いわさきむら　九州沿海図第2　4-194, 4-197
岩﨑村　いわざきむら　第94号　2-107
岩﨑村上岩崎　いわさきむらかみいわさき　第118号　3-16
岩﨑村上岩崎　いわさきむらかみいわさき　第127号　3-56, 3-57, 3-58
岩﨑村西生　いわさきむらにしはば　第114号　2-194
膽澤郡　いわさぐん　第51号　1-176, 5-77
鰯ケ島村　いわしがしまむら　第107号　2-159, 5-160
鰯島〔イワシシマ〕　いわしじま　第124号　3-42, 5-180
鰯島　いわしじま　第157号　5-210
岩下村　いわしたむら　第95号　2-112, 5-146, 5-294, 5-296
岩島　いわしま　第152号　3-182, 5-195
岩シマ　いわしま　第162号　3-218, 5-190, 5-204
岩嶋　いわしま　第175号　3-286, 5-218
岩シマ　いわしま　第189号　4-74
岩嶋〔岩島〕　いわしま　第212号　4-178, 5-253, 5-261, 5-315, 5-317
岩嶋　いわしま　九州沿海図第15　4-255
石白瀬　いわしらせ　第204号　4-140
岩尻村　いわじりむら　第48号　1-162, 5-76, 5-284
石神社　いわじんじゃ　第129号　3-70, 3-72
岩瀬浦村　いわせうらむら　第206号　4-149, 5-242
岩瀬浦村枝太田村　いわせうらむらえだおおたむら　第206号　4-149
岩瀬浦村枝神浦村　いわせうらむらえだこうのうらむら　第206号　4-149
岩瀬浦村枝太之浦村⚠〔岩瀬浦〕　いわせうらむらえだだいのうらむら　第206号　4-149, 5-242, 5-321
岩瀬川　いわせがわ　第197号　4-103, 4-104, 5-245, 5-247, 5-314, 5-316
岩瀬郡　いわせぐん　第56号　1-195, 5-103, 5-288
岩瀬郡　いわせぐん　第68号　1-237, 1-238, 5-103
岩瀬道郷　いわせどうごう　第202号　4-127, 4-128
岩瀬道郷　いわせどうごう　長崎〔参考図〕　4-131, 4-133
岩瀬村　いわせむら　第60号　1-205, 5-84, 5-283
岩瀬村(大久保宗三郎知行所)　いわせむら　第91

号　2-96, 5-123, 5-124, 5-290
岩瀬村　いわせむら　第186号　4-54
岩瀬村枝奈良尾村　いわせむらえだならおむら　第206号　4-149
岩田川⏃　いわたがわ　第130号　3-74, 5-163
岩滝村　いわたきむら　第123号　3-38, 3-40, 5-180, 5-304
磐田郡　いわたぐん　第111号　2-179, 2-180, 5-161, 5-298
岩立村　いわたてむら　第193号　4-85
岩立村　いわたてむら　九州沿海図第18　4-266
岩舘村☆　いわだてむら　第59号　1-204, 5-85, 5-281
岩田峠　いわたとうげ　第124号　5-180
岩田村（阿部鉄丸領分）　いわたむら　第94号　2-106, 2-108
岩田村　いわたむら　第114号　2-193, 2-194, 5-156, 5-159, 5-297
岩田村　いわたむら　第130号　3-74, 5-163, 5-301
岩田村　いわたむら　第145号　3-152
岩田村北野郷　いわたむらきたのごう　第114号　2-193, 2-194
岩田村山ノ上　いわたむらやまのうえ　第145号　3-153
岩地村（御料所）　いわちむら　第102号　2-147, 5-129
岩塚○　いわつか　第115号　2-197, 5-159, 5-297
岩槻（大岡主膳正居城）○　いわつき　第88号　2-78, 5-120, 5-291
岩月村　いわつきむら　第47号　1-161, 5-76, 5-284
岩付山　いわつきやま　第156号　3-195, 3-197
岩常山　いわつねやま　第124号　3-47, 5-181
岩坪村　いわつぼむら　第150号　3-170, 5-189, 5-305
岩津村　いわつむら　第188号　4-68, 5-231
岩津村　いわづむら　第115号　2-198, 2-200, 5-159
岩津村於御所　いわづむらおごそ　第115号　2-196, 2-198, 2-200
岩津村田代　いわつむらたしろ　第188号　4-68
磐手郡　いわてぐん　第49号　1-167, 5-71
磐手郡　いわてぐん　第50号　1-170, 5-71, 5-74, 5-282
岩戸　いわと　九州沿海図第16　4-256
岩峠　いわとうげ　第190号　4-76
岩戸川　いわとがわ　第194号　4-88, 5-229
岩戸坂峠〔岩戸峠〕　いわとさかとうげ　第194号　4-88, 5-229
岩吼庵崎〔岩吼庵鼻〕　いわどさんざき　第202号　4-123, 5-236
岩殿観音　いわどのかんのん　第88号　2-79
岩殿山　いわどのやま　第97号　2-121
岩戸明神〔岩戸大明神〕　いわとみょうじん　第123号　3-40, 5-180
岩戸村　いわとむら　第118号　3-16, 3-18, 5-159
岩戸村　いわとむら　第124号　3-47, 5-181, 5-304
岩戸村　いわとむら　第194号　4-88, 5-229, 3-314
岩戸村　いわどむら　第166号　3-236, 3-238, 5-209, 5-212, 5-308
岩戸村上村門　いわとむらかみむらかど　第194号　4-88
岩戸村鋳穴原　いわどむらかんなばら　第166号　3-236, 3-238
岩戸村五ケ村門　いわとむらごかむらかど　第194号　4-88
岩戸村清水　いわどむらしみず　第166号　3-236
岩戸村野形野門　いわとむらのかたのかど　第194号　4-88
岩戸村平田　いわどむらひらた　第166号　3-236, 3-238
岩戸山　いわとやま　第180号　4-24
岩戸山　いわとやま　第187号　5-223, 5-231
岩戸山　いわとやま　第210号　4-170
岩永郷村　いわながごうむら　第176号　3-291, 5-219, 5-309, 5-312
岩永郷且　いわながごうむらだん　第176号　3-291
岩中村　いわなかむら　第124号　3-44, 5-180
盤〔磐〕梨郡〔磐梨郡〕　いわなすぐん　第144号　3-143, 3-146, 5-192, 5-307
磐梨郡　いわなすぐん　第145号　3-152, 5-192, 5-307
岩波村（大久保加賀守）　いわなみむら　第100号　2-134, 5-126, 5-291
岩成村〔上岩成〕　いわなりむら　第157号　5-195, 5-307
岩沼○　いわぬま　第52号　1-182, 5-80, 5-284
岩根山　いわねやま　第129号　3-71, 5-174
岩野岳　いわのだけ　第209号　4-163
伊波之西神社　いわのにしじんじゃ　第114号　2-193, 5-156
岩野村　いわのむら　第189号　4-71, 4-72, 5-234, 5-238, 5-241
岩野村　いわのむら　第193号　4-85, 4-86, 5-232, 5-315
岩野村　いわのむら　九州沿海図第18　4-266, 4-268
岩野村新村〔岩野村〕　いわのむらしんむら　第81号　2-53, 5-146
岩鼻村（御料所）　いわはなむら　第94号　2-105, 2-107, 5-119, 5-291
岩原　いわはら　第202号　4-125, 4-128
岩原　いわはら　長崎〔参考図〕　4-130, 4-132
岩原村　いわはらむら　第99号　2-129, 2-131, 5-126, 5-291
岩原村坂下　いわはらむらさかした　第99号　2-129, 2-131
岩原村　いわばるむら　第193号　4-85, 4-86, 5-232, 5-312, 5-315
岩原村　いわばるむら　九州沿海図第18　4-268
岩原村郷原　いわばるむらごうばる　第193号　4-85, 4-86
岩廣村　いわひろむら　第110号　2-176, 5-161
岩淵（御料所）○　いわぶち　第90号　2-85, 5-120, 5-123, 5-291
岩淵村（御料所）　いわぶちむら　第107号　2-156, 5-127, 5-291
岩舟○　いわふね　第72号　2-13, 5-97, 5-285, 5-286
岩船郡　いわふねぐん　第71号　1-249, 1-250, 5-285, 5-286
岩舩郡　いわふねぐん　第72号　2-13, 5-97, 5-285, 5-286
岩船村〔江部〕　いわふねむら　第81号　2-50, 5-146, 5-294
岩船村　いわふねむら　第91号　2-93, 5-111, 5-290
岩船村新田　いわふねむらしんでん　第81号　2-50
岩部村　いわべむら　第141号　3-128, 5-182, 5-306
岩部村馬橋　いわべむらまばし　第141号　3-128
岩前新田（有馬備後守領分）　いわまえしんでん　第89号　2-82, 5-290
岩真香山　いわまかやま　第167号　3-240
岩松村　いわまつむら　第171号　3-266, 5-203, 5-311
岩間村　いわまむら　第55号　1-192, 5-104, 5-288
岩間村　いわまむら　第127号　3-57, 5-180, 5-182, 5-304
岩間村峠下　いわまむらとうげした　第127号　3-57
岩見嶋〔祝島〕　いわみじま　第169号　3-257, 2-224, 5-311
岩道村　いわみちむら　第118号　3-19, 3-21, 5-166, 5-297, 5-300
岩光村　いわみつむら　第188号　4-64, 5-230
石見國〔石見〕　いわみのくに　第163号　3-223, 5-212, 5-308
石見國〔石見〕　いわみのくに　第165号　3-232, 5-212, 5-308
石見国〔石見〕　いわみのくに　第166号　3-236, 3-237, 5-212, 5-308
石見國〔石見〕　いわみのくに　第173号　3-273, 5-212, 5-308
石見國〔石見〕　いわみのくに　第174号　3-278, 5-212
石見國〔石見〕　いわみのくに　第175号　3-282, 5-212
岩宮ハヘ　いわみやばえ　第183号　4-43, 5-228, 5-304
岩宮ハヘ　いわみやばえ　九州沿海図第6　4-216
岩村　いわむら　第99号　2-131, 5-125, 5-126, 5-291
岩村（松平能登守居城）　いわむら　第110号　2-173, 5-158, 5-296
伊和村　いわむら　第141号　3-129, 5-183
岩村　いわむら　第193号　4-87, 5-231, 5-313, 5-315
岩村　いわむら　九州沿海図第18　4-268
岩村田（内藤叔之亟在所）○☆　いわむらだ　第95号　2-111, 5-116, 5-296
岩本村　いわもとむら　第100号　2-135, 2-138, 5-127, 5-291
岩本村　いわもとむら　第124号　3-47, 5-181, 5-304
岩本村　いわもとむら　第143号　3-135, 5-188
岩本村　いわもとむら　第189号　4-70, 5-223, 5-241
岩本村　いわもとむら　第209号　4-167, 5-249, 5-261, 5-316
岩本村　いわもとむら　九州沿海図第10　4-237
岩本村高月〔目〕　いわもとむらたかめ　第209号　4-167
岩本村滝戸　いわもとむらたきと　第100号　2-135, 2-138
岩本村万野　いわもとむらまんの　第100号　2-135, 2-138
岩森村　いわもりむら　第98号　2-124, 2-126
岩森村　いわもりむら　第129号　3-69, 5-163, 5-167, 5-301
岩屋　いわや　第191号　4-79
岩谷　いわや　第196号　5-233
岩谷　いわや　九州沿海図第19　4-275
岩屋浦☆⏃　いわやうら　第137号　3-114, 3-115, 5-184, 5-306
岩屋浦　いわやうら　第186号　4-53, 4-54, 5-222, 5-312
岩屋金　いわやかね　九州沿海図第21　4-280
岩屋河内村　いわやがわちむら　第201号　4-120
岩屋川内村（皿山）○〔岩屋河内〕　いわやかわちむら（さらやま）　第190号　4-76, 5-234, 5-313
岩屋河内村枝清水　いわやがわちむらえだしみず　第201号　4-120
岩屋観音　いわやかんのん　第116号　2-202, 2-204
岩屋観音　いわやかんのん　第201号　4-121
岩屋観音山　いわやかんのんやま　第201号　4-119
岩谷口村　いわやぐちむら　第75号　2-22, 5-99, 5-

287
岩屋城　いわやじょう　第187号　4-57, 4-59, 4-60, 4-62
岩屋岳　いわやだけ　第202号　4-127
岩屋岳　いわやだけ　第204号　4-140
岩屋谷村　いわやだにむら　第128号　3-62, 3-64, 5-182, 5-304
岩屋戸村　いわやどむら　第194号　4-91, 5-245, 3-314
岩屋戸村長野　いわやどむらながの　第194号　4-90, 4-91
岩山　いわやま　第136号　3-111
イワヤマベツ　第2号　1-13, 5-16, 5-268, 5-270
岩山村　いわやまむら　第185号　4-48, 5-244, 5-314
岩山村　いわやまむら　九州沿海図第7　4-220
岩舎村〔岩谷村〕　いわやむら　第41号　1-141, 5-62, 5-280
岩屋村　いわやむら　第137号　3-112, 5-178
岩屋村　いわやむら　第190号　4-75, 4-76, 5-234
岩屋山　いわややま　第167号　3-240
岩屋山　いわややま　第189号　4-72
岩屋山　いわややま　第190号　4-75, 4-76
岩里村　いわりむら　第118号　3-16
岩里山　いわりやま　第118号　3-16
岩脇山　いわわきやま　第163号　3-225
岩和田村（松平備前守領分）☆　いわわだむら　第91号　2-93, 5-111, 5-290
インカルシ　第2号　1-13, 5-16, 5-268, 5-270
院下島（家島屬）　いんげしま（いえしまぞく）　第145号　3-148, 5-185, 5-306
インセ﨑〔インセサキ〕　いんせざき　第200号　4-117, 4-118, 5-250
陰田村〔隠田〕　いんだむら　第155号　3-190, 3-192, 5-189, 5-190, 5-305
インテクト〔インテトク〕　第12号　1-40, 5-269, 5-273
位田村　いんでんむら　第125号　3-50, 5-174
位田村出町　いんでんむらでまち　第125号　3-50
印通寺浦　いんどうじうら　第191号　4-78
印通寺浦久喜浦　いんどうじうらくきうら　第191号　4-79
印内村　いんないむら　第111号　2-177, 2-178, 5-160
印内村　いんないむら　第126号　3-55, 5-175
院島　いんのしま　第157号　5-210, 5-307
院庄村　いんのしょうむら　第144号　3-145, 5-192, 5-305
印野村○　いんのむら　第100号　2-132, 2-134, 5-127, 5-291
印野村枝北畑　いんのむらえだきたばたけ　第100号　2-132, 2-134
印野村枝鷹巣　いんのむらえだたかのす　第100号　2-132, 2-134
印野村枝萩原　いんのむらえだはぎわら　第100号　2-132, 2-134
伊部村　いんべむら　第145号　3-149, 3-152, 5-192, 5-307
伊部村下り松　いんべむらさがりまつ　第145号　3-149, 3-152
絹山村　いんやまむら　第127号　3-59, 5-182, 5-304
絹山村枝柳町　いんやまむらえだやなぎまち　第127号　3-59

【う】

ウイヌシ　第2号　1-13, 5-16, 5-268, 5-270
上垣村　うえがいむら　第127号　3-59, 5-182, 5-304
上垣村市島　うえがいむらいちじま　第127号　3-59
上川村　うえがわむら　第130号　3-76, 5-163, 5-299, 5-301
植木☆　うえき　九州沿海図第18　4-266, 4-268
植木野村　うえきのむら　第141号　3-129, 5-183, 5-306
植木村　うえきむら　第186号　4-54, 5-222, 5-312
植木村一本松　うえきむらいっぽんまつ　第186号　4-54
植木村辻　うえきむらつじ　第186号　4-54
植木村平　うえきむらひら　第186号　4-54
ウヱコタン川　第3号　5-185-268, 5-270
上下村☆　うえしたむら　第122号　3-36, 5-173, 5-175, 5-300
ウヘ島　うえじま　第206号　4-146, 4-148, 5-242, 5-321
上嶋村　うえじまむら　第195号　4-93, 5-232
上地村　うえじむら　第110号　2-173, 5-154
黒谷川　うえすぎがわ　第127号　5-175
上杉村〔上枚〕　うえすぎむら　第127号　3-56, 5-175, 5-304
上杉村大石　うえすぎむらおおいし　第127号　3-56
上杉村門　うえすぎむらかど　第127号　3-56
上田（松平伊賀守居城）☆　うえだ　第95号　2-112, 5-146, 5-294
植田市村（臼杵領）　うえだいちむら　九州沿海図第3　4-203
上平村（座光寺忠之助領分）　うえだいらむら　第108号　2-161, 5-151, 154, 5-296
植田新田　うえだしんでん　第101号　2-141, 2-144, 5-127, 5-291, 5-298
上田中村〔田中〕　うえだなかむら　第141号　3-128, 5-304, 5-306
上田村　うえだむら　第50号　1-170, 5-71, 5-74, 5-282
上田村　うえだむら　第109号　2-168, 5-152, 5-154, 5-296
植田村　うえだむら　第115号　2-196, 5-159, 5-297
上田村　うえだむら　第118号　3-17, 5-156, 5-297, 5-300
上田村　うえだむら　第125号　3-51, 5-174, 5-300, 5-301
上田村　うえだむら　第129号　3-67, 3-69, 5-163, 5-299, 5-301
上田村　うえだむら　第129号　3-71, 3-73
上田村　うえだむら　第134号　3-95
植田村　うえだむら　第155号　3-193, 5-190
上田村　うえだむら　第179号　4-18, 5-225, 5-312
上田村（御料）　うえだむら　九州沿海図第2　4-194
上田村出尻　うえだむらいでじり　第109号　2-168
上田村上野　うえだむらうえの　第109号　2-168
上田村熊沢　うえだむらくまざわ　第109号　2-168
上田村栗本　うえだむらくりもと　第109号　2-168
上田村新町　うえだむらしんまち　第109号　2-168
植田谷本村新田〔植田谷本村、植田谷〕　うえたやほんむらしんでん　第88号　2-78, 5-120, 5-291
ウヱナイ　第3号　1-16, 5-18, 5-268, 5-270
ウヱナイ川　第3号　1-16
上中シマ　うえなかじま　第206号　5-242, 5-243
ウヱニナチヤプ　第27号　1-89, 5-278
上野　うえの　第134号　3-94, 5-167, 5-301
上野　うえの　九州沿海図第18　4-266
上野河戸村　うえのかわとむら　第118号　5-166
上ノ臺村　うえのだいむら　第69号　1-242, 5-106
上ノ臺村　うえのだいむら　第69号　1-242, 5-106, 5-288
上野辻　うえのつじ　第204号　4-140
上之原　うえのはら　九州沿海図第10　4-232
上野原 神戸　うえのはらごうど　第97号　2-121
上野原村○〔上野原〕　うえのはらむら　第97号　2-120, 5-121, 5-291
上野原村　うえのはらむら　第107号　2-156, 2-158, 5-129
上野原村大向　うえのはらむらおおむかい　第97号　2-120
上野原村沓掛　うえのはらむらくつかけ　第97号　2-120
上野原村諏訪　うえのはらむらすわ　第97号　2-120
上野原村塚場　うえのはらむらつかば　第97号　2-120
上野町○〔上野〕　うえのまち　第188号　4-65, 4-66, 5-231, 5-313
上ノ宮熊野在〔坐〕神社　うえのみやくまのいますじんじゃ　第155号　3-193
上宮村　うえのみやむら　第134号　3-97, 3-98, 5-177
上野村　うえのむら　第88号　2-78
上野村　うえのむら　第94号　2-107
上野村　うえのむら　第98号　2-126, 5-117, 5-127, 5-296
上野村　うえのむら　第121号　3-32, 5-172, 5-300
上野村　うえのむら　第123号　3-39
上野村　うえのむら　第123号　3-38, 5-180
上野村　うえのむら　第125号　3-48, 5-166
上野村　うえのむら　第126号　3-55
上野村　うえのむら　第127号　3-56, 3-58
上野村　うえのむら　第127号　3-57, 5-180
上野村　うえのむら　第128号　3-62, 5-180, 5-304
上野村　うえのむら　第129号　3-69, 5-163, 5-299, 5-301
上野村　うえのむら　第129号　3-69, 5-163, 5-299
上野村　うえのむら　第133号　3-93, 5-178, 5-301
上野村　うえのむら　第133号　3-87, 5-174, 5-176
上野村　うえのむら　第133号　3-87, 3-90
上野村　うえのむら　第136号　3-109, 5-182, 5-306
上野村　うえのむら　第137号　3-113
上野村　うえのむら　第139号　3-123, 5-186
上野村　うえのむら　第141号　3-128
植野村　うえのむら　第159号　3-208, 5-196, 5-199
上野村　うえのむら　第179号　4-19
上野村　うえのむら　第180号　4-27, 5-230, 5-312
上野村　うえのむら　第181号　4-30, 4-33, 5-226, 5-312
上野村　うえのむら　第182号　4-35, 4-36, 5-227, 5-229, 5-312, 5-314
上之村　うえのむら　第199号　4-109, 5-247, 5-261, 5-316
上野村　うえのむら　九州沿海図第2　4-194
上野村　うえのむら　九州沿海図第4　4-207
上之村　うえのむら　九州沿海図第11　4-241
上野村　うえのむら　九州沿海図第21　4-279
上野村　うえのむら　九州沿海図第21　4-279
上野村枝久原　うえのむらえだくばる　第181号　4-30, 4-33
上之村枝通山村　うえのむらえだとおりやまむら　第199号　4-109
上野村枝谷間地　うえのむらえだはさまじ　第128号　3-62
上野村追分　うえのむらおいわけ　第182号　4-35,

4-36
上野村小野　うえのむらおの　第182号　4-35
上野村通山　うえのむらとおりやま　第182号　4-35
上野村中野　うえのむらなかの　第123号　3-41
上野村本明星（神領）〔上野村、上野〕　うえのむらほんみょうじょう　第130号　3-76, 5-163, 5-299
上野村山　うえのむらやま　第98号　2-126
上野村用作　うえのむらゆうじゃく　第182号　4-35
上野山　うえのやま　第127号　3-57
植野山　うえのやま　第159号　3-208
上野山　うえのやま　第163号　3-226
上原村　うえはらむら　第96号　2-118, 5-150, 5-296
上原村　うえばるむら　第199号　4-111, 5-249, 5-261, 5-316
上原村　うえばるむら　九州沿海図第9　4-229
上原村中山　うえばるむらなかやま　第199号　4-111
ウヱビラ　第16号　1-50, 5-39, 5-273
上伏村　うえぶせむら　第120号　3-26, 5-145
ウヱベツ　第15号　1-48, 5-38, 5-273
ウヱベツ川　第13号　1-44, 5-37, 5-273
上松尾村　うえまつおむら　第194号　4-91, 5-245, 3-314
植松村　うえまつむら　第52号　1-182, 5-79, 5-80, 5-284
植松村　うえまつむら　第107号　2-160, 5-160
植松村　うえまつむら　第111号　2-180, 5-161, 5-299
植松村　うえまつむら　第135号　3-101, 5-178
上松村　うえまつむら　第144号　3-142, 5-183
植松村　うえまつむら　第151号　3-178, 5-194, 5-307
上宮山　うえみややま　第195号　4-94
ウヱミリシ岬　第3号　1-15, 5-16, 5-268, 5-270
上村　うえむら　第129号　3-73, 5-167
上村　うえむら　第197号　4-101
ウエ山　うえやま　第214号　5-259, 5-261
ウヱレノツ〔ウヱレノツ岬〕　第10号　1-34, 5-34, 5-272
ウヱンクルマイ　第33号　1-113, 5-47, 5-279
ウヱンコタン　第34号　1-117, 5-55, 5-279
ウヱンシレト　第18号　1-58, 5-43, 5-275
ウヱンチカフコイキシ　第4号　1-17, 5-17, 5-270
ウヱンナイ　第15号　1-47
ウヱンナイ　第20号　1-63
ウヱンナイ　第28号　1-92, 1-94, 5-50
ウヱンノツ岬　第12号　1-41, 5-36, 5-269, 5-273
ウヱンベツ　第5号　1-18, 5-19, 5-270
ウヱンベツ　第21号　1-69, 5-46, 5-279
ウヱンベツ　第25号　1-82, 1-84, 5-33, 5-277
ウヱンベツ川　第5号　1-18, 5-19, 5-270
ウヱンモイ　第21号　1-67, 1-68
魚洗河内　うおあらいこうち　第196号　4-95
魚崎新村　うおさきしんむら　第136号　5-182
魚崎村　うおさきむら　第141号　3-130, 5-182, 5-184, 5-306
魚崎村　うおざきむら　第137号　3-112, 5-178, 5-306
魚瀬　うおせ　第192号　4-80
魚セ　うおせ　第204号　5-235
魚瀬　うおぜ　第205号　4-145
魚谷川　うおたにがわ　第175号　5-218
魚津○　うおづ　第82号　2-55, 2-56, 5-139, 5-295
魚釣﨑〔魚釣サキ〕　うおつりざき　第191号　4-78, 5-238, 5-241, 5-313
魚釣嵜　うおつりざき　第201号　4-121
魚釣岬　うおつりみさき　第204号　4-141
魚沼郡　うおぬまぐん　第76号　2-28, 2-32, 5-113, 5-114
魚沼郡　うおぬまぐん　第78号　2-42
魚橋村　うおのはしむら　第141号　3-130, 5-182, 5-306
魚躬村　うおのみむら　第82号　2-56, 5-140, 5-295
魚待鼻　うおまちさき　第174号　5-216
魚見崎　うおみざき　第124号　3-43, 5-181
魚見﨑　うおみざき　第204号　4-140, 4-142
宇尾村　うおむら　第125号　3-48, 3-50, 5-166
宇甘上村枝九谷　うかいかみむらえだくだに　第144号　3-147
宇甘上村下畠〔宇甘上〕　うかいかみむらしもはた　第144号　3-147, 5-307
宇甘上村中泉〔宇甘上〕　うかいかみむらなかいずみ　第144号　3-147, 5-192, 5-307
宇甘上村中島新田〔宇甘上〕　うかいかみむらなかじましんでん　第144号　3-147, 5-307
鵜飼川　うかいがわ　第85号　2-68
鵜飼島村　うかいしまむら　第116号　2-202, 2-204
鵜飼村　うかいむら　第85号　2-68, 5-142, 5-295
ウカヲフ　第7号　1-26, 5-20, 5-270
ウカヲフ〔ウカヲプ〕　第21号　1-67, 1-68, 5-45, 5-275
宇賀掛地村（長府領）　うがかけちむら　第177号　3-296, 3-297, 5-220
宇賀川　うががわ　第118号　3-21
宇加川村　うかがわむら　第84号　2-64, 5-142, 5-295
浮嶋（森村屬）　うかしま（もりむらぞく）　第169号　3-251, 5-215, 5-311
宇片村　うかたむら　第182号　5-227
鵜方村☆　うがたむら　第117号　3-15, 5-168, 5-299
ウカトイヌタプ　第28号　1-91, 5-43
宇賀野村　うかのむら　第125号　3-48, 5-166, 5-297, 5-300
宇賀二見村（長府領）〔二見〕　うがふたみむら　第177号　3-297, 5-220, 5-309, 5-312
宇賀本郷（長府領）〔宇賀本郷村〕　うがほんごう　第177号　3-296, 5-220, 5-309, 5-312
宇賀村☆　うかむら　第154号　3-189, 5-191, 5-305
宇賀村　うがむら　第118号　3-21, 5-166, 5-297, 5-299, 5-300, 5-301
鵜賀村☆　うがむら　第163号　3-226, 5-208, 5-307
宇賀村大宇賀　うかむらおおうか　第154号　3-188
宇賀村藏ノ谷　うかむらくらのたに　第154号　3-188
宇賀村知當　うかむらしりあて　第154号　3-189
宇賀湯玉（長府領）〔湯玉〕　うがゆたま　第177号　3-296, 5-220, 5-309, 5-312
ウカラフ〔ウカヲフ〕　第20号　1-65, 1-66, 5-45
鵜川村　うかわむら　第84号　2-64, 5-142, 5-295
鴨〔鵜〕川村　うかわむら　第125号　3-49, 3-51, 5-174, 5-300
有漢上村川西〔有漢上村、有漢〕　うかんかみむらかわにし　第150号　3-174, 5-193, 5-307
有漢上村茶堂〔有漢〕　うかんかみむらちゃどう　第150号　3-174, 5-307
有漢下村〔有漢〕　うかんしもむら　第151号　3-177, 5-193, 5-307
有漢長代村〔長代〕　うかんながしろむら　第150号　3-174, 5-193, 5-307
有漢中村〔有漢〕　うかんなかむら　第151号　3-177, 5-193, 5-307
浮磯　うきいそ　第164号　3-230, 5-210
ウキ川　うきがわ　第69号　1-242
浮島　うきしま　第92号　2-99, 2-100
浮島　うきしま　第117号　3-12, 5-163, 5-299
浮セ　うきせ　第192号　4-81
浮瀬　うきせ　第192号　4-81, 4-82
浮瀬　うきせ　第201号　4-122
浮嶽〔浮岳〕　うきだけ　第189号　4-70, 4-72, 5-234, 5-241, 5-313
浮津　うきつ　九州沿海図第10　4-232
浮津浦　うきつうら　第149号　3-166, 5-198, 5-310
ウキ根　うきね　第99号　2-131
浮間村　うきまむら　第90号　2-85, 5-291
浮間村飛地〔浮間村〕　うきまむらとびち　第90号　2-85, 5-120, 5-123
浮間村飛地　うきまむらとびち　第90号　2-84
浮見堂　うきみどう　第126号　3-53
宇木村　うきむら　第78号　2-43
有喜村　うきむら　第202号　4-124, 4-126, 5-236, 5-315
有喜村枝里分　うきむらえださとぶん　第202号　4-124, 4-126
宇木村上組〔宇木村〕　うきむらかみぐみ　第81号　2-50, 2-52, 5-146
宇木村下組　うきむらしもぐみ　第81号　2-50, 2-52
宇久井浦　うぐいうら　第132号　3-85, 1-170, 5-302
宇久井浦湊⚓　うぐいうらみなと　第132号　3-85
鯏浦村　うぐいうらむら　第118号　3-20, 5-166
ウグイカワ○　第34号　1-118, 5-54, 5-57, 5-279
宇久浦　うぐうら　第121号　3 33, 5 172, 5-300
鵜来嵜　うぐざき　第187号　4-60
宇久島　うくじま　第206号　4-146, 5-242, 5-321
宇久須村（太田摂津守領分）　うぐすむら　第101号　2-143, 5-129, 5-298
鵜糞岩　うぐそいわ　第186号　4-55
鵜糞根　うくそね　第102号　2-145
鵜糞根　うくそね　第102号　2-146
鵜糞鼻　うぐそのはな　第153号　3-187
卯来島（外海浦屬）　うぐるしま（そとうみうらぞく）　第161号　3-216, 3-217, 5-203, 5-311
鵜來瀬〔ウクルセ、ウクル瀬〕　うくるせ　第210号　4-171, 5-254, 5-261, 5-317
鵜來瀬　うくるせ　第210号　4-171, 5-254, 5-261
鵜來瀬　うくるせ　九州沿海図第12　4-243, 4-245
鵜來瀬　うくるせ　九州沿海図第12　4-243, 4-245
浮井村　うけいむら　第126号　3-54, 5-175, 5-300, 5-301
請ケ峯　うけがみね　第149号　5-187
ウケカラス鼻　うけからすばな　第171号　3-264
ウケ島（三島總名）〔ウケシマ〕　うけじま　第190号　4-77, 5-235
有毛シマ　うけじま　第201号　4-121
宇藝神社　うげじんじゃ　第95号　2-110
受戸村　うけどむら　第54号　1-188, 5-102, 5-288
浮穴郡　うけなぐん　第168号　3-249, 5-214, 5-311
浮穴郡　うけなぐん　第170号　3-258, 5-214
ウケホン﨑　うけほんざき　第192号　4-81
有家村　うげむら　第45号　1-152, 1-153, 5-68
ウケヤ島〔ウケヤシマ〕　うけやじま　第206号　5-242
ウケ山　うけやま　第182号　4-37
ウサイシマ　うさいじま　九州沿海図第4　4-208, 4-211
宇佐浦　うさうら　第159号　3-207, 5-200, 5-310
宇佐川　うさがわ　第175号　5-218
鵜﨑〔鵜サキ〕　うざき　第206号　4-150, 5-242, 5-243
兎島　うさぎじま　第48号　1-164
兎島　うさぎじま　第117号　3-15, 5-168
鬼〔兎〕島　うさぎじま　第201号　4-119, 5-233,

5-236
兎シマ　うさぎじま　第201号　4-121
兎ハエ　うさぎはえ　第184号　4-46, 5-244
兎ハヘ　うさぎはえ　九州沿海図第6　4-219
宇佐郡　うさぐん　第179号　4-18, 4-19, 5-225, 5-312
宇佐郡　うさぐん　九州沿海図第2　4-194, 4-197
宇佐﨑村　うさざきむら　第141号　3-130, 5-183, 5-306
宇佐木村（萩領）　うさなぎむら　第169号　3-254, 5-218
宇佐八幡宮　うさはちまんぐう　第162号　3-219, 3-221
宇佐八幡社　うさはちまんしゃ　第116号　2-202, 2-204
宇佐美村（御料所、水野右近、小笠原兵庫、向井将監知行所）☆　うさみむら　第101号　2-140, 2-142, 5-128, 5-292
宇佐美村枝阿原田　うさみむらえだあわらだ　第101号　2-140, 2-142
宇佐美村枝桒原　うさみむらえだくわはら　第101号　2-140, 2-142
宇佐美村枝嵯峨野　うさみむらえださがの　第101号　2-140, 2-142
宇佐美村枝塩木道　うさみむらえだしょきみち　第101号　2-140, 2-142
宇佐美村枝中里　うさみむらえだなかざと　第101号　2-140, 2-142
宇佐美村枝峯　うさみむらえだみね　第101号　2-140, 2-142
宇佐村（宇佐神領）○〔宇佐村〕　うさむら　第179号　4-18, 5-225, 5-312
宇佐村（神領、嶋原領）☆　うさむら　九州沿海図第2　4-194
宇佐村小畑　うさむらおばた　第179号　4-18
宇治○☆　うじ　第117号　3-13, 5-163, 5-299
丑網村〔丑細村〕　うしあみむら　第52号　1-180, 5-78, 5-284
氏家○　うじいえ　第69号　1-244, 5-106, 5-288
雲林院山　うじいやま　第129号　3-72
牛内村　うしうちむら　第125号　3-48
潮江村　うしおえむら　第159号　3-207, 3-208, 5-200, 5-310
潮田村　うしおだむら　第90号　2-87, 5-123, 5-291
潮津村　うしおづむら　第143号　3-136, 5-188, 5-305
牛下村　うしおろしむら　第84号　2-63, 2-65, 5-143, 5-295
牛ケ谷戸村　うしがいとむら　第88号　2-79
牛首　うしがくび　第167号　3-242, 3-244
牛首　うしがくび　第204号　4-140, 4-142
牛ケ首島（直島屬）〔牛首島〕　うしがくびじま（なおしまぞく）　第145号　3-155, 5-185, 5-307
牛ケ島村〔牛島村〕　うしがしまむら　第76号　2-32, 5-112, 5-113
牛ケ瀬村　うしがせむら　第195号　4-92, 5-232
牛が瀬村今城　うしがせむらいまじょう　第195号　4-92
牛方　うしかた　第191号　4-79
牛岳　うしがたけ　第77号　2-36, 5-114, 5-289
牛潟村　うしがたむら　第38号　1-127, 5-82, 5-281
氏神　うじがみ　第131号　3-81, 5-169
氏神鼻　うじがみはな　第192号　4-81, 4-82
牛河内村　うしがわちむら　第127号　3-59
牛草山　うしくさやま　第121号　3-29, 3-31, 3-32, 5-172
牛首　うしくび　九州沿海図第2　4-195
牛首鼻　うしくびはな　第169号　3-250, 3-252
牛首鼻　うしくびはな　第192号　4-80
牛首山　うしくびやま　第187号　4-62
牛久保村（御料所、安藤一學、久志本主水知行所）　うしくぼむら　第90号　2-87, 5-123, 5-291
牛久保村　うしくぼむら　第116号　2-202, 2-204, 5-162
牛隈村　うしくまむら　第187号　4-56
宇治郡　うじぐん　第133号　3-87, 3-89, 5-176, 5-301
宇治郷○☆　うじごう　第133号　3-89, 5-176
宇治郷之内羽拍子町　うじごうのうちはびょうしまち　第133号　3-89
牛御前　うしごぜん　第90号　2-84
牛込　うしごめ　第90号　2-84, 5-120, 5-123
牛込御門　うしごめごもん　第90号　2-84
牛込村（御料所、加藤三左エ門知行所）　うしごめむら　第91号　2-92, 5-111
牛込村（御書院番與力給地）　うしごめむら　第91号　2-95, 5-122, 5-290
牛先嶋〔牛先シマ〕　うしさきじま　第202号　4-125, 4-126, 5-236
牛島〔ウシ島〕　うしじま　第117号　3-12, 5-163, 5-299
牛島　うしじま　第179号　5-224
牛島　うしじま　第181号　4-32, 5-226
牛島　うしじま　第183号　5-226
牛島　うしじま　第189号　4-73, 5-234, 5-238, 5-241
臼島　うしじま　第189号　4-71
牛島　うしじま　第191号　4-79
牛島〔牛シマ〕　うしじま　第192号　4-81, 5-239, 5-240, 5-241
牛島　うしじま　第203号　4-139, 5-251, 5-315
牛嶋　うしじま　九州沿海図第4　4-206
牛シマ　うしじま　九州沿海図第19　4-271
宇治島　うじしま　第151号　3-181, 5-195, 5-307
牛島村　うしじまむら　第62号　1-213, 5-87
牛島村（真田彈正大弼）　うしじまむら　第81号　2-52, 5-146
牛島村　うしじまむら　第187号　4-59, 5-223, 5-231
牛島村下牛島　うしじまむらしもうしじま　第99号　2-129, 2-131
牛嶋村西　うしじまむらにし　第81号　2-52
宇治神社　うじじんじゃ　第133号　3-89, 5-176, 5-301
宇治瀬　うじせ　第212号　5-255, 5-261, 5-317
牛滝村　うしたきむら　第39号　1-131, 5-63, 5-280
牛立村　うしだてむら　第115号　2-197
牛谷川　うしたにがわ　第134号　5-176
牛谷村　うしたにむら　第141号　3-130
牛田村　うしだむら　第115号　2-196, 2-198, 5-159, 5-299
牛田村　うしだむら　第118号　3-20
宇出津☆⚓〔宇出津湊〕　うしつ　第85号　2-66, 5-142, 5-295
牛津川　うしづがわ　第190号　4-75
牛津町○☆〔牛津〕　うしづまち　第190号　4-75, 5-231, 5-234, 5-313
牛津町牛津新町　うしづまちうしづしんまち　第190号　4-75
牛鶴村　うしづるむら　第187号　4-58, 5-230
宇品島（仁保島村屬）　うじなじま（にほじまむらぞく）　第167号　3-241, 3-243, 5-211, 5-213, 5-308
ウシ子　うしね　第103号　2-150
牛根村　うしねむら　第209号　4-164, 5-247, 5-261, 5-316
牛根村　うしねむら　九州沿海図第10　4-232, 4-234
牛根村中濵　うしねむらなかはま　第209号　4-164
牛根村邉田　うしねむらへた　第209号　4-164
牛浦村　うしのうらむら　第207号　4-151, 5-243
牛ノ首嵜　うしのくびさき　第201号　4-122
牛ノ島　うしのしま　第189号　4-73
牛ノ洲　うしのす　第152号　3-183
牛背川　うしのせがわ　第161号　3-213, 3-215
牛峠〔牛嶺峠、牛嶺〕　うしのとうげ　第199号　4-108, 5-246, 5-261, 5-316
牛峠　うしのとうげ　九州沿海図第11　4-240
牛水　うしのみず　九州沿海図第18　4-269
宇治野村蓼原　うじのむらたではら　第137号　3-113, 5-184
牛鼻　うしはな　第103号　2-150
牛原山　うしばるやま　第187号　4-59, 4-62
牛出村　うしひでむら　第81号　2-50
牛深村☆⚓　うしぶかむら　第203号　4-139, 5-251, 5-315
牛深村☆⚓　うしぶかむら　九州沿海図第19　4-271
牛深村枝茂串⚓　うしぶかむらえだもぐし　第203号　4-139
牛深村枝茂串　うしぶかむらえだもぐし　九州沿海図第19　4-271
鵜島　うしま　第97号　2-123, 5-117, 5-127
鵜島　うしま　第165号　3-233, 5-205
牛嶋　うしま　第169号　3-255, 2-224, 5-311
ウシマ　うしま　第196号　4-95
鵜島　うしま　第201号　4-121
宇島（宮窪村屬）　うしま（みやくぼむらぞく）　第157号　3-203, 5-210, 5-307
宇シマ礒　うしまいそ　第196号　4-98
牛牧村　うしまきむら　第108号　2-161, 5-154
牛窓村☆⚓　うしまどむら　第145号　3-149, 3-151, 3-152, 3-154, 5-192, 5-307
牛窓村綾浦　うしまどむらあやうら　第145号　3-149, 3-152
牛窓村紺浦　うしまどむらこんのうら　第145号　3-149, 3-152
牛窓村師楽　うしまどむらしらく　第145号　3-149, 3-152
牛窓村中浦　うしまどむらなかうら　第145号　3-149, 3-152
鵜島村　うしまむら　第85号　2-68, 5-142
鵜島村　うじまむら　第84号　2-64, 5-143
宇志村　うしむら　第111号　2-181, 5-161
宇治村　うじむら　第85号　2-68, 5-142, 5-295
宇治村　うじむら　第118号　3-20
宇治村　うじむら　第118号　3-20, 5-159
宇治村　うじむら　第123号　3-38, 5-173, 5-304
ウーシヤ　第16号　1-51, 5-39, 5-274
牛屋敷　うしやしき　九州沿海図第3　4-201
牛屋村〔牛屋〕　うしやむら　第190号　4-75, 5-234, 5-313
ウシヨシンベツ　第6号　1-25, 5-27, 5-270
ウシヨ子ミ　第30号　1-105, 5-54, 5-279
ウシヨロ○　第20号　1-63, 5-44, 5-275
後有田村　うしろありだむら　第166号　3-238, 5-209, 5-212, 5-308
後尾村　うしろおむら　第75号　2-23, 2-25, 5-99
後潟村〔後方村〕　うしろがたむら　第39号　1-135, 5-67, 5-82, 5-281
後河内村　うしろかわちむら　第179号　4-18, 4-21, 5-225, 5-227, 5-312
後河内村（日出領）　うしろかわちむら　九州沿海図第3　4-201
後河内村上市　うしろかわちむらかみいち　第179号　4-18, 4-21
後河内村下市　うしろかわちむらしもいち　第179号　4-18, 4-21
後河内村又井　うしろかわちむらまたい　第179号

4-18, 4-21
後小嶋　うしろこじま　第191号　4-79, 5-238, 5-241
後地村　うしろじむら　第166号　3-235, 5-209, 5-212, 5-308
後タケ　うしろだけ　第214号　4-187
鵜代ノ鼻　うしろのはな　第153号　3-187
後野村　うしろのむら　第172号　3-268, 5-212, 5-308
後野村　うしろのむら　第187号　4-62, 5-223, 5-313
後野村臼木谷　うしろのむらうすきたに　第172号　3-268
後野村金口　うしろのむらかなぐち　第172号　3-268
後野村辻堂　うしろのむらつじどう　第172号　3-268
後野山　うしろのやま　第187号　4-62
後村　うしろむら　第127号　3-60
後山村　うしろやまむら　第75号　2-25, 2-27, 5-99
ウス○　第30号　1-100, 5-46, 5-52, 5-278
臼井阿原村　うすいあわらむら　第98号　2-126, 5-117, 5-127
碓氷川　うすいがわ　第94号　2-105
碓氷川　うすいがわ　第95号　2-110
碓氷郡　うすいぐん　第94号　2-105, 5-119
碓氷郡　うすいぐん　第95号　2-110, 2-111, 5-116, 5-119
臼石　うすいし　第176号　3-292, 5-219
臼石〔臼サキ〕　うすいし　第192号　4-80, 5-239, 5-241
薄礒村（安藤對馬守領分）　うすいそむら　第55号　1-191, 5-104, 5-288
碓氷峠町（御料所）　うすいとうげまち　第95号　2-111, 5-116
碓氷峠村（板倉伊豫守領分）　うすいとうげむら　第95号　2-111, 5-116
臼井村　うすいむら　第203号　4-138, 5-251
臼井村　うすいむら　九州沿海図第14　4-252, 4-253
薄井村比井野村〔薄野村比井野村〕　うすいむらひいのむら　第60号　1-206, 5-84, 5-283
薄香浦⏃　うすかうら　第204号　4-140, 4-142
臼浦島〔ウスガウラシマ〕　うすがうらじま　第124号　3-43, 5-181
宇津賀村　うずかむら　第154号　3-188, 5-191
臼杵☆〔臼杵〕　うすき　第183号　4-39, 5-226, 5-312, 5-311
臼杵（稲葉伊豫守居城）☆　うすき　九州沿海図第4　4-209
臼杵郡　うすきぐん　第183号　4-43, 5-314
臼杵郡　うすきぐん　第184号　4-46, 5-229, 5-314
臼杵郡　うすきぐん　第194号　4-88, 4-89, 4-90, 5-314
臼杵郡　うすきぐん　九州沿海図第5　4-215
臼杵郡　うすきぐん　九州沿海図第6　4-215, 4-216
宇宿村　うすきむら　第209号　4-165, 5-252, 5-261, 5-316
宇宿村　うすきむら　九州沿海図第10　4-233, 4-239
臼木村　うすぎむら　第179号　4-19, 5-225, 5-312
臼木村　うすぎむら　九州沿海図第2　4-195
卯敷村　うずきむら　第153号　3-186, 5-191, 5-305
臼木村鮎歸　うすぎむらあゆがえり　第179号　4-19
宇宿村脇田　うすきむらわきた　第209号　4-165
薄木山　うすきやま　第203号　4-135, 4-137, 5-251
薄木山　うすきやま　九州沿海図第19　4-273
薄毛　うすげ　第154号　3-189
ウス毛　うすげ　第154号　3-189
ウス山〔ウスヤマ〕　第30号　1-100, 5-278
臼シマ　うすじま　第145号　3-152, 3-154
臼島　うすじま　第164号　3-228, 5-210, 5-308
臼島　うすじま　第201号　4-120, 5-236
臼島　うすじま　第204号　4-140, 5-313, 5-321
臼坪村　うすつぼむら　九州沿海図第5　4-213
臼野村　うすのむら　第179号　4-18, 4-21, 4-23, 5-225, 5-312
臼野村　うすのむら　九州沿海図第2　4-197, 4-199
臼野村尾鷲　うすのむらおわし　第179号　4-18, 4-21, 4-23
臼野村小林　うすのむらこばやし　第179号　4-23
臼碆　うすばえ　第161号　3-214
埋橋村　うずはしむら　第96号　2-117
ウスベツ川　第34号　1-117, 5-55, 5-279
鶉木 勝草　うずらぎかつそう　第166号　3-239
鶉木 坂森　うずらぎさかもり　第166号　3-239
鶉木峠　うずらぎとうげ　第166号　5-209, 5-212
鶉野新家村　うずらのしんけむら　第136号　3-111, 5-182
ウセ　うせ　第191号　4-78
ウセ　うせ　第192号　4-80
鵜瀬　うせ　第192号　4-81, 4-82
鵜セ　うせ　第196号　5-233
ウセ〔リ〕　うせ　第207号　4-153
大瀬　うせ　九州沿海図第12　4-243
ウセ〔ウセ〕　うぜ　第206号　4-149, 5-242
大瀬〔大セ〕　うぜ　第210号　4-171, 5-254, 5-261
大瀬〔大セ〕　うぜ　第210号　4-171, 5-254, 5-261
大瀬　うぜ　第210号　4-171
大瀬　うぜ　九州沿海図第12　4-243
鵜瀬島〔鵜セ島〕　うぜじま　第201号　4-121, 5-236, 5-313, 5-315
ウセナイ○　第26号　1-87, 5-49, 5-277
獺ケセ　うそがせ　第189号　4-73
獺越　うそごえ　第145号　3-155
ウソ島　うそじま　第196号　4-98
ウソシマ　うそじま　九州沿海図第19　4-275
宇曽村　うそむら　第180号　4-24, 5-230, 5-312
宇曽村大勢　うそむらおおぜい　第180号　4-24, 4-26
哥○☆　うた　第80号　2-47, 5-139, 5-294
宇代　うだい　第150号　5-305
宇内村〔宇代村〕　うだいむら　第155号　3-192, 5-189
宇内村中曽　うだいむらなかぞ　第155号　3-192
ウタウチ坂　うたうちざか　第180号　4-24
宇多大津村　うだおおつむら　第137号　3-116, 5-178, 6-306
宇高村　うだかむら　第158号　3-204, 5-197, 5-307
大田川村　うたがわむら　第84号　2-64, 5-142, 5-295
宇多郡　うたぐん　第53号　1-183, 1-184, 5-80, 5-284
宇多郡　うたぐん　第54号　1-187, 5-80, 5-284
宇陀郡　うだぐん　第134号　3-97, 3-98, 5-177, 5-301
宇岳　うだけ　第195号　4-93, 4-94
宇田坂峠　うだざかとうげ　第118号　5-156
哥崎　うたざき　第167号　3-244
宇田嶋　うたしま　第174号　3-279, 3-280, 5-217, 5-309
ウタシヤイ　第30号　1-103, 5-46
鵜多須村　うたすむら　第118号　3-18, 3-20, 5-166
歌田村（田安殿領分）　うただむら　第97号　2-122, 2-123, 5-117
歌田村北組　うただむらきたぐみ　第97号　2-122, 2-123
宇足津村○☆　うたづむら　第151号　3-180, 5-194, 5-307
歌津村稲淵　うたつむらいなふち　第48号　1-162, 5-76
歌津村韮濱〔歌津〕　うたつむらにらのはま　第48号　1-162, 5-76, 5-284
宇足津村平山　うたづむらひらやま　第151号　3-180
宇谷村　うたにむら　第143号　3-136, 5-188, 5-305
ウタミクシ　第20号　5-44, 5-275
哥見村　うたみむら　第75号　2-22, 5-99, 5-287
宇多見村　うたみむら　第145号　3-155, 5-194
宇田村　うたむら　第118号　3-19, 5-166
宇田村　うたむら　第174号　3-279, 5-217, 5-309
宇田村田部　うたむらたべ　第174号　3-279, 3-280
鵜足郡　うたりぐん　第151号　3-180, 5-194, 5-307
雨垂村　うたりむら　第111号　2-178, 5-160, 5-298
打上村〔打上〕　うちあげむら　第189号　4-71, 4-73, 5-234, 5-238, 5-241, 5-313
内池村　うちいけむら　第129号　3-71, 5-174, 5-301
打出本郷村　うちいでほんごうむら　第83号　2-58, 5-140, 5-295
打出村　うちいでむら　第83号　2-58, 5-140, 5-295
内海☆　うちうみ　九州沿海図第8　4-223
内海浦　うちうみうら　第161号　5-203
内海浦赤水浦〔赤水浦〕　うちうみうらあかみずうら　第161号　3-216, 5 203
内海浦家串浦☆〔家串浦、家串〕　うちうみうらいえくしうら　第171号　3-266, 5-203, 5-311
内海浦柏崎浦〔柏崎浦、柏﨑〕　うちうみうらかしわざきうら　第171号　3-266, 5-203, 5-311
内海浦須之川村〔須之川村、須野川〕　うちうみうらすのかわむら　第171号　3-266, 5-203, 5-311
内海浦中浦☆〔中浦、内海浦〕　うちうみうらなかうら　第161号　3-216, 5-203, 5-311
内海浦魚神浦☆〔魚神浦〕　うちうみうらながみうら　第171号　3-267, 5-203
内海浦成川村〔成川村、成川〕　うちうみうらなるかわむら　第161号　3-216, 5-203, 5-311
内海浦平碆浦〔平碆浦〕　うちうみうらひらばえうら　第171号　3-266, 5-203
内海浦坊城村〔坊城村〕　うちうみうらぼうじょうむら　第161号　3-216, 5-203
内海浦本郷平山浦☆〔平山浦、平山〕　うちうみうらほんごうひらやまうら　第161号　3-216, 5-203, 5-311
内海浦深泥浦〔深泥浦〕　うちうみうらみどろうら　第161号　3-216, 5-203
内海山　うちうみやま　第185号　4-52, 5-246
内海山　うちうみやま　九州沿海図第8　4-223
内浦　うちうら　第151号　3-181, 5-195
内浦　うちうら　第170号　5-311
内浦岳（ヲシラナイノホリ）　うちうらだけ（おしらないのほり）　第31号　1-108, 5-56, 5-279
内浦村　うちうらむら　第84号　2-64, 5-143, 5-295
内浦村（大岡主膳正領分）○　うちうらむら　第92号　2-97, 5-111, 5-290
打下村　うちおろしむら　第125号　3-49, 3-51, 5-174, 5-300
内潟　うちがた　第196号　4-96, 4-98
内潟　うちがた　九州沿海図第18　4-265
内潟　うちがた　九州沿海図第19　4-275
内畑村　うちがはたむら　九州沿海図第4　4-209
内ケ原村　うちがはらむら　第145号　3-152, 5-192, 5-307
内川村（真田彈正大弼）　うちかわむら　第81号　2-53, 5-146

内川村（御料所）　うちかわむら　第93号　2-101, 5-124
内國府間村（大久保加賀守領分）　うちこうまむら　第87号　2-73, 5-120, 5-291
打越村　うちこしむら　第141号　3-129, 3-131, 5-183, 5-306
打越村　うちこしむら　第167号　3-241, 5-211, 5-213, 5-308
打越村小河内　うちこしむらおごうち　第167号　3-241, 5-211, 5-213
打坂村　うちさかむら　第127号　3-59
内迫　うちさこ　九州沿海図第2　4-198
内迫　うちさこ　九州沿海図第3　4-198, 4-204
内佐屋村　うちざやむら　第118号　3-20, 5-159
内澤　うちさわ　九州沿海図第19　4-270
内セ　うちせ　第204号　4-140
内田　うちだ　九州沿海図第18　4-268
ウチタイヘ岬　第10号　1-36, 5-34, 5-272
内田ケ谷村（正木左近、會田伊右エ門、小笠原彦九郎、久世忠右衛門知行所）〔田ケ谷〕　うちたがやむら　第88号　2-76, 5-118, 5-120, 5-291
内田新開村　うちだしんかいむら　第195号　4-93, 5-233
内田新開村　うちだしんかいむら　九州沿海図第18　4-266
内田村（諏訪社領）　うちだむら　第96号　2-117, 2-119
内田村　うちだむら　第114号　2-193, 2-194, 5-159, 5-297
内田村　うちだむら　第138号　3-119, 5-184, 6-306
内田村　うちだむら　第179号　4-20, 5-224, 5-312
内田村〔内田〕　うちだむら　第190号　4-76, 5-234, 5-313
打田村〔内田村〕　うちだむら　第200号　4-117, 5-251
内田村　うちだむら　第203号　4-135, 5-251, 5-315
内田村　うちだむら　九州沿海図第3　4-204
打田村　うちだむら　九州沿海図第19　4-272
内田村　うちだむら　九州沿海図第19　4-273
内田村大野原　うちだむらおおのばる　第190号　4-76
内田村大山路　うちだむらおおやまじ　第190号　4-76
内田村西覺寺　うちだむらさいかくじ　第190号　4-76
打田村所宮　うちだむらところみや　第200号　4-117
内田山　うちだやま　第178号　4-17
内常石村　うちつねいしむら　第157号　3-200, 5-195, 5-307
内常石村小糸浦　うちつねいしむらこいとうら　第157号　3-200
内妻村　うちづまむら　第149号　3-164, 5-198, 5-303, 5-306
打詰　うちづめ　九州沿海図第9　4-231
打出村　うちでむら　第137号　3-112, 5-178
内砥川村　うちとがわむら　第190号　4-75, 5-234
内砥川村西谷　うちとがわむらにしたに　第190号　4-75
内砥川村東谷　うちとがわむらひがしたに　第190号　4-75
内殿村〔内殿〕　うちどのむら　第186号　4-53, 4-55, 5-223, 5-313
内殿村段原　うちどのむらだんのはる　第186号　4-53, 4-55
内殿村楢木　うちどのむらならき　第186号　4-53, 4-55
内中村　うちなかむら　第101号　2-141
内野　うちの　九州沿海図第3　4-201
内海〔内海村〕　うちのうみ　第164号　3-229, 5-211, 5-308
内野浦　うちのうら　第183号　4-39, 5-226, 5-228
内ノ浦　うちのうら　第192号　4-81, 4-82
内野浦　うちのうら　九州沿海図第5　4-211
内之浦町☆⚠　うちのうらまち　第199号　4-110, 4-112, 5-248, 5-261, 5-316
内野川〔内ノ川〕　うちのがわ　第187号　4-56, 5-222
内ノ河内　うちのかわうち　第212号　4-178
内ノ河内　うちのかわうち　九州沿海図第15　4-255
内野河内村　うちのかわちむら　第196号　4-98, 5-250
内野河内村　うちのかわちむら　九州沿海図第19　4-274, 4-275
内ノ口山　うちのくちやま　第184号　4-47
内野郷（阿部志摩守、阿部越前守、阿部伊織知行所）〔内野〕　うちのごう　第91号　2-93, 5-111, 5-290
内入　うちのにゅう　第169号　3-250
内八重村　うちのはえむら　第194号　4-90
内野村　うちのむら　第100号　2-132
内野村　うちのむら　第125号　3-50
内野村〇　うちのむら　第187号　4-56, 4-58, 5-222, 5-313
内野村古深田　うちのむらこぶかた　第187号　4-57, 4-59
内野村横山　うちのむらよこやま　第187号　4-57, 4-58
内橋村　うちはしむら　第187号　4-60
内保村　うちぼむら　第121号　3-30, 5-157, 5-297, 5-300
内牧村〇☆　うちまきむら　第193号　4-83, 5-232, 5-312, 5-314
内牧村〇☆　うちまきむら　九州沿海図第20　4-276
内真部村　うちまんべむら　第39号　1-135, 5-67, 5-82, 5-280
内村　うちむら　第193号　4-85, 4-86, 5-312, 5-315
内村　うちむら　九州沿海図第18　4-268
内村河原〔内村〕　うちむらかわはら　第209号　4-162, 5-314, 5-316
内村正院　うちむらしょういん　第193号　4-85, 4-86
内村辻〔内村〕　うちむらつじ　第209号　4-162, 5-247, 5-261, 5-314, 5-316
内村味取　うちむらみとり　第193号　4-85, 4-86
内八重川　うちやえがわ　第194号　5-245
内山永久寺〔内山〕　うちやまえいきゅうじ　第134号　3-95, 3-97, 5-176, 5-177, 5-301
内山川　うちやまがわ　第192号　4-82
内山田村　うちやまだむら　第209号　4-162, 5-247, 5-261
内山村　うちやまむら　第111号　2-181, 5-161
内山村　うちやまむら　第111号　5-161
内山村　うちやまむら　第187号　4-57, 4-59, 5-223, 5-313
内山村　うちやまむら　第192号　4-82, 5-240, 5-241, 5-320
内谷村（御料所、大岡伊織知行所）　うちやむら　第88号　2-78, 5-120, 5-291
内谷村大野新田　うちやむらおおのしんでん　第88号　2-78
内谷村曲本村新田　うちやむらまがもとむらしんでん　第88号　2-78
内代村　うちんだいむら　第135号　3-101, 5-178, 5-301
宇津　うつ　第174号　3-281
宇津井村　うついむら　第172号　3-268, 5-212
宇津井村　うづいむら　第177号　3-298, 5-220, 5-312
宇津井村（萩領）　うづいむら　九州沿海図第1　4-188
打江村　うつえむら　第112号　2-184
宇津江村　うづえむら　第116号　2-205, 5-162, 5-299
宇都可神社　うつかじんじゃ　第129号　3-73
宇塚村　うづかむら　第173号　3-273, 3-275
宇津木村（細井佐次右エ門、前田信濃守、川村外記知行所）　うつきむら　第90号　2-89, 2-91, 5-121
宇津木村　うつきむら　第105号　2-154, 5-135
打木村　うつぎむら　第86号　2-69, 5-141, 5-295
内沢村　うつさわむら　第81号　2-53, 5-146
ウツ瀬　うつせ　第176号　3-288, 5-217
内谷町（御料所）　うつたにまち　第107号　2-159, 5-160
宇津貫村　うつぬきむら　第90号　2-91, 5-121
宇津根村　うつねむら　第133号　3-91, 5-175
宇津野新田〔宇都野新田〕　うつのしんでん　第77号　2-35, 5-113, 5-115
宇都宮（戸田能登守居城）〇　うつのみや　第69号　1-245, 5-109, 5-288
内野村（岡野内藏允）　うつのむら　第100号　2-133, 2-135, 2-136, 2-138, 5-127, 5-291, 5-296
内野村枝足方　うつのむらえだあしがた　第100号　2-133, 2-135, 2-136, 2-138
内野村横手沢　うつのむらよこてざわ　第100号　2-133, 2-135, 2-136, 2-138
宇津谷峠　うつのやとうげ　第107号　2-157, 2-159
宇津谷村　うつのやむら　第107号　2-157, 2-159, 5-160, 5-298
内房村　うつぶさむら　第100号　2-138, 5-127, 5-291, 5-296
内房村相沼　うつぶさむらあいぬま　第100号　2-138
内房村塩手　うつぶさむらしおて　第100号　2-138
内房村廻沢　うつぶさむらめぐりさわ　第100号　2-138
内船村栢ノ木　うつぶなむらかやのき　第100号　2-137, 2-139
内船村小内船　うつぶなむらこうつぶな　第100号　2-137, 2-139
内船村島尻　うつぶなむらしまじり　第100号　2-137, 2-139
内船村寄畑　うつぶなむらよりはた　第100号　2-136, 2-138
十六島浦　うっぷるいうら　第162号　3-219, 5-204, 5-308
十六島浦多　うっぷるいうらおおい　第162号　3-219
簭木村　うつぼぎむら　第190号　4-75, 5-234
鶪坪山　うつぼやま　第110号　2-172
内海村　うつみむら　第143号　3-135, 5-188, 5-305
宇津谷村　うつやむら　第98号　2-124, 2-126, 5-117, 5-296
宇津谷村金剛寺　うつやむらこんごうじ　第98号　2-124, 2-126
内浦村〔内浦〕　うつらむら　第186号　4-55, 5-223, 5-313
宇テ島〔ウテ島〕　うてじま　第121号　3-33, 5-172
腕島　うでしま　第154号　3-189, 5-191
腕島〔腕シマ〕　うでしま　第198号　4-106, 5-246
腕シマ　うでしま　九州沿海図第8　4-226
越水村　うでみむら　第136号　3-109
宇土（細川和泉守在所）　うと　九州沿海図第18　4-264

宇藤木村　うとうぎむら　第145号　3-155, 5-194
謡坂　うとうざか　第114号　2-193, 2-194
有東坂村（御料所）　うとうざかむら　第107号　2-156, 2-158, 5-129
謡坂村　うとうざかむら　第114号　2-191, 2-192, 5-155, 5-297
謡坂村十本木　うとうざかむらじゅっぽんぎ　第114号　2-191, 2-192
哥道谷村　うとうだにむら　第127号　3-59, 5-182
宇頭茶屋村〔宇頭〕　うとうちゃやむら　第115号　2-198, 5-159, 5-299
ウトウ峠〔ウトウ坂峠〕　うとうとうげ　第99号　2-129, 2-131, 5-126
宇頭村　うとうむら　第115号　2-198, 2-200, 5-159
宇土金村　うどがねむら　第102号　2-147
宇土川　うどがわ　第180号　5-230
宇土郡　うとぐん　第195号　4-93, 4-94, 5-315
宇土郡　うとぐん　第196号　4-96, 4-98, 5-233, 5-315
宇土郡　うとぐん　九州沿海図第18　4-264
宇戸郡　うとぐん　九州沿海図第18　4-264
宇土郡　うとぐん　九州沿海図第19　4-275
有渡郡　うどぐん　第107号　2-156, 2-157, 2-158, 2-159, 5-129, 5-298
宇土崎　うどさき　第183号　5-228
鵜戸山窟〔鵜戸山〕　うどさんのいわや　第198号　4-105, 5-246, 5-316
宇戸嶋〔宇土島〕　うとじま　第183号　4-38, 4-40, 5-226, 5-228
宇戸嶋　うとじま　九州沿海図第5　4-211
鵜渡島　うどじま　第147号　3-161, 5-187
宇努神社　うどじんじゃ　第192号　4-82
宇戸岳〔宇土岳〕　うとだけ　第204号　4-142, 5-235
宇土手村〔宇土手〕　うとでむら　第190号　4-76, 5-234, 5-313
宇土手村姥子原　うとでむらうばこばる　第190号　4-76
宇土手村釜江　うとでむらかまえ　第190号　4-76
宇土手村天竜滝　うとでむらてんりゅうあん　第190号　4-76
宇土手村二反田　うとでむらにたんだ　第190号　4-76
宇土手村弓野山　うとでむらゆみのやま　第190号　4-76
鵜渡根〔宇土根〕　うどね　第103号　2-149, 5-292
鵜殿浦〔宇殿〕　うどのうら　第132号　3-84, 1-170, 5-302
内遠野村（本多駒之助知行所）　うとのむら　第92号　2-98, 5-124, 5-290, 5-292
鵜殿村　うどのむら　第133号　3-92, 5-176, 5-178
ウトマ島　うとまじま　第103号　5-132, 5-133
鵜泊村（内藤豊前守領分）　うどまりむら　第71号　1-250, 5-96, 5-97, 5-285, 5-286
ウトマンベツ　第26号　1-85, 5-48, 5-277
宇土村　うどむら　第136号　3-105, 5-182, 5-304
宇土山　うどやま　第195号　5-233
鵜戸山　うどやま　第198号　4-105
鵜戸山　うどやま　九州沿海図第8　4-224
ウトロチクシ　第30号　1-101, 5-46
ウトロ子クシ　第7号　1-26, 5-20, 5-270
鵜無淵村　うないがふちむら　第100号　2-135
海上郡　うなかみぐん　第58号　1-200, 1-201, 5-110, 5-290
海北村（秋月佐渡守領分）　うなきたむら　第198号　4-106, 5-248
海北村（髙鍋領）　うなきたむら　九州沿海図第8　4-226
女連村　うなつらむら　第192号　4-80, 4-81, 5-239, 5-241, 5-320
宇那提森　うなてのもり　第144号　3-145
ウナハミ山　うなはみやま　第192号　4-82
ウナベツ　第7号　1-26, 5-20, 5-270
宇波村　うなみむら　第83号　2-60, 5-140, 5-295
兎並村　うなみむら　第134号　3-95
兎並村枝南村　うなみむらえだみなみむら　第134号　3-95
ウニシマ　うにしま　第192号　4-81
ウニ島　うにじま　第192号　4-80, 5-239, 5-241
鵜入村　うにゅうむら　第85号　2-66, 5-143, 5-295
鵜沼○☆　うぬま　第114号　2-193, 2-194, 5-155, 5-159, 5-297
鵜沼宿枝三ツ池　うぬまじゅくえだみついけ　第114号　2-193, 2-194
鵜沼宿羽場町　うぬまじゅくはばまち　第114号　2-193, 2-194
鵜沼宿南鵜沼　うぬまじゅくみなみうぬま　第114号　2-193, 2-194
有年驛○☆　うねえき　第144号　3-142, 5-183
ウ子キ﨑　うねきざき　第145号　3-151, 3-154
有年坂　うねざか　第144号　3-142
ウ子島　うねじま　第102号　2-147
有年宿片山　うねじゅくかたやま　第144号　3-142
有年宿上菅生　うねじゅくかみすごう　第144号　3-142
畝傍村　うねびむら　第134号　3-97, 3-98, 5-177
畝傍山　うねびやま　第134号　3-97, 5-177
宇根村　うねむら　第121号　3-30, 5-157, 5-297, 5-300
釆女村　うねめむら　第129号　3-67, 3-69, 5-163, 5-166, 5-299
釆女村清水　うねめむらしみず　第129号　3-67, 3-69
釆女村杖突　うねめむらつえつき　第129号　3-67, 3-69
宇根山　うねやま　第144号　3-147
鵜池村　うのいけむら　第188号　4-65, 4-66, 4-68, 5-231
鵜石〔ウ石〕　うのいし　第198号　4-105, 5-246
鵜石　うのいし　九州沿海図第8　4-224
鵜浦村　うのうらむら　第84号　2-62, 2-64, 5-142, 5-295
宇之ヶ浦　うのがうら　第212号　5-253, 5-261
鵟木村　うのきむら　第187号　4-59, 5-223, 5-231
鵜木村道村☆〔鵜木村〕　うのきむらみちむら　第62号　1-211, 5-87, 5-283
鵜ノ小島　うのこじま　第206号　4-150
鵜サキ　うのさき　第207号　5-243
鵜島　うのしま　第178号　4-16, 5-312
鵜嶋　うのしま　九州沿海図第2　4-195
鵜瀬　うのせ　第189号　4-73
鵜瀬　うのせ　第192号　4-80
鵜瀬　うのせ　第192号　4-82
鵜瀬　うのせ　第192号　4-82
ウセ　うのせ　第201号　4-121
鵜瀬　うのせ　第204号　4-140, 4-142
鵜瀬　うのせ　第208号　5-252, 5-261
鵜瀬〔ウセ〕　うのせ　第210号　4-171, 5-254, 5-261
鵜瀬〔鵜セ〕　うのせ　第211号　4-176, 5-249, 5-261
鵜瀬　うのせ　九州沿海図第10　4-236
鵜瀬　うのせ　九州沿海図第12　4-243
鵜瀬﨑　うのせざき　第207号　4-153
ウノタツ　うのたつ　第132号　3-85, 1-170
宇野津村　うのつむら　第151号　3-178, 5-194
鵜根　うのね　第101号　2-140, 2-142
鵜ノ根　うのね　第103号　2-149
ウノハエ　うのはえ　第171号　3-265, 3-266
鵜ノ鼻　うのはな　第174号　3-278
宇野村　うのむら　第143号　3-136, 5-188, 5-305
宇野村　うのむら　第145号　3-155, 5-194, 5-307
鵜野森村　うのもりむら　第90号　2-90
宇野令天花村　うのれいてんげむら　第176号　3-290
宇野令畑村〔宮野令〕　うのれいはたむら　第176号　3-290, 5-219
姥石　うばいし　第81号　2-53
祖母石村西岩下村入會〔祖母石村、西岩下村〕　うばいしむらにしいわしたむらいりあい　第98号　2-125, 5-117, 5-296
祖母石村樋口村南下條村入會一ツ屋〔南下條村〕　うばいしむらひのくちむらみなみしもじょうむらいりあいひとつや　第98号　2-124, 5-117, 5-296
ウバヘシマ　うばえじま　第149号　3-165
姥ケ浦　うばがうら　九州沿海図第4　4-209
姥ケ沢峠　うばがさわとうげ　第81号　2-50
姥神　うばがみ　第34号　1-118
優波茅神社　うばかやじんじゃ　第105号　2-154
姥シマ　うばしま　第132号　3-85
姥島　うばしま　第147号　3-161, 3-162, 5-187
姥嶌〔姥シマ〕　うばしま　第201号　4-122, 5-237
姥捨　うばすて　第96号　5-294
兎原郡　うはらぐん　第137号　3-112, 5-178, 6-306
菟原下村○〔菟原〕　うばらしもむら　第127号　3-58, 5-175, 5-304
菟原下村柏戸　うばらしももらかしわど　第127号　3-58
菟原中村　うばらなかむら　第127号　3-58, 5-175
鵜原村（大岡主膳正領分）　うばらむら　第92号　2-97, 5-111, 5-290
ウハラヽイ　第8号　1-29, 5-21, 5-271
ウハラヽイ川　第8号　1-29, 5-21, 5-271
宇比多氣山　うひたきやま　第162号　3-221
宇日村　うひむら　第124号　3-42, 5-180, 5-304
宇生　うぶ　第174号　3-278
ウフイナイ〔ウフイナイ川〕　第15号　1-48, 5-38, 5-273
ウフイニシヤ　第13号　1-42, 5-37, 5-273
宇生﨑　うぶがさき　第174号　3-278
産島　うぶしま　第195号　4-93, 4-94, 5-315
産嶋　うぶしま　第203号　4-136, 4-138, 5-251, 5-315
産嶋　うぶしま　九州沿海図第16　4-260
産嶋　うぶしま　九州沿海図第19　4-271
生塚村　うぶづかむら　第95号　2-112, 5-146, 5-294
宇布見村（御料所、松平伊豆守、井上河内守領分）　うぶみむら　第111号　2-181, 5-161
産山村　うぶやまむら　第182号　4-36, 4-37, 5-227, 5-229
産山村　うぶやまむら　九州沿海図第20　4-278
産湯浦　うぶゆうら　第139号　3-123, 5-186
宇部川　うべがわ　第176号　3-293
宇部郷内見﨑　うべごううちみさき　第176号　3-293
宇部郷草江　うべごうくさえ　第176号　3-293
宇部郷村　うべごうむら　第176号　3-293, 5-219, 5-312
宇部村（長府領）　うべむら　第177号　3-298, 5-220
宇部村　うべむら　九州沿海図第1　4-188
馬マ川　うまがわ　第180号　5-222
馬木村　うまきむら　第167号　3-240, 5-211, 5-213, 5-308
馬木村今庄　うまきむらいまじょう　第167号　3-240
馬木村西地　うまきむらにしじ　第167号　3-240
馬木村羅漢谷　うまきむららかんだに　第167号　3-

240
馬首村　うまくびむら　第75号　2-22, 5-99
宇摩郡　うまぐん　第152号　3-184, 3-185, 5-196, 5-307
宇摩郡　うまぐん　第158号　3-204, 5-196, 5-307
ウマコシ　第36号　1-121, 1-122, 5-60
馬越峠　うまこしとうげ　第173号　5-213
馬駒村　うまこまむら　第59号　5-83
馬﨑　うまさき　第154号　3-189, 5-191
馬篠村　うましのむら　第146号　3-156, 5-185, 5-303, 5-306
馬篠村北山　うましのむらきたやま　第146号　3-156
馬シマ　うましま　第155号　3-191, 5-190
馬島　うましま　第164号　5-197, 5-210, 5-214, 5-307, 5-308
馬シマ　うましま　第164号　5-211
馬島　うましま　第172号　3-269, 5-216, 5-308
馬嶋　うましま　第175号　3-286, 5-218, 5-312
馬嶋（小倉領）　うましま　第177号　3-299
馬島　うましま　第178号　4-13, 5-220, 5-312
馬島　うましま　第179号　5-224
馬島　うましま　第196号　4-95
馬島（小倉領）　うましま　九州沿海図第1　4-189
馬嶋（佐郷嶋屬）　うましま（さごうじま）　第169号　3-255, 2-218, 2-224, 5-311
馬路村☆　うまじむら　第133号　3-91, 5-175
馬路村ノ内三軒屋　うまじむらのうちさんげんや　第133号　3-91
馬路村ノ内土手下　うまじむらのうちどてした　第133号　3-91
馬路村ノ内三日市〔馬路〕　うまじむらのうちみっかいち　第133号　3-91, 5-300, 5-301
馬瀬ケ丸　うませがまる　第136号　3-108
馬脊島　うませじま　第48号　1-165
馬瀬村　うませむら　第136号　3-108, 5-182, 5-306
馬立　うまたて　第171号　3-264
馬立シマ〔馬立島〕　うまたてじま　第122号　3-34, 3-36, 5-173, 5-300
ウマタテハ　第31号　1-108, 5-56, 5-279
馬立村　うまたてむら　第141号　3-129
馬立村　うまたてむら　第152号　3-184, 3-185, 5-196, 5-307
馬立村市中　うまたてむらいっちゅう　第152号　3-184
馬立村大影　うまたてむらおおかげ　第152号　3-184
馬立村惣野　うまたてむらそうの　第152号　3-184, 3-185
馬立村撞鐘　うまたてむらつきかね　第152号　3-184, 3-185
馬立村長瀬　うまたてむらながせ　第152号　3-184, 3-185
馬立村茗荷　うまたてむらみょうが　第152号　3-184, 3-185
馬田村　うまだむら　第141号　3-128
ウマトヌー　第21号　1-69, 5-46
馬啼石　うまなきいし　第101号　2-142
馬頭岬　うまのかしらみさき　第204号　4-142
馬乗岬　うまのりみさき　第212号　4-177, 4-178, 5-253, 5-261
馬𥑐　うまばえ　第170号　3-261, 5-201
ウマバシ川　第36号　1-121, 5-60, 5-281
馬場村　うまばむら　第141号　3-131, 5-183, 5-306
馬伏山　うまふせやま　第158号　3-205, 5-197
馬堀川　うまほりがわ　第133号　5-175, 5-176
馬堀村　うまほりむら　第133号　3-90, 5-175, 5-176
馬見シマ〔馬見〕　うまみじま　第140号　3-126, 5-171
馬見塚村　うまみづかむら　第100号　2-135, 2-138
馬見山　うまみやま　第187号　4-58, 5-222
厩岳　うまやだけ　第67号　1-235, 5-103, 5-105
馬宿村　うまやどむら　第146号　3-156, 5-187, 5-303, 5-306
馬屋村　うまやむら　第144号　5-192
馬寄村　うまよせむら　第118号　3-18
海歌城　うみうたじょう　第145号　3-153, 3-154
海浦山　うみうらやま　第200号　5-250
海浦　うみのうら　九州沿海図第16　4-257, 4-259
海中道　うみのなかみち　第187号　4-60, 5-223
宇美村　うみむら　第187号　4-57, 4-60, 5-223, 5-313
宇美村早見　うみむらはやみ　第187号　4-57, 4-60
海山村　うみやまむら　第121号　3-33, 5-172
海山村五十鉢　うみやまむらいかばち　第121号　3-33
卯麦村　うむぎむら　第192号　4-81, 5-239, 5-240, 5-241
埋金村　うめがねむら　第187号　4-62, 5-223, 5-231, 5-313
梅ケ濵　うめがはま　第198号　4-105
梅ケ濵　うめがはま　九州沿海図第8　4-224
梅ケ原村　うめがはらむら　第125号　3-48, 3-50, 5-166
埋川村　うめかわむら　第151号　3-178, 5-193, 5-195, 5-307
梅北山　うめきたやま　第199号　4-108, 5-246, 5-261
梅北山　うめきたやま　九州沿海図第11　4-240
梅木村（大久保出雲守領、柳生主膳正、鳥居久五郎知行所）　うめぎむら　第101号　2-140, 2-142, 5-128, 5-292
ウメ小島　うめこじま　第157号　3-203
梅﨑村　うめざきむら　第189号　4-73, 5-234, 5-238, 5-241
梅谷村　うめだにむら　第134号　3-95, 5-176, 5-301
梅田村　うめだむら　第90号　2-84, 2-86, 5-120, 5-123
梅津　うめづ　九州沿海図第19　4-272
梅坪村　うめつぼむら　第90号　2-89
梅ケ坪村　うめつぼむら　第115号　2-196, 2-198, 2-200, 5-159, 5-297, 5-299
梅ケ坪村白芝　うめつぼむらしろしば　第115号　2-196, 2-198, 2-200
梅津村　うめづむら　第75号　2-24, 5-99, 5-287
梅木　うめのき　九州沿海図第19　4-275
梅木村　うめのきむら　第88号　2-79
梅木山　うめのきやま　第197号　4-104
梅ノ子鼻　うめのこばな　第168号　3-247, 5-214
梅宮坐神社　うめのみやいますじんじゃ　第133号　3-90
梅橋村（太田摂津守領分）　うめはしむら　第111号　2-179, 5-160
梅林村　うめばやしむら　第187号　4-61, 4-63
梅原村○　うめはらむら　第113号　2-189, 5-155, 5-156, 5-297
梅保木村　うめほきむら　第144号　3-146, 5-192
梅保木村保木　うめほきむらほき　第144号　3-146
梅藪村　うめやぶむら　第116号　2-202, 2-204, 5-162, 5-299
鵜森村　うもりむら　第195号　4-93, 5-233
鵜森村　うもりむら　九州沿海図第18　4-266
宇屋川　うやがわ　第172号　3-268
宇屋川村　うやがわむら　第172号　3-268, 5-212, 5-308
植柳村　うやなぎむら　第195号　4-94
植柳村　うやなぎむら　九州沿海図第16　4-258, 4-260
植柳村苦竹洌〔苦竹洌〕　うやなぎむらにがたけす　第195号　4-94, 5-250
兎山峠〔鬼山峠〕　うやまとうげ　第113号　2-189, 5-155, 5-156
宇山鼻　うやまはな　第176号　3-288
鵜山村　うやまむら　第85号　2-66, 5-143, 5-295
上山村　うやまむら　第124号　3-42, 3-44, 5-180, 5-304
守山村〔宇山〕　うやまむら　第133号　3-92, 5-176, 5-178, 5-301
宇山村　うやまむら　第156号　3-195, 5-208, 5-307
宇山村　うやまむら　第187号　5-223
宇山村　うやまむら　第189号　5-234, 5-241
宇山村有頭　うやまむらありとう　第156号　3-195
宇山村為平　うやまむらためひら　第156号　3-195
上山村二見　うやまむらふたみ　第124号　3-42, 3-44
雨屋村〔雨谷村〕　うやむら　第116号　2-202, 2-204, 5-161
浦　うら　九州沿海図第18　4-265
浦井　うらい　第179号　5-224
ウライヒ　第17号　1-57, 5-42, 5-43, 5-275
浦伊部村　うらいんべむら　第145号　3-149, 3-152, 5-192, 5-307
浦神浦（水野飛騨守領分）☆⚠　うらがみうら　第132号　3-85, 1-170, 5-302
浦上川　うらかみがわ　第202号　4-125, 4-127, 4-128
浦上川　うらかみがわ　長崎〔参考図〕　4-131, 4-133
浦上北村　うらかみきたむら　第202号　4-127, 5-236, 5-315
浦上北村　うらかみきたむら　長崎〔参考図〕　4-133
浦上北村枝岩屋　うらかみきたむらえだいわや　第202号　4-125, 4-127
浦上北村枝岩屋　うらかみきたむらえだいわや　長崎〔参考図〕　4-133
浦上北村 西〔浦上西村〕　うらかみきたむらにし　第202号　4-127, 5-236
浦上北村西　うらかみきたむらにし　長崎〔参考図〕　4-133
浦上北村平宗　うらかみきたむらひらむね　第202号　4-125, 4-127
浦上北村平宗　うらかみきたむらひらむね　長崎〔参考図〕　4-133
浦上村　うらがみむら　第124号　3-43, 5-181, 5-304
浦上村淵　うらかみむらふち　第202号　4-127, 4-128, 5-236
浦上村淵　うらかみむらふち　長崎〔参考図〕　4-131, 4-133
浦上村淵 小瀬戸浦〔小瀬戸浦〕　うらかみむらふちこせとうら　第202号　4-127, 4-128, 5-236
浦上村淵 小瀬戸浦　うらかみむらふちこせとうら　長崎〔参考図〕　4-131, 4-133
浦上村淵 寺野郷〔浦上淵〕　うらかみむらふちてらのごう　第202号　4-127, 4-128, 5-315
浦上村淵 寺野郷　うらかみむらふちてらのごう　長崎〔参考図〕　4-131, 4-133
浦上村山里　うらかみむらやまさと　第202号　4-125, 4-127, 4-128, 5-315
浦上村山里　うらかみむらやまさと　長崎〔参考図〕　4-131, 4-133
浦上村山里 家ノ郷〔浦上村山里〕　うらかみむらやまさといえのごう　第202号　4-125, 4-127, 5-236
浦上村山里 家ノ郷　うらかみむらやまさといえのごう　長崎〔参考図〕　4-133
浦上村山里 馬込郷　うらかみむらやまさとまごめごう

第202号　4-125, 4-127, 4-128
浦上村山里 馬込郷　うらかみむらやまさとまごめごう　長崎〔参考図〕 4-131, 4-133
浦柄村　うらがらむら　第76号　2-28, 2-32, 5-112, 5-113
ウラカワ○〔ウラカハ〕　第26号　1-86, 5-48, 5-277
鰐川　うらがわ　第207号　4-151, 4-153
浦河内　うらかわち　九州沿海図第19　4-271
浦河内村　うらがわちむら　第190号　4-75
浦川村　うらがわむら　第75号　2-22, 5-99, 5-287
浦久保　うらくぼ　九州沿海図第21　4-279
浦明村　うらけむら　第123号　3-39, 5-180
浦郷村（松平大和守領分）　うらごうむら　第93号　2-101, 2-102, 5-123, 5-125, 5-291
浦佐○　うらさ　第77号　2-35, 5-113, 5-289
浦﨑　うらさき　第214号　4-187
浦﨑島観音　うらさきじまかんのん　第157号　3-200
浦﨑村　うらさきむら　第157号　3-200, 5-195
浦﨑村海老名　うらさきむらえびな　第157号　3-200
浦志自岐村大志自岐　うらしじきむらおおしじき　第204号　4-141
浦志自岐村岡〔津吉村浦志自岐村〕　うらしじきむらおか　第204号　4-141, 5-235
浦志自岐村肥　うらしじきむらこえ　第204号　4-141
浦志自岐村野子　うらしじきむらのこ　第204号　4-141
浦志自岐村早福　うらしじきむらはいふき　第204号　4-141
浦志自岐村舩越　うらしじきむらふなこし　第204号　4-141
浦島社　うらしましゃ　第123号　3-38
浦志村〔浦志〕　うらしむら　第189号　4-70, 5-223, 5-234, 5-241, 5-313
浦下原☆　うらしもばる　九州沿海図第3　4-200
浦尻村　うらしりむら　第161号　3-212, 3-214
浦尻村　うらしりむら　第183号　4-43, 5-228, 5-304
浦尻村　うらしりむら　九州沿海図第6　4-217
浦尻村　うらじりむら　第54号　1-188, 5-102, 5-288
浦代浦〔浦白浦〕　うらしろうら　第183号　4-40, 5-228, 5-311
浦代浦　うらしろうら　九州沿海図第5　4-213
浦代浦尋　うらしろうらたずね　第183号　4-40
浦底浦　うらそこうら　第121号　3-29, 5-172, 5-300
浦底村　うらそこむら　第203号　4-138, 5-251
浦底村　うらそこむら　九州沿海図第14　4-252, 4-253
浦田村　うらたむら　第151号　3-178, 5-194
浦田村枝八軒屋　うらたむらえだはっけんや　第151号　3-178
浦寺村　うらでらむら　第87号　2-75, 5-120
浦戸⛬　うらど　第159号　3-206, 5-200, 5-310
浦戸勝浦濱　うらどかつうらはま　第159号　3-206
浦戸村　うらどむら　第164号　3-228, 5-210
浦根　うらね　第103号　2-150
浦之内村石司浦〔浦之内村〕　うらのうちむらいしずかうら　第206号　4-150, 5-242, 5-243
浦之内村出見☆〔浦之内村、浦ノ内〕　うらのうちむらいずみ　第159号　3-207, 5-200, 5-310
浦之内村枝池ノ浦　うらのうちむらえだいけのうら　第159号　3-207
浦之内村大添　うらのうちむらおおそえ　第159号　3-207
浦之内村今川内　うらのうちむらこんがわうち　第159号　3-207
浦之内村汐問〔間〕　うらのうちむらしわい　第159号　3-207
浦之内村須ノ浦　うらのうちむらすのうら　第159号　3-207
浦之内村摺木　うらのうちむらするぎ　第159号　3-207
浦之内村滝川原　うらのうちむらたきがはら　第206号　4-150
浦之内村立目　うらのうちむらたちめ　第159号　3-207
浦之内村土之浦　うらのうちむらつちのうら　第206号　4-150
浦之内村鍋ウト　うらのうちむらなべうと　第159号　3-207
浦之内村入戸　うらのうちむらにゅうと　第159号　3-207
浦之内村灰方　うらのうちむらはいがた　第159号　3-207
浦之内村深浦　うらのうちむらふかうら　第159号　3-207
浦之内村福良　うらのうちむらふくら　第159号　3-207
浦野川　うらのがわ　第180号　5-230
浦之郷村☆〔浦郷〕　うらのごうむら　第154号　3-189, 5-191, 5-305
浦之郷村赤之江　うらのごうむらしゃくのえ　第154号　3-189
浦之郷村珍﨑　うらのごうむらちんざき　第154号　3-189
浦之郷村〔三〕度　うらのごうむらみたべ　第154号　3-189
浦﨑村〔浦﨑〕　うらのさきむら　第189号　4-73, 4-74, 5-234, 5-241, 5-313
浦野迫　うらのさこ　九州沿海図第5　4-215
浦ノ根　うらのね　第104号　2-151, 2-152
浦ノ根　うらのね　第105号　2-154
浦之名村　うらのみょうむら　第197号　4-102, 5-245, 5-246, 3-314
浦部村　うらべむら　第141号　3-131, 5-183, 5-306
浦町○☆　うらまち　第208号　4-160
浦町○☆　うらまち　九州沿海図第13　4-249, 4-251
浦村　うらむら　第116号　2-203, 2-205, 5-162
浦村　うらむら　第117号　3-12, 5-163, 5-168, 5-299
浦村　うらむら　第137号　3-115, 5-184, 5-306
浦村　うらむら　第189号　4-71, 4-72, 5-234, 5-238, 5-241, 5-313
浦村　うらむら　第200号　4-117, 5-250
宇良村　うらむら　第201号　4-119, 5-236
浦村　うらむら　第206号　4-148, 4-149, 5-242
浦村　うらむら　九州沿海図第19　4-274, 4-275
浦村荒平　うらむらあらひら　第200号　4-117
浦村枝来村　うらむらえだくわむら　第206号　4-148, 4-149
浦村小河内　うらむらこかわち　第200号　4-117
浦村中浦　うらむらなかうら　第200号　4-117
浦村松尾　うらむらまつお　第200号　4-117
裏山　うらやま　第188号　4-67
ウラリクシベツ　第3号　1-14, 5-18, 5-268, 5-270
浦和○　うらわ　第88号　2-78, 5-120, 5-291
瓜生野町　うりうのまち　第188号　4-65, 4-66
瓜生野村（御料所）　うりうのむら　第101号　2-141, 2-143, 5-128, 5-298
瓜生野村轟木町○〔瓜生野〕　うりうのむらとどろきまち　第188号　4-65, 4-66, 5-231, 5-313
瓜生原村　うりうばらむら　第144号　3-144
瓜生原村見内原　うりうばらむらみうちはら　第144号　3-144
茂生村　うりうむら　第185号　4-48, 5-244, 5-314
茂生村新田　うりうむらしんでん　第185号　4-48
茂生村都濃町○☆〔都濃〕　うりうむらつのまち　第185号　4-48, 5-244, 5-314
茂生村福原尻〔尾〕　うりうむらふからべ　第185号　4-48
茂生村明田　うりうむらみょうでん　第185号　4-48
瓜生屋村　うりうやむら　第75号　2-24, 5-99, 5-287
瓜ケ坂村　うりがさかむら　第189号　4-73, 5-234, 5-238, 5-241
爪島村（日向傳右エ門知行所）　うりじまむら　第101号　2-144
賣家村　うりやむら　第50号　1-170, 5-71, 5-74, 5-282
宇竜浦⛬　うりゅううら　第165号　3-233, 5-204, 5-308
雨竜嵜　うりゅうざき　第200号　4-117, 5-250
雨竜﨑　うりゅうざき　九州沿海図第19　4-274, 4-275
宇竜山　うりゅうざん　第162号　3-219
ウルイ　うるい　第102号　2-147
閏井川　うるいがわ　第100号　2-135, 2-138
潤川〔潤〕　うるうがわ　第187号　4-61, 5-313
潤村　うるうむら　第187号　4-61, 5-223
生神村　うるかみむら　第84号　2-63, 2-65, 5-143, 5-295
宇留毛　うるげ　九州沿海図第18　4-266
ウルシ　うるし　第175号　3-287
漆尾峠　うるしおとうげ　第175号　3-285
漆生村　うるしおむら　第187号　4-56
漆坂〔亘〕内村　うるしがいとむら　第112号　2-182
漆端村　うるしがはなむら　第127号　3-57, 5-180
漆河内　うるしかわち　九州沿海図第16　4-256
ウルシ島　うるしじま　第171号　3-265, 3-267
漆野村　うるしのむら　第197号　4-102, 5-245, 5-246, 3-314
漆野村新村　うるしのむらしんむら　第197号　4-102
漆山村　うるしやまむら　第66号　1-228, 5-92, 5-285
閏田村　うるだむら　第129号　3-67, 5-166, 5-299, 5-301
宇留津村　うるづむら　第178号　4-14, 4-16, 5-222, 5-312
宇留津村　うるづむら　九州沿海図第1　4-192, 4-193
ウル子　第3号　1-16, 5-18, 5-268, 5-270
古海　うるみ　第154号　3-189
ウルメ島　うるめじま　第147号　3-160, 3-162, 5-187
ウルメ島　うるめじま　第167号　3-242, 5-211, 5-213
嬉野村☆〔嬉野〕　うれしのむら　第201号　4-120, 5-234, 5-313
嬉野村枝野畠　うれしのむらえだのはた　第201号　4-120
上浦⛬　うわうら　第181号　4-32
上浦⛬　うわうら　九州沿海図第4　4-206
上方村　うわがたむら　第118号　3-19, 5-166
ウワカメ山　うわかめやま　第184号　4-47
宇和木　うわき　第167号　3-244, 5-211, 5-213
上木村　うわぎむら　第120号　3-24, 5-145
宇和郡　うわぐん　第161号　3-213, 3-217
宇和郡　うわぐん　第170号　3-259
宇和郡　うわぐん　第171号　3-265, 3-267
上蔀　うわしとみ　九州沿海図第16　4-256, 4-258
宇和島　うわじま　第141号　3-127, 3-131, 5-185, 5-306
宇和島（伊達遠江守居城）☆　うわじま　第171号　3-264, 5-201, 5-311
宇和島　うわじま　第179号　5-224
宇和嶋（上関嶋属）　うわじま（かみのせきじまぞく）

第169号　3-257, 2-224, 5-311
ウワシリシ〔ウハシリシ〕　第7号　1-28, 5-21, 5-271
上瀬村　うわせむら　第122号　3-34, 3-36, 5-173
上野浦　うわのうら　第140号　3-124, 5-170, 5-302
上野新村〔上野〕　うわのしんむら　第83号　2-58, 5-140, 5-295
上野村（真田弾正大弼）　うわのむら　第81号　2-50, 2-52, 5-146, 5-294
上野村　うわのむら　第84号　2-63, 5-141, 5-143, 5-295
上波浦　うわばうら　第171号　5-201, 5-203
上波浦明越浦　うわばうらあけごえうら　第171号　3-264, 3-266
上波浦甘崎浦〔甘崎浦〕　うわばうらあまざきうら　第171号　3-264, 3-266, 5-201, 5-203
上波浦柿浦　うわばうらかきのうら　第171号　3-265, 3-266
上波浦小矢野浦〔矢野〕　うわばうらこやのうら　第171号　3-264, 3-266, 5-311
上波浦塩屋浦〔塩屋浦〕　うわばうらしおやうら　第171号　3-264, 5-201, 5-203
上波浦津野浦〔津野浦、津浦〕　うわばうらつのうら　第171号　3-265, 5-201, 5-311
上波浦萬匠浦　うわばうらばんじょううら　第171号　3-264, 3-266
上波浦本郷矢野村　うわばうらほんごうやのむら　第171号　3-264, 3-266
上波浦水荷浦〔水荷浦〕　うわばうらみずがうら　第171号　3-264, 5-201, 5-203
上原村（水野猪之助知行所）　うわはらむら　第107号　2-156, 2-158, 5-129, 5-298
上穂村（御料所、近藤左京知行所）　うわぶむら　第108号　2-163, 5-151
上穂村上穂町〇　うわぶむらうわぶまち　第108号　2-163, 5-296
宇和間村　うわまむら　第168号　3-247, 5-215
上村　うわむら　第113号　2-186, 5-153, 5-155
上村出見世　うわむらでみせ　第113号　2-186
ウワメシマ　うわめじま　第151号　3-178
雲崎山　うんざきやま　第163号　3-222
温泉嶽〔温泉岳〕　うんぜんだけ　第196号　4-95, 4-97, 5-233
海野〇　うんの　第95号　2-112, 5-146, 5-294, 5-296
雲邊寺山　うんぺんじさん　第152号　5-196, 5-307, 5-310
雲門寺山　うんもんじやま　第135号　3-102, 5-176, 5-177, 5-178
雲林院　うんりんいん　第133号　3-87, 3-90
雲林院村　うんりんいんむら　第133号　3-87, 3-90

【え】

江合川　えあいがわ　第52号　1-179
江合村　えあいむら　第52号　1-179, 5-79
江井浦　えいうら　第142号　3-134, 5-184, 5-306
永久寺　えいきゅうじ　第90号　2-84
頴娃郡　えいぐん　第210号　4-170, 5-317
頴娃郡　えいぐん　第211号　4-173, 4-176, 5-249, 5-261, 5-316, 5-317
頴娃郡　えいぐん　九州沿海図第10　4-237
頴娃郡　えいぐん　九州沿海図第12　4-242
永源寺　えいげんじ　第100号　2-135, 2-138
江石　えいし　第212号　4-177, 5-253, 5-261
江石　えいし　九州沿海図第15　4-254
恵心院　えいしんいん　第133号　3-89
英信寺　えいしんじ　第90号　2-84
永代橋　えいだいばし　第90号　2-84
榮田村　えいだむら　第202号　4-124, 4-125, 4-126, 5-315
榮田村永昌〇　えいだむらえいしょう　第202号　4-125, 4-126, 5-236
永尾村濵〔永尾村〕　えいのおむらはま　第195号　4-93, 4-94, 5-233
永尾村濵　えいのおむらはま　九州沿海図第18　4-264
エイノ小島　えいのこじま　第207号　4-152
エイノ島　えいのしま　第204号　4-140
エイノ鼻　えいのはな　第190号　4-77
永福寺　えいふくじ　第90号　2-84
エイリシマ　えいりしま　第190号　5-235
江内　えうち　九州沿海図第13　4-251
江内 尾野島　えうちおのじま　第208号　4-161
江内 尾野嶋　えうちおのじま　九州沿海図第13　4-251
ヱタノ尾瀬　ええのおせ　第189号　4-71, 4-74
江頭村☆　えがしらむら　第125号　3-51, 5-174, 5-300, 5-301
江頭村　えがしらむら　第195号　4-93, 4-94, 5-232, 5-315
江頭村　えがしらむら　九州沿海図第18　4-264
江頭村南新田　えがしらむらみなみしんでん　第195号　4-93, 4-94
江上村　えがみむら　第120号　3-24, 3-26, 5-145, 5-297, 5-300
江上村　えがみむら　第188号　4-67, 4-69
江上村　えがみむら　第201号　4-121, 5-234
江上村枝有福　えがみむらえだありふく　第190号　4-77
ヱケ山　えがやま　第163号　3-227
江川　えがわ　第117号　3-13
江川〔江川村〕　えがわ　第140号　3-126, 5-171
江川　えがわ　第164号　3-229
江川　えがわ　第192号　4-82
江河　えがわ　九州沿海図第19　4-272
江川下久下村　えがわしもくげむら　第88号　2-79
江川中濵⚓　えがわなかはま　第140号　3-126
江川村　えがわむら　第88号　2-77
江川村（土屋弥三郎、間宮造酒之丞知行所）　えがわむら　第91号　2-95, 5-122
ヱカンラン　第26号　1-85, 5-48, 5-277
江北村　えきたむら　第143号　3-136, 5-188, 5-305
江口浦　えぐちうら　第186号　4-55, 5-223
江口浦　えぐちうら　九州沿海図第12　4-246
榎口開作　えぐちかいさく　第175号　3-286
江口川　えぐちがわ　第210号　4-168
江口川　えぐちがわ　九州沿海図第12　4-246
江口村（御料所）　えぐちむら　第135号　3-101, 5-178, 5-301
江口村　えぐちむら　第188号　4-64, 5-231
江熊村　えぐまむら　第179号　4-18, 4-21
江熊野村〔江熊野〕　えぐまむら　第188号　4-67, 5-231, 5-313
江熊村　えぐまむら　九州沿海図第2　4-197
エクリ岳　えくりだけ　第118号　3-19, 3-21, 5-166
繪下古賀村　えげこがむら　第188号　4-68, 5-231
江後　えご　九州沿海図第19　4-275
回向院　えこういん　第90号　2-84
江越村　えごしむら　第190号　4-75, 5-234
江越村皿屋敷　えごしむらさらやしき　第190号　4-75
恵古村　えこむら　第192号　4-80, 5-239, 5-241
江坂峠　えさかとうげ　第172号　5-212
榎坂村（御料所、森治郎兵エ、森亀十郎、森太郎助知行所）　えさかむら　第135号　3-101
江崎　えさき　第212号　5-253, 5-261
江崎村　えさきむら　第118号　3-16, 3-18, 5-166
江﨑村　えさきむら　第174号　3-278, 5-216, 5-309
江嵜村　えざきむら　第137号　3-114, 3-115, 5-184, 5-306
江﨑村　えざきむら　第176号　3-292, 5-219, 5-312
江﨑村枝岡屋　えざきむらえだおかや　第176号　3-292
江﨑村枝高根　えざきむらえだたかね　第176号　3-292
江﨑村枝能樂　えざきむらえだのうらく　第176号　3-292
江﨑村深溝〔江﨑村〕　えざきむらふかみぞ　第176号　3-292, 5-219
エサシ〇　第10号　1-36, 5-34, 5-272
江指☆⚓　えさし　第34号　1-118, 1-119, 5-57, 5-279
エサシヲマナイ　第13号　1-42, 5-37, 5-269, 5-273
ヱサン　第32号　5-53, 5-278
ヱシマ　えしま　第137号　3-114, 3-115, 5-184
家島　えじま　第145号　3-155, 5-185
江島（大根島屬）　えしま（だいこんじまぞく）　第155号　3-191, 5-190, 5-305
江島村　えじまむら　第129号　3-69, 5-163, 5-299
江島田〔里〕村　えじまりむら　第133号　3-91, 5-175
江尻〇　えじり　第107号　2-156, 5-129, 5-298
江尻村　えじりむら　第123号　3-38, 3-40, 5-173, 5-304
江尻村　えじりむら　第146号　3-159, 5-194, 5-307
江代山　えしろやま　第194号　5-245, 3-314
江代山　えしろやま　第202号　4-124
江洲﨑〔エス﨑〕　えすざき　第140号　3-125, 5-171
江住浦☆　えすみうら　第140号　3-125, 5-171, 5-302
江角浦　えずみうら　第162号　3-218, 5-190, 5-204
江住浦枝江須川　えすみうらえだえすのかわ　第140号　3-125
恵蘇郡　えそぐん　第163号　3-222, 3-224, 5-208, 5-307, 5-308
江田浦⚓　えだうら　第140号　3-124, 5-171, 5-302
枝ケ嵜　えだがさき　第36号　1-123
枝片嶋⚓　えだかたしま　第189号　4-71, 4-74
江田島　えだじま　第167号　3-243, 5-211, 5-213, 5-308
江田庄川内村〔川内〕　えだのしょうかわのうちむら　第163号　3-226, 5-208, 5-308
江田原　えだばる　九州沿海図第7　4-222
枝光村　えだみつむら　第178号　4-13, 5-222, 5-312
枝光村　えだみつむら　第188号　4-65, 4-66, 5-231, 5-313
枝光村　えだみつむら　第188号　4-69, 5-231
枝光村犬川　えだみつむらいぬかわ　第178号　4-13
枝光村堂山　えだみつむらどうやま　第178号　4-13
愛田村　えたむら　第129号　3-73, 5-167, 5-301
荏田村（増上寺領）〇　えだむら　第90号　2-87, 2-90, 5-123, 5-291
枝村　えだむら　第125号　3-48, 3-50, 5-166
江田村　えだむら　第162号　3-219, 3-221
江田村☆　えだむら　第185号　4-50, 4-52, 5-246, 5-314, 5-316
江田村（御料）☆　えだむら　九州沿海図第7　4-222

江田村江田原　えだむらえだばる　第185号　4-50, 4-52
荏田村小黒　えだむらおぐろ　第90号　2-87, 2-90
荏田村關根　えだむらせきね　第90号　2-87, 2-90
愛知川○　えちがわ　第125号　3-50, 5-166, 5-174, 5-297, 5-300, 5-301
愛知川　えちがわ　第125号　3-49, 3-50, 5-174
愛知郡　えちぐん　第125号　3-48, 3-49, 3-50, 5-166, 5-297, 5-300
越後　えちご　第73号　5-95, 5-287
越後國　えちごのくに　第71号　1-249, 1-250
越後國〔越後〕　えちごのくに　第78号　2-42, 5-95
越後國〔越後〕　えちごのくに　第81号　2-50, 5-95
越後國〔越後〕　えちごのくに　第82号　2-54, 5-95
越前國〔越前〕　えちぜんのくに　第120号　3-24, 5-157, 5-300
越前國〔越前〕　えちぜんのくに　第121号　3-29, 3-31, 3-32, 5-157, 5-297, 5-300
越前濵　えちぜんはま　第74号　2-19, 5-98
江津　えづ　第174号　3-279
越中國〔越中〕　えっちゅうのくに　第82号　2-54, 5-140, 5-147, 5-295
越中國〔越中〕　えっちゅうのくに　第84号　2-62, 5-140, 5-295
江津村　えつつむら　第133号　3-89
江積村　えつみむら　第75号　2-24, 2-27, 5-99, 5-287
汙津村　えつむら　第143号　3-135, 5-188, 5-304
江戸　えど　第90号　2-84
江戸川　えどがわ　第90号　2-84
江泊　えどまり　第175号　3-287
江戸村　えどむら　第188号　4-65, 5-231
榎井村　えないむら　第152号　3-182, 5-194, 5-307
榎井村枝横瀬　えないむらえだよこせ　第152号　3-182
衣奈浦　えなうら　第139号　3-121, 5-186
恵那郡　えなぐん　第110号　2-173, 5-155
恵那郡　えなぐん　第113号　2-186, 2-187, 5-155
恵那郡　えなぐん　第114号　2-190, 5-155
江名子村　えなこむら　第112号　2-182, 2-184, 5-153, 5-297
江名子村下江名子　えなこむらしもえなこ　第112号　2-183, 2-184
江梨村（御料所）　えなしむら　第101号　2-141, 2-143, 2-144, 5-129, 5-298
荏名神社　えなじんじゃ　第112号　2-183, 2-184
恵那岳〔恵那山〕　えなだけ　第110号　2-173, 5-154, 5-158, 5-296
江奈村（内藤春之亟領分）〔江名〕　えなむら　第55号　1-191, 5-104, 5-288
江奈村（太田摂津守領分）　えなむら　第102号　2-147, 5-129, 5-298
江沼郡　えぬまぐん　第86号　2-71, 5-144, 5-300
江沼郡　えぬまぐん　第120号　3-24, 5-144, 5-297, 5-300
江浦村〔江ノ浦〕　えのうちむら　第101号　2-141, 2-143, 5-128, 5-291, 5-298
江之浦　えのうら　第151号　3-180, 5-195
江ノ浦　えのうら　第152号　3-182, 5-195
江野浦　えのうら　九州沿海図第5　4-211
江ノ浦　えのうら　九州沿海図第19　4-274, 4-275
江浦町村　えのうらまちむら　第188号　4-68, 5-231
江浦村　えのうらむら　第99号　2-131, 5-125, 5-126, 5-291
江浦村　えのうらむら　第188号　4-68, 5-231
江浦村　えのうらむら　第202号　4-125, 4-126, 5-236, 5-315
江浦村北分　えのうらむらきたぶん　第188号　4-68
江浦村舩津　えのうらむらふなつ　第202号　4-125, 4-126
江ノ尾村（枚浦冨之助）　えのおむら　第101号　2-141, 5-127
榎﨑〔榎岬〕　えのきざき　第160号　3-210, 5-202
榎島（總名綱島）〔榎シマ〕　えのきじま（そうみょうつなしま）　第192号　4-81, 5-239, 5-240, 5-241
榎田村　えのきだむら　第208号　4-157, 5-250, 5-314
榎田村　えのきだむら　第208号　4-156, 5-250
榎田村　えのきだむら　九州沿海図第17　4-262
榎津村○〔榎津町〕　えのきづむら　第188号　4-67, 4-69, 5-231
榎津村　えのきづむら　第206号　4-148, 4-149, 5-242, 5-321
榎津村枝丸尾　えのきづむらえだまるお　第206号　4-148, 4-149
榎津村枝向島村若津町⚠〔若津町、向島〕　えのきづむらえだむかいじまむらわかつまち　第188号　4-67, 4-69, 5-231, 5-313
榎戸　えのきど　第93号　2-101, 2-102, 5-123
榎峠　えのきとうげ　第76号　2-28, 2-32
榎戸村　えのきどむら　第88号　2-77, 5-291
榎山　えのきやま　第189号　4-73, 4-74
江串村〔江串〕　えのくしむら　第201号　4-120, 5-236, 5-313, 5-315
江串村枝才貫田　えのくしむらえださいかんだ　第201号　4-120
江串村枝無留路　えのくしむらえだむるろ　第201号　4-120
江ノ口村　えのくちむら　第159号　3-206, 3-208, 5-200, 5-310
江ノ小島〔江ノ小シマ〕　えのこじま　第204号　4-140, 4-142, 5-235
江駒浦　えのこまうら　第139号　3-121, 5-186
江島〔エノ島〕　えのしま　第48号　5-78
江島（下之坊寺領）〔江ノ島〕　えのしま　第93号　2-103, 5-125, 5-291
江嶋　えのしま　第177号　3-294, 5-220
江ノ島　えのしま　第205号　4-144, 5-321
江ノシマ〔江島〕　えのしま　第209号　4-164, 5-247, 5-261
江嶋　えのしま　九州沿海図第10　4-234
江島（沖島屬）〔江之島〕　えのしま（おきしまぞく）　第157号　3-202, 5-195, 5-307
江ノ島村〔江之島村、江之島〕　えのしまむら　第111号　2-180, 5-161, 5-299
江野島村〔江ノ島村〕　えのしまむら　第147号　3-161, 5-187
可愛嶽〔可愛山、可愛岳〕　えのだけ　第184号　4-44, 5-228, 5-314
可愛岳　えのだけ　九州沿海図第6　4-217
江泊村　えのとまりむら　第84号　2-62, 2-64, 5-142
江泊村白鳥　えのとまりむらしらとり　第84号　2-62, 2-64
江ノ原村　えのはらむら　第128号　3-65, 5-183, 5-304
江ノ原村真木山　えのはらむらまきやま　第128号　3-65
エノム子岬　えのむねみさき　第141号　3-127
江梅瀬　えばいせ　第185号　4-50
江梅瀬　えばいせ　九州沿海図第7　4-221, 4-222
江波島☆　えばじま　第167号　3-241, 3-243, 5-211, 5-213, 5-308
江場土村（御料所）〔江場上村〕　えばどむら　第91号　2-93, 5-111, 5-290
江場村　えばむら　第129号　3-66, 5-166
荏原郡　えばらぐん　第90号　2-84, 2-85, 2-87, 5-123, 5-291
江原村　えばらむら　第98号　2-126
江原村　えばらむら　第124号　3-44, 5-180
エヒ穴　えびあな　第103号　2-150
海老江村　えびえむら　第83号　2-58, 5-140, 5-295
海老江村　えびえむら　第121号　3-30, 5-157, 5-174
海老沢浦　えびさわうら　第54号　1-188
海老シマ　えびしま　第132号　3-85, 1-170
海老シマ　えびじま　九州沿海図第19　4-271
エビス岩〔ヱヒスユワ〕　第32号　1-109, 1-110, 5-56, 5-279
エヒス岩　えびすいわ　第189号　4-71, 4-72
胡浦　えびすうら　第169号　3-256, 5-215
海老助村　えびすけむら　第120号　3-26, 5-145
エヒス﨑　えびすざき　第189号　4-74, 5-235, 5-241
恵美須嵜　えびすざき　第201号　4-121
エヒス﨑　えびすざき　第204号　4-140, 4-142
夷崎　えびすざき　第207号　4-151, 4-155
エヒスシマ　えびすしま　第183号　4-38, 4-39
夷島　えびすじま　第84号　2-64
エヒス嶌　えびすじま　第102号　2-146
戎シマ〔夷島〕　えびすじま　第140号　3-125, 5-171
夷島　えびすじま　第142号　3-133, 5-185, 5-187
エヒスシマ　えびすじま　第166号　3-235
戎嶋　えびすじま　第176号　3-289
エヒスシマ　えびすじま　第190号　4-77
エヒスシマ　えびすじま　第190号　4-77
エヒスシマ　えびすじま　第192号　4-81
恵比須島　えびすじま　第196号　4-95
ヱヒスシマ　えびすじま　第196号　4-99
恵美須嶌　えびすじま　第201号　4-121
恵美須シマ　えびすじま　第201号　4-121
夷島　えびすじま　第203号　4-138
恵美須島　えびすじま　第205号　4-144
エヒスシマ　えびすじま　九州沿海図第5　4-211
エヒスシマ　えびすじま　九州沿海図第19　4-275
恵美須鼻　えびすはな　第170号　3-261
エヒスハナ　えびすはな　第201号　4-121
夷濵　えびすはま　第76号　2-31, 5-138, 5-287, 5-294
夷町○☆　えびすまち　第75号　2-24, 5-99
夷村　えびすむら　第127号　3-57, 5-180, 5-304
海老塚村（松平美作守知行所）　えびつかむら　第111号　2-179, 2-180, 5-161
海老津村〔海老津〕　えびつむら　第186号　4-54, 5-222, 5-313
江樋戸　えびと　九州沿海図第19　4-275
海老沼　えびぬま　第63号　1-215, 5-87
江比間村　えひまむら　第116号　2-205, 5-162, 5-299
ヱヒヤコタン　第31号　1-106, 5-54, 5-279
江鮒村　えぶなむら　第141号　3-128, 5-182
江舟山　えふねやま　第176号　3-291
朳村　えぶりむら　第186号　4-54
エホシ　えぼし　第131号　3-78
烏帽子磯　えぼしいそ　第183号　4-43, 5-228
烏帽子礒　えぼしいそ　九州沿海図第6　4-216
烏帽子岩　えぼしいわ　第93号　2-102, 5-123, 5-125
烏帽子岩　えぼしいわ　第122号　3-35, 3-37
エホシ岩　えぼしいわ　第140号　3-124, 5-170
エホシ岩　えぼしいわ　第147号　3-160, 5-187
烏帽子岩　えぼしいわ　第151号　3-180
烏帽子岩　えぼしいわ　第189号　5-238, 5-241
烏帽子小島　えぼしこじま　第204号　4-140
烏帽子﨑　えぼしざき　第191号　4-79

烏帽子島　えぼしじま　第143号　3-135, 5-188
烏帽子島　えぼしじま　第153号　3-187, 5-191
烏帽子島　えぼしじま　第155号　3-191, 5-190, 5-204
烏帽子島　えぼしじま　第155号　3-191, 5-190
エホシシマ　えぼしじま　第155号　3-191
エホシシマ　えぼしじま　第166号　3-235
烏帽子島　えぼしじま　第189号　4-70, 5-233, 5-241
烏帽子嶋〔烏帽子シマ〕　えぼしじま　第199号　4-110, 5-248, 5-261
烏帽子嶋　えぼしじま　九州沿海図第8　4-227
烏帽子瀬〔エホシセ〕　えぼしせ　第189号　4-73, 5-234, 5-238, 5-241
エホシセ　えぼしせ　第192号　4-80
烏帽子セ　えぼしせ　第203号　4-135, 4-137, 5-251
ヱホシ瀬　えぼしせ　第204号　4-140
烏帽子セ　えぼしせ　第206号　4-150, 5-242, 5-243
烏帽子瀬〔エホシセ〕　えぼしせ　第210号　4-171, 5-254, 5-261
エホシセ　えぼしせ　九州沿海図第12　4-243, 4-245
烏帽子岳　えぼしだけ　第108号　2-163
烏帽子岳　えぼしだけ　第109号　2-170
烏帽子岳　えぼしだけ　第190号　4-77
烏帽子嶽　えぼしだけ　第190号　4-77
エホシ根　えぼしね　第101号　2-140
エホシハエ　えぼしはえ　第171号　3-266
烏帽子碆　えぼしばえ　第161号　3-213, 3-215, 5-203
エホシハエハナ　えぼしはえはな　第161号　3-216, 3-217
エホシハナ　えぼしばな　第192号　5-239, 5-240, 5-241
烏帽子岐　えぼしふなど　第52号　1-180
エホシマ　えぼしま　第192号　4-81, 4-82
ヱホ島　えぼしま　第204号　4-140
エボシ岬　えぼしみさき　第145号　3-149
烏帽子山　えぼしやま　第184号　4-46
烏帽子山　えぼしやま　第193号　4-83
烏帽子山　えぼしやま　第197号　4-103, 5-247
江松村　えまつむら　第115号　2-197, 5-159
江見村（水野壹岐守領分、浅野大學、瓦林助次郎知行所）☆　えみむら　第92号　2-98, 5-124, 5-290, 5-292
江向村　えむかいむら　第188号　4-66
江迎村　えむかえむら　第190号　4-77
江迎村枝猪調　えむかえむらえだいのつき　第190号　4-77
江迎村小川内　えむかえむらこがわち　第190号　4-77
江迎村中尾　えむかえむらなかお　第190号　4-77
江迎村長坂　えむかえむらながさか　第190号　4-77
江迎村根引〔江迎村☆、江迎〕　えむかえむらねびき　第189号　4-74, 5-235, 5-241, 5-313
江村　えむら　第116号　2-202, 2-204
江村　えむら　第117号　3-13, 5-163
江本村　えもとむら　第124号　3-42, 3-44, 5-180
江良　えら　第176号　3-289
恵良　えら　九州沿海図第3　4-203
江良浦　えらうら　第121号　3-29, 5-172, 5-300
江良村　えらむら　第151号　3-179, 5-193, 5-307
恵利原淺間山　えりはらあさまやま　第117号　3-13, 3-15
恵利原村　えりはらむら　第117号　3-13, 3-15, 5-168, 5-299
惠理村　えりむら　第188号　4-64, 4-65
恵里村　えりむら　第195号　4-93, 4-94
惠里村　えりむら　九州沿海図第18　4-264
ヱリモツナイ　第28号　1-92, 1-94, 5-50, 5-278
ヱリモ岬　第25号　1-84, 5-33, 5-277
恵林寺山　えりんじやま　第97号　2-122, 5-117
江郎町○　えろうまち　第36号　1-124, 5-60, 5-281
エロ子　えろね　第103号　2-149
煙嚴山鳳來寺〔鳳來寺〕　えんがんざんほうらいじ　第110号　2-176, 5-158, 5-161, 5-299
延喜村　えんぎむら　第164号　5-197, 5-214, 5-307, 5-311
圓行寺村　えんぎょうじむら　第142号　3-134, 5-184
猿猴岩　えんこういわ　第101号　2-140
圓光寺村〔円光寺〕　えんこうじむら　第144号　3-140, 5-183, 5-306
圓光寺村　えんこうじむら　第144号　3-146
塩山　えんざん　第97号　2-122, 5-117
炎山　えんざん　第167号　5-211, 5-213
圓實村　えんじつむら　第142号　3-132, 5-186
圓中　えんじゅう　九州沿海図第19　4-271
遠州境山　えんしゅうさかいやま　第116号　2-202, 2-204
延寿王院　えんじゅおういん　第187号　4-59, 4-62
円成寺　えんじょうじ　第90号　2-90
圓成寺坂峠　えんじょうじざかとうげ　第123号　3-41, 5-180
延勝寺村〔円勝寺〕　えんしょうじむら　第121号　3-30, 5-157, 5-174, 5-297, 5-300
圓正寺村　えんしょうじむら　第135号　3-101, 5-178
円藏寺　えんぞうじ　第88号　2-78
圓蔵村（大田善太夫、横山半左エ門、辻勇次郎知行所）　えんぞうむら　第93号　2-103, 5-123, 5-125
圓谷村　えんだにむら　第143号　3-136, 5-188
ヱンチモカ岬〔エントモカ岬〕　第12号　1-40, 5-36, 5-269, 5-273
円通寺　えんつうじ　第88号　2-78
円通寺　えんつうじ　第90号　2-84
円通寺　えんつうじ　第90号　2-84
円通寺　えんつうじ　第90号　2-89
圓通寺〔円通寺〕　えんつうじ　第127号　3-59, 3-61, 5-182, 5-304
圓通寺村〔円通寺〕　えんつうじむら　第143号　3-135, 5-188, 5-304
圓通寺村芝村　えんつうじむらしばむら　第143号　3-135
ヱントウ鼻〔エントウハナ〕　えんどうはな　第191号　4-78, 5-238, 5-241
遠藤村　えんどうむら　第155号　3-192, 5-189
圓徳院村　えんとくいんむら　第129号　3-73, 5-167
圓徳院村枝里出小場　えんとくいんむらえださとでこば　第129号　3-73
圓徳院村枝新田小場　えんとくいんむらえだしんでんこば　第129号　3-73
円徳寺　えんとくじ　第90号　2-84
ヱントモ〔ヱトモ〕　第29号　1-99, 5-52, 5-278
ヱントモ□マナイ川　第17号　1-53, 5-42, 5-275
ヱントモカ　第16号　1-51, 5-42, 5-274
圓應寺村　えんのうじむら　第144号　3-140, 5-183
圓納村　えんのうむら　第120号　3-24, 5-145
円福寺　えんぷくじ　第90号　2-89
閻魔堂村　えんまどうむら　第133号　3-86, 5-174, 5-176
円満寺　えんまんじ　第90号　2-84
円満寺　えんまんじ　第204号　4-141
遠妙寺　えんみょうじ　第97号　2-122, 2-123
円明寺村　えんみょうじむら　第133号　3-90, 3-92, 5-176, 5-178, 5-301
円明寺村之内山寺　えんみょうじむらのうちやまでら　第133号　3-90, 3-92
延命院　えんめいいん　第94号　2-107
延命寺　えんめいじ　第90号　2-84
延命寺　えんめいじ　第100号　2-138
延命寺山　えんめいじやま　第127号　3-61, 5-182
塩冶村塩冶町〔塩冶村〕　えんやむらえんやまち　第162号　3-219, 3-221, 5-204, 5-308

【お】

ヲアカン　第22号　5-29, 5-271
小天村　おあまむら　第193号　4-85, 4-87, 5-233, 5-315
小天村　おあまむら　九州沿海図第18　4-266
老形山　おいかたやま　第98号　2-126
オイカマイトー〔ヲイカマイトー〕　第24号　1-79, 1-80, 5-32, 5-276
笈川村　おいかわむら　第67号　1-235, 5-105, 5-288
小井川村　おいかわむら　第96号　2-118, 5-150
及川村（高井但馬守、大久保江七兵エ、沼間千次郎知行所）　おいがわむら　第99号　2-128, 5-126
及川村表及川　おいがわむらおもておいがわ　第99号　2-128
小井川村四谷〔小井川〕　おいかわむらよつや　第96号　2-118, 5-296
小井口村　おいぐちむら　第129号　3-71, 5-166
男池　おいけ　第153号　3-186, 5-191
小池村　おいけむら　第185号　4-48, 5-244, 5-314
小池村垂門　おいけむらたれかど　第185号　4-48
ヲイシヨマコ　第27号　1-89, 5-49, 5-278
ヲイシヨマコ川　第27号　1-89, 5-49
小出雲村　おいずもむら　第80号　2-45, 2-48, 5-138, 5-287
追田川　おいたがわ　第167号　3-242, 5-211, 5-213
老岳　おいだけ　第196号　4-99, 5-251, 5-315
老嶽　おいだけ　九州沿海図第19　4-272, 4-274, 4-275
老田山　おいたやま　第184号　4-44, 5-228
老田山　おいたやま　九州沿海図第6　4-217
御一ケ峯　おいちがみね　第141号　3-128
小市島　おいちじま　第168号　3-247, 5-215
御五神島（日振島屬）　おいつかみじま（ひぶりじまぞく）　第171号　3-267, 5-203, 5-311
ヲイトリ島　おいとりじま　第204号　4-141
ヲイナウシ　第29号　1-99
生名子　おいなご　九州沿海図第16　4-258, 4-260
老野村　おいのむら　第182号　4-35, 4-36, 5-227, 5-312, 5-314
老野村（岡領）　おいのむら　九州沿海図第21　4-279
老ノ森村（土屋相模守領分）　おいのもりむら　第66号　1-227, 5-92, 5-285
小井村　おいむら　第142号　3-134, 5-184
追良瀬村　おいらせむら　第59号　1-203, 5-83, 5-281
追入峠　おいれとうげ　第136号　5-182
追入村○☆　おいれむら　第127号　3-59, 5-304
追分（御料所）○☆　おいわけ　第95号　2-111, 5-116, 5-291, 5-294, 5-296
追分　おいわけ　第134号　3-97, 3-98
追分　おいわけ　第175号　3-283
追分　おいわけ　九州沿海図第21　4-279
追分　おいわけ　九州沿海図第21　4-281

追分村　おいわけむら　第111号　2-180, 5-161
追分村　おいわけむら　第121号　3-29, 3-31, 3-32, 5-157, 5-172, 5-300
追分村　おいわけむら　第141号　3-129, 5-183, 5-306
相賀浦　おうかうら　第131号　3-78, 5-168
相賀竈　おうかがま　第131号　3-78, 5-168
相賀村〔相賀〕　おうかむら　第189号　4-71, 4-72, 5-234, 5-238, 5-241, 5-313
扇町屋宿（田安殿領分）〔扇町谷〕　おうぎまちやじゅく　第88号　2-79, 5-120, 5-121, 5-291
扇山　おうぎやま　第97号　2-121
生城山　おうぎやま　第167号　3-240
淡河町○　おうごまち　第136号　3-107, 3-110, 5-182, 5-306
鴬巣　おうさ　九州沿海図第8　4-223, 4-224
逢坂　おうさか　第133号　3-87
逢坂峠　おうさかとうげ　第117号　3-13, 5-163, 5-168
相差村　おうさつむら　第117号　3-12, 3-14, 5-168, 5-299
王山　おうさん　第111号　5-161
王子　おうじ　九州沿海図第7　4-221, 4-222
王子川　おうじがわ　第135号　3-103, 5-178
王子川　おうじがわ　第139号　5-186
生石村　おうしこむら　第141号　3-130, 5-182, 5-306
工了峠　おうじとうげ　第182号　4-34, 5-227
王子峠　おうじとうげ　九州沿海図第21　4-281
合志野　おうしの　九州沿海図第16　4-258, 4-260
王子村（金輪寺、圓福寺、幸隆寺領）☆　おうじむら　第90号　2-84, 5-120, 5-123
王子村　おうじむら　第133号　3-90, 5-175, 5-176, 5-301
王寺村（御料所）〔王子村〕　おうじむら　第135号　3-100, 5-176, 5-177, 5-178, 5-301
王子村　おうじむら　第137号　3-114, 5-184, 5-306
王子村　おうじむら　第137号　3-115, 5-184
王子村　おうじむら　第144号　3-141, 3-143, 3-144, 3-146
王寺村枝船渡　おうじむらえだふなと　第135号　3-100, 5-301
王子村ノ内老ノ坂☆　おうじむらのうちおいのさか　第133号　3-90
王城山　おうじょうやま　第96号　2-119
會瀬村　おうせむら　第57号　1-196, 5-108, 5-288
網田村　おうだむら　第195号　4-93, 4-94, 5-315
網田村　おうだむら　九州沿海図第18　4-265
網田村枝赤瀬　おうだむらあかせ　第196号　4-96
網田村赤瀬　おうだむらあかせ　九州沿海図第18　4-265
網田村枝赤瀬　おうだむらえだあかせ　九州沿海図第19　4-275
網田村枝戸口浦☆　おうだむらえだとぐちうら　九州沿海図第18　4-265
網田村塩屋　おうだむらしおや　第195号　4-93, 4-94
網田村田平　おうだむらたひら　第195号　4-93, 4-94
網田村戸口浦☆　おうだむらとぐちうら　第195号　4-93, 4-94, 5-233
ヲウタラウシ　第20号　1-63, 5-44, 5-275
應地村　おうちむら　第127号　3-61
大内村　おうちむら　第145号　3-152, 5-192
大内村鵜居　おうちむらうずい　第145号　3-152
大内村内山　おうちむらうちやま　第145号　3-152
大内村中村　おうちむらなかむら　第145号　3-152
大内村正木　おうちむらまさき　第145号　3-152
青土村　おうづちむら　第129号　3-70, 3-72
網津村　おうづむら　第208号　4-159, 5-315, 5-317
網津村　おうづむら　九州沿海図第13　4-247, 4-249
網津村京泊浦☆〔網津村京泊☆、京泊〕　おうづむらきょうどまりうら　第208号　4-159, 5-252, 5-315, 5-317
粟殿村　おうどのむら　第134号　3-97, 3-98, 5-177
王中島村　おうなかじまむら　第117号　3-13, 5-163, 5-299
玉〔王〕ノ瀬川　おうのせがわ　第181号　4-30, 4-33, 5-226
王ノ瀬川　おうのせがわ　九州沿海図第4　4-207
黄檗山　おうばくさん　第133号　3-87, 3-89
黄檗山萬福寺〔黄檗山〕　おうばくさんまんぷくじ　第133号　3-87, 3-89, 5-176
王丸村　おうまるむら　第186号　4-53, 4-55
青海（御料所）〔青海村〕　おうみ　第80号　2-47, 5-139, 5-294
青海川　おうみがわ　第80号　2-47, 5-139
青海川村（榊原式部大輔領分）　おうみがわむら　第76号　2-30, 5-112, 5-287, 5-294
邑美郡　おうみぐん　第124号　3-47, 5-181, 5-304
邑美郡　おうみぐん　第143号　3-135, 5-181, 5-188, 5-304
近江島　おうみじま　第129号　3-66
青海嶋　おうみじま　第176号　3-289, 5-217, 5-219, 5-309
近江國〔近江〕　おうみのくに　第118号　3-17, 3-19, 5-166, 5-297, 5-300
近江國〔近江〕　おうみのくに　第121号　3-29, 3-30, 3-31, 3-32, 5-166, 5-297, 5-300
近江國〔近江〕　おうみのくに　第129号　3-70, 3-72, 5-166, 5-300, 5-301
近江國　おうみのくに　第133号　3-86, 3-88, 5-166, 5-301
青海村　おうみむら　第146号　3-159, 5-194
青海村　おうみむら　第176号　3-289
青海村　おうみむら　第192号　4-81, 5-239, 5-241, 5-320
青海村枝大藪☆　おうみむらえだおおやぶ　第146号　3-159, 5-307
アフム石　おうむいし　第101号　2-140
鸚鵡石　おうむせき　第117号　3-13, 3-15
邑生村　おうむら　第155号　3-191, 5-190, 5-305
青梅道　おうめみち　第90号　2-89
尾浦　おうら　第48号　1-163, 5-78, 5-284
小浦⛵　おうら　第139号　3-121, 3-123, 5-186
尾浦　おうら　第161号　3-213, 3-215, 5-202, 5-311
小浦村　おうらむら　第84号　2-62, 2-64, 5-142, 5-295
小浦村　おうらむら　第85号　2-66, 2-68, 5-142, 5-295
尾浦村　おうらむら　第192号　4-82, 5-240, 5-241, 5-320
應利山　おうりやま　第179号　4-18, 4-21, 5-225
應利山　おうりやま　九州沿海図第2　4-197
小江　おえ　九州沿海図第2　4-204
小江　おえ　九州沿海図第3　4-204
生江濱村〔生江〕　おえはまむら　第151号　3-179, 5-195, 5-307
小江村　おえむら　第188号　4-64
小江村〔小江〕　おえむら　第201号　4-119, 5-236, 5-313
小江村内越　おえむらうちこし　第201号　4-119
小江村星久保　おえむらほしくぼ　第201号　4-119
大アイカ島　おおあいかじま　第164号　3-229, 5-210
大アイシマ　おおあいしま　第164号　5-214
大藍島　おおあいじま　第164号　3-231
大姶良村　おおあいらむら　第209号　4-166, 5-249, 5-261, 5-316
大姶良村☆　おおあいらむら　九州沿海図第9　4-229
大浅島〔大アサシマ、大アサ島〕　おおあさじま　第204号　4-140, 5-235, 5-313, 5-321
大アサ子　おおあさね　第103号　2-150
大アサ根　おおあさね　第105号　5-135
大朝村　おおあさむら　第166号　3-237, 3-239, 5-308
大朝村枝ノ宮　おおあさむらえだのみや　第166号　3-237
大朝村境　おおあさむらさかい　第166号　3-236, 3-238
大麻山　おおあさやま　第142号　3-133, 5-187
大麻山　おおあさやま　第174号　5-216
大蘆村〔大芦〕　おおあしむら　第88号　2-79, 5-291
大足村　おおあしむら　第116号　2-207, 5-163, 5-299
大蘆村本目　おおあしむらほんめ　第88号　2-79
大明日川　おおあすかわ　第208号　5-250
大明見村　おおあすみむら　第100号　2-132
大麻生村（松平大和守領分、大久保備中守、戸田数馬知行所）　おおあそうむら　第88号　2-77, 5-121, 5-118
大麻生村新田　おおあそうむらしんでん　第88号　2-77
大麻生村西河原　おおあそうむらにしがわら　第88号　2-77
大阿津　おおあつ　第192号　4-82
大跡村　おおあとむら　第118号　3-19, 3-21
ヲーアナマ　第32号　1-110, 5-56
大尼子村　おおあまこむら　第125号　3-48, 3-50, 5-166
大新井村〔新井〕　おおあらいむら　第111号　2-177, 2-178, 5-160, 5-298
大嵐山　おおあらしやま　第100号　2-133
ヲーアンサイ川　第34号　1-119, 5-57, 5-279
大井○☆　おおい　第114号　2-190, 5-154, 5-155, 5-296
大井川　おおいがわ　第107号　2-159, 2-160, 5-160
大井川　おおいがわ　第111号　2-177, 2-178, 5-160
大井川　おおいがわ　第114号　2-190
大井川　おおいがわ　第144号　5-192
大飯郡　おおいぐん　第121号　3-33, 5-175, 5-300
大飯郡　おおいぐん　第122号　3-34, 3-36, 5-175, 5-300
大池　おおいけ　第101号　2-140, 2-142, 5-128, 5-292
大池　おおいけ　第131号　3-78
大池　おおいけ　第133号　3-89, 5-176, 5-301
大池　おおいけ　第136号　3-106
大池　おおいけ　第202号　4-128
大池　おおいけ　長崎〔参考図〕　4-129, 4-131
大池村　おおいけむら　第111号　2-179, 5-160
大池村　おおいけむら　第162号　3-221, 5-204
大井郷村〔大井〕　おおいごうむら　第176号　3-288, 5-217, 5-309
大井郷村大井浦　おおいごうむらおおいうら　第176号　3-288
大井郷村黒川　おおいごうむらくろかわ　第176号　3-288
大石　おおいし　第131号　3-81, 5-169
大石　おおいし　第132号　3-85

大石　おおいし　第204号　4-140
大石中村〔大石〕　おおいしなかむら　第133号　3-87, 3-89, 5-176, 5-301
大石原濵〔大石ヶ原濵〕　おおいしはらはま　第48号　1-163, 1-164, 5-78
大石東村〔大石〕　おおいしひがしむら　第133号　3-87, 3-89, 5-176, 5-301
大石村　おおいしむら　第75号　2-27, 5-99, 5-287
大石村（牧野大藏領分）　おおいしむら　第95号　2-112, 5-146, 5-294, 5-296
大石村　おおいしむら　第110号　2-176, 5-158, 5-161, 5-299
大石村☆　おおいしむら　第137号　3-112, 5-178, 5-306
大石村　おおいしむら　第152号　3-185, 5-196, 5-307, 5-310
大石村　おおいしむら　第180号　4-27
大石村　おおいしむら　第187号　5-223, 5-313
大石村〔大石〕　おおいしむら　第188号　4-67, 5-231, 5-313
大石村　おおいしむら　第188号　4-65, 4-66, 5-231
大井宿岡瀬沢　おおいじゅくおかせざわ　第114号　2-190
大井宿石塔　おおいじゅくせきとう　第114号　2-190
大石淀村〔大石〕　おおいしよどむら　第133号　3-87, 3-89, 5-176, 5-301
大井神社　おおいじんじゃ　第133号　3-91, 5-175
大泉村　おおいずみむら　第108号　2-165
大磯（御料所）☆　おおいそ　第99号　2-128, 2-130, 5-125, 5-126, 5-291
大磯　おおいそ　第169号　3-254, 5-215
大礒岩　おおいそいわ　第132号　3-85, 1-170
大磯岬　おおいそみさき　第142号　3-133, 5-187
大礒村　おおいそむら　第111号　2-177, 2-178, 5-160
大板井村　おおいたいむら　第187号　4-59, 5-223, 5-231
大分郡　おおいたぐん　第181号　4-29, 4-30, 4-31, 4-33
大分郡　おおいたぐん　第181号　4-29, 4-30, 4-31, 4-33
大分郡　おおいたぐん　第182号　4-34, 4-35, 5-312
大分郡　おおいたぐん　九州沿海図第3　4-202, 4-203
大井谷村　おおいだにむら　第91号　2-93, 5-111, 5-290
大板部島〔板部島〕　おおいたべじま　第207号　4-154, 5-243, 5-321
大イツキ　おおいつき　第131号　3-80, 5-169
大出村　おおいでむら　第108号　2-165, 5-150
大井手村　おおいでむら　第129号　3-67, 3-69, 5-166
大井峠　おおいとうげ　第163号　5-208
多井戸村　おおいどむら　第94号　2-107
大犬塚村〔犬塚〕　おおいぬづかむら　第188号　4-65, 4-66, 4-68, 5-231, 5-313
大犬塚村下町　おおいぬづかむらしもまち　第188号　4-65, 4-66, 4-68
大井濱村　おおいはまむら　第164号　5-197, 5-210, 5-214
大今里村　おおいまざとむら　第135号　3-101, 5-178
大井町（阿部鋳丸領分）○　おおいまち　第88号　2-78, 5-120, 5-291
大井村　おおいむら　第88号　2-77
大井村　おおいむら　第90号　2-86, 5-123
大井村☆　おおいむら　第116号　2-201, 2-207, 5-162, 5-299
大井村　おおいむら　第133号　3-91, 5-175, 5-301
大井村〔太井〕　おおいむら　第151号　3-176, 5-192, 5-307
太井村　おおいむら　第154号　3-188, 5-191
大井村　おおいむら　第155号　3-191, 5-190
大井村（徳山領）　おおいむら　第176号　3-288, 5-217
大井村濱川　おおいむらはまかわ　第90号　2-86
ヲー岩　第34号　1-116, 1-118, 5-54, 5-57, 5-279
ヲー岩〔ヲヽユワ〕　第36号　1-124, 5-60, 5-281
大岩川村　おおいわがわむら　第71号　1-249, 5-93, 5-96, 5-285, 5-286
大岩町　おおいわまち　第116号　2-202, 2-204, 5-161
大岩村（松平斧太郎、大森八右エ門、玉虫八右エ門）　おおいわむら　第100号　2-135, 2-138, 5-127, 5-291
大岩村　おおいわむら　第133号　3-93, 5-178, 5-301
大岩村枝出水　おおいわむらえだいずりみず　第100号　2-135, 2-138
大岩村ノ内國見　おおいわむらのうちくにみ　第133号　3-93
大内　おおうち　九州沿海図第3　4-202
大内田村　おおうちだむら　第208号　4-157, 5-250, 5-315
大内田村出戸〔大内田村〕　おおうちだむらでと　第60号　1-207, 1-208, 5-85
大内田村棒ケ崎　おおうちだむらぼうがさき　第60号　1-207, 1-208
大内峠　おおうちとうげ　第123号　5-180
大内平田村　おおうちひらたむら　第168号　3-247, 5-214, 5-311
大内村　おおうちむら　第145号　3-149, 3-152, 5-192, 5-307
大内村池灘　おおうちむらいけなだ　第145号　3-149, 3-152
大内村枝澤〔深迫〕〔大内村、大内〕　おおうちむらえだふかさこ　第181号　4-33, 5-226, 5-312
大内村枝深迫　おおうちむらえだふかさこ　九州沿海図第3　4-202
大ウツシマ　おおうづしま　第153号　3-187, 5-191
大生郡兵主神社　おおうべのひょうずじんじゃ　第124号　3-44
大浦　おおうら　第103号　2-149
大浦　おおうら　第105号　2-154
大浦　おおうら　第151号　3-180, 5-194
大浦　おおうら　第152号　3-183
大浦　おおうら　第157号　5-195
大浦　おおうら　第164号　3-231, 5-211
大浦　おおうら　第164号　3-231
大浦　おおうら　第171号　3-264, 5-201, 5-311
大浦　おおうら　第177号　3-294
大浦　おおうら　第177号　3-294
大浦　おおうら　第200号　4-117, 4-118
大浦　おおうら　第201号　4-121
大浦　おおうら　九州沿海図第9　4-231
大浦赤松浦　おおうらあかまつうら　第171号　3-264
大浦鼻　おおうらがはな　第165号　3-233
大浦川　おおうらがわ　第213号　4-182
大浦鼻　おおうらばな　第167号　3-242, 3-244, 5-211, 5-213
大浦濱　おおうらはま　第175号　3-286
大浦村　おおうらむら　第75号　2-27, 5-99, 5-287
大浦村（御料所）〔子浦村〕　おおうらむら　第102号　2-147
大浦村　おおうらむら　第118号　3-18, 5-166
大浦村☆　おおうらむら　第121号　3-31, 5-157, 5-172, 5-297, 5-300
大浦村　おおうらむら　第142号　3-133, 5-187, 5-303, 5-306
大蒲〔浦〕村☆⚓　おおうらむら　第168号　3-247, 5-214
大浦村　おおうらむら　第189号　4-73, 5-238, 5-241
大浦村　おおうらむら　第192号　4-80, 5-239, 5-241, 5-320
大浦村　おおうらむら　第196号　4-99, 5-233, 5-315
大浦村〔大浦〕　おおうらむら　第201号　4-119, 5-236, 5-313, 5-315
大浦村　おおうらむら　第210号　4-171, 5-254, 5-261, 5-317
大浦村　おおうらむら　九州沿海図第12　4-243
大浦村　おおうらむら　九州沿海図第19　4-275
大浦村大浦濱　おおうらむらおおうらはま　第189号　4-73
大浦村小濱　おおうらむらおばま　第210号　4-171
大浦村越路　おおうらむらこえじ　第210号　4-171
大浦村榊　おおうらむらさかき　第210号　4-171
大浦村新地　おおうらむらしんち　第196号　4-99
大浦村野上　おおうらむらのあげ　第201号　4-119
大浦葭　おおうらよし　第125号　3-51, 5-174, 5-300, 5-301
大江　おおえ　第154号　3-189
大江ケ里村　おおえがりむら　第190号　4-75
大江島村　おおえじまむら　第141号　3-131, 5-183, 5-306
大村〔枝〕新村　おおえだしんむら　第144号　3-142, 5-183
大枝新村紅石　おおえだしんむらべにいわ　第144号　3-142
大枝村　おおえだむら　第87号　2-75, 5-120
大枝村　おおえだむら　第144号　3-142, 5-183, 5-306
大江灘川　おおえなだがわ　第183号　4-41
大江灘川⚓　おおえなだがわ　九州沿海図第5　4-213
大江灘東風〔陰〕　おおえなだこちかげ　第183号　4-39, 4-41
大江灘屋敷　おおえなだやしき　第183号　4-41
大柄ハナ　おおえはな　第208号　5-252
大柄鼻　おおえはな　九州沿海図第13　4-247, 4-249
大家本郷　おおえほんごう　第166号　3-235, 5-209, 5-212, 5-308
大江村　おおえむら　第131号　3-78, 5-168, 5-299, 5-301
大江村　おおえむら　第133号　3-86, 3-87, 5-174, 5-176
大江村☆　おおえむら　第151号　3-178, 5-195
大江村　おおえむら　第203号　4-137, 5-251, 5-315
大江村　おおえむら　九州沿海図第19　4-271, 4-273
大江村枝軍浦　おおえむらえだいくさがうら　第203号　4-137
大江村枝軍浦　おおえむらえだいくさがうら　九州沿海図第19　4-271
大江村里　おおえむらさと　第203号　4-137
大江山　おおえやま　第123号　3-40, 5-180
大家山　おおえやま　第166号　3-235
大江山　おおえやま　第166号　3-235
大岡主膳正居城　おおおかのぬししょうぜんきょじょう　第87号　2-75
多沖山　おおおきやま　第143号　3-135
大尾沢川　おおおざわがわ　第109号　5-152

ヲーベツカリ〔ヘツカリ〕　第17号　1-53, 5-42
大貝須新田　おおがいすしんでん　第129号　3-66, 5-166, 5-299
大貝戸村　おおがいとむら　第118号　3-21
大萱村　おおがいむら　第133号　3-87, 5-174, 5-176
大垣村枝下大垣〔大垣村〕　おおかいむらえだしもおおかい　第127号　3-60, 5-180
大貝山　おおかいやま　第202号　4-123, 4-124
大柿　おおかき　九州沿海図第17　4-263
大垣（戸田采女正居城）◯　おおがき　第118号　3-16, 3-18, 5-166, 5-297, 5-300
大柿村　おおがきむら　第52号　1-179, 5-79, 5-284
大垣村　おおがきむら　第162号　3-218, 5-190, 5-204, 5-305, 5-308
大カクシマ　おおかくしま　第164号　5-210
大カクマ島　おおかくまじま　第167号　3-243, 5-211, 5-213, 5-308
大掛山　おおかけやま　第166号　3-235
大掛山　おおかけやま　第166号　3-238
大賀郷神場〔大賀郷〕　おおがごうかみば　第105号　2-154, 5-135, 5-293
大賀郷千鳥ケカヤト　おおがごうちどりがかやと　第105号　2-154
大賀郷東里　おおがごうひがしざと　第105号　2-154
大賀郷向里　おおがごうむかいさと　第105号　2-154
大賀郷楊梅ケ原　おおがごうよううめがはら　第105号　2-154
大尾（梶）﨑〔大梶サキ〕　おおかじさき　第192号　4-82, 5-240, 5-241
大鹿島　おおがじま　第204号　4-140, 5-235, 5-313, 5-321
大ケ瀬　おおがせ　第203号　4-137, 5-251
大カ瀬　おおがせ　九州沿海図第19　4-271, 4-273
大潟　おおがた　九州沿海図第19　4-275
大方竃　おおかたがま　第131号　3-78, 5-168, 5-299
大帷子村（森本松次郎、小笠原若狭守知行所）　おおかたびらむら　第92号　2-99, 5-124, 5-290
大桂島〔桂島〕　おおかつらしま　第154号　3-189, 5-191, 5-305
大桂嶋　おおかつらじま　九州沿海図第13　4-251
大門　おおかど　九州沿海図第16　4-258, 4-260
大角鼻〔大角岬〕　おおかどはな　第145号　3-150, 5-185, 5-306
大ケ洞村　おおかほらむら　第112号　2-185, 5-153, 5-155, 5-297
大釜村　おおがまむら　第141号　3-130, 5-182
大釜村枝新村　おおがまむらえだしんむら　第141号　3-130
ヲーカマヤ川　第32号　1-111, 5-56, 5-279
狼返リ山　おおかみがえりやま　第100号　2-136, 2-138
狼坂　おおかみざか　第133号　3-91
大鹿岬　おおがみさき　第204号　4-142
大神村　おおかみむら　第90号　2-89
大神村（御料所、永見伊豫守、伊沢吉次郎、榊原甲斐守、筧通次郎、服部六右エ門、速見織之助知行所）　おおかみむら　第93号　2-103, 5-126, 5-291
大神山神社　おおがみやまじんじゃ　第155号　3-190, 3-192, 5-189
大賀村（酒井内記知行所）　おおかむら　第92号　2-99, 2-100, 5-124, 5-292
大神村⛫　おおがむら　第181号　4-31, 5-312
大神村（日出領）　おおがむら　九州沿海図第3　4-201
大神村秋貞　おおがむらあきさだ　第181号　4-31
大神村軒井　おおがむらのきい　第181号　4-31
大神村日比浦　おおがむらひびのうら　第181号　4-29, 4-31
大神村深江〔深江〕　おおがむらふかえ　第181号　4-31, 5-227, 5-312
大亀谷村　おおかめだにむら　第133号　3-87, 3-89, 5-174, 5-176, 5-301
大亀谷村ノ内谷口　おおかめだにむらのうちたにぐち　第133号　3-87, 3-89
大亀谷村之内鶴ケ町　おおかめだにむらのうちつるがまち　第133号　3-87, 3-89
大カモ川　おおがもがわ　第102号　2-147
大加茂村　おおがもむら　第102号　2-147
大茅村　おおがやむら　第128号　3-65
大萱村　おおがやむら　第133号　3-86, 5-174, 5-176, 5-301
大雁田山　おおかりたやま　第163号　3-224
大刈藻島〔大カルモシマ〕　おおかりもじま　第139号　3-121, 5-179
大軽村　おおがるむら　第134号　3-97, 3-98, 5-177
大川◯　おおかわ　第62号　1-212, 5-87, 5-283
大川　おおかわ　第122号　3-37, 5-173
大川　おおかわ　第127号　3-57
大川　おおかわ　第200号　4-117
大川　おおかわ　第208号　5-252
大川　おおかわ　第208号　4-157, 4-158
大川　おおかわ　九州沿海図第10　4-238
大川　おおかわ　九州沿海図第13　4-249
大川　おおかわ　九州沿海図第19　4-272
大川入山　おおかわいりやま　第110号　2-172
大川浦　おおかわうら　第138号　3-118, 3-120, 5-184
大川神社　おおかわじんじゃ　第123号　3-40
大川岳　おおかわだけ　第104号　5-134
大河内岳　おおかわちだけ　第190号　4-76
大河内 戸谷　おおかわちとだに　第176号　3-291
大河内村内箙瀬　おおかわちむらうちえびらせ　九州沿海図第16　4-256, 4-258
大河内村上蔀〔大河内〕　おおかわちむらうわしとみ　第200号　4-113, 4-115, 4-116, 5-315
大河内村箙瀬　おおかわちむらえびらせ　第200号　4-113, 4-115, 4-116
大河内村海路　おおかわちむらかいじ　第200号　4-113, 4-116
大河内村高田邊　おおかわちむらこうだべ　第200号　4-113
大河内村白石〔大河内村〕　おおかわちむらしろいし　第200号　4-113, 4-115, 4-116, 5-250
大川津村　おおかわづむら　第74号　2-20, 5-112, 5-287, 5-289
大川野村◯〔大川野〕　おおかわのむら　第190号　4-76, 5-234, 5-313
大川橋　おおかわばし　第90号　2-84
大川名　おおかわみょう　第202号　4-124
大川村　おおかわむら　第75号　2-25, 2-27, 5-99, 5-287
大川村　おおかわむら　第85号　2-66, 5-142, 5-295
大川村（大久保宗三郎知行所）　おおかわむら　第92号　2-99, 2-100, 5-124, 5-292
大川村　おおかわむら　第101号　2-142, 5-128, 5-292
大川村　おおかわむら　第123号　3-40
大川村　おおかわむら　第137号　3-114, 3-115, 5-184, 5-306
大川村　おおがわむら　第75号　2-24, 5-99
大川村大川濵　おおかわむらおおかわはま　第101号　2-142
大川山　おおかわやま　第101号　2-142
大河原◯☆　おおがわら　第53号　1-185, 5-80, 5-284
大河原　おおがわら　九州沿海図第1　4-189
大河原　おおがわら　九州沿海図第5　4-213
大苅田村　おおかんだむら　第144号　3-146
ヲーキシ〔オーシキ〕　第34号　1-119, 5-57, 5-279
大北山村　おおきたやまむら　第133号　3-90, 5-175, 5-176, 5-300
大北山村之内石塔〔拾〕　おおきたやまむらのうちいしひろい　第133号　3-90
大北〔山〕村之内千束　おおきたやまむらのうちせんぞく　第133号　3-90
大北山村之内堂之庭　おおきたやまむらのうちどうのにわ　第133号　3-90
大木戸　おおきど　第90号　2-85
大木戸　おおきど　第90号　2-84, 2-86
扇橋　おおぎばし　第90号　2-84, 2-86
大君　おおきみ　第167号　3-243, 3-245, 5-211, 5-213
大君村　おおきみむら　第122号　3-37, 5-173
大岐村〔大岐浦〕　おおきむら　第161号　3-212, 3-214, 5-202, 5-311
大城村　おおきむら　第188号　4-65, 5-231
大木村◯　おおぎむら　第116号　2-202, 2-204, 5-162, 5-299
大木村〔大木〕　おおぎむら　第190号　4-76, 5-234, 5-313
大岐村枝久百村　おおきむらえだくももむら　第161号　3-212, 3-214
大木村廣瀬　おおぎむらひろせ　第190号　4-76
大城村舩塲　おおきむらふなば　第188号　4-65
大キリシマ　おおきりしま　第164号　5-210
大杭村　おおくいむら　第124号　3-47
大久喜村　おおくきむら　第45号　1-152, 5-68, 5-280
大久後　おおくご　第114号　2-190
大草村　おおくさむら　第115号　2-199, 5-159, 5-299
大草村　おおくさむら　第116号　2-202, 2-204, 5-162
大草村　おおくさむら　第116号　2-205, 5-162, 5-299
大草村　おおくさむら　第155号　3-191, 3-193, 5-190, 5-305
大草村　おおくさむら　第202号　4-125, 4-126, 5-236, 5-315
大草村枝野副　おおくさむらえだのぞえ　第202号　4-125, 4-126
大草山　おおくさやま　第108号　2-164
大串浦　おおくしうら　第164号　3-229, 5-210
大串﨑　おおくしざき　第146号　3-157, 3-158, 5-194
大串シマ　おおくしじま　第196号　4-95
大櫛鼻　おおくしはな　第174号　3-279, 3-280
大串村　おおくしむら　第206号　4-150, 5-242, 5-243
大串村〔大串〕　おおぐしむら　第201号　4-121, 4-122, 5-236, 5-313, 5-315
大串村枝亀之浦　おおぐしむらえだかめのうら　第201号　4-121
大串村枝鳥加　おおぐしむらえだとりか　第201号　4-121, 4-122
大串村三町分　おおぐしむらさんちょうぶん　第201号　4-121, 4-122
大串村下竹　おおぐしむらしもたけ　第201号　4-

121
大串村宮浦　おおぐしむらみやうら　第201号　4-121
大口村　おおくちむら　第60号　1-208, 5-85, 5-283
大口村　おおくちむら　第130号　3-74, 3-76, 5-163, 5-299, 5-301
大口村　おおくちむら　第195号　4-93, 4-94, 5-233, 5-315
大口村　おおくちむら　九州沿海図第18　4-265
大口村釜谷〔大口村〕　おおくちむらかまや　第60号　1-208, 5-87
大湫〇☆　おおくて　第114号　2-190, 5-155, 5-158, 5-297
大湫宿神田　おおくてじゅくかんだ　第114号　2-190
大湫宿八瀬沢　おおくてじゅくやせざわ　第114号　2-190
大国魂神社　おおくにたまじんじゃ　第191号　4-79
大國村　おおぐにむら　第141号　3-130
大椚村　おおくぬぎむら　第97号　2-120, 5-121
大椚村　おおくぬぎむら　第98号　5-117, 5-127
大椚村大濱　おおくぬぎむらおおはま　第97号　2-120
大椚村日野　おおくぬぎむらひの　第97号　2-120
大久野島　おおくのしま　第164号　3-228, 5-210, 5-307, 5-308
大首崎〔大首サキ〕　おおくびざき　第192号　4-81, 4-82, 5-239, 5-240, 5-241
大久保〇☆　おおくぼ　第62号　1-212, 1-213, 5-87, 5-283
大久保　おおくぼ　九州沿海図第1　4-191
大久保　おおくぼ　九州沿海図第20　4-277
大久保浦　おおくぼうら　第175号　3-287
大窪島　おおくぼじま　第201号　4-121
大久保宿新敷村〔新敷〕　おおくぼしゅくにいしきむら　第62号　1-212, 1-213, 5-283
大久保峠　おおくぼとうげ　第176号　3-290
大久保濱　おおくぼはま　第104号　2-151
大久保村　おおくぼむら　第43号　1-146, 5-67, 5-82, 5-84
大窪村　おおくぼむら　第76号　2-30, 5-112
大久保村　おおくぼむら　第88号　2-78
大久保村（秋山修理）　おおくぼむら　第100号　2-138, 5-127, 5-291, 5-296
大窪村〔大久保村〕　おおくぼむら　第120号　3-25, 3-27, 5-145
大久保村　おおくぼむら　第129号　3-67, 5-166, 5-301
大久保村　おおくぼむら　第133号　3-89
大久保村　おおくぼむら　第134号　3-97, 3-98, 5-177, 5-301
大久保町☆　おおくぼむら　第137号　3-114, 5-184, 5-306
大窪村　おおくぼむら　第137号　3-114
大久保村　おおくぼむら　第142号　3-134, 5-184
大久保村　おおくぼむら　第170号　3-258, 5-201, 5-215, 5-311
大久保村　おおくぼむら　第188号　4-67
大窪村　おおくぼむら　第193号　4-85, 4-86, 5-232, 5-314
大窪村　おおくぼむら　第194号　4-90, 4-91, 3-314
大窪村　おおくぼむら　第209号　4-162, 5-247, 5-261, 5-314, 5-316
大窪村　おおくぼむら　九州沿海図第18　4-266
大久保村原町　おおくぼむらはらまち　第53号　1-185, 1-186, 5-81
大久保山　おおくぼやま　第206号　4-146
大隈川　おおくまがわ　第68号　1-238, 1-240, 5-106
大熊毛村　おおくまげむら　第179号　4-22, 5-224, 5-312
大熊毛村　おおくまげむら　九州沿海図第2　4-198
大熊毛村　おおくまげむら　九州沿海図第3　4-198, 4-204
大熊毛村内迫　おおくまげむらうちさこ　第179号　4-22
大熊毛村島田　おおくまげむらしまだ　第179号　4-22
大クマ根　おおくまね　第103号　2-150
大熊村　おおくまむら　第81号　2-50
大隈村　おおくまむら　第188号　4-65, 4-66, 5-231
大隈村大隈町〇〔大隈村枝大隈町、大隈〕　おおくまむらおおくままち　第187号　4-56, 4-58, 5-222, 5-312
大熊山　おおくまやま　第81号　2-50
大久村　おおくむら　第153号　3-186, 5-191, 5-305
大藏谷村〇☆　おおくらだにむら　第137号　3-114, 5-184, 5-306
大倉戸新田（松平伊豆守領分）　おおくらとしんでん　第111号　2-181, 5-161, 5-299
大倉村　おおくらむら　第75号　2-23, 5-99, 5-287
大倉村（本多豊後守）　おおくらむら　第81号　2-50, 5-146, 5-294
大藏村　おおくらむら　第178号　4-13, 4-15, 5-222, 5-312
大蔵村鎌田村入會　おおくらむらかまたむらいりあい　第90号　2-87
大藏村清水　おおくらむらしみず　第178号　4-13, 4-15
大倉村土手新田　おおくらむらどてしんでん　第81号　2-50
大倉村向原　おおくらむらむこうはら　第81号　2-50
大倉山　おおくらやま　第97号　2-120
大倉山　おおくらやま　第141号　3-128
大黒島　おおぐりじま　第153号　3-186, 5-191
大榑川　おおぐれがわ　第118号　3-18, 3-20
大黒浦　おおぐろうら　第181号　4-32
大黒浦　おおぐろうら　九州沿海図第4　4-206
大黒神島（西能美島屬）　おおくろかみしま（にしのうみじまぞく）　第167号　3-243, 3-245, 5-211, 5-213, 5-311
大クロ崎　おおくろざき　第101号　2-140
大黒島　おおぐろしま　第164号　3-231, 5-211, 5-311
大乗島村　おおくわじまむら　第142号　3-133, 5-187
大下島　おおげじま　第164号　3-230, 5-210, 5-307, 5-311
大桁山　おおげたやま　第95号　2-110, 5-116, 5-119
大毛山　おおげやま　第142号　3-133, 5-303, 5-306
大子岩　おおこいわ　第151号　3-181
大河内岳　おおこうちだけ　第100号　5-127
大河内村　おおこうちむら　第175号　5-218
大河内村　おおごうちむら　第123号　3-41, 5-180
大河内村口河野部　おおごうちむらくちこうのべ　第123号　3-41
大河内村西門　おおごうちむらにしかど　第123号　3-41
大河内村熊〔能〕谷　おおごうちむらのうだに　第123号　3-41
大コシ　おおこし　第146号　3-159
大越鼻　おおこしがはな　第105号　2-154
大古志岐セ　おおこしきせ　第206号　4-146
大子島　おおこじま　第164号　3-231, 5-211
大小島　おおこじま　第171号　3-265, 5-201, 5-203
大小島　おおこじま　第171号　3-265
大小島〔大小シマ〕　おおこじま　第189号　4-73, 5-235, 5-238, 5-241
大小シマ　おおこじま　第201号　4-121, 5-236
大子シマ　おおこじま　第201号　4-122, 5-235
大小島　おおこじま　第204号　4-142, 5-235
大小島〔大小シマ〕　おおこじま　第207号　4-153, 5-243
大小島（椎木島）　おおこじま（しいのきじま）　第207号　4-152, 5-243, 5-321
大越村　おおごしむら　第170号　3-258, 5-201, 5-215, 5-311
大越村二牛　おおごしむらにぎゅう　第170号　3-258
大越山　おおこしやま　九州沿海図第15　4-254, 4-255
大毎シマ　おおごとしま　第164号　5-210
大川平村　おおこびらむら　第197号　4-104, 5-245, 3-314
大コマ嵜　おおこまざき　第132号　3-85
大篭村　おおごもりむら　第202号　4-127, 4-128, 5-236, 5-315
大篭村　おおごもりむら　長崎〔参考図〕　4-129, 4-131
大小屋村　おおごやむら　第96号　2-119, 5-150, 5-296
大金碆　おおごんばや　第170号　3-263, 5-311
大坂　おおさか　第135号　3-101, 5-178, 5-301
大坂井村　おおさかいむら　第188号　4-69, 5-231
大境村〔境〕　おおざかいむら　第83号　2-60, 5-140, 5-295
大坂峠　おおさかとうげ　第166号　5-209, 5-212
大坂濱　おおさかはま　第183号　5-228
大坂間　おおさかま　九州沿海図第16　4-256
相坂村　おおさかむら　第44号　1-149, 5-66, 5-69, 5-280
大坂村　おおさかむら　第100号　2-134, 5-126
大砂川村　おおさがわむら　第64号　1-220, 5-89, 5-283, 5-286
大崎　おおさき　第101号　2-140, 2-142
大崎　おおさき　第124号　3-43
大崎　おおさき　第159号　3-207
大崎　おおさき　第170号　5-226
大崎　おおさき　第171号　3-265, 5-201
大崎　おおさき　第181号　5-226
大崎　おおさき　第187号　4-61
大崎　おおさき　第189号　4-70
大嵜　おおさき　第189号　4-73
大崎　おおさき　第190号　4-77, 5-313
大崎　おおさき　第190号　4-76
大サキ　おおさき　第191号　5-238, 5-241
大崎　おおさき　第192号　4-82, 5-240, 5-241
大崎　おおさき　第199号　5-248, 5-261, 5-316
大崎〔大崎ハナ〕　おおさき　第200号　4-118, 5-250
大崎　おおさき　第201号　5-234
大崎　おおさき　第204号　4-140, 4-142
大崎　おおさき　第204号　4-141, 4-142
大崎〔大サキ〕　おおさき　第206号　4-148, 4-149, 5-242, 5-243
大サキ　おおさき　第207号　5-243
大崎　おおさき　第213号　4-180, 5-258, 5-261
大嵜　おおさき　第213号　4-182
大崎　おおさき　九州沿海図第10　4-233
大崎　おおさき　九州沿海図第16　4-257
大崎　おおさき　九州沿海図第16　4-259
大崎浦⚓　おおさきうら　第138号　3-120, 5-186, 5-303, 5-306
大崎上島　おおさきかみじま　第164号　3-228, 5-210, 5-308
大崎下島　おおさきしもじま　第164号　3-231, 5-

210, 5-311
大﨑下島豊島〔豊島〕　おおさきしもじまとよしま　第164号　3-231, 5-211, 5-311
大﨑亀〔鼻〕　おおさきはな　第181号　4-29, 4-31
大﨑鼻　おおさきばな　第172号　3-269
大﨑村　おおさきむら　第62号　1-212, 1-213, 5-87
大﨑村（堀近江守領分）　おおさきむら　第76号　2-29, 5-112, 5-113
大﨑村　おおさきむら　第83号　2-57, 5-141, 5-295
大﨑村　おおさきむら　第84号　2-63, 5-141, 5-295
大﨑村（御料所）　おおさきむら　第87号　2-75, 5-120
大﨑村（井上河内守領分）☆　おおさきむら　第111号　2-181, 5-161, 5-299
大﨑村〔大﨑村〕　おおさきむら　第116号　2-202, 2-204, 5-162, 5-299
大﨑村　おおさきむら　第127号　3-59
大﨑村　おおさきむら　第141号　3-130
大﨑村　おおさきむら　第145号　3-155, 5-194, 5-307
大﨑村　おおさきむら　第155号　5-189, 5-190
大﨑村　おおさきむら　第175号　3-287, 5-219, 5-312
大﨑村　おおざきむら　第187号　4-59, 5-231
大﨑村臺ケ原　おおさきむらえだだいがはら　第175号　3-287
大嵜村上大﨑　おおさきむらかみおおさき　第189号　4-74
大﨑村古祖原　おおさきむらこそばら　第175号　3-287
大嵜村下大﨑　おおさきむらしもおおさき　第189号　4-74
大嵜山　おおさきやま　第121号　3-31, 3-32
大﨑山　おおさきやま　第200号　4-118
大﨑山　おおさきやま　第201号　4-121
大櫻　おおざくら　九州沿海図第19　4-275
大酒村　おおざけむら　第144号　3-140, 3-142, 5-183, 5-306
大迫　おおさこ　第198号　4-106
大迫　おおさこ　九州沿海図第8　4-227
大迫　おおさこ　九州沿海図第12　4-242
大迫　おおさこ　九州沿海図第12　4-246
大迫　おおさこ　九州沿海図第16　4-257
大迫村　おおさこむら　第182号　4-34, 5-227, 5-312
大迫村　おおさこむら　第210号　5-252, 5-261
大迫村　おおさこむら　九州沿海図第21　4-280
大迫村髙添　おおさこむらたかぞえ　第182号　4-34
大指濱　おおざしはま　第48号　1-162, 5-76, 5-78
大貞村　おおさだむら　第179号　4-19, 5-225, 5-312
大貞村　おおさだむら　九州沿海図第2　4-195
大里川　おおざとがわ　第190号　4-76
大里川　おおざとがわ　第210号　4-168
大里郡　おおさとぐん　第88号　2-77, 5-118, 5-291
大里村　おおさとむら　第87号　2-75, 5-120
大里村　おおざとむら　第115号　2-197, 2-199, 5-159, 5-299
大里村　おおざとむら　第149号　3-164, 5-198, 5-303
大里村〔大里〕　おおざとむら　第190号　4-76, 5-234, 5-313
大里村　おおざとむら　第210号　4-168, 5-252, 5-261, 5-317
大里村　おおざとむら　九州沿海図第12　4-246
大里村川東　おおざとむらかわひがし　第190号　4-76
大里村白幡　おおざとむらしらはた　第190号　4-76
大里村外新田〔大里、外新田〕　おおさとむらそとしんでん　第118号　3-20, 5-166, 5-297, 5-300
大佐跡山　おおさとやま　第163号　3-222
大里山　おおざとやま　第210号　4-168
大里山　おおざとやま　九州沿海図第12　4-246
大佐山　おおさやま　第150号　3-175
大麻山　おおさやま　第172号　5-308
大猿島　おおざるじま　第171号　3-267, 5-203, 5-311
大澤○〔大沢〕　おおさわ　第36号　1-123, 5-60, 5-281
大澤○　おおさわ　第87号　2-75, 5-120, 5-290
ヲーサワ川〔大沢川〕　第36号　1-123, 5-60
大沢新田村　おおさわしんでんむら　第108号　2-164
大澤村〔大沢村〕　おおさわむら　第43号　1-145, 1-146, 5-84, 5-281
大澤村　おおさわむら　第52号　1-181, 5-79, 5-284
大澤村　おおさわむら　第85号　2-66, 5-143, 5-295
大澤村　おおさわむら　第90号　2-91
大澤村（御料所）　おおさわむら　第92号　2-97, 5-111, 5-290
大沢村　おおさわむら　第102号　2-147
大澤村　おおざわむら　第136号　3-111, 5-182
大沢村大沢濱〔大沢村〕　おおさわむらおおさわはま　第46号　1-157, 5-72, 5-282
大澤村新村〔大澤村〕　おおさわむらしんむら　第136号　3-105, 5-182
大澤村杉村　おおさわむらすぎむら　第136号　3-105
大澤村中野〔大沢〕　おおさわむらなかの　第136号　3-105, 5-304, 5-306
大澤村投町　おおざわむらねじまち　第141号　3-130
大沢山　おおさわやま　第94号　2-108
大沢山　おおさわやま　第129号　3-72
大地石川　おおじいしかわ　第192号　4-81
大志生木村　おおじうきむら　第181号　4-32, 5-226, 5-311, 5-312
大志生木村　おおじうきむら　九州沿海図第4　4-207
大塩○　おおしお　第67号　1-233, 5-105, 5-288
大塩川〔塩川〕　おおしおがわ　第67号　1-235, 5-105
大潮峠　おおしおとうげ　第175号　3-284
大汐根　おおしおね　第105号　2-154
大塩村　おおしおむら　第141号　3-130, 5-182, 5-306
大潮村　おおしおむら　第175号　3-284, 5-218, 5-312
大潮村枝桶山村　おおしおむらえだおけやまむら　第175号　3-284
大潮村枝西河内村〔大潮〕　おおしおむらえだにしがわうちむら　第175号　3-284, 5-308
大潮村小潮　おおしおむらこしお　第175号　3-284
大潮村新原　おおしおむらにいばら　第175号　3-284
大汐山　おおしおやま　第141号　3-130
大鹿村　おおしかむら　第100号　2-135, 2-138
大鹿村（松平美作守知行所）　おおじかむら　第111号　2-177, 2-178, 5-160
大鹿村　おおじかむら　第133号　3-93
大鹿村　おおじかむら　第144号　3-147, 5-192, 5-307
大鹿村田戸　おおじかむらたど　第144号　3-147
大鹿村玉田　おおじかむらたまだ　第136号　3-106
大鹿山　おおしかやま　第206号　4-150
大地島　おおじしま　第161号　3-216, 3-217, 5-203
大篠津村　おおしのづむら　第155号　3-190, 5-189, 5-190
大篠原村　おおしのはらむら　第133号　3-86, 5-174, 5-176, 5-300, 5-301
大芝島　おおしばじま　第164号　3-229, 5-210, 5-308
大嶋〔大島〕　おおしま　第37号　1-126, 5-61, 5-281
大島　おおしま　第75号　2-25
大島　おおしま　第75号　2-25
大島　おおしま　第84号　2-62, 2-64
大嶋（御料所）〔大島〕　おおしま　第102号　2-145, 2-148, 5-132, 5-292
大島　おおしま　第116号　2-203, 5-162
大島　おおしま　第117号　3-12
大島　おおしま　第117号　3-15, 5-168, 5-299
大島　おおしま　第123号　3-39
大島　おおしま　第124号　3-43
大シマ　おおしま　第124号　3-43, 5-181
大島〔大シマ〕　おおしま　第124号　3-47, 5-181
大島〔大シマ〕　おおしま　第131号　3-78, 5-168
大島　おおしま　第131号　3-79, 5-168
大島　おおしま　第131号　3-80, 5-169
大島　おおしま　第140号　3-124, 5-170, 5-302
大シマ　おおしま　第141号　3-127, 3-131
大シマ　おおしま　第141号　3-131
大島　おおしま　第145号　3-149, 3-151, 5-192, 5-194, 5-306
大島　おおしま　第145号　3-151, 5-185
大島　おおしま　第145号　3-149, 3-152, 5-192
大島　おおしま　第151号　3-181, 5-195, 5-307
大シマ　おおしま　第153号　3-186, 5-191
大シマ　おおしま　第154号　3-188, 5-191
大島☆　おおしま　第158号　3-204, 5-197, 5-307
大島　おおしま　第161号　3-216, 5-203
大島　おおしま　第161号　3-213, 3-215, 5-203, 5-311
大シマ　おおしま　第162号　3-218, 5-190, 5-204
大島　おおしま　第171号　3-265, 3-267
大シマ　おおしま　第172号　3-268, 5-212
大島　おおしま　第172号　3-270, 5-216
大嶋　おおしま　第177号　3-294, 5-220
大嶋　おおしま　第183号　4-38, 4-40, 5-226, 5-228, 5-311
大島　おおしま　第186号　4-55, 5-223, 5-313
大島　おおしま　第189号　4-71, 4-72, 5-234, 5-238, 5-241, 5-313
大島　おおしま　第189号　4-73
大島　おおしま　第191号　4-79, 5-238, 5-241, 5-313
大シマ　おおしま　第192号　4-81, 4-82, 5-239, 5-240, 5-241
大島　おおしま　第192号　4-80
大島　おおしま　第195号　4-93, 4-94, 5-315
大島　おおしま　第195号　4-93, 4-94, 5-315
大島　おおしま　第195号　4-93, 5-233
大シマ　おおしま　第196号　4-95, 5-233
大シマ　おおしま　第196号　5-233
大嶋　おおしま　第198号　4-106, 5-246, 5-316
大島　おおしま　第201号　4-121, 5-234
大嶌〔大島〕　おおしま　第201号　4-122, 5-235, 5-313
大嶋〔大島〕　おおしま　第203号　4-134, 5-236, 5-315
大島　おおしま　第203号　4-139, 5-251, 5-315
大島　おおしま　第204号　4-140
大島〔大シマ〕　おおしま　第204号　4-140, 5-235
大島　おおしま　第204号　4-142, 5-235, 5-313, 5-321
大島　おおしま　第206号　4-146, 4-148, 5-242, 5-321

大島　おおしま　第208号　4-161, 5-251
大嶋　おおしま　九州沿海図第5　4-211
大嶋　おおしま　九州沿海図第8　4-226
大嶋　おおしま　九州沿海図第13　4-249, 4-251
大嶋　おおしま　九州沿海図第16　4-260
大嶋　おおしま　九州沿海図第18　4-264
大嶋　おおしま　九州沿海図第19　4-271
大嶋　おおしま　九州沿海図第19　4-272
大嶋　おおしま　九州沿海図第19　4-272
天〔大〕嶋⛵　おおじま　第201号　4-122
大島（庵治濵村屬）　おおしま（あじはまむらぞく）　第146号　3-158, 5-194, 5-307
大嶋（青海嶋屬）　おおしま（おうみじまぞく）　第176号　3-289, 5-217, 5-309
大嶋（川嶋村屬）（萩領）　おおしま（かわしまむらぞく）　第174号　3-280, 5-217, 5-309
大島（牟岐浦屬）⛵　おおしま（むぎうらぞく）　第149号　3-164, 5-198, 5-303
大島（呼松村屬）　おおしま（よびまつむらぞく）　第151号　3-178, 5-194, 5-307
大島浦⛵　おおしまうら　第140号　3-124
大島浦⛵　おおしまうら　第161号　3-213, 3-215, 5-203
大島浦　おおしまうら　第186号　4-55
大島浦枝的山浦　おおしまうらえだあづちうら　第204号　4-142
大島浦神ノ浦〔大島浦〕　おおしまうらこうのうら　第204号　4-142, 5-235
大嶋郡　おおしまぐん　第169号　3-251, 3-253, 3-254, 3-256, 3-257, 5-215, 5-311
大嶋郡　おおしまぐん　第173号　3-276, 5-215
大嶋子村　おおしまごむら　第203号　4-134, 5-251
大嶋子村　おおしまごむら　九州沿海図第19　4-272
大島子村鷲口〔大島子〕　おおしまごむらわしぐち　第196号　4-99, 5-315
大嶋山村〔大島山村、大島山〕　おおじまさんむら　第108号　2-161, 5-154, 5-296
大島山村吉田村新川　おおじまさんむらよしだむらしんかわ　第108号　2-161
大島田村　おおしまだむら　第142号　3-133, 5-185, 5-303, 5-306
大島中村〔大島〕　おおしまなかむら　第151号　3-181, 5-195, 5-307
大島村　おおしまむら　第47号　1-161, 5-76, 5-284
大島村　おおしまむら　第90号　2-87, 5-123
大島村　おおしまむら　第95号　2-110
大島村（保々監物知行所）　おおしまむら　第99号　2-128, 5-126
大島村　おおしまむら　第108号　2-165, 5-150, 5-296
大島村　おおしまむら　第112号　2-185
大島村（石川靭屓陣屋）　おおしまむら　第115号　2-195, 2-200, 5-158, 5-297, 5-299
大島村　おおしまむら　第118号　3-16, 3-18, 5-166, 5-297
大島村　おおしまむら　第122号　3-34, 3-36, 5-173, 5-300
大島村　おおしまむら　第123号　3-38, 5-173, 5-304
大島村　おおしまむら　第127号　3-56, 5-175
大島村　おおしまむら　第129号　3-66, 5-166, 5-297
大嶋村　おおしまむら　第175号　3-286, 5-311
大島村　おおしまむら　第185号　4-50, 4-52, 5-246
大島村　おおしまむら　第193号　4-87, 5-231, 5-223, 5-313
大島村　おおしまむら　第204号　4-142, 5-235
大嶋村（延岡領）　おおしまむら　九州沿海図第7　4-222
大嶋村　おおしまむら　九州沿海図第18　4-269
大島村（太田摂津守領分）　おおじまむら　第111号　2-179, 2-180, 5-160, 1-161
大島村　おおじまむら　第116号　2-201, 2-206, 5-162, 5-299
大島村當別當　おおしまむらあてべっとう　第100号　2-137, 2-139
大島村枝的山村板野浦　おおしまむらえだあづちむらいたのうら　第204号　4-142
大島村枝岡村〔大島〕　おおしまむらえだおかむら　第127号　3-56, 5-304
大島村枝延村〔大島〕　おおしまむらえだのぶむら　第127号　3-56, 5-304
大島村大根坂　おおしまむらおおねざか　第204号　4-142
大島村ヲモレ沢　おおしまむらおもれざわ　第100号　2-137, 2-139
大島村河原屋敷　おおしまむらかわらやしき　第118号　3-16, 3-18
大島村郷下〔石〕原　おおしまむらごいしわら　第112号　2-185
大島村西宇戸　おおしまむらにしうど　第204号　4-142
大島村馬篭　おおしまむらまごめ　第100号　2-137, 2-139
大島分ノ沢　おおじまわけのさわ　第104号　2-152
大清水村（御料所）　おおしみずむら　第76号　2-31, 5-112
大清水村　おおしみずむら　第118号　3-17, 3-19, 5-166, 5-297, 5-300
大下條村　おおしもじょうむら　第98号　2-126, 5-117
大下條村町田　おおしもじょうむらまちだ　第98号　2-126
下大〔大下〕津村　おおしもづむら　第133号　3-90, 3-92, 5-176
大蛇村　おおじゃむら　第45号　1-152, 5-68
大小路村　おおしょうじむら　第208号　4-159
大小路村浦町○〔浦町〕　おおしょうじむらうらまち　第208号　4-159, 5-252, 5-261, 5-315, 5-317
大城鼻　おおしょうはな　第175号　3-286
大白髪山〔白髪山〕　おおしらがやま　第197号　4-101, 4-104, 5-245
大白瀬　おおしらせ　第207号　4-153, 4-154
大尻村　おおじりむら　第45号　1-153, 1-154, 5-68
大城山　おおしろやま　第163号　3-225
大新田村　おおしんでんむら　第94号　2-105
大洲（加藤遠江守居城）☆　おおず　第170号　3-258, 3-260, 5-201, 5-311
大菅山　おおすがやま　第121号　3-30, 5-157, 5-172
大杉新田〔大杦新田〕　おおすぎしんでん　第77号　2-35, 5-113, 5-115, 5-289
大杦村　おおすぎむら　第75号　2-27, 5-99
大洲新開　おおずしんかい　第167号　3-240, 5-211, 5-213
大須濵☆〔大須〕　おおすはま　第48号　1-163, 5-78, 5-284
大住郡　おおすみぐん　第93号　2-103, 5-126, 5-291
大住郡　おおすみぐん　第99号　2-128, 2-130, 5-126, 5-291
大隅郡　おおすみぐん　第209号　4-164, 4-166, 5-247, 5-261, 5-316
大隅郡　おおすみぐん　第211号　4-174, 5-249, 5-256, 5-261, 5-316
大隅郡　おおすみぐん　九州沿海図第9　4-229, 4-231
大隅郡　おおすみぐん　九州沿海図第10　4-232, 4-234, 4-236
大隅國　おおすみのくに　第197号　4-103, 5-316
大隅國　おおすみのくに　第199号　4-109, 4-111, 4-112, 5-247, 5-261, 5-316
大隅國　おおすみのくに　第208号　4-156, 5-316
大隅國　おおすみのくに　第209号　4-163, 5-316
大隅國　おおすみのくに　第213号　4-179
大隅國　おおすみのくに　第214号　4-183, 4-184, 4-185, 4-186, 4-187
大隅國　おおすみのくに　九州沿海図第9　4-228
大隅國　おおすみのくに　九州沿海図第10　4-232, 4-233, 4-239
大隅國　おおすみのくに　九州沿海図第11　4-240
大隅國　おおすみのくに　九州沿海図第17　4-262
大角鼻　おおすみばな　第164号　3-230
大角町　おおすみまち　第188号　4-65, 4-66, 4-68, 5-231
大角村〔大角〕　おおすみむら　第188号　4-65, 4-66, 4-68, 5-231, 5-313
大須村　おおずむら　第75号　2-27, 5-99
大須村　おおずむら　第142号　3-133, 5-187, 5-303, 5-306
大須村長濵　おおずむらながはま　第146号　3-156
大諏訪村（御料所）〔諏訪〕　おおずわむら　第101号　2-141, 5-129, 5-291, 5-298
大瀬〔大セ〕　おおせ　第186号　4-55, 5-223
大瀬　おおせ　第189号　4-74, 5-238, 5-241
大瀬　おおせ　第191号　4-79
大瀬〔大セ〕　おおせ　第198号　4-105, 4-106, 5-246
大セ　おおせ　第202号　4-127, 4-128
大瀬　おおせ　第204号　4-140, 4-142
大瀬　おおせ　第210号　5-254, 5-261
大瀬　おおせ　第211号　5-249, 5-256, 5-261
大瀬　おおせ　第213号　5-258, 5-261
大瀬　おおせ　九州沿海図第8　4-224
大瀬　おおせ　九州沿海図第12　4-243, 4-245
大セ　おおせ　長崎〔参考図〕　4-131
大セ川　おおせがわ　第184号　5-228
大瀬木村　おおせぎむら　第110号　2-172, 5-154, 5-296
大瀬嵜　おおせざき　第201号　4-121
大瀬崎　おおせざき　第203号　5-251
大瀬﨑　おおせざき　第204号　4-140, 4-142
大瀬嵜〔大セサキ〕　おおせざき　第207号　4-155, 5-243, 5-321
大瀬嵜　おおせざき　第211号　4-173, 4-175, 5-249, 5-256, 5-261
大瀬﨑　おおせざき　九州沿海図第10　4-238
大瀬シマ〔大シマ〕　おおせじま　第189号　4-73, 5-234, 5-241
大瀬谷村　おおせだにむら　第200号　4-113, 4-115, 4-116, 5-250, 5-315
大瀬谷村（人吉領）　おおせだにむら　九州沿海図第16　4-256
大瀬谷村黒瀬〔稲〕子　おおせだにむらくれなご　第200号　4-113, 4-115, 4-116
大瀬谷村松本　おおせだにむらまつもと　第200号　4-113, 4-115, 4-116
大瀬戸口鼻　おおせとぐちはな　第192号　4-81
大瀬鼻　おおせはな　第176号　3-288
大瀬鼻　おおせはな　第211号　4-173, 5-249, 5-256, 5-261
大瀬明神　おおせみょうじん　第101号　5-129
大瀬村　おおせむら　第102号　2-147, 5-129, 5-298
大瀬村　おおせむら　第187号　4-63
大瀬村（中津領）　おおせむら　九州沿海図第2

4-195
大瀬村　おおぜむら　第143号　3-136, 5-188, 5-305
大瀬山　おおせやま　第187号　4-63
大セ山　おおせやま　第212号　5-253, 5-261
大仙津山　おおせんづやま　第133号　3-87, 3-89
大仙波新田　おおせんばしんでん　第88号　2-79, 5-120
大仙波村（松平大和守領分）　おおせんばむら　第88号　2-78, 2-79, 5-120, 5-291
大清水村　おおそうずむら　第193号　4-85, 4-86, 5-223, 5-312, 5-315
大清水村　おおそうずむら　九州沿海図第18　4-268
大ソウツ　おおそうづ　九州沿海図第19　4-271, 4-273
大鼠藏島　おおそぞうじま　第195号　4-94, 5-250
大鼠藏嶋　おおそぞうじま　九州沿海図第16　4-258, 4-260
大曽根浦　おおそねうら　第131号　3-81, 5-169
大曽根村　おおぞねむら　第115号　2-197, 5-159, 5-297
大薗村　おおぞのむら　第189号　4-71, 4-73, 5-234, 5-238, 5-241
大杣山　おおそまやま　第129号　3-72
大礒村　おおぞむら　第124号　3-42, 3-44, 5-180, 5-304
太田◯　おおた　第114号　2-192, 5-155, 5-156, 5-159, 5-297
大田　おおた　第169号　3-254
太田　おおた　第186号　4-55
大田　おおた　九州沿海図第21　4-281
大太子山　おおたいしやま　第187号　4-57, 4-60
大臺山　おおだいやま　第131号　3-81, 5-169, 5-301, 5-302
大平柿木村〔太平〕　おおだいらかきぎむら　第101号　2-141, 2-143, 5-298
大平新田村　おおだいらしんでんむら　第108号　2-164, 5-150, 5-296
大平村　おおだいらむら　第40号　1-139, 5-62, 5-280
大平村(御料所)　おおだいらむら　第95号　2-110, 5-116, 5-119, 5-291
大平村（御料所、小堀下総守、牛込鑛吉、嶋田徳三郎知行所）　おおだいらむら　第101号　2-141, 2-143, 5-128
大田尾　おおたお　九州沿海図第18　4-265
大田尾　おおたお　九州沿海図第19　4-275
大田尾臺場　おおたおだいば　第202号　4-127, 4-128
大田尾臺場　おおたおだいば　長崎〔参考図〕　4-131, 4-133
太田尾村　おおたおむら　第201号　4-119, 5-236
大多尾村☆　おおだおむら　第203号　4-136, 5-251
大多尾村☆　おおだおむら　九州沿海図第19　4-270, 4-272
大多尾村枝下大多尾　おおだおむらえだしもおおだお　第203号　4-136
大多尾村枝下大多尾　おおだおむらえだしもおおだお　九州沿海図第19　4-270, 4-272
大多尾村下大多尾 小峰　おおだおむらしもおおだおこみね　第203号　4-136
大高島〔大タカシマ〕　おおたかじま　第117号　3-15, 5-168
大高島（神島屬）　おおたかしま（こうのしまぞく）　第151号　3-181, 5-195, 5-307
大高森　おおたかもり　第52号　1-180
大宝新田　おおだからしんでん　第129号　3-66, 5-159, 5-297, 5-299
大宝附新田　おおだからつけしんでん　第129号　3-66, 5-159
大田川◯　おおたがわ　第68号　1-238, 5-106, 5-288
太田川　おおたがわ　第111号　2-179, 2-180, 5-161
太田川　おおたがわ　第114号　2-191, 2-192, 5-155, 5-156
大田川　おおたがわ　第166号　3-239, 5-209, 5-211, 5-212
太田川　おおたがわ　第167号　3-240
ヲータキ　第34号　1-119, 5-57
ヲータキ　第34号　1-119, 5-57, 5-279
大滝　おおたき　第99号　2-128
大田北村〔大田〕　おおたきたむら　第165号　3-232, 5-205, 5-308
大田北村大田町　おおたきたむらおおたまち　第165号　3-232
大田北村加土　おおたきたむらかづち　第165号　3-232
太田切川　おおたぎりがわ　第108号　2-163
大多久間村　おおたくまむら　第188号　4-69, 5-231, 5-313
太田黒村〔大田黒村〕　おおたぐろむら　第193号　4-87, 5-231, 5-313, 5-315
太田黒村　おおたくろむら　九州沿海図第18　4-268
大岳　おおたけ　第180号　5-222
大岳　おおたけ　第192号　4-81
大岳　おおたけ　第207号　4-155
大岳　おおだけ　第179号　5-224
大嶽　おおだけ　第189号　4-74
大岳　おおだけ　第196号　5-233
大武島〔大武シマ〕　おおだけじま　第184号　4-44, 5-228
大武嶋　おおだけじま　九州沿海図第6　4-217, 4-218
大武町　おおだけまち　第184号　4-44, 5-228, 5-314
大武町　おおだけまち　九州沿海図第6　4-217, 4-218
大岳明神　おおたけみょうじん　第156号　3-194
大竹村（松平大学頭領分）　おおたけむら　第58号　1-199, 5-108, 5-110
大竹村　おおたけむら　第88号　2-79
大竹村（堀田雄之亟、揖斐榮五郎知行所）　おおたけむら　第99号　2-128, 5-126, 5-291
大竹村　おおたけむら　第101号　2-141
大竹村（稲葉丹後守領分、加藤勝兵衛知行所）　おおたけむら　第135号　3-100, 5-176, 5-177, 5-178, 5-301
大竹村　おおたけむら　第151号　3-177, 5-193, 5-307
大竹村　おおたけむら　第156号　3-194, 5-193, 5-307
大竹村　おおたけむら　第173号　5-213
大竹村　おおたけむら　第188号　4-68, 5-231
太田郷村　おおだこうむら　第163号　3-226, 5-208, 5-307, 5-308
大田郷村〔太田郷〕　おおだごうむら　第176号　3-290, 5-219, 5-309, 5-312
大田郷大久保村　おおだごうむらおおくぼ　第176号　3-290
太田郷村小川　おおだこうむらおがわ　第163号　3-226
太田子村（太田摂津守領分）〔大田子〕　おおたごむら　第102号　2-147, 5-129, 5-298
大田サキ　おおたさき　第192号　5-239, 5-240, 5-241
大田﨑　おおたざき　第204号　4-142
大日シマ〔大田島〕　おおたしま　第201号　4-121, 5-236, 5-313, 5-315
太田宿波之上　おおたじゅくなみのうえ　第114号　2-192
太田神社　おおたじんじゃ　第133号　3-87, 3-90
大田新田（御料所）〔太田新田〕　おおたしんでん　第58号　1-200, 5-110, 5-290
太田新田　おおたしんでん　第118号　3-20
大田助島　おおたすけじま　第204号　4-140, 4-142
大タツハエ　おおたつはえ　第169号　3-251
大辰巳シマ　おおたつみじま　第147号　3-163, 5-187
大立村　おおだつむら　第75号　2-27, 5-99, 5-287
大タテ　おおたて　第165号　3-233, 5-205
大舘（佐竹持城）◯佐竹持城　おおだて　第60号　1-205, 5-84, 5-283
大立神　おおたてがみ　第202号　4-128, 5-237
大立神　おおたてがみ　長崎〔参考図〕　4-129
大立島　おおたてしま　第204号　5-235
大立島　おおたてしま　第205号　4-143, 4-144, 5-321
大立島　おおたてじま　第201号　5-313
大舘場島　おおたてばじま　第167号　3-244, 5-215, 5-311
大舘 餅田〔餅田〕　おおだてもちだ　第60号　1-205, 5-84, 5-283
大棚方浦　おおたながたうら　第190号　4-77
大棚下山田村大棚村（御料所、萩原信太郎、窪田辨次郎、窪田忠兵衛、原半左エ門、中村万吉、窪田与左エ門、山本摘次郎、志村内藏助知行所）〔大棚下山田村、大棚村〕　おおだなしもやまだむらおおだなむら　第90号　2-87, 2-90, 5-123, 5-291
大田名部村　おおたなべむら　第45号　1-154, 5-70
大谷村　おおたにむら　第85号　2-66, 2-68, 5-142, 5-295
大谷村　おおたにむら　第116号　2-207, 5-163, 5-299
大谷村　おおたにむら　第120号　3-28, 5-157, 5-172, 5-297, 5-300
小谷村　おおたにむら　第121号　3-30, 5-157
大谷村　おおたにむら　第124号　3-44, 5-180, 5-304
矢〔大〕谷村　おおたにむら　第128号　3-62, 5-181
大谷村　おおたにむら　第129号　3-73
大谷村　おおたにむら　第133号　3-91, 5-175, 5-301
大谷村　おおたにむら　第137号　3-115, 5-184, 5-306
大谷村　おおたにむら　第160号　3-209, 5-200, 5-310
大谷村　おおだにむら　第150号　3-170, 5-188, 5-305
大谷村枝勢井村　おおたにむらえだせいむら　第160号　3-209
大谷村之内有馬町　おおたにむらのうちありままち　第133号　3-91
大谷村之内中ノ町　おおたにむらのうちなかのまち　第133号　3-91
大谷山　おおたにやま　第163号　3-225
大谷山　おおたにやま　第166号　3-238
大田八幡　おおたはちまん　第165号　3-232, 5-205
大田原村　おおたはらむら　第141号　3-131, 5-183, 5-306
大田原村北山　おおたはらむらきたやま　第141号　3-131

太田原村坂　おおたはらむらさか　第141号　3-131
大多府島　おおたぶじま　第145号　3-149, 5-185, 5-306
大田南村枝山﨑　おおたみなみむらえだやまざき　第165号　3-232
大田南村大田町○〔大田南村、大田〕　おおたみなみむらおおたまち　第165号　3-232, 5-205, 5-308
大田南村木田　おおたみなみむらきだ　第165号　3-232
太田村　おおたむら　第65号　1-224, 5-90
太田村　おおたむら　第83号　2-59, 2-60, 5-140, 5-295
太田村〔大田〕　おおたむら　第84号　2-62, 2-64, 5-142, 5-295
太田村（井上河内守領分）　おおたむら　第111号　2-181, 5-161
大田村〔太田〕　おおたむら　第125号　3-49, 5-174, 5-300
大田村　おおたむら　第129号　3-69
太田村　おおたむら　第133号　3-91
太田村　おおたむら　第134号　3-97, 5-176, 5-177
太田村　おおたむら　第180号　4-26, 5-312
太田村　おおたむら　第181号　5-227
太田村　おおたむら　第182号　4-35
太田村　おおたむら　第207号　4-155, 5-243, 5-321
太田村　おおたむら　第210号　4-168, 4-172, 5-317
太田村　おおたむら　九州沿海図第12　4-246
多田村　おおだむら　第75号　2-26, 5-99, 5-287
太田村　おおだむら　第133号　3-93, 5-178, 5-301
太田村枝夙　おおだむらえだしゅく　第133号　3-92
太田村太田新田　おおたむらおおたしんでん　第114号　2-192
太田村坂元〔太田村〕　おおたむらさかもと　第210号　4-168, 4-172, 5-252, 5-261
太田村白石　おおだむらしらいし　第144号　3-147
太田村内匠　おおたむらたくみ　第180号　4-26
太田村島〔鳥〕屋　おおたむらとや　第180号　4-26
太田村中村町○〔太田〕　おおたむらなかむらまち　第185号　4-52, 5-246, 5-314, 5-316
太田村中村町（延岡領）　おおたむらなかむらまち　九州沿海図第7　4-222
太田村馬勢　おおたむらませ　第180号　4-26
太田山　おおたやま　第33号　1-115
太田山　おおたやま　第150号　3-175
太田山田村　おおたやまだむら　第141号　3-131, 5-183, 5-306
大多羅村　おおだらむら　第145号　3-153
大多利村○　おおたりむら　第127号　3-59, 5-182
大多利村カナツキ　おおたりむらかなつき　第127号　3-59
大多利村新地　おおたりむらしんち　第127号　3-59
大田和村（有馬図書知行所）　おおたわむら　第93号　2-101, 5-125
大田和村　おおたわむら　第98号　2-126, 5-117, 5-127, 5-291, 5-296
大多和村〔大多和〕　おおたわむら　第201号　4-121, 4-122, 5-235, 5-313, 5-315
大多和村池﨑　おおたわむらいけざき　第201号　4-121, 4-122
太田原（太田原飛驒守居城）○　おおたわら　第69号　1-242, 5-106, 5-288
大壇　おおだん　第56号　1-193, 1-194, 5-103
大チキリ島　おおちきりじま　第168号　3-247
大築海島　おおちくみじま　第117号　3-12, 5-163, 5-299
大内郡　おおちぐん　第146号　3-156, 5-187, 5-306
邑智郡　おおちぐん　第163号　3-223, 5-212, 5-308
邑智郡　おおちぐん　第166号　3-234, 3-235, 3-236, 3-237, 5-209, 5-212, 5-308
大内迫　おおちざこ　第173号　3-274, 3-276
大千シマ　おおちしま　第123号　3-38
大千鳥セ　おおちどりせ　第192号　4-80, 4-81
大知波村　おおちばむら　第111号　2-181, 5-161
大内村　おおちむら　第127号　3-57, 3-59
大内村　おおちむら　第128号　3-65, 5-181, 5-183, 5-304
大内村　おおちむら　第136号　3-109
大長浦　おおちょううら　第164号　3-231, 5-210
大津○☆　おおつ　第133号　3-87, 5-174, 5-176, 5-301
大津　おおつ　第169号　3-254, 3-256
大津浦☆　おおつうら　第161号　3-213, 3-215, 5-202, 5-311
大塚新田　おおつかしんでん　第88号　2-79
大袋新田枝原新田　おおつかしんでんえだはらしんでん　第88号　2-79
大塚濵〔大塚〕　おおつかはま　第52号　1-180, 5-284
大塚濵東名　おおつかはまとうな　第52号　1-180, 5-78
大塚町　おおつかまち　第133号　3-92, 5-176, 5-178
大塚村　おおつかむら　第88号　2-79
大塚村　おおつかむら　第88号　2-79
大塚村（金田主殿知行所）　おおつかむら　第94号　2-108, 5-121, 5-291
大塚村　おおつかむら　第116号　2-203, 5-162, 5-299
大墳村　おおつかむら　第118号　3-19, 5-166
大塚村　おおつかむら　第128号　3-62
大塚村　おおつかむら　第129号　3-71, 5-174, 5-297, 5-300, 5-301
大塚村　おおつかむら　第133号　3-92, 5-176, 5-178
大塚村　おおつかむら　第143号　3-136
大塚村　おおつかむら　第143号　3-135
大塚村　おおつかむら　第150号　3-170, 5-189, 5-305
大塚村　おおつかむら　第150号　3-171, 5-189, 5-305
大塚村　おおつかむら　第155号　3-192
大塚村　おおつかむら　第166号　3-237, 5-209, 5-212, 5-308
大塚村　おおつかむら　第179号　4-19, 5-225, 5-312
大塚村　おおつかむら　第182号　4-35, 5-227, 5-229, 5-312, 5-314
大塚村　おおつかむら　第188号　4-68, 5-231
大塚村　おおつかむら　九州沿海図第2　4-195
大塚村　おおつかむら　九州沿海図第21　4-279, 4-281
大塚村　おおづかむら　第187号　4-58
大塚村枝柴栗村　おおつかむらえだしばくりむら　第182号　4-35
大津川　おおつがわ　第196号　4-95
大月○　おおつき　第97号　2-121, 5-121, 5-126, 5-291
大次郷村　おおつぎごうむら　第64号　5-89, 5-91, 5-285
大月村　おおつきむら　第118号　3-16, 3-18, 5-166
大月村　おおつきむら　第128号　3-62, 3-64
大月村（御料所）　おおづきむら　第72号　2-12, 5-97, 5-285, 5-286
大月村枝諏訪　おおつきむらえだすわ　第128号　3-62, 3-64
大月村細工　おおつきむらさいく　第128号　3-62
大月山　おおつきやま　第175号　3-285
大津郡　おおつぐん　第176号　3-288, 5-219, 5-220, 5-309
大津郡　おおつぐん　第177号　3-294, 5-119, 5-220, 5-309
大津﨑　おおつざき　第160号　3-209
大津﨑　おおつざき　第160号　3-209
ヲヽツシマ　おおつじま　第155号　3-191, 5-190
大津嶋（夜市村持）（徳山領）　おおつしま（やじむらもち）　第175号　3-286, 5-218, 5-312
大槌シマ（笠居村日比村）　おおづちじま（かさいむらひびむら）　第146号　3-159, 5-194, 5-307
大槌町○☆　おおつちまち　第47号　1-159, 5-72, 5-282
大槌村安渡濵　おおつちむらあんどはま　第47号　1-159, 5-72
大槌屋﨑　おおつちやざき　第170号　5-201
大槌山　おおづちやま　第163号　3-227
大皷橋　おおつづみばし　第209号　4-163, 4-165, 5-252, 5-261
大堤村　おおつつみむら　第87号　2-72, 2-73, 5-109, 5-291
大綱村　おおつなむら　第192号　4-81, 5-239, 5-240, 5-241
大津走井　おおつはしりい　第133号　3-87
大ツフラ　おおつふら　第141号　3-127, 5-185
大坪　おおつぼ　九州沿海図第10　4-232
大坪川　おおつぼがわ　第189号　4-73, 4-74
大坪新田（御料所）　おおつぼしんでん　第101号　2-144, 5-127
大坪村（阿部駿河守領分）　おおつぼむら　第91号　2-96, 5-124, 5-290
大坪村　おおつぼむら　第110号　2-176, 5-158, 5-161
大坪村　おおつぼむら　第118号　3-20
大坪村　おおつぼむら　第143号　3-137, 3-138, 5-183, 5-304
大坪村（長府領）　おおつぼむら　第177号　3-299
大坪村　おおつぼむら　第178号　4-13, 5-220, 5-312
大坪村（長府領）　おおつぼむら　九州沿海図第1　4-189
大津町○　おおつまち　九州沿海図第20　4-277
大積村　おおつみむら　第178号　4-12, 5-222, 5-312
大積村　おおつみむら　九州沿海図第1　4-190
大津村（水戸殿領分）　おおつむら　第55号　1-192, 5-104, 5-288
大津村　おおつむら　第84号　2-63, 2-65, 5-143, 5-295
大津村（向井将監、間宮竹之亟知行所）　おおつむら　第93号　2-101, 5-124, 5-291
大津村　おおつむら　第116号　2-202, 2-204, 5-162, 5-299
大津村　おおつむら　第172号　3-268, 5-212, 5-308
大津村　おおつむら　第193号　4-83, 4-84, 4-86
大津村　おおづむら　第84号　2-63, 5-141, 5-143
大津村大津町〔大津村〕　おおつむらおおつまち　第162号　3-219, 3-221, 5-204, 5-308
大津村大津町☆　おおつむらおおつまち　第193号　4-83, 4-84, 4-86, 5-232, 5-314
大津山　おおつやま　第193号　4-87
大津山　おおつやま　九州沿海図第18　4-269
大手村　おおてむら　第137号　3-113, 5-184, 5-306
大寺村　おおてらむら　第155号　3-192

大當　おおと　九州沿海図第12　4-243, 4-245
大土肥村（井出甚右エ門知行所）　おおどいむら　第101号　2-141, 5-126, 5-128
大峠　おおとうげ　第177号　5-220, 5-222
大塔山　おおとうさん　第207号　4-153, 4-154
大藤島（大島浦屬）　おおとうじま（おおしまうらぞく）　第161号　3-213, 3-215, 5-203, 5-311
大堂村　おおどうむら　第188号　4-67, 4-69
大道村　おおどうむら　第200号　4-117, 5-250
大道村　おおどうむら　九州沿海図第19　4-274
大道村池浦　おおどうむらいけのうら　第200号　4-117
大道村葛﨑☆　おおどうむらかつらさき　第200号　4-117
大道村東浦　おおどうむらひがしうら　第200号　4-117
大戸ケ里村　おおとがりむら　第190号　4-75
大戸﨑　おおとざき　第196号　4-98
大戸﨑　おおとざき　九州沿海図第19　4-275
大戸田村　おおとだむら　第136号　3-110, 5-182, 5-306
ヲードツチイ川　第36号　1-123
大戸鼻〔大戸ハナ〕　おおとはな　第189号　4-70, 5-238, 5-241
大戸濱　おおどはま　第53号　1-183, 5-80
大飛島　おおとびしま　第189号　4-73, 4-74, 5-234, 5-241, 5-313
ヲートベツ川　第32号　1-111, 5-56, 5-279
ヲホトマリ　第33号　1-114, 5-47, 5-279
ヲホトマリ〔ヲートマリ〕　第33号　1-114, 5-47, 5-55, 5-279
大泊　おおとまり　第169号　3-251, 3-253
大泊　おおとまり　第176号　3-289
大泊 田尻〔大泊〕　おおとまりたじり　第211号　4-173, 5-316, 5-318
大泊村　おおとまりむら　第84号　2-62, 5-140
大泊村　おおとまりむら　第132号　3-83, 1-170, 5-301, 5-302
大泊村　おおとまりむら　第183号　4-39, 5-226
大泊村　おおとまりむら　九州沿海図第4　4-209
大泊村　おおどまりむら　第38号　1-128, 5-63, 5-281
大泊村　おおどまりむら　第75号　2-27, 5-99, 5-287
大泊村　おおどまりむら　第84号　2-65, 5-143
大泊村　おおどまりむら　第116号　2-207, 5-163, 5-299
大音村　おおとむら　第121号　3-30, 5-157, 5-172
大塔村　おおとむら　第182号　4-34, 5-226
大戸村〔大戸〕　おおとむら　第190号　4-75, 5-234, 5-313
大塔村　おおとむら　九州沿海図第21　4-280
大戸村　おおどむら　第116号　2-207, 5-162
大戸村　おおどむら　第126号　3-55, 5-175, 5-300, 5-301
大戸村福吉　おおとむらふくよし　第190号　4-75
大友　おおとも　九州沿海図第19　4-271
大友村　おおどもむら　第189号　4-71, 5-238, 5-241
大戸山　おおどやま　第81号　2-50, 2-52
大鳥居新田　おおどりいしんでん　第150号　3-170
大鳥居村　おおとりいむら　第118号　3-20, 5-166, 5-297
大鳥居村　おおとりいむら　第186号　4-54, 5-312
大鳥居村　おおどりいむら　第150号　3-170, 5-188, 5-189
大鳥居村汐合　おおとりいむらしおあい　第186号　4-54
大鳥居村山隠　おおどりいむらせんがくし　第150号　3-170
大鳥郡　おおとりぐん　第135号　3-103, 5-178, 5-301
大鳥神社　おおとりじんじゃ　第192号　4-81
大島〔鳥巣〕〔大島巣瀬〕　おおとりす　第213号　4-182, 5-258, 5-261
大鳥村　おおとりむら　第182号　4-35, 5-227, 5-312, 5-314
大鳥村　おおとりむら　九州沿海図第21　4-281
大鳥村横井　おおとりむらよこい　第182号　4-35
大戸洲島〔大トス〕　おおどんすじま　第151号　3-181, 5-195
大長﨑　おおながさき　第160号　3-209
大長﨑〔大長サキ〕　おおながさき　第206号　4-146, 5-242
大中瀬村〔中ノ瀬〕　おおなかぜむら　第111号　2-179, 2-180, 5-161, 5-298
大那砂美島〔大ナサヒ島〕　おおなさびじま　第167号　3-243, 5-211, 5-213, 5-308
大鍋村（太田摂津守領分）〔鍋村〕　おおなべむら　第102号　2-147, 5-128, 5-298
於保奈牟智神社　おおなむちじんじゃ　第187号　4-58
大成村（小栗仁右エ門知行所）　おおなりむら　第88号　2-78, 5-120, 5-291
大丹生浦〔丹生〕　おおにううら　第120号　3-27, 5-145, 5-300
大丹生村　おおにうむら　第122号　3-35, 3-37, 5-173
大新屋村　おおにやむら　第127号　3-59, 3-61, 5-182
大入島　おおにゅうしま　第183号　4-39, 5-226, 5-228, 5-311
大入嶋　おおにゅうじま　九州沿海図第5　4-211, 4-213
大糠村　おおぬかむら　第124号　3-45, 3-46, 5-180
大貫村（水戸殿領分）　おおぬきむら　第57号　1-198, 5-108, 5-290
大沼　おおぬま　第32号　1-109, 5-56, 5-279
大沼村　おおぬまむら　第121号　3-31, 3-32, 5-174
大根　おおね　第99号　2-131, 5-125, 5-126
大根　おおね　第102号　2-148
大根　おおね　第103号　2-149
大根　おおね　第103号　2-149
大根　おおね　第103号　2-150
大根　おおね　第105号　2-154
大根川村　おおねがわむら　第179号　4-19, 5-225, 5-312
大根川村　おおねがわむら　九州沿海図第2　4-194
大根島　おおねじま　第122号　3-34, 3-36
大根占村☆　おおねじめむら　第211号　4-175, 5-249, 5-261, 5-316
大根占村☆　おおねじめむら　九州沿海図第10　4-236
大根占山　おおねじめやま　第211号　4-175, 5-249, 5-256, 5-261
大野〇　おおの　第32号　1-109, 5-56, 5-279
大野〇☆　おおの　第115号　2-199, 5-159, 5-163, 5-299
大野　おおの　第127号　3-59
大野　おおの　九州沿海図第19　4-272
大納村　おおのうむら　第198号　4-106, 5-248, 5-316
大納村　おおのうむら　九州沿海図第8　4-226
大納村越ケ浦　おおのうむらこいがうら　第198号　4-106
大納村中河内　おおのうむらなかこうち　第198号　4-106
大納村名谷　おおのうむらなだに　第198号　4-106
大納村宮ノ浦　おおのうむらみやのうら　第198号　4-106
大野浦　おおのうら　九州沿海図第19　4-271
大野亀　おおのかめ　第75号　2-22
大野川　おおのがわ　第86号　2-69, 5-141
大野川　おおのがわ　第189号　4-72, 5-234, 5-241
大野川　おおのがわ　第195号　4-93, 4-94
大野川　おおのがわ　九州沿海図第18　4-264
大仰村　おおのきむら　第130号　3-74, 3-77, 5-167, 5-301
大野木村　おおのぎむら　第84号　2-62, 2-64, 5-142, 5-295
大仰村上ノ村　おおのきむらかみのむら　第130号　3-74, 3-77
大仰村向河原　おおのきむらむかいがわら　第130号　3-74, 3-77
大仰村村出　おおのきむらむらで　第130号　3-74, 3-77
大野郡　おおのぐん　第112号　2-182, 2-184, 2-185, 5-153
大野郡　おおのぐん　第118号　3-16, 3-17, 3-18, 5-156, 5-297
大野郡　おおのぐん　第182号　4-34, 4-35, 5-227, 5-312
大野郡　おおのぐん　九州沿海図第21　4-279, 4-281
多野郷村　おおのごうむら　第160号　3-209, 5-200, 5-310
多野郷村串之浦　おおのごうむらくしのうら　第160号　3-209
大濃地島　おおのじしま　第151号　3-180, 5-195
大野シマ　おおのしま　第188号　5-231
大野島　おおのじま　第188号　4-67, 4-69, 5-231, 5-313
大野新田（御料所、大久保加賀守領分）　おおのしんでん　第101号　2-144, 5-127
大野新田夏濱　おおのしんでんなつはま　第90号　2-85
大野岳　おおのだけ　第204号　4-140
大野岳　おおのだけ　第209号　4-167
大野田村　おおのたむら　第52号　1-182, 5-79, 5-284
大野田村　おおのだむら　第116号　2-202, 2-204, 5-161
大野錦屋村〔錦屋新田〕　おおのにしきやむら　第129号　3-66, 5-159, 5-297, 5-299
ヲヽノ鼻　おおのはな　第167号　3-242, 3-244
大野濱〔大野〕　おおのはま　第47号　1-160, 1-161, 5-76, 5-284
大ノ原（三本岳）〔大野原（三本岳）、大野原〕　おおのはら（さんぼんだけ）　第104号　2-151, 5-133, 5-134, 5-292
大野原桟敷　おおのばらさじき　第173号　3-273
大野原中村　おおのばらなかむら　第173号　3-273
大野原村（阿部鉄丸領分）〇　おおのはらむら　第94号　2-109, 5-121, 5-291
大野原村　おおのばらむら　第173号　3-273, 5-216, 5-308
大野原村枝宮﨑　おおのはらむらえだみやざき　第94号　2-109
大野原村下小川　おおのはらむらしもおがわ　第94号　2-109
大野原村原　おおのはらむらはら　第94号　2-109
大野原　おおのばる　九州沿海図第21　4-281
ヲーノマ〔大沼〕　第36号　1-121, 5-63, 5-281
大野見宿祢命神社　おおのみすくねのみことじんじゃ　第143号　3-135
大野宮山　おおのみややま　第136号　3-111

大野村　おおのむら　第75号　2-24, 5-99, 5-287
大野村　おおのむら　第85号　2-66, 5-142
大野村　おおのむら　第85号　2-66, 5-143, 5-295
大野村　おおのむら　第86号　2-69, 5-141, 5-295
青野村（内藤駒之亟知行所）　おおのむら　第101号　2-141, 2-144, 5-127
大野村　おおのむら　第118号　3-18, 3-20
大野村　おおのむら　第129号　3-71, 3-73, 5-167, 5-301
大野村　おおのむら　第134号　3-94, 3-96, 5-177, 5-301
大野村　おおのむら　第134号　3-95
大野村　おおのむら　第136号　5-182, 5-304
大野村　おおのむら　第141号　3-128, 3-130, 5-183, 5-306
大野村　おおのむら　第162号　3-218, 5-190, 5-204, 5-305, 5-308
大野村〔大野〕　おおのむら　第188号　4-67, 4-69, 5-231, 5-313
大野村　おおのむら　第194号　4-89, 4-90, 5-232
大野村　おおのむら　第195号　4-93, 4-94, 5-232, 5-315
大野村　おおのむら　第195号　4-93, 4-94, 5-232, 5-315
大野村　おおのむら　第196号　4-95, 5-233, 5-315
大野村　おおのむら　第210号　4-172, 5-254, 5-261, 5-317
大野村　おおのむら　九州沿海図第12　4-244
大野村　おおのむら　九州沿海図第18　4-264
大野村赤﨑〔大野村〕　おおのむらあかさき　第167号　3-243, 5-213, 5-308
大野村耳〔甘〕木名　おおのむらあまきみょう　第196号　4-95
大野村市原　おおのむらいちのはる　第194号　4-89, 4-90
大野村枝大野上村　おおのむらえだおおのかみむら　第134号　3-96
大野村枝中山　おおのむらえだなかやま　第167号　3-243
大野村枝緑川村　おおのむらえだみどりかわむら　第134号　3-94, 3-96
大野村小嶺　おおのむらおみね　第194号　4-89, 4-90
大野村上組　おおのむらかみぐみ　第167号　3-243
大野村神前　おおのむらかみのまえ　第194号　4-89, 4-90
大野村假屋　おおのむらかりや　第194号　4-89, 4-90
大野村川ノ口　おおのむらかわのくち　第194号　4-89, 4-90
大野村髙見　おおのむらたかみ　第167号　3-243
大野村杤原　おおのむらとちはら　第194号　4-89, 4-90
大野村貫原　おおのむらぬきはる　第194号　4-89, 4-90
大野村原分　おおのむらはるぶん　第190号　4-77
大野村深江　おおのむらふかえ　第167号　3-243
大野村馬見原○　おおのむらまみはら　第194号　4-89, 4-90, 5-232, 3-314
大野村矢代〔大野村〕　おおのむらやしろ　第127号　3-59, 5-182
大野山　おおのやま　九州沿海図第10　4-237
大乗川　おおのりがわ　第118号　3-16
大乗川　おおのりがわ　第164号　3-228
大ハエ　おおはえ　第147号　3-162, 5-187
大ハエ　おおはえ　第160号　3-209
大庭川　おおばがわ　第150号　3-174
大庭郡　おおばぐん　第150号　3-170, 3-172, 5-188, 5-305
大橋○　おおはし　第66号　1-231, 5-80, 5-94, 5-285
大橋　おおはし　第90号　2-84
大橋　おおはし　第90号　2-84
大橋　おおはし　第136号　5-175
大橋　おおはし　第155号　3-191
大羽島　おおはじま　第145号　3-152, 3-154
大橋町　おおはしまち　第151号　3-178
大橋村　おおはしむら　第134号　5-177, 5-178
大橋村　おおはしむら　第178号　4-15, 4-17, 5-222, 5-312
大橋村　おおはしむら　九州沿海図第1　4-193
大橋村中新地　おおはしむらなかしんち　第178号　4-14, 4-16
大柱島　おおはしらじま　第203号　4-138
大筈シマ　おおはずしま　第201号　5-234
大畑○☆　おおはた　第41号　1-142, 5-62, 5-280
大畑　おおはた　第144号　3-141, 3-144
大畠川　おおはたがわ　第141号　5-183
大畠平谷淀豊福四ケ村入會地所　おおばたけひらだによどとよふくよんかそんいりあいじしょ　第144号　3-140, 5-183
大畠村　おおばたけむら　第144号　3-140, 5-183, 5-304
大畠村　おおばたけむら　第151号　3-180, 5-194, 5-307
大畠村〔大畑〕　おおばたけむら　第169号　3-254, 5-215, 5-311
大畑濵　おおはたはま　第53号　1-184, 5-80
大畑村　おおはたむら　第50号　1-170, 5-71, 5-74, 5-282
大畑村（御料所）　おおはたむら　第87号　2-75, 5-120
大畑村　おおはたむら　第100号　2-134
大波戸　おおはと　第202号　4-125, 4-127, 4-128, 5-236
大波戸　おおはと　長崎〔参考図〕　4-131, 4-133
大波渡村　おおばとむら　第71号　1-249, 5-91, 5-96, 5-285, 5-286
ヲーバナ　第32号　1-110, 5-279
大鼻　おおばな　第169号　3-250
大羽尾村　おおばにょおむら　第124号　3-47, 5-181
大濵　おおはま　第48号　1-163, 5-78, 5-284
大濵　おおはま　第52号　1-180
大濵○　おおはま　第116号　2-207, 5-162, 5-299
大濵　おおはま　第175号　3-287
大濵浦　おおはまうら　第152号　3-183, 5-195
大濵浦☆　おおはまうら　第157号　5-210
大濵浦　おおはまうら　第161号　3-212, 3-214, 5-202, 5-311
大濵浦　おおはまうら　第164号　3-231, 5-210
大濵浦枝舩越　おおはまうらえだふなこし　第152号　3-183
大濵浦鴨ノ越　おおはまうらかものこし　第152号　3-183
大濵浦名部戸　おおはまうらなぶと　第152号　3-183
大濵浦ヒシキ　おおはまうらひしき　第152号　3-183
大濵茶屋村　おおはまちゃやむら　第115号　2-198, 5-159, 5-299
大濵 松江〔大濵〕　おおはままつえ　第115号　2-198, 5-162
大濵村　おおはまむら　第125号　3-48, 5-174
大濵村　おおはまむら　第164号　3-230, 5-197, 5-210, 5-214, 5-307, 5-311
大濵村　おおはまむら　第183号　4-39, 5-226, 5-312, 5-311
大濵村☆　おおはまむら　第207号　4-153, 4-154, 5-243, 5-321
大濵村　おおはまむら　九州沿海図第4　4-209
大濵村枝増田村　おおはまむらえだますだむら　第207号　4-153, 4-154
大濵村黄島〔黄島〕　おおはまむらおうしま　第207号　4-154, 5-243, 5-321
大塲村　おおばむら　第90号　2-90
大庭村（諏訪部宗右エ門、諏訪部反次郎、飯河茂助知行所）　おおばむら　第93号　2-103, 5-123, 5-125
大波村　おおばむら　第122号　3-37, 5-173
大庭村　おおばむら　第150号　3-174, 5-192, 5-305
大庭村〔大場村〕　おおばむら　第155号　3-191, 3-193, 5-190, 5-305
大庭村　おおばむら　第187号　4-58, 5-230, 5-312
大庭村稲荷村入會四谷　おおばむらいなりむらいりあいよつや　第93号　2-103
大庭村枝下大庭村六本松　おおばむらえだしもおおばむらろっぽんまつ　第187号　4-58
大庭村折戸（御料所）　おおばむらおりと　第93号　2-103
大波村森ケ谷　おおばむらもりがたに　第122号　3-37
大濱　おおはや　第170号　3-263
大林村　おおばやしむら　第87号　2-75, 5-120, 5-290
大林村　おおばやしむら　第166号　3-238, 5-211, 5-213, 5-308
大林村五反田　おおばやしむらごたんだ　第166号　3-238
大林村臺　おおばやしむらだい　第166号　3-238
大林村根ノ谷　おおばやしむらねのたに　第166号　3-238
大原　おおはら　第175号　3-286
大原浦枝大神子〔大原浦、大原〕　おおばらうらえだおおみこ　第142号　3-133, 5-187, 5-303, 5-306
大原浦枝小神子　おおばらうらえだこみこ　第142号　3-133
大原川　おおばらがわ　第127号　3-56, 3-58
大原郡　おおはらぐん　第162号　3-220, 5-204, 5-308
大原峠　おおはらとうげ　第101号　2-143, 5-129
大原濵〔大原〕　おおはらはま　第48号　1-164, 5-78, 5-284
大原明神〔大原大明神〕　おおばらみょうじん　第127号　3-56, 3-58, 5-175
大原村　おおはらむら　第122号　3-35, 5-173, 5-304
大原村　おおはらむら　第136号　3-107, 5-182
大原村　おおばらむら　第173号　3-273, 5-218, 5-308
大原村御供田　おおばらむらごくんで　第127号　3-56, 3-58
大原村中津川　おおばらむらなかつがわ　第127号　3-56, 3-58
大針村　おおはりむら　第114号　2-193
大肥川　おおひがわ　第180号　4-27
大肥川　おおひがわ　第180号　5-230
大引浦　おおびきうら　第139号　3-121, 5-186, 5-303, 5-306
大蟇〔嶌〕〔大蟇シマ、蟇島〕　おおひきじま　第201号　4-122, 5-237, 5-315
大蟇島〔蟇島〕　おおひきじま　第205号　5-321
大干切シマ　おおひぎれじま　第192号　4-81
大飛島（神島屬）　おおびしま（こうのしまぞく）　第151号　3-181, 5-195, 5-307

大比田浦〔比田〕　おおひだうら　第121号　3-29, 5-157, 5-172, 5-297, 5-300
ヲービチ川　第36号　1-121, 1-122, 5-60, 5-281
大一ツ瀬嵜　おおひとつせざき　第206号　4-146, 4-148
大人見村（松平岩之助知行所）〔人見〕　おおひとみむら　第111号　2-181, 5-161, 5-299
大仁村（大久保加賀守、大久保出雲守領分）○　おおひとむら　第101号　2-141, 2-143, 5-128, 5-298
大日比浦　おおひびうら　第176号　3-289, 5-217, 5-219
大火山　おおひやま　第167号　3-244
大平　おおひら　第175号　3-284
大平　おおひら　第175号　3-285
大平　おおひら　第191号　4-79
大平　おおびら　九州沿海図第19　4-274, 4-275
大平川　おおひらがわ　第115号　2-198, 2-200, 5-159
大平臺村　おおひらだいむら　第99号　2-131, 5-126, 5-291
大平嶽　おおひらだけ　第202号　4-124
大衡村　おおひらむら　第52号　1-179, 5-79, 5-284
大平村（大岡越前守在所）　おおひらむら　第115号　2-200, 5-159, 5-162, 5-299
大平村　おおひらむら　第170号　3-261
大平山　おおひらやま　第101号　2-141
大平山　おおひらやま　第144号　3-140
大平山　おおひらやま　第184号　4-47
大平山　おおひらやま　第192号　4-81, 4-82
大平山　おおひらやま　第197号　4-104
大蛭　おおひる　第145号　3-154, 5-185
大廣川　おおひろがわ　第52号　1-180
大廣村　おおひろむら　第112号　2-182, 5-153, 5-296
大深シマ　おおふかじま　第190号　4-77
大福部島〔福部島〕　おおふくべじま　第146号　3-156, 5-185
大袋新田（松平大和守領分）○　おおぶくろしんでん　第88号　2-79, 5-120, 5-291
大袋新田枝髙橋　おおぶくろしんでんえだたかはし　第88号　2-79
大袋村　おおぶくろむら　第88号　2-79
大吹井☆　おおふけい　九州沿海図第8　4-224
大房村〔大居村〕　おおふさむら　第87号　2-75, 5-120
大房村　おおぶさむら　第125号　3-51, 5-174, 5-300, 5-301
大伏鼻　おおふしはな　第198号　4-105
大渕　おおぶち　九州沿海図第7　4-221, 4-222
大淵村　おおぶちむら　第100号　2-135, 2-138
大淵村枝穴ツ原　おおぶちむらえだあなっぱら　第100号　2-135, 2-138
大淵村枝新田　おおぶちむらえだしんでん　第100号　2-135, 2-138
大淵村枝沼水　おおぶちむらえだぬまみず　第100号　2-135
大船越村　おおふなこしむら　第192号　4-81, 4-82, 5-320
大船越村　おおふなこしむら　第192号　4-81, 4-82, 5-320
大舟戸濵　おおふなとはま　第104号　2-151
大舟渡村上濵〔大舩渡村上濵、大舟渡〕　おおふなとむらかみはま　第47号　1-160, 1-161, 5-76, 5-282
大舟渡村下濵〔大舩渡村下濵、大舟渡〕　おおふなとむらしもはま　第47号　1-160, 1-161, 5-76, 5-282
大舩〔繋〕〔大江灘〕　おおふねかかり　第183号　4-41, 5-311, 5-314
大舩繋　おおふねかかり　九州沿海図第5　4-213
大舩島〔大舟シマ〕　おおふねじま　第190号　4-77, 5-235
大フミ浦　おおふみうら　第175号　3-286
大穂村〔大穂〕　おおぶむら　第186号　4-55, 5-223, 5-313
大穂村枝大穂町　おおぶむらえだおおぶまち　第186号　4-55
大振シマ　おおぶりじま　第124号　3-47, 5-181
大古井村　おおぶるいむら　第109号　2-167
大風呂山　おおふろやま　第156号　3-194
大部田村　おおべたむら　第130号　3-74, 5-163, 5-301
大別保村　おおべっぽむら　第129号　3-69, 5-163, 5-299, 5-301
大部村　おおべむら　第145号　3-151, 5-185, 5-306
大部村枝小部村　おおべむらえだこべむら　第145号　3-150
大部村琴塚　おおべむらことづか　第145号　3-151
大部村田井　おおべむらたい　第145号　3-151
大星山　おおぼしやま　第206号　4-149
大星山　おおぼしやま　第95号　2-110, 5-116, 5-119
大星山　おおぼしやま　第192号　4-80, 4-81, 5-239, 5-241
大細島〔細島〕　おおほそじま　第157号　5-210, 5-307
大佛シマ　おおぼとけじま　第192号　4-81, 4-82
大保村　おおほむら　第187号　4-59, 5-223, 5-231
大洞山　おおほらさん　第96号　2-114, 5-146
大洞村　おおぼらむら　第118号　3-16
大堀村（御料所、保科越前守領分、安藤大和守、黒川左京、大久保主膳、酒井内記知行所）　おおほりむら　第91号　2-95, 2-96, 5-123, 5-124, 5-290
大堀村　おおぼりむら　第125号　3-48, 3-50, 5-166
ヲーマ　第36号　1-124, 5-60, 5-281
大曲○　おおまがり　第63号　1-216, 5-88, 5-283
大曲坂　おおまがりざか　第187号　5-222
大曲村　おおまがりむら　第48号　1-165, 5-78, 5-284
大西〔曲〕村（大岡越前守領分、本間熊太郎知行所）　おおまがりむら　第93号　2-103, 5-126
大曲村〔大曲〕　おおまがりむら　第189号　4-72, 5-234, 5-241, 5-313
大牧村　おおまきむら　第83号　2-58, 5-140
大牧村　おおまきむら　第118号　3-18, 3-20, 5-166
大幕山　おおまくやま　第101号　2-142
大間越村☆　おおまごしむら　第59号　1-204, 5-85, 5-281
ヲヽマサワ　第34号　1-116, 5-54, 5-57, 5-279
大増村　おおますむら　第192号　4-80, 5-239, 5-241
大又村　おおまたむら　第81号　2-50
大町　おおまち　第157号　5-210
大町新田（御料所）　おおまちしんでん　第87号　2-72, 5-109, 5-290
大町村　おおまちむら　第83号　2-61, 5-141, 5-295
大町村○　おおまちむら　第84号　2-64, 5-143, 5-295
大町村　おおまちむら　第144号　3-141
大町村　おおまちむら　第146号　3-157, 3-158, 5-194, 5-307
大町村　おおまちむら　第152号　3-184, 5-196, 5-307
大町村（名立駅）（御料所）○〔名立〕　おおまちむら（なだち）　第80号　2-46, 5-138, 5-287
大松島〔松島〕　おおまつしま　第164号　3-231, 5-211
大松島〔松シマ〕　おおまつしま　第189号　4-73, 5-234, 5-238, 5-241
大マツ島　おおまつしま　第196号　4-98
大マツシマ　おおまつしま　九州沿海図第19　4-275
大マトリ　おおまとり　第117号　3-15, 5-168
大間村　おおまむら　第41号　1-143, 5-63, 5-280
大間村（林大學頭、西尾伊兵エ知行所）　おおまむら　第88号　2-77, 5-120
大丸島　おおまるじま　第104号　2-151
大海　おおみ　第179号　4-22
大海　おおみ　九州沿海図第2　4-198
大味浦　おおみうら　第120号　3-27, 5-145
大海浦　おおみうら　第161号　3-213, 3-215, 5-203
大巫　おおみこ　第142号　3-133, 5-187
大海崎　おおみざき　第161号　3-213, 3-215
大海崎村　おおみざきむら　第155号　3-191, 5-190, 5-305
大三島　おおみしま　第164号　3-228, 5-210, 5-307, 5-308
上杁川　おおみすがわ　第127号　5-175
大水無瀬島　おおみずなしせしま　第179号　5-224
大溝☆　おおみぞ　第125号　3-49, 3-51, 5-174, 5-300
大海田　おおみだ　九州沿海図第3　4-200
大御堂村　おおみどうむら　第94号　2-106
大水無瀬島　おおみなせじま　第173号　5-215
大水無瀬嶋（光井村屬）　おおみなせしま（みついむらぞく）　第169号　3-255, 5-218, 5-224, 5-311
大湊⚓　おおみなと　第117号　3-13, 5-163, 5-299
大嶺村枝祖父ケ瀬村　おおみねむらえだおじがせむら　第176号　3-291
大嶺村枝河原宿〔大嶺〕　おおみねむらえだがわらじゅく　第176号　3-291, 5-309
大嶺村枝国行村　おおみねむらえだくにぎょうむら　第176号　3-291
大嶺村枝渋倉村　おおみねむらえだしぶくらむら　第176号　3-291
大嶺村枝利宗　おおみねむらえだとしむね　第176号　3-291
大嶺村枝中村〔大嶺村、大嶺〕　おおみねむらえだなかむら　第176号　3-291, 5-219, 5-312
大嶺村枝山﨑村　おおみねむらえだやまさきむら　第176号　3-291
大嶺村枝吉則　おおみねむらえだよしのり　第176号　3-291
大嶺村曽根　おおみねむらそね　第176号　3-291
大嶺村枝宮ノ尾　おおみねむらみやのお　第176号　3-291
大峯山　おおみねやま　第175号　5-218
大峯山　おおみねやま　第176号　3-293
大海村　おおみむら　第110号　2-176, 5-158, 5-161, 5-299
大身村　おおみむら　第127号　3-58
大見村　おおみむら　第152号　3-182, 5-195
大見村　おおみむら　第164号　5-210
大海村　おおみむら　第176号　3-292, 5-219, 5-312
大見村　おおみむら　第195号　4-93, 4-94, 5-233, 5-315
大見村　おおみむら　九州沿海図第18　4-264
大見村久保谷　おおみむらくぼたに　第152号　3-182
大宮（御料所）○　おおみや　第88号　2-78, 5-120, 5-291
大宮上ノ山　おおみやうえのやま　第102号　2-145, 2-148

大宮郷　おおみやごう　第94号　2-109, 5-121, 5-291

大宮郷（浅間社領）○☆〔大宮〕　おおみやごう　第100号　2-135, 5-127

大宮郷　おおみやごう　第133号　3-87, 3-90, 5-174, 5-176

大宮郷大宮町　おおみやごうおおみやまち　第94号　2-109

大宮郷齊渡　おおみやごうさやど　第94号　2-109

大宮郷宮川○　おおみやごうみやかわ　第94号　2-109

大宮郷宮地　おおみやごうみやじ　第94号　2-109

大宮地村　おおみやじむら　第203号　4-134, 4-136, 5-251

大宮地村　おおみやじむら　九州沿海図第19　4-272

大宮田　おおみやだ　九州沿海図第19　4-272

大宮地川　おおみやちがわ　第203号　5-251

大宮村　おおみやむら　第150号　3-170

大宮賣神社　おおみやめじんじゃ　第123号　3-38, 3-40

大宮山　おおみややま　第177号　3-297

大眠〔子ムリシマ〕　おおみん　第147号　3-163, 5-187

大無衣　おおむい　第151号　3-180

大向村　おおむかいむら　第111号　2-177, 2-178, 5-160

大向村　おおむかいむら　第123号　3-39, 5-180

大武川村　おおむかわむら　第98号　2-125

大莚　おおむしろ　第117号　3-14, 5-168

大無田　おおむた　九州沿海図第21　4-279, 4-281

大炊田　おおむだ　九州沿海図第7　4-222

大牟田村　おおむたむら　第190号　4-75, 5-234

大牟田村　おおむたむら　第193号　4-87, 5-231

大村　おおむら　第83号　2-58, 5-140, 5-295

大村　おおむら　第179号　4-18, 4-21, 4-23, 5-225, 5-312

大村　おおむら　第188号　4-64, 5-230, 5-312

大村　おおむら　第188号　4-67

大村　おおむら　第200号　4-114, 5-250

大村○☆　おおむら　第201号　4-120, 5-236, 5-313

大村　おおむら　第201号　4-120, 5-315

大村　おおむら　九州沿海図第2　4-197, 4-199

大村　おおむら　九州沿海図第17　4-263

大村池田分松山　おおむらいけだぶんまつやま　第201号　4-120

大村池田分森園　おおむらいけだぶんもりぞの　第201号　4-120

芋村島　おおむらじま　第117号　3-12, 5-163, 5-299

大村城元　おおむらしろもと　第200号　4-114

大村田子　おおむらたこ　第130号　3-74, 3-75, 3-77

大村並木　おおむらなみき　第130号　3-75

大村二本木○〔大村〕　おおむらにほんぎ　第130号　3-74, 5-167, 5-301

大村濵城　おおむらはましろ　第130号　3-74

大村寶庫野新村　おおむらほうこのしんむら　第201号　4-120

大村向出　おおむらむかいで　第130号　3-74, 3-77

大村　おおむらむら　第112号　2-184

大室濵〔室濵〕　おおむろはま　第48号　1-163, 5-78, 5-284

大室村　おおむろむら　第81号　2-52, 5-146, 5-294

大室山　おおむろやま　第101号　2-142, 5-128, 5-292

大毛通セ　おおもうつせ　第207号　4-153, 4-154, 5-243

大本　おおもと　九州沿海図第5　4-210

大茂内○　おおもない　第34号　1-118, 5-54, 5-57, 5-279

大森島（津戸村屬）　おおもりじま　第153号　3-187, 5-191

大森島　おおもりじま　第154号　5-305

大森シマ〔大モリシマ〕　おおもりじま　第190号　4-77, 5-235

大森村　おおもりむら　第60号　1-207, 1-208, 5-85

大森村　おおもりむら　第90号　2-89

大森村　おおもりむら　第118号　3-20, 5-166

大森村　おおもりむら　第129号　3-71

大屋　おおや　九州沿海図第19　4-272

大屋川　おおやがわ　第128号　3-62, 5-180

大八木村（松平右京亮領分）　おおやぎむら　第94号　2-105, 5-119, 5-291

大宅村　おおやけむら　第133号　3-87, 3-89, 5-174, 5-176, 5-301

大屋新田村　おおやしんでんむら　第64号　1-221, 5-75, 5-283

大矢岳　おおやだけ　第195号　5-232

大谷地村　おおやちむら　第68号　1-238, 1-240, 5-106

大柳　おおやなぎ　九州沿海図第3　4-203

大矢野嶋　おおやのじま　第196号　4-96, 4-98, 5-233, 5-315

大矢野嶋　おおやのじま　九州沿海図第18　4-265

大矢野嶋　おおやのじま　九州沿海図第19　4-275

大藪村　おおやぶむら　第121号　3-32, 5-172

大藪村　おおやぶむら　第125号　3-48, 3-50, 5-174, 5-297, 5-300

大藪村　おおやぶむら　第128号　3-62

大藪村　おおやぶむら　第133号　3-90, 3-92, 5-175, 5-176

大藪村　おおやぶむら　第145号　3-155, 5-194, 5-307

大藪村八木島村入會〔大藪村、八木島村〕　おおやぶむらやぎじまむらいりあい　第133号　3-91, 5-175

大谷別所村（春日佐次郎知行所）〔別所〕　おおやべっしょむら　第88号　2-78, 5-120, 5-291

大山　おおやま　第99号　5-126, 5-291

大山　おおやま　第116号　5-162

大山　おおやま　第116号　2-205, 5-299

大山　おおやま　第122号　5-300

大山　おおやま　第146号　5-307

大山　おおやま　第198号　4-105, 5-246

大山　おおやま　九州沿海図第8　4-223

大山上村　おおやまかみむら　第127号　3-59, 5-182

大山上村アモチ〔大山〕　おおやまかみむらあもち　第136号　3-105, 3-108, 5-304

大山上村宮村　おおやまかみむらみやむら　第127号　3-59

大山川　おおやまがわ　第176号　5-219

大山権現〔大山〕　おおやまごんげん　第152号　3-184, 3-185, 5-194

大山﨑　おおやまざき　第211号　4-176, 5-249, 5-261

大〔山〕﨑宿○〔大山崎〕　おおやまざきしゅく　第133号　3-92, 5-176, 5-178, 5-301

大山下村〔大山〕　おおやましもむら　第128号　3-64, 5-182, 5-304

大山下村〔大山〕　おおやましもむら　第136号　3-105, 3-108, 5-182, 5-304

大山下村北野新村　おおやましもむらきたのしんむら　第136号　3-105, 3-108

大山下村北野村　おおやましもむらきたのむら　第136号　3-105

大山下村出合　おおやましもむらであい　第136号　3-105, 3-108

大山寺　おおやまでら　第99号　2-128

大山峠　おおやまとうげ　第164号　5-211

大山中村〔大山〕　おおやまなかむら　第128号　3-64, 5-182, 5-304

大山中村一印谷村　おおやまなかむらいちいんだにむら　第127号　3-59

大山中村毛谷〔大山〕　おおやまなかむらけたに　第128号　3-64, 5-304

大山中村新村　おおやまなかむらしんむら　第127号　3-59

大山中村長安寺村　おおやまなかむらちょうあんじむら　第127号　3-59, 5-182

大山町（大山寺領）☆　おおやままち　第99号　2-128, 5-126, 5-291

〔大〕山村　おおやまむら　第122号　3-35, 3-37, 5-173

大山村　おおやまむら　第123号　3-38

大山村　おおやまむら　第181号　4-29, 4-31

大山村　おおやまむら　第211号　4-173, 4-176, 5-249, 5-256, 5-261, 5-316

大山村　おおやまむら　九州沿海図第3　4-203

大山村　おおやまむら　九州沿海図第10　4-237

大山村枝大下　おおやまむらえだおおした　第123号　3-38

大山村平井　おおやまむらひらい　第123号　3-38

大屋岬　おおやみさき　第167号　3-243, 3-245

大屋名信米　おおやみょうまごめ　第202号　4-123

大谷村（森川金右エ門知行所）　おおやむら　第88号　2-77, 5-120, 5-291

大谷村（御料所、松下河内守、前田八郎左エ門、久保田忠兵エ、萩原頼母知行所）　おおやむら　第90号　2-89, 2-91, 5-121

大谷村　おおやむら　第90号　2-90

大谷村　おおやむら　第93号　2-103

大屋村　おおやむら　第95号　2-112, 5-146, 5-294

大谷村（久能山御神領）☆　おおやむら　第107号　2-156, 2-158, 5-129, 5-298

大谷村（近藤豊太郎陣屋）（近藤豊太郎知行所）　おおやむら　第111号　2-181, 5-161, 5-299

大矢村　おおやむら　第113号　2-189

大屋村　おおやむら　第141号　3-129, 5-183, 5-306

大谷村神光谷　おおやむらしんこうや　第88号　2-77

大矢山　おおややま　第194号　4-89

大横島　おおよこしま　第164号　3-228, 5-210

大吉新田　おおよししんでん　第118号　3-18, 3-20, 5-166, 5-297

大四島　おおよしま　第145号　3-151

大呼山　おおよびやま　第141号　3-129

大依村〔大依〕　おおよりむら　第188号　4-67, 5-231, 5-313

大浦村　おおらむら　第75号　2-25, 5-99

大利村　おおりむら　第41号　1-142, 5-62, 5-280

大利村　おおりむら　第182号　4-36, 4-37, 5-227, 5-229, 5-312, 5-314

大利村　おおりむら　九州沿海図第20　4-278

大類原峠　おおるいはらとうげ　第181号　5-227

大轆轤尾地山　おおろくろおちやま　第194号　4-91, 5-245

大脇村　おおわきむら　第115号　2-196, 2-198, 5-159

大和久（榊原式部大輔領分）○　おおわぐ　第68号　1-238, 5-103, 5-106, 5-288

大輪島　おおわじま　第211号　4-173, 5-249, 5-256, 5-261, 5-316

大輪嶋　おおわじま　九州沿海図第10　4-238
大渡野村　おおわたのむら　第202号　4-125, 4-126, 5-236, 5-315
大渡野村藤之内　おおわたのむらふじのうち　第202号　4-125, 4-126
大和田鼻　おおわだばな　第103号　2-149
大和田町（松平右京亮領分）○　おおわだまち　第90号　2-85, 2-88, 5-120, 5-123, 5-291
大和田町枝中野〔大和田町、大和田〕　おおわだまちえだなかの　第88号　2-77, 5-120, 5-291
大和田村　おおわだむら　第74号　2-21, 5-112, 5-287, 5-289
大和田村　おおわだむら　第88号　2-77, 2-79
大和田村（御料所、久松忠次郎、前田繁之助知行所）　おおわだむら　第90号　2-89, 2-91, 5-120, 5-121, 5-291
大和田村（赤松式部知行所）　おおわだむら　第91号　2-96, 5-123, 5-124
大和田村（御料所、福島此七郎知行所）　おおわだむら　第91号　2-95, 2-96, 5-123, 5-124, 5-290
大和田村　おおわだむら　第135号　3-101
大渡村　おおわたりむら　第190号　4-75
大鰐村　おおわにむら　第43号　1-145, 5-84
大和村　おおわむら　第100号　2-137, 2-139, 5-127, 5-296
岡　おか　第167号　3-243, 5-211, 5-213
岡（中川修理大夫居城）　おか　第182号　4-35, 5-227, 5-229, 5-312, 5-314
岡（中川修理大夫居城）　おか　九州沿海図第21　4-279
岡一色村　おかいっしきむら　第101号　2-141, 5-127
岡 一本松　おかいっぽんまつ　第202号　4-125, 4-126
小貝村　おがいむら　第127号　3-56
小貝山　おがいやま　第127号　3-56
魚返滝　おかえりのたき　第180号　4-26
魚返村　おかえりむら　第180号　4-26, 5-230, 5-312
魚返村枝内河野　おかえりむらうちかわの　第180号　4-26, 4-28
魚返村奥畑　おかえりむらおくはた　第180号　4-26
岡大瀬　おかおおせ　第213号　4-182
岡方村（御料所）○　おかがたむら　第102号　2-147, 5-128, 5-298
岡方村鍋田　おかがたむらなべた　第102号　2-147
小垣江村　おがきえむら　第115号　2-198, 5-159, 5-299
小柿村枝新屋敷〔小柿村〕　おがきむらえだしんやしき　第133号　3-86, 5-174, 5-176
岡経田村〔経田〕　おかきょうでんむら　第82号　2-55, 2-56, 5-139, 5-295
岡口村　おかぐちむら　第189号　4-70, 4-72
尾掛　おかけ　九州沿海図第10　4-237
緒掛山　おかけやま　第163号　3-223
緒掛山　おかけやま　第163号　3-223
岡崎（本多中務大輔居城）○☆　おかざき　第115号　2-198, 2-200, 5-159, 5-299
岡﨑岬　おかざきみさき　第192号　4-81, 4-82
岡嵜村　おかさきむら　第199号　4-111, 4-112, 5-248, 5-261, 5-316
岡﨑村　おかさきむら　九州沿海図第9　4-229
岡﨑村（松平伊豆守領分）　おかざきむら　第111号　2-181, 5-161
岡嵜村　おかざきむら　第133号　3-87
岡﨑村☆　おかざきむら　第142号　3-133, 5-187, 5-303, 5-306
岡﨑村　おかざきむら　第172号　3-270
岡﨑村　おかざきむら　第190号　4-75
岡﨑村池之原村　おかさきむらいけのはるむら　第199号　4-111, 4-112
岡﨑村枝池之原村　おかさきむらえだいけのはるむら　九州沿海図第9　4-229
岡﨑村上市町（三隅駅）○〔岡﨑村〕　おかざきむらかみいちまち（みすみえき）　第172号　3-270, 5-216, 5-308
小笠原村　おがさはらむら　第98号　2-126, 5-117, 5-127, 5-296
小笠原村琵琶池　おがさはらむらびわがいけ　第98号　2-126
小笠山　おがさやま　第123号　5-180
岡 塩床　おかしおとこ　第202号　4-125, 4-126
岡下村（安部信濃守知行所）　おかしたむら　第94号　2-106, 5-118
ヲカシナイ川　第34号　1-118, 5-54, 5-57, 5-279
ヲカ島〔ヲカシマ〕　おかしま　第131号　3-78, 5-168
御鷲島　おがじま　第170号　3-263
岡 下岡　おかしもおか　第202号　4-125, 4-127
岡小路村　おかしょうじむら　第195号　4-93, 4-94, 5-233
岡高島　おかたかじま　第196号　4-95
小方竃〔小方釜〕　おがたがま　第131号　3-79, 5-169, 5-301
岡田加茂神社　おかだかもじんじゃ　第134号　3-95, 5-176
岡田川　おかだがわ　第138号　3-117, 5-179
岡田川　おかだがわ　第141号　5-183
岡田神社〔岡田社〕　おかだじんじゃ　第96号　2-117, 5-146, 5-150
岡谷川村　おかたにがわむら　第195号　4-94, 5-233, 5-315
岡谷 三軒屋　おかだにさんげんや　第151号　3-178
小方波田村　おかたはたむら　第173号　3-274, 5-213, 5-308
小方波田村内三ツ石　おかたはたむらうちみついし　第173号　3-274
小方波田村防鹿　おかたはたむらぼうろく　第173号　3-274
岡田町村（岡田宿）○　おかだまちむら（おかだじゅく）　第96号　2-117, 5-146, 5-296
緒方村　おかたむら　第192号　4-81, 4-82, 5-239, 5-240, 5-241, 5-320
岡田村　おかだむら　第93号　2-103
岡田村　おかだむら　第102号　2-145, 5-132, 5-292
岡田村　おかだむら　第128号　3-62
岡田村　おかだむら　第130号　3-75, 5-167, 5-301
岡田村　おかだむら　第138号　3-117, 5-179
岡田村　おかだむら　第150号　3-170, 5-188, 5-305
岡田村　おかだむら　第163号　3-226, 5-208
岡田村　おかだむら　第187号　4-59
岡田村　おかだむら　第193号　4-84, 4-86, 5-230, 5-232
緒方村　おがたむら　第141号　5-183
岡田山　おかだやま　第96号　2-117
小形山村　おがたやまむら　第97号　2-121
雄勝郡　おがちぐん　第64号　1-221, 1-222, 5-88, 5-283
雄勝郡　おがちぐん　第65号　1-223, 5-90
雄勝峠　おがちとうげ　第65号　1-223, 5-90, 5-283
御勝山　おかちやま　第118号　5-166
岡津古久村（高井但馬守、若林主税、川勝権之助知行所）　おかつこくむら　第99号　2-128, 5-126
雄勝濱〔雄勝〕　おがつはま　第48号　1-163, 5-78, 5-284
岡沢〔津〕村（西尾隠岐守領分、窪田左近、細井留之助知行所）　おかつむら　第111号　2-179, 5-160
岡津村　おかつむら　第122号　3-36, 5-173, 5-175, 5-300
岡寺　おかでら　第134号　3-97, 3-98
岡冨延命寺　おかどみえんめいじ　第185号　4-51
岡冨村☆　おかとみむら　第184号　4-44, 5-228, 5-314
岡冨村☆　おかとみむら　九州沿海図第6　4-217, 4-218
岡冨村　おかどみむら　第185号　4-51, 5-314
岡冨村延岡〔延岡☆、延岡〕　おかとみむらのべおか　第184号　4-44, 5-228, 5-314
岡冨村舩藏〔岡冨村〕　おかどみむらふなぐら　第185号　4-50, 5-244
岡冨村古川門　おかとみむらふるかわかど　第184号　4-44
岡冨村向岡冨　おかどみむらむかいおかどみ　第185号　4-50
岡島〔鳥〕巣　おかとりす　第213号　4-182
岡中村☆　おかなかむら　第195号　4-93, 4-94, 5-233
岡浪太村（御料所）　おかなぶとむら　第92号　2-98, 5-124
岡成村　おかなりむら　第155号　3-190, 3-192
岡郷（松平大和守領分）　おかのごう　第88号　2-77, 5-120
岡郷上岡　おかのごうかみおか　第88号　2-77
岡ノ宮村　おかのみやむら　第101号　2-141, 5-127
岡幡社　おかはたしゃ　第118号　3-16, 3-18
岡部○　おかべ　第107号　2-159, 5-160, 5-298
岡部 坂下　おかべさかした　第107号　2-157, 2-159
岡部村（安部摂津守在所）　おかべむら　第94号　2-106, 5-118, 5-291
御釜浦　おかまうら　第103号　2-149
小蒲江　おがまえ　九州沿海図第5　4-215
岡 馬込　おかまごめ　第202号　4-125, 4-127
岡町村　おかまちむら　第39号　1-135, 5-67, 5-82, 5-280, 5-281
岡村〔松〕村　おかまつむら　第208号　4-156
岡松村　おかまつむら　九州沿海図第17　4-262
男神　おがみ　第202号　4-127, 4-128
男神　おがみ　長崎〔参考図〕　4-131, 4-133
男神島〔男神〕　おかみじま　第70号　1-246, 5-89, 5-286
御神島〔オンカミ島〕　おかみじま　第204号　4-141, 5-235
岡見村☆　おかみむら　第172号　3-270, 5-216, 5-308
小神村　おがみむら　第141号　3-131, 5-183
男神山　おがみやま　第76号　2-30, 5-112
ヲカムイ岬〔カムイ岬〕　第20号　1-65, 5-45, 5-275
岡村　おかむら　第53号　1-185, 1-186, 5-80, 5-284
岡村　おかむら　第53号　1-186, 5-81, 5-285
岡村　おかむら　第88号　5-291
岡村（御料所）　おかむら　第90号　2-85, 5-120, 5-123
岡村（黒田豊前守領分、曲淵市太夫、敷原通玄、小西助右エ門知行所）　おかむら　第94号　2-106, 5-118
岡村（間宮采女知行所）　おかむら　第101号　2-140, 2-142, 5-128, 5-292
岡村　おかむら　第115号　2-200, 5-162, 5-299

岡村　おかむら　第125号　3-49, 5-174
岡村　おかむら　第127号　3-57
岡村　おかむら　第130号　3-75, 5-167
岡村　おかむら　第133号　3-86, 5-174, 5-176, 5-301
岡村　おかむら　第134号　3-97, 3-98, 5-177, 5-301
岡村　おかむら　第136号　3-111, 5-182, 5-306
岡村　おかむら　第144号　3-144, 5-192, 5-305
岡村　おかむら　第150号　3-171, 5-189, 5-305
岡村　おかむら　第150号　3-174, 5-193
岡村　おかむら　第182号　4-34
岡村　おかむら　第190号　4-75, 5-231
岡村　おかむら　第200号　4-115, 4-116, 4-118, 5-250, 5-315
岡村　おかむら　九州沿海図第21　4-280
岡村（樫木原村）○☆　おかむら（かたぎはらむら）　第133号　3-90, 3-92, 5-175, 5-176, 5-301
岡村枝小川　おかむらえだおがわ　第101号　2-140, 2-142
岡村藏谷　おかむらくらたに　第200号　4-115, 4-116, 4-118
岡村坂井　おかむらさかい　第127号　3-56
岡村島　おかむらじま　第164号　3-231, 5-210, 5-311
岡村野角　おかむらのずみ　第200号　4-115, 4-116, 4-118
岡村廣野　おかむらひろの　第101号　2-140, 2-142
岡村馬出野　おかむらまでの　第200号　4-115, 4-116, 4-118
男カメ　おがめ　第153号　3-186
ヲカメノタヲ　おかめのたお　第142号　3-133
ヲーカモチ川　第36号　1-124, 5-60
岡本○☆　おかもと　第129号　3-71, 5-174, 5-297, 5-301
岡本ケ里村〔岡本ケ里〕　おかもとがりむら　第188号　4-67, 5-231, 5-313
岡本村　おかもとむら　第90号　2-87
岡本村（小濱吉之亟、萩原主水、杉岡弥四郎知行所）　おかもとむら　第92号　2-99, 2-100, 5-124, 5-292
岡本村（近藤豊太郎知行所）　おかもとむら　第111号　2-181, 5-161
岡本村○　おかもとむら　第127号　3-59, 5-182, 5-304
岡本村　おかもとむら　第137号　3-112, 5-178
岡本村　おかもとむら　第162号　3-218, 5-190, 5-204, 5-305, 5-308
岡本村　おかもとむら　第197号　4-101
岡守山　おかもりやま　第162号　3-221, 5-204
岡山　おかやま　第125号　3-51
岡山（松平上總介居城）☆　おかやま　第145号　3-153, 5-192, 5-307
岡谷村○　おかやむら　第96号　2-118, 5-150, 5-296
小ケ谷村　おがやむら　第88号　2-79
岡谷村下濱村　おかやむらしもはまむら　第96号　2-118
岡谷村新屋敷　おかやむらしんやしき　第96号　2-118
岡谷村間下　おかやむらました　第96号　2-118
小川　第17号　1-57
小川　おがわ　第125号　5-300
小川　おがわ　第180号　5-230
小川　おがわ　第180号　5-230
小川　おがわ　第184号　5-229
小川　おがわ　第184号　5-244
小川　おがわ　第187号　4-59
小川　おがわ　第187号　4-62
小川　おがわ　第194号　5-229
小川　おがわ　第197号　5-247, 3-314
小川　おがわ　第202号　4-123, 4-124
〔小〕川　おがわ　第213号　4-179, 5-258, 5-261
小川　おがわ　第213号　5-258, 5-261
小川泉神社　おがわいずみじんじゃ　第101号　2-140, 2-142
小川浦　おがわうら　第121号　3-33, 5-172
小川沢山　おがわさわやま　第101号　2-140, 2-142
小川島　おがわじま　第189号　4-71, 5-238, 5-241, 5-313
小川庄手川　おがわしょうでがわ　第184号　5-244
小川新田　おがわしんでん　第86号　2-69, 2-70, 5-141, 5-295
小河谷川　おがわだにがわ　第197号　5-245
小川谷村（米良主膳在所）〔小河谷川〕　おがわだにむら　第197号　4-100, 5-245, 3-314
小川谷村別府谷　おがわだにむらびゅうだに　第185号　4-49
小川原浦村〔小河原浦村、小川原浦〕　おがわはらうらむら　第201号　4-119, 5-236, 5-313, 5-315
小河原川　おがわはらがわ　第107号　5-127, 5-129
小川村　おがわむら　第75号　2-25, 5-99
小川村　おがわむら　第90号　2-89
小川村（大久保矢九郎、井戸信八郎知行所）　おがわむら　第90号　2-90, 5-123, 5-291
小川村（大島讃岐守知行所）○　おがわむら　第94号　2-108, 5-121, 5-291
小川村　おがわむら　第113号　2-186, 5-155
小川村　おがわむら　第115号　2-198, 5-162, 5-299
緒川村　おがわむら　第115号　2-199, 5-159, 5-299
小川村　おがわむら　第130号　3-74, 5-163, 5-301
小川村　おがわむら　第130号　3-74, 3-77, 5-163, 5-167
小川村　おがわむら　第133号　3-91, 5-175
小川村　おがわむら　第141号　3-130, 5-182, 5-306
小川村　おがわむら　第151号　3-180, 5-194, 5-307
小川村　おがわむら　第168号　3-246, 5-214, 5-311
小川村枝姫小川村　おがわむらえだひめおがわむら　第115号　2-198
小川村大淵〔小川〕　おがわむらおおぶち　第113号　2-186, 2-188, 5-297
小川村下分　おがわむらしもぶん　第94号　2-108
小川村辻　おがわむらつじ　第90号　2-90
賀志峠　おがわやま　第127号　5-175
小河原村（真田弾正大弼）　おがわらむら　第81号　2-50, 2-52, 5-146, 5-294
小河原村　おがわらむら　第167号　3-240, 5-211, 5-213, 5-308
小河原村氏名原　おがわらむらうじなはら　第167号　3-240
小河原村枝新田　おがわらむらえだしんでん　第81号　2-50, 2-52
小河原村馬毛　おがわらむらまげ　第167号　3-240
萩浦　おぎ　第157号　5-210
小城（鍋島捨若在所）　おぎ　第190号　4-75, 5-313
沖赤瀬　おきあかせ　第189号　4-73
沖秋目島　おきあきめじま　第210号　4-171, 5-254, 5-261, 5-317
沖秋目嶋　おきあきめじま　九州沿海図第12　4-243
沖安甫シマ〔安浦シマ〕　おきあんぽじま　第201号　4-121, 5-235
沖石島　おきいしじま　第196号　4-95
沖岩　おきいわ　第199号　5-248, 5-261
沖岩　おきいわ　第214号　4-184, 4-186
沖浦　おきうら　第164号　3-228, 5-210
沖浦村　おきうらむら　第164号　3-230, 5-210
沖ウルシ島　おきうるしじま　第171号　3-265, 3-267
沖海老シマ　おきえびじま　第192号　4-80
沖大島（穴井浦屬）☆　おきおおしま（あないうらぞく）　第170号　3-261, 5-201
沖大瀬　おきおおせ　第213号　4-182
沖大瀬　おきおおせ　第213号　4-182
沖御前　おきおまえ　第107号　2-160, 5-160
沖頭島　おきがしらじま　第204号　5-321
沖方嶋〔沖方シマ〕　おきかたしま　第183号　4-39, 4-41, 5-226, 5-228
沖方嶋　おきかたしま　九州沿海図第5　4-213
沖桂島　おきかづじま　第122号　3-35, 3-37, 5-173
沖桂シマ　おきかつらしま　第172号　3-268
沖カノシマ（總名網島）　おきかのしま（そうみょうつなしま）　第192号　4-81
沖カブシマ　おきかぶしま　第170号　3-261
沖家室（西方村屬）〔沖家室シマ、沖家室島〕　おきかむろ（にしがたむらぞく）　第169号　3-251, 3-253, 5-215, 5-311
小城川　おぎがわ　第188号　4-67
荻窪村吉〔寺〕町〔荻窪村〕　おぎくぼむらてらまち　第99号　2-130, 5-125, 5-126
沖黒島　おきくろしま　第84号　2-65
沖黒嶋　おきくろしま　第183号　4-40, 5-228
沖黒嶋　おきくろしま　九州沿海図第5　4-211
小城郡　おぎぐん　第188号　4-67, 4-69
小城郡　おぎぐん　第190号　4-75, 5-313
沖小島　おきこじま　第206号　4-148, 4-149
荻﨑　おぎざき　第159号　3-207, 5-200
沖山王　おきさんのう　第48号　1-164
沖椎根島　おきしいねじま　第192号　4-80
置汐山　おきしおやま　第141号　3-128
ヲキシナイ　第20号　1-66, 5-45
沖島　おきしま　第157号　3-202, 5-195, 5-307
沖嶋　おきしま　第175号　3-286, 5-218
沖島　おきしま　第196号　4-95
荻島〔荻シマ〕　おぎしま　第200号　4-117, 5-251
荻嶌　おぎしま　九州沿海図第19　4-270, 4-272
男木島　おぎじま　第146号　3-158, 5-194, 5-307
荻城　おぎじょう　第76号　2-29, 5-112, 5-113, 5-287, 5-289
荻新田　おぎしんでん　第90号　2-84, 5-120, 5-123
荻新田　おぎしんでん　第96号　2-115
沖新田一番☆〔一番〕　おきしんでんいちばん　第145号　3-153, 5-192, 5-307
沖新田倉田村　おきしんでんくらたむら　第145号　3-153
沖新田倉益村　おきしんでんくらますむら　第145号　3-153
沖新田三番〔三番〕　おきしんでんさんばん　第145号　3-153, 3-155, 5-192, 5-307
沖新田四番　おきしんでんよんばん　第145号　3-153, 5-192
沖〔洲〕新田　おきすしんでん　第183号　4-39, 4-41
沖洲新田　おきすしんでん　九州沿海図第5　4-213
沖須村　おきすむら　第179号　4-18, 5-225
沖須村　おきすむら　九州沿海図第2　4-194
沖瀬〔沖瀬島〕　おきせ　第204号　4-141, 4-142, 5-313
沖瀬　おきせ　第207号　4-152

沖セ　おきせ　第213号　5-258, 5-261
萩〔荻〕曽村　おぎそむら　第109号　2-166, 5-152
萩〔荻〕曽村大久保　おぎそむらおおくぼ　第109号　2-166
萩〔荻〕曽村塩沢　おぎそむらしおざわ　第109号　2-166
萩〔荻〕曽村柴原○〔萩曽〕　おぎそむらしばはら　第109号　2-166, 5-296
萩〔荻〕曽村田ノ上　おぎそむらたのうえ　第109号　2-166
萩〔荻〕曽村寺平　おぎそむらてらだいら　第109号　2-166
萩〔荻〕曽村長谷　おぎそむらながたり　第109号　2-166
萩〔荻〕曽村鍋割平　おぎそむらなべわりだいら　第109号　2-166
萩〔荻〕曽村深畑堂　おぎそむらふかはたど　第109号　2-166
萩〔荻〕曽村細島　おぎそむらほそじま　第109号　2-166
萩〔荻〕曽村向吉田　おぎそむらむかいよしだ　第109号　2-166, 2-168
萩〔荻〕曽村斧澤　おぎそむらよきのさわ　第109号　2-166
萩〔荻〕曽村吉田　おぎそむらよしだ　第109号　2-166, 2-168
沖高島　おきたかじま　第196号　4-95
沖立神　おきたてがみ　第210号　4-171, 5-254, 5-261
沖立神　おきたてがみ　九州沿海図第12　4-242
沖舘村　おきだてむら　第39号　1-135, 5-67, 5-82, 5-280
置賜郡　おきたまぐん　第66号　1-231
置賜郡　おきたまぐん　第67号　1-233, 5-81, 5-94, 5-285
小北山村　おぎたやまむら　第133号　5-175, 5-176
沖千島　おきちしま　第183号　4-39
沖千嶋　おきちしま　九州沿海図第5　4-211
荻市村　おぎちむら　第83号　2-61, 5-141, 5-295
奥津（御料所）○☆　おきつ　第107号　2-156, 5-129, 5-298
奥津川　おきつがわ　第107号　2-156
沖津島〔沖ツシマ〕　おきつしま　第187号　4-61, 5-223, 5-313
ヲキツシマ　おきつしま　第190号　4-77
沖ヅシロ　おきづしろ　第105号　2-154
沖鼓島　おきつづみじま　第145号　3-154, 5-194, 5-307
沖ツノメ　おきつのめ　第153号　3-186
奥津村（御料所）　おきつむら　第92号　2-97, 5-111, 5-290
小木津村○　おぎつむら　第57号　1-196, 5-108, 5-288
沖トベシマ〔沖苫島、沖蔦島〕　おきとべしま　第184号　4-46, 5-244, 5-314
沖友村　おきともむら　第157号　3-203, 5-210
沖島〔鳥〕巣　おきとりす　第213号　4-182
沖中瀬　おきなかせ　第204号　4-140
沖中ハエ　おきなかはえ　第171号　3-265, 5-201
翁﨑　おきなさき　第175号　3-287
翁島　おきなじま　第52号　1-180
沖波村　おきなみむら　第84号　2-64, 5-142, 5-295
翁山（古城跡）　おきなやま　第156号　3-197
沖ノ筏　おきのいかだ　第175号　3-286, 5-218
沖ノ礒　おきのいそ　第101号　2-140
沖市目　おきのいちめ　第155号　3-190
沖濃地嶋　おきのうじとう　九州沿海図第5　4-213
沖浦村〔沖濵〕　おきのうらむら　第124号　3-43, 5-181, 5-304
荻浦村〔荻浦〕　おぎのうらむら　第189号　4-70, 5-223, 5-234, 5-241, 5-313
荻浦村神ノ松　おぎのうらむらかみのまつ　第189号　4-70
沖ヲトシマ　おきのおとしま　第155号　3-190, 5-189, 5-190
沖唐荷〔唐荷〕　おきのからに　第141号　3-127, 3-131, 5-183, 5-185, 5-306
沖川藻〔沖刈モ〕　おきのかわも　第142号　3-132, 3-134, 5-185
沖喜島　おきのきじま　第145号　3-149, 5-192, 5-306
沖杵島　おきのきねしま　第196号　4-95
沖京シマ　おきのきょうのしま　第192号　4-81
隠岐國〔隠岐島後、隠岐島前、隠岐嶋後〕　おきのくに　第153号　3-186, 5-191, 5-305
隠岐国〔隠岐島後、隠岐島前、隠岐嶋前〕　おきのくに　第154号　3-188, 3-189, 5-191, 5-305
沖黒シマ〔沖黒島〕　おきのくろしま　第140号　3-125, 5-171
沖小シマ　おきのこじま　第183号　4-43, 5-228
沖ノ小島　おきのこじま　第189号　4-73
沖小シマ　おきのこじま　第201号　4-122
沖小シマ　おきのこじま　第206号　4-150
沖小島〔沖小シマ〕　おきのこじま　第208号　4-161, 5-251
沖小嶌　おきのこじま　第209号　4-162, 5-247, 5-261
沖小嶋　おきのこじま　九州沿海図第6　4-216
沖小嶋　おきのこじま　九州沿海図第10　4-232
沖小嶋　おきのこじま　九州沿海図第13　4-249, 4-251
沖御前　おきのごぜん　第155号　3-190, 5-189, 5-190, 5-305
沖島　おきのしま　第59号　1-202
沖島　おきのしま　第92号　2-99, 2-100
沖島　おきのしま　第101号　2-142
沖島　おきのしま　第122号　3-35, 5-173, 5-300
沖ノシマ〔沖シマ〕　おきのしま　第123号　3-39, 5-180
沖島（伊崎寺領）　おきのしま　第125号　3-49, 3-51, 5-174, 5-297, 5-300
沖ノ島〔沖ノシマ、沖島〕　おきのしま　第139号　3-121, 5-179, 5-303, 5-306
沖島　おきのしま　第140号　3-126, 5-171
沖島　おきのしま　第143号　3-135
沖之島　おきのしま　第146号　3-156, 5-185, 5-303, 5-306
沖島　おきのしま　第153号　3-186, 5-191
沖ノ島〔沖島〕　おきのしま　第161号　3-217, 5-203, 5-311
沖ノ島　おきのしま　第170号　3-261
沖ノ島〔沖島〕　おきのしま　第171号　5-203, 5-311
沖ノシマ〔沖シマ〕　おきのしま　第183号　4-42, 5-228
沖島　おきのしま　第189号　4-73
沖島　おきのしま　第192号　4-81, 4-82, 5-239, 5-240, 5-241
沖島　おきのしま　第192号　4-81, 5-239, 5-240, 5-241
沖シマ　おきのしま　九州沿海図第5　4-215
沖島（島村）　おきのしま（しまむら）　長崎〔参考図〕　4-131
萩（荻）島　おぎのしま　第192号　4-80, 5-239, 5-241
沖島（小海村屬）　おきのしま（おみむらぞく）　第145号　3-151, 3-154, 5-194, 5-307
沖嶋（嶋村）　おきのしま（しまむら）　第202号　4-127, 4-128, 5-236, 5-315
沖島（總名三宝島）　おきのしま（そうみょうさんぽうじま）　第192号　4-81
沖島村　おきのしまむら　第115号　2-197
荻島村　おぎのしまむら　第83号　2-61, 5-141
沖白石　おきのしらいし　第151号　3-181
沖ノ洲浦　おきのすうら　第142号　3-133, 5-187
沖ノ須村　おきのすむら　第111号　2-179, 5-160, 5-298
沖瀬　おきのせ　第75号　2-22
沖セ　おきのせ　第192号　4-80, 4-81
沖瀬〔沖セ〕　おきのせ　第203号　4-139, 5-251
沖ノ瀬　おきのせ　第206号　4-150
沖ノ瀬〔沖瀬〕　おきのせ　第213号　4-179, 5-258, 5-261
沖瀬　おきのせ　九州沿海図第19　4-271
沖ノソバヘ　おきのそばえ　第175号　3-287
沖ノソフ　おきのそふ　第161号　3-216, 3-217, 5-203
沖焚小島〔焚小シマ〕　おきのたきこじま　第207号　4-151, 5-243
沖竹子島〔竹子島〕　おきのたけのこじま　第145号　3-154, 5-194, 5-307
沖端川　おきのはたがわ　第188号　4-69, 5-231
荻濵　おぎのはま　第48号　1-164, 5-78
奥濵村〔奥ノ濵〕　おきのはまむら　第141号　3-131, 5-183, 5-306
沖ノ原　わきのはら　第175号　3 284
沖ノヒラ　おきのひら　第153号　3-186
荻袋村　おぎのふくろむら　第65号　1-225, 5-90, 5-285
沖ノフシシマ　おきのふしじま　第183号　4-38, 4-40
沖松シマ　おきのまつしま　第146号　3-157, 3-158
荻野山中〔萩野〕　おぎのやまなか　第99号　2-128, 5-126, 5-291
沖羽島〔羽島〕　おきはしま　第210号　4-169, 5-252, 5-261, 5-315, 5-317
沖羽嶋　おきはしま　九州沿海図第13　4-247
沖裸シマ　おきはだかじま　第201号　4-121
荻原村　おぎはらむら　第90号　2-89
萩原村〔萩原〕　おぎはらむら　第109号　2-168, 5-154, 5-296
荻原村　おぎはらむら　第166号　3-234, 5-205, 5-308
萩〔荻〕原村小野　おぎはらむらおの　第109号　2-168
萩〔荻〕原村倉本　おぎはらむらくらもと　第109号　2-168, 2-170
萩〔荻〕原村立町　おぎはらむらたちまち　第109号　2-168
萩〔荻〕原村宮戸　おぎはらむらみやと　第109号　2-168
沖ヒシヤ〔コ〕セ　おきびしゃごせ　第189号　4-73
沖鬢垂島　おきびんだれじま　第199号　4-110
沖鬢垂島　おきびんだれじま　九州沿海図第8　4-227
沖二子シマ　おきふたごじま　九州沿海図第19　4-271
沖松浦　おきまつうら　第183号　4-40, 5-226, 5-228
沖松浦　おきまつうら　九州沿海図第5　4-213
沖松ハヘ〔松ハエ〕　おきまつはえ　第198号　4-105, 5-246
沖松碆　おきまつはえ　九州沿海図第8　4-224
沖廻島　おきまわりじま　第192号　4-81, 4-82
小木湊☆⚓〔小木港、小木〕　おぎみなと　第75号　2-27, 5-99, 5-287

小木湊☆⛵　おぎみなと　第85号　2-68, 5-142, 5-295
沖向島　おきむくしま　第181号　4-32, 5-226, 5-311
沖向嶋　おきむくしま　九州沿海図第4　4-205
興村　おきむら　第127号　3-57, 5-180, 5-304
沖村　おきむら　第151号　3-178, 5-193, 5-195, 5-307
荻村　おぎむら　第101号　2-140, 2-142
雄城村　おぎむら　第181号　4-29, 5-227
雄城村（延岡領）　おぎむら　九州沿海図第3　4-203
小城村牛ノ尾　おぎむらうしのお　第190号　4-75
小木村ムシヤ浦　おぎむらむしやうら　第75号　2-27
小木村元小木　おぎむらもとおぎ　第75号　2-27, 5-99
沖矢筈　おきやはず　第209号　4-166
沖山瀬　おきやませ　第213号　4-182
大給村　おぎゅうむら　第115号　2-200, 5-159, 5-299
御徑〔經〕島　おきょうじま　第162号　3-219
沖吉シマ　おきよしじま　第183号　4-38, 5-226
沖吉シマ　おきよしじま　第183号　4-39, 5-226
沖吉嶋　おきよしじま　九州沿海図第5　4-210
沖吉嶋　おきよしじま　九州沿海図第5　4-211
越喜來村鬼澤濱　おきらいむらおにざわはま　第47号　1-160
越喜來村舘泊濱　おきらいむらたてどまりはま　第47号　1-160, 5-72, 5-76
越喜來村松嵜濱☆〔越喜來村松﨑濱〕　おきらいむらまつざきはま　第47号　1-160, 5-72, 5-76, 5-282
ヲクイ根　おくいね　第102号　2-145
奥宇賀村　おくうがむら　第162号　3-219, 5-204
奥浦☆　おくうら　第171号　3-264, 5-201, 5-311
奥浦内大良　おくうらうちおおら　第171号　3-264
奥浦西分村中之浦〔奥浦西分村、奥浦〕　おくうらにしぶんむらなかのうら　第159号　3-207, 5-200, 5-310
奥浦東分鳴無〔奥浦〕　おくうらひがしぶんおとなし　第159号　3-207, 5-310
奥浦東分村横並〔奥浦東分村、奥浦〕　おくうらひがしぶんむらよこなみ　第159号　3-207, 5-200, 5-310
奥浦村　おくうらむら　第145号　3-152, 5-192, 5-307
奥浦村　おくうらむら　第207号　4-153, 5-243, 5-321
奥浦村樫之浦　おくうらむらかしのうら　第207号　4-153
奥浦村戸岐浦⛵〔土岐浦〕　おくうらむらとぎのうら　第207号　4-153, 5-243
奥浦山　おくうらやま　第207号　4-153
奥海田村　おくかいたむら　第167号　3-240, 5-211, 5-213, 5-308
奥海田村石原　おくかいたむらいしはら　第167号　3-240
奥海田村畝　おくかいたむらうね　第167号　3-240
奥海田村枝砂走　おくかいたむらえだすなばしり　第167号　3-240
奥海田村成木〔本〕　おくかいたむらなりもと　第167号　3-240
奥海田村西谷　おくかいたむらにしたに　第167号　3-240
奥海田村東谷　おくかいたむらひがしたに　第167号　3-240
奥金山田淵　おくかなやまたぶち　第113号　2-188
奥ヶ原村　おくがはらむら　第84号　2-62, 2-64, 5-143
奥河内山　おくがわちやま　第201号　4-121
奥河津山　おくかわづやま　第146号　3-157, 3-159
邑久郡　おくぐん　第145号　3-149, 3-152, 5-192, 5-307
奥古閑村　おくこがむら　第195号　4-93, 5-233, 5-315
奥古閑村　おくこがむら　九州沿海図第18　4-264, 4-266
奥佐見村　おくさみむら　第141号　3-129
奥佐見村千古　おくさみむらせんこ　第141号　3-129
奥澤村（深津弥七郎知行所）　おくさわむら　第94号　2-108, 5-121
奥沢村青木下　おくさわむらあおきのした　第94号　2-108
奥沢村向堀　おくさわむらむかいぼり　第94号　2-108
ヲクシ　第25号　1-84, 5-33, 5-277
奥師　おくし　九州沿海図第19　4-274
小串村（御料所、筒井次左エ門、大久保甚太郎、牧村仁十郎知行所）　おくしむら　第94号　2-107, 5-119
小串村枝松原　おぐしむらえだまつばら　第94号　2-107
奥條村　おくじょうむら　第118号　3-21
ヲクシヨマナイ　第23号　1-77, 5-271, 5-276
奥澤見村　おくぞうみむら　第143号　3-135, 5-188
奥平部村　おくたいらべむら　第39号　5-63, 5-281
奥田上新村　おくだかみしんむら　第83号　2-58, 5-140
奥田下新村　おくだしもしんむら　第83号　2-58, 5-140
奥谷村　おくたにむら　第124号　3-47, 5-181, 5-304
奥谷村　おくたにむら　第136号　3-104
奥田洞村　おくだぼらむら　第112号　2-185, 5-153, 5-155, 5-297
奥田村　おくだむら　第83号　2-58, 5-140, 5-295
奥田村　おくだむら　第114号　2-194, 5-159
小口村　おぐちむら　第96号　2-118, 5-150, 5-296
小口村　おぐちむら　第133号　3-91, 5-175
ヲクトシベ　第22号　1-72, 5-27, 5-30, 5-270
奥殿（松平縫殿頭在所）　おくどの　第115号　2-200, 5-159
奥戸村　おくどむら　第90号　2-84
奥内村　おくないむら　第39号　1-135, 5-67, 5-82, 5-281
奥内村　おくないむら　第40号　1-138, 5-62, 5-280
奥内村前田村　おくないむらまえだむら　第39号　1-135
奥長谷村　おくながたにむら　第144号　3-140, 5-183
奥長谷村田坪　おくながたにむらたつぼ　第144号　3-140
奥長谷村中村　おくながたにむらなかむら　第144号　3-140
奥中村　おくなかむら　第136号　3-109
行田村（河田吉藏知行所）　おくなだむら　第95号　2-110, 5-116, 5-119, 5-291
行田村梨子木　おくなだむらなしのき　第95号　2-110
奥院　おくのいん　第117号　3-13, 5-163, 5-299
奥之島村　おくのしまむら　第125号　3-51, 5-174
奥檀村　おくのだんむら　第176号　3-293, 5-219, 5-312
奥野村　おくのむら　第121号　3-29, 3-31, 3-32, 5-157
奥野山村　おくのやまむら　第144号　3-142, 5-183
奥野山村皿池茶屋　おくのやまむらさらいけちゃや　第144号　3-142
奥野谷村（御料所、飯高七左エ門知行所）　おくのやむら　第58号　1-199, 1-200, 5-110, 5-290
奥谷村　おくのやむら　第120号　3-24, 5-145, 5-297, 5-300
奥早野村　おくはやのむら　第143号　3-137, 3-138, 5-188
オクヒ島（豊島屬）　おくひじま（とよしまぞく）　第164号　3-231, 5-211, 5-311
小久保村石原　おくぼむらいしわら　第88号　2-79
雄熊　おぐま　九州沿海図第2　4-195
小熊村　おぐまむら　第118号　3-16, 3-18, 5-156, 5-159, 5-297
奥見沢川〔魚見沢川〕　おくみざわがわ　第163号　5-208
奥村　おくむら　第118号　3-18
奥村　おくむら　第128号　3-62
奥村　おくむら　第141号　3-128
奥村　おくむら　第141号　3-129, 5-183
奥村　おくむら　第144号　3-141, 3-143, 3-144, 3-146, 5-192, 5-307
奥村枝天神　おくむらえだてんじん　第144号　3-143, 3-144, 3-146
奥村新田　おくむらしんでん　第77号　2-35, 5-113, 5-114
奥米地村　おくめいじむら　第128号　3-62, 5-180
奥米地村高中　おくめいじむらこうなか　第128号　3-62
奥米地村山中　おくめいじむらやまなか　第128号　3-62
奥山　おくやま　第136号　3-105, 3-108
奥吉田村　おくよしだむら　第84号　2-63, 2-65, 5-143
小倉　おくら　九州沿海図第21　4-279
小倉　おぐら　九州沿海図第11　4-241
麻生〔倉〕シマ〔麻生島〕　おぐらじま　第117号　3-12, 5-163
小倉神社　おぐらじんじゃ　第133号　3-90, 3-92
小倉村　おくらむら　第193号　4-83, 5-232, 5-312, 5-314
小倉村　おくらむら　九州沿海図第20　4-276, 4-278
小倉村（長谷川藤左エ門、山田清太夫、京極傳之助知行所）　おぐらむら　第94号　2-105, 5-119, 5-289
小倉村　おぐらむら　第118号　3-19, 3-21, 5-166, 5-297, 5-300
小倉村　おぐらむら　第121号　3-30, 5-157, 5-166, 5-297, 5-300
小倉村　おぐらむら　第127号　3-60, 3-61
小倉村　おぐらむら　第129号　3-66, 3-68, 5-163, 5-166, 5-299
小倉村　おぐらむら　第133号　3-92, 5-176, 5-178, 5-301
小倉村　おぐらむら　第133号　3-89, 5-176
尾倉村　おぐらむら　第178号　4-13, 4-15, 5-222, 5-312
尾倉村　おぐらむら　第178号　4-15, 4-17, 5-222, 5-312
尾倉村　おぐらむら　九州沿海図第1　4-193
尾倉村神願地　おぐらむらあつまり　第178号　4-13, 4-15
小倉村今町　おくらむらいままち　第193号　4-83
小倉村黒流　おくらむらくろながれ　第193号　4-83
小倉村森　おぐらむらもり　第127号　3-60, 3-61
小倉本山　おぐらもとやま　第121号　3-33, 5-172
小倉山　おぐらやま　第90号　2-91
小倉山　おぐらやま　第127号　3-59
小倉山　おぐらやま　第206号　4-149
ヲクリキ　第17号　1-57, 5-42, 5-275

大串崎　おくりざき　第206号　4-149
小黒飯村　おぐるいむら　第122号　3-36, 5-173, 5-300
ヲクロマナイ　第17号　1-55, 5-42, 5-275
桶川（御料所）○　おけがわ　第88号　2-76, 2-78, 5-120, 5-291
桶助山　おけすけやま　第141号　3-130
小桁村　おげたむら　第144号　3-144, 5-192, 5-305, 5-307
桶山村倉谷　おけやまむらくらたに　第175号　3-284
ヲケンタンベ　第11号　5-34, 5-35, 5-272
麻郷村（萩領）　おごうむら　第169号　3-255, 5-218, 5-311
尾越崎　おこえさき　九州沿海図第19　4-275
小郡川　おごおりがわ　第176号　3-292, 5-312
小郡宿〔小郡村、小郡〕　おごおりじゅく　第176号　3-290, 3-292, 5-219, 5-312
小郡町　おごおりまち　第187号　4-59, 5-231, 5-313
小郡村枝柏崎　おごおりむらえだかしわざき　第176号　3-290, 3-292
小郡村枝新開　おごおりむらえだしんがい　第176号　3-292
小郡村枝柳井田　おごおりむらえだやないだ　第176号　3-290, 3-292
小郡村枝山手　おごおりむらえだやまて　第176号　3-290, 3-292
小郡村川向　おごおりむらかわむこう　第176号　3-290, 3-292
小河口村〔小川口〕　おごくちむら　第121号　3-29, 3-31, 3-32, 5-157, 5-172, 5-300
起○　おこし　第118号　3-18, 5-159, 5-297
ヲコシイ川　第36号　1-124
ヲコシマ　おこしま　第141号　3-127, 5-185
ヲゴ島　おごしま　九州沿海図第10　4-235
ヲゴシマ　おごしま　九州沿海図第19　4-271
ヲコシヨシコイシ崎　第30号　1-100
ヲコシリ島　第35号　1-120, 5-55, 5-279
小古曽村　おごそむら　第129号　3-67, 3-69, 5-163, 5-166
大古曽村　おごそむら　第130号　3-74, 5-163
ヲコタラヌシヤラ　第27号　1-89
ヲコタラヌシヤラ川　第27号　1-89
ヲコツナイ　第10号　1-34, 5-34, 5-272
ヲコツナイ　第16号　1-50, 5-39, 5-273
ヲコツナイ　第23号　1-74, 5-30, 5-271, 5-276
ヲコツナイ○☆　第24号　1-78, 5-32, 5-276
ヲコツナイ　第31号　1-107, 5-54, 5-279
ヲコツナイ川　第10号　1-34, 5-34, 5-272
ヲコツナイ川　第24号　1-78, 5-32, 5-276
ヲコツナイ川　第33号　1-113, 5-47, 5-279
ヲコツペ　第9号　1-33, 5-25, 5-272
ヲコツペ川　第9号　5-25, 5-272
奥戸村　おこっぺむら　第41号　1-143, 5-63, 5-280
奥戸村赤石〔赤石〕　おこっぺむらあかいし　第41号　1-143, 5-63, 5-280
奥戸村材木　おこっぺむらざいもく　第41号　1-143, 5-63
小毎島　おごとじま　第164号　3-228, 5-210
雄琴村（東叡山滋賀院領）　おごとむら　第126号　3-53
小子内村　おこないむら　第45号　1-152, 1-153, 5-68
大橦浦〔樟浦〕　おこのぎうら　第120号　3-27, 3-28, 5-172, 5-300
ヲコノ島〔ヲコノシマ〕　おごのじま　第189号　4-74, 5-235, 5-238, 5-241, 5-313
大畑村　おこばむら　第200号　4-114, 5-250, 5-314
大畑村　おこばむら　九州沿海図第17　4-262, 4-263
大田〔畑〕村上屋敷　おこばむらかみやしき　第208号　4-156
小河村　おごむら　第121号　3-29, 3-31, 3-32, 5-157, 5-172
御米蔵　おこめぐら　第90号　2-84
ヲコルマツプ川　第30号　1-104, 5-278
ヲコンブシベ川　第30号　1-104, 5-52, 5-278
刑部村（井上河内守領分）　おさかべむら　第111号　2-181, 5-161
小坂部村奥谷　おさかべむらおくたに　第150号　3-175
小坂部村小坂部市（水谷氏屋敷）○〔小坂部村〕　おさかべむらおさかべいち　第150号　3-175, 5-193, 5-305
小坂町村○☆　おさかまちむら　第112号　2-185, 5-153, 5-297
小坂町村矢ケ野　おさかまちむらやがの　第112号　2-185
小坂村　おさかむら　第96号　2-118, 5-150, 5-296
小坂村　おさかむら　第101号　2-141, 2-143
小坂村　おさかむら　第127号　3-59, 5-182, 5-304
小坂村　おさかむら　第143号　3-138, 5-183, 5-188, 5-304
小坂村　おさかむら　第181号　4-29, 4-31, 5-227, 5-312
小坂村〔小坂〕　おさかむら　第188号　4-64, 5-313
小坂村　おさかむら　九州沿海図第3　4-201
小坂村　おざかむら　第195号　4-92, 5-232
小坂村上小坂〔小坂〕　おさかむらかみおさか　第95号　2-110, 5-291
小坂村下小坂〔小坂〕　おさかむらしもおさか　第95号　2-110, 5-291
小坂村中小坂（松平宮内少輔領分）〔小坂〕　おさかむらなかおさか　第95号　2-110, 5-291
小坂村東谷　おさかむらひがしたに　第127号　3-59
小坂村向小坂　おざかむらむかいおざか　第195号　4-92
小坂山　おさかやま　第101号　2-143
ヲサキ　おさき　第46号　1-156
尾崎　おざき　第171号　3-264, 3-266
尾崎　おざき　第175号　3-284
尾嵜　おざき　第203号　4-139, 5-251
尾崎　おざき　九州沿海図第19　4-271
尾崎奥村　おさきおくむら　第112号　2-185
尾崎口村　おさきくちむら　第112号　2-185
尾崎鼻　おざきはな　第141号　3-127, 3-131
尾崎鼻　おざきはな　第171号　3-265, 3-267
尾崎村　おさきむら　第128号　3-65
尾崎村　おさきむら　第128号　3-63, 5-181
尾嵜村　おさきむら　第137号　3-115, 5-184, 5-306
尾崎村　おさきむら　第145号　3-148, 5-183, 5-306
尾崎村　おさきむら　第168号　3-249, 5-214, 5-311
尾崎村　おざきむら　第115号　2-198, 5-159
尾崎村　おざきむら　第124号　3-44, 5-180
尾崎村　おざきむら　第138号　3-117, 5-179, 6-306
尾崎村　おざきむら　第192号　4-81, 4-82, 5-239, 5-240, 5-241, 5-320
尾崎村石田〔尾崎〕　おさきむらいしだ　第151号　3-178, 5-307
尾崎村枝和多田　おさきむらえだわただ　第128号　3-63
尾崎村蟹食〔尾崎〕　おざきむらがにはみ　第186号　4-54, 5-312
尾嵜村枯木　おさきむらかれき　第137号　3-115
尾崎村畑岡〔尾崎村、尾崎〕　おさきむらはたおか　第151号　3-178, 5-193, 5-307
尾崎村福島　おざきむらふくしま　第138号　3-117
尾崎山　おざきやま　第200号　4-117
尾嵜山　おざきやま　第203号　4-137, 5-251
長島村　おさじまむら　第188号　4-68, 5-231
長田村　おさだむら　第125号　3-51, 5-174
長田村　おさだむら　第127号　3-57, 5-180, 5-182, 5-304
長田村　おさだむら　第152号　3-184, 5-196
長田村島村　おさだむらしまむら　第127号　3-57, 3-59
長田村段　おさだむらだん　第127号　3-57
ヲサツ　第28号　1-91, 1-92, 5-278
ヲサツ川　第28号　1-91, 1-92, 5-50, 5-278
小里村　おざとむら　第193号　4-83, 5-232, 5-312, 5-314
小里村　おざとむら　九州沿海図第20　4-276
ヲサナイ川　第34号　1-119, 5-57, 5-279
小鯖村　おさばむら　第175号　3-285, 5-219, 5-312
小鯖村石畑村　おさばむらいしばたけむら　第175号　3-285
小鯖村枝鯖山村　おさばむらえださばやまむら　第175号　3-285
長船村　おさふねむら　第145号　3-152, 5-192, 5-307
長船村天王　おさふねむらてんのう　第145号　3-152
長船村船山　おさふねむらふなやま　第145号　3-152
長部村　おさべむら　第47号　1-161, 5-76
長部村小谷濱　おさべむらこやはま　第47号　1-161, 5-76
長部村双六濱　おさべむらすごろくはま　第47号　1-161, 5-76
長部村福伏濱　おさべむらふっぷしはま　第47号　1-161
長部村湊濱〔湊濵〕　おさべむらみなとはま　第47号　1-161, 5-76, 5-282
長部村要害濱　おさべむらようがいはま　第47号　1-161, 5-76
表佐村　おさむら　第118号　3-17, 3-19
小佐村　おさむら　第124号　3-44, 5-180
小佐村馬瀬　おさむらまぜ　第124号　3-44
納村　おさめむら　第138号　3-119, 5-184
ヲサルベツ〔ヲサベツ〕　第30号　1-100, 1-104, 5-52, 5-278
ヲサルベツヱントモ　第30号　1-100
ヲサルベツ川　第30号　1-100, 1-104, 5-52, 5-278
尾澤部○　おさわべ　第32号　1-110, 5-53, 5-56, 5-279
忍（阿部鉄丸居城）　おし　第88号　2-77, 5-118, 5-120, 5-291
押上村　おしあげむら　第80号　2-47, 2-49, 5-138, 5-294
押入村　おしいれむら　第144号　3-144, 5-192, 5-305
押岡村　おしおかむら　第160号　3-209, 5-200, 5-310
小塩村☆　おしおむら　第86号　2-71, 5-145, 5-297, 5-300
小鹿川　おしかがわ　第192号　4-80, 4-81
牡鹿郡　おしかぐん　第48号　1-163, 1-165, 5-78, 5-284
大鹿崎　おじかざき　第206号　4-149
小鹿谷村　おしかだにむら　第143号　3-136
押鐘村　おしかねむら　第81号　2-50, 2-52, 5-146

形〔刑〕部村　おしかべむら　第130号　3-74, 5-163
小鹿村　おしかむら　第192号　4-80, 5-239, 5-241, 5-320
ヲシカリシヤロ川〔ヲシカリサル丶川〕　第9号　1-32, 5-25, 5-272
押川山　おしかわやま　第190号　4-75, 4-76
ヲシキシマ　おしきじま　第190号　4-77, 5-234
押切村　おしきりむら　第81号　2-50, 5-146
押切村　おしきりむら　第89号　2-81, 2-83, 5-122, 5-290
押切村　おしきりむら　第99号　2-128, 2-130, 5-125, 5-126
押切村　おしきりむら　第115号　2-197, 5-159, 5-297
押越村　おしこしむら　第98号　2-126, 5-117, 5-127, 5-291, 5-296
押越村　おしこしむら　第118号　5-166
押出山　おしだしやま　第98号　2-126
押立山　おしたてやま　第95号　2-111
押立山　おしたてやま　第95号　2-111
祖父谷村　おじだにむら　第155号　3-193, 5-190, 5-305
押付村　おしつけむら　第118号　3-20, 5-166
押通鼻　おしとおしばな　第202号　4-127, 4-128
押通岬　おしとおしみさき　長崎〔参考図〕　4-131
押通小島　おしとおりこじま　第207号　4-152
押ヌキ鼻　おしぬきばな　第170号　3-262
押登岬　おしのぼりみさき　第142号　3-132, 5-187
押淵村　おしぶちむら　第144号　3-144, 5-192, 5-305, 5-307
男島〔オシマ〕　おしま　第84号　2-62, 2-64, 5-142
ヲシマ　おしま　第131号　3-78
ヲシマ　おしま　第162号　3-219, 5-204
ヲ嶋　おしま　第166号　3-235, 5-209, 5-212
ヲシマ　おしま　第171号　3-264
男シマ　おしま　第172号　3-268, 5-212
男島　おしま　第172号　3-270, 5-216
尾島　おしま　第179号　5-224
男島　おしま　第189号　4-73
男嶋　おしま　第200号　4-118, 5-250
小島☆　おしま　第212号　4-177, 5-253, 5-315, 5-317
男シマ　おしま　九州沿海図第16　4-257
御島　おじま　第52号　1-180
男島　おじま　第177号　5-220
尾嶋（牛嶋屬）　おしま（うしまぞく）　第169号　3-255, 2-224, 5-311
尾嶋（大井郷村屬）　おしま（おおいごうむらぞく）　第174号　3-281, 5-217, 5-309
尾嶋ノ岬　おじまのみさき　第52号　1-180
小島濱　おじまはま　第48号　1-163, 5-78
小島村　おしまむら　第187号　4-59, 5-231
尾島村　おしまむら　第188号　4-68, 5-231
小島村　おしまむら　第193号　4-85, 4-87, 5-223, 5-315
小嶋村　おしまむら　九州沿海図第18　4-266
小嶋村　おしまむら　九州沿海図第18　4-269
小嶋村〔小島村〕　おじまむら　第81号　2-53, 5-146
小島村（酒井大内記知行所）　おじまむら　第94号　2-106, 5-119, 5-291
小島村（松平丹後守領分）☆　おじまむら　第107号　2-156, 5-129, 5-296, 5-298
小島村　おじまむら　第118号　3-16, 3-18, 5-156, 5-166
小島村　おじまむら　第129号　3-67, 5-166, 5-297, 5-299, 5-300, 5-301
小嶋村小島町〔小島村〕　おしまむらおしままち　第193号　4-85, 5-233
小島村栗原（松平丹後守在所）　おじまむらくりはら　第107号　2-156
小島村藤本　おじまむらふじもと　第107号　2-156
小島山　おじまやま　第118号　3-17, 5-157
押廻鼻〔押廻岬〕　おしまわしばな　第122号　3-34, 3-36, 5-173, 5-300
押山濱　おしやまはま　第151号　3-179, 5-195
ヲシヤマンヘ〇☆　第30号　1-102, 1-103, 5-46, 5-279
ヲシユムシベツ〔ヲシコムシヘツ〕　第26号　1-87, 5-49, 5-277
ヲシユンクシ　第7号　1-26, 5-20, 5-270
ヲシヨコマナイ　第7号　5-270
ヲシヨシ川　第3号　1-14, 5-18, 5-268, 5-270
ヲシヨロコツ　第4号　1-17, 5-17, 5-270
ヲシヨロコツ　第10号　1-36, 5-34, 5-272
ヲシヨロコツ〇　第18号　1-58, 5-43, 5-275
ヲシラナイ川〔ヲシラナイ〕　第31号　1-108, 5-56, 5-279
尾白村　おじろむら　第163号　3-222
尾末　おずえ　九州沿海図第6　4-219
御鈴山　おすずやま　第185号　5-244
男セ　おぜ　第206号　4-149
小瀬ケ洞村　おせがほらむら　第112号　2-182, 5-152, 5-296
小瀬川　おぜがわ　第173号　3-274
小瀬木村　おせぎむら　第144号　3-146
尾関山　おぜきやま　第163号　3-225
小瀬村　おぜむら　第114号　2-193, 5-156, 5-297
小瀬村（岩国領）　おぜむら　第173号　3-274, 5-213
小瀬村十三塚　おぜむらじゅうさんづか　第114号　2-193
小曽根村（保科能登守領分）　おぞねむら　第135号　3-101
小園川　おそのがわ　第180号　5-230
小田井（内藤叔之亟領分）〇　おだい　第95号　2-111, 5-116, 5-291, 5-294, 5-296
ヲタイシマ　おたいじま　第192号　4-81, 4-82
小田井神社　おだいじんじゃ　第124号　3-42, 3-44, 5-180
ヲタイト　第5号　1-20, 5-19, 5-270
ヲタイ根　おたいね　第102号　2-145
ヲタイ子〔ヲタイ根〕　おたいね　第103号　2-149, 5-132
小臺村　おだいむら　第90号　2-84, 5-120, 5-123
小臺村熊ノ木　おだいむらくまのき　第90号　2-84
ヲタウニ　第23号　1-74, 5-30, 5-271, 5-276
小田尾山　おだおやま　第207号　4-153
尾鷹島　おだかじま　第145号　3-154, 5-185, 5-307
ヲタカ子　おたかね　第105号　2-154
尾髙村　おだかむら　第155号　3-190, 3-192, 5-189, 5-305
小田川　おだがわ　第127号　3-57, 5-180
小田川　おだがわ　第187号　5-223, 5-231
雄滝　おだき　第109号　2-171
小田喜川　おだきがわ　第91号　2-93, 5-111
愛宕郡　おたぎぐん　第133号　3-87, 5-174, 5-176
小田木村　おたぎむら　第110号　2-175, 5-158, 5-296
ヲタクシベシ〔ヲタクツベシ〕　第26号　1-87, 5-49, 5-277
ヲタクハシ　第22号　1-72, 5-30, 5-270
小田郡　おたぐん　第151号　3-179, 3-181, 5-195, 5-307
御嶽〔御岳〕　おたけ　第121号　3-29, 3-31, 3-32, 5-172
男嶽　おだけ　第191号　4-78
男岳　おだけ　第195号　4-93, 4-94
ヲタケシ　第28号　1-94, 5-50, 5-278
小竹村　おだけむら　第83号　2-60, 5-141
小竹村　おだけむら　第186号　4-54, 5-223, 5-312
小竹村　おだけむら　第187号　4-57, 4-60
小田崎〔小田サキ〕　おださき　第207号　4-153, 5-243
ヲタシマナイ川　第33号　1-112, 5-47, 5-279
ヲタシユツ　第18号　1-61, 5-44
ヲタシユツ〇　第21号　1-68, 1-69, 5-46, 5-279
ヲタシユツ川　第20号　5-45
小田尻　おだじり　九州沿海図第10　4-235
小多田村　おただむら　第136号　3-105
尾立　おたち　第167号　3-244, 5-211, 5-213, 5-215
小田床村　おだとこむら　第203号　4-135, 4-137, 5-251, 5-315
小田床村　おだとこむら　九州沿海図第19　4-273
小田床村鬼海浦　おだとこむらきかいがうら　第203号　4-135, 4-137
ヲタトム（コマイベツ）〔ヲタトム川〕　第3号　1-15, 5-16, 5-268, 5-270
小田中村　おだなかむら　第144号　3-145, 5-192
尾谷村　おたにむら　第144号　3-141, 3-144, 5-192, 5-307
小谷村〇　おだにむら　第123号　3-41, 5-180, 5-304
小谷村奥小谷　おだにむらおくおだに　第123号　3-41
小谷山　おだにやま　第121号　3-30
小田野澤村〔小田野沢村、小田澤〕　おだのさわむら　第40号　1-138, 5-62, 5-280
ヲタノシケ　第18号　1-58, 5-43, 5-275
ヲタノシケ　第21号　1-67, 5-45, 5-275
ヲタノシケ　第21号　1-68, 1-69, 5-46, 5-279
ヲタノシケ　第23号　1-75
ヲタノシケヲマナイ　第9号　1-33
ヲタノシケヲマナイ川　第9号　1-33, 5-25, 5-272
ヲタノシケ川　第23号　1-75, 5-30, 5-271, 5-276
ヲタノシケマツプ川　第22号　1-70, 5-27, 5-270
ヲタノツカ　第10号　1-36, 5-34, 5-272
小田ハシ　おだばし　第117号　3-13
小田濱　おだはま　第212号　5-253, 5-261
ヲタビク　第18号　1-60, 5-43, 5-275
ヲタビラ　第13号　1-43, 5-37, 5-273
ヲタヒラキ　第18号　1-58, 5-275
ヲタフコウシベツ　第10号　1-34
ヲタフコウシベツ川〔ヲタフコムシヘ川〕　第9号　1-33, 5-272
小田淵村　おだぶちむら　第116号　2-202, 2-204, 5-162, 5-299
小田舩原村　おだふなはらむら　第100号　2-137, 2-139, 5-127, 5-296
ヲタヘツ川　第25号　1-84, 5-33, 5-277
小田村　おたむら　第134号　3-94, 5-167, 5-301
小田村　おたむら　第187号　4-58
小田村　おだむら　第90号　2-87, 5-123
小田村（御料所）　おだむら　第107号　2-156, 2-158, 5-129, 5-298
小田村　おだむら　第123号　3-40, 5-173, 5-304
小田村　おだむら　第123号　3-40, 5-180, 5-304
小田村　おだむら　第125号　3-51, 5-174, 5-300, 5-301
小田村　おだむら　第129号　3-69, 5-163
小田村　おだむら　第143号　3-136
小田村☆　おだむら　第146号　3-157, 3-158, 5-

194
小田村　おだむら　第151号　3-179, 5-193, 5-195, 5-307
小田村　おだむら　第165号　3-232, 5-204, 5-308
小田村　おだむら　第166号　3-235, 5-209, 5-212, 5-308
小田村　おだむら　第180号　4-26
小田村　おだむら　第188号　4-68, 5-231, 5-313
小田村青野　おだむらあおの　第165号　3-232
小田村有木　おだむらありき　第151号　3-179
小田村枝關ケ淵　おだむらえだせきがふち　第123号　3-40
小田村奥津　おだむらおくつ　第146号　3-157, 3-158
小田村表小田　おだむらおもておだ　第146号　3-157, 3-158
小田村釜居谷　おだむらかまいだに　第146号　3-156
小田村唐尾　おだむらからお　第188号　4-68
小田村岩洞　おだむらがんど　第123号　3-40
小田村清水　おだむらしみず　第123号　3-40
小田村笘張　おだむらとまはり　第146号　3-157, 3-158
小田村枝中茶屋　おだむらなかのちゃや　第123号　3-40
小田村平石　おだむらひらいし　第123号　3-40
小田村堀越　おだむらほりこし　第151号　3-179
小田村餘草　おだむらよそう　第165号　3-232
小田山　おだやま　第209号　4-162
小田山　おだやま　第212号　4-178
小田山　おだやま　九州沿海図第15　4-254, 4-255
小田屋村　おだやむら　第85号　2-66, 5-142
小田良　おだら　九州沿海図第18　4-265
小田良　おだら　九州沿海図第19　4-275
ヲタルナイ○　第20号　1-63, 5-44, 5-275
ヲタルンナイ　第18号　1-61, 5-44, 5-275
ヲタルンナイ川　第18号　1-61, 5-44, 5-275
小田原（大久保加賀守居城）○☆　おだわら　第99号　2-130, 2-131, 5-125, 5-126, 5-291
落合○　おちあい　第110号　2-173, 5-154, 5-296
落合川　おちあいがわ　第110号　2-173
落合川　おちあいがわ　第111号　2-181
落合宿山中　おちあいじゅくやまなか　第110号　2-173
落合宿興板〔坂〕　おちあいじゅくよざか　第110号　2-173
落合村　おちあいむら　第60号　1-207, 1-208, 5-85
落合村（堀田相模守領分）　おちあいむら　第66号　1-228, 5-92, 5-285
落合村（蜂屋七兵エ知行所）　おちあいむら　第102号　2-147, 5-128
落合村　おちあいむら　第115号　2-196, 2-198, 5-159, 5-297, 5-299
落合村　おちあいむら　第118号　3-20
落合村　おちあいむら　第136号　3-109
落合村　おちあいむら　第181号　5-227
落合村下野　おちあいむらしもの　第179号　4-19
落合村長瀬　おちあいむらながせ　第102号　2-147
落合村長野〔落合村〕　おちあいむらながの　第179号　4-19, 5-225
落合村宮ノ代　おちあいむらみやのしろ　第179号　4-19
落合村輿瀬　おちあいむらよせ　第179号　4-19
落合山　おちあいやま　第180号　4-25
落居村（一橋殿領分）　おちいむら　第111号　2-177, 2-178, 5-160, 5-298
小値賀浦枝斑島浦〔小値賀浦〕　おぢかうらえだまだらしまうら　第206号　4-146, 5-242
落影村　おちかげむら　第81号　2-50, 5-138, 5-146, 5-294
ヲチカサワ　第36号　1-122, 5-60
ヲチカシマ　おちかしま　第190号　4-77
小値賀島　おぢかしま　第206号　4-146, 5-242, 5-321
越方村　おちかたむら　第126号　3-55
小値賀村枝前方村　おぢかむらえだまえがたむら　第206号　4-146
小値賀村枝柳村　おぢかむらえだやなぎむら　第206号　4-146
小値賀村大浦〔大浦〕　おぢかむらおおうら　第206号　4-146, 5-321
小値賀村笛吹〔小値賀村〕　おぢかむらふえふき　第206号　4-146, 5-242
小値賀村笛吹浦☆　おぢかむらふえふきうら　第206号　4-146
落川　おちかわ　第161号　3-216
ヲチキリ　第11号　5-34, 5-272
ヲチキリ川　第11号　1-37, 5-34, 5-35, 5-272
越智郡　おちぐん　第153号　3-186, 3-187, 5-191, 5-305
越知郡〔越智郡〕　おちぐん　第157号　3-201, 5-197, 5-214, 5-307
越智郡　おちぐん　第164号　3-228, 3-230, 3-231, 5-214, 5-197, 5-307, 5-311
越智郡　おちぐん　第168号　3-248, 5-197, 5-214, 5-307, 5-311
ヲチシベ川　第10号　1-35, 5-34, 5-272
ヲチシベ島　第10号　1-35, 5-34, 5-272
ヲチチユンベ　第10号　1-35, 5-34, 5-272
落戸　おちど　第203号　4-137
落戸　おちど　九州沿海図第19　4-271
大路井村　おちのいむら　第133号　3-86, 5-174, 5-176
大路井村枝新屋敷　おちのいむらえだしんやしき　第133号　3-86
落野浦　おちのうら　第183号　4-38, 5-226, 5-311
落野浦　おちのうら　九州沿海図第5　4-210
落野浦久保泊　おちのうらくぼとまり　第183号　4-38
落野浦獅子津　おちのうらししつ　第183号　4-38
落野浦田野浦　おちのうらたのうら　第183号　4-38
落野浦深浪津　おちのうらふからず　第183号　4-38
落葉社　おちばしゃ　第126号　3-54, 5-175
落針村　おちばりむら　第129号　3-72, 5-163, 5-167, 5-301
小千谷　おぢや　第76号　2-32, 2-33
ヲチヤコナイ　第16号　1-50, 5-273
ヲチヤセナイ　第16号　1-50, 5-39, 5-273
大内山村　おちやまむら　第181号　4-30, 5-225, 5-227, 5-312
大内山村　おちやまむら　九州沿海図第3　4-200
御茶屋新田　おちゃやしんでん　第118号　3-16, 3-18, 5-166
ヲチヨツチヨウシ　第22号　1-71, 1-72, 5-27
乙方村　おつかたむら　第116号　2-201, 2-207, 5-162, 5-299
乙川村　おつかわむら　第115号　2-199, 5-162, 5-299
乙川村　おつかわむら　第116号　2-201, 2-206, 5-162, 5-299
小月宿（清末領）〔小月〕　おづきじゅく　第177号　3-296, 3-298, 5-312
小月村（清末領）○　おづきむら　九州沿海図第1　4-188
小月村上小月〔小月村〕　おづきむらかみおづき　第177号　3-296, 3-298, 5-220
ヲーツクシナイ川〔ヲヽツクシナイ川〕　第36号　1-123, 5-60, 5-281
乙小嶋　おつこじま　第169号　3-251, 5-215
追越村　おっこしむら　第45号　1-152, 5-68
越坂村　おっさかむら　第85号　2-68, 5-142, 5-295
乙津寺　おつしんじ　第118号　3-16, 3-18
尾津神社　おづじんじゃ　第118号　3-20
大蔦島（仁尾村屬）　おづたじま（におむらぞく）　第152号　3-183, 5-195, 5-307
ヲツチシ○　第6号　1-24, 5-26, 5-270
夫沢村〔夫澤村〕　おっとざわむら　第54号　1-189, 5-102, 5-288
越戸村　おっとむら　第116号　2-205, 5-162, 5-299
追波濱〔追波〕　おっぱはま　第48号　1-163, 5-78, 5-284
ヲツフケシ〔ヲツプケシ〕　第30号　1-101, 5-46, 5-52, 5-279
ヲツフケシ崎〔ヲツフケシ岬、ヲツフケシサキ〕　第30号　1-101, 5-46, 5-52, 5-279
越邊川　おっぺがわ　第88号　2-79
ヲツペ岬〔ヲコツヘ岬〕　第23号　1-77, 5-276
小津村　おづむら　第130号　3-74, 3-76, 5-163, 5-299, 5-301
小津村　おづむら　第145号　3-149, 3-152, 5-192, 5-307
尾津村　おづむら　第173号　3-274, 3-276, 5-213, 5-311
小津村栗〔粟〕里　おづむらあわり　第145号　3-152
尾津留村　おづるむら　第181号　4-33, 5-226, 5-312
尾津留村　おづるむら　九州沿海図第3　4-202
御手石﨑　おていしざき　第189号　4-73, 4-74
小豊島（小豆島属）　おでしま（しょうどしまぞく）　第145号　3-154, 5-194, 5-307
ヲトイ子ツプ川　第10号　1-34, 5-34, 5-272
小土肥村　おどいむら　第101号　2-141, 2-143, 2-144, 5-129
尾戸 内浦越　おどうちのうらこし　第201号　4-121
利生村　おどうむら　第145号　3-155, 5-194
音浦　おとうら　第192号　4-80
乙ケ﨑村☆　おとがさきむら　第84号　2-64, 5-143
大鹿島　おとかじま　第206号　4-149
音ケセ　おとがせ　第189号　4-73
乙金山　おとがなやま　第187号　4-57, 4-59, 4-60, 4-62
御齊峠　おときとうげ　第133号　3-88, 5-167
乙訓郡　おとくにぐん　第133号　3-90, 3-92, 5-176, 5-178, 5-301
乙隈村　おとぐまむら　第187号　4-59, 5-223, 5-231, 5-313
男鹿嶋　おとこかしま　第174号　3-279, 3-280, 5-217
男床シマ　おとこじま　第132号　3-85
乙子シマ〔乙子シマ〕　おとこじま　第206号　4-146, 5-242
男塚　おとこづか　第101号　2-141, 2-144
男成川　おとこなりがわ　第194号　4-89
男成村　おとこなりむら　第194号　4-89, 5-232, 3-314
男柱　おとこばしら　第176号　5-217
乙子村　おとごむら　第145号　3-152, 5-192, 5-307
男山八幡宮〔男山八幡〕　おとこやまはちまんぐう　第133号　3-92, 5-176, 5-178
男山村　おとこやまむら　第123号　3-38, 3-40, 5-180, 5-304
音坂村　おとさかむら　第118号　3-19
落子村　おとしこむら　第184号　4-46, 5-244
落子村　おとしこむら　九州沿海図第7　4-220
落子村髙松　おとしこむらたかまつ　第184号　4-46

落子村田久保　おとしこむらたくぼ　第184号　4-46

落合〔子〕村宮ノ下　おとしこむらみやのした　第185号　4-48

ヲトシ鼻　おとしばな　第171号　3-265

落部○　おとしべ　第31号　1-107, 5-54, 5-279

ヲトシヘ川　第31号　1-107, 5-54, 5-279

乙島　おとしま　第132号　3-85, 1-170

乙島　おとしま　第191号　4-78, 5-238, 5-241

乙島　おとじま　第122号　3-37, 5-173

ヲト島　おとじま　第131号　3-80, 5-169

乙島　おとじま　第184号　4-46, 5-244, 5-314

乙嶋　おとじま　九州沿海図第6　4-219

乙島村　おとしまむら　第151号　3-178, 5-307

乙島村養父　おとしまむらやぶ　第151号　3-178, 5-195

ヲトス山　おとすやま　第214号　4-184, 4-186

ヲトチセフニ　第13号　1-42

乙千屋　おとぢや　九州沿海図第16　4-257, 4-259

乙津村　おとづむら　第181号　4-30, 4-33, 5-226, 5-312

乙津村（御料）　おとづむら　九州沿海図第3　4-202

音無川　おとなしがわ　第132号　3-84, 1-170

音成浦村〔音成〕　おとなりうらむら　第201号　4-119, 5-234, 5-313

乙南里村〔乙南里〕　おとなんりむら　第188号　4-67, 5-231, 5-313

乙子村　おとのこむら　第118号　3-20

小戸橋　おどのばし　第185号　5-246, 5-314

小戸橋青木ヶ原　おどのばしあおきがはら　第185号　5-244, 5-246

乙濱村（大久保冨太郎知行所）　おとはまむら　第92号　2-100, 5-124, 5-292

乙部○　おとべ　第34号　1-118, 5-54, 5-57, 5-279

ヲトヘ川　第34号　1-118, 5-54, 5-57, 5-279

乙部村☆　おとべむら　第46号　1-156, 5-70, 5-282

乙部村　おとべむら　第130号　3-74, 5-163, 5-299, 5-301

尾戸　松尾　おどまつお　第201号　4-121

乙丸村　おとまるむら　第186号　4-54, 5-222, 5-312

音海村　おとみむら　第122号　3-34, 3-36, 5-173

乙宮崎　おとみやざき　第202号　4-127

乙宮﨑　おとみやざき　長崎〔参考図〕　4-133

尾戸村　おどむら　第75号　2-24, 2-26, 5-99

乙女濱村　おとめはまむら　第125号　3-50, 5-174

乙女村（御料所）　おとめむら　第87号　2-72, 5-109, 5-291

乙女村　おとめむら　第179号　4-19, 5-225, 5-312

乙女村　おとめむら　九州沿海図第2　4-194

乙女村枝野地　おとめむらえだのじ　第179号　4-19

小友村只出濱　おとむらただいではま　第47号　1-160, 1-161, 5-76

小友村中野　おとむらなかの　第47号　1-160, 1-161, 5-76

小友村矢浦濱　おとむらやのうらはま　第47号　1-160, 1-161, 5-76

小鳥　おとり　九州沿海図第3　4-201

躍岩　おどりいわ　第204号　4-142

ヲトリカケ　おとりかけ　第154号　3-189, 5-191

驚村（御料所、筑紫主水知行所）　おどろきむら　第91号　2-92, 5-111

ヲトロシ岩　おとろしいわ　第203号　5-251

ヲドロメ古城跡　おどろめこじょうあと　第143号　3-135

音羽川　おとわがわ　第116号　5-162

音羽野村　おとわのむら　第129号　3-70, 3-72

音羽村　おとわむら　第129号　3-67, 5-166, 5-297, 5-299, 5-301

音羽村　おとわむら　第133号　3-87, 5-174, 5-176

音羽山　おとわやま　第134号　5-177

ヲナイ　第21号　1-67, 1-68

尾内村　おないむら　第122号　3-36, 5-173, 5-175, 5-300

女影村　おなかげむら　第88号　2-79

尾長坂　おながざか　第182号　5-232

小長サキ　おながさき　第207号　5-243

小中嶋〔小中シマ〕　おなかしま　第181号　4-30, 4-33, 5-226

小中嶋（熊本領）　おなかしま　九州沿海図第3　4-202

尾長村　おながむら　第167号　3-240, 5-211, 5-213

尾長村片河町　おながむらかたこうまち　第167号　3-240

女川濱〔女川〕　おながわはま　第48号　1-163, 5-78, 5-284

女川村　おながわむら　第62号　1-211, 5-87, 5-283

女子島　おなごじま　第164号　3-229, 5-210

女子畑村　おなごはたむら　第180号　4-27, 4-28, 5-230, 5-312

女子畑村藪　おなごはたむらやぶ　第180号　4-27, 4-28

女子山〔雌子山〕　おなごやま　第137号　3-114, 5-182, 5-306

小名濱中島村（御料所）○〔小名濱〕　おなはまなかじまむら　第55号　1-191, 5-104, 5-288

小名濱中町村（御料所）○〔小名濱〕　おなはまなかちょうむら　第55号　1-191, 1-192, 5-104, 5-288

小名濱西町村（御料所）○〔小名濱〕　おなはまにしちょうむら　第55号　1-191, 1-192, 5-104, 5-288

小名濱米野村（御料所）○〔小名濱〕　おなはまよねのむら　第55号　1-191, 5-104, 5-288

鬼穴　おにあな　第151号　5-193

鬼池村　おにいけむら　第203号　4-134, 5-236, 5-315

鬼池村　おにいけむら　九州沿海図第19　4-272

鬼池村枝引坂　おにいけむらえだひきざか　第203号　4-134

鬼池村枝引坂　おにいけむらえだひきざか　九州沿海図第19　4-272

ヲニウシ川　第9号　1-33, 5-25, 5-272

ヲニヲイ〔ヲニヲナイ〕　第5号　1-18, 5-19, 5-270

鬼ケ城　おにがじょう　第124号　5-180

鬼ケ城　おにがじょう　第131号　3-78

鬼ケ城　おにがじょう　第132号　3-83

鬼ケ城　おにがじょう　第151号　5-192

鬼ケ城〔鬼ケ城山〕　おにがじょう　第163号　3-227, 5-208

鬼ケ城　おにがじょう　第167号　3-240

鬼ケ城　おにがじょう　第171号　5-203

鬼ケ城　おにがじょう　第173号　3-272

鬼城　おにがじょう　第198号　4-105, 5-246

鬼城　おにがじょう　九州沿海図第8　4-225

鬼ケ城山　おにがじょうやま　第174号　5-216

鬼ケ城山　おにがじょうやま　第177号　3-297

魚貫寄〔魚貫﨑〕　おにきざき　第203号　4-137, 4-139, 5-251, 5-315

魚貫﨑　おにきざき　九州沿海図第19　4-271

魚貫﨑　おにきざき　九州沿海図第19　4-271

魚貫村☆　おにきむら　第203号　4-137, 4-139, 5-251

魚貫村☆　おにきむら　九州沿海図第19　4-271

魚貫村魚貫寄△　おにきむらおにきざき　第203号

4-137, 4-139

魚貫村福津　おにきむらふくつ　第203号　4-137, 4-139

小仁熊 中ノ峠　おにくまなかのとうげ　第96号　2-115

鬼子島　おにこじま　第204号　4-140, 4-142

鬼﨑　おにさき　第192号　4-80

鬼﨑〔鬼サキ〕　おにざき　第192号　4-80, 5-239, 5-241

鬼死骸村　おにしがいむら　第51号　1-176, 5-77, 5-284

鬼石面鼻　おにしつらのはな　第145号　3-149

ヲニシベツ○　第11号　1-39, 5-35, 5-269, 5-273

ヲニシベツ川　第11号　1-39, 5-35, 5-269, 5-273

鬼シマ　おにしま　第190号　4-77

鬼島村　おにじまむら　第107号　2-159, 5-160, 5-298

鬼住村　おにすみむら　第150号　3-171

鬼岳　おにだけ　第207号　4-153, 4-154, 5-243

鬼岳　おにだけ　第208号　5-250

鬼塚　おにつか　第202号　4-127, 4-128

鬼塚　おにつか　長崎〔参考図〕　4-131

鬼塚　おにづか　九州沿海図第19　4-275

鬼津村枝尾﨑村〔鬼津〕　おにづむらえだおざきむら　第186号　4-54, 5-312

鬼津村枝小鳥掛村〔鬼津〕　おにづむらえだことりがけむら　第186号　4-54, 5-312

鬼木村　おにのきむら　第178号　4-16

鬼木村　おにのきむら　九州沿海図第2　4-195

鬼伏村　おにぶしむら　第80号　2-46, 2-49, 5-138, 5-294

鬼柳○　おにやなぎ　第50号　1-172, 5-73, 5-282

鬼山　おにやま　第176号　5-219

鬼山ハシ　おにやまばし　第157号　5-208

遠敷郡　おにゅうぐん　第121号　3-32, 3-33, 5-174, 5-300

遠敷宮　おにゅうのみや　第121号　3-33

遠敷村　おにゅうむら　第121号　3-33, 5-172, 5-174, 5-300

小沼村○　おぬまむら　第97号　2-121, 5-117, 5-127, 5-291

尾根　おね　第101号　2-140, 2-142

ヲ子トマフ　第16号　1-51, 5-39, 5-274

ヲ子トマフ　おねとまふ　第18号　1-58, 5-43, 5-275

ヲ子トマフ川　第18号　1-58, 5-43, 5-275

ヲ子トマプ川　第13号　1-42, 5-37, 5-269, 5-273

小野（一柳土佐守在所）　おの　第136号　3-111, 5-182, 5-306

小野　おの　第173号　3-273

小野　おの　九州沿海図第21　4-281

尾上　おのうえ　九州沿海図第19　4-275

尾上村　おのうえむら　第145号　3-153

小野浦村〔小野〕　おのうらむら　第116号　2-207, 5-163, 5-299

尾上峠　おのえとうげ　第112号　5-153

尾上村　おのえむら　第121号　3-30, 5-157, 5-174, 5-297, 5-300

斧落シマ　おのおとしじま　第190号　4-77

小野川　おのがわ　第180号　4-27

小野川　おのがわ　第180号　5-230

小野川　おのがわ　第210号　4-172, 5-252, 5-254, 5-261

小野川　おのがわ　九州沿海図第12　4-244, 4-246

小野川　おのがわ　九州沿海図第19　4-274, 4-275

小野川村　おのがわむら　第110号　2-172, 5-154, 5-296

小野川村大澤　おのがわむらおおさわ　第110号　2-172

小野川村藤野　おのがわむらふじの　第110号　2-172

小野郷上村〔上村〕　おのごうかみむら　第126号　3-54, 5-175

小野郷下村〔下村〕　おのごうしもむら　第126号　3-54, 5-175

小野郷杉坂村〔杉坂村、杦坂〕　おのごうすぎのさかむら　第126号　3-54, 5-175, 5-300, 5-301

小野子村（御料所、成瀬弥五郎、本多源右エ門知行所）　おのこむら　第78号　2-41, 5-119

男子山〔雄子山〕　おのこやま　第137号　3-114, 5-182, 5-306

尾嵜濱〔尾﨑濱〕　おのさきはま　第48号　1-163, 5-78

小野沢村（榊原式部大輔領分）　おのざわむら　第80号　2-48, 5-138, 5-287

小野島　おのしま　第204号　4-140, 4-142

小野尻村　おのじりむら　第136号　3-109

小野尻村　おのじりむら　第194号　4-89, 5-232, 3-314

小野尻村奥小野尻　おのじりむらおくおのじり　第136号　3-109

小野尻村富田〔小野尻〕　おのじりむらとみた　第127号　3-61, 5-304

小野尻村若林〔小野尻村、小野尻〕　おのじりむらわかばやし　第127号　3-61, 5-182, 5-304

小野神社　おのじんじゃ　第90号　2-88, 2-90

小野神社　おのじんじゃ　第99号　2-128

小野新田　おのしんでん　第137号　3-113, 5-306

魚瀬鎌田浦☆　おのぜかまだうら　第162号　3-218, 5-190, 5-204, 5-305, 5-308

小野田　おのだ　九州沿海図第2　4-198

小野田　おのだ　九州沿海図第20　4-276, 4-278

小野田門猪野　おのだかどいの　第184号　4-47

小野岳　おのだけ　第202号　4-124

小ノ津鼻　おのつはな　第139号　3-121, 3-123

小野照﨑社　おのてるさきしゃ　第90号　2-84

小野尾　おのを　九州沿海図第3　4-201

小野奥谷村　おののおくだにむら　第136号　3-104, 5-175, 5-304, 5-306

小野奥谷村新村　おののおくだにむらしんむら　第136号　3-104

小野滝　おののたき　第109号　2-168

玉〔王〕之濱村　おのはまむら　第125号　3-51, 5-174

小野原村　おのはらむら　第133号　3-93, 5-178, 5-301

小野原村　おのばらむら　第136号　3-105, 3-108, 5-182, 5-304, 5-306

小野原村北楢崎　おのばるむらきたならざき　第190号　4-75

小野原村郷ノ木〔小野原村、小野原〕　おのばるむらごうのき　第190号　4-75, 4-76, 5-234, 5-313

小野原村楢崎　おのばるむらならざき　第190号　4-75

小野原村南楢崎　おのばるむらみなみならざき　第190号　4-75

尾登川　おのぼりがわ　第202号　4-123, 4-124

小野松村　おのまつむら　第50号　1-170, 5-71, 5-74, 5-282

尾道浦○☆　おのみち　第157号　5-210, 5-307

尾道村　おのみち　第157号　5-210

小野見村　おのみむら　第75号　2-23, 5-99, 5-287

小野村　おのむら　第49号　1-166, 5-69

小野村　おのむら　第52号　1-179, 5-77, 5-79, 5-284

小野村　おのむら　第64号　1-222, 5-75, 5-90, 5-283

小野村（御料所、妻木彦右エ門知行所）　おのむら　第99号　2-128, 5-126, 5-291

小野村　おのむら　第110号　2-176, 5-158, 5-161

小野村　おのむら　第113号　2-189

小野村　おのむら　第125号　3-48, 3-50, 5-166, 5-297, 5-300

小野村　おのむら　第126号　3-53, 5-174, 5-300, 5-301

小野村　おのむら　第127号　3-61, 5-182

小野村　おのむら　第129号　3-72, 5-167, 5-301

小野村　おのむら　第133号　3-87, 3-89, 5-174, 176, 5-301

小野村　おのむら　第133号　3-86, 5-174, 5-176

小野村　おのむら　第136号　3-111, 5-182, 5-306

小野村　おのむら　第155号　3-192

小野村　おのむら　第202号　4-124, 5-236, 5-315

小野村　おのむら　第209号　4-165, 5-317

小野村　おのむら　第210号　4-172, 5-252, 5-254, 5-261, 5-317

小野村　おのむら　九州沿海図第10　4-233, 4-239

小野村　おのむら　九州沿海図第12　4-244, 4-246

小野村枝坂口（前田大和守領分）　おのむらえださかぐち　第94号　2-107

小野村小野嶋　おのむらおのじま　第202号　4-124

小野村北河内　おのむらきたがわち　第176号　3-288, 3-290

小野村並木　おのむらなみき　第99号　2-128

小野矢指村　おのやさしむら　第55号　1-192, 5-104, 5-288

小野山　おのやま　九州沿海図第17　4-261

尾八重山　おはえやま　第185号　4-49

尾八重山　おはえやま　第185号　4-49

尾橋河原岩　おばしかわらいわ　第212号　4-177, 5-253, 5-261

姨捨山　おばすてやま　第81号　2-53, 5-146

尾波瀬　おばせ　九州沿海図第10　4-238

小波瀬川　おばせがわ　第178号　4-14, 4-16

小波瀬川　おばせがわ　九州沿海図第1　4-192

小橋村　おばせむら　第122号　3-35, 3-37, 5-173, 5-300

小幡（松平宮内少輔在所）　おばた　第94号　2-107, 5-119, 5-291

小畑　おばた　九州沿海図第2　4-194

尾畑谷川　おばたたにがわ　第197号　5-245

小幡町赤城　おばたまちあかぎ　第94号　2-107

小幡町佐久間　おばたまちさくま　第94号　2-107

小幡町町屋　おばたまちまちや　第94号　2-107

小幡村　おばたむら　第115号　2-197

小俣村　おばたむら　第117号　3-13, 5-163, 5-299

小幡村　おばたむら　第125号　3-50, 5-174

大治田村　おばたむら　第129号　3-67, 3-69, 5-163, 5-166

小波田村　おばたむら　第134号　3-94, 3-96, 5-167, 5-301

小波田村枝新田村　おばたむらえだしんでんむら　第134号　3-94, 3-96

小幡山　おばたやま　第94号　5-119

小幡山　おばたやま　第95号　2-110, 5-116, 5-119

小畑山　おばたやま　第125号　3-48, 5-166

尾花沢○　おばなざわ　第65号　1-225, 5-285

小濱　おはま　第203号　4-138

小濱　おはま　九州沿海図第14　4-253

小濱（酒井靱頁佐居城）☆　おばま　第121号　3-33, 5-172, 5-300

小濱　おばま　九州沿海図第10　4-234

小濱　おばま　九州沿海図第12　4-243, 4-245

小濱﨑　おばまざき　第101号　2-140

小濱村　おはまむら　第117号　3-12, 3-13, 5-163

尾濱村　おばまむら　第54号　1-187, 5-80, 5-284

小濱村　おばまむら　第54号　1-188, 5-102, 5-288

小濱村　おばまむら　第55号　1-191, 1-192, 5-104, 5-288

小濱村（松平輿次右エ門知行所）　おばまむら　第58号　1-200, 1-201, 5-110

小濱村☆　おばまむら　第91号　2-93, 5-111, 5-290

小濱村　おばまむら　第168号　3-247, 5-197, 5-214

小濱村（温泉湯臺）　おばまむら　第202号　4-123, 4-124, 5-233, 5-236, 5-315

小濱村　おばまむら　第206号　4-146, 5-242

小濱村　おばまむら　第209号　4-162, 5-247, 5-261, 5-315, 5-316

小濱村　おばまむら　九州沿海図第10　4-232

小濱村芋畑　おばまむらいもばたけ　第206号　4-146

小濱村木指名　おばまむらきさしみょう　第202号　4-123, 4-124

小濱村北野名　おばまむらきたのみょう　第202号　4-123, 4-124

小濱村蒲浦　おばまむらこものうら　第206号　4-146

小濱村下山　おばまむらしもやま　第206号　4-146

小濱村冨津名　おばまむらとみつみょう　第202号　4-123, 4-124

小濱村永濱　おばまむらながはま　第209号　4-162

小濱村福浦　おばまむらふくうら　第206号　4-146

小林村　おはやしむら　第117号　3-13, 5-163, 5-299

小林村　おばやしむら　第133号　3-91, 5-175, 5-301

小林村　おばやしむら　第151号　3-179, 5-193, 5-307

小林村多町　おばやしむらたまち　第151号　3-179

御林山　おばやしやま　第118号　3-21

小原宿板橋〔小原〕　おばらじゅくいたばし　第97号　2-120, 5-291

小原村　おはらむら　第141号　3-130

大原村　おはらむら　第143号　3-136, 5-188

小原村　おばらむら　第108号　2-165

小原村　おばらむら　第114号　2-191, 2-192, 5-155, 5-297

小原村　おばらむら　第144号　3-144, 5-192, 5-305

北原村　おばらむら　第162号　3-220, 5-190, 5-204, 5-305, 5-308

尾原村　おばらむら　第162号　3-220

小原山　おばらやま　第163号　3-227

小原両村　おばらりょうむら　第144号　3-145, 5-192

小原村　おばるむら　第199号　4-111, 5-249, 5-261, 5-316

小原村　おばるむら　九州沿海図第9　4-229

飯肥（伊東修理大夫居村）☆　おび　第198号　4-105, 4-107, 5-246, 5-316

飯肥（伊東修理大夫居城）☆　おび　九州沿海図第8　4-224

帯江有城村〔帯江〕　おびえありきむら　第151号　3-178, 5-192, 5-194, 5-307

帯江沖新田　おびえおきしんでん　第151号　3-178, 5-192, 5-194

帯江高沼村〔帯江〕　おびえたかぬまむら　第151号　3-178, 5-192, 5-194, 5-307

帯江前潟村早島前潟村入會〔帯江前潟村、早島前潟村〕　おびえまえがたむらはやしままえがたむらいりあい　第151号　3-178, 5-192

帯ケ岳　おびがたけ　第111号　5-160

帯金村　おびかねむら　第100号　2-137

帯解寺　おびとけでら　第134号　3-95, 3-97

ヲヒヤ鼻　おひやばな　第206号　4-146

帯山　おびやま　九州沿海図第19　4-273

ヲヒヨマツフ〔ヲイヨマツフ〕　第17号　1-53, 5-42, 5-275

尾平　おびら　九州沿海図第21　4-281

ヲヒラシベツ　第16号　1-51, 5-39, 5-274

ヲヒラシベツ川　第16号　1-51, 5-39

尾平村　おびらむら　第129号　3-67, 3-69, 5-166

尾平村枝長井　おびらむらえだながい　第129号　3-67

尾平村枝中村　おびらむらえだなかむら　第129号　3-67

ヲヒルンチプ川〔ヲヒルン子フ川〕　第30号　1-104, 5-52, 5-278

ヲフカルシ川　第20号　1-65, 1-66, 5-45, 5-275

ヲフカルシナイ　第12号　1-40, 5-36, 5-269, 5-273

小福良　おふくら　九州沿海図第5　4-211

ヲフケマウシベツ川　第13号　1-44, 5-37, 5-273

小向村　おぶけむら　第129号　3-66, 5-166

尾房山　おふさやま　第97号　2-120

ヲフシ　第21号　1-67, 5-45

小布施村（真田弾正大弼）○　おぶせむら　第81号　2-50, 2-52, 5-146, 5-294

尾駮村　おぶちむら　第40号　1-136, 1-140, 5-66, 5-280

小淵村　おぶちむら　第87号　2-75, 5-120

小淵村關野○　おぶちむらせきの　第97号　2-120, 5-121, 5-126

小舟越村☆　おぶなこしむら　第202号　4-125, 4-126, 5-236, 5-315

御経島岬　おふみしまみさき　第162号　5-204

小古江　おぶれ　第167号　3-243, 5-211, 5-213

ヲヘケフ川〔ヲヘケフ川〕　第7号　1-26, 5-20, 5-270

大平石　おべらし　第132号　3-85, 1-170

ヲホコツ　第28号　1-92, 5-50

〔大〕朴村　おぼそむら　第127号　3-58, 5-175

ヲホナイ　第6号　1-22, 1-24, 5-26

朧氣川　おぼろけがわ　第65号　1-225

朧氣村　おぼろけむら　第65号　1-225, 5-285

朧島　おぼろじま　第164号　5-210

ヲマウシ　第26号　1-86, 5-48, 5-277

御前崎　おまえざき　第107号　2-160, 5-160

御前崎　おまえざき　第111号　5-298

御前崎〔御前サキ〕　おまえざき　第192号　4-81, 5-239, 5-241

小前田新田村（黒田豊前守領分）○　おまえだしんでんむら　第94号　2-106, 5-121, 5-291

小前田新田村西皆戸　おまえだしんでんむらにしのがいど　第94号　2-106

御前山　おまえやま　第180号　5-230

小牧村　おまきむら　第84号　2-63, 2-65, 5-143

小牧村〔水牧村〕　おまきむら　第186号　4-54, 5-222, 5-312

小牧村今村　おまきむらいまむら　第186号　4-54

小牧村枝猪倉　おまきむらえだいくら　第186号　4-54

小俣村　おまたむら　第176号　3-292, 5-219, 5-312

小俣村岩渕〔小俣村〕　おまたむらいわぶち　第175号　3-287, 5-219

小俣村枝臺道　おまたむらえだだいどう　第176号　3-292

ヲマツハナ　おまつはな　第145号　3-151

ヲマツマイ川　第36号　1-123, 5-60

ヲマンルハラ　第17号　1-53

オー岬　第32号　5-53, 5-56

麻績宿○〔麻績〕　おみしゅく　第96号　2-114, 5-146, 5-294

麻績宿枝梶浦　おみしゅくえだかじうら　第96号　2-114

麻績宿叶里　おみしゅくかのり　第96号　2-114

麻績宿髙畑　おみしゅくたかばたけ　第96号　2-114

麻績宿宮本　おみしゅくみやもと　第96号　2-114

尾見村　おみむら　第128号　3-65, 5-183, 5-304

小海村☆　おみむら　第145号　3-151, 5-194, 5-306

小海村枝馬越村　おみむらえだうまごえむら　第145号　3-151

小海村枝小江村　おみむらえだおえむら　第145号　3-151, 3-154

小海村枝長濱村　おみむらえだながはまむら　第145号　3-151, 3-154

小海村枝見目村　おみむらえだみめむら　第145号　3-151

小海村枝屋形﨑村〔屋形﨑〕　おみむらえだやがたざきむら　第145号　3-151, 5-194

ヲムー　第30号　1-100, 5-46, 5-52, 5-278

ヲムウ　第10号　1-34

ヲムウ川　第10号　1-34, 5-34, 5-272

ヲムナイ　第36号　1-121, 5-56, 5-279

ヲムナイ川　第33号　1-114, 5-47, 5-55, 5-279

ヲムヘ　第29号　1-98, 5-51, 5-52, 5-278

ヲムラシマ〔村島〕　おむらじま　第117号　3-15, 5-168, 5-299

尾牟禮山〔尾牟礼山〕　おむれやま　第197号　4-102, 5-246

ヲムンヘ　第29号　1-97, 1-98, 5-51, 5-278

重石　おもいし　第206号　4-149

思ヒ島　おもいじま　第131号　3-78

重茂村　おもえむら　第46号　1-156

面白村　おもじろむら　第162号　3-218, 5-190, 5-204, 5-305

重洲村（御料所）　おもすむら　第101号　2-141, 2-143, 5-128

面高村⚠〔面高〕　おもだかむら　第201号　4-121, 4-122, 〔5-235, 5-313, 5-315〕

ヲモツナイ　第28号　1-95, 5-51, 5-278

表木村　おもてぎむら　第108号　2-163, 2-165, 5-150

表木村枝赤村　おもてぎむらえだあかぎむら　第108号　2-163, 2-165

表木村枝下小出　おもてぎむらえだしもこいで　第108号　2-163, 2-165

表村　おもてむら　第88号　2-79

表村飛地（秋元左衛門佐領分）〔比企郡表村、表村〕　おもてむらとびち　第88号　2-78, 5-120, 5-291

小本村小成〔小本〕　おもとむらこなり　第46号　1-155, 5-282

小本村中野☆〔小本〕　おもとむらなかの　第46号　1-155, 5-70, 5-282

ヲヤウル　第18号　1-58, 1-60, 5-43, 5-275

親シマ　おやがしま　第201号　4-122

親川村　おやかわむら　第63号　1-218, 5-88, 5-283

親川村今泉　おやかわむらいまいずみ　第63号　1-218, 5-88

親休鼻　おやきゅうばな　第167号　3-245, 5-211, 5-213

親サキ　おやさき　第203号　5-251

大谷澤村（酒井加賀守知行所）　おやざわむら　第88号　2-79, 5-120, 5-291

ヲヤシヤウシ岬　第22号　1-70

親不知　おやしらず　第82号　2-54

小矢田村　おやたむら　第144号　3-144

大宿村　おやどむら　第134号　3-94, 3-96

小屋名村　おやなむら　第114号　2-193, 5-156, 5-297

尾山　おやま　第34号　1-118, 5-57, 5-279

小山（戸田能登守領分）○　おやま　第87号　2-72, 5-109, 5-290

雄山　おやま　第104号　2-151, 5-133, 5-134

尾山　おやま　第104号　2-151, 2-152

尾山　おやま　第133号　3-91

小山浦　おやまうら　第131号　3-81, 5-169, 5-301, 5-302

小山川　おやまがわ　第94号　2-106

小山田村（柳澤佐渡守、神保喜内、沼間千次郎、松平次郎兵衛、松平内膳知行所）　おやまだむら　第90号　2-90, 5-123, 5-291

小山田村常盤　おやまだむらときわ　第90号　2-90

小山村　おやまむら　第51号　1-174, 5-77

小山村　おやまむら　第90号　2-91

小山村（神保喜内、高井但馬守、松平次郎兵衛知行所）　おやまむら　第90号　2-91, 5-123, 5-291

小山村　おやまむら　第126号　3-55, 5-175

大山村　おやまむら　第192号　4-81, 4-82, 5-239, 5-240, 5-241

小山村三軒茶屋　おやまむらさんげんちゃや　第126号　3-55

小山村新田　おやまむらしんでん　第126号　3-55, 5-300, 5-301

小山村馬塲　おやまむらばば　第90号　2-90, 2-91

小山村三ツ見　おやまむらみつみ　第90号　2-91

生實　おゆみ　第89号　5-122

生實新田（森川兵部少輔領分）　おゆみしんでん　第89号　2-82, 5-111, 5-122, 5-290

御許山　おゆるしやま　第179号　4-18, 4-21, 5-225, 5-312

御許山　おゆるしやま　九州沿海図第2　4-194, 4-197

小用村　およむら　第156号　3-195, 3-197, 5-208, 5-307

オヨ島〔ヲヨ島〕　およしま　第38号　1-129, 5-60

ヲヨ島　およじま　第41号　1-143

ヲヨ島　およじま　第203号　4-139

ヲヨヘ川　第36号　1-123

ヲラウ子コタン　第22号　1-70, 5-270

小良ケ濱村〔小良ケ濱、小良濱〕　おらがはまむら　第54号　1-189, 5-102, 5-288

ヲラヒ瀬〔ヲラヒセ〕　おらびせ　第202号　4-127, 5-237

下居村　おりいむら　第134号　3-97, 3-98, 5-177, 5-301

折居村　おりいむら　第172号　3-270, 5-216, 5-308

折居村今浦　おりいむらいまうら　第172号　3-270

折居村吉浦　おりいむらよしうら　第172号　3-270

折生迫　おりうざこ　九州沿海図第8　4-223

折江村　おりえむら　第51号　1-174, 5-73, 5-77

折尾瀬村今福　おりおせむらいまぶく　第190号　4-76

折尾瀬村江永　おりおせむらえなが　第190号　4-76

折尾瀬村木原　おりおせむらきはら　第190号　4-76

折尾瀬村口野尾　おりおせむらくちのお　第190号　4-77

折尾瀬村新替　おりおせむらしんがえ　第190号　4-76

折尾瀬村三河内　おりおせむらみかわち　第190号　4-76

ヲリカ川　第33号　1-112

織笠村〔折笠〕　おりかさむら　第46号　1-157, 5-

72, 5-282
折笠村　おりかさむら　第57号　1-196, 5-108, 5-288
織方村　おりかたむら　第144号　3-142
折紙鼻〔折紙崎〕　おりがみばな　第206号　4-150, 5-242, 5-243
折川内 山ノ上　おりかわちやまのかみ　第190号　4-76
折木村（御料所）　おりきむら　第55号　1-190, 5-102, 5-104, 5-288
折口　おりぐち　九州沿海図第12　4-246
折口　おりぐち　九州沿海図第13　4-251
折坂村　おりさかむら　第155号　3-192, 5-189, 5-190, 5-305
折敷瀬 内羽　おりしきせうちのは　第190号　4-76
織嶋ケ里村〔織嶋ケ里〕　おりしまがりむら　第188号　4-67, 5-313
織嶋ケ里村今市〔織嶋ヶ里村〕　おりしまがりむらいまいち　第188号　4-67, 5-231
織島ケ里村西古賀　おりしまがりむらにしこが　第188号　4-67
織島ケ里村東古賀　おりしまがりむらひがしこが　第188号　4-67
織嶋ケ里山　おりしまがりやま　第188号　4-67
ヲリス丶シ〔ヲクス丶シ〕　第7号　1-26, 5-20, 5-270
折瀬〔ヲリセ〕　おりせ　第192号　4-82, 5-240, 5-241
折瀬鼻　おりせばな　第192号　4-81
折立村　おりたてむら　第48号　1-162, 5-76, 5-78, 5-284
下津村（御料所、松平鉄三郎知行所）　おりつむら　第58号　1-199, 5-110, 5-290
下津村〔下リ津〕　おりつむら　第114号　2-194, 5-159, 5-297
下津村下下津　おりつむらしもおりつ　第114号　2-194
ヲリト川　第36号　1-122, 5-60, 5-281
折戸 小糸　おりとこいと　第93号　2-103
下戸村　おりとむら　第75号　2-25, 5-99
折戸村　おりとむら　第85号　2-68, 5-142, 5-295
折戸村（三保神領）　おりどむら　第107号　2-156, 2-158, 5-129, 5-298
折戸村　おりどむら　第193号　4-83, 5-232, 5-312, 5-314
折戸村　おりどむら　九州沿海図第20　4-276
折戸 六間　おりとろっけん　第93号　2-103
折濱　おりのはま　第48号　1-163, 1-164, 5-78, 5-284
折野村☆　おりのむら　第142号　3-133, 5-187, 5-303, 5-306
折野村美津　おりのむらみつ　第142号　3-133
織幡神社　おりはたじんじゃ　第186号　4-55
折原村（御料所）　おりはらむら　第94号　2-106, 2-108
折目島　おりめじま　第164号　3-228, 5-210
折本峠　おりもととうげ　第110号　5-158
折元村（道祖ノ原）○　おりもとむら（さいのはら）　第179号　4-19, 5-225
折島　おれしま　第206号　4-148, 4-149, 5-242, 5-243, 5-321
ヲレタンラツフ〔ヲレタン子ツプ〕　第10号　1-35, 5-34, 5-272
折柱〔折柱セ〕　おれはしら　第191号　4-79, 5-238, 5-241
折柱　おれはしら　第191号　4-79
ヲロウエントマリ　第20号　1-65, 5-45, 5-275
ヲロカ鼻　おろかばな　第164号　3-229
於呂島　おろしま　第189号　5-238, 5-241
下物村　おろしもむら　第133号　3-86, 5-174, 5-176
小路谷村　おろだにむら　第138号　3-119, 5-184
於呂津　おろつ　第192号　4-81
苙塲　おろば　九州沿海図第4　4-208, 4-211
尾鷲　おわし　九州沿海図第2　4-197, 4-199
大葦浦　おわしうら　第155号　3-191, 5-190
尾鷲○☆⚠　おわせ　第131号　3-81, 5-169, 5-301, 5-302
ヲワタラウシ川　第6号　1-21, 1-22, 1-24, 5-26, 5-270
大和村　おわむら　第96号　2-118, 5-150, 5-296
尾和村　おわむら　第123号　3-38, 5-180, 5-304
大和村湯ノ脇　おわむらゆのわき　第96号　2-118
小原村　おわらむら　第179号　4-20, 5-224, 5-312
小原村　おわらむら　九州沿海図第3　4-204
尾張國〔尾張〕　おわりのくに　第114号　2-193, 2-194, 5-159
尾張國〔尾張〕　おわりのくに　第115号　2-196, 2-198, 2-199, 5-159, 5-297
尾張國〔尾張〕　おわりのくに　第118号　3-16, 3-18, 3-20, 5-159, 5-297
尾張國〔尾張〕　おわりのくに　第129号　3-66, 5-159
尾張村　おわりむら　第150号　3-171
遠賀川　おんががわ　第186号　4-54, 5-222
遠賀郡　おんがぐん　第178号　4-13, 4-15, 5-222, 5-312
遠賀郡　おんがぐん　第186号　4-54, 4-55, 5-222
遠賀松原　おんがまつばら　第186号　4-54
御神島　おんがみじま　第121号　3-33, 5-172, 5-300
遠賀湊⚠　おんがみなと　第186号　4-54
恩行寺　おんぎょうじ　第94号　2-107
ヲンコノキサワ　第36号　1-124, 5-57, 5-279
ヲンコロマナイ　第12号　1-40, 5-36, 5-269, 5-273
ヲンコロマ〔ナ〕イ川　第12号　1-40, 5-36, 5-269, 5-273
男嶋　おんじま　第177号　3-297
御宿村（阿部伊織、阿部志摩守、阿部越前守知行所）○　おんじゅくむら　第91号　2-93, 5-111, 5-290
温泉郡　おんせんぐん　第168号　3-246, 3-247, 3-249, 5-214, 5-311
温泉湯壺　おんせんゆつぼ　第196号　4-95, 4-97
御曹司山　おんぞうしやま　第179号　4-18, 4-21
御曽子山　おんぞうしやま　九州沿海図第2　4-197
御嶽　おんたけ　第109号　2-167, 5-152, 5-154, 5-296
御嶽〔御岳〕　おんたけ　第192号　4-80, 5-239, 5-241, 5-320
御岳　おんたけ　第209号　4-164
男岳　おんだけ　第192号　5-240, 5-241
鬼谷村　おんだにむら　第113号　2-189
恩田八郎古城跡　おんだはちろうこじょうあと　第90号　2-90
恩田村（柳澤佐渡守、朝岡靭屓、井戸信八郎、岡本玄治、星合鍋五郎、舩橋宗迪知行所）　おんだむら　第90号　2-90, 5-123, 5-291
恩田村石塔坂　おんだむらせきとうざか　第90号　2-90
隠渡〔隠戸〕　おんど　第167号　3-242, 5-211, 5-213
隠渡迫門　おんどせと　第167号　3-242
女鹿嶋　おんなかしま　第174号　3-279, 3-280, 5-217
女塚　おんなづか　第101号　2-141, 2-144
女柱　おんなばしら　第176号　5-217
恩名村　おんなむら　第93号　2-103
御根　おんね　第103号　2-149
ヲン子　おんね　第103号　2-149
ヲン子アサリ川　第20号　1-63, 5-44, 5-275
ヲン子イシ　第2号　1-13, 5-16, 5-268, 5-270
ヲン子ウツ川　第13号　1-44, 5-37, 5-273
ヲン子クルリ島　第6号　1-24, 5-26
ヲン子セ丶キ〔ヲン子セ丶キ川〕　第3号　1-15, 5-16
ヲン子トー　第6号　1-22, 1-24, 5-26, 5-270
ヲン子トマリ　第15号　1-47
ヲン子ナイ○　第8号　1-29
ヲン子ナイ　第10号　1-35, 1-36, 5-34, 5-272
ヲン子ナイ　第17号　1-52, 5-42
ヲン子ナイ　第17号　1-53, 5-42
ヲン子ナイ　第20号　1-66
ヲン子ナイ　第24号　1-79, 1-80, 5-32, 5-276
ヲン子ナイ川　第9号　1-32, 5-25, 5-272
ヲン子ナイ川　第17号　1-52
ヲン子ナイ川　第20号　1-65, 1-66, 5-45
ヲン子ナイ川〔ナン子ナイ川〕　第20号　1-65, 1-66, 5-45, 5-275
ヲン子ヘツ川　第7号　1-26, 5-20, 5-270
ラ〔ヲ〕ンハセ〔恩馳島、ヲンハセ〕　おんばせ　第103号　2-150, 5-133, 5-292
ヲンハヌツプ〔ヲンヘヌツフ〕　第33号　1-115, 5-55, 5-279
御幣川　おんべがわ　第81号　2-53
御幣川　おんべがわ　第129号　3-67, 3-69, 5-163, 5-166
御幣川村（真田弾正大弼）　おんべがわむら　第81号　2-53, 5-146, 5-294
音部島　おんべしま　第153号　3-187, 5-191
ヲンベツ川　第23号　1-77, 5-276
御前濱　おんまえはま　第48号　1-163, 5-78
御馬湊⚠　おんまみなと　第116号　2-202, 2-204, 5-162, 5-299

【か】

海晏寺門前　かいあんじもんぜん　第90号　2-86
海雲寺門前　かいうんじもんぜん　第90号　2-86
海應寺村　かいおうじむら　第166号　3-238
鎌掛○☆　かいがけ　第129号　3-71, 5-166, 5-301
貝掛浦　かいかけうら　第138号　3-117, 5-184
貝掛鼻　かいかけばな　第145号　3-155
海潟村　かいがたむら　第209号　4-164, 5-247, 5-261, 5-316
海潟村　かいがたむら　九州沿海図第10　4-234
海潟村小濱　かいがたむらおばま　第209号　4-164
海潟村飛岡　かいがたむらとびおか　第209号　4-164
海岸寺　かいがんじ　第102号　2-148
貝口村　かいぐちむら　第192号　4-81, 5-239, 5-240, 5-241, 5-320
海池村　かいけむら　第155号　3-190, 3-192, 5-189, 5-190
海源寺　かいげんじ　第93号　2-103
海見山　かいけんやま　第166号　3-238, 5-209, 5-211, 5-212
海見山　かいけんやま　第166号　3-238
海越　かいごし　第167号　3-244, 5-211, 5-213, 5-215
海西郡　かいさいぐん　第115号　2-197, 2-199, 5-159, 5-297
海西郡　かいさいぐん　第118号　3-18, 3-20, 5-

159, 5-297
海西郡　かいさいぐん　第129号　3-66, 5-159
貝崎　かいざき　第171号　3-265
海﨑村　かいざきむら　第183号　4-39, 5-226, 5-228, 5-312, 5-311, 5-314
海﨑村　かいざきむら　九州沿海図第5　4-211, 4-213
海﨑村枝中河原〔中ノ河原〕　かいざきむらえだなかこうら　第183号　4-39, 5-226, 5-228
海﨑村枝中河原　かいざきむらえだなかこうら　九州沿海図第5　4-211
海﨑村枝百枝　かいざきむらえだももえだ　第183号　4-39
海﨑竜〔王〕　かいざきりゅうおう　第183号　4-39
海路　かいじ　九州沿海図第16　4-258
貝島　かいじま　第59号　1-203
カヒシマ　かいじま　第149号　5-198
貝シマ〔貝島〕　かいじま　第177号　5-220, 5-312
海住寺　かいじゅうじ　第134号　3-95
戒重村　かいじゅうむら　第134号　3-97, 3-98, 5-177
海神社　かいじんじゃ　第191号　4-78
貝瀬　かいせ　第202号　4-128
貝瀬　かいせ　第204号　4-142, 5-235, 5-313, 5-321
貝セ　かいぜ　第189号　4-73
貝瀬　かいぜ　第206号　4-146, 4-148
海善寺村　かいぜんじむら　第129号　3-69, 5-163, 5-301
海藏　かいぞう　九州沿海図第9　4-228
海倉川　かいぞうがわ　第129号　3-66
海添村　かいぞえむら　第183号　4-39, 5-226, 5-312, 5-311
海添村　かいぞえむら　九州沿海図第4　4-209
海添村板知屋　かいぞえむらいたちや　第183号　4-39
海添村枝板知屋　かいぞえむらえだいたちや　九州沿海図第4　4-209
海添村枝内畑村〔内畑村〕　かいぞえむらえだうちがはたむら　第183号　4-39, 5-226
海賊シマ　かいぞくじま　第192号　4-81, 4-82
海賊島　かいぞくじま　第204号　4-140
鹿礒村　かいそむら　第84号　5-143, 5-295
貝田○　かいだ　第53号　1-185, 1-186, 5-81, 5-284
海田市○　かいたいち　第167号　3-240, 5-211, 5-213, 5-308
海田川　かいたがわ　第167号　3-240
栢谷村　かいだにむら　第145号　3-153, 5-192, 5-307
栢谷村小坂　かいだにむらこさか　第145号　3-153
栢谷村二軒茶屋　かいだにむらにけんちゃや　第145号　3-153
加板原村　かいだはらむら　第163号　3-226, 5-208, 5-307, 5-308
貝田村　かいたむら　第136号　3-104
海田村　かいだむら　第143号　3-136, 5-188, 5-305
カイチシ　第33号　1-112, 5-47
海中寺　かいちゅうじ　第102号　2-145, 2-148
海津○　かいづ　第121号　3-31, 3-32, 5-172, 5-174, 5-300
貝塚村　かいづかむら　第88号　2-78
貝塚村　かいづかむら　第89号　2-80, 5-111
貝塚村　かいづかむら　第137号　3-116, 5-178, 5-179, 6-306
貝津川　かいづがわ　第202号　4-125, 4-126
貝津村　かいづむら　第202号　4-125, 4-126, 5-236, 5-315
貝津村　かいづむら　第207号　4-151, 5-243, 5-321
貝津村宿　かいづむらしゅく　第202号　4-125, 4-126
開出　かいで　第175号　3-287
雛冠井村　かいでむら　第133号　3-90, 3-92, 5-176
開田村〔関田〕　かいでむら　第150号　3-174, 5-192, 5-305, 5-307
開田村野白　かいでむらのんばく　第150号　3-174
開田村　かいでんむら　第133号　3-90, 3-92, 5-176, 5-178
開田村之内神足村　かいでんむらのうちこうたりむら　第133号　3-90, 3-92
海東郡　かいとうぐん　第115号　2-197, 2-199, 5-159, 5-297
海東郡　かいとうぐん　第118号　3-20, 5-159, 5-297
街道新田　かいどうしんでん　第69号　1-244, 5-109
飼所村　かいどころむら　第192号　4-80, 5-239, 5-241
カイトリマ川　第34号　1-117, 5-55, 5-279
肘塚村　かいなづかむら　第134号　3-95, 5-176, 5-301
加稲山新田　かいなやましんでん　第129号　3-66, 5-159
カイニタ峠　かいにたとうげ　第94号　2-108
海野浦　かいのうら　第131号　3-80, 5-169, 5-301, 5-302
海野浦古里濵　かいのうらふるさとはま　第131号　3-80
貝ノ川浦　かいのかわうら　第161号　3-212, 3-214, 5-202, 5-311
甲斐國〔甲斐〕　かいのくに　第97号　2-120, 5-117, 5-291
甲斐國〔甲斐〕　かいのくに　第98号　2-125, 5-117, 5-291
甲斐國〔甲斐〕　かいのくに　第100号　2-132, 2-138, 5-117, 5-291
海民村　かいのじむら　第195号　4-93, 5-233
海氏村　かいのじむら　九州沿海図第18　4-264, 4-266
海発村（大久保主膳知行所）　かいはつむら　第92号　2-98, 5-124, 5-292
垣鼻村　かいばなむら　第130号　3-76, 5-163, 5-301
萱濱村　かいばまむら　第54号　1-187, 1-188, 5-102, 5-288
飼葉村　かいばむら　第134号　3-97
栢原○☆　かいばら　第127号　3-59, 5-182, 5-304
栢原町下村　かいばらまちしもむら　第127号　3-59
貝原村　かいはらむら　第136号　3-109, 3-111, 5-182, 5-306
海部郡　かいふぐん　第147号　3-162, 5-187, 5-303, 5-306
海部郡　かいふぐん　第149号　3-165, 5-187, 5-303
貝淵村（御料所）　かいふちむら　第91号　2-95, 5-122, 5-290
貝鮒村　かいふなむら　第192号　4-81, 5-239, 5-240, 5-241
カイヘヤ〔カヒヘヤ〕　第5号　1-19, 5-19, 5-270
開發村之内大曲〔開發村〕　かいほつむらのうちおおまがり　第133号　3-86, 5-174
海曲　かいまがり　第191号　4-79
快万村〔快万〕　かいまんむら　第188号　4-67, 4-69, 5-231, 5-234, 5-313
快万村久富☆　かいまんむらひさどみ　第188号　4-67, 4-69
海面村　かいめんむら　第145号　3-153, 5-192
開聞嵜　かいもんざき　第211号　4-176, 5-249, 5-261
開聞嶽〔開聞岳〕　かいもんだけ　第211号　4-176, 5-249, 5-261, 5-316
開聞嶽　かいもんだけ　九州沿海図第10　4-237
皆谷村（御料所、嶋田次郎太郎知行所）　かいやむら　第94号　2-108
貝脇村（御料所）　かいわきむら　第135号　3-101, 5-178
海原　かいわら　第181号　4-30, 4-33
海原　かいわら　九州沿海図第3　4-202
海原川　かいわらがわ　第181号　4-30, 4-33
カウコシマ　かうこしま　九州沿海図第16　4-258, 4-260
加江﨑　かえざき　第160号　3-209, 3-210
替佐峠　かえさとうげ　第81号　2-50, 5-138, 5-146
替佐村（本多豊後守）○　かえさむら　第81号　2-50, 5-138, 5-146, 5-294
替佐村赤阪　かえさむらあかさか　第81号　2-50
替佐村川窪　かえさむらかわくぼ　第81号　2-50
替佐村新田　かえさむらしんでん　第81号　2-50
加江田村　かえだむら　第185号　4-52, 5-246
加江田村　かえだむら　九州沿海図第8　4-223
加江田村内海☆〔加江田〕　かえだむらうちうみ　第185号　4-52, 5-314, 5-316
加江田村折生迫　かえだむらおりうざこ　第185号　4-52
加江田村小内海　かえだむらこうちうみ　第198号　4-105
加江田村野島〔野島〕　かえだむらのじま　第198号　4-105, 5-314, 5-316
加江田山　かえだやま　第185号　4-52, 5-246
加江田山　かえだやま　九州沿海図第8　4-223
蛙嶋　かえるしま　第175号　3-286
加尾浦　かおうら　第121号　3-33, 5-172
カホセ鼻　かおせばな　第206号　4-146
カヲフ岬　第7号　1-26, 5-20
加賀井村　かがいむら　第81号　2-52
加賀浦☆⚠　かがうら　第155号　3-191, 5-190, 5-305
加賀浦佐波　かがうらさなみ　第155号　3-191
加賀島　かがしま　第195号　4-94, 5-315
加賀嶋　かがしま　九州沿海図第16　4-260
鏡島村　かがしまむら　第118号　3-16, 3-18, 5-166, 5-297
香々地村　かかじむら　第179号　4-23, 5-225, 5-312
香々地村　かかじむら　九州沿海図第2　4-199
香登西村　かがとにしむら　第145号　3-152, 5-192
香登本村　かがともとむら　第145号　3-152, 5-192
加賀國〔加賀〕　かがのくに　第83号　2-57, 5-144, 5-295
加賀國〔加賀〕　かがのくに　第120号　3-24, 5-144, 5-297
加賀野村　かがのむら　第118号　3-16, 3-18, 5-166
鏡　かがみ　九州沿海図第19　4-272
各務郡　かかみぐん　第114号　2-193, 2-194, 5-159, 5-297
香我美郡　かがみぐん　第148号　3-169, 5-199, 5-310
香我美郡　かがみぐん　第159号　3-206, 3-208, 5-199, 5-310
鏡島　かがみじま　第142号　3-133
鏡島　かがみじま　第192号　4-81, 4-82
鏡島　かがみじま　第206号　4-148, 4-149
鏡平山　かがみだいらやま　第166号　3-239

鏡沼村　かがみぬまむら　第56号　1-195, 5-103
鏡明神　かがみみょうじん　第189号　4-72
各務村　かがみむら　第114号　2-193, 2-194, 5-159, 5-297
鏡村☆　かがみむら　第133号　3-86, 5-174, 5-300, 5-301
鏡村　かがみむら　第182号　4-34
鏡村　かがみむら　第188号　4-65, 5-231
鏡村　かがみむら　第189号　4-72, 5-234, 5-241, 5-241, 5-313
鏡村〔鏡町〕　かがみむら　第195号　4-93, 4-94, 5-233, 5-315
鏡村　かがみむら　九州沿海図第18　4-264
鏡村　かがみむら　九州沿海図第21　4-281
鏡村枝鏡町☆　かがみむらえだかがみまち　第195号　4-93, 4-94
鏡村枝鏡町☆　かがみむらえだかがみまち　九州沿海図第18　4-264
鏡村宮司　かがみむらみやじ　第188号　4-64
鏡山　かがみやま　第133号　3-86
鏡山　かがみやま　第178号　4-15, 4-17
鏡山　かがみやま　第194号　4-88, 4-90
鏡山神社　かがみやまじんじゃ　第178号　4-15, 4-17
鏡山村　かがみやまむら　第178号　4-15, 4-17, 5-222, 5-312
鏡山村岩原　かがみやまむらいわはら　第178号　4-15, 4-17
加賀屋新田（御料所）　かがやしんでん　第135号　3-101, 5-178, 5-301
耀山村　かかやまむら　第124号　3-45, 3-46
加唐嶋　かからしま　第189号　4-71, 4-74, 5-238, 5-241, 5-313
カカリカツキ　かかりかつき　第132号　3-82
篝火﨑　かがりびざき　第206号　4-150
香川郡　かがわぐん　第146号　3-157, 3-158, 3-159, 5-194, 5-307
嘉川村枝赤坂　かがわむらえだあかさか　第176号　3-292
嘉川村枝稽古屋　かがわむらえだけごや　第176号　3-292
嘉川村枝宮ケ原　かがわむらえだみやはら　第176号　3-292
嘉川村中野〔嘉川〕　かがわむらなかの　第176号　3-292, 5-312
嘉川村福岡　かがわむらふくおか　第176号　3-292
香川村間門（本間熊太郎知行所）〔香川村、香川〕　かがわむらまかど　第93号　2-103, 5-123, 5-291
柿内村　かきうちむら　第118号　3-18, 3-20
垣内村　かきうちむら　第126号　3-55
柿浦　かきうら　第167号　3-243, 5-211, 5-213
硴江村　かきえむら　第183号　4-39, 5-226, 5-312, 5-311
硴江村　かきえむら　九州沿海図第4　4-209
硴江村枝津留　かきえむらえだつる　第183号　4-39
カキカケ　第36号　1-124, 5-57
柿ケ成村　かきがなるむら　第123号　3-40
柿坂村　かきさかむら　第180号　4-24, 5-222, 5-230, 5-312
栫﨑○〔柿﨑〕　かきざき　第76号　2-31, 5-112, 5-287, 5-294
柿﨑村（御料所）　かきさきむら　第102号　2-146, 2-147, 5-128, 5-298
柿﨑村　かきさきむら　第115号　2-198, 2-200, 5-159
蠣﨑村　かきざきむら　第39号　1-131, 5-63, 5-280
柿﨑村枝外浦⚓　かきさきむらえだそとうら　第102号　2-146
柿﨑村腰越　かきさきむらこしごえ　第102号　2-146
柿﨑村間戸濵　かきさきむらまどがはま　第102号　2-147
柿澤村（御料所）　かきざわむら　第96号　2-119
柿沢村峠茶屋〔柿沢〕　かきざわむらとうげちゃや　第96号　2-119, 5-296
柿沢村氷〔永〕井坂〔柿沢村、柿沢〕　かきざわむらながいざか　第96号　2-119, 5-150, 5-296
カキ島〔カキシマ〕　かきじま　第204号　4-140, 5-235
カキセ　かきせ　第189号　4-71, 4-74
カキセ川　かきせがわ　第160号　3-210, 5-202
蛎瀬峠　かきせとうげ　第192号　4-80
蛎瀬村　かきぜむら　第179号　4-19, 5-225, 5-312
蛎瀬村　かきぜむら　九州沿海図第2　4-195
蛎岳　かきだけ　第204号　4-140, 4-142
垣塚　かきづか　九州沿海図第19　4-272
蛎塚新田　かきづかしんでん　第129号　3-66
垣次山　かきつぐやま　第208号　4-156, 4-158
柿坪村　かきつぼむら　第128号　3-62, 3-64
柿並村　かきなみむら　第116号　2-207, 5-163, 5-299
加喜浦☆⚓　かきのうら　第201号　4-122
栜浦　かきのうら　九州沿海図第4　4-208, 4-211
加喜ノ浦島　かきのうらしま　第201号　4-122, 5-237, 5-313, 5-315, 5-321
柿野浦村　かきのうらむら　第75号　2-24, 2-26, 5-99
柿木峠　かきのきとうげ　第175号　5-218
柿木原　かきのきばら　九州沿海図第18　4-264
柿木村　かきのきむら　第175号　3-282, 5-216
柿木村向月瀬〔柿ノ木〕　かきのきむらむかいつきせ　第173号　3-273, 5-308
カキ原﨑〔柿原﨑〕　かきはらざき　第102号　2-145, 5-132
垣原村　かきはらむら　第96号　2-117
柿原村　かきばるむら　第178号　4-17, 5-222
柿原村　かきばるむら　第187号　4-58, 5-222, 5-231, 5-312
垣見村　かきみむら　第125号　3-50, 5-174, 5-297, 5-300, 5-301
柿村　かきむら　第129号　3-66, 5-166, 5-299
植〔垣〕村　かきむら　第150号　3-174
柿本峠　かきもととうげ　第174号　5-216
鹿久居島（福浦村寒川村日生村屬）　かくいじま（ふくうらむらそうごむらひなせむらぞく）　第145号　3-149, 5-185, 5-306
樂音寺村　がくおんじむら　第128号　3-62
樂音寺村（稲葉丹後守領分）　がくおんじむら　第135号　3-100, 5-176, 5-177, 5-178, 5-301
樂音寺山　がくおんじやま　第133号　3-91
加草村　かくさむら　第184号　4-44, 4-46, 5-244, 5-314
加草村　かくさむら　九州沿海図第6　4-218, 4-219
加草村大迫　かくさむらおおさこ　第184号　4-44, 4-46
嘉久志村　かくしむら　第172号　3-268, 5-212, 5-308
鶴城山　かくじょうさん　第189号　4-72
角泉村　かくせんむら　第88号　2-79
角田濵　かくだはま　第74号　2-19, 5-98
角田山　かくだやま　第74号　2-19, 5-98
鹿口　かくち　九州沿海図第21　4-279
蚊口浦⚓　かぐちうら　第185号　4-48, 4-50, 5-244, 5-314
蚊口浦　かぐちうら　九州沿海図第7　4-221
蚊口川　かぐちがわ　第185号　4-48, 4-50, 5-244
樂田村　がくでんむら　第114号　2-194, 5-159, 5-297
樂田村　がくでんむら　第118号　3-16, 3-18, 5-166, 5-297, 5-300
樂田村赤鼻　がくでんむらあかはな　第118号　3-16, 3-18
樂田村浦ノ門　がくでんむらうらのもん　第114号　2-194
樂田村追分　がくでんむらおいわけ　第114号　2-194
樂田村勝部　がくでんむらかちべ　第114号　2-194
學頭村　がくとうむら　第162号　3-218, 3-220, 5-204, 5-308
角取山　かくとりやま　第199号　4-109
角盤（磐）山大山寺〔大山寺〕　かくばんざんだいせんじ　第150号　3-171, 5-189
鹿曲川　かくまがわ　第95号　2-112, 2-113, 5-146
角間崎村　かくまざきむら　第62号　1-211, 5-87, 5-283
鹿熊山　かぐまやま　第180号　4-24
角海村（牧野備前守）　かくみむら　第74号　2-19, 5-98
加久見村　かぐみむら　第161号　3-212, 3-214
香久山　かぐやま　第134号　3-97, 5-177
角山村　かくやまむら　第94号　2-108
神楽尾山　かぐらおやま　第143号　3-139
神楽川　かぐらがわ　第128号　5-182
神楽川　かぐらがわ　第188号　4-65, 4-66
神楽島〔カクラ島〕　かぐらじま　第140号　3-126, 5-171
神樂島　かぐらじま　第202号　4-127, 5-236, 5-315
神楽島　かぐらじま　長崎〔参考図〕　4-133
加倉村（大岡主膳正領分）　かくらむら　第88号　2-78, 5-120
鹿倉村　かくらむら　第113号　2-189
加倉村〔加倉〕　かくらむら　第189号　4-71, 4-73, 5-234, 5-238, 5-241, 5-313
靍林寺　かくりんじ　第90号　2-90
岳林寺　がくりんじ　第180号　4-27
各和村（西尾隠岐守領分、窪田左近知行所）　かくわむら　第111号　2-179, 5-160
陰　かげ　第179号　4-22
陰　かげ　九州沿海図第2　4-198
陰　かげ　九州沿海図第3　4-198, 4-204
影石村　かげいしむら　第128号　3-65, 5-183, 5-304
影石村猪ノ部　かげいしむらいのべ　第128号　3-65
カケ岩　かけいわ　第123号　3-39
掛川（太田播津守居城）○☆　かけがわ　第111号　2-177, 2-178, 5-160, 5-298
カケ崎　かけざき　第131号　3-79, 5-169
掛赤村　かけじゃくむら　第188号　4-65, 4-66, 5-231
掛新田　かけしんでん　第88号　2-78
カケス嶋（平郡嶋屬）　かけすしま（へいぐんじまぞく）　第169号　3-251, 3-253, 5-215
掛田山　かけたやま　第163号　3-224
花月川　かげつがわ　第180号　5-230
掛津村　かけづむら　第123号　3-39, 5-180
掛津村遊浦　かけづむらあそびうら　第123号　3-38, 3-39
影沼村　かげぬまむら　第50号　1-171, 5-73, 5-74, 5-282
蔭ノ尾嶋　かげのおじま　第202号　4-127, 4-128, 5-236, 5-315
蔭ノ尾島　かげのおじま　長崎〔参考図〕　4-131
陰木村　かげのきむら　第182号　4-34
陰木村　かげのきむら　九州沿海図第21　4-280
桟シマ　かけはしじま　第159号　3-206, 3-208
桟原　かけはしはら　第109号　2-168
景平　かげへら　九州沿海図第2　4-197

景平　かげへら　九州沿海図第3　4-197, 4-201
欠間々村　かけままむら　第89号　2-81, 2-83, 5-122, 5-290
掛水　かけみず　九州沿海図第19　4-272
欠村　かけむら　第115号　2-198, 2-200, 5-159, 5-299
加家村　かけむら　第141号　3-131
加計村香草　かけむらかぐさ　第166号　3-239
加計村加計市〔加計村〕　かけむらかけいち　第166号　3-239, 5-209, 5-212, 5-308
加計村川登　かけむらかわのぼり　第166号　3-239
加計村田ノ原　かけむらたのはら　第166号　3-239
加計村丁　かけむらようろう　第166号　3-239
影森村（室賀兵庫知行所）　かげもりむら　第111号　2-177, 2-178, 5-160
掛山　かけやま　第166号　3-237, 3-239
鹿子居島　かごいじま　第149号　3-165
拵村　かこいむら　第195号　4-93, 4-94, 5-232, 5-315
加古川　かこがわ　第141号　3-130, 5-182
加古川驛○〔加古川〕　かこがわえき　第141号　3-130, 5-182, 5-306
加古川村　かこがわむら　第141号　3-130, 5-182
篭口〔篭川口、カゴ川〕　かごくち　第142号　3-133, 5-187, 5-303, 5-306
加古郡　かこぐん　第136号　3-111, 5-184, 6-306
加古郡　かこぐん　第137号　3-114, 5-184, 6-306
加古郡　かこぐん　第141号　3-130, 5-184, 5-306
篭阪峠　かごさかとうげ　第100号　2-132
篭﨑〔篭サキ〕　かござき　第206号　4-149, 5-242
篭島〔カコシマ〕　かごしま　第124号　3-42, 5-180
鹿兒嶋（松平豊後守屋形）☆　かごしま　第209号　4-165, 5-252, 5-261, 5-316
鹿兒嶋（松平豊後守居城）☆⚓　かごしま　九州沿海図第10　4-233, 4-239
鹿兒嶋郡　かごしまぐん　第209号　4-163, 4-165, 5-316
鹿児嶋郡　かごしまぐん　第210号　4-168, 4-172, 5-252, 5-261
鹿兒嶋郡　かごしまぐん　九州沿海図第10　4-233, 4-235, 4-239
鹿児島神社　かごしまじんじゃ　第209号　5-247, 5-261
篭林村　かごばやしむら　第115号　2-195
鹿籠村　かごむら　第210号　4-170, 5-254, 5-261, 5-317
鹿篭村　かごむら　九州沿海図第12　4-242
鹿籠村小湊　かごむらこみなと　第210号　4-171
鹿籠村白澤津浦　かごむらしらざわつうら　第210号　4-170
鹿籠村枕﨑浦　かごむらまくらざきうら　第210号　4-170
加子山　かこやま　第184号　4-47
駕篭山　かごやま　第143号　3-137, 3-138
葛西川村　かさいがわむら　第90号　2-84, 5-120, 5-123
加西郡　かさいぐん　第136号　3-109, 3-111, 5-182, 6-306
加西郡　かさいぐん　第141号　3-128, 3-130, 5-182, 5-306
カサイシ　第36号　1-124, 5-60, 5-281
笠石○　かさいし　第56号　1-195, 5-103, 5-288
河西村　かさいむら　第98号　2-126, 5-117, 5-127
笠居村（香西）○　かさいむら（こうざい）　第146号　3-159, 5-194, 5-307
笠居村枝生島☆〔笠居村生島〕　かさいむらえだいくしま　第146号　3-159, 5-194
笠居村枝亀水　かさいむらえだたるみ　第146号　3-159
笠岩村　かさいわむら　第195号　4-93, 5-233
笠岩村　かさいわむら　九州沿海図第18　4-264
笠岩村猿﨑　かさいわむらさるさき　第195号　4-93
笠岩村新苻〔村〕　かさいわむらしんむら　第195号　4-93
風宇土山　かざうとやま　第204号　4-141
笠浦　かさうら　第155号　3-191, 5-190, 5-305
笠岡村○☆　かさおかむら　第151号　3-179, 5-195, 5-307
カサカイ島　かさかいじま　第48号　5-78
笠頭山　かさがしらやま　第136号　3-111
笠ケ鼻　かさがはな　第165号　3-233
笠下村下分　かさかむらしもぶん　第145号　3-152
笠川村　かさがわむら　第133号　3-86, 5-174, 5-176, 5-301
笠置寺　かさぎでら　第134号　3-95, 5-176
笠置峠　かさぎとうげ　第134号　5-176
笠木村　かさぎむら　第82号　2-56, 5-139, 5-140, 5-147, 5-295
桒﨑村　かざきむら　第100号　2-135
笠木山〔笠置山〕　かさぎやま　第114号　2-190, 5-155
笠城山　かさぎやま　第187号　5-222
笠木山　かさぎやま　第187号　4-56
加佐郡　かさぐん　第122号　3-34, 3-36, 5-173, 5-175, 5-304
加佐郡　かさぐん　第123号　3-40, 5-173, 5-304
加佐郡　かさぐん　第127号　3-56, 3-57, 5-173, 5-304
頭コシ　かさこし　第151号　3-180
風越山　かざこしやま　第95号　5-116
笠佐嶋（八代島屬）　かささじま　第169号　3-254, 5-215, 5-311
笠寺山村　かさじさんむら　第144号　3-147
笠島　かさじま　第101号　2-140, 5-125, 5-126
笠島　かさじま　第132号　3-85
笠島浦　かさしまうら　第151号　3-180, 5-194
笠島浦新在家　かさしまうらしんざいけ　第151号　3-180
笠島浦屋釜　かさしまうらやがま　第151号　3-180
笠島村　かさしまむら　第76号　2-30, 5-112, 5-287, 5-294
笠師村　かさしむら　第84号　2-63, 2-65, 5-143
加佐志村　かざしむら　第88号　2-79
笠瀬　かさせ　第186号　4-55
笠瀬〔カサセ〕　かさせ　第189号　4-73, 5-234, 5-241
笠セ　かさせ　第202号　4-127, 4-128
笠瀬　かさせ　長崎〔参考図〕　4-131
笠瀬﨑　かさせざき　第192号　4-81, 4-82
笠瀬嵜　かさせざき　第202号　4-125, 4-126
笠瀬〔鼻〕　かさせばな　第206号　4-150
笠寺村　かさでらむら　第115号　2-197, 2-199, 5-159, 5-297
笠寺村新田　かさでらむらしんでん　第115号　2-197, 2-199, 5-159, 5-297
笠峠　かさとうげ　第133号　5-175
笠戸浦　かさどうら　第175号　3-286, 5-218
風土浦　かざとうら　第145号　3-155, 5-194
笠戸嶋　かさどじま　第175号　3-286, 5-218, 5-311, 5-312
風無浦⚓　かざなしうら　第183号　4-39, 5-226
風無浦⚓　かざなしうら　九州沿海図第5　4-211
風無村　かざなしむら　第84号　2-63, 2-65, 5-143, 5-295
風成村　かざなしむら　第183号　4-39, 5-226, 5-312, 5-311
風成村　かざなしむら　九州沿海図第4　4-209
笠名村（稲葉播磨守領分）　かさなむら　第92号　2-99, 2-100, 5-124
笠縫島〔笠ヌイシマ〕　かさぬいじま　第178号　4-12, 4-14, 5-222
笠縫嶋　かさぬいじま　九州沿海図第1　4-190
カサ子岩　かさねいわ　第145号　3-155
カサ子山　かさねやま　第140号　3-124
笠野濵　かさのはま　第53号　1-183, 1-184, 5-80
笠ノ目村　かさのめむら　第67号　1-235, 5-105, 5-289
笠幡村（松平大和守領分）　かさはたむら　第88号　2-79, 5-120
笠鼻　かさはな　第145号　3-150
笠鼻　かさはな　第206号　4-150
風早郡　かざはやぐん　第164号　3-231, 5-214, 5-311
風早郡　かざはやぐん　第168号　3-246, 3-247, 5-214, 5-311
風早郡　かざはやぐん　第169号　3-250, 5-214
風早﨑　かざはやざき　第102号　2-145, 5-128, 5-132
風早山　かざはややま　第197号　4-101
笠原村　かさはらむら　第81号　2-50
笠原村一日市場〔笠原村、笠原〕　かさはらむらついたちいちば　第108号　2-165, 5-150, 5-296
笠原村辻〔笠原〕　かさはらむらつじ　第108号　2-165, 5-296
笠部山　かさべやま　第194号　4-88, 4-90, 5-229
笠部山　かさべやま　第194号　4-88, 4-90
笠松ハナ　かさまつはな　第203号　5-251
笠松岬　かさまつみさき　第177号　3-297
笠松村　かさまつむら　第130号　3-74, 3-76, 5-163
笠松村徳田新田入會○〔笠松、徳田新田〕　かさまつむらとくだしんでんいりあい　第118号　3-16, 3-18, 5-159, 5-297
笠松山　かさまつやま　第141号　3-129, 3-131
笠松山　かさまつやま　第144号　3-145
風祭村　かざまつりむら　第99号　2-131, 5-125, 5-126, 5-291
加佐村　かさむら　第192号　4-81, 5-239, 5-240, 5-241
笠山　かさやま　第78号　2-43, 2-44, 5-115, 5-116, 5-294
笠山　かさやま　第81号　5-116
笠山　かさやま　第110号　2-172, 5-154
嵩山　かさやま　第116号　5-161
傘山　かさやま　第184号　4-47
笠山　かさやま　第208号　4-161, 5-251, 5-315
笠山　かさやま　九州沿海図第1　4-188
笠山　かさやま　九州沿海図第13　4-251
笠山﨑〔笠山サキ〕　かさやまざき　第207号　4-154, 5-243, 5-321
カサルイカ　第6号　1-21, 1-22, 5-26, 5-268, 5-270
カサワシマ　かさわじま　第192号　4-81, 4-82
加沢村（松平伊賀守領分）　かざわむら　第95号　2-112, 5-146, 5-294, 5-296
笠野原　かさんばる　九州沿海図第9　4-229
香椎宮　かしいぐう　第187号　4-60, 5-223
樫井嶽　かしいだけ　第201号　4-121
香椎村　かしいむら　第187号　4-60, 5-223, 5-313
香椎山　かしいやま　第187号　4-57, 4-60
カシウ川　かしうがわ　第105号　2-154
鍛冶内村　かじうちむら　第141号　3-128, 5-182
梶浦☆　かじうら　第120号　3-24, 5-145, 5-297, 5-300
梶岡村　かじおかむら　第145号　3-155, 5-194, 5-307
柏尾村（内藤豊前守領分）　かしおむら　第72号

2-12, 5-97, 5-285, 5-286
柏尾村（大善寺領） かしおむら 第97号 2-122, 2-123, 5-117, 5-291
柏尾村 かしおむら 第130号 3-75
柏尾村 かしおむら 第136号 3-111, 5-182
柏尾村 かしおむら 第141号 3-128, 5-182, 5-304, 5-306
柏尾村枝中才 かしおむらえだなかさい 第136号 3-111
柏尾村枝初鹿野新田 かしおむらえだはじかのしんでん 第141号 3-128
梶賀浦 かじかうら 第132号 3-82, 5-169
梶ケ浦 かじがうら 第47号 1-161
梶カキ瀬 かじかきせ 第192号 4-80
鰍沢村○☆ かじかざわむら 第98号 2-126, 5-117, 5-127, 5-296
鰍澤村枝鬼島 かじかざわむらえだおにじま 第98号 2-126
鰍沢村新田 かじかざわむらしんでん 第98号 2-126
鰍沢村二軒屋 かじかざわむらにけんや 第98号 2-126
楮木 かしき 九州沿海図第16 4-258
炊村 かしきむら 第130号 3-75
鍛冶久保村（太田原飛驒守領分） かじくぼむら 第69号 1-242, 5-106, 5-288
カシコ山 かしこやま 第117号 3-15, 5-168
カジサクーシヨ 第32号 1-109, 5-56
カシシマ かししま 第157号 5-195
梶島 かじしま 第116号 2-201, 2-203, 2-205, 2-206, 5-162, 5-299
カシ島 かじしま 第151号 3-181, 5-195
鍛冶島 かじしま 第157号 3-200
梶島 かじしま 第157号 3-203, 5-197, 5-210, 5-307
梶島新田 かじしましんでん 第118号 3-20, 5-166, 5-297
樫滝村 かしたきむら 第192号 4-80, 5-239, 5-241, 5-320
樫滝村下里 かしたきむらしもさと 第192号 4-80
樫立村 かしたてむら 第105号 2-154, 5-135, 5-293
樫立村枝伊御夕〔名〕 かしたてむらえだいごうな 第105号 2-154
梶田村 かじたむら 第156号 3-197, 5-208, 5-307
カシトリ島 かじとりじま 第132号 3-85, 1-170
梶取鼻〔梶取岬〕 かじとりのはな 第164号 3-230, 5-210, 5-311
柁取ハエ〔カジトリハエ〕 かじとりはえ 第183号 4-38, 5-226
梶取ハヘ かじとりはえ 九州沿海図第5 4-210
梶取岬 かじとりみさき 第169号 3-255
梶並川 かじなみがわ 第144号 3-141
樫根村 かしねむら 第192号 4-82, 5-240, 5-241
樫根村蔀 かしねむらしとみ 第192号 4-82
樫野浦 かしのうら 第140号 3-124, 5-170
樫ノ浦 かしのうら 第161号 3-213, 3-215, 5-203
樫実峠 かしのみとうげ 第174号 3-278
鹿忍村 かしのむら 第145号 3-152, 5-192, 5-307
鹿忍村子父鷹〔雁〕 かしのむらこぶかり 第145号 3-152, 3-154
鹿忍村西脇 かしのむらにしわき 第145号 3-152, 3-154
柏原村 かしはらむら 第121号 3-30, 5-157, 5-297, 5-300
柏原村 かしばらむら 第107号 2-160, 5-160, 5-298
樫原山 かしはらやま 第113号 2-187, 5-153
鹿島 かしま 第120号 3-24
鹿島 かしま 第124号 3-42, 5-180
鹿島 かしま 第139号 3-122, 5-171
神島〔カミ島〕 かしま 第140号 3-126, 5-171
加島 かしま 第141号 3-127, 5-185, 5-306
加島 かしま 第149号 3-164, 5-303
加島 かしま 第157号 5-210, 5-307
鹿島 かしま 第160号 3-210, 5-202
鹿島 かしま 第161号 3-212, 3-214, 5-311
鹿島 かしま 第168号 3-246, 5-214, 5-311
加島 かしま 第172号 3-270, 5-216
鹿嶋 かしま 第176号 3-289, 5-217, 5-219
鹿島 かしま 第190号 4-75, 5-234, 5-313
カシマ かしま 第200号 5-250
加島 かしま 第202号 4-125, 4-126, 5-236
加島（大村領） かしま 長崎〔参考図〕 4-132
鹿島（外海浦屬） かしま（そとうみうらぞく） 第161号 3-216, 5-203
嘉島（戸島屬） かしま（とじまぞく） 第171号 3-265, 5-201, 5-311
鹿島（麥島）（倉橋島屬） かしま（むぎしま）（くらはしじまぞく） 第167号 3-244, 5-215, 5-311
鹿島郡 かしまぐん 第57号 1-198, 5-108, 5-290
鹿島郡 かしまぐん 第58号 1-200, 1-201, 5-110, 5-290
鹿島郡 かしまぐん 第83号 2-61, 5-140, 5-142, 5-295
鹿島郡 かしまぐん 第84号 2-62, 2-63, 2-65, 5-140, 5-142, 5-295
鹿島ハ島〔鹿島小シマ〕 かしまはじま 第124号 3-42, 5-180
鹿島村 かしまむら 第84号 2-62, 2-64, 5-143, 5-295
鹿島村 かしまむら 第86号 2-70, 5-144
鹿島村 かしまむら 第116号 2-203, 2-206, 5-162, 5-299
加島村（御料所） かしまむら 第135号 3-101, 5-178, 5-301
鹿島村 かしまむら 第195号 4-93, 4-94, 5-233, 5-315
鹿嶋村 かしまむら 九州沿海図第18 4-264
樫村 かしむら 第136号 3-111, 5-182, 5-306
加志村 かしむら 第192号 4-81, 4-82, 5-239, 5-240, 5-241
鍛冶村（御料所） かじむら 第88号 2-78, 5-120
鍛冶村 かじむら 第116号 2-202, 2-204, 5-161, 5-162
加子母川 かしもがわ 第113号 5-155
加子母村小郷 かしもむらおご 第113号 2-186, 2-187
加子母村小和地 かしもむらおわち 第113号 2-186, 2-187
加子母村桒原 かしもむらくわばら 第113号 2-186, 2-187
加子母村中切○〔加子母村、加子母〕 かしもむらなかぎり 第113号 2-186, 2-187, 5-155, 5-296
加子母村二渡 かしもむらふたわたり 第113号 2-186, 2-187
加子母村マンカ かしもむらまんが 第113号 2-186, 2-187
鍛冶屋 かじや 九州沿海図第21 4-279
カシヤ川 かしやがわ 第101号 2-140
加沈谷川 かじやがわ 第118号 3-19, 3-21
梶谷崎 かじやざき 第170号 3-263
梶屋敷（御料所）○ かじやしき 第80号 2-47, 2-49, 5-138, 5-294
カシ山 かしやま 第159号 5-307, 5-310
カシ山 かしやま 第159号 5-196
梶山 かじやま 第141号 3-131
梶山村〔梶山〕 かじやまむら 第189号 4-72, 5-234, 5-241, 5-313
鍛冶屋村 かじやむら 第101号 2-140
鍛冶屋村 かじやむら 第124号 3-44, 5-180
鍛冶屋村 かじやむら 第136号 3-109, 5-182, 5-304
鍛冶屋村 かじやむら 第141号 3-129, 5-183, 5-306
鍛冶屋村 かじやむら 第144号 3-146
鍛冶屋村 かじやむら 第164号 5-210, 5-308
梶屋村 かじやむら 第178号 4-16
梶屋村 かじやむら 九州沿海図第2 4-195
鍛冶屋村相坂 かじやむらあいさか 第141号 3-129
鍛冶屋村矢ノ原 かじやむらやのはら 第141号 3-129
嘉祥寺村 かしょうじむら 第138号 3-117, 5-179, 6-306
加生村 かしょうむら 第141号 3-129, 5-183, 5-304, 5-306
梶奇〔寄〕浦 かじよせうら 第183号 4-40, 5-226, 5-228
梶寄浦 かじよせうら 九州沿海図第5 4-211
頭島 かしらがしま 第204号 4-141, 5-235, 5-321
頭崎 かしらざき 第168号 3-247
カシラシマ かしらしま 第145号 5-194
頭島（日生村屬） かしらじま（ひなせむらぞく） 第145号 3-149, 5-185, 5-306
頭嶋（森村屬）〔カシラ島〕 かしらじま（もりむらぞく） 第169号 3-251, 5-215, 5-311
頭岳 かしらだけ 第203号 4-136
頭岳 かしらだけ 九州沿海図第19 4-271, 4-273
頭集村枝浦尻村 かしらつどいむらえだうらしりむら 第161号 3-213, 3-215
頭成町○ かしらなりまち 九州沿海図第3 4-201
頭ノ島 かしらのしま 第201号 4-122
神代村○ かじろむら 第81号 2-50, 5-146, 5-294
神代村小瀬 かじろむらこせ 第81号 2-50
神代村田中 かじろむらたなか 第81号 2-50
柏江村 かしわえむら 第183号 5-228, 5-311, 5-314
柏江村 かしわえむら 九州沿海図第5 4-213
柏江竜王 かしわえりゅうおう 第183号 4-41
柏尾村 かしわおむら 第118号 3-19, 3-21, 5-166
柏ケ谷村（鈴木大膳知行所） かしわがやむら 第93号 2-103, 5-123, 5-291
柏ケ谷村赤坂 かしわがやむらあかさか 第93号 2-103
柏ケ谷村大塚 かしわがやむらおおつか 第93号 2-103
柏木平村 かしわぎだいらむら 第49号 1-168, 5-71, 5-74, 5-282
柏木村 かしわぎむら 第95号 2-111, 2-112, 2-113, 5-116
柏久保村（松下嘉兵衛知行所） かしわくぼむら 第101号 2-141, 2-143, 5-128, 5-298
柏久保村枝古川 かしわくぼむらえだふるかわ 第101号 2-140
柏熊村（御料所、稲葉伊織知行所） かしわくまむら 第57号 1-198, 5-108, 5-290
柏﨑○☆ かしわざき 第76号 2-30, 5-112, 5-287, 5-294
柏﨑 かしわざき 第171号 3-266
柏嵜 かしわざき 第189号 4-74
柏嵜〔柏サキ〕 かしわざき 第207号 4-151, 5-243
柏﨑村（松平大和守領分） かしわざきむら 第88号 2-77, 2-79, 5-120, 5-291

柏崎村馬場　かしわざきむらばば　第88号　2-77, 2-79
栢座村（御料所）　かしわざむら　第88号　2-78, 5-120
柏シマ　かしわじま　第162号　3-219
柏島　かしわじま　第164号　3-229, 5-211, 5-307
柏島　かしわじま　第164号　3-229, 5-211, 5-307, 5-308
粕〔柏〕島　かしわじま　第164号　3-228, 3-230, 5-210
柏島　かしわじま　第164号　3-229, 5-211
神集島⚓　かしわじま　第189号　4-71, 5-234, 5-238, 5-241, 5-313
柏島　かしわじま　第206号　4-148, 4-149, 5-242, 5-243, 5-321
柏島（直島屬）　かしわじま（なおしまぞく）　第145号　3-155, 5-185
柏島浦☆⚓〔柏島〕　かしわじまうら　第161号　3-213, 3-215, 5-203, 5-311
柏島村　かしわじまむら　第151号　3-179, 5-195, 5-307
柏城　かしわじょう　第166号　3-238
膳夫村西堂　かしわてむらにしどう　第134号　3-97, 3-98
柏峠　かしわとうげ　第101号　2-140, 2-142
相〔柏〕野村　かしわのむら　第129号　3-73, 5-167
柏野村　かしわのむら　第144号　3-140, 3-142
柏野村中河原　かしわのむらなかがわら　第129号　3-73
柏原☆　かしわばら　第81号　2-50, 5-138, 5-294
柏原○　かしわばら　第118号　3-19, 5-166, 5-297, 5-300
柏原川　かしわばらがわ　第209号　4-165
柏原川　かしわばらがわ　九州沿海図第10　4-235
柏原宿長沢　かしわばらじゅくながさわ　第125号　3-48
柏原新田　かしわばらしんでん　第88号　2-79
柏原新田奈良本　かしわばらしんでんならもと　第81号　2-50
柏原町〔柏原村〕　かしわばらまち　第107号　2-160, 5-160
柏原浦後浦〔柏原浦、柏原〕　かしわばるうらうしろうら　第186号　4-54, 5-222, 5-312
柏村　かしわむら　第139号　3-121, 3-123, 5-186, 5-303, 5-306
柏村　かしわむら　第171号　3-266, 5-203, 5-311
柏村　かしわむら　第207号　4-151, 5-243, 5-321
梶原堀之内村　かじわらほりのうちむら　第90号　2-84
梶原村　かじわらむら　第127号　3-59, 5-182, 5-304
梶原村　かじわらむら　第133号　3-92, 5-176, 5-178
梶原村　かじわらむら　第189号　4-72
柏原山　かしわらやま　第138号　5-184
梶原山　かじわらやま　第175号　5-218
春日井郡　かすがいぐん　第114号　2-194, 5-159, 5-297
春日井郡　かすがいぐん　第115号　2-197, 5-159, 5-297
春日井原新田〔春日井原〕　かすがいはらしんでん　第114号　2-194, 5-159, 5-297
沢上江村　かすがえむら　第135号　3-101, 5-178, 5-301
春日江村　かすがえむら　第136号　3-104
春日大宮〔春日社〕　かすがおおみや　第134号　3-95, 5-176
春日社　かすがしゃ　第141号　3-128
加須河原野新田　かすがはらのしんでん　第118号　3-17, 5-156
粕壁○☆　かすかべ　第87号　2-75, 5-120
春日部村　かすかべむら　第133号　3-91
春日岬　かすがみさき　第204号　4-141, 4-142
春日村　かすがむら　第82号　2-54, 5-139, 5-294
春日村　かすがむら　第146号　3-157, 3-158, 5-194, 5-307
春日森　かすがもり　第100号　2-139
春日山　かすがやま　第210号　4-171
春日山　かすがやま　九州沿海図第12　4-243
春日若宮　かすがわかみや　第134号　3-95
上總川　かずさがわ　第81号　5-138, 5-146
カス﨑　かすざき　第102号　2-145
上總國〔上總〕　かずさのくに　第89号　2-82, 5-111, 5-122, 5-290
上總國〔上總〕　かずさのくに　第91号　2-96, 5-122, 5-290
上總國〔上總〕　かずさのくに　第92号　2-97, 5-111, 5-122, 5-290
加須次郎山　かすじろうやま　第184号　4-46
桂原　かずはら　九州沿海図第18　4-264
粕淵村小原驛○〔粕淵村、粕淵〕　かすぶちむらおばらえき　第166号　3-234, 5-209, 5-308
霞城　かすみじょう　第136号　3-109
香住村　かすみむら　第124号　3-43, 5-181, 5-304
可須村〔可須〕　かすむら　第191号　4-79, 5-238, 5-241, 5-313
糟屋郡　かすやぐん　第186号　4-53, 4-55, 5-223
糟屋郡　かすやぐん　第187号　4-57, 4-60, 5-313
加須山村下灘田　かすやまむらしもなだ　第151号　3-178
葛尾山　かずらおやま　第127号　3-57, 5-180
葛崎　かずらさき　第207号　4-155
葛島　かずらしま　第206号　4-150, 5-242, 5-243, 5-321
葛森〔根〕村　かずらねむら　第141号　3-129, 5-183
葛根村畑尻〔葛根〕　かずらねむらはたじり　第141号　3-129, 5-304
葛野村　かずらのむら　第123号　3-39, 5-180, 5-304
葛原浦　かずらはらうら　第183号　4-43, 5-228
葛原浦　かずらはらうら　九州沿海図第5　4-215
葛村　かずらむら　第110号　2-176, 5-158, 5-161
葛山村（松平斧太郎）　かずらやまむら　第100号　2-134, 5-127
葛原村　かずらわらむら　第152号　3-185, 5-196, 5-307
カセイカ浦　かせいかうら　第204号　4-140, 4-142
加勢市川　かせいちがわ　第150号　3-170
嘉瀬川〔カセ川〕　かせがわ　第188号　4-67, 4-69, 5-231
嘉瀬川　かせがわ　第188号　4-67, 4-69
加勢川　かせがわ　第195号　4-93
風切鼻　かぜきりはな　第167号　3-244
カセシマ　かせしま　第191号　5-238, 5-241
風シロ島　かぜしろじま　第59号　1-203
風田村　かぜだむら　第198号　4-105, 5-246, 5-316
風田村　かぜだむら　九州沿海図第8　4-224
カセトウ〔カセ堂〕　かせどう　第203号　4-138, 5-251
カセドウ　かせどう　九州沿海図第13　4-251
カセドウ　かせどう　九州沿海図第14　4-253
加瀬浦村　かせのうらむら　第201号　4-119, 5-234
風早　かぜはや　第187号　4-62
風早村　かぜはやむら　第164号　3-229, 5-211, 5-308
柏原村　かせばるむら　九州沿海図第9　4-228
柏原村柏原浦〔柏原村〕　かせばるむらかせばるうら　第199号　4-111, 4-112, 5-248, 5-261, 5-316
鹿背山峠　かせやま　第134号　5-176
鹿脊山村　かせやまむら　第134号　3-95, 5-176, 5-301
加増野村　かぞうのむら　第102号　2-147
風合瀬村　かそせむら　第59号　1-202, 5-83, 5-281
楮根村　かぞねむら　第100号　2-139, 5-127, 5-296
堅石町村　かたいしまちむら　第96号　2-117, 2-119, 5-150, 5-296
片岩村　かたいわむら　第85号　2-66, 5-142, 5-295
加太浦☆　かだうら　第138号　3-118, 3-120, 5-184, 5-303, 5-306
堅浦内名　かたうらないな　第183号　4-39
堅浦村　かたうらむら　第183号　4-39, 5-226, 5-312, 5-311
片浦村☆⚓　かたうらむら　第210号　4-171, 5-317
堅浦村　かたうらむら　九州沿海図第4　4-209
片浦村☆⚓　かたうらむら　九州沿海図第12　4-243, 4-245
堅浦村内浦代　かたうらむらうちうらしろ　九州沿海図第4　4-208, 4-211
堅浦村浦代　かたうらむらうらしろ　第183号　4-39
片浦村大當　かたうらむらおおと　第210号　4-171
片浦村野間屋敷　かたうらむらのまやしき　第210号　4-171
片浦村平八重　かたうらむらひらばえ　第210号　4-171
片江浦　かたえうら　第155号　3-191, 5-190
片岡村　かたおかむら　第145号　3-155, 5-194, 5-307
片岡村長尾鼻〔片岡〕　かたおかむらながおはな　第151号　3-177, 5-307
片岡村町組〔片岡〕　かたおかむらまちぐみ　第151号　3-177, 5-307
片岡村向惣田〔片岡村、片岡〕　かたおかむらむかいそうだ　第151号　3-177, 5-193, 5-307
片貝川　かたかいがわ　第82号　2-55, 2-56
片貝村　かたかいむら　第76号　2-32, 5-112, 5-113
片貝村（榊原式部大輔領分）　かたかいむら　第80号　2-48, 5-138, 5-287
片貝村（御料所、松平中務少輔領分、本間佐渡守、長谷川平藏知行所、町奉行組與力給地）　かたかいむら　第89号　2-80, 5-111, 5-290
堅粕村　かたかすむら　第187号　4-60, 5-223
堅粕村辻　かたかすむらつじ　第187号　4-60
堅粕村西堅粕　かたかすむらにしかたかす　第187号　4-60
堅粕村馬出村〔馬出〕　かたかすむらまいだしむら　第187号　4-60, 5-313
方縣郡　かたがたぐん　第118号　3-16, 3-18, 5-156, 5-297
方縣津神社　かたがたつじんじゃ　第118号　3-16, 3-18
片神浦〔片神〕　かたがみうら　第183号　4-39, 5-226, 5-228
片神浦　かたがみうら　九州沿海図第5　4-211
片神浦〔竹ケ〕谷〔片神〕　かたがみうらたけがたに　第183号　4-39, 5-226, 5-228
堅神村　かたかみむら　第117号　3-13, 5-163
潟上村　かたがみむら　第198号　4-106
形上村〔形上〕　かたがみむら　第201号　4-121, 5-236, 5-313, 5-315
潟上村　かたがみむら　九州沿海図第8　4-226

形上村猪越　かたがみむらいのこし　第201号　4-121
潟上村上組　かたかみむらうえくみ　第75号　2-24, 5-99
片神村内竹ケ谷　かたがみむらうちたけがたに　九州沿海図第5　4-211
形上村枝小口　かたがみむらえだこぐち　第201号　4-121
形上村枝元越 山伏浦　かたがみむらえだもとこしやまぶしうら　第201号　4-121
形上村大江　かたがみむらおおえ　第201号　4-121
形上村大子　かたがみむらおおご　第201号　4-121
形上村小浦　かたがみむらこうら　第201号　4-121
潟上村下組　かたがみむらしもくみ　第75号　2-24, 5-99
潟上村外浦⛴〔潟上〕　かたがみむらとのうら　第198号　4-106, 5-246, 5-316
形上村引地　かたがみむらひきち　第201号　4-121
樫木島　かたきじま　第204号　4-140
片岸村　かたぎしむら　第47号　1-159, 5-72, 5-282
片岸村鵜住居　かたぎしむらうのすまい　第47号　1-159
片岸村濱根濱　かたぎしむらはまねはま　第47号　1-159
片桐郷片桐町（御料所）○〔片桐郷、片桐〕　かたぎりごうかたぎりまち　第108号　2-161, 2-163, 5-151, 5-296
片桐郷上片桐　かたぎりごうかみかたぎり　第108号　2-161
片桐郷七久保　かたぎりごうななくぼ　第108号　2-163
片桐町大澤　かたぎりまちおおさわ　第108号　2-161, 2-163
方杭浦　かたくいうら　第139号　3-121, 3-123, 5-186
片句浦　かたくうら　第162号　3-218
片草　かたくさ　九州沿海図第21　4-281
片草村（井上河内守領分、大沢右京太夫知行所）　かたくさむら　第111号　2-181, 5-161
堅來村　かたくむら　第179号　4-20, 4-22, 5-224, 5-312
堅來村☆　かたくむら　第179号　4-23, 5-225, 5-312
堅来村（御料）　かたくむら　九州沿海図第2　4-196, 4-198
堅来村☆　かたくむら　九州沿海図第2　4-197, 4-199
堅来村（御料）　かたくむら　九州沿海図第3　4-196, 4-198, 4-204
堅來村塩屋　かたくむらしおや　第179号　4-20, 4-22
片倉村（前田繁之助、藤沢宮内）　かたくらむら　第90号　2-89, 2-91, 5-121, 5-126, 5-291
片倉村釜　かたくらむらかまぬき　第90号　2-89, 2-91
片倉村川久保　かたくらむらかわくぼ　第90号　2-89, 2-91
片倉村時田　かたくらむらときだ　第90号　2-89, 2-91
カタコシ岬　かたこしみさき　第141号　3-127, 3-131
片子峠　かたごとうげ　第174号　5-216
堅子村　かたこむら　第117号　3-12, 3-14, 5-168, 5-299
片塩村　かたしおむら　第81号　2-50
片柴村　かたしばむら　第143号　3-136, 5-188, 5-305
片柴村増野　かたしばむらますの　第143号　3-136
片シマ〔片島〕　かたしま　第122号　3-35, 3-37, 5-173, 5-300
片島　かたしま　第151号　3-179, 3-181, 5-195, 5-307
片島　かたしま　第161号　3-213, 3-215, 5-203
片島　かたしま　第178号　4-13, 5-220
片島　かたしま　第201号　5-235, 5-313, 5-315, 5-321
片島　かたしま　第201号　5-234
片島〔片シマ〕　かたしま　第203号　4-139, 5-251
片嶋　かたしま　九州沿海図第1　4-189
方嶋　かたしま　九州沿海図第5　4-213
片嶋　かたしま　九州沿海図第19　4-271
片島（東能美島屬）　かたしま（ひがしのうみじまぞく）　第167号　3-245, 5-211, 5-213, 5-311
片島鼻　かたしまはな　第123号　3-38, 3-40
片島原村○　かたしまはらむら　第141号　3-131, 5-183
片島村　かたしまむら　第141号　3-128, 5-306
片嶋村　かたしまむら　第181号　4-29, 4-33, 5-227
片島村　かたしまむら　第187号　4-56, 5-222, 5-312
片嶋村（延岡領）　かたしまむら　九州沿海図第3　4-202
片白島　かたじろしま　第183号　4-38, 5-311
片白嶋　かたじろしま　九州沿海図第5　4-211, 4-213
片白シマ　かたじろじま　第183号　5-226, 5-228
片白村〔片白〕　かたじろむら　第190号　4-75, 5-234, 5-313
片白村今山　かたじろむらいまやま　第190号　4-75
片白村釈迦寺　かたじろむらしゃかじ　第190号　4-75
潟瀬　かたせ　第204号　4-140
片瀬村（大久保山城守領分、江島岩本院上ノ坊寺領）　かたせむら　第93号　2-103, 5-123, 5-125, 5-291
片瀬村（向井将監知行所）☆　かたせむら　第102号　2-146, 5-128, 5-132, 5-292
片瀬村河内　かたせむらかわち　第102号　2-146
片ソハ　かたそば　第203号　4-136, 4-138
片ソバ　かたそば　九州沿海図第14　4-252
堅田　かただ　九州沿海図第1　4-189
堅田村（安東順輔領分）　かたたむら　第140号　3-126, 5-171
堅田村　かたたむら　第162号　5-190, 5-204, 5-305
堅田村　かただむら　第43号　1-146, 5-67, 5-82, 5-84, 5-281
片田村　かただむら　第76号　2-28, 2-32, 5-112, 5-113, 5-287, 5-289
片田村　かただむら　第117号　3-14, 5-168, 5-299
堅田村池田　かたたむらいけだ　第140号　3-126
堅田村枝城村〔堅田村〕　かたたむらえだじょうむら　第183号　4-41, 5-226, 5-228
堅田村枝城村　かたたむらえだじょうむら　九州沿海図第5　4-213
堅田村端山　かたたむらはやま　第140号　3-126
形山村（長府領）　かたちやまむら　第177号　3-298
形山村　かたちやまむら　九州沿海図第1　4-189
カタナシ鼻　かたなしはな　第123号　3-39
刀出村　かたなでむら　第141号　3-129
片名村　かたなむら　第116号　2-201, 2-207, 5-162, 5-299
片縄村　かたなわむら　第187号　4-60, 4-62, 5-223, 5-313
片縄村内田　かたなわむらうちだ　第187号　4-60, 4-62
片縄村谷口　かたなわむらたにぐち　第187号　4-62
片野浦村　かたのうらむら　第212号　4-178, 5-253, 5-255, 5-261, 5-317
片野浦村　かたのうらむら　九州沿海図第15　4-255
片野尾村　かたのおむら　第75号　2-24, 5-99
交野郡　かたのぐん　第133号　3-92, 5-176, 5-301
片延村　かたのぶむら　第188号　4-64
潟ノ岬　かたのみさき　第186号　4-55
片野村☆　かたのむら　第86号　2-71, 5-145, 5-297, 5-300
片野村　かたのむら　第112号　2-183, 2-184
斤野村　かたのむら　第178号　4-13, 4-15, 5-222, 5-312
片野村　かたのむら　第181号　4-30, 5-227, 5-312
片野村　かたのむら　九州沿海図第1　4-191
片野村　かたのむら　九州沿海図第3　4-200
方野村苅畠　かたのむらかりはた　第178号　4-13, 4-15
片野村須ケ瀬村入會〔片野村、須ケ瀬村〕　かたのむらすがぜむらいりあい　第130号　3-74, 3-77, 5-163, 5-167
片濱村　かたはまむら　第116号　2-203, 2-205, 5-162, 5-299
片羽村　かたはむら　第95号　2-112, 5-146, 5-294, 5-296
片原町　かたはらまち　第34号　1-118, 5-57
形原村　かたはらむら　第116号　2-203, 2 206, 5-162, 5-299
カタヒラ崎　かたひらさき　第159号　3-207, 5-200
片平村福王寺　かたひらむらふくおうじ　第194号　4-89
片平村水尾〔片平村〕　かたひらむらみずお　第193号　4-87, 5-231
カタヒラ山　かたひらやま　第161号　3-216
片吹村　かたぶきむら　第141号　3-131, 5-183, 5-306
刑部神社　かたべじんじゃ　第150号　3-172
潟町○　かたまち　第76号　2-31, 5-138
片間村　かたまむら　第124号　3-42, 3-44, 5-304
片嶺村　かたみねむら　第189号　4-70
傾山　かたむきやま　第184号　5-229
賀田村　かたむら　第132号　3-82, 5-169, 5-301, 5-302
方村　かたむら　第139号　3-121, 5-179
片村　かたむら　第141号　3-131, 5-183, 5-306
潟元村　かたもとむら　第146号　3-157, 3-158, 5-194, 5-307
潟元村生浦〔浦生〕　かたもとむらうらう　第146号　3-157, 3-158
潟元村西潟元　かたもとむらにしかたもと　第146号　3-157, 3-158
潟元村東潟元　かたもとむらひがしかたもと　第146号　3-157, 3-158
潟元村宮久保　かたもとむらみやくぼ　第146号　3-157, 3-158
片谷地村（御料所）　かたやちむら　第66号　1-228, 1-229, 1-230, 1-231, 5-92, 5-285
片柳村　かたやなぎむら　第88号　2-79
片柳村下吉田　かたやなぎむらしもよしだ　第88号　2-79
片山　かたやま　第133号　3-93
片山　かたやま　第176号　3-289, 3-291
片山古城　かたやまこじょう　第187号　4-58
片山嶋　かたやまじま　第169号　3-250, 5-215, 5-311
片山村（羽田鋹太郎知行所）　かたやまむら　第90号　2-85, 2-88, 5-120, 5-123, 5-291

片山村　かたやまむら　第94号　2-107
片山村　かたやまむら　第121号　3-30, 5-157, 5-172, 5-174, 5-297, 5-300
片山村　かたやまむら　第163号　3-223, 5-209
片山村　かたやまむら　第168号　3-246, 5-214
片山村　かたやまむら　第189号　4-70
片山村中村〔片山村、片山〕　かたやまむらなかむら　第118号　3-17, 3-19, 5-156, 5-166, 5-297, 5-300
片山村南村〔片山〕　かたやまむらみなみむら　第118号　3-17, 3-19, 5-297, 5-300
勝川村○　かちがわむら　第115号　2-197, 5-159, 5-297
花鳥山　かちょうざん　第97号　2-122, 2-123
カチンナイ川　第20号　1-63, 5-44
勝浦⛵　かつうら　第132号　3-85, 1-170, 5-302
勝浦川　かつうらがわ　第142号　3-133
勝浦郡　かつうらぐん　第142号　3-133, 5-187, 5-303, 5-306
勝浦郡　かつうらぐん　第147号　3-161, 5-187, 5-303, 5-306
勝浦濱浦　かつうらはまうら　第186号　5-223
勝浦村（大岡主膳正領分）○　かつうらむら　第92号　2-97, 5-111, 5-290
勝浦村☆〔勝浦〕　かつうらむら　第186号　4-55, 5-223, 5-313
勝浦村塩江　かつうらむらしおえ　第186号　4-53, 4-55
勝浦村松原　かつうらむらまつばら　第186号　4-55
勝尾　かつお　第151号　5-307
カツヲ島　かつおじま　第132号　3-85
鰹島〔カツヲシマ〕　かつおじま　第139号　3-123, 5-186
鰹島〔カツオ島〕　かつおじま　第140号　3-124, 5-170
鰹島〔カツヲ島〕　かつおじま　第140号　3-126, 5-171
勝尾村　かつおむら　第144号　5-192
勝下村（須田与左エ門、青木長九郎、内田帯刀、佐野豊前守知行所）　かづおりむら　第57号　1-198, 5-108, 5-290
勝ケ平家　かつがひら　九州沿海図第3　4-202
勝木田村　かつぎだむら　第47号　1-160, 1-161, 5-76, 5-282
香月村　かつきむら　第186号　4-54, 5-222, 5-312
香月村上石坂　かつきむらかみいしざか　第186号　4-54
勝九郎嶋　かつくろうじま　第196号　4-96, 4-98
勝九郎嶋　かつくろうじま　九州沿海図第19　4-275
葛下郡　かつげぐん　第135号　3-100, 5-176, 5-177
加津佐 水月名〔加津佐〕　かづさすいげつみょう　第202号　4-123, 5-315
加津佐村野田名〔加津佐村、加津佐〕　かづさすいむらのだみょう　第202号　4-123, 5-236, 5-315
加津佐村津波見名〔加津佐〕　かづさむらつばみみょう　第202号　4-123, 5-315
月山　がっさん　第65号　1-226, 5-285
月山　がっさん　第66号　5-93
月山　がっさん　第68号　1-239, 1-241, 5-106, 5-288
月山　がっさん　第155号　3-193
葛飾郡　かつしかぐん　第89号　2-81, 2-83, 5-122, 5-290
葛飾郡（下總國）　かつしかぐん（しもうさのくに）　第87号　2-72, 2-73, 5-109, 5-120, 5-290
葛飾郡（下總國）　かつしかぐん（しもうさのくに）　第90号　2-84, 2-86, 5-122, 5-290
葛飾郡（武藏國）　かつしかぐん（むさしのくに）　第87号　2-73, 2-75, 5-120, 5-290
葛飾郡（武藏國）　かつしかぐん（むさしのくに）　第90号　2-84, 5-122, 5-290
勝島　かつしま　第186号　4-55, 5-223, 5-313
桂島〔地桂島〕　かづじま　第122号　3-35, 3-37, 5-173
勝瀬村　かつせむら　第88号　2-78, 5-120, 5-291
勝田山　かつたがやま　第150号　3-171
刈田郡　かったぐん　第53号　1-185, 1-186
刈田宮○　かったみや　第53号　1-185, 5-80, 5-284
勝田村　かつたむら　第166号　3-238, 5-209, 5-308
鹿田村鹿田宿○〔鹿田村、鹿田〕　かつたむらかつたじゅく　第150号　3-174, 5-193, 5-305, 5-307
鹿田村郡山　かつたむらこおりやま　第150号　3-174
勝手村　かってむら　第63号　1-215, 5-88, 5-283
勝沼（御料所）○　かつぬま　第97号　2-122, 2-123, 5-117, 5-291
勝沼宿夏秋　かつぬまじゅくなつあき　第97号　2-122, 2-123
カツ子崎　かつねさき　第175号　3-286
カツノ鼻　かつのはな　第206号　4-146
勝野村　かつのむら　第187号　4-56, 5-222, 5-312
勝野村枝小竹　かつのむらえだこたけ　第187号　4-56
勝原村　かつはらむら　第144号　3-141
勝原村　かっぱらむら　第113号　2-189
勝原村黒地　かっぱらむらくろち　第113号　2-189
勝原村向母野　かっぱらむらむかいはんの　第113号　2-189
勝日神社　かづひじんじゃ　第155号　3-193
勝部村　かつべむら　第143号　3-139
勝間　かつま　第173号　3-277
勝間田村（勝間田宿）○☆　かつまだむら（かつまだしゅく）　第144号　3-144, 5-192, 5-305
勝間村　かつまむら　第135号　5-178
勝馬村　かつまむら　第187号　4-61
勝見村　かつみむら　第74号　2-21, 5-112
堅海浦　かつみむら　第121号　3-33, 5-172, 5-300
神爪村　かづめむら　第141号　3-130, 5-182, 5-306
勝本浦⛵〔勝本〕　かつもとうら　第191号　4-79, 5-313
勝山（酒井大和守在所）☆　かつやま　第92号　2-99, 2-100, 5-124, 5-290
勝山　かつやま　第136号　3-107
勝山　かつやま　第155号　3-193
勝山　かつやま　第177号　5-220
勝山　かつやま　九州沿海図第1　4-188
勝山村　かつやまむら　第114号　2-193, 2-194, 5-155, 5-159, 5-297
カツラ岩　かつらいわ　第101号　2-140
桂川　かつらがわ　第97号　2-121, 5-126
桂川　かつらがわ　第133号　3-90, 3-92, 5-176
桂川　かつらがわ　第179号　4-18, 4-21, 4-23
桂川　かつらがわ　第180号　5-230
桂川　かつらがわ　九州沿海図第2　4-197
葛城山　かつらぎやま　第135号　3-99, 3-102
葛城山　かつらぎやま　第135号　3-102, 5-177, 5-178
葛城山　かつらぎやま　第163号　3-224
カツラコイ　第23号　1-74, 5-30, 5-271, 5-276
葛﨑☆　かつらさき　九州沿海図第19　4-274
桂嵜　かつらざき　第203号　4-139
桂﨑　かつらざき　九州沿海図第19　4-271
桂島　かつらしま　第154号　3-188, 5-191
桂シマ　かつらしま　第172号　3-268, 5-216
桂島　かつらじま　第48号　1-164, 5-78
桂島　かつらじま　第52号　1-180, 5-79, 5-284
カツラシマ〔桂島〕　かつらじま　第122号　3-34, 3-36, 5-173, 5-300
鬘島〔葛島〕　かつらじま　第141号　3-127, 3-131, 5-306
桂嶌　かつらじま　第141号　3-127, 5-185
カツラシマ　かつらじま　第141号　5-183, 5-185
葛島　かつらじま　第145号　3-155, 5-185, 5-307
葛島　かつらじま　第151号　3-180, 5-194
桂島　かつらじま　第153号　5-191
桂島　かつらじま　第155号　3-191, 5-190
カツラ島　かつらじま　第178号　4-13
カツラ島〔桂島〕　かつらじま　第189号　4-73, 5-313
葛島　かつらじま　第189号　5-234, 5-241
カツラシマ　かつらじま　第190号　4-77
葛島　かつらじま　第204号　5-235
桂島　かつらじま　第208号　5-251
カツラ島〔桂島〕　かづらしま　第206号　4-149, 5-242, 5-243
葛島（甲ノ浦）〔クスジマ〕　かつらじま（かんのうら）　第149号　3-165, 5-198, 5-303
桂島（淵﨑村屬）　かつらじま（ふちざきむらぞく）　第145号　3-151, 3-154, 5-194, 5-307
桂瀬　かつらせ　第210号　4-171, 5-254, 5-261
桂瀬　かつらせ　九州沿海図第12　4-243, 4-245
葛峠　かつらとうげ　第194号　4-90, 4-91
桂根村　かつらねむら　第63号　1-215, 5-87, 5-283
葛野坐月讀神社　かつらのいますつきよみじんじゃ　第133号　3-90
桂鼻　かつらはな　第155号　3-191, 5-190
桂村　かつらむら　第115号　2-197, 5-159
桂村　かつらむら　第121号　3-31, 3-32, 5-174, 5-300
桂村　かつらむら　第166号　3-238, 5-209, 5-308
桂山　かつらやま　第145号　3-152, 5-192
カテイ根　かていね　第105号　2-154, 5-135
カテ岩　かていわ　第124号　5-180
カテシマ　かてしま　第155号　3-191
鹿渡○　かど　第60号　1-208, 5-87, 5-283
門石ケ尾山　かどいしがおやま　第189号　4-70, 5-233, 5-234, 5-241
門井村　かどいむら　第88号　2-77
加東郡　かとうぐん　第136号　3-105, 3-108, 3-109, 3-111, 5-182, 6-306
加藤新田　かとうしんでん　第89号　2-81, 2-83, 5-122
方保田村〔御宇田〕　かとうだむら　第193号　4-85, 4-86, 5-230, 5-312, 5-314
方保田村日置　かとうだむらへき　第193号　4-85, 4-86
河東中島村　かとうなかじまむら　第98号　2-126, 5-117, 5-127, 5-291, 5-296
川東村　かとうむら　第186号　4-53, 4-55
門川村　かどかわむら　第100号　2-135
門川村　かどかわむら　第184号　4-46, 5-244
門川村（延岡領）　かどかわむら　九州沿海図第6　4-218, 4-219
門川村今別府村　かどかわむらいまびゅうむら　第184号　4-46
門川村尾末浦☆〔門川〕　かどかわむらおずえうら　第184号　4-46, 5-314
門川村仮屋迫　かどかわむらかりやざこ　第184号　4-46
門川村小原　かどかわむらこばる　第184号　4-46
門川村古川門　かどかわむらふるかわかど　第184号　4-46
花徳院　かとくいん　第90号　2-84
門倉岬〔門倉崎、門倉﨑〕　かどくらみさき　第213

号　4-182, 5-258, 5-261, 5-318
門坂峠　かどさかとうげ　第112号　2-185, 5-153
門坂村　かどさかむら　第112号　2-185, 5-153, 5-297
門坂村柏原　かどさかむらかいばら　第112号　2-185
門澤橋村（長谷川民之助知行所）　かどさわばしむら　第93号　2-103
加戸島〔カトシマ〕　かとしま　第204号　4-142, 5-235
門田浦☆　かどたうら　第168号　3-247, 5-214
門田村　かどたむら　第143号　3-136, 5-188, 5-305
門田村　かどたむら　第145号　3-153, 5-192, 5-307
門田村峠　かどたむらとうげ　第145号　3-153
カト根　かどね　第103号　2-150
門根村　かどねむら　第125号　3-48, 5-166
門之浦　かどのうら　九州沿海図第12　4-242
門上村　かどのかみむら　第188号　4-64, 5-231, 5-312
門上村田主丸町　かどのかみむらたぬしまるまち　第188号　4-64
葛野郡　かどのぐん　第126号　3-54, 5-175, 5-300, 5-301
葛野郡　かどのぐん　第133号　3-90, 5-175, 5-176, 5-301
門野原村（大久保出雲守領分）☆　かどのはらむら　第101号　2-143, 5-128
加殿村　かどのむら　第101号　2-141, 2-143
門原峠　かどはらとうげ　第113号　5-155
門原村　かどはらむら　第113号　2-186, 2-188, 5-155, 5-297
門原村荒田　かどはらむらあらた　第113号　2-186, 2-188
門原村坂下　かどはらむらさかした　第113号　2-186, 2-188
門松峠　かどまつとうげ　第116号　2-202, 2-204
門間村　かどまむら　第114号　2-193, 2-194, 5-159, 5-297
門間村福塚〔門間〕　かどまむらふくづか　第118号　3-18, 5-159, 5-297
門生村　かどむら　第155号　3-190, 3-192, 5-189, 5-190, 5-305
門屋鼻　かどやはな　第160号　3-209
角山〔門山〕　かどやま　第203号　4-135, 4-137, 5-251
角山　かどやま　九州沿海図第19　4-273
門谷町○　かどやまち　第110号　2-176, 5-158, 5-161, 5-299
門屋山　かどややま　第160号　3-209
カトリ島　かとりじま　第151号　3-181
香取村☆　かとりむら　第118号　3-20
カトワキ﨑　かどわきざき　第101号　2-142
金井窪村（御料所、木村徳五郎、木村市五郎、水野藤右エ門、斉藤亀五郎知行所）　かないくぼむら　第90号　2-85, 5-120, 5-123
金礒新田　かないそしんでん　第147号　3-161, 5-187, 5-303, 5-306
金井岳　かないだけ　第190号　4-76
金市村　かないちむら　第150号　3-170, 5-189, 5-305
金井戸村　かないどむら　第151号　3-176, 3-178, 5-192, 5-307
金井村（御料所）　かないむら　第78号　2-41, 5-119, 5-289
金井村　かないむら　第81号　2-50, 5-138, 5-146, 5-294
金井村　かないむら　第94号　2-107, 5-119, 5-291
金井村　かないむら　第96号　2-119
金井村（御料所）　かないむら　第96号　2-114, 5-146, 5-294
金井村　かないむら　第97号　2-121
金井村　かないむら　第144号　3-144, 5-192
金井村権現堂　かないむらごんげんどう　第94号　2-107
金岡新田川北　かなおかしんでんかわきた　第145号　3-152
金岡村　かなおかむら　第145号　3-152, 5-192, 5-307
金尾村（阿部鉄丸領分）　かなおむら　第94号　2-106, 2-108
金尾村久保　かなおむらくぼ　第94号　2-106, 2-108
金ケ﨑　かながさき　第145号　3-150, 5-185, 5-306
金崎村　かながさきむら　第137号　3-114, 5-184, 5-306
金頭瀬　かながしらのせ　第205号　4-144
金ケ瀬○　かながせ　第53号　1-185, 5-80, 5-284
金ケ岳　かながたけ　第94号　2-108, 5-121
神奈川○　かながわ　第93号　2-102, 5-123, 5-291
神奈川宿臺町〔神奈川臺町〕　かながわしゅくだいまち　第93号　2-102, 5-123
金川村○☆　かながわむら　第144号　3-147, 5-192, 5-307
金川村　かながわむら　第152号　3-184, 5-196, 5-307
金國村　かなくにむら　第178号　4-17, 5-222, 5-312
金國村畑　かなくにむらはた　第187号　4-56
金國山　かなくにやま　第187号　4-56
金窪村（御料所、伊東長兵エ、筧門三郎、吉良左馬四郎、古田金次郎、長堀長五郎知行所）　かなくぼむら　第94号　2-106, 5-119, 5-291
金桁　かなけた　九州沿海図第18　4-265
金桁　かなけた　九州沿海図第19　4-275
金木村　かなげむら　第133号　3-91
金坂峠　かなさかとうげ　第173号　3-274, 3-276
金崎　かなさき　第141号　3-127, 3-131
金﨑岬〔金岬〕　かなさきみさき　第174号　3-279, 5-217
金﨑村（御料所）○☆　かなさきむら　第94号　2-109, 5-121, 5-291
金﨑村〔金崎〕　かなさきむら　第201号　4-119, 5-236, 5-313, 5-315
金﨑村水浦　かなさきむらみずうら　第201号　4-119
金澤（松平加賀守居城）☆　かなざわ　第86号　2-69, 5-141, 5-295
金沢　かなざわ　第93号　5-123
金沢（諏訪因幡守領分）○　かなざわ　第108号　2-164, 5-150, 5-296
金沢峠　かなざわとうげ　第108号　2-164, 5-150
金沢町〔金沢〕　かなざわまち　第65号　1-224, 5-90, 5-285
金沢村大池新田　かなざわむらおおいけしんでん　第108号　2-164
カナシキ岩　第34号　1-118, 5-54, 5-57
カナシキ根　かなしきね　第103号　2-150
カナシケシマ　かなしけしま　第190号　5-235
金重島〔カナシケシマ、カナシゲ島〕　かなしげじま　第190号　4-77, 5-235, 5-313
金重村（御料所）　かなしげむら　第88号　2-78, 5-120
金白瀬〔金白セ〕　かなしろぜ　第191号　4-78, 5-238, 5-241, 5-313
金白瀬　かなしろぜ　第191号　4-79
金杉濵村（御料所）〔金杦濵村、金杦〕　かなすぎはまむら　第89号　2-82, 5-111, 5-122, 5-290
金武村　かなたけむら　第187号　4-61, 4-63, 5-223, 5-313
金武村都地　かなたけむらとじ　第187号　4-61, 4-63
金武村西山　かなたけむらにしやま　第187号　4-63
金武村妙見﨑　かなたけむらみょうけんざき　第187号　4-61, 4-63
金田村　かなだむら　第178号　4-13, 5-222
金平〔手〕鼻　かなではな　第207号　4-155
金濵川　かなはまがわ　第202号　4-123, 4-124
金丸嶋　かなまるじま　第169号　3-250, 5-215
金丸村　かなまるむら　第179号　4-18, 4-21, 5-225, 5-312
金丸村〔金丸〕　かなまるむら　第188号　4-67, 4-69, 5-231, 5-234, 5-313
金丸村　かなまるむら　九州沿海図第2　4-194, 4-197
鹿波村　かなみむら　第84号　2-64, 5-142, 5-143, 5-295
金本村　かなもとむら　第188号　4-64
金森村（御料所、町野恒太郎、細井佐次右エ門知行所）　かなもりむら　第90号　2-90, 5-123, 5-291
金森村西田　かなもりむらにしだ　第90号　2-90
金谷（御料所）　かなや　第111号　2-177, 2-178, 5-160, 5-298
金屋　かなや　九州沿海図第3　4-202
金谷　かなや　九州沿海図第8　4-227
金山　かなやま　第145号　3-152, 3-153, 5-192, 5-307
金山　かなやま　第201号　5-234
金山　かなやま　第212号　4-177, 5-253, 5-261, 5-315, 5-317
金山　かなやま　九州沿海図第15　4-254
銀山神社　かなやまじんじゃ　第192号　4-82
鉛山岬　かなやまみさき　第140号　3-126, 5-171
金山村　かなやまむら　第121号　3-29, 3-31, 3-32, 5-172, 5-300
金山村　かなやまむら　第121号　3-29, 3-32, 5-172, 5-300
鉛山村（温泉）　かなやまむら　第140号　3-126, 5-171, 5-303
金山村　かなやまむら　第193号　4-87, 5-223, 5-313, 5-315
金山村市野々〔市野々〕　かなやまむらいちのの　第121号　3-29, 3-31, 3-32, 5-300
金山村枝奥金山　かなやまむらえだおくかなやま　第113号　2-188
金山村枝関　かなやまむらえだせき　第121号　3-29, 3-31, 3-32
金山村金山町○〔金山村、金山〕　かなやまむらかなやままち　第113号　2-188, 5-155, 5-297
金谷村（堀田相模守領分）　かなやむら　第66号　1-229, 1-231, 1-231, 5-92, 5-285
金谷村（丸毛一學知行所）　かなやむら　第88号　2-77, 2-79
金谷村（白須甲斐守知行所）☆　かなやむら　第91号　2-96, 5-124, 5-290
金谷村　かなやむら　第101号　2-141, 5-128
金屋村　かなやむら　第114号　2-191, 2-192
金谷村　かなやむら　第115号　2-196, 2-198, 2-200, 5-159, 5-297, 5-299
金谷村〔金山村〕　かなやむら　第123号　3-39, 3-41, 5-180
金屋村　かなやむら　第125号　3-50, 5-174
金屋村　かなやむら　第127号　3-57, 5-180

金屋村　かなやむら　第141号　3-129
金屋村　かなやむら　第143号　3-137, 5-304
金屋村　かなやむら　第144号　3-144, 5-192, 5-305, 5-307
金谷村　かなやむら　第150号　3-170, 5-188, 5-305
金屋村　かなやむら　第150号　3-170
金谷村　かなやむら　第150号　3-175
金屋村　かなやむら　第178号　4-14, 4-16, 5-222
金屋村　かなやむら　第179号　4-18, 4-21, 4-23, 5-225, 5-312
金屋村　かなやむら　九州沿海図第1　4-192
金屋村（延岡領）　かなやむら　九州沿海図第2　4-197, 4-199
金谷村西谷　かなやむらにしたに　第123号　3-39, 3-41
鋳屋米地村　かなやめいじむら　第128号　3-62, 5-180
金輪島（仁保島村屬）　かなわじま（にほじまむらぞく）　第167号　3-240, 3-242, 5-211, 5-213, 5-308
カナワセ〔カナワセ〕　かなわせ　第206号　4-150, 5-242, 5-243
川名村（石川六三郎知行所）　かなわむら　第92号　2-99, 2-100, 5-124, 5-292
蟹河坂村　かにがさかむら　第129号　3-70, 3-72, 5-166, 5-167, 5-301
和坂村　かにがさかむら　第137号　3-114, 5-184, 5-306
蟹澤村〔蟹ケ沢村、蟹ヶ沢〕　かにがさわむら　第141号　3-129, 5-183, 5-304, 5-306
可児郡　かにぐん　第114号　2-191, 2-192, 5-155, 5-297
蟹沢村（本多豊後守）　かにさわむら　第81号　2-50, 5-146, 5-294
蟹沢村板橋　かにさわむらいたばし　第81号　2-50
蟹沢村枝二ツ石　かにさわむらえだふたついし　第81号　2-50
蟹澤村大倉村入會橋場　かにさわむらおおくらむらいりあいはしば　第81号　2-50
蟹沢村四ツ谷〔蟹沢村〕　かにさわむらよつや　第66号　1-227, 5-92, 5-285
蟹瀬〔カニセ〕　かにせ　第201号　4-122, 5-235
カニ瀬　かにせ　第201号　4-122
カニ瀬　かにせ　第205号　4-143
蟹セハナ　かにせはな　第207号　5-243
蟹田○☆　かにた　第39号　1-133, 5-67, 5-82, 5-281
可児大寺　かにだいじ　第114号　2-191, 2-192
カニホリルーカ　第33号　1-115, 5-55, 5-279
我入道〔我入道村〕　がにゅうどう　第101号　2-141, 5-129, 5-291, 5-298
神谷村　かにわむら　第90号　2-84
鹿糠村〔カスカ〕　かぬかむら　第45号　1-152, 5-68, 5-280
加貫﨑　かぬきざき　第181号　4-30
加貫岬　かぬきざき　九州沿海図第3　4-200
加貫村　かぬきむら　第181号　4-30, 5-226, 5-312
加貫村　かぬきむら　九州沿海図第3　4-200
香貫山　かぬきやま　第101号　2-141
金　かね　第179号　4-22
金　かね　九州沿海図第2　4-198
金井澤村〔金井沢村〕　かねいがさわむら　第59号　1-202, 5-83, 5-281
金内川　かねうちがわ　第195号　4-92
金内村　かねうちむら　第195号　4-92, 5-232
金内村下村　かねうちむらしもむら　第195号　4-92
金桶村　かねおけむら　第112号　2-184
金桶山　かねおけやま　第112号　5-153
金坂峠　かねがさかとうげ　第127号　3-59, 5-182
金ケ﨑○　かねがさき　第51号　1-174, 5-73, 5-282
鐘ケ﨑　かねがさき　第186号　5-223
鐘ケ﨑浦☆　かねがさきうら　第186号　4-55, 5-223
鐘ケ﨑浦拂川　かねがさきうらはらいかわ　第186号　4-55
金ケ澤村〔金ヶ沢村〕　かねがさわむら　第55号　1-190, 5-104, 5-288
金頭セ　かねがしらせ　第204号　5-235
金ケ岳　かねがたけ　第99号　2-128
金ケ濵　かねがはま　第46号　1-156, 5-70, 5-72
金川村　かねかわむら　第62号　1-211, 5-87, 5-283
兼木村　かねきむら　第188号　4-69, 5-231
金古（松田八九郎、萩原鐐太郎、本多金左エ門知行所）○　かねこ　第94号　2-105, 5-119, 5-289
金子シマ　かねこじま　第145号　3-148, 5-185
金子嶋　かねこじま　第177号　3-295, 5-220
金子村（御料所）　かねこむら　第90号　2-85, 2-87, 2-88, 5-120, 5-123, 5-291
鐘嵜島　かねさきじま　第178号　4-13, 5-220, 5-222
金﨑嶋　かねさきじま　九州沿海図第1　4-189, 4-191
金里山　かねさとやま　第187号　5-222
金澤○　かねざわ　第63号　1-216, 5-75, 5-283
金沢村〔金澤村〕　かねざわむら　第70号　1-248, 5-91, 5-285, 5-286
金澤村（松平斧太郎）　かねざわむら　第100号　2-134, 5-127
カー子シトタル　第6号　1-21, 5-26, 5-268, 5-270
金高〔島〕　かねしま　第174号　3-281
金竹新田　かねたけしんでん　第98号　2-126
金田村（奥津兵左エ門、小川兼太郎知行所）　かねたむら　第93号　2-103, 5-126, 5-291
金田村（大津新右エ門知行所）　かねだむら　第93号　2-101, 5-124, 5-291
兼田村　かねだむら　第121号　3-33, 5-172, 5-174
金田村　かねだむら　第125号　3-48, 3-49, 3-50, 5-174, 5-297, 5-300
金近川　かねちかがわ　第141号　5-183
金隈村　かねのくまむら　第187号　4-57, 4-60
鐘岬〔鐘ケ岬〕　かねのみさき　第186号　4-55, 5-313
金濵村　かねはまむら　第45号　1-152, 5-68, 5-280
鐘引山　かねひきやま　第123号　3-40
兼平古城　かねひらこじょう　第109号　2-170
兼平塚　かねひらづか　第133号　3-87
金堀村　かねほりむら　第67号　1-235, 5-105, 5-288
兼丸　かねまる　九州沿海図第16　4-256
金見村　かねみむら　第157号　5-195
金焼　かねやき　九州沿海図第19　4-272
金山○☆　かねやま　第65号　1-223, 5-90, 5-285
金山村　かねやまむら　第172号　3-270
鐘寄村　かねよりむら　第122号　3-36, 5-173
鹿足郡　かのあしぐん　第173号　3-273, 5-216, 5-308
鹿足郡　かのあしぐん　第174号　3-278, 5-216
鹿足郡　かのあしぐん　第175号　3-282, 5-216
加納（永井出羽守居城）○☆　かのう　第118号　3-16, 3-18, 5-159, 5-297
叶﨑　かのうざき　第161号　3-215, 5-202
鹿野山　かのうさん　第91号　5-124, 5-290
叶シマ　かのうしま　第179号　5-224
叶嶋　かのうじま　第169号　3-255, 3-257, 2-224
加納原田村　かのうはらだむら　第141号　3-130
加納開村　かのうびらきむら　第193号　4-87, 5-231
加納村　かのうむら　第115号　2-196, 5-159, 5-297
加納村　かのうむら　第141号　3-128
叶村　かのうむら　第143号　3-135, 5-181, 5-188
加納村池田新田〔加納村、加納〕　かのうむらいけだしんでん　第83号　2-60, 5-140, 5-295
加納山　かのうやま　第187号　4-61, 4-63
叶浦村　かのうらむら　第157号　3-203, 5-210
鹿野上村鹿野市〔鹿野上村〕　かのかみむらかのいち　第175号　3-284, 5-218
鹿野上村堤村　かのかみむらつつみむら　第175号　3-284
鹿川　かのかわ　第167号　3-243, 5-211, 5-213
狩野川　かのがわ　第101号　2-141, 5-128
鹿子木村　かのこぎむら　第193号　4-85, 4-86, 5-232
鹿子木村　かのこぎむら　九州沿海図第18　4-266
鹿子嶋　かのこじま　第202号　4-128
鹿子島　かのこじま　長崎〔参考図〕　4-129, 4-131
鹿子村　かのこむら　第99号　2-129, 2-131
カノシマ（總名綱島）　かのしま（そうみょうつなしま）　第192号　4-81, 5-239, 5-240, 5-241
鹿野下村大町村山免〔鹿野〕　かのしもむらおおまちむらやまめん　第175号　3-284, 5-308
鹿野下村郷川村〔鹿野下村、鹿野〕　かのしもむらごうのかわむら　第175号　3-284, 5-218, 5-312
鹿野下村細野村天子　かのしもむらほそのむらあまご　第175号　3-284
叶城山　かのしろやま　第164号　5-211
鹿野田村　かのだむら　第185号　4-51
鹿野田村黒貫寺村〔鹿野田村、鹿野田〕　かのだむらくろぬきでらむら　第185号　4-51, 5-244, 5-314
鹿野田村都於郡町〔鹿野田〕　かのだむらとのこおりまち　第185号　4-51, 5-314
鹿野中村今井村　かのなかむらいまいむら　第175号　3-284
鹿野中村柏原村〔鹿野中村〕　かのなかむらかしわばらむら　第175号　3-284, 5-218
鹿野中村狐原　かのなかむらきつねばら　第175号　3-284
鹿野中村田原村〔鹿野〕　かのなかむらたわらむら　第175号　3-284, 5-308
神原村（中澤主税之介、松平所左衛門、岩手藤左エ門知行所）　かのはらむら　第95号　2-110, 5-116, 5-119, 5-291
神原村枝根際　かのはらむらえだねぎわ　第95号　2-110
鹿峯村　かのみねむら　第168号　3-246, 5-214
鹿野村　かのむら　第85号　2-68, 5-142, 5-295
狩野村　かのむら　第99号　2-129, 2-131
鹿野村　かのむら　第123号　3-39, 5-180
鹿屋村野町☆　かのやむらのまち　九州沿海図第9　4-229
蚊計谷村　かばかりやむら　第88号　2-77, 2-79
椛嶋⚠　かばしま　第202号　4-128, 5-236, 5-315
椛島　かばしま　第207号　4-152, 5-243, 5-321
椛島　かばしま　九州沿海図第16　4-257
椛島⚠　かばしま　長崎〔参考図〕　4-129
蒲嶋（冨田村）　かばしま（とんだむら）　第175号　3-286, 5-218
蒲島村　かばしまむら　第190号　4-75
カバシラ〔カハシラ丶〕　第20号　1-63, 5-44, 5-275
蚊柱○　かばしら　第34号　1-116, 1-118, 5-54, 5-57, 5-279
綺田村　かばたむら　第133号　3-89, 5-176
綺田村綾杉〔綺田〕　かばたむらあやすぎ　第134号　3-95, 5-301

綺田村枝鳥居　かばたむらえだとりい　第133号　3-89
蒲戸浦　かばとうら　第183号　4-38, 5-226, 5-311
蒲戸浦　かばとうら　九州沿海図第5　4-210
蒲戸崎〔蒲戸岬〕　かばとざき　第183号　4-38, 5-226
蒲戸崎　かばとざき　九州沿海図第5　4-210
蒲庭村立切〔蒲庭村〕　かばにわむらたちぎり　第54号　1-187, 5-80, 5-284
椛木　かばのき　第200号　4-117
椛ノ木　かばのき　九州沿海図第19　4-270
椛村　かばむら　第193号　4-87, 5-231, 5-223, 5-313, 5-315
蒲山村　かばやまむら　第40号　1-139, 5-62
カハリー　第27号　1-89, 5-49, 5-277
カハルシラー〔カハルシラヽ〕　第20号　1-65, 1-66, 5-45, 5-275
カヒシマ　かびしま　第153号　3-186, 5-191
カブカハナ岩　かぶかはないわ　第149号　3-166
カフカ山　かふかやま　第192号　4-80
香伏　かぶし　九州沿海図第21　4-281
冠石野村　かぶしのむら　第179号　5-225
冠石野村　かぶしのむら　第180号　4-24, 5-230, 5-312
株瀬川　かぶせがわ　第118号　3-17, 3-19
鹿伏村　かぶせむら　第75号　2-25, 5-99
兜岩　かぶといわ　第189号　4-71, 4-72
甲岩　かぶといわ　第202号　4-125, 4-126
甲崎　かぶとざき　第122号　3-34, 3-36
甲崎　かぶとざき　第190号　4-77, 5-235, 5-313
中〔甲〕島　かぶとじま　第93号　2-101, 2-102, 5-123, 5-124
兜島　かぶとじま　第146号　3-158, 5-194, 5-307
兜シマ　かぶとじま　第170号　5-201
兜シマ　かぶとじま　第196号　4-95
甲島　かぶとじま　第196号　4-95
甲シマ　かぶとじま　第196号　4-96, 4-98
甲嶋　かぶとじま　九州沿海図第18　4-265
甲シマ　かぶとじま　九州沿海図第19　4-275
甲島（小方波田村錦見村屬）　かぶとじま（おかたはたむらにしきみむらぞく）　第167号　3-245, 5-211, 5-213, 5-215, 5-311
加太宿○　かぶとしゅく　第129号　3-72, 5-167
加太宿市場○〔加太〕　かぶとしゅくいちば　第129号　3-72, 5-301
加太宿牛谷　かぶとしゅくうしたに　第129号　3-72
加太宿枝鐘鑄場　かぶとしゅくえだかねば　第129号　3-72
加太宿越河　かぶとしゅくえちがわ　第129号　3-72
加太宿梶ケ坂　かぶとしゅくかじがさか　第129号　3-72
加太宿北在家　かぶとしゅくきたざいけ　第129号　3-72
加太宿中在家　かぶとしゅくなかざいけ　第129号　3-72
加太宿平地　かぶとしゅくひらじ　第129号　3-72
加太宿向井　かぶとしゅくむかい　第129号　3-72
兜瀬　かぶとせ　第201号　4-122
甲塚　かぶとづか　第188号　4-68
カフト岬　第20号　1-66, 5-45, 5-275
甲村　かぶとむら　第84号　2-64, 5-142, 5-295
甲村○☆　かぶとむら　第112号　2-182, 5-153
甲村漆塚　かぶとむらうるしづか　第112号　2-182
甲山　かぶとやま　第97号　2-122, 2-123, 5-117
甲山　かぶとやま　第97号　2-122, 2-123
甲山　かぶとやま　第123号　3-39, 3-41
甲山　かぶとやま　第136号　3-106
甲山　かぶとやま　第151号　3-178
甲山　かぶとやま　第163号　3-224
甲山　かぶとやま　第163号　3-226
兜山　かぶとやま　第189号　4-72
甲山村　かぶとやまむら　第88号　2-77, 5-120, 5-291
鏑川　かぶらがわ　第94号　2-107, 5-119
甲樂城浦　かぶらきうら　第120号　3-28, 5-157, 5-172, 5-300
カフラコ岬　かふらこみさき　第117号　3-12
蕪崎　かぶらさき　第145号　3-149, 3-152
カフラ崎　かぶらさき　第151号　3-180
蕪崎　かぶらざき　第145号　3-151, 3-154, 5-194
蕪崎村　かぶらさきむら　第158号　3-204, 5-196, 5-307
加布里村　かふりむら　第189号　4-70, 5-223, 5-241
加福六村　かぶろくむら　第121号　3-33, 5-172, 5-174, 5-300
壁岩　かべいわ　第176号　3-289, 5-217
壁ヶ瀬〔壁ヶセ〕　かべがせ　第206号　4-148, 5-242
鴨部川　かべがわ　第146号　3-157, 3-158
可部坂峠　かべさかとうげ　第166号　3-238
壁島　かべしま　第173号　5-213
壁嶋　かべしま　第177号　3-295
壁シマ　かべしま　第177号　3-297, 5-220
壁嶋　かべしま　第177号　3-297, 5-220
加部島　かべしま　第189号　4-71, 4-74, 5-313
加部嶋　かべしま　第189号　4-71, 4-74, 5-238, 5-241
鴨部下庄村　かべしもしょうむら　第146号　3-157, 5-194
鴨部下庄村小方　かべしもしょうむらおがた　第146号　3-157, 3-158
鴨部下庄村泊　かべしもしょうむらとまり　第146号　3-157, 3-158
鴨部下庄村室木　かべしもしょうむらむろき　第146号　3-157, 3-158
可部町屋村○〔可部〕　かべまちやむら　第167号　3-240, 5-211, 5-213, 5-308
河北郡　かほくぐん　第83号　2-57, 5-141, 5-295
河北郡　かほくぐん　第86号　2-69, 5-141, 5-295
加穂山　かほざん　第192号　5-241, 5-320
鎌　かま　九州沿海図第19　4-271
釜　かま　九州沿海図第19　4-275
蒲井　かまい　第169号　5-224
鎌石岬　かまいしみさき　第175号　3-286
釜石村○　かまいしむら　第47号　1-159, 5-72, 5-282
釜石村嬉石濱〔嬉石濱〕　かまいしむらうれいしはま　第47号　1-159, 5-72
蒲井村　かまいむら　第123号　3-39, 5-180, 5-304
蒲井村旭湊⚠　かまいむらあさひみなと　第123号　3-39
蒲浦村　かまうらむら　第39号　1-134, 5-67, 5-280
蒲江浦（総号）　かまえうら　第183号　4-41, 4-43, 5-228, 5-311, 5-314
蒲江浦　かまえうら　九州沿海図第5　4-215
構村　かまえむら　第121号　3-31, 3-32, 5-174, 5-300
構村　かまえむら　第141号　3-129, 5-183
構村　かまえむら　第141号　3-130, 5-183
カマカ　第28号　1-91, 5-50, 5-278
釜嶽〔釜ヶ岳〕　かまがたけ　第129号　3-70, 5-166, 5-301
蒲形村　がまがたむら　第116号　2-203, 2-206, 5-162, 5-299
釜ヶ原　かまがはら　第173号　3-275
蒲刈上島〔蒲苅上島〕　かまがりかみじま　第164号　3-231, 5-211, 5-308
蒲川下島〔蒲苅下島〕　かまかりしもじま　第167号　3-242, 5-211, 5-311
嘉麻川　かまがわ　第187号　4-56, 4-58, 5-222
哈ケ瀬　かまぎがせ　第176号　3-292
カマキ島　かまきじま　第157号　3-203, 5-210
釜口浦　かまぐちうら　第137号　3-115, 5-184
蒲口峠〔蒲口越峠〕　かまぐちとうげ　第184号　4-47, 5-244
釜口村　かまぐちむら　第137号　3-115, 5-184, 5-306
鎌倉　かまくら　第93号　2-103
鎌倉郡　かまくらぐん　第90号　2-90, 5-123, 5-291
鎌倉郡　かまくらぐん　第93号　2-101, 2-102, 2-103, 5-123, 5-125, 5-291
鎌倉山　かまくらやま　第189号　4-72
嘉麻郡　かまぐん　第187号　4-56, 4-58, 5-222, 5-312
鎌崎　かまさき　第178号　4-13
カマ崎　かまさき　第191号　4-79
カマサキ　かまさき　第206号　5-242
鎌嵜　かまざき　第205号　4-145
蒲崎濱　かまさきはま　第53号　1-184, 5-80
鎌崎村　かまさきむら　第187号　4-58
釜澤村　かまざわむら　第49号　1-166, 5-69
カマシマ　かましま　第155号　3-190, 3-192, 5-189, 5-190
釜島　かまじま　第153号　3-186, 5-191, 5-305
釜島（下津井村屬）　かましま（しもついむらぞく）　第151号　3-180, 5-194
釜島新田　かまじましんでん　第129号　3-66
釜島村　かましまむら　第144号　3-142, 5-183
加増村〔加曽村〕　かますむら　第95号　2-111, 2-112, 2-113, 5-116, 5-294, 5-296
鎌瀬　かませ　九州沿海図第16　4-258, 4-260
釜田浦　かまたうら　第204号　4-140, 4-142, 5-235
蒲田江村　かまたえむら　第188号　4-67, 4-69, 5-231
蒲田江村材木町　かまたえむらざいもくまち　第188号　4-67, 4-69
鎌田川　かまたがわ　第118号　3-21
釜田崎　かまたざき　第206号　4-146
釜谷古城跡　かまたにこじょうあと　第143号　3-135
釜谷村　かまたにむら　第127号　3-58
釜田村〔金田村〕　かまたむら　第53号　1-186, 5-81
鎌田村　かまだむら　第101号　2-140, 2-142
鎌田村　かまだむら　第130号　3-74, 3-76, 5-163, 5-301
蒲田村井有〔蒲田〕　かまたむらいあり　第135号　3-101, 5-301
蒲田村砂村　かまたむらすなむら　第135号　3-101
蒲田村高須（田安殿領分）☆〔蒲田村、蒲田〕　かまたむらたかす　第135号　3-101, 5-178, 5-301
鎌田村八城田　かまだむらやしろだ　第101号　2-140, 2-142
鎌塚村　かまつかむら　第88号　2-77
釜戸　かまど　九州沿海図第4　4-208, 4-211
竈岩山　かまどいわやま　第95号　2-111
釜床　かまどこ　第202号　4-124
竈新田　かまどしんでん　第100号　2-132, 2-134, 5-126
釜戸村　かまどむら　第114号　2-190, 5-155, 5-158, 5-297
釜戸村細山（炭焼）　かまどむらほそやま（すみやき）　第114号　2-190
竈門山　かまどやま　第187号　4-57, 4-59
釜無川　かまなしがわ　第98号　2-126, 5-117, 5-150
釜無山　かまなしやま　第98号　2-125

蒲入村　かまにゅうむら　第123号　3-38, 5-173, 5-304
釜浦⚓　かまのうら　第201号　4-122
釜口村　かまのくちむら　第143号　3-135, 3-137, 5-188, 5-304
釜口村新田六日市村　かまのくちむらしんでんむいかいちむら　第143号　3-135, 3-137
釜澤村〔釜野沢村〕　かまのさわむら　第38号　1-128, 5-60
蒲野沢村　がまのさわむら　第41号　1-141, 5-62, 5-280
蒲野村市神子　かまのむらいちみこ　第146号　3-156
蒲野村小蒲野　かまのむらこかまの　第145号　3-151
蒲野村谷尻　かまのむらたにじり　第146号　3-156
蒲野村吉浦　かまのむらよしがうら　第146号　3-156
釜輪村　かまのわむら　第127号　3-56
鎌原村　かまはらむら　第95号　2-112, 5-146
蒲原村　かまはらむら　第188号　4-65, 4-66, 4-68, 5-231
釜伏山　かまふせやま　第94号　2-106, 108, 5-121
釜臥山　かまぶせやま　第40号　1-139, 5-62
釜蓋セ　かまふたせ　第189号　4-73
釜蓋瀬〔釜フタセ〕　かまふたせ　第191号　4-79, 5-238, 5-241
釜蓋瀬〔カマフタセ〕　かまふたせ　第192号　4-80, 5-239, 5-241
釜フタセ　かまふたせ　第206号　4-149
釜蓋瀬　かまぶたせ　第192号　4-82
釜蓋瀬　かまぶたぜ　第192号　4-81
蒲舩津村　かまふなつむら　第188号　4-68, 5-231
釜益﨑　かまますざき　第207号　4-152
蒲牟田村狭野〔蒲生田〕　かまむたむらさの　第197号　4-103, 5-314, 5-316
蒲牟田村祓川〔蒲牟田村、蒲生田〕　かまむたむらはらいかわ　第197号　4-103, 5-247, 5-314, 5-316
釜村　かまむら　第153号　3-186, 5-191, 5-305
蒲牟田村飛村〔蒲生田〕　かまむらむらとびむら　第197号　4-103, 5-314, 5-316
釜谷○　かまや　第32号　1-111, 5-56, 5-279
カマヤ川　第36号　1-121, 1-122
蒲江村　かまやむら　第122号　3-37, 5-173
釜屋村　かまやむら　第124号　3-47, 5-181, 5-304
釜屋村　かまやむら　第141号　3-131
釜割　かまわり　九州沿海図第21　4-279, 4-281
神　かみ　第105号　2-154
上相野村☆〔相野〕　かみあいのむら　第136号　3-105, 3-108, 5-182, 5-306
上阿井村　かみあいむら　第163号　3-222, 5-190, 5-204
上阿井村一里松　かみあいむらいちりまつ　第163号　3-222
上阿井村ウツウヤ谷　かみあいむらうつうやたに　第163号　3-222
上阿井村上阿井町○☆〔阿井〕　かみあいむらかみあいまち　第163号　3-222, 5-305, 5-308
上阿井村木地谷　かみあいむらきじだに　第163号　3-222
上阿井村小迫　かみあいむらこさこ　第163号　3-222
上阿井村平　かみあいむらたいら　第163号　3-222
上阿井村銕山所　かみあいむらてつざんしょ　第163号　3-222
上阿井村米原　かみあいむらよねばら　第163号　3-222
上青島村（本多豊前守領分）　かみあおじまむら　第107号　2-159, 5-160
上青柳村　かみあおやぎむら　第88号　2-79
上縣郡　かみあがたぐん　第192号　4-81
上赤塚村（御料所、大屋春次郎知行所）〔赤塚〕　かみあかつかむら　第90号　2-85, 5-120, 5-123, 5-291
上赤塚村成増　かみあかつかむらなります　第90号　2-85
上赤名村　かみあかなむら　第163号　3-223, 3-225, 5-209
上秋月村　かみあきづきむら　第187号　4-58, 5-222, 5-230
上秋月村　かみあきづきむら　第187号　4-58
上秋月村日向石　かみあきづきむらひゅうがいし　第187号　4-58
上秋月村松丸　かみあきづきむらまつまる　第187号　4-58
上呰部村〔呰部〕　かみあざえむら　第150号　3-175, 5-193, 5-305, 5-307
上浅川村〔淺川〕　かみあさかわむら　第97号　2-123, 5-117, 5-127, 5-291
上淺羽村　かみあさばむら　第88号　2-79
上浅間村　かみあさまむら　第96号　2-117
上アジカ島　かみあじかしま　第204号　4-141
上味野村　かみあじのむら　第143号　3-135
上足守村　かみあしもりむら　第151号　3-176, 5-192
上淺津村　かみあそづむら　第143号　3-136, 5-188
上阿原村　かみあはらむら　第98号　2-126
上天津村　かみあまつむら　第127号　3-57, 5-180
上天津村石本　かみあまつむらいしもと　第127号　3-57
上天津村波江　かみあまつむらはえ　第127号　3-57
上天引村　かみあまびきむら　第136号　3-104, 5-175, 5-304, 5-306
上荒濱　かみあらはま　第80号　2-45, 5-138
神在川　かみありがわ　第189号　4-70
上有佐村　かみありさむら　第195号　4-93, 4-94
上有市村〔有市〕　かみありちむら　第134号　3-95, 5-176, 5-301
上有市村新田　かみありちむらしんでん　第134号　3-94
上有福村　かみありふくむら　第172号　3-268, 5-212
上有福村湯谷☆〔有福〕　かみありふくむらゆたに　第172号　3-268, 5-308
神在村〔神在〕　かみありむら　第189号　4-70, 5-223, 5-234, 5-241, 5-313
神在村赤坂　かみありむらあかさか　第189号　4-70
神在村牧　かみありむらまき　第189号　4-70
上飯田村　かみいいだむら　第98号　2-126, 5-117
上飯田村　かみいいだむら　第108号　2-161, 5-154
上飯田村枝美濃瀬町　かみいいだむらえだみのぜまち　第110号　2-172
上飯塚村　かみいいづかむら　第94号　2-105, 5-119, 5-291
上筏島　かみいかだじま　第145号　3-149, 5-192
上井草村　かみいぐさむら　第88号　2-79
神石　かみいし　第210号　5-254, 5-261
上石川村（真田弾正大弼）　かみいしかわむら　第81号　2-53
上石田村　かみいしだむら　第98号　2-126, 5-117
上石田村　かみいしだむら　第101号　2-141
上石原村○〔石原〕　かみいしはらむら　第90号　2-88, 2-90, 5-120, 5-123, 5-291
上出部村〔出部〕　かみいずえむら　第151号　3-179, 5-195, 5-307
上出石村　かみいずしむら　第145号　3-153
上伊勢村　かみいせむら　第150号　3-170, 5-189, 5-305
神磯　かみいそ　第184号　4-46, 5-244, 5-314
上板橋村（御料所）○　かみいたばしむら　第90号　2-85, 5-120, 5-123, 5-291
上板橋村大宿　かみいたばしむらおおしゅく　第90号　2-85
上板橋村七軒屋　かみいたばしむらしちけんや　第90号　2-85
上板橋村中折　かみいたばしむらなかおれ　第90号　2-85
上伊田村　かみいたむら　第178号　4-17, 5-222
上伊田村番田　かみいたむらばんだ　第178号　4-17
上市　かみいち　九州沿海図第3　4-201
上市瀬村〔市瀬〕　かみいちぜむら　第150号　3-174, 5-192, 5-305, 5-307
上市村廣田〔上市村、上市〕　かみいちむらひろた　第134号　3-98, 5-177, 5-301
上井手　かみいで　九州沿海図第18　4-269
上井出宿（杦浦冨之助）○☆　かみいでじゅく　第100号　2-133, 2-135, 2-136, 2-138, 5-127
上井出宿枝新田　かみいでじゅくえだしんでん　第100号　2-133, 2-135, 2-136, 2-138
上井手村〔井手〕　かみいでむら　第180号　4-27, 5-230, 5-312
上井手村小ケ瀬　かみいでむらおがせ　第180号　4-27
上伊福村〔伊福〕　かみいふくむら　第145号　3-153, 5-192, 5-307
上伊福村別所　かみいふくむらべっしょ　第145号　3-153
上伊保村○☆〔伊保〕　かみいぼむら　第115号　2-196, 5-159, 5-297
上伊保村枝徳田　かみいぼむらえだとくだ　第115号　2-196
上伊保村枝横山　かみいぼむらえだよこやま　第115号　2-196
上今泉村　かみいまいずみむら　第93号　2-103
上今井村　かみいまいむら　第81号　2-50, 5-146, 5-294
上今井村荒山　かみいまいむらあらやま　第81号　2-50
上今任村　かみいまとうむら　第178号　4-17, 5-222, 5-312
上今任村道原　かみいまとうむらみちばる　第178号　4-17
神岩　かみいわ　第165号　3-232
上岩崎村　かみいわさきむら　第97号　2-122, 2-123
上岩田村枝松﨑町○　かみいわたむらえだまつざきまち　第187号　4-59, 5-231
上院内村　かみいんないむら　第64号　1-222, 5-90, 5-283
上植野村　かみうえのむら　第133号　3-90, 3-92, 5-176, 5-178
上植野村　かみうえのむら　第133号　3-90, 3-92
上内間木村　かみうちまぎむら　第88号　2-78
上有知村○〔上有地〕　かみうちむら　第114号　2-193, 5-156, 5-297
上宇銕村〔宇銕村〕　かみうてつむら　第38号　1-128, 5-60, 5-281
上ウト﨑　かみうとざき　九州沿海図第19　4-275
上宇部尾村　かみうべおむら　第155号　3-191, 5-190
上馬引澤村（大久保兵庫知行所）　かみうまひきざわむら　第90号　2-85, 2-87, 5-120, 5-123
上海浦☆　かみうみうら　第120号　3-27, 5-172, 5-

300
上浦村　かみうらむら　第187号　4-58, 5-231
上浦村葛原　かみうらむらかずらわら　第187号　4-59
上依智村（長谷川民之助、小宮山儀三郎、大久保筑後守知行所）　かみえちむら　第90号　2-91, 5-126, 5-291
上江花村〔江花〕　かみえばなむら　第68号　1-236, 1-238, 5-103, 5-288
下江花村久保〔江花〕　かみえばなむらくぼ　第68号　1-236, 1-238, 5-103, 5-288
上エフ島　かみえふじま　第157号　5-210
上尾　かみお　九州沿海図第2　4-195
上老袋村　かみおいぶくろむら　第88号　2-78
上大市村　かみおおいちむら　第136号　3-106, 5-178
上大久保村（御料所）　かみおおくぼむら　第88号　2-78, 5-120, 5-291
上大久保村〔大久保〕　かみおおくぼむら　第127号　3-58, 5-175, 5-304
上大久保村下地ケ市　かみおおくぼむらしもじがいち　第127号　3-58
上大久保村神田村領家村下大久保村入會　かみおおくぼむらじんでむらりょうけむらしもおおくぼむらいりあい　第88号　2-78
上大久保村砂場　かみおおくぼむらすなば　第88号　2-78
上大澤村〔上大沢村〕　かみおおざわむら　第85号　2-66, 5-143
上大島村　かみおおしまむら　第90号　2-84
上大塚村（弓削多金之進、三島清左エ門、近藤八十郎、小泉官兵エ、川村季之助知行所）　かみおおづかむら　第94号　2-107, 5-119, 5-291
上〔大〕ト嵜　かみおおとざき　第196号　4-98
上大野村　かみおおのむら　第97号　2-120, 5-121
上大野村戀塚　かみおおのむらこいづか　第97号　2-120
上大野村新田〔上大野〕　かみおおのむらしんでん　第97号　2-120, 5-291
上大野村矢坪〔上大野〕　かみおおのむらやつぼ　第97号　2-120, 5-291
上大町村〔上大町〕　かみおおまちむら　第190号　4-75, 5-234, 5-313
上大町村畑田　かみおおまちむらはたけだ　第190号　4-75
上岡枝村　かみおかえだむら　第177号　3-296
神岡上村（稲垣八十五郎知行所）〔神岡〕　かみおかかみむら　第55号　1-192, 5-104, 5-288
神岡下村（小笠原佐渡守領分）〇〔神岡〕　かみおかしもむら　第55号　1-192, 5-104, 5-288
上岡本村　かみおかもとむら　第112号　2-183, 2-184
上小川村　かみおがわむら　第188号　4-68, 5-313
上小川村簗廻〔上小川村〕　かみおがわむらしままわり　第188号　4-68, 5-231
上沖洲　かみおきのす　九州沿海図第18　4-269
上奥冨村（松平大和守領分）〔奥富〕　かみおくどみむら　第88号　2-79, 5-120, 5-291
上尾久村　かみおぐむら　第90号　2-84
上小倉村〔小倉〕　かみおぐらむら　第127号　3-59, 5-182, 5-304
上小倉村鹿田　かみおぐらむらかのだ　第127号　3-59
上押切村　かみおしきりむら　第88号　2-77
上押垂村　かみおしだりむら　第88号　2-79, 5-120
上小副川村　かみおそえがわむら　第187号　4-63
上小田町〇☆〔上小田〕　かみおだまち　第190号　4-75, 5-234, 5-313
上小田町古賀　かみおだまちこが　第190号　4-75
上小田町栖〔楢〕原　かみおだまちなるはら　第190号　4-75
上小田村〇〔小田〕　かみおだむら　第124号　3-44, 5-180, 5-304
上落合村〔落合〕　かみおちあいむら　第180号　4-25, 5-312
上落合村瓜ケ野〔落合〕　かみおちあいむらうりがの　第180号　4-25, 5-312
上落合村合瀬〔上落合村、落合〕　かみおちあいむらおおぜ　第180号　4-25, 5-222, 5-312
上落合村仙道〔落合〕　かみおちあいむらせんどう　第180号　4-25, 5-312
上落合村高畑〔落合〕　かみおちあいむらたかはた　第180号　4-25, 5-312
上落合村竹ノ森〔落合〕　かみおちあいむらたけのもり　第180号　4-25, 5-312
上落合村王〔玉〕屋川内〔落合〕　かみおちあいむらたまやごうち　第180号　4-25, 5-312
上落合村徳淵〔落合〕　かみおちあいむらとくぶち　第180号　4-25, 5-312
上落合村長谷〔落合〕　かみおちあいむらながたに　第180号　4-25, 5-312
上落合村祓川〔落合〕　かみおちあいむらはらいかわ　第180号　4-25, 5-312
上落川村（大久保矢九郎知行所）〔落川〕　かみおちかわむら　第90号　2-88, 2-90, 5-120, 5-123, 5-291
上音羽村　かみおとわむら　第133号　3-91, 3-93, 5-178, 5-301
神尾山　かみおやま　第172号　3-270
上尾山　かみおやま　第195号　4-92
上及部　かみおよべ　第36号　1-123, 5-281
上折柱〔上折柱セ〕　かみおれはしら　第191号　4-79, 5-238, 5-241
上恩田村　かみおんだむら　第88号　2-77, 5-120
上皆島　かみかいじま　第204号　4-140
上貝戸村　かみがいとむら　第115号　2-195, 5-158
上陰村　かみかげむら　第124号　3-42, 3-44
上笠村　かみかさかむら　第145号　3-152
上栢尾村（本多甚次郎知行所）〔上柏尾村、栢尾〕　かみかしおむら　第93号　2-103, 5-123, 5-291
上炊村　かみかしきむら　第130号　3-75
上糟屋村（間部主殿頭、中川三十郎、中川市右エ門、飯河茂藏、中根主税知行所）　かみかすやむら　第99号　2-128, 5-126
上糟屋村枝秋山〔上糟屋〕　かみかすやむらえだあきやま　第99号　2-128, 5-291
上糟屋村子易〔子易〕　かみかすやむらこやす　第99号　2-128, 5-291
上糟屋村シメ引　かみかすやむらしめひき　第99号　2-128
上糟屋村峯岸　かみかすやむらみねぎし　第99号　2-128
上片野川村〔片野川〕　かみかたのがわむら　第195号　4-94, 5-250, 5-315
上桂村　かみかつらむら　第133号　3-90
上河東村　かみがとうむら　第98号　2-126, 5-117, 5-127, 5-296
神門川　かみかどがわ　第184号　5-244
上金子村〔金子〕　かみかねこむら　第96号　2-118, 5-150, 5-296
上加納村　かみかのうむら　第118号　3-16, 3-18, 5-159
上加納村才脇　かみかのうむらさいわき　第118号　3-16, 3-18
上ケ洞村　かみがほらむら　第109号　2-167, 5-152, 5-296
上釜村（御料所）　かみがまむら　第57号　1-198, 5-108, 5-290
カミカミ川　第32号　1-109, 1-110, 5-53, 5-56
上神島〔上神シマ〕　かみかみじま　第206号　4-148, 4-149, 5-242
上亀村〔上亀〕　かみがめむら　第204号　4-140, 4-142, 5-235, 5-313
上亀村小嵜　かみがめむらこざき　第204号　4-140, 4-142
上亀村下亀　かみがめむらしもがめ　第204号　4-140, 4-142
上亀村福嵜　かみがめむらふくざき　第204号　4-140, 4-142
上鴨川村☆〔鴨川〕　かみかもがわむら　第136号　3-108, 5-182, 5-304, 5-306
上鴨倉村　かみかもくらむら　第162号　3-220, 5-190, 5-204, 5-305, 5-308
上加茂村　かみかもむら　第88号　2-78, 5-120
上賀茂村　かみがもむら　第133号　3-87, 3-90, 5-174, 5-176, 5-300
上加茂村　かみがもむら　第157号　5-195
上賀茂村枝深泥池村　かみがもむらえだみどりがいけむら　第133号　3-87
上賀茂村之内河原町　かみがもむらのうちかわらまち　第133号　3-87, 3-90
上萱木　かみかやのき　九州沿海図第19　4-273
上唐子村（松平大和守領分）〔唐子〕　かみがらこむら　第88号　2-77, 2-79, 5-121, 5-291
上唐子村車口　かみがらこむらくるまぐち　第88号　2-77, 2-79
上唐了村原屋敷　かみがらこむらはらやしき　第88号　2-77, 2-79
上烏島　かみがらすじま　第145号　3-155, 5-185
上苅安村　かみかりやすむら　第113号　2-189, 5-155, 5-156
上苅安村野首　かみかりやすむらのくび　第113号　2-189
上枯木島　かみかれきじま　第204号　4-140, 5-235, 5-313, 5-321
上川　かみかわ　第133号　3-86
上河井野村　かみかわいのむら　第194号　4-89, 4-90, 5-232, 3-314
上川井村　かみがわいむら　第137号　3-115, 5-184
上川口浦☆　かみかわぐちうら　第160号　3-210, 5-202, 5-310, 5-311
上川口浦枝浮津浦　かみかわぐちうらえだうきづうら　第160号　3-210
上川田谷村（牧野大和守、牧野釆女、牧野左近知行所）〔川田谷〕　かみかわたやむら　第88号　2-78, 5-120, 5-291
上河内村宇屋〔上河内〕　かみかわちむらうや　第126号　3-55, 5-300, 5-301
上川手村〔川手〕　かみかわてむら　第118号　3-16, 3-18, 5-159, 5-297
上河原　かみかわはら　第175号　3-287
金川原村上宿　かみがわはらむらかみじゅく　第97号　2-122, 2-123
金川原村下宿〔金川原村〕　かみがわはらむらしもじゅく　第97号　2-122, 2-123, 5-117, 5-127, 5-291
上河原村　かみかわらむら　第143号　3-139
上神戸庄田　かみかんべしょうだ　第134号　3-94, 3-96
上神戸村　かみかんべむら　第134号　3-94, 5-167, 5-301
上菊川村（太田摂津守領分）〔菊川〕　かみきくがわむら　第111号　2-177, 2-178, 5-160, 5-298
上木下川村　かみきげがわむら　第90号　2-84, 5-120, 5-123
上木佐木村〔上木佐木〕　かみきさきむら　第188号　4-68, 5-231, 5-313

上木﨑村　かみきざきむら　第88号　2-78, 5-120, 5-291
上北方村〔北方〕　かみきたがたむら　第164号　5-210, 5-307, 5-308
上北澤村（増上寺御屋料）　かみきたざわむら　第90号　2-85, 2-87, 5-120, 5-123
上北村　かみきたむら　第112号　2-184
上教来石村（御料所）　かみきょうらいしむら　第98号　2-125, 5-150
上九澤村　かみくざわむら　第90号　2-91
上久世村　かみくぜむら　第133号　3-90, 3-92, 5-175, 5-176
上久世村之内川端　かみくぜむらのうちかわばた　第133号　3-90, 3-92
カミクニ川　第34号　1-119, 5-57
上椚田村落合〔上椚田〕　かみくぬぎだむらおちあい　第90号　2-89, 2-91, 5-291
上椚田村河原宿〔上椚田〕　かみくぬぎだむらかわらじゅく　第90号　2-89, 2-91, 5-291
上椚田村新地〔上椚田〕　かみくぬぎだむらしんち　第90号　2-89, 2-91, 5-291
上椚田村原宿（御料所）〔上椚田村、上椚田〕　かみくぬぎだむらはらじゅく　第90号　2-89, 2-91, 5-121, 5-291
上久保　かみくぼ　九州沿海図第19　4-272
上熊谷村○☆　かみくまたにむら　第150号　3-175, 5-193, 5-305, 5-307
上熊野地村　かみくまのじむら　第132号　3-84, 1-170
上車持村〔車持〕　かみくらもちむら　第122号　3-36, 5-173, 5-300
上栗原村（田安殿領分）　かみくりはらむら　第97号　2-122, 2-123
上暮地村　かみくれちむら　第97号　2-121, 2-123
上黒駒村○〔黒駒〕　かみくろこまむら　第97号　2-122, 2-123, 5-117, 5-127, 5-291
上黒駒村十郎　かみくろこまむらじゅうろう　第97号　2-122, 2-123
上黒駒村新宿　かみくろこまむらしんじゅく　第97号　2-122, 2-123
上黒駒村戸倉　かみくろこまむらとぐら　第97号　2-122, 2-123
上黒駒村若宮　かみくろこまむらわかみや　第97号　2-122, 2-123
上黒田村〔黒田〕　かみくろだむら　第108号　2-161, 5-154, 5-296
上桑原村〔桒原〕　かみくわばらむら　第96号　2-118, 5-150, 5-296
上桒原村武津　かみくわばらむらたけつ　第96号　2-118
賀美郡　かみぐん　第94号　2-106, 2-107, 5-119, 5-291
上警固村　かみけいごむら　第187号　4-60, 4-62
上ケシヨク島　かみけしょくじま　第206号　4-149
上湖　かみこ　第121号　3-33, 5-172
上小泉村（高木左京、玉虫重四郎）　かみこいずみむら　第100号　2-135, 2-138, 5-127
上上津役村〔上津役〕　かみこうじゃくむら　第186号　4-54, 5-222, 5-312
上上津役村上上津役町　かみこうじゃくむらかみこうじゃくまち　第186号　4-54
上神代村　かみこうじろむら　第156号　3-194, 5-193, 5-307
上神代村市岡　かみこうじろむらいちおか　第156号　3-194
上神代村西江　かみこうじろむらにしえ　第156号　3-194
上甲立村　かみこうたちむら　第163号　3-227, 5-209, 5-308
上甲立村上甲立本町　かみこうたちむらかみこうたちほんまち　第163号　3-227
上河内村　かみごうちむら　第150号　3-174, 5-192, 5-305, 5-307
上河内村西谷分　かみごうちむらにしだにぶん　第150号　3-174
上河内村東谷上分　かみごうちむらひがしだにかみぶん　第150号　3-174
上河内村東谷下分　かみごうちむらひがしだにしもぶん　第150号　3-174
上府村　かみこうむら　第172号　3-268, 5-212, 5-308
上郷村（黒田豊前守領分）　かみごうむら　第94号　2-107
上神目村　かみこうめむら　第144号　3-145, 3-147
上高野村〔高野〕　かみこうやむら　第67号　1-235, 5-105, 5-288
上河和村川毛　かみこうわむらかわも　第113号　2-189
上郡村☆　かみごおりむら　第144号　3-142, 5-183, 5-306
上古賀村　かみこがむら　第188号　4-64
上小坂村（松平孫太夫知行所）〔小坂〕　かみこさかむら　第135号　3-101, 5-176, 5-178, 5-301
上甑嶋　かみこしきじま　第212号　4-177, 5-253, 5-261
上甑嶋　かみこしきじま　九州沿海図第15　4-254
上甑村　かみこしきむら　第212号　4-177, 5-253, 5-261, 5-315, 5-317
上甑村　かみこしきむら　九州沿海図第15　4-254
上小髙島　かみこだかじま　第204号　4-140
上木葉山　かみこのはやま　第193号　4-85
上小林村　かみこばやしむら　第95号　2-110, 5-116, 5-119, 5-291
上小林村　かみこばやしむら　第101号　2-141, 5-127
上小房村〔小房〕　かみこふさむら　第129号　3-71, 5-174, 5-297, 5-300, 5-301
上小舟戸濵〔小舟戸〕　かみこぶなとはま　第76号　2-31, 5-138, 5-287, 5-294
上駒込村（傳通院、麟昌院領）　かみこまごめむら　第90号　2-84, 5-120, 5-123
上狛村大里村〔上狛村、上狛〕　かみこまむらおおさとむら　第134号　3-95, 5-176, 5-301
上狛村新在家村〔上狛〕　かみこまむらしんざいけむら　第134号　3-95, 5-301
上狛村林村〔上狛〕　かみこまむらはやしむら　第134号　3-95, 5-301
上小屋○☆　かみごや　第68号　1-238, 5-103, 5-288
上子安村下子安村入會（御料所、竹尾善助知行所）〔上子易村、下子易村〕　かみこやすむらしもこやすむらいりあい　第99号　2-128, 5-126
上御領村〔御領〕　かみごりょうむら　第157号　5-195, 5-307
上西郷村　かみさいごうむら　第118号　3-16, 5-156
上西郷村〔上西郷〕　かみさいごうむら　第186号　4-53, 4-55, 5-223, 5-313
上西郷村犬塚　かみさいごうむらいぬづか　第118号　3-16
上西郷村旦原　かみさいごうむらだんのはる　第186号　4-53, 4-55
上西郷村明音寺　かみさいごうむらみょうおんじ　第118号　3-16
上採銅所村　かみさいどうしょむら　第178号　4-15, 4-17, 5-222
上採銅所村鈴麦　かみさいどうしょむらすずむぎ　第178号　4-15, 4-17
上採銅所村古髙原　かみさいどうしょむらふるたかばる　第178号　4-15, 4-17
上嵯峨池裏村〔池ノ裏村〕　かみさがいけうらむら　第133号　3-90, 5-175, 5-176
上坂手村　かみさかてむら　第118号　3-20
上嵯峨村　かみさがむら　第133号　3-90, 5-175, 5-176
上嵯峨村北嵯峨　かみさがむらきたさが　第133号　3-90
上坂本村竹之浦〔上坂本村、上坂本〕　かみさかもとむらたけのうら　第211号　4-173, 4-175, 5-249, 5-256, 5-261, 5-316, 5-318
上坂本村間泊〔上坂本〕　かみさかもとむらまどまり　第211号　4-173, 4-175, 5-316, 5-318
神﨑〔神サキ〕　かみさき　第206号　4-150, 5-242, 5-243
神崎　かみざき　第159号　3-207
神前浦　かみざきうら　第131号　3-79, 5-169, 5-301
神﨑臺場　かみざきだいば　第202号　4-127, 4-128
神﨑臺場　かみざきだいば　長崎〔参考図〕　4-131, 4-133
上作延村　かみさくのべむら　第90号　2-87
上佐々木村〔佐々木〕　かみささきむら　第115号　2-198, 5-159, 5-162, 5-299
上佐々木村（小野原）○　かみささきむら（おのはら）　第127号　3-57, 3-60, 5-180
上佐々木村野際　かみささきむらのぎわ　第127号　3-57
上笹村　かみささむら　第141号　3-129
上佐田村〔佐田〕　かみさだむら　第162号　3-218, 5-190, 5-204, 5-305
上里村　かみさとむら　第135号　3-102, 5-176, 5-177, 5-178, 5-301
上里村枝今泉村　かみさとむらえだいまいずみむら　第135号　3-102
上里村枝今市村　かみさとむらえだいまいちむら　第135号　3-102
上里村枝高村　かみさとむらえだたかむら　第135号　3-102
上里村枝中筋村　かみさとむらえだなかすじむら　第135号　3-102
上佐野村　かみさのむら　第94号　2-105, 2-107, 5-119, 5-291
上澤村　かみさわむら　第101号　2-141
上沢村　かみさわむら　第113号　2-189, 5-155
上澤村（大久保鉄藏知行所）　かみざわむら　第58号　1-199, 5-110, 5-290
上塩尻村〔塩尻〕　かみしおじりむら　第96号　2-114, 5-146, 5-294
上塩垂島　かみしおたれじま　第201号　4-121
上塩塚村　かみしおつかむら　第188号　4-68, 5-231
上志賀浦小杭〔上志賀浦、上志賀〕　かみしがうらこくい　第139号　3-121, 3-123, 5-186, 5-303, 5-306
上色見前野原☆〔前野原〕　かみしきみ まえのばる　第182号　4-37, 5-232, 5-314
上尻毛村〔尻毛〕　かみしつけむら　第118号　3-16, 5-156, 5-166, 5-297
神島　かみしま　第165号　3-233, 5-205
上嶋〔上島〕　かみしま　第196号　4-99, 5-315
神島　かみじま　第117号　3-12, 5-162, 5-299
上島　かみじま　第133号　3-87, 3-89
神島〔カミシマ〕　かみじま　第138号　3-119, 5-186
上島　かみじま　第141号　3-130, 5-185, 5-306
上島　かみじま　第164号　3-228
神島（野見浦）　かみしま（のみうら）　第160号　3-

209, 5-200
神嶋村　かみしまむら　第206号　4-146
上島村(井上河内守領分)　かみじまむら　第111号　2-180, 5-161, 5-299
上島村　かみじまむら　第133号　3-92, 5-176, 5-178, 5-301
上清水村　かみしみずむら　第107号　2-156, 2-158, 5-129
上下岡田村入會（大久保佐渡守領分、川勝権之助、中條鉄太郎、木村孫八郎、竹本千之助、大塚覚之亟知行所）〔下岡田村、上岡田村、岡田〕　かみしもおかだむらいりあい　第93号　2-103, 5-126, 5-291
上下村　かみしもむら　第187号　4-56
上下山本村（山口内匠、高木左京、杁浦冨之助）〔上山本村、下山本村〕　かみしもやまもとむら　第100号　2-135, 2-138, 5-127
上宿村平田〔上宿村〕　かみしゅくむらひらた　第136号　3-104, 5-175
上修善寺村　かみしゅぜんじむら　第101号　2-141, 2-143
上條新居村　かみじょうあらいむら　第98号　2-126, 5-117
上シヤウ山　かみしょうざん　第173号　3-273, 3-275, 5-218
上城野村　かみじょうのむら　九州沿海図第1　4-191
ト城野村重富〔上城野村〕　かみじょうのむらしげとみ　第178号　4-13, 4-15, 5-222
上庄村　かみしょうむら　第128号　3-65, 5-183
上條村（松平圖書、渡辺六郎左エ門、永田茂太郎）　かみじょうむら　第100号　2-133, 2-135, 2-136, 2-138, 5-127, 5-291, 5-296
上條村市場　かみじょうむらいちば　第100号　2-133, 2-135, 2-136, 2-138
上白岩村（大久保出雲守領分、岡野平三郎、猪子英太郎、小出又五郎、松波五左エ門、鳥井一学知行所）〔白岩〕　かみしらいわむら　第101号　2-140, 2-142, 5-128, 5-292, 5-298
上白岩村小川〔白岩〕　かみしらいわむらおがわ　第101号　2-140, 2-142, 5-292, 5-298
上白金村〔白金〕　かみしろかねむら　第114号　2-193, 5-156, 5-297
上新庄村（御料所）　かみしんじょうむら　第135号　3-101, 5-178
上諏訪（温泉）○　かみすわ　第96号　2-118, 5-150, 5-296
上諏訪宮〔上諏訪社、諏訪社〕　かみすわみや　第96号　2-118, 5-150, 5-296
カミセ　かみせ　第206号　5-242
神セ川　かみせがわ　第163号　5-208
カミセ川　かみせがわ　第199号　5-248, 5-261
上関村　かみせきむら　第64号　1-222, 5-88, 5-90, 5-283
上世木村　かみせきむら　第126号　3-55, 5-175, 5-300, 5-301
上關村　かみぜきむら　第152号　3-185, 5-196
上世木村枝楽河　かみせきむらえだらくが　第126号　3-55
上世木村澤田　かみせきむらさわた　第126号　3-55
上瀬野村一貫田〔上瀬野〕　かみせのむらいっかんだ　第167号　3-240, 5-308
上瀬野村枝久井原　かみせのむらえだくいはら　第167号　3-240
上瀬野村寺分　かみせのむらてらぶん　第167号　3-240
上瀬野村中原〔上瀬野村、上瀬野〕　かみせのむらなかはら　第167号　3-240, 5-211, 5-308
上曽我屋村〔曽我屋〕　かみそがやむら　第118号　3-16, 3-18, 5-156, 5-159, 5-297
上曽根村　かみそねむら　第178号　4-13, 4-15, 5-222, 5-312
上曽根村　かみそねむら　九州沿海図第1　4-191
上曽根村勝圓　かみそねむらしょうえ　第178号　4-13, 4-15
上曽根村出屋敷　かみそねむらでやしき　第178号　4-13, 4-15
上染屋村〔染屋〕　かみそめやむら　第90号　2-88, 2-90, 5-120, 5-123, 5-291
上臺村　かみだいむら　第65号　1-223, 5-90, 5-285
上高井戸（御料所）○〔高井戸〕　かみたかいど　第90号　2-85, 2-87, 5-120, 5-123, 5-291
上鷹狩村〔鷹狩〕　かみたかがりむら　第143号　3-135, 3-137, 5-188, 5-304
上高田村〔高田〕　かみたかだむら　第151号　3-176, 5-192, 5-307
上高野村（大久保加賀守領分）〔高野〕　かみたかのむら　第87号　2-73, 5-120, 5-291
上高橋村　かみたかはしむら　第187号　4-59
上高橋村〔高橋〕　かみたかはしむら　第188号　4-65, 5-231, 5-313
上髙鉢山　かみたかはちやま　第167号　3-240
上髙塲村〔高塲〕　かみたかばむら　第187号　4-59, 5-313
上高塲村大刀洗　かみたかばむらたちあらい　第187号　4-59
上高塲村山隈村〔上高塲村〕　かみたかばむらやまぐまむら　第187号　4-59, 5-223, 5-231
上多賀村（鈴木大膳知行所）〔多賀〕　かみたがむら　第101号　2-140, 2-142, 5-128, 5-291, 5-292
上竹田村〔竹田〕　かみたけだむら　第127号　3-57, 3-59, 5-182, 5-304
上竹田村今中　かみたけだむらいまなか　第127号　3-57, 3-59
上竹田村倉﨑　かみたけだむらくらさき　第127号　3-57, 3-59
上竹田村宮下　かみたけだむらみやした　第127号　3-57, 3-59
上竹仁村　かみたけにむら　第164号　5-211, 5-308
下〔上〕田島村仲間原〔上田島村、上田島〕　かみたしまむらちゅうげんばる　第185号　4-50, 5-244, 5-314
上田代山　かみたしろやま　第195号　4-92
上立田村　かみたつたむら　第193号　4-85, 4-86, 5-232, 5-314
上立田村　かみたつたむら　九州沿海図第20　4-277
上立田村弓削　かみたつたむらゆげ　第193号　4-84, 4-86
上田邉村　かみたなべむら　第133号　3-92, 5-176, 5-178
上田邉村ノ内天神馬場　かみたなべむらのうちてんじんばば　第133号　3-92
神谷神社　かみたにじんじゃ　第123号　3-39, 3-41, 5-180
上種村　かみだねむら　第150号　3-170
上田村　かみたむら　第111号　2-181, 5-161
上田村（御料所）　かみだむら　第90号　2-88, 2-89, 2-90, 2-91, 5-120, 5-123, 5-291
上田村　かみだむら　第127号　3-59, 5-182, 5-304
上田村市島　かみだむらいちじま　第127号　3-59
上田村縄手　かみだむらなわて　第127号　3-59
神田山　かみたやま　第176号　5-219
上多良村　かみたらむら　第125号　3-48, 5-166
上段村　かみだんむら　第143号　3-135
上チヽカ島　かみちちかじま　第203号　4-134, 4-136, 5-251
上チヽカ嶋　かみちちかじま　九州沿海図第19　4-272
上津浦村　かみつうらむら　第196号　4-99, 5-233, 5-315
上津浦村　かみつうらむら　九州沿海図第19　4-272
上塚原村　かみつかばらむら　第95号　2-111, 2-112, 2-113
神着潟　かみつきがた　第103号　2-150
上月隈村　かみつきくまむら　第187号　4-57, 4-60
上月隈村七島〔上月隈村〕　かみつきくまむらななしま　第187号　4-60, 5-223
神着村　かみつきむら　第104号　2-151, 5-133, 5-134, 5-292
上槻村　かみつきむら　第192号　4-82, 5-240, 5-241, 5-320
神着村枝東郷　かみつきむらえだとうごう　第104号　2-151
上津具村○　かみつぐむら　第110号　2-175, 5-158, 5-296
上津具村湯戸　かみつぐむらゆと　第110号　2-175
上津久禮村　かみつくれむら　第193号　4-84, 4-86, 5-232
上津久禮村　かみつくれむら　九州沿海図第20　4-277
上津久禮村新町　かみつくれむらしんまち　第193号　4-84, 4-86
上津久禮村鉄炮町　かみつくれむらてっぽうまち　第193号　4-84, 4-86
上柘植宿○☆〔上柘植〕　かみつげじゅく　第129号　3-73, 5-167, 5-301
上柘植宿枝山手小場　かみつげじゅくえだやまてこば　第129号　3-73
上柘植宿岡鼻小場　かみつげじゅくおかはなこば　第129号　3-73
上柘植宿倉部小場　かみつげじゅくくらぶこば　第129号　3-73
上柘植宿小林小場　かみつげじゅくこばやしこば　第129号　3-73
上土田村　かみつちだむら　第151号　3-176, 5-192, 5-307
上圓井村〔上円井村、円井〕　かみつぶらいむら　第98号　2-125, 5-117, 5-296
上妻郡　かみつまぐん　第188号　4-65, 4-66, 4-68, 5-231, 5-313
上津村千童子村小寺村枝村大路村入會　かみつむらせんどうじむらこでらむらえだむらおおみちむらいりあい　第134号　3-95
上津村塚原（御料所）○☆〔塚原〕　かみづむらつかはら　第78号　2-41, 5-114, 5-289
上ツヤ岬　かみつやみさき　第154号　3-188
上霍間村　かみつるまむら　第90号　2-90
上寺山村〔寺山〕　かみてらやまむら　第88号　2-79, 5-291
上土狩村（水野出羽守領分）　かみとがりむら　第101号　2-141, 5-127
上徳丸村　かみとくまるむら　第181号　4-33
上徳丸村　かみとくまるむら　第181号　5-226
上徳丸村（熊本領）　かみとくまるむら　九州沿海図第3　4-202
上戸倉○　かみとぐら　第96号　2-114, 5-146, 5-294
上土底濱　かみどそこはま　第76号　2-31, 5-138
上戸田村　かみとだむら　第90号　2-85, 5-120
上戸塚村（水上織部、加藤源四郎知行所）　かみとづかむら　第94号　2-107
上利根川村〔利根川〕　かみとねがわむら　第67号

1-235, 5-105, 5-289
上殿　かみどの　第169号　3-254
上鳥羽村〔鳥羽〕　かみとばむら　第133号　3-87, 3-89, 3-90, 3-92, 5-174, 5-176, 5-301
上飛田給村〔飛田給〕　かみとびたきゅうむら　第90号　2-88, 2-90, 5-120, 5-123, 5-291
上砥堀村〔砥堀〕　かみとぼりむら　第141号　3-128, 3-130, 5-182, 5-306
上砥堀村中垣内　かみとぼりむらなかがいち　第141号　3-128, 3-130
上砥堀村東村　かみとぼりむらひがしむら　第141号　3-128, 3-130
上泊浦　かみどまりうら　第170号　3-261, 5-201, 5-311
上豊岡村（松平右京亮領分）〔豊岡〕　かみとよおかむら　第94号　2-105, 5-119, 5-291
下〔上〕豊松村　かみとよまつむら　第156号　3-196
上内膳村　かみないぜんむら　第142号　3-134, 5-184
上長井村（御書院番与力給地）　かみながいむら　第58号　1-200, 1-201, 5-110
上長久保村　かみながくぼむら　第101号　2-141
上中郷　かみなかごう　第176号　3-290, 5-219, 5-312
上中郷新町村　かみなかごうしんまちむら　第176号　3-290, 3-292
上中里村（山川宇兵衛知行所）　かみなかざとむら　第90号　2-84, 5-120, 5-123
上中里村（秋山修理、大森八郎左エ門、渡辺六良エ門）　かみなかざとむら　第100号　2-135, 2-138, 5-127
上下〔中〕島　かみなかじま　第206号　4-149
上中島村　かみなかじまむら　第111号　2-180, 5-161
上中下八木村入會（八木町）　かみなかしもやぎむらいりあい（やぎまち）　第128号　3-62
上中関村　かみなかぜきむら　第110号　2-172, 5-154
上長瀬村☆〔長瀬〕　かみながせむら　第118号　3-16, 5-156, 5-297
上長田村　かみながたむら　第150号　3-172, 5-305
上長田村　かみながたむら　第193号　4-87
上長田村　かみながたむら　九州沿海図第18　4-269
上中津井村　かみなかついむら　第150号　3-175, 5-193
上中津井村清常　かみなかついむらきよつね　第150号　3-175
上中長根村入會　かみなかながねむらいりあい　第94号　2-107, 5-119
上中長根村植野場　かみなかながねむらうえのば　第94号　2-107
上中野村　かみなかのむら　第133号　3-91
上長房村新井村　かみながぶさむらあらいむら　第90号　2-89, 2-91
上長房村小名宇村　かみながぶさむらこなうむら　第90号　2-89, 2-91
上長房村小佛◯〔小佛〕　かみながぶさむらこぼとけ　第90号　2-89, 2-91, 5-121, 5-291
上長房村駒木野（御関所）　かみながぶさむらこまきの　第90号　2-89, 2-91, 5-121, 5-291
上長房村摺差村　かみながぶさむらすりさしむら　第90号　2-89, 2-91
上仲間村　かみなかまむら　第195号　4-93
上灘村☆　かみなだむら　第168号　3-249, 5-214, 5-311
上灘村小網　かみなだむらこあみ　第168号　3-249
神ノ湊　かみなと　第105号　5-135
雷﨑　かみなりざき　第189号　4-73, 4-74
雷瀬　かみなりせ　第189号　4-74, 5-238, 5-241
上南畑村　かみなんばたむら　第88号　2-78
上新倉村（御料所）〔新倉〕　かみにいくらむら　第90号　2-85, 5-120, 5-123, 5-291
上新倉村原新田　かみにいくらむらはらしんでん　第90号　2-85
上仁井田村〔仁井田〕　かみにいだむら　第55号　1-190, 1-191, 5-104, 5-288
上新穂村　かみにいぼむら　第75号　2-24, 5-99
上新堀村　かみにいぼりむら　第88号　2-79
上二ケ村〔二ケ村〕　かみにかむら　第144号　3-145, 3-147, 5-192, 5-307
上西条村　かみにしじょうむら　第96号　2-119
上西二見村　かみにしふたみむら　第137号　3-114, 5-184
上荷内嶋（木津嶋）（戸田村屬）　かみにないじま（きつしま）（へたむらぞく）　第169号　3-254, 3-256, 5-215, 5-311
上仁保村　かみにほむら　第144号　3-147
上貫名村（西尾隠岐守領分、室賀兵庫、米津周防守、鍋島雄之助知行所）　かみぬきなむら　第111号　2-179, 5-160
上沼田村　かみぬまたむら　第90号　2-84
上怒和　かみぬわ　第169号　3-250, 5-215
神根　かみね　第102号　2-145
上根緒島　かみねおじま　第192号　4-82, 5-240, 5-241
上根村　かみねむら　第166号　3-238, 5-209, 5-211, 5-212, 5-308
上根村上根市　かみねむらかみねいち　第166号　3-238
カミ子山　かみねやま　第57号　1-196, 5-108, 5-288
上煉馬村田柄〔上煉馬村〕　かみねりまむらたがら　第90号　2-85, 5-120, 5-123
上ノ加江浦☆〔上加江〕　かみのかえうら　第160号　3-209, 3-210, 5-200, 5-310
上加江浦枝押岡村　かみのかえうらえだおしおかむら　第160号　3-209
上ノ加江浦枝小艸村　かみのかえうらえだこぐさむら　第160号　3-209
上加江浦枝篠葉村　かみのかえうらえださざばむら　第160号　3-209
上加江山　かみのかえやま　第160号　3-209
上門村　かみのかどむら　第200号　4-115, 4-118, 5-250, 5-315
神之川　かみのかわ　第209号　4-166
神之川　かみのかわ　第210号　4-168, 4-172
神之川　かみのかわ　第210号　4-168, 4-172
神之川　かみのかわ　九州沿海図第12　4-246
神川橋　かみのかわばし　第210号　5-252, 5-261
神之川村　かみのかわむら　第209号　4-166, 5-249, 5-261, 5-316
神之川村〔神ノ川〕　かみのかわむら　第210号　4-168, 4-172, 5-252, 5-261, 5-317
神之川村　かみのかわむら　九州沿海図第12　4-246
神之川村枝鳥濱村　かみのかわむらえだといはまむら　第209号　4-166
神之川村枝鳥濱村　かみのかわむらえだといはまむら　九州沿海図第10　4-236
神之川村皆倉　かみのかわむらけくら　第209号　4-166
神之川村二ツ石　かみのかわむらふたついし　第210号　4-168, 4-172
上ノ國◯　かみのくに　第34号　1-119, 5-57, 5-279
上野毛村　かみのげむら　第90号　5-120
上郷村（秋元忠右エ門、高木政次郎、森川与兵エ、戸田靭負知行所）　かみのごうむら　第93号　2-103, 5-123
上之郷村〔上ノ郷〕　かみのごうむら　第117号　3-13, 3-15, 5-168, 5-299
上之郷村　かみのごうむら　第118号　3-20
上ノ郷村　かみのごうむら　第118号　3-19, 3-21, 5-166
上郷村　かみのごうむら　第124号　3-44
上之郷村☆〔上ノ郷〕　かみのごうむら　第162号　3-221, 5-204, 5-308
上之郷村枝船津　かみのごうむらえだふなつ　第162号　3-221
上之郷村森坂　かみのごうむらもりさか　第162号　3-220
上之郷村和田　かみのごうむらわだ　第162号　3-220
上濃地島　かみのじしま　第151号　3-180, 5-195
上島　かみのしま　第202号　4-125, 4-126, 5-236, 5-315
神島（小喜〔嘉〕倉村）〔神ノ島〕　かみのしま（こがくらむら）　第202号　4-127, 4-128, 5-236, 5-315
神島（小喜〔嘉〕倉村）　かみのしま（こがくらむら）長崎〔参考図〕　4-131, 4-133
上野尻村　かみのじりむら　第95号　2-110, 5-116, 5-119
上関　かみのせき　第169号　5-224
上関　かみのせき　第179号　5-224
上關嶋　かみのせきじま　第169号　3-254, 3-256, 2-224, 5-311
上関島　かみのせきじま　第179号　5-224
上野田村（御料所、伏見源次郎知行所）〔野田〕　かみのだむら　第88号　2-78, 5-120, 5-291
上野田村（有馬久米之亟、大久保三五郎、大久保兵九郎、内藤内藏五郎知行所）〔野田〕　かみのだむら　第94号　2-105, 5-119, 5-289
上野田村　かみのだむら　第129号　3-71, 5-166, 5-301
上辻村（御料所）　かみのつじむら　第135号　3-101, 5-178
上野原村　かみのはらむら　第203号　4-134, 5-251, 5-315
上野原村　かみのはらむら　九州沿海図第19　4-272
上野原村大野　かみのはらむらおおの　第203号　4-134
上ノ原山　かみのはるやま　第187号　4-61, 4-63
上ノ平　かみのひら　九州沿海図第19　4-270, 4-272
上府村〔上府〕　かみのふむら　第186号　4-53, 4-55, 5-223, 5-313
上ノ保川　かみのほがわ　第113号　2-189
神前山　かみのまえやま　第194号　4-89, 4-90
上野町　かみのまち　九州沿海図第7　4-222
上野間村　かみのまむら　第116号　2-207, 5-163, 5-299
神峯　かみのみね　第108号　2-161
上ノ村　かみのむら　第130号　3-75, 5-167, 5-301
上野村　かみのむら　第133号　3-90
上野村　かみのむら　第190号　4-75
上野村　かみのむら　第194号　4-88, 5-229, 3-314
上之村　かみのむら　第209号　4-167, 5-249, 5-261, 5-316
上之村　かみのむら　九州沿海図第10　4-235
上之村小田尻　かみのむらおだじり　第209号　4-165, 4-167
上ノ村辻　かみのむらつじ　第130号　3-75

上野村西組門　かみのむらにしぐみかど　第194号　4-88
上之村宮坂〔宮坂〕　かみのむらみやさか　第209号　4-167, 5-249, 5-261, 5-316
上ノ屋敷　かみのやしき　九州沿海図第17　4-262, 4-263
上ノ山（松平山城守居城）☆　かみのやま　第66号　1-229, 1-231, 5-80, 5-92, 5-285
上ノ山　かみのやま　第101号　2-140
上ノ山四ツ谷（松平山城守領分）〔四ツ谷〕　かみのやまよつや　第66号　1-229, 1-231, 1-231, 5-92, 5-285
上ノ輪新田〔上之輪新田〕　かみのわしんでん　第129号　3-66, 5-166, 5-297, 5-299
上ノ輪新田飯塚　かみのわしんでんいいづか　第129号　3-66
上葉木　かみはき　第200号　4-113
上橋津村☆　かみはしづむら　第143号　3-136, 5-188
上畑　かみはた　第175号　3-285
上幡木村下澤村（坂本小大夫、大井半之助、坂本幸次郎知行所）〔上幡木村〕　かみはたきむらしもざわむら　第58号　1-199, 5-110, 5-290
上ハタコ　かみはたこ　第145号　3-155, 5-185
上秦村　かみはだむら　第151号　3-176, 3-178
上八右エ門新田　かみはちえもんしんでん　第90号　2-84, 5-120, 5-123
上鉢山村　かみはちやまむら　第124号　3-42, 3-44
上花咲村○〔上花咲、花咲〕　かみはなさきむら　第97号　2-121, 5-126, 5-291
上原田村　かみはらだむら　第141号　3-130
上東村　かみひがしむら　第122号　3-37, 5-175
上氷鉋村（松平伊賀守）〔氷鉋〕　かみひがのむら　第81号　2-53, 5-146, 5-294
上比地村　かみひじむら　第141号　3-129
上一日市村〔一日市〕　かみひといちむら　第77号　2-37, 5-115, 5-289
上平　かみひら　九州沿海図第19　4-271
上平井村　かみひらいむら　第90号　2-84
上平木村下平木村三ツ屋村内野村西古保志塚村蒲生野〔蒲生野、蒲生野〕　かみひらぎむらしもひらぎむらみつやむらうちのむらにしこほしづかむらがもうの　第125号　3-50, 5-174, 5-297, 5-300, 5-301
上平山　かみひらやま　第182号　4-37
上廣瀬村　かみひろせむら　第112号　2-184, 5-153
一〔上〕廣瀬村安城村　かみひろせむらあんじょうむら　第112号　2-184
上廣瀬村流　かみひろせむらながれ　第112号　2-184
上廣瀬村和田　かみひろせむらわだ　第112号　2-184
上深田村　かみふかだむら　第69号　1-242, 5-106
上深谷部村　かみふかやべむら　第118号　3-20
上深谷部村三砂　かみふかやべむらみすな　第118号　3-20
上深谷村　かみふかやむら　第93号　2-103
上福井村　かみふくいむら　第122号　3-37, 5-175
上福井村　かみふくいむら　第147号　3-161, 5-187, 5-303, 5-306
上福田村〔福田〕　かみふくだむら　第150号　3-170, 5-188, 5-305
上福原村　かみふくはらむら　第144号　3-141, 5-192, 5-304, 5-306
上福原村〔福原〕　かみふくばらむら　第155号　3-190, 3-192, 5-189, 5-190, 5-305
上福原村升田　かみふくはらむらますだ　第144号　3-141
上福原村脇田　かみふくはらむらわきた　第144号　3-141
上二子シマ〔二子シマ〕　かみふたごしま　第169号　3-250, 5-215
上二子島　かみふたごじま　第202号　4-128, 5-237
上二子島　かみふたごじま　長崎〔参考図〕　4-129, 4-131
上二子山　かみふたごやま　第99号　2-131
上布田村〔上布田、布田〕　かみふだむら　第90号　2-85, 2-87, 2-88, 2-90, 5-120, 5-123, 5-291
上舩原村　かみふなばらむら　第101号　2-141, 2-143
上布野村○　かみふのむら　第163号　3-225, 5-209, 5-308
上石〔布野〕村新殿谷　かみふのむらにいどのたに　第163号　3-225
上古川村〔古川〕　かみふるかわむら　第118号　3-20, 5-166, 5-297
上古川村　かみふるかわむら　第150号　3-170, 5-188
上古沢村　かみふるさわむら　第99号　2-128
上分村　かみぶんむら　第152号　3-184, 5-196, 5-307
上別府村　かみべっぷむら　第184号　4-46
上別府村　かみべっぷむら　九州沿海図第7　4-220
上別府村（延岡領）　かみべっぷむら　九州沿海図第7　4-222
上別府村上野町〔上別府村〕　かみべっぷむらうえのまち　第185号　4-52, 5-246
上別府村美々津町○☆⚓　かみべっぷむらみみつまち　第184号　4-46, 5-244
上別府村餘瀬　かみべっぷむらよせ　第184号　4-46
上平流村　かみへるむら　第125号　3-48, 3-50, 5-174
上蓬萊村　かみほうらいむら　第88号　2-78
上保木村　かみほきむら　第144号　3-144, 3-146
上細見村　かみほそみむら　第150号　5-189
上細谷村〔上細屋村、細谷〕　かみほそやむら　第116号　5-161, 5-299
上本郷　かみほんごう　第174号　5-308
上本郷村　かみほんごうむら　第172号　3-270, 5-216
上本田村〔上太田〕　かみほんでんむら　第118号　3-16, 3-18, 5-166, 5-297
上牧村　かみまきむら　第118号　3-18, 3-20, 5-166
上間久里村〔間久里〕　かみまくりむら　第87号　2-75, 5-120, 5-290
上真島　かみましま　第151号　3-180
真島村　かみましまむら　第81号　2-52
上町川村　かみまちがわむら　第143号　3-138, 5-188, 5-192, 5-305
上町屋村〔町屋〕　かみまちやむら　第166号　3-238, 5-211, 5-213, 5-308
上町屋村　かみまちやむら　第167号　3-240, 5-211, 5-213
上松神村　かみまつがみむら　第150号　3-170, 5-188, 5-305
上松球麻村　かみまつくまむら　第200号　4-113, 5-250, 5-315
上松求麻村（熊本領）　かみまつくまむら　九州沿海図第16　4-258, 4-260
上松球麻村荒瀬　かみまつくまむらあらせ　第200号　4-113
上松球麻村合志野　かみまつくまむらおうしの　第200号　4-113
上松球麻村坂本　かみまつくまむらさかもと　第200号　4-113
上松球麻村佐瀬野　かみまつくまむらさせの　第200号　4-113
上松球麻村中津道　かみまつくまむらなかつみち　第200号　4-113
上松球麻村松崎　かみまつくまむらまつざき　第200号　4-113
神松岳　かみまつだけ　第201号　4-121
上マテ島〔上マテシマ〕　かみまてじま　第203号　4-136, 4-138, 5-251
上馬渡村〔馬渡〕　かみまわたりむら　第67号　1-235, 5-105, 5-288
上御宇田村新町〔上御宇田村、御宇田〕　かみみうたむらしんまち　第193号　4-85, 4-86, 5-230, 5-312, 5-314
上御宇田村原部〔御宇田〕　かみみうたむらはるべ　第193号　4-85, 4-86, 5-312
上三河村　かみみかわむら　第144号　3-140, 5-304
上右田村〔右田〕　かみみぎたむら　第175号　3-287, 5-219, 5-312
上右田村和田　かみみぎたむらわだ　第175号　3-285, 3-287
上三草村（丹羽式部少輔在所）　かみみくさむら　第136号　3-108, 3-109, 3-110, 5-182, 5-306
神岬　かみみさき　第186号　4-53
上水島（下津井村屬）　かみみずしま（しもついむらぞく）　第151号　3-180, 5-195, 5-307
上溝村（大久保佐渡守領分、石野新左エ門、高木政次郎、佐野肥前守、森川右京、戸田八五郎知行所）　かみみぞむら　第90号　2-91, 5-126, 5-291
上溝村久保　かみみぞむらくぼ　第90号　2-91
上溝村山谷〔上溝〕　かみみぞむらさんや　第90号　2-91, 5-291
上溝村番田　かみみぞむらばんだ　第90号　2-91
上道郡　かみみちぐん　第145号　3-152, 3-153, 5-192, 5-307
上三永村　かみみながむら　第164号　5-210, 5-308
上宮木村　かみみやきむら　第136号　3-111, 5-182
上宮地村　かみみやじむら　第98号　2-126, 5-117
上宮田村（御料所、鈴木兵庫知行所）　かみみやたむら　第93号　2-101, 5-124, 5-291
上妙典村〔妙典〕　かみみょうでんむら　第89号　2-81, 2-83, 5-122, 5-290
上村（松平大和守領分）　かみむら　第88号　2-78, 5-120, 5-291
上村　かみむら　第124号　3-44, 5-180, 5-304
上村　かみむら　第136号　3-110, 5-182, 5-306
上村　かみむら　第150号　3-175, 5-193, 5-305, 5-307
上村　かみむら　第163号　3-224, 5-208, 5-307, 5-308
上村　かみむら　第196号　4-96, 4-98, 5-233
上村　かみむら　九州沿海図第19　4-275
上村浦山（徳山領）〔上村〕　かみむらうらやま　第175号　3-286, 5-218, 5-312
上村江樋戸　かみむらえびと　第196号　4-98
上村門寺尾野　かみむらかどてらおの　第194号　4-88
上村串　かみむらくし　第196号　4-96, 4-98
上村賤女　かみむらしずのめ　第196号　4-96, 4-98
上村下村入會有漢市場　かみむらしもむらいりあいうかんいちば　第151号　3-177
上村坪口　かみむらつぼぐち　第124号　3-44
上村七ノ割　かみむらななつわり　第196号　4-96, 4-98
上村波戸釜　かみむらはとのかま　第196号　4-96, 4-98

上村福田村入會〔上村、福田村〕 かみむらふくだむらいりあい 第76号 2-28, 5-112, 5-113, 5-287
上村和屋 かみむらわや 第124号 3-44
上目黒村 かみめぐろむら 第90号 2-85, 2-87, 5-120, 5-123, 5-291
神守○ かみもり 第118号 3-20, 5-159, 5-297
神谷浦 かみやうら 第139号 3-121, 5-186, 5-303, 5-306
上八木村〔八木〕 かみやぎむら 第128号 3-62, 5-181, 5-304
上八木村 かみやぎむら 第142号 3-134, 5-184
上矢倉村 かみやぐらむら 第125号 3-48, 3-50, 5-166
神社村 かみやしろむら 第117号 3-13, 5-163
上谷新田（藤堂駒五郎知行所） かみやしんでん 第88号 2-76, 5-120
上矢作村 かみやはぎむら 第97号 2-122, 2-123
上八幡村 かみやはたむら 第75号 2-25, 5-99
上矢部村 かみやべむら 第90号 2-91
神谷保平 かみやほだいら 第109号 2-166
上谷保村〔谷保〕 かみやほむら 第90号 2-88, 2-90, 5-120, 5-123, 5-291
上山○ かみやま 第32号 1-109, 1-110, 5-53, 5-56, 5-278
神山 かみやま 第99号 2-131
神山 かみやま 第192号 4-80, 4-81
上山口村〔山口〕 かみやまぐちむら 第136号 3-107, 5-178, 5-306
上山坂村 かみやまさかむら 第145号 3-155
上山下村 かみやましたむら 第141号 3-129, 5-183, 5-306
神山島 かみやまじま 第206号 4-149
上山田村 かみやまだむら 第133号 3-90, 5-175, 5-176, 5-301
上山田村 かみやまだむら 第187号 4-56, 4-58, 5-222, 5-312
上山田村猪ノ鼻 かみやまだむらいのはな 第187号 4-56
神山村（大久保加賀守領分） かみやまむら 第99号 2-129, 2-131, 5-126, 5-291
上山村 かみやまむら 第152号 3-184, 5-196, 5-307
上山村（夏海）（松平大学頭領分）○〔夏海〕 かみやまむら（なつうみ） 第57号 1-198, 5-108, 5-290
上山村枝岩上谷 かみやまむらえだいわがみだに 第163号 3-227
神山村清水 かみやまむらしみず 第99号 2-129
上山本村高原（枕浦冨之助陣屋） かみやまもとむらたかはら 第100号 2-135, 2-138
上谷村○☆ かみやむら 第97号 2-121, 5-126, 5-291
神谷村（大久保出雲守） かみやむら 第101号 5-127
上相村 かみやむら 第144号 3-141, 3-144, 5-192, 5-305
紙屋村☆ かみやむら 第197号 4-102, 5-245, 5-246, 3-314
紙屋村今別府 かみやむらいまべっぷ 第197号 4-102
神谷村川尻 かみやむらかわしり 第101号 2-144
上谷村久保田 かみやむらくぼた 第97号 2-121
上谷村原 かみやむらはら 第97号 2-121
上谷本村（渡邉玄蕃、倉橋作次郎知行所）〔谷本〕 かみやもとむら 第90号 2-90, 5-123, 5-291
上弓削村〔弓削〕 かみゆげむら 第144号 3-145, 5-192, 5-307
上弓削浦 かみゆげむら 第157号 5-210
上杠山村薊佐古 かみゆずりはやまむらあざみさこ 第187号 4-63
上杠山村中村 かみゆずりはやまむらなかむら 第187号 4-63
上杠山村原〔上杠山村、上杠山〕 かみゆずりはやまむらはる 第187号 4-63, 5-223, 5-231, 5-313
上杠山村宮口 かみゆずりはやまむらみやぐち 第187号 4-63
上柚野村（枕浦冨之助）〔柚野〕 かみゆのむら 第100号 2-138, 5-127, 5-291, 5-296
上柚野村瀬古 かみゆのむらせこ 第100号 2-133, 2-135, 2-136, 2-138
上柚野村中西 かみゆのむらなかにし 第100号 2-136, 2-138
上ヨイチ○ かみよいち 第20号 1-64, 5-44, 5-275
上横内村 かみよこうちむら 第141号 3-129, 5-183
カミヨコセキ 第32号 1-109
上吉田村（大屋右京知行所）〔吉田〕 かみよしだむら 第88号 2-79, 5-291
上吉田村○☆ かみよしだむら 第100号 2-132, 5-127, 5-291
上吉富村〔吉富〕 かみよしとみむら 第141号 3-128, 5-182, 5-304
上四ツ口 かみよつくち 九州沿海図第21 4-279
上依田村 かみよでんむら 第52号 1-182, 5-79
上淀川村○ かみよどかわむら 第63号 1-214, 5-88, 5-283
上里外村 かみりんげむら 第188号 4-67, 4-69, 5-231
上六ケ村 かみろくかむら 第195号 4-92, 5-232
カミロクジャー 第32号 1-111, 5-56
上若江村若江村入會（御料所、永井大和守知行所）〔若江〕 かみわかえむらわかえむらいりあい 第135号 3-100, 5-176, 5-178, 5-301
上和白村 かみわじろむら 第187号 4-60, 5-223
カムイアハ 第17号 1-53, 1-55, 5-42, 5-275
カムイイト 第16号 1-50, 5-39, 5-273
カムイ井ト岬 第11号 1-37, 5-272
カムイウシ 第10号 1-36, 5-34, 5-272
カムイウライウシ 第18号 1-59
カムイウンナイ川 第21号 1-68, 5-45, 5-46, 5-279
カムイコタン 第18号 1-61, 5-44, 5-275
カムイトー湖〔カムイトー〕 第12号 1-41, 5-36, 5-269, 5-273
カムイノカ 第20号 1-64
カムイノシウシ 第28号 1-92, 1-94
カムイハシ 第22号 1-73, 5-30, 5-270, 5-276
カムイヘロキ山〔カムイヘロキ〕 第18号 1-61, 5-275
カム井ルーヲマイ 第21号 1-67, 1-68
カムシヤハ 第12号 1-41, 5-36, 5-269, 5-273
神代神社 かむしろじんじゃ 第162号 3-219, 3-221
神田神社 かむたじんじゃ 第127号 3-59
カムヨマナイ 第25号 1-84, 5-33, 5-277
神村 かむら 第157号 5-195, 5-210, 5-307
冠着山 かむりきやま 第96号 2-114
カムリシマ かむりしま 第139号 3-121
冠﨑 かむりみさき 第160号 3-210, 5-200
冠村 かむりむら 第167号 3-240
加室浦 かむろうら 第170号 5-201
加室浦 かむろうら 第171号 3-265
加室浦枝神子浦 かむろうらえだかみこのうら 第170号 3-261
加室浦枝下泊〔加室〕 かむろうらえだしもどまり 第171号 3-265, 5-311
亀有村（御料所） かめありむら 第90号 2-84, 5-120, 5-123, 5-290
亀石 かめいし 第191号 4-79
亀戸村 かめいど 第90号 2-84, 5-120, 5-123, 5-290
亀岩 かめいわ 第116号 2-203, 2-206
亀岩村 かめいわむら 第159号 3-208, 5-196, 5-199, 5-310
亀浦村〔亀浦〕 かめうらむら 第201号 4-119, 5-236, 5-313, 5-315
亀浦村 かめうらむら 第203号 4-137, 4-139, 5-251, 5-315
亀浦村 かめうらむら 九州沿海図第19 4-271
亀浦村カフリ かめうらむらこうり 第203号 4-137, 4-139
亀浦村椎葉 かめうらむらしいば 第203号 4-137, 4-139
亀尾峠 かめおとうげ 第187号 4-62
亀ケ首岬〔亀首崎、亀首岬〕 かめがくびみさき 第167号 3-244, 5-211, 5-311
亀ケ﨑 かめがさき 第155号 3-190
亀笠島（見立屬） かめがさじま（みたちぞく） 第152号 3-182, 5-195, 5-307
亀川村 かめがわむら 第181号 4-29, 4-31, 5-227, 5-312
亀川村 かめがわむら 第203号 4-134, 5-251
亀川村 かめがわむら 九州沿海図第3 4-201, 4-203
亀川村 かめがわむら 九州沿海図第19 4-272
亀川村日渡 かめがわむらひわたり 第203号 4-134
亀首村 かめくびむら 第115号 2-196, 5-159, 5-297
亀窪村 かめくぼむら 第88号 2-78, 5-120, 5-291
亀﨑 かめざき 第179号 4-22
亀﨑 かめざき 第201号 4-119
亀﨑 かめざき 九州沿海図第6 4-219
亀﨑村 かめざきむら 第115号 2-199, 5-159, 5-162, 5-299
亀沢村 かめさわむら 第208号 4-156, 5-250, 5-314
亀澤村 かめさわむら 九州沿海図第17 4-262
亀沢村池島 かめさわむらいけじま 第208号 4-156
亀沢村山﨑 かめさわむらやまざき 第208号 4-156
亀シマ かめしま 第155号 3-192, 5-189, 5-190
亀シマ かめしま 第164号 5-210
亀島新田 かめじましんでん 第151号 3-178, 5-195, 5-307
亀島岬 かめじまみさき 第151号 3-178
亀島村 かめしまむら 第122号 3-35, 5-173, 5-304
亀島村立石 かめしまむらたていし 第122号 3-35
亀島村耳鼻 かめしまむらにび 第122号 3-35
亀尻 かめじり 第155号 3-191, 5-190
亀須新田 かめずしんでん 第129号 3-66, 5-166, 5-299
亀田○ かめだ 第32号 1-109, 1-110, 5-53, 5-56, 5-278
亀高村 かめたかむら 第90号 2-84, 2-86, 5-120, 5-123
カメタ川 第32号 1-109, 1-110, 5-53, 5-56
亀田川〔亀田〕 かめだがわ 第63号 1-218, 5-88, 5-283
亀谷村 かめたにむら 第166号 3-236, 5-209, 5-212, 5-308
亀谷村下亀谷 かめたにむらしもかめたに 第166号 3-236
亀井塚濱〔亀井塚〕 かめづかはま 第73号 2-16,

5-95, 5-287
亀ト丶　かめとど　第105号　2-154
亀之浦風早　かめのうらかざはや　第201号　4-121
亀之浦霧崎　かめのうらきりざき　第201号　4-121
亀之浦小干　かめのうらこぼし　第201号　4-121
亀浦白濱　かめのうらしらはま　第201号　4-121
亀甲嶋　かめのこうじま　第202号　4-127
亀ノ迫　かめのさこ　九州沿海図第19　4-275
亀房山　かめふさやま　第180号　4-26, 4-28
亀山（石川主殿頭居城）○☆　かめやま　第129号　3-69, 3-72, 5-163, 5-167, 5-301
亀山○☆　かめやま　第133号　3-90, 5-175, 5-301
亀山 風ノ口　かめやまかぜのくち　第133号　3-91
亀山村　かめやまむら　第188号　4-64
亀脇村　かめわきむら　第75号　2-27, 5-99, 5-287
鴨居瀬村　かもいせむら　第192号　4-81, 5-239, 5-240, 5-241, 5-320
鴨居村（松平大和守領分）　かもいむら　第93号　2-101, 5-124, 5-291
鴨居村観音堂〔観音堂〕　かもいむらかんのんどう　第93号　2-101, 5-124
蒲生浦蒲生☆〔蒲生浦、蒲生〕　がもううらがもう　第120号　3-27, 5-145, 5-300
蒲生川　がもうがわ　第52号　1-181, 1-182, 5-79
蒲生郡　がもうぐん　第125号　3-50, 3-51, 5-166, 5-297, 5-301
蒲生郡　がもうぐん　第129号　3-71, 3-73, 5-166, 5-301
蒲生田岬〔蒲生田崎〕　がもうだみさき　第147号　3-160, 3-162, 5-186, 5-303, 5-306
鴨内村　かもうちむら　第127号　3-57, 3-59, 3-61
蒲生村　かもうむら　第87号　2-75, 5-120, 5-290
蒲生村　かもうむら　第145号　3-151, 5-194
蒲生村〔蒲生〕　かもうむら　第188号　4-68, 5-231, 5-313
蒲生村☆　がもうむら　第52号　1-180, 1-181, 1-182, 5-79, 5-284
蒲生村　がもうむら　第178号　4-13, 4-15
蒲生村衣裏　がもうむらきぬうら　第178号　4-13, 4-15
蒲生村下田　かもうむらしもだ　第188号　4-68
蒲生村中河原　がもうむらなかがわら　第178号　4-13, 4-15
蒲生村入部　かもうむらにゅうべ　第145号　3-151
鴨生田川　かもおだがわ　第186号　4-54
鴨方村（太田信濃守知行所、八幡社領）〔鴨形〕　かもかたむら　第111号　2-177, 2-178, 5-160, 5-298
鴨狩山　かもかりやま　第100号　2-137
鴨川　かもがわ　第133号　3-87, 5-174, 5-176
加茂川　かもがわ　第143号　3-136
加茂川　かもがわ　第143号　3-138, 5-192
加茂川　かもがわ　第157号　5-195
加茂川〔カモ川〕　かもがわ　第158号　3-205, 5-197, 5-307
加茂郡　かもぐん　第75号　2-24, 2-26, 5-99
賀茂郡〔加茂〕　かもぐん　第101号　2-140, 2-142, 5-128, 5-292
賀茂郡　かもぐん　第102号　2-147, 5-128
加茂郡　かもぐん　第110号　2-175, 5-158
加茂郡　かもぐん　第114号　2-191, 2-192, 2-193, 2-194, 5-155, 5-156, 5-297
加茂郡　かもぐん　第115号　2-195, 2-196, 2-198, 2-200, 5-155, 5-297
加茂郷　かもぐん　第134号　5-176
加茂郡　かもぐん　第164号　3-228, 5-211, 5-308
加茂郡　かもぐん　第167号　3-240, 3-242, 5-211, 5-308
鴨籠　かもこ　九州沿海図第18　4-264
鴨﨑　かもざき　第201号　4-122
鴨﨑村　かもざきむら　第107号　2-156, 2-158, 5-129
カモシマ　かもじま　第168号　3-247, 5-214
鴨嶋　かもじま　第177号　3-299
鴨神社　かもじんじゃ　第118号　3-21, 5-166
カモス﨑　かもすざき　第167号　3-245
神魂神社　かもすじんじゃ　第155号　3-191, 3-193
鴨瀬〔カモセ〕　かもせ　第203号　4-139, 5-251
鴨セ〔鴨セ〕　かもせ　第206号　4-146, 5-242
鴨瀬　かもせ　第207号　4-153, 5-242, 5-243
鴨瀬　かもせ　九州沿海図第1　4-189
鴨瀬　かもせ　九州沿海図第19　4-271
鴨脊島　かもせじま　第169号　3-250, 5-215
カモソシマ　かもそしま　第210号　5-254, 5-261
鴨谷村　かもだにむら　第136号　3-109, 5-182, 5-306
鴨谷村大道筋　かもだにむらおおみちすじ　第136号　3-109
鴨田村　かもだむら　第88号　2-78
鴨田村（大樹寺領）　かもだむら　第115号　2-198, 2-200, 5-159
金持村　かもちむら　第150号　3-173, 5-189, 5-305
鴨庄村　かものしょうむら　第176号　3-292, 5-219, 5-312
鴨庄村枝厚狭市　かものしょうむらえだあさいち　第176号　3-292
鴨庄村枝原村　かものしょうむらえだはらむら　第1/6号　3-292
鴨瀬　かものせ　第210号　4-169
鴨瀬　かものせ　九州沿海図第13　4-247
加茂宮村（御料所）　かものみやむら　第88号　2-78, 5-120, 5-291
加茂野村　かものむら　第114号　2-193, 2-194, 5-155, 5-156, 5-297
鴨野村　かものむら　第127号　3-59, 3-61, 5-182
鴨ハエ〔カモハエ〕　かもはえ　第183号　4-38, 5-226
カモハヘ　かもはえ　九州沿海図第5　4-210
賀茂別雷神社　かもべつらいじんじゃ　第133号　3-87, 3-90
賀茂御祖神社　かもみおやじんじゃ　第133号　3-87
加茂宮川　かもみやかわ　第82号　2-56, 5-140
加茂村○　かもむら　第70号　1-248, 5-91, 5-285, 5-286
加茂村　かもむら　第75号　2-24, 5-99
鴨村　かもむら　第125号　3-49, 5-174, 5-300
加茂村　かもむら　第136号　3-105, 3-107, 5-182, 5-306
加茂村　かもむら　第151号　3-178, 5-192
鴨村　かもむら　第152号　3-182
加茂村　かもむら　第153号　3-186, 5-191, 5-305
加茂村高畑　かもむらたかはた　第151号　3-178
加茂村橋向　かもむらはしむかい　第151号　3-178
カモメシマ　かもめしま　第141号　5-185
カモメ島　かもめじま　第75号　2-22
カモメセ　かもめせ　第191号　4-78
カモメセ　かもめせ　九州沿海図第12　4-245
カモリ村（加守村）　かもりむら　第135号　3-102
鹿矢　かや　九州沿海図第21　4-279
栢ケ城　かやがじょう　第166号　3-238
栢木　かやき　九州沿海図第21　4-281
蚊焼村　かやきむら　第202号　4-128, 5-236, 5-315
蚊焼村　かやきむら　長崎〔参考図〕　4-129, 4-131
加陽郡　かやぐん　第145号　3-153, 5-192, 5-193, 5-307
加陽郡　かやぐん　第151号　3-176, 3-177, 3-178, 5-192, 5-193, 5-307
可也山　かやさん　第189号　4-70
カヤシマ　かやしま　第155号　3-191, 5-190, 5-204
カヤ島　かやじま　第189号　4-73
萱瀬〔山〕　かやせやま　第201号　4-120
榧谷山　かやたにやま　第127号　3-61
栢田村（御料所、大久保豊前守、松平藤九郎知行所）　かやだむら　第58号　1-201, 5-110, 5-111, 5-290
萠峠　かやとうげ　第67号　1-233
カヤニシマ　第20号　1-63
カヤニシマ岩　第3号　1-15, 5-18, 5-268, 5-270
カヤノマイ　第20号　1-65, 5-45
栢ノ森村〔栢森〕　かやのもりむら　第134号　3-97, 3-98, 5-177, 5-301
萠場鼻〔萠場ハナ〕　かやばはな　第203号　4-137, 5-251
相場岬　かやばみさき　第204号　4-141
萱場村（御料所）　かやばむら　第94号　2-106, 5-118
萱場村（高木九助知行所）〔茅場〕　かやばむら　第111号　2-179, 2-180, 5-161, 5-298
茅原野村（太田摂津守領分）○　かやはらのむら　第102号　2-147, 5-128, 5-298
茅原野村枝坂戸新須郷村入會八木山　かやはらのむらえださかとしんすごうむらいりあいやぎやま　第102号　2-147
茅原野村本須郷村新須郷村入會〔木須郷村、新須郷村〕　かやはらのむらほんすごうむらしんすごうむらいりあい　第102号　2-147, 5-128
カヤベ峠　第32号　1-109, 5-56, 5-279
カヤーマイ川〔カヤノマイ川〕　第21号　1-67, 5-45, 5-275
栢山村　かやまむら　第99号　2-129, 2-131
茅牟田崎　かやむたざき　第212号　4-177, 5-253, 5-261
茅牟田崎　かやむたざき　九州沿海図第15　4-254, 4-255
加陽村　かやむら　第124号　3-42, 3-44
蚊屋村　かやむら　第155号　3-190, 3-192, 5-189, 5-305
加屋村　かやむら　第157号　5-195, 5-307
加屋村　かやむら　第170号　3-258, 5-201, 5-215, 5-311
賀谷村　がやむら　第192号　4-81, 5-239, 5-240, 5-241
加屋村カ瀬　かやむらかぜ　第170号　3-258
加屋村加屋町　かやむらかやまち　第170号　3-258
カヤリシマ　かやりしま　第192号　4-81, 4-82
通浦　かよいうら　第176号　3-289, 5-217
萱生村　かようむら　第134号　3-95, 3-97, 5-176, 5-177
通生村　かようむら　第151号　3-180, 5-194, 5-307
唐網代　からあじろ　第200号　4-117
唐網代　からあじろ　九州沿海図第19　4-274
唐ウス村　からうすむら　第118号　3-20
カラウ瀬〔カラウセ〕　からうせ　第191号　5-238, 5-241
カラウ瀬〔カラウセ〕　からうせ　第204号　4-140, 5-235
唐尾浦☆　からおうら　第139号　3-121, 5-186, 5-303, 5-306
カラカミ山　からかみやま　第154号　3-189
辛川市場村　からかわいちばむら　第145号　3-153, 5-192
辛川市場村新町　からかわいちばむらしんまち　第145号　3-153
唐川村　からかわむら　第121号　3-30, 5-157, 5-

297, 5-300
唐川村○　からかわむら　第123号　3-41, 5-180, 5-304
唐川村　からかわむら　第123号　3-40
唐國村　からくにむら　第121号　3-30, 5-157, 5-166
唐國山　からくにやま　第197号　4-103
韓國山　からくにやま　第197号　4-103
カラクマ村　からくまむら　第203号　5-251
カラクマ村　からくまむら　第208号　4-161
カラクマ村　からくまむら　九州沿海図第13　4-251
カラクマ村　からくまむら　九州沿海図第14　4-253
唐桒村　からくわむら　第47号　1-161, 5-76, 5-284
唐桒村石濵　からくわむらいしはま　第47号　1-161, 5-76
唐桒村神止浦　からくわむらかとまりうら　第47号　1-161, 5-76
唐桒村小鯖浦　からくわむらこさばうら　第47号　1-161, 5-76
唐桒村小舘浦　からくわむらこだてうら　第47号　1-161, 5-76
唐桒村多田越濵　からくわむらただこしはま　第47号　1-161, 5-76
唐桒村馬場濵　からくわむらばばはま　第47号　1-161, 5-76
唐桒村舞根村　からくわむらもうねむら　第47号　1-161, 5-76
辛香村　からこうむら　第145号　3-153, 5-192
唐子浦　からこうら　第139号　3-123, 5-186
唐子崎　からこざき　第139号　3-123
唐越　からこし　第167号　3-244
唐子島〔唐子シマ〕　からこじま　第204号　4-140, 4-142, 5-235
唐頃村　からこむら　第202号　4-124, 5-236, 5-315
唐崎　からさき　第158号　3-204
唐﨑村　からさきむら　第133号　3-92, 5-176, 5-178
カラシホ山　からしおやま　第113号　5-155
カラシマ　からしま　第48号　1-162
唐島〔カツラシマ〕　からしま　第145号　3-149, 5-183, 5-183
唐島　からしま　第152号　3-182, 5-195
唐シマ　からしま　第164号　5-210
辛島　からしま　第165号　3-233, 5-205
カラ島　からじま　第84号　2-63, 2-65
カラシマ　がらしま　第201号　4-122
烏島（伊方浦）　からしま（いかたうら）　第170号　3-261, 5-201
唐嶋村　からしまむら　第188号　4-64
唐洌岩　からすいわ　第192号　4-81
烏尾山　からすおやま　第187号　4-56
カラスカヲタ　第34号　1-118, 5-57
烏岳　からすがたけ　第127号　3-57, 5-180
カラス川　からすがわ　第54号　5-288
烏川　からすがわ　第94号　2-105, 2-107
烏﨑村☆　からすざきむら　第54号　1-187, 5-102, 5-288
烏嶋　からすじま　第169号　3-254
カラス島岬　からすじまみさき　第167号　3-245
鱲城　からすみじょう　第162号　3-221
唐洌村　からすむら　第192号　4-81, 5-239, 5-240, 5-241, 5-320
鳫森村〔烏森〕　からすもりむら　第115号　2-197, 5-159, 5-297
烏山　からすやま　第129号　3-71, 3-73
鳥山　からすやま　第145号　3-153
鳫山村（御料所、窪田小兵衛、志村内藏助、松下河内守知行所）〔烏山村、烏山〕　からすやまむら　第90号　2-85, 2-87, 5-120, 5-123, 5-291
唐津☆　からつ　第189号　4-72, 5-234, 5-238, 5-241, 5-313
唐津岳　からつだけ　第189号　4-72
唐津内　からつない　第36号　1-123
カラツナイ川　第36号　5-60
唐津村二子〔唐津村〕　からつむらふたご　第189号　4-71, 4-72, 5-234, 5-238, 5-241
唐津村妙見浦　からつむらみょうけんうら　第189号　4-71, 4-72
唐戸川　からとがわ　第178号　4-13, 4-15
唐泊浦　からどまりうら　第187号　4-61, 5-233, 5-313
唐泊山　からどまりやま　第187号　4-61
唐櫃村　からとむら　第136号　3-107, 5-178, 5-306
唐猫　からねこ　第158号　3-204
唐橋村　からはしむら　第133号　3-87, 3-90, 5-174, 5-176
唐船ケトモ　からぶねけとも　第212号　5-253
唐船島　からふねじま　第164号　5-210
唐船ハエ　からぶねはえ　第198号　5-248
カラ松島　からまつしま　第117号　3-15
唐松シマ　からまつじま　第192号　4-81, 4-82, 5-239, 5-240, 5-241
赤〔唐〕松シマ　からまつじま　第201号　4-121
唐山　からやま　第187号　4-57, 4-59, 4-60, 4-62
カランコシマ　がらんこじま　第192号　4-81
カラン山　がらんやま　第170号　3-263
狩生村　かりうむら　第183号　4-39, 5-226
狩生村　かりうむら　九州沿海図第5　4-211
刈尾　かりお　第175号　3-286
狩尾村　かりおむら　第192号　4-81, 5-239, 5-241
狩尾村　かりおむら　第193号　4-83, 5-232, 5-312, 5-314
狩尾村　かりおむら　九州沿海図第20　4-276
鳫岳　かりがたけ　九州沿海図第12　4-243
鳫ケ丸　かりがまる　第166号　3-238
加利川　かりがわ　第188号　4-65, 4-66
刈草村　かりくさむら　第195号　4-93, 5-233, 5-315
刈草村　かりくさむら　九州沿海図第18　4-266
雁來﨑　かりこざき　第142号　3-134, 5-185
雁坂峠　かりさかとうげ　第95号　2-112, 2-113, 5-146, 5-150
カリシハ川〔カリンハ川〕　第28号　1-91, 5-50
狩宿村　かりしゅくむら　第181号　4-30, 5-226, 5-312
狩宿村　かりしゅくむら　九州沿海図第3　4-200
狩宿村美濃﨑　かりしゅくむらみのざき　第181号　4-30
カリ瀬〔カリセ〕　かりせ　第203号　4-139, 5-251
カリセ　かりせ　九州沿海図第19　4-271
苅田神社　かりたじんじゃ　第165号　3-232, 5-205
雁田山〔雁廻山〕　かりたやま　第195号　4-93, 4-94, 5-232
苅野一色村　かりのいしきむら　第99号　2-129, 2-131, 5-126
苅野岩村○　かりのいわむら　第99号　2-129, 2-131, 5-126, 5-291
苅野岩村上平　かりのいわむらかみだいら　第99号　2-129, 2-131
苅野神社　かりのじんじゃ　第127号　3-59
カリハヘ　かりはえ　九州沿海図第6　4-215, 4-216
カリハエ　かりばえ　第183号　4-43
カリハエ〔仮ハエ〕　かりばえ　第183号　4-43, 5-228
苅塲澤村〔狩塲沢村〕　かりばさわむら　第40号　1-137, 5-66, 5-280
苅畑　かりはた　九州沿海図第1　4-191
狩濵浦☆　かりはまうら　第171号　3-264, 5-201, 5-311
狩濵浦網代浦　かりはまうらあじろうら　第171号　3-264
狩濵浦廉ノ脇浦　かりはまうらかどのわきうら　第171号　3-264
加理波夜須多神社　かりはやすたじんじゃ　第101号　2-140, 2-142
刈又岬　かりまたみさき　第122号　3-37
刈又岬　かりまたみさき　第147号　3-160, 3-162
カリ水山　かりみずやま　第212号　4-178
刈谷（土井伊豫守居城）〔刈谷〕　かりや　第115号　2-198, 2-199, 5-159, 5-299
加里屋　かりや　第141号　5-183
假屋浦☆　かりやうら　第137号　3-115, 5-184, 5-306
假屋浦☆〔假屋〕　かりやうら　第189号　4-71, 4-73, 5-234, 5-238, 5-241, 5-313
苅谷沢村　かりやさわむら　第96号　2-115, 5-146, 5-294
苅谷沢村日影　かりやさわむらひかげ　第96号　2-114
苅安賀村　かりやすかむら　第118号　3-18, 3-20
苅安峠　かりやすとうげ　第113号　2-189, 5-155, 5-156
借宿村　かりやどむら　第95号　2-111, 5-116, 5-294, 5-296
狩宿村（杁浦冨之助）　かりやどむら　第100号　2-133, 2-135, 2-136, 2-138, 5-127
狩宿村上ノ原　かりやどむらうえのはら　第100号　2-133, 2-135, 2-136, 2-138
借宿村塩沢村〔借宿村〕　かりやどむらしおざわむら　第95号　2-111, 5-116, 5-296
假屋之村　かりやのむら　九州沿海図第10　4-236
假屋之村塩屋〔仮屋之村、假屋之〕　かりやのむらしおや　第211号　4-175, 5-249, 5-261, 5-316
刈谷原町村（刈谷原宿）（御料所）○〔刈谷原〕　かりやはらまちむら（かりやはらしゅく）　第96号　2-115, 2-117, 5-146, 5-294, 5-296
刈谷原町村枝矢室　かりやはらまちむらえだやむろ　第96号　2-115, 2-117
叚山　かりやま　第166号　3-235
川〔苅〕谷村〔刈谷〕　かりやむら　第116号　2-207, 5-163, 5-299
苅屋村　かりやむら　第141号　3-127, 3-131, 5-183, 5-306
苅屋村　かりやむら　第147号　3-161, 5-187, 5-303, 5-306
苅羽郡　かりわぐん　第76号　2-29, 5-112, 5-113, 5-294
刈和野○　かりわの　第63号　1-214, 5-88, 5-283
苅羽村（御料所）　かりわむら　第76号　2-29, 5-112, 5-287, 5-294
カリンバ　第33号　1-113, 5-47, 5-279
輕井澤☆〔軽井沢〕　かるいざわ　第95号　2-111, 5-116
軽井沢村（御料所）　かるいざわむら　第101号　2-140, 5-126, 5-291
狩留家村中山〔狩留家村、狩留家〕　かるがむらなかやま　第167号　3-240, 5-211, 5-308
狩留家村湯坂〔狩留家〕　かるがむらゆざか　第167号　3-240, 5-308
苅萱関跡　かるかやせきあと　第187号　4-59, 4-62
軽子島〔カルコ島〕　かるこじま　第178号　4-12, 5-222, 5-312
軽子嶋　かるこじま　九州沿海図第1　4-190
軽佐　かるさ　九州沿海図第10　4-234

軽部村枝柿木〔軽部村、軽部〕 かるべむらえだかきのき 第151号 3-178, 5-193, 5-307
軽部村枝中島〔軽部〕 かるべむらえだなかじま 第151号 3-178, 5-307
カルモ島〔カルモシマ〕 かるもじま 第139号 3-121, 5-186
佳例川村 かれいがわむら 第199号 4-109, 5-247, 5-261, 5-316
佳例川村 かれいがわむら 九州沿海図第11 4-241
佳例川村柴立 かれいがわむらしばたて 第199号 4-109
佳例川山 かれいがわやま 第199号 4-109, 5-247, 5-261
佳例川山 かれいがわやま 九州沿海図第11 4-241
枯島 かれじま 第117号 3-15
カロウシマ〔ガロウシマ〕 がろうじま 第201号 4-120, 5-236
唐牛村 かろうじむら 第43号 1-145, 5-84, 5-281
鹿老渡☆⚓ かろうと 第167号 3-244, 5-211, 5-213, 5-215, 5-311
カロウト山 かろうとやま 第166号 3-238
加路戸川 かろとがわ 第129号 3-66
加路戸村 かろとむら 第129号 3-66
加路村⚓ かろむら 第143号 3-135, 5-188, 5-304
河井村 かわいむら 第90号 2-90
川井村（太田摂津守領分、米津周防守知行所） かわいむら 第111号 2-179, 2-180, 5-160, 5-298
川合村 かわいむら 第114号 2-191, 2-192
川合村 かわいむら 第118号 3-21
川合村 かわいむら 第127号 3-56, 3-58, 5-175, 5-304
川合村 かわいむら 第129号 3-69, 5-163, 5-301
河井村 かわいむら 第129号 3-71, 5-174, 5-297, 5-300, 5-301
川合村 かわいむら 第165号 3-232, 5-205, 5-308
川合村枝海〔梅〕ケ原 かわいむらえだうめがはら 第127号 3-58
川合村枝大原村 かわいむらえだおおばらむら 第127号 3-56, 3-58
川合村枝臺頭村髙橋 かわいむらえだだいとむらたかはし 第127号 3-56, 3-58
川合村高瀬新田 かわいむらたかせしんでん 第165号 3-232
川入村（御料所、大久保佐渡守、長沢直次郎、前田繁之助、建部六右エ門知行所） かわいりむら 第90号 2-91, 5-126
河内川 かわうちがわ 第194号 4-89, 4-90
川内村○ かわうちむら 第40号 1-139, 5-62
川内村（溝口八十郎知行所） かわうちむら 第94号 2-107, 5-119
河内村〔川内〕 かわうちむら 第149号 3-165, 5-198, 5-303
河内村 かわうちむら 第194号 4-89, 4-90, 5-232, 3-314
川内村葛沢〔川内村葛澤〕 かわうちむらくずさわ 第40号 1-139, 5-62
川内村田之沢 かわうちむらたのさわ 第40号 1-139, 5-62
川内村戸澤〔川内村戸沢、川内、戸沢〕 かわうちむらとざわ 第40号 1-139, 5-62, 5-280
河内山 かわうちやま 第167号 5-211, 5-213
川浦村 かわうらむら 第85号 2-68, 5-142, 5-295
川岡村 かわおかむら 第155号 3-190, 3-192
川ケ迫 かわがさこ 九州沿海図第19 4-271
河上川 かわかみがわ 第176号 5-219
川上川 かわかみがわ 第188号 4-67
川上郡 かわかみぐん 第151号 3-177, 5-193, 5-307
川上郡 かわかみぐん 第156号 3-196, 5-193, 5-307
川上峠 かわかみとうげ 第166号 3-235, 5-209, 5-212
川上村 かわかみむら 第128号 3-62, 3-64
川上村☆〔川上〕 かわかみむら 第188号 4-67, 5-231, 5-313
川上村〔川上〕 かわかみむら 第190号 4-75, 4-76, 5-234, 5-313
川北村 かわきたむら 第127号 3-57
川北村 かわきたむら 第144号 3-141, 5-192, 5-304, 5-306
川北村☆ かわきたむら 第157号 5-195
川北村 かわきたむら 第208号 4-156
川北村 かわきたむら 九州沿海図第17 4-262
河北村 かわぎたむら 第130号 3-75, 5-167, 5-301
川北村 かわぎたむら 第136号 3-105, 5-182
川北村 かわぎたむら 第191号 4-78, 5-238, 5-241
川北村アキクニ谷 かわぎたむらあきくにだに 第163号 3-224
川北村伊勢町○☆〔川北村、川北〕 かわぎたむらいせまち 第163号 3-224, 5-208, 5-307
川北村市場 かわぎたむらいちば 第163号 3-224
川北村枝今在家 かわきたむらえだいまざいけ 第144号 3-141
川北村才田谷 かわぎたむらさいただに 第163号 3-224
川北村新田 かわぎたむらしんでん 第136号 3-105
川北村田ノ平 かわぎたむらたのひら 第163号 3-224
川下村 かわくだりむら 第166号 3-234, 5-209, 5-212, 5-308
川下村谷戸 かわくだりむらたんど 第166号 3-234
川口○ かわぐち 第60号 1-205, 5-84, 5-283
川口（松平山城守領分）○ かわぐち 第66号 1-231, 5-80, 5-92, 5-285
川口○☆ かわぐち 第76号 2-32, 5-112, 5-113
川口（御料所）○ かわぐち 第90号 2-84, 2-85, 5-120, 5-123
川口 かわぐち 第175号 3-285
川口池 かわぐちいけ 第104号 2-151, 2-152
川口村 かわぐちむら 第49号 1-166, 5-69
川口村 かわぐちむら 第49号 1-168, 5-71, 5-74, 5-282
川口村（津田山城守知行所） かわぐちむら 第92号 2-99, 2-100, 5-124, 5-292
川口村○ かわぐちむら 第97号 2-123, 5-117, 5-127, 5-291
川口村 かわぐちむら 第145号 3-152, 5-192
川口村 かわぐちむら 第152号 3-185, 5-196
川口村 かわぐちむら 第157号 5-195, 5-307
川口村矢柱 かわぐちむらやばしら 第152号 3-185
川越（松平大和守居城）○☆ かわごえ 第88号 2-79, 5-120, 5-291
川越通町〔通町〕 かわごえとおりまち 第88号 2-79, 5-120
皮篭村 かわごむら 第68号 1-238, 1-240, 5-106, 5-288
川古村○〔川古〕 かわごむら 第190号 4-76, 5-234, 5-313
川古村上川古 かわごむらかみかわご 第190号 4-76
川古村下川古 かわごむらしもかわご 第190号 4-76
川崎○☆ かわさき 第90号 2-87, 5-123, 5-291
川崎 かわさき 第175号 3-286
川崎 かわさき 第189号 5-234, 5-241
川嵜町〔川崎村〕 かわさきまち 第107号 2-160, 5-160
川崎村 かわさきむら 第39号 1-135, 5-67, 5-82
川崎村 かわさきむら 第75号 2-24, 5-99
川崎村 かわさきむら 第84号 2-63, 2-65, 5-143, 5-295
川崎村 かわさきむら 第88号 2-79
川崎村（御料所、武田國之丞、蒔田八郎左エ門知行所） かわさきむら 第90号 2-89, 5-121, 5-291
川崎村 かわさきむら 第129号 3-69, 5-163, 5-167, 5-301
川崎村 かわさきむら 第135号 3-101, 5-178
川崎村 かわさきむら 第144号 3-141, 5-192, 5-304, 5-306
河嵜村 かわさきむら 第144号 5-192
河崎村 かわさきむら 第155号 3-190, 5-189, 5-190, 5-305
川崎村 かわさきむら 第181号 4-31, 5-227, 5-312
川崎村 かわさきむら 第188号 4-67, 4-69
川崎村一色組 かわさきむらいっしきぐみ 第129号 3-67, 3-69
川崎村内野 かわさきむらうちの 第181号 4-31
川崎村枝小深（江） かわさきむらえだこぶか（え） 第181号 4-31
川崎村枝小深江 かわさきむらえだこぶかえ 九州沿海図第3 4-201
川崎村枝徳原組 かわさきむらえだとくはらぐみ 第129号 3-69
川崎村江見 かわさきむらえみ 第144号 3-141
川崎村則次 かわさきむらのりつぎ 第181号 4-31
川崎村橋爪 かわさきむらはしづめ 第181号 4-31
川治郡〔川沼郡〕 かわじぐん 第67号 1-235, 5-105
川下村 かわしたむら 第180号 4-27, 5-230, 5-312
川下村筏場 かわしたむらいかだば 第180号 4-27
カハ島 かわしま 第175号 5-312
川嶋田村〔川島田村〕 かわしまたむら 第100号 2-132, 2-134, 5-126
川島田村森腰 かわしまたむらもりのこし 第100号 2-132, 2-134
川島村 かわしまむら 第115号 2-198, 5-162, 5-299
川島村 かわしまむら 第129号 3-67, 3-69, 5-166
川島村 かわしまむら 第133号 3-90, 5-175, 5-176, 5-301
川嶋村 かわしまむら 第176号 3-288, 5-219
川島村 かわしまむら 第184号 4-44, 5-228, 5-314
川島村 かわしまむら 第187号 4-56
川嶋村 かわしまむら 九州沿海図第6 4-217, 4-218
川島村○☆ かわじまむら 第84号 2-64, 5-143, 5-295
川島村（一橋殿領分） かわじまむら 第88号 2-78, 5-120, 5-291
川島村寺島 かわしまむらてらしま 第184号 4-44
川島村東海 かわしまむらとうみ 第184号 4-44
川嶋村中津江 かわしまむらなかつえ 第176号 3-

288
川島村之内寺内　かわしまむらのうちてらうち　第133号　3-90
川路村　かわじむら　第110号　2-176, 5-158, 5-161, 5-299
川下　かわしも　九州沿海図第9　4-230
河下村　かわしもむら　第162号　3-219, 5-204, 5-308
川尻　かわしり　九州沿海図第10　4-237
川尻　かわじり　第189号　5-238, 5-241
川尻　かわじり　九州沿海図第10　4-232
川尻潟　かわじりがた　第105号　2-154
河尻町○☆　かわしりまち　第195号　4-93, 5-233, 5-315
河尻町○☆　かわしりまち　九州沿海図第18　4-264, 4-266
川尻村　かわしりむら　第84号　2-63, 5-141
川尻村　かわしりむら　第84号　2-62, 2-64, 5-143, 5-295
川尻村　かわしりむら　第84号　2-64, 5-143, 5-295
川尻村　かわしりむら　第85号　2-68, 5-142, 5-295
川尻村　かわしりむら　第85号　2-68, 5-142, 5-295
川尻村（玉虫重四郎、大久保江七兵エ知行所）　かわしりむら　第101号　2-144, 5-127
川尻村（御料所、鍋島雄之助知行所）☆　かわしりむら　第107号　2-160, 5-160, 5-298
川尻村　かわしりむら　第120号　3-25, 5-145, 5-300
河尻村　かわしりむら　第128号　3-64
川尻村　かわじりむら　第45号　1-152, 5-68
川尻村　かわじりむら　第57号　1-196, 5-104, 5-108, 5-288
川尻村　かわじりむら　第164号　3-229, 5-211, 5-308
川関村　かわせきむら　第132号　3-85, 1-170
川関村　かわぜきむら　第133号　3-91, 5-175, 5-300, 5-301
川関村ノ内上川関　かわぜきむらのうちかみかわぜき　第133号　3-91
河瀬村　かわせむら　第125号　3-48, 3-50, 5-166
川添　かわそえ　九州沿海図第17　4-261, 4-262
川曾川　かわそがわ　第144号　5-192
川曽根川　かわそねがわ　第204号　4-140, 4-142
川髙村　かわたかむら　第144号　3-147
川田川　かわだがわ　第167号　3-241
川立山　かわたてやま　第163号　3-227
川棚川　かわたながわ　第201号　4-121
川棚北村（長府領）〔河棚〕　かわたなきたむら　第177号　3-297, 5-312
川棚下村（長府領）〔川棚村〕　かわたなしもむら　第177号　3-297, 5-220
川棚松屋鋪（長府領）　かわたなまつやしき　第177号　3-297
川棚村枝大久保〔川棚村〕　かわたなむらえだおおくぼ　第201号　4-121, 5-234
川棚村枝小串　かわたなむらえだおぐし　第201号　4-121
川棚村枝白石　かわたなむらえだしろいし　第201号　4-121
川棚村川棚浦〔川棚〕　かわたなむらかわたなうら　第201号　4-121, 5-313
川棚村川棚町☆〔川棚〕　かわたなむらかわたなまち　第201号　4-121, 5-315
河田原村　かわたはらむら　第144号　3-146, 5-192, 5-307
川田村　かわだむら　第98号　2-126, 5-117
川田村　かわだむら　第116号　2-202, 2-204, 5-161, 5-299
川田村　かわだむら　第167号　3-241, 5-211, 5-213, 5-308
川田村下和田　かわだむらしもわだ　第81号　2-52
川田村関嵱　かわだむらせきざき　第81号　2-52
川田村塚本　かわだむらつかもと　第81号　2-52
川田村領家　かわだむらりょうけ　第81号　2-52
河内　かわち　第138号　5-303, 5-306
河内浦　かわちうら　第183号　4-41, 5-228, 5-311, 5-314
川内浦⚠　かわちうら　第204号　4-140, 4-142, 5-235, 5-321
河内浦　かわちうら　九州沿海図第5　4-215
河内浦小蒲江　かわちうらおがまえ　第183号　4-41
川内浦木ケ津　かわちうらきがつ　第204号　4-140, 4-142
川内浦寶亀　かわちうらほうき　第204号　4-140, 4-142
川内浦村〔川内浦〕　かわちうらむら　第201号　4-121, 4-122, 5-235, 5-313, 5-315
川内浦村枝伊ノ浦　かわちうらむらえだいのうら　第201号　4-121
川内浦村髙地　かわちうらむらこうち　第201号　4-121, 4-122
川内浦村畑下　かわちうらむらはたけじも　第201号　4-121, 4-122
河内郡　かわちぐん　第69号　1-244, 1-245, 5-109, 5-289
河内郡　かわちぐん　第135号　3-100, 5-176, 5-177, 5-178, 5-301
川〔内〕田多奴比神社　かわちたたぬひじんじゃ　第127号　3-59
河内國〔河内〕　かわちのくに　第135号　3-101, 5-178, 5-301
河内濵　かわちはま　第104号　2-151, 2-152
川内町村　かわちまちむら　第202号　4-124, 4-126, 5-236, 5-315
河内村　かわちむら　第125号　3-48
河内村　かわちむら　第192号　4-80, 5-239, 5-241, 5-320
河内村　かわちむら　第193号　4-85, 4-87, 5-315
河内村☆　かわちむら　第194号　4-88, 5-229, 3-314
河内村　かわちむら　第200号　4-117, 5-251
河内村　かわちむら　九州沿海図第18　4-266
河内村　かわちむら　九州沿海図第19　4-272
河内村枝鹽屋　かわちむらえだしおや　第193号　4-85
河内村枝舟津☆〔舟津〕　かわちむらえだふなつ　第193号　4-85, 4-87, 5-233, 5-315
河内村枝舟津☆　かわちむらえだふなつ　九州沿海図第18　4-266
河内村白濵　かわちむらしらはま　第193号　4-85, 4-87
河内村田鹽野　かわちむらたしおの　第194号　4-88
河内村中村　かわちむらなかむら　第194号　4-88
河内山　かわちやま　第136号　3-109
川津川　かわづがわ　第102号　2-146, 5-128
川津三郎古墳　かわづさぶろうこふん　第101号　2-142
川津社　かわづしゃ　第102号　2-146
カワヅセ　かわづせ　第169号　3-254
河津原村　かわづはらむら　第173号　3-272, 5-213, 5-308
川津村（板橋右近知行所）　かわづむら　第92号　2-97, 5-111, 5-290
川津村　かわづむら　第187号　4-56, 5-222, 5-312
川手村　かわてむら　第108号　2-165, 5-150, 5-296
川手村　かわてむら　第163号　3-224, 5-208
川手村小坂谷　かわてむらこさかだに　第163号　3-224, 5-307
川樋○　かわとい　第66号　1-231, 5-80, 5-285
川樋新田　かわといしんでん　第66号　1-231, 5-80
川戸川村　かわとがわむら　第60号　1-207, 1-208, 5-85, 5-283
川床村　かわとこむら　第181号　4-33
河床村　かわとこむら　第202号　4-124, 4-126, 5-236, 5-315
川床村（臼杵領）　かわとこむら　九州沿海図第3　4-202
川戸村　かわとむら　第143号　3-137, 3-138, 5-183, 5-304
川戸村　かわとむら　第144号　3-141, 5-183, 5-304
川戸村　かわどむら　第166号　3-234, 5-209, 5-308
川戸村　かわどむら　第166号　3-235, 5-209, 5-212, 5-308
川戸村乙原　かわどむらおんばら　第166号　3-234
川中島村　かわなかじまむら　第90号　2-87, 5-123
川中島村　かわなかじまむら　第97号　2-122, 2-123, 5-117, 5-291
川中島村新屋　かわなかじまむらあらや　第97号　2-122, 2-123
川中村　かわなかむら　第143号　3-137, 5-188, 5-304
川中村鳥居野　かわなかむらとりいの　第143号　3-137
川中子村（鳥居丹波守領分）　かわなごむら　第87号　2-72, 5-109, 5-290
川奈嵱　かわなざき　第101号　2-140, 2-142, 5-125, 5-128
川名津浦☆　かわなづうら　第170号　3-261, 5-201, 5-311
河邊郡　かわなべぐん　第210号　4-170, 5-254, 5-261, 5-317
河邊郡　かわなべぐん　九州沿海図第12　4-242, 4-244
河邊村　かわなべむら　第144号　3-144, 5-192
河邊村尾鼻　かわなべむらおばな　第144号　3-144
川並村　かわなみむら　第121号　3-31, 5-157, 5-174, 5-297, 5-300
川名村（保科越前守領分）　かわなむら　第91号　2-96, 5-123, 5-124, 5-290
川奈村（本多修理知行所）〔川名〕　かわなむら　第92号　2-99, 2-100, 5-124, 5-292
川奈村（御料所）☆⚠　かわなむら　第101号　2-140, 2-142, 5-125, 5-128, 5-292
川名村　かわなむら　第115号　2-197, 5-159, 5-297
川奈村枝小浦　かわなむらえだこうら　第101号　2-140, 2-142
川名村山新田　かわなむらやましんでん　第115号　2-197
川成島村（本郷大和守知行所）　かわなりじまむら　第101号　2-144, 5-127
川成村　かわなりむら　第174号　3-278
川西村　かわにしむら　第129号　3-73
川西村　かわにしむら　第156号　3-194
川西村東城町○〔川西村東城、東城〕　かわにしむらとうじょうまち　第156号　3-194, 5-193, 5-208, 5-307
川之石浦☆　かわのいしうら　第170号　3-259, 3-261, 5-201, 5-311
川之石浦枝赤網代浦　かわのいしうらえだあかじろうら　第170号　3-259, 3-261
川之石浦枝雨井浦　かわのいしうらえだあまいうら　第170号　3-259, 3-261

川之石浦枝内之浦　かわのいしうらえだうちのうら　第170号　3-259, 3-261
川之石浦枝楠濱浦　かわのいしうらえだくすはまうら　第170号　3-261
川之石浦枝鯛ケ浦　かわのいしうらえだたいがうら　第170号　3-259, 3-261
川内村　かわのうちむら　第163号　3-226
川之江村○☆　かわのえむら　第152号　3-184, 5-196, 5-307
川之江村長礒　かわのえむらながいそ　第152号　3-184
川之江村馬場　かわのえむらばば　第152号　3-184
川野村　かわのむら　第115号　2-198, 5-159, 5-162, 5-299
川目村　かわのめむら　第63号　1-216, 5-75, 5-88, 5-283
川走川　かわばしりがわ　第194号　5-229
川端村　かわばたむら　第90号　2-84, 5-120, 5-123
河原　かわはら　第176号　3-289
川原谷村（大久保出雲守領分）　かわはらがやむら　第101号　2-141, 5-126
川原城村　かわはらじょうむら　第134号　3-95, 3-97, 5-176, 5-177
河原田○　かわはらだ　第75号　2-25, 5-99, 5-287
河原田諏訪町○　かわはらだすわまち　第75号　2-25, 5-99
川原村　かわはらむら　第202号　4-128, 5-236, 5-315
川原村　かわはらむら　第207号　4-151, 5-243, 5-321
川原村　かわはらむら　長崎〔参考図〕　4-129, 4-131
川原村大川原村　かわはらむらおおがわらむら　第207号　4-151
河原村出茶屋　かわはらむらでちゃや　第137号　3-112
川原村淵元　かわはらむらふちのもと　第207号　4-151
川張村　かわはりむら　第151号　3-178, 5-194, 5-307
川原村　かわばるむら　第182号　4-34
川原村〔川原〕　かわばるむら　第186号　4-53, 4-55, 5-223, 5-313
川原村〔川原〕　かわばるむら　第190号　4-76, 5-234, 5-313
川原村（臼杵領）　かわばるむら　九州沿海図第21　4-280
川原村長野　かわばるむらながの　第190号　4-76
川東村　かわひがしむら　第129号　3-73
川東村　かわひがしむら　第156号　3-194, 5-193, 5-208
河東村　かわひがしむら　第193号　4-85, 4-86, 5-232
河東村　かわひがしむら　九州沿海図第18　4-266
河東村上野　かわひがしむらうえの　第193号　4-85, 4-86
河東村坂下〔坂下〕　かわひがしむらさかのした　第193号　4-85, 4-86, 5-314
川平山　かわひらやま　第185号　5-244
川袋村　かわふくろむら　第64号　1-220, 5-89, 5-91, 5-283, 5-286
川袋村（牧野備前守領分）〔河袋〕　かわぶくろむら　第76号　2-28, 5-112, 5-113, 5-287, 5-289
河邊奥山　かわべおくやま　第197号　4-101, 5-245
河邊川　かわべがわ　第151号　3-177
河部郡　かわべぐん　第62号　1-213, 5-86
河部郡　かわべぐん　第63号　1-214, 5-86, 5-283
川邉部　かわべぐん　第133号　3-93, 5-178, 5-301
川邉郡　かわべぐん　第135号　3-101, 5-178, 5-301
川邉郡　かわべぐん　第136号　3-106, 5-178
川邉郡　かわべぐん　第137号　3-112, 5-178
河邊中村　かわべなかむら　第122号　3-35, 3-37, 5-173
川部村（御料所、松平藤九郎知行所）　かわべむら　第58号　1-201, 5-110, 5-111, 5-290
川邉村　かわべむら　第107号　2-157, 2-159, 5-160
川辺村　かわべむら　第115号　2-197
川部村　かわべむら　第118号　3-16, 5-156, 5-166
川邉村○☆　かわべむら　第151号　3-178, 5-307
川邉村　かわべむら　第193号　4-84, 4-86, 5-232, 5-312, 5-314
川邉村之内坊袋村〔川邉村、坊袋村〕　かわべむらのうちぼうぶくろむら　第133号　3-86, 5-174, 5-176
河邊山　かわべやま　第197号　4-101, 5-245
川股村　かわまたむら　第49号　1-166, 1-167, 5-69
川又村　かわまたむら　第50号　1-170, 5-71, 5-74, 5-282
川道村　かわみちむら　第125号　3-48, 5-166, 5-297, 5-300
川南村　かわみなみむら　第157号　5-195
川南村内幸土町　かわみなみむらうちこうどまち　九州沿海図第21　4-281
川南村幸土町　かわみなみむらこうどまち　第182号　4-34
川村勘定　かわむらかんじょう　第134号　3-96
河村郡　かわむらぐん　第143号　3-136, 5-188, 5-305
川面小林村　かわもおばやしむら　第151号　3-179, 5-193
河本村　かわもとむら　第166号　3-238, 5-209, 5-308
川本村枝矢谷　かわもとむらえだやたに　第166号　3-234
川本村川本市○〔川本村〕　かわもとむらかわもといち　第166号　3-234, 5-209, 5-212, 5-308
川本村皆口　かわもとむらみなぐち　第166号　3-234
川面村　かわもむら　第151号　3-177, 5-193, 5-307
川面村　かわもむら　第151号　3-179, 5-193
川屋敷村　かわやしきむら　第51号　1-176, 5-77, 5-284
川柳新田　かわやなぎしんでん　第100号　2-132, 2-134, 5-127
川除村　かわよけむら　第136号　3-107, 5-178
河原明戸村（井上内膳正領分）　かわらあけどむら　第88号　2-77
河原明戸村大ケ島〔河原明戸村、河原明戸〕　かわらあけどむらおおがしま　第88号　2-77, 5-121, 5-118, 5-291
河原明戸村上組〔河原明戸〕　かわらあけどむらかみぐみ　第88号　2-77, 5-291
河原市村　かわらいちむら　第121号　3-29, 3-32, 5-172
川原方〔市〕村〔川原〕　かわらいちむら　第125号　3-49, 5-174, 5-300
河原井村（一橋殿領分）　かわらいむら　第88号　2-76, 2-78, 5-120, 5-291
香春川　かわらがわ　第178号　4-15, 4-17, 5-222
カワラキ﨑　かわらきざき　第191号　4-79
川原木村　かわらぎむら　第49号　1-167, 5-71, 5-282
河原木村八太郎村　かわらぎむらはったろうむら　第44号　1-150, 5-68, 5-280
河原口村（永田備後守、松平八十郎、三枝雲平、辻忠兵エ知行所）　かわらぐちむら　第93号　2-103, 5-123, 5-291
河原子村　かわらごむら　第57号　1-196, 5-108, 5-288
河原坂峠　かわらざかとうげ　第164号　5-210
瓦曽根村〔尾曽根村〕　かわらぞねむら　第87号　2-75, 5-120
川原田村　かわらだむら　第129号　3-67, 3-69, 5-163, 5-166, 5-299
瓦田村　かわらだむら　第187号　4-57, 4-59, 4-60, 4-62, 5-223
瓦田村釜蓋原　かわらだむらかまぶたばる　第187号　4-57, 4-59, 4-60, 4-62
河原津　かわらづ　第164号　5-307
河原津村　かわらづむら　第168号　3-248, 5-197, 5-214, 5-311
瓦宮村（阿部銕丸領分）　かわらのみやむら　第135号　3-101, 5-178
河原辺田浦　かわらべたうら　第189号　4-74, 5-235, 5-241
河原部村韮﨑〔韮崎〕　かわらべむらにらさき　第98号　2-124, 5-117, 5-296
川原町　かわらまち　第111号　2-177, 2-178
瓦町　かわらまち　第116号　2-202, 2-204, 5-162
河原町　かわらまち　第133号　3-90
香春町○☆　かわらまち　第178号　4-15, 4-17, 5-222, 5-312
河原村　かわらむら　第129号　3-67
川原村　かわらむら　第136号　3-104, 5-175, 5-304
河原村　かわらむら　第136号　3-109
川原村　かわらむら　第144号　3-146
河原村　かわらむら　第168号　3-246, 5-214
河原村　かわらむら　第177号　3-294, 5-220, 5-309
河原村　かわらむら　第189号　4-70
河良村　かわらむら　第190号　4-75, 4-76, 5-234
河原村河原浦　かわらむらかわらうら　第177号　3-294
河良村久保　かわらむらくぼ　第190号　4-75, 4-76
河良村田久　かわらむらたく　第190号　4-75, 4-76
河原村濵村　かわらむらはまむら　第145号　3-153
河良村山上　かわらむらやまかみ　第190号　4-76
香春山（古城跡）　かわらやま　第178号　4-15, 4-17
河原弓削田村　かわらゆげたむら　第178号　4-17
カハリイシヨモイ〔カハルイシヨモイ〕　第3号　1-15, 5-18, 5-268, 5-270
カワルシラ〔カワウシヽ〕　第10号　1-36, 5-34, 5-272
河曲郡〔川曲郡〕　かわわぐん　第129号　3-66, 3-67, 3-68, 3-69, 5-163
川匂村（大久保加賀守領分）　かわわむら　第99号　2-128, 2-130, 5-125, 5-126
観音寺假屋浦○〔観音寺〕　かんおんじかりやうら　第152号　3-183, 5-307
観音寺琴弾八幡　かんおんじことひきはちまん　第152号　3-183
観音寺中洲浦○〔観音寺〕　かんおんじなかすうら　第152号　3-183, 5-195, 5-307
元恩寺村　がんおんじむら　第144号　3-146, 5-192, 5-307
雁回山　がんかいざん　九州沿海図第18　4-264
観覺寺村　かんがくじむら　第134号　3-98, 5-177
関カケセ　かんかけせ　第206号　4-149
雁ケ地附新田　がんがじつけしんでん　第129号　3-66, 5-159

雁ケ地脇附新田　がんがじわきつけしんでん　第129号　3-66, 5-159
願ケ山　がんがやま　第125号　3-48
寒川村☆　かんがわむら　第71号　1-250, 5-96, 5-97, 5-285, 5-286
カンキウシマ　かんきゅうじま　第202号　4-127, 4-128
願行寺　がんぎょうじ　第133号　3-87, 3-89
岩屈　がんくつ　第178号　4-15, 4-17
勘九濬岬　かんくばえみさき　九州沿海図第4　4-205, 4-208, 4-211
元興寺　がんこうじ　第134号　3-95
願興寺村　がんごうじむら　第123号　3-38, 5-180
上子シマ〔上子シマ〕　かんこじま　第206号　4-149, 5-242, 5-321
鴈子濱　がんごはま　第76号　2-31, 5-138
神坂村　かんざかむら　第150号　3-170, 5-188, 5-305
神崎浦　かんざきうら　第171号　5-201, 5-203
神崎川　かんざきがわ　第135号　3-101
神崎郡　かんざきぐん　第125号　3-48, 3-49, 3-50, 5-166, 5-297, 5-300, 5-301
神﨑郡　かんざきぐん　第187号　4-62, 4-63, 5-223, 5-231
神嵜郡　かんざきぐん　第188号　4-66, 4-67, 4-69, 5-231, 5-313
神前神社　かんざきじんじゃ　第129号　3-67, 5-166
神﨑鼻　かんざきばな　第151号　3-178
神﨑町○☆〔神﨑〕　かんざきまち　第188号　4-67, 5-231, 5-313
神﨑村　かんざきむら　第122号　3-37, 5-173, 5-304
神﨑村　かんざきむら　第123号　3-39, 5-180, 5-304
神﨑村（松平与一領分）○〔神﨑〕　かんざきむら　第135号　3-101, 5-178, 5-301
神崎村☆　かんざきむら　第181号　4-30, 4-33, 5-226, 5-311, 5-312
神﨑村☆　かんざきむら　九州沿海図第4　4-207
神澤村　かんざわむら　第107号　2-156, 5-127, 5-129, 5-291, 5-296, 5-298
菅山寺　かんざんじ　第121号　3-30
カン島　かんじま　第154号　3-189, 5-191, 5-305
岩鷲山　がんしゅうざん　第49号　1-169, 5-74, 5-282
勧修寺村　かんしゅうじむら　第133号　3-87, 3-89, 5-174, 5-176
勧修寺村之内中之茶屋　かんしゅうじむらのうちなかのちゃや　第133号　3-87, 3-89
カンシヤウ山　かんしょうやま　第192号　4-80
鳫代村（太田摂津守領分）⩓　がんじろむら　第111号　2-179, 2-180, 5-160
岩水　がんすい　第143号　5-305
観世音寺　かんぜおんじ　第187号　4-59, 4-62
観世音寺村　かんぜおんじむら　第187号　4-59, 4-62, 5-233
神田　かんだ　第90号　2-84, 5-120, 5-123
蟹田　がんだ　九州沿海図第5　4-213
カンタイ﨑　かんたいざき　長崎〔参考図〕　4-131
カンタイ嶋〔カンタイシマ〕　かんたいじま　第202号　4-127, 4-128, 5-236
カンタイ島　かんたいじま　長崎〔参考図〕　4-131
カンタイ鼻　かんたいはな　第202号　4-127, 4-128
神田川　かんだがわ　九州沿海図第1　4-188
神田郷肥中浦（萩領）　かんだごうひなかうら　第177号　3-295
神田郷村荒田村（萩領）〔神田郷〕　かんだごうむらあらたむら　第177号　3-295, 5-309
神田郷村内岡林村（萩領）　かんだごうむらうちおかばやしむら　第177号　3-295
神田郷村内津波敷村（萩領）〔神田郷〕　かんだごうむらうちつばしきむら　第177号　3-295, 3-297, 5-312
神田郷村特牛浦（萩領）〔神田郷村特牛、特牛〕　かんだごうむらこつというら　第177号　3-295, 5-220, 5-309
神田郷村嶋戸村（萩領）　かんだごうむらしまどむら　第177号　3-295
神田郷村涌浦（萩領）　かんだごうむらわくうら　第177号　3-295
神立村　かんだちむら　第162号　3-219, 3-221, 5-204
神立鼻　かんだつはな　第103号　2-149
神立村　かんだつむら　第77号　2-37, 5-115, 5-289
神田明神　かんだみょうじん　第90号　2-84
勝田明神　かんだみょうじん　第155号　3-190, 3-192
神田村　かんだむら　第96号　2-117
勝田村　かんだむら　第155号　3-190, 3-192, 5-189, 5-190, 5-305
神田村（長府領）　かんだむら　第177号　3-298, 5-220, 5-312
苅田村○☆　かんだむら　第178号　4-12, 4-14, 5-222, 5-312
神田村（長府領）　かんだむら　九州沿海図第1　4-188
苅田村○☆　かんだむら　九州沿海図第1　4-193
感田村　がんだむら　第186号　4-54, 5-222, 5-312
カンテキシマ　かんてきしま　第190号　5-235
月出山村　かんとうむら　第180号　4-26, 5-230, 5-312
月出山村岩戸　かんとうむらいわど　第180号　4-26
月出山村大石峠　かんとうむらおおいしとうげ　第180号　4-26
月出山村鹿倉　かんとうむらかくら　第180号　4-26
月出山村藪村　かんとうむらやぶむら　第180号　4-26
神門郡　かんどぐん　第162号　3-219, 3-220, 3-221, 5-204, 5-308
神門郡　かんどぐん　第165号　3-232, 5-204, 5-308
神門寺　かんどじ　第162号　3-219, 3-221
神滝川〔神流川〕　かんながわ　第94号　2-107, 5-119, 5-291
神奈川　かんながわ　第167号　3-244
カンナキ根　かんなきね　第105号　2-154
神邉駅○　かんなべえき　第157号　5-195, 5-307
燗ナヘシマ　かんなべしま　第206号　5-242
燗鍋島　かんなべじま　第205号　4-145
金成村○〔金成〕　かんなりむら　第51号　1-178, 5-77, 5-284
神成村（松前若狭守領分、竹川兵十郎、竹田法印、宮崎七三郎、三枝金弥知行所）　かんなりむら　第95号　2-110, 5-116, 5-119, 5-291
神成山　かんなりやま　第95号　2-110
神南山　かんなんざん　第170号　3-258
神主村　かんぬしむら　第172号　3-268, 5-212, 5-308
カン子島　かんねじま　第167号　3-243
観念窟　かんねんくつ　第138号　3-119
甲浦　かんのうら　第149号　3-165, 5-198, 5-303
カンノコ　かんのこ　第167号　3-244, 5-215
神瀬川　かんのせがわ　第163号　3-225
金納村　かんのむら　第188号　4-68, 5-231
観音　かんのん　第99号　2-131
観音　かんのん　第145号　5-194
観音　かんのん　第183号　4-40, 4-42, 5-228
観音　かんのん　九州沿海図第19　4-272
観音岩　かんのんいわ　第155号　3-191
観音倉山　かんのんくらやま　第124号　3-43
観音小島〔観音小シマ〕　かんのんこじま　第207号　4-153, 5-243, 5-321
観音崎　かんのんざき　第161号　3-216
観音﨑　かんのんざき　第167号　3-242
観音﨑　かんのんざき　第171号　3-266
観音﨑　かんのんざき　第174号　3-281
観音﨑〔観音岬〕　かんのんざき　第177号　3-297, 5-220
観音﨑　かんのんざき　第179号　4-22
観音岬〔観音サキ〕　かんのんざき　第183号　4-38, 5-226, 5-311
観音崎　かんのんざき　第184号　5-244
観音﨑　かんのんざき　第192号　4-80
観音嵜　かんのんざき　第202号　4-127, 4-128, 5-236
観音﨑〔観音サキ〕　かんのんざき　第206号　4-150, 5-242, 5-243
観音崎〔観音サキ〕　かんのんざき　第207号　4-151, 5-243
観音崎　かんのんざき　第214号　5-259, 5-261
観音﨑　かんのんざき　九州沿海図第1　4-189
観音寺　かんのんじ　第88号　2-77, 2-79
観音寺　かんのんじ　第90号　2-89, 2-91
観音寺　かんのんじ　第127号　3-56
観音島　かんのんじま　第84号　2-62, 2-64, 5-142
観音嶋　かんのんじま　第202号　4-124
観音寺村　かんのんじむら　第124号　3-44
観音寺村　かんのんじむら　第127号　3-56, 5-180
観音寺村　かんのんじむら　第134号　3-95, 5-176, 5-301
観音寺山〔観音山〕　かんのんじやま　第115号　2-195, 2-200, 5-158
観音寺山　かんのんじやま　第125号　3-50
観音新開　かんのんしんかい　第167号　3-241, 5-211, 5-213
観音岳　かんのんだけ　第98号　2-125, 2-127, 5-151
観音堂〔観音〕　かんのんどう　第90号　2-84, 5-120, 5-123
観音堂　かんのんどう　第129号　3-69
観音堂　かんのんどう　第192号　4-82
観音堂村〔観音寺村〕　かんのんどうむら　第133号　3-89, 5-176
観音濬　かんのんはえ　九州沿海図第5　4-215
観音濬　かんのんばえ　第171号　3-266, 5-203
観音岬　かんのんみさき　第198号　4-106
観音﨑　かんのんみさき　第204号　4-142
観音岬　かんのんみさき　第211号　4-174, 5-248, 5-261, 5-316
観音岬　かんのんみさき　長崎〔参考図〕　4-131, 4-133
観音山　かんのんやま　第111号　2-180
観音山　かんのんやま　第166号　3-238
観音山　かんのんやま　第185号　4-50
観音山　かんのんやま　第188号　4-67
神馬　かんば　九州沿海図第21　4-279
カンハクノ尾サキ　かんはくのおさき　第165号　3-233
上八院村〔上八院〕　かんばちいんむら　第188号　4-66, 4-68, 5-231, 5-313
神庭村　かんばむら　第150号　3-174, 5-193
神庭村　かんばむら　第155号　3-191, 3-193
上林興屋村　かんばやしこうやむら　第70号　1-247, 5-91, 5-285
蒲原○　かんばら　第107号　2-156, 5-127

浦〔蒲〕原郡　かんばらぐん　第72号　2-13, 5-96, 5-97, 5-285, 5-286
蒲原郡　かんばらぐん　第73号　5-95, 5-287
蒲原郡　かんばらぐん　第74号　2-19, 2-20
上原村　かんばらむら　第143号　3-135, 3-136
神原村　かんばらむら　第165号　3-232
上原村打杭〔上原〕　かんばらむらうちぐい　第127号　3-56, 5-304
神原山　かんばらやま　第95号　2-110, 5-116, 5-119
カン引浦　かんびきうら　第103号　2-149
カン引山　かんひきやま　第166号　3-237
寒風山　かんぷうさん　第62号　1-211, 5-87, 5-283
神戸（本多説三郎居城）○☆　かんべ　第129号　3-69, 5-163, 5-299
神戸皮多村　かんべかわたむら　第141号　3-129, 5-183
神辺シマ　かんべじま　第201号　4-121
上牧村　かんまきむら　第133号　3-92, 5-176, 5-178, 5-301
冠岩　かんむりいわ　第121号　3-29
冠ケ岳〔冠岳〕　かんむりがたけ　第99号　2-131, 5-126
冠島〔カムリシマ〕　かんむりじま　第124号　3-42, 5-180
冠島　かんむりじま　第154号　3-188, 5-191, 5-305
冠岳　かんむりだけ　第129号　3-70, 5-166
冠岳　かんむりだけ　第184号　4-47
冠岳　かんむりだけ　第194号　4-89, 4-90
冠岳　かんむりだけ　第210号　4-168, 5-252, 5-261
冠ハヘ〔冠ハエ〕　かんむりはえ　第198号　4-105, 4-106, 5-246
冠ハヘ　かんむりはえ　九州沿海図第8　4-224
冠村　かんむりむら　第133号　3-92
冠山　かんむりやま　第166号　3-238, 5-209, 5-212
冠山　かんむりやま　第194号　4-89
冠山　かんむりやま　第195号　5-232
鰀目村　かんめむら　第84号　2-62, 2-64, 5-142, 5-295
神守村　かんもりむら　第162号　3-219, 3-221
元屋村　がんやむら　第153号　3-186, 5-191
感〔咸〕陽島　かんようじま　第161号　3-213, 3-215, 5-203
甘樂郡　かんらぐん　第94号　2-107, 5-119, 5-291
甘楽郡　かんらぐん　第95号　2-110, 5-116, 5-119, 5-291
甘呂村☆　かんろむら　第125号　3-48, 3-50, 5-166, 5-297, 5-300

#【き】

喜阿彌村　きあみむら　第174号　3-278, 5-216, 5-308
紀伊郡　きいぐん　第133号　3-87, 3-89, 3-90, 3-91, 3-92, 5-176, 5-301
基肄郡　きいぐん　第187号　4-59, 4-62, 5-313
基肄郡　きいぐん　第188号　4-65, 4-66, 5-231
キイサキ　きいさき　九州沿海図第14　4-252
紀伊國〔紀伊〕　きいのくに　第131号　3-79, 5-179, 5-301, 5-302
紀伊國〔紀伊〕　きいのくに　第138号　3-118, 3-120, 5-179
給黎郡　きいれぐん　第209号　4-165, 4-167
給黎郡　きいれぐん　第210号　4-170, 5-254, 5-261, 5-317
給黎郡　きいれぐん　九州沿海図第10　4-237
給黎郡　きいれぐん　九州沿海図第12　4-242
木臼島　きうすじま　第164号　3-228, 5-210
木生村　きうむら　第144号　3-142
木浦村　きうらむら　第194号　4-90
木江寺村熊谷村入會〔木江寺村、熊谷村〕　きえじむらくまんたにむらいりあい　第85号　2-68, 5-142
祇王三郎丸村　ぎおうさぶろうまるむら　第120号　3-26, 5-145
妓王寺　ぎおうじ　第133号　3-90
祇園　ぎおん　第133号　3-87
祇園社　ぎおんしゃ　九州沿海図第18　4-266
キヲン瀬　きおんせ　第204号　4-140, 4-142
祇園村　ぎおんむら　第125号　3-48, 5-166
祇園村　ぎおんむら　第145号　3-153
祇園村山浦　ぎおんむらやまうら　第145号　3-153
祇園山　ぎおんやま　第189号　4-72
祇園山　ぎおんやま　第194号　4-88, 4-90, 5-229
氣賀伊目村〔伊目村〕　きがいめむら　第111号　2-181, 5-161
氣賀老ヶ谷　きがおいがたに　第111号　2-181, 5-161
氣賀上村（御関所）　きがかみむら　第111号　2-181
氣賀呉石村〔呉石村、呉石〕　きがくれいしむら　第111号　2-181, 5-161, 5-299
氣賀小森村〔小森村、小森〕　きがこもりむら　第111号　2-181, 5-161, 5-299
氣賀下村〔下村〕　きがしもむら　第111号　2-181, 5-161, 5-299
氣賀町（近藤縫殿助在所）○☆　きがまち　第111号　2-181, 5-161, 5-299
城上神社　きがみじんじゃ　第165号　3-233
氣賀油田村〔油田村、油田〕　きがゆだむら　第111号　2-181, 5-161, 5-299
氣賀葭本村〔葭本村〕　きがよしもとむら　第111号　2-181, 5-161
キカルシ　第33号　1-112, 5-47, 5-279
木岐浦　ききうら　第147号　3-163, 5-187, 5-303, 5-306
木岐浦枝田井　ききうらえだたい　第147号　3-163
木岐浦白濱　ききうらしらはま　第147号　3-163
喜木津浦☆　ききつうら　第170号　3-259, 5-201, 5-311
喜々津川　ききつがわ　第202号　4-125, 4-126
喜々津村　ききつむら　第202号　4-125, 4-126, 5-236, 5-315
桔梗ヶ原　ききょうがはら　第96号　2-119
木伐山村　ききりやまむら　第100号　2-135, 2-138
菊江川　きくえがわ　第193号　5-232
菊川　きくがわ　第111号　2-177, 2-178
企救郡　きくぐん　第177号　3-299
企救郡　きくぐん　第178号　4-13, 4-15, 5-222, 5-312
企救郡　きくぐん　九州沿海図第1　4-189, 4-193
菊坂峠　きくさかとうげ　第47号　1-159, 5-72
菊里村　きくさとむら　第150号　3-170, 5-189
菊田郡　きくたぐん　第55号　1-191, 1-192, 5-104, 5-288
菊池川　きくちがわ　第193号　4-84, 4-86
菊池川　きくちがわ　第193号　4-85, 4-86
菊池郡　きくちぐん　第193号　4-84, 4-85, 4-86, 5-230, 5-312, 5-314
木口山　きぐちやま　第163号　3-222
菊名村（松平大和守領分）　きくなむら　第93号　2-101, 5-124, 5-291
聞部神社　きくべじんじゃ　第123号　3-39, 3-41, 5-180
喜久森　きくもり　九州沿海図第2　4-198
菊屋嶋　きくやじま　第124号　3-42
喜光寺　きこうじ　第134号　3-95, 3-100
木古内○　きこない　第32号　1-111, 5-56, 5-279
木興村　きこむら　第134号　3-94
鬼篭村　きこむら　第179号　4-23, 5-225, 5-312
鬼籠村（御料）　きこむら　九州沿海図第2　4-198
騎西町場○　きさいまちば　第88号　2-76, 5-120, 5-291
紀左エ門新田　きざえもんしんでん　第115号　2-197, 2-199, 5-159, 5-297, 5-299
象潟　きさかた　第64号　1-219, 1-220, 5-89, 5-283, 5-286
木坂村　きさかむら　第192号　4-81, 5-239, 5-240, 5-241, 5-320
木嵜　きざき　第168号　3-247
木崎村　きざきむら　第126号　3-55, 5-175, 5-300, 5-301
木崎村枝市場　きざきむらえだいちば　第126号　3-55
木指川　きさしがわ　第202号　4-123, 4-124
氣佐藤村　きさとむら　第139号　3-122, 5-171, 5-303, 5-306
吉佐美村（向井将監知行所）　きさみむら　第102号　2-147, 5-128, 5-298
吉佐美村多田戸　きさみむらたたと　第102号　2-147
吉佐村　きさむら　第155号　3-192, 5-189, 5-190, 5-305
キサラウシ　第17号　1-53, 5-42, 5-275
キサラコツ　第28号　1-92, 5-50, 5-278
木更津（御料所、稲葉播磨守領分）○☆　きさらづ　第91号　2-95, 5-122, 5-290
木澤村　きさわむら　第146号　3-159, 5-194, 5-307
喜澤村（御料所）〔喜沢村〕　きざわむら　第87号　2-72, 5-109, 5-290
岸井村　きしいむら　第178号　4-16, 5-312
岸井村　きしいむら　九州沿海図第2　4-195
岐志浦　きしうら　第189号　5-233, 5-241
岸岡村枝打越〔岸岡村〕　きしおかむらえだうちこし　第129号　3-69, 5-163
岸上村　きしかみむら　第136号　3-109, 5-182, 5-304
岸川村　きしがわむら　第190号　4-75
岐宿村⚠　きしくむら　第207号　4-151, 4-153, 5-243, 5-321
岐宿村枝楠原村　きしくむらえだくすはらむら　第207号　4-151, 4-153
岐宿村枝川霧村　きしくむらえだこうむむら　第207号　4-153
岐宿村姫島〔姫島〕　きしくむらひめしま　第207号　4-151, 5-243, 5-321
岸山王　きしさんのう　第48号　1-164
岸岳　きしだけ　第189号　4-72
岸田村　きしだむら　第134号　3-95, 3-97, 5-176, 5-177
岸田村（本多肥後守領分）　きしだむら　第141号　3-129
岸津　きしつ　第175号　3-287
鬼神野村　きじのむら　第194号　4-91, 5-245, 3-314
鬼神野村河上迫　きじのむらかわかみさこ　第194号　4-91
鬼神野村河原　きじのむらかわはる　第194号　4-91
岸濱村☆　きしはまむら　第153号　3-186, 5-191
岸姫松　きしひめのまつ　第135号　3-101, 5-178
岸姫松　きしひめのまつ　第135号　3-101, 5-178
吉志部村（稲葉丹後守、永井飛騨守領分）　きしべむら　第135号　3-101, 5-178
木島　きじま　第145号　3-149, 3-151, 5-192, 5-194, 5-306
木嶋　きじま　第196号　4-96, 4-98

木島〔木シマ〕　きじま　第200号　4-117, 4-118, 5-250
木島　きじま　第203号　4-138
木嶋　きじま　九州沿海図第16　4-257
木嶋　きじま　九州沿海図第19　4-275
杵島郡　きしまぐん　第190号　4-75, 4-76, 5-313
木島村　きじまむら　第100号　2-135, 2-138, 5-127
木島村小山　きじまむらこやま　第100号　2-135, 2-138
鬼島山　きしまやま　第193号　4-83
鬼島山　きしまやま　第193号　4-83
鬼嶋山　きしまやま　九州沿海図第20　4-276
岸水村　きしみずむら　第120号　3-24, 3-26, 5-145, 5-297, 5-300
岸見村　きしみむら　第175号　3-285, 5-218, 5-312
岸見村和田　きしみむらわだ　第175号　3-285
岸村（御料所）　きしむら　第88号　2-78, 5-120
岸村　きしむら　第88号　2-79, 5-120, 5-291
岸村（太田摂津守領分）　きしむら　第111号　2-177, 5-160
岸村　きしむら　第141号　3-130
岸村　きしむら　第141号　3-128, 5-182
岐志村　きしむら　第189号　4-70, 5-233, 5-241
岐志村山﨑　きしむらやまざき　第189号　4-70
木地面山　きじめんやま　第166号　3-236
木地面山　きじめんやま　第166号　3-236
岸本浦　きしもとうら　第159号　3-206, 5-199, 5-310
岸本村日野郷別所村〔岸本村〕　きしもとむらひのごうべっしょむら　第155号　3-192, 5-189
耆闍崛山羅漢寺　きしゃくつせんらかんじ　九州沿海図第2　4-195
基肄山　きしやま　第187号　4-59, 4-62
木負村（真鍋主水知行所）　きしょうむら　第101号　2-141, 2-143, 5-129
岸良村☆　きしらむら　第211号　4-174, 5-248, 5-261, 5-316
岸良村☆　きしらむら　九州沿海図第9　4-231
岸良村大浦　きしらむらおおうら　第211号　4-174
岸良村舩間　きしらむらふなま　第211号　4-174
岸良村邉塚　きしらむらへつか　第211号　4-174
木代村　きしろむら　第133号　3-91, 3-93, 5-178, 5-301
木代村ノ内崩尻　きしろむらのうちくえじり　第133号　3-91, 3-93
岸和田（岡部左膳居城）☆　きしわだ　第137号　3-116, 5-178, 6-306
鬼神山　きしんやま　第156号　3-195, 3-197, 5-208
来次神社　きすきじんじゃ　第162号　3-220
木次村　きすきむら　第162号　3-220
木次村枝寺領村　きすきむらえだじりょうむら　第162号　3-220
木次村木次町○〔木次村〕　きすきむらきすきまち　第162号　3-220, 5-190, 5-204, 5-308
喜須村〔喜須〕　きすむら　第190号　4-76, 5-234, 5-313
喜須村瀬戸　きすむらせと　第190号　4-76
喜須村早利新田　きすむらはやりしんでん　第190号　4-76
木瀬〔木セ〕　きせ　第189号　4-73, 5-234, 5-238, 5-241
喜瀬川　きせがわ　第101号　2-141
木瀬川村（御料所、大久保出雲守領分）　きせがわむら　第101号　2-141, 5-128, 5-129, 5-291
喜撰法師山　きせんほうしやま　第133号　3-89
木曽垣内村　きそがいとむら　第112号　2-184
木曽川　きそがわ　第109号　2-171
木曽川　きそがわ　第110号　2-173, 5-154
木曽川　きそがわ　第118号　3-18, 5-159, 5-297
木曽村（御料所、倉橋内匠知行所）　きそむら　第90号　2-90, 5-123, 5-291
木曽村界川　きそむらさかいがわ　第90号　2-90
木曽村下矢部　きそむらしもやべ　第90号　2-90
木曽村三谷　きそむらみたに　第90号　2-90
木田○　きだ　第80号　2-45, 5-138, 5-287, 5-294
北朝夷村（水野壹岐守領分）☆〔朝夷〕　きたあさいむら　第92号　2-99, 2-100, 5-124, 5-292
北有路村　きたありじむら　第127号　3-57, 5-180, 5-304
北有地村三ケ村　きたありじむらそうごむら　第127号　3-57
北有馬村谷川名〔北有馬〕　きたありまむらたにがわみょう　第196号　4-97, 5-315
北有馬村田平名〔北有馬村、北有馬〕　きたありまむらたびらみょう　第196号　4-97, 5-233, 5-315
北池村　きたいけむら　第141号　3-130, 5-182, 5-306
北石垣村〔石垣〕　きたいしがきむら　第181号　4-29, 4-31, 5-227, 5-312
北石垣村　きたいしがきむら　九州沿海図第3　4-201, 4-203
北一色村　きたいしきむら　第114号　2-193, 2-194, 5-156, 5-159, 5-297
北一色村　きたいしきむら　第118号　3-20
北一色村北島　きたいしきむらきたじま　第118号　3-16, 3-18
北一色村沓掛　きたいしきむらくつかけ　第118号　3-16, 3-18
北泉村　きたいずみむら　第54号　1-187, 5-102, 5-288
北泉村　きたいずみむら　第182号　4-35
北泉村　きたいずみむら　九州沿海図第21　4-279, 4-281
北市場村　きたいちばむら　第115号　2-197, 5-159, 5-297
北糸岐村〔糸岐〕　きたいときむら　第201号　4-119, 5-236, 5-313, 5-315
喜多院　きたいん　第88号　2-78
北浮田村〔浮田〕　きたうきたむら　第38号　1-127, 5-82, 5-281
北鵜島村　きたうしまむら　第75号　2-22, 5-99
北浦　きたうら　第155号　3-191, 5-190, 5-305
北浦　きたうら　第187号　4-61
北浦菅分　きたうらすがぶん　第155号　3-191
北浦村　きたうらむら　第62号　1-211, 5-87, 5-283
北浦村　きたうらむら　第145号　3-153, 3-155, 5-192, 5-194, 5-307
北ノ浦村〔北浦村〕　きたうらむら　第157号　3-203, 5-210
北江　きたえ　九州沿海図第3　4-204
北蝦夷　きたえぞ　第11号　5-35
北蝦夷　きたえぞ　第12号　5-269
北榎原村　きたえのきはらむら　第208号　4-157, 5-250
北狄村　きたえびすむら　第75号　2-25, 5-99
北江間村　きたえまむら　第101号　2-141, 2-143
北大河原村　きたおおかわらむら　第134号　3-94, 5-167, 5-301
北大河原村今山　きたおおかわらむらいまやま　第134号　3-94
北大河原村中山　きたおおかわらむらなかやま　第134号　3-94
北大草野村〔北大草野〕　きたおおくさのむら　第190号　4-76, 5-234, 5-313
北大草野村一ノ坂　きたおおくさのむらいちのさか　第190号　4-76
北大草野村長谷　きたおおくさのむらながたに　第190号　4-76
北大森村　きたおおもりむら　第90号　2-86, 2-87, 5-123
北岡新田　きたおかしんでん　第116号　2-202, 2-204, 5-161
北岡村　きたおかむら　第81号　2-50
北小川村　きたおがわむら　第195号　4-93, 4-94, 5-232, 5-315
北小川村小川町○　きたおがわむらおがわまち　第195号　4-93, 4-94
北奥田村〔奥田〕　きたおくだむら　第116号　2-207, 5-163, 5-299
北小河内村（御料所）〔小河内〕　きたおごうちむら　第108号　2-165, 5-150, 5-296
北小河内村宮下〔小河内〕　きたおごうちむらみやした　第108号　2-165, 5-296
北音羽村　きたおとわむら　第134号　3-97, 3-98, 5-177
北鬼江村〔鬼江〕　きたおにえむら　第82号　2-55, 2-56, 5-139, 5-140, 5-295
北隠島〔北隠シマ〕　きたかくれじま　第192号　4-81, 4-82, 5-239, 5-240, 5-241
北笠置村〔笠置〕　きたかさぎむら　第134号　3-95, 5-176, 5-301
北方　きたがた　第173号　3-277
北方浦〔北方〕　きたがたうら　第120号　3-24, 5-145, 5-297, 5-300
北カタ根　きたかたね　第103号　2-149
北方鼻　きたかたはな　第165号　3-233, 5-205
北片邊村〔片邉〕　きたかたべむら　第75号　2-25, 5-99, 5-287
北方町○〔北方〕　きたがたまち　第190号　4-75, 5-234, 5-313
北方村　きたかたむら　第85号　2-68, 5-142, 5-295
北方村（倉橋内匠知行所）　きたかたむら　第93号　2-102, 5-123, 5-291
北方村　きたかたむら　第184号　4-45, 5-229
北方村　きたかたむら　第197号　4-103, 4-104, 5-245, 3-314
北方村　きたがたむら　第110号　2-172, 5-154, 5-296
北方村　きたがたむら　第116号　2-207, 5-163, 5-299
北方村　きたがたむら　第118号　3-16, 3-18, 5-166, 5-297, 5-300
北方村　きたがたむら　第118号　3-18, 5-159
北方村　きたがたむら　第145号　3-152, 5-192, 5-307
北方村　きたがたむら　第145号　3-153, 5-192, 5-307
北方村　きたがたむら　第178号　4-13, 4-15, 5-222, 5-312
北方村入佐　きたかたむらいりさ　第197号　4-103, 4-104
北方村金重　きたがたむらかなしげ　第178号　4-13, 4-15
北方村久津具　きたがたむらくつく　第190号　4-75
北方村藏田門　きたかたむらくらたかど　第184号　4-45
北方村黒原　きたかたむらくろばる　第184号　4-45
北方村椎畑門　きたかたむらしいばたかど　第184号　4-45
北方村新町　きたがたむらしんまち　第178号　4-13, 4-15
北方村曽木門☆〔北方〕　きたかたむらそきかど　第184号　4-45, 5-314
北方村曽木門菅原　きたかたむらそきかどすげはる　第184号　4-45
北方村中井　きたがたむらなかい　第145号　3-153
地〔北〕方村長尾田　きたがたむらなごうだ　第153

号　3-187
北方村林〔北方村〕　きたかたむらはやし　第184号　4-45, 5-229
北方村原　きたがたむらはる　第178号　4-13, 4-15
北方村福浦〔北方村、北方〕　きたがたむらふくうら　第153号　3-187, 5-191, 5-305
北方村三ツ屋　きたがたむらみつや　第118号　3-16, 3-18
北方町宮裾　きたがたむらみやすそ　第190号　4-75
北方村四日市　きたがたむらよっかいち　第145号　3-153
北金屋村☆　きたかなやむら　第116号　2-202, 2-204, 5-162
北椛島村☆　きたかばしまむら　第207号　4-152, 5-243
北蒲田村（護國寺領）　きたかまたむら　第90号　2-87, 5-123, 5-291
北釜濱〔北釜〕　きたがまはま　第52号　1-182, 5-79, 5-80, 5-284
北上川　きたかみがわ　第48号　1-163, 5-78, 5-284
北狩○〔北村〕　きたかり　第34号　1-119, 5-57, 5-279
北川尻村　きたかわしりむら　第83号　2-57, 2-61, 5-141, 5-295
北川尻村　きたかわじりむら　第62号　1-212, 5-87, 5-283
北河内村　きたかわちむら　第75号　2-23, 5-99
北川顔村　きたかわづらむら　第133号　3-92, 5-176
北川村　きたがわむら　第84号　2-65, 5-143, 5-295
北河原村　きたがわらむら　第134号　3-95, 5-176, 5-301
北河原村　きたがわらむら　第168号　3-247, 3-249, 5-214, 5-311
北河原村埋口　きたがわらむらうめくち　第134号　3-95
北河原村塩屋　きたがわらむらしおや　第168号　3-247, 3-249
北木島　きたぎしま　第151号　3-181, 5-195, 5-307
北木倉村　きたきのくらむら　第195号　4-92
北木倉村足水　きたきのくらむらあしみず　第195号　4-92
北木倉村東木倉　きたきのくらむらひがしきのくら　第195号　4-92
北木村　きたぎむら　第151号　3-181, 5-195
北串山村金濱名　きたくしやまかなはまみょう　第202号　4-123, 4-124
北串山村　きたくしやまむら　第202号　4-123, 4-124, 5-236, 5-315
北串山村飛子名　きたくしやまむらとびこみょう　第202号　4-123, 4-124
喜多久村　きたくむら　第178号　4-12, 5-222, 5-312
喜多久村　きたくむら　九州沿海図第1　4-190
北蔵　きたくら　第117号　5-299
北郡　きたぐん　第40号　1-137, 5-66, 5-280
北郡　きたぐん　第44号　1-148
喜多郡　きたぐん　第169号　3-252, 5-201, 5-311
喜多郡　きたぐん　第170号　3-258, 3-259, 5-215
北幸田村　きたこうだむら　第145号　3-152
北高根 赤崎　きたこうねあかざき　第203号　4-136
北高根 口高根　きたこうねくちこうね　第203号　4-136
北高根 二本木　きたこうねにほんぎ　第203号　4-136
北小浦村　きたこうらむら　第75号　2-22, 5-99
北小シマ　きたこじま　第206号　4-146
北小松村〔小松〕　きたこまつむら　第125号　3-51, 5-174, 5-300
北駒場村（座光寺忠之助領分）　きたこまばむら　第108号　2-161, 5-151, 5-154
北駒場村越田　きたこまばむらこした　第108号　2-161
北駒場村新田　きたこまばむらしんでん　第108号　2-161
北駒場村新田増野　きたこまばむらしんでんますの　第108号　2-161
北五味塚村〔五味塚〕　きたごみつかむら　第129号　3-66, 3-68, 5-163, 5-166, 5-299
北佐木村〔佐木〕　きたさきむら　第166号　3-235, 5-209, 5-212, 5-308
北澤村　きたさわむら　第136号　3-105
北沢村　きたざわむら　第101号　2-141
北椎田　きたしいだ　九州沿海図第18　4-266
北塩屋浦　きたしおやうら　第139号　3-123, 5-186
北シマ　きたじま　第196号　4-95
北島新田　きたじましんでん　第135号　3-101, 5-178
北島村　きたじまむら　第136号　3-104
北島村　きたじまむら　第188号　4-67, 4-69
北地村　きたじむら　第145号　3-152
北下村（川田六郎左エ門、勝田登之助、大久保三五郎、大久保幸之助、内藤内藏五郎、大久保兵五郎知行所）〔下村〕　きたしもむら　第94号　2-105, 5-119, 5-289
北宿村　きたじゅくむら　第141号　3-130, 5-306
北宿村新宿　きたしゅくむらしんじゅく　第141号　3-130
北庄里方村　きたしょうさとがたむら　第144号　3-145, 5-192
〔北〕庄里方江戸ケ峠　きたしょうさとがたむらえどがとうげ　第144号　3-145
北小路村　きたしょうじむら　第133号　3-93, 5-178
北条村　きたじょうむら　第116号　2-207, 5-163, 5-299
北新開村　きたしんがいむら　第188号　4-68, 5-231
北真經寺　きたしんきょうじ　第133号　3-90, 3-92
木田新田　きだしんでん　第80号　2-45, 5-138
北新田村　きたしんでんむら　第107号　2-159, 5-160
北新保村〔新保〕　きたしんぼむら　第121号　3-31, 3-32, 5-172, 5-174, 5-300
北吸村　きたすいむら　第122号　3-37, 5-173, 5-175, 5-304
北杉田○〔北杦田、杦田〕　きたすぎた　第56号　1-194, 5-103, 5-288
北菅生浦〔菅生〕　きたすごううら　第120号　3-27, 5-145, 5-300
北瀬〔北セ〕　きたせ　第192号　4-80, 5-239, 5-241
北瀬村〔瀬村〕　きたせむら　第192号　4-82, 5-240, 5-241, 5-320
北薗部村　きたそのべむら　第88号　2-79
北大道村（土井大炊頭領分）　きただいどうむら　第135号　3-101, 5-178
北田井村　きたたいむら　第127号　3-59, 3-61
キタ高シマ　きたたかしま　第103号　2-149
北高瀬村　きたたかせむら　第180号　4-27, 5-230, 5-312
北田代村上田代　きたたしろむらかみたしろ　第195号　4-92
北田代山　きたたしろやま　第193号　4-84
北立島村　きたたつしまむら　第75号　2-23, 5-99, 5-287
北竜野村坂　きたたつのむらさか　第141号　3-129, 3-131, 5-183
北田中村　きただなかむら　第141号　3-128
北谷川　きたたにがわ　第124号　5-180
北谷村　きただにむら　第138号　3-119, 5-184, 6-306
地谷村〔北谷村〕　きただにむら　第187号　4-57, 4-59, 5-223
北谷村只越　きただにむらただこし　第187号　4-57, 4-59, 4-62
北田尻村　きたたのしりむら　第195号　4-93, 5-233, 5-315
北田尻村　きたたのしりむら　九州沿海図第18　4-264
北田村（御料所）　きただむら　第55号　1-190, 5-102, 5-288
北田村　きただむら　第107号　2-156, 5-127, 5-129
北田村　きただむら　第121号　3-29, 3-31, 3-32, 5-172, 5-300
北田村　きただむら　第188号　4-68, 5-231, 5-313
北田村山下町　きただむらやましたまち　第188号　4-68
北多良村○☆〔多良〕　きたたらむら　第201号　4-119, 5-234, 5-313, 5-315
北多良村谷分　きたたらむらたにぶん　第201号　4-119
木立村　きたちむら　第183号　4-41, 5-228, 5-311, 5-314
木立村　きたちむら　九州沿海図第5　4-213
木立村須留木　きたちむらするき　第183号　4-41
北津田村　きたつだむら　第125号　3-51, 5-174
北道村〔道村〕　きたどうむら　第139号　3-122, 5-171, 5-303, 5-306
北殿村○　きたとのむら　第108号　2-165, 5-150, 5-296
北泊浦⚓〔北泊村〕　きたどまりうら　第142号　3-133, 5-185
北泊浦枝小海〔北泊〕　きたどまりうらえだおうみ　第142号　3-133, 5-303, 5-306
北泊浦廣谷　きたどまりうらひろたに　第142号　3-133
北外山村〔外山〕　きたとやまむら　第114号　2-194, 5-159, 5-297
北外山村櫻井　きたとやまむらさくらい　第114号　2-194
北酉島新田　きたとりしましんでん　第135号　3-101, 5-178
北長井村　きたながいむら　第88号　2-78
北永井村〔永井〕　きたながいむら　第134号　3-95, 3-97, 5-176, 5-301
北永井村登リ坂　きたながいむらのぼりざか　第134号　3-95, 3-97
北長瀬村〔長瀬〕　きたながせむら　第145号　3-153, 5-307
北長沼村（御料所）〔長沼〕　きたながぬまむら　第107号　2-156, 2-158, 5-129, 5-298
北中村　きたなかむら　第82号　2-55, 2-56, 5-139, 5-295
北長太村〔長太〕　きたなごむら　第129号　3-66, 3-68, 5-163, 5-299
北名護屋村　きたなごやむら　第101号　2-140
北灘浦　きたなだうら　第171号　5-203
北灘浦家次浦〔家次浦〕　きたなだうらいえつぐうら　第171号　3-264, 3-266, 5-203
北灘浦牛ノ浦〔牛ノ浦〕　きたなだうらうしのうら　第171号　3-264, 3-266, 5-203
北灘浦大提浦〔大提浦〕　きたなだうらおおひさげうら　第171号　3-266, 5-203
北灘浦掛網代浦〔掛網代浦、掛網〕　きたなだうらかかりあじろうら　第171号　3-266, 5-203, 5-311
北灘浦喜浦松浦〔喜浦松浦、松浦〕　きたなだうら

きうらまつうら　第171号　3-264, 3-266, 5-203, 5-311
北灘浦國永浦〔國永浦〕　きたなだうらくにながうら　第171号　3-264, 3-266, 5-203
九〔北〕灘浦國延浦〔國延浦〕　きたなだうらくにのぶうら　第171号　3-264, 3-266, 5-203
北灘浦小提浦〔小提浦〕　きたなだうらこひさげうら　第171号　3-266, 5-203
北灘浦尻貝浦〔尻貝浦〕　きたなだうらしりがいうら　第171号　3-265, 3-266, 5-203
北灘浦玉ケ月浦〔玉ケ月浦〕　きたなだうらたまかつきうら　第171号　3-266, 5-203
北灘浦福浦〔福浦〕　きたなだうらふくうら　第171号　3-265, 3-266, 5-203
北灘浦本郷鵜濱浦☆〔鵜濱浦、鵜濱〕　きたなだうらほんごううのはまうら　第171号　3-264, 3-266, 5-203, 5-311
北灘浦宗清浦〔宗清浦〕　きたなだうらむねきようら　第171号　3-264, 3-266, 5-203
北灘浦元浦〔元浦、北灘〕　きたなだうらもとのうら　第171号　3-266, 5-203, 5-311
北名村　きたなむら　第208号　4-156, 4-158, 5-247
北名村　きたなむら　九州沿海図第17　4-261, 4-262
北楢岡○〔楢岡〕　きたならおか　第63号　1-217, 5-88, 5-283
北楢原村　きたならはらむら　第120号　3-26, 5-145
木谷村　きだにむら　第117号　3-15, 5-168, 5-299
木ノ谷村　きだにむら　第141号　3-129, 5-183, 5-304
木谷村　きだにむら　第141号　3-129, 5-183
木谷村　きだにむら　第144号　3-143, 5-192, 5-306
木谷村　きだにむら　第164号　3-229, 5-210, 5-308
木谷村山田原　きだにむらやまだわら　第145号　3-149
北根村（御料所、夏目内膳、人見高榮知行所）　きたねむら　第88号　2-76, 5-118, 5-120, 5-291
北野皮多村　きたのかわたむら　第136号　3-109, 5-182
北久保村　きたのくぼむら　第99号　2-129, 2-131, 5-125, 5-126
北野澤村　きたのさわむら　第102号　2-147, 5-128, 5-298
北ノシマ　きたのしま　第202号　4-125, 4-126
北之庄村　きたのしょうむら　第125号　3-50, 5-174
北庄村　きたのしょうむら　第125号　3-51, 5-174
北荘村　きたのしょうむら　第133号　3-91
北之庄村〔北庄〕　きたのしょうむら　第167号　3-240, 5-211, 5-213, 5-308
北之庄村三軒町〔北ノ庄〕　きたのしょうむらさんげんちょう　第125号　3-50, 5-297, 5-300, 5-301
北之庄村古市　きたのしょうむらふるいち　第167号　3-240
北ノ關村〔北関村、北関〕　きたのせきむら　第188号　4-68, 5-231, 5-313
北ノ原　きたのはら　第102号　2-145
北野原　きたのはら　第175号　3-284
北野村（御料所）　きたのむら　第90号　2-85, 2-87, 2-88, 2-90, 5-291
北野村　きたのむら　第114号　2-190, 5-155, 5-158, 5-297
北野村　きたのむら　第115号　2-198, 2-200, 5-159
北野村　きたのむら　第118号　3-16, 5-156, 5-297
北野村　きたのむら　第127号　3-59, 5-182
北野村　きたのむら　第133号　3-87, 3-90, 5-174, 5-176
北野村　きたのむら　第135号　3-101, 5-178
北野村　きたのむら　第137号　3-114
北野村　きたのむら　第137号　3-113, 5-184
北野村　きたのむら　第141号　3-128, 5-182
北野村　きたのむら　第143号　3-138, 5-188, 5-192, 5-305
北野村　きたのむら　第150号　3-170, 5-188
北野村河原　きたのむらかわら　第118号　3-16
北野村一ツ家　きたのむらひとつや　第114号　2-190
北萩原村〔萩原〕　きたはぎわらむら　第136号　3-107, 3-110, 5-182, 5-306
北走潟村　きたはしりがたむら　第195号　4-93, 5-233
北走潟村　きたはしりがたむら　九州沿海図第18　4-264
北走潟村東走潟　きたはしりがたむらひがしはしりがた　第195号　4-93
北畑　きたはた　九州沿海図第18　4-268
北畑村　きたはたむら　第137号　3-112, 5-178
喜多濱分　きたはまぶん　第158号　3-205, 5-197, 5-307
北濱村　きたはまむら　第116号　2-207, 5-162, 5-299
北濱村　きたはまむら　第126号　3-53, 5-174
北原川村（松平美作守知行所）　きたはらがわむら　第111号　2-179, 5-160
北原新田（御料所）　きたはらしんでん　第69号　1-245, 5-109, 5-289
北原村　きたはらむら　第88号　2-78, 5-120
北原村　きたはらむら　第108号　2-164, 5-150
北原村行衞〔北原村〕　きたはらむらぎょえ　第87号　2-75, 5-120
北半田村〔半田〕　きたはんだむら　第53号　1-186, 5-81, 5-285
北平林村　きたひらばやしむら　第81号　2-50, 2-52
北比良村〔比良〕　きたひらむら　第125号　3-51, 5-174, 5-300
北平山　きたひらやま　第192号　4-80
北廣瀬村　きたひろせむら　第133号　3-91
北廣田村　きたひろたむら　第188号　4-68, 5-231
北福崎村　きたふくさきむら　第129号　3-66, 5-166
北藤原村　きたふじわらむら　第130号　3-76, 5-163, 5-299
北舟路村〔舩路〕　きたふなみちむら　第126号　3-53, 5-174, 5-300
北洞　きたほら　第96号　2-115, 2-117
北本所出村　きたほんじょでむら　第90号　2-84
北前川村〔前川〕　きたまえがわむら　第121号　3-32, 5-172, 5-300
北松ケ崎村　きたまつがさきむら　第75号　2-22, 5-99
北松野村（曽我伊賀守）　きたまつのむら　第100号　2-135, 2-138, 5-127
北松野村北村　きたまつのむらきたむら　第100号　2-135, 2-138
北松野村清水　きたまつのむらしみず　第100号　2-135, 2-138
北松野村山田　きたまつのむらやまだ　第100号　2-135, 2-138
北湊浦☆　きたみなとうら　第139号　3-121, 5-186, 5-303, 5-306
北都塚村（御料所）　きたみやこづかむら　第97号　2-122, 2-123, 5-117
北宮村（菊城）　きたみやむら　第193号　4-84, 4-86, 5-232, 5-312, 5-314
北六田村　きたむだむら　第134号　3-98, 5-177
北村　きたむら　第83号　2-57, 5-141, 5-295
喜多村　きたむら　第118号　3-19, 5-166
喜多村　きたむら　第122号　3-37, 5-173, 5-175
北村○　きたむら　第123号　3-40, 5-180, 5-304
北村　きたむら　第125号　3-51, 5-174
北村　きたむら　第129号　3-66, 5-166, 5-299
北村　きたむら　第133号　3-93, 5-178
北村　きたむら　第141号　3-129, 5-183
北村　きたむら　第144号　3-145, 5-192
木太村　きたむら　第146号　3-157, 3-158, 5-194, 5-307
北村　きたむら　第181号　4-30, 4-33, 5-226, 5-312
北村　きたむら　第188号　4-67, 5-313
北村　きたむら　第195号　4-93, 4-94, 5-233
北村　きたむら　九州沿海図第3　4-202
北村　きたむら　九州沿海図第16　4-260
木田村　きだむら　第118号　3-20
木田村　きだむら　第176号　3-292, 5-219, 5-312
木田村　きだむら　第209号　4-163, 5-247, 5-261, 5-315, 5-316
木田村　きだむら　九州沿海図第10　4-233
北村今福　きたむらいまぶく　第123号　3-40
木田村浦町　きだむらうらまち　第209号　4-162
木田村枝瓜生野　きだむらえだうりうの　第176号　3-292
木田村大谷〔木田村〕　きだむらおおたに　第129号　3-67, 3-69, 5-163
北村里村兎並村入會〔北村〕　きたむらさとむらうなみむらいりあい　第134号　3-95, 5-301
木田村洲先　きだむらすさき　第209号　4-163
北村駄市河原○　きたむらだいちがはら　第188号　4-67, 5-231
北牧村〔牧〕　きたもくむら　第78号　2-41, 5-119, 5-289
北八木村　きたやぎむら　第134号　3-97, 3-98, 5-177, 5-301
北安田村　きたやすだむら　第155号　3-192, 5-189, 5-190, 5-305
北山　きたやま　第100号　2-132, 5-126
北山　きたやま　第100号　2-132
北山　きたやま　第130号　5-167
北山　きたやま　第133号　3-90
北山　きたやま　第173号　3-275
北山　きたやま　第175号　3-286
北山 江泊　きたやまえどまり　第146号　3-156, 3-157
北山崎村　きたやまざきむら　第125号　3-48, 3-50, 5-174
北山田村　きたやまだむら　第133号　3-87, 5-174, 5-176
北山田村〔山田〕　きたやまだむら　第141号　3-128, 5-306
北山 平畑　きたやまひらばた　第146号　3-157, 3-158
北山村（松平斧太郎）　きたやまむら　第100号　2-133, 2-135, 2-136, 2-138, 5-127, 5-291
北山村　きたやまむら　第127号　3-59, 3-61
北山村　きたやまむら　第133号　3-87, 3-90
北山村　きたやまむら　第144号　3-141,5-192, 5-305, 5-307
北山村　きたやまむら　第151号　3-179
北山村比〔此〕田　きたやまむらこうた　第100号　2-133, 2-135, 2-136, 2-138
北山村中井出　きたやまむらなかいで　第100号　2-133, 2-135, 2-136, 2-138
北山村馬場　きたやまむらばば　第100号　2-133, 2-135, 2-136, 2-138
北山村堀之内　きたやまむらほりのうち　第100号　2-133, 2-135, 2-136, 2-138
北山村溝之尾　きたやまむらみぞのお　第100号　2-133, 2-135, 2-136, 2-138
北山村和平　きたやまむらわだいら　第100号　2-133, 2-135, 2-136, 2-138

北山 吉見　きたやまよしみ　第146号　3-157, 3-158
北山鹿苑寺（金閣寺）　きたやまろくおんじ（きんかくじ）　第133号　3-90
北湯ケ野村　きたゆがのむら　第102号　2-147
北横内村　きたよこうちむら　第141号　3-129, 5-183
北吉田村〔吉田〕　きたよしだむら　第168号　3-247, 3-249, 5-214, 5-311
木垂山　きだれやま　第206号　4-149
北若松村〔若松〕　きたわかまつむら　第129号　3-68, 5-163, 5-299
北脇村　きたわきむら　第129号　3-71, 5-174
北和田村〔和田〕　きたわだむら　第127号　3-61, 5-182, 5-304
吉ケ原村　きちがはらむら　第144号　3-144, 5-192, 5-307
狐井村　きついむら　第135号　3-102, 5-177
菊ケ峠　きっかとうげ　第166号　5-209
木塚村　きづかむら　第188号　4-65
木ツ川　きづがわ　第124号　5-180
木津川　きづがわ　第134号　3-95, 5-176, 5-301
木津川　きづがわ　第135号　3-101, 5-178
杵築☆　きつき　第181号　4-31, 5-227, 5-312
杵築（松平備中守居城）　きつき　九州沿海図第3　4-200
杵築☆〔杵築町〕　きづき　第162号　3-219, 5-204
杵築宮内村〔宮内村〕　きづきみやうちむら　第162号　3-219, 5-204, 5-308
杵築矢野村〔矢野村〕　きづきやのむら　第162号　3-219, 3-221, 5-204
キツシマ　きつしま　第55号　1-192
切通村　きづしむら　九州沿海図第13　4-250
木津宿〔木津〕　きづじゅく　第134号　3-95, 5-176, 5-301
吉祥院　きっしょういん　第94号　2-106
吉祥院村　きっしょういんむら　第133号　3-90, 3-92, 5-174, 5-176
吉祥院村ノ内小島　きっしょういんむらのうちこじま　第133号　3-90, 3-92
吉祥院村ノ内西ノ茶屋　きっしょういんむらのうちにしのちゃや　第133号　3-90
吉祥院村ノ内北条　きっしょういんむらのうちほうじょう　第133号　3-90
吉祥山　きっしょうざん　第116号　2-202, 2-204
吉祥寺　きっしょうじ　第90号　2-84
吉祥寺　きっしょうじ　第90号　2-84
吉水院　きっすいいん　第134号　3-98
吉田村　きつたむら　第114号　2-193, 5-155, 5-156
狐崎濱〔狐﨑〕　きつねざきはま　第48号　1-164, 5-78, 5-284
狐地新田村　きつねじしんでんむら　第129号　3-66, 5-159
狐嶋　きつねじま　第176号　3-288, 5-217
狐島村　きつねじまむら　第108号　2-165
狐塚村　きつねづかむら　第52号　1-179, 5-77, 5-79
木津庄濱分塩江〔木津庄濱分、木津庄〕　きづのしょうはまぶんしおえ　第123号　3-39, 5-180, 5-304
木積山　きづみやま　第123号　3-38, 3-40, 5-180
木津村　きづむら　第83号　2-57, 5-141, 5-295
喜連川（喜連川左兵衛督在所）○☆　きつれがわ　第69号　1-244, 5-106, 5-288
木寺村（小笠原源右エ門知行所）　きでらむら　第135号　3-101, 5-178
城東郡　きとうぐん　第111号　2-178, 2-179, 5-160, 5-298
北仰村　きとげむら　第121号　3-31, 3-32, 5-174
城所村　きどころむら　第99号　2-128
キトシナイ　第11号　1-37, 5-35, 5-272
木戸村（御料所、森山源五郎知行所）　きどむら　第89号　2-80, 5-111, 5-290
木戸村（御料所、安藤長次郎知行所）　きどむら　第89号　2-83, 5-111, 5-290
木戸村　きどむら　第126号　3-52, 3-53, 5-174, 5-300
木戸村　きどむら　第163号　3-224, 5-208
城戸村　きどむら　第177号　3-296, 5-220, 5-312
城戸村　きどむら　第187号　4-59, 4-62, 5-223, 5-231, 5-313
城戸村枝江良　きどむらえだえら　第177号　3-296
城戸村白坂　きどむらしらさか　第187号　4-59, 4-62
城戸村西長野　きどむらにしながの　第177号　3-296
キナウシトマツフ岩　第6号　1-22, 1-24, 5-26
木内村　きなしむら　第124号　3-42, 3-44
木梨村　きなしむら　第136号　3-111, 5-182, 5-306
キナチヤウシ　第28号　1-91, 5-43, 5-274
キナトイシ　第6号　1-22, 1-24, 5-26, 5-270
衣掛嵜　きぬかけばえ　第160号　3-210, 5-202
衣笠山　きぬがさやま　第98号　2-126, 5-117
衣笠山　きぬがさやま　第125号　3-50, 5-174
綿笠山　きぬがさやま　第202号　4-123, 4-124
鬼怒川　きぬがわ　第69号　1-244, 5-109, 5-288
衣川村○　きぬがわむら　第126号　3-53, 5-174, 5-300, 5-301
絹シマ　きぬしま　第145号　5-185
絹島　きぬしま　第146号　3-156, 5-185
衣山村　きぬやまむら　第168号　3-247, 5-214, 5-311
杵島　きねしま　第196号　4-95
杵島　きねしま　第204号　4-140, 5-235
杵島　きねしま　第204号　4-142
木上村　きのうえむら　第181号　4-29, 5-227
木上村（延岡領）　きのうえむら　九州沿海図第3　4-203
木能津村〔能津〕　きのうづむら　第152号　3-185, 5-196, 5-307, 5-310
木浦村　きのうらむら　第157号　3-203, 5-210
甲川　きのえがわ　第150号　3-171, 5-189
木ノ上村　きのえむら　第197号　4-101
紀ノ川　きのかわ　第138号　3-120, 5-186, 5-303, 5-306
木野子○　きのこ　第34号　1-119, 5-57, 5-279
木ノ子シマ　きのこじま　第151号　3-179, 3-181, 5-195
木ノ子シマ　きのこじま　第157号　5-210
木之子村　きのこむら　第151号　3-179
城崎郡　きのさきぐん　第124号　3-42, 5-180, 5-304
城嵜郡　きのさきぐん　第124号　3-42, 3-44
木下濱　きのしたはま　第192号　4-81, 4-82
木下村○　きのしたむら　第108号　2-165, 5-150, 5-296
木下村　きのしたむら　第128号　3-65
木下村〔木ノ下〕　きのしたむら　第133号　3-87, 5-174, 5-176, 5-301
木下村　きのしたむら　第178号　4-15, 5-222
木下村西　きのしたむらにし　第178号　4-13, 4-15
木野部村　きのっぷむら　第41号　1-142, 5-62, 5-280
木ノ根村　きのねむら　第82号　2-55, 5-139
木之部村　きのべむら　第127号　3-59
木之部村　きのべむら　第136号　5-182
木之丸　きのまる　九州沿海図第2　4-195
木ノ實山　きのみやま　第166号　3-234
木宗山　きのむねやま　第167号　3-240
木本○☆　きのもと　第121号　3-30, 5-157, 5-297, 5-300
木之本浦（紀州殿領分）○☆〔本木〕　きのもとうら　第132号　3-83, 1-170, 5-301, 5-302
木野山村〔木之山〕　きのやまむら　第157号　5-208, 5-307
木乗村　きのりむら　第163号　3-226, 5-208, 5-307, 5-308
木原村　きのわらむら　第143号　3-137, 3-138
木橋村　きばしむら　第123号　3-38, 3-39
木鉢郷　きばちごう　第202号　4-127, 4-128
木鉢郷　きばちごう　長崎〔参考図〕　4-131, 4-133
木場村　きばむら　第141号　3-130, 5-183
木原村　きはらむら　第133号　3-91, 5-300, 5-301
木原村　きはらむら　第134号　3-97, 3-98, 5-177
木原村　きはらむら　第157号　5-210, 5-307
木原村新宅〔木原村〕　きはらむらしんたく　第126号　3-55, 5-175
木原屋峠　きばらやとうげ　第163号　5-208
黍生谷村○　きびうだにむら　第112号　2-182, 5-152, 5-296
吉備川　きびがわ　第144号　3-144, 3-146, 5-192, 5-307
吉備川　きびがわ　第145号　3-152, 5-192
亀尾川　きびがわ　第173号　3-272
吉備社　きびしゃ　第151号　3-178
吉備神社　きびじんじゃ　第151号　5-192
黍田宮山　きびたみややま　第136号　3-111
吉備津彦神社　きびつひこじんじゃ　第145号　3-153, 5-192
吉備津彦神社〔吉備津社〕　きびつひこじんじゃ　第151号　3-178, 5-192
キヒトタンナイ　第13号　1-44, 5-37, 5-273
キヒトタンナイ川　第13号　1-44, 5-37, 5-273
吉備宮　きびのみや　第164号　5-307
吉備前川　きびまえかわ　第163号　3-224
若美村（御料所、井上河内守、松平伊豆守領分、土屋勝右エ門地行所）〔吉美〕　きびむら　第111号　2-181, 5-161, 5-299
吉美村〔吉見村〕　きびむら　第141号　3-131, 5-183
喜福寺　きふくじ　第90号　2-84
喜福寺　きふくじ　第90号　2-89, 2-91
岐阜町○　ぎふちょう　第118号　3-16, 3-18, 5-156, 5-159, 5-297
木舩シマ〔キフネスマ〕　きふねじま　第183号　4-38, 5-226
木舩嶋　きふねじま　九州沿海図第5　4-211
木舩新田村　きぶねしんでんむら　第96号　2-118, 5-150, 5-296
鬼舞村　きぶむら　第80号　2-46, 2-49, 5-138, 5-294
木生山　きぶやま　第187号　4-59, 4-62
來振山　きぶりやま　第118号　3-16
喜平島　きへえじま　第145号　3-155, 5-185
儀兵エ新田〔儀兵衛新田〕　ぎへえしんでん　第89号　2-81, 2-83, 5-122
木部川　きべがわ　第172号　3-270
木部谷村　きべだにむら　第173号　3-273, 5-216, 5-308
金邊峠　きべとうげ　第178号　4-15, 4-17, 5-222, 5-312
木部村　きべむら　第133号　3-93, 5-178
木部村　きべむら　第172号　3-270, 5-216, 5-308
吉部村　きべむら　第175号　3-283, 5-219, 5-309
木部村　きべむら　第179号　4-19, 5-225
木部村　きべむら　第195号　4-93
木部村之内新宅　きべむらのうちしんたく　第133号　3-93
木部村原　きべむらはら　第172号　3-270

木全村　きまたむら　第118号　3-18, 3-20, 5-159
來海山　きまちやま　第162号　3-218, 3-220
木丸山　きまるやま　第187号　4-57, 4-60
紀三井寺　きみいでら　第138号　3-120, 5-186, 5-303, 5-306
紀三井寺村　きみいでらむら　第138号　3-120, 5-186
君川村　きみかわむら　第94号　2-107
君川山　きみかわやま　第95号　2-110
君澤郡　きみさわぐん　第99号　2-131, 5-129
君沢郡〔君澤郡〕　きみさわぐん　第101号　2-141, 2-143, 5-129, 5-298
君沢村　きみざわむら　第77号　2-35, 2-37, 5-115, 5-289
君嶌〔君島〕　きみしま　第141号　3-127, 3-131, 5-183, 5-185, 5-306
君塚村（川口久助知行所）　きみづかむら　第89号　2-82, 5-111, 5-122
木村　きむら　第127号　3-57, 5-180
キムンクワトマリ　第20号　5-44, 5-275
キメサワ　第36号　1-121, 1-122
鬼面山　きめんざん　第68号　1-239, 1-241
肝屬郡　きもつきぐん　第199号　4-111, 4-112, 5-316
肝屬郡　きもつきぐん　第209号　4-164, 4-166, 5-316
肝屬郡　きもつきぐん　第211号　4-174, 4-175, 5-249, 5-261, 5-316
肝屬郡　きもつきぐん　九州沿海図第9　4-228, 4-231
肝屬郡　きもつきぐん　九州沿海図第10　4-234, 4-236
木守村　きもりむら　第186号　4-54
木守村作出　きもりむらさくで　第186号　4-54
鬼門崎岩〔キモンサキ岩〕　きもんざきいわ　第124号　3-46, 5-181
木屋角　きやかど　九州沿海図第16　4-256, 4-258
キヤクロ山　きやくろやま　第131号　3-78
氣山村　きやまむら　第121号　3-32, 5-172
木屋村　きやむら　第133号　3-92, 5-176, 5-178, 5-301
木屋村　きやむら　第163号　3-226, 5-208, 5-307
木屋村樽谷　きやむらたるたに　第163号　3-226
牛角山　ぎゅうかくやま　第210号　4-172
牛角山　ぎゅうかくやま　九州沿海図第12　4-243, 4-246
吸江寺　ぎゅうこうじ　第159号　3-206, 3-208
吸江村　ぎゅうこうむら　第159号　3-206, 3-208, 5-200, 5-310
久左エ門新田　きゅうざえもんしんでん　第90号　2-84, 5-120, 5-123
給下村　きゅうしたむら　第162号　3-220, 5-204, 5-305, 5-308
休治山　きゅうじやま　第144号　3-142
九千部山　きゅうせんぶやま　第187号　4-62
久僧村　きゅうそうむら　第123号　3-38, 5-180, 5-304
九的山　きゅうてきざん　第192号　5-241, 5-320
牛轉岬　ぎゅうてんみさき　第176号　3-292
給田村（御料所、三浦久五郎、三浦五郎三郎知行所）　きゅうでんむら　第90号　2-85, 2-87, 5-120, 5-123, 5-291
久徳村　きゅうとくむら　第118号　3-17, 3-19, 5-166
給分濱　きゅうぶんはま　第48号　1-164, 5-78
給分村　きゅうぶんむら　第84号　2-63, 2-65, 5-143
九枚島〔九マイシマ〕　きゅうまいじま　第189号　4-71, 4-73, 5-234, 5-238, 5-241
久來石◯　きゅうらいし　第68号　1-238, 5-103, 5-288
嚴木村◯〔厳木〕　きゅうらぎむら　第190号　4-75, 5-234, 5-313
嚴木村鶴　きゅうらぎむらつる　第190号　4-75
久郎原村〔久郎原〕　きゅうろうばるむら　第188号　4-68, 5-231, 5-313
清井田村　きよいだむら　第110号　2-176, 5-158, 5-161
清井村　きよいむら　第155号　3-192, 5-189, 5-190
京　きょう　第133号　5-174, 5-176
教雲寺　きょううんじ　第90号　2-84
教覚寺　きょうがくじ　第90号　2-85, 2-87
経ケサキ　きょうがさき　第207号　5-243
経ケ島　きょうがしま　第153号　3-186
経ケ島　きょうがしま　第165号　3-233, 5-204
経島　きょうがじま　第52号　1-180
經岬〔經﨑〕　きょうがみさき　第123号　3-38, 5-173, 5-304
經ケ峯　きょうがみね　第130号　3-74, 5-167, 5-301
行基寺　ぎょうきじ　第118号　3-20
教元寺　きょうげんじ　第90号　2-84
京シマ　きょうじま　第192号　4-80
経シマ　きょうじま　第192号　4-81
経シマ　きょうじま　第192号　4-81, 4-82
行内村（御書院番與力給地、久貝又三郎知行所）　ぎょうじむら　第58号　1-200, 1-201, 5-110, 5-290
行事村　ぎょうじむら　第178号　4-15, 4-17, 5-222, 5-312
行事村　ぎょうじむら　九州沿海図第1　4-193
行者窟　ぎょうじゃくつ　第102号　2-145
行者岬　ぎょうじゃみさき　第125号　3-49, 3-51
行者岬　ぎょうじゃみさき　第145号　5-185
行者山　ぎょうじゃやま　第133号　3-91, 5-175
行者山　ぎょうじゃやま　第136号　5-175
行者山　ぎょうじゃやま　第136号　5-182
行者山　ぎょうじゃやま　第156号　3-197
行田〔行田町〕　ぎょうだ　第88号　2-77, 5-118, 5-120, 5-291
兄弟島　きょうだいじま　第189号　4-73
京田村　きょうだむら　第122号　3-37, 5-175, 5-304
京地釜村（大久保鉄藏知行所）　きょうちがまむら　第58号　1-199, 5-110
経縁〔塚〕　きょうづか　第141号　3-130
經塚　きょうづか　第162号　3-218
行當﨑　ぎょうどうざき　第148号　3-167, 5-198
行徳村　ぎょうとくむら　第143号　3-135, 5-188, 5-304
行徳村　ぎょうとくむら　第188号　4-64
行堂嶋　ぎょうどじま　第177号　3-294
京泊浦☆　きょうどまりうら　九州沿海図第13　4-247
京泊名浦分　きょうどまりみょううらぶん　第202号　4-123, 4-124
京泊名水ノ浦　きょうどまりみょうみずのうら　第202号　4-123, 4-124
行人岳　ぎょうにんだけ　第203号　4-136, 5-251
京隈村　きょうのくまむら　第188号　4-65, 4-66, 5-231, 5-313
京シマ　きょうのしま　第192号　4-81, 5-239, 5-240, 5-241
京上臈島　きょうのじょうろうじま　第145号　3-155, 5-185
京濱　きょうのはま　第152号　3-183, 5-195
行野濱　ぎょうのはま　第76号　2-31, 5-138, 5-287, 5-294
行原村　ぎょうのはらむら　第136号　3-107, 3-110, 5-182, 5-306
京橋　きょうばし　第145号　5-192
京橋川　きょうばしがわ　第167号　3-241
行方村　ぎょうほうむら　第143号　3-138
鏡容池　きょうようち　第133号　3-90
経読山　きょうよみさん　第180号　5-222
教來石　きょうらいし　第98号　2-125, 5-150, 5-296
境良城山　きょうらぎさん　第155号　3-193
境良城山　きょうらぎさん　第155号　3-193
京良木村　きょうらきむら　九州沿海図第18　4-269
教樂来村　きょうらぎむら　第193号　4-87
教良木村　きょうらぎむら　第196号　4-99, 5-250
教良木村　きょうらぎむら　九州沿海図第19　4-274, 4-275
教良木村大平　きょうらぎむらおおびら　第196号　4-99
教良木村小野川　きょうらぎむらおのがわ　第196号　4-99
教良木村ソノフ　きょうらぎむらそのふ　第196号　4-99
教良木村干平　きょうらぎむらほしびら　第196号　4-99
清ケ平山　きよがたいらやま　第163号　3-224
玉泉寺　ぎょくせんじ　第100号　2-135
玉相寺　ぎょくそうじ　第90号　2-84, 2-86
玉宝寺　ぎょくほうじ　第99号　2-131
玉浦山　ぎょくほさん　第192号　5-241
清須◯　きよす　第115号　2-197, 5-159, 5-297
清末（毛利讃岐守在所）毛利讃岐守在所　きよすえ　第177号　3-298, 5-220, 5-312
清須枝北市場村　きよすえだきたいちばむら　第115号　2-197
清末（毛利讃岐守在所）　きよすえむら　九州沿海図第1　4-188
清住村　きよすみむら　第141号　3-130
清瀬村　きよせむら　第155号　3-192, 5-189, 5-190
清瀧　きよたき　九州沿海図第1　4-191
清滝川　きよたきがわ　第133号　5-175, 5-176
清滝山　きよたきやま　第164号　5-211
清滝山　きよたきやま　第173号　5-213
清武村　きよたけむら　第164号　5-210, 5-308
清綱村　きよつなむら　第163号　3-226, 5-208
清綱村唐樋　きよつなむらからひ　第163号　3-226
清富村　きよとみむら　第124号　3-43, 3-46, 5-181, 5-304
清野村　きよのむら　第81号　2-53, 5-146, 5-294
清野村越　きよのむらこし　第81号　2-52
清藤廻江村　きよふじまいのえむら　第195号　4-93
清藤廻江村　きよふじまいのえむら　九州沿海図第18　4-264
清藤村　きよふじむら　第210号　4-168, 4-172, 5-252, 5-261, 5-317
清藤村　きよふじむら　九州沿海図第12　4-246
清藤村大迫　きよふじむらおおさこ　第210号　4-168, 4-172
清部◯　きよべ　第36号　1-124, 5-60, 5-281
清水寺　きよみずでら　第133号　3-87
清水寺　きよみずでら　第155号　3-190, 3-192
清水寺　きよみずでら　第188号　4-68, 5-231, 5-313
清水寺境内西坂本　きよみずでらけいだいにしさかもと　第136号　3-108
清水寺境内東坂本　きよみずでらけいだいひがしさかもと　第136号　3-105
清水村　きよみずむら　第118号　3-16
清水村　きよみずむら　第155号　3-190, 3-192, 5-189, 5-190
清宗村　きよむねむら　第188号　4-64, 5-230
木與村　きよむら　第174号　3-279, 3-280, 5-217, 5-309
清盛墓　きよもりはか　第167号　3-242
喜来浦　きらいうら　第142号　3-133

吉良川浦　きらがわうら　第148号　3-167, 5-198, 5-310
吉良川浦枝黒耳浦　きらがわうらえだくろみうら　第148号　3-167
吉良崎島　きらざきしま　第164号　3-228
切石村　きりいしむら　第60号　1-206, 5-84, 5-283
切石村○　きりいしむら　第100号　2-137, 5-127, 5-296
切石村　きりいしむら　第118号　3-18, 5-166
桐生村　きりうむら　第112号　2-183, 2-184, 5-153
桐ケ嵜〔桐ヶ﨑〕　きりがさき　第48号　1-163, 5-78
霧岳　きりがたけ　第178号　4-13, 4-15, 5-222
霧岳　きりがたけ　九州沿海図第1　4-191
キリカチ川　第33号　1-114, 5-47, 5-279
キリキセ山　きりきせやま　第123号　3-39, 3-41
吉里々村　きりきりむら　第47号　1-159, 5-72, 5-282
切串　きりくし　第167号　3-242, 5-211, 5-213
桐小島　きりこじま　第169号　3-250, 3-252
キリコ山　きりこやま　第184号　4-44
霧崎　きりざき　第201号　5-236
桐嵜　きりざき　第207号　4-151, 4-155
桐島　きりしま　第161号　3-213, 3-215, 5-203
霧島川　きりしまがわ　第197号　4-103
霧嶋神社　きりしまじんじゃ　第197号　4-103
霧島山神徳院☆〔霧島神社〕　きりしまやましんとくいん　第197号　4-103, 5-314, 5-316
切瀬〔切セ〕　きりせ　第207号　4-153, 4-154, 5-243
キリタツプ島〔キータツフ島〕　第22号　1-70, 5-27, 5-270
霧峠　きりとうげ　第175号　3-285, 5-218, 5-312
切通村　きりどおしむら　第114号　2-193, 2-194, 5-159
桐木岬　きりのきみさき　第141号　3-127
桐木山　きりのきやま　第207号　4-151, 5-243
キリ小シマ　きりのこじま　第206号　4-149
桐野神社　きりのじんじゃ　第123号　3-41
桐野村　きりのむら　第114号　2-193, 2-194, 5-156, 5-159, 5-297
桐野村　きりのむら　第123号　3-41
桐畑権現山　きりはたごんげんやま　第123号　3-39, 3-41
切畑村　きりはたむら　第129号　3-67
切畑村　きりはたむら　第133号　3-91, 3-93
切畑村　きりはたむら　第136号　3-107, 5-178
切濵〔切濵村〕　きりはま　第124号　3-42, 5-180, 5-304
桐原分　きりはらぶん　第96号　2-117, 5-150
桐原分中原　きりはらぶんなかはら　第96号　2-117
桐原分松本分入會地　きりはらぶんまつもとぶんいりあいち　第96号　2-117
桐原村　きりはらむら　第81号　2-50, 2-52, 5-146
桐原村　きりはらむら　第96号　2-117
霧坊瀬　きりぼうのせ　第192号　4-82
切目﨑　きりめざき　第139号　3-123
霧山村　きりやまむら　第115号　2-200, 5-158, 5-297, 5-299
切山村　きりやまむら　第134号　3-95, 5-301
切山村（萩領）　きりやまむら　第173号　3-277, 5-218
切山村枝草畑　きりやまむらえだくさはた　第134号　3-95, 5-176
桐生山　きりゅうやま　第133号　3-86, 3-88, 5-167, 5-175, 5-176
木料村　きりょうむら　第150号　3-171, 5-189, 5-305
切川村　きれかわむら　第155号　3-190, 3-193
喜路浦　きろうら　第171号　3-265, 3-267, 5-203
キロヲ崎　きろおさき　第154号　3-188, 5-191
際﨑　きわさき　九州沿海図第18　4-265
際﨑　きわさき　九州沿海図第19　4-275
際波村　きわなみむら　第176号　3-293, 5-219
岐波村　きわむら　第176号　3-292, 5-219, 5-312
岐波村内丸尾　きわむらうちまるお　第176号　3-292
木原村（太田摂津守領分、花房仙次郎知行所）　きわらむら　第111号　2-179, 2-180, 5-160, 5-298
金右衞門新田　きんうえもんしんでん　第87号　2-75, 5-120
金花山　きんかざん　第48号　1-164, 5-78, 5-284
金華山　きんかざん　第118号　3-16, 3-18, 5-156, 5-159
金鶏山　きんけいさん　第69号　5-107
金光山　きんこうざん　第145号　3-155
金光寺村　きんこうじむら　第60号　1-207, 1-208, 5-85, 5-87, 5-283
金吾瀬　きんごせ　第192号　4-81
琴﨑　きんざき　第192号　4-80, 5-239, 5-241
金山　きんざん　第127号　3-59
銀山廻〔生野銀山廻〕　ぎんざんまわり　第128号　3-64, 5-182
銀山廻生野峠　ぎんざんまわりいくのとうげ　第128号　3-64
金城山　きんじょうさん　第77号　2-35, 2-36, 5-114, 5-289
吟松寺　ぎんしょうじ　第133号　3-90
金石館　きんせきかん　第192号　4-82
金田市○　きんだいち　第49号　1-166, 5-69, 5-282
錦帯橋　きんたいばし　第173号　3-274, 3-276, 5-213
巾着瀬　きんちゃくせ　第191号　4-78
金時礫石　きんときつぶていし　第99号　2-129, 2-131
金時山　きんときやま　第99号　2-129, 2-131
キンナガ鼻　きんながはな　第103号　2-150
金峯山　きんぶさん　第98号　2-124, 5-116, 5-117, 5-291, 5-296
金峯山寺〔吉野山〕　きんぶさんじ　第134号　3-98, 5-177
金峰山〔金峯山〕　きんぽうざん　第193号　4-85, 5-233
金峰山〔金峯山〕　きんぽうざん　第210号　4-172, 5-254, 5-261, 5-317
金峰山　きんぽうざん　九州沿海図第18　4-266
金峰山一　きんぽうざんいち　九州沿海図第12　4-243
金峰山二　きんぽうざんに　九州沿海図第12　4-243
金北山　きんぽくざん　第75号　2-25, 5-99, 5-287
琴村　きんむら　第192号　4-80, 5-239, 5-241, 5-320
欽明路　きんめいじ　第173号　3-274, 3-276
禁野村　きんやむら　第133号　3-92, 5-176, 5-178, 5-301
金楽寺村　きんらくじむら　第135号　5-178
金立山　きんりゅうさん　第188号　4-67
金龍寺　きんりゅうじ　第90号　2-85, 2-87, 2-88

【く】

久石　くいし　第132号　3-85
杭瀬下村　くいせけむら　第81号　2-53
杭瀬村　くいせむら　第135号　5-178
求院村　ぐいむら　第162号　3-219, 3-221, 5-204, 5-308
久々姥　くうば　九州沿海図第2　4-194
クウロキシマ　くうろきじま　第196号　4-99
久江村　くえむら　第83号　2-61, 5-141
九王村　くおうむら　第164号　3-230, 5-197, 5-210, 5-214, 5-307, 5-311
久遠寺　くおんじ　第133号　3-90
久遠寺奥ノ院〔身延山奥院〕　くおんじおくのいん　第100号　2-137, 5-127
久遠寺門前　くおんじもんぜん　第100号　2-135
久家浦☆　くがうら　第189号　4-70, 5-233, 5-241
玖珂郡　くがぐん　第167号　3-245
玖珂郡　くがぐん　第169号　3-254, 5-218
玖珂郡　くがぐん　第173号　3-272, 3-273, 3-274, 3-275, 3-276, 3-277, 5-218, 5-308
久ケ坂峠　くがさかとうげ　第121号　3-31, 5-157
陸田村　くがたむら　第114号　2-194, 5-159
陸田村出屋敷　くがたむらでやしき　第114号　2-194
陸上村　くがみむら　第124号　3-47, 5-181, 5-304
久賀村　くかむら　第169号　3-251, 5-215, 5-311
陸村　くがむら　第141号　3-131, 5-183
玖珂村　くがむら　第173号　3-276, 5-218, 5-311
久賀村内白石　くかむらうちしらいし　第169号　3-251
久賀村大﨑　くかむらおおさき　第169号　3-251
久家村寺山〔久家村、久家〕　くがむらてらやま　第189号　4-70, 5-233, 5-241, 5-313
九木浦☆⚠　くきうら　第132号　3-82, 5-169, 5-301, 5-302
九木﨑　くきざき　第132号　3-82, 5-169
九木サキ　くきざき　第203号　5-251
釘シマ　くぎしま　第190号　4-77, 5-235
釘島　くぎしま　第190号　4-76
釘嶋〔釘シマ〕　くぎしま　第196号　4-99, 5-233
釘嶋　くぎしま　九州沿海図第19　4-275
茎永村　くきながむら　第213号　4-182, 5-258, 5-261, 5-318
茎永村竹﨑　くきながむらたけさき　第213号　4-182
茎永村濵田　くきながむらはまだ　第213号　4-182
茎永村平山　くきながむらひらやま　第213号　4-182
茎永村廣田　くきながむらひろた　第213号　4-182
釘貫小川村　くぎぬきこがわむら　第150号　3-172, 5-188, 5-305
釘頭山　くぎのとやま　第202号　4-125, 4-126
久木野村☆　くぎのむら　第200号　4-115, 5-250, 5-315
久木野村岩屋河内　くぎのむらいわやかわち　第200号　4-115
久木野村越小場　くぎのむらこしこば　第200号　4-115
久木野村日當野　くぎのむらひとの　第200号　4-115
久木野村茂手木　くぎのむらもてぎ　第200号　4-115, 4-118
釘原　くぎはら　九州沿海図第19　4-272
久木村　くきむら　第84号　2-62, 2-64, 5-143, 5-295
九久平村☆　くぎゅうだいらむら　第115号　2-200, 5-159, 5-297, 5-299
供越峠　くぐいとうげ　第126号　3-54
久々井村　くぐいむら　第145号　3-149, 3-152, 5-192, 5-307
久々井村　くぐいむら　第145号　3-152, 3-154, 5-192, 5-307
柳〔椚〕島　くぐしま　第200号　4-117, 5-250
椚嶋　くぐしま　九州沿海図第19　4-274
久々子村　くぐしむら　第121号　3-32, 5-172
久々田村（御料所、金田友八郎知行所）　くぐたむ

ら　第89号　2-81, 2-83, 5-122, 5-290
十八成濱〔十八成〕　くぐなりはま　第48号　1-164, 5-78, 5-284
久々野村　くぐのむら　第112号　2-182, 2-185, 5-153, 5-297
久々原村　くくはらむら　第188号　4-69, 5-231
久々原村八家　くくはらむらやつえ　第188号　4-69
久々平　くくひら　九州沿海図第19　4-271, 4-273
久喜宮村　くぐみやむら　第188号　4-64
久具村　くぐむら　第195号　4-93, 4-94, 5-232, 5-315
久具村　くぐむら　九州沿海図第18　4-264
久栗坂村　くぐりざかむら　第39号　1-134, 5-67, 5-280
求來里村　くくりむら　第180号　4-27, 5-230, 5-312
求來里村坂ノ下　くくりむらさかのした　第180号　4-27
求來里村下林　くくりむらしもばやし　第180号　4-27
求來里村名里　くくりむらなざと　第180号　4-27
求來里村室迫　くくりむらむろさこ　第180号　4-27
クケト鼻〔潜戸鼻〕　くけとはな　第155号　3-191, 5-190
久下戸村　くげどむら　第88号　2-78
鵠沼村（御料所、布施孫兵エ知行所）　くげぬまむら　第93号　2-103, 5-123
鵠沼村車田　くげぬまむらくるまだ　第93号　2-103
鵠沼村引地　くげぬまむらひきち　第93号　2-103
久下村　くげむら　第88号　2-77, 5-120
久下村今原　くげむらいまはら　第88号　2-79
久下村中新田　くげむらなかしんでん　第88号　2-77
久下山　くげやま　第136号　3-105, 3-108
公郷村（松平大和守領分）　くごうむら　第93号　2-101, 5-124, 5-291
九左衛門新田〔金右エ門新田〕　くざえもんしんでん　第87号　2-75, 5-120
須地山峠　くさおとうげ　第127号　5-175
草加北村〔草加〕　くさかきたむら　第142号　3-134, 5-184, 5-306
草加中村〔草加〕　くさかなかむら　第142号　3-134, 5-184, 5-306
日下部村　くさかべむら　第115号　5-159
草下部村　くさかべむら　第136号　3-107, 5-178, 5-306
草加部村☆　くさかべむら　第145号　3-150, 5-185
草加部村　くさかべむら　第150号　3-174
草ケ部村　くさかべむら　第194号　4-88, 5-229, 3-314
草ケ部村岩神　くさかべむらいわがみ　第194号　4-88
草加部村枝當濱村〔草加部〕　くさかべむらえだあてはまむら　第145号　3-150, 5-185, 5-306
草加部村枝岩谷村〔草加部〕　くさかべむらえだいわがたにむら　第145号　3-150, 5-306
草加部村枝坂手村☆　くさかべむらえださかてむら　第145号　3-150, 5-185, 5-306
草加部村枝橘村〔草加部〕　くさかべむらえだたちばなむら　第145号　3-150, 5-306
草加部村枝田浦村　くさかべむらえだたのうらむら　第145号　3-151
草加部村枝田浦村切谷　くさかべむらえだたのうらむらきりたに　第145号　3-151
草加部村枝西村　くさかべむらえだにしむら　第145号　3-151
草加部村枝苗羽村　くさかべむらえだのうまむら　第145号　3-150
草加部村枝安田村　くさかべむらえだやすだむら　第145号　3-150
草ケ部村大中野　くさかべむらおおなかの　第194号　4-88
草ケ部村社倉　くさかべむらしゃくら　第194号　4-88
草ケ部村永野原　くさかべむらながのはる　第194号　4-88
草ケ部村馬場☆　くさかべむらばば　第194号　4-88
草加部村古江村　くさかべむらふるえむら　第145号　3-150
草加部村堀越村　くさかべむらほりこしむら　第145号　3-151
草加南村〔草加〕　くさかみなみむら　第142号　3-134, 5-184, 5-306
日下村　くさかむら　第162号　3-219
草川村　くさがわむら　第134号　3-97, 5-176, 5-177, 5-301
國﨑村　くざきむら　第117号　3-12, 5-163, 5-168, 5-299
久﨑村　くざきむら　第144号　3-140, 5-183, 5-306
草シマ　くさじま　第192号　4-81, 5-239, 5-240, 5-241
草島　くさじま　第196号　4-95
草嶋　くさじま　第207号　4-152
草島村　くさじまむら　第83号　2-58, 5-140
草地村　くさじむら　第179号　4-18, 4-21, 4-23, 5-225, 5-312
草地村（嶋原領）　くさじむら　九州沿海図第2　4-197
草地村芝場　くさじむらしばば　第179号　4-18, 4-21, 4-23
草地村猫石　くさじむらねこいし　第179号　4-18, 4-21, 4-23
草瀬〔草セ〕　くさせ　第210号　4-171, 5-254, 5-261
草瀬　くさせ　九州沿海図第12　4-243
草田山　くさたやま　第166号　3-238
草津○☆　くさつ　第133号　3-86, 5-174, 5-176, 5-301
草津後田村　くさつうしろたむら　第167号　3-241, 5-211, 5-213
草積峠　くさつみとうげ　九州沿海図第19　4-272
草積峠　くさづみとうげ　第196号　4-99, 5-251
艸薙村（酒井大内記知行所）　くさなぎむら　第107号　2-156, 2-158, 5-129
草野　くさの　九州沿海図第10　4-235
草野山　くさのやま　第189号　4-70, 4-72
草八分洞　くさはちぶどう　第102号　2-145
草場村　くさばむら　第180号　4-27, 5-230
草場村　くさばむら　第181号　4-30, 5-225, 5-227, 5-312
草場村〔草場〕　くさばむら　第188号　4-67, 4-69, 5-231, 5-313
草葉村　くさばむら　第188号　4-68, 5-231, 5-313
草場村　くさばむら　九州沿海図第3　4-200
草場村片島　くさばむらかたしま　第180号　4-27
草場山　くさばやま　第187号　4-61
草平新田　くさひらしんでん　第118号　3-20, 5-159, 5-166, 5-297
草深村〔深草村〕　くさぶかむら　第157号　3-200, 5-195, 5-307
草部村　くさべむら　第127号　3-61, 5-182, 5-304
草ケ部村　くさべむら　第145号　3-152
草間村　くさまむら　第81号　2-50
草間村　くさまむら　第116号　2-202, 2-204, 5-162, 5-299
早〔草〕間村　くさまむら　第150号　3-175
草道村　くさみちむら　第208号　4-159
草道村　くさみちむら　九州沿海図第13　4-247
朽網村　くさみむら　第178号　4-13, 4-15, 5-222, 5-312
朽網村　くさみむら　九州沿海図第1　4-191, 4-193
朽網村狸山　くさみむらまみやま　第178号　4-13, 4-15
草本村　くさもとむら　第180号　4-24, 5-222, 5-230, 5-312
草本村枝竜ケ鼻　くさもとむらえだたつがはな　第180号　4-24
草本村枝田良川　くさもとむらえだたらがわ　第180号　4-24
草山　くさやま　第197号　4-102, 5-246
草山村寺尾村〔草山村、草山〕　くさやまむらてらおむら　第127号　3-58, 5-175, 5-304
鎖坂峠　くさりざかとうげ　第176号　3-288, 5-219
クサリ子　第2号　1-13, 5-16, 5-268, 5-270
久澤村（水野出羽守）　くざわむら　第100号　2-135, 2-138, 5-127, 5-291
久沢村枝厚原村北久保　くざわむらえだあつはらむらきたくぼ　第100号　2-135, 2-138
久沢村枝新田　くざわむらえだしんでん　第100号　2-135, 2-138
串　くし　九州沿海図第19　4-275
櫛生村　くしうむら　第170号　3-259, 5-201, 5-311
櫛生村枝沖浦　くしうむらえだおきうら　第170号　3-258
櫛生村枝須澤　くしうむらえだすさわ　第170号　3-259
串浦　くしうら　第181号　5-226
串ケ﨑　くしがさき　第177号　3-298
串﨑〔串サキ〕　くしがさき　第200号　4-117, 5-251
串﨑　くしがさき　九州沿海図第19　4-270
串ケ鼻　くしかはな　第169号　3-251
串ケ鼻　くしがはな　第169号　3-250, 5-215
櫛濱　くしがはま　第175号　3-286
久慈川　くじがわ　第57号　1-197, 1-198
櫛川村　くしかわむら　第121号　3-29, 5-172
串木峠　くしきとうげ　第156号　3-195, 5-208
串木野濱☆　くしきのはま　九州沿海図第13　4-247
串木野村○　くしきのむら　第210号　4-169, 5-252, 5-261, 5-315, 5-317
串木野村○　くしきのむら　九州沿海図第13　4-247
串木野村串木野濱☆　くしきのむらくしきのはま　第210号　4-169, 5-252, 5-261
串木野村嶋平濱　くしきのむらしまびらはま　第210号　4-169
串木野村芹ケ野　くしきのむらせりがの　第210号　4-168
串木野村所﨑　くしきのむらところざき　第210号　4-168
串木野村野元　くしきのむらのもと　第210号　4-169
櫛木村☆　くしきむら　第142号　3-133, 5-187, 5-303, 5-306
櫛木山　くしきやま　第142号　3-133
櫛来村　くしくむら　第179号　4-22, 5-225, 5-312
櫛来村（松平政之助知行）　くしくむら　九州沿海図第2　4-198, 4-204
櫛来村（松平政之助知行）　くしくむら　九州沿海図第3　4-198, 4-204
櫛来村古江　くしくむらふるえ　第179号　4-22
久慈郡　くじぐん　第57号　1-197, 5-108, 5-288
串埼　くしざき　第164号　3-231
串﨑　くしざき　第169号　3-256
串嵜　くしざき　第189号　4-71, 4-73
串嵜〔串山﨑〕　くしざき　第203号　4-136, 4-138, 5-251
串﨑　くしざき　九州沿海図第1　4-188

串サキ　くしざき　九州沿海図第14　4-252
串鯖河内安養寺村　くしさばこうちあんようじむら　第175号　3-284
串鯖河内村（串）　くしさばこうちむら（くし）　第175号　3-284, 5-218, 5-312
串鯖河内村枝上角村　くしさばこうちむらえだこうつのむら　第175号　3-284
クシシマ　くしじま　第155号　3-191
櫛嶌〔櫛島〕　くしじま　第201号　4-122, 5-237, 5-313, 5-315
串嶋　くしじま　第206号　4-150, 5-242, 5-243, 5-321
串田川　くしだがわ　第130号　3-76, 5-163
櫛田宮☆　くしだぐう　第187号　4-60
櫛田社　くしだしゃ　第188号　4-67
串作村　くしつくりむら　第118号　3-18, 3-20, 5-159
櫛津村　くしつむら　第184号　4-44, 4-46
櫛津村　くしつむら　九州沿海図第6　4-218, 4-219
櫛梨村　くしなしむら　第152号　3-182, 5-194
クシナチバトイ〔クシナシハトイ〕　第17号　1-53, 5-42, 5-275
クシナブイ　第21号　1-67
狗子川村茶屋〔狗子川村、狗子川〕　くじのかわむらちゃや　第132号　3-85, 1-170, 5-302
鬮野川村橋杭⚓〔鬮野川村、鬮野川〕　くじのかわむらはしくい　第140号　3-124, 5-170, 5-302
櫛海村　くしのみむら　第179号　4-22, 5-225, 5-312
櫛海村（杵築領）　くしのみむら　九州沿海図第2　4-198
串濱村　くしはまむら　第92号　2-97, 5-111, 5-290
櫛林村　くしばやしむら　第121号　3-29, 3-31, 3-32, 5-172, 5-300
櫛原村　くしはらむら　第188号　4-65, 4-66, 5-231, 5-313
櫛原村枝淵上　くしはらむらえだふちがみ　第188号　4-65, 4-66
久島　くしま　第132号　3-85, 1-170
久島　くしま　第155号　3-191, 5-190
九島　くしま　第171号　3-264, 5-201, 5-311
久シマ　くしま　第201号　4-120, 5-236
九島浦小濱浦〔小濱浦、小濱〕　くしまうらおばまうら　第171号　3-264, 5-201, 5-203, 5-311
九島浦小池浦〔小池浦〕　くしまうらこいけうら　第171号　3-264, 5-201, 5-203
九島浦石應浦〔石應浦〕　くしまうらこくぼうら　第171号　3-264, 5-201, 5-203
九島浦坂下津浦〔坂下津浦〕　くしまうらさかしづうら　第171号　3-264, 5-201, 5-203
九島浦白濱浦〔白濱浦〕　くしまうらしらはまうら　第171号　3-264, 5-201, 5-203
九島浦平浦〔平浦〕　くしまうらひらうら　第171号　3-264, 3-266, 5-201, 5-203
九島浦本郷百浦　くしまうらほんごうひゃくのうら　第171号　3-264
九島浦本九島〔九島浦〕　くしまうらもとくしま　第171号　3-264, 5-201
九島浦蕨浦〔蕨浦〕　くしまうらわらびうら　第171号　3-264, 3-266, 5-201, 5-203
久慈湊☆⚓〔久慈〕　くじみなと　第45号　1-153, 5-68, 5-282
久枝村（酒井近江守知行所）　くしむら　第92号　2-99, 2-100, 5-124, 5-290, 5-292
串村　くしむら　第170号　3-258, 5-201, 5-215, 5-311
串村　くしむら　第189号　4-71, 4-73, 5-234, 5-238, 5-241, 5-313
櫛村　くしむら　第192号　4-81, 5-239, 5-240, 5-241
久志村　くしむら　第210号　4-171, 5-254, 5-261, 5-317
久志村　くしむら　九州沿海図第12　4-243
久慈村○　くじむら　第57号　1-197, 5-108, 5-288
久志村今村濱　くしむらいまむらはま　第210号　4-171
久地村川邉　くじむらかわべ　第90号　2-87
久志村塩屋　くしむらしおや　第210号　4-171
久志村末柏　くしむらすえかし　第210号　4-171
串村冨喜　くしむらとみき　第170号　3-258
串村豊田　くしむらとよた　第170号　3-258
久志村博多浦　くしむらはかたうら　第210号　4-171
久志村平﨑　くしむらひらさき　第210号　4-171
串村松尾　くしむらまつお　第170号　3-258
久地村溝口村（御料所）○〔溝口村〕　くじむらみぞのくちむら　第90号　2-87, 5-123, 5-291
串本浦☆　くしもとうら　第140号　3-124, 5-170, 5-302
串山　くしやま　第176号　3-293
櫛山　くしやま　第200号　4-113
櫛山　くしやま　九州沿海図第16　4-258, 4-260
櫛山鼻　くしやまばな　第177号　3-299
久住村○　くじゅうむら　第182号　4-36, 5-227, 5-312, 5-314
久住村（熊本領）○　くじゅうむら　九州沿海図第21　4-279
久住村一里山　くじゅうむらいちりやま　第182号　4-36
久住村枝阿藏野　くじゅうむらえだあぞうの　第182号　4-36
久住村神馬　くじゅうむらかんば　第182号　4-36
久住村徳ノ尾　くじゅうむらとくのお　第182号　4-36
郡上（小谷）○　ぐじょう（おだに）　第121号　3-30, 5-157, 5-297, 5-300
郡上郡　ぐじょうぐん　第113号　2-188, 2-189, 5-155, 5-156, 5-297
九条村　くじょうむら　第133号　3-87, 3-90, 5-174, 5-176
九條村〔九条〕　くじょうむら　第134号　3-95, 3-97, 5-176, 5-177, 5-301
久城村　ぐじょうむら　第94号　2-106
公庄村　ぐじょうむら　第127号　3-57, 5-180, 5-304
具定村　ぐじょうむら　第152号　3-184, 5-196, 5-307
クシラ　くしら　第48号　1-163
鯨石　くじらいし　第204号　4-140, 4-142
鯨井村　くじらいむら　第88号　2-79
鯨カタ　くじらかた　第52号　1-180
鯨シマ　くじらじま　第155号　3-190
クシラ島　くじらじま　第157号　5-210
鯨シマ　くじらじま　第190号　4-77
鯨瀬〔鯨セ〕　くじらせ　第191号　4-78, 5-238, 5-241
鯨瀬　くじらせ　第192号　4-80
鯨瀬　くじらせ　第201号　4-122
鯨瀬　くじらせ　第204号　4-140, 4-142, 5-235
鯨瀬〔クジラセ〕　くじらせ　第207号　4-155, 5-243
鯨瀬小島　くじらせこじま　第204号　4-140
鯨波（松平越中守領分）○　くじらなみ　第76号　2-30, 5-112, 5-287, 5-294
鯨波 塔輪　くじらなみとうのわ　第76号　2-30, 5-112
鯨濱　くじらはま　第105号　2-154
久志良村　くじらむら　第145号　3-152
鯨山　くじらやま　第46号　1-157
久代村　くしろむら　第156号　3-194, 5-193, 5-208, 5-307
久代村　くしろむら　第172号　3-268, 5-212, 5-308
久城村　くしろむら　第174号　3-278, 5-216, 5-308
久代村上野　くしろむらうえの　第156号　3-194
楠井村　くすいむら　第139号　3-123, 5-186, 5-303, 5-306
楠浦村☆　くすうらむら　第203号　4-134, 4-136, 5-251, 5-315
楠浦村☆　くすうらむら　九州沿海図第19　4-272
楠浦村観音　くすうらむらかんのん　第203号　4-134, 4-136
楠浦村新田　くすうらむらしんでん　第203号　4-134
楠浦村立ノ浦　くすうらむらたちのうら　第203号　4-134, 4-136
楠浦村中村　くすうらむらなかむら　第203号　4-134, 4-136
楠浦村船津　くすうらむらふなつ　第203号　4-134, 4-136
楠ケ里村〔楠ケ里〕　くすがりむら　第190号　4-75, 5-231, 5-313
楠ケ里村下楠　くすがりむらしもくす　第190号　4-75
楠川　くすかわ　長崎〔参考図〕　4-132
楠川村椨川　くすがわむらたぶがわ　第214号　4-184, 4-186
楠木生村　くすぎうむら　第181号　4-33, 5-226, 5-312
楠木生村　くすぎうむら　九州沿海図第3　4-202
楠久村　くすくむら　第190号　4-77, 5-234
楠久村木ク岩　くすくむらきがいわ　第190号　4-77
楠久村牧島　くすくむらまきしま　第190号　4-76
藥栗村　くすくりむら　第136号　3-111, 5-182
玖珠郡　くすぐん　第180号　4-24, 4-26, 4-28, 5-312
楠古閑　くすこが　九州沿海図第18　4-266
葛籠島〔葛篭シマ〕　くずこじま　第200号　4-117, 5-251
久數子　くずし　第173号　3-273
クス島〔クスシマ〕　くすじま　第200号　4-117, 5-250
楠島　くすじま　九州沿海図第19　4-274
葛シマ　くずしま　第178号　5-222
葛神社　くずじんじゃ　第124号　3-44
楠田村　くすだむら　第188号　4-68, 5-231
楠田村渡瀬　くすだむらわたぜ　第188号　4-68
久須浦　くすのうら　第192号　4-81, 4-82
楠木　くすのき　第151号　3-181, 5-195
樟　くすのき　第174号　3-278
楠木村　くすのきむら　第144号　3-140, 3-142, 5-183, 5-306
楠村　くすのきむら　第164号　5-307
楠村　くすのきむら　第168号　3-248, 5-197, 5-214, 5-311
楠山　くすのきやま　第144号　3-140, 3-142
葛野村　くずのむら　第43号　1-146, 5-67, 5-82, 5-281
楠橋村　くすばしむら　第186号　4-54, 5-222, 5-312
楠橋村直名子　くすばしむらまなご　第186号　4-54
楠葉村　くずはむら　第133号　3-92, 5-176, 5-178, 5-301
楠原○　くすはら　第129号　3-72, 5-167, 5-301
葛原村　くずはらむら　第178号　4-13, 4-15, 5-222, 5-312
葛原村　くずはらむら　九州沿海図第1　4-191
葛原村足立　くずはらむらあだち　第178号　4-13, 4-15
葛原村新町　くずはらむらしんまち　第178号　4-13, 4-15
楠原村　くすばるむら　第178号　4-12, 5-222, 5-

312
楠原村　くすばるむら　第193号　4-85, 4-86, 5-232
楠原村　くすばるむら　第198号　4-105, 4-107, 5-246, 5-316
楠原村　くすばるむら　九州沿海図第1　4-189, 4-191
楠原村　くすばるむら　九州沿海図第8　4-224
楠原村　くすばるむら　九州沿海図第18　4-266
楠原村枝清滝　くすばるむらえだきよたき　第178号　4-12
楠原村枝白木﨑　くすばるむらえだしらきざき　第178号　4-13
楠原村枝白木﨑　くすばるむらえだしらきざき　九州沿海図第1　4-191
楠原村大久保　くすばるむらおおくぼ　第178号　4-12
楠原村楠古閑　くすばるむらくすこが　第193号　4-85, 4-86
楠原村走込　くすばるむらはしりこり　第198号　4-105, 4-107
楠原村畑田　くすばるむらはただ　第178号　4-12
葛袋村（御料所、三枝大學、久貝忠左エ門知行所）　くずぶくろむら　第88号　2-79, 5-120, 5-121, 5-291
楠部村　くすべむら　第117号　3-13, 5-163
楠甫村　くすほむら　第98号　2-126, 5-117, 5-127
久須保村　くすぼむら　第192号　4-81, 4-82, 5-239, 5-240, 5-241
楠甫村☆　くすぼむら　第196号　4-99, 5-250
楠甫村　くすぼむら　九州沿海図第19　4-275
楠甫村江ノ浦　くすぼむらえのうら　第196号　4-99
楠甫村釜　くすぼむらかま　第196号　4-99
楠甫村蛤　くすぼむらはまぐり　第196号　4-99
久須美神社　くすみじんじゃ　第101号　2-140, 2-142
久須見村四辻〔久須見村、久須見〕　くすみむらよつつじ　第114号　2-190, 5-155, 5-296
楠村　くすむら　第116号　2-207, 5-162
久須村　くすむら　第192号　4-80, 5-239, 5-241
葛村川　くずむらがわ　第50号　1-171, 5-73, 5-74
楠村椴木　くすむらもみのき　第190号　4-75
楠本浦　くすもとうら　第183号　4-41, 5-228, 5-311, 5-314
楠本浦　くすもとうら　九州沿海図第5　4-215
楠本村　くすもとむら　第137号　3-114, 3-115, 5-184, 5-306
車尾村　くずもむら　第155号　3-190, 3-192, 5-189, 5-190, 5-305
楠盛島　くすもりじま　第200号　4-117, 5-251
楠盛嶋　くすもりじま　九州沿海図第19　4-270, 4-272, 4-274
楠屋　くすや　九州沿海図第4　4-205, 4-208, 4-211
クスリ○☆　第23号　1-74, 5-30, 5-271, 5-276
クスリ川　第23号　1-74, 5-30, 5-271, 5-276
崩礒　くずれいそ　第167号　3-244, 5-214
崩シマ　くずれじま　第201号　4-122
久瀬川　くせがわ　第118号　3-18
久世川　くせがわ　第150号　3-174
久世郡　くせぐん　第133号　3-89, 5-176, 5-301
クセシマ　くせじま　第204号　5-235
久世田村　くせだむら　第128号　3-62, 3-64, 5-180, 5-304
久世渡文殊　くせともんじゅ　第123号　3-38, 3-40
久世村　くぜむら　第133号　3-89, 5-176, 5-301
久世村枝宮前　くぜむらえだみやまえ　第133号　3-89
久世村黒尾　くせむらくろう　第150号　3-174
久世村原方（久世町）○〔久世〕　くせむらはらかた（くせまち）　第150号　3-174, 5-192, 5-305
久世村山依　くせむらやまより　第150号　3-174
九千部岳　くせんぶだけ　第196号　4-95
草生村　くそうむら　第144号　3-144, 3-146
久蘓ケ里村　くそがりむら　第190号　4-75, 5-231
久田川　くたがわ　第192号　4-82
クダコ島　くだこしま　第169号　3-250, 5-215, 5-311
久多島　くたじま　第210号　5-252, 5-254, 5-261, 5-317
久多嶋　くたじま　九州沿海図第12　4-245
下司村　くだしむら　第138号　3-119, 5-184, 6-306
久田谷村　くただにむら　第124号　3-44, 5-180, 5-304
久田谷村邉坂　くただにむらへんざか　第124号　3-44
久玉村☆　くたまむら　第203号　4-139, 5-251, 5-315
久玉村☆　くたまむら　九州沿海図第19　4-271
國玉村　くだまむら　第98号　2-126
久玉村大野浦　くたまむらおおのうら　第203号　4-139
久玉村山之浦　くたまむらやまのうら　第203号　4-139
久玉村吉田　くたまむらよしだ　第203号　4-139
久田美川　くたみがわ　第123号　5-175
久田見村〔久田美村〕　くたみむら　第123号　3-40, 5-175, 5-304
久田村　くたむら　第192号　4-82, 5-240, 5-241, 5-320
久多羅木村内瀬戸石　くだらぎむらうちせといし　九州沿海図第16　4-258
久多良木村鎌瀬　くだらぎむらかませ　第200号　4-113
久多良木村瀬戸石　くだらぎむらせといし　第200号　4-113
久多良木村破木〔久多良木村〕　くだらぎむらはき　第200号　4-113, 5-250
久多良木村輿奈久〔久多良木〕　くだらぎむらよなぐ　第200号　4-113, 5-315
クタルシ　第29号　1-97, 5-51, 5-278
九反田村　くたんだむら　第81号　2-50, 2-52
口大野村○　くちおおのむら　第123号　3-38, 3-40, 5-180, 5-304
口ケ島村　くちがしまむら　第118号　3-19, 3-21, 5-166
口金近村　くちかねちかむら　第144号　3-140, 5-183, 5-304, 5-306
口金近村梨子河内　くちかねちかむらなしがいち　第144号　3-140
朽木嵜　くちきざき　第201号　4-121, 4-122
朽木山　くちきやま　第126号　3-52, 5-174, 5-300, 5-301
口高根　くちこうね　九州沿海図第19　4-270
口佐見村　くちさみむら　第141号　3-129
口塩奥村　くちしおくむら　第127号　3-57, 3-59, 3-60, 3-61
ロシマ　くちじま　第146号　3-158
口惣村　くちすぼむら　第164号　5-210
口曽地村　くちそうじむら　第136号　3-104
口高村　くちだかむら　第188号　4-64, 5-231, 5-312
口田儀村田儀町　くちたぎむらたぎまち　第165号　3-232
口田儀村竹ノ内　くちたぎむらたけのうち　第165号　3-232
口田儀村鈩　くちたぎむらたたら　第165号　3-232
口田儀村中郷〔口田儀村、口田儀〕　くちたぎむらなかごう　第165号　3-232, 5-204, 5-308
口田儀村中田儀　くちたぎむらなかたぎ　第165号　3-232
口戸村　くちどむら　第181号　4-29, 5-227
口戸村　くちどむら　九州沿海図第3　4-203
口戸村田島　くちどむらたじま　第181号　4-29
口長谷村（松平主馬陣屋）〔奥長谷〕　くちながたにむら　第144号　3-140, 5-183, 5-304
口長谷村中島　くちながたにむらなかしま　第144号　3-140
梔島（難田村屬）　くちなしじま（なだむらぞく）　第145号　3-149, 5-192
口之永良部嶋（屋久島属）〔口永良部島〕　くちのえらぶじま（やくしまぞく）　第214号　4-183, 5-259, 5-261, 5-319
口之島　くちのしま　第211号　5-260, 5-261, 5-319
口瀬　くちのせ　第192号　4-82
口之津町☆　くちのつまち　第202号　4-123, 5-236, 5-315
口之津村　くちのつむら　第202号　4-123, 5-236
口之津村大屋名　くちのつむらおおやみょう　第202号　4-123
口之津村早嶋〔崎〕名　くちのつむらはやさきみょう　第202号　4-123
口之平瀬　くちのひらせ　第204号　4-141, 4-142
口野村（水野出羽守領分）　くちのむら　第101号　2-141, 2-143, 5-128, 5-291, 5-298
口早野村　くちはやのむら　第143号　3-137, 3-138, 5-304
口日尾村　くちひのおむら　第127号　3-57, 5-180, 5-304
口日尾村枝常願寺村　くちひのおむらえだじょうがんじむら　第127号　3-57
口廣村　くちひろむら　第40号　1-137, 5-66, 5-280
口米地村　くちめいじむら　第128号　3-62
クチヤウンナイ川〔クチヤウンナイ〕　第20号　1-65, 5-45, 5-275
クチヤツフ〔クチヤブツ〕　第12号　1-41, 5-36, 5-269, 5-273
口矢根村○　くちやねむら　第123号　3-41, 5-180
口矢根村野尻　くちやねむらのじり　第123号　3-41
クチヤンルー　第12号　1-41, 5-36, 5-269, 5-273
九町浦☆　くちょううら　第170号　3-259, 3-261, 3-262, 5-201, 5-311
口和深村　くちわぶかむら　第140号　3-125, 5-171, 5-302
沓井村　くついむら　第114号　2-191, 2-192, 5-155, 5-159, 5-297
久通﨑　くつうざき　第160号　3-209
沓浦　くつうら　第121号　3-29, 5-172, 5-300
沓尾村　くつおむら　第178号　4-14, 4-16, 5-222, 5-312
沓尾村　くつおむら　九州沿海図第1　4-192
沓掛○　くつかけ　第95号　2-111, 5-116, 5-291, 5-296
沓掛宿離山新田　くつかけじゅくはなれやましんでん　第95号　2-111
沓掛宿古宿新田　くつかけじゅくふるしゅくしんでん　第95号　2-111
沓掛宿前沢新田　くつかけじゅくまえさわしんでん　第95号　2-111
沓掛村　くつかけむら　第125号　3-50, 5-166, 5-297, 5-300
沓掛村　くつかけむら　第129号　3-72, 5-167, 5-301
沓掛村　くつかけむら　第133号　3-90, 5-175, 5-176, 5-301
沓ケ嶽　くつがたけ　第176号　3-293, 5-219, 5-220
沓川村　くつがわむら　第178号　4-16, 5-225, 5-

312
沓川村　くつがわむら　九州沿海図第2　4-195
クツ島　くつしま　第204号　4-140, 4-142
久田村（井伊兵部少輔領分）　くつたむら　第74号　2-21, 5-112, 5-113
クツタルウシ　第28号　1-91, 1-92, 5-50, 5-278
クツタルシ　第28号　1-92, 1-94, 5-50, 5-278
忽那島（中島）　くつなじま（なかじま）　第168号　3-247, 5-214, 5-215, 5-311
沓抜　くつぬぎ　九州沿海図第1　4-192, 4-193
久津邉村（松平美作守知行所）〔久津部〕　くつべむら　第111号　2-179, 5-160, 5-298
沓部村　くつべむら　第113号　2-188, 5-155
沓部村上沓部　くつべむらかみくつべ　第113号　2-188
沓部村川東　くつべむらかわひがし　第113号　2-188
沓部村舩野　くつべむらふなの　第113号　2-188
沓部村御舩　くつべむらみふね　第113号　2-188
久津間新田（御料所）　くづましんでん　第91号　2-95, 5-122, 5-123
久津間村（御料所、中山信濃守知行所）　くづまむら　第91号　2-95, 5-122, 5-123, 5-290
久連村（大久保加賀守領分）☆　くづらむら　第101号　2-141, 2-143, 5-129, 5-298
クツワ崎　くつわざき　第168号　3-247, 3-249
クツワ﨑　くつわざき　第203号　4-136, 4-138
轡﨑　くつわざき　九州沿海図第14　4-252
轡嶋〔クツワ島〕　くつわじま　第203号　4-138, 5-251, 5-315
轡嶋　くつわじま　九州沿海図第14　4-252
クトイシナイ　第11号　1-37, 5-35, 5-272
クドー○　第34号　1-117, 5-55, 5-279
久刀大笹壹栗〔粟〕兎上長田神社　くとおおささいちあわとがみながたじんじゃ　第150号　3-172
功徳寺　くどくじ　第163号　3-222, 5-208
クトニヘツ川　第12号　1-41, 5-36, 5-269, 5-273
九戸濱〔九戸〕　くどはま　第76号　2-31, 5-138, 5-287, 5-294
久斗村　くとむら　第124号　3-44, 5-180, 5-304
久刀寸兵主神社　くとむらのひょうずじんじゃ　第124号　3-44
宮内村　くないむら　第193号　4-87, 5-231, 5-223, 5-313, 5-315
宮内村　くないむら　九州沿海図第18　4-269
クナシリ岩　第3号　1-14, 5-18, 5-268, 5-270
クナシリ島　第3号　1-15, 5-15, 5-268
國江村　くにえむら　第115号　2-196, 2-198, 2-200
国斤王〔片主〕神社　くにかたぬしじんじゃ　第191号　4-79
國包村　くにかねむら　第136号　3-111, 5-182, 5-306
國ケ原村　くにがはらむら　第144号　3-147
國上村　くにがみむら　第213号　4-180, 5-258, 5-261
國上村津〔浦〕田△〔國上〕　くにがみむらうらだ　第213号　4-180, 5-258, 5-261, 5-316, 5-318
國上村枝安納村　くにがみむらえだあんのうむら　第213号　4-180
國上村沖ケ濱田　くにがみむらおきがはまだ　第213号　4-180
國上村濱脇☆〔濵脇〕　くにがみむらはまわき　第213号　4-180, 5-258, 5-261, 5-316, 5-318
國上村湊　くにがみむらみなと　第213号　4-180
國上山　くにがみやま　第74号　2-20, 5-112, 5-287
国境山　くにざかいやま　第133号　3-91, 3-93
國坂村　くにさかむら　第150号　3-170, 5-188, 5-305
國﨑　くにざき　第202号　4-123, 4-124, 5-236
国東郡　くにさきぐん　第179号　4-18, 4-20, 4-21
國東郡　くにさきぐん　第179号　4-18, 4-20, 4-21, 5-224
国東郡　くにさきぐん　九州沿海図第2　4-197
國東郡　くにさきぐん　九州沿海図第3　4-200
国狩〔侍〕山　くにざむらいやま　第167号　3-240
国科川　くにしながわ　第128号　5-182
国〔柴〕島村　くにじまむら　第135号　3-101
國末村（松平大学頭領分、丸毛長門守、松平鉄三郎、小野斧吉、戸田寅吉知行所）　くにすえむら　第58号　1-199, 5-110, 5-290
国セ　くにせ　第177号　3-297, 5-220
国津意賀美神社　くにつおがみじんじゃ　第191号　4-79
國作リ山　くにつくりやま　第136号　3-110
國津神社　くにつじんじゃ　第191号　4-79
國富村　くにとみむら　第145号　3-153, 5-192, 5-307
國富村新畠　くにとみむらしんばく　第145号　3-153
クニトリシマ　くにとりじま　第155号　3-191
國信村　くにのぶむら　第150号　3-171, 5-189, 5-305
國久村　くにひさむら　第123号　3-38
国見岳　くにみだけ　第190号　4-76, 5-234, 5-313
國見岳　くにみだけ　第190号　4-77
国見峠〔国見崎〕　くにみとうげ　第159号　3-208, 5-196
國見村　くにみむら　第144号　3-140, 3-142, 5-183
國見山　くにみやま　第133号　3-93
国見山　くにみやま　第187号　4-57, 4-59, 4-60, 4-62
國見山　くにみやま　第188号　4-68
國見山　くにみやま　第199号　4-111, 4-112
國見山　くにみやま　第210号　4-171, 5-254, 5-261
國見山　くにみやま　第210号　4-170
國見山　くにみやま　九州沿海図第9　4-229
国見山　くにみやま　九州沿海図第12　4-242
国見山　くにみやま　九州沿海図第12　4-243
国宗村　くにむねむら　第181号　4-30, 4-33, 5-226
国宗村　くにむねむら　九州沿海図第3　4-202
國安村☆　くにやすむら　第111号　2-177, 2-178, 5-160, 5-298
國安村　くにやすむら　第143号　3-135, 5-188, 5-304
國吉田村（御料所、櫻井庄之助知行所）　くによしだむら　第107号　2-156, 2-158, 5-129, 5-298
柊原村　くぬぎばるむら　第209号　4-164, 5-247, 5-249, 5-261, 5-316
柊原村　くぬぎばるむら　九州沿海図第10　4-234
柊原村輕佐　くぬぎばるむらかるさ　第209号　4-164
樟村　くぬぎむら　第67号　1-233, 5-105, 5-288
國木村　くぬぎむら　第128号　3-62
樟原村　くぬぎわらむら　第143号　3-137, 5-188, 5-304
久根田舎村　くねいなかむら　第192号　4-82, 5-240, 5-241, 5-320
ク子ニベシ　第15号　1-47
久根濱村　くねはまむら　第192号　4-82, 5-240, 5-241, 5-320
久根村　くねむら　第100号　2-134
久能山　くのうさん　第107号　2-156, 2-158, 5-129
九重村　くのうむら　第155号　3-190, 3-192, 5-189, 5-190
來浦村　くのうらむら　第179号　4-22, 5-224, 5-312
來浦村（杵築領）　くのうらむら　九州沿海図第2　4-196, 4-198
來浦村（杵築領）　くのうらむら　九州沿海図第3　4-196, 4-198, 4-204
來浦村奈良原　くのうらむらならばる　第179号　4-20, 4-22
九ノ川　くのかわ　第207号　4-151, 4-155
久野川　くのがわ　第162号　3-220, 5-190, 5-204
人ノ木村〔久ノ木〕　くのぎむら　第84号　2-62, 5-140, 5-143, 5-295
苦坂峠〔武坂峠〕　くのさかとうげ　第156号　3-194, 5-307
九﨑　くのさき　第192号　4-80
九ノ島　くのしま　第52号　1-180, 5-284
九戸郡　くのへぐん　第45号　1-152, 1-153, 1-154, 5-68, 5-282
九戸郡　くのへぐん　第49号　1-166, 1-167
久野邉村　くのべむら　第133号　3-86, 5-174, 5-300, 5-301
來ノ村本郷寄松村〔來ノ〕　くのむらほんごうよりまつむら　第171号　3-264, 5-311
來ノ村宮下村〔來村〕　くのむらみやしたむら　第171号　3-264, 5-201, 5-203
久之木〔本〕村（御料所）〔久之本村〕　くのもとむら　第66号　1-227, 5-92, 5-285
久畑川　くばたがわ　第124号　5-180
久畑村○　くばたむら　第123号　3-41, 5-180
久畑村　くばたむら　第141号　3-128, 5-183, 5-306
久畑村枝東谷　くばたむらえだひがしたに　第141号　3-128
久畑村三才原　くばたむらさんざいわら　第123号　3-41
久羽村　くばむら　第164号　5-210, 5-308
玖波村　くばむら　第173号　3-274, 5-213, 5-308
杵原村　くばらむら　第152号　3-182, 5-194
久原村〔久原〕　くばらむら　第190号　4-77, 5-234, 5-313
久原村　くばらむら　第192号　4-80, 4-81, 5-239, 5-241, 5-320
久原村破瀬　くばらむらはせ　第190号　4-77
久原　くばる　九州沿海図第4　4-207
久原村　くばるむら　第193号　4-85, 4-86
久原森　くばるもり　第182号　4-34, 5-226
九番村　くばんむら　第145号　3-152, 5-192, 5-307
久比浦　くびうら　第164号　3-231, 5-210
頸城郡　くびきぐん　第76号　2-30, 5-294
頸城郡　くびきぐん　第81号　2-50, 5-138, 5-294
頸城郡　くびきぐん　第82号　2-54, 5-138
クヒ島〔クヒシマ〕　くびしま　第210号　4-171, 5-254, 5-261
クヒ嶋　くびじま　九州沿海図第12　4-243
久福木村　くぶきむら　第193号　4-87, 5-231, 5-313
久部村　くべむら　第183号　4-41, 5-226, 5-228
久部村　くべむら　九州沿海図第5　4-213
久部村蛇﨑　くべむらへびざき　第183号　4-41
久保　くぼ　第100号　2-133, 2-135, 2-136, 2-138
久保一色村　くぼいしきむら　第114号　2-194, 5-159, 5-297
久保一色村久保　くぼいしきむらくぼ　第114号　2-194
久保市　くぼいち　第175号　5-218
久保井山　くぼいやま　第150号　3-175
久保浦〔久保〕　くぼうら　第183号　4-39, 5-226, 5-228
久保浦　くぼうら　九州沿海図第4　4-208, 4-211
久保浦　くぼうら　九州沿海図第5　4-211
窪木村　くぼきむら　第151号　3-178, 5-192
窪木村大文字　くぼきむらだいもんじ　第151号　3-176, 3-178
久保島村（大久保豊前守、土屋主水、土屋甚之丞知行所）　くぼじまむら　第88号　2-77, 5-118
久保田（佐竹右京太夫居城）☆　くぼた　第62号　1-213, 5-87, 5-283

窪田○　くぼた　第130号　3-74, 5-163, 5-301
久保田川　くぼたがわ　第211号　5-248, 5-261, 5-316
久保田川　くぼたがわ　九州沿海図第9　4-230
久保田村　くぼたむら　第56号　1-194, 1-195, 5-103, 5-288
久保田村〔窪田〕　くぼたむら　第67号　1-232, 5-81, 5-94, 5-285
窪田村　くぼたむら　第75号　2-25, 5-99, 5-287
久保田村（御料所、高尾伊賀守、黒川左京知行所）　くぼたむら　第91号　2-94, 5-122, 5-290
久保田村　くぼたむら　第129号　3-67, 3-69, 5-166
窪田村　くぼたむら　第141号　3-128
窪田村〔窪田〕　くぼたむら　第188号　4-67, 4-69, 5-231, 5-234, 5-313
窪津浦☆　くぼつうら　第161号　3-212, 3-214, 5-202, 5-310, 5-311
窪津浦枝大谷村　くぼつうらえだおおたにむら　第161号　3-212, 3-214
窪津浦枝津呂浦　くぼつうらえだつろうら　第161号　3-212, 3-214
久善提山　くぼてさん　第180号　5-222
久保泊　くぼどまり　九州沿海図第5　4-211
久保畑　くぼはた　第187号　4-58
窪村　くぼむら　第83号　2-59, 2-60, 5-140, 5-295
久保村（御料所）　くぼむら　第88号　2-78, 5-120
久保村（黒田豊前守領分）　くぼむら　第94号　2-107
久保村（諏訪社領）　くぼむら　第96号　2-118, 5-150
久保村　くぼむら　第108号　2-165, 5-150
久保村（秋鹿右馬之助知行所、八幡社領）　くぼむら　第111号　2-179, 2-180, 5-161
久保村　くぼむら　第116号　2-202, 2-204, 5-162
久保村　くぼむら　第125号　3-50
久保村　くぼむら　第144号　3-140
久保村　くぼむら　第145号　3-152, 5-192, 5-307
久保村　くぼむら　第166号　3-234, 5-209, 5-308
久保村　くぼむら　第168号　3-246, 5-214, 5-311
久保村〔久保〕　くぼむら　第189号　4-72, 5-234, 5-241, 5-313
久保村岡ノ下　くぼむらおかのした　第145号　3-152
久保村佐古　くぼむらさこ　第145号　3-152
久保村塩野井　くぼむらしおのい　第108号　2-165
窪屋郡　くぼやぐん　第151号　3-178, 5-192, 5-193, 5-307
熊居坂峠　くまいさかとうげ　第150号　3-172, 5-188
熊石○　くまいし　第34号　1-116, 5-54, 5-57, 5-279
熊井村（諏訪社領）　くまいむら　第96号　2-117, 2-119
熊入村　くまいりむら　第193号　4-86
熊入村　くまいりむら　九州沿海図第18　4-268
クマウシ　第20号　1-63, 5-44, 5-275
隈江村　くまえむら　第187号　4-58, 5-222, 5-231, 5-312
熊ケ瀬鼻　くまがせはな　第212号　4-177, 4-178, 5-253, 5-261
熊ケ瀬山　くまがせやま　第175号　5-218
熊谷（阿部鋳丸領分）○　くまがや　第88号　2-77, 5-118, 5-120, 5-291
熊ケ谷宿大原　くまがやじゅくおおはら　第88号　2-77
隈川　くまがわ　第180号　5-230
球麻川　くまがわ　第200号　4-114, 5-250, 5-315
熊川　くまがわ　第213号　4-182
球麻川　くまがわ　九州沿海図第16　4-260
球麻川　くまがわ　九州沿海図第17　4-263
熊川村　くまがわむら　第54号　1-189, 5-102, 5-288
熊川村（御料所、田澤七右エ門、長塩長五郎知行所）　くまがわむら　第90号　2-89, 5-121, 5-291
熊倉○　くまくら　第67号　1-235, 5-105
球麻郡　くまぐん　第185号　4-49, 5-314
球麻郡　くまぐん　第200号　4-113, 4-115, 4-116, 5-250
求麻郡　くまぐん　第208号　4-156
球麻郡　くまぐん　九州沿海図第16　4-256, 4-258
球磨郡　くまぐん　九州沿海図第17　4-262, 4-263
熊毛郡　くまげぐん　第169号　3-254, 3-255, 5-218, 5-311
熊毛郡　くまげぐん　第173号　3-277, 5-218
熊毛郡　くまげぐん　第213号　4-179, 5-258, 5-261, 5-318
熊坂村　くまさかむら　第101号　2-141, 2-143
熊坂村　くまさかむら　第120号　3-24, 5-145, 5-297, 5-300
熊坂村大塚　くまさかむらおおつか　第90号　2-91
熊坂村六倉〔熊坂村〕　くまさかむらむつくら　第90号　2-91, 5-126
熊坂山　くまさかやま　第118号　3-19, 3-21
熊澤濵〔熊澤〕　くまざわはま　第48号　1-163, 5-78, 5-284
熊地村　くまじむら　第182号　4-36, 5-227, 5-229, 5-312, 5-314
熊地村（岡領）　くまじむら　九州沿海図第21　4-279
神代村　くましろむら　第188号　4-65, 4-66, 5-231, 5-313
熊谷村　くまだにむら　第127号　3-58
熊田村　くまたむら　第168号　3-247, 5-215
隈田村里坊名〔隈田村、隅田〕　くまたむらさとぼうみょう　第196号　4-97, 5-233, 5-315
隈田村須川名〔隅田〕　くまたむらすかわみょう　第196号　4-97, 5-315
隈田村龍石名〔隅田〕　くまたむらたついしみょう　第196号　4-97, 5-315
隈田村引無田名〔隅田〕　くまたむらひきむたみょう　第196号　4-97, 5-315
熊手村枝定元〔熊手村、熊手〕　くまでむらえださだもと　第186号　4-54, 5-222, 5-312
熊手村山寺〔熊手〕　くまでむらやまでら　第186号　4-54, 5-312
隈上村　くまのうえむら　第188号　4-64, 5-230, 5-312
熊野江村　くまのえむら　第183号　4-43, 5-228, 5-304
熊野江村　くまのえむら　九州沿海図第6　4-216
クマノ川　くまのがわ　第155号　5-190
熊野郡　くまのぐん　第123号　3-39, 3-41, 5-180, 5-304
熊野郡　くまのぐん　第124号　3-42, 5-180, 5-304
熊野下宮大出初神社　くまのげぐうおおいでそめじんじゃ　第155号　3-193
熊野﨑　くまのざき　第102号　5-129, 5-298
熊野社　くまのしゃ　第95号　2-111
隈之城山〔隈城山〕　くまのじょうやま　第210号　4-169, 5-252, 5-261
熊野神社　くまのじんじゃ　第123号　3-39, 3-41
熊野嶽　くまのだけ　第177号　3-294, 5-220
熊野村　くまのむら　第116号　2-207, 5-163
熊野村☆　くまのむら　第155号　3-193, 5-190, 5-305
隈野村　くまのむら　第185号　4-52, 5-246, 5-314, 5-316
隈野村　くまのむら　九州沿海図第8　4-223
熊野村大石　くまのむらおおいし　第155号　3-191, 3-193
熊野村大田　くまのむらおおた　第155号　3-193
熊原村　くまはらむら　第126号　3-55, 5-175
熊見川　くまみがわ　第145号　3-148
熊峯　くまみね　九州沿海図第17　4-261, 4-262
熊峰峠　くまみねとうげ　第208号　4-156, 4-158
隈村　くまむら　第188号　4-68, 5-231
貢間村　ぐまむら　第113号　2-189, 5-155, 5-156, 5-297
貢間村井川　ぐまむらいかわ　第113号　2-189
貢間村枝大洞　ぐまむらえだおおぼら　第113号　2-189
貢間村上屋組　ぐまむらかみやぐみ　第113号　2-189
隈村山　くまむらやま　第188号　4-64
熊本（細川越中守居城）☆　くまもと　第193号　4-85, 5-232, 5-315
熊本（細川越中守居城）☆　くまもと　九州沿海図第18　4-266
熊山権現　くまやまごんげん　第145号　5-192
隈谷村　くまやむら　第198号　4-105, 5-246
隈谷村　くまやむら　九州沿海図第8　4-224
隈谷村山王　くまやむらさんのう　第198号　4-105, 4-106
熊谷川　くまんたにがわ　第85号　2-68
熊堂村　くまんとうむら　第155号　3-190, 3-192, 5-189, 5-190, 5-305
汲上村（内田帯刀、大久保鉄藏知行所）　くみあげむら　第58号　1-199, 5-110, 5-290
汲河原村　くみがわらむら　第129号　3-69, 5-163, 5-299, 5-301
茱﨑浦〔茱﨑浦、美﨑〕　ぐみざきうら　第120号　3-27, 5-145, 5-300
久見﨑村　ぐみざきむら　第208号　4-159, 5-252, 5-261, 5-315, 5-317
久見﨑村　ぐみざきむら　九州沿海図第13　4-247
沢〔汲〕澤村（戸田五助知行所）〔汲沢〕　ぐみざわむら　第93号　2-103, 5-123, 5-291
枕谷村　くみたにむら　第84号　2-63, 5-141, 5-295
久美濱村（御代官陣屋）○　くみはまむら　第123号　3-39, 3-41, 5-180, 5-304
久美濱村枝松ケ﨑　くみはまむらえだまつがさき　第123号　3-39, 3-41
久美原村　ぐみはらむら　第116号　5-162
組村　くみむら　第150号　3-174
久見村　くみむら　第153号　3-187, 5-191, 5-305
茱萸村　ぐみむら　第100号　2-132, 2-134
文〔久〕武神社　くむじんじゃ　第162号　3-219, 3-221, 5-204
久村　くむら　第162号　3-221, 5-204
國村神社　くむらじんじゃ　第162号　3-221, 5-204
久村中立　くむらなかだち　第162号　3-221
久米上村〔久米〕　くめかみむら　第144号　3-145, 5-192, 5-305
久米上村領家村三軒茶屋　くめかみむらりょうけむらさんげんちゃや　第144号　3-145
久米ケ里村　くめがりむら　第190号　4-75, 5-231
久米卿村　くめきょうむら　第175号　5-218
久米郡　くめぐん　第143号　3-136, 5-188, 5-305
久米郡　くめぐん　第150号　3-170, 3-172, 5-188, 5-305
久米神社　くめじんじゃ　第155号　5-305
久米寺　くめでら　第134号　3-97, 3-98
久米中村　くめなかむら　第144号　3-145, 5-192
久米南條郡　くめなんじょうぐん　第144号　3-144, 3-147, 5-192, 5-305, 5-307
久米北條郡　くめほくじょうぐん　第144号　3-145, 5-

188, 5-305
久米北條郡　くめほくじょうぐん　第150号　3-174, 5-188, 5-305
久米村　くめむら　第130号　3-74, 3-76, 5-163
久米村　くめむら　第134号　3-97, 3-98, 5-177
久米村（松平上總介領分）　くめむら　第145号　3-153, 5-192, 5-307
久米村（萩領）　くめむら　第175号　3-286, 5-218, 5-311, 5-312
久米村古城山　くめむらこじょうやま　第110号　2-172
粂山　くめやま　第196号　5-233
雲井山　くもいやま　第172号　3-268
雲金村　くもがねむら　第101号　2-141, 2-143
雲毛鼻　くもげばな　第164号　3-229
雲出○　くもず　第130号　3-74, 3-76, 5-163, 5-301
雲出池田村　くもずいけだむら　第130号　3-74
雲吸岳　くもすいだけ　第189号　4-71, 4-72
雲出川　くもずがわ　第130号　3-74, 3-76
熊内村　くもちむら　第137号　3-113, 5-184, 5-306
雲津浦⚓　くもづうら　第155号　3-190, 5-189, 5-190, 5-305
雲根神社　くもねじんじゃ　第162号　3-219, 3-221
雲見村（御料所）　くもみむら　第102号　2-147, 5-129, 5-298
公文名村　くもみょうむら　第100号　2-134
公文名村　くもんなむら　第122号　3-37, 5-175
公文名村　くもんみょうむら　第121号　3-31, 3-32, 5-172
公文村　くもんむら　第152号　3-182, 5-194, 5-307
久山川　くやまがわ　第202号　4-125, 4-126
久山村　くやまむら　第202号　4-125, 4-126, 5-236, 5-315
久山村茶屋　くやまむらちゃや　第202号　4-125, 4-126
久冶岬　くやみさき　第52号　1-180
国屋村〔國谷〕　くやむら　第155号　3-191, 5-190, 5-305
九屋山　くややま　第166号　3-234
位山　くらいやま　第112号　2-183, 2-185, 5-153
倉内沼　くらうちぬま　第40号　1-136, 5-66, 5-280
鞍岡村萩（荻）原〔鞍岡〕　くらおかむらおぎわら　第194号　4-89, 4-90, 3-314
鞍岡村原小野〔鞍岡〕　くらおかむらはるおの　第194号　4-89, 4-90, 3-314
鞍岡村日漆門折立〔鞍岡〕　くらおかむらひぞえかどおりたて　第194号　4-89, 4-90, 3-314
鞍岡村日漆門下〔丁〕司〔鞍岡〕　くらおかむらひぞえかどちょうじ　第194号　4-89, 4-90, 3-314
鞍岡村日漆門中園〔鞍岡〕　くらおかむらひぞえかどなかぞの　第194号　4-89, 4-90, 3-314
鞍岡村日漆門原〔鞍岡〕　くらおかむらひぞえかどはら　第194号　4-89, 4-90, 3-314
鞍岡村日向門芋ノ八重〔鞍岡〕　くらおかむらひなたかどいものはえ　第194号　4-89, 4-90, 3-314
鞍岡村日向門小切畠〔鞍岡〕　くらおかむらひなたかどこぎりはた　第194号　4-89, 4-90, 3-314
鞍岡村日向門清水寺村〔鞍岡〕　くらおかむらひなたかどしみずじむら　第194号　4-89, 4-90, 3-314
鞍岡村日向門元屋鋪〔鞍岡村、鞍岡〕　くらおかむらひなたかどもとやしき　第194号　4-90, 5-229, 3-314
鞍岡村日向門弥惣園〔鞍岡〕　くらおかむらひなたかどやそうぞの　第194号　4-89, 4-90, 3-314
鞍岡村道上門〔鞍岡〕　くらおかむらみちのうえかど　第194号　4-89, 4-90, 3-314
蔵小田村掛淵〔蔵小田村、蔵小田〕　くらおだむらかけぶち　第177号　3-294, 5-220, 5-309
クラカケ〔タラカケ〕　第32号　1-110, 5-53, 5-56, 5-279
鞍掛嶌　くらかけじま　第141号　3-130, 5-185, 5-306
鞍掛シマ　くらかけじま　第190号　4-77
鞍掛島（柱島屬）　くらかけじま（はしらじまぞく）　第167号　3-245, 5-215, 5-311
鞍掛鼻　くらかけはな　九州沿海図第6　4-218
鞍掛岬〔鞍掛鼻〕　くらかけみさき　第184号　4-44, 4-46, 5-228, 5-314
鞍掛村　くらかけむら　第162号　3-220, 5-190, 5-204, 5-305, 5-308
鞍掛村　くらかけむら　第193号　4-85, 4-86, 5-223
鞍掛村萩尾　くらかけむらはぎお　第193号　4-85, 4-86
鞍掛山　くらかけやま　第99号　2-131
鞍掛山　くらかけやま　第124号　3-42, 3-44
鞍掛山　くらかけやま　第161号　3-212, 3-214
鞍掛山　くらかけやま　第162号　3-219, 3-221
藏數村〔藏數〕　くらかずむら　第188号　4-65, 4-66, 4-68, 5-231, 5-313
倉賀野（松平右京亮領分）○〔倉ヶ野〕　くらがの　第94号　2-105, 2-107, 5-119, 5-291
倉賀野宿正六　くらがのしゅくしょうろく　第94号　2-105, 2-107
倉賀野宿大王子　くらがのしゅくだいおうじ　第94号　2-105, 2-107
藏木　くらぎ　第173号　3-273
久良岐郡　くらきぐん　第93号　2-102, 5-123, 5-291
倉コ島〔島小島〕　くらこじま　第207号　4-155, 5-243
蔵迫村　くらざこむら　第166号　3-238, 5-209, 5-212
倉敷新田　くらしきしんでん　第151号　3-178, 5-192, 5-194
倉敷村　くらしきむら　第144号　3-141, 3-144, 5-192
倉敷村○　くらしきむら　第151号　3-178, 5-192, 5-193, 5-307
蔵鋪村〔藏敷〕　くらしきむら　第164号　5-197, 5-214, 5-307, 5-311
倉科村　くらしなむら　第81号　2-53
クラシマ　くらしま　第172号　3-269, 3-270, 5-216
クラシマ　くらしま　第190号　4-77
藏島　くらしま　第206号　4-147, 5-242, 5-321
倉良瀬〔倉シマ〕　くらせ　第186号　4-55, 5-223
藏増門傳村（織田左近将監領分）　くらぞうもんでんむら　第66号　1-227, 1-228, 5-92
藏田　くらた　第175号　3-282
倉田 織尾　くらたおりお　九州沿海図第19　4-271, 4-273
藏田門渡守　くらたかどわたしもり　第184号　4-45
倉嶽〔鞍ケ岳〕　くらだけ　第193号　4-83, 4-84, 5-312
鞍岳　くらだけ　第195号　5-232
倉岳　くらだけ　第200号　5-251
藏舘村　くらだてむら　第43号　1-145, 5-84, 5-281
倉谷　くらたに　九州沿海図第19　4-271, 4-273
鞍谷峠　くらたにとうげ　第163号　3-226, 5-208
倉谷村　くらたにむら　第75号　2-27, 5-99, 5-287
倉谷村　くらたにむら　第136号　3-111, 5-182, 5-306
倉谷山　くらたにやま　第188号　4-67
鞍谷山　くらたにやま　第195号　4-94
倉地村　くらちむら　第114号　2-193
倉地山　くらちやま　第114号　2-193
倉妻崎　くらつまざき　九州沿海図第15　4-254, 4-255
倉妻岬〔クラツマサキ〕　くらつまみさき　第212号　4-177, 5-253, 5-261
鞍手郡　くらてぐん　第186号　4-54, 5-222, 5-312
鞍手郡　くらてぐん　第187号　4-56, 5-222
蔵冨村　くらとみむら　第183号　4-39, 5-226, 5-312, 5-311, 5-314
藏冨村　くらとみむら　九州沿海図第4　4-209
倉永村　くらながむら　第193号　4-87
倉永村山下〔倉永村、倉永〕　くらながむらやました　第188号　4-68, 5-231, 5-313
倉永山　くらながやま　第193号　4-87
藏波村（御書院番與力給地）　くらなみむら　第91号　2-94, 5-122, 5-290
藏成村　くらなりむら　第188号　4-64, 5-230
藏貫浦　くらぬきうら　第170号　3-261, 5-201, 5-311
藏上村〔藏上〕　くらのうえむら　第188号　4-65, 4-66, 5-231, 5-313
藏小シマ〔藏小シマ〕　くらのこじま　第206号　4-149, 5-242, 5-243
藏嵜　くらのさき　第206号　4-146
藏之庄村〔藏ノ庄〕　くらのしょうむら　第134号　3-95, 3-97, 5-176, 5-177, 5-301
蔵ノ助山　くらのすけやま　第150号　3-172
藏町村　くらのまちむら　九州沿海図第11　4-241
藏町村光神山〔蔵町村〕　くらのまちむらこうじんやま　第199号　4-109, 5-247, 5-261, 5-316
藏本村☆⚓　くらのもとむら　第203号　4-138, 5-251, 5-315
藏本村☆　くらのもとむら　九州沿海図第14　4-253
倉橋島　くらはしじま　第167号　3-244, 5-211, 5-213, 5-308, 5-311
倉橋村　くらはしむら　第134号　3-97, 3-98, 5-177
藏八村　くらはちむら　第188号　4-64, 5-230, 5-312
倉部川　くらべがわ　第86号　2-69, 5-141
倉部村　くらべむら　第86号　2-69, 5-141, 5-295
鞍馬　くらま　九州沿海図第1　4-188
藏前村　くらまえむら　第114号　2-193, 2-194, 5-159
倉松村（大沢右京太夫知行所）　くらまつむら　第111号　2-181, 5-161
藏満村　くらみつむら　第193号　4-87, 5-233, 5-313, 5-315
藏満村　くらみつむら　九州沿海図第18　4-269
倉見村（佐野肥前守、高木甚太郎知行所）　くらみむら　第93号　2-103
倉見村　くらみむら　第97号　2-121
倉見村☆　くらみむら　第121号　3-32, 5-172, 5-300
倉見村　くらみむら　第124号　3-42, 3-44
倉見村　くらみむら　第143号　3-135, 5-188
鞍ムシ　くらむし　第123号　5-180
藏持村　くらもちむら　第134号　3-94, 3-96, 5-167, 5-301
倉持山　くらもちやま　第178号　4-17, 5-222
蔵本ハナ　くらもとはな　第203号　5-251
倉吉町○　くらよしまち　第150号　3-170, 5-188
栗生崎　くりおざき　第214号　4-187
栗尾村　くりおむら　第123号　3-41, 5-180
栗生村⚓　くりおむら　第214号　4-187, 5-259, 5-261, 5-319
栗生村尾野間村　くりおむらおのあいだむら　第214号　4-186
栗尾村貝田　くりおむらかいだ　第123号　3-41
栗生村小嶋村　くりおむらこしまむら　第214号　4-186
栗生村中間村　くりおむらなかまむら　第214号　4-187
栗生村原村　くりおむらはらむら　第214号　4-186

栗生村平内村　くりおむらひらうちむら　第214号　4-187
栗生村麦生村　くりおむらむぎおむら　第214号　4-186
栗生村湯泊村　くりおむらゆどまりむら　第214号　4-187
栗笠村　くりがさむら　第118号　3-18, 3-19, 3-21, 5-166, 5-297, 5-300
栗子村　くりごむら　第144号　3-144, 5-192, 5-307
栗坂村　くりさかむら　第151号　3-178
栗須新田日野本郷新田入會（御料所）　くりすしんでんひのほんごうしんでんいりあい　第90号　2-89, 2-91
栗住野村　くりすのむら　第127号　3-60, 3-61, 5-182, 5-304
栗栖野村　くりすのむら　第136号　3-105
栗住野村岸上　くりすのむらきしがみ　第127号　3-60, 3-61
栗須村　くりすむら　第114号　2-193, 2-194
栗栖山　くりすやま　第136号　3-105
栗谷川　くりたにがわ　第196号　4-95
栗田村○　くりたむら　第108号　2-164, 5-150
栗田村　くりたむら　第136号　3-109, 5-182, 5-306
栗田村　くりたむら　第141号　3-129
栗田村　くりだむら　第187号　4-59, 5-222, 5-231, 5-313
栗田村阿弥陀峯　くりだむらあみだがみね　第187号　4-59
栗田村井ノ岡　くりだむらいのおか　第141号　3-128
栗田村當所村　くりだむらとうしょむら　第187号　4-59
栗田村殿垣外　くりたむらとのがいと　第108号　2-164
栗田村森山　くりだむらもりやま　第187号　4-59
栗野浦　くりのうら　第170号　3-261, 5-201
栗野江村　くりのえむら　第75号　2-24, 5-99, 5-287
栗ノ尾　くりのお　九州沿海図第18　4-267, 4-269
栗野神社　くりのじんじゃ　第81号　2-50
栗野村　くりのむら　第208号　4-156, 4-158
粟〔栗〕野村　くりのむら　九州沿海図第17　4-261, 4-262
栗野村會田　くりのむらかいだ　第208号　4-156, 4-158, 5-247
栗野村坂元〔サカモト〕　くりのむらさかもと　第208号　4-156, 4-158, 5-247
栗場　くりば　第189号　4-74
栗橋（御料所）　くりはし　第87号　2-73, 5-118, 5-120, 5-291
栗橋村　くりはしむら　第141号　3-128, 3-130
久里濱村（松平大和守領分）〔栗濱〕　くりはまむら　第93号　2-101, 5-124, 5-291
栗林村　くりばやしむら　第81号　2-50
栗林村　くりばやしむら　第180号　4-27, 4-28, 5-230, 5-312
栗林村花平　くりばやしむらはなびら　第180号　4-26, 4-28
栗原（御料所）○　くりはら　第97号　2-122, 2-123, 5-117, 5-291
栗原郡　くりはらぐん　第51号　1-176, 5-77, 5-284
栗原郡　くりはらぐん　第52号　1-179, 5-284
栗原村（大田志摩守、増田壽巻、山田立長知行所）　くりはらむら　第93号　2-103, 5-123, 5-291
栗原村（水野猪之助、岡野淡路守知行所）　くりはらむら　第107号　2-156, 2-158, 5-129, 5-298
栗原村　くりはらむら　第118号　3-19, 5-166, 5-297, 5-300
栗原村　くりはらむら　第150号　3-174, 5-193, 5-307
栗原村　くりはらむら　第157号　5-210, 5-307
栗原村（榊原式部大輔領分）　くりばらむら　第80号　2-45, 2-48, 5-138, 5-287
栗原村　くりばらむら　第130号　3-74, 5-167
栗原村樵山　くりはらむらきこりやま　第150号　3-174
栗原村古市場　くりはらむらふるいちば　第150号　3-174
栗原村宮代村境野　くりはらむらみやしろむらさかいの　第118号　3-19
栗原村和田　くりはらむらわだ　第150号　3-174
栗見新田　くりみしんでん　第125号　3-49, 3-51, 5-174, 5-300
栗峰　くりみね　九州沿海図第8　4-225
栗村　くりむら　第127号　3-56
久利村○　くりむら　第165号　3-233, 5-205, 5-308
久里村〔久里〕　くりむら　第189号　4-72, 5-234, 5-241, 5-313
久里村徳竹村　くりむらとくたけむら　第189号　4-72
久利村畑中　くりむらはたなか　第165号　3-233
栗目本観音　くりめほんかんのん　第111号　5-161
栗本　くりもと　九州沿海図第21　4-279, 4-281
栗太郡　くりもとぐん　第133号　3-86, 5-167, 5-176, 5-301
厨浦☆　くりやうら　第120号　3-28, 5-172, 5-300
厨川　くりやかわ　第63号　1-216, 5-75
栗山川　くりやまがわ　第89号　2-80
栗山村　くりやまむら　第124号　3-44
栗屋村（徳山領）　くりやむら　第175号　3-286, 5-218
久料村（進喜太郎知行所）　くりょうむら　第101号　2-141, 2-143, 2-144, 5-129
来居　くるい　第154号　3-189
クルシマ　くるしま　第153号　3-186, 5-191
來島　くるしま　第164号　3-230, 5-210, 5-307, 5-311
栗栖村　くるすむら　第173号　3-272, 5-213, 5-308
久留孫川　くるそがわ　第197号　4-104, 5-245
久留孫山　くるそやま　第197号　4-104
クル子山　第3号　1-15, 1-16, 5-18, 5-268, 5-270
来原村　くるばらむら　第172号　3-268, 5-212, 5-308
久流比神社　くるひじんじゃ　第124号　3-42, 3-44, 5-180
來日村　くるひむら　第124号　3-42, 3-44, 5-180
來日山　くるひやま　第124号　3-42, 3-44
久留引村　くるぶきむら　第128号　3-62, 5-180, 5-304
車返村　くるまがえしむら　第90号　2-88, 2-90, 5-120, 5-123, 5-291
車帰村　くるまがえりむら　第193号　4-83, 4-84, 5-232, 5-312, 5-314
車帰村　くるまがえりむら　九州沿海図第20　4-276
車帰村坂ノ下　くるまがえりむらさかのした　第193号　4-83, 4-84
車ケ岳　くるまがたけ　九州沿海図第12　4-243
車川　くるまがわ　第99号　2-131
来巻村（毛利大和守領分）　くるまきむら　第173号　3-277, 5-218
来巻村峠市　くるまきむらたおいち　第173号　3-277
来巻村地先　くるまきむらちさき　第173号　3-277
車折明神　くるまざきみょうじん　第133号　3-90
車島〔車シマ〕　くるまじま　第192号　4-81, 4-82, 5-240, 5-241
車地村　くるまじむら　第176号　3-292, 5-219, 5-312
車瀬〔車セ〕　くるませ　第189号　4-74, 5-235, 5-241
車岳〔車ヶ岳〕　くるまだけ　第210号　4-171, 5-254, 5-261
車地山　くるまちやま　第187号　4-59, 4-62
クルマツナイ○　第21号　1-69, 5-46, 5-279
クルマツナイ山　第30号　1-103, 5-47, 5-279
車野村　くるまのむら　第123号　3-38, 5-180
車道村　くるまみちむら　第187号　4-59, 4-62
来馬村　くるまむら　第137号　3-115, 5-184, 5-306
車村　くるまむら　第173号　5-311
車村　くるまむら　第173号　5-213
胡桃川　くるみがわ　第208号　5-247
クルミ瀬　くるみせ　九州沿海図第1　4-189
胡桃峠　くるみとうげ　第194号　4-90, 5-232
久留米（有馬玄蕃頭居城）☆　くるめ　第188号　4-65, 4-66, 5-231, 5-313
久留米瀬下町〔瀬下〕　くるめせのしたまち　第188号　4-65, 4-66, 5-313
クルワシリ　第34号　1-117, 5-55, 5-57, 5-279
久禮浦△　くれうら　第160号　3-209, 5-200, 5-310
久礼浦枝大野村　くれうらえだおおのむら　第160号　3-209
久礼浦枝鎌田村　くれうらえだかまだむら　第160号　3-209
久禮田山　くれたやま　第159号　3-208
暮戸村　くれどむら　第115号　2-198, 2-200, 5-159
紅井村　くれないむら　第126号　3-55, 5-175
紅井村新宮村新出〔田〕　くれないむらしんぐうむらしんでん　第126号　3-55
紅井村曽谷　くれないむらそだに　第126号　3-55
黒稲子　くれなご　九州沿海図第16　4-256
久礼村　くれむら　第125号　3-48, 5-166, 5-297, 5-300
栗面村　くれもむら　第202号　4-125, 4-126, 5-236, 5-315
黒□山　くろ□やま　第166号　3-236
黒井（御料所）○☆△　くろい　第80号　2-45, 5-138, 5-294
黒井　くろい　九州沿海図第8　4-227
黒石　くろいし　第183号　4-39, 5-226
黒石　くろいし　九州沿海図第4　4-205, 4-208, 4-211
黒石野村　くろいしのむら　第50号　1-170, 5-71, 5-74, 5-282
黒礒村　くろいそむら　第173号　3-276, 5-213, 5-215
黒江村○〔黒井〕　くろいむら　第127号　3-59, 5-182, 5-304
黒井村（長府領）　くろいむら　第177号　3-297, 5-220, 5-312
クロ岩〔クロユワ〕　第36号　1-121, 1-122, 5-60, 5-281
黒岩〔黒島〕　くろいわ　第131号　3-80, 5-169
黒岩　くろいわ　第169号　3-254
黒岩　くろいわ　第175号　3-285
黒岩嵜〔黒岩サキ〕　くろいわざき　第206号　4-150, 5-242, 5-243
黒岩鼻　くろいわはな　第145号　3-151, 3-154
黒岩村　くろいわむら　第142号　3-132, 5-186, 5-303, 5-306
黒岩村△　くろいわむら　第181号　4-32, 5-226
黒岩村　くろいわむら　第189号　4-72
黒岩村　くろいわむら　九州沿海図第4　4-209
黒岩山　くろいわやま　第185号　4-48, 5-244
黒岩山　くろいわやま　第189号　4-72
黒生野村　くろうのむら　第185号　4-50, 5-244
黒生野村長池　くろうのむらながいけ　第185号　4-50
黒生野村花下　くろうのむらはなした　第185号　4-50
黒生野村別府　くろうのむらびゅう　第185号　4-50

九郎原村　くろうばらむら　第173号　3-273, 5-218, 5-308
九郎丸村　くろうまるむら　第187号　4-56, 5-222
黒島〔クロシマ〕　くろがしま　第191号　4-79, 5-238, 5-241
銕村　くろがねむら　第90号　2-90
銕村〔鉄村〕　くろがねむら　第145号　3-153, 5-192, 5-307
鉄門　くろがねもん　第133号　3-87, 3-89
黒カミシマ　くろかみじま　第155号　3-191, 5-190
黒神嶋（冨田村属）　くろかみしま（とんだむらぞく）　第175号　3-286, 5-218, 5-312
里〔黒〕上村　くろかみむら　第209号　4-164, 5-247, 5-261, 5-316
黒上村　くろかみむら　九州沿海図第10　4-232
黒髪山　くろかみやま　第150号　3-175
黒髪山　くろかみやま　第190号　4-76
黒川　くろかわ　第179号　4-19
黒川　くろかわ　九州沿海図第2　4-194
黒川入山〔足川入山〕　くろかわいりやま　第98号　2-126, 5-117, 5-127
黒川郡　くろかわぐん　第52号　1-179, 1-181, 5-79, 5-284
黒川村　くろかわむら　第64号　1-219, 5-89, 5-283, 5-286
黒川村（大関伊豫守領分）　くろかわむら　第68号　1-240, 5-106, 5-288
黒川村　くろかわむら　第95号　2-110
黒川村　くろかわむら　第112号　2-182, 5-153, 5-296
黒川村　くろかわむら　第163号　3-226, 5-208, 5-308
黒川村　くろかわむら　第173号　3-274, 5-213, 5-308
黒川村上黒川〔黒川村〕　くろかわむらかみくろかわ　第172号　3-268, 5-212
黒川村下黒川　くろかわむらしもくろかわ　第172号　3-268
クロキシマ　くろきじま　九州沿海図第19　4-275
黒熊村（御料所、杉山権右エ門知行所）　くろくまむら　第94号　2-107, 5-119, 5-291
九鹿村　くろくむら　第124号　3-44, 5-180, 5-304
九鹿村枝岡　くろくむらえだおか　第124号　3-44
九鹿村馬瀬　くろくむらまぜ　第124号　3-44
黒小シマ　くろこじま　第190号　4-77, 5-235
黒子嶋　くろこじま　第204号　4-140, 4-142
黒小シマ　くろこじま　第204号　5-235
黒小島　くろこじま　第207号　4-151
黒駒皮多村　くろこまかわたむら　第141号　3-128, 5-182
黒坂村　くろさかむら　第144号　3-144, 5-192, 5-305, 5-307
黒坂村押田　くろさかむらおしだ　第144号　3-144
黒崎〔黒崎村〕　くろさき　第83号　2-58, 5-140, 5-295
黒崎　くろさき　第105号　2-154
黒嵜〔黒﨑〕　くろさき　第121号　3-29, 3-32, 5-172, 5-300
黒嵜　くろさき　第121号　3-33
黒嵜〔黒﨑〕　くろさき　第121号　3-33, 5-172
黒﨑　くろさき　第123号　3-38, 3-40, 5-173
黒﨑　くろさき　第124号　3-42
黒﨑　くろさき　第131号　3-78
黒﨑　くろさき　第141号　3-127
黒嵜　くろさき　第168号　3-247
黒﨑　くろさき　第169号　3-250
黒﨑　くろさき　第176号　3-293, 5-219
黒﨑　くろさき　第179号　5-225
黒﨑　くろさき　第186号　4-55
黒﨑　くろさき　第187号　4-61
黒崎　くろさき　第191号　5-313
黒サキ　くろさき　第203号　5-251
黒サキ〔黒サキ〕　くろさき　第206号　4-146, 5-242
黒サキ　くろさき　第206号　5-242
黒﨑〔クロサキ〕　くろさき　第206号　4-149, 4-150, 4-151, 5-242, 5-243
黒﨑〔黒サキ〕　くろさき　第207号　4-153, 5-243
黒嵜〔黒サキ〕　くろさき　第207号　4-153, 5-243
黒﨑　くろさき　九州沿海図第16　4-257
黒﨑島　くろさきじま　第192号　4-81, 4-82
黒﨑峠　くろさきとうげ　第163号　5-208
黒﨑根　くろさきね　第103号　2-149
黒﨑根　くろさきね　第104号　2-151, 2-152
黒﨑鼻　くろさきはな　第193号　4-87
黒﨑鼻　くろさきばな　第161号　3-213, 3-215, 3-216, 3-217
黒﨑村☆　くろさきむら　第45号　1-154, 5-70, 5-282
黒﨑村　くろさきむら　第59号　1-203, 1-204, 5-85, 5-281
黒﨑村　くろさきむら　第62号　1-211, 5-87, 5-283
黒﨑村　くろさきむら　第84号　2-62, 5-140, 5-295
黒﨑村　くろさきむら　第86号　2-71, 5-145, 5-297, 5-300, 5-295
黒﨑村　くろさきむら　第141号　3-127, 3-131, 5-183, 5-306
黒﨑村　くろさきむら　第142号　3-133, 5-187, 5-303, 5-306
黒﨑村☆　くろさきむら　第151号　3-179, 5-195, 5-307
黒﨑村　くろさきむら　第191号　4-79, 5-238, 5-241
黒﨑村　くろさきむら　第193号　4-87, 5-231
黒﨑村　くろさきむら　第202号　4-127, 5-237, 5-315
黒﨑村　くろざきむら　第134号　3-97, 3-98, 5-177, 5-301
黒﨑村岩屋　くろさきむらいわや　第151号　3-179
黒﨑村小原　くろさきむらおばら　第151号　3-179
黒﨑村佐見　くろさきむらさみ　第151号　3-179
黒﨑村出津　くろさきむらしつ　第202号　4-127
黒﨑村天神川　くろさきむらてんじんがわ　第151号　3-179
黒嵜村永田　くろさきむらながた　第202号　4-127
黒﨑村牧野　くろさきむらまきの　第202号　4-127
黒沢尻村　くろさわじりむら　第50号　1-172, 5-73, 5-282
黒沢村（御料所）　くろさわむら　第66号　1-228, 1-229, 1-230, 1-231, 5-92, 5-285
黒沢村〔黒澤村〕　くろさわむら　第98号　2-126, 5-117, 5-127, 5-296
黒沢村枝法師倉　くろさわむらえだほうしぐら　第98号　2-126
黒沢山　くろさわやま　第98号　2-126
黒澤山　くろさわやま　第144号　3-142
黒塩村　くろしおむら　第190号　4-76, 5-234
黒獅子山　くろじしやま　第175号　3-283
黒島〔クロシマ〕　くろしま　第124号　3-43, 5-181
黒島　くろしま　第139号　3-121, 5-186, 5-303, 5-306
黒島〔クロ島〕　くろしま　第140号　3-124, 5-170
黒シマ〔クロ島〕　くろしま　第140号　3-126, 5-171
黒島〔クロ島〕　くろしま　第141号　3-127, 5-185, 5-306
黒島　くろしま　第145号　3-149, 3-151, 3-152, 3-154, 5-192, 5-194, 5-307
黒島　くろしま　第153号　3-186, 5-191
黒島　くろしま　第153号　3-187, 5-191
クロシマ　くろしま　第155号　3-190
クロシマ　くろしま　第155号　3-191, 5-189, 5-190
黒シマ　くろしま　第155号　3-191, 5-190
クロシマ　くろしま　第155号　3-191, 5-190
黒シマ　くろしま　第162号　3-219
黒島　くろしま　第164号　5-210, 5-308
黒島　くろしま　第164号　3-229, 5-210
黒島　くろしま　第164号　5-210
黒シマ　くろしま　第165号　3-233, 5-204
黒シマ　くろしま　第166号　3-235, 5-209, 5-212
黒島　くろしま　第167号　3-245, 5-215, 5-311
黒嶋　くろしま　第171号　3-265, 3-267, 5-203, 5-311
黒島　くろしま　第172号　3-268, 5-212
黒シマ　くろしま　第172号　3-269, 3-270, 5-216
黒嶋　くろしま　第174号　3-282, 5-217
黒嶋　くろしま　第177号　3-297, 5-220
黒シマ〔黒島〕　くろしま　第181号　4-32, 5-226
黒島　くろしま　第183号　4-39, 5-226, 5-311
黒シマ〔黒ハヘ〕　くろしま　第184号　4-46, 5-314
黒シマ　くろしま　第184号　4-46
黒シマ　くろしま　第184号　4-46
黒シマ　くろしま　第192号　4-80, 4-81, 5-239, 5-241
黒島　くろしま　第192号　4-81, 5-239, 5-240, 5-241
黒島　くろしま　第192号　4-81
黒嶋　くろしま　第196号　4-99, 5-233, 5-315
黒島〔黒シマ〕　くろしま　第196号　4-97, 4-99, 5-233
黒シマ　くろしま　第196号　5-233
クロシマ　くろしま　第196号　4-98
黒嶋　くろしま　第198号　4-106
黒島　くろしま　第200号　4-117
黒島〔クロシマ〕　くろしま　第200号　4-117, 4-118, 5-250
クロシマ　くろしま　第200号　5-250
黒島　くろしま　第200号　4-117, 5-251
黒嶋〔黒シマ〕　くろしま　第201号　4-121, 5-236, 5-315
黒島　くろしま　第202号　4-127, 4-128, 5-236, 5-315
黒島　くろしま　第203号　4-139, 5-251, 5-315
黒島〔黒シマ〕　くろしま　第203号　4-136, 4-138, 5-251
黒島　くろしま　第204号　4-140, 4-142, 5-235, 5-313, 5-321
黒島　くろしま　第204号　4-140, 5-235, 5-313, 5-321
黒島　くろしま　第205号　4-144
黒島　くろしま　第205号　4-145
黒島　くろしま　第206号　4-146, 4-148, 5-242
黒島　くろしま　第207号　4-154, 5-243, 5-321
黒島　くろしま　第211号　5-257, 5-261, 5-317, 5-319
黒嶋　くろしま　九州沿海図第1　4-189
黒嶋　くろしま　九州沿海図第4　4-207
黒嶋　くろしま　九州沿海図第4　4-205, 4-208, 4-211
黒嶋　くろしま　九州沿海図第7　4-220
黒嶋　くろしま　九州沿海図第8　4-226
黒嶋　くろしま　九州沿海図第14　4-252
黒シマ　くろしま　九州沿海図第16　4-257
黒嶋　くろしま　九州沿海図第19　4-270
黒嶋　くろしま　九州沿海図第19　4-271
黒嶋　くろしま　九州沿海図第19　4-274

黒嶋　くろしま　九州沿海図第19　4-272, 4-275
黒嶋　くろしま　九州沿海図第19　4-275
クロシマ　くろしま　九州沿海図第19　4-275
黒島　くろしま　長崎〔参考図〕　4-129, 4-131
黒島（伊方浦）　くろしま（いかたうら）　第170号　3-261, 5-201
黒島（大島屬）　くろしま（おおしまぞく）　第158号　3-204, 5-197, 5-307
黒島（鷹島屬）　くろしま（たかしまぞく）　第189号　4-73, 5-235, 5-238, 5-241, 5-313
黒島（柱島屬）　くろしま（はしらじまぞく）　第167号　3-245, 5-215, 5-311
黒島﨑　くろしまざき　第192号　4-81
黒島村○　くろしまむら　第84号　2-65, 5-143
黒島村　くろしまむら　第204号　4-140
黒嶋山　くろしまやま　第103号　2-150
黒砂村（堀田相模守領分）　くろすなむら　第89号　2-81, 2-82, 2-83, 5-111, 5-122, 5-290
黒須村（稲冨久兵衛知行所）　くろすむら　第88号　2-79, 5-120, 5-121, 5-291
黒瀬山　くろずやま　第127号　3-59, 5-182
黒セ〔クロセ〕　くろせ　第187号　4-61, 5-233
黒瀬〔クロセ〕　くろせ　第189号　4-71, 4-74, 5-238, 5-241
クロセ　くろせ　第191号　4-79, 5-238, 5-241
黒瀬〔クロセ〕　くろせ　第191号　4-79, 5-238, 5-241
黒瀬〔クロセ〕　くろせ　第191号　4-79, 5-238, 5-241
クロセ　くろせ　第191号　4-78
黒瀬　くろせ　第201号　4-122
黒セ　くろせ　第201号　4-122
黒瀬　くろせ　第202号　4-127
黒瀬〔クロセ〕　くろせ　第206号　4-148, 4-149, 5-242
黒瀬〔黒サキ〕　くろせ　第206号　4-150, 5-242
クロセ　くろせ　第207号　5-243
黒瀬　くろせ　第207号　4-151, 4-155
黒瀬〔黒セ〕　くろせ　第208号　4-159, 4-161, 5-251, 5-252
黒瀬　くろせ　九州沿海図第12　4-243, 4-245
黒瀬　くろせ　九州沿海図第13　4-249
黒瀬　くろせ　長崎〔参考図〕　4-133
黒瀬嵜　くろせざき　第203号　4-137
黒瀬﨑〔黒セサキ〕　くろせざき　第206号　4-150, 5-242, 5-243
黒瀬鼻　くろせはな　九州沿海図第19　4-271
黒瀬村　くろせむら　第117号　3-13, 5-163
黒瀬村　くろせむら　第192号　4-81, 4-82, 5-239, 5-240, 5-241
黒瀬山　くろせやま　第96号　2-117
黒ソハエ　くろそはえ　第145号　3-154
黒尊續〔黒尊山〕　くろそん?　第98号　2-127, 5-151
黒尊御林　くろそんごりん　第98号　2-127
黒嶽〔黒岳〕　くろだけ　第101号　2-140, 5-128
黒岳　くろだけ　第182号　5-227, 5-312
小川山　くろだにがわ　第127号　5-175
黒谷寺〔黒谷〕　くろだにでら　第133号　3-87, 5-174, 5-176
黒谷村　くろたにむら　第127号　3-56, 5-175, 5-304
黒谷門前　くろだにもんぜん　第133号　3-87
黒田村（御料所、黒田豊前守領分、永島藤五郎、神谷鉄之助、大草吉左エ門知行所）　くろだむら　第94号　2-106, 2-108, 5-121, 5-291
黒田村（渡辺六郎左エ門陣屋）（渡辺六郎左エ門）　くろだむら　第100号　2-135, 2-138, 5-127, 5-291
黒田村　くろだむら　第110号　2-175, 5-158, 5-296
黒田村　くろだむら　第118号　3-18, 5-159, 5-297
黒田村　くろだむら　第121号　3-30, 5-157
黒田村　くろだむら　第124号　3-45, 3-46, 5-180
黒田村　くろだむら　第134号　3-94, 3-96, 5-167, 5-167, 5-177, 5-301
黒田村　くろだむら　第168号　3-249, 5-214, 5-311
黒田村田中　くろだむらたなか　第100号　2-135, 2-138
九郎太郎島〔九郎太郎シマ〕　くろたろうじま　第192号　4-81, 4-82, 5-239, 5-240, 5-241
黒土川　くろつちがわ　第188号　4-65, 4-66, 4-68
久路土村　くろつちむら　第178号　4-16
黒土村〔黒土〕　くろつちむら　第188号　4-65, 4-66, 4-68, 5-231, 5-313
久路土村　くろつちむら　九州沿海図第2　4-195
黒津村　くろづむら　第76号　2-28, 5-112, 5-113, 5-287, 5-289
黒津村　くろづむら　第133号　3-87, 3-89, 5-174, 5-176, 5-301
黒都里　くろとり　九州沿海図第21　4-281
クロトリ岬　くろとりみさき　第145号　3-155
黒島〔鳥〕村　くろとりむら　第155号　3-190, 3-192, 5-189, 5-190
黒流　くろながれ　九州沿海図第20　4-276
黒仁田山　くろにたやま　第184号　4-47
黒沼村　くろぬまむら　第50号　1-171, 5-73, 5-282
クロ子　くろね　第101号　2-140, 2-142
黒根　くろね　第102号　2-145
クロ子　くろね　第103号　2-149
黒根　くろね　第103号　2-149
黒根　くろね　第103号　2-150
黒根　くろね　第105号　2-154
黒野神社　くろのじんじゃ　第124号　3-43, 3-45, 3-46, 5-180
黒野田○　くろのた　第97号　2-121, 2-122, 2-123, 5-117, 5-127, 5-291
黒野田村追分　くろのたむらおいわけ　第97号　2-121, 2-122, 2-123
黒ハエ　くろはえ　第58号　1-200
黒碆　くろはえ　第161号　3-216, 3-217, 5-203
黒ハエ　くろはえ　第161号　3-216, 5-203
黒碆　くろはえ　第204号　4-141
黒碆　くろばえ　第161号　3-216
黒ハエ〔クロハエ〕　くろばえ　第206号　4-146, 5-242
黒剱　くろはね　第169号　3-254
黒濵　くろはま　第52号　1-180
黒濵﨑　くろはまざき　第102号　2-145
黒濵根　くろはまね　第104号　2-151
黒濱村（大岡主膳正領分）　くろはまむら　第88号　2-78, 5-120, 5-291
黒原山　くろはるやま　第197号　4-101
黒姫村　くろひめむら　第75号　2-22, 5-99, 5-287
黒姫山　くろひめやま　第81号　2-51, 5-138, 5-294
クロフコ　くろふご　第145号　3-148, 5-185
黒部川　くろべがわ　第82号　2-55, 2-56, 5-139
黒部村　くろべむら　第123号　3-38, 5-180, 5-304
黒母瀬〔黒藻瀬〕　くろぼせ　第206号　4-146, 5-242
黒松　くろまつ　第184号　4-47
黒松村　くろまつむら　第166号　3-235, 5-209, 5-212, 5-308
黒丸村　くろまるむら　第85号　2-68, 5-142, 5-295
黒岬　くろみさき　第140号　3-124
黒水鼻〔黒水ハナ〕　くろみずはな　第189号　4-71, 4-74, 5-238, 5-241
黒峰山　くろみねやま　第194号　4-89, 4-90
黒目村　くろめむら　第120号　3-25, 5-145, 5-297, 5-300
黒森峠　くろもりとうげ　第68号　1-237, 5-103, 5-105
黒茄山　くろやけやま　第102号　2-145, 2-148
黒山　くろやま　第105号　2-154
黒山　くろやま　第177号　5-220
黒山﨑　くろやまさき　九州沿海図第5　4-215
黒山鼻　くろやまはな　第183号　4-40, 4-42
黒山村〔黒山〕　くろやまむら　第186号　4-54, 5-222, 5-313
黒谷村　くろやむら　第94号　2-109, 5-121, 5-291
黒谷村小川端　くろやむらおがわばた　第94号　2-109
黒谷村下小川　くろやむらしもおがわ　第94号　2-109
黒谷村殿地　くろやむらどんじ　第94号　2-109
黒谷村簑山　くろやむらみのやま　第94号　2-109
クロユワ　第34号　1-116, 5-54, 5-57, 5-279
黒ノ田村　くろんたむら　第170号　3-258, 5-201, 5-215, 5-311
黒ノ田村白谷　くろんたむらしろたに　第170号　3-258
桒市村　くわいちむら　第128号　3-62, 3-64, 5-180, 5-182, 5-304
桒飼上村　くわがいかみむら　第127号　3-56, 5-175
桒飼上村宇谷　くわがいかみむらうだに　第127号　3-56
桒飼下村〔桒飼〕　くわがいしもむら　第123号　3-40, 5-175, 5-304
桒飼下村原　くわがいしもむらはら　第123号　3-40
鍬ケ﨑大沢　くわがさきおおさわ　第46号　1-156, 5-282
桒ケ﨑村　くわがさきむら　第64号　1-222, 5-75, 5-90, 5-283
桒川新田　くわかわしんでん　第90号　2-84, 2-86, 5-120, 5-123
桑川村　くわがわむら　第72号　2-12, 5-97, 5-285, 5-286
桑木原山　くわきばるやま　第194号　4-91, 5-245
桒木村地先〔桒木村〕　くわぎむらちさき　第100号　2-132, 2-134, 5-126
桒窪村　くわくぼむら　第97号　2-120
桒窪山　くわくぼやま　第97号　2-120
桒坂峠　くわさかとうげ　第175号　5-218
桒澤見　くわさわみ　九州沿海図第16　4-256
桑島〔クワ島〕　くわしま　第203号　4-139, 5-251, 5-315
桒島　くわしま　第208号　4-161, 5-251
桒嶋　くわしま　九州沿海図第13　4-251
桒嶋　くわしま　九州沿海図第19　4-271
桒田郡　くわたぐん　第126号　3-54, 5-175, 5-301
桒田郡　くわたぐん　第133号　3-91, 5-175, 5-301
桒田和村　くわだわむら　第115号　2-195, 5-158, 5-297
桒田和村萩野　くわだわむらはぎの　第115号　2-195
桑名（松平下總守居城）○☆　くわな　第129号　3-66, 5-166, 5-297, 5-299
桑名郡　くわなぐん　第118号　3-20, 5-297, 5-300
桒名郡　くわなぐん　第118号　3-20, 5-166
桑名郡　くわなぐん　第129号　3-66, 5-166, 5-299, 5-300
桒野浦　くわのうら　第183号　4-40, 5-228
桒野浦　くわのうら　九州沿海図第5　4-213
桑浦村　くわのうらむら　第212号　4-177, 5-253
桒浦村　くわのうらむら　九州沿海図第15　4-254
桒ノ木平　くわのきだいら　第104号　2-151
クハハエ　くわはえ　第171号　3-267, 5-203
桒濵　くわはま　第48号　1-163, 5-78, 5-284

桒原　くわばら　第175号　3-287
桑原川内　くわばらかわち　九州沿海図第16　4-256
桑原郡　くわはらぐん　第208号　4-156, 4-158, 5-316
桒原郡　くわはらぐん　第209号　4-162, 5-247, 5-261, 5-316
桒原郡　くわはらぐん　九州沿海図第10　4-232
桒原郡　くわはらぐん　九州沿海図第17　4-261, 4-262
桒原城山　くわばらしろやま　第81号　2-53
桒原村　くわはらむら　第101号　2-140
桒原村（真田弾正大弼）　くわばらむら　第81号　2-53, 5-146, 5-294
桑原村　くわばらむら　第110号　2-175, 5-158
桒原村　くわばらむら　第115号　2-196, 2-198, 2-200, 5-159, 5-299
桒原村　くわばらむら　第128号　3-62, 5-180
桒原村　くわばらむら　第178号　4-17
桒原村　くわばらむら　第187号　4-58, 5-231, 5-312
桒原村枝小坂　くわばらむらえだこさか　第81号　2-53
桒原村枝佐野　くわばらむらえださの　第81号　2-53
桒原村川　くわはらむらかわ　第101号　2-140
桒原山　くわばらやま　第127号　3-60
久和村　くわむら　第192号　4-82, 5-240, 5-241, 5-320
桑村郡　くわむらぐん　第158号　3-205, 5-197, 5-214, 5-307
桒村郡　くわむらぐん　第168号　3-248, 5-197, 5-214, 5-311
桒山村和子　くわやまむらわご　第96号　2-115
郡家浦　ぐんげうら　第137号　3-115, 5-184, 5-306
郡家中村　ぐんげなかむら　第137号　3-115, 5-184
郡家濵村　ぐんげはまむら　第137号　3-115, 5-184
郡家村　ぐんげむら　第133号　3-92, 5-176, 5-178
郡家村　ぐんげむら　第136号　3-105
郡家村　ぐんげむら　第137号　3-112
郡家村　ぐんげむら　第152号　3-182, 5-194, 5-307
郡家村ノ内新町　ぐんげむらのうちしんまち　第133号　3-92
クン子ベツ川　第5号　5-19, 5-270
郡司分村　ぐんじぶんむら　第185号　4-52, 5-246, 5-314, 5-316
郡司分村　ぐんじぶんむら　九州沿海図第8　4-223
郡上川　ぐんじょうがわ　第113号　5-155, 5-156
クン瀬〔クンセシマ〕　くんぜ　第200号　4-117, 5-251
クンセ　くんぜ　九州沿海図第19　4-270
郡髙村　ぐんたかむら　第162号　3-219, 3-221
訓谷村☆　くんだにむら　第124号　3-42, 5-181, 5-304
軍駄利山　ぐんだりやま　第97号　2-120, 5-121
クンヌイ　第30号　1-105, 5-46, 5-54, 5-279
クンヌイ川　第30号　1-105, 5-46, 5-54, 5-279
クン子ベツ○　第5号　1-18, 5-19, 5-270
クン子ベツ　くんねべつ　第32号　1-109, 5-56
クン子ベツ川　くんねべつがわ　第32号　1-109
倉鉢山　くんばちやま　第185号　5-246
郡府村　ぐんぶむら　第118号　3-16
群馬郡　ぐんまぐん　第78号　2-41, 5-289
群馬郡　ぐんまぐん　第94号　2-105, 2-107, 5-119

【け】

蹴上　けあげ　九州沿海図第17　4-261
雞冠山　けいかんざん　第133号　3-86, 5-174, 5-176
ケイサキ　けいさき　第199号　5-248, 5-261
碣石嵜　けいしざき　第189号　4-70, 5-233, 5-241
ケイ島　げいじま　第204号　4-142
慶所村　けいじょむら　第143号　3-137, 3-138, 5-183, 5-188
毛井新田　けいしんでん　九州沿海図第3　4-202
継體帝陵　けいたいていりょう　第133号　3-92
慶野村　けいのむら　第142号　3-134, 5-184, 5-185, 5-306
鯨見　げいみ　第204号　4-142
恵明寺　けいみょうじ　第90号　2-84
毛井村（臼杵領）　けいむら　九州沿海図第3　4-202
毛風山　けかぜやま　第190号　4-77
掛下村枝宇藤〔掛下村、掛下〕　けがむらえだうとう　第111号　2-180, 5-161, 5-299
毛萱村　けがやむら　第54号　1-189, 5-102, 5-288
外宮　げぐう　第117号　3-13, 5-163, 5-299
毛久保　けくぼ　九州沿海図第8　4-227
皆倉　けくら　九州沿海図第10　4-236
花倉　けくら　九州沿海図第10　4-233, 4-239
ケコヤ村　けごやむら　第167号　3-242, 5-211, 5-213
警固屋村　けごやむら　第183号　4-39, 5-226
警固屋村（臼杵領）　けごやむら　九州沿海図第4　4-209
ケコヤ村鍋村鳥平村入會〔鳥平村〕　けごやむらなべむらとりのひらむらいりあい　第167号　3-242, 5-211, 5-213
下座郡　げざぐん　第187号　4-58, 5-222, 5-230, 5-312
ケサシマ　けさじま　第189号　4-71, 4-73
今朝平村　けさだいらむら　第115号　2-195, 5-158, 5-297
化島　けしま　第39号　1-132
怪島　けしま　第164号　3-231, 5-311
戀嶋　けしま　九州沿海図第12　4-243, 4-245
毛島（田井村屬）　けじま（たいむらぞく）　第122号　3-34, 3-36, 5-173, 5-300
下司村　げしむら　第181号　4-31, 5-227, 5-312
下司村　げしむら　九州沿海図第3　4-200
ケシ山　けしやま　第145号　3-153
ケシ山　けしやま　第194号　4-89, 4-90
花熟里村　けじゅくりむら　第210号　4-172, 5-252, 5-254, 5-261
花熟里村　けじゅくりむら　九州沿海図第12　4-244, 4-246
花生山　けしょうざん　第116号　2-202, 2-204
花生山　けしょうざん　第146号　3-156
化粧島　けしょうじま　第157号　3-203, 5-197, 5-210
下条村　げじょうむら　第76号　2-28, 5-112, 5-113
下須島　げすじま　第203号　4-139, 5-251, 5-315
下須島　げすじま　九州沿海図第19　4-271
氣仙郡　けせんぐん　第47号　1-159, 1-161, 5-72, 5-76, 5-282
氣仙沼⛵〔氣仙〕　けせんぬま　第47号　1-161, 5-76, 5-284
下代瀬　げだいのせ　九州沿海図第16　4-258, 4-260
氣多郡　けたかぐん　第143号　3-135, 3-136, 5-188
氣多郡　けたぐん　第124号　3-42, 3-44, 5-180, 5-181, 5-304
氣多社　けたしゃ　第83号　2-61
氣多神社　けたじんじゃ　第124号　3-44
毛谷村　けだにむら　第128号　3-65, 5-181, 5-183, 5-304
毛谷村坂清水　けだにむらさかしみず　第128号　3-65
結馬村　けちばむら　第134号　3-94, 3-96, 5-167, 5-167, 5-177, 5-301
鶏知村　けちむら　第192号　4-81, 4-82, 5-239, 5-240, 5-241, 5-320
毛塚村（横田甚右エ門、横田源太郎、有馬千之助、内藤主膳知行所）　けつかむら　第88号　2-79, 5-120
毛塚村宮鼻村入會大黒部〔宮鼻〕　けつかむらみやはなむらいりあいおおくろべ　第88号　2-79, 5-291
月正島　げっしょうじま　第135号　3-101
ケト﨑　けとざき　第204号　4-142
家内村　けないむら　第144号　3-140
ケナシ　けなし　第131号　3-81
毛ナシ島〔ケナシ島〕　けなしじま　第139号　3-121, 5-179, 5-303, 5-306
毛ナシ島〔ケナシシマ〕　けなしじま　第139号　3-121, 5-186
毛無島〔毛無シマ〕　けなしじま　第178号　4-12, 4-14, 5-222
毛無嶋　けなしじま　九州沿海図第1　4-190
毛無峠　けなしとうげ　第184号　4-45, 5-229
ケ子ホク島　けねほくじま　第22号　1-70, 5-270
ケノマイ　第27号　1-89, 5-49, 5-277
下馬尾村　げばおむら　第194号　4-89, 5-232, 3-314
氣比村　けひむら　第124号　3-42, 3-44, 5-180, 5-304
ケフタ瀬〔ケフタセ〕　けふたせ　第206号　4-146, 5-242
ケフタ瀬〔毛フタセ〕　けぶたせ　第206号　4-150, 5-242, 5-243
毛馬村　けまむら　第135号　3-101, 5-178, 5-301
毛見浦　けみうら　第138号　3-120, 5-186
検見川（御料所、金田助八郎、清野半右エ門、小林金十郎、吉田周悦知行所）○　けみがわ　第89号　2-81, 2-82, 2-83, 5-122, 5-290
ケムカヲマナイ　第15号　1-49, 5-38, 5-273
烟島〔ケムリシマ〕　けむりじま　第139号　3-121, 5-186
烟島　けむりじま　第142号　3-132, 3-134
ケヤシマ　けやじま　第189号　4-71, 4-73
花山鼻　けやまばな　第164号　3-229
毛山村南組〔毛山村〕　けやまむらみなみぐみ　第171号　3-264, 5-201
芥屋村☆〔芥屋〕　けやむら　第189号　4-70, 5-233, 5-241, 5-313
芥屋村福浦　けやむらふくうら　第189号　4-70
ケラムイ　第3号　1-16, 5-18, 5-268, 5-270
ケラムイ岬　第3号　1-16, 5-18, 5-268, 5-270
介良村葛島〔介良村、介良〕　けらむらかずらしま　第159号　3-206, 3-208, 5-200, 5-310
介良山　けらやま　第159号　3-206, 3-208
ケレマツフ　第26号　1-86, 5-48, 5-277
ケレマツフ川　第26号　1-86, 5-48, 5-277
毛呂久保村　けろくぼむら　第110号　2-173
毛祝坂村　けわいざかむら　第80号　2-48, 5-138, 5-287
毛原村　けわらむら　第123号　3-40, 5-180
玄海島〔玄界島〕　げんかいじま　第187号　4-61, 5-233, 5-313

劔峯　けんがみね　第95号　2-111
劔峰　けんがみね　第150号　3-171
ケンキウ島　けんきゅうじま　長崎〔参考図〕 4-131
ケンキウ鼻　けんきゅうはな　第202号　4-127, 4-128
ケンキウ岬　けんきゅうみさき　長崎〔参考図〕 4-131
検校﨑　けんぎょうざき　第190号　4-77
ケンキヨ鼻〔ケンギヤウハナ〕 げんぎょばな　第206号　4-150, 5-242, 5-243
源五郎島　げんごろうじま　第204号　4-140, 5-235
源五郎島〔源五郎シマ〕 げんごろうじま　第206号　4-148, 4-149, 5-242
見性寺　けんしょうじ　第118号　3-21
源藏島　げんぞうじま　第196号　4-98
源藏嶋　げんぞうじま　九州沿海図第19　4-275
源太夫瀬　げんだゆうのせ　第145号　3-155, 5-185
源太郎岬　げんたろうみさき　第167号　3-245
見當シマ　けんとうじま　第196号　4-98
源道寺村（牧野若狭守、浅間社領） げんどうじむら　第100号　2-135, 2-138, 5-127
ケントウシ山　けんとうしやま　第166号　3-239
建徳寺　けんとくじ　第93号　2-103
ケンニチ　第34号　1-116, 5-54, 5-57, 5-279
ケンニチ川　第34号　1-116
建仁寺　けんにんじ　第133号　3-87, 5-174, 5-176, 5-301
現王島村　げんのうじまむら　第185号　4-50, 5-244, 5-314
玄番〔蕃〕新田（御料所、加藤勝之助知行所）〔玄番新田〕 げんばしんでん　第87号　2-75, 5-120
嚴尾寺山　げんびじやま　第176号　3-292
玄武シマ　げんぶじま　第159号　3-206, 3-208, 5-200
見物村（稲葉播磨守領分） けんぶつむら　第92号　2-99, 2-100, 5-124, 5-292
源兵エ新田　げんべえしんでん　第115号　2-197, 2-199, 5-159

【こ】

小アイカ島　こあいかじま　第164号　3-229, 5-210
小アイシマ　こあいしま　第164号　5-214
小藍島　こあいじま　第164号　3-231
小赤島　こあかじま　第204号　4-140
小赤松村　こあかまつむら　第144号　3-140, 5-183, 5-306
小浅島〔小アサシマ、小アサ島〕 こあさじま　第204号　4-140, 5-235, 5-313, 5-321
小アシカ島　こあじかしま　第204号　4-141, 5-235
小網代岬　こあじろみさき　第189号　4-74
小明見　こあすみ　第97号　5-291
小明見村　こあすみむら　第100号　2-132, 5-127
小細〔網〕倉濱〔小細倉濱〕 こあみくらはま　第48号　1-164, 5-78
小アラ川　こあらがわ　第39号　5-280
小荒路村　こあらじむら　第121号　3-31, 3-32, 5-172, 5-300
コアンサイ川　第34号　1-119, 5-57, 5-279
五井（有馬備後守在所）○☆　ごい　第89号　2-82, 5-111, 5-122, 5-290
越ケ浦　こいがうら　九州沿海図第8　4-226
コイカラサキ　こいからさき　第203号　5-251
小伊唐島〔小イカラシマ、小イカラ島〕 こいからじま　第203号　4-138, 5-251, 5-315
小イカラシマ　こいからじま　九州沿海図第14　4-252, 4-253
己斐〔川〕 こいがわ　第167号　3-241, 5-211, 5-213
鯉川村　こいかわむら　第62号　1-212, 5-87, 5-283
鯉川村　こいがわむら　第122号　3-36, 5-173, 5-175
小池　こいけ　第101号　5-128, 5-292
小池　こいけ　第202号　4-128
小池　こいけ　長崎〔参考図〕 4-129, 4-131
小池正明寺村　こいけしょうめいじむら　第114号　2-194, 5-159
小池村（諏訪社領） こいけむら　第96号　2-117, 2-119
小池村　こいけむら　第179号　4-23, 5-225, 5-312
小池村　こいけむら　九州沿海図第2　4-199
小池山　こいけやま　第125号　5-166
小池山　こいけやま　第125号　5-297
小池山　こいけやま　九州沿海図第15　4-254, 4-255
棋〔碁〕石　ごいし　第47号　1-160, 1-161
小石川　こいしかわ　第90号　2-84, 5-120, 5-123
小石川御門　こいしかわごもん　第90号　2-84
小石川山　こいしかわやま　第105号　2-154
碁石濱　ごいしはま　第101号　2-142
小石原村○　こいしはらむら　第180号　4-25, 5-222, 5-230, 5-312
恋島〔恋シマ〕 こいじま　第210号　4-171, 5-254, 5-261
小石村　こいしむら　第178号　4-13, 5-222, 5-312
戀路村　こいじむら　第85号　2-68, 5-142, 5-295
碁石村（御料所） ごいしむら　第71号　1-250, 5-96, 5-97, 5-285, 5-286
碁石村　ごいしむら　第145号　3-155, 5-194, 5-307
小石原道　こいしわらどう　第187号　5-222, 5-230
小泉村　こいずみむら　第88号　2-79
小泉村（片桐主膳正在所）☆　こいずみむら　第135号　3-100, 5-176, 5-177, 5-301
小泉村赤嵜〔小泉村赤﨑、小泉〕 こいずみむらあかさき　第48号　1-162, 5-76, 5-284
小泉村藏内濱〔小泉〕 こいずみむらくらうちはま　第48号　1-162, 5-76, 5-284
小泉村小泉町〔小泉〕 こいずみむらこいずみまち　第48号　1-162, 5-76, 5-284
小泉村廿一濱〔小泉〕 こいずみむらにじゅういちはま　第48号　1-162, 5-76, 5-284
小礒岬　こいそみさき　第176号　3-292
小磯村（御料所） こいそむら　第99号　2-128, 2-130, 5-125, 5-126, 5-291
小礒村　こいそむら　第146号　3-156, 5-185
小板井村　こいたいむら　第187号　4-59, 5-231, 5-313
小板部島　こいたべじま　第207号　4-154
小伊津浦　こいづうら　第162号　3-218, 5-204, 5-308
小イツキ　こいつき　第131号　3-80, 5-169
小出島　こいでしま　第48号　1-164, 5-78
小出村　こいでむら　第81号　2-52
小出村枝島村〔小出村、小出〕 こいでむらえだしまむら　第108号　2-163, 2-165, 5-150, 5-296
コイトイ　第5号　1-19, 1-20, 5-19, 5-270
コイトイ　第6号　1-22, 5-26, 5-270
コイトイ　第26号　1-86, 5-48, 5-277
コイトイ　第28号　1-95, 5-50, 5-278
小犬塚村　こいぬづかむら　第188号　4-65, 4-66, 4-68, 5-231
小犬塚村茶屋　こいぬづかむらちゃや　第188号　4-65, 4-66, 4-68
子犬丸村〔小犬丸村、小犬丸〕 こいぬまるむら　第178号　4-14, 4-17, 5-222, 5-312
小犬丸村　こいぬまるむら　九州沿海図第1　4-193
小位庄村　こいのしょうむら　第151号　3-178, 5-192
鯉巣山　こいのすやま　第136号　3-111
戀ノ段村　こいのだんむら　第188号　4-65, 4-66, 5-231
戀ノ段村冨安　こいのだんむらとみやす　第188号　4-65, 4-66
五位野々　ごいのの　九州沿海図第10　4-235
小伊保田　こいほた　第169号　3-250
小今津村　こいまづむら　第173号　3-274, 3-276, 5-213
小今村　こいまむら　第121号　3-30, 5-157, 5-166
古井村　こいむら　第115号　2-197, 5-159, 5-297
己斐村　こいむら　第167号　3-241, 5-211, 5-213, 5-308
五井村（御料所、建部十郎左エ門知行所） ごいむら　第91号　2-92, 5-111
小祝浦⚓　こいわいうら　第179号　4-19, 5-225, 5-312
小祝浦（小倉領） こいわいうら　九州沿海図第2　4-195
小祝浦若山　こいわいうらわかやま　第179号　4-19
小祝島　こいわいしま　第179号　5-224
小岩井村　こいわいむら　第96号　2-115
小岩沢村○〔小岩沢〕 こいわさわむら　第66号　1-231, 5-80, 5-285
小岩瀬村　こいわせむら　第195号　4-93, 5-233, 5-315
小岩瀬村　こいわせむら　九州沿海図第18　4-264, 4-266
小岩見嶋〔小祝島〕 こいわみじま　第169号　3-257, 2-224, 5-311
高安寺　こうあんじ　第90号　2-88, 2-90
郷市村　ごういちむら　第121号　3-29, 3-32, 5-172, 5-300
小右エ門村（御料所）〔小右衛門村〕 こうえもんむら　第87号　2-73, 5-120, 5-291
豪円山　ごうえんざん　第150号　3-171
廣園寺　こうえんじ　第90号　2-89, 2-91
高圓村〔高田〕 こうえんむら　第143号　3-138, 5-188, 5-304
香音寺村　こうおんじむら　第143号　3-137, 3-138
笟山　こうがいやま　第163号　3-224
甲賀郡　こうかぐん　第129号　3-70, 3-71, 3-72, 3-73, 5-167, 5-301
甲賀郡　こうかぐん　第133号　3-86, 3-88, 5-167, 5-301
高ケ坂村　こうがさかむら　第90号　2-90
鴻ケ峯　こうかみね　第146号　3-159
甲賀村　こうかむら　第117号　3-14, 5-168, 5-299
江岸寺　こうがんじ　第90号　2-84
高岩寺　こうがんじ　第90号　2-84
神木村　こうぎむら　第136号　3-111, 5-182, 5-306
鴻莖村（秋元左衛門佐領分） こうぐきむら　第88号　2-76, 5-120, 5-291
豪渓　ごうけい　第151号　5-307
上毛郡　こうげぐん　第178号　4-16, 5-222, 5-312
上毛郡　こうげぐん　第179号　4-19
上毛郡　こうげぐん　九州沿海図第1　4-193
上毛郡　こうげぐん　九州沿海図第2　4-195
髙月院　こうげついん　第115号　2-195, 2-200, 5-299
高下村　こうげむら　第75号　2-23, 5-99, 5-287
髙下村　こうげむら　第141号　3-129, 5-183, 5-304, 5-306
髙下村　こうげむら　第144号　3-144, 3-146, 5-

192, 5-307
郊家村　こうげむら　第150号　3-170, 5-188, 5-189
高下村　こうげむら　第195号　4-94, 5-250
髙下村皆森　こうげむらかいもり　第141号　3-129
髙下村谷　こうげむらたに　第141号　3-129
髙下村廣岡　こうげむらひろおか　第141号　3-129
髙下村保工　こうげむらぼうぐ　第141号　3-129
髙下村吉藤　こうげむらよしふじ　第141号　3-129
廣見寺　こうけんじ　第94号　2-109
皇后石　こうごういし　第189号　4-72
皇后島　こうごうしま　第157号　3-200
孝光帝陵　こうこうていりょう　第133号　3-90
向後﨑　こうござき　第201号　4-121, 4-122
カウコシマ　こうこじま　第195号　4-94, 5-250
高御所村（西尾隠岐守領分、城織部、近藤主殿頭知行所）　こうごしょむら　第111号　2-179, 5-160, 5-298
コウゴ瀬　こうごせ　第204号　4-140
高子原村　こうごばらむら　第195号　4-94, 5-233
髙子原村　こうごばらむら　九州沿海図第16　4-260
光巌寺　こうごんじ　第95号　2-110, 5-119
光嚴寺　こうごんじ　第101号　2-141, 2-144
高済寺　こうさいじ　第88号　2-79
弘西寺村　こうさいじむら　第99号　2-129, 2-131, 5-126
弘西寺村枝向田　こうさいじむらえだむかいだ　第99号　2-129, 2-131
香西山　こうざいやま　第146号　3-159
神寄　こうざき　第168号　3-247
神﨑〔神サキ〕　こうざき　第192号　4-82, 5-240, 5-241, 5-320
幸﨑　こうざき　第210号　4-171
幸﨑　こうざき　九州沿海図第12　4-245
郷﨑〔郷サキ〕　ごうざき　第192号　4-81, 4-82, 5-239, 5-240, 5-241
鴻鷲山　こうさぎさん　第72号　2-14, 5-93, 5-94, 5-97, 5-285, 5-286
甲崎村　こうざきむら　第125号　3-49, 3-50, 5-174, 5-297, 5-300
河﨑村　こうざきむら　第144号　3-140, 5-305
莎﨑村　こうざきむら　第195号　4-93
莎﨑村　こうざきむら　九州沿海図第18　4-264
郷﨑山　ごうざきやま　第192号　4-81, 4-82
高座郡　こうざぐん　第90号　2-90, 2-91, 5-123, 5-291
高座郡　こうざぐん　第93号　2-103, 5-123, 5-291
香佐嶽　こうさだけ　第195号　4-92
郷澤村　ごうさわむら　第39号　1-133, 5-67, 5-82, 5-280
小路　こうじ　九州沿海図第19　4-274, 4-275
郷式城山　ごうしきしろやま　第115号　2-195, 2-200
郷司給村〔郷司給〕　ごうしきゅうむら　第190号　4-75, 5-234, 5-313
郷司給村住ノ江　ごうしきゅうむらすみのえ　第190号　4-75
合志郡　こうしぐん　第193号　4-83, 4-84, 4-86, 5-232, 5-314
合志郡　こうしぐん　九州沿海図第20　4-276, 4-277
カフシハエ　こうしばえ　第204号　4-141, 4-142
柑子袋村　こうじぶくろむら　第133号　3-86, 5-174, 5-176
幸シマ　こうじま　第124号　3-47
幸シマ　こうじま　第172号　3-268
幸嶋　こうじま　第176号　3-289, 5-217, 5-219, 5-309
幸嶋　こうじま　第198号　4-106, 5-248, 5-316
幸嶋　こうじま　九州沿海図第8　4-226
幸島（柏島屬）　こうしま（かしわじまぞく）　第161号　3-215, 5-203, 5-311
香島（鴻島）（日生村屬）　こうじま（こうじま）（ひなせむらぞく）　第145号　3-149, 5-185, 5-306
幸治村（御料所、筑紫主水、加藤傳兵エ知行所）　こうじむら　第91号　2-92, 5-111, 5-290
神地村　こうじむら　第133号　3-91, 3-93, 5-175, 5-178, 5-301
高社山　こうしゃさん　第78号　2-43
高社山　こうしゃさん　第81号　2-50
郷士山　ごうしやま　第97号　2-120
糀谷村　こうじやむら　第90号　2-86, 5-123
糀屋村　こうじやむら　第136号　3-109, 5-182
光春寺　こうしゅんじ　第90号　2-84
光照院　こうしょういん　第90号　2-84
甲生浦　こうしょううら　第151号　3-180, 5-194
河上川　こうじょうがわ　第176号　5-309
光勝寺　こうしょうじ　第90号　2-91
光照寺　こうしょうじ　第100号　2-135, 2-138
興正寺　こうしょうじ　第115号　2-197
光勝寺村〔光勝寺〕　こうしょうじむら　第188号　4-65, 4-66, 5-231, 5-313
高照坊山　こうしょうぼうやま　第128号　3-65
上八村〔上八〕　こうじょうむら　第186号　4-55, 5-223, 5-313
神代　こうじろ　九州沿海図第19　4-274
神代村　こうじろむら　第150号　3-174, 5-193, 5-305
神代村　こうじろむら　第151号　3-179, 5-193, 5-307
神代村　こうじろむら　第169号　3-254, 5-215, 5-311
神代村枝支冨田　こうじろむらえだしとんだ　第150号　3-174
神代村押延　こうじろむらおしのべ　第151号　3-179
神代村鍋屋城　こうじろむらなべやしろ　第169号　3-254
荒神シマ　こうじんじま　第145号　3-149
荒神島（直島屬）　こうじんしま（なおしまぞく）　第145号　3-155, 5-185, 5-307
興神社　こうじんじゃ　第191号　4-79
荒神山　こうじんやま　第125号　3-48, 3-50
荒神山　こうじんやま　第136号　3-106
荒神山　こうじんやま　第143号　3-136
上月村　こうずきむら　第144号　3-140, 5-183
上月村枝上在所　こうずきむらえだかみざいしょ　第144号　3-140
上野國〔上野〕　こうずけのくに　第94号　2-106, 2-107, 5-119, 5-289
上野國〔上野〕　こうずけのくに　第95号　2-111, 5-119
上野村　こうずけむら　第195号　4-94, 5-233, 5-315
上野村　こうずけむら　九州沿海図第16　4-260
上野村枝海士江　こうずけむらえだあまがえ　第195号　4-94
上野村枝海士江　こうずけむらえだあまがえ　九州沿海図第16　4-260
カウヅセ　こうずせ　第175号　3-286, 5-218
牛頭村　こうずむら　第111号　2-177, 2-178, 5-160
郷頭山　ごうずやま　第202号　4-125, 4-126
光瀬　こうせ　九州沿海図第13　4-247
郷瀬　ごうせ　第191号　4-79
興善寺　こうぜんじ　第100号　2-134
光善寺　こうぜんじ　第144号　3-147
興善寺村　こうぜんじむら　第195号　4-94, 5-233, 5-315
高仙寺山　こうせんじやま　第136号　3-105, 3-108
幸前村（御料所、松平甲斐守領分）　こうぜんむら　第135号　3-100, 5-176, 5-177
髙祖　こうそ　第167号　3-243, 5-211, 5-213
高所村　こうぞむら　第141号　3-129
皓臺寺　こうたいじ　第202号　4-125, 4-127, 4-128
皓臺寺　こうたいじ　長崎〔参考図〕　4-130, 4-132
髙臺〔寺〕村　こうたいじむら　第118号　3-20
孔大寺山　こうだいじやま　第186号　4-55, 5-223
香田浦　こうだうら　第152号　3-183, 5-195, 5-307
合田浦　ごうだうら　第170号　3-261, 5-201, 5-311
香田浦綿内　こうだうらわたうち　第152号　3-183
向峠尾　こうたお　第173号　3-273
幸高村　こうたかむら　第81号　2-50, 2-52, 5-146
河髙村　こうたかむら　第136号　3-109, 5-182, 5-306
光沢寺　こうたくじ　第98号　2-126
神田岳　こうだだけ　第189号　4-72
神立村（稲葉丹後守領分）☆　こうだちむら　第135号　3-100, 5-176, 5-177, 5-178, 5-301
郷谷　ごうたに　第151号　3-176
河谷村　こうだにむら　第124号　3-42, 3-44
神谷村　こうだにむら　第141号　3-129
高谷山　こうだにやま　第127号　3-57, 3-59, 5-182
髙田邊　こうだべ　九州沿海図第16　4-258
向田村　こうだむら　第84号　2-62, 2-64, 5-142, 5-295
甲田村　こうだむら　第125号　3-48, 3-50, 5-166
神田村〔神田三ケ村〕　こうだむら　第126号　3-55, 5-175, 5-300, 5-301
神田村　こうだむら　第160号　3-209, 5-200, 5-310
神田村〔神田〕　こうだむら　第189号　4-72, 5-234, 5-238, 5-241, 5-313
高田村　こうだむら　第208号　4-158, 5-247, 5-315, 5-316
河田村　ごうたむら　第118号　3-20
郷田村☆　ごうだむら　第172号　3-268, 5-212, 5-308
神田村井飯田　こうだむらいいだ　第189号　4-72
神田村山口　こうだむらやまぐち　第189号　4-72
神田山　こうだやま　第190号　4-77
上津荒木村〔上津荒木〕　こうだらきむら　第188号　4-65, 4-66, 5-231, 5-313
上津荒木村二軒茶屋　こうだらきむらにけんじゃや　第188号　4-65, 4-66
神足神社　こうたりじんじゃ　第133号　3-90, 3-92, 5-176
神足村　こうたりむら　第133号　3-90, 3-92, 5-176, 5-178
高知（松平土佐守居城）☆　こうち　第159号　3-207, 3-208, 5-200, 5-310
小内海　こうちうみ　九州沿海図第8　4-223
河内枝久保市〔久保〕　こうちえだくぼいち　第173号　3-277, 5-311
好地村　こうちむら　第50号　1-171, 5-73, 5-74
河内村（御料所、大原平治郎知行所）〔川内〕　こうちむら　第102号　2-147, 5-128, 5-298
河内村　こうちむら　第131号　3-78, 5-168, 5-301
河内村　こうちむら　第136号　3-109, 5-182
河内村　こうちむら　第143号　3-135, 3-136, 5-188
河内村　こうちむら　第144号　3-147, 5-192
河内村〔戸河内〕　こうちむら　第163号　3-225, 5-308
河内村（徳山領）〔大河内〕　こうちむら　第173号　3-277, 5-218, 5-311
河内村入沢　こうちむらいりさわ　第102号　2-147
河内村志戸　こうちむらしど　第102号　2-147
河内村富谷　こうちむらとみたに　第144号　3-147
河内村矢原　こうちむらやばら　第143号　3-136

河内山　こうちやま　第187号　4-62
光長寺　こうちょうじ　第101号　2-141
河津　こうづ　第173号　3-273
甲白〔突〕川　こうつきがわ　第209号　4-165, 5-247, 5-261
甲付川　こうつきがわ　九州沿海図第10　4-233, 4-239
上野國〔上野〕　こうづけのくに　第78号　2-42, 5-289
小ウツシマ　こうづしま　第153号　3-187, 5-191
上津深江村　こうつふかえむら　第203号　4-135, 5-236, 5-315
上津深江村　こうつふかえむら　九州沿海図第19　4-273
木津村　こうつむら　第125号　3-49, 5-174
國府津村　こうづむら　第99号　2-128, 2-130, 5-125, 5-126, 5-291
江津村　ごうづむら　第130号　3-74, 3-76, 5-163, 5-299, 5-301
神津谷村　こうづやむら　第133号　3-89, 3-92
国府寺村　こうでらむら　第141号　3-130, 5-182, 5-183
河渡○　ごうど　第118号　3-16, 3-18, 5-166, 5-297
興道寺村　こうどうじむら　第179号　4-20, 4-22, 5-224, 5-312
興道寺村　こうどうじむら　九州沿海図第3　4-204
郷東村　ごうとうむら　第146号　3-159, 5-194, 5-307
河渡川　ごうどがわ　第118号　3-16, 3-18
廣徳寺　こうとくじ　第88号　2-79
光徳寺　こうとくじ　第90号　2-84
光徳寺　こうとくじ　第94号　2-107
コウト﨑　こうとざき　第102号　2-145
神門寺　ごうどじ　第94号　2-109
幸殿島　こうどのじま　第164号　3-228, 5-210
甲殿村　こうどのむら　第159号　3-207, 5-200, 5-310
神戸村　ごうどむら　第96号　2-118, 5-150, 5-296
神戸村　ごうどむら　第100号　2-135, 5-127, 5-291
合戸村　ごうどむら　第111号　2-177, 2-178, 5-160, 5-298
顔戸村　ごうどむら　第114号　2-191, 2-192, 5-155, 5-159, 5-297
河渡村（大佛）　こうどむら（だいぶつ）　第73号　2-17, 5-98, 5-287
神戸村枝萬樽　ごうどむらえだまんだら　第100号　2-135
神内村　こうないむら　第133号　3-92, 5-176, 5-178
髙波村　こうなみむら　第85号　2-68, 5-142, 5-295
高根　こうね　九州沿海図第19　4-271
鴻池　こうのいけ　第136号　5-306
鴻池村　こうのいけむら　第135号　5-178
河野浦☆　こうのうら　第120号　3-28, 5-157, 5-172, 5-300
神野浦　こうのうら　第122号　3-34, 3-36, 5-173
幸ノ浦　こうのうら　第167号　3-243, 5-211, 5-213
幸浦　こうのうら　第181号　4-32
幸浦　こうのうら　九州沿海図第4　4-206
郷野浦　ごうのうら　第191号　4-79, 5-238, 5-241
神浦川　こうのうらかわ　第201号　4-121, 4-122
神浦冨士　こうのうらふじ　第145号　3-151
神浦村　こうのうらむら　第168号　3-247, 5-215
神浦村〔神浦〕　こうのうらむら　第169号　3-250, 5-215, 5-311
神浦村☆〔神浦〕　こうのうらむら　第201号　4-121, 4-122, 5-315
神浦村☆⚠　こうのうらむら　第206号　4-146, 5-242, 5-321
神ノ浦村池島　こうのうらむらいけしま　第201号　4-122, 5-237, 5-315, 5-321
神ノ浦村大野〔神ノ浦村、神浦〕　こうのうらむらおおの　第202号　4-127, 5-237, 5-315
河江村　ごうのえむら　第195号　4-93, 4-94, 5-232, 5-315
河江村北新田　ごうのえむらきたしんでん　第195号　4-93, 4-94
郷川　ごうのかわ　第166号　3-234, 5-209, 5-212
郷川　ごうのかわ　第166号　3-234, 5-209, 5-212
郷川　ごうのかわ　第172号　3-268, 5-212
高ノ川村〔高川村〕　こうのかわむら　第168号　3-249, 5-214, 5-311
甲怒郡　こうのぐん　第156号　3-197, 5-208, 5-307
甲怒郡　こうのぐん　第163号　3-226, 5-208, 5-307
神之小島〔神子島〕　こうのこじま　第204号　4-140, 5-235, 5-313, 5-321
河野古城　こうのこじょう　第168号　3-247
神島　こうのしま　第151号　3-181, 5-195, 5-307
神ノ島〔神島〕　こうのしま　第178号　4-12, 4-14, 5-222, 5-312
鴻ノ嶋〔コウシマ〕　こうのしま　第198号　4-106, 5-246
神ノ嶋　こうのしま　九州沿海図第1　4-192
鴻嶋　こうのしま　九州沿海図第8　4-226
香之庄村　こうのしょうむら　第125号　3-51, 5-174
鴻巣（御料所）○　こうのす　第88号　2-76, 5-120, 5-291
鴻巣宿飛地　こうのすじゅくとびち　第88号　2-79
コフノセ　こうのせ　第192号　4-82, 5-240, 5-241
甲瀬〔甲セ〕　こうのせ　第202号　4-128, 5-236
甲瀬　こうのせ　長崎〔参考図〕　4-129
郷瀬　ごうのせ　第192号　4-82
カウノセ（總名綱島）　こうのせ（そうみょうつなしま）　第192号　4-81
神瀬谷村〔神文瀬谷〕　こうのせだにむら　第200号　4-113, 4-115, 4-116, 5-250, 5-315
神瀬谷村（人吉領）　こうのせだにむら　九州沿海図第16　4-256, 4-258
神瀬谷村伊高瀬　こうのせだにむらいたかせ　第200号　4-113, 4-115, 4-116
神瀬谷村岩戸〔岩戸〕　こうのせだにむらいわと　第200号　4-113, 4-115, 4-116, 5-250
神瀬谷村上蔀　こうのせだにむらうわしとみ　第200号　4-113, 4-115, 4-116
神瀬谷村楮木　こうのせだにむらかしき　第200号　4-113
神瀬谷村木屋角　こうのせだにむらきやかど　第200号　4-113, 4-115, 4-116
神瀬谷村蔀　こうのせだにむらしとみ　第200号　4-113, 4-115, 4-116
神瀬谷村多武除　こうのせだにむらたぶのき　第200号　4-113, 4-115, 4-116
神瀬谷村包　こうのせだにむらつつみ　第200号　4-113, 4-115, 4-116
上地　こうのち　第173号　3-274, 3-276
河野原村　こうのはらむら　第144号　3-140, 3-142
神湊浦〔神湊〕　こうのみなとうら　第186号　4-55, 5-223, 5-313
神野村　こうのむら　第122号　3-34, 3-36, 5-173, 5-300
甲野村　こうのむら　第130号　3-75
髙野村　こうのむら　第144号　3-142, 5-183, 5-306
甲怒村　こうのむら　第151号　3-179
神野村　こうのむら　第188号　4-67
高野村　こうのむら　第189号　4-71, 4-73, 5-234, 5-238, 5-241
髙野村タナハタ　こうのむらたなはた　第144号　3-142
郷ノ目村　ごうのめむら　第56号　1-193, 5-81, 5-285
甲野山　こうのやま　第130号　3-75
幸褄　こうばえ　第198号　4-105
幸ハヘ　こうばえ　九州沿海図第8　4-224
郷原町村（松平丹波守領分）○　ごうばらまちむら　第96号　2-117, 2-119, 5-150, 5-296
髙原村　こうはらむら　第113号　2-189
幸原村（大久保出雲守領分、酒井作次郎、牛込鑛吉、鳴田徳五郎知行所）　こうばらむら　第101号　2-141, 5-126
郷原村　ごうばらむら　第95号　2-110, 5-116, 5-119, 5-291
郷原村　ごうばらむら　第128号　3-65
郷原村琵琶窪　ごうばらむらびわのくぼ　第95号　2-110
幸原村耳石　こうばらむらみみいし　第101号　2-141
郷原村米原　ごうばらむらよねばら　第128号　3-65
郷原　ごうばる　九州沿海図第18　4-268
光福寺　こうふくじ　第88号　2-77
興福寺　こうふくじ　第134号　3-95
幸福島　こうふくじま　第189号　4-71, 4-73
興福地村　こうふくじむら　第118号　3-16, 3-18, 5-166
興福地村出町　こうふくじむらでまち　第118号　3-16, 3-18
幸袋村　こうぶくろむら　第187号　4-56, 5-222, 5-312
コウフツ小島　こうふつこじま　第206号　4-149
郷分村　ごうぶんむら　第157号　5-195, 5-307
高別當村　こうべっとうむら　第95号　2-110, 5-116, 5-119, 5-291
高別當村一里山　こうべっとうむらいちりやま　第95号　2-110
河部村　こうべむら　第123号　3-38, 3-40
神戸村☆　こうべむら　第137号　3-113, 5-184, 5-306
弘法寺　こうぼうじ　第162号　3-219, 3-221
小海村（大久保加賀守領分）　こうみむら　第101号　2-141, 2-143, 5-129, 5-298
光明院　こうみょういん　第95号　2-110
光明寺　こうみょうじ　第90号　5-120
光明寺　こうみょうじ　第90号　2-84
光明寺　こうみょうじ　第93号　2-102, 5-123, 5-125
國府村　こうむら　第97号　2-122, 2-123
古宇村（大久保加賀守領分）　こうむら　第101号　2-141, 2-143, 5-129, 5-298
國府村　こうむら　第116号　2-202, 2-204, 5-162
古布村　こうむら　第116号　2-207, 5-163, 5-299
國府村☆　こうむら　第117号　3-14, 5-168, 5-299
國分村〔國府村〕　こうむら　第150号　3-170, 5-188
閤村　ごうむら　第179号　4-18, 5-225, 5-312
閤村　ごうむら　九州沿海図第2　4-194
郷村枝筒崎　ごうむらえだつつざき　第158号　3-204, 5-197
甲女川　こうめがわ　第213号　4-180
神目中村　こうめなかむら　第144号　3-145, 3-147, 5-192, 5-307
小梅村（御料所）　こうめむら　第90号　2-84, 5-120, 5-123, 5-290
向面村〔河面村〕　こうめんむら　第209号　4-164, 5-247, 5-261, 5-316
向面村　こうめんむら　九州沿海図第10　4-232
河本村　こうもとむら　第144号　3-146, 5-192, 5-307
河本村　こうもとむら　第145号　3-153, 5-192

郷本村（松平越中守） ごうもとむら 第74号 2-21, 5-112, 5-287, 5-289
河本村平瀬 こうもとむらひらせ 第145号 3-153
河本村宮本 こうもとむらみやもと 第145号 3-153
河面村 こうもむら 第144号 3-144
河守川 こうもりがわ 第127号 3-57
河守町○ こうもりまち 第127号 3-57, 5-180
河守町枝関 こうもりまちえだせき 第127号 3-57
蝙蝠山 こうもりやま 第129号 3-67, 3-70, 5-166
蝙蝠山 こうもりやま 第166号 3-236
香焼嶋 こうやぎじま 第202号 4-127, 4-128, 5-236, 5-315
香焼島 こうやぎじま 長崎〔参考図〕 4-131
校屋谷川 こうやだにがわ 第197号 5-245
香村（稲葉播磨守領分） こうやつむら 第92号 2-99, 2-100, 5-124
髙屋野村 こうやのむら 第60号 1-207, 5-85
髙谷鼻 こうやばな 第152号 3-182, 5-195
神山 こうやま 第192号 5-240, 5-241
髙山市村 こうやまいちむら 第156号 3-196, 5-193, 5-307
神山村○ こうやまむら 第100号 2-134, 5-126, 5-291
甲山村 こうやまむら 第123号 3-39, 3-41, 5-180
髙山村（井手髙山） こうやまむら（いでこうやま） 第156号 3-196, 5-193
神山村尾尻 こうやまむらおじり 第100号 2-134
荒野村（松平大学頭領分） こうやむら 第58号 1-199, 5-110, 5-290
荒野村 こうやむら 第58号 1-200, 5-110, 5-290
紺屋村 こうやむら 第88号 2-79
髙谷村 こうやむら 第89号 2-81, 2-83, 5-122, 5-290
子浦 こうら 第102号 5-298
小浦 こうら 第161号 3-213, 3-215, 5-202, 5-203
古浦 こうら 第162号 3-218, 5-190, 5-204, 5-305, 5-308
小浦⚓ こうら 第183号 4-40, 5-228
小浦⚓ こうら 九州沿海図第5 4-211
小浦 こうら 九州沿海図第5 4-213
小浦 こうら 九州沿海図第8 4-224
高麗寺村（高麗寺領） こうらいじむら 第99号 2-128, 2-130, 5-125, 5-126
高良内村〔高良内〕 こうらうちむら 第188号 4-65, 4-66, 5-231, 5-313
高良内村下川原 こうらうちむらしもかわはら 第188号 4-65, 4-66
小浦枝外ノ浦〔外浦〕 こうらえだとのうら 第161号 3-213, 3-215, 5-311
小浦枝内ノ浦〔内浦〕 こうらえだないのうら 第161号 3-213, 3-215, 5-311
高良王岳宮 こうらおうたけのみや 第188号 4-65, 4-66, 5-231, 5-313
高良宮〔高良社〕 こうらぐう 第188号 4-65, 4-66, 5-231
小浦シマ こうらしま 第192号 4-82
カフラ島〔カフラシマ〕 こうらじま 第203号 4-136, 4-138, 5-251
カフラシマ こうらじま 九州沿海図第14 4-252
カフラハド こうらはど 第105号 2-154
小浦濵 こうらはま 九州沿海図第5 4-213, 4-215
小浦村 こうらむら 第84号 2-63, 5-141, 5-143
小浦村（酒井大和守領分） こうらむら 第92号 2-99, 2-100, 5-124
香良村 こうらむら 第127号 3-59, 5-182
小浦村 こうらむら 第181号 4-29, 4-31, 5-227, 5-312
髙良村 こうらむら 第188号 4-65, 4-66
小浦村〔小浦〕 こうらむら 第192号 4-82, 5-240, 5-241, 5-320
小浦村（御料） こうらむら 九州沿海図第3 4-201
髙良村 こうらむら 九州沿海図第18 4-264
高良山 こうらやま 第188号 4-65, 4-66
古浦六坊〔六坊〕 こうらろくぼう 第162号 3-218, 5-305, 5-308
古右里 こうり 第203号 4-137
カフリ こうり 九州沿海図第19 4-271
興立寺 こうりゅうじ 第176号 3-290
光立寺村枝新家〔光立寺村、光立時〕 こうりゅうじむらえだしんけ 第135号 3-101, 5-178, 5-301
光竜寺山 こうりゅうじやま 第127号 3-57
光□山 こうれいざん 第150号 3-171
コーレン川 第32号 1-111, 5-56, 5-279
高連寺山 こうれんじさん 第123号 5-304
高連寺山 こうれんじさん 第124号 5-180
香呂村 こうろむら 第141号 3-128
子生和村 こうわむら 第114号 2-194
河和村 こうわむら 第116号 2-207, 5-163, 5-299
肥猪町 こえいまち 九州沿海図第18 4-268
肥猪村 こえいむら 第193号 4-87, 5-231, 5-313, 5-315
肥猪村 こえいむら 九州沿海図第18 4-268
肥猪村相谷 こえいむらあいのたに 第193号 4-87
肥猪村肥猪町 こえいむらこえいまち 第193号 4-87
肥猪村小原 こえいむらこばる 第193号 4-87
越路 こえじ 九州沿海図第12 4-243, 4-245
越田尾 こえたお 九州沿海図第5 4-215
越之浦 こえのうら 九州沿海図第19 4-275
小エホシ こえぼし 第192号 4-80
越堀☆ こえぼり 第69号 1-242, 5-106, 5-288
小右エ門新田 こえもんしんでん 第90号 2-84, 5-120, 5-123
小大下島 こおおしたじま 第164号 5-210, 5-307
郡浦村☆ こおのうらむら 第196号 4-96, 5-233
郡浦村☆ こおのうらむら 九州沿海図第18 4-265
郡浦村小田良 こおのうらむらおだら 第196号 4-96
郡浦村金桁 こおのうらむらかなけた 第196号 4-96
郡浦村前越 こおのうらむらまえごし 第196号 4-96
桒折○ こおり 第53号 1-186, 5-81, 5-285
郡川 こおりかわ 第201号 4-120
氷島 こおりじま 第204号 4-140, 4-142, 5-235
郡村 こおりむら 第133号 3-90
郡村 こおりむら 第145号 3-153, 3-155, 5-192, 5-194, 5-307
郡村 こおりむら 第201号 4-120, 5-236, 5-313, 5-315
郡村☆ こおりむら 第211号 4-173, 4-175, 5-249, 5-256, 5-261, 5-316
郡村 こおりむら 第211号 4-176, 5-249, 5-261, 5-317
郡村☆ こおりむら 九州沿海図第10 4-237, 4-238
郡村枝今冨 こおりむらえだいまとみ 第201号 4-120
郡村枝皆同 こおりむらえだかいどう 第201号 4-120
郡村枝黒丸 こおりむらえだくろまる 第201号 4-120
郡村枝原口 こおりむらえだはらぐち 第201号 4-120
郡村枝福重 こおりむらえだふくしげ 第201号 4-120
郡村枝松原○☆ こおりむらえだまつばら 第201号 4-120, 5-236
郡村下井〔郡村〕 こおりむらしもい 第133号 3-93, 5-178
郡村中原 こおりむらなかはら 第81号 2-53
郡村濵尻 こおりむらはましり 第211号 4-173, 4-175
郡村峯村 こおりむらみねむら 第81号 2-53
郡本村 こおりもとむら 第209号 4-165, 5-252, 5-261, 5-316
郡本村 こおりもとむら 九州沿海図第10 4-233, 4-235, 4-239
郡山○ こおりやま 第50号 1-171, 5-71, 5-73, 5-74, 5-282
郡山○ こおりやま 第56号 1-194, 1-195, 5-103, 5-288
郡山 こおりやま 第134号 3-95, 3-97, 5-176, 5-177, 5-301
郡山 こおりやま 第163号 3-227
郡山宿（道祖本村）○〔郡山〕 こおりやましゅく（さいのもとむら） 第133号 3-93, 5-178, 5-301
郡山村 こおりやまむら 第54号 1-189, 5-102, 5-288
古河（土井大炊頭居城） こが 第87号 2-72, 2-73, 5-109, 5-291
古賀 こが 九州沿海図第16 4-257
古閑 こが 九州沿海図第20 4-278
古開作村（岩國領） こかいさくむら 第169号 3-254, 5-218, 5-311
小貝須新田 こがいすしんでん 第129号 3-66, 5-166, 5-299
小貝ハエ こかいはえ 第161号 3-216
小貝ハエ こかいはえ 第183号 4-40
小カクマ島 こかくまじま 第167号 3-243, 5-211, 5-213
小嘉倉村 こがくらむら 第202号 4-125, 4-127, 4-128, 5-236
小嘉倉村 こがくらむら 長崎〔参考図〕 4-131
小嘉倉村塩屋 こがくらむらしおや 第202号 4-125, 4-127, 4-128
小嘉倉村塩屋 こがくらむらしおや 長崎〔参考図〕 4-131
小嘉倉村白嵜 こがくらむらしらさき 第202号 4-125, 4-127, 4-128
小嘉倉村白崎 こがくらむらしらさき 長崎〔参考図〕 4-131, 4-133
小嘉倉村中久保 こがくらむらなかくぼ 第202号 4-125, 4-127, 4-128
小嘉倉村柳浦 こがくらむらやなぎうら 第202号 4-125, 4-127, 4-128
小嘉倉村柳浦 こがくらむらやなぎうら 長崎〔参考図〕 4-131
甲ヶ嵜村〔甲ヶ﨑〕 こがさきむら 第121号 3-33, 5-172, 5-300
小鹿島 こかしま 第168号 3-246
小梶谷崎〔小梶屋﨑〕 こかじやざき 第170号 3-263, 5-226
小梶屋崎 こかじやざき 第181号 5-226
五ケ荘之内上村〔上村〕 ごかしょうのうちうえむら 第133号 3-87, 3-89, 5-176
五ケ荘之内岡本村〔岡本村〕 ごかしょうのうちおかもとむら 第133号 3-87, 3-89, 5-176
五ケ荘之内大和田村〔大和田村〕 ごかしょうのうちおわだむら 第133号 3-87, 3-89, 5-176, 5-301
五ケ荘之内廣芝村〔廣芝村〕 ごかしょうのうちひろしばむら 第133号 3-87, 3-89, 5-176, 5-301
五ケ所浦〔五ケ所〕 ごかしょうら 第117号 3-15, 5-168, 5-299
小ケ瀬 こがせ 第203号 4-137, 5-251

小カ瀬　こがせ　九州沿海図第19　4-271
五ケセ川　ごかせがわ　第184号　5-314
五ヶセ川　ごかせがわ　第194号　5-229, 5-232
五ヶ瀬川　ごかせがわ　第194号　4-90
五ケ瀬川　ごかせがわ　九州沿海図第6　4-218
小勝島　こかつじま　第147号　3-161, 3-162, 5-187, 5-303, 5-306
五勝手○　ごかって　第34号　1-119, 5-57, 5-279
ゴカツテ川　第34号　1-119, 5-57, 5-279
小桂島〔桂島〕　こかつらしま　第154号　3-189, 5-305
小桂嶋　こかつらじま　九州沿海図第13　4-251
小金　こがね　第123号　3-38
小金井（堀田相模守領分）○　こがねい　第69号　1-245, 5-109, 5-290
小金イソ　こがねいそ　第147号　3-161
小金丸村〔小金丸〕　こがねまるむら　第189号　4-70, 5-233, 5-241, 5-313
小金村　こがねむら　第107号　2-156, 5-127, 5-129, 5-291
小金森村　こがねもりむら　第83号　2-61, 5-141
五ケ濵（牧野八十右エ門）　ごかはま　第74号　2-19, 5-98
古賀原　こがばる　九州沿海図第19　4-273
小神シマ　こがみしま　第165号　3-233, 5-205
古賀村　こがむら　第180号　4-27
古賀村　こがむら　第186号　4-54, 5-222, 5-312
古賀村〔古賀〕　こがむら　第186号　4-53, 4-55, 5-223, 5-313
古賀村　こがむら　第187号　4-58, 5-231
古賀村　こがむら　第188号　4-69, 5-231, 5-313
古賀村　こがむら　第188号　4-64, 5-230
古賀村　こがむら　第188号　4-68, 5-231
古賀村　こがむら　第190号　4-75, 5-234
古閑村　こがむら　第193号　4-85, 4-86, 5-230, 5-312, 5-314
古閑村　こがむら　第195号　4-93, 4-94, 5-233
古閑村　こがむら　第195号　4-93, 5-233
古賀村　こがむら　第202号　4-125, 4-126, 5-236, 5-315
古閑村　こがむら　九州沿海図第16　4-260
古閑村　こがむら　九州沿海図第18　4-264
五ケ村　ごかむら　第77号　2-35, 5-113
五箇村　ごかむら　第123号　3-39, 3-41, 5-180
古賀村足谷　こがむらあしたに　第186号　4-54
五箇村枝大ケ谷　ごかむらえだおおがや　第123号　3-39, 3-41
古賀村古賀茶屋〔古賀村〕　こがむらこがちゃや　第188号　4-65, 4-66, 5-231
古閑村白石　こがむらしらいし　第193号　4-85, 4-86
古賀村溪川　こがむらたにがわ　第180号　4-25, 4-27
古賀村長里　こがむらながさと　第202号　4-125, 4-126
古賀村平松　こがむらひらまつ　第202号　4-125, 4-126
小鴨川　こかもがわ　第150号　3-170
小鴨﨑　こかもざき　第201号　4-122
コカモチ川　第36号　1-124, 5-281
小ケ谷戸村　こがやとむら　第90号　2-89
五箇山村　ごかやまむら　第187号　4-62, 5-223, 5-231, 5-313
五箇山村大野　ごかやまむらおおの　第187号　4-62
五箇山村桒河内村　ごかやまむらくわのこうちむら　第187号　4-62
五箇山村東小河内村　ごかやまむらひがしおがわちむら　第187号　4-62
五箇山村道十里村　ごかやまむらみちじゅうりむら　第187号　4-62
小刈藻島〔小カルモシマ〕　こかりもじま　第139号　3-121, 5-179
小川　こがわ　九州沿海図第16　4-258, 4-260
小河内川　こがわうちがわ　第208号　4-157
小川内　こがわち　九州沿海図第16　4-258, 4-260
小河内　こがわち　九州沿海図第19　4-274, 4-275
小河内山　こかわちやま　第194号　5-232
小河戸村（松平右京亮領分）〔小川戸村〕　こかわどむら　第58号　1-200, 5-110
小川村五郎右エ門新田（御料所）〔小川村〕　こがわむらごろうえもんしんでん　第107号　2-159, 5-160
五貫島　ごかんじま　第204号　4-140, 4-142
五貫島村（御料所、大久保加賀守領分）　こかんじまむら　第101号　2-144, 5-127, 5-129, 5-291, 5-298
後閑村　ごかんむら　第145号　3-155, 5-194, 5-307
小路島　こきしま　第200号　4-118, 5-251, 5-315
小路嶋　こきしま　九州沿海図第16　4-257
御器新田　ごきしんでん　第115号　2-197
小木原村　こぎはらむら　第208号　4-157, 5-250, 5-315
古清水寺　こきよみずでら　第136号　3-108
小切山　こぎりやま　第100号　5-126
虚空藏　こくうぞう　第117号　3-13
虚空藏堂　こくうぞうどう　第94号　2-107
虚空藏山　こくうぞうやま　第66号　1-229, 5-92, 5-285
虚空蔵山　こくうぞうやま　第95号　2-112, 2-113
虚空蔵山　こくうぞうやま　第98号　2-127, 5-117
虚空藏山　こくうぞうやま　第114号　2-191, 2-192, 5-155, 5-159
虚空藏山　こくうぞうやま　第201号　4-120, 5-234, 5-235, 5-313
虚空藏山　こくうぞうやま　第201号　4-121, 4-122, 5-313
虚空藏山　こくうぞうやま　第202号　4-125, 4-126
國ケ村　こくがむら　第142号　3-134, 5-184
國濟寺　こくさいじ　第94号　2-106
國濟寺村（御料所）　こくさいじむら　第94号　2-106, 5-118
小串浦（長府領）〔小串村〕　こぐしうら　第177号　3-296, 5-220, 5-309, 5-312
小串﨑　こぐしざき　第146号　3-157, 3-158, 5-194
小串村　こぐしむら　第145号　3-152, 3-154, 5-192, 5-194, 5-307
小串村　こぐしむら　第176号　3-293, 5-219, 5-312
小串村　こぐしむら　第199号　4-110, 4-112, 5-248, 5-261
小串村　こぐしむら　第206号　4-148, 5-242, 5-321
小串村　こぐしむら　九州沿海図第9　4-228, 4-230
小串村粟﨑　こぐしむらあわさき　第145号　3-152, 3-154
小串村海ソウ　こぐしむらかいぞう　第199号　4-110, 4-112
小串村丸尾　こぐしむらまるお　第199号　4-110, 4-112
虚空藏山　こくぞうさん　第96号　2-115, 5-146
虚空藏山（岳）　こくぞうやま　第109号　2-170
國泰寺　こくたいじ　第22号　1-71, 1-72, 5-27, 5-270
國泰寺新開　こくたいじしんかい　第167号　3-241, 5-211, 5-213
穀町村　こくちょうむら　第62号　1-212, 1-213, 5-87, 5-283
國町村　こくちょうむら　第195号　4-93, 5-233
國町村　こくちょうむら　九州沿海図第18　4-264
小久野島　こくのしま　第164号　3-228, 5-210, 5-307, 5-308
國府川　こくふがわ　第75号　2-25
國府新宿村（御料所）〔国府〕　こくふしんしゅくむら　第99号　2-128, 2-130, 5-125, 5-126, 5-291
國分八幡　こくぶはちまん　第167号　3-240
國府本郷村（松平大和守領分）〔国府〕　こくふほんごうむら　第99号　2-128, 2-130, 5-125, 5-126, 5-291
國分村〔國分寺〕　こくぶむら　第83号　2-59, 2-60, 5-140, 5-295
國分村（堀田相模守領分）　こくぶむら　第93号　2-103, 5-123, 5-291
國分村　こくぶむら　第121号　3-33, 5-172, 5-174, 5-300
国分村　こくぶむら　第133号　3-87, 3-89
國分村　こくぶむら　第159号　3-206, 3-208, 5-199, 5-310
國分村　こくぶむら　第164号　5-197, 5-214, 5-307, 5-311
國分村〔國府〕　こくぶむら　第172号　3-268, 5-212, 5-308
国分村　こくぶむら　第187号　4-57, 4-59, 4-60, 4-62
國分村　こくぶむら　第188号　4-65, 4-66, 5-231
國分村　こくぶむら　第191号　4-79, 5-238, 5-241
国分村国分町〔国分村、國分〕　こくぶむらこくぶまち　第187号　4-59, 4-62, 5-223, 5-313
國分村小谷〔國分村、國分、小谷〕　こくぶむらこたに　第129号　3-67, 3-69, 5-163, 5-166, 5-299, 5-301
国分村杦本　こくぶむらすぎもと　第93号　2-103
国分村當田　こくぶむらとうだ　第191号　4-79
國分寺　こくぶんじ　第93号　2-103
國分寺　こくぶんじ　第112号　2-183, 2-184, 5-153
國分寺〔護國山國分寺〕　こくぶんじ　第123号　3-38, 3-40, 5-180
国分〔寺〕　こくぶんじ　第129号　3-73
國分寺　こくぶんじ　第150号　3-170
国分寺　こくぶんじ　第159号　3-206, 3-208, 5-196, 5-199
国分寺　こくぶんじ　第187号　4-57, 4-59, 4-60, 4-62
國分寺　こくぶんじ　第191号　4-79
國分寺跡　こくぶんじあと　第145号　3-153
国分寺跡　こくぶんじあと　第155号　3-191, 3-193
國分寺村　こくぶんじむら　第75号　2-25, 2-27, 5-99
國分寺村（國分寺領）　こくぶんじむら　第80号　2-45, 5-138, 5-287, 5-294
国分寺村　こくぶんじむら　第124号　3-42, 3-44, 5-180, 5-304
國分寺村　こくぶんじむら　第124号　3-47
國分寺村　こくぶんじむら　第144号　3-144
國分寺村　こくぶんじむら　第150号　3-170, 5-188, 5-305
國分寺村　こくぶんじむら　第188号　4-65, 4-66, 5-231, 5-313
國分村　こくぶんむら　第123号　3-38, 3-40, 5-180, 5-304
小窪村　こくぼむら　第84号　2-63, 2-65, 5-143
小久保村（小笠原若狭守、天野吉三郎、大久保八五郎、小倉相模守、安藤大和守知行所）　こくぼむら　第91号　2-96, 5-124, 5-290
小久保村　こくぼむら　第137号　3-114, 5-184, 5-306

小久保村枝中谷　こくぼむらえだなかたに　第137号　3-114
小熊毛村☆⚓　こくまげむら　第179号　4-22, 5-224, 5-312
小熊毛村☆　こくまげむら　九州沿海図第2　4-198, 4-204
小熊毛村☆　こくまげむら　九州沿海図第3　4-198, 4-204
小熊島　こぐまじま　第164号　5-308
小クマ島　こぐまじま　第164号　5-211
小クマ根　こぐまね　第103号　2-150
穀見村　こくみむら　第113号　2-189, 5-155, 5-156
小倉（小笠原大膳大夫居城）○☆　こくら　第178号　4-13, 4-15, 5-222, 5-312
小倉（小笠原大膳大夫居城）☆　こくら　九州沿海図第1　4-191
小倉　こくら　九州沿海図第5　4-211
小倉木山　こぐらきやま　第182号　4-34, 5-227, 5-229
小倉木山　こぐらぎやま　九州沿海図第21　4-281
極樂寺　ごくらくじ　第90号　2-89, 2-91
極楽寺山　ごくらくじやま　第167号　3-241, 5-211, 5-213
極樂峠　ごくらくとうげ　第166号　3-234
小栗山村　こぐりやまむら　第43号　1-145, 1-146, 5-84, 5-281
國領村（御料所）○〔國領〕　こくりょうむら　第90号　2-85, 2-87, 2-88, 5-120, 5-123, 5-291
國料〔料〕村奥長谷　こくりょうむらおくながたに　第127号　3-59
国料〔料〕村長谷☆〔国料村〕　こくりょうむらながたに　第127号　3-59, 5-182
国料〔料〕村西長谷　こくりょうむらにしながたに　第127号　3-59
小暮村（川勝権之助知行所）　こぐれむら　第94号　2-107
小黒浦　こぐろうら　第181号　4-32
小黒浦　こぐろうら　九州沿海図第4　4-206
小黒神島　こくろかみしま　第167号　3-243, 5-211, 5-213, 5-308
小黒川　こぐろがわ　第189号　5-313
小黒川村☆　こくろがわむら　第190号　4-76, 5-234
小黒川村小黒川沖　こくろがわむらこくろがわおき　第190号　4-76
小黒島〔子黒シマ〕　こくろしま　第206号　5-242
小黒島　こぐろじま　第167号　3-242, 3-244, 5-211, 5-311
小黒シマ　こぐろじま　第206号　4-146, 4-148
小桒村　こぐわむら　第123号　3-39, 3-41
コケカ鼻　こけかばな　第143号　3-136
芝田村　こげたむら　第141号　3-129
苔縄村　こけなわむら　第144号　3-142, 5-183, 5-306
五劍山　ごけんざん　第146号　3-157, 3-158, 5-194, 5-307
五軒屋新田　ごけんやしんでん　第115号　2-196, 2-198, 5-159
コ、イ　第24号　1-79, 5-32, 5-276
小子位村　こごいむら　第151号　3-178, 5-192, 5-307
五合シマ　ごごうじま　第192号　4-81, 4-82
小河内村（松平丹後守領分）　こごうちむら　第107号　2-156, 5-127, 5-296
小河内村上ケ藏　こごうちむらかみがくら　第107号　2-156
小河内村小葉瀬津　こごうちむらこばせつ　第107号　2-156
小河内村坂本　こごうちむらさかもと　第107号　2-156
小河内村屋敷　こごうちむらやしき　第107号　2-156
小河内村和田　こごうちむらわだ　第107号　2-156
御香宮　ごこうのみや　第133号　3-87, 3-89
小古志岐セ　ここしきせ　第206号　4-146
興居島　ごごしま　第168号　3-247, 5-214, 5-311
小コチシマ　こごちしま　第151号　3-181
九田村（小笠原佐渡守領分）〔九面村〕　ここづらむら　第55号　1-192, 5-104, 5-288
ココノ江　ここのえ　第103号　2-150
九日市村○☆　ここのかいちむら　第163号　3-223, 5-209, 5-308
九日市村西ノ原　ここのかいちむらにしのはら　第163号　3-223
九日上ノ町村〔九日町〕　ここのかかみのちょうむら　第124号　3-42, 3-44, 5-180, 5-304
九日下ノ町村〔九日町〕　ここのかしものちょうむら　第124号　3-42, 3-44, 5-180, 5-304
九日中ノ町村〔九日町〕　ここのかなかのちょうむら　第124号　3-42, 3-44, 5-180, 5-304
九日町村　ここのかまちむら　第77号　2-35, 5-113, 5-289
小橦浦〔樟浦〕　ここのぎうら　第120号　3-27, 3-28, 5-172, 5-300
小篭村〔小篭〕　こごもりむら　第188号　4-69, 5-231, 5-313
小五郎山　こごろうやま　第174号　5-216
心見　こころみ　九州沿海図第7　4-220
心見川　こころみがわ　第185号　4-48, 5-244
心見川　こころみがわ　九州沿海図第7　4-220
古今山　ここんやま　第190号　4-77
小西郷村　こさいごうむら　第118号　3-16, 5-156, 5-297
小西郷村新屋敷　こさいごうむらしんやしき　第118号　3-16
御座石　ございし　第117号　3-13
御在所森　ございしょもり　第160号　5-200, 5-310
御在所山　ございしょやま　第129号　3-70, 5-166
小才角浦　こさいつのうら　第161号　3-213, 3-215, 5-202, 5-311
古座浦○　こざうら　第140号　3-124, 5-170, 5-302
小境村〔境〕　こざかいむら　第83号　2-60, 5-140, 5-295
小坂井村　こざかいむら　第116号　2-202, 2-204, 5-162, 5-299
小境村　こざかいむら　第162号　3-218, 5-190, 5-204, 5-308
小坂井村　こざかいむら　第188号　4-69, 5-231
小佐ケ岳〔小佐岳〕　こさがたけ　第123号　3-40, 5-175
小坂峠　こさかとうげ　第151号　5-193
小坂村　こさかむら　第141号　3-131
小砂川村○　こさがわむら　第70号　1-247, 5-89, 5-91, 5-283, 5-286
小崎　こさき　第204号　4-140
小嵜　こざき　第206号　4-148, 4-149
小崎　こざき　九州沿海図第19　4-272, 4-274
小鷺浦　こさぎうら　九州沿海図第16　4-257
小佐木島　こさきじま　第157号　5-210, 5-307
小迫奥山　こさこおくやま　第163号　3-222
小佐々村〔小佐々〕　こさざむら　第204号　4-140, 5-235, 5-313
小佐々村上觸　古里　こさざむらかみぶれふるさと　第204号　4-140
小佐々村九艘泊　こさざむらきゅうそうどまり　第204号　4-140
小佐々村呉石　こさざむらくれいし　第204号　4-140
小佐々村下觸　臼ノ浦　こさざむらしもぶれうすのうら　第204号　4-140
小佐々村下触呉石　こさざむらしもぶれくれいし　第190号　4-77
小佐々村矢岳　こさざむらやだけ　第204号　4-140
小指濱　こざしはま　第48号　1-162, 5-78
小里村　こさとむら　第129号　3-71, 3-73, 5-167, 5-174
御座岬　ござみさき　第117号　3-15, 5-168, 5-299
古佐村　こさむら　第136号　3-105, 5-182
御座村　ござむら　第117号　3-15, 5-168, 5-299
小侍村〔小侍〕　こざむらいむら　第190号　4-75, 5-234, 5-313
小侍村上ノ原　こざむらいむらかみのはる　第190号　4-75
小侍村上橋　こざむらいむらかみはし　第190号　4-75
小侍村茶屋原　こざむらいむらちゃやばる　第190号　4-75
小猿島　こざるじま　第171号　3-267, 5-203
小佐禮山　こされやま　第189号　4-72
小沢渡村（井上河内守領分）　こざわたりむら　第111号　2-181, 5-161
小沢水村　こさわみずやま　第96号　2-119
小澤村　こざわむら　第39号　1-131, 1-132, 5-63, 5-280
後三条村　ごさんじょうむら　第125号　3-48, 3-50, 5-166
占寺　こじ　第167号　3-240
小志生木村　こじうきむら　第181号　4-32, 5-226, 5-311, 5-312
小志生木村　こじうきむら　九州沿海図第4　4-207
越浦　こしうら　第161号　3-212, 3-214, 5-202, 5-311
小内浦　こじうら　第171号　3-265, 5-201, 5-203
越浦枝養老浦　こしうらえだようろううら　第161号　3-212, 3-214
小塩津村　こしおづむら　第116号　2-201, 5-162, 5-299
越賀村☆　こしかむら　第117号　3-15, 5-168, 5-299
越谷　こしがや　第87号　2-75, 5-120, 5-290
越川　こしかわ　第81号　2-50
古志川　こしかわ　第162号　3-219, 3-221, 5-204
甑岩　こしきいわ　第202号　4-125, 4-126, 5-236
甑岩　こしきいわ　長崎〔参考図〕　4-130, 4-132
越木ケ城　こしきがじょう　第108号　2-165
コシキ島　こしきじま　第84号　2-62, 2-64
小シキ島　こしきじま　第191号　4-79
古志岐島　こしきじま　第206号　5-242
五色嶋〔五色シマ〕　ごしきじま　第203号　4-134, 4-136, 5-251
五色シマ　ごしきじま　九州沿海図第19　4-272
甑島郡　こしきじまぐん　第212号　4-177, 4-178, 5-253, 5-261, 5-315, 5-317
甑嶋郡　こしきじまぐん　九州沿海図第15　4-254, 4-255
甑セ　こしきせ　第177号　5-220
甑瀬　こしきせ　第202号　4-128
甑瀬　こしきせ　長崎〔参考図〕　4-129
越木塚村（御料所）　こしきづかむら　第135号　3-100, 5-176, 5-177, 5-178, 5-301
コシキ鼻　こしきはな　第169号　3-250
小敷村　こしきむら　第186号　4-54, 5-222
小敷村大閣〔閤〕水　こしきむらたいこうみず　第186号　4-54
甑山　こしきやま　第197号　4-103
古志郡　こしぐん　第74号　2-20, 5-112, 5-113
古志郡　こしぐん　第76号　2-28, 2-32, 5-113

腰越坂峠 こしごえざかとうげ 第121号 5-172

腰越村（大久保山城守領分）こしごえむら 第93号 2-103, 5-123, 5-125, 5-291

腰越村（細井藤左エ門、本目久之丞、河野長重郎知行所）こしごえむら 第94号 2-108, 5-121, 5-291

腰越村悪戸 こしごえむらあくと 第94号 2-108

腰越村東 こしごえむらあずま 第94号 2-108

腰越村北根 こしごえむらきたね 第94号 2-108

腰越村島﨑 こしごえむらしまさき 第94号 2-108

腰越村峯 こしごえむらみね 第94号 2-108

腰越村矢岸 こしごえむらやぎし 第94号 2-108

小志﨑村〔志﨑〕こしざきむら 第58号 1-199, 5-110, 5-290

小地島 こじしま 第161号 3-216, 3-217, 5-203

越高村 こしたかむら 第192号 4-80, 5-239, 5-241, 5-320

越岳 こしだけ 第190号 4-76

コシタンバラ こしたんばら 第103号 2-149

五十川村 ごじつかわむら 第187号 4-60

五拾町分村〔五十町分村、五十町分〕ごじっちょうぶんむら 第199号 4-108, 5-246, 5-261, 5-316

五拾町分村 ごじっちょうぶんむら 九州沿海図第11 4-240

五拾町分村見返 ごじっちょうぶんむらみかえし 第199号 4-109

五拾町村〔五十町村〕ごじっちょうむら 第188号 4-68, 5-231

越津村 こしづむら 第118号 3-20, 5-159

越峠 こしとうげ 第167号 3-240

小品島 こしなじま 第117号 3-15

小地根 こじね 第105号 2-154, 5-135, 5-293

小篠津村 こしのづむら 第155号 3-190, 5-189, 5-190, 5-305

小篠原村 こしのはらむら 第133号 3-86, 5-174, 5-176

小芝島 こしばじま 第164号 3-229, 5-211, 5-308

小柴村（荒川新右エ門知行所）こしばむら 第93号 2-102, 5-123, 5-291

腰林 こしばやし 第166号 3-238

越部村 こしべむら 第134号 3-98, 5-177, 5-301

腰細石 こしほそいし 第101号 2-140, 2-142

腰細浦 こしほそうら 第167号 3-243

腰細村 こしほそむら 第75号 2-26, 5-99, 5-287

腰細村 こしほそむら 第84号 2-65, 5-143, 5-295

小シマ こしま 第179号 5-224

小島 こじま 第37号 1-125, 5-61, 5-281

小島 こじま 第59号 1-202

小島 こじま 第84号 2-62, 2-64

小島 こじま 第117号 3-15, 5-168, 5-299

小島 こじま 第121号 3-33, 5-172

小島 こじま 第122号 3-35, 5-173, 5-300

小シマ こじま 第123号 3-39

小シマ〔小島〕こじま 第124号 5-304

小島 こじま 第124号 3-42, 5-180

小シマ こじま 第145号 3-149

小島 こじま 第145号 3-151, 3-154

小シマ こじま 第145号 3-155

小島 こじま 第145号 3-151, 5-185

小島 こじま 第145号 3-151, 5-185

小シマ こじま 第146号 3-158

小シマ こじま 第147号 3-160, 3-162

小シマ こじま 第147号 3-160, 5-187

小島 こじま 第149号 3-164

小島 こじま 第149号 3-164, 3-165

シマ こじま 第149号 3-165

小島 こじま 第153号 3-186, 5-191

小シマ こじま 第157号 3-200

小シマ こじま 第157号 3-200

小島 こじま 第157号 3-202

小島 こじま 第157号 3-203, 5-210

小シマ こじま 第159号 3-207

小島 こじま 第160号 3-210, 5-202

小島 こじま 第160号 3-210

小島 こじま 第161号 3-213, 3-215, 5-203

小島 こじま 第161号 3-213, 3-215, 5-203

小シマ こじま 第161号 3-216

小島 こじま 第162号 3-218, 5-190, 5-204

小島 こじま 第164号 5-197, 5-210

小シマ こじま 第164号 5-210

小シマ こじま 第164号 5-211

小シマ こじま 第164号 5-197, 5-210, 5-214

小島 こじま 第167号 3-243, 5-211, 5-213

小島 こじま 第167号 3-245, 5-211, 5-213, 5-215

小島 こじま 第167号 3-244

小島 こじま 第167号 3-244

兒島 こじま 第167号 3-244

小島 こじま 第168号 3-247, 5-215

小嶋 こじま 第169号 3-257, 2-224

小島 こじま 第170号 3-261

小シマ こじま 第171号 3-264

小島 こじま 第171号 3-264

小島 こじま 第171号 3-265

小島 こじま 第171号 3-264, 3-266

小島 こじま 第171号 3-264, 3-266

小島 こじま 第171号 3-264, 3-266

小島 こじま 第172号 3-269, 5-216

小嶋 こじま 第174号 3-279, 3-280, 5-217, 5-309

小嶋 こじま 第175号 3-286, 5-218

小嶋 こじま 第175号 3-287, 5-218

小嶋 こじま 第175号 3-287, 5-219

小嶋 こじま 第176号 3-292, 5-219

小嶋 こじま 第177号 3-294

小シマ こじま 第183号 4-39

小シマ こじま 第183号 4-39

小島〔小シマ〕こじま 第183号 4-39, 5-226

小シマ こじま 第183号 4-40

小シマ こじま 第183号 4-43

小島 こじま 第189号 4-73, 5-234, 5-241

小島 こじま 第189号 4-73, 5-234, 5-241

小シマ こじま 第189号 4-73

小シマ こじま 第189号 4-73

小島 こじま 第189号 4-73

小島 こじま 第189号 4-73

小島 こじま 第189号 4-73, 4-74

小シマ こじま 第189号 4-74

小シマ こじま 第190号 4-77, 5-235

小シマ こじま 第190号 4-77

小シマ こじま 第190号 4-77

小シマ こじま 第190号 4-77

小シマ こじま 第190号 4-77

小シマ こじま 第190号 4-77

小シマ こじま 第190号 4-77

小シマ こじま 第190号 4-77

小シマ こじま 第190号 4-77

小島 こじま 第191号 4-78

小島 こじま 第191号 4-79

小シマ こじま 第192号 4-80, 5-239, 5-241

小シマ こじま 第192号 4-80

小島 こじま 第192号 4-81

小シマ こじま 第196号 4-98, 5-233

小シマ こじま 第196号 4-98

小島 こじま 第196号 4-98

コシマ こじま 第196号 4-99

兒島〔兒シマ〕こじま 第198号 4-106, 5-246

小島 こじま 第200号 4-117

小島 こじま 第200号 4-117

小島 こじま 第201号 4-121

小シマ こじま 第201号 4-121

小シマ こじま 第201号 4-121

〔小〕シマ こじま 第201号 4-122

小シマ こじま 第201号 4-122

小シマ こじま 第201号 4-122

日〔小〕島〔小シマ〕こじま 第201号 4-122, 5-237

小島 こじま 第202号 4-127

小ジマ こじま 第202号 4-127, 4-128

小島〔小シマ〕こじま 第202号 4-123, 4-124, 5-236

小シマ こじま 第203号 4-134, 4-136

小シマ こじま 第203号 4-137

小シマ こじま 第203号 4-136, 4-138, 5-251

島〔小シマ〕こじま 第203号 4-138, 5-251

小島 こじま 第204号 4-140

小島 こじま 第204号 4-140

小島 こじま 第204号 4-140

小島 こじま 第204号 4-140

小島 こじま 第204号 4-140, 4-142

小島 こじま 第204号 4-140, 4-142

小島〔小シマ〕こじま 第204号 4-140, 5-235

小島〔小シマ〕こじま 第204号 4-140, 5-235

小島 こじま 第204号 4-140, 4-142

小シマ こじま 第204号 5-235

小島 こじま 第205号 4-145

小島〔小シマ〕こじま 第206号 4-148, 5-242

小シマ こじま 第206号 5-242

小シマ こじま 第206号 5-242

小島 こじま 第206号 4-146, 4-148

小島 こじま 第206号 4-150

小島 こじま 第207号 4-151, 4-155, 5-243, 5-321

小島〔小シマ〕こじま 第207号 4-153, 5-243

小島〔小シマ〕こじま 第207号 4-153, 5-243

小シマ こじま 第207号 4-153

小島 こじま 第209号 4-166, 5-249, 5-261, 5-316

小嶋 こじま 九州沿海図第4 4-208, 4-211

小シマ こじま 九州沿海図第4 4-208, 4-211

小シマ こじま 九州沿海図第5 4-211

小シマ こじま 九州沿海図第5 4-211

小嶋 こじま 九州沿海図第5 4-213

小嶋 こじま 九州沿海図第6 4-216

兒嶋 こじま 九州沿海図第8 4-224, 4-226

小嶋 こじま 九州沿海図第10 4-234

小嶋 こじま 九州沿海図第10 4-236

小シマ こじま 九州沿海図第14 4-252

小嶋 こじま 九州沿海図第19 4-271

小シマ こじま 九州沿海図第19 4-272

小シマ こじま 九州沿海図第19 4-272, 4-274

小シマ こじま 九州沿海図第19 4-274

小シマ こじま 九州沿海図第19 4-274

小シマ こじま 九州沿海図第19 4-275

小シマ こじま 九州沿海図第19 4-275

小島 こじま 長崎〔参考図〕4-131, 4-133

小島（坂手村）こじま（さかてむら）第145号 3-150, 5-185

小島（八丈島屬）こじま（はちじょうじまぞく）第105号 2-154, 5-135, 5-293

小島浦 こじまうら 第138号 3-118, 3-120, 5-184, 5-306

兒島郡 こしまぐん 第145号 3-154, 5-194, 5-307

児島郡 こしまぐん 第146号 3-159, 5-194, 5-307

兒島郡 こしまぐん 第151号 3-178, 5-194, 5-307

小嶋子村 こしまごむら 第196号 4-99, 5-251

小嶋子村　こしまごむら　九州沿海図第19　4-272
小島新田　こじましんでん　第135号　3-101
小島瀬　こじませ　第192号　4-82
小島瀬　こじませ　第204号　4-142
小島田村　こしまだむら　第142号　3-133, 5-185
小シマ岬　こじまみさき　第159号　3-207, 5-200
小島岬　こじまみさき　第204号　4-140
小島村　こじまむら　第81号　2-50, 2-52
小島村　こじまむら　第84号　2-62, 2-64, 5-143, 5-295
小島村　こじまむら　第88号　2-77
小島村　こじまむら　第96号　2-117, 5-150, 5-296
小島村　こじまむら　第116号　5-161, 5-299
小島村　こじまむら　第118号　3-20, 5-166, 5-297
小島村　こじまむら　第124号　5-180
越水村　こしみずむら　第137号　3-112, 5-178
越村　こしむら　第81号　2-50, 5-138, 5-294
古志村古志町〔古志村〕　こしむらこしまち　第162号　3-219, 3-221, 5-204, 5-308
小下田村（御料所、真鍋式部知行所）　こしもだむら　第101号　2-143, 5-129, 5-298
小地山〔小池山〕　こじやま　第212号　4-177, 5-253, 5-261
御所　ごしょ　第133号　3-87, 3-90, 5-174, 5-176
古城　こじょう　第81号　2-50
古城　こじょう　第136号　3-105
古城　こじょう　第145号　3-149
古城　こじょう　第163号　3-224
古城　こじょう　第185号　4-51
古城　こじょう　第187号　4-56
古城　こじょう　第193号　4-87
古城　こじょう　第196号　5-233
御城　ごじょう　第135号　5-178
古城跡　こじょうあと　第90号　2-89, 2-91
古城跡　こじょうあと　第96号　2-114
古城跡〔古城〕　こじょうあと　第122号　3-36, 5-173, 5-300
古城跡　こじょうあと　第151号　3-178
古城跡　こじょうあと　第189号　4-73
古城跡妙見山　こじょうあとみょうけんざん　第143号　3-135
五條川〔五条川〕　ごじょうがわ　第115号　2-197, 5-159
小城嵜〔小シロサキ〕　こじょうざき　第202号　4-127, 5-237
小姓島〔小姓シマ〕　こしょうじま　第192号　4-81, 5-239, 5-240, 5-241
故城シマ　こじょうしま　第164号　5-210
御所内村　ごしょうちむら　第125号　3-51, 5-174, 5-300, 5-301
五条天神　ごじょうてんじん　第90号　2-84
光松堂村　こしょうどう　第49号　1-166, 5-69
五条通　ごじょうどおり　第133号　3-87, 3-90
五條野村〔五条野〕　ごじょうのむら　第134号　3-97, 3-98, 5-177, 5-301
五条ハヘ　ごじょうはえ　九州沿海図第6　4-216
五条ハエ　ごじょうばえ　第183号　4-43, 5-228
小尉村　こじょうむら　第120号　3-24, 5-145
小城村　こじょうむら　第128号　3-62
五條村　ごじょうむら　第125号　3-51, 5-174
五條村〔五条〕　ごじょうむら　第134号　3-95, 5-176, 5-301
小城村上小城　こじょうむらかみこじょう　第128号　3-62
古城山　こじょうやま　第81号　2-50, 5-146
古城山　こじょうやま　第81号　2-50
古城山　こじょうやま　第94号　2-106
古城山　こじょうやま　第95号　2-110
古城山　こじょうやま　第95号　2-110
古城山　こじょうやま　第96号　2-114, 5-146
古城山　こじょうやま　第101号　2-140, 2-142
古城山　こじょうやま　第109号　2-171
古城山　こじょうやま　第118号　3-17
古城山　こじょうやま　第122号　3-36
古城山　こじょうやま　第123号　3-41
古城山　こじょうやま　第124号　3-44
古城山　こじょうやま　第124号　3-44
古城山　こじょうやま　第127号　3-59
古城山　こじょうやま　第127号　3-59, 3-61
古城山　こじょうやま　第128号　3-62
古城山　こじょうやま　第130号　3-75
古城山　こじょうやま　第134号　3-95, 3-97
古城山　こじょうやま　第136号　3-109
古城山　こじょうやま　第136号　3-109
古城山　こじょうやま　第141号　3-128
古城山　こじょうやま　第141号　3-128
古城山　こじょうやま　第141号　3-128, 5-183
古城山　こじょうやま　第162号　3-218, 3-220
古城山　こじょうやま　第165号　3-232
古城山　こじょうやま　第166号　3-238
古城山　こじょうやま　第172号　3-270
古城山　こじょうやま　第175号　3-282
古城山　こじょうやま　第184号　4-44
古城山　こじょうやま　第188号　4-68
古城山　こじょうやま　第195号　4-93, 4-94, 5-232
古城山　こじょうやま　第196号　5-233
古城山　こじょうやま　第202号　4-123, 4-124, 5-315
古城山　こじょうやま　九州沿海図第6　4-218
古城山　こじょうやま　九州沿海図第18　4-264
五条山　ごじょうやま　第180号　5-230
御所浦島　ごしょうらじま　第200号　4-117, 4-118, 5-251
御所浦村☆　ごしょうらむら　第200号　4-117, 4-118
御所浦村（下□嶋）☆　ごしょうらむら（しも□しま）　九州沿海図第19　4-270, 4-274
御所垣内村　ごしょがいちむら　第120号　3-24, 3-26, 5-145, 5-297, 5-300
御所貝津村　ごしょがいつむら　第110号　2-175, 5-158, 5-296
御所貝津山　ごしょがいつやま　第110号　2-175
古所山　こしょさん　第187号　4-58, 5-222, 5-312
御所島　ごしょじま　第117号　3-15
御所之浦　ごしょのうら　第203号　4-136, 4-138, 5-251
御所之浦　ごしょのうら　九州沿海図第14　4-252
御所野村　ごしょのむら　第63号　1-215, 5-87
五所村（有馬備後守領分、南條太兵衛、森七左エ門知行所）　ごしょむら　第89号　2-82, 5-111, 5-122
小白磯〔小白石〕　こしらいそ　第169号　3-251, 5-215
小白髪山　こしらがやま　第197号　4-101, 4-104
小白島　こじらしま　第153号　3-186, 5-191
小白瀬〔白セ〕　こしらせ　第207号　4-153, 4-154, 5-243
小四郎島　こしろうじま　第202号　4-127, 4-128
小四郎島　こしろうじま　長崎〔参考図〕　4-131, 4-133
小代山　こしろやま　第193号　4-87
小鈴ケ谷村☆　こすがやむら　第116号　2-207, 5-163, 5-299
小杦村　こすぎむら　第83号　2-60, 5-140, 5-295
越河○☆　こすごう　第53号　1-185, 1-186, 5-80, 5-81, 5-284
牛頭天王　ごずてんのう　第118号　3-16
牛頭天皇　ごずてんのう　第118号　3-20
午頭天王八王子権現　ごずてんのうはちおうじごんげん　第75号　2-24
小鳥谷村　こずやむら　第49号　1-166, 1-167, 5-69, 5-282
小諏訪村（大久保加賀守領分）〔諏訪〕　こずわむら　第101号　2-141, 5-129, 5-291, 5-298
小瀬　こせ　第177号　3-294
小セ　こせ　第189号　4-73
呼瀬　こせ　第192号　4-81
小セ　こせ　第204号　5-235
小セ〔小セ〕　こせ　第206号　4-148, 4-149, 5-242
〔小〕瀬〔小セ〕　こせ　第213号　4-182, 5-258, 5-261
小瀬　こぜ　第205号　4-145
小瀬川　こせがわ　第188号　4-64
ゴセ川　ごせかわ　第102号　2-145
小関村（御料所、町奉行組與力給地）　こぜきむら　第89号　2-80, 5-111, 5-290
五關村（御料所、小笠原大次郎知行所）　ごせきむら　第88号　2-78, 5-120, 5-291
小瀬戸　こせと　第177号　3-299
小瀬戸　こせと　九州沿海図第1　4-191
小瀬戸岩　こせといわ　第206号　4-149, 4-150, 4-151
古瀬間村　こせまむら　第115号　2-200, 5-159
古瀬村　こせむら　第118号　3-20
小瀬村　こせむら　第144号　3-144, 5-192, 5-307
小瀬村　こぜむら　第174号　3-278, 5-216, 5-308
五千石村（松平越中守）　ごせんごくむら　第74号　2-20, 5-112, 5-287
小仙津山　こせんづやま　第133号　3-87, 3-89
小仙波村（喜多院領）　こせんばむら　第88号　2-78, 2-79
御前山　ごぜんやま　第97号　2-120
御前山　ごぜんやま　第97号　2-121
小曽井　こそい　第155号　3-191, 5-190
五僧田村　ごそうでんむら　第125号　3-48, 3-50, 5-174
古曽志村　こそしむら　第162号　3-218, 5-190, 5-204, 5-305
古曽志村濵佐院　こそしむらはまさいん　第162号　3-218
小鼠蔵島　こそぞうじま　第195号　4-94, 5-250
小鼠蔵嶋　こそぞうじま　九州沿海図第16　4-258, 4-260
小曽根村　こそねむら　第137号　3-112, 5-178
小園村（堀田相模守領分）　こぞのむら　第93号　2-103, 5-123, 5-291
古曽部村　こそべむら　第133号　3-92, 5-176, 5-178, 5-301
古曽部村ノ内真砂　こそべむらのうちまさご　第133号　3-92
小澤見村　こぞみむら　第143号　3-135, 5-188, 5-305
小曽村　こそむら　第195号　4-92
小臺川　こだいがわ　第167号　3-241
後醍醐帝行宮跡碑〔後醍醐帝行宮跡〕　ごだいごていあんぐうあとひ　第144号　3-145, 5-192
後醍醐帝陵　ごだいごていりょう　第134号　3-98
後醍醐天皇旧跡　ごだいごてんのうきゅうせき　第154号　3-189
五臺山　ごだいさん　第159号　3-206, 3-208
五臺山村　ごだいさんむら　第159号　3-206, 3-208, 5-200
五大堂　ごだいどう　第52号　1-180
小臺村　こだいむら　第99号　2-129, 2-131
小高　こだか　第203号　4-137
小高　こだか　九州沿海図第19　4-271

小高島　こたかしま　第151号　3-181, 5-195
小高シマ　こたかしま　第190号　5-235
小高島　こたかじま　第117号　3-15
小髙島　こたかじま　第170号　3-261, 5-201
小高島　こだかじま　第171号　3-264, 5-201
小高目シマ　こたかめじま　九州沿海図第19　4-275
小田川（榊原式部大輔領分）○　こたがわ　第68号　1-238, 5-106, 5-288
小滝川　こたきがわ　第200号　5-250
コタキセ　こたきせ　第189号　4-73
子ダキ子　こだきね　第103号　2-149
小滝濱〔小滝〕　こたきはま　第48号　1-162, 5-76, 5-78, 5-284
小滝村　こたきむら　第100号　2-135
小滝村（太田原飛驒守領分）　こだきむら　第69号　1-242, 5-106, 5-288
小嶽〔小岳〕　こだけ　第179号　4-19, 5-225
小岳　こだけ　九州沿海図第2　4-194
小竹浦　こたけうら　第186号　5-222
小竹シマ　こたけじま　第189号　4-71, 4-73
小竹濱　こだけのはま　第48号　1-163, 1-165, 5-78
小日〔田〕シマ〔小田シマ〕　こたしま　第201号　4-121, 5-236
荅島村⛵　こたじまむら　第147号　3-161, 5-187, 5-303, 5-306
荅島村夷山　こたじまむらえびすやま　第147号　3-161
小田志村　こたじむら　第190号　4-76
小田志山　こたじやま　第190号　4-76
小田助島　こたすけじま　第204号　4-140, 4-142
小立野村（大久保出雲守領分）　こだちのむら　第101号　2-141, 2-143, 5-128
木立村　こだちむら　第97号　2-123
後田方　ごたっぽ　第89号　2-82, 2-83, 5-111, 5-122, 5-290
小辰巳シマ　こたつみじま　第147号　3-163, 5-187
小立村　こだつむら　第75号　2-27, 5-99, 5-287
小タテ　こたて　第165号　3-233, 5-205
小立神　こたてがみ　第202号　4-128
小立神　こたてがみ　長崎〔参考図〕　4-129
小立嶋　こたてしま　第205号　4-143, 4-144
小立野村（御料所）　こだてのむら　第111号　2-179, 2-180, 5-161
小舘場島　こたてばじま　第167号　3-244, 5-215, 5-311
小谷村　こだてむら　第118号　3-17, 5-156, 5-297, 5-300
小田中村　こだなかむら　第83号　2-61, 5-141, 5-295
小田中村　こだなかむら　第134号　3-95, 3-97
小棚村　こたなむら　第94号　2-107
小谷村　こたにむら　第127号　3-57, 3-59, 3-61
小谷村　こだにむら　第112号　2-182
小谷村　こだにむら　第129号　3-71, 5-174
小谷村　こだにむら　第141号　3-128
コタヌシ　第33号　1-113
コタヌシ川　第33号　1-113, 5-47, 5-279
小田浦村　こだのうらむら　第200号　4-115, 4-116, 4-118, 5-250, 5-315
小田浦村　こだのうらむら　九州沿海図第16　4-256, 4-259
小田浦村海浦　こだのうらむらうみのうら　第200号　4-115, 4-116, 4-118
小田浦村志水　こだのうらむらしみず　第200号　4-115, 4-116, 4-118
小玉ケ岳　こだまがたけ　第123号　3-40
児〔兒〕玉郡〔兒玉郡〕　こだまぐん　第94号　2-106, 5-118, 5-291
小玉村　こだまむら　第81号　2-50, 5-146, 5-294
小田村　こたむら　第187号　4-61, 5-233, 5-313
小田村　こだむら　第75号　2-23, 5-99, 5-287
古田村　こだむら　第116号　2-201, 2-205, 5-162, 5-299
小田村　こだむら　第123号　3-38, 5-180, 5-304
古田村神舩　こたむらしぶね　第204号　4-141
古田村田代　こたむらたしろ　第204号　4-141
古田村舩木　こたむらふなぎ　第204号　4-140
五太夫瀬　ごだゆうせ　第202号　4-128
五太夫瀬　ごだゆうせ　長崎〔参考図〕　4-129
小多利村○☆〔多利〕　こたりむら　第127号　3-59, 5-182, 5-304
小太郎島　こたろうじま　第192号　4-80
五太郎峠　ごたろうとうげ　第203号　4-135, 4-136
五太郎峠　ごたろうとうげ　第203号　5-251
五太郎峠　ごたろうとうげ　九州沿海図第19　4-273
コタンウンベツ川〔コタンヘツ川〕　第16号　1-50, 5-39, 5-273
五反川　ごたんがわ　第210号　4-169, 5-252, 5-261
五反川　ごたんがわ　九州沿海図第13　4-247
コタンケシ　第5号　1-18, 5-19, 5-270
五反田　ごたんだ　九州沿海図第7　4-221, 4-222
五反田村　ごたんだむら　第189号　4-72
コタンヌカ○　第5号　1-19, 5-19, 5-270
コタンヌカ川　第5号　5-19, 5-270
コタンベツ川　第18号　1-58, 5-43, 5-275
東風隠　こちかげ　九州沿海図第5　4-213
小チキリシマ　こちきりじま　第168号　3-246
小築海島　こちくみじま　第117号　3-12, 5-163
東風泊島〔東風泊シマ〕　こちどまりじま　第192号　4-81, 5-239, 5-240, 5-241
東風泊　こちどまる　九州沿海図第19　4-274
小地鼻　こちはな　第101号　2-140
東風濱　こちはま　第152号　3-183, 5-195
東風坊﨑　こちぼうざき　第192号　4-80
木知原村　こちぼらむら　第118号　3-16, 5-156, 5-297
木知原村岩崎　こちぼらむらいわさき　第118号　3-16
小池村　こちむら　第193号　4-83, 5-230, 5-232, 5-312, 5-314
小池村　こちむら　九州沿海図第20　4-276
御着村　ごちゃくむら　第141号　3-130, 5-182, 5-306
五町田村〔五町田〕　ごちょうだむら　第190号　4-75, 5-234, 5-313
五町村　ごちょうむら　第113号　2-189
五町村　ごちょうむら　第195号　4-93, 5-233, 5-315
五町村　ごちょうむら　九州沿海図第18　4-264
小津浦　こづうら　第162号　3-219, 5-204
小盡浦☆⛵　こづくしうら　第161号　3-213, 3-215, 5-202, 5-203, 5-311
小盡浦枝榊浦　こづくしうらえださかきうら　第161号　3-213, 3-215
コツクシナイ川〔小ツクシナイ川〕　第36号　1-123, 5-60, 5-281
小ツクマシマ　こつくましま　第164号　5-210
小ツクマ島　こつくまじま　第164号　3-230, 5-210
小蔦島　こづたじま　第152号　3-183, 5-195, 5-307
小槌島（笠居村屬）　こづちじま（かさいむらぞく）　第146号　3-159, 5-194, 5-307
小槌村　こつちむら　第47号　1-159, 5-72, 5-282
コツチヤナイ　第17号　1-53, 5-42, 5-275
小堤村　こづつみむら　第133号　3-86, 5-174, 5-176
コツテ﨑　こつてさき　第121号　5-172
特牛山　こっといやま　九州沿海図第1　4-193
忽戸村（大岡主膳正領分）　こつとむら　第92号　2-99, 2-100, 5-124
小繋○　こつなぎ　第60号　1-206, 5-84, 5-283
小繋村〔コツナキ〕　こつなぎむら　第49号　1-167, 5-69, 5-282
小津奈木村　こつなぎむら　第200号　4-118, 5-250, 5-315
小津奈木村　こつなぎむら　九州沿海図第16　4-257
小津奈木村大迫　こつなぎむらおおさこ　第200号　4-118
小津奈木村下初野　こつなぎむらしもはつの　第200号　4-118
小津奈木村町原　こつなぎむらまちはら　第200号　4-118
小綱村　こつなむら　第192号　4-81, 5-239, 5-240, 5-241
コツ子瀬　こつねせ　第191号　4-78
小津波見川　こつばみがわ　第202号　4-123, 4-124
小ツフラ　こつふら　第141号　3-127, 5-185
コツホウホキ山　こつほうほきやま　第180号　4-25
小坪新田　こつぼしんでん　第118号　3-18, 3-20
小坪村（御料所）　こつぼむら　第93号　2-101, 2-102, 5-125, 5-291
小積濱　こづみはま　第48号　1-164, 5-78
木津村　こつむら　第136号　3-105, 3-108, 5-182
小鶴島　こつるじま　第145号　3-148, 5-185
古津路村　こつろむら　第142号　3-134, 5-184, 5-185, 5-306
小手差原　こてさしはら　第88号　2-79, 5-120
小手島（手島屬）　こてしま（てしまぞく）　第151号　3-181, 5-195, 5-307
小寺シマ　こでらじま　第196号　4-96, 4-98
小寺シマ　こでらじま　九州沿海図第18　4-265
小寺シマ　こでらじま　九州沿海図第19　4-275
小寺村　こでらむら　第123号　3-40, 5-173
小天童　こてんどう　第117号　3-15
御殿場村○☆　ごてんばむら　第100号　2-132, 2-134, 5-126, 5-291
琴石村　こといしむら　第207号　4-155, 5-243, 5-321
五島礒〔五島イソ〕　ごとういそ　第210号　4-171, 5-254, 5-261
五嶋礒　ごとういそ　九州沿海図第12　4-243
小峠　ことうげ　第177号　5-220, 5-222
後藤寺村　ごとうじむら　第178号　4-17, 5-222, 5-312
琴浦村○　ことうらむら　第64号　1-219, 5-89, 5-283
琴川村　ことがわむら　第62号　1-211, 5-87
御徳村　ごとくむら　第186号　4-54
琴島　ことじま　第117号　3-15
琴島　ことじま　第153号　3-186, 5-191, 5-305
琴瀬　ことせ　第192号　4-82
コドツチイ川　第36号　1-123
琴ノ緒山　ことのおやま　第202号　4-125, 4-126
琴ノ鼻　ことのはな　第151号　3-180
高殿村　こどのむら　第134号　3-95, 3-97
小飛島　ことびしま　第189号　4-73, 4-74, 5-234, 5-241, 5-313
小飛島（神島屬）　ことびしま（こうのしまぞく）　第151号　3-181, 5-195
コトマリ　ことまり　第48号　1-163
小泊○☆　こどまり　第38号　1-129, 1-130, 5-82, 5-281
小泊濱　ことまりはま　第48号　1-162, 1-163, 5-78

古泊村　ことまりむら　第132号　3-83, 1-170
小泊村　こどまりむら　第75号　2-27, 5-99, 5-287
小泊村（御料所）○　こどまりむら　第80号　2-46, 5-138, 5-287, 5-294
小泊村　こどまりむら　第85号　2-68, 5-142, 5-295
小泊村　こどまりむら　第169号　3-250, 5-215
小友浦　こどもうら　第189号　4-71, 5-238, 5-241
小友サキ　こともさき　第189号　5-238, 5-241
小鳥沢　ことりざわ　第50号　1-170, 5-71, 5-74
コトリセ　ことりせ　第192号　4-81
小戸洌島　こどんすじま　第151号　3-181
小中居村　こなかいむら　第88号　2-78
小中浦　こなかうら　第170号　3-259, 3-261, 5-201
小長崎　こながさき　第160号　3-209
小長崎　こながさき　第206号　4-146
小中島村（御料所）　こなかじまむら　第135号　3-101, 5-178, 5-301
小中瀬村〔中小瀬村、中ノ瀬〕　こなかぜむら　第111号　2-179, 2-180, 5-161, 5-298
木流村　こながせむら　第75号　2-27, 5-99, 5-287
小長根　こながね　第104号　2-151
小奈木川　こなきがわ　第90号　2-84
小奈木村〔小名木村〕　こなきむら　第90号　2-84, 5-120, 5-123
小情島〔小ナサケ島〕　こなさけじま　第167号　3-242, 3-244, 5-211, 5-213, 5-311
小那砂美島〔小ナサヒ島〕　こなさびじま　第167号　3-243, 5-211, 5-213, 5-308
小鍋島村（勝田帯刀、鈴木源五右エ門、曽谷長順、高麗雲祥、中條鋏太郎、篠山吉之助、加藤源左エ門、舟橋宗迫知行所）〔小鍋〕　こなべしまむら　第99号　2-128, 5-126, 5-291
小鍋村〔鍋村〕　こなべむら　第102号　2-147, 5-128, 5-298
小浪村　こなみむら　第155号　3-190, 3-192, 5-189
古奈村（温泉）　こなむら　第101号　2-141, 2-143
小縄鼻　こなわはな　第105号　2-154
小丹生浦〔丹生〕　こにううら　第120号　3-27, 5-145, 5-300
小西村　こにしむら　第125号　3-51, 5-174
五女子村　ごにょうしむら　第115号　2-197, 5-159, 5-297
小沼　こぬま　第31号　1-108, 5-56, 5-279
小沼村　こぬまむら　第88号　2-79
五根緒村　ごねおおむら　第192号　4-80, 5-239, 5-241
小根占村　こねじめむら　第211号　4-175, 5-249, 5-261, 5-316
小根占村　こねじめむら　九州沿海図第10　4-236
小根占村濵町　こねじめむらはままち　第211号　4-173, 4-175
比一村海部郡毛井村　このいっそんあまべぐんけいむら　第181号　4-33
□□村海部郡宮河内村〔宮河内村、宮河内〕　このいっそんあまべぐんみやごうちむら　第181号　4-33, 5-226, 5-312
金浦村○　このうらむら　第64号　1-219, 5-89, 5-283, 5-286
木浦村〔木ノ浦〕　このうらむら　第80号　2-46, 2-49, 5-138, 5-294
碁浦村　ごのうらむら　第146号　3-156, 5-187
五神村　ごのかみむら　第90号　2-89
五ノ川　ごのかわ　第207号　4-151, 4-153, 4-154
神種村　このくさむら　第141号　3-128, 5-183, 5-304, 5-306
神種村峠　このくさむらとうげ　第141号　3-128
不来坂村　このさかむら　第136号　3-105, 3-108, 5-182, 5-304, 5-306
小ノ里川　このさとがわ　第138号　5-179
五之三村　ごのさんむら　第118号　3-20, 5-166
鮗ケ浦　このしがうら　九州沿海図第19　4-275
粉白浦　このしろうら　第132号　3-85, 1-170, 5-302
此代村　このしろむら　第123号　3-38, 5-180, 5-304
此代村乗原　このしろむらのんばら　第123号　3-38
篭神社　このじんじゃ　第123号　3-38, 3-40
木葉岳　このはだけ　九州沿海図第18　4-268
木濵村☆〔木濵〕　このはまむら　第125号　3-51, 5-174, 5-301
木葉村　このはむら　第193号　4-85, 4-87, 5-223, 5-315
木葉村枝上木葉　このはむらえだかみこのは　第193号　4-85, 4-87
木葉村木葉町　このはむらこのはまち　第193号　4-85, 4-87
木葉山　このはやま　第193号　4-85, 4-87
五戸○　ごのへ　第44号　1-151, 5-69, 5-280
五戸川　ごのへがわ　第44号　1-151, 5-69
コノマ　第32号　1-109
小ノマ〔小沼〕　このま　第36号　1-121, 5-63, 5-281
木之間村　このまむら　第108号　2-164, 5-150
木野村　このむら　第114号　2-193
小野村　このむら　第118号　3-16
小野村　このむら　第118号　3-16, 3-18, 5-166, 5-297
木野村　このむら　第173号　3-274, 5-213, 5-308
木野村内ハセザコ　このむらうちはせざこ　第173号　3-274
木野村中津原　このむらなかつはら　第173号　3-274
五ノ山　ごのやま　第100号　2-132
小乗濵　このりはま　第48号　1-163, 1-164, 5-78
木場　こば　九州沿海図第19　4-270
木場　こば　九州沿海図第19　4-272
木場　こば　九州沿海図第19　4-273
小ハエ　こはえ　第147号　3-162, 5-187
小バエ　こばえ　第160号　3-209
小波嘉島　こはかじま　第154号　3-188, 5-191
小橋　こばし　第133号　3-87, 3-89
小橋方村　こばしがたむら　第118号　3-20
小羽島　こはじま　第145号　3-152, 3-154
木場シマ　こばしま　第196号　4-95
木場島〔木場シマ〕　こばじま　第198号　4-105, 4-106, 5-246
木場嶋　こばじま　九州沿海図第8　4-224
小橋村　こばしむら　第39号　1-135, 5-67, 5-82, 5-281
小柱岩　こはしらいわ　第204号　4-140
小柱島　こばしらじま　第203号　4-138
木幡村　こはたむら　第133号　3-87, 3-89, 5-176, 5-301
小畑村　こばたむら　第43号　1-146, 5-67, 5-82
小畠村　こばたむら　第136号　3-111, 5-182, 5-306
小八賀川　こはちがわ　第112号　5-153
小波渡村　こばとむら　第71号　1-249, 5-91, 5-96, 5-285, 5-286
小鼻瀬　こはなせ　第189号　4-73
小羽尾村　こばにょおむら　第124号　3-47, 5-181, 5-304
小埴生　こはぶ　九州沿海図第1　4-188
小濵　こはま　第103号　2-149
小濵ハナ　こはまはな　第203号　5-251
小濵村　こはまむら　第62号　1-211, 5-87, 5-283
小濵村　こはまむら　第166号　3-235, 5-209, 5-212
小濵村　こはまむら　第174号　3-278, 5-216, 5-309
小濵村　こはまむら　第209号　4-166, 5-249, 5-261, 5-316
小濵村　こはまむら　九州沿海図第10　4-236
小濵村☆　こばまむら　第54号　1-189, 5-102, 5-288
小濵村（三枝豊前守知行所）　こばまむら　第91号　2-95, 5-122, 5-124
小濵村　こばまむら　第123号　3-39, 5-180, 5 304
小濵村　こばまむら　第125号　3-51, 5-174, 5-300, 5-301
小濵村　こばまむら　第143号　3-136, 5-188
古場村　こばむら　第116号　2-207, 5-163, 5-299
木場村〔木場〕　こばむら　第189号　4-73, 5-234, 5-238, 5-241, 5-313
小羽村○　こばむら　第208号　4-156, 4-158, 5-247, 5-316
小羽村○　こばむら　九州沿海図第17　4-261, 4-262
木場村大久保　こばむらおおくぼ　第206号　4-146
小早崎　こばやさき　第202号　4-123
小林　こばやし　九州沿海図第2　4-197, 4-199
小林村（御料所、川田一学、松前監物知行所）　こばやしむら　第94号　2-107, 5-119, 5-291
小林村〔下小林村〕　こばやしむら　第101号　2-141, 5-127, 5-291
小林村　こばやしむら　第141号　3-130
木場山　こばやま　第190号　4-77
木場山　こばやま　第202号　4-125, 4-126
小原　こばら　第173号　3-272
小原木村大沢濵☆〔小原木〕　こはらぎむらおおさわはま　第47号　1-161, 5-76, 5-284
小原木村載鈎濵〔小原木〕　こはらぎむらのせかぎはま　第47号　1-161, 5-76, 5-284
小原田○　こはらだ　第56号　1-195, 5-103, 5-288
小原村　こばらむら　第144号　3-147, 5-192
小原村奥小原　こばらむらおくこばら　第144号　3-147
小原　こばる　九州沿海図第18　4-269
小原権現山　こばるごんげんやま　第194号　4-91, 5-245
小原村　こばるむら　第182号　4-35, 5-227, 5-312, 5-314
小原村　こばるむら　九州沿海図第21　4-281
小原山　こばるやま　第188号　4-67
コバンサカ　第36号　1-121, 1-122, 5-60, 5-281
御番処　ごばんしょ　第90号　2-84
御番所　ごばんしょ　第93号　2-101, 5-124
御番処　ごばんしょ　第202号　4-125, 4-127, 4-128
御番処　ごばんしょ　長崎〔参考図〕　4-131, 4-133
御番処　ごばんしょ　長崎〔参考図〕　4-131, 4-133
五番村（永井友三郎知行所）　ごばんむら　第135号　3-101, 5-178, 5-301
小引浦　こびきうら　第139号　3-121, 5-186, 5-303, 5-306
小蟇嶌〔小蟇シマ、蟇島〕　こひきじま　第201号　4-122, 5-237, 5-315
小比岐島　こびきしま　第158号　3-205, 5-197, 5-307
木引峠　こびきとうげ　第175号　3-284, 5-218
小引村　こひきむら　第204号　4-140, 4-142, 5-235
小比企村（長沢直次郎知行所）　こびきむら　第90号　2-89, 2-91, 5-121, 5-291
小比企村山田　こびきむらやまだ　第90号　2-89, 2-91
小ヒキレシマ　こひぎれじま　第192号　4-81
小人見村（服部中知行所）〔人見〕　こひとみむら　第111号　2-181, 5-161, 5-299
五百島〔五百シマ〕　ごひゃくじま　第200号　4-117, 5-251

五百シマ　ごひゃくじま　九州沿海図第19　4-270
コヒヨフ﨑　こひょうざき　第179号　4-18, 4-21, 4-23
小平島　こひらしま　第191号　4-79
小平瀬　こひらせ　第174号　3-279
小蛭　こひる　第145号　3-155, 5-185
小深　こぶか　第161号　5-311
小深浦　こぶかうら　第175号　3-286
杤木村〔杤木村〕　こぶきむら　第51号　1-174, 5-73, 5-282
小福部島　こふくべじま　第146号　3-156, 5-185
呉松〔服〕村（大沢右京太夫知行所）　ごふくむら　第111号　2-181, 5-161
小福浦村〔福浦村〕　こぶくらむら　第59号　1-203, 5-83, 5-85
小吹井　こぶけい　九州沿海図第8　4-224
コフ島〔コブシマ〕　こぶじま　第189号　4-70, 5-233, 5-241
御供所村　ごぶしょむら　第151号　3-180, 5-194, 5-307
昆布瀬　こぶせ　第206号　4-150
小二神島　こふたがみしま　第204号　4-140, 5-235, 5-313, 5-321
小二神島〔フタガミジマ〕　こふたがみじま　第191号　5-238, 5-241
小淵浦☆⚠〔小淵〕　こぶちうら　第48号　1-164, 5-78, 5-284
小淵村　こぶちむら　第87号　2-75, 5-120, 5-290
古佛谷山　こぶつたにやま　第143号　3-135, 3-136
小舟木村　こぶなきむら　第125号　3-51, 5-300, 5-301
小船越村　こふなこしむら　第192号　4-81, 4-82, 5-239, 5-240, 5-241
舩津村〔小舟津〕　こぶなつむら　第201号　4-119, 5-234, 5-313
小船社　こぶねしゃ　第95号　2-110
小振　こぶり　第124号　3-46, 5-181
小振シマ　こぶりじま　第124号　3-47, 5-181
小石〔古〕間村　こふるまむら　第81号　2-50, 5-138
小平市〔小平市シマ〕　こへいち　第158号　3-205, 5-197
五兵エ新田　ごへえしんでん　第115号　2-197, 2-199, 5-159
コベチヤナイ川　第33号　1-112, 5-47, 5-279
古部村　こべむら　第202号　4-124, 5-233, 5-236
小平石　こべらし　第132号　3-85, 1-170
小坊シマ　こぼうじま　第196号　4-98
小坊シマ　こぼうじま　九州沿海図第19　4-275
小坊村　こぼうむら　第112号　2-182, 2-185
小坊村大坊　こぼうむらおおぼう　第112号　2-182, 2-185
小細浦　こぼそうら　第47号　1-160, 1-161
小細島〔細島〕　こほそじま　第157号　5-210, 5-307
小佛シマ　こぼとけしま　第192号　4-81, 4-82
小佛峠　こぼとけとうげ　第90号　2-89, 2-91, 5-121
小保村○☆　こぼむら　第188号　4-67, 4-69, 5-231
小保村住吉　こぼむらすみよし　第188号　4-67, 4-69
古古里　こぼりさと　九州沿海図第19　4-271
小堀村　こぼりむら　第122号　3-36, 5-173, 5-175, 5-300
コマイ川　こまいがわ　第65号　1-224
胡麻売山　ごまうりやま　第183号　4-39
胡麻売山　ごまうりやま　九州沿海図第4　4-209
駒江村　こまえむら　第129号　3-66, 5-166
駒飼宿筬柿　こまかいじゅくおさかき　第97号　2-122, 2-123
駒飼宿三軒茶屋　こまかいじゅくさんげんちゃや　第97号　2-122, 2-123
駒返　こまがえし　第80号　2-47
駒歸村○　こまがえりむら　第128号　3-65, 5-183, 5-304
駒ヶ岳〔南部駒ヶ嶽〕　こまがたけ　第51号　1-175, 5-75, 5-283
駒ヶ岳〔仙臺駒ヶ嶽〕　こまがたけ　第51号　1-177, 5-77, 5-284
駒ケ岳　こまがたけ　第77号　2-34, 5-113, 5-114, 5-289
駒ケ岳〔駒岳〕　こまがたけ　第97号　2-122, 5-117, 5-127
駒ケ岳　こまがたけ　第99号　2-131, 5-126, 5-291
駒ケ嶽　こまがたけ　第108号　5-151
駒ケ嶽　こまがたけ　第109号　2-168, 5-154, 5-296
駒形新宿　こまがたしんしゅく　第99号　2-129, 2-131, 5-126
駒形堂　こまがたどう　第90号　2-84
駒門村新田　こまかどむらしんでん　第100号　2-134
駒ケ林村　こまがばやしむら　第137号　3-113, 5-184, 5-306
高麗川　こまがわ　第88号　2-79, 5-291
小牧　こまき　九州沿海図第21　4-280
小牧宿祢神社　こまきすくねじんじゃ　第192号　4-80, 4-81
小牧原新田　こまきはらしんでん　第114号　2-194, 5-159
小牧村○☆　こまきむら　第114号　2-194, 5-159, 5-297
小牧村　こまきむら　第209号　4-167, 5-249, 5-261, 5-316
小牧村　こまきむら　九州沿海図第10　4-237
小牧村瀬寄浦　こまきむらせきうら　第209号　4-167
小牧村元小牧　こまきむらもとこまき　第114号　2-194
小牧山　こまきやま　第114号　2-194, 5-159, 5-297
小牧山　こまきやま　第184号　4-47
小枕村　こまくらむら　第136号　3-105
高麗郡　こまぐん　第88号　2-79, 5-121, 5-291
巨摩郡　こまぐん　第98号　2-125, 2-126, 5-151, 5-296
巨摩郡　こまぐん　第100号　2-138, 5-151, 5-296
駒越村（榊原越中守領分）　こまごえむら　第107号　2-156, 2-158, 5-129, 5-298
駒込　こまごめ　第90号　2-84, 5-120, 5-123, 5-291
駒込村（御料所）　こまごめむら　第58号　1-201, 5-110
駒沢村　こまざわむら　第81号　2-50, 2-52
駒沢村（諏訪因幡守領分）　こまざわむら　第96号　2-119, 5-150, 5-296
駒沢村萩山新田　こまざわむらはぎやましんでん　第96号　2-119
駒沢村的場　こまざわむらまとば　第96号　2-119
駒シマ　こまじま　第192号　4-81, 4-82
小股島　こまたしま　第152号　5-195, 5-196
小俣村　こまたむら　第96号　2-117, 2-119
小町屋 筒澤　こまちやつつざわ　第108号　2-163
小松（一柳因幡守在所）　こまつ　第158号　3-205, 5-197
小松川　こまつがわ　第201号　4-121, 4-122
小松川　こまつがわ　第202号　4-123
小松川　こまつがわ　九州沿海図第19　4-273
小松﨑　こまつざき　第195号　4-93, 4-94
小松島　こまつしま　第164号　3-231
小松シマ〔小松島〕　こまつしま　第189号　4-71, 4-74, 5-238, 5-241
小松島　こまつしま　第189号　4-73
小松シマ　こまつじま　第145号　3-148, 5-185
小松島浦○　こまつしまうら　第147号　3-161, 5-187, 5-303, 5-306
小松島浦根井　こまつしまうらねい　第142号　3-133
小松地村　こまつじむら　第166号　3-234, 5-205, 5-308
小松地村中間☆　こまつじむらなかま　第166号　3-234
小松葉島　こまつばじま　第159号　3-207
小松原〔小松原村〕　こまつばら　第164号　3-229, 5-211, 5-308
小松原　こまつばら　九州沿海図第18　4-264
小松原村　こまつばらむら　第116号　5-161, 5-299
小松原村　こまつばらむら　九州沿海図第12　4-242, 4-244
小松村　こまつむら　第75号　2-22, 2-24, 5-99
小松村（御料所、中川飛騨守、河野善十郎、権田竜次郎、杉田金之丞知行所）　こまつむら　第89号　2-80, 5-111, 5-290
小松村　こまつむら　第96号　2-117
小松村　こまつむら　第137号　3-112, 5-178
小松山　こまつやま　第198号　4-107, 5-246, 5-316
胡麻鶴村　ごまつるむら　第181号　4-29, 5-227, 5-312
胡麻鶴村（熊本領）　ごまつるむら　九州沿海図第3　4-203
胡麻鶴村三道　ごまつるむらみどう　第181号　4-29
胡麻鶴村廻洌　ごまつるむらめぐす　第181号　4-29
小間島　こまとう　第183号　4-38, 4-40, 5-226, 5-228, 5-311
小間嶋　こまとう　九州沿海図第5　4-211
駒飛山　こまとびやま　第115号　2-195, 5-158
小マトリ　こまとり　第117号　3-15, 5-168
駒鳴峠　こまなきとうげ　第189号　4-72, 5-234, 5-241
駒鳴峠　こまなきとうげ　第190号　5-234
駒鳴村〔駒鳴〕　こまなきむら　第190号　4-76, 5-234, 5-313
駒野村下組〔駒野村、駒野〕　こまのむらしもぐみ　第118号　3-18, 3-20, 5-166, 5-297, 5-300
駒野村中組〔駒野〕　こまのむらなかぐみ　第118号　3-18, 3-20, 3-21, 5-297, 5-300
駒野村藤沢〔駒野〕　こまのむらふじさわ　第118号　3-19, 3-21, 5-297, 5-300
駒橋村○　こまはしむら　第97号　2-121, 5-121, 5-126, 5-291
駒橋村横尾　こまはしむらよこお　第97号　2-121
駒塲野　こまばの　第90号　2-85, 2-87
駒場村　こまばむら　第52号　1-179, 5-79
駒塲村○☆　こまばむら　第110号　2-172, 5-154, 5-296
駒場村（御料所）⚠　こまばむら　第111号　2-179, 2-180, 5-161
駒場村（井上河内守領分）　こまばむら　第111号　2-181, 5-161
駒塲村大野分　こまばむらおおのぶん　第110号　2-172
駒塲村曽山　こまばむらそやま　第110号　2-172
駒塲村中野　こまばむらなかの　第110号　2-172
古間目浦☆⚠　こまめうら　第161号　3-213, 3-215, 5-203, 5-311
古間目崎　こまめざき　第161号　3-213, 3-215
駒山　こまやま　第144号　3-142
胡麻山村　ごまやまむら　第194号　4-90, 5-232, 3-314
小丸嶋　こまるじま　第176号　3-289

五万騎山　ごまんきやま　第123号　3-40
駒場村　こまんばむら　第110号　2-173, 5-154
古三﨑　こみさき　第152号　3-183
小岬　こみさき　第191号　4-79
ゴミ島　ごみしま　第39号　1-134
小溝川　こみぞがわ　第197号　5-245
コミタケ　こみたけ　第102号　2-147
小ミナセ　こみなせ　第189号　4-73
小水無瀬嶋　こみなせしま　第169号　3-255, 5-218, 5-311
小水無〔瀬〕島（西方村屬）　こみなせじま（にしがたむらぞく）　第169号　3-253, 5-215, 5-311
小湊○　こみなと　第39号　1-134, 5-67, 5-280
小湊　こみなと　九州沿海図第12　4-242
小湊川〔小原川〕　こみなとがわ　第210号　4-171, 5-254, 5-261
小湊川　こみなとがわ　九州沿海図第12　4-242
小湊村　こみなとむら　第70号　1-247, 5-91, 5-285, 5-286
小湊村（誕生寺領）　こみなとむら　第92号　2-97, 5-111, 5-290
小湊村　こみなとむら　第210号　4-171, 5-254, 5-261, 5-317
小湊村　こみなとむら　九州沿海図第12　4-243, 4-245
小湊村小松原　こみなとむらこまつばら　第210号　4-170
米湊村米湊町○〔米溱〕　こみなとむらこみなとまち　第168号　3-249, 5-214, 5-311
小南村　こみなみむら　第125号　3-51, 5-174, 5-300, 5-301
小南村　こみなみむら　第127号　3-59
小南村（片桐主膳正領分）　こみなみむら　第135号　3-100, 5-176, 5-177, 5-301
小峯　こみね　九州沿海図第19　4-270
小峯　こみね　九州沿海図第19　4-272
小嶺村　こみねむら　第186号　4-54, 5-222, 5-312
小簑毛村（大山寺領）　こみのげむら　第99号　2-128, 5-126
古見村（松平岩之助知行所）　こみむら　第111号　2-181, 5-161, 5-299
古見村　こみむら　第115号　2-199, 5-159, 5-299
巨海村　こみむら　第116号　2-207, 5-162
古見村　こみむら　第150号　3-174
小宮作村（御料所）　こみやざくむら　第58号　1-199, 5-110
小宮地村　こみやじむら　第203号　4-136, 5-251
小宮地村　こみやじむら　九州沿海図第19　4-270, 4-272
小宮地村内澤　こみやじむらうちさわ　第203号　4-136
小宮地村枝北高根　こみやじむらえだきたこうね　第203号　4-136, 5-251
小宮路村枝北高根　こみやじむらえだきたこうね　九州沿海図第19　4-270
小宮地村枝北高根 建　こみやじむらえだきたこうねたて　第203号　4-136
小宮地村枝諏訪﨑　こみやじむらえだすわざき　第203号　4-134, 4-136
小宮地村枝諏訪﨑　こみやじむらえだすわざき　九州沿海図第19　4-270, 4-272
小宮地村上ノ平　こみやじむらかみのひら　第203号　4-136
古宮村　こみやむら　第137号　3-114, 5-184, 5-306
古名村　こみょうむら　第88号　2-79
五明村　ごみょうむら　第94号　2-106
五明村　ごみょうむら　第118号　3-20
御名村　ごみょうむら　第121号　3-31, 3-32, 5-172
五名村　ごみょうむら　第144号　3-141, 5-183
五明村　ごみょうむら　第145号　3-152
三〔五〕名村　ごみょうむら　第150号　3-174
小無衣　こむい　第151号　3-180
小向村　こむかいむら　第44号　1-151, 5-69
古麥原村〔小麥原村〕　こむぎはるむら　第190号　4-76, 5-234
馭謨郡　ごむぐん　第214号　4-184, 4-185, 4-186, 4-187, 5-259, 5-261, 5-319
コムケ湖〔コムケトー〕　第8号　1-31, 5-25, 5-271
コムシ川　第5号　1-20, 5-19
小虫島　こむしじま　第164号　3-230
小莚〔小ムシロ〕　こむしろ　第117号　3-14, 5-168
小無田　こむた　九州沿海図第21　4-279, 4-281
小牟田名　こむたみょう　第202号　4-124
久村　こむら　第116号　2-207, 5-163, 5-299
小村　こむら　第130号　3-74, 3-76, 5-163
小村☆　こむら　第209号　4-162, 5-247, 5-261, 5-316
小村☆　こむら　九州沿海図第10　4-232
小浦　こむら　九州沿海図第12　4-243, 4-245
小群山　こむれやま　第200号　4-114
小室濵〔室濵〕　こむろはま　第48号　1-163, 5-78, 5-284
小室村　こむろむら　第88号　2-79
小室村　こむろむら　第141号　3-128
小室山　こむろやま　第98号　2-126
小室山　こむろやま　第101号　2-140, 2-142, 5-125, 5-128
小目井　こめい　九州沿海図第8　4-224
米賀　こめか　九州沿海図第21　4-279
米ケ脇浦　こめがわきうら　第120号　3-24, 5-145, 5-297, 5-300
米﨑　こめざき　第145号　3-152, 3-154, 5-194
米シマ　こめじま　第131号　3-79, 3-80, 5-169
鷗嶋〔カモメ瀬〕　ごめじま　第210号　4-171, 5-317
米出村　こめだしむら　第83号　2-61, 5-141
米浦☆　こめのうら　第120号　3-28, 5-172, 5-300
米野木村　こめのきむら　第115号　2-196, 5-159, 5-297
米野木村枝三本木　こめのきむらえださんぼんぎ　第115号　2-196
米野木村小原　こめのきむらおばら　第115号　2-196
米野木村柿ノ木　こめのきむらかきのき　第115号　2-196
米倉村　こめのくらむら　第55号　1-192, 5-104
米ノ岳　こめのだけ　第204号　4-141
米之津村○☆　こめのつむら　九州沿海図第13　4-250
米野村　こめのむら　第115号　2-197
五毛　ごもう　九州沿海図第1　4-188
蒲生村　こもうむら　第126号　3-55
小茂田村　こもたむら　第192号　4-82, 5-240, 5-241, 5-320
菰田村　こもだむら　第193号　4-85, 4-87
菰田村　こもだむら　九州沿海図第18　4-268
子持峠　こもちとうげ　第176号　3-288, 3-290
子持山　こもちやま　第78号　2-41
薦津村　こもづむら　第162号　3-218
粉本　こもと　第131号　3-81
小茂内○　こもない　第34号　1-118, 5-54, 5-57, 5-279
薦野村〔薦野〕　こものむら　第186号　4-53, 4-55, 5-223, 5-313
薦野村清滝　こものむらきよたき　第186号　4-53, 4-55
蔣淵浦宿浦〔蔣淵浦、蔣淵〕　こもぶちうらしゅくのうら　第171号　3-265, 3-267, 5-201, 5-203, 5-311
蔣淵大島浦〔大島浦、蔣淵〕　こもぶちおおしまうら　第171号　3-265, 3-267, 5-201, 5-203, 5-311
蔣淵高助浦〔蔣淵〕　こもぶちこうすけうら　第171号　3-265, 5-311
蔣淵本郷横浦〔横浦、蔣淵〕　こもぶちほんごうよこうら　第171号　3-265, 5-201, 5-203, 5-311
コモフチ山　こもふちやま　第166号　3-235
小生村　こもむら　第129号　3-67, 3-69, 5-166, 5-299
古毛村　こもむら　第188号　4-64, 5-230
御望村　ごもむら　第118号　3-16, 5-156
古毛村三島　こもむらみしま　第188号　4-64
小森上野村高茶屋〔小森上野村〕　こもりうえのむらたかちゃや　第130号　3-74, 5-163
小森江村　こもりえむら　第178号　4-13, 5-222, 5-312
小森江村　こもりえむら　九州沿海図第1　4-191
小森島　こもりじま　第154号　3-188, 5-191, 5-305
コモリ堂　こもりどう　第52号　1-180
籠潤〔淵〕村〔篭淵村、篭淵〕　こもりぶちむら　第207号　4-153, 5-243, 5-321
小森村　こもりむら　第81号　2-53
小森村　こもりむら　第130号　3-74, 5-163
小森村　こもりむら　第178号　4-15, 4-17, 5-222, 5-312
小森村向　こもりむらむかい　第1/8号　4-15, 4-17
小諸（牧野大藏居城）☆　こもろ　第95号　2-112, 2-113, 5-116, 5-294, 5-296
木屋　こや　九州沿海図第1　4-188
小屋　こや　九州沿海図第21　4-280
小屋河内　こやがわち　九州沿海図第19　4-274
小屋川村屋田川　こやがわむらやたがわ　第180号　4-24
小柳生村　こやぎうむら　第134号　3-95, 5-176, 5-301
小柳生村下村　こやぎうむらしもむら　第134号　3-95
小柳生村油田　こやぎうむらゆだ　第134号　3-95
崑陽口村　こやくちむら　第135号　3-101, 5-178
小屋島　こやじま　第157号　3-203, 5-197, 5-210
昆陽宿○〔昆陽〕　こやしゅく　第136号　3-106, 5-178
昆陽宿小井ノ内　こやしゅくこいのうち　第136号　3-106
小社村　こやしろむら　第129号　3-67, 3-69, 3-70, 3-72
木屋新田　こやしんでん　第135号　3-101, 5-178
子易観音　こやすかんのん　第99号　2-128
子安村（建部六右エ門、高井但馬守知行所）　こやすむら　第90号　2-89, 2-91, 5-121
小谷田村（御料所、田安殿領分、長野佐左エ門、神田数馬知行所）　こやたむら　第88号　2-79, 5-121, 5-291
小谷田村根岸〔根岸〕　こやたむらねぎし　第88号　2-79, 5-291
小八ツ林村　こやつばしむら　第88号　2-77
昆陽寺　こやでら　第136号　3-106
小屋峠　こやとうげ　第151号　5-193
木屋瀬川　こやのせがわ　第186号　4-54
木屋瀬村○　こやのせむら　第186号　4-54, 5-222, 5-312
木屋原村　こやばらむら　第163号　3-222, 3-224, 5-208, 5-305, 5-307
木屋原村飛地　こやばらむらとびち　第163号　3-224
木屋原村元常谷　こやばらむらもとつねだに　第163

号　3-222, 3-224
小藪新田　こやぶしんでん　第116号　2-207, 5-162, 5-299
小藪村　こやぶむら　第111号　2-181, 5-161
小山〔小山崎〕　こやま　第131号　3-78, 5-168
小山　こやま　第169号　5-224
小山　こやま　第179号　5-224
湖山池　こやまいけ　第143号　3-135, 5-188
小山崎　こやまざき　第102号　2-146
小山田村　こやまだむら　第209号　4-162, 5-247, 5-261, 5-315, 5-316
小山田村　こやまだむら　九州沿海図第17　4-261
小山田村猪目　こやまだむらいのめ　第209号　4-162
小山田村蹴上　こやまだむらけあげ　第209号　4-162
小山ノ山　こやまのやま　第193号　4-84, 4-86
小山村（御料所）　こやまむら　第58号　1-199, 5-110, 5-290
古小山村（小坂金次郎、打越左太夫、中條大和守、堀田主税、水野清藏知行所）　こやまむら　第69号　1-245, 5-109, 5-289
小山村（堀淡路守）　こやまむら　第81号　2-50, 2-52, 5-146, 5-294
小山村　こやまむら　第128号　3-62
小山村　こやまむら　第133号　3-87, 5-174, 5-176
湖山村　こやまむら　第143号　3-135, 5-188, 5-304
小山村　こやまむら　第144号　3-147, 5-192
小山村　こやまむら　第151号　3-176, 5-192, 5-307
小山村枝北原村　こやまむらえだきたはらむら　第81号　2-50, 2-52
小山村枝八幡村　こやまむらえだはちまんむら　第81号　2-50, 2-52
小谷村（山本鐐之丞、下山弥八郎、酒依清十郎、太田松庵知行所）　こやむら　第88号　2-79
小屋村　こやむら　第96号　2-117
木屋村　こやむら　第134号　3-95
小尾〔屋〕村〔小尾〕　こやむら　第138号　3-118, 3-120, 5-184, 5-303, 5-306
小屋村　こやむら　第151号　5-193
小谷村御代地　こやむらおかえじ　第88号　2-79
小谷村五反田　こやむらごたんだ　第88号　2-79
小八幡村　こやわたむら　第99号　2-128, 2-130, 5-125, 5-126
コヤワト崎〔コヤト崎〕　こやわとざき　第105号　2-154, 5-135
御油○☆　ごゆ　第116号　2-202, 2-204, 5-162, 5-299
児湯郡　こゆぐん　第184号　4-46, 5-314
児湯郡　こゆぐん　第185号　4-49, 4-50, 4-51, 5-244, 5-314
児湯郡　こゆぐん　九州沿海図第7　4-221, 4-222
御油村　ごゆむら　第127号　3-59, 3-61, 5-182, 5-304
御油村北御油　ごゆむらきたごゆ　第127号　3-59, 3-61
小用　こよう　第167号　3-242, 5-211, 5-213
御用山　ごようやま　第201号　4-121, 4-122, 5-237
越尾村　こよおむら　第144号　3-145
越尾村登尾　こよおむらのぼりお　第144号　3-145
小ヨコシマ　こよこしま　第196号　4-98
小横シマ　こよこしま　九州沿海図第19　4-275
小横島　こよこじま　第164号　3-228, 5-210
小吉田村（御料所）　こよしだむら　第135号　3-100, 5-176, 5-177, 5-301
小四島〔四島〕　こよしま　第145号　3-151, 5-306
小与島（与島屬）　こよしま（よしまぞく）　第151号　3-180, 5-194, 5-307
小吉松村　こよしまつむら　第193号　4-85, 4-86, 5-223, 5-315
小吉松村七本　こよしまつむらななもと　第193号　4-85, 4-86
来川村　こりかわむら　第138号　3-119, 5-184
御霊廻村田中村入會〔上御霊廻村、田中村〕　ごりょうまわりむらたなかむらいりあい　第133号　3-87, 5-174, 5-176
五料村　ごりょうむら　第95号　2-110, 5-116, 5-119, 5-291
御領村☆　ごりょうむら　第203号　4-134, 5-236, 5-315
御領村　ごりょうむら　第209号　4-167
御領村　ごりょうむら　九州沿海図第10　4-237
御領村　ごりょうむら　九州沿海図第18　4-264
御領村☆　ごりょうむら　九州沿海図第19　4-272
御領村石垣浦　ごりょうむらいしかきうら　第210号　4-170
御領村壹尾　ごりょうむらいちお　第203号　4-134
御領村枝小串　ごりょうむらえだおぐし　第203号　4-134
御領村枝小串　ごりょうむらえだおぐし　九州沿海図第19　4-272
御領村枝柏原　ごりょうむらえだかしわばら　九州沿海図第18　4-264
御領村大迫　ごりょうむらおおさこ　第210号　4-170
御領村大島　ごりょうむらおおしま　第203号　4-134
御領村柏原〔御領村〕　ごりょうむらかしわばら　第195号　4-93, 4-94, 5-233
御領村釘原　ごりょうむらくぎはら　第203号　4-134
御領村高良村〔高良村〕　ごりょうむらこうらむら　第195号　4-93, 4-94, 5-233
五料村梨子木　ごりょうむらなしのき　第95号　2-110
御領村濵田　ごりょうむらはまだ　第203号　4-134
御領村矢越〔御領村〕　ごりょうむらやごし　第210号　4-170, 5-254, 5-261
ゴリンサワ　第34号　1-118, 5-54, 5-57, 5-279
コルフル　第25号　1-84, 5-33, 5-277
是里村河原屋　これさとむらかわらや　第144号　3-144, 3-146
是重村　これしげむら　第112号　2-184, 5-153, 5-297
惟重村　これしげむら　第195号　4-93, 5-233, 5-315
惟重村　これしげむら　九州沿海図第18　4-264, 4-266
コレシヤマ　第30号　1-100
是長　これなが　第167号　3-243, 5-211, 5-213
是政村（御料所）　これまさむら　第90号　2-88, 2-90, 5-120
是政村關屋塚　これまさむらせきやづか　第90号　2-88, 2-90
是松村　これまつむら　第163号　3-224, 5-208, 5-307
是松村内井原　これまつむらうついばら　第163号　3-224
是松村常守谷　これまつむらつねもりだに　第163号　3-224
是松村万福　これまつむらまんぷく　第163号　3-224
是安村　これやすむら　第123号　3-38
五郎江島　ごろうえじま　第202号　4-127, 4-128
五郎江島　ごろうえじま　長崎〔参考図〕　4-131
五郎シマ〔五郎シマ〕　ごろうがしま　第201号　4-122, 5-237
五郎島　ごろうじま　第189号　4-73, 4-74
五郎兵衛新田下原（御料所）〔五郎兵衛新田〕　ごろうべえしんでんしもはら　第95号　2-112, 2-113, 5-116
五郎丸村　ごろうまるむら　第188号　4-65, 4-66
五郎村ハタ〔五郎村、五郎〕　ごろうむらはた　第170号　3-258, 5-201, 5-311
胡録御子神社　ころくみこじんじゃ　第192号　4-80
コロシマ〔コロシマ〕　ころじま　第206号　4-146, 5-242
コロナイ川　第36号　1-121, 5-60, 5-63
擧母（内藤摂津守居城）☆　ころも　第115号　2-196, 2-198, 2-200, 5-159, 5-297, 5-299
衣川　ころもがわ　第51号　1-176, 5-77
小鮎川　こわいがわ　第93号　2-103
古和浦　こわうら　第131号　3-79, 5-169, 5-301, 5-302
小脇村　こわきむら　第132号　3-82, 5-169
強清水浦〔強清水〕　こわしみずうら　第75号　2-27, 5-99, 5-287
強清水村　こわしみずむら　第75号　2-24, 5-99, 5-287
小和田村（御料所）　こわだむら　第93号　2-103, 5-123, 5-125, 5-291
小和田村　こわだむら　第96号　2-118, 5-150
小和田村　こわだむら　第127号　3-60, 3-61
小和田村寺内　こわだむらてらうち　第127号　3-60, 3-61
小和田村矢内　こわだむらやない　第127号　3-57, 3-59, 3-60, 3-61
コンキヤウ嶋〔コンキヤウシマ〕　こんきゅうじま　第200号　4-117, 5-251
コンキウシマ　こんきゅうじま　九州沿海図第19　4-270, 4-272
コンクイ子　こんくいね　第103号　2-149
権現川　ごんげんがわ　第202号　4-124
権現崎　ごんげんざき　第145号　3-151, 5-185
権現崎　ごんげんざき　第170号　3-261, 5-201
権現崎　ごんげんざき　第171号　3-266
権現嵜　ごんげんざき　第196号　4-96
権現崎　ごんげんざき　第201号　4-121
権現崎　ごんげんざき　九州沿海図第18　4-265
權現崎　ごんげんざき　九州沿海図第19　4-275
権現島　ごんげんじま　第165号　3-233, 5-204
権現島　ごんげんじま　第199号　4-110, 5-248, 5-261
権現島　ごんげんじま　第207号　4-151, 4-155
権現嶋　ごんげんじま　九州沿海図第9　4-228
権現嶽　ごんげんだけ　第214号　4-185, 4-187, 5-259, 5-261, 5-319
権現堂　ごんげんどう　第94号　2-107
権現鼻　ごんげんはな　第172号　3-270
権現前村　ごんげんまえむら　第130号　3-74, 3-77, 5-163, 5-167, 5-301
権現岬〔小泊権現岬〕　ごんげんみさき　第38号　1-129, 1-130, 5-82
権現山　ごんげんやま　第99号　2-128, 5-126
権現山　ごんげんやま　第114号　2-193
権現山　ごんげんやま　第127号　3-59
権現山　ごんげんやま　第127号　3-61
権現山　ごんげんやま　第151号　3-176
権現山　ごんげんやま　第165号　3-232
権現山　ごんげんやま　第171号　3-265, 5-201
権現山　ごんげんやま　第173号　5-213
権現山　ごんげんやま　第176号　3-290, 5-219
権現山　ごんげんやま　第178号　4-15, 4-17
権現山　ごんげんやま　第180号　5-230
権現山　ごんげんやま　第192号　4-80
権現山　ごんげんやま　第203号　4-138, 5-251, 5-315
権現山　ごんげんやま　九州沿海図第1　4-188
権現山　ごんげんやま　九州沿海図第2　4-195
權現山　ごんげんやま　九州沿海図第19　4-271
権現山鼻　ごんげんやまはな　第145号　3-155
金光院　こんこういん　第88号　2-79

金剛院　こんごういん　第94号　2-109
金剛川　こんごうがわ　第130号　3-76
金剛坂村　こんごうざかむら　第130号　3-76, 5-163
金剛山　こんごうざん　第135号　3-102, 5-177, 5-179, 5-301
金剛山村　こんごうさんむら　第141号　3-131, 5-183
金光寺　こんこうじ　第102号　2-145, 2-148
金剛寺　こんごうじ　第90号　2-88, 2-90
金剛嶋　こんごうじま　第189号　4-73, 5-234, 5-241
金剛セ　こんごうせ　第189号　4-73
金剛童子山　こんごうどうじやま　第123号　3-38
金剛童子山　こんごうどうじやま　第159号　3-206
金剛岬　こんごうみさき　第85号　2-68, 5-142
神津佐村　こんさむら　第117号　3-15, 5-168
金乗院　こんじょういん　第90号　2-85
金勝山　こんしょうざん　第133号　3-86, 5-176
紺青山　こんじょうやま　第192号　4-81, 4-82
ゴンタ坂　ごんたざか　第93号　5-123
コンテイ島　こんていじま　第206号　4-149
権堂村　ごんどうむら　第81号　2-50, 5-146, 5-294
根年寺山　こんねんじやま　第116号　2-206
木尾村　こんのむら　第113号　2-189, 5-155, 5-156, 5-297
木尾村野口　こんのむらのぐち　第113号　2-189
木尾村母野　こんのむらはんの　第113号　2-189
紺原村　こんばらむら　第164号　5-197, 5-214
金毘羅　こんぴら　第90号　2-84
金比羅　こんぴら　第179号　4-19
金毘羅社　こんぴらしゃ　第152号　3-182, 5-194, 5-307
金毘羅山　こんぴらやま　第133号　3-90
金比羅山　こんぴらやま　第145号　3-153
金比羅山　こんぴらやま　第151号　3-178
金比羅山　こんぴらやま　第202号　4-125, 4-126, 4-128
金毘羅山　こんぴらやま　長崎〔参考図〕　4-132
興福院村　こんぶいんむら　第134号　3-95, 5-176
コンフカルシ　第6号　1-21, 5-26
コンブカルシ　第21号　1-67
コンフカルシ岬　第24号　1-78, 5-276
コンブムイ　第6号　1-22, 1-24, 5-26, 5-270
コンブムイ○☆　第22号　1-73, 5-30, 5-270, 5-276
今坊村　こんぼうむら　第170号　3-258, 5-201, 5-215, 5-311
根本寺　こんぽんじ　第75号　2-24
紺屋村　こんやむら　第125号　5-174

【さ】

佐井○　さい　第41号　1-143, 5-63, 5-280
西安寺　さいあんじ　第100号　2-134
西院村　さいいんむら　第133号　3-90
西應寺　さいおうじ　第90号　2-84, 2-86
斎音寺村尼ケ辻　さいおんじむらあまがつじ　第134号　3-95
斎音寺村出屋敷〔斎音寺村〕　さいおんじむらでやしき　第134号　3-95, 5-176
犀ケ峠　さいがけ　第111号　2-180
財賀観音山　さいかかんのんやま　第116号　2-202, 2-204
サイカ崎　さいかざき　第138号　3-120
雑賀﨑浦　さいかざきうら　第138号　3-120, 5-186, 5-303, 5-306
槐戸村　さいかちどむら　第87号　2-75, 5-120, 5-290
齊川○　さいかわ　第53号　1-185, 1-186, 5-80, 5-284
斉川　さいかわ　第69号　1-242
犀川　さいかわ　第81号　2-53, 5-146
才川　さいかわ　第86号　2-69, 5-141
才川　さいかわ　九州沿海図第2　4-195
佐井川　さいがわ　第179号　5-225
才川村（長府領）　さいがわむら　第177号　3-298, 5-220, 5-312
才川村　さいがわむら　九州沿海図第1　4-188
佐伯　さいき　第183号　4-39, 4-41, 5-226, 5-228, 5-312, 5-311, 5-314
佐伯　鶴屋（毛利美濃守居城）☆　さいきつるや　九州沿海図第5　4-213
西京　さいきょう　第133号　3-87, 3-90
西行櫻　さいぎょうざくら　第133号　3-90
西行塚　さいぎょうづか　第114号　2-190
斉宮島　さいぐうじま　第164号　5-210, 5-214
齊宮村　さいくうむら　第130号　3-76, 5-163
細工所村　さいくしょむら　第150号　3-170
細工所村　さいくじょむら　第136号　3-111, 5-182, 5-306
在家塚村　ざいけつかむら　第98号　2-126, 5-117
在家村　ざいけむら　第88号　5-120
西郷川　さいごうがわ　第186号　4-53, 4-55
西光寺　さいこうじ　第90号　2-84
西光寺　さいこうじ　第94号　2-108
財光寺村　ざいこうじむら　第184号　4-46, 5-244, 5-314
財光寺村　ざいこうじむら　九州沿海図第6　4-219
財光寺村秋冨　ざいこうじむらあきどめ　第184号　4-46
西光寺山　さいこうじやま　第136号　3-109, 5-182
西河内村　さいごうちむら　第172号　3-270, 5-216, 5-308
西河内村湊☆〔湊〕　さいごうちむらみなと　第172号　3-270, 5-308
西幸村　さいこうむら　第144号　3-145, 5-192, 5-305, 5-307
西郷村☆　さいごうむら　第118号　3-16, 5-297
西郷村☆　さいごうむら　第196号　4-95, 5-233, 5-315
西郷村舩津名　さいごうむらふなつみょう　第202号　4-124
サイコヲノ岬　さいこおのみさき　第153号　3-186, 5-191
雑吾山　さいごやま　第141号　3-130
西西條郡　さいさいじょうぐん　第144号　3-145, 5-188, 5-305
才﨑村　さいざきむら　第145号　3-152
西寺　さいじ　第148号　3-167, 5-198
西治村　さいじむら　第141号　3-128, 5-182, 5-306
西治村枝數叶野　さいじむらえだかずかの　第141号　3-128
西條☆　さいじょう　第158号　3-205, 5-197, 5-307
最勝院　さいしょういん　第101号　2-140, 2-142
最乗寺　さいじょうじ　第99号　2-129, 2-131, 5-126, 5-291
最勝寺村　さいしょうじむら　第98号　2-126
西条城山　さいじょうしろやま　第136号　3-111, 5-182
西條村　さいじょうむら　第98号　2-126, 5-117
西條山　さいじょうやま　第96号　2-115
西条四日市○☆〔四日市〕　さいじょうよっかいち　第164号　5-211, 5-308
西大寺　さいだいじ　第134号　3-95, 3-100
西大寺川　さいだいじがわ　第145号　3-152
西大寺村☆　さいだいじむら　第145号　3-152, 5-192, 5-307
西大寺村新町　さいだいじむらしんまち　第145号　3-152
佐為高守神社〔佐為社〕　さいたかもりじんじゃ　第162号　3-218, 3-220, 5-305, 5-308
才田川　さいだがわ　第133号　3-93
埼玉郡　さいたまぐん　第87号　2-75, 5-120
埼玉郡　さいたまぐん　第88号　2-77, 2-78, 5-120, 5-291
細田村（太田摂津守領分）　さいだむら　第111号　2-179, 5-160
才田村　さいだむら　第187号　4-56, 4-58
佐井田山　さいだやま　第150号　3-175
最知村　さいちむら　第47号　1-161, 5-76
賎津浦☆⛰〔財津〕　ざいつうら　第190号　4-77, 5-235, 5-313
財津浦船越浦　ざいつうらふなこしうら　第190号　4-77
才津原　さいつばら　九州沿海図第19　4-272, 4-274
幸津村〔幸津〕　さいつむら　第188号　4-65, 4-66, 5-231, 5-313
佐伊津村　さいつむら　第203号　4-134, 5-251, 5-315
佐伊津村　さいつむら　九州沿海図第19　4-272
財津村　ざいつむら　第180号　4-25, 4-27, 5-230, 5-312
佐伊津村明瀬　さいつむらみょうせ　第203号　4-134
採銅所町○　さいどうしょまち　第178号　4-15, 4-17, 5-222, 5-312
西道村　さいどうむら　第209号　4-165, 5-247, 5-261, 5-316
西道村　さいどうむら　九州沿海図第10　4-233
再度山　さいどさん　第137号　3-113, 5-184, 5-306
西洞村　さいとむら　第114号　2-191, 2-192, 5-155, 5-297
道担〔祖〕カケ　さいのかけ　第174号　3-278
佐斐神村　さいのかみむら　第155号　3-190, 5-189, 5-190, 5-305
西野ケ里村〔西野ケ里〕　さいのがりむら　第188号　4-67, 5-231, 5-313
サビノ濱　さいのはま　第104号　2-151
才野村（紀伊殿領分）　さいのむら　第140号　3-126, 5-171, 5-303
才野村鴨居　さいのむらかもい　第140号　3-126
才濵（自上荒濵至直海濵）　さいはま（かみあらはまよりのうみはまにいたる）　第76号　2-31, 5-138
才原村　さいばらむら　第127号　3-56
西方寺　さいほうじ　第90号　2-84
西法寺村　さいほうじむら　第125号　3-48, 3-50, 5-166, 5-297, 5-300
西方山〔西方岳〕　さいほうやま　第121号　3-29, 5-172
西北條郡　さいほくじょうぐん　第144号　3-144, 3-145, 5-188
財間　ざいま　九州沿海図第18　4-264
西明山　さいみょうざん　第167号　3-240
西明寺村伊尻〔西明寺〕　さいみょうじむらいじり　第134号　3-94, 5-301
西明寺村中河原〔西明寺村、西明寺〕　さいみょうじむらなかがわら　第134号　3-94, 5-167, 5-301
サイムシロ〔サイムシロ山〕　さいむしろ　第102号　2-145, 2-148, 5-132
才村　さいむら　第141号　3-131
佐井村イソヤ〔佐井礒屋〕　さいむらいそや　第41号　1-143, 5-63
佐井村原田〔佐井原田、佐井、原田〕　さいむらはらだ　第41号　1-143, 5-63, 5-280
佐井村矢越〔佐井矢越〕　さいむらやごし　第41号

1-143, 5-63
齋明帝陵　さいめいていりょう　第188号　4-64, 5-230
材木坐村（御料所、光明寺領）〔材木座〕　ざいもくざむら　第93号　2-103, 5-125, 5-291
材木峠　ざいもくとうげ　第166号　3-234, 5-209, 5-212
在力村　ざいりきむら　第188号　4-68, 5-231, 5-313
西隆寺村　さいりゅうじむら　第145号　3-152, 5-192
西林院　さいりんいん　第115号　2-196, 2-198, 2-200
西蓮寺村（御料所、佐々監物知行所）　さいれんじむら　第88号　2-78, 5-120
西蓮寺村新田　さいれんじむらしんでん　第88号　2-78
西路見村　さいろみむら　第147号　3-160, 3-161, 5-187, 5-303, 5-306
西路見村福村　さいろみむらふくむら　第147号　3-160
幸橋御門　さいわいばしごもん　第90号　2-84, 2-86
才脇村　さいわきむら　第184号　4-46, 5-244, 5-314
才脇村（高鍋領）　さいわきむら　九州沿海図第7　4-220
才脇村飯谷　さいわきむらいいたに　第184号　4-46
サウケシマ〔ウケシマ〕　さうけしま　第201号　4-120, 5-236
佐伯郡　さえきぐん　第167号　3-241, 3-243, 3-245, 5-213, 5-308
佐伯郡　さえきぐん　第173号　3-272, 3-274, 5-213, 5-308
佐伯神社　さえきじんじゃ　第162号　3-221
佐伯村天川　さえきむらてんがわ　第133号　3-91
佐伯村ノ内出山　さえきむらのうちいでやま　第133号　3-91
佐伯村之内上佐伯〔佐伯〕　さえきむらのうちかみさえき　第133号　3-91, 5-301
佐伯村之内下佐伯〔佐伯村、佐伯〕　さえきむらのうちしもさえき　第133号　3-91, 5-175, 5-301
西葉浦村〔西葉〕　さえのうらむら　第201号　4-119, 5-234, 5-313
藏王権現　ざおうごんげん　第90号　2-91
蔵王山　ざおうさん　第66号　1-228, 1-230, 5-81, 5-92
藏王堂　ざおうどう　第134号　3-98, 5-177
藏王山　ざおうやま　第114号　2-193, 2-194
竿ケ平山　さおがたいらやま　第163号　3-224
サヲクツナ　さおくつな　第102号　2-146
棹尾﨑　さおざき　第192号　4-80, 5-239, 5-241
棹﨑〔棹サキ〕　さおざき　第207号　4-152, 5-242
竿浦村　さおのうらむら　第202号　4-127, 4-128, 5-236
竿浦村　さおのうらむら　長崎〔参考図〕　4-131
里浦村御舩　さおのうらむらみふね　第195号　4-93, 4-94
佐折村（岡野内藏允、蒔田八良左エ門）　さおりむら　第100号　2-136, 2-138
佐嘉（松平肥前守居城）○☆　さが　第188号　4-67, 4-69, 5-231, 5-313
堺○☆　さかい　第63号　1-214, 5-86, 5-88, 5-283
堺☆　さかい　第135号　3-103, 5-178, 5-301
サカイ川　第32号　1-111, 5-56, 5-279
境川　さかいがわ　第82号　2-54, 5-139
界川　さかいがわ　第188号　4-68
境川　さかいがわ　九州沿海図第21　4-279
坂井郡　さかいぐん　第120号　3-24, 3-26, 3-27, 5-145, 5-297, 5-300
境宿新田　さかいじゅくしんでん　第111号　2-181, 5-161
界セ　さかいせ　第196号　4-95
堺谷村　さかいだにむら　第122号　3-37
堺田村　さかいだむら　第49号　1-168, 5-71, 5-74
酒井田村　さかいだむら　第188号　4-68, 5-231, 5-313
坂出村　さかいでむら　第151号　3-180, 5-194
坂出村枝横津　さかいでむらえだよこづ　第146号　3-159
サカイトノ岩　さかいとのいわ　第121号　3-33
境明神〔堺明神〕　さかいのみょうじん　第68号　1-240, 5-106
境原町○〔境原〕　さかいばるまち　第188号　4-67, 5-231, 5-313
境町○　さかいまち　第82号　2-54, 5-139, 5-294
酒井村　さかいむら　第83号　2-61, 5-141, 5-295
酒井村（御料所、山角六左エ門、山角藤太郎、細井金之亟、渥美九郎兵エ、曽谷長順、堀弾正知行所）　さかいむら　第93号　2-103, 5-126
境村　さかいむら　第97号　2-121
境村（本多豊前守領分）☆　さかいむら　第101号　2-141, 2-144, 5-127
坂井村　さかいむら　第111号　2-177, 2-178, 5-160, 5-298
坂井村　さかいむら　第116号　2-207, 5-163, 5-299
坂井村　さかいむら　第118号　3-18, 5-166, 5-297
境村　さかいむら　第120号　3-26, 5-145
坂井村　さかいむら　第123号　3-39, 3-41, 5-180
坂井村　さかいむら　第127号　3-58, 5-175, 5-304
堺村　さかいむら　第139号　3-122, 5-171, 5-303, 5-306
坂井村　さかいむら　第188号　4-64, 5-313
酒井村　さかいむら　第188号　4-65, 4-66, 5-231
境村　さかいむら　第209号　4-164, 5-247, 5-261, 5-316
境村　さかいむら　九州沿海図第10　4-232
酒井村枝新宿　さかいむらえだしんじゅく　第93号　2-103
坂井村下坂井　さかいむらしもさかい　第123号　3-39, 3-41
宮田村境目　さかいめ　第200号　4-117
境目　さかいめ　九州沿海図第19　4-272
界山　さかいやま　第101号　2-140, 2-142
界山　さかいやま　第101号　2-140, 2-142
界山　さかいやま　第111号　2-181
界山　さかいやま　第156号　3-194
境山　さかいやま　第163号　3-227
界山　さかいやま　第208号　4-156
佐賀浦☆　さがうら　第160号　3-210, 3-211, 5-202, 5-310, 5-311
栄村　さかえむら　第115号　2-197, 5-159
境村　さかえむら　第124号　3-43, 5-181
榮村　さかえむら　第141号　3-131, 5-183
境村⚓　さかえむら　第155号　3-191, 5-189, 5-190, 5-305
坂折村　さかおりむら　第98号　2-126, 5-117
坂折村山﨑　さかおりむらやまざき　第98号　2-126
坂ケハエ　さかがはえ　第171号　3-264
逆川　さかがわ　第85号　5-142
逆川村　さかがわむら　第102号　2-147
榊　さかき　九州沿海図第12　4-243, 4-245
榊明神　さかきみょうじん　第133号　3-87, 3-89
榊村　さかきむら　第43号　1-146, 5-67, 5-82
酒木村〔榊村〕　さかきむら　第45号　1-152, 5-68, 5-280
佐柿村　さがきむら　第121号　3-29, 3-31, 3-32, 5-172, 5-300
坂清滝村清滝分〔坂清滝〕　さかきよたきむらきよたきぶん　第133号　3-90, 5-300, 5-301
坂清滝村坂分〔坂清滝村、坂清滝〕　さかきよたきむらさかぶん　第133号　3-90, 5-175, 5-176, 5-300, 5-301
坂清滝村之内上茶屋　さかきよたきむらのうちかみちゃや　第133号　3-90
坂清滝村之内下茶屋　さかきよたきむらのうちしもちゃや　第133号　3-90
坂口　さかぐち　第112号　2-183, 2-184
坂口新田（御料所）　さかぐちしんでん　第80号　2-48, 5-138, 5-287
坂口村　さかぐちむら　第121号　3-30, 5-157, 5-297, 5-300
酒倉村　さかくらむら　第114号　2-192, 2-193, 5-155, 5-159, 5-297
佐嘉郡　さがぐん　第187号　4-63
佐嘉郡　さがぐん　第188号　4-67, 4-69, 5-231, 5-313
佐賀〔郷〕関村☆〔関村〕　さがごうせきむら　第181号　4-32, 5-311
佐賀郷関村☆　さがごうせきむら　九州沿海図第4　4-206
逆井村　さかさいむら　第90号　2-84, 2-86, 5-120, 5-123
坂﨑村　さかざきむら　第117号　3-14, 5-168
坂下○　さかした　第129号　3-72, 5-167, 5-301
坂下村（山田常之亟知行所）　さかしたむら　第90号　2-88
坂下村（御料所）　さかしたむら　第93号　2-103, 5-125
坂下村　さかしたむら　第180号　4-28, 5-230, 5-312
坂尻村　さかじりむら　第121号　3-29, 3-31, 3-32, 5-172, 5-300
盃岩　さかずきいわ　第204号　4-140, 4-142
盃山　さかずきやま　第127号　3-58
坂瀬川村　さかせがわむら　第203号　4-135, 5-236, 5-315
坂瀬川村　さかせがわむら　九州沿海図第19　4-273
坂瀬川村犬塚　さかせがわむらいぬつか　第156号　3-196, 5-193
坂瀬川村和田ノ前　さかせがわむらわだのまえ　第203号　4-135
酒田○⚓　さかた　第70号　1-248, 5-91, 5-285, 5-286
佐方浦　さがたうら　第141号　3-131, 5-183
坂田郡　さかたぐん　第118号　3-17, 3-19, 5-166, 5-297, 5-300
坂田郡　さかたぐん　第125号　3-48, 5-166, 5-297, 5-300
佐潟﨑　さがたざき　第208号　4-159, 4-161, 5-251, 5-252
佐潟﨑　さがたざき　九州沿海図第13　4-249
酒谷村（伊東修理大夫領分）　さかたにむら　第198号　4-105, 4-107, 5-246, 5-316
酒谷村　さかたにむら　九州沿海図第8　4-225
酒谷村秋山　さかたにむらあきやま　第198号　4-107
酒谷村栗峠〔峰〕　さかたにむらくりみね　第198号　4-105, 4-107
酒谷村白木俣　さかたにむらしらきまた　第198号　4-107
酒谷村陣之尾　さかたにむらじんのお　第198号　4-107
酒谷村長野　さかたにむらながの　第198号　4-105, 4-107
坂田村　さかたむら　第134号　3-97, 3-98, 5-177
坂田村　さかたむら　第167号　3-241, 5-211, 5-213, 5-308

坂田村（御料所、小笠原兵庫知行所） さかだむら 第91号 2-95, 2-96, 5-123, 5-124, 5-290
坂田村 さかだむら 第162号 3-218, 5-204
佐方村 さがたむら 第164号 3-231, 5-214, 5-311
坂田村上分〔坂田村〕 さかたむらかみぶん 第155号 3-191, 3-193, 5-189, 5-190
サカツキヲイ岩 第30号 1-101
坂詰村 さかづめむら 第95号 2-110, 5-116, 5-119, 5-291
坂詰村小河原 さかづめむらこがわら 第95号 2-110
坂詰村六瀬田 さかづめむらろくせだ 第95号 2-110
坂手嶋〔坂手島〕 さかてじま 第117号 3-12, 5-163
酒手島村 さかてじまむら 第116号 2-206, 5-162
坂手村瀬戸⚓〔坂手〕 さかてむらせと 第145号 3-150, 5-306
坂手村徳本 さかてむらとくもと 第145号 3-150
坂戸村（松平大和守領分）○〔板戸〕 さかどむら 第88号 2-79, 5-120, 5-291
坂戸村 さかどむら 第90号 2-87
坂戸村 さかどむら 第141号 3-128
板〔坂〕戸山 さかどやま 第77号 2-35
坂内川 さかないがわ 第130号 3-74, 3-76
坂梨馬場 さかなしばば 第182号 4-37
坂無濵 さかなしはま 第192号 4-81, 4-82
坂梨村○☆〔阿蘓〕 さかなしむら 第182号 4-37, 5-232, 5-312, 5-314
坂梨村○☆ さかなしむら 九州沿海図第20 4-278
坂梨村古閑 さかなしむらこが 第182号 4-37
坂梨村堀山 さかなしむらほりやま 第182号 4-37
坂邉村 さかなべむら 第144号 3-147
坂根村○ さかねむら 第128号 3-65, 5-183, 5-304
板〔坂〕根村〔板根〕 さかねむら 第145号 3-152, 5-192, 5-307
坂根村枝宇治 さかねむらえだうじ 第145号 3-152
板〔坂〕根村福井 さかねむらふくい 第145号 3-152
坂上村 さかのうえむら 第193号 4-87, 5-231, 5-313, 5-315
坂上村 さかのうえむら 九州沿海図第18 4-269
坂下 さかのした 九州沿海図第18 4-266
坂ノ下 さかのした 九州沿海図第20 4-276
坂之下村（小濵吉之亟知行所） さかのしたむら 第92号 2-99, 2-100, 5-124
坂之下村 さかのしたむら 第129号 3-73, 5-167, 5-301
嵯峨島 さがのしま 第207号 4-151, 5-243, 5-321
坂原川 さかはらがわ 第172号 3-271
サカマツフ〔サルカマツフ〕 第3号 1-15, 1-16, 5-268, 5-270
坂丸村 さかまるむら 第118号 3-18, 5-159
相模川 さがみがわ 第93号 2-103
逆網嵜 さかみざき 第189号 4-74
酒見寺 さがみじ 第141号 3-128
相模國〔相模〕 さがみのくに 第90号 2-89, 2-90, 2-91, 5-126
相模國〔相模〕 さがみのくに 第93号 2-101, 2-102, 2-103, 5-126, 5-291
相模國〔相模〕 さがみのくに 第97号 2-120, 5-126, 5-291
相模國〔相模〕 さがみのくに 第99号 2-131, 5-126, 5-291
相模國〔相模〕 さがみのくに 第101号 2-140, 5-126, 5-291
酒見村 さかみむら 第84号 2-63, 2-65, 5-143, 5-295
坂村 さかむら 第127号 3-59, 5-182
坂村 さかむら 第133号 3-92, 5-176, 5-178
坂村 さかむら 第167号 3-242, 5-211, 5-213, 5-308
佐賀村 さかむら 第192号 4-81, 5-239, 5-240, 5-241, 5-320
佐賀村 さがむら 第118号 3-16, 5-156
佐賀村 さがむら 第169号 3-254, 5-218, 5-224, 5-311
佐賀村 さがむら 第179号 5-224
嵯峨村 さがむら 第192号 4-81, 5-239, 5-240, 5-241
佐賀村内秋森 さがむらうちあきもり 第169号 3-254
坂村小屋 さかむらこや 第167号 3-242
坂村横濵 さかむらよこはま 第167号 3-240, 3-242
坂室新田村 さかむろしんでんむら 第96号 2-118, 5-150, 5-296
坂本○ さかもと 第95号 2-110, 5-116, 5-119, 5-291, 5-294
坂本〔坂木〕 さかもと 第96号 2-114, 5-146, 5-294
坂本 さかもと 第175号 3-285
坂元 さかもと 九州沿海図第12 4-246
坂本 さかもと 九州沿海図第16 4-258, 4-260
坂元 さかもと 九州沿海図第17 4-261, 4-262
坂本 釜内 さかもとかまのうち 第201号 4-120
坂本宿羽根石 さかもとじゅくはねいし 第95号 2-110
坂本宿山中 さかもとじゅくやまなか 第95号 2-110
坂本新田 さかもとしんでん 第80号 2-45, 2-48, 5-138
坂本村（菅谷平八郎、森本寛次郎知行所） さかもとむら 第94号 2-108, 5-121, 5-291
坂本村 さかもとむら 第118号 3-21
坂本村 さかもとむら 第124号 3-44
坂本村☆ さかもとむら 第133号 3-87
坂本村 さかもとむら 第136号 3-105
坂元村〔坂本村〕 さかもとむら 第137号 3-114, 5-182
坂本村（法花山領）☆ さかもとむら 第141号 3-128, 3-130, 5-182
坂元村 さかもとむら 第141号 3-128, 5-182
坂本村 さかもとむら 第143号 3-136, 5-188, 5-305
坂元村〔坂本村、坂本〕 さかもとむら 第146号 3-156, 5-187, 5-303, 5-306
坂本村〔坂本〕 さかもとむら 第188号 4-66, 5-231, 5-313
坂本村 さかもとむら 第197号 4-104, 5-245, 3-314
坂本村新井 さかもとむらあらい 第94号 2-108
坂本村市條 さかもとむらいちじょう 第143号 3-136
坂本村枝與垣 さかもとむらえだよかい 第124号 3-44
坂本村栗和田 さかもとむらくりわだ 第94号 2-108
坂本村下田中 さかもとむらしもたなか 第94号 2-108
坂本村関屋〔坂本〕 さかもとむらせきや 第187号 4-59, 4-62, 5-313
坂本村竹之浦 さかもとむらたけのうら 九州沿海図第10 4-238
坂本村坪谷 さかもとむらつぼたに 第143号 3-136
坂本村中尾 さかもとむらなかお 第188号 4-66
坂本村中ノソリ さかもとむらなかのそり 第94号 2-108
坂本村西分〔坂本〕 さかもとむらにしぶん 第136号 3-109, 5-182, 5-304, 5-306
坂本村長谷田○ さかもとむらはせだ 第94号 2-108
坂本村馬塲 さかもとむらばば 第143号 3-136
坂本村東分〔坂本〕 さかもとむらひがしぶん 第136号 3-109, 5-304, 5-306
坂本山 さかもとやま 第158号 3-205, 5-197
坂山 さかやま 第172号 3-268
佐賀山 さがやま 第156号 3-197
サカ山島〔サカ山シマ〕 ざがやまじま 第117号 3-15, 5-168
相良町○☆ さがらまち 第111号 2-177, 2-178, 5-160, 5-298
佐賀利 さがり 九州沿海図第7 4-222
下り松 さがりまつ 第151号 3-181
下り松 さがりまつ 九州沿海図第8 4-226
盛松浦 さがりまつうら 第132号 3-82, 5-169
下り松鼻 さがりまつはな 第161号 3-212
盛村 さかりむら 第164号 3-228, 5-210
酒匂川 さかわがわ 第99号 2-129, 2-130, 2-131, 5-125, 5-126
佐河内 さかわち 第192号 4-80
酒匂村 さかわむら 第99号 2-128, 2-130, 5-125, 5-126, 5-291
坂原村 さかわらむら 第143号 3-137, 3-138
私市村 さきいちむら 第127号 3-56
私市山 さきいちやま 第127号 3-56
嵜浦 さきうら 第120号 3-24, 5-145, 5-297, 5-300
鷺浦⚓ さぎうら 第162号 3-219, 5-204, 5-308
鷺浦宇島 さぎうらうしま 第162号 3-219
先奥 さきおく 第167号 3-242, 3-244, 5-211, 5-213
崎ケ江村〔崎ケ江〕 さきがえむら 第188号 4-69, 5-231, 5-313
サキケシマ さきけしま 第48号 1-163, 1-164, 5-78
先小シマ さきこじま 第183号 4-38
先小島 さきこじま 第191号 4-78
先小シマ さきこじま 九州沿海図第5 4-210
幸崎 さきさき 第210号 5-254, 5-261
サキシマ さきしま 第183号 5-226
佐木島 さきじま 第157号 5-210, 5-307
鷺島〔鷺シマ〕 さぎしま 第192号 4-81, 5-239, 5-240, 5-241
鷺嶋 さぎしま 九州沿海図第5 4-213
サキ島 ざきしま 第183号 4-41
前神社 さきじんじゃ 第155号 3-193
先末津島 さきすえつじま 第207号 4-152, 5-243
鷺巣村 さぎすむら 第144号 3-141, 5-183, 5-304, 5-306
鷺巣村 さぎすむら 第199号 4-108, 5-246, 5-261, 5-316
鷺巣村 さぎすむら 九州沿海図第11 4-240
鷺瀬鼻 さぎせばな 第206号 4-149
崎瀬岬〔サキセハナ〕 さきせみさき 第204号 4-142, 5-235
崎玉村（阿部鍈丸、松平大和守領分） さきたまむら 第88号 2-77, 5-118, 5-120, 5-291
崎田村 さきだむら 第198号 4-107, 5-248, 5-316
崎田村 さきだむら 九州沿海図第8 4-227
崎田村永田 さきだむらながた 第198号 4-107
崎田村湊浦 さきだむらみなとうら 第198号 4-107
嵜津村☆⚓〔崎津〕 さきつむら 第203号 4-

137, 5-251, 5-315
嵜津村☆⚓ さきつむら 九州沿海図第19 4-271
埼戸島 さきとじま 第201号 4-122, 5-313
嵜戸島⚓ さきとじま 第205号 4-143, 5-321
前取神社 さきとりじんじゃ 第93号 2-103
鷺沼村（大久保八兵衛知行所） さぎぬまむら 第89号 2-81, 2-83, 5-122, 5-290
鷺首〔サキノクビ〕 さぎのくび 第189号 4-70, 5-234, 5-241
鷺首島〔サキ首シマ〕 さぎのくびしま 第192号 4-80, 5-239, 5-241
サキノシマ さきのしま 第192号 4-81, 4-82
先瀬〔先セ〕 さきのせ 第183号 4-38, 4-40, 5-226, 5-228
嵜瀬 さきのせ 第205号 4-145
サキノセ さきのせ 第206号 5-242
先瀬 さきのせ 九州沿海図第5 4-211
嵜野岬 さきのみさき 第202号 4-125, 4-127
嵜野村 さきのむら 第178号 4-15, 4-17, 5-222, 5-312
嵜野村 さきのむら 九州沿海図第1 4-193
佐喜ノ濵浦☆〔佐喜濵〕 さきはまうら 第149号 3-166, 5-198, 5-310
佐喜ノ濵浦枝入木村 さきはまうらえだいるぎむら 第149号 3-165
佐喜ノ濵浦枝尾嵜村 さきはまうらえだおざきむら 第149号 3-166
嵜保嵜〔嵜保サキ〕 さきほざき 第207号 4-153, 5-243
先宮島 さきみやじま 第164号 3-230
サキムイ川 第5号 1-18, 5-19, 5-270
嵜村☆ さきむら 第154号 3-188, 5-191, 5-305
嵜村多井 さきむらおおい 第154号 3-188
鷺森村 さぎもりむら 第86号 2-69, 5-141, 5-295
嵜山 さきやま 九州沿海図第19 4-271, 4-273
嵜山嵜 さきやまざき 第207号 4-153, 4-154
嵜山岬 さきやまみさき 第204号 4-140, 4-142
嵜山村 さきやまむら 第46号 1-156, 5-70, 5-282
嵜山村 さきやまむら 第207号 4-153, 4-154, 5-243, 5-321
嵜山村赤島〔赤島〕 さきやまむらあかしま 第207号 4-154, 5-243, 5-321
嵜山村枝長手村 さきやまむらえだながてむら 第207号 4-153, 4-154
嵜山村女遊〔部〕〔嵜山村女遊〕 さきやまむらおなっぺ 第46号 1-156, 5-70
佐切村 さぎりむら 第126号 3-55
佐久郡 さくぐん 第95号 2-111, 2-112, 2-113, 5-116, 5-291
柵坂峠 さくさかとうげ 第124号 5-180
佐久佐神社 さくさじんじゃ 第155号 3-191, 3-193
佐草村 さくさむら 第155号 3-191, 3-193, 5-190
佐草村三反田 さくさむらさんたんだ 第155号 3-191, 3-193
佐草村立石 さくさむらたていし 第155号 3-191, 3-193
佐久島 さくしま 第116号 2-201, 2-206, 5-162, 5-299
サクシマ さくしま 第187号 5-223
作田村（御料所、筧助兵衛知行所） さくだむら 第89号 2-80, 5-111, 5-290
サク子〔サク根〕 さくね 第102号 2-147, 5-128
サク根 さくね 第102号 2-146
サク子 さくね 第102号 2-146
サク根 さくね 第103号 2-150
佐久保村 さくぼむら 第155号 3-190, 3-192, 5-189, 5-190
佐組島 さぐみしま 第164号 5-210
作目村（高橋又一郎知行所） さくめむら 第90号 2-89, 5-121, 5-291
佐久米村（井上河内守領分） さくめむら 第111号 2-181, 5-161, 5-299
佐久山（福原内匠在所）○ さくやま 第69号 1-242, 5-106, 5-288
櫻 さくら 第175号 3-286
櫻一色村 さくらいっしきむら 第129号 3-67, 5-166, 5-301
櫻井村（依田長次郎、太田助之亟知行所） さくらいむら 第91号 2-95, 5-122, 5-290
櫻井村（牧野大藏領分） さくらいむら 第95号 2-112, 5-146, 5-294, 5-296
櫻井村 さくらいむら 第98号 2-126
櫻井村 さくらいむら 第115号 2-198, 5-162, 5-299
櫻井村 さくらいむら 第118号 3-19, 5-166, 5-297, 5-300
櫻井村 さくらいむら 第133号 3-92, 5-176, 5-178
櫻井村 さくらいむら 第134号 3-97, 3-98, 5-177
櫻井村 さくらいむら 第164号 3-230, 5-197, 5-214, 5-307, 5-311
櫻井村〔櫻井〕 さくらいむら 第189号 4-70, 5-233, 5-241, 5-313
櫻井村枝河西村 さくらいむらえだかわにしむら 第134号 3-97, 3-98
櫻井村枝谷村〔櫻井〕 さくらいむらえだたにむら 第134号 3-97, 3-98, 5-301
櫻ケ峠 さくらがとうげ 第144号 3-140
サクラ鼻 さくらがはな 第164号 3-229
櫻ケ森 さくらがもり 第103号 2-149
櫻川 さくらがわ 第129号 3-71
櫻澤 さくらざわ 第59号 1-202, 5-83
櫻澤村 さくらざわむら 第81号 2-50
櫻澤村（秋元左エ門佐領分、木下求馬、徳永小膳、谷邉泰安、伴道興知行所） さくらざわむら 第94号 2-106, 5-121, 5-291
櫻澤村岩嵜 さくらざわむらいわさき 第94号 2-106, 2-108
櫻澤村山根 さくらざわむらやまね 第94号 2-106
櫻沢山 さくらざわやま 第94号 2-106
櫻嶌 さくらじま 第209号 4-164, 5-247, 5-261, 5-316
櫻嶋 さくらじま 九州沿海図第10 4-233
櫻瀬 さくらせ 第177号 3-297, 5-220
櫻戸 さくらど 九州沿海図第16 4-257
櫻峠 さくらとうげ 第173号 5-213, 5-213
櫻ノ関 さくらのせき 第51号 1-176
櫻野村 さくらのむら 第69号 1-244, 5-106
櫻生村 さくらばさまむら 第133号 3-86, 5-174, 5-176, 5-301
櫻馬塲 さくらばば 第201号 4-120
櫻洞村 さくらぼらむら 第112号 2-185, 5-153, 5-155
櫻町村 さくらまちむら 第50号 1-171, 5-73, 5-74
佐倉村（宮城三左エ門知行所） さくらむら 第111号 2-178, 5-160, 5-298
佐倉村 さくらむら 第127号 3-58
佐倉村 さくらむら 第129号 3-67, 5-166
櫻村 さくらむら 第133号 3-93
佐倉村櫻一色村枝平子 さくらむらさくらいっしきむらえだひらこ 第129号 3-67
櫻山村 さくらやまむら 第93号 2-101, 5-125
酒谷村○ さけだにむら 第163号 3-223, 5-209, 5-308
酒谷村大平 さけだにむらおおひら 第163号 3-223
酒谷村ヒカ さけだにむらひか 第163号 3-223
提河内村 さげのこうちむら 第190号 4-76
酒ノ津村 さけのつむら 第143号 3-135, 5-188
佐郷嶋 さごうじま 第169号 3-254, 2-224, 5-311
座光寺村 ざこうじむら 第108号 2-161, 5-154, 5-296
佐護川 さごがわ 第192号 4-80
佐古木村 さこぎむら 第118号 3-20
坂越浦⚓ さこしうら 第144号 3-142, 5-183, 5-306
坂越浦小島 さこしうらこじま 第141号 3-127, 3-131
坂越浦下高 さこしうらしもたか 第144号 3-142
サコ平岩 さこひらいわ 第132号 3-85, 1-170
迫村 さこむら 第181号 4-30, 4-33, 5-226, 5-312
迫村 さこむら 九州沿海図第3 4-202
迫山 さこやま 第178号 4-17
坂下村 さこりむら 第112号 2-185, 5-153, 5-155, 5-297
サヽイ島 ささいじま 第102号 2-145
雀部村 ささいべむら 第126号 3-55
篠井村（秋元左エ門佐領分、土屋千之助、酒井加賀守、土屋伊賀守、山本万之助、有賀吉次郎知行所） ささいむら 第88号 2-79, 5-120, 5-121, 5-291
佐西村 ささいむら 第166号 3-238, 5-209
佐西村本慶寺谷 ささいむらほんけいじだに 第166号 3-238
楽々浦村 さざうらむら 第124号 3-42, 3-44, 5-180, 5-304
螺岳 さざえがだけ 第121号 3-29
栄螺島 さざえじま 第207号 4-153, 5-243, 5-321
笹岡村 ささおかむら 第145号 3-152
笹尾川 ささおがわ 第129号 3-67, 5-166
笹沖村 ささおきむら 第151号 3-178
笹尾峠 ささおとうげ 第129号 3-70
笹尾村 ささおむら 第127号 3-57
笹尾村 ささおむら 第156号 3-196, 5-193, 5-307
笹ケ峰 ささがみね 第152号 3-184, 3-185, 5-196, 5-307
笹ケ森山 ささがもりやま 第68号 1-236
ササカリ根 ささかりね 第103号 2-150
笹川（丹羽左京大夫領分）○ ささがわ 第56号 1-195, 5-103, 5-288
笹川 ささがわ 九州沿海図第21 4-279
佐々川 さざがわ 第190号 4-77
笹川村 ささがわむら 第71号 1-250, 5-96, 5-97, 5-285, 5-286
佐々木村 さききむら 第151号 3-177, 5-193, 5-307
笹口濵〔笹口〕 ささぐちはま 第73号 2-15, 5-95, 5-97, 5-285
篠倉 さきくら 九州沿海図第20 4-278
笹毛村 ささけむら 第91号 2-96, 5-124, 5-290
佐々小浦 さざこうら 第190号 4-77, 5-235
笹小島 ささこじま 第167号 3-244, 5-211, 5-213, 5-215
笹子峠〔笹ケ峠〕 ささごとうげ 第97号 2-122, 2-123, 5-117, 5-127
笹嶋 ささじま 第176号 3-289, 5-217, 5-219, 5-309
笹シマ ささじま 第196号 4-98
笹シマ ささじま 第201号 4-121
笹シマ ささじま 九州沿海図第19 4-275
笹嶋（小泊村屬） ささじま（こどまりむらぞく） 第169号 3-250
笹瀬 ささせ 第204号 4-140
笹瀬川 ささせがわ 第145号 3-153
サヽセ川 ささせがわ 第151号 5-307
笹平村 ささだいらむら 第49号 1-168, 5-71, 5-

74, 5-282
篠角峠　ささつのとうげ　第161号　3-213, 3-215
笹寺　ささでら　第90号　2-85
サヽナカレサワ　第32号　1-109, 1-110, 5-53, 5-56, 5-278
佐々並市　さざなみいち　第176号　3-288, 3-290, 5-219, 5-309
笹波村　ささなみむら　第84号　2-63, 2-65, 5-143, 5-295
笹波村　ささなみむら　第85号　2-68, 5-142
佐々波村　さざなみむら　第84号　2-62, 5-140, 5-142, 5-295
佐々並村枝長瀬　さざなみむらえだながせ　第176号　3-290
佐々並村落合　さざなみむらおちあい　第176号　3-288, 3-290
笹貫　ささぬき　九州沿海図第10　4-235
笹野　ささの　九州沿海図第6　4-219
笹野島　ささのしま　第132号　3-82
笹ノ峠　ささのとうげ　第194号　4-91
笹野村　ささのむら　第67号　1-232, 5-81, 5-94, 5-285
笹葉山　ささはやま　第133号　3-86, 3-88
笹原新田　ささはらしんでん　第69号　1-245, 5-109, 5-289, 5-290
笹原新田　ささはらしんでん　第101号　2-140, 5-126
佐々原姫命神社　ささはらひめのみことじんじゃ　第102号　2-146
笹原村（太田摂津守領分）　ささはらむら　第102号　2-146, 5-128, 5-132
篠原村　ささはらむら　第195号　4-93, 5-233
篠原村　ささはらむら　九州沿海図第18　4-264
篠原村築篭　ささはらむらついごめ　第195号　4-93
笹原山　ささはらやま　第150号　3-174
笹振岳　ささふりだけ　第204号　4-140, 4-142
笹間岳　ささまだけ　第133号　5-176
佐々村〔佐々〕　さざむら　第190号　4-77, 5-235, 5-313
佐々村枝市瀬村〔市瀬村〕　さざむらえだいちのせむら　第190号　4-77, 5-235
佐々村口石　さざむらくちいし　第190号　4-77
佐々村栗林　さざむらくりばやし　第190号　4-77
佐々村木場　さざむらこば　第190号　4-77
佐々村里　さざむらさと　第190号　4-77
佐々村野寄　さざむらのより　第190号　4-77
佐々村古川　さざむらふるかわ　第190号　4-77
笹目子村〔サメコ〕　ささめこむら　第49号　1-167, 5-69, 5-282
笹屋谷川　ささやたにがわ　第163号　3-222
笹谷峠　ささやとうげ　第66号　1-228, 1-230, 5-92, 5-285
笹山（青山下野守居城）○☆　ささやま　第136号　3-105, 5-175, 5-304
笹山　ささやま　第207号　4-153
篠山村　ささやまむら　第175号　3-282, 5-216, 5-308
篠山村木野　ささやまむらきの　第175号　3-282
篠山村沼原　ささやまむらのんばら　第175号　3-282
礫浦　さざらうら　第131号　3-78, 5-168
篠良〔目浦〕　さすらめうら　第183号　4-39, 5-226, 5-228
篠良目浦　ささらめうら　九州沿海図第5　4-211
佐々禮村〔佐々礼村、佐々礼〕　さざれむら　第179号　4-18, 5-225, 5-312
佐々禮村　さざれむら　九州沿海図第2　4-194, 4-197
笹原村　ささわらむら　第194号　4-89
佐忠〔志〕生村　さしうむら　第181号　4-32, 5-226, 5-311, 5-312
佐志生村（臼杵領）　さしうむら　九州沿海図第4　4-207
差扇領十九ケ村秣場〔十九ケ村秣場〕　さしおおぎりょうじゅうきゅうかそんまぐさば　第88号　2-78, 5-120
指ケ濱〔指濱〕　さしがはま　第48号　1-163, 5-78, 5-284
佐志賀村　さしかむら　第192号　4-81, 5-239, 5-240, 5-241
佐志賀村笹葉浦　さしかむらささばうら　第192号　4-81
佐次川　さじがわ　第124号　5-180
佐敷川　さしきがわ　第200号　4-115, 4-116, 4-118
差木地〔差木地村〕　さしきじ　第102号　2-145, 2-148, 5-132, 5-292
サシキ島〔サシキシマ〕　さしきじま　第210号　4-171, 5-254, 5-261
桟敷嶋　さしきじま　九州沿海図第12　4-243, 4-245
佐敷太郎峠　さしきたろうとうげ　第200号　4-116, 4-118, 5-250
佐敷町○☆　さしきまち　第200号　4-115, 4-116, 4-118, 5-250, 5-315
佐敷町○☆　さしきまち　九州沿海図第16　4-257, 4-259
佐敷村　さしきむら　第200号　4-115, 4-116, 4-118
佐敷村　さしきむら　九州沿海図第16　4-256
桟敷村（御料所）　さじきむら　第96号　2-119, 5-150
桟敷村　さじきむら　第127号　3-59, 5-182, 5-304
佐敷村井手向　さしきむらいでむかい　第200号　4-115, 4-116, 4-118
佐敷村乙千屋　さしきむらおとぢや　第200号　4-115, 4-116, 4-118
佐敷村兼丸　さしきむらかねまる　第200号　4-115, 4-116, 4-118
佐敷村椛島〔佐敷村〕　さしきむらかばしま　第200号　4-115, 4-116, 4-118, 5-250
佐敷村桑原川内　さしきむらくわばらかわち　第200号　4-115, 4-116
佐敷村菅生村　さしきむらすがおむら　第200号　4-113, 4-115, 4-116
佐敷村道川内　さしきむらみちかわち　第200号　4-115, 4-116, 4-118
指杭村　さしくいむら　第124号　3-43, 3-45, 3-46, 5-181, 5-304
指岳〔佐志岳〕　さしだけ　第204号　4-141, 5-235
指出村　さしでむら　第188号　4-64, 5-231
サシハラ鼻　さしはらばな　第206号　4-146
佐肆布都神社　さしふつじんじゃ　第191号　4-78
佐肆布都神社　さしふつじんじゃ　第191号　4-79
佐島　さしま　第157号　3-203, 5-210, 5-307
左島（八幡濱浦）　さしま（やわたはまうら）　第170号　3-261, 5-201
佐治町○　さじまち　第127号　3-60, 3-61, 5-182
佐島村（松平大和守領分）　さじまむら　第93号　2-101, 5-125, 5-291
佐志武神社　さしむじんじゃ　第162号　3-221
佐志村〔佐志〕　さしむら　第189号　4-71, 4-72, 5-234, 5-238, 5-241, 5-313
佐志村濱田　さしむらはまだ　第189号　4-71, 4-72
サスカ﨑　さすがざき　第103号　2-150
佐須川　さすがわ　第192号　4-82
指川村　さすがわむら　第173号　3-277, 5-218
サステ島　さすでしま　第151号　3-181, 5-195
サステハエ　さすてはえ　第171号　3-267, 5-203
佐須峠　さすとうげ　第192号　4-82
佐須奈村　さすなむら　第192号　4-80, 5-239, 5-241, 5-320
佐須濱〔佐ス濱、佐須〕　さすはま　第48号　1-163, 1-165, 5-78, 5-284
佐瀬野　させの　九州沿海図第16　4-258, 4-260
佐世婦島　させふじま　第202号　4-127, 4-128
佐世婦島　させふじま　長崎〔参考図〕　4-131
佐世保川　させぼがわ　第190号　4-77
佐世保村☆〔佐世保〕　させぼむら　第190号　4-77, 5-235, 5-313
佐世保村赤﨑　させぼむらあかさき　第190号　4-77
佐世保村庵浦　させぼむらいおのうら　第190号　4-77
佐世保村白形浦　させぼむらしらかたうら　第190号　4-77, 5-235
佐世保村山中　させぼむらやまなか　第190号　4-77
佐世保村横尾　させぼむらよこお　第190号　4-77
佐瀬村　させむら　第202号　4-125, 4-126, 5-236, 5-315
佐瀬村大浦　させむらおおうら　第202号　4-125, 4-126
佐々布村　さそうむら　第162号　3-218, 3-220, 5-190, 5-204, 5-305, 5-308
佐底 久留里　さそこくるり　第202号　4-127
佐底 久留里　さそこくるり　長崎〔参考図〕　4-133
佐曽村　さそむら　第134号　3-98, 5-177
定池村　さだいけむら　第116号　2-202, 2-204, 5-161
佐代村　さだいむら　第182号　4-34, 5-227, 5-312, 5-314
佐代村　さだいむら　九州沿海図第21　4-281
佐代村大野原　さだいむらおおのばる　第182号　4-34
佐代村横枕　さだいむらよこまくら　第182号　4-34
佐田浦　さだうら　第181号　5-226
サタカ島　さだかじま　第203号　4-138
サダカシマ　さだかじま　九州沿海図第14　4-252, 4-253
佐田川　さだがわ　第162号　3-218
佐田社　さだしゃ　第162号　3-218
佐田天神社　さたてんじんじゃ　第135号　3-100
サダト﨑　さだとざき　第104号　2-151
貞住〔任〕峠　さだとうげ　第126号　3-54, 5-175
定留村　さだのみむら　第179号　4-19, 5-225, 5-312
定留村　さだのみむら　九州沿海図第2　4-195
蹉跎岬　さたみさき　第161号　3-214
佐田御﨑　さたみさき　第181号　5-226
佐多岬〔佐田岬〕　さたみさき　第211号　4-173, 5-249, 5-256, 5-261, 5-316
佐田岬　さたみさき　九州沿海図第10　4-238
佐田村　さたむら　第121号　3-29, 3-31, 3-32, 5-172, 5-300
佐田村　さたむら　第124号　3-44
佐田村　さだむら　第123号　3-41, 5-180
定村　さだむら　第130号　3-75
定村　さだむら　第134号　3-94, 3-96
佐陀村　さだむら　第155号　3-190, 3-192, 5-189
佐田村石原在　さだむらいしわらざい　第123号　3-41
佐田村大貝　さだむらおおかい　第123号　3-41
佐田村平地　さだむらひらち　第123号　3-41
定峠　さだめとうげ　第133号　3-91, 3-93, 5-178
定明神　さだめみょうじん　第103号　2-150
蹉跎山☆　さたやま　第161号　3-214, 5-202, 5-311
佐地神社　さちじんじゃ　第127号　3-60, 3-61
佐知村　さちむら　第179号　4-19, 5-225

佐知村　さちむら　九州沿海図第2　4-195
刺賀神社　さつかじんじゃ　第165号　3-232, 5-205
刺賀村　さつかむら　第165号　3-232, 5-205, 5-308
刺賀村枝一井谷　さつかむらえだいちいだに　第165号　3-232
刺賀村江谷　さつかむらえたに　第165号　3-232
刺賀村竹原　さつかむらたけはら　第165号　3-232
刺賀村西川浦　さつかむらにしかわうら　第165号　3-232
札苅○　さつかり　第32号　1-111, 5-56, 5-279
幸津川村　さづかわむら　第125号　3-51, 5-174, 5-300, 5-301
サツキ嶋〔サツキセ〕　さつきじま　第203号　4-139, 5-251
サツキ濱　さつきはま　九州沿海図第19　4-271
薩埵峠　さったとうげ　第107号　2-156
薩埵村　さったむら　第107号　2-156
佐土村　さづちむら　第141号　3-130, 5-182, 5-306
幸手（御料所）○　さって　第87号　2-73, 5-120, 5-291
札前○　さつまえ　第36号　1-123, 1-124, 5-60, 5-281
薩摩郡　さつまぐん　第208号　4-159, 5-252, 5-261, 5-315, 5-317
薩摩郡　さつまぐん　第210号　4-169, 5-252, 5-261, 5-317
薩摩郡　さつまぐん　九州沿海図第13　4-247
薩摩瀬村　さつまぜむら　第200号　4-114, 5-250, 5-315
薩摩瀬村　さつまぜむら　九州沿海図第17　4-263
薩摩郡〔國〕　さつまのくに　第200号　4-118
薩摩國　さつまのくに　第208号　4-157, 5-252, 5-315, 5-317
薩摩国　さつまのくに　第208号　4-157
薩摩國　さつまのくに　第209号　4-163
薩摩國　さつまのくに　第212号　4-177, 4-178, 5-317
薩摩國　さつまのくに　九州沿海図第10　4-233, 4-239
薩摩國　さつまのくに　九州沿海図第13　4-250
薩摩國　さつまのくに　九州沿海図第14　4-253
薩摩國　さつまのくに　九州沿海図第15　4-254, 4-255
薩摩國　さつまのくに　九州沿海図第16　4-257
薩摩村☆　さつまむら　第125号　3-49, 3-50, 5-174, 5-297, 5-300
里　さと　九州沿海図第19　4-271, 4-273
里□岬　さと□みさき　第131号　3-78
佐藤一色村　さとういつしきむら　第111号　2-180, 5-161
里浦　さとうら　第142号　3-133, 5-187, 5-303, 5-306
サトヲカチシヘ　第29号　1-98, 5-51, 5-52, 5-278
里郷　さとごう　第202号　4-125, 4-127
里郷　さとごう　長崎〔参考図〕　4-133
里小牧村　さとこまきむら　第118号　3-18, 5-159
里セ　さとせ　第206号　4-150
里地川　さとちがわ　第173号　5-213
里野浦〔里之浦〕　さとのうら　第140号　3-125, 5-171, 5-302
里浦村　さとのうらむら　第195号　4-93, 4-94, 5-233
里〔浦〕村　さとのうらむら　九州沿海図第18　4-265
佐渡國　さどのくに　第75号　2-25, 5-99
里波見村　さとはみむら　第123号　3-38, 5-173, 5-304
里坊川　さとぼうがわ　第196号　4-97
里本郷村　さとほんごうむら　第84号　2-63, 2-65, 5-143
里村　さとむら　第85号　2-66, 5-142, 5-295
里村　さとむら　第115号　2-198, 5-159, 5-299
里村　さとむら　第127号　3-56
里村　さとむら　第134号　3-95, 5-176, 5-301
里村　さとむら　第190号　4-77, 5-234, 5-313
里村☆　さとむら　第212号　4-177, 5-253, 5-315, 5-317
里村☆　さとむら　九州沿海図第15　4-254
里村枝玉〔王〕ノ瀬〔里村〕　さとむらえだおうのせ　第181号　4-30, 4-33, 5-226
里村枝王ノ瀬（臼杵領）　さとむらえだおうのせ　九州沿海図第3　4-202
里村大久保　さとむらおおくぼ　第190号　4-76
里村薗山　さとむらそのやま　第212号　4-177
里村山﨑　さとむらやまざき　第134号　3-95
里山田村　さとやまだむら　第151号　3-179
佐土原☆　さどわら　第185号　4-50, 5-244, 5-314
佐土原（嶋津淡路守居城）☆　さどわら　九州沿海図第7　4-221, 4-222
佐中峠　さなかとうげ　第127号　3-59, 5-182
佐那具宿○☆　さなぐしゅく　第129号　3-73, 5-167, 5-301
真倉村舘山（稲葉播磨守在所）〔舘山〕　さなぐらむらたてやま　第92号　2-99, 2-100, 5-124, 5-292
猿投社〔猿投明神〕　さなげしゃ　第115号　2-196, 5-159
サナケ社　さなげしゃ　第134号　3-98
猿投村（猿投社領）　さなげむら　第115号　2-196, 5-159, 5-297
猿投山　さなげやま　第115号　2-196, 5-159, 5-297
佐奈多与市　さなたよいち　第99号　2-131
佐波村　さなみむら　第84号　2-62, 2-64, 5-142, 5-295
サナミ山　さなみやま　第121号　3-31, 3-32
左鳴湖　さなるこ　第111号　2-181, 5-161, 5-299
左入村（西山兵橘知行所）　さにゅうむら　第90号　2-89, 5-121
左入村中丸　さにゅうむらなかまる　第90号　2-89, 2-91
左入村馬場谷戸　さにゅうむらばばやと　第90号　2-89, 2-91
佐糠村　さぬかむら　第55号　1-192, 5-104, 5-288
讃岐國　さぬきのくに　第145号　3-151, 5-307
讃岐國〔讃岐〕　さぬきのくに　第146号　3-156, 3-159, 5-194, 5-307
讃岐國〔讃岐〕　さぬきのくに　第151号　3-180, 5-194, 5 307
讃岐國〔讃岐〕　さぬきのくに　第152号　3-184, 5-194, 5-307
讃岐峯　さぬきみね　第170号　3-261
散岐村　さぬきむら　第143号　3-135, 3-137
實松村　さねまつむら　第155号　3-191, 3-193, 5-189, 5-190
真盛村　さねもりむら　第144号　3-140, 5-183, 5-304, 5-306
佐野　さの　九州沿海図第2　4-194
佐野浦　さのうら　第137号　3-115, 5-184
佐野浦〔宇佐野〕　さのうら　第212号　4-178, 5-317
佐野浦　さのうら　九州沿海図第15　4-255
佐野川　さのがわ　第81号　5-146
座ノ島　ざのしま　第132号　3-85, 1-170
佐野新田（御料所）　さのしんでん　第111号　2-177, 2-178, 5-160, 5-298
左ノ瀬　さのせ　第161号　3-217, 5-203
佐野濱　さのはま　第102号　2-145, 2-148
佐野村（大久保加賀守）○　さのむら　第100号　2-134, 5-126, 5-291
佐野村　さのむら　第101号　2-141, 2-143
佐野村○　さのむら　第123号　3-39, 3-41, 5-180, 5-304
佐野村　さのむら　第124号　3-42, 3-44, 5-304
佐野村　さのむら　第124号　3-42, 3-44, 5-180
佐野村　さのむら　第125号　3-48, 5-157, 5-166, 5-297, 5-300
佐野村　さのむら　第127号　3-61, 5-182, 5-304
佐野村　さのむら　第132号　3-85, 1-170, 5-302
佐野村　さのむら　第137号　3-115, 5-184, 5-306
佐野村　さのむら　第138号　3-117, 5-179, 6-306
佐野村　さのむら　第141号　3-129, 3-131, 5-183, 5-306
佐野村　さのむら　第172号　3-268, 5-212, 5-308
佐野村　さのむら　第175号　3-287, 5-219
佐野村　さのむら　第179号　4-19, 5-225, 5-312
佐野村　さのむら　九州沿海図第2　4-194
佐野村枝納屋　さのむらえだなや　第124号　3-42, 3-44
佐野村千本　さのむらせんぼん　第124号　3-42, 3-44
佐野村飛永　さのむらとびなが　第179号　4-19
佐野村西原〔佐野〕　さのむらにしはら　第100号　2-134, 5-291
佐野村西村　さのむらにしむら　第179号　4-19
佐野村二本松新田　さのむらにほんまつしんでん　第100号　2-134
佐野村端郷　さのむらはしごう　第123号　3-39, 3-41
佐野山　さのやま　第175号　3-287
鯖網代　さばあじろ　九州沿海図第4　4-209
佐波賀村　さばかむら　第122号　3-35, 3-37, 5-173
佐波川　さばがわ　第176号　5-219
佐波郡　さばぐん　第175号　3-282, 3-284, 3-285, 3-287, 5-218, 5-309, 5-312
鯖島（三見浦屬）　さばしま（さんみうらぞく）　第176号　3-288, 5-217, 5-309
鯖嶋（田嶋村）　さばしま（たじまむら）　第175号　3-287, 5-219, 5-312
鯖峠　さばとうげ　第175号　3-287
鯖根　さばね　第101号　2-142
猿刎峠〔猿羽根峠〕　さばねとうげ　第65号　1-224, 1-225, 5-90
鯖淵川　さばぶちがわ　第208号　4-160, 5-251
鯖洲川　さばぶちがわ　九州沿海図第13　4-250
鯖淵村　さばぶちむら　第208号　4-160, 5-250
鯖淵村　さばぶちむら　九州沿海図第13　4-250
鯖淵村坂〔切〕通村　さばぶちむらきづしむら　第200号　4-118
鯖淵村米之津〔米之津〕　さばぶちむらこめのつ　第208号　4-160, 5-250, 5-315
鯖淵村下鯖淵　さばぶちむらしもさばぶち　第208号　4-160
鯖淵村六月田　さばぶちむらろくがつだ　第208号　4-160
佐濱村（井上河内守領分）　さはまむら　第111号　2-181, 5-161
サビ島　さびじま　第149号　3-165
サブサキ　さぶさき　第103号　2-150
サフサワ　第32号　1-110, 5-56, 5-279
寒風沢　さぶさわ　第52号　1-180, 5-284
三郎島　さぶろうじま　第151号　3-181, 5-195
三郎シマ　さぶろうじま　第192号　4-81, 4-82
三郎丸村　さぶろうまるむら　第178号　4-13, 4-15

三郎丸村　さぶろうまるむら　九州沿海図第1　4-191
佐兵エ新田　さへえしんでん　第114号　2-193, 2-194, 5-159
左保川　さほがわ　第134号　5-176
佐保社　さほしゃ　第136号　3-109, 3-111
佐保庄村　さほのしょうむら　第134号　3-95, 3-97, 5-176, 5-177, 5-301
佐保村　さほむら　第192号　4-81, 5-239, 5-240, 5-241, 5-320
左馬頭古城跡　さまのかみこじょうあと　第161号　3-213, 3-216
佐間村（阿部鋳丸領分）　さまむら　第88号　2-77, 5-118, 5-120, 5-291
佐摩村大森町（陣屋）○☆〔大森〕　さまむらおおもりまち　第165号　3-233, 5-205, 5-308
佐摩村銀山町〔銀山町〕　さまむらぎんざんまち　第166号　3-235, 5-205, 5-209, 5-212
佐摩村小林〔佐摩〕　さまむらこばやし　第165号　3-233, 5-308
佐摩村下組〔佐摩村〕　さまむらしもぐみ　第165号　3-233, 5-205
サマルシマ　さまるじま　第131号　3-81, 5-169
佐味村　さみむら　第84号　2-62, 2-64, 5-142
寒川○　さむがわ　第89号　2-82, 5-111, 5-122, 5-290
寒川神社　さむかわじんじゃ　第93号　2-103
侍濱〔侍ヶ濵〕　さむらいはま　第48号　1-164, 5-78
侍濱村　さむらいはまむら　第45号　1-153, 5-68, 5-282
醒井○〔醒ヶ井〕　さめがい　第125号　3-48, 5-297, 5-300
サメカワ〔サメ川〕　第32号　1-111, 5-56, 5-279
サメ川〔サメカワ〕　第32号　1-111, 5-56, 5-279
サメクシナイ　第33号　1-112, 5-47, 5-279
鮫島村（内藤駒之亟知行所）　さめじまむら　第101号　2-144, 5-291, 5-298
鮫島村（高木九助知行所）　さめじまむら　第111号　2-179, 2-180, 5-161, 5-298
サメトマリ　第21号　1-69, 5-47, 5-279
サメ子　さめね　第103号　2-150
鮫浦☆　さめのうら　第48号　1-164, 5-78, 5-284
鮫村☆　さめむら　第44号　1-150, 5-68, 5-280
佐屋○☆　さや　第118号　3-20, 5-166, 5-297
サヤ川　さやかわ　第54号　1-187
佐屋川　さやがわ　第118号　3-20
佐野郡　さやぐん　第111号　2-177, 2-178, 2-179, 5-160, 5-298
佐屋宿六條新田〔六条新田〕　さやしゅくろくじょうしんでん　第118号　3-20, 5-159
佐谷田村　さやだむら　第88号　2-77, 5-118, 5-120
佐谷田村八町　さやだむらはっちょう　第88号　2-77
鞘堂新田（久世大和守領分）　さやどうしんでん　第69号　1-245, 5-109
佐山村　さやまむら　第145号　3-153
サヤ山　さややま　第186号　4-55
佐用川　さよがわ　第144号　3-140
佐用郡　さよぐん　第141号　3-129, 5-183, 5-304, 5-306
佐用郡　さよぐん　第144号　3-140, 3-141, 5-183, 5-304, 5-306
佐用都比賣神社　さよつひめじんじゃ　第144号　3-140
小夜中山村（久延寺領）　さよなかやまむら　第111号　2-177, 2-178, 5-160, 5-298
佐用村佐用宿○☆〔佐用村〕　さよむらさよじゅく　第144号　3-140, 5-183, 5-304, 5-306
佐用村宮木　さよむらみやき　第144号　3-140
サラキ　第32号　1-111, 5-56, 5-279
東〔更〕木山　さらきやま　第114号　2-193, 2-194
皿藏山　さらくらやま　第178号　4-13, 4-15
新桑竃　さらくわがま　第131号　3-79, 5-169, 5-301, 5-302
更科川　さらしながわ　第81号　5-146
更科郡　さらしなぐん　第81号　2-52, 2-53, 5-146, 5-294
更地村　さらじむら　第118号　3-16
皿村　さらむら　第144号　3-145, 5-192
猿ケ京村（御関所）　さるがきょうむら　第78号　2-42, 5-115, 5-116, 5-289
猿掛山　さるかけやま　第151号　3-179
猿ケ島村　さるがしまむら　第90号　2-91
猿ケ馬場峠〔馬場峠〕　さるがばばとうげ　第81号　2-53, 5-146, 5-294
サルカマフ　第3号　5-18
猿ケ森村　さるがもりむら　第40号　1-138, 5-62, 5-280
サル川〔サル〕　第27号　1-89, 1-90, 5-278
猿小島　さるこじま　第146号　3-157, 3-158
サルコシマ　さるこじま　第146号　3-156, 5-185
猿子島　さるごじま　第200号　4-117
猿子嶋　さるごじま　九州沿海図第19　4-270, 4-272, 4-274
猿崎　さるさき　第190号　4-77
猿﨑　さるさき　九州沿海図第18　4-264
佐留志鹿〔庶〕子分　さるしそしぶん　第190号　4-75, 5-234
佐留志鹿〔庶〕子分島尾　さるしそしぶんしまお　第190号　4-75
サル島　さるしま　第171号　3-265, 3-267, 5-203
佐留志村〔佐留志〕　さるしむら　第190号　4-75, 5-234, 5-313
佐留志村角田　さるしむらつのだ　第190号　4-75
佐留志村野口　さるしむらのぐち　第190号　4-75
猿瀬川　さるぜがわ　第197号　4-102, 5-246, 5-314, 5-316
猿田　さるた　九州沿海図第8　4-227
猿田峠　さるたとうげ　第186号　5-222
猿谷山　さるたにやま　第190号　4-76
猿戸　さると　九州沿海図第5　4-211
猿橋　さるはし　第97号　2-121, 5-126
猿橋　さるはし　第118号　5-297
猿橋村○　さるはしむら　第97号　2-121, 5-121, 5-126, 5-291
サルハシリ　さるはしり　第48号　1-163
猿喰村　さるはみむら　第178号　4-12, 5-222, 5-312
猿喰村　さるはみむら　九州沿海図第1　4-191
猿喰山　さるはみやま　第166号　3-238
サルブツ　第11号　1-39, 5-35, 5-269, 5-273
サルブツ川　第11号　1-39, 5-35, 5-269, 5-273
猿股川　さるまたがわ　第167号　3-240
申村　さるむら　第135号　3-101, 5-178
猿山岬　さるやまみさき　第85号　2-66, 5-143
猿山村　さるやまむら　第99号　2-129, 2-131
猿屋山　さるややま　第144号　3-147
サルヽ○　第9号　1-33, 5-25, 5-272
サルヽ　第13号　1-43, 5-36, 5-273
サルヽ○☆　第25号　1-82, 5-33, 5-277
サルヽ川　第25号　1-82, 5-33, 5-277
サルヽ岬　第9号　1-33, 5-25, 5-272
猿渡村　さるわたりむら　第179号　4-19, 5-225, 5-312
猿渡村（小笠原大和守知行）　さるわたりむら　九州沿海図第2　4-194
サレウシ　第10号　1-36, 5-34, 5-272
サレ谷川　されたにがわ　第197号　5-245
佐禮山〔佐礼山〕　されやま　第189号　4-72, 5-234, 5-241
佐櫛島　さろうしま　第179号　5-224
沢浦　さわうら　第157号　5-210
沢川　さわかわ　第81号　5-146
沢川　さわがわ　第137号　3-116, 5-178
サワキ　第9号　1-33, 5-25, 5-272
沢倉村（大岡主膳正領分）　さわくらむら　第92号　2-97, 5-111, 5-290
澤崎村〔沢﨑村〕　さわさきむら　第75号　2-27, 5-99, 5-287
沢地村　さわじむら　第101号　2-141
サワジリ　第36号　1-121, 1-122, 5-60, 5-281
澤尻村　さわじりむら　第57号　1-198, 5-108, 5-290
雑太郡　さわたぐん　第75号　2-23, 2-25, 2-27
沢田下組　さわだしもぐみ　第173号　3-273
沢田新田（大久保加賀守領分）　さわだしんでん　第101号　2-141
澤田村〔沢田村〕　さわだむら　第52号　1-179, 5-77, 5-79, 5-284
沢田村（太田摂津守領分）　さわだむら　第102号　2-146, 5-128, 5-292, 5-298
沢田村（太田摂津守領分）　さわだむら　第111号　2-179, 5-160, 5-298
澤田村　さわだむら　第118号　3-19, 5-166, 5-297, 5-300
澤田村　さわだむら　第141号　3-129, 3-131
澤田村　さわだむら　第144号　3-141
澤田村　さわだむら　第173号　3-273, 3-275, 5-218
サワダラ岩　第34号　1-119
猿渡島　さわたりじま　第155号　3-191, 5-190, 5-204
佐渡村　さわたりむら　第118号　3-16, 3-18, 5-166, 5-297
澤津村　さわづむら　第158号　3-204, 5-197, 5-307
澤根町○☆〔沢根町〕　さわねまち　第75号　2-25, 5-99
澤根村〔沢根村〕　さわねむら　第75号　2-25, 5-99
沢登新田　さわのぼりしんでん　第98号　2-126
澤原村　さわはらむら　第144号　3-146
澤邉○　さわべ　第51号　1-178, 5-77, 5-284
澤部村〔沢部村〕　さわべむら　第59号　1-203, 5-85
沢村　さわむら　第108号　2-165, 5-150, 5-296
澤村　さわむら　第121号　3-31, 3-32, 5-172, 5-174, 5-300
澤村　さわむら　第125号　3-48, 3-50, 5-166
澤村　さわむら　第143号　3-138, 5-188
澤村　さわむら　第144号　3-141
澤村　さわむら　第155号　3-193, 5-189, 5-190
澤村　さわむら　第168号　3-247, 3-249, 5-214, 5-311
沢村四ツ屋　さわむらよつや　第125号　3-48, 3-50
佐和山　さわやま　第125号　3-48, 3-50
早良川　さわらがわ　第187号　4-61, 5-223
早良郡　さわらぐん　第187号　4-60, 4-63
佐波良神社　さわらじんじゃ　第150号　3-172
三岳寺　さんがくじ　第190号　4-75
三角寺山　さんかくじさん　第152号　5-196
三角寺山　さんかくじやま　第164号　5-307, 5-310
三ケ所村　さんがしょむら　第117号　3-14, 5-168
三ケ村入會（手邉）　さんかそんいりあい（てへん）　第124号　3-42, 3-44
三河村（高力式部知行所）　さんがむら　第58号　1-200, 1-201, 5-110, 5-290

三ケ村　さんがむら　第82号　2-56, 5-140

三箇村（内藤外記知行所）　さんがむら　第88号　2-76, 5-120, 5-291

三ケ村門八峡川☆〔北方八峡川〕　さんがむらかどやかいがわ　第184号　4-45, 5-314

三箇山　さんがやま　第197号　5-245

寒川郡　さんがわぐん　第146号　3-156, 3-157, 3-158, 5-194, 5-306

三川村　さんがわむら　第112号　2-184, 5-153, 5-297

サンクワン島　さんがんじま　第47号　1-159

三宮村　さんぐうむら　第75号　2-25, 2-27, 5-99, 5-287

三九郎谷〔大江灘〕　さんくろうだに　第183号　4-41, 5-226, 5-228

三九郎谷　さんくろうだに　九州沿海図第5　4-213

三軒屋　さんけんや　第145号　3-152, 3-154

三軒屋町　さんげんやまち　第135号　3-101, 5-178

三軒屋村　さんげんやむら　第135号　3-101, 5-178

三光山　さんこうやま　第156号　3-194, 5-193

三合山　さんごうやま　第111号　2-181, 5-161

山彩村　さんさいむら　第179号　5-225

三才村（本多豊後守）　さんざいむら　第81号　2-50, 2-52, 5-146, 5-294

サンサーマ　第34号　1-117, 5-55, 5-279

三十町村　さんじっちょうのむら　第118号　3-18, 3-20, 5-166

三十町村　さんじっちょうむら　第195号　4-93, 5-233

三十町村　さんじっちょうむら　九州沿海図第18　4-264

サンシマ　さんしま　第203号　5-251

三十三間堂　さんじゅうさんげんどう　第90号　2-84, 2-86

三十三間堂山　さんじゅうさんげんどうやま　第121号　3-32

三十二貫村　さんじゅうにかんむら　第75号　2-24, 5-99

三十根　さんじゅうね　第105号　2-154

三十山　さんじゅうやま　第194号　4-90, 4-91

三十町坂　さんじゅっちょうざか　第200号　5-250

山椒嶋（見ル嶋）　さんしょうじま（みるしま）　第174号　3-278, 5-216, 5-309

三勝寺山　さんしょうじやま　第163号　3-225

三条聚樂臺廻☆　さんじょうじゅらくだいまわり　第133号　3-87, 3-90, 5-174, 5-176

三条通〔三条〕　さんじょうどおり　第133号　3-87, 5-174, 5-176

三条町村新田〔三条町村〕　さんじょうまちむらしんでん　第88号　2-78, 5-120

三條村〔三条〕　さんじょうむら　第134号　3-95, 5-176, 5-301

三條村　さんじょうむら　第137号　3-112, 5-178, 5-306

三条村　さんじょうむら　第142号　3-134, 5-184, 5-303, 5-306

三條村　さんじょうむら　第152号　3-182, 5-194, 5-307

産所村　さんじょむら　第133号　3-93, 5-178

三瀬村○　さんぜむら　第71号　1-249, 5-91, 5-96, 5-285, 5-286

三蔵子村　さんぞうごむら　第116号　2-202, 2-204, 5-162

三足山　さんぞくやま　第152号　3-184

三田（九鬼和泉守居城）　さんだ　第136号　3-107, 5-178

三躰島　さんたいじま　第204号　4-140

西大寺村　さんだいじむら　第134号　3-95, 3-100, 5-176, 5-301

三沢寺　さんたくじ　第100号　2-135, 2-138

散田村（田安殿領分、長沢直次郎知行所）　さんだむら　第90号　2-89, 2-91, 5-121, 5-291

三田村　さんだむら　第99号　2-128, 5-126, 5-291

三田村才戸〔三田村〕　さんだむらさいと　第90号　2-91, 5-126

散田村新地　さんだむらしんち　第90号　2-89, 2-91

三町免村（酒依清十郎知行所）　さんちょうめんむら　第88号　2-79, 5-291

三島郡　さんとうぐん　第74号　2-19, 2-20, 5-112

三島郡　さんとうぐん　第76号　2-28, 5-112

サントマリ　第16号　1-51, 5-42, 5-274

サン子ナイ　さんねない　第20号　1-65, 1-66, 5-45, 5-275

サン子ナイ川　さんねないがわ　第20号　1-65, 1-66, 5-45, 5-275

山王島　さんのうじま　第170号　3-261, 5-201

山王社　さんのうしゃ　第90号　2-84, 2-86

山王社　さんのうしゃ　第118号　3-20

山王社　さんのうしゃ　第162号　3-219, 3-221

山王鼻　さんのうばな　第151号　3-180

山王原村　さんのうはらむら　第99号　2-130, 5-125, 5-126, 5-291

山王山　さんのうやま　第90号　2-91

山王山　さんのうやま　第145号　3-155

山王山　さんのうやま　第206号　4-149, 5-242, 5-243, 5-321

三ノ川　さんのかわ　第207号　4-151, 4-153, 4-154

三之澤村松嵜名〔三之沢村、三之沢〕　さんのさわむらまつざきみょう　第196号　4-95, 5-233, 5-315

三ノ島　さんのしま　第58号　1-200

三ノ瀬　さんのせ　第175号　3-282

三瀬町　さんのせまち　第164号　3-231, 5-211

三嶽　さんのたけ　第193号　4-85, 4-87

三岳　さんのたけ　九州沿海図第18　4-266

猿越峠　さんのとうげ　第203号　4-135

三戸○　さんのへ　第44号　1-151, 5-69, 5-280

三戸郡　さんのへぐん　第40号　1-137, 5-280

三戸郡　さんのへぐん　第44号　1-148, 5-69, 5-280

三戸郡　さんのへぐん　第45号　1-152, 1-153, 5-280

三戸郡　さんのへぐん　第49号　1-166, 5-69

産宮　さんのみや　第187号　4-57, 4-60

三宮村　さんのみやむら　第127号　3-58, 5-175, 5-304

三ノ目潟　さんのめがた　第62号　1-211

三波山　さんばやま　第94号　2-107, 5-119

三原村　さんばらむら　第113号　2-186, 5-155, 5-297

三原村梅ケ平　さんばらむらうめがだいら　第113号　2-186, 2-188

三原村釣鐘　さんばらむらつりがね　第113号　2-186, 2-188

三原村茂谷　さんばらむらもだに　第113号　2-186

三番村（永井友三郎知行所）　さんばんむら　第135号　3-101, 5-176, 5-178

三福寺村　さんふくじむら　第112号　2-183, 2-184, 5-153

三佛寺　さんぶつじ　第143号　3-136, 5-305

三部村　さんぶむら　第155号　3-192, 5-189

三部村　さんぶむら　第155号　3-190, 3-192

三部村　さんぶむら　第162号　3-221, 5-204

三瓶川　さんべがわ　第165号　3-232, 5-205

三瓶山　さんべさん　第162号　5-204

三寶院　さんぽういん　第133号　3-87, 3-89

三本木○　さんぼんぎ　第52号　1-179, 5-79, 5-284

三本木村　さんぼんぎむら　第44号　1-149, 5-66, 5-280

三本松　さんぼんまつ　第175号　3-282, 5-216

三本松　さんぼんまつ　九州沿海図第20　4-278

三本松　さんぼんまつ　九州沿海図第21　4-279, 4-281

三本松村○☆　さんぼんまつむら　第146号　3-156, 5-185, 5-303, 5-306

三本松山　さんぼんまつやま　第144号　3-141

玉〔三〕本柳村〔三本柳村〕　さんぼんやなぎむら　第50号　1-170, 5-71, 5-74, 5-282

三昧田村　さんまいでんむら　第134号　3-95, 3-97, 5-176, 5-177

三枚ハシ　さんまいばし　第117号　3-13, 5-163

三見村明石　さんみむらあけし　第176号　3-288

三見村飯井　さんみむらいい　第176号　3-289

三見村藏本　さんみむらくらもと　第176号　3-288

三見村三見市〔三見村、三見〕　さんみむらさんみいち　第176号　3-288, 5-219, 5-309

三見村三見浦〔三見〕　さんみむらさんみうら　第176号　3-288, 5-309

三見村床並　さんみむらとこなみ　第176号　3-288

三名川　さんみょうがわ　第185号　4-51, 5-244

三明寺村　さんみょうじむら　第150号　3-170, 5-188

三名村　さんみょうむら　第185号　4-51, 5-244, 5-314

三名村六ツ野　さんみょうむらむつの　第185号　4-51

山谷新田（御料所）　さんやしんでん　第93号　2-103, 5-123

纂用師峠　さんようしとうげ　第38号　5-60, 5-281

【し】

塩飽岩黒島〔岩クロシマ〕　しあくいわくろじま　第151号　3-180, 5-194

塩飽牛島〔牛島〕　しあくうしじま　第151号　3-180, 5-194, 5-307

塩飽牛島　しあくうしじま　第151号　5-195

塩飽上二面島　しあくかみふたおもてじま　第151号　3-180

塩飽小島〔小島〕　しあくこじま　第151号　3-181, 5-195

塩飽小瀬居島〔小瀬居島〕　しあくこせいじま　第151号　3-180, 5-194

塩飽佐柳島☆〔佐柳島〕　しあくさやなぎじま　第151号　3-181, 5-195, 5-307

塩飽下二面島〔塩飽牛島？〕　しあくしもふたおもてじま　第151号　3-181

塩飽沙弥島〔沙弥島〕　しあくしゃみじま　第151号　3-180, 5-194, 5-307

塩飽高見島〔高見島〕　しあくたかみじま　第151号　3-180, 5-195, 5-307

塩飽手嶋〔手島〕　しあくてしま　第151号　3-180, 5-307

塩飽長島〔長島〕　しあくながしま　第151号　3-180, 5-194

塩飽羽佐島〔羽佐シマ〕　しあくはさじま　第151号　3-180, 5-194

塩飽櫃石島〔櫃石島〕　しあくひついしじま　第151号　3-180, 5-194, 5-307

塩飽廣島〔廣島〕　しあくひろしま　第151号　3-180, 5-195, 5-307

塩飽本島　しあくほんじま　第151号　3-180, 5-194, 5-307

塩飽室木島〔室木島〕　しあくむろきじま　第151号　3-180, 5-194, 5-307

塩飽與島⚓〔與島〕　しあくよしま　第151号　3-180,

5-194, 5-307
シアヌンベツ　第2号　1-13, 5-16, 5-268, 5-270
地安甫シマ　じあんぽじま　第201号　4-121
地筏　じいかだ　第175号　3-286, 5-218
椎坂峠　しいさかとうげ　第192号　4-81, 4-82
獅子﨑村　しいざきむら　第123号　3-40, 5-173, 5-304
椎田川　しいたがわ　第152号　3-183
椎田川　しいだがわ　第178号　4-16
椎田町　しいだまち　九州沿海図第18　4-266
椎田村☆　しいだむら　第178号　4-16, 5-222, 5-312
椎田村　しいだむら　第195号　4-93, 5-232
椎田村　しいだむら　第195号　4-93
椎田村○☆　しいだむら　九州沿海図第1　4-192, 4-193
椎田村北椎田　しいだむらきたしいだ　第195号　4-93
椎津村（水野壱岐守領分、榊原末次郎、丸毛五郎兵衛、南條太兵エ知行所）　しいづむら　第91号　2-94, 5-122, 5-290
椎泊村　しいどまりむら　第75号　2-24, 5-99
椎名内村（大村藤右エ門知行所、御先手組与力給地）　しいなうちむら　第58号　1-200, 1-201, 5-110
椎根村　しいねむら　第192号　4-82, 5-240, 5-241, 5-320
椎木　しいのき　第101号　2-142
椎ノ木川　しいのきがわ　第191号　4-78
椎葉　しいば　九州沿海図第19　4-271
椎葉山（自笹ノ峠至胡桃峠）　しいばやま（ささのとうげよりくるみとうげにいたる）　第194号　4-90, 4-91
椎原村　しいばらむら　第102号　2-147
椎村茶屋　しいむらちゃや　第178号　4-13, 4-15
椎村蓑田　しいむらみのだ　第178号　4-13, 4-15
椎村山　しいむらやま　第167号　3-240
椎谷（堀近江守在所）　しいや　第76号　2-29, 5-112
椎若峠　しいわかとうげ　第159号　3-208, 5-196, 5-199
シウキ峯　しうきみね　第161号　3-212, 3-214
紫雲天　しうんで　第152号　3-183
シエウシ〔シユウシ〕　第5号　1-20, 5-19, 5-270
シエシヽナイ　第18号　1-61
地海老シマ　じえびじま　第192号　4-80
シエルクカルシ　第6号　1-21, 5-26, 5-268, 5-270
子浦☆　しお　第83号　2-61, 5-141, 5-295
汐合川　しおあいがわ　第117号　3-13
シホイ﨑　しおいざき　第103号　2-150
塩井崎島　しおいざきしま　第189号　4-73
塩入川　しおいりがわ　第188号　5-231
汐入川　しおいりがわ　第195号　4-93
四王司山　しおうじやま　第177号　3-298
四王子山　しおうじやま　第187号　4-57, 4-59, 4-60, 4-62
四王司山　しおうじやま　九州沿海図第1　4-189
地黄村　じおうむら　第133号　3-91, 3-93
塩尾浦　しおうら　第138号　3-119, 5-184
地大島（穴井浦屬）　じおおしま（あないうらぞく）　第170号　3-261, 5-201
汐島　しおがしま　第59号　1-203
塩ケ城山　しおがじょうやま　第150号　3-175
シホケ鼻　しおがはな　第131号　3-79
シヲカマヲタ　第36号　1-124, 5-60
塩竈社　しおがましゃ　第52号　1-180, 5-79
塩竈村　しおがまむら　第52号　1-180, 5-79, 5-284
塩ケ水　しおがみず　九州沿海図第10　4-233, 4-239
塩川○　しおかわ　第67号　1-235, 5-105, 5-289
塩川　しおかわ　第98号　2-124, 2-126
塩川村　しおがわむら　第81号　2-50, 2-52
塩川村　しおがわむら　第94号　2-107
汐越村☆　しおこしむら　第64号　1-219, 1-220, 5-89, 5-283, 5-286
潮﨑　しおざき　第142号　3-132, 5-186, 5-187
塩﨑村　しおざきむら　第81号　2-53, 5-146, 5-294
塩﨑村　しおざきむら　第141号　3-130, 5-182, 5-306
塩﨑村枝篠野井　しおざきむらえだしののい　第81号　2-53
塩﨑村枝四宮（松平主計頭）　しおざきむらえだしのみや　第81号　2-53
塩﨑村枝長谷　しおざきむらえだはせ　第81号　2-53
塩﨑村春日野　しおざきむらかすがの　第141号　3-130
塩﨑村平久保　しおざきむらひらくぼ　第81号　2-53
塩﨑山　しおざきやま　第141号　3-130
塩追浦⛢〔塩追〕　しおさこうら　第203号　4-138, 5-251, 5-315
塩追浦　しおさこうら　九州沿海図第13　4-251
塩追浦　しおさこうら　九州沿海図第14　4-253
塩澤○　しおざわ　第77号　2-35, 5-113, 5-115, 5-289
塩沢川　しおざわがわ　第110号　2-173
塩澤村　しおざわむら　第100号　2-137, 2-139, 5-127, 5-296
塩地村〔塩路村〕　しおじむら　第185号　4-50, 5-246, 5-314
塩地村（嶋津式部知行）　しおじむら　九州沿海図第7　4-222
塩尻○　しおじり　第96号　2-119, 5-150, 5-296
塩尻峠　しおじりとうげ　第96号　2-118, 5-150
塩新田村（井上河内守領分）　しおしんでんむら　第111号　2-179, 2-180, 5-161
汐瀬　しおせ　第174号　3-279
塩瀬〔シホセ〕　しおせ　第202号　4-123, 4-124, 5-236
汐瀬山　しおせやま　第97号　2-120
塩平村　しおだいらむら　第110号　2-176, 5-158, 5-161
塩平村門谷ケ辻　しおだいらむらかどやがつじ　第110号　2-176
塩平村萩平　しおだいらむらはぎだいら　第110号　2-176
塩田川　しおたがわ　第144号　3-144, 3-146
塩田川〔シヲタ川〕　しおたがわ　第190号　4-75, 5-234
塩田里村　しおたさとむら　第138号　3-119, 5-184, 6-306
塩田町○〔塩田〕　しおたまち　第190号　4-75, 5-234, 5-313
塩田村　しおたむら　第118号　3-17, 3-19, 5-166, 5-297, 5-300
塩田村　しおたむら　第136号　3-107, 5-178, 5-306
塩田村　しおたむら　第144号　3-144, 3-146, 5-192, 5-307
塩内浦〔塩内〕　しおちうら　第183号　4-38, 5-226, 5-228
塩内浦　しおちうら　九州沿海図第5　4-211
塩津浦☆⛢　しおつうら　第138号　3-120, 5-186, 5-303, 5-306
塩津浦　しおづうら　第162号　3-219, 5-204, 5-308
塩津浦津井峯　しおつうらついみね　第138号　3-120
塩塚　しおづか　九州沿海図第20　4-276, 4-278
塩塚川　しおつかがわ　第188号　4-69
塩塚山　しおづかやま　第152号　3-185
塩津峠　しおつとうげ　第127号　3-57, 3-59, 5-180, 5-182
塩津濵村☆〔塩津〕　しおつはまむら　第121号　3-31, 5-157, 5-172, 5-297, 5-300
塩津村　しおつむら　第84号　2-63, 2-65, 5-143, 5-295
塩津村　しおつむら　第124号　3-42, 3-44, 5-180
塩津村　しおつむら　第150号　3-171, 5-189, 5-305
四方津山　しおつやま　第97号　2-120
四方津山　しおつやま　第97号　2-120
塩戸村　しおどむら　第62号　1-211, 5-87, 5-283
汐取ハヘ　しおとりはえ　九州沿海図第5　4-211
塩生村　しおなすむら　第151号　3-180, 5-194, 5-307
塩生村金濵　しおなすむらかなはま　第151号　3-178, 3-180
塩名田（牧野大藏領分）　しおなだ　第95号　2-112, 2-113, 5-116, 5-296
汐御﨑　しおのみさき　第140号　3-124, 5-170, 5-302
塩谷村　しおのやむら　第110号　2-176, 5-158, 5-161
塩濵　しおはま　第111号　5-299
塩濵　しおはま　第187号　4-60
塩濵浦福﨑濵　しおはまうらふくざきうら　第189号　4-73
塩濵浦船橋濵〔塩濵浦〕　しおはまうらふなばしはま　第189号　4-73, 5-234, 5-241
塩濵村　しおはまむら　第86号　2-71, 5-145, 5-295
塩濵村　しおはまむら　第129号　3-66, 3-68, 5-166, 5-299
塩原新田（西尾隠岐守領分）　しおばらしんでん　第111号　2-177, 2-178, 5-160, 5-298
塩原村　しおばるむら　第187号　4-60, 5-223, 5-313
塩原村潮煮塚　しおばるむらしおにづか　第187号　4-60
塩浸　しおひたし　九州沿海図第16　4-256
塩吹○　しおふき　第34号　1-119, 5-57, 5-279
汐吹鼻〔汐吹﨑〕　しおふきはな　第101号　2-140, 2-142, 5-125, 5-128
汐吹鼻　しおふきはな　第102号　2-145
塩吹村　しおふきむら　第190号　4-75, 4-76
塩吹山　しおふきやま　第190号　4-75, 4-76
塩見川　しおみがわ　第184号　4-46, 5-244
塩見川　しおみがわ　九州沿海図第6　4-219
汐見峠　しおみとうげ　第139号　5-171
塩見峠　しおみとうげ　第177号　3-296, 5-220
塩見峠　しおみとうげ　九州沿海図第1　4-188
塩見岬　しおみみさき　第204号　4-141
塩見村（前田安房守知行所）　しおみむら　第92号　2-99, 2-100, 5-124, 5-292
塩尾村　しおむら　第138号　3-119, 5-184, 6-306
塩屋　しおや　第117号　5-299
塩屋　しおや　第145号　5-306
塩屋　しおや　第152号　3-183
塩屋　しおや　九州沿海図第2　4-196, 4-198
塩屋　しおや　九州沿海図第3　4-196, 4-198, 4-204
塩屋　しおや　九州沿海図第10　4-236
塩屋　しおや　九州沿海図第12　4-243
塩屋　しおや　九州沿海図第16　4-259
塩屋　しおや　九州沿海図第18　4-265
塩屋　しおや　九州沿海図第18　4-265
塩屋　しおや　九州沿海図第18　4-266
塩屋　しおや　九州沿海図第19　4-275

塩屋浦村〔塩屋浦〕 しおやうらむら 第201号 4-119, 5-234, 5-313, 5-315
鹽谷郡 しおやぐん 第69号 1-244, 5-106
潮合﨑〔潮合サキ〕 しおやざき 第206号 4-148, 4-149, 5-242
塩屋嶋 しおやじま 第202号 4-125, 4-126
塩屋新田〔塩屋新田村〕 しおやしんでん 第80号 2-45, 5-138, 5-294
塩谷町○ しおやちょう 第72号 2-13, 5-97, 5-285, 5-286
塩屋村 しおやむら 第112号 2-182
塩谷村 しおやむら 第120号 3-24, 5-145, 5-297, 5-300
塩屋村 しおやむら 第137号 3-113, 5-184, 5-306
塩屋村 しおやむら 第142号 3-132, 5-184
塩屋村 しおやむら 第144号 3-142
塩屋村 しおやむら 第151号 3-180, 5-194, 5-307
塩屋村 しおやむら 第179号 4-20, 5-224, 5-226, 5-312
塩屋村 しおやむら 第183号 4-39, 4-41, 5-226, 5-228
塩屋村〔塩屋〕 しおやむら 第189号 4-73, 5-234, 5-241, 5-313
塩屋村 しおやむら 九州沿海図第3 4-200
塩屋村 しおやむら 九州沿海図第5 4-213
塩屋村天屋〔塩屋村〕 しおやむらあまや 第186号 4-54, 5-222
塩屋村臼〔杵〕村 しおやむらうすきむら 第183号 4-39, 4-41
塩屋村蟹田 しおやむらがんだ 第183号 4-39, 4-41
塩屋村分郷大江灘⛴ しおやむらぶんごうおおえなだ 第183号 4-41
塩屋村分郷大江灘 しおやむらぶんごうおおえなだ 九州沿海図第5 4-213
汐ヤリハエ しおやりはえ 第183号 4-38
枝柳〔折〕村 しおりむら 第125号 3-48
枝折山 しおりやま 第190号 4-76
慈恩寺村 じおんじむら 第125号 3-51, 5-174
慈恩寺村 じおんじむら 第134号 3-97, 3-98, 5-177
指海川 しかいがわ 第165号 5-204
シカイベツ 第27号 1-88, 5-49, 5-277
志ケ浦村 しがうらむら 第84号 2-64, 5-143, 5-295
鹿家岬〔鹿家崎〕 しかかみさき 第189号 4-70, 4-72, 5-234, 5-241
鹿家村〔鹿家〕 しかかむら 第189号 4-70, 4-72, 5-234, 5-238, 5-241, 5-313
志柿村 しかきむら 第203号 4-134, 5-251, 5-315
志柿村 しかきむら 九州沿海図第19 4-272
志柿村枝瀬戸 しかきむらえだせと 九州沿海図第19 4-272
志柿村瀬戸 しかきむらせと 第203号 4-134
志柿村中塩屋 しかきむらなかしおや 第203号 4-134
志柿村中ノ浦 しかきむらなかのうら 第203号 4-134
志柿村畑尻 しかきむらはたじり 第203号 4-134
滋賀郡 しがぐん 第125号 3-49, 3-51, 5-174, 5-300, 5-301
滋賀郡 しがぐん 第133号 3-87, 5-174, 5-301
志賀島 しかしま 第192号 4-81, 4-82
鹿島 しかしま 第201号 5-236
志賀神社 しかじんじゃ 第187号 4-61
鹿セ しかせ 第206号 4-149
志方庄山 しかたしょうやま 第141号 3-130
志方城山 しかたしろやま 第141号 3-130
シカ立鼻 しかたちはな 第103号 2-149
鹿田原浦 しかたはらうら 第157号 5-210
鹿田村 しかだむら 第124号 3-45, 3-46, 5-180, 5-304
志加奴神社 しかぬじんじゃ 第143号 3-136, 5-188
志賀島 しかのしま 第187号 4-61, 5-223, 5-313
志賀島村☆ しかのしまむら 第187号 4-61, 5-223
志加奴村☆ しかのむら 第143号 3-135, 5-188, 5-305
志加奴村水口谷 しかのむらみずくちたに 第143号 3-135
鹿濱新田(御料所) しかはましんでん 第90号 2-84, 5-120, 5-123
鹿濱村(東叡山領) しかはまむら 第90号 2-84, 5-120, 5-123
地カブシマ じかぶしま 第170号 3-261
飾万津○☆⛴ しかま 第141号 3-130, 5-183, 5-306
鹿町村〔鹿町〕 しかまちむら 第204号 4-140, 4-142, 5-235, 5-313
鹿町村歌ノ浦 しかまちむらうたのうら 第204号 4-140, 4-142
鹿町村口ノ里 しかまちむらくちのさと 第204号 4-140, 4-142
鹿町村長串浦 しかまちむらながくしうら 第204号 4-140, 4-142
鹿町村深江 しかまちむらふかえ 第204号 4-140, 4-142
四箇村 しかむら 第187号 4-61, 4-63, 5-223, 5-313
四箇村〔四ヶ村〕 しかむら 第193号 4-87, 5-231, 5-313
志賀村(秋元左エ門佐領分) しがむら 第88号 2-77, 5-121
鹿山崎 しかやまざき 第191号 4-78
志河村北堀 しがわむらきたほり 第81号 2-53
式上郡 しきかみぐん 第134号 3-97, 5-177, 5-301
シキ川 第29号 1-97, 5-51, 5-278
鋪河内村 しきがわちむら 第200号 4-113, 4-116, 5-250
敷河内村 しきがわちむら 九州沿海図第16 4-258, 4-260
飾西郡 しきさいぐん 第141号 3-128, 3-129, 3-130, 5-183, 5-306
飾〔餝〕西村○☆ しきさいむら 第141号 3-131, 5-306
飾西村 しきさいむら 第141号 5-183
志岐﨑 しきざき 九州沿海図第19 4-273
信貴山朝護孫子寺〔信貴山〕 しぎさんちょうごそんしじ 第135号 3-100, 5-176, 5-177, 5-178, 5-301
舘(敷)島神社 しきしまじんじゃ 第192号 4-81, 4-82
敷地村 しきじむら 第163号 3-226, 5-208, 5-307, 5-308
敷地村塩野 しきじむらしおの 第163号 3-226
鋪田村〔敷田〕 しきだむら 第179号 4-19, 5-312
敷田村 しきだむら 第179号 5-225
敷田村(中津領) しきだむら 九州沿海図第2 4-194
鋪田村樋田 しきだむらひだ 第179号 4-19
色出村 しきでむら 第193号 4-85, 4-86, 5-232
色出村 しきでむら 九州沿海図第18 4-268
飾東郡 しきとうぐん 第141号 3-130, 5-183, 5-306
鋪浪村〔敷浪村〕 しきなみむら 第83号 2-61, 5-141
式波村 しきなみむら 第190号 4-76, 5-234
式根島(新島属) しきねじま(にいじまぞく) 第103号 2-149, 5-132, 5-133, 5-292
敷根村 しきねむら 第209号 4-162, 5-247, 5-261, 5-314, 5-316
敷根村 しきねむら 九州沿海図第10 4-232
敷根村脇本 しきねむらわきもと 第209号 4-162
食場川 じきばかわ 第201号 4-121
色見村 しきみむら 第182号 4-37, 5-232
式見村 しきみむら 第202号 4-127, 5-236, 5-315
式見村 しきみむら 長崎〔参考図〕 4-133
志君村 しぎみむら 第166号 3-234, 5-209, 5-212, 5-308
式見村相川 しきみむらあいかわ 第202号 4-127
式見村相川 しきみむらあいかわ 長崎〔参考図〕 4-133
色見村小倉原 しきみむらおくらばる 第182号 4-37
志君村角石 しぎみむらかどいし 第166号 3-234
色見村上色見 しきみむらかみしきみ 第182号 4-37
式見村木場 しきみむらこば 第202号 4-127
式見村木場 しきみむらこば 長崎〔参考図〕 4-133
志岐村 しきむら 第203号 4-135, 5-236, 5-315
志岐村 しきむら 九州沿海図第19 4-273
シキモイ 第6号 1-21, 1-22, 5-26, 5-268, 5-270
四客山 しきゃくやま 第133号 3-87, 3-89
重生 しぎょう 第167号 3-245, 5-211, 5-213
シクシマイ〔シクシマナイ〕 第21号 1-67, 5-45, 5-275
シクトル岬 第20号 1-63, 5-44, 5-275
シクノツペ 第31号 1-108, 5-56, 5-279
シクノツヘ川 第31号 1-108
四熊嶺〔四熊岳〕 しくまがみね 第175号 3-284, 3-286, 5-218
シクムナイ 第33号 1-112, 5-47, 5-279
志久村 しくむら 第190号 4-75, 5-234
志久村邊田 しくむらへた 第190号 4-75
軸屋山 じくややま 第208号 4-160, 5-250
時雨峠 しぐれとうげ 第166号 3-236
地黒島 じくろしま 第183号 4-40, 5-228
地黒島 じくろしま 九州沿海図第5 4-211
宿輪﨑〔宿輪サキ〕 しくわざき 第206号 4-150, 5-242, 5-243
地下 じげ 九州沿海図第17 4-263
重井浦 しげいうら 第157号 5-210
重國村 しげくにむら 第141号 3-128, 3-130, 5-182
重田和村 しげたわむら 第115号 2-200, 5-159, 5-297, 5-299
重寺村(御料所) しげでらむら 第101号 2-141, 2-143, 5-128
シケトシナイ 第9号 1-33, 5-25, 5-272
シケトシナイ川 第9号 5-25, 5-272
重利村 しげとしむら 第133号 3-91, 5-175
重富村 しげとみむら 第166号 3-237, 5-209, 5-212, 5-308
重冨村 しげとみむら 第195号 4-93
重冨村中ノ瀬 しげとみむらなかのせ 第195号 4-93
重富村萩原 しげとみむらはぎわら 第166号 3-237
重富村湯舟 しげとみむらゆのふね 第166号 3-237
重留村 しげとめむら 第187号 4-63
重留村 しげとめむら 第208号 4-157, 5-250, 5-315

重留村馬場　しげとめむらばば　第208号　4-157
重信川　しげのぶがわ　第168号　3-247, 3-249, 5-311
重久村　しげひさむら　第209号　4-162, 5-247, 5-261, 5-314, 5-316
重久村春山　しげひさむらはるやま　第209号　4-162
重藤村　しげふじむら　第179号　4-20, 5-224, 5-312
重藤村　しげふじむら　九州沿海図第3　4-204
志下村　しげむら　第101号　2-141, 5-129
志氣村〔志氣〕　しげむら　第189号　4-72, 5-234, 5-241, 5-313
寺家村　じけむら　第85号　2-68, 5-142, 5-295
寺家村　じけむら　第129号　3-69, 5-163, 5-299, 5-301
寺家村　じけむら　第141号　3-130, 5-182
寺家村（野口村）　じけむら（のぐちむら）　第137号　3-114, 5-182, 5-306
茂利村　しげりむら　第136号　3-109
玆眼寺　じげんじ　第88号　2-79
慈眼寺　じげんじ　第94号　2-109
志幸村　しこうむら　第163号　3-226, 5-208
四郷村　しごうむら　第115号　2-196, 5-159, 5-297
四郷村枝上原　しごうむらえだうわはら　第115号　2-196
四郷村唐津　しごうむらからつ　第115号　2-196
地獄　じごく　第196号　4-95, 4-97
四極山　しごくやま　九州沿海図第3　4-203
志古シマ〔志古島〕　しこしま　第192号　4-80, 5-239, 5-241, 5-320
地御前社　じごぜんしゃ　第167号　3-243
地御前村　じごぜんむら　第167号　3-241, 3-243, 5-211, 5-213, 5-308
地御前村阿品　じごぜんむらあじな　第167号　3-243
シコタン島　第1号　1-12, 5-14, 5-268
シコツ湖（ヲサツ）〔シコツトー〕　第28号　1-91, 1-92, 5-50, 5-278
シコロキ山　しころきやま　第136号　3-108
シコンヘ　第17号　1-52, 5-42, 5-274
志佐浦　しさうら　第189号　4-74, 5-235, 5-241
四坂（沖友村屬）〔四坂〕　しさか（おきともむらぞく）　第157号　3-203, 5-197, 5-210
志佐川　しさがわ　第189号　4-74
志佐村　しさむら　第169号　3-254, 5-215
志佐村〔志佐〕　しさむら　第189号　4-74, 5-235, 5-241, 5-313
志佐村里　しさむらさと　第189号　4-74
志佐村正野　しさむらしょうの　第189号　4-74
志佐村白濵　しさむらしらはま　第189号　4-74
宍粟村　しさわむら　第151号　3-176, 5-193, 5-307
地椎根島　じしいねじま　第192号　4-80
獅子浦　ししうら　九州沿海図第5　4-210
鹿折村　ししおれむら　第47号　1-161, 5-76, 5-284
鹿折村大浦濵　ししおれむらおおうらはま　第47号　1-161, 5-76
鹿折村小々塩　ししおれむらこごしお　第47号　1-161, 5-76
鹿折村霍ケ浦〔鹿折村ツルガ浦〕　ししおれむらつるがうら　第47号　1-161, 5-76
鹿折村浪板濵　ししおれむらなみいたはま　第47号　1-161, 5-76
宍甘村　しじかいむらみずうち　第145号　3-153, 5-192, 5-307
宍甘村水内　しじかいむらみずうち　第145号　3-153
獅子ノ内岬　ししがうちみさき　第204号　4-141, 4-142
鹿ヶ小シマ　ししがこじま　第192号　4-81, 4-82
獅子島　ししがしま　第132号　3-82
鹿ヶ島　ししがじま　第192号　4-81, 4-82
シヽカハエ　ししかばえ　第149号　3-165
鹿川 トロフク　ししがわとろふく　第202号　4-127
四敷島　しじきしま　第153号　3-187, 5-191
志自岐神社　しじきじんじゃ　第204号　4-141
志自岐山　しじきやま　第204号　4-141, 5-235
宍喰浦☆⛴〔完喰〕　ししくいうら　第149号　3-165, 5-198, 5-303
宍喰浦那佐湊　ししくいうらなさみなと　第149号　3-165
獅子小島　ししこじま　第204号　4-141, 4-142, 5-235
獅子駒崎　ししこまざき　第204号　4-140, 4-142
獅子嵜〔獅子﨑〕　ししざき　第121号　3-33, 5-172
宍崎村　ししざきむら　第159号　3-208, 5-196, 5-199, 5-310
宍道神〔社〕　ししじじんじゃ　第162号　3-218
獅子島　ししじま　第117号　3-15
志々島　ししじま　第152号　3-183, 5-195, 5-307
獅子嶋　ししじま　第203号　4-136, 4-138, 5-251, 5-315
獅子嶋　ししじま　九州沿海図第14　4-252
鹿頭村　ししずむら　第84号　2-63, 2-65, 5-143, 5-295
獅子岳　ししだけ　第178号　4-15, 4-17
鹿塚山　ししつかやま　九州沿海図第18　4-269
四拾町村〔四十町村〕　しじっちょうむら　第188号　4-68, 5-231, 5-313
獅子飛　ししとび　第133号　3-87, 5-176
鹿留村　ししどめむら　第97号　2-121
獅子留山　ししどめやま　第100号　2-132
シヽハエ　ししはえ　第161号　3-212, 3-214
獅子鼻　ししはな　第125号　3-51
獅子鼻　ししはな　第151号　3-181
獅子鼻　ししばな　第154号　3-189
獅子濱村　ししはまむら　第101号　2-141, 2-143, 5-129, 5-298
宍原郷（石川大隅守知行所）○〔宍子原郷〕　ししはらごう　第107号　2-156, 5-127
宍原郷入村　ししはらごういりむら　第107号　2-156
宍原郷枝後山　ししはらごうえだうしろやま　第107号　2-156
宍原郷枝逢坂　ししはらごうえだおおさか　第107号　2-156
宍原郷枝平山　ししはらごうえだひらやま　第107号　2-156
宍原郷枝古住田　ししはらごうえだふるすみた　第100号　2-138
宍原郷町屋　ししはらごうまちや　第100号　2-138
志路原村　しじはらむら　第166号　3-239, 5-209, 5-212, 5-308
志路原村下ケ原　しじはらむらしもがはら　第166号　3-239
鹿部村　ししぶむら　第186号　4-53, 4-55, 5-223
自島〔白シマ〕　じしま　第154号　3-188, 5-191
地子町村　じしまちむら　第129号　3-69, 5-163
志島村　しじまむら　第117号　3-14, 5-168, 5-299
志々水村　しじみずむら　第195号　4-93, 5-233
志々水村　しじみずむら　九州沿海図第18　4-264
鹿見村　ししみむら　第192号　4-80, 4-81, 5-239, 5-241
獅子村〔獅子〕　ししむら　第204号　4-140, 4-142, 5-235, 5-313, 5-321
獅子村春日　ししむらかすが　第204号　4-140, 4-142
獅子村髙越　ししむらたかごえ　第204号　4-140, 4-142
獅子村西ノ平　ししむらにしのひら　第204号　4-140, 4-142
鹿焼浦　ししやきうら　第192号　4-81, 4-82
シシヤムヲカイシ　第21号　1-68, 1-69
シシヤムシンブイ　第5号　1-20, 5-19, 5-268, 5-270
シシヤムナイ　第20号　1-65, 1-66, 5-45
寺社村　じしゃむら　第85号　2-68, 5-142
シシヤムライケ〔シシヤムライケシ〕　第33号　1-112, 5-47, 5-279
四十九村　しじゅうくむら　第125号　3-48, 3-50, 5-166
四十シマ　しじゅうしま　第164号　5-210
四十島　しじゅうじま　第168号　3-247, 5-214
四十瀬新田　しじゅうせしんでん　第151号　3-178, 5-193, 5-195
四十瀬村　しじゅうせむら　第151号　3-178, 5-193, 5-195
四十谷村　しじゅうたにむら　第120号　3-26, 5-145, 5-297, 5-300
四十八ハナ　しじゅうはちはな　第124号　3-47
四十八瀬川　しじゅうはっせがわ　第107号　5-127
四十曲峠〔四十曲坂〕　しじゅうまがりとうげ　第150号　3-173, 5-189, 5-305
四条通　しじょうどおり　第133号　3-87, 3-90
四條村〔四条〕　しじょうむら　第134号　3-97, 3-98, 5-177, 5-301
志津岳〔志津ケ岳〕　しずがたけ　第121号　3-30, 5-157, 5-172
草尾峠　しずしとうげ　第127号　5-175
質志村　しずしむら　第127号　3-56, 3-58, 5-175
質志村アヲイ谷　しずしむらあおいだに　第127号　3-58
閑谷新田村廣髙下　しずたにしんでんむらひろこうげ　第144号　3-143
賎津浦枝九艘泊　しずつうらえだきゅうそうどまり　第204号　4-140
賎津浦 矢岳浦　しずつうらやだけうら　第204号　4-140
賤女　しずのめ　九州沿海図第19　4-275
清水濵〔清水〕　しずはま　第48号　1-162, 5-76, 5-284
清水濵細浦　しずはまほそうら　第48号　1-162
静間村魚津浦〔静間村、静間、魚津〕　しずまむらうおつうら　第165号　3-233, 5-205, 5-308
静間村上組〔静間村、静間〕　しずまむらかみぐみ　第81号　2-50, 5-138, 5-294
静間村下組〔静間〕　しずまむらしもぐみ　第81号　2-50, 5-294
鎮懐八幡宮　しずめはちまんぐう　第189号　4-70
宍粟郡　しそうぐん　第141号　3-129, 5-183, 5-304
宍粟郡　しそうぐん　第144号　3-140, 5-183, 5-304
地藏坂　じぞうざか　第192号　4-80
地藏鼻　じぞうさき　第157号　5-210
地藏崎〔地蔵岬〕　じぞうざき　第155号　3-190, 5-305
地藏﨑（関﨑）〔地藏崎〕　じぞうざき（せきざき）　第181号　4-32, 5-226, 5-311
地藏﨑（関﨑）　じぞうざき（せきざき）　九州沿海図第4　4-206
シソウ島〔シソウシマ〕　しそうじま　第140号　3-126, 5-171
地藏岳　じぞうだけ　第98号　2-127, 5-151, 5-296
地藏岳　じぞうだけ　第108号　2-164
地藏嶽〔地藏岳〕　じぞうだけ　第133号　3-90, 5-176
地藏谷　じぞうだに　第145号　3-153
地藏堂（内藤豊前守）○☆　じぞうどう　第74号　2-20, 5-112

地藏堂　じぞうどう　第101号　2-140
地藏峠　じぞうとうげ　第107号　5-160
地藏峠　じぞうとうげ　第113号　2-189
地藏峠　じぞうとうげ　第140号　3-126
地藏峠　じぞうとうげ　第176号　3-290
地藏峠　じぞうとうげ　第176号　5-219
地藏堂村　じぞうどうむら　第120号　3-26, 5-145, 5-297, 5-300
地藏鼻　じぞうばな　第164号　3-230
地藏松　じぞうまつ　第93号　2-102
地藏村　じぞうむら　第125号　3-48, 3-50, 5-166
地藏山　じぞうやま　第36号　1-123
地藏山　じぞうやま　第102号　2-147
四代　しだい　第179号　5-224
次弟濱〔次弟〕　しだいはま　第73号　2-15, 2-16, 5-95, 5-285, 287
下井村　したいむら　第209号　4-162, 5-247, 5-261, 5-314, 5-316
下井村　したいむら　九州沿海図第10　4-232
下浦　したうら　第181号　4-32
下浦⛫　したうら　九州沿海図第4　4-206
志多賀村　したかむら　第192号　4-80, 4-81, 5-239, 5-241, 5-320
志高村　しだかむら　第123号　3-40
下刈村　したかりむら　第62号　1-212, 1-213, 5-87, 5-283
下木村　したぎむら　第182号　4-35, 5-227
下木村　したぎむら　九州沿海図第21　4-279
下木村赤坂　したぎむらあかさか　第182号　4-35
下倉村　したぐらむら　第151号　3-176
下倉村草田　したぐらむらくさた　第151号　3-176
志田郡　しだぐん　第52号　1-179, 5-79, 5-284
志太郡　しだぐん　第107号　2-157, 2-159, 5-160, 5-298
志太郡　しだぐん　第111号　2-177, 5-160, 5-298
舌﨑〔舌サキ〕　したざき　第192号　4-80, 5-239, 5-241
下貫　したぬき　九州沿海図第19　4-274
志多浦村　したのうらむら　第192号　4-81, 5-239, 5-240, 5-241, 5-320
下ノ江村　したのえむら　第181号　4-32, 5-226, 5-311, 5-312
下ノ江村　したのえむら　九州沿海図第4　4-209
下ノ江村姥ケ浦　したのえむらうばがうら　第181号　4-32
志多野尾川　したのおがわ　第207号　5-243
下波浦　したばうら　第171号　5-203
下波浦大地〔池〕浦　したばうらおおいけうら　第171号　3-265
下波浦狩津浦　したばうらかりづうら　第171号　3-265, 3-266
下波浦神崎　したばうらこうざき　第171号　3-265, 3-266
下波浦繁浦〔繁浦〕　したばうらしげうら　第171号　3-264, 3-266, 5-203
下波浦島津浦〔島津浦〕　したばうらしまづうら　第171号　3-265, 3-266, 5-203
下波浦西浦〔西浦〕　したばうらにしうら　第171号　3-264, 3-266, 5-203
下波浦東浦〔東浦〕　したばうらひがしうら　第171号　3-264, 3-266, 5-203
下波浦本郷結出浦☆〔結出浦〕　したばうらほんごうゆいでうら　第171号　3-264, 3-266, 5-203
下淵村　したふちむら　第187号　4-58, 5-222, 5-231, 5-312
舌間浦　したまうら　第170号　3-261, 5-201, 5-311
下見村　したみむら　第187号　4-59, 5-223, 5-231, 5-313
志田村　しだむら　第98号　2-124, 2-126, 5-117
志太村　しだむら　第107号　2-159, 5-160
志田村志田原　しだむらしだばる　第190号　4-75
志田村銭亀〔志田村、志田〕　しだむらぜにかめ　第190号　4-75, 5-234, 5-313
志田村堤浦　しだむらつつみうら　第190号　4-75
志田村馬場村　しだむらばばむら　第190号　4-75
志田村平ケ倉　しだむらひらがくら　第190号　4-75
下谷　したや　第90号　2-84, 5-120, 5-123
下谷本村（松波五郎右エ門知行所）〔谷本〕　したやもとむら　第90号　2-87, 2-90, 5-123, 5-291
設樂郡　したらぐん　第110号　2-175, 5-158, 5-161, 5-296
設楽郡　したらぐん　第115号　2-195, 5-158, 5-161, 5-296
設楽郡　したらぐん　第116号　2-202, 2-204, 5-161, 5-299
設樂村　したらむら　第110号　2-176, 5-161, 5-299
下流村　したるむら　第102号　2-147, 5-129, 5-298
志多留村　したるむら　第192号　4-80, 5-239, 5-241, 5-320
志多留村枝苅生　したるむらえだかりお　第192号　4-80
志多留村枝田ノ濱　したるむらえだたのはま　第192号　4-80
枝垂松　しだれまつ　第49号　1-168
志垂村　しだれむら　第88号　2-79, 5-120, 5-291
七ケ所村　しちかしょむら　第80号　2-45, 2-48, 5-138
志知川浦西山　しちがわうらにしやま　第142号　3-134
紫竹大門村　しちくだいもんむら　第133号　3-87, 3-90, 5-174, 5-176
紫竹大門村之内石塔〔拾〕　しちくだいもんむらのうちいしひろい　第133号　3-90
紫竹大門村之内一之坂　しちくだいもんむらのうちいちのさか　第133号　3-87, 3-90
紫竹大門村之内千束　しちくだいもんむらのうちせんぞく　第133号　3-87, 3-90
紫竹大門村之内鷹ケ峯　しちくだいもんむらのうちたかがみね　第133号　3-87, 3-90
七九峠　しちくとうげ　第105号　2-154
紫竹街村　しちくまちむら　第133号　3-87, 3-90
紫竹村　しちくむら　第133号　3-87, 3-90, 5-300
地千嶋　じちしま　九州沿海図第5　4-211
七條村　しちじょうむら　第134号　3-95, 3-97, 5-176, 5-177
七地村　しちちむら　九州沿海図第17　4-263
七地村赤池〔七地〕　しちちむらあかいけ　第200号　4-114, 5-314
七地村内漆田村　しちちむらうちうるしだむら　九州沿海図第17　4-263
七地村漆田村〔七地〕　しちちむらうるしだむら　第200号　4-114, 5-314
七道村（住吉社領）　しちどうむら　第135号　3-101, 5-178
七ノ川　しちのかわ　第207号　4-151, 4-153, 4-155
七戸○☆　しちのへ　第44号　1-149, 5-66, 5-280
七本木村（松平大和守領分、伏見金八郎、筧門三郎、吉良鋭次郎、古田鎌次郎知行所）　しちほんぎむら　第94号　2-106, 5-119, 5-291
七本木村京塚　しちほんぎむらきょうづか　第94号　2-106
七本木村小新田　しちほんぎむらこしんでん　第94号　2-106
七本木村三間新田　しちほんぎむらさんげんしんでん　第94号　2-106
七海村☆　しちみむら　第84号　2-64, 5-142, 5-295
七面山　しちめんざん　第36号　1-123
七山岬　しちやまみさき　第124号　3-47
市中　しちゅう　第176号　3-288
七里村　しちりむら　第182号　5-227
七類浦☆　しちるいうら　第155号　3-190, 5-189, 5-190, 5-305
七類浦法田　しちるいうらほうだ　第155号　3-190
シチロツフ川〔モ子ロツフ川〕　第22号　1-70, 5-27, 5-270
シツカリ川　第30号　1-102, 5-46, 5-279
尻労村　しっかりむら　第41号　1-141, 5-62, 5-280
志津川村　しづかわむら　第133号　3-89, 5-176
志津川村　しづがわむら　第48号　1-162, 5-76, 5-284
志津川村大久保　しづがわむらおおくぼ　第48号　1-162, 5-76
志筑浦☆　しづきうら　第138号　5-184
後月郡　しつきぐん　第151号　3-179, 5-193, 5-307
後月郡　しつきぐん　第156号　3-196, 5-193, 5-307
志筑濱村○〔志筑〕　しづきはまむら　第137号　3-115, 5-184, 5-306
十貫地村（松平播磨守領分）　じっこうちむら　第56号　1-195, 5-103, 5-288
十谷山　じっこくやま　第100号　2-137, 5-151
十石山　じっこくやま　第163号　3-223
十石山　じっこくやま　第187号　4-58
志津新田　しづしんでん　第118号　3-19, 3-21
實勢山　じっせいやま　第126号　3-55
実相寺　じっそうじ　第100号　2-135, 2-138
シツツ○　第21号　1-68, 1-69, 5-47, 5-279
シツツ川　第21号　1-68, 1-69
シツテキシヤマ　第20号　1-65, 5-45, 5-275
シツテキシヤム　第17号　1-55, 5-42, 5-275
シツテキシヤム　第33号　1-112, 5-47, 5-279
知手村（御料所）　しってむら　第58号　1-200, 5-110, 5-290
シツナイ○　第26号　1-87, 5-49, 5-277
志積浦　しつみうら　第121号　3-33, 5-172, 5-300
七味郡　しつみぐん　第128号　3-63, 5-181, 5-304
志都美神社　しつみじんじゃ　第124号　3-43, 3-45, 3-46
七海村　しつみむら　第84号　2-63, 2-65, 5-143, 5-295
志津村　しづむら　第118号　3-19, 3-21, 5-166, 5-297, 5-300
志津山村　しづやまむら　第118号　3-16, 3-17, 5-156
志津山村出屋敷　しづやまむらでやしき　第118号　3-17
四天寄村（御料所、新庄斧七、赤井主水知行所）　してぎむら　第91号　2-92, 5-111, 5-290
仕出原村　しではらむら　第136号　3-109, 5-182, 5-304, 5-306
志手村　してむら　第179号　4-18, 4-21, 4-23, 5-225, 5-312
志手村　してむら　九州沿海図第2　4-197
志手村礒町　してむらいそまち　第179号　4-18, 4-21, 4-23
地頭方村（御料所）　じとうがたむら　第111号　2-178, 5-160, 5-298
地頭方村御前﨑☆　じとうがたむらおまえざき　第107号　2-160
地頭片山 三軒屋　じとうかたやまさんげんや　第151号　3-178
地頭方村　じとうほうむら　第88号　2-77
地頭町○　じとうまち　第84号　2-63, 2-65, 5-143, 5-295
地藤村　じとうむら　第123号　3-40
地頭村　じとうむら　第151号　3-177, 5-193, 5-307
四徳山　しとくやま　第181号　4-29, 4-31

雫村　しどけむら　第54号　1-188, 5-102, 5-288
志床村　しどこむら　第188号　4-64, 5-231
人坂峠　しとさかとうげ　第128号　3-65
志度寺　しどじ　第146号　3-157, 3-158, 5-194
志度神社〔志登神社〕　しとじんじゃ　第187号　4-61, 5-233, 5-313
四斗田村　しとだむら　第52号　1-181, 5-79, 5-284
シトヽ子　しととね　第99号　2-131
四戸橋村〔四斗橋村〕　しとばしむら　第39号　1-135, 5-67, 5-82
志戸橋村　しとばしむら　第60号　1-207, 1-208, 5-85
地頭方村　じとほうむら　第142号　3-134, 5-184, 5-303, 5-306
蔀　しとみ　九州沿海図第16　4-256
蔀山　しとみやま　第163号　3-222
志登村　しとむら　第187号　4-61, 5-233
志度村○☆　しどむら　第146号　3-157, 3-158, 5-194
倭文神社　しどりじんじゃ　第100号　2-135, 2-138
紙工村　しとりむら　第151号　3-176, 5-192, 5-307
紙工村天満　しとりむらてんまん　第151号　3-176
志土路浦　しとろうら　第192号　4-81
志都呂村（松平岩之助知行所）　しとろむら　第111号　2-181, 5-161, 5-299
シナイ浦　しないうら　第192号　4-81
地内島　じないしま　第103号　2-149, 5-132, 5-133, 5-292
寺内村　じないむら　第135号　3-101
寺内村　じないむら　第142号　3-134, 5-184, 5-303, 5-306
地中瀬　じなかせ　第204号　4-140
品川（御料所）○　しながわ　第90号　2-86, 2-87, 5-120, 5-123, 5-291
品木島　しなきじま　第192号　4-80, 5-239, 5-241
稲倉村（松平丹波守領分）　しなぐらむら　第96号　2-115, 2-117, 5-146, 5-296
品崎〔品サキ〕　しなざき　第200号　4-116, 5-250
品崎　しなざき　九州沿海図第16　4-259
科手町　しなでまち　第133号　3-92, 5-176
品中村　しななかむら　第133号　3-86, 5-174, 5-176, 5-301
信濃川　しなのがわ　第73号　2-17, 5-98, 5-287
信濃川　しなのがわ　第76号　2-32, 5-112, 5-113
信濃國〔信濃〕　しなののくに　第81号　2-50, 5-146, 5-150, 5-294
信濃國〔信濃〕　しなののくに　第95号　2-111, 5-146, 5-150, 5-294
信濃國〔信濃〕　しなののくに　第98号　2-125, 5-146, 5-150, 5-296
信濃國〔信濃〕　しなののくに　第109号　2-167, 5-146, 5-150, 5-296
信濃國〔信濃〕　しなののくに　第110号　2-173, 2-175, 5-146, 5-150, 5-296
品野村（新見吉次郎知行所）　しなのむら　第93号　2-103, 5-123, 5-291
志那村　しなむら　第133号　3-86, 5-174, 5-176
四女子村　しによしむら　第115号　2-197
シ子ウシトマリ　第8号　1-29, 5-271
シ子コ岬　しねこみさき　第34号　1-119, 5-57, 5-279
シ子トマリ　第25号　1-82, 1-84, 5-33, 5-277
標葉郡　しねはぐん　第54号　1-188, 1-189, 5-102, 5-288
地濃地シマ　じのうじとう　九州沿海図第5　4-213
篠岡村　しのおかむら　第124号　3-42, 3-44
篠垣村　しのがきむら　第124号　3-44, 5-180, 5-181
地唐荷〔唐荷〕　じのからに　第141号　3-127, 3-131, 5-183, 5-185, 5-306
四ノ川　しのかわ　第207号　4-151, 4-153, 4-154
篠木川　しのきがわ　第81号　5-146
地喜島　じのきじま　第145号　3-149, 5-192, 5-306
篠隈川〔シノクマ川〕　しのくまがわ　第187号　4-59, 5-231
篠熊村〔篠隈村〕　しのくまむら　第187号　4-59, 5-223, 5-231
地黒島　じのくろしま　第140号　3-125, 5-171
地小シマ　じのこじま　第189号　4-73
地小シマ　じのこじま　第201号　4-122
地小シマ　じのこじま　第206号　4-150
地小島〔地小シマ〕　じのこじま　第208号　4-161, 5-251
地小嶋　じのこじま　九州沿海図第13　4-249, 4-251
篨坂峠　しのざかとうげ　第162号　5-190, 5-204
篠坂村　しのざかむら　第128号　3-65, 5-181, 5-183, 5-304
篠島　しのじま　第116号　2-201, 5-162
地島　じのしま　第158号　3-205
地島　じのしま　第186号　4-55, 5-223, 5-313
地ノ島（浦初島）〔地ノシマ、地島〕　じのしま（うらそめじま）　第139号　3-121, 5-179, 5-303, 5-306
篠瀬　しのせ　九州沿海図第1　4-191
篠瀬（与次兵衛瀬）〔篠セ〕　しのせ（よじべえのせ）　第178号　4-13, 5-222
篠田　しのだ　第130号　5-299
シノダイ　第27号　1-89, 5-278
地焚小島　じのたきこじま　第207号　4-151, 4-153
地竹子島〔竹子島〕　じのたけのこじま　第145号　3-154, 5-194, 5-307
篠立村　しのだちむら　第118号　3-19, 3-21, 5-166, 5-297, 5-300
篠田村　しのだむら　第116号　2-202, 2-204, 5-162, 5-299
篠津村（徳永小膳知行所）☆　しのづむら　第88号　2-76, 2-78, 5-120, 5-291
篠橋新田　しのばししんでん　第118号　3-20, 5-166, 5-297
地ノ裸瀬　じのはだかせ　第206号　4-150
地濱　じのはま　第183号　4-38, 4-40
笹原村　しのはらむら　第86号　2-71, 5-145, 5-297, 5-300, 5-295
篠原村（御料所）　しのはらむら　第111号　2-181, 5-161, 5-299
篠原山　しのはらやま　第133号　3-86
信夫郡　しのぶぐん　第53号　1-186, 5-81, 5-285
信夫郡　しのぶぐん　第56号　1-193, 5-285
シノフ崎　しのふざき　第211号　4-173, 4-176, 5-249, 5-256, 5-261
篠部村（保科越前守領分）　しのべむら　第91号　2-96, 5-123, 5-124, 5-290
新野辺村　しのべむら　第137号　3-114
四宮村（御料所、服部六右エ門、杦浦若狭守、竹尾善助、服部金吾知行所）〔四之宮村〕　しのみやむら　第93号　2-103, 5-126
四宮村　しのみやむら　第107号　2-160, 5-160, 5-298
四ノ宮村下郷〔四之宮村〕　しのみやむらしもごう　第99号　2-128, 2-130, 5-126
篠村　しのむら　第133号　3-90, 5-175, 5-176, 5-301
篠村ノ内野条　しのむらのうちのじょう　第133号　3-90
篠村ノ内廣道　しのむらのうちひろみち　第133号　3-90
篠目村　しのめむら　第175号　3-285, 5-219, 5-309, 5-312
篠目村枝細ノ村　しのめむらえだほそのむら　第175号　3-285
芝　しば　第90号　2-84, 2-86, 5-120, 5-123
芝生　しばう　第175号　3-287
紫波浦　しばうら　九州沿海図第18　4-264
シハエ　しばえ　第183号　4-43, 5-228
シハヘ　しばえ　九州沿海図第6　4-215, 4-216
芝尾　しばお　九州沿海図第21　4-281
柴尾山　しばおやま　第195号　4-93, 4-94
柴垣村　しばがきむら　第83号　2-61, 5-14, 5-295
芝川　しばかわ　第100号　2-133, 2-135, 2-136, 2-138
柴北村　しばきたむら　第182号　4-34
柴北村　しばきたむら　九州沿海図第21　4-280
芝崎村　しばさきむら　第179号　4-18, 4-21, 4-23, 5-225, 5-312
芝崎村　しばさきむら　九州沿海図第2　4-197
柴崎村（佐橋兵三郎知行所）　しばざきむら　第90号　2-85, 2-87, 2-88, 5-120, 5-123
柴崎村　しばざきむら　第90号　2-88, 2-90, 5-120, 5-123, 5-291
柴崎村下和田　しばざきむらしもわだ　第90号　2-88, 2-90
柴島　しばしま　第200号　4-116
柴島　しばしま　第200号　4-117, 4-118, 5-250
柴嶋　しばじま　九州沿海図第16　4-259
地裸シマ　じはだかじま　第201号　4-121
柴田川　しばたがわ　第187号　4-59
柴田郡　しばたぐん　第53号　1-184, 1-185, 5-80
柴田新田北曲輪〔柴田新田〕　しばたしんでんきたぐるわ　第115号　2-197, 2-199, 5-297, 5-299
柴田新田南曲輪〔柴田新田〕　しばたしんでんみなみくるわ　第115号　2-197, 2-199, 5-159, 5-297, 5-299
柴立　しばたて　九州沿海図第11　4-241
芝場　しばば　九州沿海図第2　4-197
柴原村　しばはらむら　第150号　3-174, 5-193, 5-305
芝生村　しばふむら　第93号　2-102, 5-123, 5-291
柴村　しばむら　第81号　2-52
柴村　しばむら　第92号　2-98, 5-124, 5-292
芝村　しばむら　第124号　3-42, 3-44, 5-180
柴村　しばむら　第127号　3-60, 5-180, 5-304
芝村　しばむら　第133号　3-93, 5-178, 5-301
芝村　しばむら　第134号　3-97, 5-177, 5-301
芝村　しばむら　第134号　3-95, 3-100, 5-176
芝村　しばむら　第137号　3-112
芝村　しばむら　第139号　3-122, 5-171, 5-303, 5-306
芝村　しばむら　第140号　3-126, 5-171, 5-303
柴村　しばむら　第170号　3-258
柴村王子　しばむらおうじ　第127号　3-60
柴山（古城跡）　しばやま　第95号　2-110
柴山村　しばやまむら　第133号　3-91
柴屋村　しばやむら　第134号　3-95, 3-97, 5-176, 5-177, 5-301
芝怒田村　しばんたむら　第100号　2-132, 2-134, 5-291
芝怒田村小返山　しばんたむらこはふなやま　第100号　2-132, 2-134
芝怒田村新田　しばんたむらしんでん　第100号　2-132, 2-134
四番村　しばんむら　第135号　3-101, 5-176, 5-178
鮪浦⃤　しびうら　第183号　4-40, 5-226, 5-228
鮪浦⃤　しびうら　九州沿海図第5　4-211
シビ川　第34号　1-116, 1-118, 5-54, 5-57, 5-279
紫尾山　しびさん　第208号　4-160, 5-250, 5-252,

5-315
紫尾山　しびざん　九州沿海図第13　4-248
地ヒシヤコセ　じびしゃごせ　第189号　4-73
魚〔鮪〕突島　しびつきじま　第183号　4-39, 5-226
鮪突嶋　しびつきじま　九州沿海図第5　4-211
鉋尾山　しびやま　第113号　2-189
新開村　しびらきむら　第88号　2-78
シヒレ山　しびれやま　第98号　2-126, 5-117
地鬢垂島〔鬢垂島〕　じびんだれじま　第199号　4-110, 5-248
地鬢垂島　じびんだれじま　九州沿海図第8　4-227
シフイウニ　第21号　1-68, 1-69, 5-46
澁井村　しぶいむら　第88号　2-78
渋江村　しぶえむら　第195号　4-93, 5-233, 5-315
渋江村　しぶえむら　九州沿海図第18　4-266
渋江村枝田上〔渋江村〕　しぶえむらえだたのうえ　第151号　3-178, 5-193
渋柿濱〔澁柿濱、渋柹〕　しぶがきはま　第76号　2-31, 5-138, 5-287, 5-294
澁川（御料所、小笠原政之助知行所）○　しぶかわ　第78号　2-41, 5-119, 5-289
澁川　しぶかわ　第101号　2-140
渋川郡〔澁川郡〕　しぶかわぐん　第135号　3-101, 5-178, 5-301
渋川村　しぶかわむら　第133号　3-86, 5-174, 5-176, 5-301
渋川村　しぶかわむら　第145号　3-155, 5-194, 5-307
渋木村　しぶきむら　第190号　4-75
地福市　じふくいち　第175号　3-283
地福村　じふくむら　第175号　3-283, 5-218, 5-309
地福村枝一井原村　じふくむらえだいちいはらむら　第175号　3-283
地福村枝大土路村　じふくむらえだおおとろむら　第175号　3-283
渋澤村（米倉丹後守、土屋伊賀守領分、米倉頼母、大久保藤右エ門知行所）　しぶさわむら　第99号　2-128, 2-130, 5-126, 5-291
シブシウシ〔シフシフシ〕　第18号　1-58, 1-60, 5-43, 5-275
志布志川　しぶしがわ　第199号　4-110
志布志川　しぶしがわ　九州沿海図第9　4-228
シブ島　しぶじま　第153号　3-186, 5-191
志布志村○　しぶしむら　九州沿海図第9　4-228
志布志村浦町○〔志布志〕　しぶしむらうらまち　第199号　4-110, 5-246, 5-248, 5-261, 5-316
地二子シマ　じふたごじま　九州沿海図第19　4-271
濵谷村　しぶたにむら　第136号　3-105
澁民○〔渋民〕　しぶたみ　第49号　1-168, 5-71, 5-74, 5-282
澁手村　しぶてむら　第75号　2-27, 5-99
シフヌツナイ　第18号　1-59
シフヌベツ　第17号　1-52, 5-42, 5-274
シフヌベツ川　第17号　1-52, 5-42
澁谷　しぶや　第90号　2-85, 2-87, 5-120, 5-123, 5-291
治部山　じぶやま　第133号　3-89
渋谷村　しぶやむら　第133号　3-93, 5-178
シフントー　第8号　5-25, 5-271
シフントー川　第8号　1-31, 5-25
シフンベツ川〔シフンヘツ〕　第28号　1-91, 5-43, 5-274
治兵エ新田　じへえしんでん　第90号　2-84, 5-120, 5-123
シベツ○　第5号　1-19, 5-19, 5-270
シベツ川　第5号　1-19, 5-19, 5-270
シベツ山　第17号　1-56, 5-43, 5-274
シヘビー〔シベヒー〕　第20号　1-64, 5-45, 5-275
實法寺村　じほうじむら　第141号　3-129, 3-131
芝生田村　しぼうだむら　第95号　2-112, 5-146, 5-294, 5-296
嶋　しま　九州沿海図第14　4-252
下相川村☆　しまいかむら　第75号　2-25, 5-99
シマウシ　第25号　1-81, 5-32, 5-33, 5-276
嶋中村〔島中〕　しまうちむら　第208号　4-156, 5-250, 5-314
嶋中村　しまうちむら　九州沿海図第17　4-262
嶋中村別府　しまうちむらべっぷ　第208号　4-156
シマウツカ（サンホンスキ）　第5号　1-19, 5-19, 5-270
島浦　しまうら　第192号　4-80
嶋江　しまえ　九州沿海図第5　4-211
島大国魂神社　しまおおくにたまじんじゃ　第192号　4-80
島大國魂御子神社　しまおおくにたまみこじんじゃ　第192号　4-80
島尾山　しまおやま　第190号　4-76
島陰村　しまかげむら　第123号　3-38, 3-40, 5-173, 5-304
島頭島　しまがしらしま　第204号　4-140, 4-142
島頭島　しまがしらしま　第204号　4-140, 4-142, 5-235
島勝浦　しまかつうら　第131号　3-80, 5-169, 5-301, 5-302
島ケ鼻　しまがはな　第161号　3-216
島ケ原　しまがはら　第171号　3-264, 3-266
島ヶ原川　しまがはらがわ　第134号　3-94
島ケ原宿〔島ケ原〕　しまがはらしゅく　第134号　3-94, 5-167, 5-176, 5-301
島ヶ原宿大道小場　しまがはらしゅくおおどうこば　第133号　3-88
島が原宿奥村小場　しまがはらしゅくおくむらこば　第133号　3-88
島ケ原宿川南小場　しまがはらしゅくかわみなみこば　第134号　3-94
島ヶ原宿中屋小場　しまがはらしゅくなかやこば　第133号　3-88
島ヶ原村枝山菅小場　しまがはらむらえだやますげこば　第134号　3-94
島上郡　しまかみぐん　第133号　3-92, 5-176, 5-178, 5-301
島川　しまかわ　第202号　4-124, 5-236
志摩郡　しまぐん　第187号　4-61, 5-223, 5-313
志摩郡　しまぐん　第189号　4-70
島毛ハへ　しまげばえ　第183号　4-43, 5-228
シマコタン　第21号　1-68, 5-46, 5-279
シマコマキ○　第33号　5-47, 5-279
シマコマキ川　第33号　1-112
島坂　しまさか　第133号　3-90, 3-92
嶋﨑　しまざき　第183号　4-40
島下郡　しましもぐん　第133号　3-93, 5-178, 5-301
島下郡　しましもぐん　第135号　3-101, 5-301
シマシレト　第30号　1-100, 5-46, 5-52
島脊　しませ　第179号　4-23
シマセ　しませ　第211号　4-173, 4-175
島田（御料所）○　しまだ　第111号　2-177, 5-160, 5-298
嶋田　しまだ　九州沿海図第2　4-198
嶋田　しまだ　九州沿海図第3　4-198, 4-204
嶋田川　しまだがわ　第169号　3-255
島田宿甚兵エ島　しまだじゅくじんべえじま　第111号　2-177
島田宿向島　しまだじゅくむこうじま　第111号　2-177
嶋谷　しまたに　第173号　3-273
嶋田村（松平大和守領分）　しまだむら　第88号　2-79, 5-120, 5-291
島田村（紀伊殿領分）　しまだむら　第139号　3-122, 5-171, 5-303, 5-306
島田村　しまだむら　第155号　3-190, 3-192, 5-189, 5-190
嶋田村〔島田〕　しまだむら　第169号　3-255, 5-218, 5-311
島田村高田町○☆〔島田村〕　しまだむらたかだちょう　第118号　3-19, 5-166
島田山　しまだやま　第142号　3-133, 5-185, 5-303, 5-306
嶋地村枝下津屋　しまちむらえだしもつや　第175号　3-285
シマチヤシ　第15号　1-47
地松浦☆　じまつうら　第183号　4-40, 5-226, 5-228, 5-311
地松浦☆　じまつうら　九州沿海図第5　4-213
地松浦内二俣　じまつうらうちふたまた　九州沿海図第5　4-213
島津島　しまづしま　第154号　3-189, 5-191, 5-305
島津セ　しまづせ　第196号　4-95
地松ハへ　じまつはえ　第198号　4-105
地松ハへ　じまつはえ　九州沿海図第8　4-224
島津村　しまづむら　第186号　4-54
嶋戸後地嶋戸浦（長府領）〔嶋戸後地〕　しまどうしろじしまどうら　第177号　3-295, 5-220
シマトマリ　第12号　1-41, 5-36, 5-269, 5-273
シマトマリ　第16号　1-51, 5-39, 5-274
シマトマリ　第20号　1-64, 5-44, 5-275
シマドマリ　第7号　1-26, 5-20, 5-270
嶋泊浦　しまとまりうら　九州沿海図第10　4-238
シマトマリ川　第7号　1-26
シマトマリ川　第20号　1-64
島泊山　しまとまりやま　第190号　4-76
島撫村　しまなでむら　第145号　3-148, 5-183
島根郡　しまねぐん　第155号　3-191, 5-190, 5-305
島根郡　しまねぐん　第162号　3-218, 5-190, 5-305
島根村　しまねむら　第90号　2-84, 5-120, 5-123, 5-290
島根村新田〔島根村〕　しまねむらしんでん　第88号　2-78, 5-120, 5-291
嶋野浦☆　しまのうら　第183号　4-43, 5-228, 5-304
嶋野浦☆　しまのうら　九州沿海図第6　4-216
志摩國〔志摩〕　しまのくに　第117号　3-13, 3-15, 5-168
島之庄村　しまのしょうむら　第134号　3-97, 3-98, 5-177
島星山　しまのほしやま　第172号　3-268
嶋原☆〔島原〕　しまばら　第196号　4-95, 5-233, 5-315
島原瀬〔島原セ〕　しまはらせ　第207号　4-153, 4-154, 5-243
島原村今村名〔島原村〕　しまばらむらいまむらみょう　第196号　4-95, 5-233
島原村柏野名　しまばらむらかしわのみょう　第196号　4-95
嶋平濱　しまびらはま　九州沿海図第12　4-246
島堀切村　しまほりきりむら　第188号　4-68, 5-231
嶋間嵜　しままざき　第213号　4-182, 5-258, 5-261
下町屋村在原　しままちやむらありはら　第167号　3-240
シママツフ川〔シマツフ〕　第28号　1-91, 5-43, 5-275
嶋間村　しままむら　第213号　4-182, 5-258, 5-261
島間村稲子泊　しままむらいなごどまり　第213号　4-182
嶌間村古川〔島間〕　しままむらふるかわ　第213号

4-182, 5-318
嶌見濵〔嶋見濵〕 しまみはま 第73号 2-16, 5-95, 5-287
島村 しまむら 第83号 2-59, 2-60, 5-140, 5-295
島村☆ しまむら 第118号 3-16, 5-156, 5-297, 5-300
島村 しまむら 第118号 3-18
島村 しまむら 第124号 3-42, 3-44, 5-180
島村 しまむら 第125号 3-48, 3-50, 5-166
島村（住吉社領） しまむら 第135号 3-101, 5-178
島村 しまむら 第136号 3-111, 5-182, 5-306
島村 しまむら 第141号 3-130
島村 しまむら 第143号 3-135, 5-188
島村 しまむら 第180号 4-24, 5-222, 5-230, 5-312
嶋村 しまむら 第188号 4-64
島村 しまむら 第195号 4-93, 5-233
島村 しまむら 第202号 4-127, 4-128, 5-236
嶋村 しまむら 九州沿海図第18 4-266
島村 しまむら 長崎〔参考図〕 4-131
島村沓掛 しまむらくつかけ 第180号 4-24
島村香焼嶋 しまむらこうやぎじま 第202号 4-127, 4-128, 5-315
島村香焼島 しまむらこうやぎじま 長崎〔参考図〕 4-131
島村鶴 しまむらつる 第180号 4-24
島村柳ケ平 しまむらやなぎがひら 第180号 4-24
島森山 しまもりやま 第100号 2-137
島屋新田 しまやしんでん 第135号 3-101, 5-178, 5-301
島山 しまやま 第189号 5-234, 5-241
島山 しまやま 第189号 4-73
島山梨子村 しまやまなしむら 第120号 3-24, 3-26, 5-145
島山村〔島山島〕 しまやまむら 第192号 4-81, 4-82, 5-240, 5-241, 5-320
島脇村 しまわきむら 第144号 3-140
島分根 しまわけね 第102号 2-145
地廻島 じまわりじま 第192号 4-81, 4-82
四万十川 しまんとがわ 第161号 3-212
清水 しみず 九州沿海図第4 4-205, 4-208, 4-211
清水新居村〔清水新井〕 しみずあらいむら 第98号 2-126, 5-117, 5-291, 5-296
冷水浦⚠ しみずうら 第138号 3-120, 5-186, 5-303, 5-306
清水浦☆⚠ しみずうら 第161号 3-212, 3-214, 5-202, 5-311
清水浦本清水 しみずうらほんしみず 第161号 3-212, 3-214
清水川村 しみずがわむら 第40号 1-137, 5-66, 5-280
清水島〔清水シマ〕 しみずじま 第202号 4-125, 4-127, 5-236
清水島 しみずじま 長崎〔参考図〕 4-133
清水新田 しみずしんでん 第99号 2-129, 2-131
清水新田村 しみずしんでんむら 第137号 3-114, 5-184
清水谷村 しみずだにむら 第134号 3-98, 5-177, 5-301
清水谷村天ケ谷 しみずだにむらあまがや 第134号 3-98
清水谷村霊鷲寺 しみずだにむられいしゅうじ 第134号 3-98
清水峠 しみずとうげ 第166号 3-235
清水鼻村 しみずはなむら 第125号 3-50, 5-174
清水町○ しみずまち 第56号 1-193, 5-81, 5-285, 5-288
清水町（御料所）○⚠ しみずまち 第107号 2-156, 2-158, 5-129, 5-298
清水町 しみずまち 第178号 4-13, 4-15, 5-222
清水村 しみずむら 第39号 1-135, 5-67, 5-82
清水村（松平大学頭領分、正木大之亟知行所） しみずむら 第58号 1-199, 5-110, 5-290
清水村（堀近江守） しみずむら 第81号 2-50, 5-146
清水村 しみずむら 第85号 2-66, 5-142
清水村 しみずむら 第125号 3-48, 3-50, 5-174
清水村（青山下野守領分） しみずむら 第135号 3-101, 5-178
清水村 しみずむら 第137号 3-114, 5-184, 5-306
清水村 しみずむら 第151号 3-178, 5-192, 5-193, 5-307
清水村 しみずむら 第187号 4-60
清水山 しみずやま 第188号 4-68
四美村 しみむら 第112号 2-185
地向島 じむくしま 第181号 4-32, 5-226, 5-311
地向嶋 じむくしま 九州沿海図第4 4-205, 4-208
シムヽシ 第6号 1-24, 5-26, 5-270
志村（東叡山領） しむら 第90号 2-85, 5-120, 5-123
志村 しむら 第181号 4-30, 4-33, 5-226, 5-312
志村 しむら 九州沿海図第3 4-202
〆切新田 しめきりしんでん 第129号 3-66, 5-159
點野村（永井大和守知行所） しめのむら 第135号 3-100, 5-176, 5-178, 5-301
下相野村 しもあいのむら 第136号 3-105, 3-107, 5-182
下阿井村 しもあいむら 第163号 3-222, 5-190, 5-204
下阿井村井戸 しもあいむらいど 第163号 3-222
下青島村（西尾隠岐守領分） しもあおじまむら 第107号 2-159, 5-160
下青柳村 しもあおやぎむら 第88号 2-79
下縣郡 しもあがたぐん 第192号 4-81
下赤塚村（御料所）〔赤塚〕 しもあかつかむら 第90号 2-85, 5-120, 5-123, 5-291
下赤塚村新町 しもあかつかむらしんまち 第90号 2-85
下赤名村 しもあかなむら 第163号 3-223, 5-209
下赤名村福田 しもあかなむらふくだ 第163号 3-223
下秋月村 しもあきづきむら 第187号 4-58, 5-222, 5-230
下秋月村河内 しもあきづきむらこうち 第187号 4-58
下安久村〔安久〕 しもあぐむら 第122号 3-37, 5-175, 5-304
下阿宮村 しもあぐむら 第162号 3-219, 3-221
下呰部村〔呰部〕 しもあざえむら 第150号 3-175, 5-193, 5-305
下呰部村植木 しもあざえむらえき 第150号 3-175
下呰部村三〔上〕合地 しもあざえむらじょうごうち 第150号 3-175
下淺羽村（深津弥八郎知行所） しもあさばむら 第88号 2-79, 5-120, 5-121, 5-291
下浅間村 しもあさまむら 第96号 2-117
下浅見川村 しもあさみがわむら 第55号 1-190, 5-102, 5-288
下芥原村 しもあざわらむら 第141号 3-129, 5-183, 5-306
下アシカ島 しもあじかしま 第204号 4-141, 5-235
下味野村 しもあじのむら 第143号 3-135
下足守村 しもあしもりむら 第151号 3-176, 5-192
下淺津村 しもあそづむら 第143号 3-136, 5-188
下虻川村○ しもあぶかわむら 第62号 1-212, 1-213, 5-87, 5-283
下天津村 しもあまつむら 第127号 3-57, 5-180
下天津村茶屋地 しもあまつむらちゃやじ 第127号 3-57
下天津村天王 しもあまつむらてんのう 第127号 3-57
下天引村 しもあまびきむら 第133号 3-91, 5-175
下天引村之内八坂 しもあまびきむらのうちやさか 第133号 3-91
下荒 しもあら 第80号 2-45
下荒濵 しもあらはま 第76号 2-31, 5-138
下有佐村枝内田 しもありさむらえだありさ 九州沿海図第16 4-260
下有佐村枝内田〔下有佐村、下有佐〕 しもありさむらえだうちだ 第195号 4-93, 4-94, 5-233, 5-315
下有市村〔有市〕 しもありちむら 第134号 3-95, 5-176, 5-301
下有福村 しもありふくむら 第172号 3-268, 5-212
下阿波村 しもあわむら 第130号 3-75, 5-167, 5-301
下阿波村大橋 しもあわむらおおはし 第130号 3-75
下阿波村観音寺 しもあわむらかんのんじ 第130号 3-75
下阿波村牧ノ口 しもあわむらまきのくち 第130号 3-75
下飯田村 しもいいだむら 第115号 2-197
下飯野新村 しもいいのしんむら 第82号 2-55, 5-139
下飯野村 しもいいのむら 第82号 2-55, 5-139
下飯場間村 しもいいばまむら 第110号 2-173
下筏島 しもいかだじま 第145号 3-149, 5-192
下井草村（秋元左エ門佐領分）〔井草〕 しもいぐさむら 第88号 2-79, 5-291
下池 しもいけ 第118号 3-19, 3-21, 5-166, 5-297, 5-300
下飯盛村〔下飯盛〕 しもいさがいむら 第188号 4-67, 4-69, 5-231, 5-313
下飯盛村住吉村☆ しもいさがいむらすみよしむら 第188号 4-67, 4-69
下石川村（真田弾正大弼） しもいしかわむら 第81号 2-53
下石坂 しもいしざか 第186号 4-54
下石田村 しもいしだむら 第98号 2-126, 5-117
下石田村（水野出羽守） しもいしだむら 第101号 2-141, 5-129, 5-291, 5-298
下石津村（御料所） しもいしづむら 第135号 3-103, 5-178, 5-301
下石戸下村（牧野大内藏知行所） しもいしどしもむら 第88号 2-76, 2-78, 5-120, 5-291
下石橋村（堀田相模守領分） しもいしばしむら 第69号 1-245, 5-109
下石原村○〔石原〕 しもいしはらむら 第90号 2-88, 2-90, 5-120, 5-123, 5-291
下出部村 しもいずえむら 第157号 5-195
下伊勢村 しもいせむら 第141号 3-129, 3-131, 5-183, 5-306
下伊勢村伊勢茶屋 しもいせむらいせちゃや 第141号 3-129
下伊田村〔伊田〕 しもいたむら 第178号 4-17, 5-222, 5-312
上伊田村新町 しもいたむらしんまち 第178号 4-17
下伊田村鉄炮町 しもいたむらてっぽうまち 第178号 4-17
下伊田村橋本 しもいたむらはしもと 第178号 4-17

下市 しもいち 第173号 3-273
下市 しもいち 九州沿海図第3 4-201
下市瀬村〔市瀬〕 しもいちぜむら 第150号 3-174, 5-193, 5-305, 5-307
下市郷村 しもいちのごうむら 第141号 3-130, 5-183
下市ノ瀬村 しもいちのせむら 第98号 2-126
下市場村 しもいちばむら 第115号 2-196, 2-198, 2-200
下市村 しもいちむら 第145号 3-152
下市村 しもいちむら 第150号 3-171, 5-189
下市村 しもいちむら 第164号 3-228, 5-210
下市村 しもいちむら 第194号 4-89
下一色村 しもいっしきむら 第118号 3-20, 5-166, 5-297
下井手 しもいで 九州沿海図第18 4-269
下井手村〔井手〕 しもいでむら 第180号 4-27, 5-230, 5-312
下井手村溝口 しもいでむらみぞぐち 第180号 4-27
下伊福村 しもいふくむら 第145号 3-153
下伊福村國守 しもいふくむらくにもり 第145号 3-153
下伊福村西﨑 しもいふくむらにしざき 第145号 3-153
下伊福村三門〔下伊福村、三門〕 しもいふくむらみかど 第145号 3-153, 5-192, 5-307
下伊保村 しもいぼむら 第115号 2-196, 5-159
下井堀村 しもいぼりむら 第96号 2-114, 5-146, 5-294
下井堀村枝西村 しもいぼりむらえだにしむら 第96号 2-115
下今井新田〔下今井新田入會〕 しもいまいしんでん 第90号 2-84, 2-86, 5-120, 5-123
下今泉村 しもいまいずみむら 第93号 2-103
下今井村 しもいまいむら 第98号 2-124, 2-126, 5-117, 5-296
下今任村 しもいまとうむら 第178号 4-17, 5-222, 5-312
下井牟田 しもいむた 九州沿海図第8 4-227
下岩田村 しもいわたむら 第187号 4-59, 5-231
下岩村 しもいわむら 第150号 3-175, 5-193, 5-305
下印食新田川手畑 しもいんじきしんでんかわてばた 第118号 3-16, 3-18
下院内○☆ しもいんない 第64号 1-222, 5-90, 5-283
下院内 馬場 しもいんないばば 第64号 1-222
下植野村 しもうえのむら 第133号 3-90, 3-92, 5-176, 5-178
下總國 しもうさのくに 第58号 1-200, 1-201, 5-290
下總國〔下総〕 しもうさのくに 第87号 2-73, 5-122
下總國〔下總〕 しもうさのくに 第89号 2-82, 5-122, 5-290
下總國〔下總〕 しもうさのくに 第90号 2-84, 2-86, 5-122
下打穴中村 しもうたのなかむら 第144号 3-145, 5-192, 5-305, 5-307
下内野村 しもうちのむら 第203号 4-134, 5-236, 5-315
下内野村 しもうちのむら 九州沿海図第19 4-272
下内野村木場 しもうちのむらこば 第203号 4-134
下内野村小峰 しもうちのむらこみね 第203号 4-134
下内野村松尾 しもうちのむらまつお 第203号 4-134
下内間木村 しもうちまぎむら 第88号 2-78
下有知村〔下有地〕 しもうちむら 第114号 2-193, 5-156, 5-297
下有知村今宮 しもうちむらいまみや 第114号 2-193
下有知村新屋敷 しもうちむらしんやしき 第114号 2-193
下有知村辻 しもうちむらつじ 第114号 2-193, 5-156
下宇鉄村 しもうてつむら 第38号 1-128
下有尓村中明星〔下有尓村、下有尓〕 しもうにむらなかみょうじょう 第130号 3-76, 5-163, 5-299
下宇部尾村 しもうべおむら 第155号 3-191, 5-190, 5-305
下馬引澤村 しもうまひきざわむら 第90号 2-85, 2-87
下海浦 しもうみうら 第120号 3-27, 5-172, 5-300
下梅野山村井手原 しもうめのやまむらいでのはる 第188号 4-67
下梅野山村下田 しもうめのやまむらしもだ 第188号 4-67
下梅野山村原☆〔下梅野山村、下梅野山〕 しもうめのやまむらはる 第188号 4-67, 5-231, 5-313
下浦村 しもうらむら 第187号 4-59, 5-231, 5-312
下浦村☆ しもうらむら 第203号 4-134, 4-136, 5-251, 5-315
下浦村☆ しもうらむら 九州沿海図第19 4-272
下浦村石原 しもうらむらいしはら 第187号 4-58
下浦村垣塚 しもうらむらかきづか 第203号 4-134, 4-136
下浦村金焼 しもうらむらかねやき 第203号 4-134, 4-136
下浦村舩場 しもうらむらせんば 第203号 4-134, 4-136
下江 しもえ 九州沿海図第18 4-264
下宅原村 しもえいばらむら 第136号 3-107, 5-178
下枝村 しもえだむら 第125号 3-50, 5-166, 5-297, 5-300
下依知村（御料所、犬塚平右エ門、近藤登之助、蜂屋七兵エ、森川數馬知行所）〔下依智村〕 しもえちむら 第93号 2-103, 5-126
下江花村〔江花〕 しもえばなむら 第68号 1-236, 1-238, 5-288
下海老村 しもえびむら 第54号 1-187, 5-80, 5-288
下エフ島 しもえふじま 第157号 5-210
下老袋村 しもおいぶくろむら 第88号 2-78
下大市村 しもおおいちむら 第137号 3-112, 5-178
下大江村 しもおおえむら 第150号 3-170
下大川村 しもおおかわむら 第194号 4-89, 5-232, 3-314
下大久保村（御料所、人見七藏知行所） しもおおくぼむら 第88号 2-78, 5-120
下大久保村 しもおおくぼむら 第127号 3-58, 5-175
下大久保村小谷〔下大久保村〕 しもおおくぼむらこたに 第129号 3-67, 3-69, 5-163, 5-166
下大久保村ダンケ市 しもおおくぼむらだんがいち 第127号 3-58
下大隈村 しもおおくまむら 第186号 4-54, 5-222
下大越村 しもおおごえむら 第55号 1-191, 5-104, 5-288
下大島村 しもおおしまむら 第90号 2-84
下大鳥居村 しもおおどりいむら 第98号 2-126, 5-117, 5-127
下青鳥新田 しもおおどりしんでん 第88号 2-79
下大野村日向組 しもおおのむらひなたぐみ 第97号 2-120
下大町村 しもおおまちむら 第190号 4-75, 5-234
下大谷村 しもおおやむら 第88号 2-79
下大利村 しもおおりむら 第187号 4-59, 4-62, 5-223, 5-313
下岡枝村（清末領） しもおかえだむら 第177号 3-296, 5-220, 5-312
下岡田村 しもおかだむら 第96号 2-117, 5-146, 5-150
下岡田村枝神澤村 しもおかだむらえだかんざわむら 第96号 2-117
下岡田村枝治郎丸 しもおかだむらむらえだじろうまる 第96号 2-117
下岡村 しもおかむら 第123号 3-39, 5-180, 5-304
下岡本村 しもおかもとむら 第112号 2-183, 2-184
下小川村 しもおがわむら 第125号 5-174
下小川村 しもおがわむら 第188号 4-68, 5-231
下小川村鬼木 しもおがわむらおにき 第188号 4-68
下沖洌 しもおきのす 九州沿海図第18 4-269
下荻野村（大久保出雲守領分）○〔荻野〕 しもおぎのむら 第99号 2-128, 5-126, 5-291
下沖村 しもおきむら 第141号 3-131, 5-183
下奥冨村（田安殿領分）〔奥富〕 しもおくどみむら 第88号 2-79, 5-120, 5-291
下尾久村 しもおぐむら 第90号 2-84
下小倉村〔小倉〕 しもおぐらむら 第127号 3-59, 5-182, 5-304
下小倉村茶屋元 しもおぐらむらちゃやもと 第127号 3-59
下小坂安道寺 しもおさかあんどうじ 第95号 2-110
下小坂関口〔小坂村〕 しもおさかせきぐち 第95号 2-110, 5-116, 5-119
下小坂中里 しもおさかなかざと 第95号 2-110
下小坂村（松平大和守領分）〔小坂〕 しもおさかむら 第88号 2-79, 5-120, 5-291
下ヲサセ しもおさせ 第212号 4-178, 5-253, 5-255, 5-261
下ヲサ瀬 しもおさせ 九州沿海図第15 4-255
下日佐村 しもおさむら 第187号 4-60, 4-62
下押切村 しもおしきりむら 第88号 2-77
下押垂村（御料所） しもおしだりむら 第88号 2-79, 5-120
下小田井村 しもおたいむら 第115号 2-197, 5-159, 5-297
シモヲタ川 第33号 1-114, 5-47, 5-279
下小田村○〔小田〕 しもおだむら 第124号 3-44, 5-180, 5-304
下小田村 しもおだむら 第127号 3-57
下小田村 しもおだむら 第190号 4-75, 5-234
下小田村下村 しもおだむらしもむら 第190号 4-75
下落合村〔落合〕 しもおちあいむら 第180号 4-25, 5-222, 5-312
下落合村井手口〔落合〕 しもおちあいむらいでぐち 第180号 4-25, 5-312
下落合村下田〔落合〕 しもおちあいむらしもだ 第180号 4-25, 5-312
下落合村屋形原〔落合〕 しもおちあいむらやかたばる 第180号 4-25, 5-312
下落川村（松平圖書知行所）〔落川〕 しもおちかわむら 第90号 2-88, 2-90, 5-120, 5-123, 5-291
下尾奈村 しもおなむら 第111号 2-181, 5-161, 5-299
下小原村 しもおばらむら 第163号 3-227, 5-209,

5-308
下及部○〔及部〕 しもおよべ 第36号 1-123, 5-60, 5-281
下皆島 しもかいじま 第204号 4-140
下垣内村 しもがいちむら 第141号 3-128
下陰村 しもかげむら 第124号 3-42, 3-44
下笠村 しもがさむら 第133号 3-86, 3-87, 5-174, 5-176
下栢尾村（村上主殿、村上壽之助知行所）〔下柏尾村、栢尾〕 しもかしおむら 第93号 2-103, 5-123, 5-291
下糟屋村（大久保佐渡守領分、中川市右エ門、若林主税、岡部造酒之助、宇都野金右エ門知行所） しもかすやむら 第99号 2-128, 5-126, 5-291
下嘉瀬村〔下嘉瀬〕 しもかせむら 第188号 4-67, 4-69, 5-231, 5-313
下嘉瀬村中原 しもかせむらなかばる 第188号 4-67, 4-69
下片島村 しもかたしまむら 第178号 4-15, 4-17
下片嶋村 しもかたしまむら 九州沿海図第1 4-193
下片野川村 しもかたのがわむら 第195号 4-94, 5-250
下方村 しもがたむら 第150号 3-174, 5-193, 5-305, 5-307
下方村大堂津☆〔下方村〕 しもかたむらおおどうつ 第198号 4-105, 4-106, 5-246
下方村大堂津☆ しもかたむらおおどうつ 九州沿海図第8 4-224
下方村横部 しもがたむらよこべ 第150号 3-174
下桂村 しもかつらむら 第133号 3-90, 5-175, 5-176
下金倉村 しもかなくらむら 第152号 3-182, 5-194, 5-307
下香貫村 しもかぬきむら 第101号 2-141, 5-129
下加納村（松平大和守領分、數原通玄知行所） しもかのうむら 第88号 2-76, 2-78, 5-120
下加納村 しもかのうむら 第118号 3-16, 3-18, 5-159
下神谷村 しもかべやむら 第55号 1-191, 5-104
下上ケ瀬 しもかみがせ 第204号 4-140
下神島〔下神シマ〕 しもかみじま 第206号 4-148, 4-149, 5-242
下鴨川村〔鴨川〕 しもかもがわむら 第136号 3-108, 5-304, 5-306
下加茂村 しもかもむら 第88号 2-78, 5-120
下鴨村 しもがもむら 第133号 3-87, 3-90, 5-174, 5-176, 5-301
下加茂村 しもがもむら 第157号 5-195
下萱木 しもかやのき 九州沿海図第19 4-273
下唐子村（御料所、松平大和守領分）〔唐子〕 しもがらこむら 第88号 2-77, 2-79, 5-121, 5-291
下唐子村大平 しもがらこむらおおだいら 第88号 2-79
下烏島 しもからすじま 第145号 3-155, 5-185
下唐松村 しもからまつむら 第150号 3-175
下苅安村 しもかりやすむら 第113号 2-189, 5-155, 5-156
下枯木島 しもかれきじま 第204号 4-140, 5-235, 5-313, 5-321
下川井村 しもがわいむら 第137号 3-115, 5-184
下川口浦 しもかわぐちうら 第161号 3-212, 3-214, 5-202
下川口浦枝片賀須村 しもかわぐちうらえだかたかすむら 第161号 3-212, 3-214
下川口浦窪津⚓〔下川口〕 しもかわぐちうらくぼつ 第161号 3-212, 3-214, 5-311
下皮多村 しもかわたむら 第141号 3-129
下川田谷村（牧野大和守、牧野釆女、牧野左近知行所）〔川田谷〕 しもかわたやむら 第88号 2-78, 5-120, 5-291
下河内村 しもがわちむら 第203号 4-134, 5-251
下河内村 しもがわちむら 九州沿海図第19 4-272
下河内村懸水 しもがわちむらかけみず 第203号 4-134
下川手村〔川手〕 しもかわてむら 第118号 3-16, 3-18, 5-159, 5-297
下川村 しもがわむら 第55号 1-191, 1-192, 5-104, 5-288
下河原村 しもがわむら 第133号 3-93, 5-178, 5-301
下河原村 しもがわらむら 第51号 1-174, 5-73, 5-282
下河原村 しもがわらむら 第130号 3-75, 5-167, 5-301
下香春村五徳〔下香春村〕 しもかわらむらごとく 第178号 4-15, 4-17, 5-222
下香春村新町 しもかわらむらしんまち 第178号 4-15, 4-17
下香春村殿町〔下香春〕 しもかわらむらとのまち 第178号 4-15, 4-17, 5-312
下香春村畠田 しもかわらむらはただ 第178号 4-15, 4-17
下菊川村〔菊川〕 しもきくがわむら 第111号 2-177, 2-178, 5-160, 5-298
下木下川村 しもきげがわむら 第90号 2-84, 5-120, 5-123
下北方村 しもきたかたむら 第185号 4-50, 4-52, 5-246
下北方村 しもきたかたむら 九州沿海図第7 4-222
下北方村〔北方〕 しもきたがたむら 第164号 5-210, 5-307, 5-308
下北澤村 しもきたざわむら 第90号 2-85, 2-87
下北定村（御料所）○〔下北迫村〕 しもきたばむら 第55号 1-190, 5-102, 5-288
下北村 しもきたむら 第112号 2-184
下岐部村 しもきべむら 第179号 4-22, 5-224, 5-312
下岐部村（御料） しもきべむら 九州沿海図第2 4-198, 4-204
下岐部村（御料） しもきべむら 九州沿海図第3 4-198, 4-204
下岐部村長瀬 しもきべむらながせ 第179号 4-22
下來海村西分〔下來海村、下來海〕 しもきまちむらにしぶん 第162号 3-218, 5-190, 5-204, 5-305, 5-308
下來海村東分枝弘長寺〔下來海〕 しもきまちむらひがしぶんえだこうちょうじ 第162号 3-218, 5-305, 5-308
下來海村東分鏡〔下來海〕 しもきまちむらひがしぶんかがみ 第162号 3-218, 5-305, 5-308
下甲村 しもぎむら 第150号 3-171, 5-189, 5-305
下切村 しもぎりむら 第112号 2-183, 2-184, 5-153, 5-297
下切村 しもぎりむら 第118号 3-20, 5-159, 5-297
下切村新田 しもぎりむらしんでん 第112号 2-184
下切村田淵 しもぎりむらたぶち 第112号 2-183, 2-184
下切村保木 しもぎりむらほき 第112号 2-183, 2-184
下久下村 しもくげむら 第88号 2-77
下九澤村（佐野鉄之進、加藤三左エ門知行所） しもくざわむら 第90号 2-91
下九沢澤作ノ口〔下九沢村、下九澤〕 しもくざわむらさくのくち 第90号 2-91, 5-126, 5-291
下久知村 しもくじむら 第75号 2-24, 5-99
下久世村〔久世〕 しもくぜむら 第133号 3-90, 3-92, 5-176, 5-301
下來縄村 しもくなわむら 第179号 4-18, 4-21
下来縄村 しもくなわむら 九州沿海図第2 4-197
下久保村 しもくぼむら 第67号 1-235
下熊川村井手野 しもくまかわむらいでの 第188号 4-67
下熊川村内野 しもくまかわむらうちの 第188号 4-67
下熊川村中原 しもくまかわむらなかばる 第188号 4-67
下熊川村八田原 しもくまかわむらはったばる 第188号 4-67
下熊谷村 しもくまたにむら 第162号 3-220
下熊谷村 しもぐまたにむら 第150号 3-175, 5-193, 5-305, 5-307
下熊谷村上代六 しもぐまたにむらかみだいろく 第150号 3-175
下熊谷村下代六 しもぐまたにむらしもだいろく 第150号 3-175
下熊野地村 しもくまのじむら 第132号 3-84, 1-170, 5-302
下久間村〔久間〕 しもくまむら 第190号 4-75, 5-234, 5-313
下久間村北古賀 しもくまむらきたこが 第190号 4-75
ト倉敷 しもくらしき 第144号 3-144, 5-192, 5-305, 5-307
下倉敷樫村 しもくらしきかしむら 第144号 3-141, 3-144
下倉敷畑沖 しもくらしきはとおき 第144号 3-144
下車持村〔車持〕 しもくらもちむら 第122号 3-36, 5-173, 5-300
下黒駒村 しもくろこまむら 第97号 2-122, 2-123, 5-117, 5-127
下黒駒村八反田 しもくろこまむらはったんだ 第97号 2-122, 2-123
下黒田村〔黒田〕 しもくろだむら 第108号 2-161, 5-154, 5-296
下桒原村〔桒原〕 しもくわばらむら 第96号 2-118, 5-150, 5-296
下桒原村湯ノ脇 しもくわばらむらゆのわき 第96号 2-118
下毛郡 しもげぐん 第179号 4-19, 5-225, 5-312
下毛郡 しもげぐん 第180号 4-24, 4-25, 4-26
下毛郡 しもげぐん 九州沿海図第2 4-194
下〔ケシヨク島〕 しもけしょくじま 第206号 4-149
下食満村（御料所、安部外記知行所） しもけまむら 第135号 3-101, 5-178
下湖 しもこ 第121号 3-32, 5-172
下小泉村〔小泉〕 しもこいずみむら 第100号 2-135, 2-138, 5-127, 5-291
下小出村 しもこいでむら 第67号 1-235, 5-105, 5-289
下五井村 しもごいむら 第116号 2-202, 2-204, 5-162, 5-299
下郷 しもごう 第176号 3-289
下神崎 しもこうざき 第204号 4-140
下小路浦 しもこうじうら 第179号 4-19, 5-225
下小路浦 しもこうじうら 九州沿海図第2 4-195
下上津役村 しもこうじゃくむら 第186号 4-54, 5-222
下上津役村一ノ原 しもこうじゃくむらいちのばる 第186号 4-54
下神代村 しもこうじろむら 第156号 3-194, 5-193, 5-307
下神代村岩屋 しもこうじろむらいわや 第156号

3-194
下神代村門瀬　しもこうじろむらかどせ　第156号　3-194
下神代村河原　しもこうじろむらかわはら　第156号　3-194
下〔神〕白村三﨑　しもこうじろむらみさき　第55号　1-191, 5-104
下甲立村池ノ尻　しもこうたちむらいけのしり　第163号　3-227
下甲立村今沖〔下甲立〕　しもこうたちむらいまおき　第163号　3-227, 5-308
下甲立村道末〔木〕　しもこうたちむらどうぎ　第163号　3-227
下甲立村平沖〔下甲立村〕　しもこうたちむらひらおき　第163号　3-227, 5-209
下河内村　しもごうちむら　第115号　2-200, 5-158, 5-299
下河内山　しもごうちやま　第115号　2-200, 5-158
下府村　しもこうむら　第172号　3-268, 5-212, 5-308
下神目村　しもこうめぬら　第144号　3-145, 3-147, 5-192, 5-307
下神目村前田　しもこうめむらまえだ　第144号　3-147
下髙野村〔高野〕　しもこうやむら　第67号　1-235, 5-105, 5-288
下河和村　しもこうわむら　第113号　2-189
下郡村　しもごおりむら　第181号　4-29, 4-33, 5-226
下郡村　しもごおりむら　九州沿海図第3　4-202
下古賀村　しもこがむら　第188号　4-67, 4-69, 5-231
下古賀村　しもこがむら　第188号　4-64
下小佐木シマ　しもこさきじま　第157号　5-210
下甑嶋　しもこしきじま　第212号　4-178, 5-253, 5-261
下甑嶋　しもこしきじま　九州沿海図第15　4-255
下甑村⚠　しもこしきむら　第212号　4-178, 5-253, 5-255, 5-261, 5-317
下甑村　しもこしきむら　九州沿海図第15　4-255
下子島村　しもこしまむら　第134号　3-98
下小杉村（一ツ橋殿領分）　しもこすぎむら　第107号　2-159, 5-160
下小髙島　しもこだかじま　第204号　4-140
下小島〔鳥〕村〔下小鳥村〕　しもことりむら　第94号　2-105, 5-119
下古井村　しもこびむら　第114号　2-192, 5-155, 5-156, 5-159
下小房村〔小房〕　しもこふさむら　第129号　3-71, 5-174, 5-297, 5-300, 5-301
下小舟戸濱〔小舟戸〕　しもこぶなとはま　第76号　2-31, 5-138, 5-287, 5-294
下御領村〔御領〕　しもごりょうむら　第157号　5-195, 5-307
下衣川村　しもころもがわむら　第51号　1-176, 5-77, 5-282
下在郷新茶屋　しもざいごうしんちゃや　第109号　2-170, 2-171
下西郷村　しもさいごうむら　第118号　3-16
下西郷村〔下西郷〕　しもさいごうむら　第186号　4-53, 4-55, 5-223, 5-313
下採銅所村　しもさいどうしょむら　第178号　4-15, 4-17, 5-222
下採銅所村大熊　しもさいどうしょむらおおくま　第178号　4-15, 4-17
下採銅所村大手原　しもさいどうしょむらおおてばる　第178号　4-15, 4-17
下採銅所村宮原　しもさいどうしょむらみやばる　第178号　4-15, 4-17
下嵯峨　しもさが　第133号　3-90
下堺村　しもざかいむら　第118号　3-20
下嵯峨川端村〔川端村〕　しもさがかわばたむら　第133号　3-90, 5-175, 5-176
下坂手村　しもさかてむら　第118号　3-20
下坂中村　しもさかなかむら　第125号　3-48, 5-166
下佐ケ野村（太田摂津守領分）　しもさがのむら　第102号　2-147, 5-128
下坂濱村　しもさかはまむら　第125号　3-48, 5-166, 5-297, 5-300
下坂水　しもさかみず　九州沿海図第2　4-197
下坂水　しもさかみず　九州沿海図第3　4-197, 4-201
下坂本村之内唐﨑〔下坂本村、唐﨑、下坂本、唐﨑〕　しもさかもとむらのうちからさき　第133号　3-87, 5-174, 5-176, 5-300, 5-301
下嵯峨山本村〔山本村〕　しもさがやまもとむら　第133号　3-90, 5-175, 5-176
下﨑村　しもざきむら　第49号　1-166, 5-69
下作延村（御料所、戸田六郎右エ門知行所）　しもさくのべむら　第90号　2-87, 5-123
下櫻井村　しもさくらいむら　第55号　1-192, 5-104, 5-288
下佐々木村〔佐々木〕　しもささきむら　第115号　2-198, 5-159, 5-162, 5-299
下佐々木村　しもささきむら　第127号　3-57, 3-60, 5-180
下佐々木村新田　しもささきむらしんでん　第115号　2-198
下笹村　しもささむら　第141号　3-129
下笹目村　しもささめむら　第88号　2-78, 5-120, 5-123, 5-291
下笹目村早瀬　しもささめむらはやせ　第90号　2-85, 5-291
下指川　しもさしがわ　第175号　5-218
下指川〔指川〕　しもさすがわ　第173号　3-277, 5-311
下佐田村〔佐田〕　しもさだむら　第162号　3-218, 5-305
下里浦　しもさとうら　第132号　3-85, 1-170
下里浦高芝　しもさとうらたかしば　第132号　3-85
下里浦天満　しもさとうらてんま　第132号　3-85
下里村（金田主殿知行所）　しもざとむら　第94号　2-108, 5-121, 5-291
下里村金谷戸　しもざとむらかなやと　第94号　2-108
下里村白根　しもざとむらしらね　第94号　2-108
下里村森谷戸　しもざとむらもりやと　第94号　2-108
下讃井町（湯田町）　しもざないまち（ゆだまち）　第176号　3-290
下佐脇村　しもさわきむら　第116号　2-202, 2-204, 5-162, 5-299
下沢村　しもさわむら　第113号　2-188, 5-155, 5-297
下澤村　しもさわむら　第141号　3-128
下三柄村　しもさんがらむら　第133号　5-176
下三ケ村子洗〔下三ケ村、下三ケ〕　しもさんげむらこあらい　第184号　4-47, 5-244, 5-314
下三ケ村田口原〔下三ケ〕　しもさんげむらたぐちばる　第184号　4-47, 5-314
下三ケ村中鶴〔下三ケ〕　しもさんげむらなかつる　第184号　4-47, 5-314
下三ケ村八ツ山〔下三ケ〕　しもさんげむらやつやま　第184号　4-47, 5-314
下三番村　しもさんばんむら　第135号　3-101, 5-178
下三番村枝新家　しもさんばんむらえだしんけ　第135号　3-101
下塩木村　しもしおぎむら　第144号　3-146
下塩尻村（松平伊賀守領分）〔塩尻〕　しもしおじりむら　第96号　2-114, 5-146, 5-294
下塩垂島　しもしおたれじま　第201号　4-121
下塩塚村〔塩塚〕　しもしおつかむら　第188号　4-68, 5-231, 5-313
下繁岡村（御料所）　しもしげおかむら　第55号　1-190, 5-102, 5-288
下尻毛村〔尻毛〕　しもしつけむら　第118号　3-16, 5-156, 5-159, 5-297
下澁佐村　しもしぶさむら　第54号　1-187, 5-102, 5-288
下澁谷村野﨑組　しもしぶやむらのざきぐみ　第90号　2-85, 2-87, 5-120, 5-123
下島　しもじま　第133号　3-87, 3-89
下嶋（御料所）〔下島〕　しもじま　第203号　4-134, 4-136, 5-315
下島浦　しもしまうら　第167号　5-211
下島村　しもじまむら　第76号　2-32, 5-112, 5-113
下島村　しもじまむら　第99号　2-128, 2-130
下島村（松平丹後守領分）　しもじまむら　第107号　2-156, 2-158, 5-129, 5-298
下島村　しもじまむら　第133号　3-92, 5-176, 5-178, 5-301
下島村南原　しもじまむらみなみばら　第76号　2-32
下清水村　しもしみずむら　第107号　2-156, 2-158, 5-129
下地村　しもじむら　第116号　2-202, 2-204, 5-162, 5-299
下知村　しもじむら　第159号　3-206, 3-208, 5-200
下宿村（榊原式部大輔領分）〔宿村〕　しもじゅくむら　第56号　1-195, 5-103, 5-288
下宿村　しもじゅくむら　第76号　2-30, 5-112, 5-287, 5-294
下宿村　しもじゅくむら　第133号　3-91
下修善寺村（大久保出雲守領分）〔修善寺〕　しもしゅぜんじむら　第101号　2-141, 2-143, 5-128, 5-298
下修善寺村湯場（温泉）　しもしゅぜんじむらゆば　第101号　2-141, 2-143
下条大津村　しもじょうおおつむら　第137号　3-116, 5-178, 6-306
下條中割村　しもじょうなかわりむら　第98号　2-126, 5-117
下條東割村　しもじょうひがしわりむら　第98号　2-126, 5-117
下條南割村石宮　しもじょうみなみわりむらいしみや　第98号　2-126
下庄村　しもしょうむら　第151号　3-178, 5-192, 5-307
下条村　しもじょうむら　第76号　2-28, 5-112, 5-113, 5-287, 5-289
下條村（松平斧太郎）　しもじょうむら　第100号　2-135, 2-138, 5-127, 5-291, 5-296
下庄村大當　しもしょうむらだいとう　第128号　3-65
下條村堂平　しもじょうむらどうだいら　第100号　2-133, 2-135, 2-136, 2-138
下條村町屋　しもじょうむらまちや　第100号　2-135, 2-138
下庄村淀〔下庄村、下庄〕　しもしょうむらよど　第144号　3-140, 5-183, 5-304
下白岩村（水野出羽守領分、大久保大隅守、中野十郎至人知行所）〔白岩〕　しもしらいわむら　第101号　2-140, 2-142, 5-128, 5-292, 5-298
下白金村〔白金〕　しもしろかねむら　第114号　2-193, 5-156, 5-297
下白金村保明　しもしろかねむらほうみょう　第114号　2-193
下新庄村（御料所）　しもしんじょうむら　第135号　3-101, 5-178

下新田村　しもしんでんむら　第90号　2-87, 5-123, 5-291
下新入村　しもしんにゅうむら　第186号　4-54
下新入村野尻〔下新入村〕　しもしんにゅうむらのじり　第186号　4-54, 5-222
下須貝村　しもすがいむら　第170号　3-258
下菅生村　しもすがおむら　第90号　2-87, 2-90
下鈴田岩松　しもすずたいわまつ　第201号　4-120
下鈴田釜河内　しもすずたかまがわち　第202号　4-125, 4-126
下砂村　しもずなむら　第88号　2-77, 2-79
下水流　しもずる　九州沿海図第13　4-250
下諏訪（温泉）☆　しもすわ　第96号　2-118, 5-150
下セ　しもせ　第192号　4-80
下関村　しもせきむら　第64号　1-222, 5-88, 5-90, 5-283
下關村　しもぜきむら　第152号　3-185, 5-196
下瀬〔黒〕村　しもせぐろむら　第96号　2-117
下瀬野村〔下瀬野村〕　しもせのむら　第167号　3-240, 5-211, 5-308
下瀬野村枝大藤　しもせのむらえだおおとう　第167号　3-240
下瀬野村落合　しもせのむらおちあい　第167号　3-240
下瀬野村伏付　しもせのむらふしつき　第167号　3-240
下仙川村（飯高彌五兵衛知行所）　しもせんがわむら　第90号　2-85, 2-87, 2-88, 5-120, 5-123
下下村　しもそうむら　第110号　2-176, 5-158, 5-161
下曽我井村　しもそがいむら　第136号　3-109
下曽我屋村〔曽我屋〕　しもそがやむら　第118号　3-16, 3-18, 5-156, 5-159, 5-297
下底井野村　しもそこいのむら　第186号　4-54
下曽根村☆　しもそねむら　第178号　4-13, 4-15, 5-222, 5-312
下曽根村☆　しもそねむら　九州沿海図第1　4-191
下彼杵貝川内　しもそのぎかいかわうち　第201号　4-120
下彼杵樋口　しもそのぎひぐち　第201号　4-120
下彼杵三根　しもそのぎみね　第201号　4-120
下園村　しもそのむら　第122号　3-36, 5-173, 5-175
下祖父江村　しもそぶえむら　第118号　3-18, 3-20, 5-166
下染屋村〔染屋〕　しもそめややむら　第90号　2-88, 2-90, 5-120, 5-123, 5-291
下田☆　しもだ　第203号　4-137, 5-315
下田☆　しもだ　九州沿海図第19　4-271
下田浦　しもだうら　第137号　3-115, 5-184, 5-306
下田浦⚓　しもだうら　第161号　3-212, 5-202, 5-311
下田浦青砂島　しもだうらあおさじま　第161号　3-212
下高井戸（御料所）　しもたかいど　第90号　2-85, 2-87, 5-120, 5-123
下鷹狩村〔鷹狩〕　しもたかがりむら　第143号　3-135, 3-137, 5-188, 5-304
下髙瀬村　しもたかせむら　第152号　3-182, 5-195, 5-307
下髙瀬村汐木　しもたかせむらしおき　第152号　3-182
下高田村〔高田〕　しもたかだむら　第151号　3-176, 5-192, 5-307
下高野村（天野傳兵衛、前島式部、青沼又兵衛知行所）〔高野〕　しもたかのむら　第87号　2-73, 2-75, 5-120, 5-291
下高橋村〔高橋〕　しもたかはしむら　第188号　4-65, 5-231, 5-313
下髙鉢山　しもたかはちやま　第167号　3-240
下田 鎌　しもだかま　第203号　4-137
下多賀村（鈴木大膳知行所）〔多賀〕　しもたがむら　第101号　2-140, 2-142, 5-128, 5-291, 5-292
下多賀村枝小山　しもたがむらえだおやま　第101号　2-140, 2-142
下多賀村枝中野　しもたがむらえだなかの　第101号　2-140, 2-142
下多賀村枝和田木　しもたがむらえだわだき　第101号　2-140, 2-142
下竹白﨑　しもたけしろさき　第201号　4-121
下竹田村下友政〔下竹田村、下竹田〕　しもたけだむらしもとんまさ　第127号　3-57, 3-59, 5-182, 5-304
下竹田村前木戸　しもたけだむらまえきど　第127号　3-57, 3-59
下竹仁村　しもたけにむら　第164号　5-211, 5-308
下田島村　しもたしまむら　第185号　4-50, 5-244, 5-314
下田嶋村　しもたしまむら　九州沿海図第7　4-222
下田島村大炊田　しもたしまむらおおむだ　第185号　4-50
下田島村佐賀村〔利〕　しもたしまむらさがり　第185号　4-50
下田島村天神　しもたしまむらてんじん　第185号　4-50
下田島村徳之淵　しもたしまむらとくのふち　第185号　4-50
下田島村平松　しもたしまむらひらまつ　第185号　4-50
下田島村福島⚓　しもたしまむらふくしま　第185号　4-50
下立田村　しもたつたむら　第193号　4-85, 5-232, 5-314
下立田村　しもたつたむら　九州沿海図第18　4-266
下立田村宇留毛　しもたつたむらうるげ　第193号　4-85
下立田村陣内　しもたつたむらじんない　第193号　4-85
下田所村　しもたどころむら　第166号　3-236
下田中村　しもたなかむら　第143号　3-136
下谷村　しもだにむら　第144号　3-144
下種村　しもだねむら　第150号　3-170, 5-188
下田野村（阿部鎮丸領分）　しもたのむら　第94号　2-108
中〔下〕田町（御料所）⚓〔下田町〕　しもだまち　第102号　2-147, 5-128, 5-298
下田町太浦〔下田町〕　しもだまちおおうら　第102号　2-147, 5-298
下田 丸山　しもだまるやま　第203号　4-137
下田村　しもだむら　第113号　2-189, 5-155, 5-156, 5-297
下田村　しもだむら　第118号　3-20, 5-159, 5-297
下田村　しもだむら　第135号　3-102, 5-177, 5-178, 5-301
下田村　しもだむら　第144号　3-147, 5-192, 5-307
下多山　しもたやま　第203号　4-134
下多山　しもたやま　九州沿海図第19　4-273
下多良村　しもたらむら　第125号　3-48, 5-166
下田原浦（紀伊殿領分）　しもたわらうら　第140号　3-124, 5-170, 5-302
下田原村　しもたんばらむら　第100号　2-137
下段村　しもだんむら　第143号　3-135
下築村　しもちくむら　第186号　4-54
下チヽカ島　しもちちかじま　第203号　4-134, 4-136, 5-251
下チヽカ嶋　しもちちかじま　九州沿海図第19　4-272
下千野　しもちの　九州沿海図第8　4-227
下津井村☆⚓　しもついむら　第151号　3-180, 5-194, 5-307
下津浦　しもつうら　第117号　3-15, 5-168
下津浦☆⚓　しもつうら　第139号　3-121, 5-179, 5-303, 5-306
下津浦新田浦⚓　しもつうらしんでうら　第139号　3-121
下津浦村　しもつうらむら　第196号　4-99, 5-251, 5-315
下津浦村　しもつうらむら　九州沿海図第19　4-272
上津浦村下津江　しもつうらむらしもつえ　第196号　4-99
下津浦村李厚〔原〕　しもつうらむらすももはら　第196号　4-99
下津江　しもつえ　九州沿海図第19　4-272
下津尾村　しもつおむら　第182号　4-34, 5-227, 5-312
下津尾村（岡領）　しもつおむら　九州沿海図第21　4-280
下津尾村犬飼町○〔犬飼町○、犬飼〕　しもつおむらいぬかいまち　第182号　4-34, 5-227, 5-312
下塚原村（御料所、水野牛之助知行所）　しもつかばらむら　第95号　2-111, 2-112, 2-113, 5-116
下津具村大桑〔下津具村〕　しもつぐむらおおくわ　第110号　2-175, 5-158
下津久禮村　しもつくれむら　第193号　4-84, 4-86, 5-232
下津久禮村　しもつくれむら　九州沿海図第20　4-277
下野　しもつけ　第69号　1-244, 5-107, 5-289
下野國　しもつけのくに　第68号　1-240
下野國〔下野〕　しもつけのくに　第87号　2-72, 2-73, 5-107
下津毛村〔下津毛〕　しもつけむら　第188号　4-66, 5-231, 5-313
下柘植村〔柘植〕　しもつげむら　第129号　3-73, 5-167, 5-301
下柘植村中手小場　しもつげむらなかでこば　第129号　3-73
下津古久村　しもつこくむら　第93号　2-103
下蔦木村（諏訪因幡守領分）　しもつたきむら　第98号　2-125, 5-150
下津々　しもつづ　第212号　5-253, 5-261
下津野村　しもつのむら　第152号　3-185, 5-196, 5-307, 5-310
下津深江村　しもつふかえむら　第203号　4-135, 4-137, 5-251, 5-315
下津深江村　しもつふかえむら　九州沿海図第19　4-273
下圓井村〔下円井村、円井〕　しもつぶらいむら　第98号　2-125, 5-117, 5-296
下妻郡　しもつまぐん　第188号　4-65, 4-66, 4-68, 5-231, 5-313
下鶴井村　しもつるいむら　第124号　3-42, 3-44
下霍間村（江原孫三郎、都築又兵衛、松平金次知行所）○　しもつるまむら　第90号　2-90, 5-123, 5-291
下霍間村公所　しもつるまむらぐぞ　第90号　2-90
下霍山　しもつるやま　第175号　3-283, 3-285
下神村　しもつわむら　第150号　3-170, 5-188, 5-305
下手野村　しもてのむら　第141号　3-130, 5-183, 5-306
下寺村　しもでらむら　第133号　3-86, 5-174, 5-176

下寺村伊吉　しもでらむらいよし　第204号　4-140, 4-142
下寺村末橘　しもでらむらすえたちばな　第204号　4-140, 4-142
下寺山村〔寺山〕　しもてらやまむら　第88号　2-79, 5-120, 5-291
下土狩村　しもとがりむら　第101号　2-141
下十川村　しもとがわむら　第43号　1-146, 5-67, 5-82, 5-281
下砥川村永田〔下砥川村〕　しもとがわむらながた　第190号　4-75, 5-234
下砥川村八幡宿　しもとがわむらやわたじゅく　第190号　4-75
下徳久村北山　しもとくさむらきたやま　第144号　3-140
下徳久村　しもとくひさむら　第144号　3-140, 5-183, 5-306
下徳久村枝大田井　しもとくひさむらえだおおたい　第144号　3-140
下徳久村上宿　しもとくひさむらかみじゅく　第144号　3-140
下徳間村稲積村東條村合田〔下徳間村〕　しもとくまむらいなづみむらひがしじょうむらごうだ　第81号　2-50, 2-52, 5-146
下徳丸村　しもとくまるむら　第181号　4-33, 5-226
下徳丸村　しもとくまるむら　九州沿海図第3　4-202
下戸倉◯☆　しもとぐら　第81号　2-53, 5-146
下戸倉　しもとぐら　第96号　5-294
下土底濱〔下土底〕　しもどそこはま　第76号　2-31, 5-138, 5-287, 5-294
下戸田村（御料所）　しもとだむら　第90号　2-85, 5-120, 5-123
下戸田村渡舟場　しもとだむらわたしふなば　第90号　2-85
下利根川村〔利根川〕　しもとねがわむら　第67号　1-235, 5-105, 5-289
下鳥羽村〔鳥羽〕　しもとばむら　第133号　3-87, 3-89, 3-90, 3-92, 5-176, 5-301
下砥堀村〔砥堀〕　しもとぼりむら　第141号　3-128, 3-130, 5-182, 5-306
下豊岡村〔豊岡〕　しもとよおかむら　第94号　2-105, 5-119, 5-291
下豊松村　しもとよまつむら　第156号　3-196, 5-193, 5-307
下鳥沢宿中野　しもとりさわじゅくなかの　第97号　2-120
下鳥沢宿三谷　しもとりさわじゅくみたに　第97号　2-120
下土居村　しもどりむら　第151号　3-180
下内膳村　しもないぜんむら　第138号　5-184
下永井村（高井新十郎知行地）〔永井〕　しもながいむら　第58号　1-200, 1-201, 5-110, 5-290
下長久保村　しもながくぼむら　第101号　2-141, 5-127, 5-291
下中里村（本郷丹後守、永田茂太郎）　しもなかざとむら　第100号　2-135, 2-138, 5-127
下中島〔下中シマ〕　しもなかじま　第206号　4-149, 5-242, 5-243
下長瀬村　しもながせむら　第118号　3-16, 5-156
下長瀬村越釜　しもながせむらこしかま　第118号　3-16
下長瀬村山田　しもながせむらやまだ　第118号　3-16
下長谷　しもながたに　第173号　3-275
下長田村◯　しもながたむら　第150号　3-172, 5-189
下長田村　しもながたむら　第193号　4-87, 5-231, 5-313, 5-315
下長田村　しもながたむら　九州沿海図第18　4-269
下長田村峠茶屋　しもながたむらとうげちゃや　第150号　3-170, 3-172
下長田村杤木　しもながたむらとちのき　第150号　3-172
下長田村西原　しもながたむらにしばら　第150号　3-172
下長田村野田　しもながたむらのだ　第150号　3-172
下長田村宮尾　しもながたむらみやお　第193号　4-87
下中津井村◯〔中津井〕　しもなかついむら　第150号　3-175, 5-193, 5-307
下中津井村蚓　しもなかついむらみずち　第150号　3-175
下中野村　しもなかのむら　第167号　3-240, 5-211, 5-213
下中間村　しもなかまむら　第195号　4-93, 4-94, 5-232
下仲間村　しもなかまむら　第195号　4-93
下中丸村（多門一次郎、日下部権左エ門知行所）〔下中丸山村〕　しもなかまるむら　第88号　2-76, 2-78, 5-120, 5-291
下灘嵐浦〔嵐浦〕　しもなだあらしうら　第171号　3-266, 5-203, 5-311
下灘浦　しもなだうら　第171号　5-203
下灘浦知浦〔浦知浦〕　しもなだうらしりうら　第171号　3-266, 5-203
下灘塩定浦〔塩定浦〕　しもなだえんじょううら　第171号　3-266, 5-203
下灘柿ノ浦〔柿ノ浦、柿浦〕　しもなだかきのうら　第171号　3-266, 5-203, 5-311
下灘須下浦☆〔須下浦、須下〕　しもなだすげうら　第171号　3-267, 5-203, 5-311
下灘曽根浦〔曽根浦、下灘〕　しもなだそねうら　第171号　3-266, 5-203, 5-311
下灘田下浦〔田下浦〕　しもなだたおろしうら　第171号　3-266, 5-203
下灘坪井浦〔坪井浦〕　しもなだつぼいうら　第171号　3-266, 5-203
下灘泥目水浦〔泥目水浦〕　しもなだとろめずうら　第171号　3-266, 5-203
下灘成浦〔成浦〕　しもなだなるうら　第171号　3-266, 5-203, 5-311
下灘針木浦〔針木浦〕　しもなだはりぎうら　第171号　3-266, 5-203
下灘平井浦〔平井浦、平井〕　しもなだひらいうら　第171号　3-266, 5-203, 5-311
下灘本郷鼠鳴浦☆〔鼠鳴浦、鼠鳴〕　しもなだほんごうねずなきうら　第171号　3-266, 5-203, 5-311
下灘弓立浦〔弓立浦〕　しもなだゆだちうら　第171号　3-266, 5-203
下灘横浦〔横浦〕　しもなだよこうら　第171号　3-266, 5-203
下灘脇浦〔脇浦〕　しもなだわきうら　第171号　3-266, 5-203, 5-311
下撫川村　しもなつかわむら　第151号　3-178, 5-192
下南部　しもなべ　九州沿海図第20　4-277
下並榎村　しもなみえむら　第94号　2-105, 5-119, 5-291
下南畑村下南畑村新田入會　しもなんばたむらしもなんばたむらしんでんいりあい　第88号　2-78
下難波村　しもなんばむら　第168号　3-246, 5-214, 5-311
下新倉村（酒井伊豫守知行所）〔新倉〕　しもにいくらむら　第90号　2-85, 5-120, 5-123, 5-291
下新倉村新田足〔芝〕宮　しもにいくらむらしんでんしばみや　第90号　2-85
下仁井田村〔仁井田〕　しもにいだむら　第55号　1-190, 1-191, 5-104, 5-288
下新穂村　しもにいぼむら　第75号　2-24, 5-99
下新堀村　しもにいぼりむら　第88号　2-79
下二ケ村〔二ケ村〕　しもにかむら　第144号　3-145, 3-147, 5-192, 5-307
下西条村　しもにしじょうむら　第96号　2-119
下西二見村　しもにしふたみむら　第137号　3-114, 5-184
下西村　しもにしむら　第153号　3-186, 5-191
下仁田町（御料所、小笠原若狭守知行所）◯　しもにたまち　第95号　2-110, 5-116, 5-119, 5-291
下荷内嶋（箱嶋）（戸田村屬）　しもにないじま（はこしま）（へたむらぞく）　第169号　3-254, 3-256, 5-215, 5-311
下仁部村　しもにぶむら　第193号　4-87, 5-231, 5-313
下仁部村下里村　しもにぶむらしもさとむら　第193号　4-87
下仁保村西仁保村〔下仁保〕　しもにほむらにしにほむら　第144号　3-147, 5-192, 5-307
下仁間村坪田　しもにまむらつぼた　第151号　3-178
下貫名村（室賀兵庫知行所）　しもぬきなむら　第111号　2-179, 5-160, 5-298
下沼田村　しもぬまたむら　第90号　2-84
下根緒島　しもねおじま　第192号　4-82, 5-240, 5-241
下猫嵜　しもねこざき　第167号　3-242
下根村　しもねむら　第166号　3-238, 5-209, 5-308
下根村楢原　しもねむらならはら　第166号　3-238
下根村八幡原　しもねむらはちまんはら　第166号　3-238
下煉馬村（御料所）〔煉馬〕　しもねりまむら　第90号　2-85, 5-291
下煉馬村上宿　しもねりまむらかみじゅく　第90号　2-85
下煉馬村中宿◯〔下煉馬村〕　しもねりまむらなかじゅく　第90号　2-85, 5-120, 5-123
下之一色村　しものいっしきむら　第115号　2-197, 5-159
下ノ尾　しものお　九州沿海図第19　4-272
下茅浦☆⚠　しものかやうら　第161号　3-212, 3-214, 5-202, 5-311
下茅浦枝鍵懸村　しものかやうらえだかいがけむら　第161号　3-212, 3-214
下茅川　しものかやがわ　第161号　3-212, 3-214
下野毛村　しものげむら　第90号　2-87
下之郷村☆〔下ノ郷〕　しものごうむら　第117号　3-15, 5-168, 5-299
下ノ郷村　しものごうむら　第155号　3-190, 3-192
下ノ郷村相野釜濵〔下野郷〕　しものごうむらあいのがまはま　第52号　1-182, 5-79, 5-80, 5-284
下野郷村藤曽根　しものごうむらふじそね　第53号　1-184, 5-80
下野古城　しものこじょう　第166号　3-238
下ノシマ　しものしま　第196号　4-95
下ノ城村　しものじょうむら　第94号　2-105
下城村　しものじょうむら　第180号　4-28, 5-230, 5-312
下城村湯平　しものじょうむらゆひら　第180号　4-28
下城村弓田　しものじょうむらゆみた　第180号　4-28
下野尻村　しものじりむら　第95号　2-110, 5-119
下野尻村　しものじりむら　第118号　3-21, 5-166, 5-297, 5-300, 5-301
下野田村（御料所、杁山藤之助知行所）〔野田〕　しものだむら　第94号　2-105, 5-119, 5-289
下野田村　しものだむら　第141号　3-129, 3-131

下野堂村（蔭山岩之亟知行所） しものどうむら 第94号 2-106, 5-119
下濱村 しものはまむら 第124号 3-43, 5-181
下原村（諏訪因幡守領分） しものはらむら 第96号 2-118, 5-150, 5-296
下原村樋橋 しものはらむらとよはし 第96号 2-116, 2-118
下原村餅屋（諏訪餅屋）☆〔下原村〕 しものはらむらもちや（すわもちや） 第96号 2-116, 2-118, 5-150
下府村〔下府〕 しものふむら 第186号 4-53, 4-55, 5-223, 5-313
下野間村 しものまむら 第136号 3-109, 5-182, 5-304, 5-306
下野間村ホウキ しものまむらほうき 第136号 3-109
下ノ向村 しものむかいむら 第109号 2-167, 5-152
下野村 しものむら 第109号 2-171, 5-154, 5-296
下野村 しものむら 第117号 3-13, 5-163
下野村 しものむら 第120号 3-24, 5-145
下野村 しものむら 第141号 3-129
下野村☆ しものむら 第194号 4-88, 5-229, 3-314
下之村〔下之〕 しものむら 第208号 4-158, 5-247, 5-315, 5-316
下之村 しものむら 第208号 4-159, 5-252, 5-315, 5-317
下之村 しものむら 第209号 4-167, 5-249, 5-261, 5-316
下之村 しものむら 九州沿海図第10 4-235, 4-237
下之村 しものむら 九州沿海図第17 4-261
下野村内坂野浦 しものむらうちさかのうら 九州沿海図第5 4-213
下野村上組門 しものむらかみぐみかど 第194号 4-88
下野村坂野浦〔下野村枝坂野浦、板野〕 しものむらさかのうら 第183号 4-39, 4-41, 5-226, 5-228, 5-312, 5-311, 5-314
下野村下組門門原 しものむらしもぐみかどかどばる 第194号 4-88
下野村下組門八幡 しものむらしもぐみかどやわた 第194号 4-88
下之村鈴 しものむらすず 第209号 4-167
下之村田貫 しものむらたぬき 第209号 4-167
下之村生見 しものむらぬくみ 第209号 4-167
下之村野町 しものむらのまち 第208号 4-159
下之村姪床 しものむらめいとこ 第208号 4-158
下塲 しもば 第190号 4-77
下畑 しもはた 第175号 3-285
下ハタコ しもはたこ 第145号 3-155, 5-185
下畑村 しもはたむら 第101号 2-141, 2-143
下八右エ門新田 しもはちえもんしんでん 第90号 2-84, 5-120, 5-123
下鉢山村 しもはちやまむら 第124号 3-42, 3-44
下初狩○〔初狩〕 しもはつかり 第97号 2-121, 5-117, 5-127, 5-291
下花咲村○〔下花咲、花咲〕 しもはなさきむら 第97号 2-121, 5-126, 5-291
下林村 しもばやしむら 第115号 2-196, 2-198, 2-200, 5-159, 5-297, 5-299
下林村葛山〔下林村〕 しもばやしむらかつらやま 第151号 3-178, 5-192
下原 しもはら 第175号 3-285
下原町村○ しもはらまちむら 第113号 2-188, 5-155, 5-297
下原町村大船渡村 しもはらまちむらおおふなとむら 第113号 2-188
下原村（間宮七郎知行所） しもはらむら 第94号 2-106
下原村 しもはらむら 第163号 3-224, 5-208, 5-307, 5-308
下原村 しもはらむら 第192号 4-82, 5-240, 5-241
下原村上原 しもはらむらかみはら 第163号 3-224
下原村下原町（山﨑主税助在所）〔下原村、下原〕 しもはらむらしもはらまち 第151号 3-177, 5-193, 5-307
下原村三日市 しもはらむらみっかいち 第163号 3-224
下原村若田 しもはらむらわかた 第192号 4-82
下原山 しもはらやま 第157号 5-193, 5-195
下原 しもばる 九州沿海図第21 4-280
下原村 しもばるむら 第179号 4-20, 5-224, 5-226, 5-312
下原村 しもばるむら 第187号 4-57, 4-60, 5-313
下原村 しもばるむら 九州沿海図第3 4-200
下原村浦下原☆ しもばるむらうらしもばる 第179号 4-20
下原村枝秋山町 しもばるむらえだあきやままち 第187号 4-60
下原村枝唐原 しもばるむらえだとうのはる 第187号 4-60
下原村平山 しもばるむらひらやま 第187号 4-57, 4-60
下原村馬立 しもばるむらまたて 第187号 4-57, 4-60
下東村 しもひがしむら 第122号 3-37, 5-173, 5-175
下久末村 しもひさすえむら 第188号 4-68, 5-231
下一日市村〔一日市〕 しもひといちむら 第77号 2-37, 5-115, 5-289
下日名村 しもひなむら 第151号 3-177
下百町村 しもひゃくちょうむら 第188号 4-68
下平 しもひら 九州沿海図第19 4-271
下平井村 しもひらいむら 第90号 2-84
下平井村（田安殿領分） しもひらいむら 第97号 2-122, 2-123, 5-117
下平井村 しもひらいむら 第110号 2-176, 5-158, 5-161
下平井村沖野 しもひらいむらおきの 第110号 2-176
下廣谷村（松平大和守領分） しもひろやむら 第88号 2-79, 5-120, 5-291
下廣谷村中村 しもひろやむらなかむら 第88号 2-79
下深井村 しもふかいむら 第63号 1-216, 5-75, 5-88
下深井村 しもふかいむら 第95号 2-112, 5-146
下深谷部村 しもふかやべむら 第118号 3-20, 5-166, 5-297, 5-299
下深谷部村大口新田 しもふかやべむらおおくちしんでん 第118号 3-20
下深谷村 しもふかやむら 第93号 2-103
下福井村 しもふくいむら 第122号 3-37, 5-175
下福井村恵金〔下福井村、下福井〕 しもふくいむらえがね 第147号 3-161, 3-162, 5-187, 5-303, 5-306
下福田村〔福田〕 しもふくだむら 第150号 3-170, 5-188, 5-305
下福原村 しもふくはらむら 第144号 3-141, 5-192, 5-304, 5-306
下福原村〔福原〕 しもふくはらむら 第155号 3-190, 3-192, 5-189, 5-190, 5-305
下布施村 しもふせむら 第162号 3-220, 5-190, 5-204, 5-305, 5-308
下二子シマ〔二子シマ〕 しもふたごしま 第169号 3-250, 5-215
下二子島 しもふたごじま 第202号 4-128
下二子島 しもふたごじま 長崎〔参考図〕 4-129, 4-131
下二子山 しもふたごやま 第99号 2-131
下布田村○〔下布田、布田〕 しもふだむら 第90号 2-85, 2-87, 2-88, 5-120, 5-123, 5-291
下船原村（大久保出雲守領分） しもふなばらむら 第101号 2-141, 2-143, 5-128, 5-298
下布野村 しもふのむら 第163号 3-225, 5-208, 5-308
霜降岳〔霧降岳〕 しもふりだけ 第176号 3-293, 5-219, 5-220
下古川村〔古川〕 しもふるかわむら 第118号 3-20, 5-166, 5-297
下古沢村 しもふるさわむら 第99号 2-128
下風呂村 しもふろむら 第41号 1-142, 5-62, 5-280
下分村 しもぶんむら 第152号 3-184, 5-196, 5-307
下部田村 しもべたむら 第130号 3-74, 5-163, 5-301
下別府村△ しもべっぷむら 第185号 4-52, 5-246, 5-314
下別府村（御料） しもべっぷむら 九州沿海図第7 4-222
下平流村 しもへるむら 第125号 3-48, 3-50, 5-174
下蓬莱村 しもほうらいむら 第88号 2-78
下細谷村〔下細屋村〕 しもほそやむら 第116号 2-202, 2-204, 5-161
下洞村 しもぼらむら 第113号 2-188, 5-155, 5-297
下洞村枝向下洞 しもぼらむらえだむこうしもぼら 第113号 2-188
下本田村 しもほんでんむら 第118号 3-16, 3-18
下鈎村 しもまがりむら 第133号 3-86, 5-174, 5-176
下牧村 しもまきむら 第108号 2-163, 2-165
下牧村 しもまきむら 第145号 3-153
下牧村大戸 しもまきむらおおど 第145号 3-153
下間久里村〔間久里〕 しもまくりむら 第87号 2-75, 5-120, 5-290
下真島 しもましま 第151号 3-180
下益村 しもますむら 第187号 4-56, 4-58, 5-222, 5-312
下又村 しもまたむら 第111号 2-179, 5-160, 5-298
下町村 しもまちむら 第128号 3-65, 5-183, 5-304
下町屋村（御料所、馬塲太郎兵エ知行所） しもまちやむら 第93号 2-103, 5-125, 5-126
下町屋村 しもまちやむら 第167号 3-240, 5-211, 5-213
下町屋村横川 しもまちやむらよこかわ 第167号 3-240
下松尾村 しもまつおむら 第194号 4-91, 5-245, 3-314
下松求麻村 しもまつくまむら 九州沿海図第16 4-258, 4-260
下松球麻村今泉 しもまつくまむらいまいずみ 第195号 4-94
下松球麻村生名子 しもまつくまむらおいなご 第200号 4-113
下松球麻村下代瀬 しもまつくまむらげだいのせ 第200号 4-113
下松球麻村小川 しもまつくまむらこがわ 第195号 4-94
下松球麻村瀬高 しもまつくまむらせだか 第200号 4-113

下松球麻村段　しもまつくまむらだん　第195号　4-94
下松球麻村辻〔下松球麻村〕　しもまつくまむらつじ　第200号　4-113, 5-250
下松球麻村原女木　しもまつくまむらはらめき　第200号　4-113
下松球麻村古田　しもまつくまむらふるた　第195号　4-94
下松球麻村横石〔下松球麻〕　しもまつくまむらよこいし　第195号　4-94, 5-315
下松山　しもまつやま　九州沿海図第18　4-264
下松山村　しもまつやまむら　第69号　1-244, 5-106
下マテ島〔下マテシマ〕　しもまてじま　第203号　4-136, 4-138, 5-251
下マテシマ　しもまてじま　九州沿海図第19　4-271
下馬渡村〔馬渡〕　しもまわたりむら　第67号　1-235, 5-105, 5-288
下万能村（髙木九助、長谷川久五郎知行所）　しもまんのうむら　第111号　2-179, 2-180, 5-161
下御宇田村〔御宇田〕　しもみうたむら　第193号　4-85, 4-86, 5-230, 5-312, 5-314
下見川　しもみかわ　第187号　4-57, 4-59
下三河村　しもみかわむら　第144号　3-140, 5-183
下三河村上岡　しもみかわむらかみおか　第144号　3-140
下右田村　しもみぎたむら　第175号　3-287, 5-219
下右田村高井原　しもみぎたむらたかいはら　第175号　3-287
下三草村〔三草〕　しもみくさむら　第136号　3-109, 3-111, 5-182, 5-306
下水島　しもみずしま　第151号　3-180, 5-195, 5-307
下溝村　しもみぞむら　第90号　2-91
下箕田村　しもみだむら　第129号　3-68, 5-163, 5-299
下道郡　しもみちぐん　第151号　3-177, 3-178, 3-179, 5-193, 5-307
下簑貝村　しもみのかいむら　第190号　4-75
下見村　しもみむら　第150号　3-172
下宮木村　しもみやきむら　第136号　3-111, 5-182
下宮地村　しもみやじむら　第98号　2-126, 5-117, 5-127
下宮田村（水野右近、稲垣八十五郎、鈴木兵庫知行所）　しもみやたむら　第93号　2-101, 5-125
下妙典村〔妙典〕　しもみょうでんむら　第89号　2-81, 2-83, 5-122, 5-290
下六島　しもむしま　第206号　4-146, 4-148, 5-242, 5-321
下宗方村　しもむなかたむら　第181号　4-29, 5-227
下宗方村（臼杵領）　しもむなかたむら　九州沿海図第3　4-202
（下）宗方村八幡田　しもむなかたむらはちまんだ　第181号　4-29
下村　しもむら　第84号　2-62, 5-140, 5-143, 5-295
下村　しもむら　第90号　2-84
下村　しもむら　第111号　2-180, 5-161
下村　しもむら　第124号　3-44
下村　しもむら　第130号　3-76, 5-163, 5-299, 5-301
下村　しもむら　第133号　3-92, 5-176, 5-178
下村　しもむら　第134号　3-97, 3-98, 5-177
下村　しもむら　第139号　3-122, 5-171, 5-303, 5-306
下村　しもむら　第141号　3-131
下村　しもむら　第151号　3-180, 5-194, 5-307
下村　しもむら　第163号　3-224, 5-208
下村　しもむら　第164号　3-228, 5-210, 5-308
下村　しもむら　第193号　4-87, 5-233, 5-315
下村　しもむら　第195号　4-93, 4-94, 5-233, 5-315
下村　しもむら　第201号　4-120, 5-234, 5-313
下村　しもむら　九州沿海図第16　4-260
下村　しもむら　九州沿海図第18　4-269
下村岩淵宿飛地〔下村〕　しもむらいわぶちじゅくとびち　第90号　2-84, 5-120, 5-123
下村枝今寺　しもむらえだいまでら　第201号　4-120
下村枝内〔野〕　しもむらえだうちの　第201号　4-120
下村枝鍋　しもむらえだなべ　第193号　4-87
下村枝鍋　しもむらえだなべ　九州沿海図第18　4-269
下村尾引市　しもむらおびきいち　第163号　3-224
下村木村　しもむらきむら　第82号　2-55, 2-56, 5-139, 5-140
下村須賀浦〔下村〕　しもむらすかうら　第171号　3-264, 5-201
下森山　しももりやま　九州沿海図第3　4-203
下八木濵村　しもやぎはまむら　第125号　3-48, 5-174
下八木村〔八木〕　しもやぎむら　第128号　3-62, 5-180, 5-304
下八木村畑中　しもやぎむらはたけなか　第128号　3-62
下矢倉村　しもやぐらむら　第125号　3-48, 3-50, 5-166
下安原村　しもやすはらむら　第86号　2-69, 5-141
下安村　しもやすむら　第167号　3-241, 5-211, 5-213, 5-308
下安村青原　しもやすむらあおはら　第167号　3-241
下安村祇園　しもやすむらぎおん　第167号　3-241
下安村堀立　しもやすむらほりたて　第167号　3-241
下八作村　しもやはぎむら　第97号　2-122, 2-123
下八幡村　しもやはたむら　第75号　2-25, 5-99
下谷保村上谷保村入會〔下谷保村、谷保〕　しもやほむらかみやほむらいりあい　第90号　2-88, 2-90, 5-120, 5-123, 5-291
下山井村　しもやまいむら　第49号　1-166, 5-69
下山口村（松平縫殿之助、水野右近知行所）　しもやまぐちむら　第93号　2-101, 5-125
下山口村〔山口〕　しもやまぐちむら　第136号　3-106, 5-178, 5-306
下山坂村　しもやまさかむら　第145号　3-155
下山下村　しもやましたむら　第141号　3-129, 5-183
下山田村（真田弾正大弼）　しもやまだむら　第81号　2-50, 2-52, 5-146
下山田村〔山田〕　しもやまだむら　第121号　3-30, 5 157, 5-297, 5-300
下山田村　しもやまだむら　第133号　3-90, 5-175, 5-176, 5-301
下山門村　しもやまとむら　第187号　4-61, 5-223, 5-313
下山村○☆　しもやまむら　第100号　2-137, 5-127, 5-296
下山村　しもやまむら　第148号　3-168, 5-199, 5-310
下山村河野　しもやまむらこうの　第148号　3-168
下山村杦山　しもやまむらすぎやま　第100号　2-137
下山村西ノ濵　しもやまむらにしのはま　第148号　3-168
下山本村久保　しもやまもとむらくぼ　第100号　2-135, 2-138
下谷村○　しもやむら　第97号　2-121, 5-126, 5-291
下谷村（大久保佐渡守領分、石川衛官、近藤八十エ門知行所）　しもやむら　第99号　2-128, 5-126
下谷村枝新井　しもやむらえだあらい　第97号　2-121
下谷村深田　しもやむらふかだ　第97号　2-121
下弓削浦　しもゆげうら　第157号　3-201, 3-203, 5-210
下弓削村〔弓削〕　しもゆげむら　第144号　3-145, 5-192, 5-307
下弓削村　しもゆげむら　第188号　4-65, 4-66, 5-231
下柚野村大畑〔柚野〕　しもゆのむらおおはた　第100号　2-138, 5-291, 5-296
下柚野村押出〔柚野〕　しもゆのむらおしだし　第100号　2-138, 5-291, 5-296
下柚野村下村（石川大隅守）〔下柚野村、柚野〕　しもゆのむらしもむら　第100号　2-138, 5-127, 5-291, 5-296
下湯原村　しもゆばらむら　第150号　3-172, 5-189
下ヨイチ○　しもよいち　第20号　1-64, 5-44, 5-275
シモヨコセキ　第32号　1-109
下餘吾村　しもよごむら　第121号　3-30, 5-157, 5-297, 5-300
下吉田　しもよしだ　九州沿海図第1　4-191
下吉武村　しもよしたけむら　第125号　3-49, 5-174
下吉田村　しもよしだむら　第95号　2-112, 5-146, 5-294
下吉田村　しもよしだむら　第97号　2-121, 2-123, 5-127, 5-291
下吉田村（一橋殿領分）　しもよしだむら　第107号　2-160, 5-160, 5-298
下吉田村　しもよしだむら　第121号　3-33, 5-172, 5-174
下吉田村　しもよしだむら　第174号　3-278, 5-216
下吉富村（池田筑前守陣屋）〔吉富〕　しもよしとみむら　第141号　3-128, 5-182, 5-304
下四ツ口　しもよつぐち　九州沿海図第21　4-279
下米積村　しもよなづみむら　第150号　3-170, 5-188
シモロクジャー　第32号　1-111, 5-56
下和白村　しもわじろむら　第187号　4-60, 5-223
下和白村三笘村　しもわじろむらみとまむら　第187号　4-60
下和田村　しもわだむら　第94号　2-105, 5-119, 5-291
下和田村　しもわだむら　第97号　2-121
下和田村　しもわだむら　第100号　2-134, 5-127, 5-291
下和田村大故山　しもわだむらおおごやま　第100号　2-134
シヤーナイ川　第12号　5-36, 5-269, 5-273
シヤイノイヘ　第18号　1-59
松江村　しゃうえむら　九州沿海図第1　4-193
シヤウノ島　しゃうのじま　第190号　4-77, 5-235
釈迦尾野　しゃかおの　九州沿海図第8　4-224
釈迦岳　しゃかがたけ　第129号　3-67, 3-70, 5-166
釈迦ケ嶽　しゃかがたけ　第180号　4-25
釈迦堂川　しゃかどうがわ　第56号　1-195
釈迦堂新村　しゃかどうしんむら　第82号　2-55, 2-56, 5-139, 5-140, 5-295
釈迦内○〔釋迦内〕　しゃかない　第60号　1-205, 5-84, 5-281
目尾村　しゃかのおむら　第187号　4-56, 5-222, 5-312
目尾村奈木野　しゃかのおむらなきの　第187号　4-56
釈迦鼻　しゃかみさき　第145号　5-194

釈迦牟尼島〔シヤカムニシマ〕 しゃかむにじま 第187号 4-61, 5-223, 5-313
釈迦森 しゃかもり 第171号 3-266
シヤキベヲツナイ 第10号 1-35, 5-34, 5-272
シヤキベヲツナイ川 第10号 5-272
シヤキヤウ瀬 しゃきょうせ 第191号 4-78
シヤクコタン 第25号 1-83, 5-33, 5-277
杓子 しゃくし 第151号 3-180
杓子 しゃくし 第151号 3-180
杓子 しゃくし 第151号 3-180
杓子〔杓子島〕 しゃくし 第151号 3-180, 5-195
塩坂越浦 しゃくしうら 第121号 3-33, 5-172, 5-300
尺シマ しゃくしま 第101号 2-141, 2-143
シヤクタツフ川 第28号 1-94, 5-50, 5-278
雀頭山 じゃくとうざん 第129号 3-72, 5-167, 5-301
シヤクベツ○ 第23号 1-77, 5-276
寂時〔蒔〕村 じゃくまくむら 第81号 2-53, 5-146
釈間岳 しゃくまだけ 第183号 4-39
釋間岳 しゃくまだけ 九州沿海図第5 4-211
社家村 しゃけむら 第93号 2-103
シヤコタン○ 第20号 1-65, 5-45, 5-275
シヤコタン川 第20号 1-65, 5-45, 5-275
シヤ島〔シヤシマ〕 じゃじま 第122号 3-37, 5-173
虵島〔蛇島〕 じゃじま 第131号 3-79, 3-80, 5-169
シヤタイ 第28号 1-95, 5-51, 5-278
シヤタイ川 第28号 1-95, 5-50, 5-278
酒呑村 しゃちのみむら 第115号 2-200, 5-159, 5-297, 5-299
シヤツクシウシ 第22号 5-27, 5-30
シヤツグハイ 第25号 1-82, 1-84, 5-33, 5-277
シヤツテキナイ 第21号 1-68, 1-69, 5-46
蛇峠 じゃとうげ 第110号 2-172, 5-296
シヤーナイ 第12号 1-40, 5-36, 5-269, 5-273
蛇先川 じゃのさきがわ 第64号 1-221
地矢筈〔矢筈島〕 じやはず 第209号 4-166, 5-249, 5-261
シヤマニ○ 第26号 1-85, 5-48, 5-277
冷水峠 しゃみずとうげ 第187号 4-59, 5-222
シヤムコタン 第6号 1-21, 5-26, 5-268, 5-270
シヤムコタン川 第6号 1-21, 5-268, 5-270
シヤムワツカナイ川 第33号 1-112, 5-47, 5-279
シヤリ○ 第7号 1-27, 5-20, 5-271
シヤリウコツ 第11号 1-39, 5-35, 5-269, 5-273
シヤリ川 第7号 5-20, 5-271
シヤリキウシ 第23号 1-75, 5-271, 5-276
シヤリキウシ川 第23号 5-271
シヤリキシ 第7号 1-26, 5-20, 5-270
車力村 しゃりきむら 第38号 1-127, 1-130, 5-82, 5-281
ジヤロ 第23号 1-75
ジヤロ川 第23号 1-75, 1-76, 5-271, 5-276
十王町 じゅうおうちょう 第125号 3-51, 5-174
修學院村 しゅうがくいんむら 第133号 3-87
周木浦☆ しゅうきうら 第170号 3-261, 5-201, 5-311
秋喜村 しゅうきむら 第150号 3-170, 5-188
十九ケ村入會冨士野 じゅうきゅうかそんいりあいふじの 第100号 2-135, 5-127
拾九町村〔十九町〕 じゅうきゅうちょうむら 第209号 4-167, 5-316
拾九町村 じゅうきゅうちょうむら 九州沿海図第10 4-236
拾九町村尾掛 じゅうきゅうちょうむらおかけ 第209号 4-167
拾九町村田良浦 じゅうきゅうちょうむらたらうら 第209号 4-167, 5-249, 5-261
拾九町村宮ケ濵 じゅうきゅうちょうむらみやがはま 第209号 4-167
祝言島 しゅうげんじま 第206号 4-148, 4-149, 4-150, 4-151, 5-242, 5-243, 5-321
住郷山 じゅうごうやま 第166号 3-235
十三潟 じゅうさんがた 第38号 1-130, 5-82, 5-281
十三峠 じゅうさんとうげ 第114号 2-190, 5-155, 5-158
十三峠 じゅうさんとうげ 第135号 3-100
十三濵（自追波濵至小滝濵） じゅうさんはま（おっぱはまよりこたきはまにいたる） 第48号 1-162, 1-163, 5-78
十三町☆⏃ じゅうさんまち 第38号 1-130, 5-82, 5-281
舟志坂峠 しゅうしざかとうげ 第192号 4-80
十七條村 じゅうしちじょうむら 第118号 3-16, 3-18, 5-166
舟志村 しゅうしむら 第192号 4-80, 5-239, 5-241, 5-320
十條村（東叡山、幸隆寺領、西村藏之助知行所） じゅうじょうむら 第90号 2-84, 5-120, 5-123, 5-291
十條村〔十條〕 じゅうじょうむら 第188号 4-67, 5-231, 5-313
舟穿窟 しゅうせんくつ 第203号 4-135, 4-137, 5-251
舟穿窟 しゅうせんくつ 九州沿海図第19 4-273
十禅寺村 じゅうぜんじむら 第193号 4-85, 5-233, 5-315
十禅寺村 じゅうぜんじむら 九州沿海図第18 4-266
十禅寺村平田 じゅうぜんじむらひらた 第193号 4-85
須知村 しゅうちむら 第126号 3-55, 5-175, 5-300, 5-301
舅島 しゅうとがしま 第207号 4-152, 5-242, 5-243
十二川 じゅうにがわ 第207号 5-243
十二社明神 じゅうにしゃみょうじん 第103号 2-149
十二所 じゅうにしょ 第128号 5-304
十二所村 じゅうにしょむら 第124号 5-180
十二嶽 じゅうにだけ 第97号 2-123
拾二町村摺之濵 じゅうにちょうむらすりのはま 第211号 4-176, 5-249, 5-261
拾二町村湊浦○☆〔十二町村湊浦、十二町〕 じゅうにちょうむらみなとうら 第211号 4-176, 5-249, 5-261, 5-316
拾二町村湊浦☆ じゅうにちょうむらみなとうら 九州沿海図第10 4-236
十二町目村 じゅうにちょうめむら 第50号 1-172, 5-73, 5-282
十二村 じゅうにむら 第127号 3-57
十八條村（御料所） じゅうはちじょうむら 第135号 3-101, 5-178
鷲峯山 しゅうぶざん 第133号 5-176
鷲峯山 じゅうぶざん 第134号 5-301
周遍寺山 しゅうへんじやま 第136号 3-111
鷲峯川 じゅうぼうがわ 第143号 3-135, 5-188
鷲峯村 じゅうぼうむら 第143号 3-135, 3-136, 5-188, 5-305
鷲峯山 じゅうぼうやま 第143号 3-135, 5-188, 5-305
十方〔万〕山 じゅうまんやま 第129号 3-66, 5-166
始終村雨連〔始終村、始終〕 しゅうむらあめつら 第156号 3-195, 5-208, 5-307
十文字 じゅうもんじ 九州沿海図第17 4-261
十里塚村 じゅうりづかむら 第70号 1-247, 5-91, 5-283, 5-286
十郎川 じゅうろうがわ 第187号 4-61
十郎島 じゅうろうじま 第189号 4-73
十郎丸村 じゅうろうまるむら 第188号 4-65, 4-66, 5-231, 5-313
十六ケ所山 じゅうろくせんやま 第114号 2-193
シユウンナイ 第17号 1-52, 5-42, 5-274
修行者山 しゅぎょうしゃやま 第180号 4-28
宿浦 しゅくうら 第117号 3-15, 5-168
宿浦 しゅくうら 第120号 3-24, 5-145
宿浦 しゅくうら 第120号 3-27, 5-172
宿川 しゅくがわ 第137号 3-112
宿河原村 しゅくがわらむら 第43号 1-145, 5-84, 5-281
宿南村 しゅくなみむら 第124号 3-44, 5-180, 5-304
宿南村上町 しゅくなみむらかみまち 第124号 3-44
宿南村下町 しゅくなみむらしもまち 第124号 3-44
宿根木村 しゅくねぎむら 第75号 2-27, 5-99, 5-287
宿根村（御料所、谷部道堂、伴道與知行所） しゅくねむら 第94号 2-106, 5-118, 5-291
宿野浦村〔宿ノ浦村〕 しゅくのうらむら 第206号 4-149, 5-242, 5-243
宿谷村 しゅくのたにむら 第174号 3-278, 5-216, 5-308
宿野部村 しゅくのへむら 第39号 1-131, 5-63, 5-280
宿ノ戸村〔宿戸〕 しゅくのへむら 第45号 1-152, 5-68, 5-280
宿野村 しゅくのむら 第129号 3-67, 5-166, 5-301
宿原村 しゅくはらむら 第136号 3-110, 5-182, 5-306
宿村 しゅくむら 第83号 2-61, 5-141, 5-295
宿村 しゅくむら 第116号 2-202, 2-204, 5-162, 5-299
宿村 しゅくむら 第125号 3-50, 5-174, 5-297, 5-300, 5-301
宿村 しゅくむら 第143号 3-135
宿村 しゅくむら 第145号 3-153, 5-192
宿村 しゅくむら 第145号 3-153, 5-192
宿村 しゅくむら 第187号 4-59, 4-62
宿村（釜利谷）（米倉丹後守領分）〔釜利谷〕 しゅくむら（かまりや） 第93号 2-102, 5-123, 5-291
宿村（夙村） しゅくむら（しゅくむら） 第133号 3-90, 5-175, 5-176
宿村枝上宿 しゅくむらえだかみしゅく 第144号 3-142
宿村新田〔宿村〕 しゅくむらしんでん 第88号 2-78, 5-120
宿粒村 しゅくりゅうむら 第88号 2-79, 5-120
修現免川 しゅげんめんがわ 第165号 5-204
シユサンベツ川〔ホンシユサンベツ川〕 第15号 1-49, 5-38
修禅寺 しゅぜんじ 第101号 2-141, 2-143, 5-298
十谷前山 じゅっこくまえやま 第98号 2-127
出西村 しゅつさいむら 第162号 3-219, 3-221
出西村伊保 しゅつさいむらいぼ 第162号 3-219, 3-221
出釈迦山 しゅっしゃかやま 第152号 3-182, 5-194
主寝峠 しゅねとうげ 第65号 1-223, 5-90
シユブキ 第29号 1-99, 5-52
シユブト川 第21号 1-68, 1-69, 5-46, 5-279
シユマシユンベ 第22号 1-71, 1-72, 5-27, 5-28
シユムカルコタン 第5号 1-18

シユムカルコタン川　第5号　1-18, 5-17, 5-19, 5-270
寿命村新茶屋〔寿命村〕　じゅめいむらしんちゃや　第187号　4-56, 5-222
地油良村〔南油良村〕　じゆらむら　第127号　3-59, 5-182
修理田村　しゅりたむら　第188号　4-67
シユルシユツ〔シルシツ〕　第12号　1-40, 5-36
シユルシユツ岬〔シルシツ岬、シルシユツ岬〕　第12号　1-40, 5-36, 5-269, 5-273
シユルシユツ岬　第22号　1-70, 5-27, 5-270
春慶院　しゅんけいいん　第90号　2-84
春田村　しゅんだむら　第163号　3-224, 5-208
春田村枝山津田　しゅんだむらえだやまつだ　第163号　3-224, 3-226
春田村新田谷　しゅんだむらしんでんだに　第163号　3-224
順徳院陵　じゅんとくいんりょう　第75号　2-27
淳和帝　じゅんなてい　第133号　3-90, 3-92
淳和帝陵　じゅんなていりょう　第133号　3-90, 3-92
シユンベツ　第5号　1-20, 5-19, 5-270
シユンレウコル　第22号　1-71, 1-72, 5-27
シヨイトマリ　第21号　1-69, 5-47, 5-279
正院　しょういん　九州沿海図第18　4-268
正院村　しょういんむら　第85号　2-68, 5-142, 5-295
浄雲寺山　じょううんじやま　第181号　5-226
松江村　しょうえむら　第178号　4-16, 5-222, 5-312
勝圓　しょうえん　九州沿海図第1　4-191
性翁寺　しょうおうじ　第90号　2-84
松應寺　しょうおうじ　第115号　2-198, 2-200
城岡新田　じょうおかしんでん　第76号　2-28, 5-112, 5-113
正覚寺　しょうかくじ　第90号　2-84
成覚寺　じょうかくじ　第90号　2-84, 2-86
城ケ﨑　じょうがさき　第138号　3-118, 3-120
城ケ鼻　じょうがさき　第157号　5-210
城ケ﨑　じょうがさき　第187号　4-61
城下澤村〔城下沢村〕　じょうがさわむら　第40号　1-139, 5-62, 5-280
城下沢村イキリコシ　じょうがさわむらいきりこし　第40号　1-139, 5-62
城下沢村角違　じょうがさわむらすみちがい　第40号　1-139, 5-62
城ケ島（御料所）〔城島〕　じょうがしま　第93号　2-101, 5-125, 5-291
城ケ島〔城ケシマ〕　じょうがしま　第117号　3-15, 5-168
嫦娥島　じょうがしま　第191号　4-79
城島（橘村）　じょうがしま（たちばなむら）　第145号　3-150, 5-185, 5-306
庄ノ嶽　しょうがたけ　第118号　3-19, 3-21
城ケ岳　じょうがたけ　第111号　2-181
城ケ岳　じょうがたけ　第194号　4-89
城ケ谷山　じょうがたにやま　第162号　3-221
少ケ野村　しょうがのむら　第113号　2-186, 5-155, 5-297
少ケ野村舩渡　しょうがのむらふなと　第113号　2-186
城ケ鼻　じょうがはな　第161号　3-213, 3-215
城ケ原　じょうがはら　第136号　3-106
城ケ平　じょうがひら　第162号　3-218, 3-220
勝加茂西村〔勝加茂〕　しょうかもにしむら　第143号　3-138, 5-192, 5-305
勝加茂東村〔勝加茂〕　しょうかもひがしむら　第143号　3-138, 5-188, 5-305
勝加茂東村坂上分　しょうかもひがしむらさかうえぶん　第143号　3-138
庄川　しょうがわ　第179号　4-19
定川　じょうがわ　第48号　1-165, 5-78
城河内村☆　じょうかわうちむら　第203号　4-138, 5-251, 5-315
城河内村☆　じょうかわうちむら　九州沿海図第14　4-253
城川原村　じょうがわらむら　第83号　2-58, 5-140
上河原村　じょうがわらむら　第90号　2-89
称願寺　しょうがんじ　第97号　2-122, 2-123
成願寺　じょうがんじ　第133号　3-90
常願寺川　じょうがんじがわ　第82号　2-56, 5-140
正観寺村　しょうかんじむら　第193号　4-84, 4-86, 5-232, 5-312, 5-314
成願寺村　じょうがんじむら　第121号　3-32, 5-172
成願寺村　じょうがんじむら　第123号　3-38, 5-180, 5-304
成願寺村　じょうがんじむら　第134号　3-95, 3-97, 5-176, 5-177, 5-301
正観寺村枝隈府町◯☆〔隈府〕　しょうかんじむらえだわいふまち　第193号　4-84, 4-86, 5-230, 5-232, 5-312, 5-314
成願寺村出屋敷　じょうがんじむらでやしき　第134号　3-95, 3-97
正観岳　しょうかんだけ　第190号　4-77
常行院　じょうぎょういん　第94号　2-107
常宮浦　じょうぐううら　第121号　3-29, 5-172, 5-300
常宮社　じょうぐうしゃ　第121号　3-29
上宮社　じょうぐうしゃ　第180号　5-312
上宮山　じょうぐうやま　第202号　4-125, 4-126
将軍地藏山　しょうぐんじぞうやま　第133号　3-87, 5-174, 5-176
成君寺山　じょうくんじやま　第175号　5-218
松慶院門前　しょうけいいんもんぜん　第133号　3-90
上下川田谷村樋ノ詰　じょうげかわたやむらひのつめ　第88号　2-78
松月院　しょうげついん　第90号　2-85
上下濱〔上下〕　じょうげはま　第76号　2-31, 5-138, 5-287, 5-294
清地村（御料所）　しょうげむら　第66号　1-227, 1-228, 5-92, 5-285
上下村植木　じょうげむらうえき　第156号　3-197
上下村下野　じょうげむらしもの　第156号　3-197
上下町上下村◯〔上下村、上下〕　じょうげまちじょうげむら　第156号　3-197, 5-208, 5-307
正家村宮ノ前〔正家〕　しょうげむらみやのまえ　第114号　2-190, 5-154, 5-296
承元寺村　しょうげんじむら　第107号　2-156
聖護院宮　しょうごいんのみや　第133号　3-87
聖護院村　しょうごいんむら　第133号　3-87, 5-174, 5-176, 5-301
勝光山　しょうこうざん　第163号　3-224
常光寺　じょうこうじ　第90号　5-120
常光寺村　じょうこうじむら　第135号　5-178
定光寺村　じょうこうじむら　第150号　3-170
淨国寺　じょうこくじ　第88号　2-78, 5-120
正後寺村　しょうごじむら　第127号　3-56, 3-58
上戸山　じょうごやま　第190号　4-76
状小屋村　じょうごやむら　第49号　1-168, 5-71, 5-74
正﨑村　しょうざきむら　第144号　3-146
上座郡　じょうざぐん　第180号　4-25, 4-27, 5-230
上座郡　じょうざぐん　第187号　4-58, 5-312
松山寺　しょうざんじ　第160号　3-210, 5-202
焼山寺山　しょうさんじやま　第147号　5-187, 5-303, 5-306
障子岳（古城跡）　しょうじがたけ　第178号　4-15, 4-17
障子岳　しょうじがだけ　第180号　4-25
正直村（松平大和守領分）　しょうじきむら　第88号　2-79, 5-120, 5-291
障子島　しょうじしま　第204号　4-140
障子嶽　しょうじだけ　第187号　4-57
障子根　しょうじね　第104号　2-151, 2-152
シヨーシベツ　第3号　1-15
上司町☆　じょうしまち　第123号　3-40, 5-173, 5-304
小跡〔路〕村〔小路〕　しょうじむら　第137号　3-112, 5-178, 5-306
上シヤ島　じょうじゃしま　第84号　2-62, 2-64
障子山　しょうじやま　第188号　4-68
常住寺　じょうじゅうじ　第95号　2-110
成就寺　じょうじゅじ　第144号　3-147
所王壽寺村　しょうじゅじむら　第44号　1-151, 5-69, 5-280
正条村◯　しょうじょうむら　第141号　3-131, 5-183, 5-306
精進川　しょうじんがわ　第150号　3-171, 5-189
精進川村　しょうじんがわむら　第100号　2-133, 2-135, 2-136, 2-138, 5-127
精進川村大倉〔精進川〕　しょうじんがわむらおおくら　第100号　2-136, 2-138, 5-291, 5-296
精進川村角ケ谷戸〔精進川〕　しょうじんがわむらつのがやど　第100号　2-133, 2-135, 5-291, 5-296
精進川村渡瀬〔精進川〕　しょうじんがわむらわたせ　第100号　2-136, 2-138, 5-291, 5-296
浄心寺　じょうしんじ　第90号　2-84
浄心寺　じょうしんじ　第90号　2-84
常禅村　じょうぜんむら　第141号　3-131
將衣東村　しょうぞくむら　第173号　3-274, 5-213
正代村　しょうだいむら　第88号　2-79
生田村　しょうだむら　第115号　2-200, 5-162, 5-299
上田村〔上田〕　じょうだむら　第190号　4-75, 5-234, 5-313
小地野村枝篠倉〔小地野村、小地野〕　しょうちのむらえだささくら　第182号　4-36, 4-37, 5-227, 5-229, 5-312, 5-314
正津　しょうづ　九州沿海図第2　4-199
常通寺島村〔常通寺〕　じょうつうじじまむら　第159号　3-206, 3-208, 5-199, 5-310
正津川村　しょうづがわむら　第41号　1-142, 5-62
小津島　しょうつしま　第149号　3-164, 5-198
庄手村　しょうでむら　第180号　4-27, 5-312
庄寺　しょうでら　九州沿海図第18　4-269
聖天　しょうでん　第90号　2-84
聖天　しょうでん　第90号　2-84
聖天宮　しょうでんぐう　第94号　2-106, 2-108
正田村　しょうでんむら　第150号　3-175, 5-193, 5-307
工道尻村　しょうどうじりむら　第59号　1-203, 5-85, 5-281
尉殿﨑〔尉殿サキ〕　じょうどさき　第192号　4-80, 5-239, 5-241
小豆島（御料所）　しょうどしま　第145号　3-151, 5-185, 5-306
浄土シマ〔浄土シマ〕　じょうどしま　第201号　4-121, 4-122, 5-235
浄土寺山　じょうどじやま　第133号　3-87, 5-174, 5-176
庄内川　しょうないがわ　第115号　2-197, 2-199, 5-159
庄内村　しょうないむら　第96号　2-117, 5-150
庄内村〔下庄内村、下庄内〕　しょうないむら　第107号　2-160, 5-160, 5-298
城内村　じょうないむら　第180号　4-27, 5-230
庄内村枝中條　しょうないむらえだなかじょう　第96号　2-117

勝南郡　しょうなんぐん　第144号　3-141, 3-143, 3-144, 3-146, 5-192, 5-305, 5-307
庄野○　しょうの　第129号　3-69, 5-163, 5-299, 5-301
正能村（秋元左衛門佐領分）　しょうのうむら　第88号　2-76, 5-120, 5-291
庄能村　しょうのうむら　第141号　3-129, 5-183, 5-304, 5-306
城尾山　じょうのおやま　第180号　4-28
城腰村　じょうのこしむら　第75号　2-24, 5-99
城之腰村☆　じょうのこしむら　第107号　2-159, 5-160, 5-298
城木場村　じょうのこばむら　第203号　4-134, 5-251, 5-315
城木場村　じょうのこばむら　九州沿海図第19　4-272
シヤウノ下シマ　しょうのしもじま　第124号　3-43, 5-181
城野村　じょうのむら　第51号　1-178, 5-77
城野村　じょうのむら　第178号　4-13, 4-15, 5-222, 5-312
城ノ村　じょうのむら　九州沿海図第18　4-264
上畑村〔上畑〕　じょうばたむら　第186号　4-54, 5-223, 5-313
上畑村笠松　じょうばたむらかさまつ　第186号　4-54
正八幡　しょうはちまん　第88号　2-78
庄原川　しょうばらがわ　第163号　3-224
正原村☆　しょうばらむら　第163号　3-224, 5-208
庄原村下分〔三分市村〕　しょうばらむらしもぶん　第162号　3-218, 3-220, 5-204
庄原村下分庄原町〔庄原村、庄原〕　しょうばらむらしもぶんしょうばらまち　第162号　3-218, 5-204, 5-308
正原村正原町○〔庄原〕　しょうばらむらしょうばらまち　第163号　3-224, 5-307
城原川　じょうばるがわ　第188号　4-67
城平山　じょうひらやま　第172号　3-268
正夫池村　しょうぶいけむら　第118号　3-17, 3-19
菖蒲池村　しょうぶいけむら　第185号　4-48, 4-50
菖蒲田濵〔菖蒲田〕　しょうぶだはま　第52号　1-180, 5-79, 5-284
菖蒲戸ケ﨑村（内藤外記知行所）　しょうぶとがさきむら　第88号　2-76, 5-120
菖蒲村（御料所）　しょうぶむら　第99号　2-129, 5-126, 5-291
菖蒲村〔菖蒲〕　しょうぶむら　第189号　4-71, 4-72, 5-234, 5-238, 5-241, 5-313
菖蒲山　しょうぶやま　第143号　3-135
上房郡　じょうぼうぐん　第150号　3-174, 3-175, 5-193, 5-307
上房郡　じょうぼうぐん　第151号　3-177, 5-193, 5-307
正法寺　しょうほうじ　第90号　2-84
正法寺村　しょうほうじむら　第125号　3-48, 3-50, 5-166
正法寺村　しょうぼうじむら　第123号　3-41, 5-180, 5-304
正法寺村　しょうぼうじむら　第136号　3-111, 5-182, 5-306
浄法寺村　じょうほうじむら　第133号　3-90
正法寺村天上　しょうほうじむらてんじょう　第125号　3-48, 3-50
城方村　じょうほうむら　第142号　3-132, 5-186, 5-303, 5-306
勝北郡　しょうほくぐん　第143号　3-138, 5-188, 5-305
上品寺　じょうほんじ　第94号　2-108
上万村　じょうまんむら　第150号　3-171, 5-189
正味村　しょうみむら　第164号　5-197, 5-210
正明寺村　しょうみょうじむら　第75号　2-24, 5-99, 5-287
定明村　じょうみょうむら　第76号　2-28, 5-112, 5-113, 5-287, 5-289
庄村　しょうむら　第117号　3-13, 5-163, 5-299
荘村〔庄村〕　しょうむら　第133号　3-93, 5-178, 5-301
庄村　しょうむら　第141号　3-130, 5-182, 5-306
庄村　しょうむら　第167号　3-242, 5-211, 5-213
庄村　しょうむら　第178号　4-17
庄村　しょうむら　第179号　4-19, 5-225, 5-312
庄村　しょうむら　第186号　4-53, 4-55
庄村　しょうむら　第187号　4-61, 5-223
庄村（中津領）　しょうむら　九州沿海図第2　4-194
城村（間宮造酒之亟知行所）　じょうむら　第93号　2-101, 5-125
城村（大久保出雲守領分、小出又五郎、松波五左エ門、岡野平三郎、猪子英太郎知行所）　じょうむら　第101号　2-140, 2-142, 5-292, 5-298
城村　じょうむら　第120号　3-24, 5-145, 5-297, 5-300
城村　じょうむら　第190号　4-77, 5-234, 5-313
上村　じょうむら　第193号　4-87, 5-223, 5-313
上村枝西照寺　じょうむらえださいしょうじ　第193号　4-87
上村枝庄山　じょうむらえだしょうやま　第193号　4-87
庄村布津郡　しょうむらふつごおり　第179号　4-19
城村横山　じょうむらよこやま　第101号　2-140, 2-142
上面木山　じょうめぎさん　第185号　4-48, 5-244
正面山　しょうめんざん　第145号　3-153
松門寺村　しょうもんじむら　第188号　4-64
ショーヤ　第12号　1-40, 5-36
シヨーヤ　第20号　1-63, 5-44, 5-275
シヨーヤ○　第25号　1-82, 1-84, 5-33, 5-277
庄屋内　しょうやない　第202号　4-125, 4-127
庄屋内　しょうやない　長崎〔参考図〕　4-133
勝谷村（長府領）　しょうやむら　第177号　3-298
勝谷村　しょうやむら　九州沿海図第1　4-189
常楽寺　じょうらくじ　第94号　2-109
常楽寺村　じょうらくじ　第127号　3-59, 3-61
常楽寺村☆　じょうらくじむら　第125号　3-51, 5-174
城力村　じょうりきむら　第188号　4-64
正竜寺　しょうりゅうじ　第94号　2-106
勝林寺　しょうりんじ　第90号　2-84
少林寺　しょうりんじ　第94号　2-106
〔定〕林寺　じょうりんじ　第94号　2-109
定輪寺　じょうりんじ　第100号　2-134
少林寺村　しょうりんじむら　第143号　3-136, 5-188
常林寺山　じょうりんじやま　第159号　3-208
シヤウリン山　しょうりんやま　第133号　3-93
照蓮寺　しょうれんじ　第112号　2-183, 2-184
乗蓮寺　じょうれんじ　第90号　2-85
浄蓮寺　じょうれんじ　第94号　2-108
清冷寺村　しょうれんじむら　第124号　3-42, 3-44, 5-180, 5-304
清冷寺村白上（五条）　しょうれんじむらしらかみ（ごじょう）　第124号　3-42, 3-44
正蓮寺山　しょうれんじやま　第136号　3-107
上呂村　じょうろむら　第112号　2-185, 5-153, 5-155, 5-297
上呂村葛ケ原　じょうろむらくずがはら　第112号　2-185
上呂村筒井　じょうろむらつつい　第112号　2-185
上呂村長水　じょうろむらながみず　第112号　2-185
シヨカンベツ川　第17号　1-53, 5-42, 5-275
暑氣谷　しょきだに　第173号　3-273
シヨケー　第4号　1-17, 5-17, 5-270
シヨコツ　第9号　1-32, 5-25, 5-272
シヨコツ川　第9号　1-32, 5-25, 5-272
地吉村枝大石村〔地吉〕　じよしむらえだおおいしむら　第176号　3-291, 5-309
地吉村深堀〔地吉〕　じよしむらふかぼり　第176号　3-291, 5-309, 5-312
地吉村法ケ原〔地吉村、地吉〕　じよしむらほうがはら　第176号　3-291, 5-220, 5-309
書写山　しょしゃざん　第141号　5-306
書寫山圓教寺　しょしゃざんえんきょうじ　第141号　3-128, 5-183
シヨチクナイ　第21号　1-69, 5-47, 5-279
シヨチクナイ　第33号　1-112
シヨツフ〔シヨツプ〕　第7号　1-28, 5-21, 5-271
シヨツプ　第18号　1-58, 5-43, 5-275
シヨツプ川　第18号　1-58, 5-43, 5-275
シヨナイ　第11号　1-37, 5-35, 5-272
シヨナイ〔シユナイ〕　第18号　1-60, 5-43
序品窟　じょほんくつ　第138号　3-119
シヨモナイ　第34号　1-118, 5-54, 5-57
女郎岩　じょろういわ　第101号　2-140, 2-142
女郎岩　じょろういわ　第147号　3-162, 5-187
女郎シマ　じょろうじま　第146号　3-156
上老松村　じょろまつむら　第170号　3-258, 5-201, 5-215, 5-311
シヨロヽ　第23号　1-75
シヨロヽ川　第23号　1-75, 5-271, 5-276
シヨンケランバヌツフ〔シヨンケヲンバヌツフ〕　第33号　1-115, 5-55, 5-279
シヨンデケ　第22号　1-73, 5-30, 5-270, 5-276
白石浦　しらいしうら　第170号　3-261
白石﨑　しらいしざき　第178号　4-14, 4-16
白石島☆　しらいしじま　第151号　3-181, 5-195, 5-307
白石ハナ　しらいしはな　第161号　3-217
白石村　しらいしむら　第118号　3-19, 3-21, 5-166, 5-297, 5-300
白石村⛵　しらいしむら　第207号　4-151, 5-243
白石山　しらいしやま　第173号　3-277
白糸滝　しらいとのたき　第100号　2-133, 2-135
白岩　しらいわ　第6号　1-24
白岩　しらいわ　第146号　3-156
白岩　しらいわ　第189号　4-72
白岩　しらいわ　九州沿海図第16　4-257, 4-259
白岩﨑　しらいわざき　第203号　4-135
シラヲイ○　第28号　1-95, 5-51, 5-278
シラヲイ川　第29号　1-97, 5-51, 5-278
白岡村（川副勝三郎知行所）　しらおかむら　第88号　2-76, 2-78, 5-120, 5-291
白尾村　しらおむら　第83号　2-57, 5-141, 5-295
白方　しらかた　第146号　3-157, 3-158
白岳　しらがたけ　第136号　3-105, 3-108
白方村　しらかたむら　第120号　3-25, 5-145, 5-300
白樫イソ　しらかばいそ　第200号　5-250
白壁村〔白壁〕　しらかべむら　第188号　4-65, 4-66, 5-231, 5-313
白壁村座主野　しらかべむらざすの　第188号　4-65, 4-66
シラカミ　第36号　1-123, 5-60, 5-281
白紙ケ里村　しらかみがりむら　第190号　4-75
シラカミ岬　第36号　1-123, 5-60
白川（松平越中守居城）☆　しらかわ　第68号　1-238, 1-240, 5-106, 5-288
白川　しらかわ　第193号　4-85, 5-233, 5-315
白川　しらかわ　九州沿海図第18　4-266

白川郡　しらかわぐん　第68号　1-238, 1-240, 5-106
白川村　しらかわむら　第133号　3-89, 5-176, 5-301
白木　しらき　九州沿海図第9　4-230
白木浦　しらきうら　第121号　3-29, 5-172, 5-300
白木川　しらきがわ　第180号　5-230
白木河内村　しらきがわちむら　第203号　4-137, 5-251, 5-315
白木河内村　しらきがわちむら　九州沿海図第19　4-271
白木河内村大友　しらきがわちむらおおとも　第203号　4-137
白木河内村宗崎　しらきがわちむらむねざき　第203号　4-137
白木崎　しらきざき　第178号　4-13
白木社　しらきしゃ　第192号　4-82
白木原村　しらきばるむら　第187号　4-57, 4-59, 4-60, 4-62, 5-223
白木俣　しらきまた　九州沿海図第8　4-225
白木村　しらきむら　第75号　2-27, 5-99
白木村　しらきむら　第181号　4-29, 4-31, 5-227, 5-312
白木村　しらきむら　第181号　4-32, 5-226, 5-311, 5-312
白木村　しらきむら　九州沿海図第3　4-203
白木村　しらきむら　九州沿海図第4　4-206
白木村秋ノ江　しらきむらあきのえ　第181号　4-32
白木村玉井　しらきむらたまい　第181号　4-32
白木村室生浦　しらきむらむろううら　第181号　4-32
白木山　しらきやま　第190号　4-76
白木山　しらきやま　九州沿海図第2　4-195
白草山　しらくさやま　第113号　2-186
白国神社　しらくにじんじゃ　第141号　3-130
白国村　しらくにむら　第141号　3-130, 5-183
白國村奥白国　しらくにむらおくしらくに　第141号　3-130
白倉村　しらくらむら　第94号　2-107, 5-119
白倉村枝犬山　しらくらむらえだいぬやま　第94号　2-107
白鍬村八王子村丹〔円〕阿弥村入會〔白鍬村、八王子村、円阿弥村〕　しらくわむらはちおうじむらえんなみむらいりあい　第88号　2-78, 5-120
シラゴウ島〔汐コウ島〕　しらごうじま　第171号　3-266, 5-203
白子シマ　しらこじま　九州沿海図第5　4-211
白子村（御料所、伊賀之者給地）○　しらこむら　第90号　2-85, 5-120, 5-123, 5-291
白子村（大久保主膳知行所）　しらこむら　第92号　2-99, 2-100, 5-124, 5-292
白坂（松平越中守領分）○☆　しらさか　第68号　1-240, 5-106, 5-288
白坂峠　しらさかとうげ　第187号　4-58, 5-222
白崎　しらさき　第104号　2-151, 2-152
白崎　しらさき　第117号　3-12
白崎　しらさき　第153号　3-186
白崎　しらさき　第161号　3-213, 3-215
白嵜　しらさき　第183号　4-38, 4-40
白崎　しらさき　第190号　4-77
白崎　しらさき　第204号　4-140, 4-142
白崎　しらさき　第206号　4-149
白崎　しらさき　九州沿海図第5　4-211
白崎村　しらさきむら　第138号　3-119, 5-184, 5-186, 5-303, 5-306
シラサヤイト〔シラリヤイト〕　第25号　1-83, 5-277
白澤○　しらさわ　第69号　1-244, 5-109, 5-288
白澤津浦　しらざわつうら　九州沿海図第12　4-242
白沢津川　しらさわつがわ　第210号　5-254, 5-261
白澤村　しらさわむら　第60号　1-205, 5-84, 5-281
白島　しらしま　第117号　3-12, 5-168
白島男島〔白島〕　しらしまおしま　第186号　4-53, 5-312
白島女島〔白島〕　しらしまめしま　第186号　4-53, 5-312
白須　しらす　九州沿海図第19　4-272
白須賀（御料所）○☆　しらすか　第111号　2-181, 5-161, 5-299
白渚村（前田安房守、大久保主膳知行所）　しらすかむら　第92号　2-98, 5-124
白須賀元白須賀　しらすかもとしらすか　第111号　2-181
白杉村〔白杦〕　しらすぎむら　第122号　3-37, 5-173, 5-304
白砂村　しらすむら　第39号　1-132, 1-134, 5-67, 5-280
白須村　しらすむら　第98号　2-125, 5-150, 5-296
白洲村　しらすむら　第111号　2-181, 5-161
白須村新屋敷　しらすむらあらやしき　第98号　2-125
白須村門前　しらすむらもんぜん　第98号　2-125
白セ　しらせ　第190号　4-77
白瀬　しらせ　第191号　4-79
白瀬　しらせ　第204号　4-140, 4-142
白瀬〔白セ〕　しらせ　第206号　4-148, 4-149, 5-242
白瀬郷本郷村〔本郷〕　しらせごうほんごうむら　第118号　3-21, 5-297, 5-300
白多尾　しらたお　九州沿海図第19　4-275
白嵩川　しらたかがわ　第181号　4-33
白嵩川　しらたかがわ　九州沿海図第3　4-202
白髙山　しらたかやま　第112号　2-185, 5-153
白嵩山　しらたかやま　九州沿海図第3　4-202
白滝岬〔白滝ハナ〕　しらたきみさき　第191号　4-79, 5-238, 5-241
白滝山　しらたきやま　第167号　3-242
白滝山　しらたきやま　第181号　4-29, 4-33, 5-226
白岳　しらたけ　第187号　4-57, 4-60
白嶽〔白岳〕　しらたけ　第192号　4-80, 4-81, 5-320
白嶽〔白岳〕　しらたけ　第192号　4-81, 4-82, 5-239, 5-241, 5-320
白岳　しらたけ　第192号　5-240, 5-241
白岳　しらたけ　第201号　4-121
白岳　しらたけ　第207号　4-151, 4-153
白嶽　しらだけ　第204号　4-142
白岳　しらだけ　第204号　4-140, 4-142, 5-235, 5-313, 5-321
白岳　しらだけ　第210号　4-171, 5-254, 5-261
白岳　しらだけ　九州沿海図第12　4-243
白岳島　しらたけじま　第189号　4-73
白田村（大久保飛騨守知行所）　しらだむら　第102号　2-146, 5-128, 5-132, 5-292
白田村河内　しらだむらかわち　第102号　2-146
白塚村（松平大学頭領分、大井半之助知行所）　しらつかむら　第57号　1-198, 5-108, 5-110, 5-290
白塚村　しらつかむら　第130号　3-74, 5-163, 5-299, 5-301
白土村　しらつちむら　第178号　4-17
白トウ　しらとう　九州沿海図第19　4-272
シラトカリ　第18号　1-58, 5-43, 5-275
シラトカリ川　第18号　1-58, 5-43, 5-275
白頭岬　しらとざき　第204号　4-140, 4-142
白鳥社　しらとりしゃ　第146号　3-156, 5-185
白鳥村　しらとりむら　第116号　2-202, 2-204, 5-162, 5-299
白鳥山　しらとりやま　第100号　2-138
白丹村　しらにむら　第182号　4-36, 5-227, 5-312, 5-314
白丹村（熊本領）　しらにむら　九州沿海図第21　4-279
白丹村米賀　しらにむらこめか　第182号　4-36
白丹村宮原　しらにむらみやばる　第182号　4-36
不知火山　しらぬいやま　第189号　4-70
シラヌカ○　第23号　1-75, 5-271, 5-276
白糠村　しらぬかむら　第40号　1-138, 1-140, 5-62, 5-66, 5-280
白糠村老部　しらぬかむらおいっぺ　第40号　1-138, 5-62
シラヌカ山　第11号　5-35, 5-272
シラヌカ山　第12号　5-269
白子　しらね　第103号　2-150
白子　しらね　第103号　2-150
白子　しらね　第103号　2-150
白根岳　しらねだけ　第98号　2-127, 5-151
白根村（守原小膳、大岡雲八、戸田四郎左エ門知行所）　しらねむら　第99号　2-128
白峯山　しらねやま　第78号　2-44, 5-116, 5-294
白野○　しらの　第97号　2-121, 5-117, 5-127
白野宿枝原　しらのじゅくえだはら　第97号　2-121
白饗崎　しらばえざき　第189号　4-73
白萩尾　しらはぎお　九州沿海図第21　4-281
白幡山　しらはたさん　第141号　5-183
白畑村　しらはたむら　第39号　1-135, 5-67, 5-82
白幡村（御料所、藤堂肥後守知行所）　しらはたむら　第88号　2-78, 5-120
白籏山（本丸、二ノ丸、三ノ丸）　しらはたやま　第144号　3-140, 3-142
白濵　しらはま　第48号　1-163, 5-78
白濵　しらはま　第186号　4-55
白濵　しらはま　第202号　4-123
白濵　しらはま　第206号　4-150
白濵　しらはま　九州沿海図第10　4-233, 4-239
白濵　しらはま　九州沿海図第13　4-247
白濵　しらはま　九州沿海図第18　4-266
白濵浦　しらはまうら　第149号　3-165, 5-198, 5-303
白濵浦　しらはまうら　第204号　4-140, 4-142, 5-235
白濵島　しらはまじま　第52号　1-180
白濵岐　しらはまふなど　第52号　1-180
白濵村　しらはまむら　第84号　2-63, 2-65, 5-143, 5-295
白濵村（大久保宗三郎、大久保冨太郎知行所）　しらはまむら　第92号　2-100, 5-124, 5-292
白濵村　しらはまむら　第118号　3-20
白濵村　しらはまむら　第202号　4-124, 5-236, 5-315
白濵村　しらはまむら　第209号　4-164, 5-247, 5-261, 5-316
白濵村　しらはまむら　九州沿海図第10　4-233
白濵村板戸〔白濵〕　しらはまむらいたど　第102号　2-146, 5-292, 5-298
白濵村長田村（御料所、小笠原兵庫知行所）〔白濵村、白濵〕　しらはまむらながたむら　第102号　2-146, 5-128, 5-292, 5-298
白濵村原田村〔白濵〕　しらはまむらはらだむら　第102号　2-146, 5-292, 5-298
白髭　しらひげ　第125号　3-49, 3-51
白髭社　しらひげしゃ　第90号　2-84
白府○　しらふ　第36号　1-122, 5-60, 5-281
シラフ川　第36号　1-122, 5-60
白部村　しらべむら　第125号　3-51, 5-174
白戈岡〔白戈岳〕　しらほこおか　第210号　4-169,

5-252, 5-261
白岬　しらみさき　第85号　2-66, 5-142
白峰山　しらみねさん　第81号　5-116
白峯山　しらみねやま　第146号　3-159
白山堂村（水野出羽守領分）　しらやまどうむら　第101号　2-141, 2-143, 5-128
白山堂村枝原　しらやまどうむらえだはら　第101号　2-141, 2-143
シリウチ○☆〔知内〕　第36号　1-121, 5-60, 5-63, 5-279
シリウチ川　第36号　1-121, 5-63, 5-281
シリクルユトモ　第12号　1-41, 5-36, 5-269, 5-273
尻付山　しりつきやま　第179号　4-21, 4-23, 5-225
尻附山　しりつきやま　九州沿海図第2　4-197, 4-199
尻無川　しりなしがわ　第135号　3-101, 5-178
尻無川　しりなしがわ　第163号　3-222
尻無川　しりなしがわ　第184号　4-46, 5-244
尻無川　しりなしがわ　第185号　4-48
尻濱浦　しりはまうら　第151号　3-180, 5-195
尻濱江之浦入會釜越　しりはまえのうらいりあいかまこえ　第151号　3-180
シリバ岬　第22号　1-72, 5-27, 5-30
シリベツ○　第21号　1-68, 5-46, 5-279
シリベツ川　第21号　1-68, 5-46, 5-279
シリベツ山　第29号　1-96, 5-51, 5-52, 5-278
シリマ　第17号　1-52, 5-42
尻海村☆　しりみむら　第145号　3-149, 3-152, 5-192, 5-307
尻海村敷居　しりみむらしきい　第145号　3-149, 3-152
尻海村西濱　しりみむらにしはま　第145号　3-149, 3-152
尻谷村☆　しりやむら　第41号　1-141, 5-62, 5-280
汁方　しるかた　第151号　3-181
シルクヲマナイ川　第10号　1-35, 5-34, 5-272
シルクヲマナイ　第12号　5-36
シルンカ　第21号　1-67, 5-45, 5-275
シルンカ川　第21号　1-67, 5-45, 5-275
シレト　第7号　1-28, 5-21, 5-271
シレト　第8号　1-29
シレトコ〔シレトロ〕　第33号　1-113, 5-47, 5-279
シレトコ川　第29号　1-97, 5-51, 5-278
シレトナイ　第21号　1-68, 1-69
シレナイ　第17号　1-57, 5-42, 5-275
シレベツ　第22号　1-72, 5-30
城　しろ　第192号　4-82
城跡　しろあと　第190号　4-76
白石（松平政千代持城）　しろいし　第53号　1-185, 5-81, 5-284
白石〔沖白石〕　しろいし　第125号　3-49, 5-174, 5-300
白石　しろいし　第164号　5-210
白石　しろいし　第167号　3-243, 3-245, 5-211, 5-213
白石　しろいし　第183号　4-38, 5-226, 5-311
白石　しろいし　九州沿海図第16　4-256
白石川　しろいしがわ　第53号　1-184, 5-80
白石 平谷　しろいしひらたに　第201号　4-121
白石 三越☆〔川棚村 三越☆、三越〕　しろいしみつごえ　第201号　4-121, 5-234, 5-313, 5-315
白石村（御料所、松平直之亟領分、川村季之助、山川宇兵エ知行所）　しろいしむら　第94号　2-107, 5-119, 5-291
白石村　しろいしむら　第195号　4-93, 5-233
白石村　しろいしむら　九州沿海図第18　4-266
白石村竜泉寺　しろいしむらりゅうせんじ　第94号　2-107
向〔白〕井田　しろいだ　第169号　3-254, 3-256, 2-224
シロイツミ　第26号　1-85, 5-48, 5-277
白岩〔白石〕　しろいわ　第124号　3-43, 5-181
四郎ケ島　しろうがしま　第202号　4-127, 4-128, 5-236
四郎島　しろうがしま　長崎〔参考図〕　4-131, 4-133
四郎五郎川　しろうごろうがわ　第187号　4-62
治郎田　じろうだ　九州沿海図第19　4-275
四郎谷　しろうだに　第175号　3-287
シロート　第36号　1-124, 5-60, 5-281
四郎丸　しろうまる　九州沿海図第19　4-275
四郎丸村　しろうまるむら　第178号　4-16, 5-222, 5-312
四郎丸村　しろうまるむら　第188号　4-64, 5-231
四郎丸村　しろうまるむら　九州沿海図第2　4-195
次郎丸村　じろうまるむら　第187号　4-61, 4-63, 5-223, 5-313
四郎丸村今町　しろうまるむらいままち　第178号　4-16
次郎丸村川原　じろうまるむらかわばる　第187号　4-61
次郎丸山　じろうまるやま　第196号　4-98
白浦　しろうら　第131号　3-80, 5-169
白浦　しろうら　第171号　3-264, 5-201, 5-311
白浦畔谷浦　しろうらあぜやうら　第171号　3-264
白浦三尾浦　しろうらみおうら　第171号　3-264
白枝村　しろえだむら　第162号　3-219, 3-221, 5-204
白岡山　しろおかやま　第161号　3-212, 3-214, 5-202
城ヶ岳　しろがたけ　第195号　5-232
白金川　しろがねがわ　第193号　4-87
白銀島　しろがねじま　第192号　4-81
銀山上神社　しろかねのじんじゃ　第192号　4-82, 5-320
白金村　しろがねむら　第43号　1-146, 5-67, 5-82, 5-281
白銀村　しろがねむら　第44号　1-150, 5-68, 5-280
白壁礒　しろかべいそ　第158号　3-205, 5-197
白カミシマ　しろかみじま　第155号　3-191, 5-190
白木村　しろきむら　第70号　1-247, 5-91, 5-283, 5-286
白クキ鼻　しろくきはな　第155号　3-191
シロケシ☆　第15号　1-47
城越山　しろこしやま　第163号　3-222, 3-224
城腰山　しろこしやま　第189号　4-73
白子村○　しろこむら　第129号　3-69, 5-163, 5-299, 5-301
城下村　しろしたむら　第116号　5-162, 5-299
白シマ　しろしま　第124号　3-47
白島　しろしま　第195号　4-94
白嶋　しろしま　九州沿海図第4　4-205, 4-208, 4-211
白嶋　しろしま　九州沿海図第16　4-258, 4-260
白嶋　しろしま　九州沿海図第16　4-260
白島鼻　しろじまはな　第172号　3-269
白島山　しろしまやま　第103号　2-150
白瀬　しろせ　第202号　4-127, 5-236
白セ　しろせ　第203号　5-251
白瀬　しろせ　長崎〔参考図〕　4-133
白瀬村　しろせむら　第75号　2-24, 5-99
白瀬村　しろせむら　第83号　2-61, 5-141, 5-295
白谷山　しろたにやま　第121号　3-29, 3-31, 3-32
福地村　しろちむら　第151号　3-177, 5-193, 5-307
福地村鍋坂　しろちむらなべさか　第151号　3-177
城塚山　しろつかやま　第195号　4-93, 4-94
城塚山　しろつかやま　九州沿海図第18　4-264
白坏村　しろつきむら　第166号　3-234, 5-209, 5-212, 5-308
白坏村枝高津　しろつきむらえだたかつ　第166号　3-234
シロツミ　第21号　1-69, 5-46, 5-279
城峠　しろとうげ　第174号　5-216
白鳥村　しろとりむら　第51号　1-176, 5-77, 5-282
白仁田山　しろにたやま　第184号　4-47
白仁田山　しろにたやま　第190号　4-75
城ノ岩山　しろのいわやま　第202号　4-123, 4-124
白野江村　しろのえむら　第178号　4-12, 5-222, 5-312
白野江村　しろのえむら　九州沿海図第1　4-190
白野江村枝青濱　しろのえむらえだあおはま　第178号　4-12
城ノ下　しろのした　第204号　4-142
城之段　しろのだん　第145号　3-152
城辻　しろのつじ　第191号　4-79
城ノ辻　しろのつじ　第204号　4-142
白ハケ山　しろはげやま　第81号　2-53
城八幡　しろはちまん　第192号　4-81, 4-82
城鼻　しろはな　第157号　3-201
白間津村（大久保宗三郎知行所）　しろまづむら　第92号　2-100, 5-124, 5-292
シロマベツ　第3号　1-16, 5-18, 5-268, 5-270
シロマベツ川　第3号　1-16
白丸村　しろまるむら　第85号　2-68, 5-142, 5-295
次郎丸村〔治郎丸村〕　じろまるむら　第179号　4-20, 5-224, 5-312
次郎丸村　じろまるむら　九州沿海図第3　4-204
城岬　しろみさき　第160号　3-211
白水　しろみず　九州沿海図第10　4-234
白水小島　しろみずこじま　第204号　4-140
代村　しろむら　第153号　3-187, 5-191, 5-305
城元　しろもと　九州沿海図第17　4-263
城山　しろやま　第95号　2-110
城山　しろやま　第98号　2-126, 5-117, 5-127
城山　しろやま　第98号　2-126, 5-117, 5-127
城山　しろやま　第100号　2-137
城山　しろやま　第101号　2-140, 2-141
城山　しろやま　第101号　2-141
城山　しろやま　第101号　2-143
城山　しろやま　第102号　2-147
城山　しろやま　第129号　3-69
城山　しろやま　第136号　3-109
城山　しろやま　第141号　3-128, 3-130
城山　しろやま　第143号　3-136
城山　しろやま　第144号　3-142
城山　しろやま　第145号　3-155
城山　しろやま　第151号　3-176
城山　しろやま　第151号　3-177
城山　しろやま　第151号　3-177
城山　しろやま　第159号　3-206, 3-208
城山　しろやま　第165号　3-232
城山　しろやま　第166号　3-235
城山　しろやま　第171号　3-264
城山　しろやま　第181号　5-226
城山　しろやま　第189号　4-73, 4-74
城山　しろやま　第189号　4-74
城山　しろやま　第192号　4-81, 4-82
城山　しろやま　第196号　4-95, 5-233
城山　しろやま　第201号　4-119
城山　しろやま　第202号　4-127, 4-128
城山　しろやま　第203号　4-135, 4-136, 5-251
城山　しろやま　長崎〔参考図〕　4-129, 4-131
城山岬　しろやまみさき　第75号　2-27
白谷村　しろやむら　第116号　2-205, 5-162, 5-299
白米村　しろよねむら　第85号　2-66, 5-142, 5-295

白羽村（高木九助知行所、白羽明神領、増舩寺領） しろわむら 第111号 2-178, 5-160, 5-298
白羽村 しろわむら 第111号 2-180, 5-161, 5-299
志和浦☆ しわうら 第160号 3-210, 5-200, 5-310
志和浦枝大弦津 しわうらえだおおづるつ 第160号 3-210
志和浦枝大矢井賀浦 しわうらえだおおやいかうら 第160号 3-210
志和浦枝小弦津 しわうらえだこづるつ 第160号 3-210
志和浦枝小矢井賀村 しわうらえだこやいかうら 第160号 3-210
志波加支神社 しわかきじんじゃ 第129号 3-69
志和岐浦 しわきうら 第147号 3-162, 5-187, 5-303, 5-306
紫波郡 しわぐん 第50号 1-170, 1-171, 5-71, 5-74, 5-282
志和崎 しわざき 第160号 3-210
十二月田村（東叡山、根津社領） しわすたむら 第90号 2-84, 5-120, 5-123
十二月田村坂口 しわすだむらさかぐち 第90号 2-84
臘數村星原 しわすむらほしばら 第151号 3-177
泗渡鼻 しわたりはな 第123号 3-39
志和知村 しわちむら 第163号 3-227, 5-209, 5-308
志和西村 しわにしむら 第167号 3-240, 5-308
志和西村馬宿〔志和西村〕 しわにしむらうまじゅく 第167号 3-240, 5-211
志和堀村大谷 しわほりむらおおたに 第167号 3-240
志和堀村後休市 しわほりむらごきゅういち 第167号 3-240
志和堀村真保 しわほりむらしんぼ 第167号 3-240
志和堀村出口 しわほりむらでぐち 第167号 3-240
志和堀村中村☆〔志和堀村、志和堀〕 しわほりむらなかむら 第167号 3-240, 5-211, 5-308
志波村 しわむら 第188号 4-64, 5-312
志波村志波町○ しわむらしわまち 第188号 4-64, 5-230
志原村〔志原〕 しわらむら 第191号 4-79, 5-238, 5-241, 5-313
シワヽシ〔シワ、シナイ〕 第17号 1-57, 5-43, 5-275
シヲクヒ 第32号 5-53, 5-278
新市川 しんいちかわ 第151号 5-193
新市在分上市 しんいちざいぶんかみいち 第163号 3-222
新市村 しんいちむら 第157号 5-195, 5-307
新開 しんかい 第118号 3-18
新開 しんかい 九州沿海図第1 4-192
新界 しんかい 九州沿海図第3 4-203
新開村 しんがいむら 第118号 3-20
新海村 しんがいむら 第125号 3-49, 3-51, 5-174, 5-300
新開村 しんがいむら 第130号 3-74
新貝村 しんがいむら 第181号 4-30, 4-33, 5-226, 5-312
新開村 しんがいむら 第195号 4-93, 5-233
新貝村（延岡領） しんがいむら 九州沿海図第3 4-202
新開村⛛ しんがいむら 九州沿海図第18 4-264
新開村枝下新開 しんがいむらえだしもしんがい 第195号 4-93
新開村枝下新開 しんがいむらえだしもしんがい 九州沿海図第18 4-264
神角寺山 じんかくじやま 第182号 4-35
神角寺山 じんかくじやま 九州沿海図第21 4-281
新河岸川 しんかしがわ 第90号 2-85
陣峠 じんがとうげ 第183号 4-43
新加納村 しんかのうむら 第114号 2-193, 2-194, 5-159
陣ケ丸 じんがまる 第167号 3-240, 5-211, 5-213
新川 しんかわ 第210号 4-170, 4-172, 5-254, 5-261, 5-317
新川 しんかわ 九州沿海図第12 4-244
真岩寺 しんがんじ 第90号 2-84
新神戸村 しんかんべむら 第118号 3-18, 5-159, 5-297
新宮村〔新宮村〕 しんかんむら 第92号 2-97, 5-111
新笈村（加納大和守領分） しんきゅうむら 第91号 2-92, 5-111, 5-290
新休村 しんきゅうむら 第203号 4-134, 5-251, 5-315
新休村 しんきゅうむら 九州沿海図第19 4-272
新休村下ノ尾 しんきゅうむらしものお 第203号 4-134
真教院 しんきょういん 第137号 3-116
新宮（水野飛驒守居城）☆ しんぐう 第132号 3-84, 1-170, 5-302
新宮〔新宮社〕 しんぐう 第132号 3-84, 1-170
神功皇后陵 じんぐうこうごうりょう 第134号 3-95
新宮浦☆ しんぐううら 第186号 4-53, 4-55, 5-223
神功皇后社〔神功皇后〕 じんぐうこうごうしゃ 第189号 4-72, 5-313
神宮寺○ じんぐうじ 第63号 1-217, 5-88, 5-283
神宮寺 じんぐうじ 第159号 5-196, 5-200
神宮寺村（高井新十郎、佐々木乙次郎知行所） じんぐうじむら 第58号 1-201, 5-110, 5-290
神宮寺村 じんぐうじむら 第96号 2-118, 5-150, 5-296
神宮寺山 じんぐうじやま 第63号 1-216
神宮寺山 じんぐうじやま 第96号 2-118
神宮寺山 じんぐうじやま 第96号 2-118, 5-150
神宮寺山 じんぐうじやま 第167号 3-240, 5-211, 5-213
神宮寺山 じんぐうじやま 第198号 4-105, 5-246
新宮鼻 しんぐうばな 第169号 3-251, 5-215
新宮村 しんぐうむら 第152号 3-184, 5-196, 5-307
新宮村新宮町〔新宮村、新宮〕 しんぐうむらしんぐうまち 第141号 3-129, 5-183, 5-306
新宮山 しんぐうやま 第144号 3-144
新家 しんけ 第120号 3-24, 5-145
新郷 しんごう 九州沿海図第10 4-239
神向寺村（松平大学頭領分） じんこうじむら 第58号 1-199, 5-110
信光明寺 しんこうみょうじ 第115号 2-198, 2-200
新郷村石ケ鼻 しんごうむらいしがはな 第127号 3-61
新郷村谷村 しんごうむらたにむら 第127号 3-61
新後閑村 しんごかんむら 第94号 2-105, 5-119
神戸村 じんごむら 第144号 3-145, 5-192
新篭村 しんごもりむら 第201号 4-119, 5-234
新小屋 しんこや 九州沿海図第20 4-276
神西郡 じんさいぐん 第128号 3-64, 5-182
神西郡 じんさいぐん 第141号 3-128, 5-183, 5-306
新在家村（御料所） しんざいけむら 第135号 3-101, 5-178, 5-301
新在家村 しんざいけむら 第137号 3-112, 5-178, 5-306
新在家村 しんざいけむら 第137号 3-114, 5-182, 5-306
新在家村 しんざいけむら 第141号 3-127, 3-131, 5-183, 5-306
新在家村 しんざいけむら 第141号 3-131, 5-183
新在家村枝野辻新村 しんざいけむらえだのつじしんむら 第137号 3-114
神西湖 じんざいこ 第162号 3-221, 5-204
神在鼻 しんざいのはな 第146号 3-159, 5-194
新細村 しんさいむら 第127号 3-59
神西村枝大鳥〔神西村〕 じんざいむらえだおおとり 第162号 3-219, 3-221, 5-204
神西村枝沖 じんざいむらえだおき 第162号 3-219, 3-221
神西村指海 じんざいむらさしうみ 第162号 3-219, 3-221
神西村西分 じんざいむらにしぶん 第162号 3-221
シン﨑〔神サキ〕 しんざき 第192号 4-81, 5-239, 5-240, 5-241
新山 しんざん 第62号 1-211, 5-87
宍道湖 しんじこ 第162号 3-218, 5-190, 5-204, 5-305, 5-308
新島 しんしま 第189号 5-234, 5-241
新嶌（安永八年湧出） しんじま 第209号 4-162, 4-164, 5-247, 5-261, 5-316
新嶋（安永八年己亥十月湧出） しんじま 九州沿海図第10 4-232
新島（寛政四年湧出） しんじま（かんせいよねんゆうしゅつ） 第196号 4-95, 5-233, 5-315
宍道村 しんじむら 第162号 3-218, 3-220, 5-190, 5-204
宍道村宍道町☆ しんじむらしんじまち 第162号 3-218, 5-308
澄水山 しんじやま 第155号 3-191
斟珠庵 しんじゅあん 第90号 2-89, 2-91
信劦山 しんしゅうざん 第82号 5-147, 5-294
神集寺山 しんしゅうじやま 第182号 5-227
新宿村 しんしゅくむら 第88号 2-77
新宿村（宇都野金右エ門、石谷隼人、野間金三郎、山本庄兵衛、八木数馬、佐橋兵三郎知行所） しんしゅくむら 第88号 2-78, 5-120, 5-291
新宿村（護國寺領） しんしゅくむら 第90号 2-87, 5-123, 5-291
新宿村 しんじゅくむら 第93号 2-102, 5-123
新宿村（安藤監物知行所） しんじゅくむら 第101号 2-141, 5-126, 5-128
新宿村 しんじゅくむら 第144号 3-140, 5-183, 5-306
新所 しんじょ 第178号 4-17
新城○ しんじょう 第39号 1-135, 5-67, 5-82, 5-281
新庄（戸沢富壽居城）☆ しんじょう 第65号 1-224, 5-90, 5-285
新庄 荒小屋村〔荒小屋〕 しんじょうあらごやむら 第65号 1-224, 5-285
新庄上村 しんじょうかみむら 第151号 3-178, 5-192
新庄上村枝大山 しんじょうかみむらえだおおやま 第151号 3-178
新庄上村新地〔池〕 しんじょうかみむらしんいけ 第151号 3-178
新庄川 しんじょうがわ 第150号 3-173
新上川 しんじょうがわ 第160号 3-209
新庄川 しんじょうがわ 第163号 5-208
真性寺 しんしょうじ 第90号 2-84
真照寺 しんしょうじ 第90号 2-88, 2-90
新庄下村江田 しんじょうしもむらえだ 第151号 3-178
新庄下村千足 しんじょうしもむらせんぞく 第151号

3-178
新庄下村作山〔新庄下村〕 しんじょうしもむらつくりやま 第151号 3-178, 5-192
新庄村（一橋殿領分） しんしょうむら 第111号 2-178, 5-160, 5-298
新庄村 しんじょうむら 第125号 3-49, 5-174
新庄村 しんじょうむら 第127号 3-57
新城村 しんじょうむら 第129号 3-71, 3-73, 5-167, 5-174, 5-301
新庄村 しんじょうむら 第140号 3-126, 5-171, 5-303, 5-306
新庄村 しんじょうむら 第155号 3-191, 5-190
新庄村 しんじょうむら 第155号 3-192
新庄村 しんじょうむら 第163号 3-224, 5-208, 5-307
新庄村 しんじょうむら 第166号 3-236, 5-209, 5-212, 5-308
新庄村 しんじょうむら 第167号 3-241, 5-211, 5-213, 5-308
新城村 しんじょうむら 第180号 4-26, 4-28, 5-230, 5-312
新城村 しんじょうむら 第209号 4-164, 4-166, 5-249, 5-261
新城村☆ しんじょうむら 九州沿海図第10 4-234
新庄村（新庄宿） しんじょうむら（しんじょうじゅく） 第150号 3-173, 5-189, 5-305
新庄村跡之浦⚓ しんじょうむらあとのうら 第140号 3-126
新庄村伊關 しんじょうむらいせき 第166号 3-236, 3-238
新庄村内浦 しんじょうむらうちのうら 第140号 3-126
新庄村大所 しんじょうむらおおどころ 第150号 3-173
新庄村鍛冶屋 しんじょうむらかじや 第150号 3-173
新庄村七間光 しんじょうむらしちけんびかり 第166号 3-236
新庄村田井村 しんじょうむらたいむら 第150号 3-173
新庄村戸島 しんじょうむらとしま 第150号 3-173
新庄村鳥巣 しんじょうむらとりのす 第140号 3-126
新庄村中原 しんじょうむらなかはら 第167号 3-241
新庄村梨子瀬 しんじょうむらなしぜ 第150号 3-173
新城村西方谷〔新城村〕 しんじょうむらにしかたたに 第191号 4-79, 5-238, 5-241
新庄村萩原 しんじょうむらはぎわら 第178号 4-17
新庄村二ツ橋 しんじょうむらふたつばし 第150号 3-173
新城村前原〔新城〕 しんじょうむらまえばる 第191号 4-79, 5-313
新庄村松原 しんじょうむらまつばら 第167号 3-241
新庄村宮ノ庄 しんじょうむらみやのしょう 第166号 3-236, 3-238
新城村山田 しんじょうむらやまだ 第180号 4-26, 4-28
新庄村横路田 しんじょうむらよころだ 第166号 3-236, 3-238
新所東方村（松平岩之助知行所） しんじょひがしかたむら 第111号 2-181, 5-161
新所村 しんじょむら 第118号 3-20
新庄村 しんじょむら 第123号 3-39, 3-41, 5-180, 5-304
新庄村 しんじょむら 第136号 3-105
新所村 しんじょむら 第178号 4-17, 5-222, 5-312
新次郎ヶ島 しんじろうがしま 第189号 4-73
新城町（菅沼新八郎在所）○ しんしろまち 第110号 2-176, 5-158, 5-161, 5-299
新須賀村〔新居濵村〕 しんすかむら 第158号 3-204, 5-197, 5-307
新瀬川村 しんせがわむら 第152号 3-184, 5-196
新瀬川村窪ケ内 しんせがわむらくぼがうち 第152号 3-184, 3-185
神石郡 じんせきぐん 第156号 3-194, 3-196, 5-193, 5-307
神泉苑☆ しんせんえん 第133号 3-87, 3-90
深大寺村地先（村越茂助知行所）〔深大寺村〕 じんだいじむらちさき 第90号 2-85, 2-87, 2-88, 5-120, 5-123
神代村 じんだいむら 第98号 2-125, 5-150, 5-296
新滝山 しんたきやま 第176号 5-219
新谷山 しんたにやま 第187号 4-63
新地（萩領） しんち 第177号 3-299
新地 しんち 第195号 4-94
新地 しんち 九州沿海図第16 4-258, 4-260
新地 しんち 九州沿海図第19 4-275
神地寺山 じんちでらやま 第127号 3-59
新地唐人荷物蔵 しんちとうじんにもつぐら 第202号 4-125, 4-127, 4-128
新地唐人荷物蔵 しんちとうじんにもつぐら 長崎〔参考図〕 4-131, 4-133
新地村（真田彈正大弼領分） しんちむら 第96号 2-114, 5-146
新地村 しんちむら 第145号 3-152
新茶屋 しんちゃや 第177号 3-298
新茶屋 しんちゃや 九州沿海図第1 4-188
新茶屋村新明星〔新茶屋村、新茶屋〕 しんちゃやむらしんみょうじょう 第130号 3-76, 5-163, 5-299
新長谷寺 しんちょうこくじ 第114号 2-193
神通川 じんつうがわ 第112号 5-153
神通川 じんづうがわ 第83号 2-58, 5-140
神田 じんで 第176号 3-293
新田村 しんでむら 第121号 3-29, 3-31, 3-32, 5-172
神田村（御料所） じんでむら 第88号 2-78, 5-120
神田村 じんでむら 第182号 4-35, 4-36, 5-227, 5-229, 5-312, 5-314
神田村 じんでむら 九州沿海図第21 4-279
神田村新田 じんでむらしんでん 第88号 2-78
新田村田島村（幸若助九郎給地） しんでむらたじまむら 第121号 3-29, 3-31, 3-32
新田 しんでん 第52号 1-181, 5-79
新田 しんでん 第101号 2-141, 2-144
新田 しんでん 第167号 5-308
新田 しんでん 九州沿海図第1 4-192, 4-193
新田 しんでん 九州沿海図第7 4-220
新田 しんでん 九州沿海図第19 4-272
新田宿村 しんでんじゅくむら 第93号 2-103
新田中野村 しんでんなかのむら 第135号 5-178
新田村 しんでんむら 第81号 2-50
新田村 しんでんむら 第81号 2-53
新田村 しんでんむら 第133号 3-86, 5-174, 5-176
新田村 しんでんむら 第133号 3-93, 5-178
新田村 しんでんむら 第141号 5-183
新田村 しんでんむら 第143号 3-136
新田村 しんでんむら 第144号 3-142
新田村 しんでんむら 第175号 3-287, 5-219
新田村 しんでんむら 第187号 4-56
新田村 しんでんむら 第188号 4-64, 5-231
新田村 しんでんむら 第195号 4-93, 4-94, 5-315
新田村 しんでんむら 第195号 4-93, 4-94, 5-233
新田村 しんでんむら 九州沿海図第18 4-264
新田村 しんでんむら 九州沿海図第18 4-264
新田村枝川尻 しんでんむらえだかわじり 九州沿海図第18 4-264
新田村川下 しんでんむらかわしも 第190号 4-77
新田山 しんでんやま 第133号 3-93
神東郡 じんとうぐん 第128号 3-64, 5-182, 5-304
神東郡 じんとうぐん 第141号 3-128, 3-130, 5-182, 5-304, 5-306
新道島村 しんどうじまむら 第76号 2-32, 5-112, 5-113, 5-287
新道寺村 しんどうじむら 第178号 4-13, 4-15, 5-222, 5-312
新道寺村末本 しんどうじむらすえもと 第178号 4-13, 4-15
新道寺村山ケ坂 しんどうじむらやまがさか 第178号 4-13, 4-15
新堂村 しんどうむら 第124号 3-42, 3-44
新堂村 しんどうむら 第129号 3-73
新堂村 しんどうむら 第134号 3-97, 3-98, 5-177
新堂村物堂 しんどうむらもつと 第129号 3-73
新藤柳田村 しんどうやなぎだむら 第64号 1-221, 5-75, 5-283
新渡場村 しんどばむら 第116号 2-206, 5-162, 5-299
新〔戸〕村 しんどむら 第93号 2-103
新土村 しんどむら 第99号 2-128, 2-130
陳内 じんない 九州沿海図第20 4-277
神内村 じんないむら 第63号 1-214, 5-86, 5-283
陣内村 じんないむら 第188号 4-64, 5-230, 5-312
陣内村 じんないむら 九州沿海図第16 4-257
陣内村（水股）○ じんないむら（みなまた） 第200号 4-118, 5-250, 5-315
陣内村馬場 じんないむらばば 第200号 4-118
神南村（京都御樂人知行所） じんなんむら 第135号 3-100, 5-176, 5-177
神南山 じんなんやま 第127号 3-57, 3-59
神南山 じんなんやま 第133号 3-89, 3-92
真如寺 しんにょじ 第133号 3-90
真如寺門前 しんにょじもんぜん 第133号 3-90, 5-174, 5-176
新納山 しんのうやま 第185号 4-48
陳之尾 じんのお 九州沿海図第8 4-225
神澤村 しんのさわむら 第63号 1-218, 5-88
新野田村 しんのだむら 第135号 3-101, 5-178
陳辻山 じんのつじやま 第190号 4-75
シンノノツ 第27号 1-88, 5-49, 5-277
陣山 じんのやま 第210号 4-171, 5-254, 5-261
新濵 しんはま 第52号 1-181, 1-182, 5-79, 5-284
新濵 しんはま 第53号 1-183, 1-184, 5-80
新濵浦☆ しんはまうら 第145号 3-148, 5-183, 5-185, 5-306
神塲村 じんばむら 第100号 2-132, 2-134
陣場山 じんばやま 第95号 2-112
神塲山 じんばやま 第143号 3-138
新原村〔新原〕 しんばるむら 第186号 4-53, 4-55, 5-223, 5-313
シンブイ〔シンフー〕 第21号 1-67, 5-45, 5-275
シンブイ川 第21号 1-67
真福寺村北町 しんぷくじむらきたちょう 第118号 3-16
真福寺村天神 しんぷくじむらてんじん 第118号 3-16
真福寺村南町 しんぷくじむらみなみちょう 第118号 3-16
甚兵エ後新田 じんべえうしろしんでん 第115号 2-197, 2-199, 5-159, 5-297

甚兵エ新田　じんべえしんでん　第115号　2-197, 5-159
新別府村　しんべっぷむら　第185号　4-52, 5-246, 5-314, 5-316
新別府村　しんべっぷむら　九州沿海図第7　4-222
新別名村　しんべつみょうむら　第177号　3-294, 5-220, 5-309
真芳寺　しんほうじ　第93号　2-103
新保浦　しんぽうら　第120号　3-27, 5-172
新保村　しんぼむら　第72号　2-12, 5-97, 5-285, 5-286
新保村　しんぼむら　第75号　2-27, 5-99, 5-287
新保村　しんぼむら　第81号　2-50
新保村　しんぼむら　第83号　2-61, 5-141, 5-295
新保村　しんぼむら　第85号　2-68, 5-142, 5-295
新保村　しんぼむら　第86号　2-71, 5-144, 5-145, 5-295
新保村　しんぼむら　第84号　2-61, 2-62, 2-64, 5-143, 5-295
新間下郷村　しんましもごうむら　第110号　2-176, 5-158, 5-161
新町○☆　しんまち　第75号　2-27, 5-99
新町　しんまち　第81号　2-50, 2-52, 5-146
新町（御料所、加藤七五郎知行所）○〔新町宿〕　しんまち　第94号　2-106, 5-119, 5-291
新町　しんまち　第110号　2-176, 5-158, 5-161
新町　しんまち　第175号　3-286
新町　しんまち　九州沿海図第1　4-191
新町　しんまち　九州沿海図第20　4-277
新町　しんまち　九州沿海図第21　4-279
新町浦岐志浦〔新町浦、新町〕　しんまちうらきしうら　第189号　4-70, 5-233, 5-241, 5-313
新町新田（御料所）　しんまちしんでん　第66号　1-227, 5-92, 5-285
新町村　しんまちむら　第108号　2-165
新町村　しんまちむら　第123号　3-38, 3-40
新町村　しんまちむら　第126号　3-55, 5-175, 5-300, 5-301
新町村　しんまちむら　第134号　3-97, 3-98
新町村　しんまちむら　第143号　3-135, 5-188, 5-305
新町村　しんまちむら　第152号　3-182, 5-195, 5-307
新町村　しんまちむら　第164号　3-230, 5-197, 5-214, 5-307, 5-311
新町村　しんまちむら　第178号　4-13, 5-222
新町村　しんまちむら　九州沿海図第1　4-191
新松ケ島村　しんまつがしまむら　第130号　3-74, 3-76, 5-163
新水戸村　しんみとむら　第126号　3-55, 5-175
新水戸村井賀ケ谷　しんみとむらいかがたに　第126号　3-55
新水戸村峠　しんみとむらとうげ　第126号　3-55
新ミヨ池〔新ミヨ〕　しんみよいけ　第104号　2-151, 5-133, 5-134
神武社　じんむしゃ　第185号　4-50, 4-52, 5-246
神武社　じんむしゃ　九州沿海図第7　4-222
新村　しんむら　第111号　2-179, 5-160
新村　しんむら　第114号　2-191, 2-192, 5-155, 5-159
新村　しんむら　第138号　3-117, 5-179
新村　しんむら　第145号　3-152, 5-192
新村　しんむら　第178号　4-13, 4-15, 5-222
新村　しんむら　九州沿海図第1　4-191
新村　しんむら　九州沿海図第18　4-264
神明浦村　しんめいうらむら　第117号　3-14, 3-15, 5-168
神明社　しんめいしゃ　第90号　2-84
神明社　しんめいしゃ　第90号　2-84, 2-86
神明寺山　しんめいじやま　第144号　3-142
進美山　しんめいやま　第124号　3-44
神馬岩　しんめいわ　第145号　3-154
新免村　しんめんむら　第156号　3-194, 3-196, 5-193, 5-208, 5-307
新免村藤谷　しんめんむらふじたに　第156号　3-194, 3-196
新門前村　しんもんぜんむら　第133号　3-87, 3-90
新屋敷　しんやしき　第60号　1-208, 5-87
新屋敷村　しんやしきむら　第145号　3-153
陣山　じんやま　九州沿海図第12　4-243
新山崎村　しんやまさきむら　第186号　4-54, 5-222, 5-312
陣屋廻村（日田）　じんやまわりむら（ひた）　第180号　4-27, 5-230, 5-312
陣屋山　じんややま　第150号　3-175
新横山村（御料所、水谷弥之助知行所）〔横山〕　しんよこやまむら　第90号　2-89, 2-91, 5-121, 5-291
神領村　じんりょうむら　第133号　3-87, 3-89, 5-174, 5-176, 5-301

【す】

瑞岸寺　ずいがんじ　第52号　1-180
水澤村　すいざわむら　第129号　3-67, 5-166, 5-301
水沢村枝青木川　すいざわむらえだあおきがわ　第129号　3-67
水沢村枝下河内　すいざわむらえだしもごうち　第129号　3-67, 3-69
水澤山　すいざわやま　第129号　3-67, 3-70, 5-166
水地浦　すいじうら　第131号　3-81, 5-169, 5-301, 5-302
春照○　すいじょう　第125号　3-48, 5-166, 5-297, 5-300
水晶山　すいしょうやま　第121号　3-29
推仁帝陵　すいじんていりょう　第134号　3-95
瑞泉寺　ずいせんじ　第90号　2-84
瑞泉寺川　ずいせんじがわ　第143号　5-188
水仙岳　すいせんだけ　第203号　4-135, 4-137, 5-251
水仙山　すいせんやま　九州沿海図第19　4-273
吹田村（□院御料、御料所、稲葉丹後守領分、竹中鎌吉、柘植三藏知行所）　すいたむら　第135号　3-101, 5-178
杉津浦　すいづうら　第121号　3-29, 5-157, 5-172, 5-297, 5-300
水津湊☆⚓　すいづみなと　第75号　2-24, 5-99
水登山　すいとうざん　第192号　5-241, 5-320
須江浦　すえうら　第140号　3-124, 5-170
末柏　すえかし　九州沿海図第12　4-243
末木村　すえきむら　第97号　2-122, 2-123, 5-117
末武川　すえたけがわ　第175号　3-286
末武下村（萩領）　すえたけしもむら　第175号　3-286, 5-218
末武村高橋〔末武〕　すえたけむらたかはし　第175号　3-286, 5-311
末武村花岡宿〔末武村、末武〕　すえたけむらはなおかしゅく　第175号　3-286, 5-218, 5-311, 5-312
末續村（御料所）　すえつぎむら　第55号　1-190, 5-104
末長村（松波梶平、国領半兵衛、浅井道之亟知行所）　すえながむら　第90号　2-87, 5-123, 5-291
末永村　すえながむら　第129号　3-66, 5-166, 5-299
末永村　すえながむら　第188号　4-64, 5-230, 5-312
末ノ島　すえのしま　九州沿海図第14　4-252, 4-253
末松山（名所）　すえのまつやま　第49号　1-166, 5-69
末野村　すえのむら　第51号　1-178, 5-77, 5-284
末野村（御料所）　すえのむら　第94号　2-106, 2-108, 5-119, 5-121, 5-291
末野村　すえのむら　第121号　3-33, 5-172, 5-174, 5-300
末野村女沢　すえのむらおなさわ　第94号　2-106, 2-108
末政山　すえまさやま　第151号　3-178, 5-193
末益下津　すえますしもづ　第176号　3-293
末益村　すえますむら　第176号　3-293
末益村　すえますむら　第176号　3-293, 5-219, 5-220, 5-312
末益村石丸〔末益村〕　すえますむらいしまる　第176号　3-292, 5-219, 5-220
末益村枝山川　すえますむらえだやまかわ　第176号　3-292
末益村梶浦　すえますむらかじうら　第176号　3-293
末村　すえむら　第144号　3-144
陶村　すえむら　第176号　3-290, 3-292
須恵村　すえむら　第176号　3-293, 5-219, 5-312
須惠村　すえむら　第197号　4-101
須恵村内原　すえむらうちはら　第176号　3-293
須恵村内目出　すえむらうちめで　第176号　3-293
須恵村刈屋　すえむらかりや　第176号　3-293
須恵村濵河内　すえむらはまごうち　第176号　3-293
須恵村本山　すえむらもとやま　第176号　3-293
末用村　すえもちむら　第143号　3-135, 5-188, 5-305
末吉村　すえよしむら　第105号　2-154, 5-135, 5-293
末吉村　すえよしむら　第150号　3-171, 5-189
周防形浦⚓　すおうがたうら　第161号　3-213, 3-215, 5-203, 5-311
周防国　すおうのくに　第167号　3-245
周防國〔周防〕　すおうのくに　第173号　3-272, 3-273, 3-274, 5-218
周防國〔周防〕　すおうのくに　第175号　3-282, 3-285, 5-218
周防國〔周防〕　すおうのくに　第176号　3-290, 3-292, 3-293, 5-218
須加院村　すかいんむら　第141号　3-128, 5-182, 5-183
須加院村保喜　すかいんむらほき　第141号　3-128
淵ケ浦　すがうら　九州沿海図第19　4-275
須賀浦灘浦　すかうらなだうら　第171号　3-264
菅浦村〔萱浦〕　すがうらむら　第121号　3-31, 5-157, 5-174, 5-297, 5-300
須賀川（松平越中守領分）○　すかがわ　第56号　1-195, 5-103, 5-288
須賀川　すかがわ　第171号　3-264
須賀口村　すかぐちむら　第115号　2-197, 5-159, 5-297
菅﨑　すがさき　第192号　4-81
菅﨑　すがさき　第117号　3-14, 5-168
菅澤村　すがさわむら　第90号　2-87, 5-123
菅島　すがしま　第117号　3-12, 5-163, 5-299
菅島　すがしま　第161号　3-213, 3-215, 5-203
管島村　すがしまむら　第117号　3-12
菅平山　すがだいらさん　第81号　5-116
菅平山　すがだいらやま　第78号　2-43, 2-44, 5-

115, 5-116, 5-294
姿村　すがたむら　第83号　2-60, 5-140, 5-295
菅沼村（御料所）　すがぬまむら　第94号　2-106, 5-121, 5-291
菅沼村　すがぬまむら　第100号　2-132, 2-134
菅沼村下菅　すがぬまむらしもすが　第94号　2-106
菅野村　すがのむら　第145号　3-153, 5-192
菅濱村　すがはまむら　第121号　3-29, 5-172, 5-300
管原村　すがはらむら　第83号　2-61, 5-141, 5-295
菅原村　すがはらむら　第134号　3-95, 3-100, 5-176, 5-301
菅間村　すがまむら　第88号　2-79
須賀美乃金子神社　すがみのかねこじんじゃ　第192号　4-80
菅牟田　すがむた　九州沿海図第16　4-256
須賀村（御料所）　すかむら　第93号　2-103, 5-125, 5-126, 5-291
須賀村　すかむら　第118号　3-18, 5-166
須賀村　すかむら　第141号　3-129, 5-183
菅村　すがむら　第123号　3-38, 3-40, 5-180
須賀村　すがむら　第129号　3-69, 5-163
菅村枝上菅　すがむらえだかみすが　第123号　3-39, 3-41
巣鴨　すがも　第90号　2-84, 5-120, 5-123
巣鴨村（増上寺領）　すがもむら　第90号　2-84, 5-120, 5-123
菅谷村（猪子英太郎知行所）　すがやむら　第88号　2-77, 2-79, 5-121, 5-291
須賀利浦☆⛵　すがりうら　第131号　3-80, 5-169, 5-301, 5-302
スカル島　すかるじま　第157号　3-200, 5-195
須川　すかわ　第66号　1-228, 5-92
須川○　すかわ　第78号　2-42
須川　すがわ　第56号　1-193
須川　すがわ　第167号　3-244, 5-211, 5-213, 5-215
須川村　すがわむら　第130号　3-74, 3-76, 5-163, 5-301
須川村　すがわむら　第187号　4-58
須川村来光寺〔須川村、須川〕　すがわむららいこうじ　第188号　4-64, 5-230, 5-312
杉江村　すぎえむら　第133号　3-86, 5-174
杉尾川　すぎおがわ　第190号　4-77
杉ケ瀬村　すぎがせむら　第141号　3-129, 5-183
杉ケ峠　すぎがとうげ　第113号　2-189, 5-155, 5-156
杉ケ峠　すぎがとうげ　第151号　5-193
周吉郡　すきぐん　第153号　3-186, 3-187, 5-191, 5-305
杉坂　すぎざか　第117号　3-13
杉坂川　すぎさかがわ　第133号　5-175
杉坂峠　すぎさかとうげ　第125号　3-48, 3-50
杉坂峠　すぎさかとうげ　第143号　5-188
杦澤村〔杦沢村〕　すぎさわむら　第43号　1-146, 5-67, 5-82, 5-281
杦澤村〔杦沢村〕　すぎさわむら　第64号　1-221, 1-222, 5-75, 5-88
杦嶋　すぎしま　第195号　4-93
杦嶋　すぎしま　九州沿海図第18　4-264, 4-266
杉島　すぎじま　第117号　3-15
鋤瀬　すきぜ　第192号　4-81, 4-82
杉園村　すぎぞのむら　第182号　4-34, 5-227
杦園村　すぎぞのむら　九州沿海図第21　4-281
杉谷川　すぎたにがわ　第129号　3-67
杉谷川　すぎたにがわ　第202号　4-124
杉谷村　すぎたにむら　第123号　3-39, 5-180, 5-304
杉谷村〔杦谷〕　すぎたにむら　第127号　3-60, 3-61, 5-180, 5-182, 5-304
杉谷村枝九艘　すぎたにむらえだきゅうそう　第123号　3-38, 3-40
杉谷村杉山名　すぎたにむらすぎやまみょう　第196号　4-95
杉谷村馬場名〔杉谷村、杦谷〕　すぎたにむらばばみょう　第196号　4-95, 5-233, 5-315
杉谷村山寺名〔杦谷〕　すぎたにむらやまでらみょう　第196号　4-95, 5-315
杉田村（御料所）〔杦田〕　すぎたむら　第93号　2-102, 5-123, 5-291
杉田村　すぎたむら　第100号　2-135, 2-138
杉樽村　すぎたるむら　第150号　3-172
杉水流村　すぎづるむら　第197号　4-104, 5-245, 3-314
杦戸（御料所）○　すぎと　第87号　2-73, 2-75, 5-120, 5-291
杉峠　すぎとうげ　第184号　5-229
杉奈沢村　すぎなざわむら　第100号　2-132, 2-134
杦子シマ　すぎねしま　第189号　4-74
杉ノ浦　すぎのうら　第167号　3-243
杉野浦　すぎのうら　第189号　4-73, 5-234, 5-238, 5-241, 5-313
杦野浦村　すぎのうらむら　第75号　2-27, 5-99
杦木　すぎのき　九州沿海図第18　4-264
杉末神社　すぎのすえじんじゃ　第123号　3-40
杦ノ峠〔杉ケ峠〕　すぎのとうげ　第175号　3-282, 5-216
杉野村　すぎのむら　第118号　3-16, 5-156
椙杜枝高森宿〔高森〕　すぎのもりえだたかもりしゅく　第173号　3-277, 5-311
椙杜村　すぎのもりむら　第173号　3-277, 5-218
杉ノ山　すぎのやま　第190号　4-75, 4-76
杦野屋村　すぎのやむら　第83号　2-61, 5-141
杉原川　すぎはらがわ　第136号　3-109
杉原村　すぎはらむら　第113号　2-189
杉水村　すぎみずむら　第193号　4-84, 4-86, 5-232, 5-314
周枳村　すきむら　第123号　3-38, 3-40
杦村　すぎむら　第39号　1-133, 5-67, 5-82, 5-281
杉本峠　すぎもととうげ　第185号　4-49
杉本峠　すぎもととうげ　第197号　5-245
杉山　すぎやま　第123号　3-40
杉山　すぎやま　第192号　4-82
杦山峠　すぎやまとうげ　第90号　2-91
杦山村　すぎやまむら　第94号　5-119
杦山村　すぎやまむら　第110号　2-176, 5-161, 5-299
杉山村〔杦山〕　すぎやまむら　第116号　5-162, 5-299
杉山村石田村枝間之町　すぎやまむらいしだむらえだまのまち　第110号　2-176
宗鏡寺　すきょうじ　第123号　3-41
須行名村　すぎょうめむら　第141号　3-129, 5-183, 5-304
杉渡戸村〔杦渡戸村〕　すぎわたどむら　第68号　1-241, 5-106, 5-288
洲口　すぐち　九州沿海図第16　4-258, 4-260
スクヒ川　すくひがわ　第144号　3-140
須雲川村　すくもがわむら　第99号　2-131, 5-126
スクモ島　すくもじま　第168号　3-247, 5-214
拾〔粭〕嶋（豊井村屬）　すくもじま（とよいむらぞく）　第175号　3-286, 5-218, 5-312
宿毛谷山　すくもだにやま　第142号　3-133, 5-187, 5-303, 5-306
宿毛村☆　すくもむら　第161号　3-213, 5-203, 5-311
宿毛村枝宇須々木村　すくもむらえだうすすきむら　第161号　3-213
宿毛村枝大深浦村〔大深〕　すくもむらえだおおぶかうらむら　第161号　3-213, 3-215, 5-311
宿毛村枝加波村　すくもむらえだかばむら　第161号　3-213
宿毛村枝坂下村〔坂下〕　すくもむらえださかしたむら　第161号　3-213, 5-311
宿毛村枝錦村　すくもむらえだにしきむら　第161号　3-213
宿毛村枝深浦村　すくもむらえだふかうらむら　第161号　3-213
宿毛村枝藻津村☆〔宿毛村藻津、藻津〕　すくもむらえだもくづむら　第161号　3-213, 5-203, 5-311
スケカ岬　すけがみさき　第124号　3-42
助川村○　すけがわむら　第57号　1-196, 5-108, 5-288
スケ嵜〔ヤケサキ〕　すけざき　第206号　4-150, 5-242, 5-243
助藤村　すけどうむら　第152号　3-185
助兵ヱ島〔助兵エシマ〕　すけべえじま　第184号　4-44, 5-228
助兵衛嶋　すけべえじま　九州沿海図第6　4-217, 4-218
助兵エ新田　すけべえしんでん　第101号　2-141, 2-144, 5-127
助松村（御料所、蓮正寺領）　すけまつむら　第135号　3-99, 3-103, 5-178
菅村　すげむら　第144号　3-147, 5-192, 5-307
菅村　すげむら　第188号　4-64, 5-230, 5-312
須江村　すごうむら　第51号　1-174, 5-73, 5-77
須越村　すごしむら　第125号　3-48, 3-50, 5-174, 5-297, 5-300
須子村　すこむら　第174号　3-278, 5-216
須子山　すごやま　第156号　3-195, 3-197
双六村　すごろくむら　第62号　1-211, 5-87
周匝村○　すさいむら　第144号　3-144, 3-146, 5-192, 5-307
須坂（堀淡路守在所）　すざか　第81号　2-50, 2-52, 5-146, 5-294
洲﨑〔洲﨑村〕　すさき　第90号　2-84, 5-120, 5-123
洲先　すさき　九州沿海図第10　4-233
洲嵜　すざき　第142号　3-132, 3-134
須﨑浦○☆　すさきうら　第160号　3-209, 5-200, 5-310
須﨑浦古倉　すさきうらふるくら　第160号　3-209
洲﨑村（倉橋内匠知行所）　すさきむら　第93号　2-102, 5-123, 5-124, 5-291
須﨑村（御料所）⛵　すざきむら　第102号　2-146, 5-128, 5-292
須﨑村小白濱　すざきむらこしらはま　第102号　2-146
スサク岬　すさくみさき　第102号　2-147
朱雀村　すざくむら　第133号　3-87, 3-90, 5-174, 5-176
周参見浦☆⛵　すさみうら　第140号　3-126, 5-171
周参見浦伊古記　すさみうらいこぎ　第140号　3-126
須佐村　すさむら　第116号　2-201, 2-207, 5-162, 5-299
周佐村　すさむら　第144号　3-144
須佐村　すさむら　第174号　3-279, 5-216, 5-309
須佐村内大浦　すさむらうちおおうら　第174号　3-278
須澤村〔須沢村〕　すざわむら　第80号　2-47, 5-139, 5-294
出澤村　すざわむら　第110号　2-176, 5-158, 5-161, 5-299
筋浦　すじうら　第171号　3-264, 5-201

筋違橋　すじかいばし　第133号　3-87, 3-89
筋違御門　すじちがいごもん　第90号　2-84
洲嶋　すしま　第175号　3-286, 5-218
須子村　すじむら　第196号　4-99, 5-233
須子村　すじむら　九州沿海図第19　4-272, 4-275
圖師村　ずしむら　第90号　2-90
圖書新田　ずしょしんでん　第115号　2-197, 5-159
鈴　すず　九州沿海図第10　4-237
鈴浦　すずうら　第160号　3-210, 5-202, 5-310
鈴浦枝熊野浦　すずうらえだくまのうら　第160号　3-210
鈴尾山　すずおやま　第166号　3-238
鈴鹿川　すずかがわ　第129号　3-66, 3-68
鈴鹿郡　すずかぐん　第129号　3-67, 3-69, 3-70, 3-72, 5-163, 5-166, 5-167, 5-301
ススカシマ　すずかしま　第167号　3-244, 5-211, 5-213
鈴鹿神社〔鈴鹿社〕　すずかじんじゃ　第129号　3-72, 5-167
ス丶カ岳　すすがたけ　第121号　3-33, 5-172
鈴鹿峠　すずかとうげ　第129号　3-72
鈴ケ峯　すずがみね　第149号　3-165, 5-198
鈴ケ森　すずがもり　第90号　2-86
鈴ケ山　すずがやま　九州沿海図第21　4-281
鈴川　すずかわ　第209号　5-249, 5-261
鈴川村　すずかわむら　第101号　2-144, 5-127, 5-291, 5-298
薄川　すすきがわ　第96号　2-117
スヾキ川　第36号　1-123, 5-60
鈴木城跡　すずきじょうあと　第115号　5-158, 5-159
薄袋村　すすきぶくろむら　第80号　2-45, 5-138
須々妓水神社　すずきみずじんじゃ　第81号　2-53
須々木村　すすきむら　第111号　2-177, 2-178, 5-160, 5-298
周准郡　すすぐん　第91号　2-95, 2-96, 5-122, 5-124, 5-290
珠洲郡〔珠洌郡〕　すずぐん　第85号　2-66, 5-142, 5-295
ス丶シマ　すすじま　第101号　2-140
鈴島　すずしま　第131号　3-80, 5-169
鈴シマ〔鈴島〕　すずしま　第132号　3-85, 1-170, 5-301, 5-302
鈴島　すずしま　第196号　4-96, 5-233
鈴嶋　すずしま　九州沿海図第18　4-265
ス丶シマ　すずじま　第123号　3-38, 3-40, 5-173
鈴田川　すずたがわ　第201号　4-120
鈴岳〔鈴峯、鈴ヶ峯〕　すずだけ　第198号　4-107, 5-246, 5-316
鈴田村　すずたむら　第202号　4-125, 4-126, 5-236, 5-315
鈴田村枝下鈴田　すずたむらえだしもすずた　第202号　4-125, 4-126
鈴田村小河内〔鈴田〕　すずたむらおがわち　第201号　4-120, 5-315
鈴田村小松　すずたむらこまつ　第202号　4-125, 4-126
鈴田山　すずたやま　第202号　4-125, 4-126
鈴ハエ〔スズハエ〕　すずはえ　第183号　4-38, 5-226
鈴ハヘ　すずはえ　九州沿海図第5　4-210
鈴ハエ　すずばえ　第149号　3-165
鈴原谷川　すずはらたにがわ　第197号　5-245
鈴原村　すずはらむら　第113号　2-189
鈴峯　すずみね　九州沿海図第8　4-224
鈴麥村　すずむぎむら　第193号　4-85, 4-87, 5-223, 5-315
鈴村　すずむら　第64号　1-219, 5-89, 5-283
雀磯　すずめいそ　第169号　3-251, 3-253, 5-215
スヾメ小島　すずめこじま　第151号　3-180
雀シマ　すずめしま　第175号　3-287
ス丶メシマ　すずめじま　第92号　2-99, 2-100
ス丶メシマ　すずめじま　第92号　2-97
雀島　すずめじま　第101号　2-140
雀島〔ス丶メシマ〕　すずめじま　第102号　2-147, 5-128
雀シマ　すずめじま　第102号　2-146
雀島　すずめじま　第102号　2-146
雀島　すずめじま　第117号　3-15
雀島〔ス丶メシマ〕　すずめじま　第117号　3-15, 5-168
雀島　すずめじま　第131号　3-81, 5-169
雀島　すずめじま　第131号　3-78
雀島　すずめじま　第131号　3-80
雀島　すずめじま　第132号　3-85, 1-170
雀シマ　すずめじま　第153号　3-186, 5-191
雀島　すずめじま　第153号　3-186, 5-191
雀シマ　すずめじま　第165号　3-233, 5-205
雀島〔スズメシマ〕　すずめじま　第189号　4-70, 5-233, 5-241
雀シマ　すずめじま　第189号　4-73
雀嶋　すずめじま　第202号　4-128
雀島〔雀シマ〕　すずめじま　第210号　4-171, 5-254, 5-261
雀シマ　すずめじま　九州沿海図第12　4-243
雀島　すずめじま　長崎〔参考図〕　4-129, 4-131
雀宮（御料所）○　すずめのみや　第69号　1-245, 5-109, 5-289
雀瀞　すずめはえ　第160号　3-209, 5-200
ス丶メ瀞　すずめばえ　第170号　3-262
雀瀞　すずめばえ　第198号　4-105
雀ハヘ　すずめばえ　九州沿海図第8　4-224
煤屋村〔煤屋〕　すすやむら　第189号　4-73, 5-234, 5-241, 5-313
鈴屋村多以羅村　すずやむらたいらむら　第175号　3-285, 3-287
鈴屋村萩原〔鈴屋〕　すずやむらはぎわら　第175号　3-285, 3-287, 5-312
ス丶レ崎　すすれざき　第202号　4-127, 4-128
ス丶レ崎　すすれざき　長崎〔参考図〕　4-131, 4-133
嵩山村○☆　すせむら　第116号　2-202, 2-204, 5-161
周舩寺川　すせんじがわ　第187号　4-61
周舩寺村　すせんじむら　第187号　4-61, 5-223, 5-313
鑄銭司村　すぜんじむら　第176号　3-290, 3-292, 5-219, 5-312
鑄銭司村今宿　すぜんじむらいまじゅく　第176号　3-292
鑄銭司村加村﨑　すぜんじむらかむらざき　第176号　3-290, 3-292
須曽村☆　すそむら　第84号　2-62, 2-64, 5-143, 5-295
裾山　すそやま　第208号　4-158, 5-247
須多神社　すたじんじゃ　第155号　3-191, 3-193
須田村　すだむら　第60号　1-207, 5-85, 5-283
須田村　すだむら　第115号　2-195, 5-158
須田村　すだむら　第123号　3-39, 3-41, 5-180, 5-304
須田山　すだやま　第188号　4-67
修多羅村　すたらむら　第178号　4-13, 5-222, 5-312
簾島　すだれじま　第201号　4-122
須智荒木神社　すちあらきじんじゃ　第130号　3-75
横峠　すちやまとうげ　第127号　5-175
スツキ○　第33号　1-114, 5-47, 5-279
スツキ川　第33号　1-114, 5-47, 5-279
須津村　すづむら　第123号　3-40, 5-180, 5-304
須戸野谷新田　すどのやしんでん　第88号　2-79
須中村　すなかむら　第115号　2-197
砂ケ森村　すながもりむら　第38号　1-128, 5-63, 5-281
砂川村　すながわむら　第141号　3-128, 3-130
砂久保村　すなくぼむら　第88号　2-79
砂子田村　すなごたむら　第120号　3-24, 5-145
砂子村　すなごむら　第115号　2-197, 5-159, 5-297
砂子村〔砂子〕　すなごむら　第189号　4-72, 5-234, 5-238, 5-241, 5-313
スナサカ　第32号　5-56, 5-279
砂新田　すなしんでん　第88号　2-79, 5-120, 5-291
砂村　すなむら　第88号　2-78, 2-79
砂村　すなむら　第134号　5-176
砂村新田　すなむらしんでん　第90号　2-84, 5-120, 5-123, 5-290
砂山村（榊原式部大輔領分）　すなやまむら　第80号　2-45, 5-138
砂原村　すなわらむら　第143号　3-136
須怒江村　すぬえむら　第183号　4-43, 5-228, 5-304
須怒江村　すぬえむら　九州沿海図第6　4-216
脚折村（田安殿領分、坪内源五郎知行所）〔胸折〕　すねおりむら　第88号　2-79, 5-120, 5-121, 5-291
ス子ヲリ山　すねおりやま　第166号　3-238
須野浦　すのうら　第132号　3-82, 5-169
洲江浦　すのえうら　第157号　5-210
洲﨑　すのさき　第90号　2-84, 2-86
洲﨑村（小笠原若狭守知行所）☆〔洲﨑村〕　すのさきむら　第92号　2-99, 2-100, 5-124, 5-292
洲鼻〔洲﨑〕　すのはな　第111号　2-181, 5-161
洲鼻　すのはな　第196号　4-98
洌鼻　すのはな　九州沿海図第19　4-275
墨俣○　すのまた　第118号　3-16, 3-18, 5-166, 5-297
墨俣川　すのまたがわ　第118号　3-16, 3-18
洲野本　すのもと　九州沿海図第5　4-214
須走村（大久保加賀守）○☆　すばしりむら　第100号　2-132, 2-134, 5-127, 5-291
須原○☆　すはら　第109号　2-170, 5-154, 5-296
栖原浦☆　すはらうら　第139号　3-121, 5-186, 5-303, 5-306
須原宿大島　すはらじゅくおおしま　第109号　2-170
須原宿大淵　すはらじゅくおおふち　第109号　2-170
須原宿徳下　すはらじゅくとくした　第109号　2-170
須原宿橋場　すはらじゅくはしば　第109号　2-170
須原宿松淵　すはらじゅくまつふち　第109号　2-170
洲原村　すはらむら　第113号　2-189, 5-155, 5-156, 5-297
スハル山　すばるやま　第117号　3-15
周布郡　すふぐん　第158号　3-205, 5-197, 5-214, 5-307, 5-310
周布村　すふむら　第172号　3-269, 5-216
苞木村　すぼきむら　第168号　3-246, 5-214
スホリベツ〔ヌホリベツ〕　第29号　1-98, 5-51, 5-278
相撲庭村　すまいにわむら　第125号　3-48, 5-157, 5-166
相撲村　すまいむら　第125号　3-48, 5-166, 5-297, 5-300
須万川　すまがわ　第175号　5-218
須磨寺　すまでら　第137号　3-113, 5-184
須万村　すまむら　第173号　3-275, 5-218, 5-308
須万村上長谷　すまむらかみながたに　第173号　3-275
須万村丹後蕪　すまむらたんごがね　第173号　3-

275, 3-277
須万村朴木　すまむらほおのき　第173号　3-275
須万村宮原市　すまむらみやのはらいち　第173号　3-275
須万村芦谷　すまむらよしだに　第173号　3-275
墨阪神社　すみさかじんじゃ　第81号　2-50, 2-52
洲岬　すみさき　第169号　5-215
住崎村　すみさきむら　第116号　2-206, 5-162
角シマ　すみじま　第123号　3-39, 5-180
角田村（大久保佐渡守領分、川勝権之助知行所）　すみたむら　第90号　2-91, 5-126, 5-291
隅田村　すみだむら　第90号　2-84, 5-120, 5-290
角田村枝小澤　すみたむらえだおざわ　第90号　2-91
角取山　すみとりやま　九州沿海図第11　4-241
住江村☆　すみのえむら　第179号　4-18, 5-225, 5-312
住江村☆　すみのえむら　九州沿海図第2　4-194
住江村廣末　すみのえむらひろすえ　第179号　4-18
墨木山〔黒木山〕　すみのきやま　第102号　2-145, 2-148, 5-132
炭焼澤○〔炭焼沢〕　すみやきざわ　第36号　1-123, 5-60, 5-281
炭焼所村　すみやきしょむら　第99号　2-129, 2-131, 5-126
炭焼村　すみやきむら　第187号　4-57, 4-60, 5-223, 5-313
炭焼村原田　すみやきむらはるだ　第187号　4-57, 4-62
炭焼山　すみやきやま　第187号　4-57, 4-59, 4-60, 4-62
炭屋新田　すみやしんでん　第135号　3-101, 5-178
住山村　すみやまむら　第136号　3-105, 3-108
住吉ケ峯　すみよしがみね　第166号　5-209
住吉川　すみよしがわ　第137号　3-112
住吉川　すみよしがわ　第138号　5-179
住吉川　すみよしがわ　第190号　5-313
住吉郡　すみよしぐん　第135号　3-101, 5-178, 5-301
住吉社　すみよししゃ　第88号　2-79
住吉社　すみよししゃ　第90号　2-89, 2-91
住吉社　すみよししゃ　第135号　3-101, 5-178
住吉社　すみよししゃ　第137号　3-112
住吉社　すみよししゃ　第185号　4-50
住吉社　すみよししゃ　第187号　4-60
住吉社　すみよししゃ　九州沿海図第1　4-189
住吉神社　すみよしじんじゃ　第141号　3-128
住吉神社〔住吉社〕　すみよしじんじゃ　第191号　4-79, 5-238, 5-241
住吉峰　すみよしみね　第163号　3-227
住吉村　すみよしむら　第75号　2-24, 5-99
住吉村　すみよしむら　第82号　2-55, 2-56, 5-139, 5-140, 5-295
住吉村　すみよしむら　第137号　3-112, 5-178
住吉村　すみよしむら　第187号　4-60, 5-223
住吉村　すみよしむら　第191号　4-79, 5-238, 5-241
住吉村　すみよしむら　第193号　4-84, 4-86, 5-232, 5-312, 5-314
住吉村　すみよしむら　第209号　5-247, 5-261, 5-316
住吉村　すみよしむら　第213号　4-179, 5-258, 5-261
住吉村　すみよしむら　九州沿海図第10　4-232
住吉村枝安城村〔住吉〕　すみよしむらえだあんじょうむら　第213号　4-179, 5-316, 5-318
住吉村川脇〔住吉〕　すみよしむらこうわき　第213号　4-179, 5-316, 5-318
住吉村新川尻　すみよしむらしんかわじり　第209号　4-162
住吉村深川　すみよしむらふかがわ　第213号　4-179
住吉村御田　すみよしむらみた　第137号　3-112
住吉村熊〔能〕野　すみよしむらよきの　第213号　4-179, 4-180
酢村　すむら　第125号　3-48, 5-166, 5-297, 5-300
相撲嶌〔相撲シマ〕　すもうじま　第201号　4-122, 5-237
スモ川　すもがわ　第192号　4-81, 4-82
洲本（松平阿波守持城）○☆　すもと　第138号　3-119, 5-184, 6-306
洌藻村　すもむら　第192号　4-81, 4-82, 5-239, 5-240, 5-241
李原　すももはら　九州沿海図第19　4-272
李山村坂下〔李山村〕　すももやまむらさかした　第67号　1-232, 5-81, 5-94, 5-285
李﨑村（牧野備前守）　すもんざきむら　第74号　2-20, 5-112, 5-113
須安村　すやすむら　第144号　3-140, 5-183, 5-304, 5-306
須安村下三谷　すやすむらしもみたに　第144号　3-140
巣山川　すやまがわ　第109号　5-152
深山村（旧名須山村）　すやまむら（すやまむら）　第100号　2-134, 5-127, 5-291
巣山村赤山村　すやまむらあかやまむら　第175号　3-284
深山村枝十里木新田○〔十里木新田〕　すやまむらえだじゅうりぎしんでん　第100号　2-134, 5-127, 5-291
巣山村栗ノ木　すやまむらくりのき　第175号　3-284
巣山村杦ノ河内　すやまむらすぎのかわち　第175号　3-284
深山村他向　すやまむらたむき　第100号　2-134
巣山村仁保津〔巣山村、巣山〕　すやまむらにほつ　第175号　3-284, 5-218, 5-312
衆良神社　すらじんじゃ　第123号　3-39, 3-41
摺上川　すりがみがわ　第53号　1-186
摺崎　すりざき　第184号　4-46
摺糠村　すりぬかむら　第49号　1-167, 5-71
摺之濵　すりのはま　九州沿海図第10　4-236
摺針峠　すりはりとうげ　第125号　5-166
摺針村摺針崎〔摺針村、摺針〕　すりはりむらすりはりざき　第125号　3-48, 3-50, 5-166, 5-297, 5-300
水流　ずる　九州沿海図第17　4-262
駿河國　するがのくに　第99号　2-129, 2-131
駿河國　するがのくに　第100号　2-132, 2-138, 5-296
駿河國　するがのくに　第101号　2-141, 2-143
駿河國　するがのくに　第107号　2-159
駿河國　するがのくに　第111号　2-177
須留木　するき　九州沿海図第5　4-213
摺木村　するきむら　第161号　3-216, 5-203, 5-311
摺木村室手　するきむらもろで　第161号　3-216
諏訪秋宮　すわあきみや　第96号　2-118
諏訪形村　すわがたむら　第108号　2-163, 2-165, 5-150, 5-296
諏訪川　すわがわ　第193号　4-87
諏訪河原村（御料所）　すわがわらむら　第90号　2-87, 5-123, 5-291
諏訪郡　すわぐん　第96号　2-116, 2-118, 2-119, 5-150, 5-296
諏訪郡　すわぐん　第98号　2-125, 5-150, 5-296
諏訪郡　すわぐん　第108号　2-164, 5-150, 5-296
諏訪湖　すわこ　第96号　2-118, 5-150, 5-296
諏訪崎　すわざき　第170号　3-261, 5-201
諏訪社　すわしゃ　第90号　2-85
諏訪社　すわしゃ　第95号　2-110
諏訪社　すわしゃ　第202号　4-125, 4-127, 4-128
諏訪社　すわしゃ　長崎〔参考図〕　4-130, 4-132
諏訪瀬島　すわせじま　第211号　5-260, 5-261, 5-319
諏訪通　すわどおり　九州沿海図第19　4-273
諏訪春宮　すわはるみや　第96号　2-118
諏訪部村　すわべむら　第95号　2-112, 5-146
諏訪村　すわむら　第188号　4-64
諏訪山　すわやま　第96号　2-114
須原村　すわらむら　第125号　3-51, 5-174
スンキリ島　ずんぎりじま　第192号　4-81, 4-82
スンキリ鼻　ずんぎりはな　第206号　4-149
駿東郡　すんとうぐん　第99号　2-129, 2-131, 5-127, 5-291
駿東郡　すんとうぐん　第100号　2-132, 2-134, 5-127, 5-291
駿東郡　すんとうぐん　第101号　2-141, 2-144, 5-127
春ノ原村　すんのはらむら　第88号　2-77

【せ】

瀬　せ　第213号　5-258, 5-261
瀬　せ　第213号　5-258, 5-261
聖岩寺　せいがんじ　第94号　2-108
勢家町　せいけまち　第181号　4-29, 4-31, 4-33, 5-227
勢屋町　せいけまち　九州沿海図第3　4-202
清見寺　せいけんじ　第107号　2-156
青原寺　せいげんじ　第90号　2-85, 2-87
清原寺　せいげんじ　九州沿海図第18　4-269
清見寺門前　せいけんじもんぜん　第107号　2-156, 5-129
青光井山　せいこういやま　第163号　3-227
清後村　せいごむら　第100号　2-132, 2-134
清士岡村　せいじおかむら　第75号　2-27, 5-99, 5-287
勢至堂（松平播磨守領分）○　せいしどう　第68号　1-236, 1-237, 5-103, 5-288
瀬居島　せいじま　第151号　3-180, 5-194, 5-307
勢至村　せいしむら　第118号　3-19, 3-21, 5-166
清地村（酒井玄蕃、三宅源左エ門、高田忠右エ門、能勢弥之助知行所）　せいじむら　第87号　2-73, 2-75, 5-120
正城山　せいじょうざん　第145号　3-153
清泉寺　せいせんじ　第95号　2-110
西祖村　せいそむら　第145号　3-152, 5-192
西祖村枝新田町　せいそむらえだしんでんまち　第145号　3-152
清谷村　せいたにむら　第150号　3-175, 5-193, 5-305
清谷村　せいだにむら　第143号　3-136, 5-188, 5-305
清谷山　せいたにやま　第150号　3-175
成務帝陵　せいていりょう　第134号　3-95
聖堂　せいどう　第90号　2-84
ゼイトヨイ川　第28号　1-91, 5-43
セイ子　せいね　第103号　2-149
清野村　せいのむら　第141号　3-129
成満寺　せいまんじ　第90号　5-120
清見村　せいみむら　第166号　3-235, 3-237, 5-212, 5-308
清村　せいむら　第118号　3-16, 3-18, 5-159
勢力村　せいりきむら　第144号　3-146

勢力村段　せいりきむらだん　第144号　3-146
清涼寺　せいりょうじ　第133号　3-90
西林山　せいりんざん　第184号　4-47
セウコウ島　せうこうじま　第171号　5-311
セウリウシ　第27号　1-89
セーカシラ　第22号　1-72, 5-30
瀬上村　せがみむら　第212号　4-177, 5-253, 5-315, 5-317
瀬上村　せがみむら　九州沿海図第15　4-254
瀬川　せがわ　第135号　5-178
關○〔関町〕　せき　第67号　1-232, 5-81, 5-94, 5-285
関○　せき　第77号　2-37, 5-115, 5-289
關○　せき　第129号　3-72, 5-167, 5-301
関門村　せきかどむら　第181号　4-33, 5-226
関門村　せきかどむら　九州沿海図第3　4-202
関門村中ノ瀬〔関門〕　せきかどむらなかのせ　第181号　4-33, 5-312
関門村百堂〔関門〕　せきかどむらひゃくどう　第181号　4-33, 5-312
関門村百堂　せきかどむらひゃくどう　九州沿海図第3　4-202
関ケ原○☆　せきがはら　第118号　3-17, 3-19, 5-166, 5-297, 5-300
関ケ原宿小關　せきがはらじゅくこぜき　第118号　3-17, 3-19
関ケ原宿芝井　せきがはらじゅくしばい　第118号　3-17, 3-19, 5-166
関川（榊原式部大輔領分）（御関所）○　せきがわ　第81号　2-50, 5-138, 5-294
關口村　せきぐちむら　第64号　1-222, 5-75, 5-88, 5-90, 5-283
関口村（御料所、加藤寅之助、小幡又兵衛知行所）　せきぐちむら　第93号　2-103, 5-126, 5-291
関口村長坂　せきぐちむらながさか　第93号　2-103
堰澤村〔関沢村〕　せきざわむら　第107号　2-156, 5-127, 5-129
関下　せきしも　九州沿海図第18　4-269
関城山　せきじょうさん　第155号　3-192
石列分村　せきしょふむら　第155号　3-192
碩水寺山　せきすいじやま　第96号　2-114
石尊山　せきそんざん　第95号　2-110, 5-116, 5-119
關田（安藤對馬守領分）○　せきだ　第55号　1-192, 5-104, 5-288
關田村〔関田村〕　せきだむら　第180号　4-28, 5-230, 5-312
関田村上井手　せきだむらかみいで　第180号　4-28
関田村鳥越　せきだむらとりごえ　第180号　4-28
関田村日向　せきだむらひなた　第180号　4-28
関田村矢津田　せきだむらやづた　第180号　4-28
石塔山　せきとうざん　第194号　4-89, 4-90
石塔山　せきとうやま　第166号　3-236
關戸村　せきどむら　第173号　3-274, 5-213, 5-308
世木中村　せきなかむら　第126号　3-55, 5-175
関根村　せきねむら　第41号　1-142, 5-62, 5-280
関野宿藤野〔関野〕　せきのじゅくふじの　第97号　2-120, 5-291
関津村　せきのつむら　第133号　3-86, 3-88, 5-176, 5-301
関宮　せきのみや　第124号　5-304
關ノ宮村　せきのみやむら　第128号　3-63, 5-181
關ノ宮村枝片岡　せきのみやむらえだかたおか　第128号　3-63
關ノ宮村相地　せきのみやむらそうじ　第128号　3-63
關ノ宮村八木谷　せきのみやむらやぎだに　第128号　3-63
關ノ宮村四反田　せきのみやむらよんたんだ　第128号　3-63
関野村（溝口摂津守領分）　せきのむら　第101号　2-140, 2-142, 5-128, 5-292, 5-298
関野村八田　せきのむらはった　第101号　2-140, 2-142
世木林村　せきばやしむら　第126号　3-55
関東　せきひがし　九州沿海図第18　4-269
石部村（松平能登守領分）☆　せきべむら　第107号　2-159, 5-160, 5-298
関坊﨑　せきぼうざき　第192号　4-81, 4-82
関間新田　せきましんでん　第88号　2-79
世木宮村　せきみやむら　第126号　3-55, 5-175
関明神　せきみょうじん　第133号　3-87
関村　せきむら　第51号　1-174, 5-77, 5-282
關村〔関村〕　せきむら　第59号　1-202, 5-83, 5-281
關村　せきむら　第64号　1-219, 1-220, 5-89, 5-283, 5-286
関村　せきむら　第75号　2-22, 5-99, 5-287
関村○☆　せきむら　第114号　2-193, 5-156, 5-297
關村　せきむら　第145号　3-153, 5-192
關村　せきむら　第150号　3-174, 5-193
關村　せきむら　第180号　4-27, 5-230, 5-312
関村　せきむら　第181号　5-226, 5-312
關村〔関村〕　せきむら　第193号　4-87, 5-231, 5-313
関村　せきむら　九州沿海図第18　4-269
瀬ノ木村　せぎむら　第116号　2-207, 5-163
瀬木村　せぎむら　第118号　3-21, 5-166
世木村（永井飛驒守領分）　せぎむら　第135号　3-101
関村枝巾　せきむらえだはば　第114号　2-193
關村追分　せきむらおいわけ　第145号　3-153
関村関下〔関村〕　せきむらせきしも　第193号　4-87, 5-315
関村関東　せきむらせきひがし　第193号　4-87
関村関外目　せきむらせきほかめ　第193号　4-87
關村關町（南関）○☆　せきむらせきまち（なんかん）　第193号　4-87
関村関町（南関）○☆　せきむらせきまち（なんかん）　九州沿海図第18　4-269
関村日吉　せきむらひよし　第114号　2-193
関目村　せきめむら　第135号　3-101, 5-178, 5-301
関本村○☆　せきもとむら　第99号　2-129, 2-131, 5-126, 5-291
關本村　せきもとむら　第143号　3-138, 5-188, 5-304
関門跡　せきもんあと　第187号　4-59, 4-62
関屋川　せきやがわ　第81号　5-146
関屋濱　せきやはま　第73号　2-17, 5-98, 5-287
關山○☆〔関山〕　せきやま　第80号　2-48, 5-138, 5-287
積山　せきやま　第175号　5-218
関山村　せきやまむら　第77号　2-37, 5-115, 5-289
關屋村〔関谷村〕　せきやむら　第67号　1-233, 1-235, 5-105, 5-288
關屋村　せきやむら　第187号　4-63
世久見浦　せくみうら　第121号　3-33, 5-172, 5-300
世久見浦岡霞　せくみうらおかつる　第121号　3-33
世久見浦食見　せくみうらしきみ　第121号　3-33
瀬越村　せごえむら　第120号　3-24, 5-145
セコシマ　せこじま　第204号　4-141, 4-142
瀬古村　せこむら　第115号　2-197, 5-159, 5-297
瀬﨑　せざき　第155号　5-305
瀬嵜〔大セザキ〕　せざき　第201号　4-121, 5-236
セザキ　せざき　第201号　5-236
瀬嵜　せざき　第206号　4-146, 4-148
瀬嵜　せざき　第208号　4-161, 5-251
瀬嵜　せざき　九州沿海図第13　4-251
瀬﨑　せざき　九州沿海図第15　4-254, 4-255
瀬﨑浦　せさきうら　九州沿海図第10　4-237
瀬﨑村〔東瀬﨑〕　せざきむら　第90号　2-84, 5-120, 5-123, 5-290
瀬﨑村　せざきむら　第122号　3-35, 3-37, 5-173, 5-304
瀬沢村　せさわむら　第98号　2-125, 5-150, 5-296
セシナイ　第29号　1-98, 5-51, 5-278
瀬島　せじま　第196号　4-98, 5-233
瀬嶋　せじま　九州沿海図第19　4-275
セ尻セ　せじりせ　第206号　4-150
セ瀬　せせ　第189号　4-71, 4-74
膳所　ぜぜ　第133号　3-87, 5-174, 5-176, 5-301
セヽキ○　第3号　1-15, 5-18, 5-268, 5-270
瀬々ノ浦村☆〔瀬、〕　せせのうらむら　第212号　4-178, 5-253, 5-261, 5-315, 5-317
瀬々ノ浦村　せせのうらむら　九州沿海図第15　4-255
世尊寺　せそんじ　第90号　2-84
瀬髙　せだか　九州沿海図第16　4-258, 4-260
瀬高浦　せたかうら　九州沿海図第19　4-275
瀬高上庄町村　せたかかみのしょうまちむら　第188号　4-68
瀬高上庄町村三軒屋　せたかかみのしょうまちむらさんげんや　第188号　4-68
瀬高上庄町村瀬髙○☆〔瀬高〕　せたかかみのしょうまちむらせたか　第188号　4-68, 5-313
瀬高下庄村　せたかしものしょうむら　第188号　4-68
瀬高町　せたかまち　第188号　5-231
世田ケ谷村（井伊掃部頭領分）〔世田谷村〕　せたがやむら　第90号　2-85, 2-87, 5-120, 5-123, 5-291
世田ケ谷村新町　せたがやむらしんまち　第90号　2-85, 2-87
世田ケ谷村地先（井伊掃部頭領分）　せたがやむらちさき　第90号　2-85, 2-87
瀬田川　せたがわ　第133号　5-174, 5-176
瀬田藏村　せたくらむら　第143号　3-135, 5-188, 5-305
瀬田藏村下瀬田藏　せたくらむらしもせたくら　第143号　3-135
セタナイ○　第33号　1-114, 5-47, 5-55, 5-279
セタベツ川　第16号　1-51, 5-42
瀬田村（井伊掃部頭領分）　せたむら　第90号　2-85, 2-87, 5-123, 5-291
瀬田村　せたむら　第125号　3-48, 5-166, 5-297, 5-300
瀬田村　せたむら　第192号　4-80, 5-239, 5-241, 5-320
瀬田村枝中栗栖　せたむらえだなかぐるす　第192号　4-80
瀬田村枝宮原　せたむらえだみやはら　第192号　4-80
瀬タラヘ礒〔セタラヘ磯〕　せたらへいそ　第198号　4-106, 5-246
セタラヘイソ　せたらへいそ　九州沿海図第8　4-226, 4-224
セタワキ　第29号　1-99, 5-52, 5-278
セタワキ　第33号　1-114, 5-47, 5-55, 5-279
セタンウシ　第8号　5-24, 5-271
セタン子ン〔セタン子シ〕　第28号　1-92, 5-50
セツキナイ川　第34号　1-117, 5-55, 5-57, 5-279
セツキナイ岬　第34号　1-117, 5-55, 5-57, 5-279

雪光山　せっこうざん　第159号　5-196
セツシマ　せつしま　第153号　3-186
摂州播州界山　せっしゅうばんしゅうさかいやま　第136号　3-107, 3-110
摂州播州界山　せっしゅうばんしゅうさかいやま　第136号　3-107, 3-110
摂待村〔セツタイ〕　せったいむら　第46号　1-155, 5-70, 5-282
摂田屋村　せつたやむら　第76号　2-28, 5-112, 5-113
攝津國　せっつのくに　第133号　3-88, 3-90, 3-92, 5-178
摂津國〔摂津〕　せっつのくに　第135号　3-101, 5-178
攝津國〔攝津〕　せっつのくに　第136号　3-105, 3-107, 3-108, 5-178, 5-306
摂津國〔摂津〕　せっつのくに　第137号　3-113, 5-178
セツフヲタ〔セツプオタ〕　第5号　1-20, 5-19, 5-270
瀬戸　せと　第209号　4-164
瀬戸　せと　九州沿海図第10　4-232
瀬戸　せと　九州沿海図第19　4-274
瀬戸新屋村（本多豊前守、太田摂津守領分）〔瀬戸〕　せとあらやむら　第107号　2-159, 5-160, 5-298
瀬戸浦⚓　せとうら　第191号　4-78, 5-238, 5-241
瀬戸島〔セト島〕　せとがしま　第172号　3-268, 5-216, 5-308
瀬戸川〔セト川〕　せとがわ　第107号　2-159, 5-160
瀬戸川　せとがわ　第184号　5-244
瀬戸川　せとがわ　第187号　4-56
瀬戸口　せとぐち　第192号　4-81, 4-82
瀬戸口小田山　せとぐちおだやま　第192号　4-81, 4-82
瀬戸木場山　せとこばやま　第190号　4-75
瀬戸崎村　せとざきむら　第176号　3-289, 5-219, 5-309
瀬戸島　せとじま　第167号　3-242, 3-244, 5-211, 5-213, 5-311
瀬戸子村　せとしむら　第39号　1-135, 5-67, 5-82
瀬戸田浦☆　せとだうら　第157号　5-210
瀬戸シマ　せとのしま　第201号　4-121, 5-234
瀬戸ノ辻　せとのつじ　第204号　4-140
瀬戸鼻　せとはな　第154号　3-189
瀬戸町　せとまち　第167号　3-242, 5-211, 5-213
瀬戸岬　せとみさき　第175号　3-286
瀬戸村（松平織部、大久保主膳、大久保冨太郎、山川外記知行所）　せとむら　第92号　2-99, 2-100, 5-124, 5-292
瀬戸村　せとむら　第113号　2-186, 2-188, 5-155, 5-297
瀬戸村　せとむら　第124号　3-42, 5-180, 5-304
瀬戸村（紀伊殿領分）　せとむら　第140号　3-126, 5-171, 5-303, 5-306
瀬戸村　せとむら　第164号　3-228, 5-210
瀬戸村　せとむら　第187号　4-56, 5-222, 5-312
瀬戸村板ノ浦〔瀬戸村、瀬戸〕　せとむらいたのうら　第201号　4-122, 5-237, 5-313, 5-315
瀬戸村瀬戸浦⚓〔瀬戸浦、瀬戸〕　せとむらせとうら　第201号　4-122, 5-237, 5-315
瀬戸村綱シラス⚓　せとむらつなしらず　第140号　3-126
瀬戸村福島　せとむらふくしま　第201号　4-122, 5-237
背合村　せなごうむら　第75号　2-27, 5-99
瀬波◯　せなみ　第72号　2-12, 2-13, 5-97, 5-285, 5-286
銭ケ原　ぜにがはら　第176号　3-292
銭亀﨑　ぜにかめざき　第191号　4-78
セニシマ　せにしま　第192号　4-80
銭島　ぜにしま　第145号　3-148
銭島　ぜにじま　第192号　4-80, 5-239, 5-241
銭島　ぜにじま　第192号　4-80
銭場山　ぜにばやま　第99号　2-128, 5-126
瀬野井村　せのいむら　第134号　3-98
瀬上◯　せのうえ　第53号　1-186, 5-81, 5-285
妹尾村（戸川大學知行所）　せのおむら　第145号　3-153, 5-192, 5-307
瀬ノ頭　せのかしら　第207号　4-153, 4-154
セノシタ鼻　せのしたはな　第171号　3-266
瀬ノ脇浦　せのわきうら　第202号　4-127, 4-128
瀬ノ脇浦　せのわきうら　長崎〔参考図〕　4-131, 4-133
洗馬◯　せば　第96号　2-119, 5-150, 5-296
狭戸村　せばとむら　第141号　3-129, 5-183, 5-306
瀬尾　せび　第212号　4-178, 5-253, 5-255, 5-261
瀬尾　せび　九州沿海図第15　4-255
瀬尾﨑　せびざき　第212号　4-178, 5-253, 5-255, 5-261
瀬尾﨑　せびざき　九州沿海図第15　4-255
セフー〔セブー〕　第27号　1-88, 5-49, 5-277
セフシヤクベツ川　第4号　1-17, 5-17, 5-270
背振越峠　せぶりこえとうげ　第187号　4-62, 5-231
背振山　せぶりやま　第187号　5-223, 5-231, 5-313
瀬部地村〔瀬部津村〕　せへじむら　第39号　1-133, 5-67, 5-82, 5-281
瀬丸　せまる　九州沿海図第17　4-261
瀬見川　せみがわ　第65号　1-224, 1-225, 5-90
妹村　せむら　第151号　3-179, 5-193, 5-307
妹村井ノ口　せむらいのくち　第151号　3-178
妹村猿掛　せむらさるかけ　第151号　3-179
セモシユツ　第12号　1-40, 5-36, 5-269, 5-273
セモシユツ　第16号　1-51, 5-42, 5-274
瀬本鼻　せもとはな　第131号　3-80, 3-81
セヤ川　せやがわ　第123号　3-38, 3-40
瀬山村（松平大和守領分）　せやまむら　第94号　2-106, 5-121, 5-291
瀬谷村（御料所、後藤定之亟、本多大之亟、長田清右エ門、長田喜左エ門知行所）　せやむら　第93号　2-103, 5-123
瀬谷村五貫目〔瀬谷村〕　せやむらごかんめ　第90号　2-90, 5-123, 5-291
世谷山　せややま　第123号　3-38, 3-40
世羅郡　せらぐん　第163号　3-226, 5-208, 5-307, 5-308
瀬嵐村　せらしむら　第84号　2-62, 2-63, 2-64, 5-143, 5-295
芹川村　せりかわむら　第84号　2-62, 5-140, 141, 5-295
芹澤村　せりざわむら　第93号　2-103
芹田村◯　せりたむら　第64号　1-219, 5-89, 5-283, 5-286
先市原村　せんいちはらむら　第165号　3-233, 5-205, 5-308
先市原村細田　せんいちはらむらほそだ　第165号　3-233
善右エ門新田　ぜんえもんしんでん　第111号　2-177, 2-178, 5-160
善應寺村　ぜんおうじむら　第144号　3-147, 5-192
千カ岩　せんかいわ　第58号　1-200, 5-110
仙ケ岳　せんがたけ　第129号　3-70, 3-72, 5-166, 5-167, 5-301
千賀村　せんがむら　第117号　3-12, 3-14, 5-168
銭亀﨑　ぜんがめざき　第206号　4-148, 4-149
銭亀﨑〔銭亀サキ〕　ぜんがめざき　第207号　4-151, 4-155, 5-243
センクワンモン　せんがんもん　第102号　2-147
善教寺　ぜんきょうじ　第145号　3-153
千家村　せんげむら　第162号　3-219, 3-221, 5-204
センケン　せんげん　第102号　2-147
淺間山　せんげんさん　第130号　5-301
泉源寺村　せんげんじむら　第122号　3-37, 5-173, 5-175
善源寺村　ぜんげんじむら　第135号　3-101, 5-178, 5-301
泉源寺村市場☆　せんげんじむらいちば　第122号　3-37
浅間社　せんげんしゃ　第90号　2-84
浅間社　せんげんしゃ　第100号　2-135
千間村　せんげんむら　第116号　2-201, 2-206, 5-162, 5-299
センケン山　第36号　1-123, 5-60, 5-281
仙湖　せんこ　第97号　2-123, 5-117, 5-127, 5-291
善光寺　ぜんこうじ　第81号　2-50, 5-146
善光寺　ぜんこうじ　第90号　2-85
善光寺　ぜんこうじ　第90号　2-85, 2-87
善光寺　ぜんこうじ　第98号　2-126, 5-117
善光寺川　ぜんこうじがわ　第133号　3-86
専光寺村　せんこうじむら　第86号　2-69, 5-141
千光寺村　せんこうじむら　第188号　4-65
善光寺村　ぜんこうじむら　第75号　2-24, 5-99
千光寺山　せんこうじやま　第138号　5-184
千光寺山　せんこうじやま　第142号　3-134
千光寺山　せんこうじやま　第188号　4-65
善光寺山　ぜんこうじやま　第98号　2-124, 2-126, 5-117
善光寺山　ぜんこうじやま　第98号　2-126
千石岩　せんごくいわ　第133号　3-87, 5-174, 5-176
千石島　せんごくじま　第186号　4-53
仙石原村（御関所）◯　せんごくばらむら　第99号　2-129, 5-126, 5-291
仙コリ山　せんこりやま　第124号　3-46
千歳村　せんざいむら　第129号　3-73, 5-167
千歳村枝松原小場　せんざいむらえだまつばらこば　第129号　3-73
芹﨑　せんざき　第183号　4-40, 5-228, 5-311
芹﨑　せんざき　九州沿海図第5　4-214
銭島　ぜんじま　第192号　4-81
仙嶋（冨田村属）　せんじま（とんだむらぞく）　第175号　3-286, 5-218, 5-311, 5-312
千住（御料所）◯　せんじゅ　第90号　2-84, 5-120, 5-123, 5-290
千住掃部宿　せんじゅかもんじゅく　第90号　2-84
千住河原町　せんじゅかわらまち　第90号　2-84
千住小塚原町〔千住小塚原〕　せんじゅこづかはらまち　第90号　2-84, 5-120, 5-123
千珠嶋　せんじゅしま　九州沿海図第1　4-188
千珠嶋（長府属）〔千珠〕　せんじゅしま（ちょうふぞく）　第177号　3-298, 5-220, 5-312
千住中村町　せんじゅなかむらちょう　第90号　2-84
千住橋戸町　せんじゅはしどちょう　第90号　2-84
千手町村　せんじゅまちむら　第76号　2-28, 5-112, 5-113
千疊岩　せんじょういわ　第123号　3-38
千畳岩　せんじょういわ　九州沿海図第5　4-211
船上山　せんじょうさん　第150号　3-171
千疊敷　せんじょうじき　第183号　4-40
川勝寺村　せんしょうじむら　第133号　3-90, 5-175, 5-176
禅定寺村　ぜんじょうじむら　第133号　3-89, 5-176, 5-301

仙酔島（平村屬） せんすいじま（ひろむらぞく） 第157号 3-200, 5-195, 5-307
泉水岬 せんすいみさき 第177号 3-297
泉水村（堀田相模守領分）○ せんずいむら 第89号 2-82, 5-111, 5-122, 5-290
千手川 せんずがわ 第187号 5-222
千手寺 せんずじ 第187号 4-58
千手村 せんずむら 第187号 4-58, 5-222, 5-231, 5-312
千手村夫婦石 せんずむらめおといし 第187号 4-58
善逝寺山 ぜんせいじやま 第163号 3-226
浅草寺 せんそうじ 第90号 2-84
千束 せんぞく 第173号 3-276
千束浦 せんぞくうら 第196号 4-98
千束浦 せんぞくうら 九州沿海図第19 4-275
千束根 せんぞくね 第102号 2-146
千僧供村 せんぞくむら 第125号 3-51, 5-174, 5-300, 5-301
千束村○ せんぞくむら 第127号 3-58, 5-175, 5-304
千束村 せんぞくむら 第189号 4-72
〔千〕僧村 せんぞむら 第133号 3-93, 5-178
仙臺（松平政千代居城）☆ せんだい 第52号 1-181, 1-182, 5-79, 5-284
千代川 せんだいがわ 第143号 3-135, 5-188, 5-304
川内川 せんだいがわ 第208号 4-156, 4-158, 5-316
川内川 せんだいがわ 第208号 4-159, 5-252, 5-315, 5-317
川内川 せんだいがわ 九州沿海図第13 4-247
川内川 せんだいがわ 九州沿海図第17 4-261, 4-262
千提地村 せんだいじむら 第133号 3-93, 5-178
千提地村ノ内赤才 せんだいじむらのうちあかさい 第133号 3-93
千代村 せんだいむら 第84号 2-65, 5-143, 5-295
千駄ヶ谷村（御料所、西福寺、吉祥寺、霊山寺、根生院領） せんだがやむら 第90号 2-85, 5-120, 5-123, 5-291
千田河原村 せんだがわらむら 第193号 4-85, 4-87, 5-223, 5-315
千田河原村 せんだがわらむら 九州沿海図第18 4-269
千駄塚村（久世大和守領分） せんだづかむら 第87号 2-72, 5-109, 5-290
膳棚瀬〔膳タナサキ〕 ぜんたなせ 第207号 4-151, 4-155, 5-243
仙田村 せんたむら 第211号 4-176, 5-249, 5-256, 5-261, 5-316
仙田村 せんたむら 九州沿海図第10 4-237
千駄村（御料所） せんだむら 第88号 2-78, 5-120
千田村(津田山城守知行所) せんだむら 第92号 2-99, 2-100, 5-124, 5-292
千田村 せんだむら 第115号 2-195, 5-158
千田村 せんだむら 第121号 3-30, 5-157
千田村 せんだむら 第157号 5-195, 5-307
仙田村枝川尻浦☆〔仙田村川尻☆、川尻〕 せんたむらえだかわしりうら 第211号 4-176, 5-249, 5-261, 5-316
仙田村枝川尻浦☆ せんたむらえだかわしりうら 九州沿海図第10 4-237
仙田村枝脇村 せんたむらえだわきむら 第211号 4-176
仙田村枝脇村 せんたむらえだわきむら 九州沿海図第10 4-237
千駄村新田 せんだむらしんでん 第88号 2-78
千旦林村 せんだんばやしむら 第110号 2-173, 5-154, 5-296
千旦林村小石塚 せんだんばやしむらこいしづか 第110号 2-173
千旦林村坂本 せんだんばやしむらさかもと 第110号 2-173
千町村 せんちょうむら 第133号 3-87, 3-89, 5-176
泉津村 せんづむら 第102号 2-145, 5-132, 5-292
善導寺 ぜんどうじ 第188号 4-65
仙堂岬 せんどうみさき 第93号 2-101, 5-124
舩頭村 せんどうむら 第141号 3-130, 5-182
舩頭村平津村土橋 せんどうむらひらつむらどばし 第141号 3-130
舩頭給村（御料所、神尾五郎三郎、飯田惣左エ門知行所） せんどきゅうむら 第91号 2-92, 5-111, 5-290
千戸村奥 せんどむらおく 第130号 3-75
千戸村北山 せんどむらきたやま 第129号 3-73
銭塘村 ぜんどもむら 第195号 4-93, 5-233
銭塘村 ぜんどもむら 九州沿海図第18 4-264, 4-266
銭塘村道古閑 ぜんどもむらどうのこが 第195号 4-93
銭塘村ミカン ぜんどもむらみかん 第195号 4-93
千度山 せんどやま 第179号 5-225
仙人峯 せんにんみね 第111号 2-181
専念寺 せんねんじ 第90号 2-84
仙年寺 せんねんじ 第100号 2-134
善王寺村 ぜんのうじむら 第123号 3-38, 3-40, 5-180, 5-304
善王寺山 ぜんのうじやま 第123号 3-39, 3-41, 5-180
千音寺村 せんのんじむら 第115号 2-197, 5-159
舩塲 せんば 九州沿海図第19 4-272
センバ﨑 せんばざき 第102号 2-145, 2-148, 5-128, 5-132
千羽村（太田摂津守領分） せんばむら 第111号 2-177, 2-178, 5-160
千原村 せんばらむら 第127号 3-57
千引村 せんびきむら 第118号 3-20
泉福寺 せんぷくじ 第88号 2-78
千福村(内藤駒之丞) せんぷくむら 第100号 2-134, 5-127
千福村八ツ せんぷくむらやつ 第100号 2-134
センペコタン 第3号 1-16, 5-18, 5-268, 5-270
千房 せんぼう 第177号 3-298
千房 せんぼう 九州沿海図第1 4-188
善防山 ぜんぼうやま 第141号 3-128, 3-130
仙北郡 せんぼくぐん 第63号 1-214, 5-283
仙北郡 せんぼくぐん 第64号 1-221, 5-75
仙北町 せんぼくちょう 第50号 1-170, 5-71, 5-74, 5-282
千本下村 せんぼんしもむら 第141号 3-129, 5-183
千本下村枝茶屋 せんぼんしもむらえだちゃや 第141号 3-129
千本村 せんぼんむら 第75号 2-23, 5-99, 5-287
千本村○☆ せんぼんむら 第141号 3-129, 5-183, 5-306
善明寺 ぜんみょうじ 第90号 2-89
千裳島 せんもじま 第189号 4-73
仙山村 せんやまむら 第165号 3-232, 5-204, 5-308
仙山村島津屋敷 せんやまむらしまつやしき 第165号 3-232
千里濵 せんりはま 第139号 3-122
千里村 せんりむら 第187号 4-61
千両山 せんりょうやま 第116号 2-202, 2-204

【そ】

曽井中島村 そいなかじまむら 第118号 3-16, 5-156
曽井村 そいむら 第129号 3-67
惣右衛門村 そううえもんむら 第90号 2-85
左右浦 そううら 第120号 3-27, 5-145, 5-172, 5-300
惣右エ門新田(本多豊前守領分) そうえもんしんでん 第107号 2-159, 5-160
草加○☆ そうか 第87号 2-75, 5-120, 5-290
惣川村 そうかわむら 第142号 3-132, 5-186
双劔石 そうけんいし 九州沿海図第12 4-243
双剣岩 そうけんいわ 第210号 4-171
宗玄村 そうげんむら 第85号 2-68, 5-142, 5-295
相合川 そうごうがわ 第117号 3-13, 5-163
宗光寺村（徳永小膳知行所） そうこうじむら 第101号 2-141, 2-143, 5-128, 5-292, 5-298
草桁村〔草下駄〕 そうこうむら 第49号 1-168, 5-71, 5-74, 5-282
惣郷村 そうごうむら 第174号 3-279, 5-217
相川村 そうごむら 第86号 2-69, 5-141, 5-295
寒河村〔寒川村〕 そうごむら 第145号 3-149, 5-183, 5-306
寒河村中日生 そうごむらなかひなせ 第145号 3-149
寒河村東村 そうごむらひがしむら 第145号 3-148
寒河村深谷 そうごむらふかだに 第145号 3-148
匝瑳郡 そうさぐん 第58号 1-200, 1-201, 5-110, 5-290
匝瑳郡 そうさぐん 第89号 2-83, 5-110, 5-290
宗佐村 そうさむら 第136号 3-111, 5-182, 5-306
惣座村惣座宿○〔惣座村、惣座〕 そうざむらそうざじゅく 第188号 4-67, 5-231, 5-313
雑石 ぞうし 第169号 3-254, 2-224
雑色村（御料所） ぞうしきむら 第90号 2-87, 5-123, 5-291
惣持寺 そうじじ 第133号 3-93
惣持寺村 そうじじむら 第133号 3-93, 5-178, 5-301
惣持寺村（京都御樂人知行所） そうじじむら 第135号 3-100, 5-176, 5-177, 5-178
双シマ〔双島〕 そうしま 第140号 3-124, 5-171
惣社 そうしゃ 第144号 3-144
惣社 そうしゃ 第150号 3-170
惣社 そうしゃ 第175号 3-287
惣社川 そうじゃがわ 第164号 3-230
惣社堂 そうしゃどう 第36号 1-123
惣社村 そうじゃむら 第144号 3-145, 5-192
惣社村 そうじゃむら 第153号 3-186, 5-191
相州山 そうしゅうやま 第97号 2-120
相州山 そうしゅうやま 第97号 2-120
藏春院 ぞうしゅんいん 第101号 2-141, 2-143
増上寺 ぞうじょうじ 第90号 2-84, 2-86, 5-120, 5-123
双水村 そうずいむら 第189号 4-72
双水山 そうずいやま 第189号 4-72
寒水村 そうずむら 第180号 4-25, 4-27, 5-230, 5-312
寒水村〔寒水〕 そうずむら 第188号 4-65, 4-66, 5-231, 5-313
總泉寺 そうせんじ 第90号 2-84

藏々浦　ぞうぞううら　第196号　4-98
藏々浦　ぞうぞううら　九州沿海図第19　4-275
藏々千束島　ぞうぞうせんぞくじま　第196号　4-98, 5-233, 5-315
藏々千束島　ぞうぞうせんぞくじま　九州沿海図第18　4-265
藏々千束島　ぞうぞうせんぞくじま　九州沿海図第19　4-275
桑田山　そうだやま　第160号　3-209
僧津　そうづ　第173号　3-277
相津島　そうづじま　第203号　4-136, 5-251
相津嶋　そうづじま　九州沿海図第19　4-270
宗津村　そうづむら　第145号　3-155, 5-194, 5-307
惣爪村　そうづめむら　第151号　3-178, 5-192
象頭山　ぞうとうざん　第152号　3-182, 5-194, 5-307
宗堂村　そうどうむら　第145号　3-152
ソウノハヘ　そうのはえ　九州沿海図第5　4-215
〔ソ〕ウノハエ　そうのばえ　第183号　4-42, 5-228
象ノ鼻　ぞうのはな　第105号　2-154
双原　そうばら　九州沿海図第19　4-275
宗福寺　そうふくじ　第88号　2-79
崇福寺　そうふくじ　第94号　2-107
崇福寺　そうふくじ　第118号　3-16, 5-156, 5-159
崇福寺　そうふくじ　第202号　4-125, 4-127, 4-128
崇福寺　そうふくじ　長崎〔参考図〕　4-130, 4-132
藏福寺　ぞうふくじ　第94号　2-109
惣分村　そうぶんむら　第144号　3-146, 5-192, 5-307
惣分村河原　そうぶんむらかわら　第144号　3-146
惣分村持行　そうぶんむらじぎょう　第144号　3-146
宗保院　そうほいん　第90号　2-90
曽防村　そうぼうむら　第134号　3-95
ソウマノ山〔ソ子ノ山〕　そうまのやま　第102号　2-147, 5-129
惣水山　そうみずやま　第156号　3-195, 3-197
惣村　そうむら　第123号　3-40, 5-180
惣村　そうむら　第150号　3-174, 5-193
増村　ぞうむら　第107号　2-156, 2-158, 5-129, 5-298
早米木村　ぞうめきむら　第193号　4-87, 5-231, 5-223
藏目喜村二〔赤〕釜〔藏目喜〕　ぞうめきむらあかがま　第175号　3-283, 5-309
藏目喜村大山村〔藏目木村、藏目喜〕　ぞうめきむらおおやまむら　第175号　3-283, 5-219, 5-309
惣森村　そうもりむら　第166号　3-234, 5-205, 5-209, 5-212, 5-308
ソーヤ○　第12号　1-40, 5-36, 5-269, 5-273
澤柳村　そうやぎむら　第93号　2-103
ソウヤクシマ　そうやくじま　九州沿海図第19　4-275
宗祐寺　そうゆうじ　第90号　2-91
相樂郡　そうらくぐん　第133号　3-89, 5-176, 5-301
相楽郡　そうらくぐん　第134号　3-94, 5-176, 5-301
増楽村（井上河内守領分）　ぞうらむら　第111号　2-181, 5-161
惣領村（御料所、森川兵部少輔領分）　そうりょうむら　第58号　5-110, 5-111
惣領村　そうりょうむら　第85号　2-66, 5-142, 5-295
添尾峠　そえおとうげ　第175号　5-219
添ケ津留村　そえがつるむら　第182号　4-36, 4-37, 5-227, 5-229, 5-312, 5-314
添津留村　そえがつるむら　九州沿海図第20　4-278
添ケ津留村三本松　そえがつるむらさんぼんまつ　第182号　4-36, 4-37
添上郡　そえかみぐん　第134号　3-95, 5-176, 5-301
添下郡　そえしもぐん　第134号　3-95, 5-176, 5-301
添下郡　そえしもぐん　第135号　3-100, 5-176, 5-177, 5-301
添谷村　そえだにむら　第174号　3-278, 5-216, 5-308
添田町○　そえだまち　第178号　4-17, 5-222, 5-312
添田村　そえだむら　第178号　4-17, 5-222
囎唹郡　そおぐん　第197号　4-103, 5-314, 5-316
囎唹郡　そおぐん　第199号　4-109, 5-247, 5-261, 5-316
囎唹郡　そおぐん　第209号　4-162, 4-164, 5-316
囎唹郡　そおぐん　九州沿海図第10　4-232
囎唹郡　そおぐん　九州沿海図第11　4-240
早乙女村羽黒（喜連川左兵衛督領分）〔羽黒〕　そおとめむらはぐろ　第69号　1-244, 5-106, 5-288
曽我野（御料所、矢部卯之吉、河野善十郎、山崎新次郎知行所）　そがの　第89号　2-82, 5-111, 5-122, 5-290
曽我八幡　そがはちまん　第100号　2-135, 2-138
曽木村（前田大和守領分）　そぎむら　第94号　2-107, 5-119
曽木村　そぎむら　第180号　4-24, 5-230, 5-312
曽木村（中津領）　そぎむら　九州沿海図第2　4-195
曾木村青村〔曾木村、曾木〕　そぎむらあおむら　第179号　4-19, 5-225, 5-312
曽木村郷戸　そぎむらごうと　第94号　2-107
曾木村小屋出〔曾木〕　そぎむらこやで　第179号　4-19, 5-312
俗名院村　ぞくみょういんむら　第187号　4-59, 4-62
足山村　そくやまむら　第144号　3-145
礒鶏村　そけいむら　第46号　1-156, 5-70, 5-282
ソケ山　そけやま　第180号　4-27, 4-28
ソコー濱〔ソコーハマ〕　第36号　1-122, 5-60
底江　そこえ　九州沿海図第18　4-265
底倉村（温泉）　そこくらむら　第99号　2-131, 5-126, 5-291
底倉村堂ケ島（温泉）　そこくらむらどうがしま　第99号　2-131
底倉村宮ノ下　そこくらむらみやのした　第99号　2-131
底戸ケ越　そこどがこえ　第105号　2-154
曽坂山　そさかやま　第141号　3-130
曽山寺川　そさんじがわ　第185号　4-52
曽山寺川　そさんじがわ　九州沿海図第8　4-223
祖式村　そじきむら　第166号　3-234, 5-209, 5-212
祖式村枝猪目　そじきむらえだいのめ　第166号　3-234
祖式村枝瀬戸　そじきむらえだせと　第166号　3-234
祖式村祖式市○　そじきむらそじきいち　第166号　3-235, 5-308
ソシ島　そしじま　第157号　3-201, 3-203
祖師野村　そしのむら　第113号　2-188, 5-155, 5-297
曽島（日生村屬）　そしま（ひなせむらぞく）　第145号　3-149, 5-185, 5-306
淋　そそぎ　九州沿海図第16　4-256
曽々木村　そそぎむら　第121号　3-29, 3-31, 3-32, 5-157, 5-297, 5-300
曽代村　そだいむら　第113号　2-189, 5-155, 5-156, 5-297
曽代村九郷　そだいむらくごう　第113号　2-189
曽代村出町　そだいむらでまち　第113号　2-189
曽束村　そつかむら　第133号　3-87, 3-89, 5-176, 5-301
卒土濱　そっとはま　第192号　4-82
ソテ崎〔ソテ﨑〕　そでざき　第121号　3-33, 5-173
袖志村　そでしむら　第123号　3-38, 5-173, 5-304
外村　そでむら　第84号　2-63, 2-65, 5-143, 5-295
外海浦　そとうみうら　第161号　5-203
外海浦岩水浦〔岩水浦、外海浦〕　そとうみうらいわみずうら　第161号　3-213, 3-216, 5-203, 5-311
外海浦内泊浦〔内泊浦〕　そとうみうらうちどまりうら　第161号　3-216, 3-217, 5-203
外海浦垣内浦〔垣内浦〕　そとうみうらかきうちうら　第161号　3-213, 3-216, 5-203
外海浦久良浦〔久良浦〕　そとうみうらくらうら　第161号　3-216, 5-203
外海浦提浦〔提浦〕　そとうみうらさげうら　第161号　3-216, 5-203
外海浦中泊浦☆〔中泊浦、中泊〕　そとうみうらなかどまりうら　第161号　3-216, 3-217, 5-203, 5-311
外海浦福浦☆〔福浦、福浦〕　そとうみうらふくうら　第161号　3-216, 3-217, 5-203, 5-311
外海浦舟越浦〔舟越浦、舟越〕　そとうみうらふなこしうら　第161号　3-216, 5-203, 5-311
外海浦本郷深浦宮山☆⚓〔深浦宮山〕　そとうみうらほんごうふかうらみややま　第161号　3-213, 3-216, 5-203, 5-311
外海浦脇本浦〔脇本浦、外海浦〕　そとうみうらわきもとうら　第161号　3-213, 5-203, 5-311
外浦　そとうら　第157号　5-210
外浦中村　そとうらなかむら　第151号　3-181, 5-195
外岡村　そとおかむら　第60号　1-207, 1-208, 5-85, 5-87, 5-283
外國府間村（一橋殿領分）　そとこうまむら　第87号　2-73, 5-120, 5-291
外小コモリ鼻　そとここもりばな　第206号　4-149
外コモリ　そとこもり　第206号　4-149
外七番村　そとしちばんむら　第145号　3-153, 5-192
外田ケ谷村（松平大和守領分、大岡土佐守、神田数馬、宮﨑甚右エ門、數原玄英知行所）〔田ケ谷〕　そとたがやむら　第88号　2-76, 5-118, 5-120, 5-291
外常石村　そとつねいしむら　第157号　3-200, 5-195, 5-307
外目村　そとのめむら　第64号　1-221, 5-75, 5-88
外畑村　そとはたむら　第133号　3-87, 3-89, 5-176
外日角村　そとひすみむら　第83号　2-57, 5-141, 5-295
外平　そとびら　第201号　4-122
外山古城　そとやまこじょう　第95号　2-112
外波鼻　そとわばな　第145号　3-152, 3-154
曽根　そね　第175号　3-283
曽根浦　そねうら　第132号　3-82, 5-169
曽根坂峠　そねざかとうげ　第94号　5-121, 5-291
曽根﨑〔曽根サキ〕　そねざき　第206号　4-148, 5-242
曽根﨑村　そねざきむら　第188号　4-65, 4-66, 5-231
曽根田村（福原内匠領分）　そねだむら　第69号　1-242, 5-106, 5-288
曽根田村　そねだむら　第187号　4-59, 5-223, 5-231, 5-313
曽根田村大膳松　そねだむらだいぜんまつ　第187号　4-59
曽根村　そねむら　第118号　3-18
曽根村　そねむら　第126号　3-55, 5-175, 5-300, 5-301
曽根村　そねむら　第144号　3-143, 3-146
曽根村　そねむら　第169号　3-254, 5-218, 5-224,

5-311
曽根村　そねむら　第179号　5-224
曽根村枝松村〔曽根村、曽根〕　そねむらえだまつむら　第141号　3-130, 5-182, 5-306
曽根村東福寺　そねむらとうふくじ　第125号　3-48, 5-166
曽根村南曽根　そねむらみなみそね　第144号　3-143, 3-146
曽根山　そねやま　第98号　2-126
曽根山　そねやま　第141号　3-130
曽根郎坂峠　そねろうざかとうげ　第132号　3-82
薗谷村（太田摂津守領分）　そのがやむら　第111号　2-177, 2-178, 5-160
彼杵川　そのぎがわ　第201号　4-120
彼杵郡　そのきぐん　第190号　4-76, 4-77
彼杵郡　そのきぐん　第201号　4-120, 5-313, 5-315
彼杵郡　そのきぐん　第202号　4-125, 4-126, 4-127, 4-128, 5-315
彼杵郡　そのきぐん　第205号　4-143, 4-144, 4-145
彼木郡　そのきぐん　長崎〔参考図〕　4-129
彼杵郡　そのきぐん　長崎〔参考図〕　4-130, 4-132
彼杵村上杉　そのぎむらうえすぎ　第201号　4-120
彼木村枝口木田　そのぎむらえだえびくちきだ　第201号　4-120
彼杵村枝惠美須丸　そのぎむらえだえびすまる　第201号　4-120
彼木村枝大音琴　そのぎむらえだおおねごと　第201号　4-120
彼杵村枝小音琴　そのぎむらえだこねごと　第201号　4-120
彼杵村坂本　そのぎむらさかもと　第201号　4-120
彼杵村四郎丸　そのぎむらしろうまる　第201号　4-120
彼杵村菅無田　そのぎむらすがむた　第201号　4-120
彼杵村彼杵町○☆〔彼杵〕　そのぎむらそのぎまち　第201号　4-120, 5-234, 5-313, 5-315
彼杵村谷口　そのぎむらたにぐち　第201号　4-120
彼杵村枝俵坂　そのぎむらたわらざか　第201号　4-120
園田　そのだ　九州沿海図第1　4-189
ソノフ　そのふ　九州沿海図第19　4-274, 4-275
園部　そのべ　第126号　3-55, 5-175, 5-300, 5-301
園部川　そのべがわ　第126号　3-55
園部村　そのべむら　第122号　3-36, 5-173
園村　そのむら　第143号　3-136, 5-188, 5-305
園村　そのむら　第162号　3-218, 5-204, 5-308
園村　そのむら　第162号　3-219, 3-221, 5-204, 5-308
園村有井　そのむらありい　第151号　3-178
園村岡田（伊東播磨守在所）〔岡田〕　そのむらおかだ　第151号　3-178, 5-193, 5-307
園村辻田〔園村〕　そのむらつじた　第151号　3-178, 5-193
ソハエ　そはえ　第165号　3-233
ソハヱ　そはえ　第172号　3-270, 5-216
曽畑村　そばたむら　第195号　4-93, 4-94
曽畑村　そばたむら　九州沿海図第18　4-264
祖濵村　そはまむら　第84号　2-62, 2-64, 5-143
曽原村　そはらむら　第130号　3-74, 3-76, 5-301
曽原村茶屋〔曽原村〕　そはらむらちゃや　第130号　3-74, 3-76, 5-163
麁原村西新田〔麁原村、麁原〕　そはらむらにししんでん　第187号　4-60, 5-223, 5-313
曽比奈村　そひなむら　第100号　2-135, 2-138
曽比村　そびむら　第99号　2-129, 2-131
祖父君セ　そふきみせ　第206号　4-148, 4-149
曽福村　そぼくむら　第84号　2-64, 2-65, 5-143, 5-295
ソホコ　そほこ　第132号　3-82, 5-169
祖母岳　そぼだけ　第182号　5-314
祖母岳　そぼだけ　第194号　5-229
杣路峠　そまじとうげ　第110号　2-175
ソマルヘ　第36号　1-124, 5-60
曽村　そむら　第192号　4-81, 5-239, 5-240, 5-241, 5-320
染岳　そめだけ　第203号　4-134
染岳　そめだけ　九州沿海図第19　4-272
染原　そめばる　九州沿海図第21　4-279
染村　そめむら　第188号　4-64, 5-231, 5-313
染谷村（御料所、伏見源次郎知行所）　そめやむら　第88号　2-78, 5-120
ソヤマ　第32号　1-109, 1-110
曽屋村（御料所、高井但馬守、村越茂助、岡部造酒之助、日向次郎、朝比奈政之助、伊務萬助、布施孫兵エ知行所）　そやむら　第99号　2-128, 5-126
ソヨトシマ〔メオトシマ〕　そよとしま　第124号　3-42, 5-180
空越山　そらこえやま　第165号　3-232
曽良村　そらむら　第84号　2-62, 2-64, 5-142, 5-295
刺金村（御料所、飯田惣左エ門、筑紫主水知行所）　そりがねむら　第91号　2-92, 5-111, 5-290
反町村　そりまちむら　第96号　2-115, 2-117, 5-146, 5-294, 5-296
反町村枝青木在家　そりまちむらえだあおきざいけ　第96号　2-115, 2-117
返目村　そりめむら　第81号　2-50, 2-52, 5-146
尊勝寺村　そんしょうじむら　第121号　3-30, 5-157, 5-297, 5-300
尊鉢村　そんばちむら　第133号　3-93, 5-178

【た】

鯛網代　たいあじろ　第183号　4-38, 4-40
大安寺村矢坂　だいあんじむらやさか　第145号　3-153, 5-192
大醫寺山　だいいじやま　第156号　3-194
タイ岩　だいいわ　第151号　3-181
田結浦　たいうら　第121号　3-29, 5-172, 5-300
田井浦　たいうら　第139号　3-123, 5-186
大運寺　だいうんじ　第101号　2-144
大王　だいおう　第167号　3-243, 5-211, 5-213
大王岩〔大王島〕　だいおういわ　第117号　3-14, 5-168, 5-299
大王﨑　だいおうざき　第117号　3-14, 5-168
大王山　だいおうさん　第144号　3-146
大音寺　だいおんじ　第202号　4-125, 4-127, 4-128
大音寺　だいおんじ　長崎〔参考図〕　4-130, 4-132
大覺寺宮　だいかくじみや　第133号　3-90
臺ケ岳　だいがたけ　第99号　2-131
臺金屋村　だいかなやむら　第150号　3-174
臺ケ原　だいがはら　第98号　2-125, 5-150, 5-296
大儀寺村　たいきしむら　第208号　4-157, 5-250, 5-315
大木村　だいぎむら　第118号　3-20
大休寺　だいきゅうじ　第81号　2-52
大慶寺村　だいきょうじむら　第188号　4-64
大行山　だいぎょうやま　第156号　3-195, 3-197, 5-208
大供村　だいくむら　第145号　3-153, 5-192
大悟庵　だいごあん　第100号　2-135, 2-138
大護院　だいごいん　第90号　2-84
太興寺村　たいこうじむら　第121号　3-33, 5-172, 5-174
太岡寺村　たいこうじむら　第129号　3-72, 5-167
大光寺山　だいこうじやま　九州沿海図第1　4-191
代後浦　だいごうら　第183号　4-39, 5-226, 5-228
代後浦　だいごうら　九州沿海図第5　4-211
大黒川　だいこくがわ　第159号　3-206
大黒﨑　だいこくざき　第174号　3-279
大黒﨑　だいこくざき　第176号　3-288
大黒山　だいこくさん　第162号　3-218, 3-220, 5-204
大里〔黒〕岐　だいこくふなど　第52号　1-180
醍醐寺山　だいごじやま　第127号　3-57
大悟法村　だいごぼうむら　第179号　4-19
大悟法村　だいごぼうむら　九州沿海図第2　4-195
醍醐山　だいごやま　第133号　3-87, 3-89
大根川　だいこんがわ　第187号　5-222, 5-230
大根島〔大根嶋〕　だいこんじま　第155号　3-191, 5-190, 5-305
臺﨑　だいざき　第189号　4-71, 4-73
臺嵜　だいざき　第189号　4-73, 4-74
太サ島　たいさじま　第138号　3-120
間人村　たいざむら　第123号　3-38, 5-180, 5-304
間人村大間　たいざむらおおま　第123号　3-38
間人村砂方　たいざむらすなかた　第123号　3-38
臺山　だいさん　第125号　3-48
臺山　だいざん　第180号　4-25
大三明神　だいさんみょうじん　第103号　2-149
太地浦☆　たいじうら　第132号　3-85, 1-170, 5-302
大師河原　だいしがわら　第90号　2-86, 5-123
大師河原 西村　だいしがわらにしむら　第90号　2-87
太地﨑　たいじざき　第132号　3-85, 1-170
大志﨑村（岩瀬市兵衛知行所）〔志﨑〕　だいしざきむら　第58号　1-199, 5-110, 5-290
大子寺　たいしじ　第141号　3-131
大師峠　だいしとうげ　第70号　1-247, 5-89, 5-91
太子堂村　たいしどうむら　第90号　2-85, 2-87, 5-120, 5-123, 5-291
太子堂村三軒茶屋（内藤次左エ門、内藤岩五郎知行所）　たいしどうむらさんげんちゃや　第90号　2-85, 2-87
田井嶋〔田井島〕　たいじま　第121号　3-33, 5-172
臺島村　だいしまむら　第62号　1-211, 5-87, 5-283
太支村　たいしむら　第133号　3-86, 3-88, 5-174, 5-176
大社　たいしゃ　第162号　3-219, 5-308
大釈迦村　だいしゃかむら　第43号　1-146, 5-67, 5-82, 5-281
大釈迦村柳久保　だいしゃかむらやなぎくぼ　第43号　1-146
大使山　たいしやま　第202号　4-125, 4-126
大使山　たいしやま　長崎〔参考図〕　4-130, 4-132
大樹寺　だいじゅうじ　第115号　2-198, 2-200, 5-159
大住寺村　だいじゅうじむら　第141号　3-129, 3-131, 5-183
代宿村（小笠原安房守知行所、御書院番與力、近藤粂三郎給地）　だいじゅくむら　第91号　2-94, 5-122, 5-290
大聖寺（松平飛彈守居城）　だいしょうじ　第120号　3-24, 5-145, 5-297, 5-300
大聖寺川　だいしょうじがわ　第120号　3-24
大生寺山　だいしょうじやま　第188号　4-64
大正寺山古城　だいしょうじやまこじょう　第188号　4-64

大小裸シマ　だいしょうはだかじま　第192号　4-81
大次郎島　だいじろうじま　第204号　4-140, 4-142
臺新田（戸田能登守領分）　だいしんでん　第69号　1-245, 5-109
大助山　だいすけやま　第100号　2-133, 2-135, 2-136, 2-138
大山　だいせん　第150号　3-171, 5-189, 5-305
大泉寺　だいせんじ　第101号　2-141, 2-144
大善寺　だいぜんじ　第90号　2-89, 2-91
大善寺　だいぜんじ　第133号　3-87, 3-89
大善寺村　だいぜんじむら　第188号　4-65, 4-66, 5-231
大善寺村橋口　だいぜんじむらはしぐち　第188号　4-65, 4-66
大仙山　だいせんやま　第163号　3-224
代田村（御料所）　だいたむら　第90号　2-85, 2-87
代田村萩久保（御料所）〔代田村〕　だいたむらはぎくぼ　第90号　2-85, 2-87, 5-120, 5-123, 5-291
代太郎村　だいたろうむら　第180号　4-26, 5-230, 5-312
代太郎村　だいたろうむら　第180号　5-230
太市垣村　たいちがきむら　第150号　3-171
大智寺　だいちじ　第88号　2-79
大頂寺　だいちょうじ　第100号　2-135, 2-138
大通寺山　だいつうじやま　第207号　4-153, 5-243
大東岬〔大東﨑〕　だいとうみさき　第91号　2-92, 2-93, 5-111, 5-290
大徳寺　だいとくじ　第133号　3-87, 3-90
大徳寺　だいとくじ　第202号　4-125, 4-127, 4-128
大徳寺　だいとくじ　長崎〔参考図〕　4-130
大戸下村☆　だいとしもむら　第144号　3-144, 5-192, 5-305, 5-307
大戸下村原　だいとしもむらはら　第144号　3-144
臺頭村茶屋段　だいとむらちゃやだん　第127号　3-56, 3-58
鯛名村☆　たいなむら　第184号　4-44, 4-46, 5-244, 5-314
鯛名村☆　たいなむら　九州沿海図第6　4-218
田井縄村　たいなわむら　第127号　3-57, 3-59, 3-60, 3-61
臺濁沢村（内田帯刀、松平鉄三郎知行所）　だいにごりさわむら　第58号　1-199, 5-108, 5-110
大日堂　だいにちどう　第90号　2-89
大日村　だいにちむら　第190号　4-75, 4-76
大日村茂手木　だいにちむらもてぎ　第190号　4-75, 4-76
大入嵜　だいにゅうざき　第189号　4-70, 4-72
大入村〔大入〕　だいにゅうむら　第189号　4-70, 4-72, 5-223, 5-234, 5-241, 5-313
大入村枝佐波村　だいにゅうむらえださなみむら　第189号　4-70, 4-72
臺根　だいね　第102号　2-148
大寧寺　たいねいじ　第176号　3-289, 5-219, 5-220
大恩〔念〕寺新村　だいねんじしんむら　第84号　2-63, 5-141
大恩〔念〕寺村　だいねんじむら　第84号　2-63, 5-141, 5-295
田井浦　たいのうら　九州沿海図第18　4-265
田井浦　たいのうら　九州沿海図第19　4-275
大ノ尾山　だいのおやま　第187号　4-59, 4-62
鯛子瀬　たいのこせ　第204号　4-141
田井島村　たいのしまむら　第195号　4-93, 5-232, 5-315
鯛巣山　たいのすやま　第163号　3-222
大瀬村　だいのせむら　第178号　4-16, 5-225, 5-312
大瀬村姫熊　だいのせむらひめくま　第178号　4-16
臺場　だいば　第202号　4-127, 4-128
臺場　だいば　長崎〔参考図〕　4-131, 4-133
大梅寺　たいばいじ　第94号　2-108
大塲村（大久保出雲守領分）　だいばむら　第101号　2-141, 5-128
太原村　たいばるむら　第190号　4-75, 5-234
大比岳　だいひだけ　第178号　4-15, 4-17
大福寺村　だいふくじむら　第111号　2-181
大福村　だいふくむら　第129号　3-66, 5-166, 5-297, 5-299
大福村　だいふくむら　第134号　3-97, 3-98, 5-177
大福村笠神村　だいふくむらかさがみむら　第134号　3-97, 3-98
大福村横内村　だいふくむらよこうちむら　第134号　3-97, 3-98
ダイブサ　だいぶさ　第104号　2-152
大房不動　たいぶさふどう　第92号　2-99, 2-100
大佛殿　だいぶつでん　第114号　2-193
大佛殿　だいぶつでん　第133号　3-87, 5-174, 5-176
大佛殿〔大佛〕　だいぶつでん　第134号　3-95, 5-176
大佛堂　だいぶつどう　第130号　3-75
大佛村　だいぶつむら　第51号　1-178, 5-77, 5-284
タイフロ根　たいふろね　第103号　2-149
大平山　たいへいざん　第61号　1-209, 5-86, 5-283
大平寺村　たいへいじむら　第56号　1-193, 5-81, 5-285
大平村　たいへいむら　第181号　4-32, 5-226, 5-311, 5-312
大平村　たいへいむら　九州沿海図第4　4-207
大鳳寺村　たいほうじむら　第133号　3-87, 3-89, 5-176
大方山　だいほうやま　第187号　5-223
大保村　だいほむら　第195号　4-93, 5-233
大保村　だいほむら　九州沿海図第18　4-266
大本町村　だいほんまちむら　第114号　2-193, 2-194, 5-159
當麻寺☆〔當麻〕　たいまでら　第135号　3-102, 5-177, 5-178, 5-301
當麻村（大久保江七兵衛、千葉左エ門知行所）○　たいまむら　第90号　2-91, 5-126, 5-291
当麻村　たいまむら　第134号　5-177, 5-178
太間村（永井出羽守領分）　たいまむら　第135号　3-100, 5-176, 5-178
當麻村枝市塲　たいまむらえだいちば　第90号　2-91
當麻村枝芹沢　たいまむらえだせりざわ　第90号　2-91
當麻村枝原當麻　たいまむらえだはらたいま　第90号　2-91
當麻山　たいまやま　第172号　3-270
大満寺山　だいまんじやま　第153号　3-186, 5-191
大明崎　だいみょうざき　第171号　3-266
大明司川　だいみょうじがわ　第197号　5-245
大明司村　だいみょうじむら　第197号　4-104, 5-245, 5-314
大明司山　だいみょうじやま　第208号　4-156
大明神　だいみょうじん　第117号　3-15
大明神　だいみょうじん　第188号　4-68
大明神川　だいみょうじんがわ　第158号　3-205, 5-197, 5-214
田井村　たいむら　第121号　3-33, 5-300
田井村☆　たいむら　第122号　3-35, 3-37, 5-173, 5-300
田結村　たいむら　第124号　3-42, 5-180, 5-304
田井村　たいむら　第124号　3-43, 3-45, 3-46, 5-181, 5-304
田井村　たいむら　第141号　3-129, 5-183, 5-304, 5-306
田井村　たいむら　第144号　3-142, 5-183
田井村　たいむら　第145号　3-155, 5-194, 5-307
田井村　たいむら　第150号　3-170, 5-188
田井村　たいむら　第151号　3-177, 5-193
臺村（一橋殿領分、土岐肥前守、能勢甚四郎、目賀田幸助、南條權五郎、太田吉藏知行所）　だいむら　第88号　2-76, 5-120, 5-291
臺村（御料所）　だいむら　第90号　2-85, 5-120, 5-123
臺村　だいむら　第108号　2-164, 5-150
大井村　だいむら　第144号　3-146
臺村　だいむら　第164号　5-210
田井村秋町　たいむらあきまち　第151号　3-177
田井村小池　たいむらこいけ　第145号　3-155
田井村園浦濵之瀬⚓〔田井村濵ノ瀬、濵瀬〕　たいむらそのうらはまのせ　第139号　3-123, 5-186, 5-303, 5-306
田井村成出　たいむらなるで　第121号　3-33
田井村肉谷　たいむらにくだに　第151号　3-177
田井村野々濵　たいむらののはま　第145号　3-155
田井村福浦〔福浦〕　たいむらふくうら　第145号　3-155, 5-194
田井村福原　たいむらふくはら　第145号　3-155
田井村水浦　たいむらみずがうら　第122号　3-34, 3-35, 3-37
田井村美野　たいむらみの　第145号　3-155
田井村ミノヲ　たいむらみのお　第145号　3-155
大持村　だいもちむら　第144号　3-142
大物村　だいもつむら　第126号　3-52, 3-53, 5-174, 5-300
大物村　だいもつむら　第135号　5-178
大門○　だいもん　第87号　2-75, 5-120, 5-291
大門　だいもん　第141号　3-130
大門ケ峯　だいもんがみね　第202号　4-127, 4-128
大門﨑　だいもんざき　第200号　4-117, 4-118, 5-250, 5-315
大門﨑　だいもんざき　九州沿海図第16　4-257
大門町　だいもんまち　第114号　2-193
大門街村　だいもんまちむら　第133号　3-87, 3-90
大門村　だいもんむら　第96号　2-119, 5-150, 5-296
大門村　だいもんむら　第125号　3-50
大門村　だいもんむら　第133号　3-87, 3-90, 5-300
大門村落合〔大門村、大門〕　だいもんむらおちあい　第95号　2-112, 2-113, 5-150, 5-296
大門村四泊〔大門〕　だいもんむらよとまり　第95号　2-112, 2-113, 5-296
大山村　たいやまむら　第145号　3-152
代山村（御料所、島田愛之助知行所）　だいやまむら　第87号　2-75, 5-120
大屋村　だいやむら　第82号　2-54, 5-139, 5-294
平舘○　たいらだて　第39号　1-133, 5-63, 5-67, 5-82, 5-281
タヒラ堂山　たいらどうやま　第176号　5-219
平村　たいらむら　第53号　1-185, 1-186, 5-80, 5-284
平村（松平大和守領分、岡野荘兵衛知行所）　たいらむら　第88号　2-77, 5-120, 5-291
平村　たいらむら　第90号　2-89
平村　たいらむら　第90号　2-87, 2-90
平村☆　たいらむら　第122号　3-35, 3-37, 5-173
平村　たいらむら　第144号　3-144
多比良村　たいらむら　第196号　4-95, 5-233, 5-315
多井良村〔多井良〕　たいらむら　第201号　4-122, 5-237, 5-313, 5-315
平村　たいらむら　第206号　4-146, 5-242, 5-321

平村☆　たいらむら　第212号　4-177, 5-253, 5-261, 5-315, 5-317
平村☆　たいらむら　九州沿海図第15　4-254, 4-255
平村枝飯良村　たいらむらえだいいらむら　第206号　4-146
平村枝大田江村　たいらむらえだおおたえむら　第206号　4-146
平村枝木場村　たいらむらえだこばむら　第206号　4-146
平村枝平新田　たいらむらえだたいらしんでん　第88号　2-77
多井良村枝七ツ釜浦　たいらむらえだななつがまうら　第201号　4-122
多井良村島〔鳥〕サキ⚠　たいらむらとりざき　第201号　4-122
多比良村馬場名　たいらむらばばみょう　第196号　4-95
多井良村子〔平〕藏　たいらむらひらくら　第201号　4-122
多比良村舩津名　たいらむらふなつみょう　第196号　4-95
多井良村柳浦　たいらむらやなぎうら　第201号　4-122
大力村井出ノ上　だいりきむらいでのうえ　第187号　4-56, 4-58
大力村北迫　だいりきむらきたさこ　第187号　4-58
大力村笹原〔大力村、大力〕　だいりきむらささばる　第187号　4-58, 5-222, 5-312
大力村柴原　だいりきむらしばはら　第187号　4-58
大力村野鳥　だいりきむらのとり　第187号　4-58
大里村☆　だいりむら　第178号　4-13, 5-222, 5-312
大里村○☆　だいりむら　九州沿海図第1　4-191
大林寺　たいりんじ　第90号　5-120
大六村（小笠原若狭守知行所）　だいろくむら　第92号　2-99, 5-124
太郎原村〔太郎原〕　だいろばるむら　第188号　4-65, 5-231, 5-313
夕岩　たいわ　第131号　3-80, 5-169
田内村　たうちむら　第143号　3-136, 5-188
田浦嶋　たうらじま　第102号　2-146
田浦村　たうらむら　第93号　2-101, 2-102, 5-123, 5-125, 5-291
手結浦　たえのうら　第162号　3-218, 5-190, 5-204
峠　たお　第173号　3-277, 5-308
タヲサ鼻　たおさばな　第187号　4-60, 5-223
タヲマセタベツ　第16号　1-51, 5-42, 5-274
田尾村　たおむら　第207号　4-151, 4-153, 5-243, 5-321
田尾村枝平村　たおむらえだたいらむら　第207号　4-151, 4-153
高井神島（沖島屬）　たかいかみしま（おきしまぞく）　第157号　3-202, 5-195, 5-210, 5-307
髙井郡　たかいぐん　第81号　2-50, 2-52, 5-115, 5-116, 5-294
高石北村（御料所）〔高石〕　たかいしきたむら　第135号　3-103, 5-178, 5-301
高井シマ〔高井シマ〕　たかいじま　第183号　4-38, 5-226
高井嶋　たかいじま　九州沿海図第5　4-210
高石南村（御料所）〔高石〕　たかいしみなみむら　第135号　3-103, 5-178, 5-301
高泉村　たかいずみむら　第193号　4-87, 5-231
高井岳　たかいだけ　第180号　4-25, 4-27
高井田村　たかいだむら　第209号　4-162, 5-247, 5-261, 5-315, 5-316
高井田村　たかいだむら　九州沿海図第10　4-233
高市郡　たかいちぐん　第134号　3-97, 3-98, 5-177, 5-301
髙出村（松平丹波守領分）　たかいでむら　第96号　2-117, 2-119, 5-150, 5-296
髙出村芝茶屋　たかいでむらしばちゃや　第96号　2-117, 2-119
髙井村　たかいむら　第124号　3-45, 3-46, 5-180
高岩シマ　たかいわじま　第190号　4-77
高岩嶽〔高岩岳〕　たかいわだけ　第196号　4-95, 4-97, 5-233
高江村　たかえむら　第195号　4-93, 5-232
高江村　たかえむら　九州沿海図第18　4-266
高江山　たかえやま　第210号　4-169, 5-252, 5-261
髙尾　たかお　第156号　3-194
高岡郡　たかおかぐん　第159号　3-207, 5-200, 5-310
高岡郡　たかおかぐん　第160号　3-210, 5-200, 5-310
高岡村　たかおかむら　第129号　3-69, 5-163, 5-299
髙岡村　たかおかむら　第162号　3-219, 5-204, 5-308
髙岡村坂本　たかおかむらさかもと　第149号　3-166
高尾山　たかおさん　第97号　2-121, 5-126, 5-291
高尾山　たかおさん　第139号　3-122, 5-171
高尾山　たかおさん　第143号　3-135
鷹落山　たかおちやま　第123号　3-41
髙尾野　たかおの　九州沿海図第20　4-277
高尾野村　たかおのむら　第208号　4-160, 5-251
高尾野村　たかおのむら　九州沿海図第13　4-250
高尾野村下水流　たかおのむらしもずる　第208号　4-160
高尾野村野町○〔高尾野〕　たかおのむらのまち　第208号　4-160, 5-251, 5-315
髙尾村（牧野大和守知行所）　たかおむら　第88号　2-76, 2-78, 5-120, 5-291
高尾村　たかおむら　第133号　3-89, 5-176, 5-301
髙尾村　たかおむら　第144号　3-145, 5-192, 5-305, 5-307
高尾村　たかおむら　第150号　3-173, 5-189
高保村〔高保〕　たかおむら　第188号　4-67, 4-69, 5-231, 5-313
萬〔高〕尾村上沼新田入會地〔高尾村上沼新田〕　たかおむらかみぬましんでんいりあいち　第88号　2-77, 2-79, 5-120
髙尾村供成　たかおむらともなり　第144号　3-145
髙尾村安廣　たかおむらやすひろ　第144号　3-145
髙尾山　たかおやま　第144号　3-147
髙尾山　たかおやま　第150号　3-175
高尾山　たかおやま　第156号　3-194
高尾山　たかおやま　第189号　4-72
髙尾山　たかおやま　第203号　4-134, 4-136
高尾山　たかおやま　第203号　4-137
高尾山　たかおやま　九州沿海図第19　4-272
髙門山　たかかどやま　第152号　3-184
高神村　たかがみむら　第58号　1-200, 5-110
高神村笠上　たかがみむらかさがみ　第58号　1-200
高神村外川浦　たかがみむらとかわうら　第58号　1-200
高加茂　たかかも　第159号　5-196, 5-200
髙城川　たかぎがわ　九州沿海図第7　4-221
髙岸皮多村　たかぎしかわたむら　第136号　3-109, 5-182
高岸村　たかぎしむら　第168号　3-249, 5-214, 5-311
高岸村唐嵜　たかぎしむらからさき　第168号　3-249
高城神社　たかぎじんじゃ　第88号　2-77
高木村　たかきむら　第96号　2-118, 5-150
多加木村　たかきむら　第114号　2-194, 5-159, 5-297
髙木村　たかきむら　第116号　2-205, 5-162, 5-299
高城村　たかぎむら　第52号　1-180, 5-79, 5-284
高木村　たかぎむら　第118号　3-18, 3-20, 5-159, 5-297
髙木村　たかぎむら　第125号　3-51, 5-174
髙木村（一柳順之助陣屋）　たかぎむら　第136号　3-111, 5-182, 5-306
髙木村　たかぎむら　第137号　3-112
高木村〔高木〕　たかぎむら　第188号　4-67, 5-231, 5-313
高木村上高木　たかぎむらかみたかぎ　第188号　4-67
高木村河原　たかぎむらかわはら　第188号　4-67
高木村下高木　たかぎむらしもたかぎ　第188号　4-67
多加木村出町　たかきむらでまち　第114号　2-194
髙城山　たかぎやま　第124号　3-42, 3-44
高城山　たかぎやま　第162号　3-221
髙九岩　たかくいわ　第172号　3-268, 5-212
高来郡　たかくぐん　第201号　4-119, 5-315
高來郡　たかくぐん　第202号　4-125, 4-126, 4-127, 4-128, 5-233, 5-315
髙來郡　たかくぐん　長崎〔参考図〕　4-129, 4-130, 4-132
高草郡　たかくさぐん　第143号　3-135, 5-188, 5-305
高草山　たかくさやま　第107号　2-159, 5-160
高草山　たかくさやま　第121号　3-29, 3-31, 5-157, 5-172
高串　たかくし　九州沿海図第19　4-274
高串村知永組〔高串浦、高串〕　たかぐしむらともながぐみ　第171号　3-264, 5-201, 5-311
高久田村　たかくだむら　第56号　1-195, 5-103, 5-288
高久野　たかくの　九州沿海図第18　4-269
高クホ嵜　たかくぼざき　第206号　4-150
髙隈川　たかくまがわ　第199号　4-111, 4-112, 5-248, 5-261
髙隈川　たかくまがわ　九州沿海図第9　4-228
高隈山　たかくまやま　第209号　4-164, 4-166
髙隈山　たかくまやま　九州沿海図第9　4-229
高倉○　たかくら　第56号　1-194, 5-103, 5-288
高坐神社　たかくらじんじゃ　第127号　3-57, 3-59, 3-60, 3-61, 5-182
髙倉新田　たかくらしんでん　第88号　2-79, 5-121
髙倉村　たかくらむら　第88号　2-79
髙倉村　たかくらむら　第88号　2-79
高倉村　たかくらむら　第143号　3-138
高倉山　たかくらやま　第144号　3-140
高倉山　たかくらやま　第163号　3-225, 3-227
高倉 横森　たかくらよこもり　第56号　1-194, 5-103
タカクリ島　たかくりじま　第204号　4-142
多珂郡　たかぐん　第55号　1-192, 5-104, 5-288
多可郡　たかぐん　第128号　3-64, 5-182
多可郡　たかぐん　第136号　3-109, 5-182
多珂郡　たがぐん　第57号　1-197, 5-288
高甲シマ〔高甲シマ〕　たかごじま　第183号　4-38, 5-226, 5-311
髙甲嶋　たかごじま　九州沿海図第5　4-210
高越村　たかこしむら　第56号　1-193, 1-194, 5-103, 5-288
高兀山　たかごつやま　第156号　3-195
高佐浦　たかさうら　第120号　3-28, 5-172, 5-300
高坂村（松平大和守領分、渥美九郎兵エ知行所）　たかさかむら　第88号　2-79, 5-120, 5-291

髙﨑（松平右京亮居城）○☆　たかさき　第94号　2-105, 5-119, 5-291
髙﨑　たかさき　第199号　4-110, 4-112, 5-248, 5-261, 5-316
高嵜〔高サキ〕　たかさき　第206号　4-150, 5-242, 5-243
高崎　たかさき　第207号　4-151
髙﨑　たかさき　九州沿海図第9　4-228
高﨑村　たかさきむら　第75号　2-27, 5-99
高﨑村　たかさきむら　第164号　3-228, 5-210, 5-307, 5-308
高砂川　たかさごがわ　第137号　5-184
髙砂町○☆　たかさごまち　第141号　3-130, 5-184, 5-306
髙足川　たかしがわ　第116号　2-202, 2-204
髙篠山　たかしのやま　第94号　2-108, 5-121
タカシマ○　第20号　1-63, 5-44, 5-275
髙嶋（諏訪因幡守居城）　たかしま　第96号　2-118, 5-150, 5-296
髙島　たかしま　第122号　3-35, 3-37, 5-173, 5-300
髙島　たかしま　第139号　3-121, 5-186
高シマ〔タカシマ〕　たかしま　第140号　3-126, 5-171
髙島　たかしま　第141号　3-127, 5-185, 5-306
髙島　たかしま　第142号　3-133
高島　たかしま　第147号　3-161, 3-162, 5-187, 5-303, 5-306
高シマ　たかしま　第151号　3-181
タカシマ〔髙島〕　たかしま　第166号　3-235, 5-212
高島　たかしま　第168号　3-247, 5-214
髙島　たかしま　第170号　3-261, 5-201
高島　たかしま　第171号　3-267, 5-203, 5-311
髙島　たかしま　第174号　5-308
髙島　たかしま　第174号　5-216
高シマ　たかしま　第183号　4-43, 5-228
高島　たかしま　第189号　4-71, 4-72, 5-234, 5-238, 5-241, 5-313
鷹嶋　たかしま　第189号　4-73, 4-74, 5-234, 5-238, 5-241, 5-313
高島　たかしま　第190号　5-235
髙島　たかしま　第190号　4-77
高島〔タカシマ〕　たかしま　第192号　4-80, 5-239, 5-241
高島　たかしま　第195号　4-94
高シマ〔高シマ、高島〕　たかしま　第201号　4-121, 5-236, 5-313, 5-315
髙嶋〔高島〕　たかしま　第202号　4-127, 5-236, 5-315
鷹島　たかしま　第202号　4-127, 4-128, 5-237
髙島　たかしま　第204号　4-140
高島　たかしま　第204号　4-140, 5-313, 5-321
髙島　たかしま　第204号　4-141, 5-235, 5-321
鷹島　たかしま　第212号　5-255, 5-261, 5-317
髙嶋　たかしま　九州沿海図第2　4-199
髙嶋　たかしま　九州沿海図第4　4-206
高嶋　たかしま　九州沿海図第6　4-216
髙嶋　たかしま　九州沿海図第16　4-260
高島　たかしま　長崎〔参考図〕　4-133
鷹島　たかしま　長崎〔参考図〕　4-129, 4-131
鷹嶋　たかじま　第189号　4-71
髙島（庵治濵村）　たかしま（あじはまむら）　第146号　3-158, 5-194
高島（上波浦）　たかしま（うわばうら）　第171号　3-264, 5-201, 5-311
高島（塩生村屬）　たかしま（しおなすむらぞく）　第151号　3-178, 3-180, 5-195, 5-307
高島（関村屬）　たかしま（せきむらぞく）　第181号　4-32, 5-226, 5-311
鷹島（津田村屬）　たかしま（つだむらぞく）　第146号　3-156, 5-185
高島（宮浦村屬）　たかしま（みやのむらぞく）　第145号　3-153, 3-155, 5-192
鷹島　阿翁　たかしまあおう　第189号　4-73
高島郡　たかしまぐん　第121号　3-29, 3-31, 3-32, 5-174, 5-300
髙島郡　たかしまぐん　第125号　3-49, 3-51, 5-174, 5-300
鷹島　神﨑　たかしまこうざき　第189号　4-73, 4-74
鷹島　里　たかしまさと　第189号　4-73, 4-74
鷹島　原　たかしまはる　第189号　4-73, 4-74
鷹島　舩人津　たかしまふなとうづ　第189号　4-73, 4-74
高島村　たかしまむら　第101号　2-144, 5-127, 5-291
高島村　たかしまむら　第188号　4-65, 5-231
高清水○　たかしみず　第52号　1-179, 5-77
高足村　たかしむら　第116号　2-202, 2-204, 5-161, 5-162, 5-299
竹子村　たかしむら　第208号　4-158, 5-247, 5-315, 5-316
タカシヤウチ山　たかしやうちやま　第182号　4-37
髙城　たかじょう　第167号　3-240
高城川　たかじょうがわ　第185号　5-244
田之頭村　たがしらむら　第189号　4-72
髙城古城山　たかしろこじょうやま　第136号　3-104
高白濵　たかしろはま　第48号　1-163, 1-164, 5-78, 5-284
高新田（御料所）　たかしんでん　第107号　2-159, 5-160, 5-298
高須☆　たかす　第118号　3-18, 3-20, 5-166, 5-297
髙須　たかす　第167号　3-242, 5-211, 5-213
鷹須　たかす　第176号　3-293
高須賀村（御料所）　たかすかむら　第87号　2-73, 5-120, 5-291
髙須賀村　たかすかむら　第115号　2-197
髙洲川〔タカス川〕　たかすがわ　第209号　4-166, 5-249, 5-261
高洌川　たかすがわ　九州沿海図第10　4-234, 4-236
髙杉村　たかすぎむら　第127号　3-58
高須新地　たかすしんち　第135号　3-101, 5-178
高須新田　たかすしんでん　第116号　2-202, 2-204, 5-162, 5-299
髙鈴山　たかすずやま　第57号　1-196, 5-108, 5-288
高住村　たかずみむら　第143号　3-135, 5-188
高須村　たかすむら　第118号　3-20, 5-166
高須村　たかすむら　第157号　5-210, 5-307
高須村　たかすむら　第181号　4-30, 5-227, 5-312
高須村　たかすむら　第186号　4-54, 5-312
髙洲村　たかすむら　第209号　4-166, 5-249, 5-261, 5-316
高須村　たかすむら　九州沿海図第3　4-200
高洲村　たかすむら　九州沿海図第10　4-236
高洲村枝野里村　たかすむらえだのざとむら　第209号　4-166
高洲村枝野里村　たかすむらえだのざとむら　九州沿海図第10　4-234, 4-236
髙洲村白水　たかすむらしろみず　第209号　4-166
鷹巣山　たかすやま　第164号　5-211
高鳥屋山　たかずややま　第108号　2-162, 2-165
高瀬　たかせ　第191号　4-79
高瀬　たかせ　第191号　4-79
高瀬〔高セ〕　たかせ　第206号　4-149, 5-242
高瀬川　たかせがわ　第179号　4-19, 5-225, 5-312
高セ川　たかせがわ　第180号　5-230
高瀬川〔タカセ川〕　たかせがわ　第193号　4-85, 4-87, 5-315
高瀬川　たかせがわ　第193号　5-231
高瀬川　たかせがわ　九州沿海図第2　4-195
高瀬川　たかせがわ　九州沿海図第18　4-267, 4-269
高瀬野田　たかせのだ　第165号　3-232
高セハナ　たかせはな　第206号　5-242
高瀬町○☆　たかせまち　第193号　4-85, 4-87, 5-223, 5-313, 5-315
高瀬町○☆　たかせまち　九州沿海図第18　4-269
高瀬村　たかせむら　第68号　1-240, 5-106, 5-288
高瀬村（松平宮内少輔領分）　たかせむら　第95号　2-110
高瀬村　たかせむら　第128号　3-62
高瀬村　たかせむら　第178号　4-14, 4-16, 5-222, 5-312
高瀬村　たかせむら　第179号　4-19, 5-225, 5-312
高瀬村　たかせむら　九州沿海図第1　4-192
高瀬村　たかせむら　九州沿海図第2　4-195
高瀬村〔高瀬〕　たかぜむら　第190号　4-76, 5-234, 5-313
竹子村　たかぜむら　九州沿海図第17　4-261
高瀬村桐淵　たかせむらきりぶち　第95号　2-110
高瀬村對浦　たかせむらついうら　第140号　3-126, 5-171
高瀬村袋浦⚓〔高瀬〕　たかせむらふくろうら　第140号　3-126, 5-303
髙添　たかぞえ　九州沿海図第21　4-280
髙田　たかた　第167号　3-243, 5-211, 5-213
高田（榊原式部大輔居城）☆　たかだ　第80号　2-45, 5-138, 5-287
高田　たかだ　第173号　3-276
多賀大社　たがたいしゃ　第125号　3-48, 3-50, 5-166
高田浦☆　たかだうら　第145号　3-155, 5-194
髙田郡　たかたぐん　第163号　3-227, 5-209, 5-308
高田郡　たかたぐん　第166号　3-238, 5-209, 5-308
田方郡　たがたぐん　第101号　2-140, 2-141, 2-142, 2-143, 5-128, 5-292, 5-298
田方郡　たがたぐん　第102号　2-147, 5-128, 5-298
高岳　たかだけ　第136号　3-106
髙嶽　たかだけ　第182号　4-37
高岳　たかだけ　第182号　5-314
高岳　たかだけ　第195号　5-232
髙岳　たかだけ　九州沿海図第20　4-276, 4-278
高田新田　たかだしんでん　第80号　2-45, 2-48, 5-138
髙舘　たかだて　第51号　1-176
高立神　たかたてがみ　第210号　4-171, 5-254, 5-261
高立神　たかたてがみ　九州沿海図第12　4-243
髙舘村　たかだてむら　第51号　1-176, 5-77, 5-282, 5-284
高田中野村　たかたなかのむら　第144号　3-142
高谷山　たかたにやま　第163号　3-225, 3-227
高田村　たかたむら　第47号　1-161, 5-76, 5-282
高田村（御料所、大岡亀之亟、長田喜左エ門知行所）　たかたむら　第93号　2-103, 5-123
高田村　たかたむら　第98号　2-126, 5-117, 5-127
高田村　たかたむら　第128号　3-62, 5-180, 5-304
高田村　たかたむら　第135号　3-101
高田村　たかたむら　第158号　3-205, 5-197, 5-

214, 5-307, 5-311
高田村　たかたむら　第178号　4-16, 5-225, 5-312
高田村　たかたむら　第187号　4-61, 5-223, 5-313
高田村　たかたむら　第188号　4-65, 4-66, 5-231, 5-313
高田村(小笠原近江守領)　たかたむら　九州沿海図第2　4-195
高田村　たかだむら　第81号　2-50, 2-52
高田村　たかだむら　第101号　2-141
高田村　たかだむら　第114号　2-193, 2-194, 5-159, 5-297
高田村　たかだむら　第121号　3-30, 5-157
高田村　たかだむら　第134号　3-95, 5-176, 5-301
高田村　たかだむら　第155号　3-190, 3-192, 5-189, 5-190, 5-305
髙田村○☆　たかだむら　第179号　4-18, 4-21, 5-225, 5-312
髙田村○☆　たかだむら　九州沿海図第2　4-197
高田村枝礒新田〔高田村、高田〕　たかたむらえだいそしんでん　第171号　3-266, 5-203, 5-311
高田村勝山(勝山城)○〔勝山〕　たかたむらかつやま　第150号　3-174, 5-193, 5-305
高田村北古賀　たかたむらきたこが　第188号　4-65, 4-66
高田村北島　たかだむらきたじま　第114号　2-193, 2-194
高田村出在家〔高田村〕　たかだむらでざいけ　第130号　3-76, 5-163
高田村原方〔高田村〕　たかたむらはらかた　第150号　3-174, 5-193
髙田山　たかだやま　第153号　3-187
高田山上村　たかたやまうえむら　第150号　3-175, 5-193, 5-305
高太郎村　たかたろうむら　第188号　4-67, 4-69, 5-231
高津江村　たかつえむら　第123号　3-40
高津尾村　たかつおむら　第178号　4-13, 4-15, 5-222, 5-312
髙塚村　たかつかむら　第82号　2-56, 5-140, 5-295
高塚村(大沢右京太夫知行所)　たかつかむら　第111号　2-181, 5-161
高塚村　たかつかむら　第116号　5-161, 5-162, 5-299
高塚村　たかつかむら　第151号　3-178, 5-192
高塚村　たかつかむら　第188号　4-65, 4-66, 4-68, 5-231
高塚村　たかつかむら　九州沿海図第1　4-192, 4-193
高塚村濵宮〔高塚村、高塚〕　たかつかむらはまみや　第178号　4-14, 4-16, 5-222, 5-312
髙津川　たかつがわ　第174号　3-278, 5-216
髙槻　たかつき　第133号　3-92, 5-176, 5-178, 5-301
高月村　たかつきむら　第82号　2-56, 5-140, 5-295
高月村　たかつきむら　第90号　2-89
高月村　たかつきむら　第121号　3-30, 5-157, 5-297, 5-300
高槻村　たかつきむら　第178号　4-13, 4-15
高槻村小山田　たかつきむらおやまだ　第178号　4-13, 4-15
高槻村藤月　たかつきむらふじつき　第178号　4-13, 4-15
タカツコ山　たかつこやま　第118号　3-19
高角村　たかつのむら　第129号　3-67, 5-166, 5-299
髙粒呂山　たかつぶろやま　第182号　4-34, 5-226
髙粒呂山　たかつぶろやま　九州沿海図第21　4-280
髙津村　たかつむら　第127号　3-56, 5-180
髙津村☆　たかつむら　第174号　3-278, 5-216, 5-308
髙津村西ノ坪　たかつむらにしのつぼ　第127号　3-56
髙津屋城〔高津屋山〕　たかつやじょう　第76号　2-28, 5-113, 5-287, 5-289
高津山　たかつやま　第162号　3-219, 3-221, 5-204
髙鶴部山　たかつるべやま　第150号　3-175
髙津原村　たかつわらむら　第143号　3-135, 3-137, 5-188, 5-304
高手島　たかてじま　第183号　4-38, 4-40, 5-226, 5-228, 5-311
高手嶋　たかてじま　九州沿海図第5　4-211
髙手山　たかてやま　第172号　3-268
髙遠(内藤大和守居城)　たかとお　第108号　2-164, 5-150, 5-296
高遠山　たかとおやま　第178号　4-13
高時川　たかときがわ　第121号　3-30, 5-157
高泊村　たかとまりむら　第176号　3-293, 5-219, 5-220, 5-312
髙富〔髙富〕　たかとみ　第118号　3-16, 5-156, 5-297
高富村枝天王町　たかとみむらえだてんのうちょう　第118号　3-16
髙戸村　たかどむら　第57号　1-196, 5-104, 5-288
高戸村　たかどむら　第200号　4-117, 5-250
高戸村　たかどむら　九州沿海図第19　4-274
高戸村東風泊　たかどむらこちどまる　第200号　4-117
高戸村小屋河内　たかどむらこやがわち　第200号　4-117
高戸村下貫　たかどむらしたぬき　第200号　4-117
高戸村瀬戸　たかどむらせと　第200号　4-117
高戸村高串　たかどむらたかくし　第200号　4-117
鷹鳥屋山　たかとやさん　第110号　2-172, 5-154
高戸山　たかとやま　第144号　3-140
高取　たかとり　第134号　3-98, 5-177
高取　たかとり　九州沿海図第10　4-237
髙鳥居山　たかとりいやま　第187号　4-57, 4-60
高取村　たかとりむら　第180号　4-27, 5-230
鷹取村〔鷹取〕　たかとりむら　第189号　4-72, 5-234, 5-241, 5-313
髙取山　たかとりやま　第125号　3-50, 5-166
高取山古城　たかとりやまこじょう　第188号　4-64
髙鍋☆　たかなべ　第185号　4-48, 4-50, 5-244, 5-314
髙鍋(秋月佐渡守居城)☆　たかなべ　九州沿海図第7　4-221
高鍋村　たかなべむら　九州沿海図第7　4-221
髙鍋村小丸〔髙鍋村〕　たかなべむらおまる　第185号　4-48, 4-50, 5-244
髙鍋村道具小洛〔路〕　たかなべむらどうぐこじ　第185号　4-48, 4-50
髙鍋村中鶴　たかなべむらなかづる　第185号　4-48, 4-50
髙鍋村萩原　たかなべむらはぎわら　第185号　4-48, 4-50
髙鍋村水谷原　たかなべむらみずやばる　第185号　4-48, 4-50
髙輪　たかなわ　第90号　2-84, 2-86, 5-120, 5-123
髙輪山　たかなわさん　第168号　5-214, 5-311
鷹貫神社　たかぬきじんじゃ　第124号　3-42, 3-44
竹貫村　たかぬきむら　第124号　3-42, 3-44, 5-180, 5-304
髙根　たかね　第103号　2-149
髙根　たかね　第105号　2-154
髙根　たかね　第110号　2-172
高根島　たかねじま　第157号　5-210, 5-307
高根島　たかねじま　第164号　5-307
高根村　たかねむら　第90号　2-89
高野尾村　たかのおむら　第129号　3-69, 3-72, 5-163, 5-167, 5-301
鷹尾村　たかのおむら　第188号　4-68, 5-231
鷹尾村芝原〔鷹尾村〕　たかのおむらしばはら　第188号　4-68, 5-231
高野尾村新出　たかのおむらしんで　第129号　3-69, 3-72
鷹尾村辨天開　たかのおむらべんてんびらき　第188号　4-68
高野尾山　たかのおやま　第129号　3-72
鷹ノ串〔鷹串〕　たかのくし　第203号　4-136, 4-138, 5-251
鷹串　たかのくし　九州沿海図第14　4-252
鷹子山　たかのこやま　第176号　3-292
タカノ島　たかのしま　第92号　2-99, 2-100
竹野神社　たかのじんじゃ　第123号　3-38, 5-180
高野神社〔一ノ宮高野神社〕　たかのじんじゃ　第144号　3-145, 5-192
鷹ノ巣　たかのす　第103号　2-150
鷹巣　たかのす　第145号　3-149
鷹巣　たかのす　第171号　3-264
鷹巣　たかのす　第175号　3-283
鷹ノ巣〔鷹巣ハナ〕　たかのす　第207号　5-243
鷹巣〔鷹ノ巣、鷹瀬〕　たかのす　第210号　4-171, 5-254, 5-261, 5-317
鷹巣　たかのす　九州沿海図第12　4-243
鷹巣浦　たかのすうら　第167号　3-243
鷹巣塚山　たかのすづかやま　第184号　4-47
鷹之巣村　たかのすむら　第114号　2-193, 5-155, 5-156
高野須村〔高ノ須〕　たかのすむら　第144号　3-142, 5-183, 5-306
鷹栖村上田〔鷹栖〕　たかのすむらうえだ　第127号　3-56, 5-304
鷹栖村橋ノ上　たかのすむらはしのかみえ　第127号　3-56, 5-175
高野須村宮野尾茶屋　たかのすむらみやのおちゃや　第144号　3-142
鷹栖村山家　たかのすむらやまが　第127号　3-56
鷹巣山　たかのすやま　第173号　5-213
鷹巣山　たかのすやま　第175号　3-283
高野瀬村　たかのせむら　第125号　3-48, 3-50, 5-166, 5-297, 5-300
高野谷村野村　たかのたにむらのむら　第122号　3-37
高野林村　たかのはやしむら　第133号　3-91, 5-175, 5-301
高野林村新在家　たかのはやしむらしんざいけ　第133号　3-91
高野原　たかのはら　第175号　3-285
高野村　たかのむら　第112号　2-184
竹野村　たかのむら　第123号　3-38, 5-180, 5-304
高野村　たかのむら　第130号　3-74
高野村　たかのむら　第166号　3-238, 5-209
高野村　たかのむら　第178号　4-17, 5-222, 5-312
高野村☆　たかのむら　第180号　4-27, 5-230, 5-312
高野村谷戸　たかのむらたんど　第130号　3-74, 3-77
高野村萩山　たかのむらはぎやま　第180号　4-27
高ノ森山〔高森山〕　たかのもりやま　第159号　3-207, 5-200
高野山　たかのやま　第125号　3-48, 5-166
高野山　たかのやま　第178号　4-15, 4-17
鷹野山　たかのやま　第210号　4-168
高山村　たかのやまむら　第163号　3-222, 5-208

高山村岡大内　たかのやまむらおかおおち　第163号　3-222
高山村新市◯〔高山〕　たかのやまむらしんいち　第163号　3-222, 5-305, 5-308
高山村隣組　たかのやまむらとなりぐみ　第163号　3-222
高山村和南原　たかのやまむらわなんばら　第163号　3-222
高澬　たかばえ　第161号　3-213, 3-215, 5-203
高ハエ　たかばえ　第171号　3-265, 3-267
髙萩村◯　たかはぎむら　第57号　1-196, 5-104, 5-288
髙萩村（御料所、田安殿領分）◯　たかはぎむら　第88号　2-79, 5-120, 5-291
高萩村咎〔谷〕津　たかはぎむらやつ　第88号　2-79
髙橋川　たかはしがわ　第118号　5-156
髙橋川　たかはしがわ　第128号　5-182
高橋川　たかはしがわ　第151号　3-177
高橋川　たかはしがわ　第190号　4-75, 4-76
高橋川　たかはしがわ　第193号　4-85
髙橋川　たかはしがわ　九州沿海図第18　4-266
髙塲島　たかばじま　第155号　3-190, 5-189, 5-190
髙橋町◯　たかはしまち　第193号　4-85, 5-233, 5-315
髙橋町◯　たかはしまち　九州沿海図第18　4-266
髙橋村　たかはしむら　第69号　1-242, 5-106, 5-288
髙橋村　たかはしむら　第125号　3-48, 5-166, 5-297, 5-300
髙橋村　たかはしむら　第141号　3-128, 5-182, 5-306
髙橋村　たかはしむら　第190号　4-75, 5-234
高橋村　たかはしむら　第193号　4-85, 4-86, 5-230, 5-232, 5-312, 5-314
髙橋村　たかはしむら　第210号　4-170, 4-172, 5-254, 5-261, 5-317
高橋村　たかはしむら　九州沿海図第12　4-242, 4-244
高橋村下高橋　たかはしむらしもたかはし　第193号　4-85, 4-86
髙橋村山城　たかはしむらやましろ　第141号　3-128
高畑　たかはた　第151号　3-178
髙畑◯〔高畠〕　たかばたけ　第83号　2-61, 5-141, 5-295
高畑村〔高畑〕　たかはたけむら　第188号　4-65, 5-231, 5-313
高畠村　たかはたけむら　第188号　4-68, 5-231
高畑村　たかばたけむら　第98号　2-126, 5-117, 5-291
高畑村　たかはたむら　第90号　2-87, 5-123
高幡村（松平亀五郎知行所）　たかはたむら　第90号　2-88, 2-90, 5-120, 5-123, 5-291
髙畑村　たかはたむら　第114号　2-193, 5-155, 5-156
高畑村　たかはたむら　第134号　3-94, 5-167
高畑村（田安殿領分）　たかはたむら　第135号　3-101, 5-178, 5-301
髙畑村　たかはたむら　第135号　3-101, 5-178
髙畑村　たかはたむら　第137号　3-114, 5-182, 5-184, 5-306
髙畑村　たかはたむら　第141号　3-130
高畑村　たかはたむら　第166号　3-234, 5-209
髙畑村枝西谷新村　たかはたむらえだにしたにしんむら　第137号　3-114
髙畑山　たかはたやま　第133号　3-88, 5-167, 5-176
高幡山　たかはたやま　第167号　3-240
高鉢山　たかはちやま　第173号　3-272, 5-213
高濱　たかはま　第46号　1-156, 5-70, 5-72, 5-282
高濱　たかはま　第183号　4-38, 5-311
高濱　たかはま　第192号　4-81, 4-82
高濱　たかはま　九州沿海図第2　4-195
高濱　たかはま　九州沿海図第5　4-210
高濱上ノ店　たかはまかみのたな　第168号　3-247
高濱新仮屋　たかはましんかりや　第168号　3-247
髙濱村　たかはまむら　第115号　2-198, 5-159, 5-162, 5-299
髙濱村　たかはまむら　第122号　3-36, 5-173, 5-300
髙濱村　たかはまむら　第133号　3-92
高濱村　たかはまむら　第162号　5-204
髙濱村　たかはまむら　第202号　4-128, 5-236, 5-315
高濱村☆　たかはまむら　第203号　4-137, 5-251, 5-315
髙濱村☆　たかはまむら　九州沿海図第19　4-273
髙濱村　たかはまむら　長崎〔参考図〕　4-129, 4-131
高濱村以下宿　たかはまむらいがやど　第202号　4-128
髙濱村以下宿　たかはまむらいがやど　長崎〔参考図〕　4-129, 4-131
高濱村大ソウツ　たかはまむらおおそうづ　第203号　4-137
高濱村黒濱　たかはまむらくろはま　第202号　4-128
高濱村黒濱　たかはまむらくろはま　長崎〔参考図〕　4-129, 4-131
高濱村嵜山　たかはまむらさきやま　第203号　4-137
高濱村里方〔高濱村〕　たかはまむらさとがた　第162号　3-219, 5-204
高濱村諏訪通　たかはまむらすわどおり　第203号　4-135, 4-137
高濱村古里　たかはまむらふるさと　第202号　4-128
高濱村古里　たかはまむらふるさと　長崎〔参考図〕　4-129
高濱村松葉　たかはまむらまつば　第203号　4-137
高林村　たかばやしむら　第111号　2-180, 5-161
髙葉山　たかはやま　第176号　5-219
高原ケ里村小物成　たかはらがりむらこものなり　第190号　4-75
高原ケ里村吉田〔高原ヶ里村、高原ケ里〕　たかはらがりむらよしだ　第190号　4-75, 5-231, 5-313
高原瀬　たかはらせ　第177号　3-294
高原峠　たかはらとうげ　第69号　1-243, 5-107
高原村　たかはるむら　第197号　4-103, 5-247, 5-314, 5-316
髙原村鹿兒山　たかはるむらかごやま　第197号　4-102
高原村越　たかはるむらこえ　第197号　4-102
高原村花堂村　たかはるむらはなどうむら　第197号　4-103
高原山　たかはるやま　第197号　4-102
鷹日神社　たかひじんじゃ　第155号　3-191
高平タケ〔高平山〕　たかひらだけ　第214号　4-186, 5-259, 5-261
高平村　たかひらむら　第188号　4-67, 4-69
高平村　たかひらむら　第193号　4-85, 4-86, 5-232, 5-314
高平村　たかひらむら　九州沿海図第18　4-266
高平山　たかひらやま　第154号　3-189, 5-191
高平山　たかひらやま　第172号　5-212
高平山　たかひらやま　第184号　4-44
髙平山　たかひらやま　九州沿海図第6　4-217, 4-218
髙伏村　たかぶしむら　第182号　4-35, 4-36
髙伏村　たかぶしむら　九州沿海図第21　4-279
髙負神社　たかふじんじゃ　第124号　3-44
高淵村　たかぶちむら　第118号　3-18
高部鼻　たかべのはな　第145号　3-155
高部屋神社　たかべやじんじゃ　第99号　2-128
髙部山　たかべやま　第96号　2-118, 5-150
高鉾島　たかぼこじま　第202号　4-127, 4-128, 5-236
髙鉾島　たかぼこじま　長崎〔参考図〕　4-131, 4-133
髙鉾岬〔タカホコザキ〕　たかほこみさき　第204号　4-140, 4-142, 5-235
高佛宮山　たかほとけみややま　第207号　4-151
髙保山　たかほやま　第146号　3-157
高前山　たかまえやま　第166号　3-235
高町　たかまち　第190号　4-75, 5-234, 5-313
高松（松平讃岐守居城）☆⚠　たかまつ　第146号　3-158, 3-159, 5-194, 5-307
高松浦☆〔高松〕　たかまつうら　第183号　4-39, 5-226, 5-228
髙松浦☆　たかまつうら　九州沿海図第5　4-211
高松川　たかまつがわ　第64号　1-222
髙松村◯☆　たかまつむら　第83号　2-57, 5-141, 5-295
高松村（御料所、久能御神領、建穂寺領）　たかまつむら　第107号　2-156, 2-158, 5-129
高松村☆　たかまつむら　第116号　2-205, 5-162, 5-299
高松村　たかまつむら　第129号　3-66, 5-166, 5-299
高松村　たかまつむら　第150号　3-170
高松村　たかまつむら　第181号　4-30, 4-33, 5-226, 5-312
髙松村　たかまつむら　第199号　4-110, 5-246, 5-248, 5-261, 5-316
高松村（御料）　たかまつむら　九州沿海図第3　4-202
高松村（高鍋領）　たかまつむら　九州沿海図第8　4-227
高松村鼻高松　たかまつむらはなたかまつ　第181号　4-30, 4-33
高竈山　たかまどやま　第134号　3-97
高マ、鼻　たかままはな　第103号　2-150
高丸山　たかまるやま　第163号　3-226
髙御祖神社　たかみおやじんじゃ　第191号　4-78
高見川　たかみがわ　第166号　5-209, 5-212
髙御位山　たかみくらいやま　第141号　3-130, 5-182, 5-306
高御魂神社　たかみたまじんじゃ　第192号　4-82
高道村　たかみちむら　第193号　4-87, 5-233, 5-315
高道村　たかみちむら　九州沿海図第18　4-269
高道村枝滑石（晒）　たかみちむらえだなめいし（さらし）　第193号　4-87
高道村枝滑石（晒）　たかみちむらえだなめいし（さらし）　九州沿海図第18　4-267, 4-269
高見峠　たかみとうげ　第130号　3-77
髙御堂村　たかみどうむら　第114号　2-194, 5-159
高嶺　たかみね　第176号　3-290
髙峰山〔髙峰〕　たかみねやま　第109号　2-171, 5-154
高見村　たかみむら　第127号　3-59, 3-61
田上村　たがみむら　第81号　2-50, 5-138, 5-294
田上村　たがみむら　第209号　4-164, 5-247, 5-249, 5-261, 5-316
田上村☆　たがみむら　九州沿海図第10　4-234
髙見村入野　たかみむらいりの　第166号　3-234,

3-236
髙見村荻原　たかみむらおぎわら　第166号　3-234, 3-236
髙見村高見町○〔高見村〕　たかみむらたかみまち　第166号　3-236, 5-209, 5-308
髙見村馬塲　たかみむらばば　第166号　3-236
田上村濵平　たがみむらはまびら　第209号　4-164
髙見村安田　たかみむらやすだ　第166号　3-236
髙宮○☆　たかみや　第125号　3-48, 3-50, 5-166, 5-297, 5-300
高宮郡　たかみやぐん　第166号　3-238, 5-211, 5-213, 5-308
髙宮郡　たかみやぐん　第167号　3-240, 5-211, 5-213, 5-308
髙宮村　たかみやむら　第96号　2-117
高宮村　たかみやむら　第129号　3-69, 5-163
髙宮村清水村大木　たかみやむらしみずむらおおき　第187号　4-60
髙宮村樋口〔高宮村〕　たかみやむらひぐち　第187号　4-60, 5-223
多賀村　たかむら　第133号　3-89, 5-176, 5-301
高村　たかむら　第178号　4-13, 4-15
高村　たかむら　第179号　4-19, 5-225, 5-312
髙村（中津領）　たかむら　九州沿海図第2　4-194
多賀村　たがむら　第125号　3-48, 3-50, 5-166
多賀村　たがむら　第125号　3-51, 5-174
多賀村☆　たがむら　第142号　3-134, 5-184
多賀村　たがむら　第144号　3-147, 5-192, 5-307
多賀村大地毛　たがむらおおちが　第144号　3-147
多賀村ノ内多賀茶屋　たかむらのうちたかちゃや　第133号　3-89
高目　たかめ　九州沿海図第10　4-237
高目嶋〔高目シマ〕　たかめじま　第196号　4-98, 5-233
髙目島　たかもくじま　第196号　4-99, 5-233, 5-315
高目嶋　たかもくじま　九州沿海図第19　4-275
高本村　たかもとむら　第88号　2-77
髙森村（酒井弥門、妻木彦右エ門、小笠原築次郎、町野恒太郎知行所）　たかもりむら　第99号　2-128, 5-126
髙森村小原　たかもりむらこばる　第182号　4-37
髙森村髙森町○☆　たかもりむらたかもりまち　第182号　4-37, 5-232, 5-314
高屋川　たかやがわ　第173号　5-213
髙屋敷村　たかやしきむら　第43号　1-146, 5-67, 5-82, 5-281
髙屋敷村　たかやしきむら　第49号　1-167, 5-69, 5-282
高安郡　たかやすぐん　第135号　3-100, 5-176, 5-177, 5-178, 5-301
髙柳村　たかやなぎむら　第67号　1-233, 1-235, 5-105
髙柳村（奥村錬次郎知行所）　たかやなぎむら　第88号　2-77, 5-118
高柳村　たかやなぎむら　第118号　3-18, 3-20
髙柳村　たかやなぎむら　第128号　3-62, 5-180, 5-304
髙柳村万々谷　たかやなぎむらえだままだに　第128号　3-62
高山（古城跡）　たかやま　第144号　3-141
高山　たかやま　第145号　3-148, 5-185
高山　たかやま　第166号　3-235
高山　たかやま　第174号　5-309
髙山　たかやま　第174号　5-216
多賀山　たがやま　第125号　3-48, 3-50, 5-166, 5-297, 5-300
高山浦　たかやまうら　第171号　3-265, 5-201, 5-311
高山浦岩井　たかやまうらいわい　第171号　3-265
高山浦枝田之濵浦☆〔田之濵〕　たかやまうらえだたのはまうら　第171号　3-265, 5-201, 5-311
高山浦枝宮ノ浦　たかやまうらえだみやのうら　第171号　3-265
高山鼻　たかやまばな　第145号　3-149
髙山町（御郡代陣屋）○☆　たかやままち　第112号　2-183, 2-184, 5-153, 5-297
髙山村　たかやまむら　第110号　2-173
高山村　たかやまむら　第170号　3-258
髙屋村　たかやむら　第85号　2-68, 5-142, 5-295
高屋村　たかやむら　第118号　3-16, 3-18
髙屋村　たかやむら　第118号　3-16, 3-18, 5-166
髙屋村　たかやむら　第124号　3-42, 3-44
髙屋村　たかやむら　第126号　3-55, 5-175, 5-300, 5-301
髙屋村　たかやむら　第136号　3-105
髙屋村　たかやむら　第144号　3-146
高屋村　たかやむら　第145号　3-153, 5-192, 5-307
髙屋村　たかやむら　第146号　3-159, 5-194, 5-307
髙屋村　たかやむら　第150号　3-174
髙屋村　たかやむら　第152号　3-183
高屋村○　たかやむら　第157号　5-195, 5-307
髙屋村徳保　たかやむらとくぼ　第85号　2-68
宝木村　たからぎむら　第180号　5-230
宝木山　たからぎやま　第194号　4-90, 4-91, 5-229
宝木山　たからぎやま　第194号　4-90, 4-91
宝子山　たからごやま　第129号　3-72
宝島（アンケン島）〔宝シマ〕　たからじま（あんけんじま）　第187号　4-61, 5-233
田烏浦　たがらすうら　第121号　3-33, 5-172, 5-300
田烏浦須ノ浦　たがらすうらすのうら　第121号　3-33
田烏浦谷及　たがらすうらたんぎゅう　第121号　3-33
田烏浦釣姫　たがらすうらつりべ　第121号　3-33
宝寺　たからでら　第133号　3-92
財村乙多見村　たからむらおたみむら　第145号　3-153
田ケ里村　たがりむら　第188号　4-67
高竜王峠　たかりゅうおうとうげ　第151号　3-177
田枯村　たかれむら　第110号　2-175, 5-158, 5-296
田枯村滝瀬　たかれむらたきぜ　第110号　2-175
田川　たがわ　第136号　5-175
田川郡　たがわぐん　第70号　1-248, 5-91, 5-285, 5-286
田川郡　たがわぐん　第71号　1-249, 1-250, 5-285, 5-286
田川郡　たがわぐん　第178号　4-15, 4-17
田川郡　たがわぐん　第180号　4-25, 5-222
田川郡　たがわぐん　第187号　4-56, 5-222, 5-312
田川神社〔田川玉神社〕　たがわじんじゃ　第178号　4-15, 4-17, 5-222
田川瀬川〔田ノセ川〕　たかわせがわ　第156号　3-194, 3-196, 5-193, 5-208
田川村　たがわむら　第76号　2-32, 5-113
田川村　たがわむら　第121号　3-30, 5-157
田川村〔田川〕　たがわむら　第188号　4-65, 4-66, 4-68, 5-231, 5-313
竹原村　たかわらむら　第193号　4-83
竹原村　たかわらむら　第193号　4-83, 5-232, 5-312, 5-314
竹原村　たかわらむら　九州沿海図第20　4-276
滝頭村（小濵孫佐エ門知行所）　たきがしらむら　第93号　2-102, 5-123
滝川　たきがわ　第100号　2-135
滝川　たきがわ　第125号　3-51
滝川　たきがわ　第144号　3-141, 3-144, 5-192
滝川尻　たきがわじり　第195号　5-233
滝川村　たきがわむら　第110号　2-176, 5-158, 5-161, 5-299
多岐藝神社　たききじんじゃ　第165号　3-232, 5-204, 5-308
タキク嶋〔タキクシマ〕　たきくじま　第202号　4-127, 5-236
滝口村（尾林三郎兵エ知行所）　たきぐちむら　第92号　2-100, 5-124, 5-292
滝口村川下浦〔川下〕　たきぐちむらかわしもうら　第92号　2-100, 5-124, 5-292
滝口村砂取浦〔砂取〕　たきぐちむらすなどりうら　第92号　2-100, 5-124, 5-292
滝口山　たきぐちやま　第194号　4-90, 4-91
滝藏権現〔権現〕　たきくらごんげん　第172号　3-270, 5-216
多紀郡　たきぐん　第127号　3-59, 5-175, 5-304
多氣郡　たきぐん　第130号　3-76, 5-163, 5-299
多紀郡　たきぐん　第136号　3-104, 3-105, 3-108, 5-175, 5-304, 5-306
高城郡　たきぐん　第208号　4-159, 5-252, 5-315, 5-317
高城郡　たきぐん　九州沿海図第13　4-247, 4-249
多藝郡　たぎぐん　第118号　3-19, 3-21, 5-166, 5-297, 5-300
滝沢村　たきざわむら　第67号　1-235, 5-105, 5-288
滝澤村（福原内匠領分）〔滝沢村〕　たきざわむら　第69号　1-242, 5-106, 5-288
滝山寺　たきさんじ　第115号　2-200, 5-299
滝島　たきじま　第48号　1-162
田岸村　たぎしむら　第84号　2-63, 2-65, 5-143
滝尻村（本多越中守領分）　たきじりむら　第55号　1-191, 1-192, 5-104
多岐神社　たきじんじゃ　第165号　3-232, 5-204
滝瀬寺川　たきせじがわ　第136号　3-111
滝瀬村（黒田豊前守領分、遠山忠兵衛知行所）　たきせむら　第94号　2-106, 5-118, 5-291
滝谷村　たきだにむら　第120号　3-24, 5-145, 5-297, 5-300
滝田村　たきたむら　第127号　3-60, 5-180, 5-304
タキトハヘ　たきとはえ　第198号　4-106, 5-246
滝名川　たきながわ　第50号　1-171, 5-73, 5-74
滝浦村　たきのうらむら　第70号　1-247, 5-89, 5-91, 5-283, 5-286
滝野川　たきのがわ　第136号　3-111, 5-182
滝野川村（野間忠五郎、佐々与右エ門知行所）　たきのがわむら　第90号　2-84, 5-120, 5-123
滝野田〔川〕村平尾〔滝野川村〕　たきのがわむらひらお　第90号　2-85, 5-120, 5-123
滝ノ口浦　たきのくちうら　第175号　3-285
タキノサワ　第32号　1-111, 5-56
タキノマ　第21号　1-69, 5-47
タキノマ　第34号　1-118, 5-54, 5-57, 5-279
滝濵　たきはま　第48号　1-162, 5-76, 5-78, 5-284
多喜濵　たきはま　第158号　3-204, 5-197
瀧濵村（佐野豊前守知行所）〔滝濵村、滝湊〕　たきはまむら　第57号　1-198, 5-108, 5-290
タキハマ山　たきはまやま　第192号　4-80
滝原村　たきばらむら　第166号　3-234
滝馬室村（御料所）　たきまむろむら　第88号　2-77, 5-120
滝馬室村御成河岸　たきまむろむらおなりがし　第88号　2-77
滝村　たきむら　第39号　1-132, 1-134, 5-280

滝村　たきむら　第83号　2-61, 5-141, 5-295
滝村（滝山寺領）　たきむら　第115号　2-200, 5-159, 5-299
滝村　たきむら　第118号　3-18, 3-20
多岐村　たきむら　第165号　3-232, 5-204, 5-308
田木村（横田源太郎、鈴木左門、渡邉八三郎知行所）　たぎむら　第88号　2-79, 5-120
田木村（加賀金右エ門、山本万之助知行所）　たぎむら　第88号　2-79, 5-120, 5-291
多岐村大西　たきむらおおにし　第165号　3-232
滝村間木　たきむらまぎ　第39号　1-134
竜（滝）室峠　たきむろとうげ　第182号　4-37
滝山　たきやま　第124号　5-181
滝山　たきやま　第129号　3-72, 5-167
瀧山　たきやま　第143号　3-138, 5-181
多藝山〔タキ山〕　たぎやま　第118号　3-19, 3-21, 5-166
滝山村　たきやまむら　第124号　3-47
滝山村尾崎（前田信濃守、川村外記知行所）〔滝山村〕　たきやまむらおざき　第90号　2-89, 2-91, 5-121
滝谷村　たきやむら　第76号　2-28, 2-32, 5-112, 5-113
駄經寺村　だきょうじむら　第143号　3-136, 5-188
田京村（御料所、大久保加賀守領分）　たきょうむら　第101号　2-141, 2-143, 5-128, 5-298
田切○　たぎり　第80号　2-48, 5-138, 5-287
ダキリ嶋　だきりじま　長崎〔参考図〕　4-133
田切須村　たきりすむら　第75号　2-27, 5-99, 5-287
田切村北河原〔田切村〕　たぎりむらきたがわら　第108号　2-163, 5-151
田切村南割　たぎりむらみなみわり　第108号　2-163
滝脇村　たきわきむら　第75号　2-27, 5-99
タクイ嶋　たくいざき　第203号　4-136, 4-138, 5-251
タクイ嶋　たくいざき　九州沿海図第14　4-252
多久川　たくがわ　第189号　4-70
蛸木村☆　たくぎむら　第153号　3-187, 5-191, 5-305
度島　たくしま　第204号　4-142, 5-235, 5-313, 5-321
度島浦　たくしまうら　第204号　5-235
度島村　たくしまむら　第204号　5-235
多久神社　たくじんじゃ　第123号　3-38
田口柿平村　たぐちかきだいらむら　第110号　2-175, 2-176
田口川　たぐちがわ　第129号　3-67
田口小松野村〔田口十ケ村〕　たぐちこまつのむら　第110号　2-175, 2-176, 5-158, 5-161
田口永江澤村　たぐちながえざわむら　第110号　2-175
田口中島村　たぐちなかじまむら　第110号　2-175, 2-176
田口西路村　たぐちにしじむら　第110号　2-175, 2-176
田口怒田輪村　たぐちぬたわむら　第110号　2-175, 2-176
田口東路村　たぐちひがしじむら　第110号　2-176
田口町村　たぐちまちむら　第110号　2-176, 5-296
田口向林村　たぐちむこうばやしむら　第110号　2-175
田口村　たぐちむら　第80号　2-48, 5-138
田口村　たぐちむら　第129号　3-67
田口村　たぐちむら　第150号　3-173, 3-175, 5-189, 5-305
田口村　たぐちむら　第182号　4-34, 5-227, 5-312, 5-314
田口村　たぐちむら　第188号　4-69, 5-231
田口村　たぐちむら　第197号　4-103, 5-314, 5-316
田口村　たぐちむら　九州沿海図第21　4-280
駄口村　だぐちむら　第121号　3-29, 3-31, 3-32, 5-157, 5-172, 5-300
田口村梅北　たぐちむらうめきた　第197号　4-103
田口村枝中村　たぐちむらえだなかむら　九州沿海図第21　4-280
田口村枝祓谷　たぐちむらえだはらいだに　第197号　4-103
田口村中村　たぐちむらなかむら　第182号　4-34
宅野村　たくのむら　第165号　3-233, 5-205, 5-308
多久原村〔多久原〕　たくばるむら　第190号　4-75, 5-234, 5-313
田久日村　たくひむら　第124号　3-42, 5-180, 5-304
焼火山　たくひやま　第154号　3-189, 5-191, 5-305
田窪村　たくぼむら　第166号　3-235, 5-209, 5-212, 5-308
詫摩郡　たくまぐん　第193号　4-85, 5-232, 5-314
詫摩郡　たくまぐん　第195号　4-93
詫間郡　たくまぐん　九州沿海図第18　4-266
田熊村　たくまむら　第157号　5-210
宅方〔万〕村〔宅万〕　たくまむら　第164号　3-230, 5-197, 5-214, 5-307, 5-311
宅万村　たくまむら　第164号　5-197, 5-214
田隈村　たくまむら　第193号　4-87, 5-231
詫間村枝蟻ノ首　たくまむらえだありのくび　第152号　3-182
詫間村枝高谷　たくまむらえだこうや　第152号　3-182, 3-183
詫間村枝須田濵　たくまむらえだすだはま　第152号　3-183
詫間村汐木〔詫間村、詫間〕　たくまむらしおき　第152号　3-182, 5-195, 5-307
詫間村新濵　たくまむらしんはま　第152号　3-183
詫間村塩生〔詫間〕　たくまむらはぶ　第152号　3-183, 5-307
内〔匠〕村　たくみむら　第95号　2-110
工地村　たくむじむら　第147号　3-161, 5-187
田久村　たくむら　第186号　4-55, 5-223
多久山　たくやま　第190号　4-75
田倉崎　たくらざき　第138号　3-118, 3-120, 5-184, 5-303, 5-306
竹有村〔竹在〕　たけありむら　第189号　4-72, 5-234, 5-241, 5-313
武井釜村　たけいがまむら　第58号　1-199, 5-110
多景島　たけいしま　第125号　3-49, 3-50, 5-174, 5-297, 5-300
高家村　たけいむら　第179号　4-19, 5-225, 5-312
竹井村　たけいむら　第188号　4-68, 5-231, 5-313
髙家村（御料）　たけいむら　九州沿海図第2　4-194
竹井村野町　たけいむらのまち　第188号　4-68
竹内　たけうち　九州沿海図第21　4-281
竹内村　たけうちむら　第67号　1-235, 5-105
竹内村　たけうちむら　第143号　3-137, 3-138, 5-183, 5-188
竹浦　たけうら　第151号　3-180
武雄村〔武雄〕　たけおむら　第190号　4-75, 4-76, 5-234, 5-313
武雄村湯町（温泉）○　たけおむらゆまち　第190号　4-76
竹折村　たけおりむら　第114号　2-190, 5-155, 5-296
竹ケ島　たけがしま　第171号　3-267, 5-203
竹ヶ嶋〔竹シマ〕　たけがしま　第183号　4-38, 5-226, 5-228
竹シマ〔タケシマ〕　たけがしま　第183号　4-39, 5-226, 5-228, 5-311
竹ケ嶋　たけがしま　九州沿海図第5　4-211
竹シマ　たけがしま　九州沿海図第5　4-211, 4-213
竹島（宍喰浦）　たけがしま（ししくいうら）　第149号　3-165, 5-198, 5-303
竹ケ島（下灘）〔竹島〕　たけがしま（しもなだ）　第171号　3-267, 5-203, 5-311
竹ケ花村　たけがはなむら　第80号　2-47, 2-49, 5-138, 5-294
竹鼻村　たけがはなむら　第117号　3-13, 5-163
竹鼻村　たけがはなむら　第133号　3-87, 5-174, 5-176
竹川村（神領）　たけがわむら　第130号　3-76, 5-163, 5-299
竹窪郷　たけくぼごう　第202号　4-127, 4-128
竹窪郷　たけくぼごう　長崎〔参考図〕　4-131, 4-133
タケクラヘ島　たけくらべじま　第189号　4-73
竹コシマ　たけこじま　第169号　3-250, 5-215
竹子シマ　たけこじま　第207号　5-243
竹木塲村〔竹木塲〕　たけこばむら　第189号　4-72, 5-234, 5-238, 5-241, 5-313
竹崎　たけさき　第201号　5-313
竹崎　たけざき　第192号　4-81
竹崎浦（清水領）　たけざきうら　第177号　3-299
竹崎浦〔竹嵜浦〕　たけざきうら　第178号　4-13, 5-220, 5-222, 5-312
竹崎浦（清末領）　たけざきうら　九州沿海図第1　4-189, 4-191
竹崎村　たけざきむら　第195号　4-93, 4-94, 5-232, 5-315
竹佐村　たけさむら　第110号　2-172, 5-154
竹敷村　たけしきむら　第192号　4-81, 4-82, 5-239, 5-240, 5-241
竹下川　たけしたがわ　九州沿海図第11　4-240
竹島　たけしま　第154号　3-188, 5-191
竹シマ　たけしま　第155号　3-190, 5-189, 5-190
竹嶋　たけしま　第176号　3-292, 5-219, 5-312
竹嶋　たけしま　第177号　3-294, 5-220
竹島〔竹シマ〕　たけしま　第184号　4-46, 5-244, 5-314
竹島〔竹シマ〕　たけしま　第189号　4-73, 5-234, 5-241
竹島〔竹シマ〕　たけしま　第196号　4-99, 5-233
竹島〔竹シマ〕　たけしま　第200号　4-116, 4-118, 5-250, 5-315
竹島　たけしま　第200号　4-117, 5-250
竹島〔竹シマ〕　たけしま　第200号　4-117, 5-251
竹島〔竹シマ〕　たけしま　第202号　4-125, 4-126, 5-236
タケ島　たけしま　第203号　4-134, 4-136
竹島〔竹シマ〕　たけしま　第203号　4-138, 5-251
竹島〔竹シマ〕　たけしま　第204号　4-140, 5-235
竹島　たけしま　第210号　4-171, 5-254, 5-261, 5-317
竹島　たけしま　第211号　5-256, 5-261, 5-317, 5-319
竹嶋　たけしま　九州沿海図第6　4-219
竹嶋　たけしま　九州沿海図第12　4-245
竹島　たけしま　九州沿海図第14　4-252, 4-253
竹嶋　たけしま　九州沿海図第16　4-257
竹嶋　たけしま　九州沿海図第19　4-270
タケシマ　たけしま　九州沿海図第19　4-272
竹嶋　たけしま　九州沿海図第19　4-274
竹嶋　たけしま　九州沿海図第19　4-275
武志村　たけしむら　第162号　3-219, 5-204, 5-308
多家神社　たけじんじゃ　第167号　3-240
武末城大手口　たけすえじょうおおてぐち　第191号

4-79
竹瀬〔竹セ〕　たけせ　第213号　4-182, 5-258, 5-261
武代村　たけだいむら　第162号　3-218, 5-190, 5-204, 5-305, 5-308
竹田川　たけだがわ　第127号　3-57
竹田川　たけだがわ　第143号　3-136
竹田町〇　たけだちょう　第128号　3-62, 3-64, 5-180, 5-304
竹田津村☆⚓　たけたづむら　第179号　4-23, 5-225, 5-312
竹田津村（杵築領）☆⚓　たけたづむら　九州沿海図第2　4-198
竹田町☆　たけだまち　第182号　4-35, 5-227, 5-229, 5-312, 5-314
竹田町☆　たけだまち　九州沿海図第21　4-279
竹田村　たけたむら　第98号　2-125, 2-127, 5-117
竹田村　たけだむら　第75号　2-25, 2-27, 5-99
竹田村〇　たけだむら　第127号　3-57, 3-59
竹田村　たけだむら　第133号　3-87, 3-89, 3-90, 3-92, 5-174, 5-176
竹田村　たけだむら　第144号　3-141, 5-183, 5-192, 5-304, 5-306
竹田村　たけだむら　第145号　3-153
竹田村　たけだむら　第180号　4-27, 5-230, 5-312
竹田村　たけだむら　第185号　4-51, 5-244, 5-314
竹田村岩戸　たけだむらいわど　第144号　3-141
竹田村快長　たけだむらかいちょう　第144号　3-141
竹田村隈町〇☆〔隈町〕　たけだむらくままち　第180号　4-27, 5-230
竹田村野部　たけだむらのべ　第144号　3-141
竹田山　たけだやま　第150号　3-170
武田山　たけだやま　第167号　3-241, 5-211, 5-213
竹常山　たけつねやま　第186号　4-54
竹洞　たけどう　九州沿海図第18　4-266
竹中村　たけなかむら　第182号　4-34, 5-227, 5-312
竹中村　たけなかむら　九州沿海図第21　4-280
竹中村小屋　たけなかむらこや　第182号　4-34
竹波村　たけなみむら　第121号　3-29, 5-172, 5-300
竹並村　たけなみむら　第186号　4-54
竹成村　たけなりむた　第129号　3-67, 5-166, 5-297, 5-299, 5-301
竹之内村（鈴木大膳知行所）　たけのうちむら　第101号　2-140, 2-142, 5-128
竹内村　たけのうちむら　第155号　3-190, 5-189, 5-190
竹浦　たけのうら　第48号　1-163, 5-78, 5-284
竹之浦　たけのうら　第152号　3-183, 5-195
竹野浦　たけのうら　第183号　4-40, 5-228
竹之浦　たけのうら　九州沿海図第5　4-211
竹野浦河内　たけのうらごうち　第183号　4-40, 5-228
竹野浦河内　たけのうらごうち　九州沿海図第5　4-215
岳ノ尾﨑　たけのおざき　第202号　4-128
岳ノ尾﨑　たけのおざき　長崎〔参考図〕　4-130
炬口浦　たけのくちうら　第138号　3-119, 5-184, 6-306
竹野郡　たけのぐん　第123号　3-38, 3-39, 5-180, 5-304
竹野郡　たけのぐん　第188号　4-64, 5-230, 5-312
竹子嶋　たけのこじま　第176号　3-289
竹子嶋〔筍島〕　たけのこじま　第176号　3-293, 5-219
竹子島（引嶋附）　たけのこじま　第177号　3-299
竹子島〔竹子シマ〕　たけのこじま　第178号　4-13, 5-220, 5-222, 5-312
竹子シマ　たけのこじま　第189号　4-71, 4-73, 5-234, 5-238, 5-241
竹子嶋〔タケノコシマ〕　たけのこじま　第189号　4-73, 5-235, 5-238, 5-241
竹ノ子島　たけのこじま　第189号　4-73
竹子シマ〔竹子シマ〕　たけのこじま　第190号　4-77, 5-235
タケノコシマ　たけのこじま　第190号　4-77
竹子島　たけのこじま　第191号　4-78
タケノ小島〔タケノコジマ〕　たけのこじま　第204号　4-141, 4-142, 5-235
竹子島　たけのこじま　第204号　4-141, 5-235
岳小嶋　たけのこじま　第205号　4-144
竹子嶋〔竹子シマ〕　たけのこじま　第206号　4-148, 4-149, 5-242
竹ノ子島　たけのこじま　第207号　4-153
竹子島　たけのこじま　第207号　4-154
竹子嶋　たけのこじま　九州沿海図第1　4-191
竹ノ下　たけのした　九州沿海図第3　4-201
竹之下村〔竹下〕　たけのしたむら　第99号　2-129, 2-131, 5-291
竹ノ下村〇　たけのしたむら　第100号　5-126
竹ノ下村〔竹下村〕　たけのしたむら　第181号　4-30, 4-33, 5-226
竹下村（熊本領）　たけのしたむら　九州沿海図第3　4-202
竹ノ下村瀬戸　たけのしたむらせと　第99号　2-129, 2-131
竹之下村八日市場　たけのしたむらようかいちば　第99号　2-129, 2-131
竹嶋　たけのしま　第175号　3-286, 5-218, 5-312
竹シマ　たけのしま　第201号　4-121, 4-122
竹瀬　たけのせ　第213号　4-179
竹ノ塚村〔竹塚村〕　たけのづかむら　第90号　2-84, 5-120, 5-123, 5-290
嶽辻〔岳ノ辻〕　たけのつじ　第191号　4-79, 5-238, 5-241, 5-313
竹濵　たけのはま　第48号　1-164, 5-78, 5-284
竹又新田　たけのまたしんでん　第77号　2-35, 5-113, 5-115
竹又村　たけのまたむら　第77号　2-35, 5-113, 5-115, 5-289
竹野村　たけのむら　第124号　3-42, 5-180, 5-304
竹之山村　たけのやまむら　第210号　4-168, 4-172, 5-252, 5-261, 5-317
竹之山村　たけのやまむら　九州沿海図第10　4-239
竹谷村　たけのやむら　第116号　2-203, 2-206, 5-162, 5-299
竹塲村　たけばむら　第96号　2-115
竹林村　たけばやむら　第69号　1-244, 1-245, 5-109, 5-288
竹原川　たけはらがわ　第113号　2-186, 2-188
竹原新庄村〔新庄〕　たけはらしんじょうむら　第164号　5-210, 5-308
竹原田村（田安殿領分）　たけはらだむら　第97号　2-122, 2-123, 5-117
竹原西ノ村〔竹原〕　たけはらにしのむら　第164号　5-210, 5-308
竹原村　たけはらむら　第145号　3-152
竹原村　たけはらむら　第197号　4-100
武久村（長府領）　たけひさむら　第177号　3-299, 5-220
武久村　たけひさむら　第178号　4-13, 5-220, 5-312
武久村　たけひさむら　九州沿海図第1　4-189
武備神社〔武備社〕　たけびじんじゃ　第129号　3-67, 3-69, 5-166
竹平山　たけひらやま　第207号　4-151, 4-155, 5-243
竹廣村　たけひろむら　第110号　2-176, 5-158, 5-161
竹廣村大坪　たけひろむらおおつぼ　第110号　2-176
竹淵村（諏訪社領）　たけぶちむら　第96号　2-117
建部上村　たけべかみむら　第144号　3-147, 5-192
武部村　たけべむら　第84号　2-62, 5-140, 5-295
建部山　たけべやま　第122号　3-37
建部山　たけべやま　第162号　3-218, 3-220
竹松村　たけまつむら　第86号　2-69, 5-141, 5-295
竹松村　たけまつむら　第99号　2-129, 5-125, 5-126
武丸村〔武丸〕　たけまるむら　第186号　4-54, 5-222, 5-313
武丸村久戸　たけまるむらくど　第186号　4-54
武丸村土師上　たけまるむらはじかみ　第186号　4-54
武丸山　たけまるやま　第186号　4-54
武水別神社　たけみずわけじんじゃ　第81号　2-53
武村　たけむら　第189号　4-70
嶽村　たけむら　第209号　4-165, 5-247, 5-261
嶽村　たけむら　九州沿海図第10　4-233
武本村　たけもとむら　第208号　4-160, 5-250, 5-315
武本村野町　たけもとむらのまち　第208号　4-160
武本山　たけもとやま　第208号　4-160
竹屋新開　たけやしんかい　第167号　3-241, 5-211, 5-213
竹屋新田　たけやしんでん　第137号　3-112, 5-178
岳山　たけやま　第136号　3-111
岳山　だけやま　第155号　3-191
タコ頭瀬　たこあたまのせ　第204号　4-140
タコイシ　たこいし　第132号　3-85
竹生村　たこうむら　第60号　1-207, 5-85, 5-283
田甲村　たこうむら　第88号　2-77
田子浦　たこうら　第140号　3-124, 5-171, 5-302
多古浦　たこうら　第155号　3-191, 5-190
田越村　たごえむら　第150号　3-170
多胡郡　たこぐん　第94号　2-107, 5-119, 5-291
蛸埼　たこざき　第157号　3-203
タコ島　たこしま　第191号　4-79
タコシマ　たこしま　第192号　4-81, 4-82
蛸島〇　たこじま　第85号　2-68, 5-142, 5-295
鮹シマ　たこじま　第201号　4-122
田子島〔タコシマ〕　たこじま　第204号　4-140, 4-142, 5-235
田于島　たこしま　第102号　2-147
高瀬村　たこせむら　第75号　2-25, 5-99
タコトウ山　たことうやま　第103号　2-150
田毎月　たごとのつき　第81号　2-53
多胡碑　たこのひ　第94号　2-107
タコ鼻　たこはな　第155号　3-191, 5-190
タコ濵　たこはま　第103号　2-150
田子村（本多豊後守）　たこむら　第81号　2-50, 5-146
多古村　たこむら　第99号　2-131, 5-125, 5-126
田子村（永田幾太郎知行所）☆　たごむら　第101号　2-144, 5-127, 5-291, 5-298
多古村内多古　たこむらうちたこ　第99号　2-131
田古里村〔多古里村、田古里〕　たごりむら　第201号　4-119, 5-236, 5-313, 5-315
田古里村今里　たごりむらいまざと　第201号　4-119
田古里村津ノ浦　たごりむらつのうら　第201号　4-

119
宰府村○☆　だざいふむら　第187号　4-59, 4-62, 5-233
宰府村松川　だざいふむらまつかわ　第187号　4-57, 4-59, 4-62
駄坂村　ださかむら　第124号　3-42, 3-44
田﨑村　たさきむら　第193号　4-87, 5-231
田澤○　たざわ　第34号　1-118, 5-57, 5-279
田沢當山　たざわあたりやま　第111号　2-181
タサワ川　第34号　1-118, 5-57, 5-279
田沢淺間山　たざわせんげんやま　第111号　2-181
田澤村　たざわむら　第39号　1-132, 5-67, 5-280
田沢村〔田澤村〕　たざわむら　第39号　1-135, 5-67, 5-82, 5-280
田澤村　たざわむら　第101号　2-143
タシカシ　たしかし　第47号　1-161
慥柄浦　たしからうら　第131号　3-78, 5-168
立川村　たじかわむら　第152号　3-185, 5-196
立川村今屋　たじかわむらいまや　第152号　3-185
立川村千本　たじかわむらせんぼん　第152号　3-185
多志田村　たしだむら　第180号　4-24
田篠村（松平宮内少輔領分）　たじのむら　第95号　2-110, 5-119
田篠村下組〔田篠村〕　たじのむらしもぐみ　第94号　2-107, 5-119, 5-291
田治部村　たじべむら　第150号　3-175, 5-193, 5-305
田治部村金藤　たじべむらかねとう　第150号　3-175
田島　たしま　第157号　5-195, 5-307
甲〔田〕島　たじま　第153号　3-186, 5-191
太島　たじま　第155号　3-191, 5-190
田島岳　たじまだけ　第190号　4-77
但馬國〔但馬〕　たじまのくに　第123号　3-41, 5-181, 5-304
但馬國〔但馬〕　たじまのくに　第124号　3-42, 3-47, 5-181, 5-304
但馬國〔但馬〕　たじまのくに　第127号　3-57, 3-60, 5-181, 5-304
但馬國〔但馬〕　たじまのくに　第128号　3-64, 5-181, 5-304
田島檜原　たじまひばら　第110号　2-175
田島村　たしまむら　第143号　3-135, 5-181, 5-188, 5-304
田島村☆　たしまむら　第157号　5-195
田島村　たしまむら　第180号　5-230
田島村〔田島〕　たしまむら　第186号　4-55, 5-223, 5-313
田島村（御料所）　たじまむら　第88号　2-78, 5-120
田島村　たじまむら　第95号　2-110
田嶋村　たじまむら　第175号　3-287, 5-219, 5-312
田島村新田平野原　たじまむらしんでんひらのはら　第88号　2-78
田尻　たじり　九州沿海図第10　4-238
田尻川　たじりがわ　第102号　2-146
田尻川　たじりがわ　第111号　2-180
田尻北村　たじりきたむら　第107号　2-159, 5-160
田尻村　たじりむら　第57号　1-196
田尻村（牧野備前守）　たじりむら　第74号　2-20, 5-112, 5-287, 5-289
田尻村　たじりむら　第86号　2-71, 5-145
田尻村（本多豊前守領分）　たじりむら　第107号　2-159, 5-160, 5-298
田尻村　たじりむら　第111号　2-180, 5-161
田尻村　たじりむら　第113号　2-189, 5-155, 5-156, 5-297
田尻村　たじりむら　第117号　3-13
田後村　たじりむら　第124号　3-47, 5-181
田尻村○　たじりむら　第130号　3-74, 3-77, 5-167, 5-301
田後村　たじりむら　第143号　3-136, 5-188
田尻村　たじりむら　第157号　5-195, 5-307
田尻村　たじりむら　第179号　4-19, 5-225, 5-312
田尻村　たじりむら　第181号　4-29
田尻村　たじりむら　第185号　4-51
田尻村　たじりむら　第187号　4-61, 5-233
田尻村　たじりむら　九州沿海図第2　4-195
田尻村　たじりむら　九州沿海図第3　4-202
田尻村枝今出村〔今出〕　たじりむらえだいまでむら　第187号　4-61, 5-313
田尻村寺畑　たじりむらてらはた　第113号　2-189
田尻山　たじりやま　第139号　3-122
田尻山　たじりやま　第139号　3-123
鯛網代　たじろ　九州沿海図第5　4-213
田代島　たしろじま　第48号　5-78, 5-284
田代宿○　たしろじゅく　第187号　4-59, 4-62, 5-231
田代新田　たしろしんでん　第129号　3-66, 5-159, 5-166
田代濱　たしろはま　第48号　1-164
田代村　たしろむら　第101号　2-140
田代村　たしろむら　第101号　2-140, 2-142
田代村　たしろむら　第110号　2-176, 5-158, 5-161
田代村　たしろむら　第187号　4-58, 5-222, 5-230, 5-312
田代村☆　たしろむら　第187号　4-59, 4-62, 5-231, 5-313
田代山　たしろやま　第187号　4-62
田代山　たしろやま　第190号　4-76
田助浦⚓　たすけうら　第204号　4-140, 4-142, 5-235
尋　たずね　九州沿海図第5　4-211
手角村　たすみむら　第155号　3-191, 5-190, 5-305
田瀬村上田瀬○〔田瀬村、田瀬〕　たせむらかみたせ　第109号　2-171, 5-154, 5-296
田瀬村狩宿　たせむらかりやど　第109号　2-171
田瀬村下田瀬　たせむらしもたせ　第109号　2-171
田瀬村新田　たせむらしんでん　第109号　2-171
田曽浦〔田曽〕　たそうら　第117号　3-15, 5-168, 5-299
田曽岬　たそみさき　第117号　3-15, 5-168
多田院村　ただいんむら　第133号　3-93, 5-178
只浦　ただうら　第162号　3-219, 5-204, 5-308
忠岡村　ただおかむら　第137号　3-116, 5-178, 6-306
只狩山　ただかりやま　第207号　4-154
タタキ根　たたきね　第103号　2-150
多沢　たたく　第154号　3-189
忠隈村　ただくまむら　第187号　4-56, 5-222
只越岬　ただこしみさき　第192号　4-81
多田島　ただしま　第192号　4-81
多田社　ただしゃ　第133号　3-93
糺森　ただすのもり　第133号　3-87
多々地村　たたちむら　第124号　3-42, 3-44
タヽナヘ島〔只内島〕　ただなえじま　第103号　2-150, 5-133, 5-292
但沼村（長嵜半左エ門知行所）　ただぬまむら　第107号　2-156, 5-129, 5-296, 5-298
忠海村　ただのうみむら　第164号　3-228, 5-210, 5-307, 5-308
忠海村能地浦葛　ただのうみむらのうじうらくず　第164号　3-228
タタミ根　たたみね　第103号　2-149
多田村　ただむら　第101号　2-141
多田村　ただむら　第121号　3-33, 5-172, 5-300
多田村　ただむら　第127号　3-59, 5-304
多田村　ただむら　第127号　3-59, 5-182
多田村　ただむら　第150号　3-174
多田村　ただむら　第170号　3-258
多田村　ただむら　第173号　3-274, 5-213
多田村枝久原　ただむらえだくばら　第127号　3-59
多田村尾髭　ただむらおひげ　第127号　3-59
多田山　ただやま　第126号　5-174
多田山　ただやま　第187号　4-56
多田屋村　ただやむら　第124号　5-180
多田羅川　たたらがわ　第187号　4-60, 5-223
多々良木村　たたらぎむら　第128号　3-62, 3-64
タヽラ﨑　たたらざき　第174号　3-278
多々羅島〔タ□ラ島、多々良島〕　たたらじま　第207号　4-153, 5-243, 5-321
タヽラ島〔タヽラシマ〕　たたらじま　第208号　4-161, 5-251
タタラ嶋　たたらじま　九州沿海図第13　4-251
タヽラ嶋　たたらじま　九州沿海図第14　4-253
多田羅村　たたらむら　第187号　4-60, 5-223, 5-313
多田良村（三枝修理知行所）〔多太良村〕　たたらむら　第92号　2-99, 2-100, 5-124, 5-292
多田羅村須﨑　たたらむらすざき　第187号　4-60
多々連村　ただれむら　第188号　4-64
多田原村　ただわらむら　第144号　3-146
太刀洗川　たちあらいがわ　第187号　4-59
立岩村　たちいわむら　第190号　4-77, 5-234
立宇津　たちうづ　九州沿海図第8　4-227
太刀浦　たちうら　九州沿海図第1　4-188, 4-190
立川　たちかわ　第90号　2-84, 5-120, 5-123
立川　たちかわ　第158号　3-204, 5-197
立川村　たちかわむら　第124号　3-47, 5-181
立川山　たちかわやま　第190号　4-76
立木島　たちきじま　第189号　4-73
立杭村　たちくいむら　第136号　3-105, 3-108, 5-182, 5-306
立河内村　たちごうちむら　第173号　3-273, 3-275
立嵜　たちざき　第202号　4-123, 4-124
立サキ島〔立島崎〕　たちさきじま　第131号　3-78, 5-168
立セ　たちせ　第192号　4-80, 4-81
立瀬〔立セ〕　たちせ　第204号　4-142, 5-235
立セ　たちせ　第207号　5-243
立瀬　たちせ　第207号　4-151, 4-155
太刀岳　たちだけ　第98号　2-124, 5-116, 5-117, 5-291, 5-296
立峠　たちとうげ　第96号　2-115, 5-146
立戸村　たちどむら　第173号　3-273, 5-218
立ノ浦　たちのうら　九州沿海図第19　4-272
立野村（大久保出雲守領分）○☆〔本立野村〕　たちのむら　第101号　2-141, 2-143, 5-128
立野村（御料所）　たちのむら　第102号　2-147, 5-128, 5-298
立野村　たちのむら　第124号　3-42, 3-44
立野村中野瀬　たちのむらなかのせ　第102号　2-147
立場島　たちばじま　第204号　4-141, 4-142, 5-235, 5-313, 5-321
立花　たちばな　九州沿海図第19　4-271
橘浦⚓　たちばなうら　第147号　3-161, 5-187, 5-303, 5-306
橘浦　たちばなうら　第161号　3-213, 3-215, 5-203, 5-311
橘浦鵠　たちばなうらくぐい　第147号　3-161, 3-162
橘樹郡　たちばなぐん　第90号　2-87, 2-90, 5-123, 5-291
橘樹郡　たちばなぐん　第93号　2-102, 2-103, 5-123, 5-291

橘島　たちばなじま　第201号　4-121
橘島　たちばなじま　第210号　4-171, 5-254, 5-261
橘嶋　たちばなじま　九州沿海図第12　4-243, 4-245
立花瀬〔立花セ〕　たちばなせ　第208号　4-159, 5-252
橘瀬　たちばなせ　九州沿海図第13　4-247, 4-249
橘寺　たちばなでら　第134号　3-97, 3-98
橘村☆　たちばなむら　第75号　2-25, 2-27, 5-99
橘村　たちばなむら　第107号　2-156
立花村　たちばなむら　第113号　2-189, 5-155, 5-156, 5-297
立花村枝左下坂　たちばなむらえださがさか　第113号　2-189
橘山　たちばなやま　第157号　3-201
立濵　たちはま　第48号　1-163, 5-78
立原村　たちはらむら　第203号　4-136, 5-251
立原村　たちはらむら　九州沿海図第19　4-271, 4-273
立原村久々平　たちはらむらくくひら　第203号　4-136
立保村（進喜太郎知行所）　たちほむら　第101号　2-141, 2-143, 5-129, 5-298
立間尻浦　たちまじりうら　第171号　3-264, 5-201
立間尻村　たちまじりむら　第171号　3-264
タチマチ　第34号　1-116, 5-54, 5-57, 5-279
タチマチ　第36号　1-124, 5-57
タチマチ　第36号　1-122, 5-60
タチマチ岬　第32号　1-110, 5-53, 5-56, 5-279
立ヤ川　たちやがわ　第66号　5-92
立山村　たちやまむら　第188号　4-68, 5-231
立山村日當　たちやまむらひあたり　第188号　4-68
立脇村　たちわきむら　第128号　3-62, 3-64, 5-180, 5-182, 5-304
立石サキ　たついしさき　第203号　5-251
立石新田（御料所）　たついししんでん　第94号　2-105, 2-107, 5-119
立石村（御料所）　たついしむら　第94号　2-107, 5-119, 5-291
立江村　たつえむら　第147号　3-161, 5-187, 5-303, 5-306
立江村赤石　たつえむらあかいし　第147号　3-161
立尾川　たつおがわ　第189号　4-74
竜ケ尾山　たつがおやま　第172号　3-268
龍ケ鼻村　たつがはなむら　第144号　3-143, 3-146, 5-192
多附嵜〔多附サキ〕　たつきざき　第207号　4-153, 5-242, 5-243
竜串　たつくし　第161号　3-212, 3-214
竜口岬　たつくちみさき　第175号　3-287, 5-219
田付村　たづけむら　第125号　3-49, 3-51, 5-174, 5-300
竜子山　たつごやま　第97号　2-121, 5-117, 5-127
竜崎　たつざき　第170号　3-261, 5-201
タツ嵜　たつざき　第192号　4-81, 4-82
龍嵜　たつざき　第205号　4-145
立シマ　たつしま　第147号　3-163, 5-187
辰島　たつしま　第167号　3-242, 5-211, 5-213
辰嶋〔辰シマ〕　たつしま　第202号　4-127, 5-236
辰島　たつしま　長崎〔参考図〕　4-133
立嶋（安下庄村）　たつしま（あげのしょうむら）　第169号　3-251, 3-253, 5-215
立島村　たつしまむら　第75号　2-24, 5-99
立島山　たつしまやま　第75号　2-23
達者村　たっしゃむら　第75号　2-25, 5-99
竜城山　たつしろやま　第144号　3-147
立瀬〔立セ〕　たつせ　第192号　4-81, 5-239, 5-240, 5-241
立瀬〔立セ〕　たつせ　第206号　4-149, 5-242
竜田川　たつたがわ　第135号　3-100
竜田新宮〔新宮〕　たつたしんぐう　第135号　3-100, 5-301
竜田本宮　たつたほんぐう　第135号　3-100, 5-176, 5-177, 5-178, 5-301
竜田町☆　たつたまち　第135号　3-100, 5-301
竜田村　たつたむら　第135号　3-100, 5-176, 5-177
立田村　たつたむら　第151号　3-178, 5-192
立根　たつね　第105号　2-154
竜口村（座光寺忠之助領分、座光寺勘兵衛知行所）　たつのくちむら　第108号　2-161, 5-151, 5-154, 5-296
竜ノ口山　たつのくちやま　第145号　3-153
タツノ嵜〔竜ノ嵜〕　たつのさき　第192号　4-82, 5-240, 5-241
立野嵜　たつのざき　第203号　5-251
辰島　たつのしま　第191号　4-79, 5-238, 5-241, 5-313
タツ嵜　たつのはな　第175号　3-287, 5-219
辰野村　たつのむら　第96号　2-119
立野村坂下　たつのむらさかした　第135号　3-100
立野村鳥塲　たつのむらとりば　第135号　3-100
立野村山上〔立野村〕　たつのむらやまがみ　第135号　3-100, 5-176, 5-177, 5-178
竜ハエ　たつはえ　第183号　4-39
タツハエ　たつはえ　第183号　5-226
竜ハヘ　たつはえ　九州沿海図第4　4-208, 4-211
竜飛岬〔竜飛嵜〕　たっぴみさき　第38号　1-129, 5-60, 5-281
立間村　たつまむら　第75号　2-24, 2-26, 5-99
辰巳新田　たつみしんでん　第129号　3-66, 3-68, 5-166, 5-299
辰巳村　たつみむら　第75号　2-25, 5-99
立目嵜　たつめざき　九州沿海図第10　4-238
立目岬〔立目嵜〕　たつめみさき　第211号　4-173, 4-176, 5-249, 5-256, 5-261, 5-316
辰山　たつやま　第200号　4-118, 5-250
辰山　たつやま　九州沿海図第16　4-257
竜良山　たつよしやま　第192号　4-82
田鶴　たづる　九州沿海図第3　4-203
田霸濵村　たつるはまむら　第84号　2-62, 2-64, 5-143, 5-295
立原村○　たつわらむら　第127号　3-57, 5-180, 5-304
立石　たていし　第132号　3-85, 1-170
立石　たていし　第145号　5-194
建石　たていし　第151号　3-181
立石　たていし　第153号　3-186
立石　たていし　第153号　3-186
立石　たていし　第161号　3-212, 3-214
立石　たていし　第176号　3-292, 5-219
立石（木下辰五郎在所）〔立石〕　たていし　第179号　4-18, 4-21, 5-225, 5-312
立石　たていし　第190号　4-75
立石（木下辰五郎在所）　たていし　九州沿海図第2　4-197
立石（木下辰五郎在所）　たていし　九州沿海図第3　4-197, 4-201
立石浦　たていしうら　第120号　3-28, 5-172
立石浦　たていしうら　第151号　3-180, 5-195
立石嵜　たていしざき　第189号　4-70
立石嵜　たていしざき　第189号　4-71, 4-74
立石嵜　たていしざき　第190号　5-235
立石嵜　たていしざき　第204号　4-140
立石嵜　たていしざき　第204号　4-141, 4-142
立石シマ　たていしじま　第155号　3-190, 5-189, 5-190
タテイシノ　第36号　1-123, 5-60
立石ハナ　たていしはな　九州沿海図第14　4-252
立石鼻　たていしばな　第145号　3-151
立石村　たていしむら　第67号　1-232, 5-81, 5-94
立石村　たていしむら　第90号　2-84, 5-120, 5-123
立石村　たていしむら　第122号　3-36, 5-173, 5-300
立石村　たていしむら　第142号　3-134, 5-184
立石村　たていしむら　第144号　3-140, 5-183, 5-304
立石村　たていしむら　第191号　4-79, 5-238, 5-241
立石山　たていしやま　第110号　2-172
立石山　たていしやま　第110号　2-172
立石山　たていしやま　第124号　3-47, 5-181
立石山　たていしやま　第145号　3-154, 5-307
立岩　たていわ　第6号　1-24, 5-26, 5-270
立岩　たていわ　第30号　1-101
タテ岩　第34号　1-118
立岩　たていわ　第116号　2-202, 2-204, 5-161
立岩　たていわ　第117号　3-15
立岩　たていわ　第147号　3-160, 3-162
立岩　たていわ　第171号　3-264
立岩　たていわ　第181号　4-30
立岩　たていわ　第187号　4-61, 5-233
立岩　たていわ　第192号　4-80
立岩　たていわ　第198号　4-106
立岩　たていわ　九州沿海図第3　4-200
立岩　たていわ　九州沿海図第8　4-226
立岩嵜　たていわさき　第205号　4-144
三〔立〕岩村　たていわむら　第112号　2-182
立岩村　たていわむら　第155号　3-192
立岩村　たていわむら　第187号　4-56
楯岡（御料所）○　たておか　第66号　1-227, 5-92, 5-285
舘岡村　たておかむら　第38号　1-127, 5-82, 5-281
楯岡村　たておかむら　第129号　3-73
立ケ嵜　たてがさき　第145号　3-149, 5-185
タテカシマ　たてかしま　第124号　3-43, 5-181
伊達方村（太田摂津守領分）　だてがたむら　第111号　2-177, 2-178, 5-160
立花村　たてがはなむら　第81号　2-50
竪ケ濵（岩國領）　たてがはま　第169号　3-254, 5-218
立壁村　たてかべむら　第85号　2-68, 5-142
立神　たてがみ　第210号　4-171, 5-254, 5-261
立神　たてがみ　第211号　5-249, 5-256, 5-261
立神　たてがみ　九州沿海図第12　4-243, 4-245
立神岩〔立神〕　たてがみいわ　第170号　3-261, 5-201
立神岩　たてがみいわ　第186号　4-55
立神郷　たてがみごう　第202号　4-127, 4-128
立神郷　たてがみごう　長崎〔参考図〕　4-131, 4-133
立神嵜　たてがみざき　第189号　4-73
立神嵜　たてがみざき　第190号　4-77
立神嵜　たてがみざき　第206号　4-146
立神瀬〔立神セ〕　たてがみせ　第207号　4-155, 5-243
立神濵〔立神〕　たてがみはま　第48号　1-163, 5-78, 5-284
立神村☆〔建神村〕　たてがみむら　第117号　3-14, 5-168
立川瀬村　たてがわせむら　第142号　3-134, 5-184
蓼川村　たでかわむら　第93号　2-103
立串嵜　たてくしざき　第206号　4-148, 5-242
ダテク島　だてくじま　第200号　5-251

立串村　たてくしむら　第206号　4-148, 5-242, 5-321
立串村小瀬良　たてくしむらこぜら　第206号　4-148
伊達郡　だてぐん　第53号　1-185, 1-186, 5-81, 5-285
楯崎　たてざき　第186号　4-53, 4-55
タテシタ　第34号　1-118, 5-54, 5-57, 5-279
立科山　たてしなやま　第95号　2-113, 5-150, 5-296
立島　たてしま　第101号　2-140, 2-142
立シマ　たてしま　第132号　3-85, 1-170
立島　たてしま　第153号　3-187
舘島　たてじま　第52号　1-180
立島　たてじま　第154号　3-189
立島　たてじま　第154号　3-189, 5-191
立瀬〔立セ〕　たてせ　第202号　4-125, 4-126, 5-236
舘瀬〔舘セ〕　たてせ　第207号　4-153, 4-154, 5-243
立瀬〔立セ〕　たてせ　第207号　4-154, 5-243
立瀬　たてせ　長崎〔参考図〕　4-130, 4-132
楯縫郡　たてぬいぐん　第162号　3-218, 3-219, 5-204, 5-308
立野河内村〔立野川内村、立野河内〕　たてのかわちむら　第190号　4-76, 5-234, 5-313
立野川内村狩立　たてのかわちむらかりたて　第190号　4-76
立野河内村樋口　たてのかわちむらひぐち　第190号　4-76
立野河内村平野　たてのかわちむらひらの　第190号　4-76
立野川内村宮ノ上　たてのかわちむらみやのうえ　第190号　4-76
立野新村　たてのしんむら　第82号　2-55, 2-56, 5-139
立野村（長谷川長三郎知行所）　たてのむら　第111号　2-179, 2-180, 5-161, 5-298
立畑〔野〕村　たてのむら　第128号　3-62, 3-64
竜野村　たてのむら　第188号　4-68
蓼野村　たでのむら　第173号　3-273, 3-275
立場シマ　たてばじしま　第192号　4-81
竪場島（田之口村屬）〔立場島〕　たてばじま（たのくちむらぞく）　第151号　3-180, 5-194, 5-307
楯鼻村　たてばなむら　第60号　1-205, 5-84, 5-283
蓼原村（久世安藝守知行所）　たではらむら　第101号　2-144, 5-127
舘村　たてむら　第67号　1-233, 1-235, 5-105
田手村〔田手〕　たでむら　第188号　4-66, 5-231, 5-313
田手村吉野ケ里　たでむらよしのがり　第188号　4-67
立山　たてやま　第82号　5-147, 5-294
立山　たてやま　第202号　4-125, 4-128
立山　たてやま　長崎〔参考図〕　4-130, 4-132
蓼原村　たでわらむら　第127号　3-57, 5-180
田頭　たどう　九州沿海図第17　4-263
田戸浦　たどうら　第164号　3-231, 5-211
田徳島　たどくじま　第117号　3-15, 5-168
多度郡　たどぐん　第152号　3-182, 5-194, 5-307
田床内村　たどこないむら　第60号　1-207, 1-208, 5-85
田所島　たどころじま　第140号　3-126, 5-171
多度神社　たどじんじゃ　第118号　3-20, 5-166
多度津（京極壹岐守在所）　たどつ　第152号　3-182, 5-195, 5-307
田戸根　たとね　第102号　2-148
田殿村　たどのむら　第144号　3-141, 5-192, 5-304
田殿村一色分　たどのむらいしきぶん　第144号　3-141
田殿村四ノ谷分　たどのむらしのたにぶん　第144号　3-141
田殿村廣山分　たどのむらひろやまぶん　第144号　3-141
多度村　たどむら　第118号　3-20, 5-166, 5-297, 5-300
多度村宮川　たどむらみやがわ　第118号　3-20, 5-166
多度山　たどやま　第118号　3-20
田名　たな　第169号　3-254
田内川名　たないがわみょう　第202号　4-124
棚尾村　たなおむら　第116号　2-207, 5-162, 5-299
田中○　たなか　第95号　2-112, 5-146, 5-294, 5-296
田中　たなか　第107号　2-159, 5-160
田中新生村（御料所、町奉行組與力給地）　たなかあらおいむら　第89号　2-80, 5-111, 5-290
田中江村　たなかえむら　第125号　3-51, 5-174
田中江村十林寺村　たなかえむらじゅうりんじむら　第125号　3-51
田中新田（御料所、内藤駒之亟知行所）　たなかしんでん　第101号　2-144, 5-127, 5-291, 5-298
田中新田　たなかしんでん　第135号　3-101, 5-178
手長姫神社　たながひめじんじゃ　第191号　4-79
田中村　たなかむら　第60号　1-207, 5-85
田中村　たなかむら　第75号　2-25, 5-99, 5-287
田中村　たなかむら　第77号　2-35, 2-37, 5-115, 5-289
田中村　たなかむら　第80号　2-45, 2-48, 5-138
田中村　たなかむら　第90号　2-89
田中村（御料所、津金新重郎知行所）　たなかむら　第94号　2-106, 5-121
田中村（安藤厳、飯河茂助知行所）　たなかむら　第99号　2-128, 5-126
田中村（太田摂津守領分）　たなかむら　第102号　2-146, 5-128, 5-132, 5-292, 5-298
田中村〔田井村、田井〕　たなかむら　第123号　3-38, 3-40, 5-173, 5-304
田中村　たなかむら　第123号　3-40
田中村　たなかむら　第127号　3-59, 3-61
田中村　たなかむら　第133号　3-93, 5-178
田中村　たなかむら　第134号　3-95, 3-97, 5-176, 5-177
田中村（片桐主膳正領分）　たなかむら　第135号　3-100, 5-176, 5-177
田中村（御料所）　たなかむら　第135号　3-101, 5-178
田中村　たなかむら　第137号　3-112, 5-178
田中村（池田采女知行所）　たなかむら　第141号　3-128
田中村　たなかむら　第141号　3-129, 3-131, 5-183
田中村　たなかむら　第150号　3-170, 5-188, 5-305
田中村〔田中〕　たなかむら　第188号　4-67, 4-69, 5-231, 5-313
田中村　たなかむら　第189号　4-70, 5-223, 5-234, 5-241
田中村　たなかむら　第189号　4-72, 5-234, 5-241
田中村新田〔田中〕　たなかむらしんでん　第94号　2-106, 5-291
田中村長田村入會〔田中村、長田村〕　たなかむらながたむらいりあい　第151号　3-176, 5-192
田中村東前村人形村入會　たなかむらひがしまえむらにんぎょうむらいりあい　第118号　3-18
多那川　たながわ　第188号　4-67, 4-69
谷川浦☆⚓　たながわうら　第138号　3-118, 5-184, 6-306
谷川村東谷川　たながわむらひがしたながわ　第138号　3-118, 3-120
タナコ山　たなごやま　第147号　3-160
タナ嶋　たなさき　第140号　3-124, 5-171
棚澤村（鈴木主膳知行所）　たなざわむら　第99号　2-128, 5-126
棚沢村枝市島〔棚沢村〕　たなざわむらえだいちじま　第90号　2-91, 5-126
棚沢村才戸　たなざわむらさいと　第90号　2-91
棚塩村〔棚ノ塩〕　たなしおむら　第54号　1-188, 5-102, 5-288
タナシヘ　第12号　1-41, 5-36, 5-269, 5-273
棚底村☆　たなそこむら　第200号　4-117, 5-251
棚底村☆　たなそこむら　九州沿海図第19　4-272, 4-274
棚底村小崎　たなそこむらこざき　第200号　4-117
棚底村舟津　たなそこむらふなつ　第200号　4-117
棚底村南平　たなそこむらみなみひら　第200号　4-117
明〔棚〕田　たなだ　九州沿海図第2　4-197
明〔棚〕田　たなだ　九州沿海図第3　4-197, 4-201
棚田村　たなだむら　第88号　2-77
棚ハエ　たなばえ　第149号　3-165
棚橋竃　たなはしがま　第131号　3-79, 5-301, 5-302
タナハシシマ　たなはしじま　第164号　5-210
棚林島　たなばやしじま　第164号　3-228, 5-210
棚原村國科〔料〕村○〔國科〕　たなばらむらこくりょうむら　第127号　3-59, 5-304
棚原山　たなはらやま　第141号　3-128, 5-183
田名部○　たなぶ　第40号　1-139, 5-62, 5-280
田名部町金谷〔田名部金谷〕　たなぶまちかなや　第40号　1-139, 5-62, 5-280
田邊（牧野豊前守居城）☆　たなべ　第122号　3-37, 5-175, 5-304
田邊（安東順輔在所）☆　たなべ　第140号　3-126, 5-171, 5-303, 5-306
田邊村　たなべむら　第137号　3-112, 5-178
田辺村田井　たなべむらたい　第137号　3-112
田並浦　たなみうら　第140号　3-124, 5-171, 5-302
田名村（大久保佐渡守領分）　たなむら　第90号　2-91, 5-126, 5-291
田名村枝九澤　たなむらえだくざわ　第90号　2-91
田名村枝越水　たなむらえだこしみず　第90号　2-91
田名村枝四ツ谷　たなむらえだよつや　第90号　2-91
田名村新宿　たなむらしんじゅく　第90号　2-91
田名村堀内　たなむらほりのうち　第90号　2-91
田名村望地　たなむらもうち　第90号　2-91
谷　たに　九州沿海図第16　4-256
谷　たに　九州沿海図第21　4-279
駄荷石原　だにいしわら　第173号　3-272
谷内村　たにうちむら　第123号　3-40
谷江川　たにえがわ　第191号　4-79
谷川　たにがわ　第136号　5-182
谷川　たにがわ　第197号　5-247
谷川　たにがわ　第200号　5-250
谷川村　たにがわむら　第150号　3-171, 3-173
谷口　たにぐち　第175号　3-285
谷口村　たにぐちむら　第133号　3-90, 5-175, 5-176
谷口村　たにぐちむら　第141号　3-128
谷口村〔谷口〕　たにぐちむら　第189号　4-70, 4-

72, 5-313
谷口村野町○　たにぐちむらのまち　九州沿海図第12　4-246
谷口村野町（伊集院）○〔谷口〕　たにぐちむらのまち（いじゅういん）　第210号　4-168, 4-172, 5-252, 5-261, 5-317
谷汲山華嚴寺　たにぐみさんけごんじ　第118号　3-16, 5-156
谷汲村　たにぐみむら　第118号　3-16, 5-297, 5-300
タニシマ　たにしま　第71号　1-249, 1-250
谷住郷村　たにじゅうごうむら　第166号　3-235, 5-209, 5-212, 5-308
谷住郷村入野組　たにじゅうごうむらいりのぐみ　第166号　3-235
谷住郷村住郷組　たにじゅうごうむらじゅうごうぐみ　第166号　3-235
谷住郷村谷組　たにじゅうごうむらたにぐみ　第166号　3-235
谷尻　たにじり　九州沿海図第12　4-243, 4-245
タニ子イシヨ　たにねいしよ　第25号　1-82, 5-33, 5-277
谷一ツ木村新田川原村☆〔谷一ツ木村〕　たにひとつぎむらしんでんかわはらむら　第143号　3-135, 3-137, 5-188
谷村　たにむら　第123号　3-39, 3-41, 5-180
谷村　たにむら　第124号　3-42, 3-44
谷村　たにむら　第133号　3-90, 5-175, 5-176, 5-301
谷村　たにむら　第137号　3-115, 5-184
谷村　たにむら　第141号　3-128
谷村　たにむら　第141号　3-128
谷村　たにむら　第168号　3-247, 5-214, 5-311
谷村　たにむら　第187号　4-61, 5-313
谷村今宿○　たにむらいまじゅく　第187号　4-61, 5-223
谷村仁王堂　たにむらにおうどう　第134号　3-97, 3-98
谷村西代　たにむらにしだい　第133号　3-90
谷八木村　たにやぎむら　第137号　3-114, 5-184
谷山浦町☆　たにやまうらまち　九州沿海図第10　4-235
谿山郡　たにやまぐん　第209号　4-165, 4-167, 5-252, 5-254, 5-261
谿山郡　たにやまぐん　九州沿海図第10　4-233, 4-235, 4-239
田貫　たぬき　九州沿海図第10　4-237
田主丸村田主丸町○〔田主丸〕　たぬしまるむらたぬしまるまち　第188号　4-64, 5-230, 5-312
種市郷角濵村〔角濵〕　たねいちごうかどのはまむら　第45号　1-152, 5-68, 5-280
種市郷八木村〔八木〕　たねいちごうやぎむら　第45号　1-152, 1-153, 5-68, 5-280
種市山　たねいちやま　第45号　1-152, 5-68, 5-280
種井村　たねいむら　第151号　3-177, 5-193, 5-307
種ヶ島　たねがしま　第84号　2-62, 2-64
種子島　たねがしま　第213号　4-179, 4-180, 5-258, 5-261, 5-316, 5-318
種川　たねかわ　第150号　3-170
種﨑浦　たねざきうら　第159号　3-206, 3-208, 5-200, 5-310
種差村　たねさしむら　第45号　1-152, 5-68
種村　たねむら　第164号　3-231, 5-214
田之網村　たのあみむら　第55号　1-190, 1-191, 5-104, 5-288
田野浦○☆　たのうら　第148号　3-167, 3-168, 5-199, 5-310
田野浦　たのうら　第175号　3-286
田浦　たのうら　第176号　3-289
田ノ浦　たのうら　第191号　4-79, 5-238, 5-241
田野浦　たのうら　九州沿海図第5　4-210
田野浦　たのうら　九州沿海図第5　4-211
田浦濵　たのうらはま　第48号　1-162, 5-76
田浦村（府内領）　たのうらむた　九州沿海図第3　4-203
田野浦村　たのうらむら　第75号　2-23, 5-99, 5-287
田野浦村　たのうらむら　第75号　2-27, 5-99, 5-287
田之浦村　たのうらむら　第151号　3-180, 5-194
田野浦村〔田浦〕　たのうらむら　第157号　5-210, 5-307
田ノ浦村　たのうらむら　第164号　3-230, 5-210
田野浦村〔田浦村？〕　たのうらむら　第178号　4-12, 5-220, 5-222, 5-312
田浦村　たのうらむら　第181号　4-29, 4-31, 5-227, 5-312
田浦村　たのうらむら　第181号　4-32, 5-226, 5-311, 5-312
田浦村　たのうらむら　第200号　4-116, 5-250, 5-315
田野浦村　たのうらむら　九州沿海図第1　4-188, 4-190
田浦村　たのうらむら　九州沿海図第4　4-206
田浦村　たのうらむら　九州沿海図第16　4-259
田野浦村太刀浦　たのうらむらたちうら　第178号　4-12
田浦村波多島　たのうらむらはたとう　第200号　4-116
田浦村濵町　たのうらむらはままち　第200号　4-116
田浦村宮ノ浦　たのうらむらみやのうら　第200号　4-115, 4-116, 4-118
田ノ頭太郎丸　たのかしらたろうまる　第190号　4-76
田ノ頭米山　たのかしらよねやま　第190号　4-76
田ノ上村　たのかみむら　第118号　3-16, 3-18, 5-166
田ノ上村枝新月　たのかみむらえだしんげつ　第118号　3-16, 3-18
田ノ川　たのかわ　第164号　3-230
田野河内　たのかわち　九州沿海図第16　4-258, 4-260
田口村　たのくちむら　第136号　3-109
田之口村☆　たのくちむら　第151号　3-178, 3-180, 5-194, 5-307
田ノ口村　たのくちむら　第175号　3-287
田野口村濵脇村入會〔濵脇村田ノ口村入曾、田ノ口〕　たのぐちむらはまわきむらいりあい　第181号　4-29, 4-31, 5-227, 5-312
田野口村濵脇村入會（御料）　たのぐちむらはまわきむらいりあい　九州沿海図第3　4-203
田首　たのくび　第177号　3-299
田首　たのくび　第178号　4-13
田首　たのくび　九州沿海図第1　4-191
田野倉村〔田倉〕　たのくらむら　第97号　2-121, 5-126, 5-291
田之子島〔田之子シマ、田ノ子島〕　たのこしま　第206号　4-150, 5-242, 5-243, 5-321
田子嶋〔田子シマ〕　たのこじま　第202号　4-128, 5-237
田子島　たのこじま　長崎〔参考図〕　4-129, 4-131
田澤村〔田沢村、田野沢〕　たのさわむら　第59号　1-202, 5-83, 5-281
田ノ島　たのしま　第168号　3-247, 5-214
多野田村　たのだむら　第130号　3-74, 5-167, 5-301
多野田村南側　たのだむらみなみがわ　第130号　3-74
田野畑村☆　たのはたむら　第46号　1-155, 5-70, 5-282
田ノ原　たのはら　第173号　3-273
田ノ原迫　たのはらさこ　第166号　3-239
駄原村　だのはるむた　九州沿海図第3　4-202
駄原村　だのはるむら　第181号　4-29, 4-31, 5-227, 5-312
田野妙見山　たのみょうけんざん　第198号　5-246
タノムセ〔タノムセ〕　たのむせ　第206号　4-148, 4-149, 5-242, 5-243
田野村　たのむら　第127号　3-57, 3-59
田野村　たのむら　第141号　3-128
田野村〔田野〕　たのむら　第186号　4-55, 5-223, 5-313
田野村〔田野〕　たのむら　第189号　4-73, 5-234, 5-238, 5-241, 5-313
田野村髙串浦　たのむらたかくしうら　第189号　4-73
田面神社　たのもじんじゃ　第155号　3-192, 5-189, 5-190
田ノ脇 現和　たのわきげんな　第213号　4-180
タバキ　第17号　1-53, 1-55, 5-42, 5-275
田畑村　たばたけむら　第143号　3-136
田畑村　たばたむら　第83号　2-58, 5-140
田端村　たばたむら　第93号　2-103
田畑村　たばたむら　第108号　2-165, 5-150, 5-296
田羽根村　たばねむら　第150号　3-172, 5-189, 5-305
田羽根村古屋　たばねむらふるや　第150号　3-172
田原（三宅居城）☆　たはら　第116号　2-205, 5-162
田原　たはら　第167号　3-242, 3-244, 5-211, 5-213
田原　たはら　第173号　3-274, 3-276
田原滝　たはらのたき　第97号　2-121
田原村　たばらむら　第178号　4-17
田原村井尻　たばらむらいじり　第178号　4-17
田原　たばる　九州沿海図第21　4-280
タハルシヘツ川　第30号　1-102, 5-46
田原村　たばるむら　第193号　4-85, 4-86, 5-223, 5-315
田原村　たばるむら　第194号　4-88, 5-229, 3-314
田原村宿　たばるむらしく　第193号　4-85, 4-86
田光村　たびかむら　第129号　3-67
多比村　たびむら　第101号　2-141, 2-143, 5-128, 5-291, 5-298
田平　たひら　九州沿海図第18　4-265
田平村　たびらむら　第182号　4-35, 5-227, 5-312, 5-314
田平村〔田平〕　たびらむら　第204号　4-140, 4-142, 5-235, 5-313, 5-321
田平村　たびらむら　九州沿海図第21　4-279
田平村生向浦　たびらむらいけむけうら　第204号　4-140, 4-142
田平村枝小髙野村〔小高野〕　たびらむらえだこだかのむら　第182号　4-35, 4-36, 5-227
田平村枝小髙野村　たびらむらえだこだかのむら　九州沿海図第21　4-279
田平村枝下寺村　たびらむらえだしもでらむら　第204号　4-140, 4-142
田平村大塔平　たびらむらおおとうびら　第204号　4-140, 4-142
田平村梶浦　たびらむらかじうら　第204号　4-140, 4-142
田平村小手田　たびらむらこてだ　第204号　4-140, 4-142
田平村米ノ内　たびらむらこめのうち　第204号　4-

140, 4-142
田深村　たぶかむら　第179号　4-20, 4-22, 5-224, 5-312
田深村　たぶかむら　九州沿海図第3　4-204
田深村北江　たぶかむらきたえ　第179号　4-20, 4-22
タフカルチクニ　第18号　1-59, 5-43
タフコフ〔タフコツ〕　第28号　1-92, 1-94, 5-50, 5-278
タプコプ　第30号　1-101, 5-46, 5-52
田伏村（松平日向守領分）　たぶせむら　第80号　2-47, 2-49, 5-138, 5-294
多武除　たぶのき　九州沿海図第16　4-256, 4-258
田振村　たぶりむら　第115号　2-195, 5-158
田部市　たべいち　第177号　3-296
田部峠　たべとうげ　第177号　3-296
田部村　たべむら　第121号　3-30, 5-157, 5-297, 5-300
田部村　たべむら　第134号　3-95, 3-97, 5-176, 5-177
田部村（長府領）　たべむら　第177号　3-296, 5-220, 5-312
田部村上田部　たべむらかみたべ　第177号　3-296
玉井　たまい　九州沿海図第4　4-206
玉井川　たまいがわ　第202号　4-124
玉石嵜　たまいしざき　第206号　4-146
玉垣村　たまがきむら　第129号　3-69, 5-163, 5-299
玉ケ瀬村　たまがせむら　第115号　2-195, 5-158, 5-297
玉川　たまがわ　第63号　1-216, 5-283
玉川　たまがわ　第90号　2-87, 5-120, 5-123
玉川　たまがわ　第90号　2-89, 5-120, 5-123
玉川　たまがわ　第90号　2-88, 2-90, 5-120, 5-123, 5-291
玉川浦　たまがわうら　第120号　3-27, 5-172, 5-300
玉川村　たまがわむら　第45号　1-152, 5-68, 5-280
玉河村　たまがわむら　第75号　2-22, 2-24, 5-99, 5-287
玉木村　たまきむら　第128号　3-62, 5-180
玉木村　たまきむら　第179号　5-224
手枕松　たまくらのまつ　第137号　3-114
多摩郡　たまぐん　第90号　2-85, 2-87, 2-89, 2-90, 2-91, 5-120, 5-123, 5-291
玉子シマ　たまごじま　第189号　4-71, 4-73, 5-234, 5-238, 5-241
玉子シマ　たまごじま　第201号　4-121
玉坂村　たまさかむら　第133号　3-93, 5-178
玉シマ　たましま　第159号　3-206, 3-208
玉島川　たましまがわ　第189号　4-70, 4-72, 5-234, 5-238, 5-241
玉島村⚓　たましまむら　第151号　3-178, 5-195, 5-307
玉島村上成　たましまむらうわなり　第151号　3-178
田舛　たます　九州沿海図第21　4-281
玉角島　たますみじま　第183号　4-39, 4-41
玉角嶋　たますみじま　九州沿海図第5　4-213
玉田村（御料所）　たまだむら　第57号　1-198, 5-108, 5-290
玉田村　たまだむら　第141号　3-128, 3-130
田町川　たまちがわ　第202号　4-123
玉造八幡　たまつくりはちまん　第162号　3-218
玉造村　たまつくりむら　第162号　3-218, 5-190, 5-204
玉造村湯村　たまつくりむらゆむら　第162号　3-218
玉造湯神社　たまつくりゆじんじゃ　第162号　3-218, 5-190, 5-204
玉調浦　たまづけうら　第192号　4-81, 4-82
玉島　たまつしま　第157号　3-200
玉津島社　たまつしましゃ　第138号　3-120, 5-303, 5-306
玉津志山　たまつしやま　第147号　5-187
玉手村　たまてむら　第141号　3-130
玉名郡　たまなぐん　第193号　4-85, 4-86, 4-87, 5-233, 5-313, 5-315
玉名郡　たまなぐん　九州沿海図第18　4-266, 4-268, 4-269
玉井村（長田六左衛門、阿部新右衛門、數原宗得、戸田數馬知行所）　たまのいむら　第88号　2-77, 5-118
玉ノ井村　たまのいむら　第133号　3-91
玉井村茶屋　たまのいむらちゃや　第88号　2-77
玉之浦⚓　たまのうら　第207号　4-151, 4-155, 5-243, 5-321
玉之浦荒川村☆〔荒川〕　たまのうらあらかわむら　第207号　4-151, 4-155, 5-243, 5-321
玉之浦井持浦　たまのうらいじうら　第207号　4-155
玉之浦枝大寶村☆〔玉之浦枝大宝村☆、大寶〕　たまのうらえだだいほうむら　第207号　4-155, 5-243, 5-321
玉之浦嶋山島　たまのうらしまやまじま　第207号　4-151, 4-155, 5-321
玉之江村☆　たまのえむら　第158号　3-205, 5-197
玉前新田（御料所、榊原末次郎知行所）　たままえしんでん　第89号　2-82, 5-122, 5-290
玉虫　たまむし　九州沿海図第2　4-197
玉虫　たまむし　九州沿海図第3　4-197, 4-201
玉村　たまむら　第118号　5-297, 5-300
玉村　たまむら　第145号　3-155, 5-194, 5-307
玉村　たまむら　第151号　3-177
田万村　たまむら　第174号　3-278, 5-216
湛水　たまりみず　九州沿海図第21　4-281
田万里村☆　たまりむら　第164号　5-210, 5-308
田丸村　たまるむら　第173号　3-273, 5-216
田道幸浦　たみちさきうら　第191号　5-238, 5-241
田向　たむかい　九州沿海図第19　4-272
田迎村　たむかえむら　第193号　4-85, 5-232
田麦村　たむぎむら　第81号　2-50
田麦山　たむぎやま　第81号　2-50
田村（高井但馬守、大久保筑後頭、間部主殿頭、竹尾善助、細井金之亟、渥美九郎兵エ、石川大三郎、鵜殿熊太郎知行所）☆　たむら　第93号　2-103, 5-126, 5-291
田村　たむら　第101号　2-141
田村　たむら　第125号　3-48, 5-166, 5-297, 5-300
田村　たむら　第134号　3-95, 3-97, 5-176, 5-177
田村　たむら　第137号　3-112, 5-178
田村　たむら　第187号　4-61, 4-63, 5-223, 5-313
田村　たむら　第192号　4-81, 5-239, 5-240, 5-241
田村浦　たむらうら　第139号　3-121, 5-186, 5-303, 5-306
田村枝横内〔田村〕　たむらえだよこうち　第99号　2-128, 5-126, 5-291
田村貞島☆　たむらさだしま　第187号　4-61, 4-63
田村明神　たむらみょうじん　第129号　3-72
溜池　ためいけ　第90号　5-120
爲石村☆　ためいしむら　第202号　4-128, 5-236, 5-315
爲石村　ためいしむら　長崎〔参考図〕　4-129, 4-131
試阪　ためしざか　第133号　3-90
為本村　ためもとむら　第144号　3-144
タモイ　第12号　1-40, 5-36, 5-269, 5-273
田籾村　たもみむら　第115号　2-196, 5-159, 5-297
田山　たやま　第134号　3-94
多屋村　たやむら　第115号　2-199, 5-163, 5-299
田結川　たゆいがわ　第202号　4-125, 4-126
田結村　たゆいむら　第202号　4-125, 4-126, 5-236, 5-315
田結村川下　たゆいむらかわしも　第202号　4-125, 4-126
大夫崎村（三枝修理知行所）〔太夫崎村〕　たゆうざきむら　第92号　2-98, 5-124
大夫濱〔太大濱〕　たゆうはま　第73号　2-16, 5-95, 5-98, 5-287
田吉村　たよしむら　第185号　4-52, 5-246, 5-314, 5-316
田吉村津屋原（飫肥領）　たよしむらつやばる　九州沿海図第8　4-233
田頼川　たよりがわ　第155号　3-191, 3-193
田良　たら　九州沿海図第10　4-236
タライキリシ　第21号　1-68, 1-69, 5-46, 5-279
多良木村　たらぎむら　第197号　4-101, 5-245, 3-314
多良木村村里　たらぎむらさと　第197号　4-101
タラクル　第6号　1-23, 1-25, 5-26, 5-270
田良嵜　たらざき　九州沿海図第10　4-236
タラシマ　たらしま　第84号　2-62, 2-64
太良島　たらしま　第170号　5-201
太良島　たらじま　第171号　5-311
多良嶽（惣名）〔多良岳、多良山〕　たらだけ　第201号　4-120, 5-236, 5-313, 5-315
陀羅尼新田　だらにしんでん　第80号　2-45, 5-138, 5-287
タラノ坂　たらのさか　第105号　2-154
田良崎　たらみさき　第209号　5-249, 5-261
多良村上原郷〔多良〕　たらむらうわはらごう　第118号　3-19, 3-21, 5-297, 5-300
多良村鍛冶屋郷〔多良村〕　たらむらかじやごう　第118号　3-19, 3-21, 5-166
多良村小山瀬郷　たらむらこやませごう　第118号　3-19, 3-21
多良村二十四ケ郷入會　たらむらにじゅうよんかごういりあい　第118号　3-19, 3-21
多良村延坂郷　たらむらのべさかごう　第118号　3-19, 3-21
多良村宮郷　たらむらみやごう　第118号　3-19, 3-21
タリ門山　たりかどやま　第202号　4-127
垂井○　たるい　第118号　3-17, 3-19, 5-166, 5-297, 5-300
垂井宿一里山　たるいじゅくいちりやま　第118号　3-17, 3-19
樽井村　たるいむら　第138号　3-117, 5-179, 6-306
タルカルシナイ川〔タツカルシナイ川〕　第5号　1-18, 5-17, 5-270
樽濱　たるのはま　第192号　4-81, 4-82
棚林島　たるはやしじま　第164号　3-228, 5-210
タルマイ山　第28号　1-93, 1-95, 5-51, 5-278
達磨寺　だるまじ　第135号　3-100
垂水浦　たるみうら　第157号　5-210
滴水村　たるみずむら　第193号　4-85, 4-86, 5-315
垂水村　たるみずむら　第209号　4-164, 5-247, 5-261, 5-316
垂水村　たるみずむら　九州沿海図第10　4-234
滴水村　たるみずむら　九州沿海図第18　4-266
滴水村植木○☆　たるみずむらうえき　第193号　4-85, 4-86, 5-232
垂水村中俣　たるみずむらなかまた　第209号　4-164
タルミ瀬　たるみせ　第177号　3-299, 5-220
タルミ鼻　たるみはな　第161号　3-216, 3-217
樽水村　たるみむら　第116号　2-207, 5-163, 5-299

樽水村　たるみむら　第125号　3-48, 5-166
垂水村　たるみむら　第130号　3-74, 5-163, 5-301
垂水村（御料所、保科能登守領分、竹中鎌吉知行所）　たるみむら　第135号　3-101
足見村　たるみむら　第150号　3-175
垂水村　たるみむら　第152号　3-182, 5-194
垂水村　たるみむら　第179号　4-19, 5-225
垂見村〔垂見〕　たるみむら　第188号　4-68, 5-231, 5-313
垂水村　たるみむら　九州沿海図第2　4-195
垂水村落合町〔垂水村、垂水〕　たるみむらおちあいまち　第150号　3-174, 5-192, 5-305, 5-307
垂門川　たれかどがわ　第185号　4-48, 5-244
タレト濵　たれどはま　第105号　2-154
太郎島　たろうじま　第196号　4-98
太郎島　たろうじま　第207号　4-154, 5-243, 5-321
太郎代濵☆〔太郎代〕　たろうだいはま　第73号　2-16, 5-95, 5-287
太郎津山　たろうづやま　第172号　3-268
太郎丸川　たろうまるがわ　第187号　4-61
太郎丸村（猪子佐太夫知行所）　たろうまるむら　第88号　2-77
太郎丸村　たろうまるむら　第187号　4-56, 5-222, 5-312
太郎丸村天道　たろうまるむらてんとう　第187号　4-56
田老村　たろうむら　第46号　1-156, 5-70, 5-282
太郎助村（西尾隠岐守領分）　たろすけむら　第111号　2-179, 5-160
太郎太夫村　たろだゆうむら　第136号　3-111, 5-182
太郎太夫村今郷市場　たろだゆうむらいまごういちば　第136号　3-111, 5-182
太郎兵エ新田　たろべえしんでん　第90号　2-84, 5-120, 5-123
タハミセ　たわみせ　第207号　4-151, 4-155
多和山峠　たわやまとうげ　第151号　5-193
田原上村　たわらかみむら　第144号　3-146
俵シマ　たわらじま　第154号　3-189, 5-191
俵嶋　たわらじま　第177号　3-294
田原島〔田原シマ〕　たわらじま　第204号　4-140, 4-142, 5-235
田原下村　たわらしもむら　第144号　3-146
俵津浦　たわらづうら　第171号　3-264, 5-201, 5-311
俵津浦枝大浦　たわらづうらえだおおうら　第171号　3-264
俵津浦枝新田浦　たわらづうらえだしんでんうら　第171号　3-264
俵野村　たわらのむら　第123号　3-39
俵ハエ　たわらはえ　第171号　3-264
田原村（米倉頼母知行所）　たわらむら　第99号　2-128, 5-126, 5-291
田原村　たわらむら　第108号　2-163, 2-165
俵原村　たわらむら　第143号　3-136, 5-188
田原村金山　たわらむらかなやま　第99号　2-128
田原村蔵ケ谷戸　たわらむらぞうがやと　第99号　2-128
田原村水上　たわらむらみずかみ　第99号　2-128
田原村谷戸　たわらむらやと　第99号　2-128
田原山　たわらやま　第126号　5-174
俵山　たわらやま　第193号　4-83, 4-84
俵山村枝小野村〔俵山〕　たわらやまむらえだおのむら　第176号　3-289, 3-291, 5-309
俵山村枝小目谷村　たわらやまむらえだおもくだにむら　第176号　3-289, 3-291
俵山村枝金ケ口村　たわらやまむらえだかねのくちむら　第176号　3-289, 3-291
俵山村枝上正村　たわらやまむらえだかんまさむら　第176号　3-289, 3-291
俵山村枝黒川村　たわらやまむらえだくろかわむら　第176号　3-289, 3-291
俵山村枝小原村　たわらやまむらえだこばらむら　第176号　3-289
俵山村枝西山八幡臺　たわらやまむらえだにしやまやはただい　第176号　3-289, 3-291
俵山村湯町〔俵山村、俵山〕　たわらやまむらゆまち　第176号　3-289, 3-291, 5-220, 5-312
田原竜王山　たわらりゅうおう　第108号　2-163, 2-165
丹賀浦☆　たんがうら　第183号　4-40, 5-226, 5-228, 5-311
丹賀浦☆　たんがうら　九州沿海図第5　4-211
男鹿島（家島屬）　たんがしま（いえしまぞく）　第141号　3-127, 5-185, 5-306
丹後郷新田　たんごごうしんでん　第115号　2-197, 2-199, 5-159
團子島　だんごじま　第143号　3-135, 5-188
團子シマ　だんごじま　第190号　4-76
タンゴ子　たんごね　第101号　2-142
丹後國〔丹後〕　たんごのくに　第122号　3-34, 3-35, 3-36, 3-37, 5-180, 5-304
丹後國〔丹後〕　たんごのくに　第123号　3-41, 5-180, 5-304
丹後國〔丹後〕　たんごのくに　第124号　3-42, 5-180, 5-304
丹後國〔丹後〕　たんごのくに　第127号　3-56, 3-57, 5-180, 5-304
丹後山〔タンゴ山〕　たんごやま　第103号　2-149, 5-132, 5-133
叚子川村　たんじかわむら　第111号　2-180, 5-161, 5-299
團島　だんじま　第145号　3-149
丹治村　たんじむら　第134号　3-98, 5-177
丹生川村　たんじょうがわむら　第201号　4-120, 5-234, 5-315
丹生川村枝俵坂　たんじょうがわむらえだたわらざか　第201号　4-120
丹生川山　たんじょうがわやま　第201号　4-120
丹生山　たんじょうさん　第137号　3-113, 5-182
誕生寺　たんじょうじ　第144号　3-145, 5-192, 5-307
誕生山　たんじょうやま　第113号　2-189, 5-156
タンス岩〔タンスイワ〕　第34号　1-119, 5-57, 5-279
丹瀬〔丹セ〕　たんぜ　第206号　4-146, 4-148, 5-242
タンタカコトヌイ　第22号　1-71, 1-72, 5-27, 5-270
タンテシナイ〔メンテシナイ〕　第21号　1-67, 1-68, 5-45, 5-275
タントウサキ　たんとうざき　第192号　5-239, 5-240, 5-241
丹藤村　たんとうむら　第49号　1-168, 5-71, 5-74, 5-282
丹藤村雪浦　たんとうむらゆきうら　第49号　1-168
段戸川　だんどがわ　第110号　2-175
反所村（太田摂津守領分、鍋島雄之助知行所）　たんどころむら　第111号　2-179, 5-160
タントシナイ　第17号　1-52, 5-42, 5-274
叚土村　たんどむら　九州沿海図第10　4-233
叚土村浦町☆〔叚土村、叚土〕　たんどむらうらまち　第209号　4-162, 5-247, 5-261, 5-315, 5-316
叚土村枝加治木村〔叚土〕　たんどむらかじきむら　第209号　4-162, 5-315
丹那村　たんなむら　第101号　2-140
タン子カバルシ　たんねかばるし　第20号　1-65, 1-66
タン子カハルシモイ　たんねかはるしもい　第20号　1-63, 5-44, 5-275
タン子シラ丶　第7号　1-28, 5-21, 5-271
タン子シラ丶　第15号　1-47
タン子トー湖〔タン子トー〕　第12号　1-41, 5-36, 5-269, 5-273
タン子ニナラ　たんねになら　第30号　1-103, 5-46, 5-279
段上村　だんのうえむら　第136号　3-106, 5-178
段上村　だんのうえむら　第141号　3-129
檀浦　だんのうら　第157号　5-210
檀浦　だんのうら　九州沿海図第1　4-189
壇ノ浦石場　だんのうらいしば　第146号　3-157, 3-158
丹之川　たんのがわ　第201号　5-313
タンノ鼻　だんのばな　第122号　3-34, 3-36
淡輪村　たんのわむら　第138号　3-118, 5-184, 6-306
丹波市村　たんばいちむら　第134号　3-95, 3-97, 5-176, 5-177, 5-301
丹波島（真田弾正大弼）○　たんばじま　第81号　2-53, 5-146, 5-294
タンハシラ　たんはしら　第103号　2-149
丹波国〔丹波〕　たんばのくに　第126号　3-54, 5-175
丹波國〔丹波〕　たんばのくに　第127号　3-56, 3-57, 3-60, 5-175, 5-304
丹波國　たんばのくに　第133号　3-88, 3-91, 5-175
丹波國〔丹波〕　たんばのくに　第136号　3-105, 3-108, 5-175
丹波村　たんばむら　第115号　2-195, 5-158
丹波村　たんばむら　第123号　3-38, 5-180, 5-304
丹波村枝櫻内　たんばむらえださくらうち　第123号　3-38
丹原村　たんばらむら　第80号　2-45, 2-46, 5-138, 5-287, 5-294
段原村　だんばらむら　九州沿海図第18　4-264
段原村宇土（細川和泉守在所）○　だんばらむらうと　第195号　4-93, 4-94, 5-233
段村　だんむら　第118号　3-17
段村　だんむら　第141号　3-129
檀持山　だんもちやま　第141号　3-131
叚山　だんやま　第150号　3-175

【ち】

小縣郡　ちいさがたぐん　第95号　2-112, 2-113, 5-146
小縣郡　ちいさがたぐん　第96号　2-114, 2-116, 2-118, 5-146, 5-296
小砂子○　ちいさご　第34号　1-119, 5-57, 5-279
知井宮村　ちいみやむら　第162号　3-219, 3-221, 5-204
知井宮村沖　ちいみやむらおき　第162号　3-221
チウニマイ　第15号　1-47
チウルイ川〔チールイ川〕　第5号　5-19, 5-270
智音寺　ちおんじ　第93号　2-103
近家村　ちかいえむら　第171号　3-266, 5-203
チカイソ　第34号　1-116, 1-118
迫〔近〕江　ちかえ　第175号　3-286
近岡村　ちかおかむら　第115号　2-195, 5-158, 5-297
近岡村追分　ちかおかむらおいわけ　第115号　2-195
チカ嵜　ちかざき　第121号　3-33
値賀﨑〔チカザキ〕　ちかざき　第189号　4-71, 4-73, 5-234, 5-238, 5-241

千賀﨑　ちがさき　第102号　2-145, 5-128, 5-132
茅ケ﨑村（御料所）　ちがさきむら　第93号　2-103, 5-123, 5-125, 5-291
茅ケ﨑村南湖　ちがさきむらなんご　第93号　2-103, 5-123, 5-125, 5-126
近島　ちかじま　第212号　4-177, 5-253, 5-261, 5-315, 5-317
近嶋　ちかじま　九州沿海図第15　4-254
近田村　ちかだむら　第156号　3-196, 5-193, 5-208, 5-307
チカツノツ〔チカフノツ〕　第9号　1-32, 5-25, 5-272
チカツノツ岬　第9号　5-25
チカツフカルシ　第12号　1-41, 5-36, 5-269, 5-273
チカツフナイ　第2号　1-13, 5-16, 5-268, 5-270
チカツフナイワタラ　第2号　1-13, 5-16
近長村　ちかながむら　第144号　3-144
近似村大瀬　ちかのりむらおおせ　第151号　3-177
チカフシウシ　第20号　1-65, 5-45, 5-275
チカフトムシ　第10号　1-35, 5-34, 5-272
チカベワキ川　第7号　1-26, 5-20, 5-270
近見村　ちかみむら　第195号　4-93, 5-232, 5-315
近見村　ちかみむら　九州沿海図第18　4-266
チカヨツフ川　第23号　5-271
チカヨフ〔チカヨツフ〕　第23号　1-75, 5-271, 5-276
力﨑〔カサキ〕　ちからざき　第207号　4-155, 5-243
近平村　ちからむら　第141号　3-128
チカルシナイ　第16号　1-50, 5-39, 5-273, 5-274
千木良村　ちぎらむら　第97号　2-120, 5-121, 5-291
千木良村中峠〔千木良村〕　ちぎらむらなかとうげ　第90号　2-89, 2-91, 5-121
千木良村橋場　ちぎらむらはしば　第97号　2-120
千木良山　ちぎらやま　第90号　2-91
契島　ちぎりしま　第171号　3-265, 3-267, 5-203, 5-311
千切シマ　ちぎりしま　第189号　4-74
千切島〔千切シマ〕　ちぎれじま　第192号　4-81, 5-239, 5-240, 5-241
築鑵シマ　ちくかんじま　第201号　4-121
筑後川　ちくごがわ　第188号　4-67, 4-69, 5-313
筑後川　ちくごがわ　第188号　4-65
筑後國　ちくごのくに　第180号　4-27, 5-312
筑後國　ちくごのくに　第187号　4-59, 4-62
筑後國　ちくごのくに　第188号　4-65, 4-66, 4-69
筑後国　ちくごのくに　第193号　4-87
筑後國　ちくごのくに　九州沿海図第18　4-269
千草岩　ちくさいわ　第186号　4-55
千種川〔チグサ川〕　ちくさがわ　第144号　3-142, 5-183, 5-306
千草村　ちくさむら　第129号　3-67, 5-166, 5-297, 5-299, 5-301
千草村枝福松　ちくさむらえだふくまつ　第129号　3-67
千草村岡　ちくさむらおか　第129号　3-67
千草村奥郷　ちくさむらおくごう　第129号　3-67
チクシコイ　第22号　1-71, 1-72, 5-27
筑紫村　ちくしむら　第187号　4-59, 5-223, 5-231, 5-313
筑前國　ちくぜんのくに　第178号　4-13, 4-15
筑前國　ちくぜんのくに　第180号　4-25, 4-27
筑前國　ちくぜんのくに　第187号　4-56, 4-59, 4-62, 4-63
筑前國　ちくぜんのくに　第189号　4-70, 4-72
筑前國　ちくぜんのくに　九州沿海図第1　4-191
チクナイ川　第33号　1-114, 5-47
竹生島　ちくぶじま　第84号　2-62, 2-64
竹生島（神領）　ちくぶじま　第121号　3-31, 5-157, 5-174, 5-297
千曲川　ちくまがわ　第81号　2-50, 2-53, 5-138, 5-146, 5-294
千曲川　ちくまがわ　第95号　2-112, 2-113
筑摩郡　ちくまぐん　第81号　2-53, 5-152
筑摩郡　ちくまぐん　第96号　2-119, 5-152, 5-296
筑摩郡　ちくまぐん　第109号　2-167, 5-152, 5-154, 5-296
筑摩郡　ちくまぐん　第110号　2-173, 5-152, 5-296
竹間澤村（松平大和守領分）　ちくまざわむら　第88号　2-78, 5-120, 5-291
筑摩村　ちくまむら　第125号　3-48, 5-166, 5-297, 5-300
竹万村　ちくまむら　第144号　3-142
竹万村山田　ちくまむらやまだ　第144号　3-142
千酌村　ちくみむら　第155号　3-191, 5-190, 5-305
竹矢村　ちくやむら　第155号　3-191, 3-193, 5-190
竹矢村大門　ちくやむらだいもん　第155号　3-191, 3-193
千倉村　ちくらむら　第118号　3-20
竹林院　ちくりんいん　第134号　3-98
チケレフ島〔チケレフシマ〕　第29号　1-99, 5-52
知見岳　ちけんだけ　第190号　4-77
知古村　ちこむら　第186号　4-54
地嵜　ちざき　第189号　4-74
千﨑〔千サキ〕　ちざき　第192号　4-81, 5-239, 5-240, 5-241
千﨑村　ちざきむら　第86号　2-71, 5-145
千﨑村　ちざきむら　第176号　3-293, 5-219, 5-220, 5-312
知識村　ちしきむら　第208号　4-160, 5-251, 5-315
知識村　ちしきむら　九州沿海図第13　4-250
知識村江内　ちしきむらえうち　第208号　4-161
知識村枝脇本村☆　ちしきむらえだわきもとむら　九州沿海図第13　4-251
知識村名護浦　ちしきむらなごうら　第208号　4-160
知識村西目 黒☆〔知識村西目〕　ちしきむらにしめくろ　第208号　4-161, 5-251
知識村西目 小漉　ちしきむらにしめこすき　第208号　4-161
知識村西目 八郷　ちしきむらにしめはちごう　第208号　4-161
知識村福之江濵　ちしきむらふくのえはま　第208号　4-160
知識村脇本村☆〔脇本〕　ちしきむらわきもとむら　第208号　4-161, 5-251, 5-315
チシ子ヌタプ　ちしねぬたぷ　第18号　1-59, 5-43
千島　ちしま　第121号　3-33, 5-172
千島〔千シマ〕　ちしま　第183号　4-39, 5-226
千島新田　ちしましんでん　第135号　3-101, 5-178
千島村　ちじまむら　第112号　2-183, 2-184, 5-153, 5-297
獅子村　ちしむら　第123号　3-40, 5-173
チシヤ　第12号　1-40
チシヤ岩　第16号　1-50, 5-39, 5-273
智積村　ちしゃくむら　第129号　3-67, 5-166, 5-299, 5-301
知生峠　ちしょうとうげ　第110号　5-158
智頭郡　ちずぐん　第128号　3-65, 5-188
智頭郡　ちずぐん　第143号　3-135, 3-137, 3-138, 5-305
知頭宿○☆　ちずしゅく　第143号　3-137, 3-138, 5-181, 5-183, 5-304
智頭山　ちずやま　第128号　3-65
知世浦山　ちせいほさん　第192号　5-241
チセシヨシベ　第17号　1-55, 5-42, 5-275
チセシリマイ　第21号　1-67, 1-68
チセトコマナイ　第10号　1-35, 5-34, 5-272
チセトマイ○　第12号　5-36, 5-269, 5-273
チセトマリ　第33号　1-114, 5-47
知多郡　ちたぐん　第115号　2-196, 2-197, 2-198, 2-199, 5-159
知多郡　ちたぐん　第116号　2-201, 2-207, 5-159, 5-299
千田村　ちだむら　第193号　4-85, 4-86, 5-232, 5-312, 5-315
千田村　ちだむら　九州沿海図第18　4-268
千田村高田浦〔千田村、千田〕　ちだむらたかだうら　第139号　3-121, 5-186, 5-303, 5-306
千田村廣町　ちだむらひろまち　第193号　4-85, 4-86
千田山　ちだやま　第185号　4-48, 4-50
知々井岬　ちちいみさき　第154号　5-191
知々井村☆　ちちいむら　第154号　3-188, 5-191, 5-305
知々井村保々美　ちちいむらほぼみ　第154号　3-188
千々賀村〔千々賀〕　ちちかむら　第189号　4-72, 5-234, 5-241, 5-313
千々賀村卯ノ木　ちちかむらうのき　第189号　4-72
父原村　ちちばらむら　第155号　3-192, 5-189
秩父郡　ちちぶぐん　第94号　2-106, 2-108, 5-121, 5-291
秩父神社　ちちぶじんじゃ　第94号　2-109
千々石村小倉名〔千々石〕　ちぢわむらおぐらみょう　第202号　4-124, 5-315
千々石村木場名〔千々石村、千々石〕　ちぢわむらこばみょう　第202号　4-123, 4-124, 5-236, 5-315
千々石村下峯名〔千々石〕　ちぢわむらしもみねみょう　第202号　4-124, 5-315
千々石村野田名〔千々石〕　ちぢわむらのだみょう　第202号　4-124, 5-315
千々石村舩津名〔千々石〕　ちぢわむらふなつみょう　第202号　4-124, 5-315
チツフルイカ　第27号　1-88, 5-49, 5-277
チトカヌシ　第2号　1-13, 5-16, 5-268, 5-270
チトキ　第21号　1-69, 5-46, 5-279
千年川○〔千歳川〕　ちとせがわ　第28号　1-92, 5-50, 5-278
千年川　ちとせがわ　第180号　5-230
千歳村　ちとせむら　第122号　3-37, 5-173, 5-304
千年山　ちとせやま　第133号　3-90
千虎村○　ちとらむら　第113号　2-189, 5-155, 5-156, 5-297
チドリシマ　ちどりしま　第201号　4-121
千鳥シマ　ちどりじま　第132号　3-85, 1-170
千鳥シマ　ちどりじま　第192号　4-80
チトリシマ　ちどりじま　第192号　4-81
千鳥シマ　ちどりじま　第192号　4-81
千トリシマ　ちどりじま　第192号　4-81, 4-82
千鳥シマ　ちどりじま　第192号　4-81, 4-82
千鳥島　ちどりじま　第204号　4-140
千鳥セ　ちどりせ　第192号　4-82
千鳥セ　ちどりせ　第202号　4-127, 4-128
千鳥瀬　ちどりせ　第204号　4-140
千鳥瀬　ちどりせ　第204号　4-141
千鳥瀬　ちどりせ　長崎〔参考図〕　4-131, 4-133
チトリセ（總名綱島）　ちどりせ（そうみょうつなしま）　第192号　4-81
千鳥濵　ちどりはま　第131号　3-79, 3-80
智内村　ちないむら　第121号　3-31, 3-32, 5-174
千怒﨑　ちぬざき　第183号　4-39
千奴嵜　ちぬざき　第183号　4-39
千怒﨑　ちぬざき　九州沿海図第4　4-208, 4-211

千怒村　ちぬむら　九州沿海図第4　4-208, 4-211
地市目〔市メ〕　ちのいちめ　第155号　3-190, 5-189, 5-190
千浦村　ちのうらむら　第84号　2-63, 2-65, 5-143, 5-295
地御前　ちのごぜん　第155号　3-190, 5-189, 5-190, 5-305
乳之﨑　ちのさき　第149号　3-164, 3-165, 5-198, 5-303
チノ﨑　ちのざき　第103号　2-149
地ノ島　ちのしま　第170号　3-261, 5-201
知伊神社　ちのじんじゃ　第162号　3-219, 3-221, 5-204
地瀬〔地セ〕　ちのせ　第183号　4-38, 4-40, 5-226, 5-228, 5-311
地瀬　ちのせ　九州沿海図第5　4-211
地鼻　ちのはな　第159号　3-207
茅野村　ちのむら　第96号　2-118, 5-150
千野村　ちのむら　第115号　2-195, 5-158, 5-297
茅野村西茅野　ちのむらにしちの　第96号　2-118
千葉郡　ちばぐん　第89号　2-81, 2-83, 5-122, 5-290
千葉新田　ちばしんでん　第89号　2-81, 2-82, 2-83, 5-111, 5-122
チバトイ　第20号　1-64, 5-45
チハトイ〔チバトイ〕　第20号　1-63, 5-44, 5-275
チバトイ　第20号　1-63, 5-44, 5-275
チバトイ　第21号　1-68, 5-46
千原﨑〔千原﨑村〕　ちはらざき　第83号　2-58, 5-140
茅原村　ちはらむら　第134号　3-97, 5-177
千原村　ちはらむら　第141号　3-128
千原村　ちはらむら　第166号　3-234, 5-209, 5-308
地原村　ちはらむら　第174号　3-278, 5-216, 5-309
地原村岩瀬　ちはらむらいわせ　第174号　3-278
千原村（高卒都婆）　ちはらむら（たかそとば）　第133号　3-91, 5-175, 5-300, 5-301
千尋濵　ちひろはま　第117号　3-13
チフカイ岬　第20号　1-65, 1-66, 5-45, 5-275
チフカルシ　第6号　1-23, 5-26, 5-270
チフカルシ　第8号　1-30, 5-24, 5-271
チフカルベツ○　第2号　1-13, 5-16, 5-268, 5-270
チフクシホンベツ川　第28号　1-91, 1-92
チフタシベツ川　第4号　1-17, 5-17, 5-270
チフタベレケ川　第33号　1-113, 5-47, 5-279
チフタラシナイ〔チフタ〕　第29号　1-99, 5-52, 5-278
チフトマリ〔チプトマリ川〕　第3号　1-14, 5-18, 5-268, 5-270
チフトマリ　第7号　1-26, 5-20, 5-270
チフラフシトー　第24号　1-79, 5-32, 5-276
知夫里郡　ちぶりぐん　第154号　3-189, 5-191, 5-305
知夫里島　ちぶりじま　第154号　3-189, 5-191, 5-305
チフリ島（小海村屬）〔千振島〕　ちぶりじま（おみむらぞく）　第145号　3-151, 3-154, 5-194, 5-307
知夫里村⛫　ちぶりむら　第154号　3-189, 5-191, 5-305
チホヤンベツ　第3号　5-18
チマイカルー　第3号　1-16, 5-18, 5-268, 5-270
チマイベツ　第30号　1-104, 5-52, 5-278
千股口　ちまたぐち　第134号　3-98, 5-301
千股村　ちまたむら　第134号　3-98, 5-177, 5-301
千股山　ちまたやま　第134号　3-98, 5-177
地松浦内〔二〕股　ぢまつうらうちふたまた　第183号　4-40
チミフマナイ〔チシヤヲマナイ〕　第12号　1-40, 5-36, 5-269, 5-273
知見村　ちみむら　第124号　3-44, 5-180, 5-181, 5-304
千村（辻勇次郎、鵜殿熊太郎知行所）　ちむら　第99号　2-128, 2-130, 5-126, 5-291
千村沓掛尻　ちむらくつかけじり　第99号　2-128, 2-130
チヤイブツ　第30号　1-103, 5-46, 5-279
茶臼島　ちゃうすじま　第117号　3-15, 5-168
茶臼島　ちゃうすじま　第196号　4-96, 4-98
茶臼シマ　ちゃうすじま　九州沿海図第19　4-275
茶臼森　ちゃうすもり　第159号　3-207
茶臼山　ちゃうすやま　第115号　2-195, 5-158
茶臼山　ちゃうすやま　第116号　2-203, 2-206, 5-162, 5-299
茶臼山　ちゃうすやま　第127号　3-59
茶臼山　ちゃうすやま　第156号　3-194
茶臼山　ちゃうすやま　第167号　3-240
茶木島　ちゃきじま　第192号　4-81, 4-82
チヤク山　ちゃくやま　第194号　4-89, 4-90
チヤシ〔チヤン〕　第30号　1-101, 5-46, 5-52, 5-279
チヤシウシ　第33号　1-114, 5-47, 5-279
チヤシウシナイ　第16号　1-50, 5-39
チヤシコツ　第3号　1-14, 5-18, 5-268, 5-270
チヤシコツ　第20号　1-64, 5-45
チヤシコツ岬　第3号　1-14, 5-18
チヤシコツルウイサン　第7号　1-27, 5-20, 5-271
チヤシヽ　第2号　1-13, 5-16, 5-268, 5-270
チヤシナイ　第20号　1-64, 5-45, 5-275
チヤシボク　第21号　1-69, 5-47
チヤシライ　第21号　1-67, 5-45, 5-275
茶筌山　ちゃせんやま　第154号　3-189
千山　ちやま　第150号　3-175
茶屋市村（榊原式部大輔領分）〔茶屋ケ原村〕　ちゃやいちむら　第80号　2-46, 5-138, 5-287, 5-294
茶屋ケ原　ちゃやがはら　第173号　3-275
茶屋新田　ちゃやしんでん　第87号　2-72, 2-73, 5-109, 5-291
茶屋新田　ちゃやしんでん　第115号　2-197, 5-159
茶屋峠　ちゃやとうげ　第203号　4-135, 5-251
茶屋峠　ちゃやとうげ　九州沿海図第19　4-273
茶屋町村　ちゃやまちむら　第80号　2-45, 2-48, 5-138
チヤヽー岬〔シヤー岬〕　第36号　5-63, 5-281
チヤラセナイ　第20号　1-63, 5-44, 5-275
チヤラセナイ　第21号　1-68, 1-69
チヤラセナイ　第27号　1-89, 5-49, 5-278
チヤラヤフミルイ川　第20号　1-65, 1-66, 5-45, 5-275
中石村　ちゅういしむら　第62号　1-211, 5-87
中興寺　ちゅうこうじ　第143号　3-136, 5-305
中師村　ちゅうしむら　第39号　1-133, 5-67, 5-82, 5-280
中地村　ちゅうじむら　第126号　3-54, 5-175, 5-300, 5-301
中地村平野　ちゅうじむらひらの　第126号　3-54
中條村〔西中條〕　ちゅうじょうむら　第157号　5-195, 5-307
中禪寺　ちゅうぜんじ　第123号　3-39
中禪寺山　ちゅうぜんじやま　第69号　5-107
中禪寺山　ちゅうぜんじやま　第78号　2-38, 5-289
中禅寺山　ちゅうぜんじやま　第166号　3-238
中尊寺　ちゅうそんじ　第51号　1-176
中尊寺村　ちゅうそんじむら　第51号　1-176, 5-77
中臺村　ちゅうだいむら　第126号　3-55, 5-175
中代村内大堀木　ちゅうだいむらうちおおほりき　九州沿海図第20　4-277
中代村大堀木　ちゅうだいむらおおほりき　第193号　4-84, 4-86
中堂寺村　ちゅうどうじむら　第133号　3-87, 3-90, 5-174, 5-176
中徳村　ちゅうとくむら　第188号　4-64, 5-230
忠六小島　ちゅうろくこじま　第204号　4-140
忠六島　ちゅうろくじま　第204号　4-140, 5-235
中呂村　ちゅうろむら　第113号　2-186, 5-153, 5-155
長安寺山　ちょうあんじやま　第127号　3-57
長延寺村　ちょうえんじむら　第123号　3-38, 5-173, 5-304
鳥海山　ちょうかいざん　第64号　1-220, 5-88, 5-90, 5-283
長岳寺　ちょうがくじ　第134号　3-97
長久寺　ちょうきゅうじ　第102号　2-148
長久寺村　ちょうきゅうじむら　第118号　3-17, 3-19, 5-166, 5-297, 5-300
長久寺村寢物語　ちょうきゅうじむらねものがたり　第118号　3-19
町切村　ちょうぎりむら　第190号　4-75, 5-234
長源寺　ちょうげんじ　第90号　2-84
長興寺　ちょうこうじ　第96号　2-119
長興寺村　ちょうこうじむら　第115号　2-196, 2-198, 2-200, 5-159, 5-297, 5-299
長光寺山　ちょうこうじやま　第125号　3-51
長國寺　ちょうこくじ　第81号　2-52
長後村　ちょうごむら　第41号　1-143, 5-280
長巖寺　ちょうごんじ　第94号　2-107
銚子湊⛫〔銚子〕　ちょうしみなと　第58号　1-200, 5-110, 5-290
調子村　ちょうしむら　第133号　3-90, 3-92, 5-176, 5-178
長者窪　ちょうじゃくぼ　第40号　1-137, 5-66, 5-280
長者鼻　ちょうじゃばな　第145号　3-151
長者原山　ちょうじゃばらやま　第167号　3-240
長者原﨑〔長者原ハナ〕　ちょうじゃばるさき　第191号　4-78, 5-238, 5-241
長者町村　ちょうじゃまちむら　第187号　4-59, 5-223, 5-231
朝鮮　ちょうせん　第192号　5-241, 5-320
朝鮮岩　ちょうせんいわ　第174号　5-216
朝鮮館　ちょうせんかん　第192号　4-82
長泉寺　ちょうせんじ　第90号　2-91
長善寺　ちょうぜんじ　第98号　2-126
長善寺山　ちょうぜんじやま　第98号　2-126, 5-117
町田村　ちょうだむら　第141号　3-130, 5-183, 5-306
釿切峠　ちょうのぎりとうげ　第176号　3-288, 5-219
長府（毛利甲斐守居城）居城　ちょうふ　第177号　3-298, 5-220, 5-312
長府（毛利甲斐守在所）○　ちょうふ　九州沿海図第1　4-188
長福寺村　ちょうふくじむら　第125号　3-51, 5-174
チヨーフシ　第6号　1-22, 1-24, 5-26
チヨーブシ川〔チョフシ川〕　第24号　1-79, 5-32, 5-276
チヨーブシトー　第24号　1-79, 5-32, 5-276
鳥宝山　ちょうほうざん　第187号　5-222
長法寺山　ちょうほうじやま　第133号　3-90, 3-92, 5-176, 5-178
長命寺　ちょうめいじ　第90号　2-84
長明寺　ちょうめいじ　第90号　2-85
長命寺☆　ちょうめいじ　第125号　3-51, 5-174
長命寺村　ちょうめいじむら　第125号　3-51, 5-174, 5-300, 5-301
長楽寺　ちょうらくじ　第95号　2-110

兒ケ水浦　ちよがみずうら　九州沿海図第10　4-237
勅使島村　ちょくしじまむら　第127号　3-59
勅使村　ちょくしむら　第127号　3-59
勅使村　ちょくしむら　第141号　3-130
勅旨村　ちょくしむら　第145号　3-153, 5-192, 5-307
勅旨村追分　ちょくしむらおいわけ　第145号　3-153
チヨシヤナイ〔チヨシヤーナイ〕　第15号　1-49, 5-38, 5-273
チヨシヤナイ川　第15号　1-49, 5-273
千代田　ちよだ　第32号　1-109, 1-110, 5-56, 5-279
千代永　ちよなが　九州沿海図第16　4-258, 4-260
千代松原　ちよのまつばら　第187号　4-60
千代原村　ちよはらむら　第133号　3-90
チヨベツ川　第22号　1-73
チヨマヲタ〔チヨマキタ〕　第18号　1-60, 5-43, 5-275
千代丸村　ちよまるむら　第187号　4-58, 5-222, 5-231, 5-312
チライベ　第16号　1-51
千良山　ちらやま　第108号　2-164
千良山　ちらやま　第108号　2-164
池鯉鮒○☆　ちりう　第115号　2-196, 2-198, 5-159, 5-299
千栗村　ちりくむら　第188号　4-65, 4-66, 5-231
チリコイキシ小山岬　第6号　1-24, 5-26, 5-270
塵濱村〔塵ヶ濱〕　ちりはまむら　第83号　2-61, 5-141, 5-295
チリヘツ　第29号　1-99, 5-52, 5-278
知林嶌　ちりんがしま　第209号　4-166, 5-249, 5-261, 5-316
知林嶋　ちりんがしま　九州沿海図第10　4-236
チリンナイ　第30号　1-105, 5-46, 5-54
チールイ○　第5号　1-19, 5-19, 5-270
チルニイシヨ　第3号　1-15, 5-18, 5-268, 5-270
チロヌフ〔チロヌプ〕　第20号　1-64, 5-45
チロベツ　第22号　1-73, 5-30, 5-270, 5-276
千尋藻村　ちろもむら　第192号　4-81, 5-239, 5-240, 5-241
千綿村〔千綿〕　ちわたむら　第201号　4-120, 5-234, 5-313, 5-315
千綿村枝平原　ちわたむらえだひらばる　第201号　4-120
千綿村枝峯原〔平〕　ちわたむらえだみねひら　第201号　4-120
千綿浦〔村〕千綿浦　ちわたむらちわたうら　第201号　4-120
知和村　ちわむら　第163号　3-226, 5-208, 5-307
知和村下村　ちわむらしもむら　第163号　3-226
知和村千田屋　ちわむらせんだや　第163号　3-226
鎮守府八幡宮　ちんじゅふはちまんぐう　第51号　1-174, 5-73

【つ】

津（藤堂和泉守居城）○　つ　第130号　3-74, 5-163, 5-301
津井浦☆　ついうら　第183号　4-39, 5-226, 5-311, 5-314
津井浦☆　ついうら　九州沿海図第5　4-211
築城郡　ついきぐん　第178号　4-14, 4-16, 5-222, 5-312
築城郡　ついきぐん　九州沿海図第1　4-193
築城村　ついきむら　第178号　4-16
築城村　ついきむら　九州沿海図第1　4-192, 4-193
築切村　ついきりむら　第190号　4-75, 5-234
築籠　ついごめ　九州沿海図第18　4-264
築地新居村　ついじあらいむら　第98号　2-126
築地村　ついじむら　第193号　4-85, 4-87, 5-223, 5-313
築地村　ついじむら　第195号　4-93
築地村枝菊尾　ついじむらえだきくお　第193号　4-87
築地村萩尾　ついじむらはぎお　第193号　4-85, 4-87
築地山　ついじやま　第117号　3-13
朔日市村　ついたちむら　第158号　3-205
ツイデシマ　ついでしま　第190号　4-77
津井村　ついむら　第139号　3-123, 5-186, 5-303, 5-306
津井村　ついむら　第142号　3-134, 5-185
津井村　ついむら　第153号　3-186, 5-191, 5-305
津井村中津浦　ついむらなかつうら　第142号　3-134
津井村西濵 雁来　ついむらにしはまかりこ　第142号　3-134
津居山村〔津居山嶋、津居山島〕　ついやまむら　第124号　3-42, 5-180, 5-304
都宇郡　つうぐん　第145号　3-153, 5-307
都宇郡　つうぐん　第151号　3-178, 5-192, 5-307
通詞嶌　つうじしま　九州沿海図第19　4-273
通詞島（二江村枝）　つうじしま（ふたえむらえだ）　第203号　4-134, 5-236, 5-315
通念島　つうねんじま　第146号　3-156, 5-185, 5-303, 5-306
杖ケ迫　つえがさこ　九州沿海図第2　4-197
杖ケ迫　つえがさこ　九州沿海図第3　4-197, 4-201
杖坂　つえさか　第175号　3-285
杖立峠　つえたてとうげ　第187号　4-63
津江山　つえやま　第180号　4-28, 5-230
杖横瀬村　つえよこせむら　第176号　5-219
津黄村内立石浦　つおむらうちたていしうら　第177号　3-294
津黄村内津黄浦〔津黄村〕　つおむらうちつおうら　第177号　3-294, 5-220, 5-309
津黄村小田村　つおむらおだむら　第177号　3-294
津荷浦　つがうら　第140号　3-124, 5-170, 5-302
都賀郡　つがぐん　第69号　1-245, 5-109, 5-289
都賀郡　つがぐん　第87号　2-72, 2-73, 5-109, 5-291
塚越村　つかごしむら　第88号　2-78
塚越村（松平大和守領分、松平千之丞、本多甲次郎、小幡又兵エ知行所）　つかごしむら　第88号　2-79, 5-120, 5-291
塚埼　つかざき　第164号　3-229
ツカシマ　つかしま　第132号　3-85, 1-170
塚田村　つかだむら　第85号　2-66, 5-143, 5-295
塚角村　つかつのむら　第144号　3-144, 5-192, 5-305, 5-307
塚濵　つかはま　第48号　1-163, 1-164, 5-78, 5-284
塚原　つかはら　第175号　3-287
塚原　つかはら　九州沿海図第18　4-264
塚原新田（御料所）　つかはらしんでん　第101号　2-141, 5-126, 5-291, 5-298
塚原村　つかはらむら　第99号　2-129, 2-131, 5-126, 5-291
塚原村　つかはらむら　第133号　3-90, 3-92, 5-175, 5-176, 5-301
塚原村　つかはらむら　第133号　3-93
塚原村　つかはらむら　第133号　3-93
塚原村　つかばらむら　第54号　1-188, 5-102, 5-288
塚原村河原茶屋○〔塚原村〕　つかはらむらかわらちゃや　第99号　2-129, 2-131, 5-126
塚原村之内中山　つかはらむらのうちなかやま　第133号　3-90, 3-92
筑摩村　つかまむら　第96号　2-117
津賀村　つがむら　第58号　1-199, 5-110
塚本村（御料所）　つかもとむら　第88号　2-78
塚本村　つかもとむら　第101号　2-141
都我利神社　つがりじんじゃ　第162号　3-219
津軽石村　つがるいしむら　第46号　1-156, 5-72, 5-282
津軽郡　つがるぐん　第40号　1-137, 5-280
津軽郡　つがるぐん　第43号　1-145, 5-67, 5-82, 5-84
津軽郡　つがるぐん　第59号　1-204
津軽坂村　つがるさかむら　第39号　1-135, 5-67, 5-82, 5-281
津軽野村　つがるのむら　第43号　1-146, 5-67, 5-82, 5-84, 5-281
塚脇村　つかわきむら　第180号　4-26
都川村　つかわむら　第166号　3-237, 5-209, 5-212, 5-308
都川村赤谷　つかわむらあかたに　第166号　3-237
都川村峠　つかわむらたお　第166号　3-237
月ケ瀬村（大久保出雲守領分）　つきがせむら　第101号　2-143, 5-128, 5-298
月ケ瀬村　つきがせむら　第121号　3-30, 5-157, 5-166
月峯　つきがみね　第133号　3-93
槻川　つきがわ　第94号　2-108
月坂村山部　つきざかむらやまべ　第155号　3-190, 3-193
附崎　つきさき　第210号　5-254, 5-261
築地　つきじ　第90号　2-84, 2-86, 5-120, 5-123
築島〔ツクシマ、ツキシマ〕　第32号　1-110, 5-53, 5-56, 5-279
築島　つきじま　第155号　3-191, 5-190, 5-305
築嶋　つきじま　第198号　4-106, 5-248, 5-316
築島　つきじま　九州沿海図第8　4-226
築地山　つきじやま　第145号　3-152
築捨村　つきずてむら　第118号　3-18
月瀬村小朽〔月瀬村、月瀬〕　つきぜむらこどち　第110号　2-175, 5-158, 5-296
突岳　つきだけ　第180号　4-25, 4-27
築舘○☆　つきだて　第51号　1-178, 5-77, 5-284
月出村　つきでむら　第121号　3-31, 5-157, 5-172, 5-297, 5-300
調殿村　つきどのむら　第185号　4-49, 4-51, 5-244, 5-314
月浦　つきのうら　第48号　1-164, 5-78, 5-284
月浦　つきのうら　九州沿海図第16　4-257
調川村〔調川〕　つきのかわむら　第189号　4-73, 4-74, 5-235, 5-241, 5-313
調川村枝白井村松山田　つきのかわむらえだしろいむらまつやまだ　第189号　4-73, 4-74
調川村上觸〔上觸〕　つきのかわむらかみぶれ　第189号　4-73, 4-74, 5-235, 5-241
調川村下觸　つきのかわむらしもぶれ　第189号　4-73, 4-74
調川村中觸〔中觸〕　つきのかわむらなかぶれ　第189号　4-73, 4-74, 5-235, 5-241
槻木○　つきのき　第53号　1-184, 5-80, 5-284
槻木峠　つきのきとうげ　第133号　3-90
槻木村　つきのきむら　第180号　4-25, 5-222, 5-230, 5-312
槻木村枝川内 榎鶴　つきのきむらえだかわうちえのきづる　第180号　4-24

槻木村枝川内 假屋　つきのきむらえだかわうちかりや　第180号　4-24
槻木村枝川内 高内　つきのきむらえだかわうちこうない　第180号　4-25
槻木村枝川内 名荷野　つきのきむらえだかわうちみょうがの　第180号　4-25
槻木村新開　つきのきむらしんがい　第180号　4-24
ツキノサワ　第36号　5-60
槻下村　つきのしたむら　第150号　3-170, 5-189, 5-305
槻下村才尾　つきのしたむらさいお　第150号　3-170
築島　つきのしま　第203号　4-139
築島　つきのしま　九州沿海図第19　4-271
月之山　つきのやま　第137号　3-115
月濵　つきはま　第48号　1-163, 5-78, 5-284
月濵　つきはま　第52号　1-180
月布施村　つきふせむら　第75号　2-24, 5-99
月星島　つきほしじま　第52号　1-180
月岬　つきみさき　第176号　3-292, 5-219
月見堂〔姥捨山月見堂〕　つきみどう　第81号　2-53, 5-146
筑陽神社　つきやじんじゃ　第155号　3-191, 3-193
月山　つきやま　第177号　3-296, 5-220
築山村　つきやまむら　第133号　3-90, 3-92
次屋村　つぎやむら　第135号　5-178
月屋山　つきややま　第208号　5-252
月夜沢川　つきよざわがわ　第109号　5-152
舂米村　つきよねむら　第98号　2-126, 5-117
月讀神社　つきよみじんじゃ　第191号　4-79
月和田村　つきわだむら　第173号　3-273
津久井縣　つくいがた　第90号　2-89, 2-91, 5-121, 5-291
津久井縣　つくいがた　第97号　2-120, 5-121, 5-291
津久井村（御料所、久世平九郎知行所）　つくいむら　第93号　2-101, 5-124
杋浦☆　つくえうら　第137号　3-115, 5-184, 5-306
杋島〔杋シマ〕　つくえじま　第187号　4-61, 5-223
杋島　つくえじま　第191号　4-79
杋南村　つくえみなみむら　第137号　3-115, 5-184
杋村　つくえむら　第98号　2-125, 5-150
ツクカ島　つくかじま　第164号　3-229, 5-210
筑紫神社　つくしじんじゃ　第187号　4-59, 4-62
ツクシマ　つくしま　第153号　3-186, 5-191
築島　つくしま　第196号　4-98, 5-250
佃島⚓　つくだじま　第90号　2-84, 2-86, 5-120, 5-123, 5-290
佃村（御料所）　つくだむら　第135号　3-101, 5-178, 5-301
ツク子岩　つくねいわ　第175号　3-286, 5-218
ツク子シマ　つくねじま　第167号　3-243, 5-211, 5-213
津久野浦　つくのうら　第139号　3-121, 3-123, 5-186, 5-303, 5-306
筑波山　つくばさん　第87号　2-74, 5-109, 5-290
竹麻神社　つくまじんじゃ　第102号　2-147
津熊村　つくまむら　第141号　3-128, 3-130
津久見裏枝千奴村　つくみいらえだちぬむら　第183号　4-39
津久見浦☆　つくみうら　第183号　4-39, 5-226, 5-312, 5-311, 5-314
津久見〔浦赤﨑〕　つくみうらあかざき　第183号　4-38
津久見浦網代〔網代〕　つくみうらあじろ　第183号　4-39, 5-311
津久見浦岩屋（佐伯領）☆　つくみうらいわや　九州沿海図第4　4-209
津久見浦江野浦　つくみうらえのうら　第183号　4-39
津久見浦日見浦　つくみうらひみうら　第183号　4-39
ツクミ川　第32号　1-111
ツクミ島　つくみじま　第116号　2-201, 5-162, 5-299
津久見島　つくみじま　第183号　4-39, 5-226, 5-312, 5-311
津久見嶋　つくみじま　九州沿海図第4　4-209
津久見福良　つくみふくら　第183号　4-39
津久茂（西能美島屬）　つくも（にしのみじまぞく）　第167号　3-243, 5-211, 5-213
ツクモ﨑　つくもざき　第152号　3-183
ツクモ島　つくもじま　第157号　3-203, 5-210
九十九島（従甲﨑至日野浦總曰）　つくもじま　第204号　5-321
附物村　つくものむら　第136号　3-107, 5-182, 5-306
筑茂村〔筑戊村〕　つくもむら　第67号　1-232, 5-81, 5-285
築山　つくやま　第98号　2-127, 5-117
築山村　つくやまむら　第98号　2-126
造石村（筒井治左エ門知行所）　つくりいしむら　第94号　2-107
作道村　つくりみちむら　第39号　1-135, 5-67, 5-280
告☆　つげ　九州沿海図第16　4-256
付知村川西〔付知〕　つけちむらかわにし　第113号　2-187, 5-155, 5-296
付知村川東　つけちむらかわひがし　第109号　2-171
付知村藏柱〔付知村〕　つけちむらくらばしら　第109号　2-171, 5-154, 5-155
付知村芝瀬　つけちむらしばがせ　第109号　2-171
津家村　つげむら　第152号　3-185
津﨑　つざき　第122号　3-36, 5-173
津﨑村　つざきむら　第144号　3-146
辻　つじ　九州沿海図第16　4-258, 4-260
都志浦大濵〔都志浦、都志〕　つしうらおおはま　第142号　3-134, 5-184, 5-306
都志浦新在家　つしうらしんざいけ　第142号　3-134
辻ケ影シマ　つじがかげしま　第145号　3-155, 5-185
辻垣村　つじがきむら　第178号　4-14, 4-16, 5-222, 5-312
辻垣村　つじがきむら　九州沿海図第1　4-192
辻ケ堂村　つじがどうむら　第83号　2-58, 5-140
津志河内村　つしがわちむら　第183号　4-41, 5-228
志津〔津志〕河内村　つしがわちむら　九州沿海図第5　4-213
津志河内村小嶋　つしがわちむらこじま　第183号　4-41
辻川村　つじかわむら　第141号　3-128, 5-182
辻沢村　つじさわむら　第125号　3-49, 5-174
辻シマ　つじしま　第196号　5-233
津志田村　つしだむら　第50号　1-170, 5-71, 5-74
辻田森　つじたもり　第151号　3-178
辻堂村（御料所）　つじどうむら　第93号　2-103, 5-123, 5-291
辻堂村（長根）○　つじどうむら（ながね）　第128号　3-65, 5-183, 5-304
津島　つしま　第149号　3-164, 5-198, 5-303
津島　つしま　第152号　3-182, 5-195
津島　つしま　第164号　3-230, 5-210, 5-307, 5-311
津島　つしま　第202号　4-125, 4-126, 5-236
津島　つしま　長崎〔参考図〕　4-130, 4-132
ツシマセ　つしませ　第189号　4-71, 4-74
對馬瀬〔ツシマセ〕　つしませ　第206号　4-146, 5-242
辻町村　つじまちむら　第133号　3-86, 5-174, 5-176, 5-300, 5-301
對馬國　つしまのくに　第192号　4-80, 4-81, 5-320
對馬見山　つしまみやま　第186号　4-53, 4-55
津島村　つしまむら　第118号　3-20, 5-159
津嶋村　つしまむら　第181号　4-31, 5-227, 5-312
津島村　つしまむら　第187号　4-56
津嶋村（日出領）　つしまむら　九州沿海図第3　4-201
辻間村　つじまむら　第181号　4-31, 5-227, 5-312
辻間村（森領）　つじまむら　九州沿海図第3　4-201
津島村大田　つしまむらおおた　第181号　4-31
津島村枝太田　つしまむらおおた　九州沿海図第3　4-201
辻間村頭成町○　つじまむらかしらなりまち　第181号　4-31
津嶋村馬塲　つしまむらばば　第181号　4-31
辻村　つじむら　第87号　2-75, 5-120
辻村（御料所）　つじむら　第87号　2-75, 5-120
辻村（御料所、安西彦五郎知行所）　つじむら　第88号　2-78, 5-120
辻村（御料所）　つじむら　第107号　2-156, 5-129
辻村　つじむら　第112号　2-182, 5-153, 5-297
辻村　つじむら　第125号　3-50, 5-174, 5-297, 5-300, 5-301
辻村　つじむら　第133号　3-93, 5-178
辻村　つじむら　第134号　3-97
津知村　つじむら　第137号　3-112, 5-178
辻村　つじむら　第141号　3-130
辻村　つじむら　第163号　3-226, 5-208, 5-307, 5-308
辻村　つじむら　第168号　3-247, 5-214, 5-311
辻村　つじむら　第168号　3-246
辻村☆　つじむら　第189号　4-73, 5-234, 5-241, 5-313
辻村枝切田谷元廣　つじむらえだきりたにもとひろ　第163号　3-226
辻村枝辨賀　つじむらえだべんが　第189号　4-73
辻村榎ケ市　つじむらえのきがいち　第163号　3-226
辻村大谷　つじむらおおたに　第163号　3-226
辻村重迫　つじむらしげさこ　第163号　3-226
辻村辻町○〔辻村〕　つじむらつじまち　第168号　3-246, 5-214, 5-311
辻村畑津浦　つじむらはたつうら　第189号　4-73, 5-234, 5-241
辻村平串　つじむらひらくし　第189号　4-73
ツシヤウナイ〔ツツシヤクナイ〕　第33号　1-112, 5-47, 5-279
津瀬村　つぜむら　第144号　3-146
都染村　つぞめむら　第136号　3-111, 5-182, 5-306
蔦都新田（井伊兵部少輔領分）　つたいちしんでん　第74号　2-20, 5-112, 5-113
津田浦⚓　つだうら　第142号　3-133, 5-187, 5-303, 5-306
津高郡　つたかぐん　第144号　3-147, 5-192, 5-307
津高郡　つたかぐん　第145号　3-153, 5-192, 5-307
津高郡　つたかぐん　第151号　3-176, 5-192, 5-307
津田上村〔津田〕　つだかみむら　第163号　3-226, 5-208, 5-307, 5-308
津田上村櫻塲　つだかみむらさくらば　第163号　3-

226
津田川　つだがわ　第137号　3-116, 5-178
津田川　つだがわ　第146号　3-157, 3-158
蔦木◯☆　つたき　第98号　2-125, 5-150
津田口　つだぐち　第142号　3-133, 5-187
ツタシマ　つたしま　第153号　5-191
蔦島　つたじま　第181号　4-32, 5-226, 5-311
蔦嶋　つたじま　九州沿海図第4　4-206
津田下村　つだしもむら　第163号　3-226, 5-208
津田下村石堂　つだしもむらいしどう　第163号　3-226
津田下村市　つだしもむらいち　第163号　3-226
蔦細道（名所）　つたのほそみち　第107号　2-157, 2-159
津田琵琶谷　つだびわだに　第173号　3-272
津田村（御料所）　つたむら　第101号　2-144
津田村　つたむら　第173号　3-272, 5-213, 5-308
津田村　つだむら　第88号　2-77
津田村　つだむら　第137号　3-116, 5-178, 6-306
津田村◯　つだむら　第146号　3-157, 3-158, 5-194
津田村　つだむら　第172号　3-270, 5-216, 5-308
津田村枝北山 曽根　つだむらえだきたやまそね　第146号　3-156, 3-157
津田村西分〔津田村、津田〕　つだむらにしぶん　第155号　3-191, 5-190, 5-305
津田村東分〔津田〕　つだむらひがしぶん　第155号　3-191, 5-305
蔦山（赤間古城）　つたやま　第186号　4-55
津多良島　つたらじま　第207号　4-155, 5-243, 5-321
土穴村　つちあなむら　第186号　4-55
槌ケ原村　つちがはらむら　第145号　3-155, 5-194, 5-307
土川　つちがわ　九州沿海図第13　4-247
土倉村　つちくらむら　第118号　3-18, 3-20, 5-166, 5-297
土﨑◯⚠　つちざき　第62号　1-213, 5-87, 5-283
土田村　つちだむら　第124号　5-180
土田村　つちだむら　第125号　3-51, 5-174
土田村　つちだむら　第133号　3-91, 5-175
土田村　つちだむら　第134号　3-98, 5-177, 5-301
土田村　つちだむら　第172号　3-270, 5-216, 5-308
二〔土〕田村　つちだむら　第179号　4-19, 5-312
土田村　つちだむら　九州沿海図第2　4-195
土田村井首　つちだむらいくび　第179号　4-19
土田村坂ノ辻　つちだむらさかのつじ　第172号　3-270
土田村茶屋ケ原　つちだむらちゃやがはら　第172号　3-270
土田村白地〔土田村〕　つちだむらはくじ　第179号　4-19, 5-225
土取　つちとり　九州沿海図第21　4-281
土橋村　つちはしむら　第80号　2-45, 5-138
土橋村（長坂血鎗九郎、戸田六郎右エ門知行所）　つちはしむら　第90号　2-87, 2-90, 5-123, 5-291
土橋村　つちはしむら　第125号　3-50, 5-166
土橋村　つちはしむら　第129号　3-73, 5-167
土橋村　つちはしむら　第210号　4-168, 4-172, 5-252, 5-261, 5-317
土橋村　つちはしむら　九州沿海図第10　4-239
土橋村百町　つちはしむらひゃくまち　第129号　3-73
土橋村町田　つちはしむらまちだ　第210号　4-168, 4-172
土原村（間宮七郎知行所）　つちはらむら　第94号　2-106
土平嵜　つちびらさき　第202号　4-123
土村　つちむら　第124号　5-180
ツーチヤシシ〔ルーチヤシン〕　第30号　1-105, 5-54
土山◯☆　つちやま　第129号　3-70, 3-72, 5-166, 5-167, 5-301
土山宿水付　つちやまじゅくみずつき　第129号　3-70, 3-72
土山村　つちやまむら　第137号　3-114, 5-182, 5-184, 5-306
土山村　つちやまむら　第141号　3-130
土屋村　つちやむら　第39号　1-134, 5-67, 5-280
筒石村（御料所）　つついしむら　第80号　2-46, 5-138, 5-294
筒井村　つついむら　第125号　3-48, 3-50, 5-166, 5-297, 5-300
筒井村　つついむら　第137号　3-113, 5-184
筒井村　つついむら　第141号　3-129
筒井村　つついむら　第168号　3-249, 5-214, 5-311
筒井村　つついむら　第187号　4-60, 4-62, 5-223, 5-313
筒井村雑餉隈　つついむらざっしょのくま　第187号　4-57, 4-59, 4-60, 4-62
筒尾　つつお　第174号　3-279, 3-280
筒賀村　つつがむら　第172号　3-271, 5-213, 5-308
筒賀村馬越　つつがむらうまごし　第172号　3-271
筒賀村大井　つつがむらおおい　第172号　3-271
筒賀村坂原　つつがむらさかはら　第173号　3-272
筒賀村天井　つつがむらてんじょう　第172号　3-271
筒賀村中筒賀　つつがむらなかつつが　第172号　3-271
筒賀村布原　つつがむらぬのはら　第172号　3-271
筒賀村萩原　つつがむらはぎわら　第172号　3-271
筒賀村松原　つつがむらまつばら　第172号　3-271
都築郡　つづきぐん　第90号　2-87, 2-90, 5-123, 5-291
綴喜郡　つづきぐん　第133号　3-89, 5-176, 5-301
筒城﨑　つつきざき　第191号　4-78
ツゝキ島〔ツヽキシマ〕　つつきじま　第131号　3-79, 3-80, 5-169
ツヽキ島〔ツヽキシマ〕　つづきしま　第139号　3-121, 5-186
ツツキシマ　つづきしま　第167号　3-244, 5-215
續島　つづきしま　第167号　3-245, 5-215
ツヽキシマ　つづきじま　第155号　3-191, 5-190
續シマ　つづきじま　第159号　3-206, 3-208, 5-200
續ハヘ〔ツヅキハエ〕　つづきばえ　第183号　4-43, 5-228
續ハヘ　つづきばえ　九州沿海図第6　4-216
筒城村　つつきむら　第191号　4-78, 5-238, 5-241
都筑村（井上河内守、近藤縫殿助領分、大沢右京太夫知行所）　つづきむら　第111号　2-181, 5-161, 5-299
續木村☆　つづきむら　第180号　4-27, 4-28, 5-230, 5-312
筒城村筒城濵　つつきむらつつきはま　第191号　4-78
筒城村宮濵　つつきむらみやはま　第191号　4-78
豆酘﨑〔豆酘サキ〕　つつさき　第192号　4-82, 5-240, 5-241
津々﨑村（井上河内守領分）　つづさきむら　第111号　2-181, 5-161
躑躅島　つつじじま　第157号　3-200, 5-195
津々シ原山　つつしはらやま　第203号　4-134
津々シ原山　つつしはらやま　九州沿海図第19　4-273
ツツチ山　つつじやま　第185号　4-49
都々智神社　つつちじんじゃ　第192号　4-81, 4-82
筒宮山　つつのみややま　第144号　3-145
筒針村寺前　つつばりむらてらまえ　第115号　2-198, 2-200
筒針村中屋敷〔筒針村〕　つつばりむらなかやしき　第115号　2-198, 2-200, 5-159
包　つつみ　九州沿海図第16　4-256
包石　つつみいし　第189号　4-70, 4-72
提浦小枝田　つつみうらこしだ　第161号　3-216
堤谷村　つつみがいむら　第54号　1-188, 5-102, 5-288
包岩明神　つつみがいわみょうじん　第167号　3-243
堤川　つつみがわ　第188号　4-66
鼓島〔ツヅミ島〕　つづみじま　第186号　4-55, 5-223
鼓城山　つづみじょうやま　第166号　3-234
堤尻村　つつみじりむら　第51号　1-174, 5-73, 5-77, 5-282
堤根村（御料所、松平大和守領分）　つつみねむら　第87号　2-73, 2-75, 5-120, 5-290
鼓原峠　つづみばるとうげ　第180号　4-26
堤村（井上河内守領分）　つつみむら　第111号　2-181, 5-161
堤村　つつみむら　第121号　3-33, 5-172, 5-174, 5-300
堤村　つつみむら　第123号　3-38, 5-180
堤村　つつみむら　第125号　3-51, 5-174
堤村　つつみむら　第182号　4-35, 5-227, 5-312, 5-314
堤村　つつみむら　第187号　4-58, 5-222, 5-231
堤村　つつみむら　第188号　4-66, 5-231
堤村　つつみむら　九州沿海図第21　4-279, 4-281
水留村〔水留〕　つづみむら　第189号　4-72, 5-234, 5-241, 5-313
鼓村釜床　つづみむらかまとこ　第180号　4-25
鼓村上鶴　つづみむらかみつる　第180号　4-25
堤村田中　つつみむらたなか　第94号　2-106
鼓村鶴〔鼓村〕　つづみむらつる　第180号　4-25, 5-312
堤分村　つつみわけむら　第197号　4-103, 4-104, 5-247, 5-314, 5-316
堤分村岩瀬　つつみわけむらいわせ　第197号　4-103, 4-104
津々村　つつむら　第150号　3-175, 5-193
豆酘村　つつむら　第192号　4-82, 5-240, 5-241, 5-320
通津村　つづむら　第173号　3-276, 5-215, 5-311
十九夜池　つづらいけ　第118号　3-17, 3-19
ツヽラ尾山　つづらおやま　第121号　5-157, 5-172
葛篭掛　つづらかけ　第166号　3-238
葛篭サキ　つづらさき　第207号　5-243
ツヽラ崎　つづらざき　第159号　3-207
葛篭嶋　つづらじま　九州沿海図第19　4-270
葛篭町村　つづらまちむら　第125号　3-48, 3-50, 5-166, 5-297, 5-300
葛篭山　つづらやま　第184号　5-229
綴子◯☆　つづれこ　第60号　1-205, 1-206, 5-84, 5-283
津寺　つでら　第149号　3-166
津間村〔津門〕　つとむら　第137号　3-112, 5-178, 5-306
津戸村　つどむら　第153号　3-187, 5-191, 5-305
津留村　つどめむら　第203号　4-136, 5-251
津留村　つどめむら　九州沿海図第19　4-271, 4-273
津内村　つないむら　第121号　3-29, 3-31, 3-32, 5-157, 5-172, 5-300

網井村　つないむら　第179号　4-20, 5-224, 5-312
網井村　つないむら　九州沿海図第3　4-204
ツナヘ島　つなえじま　第117号　3-14
綱掛﨑〔ツナカケサキ〕　つなかけさき　第192号　4-81, 4-82, 5-239, 5-240, 5-241
綱木（上杉弾正大弼領分）○　つなぎ　第67号　1-233, 5-81, 5-94, 5-285
津奈木村　つなぎむら　第200号　4-115, 4-118, 5-250, 5-315
津奈木村　つなぎむら　九州沿海図第16　4-257
津奈木村櫻戸　つなぎむらさくらど　第200号　4-118
津奈木村泊　つなぎむらとまり　第200号　4-118
津奈木村中村　つなぎむらなかむら　第200号　4-115, 4-118
津名郡　つなぐん　第138号　3-119, 5-184, 6-306
津名郡　つなぐん　第142号　3-134, 5-184, 5-306
網沢川　つなさわがわ　第100号　2-132, 2-134
ツナシ鼻　つなしはな　第103号　2-149, 2-150
綱橋　つなはし　第100号　2-138
綱濱浦　つなはまうら　第192号　4-80
常ケ石鼻　つねがいしはな　第167号　3-244
常神浦　つねかみうら　第121号　3-33, 5-172, 5-300
恒次山　つねつぎやま　九州沿海図第17　4-261, 4-262
常津村　つねづむら　第127号　3-57
恒冨村　つねとみむら　九州沿海図第6　4-218
常友村　つねともむら　第163号　3-227, 5-209, 5-308
常久村　つねひさむら　第90号　2-88, 2-90, 5-120, 5-123
恒久村枝瀬頭　つねひさむらえだせがしら　第185号　4-52
恒久村枝瀬頭（飫肥領）　つねひさむらえだせがしら　九州沿海図第7　4-222
恒久村城ケ﨑○☆⚓〔恒久村城先﨑、恒久〕　つねひさむらじょうがさき　第185号　4-52, 5-246, 5-314, 5-316
恒久村城ケ﨑（飫肥領）☆　つねひさむらじょうがさき　九州沿海図第7　4-222
常廣村　つねひろむら　第190号　4-75, 5-234
常松村　つねまつむら　第137号　3-112, 5-178, 5-306
常松村　つねまつむら　第162号　3-219, 5-204
恒道村　つねみちむら　第179号　4-18, 4-21, 5-225, 5-312
恒道村　つねみちむら　九州沿海図第3　4-201
垣道村小野尾〔恒道村〕　つねみちむらおのお　第181号　4-31, 5-227
恒道村舟木　つねみちむらふなき　第179号　4-18, 4-21
恒見村☆　つねみむら　第178号　4-13, 4-14, 5-222, 5-312
恒見村☆　つねみむら　九州沿海図第1　4-191
常宮前山　つねみやまえやま　第208号　4-160
津根村　つねむら　第158号　3-204, 5-196, 5-307
常持村　つねもちむら　第188号　4-64, 5-231
恒安村〔恒安〕　つねやすむら　第188号　4-67, 4-69, 5-231, 5-234, 5-313
常山　つねやま　第145号　3-155
常吉村　つねよしむら　第137号　3-112
角井村　つのいむら　第174号　3-278, 5-216, 5-308
津浦村　つのうらむら　第193号　4-85, 5-232, 5-314
津浦村　つのうらむら　九州沿海図第18　4-266
角折村（正木大之亟、岩瀬市兵衛知行所）　つのおれむら　第58号　1-199, 5-110, 5-290
角上神社　つのかみじんじゃ　第191号　4-79
都濃川　つのかわ　九州沿海図第7　4-220
都濃川　つのがわ　第185号　4-48
角川村　つのかわむら　第142号　3-134, 5-184, 5-306
角柄村　つのがわらむら　第134号　3-97, 3-98, 5-177, 5-301
都濃郡　つのぐん　第169号　3-255, 5-218, 5-311
都濃郡　つのぐん　第173号　3-275, 3-277, 5-218
都濃郡　つのぐん　第175号　3-282, 3-284, 3-286, 5-218, 5-312
津之郷村〔津野郷〕　つのごうむら　第157号　5-195, 5-307
津之里村　つのさとむら　第121号　3-30, 5-157, 5-174
津之里村枝東尾上☆　つのさとむらえだひがしおのえ　第121号　3-30
津ノ下村〔津之下〕　つのしたむら　第157号　5-195, 5-307
角嶋（長府領）　つのしま　第177号　3-295, 5-220, 5-309
都濃社　つのしゃ　九州沿海図第7　4-220
都濃神社〔一ノ宮都濃神社〕　つのじんじゃ　第185号　4-48, 5-244
津神社　つのじんじゃ　第191号　4-79
角頭〔瀬〕〔角セ〕　つのせ　第201号　4-122, 5-237
都濃津村　つのづむら　第172号　3-268, 5-212, 5-308
都濃津村和木村〔和木村、和木〕　つのづむらわきむら　第172号　3-268, 5-212, 5-308
角筈村（御料所）　つのはずむら　第90号　2-85, 2-87, 5-120, 5-123, 5-291
角部内村　つのべうちむら　第54号　1-188, 5-102, 5-288
都濃町○☆　つのまち　九州沿海図第7　4-220
ツノラ﨑〔ツブラサキ〕　つのらざき　第206号　4-146, 5-242
椿世村　つばいそむら　第129号　3-69, 5-163, 5-167, 5-301
鍔市村　つばいちむら　第118号　3-20, 5-159
椿井村　つばいむら　第134号　3-95, 5-176, 5-301
椿井村（京都御樂人知行所）　つばきいむら　第135号　3-100, 5-176, 5-177, 5-178, 5-301
椿尾村　つばきおむら　第75号　2-27, 5-99, 5-287
椿ヶ浦　つばきがうら　第192号　4-80
椿岸神社　つばきぎしじんじゃ　第129号　3-67
椿郷西分〔椿郷西〕　つばきごうにしぶん　第176号　3-288, 5-219, 5-309
椿郷西分大屋　つばきごうにしぶんおおや　第176号　3-288
椿郷東分今浦〔椿郷東〕　つばきごうひがしぶんいまうら　第176号　3-288, 5-309
椿郷東分後小畑〔椿郷東〕　つばきごうひがしぶんうしろおばた　第176号　3-288, 5-309
椿郷東分越ケ濱浦〔越ヶ濱〕　つばきごうひがしぶんこしがはま　第176号　3-288, 5-217, 5-309
椿郷東分霍江浦〔椿郷東〕　つばきごうひがしぶんつるえうら　第176号　3-288, 5-309
椿郷東分松本〔椿郷東〕　つばきごうひがしぶんまつもと　第176号　3-288, 5-309
椿島　つばきじま　第48号　1-162, 5-76
椿地村　つばきじむら　第147号　3-161, 3-162, 5-187, 5-303, 5-306
都波只知上神社　つばきちがみじんじゃ　第143号　3-135, 3-137
椿峠　つばきとうげ　第121号　3-29, 3-32
椿峠　つばきとうげ　第173号　5-213
椿泊浦☆⚓　つばきどまりうら　第147号　3-160, 3-162, 5-187
椿洞村　つばきぼらむら　第118号　3-16, 5-156, 5-297
椿村　つばきむら　第62号　1-211, 5-87, 5-283
椿村　つばきむら　第75号　2-24, 5-99
椿村　つばきむら　第147号　3-161, 3-162, 5-187, 5-303, 5-306
椿村上地　つばきむらかみじ　第147号　3-161, 3-162
椿村蒲生田　つばきむらがもうだ　第147号　3-160, 3-162
椿村寺内　つばきむらてらうち　第147号　3-161, 3-162
椿村東道谷　つばきむらどうどうだに　第147号　3-162
椿村横尾　つばきむらよこお　第147号　3-161, 3-162
椿山　つばきやま　第144号　3-140
椿山　つばきやま　九州沿海図第10　4-233, 4-239
ツハクラ　第34号　1-119, 5-57, 5-279
燕岩山　つばくろいわやま　第166号　3-239
鍔﨑〔ツハサキ〕　つばざき　第204号　4-142, 5-235
ツハ島（岩城島屬）〔ツバ島〕　つばじま（いわぎじまぞく）　第157号　3-203, 5-210, 5-307
津橋村　つばしむら　第114号　2-191, 2-192, 5-155, 5-297
津橋村藤上　つばしむらふじかみ　第114号　2-191, 2-192
都波奈弥神社　つばなみじんじゃ　第143号　3-135, 3-137
椿原村　つばはらむら　第195号　4-93, 4-94
椿原村　つばはらむら　九州沿海図第18　4-264
津波見川　つばみがわ　第202号　4-123
燕シマ　つばめしま　第210号　5-254, 5-261
津原村（長府領）　つばらむら　第177号　3-298
津原村　つばらむら　九州沿海図第1　4-188
粒江村　つぶえむら　第151号　3-178, 5-194, 5-307
粒江村粒浦　つぶえむらつぶうら　第151号　3-178
津福村〔津福〕　つぶくむら　第188号　4-65, 4-66, 5-231, 5-313
粒嶋　つぶしま　第158号　3-205
粒シマ　つぶしま　第183号　4-42, 5-228
粒シマ　つぶしま　九州沿海図第5　4-215
津布田村　つぶたむら　第177号　3-298, 5-220, 5-312
津布田村（萩領）　つぶたむら　九州沿海図第1　4-188
礫岩　つぶていわ　第111号　2-181, 5-161
礫﨑　つぶてざき　第161号　3-216, 5-203
円井山　つぶらいやま　第98号　2-125
ツフラ岩　つぶらいわ　第204号　4-141, 4-142
ツブラ﨑　つぶらざき　第212号　4-178, 5-253, 5-261
ツフラ﨑　つぶらざき　九州沿海図第15　4-254, 4-255
津婦羅島〔ツブラ島、ツフラ島〕　つぶらじま　第207号　4-152, 5-243, 5-321
津布理浦　つぶりうら　第170号　3-261, 5-201, 5-311
ツフロ鼻　つふろばな　第145号　3-149
都辨志呂神社　つべしろじんじゃ　第155号　3-193
坪　つぼ　第183号　4-41
坪　つぼ　九州沿海図第5　4-215
坪井上村　つぼいかみむら　第150号　3-174, 5-192
坪井上村楽満　つぼいかみむららくまん　第150号　3-174

坪井川大渡　つぼいがわおおわたし　第144号　5-192
坪井下村（坪井宿）○　つぼいしもむら（つぼいじゅく）　第144号　3-145, 5-192, 5-305, 5-307
坪井下村土井分　つぼいしもむらどいぶん　第144号　3-145
坪井村（御料所）　つぼいむら　第97号　2-122, 2-123, 5-117
坪井村　つぼいむら　第111号　2-181, 5-161, 5-299
坪井村　つぼいむら　第124号　3-42, 3-44, 5-180
坪井村　つぼいむら　第167号　3-241
坪井村　つぼいむら　第193号　4-85, 5-232, 5-314
坪井村　つぼいむら　九州沿海図第18　4-266
坪江村　つぼえむら　第183号　4-39, 5-226
坪江村　つぼえむら　九州沿海図第4　4-209
ツホケ島〔ツホケセ〕　つぼがしま　第206号　4-148, 5-242
坪川　つぼかわ　第98号　2-126
坪川新村　つぼかわしんむら　第82号　2-56, 5-140
ツホケシマ　つぼけしま　第157号　5-210
壺坂山南法華寺〔壺阪〕　つぼさかやまみなみほっけじ　第134号　3-98, 5-177
坪田村☆　つぼたむら　第104号　2-151, 5-134, 5-292
局島　つぼねじま　第145号　3-155
坪上村〔坪上〕　つぼのうえむら　第188号　4-67, 5-231, 5-313
壺ノ内　つぼのうち　第175号　3-282
津甫村　つぼむら　第191号　4-79, 5-238, 5-241
津甫村津甫浦　つぼむらつぼうら　第191号　4-79
坪谷川　つぼやがわ　第143号　5-188
坪屋川　つぼやがわ　第184号　4-47, 5-244
壺山　つぼやま　第133号　3-86
坪屋村　つぼやむら　第184号　4-47, 5-244, 5-314
坪屋村赤笠　つぼやむらあかいがさ　第184号　4-47
坪屋村市谷原　つぼやむらいちやばる　第184号　4-47
坪屋村枝上原　つぼやむらえだうえのはる　第184号　4-47
坪屋村枝中崎　つぼやむらえだなかざき　第184号　4-47
坪屋村蒲口谷　つぼやむらかまぐちだに　第184号　4-47
坪屋村小ケ倉　つぼやむらこがくら　第184号　4-47
坪屋村下原　つぼやむらしもばる　第184号　4-47
坪屋村瀬戸　つぼやむらせと　第184号　4-47
坪屋村田ノ原　つぼやむらたのはる　第184号　4-47
坪屋村深谷　つぼやむらふかたに　第184号　4-47
妻島　つまがしま　第191号　4-78, 5-313
妻神坂峠　つまがみざかとうげ　第164号　5-210
妻神峠　つまがみとうげ　第113号　5-155
妻篭○　つまご　第109号　2-171, 5-154, 5-296
妻篭宿一石栃　つまごじゅくいちこくとち　第109号　2-171
妻篭宿大妻篭　つまごじゅくおおつまご　第109号　2-171
妻篭宿戀野　つまごじゅくこいの　第109号　2-171
妻篭宿橋場　つまごじゅくはしば　第109号　2-171
妻篭宿渡島　つまごじゅくわたしま　第109号　2-171
妻崎　つまざき　第176号　3-293, 5-219
妻梨〔科〕村（真田弾正大弼）　つましなむら　第81号　2-53, 5-146
妻田村　つまだむら　第93号　2-103
妻峠　つまとうげ　第175号　5-218
ツマナイ川　第36号　1-123, 1-124, 5-281
妻波村　つまなみむら　第150号　3-170, 5-188, 5-305
ツマノユ〔ツマノコ〕　第34号　1-118, 5-54, 5-57, 5-279
妻万町○　つままち　第185号　4-48, 4-50, 5-244
都万村　つまむら　第153号　3-187, 5-191, 5-305
津摩村〔妻村〕　つまむら　第172号　3-269, 5-216, 5-308
妻万村　つまむら　第185号　4-49, 4-51, 5-244
都万村大津久　つまむらおおづく　第153号　3-187
妻万村下妻万　つまむらしもつま　第185号　4-48, 4-50
津水村　つみずむら　第202号　4-125, 4-126, 5-236
津峯　つみね　第147号　5-187, 5-303, 5-306
積浦　つむうら　第145号　3-155
積浦☆　つむうら　第152号　3-183, 5-195, 5-307
積浦枝小久保新田　つむうらえだこくぼしんでん　第152号　3-183
ツムキ根　つむぎね　第102号　2-148
津田〔向〕村　つむぎむら　第84号　2-62, 2-64, 5-143
津村　つむら　第188号　4-67, 4-69, 5-231
津村子村上村〔津村子村、津村子〕　つむらこむらかみむら　第128号　3-62, 3-64, 5-182, 5-304
津村子村下村〔津村子〕　つむらこむらしもむら　第128号　3-62, 3-64, 5-304
津村島　つむらじま　第178号　4-12, 4-14, 5-222, 5-312
津村嶋　つむらじま　九州沿海図第1　4-190
詰木石　つめきいし　第34号　1-118
ツメキ嵜〔ツメキ崎、爪木崎〕　つめきざき　第102号　2-146, 5-128, 5-132, 5-292
ツメキ島　つめきじま　第102号　2-146
ツメタ川　つめたがわ　第187号　4-60
恒冨村　つもとみむら　第184号　4-44, 5-228, 5-314
恒冨村　つもとみむら　第184号　5-228
恒冨村濵門　つもとみむらはまかど　第184号　4-44
恒冨村平原門　つもとみむらひらばるかど　第184号　4-44
津母村　つもむら　第122号　3-35, 5-173, 5-304
津守新田　つもりしんでん　第135号　3-101, 5-178
津守村　つもりむら　第181号　4-29, 4-33, 5-226, 5-312
津守村　つもりむら　九州沿海図第3　4-202
津屋崎　つやざき　第186号　5-313
津屋崎浦☆　つやざきうら　第186号　4-53, 4-55, 5-223
津屋崎村　つやざきむら　第186号　4-53, 4-55, 5-223
ツヤシマ〔ツヤ島〕　つやじま　第140号　3-124, 5-170
津屋城村　つやじょうむら　第130号　3-74, 3-76, 5-163, 5-301
津柳村　つやなぎむら　第192号　4-80, 4-81, 5-239, 5-241, 5-320
津山（松平越後守居城）☆　つやま　第144号　3-144, 3-145, 5-192, 5-305
津谷村　つやむら　第48号　1-162, 5-76, 5-284
津屋村〔津谷〕　つやむら　第118号　3-19, 3-21, 5-166, 5-297, 5-300
津屋村一色　つやむらいしき　第118号　3-19, 3-21
津谷村登米澤　つやむらとよまざわ　第48号　1-162, 5-76
露田川　つゆだがわ　第202号　4-123
津遊村　つゆむら　第188号　4-65
津吉浦　つよしうら　第204号　4-140, 5-235, 5-321
津吉浦 志自岐浦⚠〔津吉村志自岐浦⚠、志自岐〕　つよしうらしじきうら　第204号　4-141, 5-235, 5-313, 5-321
津吉村〔津吉〕　つよしむら　第204号　4-140, 5-235, 5-313
津吉浦池之内　つよしむらいけのうち　第204号　4-141
津吉村枝浦志自岐村　つよしむらえだうらしじきむら　第204号　4-141
津吉村指　つよしむらさし　第204号　4-141
津吉村辻　つよしむらつじ　第204号　4-141
津吉村西　つよしむらにし　第204号　4-141
連島江長〔連島〕　つらじまえなが　第151号　3-178, 5-195, 5-307
連島西之浦〔西之浦〕　つらじまにしのうら　第151号　3-178, 5-195, 5-307
ツラヽ川〔ツヽラ川〕　第36号　1-121, 5-60
ツラレ島〔ツラレシマ〕　つられじま　第204号　4-140, 4-142, 5-235
釣石　つりいし　第189号　4-72
釣懸嵜〔釣掛崎〕　つりかけざき　第212号　4-178, 5-253, 5-255, 5-261
釣掛崎　つりかけざき　九州沿海図第15　4-255
釣川　つりかわ　第186号　4-55
釣師濵　つりしはま　第53号　1-183, 5-80
釣村（井上河内守領分）　つりむら　第111号　2-181, 5-161, 5-299
津留　つる　九州沿海図第21　4-280
釣井村　つるいむた　第144号　3-146, 5-192
敦賀○☆⚠　つるが　第121号　3-29, 3-31, 5-172, 5-300
鶴岡八幡　つるがおかはちまん　第163号　3-222
鶴岡八幡宮　つるがおかはちまんぐう　第93号　2-101, 2-102, 5-123, 5-125, 5-291
鶴ケ岡村　つるがおかむら　第88号　2-79, 5-120, 5-291
敦賀郡　つるがぐん　第120号　3-28, 5-157, 5-172, 5-297, 5-300
敦賀郡　つるがぐん　第121号　3-29, 3-31, 3-32, 5-157, 5-172, 5-297, 5-300
鶴ケ城　つるがじょう　第182号　4-34
靏城　つるがじょう　九州沿海図第21　4-280
靏形○〔鶴形〕　つるがた　第60号　1-207, 5-85, 5-283
鶴嶽　つるがたけ　第192号　4-82
鶴川村○〔鶴川〕　つるがわむら　第97号　2-120, 5-121, 5-291
鶴河内村　つるがわむら　第180号　4-25, 4-27, 5-230, 5-312
剱池　つるぎいけ　第138号　3-119
劔大谷村　つるぎおおたにむら　第120号　3-24, 3-26, 5-145, 5-297, 5-300
ツルキ﨑　つるきざき　第169号　3-250
剱﨑　つるぎさき　第192号　4-80
釼地村　つるぎじむら　第84号　2-65, 5-143, 5-295
剣神社　つるぎじんじゃ　第175号　3-287, 5-219
剱岳　つるぎだけ　第82号　5-147, 5-294
鶴木村　つるきむら　第199号　4-109, 5-247, 5-261, 5-316
鶴木村　つるきむら　九州沿海図第11　4-240
鶴本〔木〕村　つるぎむら　第141号　3-129
鶴木村小倉　つるきむらおぐら　第199号　4-109
靏木村通山　つるきむらとおりやま　第199号　4-109
鶴木山村　つるぎやまむら　第200号　4-115, 4-116, 4-118, 5-250, 5-315
鶴木山村　つるぎやまむら　九州沿海図第16　4-257, 4-259
都留郡　つるぐん　第97号　2-120, 2-122, 2-123, 5-126, 5-291
都留郡　つるぐん　第100号　2-132, 5-126, 5-291
鶴小島〔ツルコシマ〕　つるこじま　第190号　4-

77, 5-235
霍嵜　つるさき　第201号　4-122
霍﨑　つるざき　第203号　4-139
鶴﨑　つるざき　九州沿海図第19　4-271
霍嵜町○　つるさきまち　第181号　4-30, 4-33
鶴﨑町○　つるさきまち　九州沿海図第3　4-202
霍﨑村⛵　つるさきむら　第181号　4-30, 4-33
鶴﨑村　つるさきむら　九州沿海図第3　4-202
水流迫村　つるざこむら　第197号　4-103, 4-104, 5-245, 5-247
ツルシマ　つるしま　第157号　5-210
霍シマ　つるしま　第162号　3-219
霍島　つるしま　第172号　3-268, 5-216
霍シマ　つるじま　第132号　3-85, 1-170
釣島（興居島）　つるしま（ごごしま）　第168号　3-247, 5-214, 5-311
鶴島（日生村屬）〔ツル島〕　つるじま（ひなせむらぞく）　第145号　3-148, 5-185, 5-306
鶴島浦　つるしまうら　第142号　3-133, 5-187, 5-303, 5-306
鶴嶋村　つるしまむら　第97号　2-120
鶴島山　つるしまやま　第97号　2-120
鶴巣村　つるすむら　第112号　2-184
釣セ　つるせ　第207号　4-152
鶴瀬（御料所）○　つるぜ　第97号　2-122, 2-123, 5-117, 5-291
ツルセ川　つるせがわ　第90号　5-123
ツルソ島　つるそじま　第196号　4-98
鶴田ケ里村〔鶴田ケ里〕　つるたがりむら　第188号　4-67, 5-231, 5-313
鶴谷村　つるだにむら　第144号　3-140
津留谷村　つるだにむら　第197号　4-100, 5-245, 3-314
津留谷村板屋谷　つるだにむらいたやだに　第197号　4-100
津留谷村米良谷〔米良谷村、米良谷〕　つるだにむらめらだに　第197号　4-100, 5-245, 3-314
津留谷村横谷　つるだにむらよこたに　第197号　4-100
鶴田村　つるたむら　第186号　4-54, 5-222
霍田村　つるだむら　第150号　3-171, 5-189
鶴田村〔鶴田〕　つるだむら　第188号　4-68, 5-231, 5-313
鶴田村植松　つるだむらうえまつ　第188号　4-68
ツル子﨑　つるねざき　第104号　2-151
霍根岳　つるねだけ　第108号　2-161
鶴野　つるの　第192号　4-82, 5-240, 5-241
鶴喰﨑　つるはみざき　第210号　4-171, 5-254, 5-261, 5-317
霍喰﨑　つるはみざき　九州沿海図第12　4-243
霍喰村　つるはみむら　第101号　2-141
鶴羽村　つるはむら　第146号　3-156, 5-185, 5-303, 5-306
鶴羽村大山　つるはむらおおやま　第146号　3-156
鶴羽村岡ノ鼻　つるはむらおかのはな　第146号　3-156
鶴原村　つるはらむら　第138号　3-117, 5-179, 6-306
鶴間浦　つるまうら　第171号　3-264, 5-201
弦巻村　つるまきむら　第90号　2-85, 2-87
鶴牧村菖津浦〔鶴牧村、鶴牧〕　つるまきむらしょうづうら　第189号　4-71, 4-73, 5-234, 5-238, 5-241, 5-313
鶴間野　つるまの　第93号　2-103
鶴馬村　つるまむら　第88号　2-78
鶴間村（御料所、須藤若之助、神谷縫殿之助知行所）○　つるまむら　第90号　2-90, 5-123, 5-291
霍間村町屋　つるまむらまちや　第90号　2-90
鶴丸村　つるまるむら　第208号　4-156, 5-250, 5-314
鶴丸村　つるまるむら　九州沿海図第17　4-262
霍見村　つるみ　第90号　2-87, 5-123, 5-291
鶴見川　つるみがわ　第90号　2-87
霍岬　つるみさき　第183号　4-40, 5-228, 5-311
霍岬　つるみさき　九州沿海図第5　4-211
鶴見嶽〔鶴見岳〕　つるみだけ　第181号　4-31, 5-227, 5-312
霍見嶽　つるみだけ　九州沿海図第3　4-203
鶴海村　つるみむら　第145号　3-149, 3-152, 5-192
霍見村　つるみむら　第181号　4-29, 4-31, 5-227, 5-312
鶴見村　つるみむら　第195号　4-93, 4-94
鶴見村　つるみむら　九州沿海図第3　4-203
霍見村　つるみむら　九州沿海図第18　4-264
霍海村坂田　つるみむらさかた　第145号　3-149
霍見村下森山　つるみむらしももりやま　第181号　4-29, 4-31
霍村　つるむら　第181号　4-33, 5-226, 5-312
鶴村　つるむら　九州沿海図第3　4-202
霍屋☆　つるや　第183号　4-39, 4-41, 5-226, 5-228
鶴山　つるやま　第118号　3-16
津呂浦　つろうら　第149号　3-166, 5-198, 5-310
津呂浦枝椎名村　つろうらえだしいなむら　第149号　3-166
津呂浦枝三津浦☆〔三津〕　つろうらえだみつうら　第149号　3-166, 5-198, 5-303
津呂浦髙岡村　つろうらたかおかむら　第149号　3-166
津和﨑村　つわざきむら　第206号　4-146, 4-148, 5-242, 5-321
津和地島☆⛵　つわじじま　第169号　5-215, 5-311
ツワツイセ　つわついせ　第192号　4-80
津和野（亀井隠岐守居城）　つわの　第175号　3-282, 5-216, 5-309

【て】

出□シマ　で□しま　第196号　4-95
出合　であい　第175号　3-283, 3-284
出合村　であいむら　第123号　3-41, 5-180
手洗　てあらい　第177号　3-296
泥亀新田（御料所）　でいきしんでん　第93号　2-102, 5-123, 5-125
手石島　ていしじま　第101号　2-140, 2-142
手石村☆　ていしむら　第102号　2-147, 5-129, 5-298
手石村小福浦　ていしむらこふくうら　第102号　2-147, 5-129
梯木島村　ていのきじまむら　第118号　3-18, 3-20, 5-166
手結浦　ていはま　第148号　3-169, 5-199, 5-310
テウスシマ　てうすじま　第189号　4-74
手打崎　てうちざき　第212号　4-178, 5-253, 5-255, 5-261
手打﨑　てうちざき　九州沿海図第15　4-255
手打沢村　てうちざわむら　第100号　2-137, 5-127, 5-296
手打沢村町屋　てうちざわむらまちや　第100号　2-137
手打村　てうちむら　第125号　5-166
手打村　てうちむら　第212号　4-178, 5-253, 5-255, 5-261, 5-317
手打村　てうちむら　九州沿海図第15　4-255
手浦　てうら　第121号　3-29, 5-172, 5-300
テウレ島　第15号　1-47, 5-39, 5-273
テートイ　第13号　5-37
手金野村　てがのむら　第110号　2-173, 5-154, 5-296
手金野村小石塚　てがのむらこいしづか　第110号　2-173
手鎌村　てがまむら　第193号　4-87, 5-231
出来島　できしま　第135号　3-101
出来島村　できしまむら　第38号　1-127, 5-82, 5-281
出口石島　でぐちいしじま　第196号　4-95
出口島　でぐちじま　第196号　4-95
出口村　でぐちむら　第129号　3-66, 5-166
出口村　でぐちむら　第133号　3-92, 5-176, 5-178, 5-301
出口村　でぐちむら　第157号　5-210, 5-307
テケマ〔デケマ〕　第34号　1-117, 5-55, 5-57, 5-279
手越原村（落合鉄吉知行所）　てごしはらむら　第107号　2-157, 2-159, 5-160
手越村（御料所）　てごしむら　第107号　2-157, 2-159, 5-160, 5-298
勅使河原村（津金新十郎、三島清左エ門、近藤小十郎、小泉官兵衛知行所）　てしがわらむら　第94号　2-106, 5-119, 5-291
手島　てしま　第167号　3-245, 5-215, 5-311
出シマ　でじま　第123号　3-39
出島（阿蘭陀屋敷）　でじま（おらんだやしき）　第202号　4-125, 4-127, 4-128, 5-236
出島（阿蘭陀屋敷）　でじま（おらんだやしき）　長崎〔参考図〕　4-131, 4-133
豊島（小豆島屬）　てしま（しょうどしまぞく）　第145号　3-154, 5-194, 5-307
豊島郡〔豊嶋郡〕　てしまぐん　第133号　3-93, 5-178, 5-301
豊島郡　てしまぐん　第135号　3-101, 5-178, 5-301
出島岬　でじまみさき　第107号　2-156, 2-158
手島村　てしまむら　第88号　2-79
手城村　てしろむら　第157号　5-195
テスシマ〔テス島〕　てすじま　第140号　3-124, 5-170
テセウ　第13号　1-43, 1-44, 5-37, 5-273
テセウ川　第13号　1-43, 1-44, 5-37, 5-273
手樽村　てたるむら　第52号　1-180, 5-79
手樽村三浦〔三浦〕　てたるむらみうら　第52号　1-180, 5-79, 5-284
出茶屋　でちゃや　第190号　4-75
哲運寺　てつうんじ　第100号　2-135, 2-138
鉄拐嶺　てつかいれい　第137号　3-113
哲多郡　てつたぐん　第150号　3-175, 5-193, 5-307
哲多郡　てつたぐん　第151号　3-177, 5-193, 5-307
哲多郡　てつたぐん　第156号　3-194, 5-193, 5-307
鉄炮洲　てっぽうす　第90号　2-84, 2-86
銕鉋町　てっぽうまち　第65号　1-224
鉄炮町　てっぽうまち　九州沿海図第20　4-277
出戸村○　でとむら　第64号　1-219, 5-283
出戸村　でどむら　第40号　1-140, 5-66, 5-280
出戸村上小屋　でとむらかみこや　第64号　1-219
出戸村中小屋〔出戸〕　でとむらなかこや　第63号　1-218, 5-283
手取川　てどりがわ　第86号　2-70, 5-144
手取島〔手取シマ〕　てとりじま　第196号　4-98, 5-233
手取シマ　てとりじま　九州沿海図第19　4-275

手取山　てどりやま　第97号　2-123
手長嶋　てながじま　第177号　3-294
手長島〔手長シマ〕　てながじま　第191号　4-79, 5-238, 5-241, 5-313
手習　てならい　第133号　3-89
手野川　てのがわ　第141号　3-130
手野村〔手野〕　てのむら　第186号　4-54, 5-223, 5-313
出羽島〔牟岐浦屬〕　てばじま（むぎうらぞく）　第149号　3-164, 5-198, 5-303
手塲村　てばむら　第195号　4-93, 4-94, 5-233
手場村　てばむら　九州沿海図第18　4-265
手塲村底江　てばむらそこえ　第195号　4-93, 4-94
手原村　てはらむら　第133号　3-86, 5-174, 5-176
テヘチ川　第34号　1-116, 5-54, 5-57, 5-279
出町　でまち　第125号　3-48, 3-50
テミヤ　第20号　1-63, 5-44, 5-275
出村　でむら　第144号　3-142, 5-183
出村出屋敷　でむらでやしき　第144号　3-142
出屋敷　でやしき　第177号　3-298
出屋敷　でやしき　九州沿海図第1　4-188
出屋敷　でやしき　九州沿海図第1　4-191
出屋敷　でやしき　九州沿海図第1　4-193
出屋鋪村〔出屋敷村〕　でやしきむら　第134号　3-95, 3-97, 5-176
出屋敷村　でやしきむら　第141号　3-131, 5-183, 5-306
出屋敷村平岩　でやしきむらひらいわ　第141号　3-131
寺家村　てらいえむら　第164号　5-211, 5-308
寺井村○　てらいむら　第188号　4-67, 4-69, 5-231
寺内村　てらうちむら　第62号　1-213, 5-87, 5-283
寺内村　てらうちむら　第125号　3-51, 5-174
寺内村　てらうちむら　第128号　3-62
寺内村　てらうちむら　第128号　3-62, 3-64
寺内村○☆　てらうちむら　第141号　3-128, 5-182, 5-306
寺内村　てらうちむら　第180号　4-27, 5-230, 5-312
寺内村市塲村（酒見北条）　てらうちむらいちばむら（さがみほうじょう）　第141号　3-128
寺内村之内上鈎村〔寺内村、上鈎村、上鈎〕　てらうちむらのうちかみまがりむら　第133号　3-86, 5-174, 5-176, 5-301
寺浦村〔寺浦〕　てらうらむら　第189号　4-73, 5-234, 5-238, 5-241, 5-313
寺尾村　てらおむら　第77号　2-35, 5-113, 5-115
寺尾村　てらおむら　第88号　2-78
寺尾村　てらおむら　第93号　2-103
寺尾村（牧野式部知行所）　てらおむら　第94号　2-109
寺尾村　てらおむら　第107号　2-156, 5-129
寺尾村萩平　てらおむらはぎだいら　第94号　2-109
寺垣内村　てらがいちむら　第174号　3-278, 5-216
寺ケ濵　てらがはま　九州沿海図第15　4-254, 4-255
寺河内村　てらかわうちむら　第124号　3-45, 3-46, 5-304
寺川口村　てらかわぐちむら　第194号　4-89
寺河内川　てらかわちがわ　第151号　5-193
寺川内村　てらがわちむら　第200号　4-115, 4-116, 4-118
寺川内村　てらがわちむら　九州沿海図第16　4-256
寺川内村小鷺浦〔小鷺浦寺河内村〕　てらがわちむらこさぎうら　第200号　4-115, 4-116, 4-118, 5-250
寺川内村平生　てらがわちむらひらばえ　第200号　4-115, 4-116, 4-118
寺川内村福浦　てらがわちむらふくうら　第200号　4-115, 4-116, 4-118
寺河原村〔寺川原〕　てらがわらむら　第164号　3-230, 5-197, 5-214, 5-307, 5-311
寺小島　てらこじま　第207号　4-151
寺子村　てらごむら　第68号　1-241, 5-106, 5-288
寺子屋　てらこや　第34号　1-118, 1-119, 5-57
寺坂峠　てらさかとうげ　第109号　2-167, 5-152
寺坂村○　てらさかむら　第123号　3-41, 5-180, 5-304
寺坂村上寺坂　てらさかむらかみてらさか　第123号　3-41
寺﨑島〔寺サキシマ〕　てらさきじま　第192号　4-81, 5-239, 5-240, 5-241
寺崎ハエ　てらさきはえ　第171号　3-266
寺迫村　てらさこむら　第185号　4-48, 5-244, 5-314
寺迫村　てらさこむら　九州沿海図第7　4-220
寺迫村心見　てらさこむらこころみ　第185号　4-48
寺沢村　てらさわむら　第100号　2-137, 5-127
寺沢村　てらさわむら　第112号　2-182
寺沢村　てらさわむら　第115号　2-195, 5-158
寺沢村　てらさわむら　第116号　5-161, 5-299
寺島　てらしま　第84号　2-62, 2-64
寺島　てらしま　第145号　3-155, 5-185
寺島　てらしま　第162号　3-218
寺嶋　てらしま　第201号　4-121
寺嶌〔寺シマ、寺島〕　てらしま　第201号　4-122, 5-235, 5-313
寺シマ　てらしま　第202号　5-236
手羅島⚠〔テラ島〕　てらしま　第206号　4-146, 5-242, 5-321
寺嶋　てらしま　九州沿海図第6　4-217, 4-218
寺嶋　てらしま　長崎〔参考図〕　4-133
寺島　てらじま　第131号　3-80
寺嶋　てらじま　第196号　4-96, 4-98
寺嶋　てらじま　九州沿海図第18　4-265
寺嶋　てらじま　九州沿海図第19　4-275
寺シマ（山成）　てらしま（やまなり）　第132号　3-85, 1-170
寺島村　てらじまむら　第80号　2-47, 5-139
寺島村　てらじまむら　第90号　2-84, 5-120, 5-123, 5-290
寺地村　てらじむら　第75号　2-27, 5-99, 5-287
寺地村（松平日向守領分）　てらじむら　第80号　2-47, 5-139, 5-294
寺司村　てらじむら　第181号　4-30, 4-33
寺司村（熊本領）　てらじむら　九州沿海図第3　4-202
寺尻村　てらじりむら　第129号　3-71, 5-166, 5-301
寺谷村　てらだにむら　第128号　3-62
寺田村　てらだむら　第81号　2-50, 2-52
寺田村　てらだむら　第125号　3-48, 5-166
寺田村　てらだむら　第133号　3-89, 5-176, 5-301
寺田村　てらだむら　第134号　3-94, 5-301
寺田村　てらだむら　第174号　5-216
寺田村枝久世前　てらだむらえだくぜまえ　第133号　3-89
寺田村ノ内観音前　てらだむらのうちかんのんまえ　第133号　3-89
寺津　てらづ　第155号　5-190
寺津村　てらづむら　第116号　2-207, 5-162, 5-299
寺床山　てらとこやま　第150号　3-175
寺泊○☆　てらどまり　第74号　2-21, 5-112, 5-287, 5-289
寺戸村　てらどむら　第133号　3-90, 3-92, 5-175, 5-176, 5-178, 5-301
寺柱村　てらばしらむら　第199号　4-108, 5-246, 5-261, 5-316
寺柱村　てらばしらむら　九州沿海図第11　4-240
寺濵　てらはま　第48号　1-162, 5-76, 5-78
寺原村　てらはらむら　第166号　3-238, 5-209, 5-212
寺原村水﨑〔寺原〕　てらはらむらみずさき　第166号　3-238, 5-308
寺邊村　てらべむら　第133号　3-87, 3-89, 5-174, 5-176, 5-301
寺前村（米倉丹後守領分）　てらまえむら　第93号　2-102, 5-123, 5-291
寺町村　てらまちむら　第164号　5-211, 5-308
寺村　てらむら　第125号　3-48, 3-50, 5-174
寺村　てらむら　第133号　3-91
寺本村　てらもとむら　第115号　2-199, 5-159, 5-299
寺本村　てらもとむら　第136号　3-106, 5-178
手良山　てらやま　第108号　2-164, 5-150
寺山村（御料所）　てらやまむら　第87号　2-75, 5-120, 5-291
寺山村　てらやまむら　第145号　3-152, 5-192
寺山村木場　てらやまむらこば　第207号　4-153
寺脇村　てらわきむら　第130号　3-75, 5-167
寺脇村　てらわきむら　第210号　4-168, 4-172, 5-252, 5-261, 5-317
寺脇村　てらわきむら　九州沿海図第12　4-246
寺脇村枝苗代川　てらわきむらえだなえしろがわ　九州沿海図第12　4-246
寺脇村枝苗代川村　てらわきむらえだなえしろがわむら　第210号　4-168, 4-172
照越村　てるこしむら　第51号　1-178, 5-77, 5-284
照沼村　てるぬまむら　第57号　1-197, 5-108, 5-288
出羽　でわ　第63号　5-88
出羽国　でわのくに　第43号　1-145
出羽國　でわのくに　第59号　1-204
出羽國　でわのくに　第67号　1-233, 5-81
出羽國　でわのくに　第71号　1-249, 1-250
天狗島　てんぐじま　第201号　4-121
天狗岳　てんぐだけ　第204号　4-140, 4-142
天狗山　てんぐやま　第182号　4-37
テンサマ　てんさま　第203号　4-137
テンサマ　てんさま　九州沿海図第19　4-271, 4-273
天山　てんざん　第190号　5-234, 5-313
傳嗣院　でんしゃいん　第98号　2-126
天守嶽〔天守岳〕　てんしゅだけ　第100号　2-136, 2-138, 5-127
天井山　てんじょう　第177号　5-220
天井山　てんじょうざん　第172号　3-271
天神　てんじん　第90号　2-84
天神　てんじん　第187号　5-313
天神　てんじん　第202号　4-125, 4-127, 4-128
天神　てんじん　九州沿海図第7　4-222
天神　てんじん　長崎〔参考図〕　4-130, 4-132
天神岡　てんじんおか　第101号　2-142
天神川　てんじんがわ　第143号　3-136
天神川　てんじんがわ　第155号　3-191
天神小屋村　てんじんごやむら　第76号　2-28, 5-112, 5-113
天神﨑　てんじんざき　第201号　4-119
天神﨑　てんじんざき　第207号　4-153
天神島　てんじんじま　第93号　2-101, 5-125
天神シマ　てんじんじま　第124号　3-47
天神島　てんじんじま　第172号　3-269, 5-216
天神嶋　てんじんじま　第174号　3-279, 5-217
天神嶋　てんじんじま　第178号　4-14, 4-16
天神島　てんじんじま　第206号　4-150

天神シマ　てんじんじま　第209号　4-166
天神嶋　てんじんじま　九州沿海図第1　4-192
天神シマ　てんじんじま　九州沿海図第10　4-234
天神社　てんじんしゃ　第90号　2-88, 2-90
天神社　てんじんしゃ　第155号　3-191
天神橋　てんじんばし　第135号　3-101
天神鼻　てんじんはな　第100号　2-132, 5-126, 5-127
天神鼻　てんじんはな　第141号　3-127, 3-131
天神鼻　てんじんはな　九州沿海図第12　4-243
天神鼻　てんじんばな　第164号　3-231
天神鼻　てんじんばな　第210号　4-171
天神原村　てんじんばらむら　第143号　3-135, 3-137
天神町　てんじんまち　第111号　2-180, 5-161
天神村　てんじんむら　第162号　3-219, 3-221, 5-204, 5-308
天神山　てんじんやま　第98号　5-117, 5-127
天神山（古城跡）　てんじんやま　第141号　3-128
天神山〔天神シマ〕　てんじんやま　第152号　3-183, 5-195
天神山　てんじんやま　第209号　4-162
天萃ハナ　てんすいはな　第161号　5-203
田代村　でんだいむら　第118号　3-16, 3-18, 5-159
天智帝陵　てんちていりょう　第133号　3-87
天柱　てんちゅう　第151号　5-193
天童（織田左近将監領分）○　てんどう　第66号　1-227, 5-92, 5-285
天童山　てんどうやま　第117号　3-15, 5-168
天念寺　てんねんじ　第90号　2-84
天王　てんのう　第90号　2-84
天主〔王〕山　てんのうざん　第133号　3-90, 3-92
天王山　てんのうざん　第144号　3-142
天王寺　てんのうじ　第135号　3-101
天王寺村天下茶屋〔天王寺村、天王寺〕　てんのうじむらてんかじゃや　第135号　3-101, 5-178, 5-301
天王橋　てんのうばし　第134号　3-98
天王村　てんのうむら　第62号　1-212, 1-213, 5-87, 5-283
天王村　てんのうむら　第127号　3-59
天皇山　てんのうやま　第150号　3-174
天白川　てんぱくがわ　第115号　2-196, 5-159
天白川　てんぱくがわ　第115号　2-197
天判山　てんはんやま　第187号　4-59, 4-62
田福寺川　でんぷくじがわ　第185号　5-244
傳法寺○　でんぼうじ　第44号　1-149, 5-69, 5-280
傳法村　でんぼうむら　第100号　2-135, 2-138, 5-127, 5-291
傳法村枝田端　でんぼうむらえだたばた　第100号　2-135, 2-138
傳法村枝中桁　でんぼうむらえだなかげた　第100号　2-135, 2-138
傳法村枝中村　でんぼうむらえだなかむら　第100号　2-135, 2-138
傳法村枝三日市場　でんぼうむらえだみっかいちば　第100号　2-135, 2-138
傳法村岡久保　でんぼうむらおかくぼ　第100号　2-135, 2-138
傳法村傘木　でんぼうむらからかさぎ　第100号　2-135, 2-138
傳法村宮上　でんぼうむらみやのうえ　第100号　2-135, 2-138
天満浦　てんまうら　第131号　3-81, 5-169, 5-301, 5-302
天満社　てんましゃ　第118号　3-18, 3-20
天満岳　てんまだけ　第203号　4-134
天満岳　てんまだけ　九州沿海図第19　4-272
天満舘村　てんまだてむら　第44号　1-149, 5-66, 5-280
天満天神宮　てんまてんじんぐう　第135号　3-101
天満橋　てんまばし　第135号　3-101
天間村（水野出羽守）　てんまむら　第100号　2-135, 2-138, 5-127, 5-291
天満村☆　てんまむら　第132号　3-85, 1-170, 5-302
天満村　てんまむら　第141号　3-131, 5-183
天満村　てんまむら　第158号　3-204, 5-196, 5-307
天満宮　てんまんぐう　第133号　3-87, 3-90
天満宮　てんまんぐう　第135号　3-101
天満宮〔天神〕　てんまんぐう　第141号　3-130, 5-182
天満宮　てんまんぐう　第175号　3-287
天満宮　てんまんぐう　第187号　4-59, 4-62
天武帝陵　てんむていりょう　第134号　3-97, 3-98
天目シマ　てんもくじま　第190号　4-77
天竜川　てんりゅうがわ　第108号　2-165, 5-150
天竜川　てんりゅうがわ　第111号　2-179, 2-180, 5-161, 5-298
天竜寺　てんりゅうじ　第90号　2-85, 2-87
天竜寺　てんりゅうじ　第133号　3-90
天竜寺門前　てんりゅうじきたもんまえ　第133号　5-175, 5-176
天竜寺門前　てんりゅうじもんぜん　第133号　3-90, 5-175, 5-176
天竜古川〔天竜川古川〕　てんりゅうふるかわ　第111号　2-180, 5-161

【と】

土合村　どあいむら　第80号　2-45, 2-48, 5-138
十足川　とあしがわ　第116号　5-162
斗有村　とありむら　第144号　3-147
土井　どい　第175号　3-286
土井浦山　どいうらやま　第204号　4-140, 4-142
トイカンベツ　第11号　1-37, 1-38, 5-35, 5-272
トイギ〔トイキ岩〕　といぎ　第102号　2-147, 5-128, 5-129
問御所村（堀近江守）　といごしょむら　第81号　2-50, 5-146, 5-294
砥石嶋　といしじま　第176号　3-292, 5-219
戸石村　といしむら　第202号　4-125, 4-126, 5-236, 5-315
戸石村舩津　といしむらふなつ　第202号　4-125, 4-126
砥石山　といしやま　第150号　3-174
砥石山　といしやま　第172号　3-271
戸石山　といしやま　第187号　5-222, 5-230
砥石山　といしやま　第193号　4-85, 4-86
戸石山　といしやま　第202号　5-236
砥石山　といしやま　九州沿海図第18　4-268
土井城　どいじょう　第163号　3-222
トイタコタン　第30号　1-103, 5-46, 5-279
問田村　といだむら　第176号　3-290
東市場村　といちばむら　第121号　3-33, 5-172, 5-174
トイトマリ　第34号　1-119, 5-57, 5-279
トイナイ　第10号　1-35, 5-34, 5-272
土井頭村　どいのくびむら　第202号　4-125, 4-127, 4-128, 5-236, 5-315
土井頭村　どいのくびむら　長崎〔参考図〕　4-131
トイノシマ　といのしま　第151号　3-181, 5-195
土井ノ本　どいのもと　第204号　4-140
トイベツ川〔トアベツ川〕　第25号　1-84, 5-33, 5-277
トイマキ川　第11号　1-37, 5-34, 5-272
土井丸村　どいまるむら　第190号　4-75, 5-234
都井岬　といみさき　第198号　4-106, 5-248, 5-316
都井岬　といみさき　九州沿海図第8　4-226
土肥村（御料所）☆　といむら　第101号　2-143, 5-129, 5-298
都井村　といむら　第198号　4-106, 5-248, 5-316
都井村　といむら　九州沿海図第8　4-227
土居村　どいむら　第124号　3-42, 3-44
土居村（御料所）　どいむら　第135号　3-101, 5-178, 5-301
土居村　どいむら　第150号　3-172, 5-189, 5-305
土居村　どいむら　第187号　4-56, 5-222, 5-312
土居村浦原　どいむらうらばる　第187号　4-56
土居村枝片狀　どいむらえだかたぶし　第144号　3-141
都井村黒井　といむらくろい　第198号　4-106, 4-107
都井村毛久保　といむらけくぼ　第198号　4-106
都井村立宇津　といむらたちうづ　第198号　4-106, 4-107
土居村土居町○　どいむらどいまち　第144号　3-141, 5-183, 5-304, 5-306
土井本　どいもと　第176号　3-288
トイラツケ　第16号　1-51, 5-39, 5-274
トイルイカ　第8号　1-29, 1-30, 5-24, 5-271
トー　第3号　1-16, 5-18, 5-268, 5-270
道意新田　どういしんでん　第137号　3-112, 5-178
東叡山中堂〔東叡山〕　とうえいざんちゅうどう　第90号　2-84, 5-120, 5-123
道説〔悦〕島村（御料所、大草織部知行所）　どうえつじまむら　第111号　2-177, 5-160, 5-298
道海嶋　どうかいじま　第188号　4-67, 4-69
トウカイ濵　とうかいはま　第104号　2-151
塔ケ嵜　とうがさき　第203号　4-134, 4-136
塔ケ﨑　とうがさき　九州沿海図第19　4-272
塔ヶ﨑島　とうがさきじま　第192号　4-81
塔ケ嵜島　とうがさきじま　第196号　4-96
塔ケ﨑嶋　とうがさきじま　九州沿海図第19　4-275
トウカサ野山〔遠笠野山〕　とうがさのやま　第101号　2-142, 5-128
堂ヶ島　どうがしま　第99号　2-131
渡鹿岬　どうかみさき　第131号　3-81
堂ケ峯　どうがみね　第105号　2-154
堂ケ峯　どうがみね　第178号　4-13
稲荷村　とうかむら　第193号　4-87, 5-231
堂ケ山村　どうがやまむら　第129号　3-67, 3-69, 5-166, 5-301
東ヶ谷村　とうがやむら　第116号　5-162, 5-299
渡岸寺村　どうがんじむら　第121号　3-30, 5-157
堂木〔堂木山〕　どうぎ　第121号　3-30, 5-157
筒木坂村　どうぎざかむら　第38号　1-127, 5-82, 5-281
トウキリハエ　とうきりはえ　第171号　3-265, 3-267
東宮濵〔東宮〕　とうぐうはま　第52号　1-180, 5-79, 5-284
道具川　どうぐがわ　第110号　2-176
道具小路　どうぐこうじ　九州沿海図第7　4-221
東宮村　とうぐむら　第131号　3-78, 5-168
東宮山　とうぐやま　第131号　3-78, 5-168, 5-301
峠　とうげ　第173号　3-272
峠　とうげ　第175号　3-283
峠　とうげ　第189号　4-70, 4-72
峠　とうげ　九州沿海図第21　4-279
峠川　とうげがわ　第202号　4-125, 4-126
峠川　とうげがわ　長崎〔参考図〕　4-130
峠島　とうげじま　第167号　3-243, 5-211, 5-213,

5-308
道下村　とうげむら　第84号　2-65, 5-143
藤下村　とうげむら　第118号　3-17, 3-19, 5-166
峠村　とうげむら　第144号　3-141, 5-192
峠村　とうげむら　第173号　5-213
道玄開作　どうげんかいさく　第175号　3-286
島後　とうご　第153号　3-186
東郷湖　とうごうこ　第143号　3-136, 5-188, 5-305
東光寺　とうこうじ　第90号　2-84
東光寺　とうこうじ　第90号　2-84, 2-85, 2-87
東光寺　とうこうじ　第90号　2-90
東光寺　とうこうじ　第98号　2-126
東光寺　とうこうじ　第100号　2-135
東光寺村　とうこうじむら　第187号　4-60, 5-223, 5-313
東光寺村長沼　とうこうじむらながぬま　第187号　4-60
東郷村　とうごうむら　第153号　3-186, 5-191
東郷村宇屋町　とうごうむらうやまち　第153号　3-186
東郷村小田　とうごうむらおだ　第153号　3-186
塔越嵜　とうこしざき　第207号　4-153
藤五村　とうごむら　第66号　1-231, 5-80, 5-92
當古村　とうごむら　第116号　2-202, 2-204, 5-161, 5-299
道後村（温泉）　どうごむら　第168号　3-247, 5-214, 5-311
塔崎　とうざき　第206号　4-149
堂崎　どうさき　第203号　5-251
堂嵜島　どうざきじま　第196号　4-95
藤崎村　とうざきむら　第80号　2-46, 2-49, 5-138, 5-294
堂嵜村石田名〔堂嵜村、堂崎〕　どうざきむらいしだみょう　第196号　4-97, 5-233, 5-315
堂嵜村大苑名〔堂崎〕　どうざきむらおおぞのみょう　第196号　4-97, 5-315
東寺　とうじ　第133号　3-87, 3-90
東寺　とうじ　第149号　3-166, 5-198
等持院　とうじいん　第133号　3-90
等持院門前　とうじいんもんぜん　第133号　3-90, 5-174, 5-176
答志郡　とうしぐん　第117号　3-13, 3-14, 5-163, 5-168, 5-299
童子簓　どうじばや　第170号　3-263
トウシマ　とうしま　第84号　2-62, 2-64
トウシマ　とうしま　第147号　3-163, 5-187
東嶌　とうしま　第183号　4-38
東嶋　とうしま　九州沿海図第5　4-211, 4-213
塔シマ　とうじま　第124号　3-42, 5-180
銅嶋　どうしま　九州沿海図第8　4-226
堂島　どうじま　第140号　3-124
洞島〔洞シマ〕　どうじま　第186号　4-55, 5-223
堂島〔堂シマ〕　どうじま　第196号　4-98, 5-233
堂シマ　どうじま　九州沿海図第19　4-275
堂島川　どうじまがわ　第67号　1-235
銅島鼻〔銅島ハナ〕　どうしまはな　第198号　4-106, 5-248
童子丸村　どうじまるむら　第185号　4-49, 4-51, 5-244, 5-314
東寺廻　とうじまわり　第133号　3-87, 3-90
答志村　とうしむら　第117号　3-12, 5-163, 5-299
田牛村（御料所）　とうじむら　第102号　2-147, 5-128, 5-298
田路村　とうじむら　第128号　3-62, 3-64
答志村和具　とうしむらわぐ　第117号　3-12
東下村高野〔東下村〕　とうしもむらこうや　第58号　1-200, 1-201, 5-110, 5-290
東下村舎利（松下河内守知行所）〔東下村〕　とうしもむらしゃり　第58号　1-200, 1-201, 5-110, 5-290
東下村波﨑（松下河内守知行所）〔東下村〕　とうしもむらはざき　第58号　1-200, 5-110, 5-290
答志桃取島　とうしももとりしま　第117号　3-12, 5-163
トーシヤム　第6号　1-21, 5-26, 5-268, 5-270
唐舟志村　とうじゅうしむら　第192号　4-80, 5-239, 5-241, 5-320
道場河原村○　どうじょうかわらむら　第136号　3-107, 5-178
東照宮　とうしょうぐう　第176号　3-290
道成寺川　どうじょうじがわ　第107号　2-156, 2-158
道成寺村　どうじょうじむら　第178号　4-14, 4-16
道成寺村　どうじょうじむら　九州沿海図第1　4-192
道成寺山　どうじょうじやま　第139号　3-123
唐招提寺　とうしょうだいじ　第134号　3-95, 5-176
東條村（水野壹岐守、稲葉播磨守領分）　とうじょうむら　第92号　2-98, 5-111, 5-290, 5-292
東上村　とうじょうむら　第116号　2-202, 2-204, 5-161, 5-299
道場村（御料所）　どうじょうむら　第88号　2-78, 5-120, 5-291
道場村　どうじょうむら　第124号　3-44, 5-180
道場村枝伊原　どうじょうむらえだいはら　第124号　3-44
道場村新田〔道場村〕　どうじょうむらしんでん　第88号　2-78
唐人島　とうじんしま　第157号　3-200
唐人シマ　とうじんじま　第166号　3-235, 5-209, 5-212
當新田村　とうしんでんむら　第145号　3-153, 5-192
道瀬浦　どうぜうら　第131号　3-80, 5-169
塔世川　とうせがわ　第130号　3-74
塔世村　とうせむら　第130号　3-74, 5-163
島前　とうぜん　第154号　3-189
唐泉山　とうせんざん　第190号　4-75, 4-76
等泉寺　とうせんじ　第133号　3-87, 3-89
東禅寺　とうぜんじ　第90号　2-84
唐舩島〔唐舟シマ〕　とうせんじま　第196号　4-97, 4-99, 5-233
唐舩嶋　とうせんじま　九州沿海図第19　4-275
東前寺村　とうぜんじむら　第118号　3-21
唐舩瀬　とうせんぜ　長崎〔参考図〕　4-129
唐舩浦村　とうせんのうらむら　第207号　5-243, 5-321
唐舩浦村戸岐首村　とうせんのうらむらとぎのくびむら　第207号　4-153
唐舩簓　とうせんばえ　第183号　4-38
唐舩ハエ　とうせんばえ　第184号　4-46, 5-244
唐舩簓　とうせんばえ　第200号　4-116, 4-118
唐舟ハヘ　とうせんばえ　九州沿海図第5　4-211
唐舩簓　とうせんばえ　九州沿海図第6　4-218, 4-219
唐舩簓　とうせんばえ　九州沿海図第16　4-257
唐船番処　とうせんばんしょ　第47号　1-160, 1-161
唐舩岬　とうせんみさき　第191号　4-79
道善村　どうぜんむら　第187号　4-62, 5-223, 5-313
道善村惠子　どうぜんむらえこ　第187号　4-62
唐泉山　とうせんやま　第201号　4-120
盗賊浦山　とうぞくほさん　第192号　5-241, 5-320
堂園村　どうぞのむら　第181号　4-33, 5-226
堂園村（熊本領）　どうぞのむら　九州沿海図第3　4-202
トーソリ　第32号　1-109, 1-110, 5-56, 5-279
東大寺　とうだいじ　第134号　3-95
當代島村　とうだいじまむら　第89号　2-81, 2-83, 5-122
東大寺村　とうだいじむら　第133号　3-92, 5-176, 5-178
東臺石山　とうだいしやま　第105号　2-154
藤澤山清浄光寺　とうたくさんしょうじょうこうじ　第93号　2-103
藤田村　とうだむら　第98号　2-126, 5-117, 5-127
塔田村　とうだむら　第178号　4-16, 5-312
藤田村☆　とうだむら　第181号　4-32, 5-226, 5-311, 5-312
塔田村　とうだむら　九州沿海図第2　4-195
藤田村☆　とうだむら　九州沿海図第4　4-207
塔田村原田　とうだむらはるだ　第178号　4-16
十足村　とうたりむら　第101号　2-140, 2-142
東竹院　とうちくいん　第88号　2-77
道地村（前田半右衛門、彦坂九兵衛、菅沼越前守知行所）　どうちむら　第88号　2-76, 5-120, 5-291
トウヅレ（古城跡）　とうづれ　第151号　3-178
百々村　どうどうむら　第98号　2-126, 5-117, 5-296
百々村　どうどうむら　第116号　5-162, 5-299
堂土川　どうどがわ　第162号　3-218
道床山　どうとこやま　第172号　3-268
堂所山　どうとこやま　第180号　4-25, 4-27
東殿山　とうどのやま　第113号　2-189
百々村　どうどむら　第115号　2-198, 2-200, 5-159, 5-299
東南條郡　とうなんじょうぐん　第144号　3-144, 5-188, 5-305
東南村　とうなんむら　第141号　3-131
頭似島〔頭似シマ〕　とうにしま　第198号　4-106, 5-246
頭似嶋　とうにしま　九州沿海図第8　4-226
唐丹村☆　とうにむら　第47号　1-159, 5-72, 5-282
唐丹村大石濱　とうにむらおおいしはま　第47号　1-159, 1-160, 5-72
トー沼　第3号　1-16
堂ノ上村　どうのうえむら　第118号　3-19, 3-21
堂ノ浦☆⚓　どうのうら　第142号　3-133, 5-185, 5-187
堂ノ浦枝阿波井榜尓　どうのうらえだあわいぼうじ　第142号　3-133
堂浦枝日出⚓　どうのうらえだひうで　第142号　3-133
遠江村〔遠江〕　とうのえむら　第190号　4-75, 5-234, 5-313
堂尾　どうのお　第181号　4-31
堂尾　どうのお　九州沿海図第3　4-200
堂釜村　どうのかまむら　第75号　2-27, 5-99, 5-287
東野ケ里村　とうのがりむら　第188号　4-67, 4-69, 5-231
東野ケ里村大橋　とうのがりむらおおはし　第188号　4-67, 4-69
唐川村〔唐川〕　とうのかわむら　第189号　4-73, 5-234, 5-238, 5-241, 5-313
道古閑　どうのこが　九州沿海図第18　4-264, 4-266
トウノ小島　とうのこじま　第204号　4-140
塔崎　とうのさき　第192号　4-80, 4-81, 5-239, 5-241
トウノ﨑　とうのさき　第192号　4-81
塔迫村　とうのさこむら　第193号　4-84, 4-86, 5-232, 5-314
塔迫村　とうのさこむら　九州沿海図第20　4-277
塔ノ澤（温泉）〔塔ノ沢〕　とうのさわ　第99号　2-131, 5-126, 5-291
塔シマ〔塔シマ〕　とうのしま　第201号　4-121, 5-235
トウノセ　とうのせ　第189号　4-73
トウノ瀬〔トウノセ〕　とうのせ　第202号　4-127,

5-236

唐ノ濱浦〔唐濱〕 とうのはまうら 第148号 3-168, 5-199, 5-310

多武峯妙楽寺〔多武峰〕 とうのみねみょうらくじ 第134号 3-97, 3-98, 5-177, 5-301

當野村 とうのむら 第136号 3-105

塔之本 とうのもと 九州沿海図第2 4-195

塔森村 とうのもりむら 第133号 3-87, 3-89, 3-90, 3-92, 5-174, 5-176, 5-301

トウノ山 とうのやま 第136号 3-105

トーバイ川 第6号 1-22, 1-24, 5-26, 5-270

頭波下村 とうはげむら 第193号 4-87, 5-233, 5-315

頭波下村 とうはげむら 九州沿海図第18 4-269

唐原村 とうばるむら 第179号 4-19

唐原村 とうばるむら 九州沿海図第2 4-195

トウヒキ﨑 とうひきざき 第102号 2-145

唐平ハエ とうひらばえ 第192号 4-80

トーフイ○〔トーブイ〕 第24号 1-80, 5-32, 5-276

トーブイ川 第24号 1-80, 5-32, 5-276

道風社〔小野道風社〕 どうふうしゃ 第133号 3-90, 5-175

東福寺 とうふくじ 第133号 3-87, 3-89, 5-174, 5-176

東福寺 とうふくじ 第135号 3-100, 5-176, 5-177

東福寺村 とうふくじむら 第81号 2-53

東福寺村 とうふくじむら 第133号 3-87, 5-174, 5-176, 5-301

東福寺村中澤 とうふくじむらなかざわ 第81号 2-53

トーブツ○ 第3号 1-14, 5-18, 5-268, 5-270

トウブツ 第22号 1-72, 5-30, 5-270, 5-276

トーブツ 第29号 1-99, 5-52, 5-278

トーブツ川 第8号 1-29, 5-24, 5-271

トーブツ川 第7号 1-28, 5-21, 5-271

堂佛川 どうぶつがわ 第124号 5-180

當別○ とうべつ 第32号 1-111, 5-56, 5-279

トーベツ川 第18号 1-60, 5-43, 5-275

トーベット 第18号 1-60, 5-43, 5-275

トウ別當山〔トウ別山〕 とうべっとうやま 第109号 2-171, 5-154

東法 とうぼう 第177号 3-295

唐房村 とうぼうむら 第189号 4-71, 4-72, 5-234, 5-238, 5-241

トウボケ〔トウホケシ〕 第29号 1-97, 5-51, 5-278

東保村 とうほむら 第141号 3-131, 5-183

東保村中出屋敷 とうほむらなかでやしき 第141号 3-131

東保村間野茶屋 とうほむらまのちゃや 第141号 3-131

道本川 どうほんがわ 第118号 5-166

トーマイ 第20号 1-65, 1-66, 5-45, 5-275

堂丸鼻 どうまるはな 第103号 2-149

東海 とうみ 九州沿海図第6 4-217, 4-218

田海村 とうみむら 第80号 2-47, 5-139, 5-294

遠見山 とうみやま 第184号 5-244

燈明 とうみょう 第124号 3-47

燈明堂岬 とうみょうどうみさき 第117号 3-14

東明村 とうみょうむら 第137号 3-112, 5-178, 5-306

トームイ東岩岬〔トームイ岬〕 第6号 1-24, 5-26, 5-270

堂村 どうむら 第121号 3-31, 3-32, 5-157, 5-172

堂免村 どうめむら 第190号 4-75, 5-231, 5-234

堂本山 どうもとやま 第192号 4-82

糟山 とうやま 第143号 3-135

堂山 どうやま 第100号 2-138

洞山 どうやま 第186号 4-53, 4-54

洞山島 どうやまじま 第186号 4-54, 5-222

洞山島 どうやまじま 第186号 4-53

東里岳 とうりがたけ 第123号 3-41

同笠新田村 どうりしんでんむら 第111号 2-179, 5-160

道了権現 どうりょうごんげん 第99号 2-129, 2-131, 5-126, 5-291

道林寺 どうりんじ 第90号 2-84

道脇村 どうわきむら 第111号 2-177, 2-178, 5-160

十市郡 とおいちぐん 第134号 3-97, 3-98, 5-177, 5-301

十日市塲村（飯河善左エ門知行所、御留守居与力給地、御先手組与力給地） とおかいちばむら 第58号 1-200, 1-201, 5-110

十日市場村 とおかいちばむら 第97号 2-121, 5-126, 5-127, 5-291

十日市場村 とおかいちばむら 第129号 3-69, 5-163

十日市村 とおかいちむら 第50号 1-171, 5-71, 5-73, 5-74, 5-282

十日市村 とおかいちむら 第133号 3-93

十日市村 とおかいちむら 第163号 3-227, 5-209, 5-308

十日市村大湊（堀近江守領分） とおかいちむらおおみなと 第76号 2-29, 5-112

十日町村 とおかまちむら 第76号 2-28, 2-32, 5-112, 5-113, 5-287, 5-289

戸岡村 とおかむら 第141号 3-129, 3-131

遠坂峠 とおざかとうげ 第127号 3-60

遠坂村○☆ とおざかむら 第127号 3-60, 5-180, 5-304

遠坂村枝今出 とおざかむらえだいまで 第127号 3-60

遠坂村枝德畑村 とおざかむらえだとくばたむら 第127号 3-60

遠坂村枝和田 とおざかむらえだわだ 第127号 3-60

遠崎村 とおさきむら 第169号 3-254, 5-215

十嶋村 とおしまむら 第100号 2-138

遠島村 とおしまむら 第115号 2-197

十島山 とおしまやま 第100号 2-138

唐舩瀬 とおせんぜ 第202号 4-128

藤田郡 とおたぐん 第52号 1-179, 5-77, 5-79, 5-284

遠武村〔遠武〕 とおだけむら 第201号 4-119, 5-233, 5-236, 5-313, 5-315

遠武村釜分 とおだけむらかまぶん 第201号 4-119

遠田村 とおだむら 第172号 3-270, 5-216, 5-308

十市村 とおちむら 第159号 3-206, 3-208, 5-199, 5-310

遠塚村 とおづかむら 第83号 2-57, 5-141, 5-295

遠江國〔遠江〕 とおとうみのくに 第107号 2-159, 5-161, 5-298

遠江國〔遠江〕 とおとうみのくに 第111号 2-177, 2-181, 5-161, 5-298

遠渡島（戸島屬） とおどしま（とじまぞく） 第171号 3-265, 3-267, 5-203, 5-311

遠波村 とおなみむら 第176号 3-292, 5-219, 5-312

多保市村 とおのいち 第128号 5-182

遠尾峠 とおのおとうげ 第174号 5-216

通古賀村 とおのこがむら 第187号 4-59, 4-62, 5-223

トヲノコシマ とおのこじま 第190号 5-235

十ヘシマ とおべしま 第179号 5-224, 5-225

遠見 とおみ 第173号 3-277

遠見 とおみ 第186号 4-55

遠見 とおみ 第191号 4-79

遠見 とおみ 第191号 4-79

遠見 とおみ 第192号 4-80

遠見 とおみ 第202号 4-128

遠見 とおみ 長崎〔参考図〕 4-129

遠見 とおみ 長崎〔参考図〕 4-129

遠見嵜 とおみざき 第202号 4-125, 4-127, 4-128

遠見﨑 とおみざき 第202号 4-125, 4-127, 4-128

遠見﨑 とおみざき 長崎〔参考図〕 4-131, 4-133

遠見番処 とおみばんしょ 第202号 4-127, 4-128

遠見山 とおみやま 第146号 3-158

遠見山 とおみやま 第181号 4-32

遠江〔見〕山 とおみやま 第184号 4-44, 4-46

遠見山 とおみやま 第192号 4-80

遠見山 とおみやま 第192号 4-81, 4-82

遠見山〔遠見〕 とおみやま 第212号 4-177, 5-253

遠見山 とおみやま 九州沿海図第15 4-254, 4-255

通岬 とおりみさき 第174号 3-279

通村 とおりむら 第84号 2-62, 2-64, 5-143, 5-295

通村 とおりむら 第117号 3-13, 5-163

通山 とおりやま 九州沿海図第11 4-241

通山 とおりやま 九州沿海図第21 4-281

戸ヶ崎村 とがさきむら 第116号 2-206, 5-162, 5-299

トカサワ 第36号 1-124, 5-57, 5-279

桃頭島 とがじま 第131号 3-80, 5-169, 5-301, 5-302

トカチ川 第24号 1-78, 5-32, 5-276

戸門村 とかどむら 第39号 1-135, 5-67, 5-82, 5-281

トカフ山 とかふやま 第163号 3-225

外構村 とがまえむら 第155号 3-192

砥上川 とかみがわ 第187号 4-59, 5-223, 5-231

菟上神社 とかみじんじゃ 第118号 3-21

砥上村 とかみむら 第187号 4-59

外神村 とかみむら 第100号 2-135, 2-138

度神山 とかみやま 第180号 4-28

冨賀明神 とがみょうじん 第104号 2-151

戸賀村 とがむら 第62号 1-211, 5-87

戸賀村 とがむら 第125号 3-48, 3-50, 5-166

トカメシマ とがめじま 第116号 2-201

トカリシヨツケ 第15号 1-47

渡苅村 とがりむら 第115号 2-196, 2-198, 2-200, 5-159, 5-299

戸ケ里村〔戸ケ里〕 とがりむら 第190号 4-75, 5-234, 5-313

渡刈村枝上渡刈 とがりむらえだかみとがり 第115号 2-196, 2-198, 2-200

トカルンワタラ 第3号 1-14, 5-16, 5-268, 5-270

戸河内村 とがわうちむら 第163号 5-208

戸川村 とがわむら 第113号 2-188, 5-155, 5-297

外川村（松平甲斐守領分） とがわむら 第135号 3-100, 5-176, 5-177, 5-301

冨木（地頭町・領家町） とぎ 第84号 2-63, 2-65

時枝村（小笠原大和守陣屋） ときえだむら 第179号 4-19

時枝村 ときえだむら 九州沿海図第2 4-194

都幾川 ときがわ 第88号 2-77, 2-79

時川 ときがわ 第118号 3-19, 3-21

冨木川 とぎかわ 第84号 2-63, 2-65, 5-143

時國村 ときくにむら 第85号 2-66, 5-142, 5-295

土岐郡 ときぐん 第114号 2-190, 2-191, 5-155, 5-297

時郷打上村　ときごううちあげむら　第118号　3-19, 3-21

時郷上村〔時郷、持郷〕　ときごうかみむら　第118号　3-19, 3-21, 5-166, 5-297, 5-300

時郷下村　ときごうしもむら　第118号　3-19, 3-21

時郷細野村　ときごうほそのむら　第118号　3-19, 3-21

土器﨑　どきさき　第189号　4-71

トキサラヲマフ〔トキサフヲマフ〕　第28号　1-92, 1-94, 5-50, 5-278

トキサラヘ　第22号　5-27

トキサラベツ　第22号　1-70

時重村　ときしげむら　第141号　3-129

トキシマ〔トキ島〕　ときしま　第122号　3-35, 5-173

時志村　ときしむら　第116号　2-207, 5-163, 5-299

トキセー　第8号　1-31

トキセー湖〔トキセートー〕　第8号　1-30, 5-24, 5-271

土支田村　ときたむら　第90号　2-85

時田村　ときだむら　第95号　2-112, 5-146, 5-294

時津村☆　ときつむら　第202号　4-125, 4-127, 5-236, 5-315

時津村　ときつむら　長崎〔参考図〕　4-133

時津村市場○　ときつむらいちば　第202号　4-127, 5-236

時津村市場○　ときつむらいちば　長崎〔参考図〕　4-133

時津村枝佐底　ときつむらえださそこ　第202号　4-127

時津村枝佐底　ときつむらえださそこ　長崎〔参考図〕　4-133

時津村西時津　ときつむらにしときつ　第202号　4-125, 4-127

時津村西時津　ときつむらにしときつ　長崎〔参考図〕　4-133

時津村濱田　ときつむらはまだ　第202号　4-125, 4-127

時津村濱田　ときつむらはまだ　長崎〔参考図〕　4-133

土器野新田　どきのしんでん　第115号　2-197, 5-159

トキハリ山　ときはりやま　第153号　3-186

トキマイ　第12号　1-40, 5-36, 5-269, 5-273

時水山　ときみずやま　第76号　2-33, 5-112, 5-113

土器村　どきむら　第151号　3-180, 5-194, 5-307

徳合村（榊原式部大輔領分）　とくあいむら　第80号　2-46, 5-138, 5-294

徳市村　とくいちむら　第121号　3-29, 3-31, 3-32, 5-172

徳市村　とくいちむら　第163号　3-226, 5-208

徳井村　とくいむら　第137号　3-112, 5-178

徳浦村　とくうらむら　第183号　4-39, 5-226, 5-312, 5-311

徳浦村　とくうらむら　九州沿海図第4　4-209

徳王　とくおう　九州沿海図第18　4-266

徳尾村　とくおむら　第143号　3-135, 5-188

徳恩寺　とくおんじ　第90号　2-90

徳音寺　とくおんじ　第109号　2-168

トクケセ　とくがせ　第192号　4-81

徳才子村　とくさいしむら　第43号　1-146, 5-67, 5-82, 5-281

徳佐市　とくさいち　第175号　3-282, 5-218

トクサキ　第31号　1-106, 1-108, 5-56, 5-279

トクサキ川　第31号　1-106, 1-108

木賊洞村　とくぼらむら　第112号　2-182, 2-185, 5-153, 5-297

徳佐嶺　とくさみね　第174号　5-216

徳佐村　とくさむら　第175号　3-282, 5-309

徳佐村枝領家村　とくさむらえだりょうけむら　第175号　3-282

徳佐村野坂　とくさむらのさか　第175号　3-282

徳佐村畠田村　とくさむらはただむら　第175号　3-282

徳重村〔徳重〕　とくしげむら　第186号　4-54, 5-223, 5-313

徳重村免渡　とくしげむらとど　第186号　4-55

徳島（松平阿波守居城）☆　とくしま　第142号　3-133, 5-187, 5-303, 5-306

徳島〔トクシマ〕　とくしま　第181号　4-30, 4-33, 5-226

徳嶋（熊本領）　とくしま　九州沿海図第3　4-202

徳上山　とくじょさん　第207号　4-153, 5-242, 5-243

徳末村○〔徳末〕　とくすえむら　第189号　4-72, 5-234, 5-241, 5-313

徳前村　とくぜんむら　第187号　4-56, 5-222, 5-312

徳田　とくだ　九州沿海図第3　4-201

徳大寺村　とくだいじむら　第133号　3-90, 5-175, 5-176

徳大寺村　とくだいじむら　第133号　3-90, 5-175, 5-176

獨岳　どくだけ　第155号　3-193

徳田新田　とくだしんでん　第118号　3-19, 3-21, 5-166

徳田村　とくたむら　第50号　1-170, 5-71, 5-74, 5-282

徳田村　とくだむら　第76号　2-32, 5-113

徳田村　とくだむら　第118号　3-19, 3-21, 5-166, 5-297, 5-300

徳田村　とくだむら　第157号　5-195

徳田村段　とくだむらだん　第118号　3-19, 3-21

戸口村　とぐちむら　第88号　2-79

土口村　どぐちむら　第81号　2-53, 5-146, 5-294

徳童村　とくどうむら　第188号　4-64, 5-230

徳富村　とくどみむら　第144号　3-146, 5-192, 5-307

徳冨村〔徳冨〕　とくどみむら　第188号　4-67, 4-69, 5-231, 5-313

特止山　とくとめやま　第178号　4-15, 4-17

徳永村（松平隼人正知行所）　とくながむら　第101号　2-140, 2-142, 5-128

徳末〔長〕村　とくながむら　第142号　3-133

徳永村　とくながむら　第187号　4-61, 5-223, 5-313

徳永村北原　とくながむらきたばる　第187号　4-61

徳永村唐羽村　とくながむらとうばむら　第101号　2-140, 2-142

徳ノ尾　とくのお　九州沿海図第21　4-279

徳之渕　とくのふち　九州沿海図第7　4-221, 4-222

徳淵村　とくのふちむら　第187号　4-58

徳原村　とくはらむら　第129号　3-71, 3-73, 5-167, 5-301

徳久村〔徳久〕　とくひさむら　第188号　4-65, 4-66, 4-68, 5-313

徳淵村　とくぶちむら　第195号　4-94, 5-250

徳淵村　とくぶちむら　九州沿海図第16　4-260

トクホウハナ　とくほうはな　第203号　5-251

徳間稲倉村　とくまいなくらむら　第81号　2-50, 2-52, 5-146

徳益村　とくますむら　第188号　4-68, 5-231

徳間村（真田弾正大弼）○　とくまむら　第81号　2-50, 2-52, 5-294

徳万村　とくまんむら　第150号　3-170, 5-189, 5-305

徳萬村〔徳万村、徳万〕　とくまんむら　第188号　4-67, 4-69, 5-231, 5-234, 5-313

徳万村枝快万村　とくまんむらえだかいまんむら　第188号　4-67

徳光村　とくみつむら　第86号　2-69, 2-70, 5-141, 5-295

徳光村　とくみつむら　第118号　3-17, 3-19, 5-166

時光村　とくみつむら　第123号　3-38

徳光村　とくみつむら　第123号　3-38

徳光村　とくみつむら　第178号　4-13, 4-15, 5-222, 5-312

徳光村古川　とくみつむらふるかわ　第178号　4-13, 4-15

徳光山　とくみつやま　第197号　4-101, 5-245

徳目　とくめ　第191号　4-79

徳山（毛利大和守在所）　とくやま　第175号　3-286, 5-218, 5-311, 5-312

徳山村内遠石〔徳山村〕　とくやまむらうちとおいし　第175号　3-286, 5-218

徳吉村　とくよしむら　第143号　3-135, 3-137, 5-188

戸藏郷戸藏村（飯田大次郎、阿倍櫓之助、永井彦兵エ、秋山兵八郎知行所）〔戸藏村〕　とくらごうとくらむら　第101号　2-141, 5-126

十倉村　とくらむら　第122号　5-175

十倉村　とくらむら　第127号　3-56, 5-175

徳倉山　とくらやま　第101号　2-141

戸倉山　とくらやま　第108号　2-162

戸倉山　とくらやま　第108号　2-164

徳力村○　とくりむら　第178号　4-13, 4-15, 5-222, 5-312

徳力村草場　とくりきむらくさば　第178号　4-13, 4-15

徳和村　とくわむら　第75号　2-26, 5-99, 5-287

トケノ下山　とけのしもやま　第197号　4-102, 5-246

トケ山　とけやま　第156号　3-197

トコ石　とこいし　第101号　2-140, 2-142

トコイシマ　とこいしま　第190号　5-235

トコイ島　とこいじま　第204号　4-140

トコイ瀬　とこいせ　第204号　4-140

戸河内村　とごうちむら　第166号　3-239, 5-212, 5-308

戸河内村鵜渡瀬　とごうちむらうどせ　第166号　3-239

戸河内村滝本　とごうちむらたきもと　第166号　3-239

戸河内村殿河内　とごうちむらとのごうち　第172号　3-271

戸河内村堀　とごうちむらほり　第166号　3-239

トヨヲ子イ川　第15号　1-48, 5-38, 5-273

床尾村　とこおむら　第96号　2-119, 5-150, 5-296

戸越鼻　とごしばな　第198号　5-248

トコタン　第7号　1-27, 5-21, 5-271

トコタン　第17号　1-55, 5-42

トコタン　第22号　1-71, 1-72, 5-27, 5-270

トコタン川　第5号　1-20, 5-19, 5-270

床波村　とこなみむら　第176号　3-292, 5-219, 5-312

床波村吉田　とこなみむらよしだ　第176号　3-292

常滑村　とこなめむら　第116号　2-207, 5-299

トコマイ　第33号　1-113, 5-47, 5-279

土古山新田　どこやましんでん　第115号　2-197, 5-159

トコロ○　第8号　1-29, 5-21, 5-24, 5-271

トコロ川　第8号　5-21, 5-24, 5-271

所口○☆⚠　ところぐち　第84号　2-62, 2-64, 5-143, 5-295

所﨑　ところざき　九州沿海図第12　4-246

所島　ところじま　第189号　4-73

所島　ところじま　第203号　4-136, 4-138, 5-251, 5-315

所嶋　ところじま　九州沿海図第14　4-252

土甲呂町　とごろまち　第188号　4-65, 4-66, 4-68, 5-231

所宮　ところみや　九州沿海図第19　4-272

土甲呂村〔土甲呂〕　とごろむら　第188号　4-65, 4-66, 4-68, 5-231, 5-313

都佐坐神社　とさいますじんじゃ　第159号　3-206, 3-208

戸崎　とざき　第161号　3-212, 3-214, 5-202

戸﨑　とざき　第210号　4-168, 5-252, 5-261

戸﨑〔戸サキ〕　とざき　第211号　4-174, 5-248, 5-261

戸﨑　とざき　第211号　4-174, 5-249, 5-256, 5-261

戸﨑　とざき　九州沿海図第12　4-246

戸﨑村　とさきむら　第88号　2-76

土佐郡　とさぐん　第159号　3-206, 3-208, 5-196, 5-200, 5-310

土佐泊浦⚊　とさどまりうら　第142号　3-133, 5-187, 5-303, 5-306

土佐泊甑浦　とさどまりしきうら　第142号　3-133

土佐國〔土佐〕　とさのくに　第149号　3-165, 5-200, 5-310

土佐國〔土佐〕　とさのくに　第152号　3-184, 3-185, 5-200, 5-310

土佐國〔土佐〕　とさのくに　第161号　3-213, 3-217, 5-200, 5-310

土佐町　とさまち　第134号　3-98, 5-177

土砂村　とさむら　第133号　3-89

土佐村　とさむら　第134号　3-98, 5-177, 5-301

年柄村（國照寺領）　としからむら　第203号　4-135, 5-251, 5-315

年柄村（國照寺領）　としからむら　九州沿海図第19　4-273

年川村（小堀下総守知行所）　としがわむら　第101号　2-140, 2-142, 5-128

年田村　としだむら　第181号　4-30, 5-227, 5-312

年田村（杵築領）　としだむら　九州沿海図第3　4-200

閉野村　とじのむら　第143号　3-135

利弘村　としひろむら　第155号　3-193, 5-189, 5-190

トシベツ川　第33号　1-114, 1-115, 5-47, 5-55, 5-279

戸島○　としま　第63号　1-215, 5-86, 5-283

利嶋（御料所）☆〔利島〕　としま　第102号　2-148, 5-132, 5-292

戸嶋〔戸島〕　としま　第203号　4-139, 5-251, 5-315

戸嶋　としま　九州沿海図第19　4-271

戸島　とじま　第122号　3-37, 5-173

戸島☆　とじま　第171号　3-265, 5-201, 5-203, 5-311

戸島（大谷村）　としま（おおたにむら）　第160号　3-209, 5-200, 5-310

戸島笠山　としまかさやま　第144号　3-145

戸島川　としまがわ　第63号　1-214

戸島川　としまがわ　第150号　3-173, 5-189

豊島郡　としまぐん　第90号　2-84, 2-85, 2-87, 5-120, 5-123, 5-291

豊島村　としまむら　第90号　2-84

戸島村　としまむら　第124号　3-42, 3-44

戸島村　としまむら　第144号　3-145

戸嶋山　としまやま　第193号　4-84

利光村　としみつむら　第182号　4-34, 5-226

利光村　としみつむら　九州沿海図第21　4-280

戸地村　とじむら　第75号　2-25, 5-99, 5-287

トシヤクシマ　としやくじま　第190号　4-77

トシヤク瀬　としやくせ　第191号　4-78

戸尺ハナ〔戸尺鼻〕　としゃくはな　第201号　4-121, 5-234

トシヤ子ブ　としやねぶ　第20号　1-64, 5-44

土子山　どしやま　第180号　4-25, 4-27, 5-230

トシユンベツ川　第5号　1-20, 5-19, 5-270

戸城（古城跡）　とじょう　第178号　4-17

外城村　とじょうむら　第135号　3-101, 5-178

トシリヲマナイ　第21号　1-69, 5-47, 5-279

トシリヲマナイ川　第21号　1-68, 1-69

鳥栖村　とすむら　第187号　4-59, 4-62, 5-231

トタイシマ　とたいじま　第165号　3-233

戸高村　とだかむら　第198号　4-105, 5-246, 5-316

戸髙村　とだかむら　九州沿海図第8　4-224

冨田川　とだがわ　第155号　3-191, 5-305

トタチ根　とたちね　第105号　2-154

戸谷村　とだにむら　第141号　3-129, 5-183, 5-304, 5-306

戸谷村　とだにむら　第166号　3-239, 5-209, 5-212, 5-308

戸谷村鶉木　とだにむらうずらぎ　第166号　3-239

戸谷村毛野　とだにむらけの　第141号　3-129

戸谷村小戸谷　とだにむらことだに　第166号　3-239

戸谷村谷　とだにむらたに　第141号　3-128

戸田村（御料所、武田左京太夫、岡部半之助、安藤小膳、牧助右エ門、小河栄太郎、槙田与左エ門知行）　とだむら　第93号　2-103, 5-126, 5-291

戸田村　とだむら　第127号　3-57

戸田村　とだむら　第174号　3-278, 5-216, 5-308

戸田村〔戸田〕　とだむら　第188号　4-67, 5-231, 5-313

土田村　どたむら　第114号　2-192, 5-155, 5-156, 5-159, 5-297

戸田山　とだやま　第186号　4-54

栃江村　とちえむら　第124号　3-42, 3-44

栃尾村　とちおむら　第122号　3-35, 3-37, 5-173

栃洞川　とちがほらがわ　第109号　5-152

栃下村　とちしたむら　第110号　2-176, 5-158, 5-161

栃谷村　とちだにむら　第123号　3-39, 3-41, 5-180, 5-304

栃木竃☆〔栃木釜〕　とちのきがま　第131号　3-79, 5-169, 5-301, 5-302

トチノキサワ　第32号　1-109

茅木村　とちのきむら　第98号　2-125, 5-150, 5-296

栃原峠　とちはらとうげ　第76号　2-32, 5-113

トチマツ　第36号　1-122, 5-60, 5-281

栃本村（柿木）　とちもとむら　第126号　3-54, 5-175, 5-300, 5-301

栃本村　とちもとむら　第143号　3-137, 3-138, 5-188

栃山川〔トチヤマ川〕　とちやまがわ　第111号　2-177, 5-160

栃谷村　とちやむら　第94号　2-108

土生田○　とちゅうだむら　第65号　1-225, 5-285

戸中村　とちゅうむら　第75号　2-25, 5-99, 5-287

戸津　とつ　第179号　5-224

戸塚（御料所）○　とつか　第93号　2-103, 5-123, 5-291

戸塚村　とづかむら　第87号　2-75, 5-120

戸津川　とづがわ　第118号　3-20

栃川峠　とつかわとうげ　第127号　3-56, 3-58, 5-175

栃川村　とつかわむら　第127号　3-56, 3-58, 5-175, 5-304

獨空島　どっくうじま　第202号　4-127, 4-128

獨空島　どっくうじま　長崎〔参考図〕　4-131, 4-133

獨鈷山　どっこさん　第193号　4-85

獨鈷山　どっこさん　九州沿海図第18　4-266

朽島村　とでつじむら　第162号　3-219, 5-204

鳥取　とっとり　第143号　3-135, 5-181, 5-304

鳥取城　とっとりじょう　第124号　3-47

鳥取村　とっとりむら　第123号　3-38

トツハイマ　第34号　1-119, 5-57, 5-279

突符○〔突府〕　とっぷ　第34号　1-118, 5-54, 5-57, 5-279

戸妻山　とづまやま　第139号　3-122, 5-171

戸津村　とづむら　第118号　3-20, 5-166

トツラ島　とつらじま　第48号　1-164, 5-78

土手内村　どてうちむら　第168号　3-246, 5-214, 5-311

土手宿村（疋田庄左エ門知行所）　どてじゅくむら　第88号　2-78, 5-120

戸出村　とでむら　第88号　2-77, 5-118, 5-120, 5-291

戸手村　とでむら　第157号　5-195, 5-307

土手和田村（御料所）　どてわだむら　第101号　2-141, 2-143, 5-128

トートイシ〔トウトイシ〕　第21号　1-68, 1-69, 5-46

ト、カワ〔ト、カヲ〕　第36号　1-121, 1-122, 5-60

ト、カワ川　第34号　1-119, 5-57, 5-279

ト、シマチヤ　第20号　1-65

百々村　どどむら　第125号　3-48, 3-50, 5-166

ト、メキ川　ととめきがわ　第115号　2-197, 2-199

留目村　とどめむら　第121号　3-30, 5-157

百々山　とどやま　第114号　2-193

轟川　とどろきがわ　第194号　4-89

轟川　とどろきがわ　第202号　4-123

轟川　とどろきがわ　第202号　4-125, 4-126

轟川　とどろきがわ　第204号　4-141

轟シマ　とどろきじま　第192号　4-80

轟木名　とどろきみょう　第196号　4-95

轟村　とどろきむら　第59号　1-202, 1-203, 5-281

等々力村（御料所）　とどろきむら　第97号　2-122, 2-123, 5-117

轟村　とどろきむら　第133号　3-93, 5-178

轟木村　とどろきむら　第137号　3-114, 3-115, 5-184, 5-306

轟木村　とどろきむら　第182号　4-35, 4-36, 5-227, 5-229, 5-312, 5-314

轟村　とどろきむら　第194号　4-89, 5-232

轟木村　とどろきむら　九州沿海図第21　4-279

兎渡谷　とどろく　第176号　3-289

土々呂村　ととろむら　第184号　4-44, 4-46, 5-228, 5-314

土々呂村　ととろむら　九州沿海図第6　4-218

戸奈瀬村　となせむら　第127号　3-56

戸奈瀬村鑄坪　となせむらいつぼ　第127号　3-56

外波○　となみ　第80号　2-47, 5-139, 5-294

墨名村　となむら　第92号　2-97, 5-111, 5-290

戸根　とね　第175号　3-282

戸根　とね　第175号　3-284

利根川　とねがわ　第58号　1-200, 1-201, 5-110, 5-290

利根川　とねがわ　第78号　2-41

利根川　とねがわ　第90号　2-84, 2-86, 5-122, 5-290

十根川　とねがわ　第194号　5-232

十根川村　とねがわむら　第194号　4-90, 4-91, 5-229, 3-314

利根郡　とねぐん　第78号　2-42

利根郡　とねぐん　第78号　2-41, 5-114, 5-289

刀根杉箸村○〔刀根〕 とねすぎはしむら 第121号 3-29, 3-31, 5-157, 5-297, 5-300
トノ岩 第36号 1-123, 1-124
殿上川 とのうえがわ 第180号 5-230
殿上村 とのうえむら 第97号 2-121, 5-121, 5-126, 5-291
戸上山 とのうえやま 第178号 4-13, 5-222
戸上山 とのうえやま 九州沿海図第1 4-191
斗内浦〔斗ノ内〕 とのうちうら 第137号 3-115, 5-184, 5-306
殿浦 とのうら 第192号 4-81
外浦⚓ とのうら 九州沿海図第8 4-226
外之浦 とのうら 九州沿海図第10 4-238
殿浦鼻 とのうらはな 第168号 3-247
渡江浦 とのえうら 第171号 3-264, 5-201
外江村 とのえむら 第155号 3-191, 5-189, 5-190, 5-305
殿貝津村 とのがいとむら 第115号 2-196, 5-159
渡ノ子 とのこ 第167号 3-242, 5-211, 5-213
殿河内上殿 とのごうちかみどの 第172号 3-271
殿鋪〔敷〕村 とのしきむら 第177号 3-296, 5-220, 5-312
殿敷村枝岩神 とのしきむらえだいわがみ 第177号 3-296
殿鋪村添ケ迫〔殿鋪村、殿敷〕 とのしきむらそえがさこ 第176号 3-291, 5-220, 5-309
殿敷村高隈村 とのしきむらたかくまむら 第177号 3-296
殿島 とのしま 第168号 3-247, 5-214
戸ノ島 とのしま 第200号 4-115, 4-116, 4-118
戸嶋 とのしま 九州沿海図第16 4-259
殿島村 とのじまむら 第108号 2-163, 2-165, 5-150, 5-296
殿島村沢度 とのじまむらさわんど 第108号 2-163, 2-165
殿島村服田 とのじまむらふくだ 第108号 2-163, 2-165
土庄村☆ とのしょうむら 第145号 3-151, 5-194, 5-307
土庄村家ノ浦〔家浦村〕 とのしょうむらいえのうら 第145号 3-154, 5-194
土庄村枝大木戸村 とのしょうむらえだおおぎとむら 第145号 3-151, 3-154
土庄村枝鹿島村 とのしょうむらえだかしまむら 第145号 3-151, 3-154
土庄村枝唐櫃村〔唐櫃村〕 とのしょうむらえだからとむら 第145号 3-154, 5-194
土庄村枝北山村 とのしょうむらえだきたやまむら 第145号 3-151
土庄村枝甲生村☆〔甲生村〕 とのしょうむらえだこおむら 第145号 3-154, 5-194
土庄村木香浦 とのしょうむらきこううら 第145号 3-151, 3-154
土庄村小瀬浦 とのしょうむらこせうら 第145号 3-151, 3-154
土庄村千軒浦 とのしょうむらせんげうら 第145号 3-151, 3-154
柳浦 とのしょうむらやなぎうら 第145号 3-151, 3-154
殿田村 とのだむら 第126号 3-55, 5-175, 5-300, 5-301
殿野浦 とののうら 第189号 4-73, 4-74, 5-235, 5-238, 5-241
殿碆〔殿ハエ〕 とのばえ 第181号 4-32, 5-226
殿原川 とのはらがわ 第136号 3-109
殿原村 とのはらむら 第136号 3-109, 5-182
殿原村溝口 とのはらむらみぞぐち 第136号 3-109
トノマ 第36号 5-60
鳥海川 とのみがわ 第190号 4-76
富海村（徳山領） とのみむら 第175号 3-287, 5-218, 5-312
鳥海村〔鳥海〕 とのみむら 第190号 4-76, 5-234, 5-313
鳥海村宿 とのみむらしゅく 第190号 4-76
殿名 とのみょう 第173号 3-273
富野村枝長池町○☆〔富野村、長池〕 とのむたえだながいけまち 第133号 3-89, 5-176, 5-301
殿村 とのむら 第109号 2-170
殿村 とのむら 第128号 3-62
殿村 とのむら 第143号 3-135, 3-136
富野村ノ内西富野〔富野〕 とのむらのうちにしとの 第133号 3-89, 5-301
富野村ノ内東富野〔富野〕 とのむらのうちひがしとの 第133号 3-89, 5-301
殿名村 とのめむら 第129号 3-66, 5-166
トノモセ とのもせ 第207号 4-154
殿山 とのやま 第127号 3-57, 3-59
鳥羽（稲垣信濃守居城）☆⚓ とば 第117号 3-12, 5-163, 5-299
鳥羽 とば 九州沿海図第8 4-226
鳥羽井新田 とばいしんでん 第88号 2-79
鳥羽井村 とばいむら 第88号 2-79
富波澤村 とばさわむら 第133号 3-86, 5-174, 5-300, 5-301
戸柱嵜 とばしらざき 第209号 4-164
戸柱崎 とばしらざき 九州沿海図第10 4-232, 4-234
富波新町村 とばしんまちむら 第133号 3-86, 5-174
戸馳島 とばせじま 第196号 4-96, 4-98, 5-233, 5-315
戸馳嶋 とばせじま 九州沿海図第18 4-265
戸馳嶋 とばせじま 九州沿海図第19 4-275
戸畑村 とばたむら 第178号 4-13, 5-312
戸畑村 とばたむら 第180号 4-26, 5-230, 5-312
戸畑村石櫃 とばたむらいしびつ 第180号 4-26
戸畑村上ケ原田 とばたむらうえがはるだ 第180号 4-26
戸畑村枝天頼寺 とばたむらえだてんらいじ 第178号 4-13
戸畑村下山筋 柿木 とばたむらしものやますじかきのき 第180号 4-26, 4-28
戸畑村下山筋 下泊 とばたむらしものやますじしもづまり 第180号 4-26, 4-28
戸畑村下山筋 杤木 とばたむらしものやますじとちのき 第180号 4-26, 4-28
戸畑村下山筋平島（平川）○ とばたむらしものやますじひらしま（ひらかわ） 第180号 4-26
鳥羽村 とばむら 第116号 2-203, 2-206, 5-162
鳥羽村 とばむら 第118号 3-16
鳥羽村 とばむら 第133号 3-91, 5-175, 5-300, 5-301
鳥羽村 とばむら 第137号 3-114
鳥羽村 とばむら 第151号 3-178
戸原村 とばるむら 第180号 4-24, 5-230, 5-312
戸原村口ノ林 とばるむらくちのばやし 第180号 4-24
飛礒〔飛イソ〕 とびいそ 第208号 4-159, 4-161, 5-251, 5-252
飛礒 とびいそ 九州沿海図第13 4-249
トイ岩 とびいわ 第207号 4-154
鳶岩鼻 とびいわはな 第196号 4-99
飛岡 とびおか 九州沿海図第10 4-234
鳶尾山 とびおさん 第90号 2-91
鳶ケ崎 とびがさき 第116号 2-201, 2-207
鳶ケ城山 とびがじょうやま 第134号 3-95
鳶ケ巣岬 とびがすみさき 第167号 3-244
飛形山 とびかたやま 第188号 4-68
鳶峰 とびがみね 第198号 4-105, 5-246
鳶峰 とびがみね 九州沿海図第8 4-224
トビカラ 第5号 1-19, 1-20, 5-19, 5-270
飛小島〔トヒ小シマ〕 とびこじま 第207号 4-153, 5-243
鳶小島 とびこじま 第207号 4-153
飛小島 とびこじま 第207号 4-153
飛坂 とびざか 第76号 2-32
飛島 とびしま 第70号 1-246, 5-89, 5-286
鳶島 とびしま 第102号 2-147
飛島 とびしま 第117号 3-13, 5-163, 5-299
飛島 とびしま 第142号 3-133, 3-134, 5-185, 5-187
飛島 とびしま 第147号 3-160, 3-162, 5-186, 5-187
飛島 とびしま 第191号 4-79
飛島 とびしま 第202号 4-127, 4-128, 5-237
飛島 とびしま 長崎〔参考図〕 4-129, 4-131
飛島新田 とびしましんでん 第115号 2-197, 2-199, 5-159, 5-297, 5-299
鳶須摩鼻 とびすまはな 第184号 4-46
飛瀬 とびせ 第210号 4-171, 5-254, 5-261
飛瀬 とびせ 九州沿海図第12 4-245
飛瀬嶋 とびせじま 第169号 3-251, 5-215
飛曽山 とびそやま 第136号 3-104, 5-175
飛田ケ里村 とびたがりむら 第190号 4-75
飛谷山 とびたにやま 第112号 2-185, 5-153, 1-155
飛田村 とびたむら 九州沿海図第18 4-266
飛湖〔潮〕崎 とびっちょさき 第183号 4-39
飛潮岬 とびっちょざき 九州沿海図第4 4-205, 4-208
飛永 とびなが 九州沿海図第2 4-194
富尾村 とびのおむら 第150号 3-174, 5-193
鳶巣岬 とびのすみさき 第84号 2-62, 2-64
鳶巣山 とびのすやま 第150号 3-175
鳶喙 とびのはし 第123号 3-38, 5-180
外山村 とびむら 第134号 3-97, 3-98, 5-177
富村 とびむら 第162号 3-219, 3-221, 5-204
戸袋 とぶくろ 第203号 5-236
トフケナイ 第6号 1-22, 1-24, 5-26, 5-270
トフシナイ川 第29号 1-99, 5-52, 5-278
トフシベツ川 第10号 1-36, 5-34, 5-272
戸伏村 とぶしむら 第133号 3-93, 5-178
飛根○☆ とぶね 第60号 1-206, 1-207, 5-85, 5-283
飛根宿翌〔羽立〕村〔飛根羽立村〕 とぶねしゅくはだつむら 第60号 1-207, 5-85
トフラシナイ 第17号 1-53, 5-42, 5-275
都府樓旧跡 とふろうきゅうせき 第187号 4-59, 4-62, 5-233
トベシマ とべしま 九州沿海図第6 4-219
戸部村 とべむら 第81号 2-53, 5-146
戸邊村（御料所） とべむら 第93号 2-102, 5-123, 5-291
戸部村 とべむら 第115号 2-197, 2-199, 5-159
戸部村新田 とべむらしんでん 第115号 2-197, 2-199, 5-159
戸邊村野毛 とべむらのげ 第93号 2-102
トヘラシマ とへらじま 第132号 3-85
トホシ岩 とほしいわ 第124号 3-43, 5-181
トホニケシ 第29号 1-98
トホロ 第5号 1-19, 1-20, 5-19, 5-270
トマヲマタイ 第18号 1-59, 5-43, 5-275
十曲峠 とまがりとうげ 第110号 2-173, 5-154
トマケシヲマナイ川 第11号 1-37, 5-35, 5-272
斗升﨑〔斗升ハエ〕 とますざき 第183号 4-43, 5-228

計枡崎　とますざき　九州沿海図第6　4-216
斗升村　とますむら　第157号　5-208, 5-307
苫瀬〔苫セ〕　とませ　第207号　4-155, 5-243
トマタシナイ川　第15号　1-48, 5-38, 5-273
トマタルー　第22号　1-71, 1-72, 5-28, 5-30, 5-270
戸町村　とまちむら　第202号　4-125, 4-127, 4-128, 5-236, 5-315
戸町村　とまちむら　長崎〔参考図〕　4-131, 4-133
戸町村枝大浦⛵　とまちむらえだおおうら　第202号　4-125, 4-127, 4-128
戸町村枝大浦⛵　とまちむらえだおおうら　長崎〔参考図〕　4-131, 4-133
トママイ○　第16号　1-50, 5-39, 5-273
笘〔苫〕網山　とまみやま　第141号　3-130
トマムノシケクシベツ　第28号　1-94, 5-50, 5-278
トマリ　第33号　1-112, 5-47, 5-279
泊リ○　とまり　第34号　1-118, 5-57, 5-279
泊　とまり　九州沿海図第9　4-228
泊　とまり　九州沿海図第16　4-257
トマリアサマー　第15号　1-47
泊浦⛵　とまりうら　第103号　2-149
泊浦　とまりうら　第121号　3-33, 5-173
泊浦☆　とまりうら　第151号　3-180, 5-194
泊浦　とまりうら　第157号　3-200, 5-195, 5-210
泊浦⛵　とまりうら　第161号　3-213, 3-215, 5-203, 5-311
泊浦　とまりうら　第168号　3-247
泊浦☆⛵　とまりうら　第183号　4-41, 4-42, 5-228
泊浦☆⛵　とまりうら　九州沿海図第5　4-215
泊浦小坂　とまりうらこさか　第151号　3-180
泊浦宮濵　とまりうらみやはま　第151号　3-180
トマリヲロ　第12号　1-40, 5-36, 5-269, 5-273
トマリヲロ川　第12号　1-40, 5-269, 5-273
泊ケ内　とまりがうち　九州沿海図第4　4-205, 4-208, 4-211
泊﨑　とまりがさき　第177号　3-297
泊川○〔泊リ川〕　とまりかわ　第34号　1-116, 5-54, 5-57, 5-279
泊川　とまりかわ　第36号　1-123
トマリ川　第34号　1-118, 5-57, 5-279
トマリケシ　第12号　5-269, 5-273
トマリケシヲマナイ　第16号　1-50, 5-39, 5-274
トマリ島　とまりしま　第204号　5-235
泊濵　とまりはま　第48号　1-162, 5-76
泊濵　とまりはま　第48号　1-164, 5-78, 5-284
泊町○☆　とまりまち　第82号　2-54, 5-139, 5-294
泊岬　とまりみさき　第169号　3-255
泊村☆　とまりむら　第40号　1-140, 5-66, 5-280
泊村　とまりむら　第83号　2-60, 5-140, 5-295
泊村　とまりむら　第122号　3-35, 5-173, 5-304
泊村　とまりむら　第129号　3-67, 3-69, 5-163, 5-166, 5-299
泊村　とまりむら　第143号　3-136, 5-188, 5-305
泊村　とまりむら　第164号　3-230, 5-210
泊り村　とまりむら　第187号　4-61
泊村　とまりむら　第207号　5-242, 5-243
泊村　とまりむら　第210号　4-171, 5-254, 5-261, 5-317
泊村　とまりむら　九州沿海図第12　4-243
泊村新出郷　とまりむらにいでごう　第129号　3-67, 3-69
トマンハヲマナイ川　第28号　1-91, 5-43, 5-275
冨江町☆⛵　とみえまち　第207号　4-154, 5-243, 5-321
冨江村　とみえむら　第207号　4-155, 5-243
冨江村枝黒瀬村〔黒瀬〕　とみえむらえだくろせむら　第207号　4-155, 5-243, 5-321
冨江村枝岳村　とみえむらえだたけむら　第207号　4-154
冨江村枝松尾村　とみえむらえだまつおむら　第207号　4-155
冨江村枝山下村　とみえむらえだやましたむら　第207号　4-155
冨江村枝山手村　とみえむらえだやまてむら　第207号　4-155
冨江村田野江村　とみえむらたのえむら　第207号　4-151, 4-153
冨岡町（竹田法印、筧源左衛門、恒岡長藏知行所）○　とみおかまち　第95号　2-110, 5-119, 5-291
冨岡町☆⛵〔冨岡〕　とみおかまち　第203号　4-135, 5-236, 5-315
冨岡町☆⛵　とみおかまち　九州沿海図第19　4-273
冨岡町須瀬　とみおかまちすのせ　第95号　2-110
冨岡町宮山　とみおかまちみややま　第95号　2-110
冨岡町屋敷村　とみおかまちやしきむら　第95号　2-110
冨丘岬　とみおかみさき　第93号　2-102
冨岡村（稲葉主水、枕浦八郎五郎知行所）☆　とみおかむら　第93号　2-102, 5-123, 5-291
冨岡村　とみおかむら　第130号　3-75
冨岡村　とみおかむら　第151号　3-179, 5-195, 5-307
冨岡村　とみおかむら　第190号　4-75, 4-76, 5-234
冨浦村　とみがうらむら　第192号　4-80, 5-239, 5-241, 5-320
トミ川　第32号　1-109, 1-110
冨川○　とみかわ　第32号　1-109, 1-110, 5-56, 5-279
冨來川　とみくがわ　第179号　4-20, 4-22
冨來村　とみくむら　第179号　4-20, 4-22, 5-224, 5-312
冨来村（杵築領）　とみくむら　九州沿海図第2　4-196, 4-198
冨来村（杵築領）　とみくむら　九州沿海図第3　4-196, 4-198, 4-204
冨來村浦手☆　とみくむらうらて　第179号　4-20, 4-22
冨来村枝浦手☆　とみくむらえだうらて　九州沿海図第3　4-204
冨崎新田　とみさきしんでん　第129号　3-66, 5-159, 5-297, 5-299
冨沢村　とみざわむら　第100号　2-134
冨澤村　とみざわむら　第144号　3-147
冨田　とみた　第135号　5-301
冨田一色村　とみだいっしきむら　第129号　3-66, 5-166, 5-299
冨髙村　とみたかむら　第184号　4-46
冨髙村冨髙新町☆〔冨髙村新町☆、冨髙〕　とみたかむらとみたかしんまち　第184号　4-46, 5-244, 5-314
冨田川　とみたがわ　第136号　5-182
冨竹新田　とみたけしんでん　第98号　2-126, 5-117
冨竹村　とみたけむら　第98号　2-126, 5-117
冨竹村三軒屋　とみたけむらさんげんや　第98号　2-126
冨田子新田　とみたねしんでん　第129号　3-66, 5-159
冨田村　とみだむら　第110号　2-173, 5-158
冨田村（御料所）　とみだむら　第111号　2-179, 2-180, 5-161
冨田村　とみだむら　第118号　3-18, 3-20, 5-159
冨田村大圓寺　とみだむらだいえんじ　第110号　2-173
冨塚村（井上河内守領分）〔冨塚村〕　とみつかむら　第111号　2-181, 5-161, 5-299
冨任村（長府領）　とみとうむら　第177号　3-299, 5-220, 5-312
冨住村　とみとうむら　九州沿海図第1　4-189
冨永村　とみながむら　第130号　3-75, 5-167
冨長村　とみながむら　第150号　3-171, 5-189, 5-305
冨永村枝大佛小場　とみながむらえだだいぶつこば　第130号　3-75
冨野村　とみのむら　第178号　4-13, 4-15, 5-222, 5-312
冨野村　とみのむら　九州沿海図第1　4-191
冨森村　とみのもりむら　第133号　3-87, 3-90, 3-92, 5-176
冨益村　とみますむら　第155号　3-190, 5-189, 5-190, 5-305
冨村　とみむら　第51号　1-178, 5-77, 5-284
冨谷新町○　とみやしんまち　第52号　1-181, 5-79
冨安村〔冨地村〕　とみやすむら　第143号　3-135, 5-181, 5-188, 5-304
冨萢村　とみやちむら　第38号　1-130, 5-82, 5-281
冨山　とみやま　第52号　1-180, 5-284
冨尾〔山〕村　とみやまむら　第116号　2-207
冨山村　とみやまむら　第199号　4-111, 5-249, 5-261, 5-316
冨山村　とみやまむら　九州沿海図第9　4-229
冨谷村　とみやむら　第52号　1-181, 5-79, 5-284
戸宮村（秋元左衛門佐領分）　とみやむら　第88号　2-79, 5-120, 5-291
十宮村　とみやむら　第129号　3-69, 5-163, 5-299
冨好新田〔冨吉新田〕　とみよししんでん　第116号　2-201, 2-206, 5-162
戸室村　とむろむら　第99号　2-128
百目木村　どめきむら　第40号　1-140, 5-66, 5-280
留口村鯛坂　とめぐちむらたいさか　第150号　3-173, 3-175
留場川　とめばかわ　第51号　1-178
留場村　とめばむら　第51号　1-178, 5-77, 5-284
トメム川　第28号　1-91, 1-92, 5-50, 5-278
鞆　とも　第157号　5-195, 5-307
朋岩　ともいわ　第202号　4-127, 4-128
朋岩島　ともいわじま　長崎〔参考図〕　4-131
鞆浦　ともうら　第149号　3-164, 5-198, 5-303
友岡村　ともおかむら　第133号　3-90, 3-92, 5-176, 5-178, 5-301
友岡村ノ内横山　ともおかむらのうちよこやま　第133号　3-90, 3-92
友島沖ノ嶋〔沖島〕　ともがしまおきのしま　第138号　3-119, 5-186
友島地之島〔地島〕　ともがしまじのしま　第138号　3-118, 5-186
友定村　ともさだむら　第125号　3-51, 5-174
友重村　ともしげむら　第123号　3-39, 3-41, 5-180, 5-304
友島　ともしま　第165号　3-233, 5-204, 5-308
鞆尻　ともじり　九州沿海図第17　4-263
友新田　ともしんでん　九州沿海図第19　4-271
友田村　ともたむら　第173号　3-272, 5-213, 5-308
友田村　ともだむら　第180号　4-27, 5-230, 5-312
友田村今泉　ともだむらいまいずみ　第180号　4-27
友田村大内田　ともだむらおおうちだ　第180号　4-27
友田村片山　ともだむらかたやま　第180号　4-27
友田村三郎丸　ともだむらさぶろうまる　第180号　4-27
友付岬　ともつけみさき　第176号　3-292, 5-219
友沼村（土井大炊頭領分）　ともぬまむら　第87号　2-72, 2-73, 5-109, 5-291

友延村　とものぶむら　第144号　3-140, 5-183, 5-304
友延村　とものぶむら　第145号　3-149
友之町　とものまち　第96号　2-118, 5-150
友渕村　ともぶちむら　第135号　3-101, 5-178
友谷村　ともやむら　第192号　4-80, 5-239, 5-241, 5-320
戸守村（松平大和守領分）　ともりむら　第88号　2-79, 5-120, 5-291
トモロ﨑　ともろざき　第102号　2-146
トヤイ　第26号　1-86, 5-48, 5-277
トヤケ森　とやがもり　第171号　3-264, 5-311
砥谷川　とやがわ　第113号　5-155, 5-156
大簾川　とやがわ　第127号　5-175
トヤク島　とやくじま　第204号　4-141, 5-321
トヤ〔小〕山　とやこやま　第183号　4-43
戸ヤサキ　とやさき　第191号　5-238, 5-241
トヤ﨑　とやざき　第206号　4-146
トヤ島　とやしま　第183号　4-41
鳥屋嶋　とやじま　九州沿海図第5　4-213
戸谷原組　とやばらぐみ　第173号　3-272
冨山（松平出雲守居城）☆　とやま　第83号　2-58, 5-140, 5-295
外山村　とやまむら　第129号　3-73
鳥谷村（御料所）　とやむら　第101号　2-141, 2-144, 5-127
鳥屋山　とややま　第180号　4-25, 5-230
トヨイ　第20号　1-63, 5-44
トヨイ〔トヨイ川〕　第25号　1-81, 5-32, 5-276
豊井村（徳山領）　とよいむら　第175号　3-286, 5-218, 5-311, 5-312
豊井村大嶋〔大嶋、大島〕　とよいむらおおしま　第175号　3-286, 5-218, 5-312
豊浦　とようら　第151号　3-181, 5-195
豊浦郡　とようらぐん　第176号　3-291, 5-220
豊浦郡　とようらぐん　第177号　3-294, 3-295, 3-298, 3-299, 5-220, 5-312
豊浦郡　とようらぐん　第178号　4-13, 5-220
豊浦郡　とようらぐん　九州沿海図第1　4-188
豊浦村　とようらむら　第125号　3-51, 5-174
豊浦村須田　とようらむらすだ　第125号　3-50
豊浦山　とようらやま　第177号　3-296, 5-220, 5-309, 5-312
豊岡　とよおか　第60号　1-207, 1-208, 5-85, 5-87, 5-283
豊岡○☆　とよおか　第124号　3-42, 3-44, 5-180, 5-304
豊岡川　とよおかがわ　第124号　3-42, 3-44, 5-304
豊岡古城　とよおかこじょう　第159号　3-206, 3-208
トヨヲカ鼻　とよおかばな　第105号　2-154
豊川　とよかわ　第116号　2-202, 2-204, 5-161, 5-299
豊川村　とよかわむら　第116号　2-202, 2-204, 5-162
豊國村　とよくにむら　第141号　3-130, 5-182
豊國村春日野　とよくにむらかすがの　第141号　3-130
豊久野松原〔豊久ノ松原〕　とよくのまつばら　第130号　3-74, 5-163
豊坂峠　とよさかとうげ　第192号　4-80
豊崎新田　とよさきしんでん　第129号　3-66, 5-159, 5-297, 5-299
豊島　とよしま　第157号　5-195, 5-307
豊島浦　とよしまうら　第164号　3-231
豊田郡　とよたぐん　第152号　3-183, 3-184, 5-195, 5-196, 5-307
豊田郡　とよたぐん　第164号　3-228, 3-229, 3-231, 5-210, 5-308
豊田郡　とよだぐん　第111号　2-179, 2-180, 5-161, 5-298
豊田新田〔豊田〕　とよだしんでん　第88号　2-79, 5-291
豊田本村〔豊田〕　とよだほんむら　第88号　2-79, 5-120, 5-291
豊田村　とよたむら　第84号　2-63, 2-65
豊田村（近藤登之助知行所）　とよだむら　第99号　2-128, 2-130
豊田村　とよだむら　第152号　3-184, 5-196, 5-307
豊田村　とよだむら　第154号　3-188, 5-191
豊田村野田　とよだむらのだ　第154号　3-188
豊永村　とよながむら　第193号　4-87, 5-231, 5-313
豊永村内山　とよながむらうちやま　第193号　4-87
豊成村　とよなりむら　第63号　1-215, 5-87, 5-283
樋野新田　とよのしんでん　第64号　1-221, 5-75, 5-88, 5-283
豊喰新田　とよはみしんでん　第118号　3-18, 3-20, 5-166, 5-297
豊原村　とよはらむら　第130号　3-76, 5-163, 5-299, 5-301
豊比咩神社　とよひめじんじゃ　第188号　4-64
豊福村　とよふくむら　第144号　3-140, 5-183, 5-304, 5-306
豊福村　とよふくむら　第195号　4-93, 4-94, 5-232
豊福村　とよふくむら　九州沿海図第18　4-264
豊部内　とよべない　第34号　1-118, 1-119
トヨヘナイ川　第34号　1-118
豊松新田　とよまつしんでん　第129号　3-66, 5-166
豊間根村　とよまねむら　第46号　1-157, 5-72, 5-282
豊間根村新田　とよまねむらしんでん　第46号　1-157, 5-72
豊間村（御料所）　とよまむら　第55号　1-191, 5-104, 5-288
豊村〔豊田〕　とよむら　第118号　3-19, 5-297, 5-300
豊村　とよむら　第192号　4-80, 5-239, 5-241, 5-320
虎尾山　とらおやま　第183号　4-39
戸樂﨑〔戸楽サキ〕　とらくざき　第206号　4-146, 4-148, 5-242
戸樂﨑〔戸楽サキ〕　とらくざき　第207号　4-153, 5-243
虎御前石　とらごぜんいし　第99号　2-129, 2-131
虎御門　とらごもん　第90号　2-84, 2-86
虎﨑〔虎サキ〕　とらざき　第192号　4-82, 5-240, 5-241
虎島〔トラシマ〕　とらしま　第187号　4-61, 5-223
都羅新田　とらしんでん　第129号　3-66, 5-166
虎尾山　とらのおやま　九州沿海図第4　4-209
虎政根　とらまさね　第104号　2-152
虎丸山　とらまるやま　第97号　2-120, 5-121
東浪見村（御料所、土方八十郎、奥津内記、服部式部、高林弥十郎知行所）　とらみむら　第91号　2-92, 2-93, 5-111, 5-290
戸良目木　とらめぎ　第36号　1-123
取上島　とりあげしま　第145号　3-148, 5-185
取上村　とりあげむら　第43号　1-145, 1-146, 5-84, 5-281
取上山　とりあげやま　第144号　3-143, 3-146
鳥居浦　とりいうら　第138号　3-120, 5-186
鳥居川　とりいがわ　第81号　2-50, 5-146
鳥居川村　とりいがわむら　第133号　3-87, 3-89, 5-174, 5-176, 5-301
取出村　とりいでむら　第96号　2-115, 5-146, 5-294, 5-296
取出村二叉　とりいでむらふたまた　第96号　2-115
鳥居峠　とりいとうげ　第109号　2-166, 5-152
鳥居峠〔鳥居岳〕　とりいとうげ　第198号　4-105, 5-246
鳥居峠　とりいとうげ　九州沿海図第8　4-224
鳥居岬　とりいみさき　第59号　1-202
鳥井村〔鳥居〕　とりいむら　第124号　3-42, 3-44, 5-180, 5-304
鳥居村　とりいむら　第136号　3-111, 5-182, 5-306
鳥井村　とりいむら　第142号　3-134, 5-184
鳥井村　とりいむら　第165号　3-233, 5-205, 5-308
鳥井本○〔鳥居本〕　とりいもと　第125号　3-48, 3-50, 5-166, 5-297, 5-300
鳥居本町　とりいもとまち　第133号　3-90, 5-175, 5-176
鳥打峠　とりうちとうげ　第81号　5-146
鳥打村　とりうちむら　第105号　2-154, 5-135
鳥生村　とりうむら　第164号　5-197, 5-214
鳥江村　とりえむら　第118号　5-166
鳥尾山　とりおやま　第187号　4-59, 4-62
鳥養〔鳥養中村〕　とりかい　第133号　3-92, 5-178
鳥養上之村　とりかいかみのむら　第133号　3-92, 5-178
鳥養下之村〔鳥養〕　とりがいしものむら　第135号　3-101, 5-178, 5-301
鳥飼下村　とりかいしもむら　第142号　3-134, 5-306
鳥飼下村奥内　とりかいしもむらおくのうち　第142号　3-134
鳥飼下村舩瀬　とりかいしもむらふなせ　第142号　3-134, 5-184, 5-185
鳥飼村　とりかいむら　第187号　4-60, 5-223, 5-313
鳥ケ首島　とりがくびじま　第171号　3-264, 5-201, 5-203
鳥ケ嶋　とりがしま　第103号　2-149
鳥ケシマ　とりがしま　第143号　3-136
鳥ケハシ山　とりがはしやま　第133号　3-87
鳥ケ丸村　とりがまるむら　第142号　3-133, 5-187, 5-303, 5-306
鳥上岡　とりかみおか　第208号　4-157
トリカ山　とりかやま　第133号　3-86, 3-88
鳥加山　とりかやま　第201号　4-121, 4-122, 5-237
鳥川新田　とりかわしんでん　第135号　5-178
鳥ヶ地新田　とりがんじしんでん　第115号　5-297
鳥ケ地前新田☆　とりがんじまえしんでん　第118号　3-20, 5-159
鳥ケ地村　とりがんじむら　第118号　3-20, 5-159
鳥木村　とりぎむら　第155号　3-193, 5-189, 5-190
取組村　とりくみむら　第114号　2-193, 2-194, 5-155, 5-159, 5-297
鳥越　とりごえ　九州沿海図第19　4-272
鳥越坂峠　とりごえさかとうげ　第163号　3-227
鳥越村　とりごえむら　第65号　1-224, 5-90, 5-285
鳥越村新田〔鳥越村、鳥越〕　とりごえむらにいだ　第165号　3-232, 5-205, 5-308
鳥子シマ　とりこじま　第103号　2-149
鳥小島　とりこじま　第151号　3-180
鳥小島　とりこじま　第167号　3-242, 5-211, 5-213
鳥子峠　とりことうげ　第166号　3-235
鳥坂神社　とりさかじんじゃ　第130号　3-75
鳥サキ　とりさき　第183号　5-226, 5-228
鳥﨑〔鳥﨑村〕　とりさきむら　第70号　1-247, 5-91, 5-283, 5-286
鳥沢村上鳥澤○〔鳥沢〕　とりさわむらかみとりさわ　第97号　2-121, 5-291
鳥沢村下鳥澤○〔鳥澤、鳥沢〕　とりさわむらしもとりさわ　第97号　2-121, 5-121, 5-126, 5-291
鳥島　とりしま　第122号　3-36, 5-173, 5-300
鳥シマ〔鳥島〕　とりしま　第122号　3-37, 5-173

鳥シマ　とりしま　第132号　3-85
鳥島　とりしま　第189号　4-71, 4-72, 5-234, 5-238, 5-241
鳥島　とりしま　第191号　4-79
鳥島　とりしま　第198号　4-106, 5-248, 5-316
鳥嶌　とりしま　第209号　4-165, 5-247, 5-261
鳥嶋　とりしま　九州沿海図第8　4-226
鳥嶋　とりしま　九州沿海図第10　4-233, 4-239
鳥巣　とりす　九州沿海図第21　4-280
鳥巣村　とりすむら　第188号　4-65
鳥瀬　とりせ　第189号　4-73
鳥瀬　とりせ　第192号　4-80
鳥瀬　とりせ　第200号　4-117
鳥瀬岬　とりせみさき　第204号　4-142, 5-235
鳥岳　とりだけ　第180号　4-25
鳥岳　とりだけ　第180号　4-25
鳥嶽　とりだけ　第180号　4-25
鳥岳　とりだけ　第210号　4-171, 5-254, 5-261
鳥並村上村（枌浦冨之助）〔鳥並村、鳥並〕　とりなみむらかみむら　第100号　2-138, 5-127, 5-291, 5-296
鳥ノ海　とりのうみ　第53号　1-184
鳥ノ子島　とりのこじま　第206号　4-149
島〔鳥〕小島　とりのこじま　第207号　4-153
鳥巣　とりのす　第189号　4-71, 4-73
鳥巣島　とりのすじま　第190号　4-77
鳥巣村〔鳥巣〕　とりのすむら　第186号　4-53, 4-55, 5-223, 5-313
鳥原村　とりはらむら　第98号　2-125, 5-150, 5-296
鳥原村枝新田　とりはらむらえだしんでん　第98号　2-125
鳥淵村　とりぶちむら　第144号　3-144
鳥淵山　とりぶちやま　第144号　3-144
鳥町村　とりまちむら　第136号　3-111, 5-182, 5-306
鳥水山　とりみずやま　第180号　5-230
鳥水山　とりみずやま　第187号　4-58
鳥屋川　とりやがわ　第162号　5-204
島〔鳥〕山　とりやま　第151号　3-181, 5-195
トレコンナイ　第21号　1-68, 1-69, 5-279
トレフシ　第17号　1-53, 5-42, 5-275
トレフシナイ川〔トレフシナイ〕　第21号　1-68, 1-69, 5-46
トロクセ　とろくせ　第192号　4-80
渡鹿村　とろくむら　第193号　4-85
渡鹿村　とろくむら　九州沿海図第18　4-266
泥原新保浦○　どろはらしんぼうら　第120号　3-24, 5-145, 5-297, 5-300
泥町村三矢村岡村岡新町村入會〔新町〕　どろまちむらみつやむらおかむらおかしんまちむらいりあい　第133号　3-92, 5-301
土路村　どろむら　第117号　3-13, 5-163, 5-299
都呂々村　とろろむら　第203号　4-135, 5-251, 5-315
都呂々村　とろろむら　九州沿海図第19　4-273
都呂々村上萱木　とろろむらかみかやのき　第203号　4-135
都呂々村木場　とろろむらこば　第203号　4-135
都呂々村小松川　とろろむらこまつがわ　第203号　4-135
都呂々村下萱木　とろろむらしもかやのき　第203号　4-135
トワタフシ　第2号　1-13, 5-16, 5-268, 5-270
トワタラシ　第3号　1-15, 5-16, 5-268, 5-270
呑海亭　どんかいてい　第159号　3-206, 3-208
トン宮　とんぐう　第203号　4-139, 5-251
トン宮　とんぐう　九州沿海図第19　4-271
頓宮村　とんぐうむら　第129号　3-71, 3-73, 5-166, 5-167, 5-301
冨田新田　とんだしんでん　第175号　3-286
頓田村　とんたむら　第187号　4-58, 5-222, 5-231
富田村○　とんだむら　第133号　3-92, 5-176, 5-178, 5-301
冨田村（徳山領）　とんだむら　第175号　3-286, 5-218, 5-312
富田村　とんだむら　第185号　4-50, 5-244, 5-314
頓田村　とんだむら　第186号　4-53, 4-54, 5-222, 5-312
冨田村（佐土原領）　とんだむら　九州沿海図第7　4-221, 4-222
冨田村内平野　とんだむらうちひらの　第175号　3-286
冨田村王子　とんだむらおうじ　第185号　4-50
富田村大淵　とんだむらおおぶち　第185号　4-50
冨田村五反田　とんだむらごたんだ　第185号　4-50
頓田村初日　とんだむらはつひ　第186号　4-54
頓野村　とんのむら　第186号　4-54, 5-222
トンベツ　第11号　1-38, 5-35, 5-272
トンベツ川　第11号　1-38, 5-35
冨部村　とんべむら　第96号　2-118, 5-150
蜻蛉嶽　とんぼうだけ　第189号　4-70, 4-72

【な】

内院島　ないいんじま　第192号　4-82, 5-240, 5-241, 5-320
内記村　ないきむら　第123号　3-38, 3-40
内宮　ないぐう　第117号　3-13, 5-163, 5-168, 5-299
内宮村（元伊勢）　ないくむら（もといせ）　第123号　3-40, 5-180
内座岩　ないざいわ　第140号　3-126, 5-171
ナイシヤム　第20号　1-63, 5-44, 5-275
撫牛子村　ないじょうしむら　第43号　1-146, 5-67, 5-82, 5-84, 5-281
奈為神社　ないじんじゃ　第162号　3-221
内瀬村　ないぜむら　第131号　3-78, 5-168, 5-299
ナイタノソフ　ないたのそふ　第161号　3-216, 3-217, 5-203
内藤新宿（御料所）○　ないとうしんじゅく　第90号　2-85, 5-120, 5-123, 5-291
内名　ないな　九州沿海図第4　4-209
ナイフツ　第17号　1-52, 5-42, 5-274
ナイフツ　第21号　1-68, 5-46
ナイボブツ　第12号　1-41, 5-36, 5-269, 5-273
ナイボブツ川　第12号　1-41, 5-36, 5-269, 5-273
苗木（遠山刑部少輔居城）　なえぎ　第110号　2-173, 5-154, 5-296
苗木 アケヤ　なえぎあけや　第110号　2-173
苗木 北谷　なえぎきただに　第110号　2-173
ナヘシマ　なえしま　第141号　5-183
ナヘシマ　なえしま　第169号　5-224
苗代川　なえしろがわ　第210号　5-252, 5-261
苗間村　なえまむら　第88号　2-78, 5-120, 5-291
苗間村街道　なえまむらかいどう　第88号　2-78
苗山　なえやま　第212号　5-253, 5-261
直江村　なおえむら　第179号　4-19, 5-225
直江村（中津領）　なおえむら　九州沿海図第2　4-195
直江村岩野原〔直江〕　なおえむらいわのはら　第162号　3-219, 3-221, 5-308
直江村上分〔直江村、直江〕　なおえむらかみぶん　第162号　3-219, 3-221, 5-204, 5-308
直江村境木　なおえむらさかいぎ　第178号　4-16
直江村境木　なおえむらさかいぎ　九州沿海図第2　4-195
直江村下分〔直江〕　なおえむらしもぶん　第162号　3-219, 3-221, 5-308
直江村下分直江町　なおえむらしもぶんなおえまち　第162号　3-219, 3-221
直島（御料所）　なおしま　第145号　3-155, 5-194, 5-307
縄生村　なおむら　第129号　3-66, 5-166
直入郡　なおりぐん　第182号　4-35, 4-36, 4-37, 5-227, 5-229, 5-312, 5-314
直入郡　なおりぐん　九州沿海図第20　4-278
直入郡　なおりぐん　九州沿海図第21　4-279, 4-281
中新井村〔新井〕　なかあらいむら　第111号　2-177, 2-178, 5-160, 5-298
永井○　ながい　第78号　2-42, 5-115, 5-116
ナカイ川　第32号　1-109
ナカイ川〔ナカイカワ〕　第32号　1-109, 5-56
長池　ながいけ　第176号　3-292
長池村　ながいけむら　第100号　2-132
長池村　ながいけむら　第137号　3-114, 5-184, 5-306
長石　ながいし　第104号　2-152
長石　ながいし　第105号　2-154
中石垣村〔石垣〕　なかいしがきむら　第181号　4-29, 4-31, 5-227, 5-312
中石垣村　なかいしがきむら　九州沿海図第3　4-203
中一色村　なかいしきむら　第118号　3-20, 5-159, 5-297
中石田村　なかいしだむら　第101号　2-141
長石村　ながいしむら　第75号　2-25, 5-99
中泉新田　なかいずみしんでん　第94号　2-105, 5-119
中泉村（松平右京亮領分）　なかいずみむら　第94号　2-105, 5-119, 5-289, 5-291
中泉村（御料所）　なかいずみむら　第111号　2-179, 2-180, 5-161, 5-298
中礒〔中ノイソ〕　なかいそ　第131号　3-78, 5-168
長礒崎　ながいそざき　第157号　3-203
長礒村　ながいそむら　第47号　1-161, 5-76, 5-284
中市郷村　なかいちのごうむら　第141号　3-130, 5-182
永井岬　ながいみさき　第58号　5-110
中居南村　なかいみなみむら　第84号　2-64, 5-143, 5-295
中居村　なかいむら　第84号　2-64, 5-143
中居村（御料所）　なかいむら　第87号　2-75, 5-120
中居村（岡八郎兵衛知行所）　なかいむら　第88号　2-77, 5-120
中井村　なかいむら　第141号　3-129
中井村　なかいむら　第145号　3-153
長井村（松平大和守領分、堀求馬知行所）　ながいむら　第93号　2-101, 5-125
永井村　ながいむら　第120号　3-24, 5-145, 5-297, 5-300
長井村　ながいむら　第122号　3-36, 5-173, 5-175, 5-300
中哥　なかうた　第34号　1-118
長畔村　ながうねむら　第96号　2-119
中馬引澤村　なかうまひきざわむら　第90号　2-85, 2-87, 5-120, 5-123, 5-291
中馬引沢村三軒茶屋　なかうまひきざわむらさんげんちゃや　第90号　2-85, 2-87
中浦　なかうら　第175号　3-287
中浦　なかうら　九州沿海図第19　4-272, 4-274, 4-275

長浦島〔長浦〕　ながうらじま　第196号　4-98, 5-233, 5-315
長浦嶋　ながうらじま　九州沿海図第19　4-275
中浦村　なかうらむら　第189号　4-73, 5-234, 5-238, 5-241
中浦村〔中浦〕　なかうらむら　第201号　4-122, 5-235, 5-237, 5-313, 5-315
長浦村　ながうらむら　第84号　2-62, 2-64, 5-143
長浦村　ながうらむら　第93号　2-101, 2-102, 5-123, 5-125
長浦村〔長浦〕　ながうらむら　第201号　4-121, 5-236, 5-313, 5-315
長浦村大石　ながうらむらおおいし　第201号　4-121
長浦村平〔手〕崎　ながうらむらてざき　第201号　4-121
長浦村戸根　ながうらむらとね　第201号　4-121
長浦村脇嵜　ながうらむらわきざき　第201号　4-121
長江岩〔長岩〕　ながえいわ　第204号　4-141, 4-142, 5-235
中江川　なかえがわ　第183号　4-39, 4-41
中依知村（御料所、岡部五郎兵エ、小幡又兵衛知行所）〔中依智村〕　なかえちむら　第93号　2-103, 5-126, 5-291
中依知村古川　なかえちむらふるかわ　第93号　2-103
中江野島　なかえのしま　第204号　4-140, 4-142, 5-235
長江岬　ながえみさき　第204号　4-141, 4-142
長江村　ながえむら　第123号　3-38, 5-173, 5-304
長江村　ながえむら　第143号　3-136, 5-305
永江村枝三ツ俣新田〔永江〕　ながえむらえだみつやしんでん　第81号　2-50, 5-294
永江村北永江〔永江村〕　ながえむらきたながえ　第81号　2-50, 5-138
長江村西分〔長江〕　ながえむらにしぶん　第162号　3-218, 5-305, 5-308
長江村東分〔長江村、長江〕　ながえむらひがしぶん　第162号　3-218, 5-190, 5-204, 5-305, 5-308
永江村南永江　ながえむらみなみながえ　第81号　2-50
長江山　ながえやま　第210号　4-171, 5-254, 5-261
長江山　ながえやま　九州沿海図第12　4-243
中尾　なかお　九州沿海図第20　4-277
中太田村　なかおおたむら　第141号　3-131, 5-183
中大田村山本　なかおおたむらやまもと　第141号　3-131
中大塚村（弓削多金之進、鳥居久五郎知行所）　なかおおづかむら　第94号　2-107
中大淀村　なかおおよどむら　第130号　3-76, 5-163, 5-299
長岡（牧野備前守居城）☆　ながおか　第76号　2-28, 5-112, 5-113, 5-287, 5-289
長岡郡　ながおかぐん　第152号　3-184, 3-185, 5-196, 5-307, 5-310
長岡郡　ながおかぐん　第159号　3-206, 3-208, 5-196, 5-310
長岡村　ながおかむら　第66号　1-231, 5-80, 5-94, 5-285
長岡村　ながおかむら　第101号　2-141, 2-143
長岡村　ながおかむら　第108号　2-165
長岡村　ながおかむら　第123号　3-38, 3-40, 5-180
永岡村　ながおかむら　第187号　4-59, 4-62, 5-223, 5-231, 5-313
長岡村枝當槌　ながおかむらえだあてび　第123号　3-38, 3-39, 3-40
長岡村枝金田　ながおかむらえだかねだ　第123号　3-39, 3-41
長岡村姫御前　ながおかむらひめごぜん　第123号　3-38, 3-40
中荻野村（大久保出雲守在所）〔萩野〕　なかおぎのむら　第99号　2-128, 5-126, 5-291
中奥寺村　なかおくでらむら　第143号　5-188
中ヲコ瀬　なかおこせ　第207号　4-152
中小坂村〔小坂〕　なかおさかむら　第88号　2-79, 5-120, 5-291
長尾鼻　ながおさき　第154号　5-191
ナカヲタ　第17号　1-52, 5-42
ナカヲタ　第21号　1-68, 1-69, 5-47
ナカヲタ　第33号　1-114, 5-47, 5-279
長雄峠　ながおとうげ　第143号　3-136
長雄鼻〔長尾鼻〕　ながおはな　第143号　3-136, 5-188
中尾村　なかおむら　第137号　3-114, 5-184, 5-306
中尾村　なかおむら　第143号　5-189
中尾村　なかおむら　第144号　3-141, 3-144, 5-192, 5-305, 5-307
中尾村　なかおむら　第145号　3-152, 5-192, 5-307
中尾村　なかおむら　第150号　3-170, 5-189
長尾村　ながおむら　第85号　2-68, 5-142, 5-295
長尾村　ながおむら　第90号　2-87, 2-90
長尾村　ながおむら　第116号　2-207, 5-163, 5-299
長尾村　ながおむら　第118号　3-21
長尾村　ながおむら　第128号　3-65, 5-183, 5-304
長尾村　ながおむら　第141号　3-130
長尾村　ながおむら　第144号　3-140
長尾村　ながおむら　第145号　3-152
長尾村　ながおむら　第178号　4-13, 4-15
長尾村　ながおむら　第187号　4-56, 5-222, 5-312
永尾村〔永尾〕　ながおむら　第190号　4-76, 5-234, 5-313
永尾村田谷峠　ながおむらたやとうげ　第190号　4-76
中尾村出屋敷　なかおむらでやしき　第145号　3-152
長尾山　ながおやま　第133号　3-93
長尾山　ながおやま　第136号　3-106
長尾山　ながおやま　第136号　3-106, 5-178
長尾山　ながおやま　第144号　3-143, 3-146
長尾山　ながおやま　第150号　3-175
長尾山　ながおやま　第151号　3-177
長尾山　ながおやま　第166号　3-235, 3-237
長尾山　ながおやま　第166号　3-238
長尾山　ながおやま　第197号　4-101, 5-245
中垣内村○☆　なかがいとむら　第115号　2-200, 5-159, 5-299
中垣内村園川　なかがいとむらそのかわ　第115号　2-196, 2-198, 2-200
中柏原新田　なかかしわばらしんでん　第101号　2-141, 2-144, 5-127
中方嶋　なかかたしま　第183号　4-39, 4-41
中片村　なかがたむら　第76号　2-28, 2-32, 5-112, 5-113, 5-287, 5-289
中金子村〔金子〕　なかがねこむら　第96号　2-118, 5-150, 5-296
中川原村☆　なかかはらむら　第133号　3-93, 5-178
長上郡　ながかみぐん　第111号　2-179, 2-180, 5-161, 5-298
中神島　なかがみじま　第196号　4-96, 5-233
中神嶋　なかがみじま　九州沿海図第18　4-265
中神嶋　なかがみじま　九州沿海図第19　4-275
中神村　なかがみむら　第90号　2-89
中神村　なかがみむら　第200号　4-114, 5-250, 5-315
中神村　なかがみむら　九州沿海図第17　4-263
中神村大柿　なかがみむらおおかき　第200号　4-114
那珂川　なかがわ　第57号　1-198, 5-108
那珂川　なかがわ　第69号　1-242, 5-106
中川　なかがわ　第90号　2-84, 5-120, 5-123, 5-290
中川　なかがわ　第144号　3-145
中川　なかがわ　第144号　3-144, 3-146
中川　なかがわ　第186号　4-53, 4-55
那珂川　なかがわ　第187号　4-60
中川村（榊原式部大輔領分）　なかがわむら　第80号　2-45, 2-48, 5-138, 5-287
中川村　なかがわむら　第83号　2-61, 5-141, 5-295
中川村（御料所）　なかがわむら　第97号　2-122, 2-123, 5-117, 5-291
中川村　なかがわむら　第145号　3-153, 5-192, 5-307
中川村益野　なかがわむらますの　第145号　3-153
中河原　なかかわら　第118号　3-16, 3-18, 5-156, 5-159
中河原　なかがわら　第103号　2-149
中川原村〔中河原村〕　なかがわらむら　第82号　2-56, 5-140, 5-295
中河原村　なかがわらむら　第96号　2-118, 5-150
中河原村　なかがわらむら　第130号　3-74, 5-163, 5-299, 5-301
中河原村　なかがわらむら　第133号　3-90
中河原村　なかがわらむら　第138号　3-119, 5-184, 6-306
中河原村　なかがわらむら　第150号　3-170, 5-188, 5-305
中河原村赤堀新田〔赤堀新田〕　なかがわらむらあかほりしんでん　第129号　3-67, 3-69, 5-166
中北上村　なかぎたかみむら　第150号　3-174, 5-192
中北上村長谷　なかきたかみむらはせ　第144号　3-145
中北上村楽満　なかぎたかみむらららくまん　第150号　3-174
中北下村〔中北〕　なかぎたしもむら　第144号　3-145, 5-192, 5-305
中城山　なかきやま　第95号　2-110, 5-116, 5-119
中切村　なかぎりむら　第112号　2-183, 2-184
中切村　なかぎりむら　第113号　2-188, 5-155, 5-297
中桐村　なかぎりむら　第114号　2-191, 2-192
中切村　なかぎりむら　第115号　2-196, 2-198, 2-200
長草鼻　ながくさはな　第101号　2-140, 2-142
長艸村　ながくさむら　第53号　1-186, 5-81
中串﨑　なかくしざき　第206号　4-148, 4-149
長串鼻　ながくしはな　第167号　3-244
中久世村　なかくぜむら　第133号　3-90, 3-92
長窪（御料所）○☆　ながくぼ　第95号　2-112, 2-113, 5-150, 5-296
長久保　ながくぼ　第204号　4-140, 4-142
中窪山　なかくぼやま　第95号　2-111
中久間村　なかくまむら　第190号　4-75, 5-234
長倉坂峠　ながくらざかとうげ　第193号　5-230
長倉村　ながくらむら　第53号　1-186, 5-81, 5-285
長倉村尾町〔長倉村〕　ながくらむらおまち　第53号　1-186, 5-81
中クリ　なかぐり　第122号　3-36, 5-173
那珂郡　なかぐん　第57号　1-197, 5-108, 5-288

那賀郡　なかぐん　第101号　2-143, 5-129
那賀郡　なかぐん　第102号　2-147, 5-129, 5-298
中郡　なかぐん　第123号　3-38, 3-39, 3-40, 3-41, 5-180, 5-304
那賀郡　なかぐん　第147号　3-161, 3-162, 5-187, 5-303, 5-306
那珂郡　なかぐん　第151号　3-180, 5-194, 5-307
那珂郡　なかぐん　第152号　3-182, 5-194, 5-307
那賀郡　なかぐん　第166号　3-235, 3-237, 5-212, 5-308
那賀郡　なかぐん　第172号　3-270, 5-212, 5-308
那珂郡　なかぐん　第185号　4-50, 4-51, 4-52, 5-316
那珂郡　なかぐん　第187号　4-57, 4-60, 4-62, 5-313
那珂郡　なかぐん　第199号　4-110, 5-246, 5-261, 5-316
那珂郡　なかぐん　九州沿海図第7　4-221, 4-222
那珂郡　なかぐん　九州沿海図第9　4-228
中食満村（御料所、大橋與左エ門知行所）　なかけまむら　第135号　3-101, 5-178
中湖　なかこ　第121号　3-33, 5-172
中小泉村（高木左京）〔小泉〕　なかこいずみむら　第100号　2-135, 2-138, 5-127, 5-291
中河内　なかこうち　九州沿海図第8　4-226
中郷村　なかごうむら　第115号　2-197
中郷村　なかごうむら　第190号　4-75, 5-313
中郷村〔中郷〕　なかごうむら　第191号　4-79, 5-313
中古賀村〔中古賀〕　なかこがむら　第188号　4-66, 4-69, 5-231, 5-313
中小坂村〔小坂〕　なかこさかむら　第135号　3-101, 5-301
中越浦　なかごしうら　第183号　4-40, 5-226, 5-228, 5-311
中越浦　なかごしうら　九州沿海図第5　4-211
中越浦嶋江　なかごしうらしまえ　第183号　4-40
中古志岐セ　なかこしきせ　第206号　4-146
中甑村　なかこしきむら　第212号　4-177, 5-253, 5-261, 5-315, 5-317
中甑村　なかこしきむら　九州沿海図第15　4-254, 4-255
中小シマ　なかこじま　第147号　3-163, 5-187
中小嶋　なかこじま　第169号　3-251, 5-215
中小島　なかこじま　第196号　4-95
中小シマ　なかこじま　第206号　4-148, 4-149
中小島　なかこじま　第207号　4-152, 5-243, 5-321
中越村　なかこしむら　第108号　2-163, 5-150, 5-151, 5-296
中越村枝太田切　なかこしむらおおたぎり　第108号　2-163
中御所村（堀近江守、真田弾正大弼）　なかごしょむら　第81号　2-50, 5-146
中木場村　なかこばむら　第196号　4-95, 5-233, 5-315
中齊川村　なかさいかわむら　第53号　1-185, 1-186, 5-80
中在家大杉　なかざいけおおすぎ　第129号　3-72
中在家村　なかざいけむら　第135号　3-101, 5-178, 5-301
長在家村（日根野長左エ門知行所）　ながざいけむら　第94号　2-106
中西郷村阿弥陀寺〔中西郷村〕　なかさいごうむらあみだじ　第118号　3-16, 5-156
長坂峠　ながさかとうげ　第133号　5-175
長坂村　ながさかむら　第60号　1-205, 5-84, 5-283
長坂村（間宮造酒之亟知行所）　ながさかむら　第93号　2-101, 5-125
長坂村　ながさかむら　第150号　3-170
中﨑　なかざき　第160号　3-210
中﨑　なかざき　第204号　4-140, 4-142
長﨑　ながさき　第58号　1-200
長崎　ながさき　第131号　3-79
長﨑　ながさき　第145号　3-151, 3-154
長崎　ながさき　第146号　3-158, 5-194
長崎　ながさき　第151号　3-181
長崎　ながさき　第161号　3-216
長埼　ながさき　第164号　3-231
長崎　ながさき　第170号　3-263
長崎　ながさき　第171号　3-265, 5-201, 5-203
長崎　ながさき　第179号　4-23, 5-225, 5-312
長崎　ながさき　第181号　4-32, 5-226
長崎　ながさき　第184号　5-244
長﨑〔長サキ〕　ながさき　第192号　4-80, 5-239, 5-241
長﨑〔長サキ〕　ながさき　第192号　4-81, 5-239, 5-241
長﨑　ながさき　第192号　4-81
長嵜　ながさき　第193号　4-85, 4-87, 5-233
長﨑（西役所）☆⚓　ながさき　第202号　4-125, 4-127, 4-128
長﨑（西役所）⚓　ながさき　長崎〔参考図〕　4-131, 4-133
長﨑〔長サキ〕　ながさき　第204号　4-140, 4-142, 5-235
長サキ　ながさき　第206号　5-242, 5-243
長嵜　ながさき　第206号　4-146
長﨑〔長サキ〕　ながさき　第207号　4-151, 5-243
長崎　ながさき　第210号　5-252, 5-261
長嵜　ながさき　第211号　4-173, 4-176, 5-249, 5-256, 5-261, 5-316
長﨑　ながさき　九州沿海図第2　4-199
長崎　ながさき　九州沿海図第4　4-209
長崎　ながさき　九州沿海図第10　4-237
長崎　ながさき　九州沿海図第12　4-246
長﨑島〔長サキシマ〕　ながさきじま　第189号　4-74, 5-235, 5-241
長嵜瀬〔長崎セ〕　ながさきせ　第207号　4-154, 5-243
中﨑鼻　なかさきばな　第161号　3-217
長﨑鼻　ながさきはな　第117号　3-12
長﨑鼻　ながさきはな　第145号　3-155
永嵜村（御料所）〔永﨑村〕　ながさきむら　第55号　1-191, 5-104, 5-288
長﨑村　ながさきむら　第84号　2-62, 2-64, 5-142
長﨑村　ながさきむら　第101号　2-141
長崎村　ながさきむら　第195号　4-93, 4-94, 5-233, 5-315
長崎村　ながさきむら　第202号　4-125, 4-126, 4-128, 5-315
長﨑村　ながさきむら　九州沿海図第18　4-264
長﨑村　ながさきむら　長崎〔参考図〕　4-130, 4-132
長﨑村桂原　ながさきむらかずはら　第195号　4-93, 4-94
長嵜村鴨篭　ながさきむらかもこ　第195号　4-93, 4-94
長嵜村紫波浦　ながさきむらしばうら　第195号　4-93, 4-94
長嵜村十善寺郷　ながさきむらじゅうぜんじごう　第202号　4-125, 4-127, 4-128
長崎村十善寺郷　ながさきむらじゅうぜんじごう　長崎〔参考図〕　4-130, 4-132
長嵜村高野平郷〔長崎村〕　ながさきむらたかのひらごう　第202号　4-125, 4-126, 5-236
長﨑村髙野平郷　ながさきむらたかのひらごう　長崎〔参考図〕　4-130, 4-132
長嵜村中川郷　ながさきむらなかがわごう　第202号　4-125, 4-126
長﨑村中川郷　ながさきむらなかがわごう　長崎〔参考図〕　4-130, 4-132
長﨑村本河内郷　ながさきむらほんごうちごう　長崎〔参考図〕　4-130, 4-132
長﨑山　ながさきやま　第167号　3-240
長狭郡　ながさぐん　第92号　2-97, 2-98, 5-111, 5-124, 5-290
長迫　ながさこ　九州沿海図第1　4-191
長迫　ながさこ　九州沿海図第18　4-266
長迫村　ながさこむら　第182号　4-35, 4-36
長迫村　ながさこむら　九州沿海図第21　4-279
中佐々木村　なかささきむら　第127号　3-57, 3-60, 5-180
中佐々木村佛坂　なかささきむらほとけざか　第127号　3-57, 3-60
中佐治村　なかさじむら　第127号　3-60, 3-61, 5-180, 5-182
中佐治村中河内平野　なかさじむらなかがわちひらの　第127号　3-60, 3-61
中里新田　なかざとしんでん　第90号　2-89
中里村　なかさとむら　第51号　1-176, 5-77
中里村（酒井與左エ門、久松忠次郎知行所）　なかさとむら　第94号　2-105, 5-119, 5-289
中里村（御料所、松平中務少輔領分）☆　なかざとむら　第91号　2-92, 5-111, 5-290
中里村（中山五平治知行所）　なかざとむら　第91号　2-95, 5-122, 5-290
中里村〔中里〕　なかざとむら　第190号　4-76, 5-234, 5-313
長里村〔長里〕　ながさとむら　第201号　4-119, 5-313, 5-315
長里村　ながさとむら　第210号　4-168, 5-252, 5-261, 5-317
長里村　ながさとむら　九州沿海図第12　4-246
長里村枝市來村　ながさとむらえだいちきむら　第210号　4-168
長里村枝市木村　ながさとむらえだいちきむら　九州沿海図第12　4-246
長里村大久保　ながさとむらおおくぼ　第201号　4-119
中里村大坪（戸田督三郎陣屋）〔中里村、中里〕　なかざとむらおおつぼ　第101号　2-144, 5-127, 5-291
中里村枝川尻〔中里〕　なかざとむらかわしり　第101号　2-144, 5-291
長里村川内　ながさとむらこうち　第201号　4-119
長里村谷角　ながさとむらたりかど　第201号　4-119
中里村長澤（戸田督三郎）　なかざとむらながさわ　第100号　2-135
中里村古子　なかざとむらふるこ　第190号　4-76
中座村　なかざむら　第175号　3-282, 5-216
長砂連　ながされ　九州沿海図第19　4-275
長沢川　ながさわがわ　第96号　2-117
永沢川　ながさわがわ　第125号　5-174, 5-176
中澤田村（本多豊前守領分）〔沢田〕　なかさわだむら　第101号　2-141, 5-127, 5-291
長沢津川　ながさわつがわ　第210号　5-254, 5-261
長澤津川　ながさわつがわ　第210号　4-170
長沢津川　ながさわつがわ　九州沿海図第12　4-242
中澤濱　なかざわはま　第47号　1-160, 1-161
中澤村〔中沢村〕　なかざわむら　第39号　1-135, 5-67, 5-82, 5-281
中澤村　なかざわむら　第88号　2-79
中沢村　なかざわむら　第97号　2-122, 2-123
中澤村〔中ノ沢〕　なかざわむら　第118号　3-16,

3-18, 5-166, 5-297, 5-300
中沢村　なかざわむら　第125号　3-48, 3-50, 5-174
長澤村〔長沢村〕　ながさわむら　第84号　2-63, 5-141, 5-295
長澤村（久世平九郎知行所）　ながさわむら　第93号　2-101, 5-124, 5-291
長沢村　ながさわむら　第98号　2-126, 5-117, 5-127, 5-296
長沢村（安藤監物、大河内彦四郎、福岡多郎八知行所）　ながさわむら　第101号　2-141, 5-126, 5-128
長沢村　ながさわむら　第116号　2-202, 2-204, 5-162
永澤村　ながさわむら　第125号　3-48, 5-166
長澤村　ながさわむら　第129号　3-67, 3-69, 5-166, 5-167, 5-301
長澤村　ながさわむら　第172号　3-268, 5-212, 5-308
長澤村産湯〔長沢〕　ながさわむらうぶゆ　第172号　3-268, 5-308
長沢村新町　ながさわむらしんまち　第98号　2-126
中沢村長科村〔長科村〕　なかざわむらながしなむら　第39号　1-133, 1-135, 5-67, 5-82, 5-281
中塩屋　なかしおや　九州沿海図第10　4-235
中塩屋　なかしおや　九州沿海図第12　4-243, 4-245
中塩屋　なかしおや　九州沿海図第19　4-272
長塩屋濱〔長シホヤハマ〕　ながしおやはま　第48号　1-163, 5-78
長清水苗代田　ながしずなえしろだ　第48号　1-162
長清水濱　ながしずはま　第48号　1-162, 5-76, 5-78
中下村　なかしたむら　第125号　3-48, 3-50, 5-174
長地附新田　ながじつけしんでん　第129号　3-66, 5-166
中澁谷村（吉田丑次郎、野間忠五郎、三浦五郎左エ門知行所）　なかしぶやむら　第90号　2-85, 2-87, 5-120, 5-123
中澁谷村大和田　なかしぶやむらおおわだ　第90号　2-85, 2-87
中シマ　なかしま　第84号　2-62, 2-64
中嶋　なかしま　第174号　3-279
中シマ　なかしま　第184号　4-46
中島　なかしま　第187号　4-60
仲島　なかしま　第189号　4-71, 4-73
中島〔中シマ〕　なかしま　第196号　4-98, 5-233
中シマ　なかしま　第196号　4-95
中嶋　なかしま　第199号　4-111, 4-112
中嶋　なかしま　九州沿海図第7　4-220
中嶌　なかしま　九州沿海図第9　4-228
中島○　なかじま　第74号　2-20, 5-112, 5-287
中島　なかじま　第117号　3-13, 5-163
中シマ　なかじま　第155号　3-191, 5-190
中島　なかじま　第167号　3-242, 5-211, 5-213
中島　なかじま　第169号　3-250, 5-215
中島　なかじま　第178号　4-13, 5-222
中シマ　なかじま　第183号　4-39
中島〔中シマ〕　なかじま　第184号　4-44, 5-228
中島　なかじま　第186号　4-54
中嶋〔中シマ〕　なかじま　第202号　4-128, 5-236
中嶋〔中島〕　なかじま　第212号　4-177, 5-253, 5-261, 5-315, 5-317
中シマ　なかじま　九州沿海図第5　4-211
中嶌　なかじま　九州沿海図第6　4-218
中嶋　なかじま　九州沿海図第15　4-254, 4-255
中嶋　なかじま　九州沿海図第19　4-275
中嶋　なかじま　長崎〔参考図〕　4-129
長島　ながしま　第118号　5-297
長シマ　ながしま　第132号　3-85, 1-170
長嶌〔長島〕　ながしま　第141号　3-127, 5-185, 5-306
長島　ながしま　第147号　3-161, 5-187
長島　ながしま　第151号　3-178
長島　ながしま　第153号　3-186, 5-191
長シマ　ながしま　第155号　3-191, 5-190
長島　ながしま　第164号　3-229, 5-210, 5-308
長島　ながしま　第167号　3-245, 5-215, 5-311
長島　ながしま　第167号　3-245, 5-211, 5-213
長嶋〔長シマ〕　ながしま　第183号　4-39, 4-41, 5-226, 5-228
長島　ながしま　第189号　4-74
長島　ながしま　第191号　4-79, 5-238, 5-241, 5-313
長島　ながしま　第196号　4-95
長島〔長シマ〕　ながしま　第201号　4-121, 5-235
長嶋〔長島〕　ながしま　第203号　4-138, 5-251, 5-315
長嶋　ながしま　九州沿海図第5　4-213
長嶋　ながしま　九州沿海図第13　4-251
長嶋　ながしま　九州沿海図第14　4-253
中シマ（總名綱島）　なかしま（そうみょうつなしま）　第192号　4-81, 5-239, 5-240, 5-241
長島（虫明村屬）　ながしま（むしあげむらぞく）　第145号　3-149, 5-185, 5-306
長島浦○☆⚠　ながしまうら　第131号　3-80, 5-169, 5-301, 5-302
中島川　なかしまがわ　第188号　4-68
長島川　ながしまがわ　第180号　5-230
長島川　ながしまがわ　第188号　4-64
中シマロノセ　なかじまくちのせ　第196号　4-95
中島郡（美濃國）　なかしまぐん　第118号　3-18, 3-20, 5-166, 5-297
中島郡　なかじまぐん　第115号　2-197, 5-159, 5-297
中島郡（尾張國）　なかじまぐん　第118号　3-18, 3-20, 5-159, 5-297
中島新田（御料所）　なかじましんでん　第135号　3-101, 5-178
中島田村　なかしまだむら　第187号　4-58, 5-231, 5-312
中島村　なかしまむら　第118号　3-18, 3-20, 5-159
中嶌村　なかしまむら　第141号　3-130
中島村　なかしまむら　第145号　3-153, 5-307
中島村　なかしまむら　第147号　3-161, 5-187, 5-303, 5-306
中島村　なかしまむら　第151号　3-178, 5-192
中島村　なかしまむら　第155号　3-191, 3-193, 5-189, 5-190, 5-305
中島村　なかしまむら　第180号　4-27
仲島村　なかしまむら　第187号　4-57, 4-59, 4-60, 4-62, 5-223, 5-313
中嶋村　なかしまむら　第188号　4-68, 5-231
中島村〔中島〕　なかしまむら　第190号　4-75, 5-234, 5-313
中島村　なかしまむら　第195号　4-93, 5-233, 5-315
中島村　なかしまむら　第195号　4-92, 5-232
中嶋村　なかしまむら　九州沿海図第18　4-266
中島村　なかじまむら　第43号　1-146, 5-67, 5-82, 5-281
中嶋村　なかじまむら　第81号　2-50, 2-52
中島村　なかじまむら　第83号　2-58, 5-140, 5-295
中島村☆　なかじまむら　第84号　2-63, 2-65, 5-143, 5-295
中島村（御料所）　なかじまむら　第88号　2-78, 5-120
中島村（稲垣藤五郎、豊島左兵エ、浅井次郎吉知行所、御書院番與力給地）☆　なかじまむら　第91号　2-95, 5-122, 5-290
中島村（山内傳右エ門知行所）〔中宿村〕　なかじまむら　第93号　2-103, 5-125, 5-126
中嶋村（松平直之亟領分）　なかじまむら　第94号　2-107
中島村（川田六郎左エ門、加藤七五郎知行所）　なかじまむら　第94号　2-105, 2-107, 5-119, 5-291
中島村（大久保出雲守領分）　なかじまむら　第101号　2-141, 5-126, 5-128
中島村　なかじまむら　第101号　2-144
中島村（松平丹後守領分）　なかじまむら　第107号　2-157, 2-159, 5-129, 5-298
中島村（太田摂津守領分）　なかじまむら　第111号　2-179, 2-180, 5-161
中島村　なかじまむら　第115号　2-196, 2-198, 2-200
中島村　なかじまむら　第118号　3-18, 5-159, 5-297
中島村　なかじまむら　第118号　3-20, 5-166, 5-297
中島村　なかじまむら　第133号　3-87, 3-89, 3-90, 3-92, 5-176
中島村　なかじまむら　第141号　3-130, 5-306
中島村　なかじまむら　第141号　3-128
中島村　なかじまむら　第150号　3-174, 5-192, 5-305
中島村　なかじまむら　第157号　5-210, 5-307
中島村　なかじまむら　第159号　3-206, 3-208, 5-196, 5-199, 5-200
中島村小鶴　なかしまむらこづる　第195号　4-92
中島村三郎丸〔中島村、中島〕　なかしまむらさぶろうまる　第180号　4-25, 4-27, 5-230, 5-312
中島村下出　なかじまむらしもで　第118号　3-18
中島村新田　なかじまむらしんでん　第88号　2-78
中島村スノコ　なかしまむらすのこ　第195号　4-92
中島村水田尾　なかしまむらみずのたお　第195号　4-92
中島山　なかじまやま　第101号　2-141, 2-143
中清水村　なかしみずむら　第100号　2-134
長清水村　ながしみずむら　第66号　1-231, 5-80, 5-92, 5-285
中地村　なかじむら　第118号　3-20
長師村　ながしむら　第168号　3-247, 5-214
中地村権石〔右〕　なかじむらごえ　第118号　3-20
中下恩田村入會（松平大和守領分）〔中恩田村、下恩田村〕　なかしもおんだむらいりあい　第88号　2-79, 5-120, 5-121
中宿村　なかしゅくむら　第80号　2-46, 2-49, 5-138, 5-294
中宿村（榊原式部大輔領分）〔宿村〕　なかじゅくむら　第56号　1-195, 5-103, 5-288
中宿村（板倉伊豫守領分）　なかじゅくむら　第94号　2-105, 5-119, 5-291
中宿村　なかじゅくむら　第125号　3-50, 5-166, 5-297, 5-300, 5-301
中之庄村〔中ノ庄村〕　なかしょうむら　第121号　3-31, 3-32, 5-174
中條村　なかじょうむら　第108号　2-164, 5-150, 5-296
中城村　なかじょうむら　第180号　5-230
中城村豆田町○〔豆田町〕　なかしろむらまめだまち　第180号　4-27, 5-230
中新地　なかしんち　九州沿海図第1　4-193
中新田村（秋元忠右エ門知行所）　なかしんでんむら　第93号　2-103
中新田村　なかしんでんむら　第111号　2-179, 5-160, 5-298

中新田村山王原　なかしんでんむらさんのうばら　第93号　2-103
中洲　なかす　第151号　3-180
中洌　なかす　第179号　4-18
中洲　なかす　第181号　5-226
中測〔洲〕　なかす　第201号　4-121
長末村　ながすえむら　第156号　3-195, 3-197, 5-208
長末村八幡田　ながすえむらはちまんだ　第156号　3-195, 3-197
長末山　ながすえやま　第156号　3-195, 3-197
中須加村　なかすかむら　第168号　3-246, 5-214, 5-311
中須賀村　なかすかむら　第179号　4-18, 5-225, 5-312
中須賀村　なかすかむら　九州沿海図第2　4-194
長須賀村（小笠原若狭守知行所）　ながすかむら　第92号　2-99, 2-100, 5-124
中須川　なかすがわ　第196号　4-97
長スサキ　ながすざき　第103号　2-150
中筋村　なかすじむら　第136号　3-106, 5-178, 5-306
中筋村　なかすじむら　第141号　3-130
中筋村　なかすじむら　第142号　5-184
中筋村小池　なかすじむらこいけ　第136号　3-106
長砂村　ながすなむら　第57号　1-197, 5-108, 5-288
長砂村　ながすなむら　第124号　3-44
中須村　なかすむら　第157号　5-195, 5-307
中須村　なかすむら　第167号　3-241, 5-211, 5-213, 5-308
中津村　なかずむら　第118号　3-20, 5-166
中須村　なかずむら　第174号　3-278, 5-216, 5-308
長須村　ながすむら　第152号　3-184, 5-196, 5-307
長洌村　ながすむら　第161号　3-216, 5-203, 5-311
長洌村☆　ながすむら　第193号　4-87, 5-233, 5-313, 5-315
長洌村○☆　ながすむら　九州沿海図第18　4-269
長洌村牛水　ながすむらうしのみず　第193号　4-87
長洌村西濵⛵〔長洲村、長洌〕　ながすむらにしはま　第179号　4-18, 5-225, 5-312
長洌村西濵（嶋原領）⛵　ながすむらにしはま　九州沿海図第2　4-194
中瀬　なかせ　第178号　4-13
中瀬〔中ノセ〕　なかせ　第187号　4-61, 5-223
ナカセ　なかせ　第191号　4-78
中セ　なかせ　第192号　4-80
中セ　なかせ　第196号　4-95
中瀬〔中セ〕　なかせ　第203号　4-139, 5-251
中セ〔中セ〕　なかせ　第206号　4-148, 4-149, 5-242
中セ　なかせ　第206号　5-242, 5-243
中瀬　なかせ　九州沿海図第19　4-271
長瀬〔長セ〕　ながせ　第206号　4-148, 4-149, 5-242
長瀬〔長セ〕　ながせ　第207号　4-152, 5-242
長瀬　ながせ　九州沿海図第2　4-198
長瀬　ながせ　九州沿海図第3　4-198, 4-204
長瀬上村　ながせかみむら　第134号　3-94, 3-96, 5-167, 5-167, 5-177
長瀬上村出屋敷　ながせかみむらでやしき　第134号　3-94, 3-96
中関村　なかぜきむら　第110号　2-172, 5-154, 5-296
仲瀬久井原　なかせきゅういばる　第184号　4-47
長瀬﨑〔長瀬﨑岩〕　ながせざき　第210号　4-171, 5-254, 5-261
長瀬神社　ながせじんじゃ　第129号　3-67, 3-69
中セトシマ　なかせとじま　第177号　5-220
中瀬戸シマ〔中セトシマ〕　なかせとじま　第190号　4-77, 5-235
長瀬中村　ながせなかむら　第134号　3-94, 3-96, 5-167, 5-167, 5-177
長瀬夏木原　ながせなつきはら　第176号　3-290
仲瀬野々崎　なかせののざき　第184号　4-47
長瀬八幡社　ながせはちまんしゃ　第115号　2-198, 2-200
長瀬鼻〔長セサキ〕　ながせはな　第192号　4-82, 5-240, 5-241
中瀬村　なかぜむら　第130号　3-74, 5-163, 5-301
長瀬村　ながせむら　第113号　2-189
長瀬村　ながせむら　第134号　3-94, 3-96, 5-167, 5-167, 5-177, 5-301
長瀬村　ながせむら　第143号　3-137, 3-138, 5-183, 5-304
長瀬村　ながせむら　第143号　3-136, 5-188, 5-305
長瀬村　ながせむら　第143号　3-135, 3-137, 5-188
長瀬村　ながせむら　第157号　5-195
長瀬村　ながせむら　第183号　4-39, 4-41, 5-226, 5-228, 5-312, 5-311, 5-314
長瀬村〔長瀬〕　ながせむら　第188号　4-67, 5-231, 5-313
長瀬村　ながせむら　九州沿海図第5　4-213
中瀬村久保田（春田助太郎知行所）〔中瀬村、中瀬〕　なかぜむらくぼた　第93号　2-103, 5-126, 5-291
長瀬村五領　ながせむらごりょう　第188号　4-67
長瀬村三本松　ながせむらさんぼんまつ　第188号　4-67
長瀬村福田　ながせむらふくだ　第188号　4-67
中仙川村滝坂（御料所）〔中仙川村〕　なかせんがわむらたきざか　第90号　2-85, 2-87, 5-120, 5-123
中仙道村　なかせんどうむら　第145号　3-153, 5-192
永添村　ながそいむら　第179号　4-19, 5-225, 5-312
永添村　ながそいむら　九州沿海図第2　4-195
永添村上尾　ながそいむらかみお　第179号　4-19
中曽我村　なかそがむら　第99号　2-128, 2-130
中底井野村　なかそこいのむら　第186号　4-54
中園村鎌頭　なかぞそのむらかまのかしら　第187号　4-63
中曽根村〔九左エ門新田〕　なかそねむら　第87号　2-75, 5-120, 5-290
中曽根村　なかそねむら　第178号　4-13, 4-15, 5-222, 5-312
中曽根村　なかそねむら　九州沿海図第1　4-191
中曽根村　なかぞねむら　第88号　2-77
中曽根村　なかぞねむら　第88号　2-77
中曽根村　なかぞねむら　第118号　3-17, 3-19, 5-166
中園　なかぞの　九州沿海図第17　4-263
中園村　なかぞのむら　第115号　2-198, 2-200, 5-159, 5-299
中園村　なかぞのむら　第187号　4-63, 5-223, 5-231, 5-313
中園村今原　なかぞのむらいまばる　第187号　4-63
長ソハエ　ながそはえ　第151号　3-181
長ソハエ　ながそばえ　第145号　3-151, 3-154
長澤村　ながそむら　第121号　3-29, 3-31, 3-32, 5-157, 5-172, 5-300
中田○　なかだ　第52号　1-182, 5-79, 5-284
中田（土井大炊頭領分）　なかだ　第87号　2-72, 2-73, 5-109, 5-120, 5-291
永田　ながた　九州沿海図第8　4-227
中臺川　なかだいがわ　第136号　5-175
中平村　なかだいらむら　第156号　3-196, 5-193, 5-307
中高瀬　なかたかせ　第204号　4-140, 4-142
永田ケ里村〔永田ケ里〕　ながたがりむら　第190号　4-75, 5-234, 5-313
中田川　なかたがわ　第52号　5-79
中岳　なかだけ　第197号　4-103
中竹田村　なかたけだむら　第127号　3-57, 3-59, 5-182
中竹田村上友政　なかたけだむらかみとんまさ　第127号　3-57, 3-59
中竹田村水上〔西〕　なかたけだむらすいさい　第127号　3-57, 3-59
長田崎　ながたさき　第214号　5-259, 5-261
中田島村　なかたじまむら　第111号　2-180, 5-161
長田下村　ながたしもむら　第163号　3-226, 5-208, 5-307, 5-308
長田神社　ながたじんじゃ　第137号　3-113
中田新田　なかだしんでん　第90号　2-84, 5-120, 5-123
長谷　ながたに　第167号　3-244, 5-211, 5-213
中谷村　なかたにむら　第124号　3-44, 5-180
長谷村　ながたにむら　第124号　3-42, 3-44
長田岬　ながたみさき　第198号　5-248, 5-316
中田村　なかたむら　第83号　2-60, 5-140, 5-295
中田村　なかたむら　第122号　3-37, 5-173
中田村☆　なかたむら　第203号　4-136, 5-251
中田村☆　なかたむら　九州沿海図第19　4-270, 4-272
中田村（本多越中守領分）　なかだむら　第55号　1-192, 5-104
中田村　なかだむら　第65号　1-223, 5-90, 5-285
中田村　なかだむら　第67号　1-232, 5-81, 5-94, 5-285
中田村　なかだむら　第144号　3-147, 5-192, 5-307
中田村（板倉右近領分）　なかだむら　第145号　3-153, 5-192
中田村　なかだむら　第150号　3-170, 5-188, 5-305
中田村　なかだむら　第151号　3-178, 5-192, 5-307
永田村（松平大和守領分、間宮喜七郎、吉田金次郎、佐久間吉五郎知行所）　ながたむら　第94号　2-106, 5-121, 5-291
永田村　ながたむら　第111号　2-180, 5-161, 5-298
永田村　ながたむら　第125号　3-49, 3-51, 5-174, 5-300
長田村　ながたむら　第134号　3-94, 5-167
長田村　ながたむら　第137号　3-113, 5-184, 5-306
長田村　ながたむら　第195号　4-92, 5-232
長田村☆　ながたむら　第214号　4-185, 4-187, 5-259, 5-261, 5-319
長田村市場　ながたむらいちば　第134号　3-94
長田村糸木　ながたむらいとき　第137号　3-113
長田村尾上　ながたむらおのえ　第141号　3-130
中田村木場　なかたむらこば　第203号　4-136
長田村三軒家　ながたむらさんげんや　第134号　3-94
永田村滝　ながたむらたき　第94号　2-106
中田村建部新町　なかだむらたけべしんまち　第144号　3-147
長田村野下　ながたむらのげ　第150号　3-172

長田村山崎　ながたむらやまざき　第137号　3-113
長田村脇本　ながたむらわきもと　第214号　4-185, 4-187
長田山　ながたやま　第195号　4-92, 5-232
長田山　ながたやま　第214号　4-185, 4-187, 5-259, 5-261
中多良村　なかたらむら　第125号　3-48, 5-166
長垂岬　ながたれみさき　第187号　4-61
中津（奥平大膳大夫居城）☆〔中津〕　なかつ　第179号　4-19, 5-225, 5-312
中津（奥平大膳大夫居城）☆　なかつ　九州沿海図第2　4-195
中津浦村〔中津〕　なかつうらむら　第183号　4-39, 5-226, 5-312, 5-311
中津浦村　なかつうらむら　九州沿海図第4　4-209
中津江村　なかつえむら　第188号　4-66, 5-231
中塚　なかづか　九州沿海図第1　4-188
長塚　ながつか　第169号　3-250
中塚村　なかつかむら　第175号　3-285, 3-287
長塚村　ながつかむら　第98号　2-126, 5-117, 5-291, 5-296
永塚村　ながつかむら　第100号　2-132, 2-134, 5-127, 5-291
長塚村　ながつかむら　第114号　2-193, 2-194
長束村　ながつかむら　第167号　3-241, 5-211, 5-213
永塚村笹塚　ながつかむらささづか　第100号　2-132, 2-134
中津川　なかつがわ　第90号　2-91
中津川　なかつがわ　第93号　2-103
中津川　なかつがわ　第110号　2-173
中津川◯　なかつがわ　第110号　2-173, 5-154, 5-296
中津川　なかつがわ　第135号　3-101, 5-178
中津川宿上金　なかつがわじゅくうえがね　第110号　2-173
中津川宿北野　なかつがわじゅくきたの　第110号　2-173
中津川宿子野　なかつがわじゅくこの　第110号　2-173
中津川村　なかつがわむら　第138号　3-119, 5-184, 5-303, 5-306
中津川村　なかつがわむら　第208号　4-156, 4-158, 5-250
中津川村　なかつがわむら　九州沿海図第17　4-262
中津隈村　なかつくまむら　第188号　4-65, 4-66, 5-231
仲津郡　なかつぐん　第178号　4-14, 4-16, 5-222, 5-312
仲津郡　なかつぐん　九州沿海図第1　4-192, 4-193
中柘植村〔柘植〕　なかつげむら　第129号　3-73, 5-167, 5-301
中柘植村宮谷　なかつげむらみやだに　第129号　3-73
仲津島　なかつしま　第147号　3-160, 5-186, 5-187
中津神社　なかつじんじゃ　第191号　4-79
長津田村（岡野内藏允知行所）◯　ながつたむら　第90号　2-90, 5-123, 5-291
長津田村岡部谷戸　ながつたむらおかべやと　第90号　2-90
長津田村下長津田　ながつたむらしもながつた　第90号　2-90
長津田村臺　ながつたむらだい　第90号　2-90
長津田村辻　ながつたむらつじ　第90号　2-90
ナカツチヨケ江　なかっちょがえ　第105号　2-154
中津濱浦　なかつはまうら　第117号　3-15, 5-168
中津原村　なかつはらむら　第113号　2-188
中津原村　なかつはらむら　第157号　5-195
中津原村　なかつばるむら　第178号　4-17, 5-222, 5-312
中津原村紫竹原　なかつばるむらしちくばる　第178号　4-17
中津原村宮尾　なかつばるむらみやお　第178号　4-17
永坪　ながつぼ　第211号　4-174
永坪　ながつぼ　九州沿海図第9　4-230
中妻村沖上村入會（御料所、松平大和守領分）〔中妻村、中上村〕　なかづまむらおきのかみむらいりあい　第88号　2-78, 5-120
中津道　なかつみち　九州沿海図第16　4-258
中津峯　なかつみね　第147号　5-187, 5-303, 5-306
中津海村　なかつみむら　第122号　3-36, 5-173
中津村　なかつむら　第123号　3-40, 5-173
中津村　なかつむら　第173号　3-274, 3-276, 5-213
中津村開作　なかつむらかいさく　第173号　3-274, 3-276
長面濵〔長面〕　ながつらはま　第48号　1-163, 5-78, 5-284
中津留　なかつる　九州沿海図第21　4-280
中津留村　なかつるむら　第181号　4-29, 4-30, 4-33, 5-227
中津留村　なかつるむら　九州沿海図第3　4-202
長津呂村⚠　ながつろむら　第102号　2-147, 5-129
長手崎　ながてさき　第210号　5-254, 5-261
中手島　なかてじま　第116号　2-201, 5-162
中寺山村〔寺山〕　なかてらやまむら　第88号　2-79, 5-120, 5-291
長門　ながと　第178号　4-13, 5-219
中峠　なかとうげ　第96号　5-146
中峠　なかとうげ　第176号　3-288, 3-290, 5-219
中峠　なかとうげ　第199号　5-246, 5-261
中通　なかとおり　第117号　3-15, 5-168
中通嶋　なかどおりじま　第206号　4-149, 5-242, 5-321
長通村　ながどおりむら　第100号　2-135, 2-138
中土狩村　なかとがりむら　第101号　2-141
長戸﨑　ながとざき　第204号　4-140, 4-142
中渡島　なかとじま　第164号　3-230, 5-197, 5-210
中土底濱　なかどそこはま　第76号　2-31, 5-138
長門國〔長門〕　ながとのくに　第174号　3-278, 3-281, 5-219, 5-309
長門國〔長門〕　ながとのくに　第175号　3-282, 3-285, 5-219, 5-309
長門國〔長門〕　ながとのくに　第176号　3-290, 3-292, 3-293, 5-219, 5-309
中富田村〔富田〕　なかとみだむら　第129号　3-69, 5-163, 5-299, 5-301
中富村　なかとみむら　第136号　3-109, 3-111
中富村〔中留村〕　なかどみむら　第193号　4-85, 4-86, 5-230, 5-232, 5-312, 5-314
永富村　ながとみむら　第123号　3-39, 3-41, 5-180
永富村茶屋　ながとみむらちゃや　第123号　3-39, 3-41
中富村舟岡　なかとみむらふなおか　第136号　3-109, 3-111
中戸明神　なかとみょうじん　第171号　3-267, 5-203
長戸村　ながとむら　第168号　3-247, 5-214, 5-311
中豊岡村〔豊岡〕　なかとよおかむら　第94号　2-105, 5-119, 5-291
中豊沢村（御料所）　なかとよさわむら　第90号　2-85, 2-87, 5-120, 5-123
長瀞（米津播磨守在所）〔長泥〕　ながとろ　第66号　1-227, 5-92, 5-285
長トロ鼻　ながとろはな　第101号　2-140
長淀村　ながとろむら　第112号　2-182, 2-185, 5-153, 5-297
中波村　なかなみむら　第83号　2-57, 2-61, 5-140, 5-295
中縄村　なかなわむら　第129号　3-72, 5-167, 5-301
中西　なかにし　第186号　4-55
中西島　なかにしじま　第196号　4-95
中西ハナ　なかにしはな　第117号　3-15
中西村　なかにしむら　第115号　5-159
長貫村　ながぬきむら　第100号　2-138, 5-127
長貫村川間　ながぬきむらかわま　第100号　2-135, 2-138
長貫村楠金　ながぬきむらくすがね　第100号　2-138
長貫村橋場　ながぬきむらはしば　第100号　2-138
長沼（松平播磨守領分）◯　ながぬま　第68号　1-236, 1-238, 5-103, 5-288
中沼村　なかぬまむら　第83号　2-57, 2-61, 5-141
中沼村　なかぬまむら　第99号　2-129, 2-131, 5-126
長沼村　ながぬまむら　第81号　2-50, 2-52
長沼村　ながぬまむら　第93号　2-103
長沼村園城寺村　ながぬまむらえんじょうじむら　第145号　3-152
中沼村押切　なかぬまむらおしきり　第99号　2-129, 2-131
ナカ子　なかね　第102号　2-145, 2-148
中根　なかね　第105号　2-154
長子　ながね　第99号　2-131
長根　ながね　第101号　2-140
長根　ながね　第103号　2-149
長子　ながね　第103号　2-150
長根　ながね　第105号　2-154
長根鼻　ながねはな　第102号　2-145
中根村　なかねむら　第116号　2-207, 5-162
長根村（松平宮内少輔領分）〔下長根村〕　ながねむら　第94号　2-107, 5-119, 5-291
中野　なかの　九州沿海図第19　4-272
長野　ながの　九州沿海図第8　4-225
中ノ礒岩　なかのいそいわ　第139号　3-123, 5-186
長野今熊野　ながのいまごまの　第190号　4-76
中濃地シマ　なかのうじとう　九州沿海図第5　4-213
中之内村　なかのうちむら　第137号　3-115, 5-184, 5-306
中ノ浦　なかのうら　第103号　2-149
中野浦　なかのうら　第157号　5-210, 5-307
中野浦　なかのうら　第164号　3-228, 5-210
中浦　なかのうら　第169号　3-254, 3-256
中ノ浦　なかのうら　九州沿海図第19　4-272
中野上村（御料所）　なかのがみむら　第94号　2-106, 2-108, 5-121
中唐荷〔唐荷〕　なかのからに　第141号　3-127, 3-131, 5-183, 5-185, 5-306
中ノ川　なかのかわ　第202号　4-125, 4-127
中ノ川　なかのかわ　長崎〔参考図〕　4-133
ナカノ川　第31号　1-108, 5-56, 5-279
ナカノカワ川〔ナカノカワ〕　第36号　1-121, 5-279
長野皮多村　ながのかわたむら　第141号　3-129, 5-183
中之郷〔中郷〕　なかのごう　第32号　1-109, 1-110, 5-56
中ノ郷〔中之郷〕　なかのごう　第105号　2-154,

5-135, 5-293
中野郷　なかのごう　第202号　4-125, 4-127
中野郷　なかのごう　長崎〔参考図〕　4-133
中之郷村　なかのごうむら　第107号　2-156, 5-127
中之郷村（御料所、酒井大内記知行所）　なかのごうむら　第107号　2-156, 2-158, 5-129
中之郷村（松平伊豆守領分）〔中ノ郷村〕　なかのごうむら　第111号　2-181, 5-161
中之郷村　なかのごうむら　第121号　3-30, 5-157, 5-297, 5-300
中郷村　なかのごうむら　第124号　3-42, 3-44, 5-180, 5-304
中郷村枝市谷　なかのごうむらえだいちだに　第124号　3-44
中ノ小シマ　なかのこじま　第145号　3-149, 3-151, 3-152, 3-154, 5-192, 5-194
中ノ小島　なかのこじま　第167号　3-245, 5-215
長野古城山〔長野古城〕　ながのこじょうやま　第178号　4-13, 4-15, 5-222
中ノ御所村〔中御所村〕　なかのごしょむら　第115号　2-195, 5-158
中坂　なかのさか　九州沿海図第19　4-271
中之作村（安藤對馬守領分）〔中作〕　なかのさくむら　第55号　1-191, 5-104, 5-288
中ノ迫　なかのさこ　第203号　4-137
中ノ迫　なかのさこ　九州沿海図第19　4-271
中澤村　なかのさわむら　第40号　1-138, 5-62, 5-280
中野沢村　なかのさわむら　第64号　1-219, 1-220, 5-89, 5-283, 5-286
中ノ島　なかのしま　第48号　1-163, 1-164
中島　なかのしま　第132号　3-85, 1-170
中島　なかのしま　第145号　3-151, 5-185
中島〔中ノ島〕　なかのしま　第154号　3-188, 5-191, 5-305
中ノ島　なかのしま　第162号　3-218
中島　なかのしま　第164号　3-231, 5-210
中ノ島　なかのしま　第167号　3-242, 5-211, 5-213
中島　なかのしま　第171号　3-265, 5-201
中島　なかのしま　第171号　3-267
中之嶋〔中島〕　なかのしま　第175号　3-286, 5-218, 5-312
中島　なかのしま　第183号　4-38
中島〔中シマ〕　なかのしま　第192号　4-81, 5-239, 5-240, 5-241
中島　なかのしま　第192号　4-80
中ノシマ　なかのしま　第196号　4-95
中島〔中ノ島〕　なかのしま　第201号　4-122, 5-235
中ノシマ　なかのしま　第202号　4-125, 4-126
中ノ嶋〔中ノシマ〕　なかのしま　第202号　4-127, 4-128, 5-236
中嶋〔中ノ島〕　なかのしま　第202号　4-128, 5-237
中之島　なかのしま　第204号　4-141, 5-235, 5-321
中之島　なかのしま　第211号　5-260, 5-261, 5-319
中嶋　なかのしま　九州沿海図第5　4-210
中ノ島　なかのしま　長崎〔参考図〕　4-131, 4-133
中ノ島　なかのしま　長崎〔参考図〕　4-129, 4-131
中ノ島（大谷村）　なかのしま（おおたにむら）　第160号　3-209, 5-200
中島（總名三宝島）　なかのしま（そうみょうさんぼうじま）　第192号　4-81
中島村　なかのしまむら　第174号　3-278, 5-216, 5-308
長野宿○〔長野〕　ながのしゅく　第130号　3-74, 5-167, 5-301
長野宿殿畠　ながのしゅくとのはた　第130号　3-75
中之宿村○☆　なかのしゅくむら　第109号　2-167, 5-152, 5-296
中庄村　なかのしょうむら　第125号　3-51, 5-174
中之荘村　なかのしょうむら　第133号　3-87, 5-174, 5-176
中庄村〔中ノ庄〕　なかのしょうむら　第138号　3-117, 5-179, 6-306
中ノ庄村　なかのしょうむら　第141号　3-129
中之庄村　なかのしょうむら　第152号　3-184, 5-196, 5-307
中之庄村　なかのしょうむら　第157号　5-210
中之条村　なかのじょうむら　第96号　2-114, 5-146, 5-294
中庄村湊浦　なかのしょうむらみなとうら　第138号　3-117
中ノセ　なかのせ　第196号　4-95
中ノ瀬　なかのせ　第207号　4-152
中ノ瀬　なかのせ　九州沿海図第3　4-202
中関町　なかのぜきまち　第175号　3-287, 5-219, 5-312
中谷村　なかのたにむら　第124号　3-42, 3-44
中野田村（春日保太郎知行所）　なかのだむら　第87号　2-75, 5-120
中ノ峠　なかのとうげ　第130号　5-167
長野峠　ながのとうげ　第130号　3-75
中塔村　なかのとうむら　第194号　4-90, 4-91, 5-229, 3-314
中ノ根　なかのね　第103号　2-150
中濵浦　なかのはまうら　第161号　3-212, 3-214, 5-202, 5-311
中ノ林村（御料所、加藤寅之助知行所）〔中野林村〕　なかのばやしむら　第88号　2-78, 5-120
中ノ林村新田　なかのばやしむらしんでん　第88号　2-78
中ノ原　なかのはら　第175号　3-282
中原村　なかのはらむら　第190号　4-76
中ノフシシマ　なかのふしじま　第183号　4-38, 4-40
中ノ坊　なかのぼう　第189号　4-73
中保村〔中ノ保村、中ノ保〕　なかのほむら　第113号　2-189, 5-155, 5-156, 5-297
中保村山本　なかのほむらやまもと　第113号　2-189
長登村　ながのぼりむら　第176号　3-290, 5-219, 5-309, 5-312
長登山　ながのぼりやま　第176号　3-290
仲野町村（御料所）　なかのまちむら　第111号　2-179, 2-180, 5-161
中ノ町村　なかのまちむら　第125号　3-49, 5-174
中野間村　なかのまむら　第136号　3-109
中野妙村牛島村〔牛島村〕　なかのみょうむらうしじまむら　第99号　2-129, 2-131, 5-126
中野村　なかのむら　第39号　1-134, 5-67
中野村　なかのむら　第45号　1-153, 5-68, 5-282
中野村　なかのむら　第51号　1-174, 5-73, 5-77, 5-282
中野村　なかのむら　第62号　1-212, 1-213, 5-87, 5-283
中野村　なかのむら　第81号　2-50
中野村（日下部金三郎知行所）　なかのむら　第88号　2-77, 5-120
中野村　なかのむら　第88号　2-79, 5-120, 5-291
中野村（御料所、土屋甚助知行所）　なかのむら　第90号　2-89, 5-120
中野村（大沢修理大夫知行所）　なかのむら　第90号　2-89, 2-91, 5-121
中野村（大久保佐渡守領分、天野伊織、木門市左エ門知行所）　なかのむら　第93号　2-103
中野村　なかのむら　第100号　2-137, 2-139, 5-127, 5-296
中野村　なかのむら　第113号　2-189, 5-155, 5-156, 5-297
中野村　なかのむら　第114号　2-190, 5-155, 5-296
中野村　なかのむら　第115号　2-197
中野村　なかのむら　第118号　3-18, 3-20, 5-166
中野村　なかのむら　第123号　3-38, 3-40, 5-173, 5-180
中野村　なかのむら　第125号　3-50, 5-174
中ノ村　なかのむら　第130号　3-75, 5-167, 5-301
中野村　なかのむら　第130号　3-74, 5-163
中野村　なかのむら　第133号　3-91, 5-175, 5-301
中野村　なかのむら　第135号　3-101, 5-178
中野村　なかのむら　第136号　3-107, 5-178, 5-306
中野村　なかのむら　第136号　3-111, 5-182, 5-306
中野村〔中ノ〕　なかのむら　第137号　3-112, 5-178, 5-306
中野村〔中尾村〕　なかのむら　第137号　3-113, 5-184
中野村　なかのむら　第141号　3-128, 5-182
中野村　なかのむら　第155号　3-190, 5-189, 5-190, 5-305
中野村　なかのむら　第157号　5-195, 5-307
中野村　なかのむら　第167号　3-240, 5-211, 5-213, 5-308
中野村〔中野〕　なかのむら　第189号　4-71, 5-234, 5-241, 5-313
中野村〔中野〕　なかのむら　第190号　4-75, 4-76, 5-234, 5-313
中野村　なかのむら　第195号　4-93, 4-94
中野村〔中野〕　なかのむら　第204号　4-140, 4-142, 5-235, 5-313, 5-321
中之村〔中之〕　なかのむら　第208号　4-158, 5-315, 5-316
中之村　なかのむら　第209号　4-166
中ノ村〔中村〕　なかのむら　第213号　4-182, 5-258, 5-261, 5-318
中野村　なかのむら　九州沿海図第9　4-229
中之村○　なかのむら　九州沿海図第17　4-261
長野村　ながのむら　第109号　2-170, 5-154, 5-296
長野村　ながのむら　第173号　3-276, 5-215, 5-311
長野村　ながのむら　第187号　4-59, 4-62, 5-223, 5-231
長野村　ながのむら　第202号　4-124, 5-236, 5-315
中野村井原　なかのむらいはら　第167号　3-240
長野村今町　ながのむらいままち　第187号　4-59, 4-62
中野村枝平原　なかのむらえだひらはら　第167号　3-240
中野村大垣　なかのむらおおがき　第123号　3-38, 3-40
中ノ村大川　なかのむらおおかわ　第213号　4-182
中野村押手　なかのむらおしで　第167号　3-240
中之村笠野原　なかのむらかさんばる　第199号　4-111
中之村鹿屋村〔中之村鹿屋村○、鹿屋〕　なかのむらかのやむら　第209号　4-166, 5-249, 5-261, 5-316
長野村久保田　ながのむらくぼた　第187号　4-59, 4-62
中野村権現　なかのむらごんげん　第167号　3-240

中野村三王　なかのむらさんのう　第167号　3-240
中野村主師　なかのむらしゅうし　第204号　4-140, 4-142
中野村白濵（千里ケ濵）　なかのむらしらはま（せんりがはま）　第204号　4-140, 4-142
中野村新田　なかのむらしんでん　第114号　2-190
中野村新野　なかのむらしんの　第167号　3-240
中野村新橋〔中野村〕　なかのむらしんばし　第145号　3-152, 5-192
長野村新町　ながのむらしんまち　第109号　2-170
中ノ村砂坂　なかのむらすなざか　第213号　4-182
長野村善光寺宿（善光寺領）○☆〔善光寺〕　ながのむらぜんこうじしゅく　第81号　2-53, 5-146, 5-294
中野村竹折村槙ケ根　なかのむらたけおりむらまきがね　第114号　2-190
中ノ村立石　なかのむらたていし　第213号　4-182
中原〔野〕村長者原　なかのむらちょうじゃばら　第167号　3-240
中野村津村　なかのむらつむら　第167号　3-240
中ノ村中塩屋　なかのむらなかしおや　第213号　4-182
中ノ村西之村　なかのむらにしのむら　第213号　4-182
中ノ村西目　なかのむらにしめ　第213号　4-182
中野村濵本　なかのむらはまもと　第204号　4-140, 4-142
中野村原口　なかのむらはらぐち　第190号　4-75, 4-76
中野村原中野　なかのむらはらなかの　第90号　2-89, 2-91
長野村平沢　ながのむらひらさわ　第109号　2-170
中之村深川〔中之村〕　なかのむらふかがわ　第208号　4-158, 5-247
中野村古江　なかのむらふるえ　第204号　4-140, 4-142
中野村森園　なかのむらもりぞの　第190号　4-75, 4-76
長野村弓屋　ながのむらゆみや　第109号　2-170
中之村横川○☆　なかのむらよこがわ　第208号　4-158, 5-247
中ノ目村　なかのめむら　第53号　1-185, 5-80
中ノ目村　なかのめむら　第67号　1-235, 5-105, 5-288
長野山　ながのやま　第173号　5-215
長野山　ながのやま　第176号　5-219
長野山　ながのやま　九州沿海図第1　4-191, 4-193
長ハエ　ながはえ　第161号　3-216, 3-217, 5-203
長ハエ　ながはえ　第171号　3-267
長ハエ　ながはえ　第171号　3-267
長ハエ〔ナカハエ〕　ながはえ　第203号　4-135, 4-137, 5-251
長碆　ながはえ　九州沿海図第5　4-213
長碆　ながはえ　九州沿海図第19　4-273
長碆　ながばえ　第183号　4-41
長碆シマ〔長ハエシマ〕　なかはえじま　第190号　4-77, 5-235
長ハヘ鼻　ながはえはな　第140号　3-124
長橋浦　ながはしうら　第120号　3-25, 3-27, 5-145
中羽島　なかはじま　第145号　3-152, 3-154
長橋村　ながはしむら　第85号　2-66, 2-68, 5-142, 5-295
長走村　ながはしりむら　第43号　1-145, 5-84, 5-281
長走村陳場平　ながはしりむらじんばたい　第43号　1-145, 5-84, 5-281
中畑新田（松平越中守領分）○　なかはたしんでん　第68号　1-238, 5-103, 5-106, 5-288
長端神社　ながはたべじんじゃ　第94号　2-107
中畑村　なかはたむら　第51号　1-174, 5-77
中畑村　なかはたむら　第133号　3-86, 5-174, 5-176
中畑村　なかばたむら　第100号　2-132, 2-134, 5-127, 5-291
中畑村飯塚新田　なかばたむらいいづかしんでん　第100号　2-132, 2-134
中畑村萩原新田〔萩原新田〕　なかばたむらはぎわらしんでん　第100号　2-132, 2-134, 5-291
中畑村南原　なかばたむらみなみはら　第100号　2-132, 2-134
中初狩○☆〔初狩〕　なかはつかり　第97号　2-121, 5-117, 5-127, 5-291
中初狩宿上野原　なかはつかりじゅくうえのはら　第97号　2-121
中初狩宿立河原　なかはつかりじゅくたちがわら　第97号　2-121
中初狩宿丸山〔初狩〕　なかはつかりじゅくまるやま　第97号　2-121, 5-291
中波戸　なかはと　第202号　4-125, 4-127, 4-128
中波戸　なかはと　長崎〔参考図〕　4-131, 4-133
中鼻　なかはな　第189号　4-71, 4-73
中濵　なかはま　第53号　1-183, 1-184, 5-80
中濵　なかはま　九州沿海図第10　4-232, 4-234
長濵○　ながはま　第80号　2-45, 5-138, 5-287, 5-294
長濵○☆　ながはま　第125号　3-48, 5-166, 5-297, 5-300
長濵　ながはま　第167号　3-243
長濵○☆⚓　ながはま　第170号　3-258, 5-201, 5-215, 5-311
永濵　ながはま　九州沿海図第10　4-232
中濵 礒濵　なかはまいそはま　第53号　1-183, 1-184, 5-80
長濵浦　ながはまうら　第178号　4-13, 5-222
長濵浦　ながはまうら　九州沿海図第1　4-191
長濵崎　ながはまさき　第212号　5-253, 5-261
中濵新田　なかはましんでん　第137号　3-112
長濵町（御料所、鈴木主税知行所）　ながはままち　第94号　2-106, 5-119
長濵岬　ながはまみさき　第204号　4-141, 4-142
長濵明神　ながはまみょうじん　第103号　2-150
中濵村　なかはまむら　第54号　1-188, 1-189, 5-102, 5-288
中濵村（御料所）　なかはまむら　第71号　1-249, 1-250, 5-96, 5-97, 5-285, 5-286
中濵村　なかはまむら　第80号　2-46, 2-49, 5-138, 5-294
中濵村　なかはまむら　第84号　2-63, 2-65, 5-143
中濵村　なかはまむら　第123号　3-38, 5-180, 5-304
中濵村　なかはまむら　第141号　3-130, 5-183
長濵村○☆　ながはまむら　第63号　1-215, 5-87, 5-88, 5-283
長濵村（室賀山城守、鈴木主税、田中主計知行所）　ながはまむら　第94号　2-107, 5-119, 5-291
長濵村　ながはまむら　第101号　2-141, 2-143, 5-128, 5-298
長濵村　ながはまむら　第122号　3-37, 5-173, 5-304
長濵村　ながはまむら　第159号　3-206, 3-207, 3-208, 5-200, 5-310
長濵村　ながはまむら　第172号　3-269, 5-216, 5-308
長濵村　ながはまむら　第195号　4-93, 5-233, 5-315
長濵村　ながはまむら　第212号　4-178, 5-253, 5-261, 5-315, 5-317
長濵村　ながはまむら　九州沿海図第15　4-255
長濵村　ながはまむら　九州沿海図第18　4-265
長濵村五森　ながはまむらいつもり　第122号　3-37
長濵村宇豆江　ながはまむらうずえ　第145号　3-151
長濵村浦　ながはまむらうら　第195号　4-93, 4-94
長濵山　ながはまやま　第212号　4-178, 5-253, 5-261
長濵山　ながはまやま　九州沿海図第15　4-255
長碆　ながばや　第170号　3-263
永碆浦　ながはやうら　第170号　3-261
中林村〔中村〕　なかばやしむら　第130号　3-74, 3-76, 5-163, 5-301
中林村　なかばやしむら　第147号　3-160, 3-161, 5-187, 5-303, 5-306
中林村南林　なかばやしむらみなみばやし　第147号　3-160, 3-161
中原　なかはら　第173号　3-275
長原浦　ながはらうら　第142号　3-133, 5-187, 5-303, 5-306
中原村（加藤伯耆守、脇坂甚兵衛、曲淵源兵衛知行所）　なかはらむら　第91号　2-92, 2-93, 5-111, 5-290
中原村（御料所）　なかはらむら　第99号　2-128, 2-130
中原村　なかはらむら　第113号　2-188
中原村　なかはらむら　第145号　3-153
中原村　なかはらむら　第145号　3-153, 5-192
中原村　なかはらむら　第150号　3-170
中原村　なかはらむら　第210号　4-172, 5-252, 5-254, 5-261, 5-317
中原村　なかはらむら　九州沿海図第12　4-244, 4-246
中原村　なかばらむら　第128号　3-65, 5-183, 5-304
中原村　なかばらむら　第144号　3-144, 5-192
中原村　なかばらむら　第166号　3-239, 5-209, 5-212, 5-308
永原村　ながはらむら　第133号　3-86, 5-174
永原村　ながはらむら　第134号　3-95, 3-97, 5-176, 5-177
長原村　ながはらむら　第145号　3-153, 5-192, 5-307
中原村峠谷　なかばらむらたおがたに　第166号　3-239
長原村茶屋筋　ながはらむらちゃやのすじ　第145号　3-153
中原村　なかばるむら　第178号　4-13, 5-222, 5-312
中原村　なかばるむら　第187号　4-60
中原村〔中原〕　なかばるむら　第188号　4-67, 4-69, 5-231, 5-313
中原村　なかばるむら　第188号　4-68, 5-231, 5-313
中原村〔中原〕　なかばるむら　第189号　4-72, 5-234, 5-238, 5-313
中原村　なかばるむら　第192号　4-80, 5-239, 5-241
中原村新村　なかばるむらしんむら　第188号　4-67, 4-69
中原村南松　なかばるむらなんまつ　第188号　4-68
中原山　なかばるやま　第188号　4-67
中氷鉋村（松平伊賀守、松平信濃守）〔氷鉋〕　なかひがのむら　第81号　2-53, 5-146, 5-294
中比地村　なかひじむら　第141号　3-129
中平井村　なかひらいむら　第90号　2-84
中平松村〔平松〕　なかひらまつむら　第107号　2-156, 2-158, 5-129, 5-298
中平松村　なかひらまつむら　第111号　2-179, 2-

180, 5-161
中廣瀬村　なかひろせむら　第141号　3-129, 5-183
中福光村太田村　なかふくみつむらおおたむら　第118号　3-16
中福光村北町　なかふくみつむらきたちょう　第118号　3-16
中福光村天神　なかふくみつむらてんじん　第118号　3-16
中福光村南町　なかふくみつむらみなみちょう　第118号　3-16
中福良村　なかふくらむら　九州沿海図第17　4-262
中福良村○　なかふくらむら　九州沿海図第17　4-262
中福良村（加久藤驛）○　なかふくらむら（かくとうえき）　第208号　4-156, 5-250, 5-314
中福良村枝久加藤村○　なかふくらむらえだかくとう　第208号　4-156, 5-250
中福良村枝加久藤村　なかふくらむらえだかくとうむら　九州沿海図第17　4-262
中伏村　なかぶしむら　第179号　4-18, 4-21, 4-23, 5-225, 5-312
中伏村　なかぶしむら　九州沿海図第2　4-197
中府村　なかぶむら　第152号　3-182, 5-194, 5-307
長部田村〔長部田〕　ながへたむら　第189号　4-72, 5-234, 5-241, 5-313
中別府村　なかべっぷむら　第199号　4-111, 4-112, 5-248, 5-261, 5-316
中別府村　なかべっぷむら　九州沿海図第9　4-229
中別府村笹原　なかべっぷむらささはら　第199号　4-111, 4-112
中別保村　なかべっぽむら　第129号　3-69, 5-163, 5-299, 5-301
ナカホクシ　第33号　1-115, 5-55, 5-279
長ホソ鼻　ながほそはな　第103号　2-149
仲間　なかま　九州沿海図第3　4-203
中牧村　なかまきむら　第118号　3-18, 3-20, 5-166
中牧村　なかまきむら　第144号　3-147
中牧村十谷　なかまきむらとたに　第144号　3-147
中増村　なかましむら　第134号　3-98, 5-177, 5-301
中股　なかまた　九州沿海図第10　4-234
長町　ながまち　第52号　1-181, 1-182, 5-79, 5-284
中町川　なかまちがわ　第180号　5-230
長町村（御料所）　ながまちむら　第66号　1-228, 5-92, 5-285
中町輪　なかまちわ　第162号　3-219, 3-221
中松江村〔松江〕　なかまつえむら　第138号　3-118, 3-120, 5-186, 5-303, 5-306
中松尾　なかまつお　九州沿海図第18　4-266
長松村　ながまつむら　第118号　3-17, 3-19, 5-166, 5-297, 5-300
長松村　ながまつむら　第141号　3-131, 5-183
中間村　なかまむら　第155号　3-190, 3-192, 5-189
中麿村〔中麻〕　なかまむら　第180号　4-24, 5-230, 5-312
中間村　なかまむら　第186号　4-54
中間村枝蓮華寺　なかまむらえだれんげじ　第186号　4-54
中間村大辻　なかまむらおおつじ　第186号　4-54
中間村片峯　なかまむらかたみね　第186号　4-54
仲間村上分〔仲間〕　なかまむらかみぶん　第150号　3-172, 5-305
中麿村神谷　なかまむらかみや　第180号　4-24
中麿村庄屋村　なかまむらしょうやむら　第180号　4-24
中麿村白地　なかまむらしらじ　第180号　4-24
仲間村牧分〔仲間村、仲間〕　なかまむらまきぶん　第150号　3-172, 5-189, 5-305
仲間村湯眞賀温泉　なかまむらゆまがおんせん　第150号　3-172
中丸村（駒木根大内記知行所）　なかまるむら　第101号　2-144, 5-127, 5-291, 5-298
中三河村　なかみかわむら　第144号　3-140, 5-183
中三河村筋皆　なかみかわむらきんかい　第144号　3-140
長溝村　ながみぞむら　第193号　4-85
中道村　なかみちむら　第130号　3-74, 3-76, 5-163
中道村　なかみちむら　第135号　3-101, 5-178, 5-301
中道村　なかみちむら　第173号　3-272, 5-218, 5-308
那珂港○⚓〔那珂湊〕　なかみなと　第57号　1-198, 5-108, 5-290
長峯村　ながみねむら　第43号　1-145, 5-84, 5-281
長峯村　ながみねむら　第134号　3-97, 5-177, 5-301
長峯村　ながみねむら　第182号　4-34
長峯村　ながみねむら　第191号　4-79, 5-238, 5-241
長峯村　ながみねむら　九州沿海図第21　4-280
長峯村森浦　ながみねむらもりうら　第191号　4-79, 5-238, 5-241
長峯山　ながみねやま　第194号　4-89, 4-90, 5-232
長見村　ながみむら　第127号　3-59
長海村　ながみむら　第155号　3-191, 5-190, 5-305
魚神山　ながみやま　第171号　5-311
中牟田村　なかむたむら　第187号　4-59, 5-223, 5-231
中無田村　なかむたむら　第195号　4-93, 5-233, 5-315
中牟田村☆〔中牟田〕　なかむたむら　第201号　4-119, 5-234, 5-313
中無田村　なかむたむら　九州沿海図第18　4-266
中牟田村枝石櫃村　なかむたむらえだいしびつむら　第187号　4-59
中村（相馬因幡守居城）　なかむら　第53号　1-183
中村　なかむら　第77号　2-35, 5-113, 5-115, 5-289
中村　なかむら　第96号　2-115, 5-146
中村　なかむら　第100号　2-137, 2-139, 5-127, 5-296
中村（水野出羽守領分）　なかむら　第101号　2-141, 5 126
中村　なかむら　第101号　2-141, 2-143
中村　なかむら　第102号　2-147
中村　なかむら　第107号　2-156, 5-127, 5-129
中村　なかむら　第108号　2-164, 5-150
中村　なかむら　第110号　2-172, 5-154
中村　なかむら　第114号　2-191, 2-192, 5-155, 5-297
中村　なかむら　第115号　2-197
中村　なかむら　第115号　2-200, 5-159, 5-297, 5-299
中村　なかむら　第116号　2-202, 2-204
中村　なかむら　第118号　3-19, 5-166, 5-297, 5-300
中村　なかむら　第118号　3-16
中村　なかむら　第123号　3-40, 5-173
中村　なかむら　第124号　3-44, 5-180, 5-304
中村　なかむら　第126号　3-53, 5-174, 5-300, 5-301
中村　なかむら　第127号　3-59, 5-182, 5-304
中村　なかむら　第127号　3-57
中村　なかむら　第127号　3-60
中村　なかむら　第127号　3-59, 5-182
中村　なかむら　第130号　3-75, 5-167
中村　なかむら　第133号　3-90, 5-175, 5-300, 5-301
中村　なかむら　第133号　3-89, 5-176
中村　なかむら　第133号　3-91
中村　なかむら　第134号　5-177, 5-178
中村　なかむら　第135号　3-101, 5-178, 5-301
中村　なかむら　第136号　3-110, 5-182, 5-306
中村　なかむら　第137号　3-112, 5-178
中村　なかむら　第137号　3-113, 5-184
中村　なかむら　第140号　3-126, 5-171
中村　なかむら　第141号　3-128, 5-182, 5-304
中村　なかむら　第141号　3-130, 5-183
中村　なかむら　第143号　3-137, 3-138
中村（森和泉守居城）☆　なかむら　第145号　3-148, 5-183, 5-306
中村　なかむら　第150号　3-174, 5-193, 5-305
中村☆　なかむら　第153号　3-186, 5-191, 5-305
中村　なかむら　第170号　3-258, 3-260, 5-201, 5-311
中村　なかむら　第173号　3-277, 5-218, 5-311
中村　なかむら　第173号　3-273
中村　なかむら　第175号　3-282
中村　なかむら　第175号　3-285
中村　なかむら　第175号　3-286
中村　なかむら　第175号　3-287
中村　なかむら　第177号　3-296, 5-220, 5-309, 5-312
中村　なかむら　第180号　4-25, 4-27, 5-230, 5-312
中村　なかむら　第181号　4-31, 5-227, 5-312
中村　なかむら　第187号　4-56, 5-222, 5-312
那珂村　なかむら　第187号　4-60, 5-223, 5-313
仲村　なかむら　第187号　4-62
中村　なかむら　第188号　4-65, 4-66, 5-231
中村　なかむら　第190号　4-75, 5-234
中村　なかむら　第193号　4-85, 4-86, 5-230, 5-312
中村　なかむら　第193号　4-85, 4-87, 5-223, 5-313
中村　なかむら　第196号　4-98, 5-233
中村　なかむら　第198号　4-106, 5-246
中村　なかむら　第209号　4-165, 5-252, 5-261, 5-316
中村　なかむら　九州沿海図第3　4-200
中村　なかむら　九州沿海図第5　4-213
中村　なかむら　九州沿海図第8　4-224, 4-226
中村　なかむら　九州沿海図第10　4-233, 4-239
中村　なかむら　九州沿海図第18　4-269
中村　なかむら　九州沿海図第19　4-272
中村　なかむら　九州沿海図第19　4-275
中村　なかむら　九州沿海図第21　4-280
中村新木野　なかむらあらきの　第114号　2-191, 2-192
中村池ノ迫　なかむらいけのさこ　第196号　4-98
中村石塲　なかむらいしば　第141号　3-128
中村上野　なかむらうえの　第141号　3-128
中村枝小濵　なかむらえだこばま　第193号　4-85, 4-87
中村枝小濵　なかむらえだこばま　九州沿海図第18　4-269
中村枝百度　なかむらえだひゃくど　第133号　3-89
中村枝六句　なかむらえだろっく　第96号　2-115
中村亀甲村〔亀甲村、中村、亀甲〕　なかむらかめ

のこうむら　第193号　4-85, 4-87, 5-223, 5-313, 5-315
中村亀ノ迫　なかむらかめのさこ　第196号　4-98
中村黒本村入會　なかむらくろもとむらいりあい　第168号　3-248, 5-197, 5-214
中村越之浦　なかむらこえのうら　第196号　4-98
中村鮗ケ浦　なかむらこのしがうら　第196号　4-98
中村下り松　なかむらさがりまつ　第198号　4-106
中村嵜谷　なかむらさきたに　第127号　3-59
中村塩久　なかむらしおく　第108号　2-164
中村出屋敷〔中村〕　なかむらでやしき　第125号　3-50, 5-174, 5-297, 5-300, 5-301
中村徳清多〔中村〕　なかむらとくしいた　第179号　4-18, 4-21, 5-225, 5-312
中村徳清多　なかむらとくしいた　九州沿海図第2　4-197
中村徳清多　なかむらとくしいた　九州沿海図第3　4-197, 4-201
中村長砂連　なかむらながされ　第196号　4-98
中村長瀬　なかむらながせ　第114号　2-191, 2-192
中村鳴滝　なかむらなるたき　第101号　2-141, 2-143
中村繁根木　なかむらはねぎ　第193号　4-85, 4-87
中村濵〔中村〕　なかむらはま　第73号　2-15, 5-95, 5-97, 5-285
中村町☆　なかむらまち　第136号　3-109, 5-182, 5-304, 5-306
中村満越浦　なかむらみちごえうら　第196号　4-98
中村宮津　なかむらみやづ　第196号　4-98
中村向原　なかむらむかいはら　第101号　2-141
中村目井津　なかむらめいつ　第198号　4-106
中村柳浦〔柳浦〕　なかむらやなぎうら　第196号　4-98, 5-233
中村山田　なかむらやまだ　第101号　2-140, 2-142
中村山寺〔中村〕　なかむらやまでら　第96号　2-114, 5-294
中村竜顔〔中村〕　なかむらりゅうがお　第179号　4-18, 4-21, 5-312
永目　ながめ　九州沿海図第19　4-274, 4-275
中米地村　なかめいじむら　第128号　3-62, 5-180
長目濵　ながめのはま　第212号　4-177
長目濵　ながめのはま　九州沿海図第15　4-254
長目村　ながめむら　第141号　3-128
長目村　ながめむら　第183号　4-39, 5-226
長目村　ながめむら　九州沿海図第4　4-208, 4-211
長目村内廣浦　ながめむらうちひろうら　九州沿海図第4　4-208, 4-211
長目村釜戸〔釜戸〕　ながめむらかまど　第183号　5-226
長目村楠屋〔楠屋〕　ながめむらくすや　第183号　4-39, 5-226
長目村廣浦⚠　ながめむらひろうら　第183号　4-39
中森臺村〔森臺〕　なかもりだいむら　第67号　1-235, 5-105, 5-288
中矢加部村　なかやかべむら　第188号　4-68, 5-231
中八木村〔八木〕　なかやぎむら　第128号　3-62, 5-180, 5-304
永易村　ながやすむら　第158号　3-205, 5-197, 5-307
永易村市塚　ながやすむらいちづか　第158号　3-205
長谷村　ながやつむら　第88号　2-77
中藪村　なかやぶむら　第125号　3-48, 3-50, 5-166, 5-297, 5-300
中山〔中山濵〕　なかやま　第48号　1-162, 5-76
中山○（上杉弾正大弼領分）　なかやま　第66号　1-231, 5-80, 5-92, 5-285
中山（御料所、本多源右エ門、成瀬弥五郎、向井喜八郎知行所）○　なかやま　第78号　2-41, 5-114, 5-119, 5-289
中山　なかやま　第118号　5-166
中山　なかやま　第136号　3-106
中山　なかやま　第136号　3-109
中山　なかやま　第142号　3-133
中山　なかやま　第143号　3-138
中山　なかやま　第156号　3-194
中山　なかやま　第176号　3-288
中山　なかやま　九州沿海図第9　4-229
中山勘解由城跡　なかやまかげゆしろあと　第98号　2-125
中山下村〔中山〕　なかやましたむら　第141号　3-129, 5-304
中山シマ　なかやまじま　第132号　3-85
中山瀬　なかやませ　第213号　4-182
中山寺　なかやまでら　第136号　3-106
中山寺村☆　なかやまでらむら　第136号　3-106, 5-178, 5-306
中山峠　なかやまとうげ　第78号　2-41, 5-119, 5-289
中山 平野　なかやまひらの　第201号　4-121
中山村　なかやまむら　第49号　1-167, 5-71, 5-282
中山村　なかやまむら　第76号　2-32, 5-112, 5-113
中山村（秋元左衛門佐領分）　なかやまむら　第88号　2-79, 5-120, 5-291
中山村　なかやまむら　第100号　2-134, 5-126, 5-291
中山村　なかやまむら　第116号　2-201, 5-162, 5-299
中山村　なかやまむら　第122号　3-37, 5-173, 5-175, 5-304
中山村　なかやまむら　第125号　5-166
中山村　なかやまむら　第130号　3-74, 5-163, 5-301
中山村　なかやまむら　第134号　5-176, 5-177
中山村　なかやまむら　第136号　3-107, 3-110, 5-182
中山村　なかやまむら　第144号　3-140
中山村　なかやまむら　第144号　3-144, 3-146
中山村　なかやまむら　第144号　3-147, 5-192
中山村○　なかやまむら　第166号　3-236, 238, 5-209, 5-212, 5-308
中山村（長府領）　なかやまむら　第177号　3-296, 5-220, 5-312
中山村　なかやまむら　第186号　4-54, 5-222, 5-312
中山村〔中山〕　なかやまむら　第188号　4-68, 5-231, 5-313
中山村　なかやまむら　第189号　4-72
長山村　ながやまむら　第208号　4-156, 5-250, 5-314
長山村　ながやまむら　九州沿海図第17　4-262
中山村枝湯原　なかやまむらえだゆのはら　第177号　3-296
中山村経納村〔中山〕　なかやまむらきょうのうむら　第175号　3-285, 5-312
中山村廣原　なかやまむらひろはら　第167号　3-240
中山村松尾　なかやまむらまつお　第186号　4-54
中屋村　なかやむら　第141号　3-128, 5-182, 5-306
長谷村（御料所、犬塚覚之亟知行所）　ながやむら　第58号　1-201, 5-110
長谷村（太田摂津守領分）　ながやむら　第111号　2-179, 5-160
長山村　ながやむら　第116号　2-202, 2-204, 5-161, 5-299
長屋村　ながやむら　第150号　3-175, 5-193, 5-307
長屋村　ながやむら　第166号　3-238, 5-209, 5-308
長屋山　ながややま　第166号　3-238
中谷里村（堀又十郎、高力式部知行所）　なかやりむら　第58号　1-200, 1-201, 5-110, 5-290
永吉川　ながよしがわ　第210号　4-172, 5-252, 5-254, 5-261
永吉川　ながよしがわ　九州沿海図第12　4-244, 4-246
中吉田村（曽我伊賀守知行所）　なかよしだむら　第107号　2-156, 2-158, 5-129
中四島　なかよしま　第145号　3-151
永吉村　ながよしむら　第187号　4-59, 4-62, 5-231, 5-313
永吉村　ながよしむら　第210号　4-172, 5-252, 5-254, 5-261, 5-317
永吉村　ながよしむら　九州沿海図第12　4-244, 4-246
永吉村赤坂　ながよしむらあかさか　第187号　4-59, 4-62
長与村枝岡〔長与〕　ながよむらえだおか　第202号　4-125, 4-127, 5-315
長与村解屋〔長与〕　ながよむらけや　第202号　4-125, 5-315
長与村皿山〔長与〕　ながよむらさらやま　第202号　4-125, 4-127, 5-315
長与村白津〔長与〕　ながよむらしろつ　第202号　4-125, 4-127, 5-315
長与村舩津〔長與村、長与〕　ながよむらふなつ　第202号　4-125, 4-127, 5-236, 5-315
長良川　ながらがわ　第118号　3-16, 5-166
流木森　ながらぎのもり　第133号　3-87
長樂村　ながらくむら　第88号　2-79
長柄郡　ながらぐん　第91号　2-92, 2-93, 5-111, 5-290
長良郷上福光村〔上福光村〕　ながらごうかみふくみつむら　第118号　3-16, 5-156, 5-159
長良郷真福寺村〔真福寺村〕　ながらごうしんぷくじむら　第118号　3-16, 5-156
長良郷中福光村〔中福光村、福光〕　ながらごうなかふくみつむら　第118号　3-16, 5-156, 5-297
名鳥島　ながらすじま　第191号　4-79, 5-238, 5-241, 5-313
長良村　ながらむら　第115号　2-197, 5-159, 5-297
長樂村　ながらむら　第116号　2-202, 2-204, 5-161, 5-299
長良村　ながらむら　第118号　3-16, 5-156
名柄村　ながらむら　第132号　3-82, 5-169
長柄村　ながらむら　第135号　3-101
長柄村　ながらむら　第143号　3-135, 5-188, 5-305
長良村　ながらむら　第151号　3-176, 3-178, 5-192, 5-307
長良村四軒屋　ながらむらよんけんや　第118号　3-17
ナカリイシヨ岬　第6号　1-25, 5-27, 5-270
流川村　ながれかわむら　第193号　4-85, 4-86, 5-230, 5-232, 5-312, 5-314
流川村　ながれがわむら　第88号　2-77, 2-79
流小島　ながれこじま　第167号　3-244
流小シマ　ながれこじま　第173号　5-215
中若松村〔若松〕　なかわかまつむら　第129号　3-69, 5-163, 5-299
長和瀬村　ながわせむら　第143号　3-136, 5-188,

5-305
奈川村神谷　ながわむらかみや　第109号　2-166
奈川村川浦　ながわむらかわうら　第109号　2-166
奈川村曽倉　ながわむらそぐら　第109号　2-166
奈川村寄合渡○〔奈川村、奈川〕　ながわむらよりあいど　第109号　2-166, 5-152, 5-296
中城村　なかんじょうむら　第133号　3-92, 5-178
奈木崎　なぎざき　第206号　4-150
渚村　なぎさむら　第112号　2-183, 2-185, 5-153, 5-297
渚村　なぎさむら　第133号　3-92, 5-176, 5-178
渚村枝片篭　なぎさむらえだかたかご　第112号　2-182, 2-185
名木沢（御料所）○　なぎさわ　第65号　1-225, 5-90, 5-285
諾山　なぎさん　第143号　3-138
名木神社　なきじんじゃ　第123号　3-38
奈木曽岳　なぎそだけ　第109号　2-170
長刀崎　なぎなたざき　第202号　4-127, 4-128
長刀崎　なぎなたざき　長崎〔参考図〕　4-131
平〔泙〕野村　なぎのむら　第116号　2-202, 2-204, 5-162
南君浦　なぎみうら　第171号　3-264, 5-201, 5-311
南君浦枝牛川浦　なぎみうらえだうしかわうら　第171号　3-264
南君浦枝立目浦　なぎみうらえだたちめうら　第171号　3-264
南君浦恵美須浦　なぎみうらえびすうら　第171号　3-264
荒生村　なぎむら　第135号　3-101, 5-178
ナキリ濱　なきりはま　第175号　3-286
波切村　なきりむら　第117号　3-14, 5-168, 5-299
名久井岳　なくいだけ　第44号　1-151, 5-69, 5-280
那久崎　なぐさき　第153号　3-187, 5-191
名艸郡　なくさぐん　第138号　3-118, 3-120, 5-179, 5-303, 5-306
名草山　なぐさやま　第141号　3-128
名串　なぐし　第201号　4-121
名串崎　なぐしざき　第201号　4-122
ナクビタ〔トリヒタ〕　第18号　1-58, 1-60, 5-43, 5-275
那久村〔奈久〕　なぐむら　第153号　3-187, 5-191, 5-305
ナクヤ鼻　なくやはな　第155号　3-191
名倉坂　なぐらざか　第180号　5-230
名倉村　なぐらむら　第97号　2-120
名倉村大立　なぐらむらおおだち　第97号　2-120
名倉山　なぐらやま　第97号　2-120
ナクリ嵜　なくりざき　第199号　4-110
投石　なげいし　第131号　3-81, 5-169
投石　なげいし　第145号　3-155
名子〔名子浦〕　なご　第121号　3-29, 5-172, 5-300
長和田村　なごうたむら　第143号　3-136, 5-188, 5-305
名護浦　なごうら　九州沿海図第13　4-250
那古寺　なごじ　第92号　2-99, 2-100, 5-124
名子島　なごじま　第146号　3-156, 5-185
ナコソノ関〔ナコソ関〕　なこそのせき　第55号　1-192, 5-104
那古村（石川六三郎知行所、那古寺領）☆　なごむら　第92号　2-99, 2-100, 5-124, 5-292
名子村（御料所）　なごむら　第108号　2-161, 5-151
奈古村（徳山領）　なごむら　第174号　3-279, 3-280, 5-217, 5-309
名子村大島町○〔大島〕　なごむらおおしままち　第108号　2-161, 5-296
名子村桑園耕地　なごむらくわぞのこうち　第108号　2-161
奈古村土村　なごむらつちむら　第174号　3-279, 3-280
名護屋（尾州居城）☆〔名古屋〕　なごや　第115号　2-197, 5-159, 5-297
名古屋浦⚓　なごやうら　第189号　4-71, 5-234, 5-238, 5-241
名古屋崎　なごやざき　第178号　4-13, 5-222, 5-312
名古屋崎　なごやざき　第183号　4-43, 5-228
名護屋崎　なごやざき　九州沿海図第5　4-215
名古屋村　なごやむら　第75号　2-25, 2-27, 5-99
名古屋村☆〔名護屋〕　なごやむら　第189号　4-71, 5-234, 5-238, 5-241, 5-313
名古屋村野本　なごやむらのもと　第189号　4-71, 4-73
方崎　なざき　第209号　4-165
情島（阿賀村屬）〔大ナサケ島〕　なさけじま（あがむらぞく）　第167号　3-242, 3-244, 5-211, 5-213, 5-311
情嶋（伊保田村屬）　なさけじま（いほたむらぞく）　第169号　3-250, 5-215, 5-311
奈佐路村　なさじむら　第124号　3-42, 3-44
那佐湊⚓　なさみなと　第149号　3-164, 3-165, 5-198
梨ケ原宿村〔宿村〕　なしがはらしゅくむら　第144号　3-142, 5-183, 5-306
梨ケ原舩坂村　なしがはらふなさかむら　第144号　3-142, 5-183
梨子崎村　なしこざきむら　第157号　5-195
名鹿村　なししむら　第161号　3-212, 3-214, 5-202, 5-310, 5-311
梨谷山　なしたにやま　第141号　3-130
梨木羽場村　なしのきはばむら　第64号　1-221, 5-75, 5-88, 5-283
梨原村　なしはるむら　第182号　4-35, 5-227, 5-312, 5-314
梨原村（岡領）　なしはるむら　九州沿海図第21　4-279, 4-281
梨原村小無田　なしはるむらこむた　第182号　4-35
名島　なしま　第187号　5-313
名島　なしま　第191号　4-78, 5-238, 5-241
名シマ　なしま　第198号　5-246, 5-248
名島　なじま　第117号　3-14
名シマ　なじま　第122号　3-34, 3-36
名嶋　なじま　第174号　3-279
奈島村　なしまむら　第133号　3-89, 5-176
名島村　なじまむら　第187号　4-60, 5-223
名島村内堀　なじまむらうちぼり　第187号　4-60
奈島村枝十六　なしまむらえだじゅうろく　第133号　3-89
梨本村（御料所）○　なしもとむら　第102号　2-147, 5-128, 5-298
梨本村枝荻苔　なしもとむらえだおぎのり　第102号　2-147
梨本村枝奥原　なしもとむらえだおくばら　第102号　2-147
無山　なしやま　第190号　4-75, 4-76
茄子売山　なすうりやま　第129号　3-72
成ケ原　なすがはら　第173号　3-272
那須郡　なすぐん　第68号　1-240, 5-106
那須郡　なすぐん　第69号　1-244, 5-106, 5-288
那須野山　なすのやま　第110号　2-172, 5-154
中濱村　なすはまむら　第126号　3-53, 5-174, 5-300, 5-301
茄子川村　なすびがわむら　第110号　2-173, 5-154, 5-296
茄子川村坂本　なすびがわむらさかもと　第110号　2-173
茄子松古城　なすまつこじょう　第187号　4-58
那須山　なすやま　第68号　1-239, 1-241, 5-105, 5-106, 5-288
奈多浦　なたうら　第187号　4-60, 5-223, 5-313
名髙浦　なたかうら　第138号　3-120, 5-186
鉞切　なたぎり　第93号　2-102, 5-123
ナタ切山　なたきりやま　第214号　4-184
名田嶋村　なたじまむら　第176号　3-292
灘新田　なだしんでん　第155号　3-190, 3-192, 5-305
灘手村　なだてむら　第181号　4-30, 5-224, 5-226, 5-312
灘手村　なだてむら　九州沿海図第3　4-200
名谷　なだに　九州沿海図第8　4-226
名田村　なたむら　第117号　3-14, 5-168, 5-299
難田村　なだむら　第145号　3-149, 5-192, 5-306
灘村　なだむら　第147号　3-163, 5-187, 5-303, 5-306
奈多村　なだむら　第179号　4-20, 5-224, 5-226, 5-312
奈多村　なだむら　九州沿海図第3　4-200
難田村木生　なだむらきぶ　第145号　3-149
ナタラ崎　なだらざき　第103号　2-149
名足〔ナタル濱〕　なたり　第48号　1-162, 5-76
那知山〔那智山、那智権現〕　なちやま　第132号　3-85, 1-170, 5-302
夏秋村　なつあきむら　第134号　3-94, 3-96
夏網代　なつあじろ　第200号　4-117
夏網代　なつあじろ　九州沿海図第19　4-274
夏井浦　なついうら　第183号　4-38, 5-226, 5-311, 5-314
夏井浦　なついうら　九州沿海図第5　4-211
夏井村　なついむら　第199号　4-110, 5-248, 5-261, 5-316
夏井村（鹿児嶋領）　なついむら　九州沿海図第9　4-228
夏井村（古名相之浦）⚓　なついむら（あいのうら）　第206号　4-150, 5-242, 5-243
ナツカサワ　第34号　1-116, 5-54, 5-57, 5-279
長束村　なつかむら　第114号　2-194, 5-159, 5-297
夏狩村　なつがりむら　第97号　2-121, 5-117, 5-127, 5-291
撫川　なつかわ　第151号　3-178
撫川村（戸川万蔵在所）　なつかわまち　第151号　3-178, 5-307
夏栗村　なつくりむら　第124号　3-42, 3-44, 5-180
夏栗山　なつくりやま　第127号　3-59
名津佐村　なつさむら　第113号　2-189, 5-155, 5-156, 5-297
夏島　なつしま　第93号　2-102, 5-123, 5-124
夏泊岬　なつどまりみさき　第39号　1-132, 5-67, 5-280
ナツハタ子　なつはだね　第103号　2-149
夏間村　なつまむら　第127号　3-57
夏嶺村　なつみねむら　第202号　4-124, 5-233, 5-236
夏見村之内里夏見村〔夏見〕　なつみむらのうちさとなつみむら　第133号　3-86, 5-301
夏見村之内山夏見村〔夏見村、夏見〕　なつみむらのうちやまなつみむら　第133号　3-86, 5-174, 5-301
夏焼村　なつやけむら　第110号　2-175, 5-158, 5-296
夏吉村　なつよしむら　第178号　4-15, 4-17
撫石山　なでいしやま　第180号　4-24
撫山　なでさん　第144号　3-140
名取川　なとりがわ　第52号　1-182, 5-79
名取川　なとりがわ　第52号　1-182, 5-284

名取郡　なとりぐん　第52号　1-181, 1-182, 5-79, 5-284
名取郡　なとりぐん　第53号　1-184
七嵐村　ななあらしむら　第96号　2-115, 2-117
ナヽイ川　第32号　1-109, 1-110, 5-53, 5-56, 5-279
ナヽイハマ　第32号　1-109, 1-110, 5-56, 5-279
土〔七〕浦村〔土浦村〕　ななうらむら　第66号　1-228, 5-92, 5-285
七尾島　ななおじま　第203号　4-138
七尾嶋　ななおじま　九州沿海図第14　4-252
七尾山　ななおやま　第121号　3-33
七折峠　ななおりとうげ　第194号　5-229
七折村一野水門　ななおりむらいちのみずかど　第194号　4-88
七折村下顔門〔七折村〕　ななおりむらしもつらかど　第184号　4-45, 5-229
七折村中村門　ななおりむらなかむらかど　第184号　4-45
七折村波瀬門　ななおりむらはぜかど　第184号　4-45
七折村深角門　ななおりむらふかすみかど　第194号　4-88
七折村舩尾門☆〔七折〕　ななおりむらふなおかど　第184号　4-45, 5-314
七折村宮水門　ななおりむらみやみずかど　第184号　4-45
七ケ村入會相模野〔七ケ村入會、相模野〕　ななかそんいりあいさがみの　第90号　2-91, 5-126
七北田○　ななきた　第52号　1-181, 5-79, 5-284
七久保高遠原　ななくぼたかとおばら　第108号　2-163
七倉山　ななくらやま　第60号　1-206
一〔七〕沢村　ななさわむら　第99号　2-128
七島新田　ななしましんでん　第115号　2-197, 2-199, 5-159, 5-297
七社権現　ななしゃごんげん　第90号　2-91
七瀬　ななせ　第214号　4-187
七ツ嶋　ななつしま　九州沿海図第10　4-235
七島　ななつじま　第85号　5-143, 5-295
七ツ島　ななつじま　第189号　4-73, 5-234, 5-241, 5-313
七ツジマ　ななつじま　第209号　4-165
七ツ新屋村（櫻井庄之助知行所）　ななつしんやむら　第107号　2-156, 2-158, 5-129
七ツ岳　ななつだけ　第36号　5-57
七ツ岳　ななつだけ　第207号　4-151
七岳峠　ななつだけとうげ　第207号　4-151
七ツ谷山〔七谷山〕　ななつたにやま　第208号　4-156, 4-158, 5-247, 5-250
七ツ谷山　ななつだにやま　九州沿海図第17　4-261, 4-262
七ツ碆〔七ツハエ〕　ななつばえ　第198号　4-105, 4-106, 5-246
七ツハヘ　ななつばえ　九州沿海図第8　4-224
七ツ廻山　ななつめぐりやま　第194号　4-89, 4-90
七ツ山小島　ななつやまこじま　第206号　4-149
七ノ割　ななつわり　九州沿海図第19　4-275
七寺川　ななでらがわ　第187号　4-61
七根村　ななねむら　第116号　5-161, 5-299
七百シマ　ななひゃくじま　第201号　4-121
七房村内仁保路　ななふさむらうちにほじ　第175号　3-285
七曲坂　ななまがりざか　第192号　4-82
七曲坂峠　ななまがりざかとうげ　第163号　5-208
七曲峠　ななまがりとうげ　第124号　3-47
七曲山　ななまがりやま　第176号　5-219
ナヽヤセラウツフ川　第6号　5-270
七里村　ななりむら　九州沿海図第21　4-279
難波橋　なにわばし　第135号　3-101, 5-178
七日市村　なぬかいちむら　第122号　3-37, 5-175
七日市村　なぬかいちむら　第124号　3-43, 5-181, 5-304
七日市村　なぬかいちむら　第127号　3-59
七日市村　なぬかいちむら　第173号　3-273, 5-216, 5-218, 5-308
七日市村島村　なぬかいちむらしまむら　第127号　3-59
七日島　なぬかじま　第161号　3-213, 3-215
七日町村　なぬかまちむら　第112号　2-183, 2-184, 5-153
七日山　なぬかやま　第117号　3-15, 5-168
名貫川　なぬきがわ　第185号　4-48, 5-244
名貫川　なぬきがわ　第209号　4-162, 5-247, 5-261
名貫川　なぬきがわ　九州沿海図第7　4-220
名貫川　なぬきがわ　九州沿海図第10　4-232
七日市驛○☆　なのかいちえき　第151号　3-179, 5-193, 5-195, 5-307
七日市村（前田大和守在所）（前田大和守領分）　なのかいちむら　第95号　2-110, 5-116, 5-119, 5-291
七日市村篠井　なのかいちむらささい　第151号　3-179
名ノリセ　なのりせ　第206号　5-242
名乗瀬　なのりぜ　第205号　4-145
名乗関　なのりせき　第188号　4-64
ナハイ川〔ツナハイ川〕　第36号　1-121, 1-122, 5-60, 5-281
那波浦　なばうら　第141号　3-131, 5-183
難波江村☆　なばえむら　第122号　3-36, 5-173, 5-300
那波野村　なばのむら　第141号　3-131, 5-183
那波野村出茶屋　なばのむらでちゃや　第141号　3-131
南原村　なばらむら　第166号　3-238, 5-211, 5-213, 5-308
奈半利浦　なはりうら　第148号　3-167, 5-199, 5-310
奈半利浦枝加領郷浦　なはりうらえだかりょうごうら　第148号　3-167
奈半利川　なはりがわ　第148号　3-167, 5-199
名張郡　なばりぐん　第134号　3-94, 3-96, 5-167, 5-167, 5-177, 5-301
名張村　なばりむら　第112号　2-184
波太　なぶと　九州沿海図第5　4-211
名舟村　なぶねむら　第85号　2-66, 5-142, 5-295
名振濵　なぶりはま　第48号　1-163, 5-78
鍋浦村　なべがうらむら　第80号　2-45, 2-46, 5-138
鍋掛（御料所）○　なべかけ　第69号　1-242, 5-106, 5-288
鍋釜落岬　なべかまおとしみさき　第117号　3-12
鍋串浦　なべくしうら　第189号　4-73, 5-234, 5-241
鍋小島　なべこじま　第167号　3-242, 5-211, 5-213
ナヘシマ　なべしま　第132号　3-85, 1-170
ナヘシマ　なべしま　第142号　3-133
ナベシマ　なべしま　第145号　5-183
鍋島　なべしま　第145号　3-151, 5-185
ナヘシマ　なべしま　第151号　3-180
鍋島　なべしま　第164号　3-228
鍋嶋　なべしま　第169号　3-251, 5-215
鍋島　なべしま　第171号　3-264, 5-201
鍋嶋　なべしま　第175号　3-286, 5-218
鍋嶋　なべしま　第176号　3-293, 5-219
鍋嶋　なべしま　第177号　3-295, 5-220
ナベシマ　なべじま　第145号　3-149, 5-185
鍋島村　なべしまむら　第161号　3-212, 5-202, 5-310, 5-311
鍋島村　なべしまむら　第179号　4-19, 5-225, 5-312
鍋島村　なべしまむら　九州沿海図第2　4-194
鍋島村枝平野村　なべしまむらえだひらのむら　第161号　3-212
鍋尻山　なべじりやま　第125号　3-48, 5-166
鍋田川　なべたがわ　第129号　3-66
鍋田川　なべたがわ　第193号　4-85, 4-86
鍋焚島　なべたきじま　第124号　3-42
鍋谷村　なべたにむら　第144号　3-147, 5-192
鍋谷村河瀬〔鍋谷〕　なべたにむらかわせ　第145号　3-153, 5-307
鍋田村　なべたむら　第66号　1-231, 5-80, 5-94
鍋田村　なべたむら　第193号　4-85, 4-86, 5-231, 5-312, 5-315
鍋田村　なべたむら　九州沿海図第18　4-268
鍋田村東鍋田　なべたむらひがしなべた　第193号　4-85, 4-86
鍋野山　なべのやま　第190号　4-75, 4-76
鍋村　なべむら　第167号　3-242, 5-211, 5-213, 5-308
南部村内新南部　なべむらうちしんなべ　九州沿海図第20　4-277
南部村下南部　なべむらしもなべ　第193号　4-85
南部村新南部　なべむらしんなべ　第193号　4-85
鍋谷川　なべやがわ　第156号　5-193, 5-208
鍋山　なべやま　第150号　3-171
鍋山　なべやま　第150号　3-174
鍋山　なべやま　九州沿海図第12　4-243, 4-245
鍋割山　なべわりやま　第203号　4-136
鍋割山　なべわりやま　九州沿海図第19　4-270, 4-272
ナマカタ　なまかた　第102号　2-148
生子島　なまこじま　第39号　1-134, 5-280
鯰田村　なまずたむら　第187号　4-56
鯰村　なまずむら　第195号　4-93, 5-232
生瀬村　なまぜむら　第136号　3-106, 5-178, 5-306
生津村　なまづむら　第118号　3-16, 3-18, 5-166
生麦村　なまむぎむら　第90号　2-87, 5-123, 5-291
奈摩村（五島領）　なまむら　第206号　4-148, 4-149, 5-242, 5-243
奈摩村枝網揚村　なまむらえだあみあげむら　第206号　4-148, 4-149
奈摩村枝曽根村〔奈摩〕　なまむらえだそねむら　第206号　4-148, 5-321
生山峠　なまやまとうげ　第175号　5-218
生里浦　なまりうら　第152号　3-183, 5-195, 5-307
生里浦枝仁老濵　なまりうらえだにろはま　第152号　3-183
浪合川　なみあいがわ　第110号　2-172
浪合村○　なみあいむら　第110号　2-172, 5-158, 5-296
浪合村新屋　なみあいむらあらや　第110号　2-172
浪合村一ノ又　なみあいむらいちのまた　第110号　2-172
浪合村河原　なみあいむらかわはら　第110号　2-172
浪合村治部坂　なみあいむらじぶざか　第110号　2-172
浪合村峠　なみあいむらとうげ　第110号　2-172
浪合村七曲リ　なみあいむらななまがり　第110号　2-172
浪合村深沢（御関所）　なみあいむらふかざわ　第110号　2-172
浪合山　なみあいやま　第110号　2-172, 5-158
波石﨑　なみいしざき　第192号　4-81, 4-82
浪打峠　なみうちとうげ　第49号　1-166, 5-69, 5-

282
浪岡◯　なみおか　第43号　1-146, 5-67, 5-82, 5-281
波方村　なみかたむら　第164号　3-230, 5-210, 5-307, 5-311
並河村　なみかわむら　第133号　3-91, 5-175
波倉村　なみぐらむら　第55号　1-190, 5-102, 5-288
浪立根　なみたちね　第101号　2-140, 2-142
浪松浦〔浪松〕　なみまつうら　第120号　3-24, 5-145, 5-297, 5-300
奈美村枝十七村〔奈美村、奈美〕　なみむらえだじゅうしちむら　第175号　3-285, 5-219, 5-312
奈美村枝鈴屋村　なみむらえだすずやむら　第175号　3-285, 3-287
奈美村枝中山村中村　なみむらえだなかやまむらなかむら　第175号　3-285
奈美村上村　なみむらかみむら　第175号　3-285
並柳村　なみやなぎむら　第96号　2-117
南〔無〕谷村（小濱吉之亟知行所）〔南無谷〕　なむやむら　第92号　2-99, 2-100, 5-124, 5-292
名村川　なむらがわ　第148号　5-199
南室シマ　なむろじま　第192号　4-82
南室村　なむろむら　第192号　4-82, 5-240, 5-241
ナメウ川　なめうがわ　第195号　4-92
行方郡　なめかたぐん　第54号　1-187, 1-188, 5-102, 5-288
滑川村　なめかわむら　第57号　1-196, 5-108, 5-288
行川村（御料所、板橋右近知行所）　なめがわむら　第92号　2-97, 5-111, 5-290
ナメ島〔ナメシマ〕　なめじま　第117号　3-15, 5-168
滑川◯　なめりかわ　第82号　2-56, 5-140, 5-295
滑川村（松平播磨守領分）　なめりかわむら　第56号　1-195, 5-103, 5-288
滑川村　なめりかわむら　第68号　1-238, 5-103, 5-288
納米里村　なめりむら　第101号　2-141, 5-127
南面里村　なめりむら　第187号　4-62
南面里村上面里　なめりむらかみめり　第187号　4-62
奈屋浦　なやうら　第131号　3-78, 5-168
納屋濱　なやはま　第178号　4-13
ナヨロ　第10号　1-34, 5-34, 5-272
奈良　なら　第134号　3-95, 5-176, 5-301
奈良井◯☆　ならい　第109号　2-166, 5-152, 5-296
奈良井宿平澤〔奈良井〕　ならいしゅくひらさわ　第96号　2-119, 5-152
名来村　ならいむら　第136号　3-106, 5-178, 5-306
ナラ川　ならがわ　第200号　5-250
奈良木村　ならぎむら　第195号　4-94, 5-250, 5-315
ナラ坂峠　ならさかとうげ　第67号　1-232, 1-233, 5-81, 5-94, 5-285
奈良坂村　ならざかむら　第134号　3-95, 5-176
奈良﨑〔奈良サキ〕　ならざき　第191号　4-79, 5-238, 5-241
ナラシノ島　ならしのじま　第131号　3-78, 5-168
双瀬村　ならぜむら　第110号　2-176, 5-158, 5-161, 5-299
双瀬村室具（貝）津　ならぜむらもろがいつ　第110号　2-176
奈良田村　ならだむら　第187号　4-59, 4-62, 5-231, 5-313
奈良津村　ならづむら　第157号　5-195
南良津村〔奈良津〕　ならづむら　第186号　4-54, 5-222, 5-312
楢葉郡　ならはぐん　第54号　1-189, 5-102, 5-288
楢葉郡　ならはぐん　第55号　1-190, 1-191, 5-288
楢原上村☆〔楢原〕　ならはらかみむら　第144号　3-141, 5-192, 5-305, 5-307
楢原上村上宿　ならはらかみむらかみじゅく　第144号　3-141
楢原上村久保　ならはらかみむらくぼ　第144号　3-141
楢原上村日ノ神　ならはらかみむらひのかみ　第144号　3-141
楢原下村　ならはらしもむら　第144号　3-141, 5-192
楢原中村　ならはらなかむら　第144号　3-141, 5-192
楢原村　ならはらむら　第90号　2-89, 2-91
楢原村　ならはらむら　第120号　3-26, 5-145, 5-297, 5-300
楢原村　ならはらむら　第187号　4-58, 5-222, 5-231
楢原村　ならばらむら　第144号　3-142
楢原村　ならばらむら　第145号　3-152, 5-192, 5-307
楢原村枝舩橋〔楢原〕　ならばらむらえだふなばし　第145号　3-152, 5-307
奈良原　ならばる　九州沿海図第2　4-196, 4-198
奈良原　ならばる　九州沿海図第3　4-196, 4-198, 4-204
双岡　ならびがおか　第133号　3-90
楢村　ならむら　第134号　3-95, 3-97, 5-176, 5-177
楢村　ならむら　第143号　3-138, 5-192, 5-305
奈良本村（御料所）　ならもとむら　第102号　2-146, 5-128, 5-292
奈良本村熱川（温泉）　ならもとむらあたがわ　第102号　2-146
奈良本村堀川　ならもとむらほりかわ　第102号　2-146
奈良山　ならやま　第193号　4-83
奈良輪（御料所、三浦鋲次郎、上原惣左エ門、杦原小左エ門知行所）◯　ならわ　第91号　2-95, 5-122, 5-290
成岩村　ならわむら　第116号　2-207, 5-162, 5-163, 5-299
成相寺　なりあいじ　第123号　3-38, 3-40, 5-180, 5-304
成合津　なりあいづ　九州沿海図第19　4-275
成生村　なりうむら　第122号　3-35, 3-37, 5-173, 5-300
鳴川村　なりかわむら　第211号　4-176, 5-249, 5-261, 5-316
鳴川村　なりかわむら　九州沿海図第10　4-237
鳴川村兒ケ水浦　なりかわむらちよがみずうら　第211号　4-173, 4-176, 5-249, 5-261
成君村菖蒲　なりぎみむらしょうぶ　第194号　4-89, 4-90
成澤村〔成沢村〕　なりさわむら　第64号　1-221, 1-222, 5-75, 5-88, 5-283
成田村　なりたむら　第50号　1-172, 5-73, 5-282
成田村（御料所）　なりたむら　第97号　2-122, 2-123, 5-117, 5-291
成田村（夏海）（松平大学頭領分）◯☆〔夏海〕　なりたむら（なつうみ）　第57号　1-198, 5-108, 5-290
梛野村　なりのむら　第109号　2-171
成松村　なりまつむら　第143号　3-138
成松村　なりまつむら　第181号　4-33
成松村（延岡領）　なりまつむら　九州沿海図第3　4-202
成行村　なりゆきむら　第111号　2-177, 2-178, 5-160, 5-298
成羽村　なりわむら　第151号　3-177, 5-193, 5-307
鳴屋〔尾〕村　なるおむら　第137号　3-112, 5-178
鳴尾山　なるおやま　第197号　4-101, 5-245
鳴神岩　なるかみいわ　第117号　5-168
鳴神嵜　なるかみざき　第207号　4-152
鳴神山　なるかみやま　第96号　2-119
鳴川　なるかわ　第181号　4-29, 4-31
鳴川　なるかわ　九州沿海図第3　4-203
成川　なるかわ　九州沿海図第19　4-274
成川村⚠　なるかわむら　第132号　3-84, 1-170
成川山　なるかわやま　第161号　3-216
成澤村　なるさわむら　第88号　2-77
奈留島⚠　なるしま　第206号　4-150, 5-242, 5-243, 5-321
成小路村（御料所）　なるしょうじむら　第135号　3-101, 5-178, 5-301
成瀬村◯〔成瀬〕　なるせむら　第190号　4-75, 5-234, 5-313
鳴竜〔滝〕　なるたき　第175号　3-285
成滝村　なるたきむら　第111号　2-177, 2-178, 5-160
鳴滝村　なるたきむら　第133号　3-90, 5-175, 5-176, 5-301
竹成〔成竹〕村　なるたけむら　第187号　4-62
竹成〔成竹〕村寺倉　なるたけむらてらくら　第187号　4-62
鳴門　なると　第142号　3-133, 3-134, 5-185, 5-303, 5-306
鳴門﨑　なるとざき　第142号　3-132, 3-134
鳴海◯　なるみ　第115号　2-197, 2-199, 5-159, 5-297, 5-299
鳴水村　なるみずむら　第186号　4-54
成光村　なるみつむら　第178号　4-17, 5-222, 5-312
奈留村⚠　なるむら　第206号　4-150, 5-242, 5-243
成山島　なるやまじま　第138号　3-119, 5-184, 6-306
名禮村　なれむら　第118号　3-16, 5-156
名禮村高橋　なれむらたかはし　第118号　3-16
縄地村（太田摂津守領分）　なわじむら　第102号　2-146, 5-128, 5-292, 5-298
ナハチ岬　なわちみさき　第176号　3-293
南宮社　なんぐうしゃ　第118号　3-17, 3-19, 5-166
南宮山　なんぐうやま　第129号　3-73, 5-167
南郷　なんごう　第104号　2-152, 5-134
南光寺　なんこうじ　第90号　2-91
南郷村　なんごうむら　第133号　3-87, 3-89, 5-176
南蛇井村（松前若狭守領分）　なんじゃいむら　第95号　2-110, 5-116, 5-119
南蛇井村枝梅沢　なんじゃいむらえだうめざわ　第95号　2-110
南蛇井村枝小倉　なんじゃいむらえだおぐら　第95号　2-110
南蛇井村久保田　なんじゃいむらくぼた　第95号　2-110
南蛇井村原村　なんじゃいむらはらむら　第95号　2-110
南蛇井村西〔四〕日市　なんじゃいむらよっかいち　第95号　2-110
南珠山　なんじゅさん　第151号　3-179
南條郡　なんじょうぐん　第120号　3-28, 5-157, 5-172, 5-297, 5-300
南條村（大久保出雲守領分）　なんじょうむら　第101号　2-141, 2-143, 5-128
南條村　なんじょうむら　第133号　3-91, 5-175, 5-301

南條村田中　なんじょうむらたなか　第101号　2-141, 2-143
南ツ木山　なんつきやま　第163号　3-226
南天シマ　なんてんじま　第196号　4-95
南若川　なんにゃくがわ　第176号　3-292
難波野村　なんばのむら　第118号　3-18, 5-166, 5-297
難波町　なんばまち　第135号　3-101
南波村　なんばむら　第118号　3-18, 5-166
網場村　なんばむら　第128号　3-62, 5-180
網場村上岡　なんばむらかみおか　第128号　3-62
網場村六本松　なんばむらろっぽんまつ　第128号　3-62
南張村☆　なんばりむら　第117号　3-15, 5-168, 5-299
南部宿◯〔南部〕　なんぶじゅく　第100号　2-137, 2-139, 5-127, 5-296
南邉寺山　なんへんじやま　第142号　3-134
南牧村（御関所）　なんもくむら　第78号　2-41, 5-119
南養寺　なんようじ　第90号　2-88, 2-90
南竜﨑　なんりゅうざき　第204号　4-140, 4-142

【に】

荷揚場◯　にあげば　第60号　1-206, 5-84, 5-283
新居浦　にいうら　第159号　3-207, 5-200, 5-310
新家村　にいえむら　第115号　2-197
新潟（牧野備前守）〔新潟湊〕　にいがた　第73号　2-17, 5-98, 5-287
ニイカツプ◯☆　第27号　1-88, 5-49, 5-277
新川郡　にいかわぐん　第82号　2-54, 5-139
新川郡　にいかわぐん　第83号　2-58, 5-139
新木村　にいきむら　第134号　3-95, 3-97, 5-176, 5-177
新具蘓姫命神社　にいぐそひめのみことじんじゃ　第165号　3-232
新座郡　にいくらぐん　第88号　2-78, 2-79, 5-120, 5-291
新座郡　にいくらぐん　第90号　2-85, 5-120, 5-123, 5-291
新居郡　にいぐん　第158号　3-204, 3-205, 5-197, 5-307, 5-310
新木場村　にいこばむら　第189号　4-73, 5-234, 5-238, 5-241
新井崎　にいざき　第122号　3-35
新島☆　にいじま　第103号　2-149
新島枝若郷☆〔若郷〕　にいじまえだわかごう　第103号　2-149, 5-132, 5-133
新島瀬　にいじませ　第192号　4-81
新島村☆　にいじまむら　第102号　2-145, 2-148, 5-128, 5-132, 5-292
新島村原（戸田數馬知行所）〔新島村、新島〕　にいじまむらはら　第88号　2-77, 5-118, 5-291
新宿　にいじゅく　第90号　2-84
新宿新田諏訪野　にいじゅくしんでんすわの　第90号　2-84
新宿新田諏訪野立石村細田村奥戸新田入會　にいじゅくしんでんすわのたていしむらほそだむらおくどしんでんいりあい　第90号　2-84
二井神社　にいじんじゃ　第133号　3-87
新泉村　にいずみむら　第134号　3-95, 3-97, 5-176, 5-177
新曽村　にいぞむら　第90号　2-85, 5-120, 5-123
新田郡〔新田村〕　にいたごおり　第208号　4-159, 5-252, 5-261
新谷村　にいだにむら　第123号　3-39, 3-41
新谷山　にいだにやま　第123号　3-39, 3-41
新田八幡宮〔八幡社〕　にいたはちまんぐう　第208号　4-159, 5-252, 5-261, 5-315, 5-317
仁井田村（小笠原佐渡守領分）　にいだむら　第55号　1-192, 5-104, 5-288
新田村　にいだむら　第56号　1-194, 5-103, 5-288
仁井田村　にいだむら　第63号　1-215, 5-87, 5-283
新田村　にいだむら　第144号　3-144, 5-192
仁井田村　にいだむら　第159号　3-206, 3-208, 5-200, 5-310
ニイツ鼻　にいつばな　第104号　2-151
二井寺山　にいでらやま　第175号　5-218
新野西村〔新野〕　にいのにしむら　第143号　3-138, 5-192, 5-305
新野西村下分　にいのにしむらしもぶん　第143号　3-138
新野東村〔新野〕　にいのひがしむら　第143号　3-138, 5-192, 5-305
新野東村丸山　にいのひがしむらまるやま　第143号　3-138
新橋村　にいはしむら　第100号　2-132, 2-134, 5-126
新橋村枝野中　にいはしむらえだのなか　第100号　2-132, 2-134
新居濵浦枝礒浦〔新居〕　にいはまうらえだいそうら　第158号　3-205, 5-307
新居濵峠　にいはまとうげ　第158号　3-204
新濵村　にいはまむら　第168号　3-247, 5-214
新濵村枝高濵⛶〔新濵〕　にいはまむらえだたかはま　第168号　3-247, 5-311
新穂町◯　にいぼまち　第75号　2-24, 5-99, 5-287
新保村　にいぼむら　第76号　2-28, 5-112, 5-113, 5-287, 5-289
新堀村（御料所、犬塚平右エ門知行所）　にいぼりむら　第58号　1-201, 5-110, 5-111
新堀村　にいぼりむら　第74号　2-20, 5-112
新堀村（黒田豊前守領分、櫻井庄之助、數原玄英、大草四左エ門知行所）　にいぼりむら　第88号　2-77, 5-118
新堀村　にいぼりむら　第95号　2-110, 5-116, 5-119, 5-291
新見町（關但馬守在所）◯〔新見〕　にいみまち　第150号　3-175, 5-193, 5-307
新見村　にいみむら　第150号　3-175
新見村　にいみむら　第150号　3-175
新見村廣瀬　にいみむらひろせ　第150号　3-175
新井村　にいむら　第122号　3-35, 5-173
新井村　にいむら　第128号　3-62, 3-64, 5-182
仁位村　にいむら　第144号　3-140, 5-183, 5-306
仁位村　にいむら　第192号　4-81, 5-239, 5-240, 5-241, 5-320
仁位村枝和板　にいむらえだわいた　第192号　4-81
仁位村橋口　にいむらはしぐち　第192号　4-81
新屋王［坐］天照御魂神社　にいやにますあまてるみたまじんじゃ　第133号　3-93
新山濵〔新山〕　にいやまはま　第48号　1-164, 5-78, 5-284
新居屋村　にいやむら　第115号　2-197
新屋村　にいやむら　第155号　3-190, 5-189, 5-190, 5-305
新谷山　にいややま　第170号　3-258
丹生浦　にううら　第121号　3-29, 5-172, 5-300
丹生川　にうがわ　第65号　1-225
丹生川郷上村〔上村〕　にうがわごうかみむら　第118号　3-21, 5-166, 5-297, 5-300, 5-301
丹生川郷久保村　にうがわごうくぼむら　第118号　3-21
丹生川郷下村　にうがわごうしもむら　第118号　3-21
丹生川郷中村　にうがわごうなかむら　第118号　3-21
壬生川村◯　にうがわむら　第158号　3-205, 5-197, 5-214, 5-307
壬生川村新田　にうがわむらしんでん　第158号　3-205
丹生郡　にうぐん　第120号　3-27, 3-28, 5-172, 5-297, 5-300
丹生港⛶　にうこう　第124号　3-43
贄川（尾張殿領分）◯　にえかわ　第96号　2-119, 5-150, 5-152, 5-296
贄川宿押込　にえかわしゅくおしこめ　第96号　2-119
贄川宿片平　にえかわしゅくかたひら　第96号　2-119
贄川宿櫻澤　にえかわしゅくさくらざわ　第96号　2-119
贄川宿長瀬　にえかわしゅくながせ　第96号　2-119
贄川宿若神子　にえかわしゅくわかみこ　第96号　2-119
贄島〔ニエ島〕　にえしま　第131号　3-78, 5-168, 5-299, 5-301
贄津⛶〔贄浦〕　にえつ　第131号　3-78, 5-168, 5-301
贄浪村江河（伊東修理大夫領分）　にえなみむらえがわ　第198号　4-106
贄浪村江川（飫肥領）　にえなみむらえがわ　九州沿海図第8　4-226
贄浪村夫婦浦〔贄浪村〕　にえなみむらみょうとうら　第198号　4-106, 5-248
仁江村　にえむら　第85号　2-66, 5-142, 5-295
仁江村　にえむら　第157号　3-203, 5-210
仁尾村☆　におむら　第152号　3-183, 5-195, 5-307
仁尾村枝曽保原　におむらえだそほはら　第152号　3-183
仁我浦村（本多駒之助知行所）　にがうらむら　第92号　2-98, 5-124, 5-292
苦木村　にがきむら　第144号　3-143, 3-146, 5-192, 5-307
苦木村三門　にがきむらさんかど　第144号　3-143, 3-146
苦竹洲　にがたけす　九州沿海図第16　4-258, 4-260
仁方村　にがたむら　第167号　3-242, 5-211
二月堂　にがつどう　第134号　3-95
仁壁神社　にかべじんじゃ　第176号　3-290
二箇村　にかむら　第123号　3-39, 3-41, 5-180, 5-304
二箇村　にかむら　第127号　3-56
二箇村枝苗代　にかむらえだなわしろ　第123号　3-39, 3-41
二箇村中村　にかむらなかむら　第127号　3-56
ニカンベツ川　第25号　1-83, 5-33, 5-277
二木嶋浦小向☆⛶　にぎしまうらこむかい　第132号　3-82
二木嶋里〔二木島〕　にぎしまさと　第132号　3-82, 5-169, 5-301, 5-302
ニキショロ　第2号　1-13, 5-16, 5-268, 5-270
ニキショロ川　第2号　5-16
新北村　にぎたむら　第186号　4-54, 5-222, 5-312
新北村枝長谷村　にぎたむらえだはせむら　第186号　4-54
新北村新町　にぎたむらしんまち　第186号　4-54
新北村高木　にぎたむらたかぎ　第186号　4-54
新北村田頭　にぎたむらたがしら　第186号　4-54
新北村長家　にぎたむらながいえ　第186号　4-54

二及浦　にぎゅううら　第170号　3-261, 5-201
二串村　にくしむら　第180号　4-27, 5-230, 5-312
ニケブシ　第25号　1-83, 1-84, 5-33, 5-277
ニケレバキ　第8号　1-30, 5-24, 5-271
二軒在家村（御料所）　にけんざいけむら　第90号　2-84, 5-120, 5-123
二軒屋　にけんや　第173号　3-274, 3-276
二間屋川　にけんやがわ　第144号　3-146
二合半島　にごうはんじま　第207号　4-151, 4-155
二河村⛵　にこうむら　第132号　3-85, 1-170
二郷村〔二ノ郷〕　にごうむら　第131号　3-79, 3-80, 5-169, 5-301, 5-302
濁川　にごりかわ　第109号　2-167, 5-152
濁川　にごりかわ　第197号　4-103, 5-247, 5-314, 5-316
ニゴリ川　第31号　1-106, 5-54, 5-279
ニコリ川　にごりがわ　第102号　2-146
濁澤村（秋山十右エ門知行所）　にごりさわむら　第107号　2-156, 5-129
ニコルトイ　第9号　1-33, 5-25, 5-272
仁頃村　にごろむら　第142号　3-132, 5-186, 5-303, 5-306
仁崎村　にさきむら　第116号　2-205, 5-162, 5-299
西青沼村　にしあおぬまむら　第98号　2-126, 5-117
西秋澤村　にしあきざわむら　第118号　3-16
西足洗村（大河内丹下、堀又十郎知行所）　にしあしあらいむら　第58号　1-200, 1-201, 5-110
西蘆田村　にしあしだむら　第127号　3-60, 5-182
西河野村〔西阿野〕　にしあのむら　第116号　2-207, 5-163, 5-299
西油山村　にしあぶらやまむら　第187号　4-61, 4-63
西阿弥陀村〔阿弥陀〕　にしあみだむら　第141号　3-130, 5-182, 5-306
西阿弥陀村豆崎　にしあみだむらまめざき　第141号　3-130
西新井宿村　にしあらいじゅくむら　第87号　2-75, 5-120
西粟野村〔粟野〕　にしあわのむら　第118号　3-16, 5-156, 5-297
西五十里村　にしいかりむら　第75号　2-25, 5-99
西池川　にしいけがわ　第114号　5-155, 5-159
西石動村〔西石動〕　にしいしなりむら　第188号　4-66, 5-231, 5-313
西泉村　にしいずみむら　第158号　3-205, 5-197, 5-307
西泉村下分　にしいずみむらしもぶん　第158号　3-205
西市　にしいち　第175号　3-286, 5-311, 5-312
西一宮　にしいちのみや　第144号　5-305
西一宮村〔西一ノ宮村〕　にしいちのみやむら　第143号　3-139, 5-188, 5-192
西市場村　にしいちばむら　第115号　2-197, 5-159
西市塲村桐野村岩地村枝六軒茶屋〔西市塲村、桐野村、岩地村〕　にしいちばむらきりのむらいわちむらえだろっけんちゃや　第114号　2-193, 2-194, 5-159
西市塲村桐野村岩地村山後村北洞村前野村入會地〔山後村、北洞村〕　にしいちばむらきりのむらいわちむらやまうしろむらきたぼらむらまえのむらいりあいち　第114号　2-193, 2-194, 5-159
西伊那部村○〔伊那部〕　にしいなべむら　第108号　2-165, 5-150, 5-296
西稲村〔稲村〕　にしいなむら　第133号　3-93, 5-178, 5-301
西今福〔宿〕村〔今宿〕　にしいまじゅくむら　第141号　3-130, 5-183, 5-306
西今村　にしいまむら　第125号　3-48, 3-50, 5-166
西一口村〔一口〕　にしいもあらいむら　第133号　3-92, 5-176, 5-301
西入部村　にしいるべむら　第187号　4-63
西岩倉寺　にしいわくらじ　第133号　3-90, 3-92
西岩坂村　にしいわさかむら　第155号　3-191, 3-193, 5-190
西岩坂村青木　にしいわさかむらあおき　第155号　3-191, 3-193
西岩坂村桒次　にしいわさかむらくわなみ　第155号　3-193
西岩坂村元田　にしいわさかむらもとだ　第155号　3-191, 3-193
西岩代村（安東順輔領分）〔岩代〕　にしいわしろむら　第139号　3-122, 5-171, 5-303, 5-306
西岩瀬村　にしいわせむら　第83号　2-58, 5-140, 5-295
西岩道村　にしいわみちむら　第118号　3-19, 3-21, 5-166
西上田村　にしうえだむら　第113号　2-186
西上田村釜ケ野　にしうえだむらかまがの　第113号　2-186
西上田山　にしうえだやま　第113号　2-186
西上野村　にしうえのむら　第195号　4-92, 5-232
西上野村天倉　にしうえのむらあまくら　第195号　4-92
西浮田村〔浮田〕　にしうきたむら　第90号　2-84, 2-86, 5-120, 5-122, 5-123, 5-290
西有年村　にしうねむら　第144号　3-142, 5-183, 5-306
西有年村枝中野　にしうねむらえだなかの　第144号　3-142
西海村　にしうみむら　第202号　4-127, 5-236, 5-315
西海村鹿川　にしうみむらししがわ　第202号　4-127
西海村村松　にしうみむらむらまつ　第202号　4-127
西梅津村　にしうめづむら　第133号　3-90, 5-175, 5-176
西浦　にしうら　第146号　3-159, 5-307
西浦　にしうら　第151号　3-180
西浦　にしうら　第169号　3-254, 3-256, 5-215
西浦　にしうら　第187号　4-61, 5-233, 5-313
西浦賀（御料所）⛵〔浦賀〕　にしうらが　第93号　2-101, 5-124, 5-291
西浦賀久比里　にしうらがくびさと　第93号　2-101, 5-124
西浦岬　にしうらみさき　第187号　4-61, 5-233
西浦村　にしうらむら　第116号　2-203, 2-205, 2-206, 5-162, 5-299
西浦村　にしうらむら　第187号　4-61, 5-233
西浦村橋田〔橋田〕　にしうらむらはしだ　第116号　2-203, 2-205, 2-206, 5-299
西浦山　にしうらやま　第200号　4-114, 5-250
西江井村　にしえいむら　第137号　3-114, 5-184, 5-306
西江ノ川　にしえのかわ　第158号　3-205, 5-197
西江原村今市〔西江原村、江原〕　にしえばらむらいまいち　第151号　3-179, 5-193, 5-307
西江原村加山　にしえばらむらかやま　第151号　3-179
西江原村神戸　にしえばらむらこうど　第151号　3-179
西江原村小角　にしえばらむらこずみ　第151号　3-179
西江原村新町　にしえばらむらしんまち　第151号　3-179
西江原村戸倉　にしえばらむらとくら　第151号　3-179
西海老村東海老村入會○〔西海老村、東海老村、海老〕　にしえびむらひがしえびむらいりあい　第110号　2-176, 5-158, 5-161, 5-296, 5-299
西海老村向田　にしえびむらむこうだ　第110号　2-176
西江部村〔江部〕　にしえべむら　第81号　2-50, 5-146, 5-294
西江部村北江部〔江部〕　にしえべむらえだきたえべ　第81号　2-50, 5-294
西尾（松平和泉守居城）　にしお　第116号　2-206, 5-162, 5-299
西老蘓村　にしおいそむら　第125号　3-50, 5-174, 5-297, 5-300, 5-301
西青木村〔青木村〕　にしおうぎむら　第137号　3-112, 5-178
西生来村　にしおうらいむら　第125号　3-50, 3-51, 5-174, 5-297, 5-300, 5-301
西大島新田　にしおおしましんでん　第151号　3-181, 5-195
西大島村　にしおおしまむら　第151号　3-181, 5-195
西大友村　にしおおともむら　第115号　2-198, 5-159
西大畠村〔西大畑〕　にしおおばたけむら　第144号　3-140, 5-183, 5-306
西大畠村奥稗田　にしおおばたけむらおくひえだ　第144号　3-141
西大畠村口稗田　にしおおばたけむらくちひえだ　第144号　3-141
西大畠村判官　にしおおばたけむらほうがん　第144号　3-140
西大平村　にしおおひらむら　第115号　2-198, 2-200, 5-159, 5-162
西大森村（御料所）　にしおおもりむら　第90号　2-87, 5-123
両〔西〕大山村（井上河内守領分）〔大山〕　にしおおやまむら　第111号　2-181, 5-161, 5-299
西岡屋村　にしおかやむら　第136号　3-105, 5-182
西岡屋村有居島　にしおかやむらありいじま　第136号　3-105
西小川浦　にしおがわうら　第121号　3-33, 5-172, 5-300
西小河内村大野〔西小河内村〕　にしおがわちむらおおの　第187号　4-62, 5-223, 5-231
西小熊村〔小熊〕　にしおぐまむら　第118号　3-16, 3-18, 5-166, 5-297
西大瀬　にしおせ　第202号　4-127
西小田村馬市〔西小田村〕　にしおだむらうまいち　第187号　4-59, 5-223, 5-231
西乙原村　にしおっぱらむら　第113号　2-189
西乙原村門原村　にしおっぱらむらかどはらむら　第113号　2-189
西尾村　にしおむら　第136号　3-107, 5-182, 5-306
西尾村　にしおむら　第155号　3-191, 5-190, 5-305
西尾村〔西尾〕　にしおむら　第188号　4-65, 4-66, 5-231, 5-313
西尾村五社　にしおむらごしゃ　第136号　3-107
西海神村　にしかいじんむら　第89号　2-83, 5-122, 5-290
西貝塚村（長谷川久三郎知行所）　にしかいづかむら　第111号　2-179, 2-180, 5-161
西改田村　にしかいでんむら　第118号　3-16, 5-156
西改田村堀之内　にしかいでんむらほりのうち　第118号　3-16
西改田村若房　にしかいでんむらわかふさ　第118号　3-16
西ケ窪濱〔西ケ窪〕　にしがくぼはま　第76号　2-

31, 5-138, 5-287, 5-294
西笠原村〔笠原〕 にしかさはらむら 第136号 3-111, 5-182, 5-306
西鍛冶屋村 にしかじやむら 第125号 3-51, 5-174
西柏原新田（御料所）〔柏原〕 にしかしわばらしんでん 第101号 2-141, 2-144, 5-127, 5-291, 5-298
西主計村 にしかずえむら 第121号 3-30, 5-157, 5-166, 5-297, 5-300
西方 にしがた 第150号 5-305
西片岡村正儀〔西片岡村、西片岡〕 にしかたおかむらまさき 第145号 3-152, 3-154, 5-192, 5-307
西片上村○☆〔片上〕 にしかたがみむら 第145号 3-149, 5-192, 5-307
西方村 にしかたむら 第75号 2-27, 5-99, 5-287
西方村 にしかたむら 第87号 2-75, 5-120
西方村 にしかたむら 第197号 4-103, 4-104, 5-245, 3-314
西方村 にしがたむら 第116号 2-202, 2-204, 5-162, 5-299
西方村 にしがたむら 第156号 3-194, 5-193, 5-307
西方村 にしがたむら 第169号 3-251, 3-253, 5-215
西方村伊﨑 にしがたむらいさき 第169号 3-251, 3-253
西方村今町〔西方村、西方〕 にしかたむらいままち 第199号 4-110, 5-246, 5-348, 5-316
西方村大積 にしがたむらおおつみ 第169号 3-251, 3-253
西方村金子 にしがたむらかねこ 第156号 3-194
西方村黒澤津 にしかたむらくろさわづ 第197号 4-103, 4-104
西方村小積 にしがたむらこつみ 第169号 3-250, 3-253
西方村佐連 にしがたむらされ 第169号 3-251, 3-253
西方村地家室〔地家室〕 にしがたむらじかむろ 第169号 3-251, 3-253, 5-215, 5-311
西方村外入 にしがたむらとのにゅう 第169号 3-251, 3-253
西方村舟越 にしがたむらふなこし 第169号 3-251
西方山 にしかたやま 第151号 3-177
西ケ原村（御料所、山川宇兵衛、野間忠五郎知行所、雲光院、法思寺、平塚社領） にしがはらむら 第90号 2-84, 5-120, 5-123
西構村 にしがまえむら 第141号 3-131, 5-183, 5-306
西構村出屋敷 にしがまえむらでやしき 第141号 3-131
西鴨江村（井上河内守領分） にしかもえむら 第111号 2-181, 5-161
西賀茂村之内田尻村〔西賀茂村〕 にしがもむらのうちたじりむら 第133号 3-87, 3-90, 5-174, 5-176
西辛川村北之内 にしからかわむらきたのうち 第145号 3-153
西辛川村五軒屋山際（松平上總介領分） にしからかわむらごけんややまぎわ 第145号 3-153, 5-192, 5-307
西軽部村 にしかるべむら 第144号 3-147, 5-192, 5-307
西軽部村保志田 にしかるべむらほしだ 第144号 3-147
西川 にしかわ 第141号 3-131
西川 にしかわ 第144号 3-147
西川 にしかわ 第150号 3-171
西川 にしかわ 第167号 3-242
西河内村神津比 にしがわうちむらこうづこう 第175号 3-284
西河田村 にしかわだむら 第195号 4-94, 5-233
西川津村 にしかわつむら 第155号 3-191, 5-190, 5-305
西川邉村 にしかわなべむら 第141号 3-128, 5-182, 5-304, 5-306
西川邉村出屋敷 にしかわなべむらでやしき 第141号 3-128
西川村（小笠原兵庫知行所） にしかわむら 第91号 2-95, 5-123, 5-124, 5-290
西川村 にしかわむら 第125号 5-174
西川村 にしかわむら 第129号 3-71, 5-300, 5-301
西川村 にしかわむら 第135号 5-178
西河原村 にしがわらむら 第133号 3-93, 5-178
南金納村 にしかんのむら 第188号 4-69, 5-231
錦岩屋 にしきいわや 第101号 2-140
錦浦☆ にしきうら 第131号 3-79, 3-80, 5-169, 5-301, 5-302
錦浦鷲濵 にしきうらわしがはま 第131号 3-79, 3-80
錦川 にしきがわ 第173号 3-274, 3-276
二色﨑 にしきざき 第140号 3-124
二色島〔二色シマ〕 にしきじま 第203号 4-134, 4-136, 5-251
錦島「錦シマ」 にしきじま 第206号 4-148, 4-149, 4-150, 4-151, 5-242, 5-243
二色嶋 にしきじま 九州沿海図第19 4-272
錦峯 にしきみね 第161号 3-213
錦見村 にしきみむら 第173号 3-274, 3-276, 5-213
二色村 にしきむら 第141号 3-128
二色村袋△ にしきむらふくろ 第140号 3-124, 5-170
西霧嶋山 にしきりしまやま 第197号 4-103, 5-247, 5-314, 5-316
ニシクシナイ川 第12号 1-41, 5-36, 5-269, 5-273
西口町 にしぐちまち 第134号 3-97, 3-98, 5-177
西久保新田（曽我伊賀守知行所） にしくぼしんでん 第107号 2-156, 5-129
西窪田村 にしくぼたむら 第144号 3-147, 5-192
西久保村（細井新之亟、石川与次右エ門、丸山兵左エ門、堀縫殿知行所） にしくぼむら 第93号 2-103, 5-123, 5-125, 5-126
西久保村間門（御料所） にしくぼむらまかど 第93号 2-103
西隈村 にしくまむら 第187号 4-62, 5-223, 5-313
西隈村立花木 にしくまむらたちばなき 第187号 4-62
西熊堂村（水野出羽守領分） にしくまんどうむら 第101号 2-141, 5-127
西倉澤村〔倉沢〕 にしくらさわむら 第107号 2-156, 5-129, 5-291, 5-296, 5-298
西久留米 にしくるめ 第188号 4-65, 4-66, 5-231, 5-313
西黒埼 にしくろざき 第164号 3-228
西黒部村高洌〔西黒部村、西黒部〕 にしくろべむらたかす 第130号 3-76, 5-163, 5-299
西幸西村 にしこうざいむら 第145号 3-152, 5-192, 5-307
西幸西村鍋島 にしこうざいむらなべしま 第145号 3-152, 3-154
西幸﨑村 にしこうざきむら 第145号 3-152, 3-154, 5-192
西神代村〔神代〕 にしこうじろむら 第196号 4-95, 5-233, 5-315
西神代村神代町〔神代〕 にしこうじろむらこうじろまち 第196号 4-95, 5-315
西河内村大坪谷 にしこうちむらおおつぼだに 第163号 3-225
西河内村三反田〔西河内村〕 にしこうちむらさんたんだ 第163号 3-225, 5-208
西河内村藤地〔西河内〕 にしこうちむらふじち 第163号 3-225, 5-308
錦織村 にしこおりむら 第133号 3-87, 5-174, 5-176
西郡村（御料所） にしこおりむら 第135号 3-100, 5-176, 5-178, 5-301
西郡村（蒔田権佐陣屋） にしごおりむら 第151号 3-178, 5-192, 5-307
西郡村枝宿〔宿〕 にしごおりむらえだしゅく 第151号 3-178, 5-307
西郡村岡谷〔岡谷〕 にしごおりむらおかだに 第151号 3-178, 5-307
西郡村地頭片山 にしごおりむらじとうかたやま 第151号 3-178
西小島 にしこじま 第205号 4-144
西小梛新田 にしこなぎしんでん 第116号 2-207, 5-162
西小松川新田 にしこまつがわしんでん 第90号 2-84, 5-120, 5-123
西小松川村 にしこまつがわむら 第90号 2-84, 5-120, 5-123
西子安村〔子安〕 にしこやすむら 第93号 2-102, 5-123, 5-291
西昆陽村 にしこやむら 第136号 3-106, 5-178
西昆陽村鬘茶屋 にしこやむらかつらちゃや 第136号 3-106
西酒屋村 にしさけやむら 第163号 3-225, 3-227, 5-208, 5-308
西酒屋村末元谷 にしさけやむらすえもとだに 第163号 3-225, 3-227
西佐波令地方村〔西佐波令〕 にしさばりょうじかたむら 第175号 3-287, 5-219
西佐波令中河原村 にしさばりょうなかがわらむら 第175号 3-287
西佐波令松本村 にしさばりょうまつもとむら 第175号 3-287
西沢田村〔沢田〕 にしさわだむら 第101号 2-141, 5-127, 5-291
西寒川村〔寒川〕 にしさんがわむら 第152号 3-184, 5-196, 5-307
西椎路村（大久保出雲守領分）〔椎路〕 にししいじむら 第101号 2-141, 2-144, 5-127, 5-291
西路浦西山 にしじうらにしやま 第142号 3-134
西七條村 にししちじょうむら 第133号 3-87, 3-90, 5-174, 5-176
西島 にしじま 第101号 2-140, 2-142
西嶋 にしじま 第175号 3-286
西島（家島屬） にしじま（いえしまぞく） 第141号 3-127, 5-185, 5-306
西島新田 にしじましんでん 第135号 3-101, 5-178
西島村 にしじまむら 第98号 2-126, 5-117, 5-127, 5-296
西島村 にしじまむら 第107号 2-157, 2-158, 5-129, 5-298
西島村（菅谷紀八郎知行所） にしじまむら 第111号 2-179, 2-180, 5-160, 5-161
西島村 にしじまむら 第111号 2-180, 5-161, 5-298
西島村 にしじまむら 第137号 3-114, 5-184
西路村 にしじむら 第121号 3-32, 5-172, 5-300
西下村 にししもむら 第135号 3-103, 5-178
西下村〔下村〕 にししもむら 第136号 3-110, 5-

182, 5-306
西宿村　にしじゅくむら　第125号　3-51, 5-174
西宿村　にしじゅくむら　第133号　3-93, 5-178
西宿村　にしじゅくむら　第136号　5-182
西小路村　にししょうじむら　第133号　3-93, 5-178
日〔西〕庄村　にししょうむら　第145号　3-152
西條村　にしじょうむら　第96号　2-115, 5-146, 5-294
西條村〔西条村〕　にしじょうむら　第115号　2-197, 5-159
西条村〔西條〕　にしじょうむら　第117号　3-13, 5-163, 5-299
西條村　にしじょうむら　第118号　3-20
西條村　にしじょうむら　第129号　3-73, 5-167, 5-301
西條村　にしじょうむら　第133号　3-91, 5-175
西條村枝小仁熊　にしじょうむらえだおにくま　第96号　2-115
西條村百町　にしじょうむらひゃくまち　第129号　3-73
西白方浦〔白方〕　にししらかたうら　第152号　3-182, 5-195, 5-307
西白方浦屛風ケ浦　にししらかたうらびょうぶがうら　第152号　3-182
西尻江〔池〕村　にししりいけむら　第137号　3-113, 5-184, 5-306
西新開　にししんかい　第167号　3-241, 5-211, 5-213
尓自神社　にじじんじゃ　第191号　4-79
西新田　にししんでん　第137号　3-112, 5-178
西新村　にししんまち　第187号　5-223
西須磨村☆〔須磨〕　にしすまむら　第137号　3-113, 5-184, 5-306
西勢村　にしせいむら　第121号　3-33, 5-173, 5-300
西ソ子　にしそね　第191号　4-79
西園村〔園村〕　にしそのむら　第150号　3-170, 5-188, 5-305
西田井地村　にしたいじむら　第145号　3-155, 5-194
西帝釈山　にしたいしゃくざん　第136号　3-107, 3-110
西大道村（仙石大和守知行所）　にしだいどうむら　第135号　3-101, 5-178
西代村　にしだいむら　第137号　3-113, 5-184, 5-306
西代村　にしだいむら　第162号　3-219, 5-204, 5-308
西髙篠村　にしたかしのむら　第152号　3-182, 5-194
西岳　にしだけ　第190号　4-77
西多田村　にしただむら　第136号　3-106, 5-178
ニシタツプ川　第28号　1-95, 5-50, 5-278
西田面村　にしたづらむら　第67号　1-235, 5-105, 5-288
西田内村　にしだないむら　第110号　2-176
西田中村　にしたなかむら　第100号　2-132, 2-134, 5-126
西田中村　にしたなかむら　第100号　2-132, 2-134
西田中村　にしたなかむら　第141号　3-128, 5-182
西田中村カヤノキ　にしたなかむらかやのき　第100号　2-132, 2-134
西田中村ツヽシ　にしたなかむらつつし　第141号　3-128
西谷村　にしたにむら　第141号　3-128, 5-182, 5-306
西谷村　にしたにむら　第141号　3-128
西谷村☆　にしたにむら　第179号　4-19, 5-225, 5-312
西谷村　にしだにむら　第136号　3-105, 5-182, 5-304
西谷村　にしだにむら　第181号　5-227
西谷村井出脇　にしたにむらえでわき　第179号　4-19
西田橋　にしだばし　第209号　4-165
西田村　にしたむら　第166号　3-235, 5-209, 5-212, 5-308
西田村　にしだむら　第94号　2-106
西田村　にしだむら　第153号　3-186, 5-191, 5-305
西田村大上　にしたむらおおえ　第166号　3-235
西田村西田町　にしたむらにしたまち　第166号　3-235
西田村水上坂〔西田村、西田〕　にしだむらみっかんざか　第209号　4-165, 5-252, 5-261, 5-316
西田村水上坂　にしだむらみっかんざか　九州沿海図第10　4-233, 4-239
西垂水村〔垂水〕　にしたるみむら　第137号　3-113, 5-184, 5-306
西田原村　にしたわらむら　第114号　2-193
西田原村　にしたわらむら　第134号　3-94, 3-96
西土川村　にしつちかわむら　第133号　3-90, 3-92
貳拾町村　にじっちょうむら　九州沿海図第18　4-264, 4-266
西坪村〔坪村〕　にしつぼむら　第150号　3-171, 5-189, 5-305
西津村　にしづむら　第121号　3-33, 5-172, 5-300
西津屋村　にしつやむら　第192号　4-80, 5-239, 5-241, 5-320
西劍坂山　にしつるぎさかやま　第141号　3-128
西津留村　にしつるむら　第187号　4-58, 5-222, 5-230, 5-312
西出村　にしでむら　第125号　3-51, 5-174
西手村　にしでむら　第210号　4-168, 5-252, 5-261, 5-315, 5-317
西手村木場　にしでむらこば　第210号　4-168
西寺尾村　にしでらおむら　第81号　2-52
西土井村　にしどいむら　第141号　3-131
西峠村　にしとうげむら　第134号　3-97, 3-98, 5-177, 5-301
西同笠村　にしどうりむら　第111号　2-179, 5-160, 5-298
西戸城村　にしとじょうむら　第116号　2-203, 2-206, 5-162, 5-299
西泊〔西泊岬〕　にしとまり　第175号　3-287, 5-219
西泊　にしどまり　九州沿海図第5　4-210
西泊浦　にしどまりうら　第161号　3-213, 3-215, 5-202, 5-203, 5-311
西泊郷〔西泊〕　にしどまりごう　第202号　4-127, 4-128, 5-236
西泊郷　にしどまりごう　長崎〔参考図〕　4-131, 4-133
西泊村　にしどまりむら　第192号　4-80, 5-239, 5-241, 5-320
西富岡村（水野長門守、戸田四郎右エ門知行所）　にしとみおかむら　第99号　2-128, 5-126
西富田村〔富田〕　にしとみだむら　第129号　3-69, 5-163, 5-299, 5-301
西富田村〔富田〕　にしとみだむら　第129号　3-66, 5-166, 5-299
西鳥井村　にしとりいむら　第141号　3-129, 3-131, 5-183
西内院村　にしないいんむら　第192号　4-82, 5-240, 5-241, 5-320
西中小路村　にしなかこうじむら　第125号　3-51, 5-174
西中島　にしなかじま　第141号　3-130, 5-183
西長洲村　にしながすむら　第135号　5-178
西長瀬村〔長瀬〕　にしながせむら　第145号　3-153, 5-192, 5-307
西長田村〔長田〕　にしながたむら　第202号　4-124, 4-126, 5-236, 5-315
西長田村宿〔長田〕　にしながたむらしゅく　第202号　4-124, 4-126, 5-315
西中野村　にしなかのむら　第137号　3-114
西中村　にしなかむら　第127号　3-59, 3-61
西中村　にしなかむら　第144号　3-147, 5-192
西中村　にしなかむら　第179号　4-22, 5-225, 5-312
西中村（御料）　にしなかむら　九州沿海図第2　4-198
西中村井尻　にしなかむらいじり　第144号　3-146, 5-307
西七根村　にしななねむら　第116号　5-161, 5-162
西難波村　にしなにわむら　第137号　3-112, 5-178
西成郡　にしなりぐん　第135号　3-101, 5-178, 5-301
西南胡村〔南胡〕　にしなんごむら　第98号　2-126, 5-117, 5-127, 5-296
西一色村　にしのいっしきむら　第112号　2-183, 2-184
西能美島〔能美島〕　にしのうみじま　第167号　3-243, 5-211, 5-213, 5-308, 5-311
西ノ浦　にしのうら　第103号　2-149
西ノ浦　にしのうら　第175号　3-287, 5-219
西野浦　にしのうら　第183号　4-40, 5-228
西野浦　にしのうら　九州沿海図第5　4-214
西浦　にしのうら　九州沿海図第19　4-275
西岡村　にしのおかむら　第137号　3-114, 5-184
西ノ尾峠　にしのおとうげ　第173号　3-272, 5-213
西面村△　にしのおもてむら　第213号　4-180, 5-258, 5-261
西面村石〔寺〕　にしのおもてむらいしでら　第213号　4-180
西面村枝種子島村　にしのおもてむらえだたねがしまむら　第213号　4-180
西面村大﨑　にしのおもてむらおおさき　第213号　4-180
西面村花里　にしのおもてむらけり　第213号　4-180
西面村現和　にしのおもてむらげんな　第213号　4-180
西面村庄司　にしのおもてむらしょうじ　第213号　4-180
西面村田ノ脇　にしのおもてむらたのわき　第213号　4-179, 4-180
西ノ川　にしのがわ　第129号　5-167
西之口村　にしのくちむら　第115号　2-199, 5-159, 5-163, 5-299
西郷村　にしのごうむら　第187号　4-56, 5-222, 5-312
西郷村枝上西郷　にしのごうむらえだかみさいごう　第187号　4-56, 4-58
西郷村光代　にしのごうむらこうだい　第187号　4-56
西郷村作出　にしのごうむらさくで　第187号　4-56
西之沢村　にしのさわむら　第129号　3-73, 5-167, 5-301
西島〔西ノ島〕　にしのしま　第154号　3-189, 5-191, 5-305
西嶋　にしのしま　第175号　3-286, 5-218, 5-312
西ノ島村（皆川森之助知行所）〔西之島〕　にしのしまむら　第111号　2-179, 2-180, 5-161, 5-298
西之地村（安東順輔領分）　にしのじむら　第139号　3-122, 3-123, 5-171, 5-186, 5-303, 5-306
西之庄村　にしのしょうむら　第125号　3-51, 5-174
田〔西〕之荘村　にしのしょうむら　第133号　3-87, 5-174, 5-176

西ノ庄村　にしのしょうむら　第133号　3-90
西庄村　にしのしょうむら　第138号　3-118, 3-120, 5-184
西野尻村　にしのじりむら　第118号　3-21
西濃施村〔濃施〕　にしのせむら　第188号　4-68, 5-231, 5-313
西谷村〔西ケ谷村、西ヶ谷〕　にしのたにむら　第140号　3-126, 5-171, 5-303, 5-306
西谷村目良　にしのたにむらめら　第140号　3-126, 5-171
西野中村　にしのなかむら　第120号　3-24, 5-145
西野々村　にしののむら　第136号　3-104, 5-175, 5-304
西野々村　にしののむら　第141号　3-128, 5-182
西野々村岩坂　にしののむらいわさか　第136号　3-104
西ノ鼻　にしのはな　第145号　3-149
虹ノ松原　にじのまつばら　第189号　4-72, 5-234, 5-239, 5-241
西宮宿○☆　にしのみやしゅく　第137号　3-112, 5-178, 5-306
西宮宿夙村〔夙村〕　にしのみやしゅくしゅくむら　第137号　3-112, 5-178, 5-306
西宮宿濵方　にしのみやしゅくはまかた　第137号　3-112
西宮大神宮　にしのみやだいじんぐう　第137号　3-112
西之宮村〔西宮〕　にしのみやむら　第134号　3-97, 3-98, 5-177, 5-301
西宮村（御料所）　にしのみやむら　第135号　3-100, 5-176, 5-177, 5-178
西野村　にしのむら　第89号　2-80, 5-111
西野村　にしのむら　第121号　3-30, 5-157, 5-172, 5-174, 5-297, 5-300
西之村（永井飛騨守領分）　にしのむら　第135号　3-101, 5-178
西野村　にしのむら　第157号　5-210
西ノ村〔西村〕　にしのむら　第200号　4-114, 5-250, 5-314
西ノ村市丸　にしのむらいちまる　第200号　4-114
西ノ村井手ノ口　にしのむらいでのくち　第200号　4-114
西山村　にしのやまむら　第133号　3-87, 3-89
西野山村　にしのやまむら　第144号　3-142
西萩原村　にしはぎわらむら　第118号　3-18, 3-20, 5-159
西柱シマ　にしはしらじま　第153号　3-187, 5-191
西柱岩　にしはしらじま　第204号　4-140
西幡豆村〔幡豆〕　にしはずむら　第116号　2-203, 2-205, 2-206, 5-162, 5-299
西畑中村　にしはたなかむら　第125号　3-51, 5-174
西畑村　にしはたむら　第120号　3-25, 3-27, 5-145
西端村〔端村〕　にしばたむら　第116号　2-207, 5-163, 5-299
西花輪村　にしはなわむら　第98号　2-126, 5-117, 5-127
西濵　にしはま　九州沿海図第10　4-232
西濵村　にしはまむら　第121号　3-31, 3-32, 5-174, 5-300
西濵村　にしはまむら　第138号　3-120, 5-186, 5-303, 5-306
西濵村　にしはまむら　第141号　3-130
西濵村　にしはまむら　第146号　3-159, 5-194, 5-307
西林木村　にしはやしぎむら　第162号　3-219, 5-204
西原井村　にしはらいむら　第172号　3-269, 5-216
西原村　にしはらむら　第95号　2-112, 2-113, 5-116, 5-294, 5-296
西原村　にしはらむら　第167号　5-211, 5-213, 5-308
西原村　にしばらむら　第144号　3-147, 5-192, 5-307
西原村　にしばらむら　第150号　3-174
西原村段　にしばらむらだん　第150号　3-174
西牧〔枚〕田村　にしひらたむら　第128号　3-62, 5-180, 5-304
西平沼村　にしひらぬまむら　第101号　5-127
西平原村〔平原〕　にしひらばらむら　第172号　3-270, 5-216, 5-308
西平松村（榊原越中守領分）〔平松〕　にしひらまつむら　第107号　2-156, 2-158, 5-129, 5-298
西平松村（井上河内守領分）　にしひらまつむら　第111号　2-179, 2-180, 5-161, 5-298
西廣浦　にしひろうら　第139号　3-121, 5-186, 5-303, 5-306
西船津村（御料所）　にしふなつむら　第101号　2-141, 2-144, 5-127
ニシベツ○☆　第6号　1-23, 5-27, 5-270
ニシベツ川　第6号　1-23, 5-26, 5-270
西別府村塩屋☆　にしべっぷむらしおや　九州沿海図第12　4-242
西別府村塩屋浦☆〔西別府村☆、西別府〕　にしべっぷむらしおやうら　第210号　4-170, 5-254, 5-261, 5-317
西坊　にしぼう　第189号　4-73
西保村　にしほむら　第118号　3-20, 5-166
西堀江村　にしほりえむら　第115号　2-197, 5-159
西堀切村☆〔堀切〕　にしほりきりむら　第116号　2-201, 5-162, 5-299
西堀村　にしぼりむら　第96号　2-118, 5-150
西堀村新田〔西堀村〕　にしぼりむらしんでん　第88号　2-78, 5-120
西本願寺　にしほんがんじ　第90号　2-84, 2-86
西本願寺　にしほんがんじ　第133号　3-87, 3-90
西本願寺　にしほんがんじ　第135号　3-101
西本庄村　にしほんじょうむら　第136号　3-104
西本庄村〔本庄〕　にしほんじょうむら　第137号　3-114, 5-184, 5-306
荷シマ　にしま　第164号　5-211
荷島　にしま　第206号　4-149
西間門村（水野出羽守領分）〔間門〕　にしまかどむら　第101号　2-141, 5-129, 5-291, 5-298
西牧内村　にしまきうちむら　第115号　2-198, 2-200
西牧御關所　にしまきごせきしょ　第95号　5-116, 5-119
西牧村〔牧村〕　にしまきむら　第188号　4-64, 5-231, 5-312
西増川村（蒔田八郎右エ門）〔増川〕　にしますがわむら　第101号　5-127, 5-291
西松江村　にしまつえむら　第137号　3-114
西松江村〔松江〕　にしまつえむら　第138号　3-118, 3-120, 5-184, 5-186, 5-303, 5-306
西松瀬山村井手　にしまつぜやまむらいで　第188号　4-67
西松瀬山村三反田○〔西松瀬山〕　にしまつぜやまむらさんだだ　第188号　4-67, 5-313
西間村　にしまむら　第81号　2-50
西三川村　にしみかわむら　第75号　2-27, 5-99, 5-287
西水橋村　にしみずはしむら　第83号　2-58, 5-140
西御堂村　にしみどうむら　第118号　3-18, 3-20, 5-159, 5-297
西宮島村（枚浦冨之助知行所）〔宮島〕　にしみやじまむら　第101号　2-144, 5-127, 5-129, 5-291, 5-298
西向浦　にしむかいうら　第140号　3-124, 5-170
西結村　にしむすぶむら　第118号　3-16, 3-18, 5-166
西牟田村　にしむたむら　第201号　4-119, 5-234
西村　にしむら　第51号　1-178, 5-77, 5-284
西村　にしむら　第111号　2-181, 5-161
西村　にしむら　第117号　3-13, 5-163
西村　にしむら　第129号　3-73, 5-167
西村　にしむら　第146号　3-156, 5-185, 5-303, 5-306
西村　にしむら　第153号　3-186, 5-191, 5-305
西村　にしむら　第157号　5-210, 5-307
西村☆　にしむら　第157号　5-210
西村　にしむら　第172号　3-270, 5-216, 5-308
西村　にしむら　九州沿海図第2　4-194
西村竹生　にしむらたこう　第145号　3-151
西村力石　にしむらちからいし　第172号　3-269, 3-270
西村水木　にしむらみずき　第145号　3-151
西村山　にしむらやま　第129号　3-73
西目　にしめ　九州沿海図第13　4-249
西目☆　にしめ　九州沿海図第13　4-251
西目 小漉　にしめこすき　九州沿海図第13　4-251
西目 佐潟〔西目〕　にしめさがた　第208号　4-159, 4-161, 5-315
西目 佐潟　にしめさがた　九州沿海図第13　4-249
西目﨑　にしめざき　九州沿海図第13　4-249
西目 八郷　にしめはちごう　九州沿海図第13　4-251
西谷川　にしやがわ　第144号　5-192
西屋敷村　にしやしきむら　第179号　4-18, 4-21, 5-225, 5-312
西屋敷村（嶋原領）　にしやしきむら　九州沿海図第2　4-197
西山　にしやま　第105号　2-154, 5-135, 5-293
西山　にしやま　第150号　3-175
西山　にしやま　第166号　3-235, 5-209, 5-212
西山　にしやま　第208号　4-156, 4-158, 5-250
西山　にしやま　九州沿海図第17　4-262
西山寺村　にしやまじむら　第144号　3-145
西山田村　にしやまだむら　第96号　2-118, 5-150
西山田村〔山田〕　にしやまだむら　第141号　3-128, 5-182, 5-306
西山村　にしやまむら　第129号　3-73
西山村　にしやまむら　第136号　3-111, 5-182
西山村〔西山〕　にしやまむら　第190号　4-76, 5-234, 5-313
西山村　にしやまむら　第193号　4-85, 4-86, 5-223, 5-315
西山村岡　にしやまむらおか　第190号　4-76
西山村上條〔西山〕　にしやまむらかみじょう　第100号　2-135, 2-138, 5-291, 5-296
西山村枯木田尾　にしやまむらかれきのたう　第190号　4-76
西山村久保〔西山〕　にしやまむらくぼ　第100号　2-135, 2-138, 5-291, 5-296
西山村下條（枚浦冨之助）〔西山村、西山〕　にしやまむらしもじょう　第100号　2-135, 2-138, 5-127, 5-291, 5-296
西山村下分　にしやまむらしもぶん　第190号　4-76
西山村新垣外〔西山〕　にしやまむらしんがいど　第100号　2-135, 2-138, 5-291, 5-296
西山村塔ノ原　にしやまむらとうのはる　第190号　4-76
西山村西谷口　にしやまむらにしたにぐち　第190号　4-76
西屋村　にしやむら　第122号　3-35, 3-37, 5-173, 5-300

二十五貫村　にじゅうごかんむら　第75号　2-24, 5-99, 5-287
二拾町村　にじゅうちょう　第195号　4-93
廿町村　にじゅうちょうむら　第195号　5-233
西由岐浦　にしゆきうら　第147号　3-163, 5-187
西油木村　にしゆきむら　第156号　3-196, 5-193, 5-208
西油木村古市　にしゆきむらふるいち　第156号　3-196
西法〔汰〕上村　にしゆりあげむら　第129号　3-66
西万木村〔万木〕　にしゆるぎむら　第125号　3-49, 5-174, 5-300
二條（御城）　にじょう　第133号　3-87, 3-90
仁正寺　にしょうじ　第129号　3-71, 5-166, 5-301
御止休〔正体〕根　にしょうだいね　第105号　2-154
御止休〔正体〕山　にしょうだいやま　第105号　2-154
二重岳　にじょうだけ　第189号　4-70
二条通　にじょうどおり　第133号　3-87
西横関村　にしよこぜきむら　第125号　3-51, 5-174
西吉田村　にしよしだむら　第144号　3-144, 5-192, 5-305
西吉見村〔吉見〕　にしよしみむら　第138号　3-117, 5-179, 6-306
西五百住村　にしよすみむら　第133号　5-176, 5-178
西脇村　にしわきむら　第137号　3-114, 5-184, 5-306
西脇村　にしわきむら　第137号　3-114
西脇村新町〔西脇村〕　にしわきむらしんまち　第95号　2-112, 5-146
二千石山　にせんごくやま　第166号　3-235, 3-237
二尊　にそん　第133号　3-90
ニダイ川　にだいがわ　第44号　1-150, 5-68
仁田川　にたがわ　第192号　4-80
似首村　にたくびむら　第206号　4-148, 4-149, 5-242, 5-321
仁多郡　にたぐん　第162号　3-220, 5-204, 5-308
仁多郡　にたぐん　第163号　3-222, 5-204
仁田内村　にたのうらむら　第192号　4-80, 5-239, 5-241
二反川　にたんがわ　第209号　4-167, 5-249, 5-261
二反川　にたんがわ　九州沿海図第10　4-237
二反田　にたんだ　九州沿海図第17　4-261, 4-262
ニチセウンベツ　第2号　1-13, 5-16, 5-268, 5-270
二町根　にちょうね　第101号　2-142
二町村　にちょうむら　第195号　4-93, 5-233, 5-315
二町村　にちょうむら　九州沿海図第18　4-264
日蓮﨑　にちれんざき　第101号　5-128
日蓮山　にちれんざん　第97号　2-120
日蓮山　にちれんざん　第97号　2-120, 5-126
日蓮聖人旧跡　にちれんせいじんきゅうせき　第101号　2-142
日川村　にっかわむら　第58号　1-200, 5-110, 5-290
仁木村　につきむら　第115号　2-196, 2-198, 2-200, 5-159, 5-299
日慶寺　にっけいじ　第90号　2-84
日光山　にっこうさん　第69号　5-107
日光山　にっこうさん　第78号　2-38, 5-289
日光山　にっこうやま　第141号　3-128
日坂（御料所）○　につさか　第111号　2-177, 2-178, 5-160, 5-298
仁玉村（高力式部知行所）　につたまむら　第58号　1-200, 1-201, 5-110, 5-290
新田村　にったむら　第39号　1-135, 5-67, 5-82, 5-280
仁田村（戸田市郎兵エ、佐久間吉五郎、大沢仁十郎、松前八之亟、宮﨑甚右エ門、金田市郎兵エ、藤方鍬五郎、西尾藤四郎知行所）　にったむら　第101号　2-141, 5-126, 5-128
入戸野村　にっとのむら　第98号　2-125
新橋村　にっぱしむら　第111号　2-180, 5-161, 5-299
荷積根　にづみね　第102号　2-145, 2-148
ニテトマリ　第20号　1-66, 5-45, 5-275
仁藤村　にとうむら　第111号　2-177, 2-178, 5-160
荷島　にないじま　第196号　4-96, 4-98
荷シマ　にないじま　九州沿海図第18　4-265
荷シマ　にないじま　九州沿海図第19　4-275
荷島　になえじま　第164号　3-231, 5-211
蜷川村　にながわむら　第188号　4-64, 5-230, 5-312
二女子村　ににょしむら　第115号　2-197, 5-159, 5-297
ニノイブシ　第26号　1-87, 5-48, 5-277
二ノ内村　にのうちむら　第150号　3-172, 3-174
二ノ江新田　にのえしんでん　第90号　2-84, 5-120, 5-123
二尾村　にのおむら　第133号　3-87, 3-89, 5-176
二ノ川　にのかわ　第207号　4-153
二ノ倉濵　にのくらはま　第53号　1-184, 5-80
ニノケ川　第12号　1-41
二ノ島　にのしま　第58号　1-200
似ノ島（仁保島村屬）　にのしま（にほじまむらぞく）　第167号　3-243, 5-211, 5-213, 5-308
二岳　にのだけ　第193号　4-85, 4-87
二岳　にのだけ　九州沿海図第18　4-266
二坪村　にのつぼむら　第136号　3-104
新延村　にのぶむら　第186号　4-54, 5-222, 5-312
新延村枝長谷村〔長谷〕　にのぶむらえだながたにむら　第186号　4-54, 5-312
新延村島村　にのぶむらしまむら　第186号　4-54
新延村城越　にのぶむらしろこし　第186号　4-54
二戸郡　にのへぐん　第49号　1-166, 5-69
二宮○☆　にのみや　第84号　2-62, 5-140, 141, 5-295
二宮出雲神社　にのみやいずもじんじゃ　第175号　3-285
二宮砥鹿大明神　にのみやとがだいみょうじん　第116号　2-202, 2-204
二宮村　にのみやむら　第144号　3-145, 5-192, 5-305
二宮村櫻町　にのみやむらさくらまち　第144号　3-145
二宮村塩海（御料所、米倉丹後守領分、曽我伊賀守知行所）〔二ノ宮村、二宮〕　にのみやむらしおみ　第99号　2-128, 2-130, 5-125, 5-126, 5-291
新野村　にのむら　第134号　3-98, 5-177
仁野村　にのむら　第159号　3-207, 5-200, 5-310
二ノ目潟　にのめがた　第62号　1-211
二ノ森山　にのもりやま　第113号　2-187
仁原川　にはらがわ　第197号　5-245
二番村（青山下野守領分）　にばんむら　第135号　3-101, 5-176, 5-178
二部宿○　にぶじゅく　第155号　3-192, 5-189
二部宿間地　にぶじゅくまじ　第155号　3-192
二部塚　にぶづか　第193号　4-83
仁豊野村（神西郡）○　にぶのむら　第141号　3-128, 3-130, 5-182, 5-183, 5-306
仁豊野村（神東郡）○　にぶのむら　第141号　3-128, 3-130, 5-182, 5-183, 5-306
二部村　にぶむら　第140号　3-124, 5-170, 5-302
二部村　にぶむら　第162号　3-221, 5-204
仁兵ヱシマ　にへえじま　第192号　4-81, 4-82
仁兵ヱ瀬　にへえせ　第202号　4-128
ニベシナイ　第21号　1-67, 5-45, 5-275
ニヘシナイ川　第34号　1-117, 5-55, 5-57, 5-279
仁保市　にほいち　第175号　3-285
仁保川　にほがわ　第125号　3-51, 5-174
仁保島村〔仁保〕　にほじまむら　第167号　3-240, 5-211, 5-213, 5-308
仁保島村大河　にほじまむらおおこう　第167号　3-240
仁保島村丹那　にほじまむらたんな　第167号　3-240
仁保島村日宇那　にほじまむらひうな　第167号　3-240
仁保島村向灘　にほじまむらむかいなだ　第167号　3-240
仁保峠　にほとうげ　第175号　3-285
仁保村　にほむら　第175号　3-285, 5-219, 5-309, 5-312
仁保村浅地村　にほむらあさじむら　第175号　3-285
仁保村井開田村　にほむらいかいだむら　第175号　3-285
二本木○　にほんぎ　第80号　2-45, 2-48, 5-138, 5-287
二本木　にほんぎ　九州沿海図第19　4-270
二本木村（御料所、長田右エ門尉、伊達庄兵エ、坂部左京、山田市郎右エ門知行所）○　にほんぎむら　第90号　2-89, 5-121, 5-291
二本木村　にほんぎむら　第115号　2-200, 5-158, 5-159, 5-297, 5-299
二本木村枝山際　にほんぎむらえだやまぎわ　第90号　2-89
二本木村箕村〔二本木村、二本木〕　にほんぎむらみのむら　第155号　3-190, 3-192, 5-189, 5-305
二本杭　にほんぐい　第111号　2-181
日本橋　にほんばし　第90号　5-120, 5-123
二本松（丹羽左京大夫居城）　にほんまつ　第56号　1-193, 5-103, 5-288
二本柳○　にほんやなぎ　第56号　1-193, 5-103, 5-288
二枚崎　にまいざき　第170号　3-263
二枚橋村　にまいばしむら　第41号　1-142, 5-62, 5-280
二枚橋村　にまいばしむら　第100号　2-132, 2-134, 5-126
二枚橋村カヤノキ　にまいばしむらかやのき　第100号　2-132, 2-134
二枚橋村登畑　にまいばしむらのぼりはた　第100号　2-132, 2-134
迩摩郡　にまぐん　第165号　3-232, 3-233, 5-205, 5-308
迩摩郡　にまぐん　第166号　3-234, 3-235, 5-204, 5-205, 5-308
仁万村　にまむら　第165号　3-233, 5-205, 5-308
ニヤシルイ川〔シヤシルイ川〕　第4号　1-17, 5-17, 5-270
ニヤマ川　第32号　1-109
入院川　にゅういんがわ　第188号　4-65
壬生川　にゅうがわ　第168号　5-311
入川村　にゅうがわむら　第75号　2-23, 5-99, 5-287
新田井倉村　にゅうたいくらむら　第185号　4-50, 5-244
新田井倉村伊倉村　にゅうたいくらむらいくらむら　第185号　4-50
新田井倉村城本　にゅうたいくらむらしろもと　第185号　4-50
新田井倉村末永村　にゅうたいくらむらすえながむら

第185号　4-50
新田井倉村舩津村　にゅうたいくらむらふなづむら　第185号　4-50
(入) 谷村　にゅうだにむら　第134号　3-98
入田村　にゅうたむら　第144号　3-143, 3-146
入田村　にゅうたむら　第144号　3-141, 3-144, 5-192
新田村　にゅうたむら　第185号　4-50, 5-244, 5-314
入津浦（総号）　にゅうづうら　第183号　4-40, 5-228
入津浦　にゅうづうら　九州沿海図第5　4-213, 4-215
入津原村　にゅうづばるむら　第179号　4-18, 4-21, 4-23, 5-225
入津原村　にゅうづばるむら　九州沿海図第2　4-197
入道岩　にゅうどういわ　第176号　3-293
入道浦　にゅうどううら　第192号　4-80
入道垣内村　にゅうどうかいとむら　第130号　3-75, 5-167
入道垣内村伊勢茶屋○☆〔入道垣内〕　にゅうどうかいとむらいせのちゃや　第130号　3-75, 5-301
入道岳　にゅうどうがたけ　第129号　3-70, 5-166
入道川　にゅうどうがわ　第191号　4-79
入道クリ　にゅうどうくり　第155号　3-191, 5-189, 5-190
入道原村　にゅうどうばらむら　第128号　3-65, 5-183, 5-304
入道原村福原　にゅうどうばらむらふくはら　第128号　3-65
入道水村　にゅうどうみずむら　第193号　4-84, 4-86, 5-232, 5-314
入道水村　にゅうどうみずむら　九州沿海図第20　4-277
入道水村中尾　にゅうどうみずむらなかお　第193号　4-84, 4-86
入道水村南方　にゅうどうみずむらみなみがた　第193号　4-84, 4-86
入南村　にゅうなんむら　第162号　3-219, 5-204
穪布村　にょうむら　第124号　3-44, 5-180
饒村　にょうむら　第168号　3-247, 5-215
女瀬村　にょぜむら　第133号　3-92
二淀川　にょどがわ　第159号　3-207, 5-200, 5-310
如法山　にょほうざん　第132号　3-85, 1-170
ニヨモイ　第33号　1-112
韮山　にらやま　第101号　2-141, 5-128, 5-291, 5-292, 5-298
ニリレハキ〔ニリレバキ〕　第7号　1-28, 5-21, 5-271
仁連木村　にれんぎむら　第116号　2-202, 2-204, 5-162, 5-299
ニロウ山　にろうやま　第159号　5-196
ニロモイ〔ニヨモイ〕　第33号　1-112, 5-47, 5-279
丹羽郡　にわぐん　第114号　2-193, 2-194, 5-159, 5-297
仁和寺村（御料所）　にわじむら　第135号　3-100, 5-176, 5-178, 5-301
庭瀬（板倉右近在所）　にわせ　第151号　3-178, 5-192, 5-307
庭田村　にわだむら　第118号　3-19, 3-21, 5-166
鶏小島　にわとりこじま　第157号　3-203
鶏澤村　にわとりざわむら　第40号　1-138, 1-140, 5-62, 5-66, 5-280
庭屋村（筒井治左エ門知行所）　にわやむら　第94号　2-107
新嵜村〔新﨑村〕　にんざきむら　第84号　2-64, 5-143, 5-295
忍頂寺山　にんちょうじやま　第133号　3-91, 3-93
仁和寺宮　にんなじみや　第133号　3-90
新治村　にんばりむら　第123号　3-39, 3-41, 5-180, 5-304
新治村三軒屋　にんばりむらさんげんや　第123号　3-39, 3-41

【ぬ】

鵺代村　ぬえしろむら　第111号　2-181, 5-161
額井村　ぬかいむら　第134号　3-97
奴可郡　ぬかぐん　第156号　3-194, 3-195, 3-196, 5-208, 5-307
額田郡　ぬかたぐん　第115号　2-198, 2-200, 5-158
額田郡　ぬかたぐん　第116号　2-203, 5-158, 5-299
糠田村（御料所）　ぬかたむら　第88号　2-79
ヌカツカ嵜　ぬかつかざき　第206号　4-146
ヌカ塚村　ぬかづかむら　第125号　3-50
糠塚村　ぬかづかむら　第186号　4-54, 5-222, 5-312
ヌカツカ山　ぬかつかやま　第136号　3-111
糖塚山　ぬかつかやま　第195号　4-93
糖塚山　ぬかつかやま　九州沿海図第18　4-264
糠之浦〔糠之〕　ぬかのうら　第120号　3-28, 5-172, 5-300
糠ノ目○〔糠目〕　ぬかのめ　第67号　1-232, 5-81, 5-285
貫前社　ぬきさきしゃ　第95号　2-110, 5-116, 5-119
貫山　ぬきさん　第178号　4-13, 4-15, 5-222
野城神社　ぬきじんじゃ　第155号　3-191, 3-193
貫山　ぬきやま　九州沿海図第1　4-193
貫井村　ぬくいむら　第100号　2-135, 2-138
貫井村　ぬくいむら　第179号　4-18, 4-21, 5-225, 5-312
貫井村　ぬくいむら　九州沿海図第3　4-201
貫井村竹ノ下〔貫井村〕　ぬくいむらたけのした　第181号　4-31, 5-227
温品村　ぬくしなむら　第167号　3-240, 5-211, 5-213, 5-308
温品村アソヒ　ぬくしなむらあそひ　第167号　3-240
温品村板屋組　ぬくしなむらいたやぐみ　第167号　3-240
温品村小出組　ぬくしなむらこいでぐみ　第167号　3-240
温品村矢可部組　ぬくしなむらやかべぐみ　第167号　3-240
貫戸村　ぬくどむら　第100号　2-135, 2-138
抜舞村　ぬくまいむら　第173号　3-273
生見　ぬくみ　九州沿海図第10　4-237
沼島☆　ぬしま　第142号　3-132, 5-186, 5-303, 5-306
ヌシヤ　第9号　1-32, 5-25, 5-272
ヌシヤ　第9号　1-33, 5-25, 5-272
ヌシヤコタン　第22号　1-71, 1-72, 5-27, 5-270
野白神社　ぬしろじんじゃ　第155号　3-191, 3-193
盗人島　ぬすとじま　第192号　4-81, 4-82
怒田村　ぬたむら　第188号　4-64, 5-230
沼垂町（溝口駒之助）　ぬったりちょう　第73号　2-17, 5-98, 5-287
ヌツチー川〔ヌプチー〕　第20号　1-64, 5-44, 5-275
ヌツフノシケ　第28号　1-92, 5-50, 5-278
ヌーナイ〔ヌウナイ〕　第20号　1-64, 5-45, 5-275
ヌーナイ川　第20号　1-64
奴々岐神社　ぬぬきじんじゃ　第127号　3-60, 3-61, 5-182
布浦　ぬのうら　第161号　3-212, 3-214, 5-202, 5-311
布浦枝立石村　ぬのうらえだたていしむら　第161号　3-212, 3-214
布浦村　ぬのうらむら　第85号　2-68, 5-142, 5-295
布掛ハエ　ぬのかけはえ　第147号　3-163, 5-187
沼隈郡　ぬのくまぐん　第151号　3-181, 5-195, 5-307
沼隈郡　ぬのくまぐん　第157号　3-200, 5-195, 5-307
布崎　ぬのさき　第161号　3-212, 3-214
布師田村　ぬのしだむら　第159号　3-206, 3-208, 5-199, 5-200, 5-310
布師田村石淵　ぬのしだむらいしぶち　第159号　3-206, 3-208
箆野島〔野々シマ〕　ぬのしま　第147号　3-163, 5-187
布セ　ぬのせ　第201号　4-121
布瀬〔布セ〕　ぬのせ　第207号　4-155, 5-243
布引滝　ぬのびきのたき　第137号　3-113, 5-184, 5-306
布引原　ぬのひきはら　第111号　5-160
布引村　ぬのひきむら　第138号　3-120, 5-186, 5-303, 5-306
ヌブシヤ　第17号　1-52, 5-42, 5-274
ヌブシヤ川　第17号　1-52, 5-42
沼影村（御料所）　ぬまかげむら　第88号　2-78
沼宮内○☆　ぬまくない　第49号　1-167, 1-168, 5-71, 5-74, 5-282
沼久保村　ぬまくぼむら　第100号　2-135, 2-138
沼隈郡　ぬまくまぐん　第157号　5-195
沼黒村　ぬまぐろむら　第88号　2-77
沼尻村　ぬまじりむら　第49号　1-166, 5-69
沼田川〔ヌタ川〕　ぬまたがわ　第157号　5-210, 5-307
沼田郡　ぬまたぐん　第167号　3-240, 3-241, 3-243, 5-211, 5-213, 5-308
沼田坂峠　ぬまたさかとうげ　第192号　4-80
沼田新田　ぬまたしんでん　第101号　2-141, 2-144, 5-127
沼田村　ぬまたむら　第99号　2-129, 2-131, 5-126
沼田村　ぬまたむら　第100号　2-132, 2-134
沼田村　ぬまだむら　第60号　1-207, 5-85, 5-283
沼津（水野出羽守居城）☆　ぬまづ　第101号　2-141, 5-127, 5-129
沼ノ上村〔沼上村〕　ぬまのうえむら　第67号　1-235, 5-105, 5-289
沼之内村（安藤對馬守領分）　ぬまのうちむら　第55号　1-191, 5-104, 5-288
沼ノ江　ぬまのえ　第103号　2-150
沼村　ぬまむら　第118号　3-20
沼村　ぬまむら　第127号　3-61, 5-182, 5-304
沼村　ぬまむら　第144号　3-144
沼村　ぬまむら　第145号　3-152, 5-192, 5-307
沼村　ぬまむら　第145号　3-155, 5-194
沼村　ぬまむら　第178号　4-13, 4-15, 5-222, 5-312
沼村　ぬまむら　九州沿海図第1　4-191
沼村赤坂　ぬまむらあかさか　第145号　3-152, 5-307
沼村沖益　ぬまむらおきます　第145号　3-152
沼村栢﨑浦（稲葉播磨守領分）〔沼村柏﨑浦〕　ぬまむらかしわざきうら　第92号　2-99, 2-100, 5-124
沼村小坂　ぬまむらこさか　第145号　3-152

沼村長迫　ぬまむらながさこ　第178号　4-13, 4-15
沼村楢部　ぬまむらならべ　第145号　3-152
沼村八塚　ぬまむらやつづか　第145号　3-152
沼目村（堀田雄之亟、近藤久兵衛、近藤常吉、小川義兵衛知行所）　ぬまめむら　第99号　2-128, 5-126, 5-291
沼目村原宿　ぬまめむらはらじゅく　第99号　2-128
温水村　ぬるみずむら　第99号　2-128
濡沢山　ぬれさわやま　第96号　2-119
怒和島　ぬわじま　第169号　3-250, 5-215, 5-311
ヌンベ川　第20号　5-45, 5-275

【ね】

根井川　ねいがわ　第147号　3-161
婦負郡　ねいぐん　第83号　2-58, 5-140, 5-295
根石　ねいし　第176号　3-289, 3-291
子ウコツトマリ　ねうこつとまり　第21号　1-67, 1-68, 5-45, 5-46, 5-279
根雨宿○　ねうじゅく　第150号　3-173, 5-189, 5-305
根尾川　ねおがわ　第118号　3-16, 5-156
根緒峠　ねおとうげ　第192号　4-82
根緒村　ねおむら　第192号　4-82, 5-240, 5-241, 5-320
願村　ねがいむら　第75号　2-22, 5-99, 5-287
根岸村　ねぎしむら　第39号　1-133, 5-63, 5-67, 5-82, 5-281
根岸村（御料所、大木才兵エ、西山八兵衛知行所）　ねぎしむら　第88号　2-79, 5-120, 5-121
根岸村（御料所）　ねぎしむら　第88号　2-78, 5-120, 5-291
根岸村（御料所）　ねぎしむら　第90号　2-85, 5-120, 5-123
根岸村（御料所、倉橋内匠知行所）　ねぎしむら　第90号　2-90, 5-123
根岸村（松浦市太郎知行所）　ねぎしむら　第93号　2-102, 5-123, 5-291
根岸村渡波町○〔渡波〕　ねぎしむらわたのはまち　第48号　1-163, 1-165, 5-78, 5-284
根木村　ねきむら　第84号　2-62, 2-64, 5-143
根儀屋村　ねぎやむら　第114号　2-194
猫石　ねこいし　九州沿海図第2　4-197, 4-199
猫崎岩　ねこざきいわ　第124号　3-42
猫実村〔猫實村〕　ねこざねむら　第89号　2-81, 2-83, 5-122, 5-290
猫沢村　ねこざわむら　第100号　2-135, 2-138
根古地新田　ねこじしんでん　第118号　3-18, 3-20
根古地村　ねこじむら　第118号　3-18, 3-20
根古岳　ねこだけ　第182号　4-37
根子岳　ねこだけ　第195号　5-232
根子岳　ねこだけ　九州沿海図第20　4-278
根子町（御料所）○　ねこまち　第56号　1-193, 5-81, 5-285
根古屋城山　ねこやじょうやま　第90号　2-91
猫山　ねこやま　第181号　4-33, 5-226
猫山　ねこやま　九州沿海図第4　4-207
根小屋村　ねこやむら　第88号　2-77, 2-79
根小屋村　ねごやむら　第76号　2-32, 5-113
根小屋村〔根古屋〕　ねごやむら　第95号　2-110, 5-116, 5-119, 5-291
根右〔古〕屋村（大久保江七兵エ知行所）　ねごやむら　第101号　2-141, 2-144, 5-127
根古屋村（久能山御神領）〔根小屋〕　ねごやむら　第107号　2-156, 2-158, 5-129, 5-298
根古屋村　ねごやむら　第116号　2-202, 2-204, 5-161, 5-299
根小屋村枝小出屋　ねごやむらえだこでや　第95号　2-110
根小屋村枝小屋野平　ねごやむらえだこやのだいら　第95号　2-110
根古屋山　ねごややま　第94号　2-105, 2-107
根獅子村　ねしこむら　第204号　4-140, 4-142, 5-235
根獅子村飯良　ねしこむらいいら　第204号　4-141, 4-142
根島　ねしま　第191号　4-79
根シマ　ねじま　第102号　2-146
根嶋　ねじま　第196号　4-96, 4-98
根シマ　ねじま　九州沿海図第18　4-265
根シマ　ねじま　九州沿海図第19　4-275
子正路村　ねしょうじむら　第86号　2-69, 5-141
捻松岬　ねじりまつみさき　第122号　3-37
鼠関（酒井左衛門尉領分）○〔鼠ヶ關〕　ねずがせき　第71号　1-249, 1-250, 5-96, 5-97, 5-285, 5-286
子ツミシマ　ねずみしま　第144号　5-192
鼠嶋　ねずみしま　第177号　3-295, 5-220
子ツミシマ　ねずみしま　第196号　4-98, 5-233
子ツミシマ　ねずみしま　第196号　4-98
鼠嶋　ねずみしま　九州沿海図第7　4-221, 4-222
鼠島〔子ツミ島〕　ねずみじま　第116号　2-201, 2-207, 5-162
鼠島　ねずみじま　第145号　3-149
鼠シマ　ねずみじま　第153号　3-186
子ツミシマ　ねずみじま　第170号　3-261
子ツミシマ　ねずみじま　第178号　4-13
鼠嶋〔鼠シマ〕　ねずみじま　第185号　4-50, 5-244
鼠嶋　ねずみじま　第190号　4-77
鼠シマ　ねずみじま　第192号　4-81, 4-82, 5-240, 5-241, 5-320
鼠島　ねずみじま　第192号　4-81, 5-320
鼠島　ねずみじま　第202号　4-127, 4-128
子ツミシマ　ねずみじま　九州沿海図第19　4-275
子ツミシマ　ねずみじま　九州沿海図第19　4-275
鼠島　ねずみじま　長崎〔参考図〕　4-131, 4-133
鼠宿村（真田彈正大弼領分）　ねずみしゅくむら　第96号　2-114, 5-146, 5-294
根高村　ねだかむら　第118号　3-20
子タキシマ　ねたきじま　第190号　4-77
子ダキシマ　ねだきじま　第190号　4-77
根田村　ねたむら　第116号　2-205, 5-162
根地岳　ねちだけ　第187号　4-59
子チンナイ川　ねちんないがわ　第21号　1-67, 5-45, 5-275
根葉村（東叡山領）　ねっぱむら　第90号　2-85, 5-120, 5-123
子トコハエ　ねどこはえ　第171号　3-267, 5-203
子ナイ鼻　ねないばな　第102号　2-145, 2-148
根々井塚原村（牧野大藏領分）　ねねいつかばらむら　第95号　2-111, 2-112, 2-113, 5-116, 5-296
子ノ首　ねのくび　第161号　3-212
根瀬寄　ねのせざき　第207号　4-154, 5-243
根羽村○　ねばむら　第110号　2-175, 5-158, 5-296
根羽村枝田嶋　ねばむらえだたじま　第110号　2-175
根羽村黒地　ねばむらくろじ　第110号　2-175
根羽村横畑洞　ねばむらよこはたぼら　第110号　2-175
根府川村（御関所）☆　ねぶがわむら　第99号　2-131, 5-125, 5-126
子ブ﨑　ねぶさき　第103号　5-132, 5-133
根部田　ねぶた　第36号　1-123, 5-60, 5-281
子ブト　ねぶと　第62号　1-211
子プヌシヤ　ねぷぬしや　第30号　1-102, 5-46, 5-279
子ミツシマ　ねみつしま　第192号　5-239, 5-240, 5-241
子ミツシマ　ねみつしま　第202号　5-236
根村　ねむら　第113号　2-189, 5-155, 5-156, 5-297
根本村（稲葉播磨守領分）　ねもとむら　第92号　2-100, 5-124, 5-292
根森○　ねもり　第36号　1-123, 5-60, 5-281
子モロ○　第6号　1-22, 5-26, 5-270
子屋之岬　ねやのみさき　第204号　4-140
根屋村(内藤豊前守領分)　ねやむら　第71号　1-250, 5-96, 5-97, 5-285, 5-286
閨村　ねやむら　第84号　2-62, 2-64, 5-143, 5-295
練﨑　ねりざき　第178号　4-12, 4-14
練﨑　ねりざき　九州沿海図第1　4-191
練貫村（御料所）　ねりぬきむら　第69号　1-242, 5-106, 5-288
練合村　ねりやむら　第83号　2-58, 5-140, 5-295
念佛山　ねんぶつやま　第101号　2-140

【の】

野荒町村　のあらまちむら　第63号　1-216, 5-75, 5-88
野安中島〔野安中シマ、沖安中島〕　のあんじゅしま　第206号　4-148, 4-149, 5-242, 5-321
野井浦　のいうら　第155号　3-191, 5-190, 5-305
野井倉村　のいくらむら　第199号　4-110, 5-248, 5-261, 5-316
野井倉村　のいくらむら　九州沿海図第9　4-228
野井サキ　のいさき　第202号　5-236
野一色村　のいしきむら　第114号　2-193, 2-194, 5-156, 5-159
野石村　のいしむら　第60号　1-208, 5-87
野石村宮澤☆〔野石村宮沢〕　のいしむらみやさわ　第60号　1-208, 5-87
町〔野〕市場村　のいちばむら　第114号　2-191, 2-192
乃井野村　のいのむら　第144号　3-140, 5-183, 5-306
野井村　のいむら　第202号　4-124, 5-236, 5-315
野井村舩津　のいむらふなつ　第202号　4-124
野入村　のいりむら　第110号　2-175, 5-158
野入村カイタ　のいりむらかいた　第110号　2-175
能生○　のう　第80号　2-46, 2-49, 5-138, 5-294
苗鹿村　のうかむら　第133号　3-87, 5-174, 5-300, 5-301
ノウカ山　のうかやま　第103号　2-150
納官村　のうかんむら　第213号　4-179, 5-258, 5-261, 5-318
納官村岩屋口　のうかんむらいわやぐち　第213号　4-179
納官村枝益田村　のうかんむらえだますだむら　第213号　4-179
納官村郡原　のうかんむらこおりばら　第213号　4-179
納官村濵〔津〕脇　のうかんむらはまつわき　第213号　4-179
納官村牧川　のうかんむらまきがわ　第213号　4-179
能行村　のうぎょうむら　第178号　4-13, 4-15
ノウ黒島　のうくろしま　第204号　4-140
能生小泊村　のうこどまりむら　第80号　2-46, 2-49, 5-138
乃生﨑　のうざき　第146号　3-159, 5-194

ノウ崎　のうざき　第169号　3-250
納所村〔納所〕　のうさむら　第189号　4-73, 5-313
納座村　のうざむら　第128号　3-62, 3-64
納所村京泊浦〔納所村〕　のうさむらきょうどまりうら　第189号　4-73, 5-234, 5-238, 5-241
納所村駄竹浦　のうさむらだじくうら　第189号　4-73
濃地島〔濃地シマ〕　のうじとう　第183号　4-38, 4-40, 5-226, 5-228
ノウシマ　のうしま　第159号　3-206, 3-208
納島　のうしま　第206号　4-146, 5-242, 5-321
野牛村　のうしむら　第41号　1-141, 5-62, 5-280
能地村　のうじむら　第141号　3-129, 5-183, 5-306
能地村枝横松　のうじむらえだよこまつ　第141号　3-129
ノウ瀬　のうせ　第191号　4-78
ノフ瀬　のうせ　第191号　4-79
ノフ瀬　のうせ　第191号　4-79
ノウセ　のうせ　第203号　4-135, 5-236
ノウ瀬〔ノウセ〕　のうせ　第206号　4-150, 5-242, 5-243
ナフ瀬〔ナフセ〕　のうせ　第212号　4-178, 5-253, 5-261
ナフセ　のうせ　九州沿海図第15　4-255
ノウソ島　のうそじま　第168号　3-247, 5-215
納所村　のうそむら　第133号　3-90, 3-92, 5-176
納所村　のうそむら　第190号　4-75
苗田村　のうだむら　第152号　3-182, 5-194, 5-307
縄間浦　のうまうら　第121号　3-29, 5-172, 5-300
苗羽村葦浦　のうまむらあしのうら　第145号　3-150
能見堂　のうみどう　第93号　2-102, 5-123
直海濱〔直海〕　のうみはま　第76号　2-31, 5-112, 5-287, 5-294
乃生村　のうむら　第146号　3-159, 5-194, 5-307
野浦村　のうらむら　第75号　2-24, 5-99
野江村〔野田〕　のえむら　第135号　3-101, 5-178, 5-301
野岡山　のおかやま　第199号　4-111
野岡山　のおかやま　九州沿海図第9　4-229
ノヲサハ尻　のおさばじり　第200号　4-117, 5-251
ノヲサハ尻　のおさばじり　九州沿海図第19　4-270
野方村　のかたむら　第115号　2-196, 5-159, 5-297
野潟村（御料所）　のがたむら　第72号　2-12
野釜島　のがまじま　第196号　4-97, 4-99, 5-233, 5-315
野釜嶋　のがまじま　九州沿海図第19　4-275
野上川　のがみがわ　第150号　5-189
野上下郷小坂〔野上下郷〕　のがみしもごうこさか　第94号　2-106, 5-119
野上下郷杦郷　のがみしもごうすぎごう　第94号　2-107, 2-109, 5-291
野上下郷滝ノ上〔野上下郷〕　のがみしもごうたきのうえ　第94号　2-106, 5-119
野上下郷辻河内〔野上下郷〕　のがみしもごうつじこうち　第94号　2-107, 2-109, 5-119
野上下郷宮沢（御料所）〔野上下郷〕　のがみしもごうみやざわ　第94号　2-107, 2-109, 5-119
野上野村　のがみのむら　第129号　3-71, 3-73, 5-166, 5-167, 5-301
野上村　のがみむら　第112号　2-185
野上村　のがみむら　第118号　3-17, 3-19, 5-166, 5-297, 5-300
野神村　のがみむら　第121号　3-29, 3-31, 3-32, 5-172, 5-300
野上村　のがみむら　第124号　3-42, 3-44
野木○　のぎ　第87号　2-72, 2-73, 5-109, 5-291
軒井　のきい　九州沿海図第3　4-201
能義郡　のぎぐん　第155号　3-190, 3-191, 3-193, 5-189, 5-190, 5-305
野北浦　のぎたうら　第189号　4-70, 5-233, 5-241
野北村〔野北〕　のぎたむら　第189号　4-70, 5-233, 5-241, 5-313
野北村枝間小路　のぎたむらえだましょうじ　第189号　4-70
野北山　のぎたやま　第189号　4-70
禾森村　のぎのもりむら　第118号　3-18, 5-166
禾森村奈木場　のぎのもりむらなきば　第118号　3-18
乃木村　のぎむら　第155号　3-191, 3-193, 5-190, 5-204
野花村　のきょうむら　第143号　3-136, 5-188
野口　のぐち　第173号　3-276
野口　のぐち　九州沿海図第3　4-203
野口村　のぐちむら　第96号　2-114, 5-146
野口村　のぐちむら　第116号　2-202, 2-204, 5-162
野口村（剣熊御関所）　のぐちむら　第121号　3-31, 3-32, 5-157, 5-172, 5-300
野口村　のぐちむら　第125号　3-48, 3-50, 5-166
野口村　のぐちむら　第129号　3-71, 5-174
野口村枝路原　のぐちむらえだちはら　第121号　3-29, 3-31, 3-32
野口村女淵　のぐちむらおなぶち　第96号　2-114
野口村狐屋敷　のぐちむらきつねやしき　第96号　2-114
野口村國境　のぐちむらくにざかい　第121号　3-29, 3-31, 3-32
野口村砂原　のぐちむらすなはら　第96号　2-115
野忽那島　のぐつなじま　第168号　3-247, 5-214, 5-311
野首　のくび　第206号　4-146
野縊﨑　のくびざき　第206号　4-148, 4-149, 5-242
野首﨑　のくびざき　第206号　4-150
野首セ　のくびせ　第206号　4-149
野久美田村　のくみだむら　第209号　4-162, 5-247, 5-261, 5-315, 5-316
野久美田村　のくみだむら　九州沿海図第10　4-232
野黒沢村　のくろざわむら　第65号　1-225, 5-90, 5-285
野介代村　のけだむら　第144号　3-144, 5-192, 5-305
野介代村太田分　のけだむらおおたぶん　第144号　3-144
鋸藏山　のこぎりくらやま　第76号　2-28, 2-32
鋸﨑　のこぎりざき　第122号　3-34, 3-36
鋸﨑〔鋸サキ〕　のこぎりざき　第206号　4-150, 5-242, 5-243
鋸山　のこぎりやま　第76号　2-28, 5-113, 5-287, 5-289
鋸山　のこぎりやま　第92号　5-124
鋸山　のこぎりやま　第131号　3-78
野子﨑　のこざき　第204号　4-141
野小島（宇野村）　のこじま（うのむら）　第145号　3-155, 5-185
殘島　のこのしま　第187号　4-61, 5-233
殘島浦　のこのしまうら　第187号　4-61
野上野村　のこのむら　第127号　3-59, 5-182, 5-304
野上野村塩ケ谷　のこのむらしおがたに　第127号　3-59
ノコベリベツ○　第22号　5-27
ノコロフ　第34号　1-118
野坂峠　のさかとうげ　第175号　3-282
野坂村　のさかむら　第143号　3-135, 5-188
野坂村〔野坂〕　のさかむら　第186号　4-55, 5-223, 5-313
野坂村大井　のさかむらおおい　第186号　4-55
野坂村二郎丸　のさかむらじろうまる　第186号　4-55
野坂村原町　のさかむらはるまち　第186号　4-55
野坂山　のさかやま　第121号　3-29, 3-31, 3-32, 5-172
野嵜○〔野﨑〕　のざき　第32号　1-109, 1-110, 5-56, 5-279
野﨑　のざき　第183号　4-38, 4-40
野嵜　のざき　第184号　4-44, 4-46, 5-244
野﨑　のざき　第189号　4-73, 4-74
野嵜〔野﨑〕　のざき　第212号　4-178, 5-253, 5-255, 5-261, 5-317
野﨑　のざき　九州沿海図第5　4-213
野﨑　のざき　九州沿海図第15　4-255
野﨑島　のざきじま　第206号　4-146, 5-242, 5-321
野﨑村　のざきむら　第75号　2-27, 5-99, 5-287
野﨑村☆　のざきむら　第84号　2-62, 2-64, 5-142, 5-295
野﨑村　のざきむら　第130号　3-74, 5-163, 5-167, 5-301
野笹村　のざさむら　第108号　2-164, 5-150
野里　のざと　第141号　5-306
野里村　のさとむら　九州沿海図第9　4-229
野澤村　のざわむら　第90号　2-85, 2-87
野地　のじ　九州沿海図第2　4-194
能地島　のじしま　第161号　3-216, 3-217, 5-203
ノシノシタ川　第36号　1-124, 5-60, 5-281
ノシマ　のしま　第141号　3-131
野島　のしま　第157号　3-203, 5-210
箆嶋　のしま　第183号　4-39
ノシマ　のしま　第183号　5-226
野島　のじま　第93号　2-102, 5-123, 5-124
野島　のじま　第116号　2-201, 5-162, 5-299
野島　のじま　第138号　3-120
野島　のじま　第138号　3-120
野シマ　のじま　第155号　3-191
野嶋　のじま　第169号　3-254, 5-215, 5-311
野嶋　のじま　第174号　3-279, 3-280, 5-217, 5-309
野島　のじま　第179号　5-224
野島　のじま　第189号　4-73
野島　のじま　第189号　4-73
ノシマ　のじま　第191号　5-238, 5-241
野島　のじま　第191号　4-79
ノシマ　のじま　第196号　4-98, 5-233
野嶋　のじま　第198号　4-105, 5-246
野シマ　のじま　第201号　4-122
野島　のじま　第202号　4-127, 4-128, 5-236
野島　のじま　第202号　4-128, 5-236
野島　のじま　第203号　4-138, 5-251
野島〔野シマ〕　のじま　第204号　4-140, 5-235
野島　のじま　第204号　4-140, 4-142, 5-235, 5-313, 5-321
野島〔野シマ〕　のじま　第212号　4-177, 5-253, 5-315, 5-317
野嶌　のじま　九州沿海図第4　4-208, 4-211
野嶋　のじま　九州沿海図第8　4-223
野嶋　のじま　九州沿海図第8　4-223
野嶋　のじま　九州沿海図第14　4-252
野嶋　のじま　九州沿海図第15　4-254
ノシマ　のじま　九州沿海図第19　4-275
野島　のじま　長崎〔参考図〕　4-131, 4-133
野島　のじま　長崎〔参考図〕　4-129, 4-131
野嶋（冨海村屬）　のしま（とのみむらぞく）　第175号　3-287, 5-218, 5-312
野島（南君浦）　のしま（なぎみうら）　第171号　3-264, 5-311
野島﨑　のじまざき　第189号　4-70, 4-72
野島鼻　のじまはな　第151号　3-181

野島岬〔野島﨑〕 のじまみさき 第92号 2-100, 5-124
野島村 のしまむら 第139号 3-123, 5-186
野島村祓井 のしまむらはらいど 第139号 3-123
野地村（松平伊豆守領分） のじむら 第111号 2-181, 5-161
野路村 のじむら 第133号 3-86, 5-174, 5-176, 5-301
野路山 のじやま 第194号 4-89, 4-90
野地四ケ所村 のじよんかしょむら 第174号 3-278, 5-216
野尻○ のじり 第81号 2-50, 5-138, 5-294
野尻○☆ のじり 第109号 2-170, 5-154, 5-296
野尻宿上在郷 のじりじゅくかみざいごう 第109号 2-170
野尻宿下在郷 のじりじゅくしもざいごう 第109号 2-170
野尻宿向野尻 のじりじゅくむかいのじり 第109号 2-170
野尻村 のじりむら 第113号 2-186, 2-187, 5-155, 5-297
野尻村 のじりむら 第113号 2-189, 5-155, 5-156, 5-297
野尻村 のじりむら 第129号 3-72, 5-163, 5-167, 5-301
野尻村 のじりむら 第209号 4-165, 5-247, 5-261, 5-316
野尻村 のじりむら 九州沿海図第10 4-233
野尻村兎山島 のじりむらうやまじま 第113号 2-189
能代☆⚓ のしろ 第60号 1-207, 1-208, 5-85, 5-283
苗代部村 のしろべむら 第180号 4-27, 5-230, 5-312
苗代部村門 のしろべむらかど 第180号 4-27, 4-28
能勢郡 のせぐん 第133号 3-91, 3-93, 5-178, 5-301
能瀬﨑 のせざき 第206号 4-150
能勢妙見社〔妙見社〕 のせみょうけんしゃ 第133号 3-91, 3-93, 5-178
野瀬村 のせむら 第136号 3-107, 3-110, 5-182
野瀬村 のせむら 第141号 3-127, 3-131, 5-183, 5-306
野添 のぞえ 九州沿海図第2 4-197
野添 のぞえ 九州沿海図第3 4-197, 4-201
及位○☆ のぞき 第65号 1-223, 5-90, 5-285
及位朴沢（戸沢富壽領分）〔朴大沢〕 のぞきほおぎざわ 第65号 1-223, 5-283, 5-285
野田追○ のたおい 第31号 1-107, 5-54, 5-279
ノタヲイ川 第31号 1-107, 5-279
野田尻○ のたじり 第97号 2-120, 5-121, 5-291
野田新田 のだしんでん 第88号 2-79
野谷向村 のたにむかいむら 第175号 3-285
野谷村〔野ケ谷村〕 のたにむら 第173号 3-275, 5-218, 5-308
野谷村 のたにむら 第175号 3-285, 5-218, 5-309, 5-312
野谷村笹ケ滝 のたにむらささがたき 第175号 3-282, 3-284
野谷村下野谷 のたにむらしものたに 第175号 3-285
野谷村中寉山 のたにむらなかつるやま 第175号 3-283, 3-285
ノタ岬 のたみさき 第154号 5-191
野田村 のだむら 第39号 1-133, 5-63, 5-67, 5-82, 5-281
野田村☆ のだむら 第45号 1-153, 1-154, 5-68, 5-70, 5-282
野田村 のだむら 第49号 1-166, 5-69
野田村 のだむら 第88号 2-77
野田村 のだむら 第88号 2-79, 5-120, 5-291
野田村 のだむら 第115号 2-197
野田村 のだむら 第116号 2-202, 5-161
野田村 のだむら 第116号 2-202, 2-204, 5-162, 5-299
野田村 のだむら 第118号 3-18, 3-20, 5-166
野田村 のだむら 第125号 3-51, 5-174
野田村 のだむら 第129号 3-67
野田村 のだむら 第129号 3-69
野田村 のだむら 第135号 3-101, 5-178
野田村 のだむら 第137号 3-113, 5-184, 5-306
野田村 のだむら 第141号 3-131, 5-183, 5-306
野田村 のだむら 第141号 3-128
野田村 のだむら 第141号 3-130
野田村 のだむら 第145号 3-153, 5-192, 5-307
野田村 のだむら 第152号 3-184, 5-196, 5-307
野田村 のだむら 第155号 3-192
野田村 のだむら 第180号 4-25, 5-222, 5-312
野田村 のだむら 第188号 4-68, 5-231, 5-313
野田村 のだむら 第195号 4-93, 5-233
野田村 のだむら 第208号 4-161, 5-315
野田村 のだむら 九州沿海図第18 4-264, 4-266
野田村上市 のだむらかみいち 第158号 3-204
野田村久木 のだむらくぎ 第180号 4-25
野田村久喜浦 のだむらくきうら 第45号 1-153, 1-154, 5-68
野田村見地 のだむらけんじ 第180号 4-25
野田村玉川 のだむらたまがわ 第45号 1-154, 5-70
野田村野町○ のだむらのまち 第208号 4-161, 5-251
野田村ハケノマ のだむらはけのま 第88号 2-79
野田村別府 のだむらべっぷ 第208号 4-161
野田村間草☆〔野田村、野田〕 のだむらまくさ 第116号 2-205, 5-162, 5-299
野多目村 のためむら 第187号 4-60, 4-62, 5-223, 5-313
ノツカ 第21号 1-67, 5-45
ノツカ川 第21号 1-67, 5-45, 5-275
ノツカ川 第25号 1-81, 5-32, 5-33, 5-276
ノツカシトマリ 第10号 1-36, 5-34, 5-272
ノツカトイヲマナイ川 第22号 1-70
ノツカマツフ 第6号 1-21, 1-22
ノツカマツフ川 第6号 1-21, 1-22, 5-26, 5-268, 5-270
ノツカマフ川 第7号 1-26, 5-20, 5-270
ノツコンケウ 第12号 1-40, 5-36, 5-269, 5-273
ノツシヤム 第6号 1-21, 5-26, 5-268, 5-270
ノツシヤム岬 第6号 1-21, 5-26, 5-268, 5-270
ノツシヤム岬 第12号 1-41, 5-36, 5-269, 5-273
野津原村☆ のつはるむら 第181号 4-29, 5-227, 5-312
野津原村（熊本領） のつはるむら 九州沿海図第3 4-203
野津原村○☆ のつはるむら 九州沿海図第21 4-281
野津原村恵良 のつはるむらえら 第181号 4-29
野積村 のづみむら 第74号 2-21, 5-98
箆津村 のつむら 第150号 3-171, 5-189, 5-305
野津村 のづむら 第195号 4-93, 4-94, 5-232
ノテト○ 第3号 1-16, 5-18, 5-268, 5-270
ノテト 第6号 1-22, 5-26, 5-270
ノテト 第22号 1-71, 1-72, 5-27, 5-270
ノテト岬 第3号 1-16, 5-18, 5-268, 5-270
野手村（小林吉之助、木村伊右エ門、瀬名源太郎、松平安房守知行所） のでむら 第58号 1-201, 5-110, 5-290
能登浦 のとうら 第171号 3-267, 5-203
野時村 のときむら 第144号 3-141, 5-183, 5-304
能登島 のとじま 第84号 2-62, 2-64, 5-140, 5-143, 5-295
能登國〔能登〕 のとのくに 第83号 2-57, 5-143, 5-295
能登國〔能登〕 のとのくに 第84号 2-62, 5-143, 5-295
能登野村 のとのむら 第121号 3-32, 5-172, 5-300
能登原村 のとはらむら 第157号 3-200, 5-195, 5-307
野外村 のとむら 第155号 3-190, 3-192, 5-189, 5-190
野鳥川 のとりがわ 第180号 5-222
野鳥川 のとりがわ 第180号 5-230
ノトロ岬 第7号 1-28, 5-21, 5-271
野内村○ のないむら 第39号 1-134, 5-67, 5-280
野中 のなか 第173号 3-273
野中才村（松平越中守） のなかさいむら 第74号 2-20, 5-112
野中新田 のなかしんでん 第187号 5-222, 5-231
野中村 のなかむら 第49号 1-166, 1-167, 5-69
野中村（高力式部知行所） のなかむら 第58号 1-200, 1-201, 5-110, 5-290
野中村 のなかむら 第100号 2-135, 2-138
野中村 のなかむら 第123号 3-39, 3-41, 5-180
野中村和泉 のなかむらいずみ 第100号 2-135, 2-138
野中村谷山 のなかむらたにやま 第136号 3-105
野中村東久留米〔東久留米野中村〕 のなかむらひがしくるめ 第188号 4-65, 4-66, 5-231
野波浦 のなみうら 第155号 3-191, 5-190, 5-305
野波浦瀬﨑 のなみうらせざき 第155号 3-191
ノナラヲツペ川〔子ラヲツベ〕 第12号 5-36, 5-269, 5-273
野根浦☆ のねうら 第149号 3-165, 5-198, 5-303
野根浦枝相間村 のねうらえだあいまむら 第149号 3-165
野根川 のねがわ 第149号 3-165
野根山 のねやま 第149号 5-198
野々上村 ののうえむら 第141号 3-129
野ヽ江村 ののえむら 第164号 3-228, 5-210
野々垣村 ののかきむら 第136号 3-104
野々河内浦 ののかわちうら 第183号 4-41, 5-228
野々河内浦 ののかわちうら 九州沿海図第5 4-215
野々口村 ののくちむら 第144号 3-147, 5-192, 5-307
野々熊村 ののくまむら 第134号 3-98
野々倉本庄村〔野々倉〕 ののくらほんじょうむら 第136号 3-105, 5-182, 5-306
野々島〔野島〕 ののしま 第147号 3-160, 3-162, 5-186, 5-187, 5-303, 5-306
野々島〔野々シマ〕 ののしま 第200号 4-116, 4-118, 5-250
野々島 ののじま 第52号 1-180, 5-79
野々嶋 ののじま 九州沿海図第16 4-257
野々庄村 ののしょうむら 第124号 3-42, 3-44, 5-180
野々濵 ののはま 第48号 1-163, 1-164, 5-78
野ノ濵村〔野々濵〕 ののはまむら 第157号 5-195, 5-307
野登山 ののぼりやま 第129号 3-70, 3-72

野々宮　ののみや　第133号　3-90
野波瀬ノ内飯井　のばせのうちいい　第176号　3-289
野畑村　のばたけむら　第141号　3-129, 5-183
野畑村枝葛畑　のばたけむらえだくずはた　第141号　3-129
野花村○　のばなむら　第127号　3-57, 5-180, 5-304
野原岬　のはらみさき　第122号　3-35, 3-37, 5-173, 5-300
野原村　のはらむら　第88号　2-77
野原村　のはらむら　第122号　3-35, 3-37, 5-173, 5-300
野原村○☆　のばらむら　第143号　3-137, 3-138, 5-183, 5-188, 5-304
野原村　のばらむら　第155号　3-191, 5-190
野原村　のばらむら　第193号　4-87, 5-223, 5-313
登立村大潟　のぼりたてむらおおがた　第196号　4-96, 4-98
登立村尾越崎　のぼりたてむらおこえさき　第196号　4-96, 4-98
野火止村（松平右京亮領分）　のびどめむら　第90号　2-85, 2-88, 5-120, 5-123, 5-291
野火止村枝東屋敷　のびどめむらえだひがしやしき　第90号　2-85, 2-88
野比村（鈴木兵庫知行所）　のびむら　第93号　2-101, 5-124, 5-291
野蒜村亀岡〔野蒜村〕　のびるむらかめおか　第52号　1-180, 5-78
延風村　のぶかぜむら　第150号　3-173, 3-175, 5-189, 5-193, 5-305
延澤村　のぶさわむら　第99号　2-129, 2-131
野伏浦　のぶしうら　第103号　2-149
登戸○　のぶと　第89号　2-81, 2-82, 2-83, 5-111, 5-122, 5-290
延友村（板倉右近領分、蒔田権佐知行所）　のぶともむら　第145号　3-153, 5-192
野夫村　のぶむら　第186号　4-54
濃部村　のぶむら　第192号　4-81, 5-239, 5-240, 5-241, 5-320
延村新上　のぶむらしんじょう　第127号　3-56
延村菅　のぶむらすが　第127号　3-56
ノフルヨイチ川　第20号　1-64, 5-44, 5-275
延岡（内藤亀之進居城）　のべおか　九州沿海図第6　4-218
野部嵜〔ノベサキ〕　のべざき　第189号　4-70, 5-238, 5-241
野邉地○☆　のへじ　第40号　1-137, 5-66, 5-280
野部村　のべむら　第125号　3-48, 3-50, 5-174
野部村　のべむら　第141号　3-129, 3-131, 5-183
野邉村〔野辺村〕　のべむら　第181号　4-30, 5-224, 5-226, 5-312
野邉村　のべむら　九州沿海図第3　4-200
上手村　のぼてむら　第180号　4-27, 5-230
登尾峠　のぼりおとうげ　第127号　5-180
登尾峠　のぼりおとうげ　第203号　5-251
登尾峠　のぼりおとうげ　九州沿海図第19　4-273
登立村　のぼりたてむら　第196号　4-96, 4-98, 5-233
登立村　のぼりたてむら　九州沿海図第19　4-275
登立村岩谷　のぼりたてむらいわや　第196号　4-96
登立村尾上　のぼりたてむらおのうえ　第196号　4-96, 4-98
登立村白多尾　のぼりたてむらしらたお　第196号　4-96, 4-98
登立村双原　のぼりたてむらそうばら　第196号　4-96, 4-98
登立村成合津　のぼりたてむらなりあいづ　第196号　4-96, 4-98
登戸村　のぼりとむら　第87号　2-75, 5-120, 5-290
登戸村　のぼりとむら　第88号　2-77
登立村四郎丸　のぼろたてむらしろうまる　第196号　4-96, 4-98
野間口村　のまぐちむら　第133号　3-91, 3-93, 5-178
野間口村　のまぐちむら　第193号　4-84, 4-86, 5-230, 5-232, 5-312, 5-314
野間口村神来　のまぐちむらおとど　第193号　4-84, 4-86
野間郡　のまぐん　第164号　3-230, 3-231, 5-197, 5-214, 5-307, 5-311
野増村　のましむら　第102号　2-145, 2-148, 5-128, 5-132, 5-292
ノマシリ　第31号　1-107
ノマシリ川　第31号　1-107, 5-54, 5-279
野間嶽〔野間岳〕　のまだけ　第210号　4-171, 5-317
野間嶽　のまだけ　九州沿海図第12　4-243, 4-245
野町村　のまちむら　第188号　4-65, 4-66, 4-68, 5-231, 5-313
野町村二本松　のまちむらにほんまつ　第188号　4-65, 4-66, 4-68
野間岬〔野間﨑〕　のまみさき　第210号　4-171, 5-254, 5-261, 5-317
野間岬　のまみさき　九州沿海図第12　4-243, 4-245
野間村（大関伊豫守領分）　のまむら　第69号　1-242, 5-106, 5-288
野間村　のまむら　第133号　3-91, 3-93, 5-178, 5-301
野間村　のまむら　第136号　3-104
野間村　のまむら　第164号　5-197, 5-214
野間村　のまむら　第187号　4-60, 5-223, 5-313
野間村　のまむら　第213号　4-179, 5-258, 5-261, 5-318
野間村〔竹〕屋野　のまむらたけやの　第213号　4-179
野間屋敷　のまやしき　九州沿海図第12　4-243, 4-245
野間山　のまやま　第136号　3-109
野見浦　のみうら　第160号　3-209, 5-200, 5-310
野見浦枝久通浦　のみうらえだくつううら　第160号　3-209, 5-200
能見川　のみがわ　第144号　3-140
能美郡　のみぐん　第86号　2-70, 2-71, 5-144, 5-300, 5-295
野溝村　のみぞむら　第96号　2-117
能見村　のみむら　第115号　2-198, 2-200, 5-159, 5-299
乃美村　のみむら　第164号　5-210, 5-308
野麥川栃木橋　のむぎがわとちぎばし　第109号　5-152
野麥峠〔峠〕　のむぎとうげ　第109号　2-167, 5-152
野麥村○　のむぎむら　第109号　2-167, 5-152, 5-296
野村　のむら　第62号　1-211, 5-87, 5-283
野村　のむら　第96号　2-117, 2-119, 5-150, 5-296
野村〔小野村〕　のむら　第118号　3-17, 5-156
野村　のむら　第121号　3-30, 5-157, 5-166
野村　のむら　第125号　3-51, 5-174, 5-300, 5-301
野村　のむら　第127号　3-59
野村　のむら　第129号　3-73, 5-167, 5-301
野村　のむら　第129号　3-69, 3-72, 5-163, 5-167
野村　のむら　第133号　3-93
野村　のむら　第136号　3-111, 5-182
野村　のむら　第143号　3-138, 5-192
野村　のむら　第150号　3-175, 5-193
野村開作　のむらかいさく　第175号　3-286
野村下野村　のむらしものむら　第127号　3-59
野室村　のむろむら　第122号　3-35
野母嵜〔野母﨑〕　のもざき　第202号　4-128, 5-237, 5-315
野母﨑　のもざき　長崎〔参考図〕　4-129
野元　のもと　九州沿海図第13　4-247
野本村（御料所）　のもとむら　第88号　2-79, 5-120
野本村馬場〔野本村〕　のもとむらばば　第88号　2-79, 5-120
野母村☆⚓　のもむら　第202号　4-128, 5-237, 5-315
野母村⚓　のもむら　長崎〔参考図〕　4-129
野母村出口　のもむらいでぐち　第202号　4-128
野母村出口　のもむらいでぐち　長崎〔参考図〕　4-129
野山　のやま　第145号　3-153
野山　のやま　第214号　4-187
野山村　のやまむら　第127号　3-59
野嵜〔寄〕村　のよりむら　第137号　3-112, 5-178, 5-306
野依村　のよりむら　第179号　4-19, 5-225, 5-312
野依村　のよりむら　九州沿海図第2　4-194
野依村原　のよりむらはる　第179号　4-19
野良犬村（御料所）　のらいぬむら　第94号　2-105, 5-119
野良田村　のらだむら　第90号　2-87
法枝村　のりえだむら　第111号　2-180, 5-161, 5-299
乗鞍岳　のりくらだけ　第109号　2-167, 5-152
則定村　のりさだむら　第115号　2-195, 2-200, 5-158
苔沢村〔堅苔沢村〕　のりざわむら　第71号　1-249, 5-91, 5-96, 5-285, 5-286
ノリ瀬〔ノロセ〕　のりせ　第206号　4-146, 5-242
乗竹村　のりたけむら　第127号　3-59
則次　のりつぎ　九州沿海図第3　4-201
詔門神社　のりとじんじゃ　第155号　3-191, 3-193
則直村　のりなおむら　第141号　3-131
則直山　のりなおやま　第141号　3-131
乗政川　のりまさがわ　第113号　2-186, 2-188, 5-155
乗政村○　のりまさむら　第113号　2-186, 2-188, 5-155, 5-297
則松川　のりまつがわ　第186号　4-54, 5-222
則松村　のりまつむら　第118号　3-16, 5-156, 5-297
ノロ江　のろえ　第103号　2-150
狼煙臺　のろしだい　第149号　3-166
狼烟臺　のろしだい　第203号　4-135
狼煙村　のろしむら　第85号　2-68, 5-142, 5-295
野呂山　のろやま　第164号　5-211, 5-308
ノンテ島　のんてじま　第204号　4-140

#【は】

バイカイチシ　第33号　1-114, 5-47, 5-279
早岐浦○☆　はいきうら　第190号　4-77, 5-234
早岐村〔早岐〕　はいきむら　第190号　4-77, 5-234, 5-313
早岐村枝折尾瀬村桒木場　はいきむらえだおりおせむらくわこば　第190号　4-77
早岐村枝廣田村　はいきむらえだひろだむら　第190号　4-77
早岐村椎常寺　はいきむらごんじょうじ　第190号　4-77

早岐村財津　はいきむらざいつ　第190号　4-77
バイケシユイ岩　第22号　1-70
拝志北村　はいしきたむら　第164号　3-230, 5-197, 5-214, 5-307, 5-311
拝島村（御料所、太田志摩守、岡部五郎兵エ知行所）　はいじまむら　第90号　2-89, 5-121, 5-291
梅寓〔窓〕院　ばいそういん　第90号　2-85, 2-87
早田浦⚓　はいだうら　第132号　3-82, 5-169, 5-301, 5-302
蝿田村　はいだむら　第130号　3-74, 5-167, 5-301
林田村　はいだむら　第144号　3-144, 5-192, 5-305
蝿田村枝北出　はいだむらえだきたで　第130号　3-74
蝿田村枝三軒茶屋　はいだむらえださんげんちゃや　第130号　3-74
蝿田村清水　はいだむらしみず　第130号　3-74
灰塚村　はいつかむら　第188号　4-64
灰塚村　はいつかむら　第208号　4-156, 5-250, 5-314
灰塚村　はいづかむら　第163号　3-226
灰塚村横頭　はいつかむらよこがしら　第208号　4-156
灰塚村横頭　はいつかむらよこがしら　九州沿海図第17　4-262
配津村　はいづむら　第115号　2-196, 2-198, 2-200, 5-159, 5-299
羽出浦　はいでうら　第183号　4-40, 5-226, 5-228
羽出浦　はいでうら　九州沿海図第5　4-211
羽犬塚村○〔羽犬塚〕　はいぬづかむら　第188号　4-65, 4-66, 4-68, 5-231, 5-313
ハイノハセ　はいのはせ　第192号　4-80
早福瀬　はいのふきせ　第204号　4-141
ハイハク子　はいはくね　第102号　2-145
榛原郡　はいばらぐん　第107号　2-156, 5-160, 5-298
榛原郡　はいばらぐん　第111号　2-177, 2-178, 5-160
萩原村　ばいばらむら　第118号　3-20, 5-159
早福崎　はいふきざき　第204号　4-141
早福岳　はいふきだけ　第204号　4-141
バイラケ　第7号　1-28, 5-21, 5-271
梅林寺　ばいりんじ　第133号　3-93, 5-178
波有手村　はうでむら　第138号　3-117, 5-184
蝿ケ峯　はえがみね　第164号　5-211
蝿ヶ峯　はえがみね　第167号　5-308
ハエノサキ　はえのさき　第167号　3-242
ハエ山　はえやま　第188号　4-68
祖母浦村　ばがうらむら　第84号　2-62, 2-64, 5-142, 5-295
波賀尾山　はがおやま　第136号　3-105
波嘉島　はかじま　第154号　3-188, 5-191, 5-305
博多　はかた　第210号　5-254, 5-261
博多浦　はかたうら　九州沿海図第12　4-243
伯方島☆　はかたじま　第157号　3-203, 5-210, 5-307
博多津○　はかたつ　第187号　4-60, 5-223, 5-313
波賀野村　はがのむら　第136号　3-105, 5-182
波賀野村新田　はがのむらしんでん　第136号　3-105
波賀野村見内村　はがのむらみうちむら　第136号　3-105
中濱村　はかはまむら　第76号　2-30, 5-112
袴﨑　はかまがさき　第103号　2-149
袴着村　はかまぎむら　第97号　2-121, 5-121, 5-126, 5-291
袴腰山　はかまごしやま　第133号　3-87, 3-89
袴島　はかまじま　第151号　3-181, 5-195, 5-307
袴田　はかまだ　第174号　3-278
袴野村〔袴野〕　はかまのむら　第190号　4-76, 5-234, 5-313
袴野村浦川　はかまのむらうらかわ　第190号　4-76
袴野村上矢　はかまのむらかみや　第190号　4-76
芳賀村　はがむら　第66号　1-227, 5-92, 5-285
ハカメ山　はかめやま　第214号　5-259, 5-261, 5-319
斗石村　はかりいしむら　第200号　4-115, 4-116, 4-118, 5-250
計石村　はかりいしむら　九州沿海図第16　4-257, 4-259
斗石村白岩　はかりいしむらしらいわ　第200号　4-115, 4-116, 4-118
葉苅村　はがりむら　第118号　3-20
破木　はき　九州沿海図第16　4-258, 4-260
葉木　はき　九州沿海図第16　4-258, 4-260
萩　はぎ　第176号　3-288, 5-217, 5-219, 5-309
波木井村地先〔波木井村、波木井〕　はきいむらちさき　第100号　2-137, 2-139, 5-127, 5-296
萩生村（白須甲斐守知行所）　はぎうむら　第91号　2-96, 5-124, 5-290
萩尾峠　はぎおとうげ　第180号　4-27
萩尾村　はぎおむら　第182号　4-34, 5-227, 5-312, 5-314
萩尾村　はぎおむら　九州沿海図第21　4-281
萩尾村白萩尾　はぎおむらしらはぎお　第182号　4-34
萩尾山　はぎおやま　第195号　4-93, 4-94, 5-232
萩尾山　はぎおやま　九州沿海図第18　4-264
萩蕪村　はぎかぶむら　第100号　2-134, 5-291
萩崎村　はぎさきむら　九州沿海図第1　4-191
萩﨑村　はぎざきむら　第178号　4-13, 4-15
萩園村（御書院番與力給地、久貝又三郎知行所）　はぎぞのむら　第58号　1-200, 1-201, 5-110
萩平村　はぎだいらむら　第110号　2-175, 2-176, 5-158, 5-161, 5-296, 5-299
ハキチヤリ川　第36号　1-121, 5-60, 5-281
脛永村　はきながむら　第118号　3-17
萩荘村〔萩生〕　はぎのしょうむら　第133号　3-92, 5-301
萩荘村ノ内出郷　はぎのしょうむらのうちいでごう　第133号　3-92
萩原村　はぎはらむら　第134号　3-97, 3-98, 5-177
萩路村　はぎみちむら　第164号　5-210, 5-307, 5-308
萩村赤坂〔萩村、赤坂〕　はぎむらあかさか　第65号　1-223, 5-90, 5-285
萩山　はぎやま　第200号　4-114
波伯山村　はきやまむら　第143号　3-136
萩原○　はぎわら　第118号　3-18, 3-20, 5-159, 5-297
萩原　はぎわら　九州沿海図第7　4-221
萩原町村○　はぎわらまちむら　第113号　2-186, 5-153, 5-155, 5-297
萩原村　はぎわらむら　第100号　2-132, 2-134, 5-126
萩原村　はぎわらむら　第118号　3-17, 5-156, 5-297, 5-300
萩原村　はぎわらむら　第127号　3-56, 3-58, 5-175
萩原村　はぎわらむら　第180号　4-28, 5-230, 5-312
萩原村　はぎわらむら　第181号　4-29, 4-30, 4-33, 5-226, 5-312
萩原村　はぎわらむら　第195号　4-94, 5-250
萩原村（府内領）　はぎわらむら　九州沿海図第3　4-202
萩原村　はぎわらむら　九州沿海図第16　4-260
萩原村茱萸沢入　はぎわらむらぐみざわいり　第100号　2-132, 2-134
萩原山　はぎわらやま　第187号　4-59, 4-62
羽咋川　はくいがわ　第83号　2-61
羽咋郡　はくいぐん　第83号　2-57, 2-61, 5-141, 5-143, 5-295
羽咋郡　はくいぐん　第84号　2-63, 2-65, 5-143, 5-295
白石村　はくいしむら　第162号　3-218, 5-190, 5-204, 5-305, 5-308
羽咋村　はくいむら　第83号　2-61, 5-141
ハクカシ　はくかし　第141号　3-127
伯原山　はくげんさん　第138号　5-303, 5-306
白山　はくさん　第99号　2-128
白山　はくさん　第109号　2-170
白山　はくさん　第110号　5-154
白山　はくさん　第119号　3-22, 5-144, 5-297
白山　はくさん　第124号　3-42
白山　はくさん　第163号　3-224
白山〔白岳〕　はくさん　第181号　5-226, 5-312
白山　はくさん　第195号　4-93, 4-94, 5-233
白山　はくさん　九州沿海図第4　4-207
白山大神社〔白山太神宮〕　はくさんだいじんじゃ　第113号　2-189, 5-155, 5-156
白地　はくじ　九州沿海図第2　4-195
博奕石　ばくちいし　第36号　1-123
ハクチ瀬　ばくちせ　第204号　4-140
博〔奕〕碆〔バクチハエ〕　ばくちはえ　第183号　4-43, 5-228
博奕ハヘ　ばくちはえ　九州沿海図第6　4-216
博奕岬〔博奕﨑〕　ばくちみさき　第122号　3-35, 3-37, 5-173
白鳥岬　はくちょうみさき　第187号　4-61
瀑布〔滝〕　ばくふ　第132号　3-85, 1-170, 5-302
羽栗郡　はぐりぐん　第118号　3-16, 3-18, 5-159
葉栗郡　はぐりぐん　第118号　3-18, 5-159, 5-297
白樂市村　ばくろういちむら　第151号　3-178, 5-192, 5-193, 5-307
馬喰村　ばくろうむら　第111号　2-177, 2-178, 5-160, 5-298
羽黒村　はぐろむら　第75号　2-24, 5-99, 5-287
羽黒村　はぐろむら　第114号　2-193, 2-194, 5-159, 5-297
羽黒村稲葉　はぐろむらいなば　第114号　2-193, 2-194
羽黒村菊川　はぐろむらきくがわ　第114号　2-193, 2-194
白鷺脇附新田　はくろわきつけしんでん　第129号　3-66, 5-159
ハケシマ　はけしま　第169号　3-250
ハケシマ　はけしま　第189号　4-74
ハケシマ　はけしま　第201号　4-121
ハケ島　はけじま　第204号　4-140, 4-142
箱井村　はこいむら　第62号　1-211, 5-87
箱浦　はこうら　第152号　3-183, 5-195, 5-307
箱浦枝室濵　はこうらえだむろはま　第152号　3-183
箱ケ岳　はこがたけ　第121号　3-33, 5-172
ハコ崎　はこざき　第93号　5-123
箱﨑　はこざき　第152号　3-183, 5-195
箱﨑　はこざき　第205号　4-145
箱﨑　はこざき　第213号　4-180, 5-258, 5-261
箱﨑川　はこざきがわ　第187号　4-60
箱嵜村　はこざきむら　第47号　1-159
箱﨑村　はこざきむら　第187号　5-223
箱﨑村〔箱崎〕　はこざきむら　第191号　4-78, 5-238, 5-241, 5-313
箱﨑村大久保　はこざきむらおおくぼ　第191号　4-78
箱嵜村苅宿　はこざきむらかりやど　第47号　1-159

箱嵜村桒野濵　はこざきむらくわのはま　第47号　1-159
箱嵜村白濵　はこざきむらしらはま　第47号　1-159
箱﨑村大左右　はこざきむらたいそう　第191号　4-78
箱﨑村谷江　はこざきむらたにえ　第191号　4-79
箱﨑村箱﨑宿○☆〔箱﨑〕　はこざきむらはこざきじゅく　第187号　4-60, 5-313
箱﨑村原田　はこざきむらはらだ　第187号　4-60
箱﨑村針尾　はこざきむらはりお　第191号　4-79
箱﨑村諸津　はこざきむらもろつ　第191号　4-78
ハコ島　はこじま　第132号　3-83
箱島　はこじま　第140号　3-124, 5-170
筥島　はこじま　第145号　3-155, 5-185
箱島　はこじま　第164号　3-228, 5-210
箱島　はこじま　第189号　4-70
箱島　はこじま　第191号　4-78
箱舘☆⚓　はこだて　第32号　1-110, 5-53, 5-56, 5-279
箱田村　はこだむら　第157号　5-195, 5-307
箱作村　はこつくりむら　第138号　3-117, 3-118, 5-184
箱作り山　はこづくりやま　第163号　3-227
箱根（御料所、大久保加賀守領分）（御関所）○　はこね　第99号　2-131, 5-126, 5-291
箱根ケ﨑村（御料所）○　はこねがさきむら　第90号　2-89, 5-121, 5-291
箱根権現〔権現〕　はこねごんげん　第99号　2-131, 5-126
箱根宿新屋町　はこねしゅくあらやまち　第99号　2-131
箱根田濵　はこねだはま　第53号　1-184, 5-80
箱原村　はこばらむら　第98号　2-126, 5-117, 5-127, 5-296
筥山　はこやま　第81号　2-50
羽衣明社　はごろもめいしゃ　第107号　2-156, 2-158
迫川村　はざかわむら　第145号　3-155, 5-194, 5-307
間越　はざこ　第183号　4-39
間越　はざこ　第183号　4-40
間越　はざこ　九州沿海図第5　4-211
間越　はざこ　九州沿海図第5　4-211
迫子村　はざこむら　第117号　3-15, 5-168, 5-299
挾田村　はさだむら　第182号　4-35, 5-227, 5-229, 5-312, 5-314
挾田村　はさだむら　九州沿海図第21　4-279, 4-281
挾田村枝柴栗村　はさだむらえだしばくりむら　九州沿海図第21　4-279, 4-281
挾田村枝田尾村　はさだむらえだたおむら　第182号　4-35
挾田村枝田尾村　はさだむらえだたおむら　九州沿海図第21　4-279
挾田村谷　はさだむらたに　第182号　4-35
挾田村峠　はさだむらとうげ　第182号　4-35
挾田村ハヱ　はさだむらはえ　第182号　4-35
迫間浦〔迫間〕　はさまうら　第131号　3-78, 5-168, 5-299
迫間川　はさまがわ　第193号　4-84, 4-86
間田村　はさまたむら　第125号　3-48, 5-166
挾間田村（戸田能登守領分）　はさまだむら　第69号　1-244, 5-106, 5-288
波左間村（酒井内記知行所）　はさまむら　第92号　2-99, 2-100, 5-124, 5-292
間村　はさまむら　第188号　4-69, 5-231
迫間山　はざまやま　第114号　2-193, 2-194
ハサミ　第26号　1-87
ハサミ川〔ハサミ〕　第18号　1-60, 5-43, 5-275
波佐見川　はさみがわ　第190号　4-76
八社宮村　はさみむら　第124号　3-42, 3-44, 5-180
波佐見村〔波佐見〕　はさみむら　第190号　4-76, 5-234, 5-313
波佐見村枝井石　はさみむらえだいせき　第190号　4-76
波佐見村枝折川内　はさみむらえだおりかわち　第190号　4-76
波佐見村枝折敷瀬　はさみむらえだおりしきせ　第190号　4-76
波佐見村枝金谷　はさみむらえだかなや　第190号　4-76
波佐見村枝田ノ頭　はさみむらえだたのかしら　第190号　4-76
波佐見村枝長野　はさみむらえだながの　第190号　4-76
波佐見村枝中山　はさみむらえだなかやま　第201号　4-121
波佐見村枝波佐見河内　はさみむらえだはさみこうち　第190号　4-76
波佐見村枝稗木場山　はさみむらえだひえこばやま　第190号　4-76
波佐見村枝平瀬　はさみむらえだひらせ　第201号　4-120
波佐見村枝面長原　はさみむらえだめんちょばる　第190号　4-76
八社宮村江木〔江本村〕　はさみむらえもと　第124号　3-42, 3-44, 5-180
波佐見村狩立　はさみむらかりたて　第190号　4-76
橋粟﨑村〔橋粟ヶ﨑〕　はしあわがさきむら　第86号　2-69, 5-141, 5-295
ハシイナウシ　第21号　1-67, 5-45, 5-275
ハシイナシ　第21号　1-68, 1-69, 5-46
走水村　はしうどむら　第137号　3-113, 5-184, 5-306
橋掛岬　はしかけみさき　第132号　3-82
ハシカシマ　はしかじま　第122号　3-34, 3-36, 5-173
羽鹿島村　はじかじまむら　第98号　2-126, 5-117, 5-127, 5-296
初鹿野村　はじかのむら　第97号　2-122, 2-123, 5-117, 5-291
初鹿野村横吹　はじかのむらよこふき　第97号　2-122, 2-123
桝濵浦　はじかみはまうら　第139号　3-121, 5-179, 5-303, 5-306
波路上村　はじかみむら　第47号　1-161, 5-76, 5-284
橋杭岩　はしくいいわ　第140号　3-124
ハシクル　第32号　1-111
ハシクル川　第32号　1-111, 5-56, 5-279
パシクル川〔ハシタル川〕　第23号　1-76, 5-271, 5-276
橋桁村　はしけたむら　第60号　1-205, 5-84, 5-281
ハシケ根　はしけね　第101号　2-142
梯ノ岡　はしごのおか　第199号　4-109, 5-247, 5-261
梯岡　はしごのおか　九州沿海図第11　4-241
觜﨑宿村○　はしさきしゅくむら　第141号　3-129, 3-131, 5-183, 5-306
觜﨑村　はしさきむら　第141号　3-129, 5-183
端瀬　はしせ　第176号　3-292, 5-219
橋立明神　はしだてみょうじん　第123号　3-38, 3-40
橋立村　はしたてむら　第86号　2-71, 5-145, 5-297, 5-300, 5-295
橋立村（御料所）　はしだてむら　第97号　2-122, 2-123, 5-117
間山　はしたやま　第144号　3-141, 3-144
橋津村　はしづむら　第179号　4-18, 4-21, 5-225, 5-312
橋津村（嶋原領）　はしづむら　九州沿海図第2　4-194, 4-197
橋爪　はしづめ　九州沿海図第3　4-201
橋爪村　はしづめむら　第114号　2-193, 2-194, 5-159, 5-297
橋爪村　はしづめむら　第118号　3-19, 5-166
橋爪村　はしづめむら　第123号　3-39, 3-41, 5-180, 5-304
橋爪村　はしづめむら　第126号　3-55, 5-175
橋爪村　はしづめむら　第141号　3-128, 3-130
橋爪村枝檜山　はしづめむらえだひやま　第126号　3-55
橋爪村五郎丸　はしづめむらごろうまる　第114号　2-193, 2-194
橋爪村別所　はしづめむらべっしょ　第118号　3-19
橋寺村（御料所）　はしでらむら　第135号　3-101, 5-178
箸中村　はしなかむら　第134号　3-97, 5-177
ハシノ小島　はしのこじま　第145号　3-149, 3-151, 3-152, 3-154, 5-192, 5-194
端シマ〔ハシ島〕　はしのしま　第201号　4-122, 5-235
波止濵　はしはま　第164号　3-230, 5-197, 5-210, 5-214, 5-307, 5-311
橋場山　はしばやま　第184号　4-47
橋原村　はしばらむら　第96号　2-118, 5-150
橋原村志平　はしばらむらしびら　第96号　2-118
橋姫社　はしひめしゃ　第133号　3-89
ハシベツ　第17号　1-52, 5-42, 5-274, 5-275
ハシベツ川　第17号　1-52, 5-42
葉島　はしま　第52号　1-180
ハシマ　はしま　第155号　3-190, 5-189, 5-190
端島　はしま　第158号　3-205, 5-197
端島　はしま　第167号　3-242, 5-211, 5-213
羽島　はしま　第189号　4-70, 4-72, 5-234, 5-238, 5-241, 5-313
羽シマ〔羽シマ〕　はしま　第201号　4-121, 5-234
葉嶋　はしま　第202号　4-125, 4-126
端島　はしま　第202号　4-128, 5-237
端島　はしま　長崎〔参考図〕　4-129, 4-131
羽嶋（大井郷村屬）　はじま（おおいごうむらぞく）　第176号　3-288, 5-217, 5-309
端島（柱島屬）　はしま（はしらじまぞく）　第167号　3-245, 5-215, 5-311
羽嶋浦☆　はしまうら　九州沿海図第13　4-247
羽島﨑　はしまざき　第210号　4-169, 5-252, 5-261
羽嶋﨑　はしまざき　九州沿海図第13　4-247
飯島村　はしまむら　第155号　3-191, 3-193, 5-189, 5-190, 5-305
羽島村　はしまむら　第210号　4-169, 5-252, 5-261
羽嶋村　はしまむら　九州沿海図第13　4-247
羽嶋村光瀬　はしまむらこせ　第210号　4-169
羽島村白濵　はしまむらしらはま　第210号　4-169
羽島村土川　はしまむらつちがわ　第210号　4-169
羽島村羽島浦☆　はしまむらはしまうら　第210号　4-169, 5-315, 5-317
羽島村横瀬　はしまむらよこせ　第210号　4-169
橋向　はしむかい　第151号　3-178
橋村　はしむら　第120号　3-24, 5-145
波子村　はしむら　第172号　3-268, 5-212
波路村　はじむら　第123号　3-40, 5-173
土師村　はじむら　第145号　3-152
土師村　はじむら　第187号　4-56, 5-222, 5-312
土師村取平　はじむらとりひら　第187号　4-56
橋本　はしもと　第173号　3-272
橋本町○　はしもとまち　第133号　3-92, 5-176, 5-178, 5-301

橋本村（藤沢宮内、別所小二郎、石野新左エ門、高木甚太郎知行所）○　はしもとむら　第90号　2-91, 5-126, 5-291
橋本村　はしもとむら　第111号　2-181, 5-161, 5-299
橋本村　はしもとむら　第124号　3-47
橋本村　はしもとむら　第133号　3-87, 3-89, 5-174, 5-176, 5-301
橋本村〔橋本〕　はしもとむら　第189号　4-72, 5-234, 5-241, 5-313
ハシヤ崎　はしやざき　第104号　2-151
橋屋村　はしやむら　第134号　3-98, 5-177, 5-301
馬生村　ばしょうむら　第111号　2-180, 5-161, 5-299
柱島　はしらじま　第131号　3-78, 5-168
柱島（岩国領）〔桂島〕　はしらじま　第167号　3-245, 5-215, 5-311
柱島〔柱シマ〕　はしらじま　第187号　4-61, 5-233, 5-313
柱セ　はしらせ　第191号　4-79
柱野岳　はしらのだけ　九州沿海図第19　4-273
柱野村　はしらのむら　第173号　3-274, 3-276, 5-218, 5-311
柱野山　はしらのやま　第203号　4-135, 5-251
柱木〔本〕村　はしらもとむら　第133号　3-92, 5-176, 5-178
走込　はしりこり　九州沿海図第8　4-224
芝崎　はしりざき　第145号　3-154
走島　はしりじま　第157号　5-195, 5-307
走手鼻　はしりてばな　第170号　3-262
走出村　はしりでむら　第151号　3-179
走水村（松平大和守領分）○　はしりみずむら　第93号　2-101, 5-124, 5-291
走湯（温泉）　はしりゆ　第101号　2-140
橋羽村　はしわむら　第111号　2-180, 5-161, 5-298
蓮池川　はすいけがわ　第86号　2-70, 5-144
蓮池村　はすいけむら　第86号　2-70, 5-141, 5-144, 5-295
蓮池村　はすいけむら　第118号　3-18, 3-20, 5-297
筈倉山　はずくらやま　第176号　3-292
幡豆郡　はずぐん　第116号　2-201, 2-203, 2-206, 2-207, 5-162, 5-299
蓮沼新田　はすぬましんでん　第88号　2-77, 2-79
蓮沼新田高尾新田須野子新田江川新田大和屋新田荒井新田久保田新田入會　はすぬましんでんたかおしんでんすのこしんでんえがわしんでんやまとやしんでんあらいしんでんくぼたしんでんいりあい　第88号　2-77, 2-79
蓮沼村（御料所、保科越前守領分、津田山城守、松平備後守、三枝甚四郎知行所）　はすぬまむら　第89号　2-80, 5-111, 5-290
蓮沼村（東叡山領）　はすぬまむら　第90号　2-85, 5-120, 5-123
蓮池（鍋島甲斐守在所）　はすのいけ　第188号　4-67, 4-69, 5-231, 5-313
筈巻村　はずまきむら　第127号　3-57
幡頭山〔幡豆山〕　はずやま　第116号　2-203, 2-206, 5-162
長谷　はせ　第175号　3-283
長谷釜濵　はせかまはま　第53号　1-184, 5-80
ハセ川　はぜがわ　第184号　5-229
櫨河内岳　はぜかわちだけ　第190号　4-76
ハセキクリ　はせきぐり　第122号　3-36, 5-173, 5-300
ハセキ小クリ　はせきこぐり　第122号　3-36, 5-173
長谷坂峠　はせざかとうげ　第176号　3-291, 5-219, 5-220
馳出村　はせだしむら　第129号　3-66, 3-68, 5-166
走田神社　はせたじんじゃ　第133号　3-91, 5-175
長谷段山　はせだんやま　第163号　3-224
長谷寺　はせでら　第99号　2-128
長谷寺〔観音〕　はせでら　第134号　3-97, 5-177, 5-301
長谷村（堀田相模守領分、長谷川駒之助、堀篤之亟、石川八兵エ、川勝権之助、大久保筑後守知行所）　はせむら　第99号　2-128, 5-126, 5-291
初瀬村　はせむら　第134号　3-97, 3-98, 5-177, 5-301
長谷村　はせむら　第143号　3-135
波瀬村　はぜむら　第116号　2-203, 2-205, 5-162, 5-299
土師村　はぜむら　第127号　3-57, 5-180, 5-304
土師村　はぜむら　第134号　3-95
土師村　はぜむら　第141号　3-128
土師村枝新町○　はぜむらえだしんまち　第127号　3-57
初瀬村與喜浦　はせむらよきうら　第134号　3-97
長谷山川　はせやまがわ　第187号　5-222, 5-231
長谷山村　はせやまむら　第187号　4-58, 5-222, 5-231
破礒　はそ　九州沿海図第4　4-208, 4-211
畑　はた　第167号　3-242, 3-244, 5-211, 5-213
畑　はた　第167号　3-243, 5-211, 5-213
畑　はた　第173号　3-274, 3-276
羽田井村〔波田井〕　はたいむら　第150号　3-171, 5-189, 5-305
畑浦　はたうら　第162号　3-218, 5-190, 5-204
幡浦　はたうら　九州沿海図第6　4-219
波多江村　はたえむら　第187号　4-61, 4-63, 5-223, 5-313
波多江村西沖　はたえむらにしおき　第187号　4-61, 4-63
裸島　はだかしま　第198号　4-105, 4-106, 5-246, 5-316
裸島　はだかしま　第200号　4-117
裸島　はだかしま　第206号　4-149
ハタカシマ　はだかしま　九州沿海図第19　4-274
裸島　はだかじま　第142号　3-133, 3-134, 5-185
裸島　はだかじま　第147号　3-160, 5-186, 5-187
裸シマ　はだかじま　第159号　3-206, 3-208
裸島　はだかじま　第161号　3-216, 3-217, 5-203
裸嶋　はだかじま　第169号　3-251, 5-215
裸嶋　はだかじま　第169号　3-254, 5-215
裸島　はだかじま　第171号　3-266, 5-203
裸シマ　はだかじま　第192号　4-80, 4-81
裸シマ　はだかじま　第192号　4-81, 4-82
裸嶋　はだかじま　第196号　4-98
裸シマ　はだかじま　第201号　4-121
裸シマ　はだかじま　第201号　4-122
裸シマ　はだかじま　第201号　5-234
裸島　はだかじま　第202号　4-125, 4-127, 4-128
裸島　はだかじま　第206号　5-242, 5-243
裸島　はだかじま　第206号　4-146
裸島　はだかじま　第206号　4-146, 4-148
裸嶋　はだかじま　九州沿海図第8　4-224
ハタカシマ　はだかじま　九州沿海図第16　4-257
裸シマ　はだかじま　九州沿海図第19　4-275
裸島　はだかじま　長崎〔参考図〕　4-131, 4-133
波高嶋村　はだかじまむら　第100号　2-137
安口村○　はだかすむら　第136号　3-104, 5-175, 5-304
裸セ　はだかせ　第189号　4-71, 4-73
裸セ　はだかせ　第202号　4-127, 4-128
裸瀬〔裸セ〕　はだかせ　第204号　4-140, 4-142, 5-235
裸瀬　はだかせ　第204号　4-140, 4-142
裸瀬　はだかせ　長崎〔参考図〕　4-131
畑方村　はたかたむら　第75号　2-24, 2-26, 5-99, 5-287
ハタカ子　はだかね　第103号　2-149
畑賀村　はたかむら　第167号　3-240
幡ケ谷村（御料所、神谷縫殿之助知行所）　はたがやむら　第90号　2-85, 2-87, 5-120, 5-123, 5-291
幡ケ谷村笹塚　はたがやむらささづか　第90号　2-85
畑川　はたがわ　第130号　5-167
畑木村　はたきむら　第156号　3-194, 5-193
八多喜村〔八多木〕　はたきむら　第170号　3-258, 5-201, 5-311
廿木村　はたきむら　第173号　3-274, 3-276, 5-218, 5-311
幡多郡　はたぐん　第160号　3-210, 5-202, 5-311
幡多郡　はたぐん　第161号　3-213, 3-215, 3-217, 5-202
畑川　はたけがわ　第173号　5-213
畑島〔畑嶋〕　はたけじま　第140号　3-126, 5-171
畑嶋　はたけじま　第177号　3-294, 5-220
畑島　はたけじま　第206号　4-149, 5-242, 5-321
畑田村　はたけだむら　第133号　3-93, 5-178
畠田村（松平甲斐守領分）　はたけだむら　第135号　3-102, 5-176, 5-177, 5-178
畠田村〔畑田村〕　はたけだむら　第145号　3-152, 5-192
畠田村尼寺　はたけだむらあまでら　第135号　3-102
畠田村小黒　はたけだむらおぐろ　第135号　3-102
畠田村山上　はたけだむらやまがみ　第135号　3-100, 3-102
畠村☆〔白田村〕　はたけむら　第116号　2-201, 2-205, 5-162
畑村　はたけむら　第178号　5-222
畑山　はたけやま　第136号　5-175
畑﨑　はたざき　第140号　3-126
畑﨑　はたざき　第192号　4-81, 4-82
幡﨑村　はたざきむら　第187号　4-59, 4-62, 5-231, 5-313
畑沢村（御料所、白須甲斐守、本多修理、曽根内匠知行所）　はたざわむら　第91号　2-95, 5-122, 5-123, 5-124, 5-290
畠敷村　はたじきむら　第163号　3-224, 5-208
畠敷村大迫　はたじきむらおおさこ　第163号　3-224
畑シマ　はたしま　第138号　5-186
畑シマ　はたしま　第139号　5-186
畑島村〔畑島〕　はたしまむら　第189号　4-72, 5-234, 5-241, 5-313
畑島村　はたじまむら　第187号　4-59, 5-222, 5-231, 5-313
畑島村上畑島　はたしまむらかみはたしま　第189号　4-72
畑宿（大久保加賀守領分）〔畑〕　はたじゅく　第99号　2-131, 5-126, 5-291
畑尻　はたじり　九州沿海図第19　4-272
ハタシロ﨑　はたしろざき　第103号　2-149
波田須村　はだすむら　第132号　3-83, 5-169, 1-170, 5-301, 5-302
畑瀬山　はたせやま　第187号　4-63
畑田　はただ　九州沿海図第1　4-189, 4-191
波多山　はたたま　第196号　4-96
畑田村　はただむら　第138号　3-119, 5-184, 5-303, 5-306
廿路村〔廿路〕　はたちむら　第190号　4-75, 5-

234, 5-313
幡路村　はだちむら　第136号　3-104
波多嶋　はたとう　九州沿海図第16　4-259
畑中町　はたなかまち　第133号　3-90, 5-175, 5-176
畠中村　はたなかむら　第209号　4-162, 5-247, 5-261, 5-315
畑中村　はたなかむら　第209号　5-247, 5-261
畠中村　はたなかむら　九州沿海図第10　4-232
畠中村西濵　はたなかむらにしはま　第209号　4-162
畑野浦☆　はたのうら　第183号　4-40, 5-228, 5-311, 5-314
畑野浦　はたのうら　九州沿海図第5　4-213
畑野浦小浦〔小浦〕　はたのうらおうら　第183号　4-40, 5-311
畑野浦小浦濵　はたのうらこうらはま　第183号　4-40
畑野浦松郷　はたのうらまつごう　第183号　4-40
籏ノ﨑　はたのさき　第139号　3-123
旗鉾川　はたほこがわ　第191号　4-78
幡保村　はたほむら　第188号　4-69, 5-231
畑本郷村　はたほんごうむら　第75号　2-24, 2-26, 5-99, 5-287
波多見　はたみ　第167号　3-242, 5-211, 5-213
畑村　はたむら　第51号　1-178, 5-77
畑村　はたむら　第62号　1-211, 5-87, 5-283
畑村　はたむら　第101号　2-140
畑村　はたむら　第122号　3-36, 5-173
畑村　はたむら　第123号　3-41, 5-180
畑村　はたむら　第123号　3-41, 5-180
八太村○〔八田〕　はたむら　第130号　3-74, 3-77, 5-163, 5-167, 5-301
畑村　はたむら　第133号　3-93
畑村　はたむら　第141号　3-130, 5-182
畑村　はたむら　第178号　4-13, 5-222, 5-312
畑村　はたむら　第194号　4-89, 5-232, 3-314
波多村　はたむら　第196号　4-96, 5-233, 5-315
畑村　はたむら　九州沿海図第1　4-191
波多村　はたむら　九州沿海図第18　4-265
波多村　はたむら　九州沿海図第19　4-275
羽田村　はだむら　第181号　4-29, 4-33, 5-226, 5-312
羽田村（府内領）　はだむら　九州沿海図第3　4-202
畑村枝西畑　はたむらえだにしはた　第123号　3-41
波多村枝三角浦〔三角浦〕　はたむらえだみすみうら　第196号　4-96, 5-233
波多村枝三角浦　はたむらえだみすみうら　九州沿海図第18　4-265
波多村枝三角浦　はたむらえだみすみうら　九州沿海図第19　4-275
波多村大田尾　はたむらおおたお　第196号　4-96
畑村上畑〔畑村〕　はたむらかみはた　第130号　3-75, 5-167
畑村河原　はたむらかわはら　第130号　3-75
波多村際嵜　はたむらきわさき　第196号　4-96
波多村塩屋　はたむらしおや　第196号　4-96
畑村下畑　はたむらしもはた　第130号　3-75
畑村野深　はたむらのぶか　第141号　3-130
畑村横山　はたむらよこやま　第141号　3-130
旗持山　はたもちやま　第76号　2-31
畑山　はたやま　第127号　3-58, 5-175
畠山　はたやま　第175号　5-218
畑屋村　はたやむら　第144号　3-141, 3-144, 5-192
播羅郡　はたらぐん　第88号　2-77, 5-118, 5-291
旛羅郡　はたらぐん　第94号　2-106, 5-118, 5-291
八王子　はちおうじ　第136号　3-111
八王子権現山　はちおうじごんげんやま　第98号　2-124, 2-126
八王寺村　はちおうじむら　第193号　4-85
八王子横山宿（御料所）○〔八王子〕　はちおうじよこやまじゅく　第90号　2-89, 2-91, 5-121, 5-291
八﨑村　はちがさきむら　第84号　2-62, 2-64, 5-142, 5-295
蜂ケ岳〔蜂ケ峯〕　はちがたけ　第121号　3-30, 5-157, 5-172
ハチカミサワ　第34号　1-119, 5-57, 5-279
八軒町之内追分髭茶屋町　はちけんちょうのうちおいわけひげちゃやまち　第133号　3-87
蜂子ノ辻　はちこのつじ　第204号　4-140
八﨑〔八サキ〕　はちさき　第207号　5-243
鉢島　はちじま　第190号　4-77
蜂巣　はちす　第171号　3-265, 3-266
蓮潟〔蓮泻〕　はちすがた　第83号　2-57, 5-141
ハチスシマ　はちすじま　第155号　3-191, 5-190
蓮村（本多豊後守）　はちすむら　第81号　2-50, 5-138, 5-294
蓮村飯澤新田　はちすむらいいざわしんでん　第81号　2-50
蓮村枝茂右エ門新田　はちすむらえだもうえもんしんでん　第81号　2-50
蓮村五右エ門新田　はちすむらごえもんしんでん　第81号　2-50
蓮村界澤　はちすむらさかいざわ　第81号　2-50
蓮村深沢　はちすむらふかさわ　第81号　2-50
蜂瀬　はちせ　九州沿海図第12　4-243
八大竜王　はちだいりゅうおう　第95号　2-110
八人岳　はちにんがたけ　第201号　4-121, 4-122, 5-237
八ノ川　はちのかわ　第207号　4-151, 4-153, 4-155
鉢小島　はちのこじま　第201号　4-121, 4-122
八ノ尻村　はちのしりむら　第98号　2-126
蜂瀬　はちのせ　第210号　4-171, 5-254, 5-261
八戸○　はちのへ　第44号　5-68
八濵村☆　はちはまむら　第145号　3-155, 5-194, 5-307
八番目山　はちばんめやま　第190号　4-76
蜂振セ　はちふりせ　第201号　4-122
八兵ヱシマ　はちべえじま　第192号　4-81
八本木村〔八本木〕　はちほんぎむら　第201号　4-119, 5-234, 5-313, 5-315
八本木村舩津村〔町〕　はちほんぎむらふなつまち　第201号　4-119
八巻山　はちまきやま　第201号　4-120
八丸　はちまる　九州沿海図第2　4-197
八丸　はちまる　九州沿海図第3　4-197, 4-201
八幡（青山居城）　はちまん　第113号　2-189, 5-155, 5-156, 5-297
八幡宇佐宮　はちまんうさぐう　九州沿海図第2　4-194
八幡宇佐社〔宇佐宮〕　はちまんうさしゃ　第179号　4-18, 5-312
八幡川　はちまんかわ　第118号　3-16
八幡川　はちまんがわ　第209号　4-167, 5-249, 5-261
八幡川　はちまんがわ　九州沿海図第10　4-235
八幡宮　はちまんぐう　第81号　2-53
八幡宮　はちまんぐう　第88号　2-79
八幡宮　はちまんぐう　第90号　2-84
八幡宮　はちまんぐう　第90号　2-84
八幡宮　はちまんぐう　第90号　2-88, 2-90
八幡宮　はちまんぐう　第94号　2-105
八幡宮　はちまんぐう　第94号　2-107
八幡宮　はちまんぐう　第94号　2-108
八幡宮　はちまんぐう　第95号　2-112
八幡宮　はちまんぐう　第101号　2-144
八幡宮　はちまんぐう　第127号　3-59
八幡宮　はちまんぐう　第141号　3-130
八幡宮　はちまんぐう　第145号　3-153
八幡宮　はちまんぐう　第145号　3-153
八幡宮　はちまんぐう　第162号　3-220
八幡宮　はちまんぐう　第176号　3-290
八マン﨑　はちまんざき　第169号　3-251
八幡社　はちまんしゃ　第90号　2-84, 2-86
八幡社　はちまんしゃ　第90号　2-91
八幡社　はちまんしゃ　第94号　2-108
八幡社　はちまんしゃ　第99号　2-128, 2-130, 5-291
八幡社　はちまんしゃ　第102号　2-147
八幡社　はちまんしゃ　第112号　2-183, 2-184
八幡社　はちまんしゃ　第124号　3-45, 3-46, 5-180
八幡社　はちまんしゃ　第134号　3-95
八幡社　はちまんしゃ　第165号　3-233
八幡社　はちまんしゃ　第179号　4-19
八幡社　はちまんしゃ　第181号　4-30
八幡社　はちまんしゃ　第181号　4-29, 4-31, 5-227, 5-312
八幡社〔八幡宮〕　はちまんしゃ　第185号　4-51, 5-244, 5-314
八幡社〔千栗正八幡〕　はちまんしゃ　第188号　4-65, 4-66, 5-231
八幡社　はちまんしゃ　第191号　4-78
八幡社　はちまんしゃ　第191号　4-79
八幡社　はちまんしゃ　第209号　4-162
八幡社　はちまんしゃ　九州沿海図第2　4-195
八幡宮　はちまんしゃ　九州沿海図第3　4-203
八幡宿（六所宮領）〔八幡〕　はちまんじゅく　第90号　2-88, 2-90, 5-120, 5-123, 5-291
八幡田　はちまんだ　九州沿海図第3　4-202
八幡岳　はちまんだけ　第68号　1-236
八幡岳　はちまんだけ　第190号　4-75, 4-76
八幡舘村　はちまんだむら　第43号　1-145, 5-84, 5-281
八幡塚村　はちまんづかむら　第90号　2-87, 5-123
八幡田村（戸田土佐守、中山吉次郎知行所）　はちまんでんむら　第88号　2-76, 2-78, 5-120, 5-291
八幡田村飛地　はちまんでんむらとびち　第88号　2-79
八幡村　はちまんむら　第50号　1-171, 5-73
八幡村　はちまんむら　第129号　3-66, 5-166, 5-299
八幡山　はちまんやま　第97号　2-122, 5-117
八幡山　はちまんやま　第100号　2-137, 2-139
八幡山　はちまんやま　第146号　3-157, 3-158
八幡山　はちまんやま　第151号　3-177
八幡山　はちまんやま　第189号　4-74
八幡山　はちまんやま　第209号　4-162
八面山　はちめんざん　第179号　4-21, 4-23, 5-225
八面山　はちめんざん　九州沿海図第2　4-197
八森村☆　はちもりむら　第59号　1-204, 5-85, 5-281
八森村滝ノ間〔八森村滝間〕　はちもりむらたきのま　第59号　1-204, 5-85
八森田〔村〕椿　はちもりむらつばき　第59号　1-204
八森村濵田〔濵田〕　はちもりむらはまだ　第59号　1-204, 5-85, 5-281
八森村茂浦〔茂浦〕　はちもりむらもうら　第59号　1-204, 5-85, 5-281
八屋村☆　はちやむら　第178号　4-16, 5-222, 5-312
八屋村（小倉領）☆　はちやむら　九州沿海図第2　4-195

八郎右エ門新田　はちろうえもんしんでん　第90号　2-84, 2-86, 5-120, 5-123, 5-290
八郎潟　はちろうがた　第62号　1-212, 5-87, 5-283
八郎岳　はちろうだけ　第202号　4-125, 4-127, 4-128
八郎岳　はちろうだけ　長崎〔参考図〕　4-131
八郎明神　はちろうみょうじん　第105号　2-154
鉢割坂　はちわりざか　第192号　4-81
波津浦〔波津〕　はつうら　第186号　4-55, 5-223, 5-313
波津浦大波津　はつうらおおはつ　第186号　4-55
八海山　はっかいさん　第77号　2-34, 5-113, 5-114, 5-289
廿日市○☆　はつかいち　第167号　3-241, 3-243, 5-211, 5-213, 5-308
バツカイベ○　第12号　1-41, 5-36, 5-269, 5-273
初ヶ浦鼻　はつがうらはな　第192号　4-81
八角馬山　はっかくばやま　第193号　4-87
羽塚村　はつかむら　第116号　2-207, 5-162, 5-299
八甲田山　はっこうださん　第42号　1-144, 5-67, 5-280
初坂　はつざか　第100号　5-127
八坂村　はつさかむら　第143号　3-135
鉢﨑（榊原式部大輔領分）（御関所）○☆　はつさき　第76号　2-31, 5-112, 5-287, 5-294
八﨑　はっさき　第175号　3-287, 5-218, 5-312
初嵜　はつざき　第189号　4-73, 4-74, 5-234, 5-241
初﨑〔初サキ〕　はつざき　第192号　4-80, 5-239, 5-241
初崎村　はつざきむら　第161号　3-212, 5-202, 5-311
初島　はつしま　第52号　1-180
初島（御料所）　はつしま　第101号　2-140, 5-125, 5-128, 5-292
初島新田（松平与一領分）　はつしましんでん　第135号　3-101, 5-178
初島岬　はつしまみさき　第52号　1-180
八對野村　はったいのむら　第130号　3-75, 3-77
八田川　はったがわ　第126号　3-55
八田川　はったがわ　第136号　5-175
治田郷垣内村　はったごうかいとむら　第118号　3-21
治田郷中山村　はったごうなかやまむら　第118号　3-21
治田郷東村　はったごうひがしむら　第118号　3-21, 5-166
治田郷麓村〔麓村〕　はったごうふもとむら　第118号　3-21, 5-166, 5-297, 5-300, 5-301
治田郷別名村〔別名〕　はったごうべつみょうむら　第118号　3-21, 5-166, 5-297, 5-300, 5-301
八田原村　はったばるむら　第188号　4-67
八田原山　はったばるやま　第188号　4-67
八田村　はったむら　第86号　2-69, 5-141
八田村　はったむら　第97号　2-122, 2-123, 5-117, 5-291
八田村　はったむら　第115号　2-197
八田村　はったむら　第122号　3-37
八田村　はったむら　第133号　3-91, 5-175, 5-301
八田村　はつたむら　第178号　4-14, 4-16, 5-222, 5-312
八田村　はつたむら　九州沿海図第1　4-192, 4-193
八田村新屋　はったむらあらや　第97号　2-122, 2-123
八田村沓抜　はつたむらくつぬぎ　第178号　4-14, 4-16
八田村之内下八田　はったむらのうちしもはった　第133号　3-91
八田村樋口　はつたむらひぐち　第178号　4-14, 4-16
八田村馬淵　はつたむらまぶち　第178号　4-14, 4-16
ハツタラ　第6号　1-22, 1-24, 5-26, 5-270
八反田　はったんだ　第175号　3-285
八反田村　はったんだむら　第141号　3-128
八町島村　はっちょうじまむら　第188号　4-65, 4-66, 5-231
八町遳　はっちょうばえ　第171号　3-265, 3-266
八町分村　はっちょうぶんむら　第202号　4-125, 4-126, 5-236, 5-315
八町牟田村　はっちょうむたむら　第188号　4-65, 4-66, 4-68, 5-231
八町村　はっちょうむら　第81号　2-52
八町村　はっちょうむら　第115号　2-198, 2-200, 5-159
八町村　はっちょうむら　第195号　4-93, 5-233
八町村　はっちょうむら　九州沿海図第18　4-264
八丁目（御料所）○　はっちょうめ　第56号　1-193, 5-103, 5-288
八町目村　はっちょうめむら　第62号　1-212, 1-213, 5-87, 5-283
八町目村　はっちょうめむら　第87号　2-75, 5-120
八町山　はっちょうやま　第81号　2-52
ハッチョ﨑　はっちょざき　第102号　2-146
八点島　はってんじま　第192号　4-81
八天岳　はってんだけ　第202号　4-124, 4-126
八洞村　はっとうむら　第144号　3-142, 5-183
八斗木名鍋ケ倉　はっときみょうなべがくら　第196号　4-95
八斗木名平石峠　はっときみょうひらいしとうげ　第196号　4-95
八斗村（御料所、加藤三左エ門知行所）　はっとむら　第91号　2-92, 5-111, 5-290
服部川　はっとりがわ　第130号　3-75
服部川　はっとりがわ　第134号　3-94, 5-167
服部興屋村　はっとりこうやむら　第70号　1-247, 5-91
服部永谷村〔永谷〕　はっとりながやむら　第157号　5-193, 5-307
服部本郷村　はっとりほんごうむら　第157号　5-193
服部村　はっとりむら　第115号　2-197
服部村　はっとりむら　第134号　3-94, 5-167, 5-301
服部村　はっとりむら　第143号　3-135
服部村　はっとりむら　第155号　3-192, 5-189, 5-190, 5-305
服部山　はっとりやま　第143号　3-135
八封山　はっぷうさん　第95号　2-111
八幡村（溝口摂津守領分）　はつまむら　第101号　2-140, 2-142, 5-128
初見　はつみ　第173号　3-273
波津村　はづむら　第111号　2-177, 2-178, 5-160, 5-298
羽津村　はづむら　第129号　3-66, 5-166
初屋峠　はつやとうげ　第113号　2-186, 2-188, 5-155
初山村〔初山〕　はつやまむら　第191号　4-79, 5-238, 5-241, 5-313
初山村初瀬浦　はつやまむらはつせうら　第191号　4-79
初和村田中〔初和村、初和〕　はつわむらたなか　第150号　3-172, 5-189, 5-305
馬蹄寺　ばていじ　第88号　2-78
ハテシマ　はてしま　第155号　3-191
羽戸　はと　九州沿海図第2　4-199
波當津　はとうづ　第183号　4-43, 5-228
波當津　はとうづ　九州沿海図第5　4-215
鳩浦☆　はとうら　第183号　4-38, 5-226, 5-311
鳩浦☆　はとうら　九州沿海図第5　4-211
ハトカシマ　はとかじま　第132号　3-82, 5-169
鳩ケ谷○〔鳩谷〕　はとがや　第87号　2-75, 5-120
鳩川村　はとがわむら　第189号　4-71, 4-72, 5-234, 5-238, 5-241
鳩川村大立　はとがわむらおおたて　第189号　4-71, 4-72
鳩﨑　はとざき　第151号　3-178
波戸﨑　はとざき　第204号　4-140, 4-142
波戸﨑　はどざき　第189号　4-73
鳩嶋　はとしま　第177号　3-295, 5-220
鳩島（阿津村）　はとじまあつむら　第145号　3-152, 3-154, 5-192
鳩セ　はとせ　第196号　4-95
波戸釜　はとのかま　九州沿海図第19　4-275
鳩原村　はとはらむら　第121号　3-29, 3-31, 3-32, 5-157, 5-172
波戸岬　はどみさき　第189号　4-71, 4-74
鳩胸川　はとむねがわ　第200号　4-114, 5-250
波戸村〔波戸〕　はどむら　第189号　4-71, 4-74, 5-238, 5-241, 5-313
羽鳥村（御料所）　はとりむら　第93号　2-103, 5-123
羽鳥村四谷　はとりむらよつや　第93号　2-103
羽鳥村六間　はとりむらろっけん　第93号　2-103
鳩脇川　はとわきがわ　第209号　4-162, 5-247, 5-261
鳩脇川　はとわきがわ　九州沿海図第10　4-232
ハーナアンベツ　第3号　1-14, 5-16
ハーナアンヤシヨツケ　第18号　1-60, 5-43
花池村　はないけむら　第113号　2-186, 5-153, 5-155
花稲村　はないなむら　第152号　3-183, 3-184, 5-195, 5-196, 5-307
花打塲　はなうちば　第167号　3-240
花岡村　はなおかむら　第96号　2-118, 5-150, 5-296
ハナヲシマ　はなおじま　第155号　3-191, 5-190
花尾山　はなおやま　第178号　4-13, 4-15
花香　はなが　九州沿海図第21　4-280
鼻欠山　はなかけやま　第170号　3-258
花ケ嶋町○〔花島町〕　はながしままち　第185号　4-50, 4-52, 5-246, 5-314, 5-316
花ケ嶋町　はながしままち　九州沿海図第7　4-222
花ケ岳〔花岳〕　はながたけ　第179号　4-18, 4-21, 5-225
花釜濵　はながまはま　第53号　1-183, 1-184, 5-80
花上組　はなかみぐみ　第173号　3-272
花香山　はながやま　第176号　3-292, 5-219
花川シマ　はなかわじま　第117号　3-15
花北村　はなきたむら　第208号　4-157, 5-250, 5-315
花組浦　はなぐみうら　第171号　3-264, 5-201
鼻クリ　はなくり　第162号　3-218
ハナクリ　はなくり　第164号　3-228, 3-230
鼻グリ　はなぐり　第175号　3-286
鼻クリ礒　はなくりいそ　第207号　4-153
ハナクリシマ　はなくりしま　第164号　5-210
ハナクリシマ　はなくりしま　第169号　5-224
ハナクリシマ　はなくりしま　第179号　5-224
鼻クリシマ　はなくりじま　第151号　3-178
花栗瀬〔ハナクリセ〕　はなぐりぜ　第186号　4-53, 5-223, 5-313
鼻繰峠　はなぐりとうげ　第180号　4-24
鼻繰峠　はなぐりとうげ　第181号　5-227
鼻クリハナ　はなくりはな　第161号　3-216
ハナクリ岬〔ハナクリ鼻〕　はなくりみさき　第192号　4-80, 5-239, 5-241

ハナサキ○　第6号　1-22, 1-24, 5-26, 5-270
ハナサキ岬　第6号　1-22, 1-24, 5-26, 5-270
花里村　はなさとむら　第112号　2-183, 2-184, 5-153
花里村町方　はなさとむらまちかた　第112号　2-183, 2-184
花島村　はなしまむら　第190号　4-75, 4-76
噺山　はなしやま　第172号　3-268, 5-212
花濟村　はなずみむら　第156号　3-196, 5-193, 5-307
花園村（本多駒之助知行所）　はなそのむら　第92号　2-98, 5-124, 5-292
花園村東濱村〔東濱村、東濵〕　はなぞのむらとうのはまむら　第84号　2-62, 5-140, 5-295
鼻高松　はなたかまつ　九州沿海図第3　4-202
鼻高山　はなたかやま　第137号　3-112, 5-178
花舘○☆　はなだて　第63号　1-216, 5-88, 5-283
花田山　はなだやま　第162号　3-219
ハナツラ　はなつら　第204号　4-142
鼻面岬　はなづらみさき　第161号　3-216, 3-217, 5-203
鼻面山　はなつらやま　第161号　5-203
花鶴川〔鶴川〕　はなづるがわ　第186号　4-53, 4-55, 5-223
花津留村　はなつるむら　第181号　4-29, 4-30, 4-33, 5-226, 5-312
花津留村（府内領）　はなつるむら　九州沿海図第3　4-202
花寺　はなでら　第133号　3-90, 3-92
花長下神社　はなながしたじんじゃ　第118号　3-17
花長神社　はなながじんじゃ　第118号　3-17
花無山　はななしやま　第110号　2-173
花屈　はなのいわや　第132号　3-83, 3-84
花莖山　はなのやま　第167号　3-240
花淵村　はなぶちむら　第52号　1-180, 5-79, 5-284
鼻曲山　はなまがりやま　第96号　2-114
花巻○☆　はなまき　第50号　1-172, 5-73, 5-282
波並村　はなみむら　第85号　2-66, 5-142, 5-295
埴見村　はなみむら　第143号　3-136, 5-188, 5-305
埴見村佐美　はなみむらさび　第143号　3-136
花守村（戸田督三郎、玉虫重四郎、永田幾太郎知行所）　はなもりむら　第101号　2-144, 5-127
ハナレ岩　はなれいわ　第167号　3-245
ハナレ兎島　はなれうさぎじま　第117号　3-15
ハナレ小島　はなれこじま　第204号　4-140, 4-142
離小島　はなれこじま　第206号　5-242, 5-243
ハナレシマ　はなれじま　第154号　3-189
離シマ　はなれじま　第192号　4-81
離島　はなれじま　第193号　4-85, 5-315
離嶋　はなれじま　九州沿海図第18　4-266
離瀬　はなれせ　第202号　4-128
離瀬　はなれせ　長崎〔参考図〕　4-129, 4-131
離臺　はなれだい　第189号　4-71, 4-73
離山　はなれやま　第95号　2-111, 5-116
羽丹生村　はにうむら　第75号　2-24, 5-99, 5-287
羽生村　はにうむら　第114号　2-193
埴科郡　はにしなぐん　第81号　2-52, 2-53, 5-146, 5-294
垣〔埴〕科郡　はにしなぐん　第96号　2-114, 5-146, 5-294
羽仁村　はにむら　第144号　3-144
馬入川　ばにゅうがわ　第93号　2-103, 5-291
馬入村（御料所）　ばにゅうむら　第93号　2-103, 5-125, 5-126, 5-291
羽根浦☆　はねうら　第148号　3-167, 5-310
羽根浦枝尾僧村　はねうらえだおそうむら　第148号　3-167
羽根尾　はねお　第155号　3-191, 5-190
羽根尾村　はねおむら　第99号　2-128, 2-130, 5-125, 5-126
羽川村　はねかわむら　第63号　1-215, 5-87, 5-88, 5-283
刎木橋　はねきばし　第194号　4-91
羽根木村　はねぎむら　第178号　4-14, 4-16, 5-222, 5-312
羽根木村　はねぎむら　九州沿海図第1　4-192
ハ子サシ　はねさし　第34号　1-119, 5-57, 5-279
羽島　はねしま　第204号　4-142
埴田村　はねたむら　第139号　3-122, 5-171
羽田村　はねだむら　第90号　2-86, 5-123
羽根田村　はねだむら　第208号　4-157, 5-250, 5-315
羽根戸村　はねどむら　第187号　4-61, 4-63
波根西村　はねにしむら　第165号　3-232, 5-205
波根西村枝大津　はねにしむらえだおおつ　第165号　3-232
波根西村久手浦　はねにしむらくてうら　第165号　3-232
波根東村☆〔波根〕　はねひがしむら　第165号　3-232, 5-205, 5-308
波根東村上川内　はねひがしむらかんごうち　第165号　3-232
波根東村田ノ長　はねひがしむらたのさ　第165号　3-232
波根東村溜福　はねひがしむらためふく　第165号　3-232
波根東村波根町　はねひがしむらはねまち　第165号　3-232
波根東村前谷　はねひがしむらまえたに　第165号　3-232
羽根村　はねむら　第85号　2-66, 2-68, 5-142, 5-295
羽根村　はねむら　第99号　2-128
羽根村　はねむら　第112号　2-185
羽根村　はねむら　第118号　3-20
羽根村　はねむら　第134号　3-94, 5-167
羽根村　はねむら　第179号　4-23, 5-225, 5-312
羽根村　はねむら　九州沿海図第2　4-199
羽根村正津　はねむらしょうづ　第179号　4-23
葉ノ内　はのうち　第175号　3-282, 3-284
羽野村　はのむら　第180号　4-27, 5-230, 5-312
馬場　ばば　第151号　3-178
馬場　ばば　第176号　3-292
馬場　ばば　九州沿海図第3　4-201
馬場　ばば　九州沿海図第17　4-263
馬場　ばば　九州沿海図第20　4-278
馬場川　ばばがわ　第180号　5-230
波々伎神社　ははきじんじゃ　第143号　3-136
ハヽキ鼻　ははきばな　第169号　3-250
母子嶋〔母子シマ〕　ははこじま　第201号　4-122, 5-237
馬場下村〔馬場下〕　ばばしたむら　第190号　4-75, 4-76, 5-234, 5-313
馬場下村川端　ばばしたむらかわばた　第190号　4-75, 4-76
母島　ははじま　第204号　4-140
馬場峠　ばばとうげ　第81号　5-146
馬場名舟津　ばばみょうふなづ　第196号　4-97
羽場村○　はばむら　第78号　2-41, 5-114
羽場村（堀近江守）　はばむら　第81号　2-50, 5-146
羽場村（内藤大和守領分）　はばむら　第108号　2-165
馬場村　ばばむら　第49号　1-168, 5-71, 5-74, 5-282
馬場村　ばばむら　第116号　2-202, 2-204, 5-162
馬場村　ばばむら　第118号　3-16, 3-18, 5-166
馬場村　ばばむら　第133号　3-87, 5-174, 5-176
馬場村　ばばむら　第133号　3-90, 3-92, 5-176
馬場村　ばばむら　第133号　3-92
馬場村　ばばむら　第134号　3-97, 3-98, 5-177
馬場村（御料所）　ばばむら　第135号　3-101, 5-178
馬場村　ばばむら　第155号　3-190, 3-192, 5-189, 5-190, 5-305
馬場村　ばばむら　第178号　4-13, 4-15, 5-222, 5-312
馬場村　ばばむら　第178号　4-14, 4-16
馬場村○〔馬場〕　ばばむら　第189号　4-72, 5-234, 5-241, 5-313
馬場村　ばばむら　第200号　4-117
馬場村　ばばむら　九州沿海図第1　4-191, 4-193
馬場村　ばばむら　九州沿海図第1　4-193
馬場村　ばばむら　九州沿海図第19　4-272
馬場村梅津〔馬場〕　ばばむらうめつ　第203号　4-134, 4-136, 5-315
馬場村上久保〔馬場〕　ばばむらうわくぼ　第203号　4-134, 4-136, 5-315
羽場村下新田　はばむらしもしんでん　第78号　2-41, 5-114
馬場村白トウ〔馬場村、馬場〕　ばばむらしらとう　第203号　4-134, 4-136, 5-251, 5-315
馬場村白須〔馬場〕　ばばむらしらはま　第203号　4-134, 4-136, 5-315
馬場村陣内〔馬場村、馬場〕　ばばむらじんない　第180号　4-28, 5-230, 5-312
馬場村鳥越〔馬場〕　ばばむらとりごえ　第203号　4-134, 4-136, 5-315
八場山　はばやま　第173号　3-273, 3-275, 5-218
馬場山村　ばばやまむら　第186号　4-54, 5-222, 5-312
馬場山村茶屋原　ばばやまむらちゃやばる　第186号　4-54
把尾峠　はびとうげ　第182号　5-232
波美村　はびむら　第127号　3-57
埴生浦　はぶうら　第170号　3-261, 5-201, 5-311
土生ケ里村　はぶがりむら　第190号　4-75, 5-231
垣生崎　はぶざき　第158号　3-204
ハフシ岩　はぶしいわ　第151号　3-180
羽伏浦〔羽伏〕　はぶしうら　第103号　2-149, 5-292
ハフシマ　はぶしま　第151号　3-181
ハブタウシ　第6号　1-25
ハブタウシ岬〔ハツタウシ岬〕　第6号　1-25, 5-26, 5-270
飯淵新田（御料所）　はぶちしんでん　第107号　2-159, 2-160, 5-160
飯淵村（御料所）　はぶちむら　第107号　2-159, 2-160, 5-160, 5-298
羽淵村　はぶちむら　第128号　3-62, 3-64
羽鮒村　はぶなむら　第100号　2-135, 2-138
羽鮒村月臺　はぶなむらつきだい　第100号　2-135, 2-138
波浮湊　はぶみなと　第102号　2-145, 5-132, 5-292
埴生村　はぶむら　第133号　3-91, 5-175, 5-301
土生村　はぶむら　第142号　3-132, 5-186, 5-303, 5-306
土生村☆　はぶむら　第157号　5-210
垣生村☆　はぶむら　第158号　3-204, 5-197, 5-307
垣生村　はぶむら　第168号　3-247, 3-249, 5-214
埴生村　はぶむら　第177号　3-298, 5-220, 5-312
埴生村　はぶむら　第186号　4-54, 5-222, 5-312
埴生村　はぶむら　九州沿海図第1　4-188
埴生村砂山　はぶむらすなやま　第186号　4-54

垣生山　はぶやま　第168号　3-247, 3-249
羽干島〔羽干シマ〕　はほしま　第196号　4-97, 4-99, 5-233
羽干嶋　はぼしま　九州沿海図第19　4-275
ハボロ　第16号　1-50, 5-39, 5-273
濱温海村　はまあつみむら　第71号　1-249, 5-93, 5-96, 5-285, 5-286
濱温海村釜屋坂　はまあつみむらかまやざか　第71号　1-249, 5-93, 5-96
濱温海村暮坪　はまあつみむらくれつぼ　第71号　1-249
濱温海村米子　はまあつみむらよなご　第71号　1-249
濱井川村　はまいかわむら　第62号　1-212, 1-213, 5-87
濱石田新村　はまいしだしんむら　第82号　2-55, 2-56, 5-139, 5-140
濱石田村　はまいしだむら　第82号　2-55, 2-56, 5-139, 5-140
濱市村　はまいちむら　第52号　1-180, 5-78, 5-284
濱市村　はまいちむら　第144号　3-142
濱市村　はまいちむら　第209号　4-162, 5-247, 5-261, 5-316
濱市村　はまいちむら　九州沿海図第10　4-232
濱一色村　はまいっしきむら　第129号　3-66, 5-166
濱岩泉村　はまいわいずみむら　第46号　1-155, 5-70
濱大谷村　はまおおたにむら　第124号　3-47, 5-181, 5-304
濱荻村（大岡主膳正領分）　はまおぎむら　第92号　2-97, 2-98, 5-111, 5-290, 5-292
濱男村☆　はまおむら　第187号　4-60, 5-223, 5-313
濱改田村　はまかいだむら　第159号　3-206, 3-208, 5-199, 5-310
濱ケ﨑村〔濱﨑村〕　はまがさきむら　第67号　1-235, 5-105, 5-288
濱方村　はまかたむら　第175号　3-287, 5-219
濱川　はまかわ　第201号　4-119
濱川新田村　はまがわしんでんむら　第111号　2-177, 2-178, 5-160
濱経田村〔経田〕　はまきょうでんむら　第82号　2-55, 2-56, 5-139, 5-140, 5-295
濱久須村　はまぐすむら　第192号　4-80, 5-239, 5-241
濱口名一本松　はまぐちみょういっぽんまつ　第196号　4-95
濱口村（住吉社領）　はまぐちむら　第135号　3-101, 5-178
濱口村　はまぐちむら　第195号　4-93, 5-233, 5-315
濱口村　はまぐちむら　九州沿海図第18　4-266
濱窪村〔濱窪〕　はまくぼむら　第189号　4-70, 5-223, 5-234, 5-241, 5-313
蛤　はまぐり　第201号　4-122
蛤　はまぐり　九州沿海図第19　4-275
蛤岳　はまぐりだけ　第187号　4-63
蛤山　はまぐりやま　第141号　3-130
濱子　はまこ　第173号　3-273
濱御殿　はまごてん　第90号　2-84, 2-86
濱坂浦　はまさかうら　第120号　3-24, 5-145
濱坂村☆　はまさかむら　第124号　3-46, 5-181, 5-304
濱坂村　はまさかむら　第143号　3-135, 5-188
濱嵜　はまざき　第206号　4-146
濱﨑浦　はまさきうら　第187号　4-61, 5-233
濱﨑浦☆　はまさきうら　第189号　4-70, 4-72, 5-234, 5-238, 5-241
濱﨑町　はまざきまち　第176号　3-288
濱嵜村〔濱崎〕　はまさきむら　第189号　4-72, 5-234, 5-238, 5-241, 5-313
濱嵜村橋口町〔橋口町〕　はまさきむらはしぐちまち　第189号　4-72, 5-234, 5-238, 5-241
濱佐田村　はまさだむら　第162号　3-218, 5-190, 5-204, 5-305
濱佐美村　はまさみむら　第86号　2-71, 5-144, 5-297, 5-300, 5-295
濱地浦〔濱地〕　はまじうら　第120号　3-24, 5-145, 5-297, 5-300
濱塩屋村　はましおやむら　第62号　1-211, 5-87
濱島村☆　はまじまむら　第117号　3-15, 5-168, 5-299
濱住村　はまじゅうむら　第120号　3-25, 3-27, 5-145
濱宿村（御料所、新庄斧七知行所）　はましゅくむら　第91号　2-92, 5-111, 5-290
濱尻　はましり　九州沿海図第10　4-238
濱須井村　はまずいむら　第124号　3-42, 5-180, 5-304
濱漉ハナ　はまずきはな　第203号　5-251
濱田　はまだ　第169号　3-254
濱田（松平周防守居城）☆　はまだ　第172号　3-268, 5-212, 5-308
濱田　はまだ　九州沿海図第19　4-272
濱田新谷（百三端）　はまだあらや（ももさだ）　第62号　1-213, 5-87
濱岳　はまだけ　第204号　4-141
濱武村　はまたけむら　第188号　4-69, 5-231
濱田新田　はまだしんでん　第145号　3-153
濱谷村　はまだにむら　第137号　3-114, 5-184, 5-306
濱田鼻　はまだはな　第213号　5-258, 5-261
濱田村　はまだむら　第47号　1-161, 5-76, 5-282
濱田村　はまだむら　第60号　1-207, 1-208, 5-87
濱田村　はまだむら　第63号　1-215, 5-87, 5-283
濱田村　はまだむら　第84号　2-63, 2-65, 5-143, 5-295
濱田村（小笠原若狭守、川口源右エ門、川口久助知行所）　はまだむら　第92号　2-99, 2-100, 5-124, 5-292
濱田村　はまだむら　第116号　5-162, 5-299
濱田村　はまだむら　第129号　3-67, 3-69, 5-166, 5-299
濱田村　はまだむら　第137号　3-112, 5-178, 5-306
濱田村　はまだむら　第141号　3-127, 3-131, 5-183, 5-306
濱田村　はまだむら　第141号　3-130
濱田村　はまだむら　第209号　4-166, 5-249, 5-261, 5-316
濱田村　はまだむら　九州沿海図第10　4-236
濱田村枝堀木　はまだむらえだほりき　第129号　3-67, 3-69
濱田村脇澤　はまだむらわきのさわ　第47号　1-160, 1-161
濱詰村　はまづめむら　第123号　3-39, 5-180
濱當目村（本多豊前守領分）　はまとうめむら　第107号　2-159, 5-160, 5-298
ハマナカ　第31号　1-107, 5-54
ハマナカ　第31号　1-107, 5-54
濱中村　はまなかむら　第38号　1-127, 5-82, 5-281
濱中村（酒井左衛門尉領分）○　はまなかむら　第70号　1-248, 5-91, 5-285, 5-286
濱名郡　はまなぐん　第111号　2-181, 5-161, 5-299
濱名湖　はまなこ　第111号　2-181, 5-161, 5-299
濱浪太村（大岡主膳正領分）　はまなぶとむら　第92号　2-98, 5-124
濱名村　はまなむら　第38号　1-128, 5-63, 5-281
濱名村藤島村〔濱名村〕　はまなむらふじしまむら　第38号　1-128, 5-60, 5-281
濱西村西長池　はまにしむらにしながいけ　第137号　3-114, 5-184
濱野○　はまの　第89号　2-82, 5-111, 5-122, 5-290
濱之市浦　はまのいちうら　第212号　4-178, 5-253, 5-255, 5-261, 5-317
濱之市浦☆　はまのいちうら　九州沿海図第15　4-255
濱野浦　はまのうら　第206号　4-148, 4-149, 5-242, 5-243
濱野浦村　はまのうらむら　第189号　4-71, 4-73, 5-234, 5-238, 5-241
濱畔村　はまのくりむら　第207号　4-151, 5-243, 5-321
濱畔村枝破砂間村　はまのくりむらえだはさまむら　第207号　4-151
濱畔村枝濱坂村　はまのくりむらえだはまさかむら　第207号　4-151
濱畔村枝淵之元村　はまのくりむらえだふちのもとむら　第207号　4-151
濱野小島〔ハマノコシマ〕　はまのこじま　第189号　4-73, 5-235, 5-238, 5-241
濱ノ田川　はまのたがわ　第196号　4-95
濱宮村　はまのみやむら　第132号　3-85, 1-170, 5-302
濱野村　はまのむら　第111号　2-177, 2-178, 5-160
濱野村　はまのむら　第125号　3-50, 5-174
濱原村○☆　はまはらむら　第166号　3-234, 5-209, 5-308
濱平　はまびら　九州沿海図第10　4-234
濱分礒　はまぶんいそ　第123号　3-39
濱方〔分〕村　はまぶんむら　第125号　3-49, 5-174
濱部村（西尾隠岐守領分）〔濱邉〕　はまべむら　第111号　2-179, 2-180, 5-161, 5-298
濱間口村　はままぐちむら　第62号　1-211, 5-87, 5-283
ハマヽシケ　第17号　1-55, 5-42, 5-275
濱町○〔小濱町、小濱〕　はままち　第136号　3-106, 5-178, 5-306
濱町　はままち　第201号　4-119, 5-234, 5-313
濱町　はままち　九州沿海図第8　4-226
濱町村　はままちむら　第178号　4-12, 4-14, 5-222
濱町村　はままちむら　九州沿海図第1　4-191, 4-193
濱松（井上河内守居城）○☆　はままつ　第111号　2-180, 5-161, 5-299
濱松　はままつ　九州沿海図第2　4-196, 4-198
濱松　はままつ　九州沿海図第3　4-196, 4-198, 4-204
濱松村　はままつむら　第39号　1-135, 5-67, 5-82, 5-281
濱松山　はままつやま　第201号　4-119
濱三澤村　はまみさわむら　第44号　1-148, 5-66, 5-280
濱宮　はまみや　九州沿海図第1　4-192, 4-193
濱宮天神社　はまみやてんじんしゃ　第141号　3-130
濱村　はまむら　第86号　2-70, 5-144
濱村　はまむら　第102号　2-147, 5-129
濱村（御料所、鈴木大膳知行所）　はまむら　第102号　2-146, 5-128, 5-132, 5-292, 5-298
濱村　はまむら　第111号　2-177, 2-178, 5-160
濱村　はまむら　第122号　3-37, 5-173, 5-175
濱村　はまむら　第126号　3-53, 5-174, 5-300, 5-301
濱村　はまむら　第135号　5-178
濱村　はまむら　第143号　3-135, 5-188, 5-305

濱村　はまむら　第145号　3-152, 5-192, 5-307
濱村　はまむら　第151号　3-178, 5-192, 5-307
濱村　はまむら　第162号　3-219, 3-221
濱村　はまむら　第162号　3-219, 3-221
濱村　はまむら　第164号　3-231, 5-214, 5-311
濱村○　はまむら　第168号　3-249, 5-214, 5-311
濱村　はまむら　第179号　4-18, 4-21, 4-23, 5-225, 5-312
濱村　はまむら　第181号　4-30, 4-33, 5-226
濱村　はまむら　第193号　4-85, 4-87, 5-223
濱村　はまむら　九州沿海図第2　4-197, 4-199
濱村　はまむら　九州沿海図第3　4-202
濱村　はまむら　九州沿海図第16　4-257
濱村　はまむら　九州沿海図第18　4-267, 4-269
濱村洗切〔濱村、濱村〕　はまむらあらいきり　第200号　4-118, 5-250, 5-315
濱村古賀〔濱村〕　はまむらこが　第200号　4-118, 5-315
濱村庄部沢　はまむらしょうぶざわ　第102号　2-146
濱村濱町（矢部）○〔濱村〕　はまむらはままち（やべ）　第194号　4-89, 5-232, 3-314
濱村丸島〔濱村〕　はまむらまるしま　第200号　4-118, 5-315
濱茂尻　はまもしり　第34号　1-118, 1-119, 5-57
濱安木村　はまやすきむら　第124号　3-42, 5-181, 5-304
濱横越村　はまよこごしむら　第83号　2-58, 5-140
濱四家村　はまよつやむら　第82号　2-56, 5-139, 5-140, 5-147
濱脇村枝赤松〔濱脇〕　はまわきむらえだわかまつ　第181号　4-29, 4-31, 5-312
濱脇村枝赤松　はまわきむらえだわかまつ　九州沿海図第3　4-203
波見村☆　はみむら　九州沿海図第9　4-228
波見村波見浦☆⚓〔波見村〕　はみむらはみうら　第199号　4-111, 4-112, 5-248, 5-261, 5-316
土室村　はむろむら　第133号　3-92
羽茂郡　はもぐん　第75号　2-26, 2-27, 5-99
早尾村　はやおむら　第195号　4-93, 4-94, 5-232
早川　はやかわ　第99号　2-131
早川　はやかわ　第100号　2-137
早川村　はやかわむら　第72号　2-12, 5-97, 5-285, 5-286
早川村　はやかわむら　第93号　2-103
早川村　はやかわむら　第99号　2-131, 5-125, 5-126, 5-291
早川村　はやかわむら　第164号　3-230, 5-210
早川村廣池　はやかわむらひろいけ　第99号　2-131
早川山　はやかわやま　第195号　4-92, 5-232
早口村　はやぐちむら　第60号　1-205, 5-84, 5-283
早嵜〔早サキ〕　はやさき　第207号　4-153, 5-243
早崎　はやさき　第211号　4-173, 5-249, 5-256, 5-261
早崎　はやさき　第212号　4-178, 5-253, 5-255, 5-261, 5-317
早崎　はやさき　第214号　4-184, 4-186, 5-258, 5-259, 5-261
早崎　はやさき　九州沿海図第10　4-238
早崎　はやさき　九州沿海図第15　4-255
早崎　はやざき　九州沿海図第19　4-271
早崎村　はやざきむら　第125号　3-48, 5-174, 5-297, 5-300
林浦　はやしうら　第157号　5-210
林垣村　はやしがきむら　第128号　3-62
林ケ峠　はやしがとうげ　第174号　5-216
林口村　はやしぐちむら　第129号　3-71, 5-174, 5-301
林崎村　はやしさきむら　第144号　3-140, 5-183, 5-306
林崎村　はやしざきむら　第66号　1-227, 5-92, 5-285
林田（建部内匠頭在所）　はやしだ　第141号　3-129, 5-183, 5-306
林谷村　はやしだにむら　第141号　5-183
林田村　はやしたむら　第146号　3-159, 5-194, 5-307
林田村　はやしだむら　第180号　4-25, 4-27, 5-230, 5-312
林田村　はやしだむら　第188号　4-64, 5-231, 5-312
林田村川口　はやしだむらかわぐち　第180号　4-25, 4-27
波夜志命神社　はやしのみことじんじゃ　第102号　2-147
林東村　はやしひがしむら　第118号　3-16, 3-18, 5-166
林本郷村　はやしほんごうむら　第118号　3-16, 3-18, 5-166, 5-297, 5-300
林本郷村出屋敷　はやしほんごうむらでやしき　第118号　3-16, 3-18
早嶋〔早島〕　はやしま　第103号　2-149, 5-132, 5-133, 5-292
早シマ　はやしま　九州沿海図第19　4-275
早島沖新田☆　はやしまおきしんでん　第151号　3-178, 5-194
早島高沼村〔早島〕　はやしまたかぬまむら　第151号　3-178, 5-192, 5-194, 5-307
林村　はやしむら　第93号　2-103
林村（本多主税、鈴木兵庫知行所）　はやしむら　第93号　2-101, 5-125, 5-291
林村　はやしむら　第125号　3-50, 5-174
林村　はやしむら　第125号　3-51, 5-174
林村　はやしむら　第129号　3-72, 5-167
林村　はやしむら　第133号　3-86, 5-174, 5-176, 5-301
林村　はやしむら　第137号　3-114, 5-184, 5-306
林村　はやしむら　第162号　3-218, 5-190, 5-204, 5-305, 5-308
林村　はやしむら　第200号　4-114, 5-250, 5-315
林村　はやしむら　九州沿海図第17　4-263
林村根尾　はやしむらねお　第162号　3-218
林村柳井　はやしむらやない　第162号　3-218
早瀬　はやせ　第167号　3-242, 3-244, 5-211, 5-213
早瀬浦　はやせうら　第121号　3-32, 5-172, 5-300
早瀬村　はやせむら　第143号　3-137, 3-138
早瀬村　はやせむら　第144号　3-140, 5-183, 5-304, 5-306
早池峯山　はやちねやま　第46号　1-158, 5-70, 5-72, 5-282
早津江村☆　はやつえむら　第188号　4-67, 4-69, 5-231
早月川　はやつきがわ　第82号　5-139, 5-140
早津崎村〔早津崎〕　はやつざきむら　第188号　4-65, 4-66, 5-231, 5-313
早津崎村吹上町　はやつざきむらふきあげまち　第188号　4-65, 4-66
隼人迫門　はやとのせと　第208号　4-161, 5-251, 5-315
ハヤトモ崎　はやともざき　第177号　3-298
早ノ浦村〔早浦村、早浦〕　はやのうらむら　第203号　4-137, 4-139, 5-251, 5-315
早ノ浦村　はやのうらむら　九州沿海図第19　4-271
早ノ浦村枝路木　はやのうらむらえだろぎ　第203号　4-137, 4-139
早ノ浦村枝路木　はやのうらむらえだろぎ　九州沿海図第19　4-271
葉山　はやま　第65号　1-226, 5-285
羽山　はやま　第144号　3-142
羽山島　はやまじま　第167号　3-244, 5-215, 5-311
葉山島村　はやまじまむら　第90号　2-91
早馬瀬村　はやまぜむら　第130号　3-76, 5-163
早見川　はやみがわ　第202号　4-124, 4-126
速見郡　はやみぐん　第179号　4-18, 4-20, 4-21
速見郡　はやみぐん　第181号　4-29, 4-31, 5-227, 5-312
速見郡　はやみぐん　九州沿海図第2　4-197
速見郡　はやみぐん　九州沿海図第3　4-200, 4-203
速見村　はやみむら　第121号　3-30, 5-157, 5-297, 5-300
早見村　はやみむら　第202号　4-124, 4-126, 5-236, 5-315
原　はら　第67号　1-235, 5-105, 5-288
原○　はら　第101号　2-141, 2-144, 5-127, 5-291, 5-298
原　はら　第173号　3-276
原飯田村　はらいいだむら　第164号　5-211
祓川　はらいかわ　第130号　3-76, 5-163
祓川　はらいかわ　第130号　3-76, 5-163
祓川　はらいかわ　第197号　4-103
拂川村　はらいかわむら　第142号　3-132, 5-186
原市村　はらいちむら　第95号　2-110, 5-116, 5-119, 5-291
原市村八本木　はらいちむらはっぽんぎ　第95号　2-110
原井村　はらいむら　第172号　3-268, 5-216
原井村　はらいむら　九州沿海図第2　4-195
原井村有野〔原井村〕　はらいむらありの　第179号　4-19, 5-225
ハラウタ　第34号　1-119, 5-57
原浦　はらうら　第157号　5-210
原尾島村　はらおじまむら　第145号　3-153, 5-192
原尾島村二本松　はらおじまむらにほんまつ　第145号　3-153
バラヲタ　第33号　1-112, 5-47
原ケ平村　はらがたいむら　第43号　1-146, 5-84, 5-281
原釜村　はらがまむら　第53号　1-183, 5-80
原釜村松川浦　はらがまむらまつかわうら　第53号　1-183, 5-80
腹赤村　はらかむら　第193号　4-87, 5-233, 5-313, 5-315
腹赤村　はらかむら　九州沿海図第18　4-269
腹赤村上沖洲　はらかむらかみおきのす　第193号　4-87
腹赤村下沖洲　はらかむらしもおきのす　第193号　4-87
腹赤村清原寺　はらかむらせいげんじ　第193号　4-87
腹赤村平原　はらかむらひらばる　第193号　4-87
原川　はらがわ　第118号　5-156
原川　はらがわ　第123号　5-175
原川町（太田摂津守領分）〔原川町〕　はらがわまち　第111号　2-179, 5-160
バラキナイ　第29号　1-99, 5-52, 5-278
原木村　ばらきむら　第89号　2-83, 5-122, 5-290
原木村（大久保出雲守領分）○　ばらきむら　第101号　2-141, 5-128
原木村枝一色〔原木〕　ばらきむらえだいっしき　第101号　2-141, 5-291, 5-298
原口○☆　はらぐち　第36号　1-124, 5-60, 5-281
原口今津　はらぐちいまづ　第201号　4-120
ハラクチ川　第36号　1-124, 5-57, 5-279
原口村　はらぐちむら　第199号　4-108, 5-246, 5-

261, 5-316
原口村　はらぐちむら　九州沿海図第11　4-240
原黒村　はらくろむら　第75号　2-24, 5-99
原ノ郷村（御料所、内藤金十郎、中野吉兵衛知行所）〔原郷村〕　はらごうむら　第94号　2-106, 5-118, 5-291
原古才村高松〔原古才村、原小才〕　はらこさいむらたかまつ　第151号　3-176, 3-178, 5-192, 5-307
原古城　はらこじょう　第202号　4-123, 5-233
荊沢村○　ばらざわむら　第98号　2-126, 5-117, 5-127, 5-296
茨島村（大久保権之助知行所）　ばらじまむら　第87号　2-73, 5-120
原宿村（村上主殿、村上壽之助知行所）　はらじゅくむら　第93号　2-103, 5-123, 5-291
原新田村　はらしんでんむら　第96号　2-117, 2-119, 5-150, 5-296
原田浦　はらだうら　第164号　3-229, 5-210
原 髙坂　はらたかさか　第68号　1-237, 5-103, 5-105
原田三ケ村笠尾〔原田三ヶ村〕　はらださんかむらかさお　第144号　3-145, 5-305, 5-307
原田三ケ村亀ノ甲〔原田三ヶ村〕　はらださんかむらかめのこう　第144号　3-145, 5-305, 5-307
原田三ケ村關屋〔原田三ケ村、原田三ヶ村〕　はらださんかむらせきや　第144号　3-145, 5-192, 5-305, 5-307
原田三ケ村土山〔原田三ヶ村〕　はらださんかむらつちやま　第144号　3-145, 5-305, 5-307
原田村（水野出羽守領分）　はらだむら　第101号　2-144
原田村　はらだむら　第137号　3-113, 5-184, 5-306
原田村　はらだむら　第152号　3-182
原田村　はらだむら　第162号　3-220
原田村　はらだむら　第197号　4-104, 5-245
原田村飯野（飯野驛）○　はらだむらいいの（いいのえき）　第197号　4-104, 3-314
原田村宇東川〔原田村〕　はらだむらうとうがわ　第100号　2-135, 5-127
原田村三澤町○☆〔原田村、原田〕　はらだむらみさわまち　第162号　3-220, 5-190, 5-204, 5-305, 5-308
ハラツ〔ハフツ〕　第2号　1-13, 5-16, 5-268, 5-270
原津村　はらつむら　第151号　3-178
原野村　はらのむら　第109号　2-168, 5-152, 5-154, 5-296
原野村小澤　はらのむらこざわ　第109号　2-168
原野村長渡　はらのむらながわたり　第109号　2-168
原野村松沢　はらのむらまつざわ　第109号　2-168
原野山　はらのやま　第210号　4-172
波良波神社　はらはじんじゃ　第192号　4-81
バラベヲマイ川　第6号　1-24, 5-26, 5-270
原別村　はらべつむら　第39号　1-134, 5-67, 5-280
腹巻山　はらまきやま　第184号　4-46
原町　はらまち　第87号　2-72, 2-73, 5-109, 5-291
原町田村（田中主計知行所）○　はらまちだむら　第90号　2-90, 5-123, 5-291
原町村〔原〕　はらまちむら　第178号　4-13, 5-222, 5-312
原町村　はらまちむら　第178号　4-13, 5-222, 5-312
原町村○　はらまちむら　第188号　4-68, 5-231
原町村　はらまちむら　九州沿海図第1　4-191
原馬室村（御料所）　はらまむろむら　第88号　2-76, 5-291
原馬室村下新田　はらまむろむらしもしんでん　第88号　2-77
原村（松平大和守領分）　はらむら　第88号　2-76, 5-120, 5-291
原村　はらむら　第90号　2-84, 5-120, 5-123
原村　はらむら　第95号　2-110, 5-116, 5-119
原村　はらむら　第96号　2-117
原村　はらむら　第100号　2-133, 2-135, 2-136, 2-138, 5-127, 5-291, 5-296
原村　はらむら　第122号　3-35, 3-37, 5-173, 5-300
原村　はらむら　第125号　3-48, 3-50, 5-166, 5-297, 5-300
原村　はらむら　第129号　3-67, 3-69, 5-163, 5-166, 5-167, 5-301
原村　はらむら　第133号　3-90, 5-175, 5-300, 5-301
原村　はらむら　第144号　3-141
原村　はらむら　第144号　3-142, 5-183
原村　はらむら　第144号　3-146, 5-192
原村　はらむら　第145号　3-153, 5-192
原村　はらむら　第146号　3-157, 3-158, 5-194, 5-307
原村　はらむら　第157号　5-195, 5-307
原村　はらむら　第163号　3-225, 3-227, 5-208
原村　はらむら　第166号　3-236, 5-209, 5-212, 5-308
原村　はらむら　第167号　3-240
原村　はらむら　第173号　3-277, 5-218, 5-311
原村　はらむら　第186号　4-55, 5-223, 5-313
原村　はらむら　第187号　4-61, 5-223, 5-313
原村　はらむら　第187号　4-59
原村枝原野　はらむらえだはらの　第186号　4-55
原村枝向原　はらむらえだむかいばる　九州沿海図第3　4-202
原村大畑　はらむらおおはた　第100号　2-133, 2-135, 2-136, 2-138
原村上分　はらむらかみぶん　第162号　3-219, 3-221
原村河本　はらむらかわもと　第145号　3-152
原村タケ　はらむらだけ　第214号　4-186
原村着牟田　はらむらつくむた　第187号　4-61
原村西川　はらむらにしかわ　第144号　3-142
原村登縄　はらむらのぼりなわ　第187号　4-61
原村舩山　はらむらふなやま　第145号　3-153
原村水町　はらむらみずまち　第187号　4-61
原村三次町○〔原〕　はらむらみよしまち　第163号　3-225, 5-208, 5-308
原女木　はらめき　九州沿海図第16　4-258, 4-260
原山　はらやま　第96号　2-114
原山村　はらやまむら　第136号　3-104
原良村　はららむら　第209号　4-163, 4-165, 5-252, 5-261, 5-316
原良村　はららむら　九州沿海図第10　4-233, 4-239
針明山　はりあけやま　第190号　4-77
針江村　はりえむら　第125号　3-49, 5-174, 5-300
針尾浦（鯛ノウラ）　はりおうら（たいのうら）　第201号　4-121
針尾浦柿野嵜〔浦〕　はりおうらかきのうら　第201号　4-121
針尾島　はりおしま　第201号　5-234, 5-313
針尾嶋　はりおじま　第190号　4-77
針尾村江下☆〔針尾村〕　はりおむらえじも　第201号　4-121, 5-234
針尾村大嵜浦　はりおむらおおさきうら　第190号　4-77
針尾浦名倉浦　はりおむらなくらうら　第201号　4-121
針ケ谷村　はりがやむら　第88号　2-78, 5-120, 5-291
針川　はりかわ　第192号　4-80
針摺村　はりすりむら　第187号　4-59, 4-62, 5-313
針摺村枝石嵜村〔針摺村〕　はりすりむらえだいしざきむら　第187号　4-59, 4-62, 5-223
針摺村針摺町　はりすりむらはりすりまち　第187号　4-59, 4-62
針岳　はりだけ　第201号　4-121
治田神社　はりたじんじゃ　第81号　2-53, 5-146
針無村　はりなしむら　第88号　2-79
針ノ目　はりのめ　第206号　4-149, 4-150, 4-151
播磨國〔播磨〕　はりまのくに　第128号　3-64, 5-183, 5-304
播磨國〔播磨〕　はりまのくに　第136号　3-105, 3-107, 3-108, 5-183, 5-304
播磨國〔播磨〕　はりまのくに　第137号　3-113, 5-183
播磨國〔播磨〕　はりまのくに　第144号　3-140, 3-141, 3-142, 5-183, 5-304
播磨國〔播磨〕　はりまのくに　第145号　3-148, 5-183
針村　はりむら　第133号　3-86, 5-174, 5-176
原　はる　九州沿海図第2　4-194
波留　はる　九州沿海図第13　4-249, 4-251
原上村　はるがみむら　第187号　4-60, 5-223
春ケ村　はるかむら　第170号　3-258, 5-201, 5-311
ハルカルー　第13号　1-44, 5-37, 5-273
春木村　はるきむら　第137号　3-116, 5-178, 6-306
春木村　はるきむら　第166号　3-238, 5-209, 5-212
原口村　はるぐちむら　第180号　4-27, 5-230, 5-312
原口村袋野　はるぐちむらふくろの　第180号　4-27
ハルシ　第18号　1-61, 5-44, 5-275
ハルシ川　第18号　5-44, 5-275
春島　はるしま　第191号　4-79, 5-313
原田　はるだ　九州沿海図第2　4-195
原田川　はるだがわ　第187号　4-57, 4-60
原田川　はるだがわ　第187号　4-60
春竹村　はるたけむら　第193号　4-85, 5-232
春竹村　はるたけむら　九州沿海図第18　4-266
原田村○☆　はるだむら　第187号　4-59, 4-62, 5-223, 5-231, 5-313
原田村　はるだむら　第190号　4-75, 5-234
原田村上原田　はるだむらかみはるだ　第187号　4-59, 4-62
榛名山　はるなさん　第94号　5-119, 5-289
原村　はるむら　第181号　4-29, 5-227
原村　はるむら　第181号　4-30, 5-226
原村　はるむら　第181号　4-30, 4-33, 5-226, 5-312
原村　はるむら　第182号　4-34, 5-312
原村　はるむら　第187号　4-59, 4-62, 5-231
原村　はるむら　第189号　4-72, 5-234, 5-238, 5-241
原村　はるむら　第195号　4-92, 5-232
原村　はるむら　九州沿海図第3　4-200
原村（御料）　はるむら　九州沿海図第3　4-202
原村（熊本領）　はるむら　九州沿海図第21　4-281
原村枝向原　はるむらえだむかいばる　第181号　4-30, 4-33
原村尾﨑　はるむらおざき　第195号　4-92
原村芝尾　はるむらしばお　第182号　4-35
原村湛水　はるむらたまりみず　第182号　4-35
原村突角　はるむらつくの　第195号　4-92
春安村　はるやすむら　第141号　3-129
春吉村　はるよしむら　第187号　4-60, 5-223

晴山村　はれやまむら　第59号　1-202, 5-83, 5-281
波品（呂）村　はろむら　第189号　4-70
番嶽〔番岳〕　ばんがたけ　第206号　4-146, 5-242
番岳　ばんがだけ　第206号　4-146
バンケシヨーカ　第18号　1-59, 5-43, 5-274
ハンケヨシヘ〔ハンケシヨヘ〕　第18号　1-59, 5-43, 5-274
繁在村　はんざいむら　第113号　2-189, 5-155, 5-156, 5-297
榛沢郡　はんざわぐん　第94号　2-106, 5-118, 5-291
番匠鼻　ばんしょうばな　第170号　3-262
繁昌村☆　はんじょうむら　第136号　3-111, 5-182, 5-306
番処﨑　ばんしょざき　第201号　4-122
半町瀬川入會宿◯〔瀬川〕　はんじょせがわいりあいしゅく　第133号　3-93, 5-178, 5-301
番処ノ辻　ばんしょのつじ　第204号　4-140
半二郎根　はんじろうね　第103号　2-150
飯盛村　はんせいむら　第121号　3-33, 5-173, 5-300
半城村　はんせいむら　第191号　4-79, 5-238, 5-241
半城村大浦　はんせいむらおおうら　第191号　4-79
半蔵島〔半藏シマ〕　はんぞうじま　第204号　4-140, 5-235
ハンソウ根　はんそうね　第105号　2-154
盤梯山　ばんだいさん　第67号　1-234, 5-103, 5-105, 5-288
番嶽〔番岳〕　ばんだけ　第204号　4-141, 4-142, 5-235
番岳　ばんだけ　第205号　4-144
番岳　ばんだけ　第207号　4-152
飯谷村　はんだにむら　第124号　3-42, 3-44, 5-180, 5-304
土田村　はんたむら　第180号　4-28, 5-230, 5-312
半田村　はんだむら　第116号　2-207, 5-162, 5-299
土田村　はんだむら　第128号　3-62, 5-180, 5-304
半田村　はんだむら　第130号　3-74, 5-163, 5-301
半田村　はんだむら　第141号　3-131, 5-183, 5-306
半田村　はんだむら　第152号　3-184, 5-196, 5-307
坂田村（小笠原若狭守知行所）　ばんだむら　第92号　2-99, 2-100, 5-124, 5-292
番田村　ばんだむら　第133号　3-92, 5-176, 5-178
番田村　ばんだむら　第145号　3-154, 5-194
晩田村　ばんだむら　第150号　3-170
半田村町屋　はんだむらまちや　第141号　3-131
ハントウ岩〔ハントウ島〕　はんとういわ　第169号　3-256, 5-311
ハントウシマ　ばんとうじま　第192号　4-81, 4-82
坂東寺村〔坂東寺〕　ばんどうじむら　第188号　4-65, 4-66, 4-68, 5-231, 5-313
坂東寺村原々　ばんどうじむらばらばら　第188号　4-65, 4-66, 4-68
飯道寺山　はんどうじやま　第129号　3-71, 3-73
坂東六番観音堂　ばんどうろくばんかんのんどう　第99号　2-128
半縄村八菅村熊坂村入會（御料所、大久保佐渡守領分、大久保江七兵衛、久松忠次郎、久留金之助、太田志摩守、鈴木主膳、川勝権之助知行所）〔半縄村、八菅村〕　はんなわむらはすげむらくまさかむらいりあい　第90号　2-91, 5-126
半縄村八菅村熊坂村入會坂本　はんなわむらはすげむらくまさかむらいりあいさかもと　第90号　2-91
盤若寺　はんにゃじ　第134号　3-95
般若寺　はんにゃじ　第208号　5-250
般若寺村　はんにゃじむら　第136号　3-104
般若寺村　はんにゃじむら　第208号　4-156
般若寺村　はんにゃじむら　九州沿海図第17　4-262
飯之浦☆〔飯浦〕　はんのうら　第121号　3-31, 5-157, 5-172, 5-297, 5-300
半ノ浦村　はんのうらむら　第84号　2-62, 2-64, 5-143, 5-295
半野村　はんのむら　第100号　2-133, 2-135, 2-136, 2-138
半野村熊窪　はんのむらくまくぼ　第100号　2-133, 2-135, 2-136, 2-138
番場◯　ばんば　第125号　3-48, 3-50, 5-166, 5-297, 5-300
番場宿元番場　ばんばしゅくもとばんば　第125号　3-48, 3-50
馬場村　ばんばむら　第125号　3-48, 3-50, 5-166
半分　はんぶん　第162号　3-219, 3-221
飯満村　はんまむら　第117号　3-15, 5-168
頒暦所　はんれきしょ　第90号　2-84

【ひ】

樋合島　ひあいじま　第196号　4-98, 5-233
樋合嶋　ひあいじま　九州沿海図第19　4-275
干上リ鼻　ひあがりざき　第189号　4-73, 4-74
干上村　ひあがりむら　第178号　4-13, 5-222, 5-312
日アシ川　ひあしがわ　第174号　5-216
日足村　ひあしむら　第179号　4-18
日足村　ひあしむら　九州沿海図第2　4-194
戸穴村　ひあなむら　第183号　4-39, 5-226, 5-228
戸穴村　ひあなむら　九州沿海図第5　4-211
日在村（松平備前守領分）　ひありむら　第91号　2-93, 5-111
比井浦⛵　ひいうら　第139号　3-123, 5-186
斐伊川　ひいがわ　第162号　3-220
日池山村　ひいけやまむら　第187号　4-63, 5-231, 5-313
日井郷村　ひいごうむら　第162号　3-220, 5-190, 5-204, 5-305, 5-308
ヒイコ島　ひいごしま　第154号　3-188, 5-191
斐伊神社　ひいじんじゃ　第162号　3-220, 5-190, 5-204
日出村　ひいむら　第116号　2-201, 5-162, 5-299
柊　ひいらぎ　第175号　3-285
火打村　ひうちむら　第133号　3-93
火打山　ひうちやま　第160号　5-200, 5-310
神戸村　びうどむら　第88号　2-79
ヒウノシタ川〔ヒツノシタ川〕　第36号　1-123, 5-60
薭生村（御料所）　ひうむら　第76号　2-32, 5-112, 5-113, 5-287, 5-289
日宇村〔日宇〕　ひうむら　第190号　4-77, 5-313
薭生村木津　ひうむらきづ　第76号　2-32, 5-112, 5-113
日宇村木場　ひうむらこば　第190号　4-77
日宇村崎邊　ひうむらさきべ　第190号　4-77
日宇村田ノ浦　ひうむらたのうら　第190号　4-77
日宇村福石　ひうむらふくいし　第190号　4-77
薭生村山寺　ひうむらやまでら　第76号　2-32, 5-112, 5-113
ヒウリ瀬　ひうりせ　第176号　3-292
比叡山四明嶽〔叡山、比叡山〕　ひえいざんしめいだけ　第133号　3-87, 5-174, 5-176, 5-300, 5-301
比恵尾山　ひえおやま　第163号　3-224
比恵川　ひえかわ　第187号　4-60
冷川組　ひえがわぐみ　第173号　3-272
冷川村（大久保出雲守領分、松平隼人正知行所）　ひえかわむら　第101号　2-140, 2-142, 5-128, 5-292, 5-298
冷川村枝モチコシ　ひえかわむらえだもちこし　第101号　2-140, 2-142
稗木場山八島　ひえこばやまやしま　第190号　4-76
ヒエ島　ひえしま　第101号　2-142
稗田村　ひえたむら　第137号　3-112
薭田村〔薭田〕　ひえだむら　第189号　4-72, 5-234, 5-241, 5-313
薭田村鮎歸　ひえだむらあゆかえり　第189号　4-72
比老辻村　ひえつじむら　第133号　3-87, 5-174, 5-176, 5-300, 5-301
日吉津村　ひえづむら　第155号　3-190, 3-192, 5-189, 5-305
稗貫郡　ひえぬきぐん　第50号　1-171, 1-172, 5-73, 5-282
稗畑山　ひえはたやま　第197号　4-101, 4-104, 5-245
稗原村　ひえばらむら　第111号　2-179, 2-180, 5-161
比え〔元〕村　ひえむら　第114号　2-191, 2-192, 5-155, 5-159
比江村　ひえむら　第159号　3-208, 5-196, 5-199
比恵村　ひえむら　第187号　4-60, 5-313
北〔比〕恵村作出　ひえむらさくで　第187号　4-60
日置郡　ひおきぐん　第210号　4-168, 4-169, 4-172, 5-252, 5-261, 5-315, 5-317
日置郡　ひおきぐん　九州沿海図第10　4-239
日置郡　ひおきぐん　九州沿海図第12　4-244, 4-246
日置郡　ひおきぐん　九州沿海図第13　4-247
日置神社　ひおきじんじゃ　第124号　3-44
日置濱村☆　ひおきはまむら　第123号　3-38, 3-40, 5-173, 5-304
日置村　ひおきむら　第124号　3-44, 5-180
日置村　ひおきむら　第185号　4-50, 5-244, 5-314
日置村　ひおきむら　第210号　4-172, 5-317
日置村（髙鍋領）　ひおきむら　九州沿海図第7　4-221
日置村　ひおきむら　九州沿海図第12　4-244, 4-246
日置村折口　ひおきむらおりぐち　第210号　4-172
日置村帆湊浦☆〔帆湊〕　ひおきむらほみなとうら　第210号　4-172, 5-252, 5-261, 5-317
肥海村　ひがいむら　第164号　3-228, 5-210
檜垣本村　ひがいもとむら　第134号　3-98, 5-177, 5-301
ヒカクトマリ　第36号　1-121, 1-122
日影村　ひかげむら　第109号　2-167, 5-152, 5-296
日影村　ひかげむら　第124号　3-45, 3-46, 5-180
日影村駒飼◯　ひかげむらこまかい　第97号　2-122, 2-123, 5-117
日笠村☆　ひかさむら　第121号　3-33, 5-172, 5-174, 5-300
東阿倉川村　ひがしあくらがわむら　第129号　3-66, 5-166
東足洗村（土屋源太郎、長田三右エ門知行所）　ひがしあしあらいむら　第58号　1-200, 1-201, 5-110
東蘆田村〔東芦田〕　ひがしあしだむら　第127号　3-57, 3-59, 3-61, 5-182, 5-304
東芦田村芝添　ひがしあしだむらしばそえ　第127号　3-57, 3-59, 3-60, 3-61
東足代村　ひがしあじろむら　第135号　3-101, 5-

178
東阿野村　ひがしあのむら　第115号　2-196, 2-198, 5-159, 5-299
東阿弥陀村〔阿弥陀〕　ひがしあみだむら　第141号　3-130, 5-182, 5-306
東新井宿村　ひがしあらいじゅくむら　第87号　2-75, 5-120
東粟野村　ひがしあわのむら　第118号　3-16, 5-156
東市郷村　ひがしいちのごうむら　第141号　3-130, 5-183
東一宮村　ひがしいちのみやむら　第143号　3-139
東一宮村里方　ひがしいちのみやむらさとがた　第143号　3-139
東伊那村〔東伊那部村〕　ひがしいなむら　第108号　2-165, 5-150
東稲村〔稲村〕　ひがしいなむら　第133号　3-93, 5-178, 5-301
東今福〔宿〕村〔今宿〕　ひがしいまじゅくむら　第141号　3-130, 5-183, 5-306
東今宿村車﨑　ひがしいまじゅくむらくるまざき　第141号　3-130
東一口村〔一口〕　ひがしいもあらいむら　第133号　3-89, 3-92, 5-176, 5-301
東入部村　ひがしいるべむら　第187号　4-63
東岩坂村　ひがしいわさかむら　第155号　3-191, 3-193, 5-190
東岩坂村駒返　ひがしいわさかむらこまがえし　第155号　3-193
東岩坂村別所　ひがしいわさかむらべっしょ　第155号　3-193
東岩代村〔岩代〕　ひがしいわしろむら　第139号　3-122, 5-171, 5-303, 5-306
東岩瀬○⚓　ひがしいわせ　第83号　2-58, 5-140, 5-295
東上田村　ひがしうえだむら　第113号　2-186, 5-153, 5-155, 5-297
東浮田村〔浮田〕　ひがしうきたむら　第90号　2-84, 2-86, 5-120, 5-122, 5-123, 5-290
東鵜島村　ひがしうしまむら　第75号　2-26, 5-99
東浦　ひがしうら　第169号　5-215
東浦　ひがしうら　九州沿海図第19　4-274
東浦賀（御料所）〔浦賀〕　ひがしうらが　第93号　2-101, 5-124, 5-291
東江井村〔江井〕　ひがしえいむら　第137号　3-114, 5-184, 5-306
東江原村田苅屋　ひがしえばらむらたがりや　第151号　3-179
東江原村土器屋　ひがしえばらむらどきや　第151号　3-179
東江原村祝部〔東江原村〕　ひがしえばらむらほうり　第151号　3-179, 5-193
東江部村〔江部〕　ひがしえべむら　第81号　2-50, 5-146, 5-294
東老蘇村　ひがしおいそむら　第125号　3-50, 5-174
東青木村〔青木〕　ひがしおうぎむら　第137号　3-112, 5-178, 5-306
東大島村　ひがしおおしまむら　第151号　3-179, 3-181, 5-195
東大髙村　ひがしおおたかむら　第116号　2-207, 5-163, 5-299
東大友村　ひがしおおともむら　第115号　2-198, 2-200, 5-159
東大沼村（大久保一郎、中野左兵衛、内藤金十郎知行所）　ひがしおおぬまむら　第94号　2-106, 5-118
東大森村　ひがしおおもりむら　第90号　2-86, 2-87, 5-123
東大淀村　ひがしおおよどむら　第130号　3-76, 5-163, 5-299
東岡屋村〔岡屋〕　ひがしおかやむら　第136号　3-105, 5-182, 5-304
東小熊村〔小熊〕　ひがしおぐまむら　第118号　3-18, 5-166, 5-297
東小島村　ひがしおじまむら　第118号　3-20
東小田村　ひがしおだむら　第187号　5-223, 5-231, 5-313
東乙原村　ひがしおっぱらむら　第113号　2-189, 5-155, 5-156
東尾村〔東尾〕　ひがしおむら　第188号　4-65, 4-66, 5-231, 5-313
東尾村上ケ地　ひがしおむらあげち　第188号　4-65, 4-66
東改田村　ひがしかいでんむら　第118号　3-16
東鏡島村　ひがしかがしまむら　第118号　3-16, 3-18, 5-166
東加々野井村〔東加賀野井村〕　ひがしかがのいむら　第118号　3-18, 3-20, 5-166
東笠原村〔笠原〕　ひがしかさはらむら　第136号　3-111, 5-182, 5-306
東鍛冶屋村　ひがしかじやむら　第125号　3-51, 5-174
東柏原新田　ひがしかしわばらしんでん　第101号　2-141, 2-144, 5-127
東片岡村　ひがしかたおかむら　第145号　3-152, 3-154, 5-192, 5-307
東片岡村東原　ひがしかたおかむらひがしはら　第145号　3-152, 3-154
東片岡村法田　ひがしかたおかむらほうでん　第145号　3-152, 3-154
東片上村　ひがしかたがみむら　第145号　3-149, 5-192
東片上村一本松　ひがしかたかみむらいっぽんまつ　第144号　3-143
東片上村大東　ひがしかたがみむらおおひがし　第145号　3-149
東片上村大洲〔淵〕　ひがしかたがみむらおおぶち　第145号　3-149
東片上村立石　ひがしかたがみむらたていし　第145号　3-149
東方村（御料所、大久保筑後守、依田平左エ門、久田孫太郎、大久保荒之助江原留次郎知行所）　ひがしかたむら　第88号　2-77, 5-118, 5-291
東方村　ひがしかたむら　第129号　3-66
東鴨江村　ひがしかもえむら　第111号　2-180, 5-161
東軽部村　ひがしかるべむら　第144号　3-146
東川　ひがしかわ　第150号　3-174
東川　ひがしかわ　第167号　3-242
東川　ひがしがわ　第144号　3-144, 3-146
東川　ひがしがわ　第175号　5-218
東川棚刎田　ひがしかわたなはねた　第201号　4-121
川田村（真田弾正大弼）○　ひがしかわだむら　第81号　2-52, 5-146, 5-294
東河田村〔河田〕　ひがしかわだむら　第195号　4-94, 5-233, 5-315
東川邉村　ひがしかわなべむら　第141号　3-128
東河原村　ひがしかわはらむら　第125号　3-51
東木田村　ひがしきだむら　第118号　3-16
東霧嶋山　ひがしきりしまやま　第197号　4-103, 5-247, 5-314, 5-316
東草野村　ひがしくさのむら　第82号　2-54, 5-139, 5-294
東窪田村　ひがしくぼたむら　第144号　3-147, 5-192
東隈村　ひがしくまむら　第187号　4-62
東熊堂村　ひがしくまんどうむら　第101号　2-141, 5-127
東倉澤村〔倉沢〕　ひがしくらさわむら　第107号　2-156, 5-129, 5-291, 5-296, 5-298
東藏前村　ひがしくらまえむら　第115号　2-198, 2-200, 5-159
東栗川　ひがしくりかわ　第179号　5-225
東栗坂村　ひがしくりさかむら　第151号　3-178
東黒部村　ひがしくろべむら　第130号　3-76, 5-163
東幸西村　ひがしこうざいむら　第145号　3-152, 3-154, 5-192
東神代村〔神代〕　ひがしこうじろむら　第196号　4-95, 5-233, 5-315
東小浦村　ひがしこうらむら　第75号　2-24, 2-26, 5-99, 5-287
東空閑村　ひかしこがむら　第196号　4-95, 5-233, 5-315
東空閑村濵口名　ひがしこがむらはまぐちみょう　第196号　4-95
東小笹村（高力式部知行所）　ひがしこざさむら　第58号　1-201, 5-110, 5-290
東小島〔東小シマ〕　ひがしこじま　第206号　4-146, 5-242
東小松川新田　ひがしこまつがわしんでん　第90号　2-84, 5-120, 5-123
東薦野村（土方大和守在所）☆　ひがしこものむら　第129号　3-67, 5-166, 5-299, 5-301
東小屋　ひがしこや　第176号　3-289, 3-291
東子安村〔子安〕　ひがしこやすむら　第93号　2-102, 5-123, 5-291
東坂本村☆　ひがしさかもとむら　第141号　3-128, 3-130, 5-183, 5-306
東佐波令國衙〔東佐波令〕　ひがしさばりょうこくが　第175号　3-287, 5-219
東佐波令松川　ひがしさばりょうまつかわ　第175号　3-287
東佐波令宮市町〔宮市町〕　ひがしさばりょうみやいちまち　第175号　3-287, 5-219
東沢田村（大久保加賀守、本多豊前守領分）〔沢田〕　ひがしさわだむら　第101号　2-141, 5-127, 5-291
東寒川村〔寒川〕　ひがしさんがわむら　第152号　3-184, 5-196, 5-307
東寒川村江之元　ひがしさんがわむらえのもと　第152号　3-184
東椎路村（本多豊前守領分）〔椎路〕　ひがししいじむら　第101号　2-141, 5-127, 5-291
東塩野村　ひがししおのむら　第141号　3-129, 5-183, 5-306
東塩屋　ひがししおや　九州沿海図第10　4-235
東嶋　ひがしじま　第175号　3-286
東島村　ひがしじまむら　第137号　3-114, 5-184
東下古賀村　ひがししもこがむら　第188号　4-67, 4-69, 5-231, 5-234
東下村　ひがししもむら　第135号　3-103, 5-178
東下村〔下村〕　ひがししもむら　第136号　3-107, 3-110, 5-182, 5-306
東條村（真田弾正大弼）　ひがしじょうむら　第81号　2-50, 2-52, 5-146
東條村　ひがしじょうむら　第81号　2-52
東條村　ひがしじょうむら　第96号　2-114, 5-146, 5-294
東條村　ひがしじょうむら　第129号　3-73, 5-167
東條村大明神　ひがしじょうむらだいみょうじん　第96号　2-115
東條山　ひがしじょうやま　第96号　2-114, 5-146
東條山續　ひがしじょうやま?　第96号　2-114
東白方浦〔白方〕　ひがししらかたうら　第152号

3-182, 5-195, 5-307
東白方浦枝見立　ひがししらかたうらえだみたち　第152号　3-182
東尻江〔池〕村　ひがししりいけむら　第137号　3-113, 5-184
東新開　ひがししんかい　第167号　3-240, 5-211, 5-213
東新田　ひがししんでん　第137号　3-112, 5-178
東須磨村羽箒〔東須磨村〕　ひがしすまむらはぼうき　第137号　3-113, 5-184
東勢村　ひがしせいむら　第121号　3-33, 5-172, 5-300
東千手村　ひがしせんずむら　第187号　4-58, 5-222
東千手村芥田　ひがしせんずむらあくただ　第187号　4-56, 4-58
東千手村千手新町○〔千手〕　ひがしせんずむらせんずしんまち　第187号　4-56, 4-58, 5-222, 5-312
東園村〔園村〕　ひがしそのむら　第150号　3-170, 5-188, 5-305
東田井地村　ひがしたいじむら　第145号　3-155, 5-194
東帝釈山　ひがしたいしゃくざん　第136号　3-107, 3-110
東多田村　ひがしただむら　第133号　3-93, 5-178, 5-301
東多田村　ひがしただむら　第141号　3-128
東多田村之内横山　ひがしただむらのうちよこやま　第133号　3-93
東田面村關場　ひがしたづらむらせきば　第68号　1-237, 5-103, 5-105
東田内村○　ひがしだないむら　第110号　2-176, 5-158, 5-161, 5-296, 5-299
東田内村五道　ひがしだないむらごどう　第110号　2-176
東田中村　ひがしたなかむら　第97号　2-122, 2-123
東田中村　ひがしたなかむら　第100号　2-132, 2-134, 5-126
東谷峯　ひがしたにみね　第159号　3-206, 3-208, 5-196, 5-200
東谷村　ひがしたにむら　第128号　3-62, 5-180, 5-304
東谷村枝中市場村　ひがしたにむらえだなかいちばむら　第128号　3-62
東谷山　ひがしたにやま　第81号　2-53
東垂水村〔垂水〕　ひがしたるみむら　第137号　3-113, 5-184, 5-306
東垂水村灘　ひがしたるみむらなだ　第137号　3-113
東田原村　ひがしたわらむら　第114号　2-193, 5-155, 5-156, 5-297
東田原村　ひがしたわらむら　第134号　3-94, 5-167, 5-301
東田原村追分　ひがしたわらむらおいわけ　第134号　3-94, 3-96
東坪村〔坪村〕　ひがしつぼむら　第150号　3-171, 5-189, 5-305
東手村　ひがしでむら　第210号　4-168, 5-252, 5-261, 5-315, 5-317
東手村枝向田町○〔向田〕　ひがしでむらえだむこうだまち　第210号　4-168, 5-252, 5-261, 5-315, 5-317
東寺尾村　ひがしでらおむら　第81号　2-52, 5-146, 5-294
東田地方〔東田地方村〕　ひがしでんじがた　第83号　2-58, 5-140, 5-295
東同笠村　ひがしどうりむら　第111号　2-179, 5-160, 5-298
東殿名村　ひがしとのめむら　第118号　3-20, 5-166
東富岡村　ひがしとみおかむら　第99号　2-128
東富田村〔富田〕　ひがしとみだむら　第129号　3-66, 5-166, 5-299
東島〔鳥〕井村　ひがしとりいむら　第141号　3-129, 3-131
東内院村　ひがしないいんむら　第192号　4-82, 5-240, 5-241, 5-320
東中小路村　ひがしなかこうじむら　第125号　3-51, 5-174
東中島　ひがしなかじま　第141号　3-130
東中島村　ひがしなかじまむら　第141号　3-130, 5-183
東長洲村　ひがしながすむら　第135号　5-178
東長田村〔長田〕　ひがしながたむら　第202号　4-124, 4-126, 5-236, 5-315
東長田村原木場〔長田〕　ひがしながたむらはらこば　第202号　4-124, 4-126, 5-315
東鍋田　ひがしなべた　九州沿海図第18　4-268
東楢津村　ひがしならづむら　第145号　3-153, 5-192
東楢津村枝中楢津　ひがしならづむらえだなかならづ　第145号　3-153
東楢津村西楢津　ひがしならづむらにしならづ　第145号　3-153
東成郡　ひがしなりぐん　第135号　3-101, 5-178, 5-301
東南胡村〔南胡〕　ひがしなんごむら　第98号　2-126, 5-117, 5-127, 5-296
東西勢野村（御料所）　ひがしにしせやむら　第135号　3-100, 5-176, 5-177, 5-178
東根村　ひがしねむら　第63号　1-216, 5-75, 5-88
東能美島（安藝領）〔能美島〕　ひがしのうみじま　第167号　3-243, 3-245, 5-211, 5-213, 5-308, 5-311
東野浦　ひがしのうら　第164号　3-228, 5-210
東野浦王〔生〕野島〔生野島〕　ひがしのうらいくのしま　第164号　3-228, 5-210
東野上村　ひがしのがみむら　第136号　3-107, 5-182
東野木　ひがしのき　九州沿海図第17　4-261
東濃施村〔濃施〕　ひがしのせむら　第188号　4-68, 5-231, 5-313
東野村　ひがしのむら　第110号　2-173, 5-154, 5-158, 5-296
東野村　ひがしのむら　第118号　3-16, 3-17, 5-156, 5-157, 5-166
東野村　ひがしのむら　第121号　3-30, 5-157
東野村　ひがしのむら　第157号　5-210, 5-307
東野村　ひがしのむら　第164号　5-211
東野村小野川　ひがしのむらおのがわ　第110号　2-173
東柱シマ　ひがしはしらじしま　第153号　3-187, 5-191
東走潟　ひがしはしりがた　九州沿海図第18　4-264
東幡豆村〔幡豆〕　ひがしはずむら　第116号　2-203, 2-205, 2-206, 5-162, 5-299
東畑中村　ひがしはたなかむら　第125号　3-51, 5-174
東端村☆〔端村〕　ひがしばたむら　第116号　2-207, 5-163, 5-299
東畑村〔東富〕　ひがしばたむら　第136号　3-107, 3-110, 5-182, 5-306
東畠山　ひがしばたやま　第136号　3-107, 3-110
東花輪村　ひがしはなわむら　第98号　2-126, 5-117, 5-127
東濱村　ひがしはまむら　第146号　3-157, 3-158, 5-194, 5-307
東濱村　ひがしはまむら　第179号　4-19, 5-225, 5-312
東濱村　ひがしはまむら　九州沿海図第2　4-195
東濱村枝大新田　ひがしはまむらえだおおしんでん　第179号　4-19
東濱村枝大新田　ひがしはまむらえだおおしんでん　九州沿海図第2　4-195
東濱村下福岡　ひがしはまむらしもふくおか　第146号　3-157, 3-158
東林木村　ひがしはやしぎむら　第162号　3-219, 5-204
東原村　ひがしばらむら　第97号　2-122, 2-123, 5-117
東原村（久世安藝守知行所）　ひがしばらむら　第101号　2-141, 2-144, 5-127, 5-291
東原村鷺堂　ひがしばらむらさぎどう　第97号　2-122, 2-123
東原村林部　ひがしばらむらはやしべ　第97号　2-122, 2-123
東日登村　ひがしひのぼりむら　第162号　3-220, 5-190, 5-204, 5-305, 5-308
東日登村一ノ段　ひがしひのぼりむらいちのだん　第162号　3-220
東日登村兎畑　ひがしひのぼりむらうさぎはた　第162号　3-220
東日登村角迫　ひがしひのぼりむらつのさこ　第162号　3-220
東平沼村西平沼村入會（御料所）　ひがしひらぬまむらにしひらぬまむらいりあい　第101号　2-141, 2-144, 5-127
東平原村　ひがしひらばらむら　第172号　3-270, 5-216
東平松村（井上河内守領分）　ひがしひらまつむら　第111号　2-179, 2-180, 5-161, 5-298
東吹村　ひがしふきむら　第136号　3-105, 5-182, 5-304
東吹村下吹　ひがしふきむらしもふき　第136号　3-105
東二見村〔二見〕　ひがしふたみむら　第137号　3-114, 5-184, 5-306
東別府村　ひがしべっぷむら　第67号　1-235, 5-105, 5-288
東別府村（彦坂外之助、神尾豊後守、小栗五太夫、伊達庄兵衛、遠山忠兵衛、内藤伊兵衛、杉浦孫之丞、鉢屋左門、久田孫太郎、河村善兵衛知行所）〔別府〕　ひがしべっぷむら　第88号　2-77, 5-118, 5-291
東別府村　ひがしべっぷむら　第209号　4-163, 4-165, 5-247, 5-261, 5-316
東別府村　ひがしべっぷむら　第210号　4-170, 5-254, 5-261, 5-317
東別府村　ひがしべっぷむら　九州沿海図第10　4-233, 4-239
東別府村　ひがしべっぷむら　九州沿海図第12　4-242
東別府村門之浦　ひがしべっぷむらかどのうら　第210号　4-170
東別府村花倉　ひがしべっぷむらけくら　第209号　4-163, 4-165
東別府村塩ケ水　ひがしべっぷむらしおがみず　第209号　4-163
東別府村松ケ浦　ひがしべっぷむらまつがうら　第210号　4-170
東坊　ひがしぼう　第189号　4-73
東這田村　ひがしほうだむら　第136号　3-111, 5-182, 5-306
東堀切村〔堀切〕　ひがしほりきりむら　第116号　2-201, 5-162, 5-299

東堀村〔堀〕 ひがしぼりむら 第96号 2-118, 5-150, 5-296
東本願寺 ひがしほんがんじ 第90号 2-84
東本願寺 ひがしほんがんじ 第133号 3-87, 3-90
東本願寺 ひがしほんがんじ 第135号 3-101
東本庄村〔本庄〕 ひがしほんじょうむら 第137号 3-114, 5-184, 5-306
東間門村〔間門〕 ひがしまかどむら 第101号 2-141, 5-129, 5-291, 5-298
東牧内村〔東牧〕 ひがしまきうちむら 第115号 2-198, 5-159, 5-162, 5-299
東牧内村荒井 ひがしまきうちむらあらい 第115号 2-198, 2-200
東牧村〔牧村〕 ひがしまきむら 第188号 4-64, 5-231, 5-312
東増川村（諏訪松次郎）〔増川〕 ひがしますがわむら 第101号 5-127, 5-291
東股 ひがしまた 第149号 3-165
東俣野村陰取（永井平八郎知行所）〔東俣野村、東俣野〕 ひがしまたのむらかげとり 第93号 2-103, 5-123, 5-291
東松江村〔松江〕 ひがしまつえむら 第138号 3-118, 3-120, 5-186, 5-303, 5-306
東松瀬村柚木 ひがしまつぜむらゆのき 第187号 4-63
東水橋◯〔水橋〕 ひがしみずはし 第82号 2-56, 5-140, 5-295
東三成村市場〔東三成村、東三成〕 ひがしみなりむらいちば 第151号 3-179, 5-193, 5-307
東三成村沖 ひがしみなりむらおき 第151号 3-179
東三成村下リ坂 ひがしみなりむらくだりさか 第151号 3-179
東三成村谷川内 ひがしみなりむらたにがわち 第151号 3-179
東三成村藤店 ひがしみなりむらふじのたな 第151号 3-179
東三成村行部 ひがしみなりむらゆくべ 第151号 3-179
東三成村吉野 ひがしみなりむらよしの 第151号 3-179
東三原村 ひがしみはらむら 第156号 3-196, 5-193
東宮島村（秋山十右エ門知行所）〔宮島〕 ひがしみやじまむら 第101号 2-144, 5-127, 5-129, 5-291, 5-298
東結村 ひがしむすぶむら 第118号 3-16, 3-18, 5-166
東村 ひがしむら 第157号 5-210
東物部村 ひがしものべむら 第121号 3-30, 5-157, 5-297, 5-300
東諸木村 ひがしもろぎむら 第159号 3-207, 5-200, 5-310
東山 ひがしやま 第190号 4-75
東山皮多村 ひがしやまかわたむら 第136号 3-109
東山新田 ひがしやましんでん 第100号 2-132, 2-134, 5-126
東山新田塩澤 ひがしやましんでんしおざわ 第100号 2-132, 2-134
東山田村〔東山田〕 ひがしやまだむら 第188号 4-67, 5-231, 5-313
東山田村立石 ひがしやまだむらたていし 第188号 4-67
東山村 ひがしやまむら 第133号 3-93
東山村 ひがしやまむら 第141号 3-130
東由岐浦☆⚠〔由岐〕 ひがしゆきうら 第147号 3-162, 5-187, 5-303, 5-306
東油木村☆〔油木〕 ひがしゆきむら 第156号 3-196, 5-193, 5-208, 5-307
東油木村岩見谷 ひがしゆきむらいわみだに 第156号 3-196
東油木村宗兼谷 ひがしゆきむらむねかねだに 第156号 3-196
東法〔汰〕上村 ひがしゆりあげむら 第129号 3-66
東万木島村入會〔東万木島〕 ひがしゆるぎしまむらいりあい 第125号 3-49, 5-174
東横関村 ひがしよこぜきむら 第125号 3-51, 5-174, 5-300, 5-301
東吉田村 ひがしよしだむら 第144号 3-144
東吉見村〔吉見〕 ひがしよしみむら 第138号 3-117, 5-179, 6-306
東若林村 ひがしわかばやしむら 第111号 2-180, 5-161
日方浦☆ ひかたうら 第138号 3-120, 5-186, 5-303, 5-306
日方江村 ひかたえむら 第83号 2-58, 5-140, 5-295
ヒカタトマリ 第17号 1-53, 5-42, 5-275
ヒカタトマリ 第33号 1-115, 5-55, 5-279
ヒカタトマリ 第36号 5-60
ヒカタトマリ 第36号 1-124, 5-60, 5-281
干潟村 ひかたむら 第187号 4-59, 5-223, 5-231, 5-313
日金山 ひがねやま 第101号 2-140
氷上郡 ひかみぐん 第127号 3-57, 3-59, 3-60, 5-182, 5-304
氷上郡 ひかみぐん 第136号 3-109, 5-182, 5-304
氷上村 ひかみむら 第127号 3-59, 5-182, 5-304
日上村 ひかみむら 第144号 3-144
氷上村上 ひかみむらかみ 第127号 3-59
ヒカミ山 ひかみやま 第166号 3-238, 5-209
光浦村 ひかりうらむら 第85号 2-66, 5-143, 5-295
日枯山 ひがれやま 第109号 2-171, 5-154
氷川 ひかわ 九州沿海図第18 4-264
氷川社 ひかわしゃ 第88号 2-78
引網村 ひきあみむら 第151号 3-180, 5-194, 5-307
日置浦 ひきうら 第140号 3-126, 5-171, 5-302
日置浦市江 ひきうらいちえ 第140号 3-126
日置浦笠甫 ひきうらかさほ 第140号 3-126
日置浦志原 ひきうらしはら 第140号 3-126
比企郡 ひきぐん 第88号 2-77, 2-78, 2-79, 5-121, 5-291
比企郡 ひきぐん 第94号 2-108, 5-121, 5-291
引下村 ひきさげむら 第112号 2-182, 2-185, 5-153, 5-297
引下村舩渡 ひきさげむらふなど 第112号 2-182, 2-185
引島 ひきしま 第167号 3-242, 3-244, 5-211, 5-213
引嶋（長府領） ひきしま 第177号 3-299
比岐島 ひきじま 第164号 5-307, 5-311
比岐島（今治村屬） ひきしま（いまばりむらぞく） 第158号 3-205, 5-197, 5-307
引地村 ひきじむら 第143号 3-136, 5-188
引砂村 ひきすなむら 第85号 2-68, 5-142
引瀬 ひきせ 第191号 4-78
疋田◯☆ ひきだ 第121号 3-29, 3-31, 3-32, 5-157, 5-172, 5-300
引谷村 ひきたにむら 第175号 3-285, 5-219, 5-309, 5-312
引谷村中村 ひきたにむらなかむら 第175号 3-285
引土村 ひきつちむら 第122号 3-37, 5-175
引野 ひきの 第88号 2-77, 2-79
蟇浦村 ひきのうらむら 第137号 3-114, 3-115, 5-184, 5-306
引野村 ひきのむら 第124号 3-42, 3-44
引野村 ひきのむら 第157号 5-195, 5-307
引野村 ひきのむら 第186号 4-54, 5-222
日置村 ひきむら 第118号 3-20, 5-159, 5-297
引本浦 ひきもとうら 第131号 3-81, 5-169, 5-301, 5-302
日木山村 ひきやまむら 第209号 4-162, 5-247, 5-261, 5-315, 5-316
日木山村 ひきやまむら 九州沿海図第10 4-233
火行村 ひぎょうむら 第49号 1-167, 5-69, 5-71
干切小シマ ひきりこじま 第206号 4-149
干切鼻〔干切ハナ〕 ひきりはな 第206号 4-149, 5-242
干切鼻 ひきりはな 第207号 4-153
満切島 ひぎれじま 第201号 4-121
ヒクエ ひくえ 第164号 5-211
日草﨑 ひくさざき 第204号 4-141, 4-142
引島 ひくしま 第178号 4-13, 5-222, 5-312
引嶋（長府領）⚠ ひくしま 九州沿海図第1 4-191
比丘シマ びくじま 第124号 3-47
樋口 ひぐち 九州沿海図第1 4-192, 4-193
樋口 ひぐち 九州沿海図第10 4-235
樋口枝今市 ひぐちえだいまいち 第173号 3-277
樋口村（内藤大和守領分） ひぐちむら 第108号 2-165, 5-150, 5-296
樋口村 ひぐちむら 第125号 3-48, 5-166, 5-297, 5-300
樋口村 ひぐちむら 第173号 3-273, 5-218, 5-308
樋口村 ひぐちむら 第173号 3-277, 5-218, 5-311
樋口村下田 ひぐちむらしもだ 第108号 2-165
ヒクニ◯ 第20号 5-45, 5-275
ビクニ川 第20号 1-64, 5-45, 5-275
比丘尼古城 びくにこじょう 第124号 3-44
ヒクニセ ひくにせ 第204号 4-140
日前村 ひくまむら 第169号 3-251, 5-215, 5-311
日前村内土居 ひくまむらうちどい 第169号 3-251
日前村内長濱 ひくまむらうちながはま 第169号 3-251
比熊山 ひぐまやま 第163号 3-225
引田村◯☆ ひけたむら 第146号 3-156, 5-187, 5-303, 5-306
引田村安戸浦 ひけたむらあどうら 第146号 3-156
曳田村諏訪村〔曳田村〕 ひけたむらすわむら 第143号 3-135, 3-137, 5-188
髭無村出屋敷（三本松）〔髭無村〕 ひげなしむらでやしき（さんぼんまつ） 第134号 3-96, 5-167, 5-167, 5-177, 5-301
彦坂峠 ひこさかとうげ 第118号 3-16, 5-156
彦坂村 ひこさかむら 第118号 3-16, 5-156, 5-297
彦﨑☆〔彦﨑村〕 ひこさき 第151号 3-178, 5-194, 5-307
英彦山 ひこさん 第180号 5-222, 5-230, 5-312
彦山 ひこさん 第190号 4-76
彦山 ひこさん 第202号 4-125, 4-126, 5-236
彦山 ひこさん 長崎〔参考図〕 4-130
英彦山小貳川 ひこさんこにかわ 第180号 4-25
英彦山女体岳 ひこさんにょたいだけ 第180号 4-25
彦島 ひこしま 第183号 4-39
彦シマ ひこしま 第183号 5-226
彦嶋 ひこしま 九州沿海図第5 4-211
彦嶽〔彦岳〕 ひこだけ 第183号 4-39, 5-226, 5-

228, 5-312
彦嶽　ひこだけ　九州沿海図第5　4-211
彦留村　ひこどめむら　第125号　3-48, 3-50, 5-174
彦根☆　ひこね　第125号　3-48, 3-50, 5-166
肥後國　ひごのくに　第180号　4-26, 4-28
肥後國　ひごのくに　第182号　4-36, 4-37, 5-314
肥後國　ひごのくに　第185号　4-49, 5-314
肥後国　ひごのくに　第193号　4-87, 5-314
肥後國　ひごのくに　第194号　4-88, 4-89, 4-90, 5-314
肥後國　ひごのくに　第200号　4-118
肥後國　ひごのくに　第208号　4-156
肥後國　ひごのくに　九州沿海図第13　4-250
肥後國　ひごのくに　九州沿海図第16　4-257
肥後國　ひごのくに　九州沿海図第17　4-262, 4-263
肥後國　ひごのくに　九州沿海図第18　4-269
肥後國　ひごのくに　九州沿海図第19　4-272, 4-274, 4-275
肥後國　ひごのくに　九州沿海図第20　4-278
ヒコマ　第32号　1-111, 5-56
備後村（臼杵領）　びごむら　九州沿海図第3　4-202
久居（藤堂佐渡守居城）◯　ひさい　第130号　3-74, 5-163, 5-167, 5-301
久枝村　ひさえだむら　第159号　3-206, 3-208, 5-199, 5-310
膝折　ひざおり　第88号　5-291
膝折村（御料所）◯　ひざおりむら　第90号　2-85, 2-88, 5-120, 5-123
膝折村新田　ひざおりむらしんでん　第90号　2-85
膝折村廣澤原　ひざおりむらひろさわはら　第90号　2-85
久賀島　ひさかじま　第207号　4-153, 5-242, 5-243, 5-321
久賀村⛵　ひさかむら　第207号　4-153, 5-242, 5-243
久賀村市小木　ひさかむらいちこぎ　第207号　4-153
久賀村大平木　ひさかむらおおびらき　第207号　4-153
久賀村田ノ浦☆⛵〔田之浦〕　ひさかむらたのうら　第207号　4-153, 5-243
久賀村深浦〔久賀村〕　ひさかむらふかうら　第206号　4-150, 5-242, 5-243
久木村　ひさぎむら　第144号　3-144, 5-192
久木村沖須〔久木〕　ひさぎむらおきす　第162号　3-219, 5-308
久木村中ノ須〔久木村、久木〕　ひさぎむらなかのす　第162号　3-219, 5-204, 5-308
ヒサコ　ひさご　第132号　3-85
ヒサコシマ　ひさごじま　第202号　4-127, 4-128
ヒサコ島　ひさごじま　長崎〔参考図〕　4-131, 4-133
ヒサコセ　ひさごせ　第189号　4-71, 4-73
雎鳩岳　ひさごだけ　第192号　4-81
膝子村（御料所）　ひざこむら　第88号　2-78, 5-120, 5-291
日サシ山　ひさしやま　第151号　3-178
久田村　ひさだむら　第59号　1-203, 5-85, 5-281
久治〔次〕村　ひさつぎむら　第123号　3-39, 3-41
久常村　ひさつねむら　第143号　3-138
久冨村〔冨久〕　ひさどみむら　第177号　3-294, 5-220, 5-309
久留村　ひさどめむら　九州沿海図第19　4-271
久留村枝主留〔久留村、久留〕　ひさどめむらえだしゅうとめ　第203号　4-137, 4-139, 5-251, 5-315
久留村枝主留　ひさどめむらえだしゅうとめ　九州沿海図第19　4-271
久留村圓中　ひさどめむらえんじゅう　第203号　4-137
久留村友新田〔久留〕　ひさどめむらともしんでん　第203号　4-137, 5-315
久之濱村◯　ひさのはまむら　第55号　1-190, 1-191, 5-104, 5-288
久松古城　ひさまつこじょう　第124号　3-47
久松村　ひさまつむら　第124号　3-47, 5-181
久光村　ひさみつむら　第187号　4-59, 5-222, 5-231
久光村阿弥陀峯　ひさみつむらあみだがみね　第187号　4-59
久見村　ひさみむら　第150号　3-172, 5-189
久本村（長坂血鎗九郎、川勝主税知行所）　ひさもとむら　第90号　2-87, 5-123
樋澤村（大関伊豫守領分）〔樋沢村〕　ひさわむら　第69号　1-242, 5-106, 5-288
日出☆　ひじ　第181号　4-31, 5-227, 5-312
日出（木下主計頭居城）☆　ひじ　九州沿海図第3　4-201
土淵村　ひじうちむら　第124号　3-42, 3-44
肱江川　ひじえがわ　第118号　3-20, 5-166
土方根　ひじかたね　第102号　2-145, 2-148
菱刈郡　ひしかりぐん　第208号　4-156, 4-157, 4-158, 5-247, 5-315
比地川　ひじかわ　第170号　3-258, 5-311
ヒシキシマ　ひしきじま　第153号　3-186
ヒシキ島〔ヒシキシマ〕　ひじきしま　第139号　3-121, 5-186
土黒村　ひじくろむら　第196号　4-95, 5-233, 5-315
土黒村枝今出名　ひじくろむらえだいまいでみょう　第196号　4-95
土黒村枝八斗木名　ひじくろむらえだはっときみょう　第196号　4-95
土黒村尾茂名　ひじくろむらおもみょう　第196号　4-95
土黒村下原名　ひじくろむらしもばるみょう　第196号　4-95
ヒシケシマ　ひしけじま　第192号　4-81
菱田川　ひしだがわ　第199号　4-110
菱田村　ひしだむら　第134号　3-95
菱沼村　ひしぬまむら　第93号　2-103, 5-123, 5-125
菱根村　ひしねむら　第162号　3-219, 5-204
菱野村　ひしのむら　第188号　4-64, 5-230, 5-312
菱野村久保畑　ひしのむらくぼはた　第188号　4-64
菱野村通リ堂　ひしのむらとおりどう　第188号　4-64
肥島　ひしま　第164号　3-228, 3-230, 5-210, 5-307
火島　ひしま　第191号　4-79, 5-238, 5-241
干嶋（羽嶋屬）　ひしま（はじまぞく）　第176号　3-288, 5-217, 5-309
土万村〔土方〕　ひじまむら　第144号　3-140, 5-183, 5-304
柄杓﨑　ひしゃくざき　第191号　4-79
柄扨田村　ひしゃくだむら　第178号　4-12, 5-222, 5-312
柄扨田村　ひしゃくだむら　九州沿海図第1　4-190
雎鳩﨑〔雎鳩サキ〕　びしゃござき　第206号　5-242
雎鳩﨑〔雎鳩サキ〕　びしゃござき　第206号　4-150, 5-242, 5-243
ヒシヤコシマ　びしゃごじま　第155号　3-190
ヒシヤコシマ　びしゃごじま　第202号　4-127, 4-128
ヒシヤコ島　びしゃごじま　長崎〔参考図〕　4-131
ヒシヤコ瀬　びしゃごせ　第174号　3-279, 3-280
雎鳩瀬　びしゃごせ　第192号　4-80
雎鳩瀬　びしゃごせ　第207号　4-154
ヒシヤコ瀬〔ヒヤシコセ〕　びしゃごせ　第210号　4-171, 5-254, 5-261
ヒシヤコ瀬〔ヒシヤコセ〕　びしゃごせ　第210号　4-171, 5-254, 5-261
ヒシヤコセ　びしゃごせ　九州沿海図第12　4-243
ビシヤコ瀬　びしゃごせ　九州沿海図第12　4-243
ビシヤコ岳　びしゃごだけ　第209号　4-164, 5-247, 5-261
ヒシヤコハナ　ひしやこはな　第206号　5-242
ヒシヤコ鼻　びしゃごはな　第161号　3-216
菱屋西新田（御料所）　ひしやにししんでん　第135号　3-101, 5-178
比治山　ひじやま　第167号　3-240
菱山峠　ひしやまとうげ　第123号　3-39, 3-41, 5-180, 5-304
菱屋岬　ひしやみさき　第154号　3-188
ヒシャモン　びしゃもん　第52号　1-180
毘沙門川　びしゃもんがわ　第190号　4-76
毘沙門村（水野右近知行所）　びしゃもんむら　第93号　2-101, 5-124
毘沙門山　びしゃもんやま　第187号　4-61
ビシヤンヘツ　第17号　1-55, 1-57, 5-42, 5-275
美女木村（御料所）　びじょぎむら　第88号　2-78, 5-120
聖返　ひじりがえし　九州沿海図第19　4-271
聖川　ひじりかわ　第81号　2-53, 5-146
聖サキ　ひじりさき　第210号　5-254, 5-261
聖﨑　ひじりざき　第167号　3-243, 5-211, 5-213
聖﨑　ひじりざき　第171号　3-266
聖﨑　ひじりざき　九州沿海図第12　4-243, 4-245
聖嶋　ひじりじま　第183号　4-39
聖嶋　ひじりじま　九州沿海図第4　4-208, 4-211
聖岳　ひじりだけ　第99号　2-131
聖坊山　ひじりぼうやま　第151号　3-176
日末村　ひずえむら　第86号　2-71, 5-144, 5-297, 5-295
肥前國　ひぜんのくに　第187号　4-59, 4-62, 4-63
肥前國　ひぜんのくに　第188号　4-65, 4-66, 4-67, 4-69
肥前國　ひぜんのくに　第189号　4-70, 4-72
備前國〔備前〕　びぜんのくに　第144号　3-142, 3-144, 3-146, 3-147, 5-192, 5-307
備前國〔備前〕　びぜんのくに　第145号　3-148, 3-153, 5-192, 5-307
備前國〔備前〕　びぜんのくに　第146号　3-159, 5-192, 5-307
備前國〔備前〕　びぜんのくに　第151号　3-176, 3-178, 5-192, 5-307
日曽利山　ひそりやま　第108号　2-163
樋田　ひだ　九州沿海図第2　4-194
日高川　ひだかがわ　第139号　3-123, 5-186, 5-303, 5-306
日高郡　ひたかぐん　第139号　3-121, 3-122, 5-179, 5-303, 5-306
比田勝村　ひたかつむら　第192号　4-80, 5-239, 5-241
飛彈川　ひだがわ　第113号　2-188
日滝村枝相森新田（堀淡路守）〔日滝村、日滝〕　ひたきむらえだおおもりしんでん　第81号　2-50, 2-52, 5-146, 5-294
日田郡　ひたぐん　第180号　4-24, 4-25, 4-26, 4-27, 4-28, 5-230, 5-312
日岳　ひだけ　第196号　4-96, 5-233
肥田瀬村　ひだせむら　第114号　2-193, 5-155, 5-156, 5-297
肥田瀬村枝島組　ひだせむらえだしまぐみ　第114号

2-193
肥田瀬村月森　ひだせむらつきもり　第114号　2-193
常陸　ひたち　第55号　1-192
大〔火〕立尾山　ひたちおやま　第210号　4-168, 5-252, 5-261
火立尾山　ひたちおやま　九州沿海図第13　4-247
常陸國　ひたちのくに　第58号　1-200, 1-201, 5-108, 5-290
常陸原　ひたちはら　第58号　1-200, 1-201, 5-110
飛驒國〔飛騨〕　ひだのくに　第109号　2-167, 5-153
飛彈国〔飛弾〕　ひだのくに　第113号　2-186, 2-187, 2-188, 5-153, 5-297
肥田村（大久保出雲守領分）　ひたむら　第101号　2-141, 5-128, 5-291, 5-298
肥田村　ひだむら　第129号　3-69, 5-163, 5-299
肥田村　ひだむら　第177号　3-296
樋田村　ひだむら　第179号　4-18, 5-225, 5-312
樋田村☆　ひだむら　第179号　4-19, 5-225, 5-312
飛田村　ひだむら　第193号　4-85, 4-86, 5-232, 5-314
肥田村　ひだむら　九州沿海図第1　4-188
樋田村　ひだむら　九州沿海図第2　4-194
樋田村☆　ひだむら　九州沿海図第2　4-195
肥田村木屋　ひだむらこや　第177号　3-296
肥田村日守新田　ひたむらひもりしんでん　第101号　2-141
肥田村八ツ橋　ひたむらやつはし　第101号　2-141
左堰村　ひだりぜきむら　第39号　1-135, 5-67, 5-82
左子　ひだりね　第103号　2-150
日近村　ひぢかいむら　第151号　3-176, 5-192, 5-307
七番村（青山下野守領分）　ひちばんむら　第135号　3-101, 5-178
日知屋村　ひちやむら　第184号　4-46, 5-244, 5-314
日知屋村（御料所）　ひちやむら　九州沿海図第6　4-219
日知屋村枝梶木　ひちやむらえだかじき　第184号　4-46
日知屋村永良　ひちやむらえら　第184号　4-46
日知屋村柿迫　ひちやむらかきざこ　第184号　4-46
日知屋村亀嵜　ひちやむらかめざき　第184号　4-46
日知屋村曽根　ひちやむらそね　第184号　4-46
日知屋村枝庄手　ひちやむらだしょうで　第184号　4-46
日知屋村幡浦　ひちやむらはたうら　第184号　4-46
日知屋村濵　ひちやむらはま　第184号　4-46
日知屋村深野　ひちやむらふかの　第184号　4-46
日知屋村深溝村　ひちやむらふかみぞむら　第184号　4-46
日知屋村細島町⚓〔細島〕　ひちやむらほそじままち　第184号　4-46, 5-244, 5-314
引掛﨑　ひっかけざき　第201号　4-122
棺山　ひつぎやま　第100号　5-127
ヒツジ　第22号　1-73, 5-30, 5-271, 5-276
櫃嶋（大井郷村屬）（萩領）　ひつしま（おおいごうむらぞく）　第174号　3-280, 5-217, 5-309
備中國　びっちゅうのくに　第145号　3-153
備中國〔備中〕　びっちゅうのくに　第150号　3-174, 3-175, 5-193, 5-307
備中國〔備中〕　びっちゅうのくに　第151号　3-176, 3-178, 3-180, 5-193, 5-307
備中國〔備中〕　びっちゅうのくに　第156号　3-194, 3-196, 5-193, 5-307
日詰町○　ひづめちょう　第50号　1-171, 5-71, 5-73, 5-74, 5-282
比結〔詰〕村〔北結村〕　ひづめむら　第62号　1-211, 5-87, 5-283
日連村　ひづれむら　第97号　2-120
日連村勝瀬　ひづれむらかつせ　第97号　2-120
ヒツロセ　ひつろせ　第206号　4-150
日出島村　ひでがしまむら　第84号　2-62, 2-64, 5-142
ヒテクリ　ひてくり　第166号　3-235
日出塩村（御料所）　ひでしおむら　第96号　2-119, 5-150, 5-296
秀野新田　ひでのしんでん　第135号　3-101, 5-178
日出村　ひでむら　第122号　3-35, 5-173, 5-304
秀村　ひでむら　第190号　4-75, 5-234
日出山○　ひでやま　第56号　1-195, 5-103, 5-288
人穴村○　ひとあなむら　第100号　2-133, 2-135, 2-136, 2-138, 5-127, 5-291, 5-296
ビトイ　第18号　1-58, 1-60, 5-43, 5-275
ビトイ川　第18号　1-58, 1-60, 5-43, 5-275
一日市○　ひといち　第62号　1-212, 5-87, 5-283
一日市場村　ひといちばむら　第118号　3-16, 3-18, 5-156, 5-166
一日市村　ひといちむら　第124号　3-42, 3-44, 5-180, 5-304
一日市村　ひといちむら　第124号　3-43, 5-181, 5-304
一日市村　ひといちむら　第145号　3-152, 5-192, 5-307
日藤村　ひとうむら　第127号　3-57, 5-180, 5-304
尾藤村　びとうむら　第127号　3-57
一重村　ひとえむら　第192号　4-80, 5-239, 5-241, 5-320
一言村（皆川森之助知行所）　ひとことむら　第111号　2-179, 2-180, 5-161
仁枚村　ひとすぎむら　第100号　2-132, 2-134, 5-291
一木村　ひとつきむら　第188号　4-69, 5-231
一ツ木村　ひとつぎむら　第88号　2-77
〔一〕木村　ひとつぎむら　第193号　4-85, 4-86, 5-223
一木村　ひとつぎむら　九州沿海図第18　4-266, 4-268
一木村一里山〔一ツ木村、一ツ木〕　ひとつぎむらいちりやま　第115号　2-196, 2-198, 5-159, 5-299
一木村新田　ひとつきむらしんでん　第188号　4-69
一木村土井外　ひとつきむらどいほか　第188号　4-69
一ツ木村飛地　ひとつぎむらとびち　第88号　2-79
一木村紅粉屋　ひとつきむらべにや　第188号　4-69
一ツ塩屋洲　ひとつしおやす　第195号　4-94, 5-250
一ツ島　ひとつじま　第146号　3-156, 5-185
一ツセ　ひとつせ　第206号　4-148, 4-149
一ツ瀬　ひとつせ　第206号　4-150
一ツ瀬〔一ツセ〕　ひとつせ　第210号　4-170, 5-254, 5-261
一ツ瀬　ひとつせ　第210号　4-171
一ツ瀬　ひとつせ　第213号　4-182, 5-258, 5-261
一ツ瀬　ひとつせ　九州沿海図第12　4-242
一ツ瀬　ひとつせ　九州沿海図第12　4-243
一瀬川〔石瀬川〕　ひとつせがわ　第185号　4-50, 5-314
一瀬川　ひとつせがわ　九州沿海図第7　4-221, 4-222
一ツハエ　ひとつばえ　第171号　3-266
一ツ畑田　ひとつはただ　第161号　3-216, 5-203
一津屋村（御料所）　ひとつやむら　第135号　3-101, 5-178, 5-301
ヒトニ島　ひとにじま　第204号　4-140
飛渡瀬　ひとのせ　第167号　3-242, 5-211, 5-213
飛渡瀬　ひとのせ　第167号　3-243
一ツ松郷（御料所、神尾五郎三郎、飯田惣左エ門、坪内半三郎、服部式部、大井新右エ門知行所）　ひとまつごう　第91号　2-92, 5-111
人丸社　ひとまるしゃ　第134号　3-95, 3-97
人丸社　ひとまるしゃ　第137号　3-114, 5-184
人丸社　ひとまるしゃ　第174号　3-278, 5-216
人丸社　ひとまるしゃ　第177号　3-294
人見村（御料所、黒川左京、小笠原兵庫知行所）　ひとみむら　第91号　2-95, 2-96, 5-123, 5-124, 5-290
比土村　ひどむら　第134号　3-94, 5-167, 5-301
一村尾村　ひとむらおむら　第77号　2-35, 5-113
比土村七見　ひどむらななみ　第134号　3-94, 3-96
人吉（人吉城）☆　ひとよし　第200号　4-114, 5-250, 5-314
人吉（相良志摩守居城）　ひとよし　九州沿海図第17　4-263
ビトロ　第33号　1-115, 5-47, 5-55, 5-279
ビトロ川　第33号　1-115
日内村　ひないむら　第118号　3-21
日永村　ひながむら　第129号　3-67, 3-69, 5-166, 5-299
日永村枝追分　ひながむらえだおいわけ　第129号　3-67, 3-69
ヒナキリ根　ひなきりね　第105号　2-154
日奈久町○　ひなぐまち　九州沿海図第16　4-258, 4-260
日奈久村小川内　ひなぐむらこがわち　第200号　4-113, 4-116
日奈久村田野河内　ひなぐむらたのかわち　第200号　4-113, 4-116
日奈久村千代永　ひなぐむらちよなが　第200号　4-113, 4-116
日奈久村日奈久町○〔日奈久村〕　ひなぐむらひなぐまち　第200号　4-113, 4-116, 5-250, 5-315
日奈久村馬越　ひなぐむらまごし　第200号　4-113, 4-116
日脚村　ひなしむら　第172号　3-269, 5-216
日生村☆　ひなせむら　第145号　3-149, 5-183, 5-306
日向　ひなた　第93号　2-101, 2-102, 5-123, 5-125
日向　ひなた　九州沿海図第21　4-281
日向門木合屋　ひなたかどきごうや　第194号　4-89, 4-90
日向村（小林亀五郎、中條鋲太郎、舩橋宗迫、曽谷長順知行所）　ひなたむら　第99号　2-128, 5-126
日向村　ひなたむら　第101号　2-141, 2-143
日向村新田　ひなたむらしんでん　第99号　2-128
日向山　ひなたやま　第117号　3-12, 5-163
日向山　ひなたやま　第139号　3-123
日並川　ひなみがわ　第202号　5-236
日並村　ひなみむら　第202号　4-127, 5-236, 5-315
日並村　ひなみむら　長崎〔参考図〕　4-133
日並村木場　ひなみむらこば　第202号　4-127
日並村木場　ひなみむらこば　長崎〔参考図〕　4-133
比奈村（内藤駒之丞陣屋）（秋山修理、日向傳右エ門、内藤駒之丞）☆　ひなむら　第100号　2-135, 5-127
日名村　ひなむら　第115号　2-198, 2-200
日名村　ひなむら　第150号　3-174
雛守山　ひなもりやま　第197号　4-103
比沼麻奈為神社　ひぬまないじんじゃ　第123号　3-39, 3-41

日根郡　ひねぐん　第138号　3-118, 3-120, 5-179, 5-303, 6-306
日野（御料所）○　ひの　第90号　2-88, 2-90, 5-120, 5-123, 5-291
日野　ひの　第144号　5-306
日野　ひの　第145号　5-306
日野浦⚓　ひのうら　第183号　4-40, 5-228
日野浦〔日野〕　ひのうら　第204号　4-140, 4-142, 5-235, 5-313, 5-321
日野浦　ひのうら　九州沿海図第5　4-211
日野大窪町○〔日野〕　ひのおおくぼまち　第129号　3-71, 5-301
日岡村　ひのおかむら　第133号　3-87, 5-174, 5-176, 5-301
日岡村之内蹴上六軒町〔蹴上六軒町〕　ひのおかむらのうちけあげろっけんまち　第133号　3-87, 5-174, 5-176
舟揚島　ひのがりじま　第196号　4-98
舩揚嶋　ひのがりじま　九州沿海図第19　4-274, 4-275
日野川　ひのかわ　第162号　3-219, 3-221, 5-204
日野川〔日ノ川〕　ひのかわ　第162号　3-220, 5-190, 5-204, 5-308
日野川　ひのがわ　第102号　2-147, 5-129
日野川〔日ノ川〕　ひのがわ　第150号　3-173, 5-189
日野川〔日ノ川〕　ひのがわ　第155号　3-190, 3-192, 5-189, 5-190, 5-305
檜川　ひのきがわ　第117号　3-13
檜川村　ひのきがわむら　第39号　1-131, 5-63
檜新田（御料所、大久保加賀守領分）　ひのきしんでん　第101号　2-144, 5-127
檜村　ひのきむら　第40号　1-140, 5-66
檜村　ひのきむら　第118号　3-17, 3-19, 5-166
樋ノ口　ひのくち　九州沿海図第1　4-191
樋口村　ひのくちむら　第88号　2-77
樋口村（御料所、平岡美濃守、徳永小膳知行所）　ひのくちむら　第88号　2-76, 5-120, 5-291
樋口村　ひのくちむら　第98号　2-125, 5-117
日隈山　ひのくまやま　第188号　4-67
日野郡　ひのぐん　第150号　3-173, 5-189, 5-305
日野郡會見郡汗入郡八橋郡入會　ひのぐんあうみぐんあせりぐんやはしぐんいりあい　第150号　3-171
日ノ迫　ひのさこ　第175号　3-284
日野地　ひのじ　九州沿海図第2　4-197
日野地　ひのじ　九州沿海図第3　4-197, 4-201
樋島　ひのしま　第200号　4-117, 5-250
日之島属有福島　ひのしまぞくありふくじま　第206号　4-150, 5-242, 5-243, 5-321
樋島村☆　ひのしまむら　第200号　4-117
樋嶋村（上□嶋）☆　ひのしまむら（かみ□しま）　九州沿海図第19　4-274
日之島村枝貝木浦　ひのしまむらえだかいきうら　第206号　4-150
日之島村枝榊浦　ひのしまむらえださかきのうら　第206号　4-150
日之島村枝間伏浦　ひのしまむらえだまぶしうら　第206号　4-150
日之島漁生島　ひのしまりょうぜしま　第206号　4-150
日野宿下河原　ひのじゅくしもがわら　第90号　2-88, 2-90
日野宿仲井　ひのじゅくなかい　第90号　2-88, 2-90
簸礒村　ひのそむら　第124号　3-42, 3-44, 5-180, 5-304
日ノ岳　ひのだけ　第176号　3-291
樋爪村（御料所、大保福寺領）　ひのつめむら　第90号　2-84, 5-120, 5-123
日出村　ひのでむら　第181号　4-31, 5-227, 5-312
日出村　ひのでむら　九州沿海図第3　4-201
檜原山　ひのはらやま　第97号　2-120, 5-121
日野松尾町　ひのまつおまち　第129号　3-71
日御﨑〔日岬〕　ひのみさき　第139号　3-123, 5-186
日御﨑　ひのみさき　第165号　3-233, 5-204
日御﨑　ひのみさき　第165号　3-233, 5-308
日岬　ひのみさき　第199号　4-110, 4-112
日岬　ひのみさき　九州沿海図第9　4-230
火峯　ひのみね　第176号　5-219, 5-220
日野村　ひのむら　第114号　2-193, 2-194, 5-156, 5-159, 5-297
日野村井町（市橋下總守在所）〔日野町〕　ひのむらいまち　第129号　3-70, 3-71, 5-166
火野山　ひのやま　第166号　3-236, 3-238
ビハセイ○　第22号　1-70, 5-27, 5-270
檜原（松平肥後守領分）○　ひばら　第67号　1-233, 5-81, 5-94, 5-285
檜原大峠〔檜原峠〕　ひばらおおとうげ　第67号　1-233, 5-81, 5-94
日原鼻〔日原サキ〕　ひはらばな　第190号　4-77, 5-235
雲雀小島　ひばりこじま　第161号　3-213, 3-215, 5-203
雲雀峠　ひばりとうげ　第176号　3-288, 3-290, 5-219
檜原山　ひばるさん　第180号　5-222, 5-230
ビヽイムコ○　第28号　1-92, 5-50, 5-278
日比宇村　ひびうむら　第127号　3-59, 3-61, 5-182
日比浦　ひびうら　九州沿海図第3　4-201
ビヽ川　第28号　1-92, 5-50, 5-278
小引浦戸津井⚓　ひびきうらとつい　第139号　3-121
日引村　ひびきむら　第122号　3-34, 3-36, 5-173, 5-300
日比澤村（井上河内守領分）　ひびさわむら　第111号　2-181, 5-161, 5-299
日比澤村枝花藏寺村（近藤豊太郎知行所）　ひびさわむらえだけぞうじむら　第111号　2-181
比比多神社　ひびたじんじゃ　第99号　2-128
日比野村○　ひびのむら　第110号　2-173, 5-154
日比野村大牧　ひびのむらおおまき　第110号　2-173
日比野村野間　ひびのむらのま　第110号　2-173
日比村（井上河内守）　ひびむら　第111号　2-181, 5-161
日比村☆　ひびむら　第145号　3-155, 5-194, 5-307
比布智神社　ひふちじんじゃ　第162号　3-221, 5-204, 5-308
火振　ひぶり　九州沿海図第3　4-202
火振﨑　ひぶりざき　第175号　3-286
日振島　ひぶりじま　第124号　3-47
日振島　ひぶりじま　第171号　3-265, 3-267, 5-203, 5-311
ヒポク　第27号　1-88, 5-49
ビホロ川　第25号　1-81, 5-33
日間賀島　ひまかじま　第116号　2-201, 2-207, 5-162, 5-299
氷間下村　ひまがむら　第127号　3-59, 5-182, 5-304
氷見○☆　ひみ　第83号　2-60, 5-140, 5-295
日見浦　ひみうら　九州沿海図第4　4-208, 4-211
日見峠　ひみとうげ　第202号　4-125, 4-126, 5-236
日見峠　ひみとうげ　長崎〔参考図〕　4-130, 4-132
氷見村　ひみむら　第158号　3-205, 5-197, 5-307
日見村　ひみむら　第169号　3-254, 5-215, 5-311
日見村○　ひみむら　長崎〔参考図〕　4-130, 4-132
日見村○☆　ひみむら　第202号　4-125, 4-126, 5-236, 5-315
日見村網場名⚓　ひみむらあばみょう　第202号　4-125, 4-126
日見村網場名⚓　ひみむらあばみょう　長崎〔参考図〕　4-130, 4-132
日見村枝河内坂下　ひみむらえだかわちさかした　第202号　4-125, 4-126
日見村枝河内坂下　ひみむらえだかわちさかした　長崎〔参考図〕　4-130, 4-132
氷見村枝宮ノ下　ひみむらえだみやのした　第158号　3-205
檜村　ひむら　第163号　3-226
氷室村　ひむろむら　第133号　3-92, 5-176, 5-178, 5-301
姫浦村☆　ひめうらむら　第200号　4-117, 5-250
姫浦村☆　ひめうらむら　九州沿海図第19　4-274, 4-275
姫浦村永目〔姫浦〕　ひめうらむらながめ　第196号　4-98, 5-315
姫浦村牟田〔姫浦〕　ひめうらむらむた　第196号　4-98, 5-315
姫方村　ひめかたむら　第187号　4-59, 4-62, 5-231
姫方村〔姫方〕　ひめかたむら　第188号　4-65, 4-66, 5-231, 5-313
姫方村中原○☆〔中原〕　ひめかたむらなかばる　第188号　4-65, 4-66, 5-231
姫川　ひめかわ　第80号　2-47, 5-139
姫木村　ひめぎむら　第209号　4-162, 5-247, 5-261, 5-314, 5-316
姫木村石躍　ひめぎむらいしおどり　第209号　4-162
姫熊　ひめくま　九州沿海図第2　4-195
姫小島　ひめこじま　第167号　3-245, 5-213, 5-311
姫御前山　ひめごぜんやま　第190号　4-75
比賣坂鍾乳穴神社　ひめさかかなちのあなじんじゃ　第150号　3-175
姫路☆　ひめじ　第141号　3-130, 5-183, 5-306
姫路　ひめじ　第152号　3-183, 5-195
姫島　ひめしま　第116号　2-203, 2-205, 5-162
姫嶋　ひめしま　第174号　3-279, 3-280, 5-217, 5-309
姫島　ひめしま　第179号　4-22, 5-224, 5-312
姫嶋　ひめしま　第189号　4-70, 5-238, 5-241, 5-313
姫嶋（杵築領）　ひめしま　九州沿海図第2　4-198
姫シマ　ひめじま　第177号　5-220
姫島（卯来島屬）　ひめしま（うのきじまぞく）　第161号　3-217, 5-203, 5-311
姫路村　ひめじむら　第143号　3-135, 3-136, 5-188, 5-305
姫路村舟礒　ひめじむらふないそ　第143号　3-135, 3-136
姫岳　ひめだけ　第176号　5-219
姫津村　ひめづむら　第75号　2-25, 5-99
姫濱村　ひめはまむら　第152号　3-183, 3-184, 5-195, 5-196, 5-307
姫濱村枝大平木　ひめはまむらえだおおびらき　第152号　3-183, 3-184
姫原村　ひめばらむら　第168号　3-247, 5-214
姫村　ひめむら　第140号　3-124, 5-170
紐指村〔紐指〕　ひもさしむら　第204号　4-140, 4-142, 5-235, 5-313, 5-321
紐指村枝寶亀村　ひもさしむらえだほうきむら　第204号　4-140, 4-142
紐指村大河原　ひもさしむらおおかわら　第204号

4-140, 4-142
紐指村木ケ津　ひもさしむらきがつ　第204号　4-140, 4-142
紐指村草積　ひもさしむらくさづみ　第204号　4-140, 4-142
紐指村深川　ひもさしむらふかがわ　第204号　4-140, 4-142
日守村　ひもりむら　第101号　2-141
ヒーヤ〔ビーヤ〕　第20号　1-64, 5-45, 5-275
ビーヤ　第21号　1-68, 1-69, 5-46, 5-279
ビヤケ島　びやがしま　第171号　3-264, 5-201, 5-203
百濟寺山　ひゃくさいじやま　第125号　3-50, 5-166
百首村（飯田惣左エ門、高尾伊賀守、大久保八五郎、金田八郎右エ門、本多金之助、渡邉勇五郎、白須甲斐守、森本松次郎、神谷与七郎知行所）　ひゃくしゅむら　第91号　2-96, 5-124, 5-290
百町村　ひゃくちょうむら　第118号　3-20
百万邊寺　ひゃくまんべんじ　第133号　3-87
霹靂神社　びゃくらくじんじゃ　第166号　3-235, 5-209, 5-212
百貫島　ひゃっかんじま　第157号　3-200, 5-195, 5-307
百貫島　ひゃっかんじま　第157号　5-195
百貫島　ひゃっかんじま　第206号　4-149
百貫瀬〔百貫セ〕　ひゃっかんせ　第206号　4-148, 4-149, 5-242, 5-243
百貫根　ひゃっかんね　第99号　2-131
檜山○　ひやま　第60号　1-207, 5-85, 5-283
檜山　ひやま　第167号　3-240
檜山路村　ひやまじむら　第117号　3-15, 5-168
樋山路村　ひやまじむら　第180号　4-24, 5-222, 5-230, 5-312
日山村龍野☆〔龍野、竜野〕　ひやまむらたつの　第141号　3-131, 5-183, 5-306
日山村山下〔日山村〕　ひやまむらやました　第141号　3-131, 5-183
冷水山　ひやみずやま　第192号　4-80
日向泊浦〔日向浦〕　ひゅうがどまりうら　第183号　4-39, 5-226, 5-228
日向泊浦　ひゅうがどまりうら　九州沿海図第5　4-211
日向國　ひゅうがのくに　第183号　4-43, 5-314
日向國　ひゅうがのくに　第185号　4-49, 5-314, 5-316
日向國　ひゅうがのくに　第194号　4-88, 4-89, 4-90, 5-314
日向國　ひゅうがのくに　第197号　4-103, 5-246, 5-314, 5-316
日向國　ひゅうがのくに　第199号　4-108, 4-109, 4-111, 4-112, 5-316
日向國　ひゅうがのくに　第208号　4-156, 5-316
日向國　ひゅうがのくに　九州沿海図第5　4-215
日向國　ひゅうがのくに　九州沿海図第6　4-215, 4-216
日向國　ひゅうがのくに　九州沿海図第9　4-228, 4-229
日向國　ひゅうがのくに　九州沿海図第11　4-240
日向國　ひゅうがのくに　九州沿海図第17　4-262, 4-263
別府村〔谷〕ナ〔サ〕レ村〔別府〕　びゅうだにされむら　第185号　4-49, 5-314
兵庫津○☆⛵　ひょうごつ　第137号　3-113, 5-184, 5-306
兵庫村　ひょうごむら　第134号　3-95, 3-97, 5-176, 5-177
兵主神社　ひょうずじんじゃ　第127号　3-59, 5-182
兵王〔主〕神社　ひょうずじんじゃ　第191号　4-78
瓢箪小島〔瓢箪島〕　ひょうたんこじま　第157号　3-202, 5-195, 5-307
瓢箪島〔瓢箪シマ〕　ひょうたんじま　第200号　4-117, 5-251
瓢箪嶋　ひょうたんじま　第200号　4-117, 5-251
瓢箪シマ　ひょうたんじま　九州沿海図第19　4-270
瓢箪嶋　ひょうたんじま　九州沿海図第19　4-270, 4-272
平等院　びょうどういん　第133号　3-89, 5-176
平等寺　びょうどうじ　第100号　2-135, 2-138
平等寺　びょうどうじ　第134号　3-97, 3-98
屏風岩　びょうぶいわ　第123号　3-38
屏風岩〔江井〕　びょうぶいわ　第137号　3-114
屏風岩山　びょうぶいわやま　第201号　4-120
屏風木場山　びょうぶこばやま　第202号　4-125, 4-126
屏風木場山　びょうぶこばやま　長崎〔参考図〕　4-132
屏風島　びょうぶじま　第145号　3-155, 5-185
屏風岳　びょうぶだけ　第204号　4-141, 5-235
屏風岬　びょうぶみさき　第84号　2-62, 2-64
屏風村　びょうぶむら　第136号　3-107, 5-182, 5-306
屏風山　びょうぶやま　第100号　2-137
屏風山　びょうぶやま　第187号　4-58, 5-222
日吉村　ひよしむら　第101号　2-141, 5-129
日吉村　ひよしむら　第155号　3-191, 3-193, 5-190, 5-305
日吉村　ひよしむら　第164号　5-197, 5-214, 5-307, 5-311
日和山　ひよりやま　第155号　5-189, 5-190
平　ひら　九州沿海図第19　4-272
ビラ　第17号　1-52, 5-42, 5-274
平石鼻　ひらいしはな　第203号　4-137
平石村　ひらいしむら　第142号　3-133
平泉村　ひらいずみむら　第51号　1-176, 5-77, 5-284
平磯岬　ひらいそみさき　第75号　2-25
平磯村　ひらいそむら　第48号　1-162, 5-76, 5-284
平礒村　ひらいそむら　第57号　1-197, 5-108, 5-290
平磯村（根岸肥前守知行所）　ひらいそむら　第92号　2-99, 2-100, 5-124, 5-292
平磯村日門濵〔日門濵〕　ひらいそむらひかどはま　第48号　1-162, 5-76, 5-284
平出古城　ひらいでこじょう　第81号　2-50
平出新田　ひらいでしんでん　第81号　2-50, 5-146
平出村（本多豊後守）　ひらいでむら　第81号　2-50, 5-146, 5-294
平出村〔平山〕　ひらいでむら　第96号　2-119, 5-150, 5-296
平出村（内藤大和守領分）○　ひらいでむら　第96号　2-119, 5-150, 5-296
平出村上平出　ひらいでむらかみひらいで　第96号　2-119
平出村桔梗ケ原　ひらいでむらききょうがはら　第96号　2-119
平井村（松平大学頭領分、戸田寅吉、丸茂長門守、小野斧吉知行所）　ひらいむら　第58号　1-199, 5-110, 5-290
平井村（水野出羽守領分、永井彦兵衛知行所）　ひらいむら　第101号　2-141, 5-128, 5-291
平井村　ひらいむら　第125号　3-49, 5-174
平井村　ひらいむら　第136号　3-106, 5-178
平井村　ひらいむら　第145号　3-153, 5-192
平井村　ひらいむら　第182号　4-35
平井村　ひらいむら　九州沿海図第21　4-281
平井村枝松沢　ひらいむらえだまつざわ　第101号　2-140
平井村柿沢　ひらいむらかきざわ　第101号　2-140
平井村鬢ノ沢　ひらいむらびんのさわ　第101号　2-140
平井山　ひらいやま　第136号　3-110
平岩村　ひらいわむら　第114号　2-191, 5-155, 5-297
平岩村　ひらいわむら　第184号　4-46, 5-244, 5-314
平岩村（御料所）　ひらいわむら　九州沿海図第6　4-219
平岩村金ケ濵　ひらいわむらかねがはま　第184号　4-46
平岩村笹野　ひらいわむらささの　第184号　4-46
平内タケ　ひらうちだけ　第214号　4-187, 5-259, 5-261
ヒラウトロ　第26号　1-85, 5-277
平生　ひらお　第169号　3-254
平尾　ひらお　第203号　4-138, 5-251
平尾　ひらお　九州沿海図第14　4-253
平岡村　ひらおかむら　第98号　2-125, 5-150
平岡村　ひらおかむら　第183号　4-39, 5-226, 5-312, 5-311
平岡村　ひらおかむら　九州沿海図第4　4-209
平小野村　ひらおのむら　第180号　4-24, 5-230, 5-312
平小野村小竹林　ひらおのむらこたけばやし　第180号　4-24
平小野村田ノ中　ひらおのむらたのなか　第180号　4-24
平小野村野間　ひらおのむらのま　第180号　4-24
平尾村　ひらおむら　第129号　3-67
平尾村　ひらおむら　第133号　5-178
平尾村　ひらおむら　第134号　3-95, 5-176
平尾村　ひらおむら　第187号　4-60, 5-223
平尾村　ひらおむら　第187号　4-60
平尾村　ひらおむら　第188号　4-67
平尾村〔平尾〕　ひらおむら　第189号　4-71, 4-73, 5-234, 5-238, 5-241, 5-313
平尾村枝有地マキ　ひらおむらえだうちまき　第134号　3-95
平尾村枝雀居　ひらおむらえださささい　第187号　4-60
平尾村榎戸　ひらおむらえのきど　第134号　3-95
平尾村向田　ひらおむらむかいだ　第187号　4-60
ヒラヲロ　第3号　1-15, 1-16, 5-18, 5-268, 5-270
平鹿郡　ひらかぐん　第64号　1-221, 1-222, 5-75
枚方宿○〔枚方〕　ひらかたしゅく　第133号　3-92, 5-176, 5-178, 5-301
平潟湊（小笠原佐渡守領分）⛵　ひらかたみなと　第55号　1-192, 5-104, 5-288
平方村（御料所、松平十藏、金森六左エ門知行所）　ひらかたむら　第88号　2-78, 5-120, 5-291
平方村　ひらかたむら　第90号　2-84
平方村　ひらかたむら　第125号　3-48, 5-166, 5-297, 5-300
平方村　ひらかたむら　第188号　4-65, 4-66, 5-231, 5-313
平方村新田　ひらかたむらしんでん　第88号　2-78
平ケ八重山　ひらがはえやま　第185号　4-49
平加村　ひらかむら　第86号　2-70, 5-141, 5-144, 5-295
平川　ひらかわ　第204号　4-140, 4-142
平川村　ひらかわむら　第133号　3-89, 5-176
平川村　ひらかわむら　第156号　3-196, 5-193
平川村　ひらかわむら　九州沿海図第20　4-277
平川村高尾野〔平川村、平川〕　ひらかわむらたかおの　第193号　4-83, 4-84, 5-232, 5-314
平川村之内大亀茶屋　ひらかわむらのうちおおかめちゃや　第133号　3-89

平木村　ひらきむら　第195号　4-93, 5-233
平木村　ひらきむら　九州沿海図第18　4-264
平木村　ひらぎむら　第130号　3-74, 5-167
平木村犬塚　ひらぎむらいぬづか　第130号　3-75
平串﨑〔平串サキ〕　ひらくしざき　第206号　4-148, 4-149, 5-242
平國赤﨑村　ひらくにあかざきむら　第200号　4-116, 4-118, 5-315
平國赤﨑村　ひらくにあかざきむら　九州沿海図第16　4-257
平國赤﨑村赤﨑　ひらくにあかざきむらあかざき　第200号　4-117, 4-118
平國赤﨑村福浦　ひらくにあかざきむらふくうら　第200号　4-115, 4-116, 4-118, 5-250
開山　ひらくやま　第101号　2-140, 2-142
平小島〔平小シマ〕　ひらこじま　第204号　4-140, 4-142, 5-235
平子村　ひらこむら　第129号　3-70, 3-72
平﨑　ひらさき　九州沿海図第12　4-243
平佐山　ひらさやま　第208号　4-159
平澤村○　ひらさわむら　第64号　1-219, 5-89, 5-283, 5-286
平澤村（金田主殿知行所）　ひらさわむら　第94号　2-108, 5-121, 5-291
平沢村（土屋丹後守、竹屋善助知行所）　ひらさわむら　第99号　2-128, 2-130, 5-126, 5-291
平沢村（御料所）　ひらさわむら　第101号　2-141, 2-143, 5-129
平沢村　ひらさわむら　第115号　2-195, 5-158
平沢山　ひらさわやま　第176号　5-219
ヒラ島　ひらしま　第48号　5-78
ヒラシマ　ひらしま　第71号　1-249, 1-250
平シマ　ひらしま　第101号　2-142
平島　ひらしま　第116号　2-201
平島　ひらしま　第143号　3-135, 5-188
平シマ　ひらしま　第153号　3-186, 5-191
ヒラシマ　ひらしま　第165号　3-233, 5-204
平シマ　ひらしま　第166号　3-235, 5-209, 5-212
平嶋　ひらしま　第174号　3-279
平嶋　ひらしま　第175号　3-286, 5-218
平嶋　ひらしま　第189号　4-71
平島　ひらしま　第191号　4-79, 5-238, 5-241, 5-313
平島　ひらしま　第196号　4-95
平島☆⚓　ひらしま　第205号　4-145, 5-321
平島　ひらしま　第206号　4-147, 5-242, 5-321
平島　ひらしま　第206号　5-242
ヒラ島　第34号　1-119
平島村　ひらしまむら　第145号　3-152
平島村　ひらしまむら　第178号　4-14, 4-16, 5-222, 5-312
平嶋村　ひらしまむら　九州沿海図第1　4-193
平島村米山　ひらしまむらよねやま　第178号　4-14, 4-17
平清水ノ滝　ひらしみずのたき　第104号　2-151, 2-152
平城村　ひらじょうむら　第161号　3-216, 5-203
平城村貝塚　ひらじょうむらかいづか　第161号　3-216
平瀬　ひらせ　第174号　3-278
平セ　ひらせ　第189号　4-74, 5-238, 5-241
平瀬　ひらせ　第189号　4-71, 4-73
平セ　ひらせ　第190号　4-77
平瀬〔平セ〕　ひらせ　第192号　4-80, 5-239, 5-241
平セ　ひらせ　第192号　4-81
平セ　ひらせ　第201号　5-237
平セ　ひらせ　第202号　4-127, 4-128
平瀬　ひらせ　第204号　4-140
平瀬〔平セ〕　ひらせ　第204号　4-140, 5-235
平瀬〔平セ〕　ひらせ　第204号　4-140, 4-142, 5-235
平瀬〔平セ〕　ひらせ　第206号　4-149, 5-242
平セ〔平セ〕　ひらせ　第206号　4-148, 4-149, 4-150, 4-151, 5-242, 5-243
平瀬〔平セ〕　ひらせ　第207号　4-153, 4-154, 5-243
平瀬　ひらせ　第207号　4-152
平瀬　ひらせ　第207号　4-151, 4-155
平セ　ひらせ　長崎〔参考図〕　4-131
平瀬嵜　ひらせざき　第201号　4-119
平瀬﨑　ひらせざき　第212号　5-253
平瀬島　ひらせじま　第200号　4-117, 5-251
平瀬嶋　ひらせじま　九州沿海図第19　4-272, 4-274
平瀬岳ノ部田　ひらせたけのべた　第190号　4-76
平瀬鼻〔平セハナ〕　ひらせばな　第206号　4-146, 4-148, 5-242
平瀬鼻〔平セハナ〕　ひらせばな　第206号　4-148, 4-149, 5-242
平瀬鼻　ひらせばな　第208号　4-159
平瀬丸尾　ひらせまるお　第201号　4-120
平瀬山〔平セ山〕　ひらせやま　第131号　3-79, 3-80, 5-169
平清水〔福良村、福良〕　ひらそうず　第183号　4-39, 5-226, 5-312, 5-311
平清水　ひらそうず　九州沿海図第4　4-209
平田　ひらた　九州沿海図第18　4-266
平田川　ひらたがわ　第193号　4-85, 4-86
比良岳　ひらだけ　第126号　3-52, 3-53, 5-174, 5-300, 5-301
平田宿○　ひらたじゅく　第130号　3-75, 5-167
平田宿枝中島小場〔平田〕　ひらたしゅくえだなかじまこば　第130号　3-75, 5-301
平田新田　ひらたしんでん　第135号　3-101, 5-178
ヒラタナイ　第34号　1-117, 5-55, 5-279
平谷　ひらたに　九州沿海図第16　4-258
平田村　ひらたむら　第96号　2-117, 5-150, 5-296
平田村　ひらたむら　第111号　2-177, 2-178, 5-160
平田村　ひらたむら　第122号　3-35, 5-173
平田村　ひらたむら　第123号　3-41, 5-180, 5-304
平田村　ひらたむら　第125号　3-48, 3-50, 5-166
平田村　ひらたむら　第134号　3-97, 3-98, 5-177, 5-301
平田村　ひらたむら　第136号　3-106, 3-107, 5-178, 5-306
平田村　ひらたむら　第151号　3-178, 5-192
平田村☆　ひらたむら　第162号　3-219, 5-204, 5-308
平田村　ひらたむら　第173号　3-274, 3-276
平田村　ひらたむら　第179号　5-225
平田村☆　ひらたむら　第180号　4-24, 5-230, 5-312
平田村　ひらたむら　第181号　4-29, 4-31, 5-227, 5-312
平田村　ひらたむら　第182号　4-35, 4-36, 5-227, 5-229
平田村　ひらたむら　第188号　4-65, 5-231, 5-313
平田村　ひらたむら　九州沿海図第3　4-201, 4-203
平田村　ひらたむら　九州沿海図第21　4-279
平田村　ひらだむら　第150号　3-171, 5-189, 5-305
平田村枝島村　ひらたむらえだしまむら　第162号　3-218
平田村枝茶屋村　ひらたむらえだちゃやむら　第96号　2-117
平田村枝出来洲村〔出来洌、出来須〕　ひらたむらえだできすむら　第162号　3-218, 5-204, 5-308
平田村新茶屋　ひらたむらしんちゃや　第96号　2-117
平田村中村　ひらたむらなかむら　第180号　4-24
平田村淀　ひらたむらよど　第123号　3-41
平田屋川　ひらたやがわ　第167号　3-241
平塚（御料所）○☆　ひらつか　第99号　2-128, 2-130, 5-125, 5-126, 5-291
平塚新宿　ひらつかしんしく　第99号　2-128, 2-130, 5-125, 5-126
平塚新田（田付大五郎知行所）　ひらつかしんでん　第88号　2-79, 5-120, 5-121, 5-291
平塚村（秋元左エ門佐領分）　ひらつかむら　第88号　2-79, 5-120
平塚村（内藤主水知行所）　ひらつかむら　第95号　2-111, 2-112, 2-113, 5-116, 5-296
平塚村　ひらつかむら　第187号　4-56, 5-222, 5-312
平塚村堪竹　ひらつかむらかんだけ　第187号　4-56
平常村　ひらつねむら　第187号　4-56
平津村　ひらつむら　第133号　3-87, 3-89, 5-174, 5-176, 5-301
平津村　ひらつむら　第141号　3-130, 5-182, 5-306
平戸⚓　ひらど　第204号　4-140, 4-142, 5-313, 5-321
平床根　ひらとこね　第101号　2-140
平床鼻　ひらとこはな　第103号　2-149
平床村　ひらとこむら　第203号　4-137, 5-251
平床村　ひらとこむら　九州沿海図第19　4-271, 4-273
平戸小屋郷　ひらどごやごう　第202号　4-125, 4-127, 4-128
平戸小屋郷　ひらどごやごう　長崎〔参考図〕　4-131, 4-133
平戸島　ひらどじま　第204号　4-140, 4-142, 5-235, 5-313, 5-321
平戸村　ひらとむら　第88号　2-77, 5-118
平戸村（杉浦丹波守知行所）　ひらどむら　第93号　2-102, 5-123
平戸村明川内　ひらどむらあけのかわち　第204号　4-140, 4-142
平戸村梅﨑　ひらどむらうめざき　第204号　4-140, 4-142
平戸村大久保　ひらどむらおおくぼ　第204号　4-140, 4-142
平戸村大野村　ひらどむらおおのむら　第204号　4-140, 4-142
平戸村鏡川　ひらどむらかがみがわ　第204号　4-140, 4-142
平戸村皿川〔平戸村〕　ひらどむらさらかわ　第204号　4-140, 4-142, 5-235
平戸村田ノ浦　ひらどむらたのうら　第204号　4-142
平戸村八町　ひらとむらはっちょう　第88号　2-77
平戸村曲田助　ひらどむらまがりたすけ　第204号　4-140, 4-142
平内村　ひらないむら　第45号　1-152, 5-68
平沼村　ひらぬまむら　第40号　1-136, 5-66, 5-280
平根　ひらね　第102号　2-147, 5-128
平根　ひらね　第102号　2-146
平根　ひらね　第102号　2-146
平根　ひらね　第102号　2-146
平根　ひらね　第103号　2-149, 5-132, 5-133
平根　ひらね　第103号　2-149
平子　ひらね　第104号　2-151, 2-152
平根　ひらね　第105号　2-154, 5-135

平子　ひらね　第105号　2-154
平根岬　ひらねみさき　第169号　3-256, 5-215
平野村　ひらのあら　第157号　5-195
平野川　ひらのがわ　第193号　4-87
平野郷　ひらのごう　第202号　4-125, 4-127, 4-128
平野郷　ひらのごう　長崎〔参考図〕　4-133
平野﨑　ひらのざき　第189号　4-73
ヒラノシケヲマフ　第3号　1-15, 1-16, 5-18, 5-268, 5-270
平野神社　ひらのじんじゃ　第133号　3-90
平野村　ひらのむら　第121号　3-33, 5-172, 5-174, 5-300
平野村　ひらのむら　第124号　3-47, 5-181
平野村　ひらのむら　第128号　3-62
平野村　ひらのむら　第130号　3-74, 5-163
平野村　ひらのむら　第133号　3-93, 5-178, 5-301
平野村　ひらのむら　第141号　3-129, 5-183, 5-306
平野村　ひらのむら　第141号　3-130, 5-182
平野村　ひらのむら　第141号　3-128, 3-130, 5-183
平野村（板倉右近領分、蒔田権佐知行所）　ひらのむら　第145号　3-153, 5-192, 5-307
平野村〔平野〕　ひらのむら　第188号　4-67, 5-231, 5-313
平野村　ひらのむら　第193号　4-87
平野村　ひらのむら　第193号　4-87, 5-231, 5-313, 5-315
平野村　ひらのむら　第198号　4-105, 5-246, 5-316
平野村　ひらのむら　九州沿海図第8　4-224
平野村　ひらのむら　九州沿海図第8　4-224
平野村　ひらのむら　九州沿海図第18　4-268
平野村油津☆⩚〔油津〕　ひらのむらあぶらつ　第198号　4-105, 5-316
平野村枝出河内　ひらのむらえだいでがわち　第201号　4-120
平野村枝茶屋　ひらのむらえだちゃや　第141号　3-129
平野村三軒茶屋　ひらのむらさんげんちゃや　第130号　3-74
平野山　ひらのやま　第175号　3-286, 5-218
平野山　ひらのやま　第176号　5-219
平野山　ひらのやま　第207号　4-153
平八重　ひらばえ　九州沿海図第12　4-243, 4-245
平生　ひらばえ　九州沿海図第16　4-257
平畑山　ひらはた　第177号　5-220
平濵根　ひらはまね　第102号　2-145, 2-148
平濵八幡　ひらはまはちまん　第155号　3-191, 3-193
平碆　ひらばや　第170号　3-259, 3-261, 3-262
平林村　ひらばやしむら　第137号　3-114, 3-115, 5-184, 5-306
平林山　ひらばやしやま　第98号　2-127
平林山　ひらばやしやま　第98号　2-127
平原村　ひらはらむら　第95号　2-111, 2-112, 2-113, 5-116, 5-294, 5-296
平原山　ひらばらやま　第176号　3-290, 3-292
平針村○☆　ひらばりむら　第115号　2-196, 5-159, 5-297, 5-299
平原　ひらばる　九州沿海図第18　4-269
平原村　ひらばるむら　第189号　4-72
平福○　ひらふく　第144号　3-140, 5-183, 5-304
平福村　ひらふくむら　第144号　3-140
平松　ひらまつ　九州沿海図第7　4-222
平松浦　ひらまつうら　第178号　4-13, 5-222, 5-312
平松宿○〔平松〕　ひらまつしゅく　第130号　3-75, 5-167, 5-301
平松宿阿波峠　ひらまつしゅくあわとうげ　第130号　3-75
平松宿枝汁付小場　ひらまつしゅくえだしりつけこば　第130号　3-75
平松宿枝子延小場　ひらまつしゅくえだねのびこば　第130号　3-75
平松宿枝元町小場　ひらまつしゅくえだもとまちこば　第130号　3-75
平松新田（大久保加賀守）　ひらまつしんでん　第100号　2-134, 5-126, 5-291
平松新田座頭塚　ひらまつしんでんざとうづか　第100号　2-134
平松村（御書院番與力給地）　ひらまつむら　第58号　1-200, 1-201, 5-110, 5-290
平松村　ひらまつむら　第75号　2-22, 5-99, 5-287
平松村（大沢右京太夫知行所）　ひらまつむら　第111号　2-181, 5-161
平松村　ひらまつむら　第127号　3-59, 5-182, 5-304
平松村　ひらまつむら　第133号　3-86, 5-174, 5-176, 5-301
平松村　ひらまつむら　第133号　3-91
平松村　ひらまつむら　第141号　3-131
比良松村　ひらまつむら　第187号　4-58, 5-230
平間村（宇都野金右エ門、佐橋兵三郎知行所）　ひらまむら　第99号　2-128, 5-126
平村　ひらむら　第182号　4-35, 5-227, 5-229, 5-312
平村　ひらむら　九州沿海図第21　4-279
比良村　びらむら　第84号　2-64, 5-143, 5-295
平村鹿口〔平村〕　ひらむらかぐち　第182号　4-35, 4-36, 5-314
ヒラメセ　ひらめせ　第176号　5-219
平山　ひらやま　第100号　2-135, 2-138
平山　ひらやま　第111号　2-181
平山村☆　ひらやまむら　第144号　3-146, 5-192
平山村　ひらやまむら　第179号　4-18, 4-21, 5-225, 5-312
平山村　ひらやまむら　第193号　4-85, 5-233, 5-315
平山村☆　ひらやまむら　第193号　4-87, 5-231, 5-223, 5-313, 5-315
平山村　ひらやまむら　第198号　4-105, 5-246, 5-316
平山村　ひらやまむら　第202号　4-125, 4-126, 5-236, 5-315
平山村　ひらやまむら　九州沿海図第2　4-197
平山村　ひらやまむら　九州沿海図第8　4-224
平山村　ひらやまむら　九州沿海図第18　4-266
平山村☆　ひらやまむら　九州沿海図第18　4-269
平山村枝近津　ひらやまむらえだちこうづ　第193号　4-85
平山村枝近津　ひらやまむらえだちこうづ　九州沿海図第18　4-266
平山村小野地　ひらやまむらおのじ　第144号　3-146
平山村八丸　ひらやまむらはちまる　第179号　4-18, 4-21
平山村日野地　ひらやまむらひのじ　第179号　4-18, 4-21
平谷村○　ひらやむら　第110号　2-172, 2-174, 5-158, 5-296
平谷村一本梅　ひらやむらいっぽんうめ　第110号　2-174
平谷村柳平　ひらやむらやなぎだいら　第110号　2-172, 2-174
ヒラレ　ひられ　第167号　3-244
ビランベツ　第6号　1-25, 5-27, 5-270
ピリカヲタ　第22号　1-71, 1-72, 5-27, 5-270
ヒリカキナウシ〔ピリカキナウシ〕　第20号　1-65, 1-66, 5-45, 5-275
ヒリカクイ　第12号　1-40, 5-36
ヒリカビンナイ　第15号　1-47
ヒリ島　びりとう　第170号　3-261, 5-201
ヒリムシヤム〔ヒリムシヤ〕　第20号　1-63, 5-44, 5-275
ヒリヤウ島　ひりょうじま　第196号　4-99
ヒリヤウシマ　ひりょうじま　九州沿海図第19　4-275
ヒリヤウ島　びりょうじま　第206号　4-147, 5-242
晞干浦　ひりよしうら　九州沿海図第5　4-211
昼飯村　ひるいむら　第118号　3-17, 3-19, 5-166
昼小川　ひるおがわ　第213号　5-258, 5-261
日向浦　ひるがうら　第121号　3-33, 5-172, 5-300
日向浦早瀬浦笹田　ひるがうらはやせうらささだ　第121号　3-32
晝浦村　ひるがうらむら　第192号　4-81, 4-82, 5-239, 5-240, 5-241
日向湖　ひるがこ　第121号　3-33, 5-172
蛭ケ滝　ひるがたき　第109号　2-167
晝神峠　ひるかみとうげ　第192号　4-81
蛭口村　ひるくちむら　第121号　3-31, 3-32, 5-172, 5-174, 5-300
蛭子崎　ひるこざき　第196号　4-99, 5-233
蛭子﨑　ひるこざき　九州沿海図第19　4-275
ヒルコ嶋　ひるこじま　第177号　3-294
蛭セ〔蛭セ〕　ひるせ　第206号　4-149, 5-242
蛭山　ひるせん　第150号　3-170
晞ヶ〔干〕浦　ひるほしうら　第183号　4-39, 5-311
蛭間村　ひるまむら　第118号　3-20
肥留村　ひるむら　第130号　3-74, 3-76, 5-163
ヒレ島　ひれじま　第203号　4-137, 4-139
ヒレ嶋　ひれじま　九州沿海図第19　4-271
鰭降峠　ひれふりとうげ　第172号　3-270
領巾振山　ひれふりやま　第189号　4-72
ヒロー○〔ビロー〕　第25号　1-81, 5-32, 5-33, 5-277
廣　ひろ　九州沿海図第18　4-268
拾石村　ひろいいしむら　第116号　2-203, 2-206, 5-162
廣石　ひろいし　第175号　3-286
廣石村　ひろいしむら　第173号　3-273, 5-218, 5-308
枇榔島　びろうじま　第184号　4-46, 5-244, 5-314
枇榔島　びろうじま　第199号　4-110, 4-112, 5-248, 5-261, 5-316
ヒロフ島〔ヒロウシマ〕　びろうじま　第207号　4-154, 5-243
美良﨑〔嶋〕　びろうじま　第207号　4-155
枇榔島　びろうじま　第211号　4-173, 5-249, 5-256, 5-261, 5-316, 5-318
枇榔嶋　びろうじま　九州沿海図第6　4-219
枇榔嶋　びろうじま　九州沿海図第9　4-228
枇榔嶋　びろうじま　九州沿海図第10　4-238
蒲葵島（柏島屬）　びろうじま（かしわじまぞく）　第161号　3-215, 3-217, 5-203
廣浦　ひろうら　第183号　4-39
弘浦　ひろうら　第187号　4-61, 5-223
廣浦　ひろうら　九州沿海図第5　4-211
廣江川　ひろえがわ　第158号　3-205
廣江村　ひろえむら　第151号　3-178, 5-194, 5-195, 5-307
廣江村　ひろえむら　第158号　3-205, 5-197, 5-214, 5-307
廣岡村　ひろおかむら　第143号　3-138, 5-188, 5-192, 5-304
廣尾町　ひろおちょう　第90号　2-85, 2-87
廣垣内村　ひろがいちむら　第126号　3-55
ヒロー川　第25号　1-81, 5-32, 5-33, 5-277

弘川村　ひろかわむら　第125号　3-49, 5-174
廣木村　ひろぎむら　第143号　3-135
弘前（津軽越中守居城）☆　ひろさき　第43号　1-146, 5-84, 5-281
廣沢池　ひろさわのいけ　第133号　3-90
廣島☆〔廣嶋〕　ひろしま　第167号　3-241, 5-211, 5-213, 5-308
廣嶋道　ひろしまどう　第173号　3-272
廣末　ひろすえ　九州沿海図第2　4-194
廣瀬　ひろせ　第204号　4-140, 4-142
廣瀬〔廣セ〕　ひろせ　第206号　4-146, 5-242
廣瀬浦☆　ひろせうら　第161号　3-217, 5-203
廣瀬川　ひろせがわ　第52号　1-181, 1-182, 5-79
廣瀬川〔ヒロセ川〕　ひろせがわ　第209号　4-162, 5-247, 5-261, 5-316
廣瀬川　ひろせがわ　九州沿海図第10　4-232
廣瀬川　ひろせがわ　九州沿海図第19　4-272
廣瀬郷（依田豊前守、加藤駒五郎知行所）　ひろせごう　第88号　2-77, 5-121, 5-118
廣瀬郷枇杷原　ひろせごうびわはら　第88号　2-77
廣瀬﨑　ひろせざき　第122号　3-34, 3-36, 5-173
廣瀬社　ひろせしゃ　第101号　2-141
廣瀬新開　ひろせしんかい　第167号　3-241, 5-211, 5-213, 5-308
廣瀬神社　ひろせじんじゃ　第88号　2-79
廣瀬町村　ひろせまちむら　第112号　2-184, 5-153, 5-297
廣瀬村　ひろせむら　第39号　1-133, 5-67, 5-82, 5-281
廣瀬村（秋元左エ門佐領分）　ひろせむら　第88号　2-79
廣瀬村　ひろせむら　第113号　2-188
廣瀬村　ひろせむら　第127号　3-56
廣瀬村〔竜瀬村〕　ひろせむら　第130号　3-75, 5-167, 5-301
廣瀬村　ひろせむら　第133号　3-92, 5-176, 5-178, 5-301
廣瀬村　ひろせむら　第141号　3-128, 5-182
廣瀬村　ひろせむら　第173号　3-275, 5-218, 5-308
廣瀬村　ひろせむら　第190号　4-75
廣瀬村　ひろせむら　第203号　4-134, 5-251, 5-315
廣瀬村枝原村　ひろせむらえだはらむら　第173号　3-275
廣瀬村枝茂木根　ひろせむらえだもぎね　第203号　4-134
廣瀬村枝茂木根　ひろせむらえだもぎね　九州沿海図第19　4-272
廣瀬村　ひろせむら　九州沿海図第19　4-272
廣瀬村大清　ひろせむらおおきよ　第141号　3-128
廣瀬村大屋　ひろせむらおおや　第203号　4-134
廣瀬村須万地村　ひろせむらすまじむら　第173号　3-275
廣瀬村橋本　ひろせむらはしもと　第130号　3-75
廣瀬村東村　ひろせむらひがしむら　第141号　3-128
廣瀬村廣瀬町〔廣瀬、廣瀬村〕　ひろせむらひろせまち　第155号　3-193, 5-190, 5-305
廣瀬村三谷　ひろせむらみたに　第130号　3-75
廣田川　ひろたがわ　第137号　3-112, 5-178
廣田古城跡　ひろたこじょうあと　第162号　5-190, 5-204
廣谷村　ひろたにむら　第128号　3-62, 5-180
廣谷村　ひろたにむら　第145号　3-152, 5-192, 5-307
廣谷村　ひろたにむら　第157号　5-195, 5-210, 5-307
廣谷村川井　ひろたにむらかわい　第145号　3-152
廣田宮村　ひろたみやむら　第142号　3-134, 5-184
廣田村　ひろたむら　第137号　3-112, 5-178, 5-306
廣田村浦川内　ひろだむらうらがわち　第190号　4-77
廣田村大用濵　ひろたむらおおようはま　第47号　1-160, 1-161
廣田村市〔重〕尾　ひろだむらしげお　第190号　4-77
廣田村泊濵〔廣田村〕　ひろたむらとまりはま　第47号　1-160, 1-161, 5-76
廣田村宮崎　ひろだむらみやざき　第190号　4-77
廣津村　ひろつむら　第179号　4-19, 5-225
廣津村（中津領）　ひろつむら　九州沿海図第2　4-195
廣戸川　ひろとがわ　第198号　4-105
廣戸川　ひろとがわ　九州沿海図第8　4-224
廣戸口〔廣戸川〕　ひろとぐち　第142号　3-133, 5-187, 5-303, 5-306
廣戸村　ひろとむら　第59号　1-202, 1-203, 5-83, 5-281
廣戸村市場分日本野☆〔廣戸村、廣戸〕　ひろどむらいちばぶんにほんの　第143号　3-138, 5-188, 5-305
廣沼　ひろぬま　第101号　2-141, 2-144, 5-127, 5-291
廣野村（松平能登守領分）　ひろのむら　第107号　2-157, 2-159, 5-160, 5-298
廣野村　ひろのむら　第127号　3-56, 3-58, 5-175, 5-304
廣野村　ひろのむら　第136号　3-105, 3-107, 5-182, 5-306
廣野村枝立木　ひろのむらえだたちき　第127号　3-56, 3-58
廣野村草尾　ひろのむらくさお　第127号　3-56, 3-58
廣野村之内十軒屋〔廣野村〕　ひろのむらのうちじゅっけんや　第133号　3-89, 5-176
廣野村之内廣野新田　ひろのむらのうちひろのしんでん　第133号　3-89
廣畑村　ひろはたむら　第141号　3-131, 5-183, 5-306
廣早浦　ひろはやうら　第170号　3-259, 3-261, 5-201, 5-311
廣嶺山　ひろみねさん　第141号　5-183
廣嶺山牛頭天王社〔廣峯〕　ひろみねやまごずてんのうしゃ　第141号　3-128, 3-130, 5-306
平生村　ひろむら　第130号　3-74, 3-77, 5-163, 5-167
廣浦○⚓　ひろむら　第139号　3-121, 5-186
平村　ひろむら　第157号　3-200, 5-195, 5-307
廣村　ひろむら　第167号　3-242, 5-211, 5-308
廣村小坪　ひろむらこつぼ　第167号　3-242
廣村長濵　ひろむらながはま　第167号　3-242
廣山村　ひろやまむら　第144号　3-140
廣渡村〔唐渡村〕　ひろわたりむら　第186号　4-54, 5-222, 5-312
廣渡村枝今古賀村　ひろわたりむらえだいまこがむら　第186号　4-54
廣渡村枝松本村　ひろわたりむらえだまつもとむら　第186号　4-54
廣渡村老良　ひろわたりむらおいら　第186号　4-54
廣渡村立屋敷　ひろわたりむらたてやしき　第186号　4-54
琵琶湖　びわこ　第125号　3-49, 3-51, 5-174, 5-300
日和佐浦　ひわさうら　第147号　3-163, 5-187, 5-303, 5-306
日和佐浦恵比須濵⚓　ひわさうらえびすはま　第147号　3-163
日和佐浦奥河内　ひわさうらおくがわち　第147号　3-163
日和佐川　ひわさがわ　第147号　3-163
琵琶島　びわじま　第116号　2-203, 2-205, 2-206, 5-162, 5-299
琵琶島〔ビハ島〕　びわじま　第140号　3-124, 5-170
琵琶島〔ヒハシマ〕　びわじま　第192号　4-81, 4-82, 5-239, 5-240, 5-241
枇杷島川　びわしまがわ　第115号　2-197
枇杷島村　びわしまむら　第115号　2-197, 5-159
琵琶瀬　びわせ　第204号　4-140
日和田○　ひわだ　第56号　1-194, 5-103, 5-288
日渡　ひわたり　九州沿海図第19　4-272
枇杷峠　びわとうげ　第192号　4-80
琵琶首　びわのくび　第200号　4-117
琵琶首〔ヒワ首〕　びわのくび　第203号　4-138, 5-251
枇杷荘　びわのしょう　第133号　3-89
日羽村　ひわむら　第151号　3-176, 5-193
日羽村枝作原　ひわむらえださくはら　第151号　3-176
比和村枝那奈美谷　ひわむらえだななみだに　第163号　3-222, 3-224
比和村比和町○〔比和村、比和〕　ひわむらひわまち　第163号　3-222, 3-224, 5-208, 5-305
日割セ　ひわりせ　第189号　4-73
ヒンクシ島　ひんくしじま　第123号　3-38
備後　びんご　第157号　5-210
備後國〔備後〕　びんごのくに　第156号　3-194, 3-196, 5-210, 5-307
備後國〔備後〕　びんごのくに　第163号　3-222, 3-223, 3-225, 3-227, 5-210, 5-307
備後國〔備後〕　びんごのくに　第164号　5-210, 5-307
備後村（森川□□守、□□主膳知行所）　びんごむら　第87号　2-75, 5-120, 5-290
備後村　びんごむら　第134号　3-97, 5-177
備後村　びんごむら　第181号　4-33
備後村初利村　びんごむらはつりむら　第134号　3-97
鬢嶌〔鬢シマ〕　びんじま　第201号　4-122, 5-237
ヒンデ　ひんで　九州沿海図第2　4-198
ビンナイ　第28号　1-91, 5-43, 5-274
敏満寺村　びんまんじむら　第125号　3-48, 3-50, 5-166

【ふ】

フイカシ岬　第22号　1-70
フイタウシ　第20号　1-65, 1-66, 5-45, 5-275
ブイタウシナイ　第30号　1-105, 5-54, 5-279
ブイタウシナイ川　第30号　1-105, 5-54, 5-279
フイタシナイ　第30号　1-105, 5-46, 5-54
ブイタシナイ　第15号　1-48, 5-38, 5-273
フイタルウイサン　第30号　1-102, 5-46, 5-279
國府市場村新村○〔新村〕　ふいちばむらしんむら　第124号　3-42, 3-44, 5-180, 5-304
分市村　ぶいちむら　第162号　3-218
フイパツフ　第27号　1-89, 1-90, 5-49, 5-278
フイパツフ川　第27号　1-90, 5-50
豊原村　ぶいわらむら　第195号　4-94, 5-250, 5-315
豊原村　ぶいわらむら　九州沿海図第16　4-258, 4-260

豊原村平山　ぶいわらむらひらやま　第195号　4-94
風穴　ふうけつ　第118号　5-166
風穴　ふうけつ　第125号　5-166
フーニ岬　第2号　1-13, 5-16, 5-268, 5-270
フーラ川　ふうらがわ　第103号　2-150
風流シマ〔風流島〕　ふうりゅうじま　第195号　4-93, 5-233
風流嶋　ふうりゅうじま　九州沿海図第18　4-264
フーレントー　第6号　1-23, 1-25, 5-26, 5-27, 5-270
フーレンハロ　第6号　1-23, 1-24, 5-26, 5-270
笛田村　ふえだむら　第195号　4-93, 5-232
笛田村矢山　ふえだむらややま　第195号　4-93
笛太郎山　ふえたろうやま　第176号　5-219
笛吹川　ふえふきがわ　第97号　2-122, 2-123
笛吹川　ふえふきがわ　第98号　2-126
笛吹山　ふえふきやま　第207号　4-151
普恩寺村〔普恩寺〕　ふおんじむら　第189号　4-71, 4-73, 5-234, 5-238, 5-241, 5-313
深池村　ふかいけむら　第118号　3-18, 5-166, 5-297
深井村（日下部権左エ門、日下部金三郎知行所）　ふかいむら　第88号　2-76, 5-120, 5-291
フカイヤチ　第31号　1-108, 5-56, 5-279
深浦☆⏃　ふかうら　第59号　1-203, 5-83, 5-85, 5-281
深浦　ふかうら　第93号　2-102, 5-123, 5-125, 5-291
深浦　ふかうら　第171号　3-264, 5-201, 5-311
深浦　ふかうら　第175号　3-286, 5-218
深浦　ふかうら　第192号　4-80
深浦☆　ふかうら　第207号　4-151, 4-155
深浦池ノ浦　ふかうらいけのうら　第171号　3-264
深浦村　ふかうらむら　第75号　2-27, 5-99, 5-287
深浦村　ふかうらむら　第84号　2-63, 2-65, 5-143, 5-295
深浦村〔深浦〕　ふかうらむら　第190号　4-75, 5-234, 5-313
深浦村　ふかうらむら　第193号　4-87, 5-231
深江　ふかえ　第167号　3-243, 3-245, 5-211, 5-213
深江⏃　ふかえ　九州沿海図第3　4-201
深江神社　ふかえじんじゃ　第118号　3-20, 5-166
深江町　ふかえまち　第189号　5-223, 5-234, 5-241
深江村☆　ふかえむら　第135号　3-101, 5-178, 5-301
深江村　ふかえむら　第137号　3-112, 5-178, 5-306
深家村（松平安藝守領分）　ふかえむら　第156号　3-197
深江村　ふかえむら　第179号　4-20, 4-22, 5-224, 5-312
深江村　ふかえむら　第183号　4-39, 5-226, 5-311
深江村　ふかえむら　第191号　4-78, 5-238, 5-241
深江村（御料）　ふかえむら　九州沿海図第2　4-196, 4-198
深江村（御料）　ふかえむら　九州沿海図第3　4-196, 4-198, 4-204
深江村　ふかえむら　九州沿海図第4　4-209
深江村芝〔芷〕場　ふかえむらおろば　第183号　4-39
深江村〔柿〕ノ浦　ふかえむらかきのうら　第183号　4-39
深江村久保浦　ふかえむらくぼうら　第183号　4-39
深江村諏訪名〔深江村、深江〕　ふかえむらすわみょう　第196号　4-95, 4-97, 5-233, 5-315
深江村枝泊ケ内　ふかえむらとまりがうち　第183号　4-39
深江村渡〔破礒〕　ふかえむらはそ　第183号　4-39
深江村馬場名〔深江〕　ふかえむらばばみょう　第196号　4-95, 4-97, 5-315
深家山　ふかえやま　第156号　3-197, 5-208
深川　ふかがわ　第90号　2-84, 2-86, 5-120, 5-123, 5-290
深川　ふかがわ　九州沿海図第17　4-261
深川ケ里村　ふかがわがりむら　第188号　4-67
深川村　ふかがわむら　第193号　4-84, 4-86, 5-232
深川村大小丸　ふかがわむらおおこまる　第173号　3-273, 3-275
深草村　ふかくさむら　第133号　3-87, 3-89, 5-174, 5-176, 5-301
深草村　ふかくさむら　第142号　3-134, 5-184, 5-306
深久保村　ふかくぼむら　第45号　1-152, 5-68
深倉村　ふかくらむら　第193号　4-87, 5-231
深坂村　ふかさかむら　第118号　3-17, 5-156
深坂村枝肥田村　ふかさかむらえだひだむら　第118号　3-16
深迫村　ふかさこむら　第182号　4-35, 4-36
深迫村　ふかさこむら　九州沿海図第21　4-279
深沢川　ふかざわがわ　第109号　5-152
深沢峠〔深坂峠〕　ふかざわとうげ　第118号　3-19, 5-166
深沢村　ふかさわむら　第81号　2-50
深沢村　ふかさわむら　第100号　2-132, 2-134, 5-126, 5-291
深沢村小倉　ふかさわむらおぐら　第100号　2-132, 2-134
深沢村繋小田　ふかさわむらつなぎおだ　第100号　2-132, 2-134
深沢村宮沢　ふかさわむらみやざわ　第100号　2-132, 2-134
深沢村蓮華寺　ふかさわむられんげじ　第100号　2-132, 2-134
深芝村（御料所、朝比奈権左エ衛門知行所）　ふかしばむら　第58号　1-199, 1-200, 5-110, 5-290
フカシマ　ふかしま　第196号　4-95
深嶋　ふかしま　九州沿海図第5　4-215
深清水村　ふかしみずむら　第121号　3-31, 3-32, 5-174, 5-300
深代シマ　ふかしろじま　第190号　4-77
深瀬　ふかせ　第175号　3-285
深瀬　ふかせ　第206号　4-146
深瀬村　ふかせむら　第118号　3-16
深瀬村　ふかせむら　第163号　3-227, 5-209, 5-308
深谷村　ふかたにむら　第84号　2-65, 5-143, 5-295
深谷村　ふかたにむら　第136号　3-107, 5-182
深田村　ふかたむら　第114号　2-192, 5-155, 5-156, 5-159
深田村　ふかだむら　第93号　2-101, 5-124, 5-291
深田村　ふかだむら　第197号　4-101
深月浦　ふかつきうら　第204号　4-140, 4-142, 5-235
深月浦枝大屋浦　ふかつきうらえだおおやうら　第204号　4-140, 4-142
深津郡　ふかつぐん　第157号　5-195
深津村　ふかつむら　第157号　5-195
深渡川　ふかどがわ　第163号　5-208
深泊村　ふかどまりむら　第39号　1-133, 5-67, 5-82, 5-281
深戸村　ふかどむら　第113号　2-189, 5-155, 5-156
火金村　ふがねむら　第49号　1-167, 5-71, 5-282
深海村　ふかのみむら　第201号　4-119, 5-236
深蛇池　ふかへびいけ　第138号　3-119
深堀村☆　ふかほりむら　第202号　4-127, 4-128, 5-236, 5-315
深堀村　ふかほりむら　長崎〔参考図〕　4-131
深堀村有海　ふかほりむらありうみ　第202号　4-127, 4-128
深堀村有海　ふかほりむらありうみ　長崎〔参考図〕　4-131
深堀山　ふかぼりやま　第202号　5-236
深溝村　ふかみぞむら　第125号　3-49, 5-174, 5-300
深湊　ふかみなと　九州沿海図第10　4-232
深見村　ふかみむら　第85号　2-66, 5-143, 5-295
深海村　ふかみむら　第203号　4-137, 4-139, 5-251, 5-315
深海村　ふかみむら　九州沿海図第19　4-271
深海村淺海　ふかみむらあさみ　第203号　4-137, 4-139
深海村浦河内　ふかみむらうらかわち　第203号　4-137, 4-139
深海村下平　ふかみむらしもひら　第203号　4-137
深海村中ノ坂　ふかみむらなかのさか　第203号　4-137, 4-139
布賀村枝芋原〔布賀村、布賀〕　ふかむらえだいもはら　第156号　3-196, 5-193, 5-307
深谷（御料所）○☆　ふかや　第94号　2-106, 5-118, 5-291
深谷村（土屋勝右エ門知行所）　ふかやむら　第93号　2-103, 5-123
深浪津　ふからず　九州沿海図第5　4-211
福原尾　ふからべ　九州沿海図第7　4-220
深良村上原〔深良〕　ふからむらうえはら　第100号　2-134, 5-291
深良村遠道原〔深良〕　ふからむらえんどうはら　第100号　2-134, 5-291
深良村切久保〔深良〕　ふからむらきりくぼ　第100号　2-134, 5-291
深良村上丹（稲葉紀伊守）〔深良村、深良〕　ふからむらじょうたん　第100号　2-134, 5-126, 5-291
深良村須釜　ふからむらすがま　第100号　2-134
深良村原〔深良〕　ふからむらはら　第100号　2-134, 5-291
深良村町田　ふからむらまちだ　第100号　2-134
深良寺〔村〕南堀　ふからむらみなみほり　第100号　2-134
深良村ユルキ橋〔深良〕　ふからむらゆるぎばし　第100号　2-134, 5-291
深良村和田〔深良〕　ふからむらわだ　第100号　2-134, 5-291
深川庄村小河内〔深川庄〕　ふかわしょうむらおがわち　第176号　3-289, 5-309
深川庄村河西〔深川庄〕　ふかわしょうむらかわにし　第176号　3-289, 5-309
深川庄村正明市〔深川庄村、正明市〕　ふかわしょうむらしょうみょういち　第176号　3-289, 5-219, 5-309
深川庄村原門前〔深川庄〕　ふかわしょうむらはらもんぜん　第176号　3-289, 5-309
府川村　ふかわむら　第88号　2-79
府川村　ふかわむら　第99号　2-129, 2-131, 5-125, 5-126, 5-291
吹上峠　ふきあげとうげ　第121号　3-33, 5-172
吹上村　ふきあげむら　第88号　2-77, 5-120, 5-291
吹上村　ふきあげむら　第142号　3-132, 5-184, 5-185, 5-303, 5-306
吹上村　ふきあげむら　第151号　3-180, 5-194
吹上村　ふきあげむら　第187号　4-59, 5-223, 5-231, 5-313

福貴浦〔冨貴浦、福貴〕 ふきうら 第48号 1-164, 5-78, 5-284
吹浦 ふきうら 第183号 4-41, 5-226, 5-228, 5-311
吹浦 ふきうら 九州沿海図第5 4-213
吹浦大河原 ふきうらおおがわら 第183号 4-40
吹塚村 ふきづかむら 第88号 2-79, 5-120, 5-291
吹塚村枝大宮 ふきづかむらえだおおみや 第88号 2-79
フキト瀬〔アキトセ〕 ふきとせ 第213号 5-258, 5-261
フキトハヘ ふきとはえ 第198号 4-106
フキノ江 ふきのえ 第103号 2-149
吹灰坂 ふきはいざか 第180号 5-230
福貴畑村(松平甲斐守領分) ふきはたむら 第135号 3-100, 5-176, 5-177, 5-178, 5-301
富貴村 ふきむら 第116号 2-207, 5-163, 5-299
福貴村(御料所) ふきむら 第135号 3-100, 5-176, 5-177, 5-178
舞狂村 ぶきょうむら 第128号 3-62
福 ふく 第183号 4-39
福 ふく 九州沿海図第4 4-208, 4-211
福井(松平伊豫守居城)☆ ふくい 第120号 3-26, 5-145, 5-297, 5-300
福井浦☆ ふくいうら 第189号 4-70, 4-72, 5-234, 5-238, 5-241
福井郷上村 ふくいごうかみむら 第175号 3-283, 5-217
福井郷下村 ふくいごうしもむら 第175号 3-283, 5-217
福井郷下村福井市 ふくいごうしもむらふくいいち 第176号 3-288, 5-309
福石山 ふくいしやま 第190号 4-77
福井新田 ふくいしんでん 第129号 3-66, 5-166
福居新村 ふくいしんむら 第141号 3-130, 5-182
福井村 ふくいむら 第96号 2-114, 5-146, 5-294
福居村〔福井村、福井〕 ふくいむら 第124号 3-42, 3-44, 5-180, 5-304
福井村 ふくいむら 第133号 3-93, 5-178, 5-301
福居村 ふくいむら 第141号 3-130, 5-182, 5-306
福井村 ふくいむら 第143号 3-135, 5-188, 5-305
福井村 ふくいむら 第151号 3-178, 5-193, 5-195
福井村 ふくいむら 第180号 4-25, 4-27, 5-230, 5-312
福井村〔福井〕 ふくいむら 第189号 4-70, 4-72, 5-223, 5-234, 5-241, 5-313
福井村上福井 ふくいむらかみふくい 第180号 4-25
福井村菱浦〔福井村、福井〕 ふくいむらひしうら 第154号 3-188, 5-191, 5-305
福井村向福井 ふくいむらむかいふくい 第180号 4-25, 4-27
福浦 ふくうら 第145号 5-306
福浦 ふくうら 第151号 3-181, 5-195
福浦 ふくうら 第155号 3-190, 5-189, 5-190, 5-305
福浦 ふくうら 第157号 5-195, 5-210
福浦 ふくうら 第177号 3-299
福浦 ふくうら 第178号 4-13
福浦 ふくうら 第203号 4-138
福浦⚓ ふくうら 九州沿海図第1 4-191
福浦 ふくうら 九州沿海図第16 4-257
福浦島 ふくうらじま 第52号 1-180
福浦古池 ふくうらふるいけ 第145号 3-148
福浦岬 ふくうらみさき 第153号 3-187
福浦村 ふくうらむら 第41号 1-143, 5-63, 5-280
福浦村 ふくうらむら 第101号 2-140, 5-125, 5-126, 5-291
福浦村☆ ふくうらむら 第145号 3-148, 5-183, 5-306
福浦村八軒屋 ふくうらむらはっけんや 第145号 3-148
福浦山 ふくうらやま 第155号 3-190
福江☆〔福江村〕 ふくえ 第207号 4-153, 5-243, 5-321
福江島 ふくえじま 第207号 4-153, 5-321
福江村(長府領) ふくえむら 第177号 3-299, 5-220, 5-312
福江村 ふくえむら 九州沿海図第1 4-189
福江村枝大津村 ふくえむらえだおおつむら 第207号 4-153, 4-154
福江村寺山村 ふくえむらてらやまむら 第207号 4-153
福江村二番町 ふくえむらにばんちょう 第207号 4-153
福江村三尾野村 ふくえむらみおのむら 第207号 4-153
福王寺峠 ふくおうじとうげ 第177号 5-220
福王子村 ふくおうじむら 第133号 3-90, 5-175, 5-176
福王寺山 ふくおうじやま 第167号 3-240, 5-211, 5-213
福王山 ふくおうやま 第129号 3-67, 5-166
福岡〇 ふくおか 第49号 1-166, 5-69, 5-282
福岡〔福岡村〕 ふくおか 第118号 3-18, 3-20, 5-166, 5-297
福岡(松平備前守居城)☆⚓〔福岡〕 ふくおか 第187号 4-60, 5-223, 5-313
福岡村 ふくおかむら 第56号 1-193, 5-103
福岡村〇☆ ふくおかむら 第109号 2-171, 5-154, 5-296
福岡村〇 ふくおかむら 第124号 3-45, 3-46, 5-180, 5-304
福岡村 ふくおかむら 第145号 3-152
福岡村 ふくおかむら 第150号 3-170
福岡村枝夏焼 ふくおかむらえだなつやけ 第109号 2-171
福岡村枝八伏 ふくおかむらえだはちぶせ 第109号 2-171
福岡村枝日下丸村 ふくおかむらえだひげまるむら 第118号 3-20
福岡村枝細榧 ふくおかむらえだほそがや 第109号 2-171
福岡村枝八井谷 ふくおかむらえだやいだに 第128号 3-63
福尾村 ふくおむら 第150号 3-171, 5-189
福川 ふくかわ 第182号 5-227
福川 ふくかわ 九州沿海図第21 4-279
福川村 ふくかわむら 第175号 3-282, 5-216, 5-308
福川村 ふくがわむら 第62号 1-211, 5-87, 5-283
福川村(徳山領) ふくがわむら 第175号 3-286, 5-218, 5-312
福川村伊豆原 ふくかわむらいずはら 第175号 3-282
福川村折橋 ふくかわむらおればし 第175号 3-282
福川村亀田 ふくかわむらかめだ 第175号 3-282
福川村唐人屋 ふくかわむらとうじんや 第175号 3-282
福光寺山 ふくこうじ 第108号 5-150
福﨑 ふくざき 第183号 4-43, 5-228
福﨑〔福サキ〕 ふくざき 第206号 4-149, 4-150, 5-242, 5-243
福﨑 ふくざき 第206号 4-150
福﨑 ふくざき 九州沿海図第6 4-216
福﨑新田 ふくさきしんでん 第129号 3-66, 5-159
福﨑新田 ふくざきしんでん 第80号 2-48, 5-138
福﨑新村 ふくさきしんむら 第141号 3-128, 5-182, 5-306
福﨑村 ふくざきむら 第151号 3-176, 5-192
吹﨑村 ふくざきむら 第192号 5-240, 5-241
吹﨑村 ふくざきむら 第192号 4-81, 4-82
福定村 ふくさだむら 第155号 3-190, 5-189, 5-190
福沢村 ふくざわむら 第67号 1-232, 5-81, 5-285
福重下川原 ふくしげしもかわら 第201号 4-120
福島〇☆ ふくしま 第36号 1-122, 5-60, 5-281
福島(板倉内膳正居城)☆ ふくしま 第56号 1-193, 5-81, 5-285
福島(山村甚兵衛陣屋)(御関所)〇☆ ふくしま 第109号 2-168, 5-152, 5-154, 5-296
福島 ふくしま 第123号 3-39
福島 ふくしま 第164号 3-228, 5-210
福島 ふくしま 第170号 3-261, 5-201
福島 ふくしま 第189号 4-73, 5-234, 5-241, 5-313
福嶋 ふくしま 九州沿海図第7 4-222
福嶋(小馬シマ) ふくしま(こうまじま) 第173号 3-276, 5-215, 5-311
福島浅谷 ふくしまあさたに 第189号 4-73
福島 岩井﨑 ふくしまいわいざき 第189号 4-73
福島浦渭濱浦入會〔福島浦、渭濱浦〕 ふくしまうらいはまうらいりあい 第159号 3-207, 5-200
福島 小田 ふくしまおだ 第189号 4-73
フクシマ川 第36号 1-121, 1-122, 5-60, 5-281
福島久保 ふくしまくぼ 第189号 4-73
福島 里 ふくしまさと 第189号 4-73
福島宿中畑 ふくしまじゅくなかばた 第109号 2-168
福島 春 ふくしまはる 第189号 4-73
福島櫃浦 ふくしまひつうら 第189号 4-73
福嶋町(松平宮内少輔領分)〇〔福島町〕 ふくしままち 第94号 2-107, 5-119, 5-291
福嶋町〇 ふくしままち 第188号 4-65, 4-66, 4-68, 5-231
福嶋町後 ふくしままちうしろ 第94号 2-107
福嶋宮本 ふくしまみやまもと 第185号 4-50
福島村(御料所、中沢主税知行所)〔福嶋〕 ふくしまむら 第94号 2-105, 5-119, 5-289, 5-291
福島村 ふくしまむら 第111号 2-180, 5-161, 5-299
福島村 ふくしまむら 第136号 3-107, 5-182
福島村 ふくしまむら 第145号 3-153, 5-192, 5-307
福島村☆ ふくしまむら 第179号 4-19, 5-225, 5-312
福島村 ふくしまむら 第185号 4-52, 5-246
福島村 ふくしまむら 第188号 4-65, 4-66, 4-68, 5-231, 5-313
福嶋村 ふくしまむら 九州沿海図第2 4-195
福嶌村(御料) ふくしまむら 九州沿海図第7 4-222
福島村(真田弾正大弼) ふくじまむら 第81号 2-50, 2-52
福島村 ふくじまむら 第108号 2-165
福島村 ふくじまむら 第129号 3-66, 5-166, 5-297, 5-299
福島村澤﨑 ふくじまむらさわさき 第129号 3-66
福士村切窪〔福士〕 ふくしむらきりくぼ 第100号 2-139, 5-296
福士村下島 ふくしむらしもじま 第100号 2-138
福士村中村〔福士村〕 ふくしむらなかむら 第100号 2-139, 5-127
福士村町屋 ふくしむらまちや 第100号 2-139
福士村宮脇 ふくしむらみやわき 第100号 2-139
福士村八島 ふくしむらやしま 第100号 2-139

フクシヤタンモシリ　第30号　1-100
福壽院　ふくじゅいん　第90号　2-84
福生寺　ふくしょうじ　第90号　2-91
福代村　ふくしろむら　第156号　3-194, 5-193, 5-208
福住村○　ふくすみむら　第136号　3-104, 5-175
福泉寺　ふくせんじ　第90号　2-90
福泉村　ふくせんむら　第99号　2-129, 2-131, 5-126, 5-291
福田浦　ふくだ　第157号　5-210, 5-307, 5-308
福田浦　ふくだうら　第151号　3-180, 5-195
福田浦　ふくだうら　第151号　3-180, 5-195
福田川　ふくだがわ　第115号　2-197
福武山　ふくたけやま　第158号　3-205, 5-197
福田崎　ふくだざき　第202号　4-127, 4-128, 5-236
福田崎　ふくだざき　長崎〔参考図〕　4-131, 4-133
福田新田　ふくだしんでん　第118号　3-18
福田新田　ふくだしんでん　第151号　3-178, 5-195
福谷村　ふくたにむら　第145号　3-149, 5-192, 5-307
福谷村（岡山領）　ふくたにむら　第151号　3-176
福谷村知尾　ふくたにむらちお　第145号　3-149, 3-152
福谷村前泊　ふくたにむらまえどまり　第145号　3-149
福谷村間口　ふくたにむらまぐち　第145号　3-149
福田村（松平大和守領分）　ふくだむら　第88号　2-79, 5-120, 5-291
福田村　ふくだむら　第115号　2-197, 5-159
福田村　ふくだむら　第124号　3-42, 3-44
福田村　ふくだむら　第141号　3-128
福田村○　ふくだむら　第144号　3-144, 3-146, 5-192, 5-307
福田村　ふくだむら　第144号　3-145, 5-192, 5-305, 5-307
福田村☆　ふくだむら　第145号　3-150, 5-185, 5-306
福田村　ふくだむら　第145号　3-153
福田村　ふくだむら　第145号　3-153, 5-192
福田村　ふくだむら　第150号　3-174, 5-192
福田村　ふくだむら　第151号　3-178, 5-195, 5-307
福田村　ふくだむら　第164号　3-230, 5-210
福田村☆　ふくだむら　第167号　3-240, 5-211, 5-213, 5-308
福田村（萩領、長府領）　ふくだむら　第176号　3-292, 5-220, 5-312
福田村〔福田〕　ふくだむら　第189号　4-73, 5-234, 5-241, 5-313
福田村　ふくだむら　第202号　4-127, 4-128, 5-236, 5-315
福田村　ふくだむら　第202号　4-124, 4-126, 5-236
福田村（萩領）　ふくだむら　九州沿海図第1　4-188
福田村　ふくだむら　長崎〔参考図〕　4-131, 4-133
福田村浦潟　ふくだむらうらがた　第189号　4-73
福田村枝船津⚓　ふくだむらえだふなつ　長崎〔参考図〕　4-131, 4-133
福田村枝吉田村⚓　ふくだむらえだよしだむら　第145号　3-150
福田村大石屋　ふくだむらおおいしや　第167号　3-240
福田村大浦　ふくだむらおおうら　第202号　4-127, 4-128
福田村大浦　ふくだむらおおうら　長崎〔参考図〕　4-131, 4-133
福田村大杖　ふくだむらおおつえ　第167号　3-240
福田村木野　ふくだむらきの　第144号　3-145
福田村河内田　ふくだむらこうちだ　第144号　3-145
福田村小江　ふくだむらこえ　第202号　4-127, 4-128
福田村小江　ふくだむらこえ　長崎〔参考図〕　4-131, 4-133
福田村三軒屋〔福田〕　ふくだむらさんげんや　第137号　3-114, 5-184, 5-306
福田村新福庵　ふくだむらしんふくあん　第167号　3-240
福田村手熊　ふくだむらてぐま　第202号　4-127
福田村手熊　ふくだむらてぐま　長崎〔参考図〕　4-133
福田村寺分　ふくだむらてらぶん　第167号　3-240
福田村西山　ふくだむらにしやま　第167号　3-240
福田村船津⚓　ふくだむらふなつ　第202号　4-127, 4-128
福田山　ふくだやま　第163号　3-227
福知堂村〔福智堂〕　ふくちどうむら　第134号　3-95, 3-97, 5-176, 5-177, 5-301
福知村　ふくちむら　第134号　3-97, 3-98, 5-177, 5-301
福知山（朽木土佐守居城）☆　ふくちやま　第127号　3-57, 5-180, 5-304
福知山　ふくちやま　第178号　4-15, 4-17, 5-222, 5-312
福津　ふくつ　九州沿海図第19　4-271
福束村　ふくづかむら　第118号　3-18, 3-20, 5-166, 5-297
福束村下町　ふくづかむらしもちょう　第118号　3-18, 3-20
福田村（西尾隠岐守領分）　ふくでむら　第111号　2-179, 2-180, 5-161, 5-298
福堂村　ふくどうむら　第125号　3-51, 5-174
福泊浦　ふくどまりうら　第183号　4-38, 5-226, 5-311
福泊浦　ふくどまりうら　九州沿海図第5　4-210
福泊村　ふくどまりむら　第141号　3-130, 5-182, 5-306
福泊村　ふくどまりむら　第145号　3-153, 5-192, 5-307
福富村　ふくとみむら　第155号　3-191, 3-193, 5-190, 5-204
福富村　ふくとみむら　第155号　3-191, 5-190, 5-305
福成村　ふくなりむら　第145号　3-153, 5-192, 5-307
福南山　ふくなんざん　第151号　3-178
福南山　ふくなんざん　第151号　3-178, 5-194
福西村　ふくにしむら　第124号　3-45, 3-46, 5-304
福西山　ふくにしやま　第176号　3-292
福之江濵　ふくのえはま　九州沿海図第13　4-250
福ノ岳〔福岳〕　ふくのたけ　第207号　4-153, 4-154, 5-243
福野村　ふくのむら　第113号　2-189, 5-155, 5-156
福庭村　ふくばむら　第143号　3-136, 5-188
福原○　ふくはら　第56号　1-194, 5-103, 5-288
福原川　ふくはらがわ　第166号　5-209, 5-212
福原新田　ふくはらしんでん　第81号　2-50, 2-52, 5-146
福原村　ふくはらむら　第166号　3-234, 5-205, 5-308
福原村　ふくはらむら　第182号　4-35, 4-36, 5-227, 5-229, 5-312, 5-314
福原村　ふくはらむら　九州沿海図第21　4-279
福原村三久須村〔三久須村〕　ふくはらむらみくすむら　第166号　3-234, 5-209, 5-212
福部島　ふくべじま　第145号　5-306
振鼻　ふくべはな　第151号　3-180
福間　ふくま　九州沿海図第1　4-193
福間浦　ふくまうら　第186号　4-53, 4-55, 5-223
福万寺村（北條相模守領分、曽我文左エ門知行所）　ふくまんじむら　第135号　3-100, 5-176, 5-178
福万村下河原　ふくまんむらしもがわら　第155号　3-192
福見嵜〔福見サキ〕　ふくみさき　第206号　4-149, 5-242
福見嵜〔福見サキ〕　ふくみざき　第207号　4-153, 5-243
福水　ふくみず　九州沿海図第4　4-206
福水浦　ふくみずうら　第181号　4-32
福光下村　ふくみつしもむら　第166号　3-235, 5-209, 5-212
福光本領　ふくみつほんりょう　第166号　3-235, 5-209, 5-212, 5-308
福光本領今浦　ふくみつほんりょういまうら　第166号　3-235
福光村〔福光〕　ふくみつむら　第188号　4-65, 4-66, 4-68, 5-231, 5-313
福光村高築町　ふくみつむらたかつきまち　第188号　4-65, 4-66, 4-68
福村　ふくむら　第129号　3-67
福村川〔フクムラ川〕　ふくむらがわ　第147号　3-160, 5-187, 5-303, 5-306
福米沢村　ふくめざわむら　第62号　1-212, 5-87, 5-283
福本村（松平久五郎在所）　ふくもとむら　第141号　3-128, 5-182, 5-304
福本村　ふくもとむら　第144号　3-143, 3-144, 3-146, 5-192, 5-307
福元村　ふくもとむら　第145号　3-152
福本村　ふくもとむら　第209号　4-165
福本村　ふくもとむら　九州沿海図第10　4-235
福本村落口　ふくもとむらおちぐち　第141号　3-128
福本村草野　ふくもとむらくさの　第209号　4-165
福本村小原　ふくもとむらこばら　第144号　3-144
福本村笹貫　ふくもとむらささぬき　第209号　4-165
福本村谷山浦町☆〔福本〕　ふくもとむらたにやまうらまち　第209号　5-252, 5-261, 5-316
福本村中塩屋　ふくもとむらなかしおや　第209号　4-165
福本村東塩屋　ふくもとむらひがししおや　第209号　4-165
福母村　ふくもむら　第190号　4-75, 5-234
福母村大谷口　ふくもむらおおたにぐち　第190号　4-75
福母村嶋　ふくもむらしま　第190号　4-75
福山　ふくやま　第36号　1-123
福山　ふくやま　第151号　3-178
福山☆　ふくやま　第157号　5-195, 5-307
福山牧　ふくやままき　九州沿海図第11　4-241
福山村　ふくやまむら　第145号　3-152
福吉新田　ふくよししんでん　第129号　3-66, 5-166
福吉村　ふくよしむら　第145号　3-153
福興山　ふくよやま　第108号　2-165
福良○　ふくら　第68号　1-237, 5-103, 5-105, 5-288
福良　ふくら　九州沿海図第5　4-211
福来村　ふくらいむら　第113号　2-188
福良浦○☆⚓　ふくらうら　第142号　3-134, 5-185, 5-303, 5-306
福良浦刈茂　ふくらうらかりも　第142号　3-132, 3-134
福良浦鳥取　ふくらうらとっとり　第142号　3-132, 3-134
福良島　ふくらじま　第173号　5-215
福浦湊⚓　ふくらみなと　第84号　2-63, 2-65, 5-143, 5-295

吹浦村○☆　ふくらむら　第70号　1-247, 5-91, 5-283, 5-286
福良村　ふくらむら　第161号　3-213, 3-215, 5-202, 5-203, 5-311
福良村　ふくらむら　九州沿海図第4　4-209
福良山　ふくらやま　第161号　3-213, 3-215
福力村　ふくりきむら　第144号　3-144, 5-192, 5-305
福連木村　ふくれぎむら　第203号　4-135, 4-137, 5-251, 5-315
福連木村　ふくれぎむら　九州沿海図第19　4-273
福連木村小野　ふくれぎむらこの　第203号　4-135
袋井（御料所）○　ふくろい　第111号　2-179, 2-180, 5-160, 5-298
袋井村（太田摂津守領分）　ふくろいむら　第111号　2-179, 2-180, 5-160
袋河原村　ふくろがわらむら　第143号　3-135, 3-137, 5-188
袋尻村　ふくろじりむら　第141号　3-131, 5-183
袋尻村大久保　ふくろじりむらおおくぼ　第141号　3-131
袋尻村堀上　ふくろじりむらほりあげ　第141号　3-131
袋廣瀬村　ふくろひろせむら　第185号　4-50, 5-244, 5-314
袋廣瀬村　ふくろひろせむら　九州沿海図第7　4-222
吹路村　ふくろむら　第78号　2-42, 5-115, 5-116
袋村　ふくろむら　第90号　2-85
福呂村〔福呂〕　ふくろむら　第190号　4-75, 5-234, 5-313
袋村　ふくろむら　第200号　4-118, 5-250, 5-315
袋村　ふくろむら　九州沿海図第16　4-257
袋村大袋（御料所）　ふくろむらおおふくろ　第90号　2-85
袋村神川　ふくろむらかみのかわ　第200号　4-118
袋村月浦　ふくろむらつきのうら　第200号　4-118
袋山　ふくろやま　第146号　3-159, 5-194
福和田村　ふくわだむら　第143号　3-135, 3-137
福渡村　ふくわたりむら　第141号　3-128
福渡村　ふくわたりむら　第144号　3-147, 5-192, 5-307
吹井浦　ふけいうら　第139号　3-121, 5-186
吹井浦糸谷　ふけいうらいとや　第139号　3-121
深日浦　ふけうら　第138号　3-118, 5-184, 6-306
婦氣大堤村　ふけおおつつみむら　第64号　1-221, 5-75
鳳至郡　ふげしぐん　第84号　2-63, 2-65, 5-143, 5-295
鳳至郡　ふげしぐん　第85号　2-66, 5-143, 5-295
布氣村　ふけむら　第191号　4-79, 5-238, 5-241
普賢寺　ふげんじ　第90号　2-84
普賢岳　ふげんだけ　第196号　4-95
普賢山　ふげんやま　第187号　4-57, 4-59, 4-60, 4-62
武甲山　ぶこうざん　第94号　2-109, 5-121, 5-291
普光寺　ふこうじ　第136号　3-109
普光寺村　ふこうじむら　第125号　3-49, 3-50, 5-174
普甲峠〔普田峠〕　ふこうとうげ　第123号　3-40, 5-180, 5-304
布河村　ふこうむら　第143号　3-136, 5-188
普濟寺村（安部摂津守領分）　ふさいじむら　第94号　2-106, 5-118, 5-291
房川　ふさかわ　第87号　2-73, 5-118, 5-120
部崎　ぶざき　九州沿海図第1　4-188
藤　ふじ　九州沿海図第8　4-226
藤池村　ふじいけむら　第96号　2-115
藤石崎　ふじいしざき　第41号　5-62
藤井村　ふじいむら　第83号　2-61, 5-141, 5-295
藤井村　ふじいむら　第95号　2-110
藤井村　ふじいむら　第96号　2-117
藤井村　ふじいむら　第115号　2-198, 5-162, 5-299
藤井村　ふじいむら　第121号　3-32, 5-172, 5-300
藤井村　ふじいむら　第124号　3-42, 3-44, 5-180, 5-304
藤井村○☆　ふじいむら　第145号　3-153, 5-192, 5-307
藤井村村枝横間　ふじいむらえだよこま　第95号　2-110
藤井山　ふじいやま　第124号　3-42, 3-44
藤生村　ふじうむら　第173号　3-274, 3-276, 5-213, 5-215, 5-311
藤枝（本多豊前守居城）○☆　ふじえだ　第107号　2-159, 5-160, 5-298
藤枝村　ふじえだむら　第115号　2-196, 5-159, 5-297
藤枝村蟹ノ甲　ふじえだむらかにのこう　第115号　2-196
藤江村　ふじえむら　第115号　2-199, 5-159, 5-299
藤江村　ふじえむら　第116号　2-207, 5-162, 5-299
藤江村　ふじえむら　第118号　3-16, 3-18, 5-166, 5-297
藤江村　ふじえむら　第125号　3-49, 5-174, 5-300
藤江村　ふじえむら　第137号　3-114, 5-184, 5-306
藤江村　ふじえむら　第157号　5-195, 5-307
藤岡町（水上織部知行所）○　ふじおかまち　第94号　2-107, 5-119, 5-291
藤岡町山崎　ふじおかまちやまざき　第94号　2-107
伏拝村（板倉内膳正領分）　ふしおがみむら　第56号　1-193, 5-81, 5-285
藤尾岬　ふじおみさき　第176号　3-292
伏尾村　ふしおむら　第202号　4-124, 5-233, 5-236, 5-315
藤尾村　ふじおむら　第133号　5-174, 5-176
藤尾村　ふじおむら　第156号　3-196, 5-193, 5-208, 5-307
藤尾村大塚　ふじおむらいぬつか　第156号　3-196
藤方村　ふじかたむら　第130号　3-74, 5-163, 5-299, 5-301
藤川○　ふじかわ　第115号　2-200, 5-162, 5-299
藤川○　ふじかわ　第118号　3-17, 3-19, 5-166, 5-297, 5-300
藤川　ふじかわ　第200号　4-117
藤川　ふじかわ　九州沿海図第19　4-274, 4-275
冨士川　ふじがわ　第100号　2-135, 2-138, 5-127
冨士川　ふじがわ　第101号　2-144, 5-127, 5-129, 5-291, 5-298
フシキセ（總名綱島）　ふしきせ（そうみょうつなしま）　第192号　4-81
藤北村　ふじきたむら　第182号　4-34
藤北村　ふじきたむら　九州沿海図第21　4-281
伏木戸○　ふしきど　第34号　1-118, 5-57, 5-279
藤木戸村（松平大和守領分、朝倉孫之丞知行所）　ふじきどむら　第94号　2-106, 5-119, 5-291
伏木湊⚓　ふしきみなと　第83号　2-59, 2-60, 5-140, 5-295
伏木村　ふしきむら　第180号　4-24, 4-26, 5-230, 5-312
藤木村　ふじきむら　第113号　2-189
藤木村　ふじきむら　第178号　4-13, 5-222
伏木村小川内　ふしきむらおかわち　第180号　4-24, 4-26
伏木村杉山　ふしきむらすぎやま　第180号　4-24, 4-26
藤首ハナ　ふじくびはな　第206号　5-242
藤久保村　ふじくぼむら　第88号　2-78, 5-120, 5-291
藤倉村　ふじくらむら　第88号　2-79
冨士郡　ふじぐん　第100号　2-134, 2-138, 5-127, 5-291
冨士郡　ふじぐん　第101号　2-141, 2-144, 5-127, 5-291
フシコアヒラ　第28号　1-94, 5-50, 5-278
フシコクルマツナイ　第21号　1-69, 5-46, 5-279
フシコベツ　第29号　1-97, 1-98, 5-51
藤﨑○　ふじさき　第43号　1-146, 5-67, 5-82, 5-281
藤﨑　ふじさき　第145号　3-150
藤﨑川　ふじさきがわ　第43号　1-146
藤﨑川　ふじさきがわ　第187号　4-61
藤﨑村　ふじさきむら　第97号　2-121
藤嵜村久保　ふじさきむらくぼ　第97号　2-121
藤澤（御料所）○　ふじさわ　第93号　2-103, 5-123, 5-291
藤沢川　ふじさわがわ　第108号　5-150
藤澤村〔藤沢村〕　ふじさわむら　第39号　1-134, 5-67
藤沢村　ふじさわむら　第80号　2-45, 2-48, 5-138, 5-287
藤澤村　ふじさわむら　第88号　2-79
冨士山　ふじさん　第95号　2-112, 2-113
冨士山　ふじさん　第100号　2-133, 2-135, 5-127, 5-291
冨士山　ふじさん　第202号　4-123
冨士山久遠寺〔久遠寺〕　ふじさんくおんじ　第100号　2-135, 2-138, 5-127, 5-291
冨士山大石寺　ふじさんだいせきじ　第100号　2-135
冨士山東泉院　ふじさんとうせんいん　第100号　2-135, 2-138
冨士山本門寺　ふじさんほんもんじ　第100号　2-133, 2-135, 2-136, 2-138
冨士山本門寺　ふじさんほんもんじ　第100号　2-138
冨士山妙蓮寺　ふじさんみょうれんじ　第100号　2-133, 2-135, 2-136
藤島○　ふじしま　第44号　1-149, 5-69, 5-280
藤島〔藤シマ〕　ふじしま　第189号　4-71, 4-73, 5-234, 5-238, 5-241
藤島村　ふじしまむら　第188号　4-65, 4-66, 4-68, 5-231
藤島村六町間〔藤島村〕　ふじしまむらろくじょうま　第38号　1-128, 5-60, 5-63, 5-281
冨士社山〔冨士社山〕　ふじしゃがやま　第119号　3-23, 5-144, 5-145, 5-297, 5-300
藤白浦　ふじしろうら　第138号　3-120, 5-186, 5-303, 5-306
冨士人穴　ふじじんけつ　第100号　2-133, 2-135, 2-136, 2-138, 5-127, 5-291, 5-296
藤塚村　ふじすかむら　第111号　2-177, 2-178, 5-160
藤瀬村　ふじせむら　第120号　3-24, 5-145
冨士浅間社　ふじせんげんしゃ　第97号　2-123
冨士浅間社〔冨士浅間〕　ふじせんげんしゃ　第100号　2-134, 5-127
冨士浅間社　ふじせんげんしゃ　第100号　2-132
冨士浅間社　ふじせんげんしゃ　第100号　2-132, 2-134
冨士浅間社　ふじせんげんしゃ　第100号　2-135, 2-138
藤田○　ふじた　第53号　1-186, 5-81, 5-284
藤田　ふじた　九州沿海図第2　4-197
藤田　ふじた　九州沿海図第3　4-197, 4-201
藤田浦村相川〔藤田浦村〕　ふじたうらむらあいかわ　第188号　4-65, 4-66, 5-231

藤田尾村　ふじたおむら　第201号　4-119, 5-236, 5-315
藤高新田　ふじたかしんでん　第115号　2-197, 2-199, 5-159, 5-297
藤田村〔藤田〕　ふじたむら　第188号　4-65, 4-66, 5-231, 5-313
藤田村　ふじたむら　第193号　4-87, 5-231, 5-223, 5-313
藤田村　ふじたむら　九州沿海図第18　4-269
藤田村熊手村黒﨑○〔黒崎宿、黒崎〕　ふじたむらくまでむらくろさき　第186号　4-54, 5-222, 5-312
藤田村田町☆〔藤田村〕　ふじたむらたまち　第186号　4-54, 5-222
冨士塚　ふじづか　第108号　2-165
藤塚濱〔藤塚〕　ふじつかはま　第52号　1-182, 5-79, 5-284
藤塚濱（溝口駒之助領分）〔藤塚〕　ふじづかはま　第73号　2-15, 5-95, 5-285
藤塚村（高井山城守知行所）　ふじづかむら　第94号　2-105, 5-119, 5-291
伏付　ふしつく　第176号　3-292
藤津郡　ふじつぐん　第190号　4-75, 4-76
藤津郡　ふじつぐん　第201号　4-119, 4-120, 5-313, 5-315
藤津郡竹嵜島〔竹﨑〕　ふじつぐんたけざきじま　第201号　4-119, 5-233, 5-315
藤津村　ふじつむら　第143号　3-136, 5-188
藤戸寺　ふじとじ　第151号　3-178
藤戸村☆　ふじとむら　第151号　3-178, 5-194, 5-307
布自奈大穴持神社　ふじなおおなもちじんじゃ　第162号　3-218
藤波村　ふじなみむら　第85号　2-66, 5-142, 5-295
布志名村　ふじなむら　第162号　3-218, 5-190, 5-204, 5-305
冨士根　ふじね　第103号　2-150
藤尾村　ふじのおむら　第188号　4-68, 5-231
藤野木村○　ふじのきむら　第97号　2-122, 2-123, 5-117, 5-127, 5-291
藤木村〔藤木〕　ふじのきむら　第188号　4-65, 4-66, 5-231, 5-313
藤木村赤島〔藤木〕　ふじのきむらあかしま　第186号　4-54, 5-312
藤野木村枝駒木戸　ふじのきむらえだこまきど　第97号　2-122, 2-123
藤野木村枝新田　ふじのきむらえだしんでん　第97号　2-122, 2-123
藤木村古前　ふじのきむらふるまえ　第178号　4-13
藤木村松尾　ふじのきむらまつお　第178号　4-13
藤下村　ふじのしたむら　第89号　2-80, 5-111
伏野村　ふしのむら　第143号　3-135, 5-188, 5-305
藤野村　ふじのむら　第209号　4-165, 5-247, 5-261, 5-316
藤野村　ふじのむら　九州沿海図第10　4-233
藤森　ふじのもり　第133号　3-87, 3-89
藤野脇　ふじのわき　第167号　3-244, 5-211, 5-213
藤濱村　ふじはまむら　第84号　2-65, 5-143, 5-295
藤曲村　ふじまがりむら　第176号　3-293, 5-219
藤巻村　ふじまきむら　第80号　2-45, 5-138
藤間村（御料所）　ふじまむら　第55号　1-191, 5-104, 5-288
藤馬村　ふじまむら　第88号　2-79, 5-291
藤馬村伊勢ケ原　ふじまむらいせがはら　第88号　2-79
伏見○　ふしみ　第114号　2-191, 2-192, 5-155, 5-159, 5-297
伏見（御役所）☆　ふしみ　第133号　3-87, 3-89, 3-90, 3-92, 5-176
冨士見峠　ふじみとうげ　第107号　2-156, 5-127
伏見村　ふしみむら　第85号　2-68, 5-142, 5-295
伏見村（酒井大内記、山岡五郎作知行所）　ふしみむら　第101号　2-141, 5-126, 5-128, 5-291, 5-298
伏見屋新田　ふしみやしんでん　第116号　2-207, 5-162
伏見屋外新田　ふしみやそとしんでん　第116号　2-207, 5-162
藤見山　ふじみやま　第185号　4-48
伏村　ふしむら　第124号　3-42, 3-44, 5-304
藤村　ふじむら　第114号　2-190, 5-155, 5-158, 5-297
藤村深萱　ふじむらふかかや　第114号　2-190
藤守村（前田伊豆守、本多大学知行所）　ふじもりむら　第107号　2-159, 5-160
藤谷淵村犬川戸〔藤谷淵〕　ふじやぶちむらいぬかわと　第94号　2-107, 2-109, 5-291
藤谷淵村馬内〔藤谷淵〕　ふじやぶちむらうまうち　第94号　2-107, 2-109, 5-291
藤谷淵村久保〔藤谷淵〕　ふじやぶちむらくぼ　第94号　2-109, 5-291
藤谷淵村高野〔藤谷淵村、藤谷淵〕　ふじやぶちむらたかの　第94号　2-107, 2-109, 5-121, 5-291
藤谷淵村根岸〔藤谷淵〕　ふじやぶちむらねぎし　第94号　2-109, 5-291
藤谷淵村矢名瀬〔藤谷淵〕　ふじやぶちむらやなせ　第94号　2-109, 5-291
藤谷淵村山根〔藤谷淵〕　ふじやぶちむらやまね　第94号　2-107, 2-109, 5-291
藤山　ふじやま　第199号　5-248, 5-261
藤山　ふじやま　第210号　4-171
藤山　ふじやま　九州沿海図第12　4-243
藤山（尾張冨士）　ふじやま（おわりふじ）　第114号　2-193, 2-194
冨士山村（太田三郎兵衛知行所）　ふじやまむら　第90号　2-89, 5-121, 5-291
藤山村　ふじやまむら　第180号　4-25, 4-27, 5-230, 5-312
冨士山村駒形　ふじやまむらこまがた　第90号　2-89
フシユサツホロ川〔フシエサツホロ川、フシエサツホロ〕　第18号　1-60, 5-43, 5-275
普正寺村　ふしょうじむら　第86号　2-69, 5-141, 5-295
藤吉村　ふじよしむら　第188号　4-68, 5-231
フシワタラ岩　第22号　1-70, 5-27, 5-270
藤原　ふじわら　第176号　3-289, 3-291
藤原川〔フシハラ川〕　ふじわらがわ　第158号　3-204, 5-196, 5-307
伏原村　ふしわらむら　第121号　3-33, 5-172
藤原村　ふじわらむら　第144号　3-144, 5-192, 5-307
藤原村　ふじわらむら　第145号　3-153, 5-192
藤原村　ふじわらむら　第158号　3-204, 5-196
藤原村　ふじわらむら　第186号　4-54
藤原村枝神屋　ふじわらむらえだかみや　第186号　4-54
藤原村枝二本松　ふじわらむらえだにほんまつ　第145号　3-153
藤原山　ふじわらやま　第118号　3-21, 5-166
フスマ岬　ふすまみさき　第170号　3-262
衾村　ふすまむら　第90号　2-87
臥間村　ふすまむら　第164号　5-197, 5-210
布施○　ふせ　第78号　2-41, 5-114
フセキ山　ふせぎやま　第210号　4-169, 5-252, 5-261, 5-315, 5-317
フセギ山　ふせぎやま　九州沿海図第13　4-247
布施高田村（真田弾正大弼）　ふせたかだむら　第81号　2-53, 5-146
布施田村　ふせだむら　第117号　3-15, 5-168
布施田村　ふせだむら　第120号　3-24, 5-145, 5-297, 5-300
武節町村○　ぶせつまちむら　第110号　2-175, 5-158, 5-296
伏戸村　ふせどむら　第85号　2-66, 5-142
布施村　ふせむら　第98号　2-126, 5-117, 5-127, 5-291, 5-296
布瀬村　ふせむら　第150号　3-175, 5-193, 5-305, 5-307
布施村　ふせむら　第153号　3-186, 5-191, 5-305
布施村　ふせむら　第154号　3-188, 5-191, 5-305
布施村　ふせむら　第166号　3-234, 3-236
布瀬村上布瀬　ふせむらかみふせ　第150号　3-175
布施村日須賀　ふせむらひすか　第154号　3-188
布瀬村辨天淵　ふせむらべんてんぶち　第150号　3-175
布施山　ふせやま　第129号　3-71
豊前國　ぶぜんのくに　第177号　3-298
豊前國　ぶぜんのくに　第178号　4-13, 4-15, 5-312
豊前國　ぶぜんのくに　第179号　4-18, 4-20, 4-21
豊前國　ぶぜんのくに　第180号　4-24, 4-25, 4-26, 5-222
豊前國　ぶぜんのくに　第187号　4-56
豊前國　ぶぜんのくに　九州沿海図第1　4-189, 4-191
豊前國　ぶぜんのくに　九州沿海図第2　4-194, 4-197
豊前坊　ぶぜんぼう　第180号　4-25, 5-222, 5-230, 5-312
フソー川　第34号　1-118
不相小江村　ふそうこいむら　第116号　2-203, 5-162, 5-299
二穴村　ふたあなむら　第84号　2-62, 2-64, 5-142
二居○　ふたい　第77号　2-37, 5-115, 5-289
フタイコ川　第36号　1-124, 5-60, 5-281
二居峠　ふたいとうげ　第77号　2-37, 5-115
舞臺峠　ぶたいとうげ　第113号　2-186, 2-187
普代村　ふだいむら　第45号　1-154, 5-70, 5-282
武躰村（平井九右エ門知行所）　ぶたいむら　第88号　2-77
二重峠　ふたえとうげ　第193号　4-83, 4-84
二江峠　ふたえとうげ　第195号　5-232
二江峠　ふたえとうげ　九州沿海図第20　4-276
二江村　ふたえむら　第203号　4-134, 5-236, 5-315
二江村　ふたえむら　九州沿海図第19　4-273
二江村古賀原　ふたえむらこがばる　第203号　4-134
二江村田向　ふたえむらたむかえ　第203号　4-134
蓋井島　ふたおいじま　第177号　5-220
蓋井嶋（長府領）　ふたおいじま　第177号　3-297, 5-312
二面村石場　ふたおもてむらいしば　第145号　3-151
二面村牛ケ浦　ふたおもてむらうしがうら　第145号　3-151
二面村長﨑　ふたおもてむらながさき　第145号　3-151
二方郡　ふたかたぐん　第124号　3-43, 3-47, 5-181, 5-304
二株山　ふたかぶやま　第94号　2-107, 5-119
二神島　ふたかみじま　第169号　3-250, 5-215, 5-311
二神嶋（大島属）　ふたがみしま（おおしまぞく）　第204号　4-140, 5-235, 5-313, 5-321

二上山　ふたがみやま　第83号　2-59, 2-60
二神山　ふたがみやま　第194号　4-88, 5-229
二川○　ふたがわ　第116号　2-202, 2-204, 5-161, 5-299
二川村☆　ふたがわむら　第209号　4-164, 5-247, 5-261, 5-316
二川村☆　ふたがわむら　九州沿海図第10　4-232
二川村上之原　ふたがわむらうえのはら　第209号　4-164
二川村浮津　ふたがわむらうきつ　第209号　4-164
二川村大平〔坪〕　ふたがわむらおおつぼ　第209号　4-164
二川村深湊　ふたがわむらふかみなと　第209号　4-164
二串川　ふたくしがわ　第180号　5-230
二口越　ふたぐちごえ　第66号　1-228, 5-92
二子川　ふたごがわ　第197号　4-101, 5-245
二子島　ふたごしま　第192号　4-81
二子島〔二子セ〕　ふたごしま　第200号　4-117, 5-251
二子嶋　ふたごしま　九州沿海図第19　4-270
二子島　ふたごじま　第121号　3-33, 5-173
二子島　ふたごじま　第138号　3-120, 5-186
二子シマ　ふたごじま　第141号　3-131
二子島　ふたごじま　第146号　3-156, 5-185
二子シマ　ふたごじま　第149号　3-164, 3-165
二子島　ふたごじま　第149号　3-165, 5-198
双児島　ふたごじま　第160号　3-209, 5-200
双子嶋〔二子シマ〕　ふたごじま　第177号　3-295, 5-220
二子島　ふたごじま　第186号　4-54
二子島　ふたごじま　第189号　4-71
二子島〔二子シマ〕　ふたごじま　第200号　4-118, 5-250
二子嶋〔二子シマ〕　ふたごじま　第203号　4-139, 5-251
二子島　ふたごじま　第207号　4-152, 5-243, 5-321
二子島〔二子シマ〕　ふたごじま　第212号　4-177, 5-253, 5-315, 5-317
二子嶋　ふたごじま　九州沿海図第15　4-254
二子嶋　ふたごじま　九州沿海図第16　4-257
布田小島分村　ふだこじまぶんむら　第90号　2-88, 2-90, 5-120, 5-123
二子瀬〔二子セ〕　ふたごせ　第207号　4-155, 5-243
二子瀬〔二子シマ〕　ふたごせ　第210号　4-171, 5-254, 5-261
二子瀬　ふたごせ　九州沿海図第12　4-243, 4-245
二子村　ふたごむら　第45号　1-153, 5-68, 5-282
二古村　ふたごむら　第63号　1-215, 1-218, 5-88, 5-283
二子村○　ふたごむら　第90号　2-87, 5-123, 5-291
二子村　ふたごむら　第100号　2-134
二子村　ふたごむら　第118号　3-20, 5-166
二子村枝新田　ふたごむらえだしんでん　第100号　2-134
二子山　ふたごやま　第102号　2-145, 5-132
二子山　ふたごやま　第151号　3-178
二子山　ふたごやま　第151号　3-178
二子山　ふたごやま　第156号　5-208
二子山　ふたごやま　第190号　4-75
二崎村　ふたざきむら　第178号　4-14, 4-16, 5-222, 5-312
二崎村　ふたざきむら　九州沿海図第1　4-192
二嶋〔二シマ〕　ふたしま　第201号　4-121, 5-236, 5-313, 5-315
二嶋〔二島〕　ふたじま　第189号　4-73, 4-74, 5-234, 5-241
二島村　ふたじまむら　第178号　5-222
二島村　ふたじまむら　第186号　4-54, 5-312
二島村鴨生田　ふたじまむらかもおだ　第186号　4-54
二島村道岸　ふたじまむらどうぎし　第186号　4-54
二瀬山　ふたせやま　第175号　5-218, 5-210
二ツ石　ふたついし　九州沿海図第12　4-246
二ツ石村　ふたついしむら　第138号　3-119, 5-184, 6-306
二ツ岩　ふたついわ　第160号　3-210
二ツ亀　ふたつかめ　第75号　2-22
二子嶌　ふたつこじま　第201号　4-122
二シマ　ふたつしま　第123号　3-39
二ツシマ　ふたつしま　第155号　3-191
二ツシマ　ふたつしま　第172号　3-270, 5-216
二ツ島セ　ふたつじませ　第196号　4-95
二ツ城　ふたつじょう　第166号　3-238
二ツ城　ふたつじょう　第167号　3-240
二ツセ　ふたつせ　第192号　4-82
二ツセ〔二ツセ〕　ふたつせ　第206号　4-146, 5-242
二ツ滝　ふたつたき　第17号　1-53, 5-42
二ツ岳　ふたつだけ　第177号　5-220
二岳﨑　ふたつたけざき　第202号　4-128
二岳崎　ふたつたけざき　長崎〔参考図〕　4-131
二立　ふたつたて　第185号　4-50
二立　ふたつたて　九州沿海図第7　4-222
二立島　ふたつたてしま　第185号　4-50
二立嶋　ふたつたてしま　九州沿海図第7　4-222
二茶屋村　ふたつちゃやむら　第137号　3-113, 5-184
二ツ並　ふたつならび　第161号　3-216, 3-217, 5-203
二ツ根　ふたつね　第101号　2-140
二ツ根　ふたつね　第101号　2-140, 2-142
二ツ根　ふたつね　第102号　2-145, 2-148
二ツ丸山　ふたつまるやま　第162号　3-221, 5-204
二森山　ふたつもりやま　第114号　2-190, 5-155
二ノ家新田（大久保加賀守）〔二ツ屋新田〕　ふたつやしんでん　第100号　2-134, 5-127
二ツ山　ふたつやま　第166号　3-236
二ツ家村　ふたつやむら　第39号　1-133, 5-67, 5-82, 5-281
二ツ屋村　ふたつやむら　第83号　2-57, 2-61, 5-141, 5-295
二ツ屋村　ふたつやむら　第120号　3-25, 3-27, 5-145, 5-300
二並　ふたならび　第171号　3-264, 5-201, 5-203
二俣　ふたまた　九州沿海図第10　4-233
二俣川　ふたまたがわ　第180号　5-230
二股川　ふたまたがわ　第202号　4-125, 4-126, 4-128
二股川　ふたまたがわ　長崎〔参考図〕　4-130, 4-132
二俣サキ　ふたまたざき　第192号　5-239, 5-240, 5-241
二又島　ふたまたじま　第48号　1-163, 1-164, 5-78
二又島〔二又シマ〕　ふたまたじま　第131号　3-80, 5-169
二又島　ふたまたじま　第154号　3-188, 5-191, 5-305
二又新田（榊原式部大輔領分）　ふたまたしんでん　第80号　2-48, 5-138
二俣瀬〔二俣セ〕　ふたまたせ　第186号　4-55, 5-223
二俣瀬川　ふたまたせがわ　第176号　3-292
二俣セ川　ふたまたせがわ　第176号　5-219
二又村　ふたまたむら　第80号　2-48, 5-138, 5-287
二俣村　ふたまたむら　第89号　2-83, 5-122, 5-290
二俣村　ふたまたむら　第121号　3-30, 5-157
二俣村　ふたまたむら　第123号　3-40, 5-180
二又村　ふたまたむら　第137号　3-114
二俣村岡ノ段　ふたまたむらおかのだん　第127号　3-57
二俣村永田　ふたまたむらながた　第190号　4-75, 4-76
二俣村向山　ふたまたむらむかいやま　第127号　3-57
二町村　ふたまちむら　第133号　3-86, 5-174, 5-176, 5-301
二町谷村（上原新三郎知行所）　ふたまちやむら　第93号　2-101, 5-125, 5-291
二間戸村　ふたまどむら　第200号　4-117, 5-250
二間戸村　ふたまどむら　九州沿海図第19　4-274, 4-275
二間戸村神代　ふたまどむらこうじろ　第200号　4-117
二見　ふたみ　第117号　5-299
二見　ふたみ　第155号　3-191, 5-190
二見　ふたみ　第174号　3-278, 5-216
二見浦　ふたみうら　第170号　3-262, 5-201
二見浦枝加周浦　ふたみうらえだかしゅううら　第170号　3-262
二見浦　ふたみがうら　第117号　3-13, 5-163
二見川　ふたみがわ　第200号　4-113, 4-116, 5-250
二見島〔二見シマ〕　ふたみしま　第183号　4-38, 5-226
二見シマ　ふたみじま　九州沿海図第5　4-210
二見村　ふたみむら　第75号　2-25, 2-27, 5-99
二見村　ふたみむら　第200号　4-113, 4-116, 5-250, 5-315
二見村　ふたみむら　九州沿海図第16　4-258, 4-260
二見村赤松　ふたみむらあかまつ　第200号　4-113, 4-116
二見村井牟畑〔田〕　ふたみむらいむた　第200号　4-113, 4-116
二見村大平　ふたみむらおおひら　第200号　4-113, 4-116
二見村下大野　ふたみむらしもおおの　第200号　4-113, 4-116
二見村白島　ふたみむらしろしま　第200号　4-113, 4-116, 5-315
二見村洲口　ふたみむらすぐち　第200号　4-113, 4-116, 5-315
二見村船津　ふたみむらふなづ　第200号　4-113, 4-116
二村浦　ふたむらうら　第121号　3-29, 5-172, 5-300
二村枝伊佐坐村　ふたむらえだいさざむら　第186号　4-54
二村枝下二ケ村　ふたむらえだしもふたがむら　第186号　4-54
二村神社　ふたむらじんじゃ　第136号　3-105
二柳村枝方田　ふたやなぎむらえだほうだ　第81号　2-53
二柳村作見　ふたやなぎむらさくみ　第81号　2-53
札屋松　ふだやのまつ　九州沿海図第12　4-243
長渡濵　ふたわたしはま　第48号　1-164, 5-78
淵尾峠　ふちおとうげ　第190号　4-76, 5-234
淵垣村　ふちがきむら　第127号　3-56
敷知郡　ふちぐん　第111号　2-180, 2-181, 5-161, 5-299
淵﨑村　ふちざきむら　第145号　3-151, 5-194
淵﨑村赤穂屋村　ふちざきむらえだあこやむら　第

145号　3-151
淵﨑村枝伊喜末村☆　ふちざきむらえだいきすえむら　第145号　3-151, 3-154
淵﨑村大谷　ふちざきむらおおたに　第145号　3-151, 3-154
淵﨑村田浦　ふちざきむらたうら　第145号　3-154
富知神社〔冨士神社〕　ふちじんじゃ　第100号　2-135, 2-138, 5-127
淵上村　ふちのうえむら　第189号　4-70, 4-72, 5-234, 5-238, 5-241
淵上村横田村入會枝大江村　ふちのうえむらよこたむらいりあいえだおおえむら　第189号　4-72
淵野邊村　ふちのべむら　第90号　2-90
府中（御料所）○　ふちゅう　第90号　2-88, 2-90, 5-120, 5-123, 5-291
府中（御城）☆　ふちゅう　第98号　2-126, 5-117
府中　ふちゅう　第192号　4-82, 5-240, 5-241, 5-320
府中（有渡郡安倍郡入會）（御城）○☆　ふちゅう（うどぐんあべぐんいりあい）　第107号　2-157, 2-159, 5-160, 5-298
府中市村○☆　ふちゅういちむら　第157号　5-195, 5-210, 5-307
府中川　ふちゅうがわ　第167号　3-240
府中町○〔府中〕　ふちゅうまち　第188号　4-65, 4-66, 5-231, 5-313
府中村　ふちゅうむら　第84号　2-62, 2-64, 5-143, 5-295
府中村鹿篭　ふちゅうむらこごもり　第167号　3-240
府中村三軒屋　ふちゅうむらさんげんや　第167号　3-240
府中村中郷〔府中村、府中〕　ふちゅうむらなかごう　第167号　3-240, 5-211, 5-213, 5-308
府中村南郷　ふちゅうむらなんごう　第167号　3-240
府中村矢賀　ふちゅうむらやが　第167号　3-240
二日市村（水野日向守領分）　ふつかいちむら　第87号　2-72, 5-109, 5-290
二日市村　ふつかいちむら　第144号　3-146, 5-192
二日市村○　ふつかいちむら　第187号　4-59, 4-62, 5-223, 5-313
二日市村下村　ふつかいちむらしもむら　第144号　3-146
二日町村　ふつかまちむら　第94号　2-107
二日山　ふつかやま　第176号　5-219
佛經山　ぶつきょうざん　第162号　3-219, 3-221, 5-204
佛教寺　ぶっきょうじ　第144号　3-145, 3-147
フツケ○〔ノツケ〕　第5号　1-20, 5-19, 5-270
布都部　ふつごおり　九州沿海図第2　4-194
佛国寺　ぶっこくじ　第133号　3-87, 3-89
引越村　ふっこしむら　第40号　1-140, 5-66, 5-280
吹越村〔吹村〕　ふっこしむら　第116号　2-207, 5-163, 5-299
福生村（御料所）　ふっさむら　第90号　2-89, 5-121, 5-291
フツシ子〔フツシ島〕　ふづしね　第103号　2-149, 5-132, 5-292
佛性寺村　ぶっしょうじむら　第123号　3-40, 5-180, 5-304
佛性寺村二瀬川　ぶっしょうじむらふたせがわ　第123号　3-40
佛性寺村真井野　ぶっしょうじむらまいの　第123号　3-40
布都神社　ふつじんじゃ　第191号　4-79
フツタトシ　第28号　1-92, 1-94, 5-50, 5-278
フツチヤクナイ　第33号　1-112, 5-47, 5-279
拂津　ふっつ　第164号　5-307
冨津洲〔冨津﨑、冨津﨑〕　ふっつす　第91号　2-96, 5-123, 5-124, 5-290, 5-291
冨津村（小笠原兵庫知行所）☆　ふっつむら　第91号　2-95, 2-96, 5-123, 5-124, 5-290
フツテキコタン　第22号　1-72, 5-28, 5-30, 5-270
佛田村　ぶつでんむら　第82号　2-55, 2-56, 5-139, 5-140, 5-295
拂戸村　ふつとむら　第62号　1-212, 5-87, 5-283
布土村　ふっとむら　第116号　2-207, 5-163, 5-299
フツフペルイ〔フツフルイ〕　第25号　1-84, 5-33, 5-277
布津村枝坂下名〔布津〕　ふつむらえださかしたみょう　第196号　4-97, 5-315
布津村大崎名〔布津〕　ふつむらおおさきみょう　第196号　4-97, 5-315
布津村貝崎名〔布津村、布津〕　ふつむらかいざきみょう　第196号　4-97, 5-233, 5-315
フツ山　ふつやま　第163号　3-223
フテシマ　ふでしま　第102号　2-146
筆島　ふでじま　第131号　3-78, 5-168
筆石村　ふでしむら　第123号　3-38, 5-180
筆捨茶屋　ふですてちゃや　第129号　3-72
筆染村　ふでそめむら　第84号　2-63, 2-65, 5-143, 5-295
筆洲　ふでのす　第152号　3-183
フトウヱンナイ　第8号　1-29, 5-21, 5-271
フトウヱンナイ　第17号　1-53, 5-42, 5-275
ブトウヱンナイ　第16号　1-51, 5-39, 5-274
不動堂　ふどうどう　第94号　2-108
不動堂　ふどうどう　第99号　2-128
不動峠　ふどうとうげ　第78号　2-41, 5-114, 5-119
不動堂村（御料所、町奉行組與力給地）　ふどうどうむら　第89号　2-80, 5-111, 5-290
武道村　ぶどうむら　第49号　1-168, 5-71, 5-74, 5-282
不動山〔田上不動山〕　ふどうやま　第133号　3-86, 3-88, 5-176
不動山　ふどうやま　第185号　4-48
不動山　ふどうやま　第201号　4-120
不動山村　ふどうやまむら　第201号　5-234
不動山村枝大舩　ふどうやまむらえだおおふね　第201号　4-120
不動山村尾上〔不動山〕　ふどうやまむらおのうえ　第201号　4-120, 5-313
不動山村原口　ふどうやまむらはらぐち　第201号　4-120
不動山村平野　ふどうやまむらひらの　第201号　4-120
太尾村　ふとおむら　第141号　3-128, 3-130, 5-182, 5-306
フトシナイ　第17号　1-57, 5-43, 5-275
歩渡島　ぶとじま　第151号　3-180
フトテ子ナイ　第29号　1-99, 5-52
太祝詞神社（加志大明神）　ふとのりとじんじゃ（かしだいみょうじん）　第192号　4-81, 4-82
風戸村　ふとむら　第84号　2-63, 2-65, 5-143
冨戸村☆　ふとむら　第101号　2-142, 5-125, 5-128
冨土村　ふとむら　第198号　4-105, 5-246, 5-316
冨土村　ふとむら　九州沿海図第8　4-224
冨戸村大井濱　ふとむらおおいはま　第101号　2-142
冨土村小目井　ふとむらこめい　第198号　4-105
フトロ○　第33号　1-115, 5-47, 5-55, 5-279
フトワタラシベツ　第2号　1-13, 5-16, 5-268, 5-270
大島〔太島〕　ふとんじま　第141号　3-127, 5-185, 5-306
府内☆　ふない　第181号　4-29, 4-31, 4-33, 5-227, 5-312
府内（松平起之助居城）☆　ふない　九州沿海図第3　4-202
舩井郡　ふないぐん　第126号　3-54, 5-175, 5-300, 5-301
舩井郡　ふないぐん　第127号　3-56, 3-58, 5-175
舩井郡　ふないぐん　第133号　3-91, 5-175, 5-301
舩井郡　ふないぐん　第136号　3-104, 5-175
舩井根　ふないね　第102号　2-145, 2-148
舩入新開　ふないりしんかい　第167号　3-241, 5-211, 5-213
舩枝村　ふなえだむら　第126号　3-55
舩江村〔舟江〕　ふなえむら　第130号　3-74, 3-76, 5-163, 5-301
舟岡村　ふなおかむら　第63号　1-214, 5-86, 5-88, 5-283
舩尾村（田安殿領分）　ふなおむら　第135号　3-103, 5-178
舟返　ふなかえし　第146号　3-156
フナカクシ　第32号　1-110
舟陰岩　ふなかげいわ　第204号　4-140
舟ケ澤村〔舟沢村〕　ふながさわむら　第63号　1-214, 5-86, 5-283
舟形（戸沢富壽領分）○　ふながた　第65号　1-224, 1-225, 5-90, 5-285
舩方村　ふなかたむら　第90号　2-84
舩形村（田沼市右エ門知行所）　ふなかたむら　第92号　2-99, 2-100, 5-124, 5-292
舟形 四ツ谷　ふながたよつや　第65号　1-224, 1-225
舟川村　ふなかわむら　第62号　1-211, 5-87, 5-283
舟木　ふなき　九州沿海図第3　4-201
船木　ふなき　九州沿海図第9　4-231
舩木礒〔舟木磯、舟木礒〕　ふなきいそ　第211号　4-174, 5-248, 5-261, 5-316
舩木礒　ふなきいそ　九州沿海図第9　4-230
舟木北濱村　ふなききたはまむら　第125号　3-49, 5-174
舟木南濱村☆　ふなきみなみはまむら　第125号　3-49, 5-174
舟木南濱村枝横江濱〔南濱〕　ふなきみなみはまむらえだよこえはま　第125号　3-49, 3-51, 5-300
舩木村　ふなきむら　第125号　3-51, 5-174
舩木村　ふなきむら　第176号　3-292, 5-219, 5-312
舩木村内ケ小野　ふなきむらうちがおの　第176号　3-292
舩木村相坂　ふなきむらおうさか　第176号　3-292
舩木村下田　ふなきむらしもだ　第176号　3-292
舩木村櫃﨑　ふなきむらひつざき　第176号　3-292
舟木山　ふなきやま　第112号　2-183, 2-185
舩藏山　ふなくらやま　第201号　4-120
フナクリ岩　ふなくりいわ　第123号　3-38, 5-173
舩上村　ふなげむら　第137号　3-114, 5-184, 5-306
舟越　ふなこし　第175号　3-286
舟越　ふなこし　第176号　3-289
舩越浦〔舩越〕　ふなこしうら　第189号　4-70, 5-233, 5-234, 5-241, 5-313
舩越濱〔舟越〕　ふなこしはま　第48号　1-163, 5-78, 5-284
舩越村〔舟越村〕　ふなこしむら　第46号　1-157, 5-72, 5-282
舟越村☆　ふなこしむら　第62号　1-212, 5-87, 5-283
舩越村☆　ふなこしむら　第117号　3-14, 5-168, 5-299
舩越村〔舟越〕　ふなこしむら　第131号　3-78, 5-168, 5-299

船越村　ふなこしむら　第167号　3-240, 5-211, 5-213
船越村　ふなこしむら　第202号　4-124, 4-126, 5-236, 5-315
船越村梅津　ふなこしむらうめつ　第202号　4-124, 4-126
船越村西船越　ふなこしむらにしふなこし　第167号　3-240
船越村引地　ふなこしむらひきじ　第167号　3-240
舟子村　ふなこむら　第93号　2-103
舩小村　ふなごむら　第118号　3-17
舩坂村〔舟坂〕　ふなさかむら　第136号　3-106, 5-178, 5-306
舩﨑村　ふなさきむら　第206号　4-148, 4-149, 5-242, 5-243
舩路川　ふなじがわ　第118号　3-16
舩路下庄　ふなじしもしょう　第175号　3-285
舩島　ふなしま　第164号　3-228
舩島（引嶋属）　ふなしま　第177号　3-299
舩島〔舟島〕　ふなじま　第178号　4-13, 5-220, 5-222
舩嶋　ふなじま　九州沿海図第1　4-191
舩路村　ふなじむら　第175号　3-285, 5-218, 5-309, 5-312
舩路村上河内　ふなじむらうわごうち　第175号　3-285
舩路村御馬　ふなじむらごもう　第175号　3-285
舩路村間方　ふなじむらまかた　第175号　3-285
舟瀬　ふなせ　第177号　3-294, 5-220
舟瀬　ふなせ　第192号　4-80
相〔舩〕瀬　ふなぜ　第205号　4-144
舩津　ふなつ　第202号　4-124
舟津　ふなつ　第203号　4-136, 4-138
舟津　ふなつ　九州沿海図第16　4-257, 4-259
舟津　ふなつ　九州沿海図第19　4-271
舩津　ふなつ　九州沿海図第19　4-272
舩津　ふなつ　九州沿海図第19　4-272
舩津　ふなつ　九州沿海図第19　4-272, 4-274
舩津　ふなづ　九州沿海図第16　4-259, 4-260
舩津　ふなづ　九州沿海図第19　4-272
舟津浦　ふなつうら　第202号　4-125, 4-127, 4-128
舟津浦　ふなつうら　長崎〔参考図〕　4-131, 4-133
舩津川　ふなつがわ　第202号　4-124
舩付村　ふなつきむら　第118号　3-18, 3-20, 5-166, 5-297, 5-300
舩津村　ふなつむら　第97号　2-123, 5-117, 5-127, 5-291
舩津村（本多豊前守領分）　ふなつむら　第101号　2-141, 2-144, 5-127
舩津村　ふなつむら　第117号　3-12, 3-13, 5-163
舩津村　ふなつむら　第193号　4-87, 5-231, 5-313
舩津村　ふなつむら　九州沿海図第18　4-269
舟津山　ふなづやま　第131号　3-81, 5-169
舟渡　ふなと　九州沿海図第17　4-263
フナ峠　ふなとうげ　第46号　1-157
フナトウ島　ふなとうじま　第204号　4-140
舩戸﨑　ふなとさき　第105号　2-154
舟頭島　ふなとじま　第204号　4-140
舟戸濵　ふなとはま　第104号　2-151
舟渡村　ふなとむら　第141号　3-129
舩乗山　ふなのりやま　第118号　3-16
舟迫○　ふなばさま　第53号　1-184, 5-80, 5-284
舟橋五日市（御料所）○〔舟橋〕　ふなばしいつかいち　第89号　2-81, 2-83, 5-122, 5-290
舟橋海神〔舟橋〕　ふなばしかいじん　第89号　2-83, 5-122, 5-290
舟橋九日市○〔舟橋〕　ふなばしここのかいち　第89号　2-81, 2-83, 5-122, 5-290
船場村　ふなばむら　第150号　3-173, 5-189, 5-305
船間　ふなま　九州沿海図第9　4-231
船間　ふなま　九州沿海図第10　4-234
フナマイ岬〔ノナマイ岬〕　第20号　1-65, 1-66, 5-45, 5-275
船間島〔舟マシマ〕　ふなまじま　第208号　4-159, 5-252
船間嶋　ふなまじま　九州沿海図第13　4-247
舩町村　ふなまちむら　第124号　3-42, 3-44
舩廻村　ふなまわりむら　第206号　4-150, 5-242, 5-243
舩水　ふなみず　第133号　3-90, 5-174, 5-175
舩見鼻　ふなみはな　第206号　4-146
舩見村　ふなみむら　第118号　3-19, 3-21, 5-166
舩元村〔舟元〕　ふなもとむら　第141号　3-129, 5-183, 5-304, 5-306
舩山　ふなやま　第127号　3-56
舩山　ふなやま　第127号　3-56
舩山　ふなやま　第195号　4-92
舩屋町加茂宿〔加茂宿、加茂〕　ふなやまちかもじゅく　第134号　3-95, 5-176, 5-301
舩屋町山田　ふなやまちやまだ　第134号　3-95
舩屋村　ふなやむら　第158号　3-205, 5-197, 5-307
舩行山　ふなゆきやま　第214号　4-184, 4-186
舟渡　ふなわたし　第90号　2-84
舟渡　ふなわたし　第90号　2-84
舟渡　ふなわたし　第90号　2-84
舟渡　ふなわたし　第90号　2-84
舟渡　ふなわたし　第90号　2-85
舟渡　ふなわたし　第90号　2-85
舟渡（逆井渡）　ふなわたし（さかさいわたし）　第90号　2-84
不入岡村　ふにおかむら　第150号　3-170
不入道村　ふにゅうどうむら　第187号　4-62, 5-223, 5-231, 5-313
船　ふね　九州沿海図第2　4-197
船　ふね　九州沿海図第3　4-197, 4-201
舩島　ふねしま　第183号　4-39
舟シマ　ふねしま　九州沿海図第4　4-209
舟島　ふねじま　第153号　3-186
舟通鼻　ふねとおりはな　第121号　3-29
船ハ川　ふねはがわ　第150号　5-189
舟渡　ふねわたし　第135号　3-101
フノイケ　ふのいけ　第105号　2-154
舩尾浦　ふのおうら　第138号　3-120, 5-186
舟尾村　ふのおむら　第84号　2-62, 2-64, 5-143, 5-295
フノコ島（坂手村）〔フノ子島〕　ふのこじま（さかてむら）　第145号　3-150, 5-185, 5-306
府谷村枝渋谷村　ふのたにむらえだしぶたにむら　第173号　3-275
府谷村西谷村〔府谷〕　ふのたにむらにしたにむら　第173号　3-273, 3-275, 5-308
府谷村西村〔府谷村、府谷〕　ふのたにむらにしむら　第173号　3-273, 3-275, 5-218, 5-308
フブシ　第3号　1-16, 5-18, 5-268, 5-270
フプモム　第27号　1-88, 1-89, 5-49, 5-277
フマシナイ川〔クマシナイ川〕　第15号　1-48, 5-38, 5-273
踏瀬○　ふまセ　第68号　1-238, 5-103, 5-288
府招村〔府招〕　ふまねきむら　第190号　4-76, 5-234, 5-313
府招村大原　ふまねきむらおおはら　第190号　4-76
府招村竈土新屋敷　ふまねきむらかまどしんやしき　第190号　4-76
踏入村　ふみいりむら　第95号　2-112, 5-146, 5-294
文出村　ふみでむら　第96号　2-118, 5-150
普明寺　ふみょうじ　第201号　4-119
フミルイ川〔フシルイ川〕　第20号　1-65, 1-66, 5-45, 5-275
フミルナイ川　第33号　1-112, 5-47, 5-279
フムヽナナイ　第21号　1-68, 1-69
府本村　ふもとむら　第193号　4-87, 5-231, 5-223, 5-313
麓村　ふもとむら　第197号　4-102, 5-246
麓村天ケ谷〔麓〕　ふもとむらあまがたに　第197号　4-102, 3-314
麓村枝野尻　ふもとむらえだのじり　第197号　4-102
麓村猿瀬　ふもとむらさるぜ　第197号　4-102
麓山　ふもとやま　第197号　4-102
麓山　ふもとやま　第197号　4-102, 5-245, 5-246
普門寺　ふもんじ　第88号　2-78
普門寺　ふもんじ　第100号　2-134
普門寺　ふもんじ　第133号　3-92
普門瀬川　ふもんせがわ　第181号　5-227
府屋町（大川）○〔大川〕　ふやまち（おおかわ）　第71号　1-250, 5-96, 5-97, 5-285, 5-286
フユチ　第20号　1-64, 5-45, 5-275
フユチ川　第20号　1-64, 5-45, 5-275
冬頭村　ふゆとうむら　第112号　2-183, 2-184
フユマシマ　第25号　1-82, 1-84, 5-33, 5-277
フユマシラヽ　第20号　1-63, 5-44, 5-275
芙蓉湖　ふようこ　第81号　2-50
フラヌヘツ川〔フラヌベツ川〕　第30号　1-103, 5-46, 5-279
古石山　ふるいしやま　第164号　3-231, 5-214
古市　ふるいち　第117号　5-299
古市　ふるいち　第173号　3-274, 3-276
古市　ふるいち　第173号　3-277
古市　ふるいち　第175号　3-286
古市場村　ふるいちばむら　第98号　2-126, 5-117, 5-127, 5-296
古市場村　ふるいちばむら　第172号　3-270, 5-216
古市村　ふるいちむら　第133号　3-90, 3-92, 5-176
古市村○　ふるいちむら　第136号　3-105, 5-182, 5-304, 5-306
古市村　ふるいちむら　第143号　3-135, 5-181, 5-188, 5-304
古市村　ふるいちむら　第155号　3-192, 5-189
古市村　ふるいちむら　第179号　4-20, 5-224, 5-312
古市村　ふるいちむら　第181号　4-29, 4-31, 5-227, 5-312
古市村　ふるいちむら　九州沿海図第3　4-201, 4-203
古市村　ふるいちむら　九州沿海図第3　4-204
古内村　ふるうちむら　第64号　1-221, 1-222, 5-75, 5-88, 5-283
古江　ふるえ　九州沿海図第2　4-198, 4-204
古江　ふるえ　九州沿海図第3　4-198, 4-204
古江浦　ふるえうら　第132号　3-82, 5-169, 5-301, 5-302
古江浦　ふるえうら　第183号　4-39, 5-226
古江浦　ふるえうら　九州沿海図第5　4-211
古江浦枝長田浦〔古江〕　ふるえうらえだながたうら　第183号　4-38, 5-311
古江ノ辻　ふるえのつじ　第204号　4-140, 4-142
古江村　ふるえむら　第133号　3-93, 5-178, 5-301
古江村　ふるえむら　第167号　3-241, 5-211, 5-213, 5-308
古江村☆〔古根村〕　ふるえむら　第183号　4-43, 5-228, 5-304
古飯村　ふるえむら　第187号　4-59, 5-231, 5-313
古江村　ふるえむら　第187号　4-58

古江村　ふるえむら　第200号　4-117, 5-251
古江村　ふるえむら　第209号　4-166, 5-249, 5-261, 5-316
古江村☆　ふるえむら　九州沿海図第6　4-216
古江村　ふるえむら　九州沿海図第10　4-234
古江村　ふるえむら　九州沿海図第19　4-272
古江村阿蘓　ふるえむらあそ　第183号　4-43
古江村内長田浦　ふるえむらうちながたうら　九州沿海図第5　4-211
古江村小嶋　ふるえむらこじま　第209号　4-166
古江村高須　ふるえむらたかす　第167号　3-241
古江村舩ノ間　ふるえむらふなま　第209号　4-166
古江村四軒屋　ふるえむらよんけんや　第167号　3-241
古大内村　ふるおうちむら　第137号　3-114
フルカ　第8号　1-29, 1-30, 5-24, 5-271
フルカエツフ○〔フルカエツフ川〕　第2号　1-13, 5-16, 5-268, 5-270
古川　ふるかわ　第17号　1-55, 5-42, 5-275
古川○　ふるかわ　第52号　1-179, 5-79, 5-284
古川　ふるかわ　第66号　5-92
古川　ふるかわ　第179号　4-19
古川　ふるかわ　第184号　4-46, 5-244
古川　ふるかわ　九州沿海図第6　4-219
古川戸村　ふるかわどむら　第97号　2-121, 5-126, 5-291
古川分上壜〔古川分〕　ふるかわぶんかみば　第158号　3-205, 5-197
古川町方村○　ふるかわまちかたむら　第112号　2-184, 5-153
古川町方村大野村　ふるかわまちかたむらおおのむら　第112号　2-184
古川町方村上町方〔古川町方〕　ふるかわまちかたむらかみまちかた　第112号　2-184, 5-297
古川村　ふるかわむら　第39号　1-135, 5-67, 5-82, 5-280
古川村　ふるかわむら　第118号　3-20, 5-159
古河村　ふるかわむら　第127号　3-59
古川村　ふるかわむら　第130号　3-74, 5-163, 5-299, 5-301
古川村　ふるかわむら　第144号　3-145
古川村　ふるかわむら　第155号　3-193
古君村☆　ふるきみむら　第84号　2-64, 5-142, 5-295
古凍村（御料所、有馬千之助、内藤主膳、渥美九郎兵エ知行所）　ふるこおりむら　第88号　2-77, 2-79, 5-120
古凍村枝根岸　ふるこおりむらえだねぎし　第88号　2-79
古府村　ふるこむら　第84号　2-62, 5-143, 5-295
布留権現山　ふるごんげんさん　第158号　5-197
布留権現山　ふるごんげんやま　第164号　5-307, 5-310
古西法寺村　ふるさいほうじむら　第125号　3-48, 3-50, 5-166
古坂　ふるさか　第101号　2-143
古坂村　ふるさかむら　第136号　3-109, 3-111, 5-182
古里　ふるさと　九州沿海図第10　4-233, 4-234
古里　ふるさと　九州沿海図第16　4-256
古里岬　ふるさとみさき　第204号　4-140
古里村　ふるさとむら　第189号　4-72
古里村　ふるさとむら　第192号　4-80, 5-239, 5-241
フルシ川〔ラフシ川〕　第33号　1-115, 5-47, 5-55, 5-279
古嶋（笠戸嶋屬）　ふるしま（かさどじまぞく）　第175号　3-286, 5-218, 5-311, 5-312
布留社〔布留〕　ふるしゃ　第134号　3-95, 3-97, 5-176, 5-177
古宿村　ふるじゅくむら　第116号　2-202, 2-204, 5-162
古庄村（御料所）　ふるしょうむら　第107号　2-156, 5-129
古城村　ふるじょうむら　第193号　4-83, 4-84, 5-232, 5-314
古城村　ふるじょうむら　九州沿海図第20　4-276
古城村方里ケ谷　ふるじょうむらほうりがたに　第193号　4-83, 4-84
古城村　ふるしろむら　第179号　4-20, 5-224
古城村　ふるしろむら　九州沿海図第3　4-200
古園村　ふるぞのむら　第182号　4-36
古園村　ふるぞのむら　九州沿海図第21　4-279
古田　ふるた　九州沿海図第16　4-258, 4-260
古髙松村　ふるたかまつむら　第146号　3-157, 3-158, 5-194
古髙松竜王山〔竜王山〕　ふるたかまつりゅうおうざん　第146号　3-157, 3-158, 5-194
古田村　ふるたむら　第118号　3-19, 3-21, 5-166, 5-297, 5-300
古田村　ふるたむら　第152号　3-185, 5-196, 5-307, 5-310
古田山　ふるたやま　第184号　4-47
古津　ふるつ　第125号　5-300
古所村（御料所、松下嘉兵エ知行所）　ふるところむら　第91号　2-92, 5-111, 5-290
古利根川　ふるとねがわ　第87号　2-75, 5-120
古沼村　ふるぬまむら　第50号　1-171, 5-73
フルヒラ○　第20号　1-64, 5-45, 5-275
フルヒラ川　第20号　1-64
古麓村　ふるふもとむら　第195号　4-94, 5-250, 5-315
古麓村　ふるふもとむら　九州沿海図第16　4-258, 4-260
古間○　ふるま　第81号　2-50, 5-138, 5-294
古町村　ふるまちむら　第44号　1-151, 5-69
古町村（小原）○　ふるまちむら（おはら）　第128号　3-65, 5-183
古町村阿方〔古町〕　ふるまちむらあがた　第128号　3-65, 5-304
古町村庄田〔古町〕　ふるまちむらしょうだ　第128号　3-65, 5-304
古町村八幡〔古町〕　ふるまちむらやはた　第128号　3-65, 5-304
古馬屋村　ふるまやむら　第129号　3-72, 5-167, 5-301
古三津村三津町○☆　ふるみつむらみつまち　第168号　3-247, 5-214, 5-311
古海村　ふるみむら　第143号　3-135, 5-188
古宮村　ふるみやむら　第118号　3-18, 5-166, 5-297
古宮村　ふるみやむら　第181号　4-32, 5-226, 5-311, 5-312
古宮村　ふるみやむら　九州沿海図第4　4-206
古明神村堀岡〔古明神村、古明神〕　ふるみょうじんむらほりおか　第83号　2-59, 5-140, 5-295
古用瀬村　ふるもちがせむら　第143号　3-135, 3-137
古門村枝神﨑　ふるもんむらえだこうざき　第186号　4-54
古谷上村（松平大和守領分）　ふるやかみむら　第88号　2-78, 5-120
古谷上村飛地野新田　ふるやかみむらとびちのしんでん　第88号　2-78
古屋敷　ふるやしき　九州沿海図第10　4-235
古屋敷　ふるやしき　九州沿海図第21　4-279
古宿村　ふるやどむら　第107号　2-156, 2-158, 5-129, 5-298
古谷本郷飛地　ふるやほんごうとびち　第88号　2-78
古谷本郷古谷上村入會（松平大和守領分）〔古谷本郷、古谷〕　ふるやほんごうふるやかみむらいりあい　第88号　2-78, 5-120, 5-291
古大和川　ふるやまとがわ　第135号　3-100
古渡村　ふるわたりむら　第115号　2-197, 5-159, 5-297
フレシマ　第20号　1-64, 5-45
フレシマ　第20号　1-63, 5-44, 5-275
フレチシ　第20号　1-63
フレツプ○　第15号　1-48, 5-38, 5-273
フレトイ　第7号　1-28, 5-21, 5-271
フレナイ　第30号　1-100, 5-46, 5-52, 5-278
フレワタラ岩　第3号　1-15
フロー○　第20号　1-65, 1-66, 5-45, 5-275
フロー川　第20号　1-66, 5-45, 5-275
浮根〔浪〕山鰐淵寺☆〔鰐淵寺、鰐淵寺〕　ふろうさんがくえんじ　第162号　3-219, 5-204, 5-308
不破一色村　ふわいしきむら　第118号　3-18, 5-166
不破郡　ふわぐん　第118号　3-16, 3-17, 3-19, 5-157, 5-166, 5-297, 5-300
不破関跡　ふわのせきあと　第118号　3-17, 3-19
分郷筏場村（溝口摂津守領分）　ぶんごういかだばむら　第102号　2-146
フンコタン　第3号　1-14, 5-16, 5-268, 5-270
豊後國　ぶんごのくに　第179号　4-18, 4-20, 4-21
豊後國　ぶんごのくに　第180号　4-24, 4-25, 4-26, 4-27, 4-28
豊後國　ぶんごのくに　第182号　4-36, 4-37, 5-314
豊後國　ぶんごのくに　第183号　4-43, 5-228, 5-314
豊後國　ぶんごのくに　九州沿海図第2　4-194, 4-197
豊後國　ぶんごのくに　九州沿海図第5　4-215
豊後國　ぶんごのくに　九州沿海図第6　4-215, 4-216
豊後國　ぶんごのくに　九州沿海図第20　4-278
フンコンヘ〔フンコンベ〕　第20号　1-63, 5-44, 5-275
フンコンヘ岬〔フンコンベ岬〕　第20号　1-63, 5-44, 5-275
分銅山　ふんどうやま　第187号　4-61
フンベヲマイ　第7号　1-28, 5-21, 5-271
フンベヲマイ　第18号　1-58, 1-60, 5-43, 5-275
フンベヲマイ　第21号　1-67
フンベヲマナイ　第10号　1-34, 5-34, 5-272
フンベラマナイ川　第33号　1-112

【へ】

平垣村（日向傳右エ門知行所）　へいがきむら　第101号　2-144, 5-127
閇伊郡　へいぐん　第45号　1-154, 5-70
閇伊郡　へいぐん　第47号　1-159, 5-282
平郡　へいぐん　第92号　2-99, 2-100, 5-124, 5-290, 5-292
平郡嶋〔平群島〕　へいぐんじま　第169号　3-253, 3-256, 5-215, 5-311
平家丸　へいけまる　第166号　3-238
平間寺　へいけんじ　第90号　2-87
平坂湊☆⚓〔平坂〕　へいさかみなと　第116号　2-207, 5-162, 5-299
平七村　へいしちむら　第116号　2-207, 5-162, 5-299
平島新田　へいじましんでん　第118号　3-20, 5-

159
平島村　へいじまむら　第116号　2-207, 5-162, 5-299
平田村　へいたむら　第47号　1-159, 5-72
平田村　へいだむら　第185号　4-48, 5-244, 5-314
平田村　へいだむら　九州沿海図第7　4-220, 4-221
平田村伊倉　へいだむらいくら　第185号　4-48
平市島（櫻井村屬）　へいちじま（さくらいむらぞく）　第158号　3-205, 5-197, 5-307
ヘイナウンベツ〔ヘーナウンベツ〕　第3号　1-14, 5-16, 5-268, 5-270
ヘイノクシ　へいのくし　第203号　4-136, 4-138
ヘイノクシ　へいのくし　九州沿海図第14　4-252
平村　へいむら　第123号　3-38, 5-180, 5-304
平林寺　へいりんじ　第90号　2-85, 2-88
平林寺村（御料所）　へいりんじむら　第88号　2-78, 5-120, 5-291
ヘウレフチセウシトマリ　第12号　1-41, 5-36, 5-269, 5-273
平ケ嵜村〔平ケ﨑村〕　へがさきむら　第121号　3-31, 3-32, 5-174
碧海郡　へきかいぐん　第115号　2-196, 2-198, 2-199, 2-200, 5-159, 5-162
碧海郡　へきかいぐん　第116号　2-206, 2-207, 5-159, 5-162, 5-299
日置庄村内黄波戸浦〔日置〕　へきしょうむらうちきわどうら　第176号　3-289, 5-309
日置庄村古市〔日置庄村〕　へきしょうむらふるいち　第177号　3-294, 5-220
壁田村　へきだむら　第81号　2-50
壁田村腰巻　へきたむらこしまき　第81号　2-50
壁田山　へきたやま　第81号　2-50
戸木村　へきむら　第130号　3-74, 5-163, 5-167, 5-301
日置村　へきむら　第195号　4-94, 5-233
戸木村枝羽野　へきむらえだはの　第130号　3-74
戸木村狐塚　へきむらきつねづか　第130号　3-74
邉切地◯　へきりち　第32号　1-109, 1-110, 5-56, 5-279
ヘキリチ川　第32号　1-109, 1-110, 5-56
平群郡　へぐりぐん　第135号　3-100, 5-176, 5-178, 5-301
ヘコ島　へこじま　第189号　4-73
舟〔舳〕越村　へごしむら　第115号　2-198, 2-200, 5-159
部﨑　へざき　第178号　4-12
ヘサキ鼻　へさきはな　第174号　3-281
ベシイハキ　第17号　1-57, 5-43, 5-275
ベシイハキトマリ　第21号　1-68, 5-45, 5-275, 5-279
ベシチシ子ー　べしちしね　第24号　1-79, 5-32, 5-276
ベシトカリ　第17号　1-53, 5-42, 5-275
ベシトカリ　第17号　1-57, 5-43, 5-275
ベシトカリ　第26号　1-87, 5-49, 5-277
ベシトカリ川　第17号　1-53
ヘシノシケヲマナイ　第21号　1-67, 5-45, 5-275
ヘシノシケタウレナイ　第17号　1-55, 5-42, 5-275
ベシベシ谷〔ヘシヘシタニ〕　第28号　1-95, 5-51, 5-278
ベシホク　第29号　1-99, 5-52, 5-278
ヘシユイ　第7号　5-21
臍島　へそしま　第164号　3-231, 5-214
綜村　へそむら　第133号　3-86, 5-174, 5-176, 5-301
邉田　へた　九州沿海図第10　4-232, 4-234, 4-236, 4-238
辺田赤セ　へたあかせ　第189号　4-73
戸田市　へたいち　第175号　3-287
辺田小島〔小島〕　へたこじま　第209号　4-162, 5-247, 5-261, 5-316
邉田小嶋　へたこじま　九州沿海図第10　4-232
邉田島　へたじま　第192号　4-81, 4-82, 5-239, 5-240, 5-241
平舘村　へだてむら　第92号　2-99, 2-100, 5-124, 5-292
部田見　へたみ　九州沿海図第18　4-266
邉田見村　へたみむら　第195号　4-92
邉田村（板倉伊豫守領分兼松又四郎、服部式部知行所）　へたむら　第58号　1-200, 1-201, 5-110, 5-290
戸田村　へたむら　第169号　3-253, 3-254, 5-215, 5-311
戸田村　へたむら　第175号　3-287, 5-218, 5-312
邉田村〔邉田〕　へたむら　第189号　4-70, 5-233, 5-241, 5-313
邉田村　へたむら　第190号　4-75, 5-234
邉田村　へたむら　第193号　4-85, 4-86, 5-230, 5-232
邉田村　へたむら　第199号　4-110, 4-112, 5-316
邉田村　へたむら　九州沿海図第9　4-228
戸田村　へだむら　第101号　2-141, 2-143, 2-144, 5-129, 5-298
邉田村飯ケ谷　へたむらいがたに　第199号　4-110, 4-112
戸田村内津海木　へたむらうちつのうぎ　第169号　3-251, 3-254
戸田村津木　へたむらつぎ　第175号　3-286
戸田村椿峠　へたむらつばきとうげ　第175号　3-287
邉田村泊　へたむらとまり　第199号　4-110, 4-112
邉田村一リ松　へたむらひとつまつ　第199号　4-111, 4-112
邉田村邉田浦〔邉田浦〕　へたむらへたうら　第189号　4-70, 5-233, 5-241
邉田村柳谷　へたむらやないだに　第199号　4-111, 4-112
戸田村横見　へたむらよこみ　第169号　3-254
戸田山　へたやま　第175号　3-287
ヘタ山　へたやま　第196号　4-95
戸津　へつ　第169号　3-254, 3-256, 2-224
邉塚　へつか　九州沿海図第9　4-231
邉津加村　へつかむら　第211号　4-174, 5-249, 5-256, 5-261, 5-316
邉津加村　へつかむら　九州沿海図第9　4-231
邉津加村打詰　へつかむらうちづめ　第211号　4-174
邉津加村枝大泊浦☆⚓〔邉津加村枝大泊〕　へつかむらえだおおとまりうら　第211号　4-173, 5-249, 5-256, 5-261
邉津加村枝大泊浦☆　へつかむらえだおおとまりうら　九州沿海図第10　4-238
戸次市村◯　へつぎいちむら　第181号　4-33, 5-226, 5-312
戸次市村　へつぎいちむら　第182号　4-34, 5-226
戸次市村（臼杵領）◯　へつぎいちむら　九州沿海図第3　4-202
戸次市村中津留　へつぎいちむらなかつる　第182号　4-34
〔戸次〕市村中村　へつぎいちむらなかむら　第181号　4-33
別宮浦　べっくうら　第142号　3-133, 5-187, 5-303, 5-306
別宮口　べっくぐち　第142号　3-133
ヘツシヤム　第22号　1-73, 5-30, 5-271, 5-276
別所川　べっしょがわ　第150号　3-172, 5-188
別所新田　べっしょしんでん　第88号　2-78, 5-120
別所 津倉　べっしょつくら　第145号　3-153
別所村　べっしょむら　第133号　3-87, 5-174, 5-176, 5-301
別所村　べっしょむら　第133号　3-92, 5-176, 5-178, 5-301
別所村　べっしょむら　第134号　3-95, 3-97, 5-176, 5-177, 5-301
別所村　べっしょむら　第135号　3-101, 5-178, 5-301
別所村　べっしょむら　第136号　3-109, 5-182, 5-306
別所村　べっしょむら　第143号　3-136
別所村　べっしょむら　第150号　3-170, 5-189, 5-305
別所村　べっしょむら　第150号　3-171, 5-189
別所村　べっしょむら　第155号　3-192
別所村　べっしょむら　第187号　4-62, 5-223, 5-313
別所村井尻村　べっしょむらいじりむら　第187号　4-62
別所山　べっしょやま　第166号　3-237
別府　べっぷ　九州沿海図第17　4-262
別府川　べっぷがわ　第209号　4-163, 5-247, 5-261
別府川　べっぷがわ　九州沿海図第10　4-233
ベツフツ　第22号　1-72, 5-30, 5-270
別府村　べっぷむら　第108号　2-161, 5-154
別府村　べっぷむら　第154号　3-189, 5-191
別府村　べっぷむら　第166号　3-234, 5-205, 5-209, 5-212, 5-308
別府村　べっぷむら　第168号　3-246, 5-214, 5-311
別府村　べっぷむら　第179号　5-224
別府村◯☆　べっぷむら　第181号　4-29, 4-31, 5-227, 5-312
別府村　べっぷむら　第184号　5-228
別府村◯☆　べっぷむら　九州沿海図第3　4-203
別府村仲間　べっぷむらなかま　第181号　4-29, 4-31
別府村野口　べっぷむらのぐち　第181号　4-29, 4-31
別府村柳原町　べっぷむらやなはらまち　第168号　3-246
別保村枝宮町〔別保村〕　べっぽむらえだみやまち　第133号　3-87, 5-174, 5-176
別名村　べつみょうむら　第141号　3-128
ベトヱイ　第22号　1-71, 1-72, 5-27, 5-270
ベトカ◯　第3号　1-15, 1-16, 5-18, 5-268, 5-270
ベトマイ　第23号　1-74, 5-30, 5-271, 5-276
ベトマイ川　第23号　5-30, 5-271
ヘナイシマ　へないしま　第157号　5-210
舺作岬　へなしみさき　第59号　1-203
舺作村　へなしむら　第59号　1-203, 5-83, 5-85, 5-281
ヘニケウ岬〔ヘニケフ岬〕　第21号　1-69, 5-47, 5-279
紅取山　べにとりやま　第200号　4-114, 5-250
部原村（大岡主膳正領分）　へばらむら　第91号　2-93, 5-111, 5-290
蛇浦村　へびうらむら　第41号　1-143, 5-62
蛇﨑　へびざき　九州沿海図第5　4-213
蛇澤村〔蛇沢村〕　へびさわむら　第68号　1-240, 5-106, 5-288
蛇島　へびしま　第166号　3-235, 5-209, 5-212
蛇島　へびしま　第189号　4-73, 4-74
蛇シマ　へびしま　第190号　4-77, 5-235
蛇島〔蛇シマ〕　へびしま　第190号　4-77, 5-235
蛇島　へびしま　第191号　4-79

蛇シマ　へびしま　第192号　4-81, 4-82
蛇島　へびじま　第52号　1-180
蛇島　へびじま　第52号　1-180
蛇嶋(徳山村屬)　へびしま(とくやまむらぞく)　第175号　3-286, 5-218
蛇塚村（榊原越中守領分）　へびづかむら　第107号　2-156, 2-158, 5-129
ヘヒナイ川　第32号　1-111
蛇山村　へびやまむら　第76号　2-28, 2-32, 5-112, 5-113, 5-287, 5-289
別府楠木村　べふくすのきむら　第167号　3-241, 5-211, 5-213
別府楠木村柳河内　べふくすのきむらやなぎこうち　第167号　3-241
部府組　べふぐみ　第173号　3-272
別府村　べふむら　第130号　3-75, 5-167, 5-301
別府村（御料所、仙石大和守知行所）　べふむら　第135号　3-101, 5-178
別府村　べふむら　第137号　3-114, 5-184, 5-306
別府村　べふむら　第143号　3-135, 3-137
別府村　べふむら　第151号　3-178, 5-192
別府村　べふむら　第164号　3-230, 5-197, 5-210, 5-214
別府村　べふむら　第167号　3-240, 5-211, 5-308
別府村　べふむら　第168号　3-247, 3-249, 5-214, 5-311
別府村　べふむら　第169号　3-255, 5-218, 5-224, 5-311
別府村　べふむら　第178号　4-14, 4-16, 5-222, 5-312
別府村　べふむら　第187号　4-60
別府村○〔別府〕　べふむら　第190号　4-75, 5-234, 5-313
別府村　べふむら　九州沿海図第1　4-192
別府村枝乗本　べふむらえだのりもと　第167号　3-240
別府村古賀　べふむらこが　第190号　4-75
別府村下別府　べふむらしもべふ　第167号　3-240
別府村破佐間　べふむらはさま　第190号　4-75
別府村寳藏寺　べふむらほうぞうじ　第190号　4-75
ヘフリシマ　へふりじま　第169号　3-251, 5-215
ベフレナイ　第13号　1-42, 5-37, 5-269, 5-273
べヽ　第30号　1-101, 5-46, 5-52
べヽ川　第30号　5-46, 5-279
ベヾ島　べべじま　第190号　4-77
ヘホ島〔ヘホシマ〕　へぼじま　第206号　4-150, 5-242, 5-243, 5-321
ヘホンケー　第30号　1-105
逸見古城　へみこじょう　第122号　3-36
ヘミツク子　へみつくね　第103号　2-149
逸見村　へみむら　第93号　2-101, 2-102, 5-124, 5-291
ヘモイシマ　第20号　1-64, 5-45
ヘモウントマリ　第20号　1-65, 1-66
ベライウシナイ　第10号　1-35, 1-36, 5-34, 5-272
ベラ川　第30号　1-103, 1-105
ヘラ島　へらしま　第164号　5-210
平良村　へらのむら　第167号　3-241, 3-243, 5-211, 5-213, 5-308
戸類家村　へるけいむら　第45号　1-152, 5-68
ヘルツブ子ー川　第24号　1-80, 5-32, 5-276
ヘレチビー〔ベレチビー〕　第20号　1-65, 5-45, 5-275
ヘロキカルシ　第20号　1-64, 5-45, 5-275
ベロキカルモイ　第6号　1-22, 1-24, 5-26, 5-270
ヘヲツワルイ川　第30号　5-46, 5-54
ヘンゲ　第7号　1-26, 5-20, 5-270
ヘンケイ島　べんけいじま　第102号　2-147
辨慶島〔弁天シマ〕　べんけいじま　第212号　4-177, 5-253, 5-261, 5-315, 5-317
辨慶嶋　べんけいじま　九州沿海図第15　4-254, 4-255
ベンケイ根　べんけいね　第104号　2-151
ヘンゲシヨーカ　第18号　1-59, 5-43, 5-274
ベンケナイ川　第28号　1-92, 5-50
ヘンケヨシベ　第18号　1-59, 5-43, 5-274
ヘンゲルー　第20号　1-64, 5-44, 5-275
ベンザイシマ　第21号　1-69
ベンサイシマ　第29号　1-99
辨天　べんてん　第6号　1-22, 5-26
辨天　べんてん　第32号　1-109, 1-110, 5-56, 5-279
辨天　べんてん　第36号　1-123, 5-60
辨天　べんてん　第41号　1-143
辨天　べんてん　第47号　1-161
弁天　べんてん　第71号　1-249, 1-250
辨天　べんてん　第83号　2-61, 5-141
辨天　べんてん　第85号　2-68
辨天〔羽田辨天〕　べんてん　第90号　2-86, 5-123
弁天　べんてん　第116号　2-201, 2-206, 5-162, 5-299
弁天　べんてん　第117号　3-15
辨天　べんてん　第121号　3-29
弁天〔辨天、辨天島〕　べんてん　第124号　3-43, 5-181, 5-304
弁天　べんてん　第124号　3-42
辨天　べんてん　第145号　3-149
弁天　べんてん　第169号　3-254, 3-256, 5-224
弁天　べんてん　第169号　5-224
辨天〔弁天シマ〕　べんてん　第199号　4-110, 5-248, 5-261
辨天シマ　べんてん1じま　第155号　3-191
弁天宮　べんてんぐう　第90号　2-84, 2-86
弁天小島〔弁天小シマ〕　べんてんこじま　第206号　4-150, 5-242, 5-243
辨天小シマ　べんてんこじま　第207号　4-153
弁天崎　べんてんざき　第147号　3-163
辨天﨑　べんてんざき　第191号　4-79
辨天島　べんてんしま　第84号　2-62, 2-64
弁天シマ　べんてんしま　第159号　3-207
辨天島　べんてんじま　第34号　1-118, 5-57
辨天島　べんてんじま　第39号　1-131, 1-132
弁天シマ　べんてんじま　第92号　2-97
辨天シマ　べんてんじま　第92号　2-98
弁天シマ　べんてんじま　第111号　2-181, 5-161
辨天島　べんてんじま　第116号　2-203, 5-162
弁天シマ〔弁天島〕　べんてんじま　第117号　3-12, 5-163
弁天シマ　べんてんじま　第123号　3-40
弁天島　べんてんじま　第123号　3-38, 5-173
弁天シマ　べんてんじま　第124号　3-42, 3-44
弁天島〔弁天シマ〕　べんてんじま　第124号　3-42, 5-181
弁天シマ　べんてんじま　第131号　3-78
辨天島　べんてんじま　第138号　3-120
弁天島　べんてんじま　第140号　5-170
弁天島　べんてんじま　第143号　3-135
辨天島　べんてんじま　第145号　3-149, 3-152
弁天島　べんてんじま　第145号　3-150, 5-185
辨天島　べんてんじま　第145号　3-151, 5-185
辨天島　べんてんじま　第145号　3-151, 5-194
辨天島　べんてんじま　第145号　3-153, 3-155, 5-192, 5-194
弁天シマ　べんてんじま　第147号　3-161
弁天シマ　べんてんじま　第147号　3-161, 5-187
辨天島　べんてんじま　第149号　3-164, 5-198
辨天島　べんてんじま　第151号　3-180, 5-194
弁天シマ　べんてんじま　第153号　3-186
弁天シマ　べんてんじま　第153号　3-187
弁天シマ　べんてんじま　第154号　3-189, 5-191
弁天シマ　べんてんじま　第155号　3-190
弁天シマ　べんてんじま　第155号　3-190
弁天シマ　べんてんじま　第155号　3-191, 5-190
弁天シマ　べんてんじま　第155号　3-191, 5-190
弁天シマ　べんてんじま　第155号　3-191, 5-190
弁天シマ　べんてんじま　第155号　3-191
弁天シマ　べんてんじま　第155号　3-191
弁天シマ　べんてんじま　第159号　3-207
辨天島　べんてんじま　第160号　3-209, 5-200
弁天島　べんてんじま　第160号　3-210, 5-202
辨天島　べんてんじま　第161号　3-212, 3-214, 5-202
辨天島　べんてんじま　第161号　3-212, 5-202
辨天島　べんてんじま　第161号　3-213, 3-215, 5-203
弁天島　べんてんじま　第164号　3-230
辨天島　べんてんじま　第167号　3-242, 3-244, 5-211, 5-213
辨天シマ〔弁天シマ〕　べんてんじま　第183号　4-39, 5-226
弁天シマ　べんてんじま　第183号　4-41, 4-43
弁天島　べんてんじま　第189号　4-71
辨天シマ　べんてんじま　第190号　4-77
辨天島　べんてんじま　第192号　4-81, 4-82
弁天シマ　べんてんじま　第192号　4-81, 4-82
辨天島　べんてんじま　第196号　4-98
辨天島　べんてんじま　第201号　4-120
弁天シマ　べんてんじま　第201号　4-121
弁天シマ　べんてんじま　第201号　4-121
弁天島　べんてんじま　第201号　4-121
辨天島　べんてんじま　第202号　4-127, 4-128
辨天島　べんてんじま　第202号　4-127, 4-128
辨天島　べんてんじま　第202号　4-128
弁天島〔弁天シマ〕　べんてんじま　第206号　5-242, 5-243
辨天島〔弁天シマ〕　べんてんじま　第207号　4-155, 5-243
辨天島　べんてんじま　第207号　4-152
辨天シマ　べんてんじま　九州沿海図第5　4-211
弁天嶋　べんてんじま　九州沿海図第5　4-215
弁天シマ　べんてんじま　九州沿海図第9　4-228
辨天嶋　べんてんじま　九州沿海図第16　4-260
辨天島　べんてんじま　長崎〔参考図〕　4-131
辨天島　べんてんじま　長崎〔参考図〕　4-131
辨天島　べんてんじま　長崎〔参考図〕　4-129
辨天島(福田村)　べんてんじま(ふくだむら)　第145号　3-150, 5-306
辨天瀬　べんてんせ　第189号　4-73
辨天根　べんてんね　第101号　2-140
辨天岬　べんてんみさき　第107号　2-156, 2-158
辨天岬　べんてんみさき　第154号　3-189
辨天岬　べんてんみさき　第209号　4-162
辨天岬　べんてんみさき　九州沿海図第10　4-232
辨天山　べんてんやま　第116号　5-162
辨天山　べんてんやま　第138号　3-119, 5-303, 5-306
辨天山　べんてんやま　第152号　3-183
辨天山　べんてんやま　第210号　4-171
辨天山　べんてんやま　九州沿海図第12　4-243, 4-245
ベンベツ川　第28号　1-95

【ほ】

帆上嵜〔帆上サキ〕　ほあげさき　第206号　4-149, 5-242
帆アケ瀬　ほあげぜ　第206号　4-147, 5-321
帆足村　ほあしむら　第180号　4-26, 5-230, 5-312
帆足村　ほあしむら　第181号　5-227
帆足村上ノ市　ほあしむらかみのいち　第180号　4-26
帆足村平　ほあしむらたいら　第180号　4-26
帆足村戸苅　ほあしむらとがり　第180号　4-26
宝飯郡　ほいぐん　第116号　2-202, 2-203, 2-204, 2-206, 5-162
保井谷村　ほいだにむら　第127号　3-58, 5-175, 5-304
保井戸村○　ほいどむら　第113号　2-186, 2-188, 5-155, 5-297
保井戸村新田　ほいどむらしんでん　第113号　2-186, 2-188
ホイナルヲイ〔ホイナルヲ〕　第22号　1-70, 5-27, 5-270
法雲寺　ほううんじ　第100号　2-135
寶永山〔宝永山〕　ほうえいざん　第100号　2-133, 2-135, 5-127, 5-291
寶永寺　ほうえいじ　第90号　2-91
室〔宝〕江村〔室江〕　ほうえむら　第118号　3-16, 3-18, 5-166, 5-297
鳳凰岳〔鳳凰山〕　ほうおうだけ　第98号　2-125, 5-151, 5-296
卯垣村　ぼうがきむら　第124号　3-47, 5-181, 5-304
鳳覚寺　ほうかくじ　第90号　2-85, 2-87
坊ヶ嵜　ぼうがさき　第189号　4-73
坊ケ﨑　ぼうがさき　第202号　4-125, 4-127, 4-128
坊ケ﨑　ぼうがさき　第204号　4-140
防ケ﨑　ぼうがさき　長崎〔参考図〕　4-131, 4-133
坊ケ崎村　ぼうがさきむら　第75号　2-22, 5-99, 5-287
放火山　ほうかざん　第202号　4-125, 4-126
放火山　ほうかざん　長崎〔参考図〕　4-130, 4-132
寶ケ島〔宝ヶ島〕　ほうがしま　第203号　4-139, 5-251, 5-315
寶ケ嶋　ほうがしま　九州沿海図第19　4-271
ホウカ山　ほうかやま　第136号　3-107, 5-178
法起寺　ほうきじ　第135号　3-100, 5-176, 5-177
伯耆國〔伯耆〕　ほうきのくに　第143号　3-136, 5-189, 5-305
伯耆國　ほうきのくに　第150号　3-170, 3-172, 3-173, 5-189, 5-305
伯耆国〔伯耆〕　ほうきのくに　第155号　3-192, 5-189, 5-305
法貴村　ほうきむら　第133号　3-91, 5-175, 5-301
母木村　ほうぎむら　第143号　3-135
法貴山　ほうきやま　第133号　3-91
宝篋院門前　ほうきょういんもんぜん　第133号　3-90
法鏡寺村　ほうきょうじむら　第179号　4-18, 5-225, 5-312
法鏡寺村　ほうきょうじむら　九州沿海図第2　4-194
法鏡寺村山下　ほうきょうじむらやました　第179号　4-18
方近村　ほうきんむら　第193号　4-85, 5-233
方近村　ほうきんむら　九州沿海図第18　4-266
宝光寺　ほうこうじ　第90号　5-120
放光寺村　ほうこうじむら　第188号　4-65, 5-231
方財島　ほうざいじま　第184号　5-228
方財嶋　ほうざいじま　九州沿海図第6　4-218
方座浦　ほうざうら　第131号　3-79, 5-169
芳崎村　ほうざきむら　第147号　3-161, 5-187
坊ケ澤村　ぼうざわむら　第60号　1-206, 5-84, 5-283
法師﨑〔法師岩〕　ほうしざき　第169号　3-250, 3-251, 3-253, 3-254, 3-256, 5-215
ホウシ岳　ほうしだけ　第192号　4-80
傍示峠　ぼうじとうげ　第151号　5-193
傍示堂村（御料所、永島藤五郎、佐久間吉五郎知行所）　ほうじどうむら　第94号　2-106, 5-118, 5-291
法師濱村　ほうしはまむら　第45号　1-152, 5-68
苞島　ほうじま　第190号　4-77
鳳凰寺村　ぼうじむら　第130号　3-75
ホウシ山　ほうしやま　第192号　4-80
宝樹院　ほうじゅいん　第100号　2-132, 2-134
宝珠山村　ほうしゅやまむら　第180号　4-25, 5-230
宝珠山村大行事　ほうしゅやまむらだいぎょうじ　第180号　4-25
宝珠山村鼓村　ほうしゅやまむらつづみむら　第180号　4-25
北条（水野壹岐守在所）　ほうじょう　第92号　2-99, 2-100, 5-124, 5-292
宝勝寺　ほうしょうじ　第94号　2-107
寶城寺　ほうじょうじ　第134号　3-98
北条寺家村（大久保出雲守領分、河野藤左エ門、大久保金之亟、内藤千之助、中野鉄太郎知行所）〔寺家村〕　ほうじょうじけむら　第101号　2-141, 2-143, 5-128
北条中條村（大久保出雲守領分）〔中ノ條村〕　ほうじょうちゅうじょうむら　第101号　2-141, 2-143, 5-128
放生津○☆　ほうしょうづ　第83号　2-59, 5-140, 5-295
放生津潟〔放生津泻〕　ほうしょうづがた　第83号　2-59, 5-140
北條村　ほうじょうむら　第158号　3-205, 5-197, 5-214, 5-307, 5-311
方丈村　ほうじょうむら　第195号　4-93, 5-233
方丈村　ほうじょうむら　九州沿海図第18　4-264
北條村新田　ほうじょうむらしんでん　第158号　3-205
北条村北条町○☆⚓〔北条村〕　ほうじょうむらほうじょうまち　第168号　3-246, 5-214, 5-311
北條四日町村（水野出羽守領分、原田芳次郎知行所）〔四日町村、四日町〕　ほうじょうよっかまちむら　第101号　2-141, 2-143, 5-128, 5-298
坊所村〔坊所〕　ぼうしょむら　第188号　4-66, 5-231, 5-313
坊所村栗ノ内　ぼうしょむらくりのうち　第188号　4-66
ホウシロ嶋　ほうじろじま　第169号　3-257, 2-224
法真寺　ほうしんじ　第90号　2-84
坊主岩島　ぼうずいわじま　第204号　4-140, 4-142
坊主島　ぼうずじま　第145号　3-154
方須村　ほうすむら　第113号　2-188, 5-155, 5-297
方須村下屋　ほうすむらしたや　第113号　2-188
方須村宮ノ越　ほうすむらみやのこし　第113号　2-188
坊瀬嶌（家島屬）〔坊勢島〕　ぼうぜじま（いえしまぞく）　第141号　3-127, 5-185, 5-306
方瀬村　ほうぜむら　第110号　2-176, 5-158, 5-161, 5-296, 5-299
法士村　ほうぜむら　第125号　3-48, 3-50, 5-166, 5-297, 5-300
法泉庵村　ほうせんあんむら　第182号　4-35, 4-36
法泉庵村　ほうせんあんむら　九州沿海図第21　4-279
法泉寺　ほうせんじ　第90号　2-84
宝泉寺　ほうせんじ　第90号　2-91
寶泉寺　ほうせんじ　第94号　2-106
法泉寺　ほうせんじ　第118号　3-20
法善寺　ほうぜんじ　第96号　2-114, 5-146
宝倉寺　ほうそうじ　第133号　3-90
宝蔵寺　ほうぞうじ　第116号　2-203
宝蔵寺門前　ほうぞうじもんぜん　第116号　2-203, 5-162
祝園村　ほうそのむら　第134号　3-95
保曽原組　ほうそばらぐみ　第173号　3-272
法曾村　ほうそむら　第151号　3-177, 5-193
寶臺院　ほうだいいん　第107号　2-157, 2-159
寶達山　ほうだつさん　第83号　2-61, 5-141, 5-295
母谷山　ほうだにやま　第144号　3-147
祝田村（近藤常吉知行所）　ほうだむら　第111号　2-180, 5-161, 5-299
庖丁島　ほうちょうじま　第207号　4-153, 5-243
宝附山　ほうづきやま　第172号　3-269, 3-270
保津村　ほうづむら　第173号　3-276, 5-213, 5-215, 5-311
宝塔寺　ほうとうじ　第133号　3-87, 3-89
法道寺村　ほうどうじむら　第128号　3-62
法徳寺　ほうとくじ　第134号　3-95
法瀬川　ほうのせがわ　第198号　4-106
坊津浦☆　ぼうのつうら　九州沿海図第12　4-243
坊津村坊津浦☆⚓〔坊津〕　ぼうのつむらぼうのつうら　第210号　4-171, 5-254, 5-261, 5-317
ホービ川　第31号　1-106, 5-54, 5-56, 5-279
宝福寺　ほうふくじ　第151号　3-176, 3-178
ホウホ山　ほうほやま　第166号　3-236
宝満宮竈門神社　ほうまんぐうかまどじんじゃ　第187号　4-57, 4-59
宝満山　ほうまんざん　第187号　5-223, 5-313
法美郡　ほうみぐん　第124号　3-47, 5-181, 5-304
坊村（御料所）　ぼうむら　第90号　2-89, 5-121
房山村枝下紺屋町〔房山村、紺屋〕　ぼうやまむらえだしもこんやまち　第95号　2-112, 5-146, 5-294
蓬莱岩　ほうらいいわ　第123号　3-38, 3-40
蓬莱シマ　ほうらいじま　第201号　4-122
宝来村　ほうらいむら　第134号　3-95, 3-100, 5-176
法楽寺　ほうらくじ　第141号　3-128, 5-182
豊楽寺山　ほうらくじやま　第144号　3-147
祝神社　ほうりじんじゃ　第81号　2-52
法竜山　ほうりゅうざん　第85号　2-66, 2-68, 5-142, 5-295
法隆寺☆　ほうりゅうじ　第135号　3-100
法隆寺村新町　ほうりゅうじむらしんまち　第135号　3-100
法隆寺村本町（御料所、中宮寺領）〔法隆寺村〕　ほうりゅうじむらほんまち　第135号　3-100, 5-176, 5-177, 5-301
法輪寺　ほうりんじ　第90号　2-84
法輪寺　ほうりんじ　第133号　3-90
法輪寺　ほうりんじ　第135号　3-100, 5-176, 5-177
法林寺村　ほうりんじむら　第118号　3-16
法輪寺門前　ほうりんじもんぜん　第133号　3-90, 5-175, 5-176
法蓮寺　ほうれんじ　第52号　1-180
宝蓮寺　ほうれんじ　第90号　2-89
ホウンコシマ　ほうんこしま　第179号　5-224
母ケ浦村　ほおがうらむら　第201号　4-119, 5-234
朴崎　ほおざき　第161号　3-215, 5-202
朴島　ほおじま　第52号　1-180
外尾村〔外尾〕　ほかおむら　第190号　4-76, 5-234, 5-313

外見〔尾〕村大野　ほかおむらおおの　第190号　4-76
外見〔尾〕村鳥屋　ほかおむらとや　第190号　4-76
帆掛島　ほかけじま　第167号　3-245, 5-215, 5-311
帆掛礒　ほかけばえ　第145号　3-155, 5-185
外牟田村　ほかむたむら　第195号　4-93, 4-94, 5-233, 5-315
外牟田村　ほかむたむら　九州沿海図第16　4-260
外目　ほかめ　九州沿海図第18　4-269
外津村⚓　ほかわづむら　第189号　4-71, 4-73, 5-234, 5-238, 5-241
穂北山　ほきたやま　第185号　4-48, 4-50
保木間村　ほきまむら　第90号　2-84, 5-120, 5-123, 5-290
保喜村　ほきむら　第141号　3-128
保木村　ほきむら　第177号　3-296
保木山　ほきやま　第144号　3-146
保木脇村　ほきわきむら　第113号　2-189
保木脇村身部　ほきわきむらみべ　第113号　2-189
保木脇村横持　ほきわきむらよこもち　第113号　2-189
ホキンヒル　第17号　1-57, 5-42, 5-275
墨染寺　ぼくせんじ　第133号　3-87, 3-89, 3-92
法花山一乗寺〔法花山〕　ほけさんいちじょうじ　第141号　3-130, 5-182
ホケシマ　ほけしま　第189号　4-74
ホケシマ　ほけしま　第192号　4-81
ホケ島　ほけしま　第202号　4-127, 4-128, 5-236
ホケ島　ほけしま　長崎〔参考図〕　4-129, 4-131
ホケ島〔ホケシマ〕　ほげじま　第206号　4-147, 5-242
法花津浦　ほけづうら　第171号　3-264, 5-201, 5-311
法花津浦枝與村井浦〔與村井浦〕　ほけづうらえだよむらいうら　第171号　3-264, 5-201
法花津浦小深浦〔小深浦〕　ほけづうらこぶかうら　第171号　3-264, 5-201
法花津浦宮野浦〔宮野浦〕　ほけづうらみやのうら　第171号　3-264, 5-201
ホケトクサワ　第32号　1-109
法華山〔法花山〕　ほけやま　第185号　4-49, 4-51, 5-245
ホコ﨑　ほこさき　第191号　4-79
鉾島（番田村）　ほこしま（ばんだむら）　第145号　3-154, 5-194
鉾島鼻　ほこしまはな　第145号　3-154
鉾持村　ほこじむら　第108号　2-164, 5-150
戈田村　ほこたむら　第133号　5-178
穂坂村　ほさかむら　第180号　4-25, 4-27, 5-230
穂嵜村　ほざきむら　第145号　3-152, 3-153
星合村　ほしあいむら　第130号　3-74, 3-76, 5-163, 5-299, 5-301
糒村　ほしいむら　第178号　4-15, 4-17
星鹿浦　ほしかうら　第189号　4-74, 5-235, 5-241
星ケ城　ほしがじょう　第145号　3-150, 5-185
星上山　ほしかみやま　第172号　3-268
星賀村☆〔星賀〕　ほしかむら　第189号　4-73, 5-234, 5-238, 5-241, 5-313
星鹿村〔星鹿〕　ほしかむら　第189号　4-74, 5-235, 5-241, 5-313
星鹿村大石　ほしかむらおおいし　第189号　4-74
星鹿村下田　ほしかむらしもだ　第189号　4-74
星賀村星賀浦　ほしかむらほしかうら　第189号　4-73
星倉村　ほしくらむら　第198号　4-105, 5-246, 5-316
星倉村　ほしくらむら　九州沿海図第8　4-224
星倉村釋迦尾野　ほしくらむらしゃかおの　第198号　4-105
星小シマ　ほしこじま　第192号　4-82
星坂村　ほしざかむら　第173号　3-273, 5-218, 5-308
星島〔ホシシマ〕　ほしじま　第191号　4-78, 5-238, 5-241
母子岳　ぼしだけ　第203号　5-251
星田村　ほしだむら　第94号　2-107
星浦村　ほしのうらむら　第164号　3-230, 5-197, 5-214
星浦村　ほしのうらむら　第164号　5-197, 5-214
黒〔星〕神島〔星上島〕　ほしのかみしま　第154号　3-188, 5-191, 5-305
星ノ子山　ほしのこやま　第156号　3-197
ホシノマハエ　ほしのまはえ　第161号　3-216
干平　ほしびら　九州沿海図第19　4-274, 4-275
法師丸村　ほしまるむら　第113号　2-188
帆セ　ほぜ　第190号　4-77
細井村　ほそいむら　第155号　3-190, 3-192, 5-189, 5-190, 5-305
網浦☆　ほそうら　第167号　3-243
細江村　ほそえむら　第125号　3-48, 5-166, 5-297, 5-300
細川上村〔上村〕　ほそかわかみむら　第126号　3-54, 5-175, 5-300, 5-301
細川下村〔下村〕　ほそかわしもむら　第126号　3-54, 5-175, 5-300, 5-301
細川新田　ほそかわしんでん　第116号　2-207, 5-162
細川滝村　ほそかわたきむら　第126号　3-54, 5-175
細川中村〔細川〕　ほそかわなかむら　第126号　3-54, 5-175, 5-300, 5-301
細川村　ほそかわむら　第115号　2-196, 2-198, 2-200, 5-159, 5-299
細川村　ほそかわむら　第134号　3-97, 3-98, 5-177
細川村　ほそがわむら　第124号　3-47, 5-181, 5-304
細川村枝上村　ほそかわむらえだかむらむら　第134号　3-97, 3-98
細川村枝上居村　ほそかわむらえだじょうごむら　第134号　3-97, 3-98
細久テ○☆〔細久手〕　ほそくて　第114号　2-191, 5-155, 5-158, 5-297
細久手宿白倉　ほそくてじゅくしらくら　第114号　2-190
細久手宿深沢　ほそくてじゅくふかざわ　第114号　2-190
細﨑〔細サキ〕　ほそざき　第191号　4-79, 5-238, 5-241
細嶋町○⚓　ほそじままち　九州沿海図第6　4-219
細田村　ほそだむら　第111号　2-181, 5-161
細濃地島　ほそのじしま　第151号　3-180, 5-195
細野村　ほそのむら　第197号　4-103, 4-104, 5-245, 3-314
細野村野町（小林驛）○〔野町〕　ほそのむらのまち（こばやしえき）　第197号　4-103, 4-104, 5-245, 3-314
細畑村　ほそばたむら　第118号　3-16, 3-18, 5-159, 5-297
細町　ほそまち　第34号　1-118, 1-119
細見川　ほそみがわ　第184号　5-229
細水根　ほそみずね　第104号　2-151, 2-152
〔細〕見辻村〔細見辻〕　ほそみつじむら　第127号　3-58, 5-175, 5-304
細見辻村菖蒲ケ越　ほそみつじむらしょうぶがこし　第127号　3-58
細見村　ほそみむら　第150号　3-171, 5-189
細見村　ほそみむら　第155号　3-192, 5-189, 5-305
細見村清山　ほそみむらせいやま　第155号　3-192
細村　ほそむら　第181号　4-30, 4-33, 5-226, 5-311, 5-312
細村　ほそむら　九州沿海図第4　4-207
細村枝馬場村　ほそむらえだばばむら　第181号　4-30, 4-33
細村枝馬場村　ほそむらえだばばむら　九州沿海図第4　4-207
細屋敷村　ほそやしきむら　第89号　2-80, 5-111
菩提寺山　ぼだいじやま　第133号　3-86, 3-87, 5-174
布袋野村　ほたいのむら　第123号　3-41, 5-180, 5-304
保髙島　ほだかじま　第167号　3-245, 5-215, 5-311
ホタテ岩　ほたていわ　第132号　3-85
帆立瀬〔ホタテセ〕　ほたてせ　第189号　4-73, 5-234, 5-238, 5-241
帆立鼻　ほたてばな　第189号　4-73
帆立山　ほたてやま　第189号　4-73
ホ太岬　ほたみさき　第151号　3-178
螢目　ほたるめ　第203号　4-137
螢目　ほたるめ　九州沿海図第19　4-271
保田原村　ほだわらむら　第94号　2-106, 2-108
法京村　ほつきょうむら　第111号　2-177, 2-178, 5-160, 5-298
北久原村　ほつくばらむら　第100号　2-132, 2-134, 5-126, 5-291
法花寺　ほっけじ　第81号　2-53
法光寺村　ほつこうじむら　第128号　3-62
ホツコクマ　第33号　1-112
堀坂山　ほっさかさん　第130号　3-77, 5-167, 5-301
發坂村　ほつさかむら　第150号　3-170
發坂山　ほっさかやま　第172号　3-271
發地村　ほっちむら　第95号　2-111, 5-116, 5-296
發地村馬越　ほっちむらうまこし　第95号　2-111
發地村菅有里　ほっちむらすがうり　第95号　2-111
母坪村　ほつぼむら　第127号　3-59, 3-61
保津村　ほづむら　第133号　3-90
保津村之内北分　ほづむらのうちきたぶん　第133号　3-90
布袋村　ほていむら　第143号　3-135, 5-188, 5-304
ホトイシ　第26号　1-87, 5-49, 5-277
保土ヶ谷（御料所）○☆〔程ヶ谷〕　ほどがや　第93号　2-102, 5-123, 5-291
保土ケ谷宿境木　ほどがやしゅくさかいぎ　第93号　2-102
佛岩　ほとけいわ　第155号　3-190, 3-192, 5-189, 5-190
佛ケ峠　ほとけがとうげ　第163号　3-225, 5-209
佛ケ根山　ほとけがねやま　第115号　5-159
佛川　ほとけがわ　第186号　5-312
佛坂　ほとけざか　第187号　5-222, 5-231
佛坂峠　ほとけさかとうげ　第174号　3-278
佛坂峠　ほとけさかとうげ　第192号　4-80, 4-81
佛坂峠　ほとけざかとうげ　第160号　3-209, 5-200
佛﨑　ほとけざき　第142号　3-134, 5-184
佛﨑　ほとけざき　第151号　3-181
佛﨑　ほとけざき　第158号　3-204
佛﨑　ほとけざき　第158号　3-205
ホトケ﨑　ほとけざき　第171号　3-266
佛嵜　ほとけざき　第189号　4-70, 5-238, 5-241
佛﨑　ほとけざき　第206号　4-148, 4-149

佛嵜〔佛サキ〕 ほとけざき 第207号 4-152, 5-243
佛シマ ほとけじま 第189号 4-73, 5-234, 5-241
佛シマ ほとけじま 第189号 5-234, 5-238, 5-241
佛シマ ほとけじま 第196号 4-98
佛嶋 ほとけじま 九州沿海図第19 4-275
佛谷浦 ほとけだにうら 第121号 3-33, 5-172, 5-173
佛峠 ほとけとうげ 第156号 3-195
佛濱村 ほとけはまむら 第54号 1-189, 5-102, 5-288
佛坊山 ほとけぼうやま 第190号 4-75
佛岬 ほとけみさき 第176号 3-292
保土澤新田 ほとざわしんでん 第100号 2-132, 2-134, 5-127
保土沢新田大石 ほとざわしんでんおおいし 第100号 2-132, 2-134
保戸島 ほとじま 第183号 4-38, 5-226
保戸嶋 ほとじま 九州沿海図第5 4-210
程屋 ほどや 第203号 4-137
程屋 ほどや 九州沿海図第19 4-271
帆波浦 ほなみうら 第183号 4-40, 5-228
帆波浦 ほなみうら 九州沿海図第5 4-211
穂波郡 ほなみぐん 第187号 4-56, 4-58, 4-59, 5-222, 5-312
ホニコー 第22号 1-71, 1-72, 5-27, 5-270
ホノサキ ほのさき 第117号 3-15
木母村 ほのぶむら 第112号 2-183, 2-184, 5-153
火牟須比命神社 ほのむすひのみことじんじゃ 第101号 2-142
ホバシラ石 第34号 1-118
帆柱石 ほばしらいし 第187号 4-60, 5-223
帆柱岩 ほばしらいわ 第200号 4-116, 4-118
帆柱崎 ほばしらさき 第200号 4-117, 4-118, 5-250
帆柱山 ほばしらやま 第186号 4-54, 5-312
芳原村 ほばらむら 第171号 3-266
ホビリイシヨ〔ホピリイシヨ〕 第7号 1-28, 5-21, 5-271
保福川 ほふくがわ 第96号 5-146
甫母浦 ほぼうら 第132号 3-82, 5-169
波々伯部村 ほほかべむら 第136号 3-104
波々伯部村上宿村 ほほかべむらかみしゅくむら 第136号 3-104
波々伯部村小中村〔小中村〕 ほほかべむらこなかむら 第136号 3-104, 5-175
波々伯部村辻村〔辻村、辻村〕 ほほかべむらつじむら 第136号 3-104, 5-175, 5-304
波々伯部村畑市村 ほほかべむらはたいちむら 第136号 3-104
波々伯部村畑井村 ほほかべむらはたいむら 第136号 3-104
波々伯部村宮ノ前村〔宮前村、宮前〕 ほほかべむらみやのまえむら 第136号 3-104, 5-175, 5-304
波々伯部山 ほほかべやま 第136号 3-104, 5-175
ホマツ岩 ほまついわ 第123号 3-40
帆湊浦☆ ほみなとうら 九州沿海図第12 4-244, 4-246
洞大城 ほらおおしろ 第96号 2-119
洞ケ崎 ほらがさき 第177号 3-299
母衣崎 ほらざき 第201号 4-121
洞谷村 ほらだにむら 第143号 3-135, 5-188
洞谷村一ツ橋 ほらだにむらひとつばし 第143号 3-135
洞峠 ほらとうげ 第161号 3-213, 3-215
洞戸村 ほらどむら 第121号 3-30, 5-157
鯔見崎 ぼらみさき 第202号 4-123, 4-124
洞村 ほらむら 第96号 2-117, 5-146, 5-296
洞村 ほらむら 第107号 2-156, 5-129, 5-291, 5-296, 5-298
洞村山城 ほらむらやましろ 第96号 2-117
堀池村 ほりいけむら 第187号 4-56, 5-222, 5-312
堀内村 ほりうちむら 第116号 2-202, 2-204
堀内村 ほりうちむら 第133号 3-87, 3-89, 5-176
堀内村之内最上町 ほりうちむらのうちもがみまち 第133号 3-87, 3-89
堀江村 ほりえむら 第90号 2-84, 2-86, 5-120, 5-122, 5-123
堀江村 ほりえむら 第111号 2-181, 5-161
堀江村 ほりえむら 第152号 3-182, 5-194
堀江村〔塩江〕 ほりえむら 第162号 3-219, 5-204, 5-308
堀江村 ほりえむら 第168号 3-246, 5-214, 5-311
方里ケ谷 ほりがたに 九州沿海図第20 4-276
堀金村 ほりがねむら 第88号 2-79
ホリカヒー 第21号 1-67, 5-45, 5-275
堀上村（閑院宮領） ほりかみむら 第135号 3-101, 5-178, 5-301
堀川 ほりかわ 第133号 3-87, 3-90
堀川村（本多修理知行所） ほりかわむら 第58号 1-201, 5-110, 5-111, 5-290
堀川村（新見勘左エ門、辻勇次郎知行所） ほりかわむら 第99号 2-128, 5-126, 5-291
堀切村 ほりきりむら 第82号 2-55, 2-56, 5-139, 5-140, 5-295
堀切村 ほりきりむら 第111号 5-160, 5-298
堀切村 ほりぎりむら 第101号 2-141, 2-143
堀切山 ほりきりやま 第165号 3-232
堀家村 ほりけむら 第182号 4-35, 5-227, 5-312, 5-314
堀家村 ほりけむら 九州沿海図第21 4-281
堀越村 ほりこしむら 第127号 3-56, 3-58, 5-182
堀越村 ほりこしむら 第136号 3-107, 5-182, 5-306
堀越村 ほりこしむら 第167号 3-240
堀越山 ほりこしやま 第210号 4-172
堀越山 ほりこしやま 九州沿海図第12 4-243, 4-246
堀込村 ほりごめむら 第69号 1-242, 5-106, 5-288
堀田坂 ほりたざか 第204号 4-140, 4-142
堀立村 ほりたてむら 第178号 4-16
堀立村 ほりたてむら 九州沿海図第2 4-195
堀田村 ほりたむら 第180号 4-27, 5-230
堀内村 ほりないむら 第45号 1-154, 5-70, 5-282
堀沼城村堀齋藤村入會（御料所、阿部駿河守領分、酒井弥門、須田与左エ門知行所）〔堀沼城村、堀斎藤村〕 ほりぬましろむらほりさいとうむらいりあい 第99号 2-128, 5-126
堀之内○ ほりのうち 第76号 2-32, 5-113
堀之内村（東叡山領） ほりのうちむら 第90号 2-84, 5-120, 5-123
堀ノ内村 ほりのうちむら 第96号 2-119, 5-150
堀内村 ほりのうちむら 第99号 2-129, 2-131
堀内村 ほりのうちむら 第101号 2-140
堀之内村 ほりのうちむら 第102号 2-147
堀之内村三ケ浦（松平大和守領分） ほりのうちむらさんがうら 第93号 2-101, 5-125
堀宮村 ほりのみやむら 第120号 3-26, 5-145, 5-297, 5-300
堀野村 ほりのむら 第49号 1-166, 5-69, 5-282
堀畑村 ほりはたむら 第128号 3-62, 5-180, 5-304
堀村 ほりむら 第95号 2-112, 5-146, 5-294, 5-296
堀村 ほりむら 第124号 3-42, 3-44
堀村 ほりむら 第125号 3-48, 3-50, 5-166, 5-297, 5-300
堀村 ほりむら 第127号 3-57, 5-180
堀村（土井大炊頭領分） ほりむら 第135号 3-101, 5-178, 5-301
堀村 ほりむら 第175号 3-285, 5-218, 5-312
堀村蛇ケ端○ ほりむらじゃがはな 第127号 3-57
堀村庄方村 ほりむらしょうかたむら 第175号 3-285
堀村須路村 ほりむらすろむら 第175号 3-285
堀村高畑〔堀村、堀村〕 ほりむらたかばたけ 第127号 3-57, 5-180, 5-182, 5-304
堀村中野 ほりむらなかの 第124号 3-42, 3-44
堀村二宮村 ほりむらにのみやむら 第175号 3-285
堀村伏野村 ほりむらふしのむら 第175号 3-285
堀村森垣〔堀村〕 ほりむらもりがい 第127号 3-57, 5-304
堀山下村（米倉丹後守領分） ほりやましたむら 第99号 2-128, 5-126
ホルマイ 第25号 1-84, 5-33, 5-277
ホレトマリ〔ホントマリ〕 第20号 1-63, 5-44
ホロイ〔ホコイ〕 第29号 1-99, 5-52
ホロイーカシ 第20号 1-65, 1-66, 5-45
ホロイキシヨマナイ川 第12号 1-40, 1-41, 5-36, 5-269, 5-273
ホロイチヒシナイ 第3号 1-15, 5-18, 5-268, 5-270
ホロイツ○〔ホロイツミ〕 第25号 1-83, 1-84, 5-33, 5-277
ホロウヱントマリ 第20号 1-65, 5-45, 5-275
ホロウツヽ〔ウロウツヽ〕 第13号 1-44, 5-37, 5-273
ホロエサシヘ 第11号 1-39, 5-35, 5-269, 5-273
ホロヲタ 第20号 1-65, 5-45, 5-275
ホロヲタ 第33号 1-115, 5-55, 5-279
ホロヲタニコル川 第16号 1-50, 5-39, 5-274
ホロヲタフユウシベ川 第15号 1-48, 5-38, 5-273
ホロヲラリ 第26号 1-87, 5-48, 5-277
ホロキナウシ〔ホロキウシ〕 第20号 1-64, 5-45
ホロクシナイ〔ホロクシナイ川〕 第3号 1-15, 1-16, 5-18
ホロクンベツ 第17号 1-55, 5-42, 5-275
ホロケトモ 第12号 1-41, 5-36, 5-269, 5-273
ホロコイトイ 第13号 1-43, 5-37, 5-273
ホロシマ 第33号 1-115, 5-55, 5-279
ホロシユイ 第12号 1-40, 5-36, 5-269, 5-273
ホロシユサンベ〔ツ〕〔ホロシユサンベツ川〕 第15号 1-49, 5-38, 5-273
ホロシヨ 第15号 1-47
ホロシヨシケー 第29号 1-99, 5-52
ホロシラチセ 第17号 1-57, 5-42, 5-275
ホロシラヌカ 第30号 1-105, 5-54, 5-279
ホロシラヌカ川 第30号 1-105, 5-54, 5-279
ホロシレト 第30号 1-104, 5-52, 5-278
ホロセタキナイ川〔ホロセタキナイ〕 第15号 1-49, 5-39, 5-273
ホロタルマイ 第28号 1-95, 5-50, 5-278
ホロチフタナイ 第30号 1-103, 5-46
ホロチヤクベツ 第15号 1-49, 5-39, 5-273
ホロチヤクベツ川 第15号 5-38, 5-273
母衣月村☆ ほろづきむら 第38号 1-128, 5-63, 5-281
ホロトー 第22号 1-70, 5-27, 5-270
ホロトコタン 第20号 1-63, 5-44, 5-275

ホロト丶　第11号　1-38, 5-35, 5-272
ホロト丶コ　第16号　1-51, 5-39, 5-274
ホロト丶コ川　第16号　1-51, 5-39, 5-274
ホロトマリ　第7号　1-26, 5-20, 5-270
ホロトマリ　第17号　1-53, 5-42, 5-274
ホロトマリ　第21号　1-69, 5-47, 5-279
ボロトマリ　第12号　1-41, 5-36, 5-269, 5-273
ホロトヤウシ　第18号　1-58, 1-60, 5-43, 5-275
ホロナイ　第10号　1-34, 5-34, 5-272
ホロナイ　第10号　1-36, 5-34, 5-272
ホロナイ　第17号　1-57, 5-43, 5-275
ホロナイ　第29号　1-97, 5-51, 5-278
ホロナイ○　第30号　1-105, 5-46, 5-54, 5-279
ホロナイ川　第10号　1-34, 5-34, 5-272
ホロナイ川　第16号　1-50, 5-39, 5-273
ホロナイ川　第17号　1-57, 5-43, 5-275
ホロナイ川　第21号　1-67, 5-45, 5-275
ホロナイ川　第30号　1-100, 5-46, 5-52
ホロナイ川　第30号　1-105, 5-46, 5-54, 5-279
ホロナホ川　第20号　1-65, 5-275
ホロノツカ　第27号　1-88, 5-49, 5-277
ホロノツト　第30号　1-105, 5-46, 5-54
ホロノト　第30号　1-100, 5-46, 5-52, 5-278
ホロハラサ〔ホロハフサン〕　第5号　1-20, 5-19, 5-270
ホロヒイオ井ナヲ　第17号　1-53, 5-42, 5-275
ホロビ岩　第30号　1-101
ホロビク　第28号　1-91, 5-43, 5-274, 5-275
ホロベツ　第10号　1-36, 5-34, 5-272
ホロベツ○☆　第29号　1-98, 5-51, 5-52, 5-278
ホロヘツ川　第7号　1-26, 5-20, 5-270
ホロベツ川　第10号　5-34, 5-272
ホロベツ川　第21号　1-68, 5-46, 5-279
ホロベツ川　第25号　1-83, 5-33, 5-277
ホロベツ川　第29号　1-98, 5-52, 5-278
ホロマクンベツ〔ホロニクンベツ〕　第18号　1-58, 1-60, 5-43
ホロメナ　第21号　1-69, 5-46
ホロモイ　第18号　1-59, 5-43, 5-274
ホロモイ〔モロモイ〕　第20号　1-65, 5-45, 5-275
ホロモイ　第25号　1-83, 5-33, 5-277
ホロモイ　第29号　1-99, 5-52, 5-278
ホロモイ　第31号　1-107, 5-54, 5-279
ホロモイ　第34号　1-117, 5-54, 5-57, 5-279
ホロモイ岬　第20号　1-65, 5-45, 5-275
ホロモイレアトイ　第6号　1-25, 5-27, 5-270
ポロモシユイ　第6号　1-22, 1-24, 5-26, 5-270
ポロモシユイ川　第6号　1-22, 1-24
ホロモユワ〔ホロモイワ〕　第20号　1-66, 5-45
ホロヤムワツカヲイ　第20号　1-65, 1-66, 5-45, 5-275
ホロルーサン　第30号　1-100, 5-46, 5-52
ホロヲニシカ川　第16号　5-39, 5-274
ホンアイヌマ〔ホンアイプヌマ〕　第24号　1-80, 5-32, 5-276
ホンイーカシ　第20号　1-65, 1-66
ホンイカシ〔ホシイカシ〕　第20号　1-64, 5-45, 5-275
ホンイシヨ　第20号　1-64, 5-44, 5-275
本井土田村〔本井戸田村〕　ほんいどたむら　第115号　2-197, 5-159, 5-297
ホンイヌ丶シ　第20号　1-66, 5-45, 5-275
ホンウシヨロ　第20号　1-63
ホンウスベツ川　第34号　1-117
本浦　ほんうら　第167号　3-244, 5-211, 5-213, 5-215
本浦　ほんうら　第177号　3-299
本浦富村☆〔捕富〕　ほんうらどめむら　第124号　3-47, 5-181, 5-304
ホンエサシヘ　第11号　1-39, 5-35, 5-269, 5-273
ホンヱリモツナイ　第28号　1-92, 1-94, 5-50
ホンヲコツナイ川　第31号　1-107, 5-54, 5-279
ホンヲタニコル川　第16号　1-50, 5-274
ホンヲニウシ　第26号　1-86, 5-48, 5-277
ホンヲニシカ○　第16号　1-51, 5-39, 5-274
ホンヲラリ　第26号　1-87, 5-49, 5-277
ホンヲレベツ　第25号　1-84, 5-33, 5-277
本柿木村（御料所、大久保出雲守領分、大久保大隅守、松平甲之助、中根十郎太夫知行所）　ほんかきぎむら　第101号　2-141, 2-143, 5-128
本堅田☆　ほんかたたむら　第126号　3-53, 5-174, 5-300, 5-301
本カヤヘ〔カヤヘ〕　ほんかやべ　第31号　1-106, 5-54, 5-279
本川　ほんかわ　第161号　3-212
本川　ほんかわ　第167号　3-241
本川　ほんかわ　第200号　4-118, 5-250
本神戸村名栗〔本神戸村〕　ほんかんべむらなぐり　第114号　2-194, 5-159
本神戸村宮山　ほんかんべむらみややま　第114号　2-194
本神戸村無量寺　ほんかんべむらむりょうじ　第118号　3-18
本神戸村目久井　ほんかんべむらめくい　第114号　2-194
本行徳○　ほんぎょうとく　第89号　2-81, 2-83, 5-122, 5-290
本宮山　ほんぐうさん　第110号　5-158, 5-161
本宮村〔本宮〕　ほんぐうむら　第191号　4-79, 5-238, 5-241, 5-313
本宮山　ほんぐうやま　第114号　2-194, 5-158
本宮山　ほんぐうやま　第115号　5-158, 5-161, 5-299
本宮山　ほんぐうやま　第162号　3-218
本久シマ　ほんくじま　第206号　4-149
本郡村　ほんぐむら　第168号　3-249, 5-214, 5-311
凡倉ハナ　ぼんくらはな　第192号　5-240, 5-241
ホンクンベツ〔ホンクンベツ川〕　第17号　1-55, 5-42
本郷　ほんごう　第90号　2-84, 5-120, 5-123
本郷☆　ほんごう　第167号　3-243, 3-245, 5-211, 5-213
本郷　ほんごう　第167号　3-243, 5-211, 5-213
本郷市（山代本郷）　ほんごういち（やましろほんごう）　第173号　3-273, 3-275
本郷川　ほんごうがわ　第164号　5-210
本弘法山　ほんこうぼうやま　第99号　2-128
本郷村　ほんごうむら　第52号　1-182, 5-79, 5-80, 5-284
本郷村　ほんごうむら　第66号　1-231, 5-80, 5-92, 5-285
本郷村　ほんごうむら　第83号　2-61, 5-141, 5-295
本郷村（御料所）　ほんごうむら　第87号　2-75, 5-120
本郷村　ほんごうむら　第94号　2-107
本郷村　ほんごうむら　第100号　2-137, 2-139
本郷村　ほんごうむら　第102号　2-147, 5-128
本郷村　ほんごうむら　第114号　2-191, 2-192, 5-155, 5-159, 5-297
本郷村　ほんごうむら　第115号　2-197
本郷村　ほんごうむら　第118号　3-17, 5-156, 5-157, 5-297, 5-300
本郷村　ほんごうむら　第125号　3-48, 5-166, 5-297, 5-300
本郷村　ほんごうむら　第127号　3-59, 3-61
本郷村　ほんごうむら　第150号　3-174, 5-193, 5-305
本郷村　ほんごうむら　第156号　3-197, 5-208, 5-307
本郷村　ほんごうむら　第162号　3-218, 5-190, 5-204
本郷村○☆　ほんごうむら　第164号　5-210, 5-307, 5-308
本郷村　ほんごうむら　第173号　3-273, 3-275, 5-218, 5-308
本郷村　ほんごうむら　第188号　4-68, 5-231
本郷村枝替米　ほんごうむらえだかいごめ　第118号　3-17
本郷村枝助光村小栗須　ほんごうむらえだすけみつむらおごろす　第173号　3-275
本郷村枝野尻村　ほんごうむらえだのじりむら　第173号　3-275
本郷村沓掛〔本郷村〕　ほんごうむらくつかけ　第108号　2-163, 5-151, 154
本郷村中端〔本郷〕　ほんごうむらなかはた　第188号　4-64, 5-313
本郷村西分　ほんごうむらにしぶん　第144号　3-144
本郷村原間平　ほんごうむらはらまたいら　第100号　2-137, 2-139
本郷村東分〔本郷村、本郷〕　ほんごうむらひがしぶん　第143号　3-138, 5-192, 5-305
本郷村保田町（酒井内記、小笠原若狭守知行所）〔本郷村、本郷〕　ほんごうむらほたまち　第92号　2-99, 5-124, 5-290
本郷村本郷町○　ほんごうむらほんごうまち　第187号　4-59, 5-231
本郷村溝上〔本郷村〕　ほんごうむらみぞかみ　第118号　3-21, 5-166
本興屋村　ほんこうやむら　第70号　1-247, 5-91
本國寺　ほんこくじ　第133号　3-87, 3-90
ホンコツチヤナイ　第17号　1-53
本坂峠　ほんざかとうげ　第111号　2-181, 5-161
本坂村（井上河内守領分）　ほんざかむら　第111号　2-181, 5-161, 5-299
ホンサキウシベツ　第3号　1-14, 5-18, 5-268, 5-270
本澤村　ほんざわむら　第88号　2-77
本山　ほんざん　第62号　1-211, 5-87, 5-283
本山寺山　ほんざんじやま　第133号　3-90, 3-92
品治郡　ほんじぐん　第157号　5-193
ホンシナハシ川　第6号　1-22, 5-26, 5-268, 5-270
本地村○　ほんじむら　第166号　3-238, 5-209, 5-212, 5-308
本地村新田　ほんじむらしんでん　第115号　2-197, 2-199, 5-159
本宿村（大岡主膳正領分）　ほんじゅくむら　第88号　2-78, 5-120, 5-291
本宿村　ほんじゅくむら　第101号　2-141
本宿村小野宮（御料所）〔本宿村〕　ほんじゅくむらおのみや　第90号　2-88, 2-90, 5-120, 5-123, 5-291
ホンシュサンベツ川　第15号　5-38
ホンシユフシベツ　第27号　1-88, 5-49, 5-277
本所　ほんじょ　第90号　2-84, 5-120, 5-123, 5-290
本庄（六郷佐渡守居城）　ほんじょう　第63号　1-218, 5-88, 5-283
本庄（御料所）○☆　ほんじょう　第94号　2-106, 5-119, 5-291
本庄上村〔本庄〕　ほんじょうあげむら　第123号　3-38, 5-173, 5-304
本庄川　ほんじょうがわ　第188号　4-67, 4-69
本城川　ほんじょうがわ　九州沿海図第10　4-234
本城山　ほんじょうざん　第161号　3-213
本照寺　ほんしょうじ　第133号　3-92

本成寺　ほんじょうじ　第100号　2-138
本庄濱村〔本庄〕　ほんじょうはまむら　第123号　3-38, 5-173, 5-304
本庄村　ほんじょうむら　第118号　3-16, 3-18, 5-159
本庄村　ほんじょうむら　第124号　3-47, 5-181
本庄村　ほんじょうむら　第135号　3-101, 5-178
本庄村　ほんじょうむら　第136号　3-105, 3-108, 5-304, 5-306
本庄村　ほんじょうむら　第155号　3-191, 5-190, 5-305
本庄村　ほんじょうむら　第164号　3-230, 5-210
本庄村　ほんじょうむら　第185号　4-51, 5-244
本城村　ほんじょうむら　第186号　4-54, 5-222, 5-312
本庄村大脇　ほんじょうむらおおわき　第185号　4-51
本庄村勝谷新田　ほんじょうむらかつたにしんでん　第136号　3-105
本庄村神原　ほんじょうむらかみのはる　第185号　4-51
本庄村仮屋原　ほんじょうむらかりやはる　第185号　4-51
本城村新田　ほんじょうむらしんでん　第186号　4-54
本庄村清村六條村久保見　ほんじょうむらせいむらろくじょうむらくぼみ　第118号　3-16, 3-18
木城村立石　ほんじょうむらたていし　第186号　4-54
本庄村多羅　ほんじょうむらたら　第118号　3-16, 3-18
本庄村十日町　ほんじょうむらとうかまち　第185号　4-51
本城村戸下田　ほんじょうむらとげた　第186号　4-54
本庄村新堀　ほんじょうむらにいぼり　第185号　4-51
本庄村馬場　ほんじょうむらばば　第185号　4-51
本庄村六日町☆〔本庄〕　ほんじょうむらむいかまち　第185号　4-51, 5-246, 5-314
本庄村横峯　ほんじょうむらよこみね　第185号　4-51
本城山　ほんじょうやま　第166号　3-236
本城山　ほんじょうやま　第201号　4-119, 4-120
本城山　ほんじょうやま　第206号　4-146
ホンシヨシベツ　第5号　1-18, 5-19, 5-270
本所村　ほんじょむら　第111号　2-177, 2-178, 5-160
本所村　ほんじょむら　第122号　3-36, 5-173, 5-300
ホンシラヌカ川　第30号　1-105
本陣跡　ほんじんあと　第189号　4-71, 4-73
本陣川　ほんじんがわ　第158号　3-205, 5-197
本陣草山　ほんじんくさやま　第187号　4-59, 4-62
本清寺山　ほんせいじやま　第150号　3-175
品川寺門前　ほんせんじもんぜん　第90号　2-86
ホンセンホウシ○　第22号　1-72, 5-27, 5-30, 5-270
本尊山　ほんぞんやま　第168号　3-249
本谷川　ほんたにがわ　第109号　2-166, 5-152
ホンタホイ〔ホンホロイ〕　第21号　1-69, 5-46
本田村　ほんだむら　第94号　2-106, 2-108
ホンタラシベツ〔ホンタラシベツ川〕　第3号　1-16, 5-18, 5-268, 5-270
ホンチフタナイ　第30号　1-103, 5-46, 5-279
ホンチヤシコツ　第17号　1-55, 5-42, 5-275
品田村　ほんでむら　第123号　3-39, 3-41, 5-180
ホントー〔ホレトー〕　第28号　1-95, 5-51, 5-278
本戸迫門　ほんどせと　九州沿海図第19　4-272
ホントツタナイ　第30号　1-103, 5-46
ホントヽコ〔ホントヽコ川〕　第16号　1-51, 5-39, 5-274
本戸馬場村　ほんとばばむら　第203号　4-134, 5-251
本戸馬場村　ほんどばばむら　九州沿海図第19　4-272
本戸馬場村法泉寺　ほんとばばむらほうせんじ　第203号　4-134
本戸馬場村山仁田　ほんとばばむらやまにた　第203号　4-134
ホントマリ　第17号　1-52, 5-42, 5-274
ホントマリ〔ホンヲラリ〕　第26号　1-86, 5-48, 5-277
ホントヤウシ　第18号　1-58, 1-60, 5-43, 5-275
本西島新田　ほんとりしましんでん　第135号　3-101, 5-178
ホンナイ　第18号　1-61, 5-44, 5-275
ホンナイ川　第20号　1-63
ホンナイホ　第16号　1-50, 5-39, 5-273
木内村〔本内村〕　ほんないむら　第62号　1-212, 5-87, 5-283
本浪村　ほんなみむら　第45号　1-153, 5-68, 5-282
本阿弥村　ほんなみむら　第118号　3-20
ホン子ムトカリ川〔ホンテムトカリ川〕　第16号　1-51, 5-39, 5-274
本能瀬〔本能セ〕　ほんのうせ　第207号　4-153, 5-243
本野上村○〔野上〕　ほんのかみむら　第94号　2-107, 2-109, 5-121, 5-291
本野上村石原　ほんのかみむらいしはら　第94号　2-107, 2-109
本野上村根岸　ほんのかみむらねぎし　第94号　2-107, 2-109
本野上村袋江　ほんのかみむらふくろえ　第94号　2-106, 2-108
ホンノツト　第30号　1-105, 5-279
ホンノホリ　第2号　1-13
本野村　ほんのむら　第116号　2-202, 2-204, 5-162, 5-299
本野村　ほんのむら　第195号　4-94, 5-250
ホンヒタ子シゲ　第25号　1-82, 5-33, 5-277
ホンヘシ〔ヲチョツフ〕　第22号　1-71, 1-72, 5-27
ホンベツ川　第31号　1-106, 1-108
ホンホロトー　第22号　1-70, 5-27, 5-270
ホンマウタシヤブ　第26号　1-87, 5-49, 5-277
本間沢山　ほんまざわやま　第100号　2-136, 2-138
ホンマシケ○　第17号　1-53, 5-42
本町田村　ほんまちだむら　第90号　2-90
本水戸村〔水戸〕　ほんみとむら　第126号　3-55, 5-175, 5-300, 5-301
本明川　ほんみょうがわ　第202号　4-124, 4-126
本明谷村　ほんみょうだにむら　第136号　3-104
本明村　ほんみょうむら　第202号　4-124, 4-125, 4-126, 5-236
本村　ほんむら　第130号　3-74, 5-163, 5-301
本村　ほんむら　第144号　3-143, 3-146, 5-192
本村　ほんむら　第156号　3-195, 3-197, 5-208, 5-307
本村　ほんむら　第203号　4-134
本村　ほんむら　九州沿海図第19　4-273
本村枝相川　ほんむらえだあいかわ　第130号　3-74
本村枝小野部　ほんむらえだこのんべ　第130号　3-74
本村吉舎宿○〔本村吉舎、吉舎〕　ほんむらきさじゅく　第163号　3-226, 5-208, 5-307, 5-308
本村芝下　ほんむらこうげ　第144号　3-143, 3-146
本村野村　ほんむらのむら　第130号　3-74
本村山　ほんむらやま　第144号　3-143, 3-146
ホンメム　第30号　1-103, 5-46, 5-279
ホンモイ　第7号　1-28, 5-21, 5-271
ホンモイ〔ホンモー〕　第7号　1-28, 5-21, 5-271
本牧本郷村（大久保大隅守、藤木主計、松浦市太郎知行所）☆〔本郷〕　ほんもくほんごうむら　第93号　2-102, 5-123, 5-291
ホンモユワ　第20号　1-66, 5-275
ホンモヨロ　第25号　1-84, 5-33, 5-277
本八幡村（真田弾正大弼）　ほんやわたむら　第81号　2-53, 5-146
本八幡村小郷郡村　ほんやわたむらこごうこおりむら　第81号　2-53
本八幡村小郷志河村　ほんやわたむらこごうしがわむら　第81号　2-53
ホンユヲイ　第31号　1-107
ホンライニ　第21号　1-67, 5-45
ホンワヌーシ　第29号　1-99, 5-52, 5-278
ホンワルイ川　第30号　1-103, 1-105, 5-46, 5-54

【ま】

馬目網代浦　まあじろうら　第170号　3-261, 5-201, 5-311
馬目網代浦小網代浦　まあじろうらこあじろうら　第170号　3-261
舞岡村（御料所、蜂屋七兵エ、内藤佐七、大草半次郎知行所）　まいおかむら　第93号　2-103, 5-123
舞木村　まいぎむら　第115号　2-196, 5-159
舞木村　まいぎむら　第116号　2-203, 5-162, 5-299
舞子島　まいこじま　第147号　3-160, 3-162, 5-186, 5-303, 5-306
舞子嶋　まいこじま　第177号　3-299
舞子島〔舞子シマ〕　まいこじま　第178号　4-13, 5-222
舞子嶋　まいこじま　九州沿海図第1　4-191
舞坂○☆　まいさか　第111号　2-181, 5-161, 5-299
馬出　まいだし　九州沿海図第18　4-266
米谷村　まいたにむら　第136号　3-106, 5-178, 5-306
米谷村北米谷　まいたにむらきたまいたに　第136号　3-106
米谷村東米谷　まいたにむらひがしまいたに　第136号　3-106
米谷村六軒茶屋　まいたにむらろっけんちゃや　第136号　3-106
舞鶴山　まいづるやま　第188号　4-68
前戸村　まいとむら　第38号　1-127, 5-82, 5-281
米原○☆　まいばら　第125号　3-48, 5-166, 5-297, 5-300
舞村　まいむら　第138号　3-117, 5-184
マウシチヤシコツ　第28号　1-91, 5-43
真浦　まうら　第141号　3-127, 3-131, 5-185
間浦　まうら　九州沿海図第5　4-213
真浦村　まうらむら　第75号　2-26, 5-99, 5-287
真浦村　まうらむら　第85号　2-66, 5-142, 5-295
前一色村　まえいしきむら　第114号　2-193, 2-194
前ケ須村　まえがすむら　第118号　3-20, 5-166
前方村唐見崎　まえがたむらからみざき　第206号　4-146
前角村　まえかどむら　第51号　1-178, 5-77
前川　まえかわ　第187号　4-57, 4-59, 4-60, 4-62
前川　まえかわ　第195号　4-94
前川村　まえがわむら　第99号　2-128, 2-130, 5-

125, 5-126, 5-291
前郷村　まえごうむら　第64号　1-221, 5-75, 5-88
前越　まえごし　九州沿海図第18　4-265
前越　まえごし　九州沿海図第19　4-275
前小嶋　まえこじま　第169号　3-251, 5-215
前小シマ　まえこじま　第169号　3-250, 5-215
前小島　まえこじま　第191号　4-79, 5-238, 5-241
前〔小〕シマ　まえこじま　第206号　4-148, 4-149
前小島　まえこじま　第207号　4-152, 5-242, 5-243, 5-321
前小島　まえこじま　第207号　4-153
前小嶋〔前島〕　まえごしま　第206号　4-146, 5-242, 5-321
前崎濱　まえさきはま　第105号　2-154
前澤　まえさわ　第51号　1-174, 1-176, 5-77, 5-282
前芝村　まえしばむら　第116号　2-202, 2-204, 5-162
前芝村茅野新田　まえしばむらかやのしんでん　第116号　2-202, 2-204
前シマ〔前シマ〕　まえしま　第183号　4-38, 5-226
前島　まえしま　第201号　4-121
前島　まえしま　第201号　4-121
前島〔前シマ〕　まえしま　第204号　4-140, 5-235
前島〔前シマ〕　まえしま　第204号　4-140, 5-235, 5-313, 5-321
前嶋　まえしま　九州沿海図第5　4-211
前島　まえじま　第167号　5-311
前島　まえじま　第171号　3-266, 5-203
前嶋〔前シマ〕　まえじま　第196号　4-98, 5-233
前シマ　まえじま　第201号　4-122
前島　まえじま　第202号　4-127, 5-236, 5-315
前嶋　まえじま　九州沿海図第19　4-275
前島　まえじま　長崎〔参考図〕　4-133
前島（牛窓村屬）　まえじま（うしまどむらぞく）　第145号　3-149, 3-151, 3-152, 3-154, 5-192, 5-194, 5-307
前砂村（阿部鋳丸領分）　まえずなむら　第88号　2-77, 5-120, 5-291
前瀬　まえせ　第209号　5-249, 5-261
前瀬川　まえせがわ　第193号　4-86
前嶽〔前岳〕　まえだけ　第196号　4-95, 5-233, 5-315
前タケ　まえだけ　第214号　4-187, 5-259, 5-261
前タケ　まえだけ　第214号　4-186
前岳　まえだけ　第214号　4-186
前嶽　まえだけ　第214号　4-185, 4-187
前谷村　まえだにむら　第150号　3-171, 5-189
前谷山　まえたにやま　第166号　3-235
前田原村（御料所）　まえだはらむら　第95号　2-111, 5-116
前田原村枝荒町　まえだはらむらえだあらまち　第95号　2-111
前田村　まえだむら　第52号　1-182, 5-79, 5-284
前田村（東叡山領）　まえだむら　第90号　2-84, 2-85, 5-120
前田村（酒井大内記、本郷大和守、曽我伊賀守知行所）　まえだむら　第101号　2-144
前田村　まえだむら　第115号　2-197
前田村　まえだむら　第127号　3-57, 5-180, 5-304
前田村　まえだむら　第177号　3-298
前田村　まえだむら　第178号　4-13, 5-220, 5-312
前田村　まえだむら　第178号　4-13, 4-15
前田村　まえだむら　第197号　4-104, 5-245, 3-314
前田村　まえだむら　九州沿海図第1　4-189
前田村枝和井田　まえだむらえだわいだ　第178号　4-13, 4-15
前ツノメ　まえつのめ　第153号　3-186
前津村　まえづむら　第188号　4-65, 4-66, 4-68, 5-231, 5-313
前津村枝林村　まえづむらえだはやしむら　第188号　4-65, 4-66, 4-68
前津村西原村　まえづむらにしばるむら　第188号　4-65, 4-66, 4-68
前波村　まえなみむら　第84号　2-64, 5-142, 5-295
前波村　まえなみむら　第114号　2-191, 2-192, 5-155, 5-159, 5-297
前野川　まえのがわ　第52号　1-181, 5-79
前シマ　まえのしま　第201号　4-121
前嶋〔前島〕　まえのしま　第202号　4-125, 4-126, 5-236, 5-315
前之庄村岡〔前之庄〕　まえのしょうむらおか　第141号　3-128, 5-306
前之庄村三枝草〔前之庄〕　まえのしょうむらさえぐさ　第141号　3-128, 5-183, 5-306
前之庄村豊岡〔前之庄〕　まえのしょうむらとよおか　第141号　3-128, 5-306
前之庄村本條〔前之庄〕　まえのしょうむらほんじょう　第141号　3-128, 5-306
前之庄村松之本〔前之庄〕　まえのしょうむらまつのもと　第141号　3-128, 5-306
前瀬　まえのせ　第186号　4-53, 4-54, 5-222
前セ　まえのせ　第191号　4-79
前セ　まえのせ　第191号　4-79
前瀬　まえのせ　第212号　4-178, 5-253, 5-261
前瀬　まえのせ　九州沿海図第15　4-255
前濱　まえのはま　第104号　2-151, 2-152
前濱村　まえのはまむら　第159号　3-206, 3-208, 5-199, 5-310
前平鼻　まえのひらはな　九州沿海図第15　4-255
前野村　まえのむら　第64号　1-221, 5-75, 5-283
前野村（御料所、富田庄右エ門知行所）　まえのむら　第90号　2-85, 5-120, 5-123
前野村　まえのむら　第114号　2-193
前野村　まえのむら　第114号　2-193, 2-194, 5-159, 5-297
前野村　まえのむら　第129号　3-71, 3-73, 5-166, 5-167, 5-301
前野村持東〔更〕木新田（五軒茶屋、伊呂波茶屋）　まえのむらもちさらきしんでん（ごけんちゃやいろはちゃや）　第114号　2-193, 2-194
前鼻　まえはな　第145号　3-151
前濱　まえはま　第48号　1-163, 1-164, 5-78
前濱　まえはま　第101号　2-140
前濱　まえはま　第102号　2-145
前濱　まえはま　第102号　2-145
前濱　まえはま　第102号　2-145, 2-148
前濱　まえはま　第102号　2-148
前ハマ　まえはま　第103号　2-150
前濱　まえはま　第103号　2-149, 5-292
前濱小舟渡村〔小舟渡〕　まえはまこみなとむら　第45号　1-152, 5-68, 5-280
前濱白濱村　まえはましらはまむら　第45号　1-152, 5-68
前濱村　まえはまむら　第57号　1-197, 5-108, 5-290
前濱村　まえはまむら　第84号　2-63, 2-65, 5-143, 5-295
前原村（溝口駒之助領分）　まえばらむら　第55号　1-190, 5-102, 5-288
前原村〔前原〕　まえばるむら　第189号　4-70, 5-223, 5-234, 5-241, 5-313
前原村枝尾頭　まえばるむらえだおがしら　第189号　4-70
前原村筒井原　まえばるむらつついばる　第189号　4-70
前原村前原町○☆　まえばるむらまえばるまち　第189号　4-70
前平鼻〔前セ崎〕　まえひらばな　第212号　4-178, 5-253, 5-261
前平山　まえひらやま　第211号　4-176
前平山　まえひらやま　九州沿海図第10　4-237
前村川床〔前村〕　まえむらかわどこ　第150号　3-171, 5-189
前田〔目〕村　まえめむら　第208号　4-157, 4-158, 5-250, 5-315
前山○　まえやま　第60号　1-206, 5-84, 5-283
前山　まえやま　第201号　4-119, 4-120
前山田村（新見吉次郎知行所）　まえやまだむら　第93号　2-103, 5-123, 5-291
前山村（井上河内守領分）　まえやまむら　第111号　2-181, 5-161, 5-299
前谷村　まえやむら　第88号　2-77
馬下村　まおろしむら　第72号　2-12, 5-95, 5-97, 5-285, 5-286
馬下山　まおろしやま　第73号　2-18, 5-95, 5-287
マカキ島　まかきじま　第52号　1-180
馬潟村　まかたむら　第155号　3-191, 3-193, 5-190
勾田村　まがたむら　第134号　3-95, 3-97, 5-176, 5-177
馬形村　まがたむら　第144号　3-141, 5-192, 5-304
真方村　まがたむら　第197号　4-103, 4-104
馬形　まかど　第36号　1-123
マカト﨑　まかとざき　第104号　2-151
馬門村　まかどむら　第40号　1-137, 5-66
真門村（織田大膳、大島雲平知行所）　まかどむら　第92号　2-98, 5-124, 5-292
真賀野村　まがのむら　第143号　3-137, 3-138
曲野村　まがのむら　第195号　4-93, 4-94, 5-232, 5-315
真上村　まかみむら　第133号　3-92
眞賀村　まがむら　第150号　3-172, 3-174, 5-189, 5-193, 5-305
真亀村（御料所、妻木多門知行所）　まがめむら　第89号　2-80, 5-111, 5-290
曲本村（御料所）　まがもとむら　第88号　2-78, 5-120, 5-291
曲浦　まがりうら　第192号　4-82, 5-240, 5-241
曲方村　まがりかたむら　第76号　2-28, 5-112, 5-113
曲金村　まがりかねむら　第107号　2-157, 2-159, 5-129
曲金村　まがりがねむら　第90号　2-84
曲川村黒郷　まがりかわむらくろごう　第190号　4-76
曲川村藏敷〔曲川〕　まがりかわむらそうしゅく　第190号　4-76, 5-234, 5-313
曲川村枝原明　まがりかわむらはらあけ　第190号　4-76
曲川村乱橋〔乱橋〕　まがりかわむらみだればし　第190号　4-76, 5-234
曲川村山　まがりかわむらやま　第190号　4-76
曲嵜〔曲サキ〕　まがりさき　第203号　4-135, 5-236
曲リ﨑　まがりさき　第204号　4-140, 4-142
曲﨑　まがりさき　第204号　4-142
曲﨑〔曲サキ〕　まがりさき　第204号　4-142, 5-235
曲﨑　まがりさき　九州沿海図第19　4-273
曲淵村☆　まがりぶちむら　第187号　4-63, 5-223, 5-313
曲村　まがりむら　第84号　2-62, 2-64, 5-142, 5-295
曲村　まがりむら　第136号　3-105
曲村〔曲〕　まがりむら　第186号　4-55, 5-223, 5-313

曲村枝下曲　まがりむらえだしもまがり　第186号　4-55
曲村大川瀬村入會　まがりむらおおかわせむらいりあい　第136号　3-105, 3-108, 5-182
曲村宮田　まがりむらみやた　第186号　4-55
牧　まき　第204号　4-142
牧　まき　九州沿海図第6　4-217, 4-218
蒔繪ノ松原　まきえのまつばら　第117号　3-13
牧落村之内西牧　まきおちむらのうちにしまき　第133号　3-93, 5-178
槇尾山　まきおやま　第135号　3-99, 3-103, 5-179
牧川　まきがわ　第213号　5-258, 5-261
牧崎　まきさき　第177号　3-295
牧サキ　まきざき　第206号　4-146
牧侍峠　まきざむらいとうげ　第200号　5-250
牧島　まきしま　第189号　5-234, 5-241
牧島　まきしま　第190号　5-235
牧島　まきしま　第192号　5-241, 5-320
牧島　まきしま　第200号　4-117, 5-251
牧島〔牧シマ〕　まきしま　第204号　4-140, 5-235, 5-313, 5-321
牧嶋　まきしま　九州沿海図第19　4-270, 4-272
牧島（佐嘉領）　まきしま　長崎〔参考図〕　4-130, 4-132
牧島（戸石村）　まきしま（といしむら）　第202号　4-125, 4-126, 5-236, 5-315
牧島村　まきしまむら　第81号　2-52
槇島村之内三軒屋〔槇島村〕　まきしまむらのうちさんげんや　第133号　3-89, 5-176
槇島村之内西目川　トル？　まきしまむらのうちにしめがわ　第133号　3-89
牧新田村　まきしんでんむら　第118号　3-18, 5-166
巻瀬村〔巻瀬〕　まきせむら　第190号　4-75, 5-234, 5-313
牧谷村　まきだにむら　第124号　3-47, 5-181, 5-304
槇谷村　まきだにむら　第151号　3-176, 5-193
槇谷村市場　まきだにむらいちば　第151号　3-176
槇谷村山下　まきだにむらやました　第151号　3-176
蒔田村　まきたむら　第129号　3-66, 5-166
牧田村○　まきだむら　第118号　3-19, 5-166, 5-297, 5-300
牧田村上野郷　まきだむらかみのごう　第118号　3-19
牧田村萩原郷　まきだむらはぎわらごう　第118号　3-19
牧田村門前　まきだむらもんぜん　第118号　3-19
牧田村山村　まきだむらやまむら　第118号　3-19
牧田村和田郷　まきだむらわだごう　第118号　3-19
マキナウトマリ　第20号　1-65, 1-66, 5-45, 5-275
マキナウトマリ〔マキナヲトマリ〕　第33号　1-115, 5-47, 5-55, 5-279
マキナヲトマリ　第33号　1-112, 5-47, 5-279
馬絹村（御料所、川勝主税、遠山政之助知行所）　まぎぬむら　第90号　2-87, 5-123, 5-291
馬絹村辻　まぎぬむらつじ　第90号　2-87
牧野内（松平越中守領分）○　まきのうち　第68号　1-236, 1-238, 5-103, 5-288
牧之内村　まきのうちむら　第209号　4-167, 5-249, 5-261
牧之内村　まきのうちむら　九州沿海図第10　4-237
牧之内村髙取　まきのうちむらたかとり　第209号　4-167
槇木島〔マキシマ〕　まきのきじま　第131号　3-78, 5-168
牧野郷（松下嘉兵衛知行所）〔牧之郷〕　まきのごう　第101号　2-141, 2-143, 5-128
牧野郷枝馬場　まきのごうえだばば　第101号　2-141, 2-143
牧島　まきのしま　第190号　4-77, 5-313
牧野新町　まきのしんまち　第136号　3-109, 5-182, 5-304
牧ノ地山　まきのちやま　第190号　4-77
牧濱　まきのはま　第48号　1-164, 5-78
牧野原　まきのはら　第111号　5-160
牧野原村（太田摂津守領分）　まきのはらむら　第111号　2-177, 2-178, 5-160
牧ノ原村〔牧原村、牧原〕　まきのばるむら　第182号　4-34, 5-227, 5-312, 5-314
牧原村　まきのばるむら　九州沿海図第21　4-281
牧ノ原村枝髙無礼　まきのばるむらえだたかむれ　第182号　4-34
牧原村枝髙牟禮　まきのばるむらえだたかむれ　九州沿海図第21　4-280
牧ノ原村小枝　まきのばるむらこえだ　第182号　4-34
牧野村　まきのむら　第96号　2-119, 5-150, 5-296
牧野村　まきのむら　第116号　2-202, 2-204, 5-161, 5-162, 5-299
牧野村　まきのむら　第141号　3-128, 3-130, 5-182, 5-306
牧山　まきのやま　第190号　4-76
牧原村　まきはらむら　第98号　2-125, 5-150, 5-296
牧布施村（御料所）　まきぶせむら　第95号　2-112, 2-113, 5-146, 5-150, 5-296
牧布施村枝百沢　まきぶせむらえだももざわ　第95号　2-112, 2-113
巻堀村　まきぼりむら　第49号　1-168, 5-71, 5-74, 5-282
槇松村　まきまつむら　第81号　2-50, 2-52
真木村　まきむら　第83号　2-58, 5-140
牧村　まきむら　第118号　3-18, 5-166
牧村　まきむら　第125号　3-51, 5-174
牧村　まきむら　第127号　3-57, 5-180
牧村☆　まきむら　第133号　3-91, 3-93, 5-178, 5-301
牧村　まきむら　第141号　3-129
真木村　まきむら　第145号　3-148, 5-183, 5-306
牧村　まきむら　第162号　3-219, 3-221
牧村　まきむら　第181号　4-29, 4-30, 4-33, 5-226, 5-312
真木村　まきむら　第188号　4-68, 5-231
牧村　まきむら　九州沿海図第3　4-202
真木村　まきむら　九州沿海図第20　4-277
真木村　まぎむら　第97号　2-121, 5-126, 5-291
真木村新小屋〔真木村、真木〕　まきむらしんこや　第193号　4-83, 4-84, 5-232, 5-314
真木村前沢　まぎむらまえさわ　第97号　2-121
牧山岬　まきやまみさき　第178号　4-13
牧良山　まきらやま　第197号　4-100, 5-245
馬口鼻　まぐちばな　第171号　3-266
満久村　まくむら　第136号　3-109
幕山　まくやま　第99号　2-131
マクヨマイ〔マクヨマイ川〕　第7号　1-26, 5-20, 5-270
馬鞍石　まくらいし　第105号　2-154
枕崎浦　まくらざきうら　九州沿海図第12　4-242
マグラシマ　まぐらじま　第190号　4-77
馬倉村　まぐらむら　第64号　1-221, 5-75, 5-88
真倉村　まぐらむら　第127号　3-56, 5-175, 5-304
真倉村大森　まぐらむらおおもり　第127号　3-56
真倉村下近　まぐらむらしもちか　第127号　3-56
枕山　まくらやま　第167号　3-240
万久里村　まくりむら　第128号　3-62, 3-63, 5-181
馬把島〔馬把シマ〕　まぐわじま　第192号　4-81, 4-82, 5-239, 5-240, 5-241
真乗〔桒〕村　まくわむら　第118号　3-16
馬桒村☆　まぐわむら　第143号　3-138, 5-188, 5-304
馬加（御料所、町奉行組與力給地）○　まくわり　第89号　2-81, 2-83, 5-122, 5-290
マクンヌシ　第29号　1-99
馬毛島　まげしま　第211号　5-256, 5-261
馬毛島（種子嶋西面村）　まげじま（たねがしまにしのおもてむら）　第213号　4-181, 5-258, 5-261, 5-316
曲司村　まげしむら　第88号　2-79
万吉村　まげちむら　第88号　2-77
馬上村　まけむら　第121号　3-30, 5-157
間子村　まこうむら　第136号　3-109
馬郡村　まごおりむら　第111号　2-181, 5-161, 5-299
馬心村　まごころむら　第155号　3-192, 5-189
馬心村新田押口村〔押口〕　まごころむらしんでんおさえぐちむら　第155号　3-192, 5-305
孫嵜　まござき　第142号　3-133, 3-134
馬越　まごし　九州沿海図第16　4-258, 4-260
馬子シマ〔八点シマ〕　まごじま　第192号　4-81, 5-239, 5-240, 5-241
馬越村　まごしむら　第74号　2-20, 5-112, 5-287, 5-289
馬居寺村　まごじむら　第122号　3-36, 5-173
マコセ山　まこせやま　第184号　5-244
孫谷　まごたに　九州沿海図第7　4-220, 4-221
孫谷尾山　まごたにおやま　第123号　3-38, 3-40
マコ平根　まごひらね　第103号　2-150
マコマイ　第28号　1-94, 5-50, 5-278
マコマイ川　第28号　1-94, 5-50, 5-278
馬篭☆　まごめ　第110号　2-173, 5-154, 5-296
馬篭宿新茶屋　まごめじゅくしんちゃや　第110号　2-173
馬篭宿峠茶屋　まごめじゅくとうげちゃや　第109号　2-171
馬篭峠　まごめとうげ　第109号　2-171, 5-154
馬篭﨑〔マゴメサキ〕　まごめみさき　第204号　4-142, 5-235
馬籠村　まごめむら　第98号　2-126, 5-117, 5-127, 5-291, 5-296
馬込村　まごめむら　第101号　2-141, 5-129, 5-291, 5-298
馬込村　まごめむら　第111号　2-180, 5-161
真菰村　まこもむら　第110号　2-176, 5-158, 5-161
真坂村　まさかむら　第62号　1-212, 5-87, 5-283
正儀大川　まさきおおかわ　第145号　3-152, 3-154
柾川　まさきがわ　第168号　3-249
間﨑島　まさきじま　第117号　3-15, 5-168
正儀ツグリ　まさきつぐち　第145号　3-152, 3-154
正儀東向　まさきひがしむかい　第145号　3-152, 3-154
正木村（小笠原若狭守、白須甲斐守知行所）　まさきむら　第92号　2-99, 2-100, 5-124, 5-292
真崎村　まさきむら　第202号　4-125, 4-126, 5-236
真嵜村中井原　まさきむらなかいばる　第202号　4-125, 4-126
正木山　まさきやま　第151号　3-176, 3-178
マサク根　まさくね　第103号　2-150
正行村〔正行〕　まさゆきむら　第188号　4-68, 5-231, 5-313
正吉村　まさよしむら　第144号　3-140, 5-183, 5-304
正吉村　まさよしむら　第150号　3-172, 3-174, 5-193, 5-305
正吉村（長府領）　まさよしむら　第177号　3-297,

5-220, 5-312
正吉村　まさよしむら　九州沿海図第1　4-189
真更川村　まさらがわむら　第75号　2-22, 5-99, 5-287
益城郡　ましきぐん　第194号　4-89, 4-90, 5-232
益城郡　ましきぐん　第195号　4-93, 4-94
益城郡　ましきぐん　九州沿海図第18　4-264, 4-266
マシキ島　ましきじま　第190号　4-76
増口村　ましぐちむら　第134号　3-98
間地坂峠　まじざかとうげ　第150号　5-189
益田郡　ましたぐん　第109号　2-167, 5-152, 5-296
益田郡　ましたぐん　第112号　2-182, 2-185, 5-152, 5-153
益田郡　ましたぐん　第113号　2-186, 2-187, 2-188, 5-152, 5-153, 5-296
増田村　ましだむら　第129号　3-71, 5-174
益津郡　ましづぐん　第107号　2-159, 5-160, 5-298
猿野村　ましのむら　第130号　3-75, 5-167, 5-301
馬シマ　まじま　第155号　3-191, 5-190, 5-204
間島〔間シマ〕　まじま　第178号　4-12, 4-14, 5-222, 5-312
間嶋　まじま　九州沿海図第1　4-191
真島郡　ましまぐん　第150号　3-172, 3-173, 3-174, 3-175, 5-189, 5-305
増島村（田安殿領分）　ましまむら　第135号　3-101, 5-178, 5-301
間島村（内藤豊前守領分）　まじまむら　第72号　2-12, 5-97, 5-285, 5-286
馬路村　まじむら　第165号　3-233, 5-205, 5-308
馬路村神子路村　まじむらかんごじむら　第165号　3-233
マシ山　ましやま　第101号　2-141, 2-143
間地山銕山所　まじやまてつざんしょ　第155号　3-192
増住〔位〕山随願寺〔増位〕　ますいやまずいがんじ　第141号　3-128, 3-130, 5-306
松末村〔松末〕　ますえむら　第189号　4-70, 5-223, 5-234, 5-241, 5-313
松末村下松末　ますえむらしもますえ　第189号　4-70
増尾村（御料所）　ますおむら　第94号　2-108, 5-121, 5-291
増形村　ますがたむら　第88号　2-79
的形村沖☆〔的形村、的形〕　ますがたむら　第141号　3-130, 5-182, 5-306
的形村麓　ますがたむらふもと　第141号　3-130
舛形山　ますがたやま　第59号　1-202
増川村　ますがわむら　第62号　1-211, 5-87, 5-283
増田○　ますだ　第52号　1-182, 5-79, 5-284
増舘村　ますだてむら　第43号　1-146, 5-67, 5-82, 5-281
升谷　ますたに　第175号　3-285
増田村　ますだむら　第111号　2-177, 2-178, 5-160
増田村　ますだむら　第121号　3-30, 5-174, 5-297, 5-300
益田村　ますだむら　第145号　3-153, 5-192, 5-307
益田村○　ますだむら　第174号　3-278, 5-216, 5-308
升田村　ますだむら　第180号　4-25, 5-222, 5-312
益田村　ますだむら　第203号　4-137, 5-251, 5-315
益田村　ますだむら　九州沿海図第19　4-271, 4-273
益田村大谷　ますだむらおおたに　第145号　3-153
益田村倉谷　ますだむらくらたに　第203号　4-137
升田村黒崎　ますだむらくろさき　第180号　4-25
増田山　ますだやま　第136号　3-111
升田山　ますだやま　第180号　4-25
益留古城　ますとめこじょう　第187号　4-56, 4-58
鱒留村　ますどめむら　第123号　3-39, 3-41, 5-180, 5-304
鱒留村夏焼　ますどめむらなつやけ　第123号　3-39, 3-41
増永村　ますながむら　第193号　4-87, 5-233, 5-313, 5-315
増永村　ますながむら　九州沿海図第18　4-269
益原村　ますばらむら　第144号　3-143, 3-146, 5-192, 5-307
益原村門前　ますばらむらもんぜん　第144号　3-143, 3-146
鱒淵村　ますぶちむら　第166号　3-236
マスボボ川〔マスホヽ川〕　第12号　1-41, 5-36, 5-269, 5-273
益丸村　ますまるむら　第199号　4-111, 4-112, 5-248, 5-261, 5-316
益丸村　ますまるむら　九州沿海図第9　4-228
益丸村枝菱田村　ますまるむらえだひしだむら　九州沿海図第9　4-228
益丸村菱田村　ますまるむらひしだむら　第199号　4-110
真清田神社　ますみだじんじゃ　第114号　2-194, 5-159
馬脊口村〔馬瀬口村〕　ませぐちむら　第95号　2-111, 5-116, 5-294, 5-296
間瀬村（松平越中守）　まぜむら　第74号　2-21, 5-98, 5-287
又井　またい　九州沿海図第3　4-201
又木村（増山備中守居城）　またぎむら　第129号　3-66, 5-166
マタコウズ　またこうず　九州沿海図第10　4-238
俣河洌　またごし　第211号　4-173, 4-176, 5-249, 5-261
俣河洌〔マタガウス〕　またごし　第211号　4-173, 5-249, 5-256, 5-261
俣河洌　またごし　九州沿海図第10　4-236
股島　またしま　第152号　5-195, 5-196
股島　またしま　第164号　5-307
真立島　まだちじま　第204号　4-141, 4-142, 5-235
馬立石　またていし　第146号　3-157, 3-158
又手川　またてがわ　第202号　4-127
馬谷山　またにやま　第195号　4-92
俣野投石　またのなげいし　第101号　2-142
又野南僚兵エ七良次郎墓　またのなんりょうべえしちろうじろうのはか　第100号　2-135, 2-138
又兵エ新田　またべえしんでん　第90号　2-84, 5-120, 5-123
又兵エ新田大濱〔又兵エ新田〕　またべえしんでんおおはま　第137号　3-112, 5-178, 5-306
又兵エ新田鳥州新田入會〔又兵エ新田〕　またべえしんでんとりすしんでんいりあい　第137号　3-112, 5-306
マタホ　第17号　1-55, 5-42, 5-275
又九〔丸〕村　またまるむら　第118号　3-16
万田村　まだむら　第179号　4-19, 5-225, 5-312
馬田村　まだむら　第187号　4-59, 5-231, 5-312
万田村　まだむら　九州沿海図第2　4-195
馬田村三軒屋　まだむらさんげんや　第187号　4-58
馬渡浦　まだらうら　第189号　4-74
斑尾山　まだらおやま　第81号　2-50, 5-138
馬渡島　まだらしま　第189号　4-74, 5-238, 5-241, 5-313
斑島　まだらしま　第206号　4-146, 5-242, 5-321
待合川　まちあいがわ　第93号　2-103
町浦富村　まちうらどめむら　第124号　3-47, 5-181
町大谷村〔大谷〕　まちおおだにむら　第155号　3-190, 3-192, 5-189, 5-190, 5-305
町方新田　まちかたしんでん　第118号　3-20, 5-159, 5-166, 5-297
町軽井村（松平越中守）　まちかるいむら　第74号　2-20, 5-112
町苅田村○☆　まちかんだむら　第144号　3-146, 5-192, 5-307
町郷分小久保村東明寺村寺井三ケ村入會〔町郷分、東明寺村、寺井三ヶ村〕　まちごうぶんおくぼむらとうみょうじむらてらいさんかそんいりあい　第88号　2-79, 5-120
町下川　まちしたがわ　第209号　5-252, 5-261
町田　まちだ　九州沿海図第10　4-239
町野川　まちのがわ　第85号　2-66, 5-142
町原　まちばる　九州沿海図第16　4-257
町平尾村　まちびらおむら　第130号　3-74, 3-76, 5-163
町村　まちむら　第84号　2-63, 5-141, 5-295
町村　まちむら　第157号　5-195, 5-210, 5-307
町村　まちむら　第193号　4-84, 4-86, 5-232, 5-314
町村　まちむら　九州沿海図第20　4-277
町村若竹　まちむらわかたけ　第193号　4-83, 4-84, 4-86
町屋川　まちやがわ　第129号　3-66
町屋原村　まちやはらむら　第107号　2-156, 5-129
町山口村☆　まちやまぐちむら　第203号　4-134, 5-251, 5-315
町山口村☆　まちやまぐちむら　九州沿海図第19　4-272
町谷村（御料所）　まちやむら　第88号　2-78, 5-120
町屋村（御料所）　まちやむら　第90号　2-87, 5-123
町家村　まちやむら　第90号　2-84
町屋村（倉橋内匠、杦浦八郎五郎知行所）　まちやむら　第93号　2-102, 5-123, 5-124
町屋村〔町尾村〕　まちやむら　第99号　2-128, 2-130, 5-125, 5-126
町屋村　まちやむら　第130号　3-74, 5-163
町屋村　まちやむら　第141号　3-129, 5-183, 5-306
町谷村新田　まちやむらしんでん　第88号　2-78
町屋村田幸　まちやむらたこう　第141号　3-129
松合村　まつあいむら　第195号　4-93, 4-94, 5-233
松合村　まつあいむら　九州沿海図第18　4-264
松井田（板倉伊豫守領分）○☆　まついだ　第95号　2-110, 5-116, 5-119
松浦　まつうら　第181号　5-226
松浦岩　まつうらいわ　第189号　4-72
松浦川　まつうらがわ　第189号　4-72, 5-234, 5-238, 5-241, 5-313
松浦村　まつうらむら　第209号　5-247, 5-261, 5-316
松浦村　まつうらむら　九州沿海図第10　4-233
松浦村枝二俣村　まつうらむらえだふたまたむら　第209号　4-165
松浦ヨホコリ　まつうらよほこり　第170号　3-263
松江白潟　まつえしらかた　第155号　3-191, 5-190
松江末次☆〔松江〕　まつえすえつぐ　第155号　3-191, 5-190, 5-305
松江分　まつえぶん　第155号　3-191, 5-190
松尾　まつお　九州沿海図第19　4-273
松尾　まつお　九州沿海図第19　4-272, 4-274, 4-275
松尾浦　まつおうら　第161号　3-214, 5-202, 5-311
松尾浦枝伊佐浦〔伊佐〕　まつおうらえだいさうら　第161号　3-214, 5-310
松岡村　まつおかむら　第96号　2-117, 5-146, 5-

150
松岡村（大久保加賀守、枚浦冨之助、日向傳左エ門） まつおかむら 第100号 2-135, 2-138
松岡村 まつおかむら 第124号 3-42, 3-44
松岡村 まつおかむら 第181号 4-33
松岡村（御料） まつおかむら 九州沿海図第3 4-202
松岡村反目 まつおかむらそりめ 第96号 2-117
松尾川 まつおがわ 第129号 3-70, 3-72
松尾川 まつおがわ 第196号 4-95
松尾崎 まつおざき 第147号 3-160, 3-162
松尾社祓所 まつおしゃはらいじょ 第133号 3-87, 3-90
松尾神社 まつおじんじゃ 第133号 3-90, 5-175, 5-176
小松〔松小〕田村（長府領） まつおだむら 第177号 3-298, 5-220, 5-312
松小田村 まつおだむら 九州沿海図第1 4-188
松尾町☆ まつおまち 第152号 3-182, 5-194, 5-307
松尾岬 まつおみさき 第137号 3-114, 3-115, 5-184
松尾明神嶋 まつおみょうじんじま 九州沿海図第12 4-246
松尾明神島（寺島） まつおみょうじんじま（てらしま） 第210号 4-169, 5-252, 5-261, 5-317
松尾村 まつおむら 第118号 3-17, 3-19, 5-297, 5-300
松尾村〔松之尾村〕 まつおむら 第129号 3-71, 3-73, 5-166, 5-167
松尾村 まつおむら 第187号 4-63
松尾村 まつおむら 九州沿海図第18 4-266
松尾村小塲 まつおむらこば 第194号 4-91
松尾村竹洞〔松尾村〕 まつおむらたけどう 第193号 4-85, 5-233
松尾村中松尾〔松尾〕 まつおむらなかまつお 第193号 4-85, 5-315
松尾山 まつおやま 第118号 3-19
松尾山 まつおやま 第125号 3-50, 5-166
松尾山 まつおやま 第135号 3-100
松尾山 まつおやま 第166号 3-234
松尾山 まつおやま 第180号 4-24
松尾山 まつおやま 第193号 4-85
松尾山 まつおやま 第207号 4-153
松尾山 まつおやま 九州沿海図第18 4-266
松ケ浦 まつがうら 九州沿海図第12 4-242
松隠ハナ まつかくしはな 第206号 5-242
松蔭浦 まつかげうら 第120号 3-25, 3-27, 5-145
松影新田 まつかげしんでん 第137号 3-114
松ケ坂 まつがさか 第101号 2-143
松ケ﨑○〔松﨑〕 まつがさき 第80号 2-45, 2-48, 5-138, 5-287
松ケ崎 まつがさき 第121号 5-173
松ケ崎 まつがさき 第174号 3-278
松ケ﨑 まつがさき 第200号 4-117
松ケ﨑 まつがさき 九州沿海図第19 4-274
松ケ﨑 まつがさき 九州沿海図第19 4-274
松ケ﨑濵〔松ケ﨑〕 まつがさきはま 第73号 2-17, 5-95, 5-98, 5-287
松ケ﨑湊☆⚓〔松ヶ﨑港〕 まつがさきみなと 第75号 2-26, 5-99
松ケ﨑村○〔松﨑〕 まつがさきむら 第63号 1-218, 5-88, 5-283
松ケ﨑村〔松﨑浦〕 まつがさきむら 第130号 3-74, 3-76, 5-163
松﨑村 まつがさきむら 第133号 3-87
松笠城 まつかさじょう 第167号 5-211, 5-213
松ケ島 まつがしま 第52号 1-180
松ケ嶋 まつがしま 第174号 3-279, 5-217
松ケ島村（御料所、榊原末次郎知行所） まつがしまむら 第89号 2-82, 2-83, 5-122, 5-290
松ケ島村 まつがしまむら 第129号 3-66, 5-166
松ケ島村 まつがしまむら 第130号 3-74, 3-76, 5-163
松島村姫御前 まつがしまむらひめごぜん 第129号 3-66
松ケ瀬村（大久保出雲守領分） まつがせむら 第101号 2-141, 2-143, 5-128, 5-298
松ケ平山 まつがたいらやま 第180号 4-25, 4-27
松ケ鼻 まつがはな 第167号 3-243, 5-311
松ケ鼻 まつがはな 第171号 3-266
松ケ濵 まつがはま 第52号 1-180, 5-79, 5-284
松神村 まつかみむら 第59号 1-203, 5-85, 5-281
松神村 まつがみむら 第150号 3-170, 5-188
松ケ谷村（天野権十郎、阿部四郎兵衛、曲渊叔五郎、森山源五郎、天野新右エ門、酒井玄蕃知行所） まつがやむら 第89号 2-80, 5-111, 5-290
松川 まつかわ 第53号 1-183
松川 まつかわ 第110号 5-154
松川村 まつかわむら 第115号 2-196
松河原村 まつがわらむら 第150号 3-170
松河原村 まつがわらむら 第150号 3-171, 5-189
松木澤村〔松木沢村〕 まつきさわむら 第62号 1-211, 1-212, 5-87
松木島村 まつきじまむら 第116号 2-201, 2-206, 5-162
松木平村 まつきたいむら 第43号 1-145, 1-146, 5-84, 5-281
松木村 まつきむら 第144号 3-146
松岡（國）村 まつくにむら 第189号 4-70
松熊村 まつくまむら 第133号 3-91
マツクラ岩 まつくらいわ 第32号 1-109, 5-53
マツクラ岩 まつくらいわ 第32号 5-53, 5-278
松倉山 まつくらやま 第112号 2-183, 2-184, 5-153
松小池村（井上河内守領分） まつこいけむら 第111号 2-179, 2-180, 5-161
松郷（松平大和守領分） まつごう 第88号 2-79, 5-120
松郷分枝六軒町 まつごうぶんえだろっけんまち 第88号 2-79
末蔵村 まつさいむら 第127号 3-60, 5-180
松坂○☆ まつさか 第130号 3-74, 3-76, 5-163, 5-301
松﨑 まつさき 九州沿海図第19 4-271
松﨑 まつざき 第99号 2-131
松﨑〔松ヶ﨑〕 まつざき 第122号 3-37, 5-300
松﨑 まつざき 第161号 3-212, 3-214
松﨑 まつざき 第191号 4-79
松﨑 まつざき 第206号 4-146
松﨑 まつざき 第206号 4-148, 4-149
松嵜 まつざき 第206号 4-149
松﨑 まつざき 九州沿海図第16 4-258, 4-260
松﨑川 まつさきがわ 第152号 3-182
松嵜小島 まつざきこじま 第200号 4-117, 4-118
松﨑小シマ まつざきこじま 九州沿海図第16 4-257
松嵜シマ〔松サキシマ〕 まつざきじま 第189号 4-74, 5-235, 5-241
松﨑新田村 まつざきしんでんむら 第145号 3-153, 5-192
松﨑新田村小林 まつざきしんでんむらこばやし 第145号 3-152
松﨑町薬師町〔松﨑〕 まつざきまちやくしまち 第187号 4-59, 5-313
松﨑村☆ まつさきむら 第152号 3-182, 5-195, 5-307
松﨑村 まつざきむら 第47号 1-161, 5-76, 5-284
松﨑村（御料所） まつざきむら 第102号 2-147, 5-129
松﨑村 まつざきむら 第143号 3-136, 5-188, 5-305
松﨑村 まつざきむら 第145号 3-152
松﨑村 まつざきむら 第179号 4-18, 4-21, 5-225, 5-312
松﨑村 まつざきむら 第183号 4-39, 5-226, 5-312, 5-311, 5-314
松﨑村 まつざきむら 第187号 4-60, 5-223, 5-313
松﨑村 まつざきむら 第195号 4-94, 5-233
松﨑村 まつざきむら 九州沿海図第2 4-194, 4-197
松﨑村☆ まつざきむら 九州沿海図第4 4-209
松﨑村 まつざきむら 九州沿海図第16 4-260
松嵜村今屋敷 まつざきむらいまやしき 第187号 4-60
末﨑村門濵〔末﨑〕 まつさきむらかどのはま 第47号 1-160, 1-161, 5-76, 5-282
松﨑村北浦 まつさきむらきたうら 第152号 3-182
末嵜村泊濵〔末﨑〕 まつさきむらとまりはま 第47号 1-160, 1-161, 5-282
末﨑村細浦 まつさきむらほそうら 第47号 1-160, 1-161, 5-76
松﨑村水出 まつさきむらみずいで 第152号 3-182
松下村 まつしたむら 第115号 2-197
松下村 まつしたむら 第117号 3-13, 5-163, 5-299
松島 まつしま 第48号 1-162
松島 まつしま 第52号 1-180, 5-79
松島 まつしま 第84号 2-62, 2-64
松島 まつしま 第116号 2-201, 5-162, 5-299
松島 まつしま 第117号 3-15
松シマ〔松山シマ〕 まつしま 第124号 3-42, 5-180
松島〔松シマ〕 まつしま 第124号 3-47, 5-181
松シマ〔松島〕 まつしま 第153号 3-186, 5-305
松シマ〔松島〕 まつしま 第153号 3-187, 5-191, 5-305
松島（豊田村屬） まつしま 第153号 3-187, 5-191, 5-305
松シマ まつしま 第153号 3-186, 5-191
松島 まつしま 第153号 3-186, 5-191
松島 まつしま 第153号 3-187, 5-191
松シマ まつしま 第155号 3-190, 3-192, 5-189, 5-190
松シマ まつしま 第155号 3-191, 5-190
松島 まつしま 第158号 3-205
松島 まつしま 第161号 3-213, 3-215, 5-203
松島 まつしま 第161号 3-216, 5-203
松島 まつしま 第161号 3-216
松シマ まつしま 第162号 3-218, 5-190, 5-204
松島 まつしま 第164号 3-228, 5-210, 5-307, 5-308
松島 まつしま 第164号 5-210
松シマ まつしま 第164号 5-211
松シマ まつしま 第166号 3-235, 5-209, 5-212
松シマ まつしま 第172号 3-269, 3-270, 5-216
松島 まつしま 第172号 3-270, 5-216
松島 まつしま 第172号 3-270, 5-216
松嶋 まつしま 第176号 3-289
松島 まつしま 第189号 4-71, 4-74, 5-238, 5-241, 5-313
松島 まつしま 第189号 4-74, 5-235, 5-238, 5-241
松島 まつしま 第189号 4-73

松島　まつしま　第189号　4-73
松島〔松シマ〕　まつしま　第192号　4-80, 5-239, 5-241
松嶋〔松シマ〕　まつしま　第198号　4-106, 5-246
松島　まつしま　第201号　4-122, 5-237, 5-313, 5-315
松島　まつしま　第202号　4-127, 4-128
松島〔松シマ〕　まつしま　第202号　4-127, 4-128, 5-236
松島　まつしま　第202号　4-127, 5-236
松島〔松シマ〕　まつしま　第210号　4-171, 5-254, 5-261
松嶋　まつしま　九州沿海図第8　4-226
松シマ　まつしま　九州沿海図第12　4-243
松島　まつしま　長崎〔参考図〕　4-133
松島　まつしま　長崎〔参考図〕　4-131, 4-133
松島　まつしま　長崎〔参考図〕　4-131
松島（家島屬）　まつしま（いえしまぞく）　第141号　3-127, 5-185, 5-306
松島（下津井村屬）　まつしま（しもついむらぞく）　第151号　3-180, 5-194
松島岬　まつしまみさき　第212号　4-177
松島﨑　まつしまみさき　九州沿海図第15　4-254
松島村　まつしまむら　第52号　1-180, 5-79, 5-284
松島村○　まつしまむら　第108号　2-165, 5-150, 5-296
松島村（井上河内守領分）☆　まつしまむら　第111号　2-180, 5-161, 5-298
松島村　まつしまむら　第151号　3-178, 5-192, 5-307
松嶋村☆　まつしまむら　第201号　4-122, 5-237
松島村北村（下松島）　まつしまむらきたむら（しもまつしま）　第108号　2-165
松島村坂井　まつしまむらさかい　第108号　2-165
松代（真田彈正大弼）○　まつしろ　第81号　2-52, 5-146, 5-294
松代村　まつしろむら　第165号　3-233, 5-205, 5-308
松瀬　まつせ　第178号　4-13
松瀬　まつせ　第189号　4-73, 4-74
松瀬　まつせ　第204号　4-140, 4-142
松瀬〔マツセ〕　まつせ　第210号　4-171, 5-254, 5-261
松瀬　まつせ　九州沿海図第12　4-243, 4-245
松平郷林添村（松平太郎左エ門領分）〔林添村、林添〕　まつだいらごうはやしぞれむら　第115号　2-195, 2-200, 5-158, 5-299
松平本郷（松平太郎左エ門屋敷）（松平太郎左エ門領分、高月院領）　まつだいらほんごう　第115号　2-195, 2-200, 5-158, 5-299
松嶽〔松岳山〕　まつたけ　第176号　3-293, 5-219, 5-220
松岳　まつだけ　第201号　4-121
松田島浦　まつだじまうら　第148号　3-168, 5-199, 5-310
松田新田〔松山新田、松山新田〕　まつだしんでん　第111号　2-181, 5-161, 5-299
松田惣領（大久保加賀守領分）○　まつだそうりょう　第99号　2-129, 2-131, 5-126
松田惣領上茶屋〔松田〕　まつだそうりょうかみちゃや　第99号　2-129, 2-131, 5-291
松田惣領町屋　まつだそうりょうまちや　第99号　2-129, 2-131
松田村　まつだむら　第101号　5-127
松田村　まつだむら　第124号　5-180
松寺村　まつてらむら　第129号　3-66, 5-166, 5-299
松寺村　まつでらむら　第125号　3-48, 3-50, 5-166
松百村　まつとうむら　第84号　2-62, 2-64, 5-143
松永新田　まつながしんでん　第129号　3-66, 5-159
松永村　まつながむら　第88号　2-79
松永村（大久保出雲守領分）〔松長村〕　まつながむら　第101号　2-141, 2-144, 5-127, 5-129
松永村　まつながむら　第157号　5-195, 5-210, 5-307
松永村　まつながむら　第209号　4-162, 5-247, 5-261, 5-314, 5-316
松永村劔ノ宇都　まつながむらけんのうと　第209号　4-162
松永村土田　まつながむらつちだ　第209号　4-162
松永山　まつながやま　第209号　4-162
馬繋村　まつなぎむら　第85号　2-68, 5-142, 5-295
松ナシ　まつなし　第192号　4-82
松名瀬村　まつなせむら　第130号　3-76, 5-163, 5-299
松波村☆　まつなみむら　第85号　2-68, 5-142
松ノ平山　まつのたいらやま　第190号　4-75, 4-76
松延村　まつのぶむら　第187号　4-59, 5-223, 5-231, 5-313
松延村　まつのぶむら　第188号　4-68, 5-231, 5-313
松延村西　まつのぶむらにし　第187号　4-59
松延村吉井町　まつのぶむらよしいまち　第188号　4-68
松葉　まつば　九州沿海図第19　4-271, 4-273
松ハエ　まつはえ　第160号　3-209, 5-200
松ハエ　まつはえ　第161号　3-213, 3-215, 5-203
松ハエ　まつはえ　第183号　4-38, 4-40
松ハヘ　まつはえ　九州沿海図第5　4-211
松ハヘ　まつはえ　九州沿海図第5　4-215
松𤗼　まつばえ　第161号　3-213, 3-215, 5-203
松ハエ〔松ハエハナ〕　まつばえ　第183号　4-42, 5-228
松𤗼〔松ハエ〕　まつばえ　第184号　4-46, 5-244, 5-314
松𤗼　まつばえ　九州沿海図第6　4-218, 4-219
松生岩〔松ハエ〕　まつはえいわ　第212号　4-177, 5-253
松生瀬〔松生セ〕　まつはえせ　第210号　4-171, 5-254, 5-261
松生瀬　まつはえせ　九州沿海図第12　4-243
松生瀬　まつはえせ　九州沿海図第15　4-254
松橋村☆　まつばせむら　第195号　4-93, 4-94, 5-315
松橋村☆　まつばせむら　九州沿海図第18　4-264
松濱村　まつはまむら　第83号　2-57, 5-141, 5-295
松原（秋元左エ門佐領分）○　まつばら　第66号　1-228, 1-229, 1-230, 1-231, 5-92
松原峠　まつばらとうげ　第192号　4-82
松原村（鈴木大膳知行所）　まつばらむら　第101号　2-140, 2-142, 5-128, 5-292
松原村　まつばらむら　第115号　2-199, 5-159, 5-299
松原村　まつばらむら　第121号　3-29, 3-32, 5-172, 5-300
松原村　まつばらむら　第125号　3-48, 3-50, 5-166, 5-297, 5-300
松原村　まつばらむら　第133号　3-90, 5-174, 5-176
松原村　まつばらむら　第141号　3-130, 5-183, 5-306
松原村　まつばらむら　第141号　3-130
松原村　まつばらむら　第143号　3-135, 5-188
松原村　まつばらむら　第146号　3-156, 5-185, 5-303, 5-306
松原村　まつばらむら　第178号　4-14, 4-16, 5-222, 5-312
松原村　まつばらむら　第195号　4-93, 4-94, 5-233, 5-315
松原村　まつばらむら　九州沿海図第1　4-192
松原村　まつばらむら　九州沿海図第10　4-233
松原村　まつばらむら　九州沿海図第18　4-264
松原村赤堤村入會（御料所）〔松原村、赤堤村〕　まつばらむらあかつつみむらいりあい　第90号　2-85, 2-87, 5-120, 5-123
松原村小松原　まつばらむらこまつばら　第195号　4-93
松原村城ノ村　まつばらむらじょうのむら　第195号　4-93, 4-94
松部村　まつべむら　第92号　2-97, 5-111, 5-290
松前☆　まつまえ　第36号　1-123, 5-60, 5-281
松神子村　まつみこむら　第158号　3-204, 5-197, 5-307
松室村　まつむろむら　第133号　3-90, 5-175, 5-176
松本（松平丹波守居城）○☆　まつもと　第96号　2-117, 5-150, 5-296
松本　まつもと　九州沿海図第16　4-256
松本新田（御料所）　まつもとしんでん　第88号　2-78
松本村　まつもとむら　第86号　2-69, 2-70, 5-141
松本村　まつもとむら　第112号　2-183, 2-184, 5-153, 5-297
松本村　まつもとむら　第133号　3-87, 5-174, 5-176, 5-301
松本村枝平井島　まつもとむらえだひらいじま　第100号　2-135, 2-138
松本村山本　まつもとむらやまもと　第112号　2-183, 2-184
松森村　まつもりむら　第114号　2-193, 5-156, 5-297
松屋新田（御料所）　まつやしんでん　第135号　3-101, 5-178, 5-301
松山　まつやま　第136号　3-105, 3-108
松山（板倉充之進居城）☆　まつやま　第151号　3-177, 5-193
松山☆　まつやま　第168号　3-247, 5-214, 5-311
松山川　まつやまがわ　第151号　3-178, 5-192, 5-307
松山古城　まつやまこじょう　第88号　2-77, 2-79
松山西村松山東村入會〔松山西村、松山東村〕　まつやまにしむらまつやまひがしむらいりあい　第151号　3-177, 5-193
松山鼻　まつやまはな　第103号　2-150
松山東村〔松山〕　まつやまひがしむら　第151号　3-177, 5-307
松山東村廣瀬　まつやまひがしむらひろせ　第151号　3-177
松山町（松平大和守領分）　まつやままち　第88号　2-77, 2-79, 5-120
松山町山王　まつやままちさんのう　第88号　2-77
松山町下新田〔松山町、松山〕　まつやままちしもしんでん　第88号　2-77, 2-79, 5-120, 5-291
松山村　まつやまむら　第100号　2-132, 5-127, 5-291
松山村　まつやまむら　第118号　3-20
松山村　まつやまむら　第141号　3-129, 5-183
松山村　まつやまむら　第178号　4-12, 4-14, 5-222, 5-312
松山村　まつやまむら　第195号　4-93, 4-94, 5-233, 5-315
松山村　まつやまむら　九州沿海図第1　4-193
松山村　まつやまむら　九州沿海図第18　4-264
松山村枝井ノ口　まつやまむらえだいのくち　第141号　3-129
松山村下松山　まつやまむらしもまつやま　第195号

4-93, 4-94, 5-233
松山村畑中　まつやまむらはたなか　第195号　4-93, 4-94
松山村山内　まつやまむらやまうち　第195号　4-93, 4-94
松屋村　まつやむら　第177号　3-298, 5-220, 5-312
松屋村　まつやむら　九州沿海図第1　4-188
松寄下村〔松寄〕　まつよりしもむら　第162号　3-219, 3-221, 5-204, 5-308
松浦郡　まつらぐん　第189号　4-70, 4-72
松浦郡　まつらぐん　第190号　4-75, 4-76, 4-77, 5-313
松浦郡　まつらぐん　第204号　4-142
松輪村（松平大和守領分）　まつわむら　第93号　2-101, 5-124, 5-291
マテ潟　まてがた　第174号　3-279
麻底良布神社　までらふじんじゃ　第188号　4-64
的石村　まといしむら　第193号　4-83, 4-84, 5-232, 5-312, 5-314
的石村　まといしむら　九州沿海図第20　4-276
的石村跡ケ瀬　まといしむらあどがせ　第193号　4-83
マト岩　第34号　1-118
マト岩〔マトユワ〕　第36号　1-124, 5-60, 5-281
間遠之原　まとおのはら　第100号　2-133, 2-135, 2-136, 2-138
間通リ島　まとおりじま　第101号　2-140, 2-142
政所　まどころ　第175号　3-286
政所村　まどころむら　第181号　4-30, 4-33, 5-226, 5-312
政所村　まどころむら　第182号　4-35, 5-312, 5-314
政所村　まどころむら　九州沿海図第3　4-202
政所村　まどころむら　九州沿海図第21　4-279
政所村枝鬼田村　まどころむらえだおんだむら　第182号　4-35
政所村枝鬼田村　まどころむらえだおんだむら　九州沿海図第21　4-279, 4-281
政所村枝髙尾村　まどころむらえだたかおむら　第182号　4-35
政所村枝髙尾村　まどころむらえだたかおむら　九州沿海図第21　4-279
政所村栗本〔政所村〕　まどころむらくりもと　第182号　4-35, 5-227
的島〔的シマ〕　まとしま　第203号　4-136, 4-138, 5-251
的嶋　まとしま　九州沿海図第14　4-252
的シマ（松シマ）　まとしままたはまつしま　第192号　4-81, 5-239, 5-240, 5-241
的ハエ　まとはえ　第183号　4-42, 5-228
的ハヘ　まとはえ　九州沿海図第5　4-215
的碆〔的ハエ〕　まとばえ　第183号　4-43, 5-228
的碆　まとばえ　九州沿海図第6　4-216
的場村　まとばむら　第108号　2-164, 5-150, 5-296
間泊　まどまり　九州沿海図第10　4-238
的屋村☆⚠　まとやむら　第117号　3-12, 3-14, 5-168, 5-299
馬取萱村　まとりがやむら　第95号　2-111, 5-116, 5-291
馬取萱村枝狐山　まとりがわむらえだきつねやま　第95号　2-111
真名井神社　まないじんじゃ　第155号　3-191, 3-193
マナイタ　まないた　第62号　1-211
爼板石　まないたいし　第117号　5-299
爼石　まないたいし　第164号　5-211
爼島　まないたじま　第155号　3-190, 3-192, 5-189, 5-190
爼板柳村　まないたやなぎむら　第66号　1-231, 5-80
爼板山　まないたやま　第110号　2-172
真那井村　まないむら　第181号　4-31, 5-227, 5-312
真那井村（御料、杵築領）　まないむら　九州沿海図第3　4-200
真尾村　まなおむら　第175号　3-287
マナカ岬　まなかみさき　第204号　4-140
万能倉村　まなぐらむら　第157号　5-195, 5-307
マナケ﨑　まなけざき　第177号　3-297
真霍﨑　まなづるざき　第101号　2-140, 5-125, 5-126, 5-291
真霍村☆⚠　まなづるむら　第101号　2-140, 5-125, 5-126, 5-291
真鍋島☆　まなべしま　第151号　3-181, 5-195, 5-307
真南條村下　まなんじょうむらしも　第136号　3-105
真南條村中　まなんじょうむらなか　第136号　3-105
馬庭村　まにわむら　第94号　2-107
マ子キセ　まねきせ　第189号　4-73
マノカシマ〔アノノラシマ〕　まのかじま　第190号　4-77, 5-235
マノ下鼻　まのしたばな　第171号　3-265, 3-267
馬脊　まのせ　九州沿海図第2　4-199
マノセ岬　まのせみさき　第155号　3-190, 3-192
馬部村　まのはまりむら　第189号　4-71, 4-73, 5-234, 5-238, 5-241
馬野原村　まのはらむら　第166号　3-234, 5-209, 5-212, 5-308
馬野原村大部屋　まのはらむらおおべや　第166号　3-234
馬橋川　まばしがわ　第150号　3-172, 5-188
馬走村（御料所）　まばせむら　第107号　2-156, 2-158, 5-129
馬放島　まはなしじま　第52号　1-180, 5-79
馬羽松村　まはまつむら　第49号　1-167, 5-71, 5-282
馬原村　まばるむら　第180号　4-26, 5-230, 5-312
馬原村北平　まばるむらきただいら　第180号　4-26, 4-28
マビロヽ　第22号　1-71, 5-27, 5-270
間伏シ濵　まぶしはま　第102号　2-145, 2-148
馬淵　まぶち　九州沿海図第1　4-192, 4-193
馬淵村　まぶちむら　第125号　3-51, 5-174
マヽコセ　ままこせ　第206号　4-148, 4-149, 5-242
間々下浦　ましたうら　第103号　2-149
間々田（戸田能登守領分）　ままだ　第87号　2-72, 5-109, 5-290
ママツ　第28号　1-92, 5-50, 5-278
ママツ川〔マヽツ川〕　第28号　1-92, 5-278
間々上村　ままのうえむら　第101号　2-141, 2-143
間々岬　ままみさき　第179号　4-19, 5-225
間々岬　ままみさき　九州沿海図第2　4-195
馬見塚村　まみづかむら　第116号　2-202, 2-204, 5-162, 5-299
馬宮寄川　まみやさきがわ　第66号　1-228
狸山　まみやま　九州沿海図第1　4-193
間宮村（井出甚右エ門、高田兵庫、久野金之亟、三宅傳左エ門、武島四郎左エ門、熊勢栄太郎、能勢新五郎、酒井作次郎知行所）　まみやむら　第101号　2-141, 5-128, 5-291, 5-298
マミルカ島　まみるがじま　第132号　3-83
茨田郡　まむたぐん　第133号　3-92, 5-176, 5-301
茨田郡　まむたぐん　第135号　3-101, 5-178, 5-301
豆島村　まめじまむら　第81号　2-50, 2-52
豆田村　まめたむら　第187号　4-56, 5-222, 5-312
大豆田村　まめだむら　第40号　1-138, 1-140, 5-66, 5-280
豆田村四軒屋　まめだむらしけんや　第145号　3-152
大豆津村　まめづむら　第188号　4-65, 4-66, 5-231
摩耶山　まやさん　第137号　3-113, 5-184
馬出〔山〕　まやま　第95号　2-110
馬山村（松前若狭守領分）　まやまむら　第95号　2-110
馬屋村　まやむら　第145号　3-153, 5-307
眉島〔眉シマ〕　まゆしま　第200号　4-117, 5-251
眉嶋　まゆしま　第202号　4-127, 4-128
眉嶋　まゆしま　九州沿海図第19　4-270, 4-274
眉島　まゆしま　長崎〔参考図〕　4-131
眉嶽　まゆだけ　第196号　4-95
真弓村　まゆみむら　第134号　3-97, 3-98, 5-177, 5-301
真弓村（真弓宿）○　まゆみむら（まゆみじゅく）　第128号　3-64, 5-182, 5-304
真弓山　まゆみやま　第115号　2-195, 5-158
眉山　まゆやま　第190号　4-76
丸子（御料所）○〔鞠子〕　まりこ　第107号　2-157, 2-159, 5-160, 5-298
丸子 赤目ケ谷　まりこあかめがや　第107号　2-157, 2-159
マリコタン　第30号　1-100
丸子村　まりこむら　第53号　1-186, 5-81
鞠山浦　まりやまうら　第121号　3-29, 5-157, 5-172, 5-300
丸市尾　まるいちび　第183号　4-41, 4-43, 5-228
丸市尾　まるいちび　九州沿海図第5　4-215
丸市尾浦野迫　まるいちびうらのさこ　第183号　4-41, 4-43
丸岩　まるいわ　第22号　1-70
丸尾　まるお　九州沿海図第9　4-228
丸尾﨑　まるおざき　第176号　3-292, 5-219
丸尾村　まるおむら　第150号　3-170, 5-189
丸尾山　まるおやま　第207号　4-151
丸ケ口古城山〔丸ケ口古城〕　まるがくちこじょうやま　第178号　4-13, 4-15, 5-222
丸口山　まるがくちやま　九州沿海図第1　4-191
丸神島　まるかみしま　第146号　3-156, 5-185
圓上島（伊吹島屬）　まるがみじま（いぶきじまぞく）　第157号　3-202, 5-195
丸亀　まるがめ　第152号　5-194, 5-307
丸ケ山　まるがやま　第141号　3-130
丸子川　まるこがわ　第63号　1-216
丸子島　まるこじま　第204号　4-140
マルコシマ　まるこじま　第204号　4-141, 4-142
丸子村　まるこむら　第207号　4-155, 5-243, 5-321
丸米〔野〕村　まるごめのむら　第115号　2-197
丸島　まるしま　第103号　2-150
丸シマ　まるしま　第131号　3-78
丸島　まるしま　第131号　3-78
丸シマ　まるしま　第132号　3-85, 1-170
丸シマ　まるしま　第147号　3-160, 5-186
丸島　まるしま　第161号　3-213, 3-215
丸嶋　まるしま　第173号　3-274, 5-215
丸嶋　まるしま　第176号　3-288, 5-217
丸島〔丸シマ〕　まるしま　第192号　4-81, 5-239, 5-240, 5-241
丸シマ　まるしま　第204号　5-235
丸嶋　まるしま　九州沿海図第16　4-257
丸島（總名三宝島）　まるしま（そうみょうさんぽうじま）　第192号　4-81
丸島山　まるしまやま　第103号　2-149
丸瀬　まるせ　第205号　4-144
丸セハナ　まるせはな　第203号　5-251

丸セハナ　まるせはな　第206号　5-242
丸瀬鼻〔丸セハナ〕　まるせばな　第206号　4-150, 5-242, 5-243
九谷村　まるだにむら　第124号　3-44, 5-180
丸田村〔丸田〕　まるたむら　第189号　4-71, 5-238, 5-241, 5-313
丸田村　まるだむら　第163号　3-226, 5-208, 5-307, 5-308
丸田村戸坂　まるだむらとさか　第138号　3-120, 5-186
丸戸シマ　まるとじま　第132号　3-85
丸貫村　まるぬきむら　第88号　2-79
丸根　まるね　第103号　2-150
丸原村　まるばらむら　第172号　3-268, 5-212, 5-308
丸原村黒石川　まるばらむらくろいしがわ　第172号　3-268
丸原村大宮司　まるばらむらだいぐうじ　第172号　3-268
丸原村野田縄手　まるばらむらのだなわて　第172号　3-268
丸原村馬場ケ原　まるばらむらばばがはら　第172号　3-268
丸山　まるやま　第32号　1-111, 5-56
丸山　まるやま　第115号　2-195, 2-200, 5-158
丸山☆〔丸山村〕　まるやま　第125号　3-51, 5-174
丸山　まるやま　第131号　3-81, 5-169
丸山　まるやま　第141号　3-127, 3-131
丸山　まるやま　第150号　3-175
丸山　まるやま　第166号　3-235
丸山　まるやま　第166号　3-238
丸山　まるやま　第186号　4-55
丸山　まるやま　第208号　4-159, 5-252
丸山　まるやま　九州沿海図第19　4-271
丸山沖島　まるやまおきのしま　第142号　3-134, 5-185
丸山古城　まるやまこじょう　第194号　4-88, 5-229
丸山島〔丸山〕　まるやまじま　第131号　3-80, 5-169
丸山島〔丸山〕　まるやまじま　第140号　3-126, 5-171
丸山シマ　まるやまじま　第145号　3-155
丸山島　まるやまじま　第151号　3-178, 5-195
丸山島　まるやまじま　第152号　3-183, 5-195, 5-307
丸山嶋　まるやまじま　第176号　3-288, 5-217
丸山鼻　まるやまばな　第124号　3-47
丸山岬　まるやまみさき　第52号　1-180
丸山岬　まるやまみさき　第145号　3-148, 5-183, 5-185
丸山岬　まるやまみさき　第176号　3-292, 5-219
丸山村　まるやまむら　第115号　2-197
圓山村〔円山〕　まるやまむら　第128号　3-64, 5-182, 5-304
丸山村　まるやまむら　第143号　3-135, 5-181, 5-188
圓山村小田和　まるやまむらこだわ　第128号　3-64
円山村四軒屋〔円山〕　まるやまむらよんけんや　第145号　3-153, 5-192, 5-307
間脇　まわき　九州沿海図第5　4-210
間脇村　まわきむら　第80号　2-46, 2-49, 5-138, 5-294
真脇村　まわきむら　第85号　2-68, 5-142, 5-295
馬渡　まわたし　第155号　3-191
馬渡川　まわたりがわ　第210号　4-170
馬渡川　まわたりがわ　九州沿海図第10　4-237
馬渡村　まわたりむら　第57号　1-197, 5-108, 5-288, 5-290
馬渡村　まわたりむら　第188号　4-64, 5-231, 5-312
廻り峠　まわりとうげ　第175号　5-218
廻村　まわりむら　第192号　4-81, 5-239, 5-240, 5-241, 5-320
万ケ丸山　まんがまるやま　第162号　3-219
万亀峠　まんがめとうげ　第115号　5-158
満願寺　まんがんじ　第134号　3-97, 3-98
満願寺　まんがんじ　第136号　3-106
満願寺村　まんがんじむら　第136号　3-106, 5-178
万行村　まんぎょうむら　第84号　2-62, 2-64, 5-142, 5-295
万石村　まんごくむら　第112号　2-182, 5-153
万石村薬師堂　まんごくむらやくしどう　第112号　2-182
萬歳樂山〔萬歳寺山〕　まんざいらくやま　第110号　2-172, 5-154
万坂峠　まんさかとうげ　第195号　4-92
万澤村　まんざわむら　第100号　2-138, 5-127
万沢村梅沢　まんざわむらうめざわ　第100号　2-139
万沢村越戸　まんざわむらこしど　第100号　2-138
万沢村西行　まんざわむらさいぎょう　第100号　2-138
万沢村山口　まんざわむらやまぐち　第100号　2-138
満珠嶋　まんじゅしま　九州沿海図第1　4-188
満珠嶋(長府屬)〔満珠〕　まんじゅしま(ちょうふぞく)　第177号　3-298, 5-220, 5-312
万城岳　まんじょうだけ　第101号　2-142
万積峠　まんぜきとうげ　第192号　4-81, 4-82
万田村　まんだむら　第193号　4-87, 5-231, 5-223
万田村　まんだむら　九州沿海図第18　4-269
万田山　まんだやま　第193号　4-87
万多羅寺村(近衛殿領分、青山下野守領分)　まんだらじむら　第135号　3-101, 5-178
マンタローサワ　第31号　1-106, 1-108, 5-56, 5-279
万町村　まんちょうむら　第115号　2-197
万徳寺　まんとくじ　第90号　2-84
万成村　まんなりむら　第145号　3-153, 5-192, 5-307
万成村谷　まんなりむらたに　第145号　3-153
マン根　まんね　第102号　2-145
マン子　まんね　第104号　2-151
万能ケ原　まんのうがはら　第144号　3-141
万瀬川　まんのせがわ　第210号　4-171, 5-254, 5-261, 5-317
万瀬川　まんのせがわ　九州沿海図第12　4-243, 4-245
万場○　まんば　第115号　2-197, 5-159, 5-297
万場川　まんばがわ　第115号　2-197, 5-159
万福川　まんぷくがわ　第158号　3-204
万福寺　まんぷくじ　第90号　2-89, 2-91
萬福寺　まんぷくじ　第95号　2-110
満明寺　まんみょうじ　第196号　4-95, 4-97

【み】

御井郡　みいぐん　第188号　4-64, 4-65, 4-66, 5-313
三池　みいけ　第197号　4-103
三池郡　みいけぐん　第188号　4-68, 5-231
三池郡　みいけぐん　第193号　4-87, 5-313, 5-315
三池郡　みいけぐん　九州沿海図第18　4-269
三池新町〔三池新村〕　みいけしんまち　第193号　4-87, 5-231
三池濵　みいけはま　第104号　2-151
三池町村○☆〔三池〕　みいけまちむら　第193号　4-87, 5-231, 5-313, 5-315
御井神社　みいじんじゃ　第162号　3-219, 3-221, 5-204, 5-308
三井寺山　みいでらやま　第133号　3-87, 5-174, 5-176
三井山　みいやま　第114号　2-193, 2-194
三井樂(惣名)　みいらく　第207号　4-151, 5-243, 5-321
見請鼻　みうけばな　第186号　4-53, 4-55, 5-223
ミウシマ　みうしま　第207号　5-243
三浦☆　みうら　第131号　3-80, 5-169, 5-301, 5-302
三浦阿米浦〔三浦〕　みうらあこめうら　第171号　3-264, 3-266, 5-203
三浦郡　みうらぐん　第93号　2-101, 2-102, 5-124, 5-125, 5-291
三浦権現山　みうらごんげんやま　第171号　3-264, 3-266
三浦峠　みうらとうげ　第131号　3-78, 5-168
三浦夏秋浦〔夏秋浦、夏秋〕　みうらなつあきうら　第171号　3-264, 3-266, 5-203, 5-311
三浦舩隠浦〔舩隠浦〕　みうらふながくしうら　第171号　3-264, 3-266, 5-201, 5-203
三浦本郷大内浦☆〔大内浦、大内〕　みうらほんごうおおうちうら　第171号　3-264, 3-266, 5-203, 5-311
三浦村枝日泊　みうらむらえだひどまる　第202号　4-125, 4-126
三浦村溝陸　みうらむらみぞろく　第202号　4-125, 4-126, 5-236
三浦結出浦〔結出浦〕　みうらゆいでうら　第171号　3-264, 3-266, 5-203
三浦弓立浦　みうらゆだちうら　第171号　3-264, 3-266
三重川　みえがわ　第123号　5-180
三重川　みえがわ　第129号　3-67, 3-69
三重郡　みえぐん　第129号　3-66, 3-67, 3-68, 3-69, 5-166, 5-299
三重崎　みえざき　第202号　4-127, 5-237
美江寺○☆　みえじ　第118号　3-16, 3-18, 5-166, 5-297
三重村　みえむら　第115号　2-198, 2-200
三重村　みえむら　第123号　3-38, 3-40, 5-180, 5-304
三重村　みえむら　第202号　4-127, 5-237, 5-315
三會村枝寺中名〔三會〕　みえむらえだてらなかみょう　第196号　4-95, 5-315
三重村枝三重田　みえむらえだみえだ　第202号　4-127
三重村樫山　みえむらかしやま　第202号　4-127
三會村木崎名〔三會村、三會〕　みえむらきざきみょう　第196号　4-95, 5-233, 5-315
三重村京泊⚓　みえむらきょうどまり　第202号　4-127, 5-236
三重村黒崎　みえむらくろさき　第202号　4-127
三會村中原名〔三會〕　みえむらなかばらみょう　第196号　4-95, 5-315
三尾浦☆　みおうら　第139号　3-123, 5-186
三尾川浦　みおがわうら　第139号　3-121, 5-186, 5-303, 5-306
三尾寺　みおじ　第150号　3-175
三尾峠　みおとうげ　第193号　5-231
見尾村　みおむら　第150号　3-172, 3-174, 5-189
三海田村　みかいたむら　第144号　3-141, 5-192, 5-305, 5-307
御神楽嵜　みかぐらざき　第206号　4-146
御影村　みかげむら　第137号　3-112, 5-178, 5-306

御笠郡　みかさぐん　第187号　4-57, 4-59, 4-60, 4-62, 5-313
三笠嶋〔﨑〕　みかさざき　第206号　4-146
三笠濵　みかさはま　第167号　3-243
三笠山　みかさやま　第111号　2-181
三ケ尻村　みかじりむら　第51号　1-174, 5-73
三ケ尻村　みかじりむら　第88号　2-77
三方ケ原　みかたがはら　第111号　2-180
三方郡　みかたぐん　第121号　3-29, 3-31, 3-32, 3-33, 5-172, 5-300
三日田島　みかたじま　第164号　5-210, 5-308
三方村　みかたむら　第121号　3-32, 5-172, 5-300
三方山　みかたやま　第194号　4-89, 4-90
三ケ月古城　みかづきこじょう　第180号　4-25, 4-27
三ケ月村〇　みかづきむら　第141号　3-129, 5-183, 5-306
三日月村折口　みかづきむらおりくち　第144号　3-140
三日月村西村　みかづきむらにしむら　第144号　3-140
三角島　みかどじま　第164号　3-229, 3-231
御門村（水野出羽守領分）　みかどむら　第101号　2-141, 2-143, 5-128, 5-298
神門村　みかどむら　第184号　4-47, 5-244
神門村　みかどむら　第194号　4-91, 3-314
神門村黒岩門　みかどむらくろいわかど　第194号　4-91
神門村米嚙　みかどむらこめかみ　第194号　4-91
神門村才五郎　みかどむらさいごろう　第184号　4-47
神門村田爪　みかどむらたつめ　第194号　4-91
神門村名木　みかどむらなぎ　第194号　4-91
神門村渡塲　みかどむらわたば　第184号　4-47
三ケ浦村　みかのうらむら　第206号　4-148, 4-149, 5-242
三ケ野村（御料所）　みかのむら　第111号　2-179, 2-180, 5-161, 5-298
三箇山村　みかのやまむら　第197号　4-102, 5-245, 5-246, 3-314
三箇山村大脇　みかのやまむらおおわき　第197号　4-102
三箇山村栗須　みかのやまむらくりす　第197号　4-102
三箇山村佐土原　みかのやまむらさどばる　第197号　4-102
三箇山村西原　みかのやまむらにしばる　第197号　4-102
三箇山村八所　みかのやまむらはちしょ　第197号　4-102
三蒲村　みがまむら　第169号　3-251, 3-254, 5-215
三上　みかみ　第133号　3-86, 5-174, 5-176, 5-301
三上郡　みかみぐん　第156号　3-195, 3-197, 5-208, 5-307
三上郡　みかみぐん　第163号　3-224, 5-208, 5-307
見上神社　みかみじんじゃ　第191号　4-79
三上村之内前田　みかみむらのうちまえだ　第133号　3-86
三上山　みかみやま　第133号　3-86, 5-174, 5-176, 5-301
ミカメシマ　みかめしま　第201号　4-122
美甘村〇　みかもむら　第150号　3-173, 5-189, 5-305
美甘村河田　みかもむらこうた　第150号　3-173
美甘村谷　みかもむらたに　第150号　3-173
美甘村長田　みかもむらながた　第150号　3-173
美甘村平島　みかもむらひらじま　第150号　3-173
美甘村麓村　みかもむらふもとむら　第150号　3-173
美甘村松末　みかもむらまつすえ　第150号　3-173
美甘村山根　みかもむらやまね　第150号　3-173
三河島村　みかわしまむら　第90号　2-84
三河國〔参河〕　みかわのくに　第110号　2-175, 5-158
三河國〔参河〕　みかわのくに　第111号　2-181, 5-158, 5-162, 5-299
三河國〔三河〕　みかわのくに　第115号　2-196, 2-198, 2-199, 5-158
三河国〔参河〕　みかわのくに　第116号　2-202, 5-158, 5-299
ミカン　みかん　九州沿海図第18　4-264, 4-266
三木浦　みきうら　第132号　3-82, 5-169, 5-301, 5-302
三木郡　みきぐん　第146号　3-157, 3-158, 5-194, 5-307
三木古城山　みきこじょうやま　第124号　3-44
三木﨑　みきざき　第132号　3-82
三木里浦☆　みきさとうら　第132号　3-82, 5-169, 5-301, 5-302
三木田村　みきだむら　第138号　3-119, 5-184
三木町〇　みきまち　第136号　3-111, 5-182, 5-306
右松村　みぎまつむら　第185号　4-49, 4-51, 5-244, 5-314
右松村園元　みぎまつむらそのもと　第185号　4-48, 4-50
右松村右松町　みぎまつむらみぎまつまち　第185号　4-48, 4-50
右村　みきむら　第120号　3-24, 5-145
三木村　みきむら　第124号　3-42, 3-44, 5-180
見切鼻　みきりはな　第200号　4-117
汀野迫村　みぎわのさこむら　第211号　4-173, 4-175, 5-249, 5-256, 5-261, 5-316
汀野迫村　みぎわのさこむら　九州沿海図第10　4-238
弥久賀神社　みくがじんじゃ　第162号　3-221, 5-204
三口村　みくちむら　第136号　3-111, 5-182, 5-306
三國界山　みくにさかいやま　第129号　3-72
三國峠　みくにとうげ　第78号　2-42, 5-115, 5-289
三國峠　みくにとうげ　第100号　5-126
三國峠　みくにとうげ　第125号　3-48, 5-166
三國湊☆⚓〔三国〕　みくにみなと　第120号　3-24, 5-145, 5-297, 5-300
三國山　みくにやま　第99号　2-131
三國山　みくにやま　第127号　3-57
三国山　みくにやま　第136号　3-105
三國山　みくにやま　第143号　3-135, 3-137
美含郡　みくみぐん　第124号　3-42, 3-43, 5-180, 5-304
三雲岳　みくもだけ　第129号　3-71
三雲村田川〔三雲村、三雲〕　みくもむらたがわ　第129号　3-71, 5-174, 5-301
御藏島　みくらじま　第104号　2-151, 2-152
三倉〔田〕村　みくらだむら　第144号　3-141, 3-144
三倉〔田〕村佐瀬　みくらだむらさせ　第144号　3-141, 3-144
三倉岬〔ミクラ岬〕　みくらみさき　第62号　1-212, 5-87
御倉村　みくらむら　第133号　3-87, 5-174, 5-176
御厨浦☆　みくりやうら　第189号　4-74, 5-235, 5-241
御來屋村　みくりやむら　第150号　3-171, 5-189, 5-305
御厨村〔御厨〕　みくりやむら　第189号　4-74, 5-235, 5-241, 5-313
御厨村池田　みくりやむらいけだ　第189号　4-74
御厨村枝大嵜村　みくりやむらえだおおさきむら　第189号　4-74
御厨村寺尾　みくりやむらてらのお　第189号　4-74
御厨村前田　みくりやむらまえだ　第189号　4-74
三毛門村　みけかどむら　第178号　4-16, 5-225, 5-312
三毛門村（小倉領）　みけかどむら　九州沿海図第2　4-195
三毛門村塔之本　みけかどむらとうのもと　第178号　4-16
三毛門村ホノ丸　みけかどむらほのまる　第178号　4-16
神子浦　みこうら　第121号　3-33, 5-172
御子﨑　みこざき　第105号　2-154
神子柴村（御料所）　みこしばむら　第108号　2-165, 5-150
御輿山　みこしやま　第99号　2-128
御子根　みこね　第103号　2-150
神子澤村〔神子沢村〕　みこのざわむら　第82号　2-55, 5-139
神子濵村湊村敷浦〔神子濵村、湊村〕　みこのはまむらみなとむらしきうら　第140号　3-126, 5-171, 5-303, 5-306
神子嵜〔神子﨑〕　みこはな　第121号　3-33, 5-172
ミコモト島〔御子本島〕　みこもとじま　第102号　2-147, 5-128, 5-298
三坂権現　みさかごんげん　第78号　2-42
御坂神社　みさかじんじゃ　第175号　3-285, 5-218
御坂神社　みさかじんじゃ　第175号　3-285, 5-218
三坂峠續　みさかとうげ　第97号　2-123
御坂峠　みさかとうげ　第97号　2-123, 5-117, 5-127
三坂峠　みさかとうげ　第123号　5-180
三坂村　みさかむら　第123号　3-38, 3-40, 5-180
御嵜〔御﨑〕　みさき　第47号　1-161, 5-76, 5-284
岬〔大房岬〕　みさき　第92号　2-99, 2-100, 5-124
三﨑（御料所）⚓　みさき　第93号　2-101, 5-125, 5-291
御﨑　みさき　第151号　3-181
三埼　みさき　第164号　3-231
御﨑〔川尻岬〕　みさき　第177号　3-294, 5-220
御﨑　みさき　第177号　3-295, 5-220, 5-309, 5-312
御﨑　みさき　第179号　5-225
御サキ　みさき　第201号　5-234
御﨑　みさき　第210号　5-254, 5-261
御嵜　みさき　第213号　4-180, 5-258, 5-261, 5-316, 5-318
御﨑　みさき　第214号　4-185, 4-187
御﨑　みさき　九州沿海図第12　4-243
三﨑浦☆⚓　みさきうら　第161号　3-212, 3-214, 5-202, 5-311
三﨑浦　みさきうら　第170号　3-263, 5-226
三﨑浦　みさきうら　第181号　5-226
三﨑浦枝井野浦〔井野浦、井ノ浦〕　みさきうらえだいのうら　第170号　3-263, 5-226, 5-311
三﨑浦枝大久浦〔大久浦、大久〕　みさきうらえだおおくうら　第170号　3-262, 5-201, 5-311
三﨑浦枝大佐田浦⚓〔大佐田浦、佐田〕　みさきうらえだおおさだうら　第170号　3-263, 5-226, 5-311
三﨑浦枝串浦〔串浦、串浦〕　みさきうらえだくしうら　第170号　3-263, 5-226, 5-311
三﨑浦枝佐田浦〔佐田浦〕　みさきうらえだささだうら　第170号　3-263, 5-226

三崎浦枝田部浦〔田部浦、田部〕 みさきうらえだたべうら 第170号 3-262, 5-201, 5-311
三崎浦枝爪白村 みさきうらえだつまじろむら 第161号 3-212, 3-214
三崎浦枝名洌浦☆⛴ みさきうらえだなづうら 第170号 3-263, 5-311
三崎浦枝名取浦〔名取浦、名取〕 みさきうらえだなとりうら 第170号 3-263, 5-201, 5-311
三崎浦枝平礒浦〔平礒浦〕 みさきうらえだひらいそうら 第170号 3-263, 5-201
三崎浦枝猿野濱浦 みさきうらえだましのはまうら 第161号 3-212, 3-214
三崎浦枝松浦〔松浦、松浦〕 みさきうらえだまつうら 第170号 3-263, 5-226, 5-311
三崎浦枝明神浦〔明神浦、明神〕 みさきうらえだみょうじんうら 第170号 3-263, 5-226, 5-311
三崎浦髙浦〔髙浦〕 みさきうらたかうら 第170号 3-263, 5-226
三﨑河原村 みさきがわらむら 第150号 3-174, 5-192
三﨑河原村中原分 みさきがわらむらなかはらぶん 第150号 3-174
御嵜シマ みさきじま 第192号 4-81
御崎社〔御崎権現〕 みさきしゃ 第211号 4-173, 5-249, 5-256, 5-261
三崎新田 みさきしんでん 第129号 3-66, 5-166
弥佐支刀神社 みさきとじんじゃ 第191号 4-79
三崎鼻（佐田御崎）〔佐田御崎、御崎〕 みさきはな（さだみさき） 第170号 3-263, 5-226, 5-311
御﨑明神 みさきみょうじん 第140号 3-124
三﨑村（松平右京亮領分） みさきむら 第58号 1-200, 1-201, 5-110, 5-290
御嵜村 みさきむら 第137号 3-113, 5-184
御﨑村 みさきむら 第150号 3-171, 5-189, 5-305
御嵜村（古名野々杵）〔御﨑〕 みさきむら（ののきね） 第198号 4-106, 5-248, 5-316
御﨑村野々杵 みさきむらののきね 九州沿海図第8 4-226
岬山 みさきやま 第147号 3-162, 5-187
味酒村 みさけむら 第168号 3-247, 5-214
ミサコ嶌 みさごじま 第102号 2-147
ミサコシマ〔ミサコ島〕 みさごじま 第131号 3-79, 5-169
ミサコシマ みさごじま 第161号 3-216
ミサコセ みさごせ 第192号 4-80
ミサコセ みさごせ 第206号 4-150
ミサゴハエ みさごはえ 第199号 4-110, 4-112, 5-248, 5-261
ミサコハヘ みさごはえ 九州沿海図第6 4-216
ミサコバヘ〔ミサコシマ〕 みさごばえ 第183号 4-43, 5-228
御陵村 みささぎむら 第133号 3-87, 5-174, 5-176, 5-301
御陵村 みささぎむら 第133号 3-90, 5-175, 5-176
ミサシコ山 みさしこやま 第200号 5-250
美佐島村 みさしまむら 第77号 2-35, 5-113, 5-115
ミサマセ みさませ 第206号 4-148
美佐村 みさむら 第141号 3-128
三佐村 みさむら 第181号 4-30, 4-33, 5-226, 5-312
三佐村（竹田領） みさむら 九州沿海図第3 4-202
見座村 みざむら 第112号 2-182, 5-153
三佐村薬師堂 みさむらやくしどう 第181号 4-30, 4-33
三佐村八阪 みさむらやさか 第181号 4-30, 4-33
御射山神〔戸〕村 みさやまごうどむら 第108号 2-164, 5-150
三沢川 みさわがわ 第94号 2-108
三澤神社 みさわじんじゃ 第162号 3-220, 5-190, 5-204
三澤村（神保喜内知行所） みさわむら 第90号 2-88, 2-90, 5-120, 5-123, 5-291
三澤村（阿部鉄丸領分）○ みさわむら 第94号 2-108, 5-121, 5-291
三澤村 みさわむら 第96号 2-119, 5-150, 5-296
三澤村 みさわむら 第107号 2-156, 2-158, 5-129, 5-298
三沢村峯 みさわむらみね 第94号 2-108
短瀬 みじかせ 第191号 4-79
三島（御料所）○☆ みしま 第101号 2-141, 5-126, 5-291, 5-298
三島〔ミシマ〕 みしま 第123号 3-38, 5-180
ミシマ みしま 第162号 3-218
三嶋 みしま 第169号 3-253
見嶋（萩領） みしま 第174号 3-281, 5-217, 5-309
三島 みしま 第189号 4-71, 4-73
三島 みしま 第196号 4-98
三島 みしま 第201号 4-121, 5-313, 5-315
三島 みしま 第202号 5-236, 5-315
三島 みしま 第204号 4-141, 5-235
三嶋 みしま 九州沿海図第16 4-260
三島江村 みしまえむら 第133号 3-92, 5-176, 5-178
見嶋郡 みしまぐん 第174号 3-281, 5-217, 5-309
三島田神社〔三島田社〕 みしまだじんじゃ 第123号 3-39, 3-41, 5-180
三島明神 みしまみょうじん 第93号 2-102
三嶌明神社 みしまみょうじんしゃ 第101号 2-141
箕島村 みしまむら 第151号 3-178, 5-192, 5-307
二島村○〔三島〕 みしまむら 第152号 3-184, 5-196, 5-307
三宿村（御料所） みしゅくむら 第90号 2-85, 2-87, 5-120, 5-123
御宿村（大久保出雲守） みしゅくむら 第100号 2-134, 5-127
御宿村櫃新田 みしゅくむらかろうとしんでん 第100号 2-134
御正躰 みしょうたい 第103号 2-150
御正村 みしょうむら 第88号 2-77
御庄村 みしょうむら 第173号 3-274, 3-276, 5-213
三代村 みしろむら 第187号 4-60, 5-223, 5-313
水白村 みじろむら 第83号 2-61, 5-141, 5-295
三代村 みじろむら 第162号 3-220
水□山 みず□やま 第176号 3-292
水浦 みずうら 第132号 3-85, 1-170, 5-302
水浦 みずうら 第155号 3-191, 5-190, 5-204, 5-305
水落村 みずおちむら 第167号 3-240, 5-211, 5-213
水ノ尾村 みずおむら 第133号 3-90
水尾村 みずおむら 第136号 3-109
水海道村 みずかいどうむら 第114号 2-193, 2-194
水ケ浦 みずがうら 九州沿海図第5 4-215
水ケ峠山 みずがとうげやま 第166号 3-239
水株山 みずかぶやま 第185号 4-48
水上 みずかみ 第169号 3-251
水上神社 みずかみじんじゃ 第166号 3-235
水ケ峰 みずがみね 第152号 3-184, 5-196
水上村 みずかみむら 第108号 2-164, 5-150, 5-296
水川村 みずがわむら 第116号 2-205, 5-162, 5-299
水木村 みずきむら 第43号 1-146, 5-67, 5-82, 5-281
水木村 みずきむら 第57号 1-197, 5-108, 5-288
水城村 みずきむら 第187号 4-57, 4-59, 4-62, 5-223
水城村水城町 みずきむらみずきまち 第187号 4-57, 4-59, 4-60, 4-62
水清谷川 みずきよたにがわ 第184号 5-244
水切嵜 みずきりざき 第201号 4-121
水窪村（水野出羽守領分）○ みずくぼむら 第101号 2-141, 5-127, 5-291
水越瀬 みずこしせ 第210号 4-171
水越瀬 みずこしせ 九州沿海図第12 4-243
ミスコ島 みすこじま 第204号 4-140
水崎村 みずさきむら 第179号 4-18, 4-21, 5-225
水崎村 みずさきむら 九州沿海図第2 4-197
水澤○☆ みずさわ 第51号 1-174, 5-73, 5-282
水澤村 みずさわむら 第60号 1-207, 5-85, 5-281, 5-283
水清谷村 みずしだにむら 第184号 4-47, 5-244
水清谷村田ノ原 みずしだにむらたのはる 第184号 4-47
水島 みずしま 第121号 3-29
水島 みずしま 第161号 3-212, 3-214, 5-202
水島 みずしま 第161号 3-216, 3-217, 5-203
満島 みずしま 第189号 4-71, 4-72, 5-234, 5-240, 5-241
水島〔水シマ〕 みずしま 第195号 4-94, 5-250
水島 みずしま 第196号 4-98, 5-233
水島 みずしま 第196号 4-95
水島 みずしま 第198号 4-106, 5-246, 5-316
水嶋 みずしま 九州沿海図第8 4-226
水シマ みずしま 九州沿海図第16 4-258, 4-260
水嶋 みずしま 九州沿海図第19 4-275
水嶋瀬 みずしませ 第177号 3-297
水島瀬 みずしませ 第177号 5-220
水島村 みずしまむら 第143号 3-137, 3-138
水島村 みずしまむら 第193号 4-85, 4-86, 5-232, 5-312, 5-314
水石村 みずしむら 第123号 3-41, 5-180, 5-304
水主村 みずしむら 第133号 3-89, 3-92
水尻 みずしり 第173号 3-276
水砂竜王 みずすなりゅうおう 第151号 3-179, 5-193
水谷神社 みずたにじんじゃ 第128号 3-62
水谷村〔水呑〕 みずたにむら 第157号 5-195, 5-307
水垂村 みずだれむら 第133号 3-90, 3-92, 5-176
水中洲 みずなかす 第116号 2-202, 2-204
水永村 みずながむら 第156号 3-197, 5-208, 5-307
水無川 みずなしがわ 第195号 4-94
水無川 みずなしがわ 第197号 5-245
水無村 みずなしむら 第133号 3-89, 5-176
水無村ノ内玉水宿 みずなしむらのうちたまみずじゅく 第133号 3-89
三成川 みずなりがわ 九州沿海図第12 4-242
水沼村 みずぬまむら 第43号 1-146, 5-67, 5-82
水之上村（本多豊前守、太田摂津守領分） みずのうえむら 第107号 2-159, 5-160
水ノ浦 みずのうら 第152号 3-182, 5-195
水ノ浦郷 みずのうらごう 第202号 4-127, 4-128
水ノ浦郷 みずのうらごう 長崎〔参考図〕 4-131, 4-133
水浦岬 みずのうらみさき 第204号 4-142
水ノ江 みずのえ 九州沿海図第2 4-194, 4-197
水ノ尾山 みずのおやま 第143号 3-135, 3-137
水ノ子シマ〔水子、水ノ子波石〕 みずのこしま

第171号　3-264, 5-201, 5-311
水ノ子島　みずのこじま　第161号　3-216, 3-217, 5-203
水神社　みずのじんじゃ　第191号　4-79
水ノ段山　みずのだんやま　第104号　2-151
水呑村　みずのみむら　第127号　3-56, 3-58, 5-175, 5-304
水橋舘村　みずはしたてむら　第82号　2-56, 5-140
水橋中村　みずはしなかむら　第82号　2-56, 5-140
水判土村（御料所、多門勇之助知行所）　みずはたむら　第88号　2-78, 5-120
水判土村新田〔水判土村〕　みずはたむらしんでん　第88号　2-78, 5-120
水濱　みずはま　第48号　1-163, 5-78, 5-284
水濱村　みずはまむら　第155号　3-190, 3-192, 5-189
水保村　みずほむら　第125号　3-51, 5-174, 5-300, 5-301
水堀村　みずほりむら　第49号　1-167, 5-71
水町村　みずまちむら　第178号　4-13, 4-15, 5-222
水町村　みずまちむら　九州沿海図第1　4-191
水間村　みずまむら　第122号　3-37, 5-173
三隅庄村枝椵ノ木　みすみしょうむらえだもみのき　第176号　3-289
三隅庄村小嶋　みすみしょうむらこじま　第176号　3-289
三隅庄村澤江浦　みすみしょうむらさわえうら　第176号　3-289
三隅庄村澤江村　みすみしょうむらさわえむら　第176号　3-289
三隅庄村白潟　みすみしょうむらしらかた　第176号　3-289
三隅庄村豊原　みすみしょうむらとよはら　第176号　3-289
三隅庄村中小野　みすみしょうむらなかおの　第176号　3-289
三隅庄村野波瀬　みすみしょうむらのばせ　第176号　3-289
三隅庄村廣田　みすみしょうむらひろた　第176号　3-289
三隅庄村麓　みすみしょうむらふもと　第176号　3-289
三隅庄村三隅市〔三隅庄村、三隅〕　みすみしょうむらみすみいち　第176号　3-289, 5-219, 5-309
三角迫門　みすみせと　九州沿海図第19　4-275
三角岳　みすみだけ　九州沿海図第18　4-265
三角岳　みすみだけ　九州沿海図第19　4-275
水道平山　みずみちたいらやま　第202号　4-123, 4-124
三角村　みすみむら　第188号　4-64
三角山　みすみやま　第143号　3-137
三角山　みすみやま　第196号　4-96, 5-315
三栖村　みすむら　第133号　3-87, 3-90, 3-92
美豆村　みずむら　第133号　3-92, 5-176, 5-301
水守村　みずもりむら　第107号　2-159, 5-160
水屋村　みずやむら　第188号　4-65, 4-66, 5-231
見世越　みせこし　第192号　4-81
御勢大昊石神社〔大霊石神社〕　みせたいれいせきじんじゃ　第187号　4-59, 5-223, 5-231
三脊原山　みせばるやま　第180号　4-27, 4-28, 5-230
見瀬村　みせむら　第134号　3-97, 3-98, 5-177
彌山〔弥山〕　みせん　第162号　3-219, 5-308
弥山　みせん　第167号　3-243, 5-211, 5-213
水下村　みぞおちむら　第143号　3-136
溝口村　みぞぐちむら　第117号　3-13, 5-163
溝口村〔溝〕　みぞぐちむら　第141号　3-128, 5-182, 5-306
溝口村○　みぞぐちむら　第150号　3-171, 5-189, 5-305
溝黒村　みぞくろむら　第128号　3-62, 3-64
溝尻村　みぞしりむら　第123号　3-38, 3-40
溝尻村　みぞじりむら　第122号　3-37, 5-173, 5-175
溝尻村千足〔溝尻〕　みぞしりむらせんぞく　第188号　4-64, 5-312
溝尻村土取〔溝尻村、溝尻〕　みぞしりむらつちとり　第188号　4-64, 5-230, 5-312
溝尻村畑田〔溝尻〕　みぞしりむらはたけだ　第188号　4-64, 5-312
溝谷村　みぞたにむら　第123号　3-38, 5-180, 5-304
三十坪村　みそつむら　第129号　3-71, 5-174
溝手村　みぞてむら　第151号　3-178, 5-192
溝手村槙〔植〕木　みぞてむらうえき　第151号　3-176, 3-178
溝沼　みぞぬま　第88号　5-291
溝沼村　みぞぬまむら　第90号　2-85, 5-120, 5-123
溝ノ口村　みぞのくちむら　第136号　3-111
溝ノ口村新宿〔溝口〕　みぞのくちむらにいじゅく　第141号　3-130, 5-182, 5-306
御園町○　みそのちょう　第118号　3-16, 3-18, 5-156, 5-159, 5-297
御薗村（内藤大和守領分）　みそのむら　第108号　2-165, 5-150, 5-296
御園村　みそのむら　第134号　3-97, 3-98, 5-177
御園村　みそむら　第192号　4-80, 5-239, 5-241
溝村　みぞむら　第76号　2-28, 5-112, 5-113
溝山（古城跡）　みぞやま　第163号　3-226
御代村　みだいむら　第129号　3-73, 5-167, 5-301
御代村枝市場小場　みだいむらえだいちばこば　第129号　3-73
見高村（御料所、間宮釆女知行所）　みだかむら　第102号　2-146, 5-128, 5-132, 5-292
見高村枝山家　みだかむらえだやまが　第102号　2-146
三宝シマ　みたからじま　第192号　5-239, 5-240, 5-241
三滝川　みたきがわ　第129号　3-67, 5-166
御滝川　みたきがわ　第129号　3-66, 3-68
三滝八幡　みたきはちまん　第166号　3-235, 5-209, 5-212
三岳　みたけ　第111号　5-161
御嵩○　みたけ　第114号　2-191, 2-192, 5-155, 5-297
御岳　みたけ　第127号　3-57
三岳　みたけ　第127号　3-58
御嶽　みたけ　第201号　4-119, 4-120
御嶽権現　みたけごんげん　第90号　2-85, 2-87
御嶽山清水寺〔清水寺〕　みたけさんきよみずでら　第136号　3-105, 3-108, 5-182
御嵩宿栢森　みたけじゅくかやもり　第114号　2-191, 2-192
金峯峠　みたけとうげ　第175号　3-284, 5-218
金峯村郷〔金峯村、金峯〕　みたけむらごう　第175号　3-284, 5-218, 5-308, 5-312
金峯村松枝〔金峯〕　みたけむらまつえだ　第175号　3-284, 5-308
金峯谷　みたけむらみたけだに　第175号　3-284
箕田郷（大岡主膳正領分、大岡伊織、梶川主税、松波平右エ門、牛奥新五左エ門、數原玄英知行所）　みだごう　第88号　2-77, 5-120, 5-291
箕田郷入會　みだごういりあい　第88号　2-79
三田尻野崎　みたじりのざき　第175号　3-287
三田尻町　みたじりまち　第175号　3-287, 5-219, 5-312
三田尻町枝岡村　みたじりまちえだおかむら　第175号　3-287
御立村　みたちむら　第141号　3-128
御立村　みたちむら　第141号　3-128, 3-130, 5-183
御立村北山　みたちむらきたやま　第141号　3-128, 3-130
御立村横関　みたちむらよこぜき　第141号　3-128, 3-130
見立村　みたてむら　第75号　2-22, 5-99
三谷○　みたに　第32号　1-109, 1-110, 5-56, 5-279
三谷川　みたにがわ　第124号　5-180
三谿郡　みたにぐん　第163号　3-224, 3-226, 5-208, 5-308
弥陀窟　みだのいわや　第102号　2-147
三田洞村　みたほらむら　第118号　3-16, 5-156, 5-297
三玉村　みたまむら　第163号　3-226, 5-208
三玉村金山谷　みたまむらかなやまだに　第163号　3-226
三玉村胡麻谷　みたまむらごまたに　第163号　3-226
美談村　みだみむら　第162号　3-219, 5-204, 5-308
三田村　みたむら　第121号　3-30, 5-157
三田村　みたむら　第129号　3-73
美田村　みたむら　第154号　3-189, 5-191
美田村大津〔大津〕　みたむらおおつ　第154号　3-189, 5-305
美田村大山明　みたむらおおやまあけ　第154号　3-189
美田村橋津　みたむらはしづ　第154号　3-189
美田村船越　みたむらふなこし　第154号　3-189
御田山　みたやま　第166号　3-235
御手洗　みたらい　第168号　3-247
御手洗　みたらい　第191号　4-79
御手洗浦　みたらいうら　第164号　3-231, 5-210
御手洗川　みたらいがわ　第173号　5-213
御先〔手〕洗川　みたらしがわ　第97号　2-122, 2-123
身平橋村　みだらばしむら　第110号　2-176, 5-158, 5-161
亂川村（土屋相模守領分）〔乱川村〕　みだれがわむら　第66号　1-227, 5-92, 5-285
ミタレ瀬　みだれせ　第177号　3-294
乱セ　みだれせ　第201号　4-121
乱橋　みだればし　第180号　4-24, 4-26
乱橋　みだればし　第189号　5-235, 5-241
乱橋村　みだれはしむら　第96号　2-115, 5-146, 5-294, 5-296
乱橋村枝西村　みだれはしむらえだにしむら　第96号　2-115
乱橋村東村　みだれはしむらひがしむら　第96号　2-115
ミタレ岬　第33号　1-115, 5-55, 5-279
ミチイ島　みちいじま　第171号　3-265
満江村　みちえむら　第190号　4-75
道尾村　みちおむら　第183号　4-39, 5-226, 5-312, 5-311, 5-314
道尾村　みちおむら　九州沿海図第4　4-209
見近島　みちかじま　第157号　3-203, 5-210
道方村　みちかたむら　第131号　3-78, 5-168, 5-299, 5-301
道川村○　みちかわむら　第63号　1-215, 5-88, 5-283
ミチキレ　みちきれ　第190号　4-77
ミチキレ島　みちきれじま　第189号　4-73
満切鼻　みちぎればな　第202号　4-125, 4-126
満切鼻（大村領）　みちぎればな　長崎〔参考図〕　4-132

道口浦　みちぐちうら　第120号　3-27, 3-28, 5-172, 5-300
満倉村　みちくらむら　第161号　3-213, 5-203, 5-311
満越浦　みちごえうら　九州沿海図第19　4-275
道越鼻　みちこしはな　第145号　3-154
道崎　みちさき　第187号　4-60
道嶋（和田村屬）　みちしま（わだむらぞく）　第169号　3-250, 5-215, 5-311
ミチタテ岩　みちたていわ　第142号　3-132, 5-186
道土肥村　みちどいむら　第206号　4-149, 5-242, 5-243
道上村　みちのうえむら　第157号　5-195
道口村　みちのくちむら　第121号　3-29, 3-31, 3-32, 5-157, 5-172, 5-300
道部村（太田摂津守領分）〔直部村〕　みちぶむら　第102号　2-147, 5-129, 5-298
道行竈　みちゆくがま　第131号　3-78, 5-168, 5-299
三相村　みつあいむら　第116号　2-202, 2-204, 5-162
三ツ家　みついえ　第115号　2-198, 2-200
ミツイシ○☆　第26号　1-87, 5-48, 5-277
三石○　みついし　第32号　1-111, 5-56, 5-279
三石　みついし　第147号　3-160, 5-186
三ツ石鼻　みついしはな　第167号　3-242
三ツ石村　みついしむら　第142号　3-133, 5-187
三石村○☆　みついしむら　第144号　3-143, 5-183, 5-306
三石村三軒茶屋　みついしむらさんげんちゃや　第144号　3-143
三石村關川　みついしむらせきがわ　第144号　3-143
三石村舩坂　みついしむらふなさか　第144号　3-143
光井村　みついむら　第169号　3-255, 5-218
ミツ岩　第36号　1-123
三ツ岩　みついわ　第171号　3-265, 5-201
三浦　みつうら　第162号　3-219, 5-204, 5-308
三家村　みつえむら　第150号　3-172
光岡村　みつおかむら　第186号　4-55, 5-223
光岡村原町　みつおかむらはるまち　第186号　4-55
三日市○　みつかいち　第166号　3-236, 5-209, 5-212, 5-308
三日市村　みっかいちむら　第113号　2-189, 5-155, 5-156, 5-297
三日市村　みっかいちむら　第123号　3-40, 5-175, 5-304
三河内村　みつかいちむら　第163号　3-224, 5-208, 5-307
水崎　みつがさき　九州沿海図第12　4-243, 4-245
三ツ頭　みつがしら　第141号　3-127, 5-185
三ケ岳　みつがたけ　第122号　3-37
三ケ日村（井上河内守領分）○☆　みつかびむら　第111号　2-181, 5-161, 5-299
三日町村　みっかまちむら　第108号　2-165
三日町村　みっかまちむら　第112号　2-184
三ツ川村　みつがわむら　第181号　4-30, 4-33, 5-226
三ツ川村（御料、延岡領）　みつがわむら　九州沿海図第3　4-202
御調郡　みつきぐん　第157号　3-201, 5-210, 5-307
御調郡　みつきぐん　第164号　5-210, 5-307
三木村　みつぎむら　第88号　2-79
三ツ木村（御料所）〔三木村、三木〕　みつぎむら　第88号　2-79, 5-120, 5-291
三ツ木村　みつぎむら　第90号　2-89
三木村　みつぎむら　第182号　4-34, 5-227, 5-312, 5-314
水次村　みつぎむら　第193号　4-84, 4-86, 5-232, 5-312, 5-314
見次村　みつぎむら　第209号　4-162, 5-247, 5-261, 5-314, 5-316
三木村　みつぎむら　九州沿海図第21　4-281
三木村香伏　みつぎむらかぶし　第182号　4-34
三机浦　みつくえうら　第170号　5-201
三机浦☆⛵　みつくえうら　第170号　3-262, 5-201, 5-311
三机浦枝足成浦〔足成浦、足成〕　みつくえうらえだあしなるうら　第170号　3-262, 5-201, 5-311
三机浦枝釜木浦〔釜木浦、釜木〕　みつくえうらえだかまぎうら　第170号　3-263, 5-201, 5-311
三机浦枝川之濵浦〔川之濵浦〕　みつくえうらえだかわのはまうら　第170号　3-262, 5-201
三机浦枝神崎浦〔神崎浦、神崎〕　みつくえうらえだこうざきうら　第170号　3-262, 5-201, 5-311
三机浦枝小島浦〔小島浦、小島〕　みつくえうらえだこじまうら　第170号　3-262, 5-201, 5-311
三机浦枝塩成浦〔塩成浦〕　みつくえうらえだしおなしうら　第170号　3-262, 5-201
三机浦大江浦〔大江浦〕　みつくえうらおおえうら　第170号　3-262, 5-201
三机浦志津浦〔志津浦〕　みつくえうらしつうら　第170号　3-262, 5-201
三津口村〔三ツ口〕　みつぐちむら　第164号　3-229, 5-211, 5-308
三津口村水尻　みつぐちむらみずしり　第164号　3-229
ミツグ子　みつぐね　第103号　2-150
水作島　みつくりしま　第170号　3-261, 5-201
箕作シマ〔ミツクリシマ〕　みつくりじま　第183号　4-38, 4-40, 5-226, 5-228
箕作嶋　みつくりじま　九州沿海図第5　4-213
箕作村（御料所）○　みつくりむら　第102号　2-147, 5-128, 5-298
三栗山　みつくりやま　第90号　2-91
箕作山　みつくりやま　第125号　5-174
見附（御料所）○☆　みつけ　第111号　2-179, 2-180, 5-161, 5-298
見附シマ　みつけじま　第154号　3-189
見附嶌〔見附シマ〕　みつけじま　第206号　4-149, 5-242
見附島村　みつけじまむら　第99号　2-128
三ツ子　みつご　第183号　4-40, 4-42, 5-228, 5-311
三ツ子　みつご　九州沿海図第4　4-207, 4-209
三ツ子　みつご　九州沿海図第5　4-215
三子ケ丸　みつごがまる　第166号　3-238
光子沢村地先〔光子沢村〕　みつござわむらちさき　第100号　2-137, 2-139, 5-127
三ツ子シマ　みつこじま　九州沿海図第5　4-211
三子シマ〔三ツ子島〕　みつごしま　第181号　4-32, 5-226
三ツ子島　みつごじま　第164号　3-230, 5-210
満越村　みつこしむら　第189号　4-73, 5-234, 5-238, 5-241
三子山　みつごやま　第166号　3-235
三ツ沢村　みつざわむら　第100号　2-135
三ツシマ　みつしま　第192号　4-81, 5-239, 5-240, 5-241
三ツ島　みつしま　第202号　4-124
三ツ島　みつしま　第202号　4-124
三ツ島　みつしま　第202号　4-124
三ツ島　みつじま　第192号　5-239, 5-241
三ツ瀬　みつせ　第186号　4-55
三ツ瀬〔三ツセ〕　みつせ　第202号　4-128, 5-237
三ツセ〔三ツセ〕　みつせ　第206号　4-146, 4-148, 5-242
三ツセ　みつせ　第206号　4-149
三ツセ　みつせ　第207号　4-152
三ツ瀬　みつせ　長崎〔参考図〕　4-129
三瀬山村○☆　みつせやまむら　第187号　4-63, 5-223, 5-231, 5-313
三瀬山村峠新村　みつせやまむらとうげしんむら　第187号　4-63
三嶽　みつだけ　第189号　4-73, 4-74
三谷権現山　みつたにごんげんやま　第162号　3-219, 3-221
三ツ田村　みつだむら　第151号　3-178, 5-192
三塚村　みつづかむら　第118号　3-16, 3-18, 5-166
三塚山　みつつかやま　第193号　4-87
三塚山　みつつかやま　九州沿海図第18　4-269
三津村　みつづむら　第141号　3-129, 5-183, 5-304, 5-306
三津村下三津　みつづむらしもみつづ　第141号　3-129
三ツ寺村　みつでらむら　第94号　2-105, 5-119, 5-289, 5-291
三峠　みつとうげ　第97号　2-121, 2-123
光長村　みつながむら　第181号　4-33
光永村（延岡領）　みつながむら　九州沿海図第3　4-202
三成川　みつなりがわ　第210号　4-170
三ツ子　みつね　第124号　3-42, 5-180
三根村　みつねむら　第105号　2-154, 5-135, 5-293
三根村外道　みつねむらそとみち　第105号　2-154
三ノ庄村　みつのしょうむら　第157号　5-210
三橋地方〔三橋〕　みつはしじがた　第120号　3-26, 5-145, 5-297, 5-300
三橋村　みつはしむら　第116号　2-202, 2-204, 5-161, 5-162
三ツ畑田　みつはただ　第161号　3-216, 5-203
三ツ濱〔ミツセ〕　みつはま　第187号　4-60, 5-223
光秀古城〔明智古城〕　みつひでこじょう　第133号　3-87, 5-174, 5-176
三淵村　みつぶちむら　第113号　2-186, 2-188, 5-155, 5-297
三星山　みつぼしやま　第121号　3-32
三（御）潴郡　みづまぐん　第188号　4-65, 4-66, 4-67, 4-68, 4-69, 5-231, 5-313
三股○〔三俣〕　みつまた　第77号　2-37, 5-115, 5-289
三俣村　みつまたむら　第111号　2-177, 2-178, 5-160, 5-298
三ツ俣村〔三俣村〕　みつまたむら　第125号　3-50, 5-174
三ツ松　みつまつ　第169号　3-251
三松村　みつまつむら　第122号　3-36, 5-173, 5-300
三松村細工　みつまつむらさいく　第122号　3-36
三溝村〔三溝〕　みつみぞむら　第188号　4-67, 5-231, 5-313
三峯村　みつみねむら　第188号　4-68, 5-231, 5-313
三峯村茶屋　みつみねむらちゃや　第188号　4-68
三峯山　みつみねやま　第102号　2-145
三津村　みつむら　第123号　3-38, 5-180
三津村　みつむら　第143号　3-135, 5-188
光村　みつむら　第150号　3-171, 5-189, 5-305
三津村　みつむら　第164号　3-229, 5-210, 5-211, 5-308
三津村〔三津〕　みつむら　第188号　4-67, 5-231,

5-313
三津村上　みつむらかみ　第188号　4-66
三津村山田　みつむらやまだ　第188号　4-67
三ツ森　みつもり　第173号　3-275
二〔三〕森　みつもり　第203号　4-137
三森　みつもり　九州沿海図第19　4-271
三森古城山　みつもりこじょうやま　第127号　3-59
三森村　みつもりむら　第64号　1-219, 5-89, 5-283, 5-286
三森村　みつもりむら　第141号　3-129, 5-183, 5-304, 5-306
三森村春　みつもりむらうすづく　第141号　3-129
三ツ谷○〔三谷〕　みつや　第34号　1-118, 5-54, 5-57, 5-279
三ツ屋新田（牧野大藏領分）　みつやしんでん　第95号　2-111, 5-116
三ツ谷新田〔三谷新田〕　みつやしんでん　第101号　2-140, 2-141, 5-126, 5-291
三柳村　みつやなぎむら　第118号　3-18, 5-166, 5-297
三柳村　みつやなぎむら　第155号　3-190, 5-189, 5-190, 5-305
三屋濱　みつやはま　第76号　2-31, 5-138
三津山　みつやま　第188号　4-67
三ツ屋村〔三ツ谷村〕　みつやむら　第120号　3-26, 5-145
三津屋村　みつやむら　第125号　3-49, 3-50, 5-174, 5-297, 5-300
三ツ家村　みつやむら　第125号　3-48, 3-50, 5-174, 5-297, 5-300, 5-301
三津屋村　みつやむら　第125号　3-48, 5-166
三津屋村　みつやむら　第135号　3-101, 5-178
三津屋村　みつやむら　第158号　3-205, 5-197, 5-214
三津屋村西古保志塚村入會　みつやむらにしこぼしづかむらいりあい　第125号　3-50
光行村　みつゆきむら　第188号　4-65, 5-231, 5-313
光吉村☆　みつよしむら　第181号　4-29, 4-33, 5-227
光吉村（御料）　みつよしむら　九州沿海図第3　4-202
見出川　みでがわ　第138号　3-117
御手槻神社　みてつきじんじゃ　第127号　3-56
御寺浦☆　みてら　第157号　5-210
三道　みどう　九州沿海図第3　4-203
御堂垣外村（内藤大和守領分）○　みどうがいとむら　第108号　2-164, 5-150, 5-296
御堂垣外村松倉　みどうがいとむらまつくら　第108号　2-164
御堂小シマ　みどうこじま　第164号　5-210
御堂村　みどうむら　第49号　1-167, 5-71, 5-282
御堂村（亀井輿十郎、雨宮宇右エ門知行所）　みどうむら　第94号　2-108, 5-121, 5-291
御堂村宮地　みどうむらみやち　第94号　2-108
御床島　みとこじま　第201号　4-122, 5-313
御床島　みとこじま　第205号　4-143, 5-321
御床村　みとこむら　第189号　4-70, 5-233, 5-241
見戸城埼　みとしろざき　第164号　3-229, 3-231
水度神社　みとじんじゃ　第133号　3-89
水戸峠　みととうげ　第126号　3-55, 5-175
三冨野○☆　みどの　第109号　2-171, 5-154, 5-296
緑埜郡　みどのぐん　第94号　2-105, 2-106, 2-107, 5-119, 5-291
三冨野宿金知屋　みどのじゅくかねちや　第109号　2-171
三冨野宿神戸　みどのじゅくごうど　第109号　2-171
三冨野宿在家　みどのじゅくざいけ　第109号　2-171
三冨野宿十二兼　みどのじゅくじゅうにかね　第109号　2-171
三冨野宿中津原　みどのじゅくなかつはら　第109号　2-171
三冨野宿和合　みどのじゅくわごう　第109号　2-171
水土野新田　みどのしんでん　第100号　2-132, 2-134, 5-126, 5-127
緑埜村　みどのむら　第94号　2-107
水戸邉村〔水戸辺村〕　みとべむら　第48号　1-162, 5-76, 5-78, 5-284
水戸邉村波傳谷〔水戸辺村波傳谷〕　みとべむらはでんや　第48号　1-162, 5-76, 5-78
三苫村〔三苫〕　みとまむら　第186号　4-53, 4-55, 5-223, 5-313
三戸村（水野右近知行所）　みとむら　第93号　2-101, 5-125, 5-291
三津村（御料所）　みとむら　第101号　2-141, 2-143, 5-128
見登村　みどむら　第156号　3-195, 5-208, 5-307
見登村帝釋　みどむらたいしゃく　第156号　3-195
見登村竹渡リ　みどむらたけわたり　第156号　3-195
水戸山　みとやま　第174号　5-216
味取　みとり　九州沿海図第18　4-268
緑井村　みどりいむら　第167号　3-241, 5-211, 5-213, 5-308
緑井村植竹　みどりいむらうえたけ　第167号　3-240
緑井村松原　みどりいむらまつばら　第167号　3-240
緑川　みどりかわ　第161号　3-216
線（緑）川　みどりかわ　第195号　4-93
緑川　みどりかわ　第195号　4-93
緑川　みどりかわ　九州沿海図第18　4-264, 4-266
緑川村白坂村〔緑川〕　みどりかわむらしらさかむら　第134号　3-97, 5-301
深泥池　みどろがいけ　第133号　3-87
真泥村　みどろむら　第130号　3-75, 5-167, 5-301
見土呂村〔見堂村〕　みどろむら　第136号　3-111, 5-182, 5-306
味泥村　みどろむら　第137号　3-112, 5-178
海土路村　みどろむら　第173号　3-274, 3-276, 5-213, 5-215
真泥村河原　みどろむらかわはら　第130号　3-75
真泥村小上野　みどろむらこううえの　第130号　3-75
皆江浦☆　みなえうら　第170号　3-261, 5-201, 5-311
皆江浦枝カレイ浦　みなえうらえだかれいうら　第170号　3-261
見長村　みながむら　第127号　3-59, 5-182, 5-304
皆賀村　みながむら　第167号　3-241, 5-211, 5-213, 5-308
皆川　みながわ　第136号　3-105
美奈宜神社　みなぎじんじゃ　第188号　4-64, 5-231
美袋村○　みなぎむら　第151号　3-177, 5-193, 5-307
三奈木村　みなぎむら　第187号　4-58, 5-230
三奈木村河原　みなぎむらかわはら　第187号　4-58
三奈木村長畑　みなぎむらながはた　第187号　4-58
水口（加藤能登守居城）○　みなくち　第129号　3-71, 3-73, 5-174, 5-301
身投石　みなげいし　第202号　4-125, 4-127, 4-128
身投石　みなげいし　長崎〔参考図〕　4-131, 4-133
ミナシマ　みなしま　第146号　3-157, 3-158
ミナ島　みなしま　第189号　4-73
三納代村平伊倉村〔三納代村、三納代〕　みなしろむらひらいくらむら　第185号　4-50, 5-244, 5-314
ミナセ　みなせ　第189号　4-73
皆瀬川　みなせがわ　第64号　1-221, 1-222, 5-75, 5-88
皆月村　みなづきむら　第85号　2-66, 5-143, 5-295
港　みなと　第169号　3-254, 3-256
湊浦　みなとうら　第86号　2-70, 5-144, 5-295
湊浦☆　みなとうら　第142号　3-134, 5-185, 5-306
湊浦⚠　みなとうら　第161号　3-213, 3-215, 5-202, 5-203, 5-311
湊浦　みなとうら　第174号　3-278
湊浦　みなとうら　九州沿海図第8　4-227
湊浦登立　みなとうらのぼりたて　第142号　3-134
湊川　みなとがわ　第137号　3-113, 5-184
湊川　みなとがわ　第160号　3-209
湊川　みなとがわ　第181号　4-30, 4-32
港川　みなとがわ　第198号　4-107
湊川　みなとがわ　第209号　4-167, 5-249, 5-261
湊川　みなとがわ　第210号　4-168
湊川　みなとがわ　九州沿海図第8　4-227
湊川　みなとがわ　九州沿海図第12　4-246
湊島　みなとじま　第196号　4-95
湊島　みなとじま　第196号　4-95
湊新田　みなとしんでん　第89号　2-81, 2-83, 5-122
湊谷村　みなとだにむら　第142号　3-133, 5-185, 5-303, 5-306
湊濱　みなとはま　第48号　1-162, 5-76
湊濱　みなとはま　第52号　1-180, 5-79
湊町○⚠　みなとまち　第75号　2-24, 5-99
湊町　みなとまち　第138号　3-120, 5-186, 5-303, 5-306
湊宮村☆　みなとみやむら　第123号　3-39, 5-180
湊宮村河内　みなとみやむらかつち　第123号　3-39
湊宮村山内　みなとみやむらさんない　第123号　3-39
湊村○　みなとむら　第44号　1-150, 5-68, 5-280
湊村　みなとむら　第89号　2-81, 2-83, 5-122, 5-290
湊村（天神山）（阿部駿河守領分）☆　みなとむら　第91号　2-96, 5-124, 5-290
湊村（水野壱岐守領分）⚠　みなとむら　第92号　2-99, 2-100, 5-124, 5-292
湊村　みなとむら　第102号　2-147, 5-129
湊村　みなとむら　第135号　3-103, 5-178, 5-301
湊村　みなとむら　第145号　3-153, 5-192
湊村　みなとむら　第146号　3-156, 5-185, 5-303, 5-306
湊村　みなとむら　第153号　3-186, 5-191
湊村☆　みなとむら　第178号　4-16, 5-222, 5-312
湊村　みなとむら　第186号　4-53, 4-55, 5-223, 5-313
湊村〔湊〕　みなとむら　第189号　4-71, 4-72, 5-234, 5-238, 5-241, 5-313
湊村　みなとむら　第192号　4-80, 5-239, 5-241, 5-320
湊村　みなとむら　第209号　4-162, 5-247, 5-261
湊村☆　みなとむら　九州沿海図第1　4-192, 4-193
湊村　みなとむら　九州沿海図第10　4-232
湊村○☆　みなとむら　九州沿海図第12　4-246
湊村(橋津)　みなとむら(はしづ)　第143号　3-136,

5-188, 5-305
湊村池之内　みなとむらいけのうち　第145号　3-153
湊村（江川湊）（花房仙次郎知行所）　みなとむらせ（えかわみなと）　第111号　2-179, 5-160, 5-298
湊村湊浦⚓　みなとむらみなとうら　第210号　4-168, 5-252, 5-261, 5-315, 5-317
ミナ子　みなね　第104号　2-151, 2-152
皆野村（阿部鎮丸領分）○　みなのむら　第94号　2-109, 5-121, 5-291
皆野村荒井　みなのむらあらい　第94号　2-109
皆野村大濵　みなのむらおおはま　第94号　2-109
皆野村小坂　みなのむらこさか　第94号　2-109
皆野村越　みなのむらこし　第94号　2-109
皆野村根岸　みなのむらねぎし　第94号　2-109
南朝夷村（大岡主膳正領分）〔朝夷〕　みなみあさいむら　第92号　2-99, 2-100, 5-124, 5-292
南新屋村（本多豊前守領分）　みなみあらやむら　第107号　2-159
南有路村　みなみありじむら　第127号　3-57
南有馬村浦田名〔南有馬村、南有馬〕　みなみありまむらうらだみょう　第202号　4-123, 5-233, 5-236, 5-315
南有馬村大江〔南有馬〕　みなみありまむらおおえ　第202号　4-123, 5-315
南有馬村北岡名〔南有馬〕　みなみありまむらきたおかみょう　第202号　4-123, 5-315
南有馬村白木野名〔南有馬〕　みなみありまむらしらきのみょう　第202号　4-123, 5-315
南有馬村古薗名〔南有馬〕　みなみありまむらふるぞのみょう　第202号　4-123, 5-315
南有馬村吉川名〔南有馬〕　みなみありまむらよしかわみょう　第202号　4-123, 5-315
南安東村　みなみあんとうむら　第107号　2-157, 2-159, 5-129, 5-298
南池村　みなみいけむら　第141号　3-130
南石垣村〔石垣〕　みなみいしがきむら　第181号　4-29, 4-31, 5-227, 5-312
南石垣村　みなみいしがきむら　九州沿海図第3　4-203
南糸岐村〔糸岐〕　みなみいときむら　第201号　4-119, 5-236, 5-315
南糸岐村陣内　みなみいときむらえだじんのうち　第201号　4-119
南糸岐村破瀬浦　みなみいときむらはせうら　第201号　4-119
南浦村　みなみうらむら　第199号　4-112, 5-248, 5-261, 5-316
南浦村　みなみうらむら　第208号　4-156, 4-158, 5-247, 5-315
南浦村　みなみうらむら　九州沿海図第9　4-230
南浦村枝内之浦村　みなみうらむらえだうちのうらむら　第199号　4-110, 4-112
南浦村枝内之浦村☆　みなみうらむらえだうちのうらむら　九州沿海図第9　4-230
南浦村永池　みなみうらむらながいけ　第208号　4-156, 4-158
南榎原村（大口駅）○☆　みなみえのきはらむら（おおくちえき）　第208号　4-157, 5-250, 5-315
南江間村　みなみえまむら　第101号　2-141, 2-143
南大河原村　みなみおおかわらむら　第134号　3-94, 5-167, 5-301
南大草野村〔南大草野〕　みなみおおくさのむら　第190号　4-76, 5-234, 5-313
南奥田村〔奥田〕　みなみおくだむら　第116号　2-207, 5-163, 5-299
南小河内村（御料所）〔小河内〕　みなみおごうちむら　第108号　2-165, 5-150, 5-296
南小河内山　みなみおごうちやま　第108号　2-165
南音羽村〔南音羽村〕　みなみおとわむら　第134号　3-97, 3-98, 5-177
南熊村　みなみがくまむら　第143号　3-135, 5-188
南笠置村〔笠置〕　みなみかさぎむら　第134号　3-95, 5-176, 5-301
南笠置村笠置新田　みなみかさぎむらかさぎしんでん　第134号　3-95
南笠置村五軒屋　みなみかさぎむらごけんや　第134号　3-95
南笠村　みなみがさむら　第133号　3-86, 5-174, 5-176, 5-301
南方　みなみかた　九州沿海図第20　4-277
南方中村　みなみかたなかむら　第144号　3-145, 5-192, 5-305, 5-307
南方中村小迫　みなみかたなかむらこざこ　第144号　3-145
南片邉村〔片邉〕　みなみかたべむら　第75号　2-25, 5-99, 5-287
南方村　みなみかたむら　第85号　2-68, 5-142, 5-295
南方村　みなみかたむら　第184号　4-44, 5-229, 5-314
南方村　みなみかたむら　第185号　4-49, 4-51, 5-244, 5-314
南方村　みなみかたむら　第198号　4-107, 5-248, 5-316
南方村　みなみがたむら　第143号　3-137, 3-138
南方村　みなみがたむら　第145号　3-152, 5-192, 5-307
南方村　みなみがたむら　第145号　3-153, 5-192
南方村　みなみがたむら　第153号　3-187, 5-191
南方村　みなみがたむら　第164号　5-210, 5-307, 5-308
南方村　みなみがたむら　第178号　4-13, 4-15
南方村楊村（綾）☆　みなみかたむらあやぎむら（あや）　第185号　4-51
南方村岡本門　みなみかたむらおかもとかど　第184号　4-44
南方村金谷　みなみかたむらかなや　第198号　4-107
南方村藏田〔南方〕　みなみがたむらくらた　第153号　3-187, 5-305
南方村五ケ所村　みなみかたむらごかしょむら　第185号　4-51
南方村小峯門　みなみかたむらこみねかど　第184号　4-44
南方村下井牟田　みなみかたむらしもいむた　第198号　4-107
南方村下水流　みなみかたむらしもずる　第185号　4-48, 4-50
南方村下千野　みなみかたむらしもちの　第198号　4-107
南方村新屋敷　みなみかたむらしんやしき　第185号　4-51
南方村杉安　みなみかたむらすぎやす　第185号　4-49, 4-51
南方村高野門　みなみかたむらたかのかど　第184号　4-44
南方村立野　みなみかたむらたての　第185号　4-49
南方村福浦　みなみがたむらふくうら　第153号　3-187
南方村舩原　みなみがたむらふなばる　第178号　4-13, 4-15
南方村細見門　みなみかたむらほそみかど　第184号　4-44
南方村舞野門　みなみかたむらまいのかど　第184号　4-44
南方村元町村〔南方村〕　みなみかたむらもとまちむら　第185号　4-51, 5-244
南方山　みなみかたやま　第128号　3-65
南方山　みなみかたやま　第185号　5-245
南方山　みなみかたやま　第197号　4-102
南椛島村枝伊福貴村〔南椛島村〕　みなみかばしまむらえだいふきむら　第207号　4-152, 5-243
南川　みなみかわ　第125号　5-166
南川　みなみかわ　第125号　5-174
南川　みなみかわ　第200号　4-118, 5-250
南木倉村　みなみきのくらむら　第195号　4-92, 5-232
南木倉村西木倉　みなみきのくらむらにしきのくら　第195号　4-92
南串山村荒牧名〔南串山村、南串山〕　みなみくしやまむらあらまきみょう　第202号　4-123, 4-124, 5-236, 5-315
南串山村尾登名〔南串山〕　みなみくしやまむらおのぼりみょう　第202号　4-123, 4-124, 5-315
南串山村京泊名 岡分〔南串山〕　みなみくしやまむらきょうどまりみょうおかぶん　第202号　4-123, 4-124, 5-315
南郡　みなみぐん　第137号　3-116, 5-178
南幸田村　みなみこうだむら　第145号　3-152, 3-154, 5-192
南幸田村ツキワタリ☆〔幸田〕　みなみこうだむらつきわたり　第145号　3-152, 3-154, 5-307
南郷村（本多豊後守）　みなみごうむら　第81号　2-50, 2-52, 5-146, 5-294
南古都村　みなみこずむら　第145号　3-152, 5-192
南小松村☆〔小松〕　みなみこまつむら　第125号　3-51, 5-174, 5-300
南五味塚村〔五味塚〕　みなみごみつかむら　第129号　3-66, 3-68, 5-163, 5-166, 5-299
南齊田村〔齊田〕　みなみさいたむら　第142号　3-133, 5-187, 5-303, 5-306
南崎　みなみざき　第202号　4-127, 4-128
南﨑　みなみざき　長崎〔参考図〕　4-131
南佐木村〔佐木〕　みなみさきむら　第166号　3-235, 5-209, 5-212, 5-308
南塩屋浦　みなみしおやうら　第139号　3-123, 5-186
南志賀村　みなみしがむら　第133号　3-87, 5-174, 5-176
南シマ　みなみじま　第196号　4-95
南シマ　みなみじま　第196号　4-95
南島村　みなみしまむら　第135号　3-101, 5-178
南島村　みなみじまむら　第193号　4-85, 4-86, 5-232, 5-312, 5-315
南嶋村　みなみじまむら　九州沿海図第18　4-268
南島村内曲　みなみじまむらうちまがり　第193号　4-85, 4-86
南島村北畑　みなみじまむらきたはた　第193号　4-85, 4-86
南下村（御料所、戸川筑前守、松平幸吉、沢主税助知行所）〔下村〕　みなみしもむら　第94号　2-105, 5-119, 5-289
南十番村下島村北十番村八番村入會（御料所）〔十番〕　みなみじゅうばんむらしもしまむらきたじゅうばんむらはちばんむらいりあい　第135号　3-101, 5-178, 5-301
南宮村〔南宿〕　みなみじゅくむら　第118号　3-18, 5-166, 5-297
南庄両村　みなみしょうりょうむら　第144号　3-145, 5-192
南庄両村今岡　みなみしょうりょうむらいまおか　第144号　3-145
南庄両村繩手　みなみしょうりょうむらなわて　第144号　3-145
南新開村　みなみしんがいむら　第188号　4-68, 5-

231
南新開村黒崎　みなみしんがいむらくろさき　第188号　4-68
南新田　みなみしんでん　第135号　3-101, 5-178
南新保村　みなみしんぼむら　第125号　3-49, 5-174
南杉田○〔南杦田、杦田〕　みなみすぎた　第56号　1-194, 5-103, 5-288
南菅生浦〔菅生〕　みなみすごううら　第120号　3-27, 5-145, 5-300
南瀬　みなみぜ　第205号　4-144
南瀬村〔瀬村〕　みなみせむら　第192号　4-82, 5-240, 5-241, 5-320
南薗部村　みなみそのべむら　第88号　2-79
南大道村（仙石大和守知行所）　みなみだいどうむら　第135号　3-101, 5-178
南田井村　みなみたいむら　第127号　3-59, 3-61
南高瀬村　みなみたかせむら　第180号　4-27
南田代村　みなみたしろむら　第195号　4-92, 5-232
南田代村八勢　みなみたしろむらやせ　第195号　4-92
南谷川　みなみだたにがわ　第118号　3-19, 3-21
南舘村（秋元左エ門佐領分）　みなみだてむら　第66号　1-228, 1-229, 5-92, 5-285
南田中村（御料所）　みなみたなかむら　第97号　2-122, 2-123, 5-117
南谷川　みなみたにがわ　第133号　5-176
南谷村　みなみだにむら　第143号　3-136, 5-188, 5-305
南田村　みなみだむら　第194号　4-89, 5-232, 3-314
南多良村〔多良〕　みなみたらむら　第201号　4-119, 5-234, 5-315
南津田村　みなみつだむら　第125号　3-51, 5-174
南出村　みなみでむら　第130号　3-75, 3-77
南道村☆〔道村〕　みなみどうむら　第139号　3-122, 5-171, 5-303, 5-306
南殿原村　みなみとのはらむら　第136号　3-109, 5-182
南殿村　みなみとのむら　第108号　2-165, 5-150
南外山村〔外山〕　みなみとやまむら　第114号　2-194, 5-159, 5-297
南酉島新田　みなみとりしましんでん　第135号　3-101, 5-178
南永井村〔永井〕　みなみながいむら　第134号　3-95, 3-97, 5-176, 5-177, 5-301
南長沼村（岡野淡路守、櫻井庄之助知行所）〔長沼〕　みなみながぬまむら　第107号　2-156, 2-158, 5-129, 5-298
南長野村　みなみながのむら　第130号　3-74, 5-167
南長野村観音寺垣内　みなみながのむらえだかんのんじかいと　第130号　3-74
南長野村枝豊後垣内　みなみながのむらえだぶんごかいと　第130号　3-74
南長太村〔長太〕　みなみなごむら　第129号　3-68, 5-163, 5-299
南名護屋村　みなみなごやむら　第101号　2-140
南根田○　みなみねだ　第68号　1-238, 1-240, 5-106, 5-288
南頬村　みなみのかわむら　第118号　3-18, 5-166
南之郷村　みなみのごうむら　第118号　3-20, 5-166, 5-297
南野中　みなみのなか　第145号　5-306
南野中村　みなみのなかむら　第144号　3-142, 5-183
南野村　みなみのむら　第115号　2-197, 2-199, 5-159, 5-297, 5-299
南野村　みなみのむら　第146号　3-156, 5-187, 5-303, 5-306
南萩原村〔萩原〕　みなみはぎわらむら　第136号　3-107, 3-110, 5-182, 5-306
南走潟村　みなみはしりがたむら　第195号　4-93, 5-233
南走潟村　みなみはしりがたむら　九州沿海図第18　4-264
南長谷村　みなみはせむら　第53号　1-184, 5-80, 5-284
南畠敷村　みなみはたじきむら　第163号　3-224, 3-226, 5-208
南畠敷村掛原　みなみはたじきむらかけはら　第163号　3-224, 3-226
南畠敷村鳥居ケ瀬　みなみはたじきむらとりいがせ　第163号　3-224, 3-226
南畑村　みなみはたむら　第135号　3-100, 5-176, 5-177, 5-178
南濵村　みなみはまむら　第125号　3-48, 5-166, 5-297, 5-300
南濵村　みなみはまむら　第126号　3-53, 5-174
南濱村　みなみはまむら　第135号　3-101, 5-178
南原村（真田弾正大弼）　みなみはらむら　第81号　2-53, 5-146, 5-294
南原村　みなみばるむら　第178号　4-15, 5-222, 5-312
南原村　みなみばるむら　九州沿海図第1　4-191, 4-193
南半田村〔半田〕　みなみはんだむら　第53号　1-186, 5-81, 5-285
南日詰村　みなみひづめむら　第50号　1-171, 5-73, 5-74, 5-282
南平　みなみひら　九州沿海図第19　4-272, 4-274
南平澤村〔南平沢村、平沢〕　みなみひらさわむら　第62号　1-211, 5-87, 5-283
南比良村〔比良〕　みなみひらむら　第126号　3-52, 3-53, 5-174, 5-300
南廣瀬村　みなみひろせむら　第133号　3-91, 5-175, 5-300, 5-301
南福崎村　みなみふくさきむら　第129号　3-66, 5-166, 5-299
南舟路村〔舩路〕　みなみふなみちむら　第126号　3-53, 5-174, 5-300, 5-301
南洞　みなみほら　第96号　2-117
南本所出村　みなみほんじょでむら　第90号　2-84
南前川村〔前川〕　みなみまえがわむら　第121号　3-32, 5-172, 5-300
南松野村市場（曽我伊賀守）　みなみまつのむらいちば　第100号　2-135, 2-138, 5-127
南松野村柳田　みなみまつのむらやなぎだ　第100号　2-135, 2-138
南村　みなみむら　第84号　2-62, 2-64, 5-143
南村　みなみむら　第127号　3-59
南村　みなみむら　第141号　3-128
三並村　みなみむら　第187号　4-59
南矢加部村　みなみやかべむら　第188号　4-68, 5-231
南八木村　みなみやぎむら　第134号　3-97, 3-98, 5-177, 5-301
南山　みなみやま　第141号　3-128
南山田村　みなみやまだむら　第133号　3-87, 5-174, 5-176, 5-301
南山田村〔山田〕　みなみやまだむら　第141号　3-128, 5-182, 5-306
南山村　みなみやまむら　第189号　4-72, 5-234, 5-238, 5-241, 5-313
南山村玉島　みなみやまむらたましま　第189号　4-72
南由良村　みなみゆらむら　第127号　3-59
南吉田村〔吉田〕　みなみよしだむら　第168号　3-247, 3-249, 5-214, 5-311
南若松村〔若松〕　みなみわかまつむら　第129号　3-69, 5-163, 5-299
南脇村　みなみわきむら　第111号　2-181, 5-161
南割追引　みなみわりおいびき　第108号　2-163
三成川　みなりかわ　第210号　5-254, 5-261
美成村　みなりむら　第143号　3-135, 3-137
三縄村　みなわむら　第208号　4-158, 5-247, 5-315, 5-316
三縄村　みなわむら　九州沿海図第17　4-261
三縄村枝胡桃川　みなわむらえだくるみがわ　九州沿海図第17　4-261
三縄村胡桃川　みなわむらくるみがわ　第208号　4-158
峯ケ﨑　みねがさき　九州沿海図第12　4-243
峯岸村（大関伊豫守領分）　みねぎしむら　第68号　1-240, 5-106, 5-288
峯岸村　みねぎしむら　第88号　2-78
美禰郡　みねぐん　第176号　3-288, 3-290, 3-291, 3-293, 5-219
美禰郡　みねぐん　第177号　3-296, 5-219
三根郡　みねぐん　第188号　4-65, 4-66, 5-231, 5-313
峯越村　みねこしむら　第182号　4-35, 4-36, 5-227, 5-312, 5-314
峯越村　みねこしむら　九州沿海図第21　4-279
峯越村小倉　みねこしむらおくら　第182号　4-35, 4-36
峯越村古屋敷　みねこしむらふるやしき　第182号　4-35, 4-36
ミ子サキ　みねさき　第211号　4-173, 4-176
峯堂山　みねどうやま　第133号　3-90
岑ノ﨑〔峯ヶ崎、御﨑〕　みねのさき　第210号　4-171, 5-254, 5-261, 5-317
峯村　みねむら　第102号　2-146
嶺村（曽我伊賀守陣屋）　みねむら　第107号　2-156, 5-129, 5-298
峯村　みねむら　第107号　5-298
峯村　みねむら　第110号　2-176, 5-158, 5-161
三根村　みねむら　第192号　4-81, 5-239, 5-241, 5-320
峯村赤川〔峯村〕　みねむらあかがわ　第163号　3-224, 5-208, 5-307
嶺山　みねやま　第32号　1-109, 5-56
峯山　みねやま　第98号　2-126, 5-117, 5-127
峯山（京極周防守在所）○　みねやま　第123号　3-39, 5-180, 5-304
峯吉川村　みねよしかわむら　第63号　1-214, 5-88, 5-283
美濃一山　みのいちやま　第113号　2-189, 5-156
美囊郡　みのうぐん　第136号　3-107, 3-111, 5-182, 6-306
三納村　みのうむら　第185号　4-49, 4-51
三納山ノ内 尾泊〔尾泊〕　みのうやまのうちおどまり　第185号　4-49, 5-244, 5-314
蓑浦☆　みのうら　第120号　3-25, 3-27, 5-145
蓑浦村〔蓑浦〕　みのうらむら　第152号　3-184, 5-196, 5-307
箕浦村〔箕〕　みのうらむら　第153号　3-186, 5-191, 5-305
蓑浦村關屋　みのうらむらせきや　第152号　3-184
箕面山之内滝安寺　みのおさんのうちりゅうあんじ　第133号　3-93
箕面瀧　みのおのたき　第133号　3-93, 5-178, 5-301
南尾村　みのおむら　第123号　3-41, 5-180
箕面山　みのおやま　第133号　3-93
簑掛島　みのかけじま　第102号　2-147

箕形村　みのかたむら　第192号　4-81, 4-82, 5-239, 5-240, 5-241
水上村　みのかみむら　第124号　3-42, 3-44, 5-180
水口村　みのくちむら　第150号　3-170
御野郡　みのぐん　第145号　3-153, 5-192, 5-307
三野郡　みのぐん　第152号　3-182, 3-183, 5-195, 5-307
美濃郡　みのぐん　第172号　3-270, 5-216, 5-308
美濃郡　みのぐん　第174号　3-278, 5-216
簑毛村（揖斐與右エ門知行所）　みのげむら　第99号　2-128, 5-126, 5-291
簑毛村小林　みのげむらこばやし　第99号　2-128
簑毛村元宿　みのげむらもとじゅく　第99号　2-128
美濃崎〔ミノ崎〕　みのざき　第181号　4-30, 5-226, 5-312
美濃崎　みのざき　九州沿海図第3　4-200
箕島〔蓑島〕　みのしま　第157号　5-195, 5-307
美島　みのしま　第164号　3-229
簑嶋　みのしま　第178号　4-14, 4-16, 5-222, 5-312
箕嶋　みのしま　第201号　4-120, 5-236, 5-313
簑嶋　みのしま　九州沿海図第1　4-192
美濃島　みのじま　第157号　3-203, 5-197, 5-210
箕島浦　みのしまうら　第139号　3-121, 5-186
水内郡　みのちぐん　第81号　2-50, 2-52, 5-138, 5-294
水内村　みのちむら　第151号　3-177
美濃國〔美濃〕　みののくに　第110号　2-173, 5-155
美濃國〔美濃〕　みののくに　第113号　2-186, 2-187, 2-188, 5-155, 5-297
美濃國〔美濃〕　みののくに　第114号　2-193, 2-194, 5-155
美濃國〔美濃〕　みののくに　第118号　3-16, 3-17, 3-18, 3-19, 3-20, 3-21, 5-155, 5-297
耳原村　みのはらむら　第133号　3-93, 5-178, 5-301
身延山久遠寺　みのぶさんくおんじ　第100号　2-137, 5-127
身延塩沢　みのぶしおざわ　第100号　2-137, 2-139
身延七面山〔七面山〕　みのぶしちめんざん　第100号　2-137, 2-139, 5-151, 5-296
身延町☆　みのぶまち　第100号　2-137, 2-139, 5-127, 5-296
見延　みのべ　第151号　3-176, 5-193
三野村　みのむら　第145号　3-153, 5-192, 5-307
美濃村　みのむら　第190号　4-75, 4-76, 5-234
美濃村立海　みのむらりゅうかい　第190号　4-75, 4-76
簑山　みのやま　第94号　2-109
蓑和島村　みのわじまむら　第77号　2-35, 5-113, 5-115
箕輪村（井上内膳正領分）　みのわむら　第88号　2-77, 5-120, 5-291
箕輪村　みのわむら　第145号　3-152
御墓山　みはかやま　第112号　2-183, 2-184, 5-153
三花寺村　みはなじむら　第187号　5-223
三濱村　みはまむら　第122号　3-35, 3-37, 5-173, 5-304
御原　みはら　第133号　3-87
三原○☆　みはら　第157号　5-210, 5-307
三原　みはら　第174号　3-279
三原郡　みはらぐん　第138号　3-119, 5-184, 5-303, 6-306
三原郡　みはらぐん　第142号　3-132, 3-134, 5-184, 5-303, 5-306
御原郡　みはらぐん　第187号　4-59, 4-63
御原郡　みはらぐん　第188号　4-64, 4-65, 4-66
三原村　みはらむら　第123号　3-41, 5-180, 5-304
三原村☆　みはらむら　第166号　3-235, 5-209, 5-212, 5-308
三原村下三原　みはらむらしもみはら　第123号　3-41
三原山　みはらやま　第102号　2-145, 2-148, 5-132
三原山　みはらやま　第105号　2-154, 5-135
三吹村　みふきむら　第98号　2-125, 5-150, 5-296
三吹村下組　みふきむらしもぐみ　第98号　2-125
三福村（能勢栄太郎、能勢新五郎、三宅傳左エ門、高田兵庫、武島四郎左エ門、久野金之亟知行所）　みふくむら　第101号　2-141, 2-143, 5-128
三福村山口　みふくむらやまぐち　第101号　2-141, 2-143
壬生寺　みぶでら　第133号　3-87, 3-90
御舩　みふね　九州沿海図第18　4-265
御舟川　みふねがわ　第195号　4-92
御船町村　みふねまちむら　第195号　4-92
三船村☆　みふねむら　第203号　4-138, 5-251
三船村☆　みふねむら　九州沿海図第14　4-252, 4-253
壬生村　みぶむら　第133号　3-87, 3-90, 5-174, 5-176
壬生村　みぶむら　第144号　3-141
三保関☆⚓　みほがせき　第155号　3-190, 5-189, 5-190, 5-305
三保ノ関佐井野　みほがせきさいの　第155号　3-190
三星村　みぼしむら　第174号　3-278, 5-216, 5-308
三星村大滝　みぼしむらおおたき　第174号　3-278
三保社　みほしゃ　第107号　2-156, 2-158
三保松原　みほのまつばら　第107号　2-156, 2-158
三保ノ谷村　みほのやむら　第88号　2-79
三保ノ谷村山ケ谷戸村入會　みほのやむらやまがいとむらいりあい　第88号　2-78
三保村（神領）　みほむら　第107号　2-156, 2-158, 5-129, 5-298
御堀村　みほりむら　第176号　3-290, 5-219, 5-312
御堀村枝長野村　みほりむらえだながのむら　第175号　3-285
御堀村枝矢田村　みほりむらえだやたむら　第176号　3-290
見本山　みほんやま　第156号　3-194
御厩野川　みまいのがわ　第113号　2-186, 2-187
御厩野村　みまいのむら　第113号　2-186, 2-187, 5-155, 5-297
御馬下村　みまげむら　九州沿海図第18　4-266
御馬下村馬出〔御馬下村、馬場〕　みまげむらまいだし　第193号　4-85, 4-86, 5-232, 5-314
美作國〔美作〕　みまさかのくに　第128号　3-65, 5-188
美作國〔美作〕　みまさかのくに　第143号　3-138, 5-188, 5-305
美作國〔美作〕　みまさかのくに　第144号　3-140, 3-141, 3-146, 3-147, 5-188, 5-305
美作國　みまさかのくに　第150号　3-170, 3-172, 3-173, 3-174, 5-188, 5-305
三間坂村〔三間坂〕　みまさかむら　第190号　4-76, 5-234, 5-313
三間坂村泉原　みまさかむらいずみばる　第190号　4-76
三間坂村津々良　みまさかむらつづら　第190号　4-76
三間坂村鶴原　みまさかむらつるばる　第190号　4-76
三間坂村山浦　みまさかむらやまうら　第190号　4-76
御疊瀬浦　みませうら　第159号　3-206, 3-207, 3-208, 5-200
三俣村　みまたむら　第127号　3-56, 3-58, 5-182
三又村　みまたむら　第141号　3-128
三俣村上安塲　みまたむらかみやすば　第127号　3-56, 3-58
御馬寄村（牧野大藏領分）　みまよせむら　第95号　2-112, 2-113, 5-116, 5-296
耳カ子鼻　みみかねばな　第186号　4-55
耳毛〔耳毛シマ〕　みみけ　第161号　3-216, 5-203
耳毛島　みみけじま　第171号　3-266, 5-203
美々津川　みみつがわ　第184号　5-244
美々津川　みみつがわ　第194号　4-91, 5-245
美々津川　みみつがわ　九州沿海図第7　4-220
耳常神社〔耳常社〕　みみつねじんじゃ　第129号　3-67, 5-166
美々津町○　みみつまち　九州沿海図第7　4-220
耳無山　みみなしやま　第134号　3-97
耳ホケシマ　みみほけじま　第183号　4-43
耳ホゲシマ　みみほげじま　九州沿海図第6　4-216
三牟田村　みむたむら　第187号　4-59
三室戸寺　みむろどじ　第133号　3-87, 3-89
三室村☆　みむろむら　第84号　2-62, 2-64, 5-142, 5-295
三室村　みむろむら　第133号　3-89, 5-176
三室村　みむろむら　第202号　4-124, 5-236
御室門前〔御室〕　みむろもんぜん　第133号　3-90, 5-175, 5-176, 5-301
三室山　みむろやま　第195号　4-92, 5-232
三囲稲荷　みめぐりいなり　第90号　2-84
見目村　みめむら　第179号　4-23, 5-225, 5-312
見目村（延岡領）　みめむら　九州沿海図第2　4-199
見目村髙島〔高島〕　みめむらたかしま　第179号　4-23, 5-312
宮一色村　みやいっしきむら　第107号　2-156, 2-158, 5-129
宮内古城　みやうちこじょう　第124号　3-42, 3-44
宮内村　みやうちむら　第76号　2-28, 5-112, 5-113, 5-287
宮内村　みやうちむら　第124号　3-42, 3-44, 5-180, 5-304
宮内村　みやうちむら　第128号　3-62
宮内村（池田主水知行所）　みやうちむら　第141号　3-129
宮内村　みやうちむら　第143号　3-136, 5-188, 5-305
宮内村　みやうちむら　第145号　3-153, 5-192
宮内村（吉備津社領）　みやうちむら　第151号　3-178, 5-192
宮内村　みやうちむら　第155号　3-190, 3-192, 5-189, 5-190
宮内村　みやうちむら　第156号　3-195, 3-197
宮内村　みやうちむら　第157号　5-195, 5-307
宮内村　みやうちむら　第162号　3-218, 5-190, 5-204, 5-305
宮内村　みやうちむら　第167号　3-241, 3-243, 5-211, 5-213, 5-308
宮内村串戸　みやうちむらくしど　第167号　3-241, 3-243
宮内村佐原田　みやうちむらさばらでん　第167号　3-241, 3-243
宮内村新屋敷　みやうちむらしんやしき　第167号　3-241, 3-243

宮内村砂原　みやうちむらすなわら　第167号　3-241, 3-243
宮内村畑口組　みやうちむらはたぐちぐみ　第167号　3-241, 3-243
宮内村向畑　みやうちむらむかいはた　第151号　3-178
宮内山　みやうちやま　第123号　3-41
宮海村　みやうみむら　第70号　1-247, 5-91, 5-285, 5-286
宮浦☆⏃　みやうら　第141号　3-127, 5-185
宮浦　みやうら　第187号　4-61, 5-233, 5-313
宮浦小宮浦　みやうらこみやうら　第201号　4-121
宮浦村　みやうらむら　第75号　2-25, 2-27, 5-99, 5-287
宮浦村　みやうらむら　第164号　3-228, 5-210
宮浦村　みやうらむら　第187号　4-59, 4-62, 5-223, 5-231
宮浦村　みやうらむら　第187号　4-61, 5-233
宮浦村秋光　みやうらむらあきみつ　第187号　4-59, 4-62
宮浦村木山口　みやうらむらきやまぐち　第187号　4-59, 4-62
宮浦村深底　みやうらむらふかそこ　第187号　4-59, 4-62
宮尾　みやお　九州沿海図第18　4-269
宮尾村　みやおむら　第122号　3-34, 3-36, 5-173, 5-300
宮尾村　みやおむら　第144号　3-145, 5-192, 5-305
宮尾村　みやおむら　第178号　4-17, 5-222, 5-312
宮尾村中須賀　みやおむらなかすか　第144号　3-145
宮ケ崎　みやがさき　第48号　1-163, 5-78
宮ケ濵　みやがはま　九州沿海図第10　4-237
宮上村　みやかみむら　第101号　2-140, 5-126
宮上村（天野三郎兵エ知行所）〔宮ノ上村、宮上〕　みやかみむら　第101号　2-140, 2-142, 5-128, 5-298
宮上村泉　みやかみむらいずみ　第101号　2-140
宮上村枝稲村　みやかみむらえだいなむら　第101号　2-140
宮上村湯ケ原（温泉）〔湯ケ原〕　みやかみむらゆがわら　第101号　2-140, 5-126, 5-291
宮ケ谷塔村（御料所）　みやがやとうむら　第88号　2-78, 5-120
宮川　みやかわ　第112号　2-183, 2-184, 5-153
宮川　みやかわ　第117号　3-13, 5-163, 5-299
宮川　みやかわ　第144号　3-144
宮川（井伊兵部少輔領分）○　みやがわ　第76号　2-29, 5-112
宮川村（松平大和守領分）　みやがわむら　第93号　2-101, 5-125
宮川村　みやがわむら　第133号　3-91, 5-175
宮城郡　みやぎぐん　第52号　1-181, 1-182, 5-79
宮城野村　みやぎのむら　第99号　2-131, 5-126, 5-291
宮城野村木賀（温泉）　みやぎのむらきが　第99号　2-131
宮城野村二ノ平　みやぎのむらにのたいら　第99号　2-131
宮木村　みやきむら　第96号　2-119
宮木村　みやきむら　第100号　2-137
宮城村（御料所）　みやぎむら　第90号　2-84, 5-120, 5-123
宮城村（石川八十郎知行所）　みやぎむら　第92号　2-99, 2-100, 5-124, 5-292
宮窪村　みやくぼむら　第164号　5-210
宮熊村　みやくまむら　第179号　4-19, 5-225, 5-312
宮熊村　みやくまむら　九州沿海図第2　4-194
ミヤケシマ　みやけしま　第141号　3-127
三宅村　みやけむら　第120号　3-24, 5-145
三宅村　みやけむら　第123号　3-38
三宅村　みやけむら　第128号　3-62, 5-181
三宅村　みやけむら　第172号　3-269, 5-216
三宅村（御料所）　みやけむら　第185号　4-49, 4-51, 5-244, 5-314
三宅村　みやけむら　第187号　4-60, 4-62, 5-223
三宅村赤池　みやけむらあかいけ　第185号　4-51
三宅村枝笹元　みやけむらえださささもと　第185号　4-49
三宅村堂原　みやけむらどうばる　第187号　4-60, 4-62
三宅山　みやけやま　第128号　3-62
宮古　みやこ　第46号　1-156, 5-70, 5-282
宮河内村　みやごうちむら　九州沿海図第3　4-202
宮河内村金屋　みやごうちむらかなや　第181号　4-33
宮河内村毛井新田　みやごうちむらけいしんでん　第181号　4-33
宮河内村大〔火〕振　みやごうちむらひぶり　第181号　4-33
宮河内村宮谷　みやごうちむらみやだに　第181号　4-33
宮河内村山嵜　みやごうちむらやまざき　第181号　4-33
宮古鍬ケ崎湊☆⏃〔鍬ヶ崎〕　みやこくわがさきみなと　第46号　1-156, 5-70, 5-282
京都郡　みやこぐん　第178号　4-13, 4-14, 4-15, 4-16, 5-222, 5-312
京都郡　みやこぐん　九州沿海図第1　4-193
都郡古城　みやこぐんふるじょう　第185号　5-244
都島　みやこじま　第52号　1-180
宮子シマ　みやこじま　第190号　4-77
宮小シマ　みやこじま　第201号　4-122
宮小島　みやこじま　第203号　4-137, 4-139
宮小ジマ　みやこじま　第207号　4-151, 4-153
宮小シマ　みやこじま　九州沿海図第19　4-271
ミヤコ巣山　みやこすやま　第111号　2-181
宮古村　みやこむら　第130号　3-74, 3-77, 5-163, 5-167, 5-301
宮坂☆　みやさか　九州沿海図第10　4-235
宮坂村　みやさかむら　第83号　2-57, 5-141, 5-295
宮盛浦　みやざかりうら　第164号　3-231, 5-211
宮﨑（御料所）○☆　みやざき　第66号　1-227, 5-92, 5-285
宮崎　みやざき　第131号　3-79, 3-80
宮崎　みやざき　第139号　3-121, 5-186, 5-303, 5-306
宮崎　みやざき　第145号　3-151, 3-154
宮崎　みやざき　第145号　3-154
宮崎　みやざき　第151号　3-181
宮崎　みやざき　第158号　3-204
宮埼　みやざき　第164号　3-231
宮崎〔宮サキ〕　みやざき　第189号　4-71, 5-234, 5-238, 5-241
宮嵜　みやざき　第189号　4-74
宮崎　みやざき　第202号　4-127, 4-128
宮嵜　みやざき　第203号　4-139
宮崎　みやざき　第207号　4-154
宮崎〔宮サキ〕　みやざき　第210号　4-171, 5-254, 5-261
宮崎　みやざき　九州沿海図第12　4-243
宮崎　みやざき　九州沿海図第19　4-271
宮崎　みやざき　長崎〔参考図〕　4-129, 4-131
宮崎郡　みやざきぐん　第185号　4-50, 4-52, 5-314, 5-316
宮崎郡　みやざきぐん　九州沿海図第7　4-222
宮崎村　みやざきむら　第82号　2-54, 5-139, 5-294
宮崎村（長谷川主膳正知行所）　みやざきむら　第95号　2-110, 5-116, 5-119, 5-291
宮崎村☆〔宮﨑村〕　みやざきむら　第116号　2-201, 2-206, 5-162, 5-299
宮崎村　みやざきむら　第164号　5-210, 5-307, 5-311
宮崎村　みやざきむら　第181号　4-29, 4-33, 5-226, 5-312
宮崎村（延岡領）　みやざきむら　九州沿海図第3　4-202
宮嵜村枝鐘打　みやざきむらえだかねうち　第95号　2-110
宮迫村　みやさこむら　第166号　3-236, 5-209, 5-212, 5-308
宮迫村　みやさこむら　第182号　4-35, 5-227, 5-312, 5-314
宮迫村　みやさこむら　九州沿海図第21　4-281
宮迫村　みやざこむら　第182号　4-34
宮迫村　みやざこむら　九州沿海図第21　4-281
宮迫村奥岩戸　みやさこむらおくいわど　第166号　3-236
宮迫村尾平　みやさこむらおびら　第182号　4-35
宮迫村若宮　みやさこむらわかみや　第182号　4-35
宮沢村（酒井左衛門尉領分）〔宮澤村〕　みやざわむら　第70号　1-248, 5-91
宮澤村　みやざわむら　第90号　2-89
宮下村（遠山小左エ門、宮崎甚右エ門、菅沼藤一郎知行所）　みやしたむら　第88号　2-78, 5-120, 5-291
宮下村　みやしたむら　第101号　2-140, 5-126
宮拾町村　みやじっちょうむら　第211号　4-176, 5-249, 5-261
宮拾町村　みやじっちょうむら　九州沿海図第10　4-237
宮拾町村入野　みやじっちょうむらいりの　第211号　4-176
宮拾町村物袋☆〔宮拾町〕　みやじっちょうむらもつたい　第211号　4-176, 5-317
宮地花池村　みやじはないけむら　第118号　3-18, 3-20
宮地花池村新屋敷〔宮地花池村〕　みやじはないけむらしんやしき　第114号　2-194, 5-159
宮島　みやじま　第62号　1-211
宮島　みやじま　第117号　3-15
宮島〔宮シマ〕　みやじま　第124号　3-47, 5-181
ミヤシマ　みやじま　第190号　5-235
宮島　みやじま　第203号　4-136
宮シマ　みやじま　九州沿海図第19　4-270
宮シマ　みやじま　九州沿海図第19　4-275
宮島浦☆　みやじまうら　第142号　3-133, 5-187, 5-303, 5-306
宮島村　みやじまむら　第124号　3-42, 3-44
宮地村　みやじむら　第113号　2-186, 2-187, 5-155, 5-297
宮地村　みやじむら　第113号　2-189, 5-155, 5-297
宮地村　みやじむら　第118号　3-20
宮地村　みやじむら　第144号　3-145, 3-147, 5-192
宮地村　みやじむら　第144号　3-147, 5-192
宮地村　みやじむら　第150号　3-174, 5-193, 5-307
宮地村　みやじむら　第182号　4-37, 5-232, 5-312, 5-314
宮司村〔宮司〕　みやじむら　第186号　4-53, 4-55, 5-223, 5-313
宮地村　みやじむら　第195号　4-94

宮地村　みやじむら　九州沿海図第16　4-260
宮地村　みやじむら　九州沿海図第20　4-278
宮地村塩塚　みやじむらしおづか　第182号　4-37
宮地村水田新田○　みやじむらみずたしんでん　第150号　3-174
宮地村湯川　みやじむらゆかわ　第150号　3-174
宮司山（古城跡）　みやじやま　第186号　4-53, 4-55
宮代村　みやしろむら　第118号　3-17, 3-19, 5-166, 5-297, 5-300
宮園村☆　みやぞのむら　第180号　4-24, 5-222, 5-230, 5-312
宮園村枝江淵　みやぞのむらえだえぶち　第180号　4-24
宮園村枝一ツ戸　みやぞのむらえだひとつど　第180号　4-24
宮田尾浦村　みやだおうらむら　第201号　4-119, 5-234
宮田川　みやたがわ　第127号　3-59, 5-182
宮田川　みやたがわ　第186号　4-55
宮竹村　みやたけむら　第111号　2-180, 5-161, 5-299
宮田峠　みやたとうげ　第186号　5-223
宮谷　みやだに　九州沿海図第3　4-202
宮谷村　みやたにむら　第97号　2-121, 5-121, 5-126
宮谷村　みやだにむら　第143号　3-135
宮谷村精進場　みやたにむらしょうじば　第97号　2-121
宮田村　みやたむら　第57号　1-196, 5-108
宮田村　みやたむら　第133号　3-92, 5-178, 5-301
宮田村（内藤大和守領分）　みやだむら　第108号　2-163, 5-150
宮田村　みやだむら　第112号　2-185, 5-153, 5-155, 5-297
宮田村　みやだむら　第128号　3-62, 5-180, 5-304
宮田村　みやだむら　第136号　3-105, 5-182
宮田村☆　みやだむら　九州沿海図第19　4-272
宮田村太田切　みやだむらおおたぎり　第108号　2-163
宮田村大宮田　みやだむらおおみやた　第200号　4-117
富〔宮〕田村鏡　みやだむらかがみ　第200号　4-117
宮田村才津原　みやだむらさいつばら　第200号　4-117
宮田村舟津☆〔宮田村〕　みやだむらふなつ　第200号　4-117, 5-251
宮田村宮田町○　みやだむらみやだまち　第108号　2-163, 5-296
宮地村　みやちむら　第99号　2-129, 2-131
宮津（松平伯耆守居城）☆　みやづ　第123号　3-40, 5-180, 5-304
宮津　みやづ　九州沿海図第19　4-275
宮塚山　みやつかやま　第103号　2-149
宮田村　みやでんむら　第118号　3-16, 3-18, 5-166, 5-297
宮峠　みやとうげ　第112号　2-183
宮戸四ヶ濵　みやとしがはま　第52号　5-78, 5-284
宮永村　みやながむら　第188号　4-69
宮永村西分〔宮永村〕　みやながむらにしぶん　第188号　4-69, 5-231
宮永村東分　みやながむらひがしぶん　第188号　4-69
宮西村　みやにしむら　第137号　3-114, 5-184
宮野○　みやの　第51号　1-178, 5-77, 5-284
宮一色村（秋本隼人正陣屋）（秋本隼人正、渡邉圖書頭知行所）　みやのいっしきむら　第111号　2-179, 2-180, 5-161, 5-298
宮野歌○　みやのうた　第36号　1-122, 5-60, 5-281
宮野内〔浦〕　みやのうちうら　第183号　4-39, 5-226
宮野内浦　みやのうちうら　九州沿海図第5　4-211
宮野浦　みやのうら　第70号　1-248, 5-91
宮之浦　みやのうら　第145号　3-155, 5-194
宮ノ浦　みやのうら　第152号　3-182, 5-195
宮野浦　みやのうら　第183号　4-40, 5-228
宮野浦　みやのうら　第183号　4-43, 5-228, 5-311, 5-314
宮野浦　みやのうら　第204号　4-141
宮之浦　みやのうら　九州沿海図第5　4-211
宮野浦　みやのうら　九州沿海図第6　4-216
宮ノ浦　みやのうら　九州沿海図第8　4-227
宮浦　みやのうら　九州沿海図第16　4-256, 4-259
宮野浦枝上十里塚〔宮野浦　上十里塚、十里塚〕　みやのうらえだかみじゅうりづか　第70号　1-248, 5-91, 5-285, 5-286
宮野浦大吹井☆　みやのうらおおふけい　第198号　4-105, 5-246
宮野浦小浦　みやのうらこうら　第198号　4-105
宮野浦小吹井　みやのうらこふけい　第198号　4-105
宮之浦村　みやのうらむら　第198号　4-105, 5-316
宮之浦村　みやのうらむら　第209号　4-163, 5-247, 5-252, 5-261, 5-316
宮之浦村　みやのうらむら　九州沿海図第8　4-224
宮之浦村枝谷之村　みやのうらむらえだたにのむら　第209号　4-163
宮野尾村　みやのおむら　第144号　3-142, 5-183
宮野河内村　みやのがわちむら　第203号　4-136, 4-138, 5-251
宮野河内村　みやのがわちむら　九州沿海図第19　4-271
宮野河内村上平　みやのがわちむらかみひら　第203号　4-136, 4-138
宮野河内村高根　みやのがわちむらこうね　第203号　4-136
宮野河内村松嵜　みやのがわちむらまつさき　第203号　4-136
宮口村　みやのくちむら　第133号　3-89
宮腰☆⚓〔宮腰町〕　みやのこし　第86号　2-69, 5-141, 5-295
宮腰○☆〔宮越〕　みやのこし　第109号　2-168, 5-152, 5-154
宮腰宿小澤原　みやのこしじゅくこざわはら　第109号　2-168
宮腰宿徳音峠　みやのこしじゅくとくおんとうげ　第109号　2-168
宮ノ下川　みやのしたがわ　第158号　3-205
宮下村　みやのしたむら　第124号　3-47, 5-181, 5-304
宮地村　みやのじんむら　第188号　4-65, 4-66, 5-231
宮ノ臺村小河原〔宮ノ臺村〕　みやのだいむらこがわら　第99号　2-129, 2-131, 5-126
宮原村　みやのはるむら　第180号　4-28, 5-230, 5-312
宮原村仁瀬　みやのはるむらにせ　第180号　4-28
宮原村宮原町○☆　みやのはるむらみやのはるまち　第180号　4-28, 5-230
宮ノ前　みやのまえ　第167号　3-240
宮前村　みやのまえむら　第133号　3-93, 5-178
宮浦村　みやのむら　第145号　3-153, 3-155, 5-192, 5-194, 5-307
宮野村　みやのむら　第168号　3-247, 5-214, 5-215
宮野村　みやのむら　第175号　3-285
宮野村　みやのむら　第175号　3-285, 5-219, 5-309, 5-312
宮之村〔宮村〕　みやのむら　第201号　4-121, 5-234, 5-313
宮之村枝久津　みやのむらえだくづ　第201号　4-121
宮之村枝小島　みやのむらえだこじま　第201号　4-121
宮野村枝櫻畠村　みやのむらえださくらばたけむら　第176号　3-290
宮之村枝瀬道　みやのむらえだせどう　第201号　4-121
宮野村枝七房村　みやのむらえだななふさむら　第175号　3-285
宮之村釜浦　みやのむらかまのうら　第201号　4-121
宮野村下比良松〔宮野村、宮野〕　みやのむらしもひらまつ　第187号　4-58, 5-230, 5-312
宮野村中村　みやのむらなかむら　第175号　3-285
宮ノ目村　みやのめむら　第67号　1-235, 5-105, 5-288
宮ノ脇　みやのわき　九州沿海図第21　4-281
宮鼻村（松平大和守領分）　みやはなむら　第88号　2-79, 5-120, 5-291
宮原　みやはら　第175号　3-285, 3-287
宮原　みやはら　九州沿海図第9　4-230
宮原浦　みやばら　第157号　5-210
宮原村　みやはらむら　第100号　2-135, 2-138
宮原村　みやはらむら　第167号　3-242, 5-211, 5-213
宮原村　みやばらむら　第76号　2-28, 5-112, 5-113, 5-287, 5-289
宮原村　みやばらむら　第143号　3-137
宮原村　みやばらむら　第150号　3-171, 3-173
宮原村呉町☆〔宮原〕　みやはらむらくれまち　第167号　3-242, 5-308
宮原村宮原町○〔宮原村〕　みやはらむらみやはらまち　第195号　4-93, 4-94, 5-232
宮原山　みやはらやま　九州沿海図第12　4-242, 4-243
宮原　みやばる　九州沿海図第21　4-279
宮原村　みやはるむら　第197号　4-101
宮原山　みやはるやま　第197号　4-101, 5-245
宮原山　みやばるやま　第210号　4-170, 5-254, 5-261
宮部権現山　みやべごんげんやま　第193号　4-87
深山　みやま　第100号　2-139
深山　みやま　第172号　3-268
宮前村（下山冨五郎知行所、光徳寺領）　みやまえむら　第88号　2-77, 5-120
三山口村　みやまぐちむら　第143号　3-135, 5-188, 5-305
宮益橋　みやますばし　第90号　2-85, 2-87
御山之岬　みやまのみさき　第204号　4-141
深山村　みやまむら　第138号　3-118, 3-120, 5-184, 5-303, 5-306
深山村　みやまむら　第192号　4-80, 5-239, 5-241
宮本　みやまもと　九州沿海図第7　4-222
宮丸村（都ノ城）○〔宮丸村（都城）〕　みやまるむら（みやこのじょう）　第199号　4-108, 5-246, 5-261, 5-314, 5-316
宮丸村（都城）（嶋津筑後屋敷）○　みやまるむら（みやこのじょう）　九州沿海図第11　4-240
宮水門袴谷　みやみずかどはかまだに　第184号　4-45
宮村（御料所、志羽内藏助知行所）　みやむら　第90号　2-88, 2-89, 2-90, 2-91, 5-120, 5-123
宮村（太田信濃守知行所）　みやむら　第111号　2-177, 2-178, 5-160, 5-298

宮村　みやむら　第112号　2-183, 5-153, 5-297
三谷村　みやむら　第116号　2-203, 5-162, 5-299
宮村　みやむら　第123号　3-38, 5-180
宮村　みやむら　第123号　3-40, 5-180
宮村○　みやむら　第127号　3-57, 5-180
宮村　みやむら　第127号　3-57, 3-59, 5-180, 5-182
宮村一宮　みやむらいちのみや　第112号　2-183, 2-184
宮村枝荒屋　みやむらえだあらや　第81号　2-50, 2-52
宮村枝岩﨑村○〔岩﨑〕　みやむらえだいわさきむら　第127号　3-56, 3-57, 3-59, 5-304
宮村鳥坂　みやむらとりさか　第112号　2-183
宮村山ノ下　みやむらやまのした　第112号　2-183, 2-184
宮本　みやもと　第169号　3-254
宮本村　みやもとむら　第96号　2-115
宮水〔本〕村　みやもとむら　第128号　3-65, 5-183
宮山シマ　みややまじま　第196号　4-98
宮山村　みややまむら　第93号　2-103
宮脇村　みやわきむら　第98号　2-125, 5-150, 5-296
宮脇村　みやわきむら　第111号　2-177, 2-178, 5-160
宮脇村　みやわきむら　第136号　3-111, 5-182
宮脇村　みやわきむら　第141号　3-128
三代○☆　みよ　第68号　1-237, 5-103, 5-105, 5-288
妙延寺　みょうえんじ　第100号　2-135
名荷浦　みょうがうら　第157号　5-210
明金岬　みょうがねみさき　第92号　2-99
妙感寺地先〔妙感寺村、妙感寺〕　みょうかんじちさき　第129号　3-71, 5-174, 5-301
妙義山　みょうぎさん　第95号　2-110, 5-116, 5-119, 5-291
妙義社　みょうぎしゃ　第95号　2-110
妙義町　みょうぎまち　第95号　2-110, 5-116, 5-119
妙見○　みょうけん　第76号　2-28, 2-32, 5-112, 5-113, 5-287, 5-289
妙見山　みょうけんざん　第123号　3-41
妙見山　みょうけんざん　第136号　3-109
妙見山　みょうけんざん　第136号　3-109
妙見山　みょうけんざん　第179号　4-18, 5-225
妙見島　みょうけんじま　第187号　4-60, 5-223
妙見シマ　みょうけんじま　第192号　4-80
妙見社　みょうけんしゃ　第133号　3-90
妙見嶽　みょうけんだけ　第196号　4-95
妙見鼻　みょうけんはな　第145号　3-151
妙見岬　みょうけんみさき　第187号　4-61
妙見村　みょうけんむら　第193号　4-84, 4-86, 5-232, 5-312, 5-314
妙見山　みょうけんやま　九州沿海図第2　4-194
妙高山　みょうこうさん　第80号　2-48, 5-138, 5-294
妙光寺　みょうこうじ　第108号　2-165
妙光寺　みょうこうじ　第133号　3-90
妙光寺山　みょうこうじさん　第157号　5-210
妙興寺村　みょうこうじむら　第114号　2-194, 5-159
妙光寺村　みょうこうじむら　第133号　3-86, 5-174, 5-176
妙國寺門前　みょうこくじもんぜん　第90号　2-86
明宿村　みょうじくむら　第69号　1-242, 5-106, 5-288
苗字﨑　みょうじさき　第192号　4-81, 4-82
名字島　みょうじじま　第151号　3-181, 5-195
妙純寺　みょうじゅんじ　第93号　2-103
明星後岳　みょうじょううしろだけ　第214号　4-184, 4-186
明星﨑　みょうじょうざき　第201号　4-121
妙祥寺　みょうしょうじ　第101号　2-144
明星岳　みょうじょうだけ　第214号　4-184, 4-186
明星山　みょうじょうやま　第109号　2-168, 5-152
明星山　みょうじょうやま　第129号　3-70, 3-72, 5-167
明星山　みょうじょうやま　第192号　4-82
明神　みょうじん　第176号　3-293
明神崎　みょうじんさき　第209号　5-247, 5-261
明神﨑　みょうじんざき　第178号　4-16, 5-312
明神嵜　みょうじんざき　第207号　4-153, 5-243
明神﨑　みょうじんざき　九州沿海図第2　4-195
妙心寺　みょうしんじ　第115号　2-198, 2-200, 5-159
妙心寺　みょうしんじ　第133号　3-90
妙心寺門前〔妙心寺北門前〕　みょうしんじもんぜん　第133号　3-90, 5-175, 5-176
明神社　みょうじんしゃ　第140号　3-125
明神嶽〔明神岳〕　みょうじんだけ　第100号　2-134, 5-126
明神野村　みょうじんのむら　第111号　2-180, 5-161
明神鼻　みょうじんはな　第164号　3-230
明神鼻　みょうじんはな　第164号　3-230
明神鼻　みょうじんはな　第200号　4-118
明神鼻　みょうじんはな　九州沿海図第16　4-257
明神濵　みょうじんはま　第48号　1-163, 5-78
明神山　みょうじんやま　第141号　3-128
明神山　みょうじんやま　第163号　3-226
明神山　みょうじんやま　第192号　4-81, 4-82
明數鼻　みょうずばな　第164号　3-229
明瀬　みょうせ　九州沿海図第19　4-272
妙尊寺前　みょうそんじまえ　第175号　3-283
明田　みょうでん　九州沿海図第7　4-220
名東郡　みょうどうぐん　第142号　3-133, 5-187, 5-303, 5-306
夫婦浦　みょうとうら　九州沿海図第8　4-226
妙得寺　みょうとくじ　第90号　2-91
女原村　みょうばるむら　第187号　4-61, 5-233
名分村　みょうぶんむら　第162号　3-218, 5-190, 5-204, 5-305
明魔堂　みょうまどう　第133号　3-87, 3-90
名村　みょうむら　第164号　3-230, 5-210
名村　みょうむら　第164号　3-230, 5-210
妙藥寺　みょうやくじ　第90号　2-89, 2-91
妙祐寺　みょうゆうじ　第90号　2-85, 2-87
明用村（阿部銕丸領分）　みょうようむら　第88号　2-79
妙樂寺　みょうらくじ　第93号　2-103
妙楽寺　みょうらくじ　第187号　5-222
妙楽寺山　みょうらくじさん　第187号　4-57
妙楽寺村　みょうらくじむら　第124号　3-42, 3-44
妙楽寺村　みょうらくじむら　第125号　3-48, 3-50, 5-166
妙樂寺村　みょうらくじむら　第127号　3-58, 5-175, 5-304
明樂寺村○　みょうらくじむら　第136号　3-109, 5-182, 5-306
三代 唐澤（松平肥後守領分）　みよからさわ　第68号　1-237, 5-103, 5-105
三吉　みよし　第167号　3-243, 5-211, 5-213
三次五日市町〔三次〕　みよしいつかいちまち　第163号　3-225, 5-308
三次郡　みよしぐん　第163号　3-223, 3-224, 3-225, 3-226, 3-227, 5-209, 5-308
三次十日市町〔三次〕　みよしとおかいちまち　第163号　3-223, 5-308
御代島（新居濵浦）　みよしま（にいはまうら）　第158号　3-205, 5-197, 5-307
見羅坂村　みらさかむら　第163号　3-226
見羅坂村見羅坂町○☆〔見羅坂村〕　みらさかむらみらさかまち　第163号　3-226, 5-208, 5-307, 5-308
見前村　みるまえむら　第50号　1-170, 5-71, 5-74, 5-282
海松村　みるむら　第118号　3-18, 3-20, 5-166
ミルメウラ　みるめうら　第191号　4-79
弥勒町　みろくまち　第107号　2-157, 2-159, 5-160
弥勒村　みろくむら　第108号　2-164, 5-150, 5-296
彌勒村栗羽場　みろくむらくりはば　第108号　2-164
見老津浦　みろづうら　第140号　3-125, 5-171, 5-302
三輪崎浦　みわさきうら　第132号　3-85, 1-170, 5-302
三輪社　みわしゃ　第81号　2-50, 2-52
三輪社　みわしゃ　第134号　3-97
三輪村（真田弾正大弼）　みわむら　第81号　2-50, 2-52, 5-146, 5-294
三輪村　みわむら　第118号　3-17, 5-156, 5-157
一（三）輪村　みわむら　第134号　3-97, 5-177
三輪村　みわむら　第136号　3-107, 5-178
三和村　みわむら　第151号　3-178, 5-193, 5-307
三輪村　みわむら　第151号　3-178, 5-192, 5-193
三輪村桐之木組　みわむらきりのきぐみ　第81号　2-50, 2-52
三輪村横山組　みわむらよこやまぐみ　第81号　2-50, 2-52
三輪山　みわやま　第162号　3-218, 3-220, 5-204
水原村　みわらむら　第127号　3-58, 5-175, 5-304
水原村才元　みわらむらさいもと　第127号　3-58
水原村横谷　みわらむらよこたに　第127号　3-58
三厩○☆⚓　みんまや　第38号　1-128, 5-60, 5-63, 5-281
三厩増川　みんまやますかわ　第38号　1-128, 5-60, 5-63

【む】

ムイ○　第5号　1-18, 5-19, 5-270
ムイ岩　第29号　1-99, 5-52, 5-278
六日市有飯　むいかいちありい　第173号　3-273
六日市村　むいかいちむら　第173号　3-273, 3-275, 5-218, 5-308
六日市○〔六日市〕　むいかまち　第76号　2-28, 2-32, 5-112, 5-113, 5-287, 5-289
六日町○　むいかまち　第77号　2-35, 5-113, 5-115, 5-289
向粟崎村〔向粟ヶ﨑〕　むかいあわがさきむら　第86号　2-69, 5-141, 5-295
向磯鼻　むかいいそはな　第124号　3-47, 5-181
向浦　むかいうら　第164号　3-231, 5-211
向小久保村　むかいおくぼむら　第88号　2-79, 5-120
向笠島（笠島浦属）　むかいかさしま（かさしまうらぞく）　第151号　3-180, 5-194
向小路　むかいこうじ　第50号　1-172, 5-73, 5-282
向島☆　むかいしま　第157号　3-201, 5-210, 5-307
向嶋（萩領）　むかいしま　第175号　3-287, 5-219
向島　むかいじま　第117号　3-15
向島〔向シマ〕　むかいじま　第184号　4-44, 5-228
向嶋　むかいじま　九州沿海図第6　4-217, 4-218
向島村　むかいじまむら　第133号　3-87, 3-89, 5-176
向セ川　むかいせがわ　第173号　5-213
向井田　むかいだ　第179号　5-224

向田野浦　むかいたのうら　第157号　5-210
向中野村　むかいなかのむら　第50号　1-170, 5-71, 5-74, 5-282
向灘浦　むかいなだうら　第170号　3-261, 5-201, 5-311
向野代村　むかいのしろ　第60号　1-207, 1-208, 5-85
向畑　むかいはた　第175号　3-287
向原山　むかいはらやま　第150号　3-172
向日比村　むかいひびむら　第145号　3-155, 5-194
向井村　むかいむら　第131号　3-81, 5-169, 5-301, 5-302
向山　むかいやま　第103号　2-150, 5-133
向山　むかいやま　第108号　2-162
向山　むかいやま　第108号　2-162
向山　むかいやま　第136号　3-111
向山　むかいやま　第141号　3-131
向山　むかいやま　第143号　3-136
向山　むかいやま　第156号　3-197, 5-208
向山崎　むかいやまざき　第160号　3-209
向山島　むかいやまじま　第164号　3-228, 5-210
向島　むかえじま　第145号　3-155, 5-185, 5-307
向名村　むかえむら　第208号　4-156, 5-250, 5-314
向名村　むかえむら　九州沿海図第17　4-262
向田村　むかたむら　第179号　4-22, 5-224, 5-312
牟形村〔牟形〕　むかたむら　第189号　4-71, 4-73, 5-234, 5-238, 5-241, 5-313
六方村　むかたむら　第207号　4-153, 5-243, 5-321
向田村（松平政之助知行）　むかたむら　九州沿海図第2　4-196, 4-198
向田村（松平政之助知行）　むかたむら　九州沿海図第3　4-196, 4-198, 4-204
六方村平藏　むかたむらひらぞう　第207号　4-153
向津具村川尻浦〔向津具村〕　むかつくむらかわじりうら　第177号　3-294, 5-220
向津具村久津浦　むかつくむらくづうら　第177号　3-294
向津具村久原村　むかつくむらくばらむら　第177号　3-294
向津具村白木村　むかつくむらしらきむら　第177号　3-294
向津具村御崎　むかつくむらみさき　第177号　3-294
向津具村油谷〔向津具〕　むかつくむらゆや　第177号　3-294, 5-309
向津具村油谷嶋　むかつくむらゆやじま　第177号　3-294
行縢村　むかばきむら　第157号　5-208, 5-307
行縢山　むかばきやま　第184号　4-44, 5-314
行騰山　むかばきやま　第184号　5-229
ムカワ　第27号　1-90, 5-50, 5-278
ムカワ川　第27号　1-90, 5-50, 5-278
牟岐浦⚓　むぎうら　第149号　3-164, 5-198, 5-303, 5-306
麥浦村〔麥ケ浦村〕　むぎがうらむら　第84号　2-64, 5-143, 5-295
麦小野村枝七田村　むぎがおのむらえだひちたむら　第176号　3-291
麦小野村四郎ケ原宿〔麦小野村、麦小野〕　むぎがおのむらしろうがはらじゅく　第176号　3-291, 5-219, 5-312
武儀郡　むぎぐん　第113号　2-188, 2-189, 5-155, 5-156, 5-297
武儀郡　むぎぐん　第114号　2-193, 5-155, 5-156, 5-297
麦嵜〔麦崎〕　むぎざき　第117号　3-14, 5-168, 5-299
麦島　むぎしま　第192号　4-81, 5-239, 5-240, 5-241
麥島　むぎしま　第204号　4-140, 5-235, 5-313, 5-321
麥島村　むぎしまむら　第195号　4-94, 5-250
麥嶋村　むぎしまむら　九州沿海図第16　4-260
葈〔麥〕塚村　むぎつかむら　第101号　2-141
麥之浦村　むぎのうらむら　第208号　4-159, 5-252
麥之浦村　むぎのうらむら　九州沿海図第13　4-247, 4-249
麥之浦村浦町○　むぎのうらむらうらまち　第208号　4-159, 5-252, 5-315, 5-317
麥之浦村枝西方村　むぎのうらむらえだにしかたむら　第208号　5-252
麥之浦村枝西方村　むぎのうらむらえだにしかたむら　九州沿海図第13　4-249
麥之浦村湯田　むぎのうらむらゆだ　第208号　4-159
麥浦山　むぎのうらやま　第208号　4-159
麦野村　むぎのむら　第187号　4-60, 4-62, 5-223, 5-313
麦野村捻藤町　むぎのむらひねりふじまち　第187号　4-60, 4-62
麥飯山　むぎめしやま　第145号　3-155
麥生村　むぎょうむら　第45号　1-153, 5-68, 5-282
向嶋　むくしま　第189号　4-73, 5-234, 5-238, 5-241, 5-313
六九谷村　むくだにむら　第141号　3-129, 5-183
六口島（下津井村屬）　むぐちじま（しもついむらぞく）　第151号　3-180, 5-195, 5-307
椋名村　むくなむら　第164号　5-210
ムク子☆〔ムクチ〕　むくね　第26号　1-85, 5-48, 5-277
向野　むくの　九州沿海図第2　4-194
椋野村　むくのむら　第169号　3-251, 5-215, 5-311
椋野村　むくのむら　第178号　4-13, 5-220, 5-312
椋野村　むくのむら　九州沿海図第1　4-189
椋本○　むくもと　第129号　3-72, 5-163, 5-167, 5-301
無間谷　むげんだに　第100号　2-133, 2-135, 2-138
無間山（粟ケ嶽）〔粟ケ岳〕　むげんやま（あわがたけ）　第111号　2-177, 5-160, 5-298
向ケ崎村（上原新三郎知行所）　むこうがさきむら　第93号　2-101, 5-125
向坂峠　むこうざかとうげ　第166号　5-209, 5-212
向シマ　むこうじま　第132号　3-85, 1-170
向島　むこうじま　第134号　5-301
向島村　むこうじまむら　第111号　5-161
向宿村　むこうじゅくむら　第111号　2-180, 5-161, 5-299
向日神社　むこうじんじゃ　第133号　3-90, 3-92
向野田村　むこうのだむら　第172号　3-270, 5-216, 5-308
向林村知生〔向林〕　むこうばやしむらちしょう　第110号　2-175, 5-296
向日町　むこうまち　第133号　3-90, 3-92, 5-175, 5-176, 5-178
向三保村　むこうみほむら　第150号　3-172, 3-174
向村　むこうむら　第98号　2-126
向山村　むこうやまむら　第166号　3-238, 5-209, 5-308
向湯原村　むこうゆばらむら　第150号　3-172
武庫川　むこがわ　第136号　3-106, 6-306
武庫川　むこがわ　第137号　3-112, 5-178, 5-306
武庫郡　むこぐん　第136号　3-106, 5-178, 6-306
武庫郡　むこぐん　第137号　3-112, 5-178, 6-306
ムコ嶋　むこじま　第210号　4-171
武庫山　むこやま　第136号　3-106, 5-178, 5-306
武佐○☆　むさ　第125号　3-51, 5-174, 5-297, 5-300, 5-301
武坂峠　むさかとうげ　第151号　5-193
武坂山（古城跡）　むさかやま　第156号　3-194
武藏國〔武蔵〕　むさしのくに　第87号　2-73, 5-120
武藏國〔武蔵〕　むさしのくに　第90号　2-84, 2-86, 2-89, 2-90, 2-91, 5-120, 5-123
武藏國〔武藏〕　むさしのくに　第93号　2-101, 2-102, 2-103, 5-123, 5-291
武藏國〔武藏〕　むさしのくに　第94号　2-106, 2-107, 5-120, 5-123
武藏鼻　むさしはな　第171号　3-266
武藏村（温泉）　むさしむら　第187号　4-59, 4-62
撫佐村　むさむら　第142号　3-133, 5-185
牟佐村　むさむら　第144号　5-192
牟佐村☆　むさむら　第145号　3-153, 5-307
牟佐村枝大久保　むさむらえだおおくぼ　第145号　3-153
牟佐村地藏谷　むさむらじぞうだに　第145号　3-153
虫明村☆　むしあげむら　第145号　3-149, 5-192, 5-307
虫明村野口濵　むしあげむらのぐちはま　第145号　3-149
虫生岩戸村（榊原式部大輔領分）　むしういわとむら　第80号　2-45, 5-138, 5-287, 5-294
〔ム〕シ子島　むしこじま　第183号　4-38
虫崎村　むしざきむら　第75号　2-22, 5-99, 5-287
虫島　むしじま　第164号　3-230, 5-197, 5-210
虫所山　むしところやま　第173号　5-308
ムヂナサワ　第32号　1-109, 5-56, 5-279
六科村門脇〔六科村〕　むじなむらかどわき　第98号　2-126, 5-117, 5-296
虫原山　むしはらやま　第156号　3-194, 5-193
六島　むしま　第206号　4-146, 5-242, 5-321
六島（真鍋島屬）　むしま（まなべしまぞく）　第151号　3-181, 5-195
武射郡　むしゃぐん　第89号　2-83, 5-111, 5-290
武生村　むしゅうむら　第121号　3-33, 5-172, 5-174, 5-300
武生水村〔武生水〕　むしょうずむら　第191号　4-79, 5-313
武生水村庄觸　むしょうずむらしょうぶれ　第191号　4-79
武生水村菜切　むしょうずむらなきり　第191号　4-79
筵内村　むしろうちむら　第186号　4-53, 4-55, 5-223
筵内村瓜木屋　むしろうちむらうりごや　第186号　4-53, 4-55
莚田郡　むしろたぐん　第118号　3-16, 5-156
席田郡　むしろだぐん　第187号　4-57, 4-60, 5-313
莚場村　むしろばむら　第75号　2-26, 5-99, 5-287
無數河村（久々野宿）○☆　むすごむら（くぐのじゅく）　第112号　2-182, 2-185, 5-153, 5-297
ムステノ小屋　むすてのこや　第193号　4-85, 4-86
ムステノ小屋　むすてのこや　九州沿海図第18　4-268
無數原村　むすばらむら　第112号　2-185
結村　むすぶむら　第124号　3-42, 3-44
無関村　むせきむら　第84号　2-62, 2-64, 5-143
無雙鼻〔無雙岬〕　むそうがはな　第122号　3-35, 3-37, 5-173
牟田　むた　九州沿海図第19　4-274, 4-275
牟田口村〔牟田口〕　むたぐちむら　第188号　4-66, 4-68, 5-231, 5-313
牟田口村　むたぐちむら　第195号　4-93, 5-233

牟田口村　むたぐちむら　九州沿海図第18　4-266
牟田口村金屋町　むたぐちむらかなやまち　第188号　4-68
無田シマ　むたじま　第201号　4-122, 5-235
牟田尻村　むたじりむら　第186号　5-223
牟田尻村勝浦濱〔牟田尻〕　むたじりむらかつうらはま　第186号　4-55, 5-313
牟田部村〔牟田部〕　むたべむら　第189号　4-72, 5-234, 5-241, 5-313
牟田部山　むたべやま　第189号　4-72
六田村　むだむら　第134号　3-98, 5-177, 5-301
牟田寄村　むたよりむら　第188号　4-67
陸奥　むつ　第55号　1-191
六浦（米倉丹後守在所）　むつうら　第93号　2-102, 5-123, 5-125, 5-291
六浦　むつがうら　第47号　1-160, 1-161, 5-76
無須喜島　むづきじま　第168号　3-247, 5-214, 5-311
六木村　むつぎむら　第115号　2-200, 5-159
六ツケ鼻　むつけばな　第157号　3-203
六ツ瀬　むつせ　第204号　4-140
六ツ岳〔六ツヶ山〕　むつだけ　第186号　4-54, 5-222
六ツ子　むつね　第103号　2-150
陸奥国　むつのくに　第43号　1-145
陸奥國　むつのくに　第59号　1-204
陸奥國　むつのくに　第67号　1-233, 5-81
陸奥國　むつのくに　第68号　1-240
六御サキ　むつみさき　第207号　5-243
六ツ目山　むつめやま　第146号　3-159
六連嶋（長府領）　むつれじま　第177号　3-299
六座島〔六連島〕　むつれじま　第178号　4-13, 5-220, 5-312
六連嶋（長府領）　むつれじま　九州沿海図第1　4-189
無天山　むてんやま　第164号　3-230
武名尾山　むなおやま　第129号　3-72
水上村　むながいむら　第124号　3-44, 5-180, 5-304
無南垣村　むながきむら　第124号　3-42, 5-181, 5-304
宗像郡　むなかたぐん　第186号　4-53, 4-54, 4-55, 5-223, 5-313
宗像神社〔宗像社〕　むなかたじんじゃ　第186号　4-55, 5-223
宗方村　むなかたむら　第193号　4-85, 4-86
宗方村　むなかたむら　九州沿海図第18　4-268
宗方村　むながたむら　第164号　3-228, 3-230, 5-210
棟髙村（松平右京亮領分）　むなたかむら　第94号　2-105, 5-119
宗髙村　むなだかむら　第110号　2-176, 5-161
胸上村　むねあげむら　第145号　3-155, 5-194, 5-307
宗岡村　むねおかむら　第88号　2-78
宗嵜　むねざき　九州沿海図第19　4-271
宗貞村　むねさだむら　第115号　2-198, 2-200
宗高村（戸田督三郎、玉虫重四郎、永田幾太郎知行所）　むねたかむら　第101号　2-144, 5-127, 5-291
宗頭　むねとう　第176号　3-289
宗行村　むねゆきむら　第141号　5-183
宗吉村　むねよしむら　第164号　5-211, 5-308
無名セ　むみょうせ　第189号　4-73
無名島　むめいじま　第203号　4-136, 4-138
無名島　むめいじま　第208号　4-161
ムメカサ子　むめかさね　第175号　3-286
ムヤヽヽノ関　むやむやのせき　第64号　1-219, 1-220, 5-89
ムライ　第18号　1-58, 5-43, 5-275
ムライ川　第18号　1-58, 5-43, 5-275
村井町村（村井宿）○　むらいまちむら（むらいじゅく）　第96号　2-117, 2-119, 5-150, 5-296
村岡（山名氏在所）　むらおか　第124号　3-43, 3-45, 3-46, 5-180, 5-304
村岡村（松平大和守領分）　むらおかむら　第88号　2-77, 5-121, 5-291
村上（内藤豊前守居城）　むらかみ　第72号　2-13, 5-97, 5-285, 5-286
村上村　むらかみむら　第54号　1-188, 5-102, 5-288
村櫛村　むらくしむら　第111号　2-181, 5-161
ムラ﨑　むらさき　九州沿海図第1　4-189
紫川　むらさきかわ　九州沿海図第1　4-191
紫川　むらさきがわ　第178号　4-13
村﨑鼻　むらさきのはな　第177号　3-299
紫村　むらさきむら　第187号　4-59, 4-62, 5-223
村島　むらじま　第131号　3-78
村島　むらじま　第131号　3-78
村田村（森川兵部少輔領分）　むらたむら　第89号　2-82, 5-111, 5-122
村田村〔村田〕　むらたむら　第188号　4-65, 4-66, 5-231, 5-313
村田村小林　むらたむらこばやし　第188号　4-65, 4-66
ムラツカ子　むらつかね　第103号　2-149
村碆　むらばえ　第183号　4-38, 5-226
村碆　むらばえ　九州沿海図第5　4-211
村松濱〔村松〕　むらまつはま　第73号　2-15, 5-95, 5-97, 5-285
村松村　むらまつむら　第49号　1-166, 5-69, 5-282
村松村○　むらまつむら　第57号　1-197, 5-108, 5-288
村松村（榊原越中守領分）　むらまつむら　第107号　2-156, 2-158, 5-129
村松村　むらまつむら　第117号　3-13, 5-163, 5-299
村松村　むらまつむら　第152号　3-184, 5-196, 5-307
村山郡　むらやまぐん　第65号　1-224, 1-225, 5-285
村山郡　むらやまぐん　第66号　1-231, 5-92, 5-285
村山郷（浅間社領）☆　むらやまごう　第100号　2-135, 2-138
村山冨士浅間社〔冨士浅間〕　むらやまふじせんげんしゃ　第100号　2-135, 2-138, 5-127
村山村　むらやまむら　第112号　2-184
村山村　むらやまむら　第118号　3-16, 5-297
村山村　むらやまむら　第131号　3-79, 5-168
村山村　むらやまむら　第182号　4-37, 5-232, 5-314
村山村枝西山　むらやまむらえだにしやま　第118号　3-16, 5-156
無量光寺　むりょうこうじ　第90号　2-91
無量壽寺　むりょうじゅじ　第88号　2-79
ムルクタ　第16号　1-51
ムルクタウシ　第20号　1-63
牟禮○〔牟礼〕　むれ　第81号　2-50, 5-146, 5-294
牟禮東村　むれひがしむら　第144号　3-142, 5-183
牟禮東村中島　むれひがしむらなかじま　第144号　3-142
牟禮村　むれむら　第133号　3-92, 3-93
牟禮村〔牟礼〕　むれむら　第146号　3-157, 3-158, 5-194, 5-307
牟禮村〔牟礼村〕　むれむら　第175号　3-287, 5-219
牟礼村枝浮野市　むれむらえだうきのいち　第175号　3-287
牟礼村勝間　むれむらかつま　第175号　3-287
牟禮村久通　むれむらくづ　第146号　3-157, 3-158
牟礼村末田　むれむらすえだ　第175号　3-287
牟礼村多々良　むれむらたたら　第175号　3-287
牟禮山〔牟礼山〕　むれやま　第212号　4-177, 5-253, 5-261
牟礼山　むれやま　九州沿海図第15　4-254
室生　むろ　九州沿海図第4　4-206
室尾　むろお　第167号　3-244, 5-211, 5-213, 5-215
室岡村　むろおかむら　第188号　4-65, 4-66, 4-68, 5-231, 5-313
室河原村　むろがわらむら　第126号　3-55, 5-175
室河原村宇佐野　むろがわらむらうさの　第126号　3-55
室木村　むろきむら　第173号　3-274, 3-276, 5-213, 5-308
牟婁郡　むろぐん　第131号　3-79, 3-80, 5-170, 5-301, 5-302
牟婁郡　むろぐん　第139号　3-122, 5-170
室島村☆〔室島〕　むろしまむら　第190号　4-75, 5-234, 5-313
室路山　むろじやま　第201号　4-120
室田村（宅間与右エ門知行所）　むろだむら　第93号　2-103, 5-123
室津　むろつ　第141号　3-127, 3-131, 5-183, 5-306
室津浦⛵　むろつうら　第149号　3-166, 5-198, 5-310
室津浦　むろづうら　第137号　3-115, 5-184, 5-306
室津大浦　むろつおおうら　第141号　3-127, 3-131
室津下村（長府領）〔室津〕　むろつしもむら　第177号　3-297, 5-220, 5-312
室積港　むろづみみなと　第169号　3-255
室積村　むろづみむら　第179号　5-224
室積村伊保木〔室積村、室積〕　むろづみむらいおさ　第169号　3-255, 5-218, 5-224, 5-311
室積村五軒屋〔室積〕　むろづみむらごけんや　第169号　3-255, 5-311
室津村　むろつむら　第169号　3-254, 3-256, 5-224, 5-311
室津村内尾國　むろつむらうちおくに　第169号　3-254
室津村内正月不知　むろつむらうちしょうがつしらず　第177号　3-297
室戸崎　むろとざき　第149号　3-166, 5-198, 5-303, 5-310
ムロハエ　むろはえ　第171号　3-265, 3-267
ムロハエ　むろはえ　第171号　3-267
室濱　むろはま　第52号　1-180
ムロハルシマ　むろはるじま　九州沿海図第19　4-275
室村　むろむら　第83号　2-57, 5-141, 5-295
牟呂村☆　むろむら　第116号　2-202, 2-204, 5-162, 5-299
室村　むろむら　第127号　3-57
室村　むろむら　第142号　3-133, 5-185, 5-303, 5-306
室本浦　むろもとうら　第152号　3-183, 5-195, 5-307
室山　むろやま　第127号　3-57, 3-59
室山　むろやま　第147号　3-161
室山　むろやま　第173号　3-277
室山村　むろやまむら　第136号　3-111, 5-182, 5-306

【め】

メアカン　第22号　5-29, 5-271
女池　めいけ　第153号　3-186, 5-191
女石社　めいししゃ　第193号　4-87
米地峠　めいじとうげ　第124号　5-180
明子山　めいしやま　第141号　3-128
目井津　めいつ　九州沿海図第8　4-224, 4-226
姪床　めいとこ　九州沿海図第17　4-261
姪濱浦　めいのはまうら　第187号　4-61, 5-223, 5-313
姪濱村○　めいのはまむら　第187号　4-61, 5-223
姪濱村愛宕下　めいのはまむらあたごした　第187号　4-61
銘村　めいむら　第192号　4-81, 5-239, 5-240, 5-241, 5-320
目伊山　めいやま　第98号　2-125
米里村　めいりむら　第128号　3-62, 5-180, 5-304
メウセ（總名綱島）　めうせ（そうみょうつなしま）　第192号　4-81
目大谷村　めおおだにむら　第155号　3-190, 3-192, 5-189, 5-190
メヲクル岩　第22号　1-70, 5-27, 5-270
夫婦居村（芦野中務領分）〔女夫石〕　めおといむら　第68号　1-240, 5-106, 5-288
女夫岩　めおといわ　第133号　3-87, 3-89
夫婦岩　めおといわ　第189号　4-71
女夫岩　めおといわ　第204号　4-141, 4-142
夫婦岳　めおとだけ　第176号　3-291
女鹿口村　めがぐちむら　第49号　1-166, 5-69
妾島　めかけじま　第191号　5-238, 5-241
女鹿澤宿松井田村〔松井田村〕　めがざわじゅくまついだむら　第43号　1-146, 5-67, 5-82, 5-281
女鹿沢村○〔女鹿沢〕　めがざわむら　第43号　1-146, 5-67, 5-82, 5-281
女鹿岬　めがみさき　第204号　4-141
女神シマ　めがみじま　第202号　4-127, 4-128
女神島　めがみじま　長崎［参考図］　4-131, 4-133
女鹿村（酒井左衛門尉領分）○　めがむら　第70号　1-247, 5-89, 5-91, 5-283, 5-286
妻鹿村　めがむら　第141号　3-130, 5-183
女カメ　めがめ　第153号　3-186
和布苅社　めかりしゃ　第178号　4-13
和布苅社　めかりしゃ　九州沿海図第1　4-189, 4-191
和布刈ノ瀬戸　めかりせと　第177号　3-298
和布苅迫門〔和布刈セト〕　めかりせと　第178号　4-13, 5-220
和布苅迫門　めかりせと　九州沿海図第1　4-189, 4-191
目川村　めがわむら　第82号　2-55, 5-139
目川村　めがわむら　第133号　3-86, 5-174, 5-176, 5-301
女木島　めぎじま　第146号　3-158, 5-194, 5-307
女木島　めぎじま　第146号　3-158
目木峠　めぎとうげ　第144号　5-192
目木村　めきむら　第150号　3-174, 5-192, 5-305
目木村大内原　めきむらおおちばら　第150号　3-174
廻洲　めぐす　九州沿海図第3　4-203
目配山　めくばりやま　第187号　4-58
メクマトー湖〔メクマトー〕　第12号　1-41, 5-36, 5-269, 5-273
廻逢坂　めぐりあいざか　第188号　4-67
廻リ岩　めぐりいわ　第151号　3-176, 5-193
廻里川　めぐりがわ　第190号　4-75
廻里村　めぐりむら　第190号　4-75, 5-234
廻村○☆　めぐりむら　第209号　4-162, 5-247, 5-261, 5-316
廻村☆　めぐりむら　九州沿海図第10　4-232
廻村枝福山　めぐりむらえだふくやま　九州沿海図第10　4-232
廻村枝福山村〔福山村〕　めぐりむらえだふくやまむら　第209号　4-162, 5-247, 5-261
目黒川　めぐろがわ　第90号　2-85, 2-87
目黒村　めぐろむら　第145号　3-153
メサメシマ　めざめじま　第132号　3-85
女島〔ヲシマ〕　めしま　第84号　2-62, 2-64, 5-142
女嶋　めしま　第166号　3-235, 5-209, 5-212
女シマ　めしま　第172号　3-268, 5-212
女島　めしま　第172号　3-270, 5-216
日〔目〕嶌　めしま　第201号　4-119
女嶌〔女シマ〕　めしま　第201号　4-122, 5-237
女島　めじま　第146号　3-156, 5-185
女島　めじま　第177号　5-220
女島　めじま　第183号　4-39, 4-41
女嶋　めじま　九州沿海図第5　4-213
女嶋鼻　めじまはな　第202号　4-123
目地村　めじむら　第150号　3-172
女代神社　めしろじんじゃ　第124号　3-42, 3-44
女瀬〔女セ〕　めぜ　第189号　4-70, 5-233, 5-234
女瀬　めぜ　第189号　4-71
女瀬〔女セ〕　めぜ　第206号　4-148, 4-149, 5-242, 5-243
女セ　めぜ　第206号　4-149
女瀬嵜　めぜのさき　第189号　4-74
女体岳　めたいだけ　第180号　5-222, 5-230
女滝　めだき　第137号　3-113
女岳　めだけ　第111号　2-181
女岳　めだけ　第189号　4-70
女嶽　めだけ　第191号　4-78
女岳　めだけ　第192号　5-240, 5-241, 5-320
女岳　めだけ　第195号　4-93, 4-94
女岳　めだけ　第206号　4-149, 5-242
目達原村　めたばるむら　第188号　4-66, 5-231
メチヤコマナイ　第8号　1-29, 5-21, 5-271
賣豆紀神社　めつきじんじゃ　第155号　3-191
女子崎　めっこざき　第170号　3-261, 3-262, 5-201
メツタマチ　第31号　1-106, 5-54, 5-56
メツフ　第21号　1-69, 5-46, 5-279
メツフ〔メップ〕　第29号　1-97, 5-51
メト岩　めといわ　第140号　3-126, 5-171
女鳥羽川　めとばがわ　第96号　2-117, 5-150
女鳥巣山　めとりすやま　第163号　3-226
目名形村〔目名潟村〕　めながたむら　第60号　1-207, 5-85, 5-281
メナシトマリ　第20号　1-63, 5-44
メナシトマリ　第25号　1-83, 5-33, 5-277
メナシユンモンベツ川　第30号　1-100, 1-104
目貫村☆⚠　めぬきむら　第153号　3-186, 5-191, 5-305
賣沼神社　めぬまじんじゃ　第143号　3-135, 3-137, 5-188
女猫島　めねこじま　第164号　5-211
米ノ山〔米岳〕　めのさん　第193号　4-85, 4-86, 5-233
女瀬　めのせ　第192号　4-80
目ノ瀬　めのせ　第204号　4-140, 4-142
女瀬崎　めのせざき　第191号　4-79
女瀬崎　めのせざき　第192号　4-80
米岳　めのたけ　九州沿海図第18　4-268
目ハルシマ　めはるじま　第196号　4-98
メハル島　めはるじま　第204号　4-140
目吹島　めぶきじま　第203号　4-136, 4-138
目吹鼻　めふきばな　第203号　5-251
賣布神社　めふじんじゃ　第124号　3-44
メフト岩　めふといわ　第123号　3-39
賣布山　めふやま　第123号　3-39, 3-41
目干潟岬　めぼしばえみさき　第190号　4-77
目丸村　めまるむら　第208号　4-157, 5-250, 5-315
目丸村大口　めまるむらおおくち　第208号　4-157
目丸村小河内〔小河内〕　めまるむらこがわうち　第208号　4-157, 5-250, 5-315
メムトマリ　第16号　1-50, 5-39, 5-274
メヽナイ川　第12号　1-41
和布浦〔和布〕　めらうら　第120号　3-25, 3-27, 5-145, 5-300
米良川　めらがわ　第197号　4-100, 5-245
米良口山　めらくちやま　第197号　4-101
布良村（稲葉播磨守領分）　めらむら　第92号　2-99, 2-100, 5-124, 5-292
妻良村⚠　めらむら　第102号　2-147, 5-129, 5-298
妻良村立岩　めらむらたたていわ　第102号　2-147
米良山　めらやま　第197号　4-100
免坂〔地〕　めんじ　第176号　3-292
女嶋（川棚村屬）　めんじま（かわたなぶらぞく）　第177号　3-297
免田村　めんだむら　第197号　4-101, 5-245, 3-314
免田村久鹿　めんだむらくしか　第197号　4-101
免田村築地　めんだむらついじ　第197号　4-101
免田村永池　めんだむらながいけ　第197号　4-101
免田村二子　めんだむらふたご　第197号　4-101
免田村吉井　めんだむらよしい　第197号　4-101
免田村　めんでんむら　第83号　2-57, 2-61, 5-141, 5-295
免鳥村　めんどりむら　第120号　3-25, 3-27, 5-145, 5-300
妻島〔鳥〕村　めんどりむら　第152号　3-184, 5-196, 5-307
妻島〔鳥〕村新濱　めんどりむらしんはま　第152号　3-184
免村　めんむら　第187号　4-61, 4-63

【も】

モアサリ　第20号　1-63, 5-44, 5-275
モイヲロ　第7号　1-28, 5-21, 5-271
モイヲロ　第17号　1-53, 5-42, 5-275
モイキシヨマ〔ナ〕イ　第12号　1-40, 5-36, 5-269, 5-273
モイシヤム　第20号　1-64, 5-45, 5-275
モイシユツ　第22号　1-71, 1-72, 5-27, 5-28, 5-30, 5-270
モイルリ北大丸岩　第6号　1-22, 1-24, 5-26
モイレ川　第20号　5-45
モイレ川　第21号　5-275
モイレトマリ　第21号　1-67, 5-45, 5-275
馬渡分村　もうたいぶんむら　第201号　4-119, 5-234
望陀郡　もうたぐん　第91号　2-94, 2-95, 5-122, 5-290
馬渡川　もうたりがわ　第121号　3-30, 5-157
馬渡村　もうたりむら　第121号　3-30, 5-157, 5-166, 5-297, 5-300
望地村（石川六三郎知行所）　もうちむら　第93号　2-103, 5-123
モウツ川　第10号　1-36, 5-34, 5-272
モウツ川　第13号　1-44, 5-37, 5-273
モウトイ子プ川　第10号　1-34, 5-34, 5-272

舞尾村　もうのむら　第193号　4-85, 4-86, 5-223
舞尾村　もうのむら　九州沿海図第18　4-266, 4-268
茂浦　もうら　第151号　3-180, 5-195
真浦村（松平織部知行所）　もうらむら　第92号　2-98, 5-124, 5-292
モヲコツヘ川〔モウコツベ川〕　第9号　1-33, 5-25, 5-272
モヲコツベ川　第23号　1-77, 5-276
モヲモシリ島〔モヨモシリ北岩〕　第22号　1-71, 1-72, 5-27, 5-270
最上川　もがみがわ　第70号　1-248, 5-91
最上郡　もがみぐん　第65号　1-224, 1-225, 5-90, 5-285
モカミ岬　もかみみさき　第52号　1-180
茂木村☆⛬　もぎむら　第202号　4-125, 4-126, 5-236, 5-315
茂木村⛬　もぎむら　長崎〔参考図〕　4-130
茂木村飯香浦名☆〔茂木村飯香浦、飯香〕　もぎむらいかのうらみょう　第202号　4-125, 4-126, 5-236, 5-315
茂木村飯香浦名　もぎむらいかのうらみょう　長崎〔参考図〕　4-130, 4-132
茂木村大嵜名　もぎむらおおさきみょう　第202号　4-125, 4-127, 4-128
茂木村大﨑名　もぎむらおおさきみょう　長崎〔参考図〕　4-130
茂木村木塲名　もぎむらこばみょう　第202号　4-125, 4-126
茂木村木塲名　もぎむらこばみょう　長崎〔参考図〕　4-130, 4-132
茂木村田上名　もぎむらたがみみょう　第202号　4-125, 4-126
茂木村田上名　もぎむらたがみみょう　長崎〔参考図〕　4-130, 4-132
茂木村千々名　もぎむらちぢみょう　第202号　4-125, 4-127, 4-128
茂木村千々名　もぎむらちぢみょう　長崎〔参考図〕　4-131
茂木村宮摺名　もぎむらみやずりみょう　第202号　4-125, 4-127, 4-128
茂木村宮摺名　もぎむらみやずりみょう　長崎〔参考図〕　4-130
モク川〔モク〕　第31号　1-106, 1-108, 5-56
茂草○　もぐさ　第36号　1-123, 1-124, 5-60, 5-281
牧西村（御料所、丸毛長門守、興津勝吉、横田十郎兵衛、水野右近、山本新右エ門、雨宮権左エ門知行所）　もくさいむら　第94号　2-106, 5-118, 5-291
モクサリ岬〔モクサリサキ〕　もくさりみさき　第191号　4-79, 5-238, 5-241
木母寺　もくぼじ　第90号　2-84
目来田村　もくらいでんむら　第77号　2-35, 5-113, 5-115
モコイト〔モコイトイ〕　第13号　1-43, 1-44, 5-37, 5-273
モコトー　第7号　1-28, 5-21, 5-271
モコトー川　第7号　1-28, 5-21, 5-271
モコトー湖　第7号　1-28
モシハエ　もしはえ　第171号　3-265, 5-201
母島浦　もしまうら　第161号　3-217, 5-203
母島浦古矢浦　もしまうらこやうら　第161号　3-217
茂島岬　もしまみさき　第189号　4-71, 4-74
門司村　もじむら　第178号　4-12, 5-220, 5-222, 5-312
門司村　もじむら　九州沿海図第1　4-191
モシユサンベツ川　第15号　1-49, 5-38, 5-273
モシラヽ　第10号　1-36, 5-34, 5-272
モシリウシ岬　第6号　5-27
モシリヲマナイ　第18号　1-59, 5-43, 5-275
モシリカ島　第22号　1-72, 5-27, 5-270
モシリカ島　第29号　1-99, 5-52, 5-278
モシリケシ　第15号　1-47
モシリノシケ　第2号　1-13, 1-15, 5-16
モシリノシケ　第3号　1-13, 1-15, 5-268, 5-270
モシリポ　第11号　1-37, 5-35, 5-272
鵢市村　もずいちむら　第49号　1-168, 5-71, 5-74, 5-282
物集女村　もずめむら　第133号　3-90, 3-92, 5-175, 5-176, 5-178, 5-301
茂セ　もせ　第196号　4-95
モセウシナイ　第29号　1-98, 5-51
モセカルベツ　第3号　1-14, 5-18, 5-268, 5-270
モセカルベツ　第4号　1-17, 5-17, 5-270
茂セシマ　もせじま　第196号　4-95
茂田井村（牧野大藏領分）　もたいむら　第95号　2-112, 2-113, 5-146, 5-150, 5-296
持石村　もちいしむら　第174号　3-278, 5-216, 5-308
用瀬村○☆　もちがせむら　第143号　3-135, 3-137, 5-188, 5-304
持田村　もちだむら　第88号　2-77, 5-118, 5-120, 5-291
用田村　もちだむら　第165号　3-233
持田村　もちだむら　第185号　4-48, 4-50, 5-244, 5-314
餅田村　もちだむら　第209号　4-163, 5-247, 5-261, 5-315, 5-316
持田村　もちだむら　九州沿海図第7　4-221
餅田村　もちだむら　九州沿海図第10　4-233
持田村坂本剝　もちだむらさかもとはぎ　第185号　4-48, 4-50
餅田村十日町　もちだむらとおかまち　第209号　4-163
餅田村原　もちだむらはる　第209号　4-163
餅田村松原浦　もちだむらまつばらうら　第209号　4-163
望月（牧野大藏領分）○☆　もちづき　第95号　2-112, 2-113, 5-146, 5-150, 5-296
持出磯　もちでいそ　第97号　2-122
持寺村　もちでらむら　第121号　3-30, 5-157, 5-297, 5-300
被木村　もちのきむら　第43号　1-145, 5-84, 5-281
持呑山　もちのみやま　第163号　3-222
茂福村　もちぶくむら　第129号　3-66, 5-166, 5-299
用松村　もちまつむら　第180号　4-27, 5-230
持松村　もちまつむら　第193号　4-85, 4-86, 5-232, 5-312, 5-315
持松村　もちまつむら　九州沿海図第18　4-268
用松村住吉　もちまつむらすみよし　第180号　4-27
持丸村　もちまるむら　第187号　4-58, 5-222, 5-231, 5-312
持丸村三本松　もちまるむらさんぼんまつ　第187号　4-58
持丸山　もちまるやま　第187号　4-58
用宗村（御料所）　もちむねむら　第107号　2-159, 5-160, 5-298
モチヤクベツ川　第15号　1-49, 5-39, 5-273
用吉川　もちよしがわ　第145号　3-155
用吉村　もちよしむら　第145号　3-155, 5-194, 5-307
モチロツフ　第22号　1-70
モツコク山　もっこくやま　第167号　3-240
物袋　もつたい　九州沿海図第10　4-237
勿体嶋村〔勿体島〕　もったいじまむら　第188号　4-65, 5-231, 5-313
モツタテイシ　第34号　1-119, 5-57
モツトウ島　もつとうしま　第203号　4-134, 4-136
モツトウシマ　もつとうじま　九州沿海図第19　4-272
モツナシ〔ミツナシ〕　第34号　1-117, 5-55, 5-279
雲津村　もづむら　第85号　2-68, 5-142, 5-295
モツヤ子　もつやね　第103号　2-149
本居　もとい　第191号　4-79
元飯田○　もといいだ　第65号　1-225, 5-285
本泉村　もといずみむら　第143号　3-136
本泉村　もといずみむら　第203号　4-134, 5-251
本泉村　もといずみむら　九州沿海図第19　4-272
本市塲村（秋山重右エ門、山口勝次郎、松平斧太郎、久世安藝守知行所）　もといちばむら　第101号　2-144, 5-127
本内村（木下肥後守領分）〔本内村〕　もとうちむら　第53号　1-186, 5-81, 5-285
本馬　もとうま　第32号　1-109, 1-110, 5-56, 5-279
元浦　もとうら　第148号　3-167, 5-198, 5-310
本浦　もとうら　第167号　3-242, 5-211, 5-213
本浦　もとうら　第174号　3-281
元浦　もとうら　第200号　4-117, 5-250
元浦　もとうら　九州沿海図第19　4-270, 4-274
元浦枝行當村　もとうらえだぎょうどうむら　第148号　3-167
モトウンベツ〔モヲトンベツ〕　第23号　1-77, 5-276
元追分村　もとおいわけむら　第107号　2-156, 5-129, 5-298
元岡村　もとおかむら　第187号　4-61, 5-233
元刈谷村　もとかりやむら　第115号　2-198, 5-159
本川　もとかわ　第186号　4-53, 4-55
本木村　もときむら　第90号　2-84, 5-120, 5-123
本木村〔本木〕　もとぎむら　第186号　4-53, 4-55, 5-223, 5-313
本木山　もとぎやま　第186号　4-55
元組岳　もとくみだけ　第214号　4-187, 5-259, 5-261
元栗島〔元クリシマ〕　もとくりしま　第190号　4-77, 5-235
元下須　もとげす　第203号　4-139
元下須　もとげす　九州沿海図第19　4-271
元郷村（御料所）　もとごうむら　第90号　2-84, 5-120, 5-123
本越坂　もとこしざか　第192号　4-80
元小島　もとこじま　第151号　3-181, 5-195
元小島　もとこじま　第191号　4-78
元小島　もとこじま　第207号　4-154
元シマ　もとしま　第192号　4-81
本島　もとじま　第140号　3-126
元島　もとじま　第157号　3-203, 5-197, 5-210, 5-307
元島〔元シマ〕　もとじま　第190号　4-77, 5-235
元宿村（御料所）　もとじゅくむら　第88号　2-78, 5-120
本宿村（酒井但馬守、日比野七太郎、渥美九郎兵エ知行所）　もとじゅくむら　第88号　2-79, 5-120
本宿村　もとじゅくむら　第88号　2-78
元宿村　もとじゅくむら　第88号　2-79
本宿村（三上因幡守知行所）　もとじゅくむら　第88号　2-76, 2-78, 5-120, 5-291
本宿村○　もとじゅくむら　第95号　2-110, 5-116, 5-119, 5-291
本宿村　もとじゅくむら　第116号　2-203, 5-162, 5-299
本宿村枝悪戸　もとじゅくむらえだあくと　第88号　2-79
元宿村新田　もとじゅくむらしんでん　第88号　2-78
本新村　もとしんむら　第82号　2-55, 2-56, 5-139,

5-140
本末津島　もとすえつじま　第207号　4-152, 5-243
本須賀村（新庄与惣右エ門、権田竜次郎、小野治郎右エ門、中山勘解由、酒井玄蕃知行所）〔元須賀村〕　もとすかむら　第89号　2-80, 5-111, 5-290
本須口　もとすぐち　第203号　4-139
本須口　もとすぐち　九州沿海図第19　4-271
本巣郡　もとすぐん　第118号　3-16, 3-18, 5-156, 5-297
本瀬　もとせ　第192号　4-80
本洗馬村蘆ノ田　もとせばむらあしのた　第96号　2-119
本洗馬村上町（内藤大和守領分）○〔本洗馬村、本洗馬〕　もとせばむらかみまち　第96号　2-119, 5-150, 5-152, 5-296
本洗馬村下平　もとせばむらしもだいら　第96号　2-119
本洗馬村中町　もとせばむらなかまち　第96号　2-119
本付女山　もとつけめやま　第185号　4-50
モトヽリシマ〔モトヽリ島〕　もとどりじま　第122号　3-34, 3-36, 5-173, 5-300
元永村　もとながむら　第178号　4-14, 4-16, 5-222, 5-312
元永村　もとながむら　九州沿海図第1　4-192
元永村枝長井　もとながむらえだながい　第178号　4-14, 4-16
元永村枝長井　もとながむらえだながい　九州沿海図第1　4-192
元名村（神谷与七郎知行所、日本寺領）　もとなむら　第92号　2-99, 5-124, 5-290
元怒和　もとぬわ　第169号　3-250, 5-215
元根　もとね　第104号　2-151, 2-152
本ノ島　もとのしま　第160号　3-209, 5-200
本ノ島（ヒシヤコセ）　もとのしま（びしゃごせ）　第192号　4-81, 5-239, 5-240, 5-241
本野田村　もとのだむら　第135号　3-101, 5-178
元箱根（箱根神領）　もとはこね　第99号　2-131, 5-126
本原郷　もとはらごう　第202号　4-125, 4-127
本原郷　もとはらごう　長崎〔参考図〕　4-132
元比田村〔比田〕　もとひだむら　第120号　3-28, 5-157, 5-172, 5-297, 5-300
元太シマ　もとぶとじま　第132号　3-85, 1-170
本太村　もとぶとむら　第88号　2-78, 5-120
本部村○〔本部〕　もとべむら　第190号　4-76, 5-234, 5-313
元方財島〔元方財〕　もとほうざいじま　第184号　4-44, 5-228, 5-314
元方財嶋　もとほうざいじま　九州沿海図第6　4-218
本堀村　もとほりむら　第151号　3-179, 5-193, 5-307
本堀村大井　もとほりむらおおい　第151号　3-179
本堀村六反　もとほりむらろくたん　第151号　3-179
本前村　もとまえむら　第116号　2-205, 5-162
本町村〔本町〕　もとまちむら　第188号　4-67, 4-69, 5-231, 5-313
元松村　もとまつむら　第178号　4-17
元松山　もとまつやま　第178号　4-17
本宮○　もとみや　第56号　1-194, 5-103, 5-288
元村　もとむら　第193号　4-87, 5-231, 5-313
元村神屋原　もとむらかみやばる　第193号　4-87
本山☆　もとやま　第96号　2-119, 5-150, 5-296
元山　もとやま　第171号　5-311
本山﨑〔元山岬〕　もとやまざき　第176号　3-293, 5-219, 5-312
本山宿新田　もとやましゅくしんでん　第96号　2-119
本山宿梨子木　もとやましゅくなしのき　第96号　2-119
元山岬　もとやまみさき　第179号　5-225
本山村　もとやまむら　第152号　3-185, 5-196, 5-307, 5-310
本山村　もとやまむら　第189号　4-72, 5-234, 5-241
本山村　もとやまむら　第193号　4-85, 5-233, 5-315
本山村　もとやまむら　第207号　4-153, 4-154, 5-243, 5-321
本山村　もとやまむら　九州沿海図第18　4-266
本山村枝高田村　もとやまむらえだこうだむら　第207号　4-153, 4-154
本山村枝鷹巣村　もとやまむらえだたかのすむら　第207号　4-153, 4-154
本山村枝堤村　もとやまむらえだつつみむら　第207号　4-153, 4-154
本山村枝野中村　もとやまむらえだのなかむら　第207号　4-153, 4-154
本山村枝野々切村　もとやまむらえだののきれむら　第207号　4-153, 4-154
本与板村（牧野備前守）　もとよいたむら　第74号　2-20, 5-112, 5-113
本吉☆　もとよし　第86号　2-70, 5-144, 5-295
本吉郡　もとよしぐん　第47号　1-161, 5-76
本吉郡　もとよしぐん　第48号　1-163, 5-76
本吉村　もとよしむら　第188号　4-68, 5-231
モトロ岬　もどろみさき　第174号　3-279, 3-280
木〔本〕脇村〔本脇〕　もとわきむら　第138号　3-118, 3-120, 5-184, 5-303, 5-306
モナイ川〔モナイ〕　第12号　1-40, 5-36, 5-269, 5-273
モナシベ　第31号　1-107, 5-54, 5-279
モナシベ川　第31号　1-106, 5-54, 5-279
桃生郡　ものうぐん　第48号　1-163, 1-165, 5-78
桃生郡　ものうぐん　第52号　1-180, 5-284
モノタイ　第31号　1-107, 5-54
物部村　もののべむら　第128号　3-62, 3-64, 5-180, 5-304
物部川　ものべがわ　第159号　3-206, 3-208, 5-199
物部村　ものべむら　第191号　4-79
物見岩　ものみいわ　第167号　5-211, 5-213
モノミ岩　ものみいわ　第167号　3-240
茂原浦　もはらうら　第120号　3-28, 5-172
茂原新田（久世大和守領分）　もばらしんでん　第69号　1-245, 5-109, 5-289
茂平村　もびらむら　第151号　3-179, 5-195, 5-307
茂邉地○　もへち　第32号　1-111, 5-56, 5-279
モヘチ川　もへちがわ　第32号　1-111, 5-56, 5-279
モミ小シマ　もみこじま　第157号　5-195
樅木峠　もみのきとうげ　第181号　5-226
樅木峠　もみのきとうげ　九州沿海図第4　4-207
モミノ小島　もみのこじま　第157号　3-200
モムヘツ〔モンヘツ川〕　第26号　1-87, 5-49, 5-277
百浦村　ももうらむら　第84号　2-63, 5-143, 5-295
百枝　ももえだ　九州沿海図第5　4-211, 4-213
百枝月村〔石枝月村〕　ももえづきむら　第145号　3-152, 5-192, 5-307
百枝月村中　ももえづきむらなか　第145号　3-152
百川村　ももがわむら　第80号　2-46, 2-49, 5-138, 5-294
桃﨑濱（内藤豊前守）　ももざきはま　第73号　2-15, 5-95, 5-97, 5-285, 5-286
百島　ももしま　第157号　3-200, 5-195, 5-210, 5-307
桃島　ももしま　長崎〔参考図〕　4-129
桃島村　ももしまむら　第124号　3-42, 5-180
桃島村　ももじまむら　第118号　3-20
桃瀬　ももせ　第202号　4-128
百瀬川　ももせがわ　第121号　3-31, 3-32
百瀬村（諏訪社領）　ももせむら　第96号　2-117
桃園村　ももそのむら　第98号　2-126, 5-117, 5-127, 5-296
桃園村新田　ももそのむらしんでん　第98号　2-126
百谷村　ももだにむら　第157号　5-193, 5-307
百田村○　ももたむら　第43号　1-146, 5-67, 5-82, 5-281
桃田村　ももだむら　第193号　4-85, 4-87, 5-313, 5-315
桃田村　ももだむら　九州沿海図第18　4-268
桃田村向津留〔桃田村、桃田〕　ももだむらむこうづる　第193号　4-85, 4-87, 5-223, 5-315
桃田村向津留　ももだむらむこうづる　九州沿海図第18　4-268
百次山　ももつぎやま　第210号　4-168
桃取村　ももとりむら　第117号　3-12, 5-163, 5-299
モヽナイ　第20号　1-63, 5-44
百市村　もものいちむら　第134号　3-97, 3-98, 5-177, 5-301
桃浦　もものうら　第48号　1-163, 1-164, 5-78
桃川村☆〔桃川〕　もものかわむら　第190号　4-76, 5-234, 5-313
桃川村亀山　もものかわむらかめやま　第190号　4-76
桃川村下平　もものかわむらしもひら　第190号　4-76
モモノキ﨑　もものきざき　第131号　3-79, 3-80
桃木鼻　もものきばな　第145号　3-149
桃山　ももやま　第133号　5-174, 5-176
森（久留島伊豫守在所）☆　もり　第180号　4-26, 5-230, 5-312
森　もり　第181号　5-227
森井村　もりいむら　第124号　3-44, 5-180, 5-304
森之浦　もりうら　第132号　3-85, 1-170, 5-302
守江村⚠　もりえむら　第181号　4-30, 5-224, 5-226, 5-312
守江村⚠　もりえむら　九州沿海図第3　4-200
盛岡（南部大膳太夫居城）☆　もりおか　第50号　1-170, 5-71, 5-74, 5-282
森岡○☆　もりおか　第60号　1-208, 5-87, 5-283
森村〔森垣〕　もりがいむら　第128号　3-64, 5-182, 5-304
盛上村　もりかみむら　第144号　3-146
森河原村　もりかわらむら　第133号　3-86, 5-174, 5-176
守口（御料所）○　もりぐち　第135号　3-101, 5-178, 5-301
森河内　もりごうち　第173号　3-273
守後浦　もりごうら　九州沿海図第5　4-211, 4-213
森腰村　もりこしむら　第85号　2-68, 5-142
森越村（八幡社領）　もりこしむら　第115号　2-198, 2-200, 5-159, 5-299
森﨑　もりさき　第206号　4-146, 4-148
森﨑浦　もりざきうら　第183号　4-41, 5-228, 5-311, 5-314
森﨑浦　もりざきうら　九州沿海図第5　4-215
森﨑浦〔越〕田尾〔越田尾〕　もりざきうらこえたお　第183号　4-41, 4-43, 5-311, 5-314
守實村　もりざねむら　第180号　4-24, 5-230, 5-312
守実村出羽　もりざねむらいづりは　第180号　4-24, 4-26
守実村大坪　もりざねむらおおつぼ　第180号　4-24, 4-26
守実村狩宿　もりざねむらかりじゅく　第180号　4-24
守実村茸木　もりざねむらなばき　第180号　4-24
守実村山下　もりざねむらやました　第180号　4-24,

4-26
守実村和田　もりざねむらわだ　第180号　4-24, 4-26
森沢山　もりさわやま　第97号　2-121, 5-117, 5-127
森下分　もりしたぶん　第145号　3-153
森下村（花房仙次郎知行所）　もりしたむら　第111号　2-179, 2-180, 5-161
森小路村　もりしょうじむら　第135号　3-101, 5-178
守末村　もりすえむら　第181号　4-31, 5-225, 5-227, 5-312
守末村　もりすえむら　九州沿海図第3　4-200
森平村　もりだいらむら　第95号　2-110
森高山　もりたかやま　第163号　3-224
森田村　もりたむら　第137号　3-114, 5-184
守恒村　もりつねむら　第178号　4-13, 4-15, 5-222, 5-312
守恒村植松　もりつねむらうえまつ　第178号　4-13, 4-15
森津村　もりづむら　第118号　3-20
森津村　もりづむら　第124号　3-42, 3-44, 5-180, 5-304
森津村平石　もりづむらひらいし　第124号　3-42, 3-44
森戸新田（御料所）　もりとしんでん　第88号　2-79, 5-121
森友村　もりともむら　第137号　3-114
森永村　もりながむら　第185号　4-51, 5-244, 5-314
森永村平城　もりながむらひらじょう　第185号　4-51
守木村（御料所）　もりのきむら　第101号　2-141, 2-143
森野村（御料所、須藤岩之助知行所）　もりのむら　第90号　2-90, 5-123, 5-291
森野村上　もりのむらかみ　第90号　2-90
森部山　もりべやま　第188号　4-64
盛岬〔盛崎〕　もりみさき　第169号　3-253, 5-215
森村　もりむら　第81号　2-53
森村　もりむら　第113号　2-186, 5-155, 5-297
森村　もりむら　第115号　2-199, 5-159, 5-299
森村　もりむら　第118号　3-18, 5-159
森村　もりむら　第125号　3-48, 5-166
森村　もりむら　第125号　3-49, 5-174
森村　もりむら　第129号　3-67, 5-166, 5-299, 5-301
森村　もりむら　第130号　3-74, 5-167, 5-301
森村　もりむら　第137号　3-112, 5-178, 5-306
森村　もりむら　第137号　3-112, 5-306
森村　もりむら　第137号　3-114
森村　もりむら　第143号　3-136
森村　もりむら　第144号　3-143, 3-146
母里村　もりむら　第155号　3-192, 5-189, 5-190
森村　もりむら　第168号　3-249, 5-214, 5-311
森村　もりむら　第169号　3-251, 5-311
森村　もりむら　第174号　5-216
森村　もりむら　第180号　4-26
森村　もりむら　第181号　5-227
森村　もりむら　第188号　4-65, 4-66, 5-231, 5-313
森村　もりむら　第190号　4-75, 5-234
母里村枝井戸　もりむらえだいど　第155号　3-192
森村枝加村　もりむらえだかむら　第130号　3-74
母里村枝西市　もりむらえだにしいち　第155号　3-192
母里村枝原代　もりむらえだはらしろ　第155号　3-192
森村片平田　もりむらかたひらだ　第180号　4-26
森村公田村（大久保大隅守知行所）〔森村〕　もりむらくでんむら　第93号　2-102, 5-123, 5-291
森村下十町　もりむらしもじゅうまち　第168号　3-249
森村砂場　もりむらすなば　第113号　2-186
森村雑色村（大久保大隅守知行所）〔森村〕　もりむらぞうしきむら　第93号　2-102, 5-123, 5-291
森村大九郎　もりむらだいくろう　第180号　4-26
森村中原村（大久保大隅守知行所）〔森村〕　もりむらなかはらむら　第93号　2-102, 5-123, 5-291
母里村母里町☆〔母里〕　もりむらもりまち　第155号　3-192, 5-189, 5-190, 5-305
森村八重垣　もりむらやえがき　第180号　4-26
森本村　もりもとむら　第123号　3-38, 3-40
森本村　もりもとむら　第134号　3-95, 3-97, 5-176, 5-177
森本村　もりもとむら　第136号　3-109, 5-182
守山〇　もりやま　第133号　3-86, 5-174, 5-176, 5-300, 5-301
森山　もりやま　第202号　4-124
森山村　もりやまむら　第59号　1-203, 5-85, 5-281
森山村　もりやまむら　第124号　3-44, 5-180, 5-181, 5-304
守山村　もりやまむら　第126号　3-53, 5-174, 5-300
森山村　もりやまむら　第155号　3-191, 5-190, 5-305
守山村　もりやまむら　第202号　4-124, 5-236, 5-315
森山村　もりやまむら　第202号　4-124, 5-236, 5-315
森山村宇井　もりやまむらうい　第155号　3-190, 3-191
森山村唐津　もりやまむらからつ　第202号　4-124
森山村小中　もりやまむらこなか　第155号　3-191
森山村杉谷　もりやまむらすぎたに　第202号　4-124
森山村田尻　もりやまむらたじり　第202号　4-124
森山村日向　もりやまむらひゅうが　第155号　3-190
守谷村（御料所）　もりやむら　第92号　2-97, 5-111, 5-290
森吉山　もりよしやま　第61号　1-210, 5-86, 5-283
森脇川　もりわきがわ　第163号　5-208
森脇村　もりわきむら　第163号　3-222, 5-208, 5-305, 5-307
森脇村上組　もりわきむらかみぐみ　第163号　3-222
森脇村長原　もりわきむらながはら　第163号　3-222, 3-224
諸礒村（御料所、大津新右エ門知行所）　もろいそむら　第93号　2-101, 5-125
諸浦村〔諸浦〕　もろうらむら　第189号　4-71, 4-73, 5-234, 5-238, 5-241, 5-313
師岡新田　もろおかしんでん　第90号　2-89
両尾村　もろおむら　第75号　2-24, 5-99
諸縣郡　もろかたぐん　第185号　4-51, 5-316
諸縣郡　もろかたぐん　第197号　4-103, 5-316
諸縣郡　もろかたぐん　第199号　4-108, 4-109, 4-110, 4-111, 4-112, 5-246, 5-261, 5-316
諸縣郡　もろかたぐん　第208号　4-156, 4-158, 5-316
諸縣郡　もろかたぐん　九州沿海図第9　4-228, 4-229
諸縣郡　もろかたぐん　九州沿海図第11　4-240
諸縣郡　もろかたぐん　九州沿海図第17　4-262, 4-263
諸木峠　もろきとうげ　第114号　5-155, 5-159
諸喰浦　もろくいうら　第155号　3-190, 5-189, 5-190, 5-305
諸桑村　もろくわむら　第118号　3-20, 5-159
モロコシ　もろこし　第123号　3-39
モロコシ川　第36号　1-121, 5-56
師崎　もろざき　第116号　5-162
師崎村☆　もろざきむら　第116号　2-201, 2-207, 5-162, 5-299
諸嶋（伊保田村属）　もろしま（いほたむらぞく）　第169号　3-250, 5-215, 5-311
諸田村　もろたむら　第179号　4-19, 5-225
諸田村　もろたむら　第187号　4-59, 4-62, 5-223, 5-231
諸田村　もろたむら　九州沿海図第2　4-195
諸冨村☆　もろどみむら　第188号　4-67, 4-69, 5-231
諸冨村枝大中島　もろどみむらえだおおなかじま　第188号　4-67, 4-69
モロフチ　第26号　1-86, 5-48, 5-277
諸吉村〔諸吉〕　もろよしむら　第191号　4-78, 5-238, 5-241, 5-313
諸吉村石垣　もろよしむらいしがき　第191号　4-78
諸吉村今里　もろよしむらいまざと　第191号　4-78
諸吉村大石　もろよしむらおおいし　第191号　4-78
諸吉村東　もろよしむらひがし　第191号　4-78
諸吉村二又　もろよしむらふたまた　第191号　4-78
諸嵜〔寄〕村〔諸崎村〕　もろよせむら　第124号　3-46, 5-181, 5-304
モロラン〇☆　第29号　1-99, 5-52, 5-278
文学〔覚〕上人旧跡　もんがくしょうにんきゅうせき　第154号　3-189
門ケ﨑山　もんがさきやま　第145号　3-151, 3-154
門川　もんがわ　第101号　2-140
門川村（大久保加賀守領分）　もんがわむら　第101号　2-140, 5-126, 5-291
文殊穴　もんじゅあな　第123号　3-38
聞修寺　もんしゅうじ　第99号　2-128
文殊村　もんじゅむら　第118号　3-16, 5-156, 5-297
文殊村新村　もんじゅむらしんむら　第118号　3-16
文殊門前町　もんじゅもんぜんまち　第123号　3-40, 5-180
文殊山　もんじゅやま　第175号　3-282
文珠山　もんじゅやま　第179号　5-225
門跡院　もんせきいん　第177号　3-298
門前村　もんぜむら　第181号　4-33
門前村（御料所）　もんぜんむら　第88号　2-78, 5-120, 5-291
門前村（大樹寺領）　もんぜんむら　第115号　2-198, 2-200, 5-159
門前村　もんぜんむら　第133号　3-87, 3-90
門前村　もんぜんむら　第136号　3-111, 5-182
門前村　もんぜんむら　第141号　3-131
門前村　もんぜんむら　第141号　3-129, 5-183
門前村　もんぜんむら　第141号　3-131, 5-183
門前村　もんぜんむら　第143号　3-136, 5-188, 5-305
門前村　もんぜんむら　第145号　3-152
門前村　もんぜんむら　第151号　3-176, 5-192
門前村　もんぜんむら　第173号　3-274, 3-276, 5-213
門前村　もんぜんむら　九州沿海図第21　4-280
門前村吉原　もんぜんむらよしわら　第143号　3-136
モンゾー　第34号　1-119, 5-57
門田村　もんでむら　第151号　3-178, 5-193, 5-307
門田村　もんでむら　第163号　3-224
門田村　もんでむら　第172号　3-269, 5-216, 5-308
門田村中島村入會　もんでんむらなかしまむらいりあい　第181号　4-30, 4-33, 5-226
門田村中嶋村入會（延岡領）　もんでんむらなかしまむらいりあい　九州沿海図第3　4-202
文徳帝陵　もんとくていりょう　第133号　3-90
門戸村　もんどむら　第136号　3-106, 5-178
門戸村岡田〔門戸村、門戸〕　もんどむらおかだ　第137号　3-112, 5-178, 5-306
モントモヲロ〔ヱントモヲロ〕　第25号　1-84, 5-33, 5-277
モンノ鼻　もんのはな　第207号　4-151, 4-155
モンベツ〇　第9号　1-32, 5-25, 5-272

モンベツ〇☆　第27号　1-89, 5-49, 5-278
モンベツ　第30号　1-100, 1-104, 5-52, 5-278
モンベツ　第30号　1-103, 5-46, 5-279
モンベツ川　第24号　1-80, 5-32, 5-276
モンベツ川　第25号　1-83, 5-277
モンヘツ川　第30号　1-103
モンベツ川　第30号　1-100, 1-104, 5-52, 5-278
モンベツ山　第28号　1-93, 5-51, 5-278
文武帝陵　もんむていりょう　第134号　3-97, 3-98

【や】

矢井谷峠　やいだにとうげ　第128号　3-63
ヤイテ山　やいてやま　第145号　3-155, 5-194
八井内町　やいないまち　第134号　3-97, 3-98, 5-177, 5-301
屋井村　やいむら　第145号　3-152
ヤウシノツカ　第18号　1-61, 5-44, 5-275
ヤウシノツカ川　第18号　1-61, 5-44, 5-275
ヤウトロ　第15号　1-47
八重龜村　やえがめむら　第188号　4-65, 5-231, 5-313
ヤヱシマ　やえじま　第166号　3-235, 5-209, 5-212
八重津村　やえづむら　第188号　4-64
八重根〔ヤヘ根〕　やえね　第105号　2-154, 5-135
八重畑村　やえばたむら　第141号　3-130, 5-182, 5-306
八重畑村雉子ケ端　やえばたむらきじがはた　第141号　3-130
八重村　やえむら　第177号　3-296
八戸村　やえむら　第188号　4-67, 4-69, 5-231
八重村　やえむら　九州沿海図第1　4-188
ヤヲイ　第21号　1-68, 1-69
矢織山　やおりやま　第127号　3-58
彌ケ浦山　やがうらやま　第176号　3-289
矢掛町〇☆　やかけまち　第151号　3-179, 5-193, 5-307
矢掛村　やかけむら　第151号　3-179, 5-193
矢ケ﨑村　やがさきむら　第96号　2-118, 5-150
矢ケ﨑村塚原村　やがさきむらつかはらむら　第96号　2-118
谷ケ下村　やがしもむら　第67号　1-232, 5-81, 5-94, 5-285
舘石〔タテ石〕　やかたいし　第167号　3-242, 5-211, 5-213
屋形石村　やかたいしむら　第189号　4-71, 5-234, 5-238, 5-241
屋形石村﨑部　やかたいしむらさきべ　第189号　4-71
屋形崎　やがたさき　第198号　5-248, 5-316
〔屋〕形島　やかたじま　第183号　4-42, 5-228, 5-311, 5-314
屋形嶋　やかたじま　九州沿海図第5　4-215
屋形瀬　やかたせ　第189号　4-71
尾形原村　やかたばるむら　第187号　4-58, 5-222, 5-230
尾形原村城原　やかたばるむらじょうばる　第187号　4-58
屋形村（森川兵部少輔領分）☆　やかたむら　第89号　2-83, 5-111, 5-290
屋形村（池田釆女陣屋）〇　やかたむら　第141号　3-128, 5-182, 5-304, 5-306
ヤカタメ嵜〔ヤカタメサキ〕　やかためざき　第206号　4-148, 5-242
矢加部村〔矢加部〕　やかべむら　第188号　4-68, 5-231, 5-313
八上上村〔八上〕　やかみかみむら　第136号　3-104, 5-175, 5-304
八上上村堂ノ下　やかみかみむらどうのした　第136号　3-104
八上上村西庄村　やかみかみむらにしのしょうむら　第136号　3-104
八上上村西八上　やかみかみむらにしやかみ　第136号　3-104
八上上村八上新村　やかみかみむらやかみしんむら　第136号　3-104
八上郡　やかみぐん　第143号　3-135, 3-137, 5-181, 5-304
八上下村内村〔八上下村〕　やかみしもむらうちむら　第136号　3-104, 5-175
八上下村善左エ門島　やかみしもむらぜんざえもんじま　第136号　3-104
矢上町〇　やがみまち　第202号　4-125, 4-126, 5-236
矢上町〇　やがみまち　長崎〔参考図〕　4-132
矢上町蠣道〔矢上〕　やがみまちかきどう　第202号　4-125, 4-126, 5-315
矢上町田ノ浦〔矢上〕　やがみまちたのうら　第202号　4-125, 4-126, 5-315
矢上町東房　やがみまちとうぼう　第202号　4-125, 4-126
矢上町東房　やがみまちとうぼう　長崎〔参考図〕　4-130, 4-132
矢上町藤尾　やがみまちふじお　第202号　4-125, 4-126
岩神村　やがみむら　第115号　2-195
山神村　やがみむら　第129号　3-73, 5-167
山神村梨木　やがみむらなしき　第129号　3-73
矢柄峠　やがらとうげ　第113号　5-155
矢柄村　やがらむら　第75号　2-22, 5-99, 5-287
谷川濵　やがわはま　第48号　1-164, 5-78, 5-284
谷川濵祝井濵　やがわはまいわいはま　第48号　1-164, 5-78
谷川濵大谷川濵　やがわはまおおやがわはま　第48号　1-164, 5-78
八川村　やがわむら　第151号　3-177, 5-193
矢川村枝赤岩〔矢川村〕　やがわむらえだあかいわ　第95号　2-110, 5-116, 5-291
矢川村枝荒屋　やがわむらえだあらや　第95号　2-111
矢川村枝大栗　やがわむらえだおおぐり　第95号　2-110
矢川村枝茅倉　やがわむらえだかやくら　第95号　2-111
矢川村枝清水ノ沢　やがわむらえだしみずのさわ　第95号　2-110
矢川村枝為岩　やがわむらえだなめや　第95号　2-110
矢川村枝横引　やがわむらえだよこびき　第95号　2-110
八川村兼岡　やがわむらかねおか　第151号　3-177
矢川村柴澤　やがわむらしばのさわ　第95号　2-111
矢川村初鳥屋〇　やがわむらはつとりや　第95号　2-111
焼尾山　やきおやま　第175号　3-283, 3-285
八木川　やぎがわ　第128号　3-62
八木古城　やぎこじょう　第133号　3-91
焼米村〔焼米〕　やきごめむら　第190号　4-75, 5-234, 5-313
八木澤村（御料所）〔八木沢村、中居八木沢〕　やぎさわむら　第69号　1-242, 5-106, 5-288
八木沢村　やぎさわむら　第100号　2-137
八木沢村（大久保加賀守領分）　やぎさわむら　第101号　2-143, 5-129, 5-298
焼シマ　やきしま　第189号　5-234, 5-241
焼嶌　やきじま　第52号　1-180
ヤキシマ　やきじま　第201号　4-121
八木島〔八木シマ〕　やぎじま　第196号　4-98, 5-233
野牛嶋〔野牛シマ〕　やぎじま　第202号　4-127, 4-128, 5-236
八木嶋　やぎじま　九州沿海図第19　4-275
野牛島　やぎじま　長崎〔参考図〕　4-131
八木戸村　やきどむら　第130号　3-76, 5-163, 5-299
八木濵村☆　やぎはまむら　第125号　3-48, 5-174, 5-297, 5-300
八木原村〔八木原〕　やぎはらむら　第201号　4-121, 4-122, 5-235, 5-313, 5-315
八木原村鍬サキ　やぎはらむらくわさき　第201号　4-121
八木原村小迎　やぎはらむらこむかえ　第201号　4-121
八木原村深江　やぎはらむらふかえ　第201号　4-121
八木間村（御料所）　やぎまむら　第107号　2-156, 5-129, 5-296, 5-298
八木村　やぎむら　第125号　3-51, 5-174
八木村　やぎむら　第133号　3-91, 5-175, 5-300, 5-301
八木村　やぎむら　第137号　3-114, 5-184, 5-306
八木村　やぎむら　第167号　3-240, 5-211, 5-213, 5-308
八木村笹原　やぎむらささはら　第167号　3-240
八木村之内八木町　やぎむらのうちやぎまち　第133号　3-91
八木村間鴨　やぎむらまかも　第167号　3-240
八鬼山　やきやま　第132号　3-83, 1-169, 5-301, 5-302
八木山　やきやま　第132号　3-82
八木山　やぎやま　第133号　3-91
八木山村　やぎやまむら　第144号　3-143, 5-183, 5-306
箭弓稲荷　やきゅういなり　第88号　2-79
役犬原　やくいんばる　九州沿海図第20　4-276
藥院村　やくいんむら　第187号　4-60, 5-223
藥王院　やくおういん　第90号　2-89, 2-91
藥王寺　やくおうじ　第90号　2-84
藥王寺山　やくおうじやま　第147号　3-163
益ケ里村　やくがりむら　第188号　4-67
藥師寺　やくしじ　第134号　3-95, 5-176
薬師新田村（井上河内守領分）　やくししんでんむら　第111号　2-180, 5-161
薬師堂　やくしどう　第118号　3-19, 3-21
薬師堂　やくしどう　第129号　3-69
藥師堂　やくしどう　九州沿海図第3　4-202
藥師峠　やくしとうげ　第180号　4-25, 5-222, 5-230
藥師堂濵　やくしどうはま　第192号　4-80
藥師堂村　やくしどうむら　第63号　1-218, 5-89, 5-283
屋久嶌　やくしま　第214号　4-184, 4-185, 4-186, 4-187, 5-259, 5-261, 5-319
薬師村　やくしむら　第111号　5-161
藥師山　やくしやま　第32号　1-110, 5-56
藥師山　やくしやま　第52号　1-180
藥師山　やくしやま　第99号　2-128
役神　やくじん　第176号　3-288
厄神山　やくじんやま　第137号　3-113
矢口浦　やぐちうら　第131号　3-80, 3-81, 5-169, 5-301, 5-302
八口神社　やぐちじんじゃ　第162号　3-218, 3-220, 5-204
役内川　やくないがわ　第64号　1-222, 5-90, 5-283
矢熊村　やぐまむら　第101号　2-141, 2-143

谷熊村　やぐまむら　第116号　5-162
ヤク丸島〔ヤク丸シマ〕　やくまるじま　第206号　4-149, 5-242, 5-243
矢倉澤村　やぐらさわむら　第99号　2-129, 2-131, 5-291
矢倉澤村地蔵堂　やぐらさわむらじぞうどう　第99号　2-129, 2-131
矢倉沢村関場（御関所）☆〔矢倉沢〕　やぐらさわむらせきば　第99号　2-129, 2-131, 5-126
矢倉新田　やぐらしんでん　第135号　3-101, 5-178
矢〔倉〕村　やぐらむら　第96号　2-114
矢倉村　やぐらむら　第133号　3-86, 5-174, 5-176, 5-301
八栗寺　やくりじ　第146号　3-157, 3-158, 5-194
八景島　やけいじま　第48号　1-163, 5-78
ヤケカ西山　やけかにしやま　第162号　3-219
屋ケ島　やけしま　第141号　3-127
ヤケシマ　やけしま　第141号　3-127, 5-185
ヤケシマ　やけしま　第141号　5-185
焼シマ　やけしま　第190号　4-77, 5-235
焼シマ〔焼シマ〕　やけしま　第201号　4-121, 5-235
焼島〔焼シマ〕　やけしま　第201号　4-122, 5-237
焼島〔ヤケシマ〕　やけじま　第202号　4-127, 5-236
焼土峠　やけっとう　第172号　5-212
ヤケ峠　やけとうげ　第151号　5-193
ヤケナイ〔ヤケナイ〕　第32号　1-109, 1-111, 5-56
ヤケナイ川　第32号　1-109, 1-110, 5-56, 5-279
ヤケヤマ　第31号　1-108, 5-56
焼山　やけやま　第39号　1-131, 5-280
焼山　やけやま　第80号　5-138
焼山　やけやま　第80号　2-49, 5-138, 5-294
タケ山　やけやま　第180号　5-230
焼山峠　やけやまとうげ　第173号　3-272, 5-213
藥王寺村　やこうじむら　第123号　3-41
谷古宇村　やこうむら　第87号　2-75, 5-120
矢越　やごし　九州沿海図第10　4-237
八事村　やごとむら　第115号　2-197, 5-159, 5-297
八事村石塚　やごとむらいしづか　第115号　2-197
八米村　やごめむら　第97号　2-120
彌左エ門埼　やざえもんざき　第164号　3-228
八坂　やさか　第133号　3-87
八坂　やさか　九州沿海図第3　4-202
八坂川　やさかがわ　九州沿海図第3　4-200
八坂村　やさかむら　第125号　3-48, 3-50, 5-174, 5-297, 5-300
八坂村　やさかむら　第175号　3-285
八坂山　やさかやま　第145号　3-153
矢サキ　やさき　第212号　5-253, 5-261
矢崎　やざき　第75号　2-22
矢澤村〔矢沢村〕　やざわむら　第43号　1-146, 5-67, 5-82
ヤシウシ　第9号　1-32, 5-272
ヤシウシ川　第9号　1-32, 5-25, 5-272
夜市川　やじがわ　第175号　3-286
屋敷　やしき　九州沿海図第5　4-213
屋敷塚　やしきづか　第184号　4-47
屋敷分村　やしきぶんむら　第90号　2-88, 2-90, 5-120, 5-123
夜支布神社　やしふじんじゃ　第134号　3-95
屋島〔八島〕　やしま　第146号　3-157, 3-158, 5-194, 5-307
ヤシマ　やしま　第155号　3-191
屋嶋　やしま　第169号　3-256, 5-215, 5-311
小〔八〕島　やしま　第183号　4-38, 4-40, 5-226, 5-228, 5-311
八嶋　やしま　九州沿海図第5　4-213
屋島寺　やしまじ　第146号　3-157, 3-158
八島田村　やしまだむら　第144号　3-146, 5-192, 5-307
夜市町　やじまち　第175号　3-286
八島附新田　やしまつけしんでん　第129号　3-66, 5-159
八島村　やしまむら　第121号　3-30, 5-157, 5-297, 5-300
八島村　やしまむら　第125号　3-49, 3-50, 5-174
屋島村　やしまむら　第146号　3-157, 3-158
失〔矢〕島村（松平周防守）　やじまむら　第81号　2-50, 5-146
矢島村　やじまむら　第125号　3-51, 5-174
屋島村壇ノ浦　やしまむらだんのうら　第146号　3-157, 3-158
夜市村（徳山領）　やじむら　第175号　3-286, 5-218, 5-312
夜又袋村　やしゃふくろむら　第62号　1-212, 5-87, 5-283
野劦山　やしゅうざん　第78号　2-39, 5-114, 5-289
ヤシヨツケ　第17号　1-57, 5-43, 5-275
屋代（真田弾正大弼）○　やしろ　第81号　2-53, 5-146, 5-294
八色石村　やしろいしむら　第166号　3-234, 3-236, 5-209, 5-308
八色石村上市　やしろいしむらかみいち　第166号　3-234
彌四郎村　やしろうむら　第188号　4-69, 5-231, 5-313
彌四郎村十町　やしろうむらじっちょう　第188号　4-69
矢代浦　やしろうら　第121号　3-33, 5-172, 5-300
弥二郎根　やじろうろうね　第101号　2-140, 2-142
八代古城山　やしろこじょうやま　第124号　3-42, 3-44
八代島　やしろじま　第173号　5-215
八代嶋（大嶋）　やしろじま（おおしま）　第169号　3-251, 5-215, 5-311
屋代庄村〔八代庄〕　やしろしょうむら　第169号　3-254, 5-215, 5-311
屋代庄村内小松開作　やしろしょうむらうちこまつかいさく　第169号　3-254
屋代庄村内古小松　やしろしょうむらうちふるこまつ　第169号　3-254
屋代神社　やしろじんじゃ　第162号　3-220, 5-204
八城天神山〔天神山〕　やしろてんじんやま　第97号　2-122, 2-123, 5-117, 5-127
八城村（松平宮内少輔領分）〔八城行田〕　やしろむら　第95号　2-110, 5-116, 5-119, 5-291
矢代村　やしろむら　第136号　3-105, 5-182, 5-304, 5-306
社村（淺野中務少輔陣屋）○　やしろむら　第136号　3-109, 3-111, 5-182, 5-306
社村　やしろむら　第150号　3-172, 5-188, 5-305
八代村　やしろむら　第181号　4-31, 5-227, 5-312
八代村（日出領）　やしろむら　九州沿海図第3　4-200
社村枝本谷　やしろむらえだほんだに　第150号　3-172
矢代村新村　やしろむらしんむら　第136号　3-105
社廻山　やしろめぐりやま　第151号　3-177
安井川　やすいがわ　第126号　3-55, 5-175
安井庄下村〔下村〕　やすいのしょうしもむら　第128号　3-62, 5-180, 5-304
安井村　やすいむら　第127号　3-57
安江村　やすえむら　第118号　3-20, 5-166, 5-297, 5-300
安岡村（長府領）　やすおかむら　第177号　3-299, 5-220
安岡村　やすおかむら　九州沿海図第1　4-189
ヤスカシマ　やすがしま　第190号　4-77
野洲川　やすがわ　第125号　3-51, 5-174
野洲川　やすがわ　第133号　3-86
安来村安來町○☆〔安来村〕　やすぎむらやすぎまち　第155号　3-190, 3-192, 5-189, 5-190, 5-305
野洲郡　やすぐん　第125号　3-51, 5-174, 5-300, 5-301
野洲郡　やすぐん　第133号　3-86, 5-174, 5-300, 5-301
夜須郡　やすぐん　第187号　4-58, 4-59, 5-222, 5-312
安坂村　やすさかむら　第138号　3-119, 5-184, 6-306
矢頭山　やずさん　第130号　3-77, 5-167, 5-301
安田浦　やすだうら　第148号　3-168, 5-199, 5-310
安田浦不動浦　やすだうらふどううら　第148号　3-167, 3-168
安田川　やすだがわ　第148号　5-199
安武本村〔安武本〕　やすたけほんむら　第188号　4-65, 4-66, 5-231, 5-313
安武本村追分　やすたけほんむらおいわけ　第188号　4-65, 4-66
安武本村目安町　やすたけほんむらめやすまち　第188号　4-65, 4-66
安田新田　やすだしんでん　第118号　3-20
安田村〔安田〕　やすだむら　第64号　1-221, 5-75, 5-283
安田村　やすだむら　第81号　2-50, 5-138, 5-294
安田村　やすだむら　第118号　3-20
安田村　やすだむら　第125号　3-48, 3-50, 5-166
安田村　やすだむら　第136号　3-104, 5-175, 5-304
安田村　やすだむら　第136号　3-109
安田村　やすだむら　第156号　3-196, 5-193, 5-208, 5-307
安田村　やすだむら　第163号　3-226, 5-208, 5-307
安田村　やすだむら　第163号　3-226, 5-208
安田村上野山　やすだむらうえのやま　第136号　3-104
安冨村　やすどみむら　第174号　3-278, 5-216, 5-308
安冨村奥田　やすどみむらおくだ　第174号　3-278
安戸村（御料所、亀井輿十郎知行所）○　やすどむら　第94号　2-108, 5-121, 5-291
安戸村都澤　やすどむらみやこざわ　第94号　2-108
安長村〔安永村〕　やすながむら　第129号　3-66, 5-166
安長村　やすながむら　第143号　3-135
安永村　やすながむら　第188号　4-64, 5-231
安永村　やすながむら　第197号　4-103, 5-247, 5-261, 5-314, 5-316
安永村荒添　やすながむらあらそえ　第197号　4-103
安永村猪子石　やすながむらいのこいし　第197号　4-103
安那郡　やすなぐん　第157号　5-193, 5-195
安野シマ　やすのじま　第145号　3-155, 5-185
安場村川面村入會〔川面〕　やすばむらかわもむらいりあい　第136号　3-106, 5-178, 5-306
安久村　やすひさむら　第118号　3-19, 5-166
安松村　やすまつむら　第115号　2-197, 5-159
安満嶽〔安満岳、安満岳〕　やすまんだけ　第204号　4-140, 4-142, 5-235, 5-313, 5-321
休塚村　やすみづかむら　第52号　1-179, 5-284
安村　やすむら　第123号　3-39, 5-180

野洲村　やすむら　第133号　3-86, 5-174, 5-176, 5-300, 5-301
夜須村　やすむら　第148号　3-169, 5-199, 5-310
安良岳　やすらだけ　九州沿海図第17　4-261
安良村　やすらむら　第124号　3-42, 3-44
安良山〔安良岳〕　やすらやま　第208号　4-158, 5-247
ヤセトマリ　第32号　1-110, 5-56
矢臺﨑　やだいざき　第191号　4-78
弥高村　やたかむら　第118号　3-17, 3-19, 5-166, 5-297, 5-300
矢滝　やたき　第166号　3-235
矢滝古城　やたきこじょう　第166号　3-235
矢岳　やだけ　第187号　4-58
矢岳　やだけ　第204号　4-140
矢竹川　やだけがわ　第202号　4-123
矢岳 冷水　やだけひやみず　第204号　4-140
矢田山金剛山寺〔矢田山〕　やたさんこんごうせんじ　第135号　3-100, 5-176, 5-177
矢田神社　やたじんじゃ　第123号　3-38
矢田神社　やたじんじゃ　第123号　3-39, 3-41
ヤタテサワ　第34号　1-119, 5-57
矢立峠　やたてとうげ　第43号　1-145, 5-84, 5-281
矢立山　やたてやま　第192号　4-82, 5-320
矢谷市井原　やたにいちいはら　第166号　3-234
矢谷川　やたにがわ　第166号　5-209, 5-212
矢谷下長原　やたにしもながはら　第166号　3-234
八部郡　やたべぐん　第137号　3-113, 5-184, 6-306
矢田部﨑　やたべざき　第160号　3-210
矢田部村（御料所、松下河内守知行所）☆〔矢部田〕　やたべむら　第58号　1-200, 1-201, 5-110, 5-290
八田部村　やたべむら　第151号　3-178, 5-193, 5-307
矢玉後地矢玉浦（長府領）〔矢玉後地〕　やたまうしろじやたまうら　第177号　3-295, 5-220
矢田村　やたむら　第84号　2-62, 2-64, 5-142, 5-143, 5-295
矢田村（松平直之亟領分）　やたむら　第94号　2-107, 5-119
谷田村（水野出羽守領分、井出市五郎、本多大学、新庄安太郎、井出藤右エ門、大久保益五四郎、三宅市右エ門知行所）　やたむら　第101号　2-141, 5-126
矢田村　やたむら　第123号　3-38, 5-180
矢田村（松平甲斐守領分）　やたむら　第135号　3-100, 5-176, 5-177, 5-301
矢田村　やたむら　第144号　3-143, 3-146, 5-192
矢田村　やたむら　第164号　5-197, 5-214, 5-307, 5-311
矢田村（長府領）　やたむら　第177号　3-296, 5-220, 5-309, 5-312
谷田村（酒井大内記知行所）　やだむら　第107号　2-156, 2-158, 5-129
矢田村　やだむら　第124号　3-43, 5-181, 5-304
矢田村　やだむら　第155号　3-193, 5-189, 5-190
矢田村　やだむら　第156号　3-194, 5-193, 5-307
矢田村枝阿座上　やたむらえだあざかみ　第177号　3-296
矢田村枝楢原　やたむらえだならはら　第177号　3-296
矢田村小屋峠　やだむらこやとうげ　第156号　3-194
矢田村西市　やたむらにしいち　第177号　3-296
矢田村馬場　やだむらばば　第156号　3-194
矢田村八田村入會〔矢田村、八田村、八田〕　やだむらやたむらいりあい　第151号　3-178, 5-193, 5-307
弥太郎島　やたろうじま　第204号　4-140
八千古嶋　やちこじま　第196号　4-99
八千古シマ　やちこじま　九州沿海図第19　4-275
谷地中村　やちなかむら　第62号　1-211, 5-87
谷内村　やちむら　第85号　2-66, 5-142
八ツ枝村　やつえだむら　第190号　4-75
八尾山　やつおやま　第125号　3-50, 5-166
八ケ頭　やつがしら　第123号　3-39
八ヶ岳　やつがたけ　第95号　5-296
谷塚村　やつかむら　第90号　2-84, 5-120, 5-123
驛舘川〔ヤツクワン川〕　やつかんがわ　第179号　4-18, 5-225
驛舘川　やつかんがわ　九州沿海図第2　4-194
八ツ木村　やつぎむら　第115号　2-196, 2-198, 2-200
八ツ埼　やつざき　第164号　3-231
八代（細川越中守持城）☆　やつしろ　第195号　4-94, 5-233, 5-315
八代（熊本臣 長岡帯刀持城）☆　やつしろ　九州沿海図第16　4-260
八代郡　やつしろぐん　第97号　2-122, 2-123, 5-117, 5-127, 5-291
八代郡　やつしろぐん　第98号　2-126, 5-117, 5-127, 5-291
八代郡　やつしろぐん　第195号　4-93, 4-94
八代郡　やつしろぐん　第200号　4-113, 4-116, 5-250
八代郡　やつしろぐん　九州沿海図第16　4-258
八代郡　やつしろぐん　九州沿海図第18　4-264
奴竹村　やつたけむら　第164号　5-210, 5-307
八並村　やつなみむら　第178号　4-16, 5-225, 5-312
八並村〔八並〕　やつなみむら　第186号　4-53, 4-55, 5-223, 5-313
八並村〔八並〕　やつなみむら　第190号　4-75, 4-76, 5-234, 5-313
八並村　やつなみむら　九州沿海図第2　4-195
八並村許斐町　やつなみむらこのみまち　第186号　4-53, 4-55
谷津村（大久保八兵衛知行所）　やつむら　第89号　2-81, 2-83, 5-122, 5-290
谷津村　やつむら　第95号　2-110, 5-119
谷津村（太田摂津守領分）　やつむら　第102号　2-146, 5-128, 5-292, 5-298
谷津村（松平丹後守領分）　やつむら　第107号　2-156, 5-129
谷津村河原（温泉）　やつむらかわはら　第102号　2-146
八目村　やつめむら　第125号　3-48, 3-50, 5-166
矢間〔間〕村　やとうむら　第133号　3-93, 5-178
矢間〔間〕山　やとうやま　第133号　3-93
八戸川　やとがわ　第166号　3-235
矢笘山　やとまやま　第139号　3-122, 5-171
矢留村　やどみむら　第188号　4-69, 5-231, 5-313
宿村　やどむら　第124号　3-45, 3-46
柳谷　やないだに　九州沿海図第9　4-228
柳谷村　やないだにむら　第130号　3-74, 5-167, 5-301
柳井田村　やないだむら　第80号　2-45, 2-48, 5-138
柳田村　やないだむら　第83号　2-59, 2-60, 5-140, 5-295
小田村　やないだむら　第125号　3-48, 5-166
柳津村　やないづむら　第157号　5-195
八名井村　やないむら　第116号　2-202, 2-204
柳井村（岩國領）　やないむら　第169号　3-254, 5-218, 5-311
柳ケ瀬（御関所）○☆〔柳瀬〕　やながせ　第121号　3-30, 5-157, 5-297, 5-300
谷中村　やなかむら　第88号　2-79
柳河（立花左近將監居城）　やながわ　第188号　4-68, 5-231, 5-313
柳川村　やながわむら　第125号　3-49, 3-50, 5-174
柳河村　やながわむら　第188号　4-69, 5-231
柳浦　やなぎうら　九州沿海図第19　4-275
柳ヶ浦　やなぎがうら　第192号　4-81
柳沢村　やなぎさわむら　第75号　2-26, 5-99
柳澤村〔柳沢村〕　やなぎさわむら　第81号　2-50, 5-138, 5-294
柳沢村（内藤駒之亟知行所）　やなぎさわむら　第101号　2-141, 2-144, 5-127, 5-291
柳島村（戸田五助知行所）　やなぎしまむら　第93号　2-103, 5-125, 5-126, 5-291
柳平村　やなぎだいらむら　第49号　1-168, 5-71, 5-74
柳谷ノ内四宮村〔四宮村、四之宮〕　やなぎたにのうちしのみやむら　第133号　3-87, 5-174, 5-176, 5-301
柳谷村　やなぎたにむら　第136号　3-107, 5-182, 5-306
柳谷山　やなぎたにやま　第133号　3-90, 3-92
柳田村　やなぎだむら　第59号　1-202, 5-83, 5-281
柳津村　やなぎづるむら　第208号　4-156
柳津村　やなぎづるむら　九州沿海図第17　4-262
柳ノ迫門　やなぎのせと　第196号　4-98
柳橋村　やなぎばしむら　第187号　4-56, 5-222, 5-312
ヤナキハラ〔ヤナキワラ〕　第31号　1-106, 1-108, 5-56, 5-279
柳原荘　やなぎはらしょう　第133号　3-87
柳原村　やなぎばらむら　第128号　3-62
柳分村　やなぎぶんむら　第151号　3-177, 5-193, 5-307
柳水村　やなぎみずむら　第193号　4-84, 4-86, 5-232, 5-314
柳水村　やなぎみずむら　九州沿海図第20　4-277
柳湊村　やなぎみなとむら　第118号　3-20
柳村　やなぎむら　第174号　3-278, 5-216, 5-308
柳村濵津　やなぎむらはまづ　第206号　4-146
柳本村　やなぎもとむら　第134号　3-97, 5-176, 5-177, 5-301
柳本村別所　やなぎもとむらべっしょ　第134号　3-97
八名郡　やなぐん　第111号　2-181, 5-161, 5-299
八名郡　やなぐん　第116号　2-202, 2-204, 5-161, 5-299
矢梨村　やなしむら　第116号　2-207, 5-162
柳瀬川　やなせがわ　第88号　5-120
柳瀬川　やなせがわ　第90号　5-120, 5-123
矢那瀬村○〔矢名瀬〕　やなせむら　第94号　2-106, 5-119, 5-291
簗瀬村　やなせむら　第95号　2-110, 5-116, 5-119
柳瀬村（柳生主膳正知行所）　やなせむら　第101号　2-140, 2-142, 5-128, 5-292, 5-298
柳瀬村　やなぜむら　第83号　2-61, 5-141, 5-295
柳瀬村　やなぜむら　第118号　3-16, 3-18, 5-166
柳瀬村　やなぜむら　第188号　4-68, 5-231, 5-313
簗瀬村名張町〔名張〕　やなせむらなばりまち　第134号　3-94, 3-96, 5-167, 5-301
柳瀬村柳原　やなぜむらやなぎはら　第118号　3-16, 3-18
矢名瀬村矢名瀬町○☆〔矢名瀬村〕　やなせむらやなせまち　第127号　3-60, 5-180, 5-304
柳葉瀬川　やなばせがわ　第197号　4-101
柵原村　やなはらむら　第144号　3-144
柵原村小﨑　やなはらむらこざき　第144号　3-144
柵原村高木　やなはらむらたかぎ　第144号　3-144
ヤナミ川　第32号　1-109, 1-110, 5-56, 5-279
矢浪村　やなみむら　第84号　2-64, 5-142, 5-295

家棟川　やなむねがわ　第133号　3-86, 5-174
屋根尾島　やねおじま　第207号　4-153, 5-243, 5-321
矢根峠　やねとうげ　第124号　5-180
矢ノ浦村〔矢浦〕　やのうらむら　第201号　4-119, 5-313, 5-315
谷口村　やのくちむら　第116号　2-205, 5-162, 5-299
岩熊村　やのくまむら　第121号　3-29, 3-31, 5-157, 5-172, 5-297, 5-300
矢ノ小島〔矢ノ小シマ〕　やのこじま　第206号　4-150, 5-242, 5-243
矢箆島　やのしま　第141号　3-127, 5-185
矢篦島　やのしま　第157号　3-200
ヤノシマ　やのしま　第157号　5-195
矢野島　やのしま　第172号　3-269, 5-216, 5-308
矢野地村　やのちむら　第163号　3-226, 5-208
矢濱村　やのはまむら　第131号　3-81, 5-169, 5-301, 5-302
矢野原村　やのはるむら　九州沿海図第21　4-281
矢野原村太田〔矢野原〕　やのはるむらおおた　第181号　4-29, 5-312
矢野原村竹内〔矢野原村、矢野原〕　やのはるむらたけうち　第181号　4-29, 5-227, 5-312
矢野原村宮脇〔矢野原〕　やのはるむらみやわき　第181号　4-29, 5-312
矢野村（太田摂津守領分）　やのむら　第102号　2-146, 5-128, 5-292, 5-298
矢野村　やのむら　第130号　3-74, 3-76, 5-163, 5-299, 5-301
矢野村　やのむら　第162号　3-219, 3-221
矢野村　やのむら　第167号　3-240, 3-242, 5-211, 5-213, 5-308
矢野村筏場村分郷筏場村入會　やのむらいかだばむらぶんごういかだばむらいりあい　第102号　2-146
矢野村大屋　やのむらおおや　第167号　3-242
矢作川　やはぎがわ　第115号　2-198, 2-200, 5-162
矢作川　やはぎがわ　第116号　2-207, 5-162
矢作川　やはぎがわ　第186号　4-54
矢作村　やはぎむら　第115号　2-198, 2-200, 5-159, 5-299
矢作村〔矢作〕　やはぎむら　第188号　4-64, 5-231, 5-313
矢作山　やはぎやま　第188号　4-64
八橋郡　やはしぐん　第150号　3-170, 3-171, 5-189, 5-305
矢筈礒　やはずいそ　九州沿海図第10　4-236
矢筈崎　やはずさき　第214号　4-185, 5-259, 5-261, 5-319
矢筈山　やはずさん　第192号　5-240, 5-241
矢筈山　やはずさん　第192号　5-241
矢筈島　やはずしま　第201号　4-121
矢筈山　やはずやま　第101号　2-142, 5-128, 5-292
矢筈山　やはずやま　第121号　3-29, 3-32
矢筈山　やはずやま　第166号　3-235
矢筈山　やはずやま　第166号　3-238
矢筈山　やはずやま　第178号　4-13
矢筈山　やはずやま　第180号　5-230
矢筈山　やはずやま　第184号　4-44, 4-46
矢筈山　やはずやま　第190号　4-76
矢筈山　やはずやま　第197号　4-103, 5-247
矢筈山　やはずやま　第203号　4-135, 5-251
矢筈山　やはずやま　第208号　4-160, 5-250, 5-315
矢筈山　やはずやま　第211号　4-176
矢筈山　やはずやま　九州沿海図第10　4-237
矢筈山　やはずやま　九州沿海図第19　4-273
八橋　やばせ　第150号　3-170, 5-189, 5-305
八橋松ケ谷　やばせまつがだに　第150号　3-170
谷橋村　やばせむら　第62号　1-213, 5-87
矢橋村　やばせむら　第129号　3-69, 5-163
矢橋村　やばせむら　第133号　3-87, 5-174, 5-176, 5-301
八幡　やはた　第187号　5-223
八幡浦⛵　やはたうら　第191号　4-78, 5-238, 5-241
八幡浦山崎浦　やはたうらやまざきうら　第191号　4-78
八幡社　やはたしゃ　第187号　5-223
八幡新町○　やはたしんまち　第75号　2-25, 5-99
八幡町○　やはたまち　第75号　2-25, 5-99
八幡村（寺社領）　やはたむら　第80号　2-45, 5-138, 5-287, 5-294
八幡村　やはたむら　第82号　2-55, 5-139, 5-294
八幡村（松平大和守領分）　やはたむら　第93号　2-101, 5-124
八幡村（御料所、山角藤太郎、山角六郎左エ門、岡野左門知行所）　やはたむら　第99号　2-128, 2-130, 5-125, 5-126
八幡村（久世安藝守知行所）　やはたむら　第101号　2-141, 5-127
八幡村　やはたむら　第137号　3-112, 5-178, 5-306
八幡村　やはたむら　第142号　3-134, 5-184, 5-303, 5-306
八幡村　やはたむら　第145号　3-153, 5-192
八幡村上町〔八幡村〕　やはたむらかみまち　第93号　2-103, 5-125, 5-126
八幡村走出　やはたむらはしりで　第137号　3-112
矢原村　やばらむら　第141号　3-129
矢原村　やばらむら　第144号　3-147
矢原村　やばらむら　第176号　3-290, 5-219, 5-312
矢原村枝朝田村　やばらむらえだあさたむら　第176号　3-290
矢原村枝黒川村　やばらむらえだくろかわむら　第176号　3-290
矢原村大園　やばらむらおおその　第144号　3-147
矢原村湯田村　やばらむらゆだむら　第176号　3-290
彌彦山　やひこやま　第74号　2-20, 5-98
矢尾村　やびむら　第153号　3-186, 5-191, 5-305
八尋村　やひろむら　第186号　4-54, 5-222, 5-312
八尋村太郎丸　やひろむらたろうまる　第186号　4-54
八尋村古江　やひろむらふるえ　第186号　4-54
養父市場村○☆　やぶいちばむら　第128号　3-62, 5-180
矢吹○　やぶき　第68号　1-238, 5-103, 5-288
養父郡　やぶぐん　第124号　3-44, 5-180, 5-304
養父郡　やぶぐん　第128号　3-62, 3-63, 5-180, 5-304
養父郡　やぶぐん　第187号　4-59, 4-62
養父郡　やぶぐん　第188号　4-65, 4-66, 5-231, 5-313
養父﨑明神　やぶざきみょうじん　第167号　3-243
藪﨑村　やぶさきむら　第128号　3-62, 5-180
藪﨑村アシヲ谷　やぶさきむらあしおだに　第128号　3-62
八伏嶋（西方村屬）　やぶせじま（にしがたむらぞく）　第169号　3-252
薪〔藪〕田村　やぶたむら　第83号　2-60, 5-140, 5-295
藪田村　やぶたむら　第141号　3-128, 3-130
養母田村　やぶたむら　第189号　4-72
夜夫坐神社　やぶにますじんじゃ　第128号　3-62
藪原○☆　やぶはら　第109号　2-166, 5-152, 5-296
藪原宿翁象　やぶはらじゅくおきなぞう　第109号　2-166
藪原宿塩澤　やぶはらじゅくしおざわ　第109号　2-166
藪原宿下河原　やぶはらじゅくしたがわら　第109号　2-166
藪原宿峠茶屋　やぶはらじゅくとうげちゃや　第109号　2-166
藪原宿藁原　やぶはらじゅくわらばら　第109号　2-166
藪原宿割橋　やぶはらじゅくわりばし　第109号　2-166, 2-168
藪村　やぶむら　第115号　2-199, 5-159, 5-299
養父村　やぶむら　第133号　3-92, 5-176, 5-178
藪路木島　やぶろきしま　第206号　4-146, 4-148, 5-242, 5-321
弥兵エ浦　やへえうら　第207号　5-243
矢部新田村　やべしんでんむら　第90号　2-91
矢部村　やべむら　第151号　3-178, 5-192, 5-307
矢部村上月　やべむらこうづき　第194号　4-89
八方岳　やほうがたけ　第180号　5-230
八方岳　やほうがたけ　第188号　5-312
山安中島〔山安中シマ〕　やまあんじゅしま　第206号　4-148, 4-149, 5-242, 5-321
山上村　やまうえむら　第151号　3-176, 5-192, 5-307
山後村　やまうしろむら　第114号　2-193, 2-194
山内　やまうち　九州沿海図第18　4-264
山川〔内〕村　やまうちむら　第133号　3-91, 5-175
山内村　やまうちむら　第207号　4-151, 5-243, 5-321
山内村枝坂上村　やまうちむらえださかのうえむら　第207号　4-151
山内村枝寺脇村　やまうちむらえだてらわきむら　第207号　4-151
山内村枝二本楠村　やまうちむらえだにほんぐすむら　第207号　4-151, 4-155
山内山〔村〕中嶽村　やまうちむらなかだけむら　第207号　4-151
山内村之内茶屋　やまうちむらのうちちゃや　第133号　3-91
山内村目津〔山内村、山内〕　やまうちむらめづ　第139号　3-122, 5-171, 5-303, 5-306
山内山　やまうちやま　第207号　4-151
山移川　やまうつりがわ　第180号　5-230
山移村　やまうつりむら　第180号　4-24, 5-230, 5-312
山移村上ノ畑　やまうつりむらうえのはた　第180号　4-24
山移村竹ノ弦　やまうつりむらたけのつる　第180号　4-24
山移村原井　やまうつりむらはらい　第180号　4-24
山移村原小迫　やまうつりむらはらこさこ　第180号　4-24
山移村廣口　やまうつりむらひろくち　第180号　4-24
山移村百谷　やまうつりむらももたに　第180号　4-24, 4-26
山移村若林　やまうつりむらわかばやし　第180号　4-24
山姥瀬　やまうばせ　第189号　4-71, 4-72
山浦崎〔山浦サキ〕　やまうらざき　第207号　4-151, 4-155, 5-243
山浦村中泊　やまうらむらなかづまり　第180号　4-26
山家村○　やまえむら　第187号　4-59, 5-223, 5-231, 5-313

山家村浦野下　やまえむらうらのした　第187号　4-59
山家村茶屋ヶ原　やまえむらちゃやがはる　第187号　4-59
山垣村　やまがいむら　第127号　3-60, 3-61, 5-180
山垣村枝平地　やまがいむらえだならじ　第127号　3-60, 3-61
山鹿浦山鹿村〔山鹿浦、山鹿〕　やまがうらやまがむら　第186号　4-54, 5-222, 5-312
山鹿郡　やまがぐん　第193号　4-85, 4-86, 4-87, 5-230, 5-312
山鹿郡　やまがぐん　九州沿海図第18　4-268
山形(秋元左エ門佐居城)　やまがた　第66号　1-228, 1-229, 5-92, 5-285
山縣郡　やまがたぐん　第118号　3-16, 5-156, 5-297
山縣郡　やまがたぐん　第166号　3-236, 3-237, 3-238, 5-209, 5-212, 5-308
山縣郡　やまがたぐん　第173号　3-272, 5-212, 5-308
山形村　やまがたむら　第155号　3-193
山方村〔山方〕　やまがたむら　第190号　4-76, 5-234, 5-313
山方村金石原　やまがたむらかないしわら　第190号　4-76
山方村鍋ノ原　やまがたむらなべのはる　第190号　4-76
山方村波瀬峠　やまがたむらなみせとうげ　第190号　4-76
山方村山方峠　やまがたむらやまがたとうげ　第190号　4-76
山角村　やまかどむら　第136号　3-111, 5-182
山神島〔山神シマ〕　やまがみじま　第202号　4-127, 4-128, 5-236
山神島　やまがみじま　長崎〔参考図〕　4-131
山上村　やまがみむら　第121号　3-29, 3-31, 3-32, 5-172
山上村　やまがみむら　第133号　3-87, 5-174, 5-176
山上村山　やまがみむらやま　第151号　3-179
山神山　やまがみやま　第192号　4-80
山賀村　やまがむら　第133号　3-86, 5-174
山鹿村大君　やまがむらおおきみ　第186号　4-54
山家村上原村〔山家〕　やまがむらかんばらむら　第127号　3-56, 5-175, 5-304
山家村鷹栖村塩谷　やまがむらたかのすむらしおたに　第127号　3-56
山鹿村田屋〔山鹿村〕　やまがむらたや　第186号　4-54, 5-222
山川浦町☆⚓〔山川〕　やまかわうらまち　第211号　4-173, 4-176, 5-316
山川浦町☆⚓　やまかわうらまち　九州沿海図第10　4-236
山川村　やまかわむら　第211号　4-173, 4-176, 5-249, 5-261
山川村　やまかわむら　九州沿海図第10　4-237
山川村（吉田輿右エ門、牛奥新五右エ門知行所）〔山河〕　やまがわむら　第94号　2-106, 5-118, 5-291
山川村　やまがわむら　第137号　3-114
山岸村　やまぎしむら　第120号　3-24, 5-145
山北村　やまきたむら　第144号　3-145, 5-192
山北村　やまきたむら　第180号　4-27, 5-230, 5-312
山北村荒瀬　やまきたむらあらせ　第180号　4-27
山北村國元　やまきたむらくにもと　第180号　4-27
山木村　やまきむら　第101号　2-141, 2-143, 5-128
山際村（御料所、鈴木大膳、大久保筑後守、小幡久兵衛知行所）　やまぎわむら　第90号　2-91, 5-126, 5-291
山際村小平〔山際〕　やまぎわむらこだいら　第93号　5-291
山際村原　やまぎわむらはら　第90号　2-91
山草村　やまくさむら　第155号　3-191, 3-193
山久世村　やまくせむら　第150号　3-174
山口　やまぐち　九州沿海図第18　4-269
山口釜屋村〔山口釜谷村〕　やまぐちかまやむら　第86号　2-70, 5-144, 5-295
山口川　やまぐちがわ　第128号　5-182
山口川　やまぐちがわ　第187号　5-222
山口町　やまぐちまち　第176号　3-290, 5-219, 5-309, 5-312
山口村　やまぐちむら　第39号　1-134, 5-67
山口村○　やまぐちむら　第112号　2-182, 2-184, 5-153, 5-297
山口村　やまぐちむら　第118号　3-21, 5-166, 5-297, 5-300, 5-301
山口村　やまぐちむら　第118号　3-16, 5-156, 5-297
山口村○　やまぐちむら　第128号　3-62, 3-64, 5-182, 5-304
山口村　やまぐちむら　第134号　3-95, 3-97, 5-176, 5-177
山口村　やまぐちむら　第144号　3-147
山口村　やまぐちむら　第150号　3-170, 5-188, 5-305
山口村　やまぐちむら　第179号　4-18, 4-21, 5-225, 5-312
山口村〔山口〕　やまぐちむら　第190号　4-75, 5-234, 5-313
山口村　やまぐちむら　九州沿海図第2　4-197
山口村　やまぐちむら　九州沿海図第3　4-197, 4-201
山口村大河原　やまぐちむらおおがはら　第150号　3-170
山口村景平　やまぐちむらかげへら　第179号　4-18, 4-21
山口村郷松　やまぐちむらごうまつ　第190号　4-75
山口村俵浦　やまぐちむらたわらがうら　第190号　4-77
山口村土本　やまぐちむらつちもと　第190号　4-75
山口村平野　やまぐちむらひらの　第118号　3-21
山口村舩越　やまぐちむらふなこし　第190号　4-77
山口村舩原　やまぐちむらふなばら　第118号　3-21
山口村舩　やまぐちむらふね　第179号　4-18, 4-21
山口村松ケ尾　やまぐちむらまつがお　第179号　4-18, 4-21
山村矢櫃　やまぐちむらやびつ　第150号　3-170, 3-172
山口山　やまぐちやま　第190号　4-76
山隈村　やまぐまむら　第187号　4-59, 5-223, 5-231
耶麻郡　やまぐん　第67号　1-233, 1-235, 5-81, 5-94, 5-285
山陰村　やまげむら　第184号　4-46, 5-244, 5-314
山陰村小野田門　やまげむらおのだかど　第184号　4-47
山陰村谷仲瀬　やまげむらたになかせ　第184号　4-47
山陰村霍野内門　やまげむらつるのうちかど　第184号　4-47
山陰村島（鳥）川　やまげむらとりかわ　第184号　4-46
山陰村仲瀬門　やまげむらなかせかど　第184号　4-47
山陰村中ノ原　やまげむらなかのはる　第184号　4-46
山陰村羽坂門　やまげむらはさかかど　第184号　4-47
山陰村廣瀬　やまげむらひろせ　第184号　4-47
山陰村福瀬門　やまげむらふくせかど　第184号　4-47
山越村　やまごえむら　第168号　3-247, 5-214, 5-311
山越村　やまこしむら　第133号　3-90, 5-175, 5-176, 5-301
山越山　やまこしやま　第97号　2-120
ヤマサキ　第30号　1-105, 5-54, 5-279
ヤマサキ　第36号　1-122, 5-60, 5-281
山﨑　やまざき　九州沿海図第3　4-202
山﨑　やまざき　九州沿海図第17　4-262
山﨑（宍粟）（本多肥後守在所）　やまさき（しそう）　第141号　3-129, 5-183, 5-304, 5-306
山﨑八幡宮　やまざきはちまんぐう　第133号　3-92
山崎鼻　やまざきばな　第171号　3-266
山崎南町村〔山崎〕　やまざきみなみまちむら　第125号　3-48, 3-50, 5-174, 5-297, 5-300
山﨑村　やまさきむら　第141号　3-128
山﨑村　やまさきむら　第141号　3-130, 3-131
山﨑村　やまさきむら　第141号　3-130, 5-182
山﨑村　やまさきむら　第145号　3-153
山﨑村　やまさきむら　第145号　3-153, 5-192
山崎村　やまさきむら　第185号　4-50, 4-52, 5-246, 5-314, 5-316
山崎村　やまさきむら　第211号　4-173, 4-175, 5-249, 5-256, 5-261, 5-316, 5-318
山崎村（嶋津式部知行）　やまさきむら　九州沿海図第7　4-222
山崎村　やまさきむら　九州沿海図第10　4-238
山﨑村　やまざきむら　第38号　1-128, 5-63, 5-281
山﨑村　やまざきむら　第65号　1-223, 5-90, 5-285
山﨑村　やまざきむら　第90号　2-90
山崎村（服部中知行所）　やまざきむら　第111号　2-181, 5-161, 5-299
山崎村　やまざきむら　第115号　2-197, 5-159, 5-297
山崎村〔山﨑村〕　やまざきむら　第118号　3-20, 5-166, 5-297
山﨑村　やまざきむら　第150号　3-170
山﨑村枝清水村　やまさきむらえだしみずむら　第141号　3-130
山崎村尾波瀬　やまさきむらおばせ　第211号　4-173
山崎村外之浦　やまさきむらとのうら　第211号　4-173, 4-175
山﨑山　やまさきやま　第141号　3-130
ヤマーシ〔ヤーマシ〕　第20号　1-64, 5-44, 5-275
山下　やました　九州沿海図第2　4-194
山下　やました　九州沿海図第16　4-256
山下新田（溝口駒之助）　やましたしんでん　第73号　2-17, 5-98
山下村○　やましたむら　第141号　3-128, 5-182, 5-306
山下村　やましたむら　第179号　4-19, 5-225, 5-312
山下村（中津領、小笠原大和守知行）　やましたむら　九州沿海図第2　4-194
山下村久々姥　やましたむらくうば　第179号　4-19
山志手　やまして　九州沿海図第2　4-197
山志手　やまして　九州沿海図第3　4-197, 4-201
ヤマ島〔ハヤマシマ〕　やましま　第140号　3-125, 5-171
ヤマシマ　やましま　第183号　5-226
山島　やましま　第196号　4-95
山泉村　やましみずむら　第121号　3-31, 3-32, 5-157, 5-172
山路村　やまじむら　第118号　3-20, 5-166

山路村　やまじむら　第125号　3-50, 5-174, 5-297, 5-300
山路村　やまじむら　第151号　3-178
山路村　やまじむら　第164号　5-197, 5-214
山路村　やまじむら　第182号　4-35, 4-36, 5-227, 5-312, 5-314
山路村　やまじむら　九州沿海図第21　4-279
山路村上四ツ口　やまじむらかみよつくち　第182号　4-35, 4-36
山路村下四ツ口　やまじむらしもよつくち　第182号　4-35, 4-36
山白浦　やましろうら　第167号　3-243
山代神社　やましろじんじゃ　第155号　3-191, 3-193
山代神社　やましろじんじゃ　第155号　3-191, 3-193
山城国〔山城〕　やましろのくに　第126号　3-54, 5-174, 5-300
山城國　やましろのくに　第133号　3-87, 3-88, 3-90, 3-92, 5-174
山城國〔山城〕　やましろのくに　第134号　3-94, 5-174
山代村　やましろむら　第155号　3-191, 3-193, 5-190, 5-305
山代村古志原　やましろむらこしはら　第155号　3-191, 3-193
山城村竜野　やましろむらたつの　第144号　3-141
山セ　やませ　第196号　4-95
山瀬　やませ　第213号　4-182
ヤマセトマリ　第31号　1-106, 5-54
山瀬山　やませやま　第189号　4-72
山添村　やまそえむら　第208号　4-156, 4-158
山添村　やまそえむら　九州沿海図第17　4-261, 4-262
山添村　やまぞえむら　第142号　3-134, 5-184
山田（内藤豊前守）○　やまだ　第74号　2-21, 5-112, 5-287, 5-289, 5-294
山田○☆　やまだ　第117号　3-13, 5-163, 5-299
山田　やまだ　第167号　3-242, 5-211, 5-213
山田井村　やまだいむら　第130号　3-74
山田川　やまだがわ　第187号　4-56, 5-222
山田川　やまだがわ　第201号　4-119, 5-315
山田郡　やまだぐん　第130号　3-75, 5-167, 5-301
山田郡　やまだぐん　第146号　3-157, 3-158, 5-194, 5-307
山田尻村　やまだじりむら　第152号　3-183, 5-195, 5-196, 5-307
山立神　やまたてがみ　第210号　4-171, 5-254, 5-261
山谷村〔山谷〕　やまだにむら　第190号　4-76, 5-234, 5-313
山谷村二瀬　やまだにむらにのせ　第190号　4-76
山田萩山　やまだはぎやま　第200号　4-114, 5-250
山田濱村（御料所）　やまだはまむら　第55号　1-190, 5-102, 5-288
山田原村　やまだはらむら　第117号　3-13, 5-163
山田町○☆　やまだまち　第46号　1-157, 5-72, 5-282
山田村（御料所）　やまたむら　第88号　2-77
山田村　やまだむら　第46号　1-157, 5-72
山田村　やまだむら　第62号　1-211, 5-87, 5-283
山田村　やまだむら　第114号　2-193
山田村　やまだむら　第115号　2-197, 5-159, 5-297
山田村　やまだむら　第116号　2-201, 2-207, 5-162, 5-299
山田村　やまだむら　第117号　3-12, 3-14, 5-168, 5-299
山田村　やまだむら　第127号　3-59
山田村　やまだむら　第129号　3-67, 3-69
山田村　やまだむら　第136号　3-106, 5-178
山田村　やまだむら　第137号　3-113, 5-184, 5-306
山田村　やまだむら　第141号　3-129
山田村　やまだむら　第141号　3-131
山田村　やまだむら　第141号　3-129, 5-183
山田村　やまだむら　第143号　3-136, 5-188, 5-305
山田村　やまだむら　第143号　3-137, 3-138
山田村　やまだむら　第145号　3-155, 5-194, 5-307
山田村　やまだむら　第150号　3-174, 5-193
山田村　やまだむら　第150号　3-174, 5-193
山田村　やまだむら　第167号　3-242, 5-211, 5-213, 5-308
山田村（徳山領）　やまだむら　第173号　3-277, 5-218
山田村　やまだむら　第180号　4-25, 4-27, 5-230, 5-312
山田村　やまだむら　第186号　4-54, 5-222, 5-312
山田村　やまだむら　第187号　4-62, 5-223, 5-231, 5-313
山田村　やまだむら　第187号　4-57, 4-59, 4-60, 4-62, 5-223
山田村　やまだむら　第188号　4-64, 5-230, 5-312
山田村　やまだむら　第202号　4-124, 5-236, 5-315
山田村阿母名　やまだむらあほみょう　第202号　4-124
山田村牛口名　やまだむらうしぐちみょう　第202号　4-124
山田村内田村　やまだむらうちだむら　第185号　4-51
山田村永中名　やまだむらえいちゅうみょう　第202号　4-124
山田村惠蘇宿☆　やまだむらえそのしゅく　第188号　4-64
山田村枝玉江村　やまだむらえだたまえむら　第176号　3-288
山田村金塲　やまだむらかなば　第188号　4-64
山田村河原村　やまだむらかわはらむら　第185号　4-51
山田村小原〔山田村、山田〕　やまだむらこばら　第176号　3-288, 5-219, 5-309
山田村玉江浦〔山田〕　やまだむらたまえうら　第176号　3-288, 5-309
山田村地先〔山田村、山田〕　やまだむらちさき　第193号　4-83, 5-230, 5-312, 5-314
山田村寺山田　やまだむらてらやまだ　第187号　4-62
山田村通リ堂　やまだむらとおりどう　第188号　4-64
山田村舞子濵〔舞子濵〕　やまだむらまいこはま　第137号　3-113, 5-184
山田山　やまだやま　第167号　3-240
山塚村　やまつかむら　第125号　3-50, 5-166
山綱村中芝〔山綱村、山綱〕　やまつなむらなかしば　第116号　2-203, 5-162, 5-299
山津村　やまづむら　第181号　4-30, 4-33, 5-226
山津村（延岡領）　やまづむら　九州沿海図第3　4-202
山津屋村　やまつやむら　第141号　3-131, 5-183
大池川　やまてがわ　第180号　5-230
山手川　やまてがわ　第180号　5-230
山手村　やまてむら　第143号　3-135, 3-137
山手村　やまてむら　第144号　3-146, 5-192, 5-307
山手村　やまてむら　第157号　5-195
山手村　やまてむら　第163号　3-227, 5-209, 5-308
山手村堀切　やまてむらほりきり　第144号　3-146
山寺村　やまでらむら　第108号　2-165, 5-150
山寺村御舞瀬　やまでらむらみまいぜ　第108号　2-165
大和川　やまとがわ　第135号　3-101, 5-178, 5-301
大和川　やまとがわ　第182号　4-36, 4-37
大和川村　やまとがわむら　第80号　2-47, 2-49, 5-138, 5-294
山門郡　やまとぐん　第188号　4-68, 4-69, 5-231, 5-313
大和島　やまとじま　第132号　3-85
大和シマ〔大和島〕　やまとじま　第137号　3-114, 3-115, 5-184, 5-306
大和國〔大和〕　やまとのくに　第134号　3-95, 5-177, 5-301
大和國　やまとのくに　第135号　3-100, 5-177, 5-301
大和橋　やまとばし　第135号　3-101
大和冨士山〔大和冨士〕　やまとふじさん　第134号　3-97, 5-177
大和明神　やまとみょうじん　第134号　3-95, 3-97
山中湖　やまなかこ　第100号　2-132
山中新田（御料所）　やまなかしんでん　第101号　2-140, 5-126, 5-291
山中新田村　やまなかしんでんむら　第138号　3-118, 5-184, 6-306
山中村○　やまなかむら　第100号　2-132, 5-127, 5-291
山中村　やまなかむら　第118号　3-17, 3-19, 5-166, 5-297, 5-300
山中村　やまなかむら　第121号　3-29, 3-31, 3-32, 5-157, 5-172
山中村　やまなかむら　第122号　3-34, 3-36, 5-173, 5-300
山中村　やまなかむら　第129号　3-70, 3-72, 5-167, 5-301
山中村　やまなかむら　第176号　3-292
山中村　やまなかむら　第187号　4-63
山中村　やまなかむら　第188号　4-68, 5-231, 5-313
山中村上山中〔山中村、山中〕　やまなかむらかみやまなか　第176号　3-292, 5-219, 5-312
山中村下山中　やまなかむらしもやまなか　第176号　3-292
山中村廣瀬　やまなかむらひろせ　第188号　4-68
山中村割小松　やまなかむらわりごまつ　第176号　3-292
山中山　やまなかやま　第188号　4-68
山中山　やまなかやま　第190号　4-77
山名郡　やまなぐん　第111号　2-179, 2-180, 5-160, 1-161, 5-298
山名古城　やまなこじょう　第127号　3-59
山梨郡　やまなしぐん　第97号　2-122, 2-123, 5-117, 5-291
山梨郡　やまなしぐん　第98号　2-126, 5-117, 5-291, 5-296
山梨村　やまなしむら　第112号　2-183, 5-153, 5-297
山梨子村〔山梨村〕　やまなしむら　第121号　3-30, 5-157, 5-172
山波村　やまなみむら　第157号　5-210, 5-307
山西村　やまにしむら　第143号　3-138
小〔山〕西村　やまにしむら　第168号　3-247, 5-214
山西村梅沢（松平大和守領分）〔山西〕　やまにしむらうめざわ　第99号　2-128, 2-130, 5-125, 5-

126, 5-291
山仁田　やまにた　九州沿海図第19　4-272
山根村　やまねむら　第143号　3-137, 3-138, 5-183, 5-304
山根村　やまねむら　第143号　3-136, 5-188, 5-305
山野井村（萩領、長府領）　やまのいむら　第176号　3-292, 5-219, 5-220, 5-312
山野井村石炭　やまのいむらいしずみ　第176号　3-292
山野井村七日町　やまのいむらなのかまち　第176号　3-292
山上村　やまのうえむら　第137号　3-114
山野上村　やまのうえむら　第144号　3-144
山之上山　やまのうえやま　第151号　3-177
山内下村　やまのうちしもむら　第135号　3-103, 5-178
山之浦　やまのうら　九州沿海図第19　4-271
山ノ神　やまのかみ　第95号　2-110
山神　やまのかみ　第97号　2-120
山之神村　やまのかみむら　第98号　2-126, 5-117, 5-127
ヤマノ川　第31号　1-106, 5-54
山ノキサ山　やまのきさやま　第104号　2-151
山北村　やまのきたむら　第152号　3-182, 5-194, 5-307
山里村　やまのさとむら　第144号　3-142
山野下村　やまのしたむら　第88号　2-77
山城村　やまのじょうむら　第144号　3-145
山口尻村　やまのしりむら　第100号　2-132, 2-134
山ノ瀬　やまのせ　第203号　4-136
山瀬　やまのせ　第213号　4-179, 5-258, 5-261, 5-318
山ノ瀬　やまのせ　九州沿海図第19　4-270, 4-272
山邉八代姫神社　やまのべのやしろひめじんじゃ　第165号　3-233
山ノ坊村　やまのぼうむら　第134号　3-97, 3-98, 5-177, 5-301
山前村　やまのまえむら　第121号　3-30, 5-157
山野村　やまのむら　第208号　4-157, 5-250, 5-315
山野村尾上　やまのむらおのうえ　第208号　4-157
山ノ目○　やまのめ　第51号　1-176, 5-77, 5-284
山ノ目宿鍛冶町〔鍛冶町〕　やまのめじゅくかじまち　第51号　1-176, 5-77
山ノ目村　やまのめむら　第50号　1-171, 5-73, 5-282
山脇村　やまのわきむら　第141号　3-130, 5-183
山脇村新村　やまのわきむらしんむら　第141号　3-130
山畑村　やまはたむら　第175号　3-284, 5-218, 5-309, 5-312
山畑村河原　やまはたむらかわはら　第175号　3-285
山吹村(座光寺忠之助在所)　やまぶきむら　第108号　2-161, 5-151, 154, 5-296
山吹村追分　やまぶきむらおいわけ　第108号　2-161
山吹山　やまぶきやま　第166号　3-235
山伏峠　やまぶしとうげ　第99号　2-131
山伏峠　やまぶしとうげ　第100号　5-126
山伏峠　やまぶしみね　第117号　3-13, 5-163, 5-168, 5-299
山伏山　やまぶしやま　第85号　2-68
山二ツ山　やまふたつやま　第104号　2-151
山邉郡　やまべぐん　第89号　2-80, 5-111, 5-122, 5-290
山邉郡　やまべぐん　第91号　2-92, 5-111, 5-290
山邉郡　やまべぐん　第134号　3-95, 3-97, 5-176, 5-177, 5-301
山邉西村　やまべにしむら　第134号　3-97, 5-177
山邉村　やまべむら　第95号　2-112, 2-113
山邉村　やまべむら　第134号　3-97, 5-177, 5-301
山邉村　やまべむら　第186号　4-54, 5-222, 5-312
山邉村直方町○〔直方〕　やまべむらのおがたまち　第186号　4-54, 5-222, 5-312
山邉村外新町　やまべむらほかしんまち　第186号　4-54
山邉山　やまべやま　第165号　3-232
山見瀬〔山見セ〕　やまみせ　第207号　4-155, 5-243
山見村　やまみむら　第187号　4-58, 5-222, 5-230, 5-312
山宮村（石川大隅守、内藤駒之丞）　やまみやむら　第100号　2-133, 2-135, 2-136, 2-138, 5-127, 5-291
山宮村蒲沢　やまみやむらかわざわ　第100号　2-133, 2-135, 2-136, 2-138
山宮村宮内　やまみやむらみやうち　第100号　2-133, 2-135, 2-136, 2-138, 5-127
山ミヨ池〔山ミヨ〕　やまみよいけ　第104号　2-151, 5-133, 5-134
山村　やまむら　第110号　2-172, 5-154
山村　やまむら　第134号　3-95, 3-97, 5-176, 5-177
山村　やまむら　第179号　4-18, 4-21
山村　やまむら　九州沿海図第2　4-197
山村山　やまむらやま　第179号　4-18, 4-21
山室村　やまむろむら　第126号　3-55
山室村　やまむろむら　第193号　4-85, 4-86, 5-232
山室村　やまむろむら　九州沿海図第18　4-266
山本郡　やまもとぐん　第59号　1-204
山本郡　やまもとぐん　第60号　1-206, 1-208, 5-85
山本郡　やまもとぐん　第62号　1-212
山本郡　やまもとぐん　第188号　4-64, 4-65, 5-231
山本郡　やまもとぐん　第193号　4-85, 4-86, 4-87, 5-232, 5-314
山本郡　やまもとぐん　九州沿海図第18　4-268
山本新田　やまもとしんでん　第135号　3-101, 3-103, 5-178
山本新田北新田（御料所）〔山本新田〕　やまもとしんでんきたしんでん　第135号　3-100, 5-176, 5-178
山本村（近藤左京陣屋）　やまもとむら　第110号　2-172, 5-154, 5-296
山本村　やまもとむら　第112号　2-184
山本村　やまもとむら　第124号　3-42, 3-44, 5-180, 5-304
山本村　やまもとむら　第129号　3-67, 3-69, 3-72, 5-166, 5-301
山本村　やまもとむら　第129号　3-71
山本村　やまもとむら　第133号　3-89
山本村　やまもとむら　第133号　3-90
山本村　やまもとむら　第133号　3-93
山本村　やまもとむら　第134号　5-177
山本村　やまもとむら　第136号　3-106, 5-178
山本村　やまもとむら　第139号　3-121, 5-186, 5-303, 5-306
山本村　やまもとむら　第142号　3-132, 5-186
山本村　やまもとむら　第167号　3-241
山本村　やまもとむら　第178号　4-13, 4-15
山本村　やまもとむら　第189号　4-72, 5-234, 5-241
山本村　やまもとむら　第211号　4-173, 4-175, 5-249, 5-256, 5-261, 5-316
山本村　やまもとむら　九州沿海図第10　4-236, 4-238
山本村石走　やまもとむらいしばしい　第211号　4-173, 4-175
山本村大川　やまもとむらおおかわ　第211号　4-173, 4-175
山本村出町〔山本村〕　やまもとむらでまち　第125号　3-50, 5-174
山本村二ツ山　やまもとむらふたつやま　第110号　2-172
山本村邉田　やまもとむらへた　第211号　4-173, 4-175
山本山　やまもとやま　第133号　3-90
山本山　やまもとやま　第189号　4-72
山脇村　やまわきむら　第141号　5-183
矢水山　やみずやま　第124号　3-44
ヤムクシナイ　第31号　1-107, 5-54, 5-279
ヤムクシナイ川　第31号　1-107, 5-54
塩冶神社　やむやじんじゃ　第162号　3-219, 3-221
ヤムワツカ　第11号　1-38, 5-35, 5-272
ヤムワツカナイ　第12号　5-36
ヤムワツカナイ　第16号　1-51, 5-39, 5-274
矢本村　やもとむら　第52号　1-180, 5-78, 5-284
ヤーヤシリヒイカフシ　第17号　1-57, 5-42, 5-275
矢山　ややま　第143号　3-135
矢山　ややま　第195号　5-232
彌山村〔弥山村、弥山〕　ややまむら　第187号　4-56, 4-58, 5-222, 5-312
弥山村名〔君〕ヶ畠　ややまむらきみがはた　第187号　4-56, 4-58
弥山村割石　ややまむらわりいし　第187号　4-56, 4-58
ヤラカルシナイ　第15号　1-48
ヤラゲブシナイ　第15号　1-48, 5-38, 5-273
ヤラコツナイ川　第15号　1-48, 5-38, 5-273
也良崎〔也良サキ〕　やらざき　第192号　4-82, 5-240, 5-241
鑓川村　やりかわむら　第192号　4-81, 5-239, 5-240, 5-241, 5-320
鑓水村　やりみずむら　第90号　2-91
八幡（御料所、岩本内膳正、松本彌門、水野石見守、村上三十郎、河野善十郎、佐野九右エ門、永井十左エ門知行所、八幡宮領）○　やわた　第89号　2-82, 5-111, 5-122, 5-290
八幡（牧野大藏領分）○　やわた　第95号　2-112, 2-113, 5-146, 5-296
八幡川　やわたがわ　第167号　3-241
八幡野村☆　やわたのむら　第101号　2-142, 5-128, 5-292
八幡野村岡　やわたのむらおか　第101号　2-142
八幡濵浦○☆⚠　やわたはまうら　第170号　3-261, 5-201, 5-311
八幡町○☆　やわたまち　第125号　3-51, 5-174, 5-300, 5-301
八幡村　やわたむら　第51号　1-174, 5-73, 5-282
八幡村　やわたむら　第77号　2-35, 5-113, 5-115, 5-289
八幡村　やわたむら　第84号　2-62, 5-140, 5-143, 5-295
八幡村　やわたむら　第91号　2-96, 5-124, 5-290
八幡村（御料所、鶴谷八幡神領）　やわたむら　第92号　2-99, 2-100, 5-124, 5-292
八幡村（八幡社領、岡部土左エ門、品川内膳、高井山城守知行所）　やわたむら　第94号　2-105, 5-119
八幡村（本多豊前守領分）　やわたむら　第107号　2-159, 5-160
八幡村　やわたむら　第116号　2-202, 2-204, 5-162, 5-299
八幡村　やわたむら　第118号　3-17, 3-19, 5-156, 5-157, 5-166, 5-297, 5-300

八幡村　やわたむら　第155号　3-192
八幡村安国寺〔八幡村、八幡〕　やわたむらあんこくじ　第155号　3-191, 3-193, 5-190, 5-305
八幡村枝弥五郎　やわたむらえだやごろう　第116号　2-202, 2-204
八幡村西江渡　やわたむらにしえど　第118号　3-17, 3-19
矢原村　やわらむら　第123号　3-38, 3-40, 5-173
ヤンゲシリ島　第15号　1-47, 5-39, 5-273
ヤンケシレナイ〔ヤンケシナイ〕　第22号　1-70, 5-27

【ゆ】

湯淺浦○　ゆあさうら　第139号　3-121, 5-186, 5-303, 5-306
油井○　ゆい　第56号　1-193, 5-103, 5-288
由比○☆　ゆい　第107号　2-156, 5-127, 5-291, 5-296, 5-298
由井ケ濱　ゆいがはま　第93号　2-103, 5-123, 5-125
由比川　ゆいがわ　第107号　5-129
油井八軒茶屋〔八軒茶屋〕　ゆいはっけんちゃや　第56号　1-193, 5-103, 5-288
油井村　ゆいむら　第95号　2-111, 5-116
柚井村　ゆいむら　第118号　3-20, 5-166
湯井村　ゆいむら　第133号　3-91
油井村　ゆいむら　第153号　3-187, 5-191, 5-305
飯岡村　ゆうかむら　第144号　3-144, 3-146, 5-192, 5-307
由宇川　ゆうがわ　第173号　3-276
結城村　ゆうきむら　第118号　3-16, 5-156, 5-297
祐久村　ゆうくむら　第118号　3-18, 3-20, 5-166
ユウケイ濱　ゆうけいはま　第104号　2-151
遊光寺濱〔遊光寺〕　ゆうこうじはま　第76号　2-31, 5-138, 5-287, 5-294
熊谷寺　ゆうこくじ　第88号　2-77
勇細工村　ゆうさいくむら　第128号　3-62, 3-64
勇﨑村　ゆうざきむら　第151号　3-179, 5-195, 5-307
遊子浦　ゆうしうら　第121号　3-33, 5-172, 5-300
用作　ゆうじゃく　九州沿海図第21　4-279, 4-281
夕筋村（溝口駒之助領分）　ゆうすじむら　第55号　1-190, 5-102, 5-104, 5-288
ユーチ川　第13号　5-37, 5-269
祐天寺　ゆうてんじ　第90号　2-85, 2-87
ユーハリ山　第19号　1-62, 5-48, 5-274
夕日湊⚓　ゆうひみなと　第123号　3-39
夕日村　ゆうひむら　第189号　4-72
夕日山　ゆうひやま　第189号　4-72
ユウブツ○☆　第28号　1-94, 5-50, 5-278
ユウベツ○　第8号　1-31, 5-24, 5-271
ユウベツ川　第8号　1-31, 5-24, 5-271
夕見村　ゆうみむら　第173号　5-213
伊福村　ゆうむら　第124号　3-44, 5-180, 5-304
油宇村　ゆうむら　第169号　3-250, 5-215
由宇村　ゆうむら　第173号　3-276, 5-215, 5-311
由宇村有家浦　ゆうむらあらけうら　第173号　3-276
油宇村馬ケ原　ゆうむらうまがはら　第169号　3-250
ユウラツプ　第31号　1-107, 5-54, 5-279
ユウラツプ川　第31号　1-107, 5-54, 5-279
ユウラン鼻　ゆうらんばな　第192号　4-81, 4-82
湯江川　ゆえがわ　第196号　4-95
湯江村　ゆえむら　第196号　4-95
湯江村釜分〔湯江〕　ゆえむらかまぶん　第201号　4-119, 5-315
湯江村釘嵜名〔湯江〕　ゆえむらくぎさきみょう　第196号　4-95, 5-315
湯江村久原名〔湯江〕　ゆえむらくばるみょう　第196号　4-95, 5-315
湯江村黒嵜〔湯江〕　ゆえむらくろさき　第201号　4-119, 5-315
湯江村小峯〔湯江〕　ゆえむらこみね　第201号　4-119, 5-315
湯江村戸田名〔湯江村、湯江〕　ゆえむらとだみょう　第196号　4-95, 5-233, 5-315
湯江村湯江町〔湯江村、湯江〕　ゆえむらゆえまち　第201号　4-119, 5-236, 5-315
ユヲイ川　第31号　1-107, 5-54, 5-279
湯抱村　ゆがかいむら　第166号　3-234, 5-209, 5-308
瑜伽山　ゆがさん　第151号　3-178, 5-194
湯ケ島村（御料所）○　ゆがしまむら　第101号　2-143, 5-128, 5-298
湯ケ島村茅野新田☆〔茅野新田〕　ゆがしまむらかやのしんでん　第101号　2-143, 5-298
湯ケ島村上連新田　ゆがしまむらじょうれんしんでん　第101号　2-143
湯島村長野新田　ゆがしまむらながのしんでん　第101号　2-143
湯ケ島村西平　ゆがしまむらにしびら　第101号　2-143
湯ケ島村与市坂新田　ゆがしまむらよいちざかしんでん　第101号　2-143
湯ケ野村（御料所）（温泉）　ゆがのむら　第102号　2-147, 5-128, 5-298
湯川村（大久保飛騨守知行所）　ゆかわむら　第101号　2-140, 2-142, 5-128, 5-292
湯川村（温泉）　ゆかわむら　第132号　3-85, 1-170, 5-302
湯川村　ゆかわむら　第163号　3-222, 5-208, 5-305, 5-308
湯川村　ゆがわむら　第178号　4-13, 4-15, 5-222, 5-312
湯川村　ゆがわむら　九州沿海図第1　4-191
湯川村上湯川　ゆかわむらかみゆかわ　第163号　3-222
湯川村土井　ゆかわむらどい　第163号　3-222
湯川村中原　ゆかわむらなかはら　第163号　3-222
湯川山　ゆがわやま　第186号　4-55
行合野村〔行合野〕　ゆきあいのむら　第189号　4-72, 5-234, 5-241, 5-313
行合野山　ゆきあいのやま　第189号　4-72
行合村　ゆきあいむら　第133号　3-86, 5-174, 5-176, 5-300, 5-301
遊木浦　ゆきうら　第132号　3-82, 5-169, 5-301, 5-302
雪窪山　ゆきくぼやま　第100号　2-136, 2-138
行實　ゆきざね　第144号　3-145
行真村　ゆきざねむら　第112号　2-184
行恒村　ゆきつねむら　第165号　3-232, 5-205, 5-308
行恒村平　ゆきつねむらたいら　第165号　3-232
雪ノ浦川　ゆきのうらかわ　第201号　4-122
雪ノ浦村〔雪浦〕　ゆきのうらむら　第201号　4-121, 4-122, 5-237, 5-313
雪ノ浦村上ノ瀬　ゆきのうらむらかみのせ　第201号　4-121, 4-122
雪ノ浦村河辺〔通〕　ゆきのうらむらごうつう　第201号　4-122
雪ノ浦村小松　ゆきのうらむらこまつ　第201号　4-121, 4-122
雪島　ゆきのしま　第191号　4-79
柚木村　ゆきむら　第175号　3-282, 5-218, 5-309
柚木村　ゆぎむら　第118号　3-20, 5-159, 5-297
柚木村飯迫　ゆきむらいいさこ　第175号　3-282
柚木村河内　ゆきむらかわち　第175号　3-282
柚木村高河内　ゆきむらたかかわち　第175号　3-282
雪山　ゆきやま　第180号　4-28, 5-230
雪山　ゆきやま　第187号　5-231
行相神社　ゆくあいじんじゃ　第192号　4-81
ユクタリ　第31号　1-108, 5-56, 5-279
行野浦　ゆくのうら　第131号　3-81, 5-169, 5-301, 5-302
由久村　ゆくむら　第213号　4-182, 5-258, 5-261, 5-318
由久村阿高礒　ゆくむらあだかいそ　第213号　4-179
由久村女洲　ゆくむらおなす　第213号　4-179, 4-182
由久村梶潟　ゆくむらかじがた　第213号　4-182
由久村熊野　ゆくむらくまの　第213号　4-182
由久村屋久津　ゆくむらやくづ　第213号　4-182
弓削　ゆげ　九州沿海図第20　4-277
弓削大久保　ゆげおおくぼ　第193号　4-84, 4-86
弓削島☆　ゆげじま　第157号　3-201, 3-203, 5-210, 5-307
弓削村金山　ゆげむらかなやま　第145号　3-152
弓削村倉地　ゆげむらくらち　第145号　3-152
油江村　ゆごむら　第122号　3-37
湯坂村　ゆざかむら　第150号　3-171
湯坂山　ゆざかやま　第167号　3-240
温里川　ゆざとがわ　第166号　3-235
温里村　ゆざとむら　第166号　3-235, 5-209, 5-212, 5-308
温里村温湊　ゆざとむらゆみなと　第166号　3-235
湯澤○　ゆざわ　第64号　1-222, 5-75, 5-88, 5-283
湯澤○　ゆざわ　第77号　2-37, 5-115, 5-289
湯島　ゆしま　第84号　2-62, 2-64
湯島　ゆしま　第90号　2-84, 5-120, 5-123
湯島　ゆしま　第196号　4-97, 4-99, 5-233, 5-315
湯嶋　ゆしま　九州沿海図第19　4-275
湯島村（城崎）（温泉）☆　ゆしまむら（きのさき）　第124号　3-42, 3-44, 5-180, 5-304
湯尻　ゆじり　第62号　1-211
弓杖島　ゆずえしま　第164号　3-230, 5-311
由原村　ゆすはらむら　第181号　4-29, 5-227, 5-312
由原村　ゆすはらむら　九州沿海図第3　4-203
由原山　ゆすはらやま　第181号　4-29
湯田　ゆだ　九州沿海図第13　4-247, 4-249
湯田川　ゆだがわ　第202号　4-124
湯岳　ゆだけ　第55号　1-191, 5-104, 5-288
湯岳村　ゆたけむら　第191号　4-79, 5-238, 5-241
湯岳村射手吉　ゆたけむらいてよし　第191号　4-79
湯谷川　ゆたにがわ　第113号　5-155, 5-156
油谷村　ゆだにむら　第142号　3-132, 5-186, 5-303, 5-306
湯田村　ゆだむら　第210号　4-168, 5-252, 5-261, 5-317
湯田村　ゆだむら　九州沿海図第12　4-246
湯田村赤﨑　ゆだむらあかさき　第210号　4-168
弓槻村　ゆづきむら　第126号　3-54, 5-175, 5-300, 5-301
柚津村　ゆづむら　第127号　3-59
由津里村　ゆづりむら　第144号　3-147
由津里村原　ゆづりむらはら　第144号　3-147
諭鶴羽山　ゆづるはさん　第142号　5-184
ユートー　第24号　1-79, 5-32, 5-276
ユート川〔ユートー川〕　第24号　1-79, 5-32, 5-276
湯殿沢　ゆどのさわ　第36号　1-123

湯泊岳　ゆどまりだけ　第214号　4-187
湯上村（松平直之亟領分）　ゆのうえむら　第94号　2-105, 5-119, 5-289
湯浦本村〔湯浦〕　ゆのうらほんむら　第200号　4-115, 4-116, 4-118, 5-250, 5-315
湯浦本村　ゆのうらほんむら　九州沿海図第16　4-256
湯浦本村上小塲　ゆのうらほんむらうわこば　第200号　4-115
湯浦本村大川内　ゆのうらほんむらおおかわち　第200号　4-115, 4-118
湯浦本村上内野　ゆのうらほんむらかみうちの　第200号　4-115, 4-118
湯浦本村下内野　ゆのうらほんむらしもうちの　第200号　4-115, 4-118
湯浦本村鳥屋尾　ゆのうらほんむらとやお　第200号　4-115, 4-118
湯浦本村中屋敷　ゆのうらほんむらなかやしき　第200号　4-115, 4-118
湯浦本村古田　ゆのうらほんむらふるた　第200号　4-115, 4-118
湯浦本村古道　ゆのうらほんむらふるみち　第200号　4-115
湯野浦村〔湯野浦〕　ゆのうらむら　第189号　4-73, 5-234, 5-241, 5-313
湯浦村　ゆのうらむら　第193号　4-83, 5-230, 5-232, 5-312, 5-314
湯浦村枝宮原　ゆのうらむらえだみやばる　第193号　4-83
湯岡村　ゆのおかむら　第121号　3-33, 5-172, 5-300
湯尾村◯　ゆのおむら　第208号　4-156, 4-158, 5-250, 5-315
湯尾村舩津田　ゆのおむらふなつだ　第208号　4-157, 4-158
湯尾村豆田　ゆのおむらまめた　第208号　4-157, 4-158
ユノカツ川〔ユノカワ〕　第36号　1-121, 5-60, 5-281
柚木村（久世安藝守知行所）　ゆのきむら　第101号　2-144, 5-127, 5-291
柚木村（御料所）　ゆのきむら　第107号　2-157, 2-158, 5-129
柚野木村　ゆのきむら　第180号　4-26, 4-28, 5-230
湯ノ口　ゆのくち　第203号　4-136, 4-138
湯ノ口　ゆのくち　九州沿海図第14　4-252
湯郷村（温泉）　ゆのごうむら　第144号　3-144, 5-192, 5-305, 5-307
湯ノ子嶋〔湯小シマ〕　ゆのこじま　第200号　4-118, 5-250
湯子シマ　ゆのこじま　九州沿海図第16　4-257
ユノ﨑　第31号　1-106, 1-108
ユノサキ　第31号　1-106, 1-108, 5-54, 5-56, 5-279
ユノサワ　第36号　1-123, 5-60, 5-281
湯沢村大深〔湯澤村〕　ゆのさわむらおおふか　第66号　1-227, 5-92, 5-285
湯ノ島〔湯島〕　ゆのしま　第39号　1-134, 5-280
湯之島村（下呂）（温泉）◯☆　ゆのしまむら（げろ）　第113号　2-186, 5-155, 5-297
湯之島村西川　ゆのしまむらにしかわ　第113号　2-186
湯關村　ゆのせきむら　第150号　3-170, 5-188
ユノタイ　第31号　1-108, 5-56, 5-279
湯野田村〔湯野田〕　ゆのたむら　第201号　4-120, 5-234, 5-313
温泉津村（温泉）☆⛵　ゆのつむら　第166号　3-235, 5-209, 5-212, 5-308
温泉津村日祖浦　ゆのつむらひそうら　第166号　3-235
ユノノマ　第31号　1-108
湯濵村（御料所）◯　ゆのはまむら　第70号　1-248, 5-91, 5-285, 5-286
柚原村　ゆのはらむら　第133号　3-91, 3-93, 5-175, 5-178, 5-301
湯ノ舟峠　ゆのふねとうげ　第166号　3-237
湯前村　ゆのまえむら　第197号　4-101, 5-245, 3-314
湯前村浅鹿野　ゆのまえむらあざかの　第197号　4-101
湯前村猪鹿食〔倉〕　ゆのまえむらいのかくら　第197号　4-101
湯前村野路口　ゆのまえむらのじぐち　第197号　4-100
湯町◯☆　ゆのまち　九州沿海図第18　4-268
湯町（山家）◯　ゆのまち（やまが）　第193号　4-85, 4-86, 5-312, 5-315
湯野村　ゆのむら　第157号　5-195, 5-307
湯之村　ゆのむら　第209号　4-165, 5-247, 5-261, 5-316
湯之村　ゆのむら　九州沿海図第10　4-233
湯之村古里（温泉）　ゆのむらふるさと　第209号　4-165
湯前村植木　ゆのめむらうえき　第197号　4-101
湯野本浦　ゆのもとうら　第191号　4-79, 5-238, 5-241
湯野本浦湯野浦　ゆのもとうらゆのうら　第191号　4-79
湯山町（温泉）◯　ゆのやままち　第136号　3-106, 5-178, 5-306
湯ハシラ子　ゆばしらね　第103号　2-150
湯濵　ゆはま　第102号　2-145, 2-148
ユーハリ川　第28号　1-91, 5-43, 5-274
柚比村　ゆびむら　第187号　4-59, 4-62, 5-223, 5-231
油比村　ゆびむら　第189号　4-70
柚比村今町　ゆびむらいままち　第187号　4-59, 4-62
柚比山　ゆびやま　第187号　4-59, 4-62
柚布川〔油布川〕　ゆふがわ　第181号　4-29, 4-33, 5-312
柚布川　ゆふがわ　九州沿海図第3　4-202
湯布岳　ゆふだけ　第181号　5-227, 5-312
湯舩原村☆　ゆふねはらむら　第200号　4-117, 5-251
湯舩原村☆　ゆふねはらむら　九州沿海図第19　4-272
湯舩原村中野　ゆふねはらむらなかの　第200号　4-117
湯舩原村舩津　ゆふねはらむらふなつ　第200号　4-117
湯舩山　ゆふねやま　第136号　3-107
ユマシマ〔フユマシマ〕　第33号　1-115, 5-47, 5-55, 5-279
湯町村◯　ゆまちむら　第162号　3-218, 5-190, 5-204, 5-305, 5-308
弓坂峠　ゆみさかとうげ　第187号　5-222
弓坂峠　ゆみさかとうげ　第192号　4-80, 4-81
弓木村　ゆみのきむら　第123号　3-38, 3-40, 5-180, 5-304
弓木村石田　ゆみのきむらいしだ　第123号　3-40
弓ノ原　ゆみのはら　第192号　4-80, 4-81
弓原村　ゆみはらむら　第150号　3-170, 5-188
弓張岩　ゆみはりいわ　第189号　4-71, 5-234, 5-238, 5-241
弓張峠　ゆみはりとうげ　第166号　3-235
弓鎗岳　ゆみやりだけ　第190号　4-77
湯村（温泉）　ゆむら　第143号　3-136, 5-188
湯村（吉岡）（温泉）　ゆむら（よしおか）　第143号　3-135, 5-188, 5-305
湯村湯谷　ゆむらゆだに　第143号　3-135
夢見山　ゆめみやま　第164号　5-211
湯本茶屋　ゆもとちゃや　第99号　2-131, 5-126
湯本村　ゆもとむら　第62号　1-211, 5-87, 5-283
湯本村（温泉）　ゆもとむら　第99号　2-131, 5-126, 5-291
湯本村（温泉）◯　ゆもとむら　第150号　3-172, 5-189, 5-305
湯本村三枚橋　ゆもとむらさんまいばし　第99号　2-131
湯本村下宿　ゆもとむらしもじゅく　第99号　2-131
湯山村　ゆやまむら　第124号　3-47, 5-181, 5-304
湯屋村　ゆやむら　第179号　4-19, 5-225, 5-312
湯屋村　ゆやむら　第189号　4-72
湯屋村　ゆやむら　九州沿海図第2　4-195
湯屋村鳥巣〔湯屋〕　ゆやむらとりのす　第143号　3-137, 3-138, 5-304
湯屋村中島〔湯屋村、湯屋〕　ゆやむらなかしま　第143号　3-137, 5-181, 5-304
由良浦⛵　ゆらうら　第168号　3-247
由良シマ　ゆらじま　第70号　1-248
由良岬　ゆらみさき　第171号　3-267, 5-203, 5-311
由良湊⛵　ゆらみなと　第139号　3-121, 5-186
由良村　ゆらむら　第70号　1-248, 5-91, 5-96, 5-285, 5-286
由良村☆⛵　ゆらむら　第122号　3-37, 5-173, 5-304
由良村　ゆらむら　第150号　3-170, 5-188, 5-305
油良村　ゆらむら　第169号　3-251, 5-215
ユリシ　ゆりし　第192号　4-81
閖上濵〔閖下濵、閖上〕　ゆりあげはま　第52号　1-182, 5-79, 5-284
由利郡　ゆりぐん　第63号　1-215, 5-88, 5-283
由利郡　ゆりぐん　第70号　1-247
百合﨑　ゆりさき　第206号　4-150
油利島（二神島屬）　ゆりじま（ふたかみじまぞく）　第169号　3-250, 3-252, 5-215, 5-311
ユリ岳　ゆりだけ　第204号　4-142
由里村　ゆりむら　第122号　3-35, 3-37, 5-173, 5-300
油里村　ゆりむら　第122号　3-37
油利村　ゆりむら　第127号　3-61
油利村小原　ゆりむらおばら　第127号　3-61
陶綾郡　ゆるきぐん　第99号　2-128, 2-130, 5-125, 5-126, 5-291
ユルキセ　ゆるきせ　第192号　4-81, 4-82, 5-320
ユルキ瀬　ゆるきせ　第204号　4-141, 4-142
動堂村　ゆるぎどうむら　第94号　2-107
ユルキ山　ゆるきやま　第133号　3-88, 5-167, 5-176
ユルシカヘツ　第27号　1-90, 5-50, 5-278
百合地村　ゆるじむら　第124号　3-42, 3-44
ユルフタシマ　ゆるふたしま　第146号　3-158
ユワヲイ　第17号　1-53, 5-42, 5-275
ユワヲイ川　第17号　1-53, 5-42
ユワナイ◯　第21号　1-67, 5-45, 5-275
ユワナイ川〔イワナイ川〕　第21号　1-67, 5-45, 5-275
ユワベ岬　第36号　1-121, 1-122, 5-60, 5-281

#【よ】

夜明城　よあけじょう　第181号　4-33, 5-226
夜明城　よあけじょう　九州沿海図第3　4-202
與比神社　よいじんじゃ　第141号　3-129

與井新村　よいしんむら　第144号　3-142, 5-183
與井新村土ノ子　よいしんむらつちのこ　第144号　3-142
與板（井伊兵部少輔居城）　よいた　第74号　5-112, 5-113, 5-287, 5-289
宵田村○　よいだむら　第124号　3-44, 5-180, 5-304
與一ケ浦　よいちがうら　第200号　4-117
與一ケ浦　よいちがうら　九州沿海図第19　4-270, 4-272, 4-274
與一ケ浦島〔子一ケ浦島〕　よいちがうらじま　第200号　4-117, 5-250
与市ケ浦嶋　よいちがうらじま　九州沿海図第19　4-270, 4-272, 4-274
与一ケ沢　よいちがさわ　第104号　2-151
ヨイチ川　第20号　1-64, 5-44, 5-275
與井村　よいむら　第141号　3-129
與井村　よいむら　第144号　3-142, 5-183
與右衛門新田〔与右エ門新田〕　ようえもんしんでん　第87号　2-75, 5-120
八日市場村○　ようかいちばむら　第100号　2-137, 5-127, 5-296
八日市村（波多野杢之助知行所）　ようかいちむら　第90号　2-89, 5-121, 5-291
八日市村　ようかいちむら　第121号　3-30, 5-157
八日市村〔八日市〕　ようかいちむら　第125号　3-50, 5-174, 5-297, 5-300, 5-301
八日市村　ようかいちむら　第145号　3-152, 5-192, 5-307
八日市村枝宇津木　ようかいちむらえだうつき　第90号　2-89
要害山　ようがいやま　第151号　3-177
要害山　ようがいやま　第155号　3-192
要害山　ようがいやま　第156号　3-195
要害山　ようがいやま　第163号　3-226
要害山　ようがいやま　第166号　3-235
用賀村　ようがむら　第90号　2-87, 5-120, 5-123, 5-291
八鹿村枝大森〔八鹿村、八鹿〕　ようかむらえだおおもり　第124号　3-44, 5-180, 5-304
遥堪村　ようかんむら　第162号　3-219, 5-204
養玉院　ようぎょくいん　第90号　2-84
ヨウコウシ〔ヨウコウシ岬〕　第7号　1-26, 5-20, 5-270
ヨウコシ　第25号　1-84, 5-33, 5-277
陽生山　ようしょうざん　第151号　3-179, 5-195
西濱村　ようすなむら　第151号　3-179, 5-195
養田村　ようだむら　第141号　3-130
養竹院　ようちくいん　第88号　2-79
下〔丁〕野村　ようのむら　第121号　3-30, 5-157
用野村　ようのむら　第124号　3-43, 3-45, 3-46
永明寺　ようめいじ　第100号　2-135
養老山　ようろうさん　第118号　3-19, 3-21
養老滝　ようろうのたき　第118号　3-19, 3-21, 5-166, 5-297, 5-300
養老山　ようろうやま　第122号　3-37
代ケ崎濱　よがさきはま　第52号　1-180, 5-79
四方村○　よかたむら　第83号　2-58, 5-140, 5-295
与河内川　よかわちがわ　第151号　5-193
横川山　よかわやま　第126号　3-53, 5-174
横川山　よかわやま　第133号　3-87
與北村〔与北〕　よぎたむら　第152号　3-182, 5-194, 5-307
與北村茶堂　よぎたむらちゃどう　第152号　3-182
餘木村　よきむら　第152号　3-184, 5-196, 5-307
除石　よけいし　九州沿海図第19　4-272
除堀村（一橋殿領分）　よけばりむら　第88号　2-76, 5-120, 5-291
横井　よこい　九州沿海図第21　4-281
横井上村　よこいかみむら　第145号　3-153, 5-192
横井上村八反田　よこいかみむらはったんだ　第145号　3-153
横石　よこいし　第102号　2-148
横石　よこいし　九州沿海図第16　4-258, 4-260
横礒村　よこいそむら　第59号　1-203, 5-83, 5-281
横井村　よこいむら　第134号　3-95, 3-97
横内村（諏訪因幡守領分）　よこうちむら　第96号　2-118, 5-150, 5-296
横内村（松平能登守領分）　よこうちむら　第107号　2-159, 5-160, 5-298
横内村　よこうちむら　第141号　3-129, 3-131, 5-183, 5-306
横内村　よこうちむら　第146号　3-156, 5-185, 5-303, 5-306
横宇津岬　よこうつみさき　第189号　4-74
横浦　よこうら　第48号　1-163, 1-164, 5-78
横浦　よこうら　第200号　4-117
横浦　よこうら　九州沿海図第19　4-270, 4-272, 4-274
横浦村　よこうらむら　第192号　4-81, 5-239, 5-240, 5-241
横江　よこえ　第185号　4-50
横江　よこえ　九州沿海図第7　4-221, 4-222
横大路村　よこおおじむら　第133号　3-87, 3-89, 3-90, 3-92, 5-176
横尾村　よこおむら　第82号　2-54, 5-139, 5-294
横尾村　よこおむら　第96号　2-114, 5-146
横尾村　よこおむら　第136号　3-109, 3-111, 5-182
横尾村　よこおむら　第144号　3-142, 5-183, 5-306
横尾村谷口　よこおむらたにぐち　第144号　3-142
横尾村畑　よこおむらはた　第144号　3-142
横尾山　よこおやま　第188号　4-68
横尾山　よこおやま　第199号　4-111
横尾山　よこおやま　第209号　4-166, 5-249, 5-261
横尾山　よこおやま　九州沿海図第9　4-229, 4-231
横川村（御関所）　よこかわむら　第95号　2-110, 5-116, 5-119, 5-291, 5-294
横川村　よこかわむら　第102号　2-147
横木村（聖護院宮三井寺領）　よこぎむら　第133号　3-87
横倉村　よこくらむら　第78号　2-43
餘吾湖　よごこ　第121号　3-30, 5-157, 5-174, 5-297, 5-300
横越村　よこごしむら　第120号　3-24, 5-145, 5-297, 5-300
横坂谷　よこさかだに　第163号　3-226
横坂村　よこさかむら　第144号　3-140, 5-183
横澤川　よこさわがわ　第201号　4-119
夜子沢村　よごさわむら　第100号　2-137, 5-127
横島　よこしま　第140号　3-125, 5-171
横島　よこしま　第145号　3-149
横島　よこしま　第157号　3-200, 5-195, 5-210, 5-307
横島　よこしま　第157号　3-203, 5-210
横島　よこしま　第164号　3-229, 5-211, 5-308
横シマ　よこしま　第164号　3-250, 5-211
横島　よこしま　第167号　3-244, 5-215, 5-311
横島　よこしま　第169号　5-215, 5-311
横嶋　よこしま　第175号　3-286, 5-218
横島　よこしま　第179号　5-224
横嶌　よこしま　第183号　4-40, 5-228
横島　よこしま　第183号　4-43, 5-228
横島〔横シマ〕　よこしま　第189号　4-73, 5-234, 5-241
横島　よこしま　第192号　4-81, 5-239, 5-240, 5-241
横島〔ヨコシマ〕　よこしま　第196号　4-98, 5-233
横シマ〔ヨコシマ〕　よこしま　第196号　4-98, 5-233
横シマ　よこしま　第196号　4-95
横島　よこしま　第196号　4-95
横島　よこしま　第200号　4-117, 5-251
横シマ　よこしま　第201号　4-121
横島〔横シマ〕　よこしま　第201号　4-121, 5-234
横シマ　よこしま　第201号　4-122
横島　よこしま　第202号　4-127, 4-128, 5-236
横島　よこしま　第203号　4-136, 5-251
横島〔横シマ〕　よこしま　第204号　4-140, 5-235
横島　よこしま　第204号　4-142, 5-235, 5-313
横島　よこしま　第204号　4-140, 4-142, 5-313, 5-321
横島　よこしま　第204号　5-235
横島　よこしま　九州沿海図第5　4-211
横嶋　よこしま　九州沿海図第6　4-215, 4-216
横嶋　よこしま　九州沿海図第19　4-270, 4-272
横嶋　よこしま　九州沿海図第19　4-272, 4-274
横嶋　よこしま　九州沿海図第19　4-275
横嶌　よこしま　九州沿海図第19　4-275
横島　よこしま　長崎〔参考図〕　4-129, 4-131
与五シマ　よごしま　第204号　5-235
與吾島　よごしま　第205号　4-144
横嶋（上関嶋屬）　よこしま（かみのせきじまぞく）　第169号　3-254, 3-256, 2-224, 5-311
横島（外海浦屬）　よこしま（そとうみうらぞく）　第161号　3-216, 5-203, 5-311
横島（日振島屬）　よこしま（ひぶりじまぞく）　第171号　3-265, 3-267, 5-203, 5-311
横島村　よこしまむら　第151号　3-179, 3-181, 5-195
横島村　よこしまむら　第193号　4-85, 4-87, 5-233, 5-315
横嶋村　よこしまむら　九州沿海図第18　4-267
横島村枝大園　よこしまむらえだおおぞの　第193号　4-85, 4-87
横嶋村枝大園　よこしまむらえだおおぞの　九州沿海図第18　4-267
横島村粟〔栗〕ノ尾　よこしまむらくりのお　第193号　4-85, 4-87
横須賀（西尾隠岐守居城）☆　よこすか　第111号　2-179, 5-160, 5-298
横須賀町　よこすかまち　第115号　2-197, 2-199, 5-159
横須賀村☆　よこすかむら　第93号　2-101, 2-102, 5-123, 5-124
横須賀村　よこすかむら　第115号　2-199, 5-159, 5-299
横須賀村　よこすかむら　第116号　2-202, 2-204, 5-162
横渚村前原町（大岡主膳正領分）〔横渚村前原、前原〕　よこすかむらまえばらまち　第92号　2-98, 5-111, 5-124, 5-290
横砂村（曽我伊賀守知行所）　よこすなむら　第107号　2-156, 5-129, 5-298
横洲村　よこすむら　第193号　4-87, 5-231
横瀬　よこせ　第105号　2-154
横瀬　よこせ　第105号　2-154
横瀬　よこせ　第192号　4-80
ヨコセ　よこせ　第192号　4-81
横瀬　よこせ　九州沿海図第13　4-247
横瀬浦村〔横瀬浦〕　よこせうらむら　第201号　4-121, 4-122, 5-235, 5-313, 5-315
横瀬浦村小郡　よこせうらむらおぐり　第201号　4-121, 4-122
横瀬浦村錢亀浦　よこせうらむらぜにがめうら　第201号　4-121, 4-122

横瀬浦村寄舩　よこせうらむらよりふね　第201号　4-121, 4-122
横瀬ケ島　よこせがしま　第204号　4-140
横瀬川　よこぜがわ　第94号　2-109, 5-121
横関村　よこぜきむら　第125号　3-51
横瀬鼻　よこせばな　第103号　2-150
横瀬村　よこせむら　第199号　4-111, 4-112, 5-248, 5-261, 5-316
横瀬村　よこせむら　九州沿海図第9　4-228
横曽根村（御料所）　よこぞねむら　第90号　2-85
横田川　よこたがわ　第129号　3-71
横田川　よこたがわ　第174号　5-216
横竹村　よこたけむら　第189号　4-71, 4-73, 5-234, 5-238, 5-241
横竹村　よこだけむら　第188号　4-67
横竹村釜益　よこたけむらかますす　第189号　4-71, 4-73
横竹村高石　よこたけむらたかいし　第189号　4-71, 4-73
横竹村殿浦　よこたけむらとののうら　第189号　4-71, 5-234, 5-238, 5-241
横谷村室市☆〔横谷〕　よこたにむらむろいち　第163号　3-223, 3-225, 5-209, 5-308
横田村　よこたむら　第81号　2-53
横田村　よこたむら　第96号　2-117
横田村　よこたむら　第127号　3-59, 5-182, 5-304
横田村　よこたむら　第150号　3-170, 5-188, 5-305
横田村○　よこたむら　第174号　3-278, 5-216, 5-308
横田村　よこたむら　第181号　4-30, 4-33, 5-226, 5-312
横田村　よこたむら　第187号　4-56
横田村〔横田〕　よこたむら　第188号　4-66, 5-231, 5-313
横田村　よこたむら　九州沿海図第3　4-202
横田村家下　よこたむらいえした　第174号　3-278
横田村大境　よこたむらおおざかい　第174号　3-278
横田村川原　よこたむらかわばる　第188号　4-66
横田村島ノ隈　よこたむらしまのくま　第188号　4-66
横田村十郷　よこたむらじゅうごう　第174号　3-278
横田村道師　よこたむらどうし　第188号　4-67
横塚子　よこづかね　第104号　2-151, 2-152
横手（佐竹右京大夫持城）○☆　よこて　第64号　1-221, 5-75, 5-88, 5-283
横手村〔ヨコテ〕　よこてむら　第45号　1-152, 5-68, 5-280
横手村　よこてむら　第143号　3-136
横手村　よこてむら　第187号　4-60, 4-62
横手村〔横手〕　よこてむら　第190号　4-75, 5-234, 5-313
横手村　よこてむら　第195号　4-94, 5-233, 5-315
横手村　よこてむら　九州沿海図第16　4-260
横手村山根〔横手村、横手〕　よこてむらやまね　第141号　3-130, 5-182, 5-306
横沼村　よこぬまむら　第88号　2-79
横根〔横根島〕　よこね　第102号　2-147, 5-128, 5-298
横根　よこね　第103号　2-150
横根　よこね　第104号　2-151
横根　よこね　第105号　2-154
横根村（御書院番輿力給地、久貝又三郎知行所）　よこねむら　第58号　1-200, 1-201, 5-110
横根村　よこねむら　第90号　2-85, 2-87
横根村　よこねむら　第95号　2-111
横根村　よこねむら　第98号　2-126, 5-117
横根村　よこねむら　第100号　2-137, 2-139, 5-127, 5-296
横野村（長府領）　よこのむら　第177号　3-299, 5-220, 5-312
横野村〔横野〕　よこのむら　第189号　4-71, 5-234, 5-238, 5-241, 5-313
横野村　よこのむら　九州沿海図第1　4-189
横畑　よこはた　第173号　3-272
横濵　よこはま　第203号　4-137
横濵　よこはま　九州沿海図第1　4-193
横瀬（濵）　よこはま　九州沿海図第19　4-271
横濵浦　よこはまうら　第121号　3-29, 5-157, 5-172, 5-297, 5-300
横濵浦　よこはまうら　第139号　3-121, 5-186
横濱浦　よこはまうら　第187号　4-61, 5-233
横濵村○　よこはまむら　第40号　1-140, 5-66, 5-280
横濵村（荒川新右エ門知行所）　よこはまむら　第93号　2-102, 5-123, 5-291
餘子濵村☆　よこはまむら　第141号　3-131, 5-183, 5-306
横濵村　よこはまむら　第159号　3-207, 3-208, 5-200
横濵村瀬戸　よこはまむらせと　第159号　3-207, 3-208
横部村　よこべむら　第150号　3-174, 5-193
横堀（御料所）○☆　よこぼり　第78号　2-41, 5-119, 5-289
横堀村　よこぼりむら　第64号　1-222, 5-90, 5-283
横枕　よこまくら　九州沿海図第21　4-281
横満蔵新田　よこまくらしんでん　第129号　3-66, 5-159, 5-299
横町村（美濃部主水知行所）　よこまちむら　第94号　2-106, 5-119
横見郡　よこみぐん　第88号　2-77, 2-79
横見神社　よこみじんじゃ　第150号　3-172
横溝村　よこみぞむら　第188号　4-66, 4-68, 5-231
横溝村五反田　よこみぞむらごたんだ　第188号　4-66, 4-68
横道　よこみち　第166号　3-235
横峯山　よこみねやま　第127号　3-59
横見村　よこみむら　第84号　2-63, 2-65, 5-143, 5-295
横山　よこやま　第110号　2-176
横山島　よこやまじま　第117号　3-15
横山岳　よこやまだけ　第121号　5-157, 5-297, 5-300
横山峠　よこやまとうげ　第133号　3-93
横山峠　よこやまとうげ　第187号　5-222
横山村　よこやまむら　第82号　2-55, 5-139
横山村（大沢修理大夫知行所）〔元横山村〕　よこやまむら　第90号　2-89, 2-91, 5-121
横山村（石川大隅守知行所）　よこやまむら　第107号　2-156, 5-129, 5-296, 5-298
横山村　よこやまむら　第110号　2-176, 5-158, 5-161
横山村　よこやまむら　第111号　2-181, 5-161, 5-299
横山村　よこやまむら　第121号　3-30, 5-157
横山村　よこやまむら　第144号　3-144, 5-192
横山村　よこやまむら　第209号　4-166, 5-249, 5-261, 5-316
横山村　よこやまむら　第209号　4-165, 5-247, 5-261
横山村　よこやまむら　九州沿海図第9　4-229
横山村　よこやまむら　九州沿海図第10　4-233
横山村地先　よこやまむらちさき　第110号　2-176
横山村塚原　よこやまむらつかはら　第144号　3-144
横屋村　よこやむら　第118号　3-19, 3-21
横領村　よこりょうむら　第134号　3-95, 5-176, 5-301
横渡村（牧野備前守領分）　よこわたしむら　第76号　2-28, 2-32, 5-112, 5-113, 5-287, 5-289
横渡村　よこわたりむら　第121号　3-32, 5-172
餘坂村　よざかむら　第114号　2-193, 2-194
與謝郡　よさぐん　第123号　3-38, 3-40, 5-180, 5-304
與謝外宮　よさげぐう　第127号　3-57, 5-180
與謝宮内宮　よさのみやないぐう　第123号　3-40, 5-180
与三郎路　よさぶろうじ　第173号　3-274, 3-276, 5-213
吉井浦　よしいうら　第189号　4-70, 4-72, 5-234, 5-238, 5-241
吉井川　よしいがわ　第145号　3-152, 5-192
吉井川　よしいがわ　第151号　5-307
吉井川　よしいがわ　第189号　4-70, 4-72
吉井宿（松平直之亟在所）（松平直之亟領分）○　よしいじゅく　第94号　2-107, 5-119, 5-291
吉井町○　よしいまち　第188号　4-64, 5-230, 5-312
吉井村〔吉井〕　よしいむら　第189号　4-70, 4-72, 5-234, 5-238, 5-241, 5-313
吉井村　よしいむらい　第145号　3-152, 5-307
吉浦　よしうら　第169号　3-251, 3-253, 3-254
吉浦村（御料所）　よしうらむら　第72号　2-12, 5-97, 5-285, 5-286
吉浦村　よしうらむら　第80号　2-45, 2-46, 5-138, 5-287, 5-294
吉浦村　よしうらむら　第82号　2-56, 5-140
吉浦村　よしうらむら　第85号　2-66, 5-143, 5-295
吉浦村（京極兵庫助知行所）　よしうらむら　第92号　2-98, 5-124, 5-292
吉浦村　よしうらむら　第166号　3-235, 5-209, 5-212, 5-308
吉浦村　よしうらむら　第167号　3-242, 5-211, 5-213, 5-308
吉浦村落走　よしうらむらおちはしり　第167号　3-242
吉浦村川原石　よしうらむらかわらいし　第167号　3-242
吉王丸村　よしおうまるむら　第195号　4-93, 4-94, 5-233
吉王丸村　よしおうまるむら　九州沿海図第16　4-260
吉王丸村枝新牟田　よしおうまるむらえだしんむた　九州沿海図第16　4-260
吉王丸村新牟田　よしおうまるむらしんむた　第195号　4-93, 4-94
吉岡○　よしおか　第36号　1-122, 5-60, 5-281
吉岡○☆　よしおか　第52号　1-179, 1-181, 5-79, 5-284
ヨシヲカ川　第36号　1-122, 5-60
吉岡岳　よしおかだけ　第190号　4-77
吉岡村　よしおかむら　第75号　2-25, 2-27, 5-99
吉岡村　よしおかむら　第151号　3-178, 5-192, 5-194, 5-307
吉岡村　よしおかむら　第155号　3-190, 3-192, 5-189, 5-190, 5-305
吉岡村　よしおかむら　第179号　4-19
吉岡村　よしおかむら　九州沿海図第2　4-195
ヨシカ　よしか　九州沿海図第19　4-270
蘆浦村　よしがうらむら　第192号　4-81, 5-239, 5-240, 5-241
吉賀川　よしかがわ　第173号　3-273
ヨシカサワ　第34号　1-119, 5-57, 5-279
ヨシカ島　第34号　1-118
ヨシカ島　第36号　1-123, 5-60
ヨシカ島〔ヨシカシマ〕　よしかじま　第200号　4-

117, 5-251
吉金村　よしかねむら　第178号　4-13, 4-15
吉川　よしかわ　第133号　3-86
吉川村☆　よしかわむら　第125号　3-51, 5-174, 5-300, 5-301
吉川村　よしかわむら　第133号　3-91, 3-93, 5-178
吉城川　よしきがわ　第112号　2-184, 5-153
吉木川　よしきがわ　第186号　4-54
吉城郡　よしきぐん　第112号　2-184, 5-153, 5-297
吉敷郡　よしきぐん　第175号　3-285, 3-287, 5-219
吉敷郡　よしきぐん　第176号　3-290, 3-292, 3-293, 5-219
吉木村☆　よしきむら　第168号　3-247, 5-215
吉木村　よしきむら　第178号　4-16
吉木村〔吉木〕　よしきむら　第186号　4-54, 5-222, 5-313
吉木村　よしきむら　九州沿海図第2　4-195
吉木村枝松原村　よしきむらえだまつばらむら　第186号　4-54
吉際村　よしぎわむら　第93号　2-103
吉隈村　よしくまむら　第187号　4-56
吉倉村（丹羽左京大夫領分）　よしくらむら　第56号　1-193, 5-103, 5-288
吉湖村　よしごむら　第116号　2-203, 2-205, 5-162
吉﨑浦☆〔吉﨑〕　よしざきうら　第120号　3-24, 5-145, 5-297, 5-300
吉﨑村（天野三郎兵衛知行所）　よしざきむら　第58号　1-201, 5-110, 5-290
吉嵜村（御料所）　よしざきむら　第95号　2-110
吉﨑村　よしざきむら　第120号　3-24, 5-145
葭笹原村　よしささはらむら　第87号　2-75, 5-120, 5-290
吉澤村（中居八木沢村）（御料所）〔吉沢村〕　よしざわむら（なかいやぎさわむら）　第69号　1-242, 5-106
吉島新開　よしじましんかい　第167号　3-241, 5-211, 5-213
吉住村　よしずみむら　第75号　2-24, 5-99
吉田○☆　よしだ　第116号　2-202, 2-204, 5-162, 5-299
吉田（伊達若狭守在所）☆　よしだ　第171号　3-264, 5-201, 5-311
吉田　よしだ　九州沿海図第19　4-271
吉田川　よしだがわ　第163号　3-225, 3-227, 5-208
吉田川　よしだがわ　第176号　5-219
吉田川　よしだがわ　第177号　3-296, 5-220, 5-312
吉田川　よしだがわ　九州沿海図第1　4-188
吉田郡　よしだぐん　第120号　3-26, 5-145, 5-297, 5-300
吉田阪山　よしださかやま　第100号　2-132
吉田島村　よしだじまむら　第99号　2-129, 2-131, 5-126, 5-291
吉谷川　よしたにがわ　第118号　3-19
吉田濱　よしだはま　第52号　1-180, 5-79
吉田濱　よしだはま　第53号　1-184, 5-80
吉田町〔吉田村〕　よしだまち　第188号　4-64, 5-230, 5-312
寄田村　よしたむら　第208号　4-159, 5-252, 5-261, 5-315, 5-317
吉田村　よしだむら　第81号　5-146
吉田村　よしだむら　第81号　2-50, 5-146, 5-294
吉田村　よしだむら　第82号　2-55, 2-56, 5-139, 5-140, 5-295
吉田村　よしだむら　第96号　2-117, 2-119, 5-150
吉田村（水野出羽守領分）　よしだむら　第101号　2-140, 2-142, 5-128, 5-292
吉田村（大沢仁十郎、松前八之亟、藤方鍬五郎、戸田市郎兵エ、西尾藤四郎、宮﨑甚右エ門、金田市郎兵エ知行所）　よしだむら　第101号　2-141, 2-143, 5-128, 5-298
吉田村　よしだむら　第108号　2-161, 5-154
吉田村　よしだむら　第116号　2-201, 2-206, 5-162
吉田村　よしだむら　第122号　3-37, 5-173
吉田村　よしだむら　第133号　3-91, 5-175, 5-301
吉田村　よしだむら　第133号　3-86, 5-174, 5-176
吉田村　よしだむら　第136号　3-110, 5-182, 5-306
吉田村　よしだむら　第137号　3-114
吉田村　よしだむら　第144号　3-141
吉田村　よしだむら　第144号　3-147
吉田村○　よしだむら　第163号　3-227, 5-209, 5-308
吉田村　よしだむら　第174号　3-278, 5-216, 5-308
吉田村　よしだむら　第177号　3-296, 5-220, 5-312
吉田村　よしだむら　第178号　4-13, 4-15, 5-222, 5-312
吉田村　よしだむら　第186号　4-54
吉田村　よしだむら　第186号　4-55
吉田村　よしだむら　第188号　4-64, 5-230
吉田村　よしだむら　第192号　4-81, 5-239, 5-240, 5-241, 5-320
吉田村　よしだむら　第214号　4-185, 5-259, 5-261, 5-319
吉田村（萩領）○☆　よしだむら　九州沿海図第1　4-188
吉田村　よしだむら　九州沿海図第1　4-191
吉田村安房村☆〔安房〕　よしだむらあんぼうむら　第214号　4-184, 4-186, 5-258, 5-259, 5-261, 5-319
吉田村諫里　よしだむらいさり　第188号　4-66
吉田村一湊村　よしだむらいっそうむら　第214号　4-185
吉田村今屋敷　よしだむらいまやしき　第188号　4-64
吉田村今山　よしだむらいまやま　第177号　3-296, 3-298
吉田村枝貞恒村　よしだむらえださだつねむら　第177号　3-296
吉田村枝貞恒村　よしだむらえださだつねむら　九州沿海図第1　4-188
吉田村枝沢登〔吉田村〕　よしだむらえださわのぼり　第98号　2-126, 5-117
吉田村楠川村　よしだむらくすがわむら　第214号　4-184, 4-186
吉田村苔野〔吉田村、吉田〕　よしだむらこけの　第188号　4-66, 5-231, 5-313
吉田村小瀬田村☆〔小瀬田〕　よしだむらこせだむら　第214号　4-184, 4-186, 5-258, 5-259, 5-261, 5-319
吉田村志戸子村　よしだむらしとごむら　第214号　4-185
吉田村下吉田　よしだむらしもよしだ　第178号　4-13, 4-15
吉田村新田　よしだむらしんでん　第81号　2-50
吉田村新田　よしだむらしんでん　第96号　2-117, 2-119
吉田村十日市村入會大畠〔吉田〕　よしだむらとうかいちむらいりあいおおはた　第163号　3-227, 5-308
吉田村埴生口　よしだむらはぶぐち　第177号　3-296
吉田村舩行村　よしだむらふなゆきむら　第214号　4-184, 4-186
吉田村宮之浦村☆⛵〔宮之浦〕　よしだむらみやのうらむら　第214号　4-184, 5-259, 5-261, 5-319
寄田山　よしたやま　第208号　4-159, 5-252, 5-261
寄田山　よしたやま　九州沿海図第13　4-247
吉津村　よしづむら　第152号　3-182, 5-195
葭津村　よしづむら　第155号　5-189, 5-190
吉津村　よしづむら　第157号　5-195, 5-307
吉津村枝汐木　よしづむらえだしおき　第152号　3-182
吉利村　よしとしむら　第210号　4-172, 5-252, 5-261, 5-317
吉利村　よしとしむら　九州沿海図第12　4-244, 4-246
吉留村☆　よしとみむら　第188号　4-69, 5-231, 5-313
吉冨村　よしとみむら　第188号　4-67
吉留村　よしどめむら　第186号　4-54, 5-222, 5-312
吉留村安倉　よしどめむらあんのくら　第186号　4-54
吉留村猿田　よしどめむらさるた　第186号　4-54
吉留村高六　よしどめむらたかろく　第186号　4-54
吉留村松丸　よしどめむらまつまる　第186号　4-54
吉永村（太田摂津守領分、宮城三左エ門、高木九助知行所）　よしながむら　第107号　2-159, 2-160, 5-160, 5-298
吉永村　よしながむら　第123号　3-38
吉永村　よしながむら　第129号　3-71, 5-174, 5-301
吉永村（長府領）　よしながむら　第177号　3-297, 5-220, 5-312
吉永村大坪　よしながむらおおつぼ　第165号　3-233
吉永村町塲〔吉永村〕　よしながむらまちば　第165号　3-232, 5-205, 5-308
吉永村向古〔吉〕永　よしながむらむこうよしなが　第165号　3-232
吉奈村（温泉）　よしなむら　第101号　2-143
吉奈村　よしなむら　第164号　3-229, 5-210
吉成村　よしなりむら　第143号　3-135, 5-181, 5-188, 5-304
吉野○　よしの　第97号　2-120, 5-121, 5-291
吉野　よしの　第134号　3-98, 5-177
吉ノ川　よしのがわ　第128号　5-183
吉野川　よしのがわ　第134号　3-98, 5-177, 5-301
吉野川　よしのがわ　第142号　3-133, 5-187, 5-303, 5-306
吉野川　よしのがわ　第144号　3-141
吉野川　よしのがわ　第144号　5-192
吉野郡　よしのぐん　第128号　3-65, 5-183
吉野郡　よしのぐん　第134号　3-98, 5-177, 5-301
吉野郡　よしのぐん　第144号　3-140, 3-141, 5-183, 5-304
吉野宿楢本　よしのじゅくならもと　第97号　2-120
吉野宿谷邊　よしのじゅくやべ　第97号　2-120
吉野原村（戸田土佐守知行所）　よしのはらむら　第88号　2-78, 5-120, 5-291
吉延村　よしのぶむら　第152号　3-185, 5-196, 5-307, 5-310
吉野枝〔牧〕　よしのまき　第209号　4-163
吉野村　よしのむら　第141号　3-128, 5-182, 5-306
吉野村　よしのむら　第142号　3-132, 5-186, 5-303, 5-306
吉野村　よしのむら　第180号　4-24, 5-222, 5-230, 5-312
吉野村　よしのむら　第209号　4-163, 4-165, 5-252, 5-261, 5-316
吉野村實方　よしのむらさねかた　第209号　4-163, 4-165
吉野村立岩　よしのむらたていわ　第180号　4-24
吉野村飛地元吉野　よしのむらとびちもとよしの　第142号　3-132, 3-134
吉野山　よしのやま　第195号　4-93
吉野屋村　よしのやむら　第83号　2-61, 5-141, 5-

295
吉濵　よしはま　第48号　1-163, 5-78
吉濵村　よしはまむら　第47号　1-159, 1-160, 5-72, 5-76, 5-282
吉濵村（酒井内記知行所、妙本寺領）☆　よしはまむら　第92号　2-99, 5-124, 5-290
吉濵村○☆　よしはまむら　第101号　2-140, 5-126, 5-291
吉濵村　よしはまむら　第115号　2-198, 5-159, 5-299
吉濵村　よしはまむら　第151号　3-179, 5-195, 5-307
吉濵村枝川堀　よしはまむらえだかわほり　第101号　2-140
吉濵村根白濵　よしはまむらこんぱくはま　第47号　1-159, 1-160, 5-72
吉濵村千歳濵　よしはまむらせんざいはま　第47号　1-159, 1-160, 5-72
吉濵山　よしはまやま　第99号　2-131
吉原浦　よしはらうら　第139号　3-123, 5-186, 5-303, 5-306
吉原釜屋村〔吉原釜谷村〕　よしはらかまやむら　第86号　2-70, 5-144, 5-295
吉原本郷下リ松谷〔吉原本郷〕　よしはらほんごうさがりまつたに　第163号　3-227, 5-208, 5-210, 5-308
吉原本郷引地〔吉原本郷〕　よしはらほんごうひきち　第163号　3-227, 5-308
吉原村（堀田相模守領分）　よしはらむら　第66号　1-228, 1-229, 5-92, 5-285
吉原村　よしはらむら　第144号　3-146, 5-192, 5-307
吉原村　よしはらむら　第159号　3-206, 3-208, 5-199, 5-310
吉廣村　よしひろむら　第136号　3-111, 5-182, 5-306
吉藤〔吉藤村〕　よしふじ　第118号　3-18, 3-20, 5-159
与次兵衛瀬　よじべえがせ　第177号　3-299
吉間　よしま　第141号　3-129
四島　よしま　第145号　3-151, 5-194
四シマ　よしま　第149号　3-165
餘島　よしま　第184号　4-46
ヨシマ　よしま　第204号　5-235
餘島　よしま　九州沿海図第6　4-219
吉松村　よしまつむら　第179号　4-19
吉松村　よしまつむら　第193号　4-85, 4-86
吉村〔松〕村　よしまつむら　第208号　4-156, 4-158, 5-247, 5-250
吉松村　よしまつむら　九州沿海図第2　4-194
吉松村　よしまつむら　九州沿海図第17　4-262
吉松村　よしまつむら　九州沿海図第18　4-268
吉松村池島　よしまつむらいけじま　第208号　4-156, 4-158
吉松村二反田　よしまつむらにたんだ　第208号　4-156, 4-158
良峯山　よしみねやま　第133号　3-90, 3-92, 5-176, 5-178
吉身村　よしみむら　第133号　3-86, 5-174, 5-176
吉見村（長府領）　よしみむら　第177号　3-297, 3-299, 5-220, 5-312
吉見村　よしみむら　九州沿海図第1　4-189
吉見村枝春日　よしみむらえだかすが　第176号　3-292
吉見村枝持世寺　よしみむらえだじせいじ　第176号　3-292
吉見村枝関口　よしみむらえだせきぐち　第176号　3-292
吉見村枝立熊　よしみむらえだたてくま　第176号　3-292
吉見村中村〔吉見村〕　よしみむらなかむら　第176号　3-292, 5-219, 5-312
吉見山　よしみやま　第207号　4-153
吉村（本多豊後守）　よしむら　第81号　2-50, 5-146, 5-294
吉村　よしむら　第144号　3-141
吉村　よしむら　第185号　4-52, 5-246, 5-314, 5-316
吉村　よしむら　第190号　4-75, 5-234
吉村　よしむら　九州沿海図第7　4-222
吉村蟹町　よしむらかにまち　第185号　4-52
葭本岩根　よしもといわね　第111号　2-181
吉本村　よしもとむら　第188号　4-64, 5-230
吉本村　よしもとむら　第195号　4-93, 4-94, 5-232, 5-315
吉本村吉本町　よしもとむらよしもとまち　第195号　4-93, 4-94
吉母村（長府領）　よしもむら　第177号　3-297, 5-220, 5-312
吉母村（長府領）　よしもむら　九州沿海図第1　4-189
吉和川　よしわがわ　第173号　5-213
吉和村　よしわむら　第157号　5-210, 5-307
吉和村熊﨑〔吉和〕　よしわむらくまさき　第173号　3-272, 5-308
吉和村小福〔吉和〕　よしわむらこふく　第173号　3-272, 5-308
吉和村下熊﨑〔吉和〕　よしわむらしもくまさき　第173号　3-272, 5-308
吉和村駄荷〔吉和〕　よしわむらだに　第173号　3-272, 5-308
吉和村トン原〔吉和〕　よしわむらとんばら　第173号　3-272, 5-308
吉和村中津屋〔吉和〕　よしわむらなかつや　第173号　3-272, 5-308
吉和村花原〔吉和村、吉和〕　よしわむらはなわら　第173号　3-272, 5-213, 5-308
吉和村半坂〔吉和〕　よしわむらはんざか　第173号　3-272, 5-308
吉原○☆　よしわら　第101号　2-144, 5-127
吉原川　よしわらがわ　第101号　2-144
吉原中村　よしわらなかのむら　第163号　3-226, 5-208
吉原村　よしわらむら　第82号　2-55, 5-139
吉原村　よしわらむら　第145号　3-152
寄場　よせば　第90号　2-84, 2-86
餘瀬町（大岡主膳正領分）〔貝渚村余瀬〕　よせまち　第92号　2-98, 5-124
寄瀬村　よせむら　第91号　2-93, 5-111, 5-290
與瀬村小原○〔與瀬小原、與瀬〕　よせむらおばら　第97号　2-120, 5-121, 5-291
與瀬村遠道〔與瀬〕　よせむらとおみち　第97号　2-120, 5-291
與瀬村橋澤〔與瀬〕　よせむらはしざわ　第97号　2-120, 5-291
與瀬村横道〔與瀬〕　よせむらよこみち　第97号　2-120, 5-291
與瀬村與瀬○〔與瀬〕　よせむらよせ　第97号　2-120, 5-121, 5-291
輿瀬山　よせやま　第179号　4-19
余所国村　よそくにむら　第164号　5-210
依田川　よだがわ　第95号　2-112, 2-113
與田切川　よたぎりがわ　第108号　2-163, 5-151
依田橋村（御料所）　よだばしむら　第101号　2-144, 5-127
依田原新田（久世安藝守知行所）　よだはらしんでん　第101号　2-144, 5-127
依田原村地先（大久保七兵エ知行所）〔依田原村〕　よだはらむらちさき　第101号　2-144, 5-127
輿田村〔輿田〕　よだむら　第188号　4-65, 5-231, 5-313
ヨチカ嵜　よちかさき　第213号　5-258, 5-261
四□　よつ□　九州沿海図第19　4-272
四蜂〔峰〕城　よつうねじょう　第150号　3-174
輿津浦☆　よつうら　第160号　3-210, 5-200, 5-202
四日市○☆　よっかいち　第129号　3-66, 3-68, 5-166, 5-299
四日市場村　よっかいちばむら　第53号　1-184, 5-80, 5-284
四日市場村　よっかいちばむら　第97号　2-121, 5-126, 5-291
四日市塲村○　よっかいちばむら　第108号　2-164, 5-150, 5-296
四日市場村枝瀬中　よっかいちばむらえだせなか　第97号　2-121
四日市塲村新田（御料所）　よっかいちばむらしんでん　第88号　2-79, 5-121, 5-291
四日市村○　よっかいちむら　第179号　4-19, 5-225, 5-312
四日市村　よっかいちむら　第180号　4-26, 5-230, 5-312
四日市村（御料）○　よっかいちむら　九州沿海図第2　4-194
四日市村新田豊田村〔四日市村、豊田〕　よつかいちむらしんでんとよだむら　第155号　3-190, 3-192, 5-189, 5-190, 5-305
四日市村十ノ釣　よっかいちむらとうのつる　第180号　4-26
四日町村　よっかまちむら　第75号　2-25, 5-99
四ケ町村　よつかまちむら　第141号　3-131
四木村　よつぎむら　第125号　3-48, 5-166
四倉村○　よつくらむら　第55号　1-190, 1-191, 5-104, 5-288
四ツ興屋村（牧野備前守）　よつごうやむら　第74号　2-19, 5-98
四ツ子シマ　よつごじま　第169号　3-250
輿津﨑　よつざき　第160号　3-210, 5-200, 5-202, 5-310
吉澤村　よつさわむら　第123号　3-38, 5-180, 5-304
四代　よつしろ　第169号　3-257, 2-224
四ツ塚岬〔四ツツカ岬〕　よつつかみさき　第186号　4-55, 5-223
四ツ塚村〔四塚村〕　よつつかむら　第133号　3-87, 3-90, 5-174, 5-176
四辻村　よつつじむら　第136号　3-105, 5-182
四ツ柳村　よつなぎむら　第83号　2-61, 5-141, 5-295
輿津村　よつむら　第160号　3-210, 5-310
四谷　よつや　第90号　2-85, 5-120, 5-123, 5-291
四ツ谷御門　よつやごもん　第90号　2-84
四ツ谷上水　よつやじょうすい　第90号　2-89
四ツ屋濵〔四ツ屋〕　よつやはま　第76号　2-31, 5-138, 5-287, 5-294
四ツ谷村（御料所）　よつやむら　第90号　2-88, 2-90, 5-120, 5-123, 5-291
四谷村　よつやむら　第90号　2-91
淀○　よど　第133号　3-90, 3-92, 5-176, 5-301
淀江村　よどえむら　第150号　3-171, 5-189
淀川　よどがわ　第135号　5-301
淀川村　よどがわむら　第189号　4-70, 5-223, 5-234, 5-241
淀川村深江村深江町入會〔深江村、深江〕　よどがわむらふかえむらふかえまちいりあい　第189号　4-70, 5-223, 5-234, 5-241, 5-313
淀原村　よどはらむら　第166号　3-236, 5-209, 5-212, 5-308

淀姫神社　よどひめじんじゃ　第188号　4-67
ヨトマリ〔シヨトマリ〕　第20号　1-65, 5-45, 5-275
淀村　よどむら　第143号　3-136
餘戸村　よどむら　第143号　3-136
米内村　よないむら　第125号　3-49, 5-174
米納村　よないむら　第182号　4-35, 4-36, 5-227, 5-229, 5-312, 5-314
米納村　よないむら　九州沿海図第21　4-279
米納村枝紙漉　よないむらえだかみすき　九州沿海図第21　4-279
米納村紙漉　よないむらかみすき　第182号　4-35, 4-36
米納村新町　よないむらしんまち　第182号　4-35, 4-36
与奈久　よなぐ　九州沿海図第16　4-258, 4-260
米子　よなご　第155号　3-190, 3-192, 5-189, 5-190, 5-305
米郷村　よなごむら　第75号　2-25, 2-27, 5-99
米津村　よなづむら　第170号　3-258, 5-201, 5-311
吉隠村　よなばりむら　第134号　3-97, 3-98, 5-177
米持村　よなもちむら　第81号　2-52, 5-146, 5-294
米神村　よねがみむら　第99号　2-131, 5-125, 5-126, 5-291
米倉川　よねくらがわ　第209号　5-249, 5-261
米倉村（松平上總介領分）☆　よねぐらむら　第145号　3-153, 5-192, 5-307
米子瀬村〔八木子瀬村〕　よねごせむら　第179号　4-18, 4-21, 5-225, 5-227, 5-312
米子瀬村（立石領）　よねごせむら　九州沿海図第3　4-201
米子瀬村牛屋敷　よねごせむらうしやしき　第179号　4-18, 4-21
米子瀬村下坂水　よねごせむらしもさかみず　第179号　4-18, 4-21
米子瀬村棚田　よねごせむらたなだ　第179号　4-18, 4-21
米子瀬村生（玉）虫　よねごせむらたまむし　第179号　4-18, 4-21
米澤（上杉弾正大弼居城）☆　よねざわ　第67号　1-232, 5-81, 5-94, 5-285
米澤村　よねざわむら　第144号　3-146
米代川〔米城川〕　よねしろがわ　第60号　1-206, 5-283
米代川　よねしろがわ　第60号　1-206, 5-85
米田村　よねだむら　第141号　3-130
米津村　よねづむら　第111号　2-180, 5-161
米津村　よねづむら　第116号　2-206, 5-162, 5-299
米出川　よねでがわ　第187号　4-60
米ノ山　よねのやま　第187号　4-59
米袋村　よねぶくろむら　第52号　1-179, 5-79, 5-284
米山　よねやま　第76号　2-30, 5-112, 5-287, 5-294
米山　よねやま　第144号　3-147
米山川　よねやまがわ　第76号　2-31
米水津浦（惣号）　よのうづうら　第183号　4-40, 5-228
米水津浦　よのうづうら　九州沿海図第5　4-211
米納津村　よのづむら　第120号　3-25, 5-145
餘野村〔余野〕　よのむら　第133号　3-91, 3-93, 5-178, 5-301
與原村〔与原村、与原〕　よばるむら　第178号　4-14, 4-17, 5-222, 5-312
与原村　よばるむら　九州沿海図第1　4-193
呼坂川　よびさかがわ　第173号　3-277
呼坂村　よびさかむら　第173号　3-277, 5-218, 5-311
呼松村〔呼野村〕　よびまつむら　第151号　3-178, 5-194, 5-195, 5-307
呼子浦〇☆⚓〔呼子〕　よぶこうら　第189号　4-71, 5-234, 5-238, 5-241, 5-313
呼子﨑　よぶこざき　第189号　4-71
呼子﨑　よぶこざき　第191号　4-79
呼﨑　よぶざき　第201号　4-122
呼野村〇　よぶのむら　第178号　4-15, 4-17, 5-222, 5-312
ヨホセ　よほせ　第189号　4-73
夜見村　よみむら　第155号　3-190, 5-189, 5-190, 5-305
娵シマ　よめしま　第155号　3-191, 5-190, 5-204
蓬田〇　よもぎた　第39号　1-133, 1-135, 5-67, 5-82, 5-281
蓬田村八幡村桑山村入會　よもぎたむらやわたむらくわやまむらいりあい　第95号　2-112, 2-113
四方山村　よもやまむら　第85号　2-68, 5-142, 5-295
世安村　よやすむら　第193号　4-85, 5-233
世安村　よやすむら　九州沿海図第18　4-266
代々木村（御料所、氷川社、山王社、神明社、無量院、根生院領）　よよぎむら　第90号　2-85, 5-120, 5-123, 5-291
ヨラキ峠　よらきとうげ　第110号　2-176
寄合渡丁子　よりあいどちょうし　第109号　2-166
頼家卿墓　よりいえきょうのはか　第101号　2-141, 2-143
寄磯﨑　よりいそざき　第48号　1-163, 1-164
寄磯濵　よりいそはま　第48号　1-163, 1-164, 5-78
寄居村（朝比奈河内守、石川築吉、植村久五郎、大久保金之亟、内藤千之助、中野鉄太郎知行所）〇　よりいむら　第94号　2-106, 2-108, 5-119, 5-121, 5-291
寄井村　よりいむら　第141号　3-129, 3-131
依井村　よりいむら　第187号　4-58, 5-222, 5-231, 5-313
依井村枝野中新田〇〔依井村〕　よりいむらえだのなかしんでん　第187号　4-59, 5-222, 5-231
寄居村大久保　よりいむらおおくぼ　第68号　1-240, 5-106, 5-288
寄居村小林〔寄居村〕　よりいむらこばやし　第68号　1-240, 5-106, 5-288
寄居村谷　よりいむらたに　第94号　2-106, 2-108
寄居村常木　よりいむらつねぎ　第94号　2-106, 2-108
寄居村山中（大関伊豫守領分）　よりいむらやまなか　第68号　1-240, 5-106, 5-288
寄木　よりき　第48号　1-162
寄島（東大島村屬）　よりしま（ひがしおおしまむらぞく）　第151号　3-181, 5-195, 5-307
寄田村　よりたむら　九州沿海図第13　4-247
寄畑山　よりはたやま　第100号　2-138
寄宮山　よりみややま　第145号　3-153
頼元村　よりもとむら　第144号　3-145
鎧岩　よろいいわ　第189号　4-71
鎧﨑　よろいざき　第142号　3-134
鎧島（庵治濵村屬）　よろいじま（あじはまむらぞく）　第146号　3-158, 5-194, 5-307
鎧村　よろいむら　第124号　3-43, 5-181, 5-304
万町川　よろずまちがわ　第128号　5-182

【ら】

ライクレ子アイ〔ラークレ子アイ〕　第25号　1-83, 5-33, 5-277
ライケシ　第20号　1-65, 5-45, 5-275
来元寺　らいげんじ　第90号　2-89, 2-91
頼光古城　らいこうこじょう　第124号　3-44
来光寺村　らいこうじむら　第144号　3-146, 5-192, 5-307
来迎寺村　らいごうじむら　第115号　2-196, 2-198, 5-159, 5-299
ライサン　第22号　5-27
雷山　らいざん　第189号　5-233, 5-234, 5-241
ライテン岬　第21号　1-67, 1-68, 5-45, 5-275
ライニ川　第21号　1-67, 1-68, 5-45, 5-275
ライハ　第29号　1-98, 5-52
ライハ　第30号　1-102, 5-46
来春村　らいはるむら　第187号　4-58, 5-231
来福村　らいふくむら　第111号　2-177, 2-178
ライルム　第21号　1-68, 5-46, 5-279
ラウシ川　第4号　1-17, 5-17
ラウシ岬　第3号　1-14, 5-18, 5-268, 5-270
ラウシ山　第2号　1-13, 5-16, 5-17
ラヲヘ〔ラヲベ〕　第20号　1-65, 5-45, 5-275
羅賀岬　らがみさき　第45号　1-154, 5-70
羅賀村　らがむら　第46号　1-155, 5-70, 5-282
羅漢寺　らかんじ　第90号　2-84, 2-86
羅漢寺　らかんじ　第179号　4-19, 5-225, 5-312
樂市村　らくいちむら　第187号　4-56, 5-222, 5-312
ラシタツベ岬〔ラシタツヘサキ〕　第34号　1-119, 5-57, 5-279
ラシヨシナイ　第33号　1-112
ラシラルンベ川　第25号　1-81, 5-33, 5-277
ラタヽシワタラ　第2号　1-13, 5-16, 5-268, 5-270
埒〔埓〕木﨑村〔埒木﨑村〕　らちきざきむら　第53号　1-183, 5-80
ラツコ川　第25号　1-81, 5-32, 5-33, 5-277
羅天橋　らてんばし　第109号　2-171
ラトンヤ川　第25号　1-84, 5-33, 5-277
田吉村津屋原　らよしむらつやばる　第185号　4-52
ラルシ　第33号　1-112
ラルマキ　第20号　1-64, 5-45, 5-275
ラルマキ川　第20号　1-64
亂杭山〔乱杭山〕　らんぐいやま　第198号　4-105, 4-107, 5-246
乱杭山　らんぐいやま　九州沿海図第8　4-224

【り】

リウンゲー　第5号　1-20, 5-19, 5-270
リーヲタトシカ　第28号　1-94, 5-50, 5-278
リ川　第18号　1-58, 1-60
力常村　りきつねむら　第188号　4-64
リーキビリ川　第16号　1-50, 5-39, 5-274
力萬村　りきまんむら　第144号　3-140, 5-183, 5-304, 5-306
利木村　りきむら　第111号　2-181, 5-161
リーシリ島　第14号　1-46, 5-37, 5-273
リーシリボク　第3号　1-14, 5-16, 5-268, 5-270
リーマサラ　第25号　1-83, 1-84, 5-33, 5-277
リミセシユマ　第22号　1-71, 1-72, 5-27, 5-270
リヤコタン　第12号　1-40, 5-36, 5-269, 5-273
リヤコタン川　第12号　1-40
竜安寺門前　りゅうあんじもんぜん　第133号　3-90
竜雲寺山　りゅううんじやま　第156号　3-195, 3-197
竜王礒　りゅうおういそ　第171号　3-264
龍王岩　りゅうおういわ　第176号　3-293
竜王山　りゅうおうさん　第126号　3-54
竜王山　りゅうおうさん　第164号　5-210
竜王山　りゅうおうざん　第128号　3-65
竜王山　りゅうおうざん　第129号　3-72
竜王山　りゅうおうざん　第144号　3-141

竜王山　りゅうおうざん　第151号　3-176
竜王山　りゅうおうざん　第163号　3-227
竜王山　りゅうおうざん　第181号　5-312
竜王山　りゅうおうざん　第190号　4-76
竜王山　りゅうおうざん　九州沿海図第1　4-188, 4-189
竜王山（上宮地村）　りゅうおうざん（かみみやじむら）　第98号　2-127, 5-117, 5-127
龍王島　りゅうおうじま　第164号　3-229, 5-210, 5-308
竜王島　りゅうおうじま　第171号　3-264
竜王シマ　りゅうおうじま　第171号　3-264, 3-266
竜王下河原村　りゅうおうしもがわらむら　第98号　2-126, 5-117
竜王新町　りゅうおうしんまち　第98号　2-126, 5-117
竜王碆　りゅうおうばえ　第171号　3-265, 3-266
竜王村　りゅうおうむら　第98号　2-126, 5-117, 5-291, 5-296
竜奥院　りゅうおくいん　第159号　3-207
龍顔　りゅうがお　九州沿海図第2　4-197
龍顔　りゅうがお　九州沿海図第3　4-197, 4-201
竜﨑　りゅうがさき　第202号　4-127, 4-128
竜﨑　りゅうがさき　長崎〔参考図〕　4-131, 4-133
竜ケ岳　りゅうがたけ　第118号　3-21, 5-166
竜岳　りゅうがたけ　第200号　4-117
竜岳　りゅうがたけ　九州沿海図第19　4-274
竜宮﨑　りゅうぐうざき　第102号　2-146
竜宮﨑　りゅうぐうざき　第102号　2-146
竜宮﨑　りゅうぐうざき　第147号　3-161
篭宮島　りゅうぐうじま　第102号　2-146
竜宮島　りゅうぐうじま　第179号　4-19, 5-225
竜宮島〔竜宮シマ〕　りゅうぐうじま　第206号　4-150, 5-242, 5-243
竜宮嶋　りゅうぐうじま　九州沿海図第2　4-194
竜宮嶋鼻　りゅうぐうじまはな　第196号　4-95
竜渓院　りゅうけいいん　第115号　2-196, 2-198, 2-200
立花寺村　りゅうげじむら　第187号　4-57, 4-60, 5-313
竜光寺　りゅうこうじ　第95号　2-110
竜山　りゅうざん　第66号　1-228, 1-230, 5-92
竜山　りゅうざん　第172号　3-268
竜島村（酒井近江守知行所）　りゅうしまむら　第92号　2-99, 2-100, 5-124, 5-290
竜地村　りゅうじむら　第98号　2-124, 2-126, 5-117, 5-291, 5-296
竜地村新田　りゅうじむらしんでん　第98号　2-126
竜神﨑　りゅうじんざき　第101号　2-140
竜神﨑〔竜神サキ〕　りゅうじんざき　第191号　4-78, 5-238, 5-241
竜神嶋　りゅうじんじま　第169号　3-254
竜神山　りゅうじんやま　第139号　3-122, 5-171
竜神山　りゅうじんやま　第187号　4-62
龍栖寺　りゅうせいじ　第95号　2-110
竜セン山　りゅうせんざん　第131号　3-78
竜泉寺村　りゅうせんじむら　第118号　3-19, 5-166, 5-297, 5-300
竜泉寺村　りゅうせんじむら　第188号　4-64
竜藏院　りゅうぞういん　第99号　2-128
竜洞院　りゅうどういん　第81号　2-53, 5-146
竜洞院山　りゅうどういんやま　第81号　2-53
竜峯山　りゅうほうざん　第195号　4-94
龍村　りゅうむら　第159号　3-207, 5-200
龍門滝　りゅうもんのたき　第209号　4-162
竜門山　りゅうもんやま　第134号　5-177
竜安寺　りょうあんじ　第133号　3-90, 5-301
両石村　りょういしむら　第47号　1-159, 5-72, 5-282
両戒村　りょうかいむら　第179号　4-18, 4-21
両戒村　りょうかいむら　九州沿海図第2　4-197
両亀山　りょうがめやま　第163号　3-223, 3-225
両宮山　りょうぐうさん　第115号　5-158
領家町○　りょうけまち　第84号　2-63, 2-65, 5-143, 5-295
領家村（御料所）　りょうけむら　第88号　2-78, 5-120
領家村（松平大和守領分）　りょうけむら　第88号　2-78, 5-120, 5-291
領家村　りょうけむら　第90号　2-84
領家村（太田摂津守領分）　りょうけむら　第111号　2-179, 5-160, 5-298
領家村　りょうけむら　第118号　3-16, 3-18, 5-166
領家村　りょうけむら　第144号　3-145, 5-192, 5-305
領家村　りょうけむら　第151号　3-177, 5-193, 5-307
領下村　りょうげむら　第118号　3-16, 3-18, 5-159
領家村砂場　りょうけむらすなば　第88号　2-78
領家村三ツ屋　りょうけむらみつや　第118号　3-16, 3-18
陵嚴寺村〔陵嚴寺〕　りょうげんじむら　第186号　4-55, 5-223, 5-313
両国橋　りょうごくばし　第90号　2-84
領山　りょうざん　第182号　5-314
釣士田　りょうしだ　第167号　3-244, 5-211, 5-213
獵師村　りょうしむら　第130号　3-74, 3-76, 5-163, 5-301
竜津寺　りょうしんじ　第90号　2-89
領石村　りょうせきむら　第159号　3-208, 5-196, 5-199
霊山　りょうぜん　第125号　5-166
両村入會大濵　りょうそんいりあいおおはま　第163号　3-227
両村入會四軒家　りょうそんいりあいしけんや　第163号　3-227
両橋屋村〔西橋屋村〕　りょうはしやむら　第120号　3-25, 5-145
良福寺村　りょうふくじむら　第135号　3-102, 5-177, 5-178, 5-301
両曲村　りょうまがりむら　第181号　4-29, 4-33, 5-226
両曲村　りょうまがりむら　九州沿海図第3　4-202
綾里村石濵　りょうりむらいしはま　第47号　1-160, 5-76
綾里村白濵　りょうりむらしらはま　第47号　1-160, 5-76
綾里村砂子濵　りょうりむらすなこはま　第47号　1-160, 5-282
綾里村湊濵　りょうりむらみなとはま　第47号　1-160, 1-161, 5-76
リヽコヲマナイ　第21号　1-68, 1-69, 5-46, 5-279
リールイ〔リイルイ〕　第22号　1-71, 1-72, 5-27, 5-270
リールウヱラニ　第22号　1-70, 5-27, 5-270
臨川寺　りんせんじ　第109号　2-168
林泉寺村（寺社領）　りんせんじむら　第80号　2-45, 5-138, 5-287, 5-294
輪坊山　りんぼうやま　第97号　2-121

【る】

ルイカ　第6号　1-21, 1-22, 5-26, 5-268, 5-270
ルイカヲマユツ　第28号　1-92, 5-50, 5-278
ルイサンナイ　第16号　1-51, 5-39, 5-274
ルーヲシベナイ〔ルークシベナイ〕　第21号　1-68, 5-46, 5-279
ルウサンナイ　第9号　1-32, 5-25, 5-272
ルークシベツ川　第5号　1-18, 5-19, 5-270
ルコチ川〔ルコチ〕　第30号　1-105, 5-46, 5-54, 5-279
ルーサントマリ　第12号　1-41, 5-36, 5-269, 5-273
ルシヤ　第4号　1-17
ルシヤ川　第4号　1-17, 5-17, 5-270
ルーチシ　第21号　1-69, 5-46, 5-279
ルツプ子シマヲイ　るつぷねしまおい　第30号　1-103
ルーモコマフ〔ルウモコマフ〕　第26号　1-87, 5-49, 5-277
ルーモコマフ川　第26号　1-87
ルヨナイ　第30号　1-101, 5-46, 5-279
瑠璃光寺　るりこうじ　第90号　2-91
ルヽモツヘ○☆　第16号　1-51, 5-42, 5-274

【れ】

霊岸島　れいがんじま　第90号　2-84, 2-86
霊山　れいざん　第125号　5-297, 5-300
霊山　れいざん　第129号　3-73
玲珠川　れいしゅがわ　第180号　5-230
冷泉帝陵　れいぜいていりょう　第126号　3-54
レウケ子ウシ　第28号　1-92
レウレ　第17号　1-52, 5-42, 5-274
レーサン〔ルーサン〕　第21号　1-69, 5-47, 5-279
レタルヒラ　第20号　1-64, 5-44, 5-275
レタルヒラ川　第20号　1-64
レハコタン　第8号　1-30, 5-24, 5-271
禮髭〔礼髭〕　れひげ　第36号　1-122, 5-60, 5-281
レヒゲ川　第36号　1-122, 5-60, 5-281
レプトロ　第15号　1-47
レフヌレカルベ〔レフヌンカルヘ〕　第26号　1-85, 5-48, 5-277
レブンゲ○　第30号　1-101, 5-46, 5-279
レブンゲ川　第30号　1-101, 5-46, 5-279
レフンシリ島　第14号　1-45, 5-37, 5-273
レブンノツカ川　第18号　1-61, 5-44, 5-275
レホナイ川　第20号　1-65, 5-45, 5-275
レワツカヲイ　第8号　5-24
連磬寺　れんけいじ　第88号　2-79
連石村　れんじゃくむら　第144号　3-144
蓮乗院　れんじょういん　第90号　2-91
蓮正寺　れんしょうじ　第135号　3-99, 3-103
蓮正寺村　れんしょうじむら　第99号　2-129
連〔蓬〕臺山　れんだいさん　第124号　5-304
連臺山　れんだいさん　第124号　5-181
蓮臺寺境内〔蓮臺寺〕　れんだいじけいだい　第133号　3-87, 3-90, 5-300, 5-301
連臺寺峠　れんだいじとうげ　第177号　3-298, 5-220
蓮臺寺峠　れんだいじとうげ　九州沿海図第1　4-188
蓮臺寺村（三枝主計知行所）（温泉）　れんだいじむら　第102号　2-147, 5-128, 5-298
蓮臺寺村　れんだいじむら　第125号　5-166
蓮臺寺山　れんだいじやま　第156号　3-194
連谷村石亀〔連谷村〕　れんだにむらいしがめ　第115号　2-195, 5-158, 5-296

【ろ】

六地蔵村之内梅木〔六地蔵〕　ろうくじぞうむらのうちうめき　第133号　3-86, 5-301
老司村　ろうじむら　第187号　4-60, 4-62, 5-223, 5-313
老司村古屋敷　ろうじむらふるやしき　第187号　4-60, 4-62
蠟燭瀬　ろうそくせ　第213号　4-179, 5-258, 5-261
鹿王院　ろくおういん　第133号　3-90
鹿王院境内　ろくおういんけいだい　第133号　3-90
鹿園寺村　ろくおんじむら　第162号　3-218, 5-204, 5-308
鹿園寺村菖蒲坂浦〔菖蒲坂〕　ろくおんじむらしょうぶざかうら　第162号　3-218, 5-308
六月村　ろくがつむら　第90号　2-84, 5-120, 5-123, 5-290
呂久川　ろくがわ　第118号　3-16, 3-18, 5-166
六川村（堀近江守）　ろくがわむら　第81号　2-50, 5-146
六郷○　ろくごう　第63号　1-216, 5-75, 5-88, 5-283
六郷川　ろくごうがわ　第90号　2-87, 5-123, 5-291
六郷宿西根村〔六郷西根村、西根〕　ろくごうじゅくにしねむら　第63号　1-216, 5-75, 5-88, 5-283
六地蔵村　ろくじぞうむら　第124号　3-42, 3-44, 5-180, 5-304
六藏村之内六地藏町〔六地藏村、六地藏〕　ろくじぞうむらのうちろくじぞうまち　第133号　3-87, 3-89, 5-176, 5-301
ロクジヤー　第21号　1-69, 5-47, 5-279
六社山　ろくしゃやま　第123号　3-38
六條院西村　ろくじょういんにしむら　第151号　3-179, 5-195, 5-307
六條村　ろくじょうむら　第118号　3-16, 3-18, 5-159
六條村　ろくじょうむら　第134号　3-95, 5-301
六條村砂村　ろくじょうむらすなむら　第134号　3-95
緑青山　ろくしょうやま　第180号　4-24
六所山　ろくしょさん　第115号　2-195, 2-200
六所浅間社　ろくしょせんげんしゃ　第100号　2-135, 2-138
六所宮〔六所明神〕　ろくしょみや　第90号　2-88, 2-90, 5-120, 5-123
六双根　ろくそうね　第104号　2-151
六田○　ろくた　第66号　1-227, 5-92, 5-285
六太郎村　ろくたろうむら　第179号　4-18, 4-21, 5-225, 5-227, 5-312
六太郎村　ろくたろうむら　九州沿海図第2　4-197
六太郎村　ろくたろうむら　九州沿海図第3　4-197, 4-201
六太郎村野添　ろくたろうむらのぞえ　第179号　4-18, 4-21
六太郎村藤田　ろくたろうむらふじた　第179号　4-18, 4-21
六渡寺村　ろくどうじむら　第83号　2-59, 5-140, 5-295
六之井村　ろくのいむら　第118号　3-17, 3-19, 5-156, 5-157, 5-166
六ノ川　ろくのかわ　第207号　4-151, 4-153, 4-155
六戸川　ろくのへがわ　第44号　1-149, 5-69, 5-280
六番村（青山下野守領分）　ろくばんむら　第135号　3-101, 5-178
六枚橋村　ろくまいばしむら　第39号　1-135, 5-67, 5-82
呂久村　ろくむら　第118号　3-16, 3-18
鹿谷村　ろくやむら　第133号　3-91
六郎シマ　ろくろうじま　第145号　3-155, 5-185
六郎島　ろくろうじま　第178号　4-13
六郎シマ　ろくろうじま　第192号　4-81, 4-82
六郎城山　ろくろうじょうやま　第181号　4-33
六郎瀬　ろくろうせ　第192号　4-81, 4-82
六郎村　ろくろうむら　第178号　4-16
六郎村　ろくろうむら　九州沿海図第2　4-195
轆轤尾村　ろくろおむら　第194号　4-90, 4-91, 5-245, 3-314
轆轤尾村石原　ろくろおむらいしわら　第194号　4-90, 4-91
轆轤島　ろくろじま　第206号　4-148, 4-149, 5-242, 5-321
六呂見村　ろくろみむら　第129号　3-66, 3-68, 5-166
呂立浦　ろたてうら　第204号　4-140, 4-142
六角川　ろっかくがわ　第190号　4-75
六角堂村　ろっかくどうむら　第115号　5-159
六角中郷村☆　ろっかくなかごうむら　第190号　4-75, 5-234
六軒茶屋　ろっけんちゃや　第176号　3-290
六軒屋　ろっけんや　第135号　3-101
六方岳〔大方岳〕　ろっぽうだけ　第129号　3-67, 5-166
六本松村　ろっぽんまつむら　第187号　4-60

【わ】

涌蓋山　わいたさん　第182号　5-227, 5-312
涌田村（長府領）　わいたむら　第177号　3-297, 5-220
和江村　わえむら　第122号　3-37, 5-173
若市村　わかいちむら　第188号　4-64, 5-312
若市村久喜宮村久喜宮町○☆〔久喜宮村枝久喜宮町〕　わかいちむらくぐみやむらくぐみやまち　第188号　4-64, 5-230
若井村　わかいむら　第135号　3-100, 5-176, 5-177, 5-178
和歌浦　わかうら　第138号　3-120, 5-186, 5-303, 5-306
和歌浦出島　わかうらでじま　第138号　3-120
若江郡　わかえぐん　第135号　3-101, 5-176, 5-177, 5-178, 5-301
若江村　わかえむら　第187号　4-59
若尾新田　わかおしんでん　第98号　2-124, 2-126, 5-117, 5-296
和賀川　わがかわ　第50号　1-172, 5-73
ワカクシナイ☆　第15号　1-47
和賀郡　わがぐん　第50号　1-172, 1-173, 5-73, 5-282
若狭浦　わかさうら　第121号　3-33, 5-172, 5-300
若狭國〔若狭〕　わかさのくに　第121号　3-29, 3-31, 5-174, 5-300
若狭國〔若狭〕　わかさのくに　第122号　3-34, 3-35, 3-36, 3-37, 5-174, 5-300
若狭野村　わかさのむら　第144号　3-142, 5-183, 5-306
若島　わかしま　第191号　5-313
我嶋（西方村屬）　わがしま（にしがたむらぞく）　第169号　3-251, 5-215, 5-311
若代村　わかしろむら　第150号　3-175, 5-193
若代村福井　わかしろむらふくい　第150号　3-175
若代村向側　わかしろむらむかいがわ　第150号　3-175
若杉山　わかすぎやま　第187号　5-223
若竹　わかたけ　九州沿海図第20　4-277
若土村　わかつちむら　第150号　3-170
若ノ岬　わかのみさき　第191号　4-79
若林村　わかばやしむら　第69号　1-242, 5-106, 5-288
若林村　わかばやしむら　第90号　2-85, 2-87
若林村〔若松〕　わかばやしむら　第111号　2-180, 5-161, 5-299
若バ山セ　わかばやませ　第196号　4-95
若松（松平肥後守居城）☆　わかまつ　第67号　1-235, 5-105, 5-288
若松島　わかまつじま　第206号　4-149, 4-150, 5-242, 5-243, 5-321
若松村　わかまつむら　第124号　3-43, 5-181
若松村　わかまつむら　第186号　4-54
若松村　わかまつむら　第206号　4-149, 5-242, 5-243
若松村枝神ノ浦（古名土井浦）　わかまつむらえだこうのうら（どいのうら）　第206号　4-149, 4-150
若松村日之島　わかまつむらひのしま　第206号　4-150, 5-242, 5-243, 5-321
若松村若松浦☆〔若松村、若松〕　わかまつむらわかまつうら　第178号　4-13, 5-222, 5-312
若神子嵜　わかみこざき　第209号　4-162
若神子﨑　わかみこざき　九州沿海図第10　4-232
若見村　わかみむら　第116号　2-205, 5-162, 5-299
若宮（御料所）○　わかみや　第56号　1-193, 5-81, 5-288
若宮　わかみや　九州沿海図第21　4-281
若宮川　わかみやがわ　第186号　4-54, 5-312
若宮﨑〔若宮サキ〕　わかみやざき　第191号　4-78, 5-238, 5-241
若宮島　わかみやじま　第191号　4-79, 5-238, 5-241, 5-313
若宮嶋　わかみやじま　第204号　4-140, 4-142, 5-235
若宮社　わかみやしゃ　第191号　4-79
若宮新田村　わかみやしんでんむら　第108号　2-164, 5-150
若宮八幡　わかみやはちまん　第100号　2-135, 2-138
若宮八幡　わかみやはちまん　第133号　3-87, 3-90, 5-174, 5-176
若宮八幡社　わかみやはちまんしゃ　第188号　4-64, 5-230
若宮鼻　わかみやばな　第104号　2-151
若宮村　わかみやむら　第81号　2-50, 5-138, 5-146, 5-294
若宮村（玉虫重四郎）　わかみやむら　第100号　2-135, 2-138, 5-127
若宮村　わかみやむら　第118号　3-19, 3-21
若宮村　わかみやむら　第170号　3-258, 5-201, 5-311
若宮村　わかみやむら　第180号　4-28
若宮村　わかみやむら　第188号　4-64, 5-230, 5-312
若宮村片田　わかみやむらかたた　第180号　4-28
和賀村　わがむら　第127号　3-60, 5-180
ワカメ　第32号　1-110, 5-56, 5-279
和布﨑　わかめざき　第206号　4-146
和布嵜〔和布サキ〕　わかめざき　第207号　4-153, 5-243
和布セ　わかめせ　第191号　4-78
若森村〔若林村〕　わかもりむら　第118号　3-16, 3-18, 5-166, 5-297, 5-300
若森村　わかもりむら　第133号　3-91
和歌山（紀伊殿居城）☆　わかやま　第138号　3-120, 5-186, 5-303, 5-306
脇浦　わきうら　第211号　5-249, 5-261

脇ケ峠　わきがたお　第173号　3-272
脇方村　わきかたむら　第83号　2-60, 5-140, 5-295
脇川　わきかわ　第202号　4-123, 4-124
脇川村　わきがわむら　第71号　1-250, 5-96, 5-97, 5-285, 5-286
脇沢津　わきさわつ　第210号　5-254, 5-261
脇田　わきた　九州沿海図第10　4-233, 4-239
脇田浦　わきたうら　第186号　4-53, 4-54, 5-222
脇田川　わきたがわ　第209号　5-252, 5-261
脇田村西町　わきたむらにしまち　第88号　2-79
脇ノ浦〔脇浦〕　わきのうら　第186号　4-53, 4-54, 5-222
脇澤村　わきのさわむら　第39号　1-131, 1-132, 5-63, 5-280
脇沢村片貝　わきのさわむらかたかい　第39号　1-131
脇沢村寄浪　わきのさわむらきなみ　第39号　1-131, 1-132, 5-63
脇沢村九艘泊　わきのさわむらくそうどまり　第39号　1-131, 1-132, 5-63
脇沢村源藤城　わきのさわむらげんどうしろ　第39号　1-131
脇沢村滝山　わきのさわむらたきやま　第39号　1-131, 1-132
脇沢村蛸田〔蛸田〕　わきのさわむらたこだ　第39号　1-131, 1-132, 5-63, 5-280
脇沢村新井田　わきのさわむらにいだ　第39号　1-131, 1-132, 5-63
脇野田村　わきのだむら　第80号　2-45, 2-48, 5-138
脇濱村　わきのはまむら　第137号　3-112, 5-184, 5-306
脇濱村寺内　わきのはまむらてらうち　第137号　3-113
脇ノ平　わきのひら　第194号　4-91
脇野村　わきのむら　第118号　3-18, 3-20, 5-166
脇野村〔脇野〕　わきのむら　第190号　4-76, 5-234, 5-313
脇野村天神　わきのむらてんじん　第190号　4-76
脇野村長濱　わきのむらながはま　第190号　4-76
脇野村日尾　わきのむらひお　第190号　4-76
脇濱村　わきはまむら　第137号　3-116, 5-178, 5-179, 6-306
脇御﨑村（脇津）☆　わきみさきむら（わきつ）　第202号　4-128, 5-236, 5-315
脇御﨑村（脇津）　わきみさきむら（わきつ）　長崎〔参考図〕　4-129
和木村　わきむら　第75号　2-22, 5-99
脇村　わきむら　第84号　2-62, 5-140, 5-295
脇村　わきむら　第123号　3-40, 5-173, 5-304
脇村　わきむら　第125号　3-50, 5-174, 5-297, 5-300, 5-301
脇村　わきむら　第164号　5-197, 5-214
和木村　わきむら　第173号　3-274, 5-213, 5-308
脇村　わきむら　第209号　4-164, 5-247, 5-261, 5-316
脇村　わきむら　九州沿海図第10　4-232
ワキモト　第36号　1-121, 5-63, 5-281
脇本村　わきもとむら　第38号　1-129, 1-130, 5-82, 5-281
脇本村　わきもとむら　第62号　1-211, 5-87, 5-283
脇本村　わきもとむら　第134号　3-97, 3-98, 5-177
脇本村　わきもとむら　第198号　4-106, 5-246, 5-316
脇本村　わきもとむら　九州沿海図第8　4-226
脇元村☆　わきもとむら　九州沿海図第10　4-233
脇本村浦町☆〔脇元村、脇本〕　わきもとむらうらまち　第209号　4-163, 5-247, 5-261, 5-315, 5-316
脇本村白濱　わきもとむらしらはま　第209号　4-163
脇本村椿山　わきもとむらつばきやま　第209号　4-163
脇山　わきやま　第207号　4-151, 5-243
和久王島　わくおうじま　第155号　3-190, 5-189, 5-190
ワクトウセ　わくとうせ　第189号　4-71, 4-73
和久市村　わくのいちむら　第127号　3-57, 5-180
和久野村　わくのむら　第121号　3-29, 3-31, 3-32, 5-172
和具村　わぐむら　第117号　3-15, 5-168
羽倉古城山　わくらこじょうやま　第155号　3-191
和倉村　わくらむら　第84号　2-62, 2-64, 5-143
和久里村　わくりむら　第121号　3-33, 5-172
和氣郡　わけぐん　第144号　3-141, 3-142, 3-143, 3-144, 3-146, 5-192, 5-306
和氣郡　わけぐん　第145号　3-148, 3-149, 3-153, 5-192, 5-306
和氣郡　わけぐん　第168号　3-246, 3-247, 5-214, 5-311
分濱☆　わけはま　第48号　1-163, 5-78, 5-284
和氣濱村　わけはまむら　第168号　3-247, 5-214, 5-311
和氣濱村片岡　わけはまむらかたおか　第168号　3-247
和氣村（和氣町）○☆　わけむら（わけまち）　第144号　3-143, 3-146, 5-192, 5-307
和合良島（小倉領）　わごらじま　第177号　3-299
和合良島〔和合良シマ〕　わごらじま　第178号　4-13, 5-220, 5-222
和合良嶋　わごらじま　九州沿海図第1　4-189, 4-191
和佐浦〔和佐村〕　わさうら　第169号　3-250, 5-215, 5-311
和嵜村〔和崎〕　わざきむら　第188号　4-69, 5-231, 5-313
植田市村　わさだいちむら　第181号　4-29, 5-227
早田村　わさだむら　第71号　1-249, 1-250, 5-93, 5-96, 5-285, 5-286
早田村　わさだむら　第127号　3-60, 5-180, 5-304
輪里嵜　わざとざき　第121号　3-33
早楢村　わさならむら　第194号　4-88, 5-229
早楢村旅草〔早楢〕　わさならむらたびくさ　第182号　4-37, 5-314
早楢村西竹原　わさならむらにしたけばる　第194号　4-88
早楢村東竹原　わさならむらひがしたけばる　第194号　4-88
早楢村柳　わさならむらやなぎ　第194号　4-88
和佐村焼石　わさむらやけいし　第113号　2-186, 2-188
和佐山　わさやま　第139号　5-171
鷲□山　わし□やま　第96号　2-115, 2-117
鷲石鼻　わしいしばな　第177号　3-294
鷲羽山　わしうざん　第151号　3-180
鷲巣山　わしがすやま　第72号　2-14
和食浦　わじきうら　第148号　3-169, 5-199, 5-310
鷲口　わしぐち　九州沿海図第19　4-272
鷲﨑　わしざき　第122号　3-35, 5-173
鷲崎村　わしざきむら　第75号　2-22, 5-99, 5-287
鷲崎村　わしざきむら　第202号　4-124, 4-126, 5-236, 5-315
鷲巣山　わしずさん　第101号　2-141, 2-143
鷲谷山　わしたにやま　第149号　3-166
鷲津村（松平岩之助知行所）　わしづむら　第111号　2-181, 5-161, 5-299
鷲鳥シマ　わしどりしま　第155号　3-191
鷲神濱　わしのかみはま　第48号　1-163, 1-164, 5-78
鷲木○☆　わしのき　第31号　1-106, 1-108, 5-54, 5-56, 5-279
鷲巣村　わしのすむら　第118号　3-19, 3-21, 5-166
鷲巣山〔鷲鳥巣山〕　わしのすやま　第85号　2-66, 5-142, 5-295
鷲巣山　わしのすやま　第188号　4-68
鷲部　わしべ　第167号　3-242, 5-211, 5-213
ワシベツ　第29号　1-99, 5-52, 5-278
和島　わじま　第145号　3-151, 3-154, 5-194
輪島　わじま　第192号　4-82, 5-240, 5-241
和島　わじま　第207号　4-153, 4-154, 5-243, 5-321
輪島河井町○〔輪島〕　わじまかわいまち　第85号　2-66, 5-143, 5-295
輪島﨑村　わじまざきむら　第85号　2-66, 5-143
輪島鳳至町○⚓〔輪島〕　わじまふげしまち　第85号　2-66, 5-143, 5-295
和地村（井上河内守領分）〔和知〕　わじむら　第111号　2-181, 5-161, 5-299
和地村　わじむら　第116号　2-201, 2-205, 5-162, 5-299
和庄村　わしょうむら　第167号　3-242, 5-211, 5-213
和田○　わだ　第63号　1-214, 5-86, 5-283
和田（御料所）○☆　わだ　第96号　2-116, 5-150
綿内村（堀淡路守）　わたうちむら　第81号　2-52, 5-146, 5-294
綿内村岩﨑　わたうちむらいわさき　第81号　2-52
綿内村牛池　わたうちむらうしいけ　第81号　2-52
綿内村枝根守　わたうちむらえだねもり　第81号　2-52
綿内村枝古屋　わたうちむらえだふるや　第81号　2-52
綿内村大橋　わたうちむらおおはし　第81号　2-52
綿内村清水　わたうちむらしみず　第81号　2-52
綿内村田中　わたうちむらたなか　第81号　2-52
綿内村土屋坊　わたうちむらつちやぼう　第81号　2-52
綿内村春山　わたうちむらはるやま　第81号　2-52
綿内村菱田　わたうちむらひしだ　第81号　2-52
綿内村町田　わたうちむらまちだ　第81号　2-52
綿内村萬年嶋　わたうちむらまんねんじま　第81号　2-52
綿内村葦町　わたうちむらよしのまち　第81号　2-52
和田浦　わだうら　第139号　3-123, 5-186
渡鹿野島　わたかのじま　第117号　3-14, 5-168
和田河原村　わだがはらむら　第99号　2-129, 2-131, 5-126, 5-291
和田河原村押切　わだがはらむらおしきり　第99号　2-129, 2-131
和田河原村下和田　わだがはらむらしもわだ　第99号　2-129, 2-131
和田川　わだがわ　第88号　2-79
和田川　わだがわ　第101号　5-127
上滝村　わたきむら　第190号　4-75, 4-76, 5-234
上滝村枝坂本　わたきむらえださかもと　第190号　4-75, 4-76
和田古城　わだこじょう　第166号　3-236
渡シ場　わたしば　第173号　3-274
渡場　わたしば　第177号　3-294
和田島　わだじま　第196号　4-98
和田シマ　わだじま　九州沿海図第19　4-275
和田島村⚓　わだじまむら　第147号　3-161, 5-187, 5-303, 5-306
和田宿青原〔和田〕　わだじゅくあおはら　第95号　2-112, 2-113, 5-150, 5-296
和田宿石川　わだじゅくいしかわ　第63号　1-214
和田宿大出　わだしゅくおおいで　第96号　2-116
和田宿鍛冶足　わだしゅくかじあし　第96号　2-116

和田宿唐沢　わだしゅくからさわ　第96号　2-116
和田宿久保　わだしゅくくぼ　第96号　2-116
和田宿下和田〔和田〕　わだじゅくしもわだ　第95号　2-112, 2-113, 5-296
和田宿峠茶屋（和田餅屋）〔茶屋〕　わだしゅくとうげちゃや（わだもちや）　第96号　2-116, 2-118, 5-296
和田宿原　わだしゅくはら　第96号　2-116
綿瀬川　わたせがわ　第209号　4-163, 5-247, 5-261
綿瀬川　わたせがわ　九州沿海図第10　4-233
和田多中村　わだたなかむら　第94号　2-105, 2-107, 5-119
和田多中村宿多中　わだたなかむらしゅくたなか　第94号　2-105
和田多鼻　わだたはな　第155号　3-191
和多田村〔和多田〕　わただむら　第189号　4-72, 5-234, 5-238, 5-241, 5-313
和多田村海士町　わただむらあままち　第189号　4-72
和多田村大石　わただむらおおいし　第189号　4-72
和多田村大曲　わただむらおおまがり　第189号　4-72
和多田村鬼塚　わただむらおにづか　第189号　4-72
和田津新田〔和多津新田〕　わだつしんでん　第147号　3-161, 5-187, 5-303, 5-306
和多都美神社　わたつみじんじゃ　第192号　4-81, 4-82
和多都美神社　わたつみじんじゃ　第192号　4-82
和多都美神社　わたつみじんじゃ　第192号　4-82
和多部（都）美御子神社　わたつみみこじんじゃ　第192号　4-81
渡津村　わたづむら　第172号　3-268, 5-212, 5-308
渡津村塩田浦　わたづむらしおたうら　第172号　3-268
和田峠　わだとうげ　第96号　2-116, 2-118, 5-150
和田ノ前　わだのまえ　九州沿海図第19　4-273
和田野村　わだのむら　第123号　3-38
渡場瀬川　わたばせがわ　第184号　5-244
和田鼻〔和田ハナ〕　わだはな　第183号　4-43, 5-228
和田濱☆　わだはま　第152号　3-183, 3-184, 5-195, 5-196, 5-307
和田濱　わだはま　九州沿海図第10　4-235
渡部（内藤豊前守）○　わたべ　第74号　2-20, 5-112
和田岬　わだみさき　第137号　3-113, 5-184, 5-306
和田岬　わだみさき　第147号　3-161
錦向山　わたむきやま　第129号　3-70, 5-166
和田村（松平大和守領分）　わだむら　第88号　2-77, 5-120
和田村（大岡主膳正領分）　わだむら　第92号　2-98, 5-124, 5-292
新〔和〕田村（御料所、上原新三郎、本多主税知行所）〔和田〕　わだむら　第93号　2-101, 5-125, 5-291
和田村（本多一之助、大久保久米之助知行所）　わだむら　第101号　2-140, 2-142, 5-128, 5-292
和田村　わだむら　第111号　2-181, 5-161, 5-299
和田村　わだむら　第116号　2-202, 2-204, 5-161, 5-299
和田村　わだむら　第121号　3-29, 3-32, 5-172
和田村　わだむら　第122号　3-36, 5-173, 5-300
和田村　わだむら　第122号　3-37, 5-173, 5-175
和田村　わだむら　第127号　3-58, 5-175, 5-304
和田村　わだむら　第128号　3-62, 5-304
和田村　わだむら　第129号　3-69, 5-163, 5-301
和田村　わだむら　第136号　3-104, 3-108
和田村　わだむら　第136号　3-109, 5-182
和田村　わだむら　第139号　3-121, 5-186, 5-303, 5-306
和田村　わだむら　第144号　3-141
和田村　わだむら　第145号　3-153, 5-192, 5-307
和田村　わだむら　第152号　3-184
和田村　わだむら　第155号　3-190, 3-192, 5-189, 5-190, 5-305
和田村　わだむら　第155号　3-190, 5-189, 5-190, 5-305
和田村　わだむら　第166号　3-237, 5-212, 5-308
和田村　わだむら　第166号　3-236
和田村　わだむら　第168号　3-246, 5-214
和田村　わだむら　第169号　3-250, 5-215, 5-311
和田村　わだむら　第182号　4-35, 5-227, 5-312, 5-314
和田村　わだむら　第187号　4-60, 4-62
和田村　わだむら　第209号　4-165, 5-252, 5-261, 5-316
和田村　わだむら　九州沿海図第10　4-235
和田村　わだむら　九州沿海図第21　4-281
和田村和泉村萩久保（内田主計知行所）〔和田村〕　わだむらいずみむらはぎくぼ　第90号　2-85, 2-87, 5-120, 5-123, 5-291
和田村枝平川村　わだむらえだひらかわむら　第209号　4-165
和田村枝平川村　わだむらえだひらかわむら　九州沿海図第10　4-235
和田村大石谷　わだむらおおいしだに　第166号　3-237
和田村ヲカイ谷　わだむらおかいだに　第166号　3-237
和田村口和田　わだむらくちわだ　第145号　3-153
和田村下和田　わだむらしもわだ　第166号　3-236
和田村新家　わだむらしんけ　第187号　4-60, 4-62
和田村土井谷　わだむらどいだに　第166号　3-237
和田村和田濵　わだむらわだはま　第209号　4-165
和田山　わだやま　第122号　3-36, 5-173, 5-300
和田山　わだやま　第133号　3-87, 3-90
和田山村○　わだやまむら　第128号　3-62, 5-180
度會郡　わたらいぐん　第117号　3-13, 3-15, 5-168, 5-299
度會郡　わたらいぐん　第130号　3-76, 5-168, 5-299
度會郡　わたらいぐん　第131号　3-79, 3-80, 5-168
ワタラウシチロツプ岩　第22号　1-70, 5-27, 5-270
渡良浦⚠　わたらうら　第191号　4-79, 5-238, 5-241
渡良村〔渡良〕　わたらむら　第191号　4-79, 5-238, 5-241, 5-313
渡良村東觸　わたらむらひがしふれ　第191号　4-79
渡良村麦屋　わたらむらむぎや　第191号　4-79
渡リ礒　わたりいそ　第189号　4-70, 5-233, 5-241
渡カミ　わたりがみ　第154号　3-189
亘理郡　わたりぐん　第53号　1-183, 1-184, 5-80, 5-284
渡小島　わたりこじま　第161号　3-213, 3-215, 5-203
渡島　わたりじま　第131号　3-78
ワタリシマ　わたりじま　第155号　3-191, 5-190
渡田村　わたりだむら　第90号　2-87, 5-123, 5-291
渡田村原〔渡田村、渡田〕　わたりだむらはら　第208号　4-157, 5-250, 5-315
渡橋村　わたりはしむら　第162号　3-219, 3-221, 5-204
渡一木村　わたりひとつぎむら　第143号　3-135, 3-137, 5-188
渡村　わたりむら　第113号　2-188
渡村　わたりむら　第131号　3-81
渡村〔渡リ〕　わたりむら　第155号　3-191, 5-189, 5-190, 5-305
渡村　わたりむら　第175号　3-287
渡里村　わたりむら　第180号　4-27, 5-230
渡村　わたりむら　第186号　4-53, 4-55, 5-223, 5-313
渡リ村〔渡村〕　わたりむら　第200号　4-114, 5-250, 5-315
渡リ村　わたりむら　九州沿海図第17　4-263
渡村市場〔渡村〕　わたりむらいちば　第115号　2-198, 2-200, 5-299
渡村海津　わたりむらうめづ　第186号　4-53, 4-55
渡リ村小川　わたりむらおがわ　第200号　4-114
渡村京泊　わたりむらきょうどまり　第186号　4-53, 4-55
渡リ村地下　わたりむらじげ　第200号　4-114
渡村下切　わたりむらしもぎり　第115号　2-198, 2-200
渡村諏訪　わたりむらすわ　第115号　2-198, 2-200
渡村能光〔渡村〕　わたりむらのうこう　第115号　2-198, 2-200, 5-159, 5-299
渡リ村舟渡　わたりむらふなと　第200号　4-114
月ヶ谷村　わちがやむら　第116号　2-202, 2-204, 5-161
和知村　わちむら　第163号　3-224, 5-208, 5-307, 5-308
ワツカウンベツ　第2号　1-13, 5-16, 5-268, 5-270
ワツカクシ　第11号　1-37, 5-35
ワツカクシナイ　第10号　1-36, 5-34
ワツカクシナイ　第17号　1-52, 5-42
ワツカシヤクナイ○　第13号　1-42, 5-36
和戸村　わどむら　第98号　2-126, 5-117
和長島村　わながしまむら　第76号　2-32, 5-113
ワナシ島〔ワナシシマ〕　わなしじま　第189号　4-71, 4-73, 5-234, 5-238, 5-241
和南津村　わなづむら　第76号　2-32, 5-112, 5-113
ワナレ礒　わなれいそ　第202号　4-124
和南原奥見澤　わなんばらおくみざわ　第163号　3-222
鰐浦村　わにうらむら　第192号　4-80, 5-239, 5-241, 5-320
鰐坂峠　わにさかとうげ　第95号　2-111
和仁之浦☆　わにのうら　第203号　4-138, 5-251
和仁之浦☆　わにのうら　九州沿海図第14　4-252, 4-253
和野村　わのむら　第50号　1-170, 5-71, 5-74
波姫命神社　わひめのみことじんじゃ　第101号　2-140, 2-142
和深浦　わぶかうら　第140号　3-125, 5-171, 5-302
和深川村　わぶかがわむら　第140号　3-125, 5-171, 5-302
和村　わむら　第109号　2-170
由良浦☆⚠　わらうら　第138号　3-119, 5-184, 5-303, 5-306
藁崎　わらさき　第171号　3-267
藁園村　わらそのむら　第125号　3-49, 5-174, 5-300
藁無村松尾村上河内村入會〔上河内三ケ村〕　わらなしむらまつおむらかみかわちむらいりあい　第126号　3-55, 5-175
蕨（御料所）○☆　わらび　第88号　2-78, 5-120
蕨小島〔蕨島〕　わらびこじま　第206号　4-150, 5-242, 5-243, 5-321

蕨島☆　わらびしま　第208号　4-161, 5-251, 5-315
蕨嶋☆　わらびしま　九州沿海図第13　4-251
蕨宿飛地　わらびしゅくとびち　第90号　2-85
蕨村　わらびむら　第206号　4-150, 5-242, 5-243
割石島　わりいしじま　第157号　5-210
割石シマ　わりいしじま　第190号　4-77
破竜井村　わりごいむら　第202号　4-125, 4-126, 5-236
ワルイ　第30号　1-103, 1-105, 5-46, 5-279
ワルイ川　第30号　1-103, 1-105, 5-279
和霊社　われいしゃ　第171号　3-264
ワレカミ島〔ワレカミ〕　われかみじま　第131号　3-81, 5-169
笑路村　わろうじむら　第133号　3-91, 3-93, 5-175, 5-301
ワンベヲマナイ〔フンヘヲマモイ〕　第25号　1-81, 5-32, 5-33, 5-277

【監修】渡辺一郎（わたなべ・いちろう）
1929年、東京都生まれ。1949年、逓信省中央無線電信講習所（現・電気通信大学）卒。日本電信電話公社（現・NTT）計画局員、データ通信本部（現・NTTデータ）調査役などを経て、51歳で退職。コビシ電機㈱副社長を10年間務めた後、1994年頃から「伊能図と伊能忠敬の研究」に専念。1995年、フランスで発見された伊能中図を佐原市（現・香取市）へ里帰りさせた機会に「伊能忠敬研究会」を結成。伊能忠敬研究会代表理事を経て、現在は名誉代表。編著書に、『伊能測量隊まかり通る』（NTT出版）、『伊能忠敬が歩いた日本』（筑摩書房）、『最終上呈版 伊能図集成』（共著、柏書房）、『伊能忠敬測量隊』（小学館）、『図説 伊能忠敬の地図をよむ』（河出書房新社）、『伊能大図総覧』（監修、河出書房新社）などがある。

伊能図大全 第7巻 地名索引〔巻別版〕

2013年12月10日　初版発行
2018年 5 月20日　巻別版初版印刷
2018年 5 月30日　巻別版初版発行

監修　渡辺一郎
作製　星埜由尚
編集協力　仁平千秋／初鹿野剛／古市雅則
装幀・デザイン　渡辺和雄
発行者　小野寺優
発行所　株式会社 河出書房新社
〒151-0051 東京都渋谷区千駄ヶ谷2-32-2
電話（03）3404-1201［営業］（03）3404-8611［編集］
http://www.kawade.co.jp/
組版　株式会社キャップス
印刷・製本　NISSHA株式会社

Printed in Japan
ISBN978-4-309-81237-3